Schule 2002

© Copyright 2001 by ECO Verlag GmbH, 50667 Köln

Herausgeber: Richard Mestwerdt, Werner Schulte

Redaktion: Dr. Axel Borne, Klaus Buschhüter, Rolf Ibald, Rüdiger Krahn, Dipl. Geograph Rainer Müller, Sabine Ohm, Gerald Schmieder, Jürgen Schmieder, Thomas Schmieder, Anne Schminke, Brigitte Schmitz-Kunkel, Ingo Steinhaus, Petra Trinkaus, Renate Trapp, Holger Vornholt, Katja Wächter

Titelgestaltung: Leighton & Krasnenko, Köln

Titelfotos: AKG, Bavaria Bildagentur, Mauritius Bildagentur, The Stock Market

Bilder: Anthony Verlag, AKG, Bildarchiv Preußischer Kulturbesitz, Christoph & Friends, Corel Stock Photo Libary, Deutsches Historisches Museum, Berlin, Germanisches Nationalmuseum, Nürnberg, Historisches Museum der Stadt Frankfurt/Main, Markus Horvatic, PhotoDisc, project photos, Werner Siess, Stiftung Jugend forscht e.V., STN Atlas Elektronik GmbH/Daimler-Benz Aerospace AG, Holger Vornholt

Illustrationen: Elke Birrenkoven, Gülay Schätzle

Einige Vorlagen konnten nicht eindeutig zugeordnet werden. Berechtigte Honoraransprüche werden selbstverständlich abgegolten.

Gesamtherstellung: ECO Verlag und R. Oldenbourg, 85551 Kirchheim

www.eco-verlag.de

ISBN: 3-934519-93-8

Technische Hotline:
Tel.: 0221-2821-250 Mo.-Fr. 15-20 Uhr
Fax: 0221-2821-260

Systemvoraussetzungen für beiliegende CD-ROM:
PC ab Pentium 166, 32 MB RAM, Windows 95/98/NT/Me.
CD-ROM-Laufwerk (ab 20x-speed), Grafikkarte mit HighColor.
Soundblaster oder 100% kompatible Soundkarte.

Schule 2002

Grundstock des Wissens
Klassen 5-13

IIIIII eco verlag

Vorwort

Erfolgreich lernen und Spaß dabei haben – das muss kein Widerspruch sein!
Prüfungen vorbereiten, Fakten nachschlagen und Wissenslücken füllen:
Wer mit Freude bei der Sache ist, hat meistens Erfolg.
Die fundierten Texte erfahrener Autoren führen auf anschauliche Art und
Weise durch die wichtigen Themen der klassischen Lernfächer, unterstützt von
mehr als 3000 Illustrationen, Karten, Grafiken, Tabellen und Farbbildern.

Das Wichtigste zuerst: die Grundlagen

Ohne sie geht es nicht. Fehlendes Basiswissen führt gerade in den Naturwissenschaften oft zu Problemen
in den höheren Klassen. Hier genügt ein kurzer Blick in das Register (ab Seite 898), und schon findet
man jene einführenden Kapitel, in denen die Grundlagen gezielt nachgearbeitet werden können.
Allen, die mehr wissen wollen, steht Wilhelm Buschs „Lehrer Lämpel" hilfreich zur Seite: Das Kästchen
„Zum Weiterlesen" am Ende eines Kapitels stellt problemlos eine Verbindung zu anderen Themen her.

Für mehr Wissen: vielseitige Ansätze

Vieles wird erst dann so richtig durchschaubar und interessant, wenn man es aus verschiedenen Blickwinkeln betrachtet. Die meisten Themen spielen in mehreren Fachrichtungen eine Rolle. So wird z. B.
in der Physik das Thema „Energieversorgung" anhand der technischen Grundlagen der Stromerzeugung
erläutert (Seite 290), während sich die Chemie den Stoffeigenschaften fossiler Energieträger zuwendet
(Seite 564), die Erdkunde das Ganze in einen globalen Zusammenhang setzt (Seite 744) und die Geschichte über die politischen und historischen Entwicklungen der industriellen Revolution (Seite 844)
aufklärt.
Auch innerhalb eines Faches gibt es unterschiedliche Wissensstufen. Der Aufbau des menschlichen
Auges beispielsweise erscheint sowohl auf Seite 352 in einfacher Form als auch auf Seite 414 mit weiter-
führenden Details.

Für Kreative: Wettbewerbe, Ausstellungen und Internet

Besonders interessant wird es, wenn man über das sture Pauken hinaus Möglichkeiten entdeckt, die aus
„trockenen" Lehrstoffen anregende Studienobjekte machen. Wer in die vielfältigen Betätigungsfelder
eintauchen möchte, findet hier zu jedem Fach Anregungen, sei es im Bereich der naturwissenschaftlichen Jugendwettbewerbe oder bei einem Geschichtswettbewerb. Hat man einmal sein Thema gefunden, steht einer Bewerbung nichts mehr im Wege (Teilnahmebedingungen auf Seite 896).
Auch das wohl spannendste Medium der Zukunft – das Internet – wird in einem eigenen Beitrag vorgestellt. Für Wissbegierige ist es eine unerschöpfliche Quelle. Nirgendwo findet man so viele Informationen über Veranstaltungen, Ausstellungen, Wissenschaft und Kultur wie hier. Eine gründliche Einführung
mit ausführlicher elektronischer Adressenliste beginnt auf Seite 14.

Viel Spaß und Erfolg bei der spannenden Reise durch die Welt des Wissens!

Mathematik 22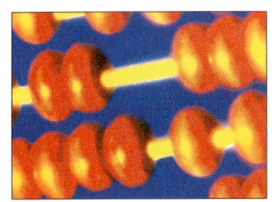

Physik 168

Biologie 314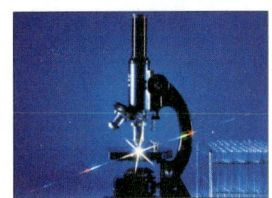

Chemie 460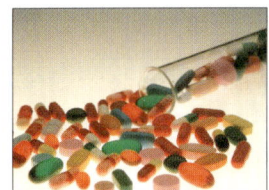

Erdkunde 606

Geschichte 752

Inhalt

Fischen im Datenmeer: Das Internet — 14

Mathematik — 22

Für Genaue: Mathematik und Informatik — 24

Grundrechenarten

Natürliche Zahlen und ihr Gebrauch — 26
Darstellung natürlicher Zahlen — 28
Addition und Subtraktion natürlicher Zahlen,
Gleichungen — 30
Multiplikation und Division natürlicher Zahlen — 32
Rechenbäume, Gleichungen mit Variablen — 34
Von Primzahlen zu gemeinsamen Teilern und
Vielfachen — 35
Teilbarkeit natürlicher Zahlen — 36
Bruchrechnung — 38
Dezimalbrüche und Dezimalzahlen — 42

Einführung in die Geometrie

Grundlagen der Geometrie — 44
Geraden, Halbgeraden und Strecken — 46
Zeichnen mit dem Geodreieck und Maßeinheiten — 48
Vierecke und Kreise — 50
Umfang und Flächeninhalte — 52
Oberflächen und Rauminhalte — 54
Winkel und Winkelmessung — 56

Bewegungen

Verschiebungen — 58
Drehungen — 60
Spiegelungen — 62

Gleichungen mit rationalen Zahlen

Ganze und rationale Zahlen — 64
Gleichungen und Ungleichungen — 66
Betragsrechnung — 68

Funktionen im Koordinatensystem

Zuordnungen und Funktionen im
Koordinatensystem — 70
Proportionale und lineare Funktionen — 72
Antiproportionale Funktionen — 75
Rechnen mit Funktionen und ihre Definitions-
bereiche — 76

Geometrie am Dreieck

Das Dreieck — 78
Kongruenz — 82

Symmetrien — 83
Rechtwinklige Dreiecke — 84
Die Strahlensätze — 86
Ähnlichkeiten — 88
Zentrische Streckungen — 90
Scherungen — 92
Die Dreiecksfläche — 93

Anwendungen proportionaler Zuordnungen

Der Dreisatz — 94
Prozent- und Zinsrechnung — 96

Umgang mit Gleichungssystemen

Binomische Formeln — 98
Der Umgang mit Bruchgleichungen — 100
Lineare Gleichungssysteme — 104

Rechnen mit irrationalen Zahlen

Reelle Zahlen — 108
Potenz- und Wurzelrechnung — 110

Ebene Geometrie

Vielecke — 112
Spezielle Vielecke — 114
Der Kreis — 116

Räumliche Geometrie

Prismen und Zylinder — 120
Pyramiden und Kegel — 122
Die Kugel — 124
Platonische Körper — 125

Trigonometrie

Die trigonometrischen Funktionen — 126
Hilfsmittel zum Umgang mit
Winkelfunktionen — 130

Quadratische Gleichungen und Funktionen

Quadratische Gleichungen,
allgemeine Lösung — 132
Quadratische Funktionen — 134
Linearfaktorzerlegung, Satz von Vieta — 136

Elementare Funktionen

Umkehrbarkeit, Wurzelfunktion als
Umkehrfunktion — 138
Trigonometrie — 140

Exponentialfunktionen 142
Logarithmen und logarithmische Funktionen 146
Exponential- und Logarithmusrechnungen 148

Wahrscheinlichkeitsrechnung

Grundlagen der Wahrscheinlichkeitsrechnung 150
Statistik 152
Kombinatorik 154
Die Bernoulli-Experimente 158
Verschiedene Zufallsexperimente 160

Formelsammlung

Mathematische Begriffe und Zusammenhänge 162

Physik 168

Für Tüftler genau das Richtige: Die Physik 170

Energie und Elektrizität – Einführung

Die Temperatur 172
Energie und Wärme 174
Energie: Transport – Wandlungsketten –
Entwertung 176
Stromkreis I – Grundlagen 178
Stromkreis II – Erweiterungen 180
Grundlagen des Magnetismus 182
Elektromagnetismus und elektrische Magnetie 184
Ladung, Spannung und Stromstärke 186

Licht und seine Wirkung

Licht und Lichtausbreitung 188
Licht und Schatten 190
Licht und Bilder 192
Reflexion an Hohl- und Wölbspiegel 194
Lichtbrechung 196
Planparallele Platte und Prisma 198
Sammellinsen 200
Zerstreuungslinsen 202
Das Auge und der Sehvorgang 204
Optische Geräte – Mikroskop, Fernrohr,
Fotoapparat 206
Dispersion – das Spektrum des Lichts 208

Formen der Elektrizität

Wirkungen des elektrischen Stromes 210
Die elektrische Ladung 212
Influenzversuche 214
Der Aufbau der Materie I 216
Die Stromstärke 218
Die elektrische Spannungsquelle 220

Das ohmsche Gesetz 222
Der elektrische Widerstand 224
Strom- und Spannungsmessungen 226
Verzweigte und unverzweigte Stromkreise 228

Mechanik

Sie wirken überall: Die Kräfte 230
Die Gewichtskräfte 232
Kraft als Vektor 234
Das Zusammenwirken von Kräften 236
Der Hebel 238
Das Wellrad 240

Druck und Auftrieb

Stets gegenwärtig: Der Druck 242
Der Druck in Flüssigkeiten 244
Der Druck in Gasen 246
Technische Anwendungen des Drucks 248
Das boyle-mariottsche Gesetz 250
Der Auftrieb in Flüssigkeiten 252
Der Auftrieb in Gasen 254

Arbeit und Leistung

Die Geschwindigkeit 256
Die Beschleunigung 258
Lageenergie und Hubarbeit 260
Bewegungsenergie und Beschleunigungsarbeit 262
Die Energieerhaltung als Postulat 264
Die mechanische Leistung 266

Wärmelehre

Innere Energie 268
Die Schmelzwärme 270
Die Verdampfungswärme 272
Die Wärmepumpe 274
Wärmekraftmaschinen 276

Nutzen der Elektrizität

Der Kondensator 278
Die elektrische Spannung 280
Die elektrische Leistung 282
Die elektromagnetische Induktion 284
Elektromotor und Generator 286
Der Transformator 288
Elektrizitätserzeugung 290

Akustik

Der Schall 292
Schall und Resonanz 294
Die Schallausbreitung 296

Kernphysik

Der Aufbau der Materie II 298
Ionisierende Strahlung 300
Radioaktivität 302
Zerfallskurven 304
Kernkraftwerke 306
Gefahren durch Kernkraftwerke 309

Energieversorgung

Strom aus der Sonne 312

Biologie 314

Die Faszination des Lebendigen: Die Biologie 316

Grundlagen

Alle Lebewesen zeigen gleiche Merkmale 318

Haustiere und Nutztiere

Der Hund – Begleiter des Menschen 320
Die Katze – vom Mäusefänger zum Schmusetier 322
Das Pferd – vielseitig, schnell, intelligent 324
Das Rind – ein bedeutendes Nutztier 326
Das Huhn ist ein seltsamer Vogel 328
Das Schwein stammt vom Wildschwein ab 330
Der Mensch und die Nutztiere 332

Tiere und ihre Lebensräume

Feldhase und Wildkaninchen 334
Der Maulwurf – Leben unter der Erde 336
Fische in ihrem Lebensraum 338
Vögel – Eroberer der Luft 340
Amphibien – Leben im Wasser und an Land 342

Der Körper des Menschen

Die sexuelle Entwicklung des Menschen 344
Fortpflanzung und Entwicklung des Menschen 346
Das Skelett schützt und stützt 348
Ernährung, Verdauung und gesunde Zähne 350
Sinnesorgane des Menschen:
Haut, Auge, Ohr, Nase 352
Herzschlag und Atmung 354

Lebensgrundlage Pflanzen

Pflanzen – Grundlage für das Leben 356
Pflanzen vermehren sich 358

Leben in Ökosystemen

Wald – Lebensraum für Pflanze und Tier 360
Mensch und Wald – gestern und heute 362
Bäume kennen und erkennen 364
Farne – Pflanzen ohne Blüten und Samen 366
Pilze wachsen auch im Dunkeln 368
Waldameisen leben in einem Staat 370
Borkenkäfer können die Wälder gefährden 372
Viele Bäume im Wald sind krank 374
Pflanzen und Vögel der Binnengewässer 376
Die Vielfalt der Süßwasserbewohner 378
Ökologie der Binnengewässer 380
Leben im Wattboden 382
Zugvögel und andere Besucher des Wattenmeeres 384
Das Wattenmeer – ein Lebensraum in Gefahr 386

Zellbiologie

Der Aufbau der Zelle 388
Die Zellteilung 390
Die Mikroorganismen 392

Kein Leben ohne grüne Pflanzen

Bau und Funktion einer Blütenpflanze 394
Ohne Fotosynthese kein Leben 396
Die Landwirtschaft früher und heute 398
Intensive Landwirtschaft und ökologischer
Landbau 400

Stoffwechsel im menschlichen Körper

Die Nahrung liefert Energie und Baustoffe 402
Der Stoffwechselvorgang 404
Blutkreislauf und Transportvorgänge 406
Funktion von Leber und Niere 408
Die Atmung 410
Bewegung 412

Reize wirken auf den Menschen ein

Der Bau des Auges 414
Sehen und Wahrnehmen 416
Hören – Riechen – Schmecken 418
Die Haut – das größte Sinnesorgan 420

Steuerung über Nerven und Hormone

Steuerung über Nerven und Hormone 422
Sexualhormone und ihre Wirkung auf den
menschlichen Körper 424
Liebe, Sex und Partnerschaft 426
Leben aus der Retorte 428
Das Immunsystem 430

Verhalten von Tieren und Menschen

Angeborenes Verhalten bei Tieren 432
Erworbenes Verhalten bei Tieren 434
Tierwanderungen 436
Angeborenes und erworbenes Verhalten
des Menschen 438

Übertragung des Erbguts

Die mendelschen Gesetze 440
Die Chromosomen – Träger der Erbinformation 442
Angewandte Genetik – Gentechnologie 444

Stammesgeschichte

Fossilien 446
Stammesgeschichte der Lebewesen 448
Ursachen des Artenwandels 450
Stammesgeschichte des Menschen 452

Umwelt

Umwelt – Ökologie 456

Ordnung

Systematik 458

Chemie 460

Keineswegs nur Schall und Rauch: Die Chemie 462

Einführung in die Chemie

Die Chemie – die große Unbekannte 464
Der weite Weg zur Wissenschaft Chemie 466
Eigene Charaktere – Stoffe und ihre Eigenschaften 468
Nicht nur sauber, sondern rein:
Stoffmischungen – Reinstoffe – Trennverfahren 470

Grundlagen der Chemie

Modelle und Aggregatzustände 472
Hurtig und geschwind – die Teilchenbewegung 474
Auch die Atome sind nicht mehr die Alten 476
Das Ende der alten Physik – das Zwiebelschalen-
modell 478
Wolkige Kugeln – das Kugelwolkenmodell
der Atome 480

Das Periodensystem der Elemente

Die Chemie und ihre Liebe zur Ordnung –
das Periodensystem der Elemente 482

Nichts ist praktischer als eine gute Theorie –
die physikalischen Grundlagen des Periodensystems 484
Die spät entdeckten „Adligen" – die Edelgase 486

Chemische Reaktionen I

Wenn die Chemie stimmt –
chemische Reaktionen 488
Das ,Buchstabenmodell' chemischer
Reaktionen und eine kleine Anleihe bei der
Mathematik 490

Wasserstoff und Sauerstoff

Sauerstoff – ein chemisches Element als
Grundlage des Lebens auf unserer Erde 492
Kein Wasser ohne diesen Stoff – der Wasserstoff
und die Moleküle 494

Das Verhalten von Gasen

Das späte Glück der Chemiker –
die physikalischen Ähnlichkeiten unter den Gasen 496

Chemische Reaktionen II

Gasig leichtes Rechnen – chemische Reaktionen
mit Beteiligung von Gasen 498
Man rechnet fest mit ihnen – Feststoffe und
ihre Reaktionen 500
Stets energisch – chemische Reaktionen und
die Energie 502

Metalle

Metalle – das Grundgerüst unserer Technik 504
Auch die Metalle sind Individualisten 506
Die Tausendsassas der Technik – die Verwendungs-
zwecke der wichtigsten Gebrauchsmetalle 508
Die Erze haben's in sich: Von der Gewinnung
der Metalle 510
Übergänge zwischen Metallen – die Übergangs-
metalle 512

Halbmetalle

Nur noch halbe Metalle = Halbmetalle 514

Nichtmetalle

Auch schlecht kann gut sein – die Nichtmetalle
und ihre elektrische Leitfähigkeit 516
Kohlenstoff – ein chemisches Element mit unter-
schiedlichen Gesichtern 518
Schwefel und Phosphor – vielseitige Nichtmetalle 520
Halogene – natürlich nicht elementar 522

Wasser

Die wichtigste Substanz der Welt:
Gewöhnliches Wasser | 524

Gase und Luft

Brausetabletten, Regentropfen, Ammoniak
und das Prinzip vom kleinsten Zwang | 528
Emissionen und Immissionen von
Nichtmetalloxiden | 530
Wer wird denn gleich in die Luft gehen –
die Chemie tut es | 532
Radikales Rendezvous über den Wolken:
UV trifft auf FCKWs – Ozon verhindert
Schlimmeres | 534
Das größte natürliche Treibhaus – die Erde unter
einer riesigen Kuppel | 536

Salze und Ionen

Der lange Marsch – von den polaren
Atombindungen zu den Salzen und Ionen | 538
Ein Gitter für die Salze – Ionengitter und ihre
Besonderheiten | 542
Die Chemie der versalzenen Suppe | 544
Absolut unverzichtbar – Ionen und Salze
als Nährstoffe | 546

Alkali- und Erdalkalimetalle

Die Alkalimetalle: Eine hochreaktive
Elementfamilie | 548
Die Erdalkalimetalle: Für farbiges Feuerwerk
und Mumm in den Knochen | 550

Säuren und Basen

Wenn Rotkohl sauer wird ... | 552
Die Vorstellung des pH-Wertes | 554
Säuren und Basen – die Geschichte holt
uns immer wieder ein | 556
Die Geschichte geht weiter – Anwendungen der
Säure-Base-Theorie | 558

Batterien und Akkumulatoren

Energie hin und her – elektrisch und chemisch | 560

Organische Chemie I

Organische Chemie – Stoffe der belebten Natur? | 562
Fossile Energieträger und erneuerbare Energien | 564
Die Alkane – das kleine Einmaleins der
gesättigten Kohlenwasserstoffe | 566
Fast gleich ist nicht identisch – das Phänomen
der Isomerie | 568

Petrochemie

Schwarzes Gold – der wertvolle Rohstoff Erdöl | 570
Das Knacken von langkettigen Alkanen für
Treibstoffe | 572

Kunststoffe

Von der Kunst, Stoffe in langen Ketten
herzustellen | 574

Naturstoffe und Ernährung

In Shampoo, Seife und Kaugummi – Alkohole | 578
Ameisensäure, Essigsäure, Zitronensäure ... –
Carbonsäuren auf Schritt und Tritt | 582
Gesundheit, Gerüche und Glanz durch Ester
und Wachse | 586
Fett mag Fett und macht fett | 588
Nicht nur Schaumschläger – Seifen und
Waschmittel | 590
Kohlenhydrate – vielseitige Naturstoffe | 592
Amine – von A wie Amphetamin bis
V wie Vitamin | 594
Aminosäuren und Proteine – fast unendliche
Vielfalt durch komplexe Strukturen | 596
Energie, Nährstoffe und die i-Tüpfelchen
der Nahrung | 598
Für verwöhnte Feinschmecker –
Exkurs: Chemie für Gourmets | 600

Kosmetik

Schöner Schein? Chemie schafft's | 602

Das Periodensystem

Das Periodensystem der Elemente | 604

Erdkunde | 606

Durch Zeit und Raum: Die Geheimnisse der Erde | 608

Mensch und Natur

Blick in die Welt – früher und heute | 610
Vom Meer zum Hochgebirge –
Blick auf Deutschland | 612
Am Meer | 614
In den Alpen | 616
Vom Wetter zum Klima | 618

Die Landwirtschaft

Ackerbau und Viehzucht in den
Börden Deutschlands | 620

Viehwirtschaft im Allgäu und in der Marsch 622
Sonderkulturen am Bodensee 624
Apfelsinen aus Spanien und Reis aus Java 626

Rohstoffe und ihre Verarbeitung

Steinkohle aus dem Ruhrgebiet 628
Braunkohle aus der Kölner Bucht
und der Lausitz 630
Erdöl aus der Wüste und der Nordsee 632
Chemische Industrie in Ludwigshafen und
Halle-Leipzig 634
Stahl und Autos aus dem Ruhrgebiet 636

Stadt und Umland

Dörfer ändern ihr Gesicht 638
Versorgung mit Dienstleistungen und Gütern 639
Versorgung und Entsorgung – Wasser und Müll 640
Die Großstadt hat viele Gesichter und
Funktionen 642
Die Hauptstadtregion Brandenburg 644
Hauptstadt Berlin 646

Erholung und Reisen

Park – Erholungsgebiet nicht nur im Nahraum 648
Badeurlaub am Mittelmeer und an
deutschen Küsten 650
Urlaub im Mittel- und Hochgebirge 652

Leben unter extremen Bedingungen

In den Polargebieten 654
In der Wüste 656
Im tropischen Regenwald 660

Die Natur hat System

Tageszeiten – Jahreszeiten 664
Wärmezonen und Windgürtel 666
Klimazonen und Landschaftsgürtel der Erde 670
Meeresströmungen und Höhenstufen 672

Menschen suchen neuen Lebensraum

Weltweite Wanderungsbewegungen 674
Wanderungsbewegungen in Deutschland 676
Israel – Aufbau eines neuen Staates 678

Eine Welt für alle

Entwicklungsländer – Teufelskreis der Armut 680
Indien – Entwicklungsland mit traditionellen
Strukturen 682
Nigeria – Kampf um den Fortschritt 684

Brasilien – ein Schwellenland 686
Entwicklungshilfe – Entwicklungsprojekte 688

Weltmacht USA

Größe und Vielfalt 690
Agrarland der Superlative 692
Industriegürtel 694
Verstädterung 696

Von der UdSSR zur GUS

Von der UdSSR zur GUS 698
Landwirtschaft und ihre Bedingungen 700
Industrie im Wandel 702

Asiatische Lebensräume

Japan – ein Zwerg als Wirtschaftsriese 704
Japan – enger und gefährdeter Raum 706
China – Land der Gegensätze 707
China auf neuen Wegen 708

Die Erde – ein unruhiger Planet

Kräfte aus dem Erdinnern 710
Formenwandel an der Erdoberfläche 714
Naturkatastrophen 716

Strukturwandel in Industrieräumen

Strukturwandel im Ruhrgebiet 718
Großbritannien – Strukturwandel in der Industrie 720
Frankfurt – ein Dienstleistungszentrum 721

Aktuelle Raumplanung

Raumordnung – Aufgaben und Ziele 722
Berlin – Raumplanung für die Hauptstadt 724
Paris – Dezentralisierung durch Raumplanung 725
Das Deltaprojekt – Raumordnung in den
Niederlanden 726

Europa wächst zusammen

Europa – Einheit und Vielfalt 728
Entstehung und Aufbau der Europäischen
Union 730
Portugal in der EU 732
Polen – auf dem Weg in die EU 733
Europäische Projekte – europäische Verkehrswege 734

Welthandel und Weltverkehr

Weltmarkt und Welthandelsgüter 736
Welthandelsmächte und ihre Verbindungen 738
Weltverkehr 740

Grenzen des Wachstums

Wachstum der Erdbevölkerung 742
Energieversorgung 744
Umweltbelastung 746
Weltpark Antarktis 748

Flaggen der Welt 750

Geschichte 752

Eine Herausforderung an alle: Die Geschichte 754

Einführung in die Geschichte

Antike – Mittelalter – Neuzeit –
Was ist Geschichte? 756

Ur- und Frühgeschichte

Feuerstein, Bronze, Eisen –
Ur- und Frühgeschichte 758

Die ersten Hochkulturen

„Geschenk des Nils" –
Die ägyptische Hochkultur 762
Die Hochkulturen Mesopotamiens 764
Hochkulturen von Kreta und Kleinasien 766
Die Geschichte des Volkes Israel 767

Das alte Griechenland

Griechenland – Von den Anfängen bis zur
Adelsherrschaft 768
Athen – Wiege der Demokratie 770
Perserkriege, Peloponnesischer Krieg
und Niedergang der Polis 772
Alexander der Große – Der Hellenismus
erobert die Welt 774

Die römische Welt

Rom – Eine Stadt wird Weltmacht 776
Blüte und Untergang des römischen
Kaiserreiches 778
Das Christentum wird Weltreligion 782
„Varus, Varus ..." – Die Römer in Germanien 784

Das Mittelalter

„Völkersturm" – Die große germanische
Völkerwanderung 786
Hausmeier, Könige, Kaiser – Das Frankenreich 788
Deutsches Königreich – Heiliges Römisches
Kaiserreich 790

Papst gegen Kaiser – Die Kirche im Mittelalter 794
Von Ritterschlag und Minnesang 796
„Auf ins Heilige Land" – Die Kreuzzüge 797
„Stadtluft macht frei" – Die mittelalterliche Stadt 798
Fehde, Gottesfriede, Landfriede – Recht und Gesetz 799
Die europäischen Staaten im Mittelalter 800

Die großen Entdeckungen

Auf der Suche nach Indien – Die Entdeckung
einer „Neuen Welt" 804

Reformation und Glaubenskriege

Kaiser Karl V. und die Reformation 806
Kampf gegen die Kirche – Martin Luther 808
Reformation und Glaubenskämpfe in den
europäischen Staaten 810
Dreißigjähriger Krieg und Westfälischer Friede 812

Zeitalter des Absolutismus

„Der Staat bin ich" – Frankreich und sein
„Sonnenkönig" Ludwig XIV. 814
Machtkämpfe zwischen König und Parlament –
blutige und „glorreiche" Revolutionen
in England 816
Peter I. der Große – „Lehrjahre" eines Zaren
machen Russland zur Großmacht 818
Die Türken vor Wien – Die Entstehung der
österreichisch-ungarischen Doppelmonarchie 819
„Großer Kurfürst", „Soldatenkönig" und
„Erster Diener des Staates" – Der Aufstieg
Preußens zur Großmacht 820

Zeitalter der Vernunft

„Und sie bewegt sich doch!" –
Das Zeitalter der Aufklärung 822
„Alle Macht ruht im Volke!" –
Die Unabhängigkeit der USA 824

Französische Revolution und Napoleon

Höfische Singspiele, Reifröcke und Zopfperücken –
Die Krise des französischen Absolutismus 825
„Freiheit, Gleichheit, Brüderlichkeit" –
Die Französische Revolution 826
„Der Sohn des Glücks" – Das Ende der Revolution
und Napoleons Krieg gegen Europa 830

Restauration und Revolution

Vom Wiener Kongress zum „Vormärz" –
Der Deutsche Bund 834
„Großdeutsch" oder „kleindeutsch"? –
1848/49 und die „deutsche Frage" 836

Zeitalter der Nationalstaaten

„Eisen und Blut" – Das deutsche Kaiserreich
entsteht 838
„Ein ehrlicher Makler" – Das Bündnissystem
Bismarcks 840
Gegen die „Staatsfeinde" – Bismarcks Innenpolitik 841
Militarismus und Nationalismus –
Das „wilhelminische" Deutschland 842

Industrielle Revolution

„Kapitalisten" und „Proletarier" –
Industrielle Revolution und soziale Frage 844

Der Imperialismus

„Amerika den Amerikanern" – Die USA
auf dem Weg zur Weltmacht 846
„Ein Platz an der Sonne" – Der „Run"
auf Kolonien 848
Weltweite Rivalität und europäisches
Gleichgewicht – Das Zeitalter des Imperialismus 850
„Deutschlands Zukunft liegt auf dem Wasser" –
Der Rüstungswettlauf 852

Der Erste Weltkrieg

Das „Pulverfass" explodiert – Balkankrise und
Ausbruch des Ersten Weltkrieges 853
„In Europa gehen die Lichter aus" –
Der Erste Weltkrieg 854
„Genugtuung" oder „Gewaltfrieden"? –
Die Pariser Friedensschlüsse 856

Entstehung des Kommunismus

„Diktatur des Proletariats" – Die russische
Oktoberrevolution 858

Die Zeit zwischen den Kriegen

Demokratie ohne Demokraten – Die Weimarer
Republik 860
Inflation, Reparationen und Weltwirt-
schaftskrise – Die Bewältigung des
Ersten Weltkriegs 864
Demokratie in der Defensive –
Diktaturen auf dem Vormarsch 866

Der Nationalsozialismus

Die Errichtung der nationalsozialistischen
Diktatur 868
Volksempfänger, Arbeitsdienst, Kleiderkarte –
Alltagsleben im nationalsozialistischen
Deutschland 870

Flugblätter, Spionage, Attentate –
Der Widerstand gegen die nationalsozialistische Diktatur 871
Holocaust – Die Ermordung der
europäischen Juden 872

Der Zweite Weltkrieg

Von der Revision zur Aggression –
Die Entfesselung des Zweiten Weltkrieges 874
Kriegsverlauf und totale Niederlage 876
Von Pearl Harbour nach Hiroshima –
Der Krieg im Pazifik 878

Die Welt nach 1945

Währungsreform und doppelte Staatsgründung –
Die Teilung Deutschlands 880
Der „Eiserne Vorhang" – Kalter Krieg,
Entspannungspolitik und Wettrüsten 882
Berlin, Budapest, Prag – Der „Ostblock" 884
„Niemand hat die Absicht, eine Mauer
zu bauen" – 40 Jahre geteiltes Deutschland 886
Indien, Vietnam, Algerien – Der Zusammenbruch
der Kolonialreiche 888
Hüterin des Weltfriedens? – Die Vereinten
Nationen 890
Von der Montanunion zum Euro –
Die europäische Integration 892

Die Welt heute

Nach dem Mauerfall – Das Ende der
Nachkriegsordnung 894

Kurz und knapp: Das Wichtigste für
junge Forscher 896

Register 898

Fischen im Datenmeer: Das Internet

Internet? Wenn es einen Preis für das in den letzten Jahren am meisten gebrauchte Wort aus dem Englischen gäbe – „Internet" wäre einer der Kandidaten. Doch um diesen Begriff herum ranken sich andere: Alle haben jetzt eine „Homepage" auf einem „Server" – die Herausgeber der Lokalzeitung, die Besitzer von Fernsehsendern, die Manager der Autofirmen, der Immobilienmakler um die Ecke und die Tochter des Nachbarn der Oma. Und dieselben Leute „surfen" auch noch jedes Wochenende ausdauernd im „Web", obwohl sie ja eigentlich ihren „Provider" zu teuer finden.

Auf die vorsichtige Frage, was den so toll an diesem „Internet" mit dem „Web" und den teuren „Providern" sei, lautet die Antwort oft: „Ja, da kann man ganz toll herumsurfen und sich alle möglichen Informationen holen." Das lässt nur noch die einfache Entgegnung offen: „Was ist denn nun das Internet?"

Ein Computer-Netz um die Erde

Mit „Internet" ist ein ganz besonderes Netz gemeint – nämlich ein weltweites, elektronisches Netz aus Computern und den Verbindungen zwischen ihnen.

Computer gibt es seit den vierziger Jahren. Anfangs wurden sie ausschließlich in der Bedeutung des Wortes genutzt – sie rechneten irgendetwas aus. Doch schon bald erfanden die ersten Computer-Nutzer noch andere Anwendungen für diese Maschinen – mit Hilfe von „Software" kann ein Computer sehr viele Dinge erledigen.

„Software", oft auch als „Programm" be-

zeichnet, ist nichts weiter als eine für einen Computer speziell aufbereitete Folge von Befehlen, die ihm sagen, was er tun soll – zum Beispiel ein paar Zahlen zu addieren. Doch Computer können alles verarbeiten, was in Form von „Daten" dargestellt werden kann – auch eingetippte Buchstaben, um daraus einen Brief zusammenzusetzen. Eine andere Möglichkeit ist das Verschicken solcher Briefe an andere Leute, die an weit entfernten Rechnern sitzen.

Diese Art der Anwendung ist erst gut 30 Jahre alt: Im September 1969 versammelten sich 19 Männer – Professoren, Studenten, Ingenieure, Computer-Techniker – vor den Rechnern der amerikanischen Universitäten in Berkeley und Santa Barbara und der Firma SRI International in Menlo Park, Kalifornien.

Zu dieser Zeit gab es weltweit erst ein paar tausend Computer – riesige Maschinen, die Millionen kosteten und schwer zu bedienen waren. Die 19 Leute hatten die Idee, einige Rechner versuchsweise zu „vernetzen" (mit Kabeln zu verbinden).

So einfach wie ein Telefongespräch zwischen Mr. Smith in Hoboken, New Jersey, und Herrn Schmitz in Dinslaken, Germany, sollte die Verbindung zwischen den Rechnern werden. Gespannt erwarteten sie den Start dieses experimentellen Netzwerks aus drei miteinander verschalteten und durch Telefonleitungen verbundenen Computern.

Es gelang. Das Netz wurde nie wieder abgeschaltet, und heute ist aus diesem Mininetz ein weltumspannendes Netzwerk aus über 40 Millionen Rechnern geworden – das Inter-

net, das wie ein Fischernetz über dem gesamten Globus aufgespannt ist. Die Abbildung zeigt das Wachstum des Netzes von 1981 (213 Rechner) bis 1999.

Bis vor wenigen Jahren war das Netz in Deutschland nur einigen Eingeweihten in Universitäten und Computer-Firmen bekannt. Doch 1995 begann eine besondere Wachstumsphase des Internets, die bis heute anhält: Immer mehr Privatleute in aller Welt nahmen und nehmen Verbindung zu diesem Computer-Netzwerk auf.

Was ist das Internet?

Auf der technischen Seite ist das Internet nichts weiter als ein riesiges Sammelsurium aus Computern, Kabelverbindungen, anderen elektronischen Geräten und Monitoren überall auf der Welt.

Das wirklich Interessante am Internet sind aber die vielen Dinge, die dort von Behörden, Universitäten, Schulen, Firmen und Privatleuten angeboten werden – übrigens auch von Kindern und Jugendlichen. Das reicht von einem Verzeichnis der chemischen Formeln für die Herstellung von Benzin und dem Text der Bibel über Bestellmöglichkeiten für Pizza, Reisen, Bücher und CDs bis hin zu Informationen über neue Filme und die Tourneepläne von Musikgruppen.

Alle diese Dinge werden zusammengefasst oft als „Informationen" oder „Daten" bezeichnet. Es ist völlig egal, ob es sich um eine Pizzabestellung, einen Abschnitt aus einem Buch oder einen Internet-Brief handelt: Es sind immer nur Informationen, die zwischen den Benutzern der Rechner ausgetauscht werden – zum Beispiel eine Textzeile mit dem Pizzawunsch oder dem Titel des Buches oder einem Geburtstagsglückwunsch.

Auf den ersten Blick scheint es sich also beim Internet um so etwas wie ein großes elektronisches Lexikon zu handeln. Doch in diesem Rechnernetz steckt noch eine Menge mehr: Man kann im Internet Musik anhören, kurze Ausschnitte aus Filmen anschauen, Brieffreundschaften mit Kindern und Jugendlichen aus der ganzen Welt pflegen, Fotos von anderer Leute Häuser sehen, die Bilder im Pariser Museum Louvre anzeigen und verfolgen, welche Bilder die amerikanische Raumfahrtbehörde NASA vom Mars sammelt.

Ein Doppelklick auf das Globussymbol mit der Lupe startet die Internet-Verbindung.

So ist das Internet aufgebaut

Im Internet gibt es fünf grundlegende Dienste: elektronische Post, Diskussions-

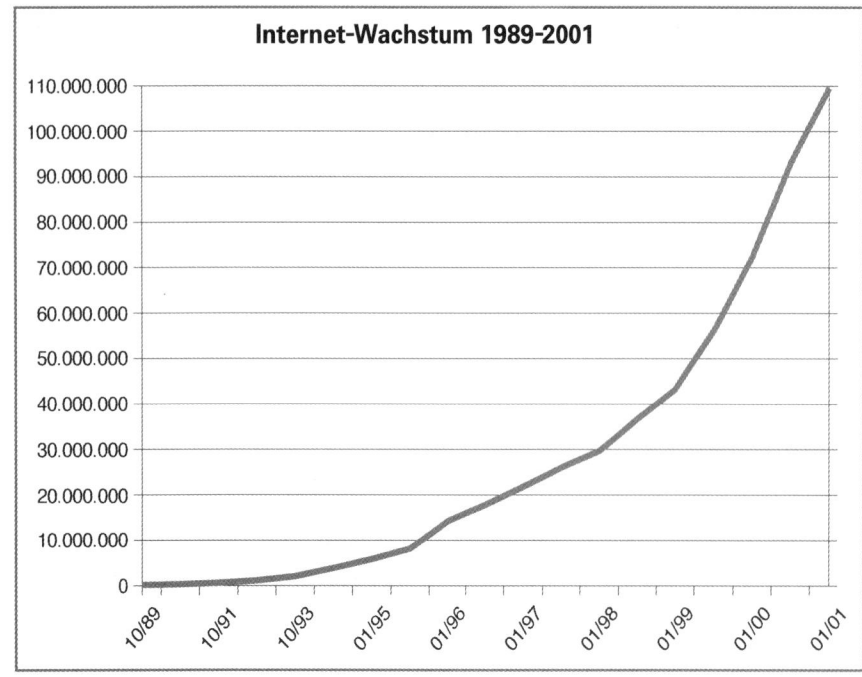

Wachstum des Internets von 1989 bis 2001

Internet-Wachstum 1989-2001

gruppen, Plauderecken, Dateiarchive und das „World Wide Web". Diese Dienste sind zusammengenommen der Inhalt des Netzes, um den es eigentlich geht.

Elektronische Post wird auch „E-Mail" genannt. Dabei handelt es sich schlicht um eine Möglichkeit, Texte und andere Daten per PC an jeden zu verschicken, der ebenfalls eine Möglichkeit zum Empfang von E-Mail hat.

Diese Dienstleistung des Internets ist eine Sache mit Zukunft. Zwischen Absenden und Empfangen einer E-Mail vergehen meist nur wenige Minuten. Außerdem können andere Daten wie zum Beispiel die Texte eines Schreibprogramms oder ein Foto mit der E-Mail geschickt werden. Das ist viel schneller und außerdem billiger als der normale Postweg.

Diskussionsgruppen („Newsgroups") sind eine etwas andere Form von E-Mail: Ein Text wird in diesem Fall nicht an einen bestimmten Empfänger geschickt. Stattdessen geht er an einen Rechner, der am Verbund des „Usenet" teilnimmt.

Der Name „Usenet" steht für User's Network und ist ein weltweites (und auch das weltgrößte) Informations- und Diskussionssystem. Es besteht aus einer Unmenge an so genannten Newsgroups – öffentlichen Diskussionsforen, von denen jedes einem bestimmten Thema gewidmet ist.

Es gibt mehr als 15.000 Diskussionsgruppen mit Themen von Computer über Wissenschaft, Hobbys, Politik und Nonsens. Das Usenet lässt sich am besten mit einem „schwarzen Brett" vergleichen. Dort kann jeder einen Text schreiben und mit allen anderen Teilnehmern über das Thema der Diskussionsgruppe einen von allen lesbaren Briefwechsel führen.

Plauderecken („Chats" im „IRC") sind Treffpunkte auf besonderen IRC-Rechnern („Internet Relay Chat"), in denen sich die Teilnehmer per Tastatur miteinander unterhalten – dies wird auch „chatten" genannt.

Das funktioniert ganz einfach: Alles, was jemand in seine Tastatur eintippt, erscheint bei allen Leuten auf dem Bildschirm, die eine Verbindung zu diesem IRC-Rechner haben. Die Plauderecken im IRC sind thematisch geordnet, so dass auch hier Gleichgesinnte aufeinander treffen.

Dateiarchive sind eine gute Ergänzung zum sonstigen Angebot des Internets. Dieser Dienst wird kurz FTP („File Transfer Protocol", Dateiübertragungsprotokoll) genannt. Mit einem besonderen Programm verbindet sich der Internet-Nutzer mit dem Zielrechner und meldet sich dort als Benutzer an. Das geht aber nur, wenn er auf diesem Rechner

mit seinem Namen registriert ist. Er kann nun Dateien auf diesen Rechner kopieren oder von dort laden.

Ohne Registrierung funktioniert das Laden von Dateien bei einem Dienst, der „Anonymous FTP" genannt wird. Überall auf der Welt gibt es Anonymous-FTP-Server mit frei zugänglichen Bereichen auf der Festplatte, von denen sich jeder kostenlose Programme laden kann.

Informationen aller Art finden sich im *World Wide Web*. Dieses „weltweite Gewebe" ist der größte Dienst auf dem Internet und bietet eine Unzahl an Möglichkeiten. Im Grunde ist das WWW lediglich ein technisches Verfahren zum Zugriff auf Informationen, die in Seiten angeordnet und miteinander verknüpft sind.

Es ist ein Hilfsmittel zum Lesen und Anzeigen von Informationen, die oft durch Bilder, Töne und Videos ergänzt sind. Es ist sehr einfach zu bedienen und ist deshalb bei Anbietern und Nutzern von Informationen besonders beliebt: Die weiter vorne vorgestellten Möglichkeiten von Pizzabestellung bis Louvre-Besuch finden sich nur in diesem Bereich des Netzes.

Der Weg ins Internet

Neben einem Computer sind drei Dinge nötig, um ins Internet zu kommen:

Erstens ein Modem oder eine ISDN-Karte, um überhaupt eine Verbindung mit dem Netz zu bekommen. Diese beiden Geräte verbinden den Rechner mit dem Telefon- oder dem

ISDN-Netz und ermöglichen das Versenden und Empfangen von beliebigen Daten.

Ein Modem ist ein kleiner Kasten, der über ein Kabel mit dem PC und über ein zweites mit dem Telefonanschluss in der Wand verbunden ist. Die ISDN-Karte steckt schon im PC und braucht nur ein Kabel zum Anschluss an der Wand.

Gemeinsam ist beiden Geräten eines: Sie bereiten die Daten aus dem Computer so vor, dass sie ins Internet passen. Das ist nötig, weil Telefon und ISDN eigentlich nur für Sprache gedacht sind.

Ähnlich wie bei einem normalen Telefongespräch wählt das Modem oder die Karte eine Nummer. Auf der anderen Seite nimmt zum Beispiel ein weiteres Modem den Anruf entgegen. Es ist per Kabel mit einem Computer verbunden, der bereits über eine spezielle Kabelstrecke eine andere Internet-Verbindung hat. Damit ist dann die Verbindung zu allen 30 Millionen Rechnern im Internet geschaffen.

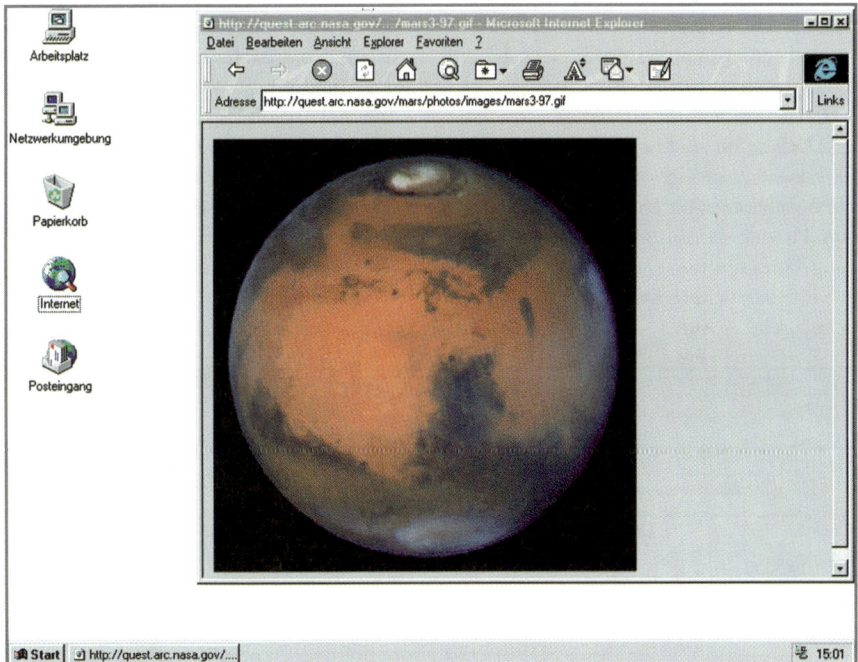

Ein Doppelklick auf das Globussymbol mit der Lupe startet die Internet-Verbindung

Doch mit Modem oder ISDN-Karte allein funktioniert die Verbindung nicht: Zweitens braucht jeder Internet-Nutzer ein Programm, das für die Verbindung sorgt. Eine Grundausstattung für den Zugang zum Internet befindet sich heute auf jedem PC, der mit Windows 95 oder 98 arbeitet. Ein paar Tipps zur Arbeit im Internet kommen gleich, doch zuerst zum letzten Punkt:

Neben Modem und den Internet-Programmen ist drittens ein Internet-Provider nötig. Das ist eine Firma, die einen Zugang zum Internet bereitstellt und weitere Dienstleistungen erledigt – zum Beispiel das Aufbewahren der E-Mail.

Komischerweise hat sich bei einigen Leuten das Gerücht durchgesetzt, das Internet sei kostenlos. Das stimmt nicht. Im Prinzip ist das Internet sogar eine sehr teure Sache. Nur Studenten an Universitäten und Schüler in einigen ans Netz angeschlossenen Schulen haben eine Möglichkeit, das Internet kostenlos zu nutzen.

Alle anderen zahlen für den Internet-Service. Die Betreiber einzelner Internet-Rechner zum Beispiel müssen entsprechend ausgestattete Rechner und die notwendige Software kaufen sowie die Kabelstrecken für die Verbindung bezahlen.

Das trifft in kleinem Umfang auf jeden privaten Internet-Nutzer zu: Der Internet-Provider verlangt Gebühren für den Zugang zum Netz. Einige kostengünstige Provider bieten Pauschaltarife an, bei denen man das Netz für einen festen Betrag nutzen kann. Andere Provider dagegen berechnen neben einer Grundgebühr auch noch Online-Gebühren pro Minute, sobald die Zahl der kostenlos nutzbaren Freistunden überschritten ist.

Doch damit sind noch nicht alle Kosten abgedeckt: Zusätzlich müssen noch die üblichen Telefongebühren für die Verbindung zum Provider bezahlt werden. Bei den Telefongebühren setzen sich Rabatte und Pauschalpreise für Internet-Zugänge erst langsam durch.

Das World Wide Web arbeitet nach dem Prinzip von **Hypertext**.

↓

Hypertext enthält Verweise auf andere Texte. Diese Verweise werden **Hyperlinks** genannt.

Ein Hyperlink ist ein Verweis auf andere Informationen. Ein Mausklick auf den Hyperlink zeigt Informationen dazu an.

So funktionieren Hyperlinks

So wird das Internet bedient

Für die Benutzung jedes der verschiedenen Internet-Dienste (E-Mail, Usenet, FTP, WWW) sind eigentlich verschiedene Programme notwendig. Doch auf den meisten Computern mit Windows 95 oder 98 gibt es zwei Programme, mit denen alle diese Dienste benutzt werden können: ein Programm zum Versenden und Empfangen der elektronischen Post („Exchange" oder „Outlook Express") und ein WWW-Anzeigeprogramm („Internet Explorer"), das auch mit dem Usenet und FTP etwas anfangen kann. Für die Benutzung der IRC-Plauderecken dagegen muss erst einmal spezielle Software besorgt werden.

Da der wichtigste Bestandteil des Internets das „World Wide Web" ist, soll es hier in erster Linie darum gehen. Das World Wide Web

---

ist ein weltweiter, seitenorientierter Infodienst, der nach dem Prinzip von „Hypertext" arbeitet. Das heißt, man kann in einem Textfenster mit der Maus auf ein bestimmtes (gekennzeichnetes) Schlüsselwort klicken und bekommt zu diesem Wort weitere Informationen präsentiert. Dieses Schlüsselwort nennt man „Hyperlink", was so viel wie „darüber hinausgehende Verknüpfung" bedeutet.

Die Hyperlinks im World Wide Web verweisen auf andere Informationsangebote im Internet. Damit das Anzeigeprogramm diese Angebote nutzen kann, wird für die Angabe der Informationsquelle ein so genannter „Uniform Resource Locator" (URL) benutzt – auf Deutsch: eine einheitliche Fundstellenbeschreibung.

Der URL für eine WWW-Seite könnte zum Beispiel so aussehen:

`http://host.domain.de/hyper/hallo.htm`

Diese WWW-Adresse ist notwendig, damit die Seite im Anzeigeprogramm erscheint. Sie wird meist automatisch beim Anklicken eines Hyperlinks ins Internet geschickt, wo dann verschiedene Hilfsprogramme auf anderen Rechnern die Verbindung zu dieser Seite aufbauen und sie an den heimischen Rechner schicken. Eine WWW-Adresse kann man aber auch in die weiße Eingabezeile unter den Symbolen eingeben, um direkt zu einer bestimmten Seite zu kommen.

Die Hyperlinks im Text sind in einer anderen Farbe dargestellt und sehr leicht zu erkennen. Doch es gibt auch „grafische" Hyperlinks – zum Beispiel die einzelnen Bundesländer in der Karte der Abbildung auf Seite 18. Ein Klick auf einen Teil dieser Grafik zeigt eine andere Seite an.

Grafische Hyperlinks sind nicht immer leicht zu erkennen, doch viele Anbieter benutzen als optisches Signal eine Gestaltung, die bereits von Windows und ähnlichen Systemen her bekannt ist. Die „anklickbaren Grafiken" sind als Schaltfläche oder als Registerzunge dargestellt.

Im Zweifel hilft ein Trick. Wenn man einen grafischen Hyperlink mit dem Mauszeiger anfährt, verwandelt der Zeiger sich plötzlich in eine kleine zeigende Hand. Das heißt: Ein Klick führt zu einer anderen Seite. Bei einfachen Grafiken ohne Hyperlink bleibt der Mauszeiger dagegen so, wie er war.

Mehr Überblick im Netz

In den kurzen Erklärungen zur Größe, zum Aufbau und zum Inhalt von Internet und World Wide Web klang es schon an: Das Netz ist ein ziemlich unübersichtliches Ge-

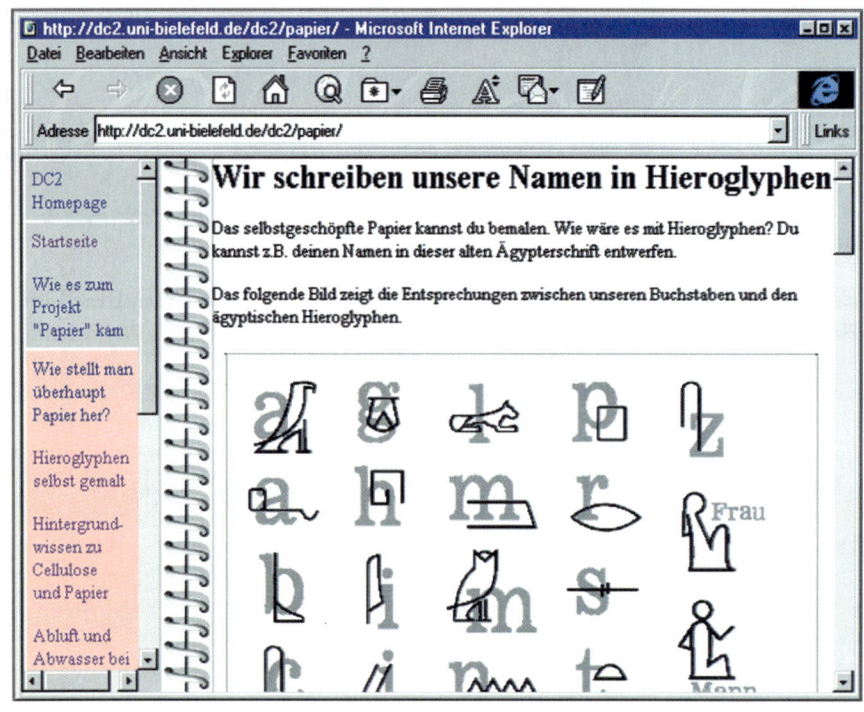

Interessantes zu Papier und Hieroglyphen im Internet

bilde. Nicht umsonst gibt es für das Klicken durch Angebote den Begriff „Surfen". Das Lesen und Anschauen von Informationen gleicht oft eher einem wilden Ritt über Wellen als einem gezielten Ansteuern von bestimmten Angeboten.

Im Gegensatz zu einer Bücherei gibt es im Internet kein zentrales Verzeichnis. Wer in der Schul- oder Stadtbücherei ein Buch zu einem bestimmten Thema sucht, kann sich anhand einer Kartei, einem Verzeichnis auf einem PC-Monitor oder auch bloß anhand der Beschriftungen an den Regalen orientieren. So ist es ziemlich einfach, in einer Bücherei beispielsweise die Abteilung mit den Tierbüchern zu finden und anschließend ein Buch über Hunde oder Pferde.

Im Internet fehlt ein vollständiges Verzeichnis wie in einer Bücherei. Wenn man das WWW-Anzeigeprogramm startet, taucht zunächst einmal die „Startseite" (oft „Homepage" genannt) auf, bei der man mit dem Klicken beginnt. Die Homepage kann der Besitzer seines Rechners völlig frei einstellen.

Für Schülerinnen und Schüler empfiehlt es sich, eine der Übersichts- oder Leitseiten aus dem URL-Verzeichnis einzustellen, die am Ende dieses Artikels vorgestellt werden. Auf solchen Leitseiten findet man Verweise auf gute Internet-Seiten, bei denen auch ein regelmäßiger Besuch lohnenswert ist.

Doch was ist, wenn man etwas vollkommen anderes sucht – zum Beispiel die Web-Seiten einer Schülerzeitung in der Nähe des Wohnortes? In dieser Situation weiß man weder, wie die Schülerzeitung, noch, wie die Schule heißt. Man weiß nicht einmal, ob eine der Schulen in der Nähe überhaupt im Internet vertreten ist.

Auch für solche Wünsche gibt es im Internet Möglichkeiten. Die einfachste Lösung für das Problem ist es, die URL eines Internet-Katalogs einzugeben und dort auf die Suche zu gehen. Ein Internet-Katalog ist ein Web-Angebot, in dem Verweise auf interessante und wichtige Internet-Angebote gesammelt werden.

In Deutschland gibt es drei große Internet-Kataloge („Yahoo!", „WEB.DE" und „DINO Online"), bei denen ein paar Angestellte den ganzen Tag nichts weiter tun, als Internet-Angebote anzuschauen, die Verweise mit einer kurzen Beschreibung zu ergänzen und im Web anzubieten.

Diese Internet-Kataloge sind ähnlich organisiert wie eine Bücherei: Es gibt große Oberabteilungen wie „Sport und Freizeit". Wenn man auf den Hyperlink mit diesem Begriff klickt, erscheint eine weitere Seite mit anderen Links.

Dort stehen dann wichtige Oberbegriffe wie „Sport", „Motorräder" oder „Tiere und Haustiere". Ein Klick auf diese Hyperlinks verzweigt schließlich zu verschiedenen Unterbegriffen. Bei „Sport" ist es zum Beispiel „Fußball", „Leichtathletik" und jede andere Sportart.

Durch Klicken und Studieren der Hyperlinks kann man sich langsam zu dem Thema vorarbeiten, das einen interessiert.

Also: Wenn man Schülerzeitungen sucht, muss man nach dem Aufrufen von „Yahoo!" erst auf „Bildung und Ausbildung" klicken. Auf der nächsten Seite folgt ein Klick auf „Schulen", worauf wieder eine Seite erscheint.

Hier findet man endlich den Hyperlink „Schülerzeitungen", der zu einer riesigen Liste mit Schülerzeitungen führt. Sobald

zu suchen. Eine Alternative zum Klicken in einem Verzeichnis aus Ober- und Unterbegriffen ist das freie Suchen mit Hilfe eines Suchsystems. Die drei besten Suchsysteme heißen „Crawler", „Fireball" und „Kolibri":

http://www.crawler.de/
http://www.fireball.de/
http://www.kolibri.de/

Ein Suchsystem besteht aus einer riesigen Sammlung an Verweisen auf alle möglichen Web-Seiten. In dieser Sammlung („Datenbank") kann man suchen, indem man einen Suchbegriff eintippt und auf einen Hyperlink klickt, der meist „Suchen" oder „Suche" heißt.

Nach einer kurzen Wartezeit überträgt das Suchsystem eine Liste mit allen gefun-

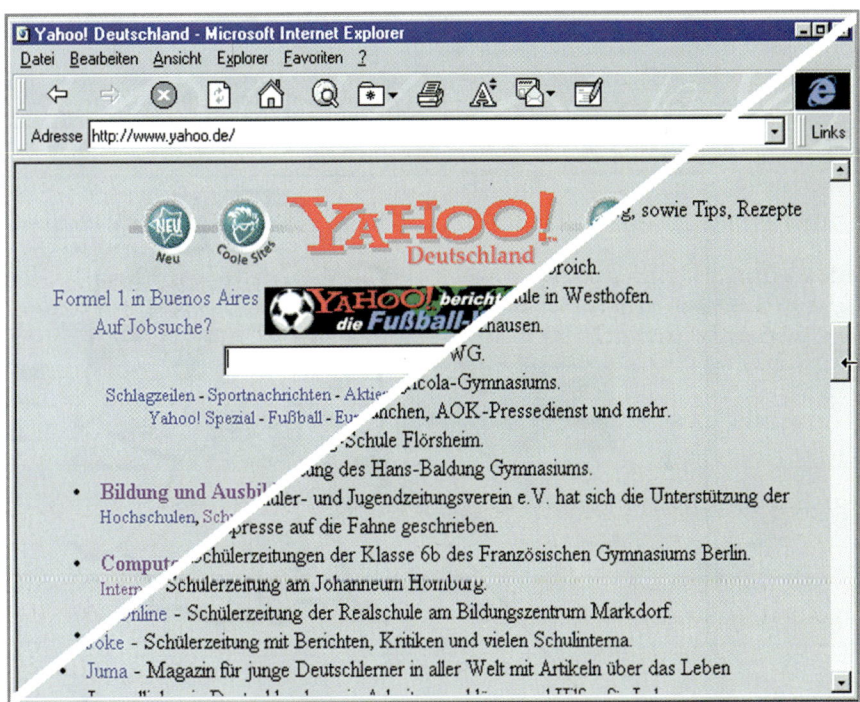

Suchen eines Internet-Angebotes mit Yahoo!

man eine Schule in der Nähe gefunden hat, weist ein Hyperlink auf die Web-Seite dieser Schülerzeitung.

Allerdings: Yahoo! ist bei weitem kein vollständiges Verzeichnis der Angebote. Es ist auf jeden Fall eine gute Idee, bei den zwei anderen Katalogen ebenfalls nachzuschauen. Und die URLs sind:

http://www.dino-online.de/
http://web.de/
http://www.yahoo.de/

Die drei Internet-Kataloge sind aber nicht die einzige Möglichkeit, etwas im Netz

denen Seiten auf den Rechner. Diese Liste kann sehr kurz oder auch sehr lang sein – das Suchsystem gibt als Antwort auf die Frage alle Web-Seiten zurück, in denen der Suchbegriff vorkommt.

Das Problem dabei ist, dass diese Listen sehr unübersichtlich sind und viele Hyperlinks nicht auf etwas wirklich Interessantes verweisen. Ein Beispiel: Wenn man beim „Crawler" den Suchbegriff „Schülerzeitung" eingibt, bekommt man weit über 5000 Verweise angezeigt. Das ist viel zu viel, um sich alles anzuschauen.

Solche Riesenlisten zu vermeiden hilft ein kleiner Trick: Man gibt einfach noch ein

Die Abbildung auf diesen Seiten gibt Hinweise zur Arbeit mit dem Internet Explorer. In diesem Programm steckt noch wesentlich mehr, aber für den ersten Versuch reichen die kurzen Erklärungen. Auf jeden Fall ist es aber eine gute Idee, die ersten Ausflüge ins Internet zusammen mit jemandem zu machen, der sich bereits gut auskennt.

Das rote Stoppsymbol bricht das Laden der Seite ab. Man benutzt es, wenn man zu lange auf die Seite warten muss oder irrtümlich die falsche Seite aufgerufen hat. Das Symbol mit den Pfeilen erneuert die aktuelle Seite. Man benutzt es, wenn die Übertragung unterbrochen wurde oder zu langsam ist. Beim erneuten Anzeigen geht es oft schneller.

Dieses Feld enthält die Internet-Adresse der gerade angezeigten Seite. Wenn man ein Internet-Angebot direkt ansehen will: man trägt die Adresse dort ein und drückt auf die Enter-Taste. Wichtig: Die Adresse muss hundertprozentig richtig geschrieben werden, sonst erscheint die Seite nicht.

Die beiden Pfeilsymbole reagieren auf einen Mausklick: Der Linkspfeil zeigt die zuletzt angeschaute Seite an; der Rechtspfeil blättert wieder vor. Damit kann man ganz einfach „zurückblättern", um eine eben angesehene Seite ohne Umstände wieder anzuzeigen.

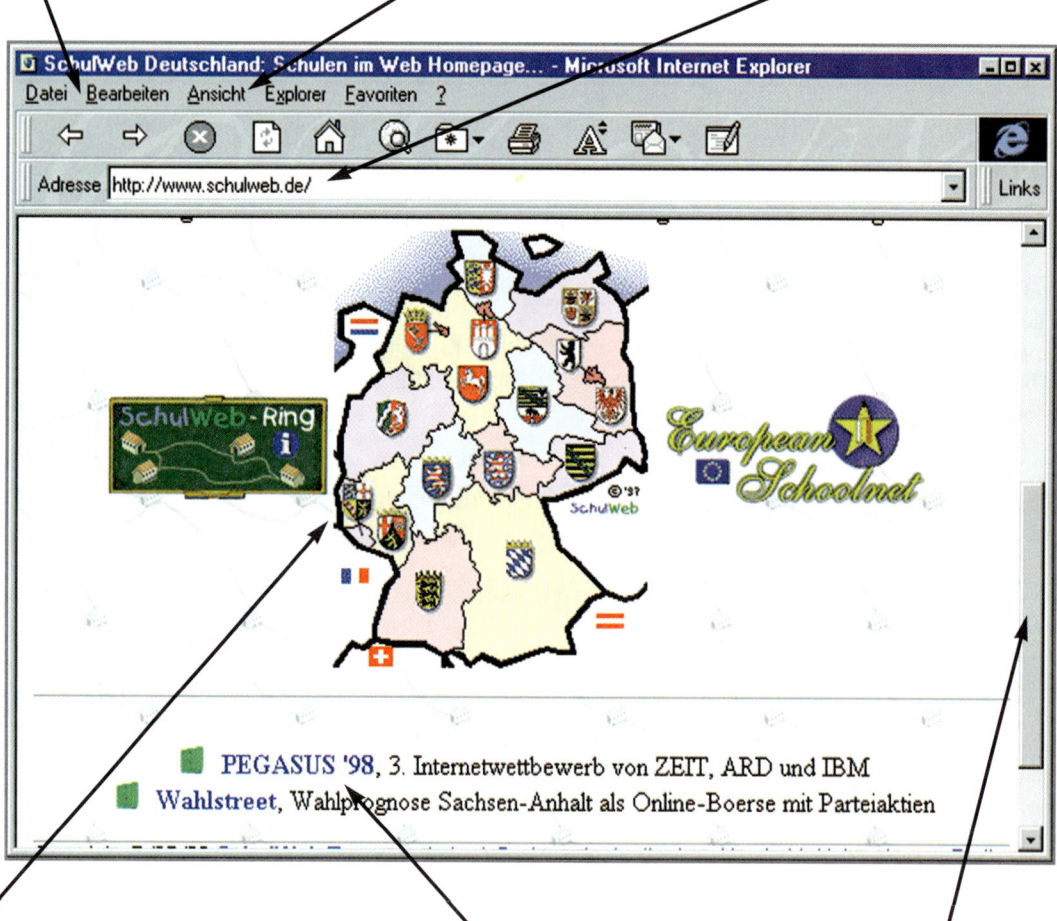

Nach einem Mausklick auf diese Deutschlandkarte geht es weiter zu einer anderen Seite mit einer Liste der Schulen eines Bundeslandes. Viele Internet-Seiten haben solche „anklickbaren" Bilder, die andere Informationen anzeigen.

Ein Mausklick auf solche andersfarbig (oft blau) hervorgehobenen Worte zeigt ebenfalls eine andere Seite an. Ein solches „anklickbares" Wort heißt Hyperlink. Damit können Informationen verknüpft werden, so dass zum Beispiel eine genaue Worterklärung auf einer anderen Seite angezeigt werden kann.

Man kann mit dem Mauszeiger auf diesen Rollbalken gehen, die linke Maustaste drücken und dann den Balken nach unten ziehen. Dadurch erscheinen nach und nach die bisher unsichtbaren Informationen auf dieser Internet-Seite: Das Bild im Anzeigeprogramm wird „gerollt".

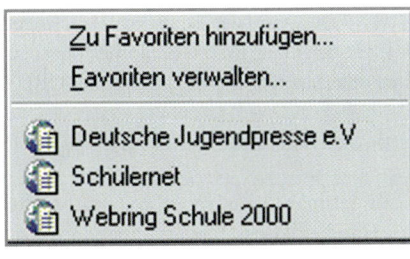

Ein Klick auf das Haus-Symbol zeigt wieder die Startseite an. Damit kann man ganz schnell wieder zum Ausgangspunkt zurück, wenn man sich in den Web-Seiten „verirrt" hat.

Das Symbol mit Globus und Lupe ruft eine Liste mit Internet-Katalogen und Suchsystemen auf.

Das Ordnersymbol zeigt das Favoritenmenü (oben). Wenn man den Befehl „Zu Favoriten hinzufügen" anklickt, kann man die im Moment sichtbare Web-Seite in das Favoritenmenü eintragen.

Mit einem Klick auf das Druckersymbol kann man die im Moment sichtbare Seite ausdrucken.
Anschließend erscheint noch ein Dialogfeld, das man mit einem Klick auf OK einfach bestätigen kann. Danach wird die Seite gedruckt.

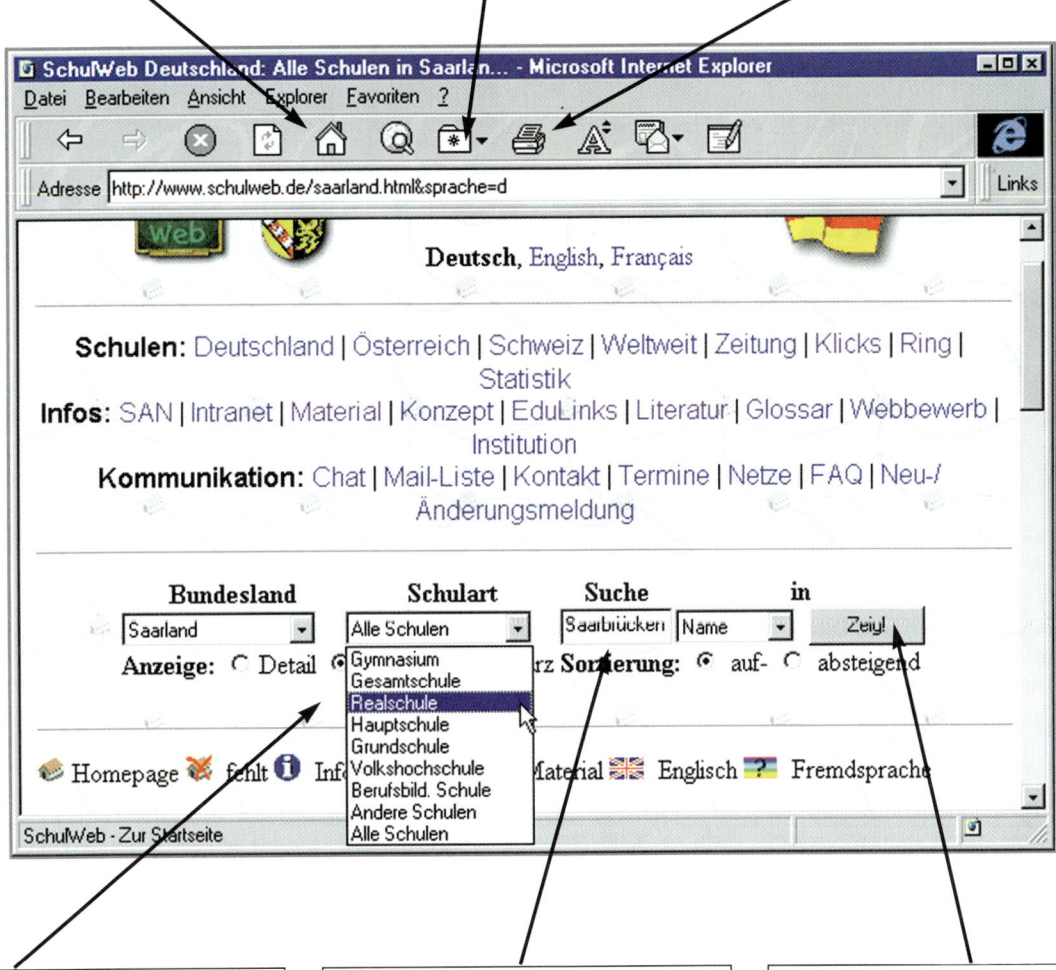

Bei vielen Web-Seiten muss man etwas aus Listen auswählen oder eingeben, damit es weitergeht.
Eine Auswahlliste wird durch einen Klick auf den Abwärtspfeil geöffnet. Ein Klick auf einen der Einträge stellt ihn als Auswahl ein.

Eingabefelder kommen ebenfalls auf vielen Seiten vor – zum Beispiel bei allen Suchsystemen.
Damit man etwas eingeben kann, muss man das Feld erst durch einen Mausklick in das Innere aktivieren. Anschließend kann man die Tastatur benutzen.

Eine solche Schaltfläche wird meist benutzt, um die Auswahl aus Listen und die Worte in Eingabefeldern „abzuschicken".
Sie funktioniert ähnlich wie ein Hyperlink: Ein Klick zeigt andere Informationen an.

paar andere Worte ein, die die Suche beschränken. Da man vielleicht nur an Schülerzeitungen aus Bayern interessiert ist, kann man es mit „Schülerzeitung Bayern" versuchen.

Falls man nur an Zeitungen aus München interessiert ist, hilft die Eingabe von „Schülerzeitung München". Im letzten Fall bekommt man zwar auch eine recht lange Liste, doch gleich die ersten Einträge sind Hyperlinks zu Münchener Schülerzeitungen.

Ein Internet-Katalog ist übersichtlich aufgebaut und einfach zu bedienen – das ist ein großer Vorteil, wenn man nicht lange nach

Als Erstes ein paar Tipps für Web-Angebote, die den Gang in eine Bibliothek oder den Kauf teurer Lexika ersparen. Unter der URL

http://www.iicm.edu/ref.m10/

findet man die etwa 44.000 Stichworte des Handlexikons „Meyers Lexikon – Das Wissen A–Z". Man kann entweder in einer alphabetischen Liste die Buchstaben anklicken oder einen Suchbegriff eingeben. Die etwa 12.000 Querverweise im Buch sind durch Hyperlinks auf die entsprechenden Stichwörter ersetzt.

Einem weiteren im Internet auftauchenden Verständnisproblem widmet sich

http://zaphod.cs.uni-sb.de/Corner/Ab-klex/abklex.html

Dort kann eine Liste mit Abkürzungen aus dem Computer-Bereich durchsucht werden – damit sind dann auch seltsame Abkürzungen wie PHIGS kein Problem mehr.

Wer wissen möchte, wie der Autor eines bestimmten Buches heißt oder wer den Preis wissen möchte: Bei

http://www.buchhandel.de/

gibt es die Möglichkeit, diverse Buch-, CD-ROM- und Zeitschriftenverzeichnisse zu durchsuchen. Nach einem Klick auf „Datenbanken" geht es weiter zu den verschiedenen Verzeichnissen. Etwas ganz ähnliches bietet auch

http://www.amazon.de/

Hinter dieser URL verbirgt sich ein Buchversand, der portofrei die gewünschten Bücher ins Haus schickt – übrigens auch englische und französische.

Die Internet-AG der Hauptschule Sonthofen (Allgäu) stellt sich vor

einer Web-Seite suchen will. Aber kein Katalog verzeichnet alle Seiten, die es zu einem bestimmten Thema gibt.

Die Internet-Suchsysteme haben dagegen beinahe alles erfasst, was sich im Internet befindet. Dafür sind sie aber vollkommen unsortiert. Manchmal „finden" die Suchsysteme nach Eingabe eines Stichwortes auch Seiten, die überhaupt nichts mit dem gesuchten Thema zu tun haben. Suchsysteme sind wirklich nur etwas für Leute mit viel Zeit und einiger Internet-Erfahrung. Für den Anfang sollte man nur „Yahoo!", „WEB.DE" und „DINO Online" nutzen – sie führen schneller ans Ziel.

Nachschlagen im Internet

Damit die ersten Ausflüge ins Internet leichter gelingen, folgen nun ein paar Hinweise auf interessante und für Schüler gut geeignete Web-Seiten.

Ein solches Handwörterbuch ist nicht in allen Fällen eine Hilfe. Unter

http://www.langenscheidt.aol.de/

findet man „Langenscheidts Fremdwörterbuch" mit rund 30.000 Stichwörtern. Hier ist nur die Eingabe eines Suchbegriffs möglich, wobei die Option „ähnlich" genutzt werden sollte – dann werden auch ähnlich geschriebene oder klingende Wörter angezeigt.

Im Internet sind sehr viele Texte in Englisch. Das ist aber in vielen Fällen kein großes Problem, da sich die meisten Autoren bemühen, möglichst einfach und verständlich zu schreiben. Wer trotzdem ein Wort nicht versteht, kann bei

http://www.leo.org/cgi-bin/dict/

in einem englisch-deutschen Wörterbuch mit mehr als 170.000 Einträgen nach den fraglichen Vokabeln suchen.

Schulen im Internet

Die bisher vorgestellten Web-Angebote sind eigentlich für jeden interessant. Jetzt geht es aber um spezielle Web-Seiten für Schüler (und Lehrer).

Es gibt drei Web-Angebote, die auf ihren Seiten Hyperlinks auf alle WWW-Seiten von Schulen, Schülerzeitungen, Schülergruppen und ein paar andere Angebote für junge Leute versammeln:

http://www.schulweb.de/
http://www.schule.de/
http://www.schulen.org/

Das „SchulWeb" ist ein guter Einstieg, da dort die Schulen über eine klickbare Deutschlandkarte ziemlich einfach zu erreichen sind. Außerdem kann man im „SchulWeb" suchen, indem man einfach einen Ortsnamen eingibt. Ein weiteres, auch für Eltern und Lehrer interessantes Angebot ist die Web-Seite des Vereins „Schulen ans Netz" mit der URL

http://www.san-ev.de/

Falls die eigene Schule noch nicht im Web ist, kann man am Internet interessierte Lehrer(innen) ja auf diese Seite aufmerksam machen.

Alle diese Web-Angebote versammeln eine große Zahl an Hyperlinks zu Seiten, die nur zum Teil von Lehrern gemacht worden sind – viele Schülerinnen und Schüler haben dort eigene Angebote zusammengestellt. Das reicht von Projektberichten bis hin zu ganzen Ausgaben von Schülerzeitungen.

Schüler im Internet

Zwei Angebote für Kinder und Jugendliche, die aber von Erwachsenen zusammengestellt werden, sind

http://www.langenscheidt.de/schulnet/
http://www.youngnet.de/

Das erste Angebot ist das (poppig-bunte) „SchülerNet", eine Initiative des Langenscheidt-Verlags. Es hat eher Hobby und Freizeit zum Thema, bietet aber auch Infos zu Themen wie „Schüleraustausch" und einen Schülerzeitungswettbewerb.

Das zweite Angebot nennt sich „YoungNet" und wird von der Bundesregierung betrieben. Dort finden sich Verweise auf ausgewählte Web-Seiten. Besonders interessant sind die Informationen für Berufseinsteiger und Links zu Info-Angeboten über Bundestag, Parteien und Europa.

Doch es gibt auch Web-Seiten, bei denen Schülerinnen und Schüler auch als Betreiber von größeren Angeboten mitwirken:

http://www.schulhilfen.com

ist ein Projekt von Schülern für Schüler. Gegründet wurde die Seite im Juli 1997 von Florian Stilkerich in Erlangen. „Schulhilfen Online" ist ein Web-Angebot mit allerlei Lernhilfen, einem Verzeichnis von Nachhilfe-Lehrern, Hinweisen zu Praktika oder Ausbildungen und vielen Verweisen auf weitere Web-Seiten für Schüler.

Einige Beispiele für das umfangreiche Angebot: Unter dem Stichwort „Grammatik" gibt es zahlreiche Verweise auf Online-Kurse in den Fächern Deutsch, Latein, Englisch und Französisch und Griechisch. „Schulhilfen Online" sammelt außerdem Kurzbiographien zu bedeutenden Persönlichkeiten wie Schriftsteller und Politiker.

Das kostenlose und ehrenamtlich zusammengestellte Angebot lebt allerdings von der Mithilfe anderer: Jeder, der eine Facharbeit oder eine Kurzbiographie zusammengestellt hat, kann sie „Schulhilfen Online" zur Verfügung stellen.

Informationen und Hilfen zum Thema „Abitur" widmet sich

http://www.abitur.de/

Das dürfte zwar nur ältere Gymnasiasten interessieren – aber es ist in jedem Fall gut, frühzeitig vorbereitet zu sein.

Ein ganz anderes Thema haben die Seiten der „Deutschen Jugendpresse e. V." unter der URL

http://www.deutsche-jugendpresse.de

Hier geht es nur um Schülerzeitungen. Es gibt Verweise auf andere Organisationen, die Schülerzeitungen unterstützen, sowie eine Bestellmöglichkeit von Pressemappen zu verschiedenen Themen.

Wissen im Internet

Viele der WWW-Seiten von Schulen bieten Informationen aus verschiedenen Schulfächern an. Das reicht von Berichten aus Arbeitsgemeinschaften und Projektwochen bis hin zu Arbeitsmaterial.

Doch statt mühsam die einzelnen Schulseiten zu durchsuchen, reicht ein Besuch bei den folgenden URLS:

http://dbs.schule.de/

ist der „Deutsche Bildungs-Server" mit einem riesigen, nach Schulfächern sortierten Angebot an Arbeitsmaterial, WWW-Lernprogrammen und vielen interessanten Informationen.

Die drei folgenden Web-Angebote, die besonders ergiebig sind, heißen „Zentrum für Medien im Internet", „Bildung und Lernen" und „Bildung Online":

http://www.zum.de/
http://www.bildung-lernen.de/
http://www.b-o.de/

Sie sind ähnlich wie der Bildungs-Server organisiert und und bieten ebenfalls Material für alle Schulfächer an.

In diesem Material finden sich viele Links und Verweise zu Lernprogrammen oder informativen Web-Angeboten. Ein paar Beispiele für gute Lernseiten: Unter URL

http://www.merian.fr.bw.schule.de/
mallig/bio/Repetito/Bfosyn2.html

wird ein interaktiver Selbstlernkurs zum Thema „Fotosynthese" angeboten.

In englischer Sprache, aber trotzdem leicht verständlich, ist das interaktive Periodensystem der Elemente bei

http://www.shef.ac.uk/~chem/webelements/

Wer Probleme im Fach Deutsch hat, kann sich unter der URL

http://members.aol.com/deukurs/-index.html

einen Auffrischungskurs zu Grammatik, Rechtschreibung und Zeichensetzung anschauen.
Ein ähnliches Angebot gibt es bei

http://www.edunet.com/

auch für die englische Sprache.

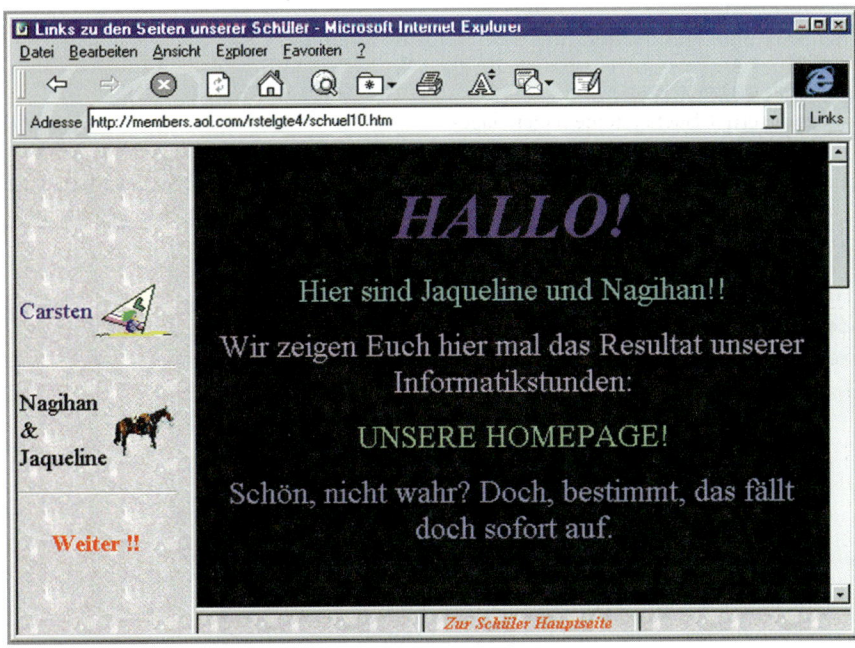

Die Homepage zweier Schülerinnen der Kardinal-von-Galen-Realschule Telgte

Mathematik

Für Genaue: Mathematik und Informatik 24

Grundrechenarten
Natürliche Zahlen und ihr Gebrauch 26
Darstellung natürlicher Zahlen 28
Addition und Subtraktion natürlicher Zahlen, Gleichungen 30
Multiplikation und Division natürlicher Zahlen 32
Rechenbäume, Gleichungen mit Variablen 34
Von Primzahlen zu gemeinsamen Teilern und Vielfachen 35
Teilbarkeit natürlicher Zahlen 36
Bruchrechnung 38
Dezimalbrüche und Dezimalzahlen 42

Einführung in die Geometrie
Grundlagen der Geometrie 44
Geraden, Halbgeraden und Strecken 46
Zeichnen mit dem Geodreieck und Maßeinheiten 48
Vierecke und Kreise 50
Umfang und Flächeninhalte 52
Oberflächen und Rauminhalte 54
Winkel und Winkelmessung 56

Bewegungen
Verschiebungen 58
Drehungen 60
Spiegelungen 62

Gleichungen mit rationalen Zahlen
Ganze und rationale Zahlen 64
Gleichungen und Ungleichungen 66
Betragsrechnung 68

Funktionen im Koordinatensystem
Zuordnungen und Funktionen im Koordinatensystem 70
Proportionale und lineare Funktionen 72
Antiproportionale Funktionen 75
Rechnen mit Funktionen und ihre Definitionsbereiche 76

Geometrie am Dreieck
Das Dreieck 78
Kongruenz 82
Symmetrien 83
Rechtwinklige Dreiecke 84
Die Strahlensätze 86
Ähnlichkeiten 88
Zentrische Streckung 90
Scherungen 92
Die Dreiecksfläche 93

Anwendung proportionaler Zuordnungen

Proportionalitäten, Dreisatz   94
Prozent- und Zinsrechnung   96

Umgang mit Gleichungssystemen

Binomische Formeln   98
Der Umgang mit Bruchgleichungen   100
Lineare Gleichungssysteme   104

Rechnen mit irrationalen Zahlen

Reelle Zahlen   108
Potenz- und Wurzelrechnung   110

Ebene Geometrie

Vielecke   112
Spezielle Vielecke   114
Der Kreis   116

Räumliche Geometrie

Prismen und Zylinder   120
Pyramiden und Kegel   122
Die Kugel   124
Platonische Körper   125

Trigonometrie

Trigonometrische Funktionen   126
Hilfsmittel zum Umgang mit Winkelfunktionen   130

Quadratische Gleichungen und Funktionen

Quadratische Gleichungen, allgemeine Lösung   132
Quadratische Funktionen   134
Linearfaktorzerlegung, Satz von Vieta   136

Elementare Funktionen

Umkehrbarkeit, Wurzelfunktion als Umkehrfunktion   138
Trigonometrie   140
Exponentialfunktionen   142
Logarithmen und logarithmische Funktionen   146
Exponential- und Logarithmusrechnungen   148

Wahrscheinlichkeitsrechnung

Grundlagen der Wahrscheinlichkeitsrechnung   150
Statistik   152
Kombinatorik   154
Die Bernoulli-Experimente   158
Verschiedene Zufallsexperimente   160

Formelsammlung

Mathematische Begriffe und Zusammenhänge   162

Für Genaue: Mathematik und Informatik

Nicht jeder, der eine Forschungsarbeit mit Hilfe eines Computers erstellt hat, kann sich damit automatisch in der Sparte Mathematik/Informatik von *Jugend forscht* bewerben. Schließlich sind Computer aus dem Alltag heute nicht mehr wegzudenken und haben selbst im durchschnittlichen Haushalt tausenderlei Funktionen: Sie dienen als Rechen- oder Zeichenmaschine, haben die gute alte Schreibmaschine abgelöst, erstellen Kochrezepte und Diätpläne, ersetzen Telefon- und Fahrplanauskunft, den Weg zur Bank, zur Bibliothek oder zur Vorverkaufsstelle – um nur einige wenige Möglichkeiten zu nennen. Und für viele sind sie nebenbei schlicht und einfach ein faszinierendes, wenn nicht gar Sucht erregendes Spielzeug.

Wer sich dagegen bei *Jugend forscht* (Teilnahmebedingungen und nähere Informationen auf Seite 896) in der Sparte Mathematik/Informatik beteiligen möchte, muss sich in seiner Arbeit mit Mathematik im klassischen Sinne (dazu gehören u. a. Zahlentheorie und Geometrie) bzw. mit Informatik im Sinne von Informationswissenschaften oder Computertechnologie befassen.

Lieblingsthema Computer

Wer sich ein neues Computerspiel ausdenkt, muss allerdings schon ganz Besonderes – und Computerspezifisches – bieten. Simple Kriegs- und Ballerspiele haben keine Chance und sind ohnehin nicht besonders innovativ.

Eine besondere Faszination geht für junge Forscher offenbar von den unendlichen Möglichkeiten der Computersimulation aus. So wurden Michael Rödel und Sebastian Geschwender (Abb. 1) vom W.-Ostwald-Gymnasium in Leipzig 1999 sächsische Landessieger mit ihrer Arbeit: „FINOPRO: Können computergenerierte Simulationen mechanischer Situationen realistisch aussehen und physikalisch korrekt sein?" Sie entwickelten ein Computerprogramm, das Gegenstände in zahlreiche kleine, tetraederförmige Bausteine zerlegt und genau ausrechnet, wie sich jedes einzelne dieser kleinen Teile bewegt. Auf diese Weise lassen sich Bewegungen von Körpern äußerst realistisch abbilden – Dominosteine fallen auf dem Bildschirm (fast) so realistisch um wie auf dem Spieltisch.

Noch nie von „Raytracing" gehört? Aber schon gesehen: Mit dieser Tricktechnik entstanden die äußerst lebensecht wirkenden Bilder der „Toy Story"-Filme. Stephan Winkler, Florian Laws und Matthias Föhl entwickelten hierzu eine Software mit bemerkenswerten Eigenschaften. Die bildliche Darstellung am Computer faszinierte auch Christoph Groth und Denis Kovacs: Sie

Abb. 1: Michael Rödel und Sebastian Gschwender (18) mit ihrem Computerprogramm zur Simulation mechanischer Vorgänge

schrieben ein Programm, das hochqualitative 3D-Grafiken in Echtzeit berechnet und damit wertvollen Speicherplatz spart. Interessant ist ein solches Programm nicht nur für Computerspiele und Bildschirmschoner, sondern durchaus auch für seriösere Zwecke: Damit können Schüler beispielsweise im Physikunterricht die Computersimulation eines Experiments „live" am Monitor mitverfolgen.

Einen Rechner auf Rädern entwickelten Carsten Balleier, Andreas Neumann und Georg Lukas. Ihr „Stöberling – ein autonomer Roboter mit plattformunabhängiger Steuerungssoftware" besitzt Tastsensoren und Ultraschallantennen, mit denen er Hindernisse orten und ihnen ausweichen kann. Für sein „Hirn", einen Mikroprozessor, schrieben die jungen Forscher ein eigenes, ganz ihrem „Kind" angepasstes Programm.

Mathematische Denkspiele

Es müssen aber nicht immer Computerprogramme sein: Markus Müller zum Beispiel wurde bayrischer Landessieger, weil er sich neugierig unterhalb der vielzitierten Benutzeroberfläche umsah: Was passiert eigentlich, wenn man die „Sinus"-Taste eines Taschenrechners drückt? Die Resultate hielt er in seiner Arbeit „Definitionserweiterung von Summen- und Produktreihen auf nicht-natürliche Anzahlen von Reihengliedern" fest. Er befasste sich mit einer ganz grundlegenden Frage: Ist es möglich, völlig „krumme" Summen zu bilden – zum Beispiel Reihen, die nicht aus drei oder dreiunddreißig Summanden bestehen, sondern aus einer krummen Anzahl wie 3,1416? Sein Resultat: In einigen, aber längst nicht in allen Fällen liefern die ungewöhnlichen Reihen vernünftige Ergebnisse.

Abb. 2: Martin Scherrmann, Oliver Donnerhak und Ralf Kittel (alle 20) konstruierten eine sechsbeinige Roboterspinne mit Microcontrollersteuerung

Sonderpreis Informationstechnik

Nach dem Erfinder Eduard Rhein, der in den 40er Jahren wesentlich zur Entwicklung von Fernsehen, Radio und Schallplatte in Deutschland beitrug und unter anderem den Schnellstarter für das Radio erfand, ist der Sonderpreis Informationstechnik im Wettbewerb *Jugend forscht* benannt. Hier kann man sich etwa mit Projekten beteiligen, die sich mit dem Internet, Verfahren zur Erzeugung fotorealistischer Grafiken, der Entwicklung eines dreidimensionalen Bildschirms, neuen Verfahren der Speicherung von Sprache, Informationen und Bildern und anderen

Spinnen als Thema einer Arbeit würde man eigentlich eher im Bereich Biologie vermuten – die Spinne von Martin Scherrmann, Oliver Donnerhak und Ralf Kittel (Abb. 2) aber gehört eindeutig ins Fachgebiet Technik. Fasziniert von den Bewegungen dieser Tiere entwickelte und baute das Forschertrio eine – allerdings sechsbeinige – Roboterspinne mit Microcontrollersteuerung, die sich tatsächlich ähnlich bewegt wie ihr Vorbild aus der Natur. Möglich macht das ein von den Drei entwickeltes Antriebssystem aus verschiedenen Schrittmotoren, Lagern und Exzentern.

braucht, kann beim Verein Deutscher Ingenieure (VDI), der auch die Preise stiftet, Rat und Hilfe bekommen. Dort gibt es einen Ansprechpartner für Probleme und Fragen:

Michael Kussmann
VDI Hauptgruppe
Bereich Technik und Bildung
Postfach 101139
40002 Düsseldorf
Telefon: 0211/6214-205

Wichtig für Erfinder: Patent anmelden

Wer etwas erfunden hat, möchte natürlich auch einen Nutzen davon haben. Deshalb sollten auch junge Erfinder, die an *Jugend forscht* teilnehmen, ihre Erfindung rechtzeitig – nämlich vor der Präsentation der Arbeiten – zum Patent anmelden. Schließlich zerbricht man sich nicht wochen- oder monatelang den Kopf, damit andere dann die gute Idee zu Geld machen.

Wer seine Erfindung durch Patent schützen lassen möchte, muss folgende Bedingungen erfüllen:

Die Erfindung muss wirklich neu, also beim derzeitigen Stand der Technik nicht bekannt sein. Das heisst auch, dass vor der Anmeldung zum Patent niemand etwas von dieser Erfindung erfahren darf, es sei denn, er hat sich zur Geheimhaltung verpflichtet. Wird die Erfindung vor der Anmeldung zum Patent etwa in einer Zeitung oder Zeitschrift veröffentlicht oder bei einer Ausstellung (und dazu zählt auch die Wettbewerbsausstellung von *Jugend forscht*) gezeigt, kann sie nicht mehr durch Patent geschützt werden. Also: am besten die schriftliche Arbeit zum Patent anmelden.

Außerdem muss die Erfindung aus einer erfinderischen Tätigkeit hervorgehen, also deutlich über den bisherigen Stand der Technik herausragen. Und sie muss gewerblich anwendbar sein.

Da die vorläufige Anmeldung zum Patent und die notwendige erste Recherche die meisten Taschengeldverhältnisse etwas übersteigt (insgesamt derzeit 330 DM), erstattet *Jugend forscht* diese Kosten. In der Geschäftsstelle kann man gegen 3 DM in Briefmarken eine Patentbroschüre mit allen wesentlichen Informationen und Formblättern anfordern (Adresse auf Seite 896).

Hat man die Gebühren ans Patentamt überwiesen, schickt man eine Kopie der Empfangsbescheinigung und den Zahlungsbeleg zusammen mit seiner Kontonummer (oder der der Eltern, wenn die den Betrag vorgestreckt haben) an die Hamburger Geschäftsstelle von *Jugend forscht* – das Geld wird dann erstattet.

Abb. 3: Alexander Seilkopf und Alexander Schwolow (19): Effektive Nutzung von Solarenergie durch hybride Verfahren

Themen aus dem Bereich der Fernseh-, Hörfunk- und Informationstechnik befassen. In den letzten Jahren wurden unter anderem folgende Themen als Forschungsarbeiten eingereicht: „Virtuelle Realität als Möglichkeit zur Telepräsenz“, „Elektronisches Autoradiounterbrechungssystem“, „Automatische Speicherung des Verkehrsfunks auf Audiokassette oder Sprachchip“, „Optimierung eines Internet-Zugangs unter schulischen Aspekten“ oder „ASRAEL – Computer- und Umweltsteuerung mit dem Auge“.

Fachgebiet Technik

Hier sind die Enkel von Daniel Düsentrieb aufgerufen. Alle jungen Erfinder können sich in dieser Sparte beteiligen. Erfinderinnen übrigens auch: Da Mädchen in Naturwissenschaften und Technik immer noch in der Minderzahl sind, ist für sie ein Sonderpreis für eine hervorragende technik-orientierte Arbeit ausgeschrieben. Hier reicht es übrigens nicht, eine geniale Idee zu haben oder eine interessante Skizze abzuliefern – es muss schon ein funktionsfähiges Modell sein. Beim Basteln und Konstruieren müssen selbstverständlich alle Sicherheitsvorschriften berücksichtigt werden.

Von der Pathfinder-Mission auf dem Mars ließen sich Alexander Schmidt, Daniel Seibert und Rico Preisker inspirieren. Sie konstruierten mit einfachen Mitteln und geringem finanziellen Aufwand ein „intelligentes“ Vermessungsfahrzeug. Das lasergeführte Gerät vermisst Strecken selbständig und äußerst genau und kann zur Wartung, Inspektion und Kontrolle von Brücken, Tunneln, Küstenstraßen oder Deichen eingesetzt werden.

Alternative Energien sind ein Forschungsthema, das nicht nur Umweltschützer, sondern auch die Wirtschaft brennend interessiert. Alexander Seilkopf und Alexander Schwolow (Abb. 3) aus Halle beschäftigten sich in ihrer Arbeit mit der „effektiven Nutzung von Solarenergie durch hybride Verfahren“. Dabei wird jener Teil der reflektierten Strahlung, der normalerweise als Wärme verloren geht, zum Aufheizen von Wasser genutzt. So gewinnen die beiden Jungforscher vollkommen unabhängig von Strom- und Gasanschlüssen neben Strom auch noch warmes Brauchwasser und Methan.

Wem die Möglichkeiten in der Schule oder der häuslichen Werkstatt nicht ausreichen oder wer einen fachkundigen Rat

Natürliche Zahlen und ihr Gebrauch

Unsere Welt lebt mit Zahlen. Schon der junge Mensch wird täglich mit ihnen konfrontiert und bemüht sich in seiner Phantasie, mit Zahlen umzugehen. Die folgenden Zeilen sollen das verdeutlichen: Peter wird übermorgen 7 Jahre alt und möchte seinen Geburtstag feiern. Zu seinem Geburtstag lädt er verschiedene Gäste ein: Seinen Bruder, Sabine mit ihren beiden Schwestern, sowie Klaus und Harald.

Peter denkt sich, dass jeder Gast und auch er selbst 2 Stücke Kuchen essen werden und überlegt, wie viel Kuchen sein Vater, der Hobbybäcker ist, backen soll? Er fragt seinen Vater. Der überlegt kurz und sagt: „Peter, ich backe dir 7 Stücke Apfelkuchen und 7 Stücke Marmorkuchen."

Peter staunt, dass sein Vater so schnell antwortet und rechnet selbst nach. Dazu stellt er sich vor, wie seine Gäste an einem Tisch sitzen, mit einem Stück Apfelkuchen und einem Stück Marmorkuchen vor sich: Klaus und Harald, Sabine mit ihren beiden Schwestern, sein Bruder und er selbst.

In seiner Phantasie sieht er alle an einem Tisch sitzen und malt pro Gast 2 Striche auf ein Blatt Papier. Einen für den Marmorkuchen und einen für den Apfelkuchen.

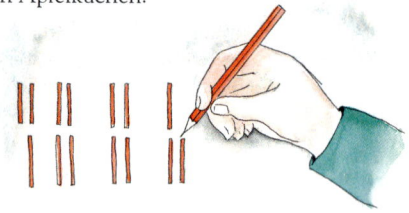

Er zählt die Striche und kommt zu dem Ergebnis: Sein Vater sollte 14 Stücke Kuchen backen.

Nun fragt er sich, ob 7 Stücke Apfelkuchen und 7 Stücke Marmorkuchen auch 14 Kuchenstücke ergeben? Die will sein Vater ja backen. Jetzt stellt er sich 7 Stücke Marmorkuchen und 7 Stücke Apfelkuchen auf einem großen Tablett vor, und er malt wieder Striche auf ein Blatt Papier. Genau einen Strich für jedes Stück Kuchen.

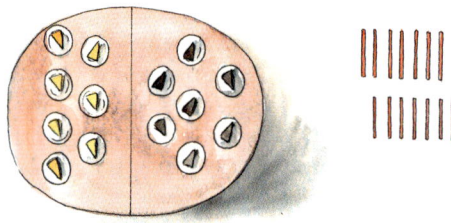

Es sind wieder 14 Striche auf dem Blatt Papier. Weil Peters Vater viel schneller die richtige Anzahl an Kuchen wusste, fragt Peter seinen Vater, wie er das so schnell ausrechnen konnte. Sein Vater verrät ihm, dass er mit den Fingern gezählt hat. Für jeden Gast hat er einen Finger gestreckt. Insgesamt streckte er so 7 Finger und wusste, dass sieben Gäste kommen. Da jeder Gast 2 Stücke Kuchen bekommt, hat er dann 7 mit 2 multipliziert. Dass 7 mal 2 gleich 14 ist, wusste er auswendig.

In dieser Geschichte kommen die Zahlen 2, 7 und 14 vor. Mit ihnen wurden die Anzahlen der Gäste, der Kuchenstücke und Peters Alter angegeben. Peter und sein Vater rechneten mit diesen Zahlen, oder genauer, sie haben systematisch gezählt. Peter mit Hilfe der Striche und sein Vater mit den Fingern.

Alle Zahlen, mit denen man Gegenstände, Tiere oder Menschen zählen kann, nennt man **natürliche Zahlen**.

So auch die Zahlen, die in Peters Geburtstagsplanung vorkommen. In der Mathematik fasst man diese Zahlen mit der Menge der natürlichen Zahlen $\mathbb{N}$ zusammen.

$$\mathbb{N} = \{1, 2, 3, 4, 5, 6, 7, 8, \ldots 1\,001, 1\,002, 1\,002, \ldots, \ldots\}$$

Die natürlichen Zahlen haben zwei wesentliche Eigenschaften:

Sie sind geordnet:
Vergleicht man zwei verschiedene natürliche Zahlen miteinander, ist immer eine Zahl größer als die andere Zahl.

Es gibt keine größte natürliche Zahl, aber eine kleinste.
Die kleinste natürliche Zahl aus $\mathbb{N} = \{1, 2, 3, 4, \ldots\}$ ist die 1.
Die Eigenschaften der natürlichen Zahlen werden auch zur Angabe von Maßen, Werten oder Größen verwendet.

Beispiel:
Peters Vater schickt Peter in den Supermarkt, der nur 50 Meter entfernt ist, um einige Zutaten für den Apfelkuchen zu kaufen. Er soll 2 Kilogramm Äpfel, 1 000 Gramm Mehl und 6 Eier kaufen. Sein Vater gibt ihm 10 DM mit.

15 Minuten später kommt Peter wieder zurück. Er gibt seinem Vater die Äpfel, das Mehl und das Wechselgeld von 6,32 DM. Die Eier waren leider ausverkauft, deshalb hat er 0 (keine) Eier eingekauft.

Hier werden die natürlichen Zahlen zur Angabe einer Anzahl,

6 Eier,   → Anzahl der Eier

aber auch als Maßzahlen verwendet:

50 Meter	→ Längenangabe
2 Kilogramm, 1 000 Gramm	→ Gewichtsangaben
10 DM	→ Geldangabe
15 Minuten	→ Zeitangabe

Achtung: Die Zahlen 6,32 und 0 sind nicht in der Menge $\mathbb{N} = \{1, 2, 3, 4, \ldots\}$ enthalten.
Kommazahlen und auch die Zahl Null sind keine natürlichen Zahlen. Die Null nimmt aber eine Sonderstellung ein. Will man die Zahl Null mit den natürlichen Zahlen vereinen, dann wird die Menge $\mathbb{N}_0$ genannt. In dieser Menge sind alle natürlichen Zahlen und die Null.
$$\mathbb{N}_0 = \{0, 1, 2, 3, 4, 5, \ldots, 12345, 12346, \ldots\}$$

Große Zahlen, Runden und Schätzen

Die größte Zahl, die bei Peters Geburtstagsplanung vorkam, ist die Zahl 1000; er kaufte 1000 Gramm Mehl. Die Zahl Tausend ist im Vergleich zu den ersten 10 natürlichen Zahlen (1, 2, 3, … 10) eine sehr große Zahl; außerdem fällt auf, dass sie sehr *glatt* oder *rund* aussieht; man benötigt lediglich die Ziffern „1" und „0" um die Zahl 1000 auf ein Blatt Papier zu schreiben.

Ein Kritiker, der die Geschichte mit Peters Geburtstag gelesen hat, zweifelt daran, dass Peter tatsächlich genau 1000 Gramm Mehl kaufte, er behauptet, dass Peter nicht genau, sondern nur ungefähr 1000 Gramm Mehl eingekauft hat, und will das überprüfen.

Der Kritiker kauft dazu 6 Packungen, laut Packungsangabe mit jeweils 1000 Gramm Mehl, und wiegt mit seiner Laborwaage nach. Er stellt fest: In keiner der Packungen waren genau 1000 Gramm Mehl. In zwei Packungen war etwas mehr und in vier Packungen war etwas weniger abgepackt. Die Gewichte waren:

Packung 1: 992 Gramm
Packung 2: 1003 Gramm
Packung 3: 998 Gramm
Packung 4: 989 Gramm
Packung 5: 1007 Gramm
Packung 6: 992 Gramm

Trotzdem stört sich kaum jemand daran. Deshalb werden bei dem Verpacken Maschinen verwendet, die fast genau 1000 Gramm Mehl verpacken. Auf der Packung steht gerundet: 1000 Gramm Mehl. Das geht schneller und ist billiger. Es ist bei großen Zahlen oft üblich, dass man sie rundet.

Gerundete Zahlen werden in den verschiedensten Zusammenhängen verwendet:

Zu seinem Geburtstag bekommt Peter ein Sachbuch geschenkt. Darin liest er, dass im Neandertal, in der Nähe von Düsseldorf, ein ca. 100000 Jahre altes menschliches Skelett gefunden wurde und vor ca. 200 Millionen Jahren die Dinosaurier ausgestorben sind.

Beide Zahlen sind nicht exakt, sie sind gerundet und abgeschätzt. Es ist aber auch nicht immer wichtig, ob man die genaue Zahl kennt oder nicht. Niemand würde sagen, die Dinosaurier sind vor 202.501.000 Jahren und 5 Monaten ausgestorben, sondern vor ungefähr 200 Millionen Jahren. Erstens weiß das keiner so genau, und zweitens interessiert es auch nur ganz wenige Experten.

Das nächste Beispiel zeigt, wie man sinnvoll schätzt und rundet:

Peters Vater ist stolzer Besitzer eines neuen Computers. Nachdem er mehrere Stunden die wichtigsten Computerspiele kennen lernte, begann er einen Brief an seinen Chef zu schreiben und möchte ihn ausdrucken. Wegen eines Tippfehlers am Computer liefert der Drucker folgenden Ausdruck:

```
@       ≠}§  Ÿ#  œ'  {k ≠}§  Ÿ#  œ'  {k ≠} §  Ÿ#  œ'  {k ≠}§  Ÿ#  œ'  {k
≠}§  Ÿ#  œ'  {k ≠}§  Ÿ#  œ'  {k ≠}§  Ÿ#  œ'  {k ≠}§  Ÿ#  œ'  {k ≠}§  Ÿ#
œ'  {k ≠}§  Ÿ#  œ'  {k ≠}§  Ÿ#  œ'  {k ≠}§  Ÿ#  œ'  {k ≠}§, Ÿ#  œ'  {k
≠}§ Ÿ#  œ'  {k ≠}§.  Ÿ#  œ'  {k ≠}§/ Ÿ#  œ'  {k ≠}§0 Ÿ#  œ'  {k ≠}§1 Ÿ#
œ'  {k ≠}§F Ÿ#  œ'  {k ≠}§G Ÿ#  œ'  {k ≠}§H Ÿ#  œ'  {k ≠}§I Ÿ#  œ'
{k∂ÿ#  ˙·  À -¢ >"¡'R B ABäifi# RF 3◌ aB˝ÿ?ô●{#∂≠}§  ≈∅≠∫§
\à≠∫§  ˩  {§  `ç @[kº'Œifi#ø≠}§  {§  `ç @[kº'tifi# ∞}§  {§  `ç @[k
º'\ifi#°≠}§  `ç @[k º'Hifi#8≠∫§●≠ 1˚≠}§∅∅≠=1≠]1à≠}§  üΔ R1 11 s1
¢< @Óº' ifi#è≠=◻ !  ô ∞}§  -´  {§  `ç @[kº'èhfi#h≠}§  -1MD[k      °#
```

Er ist verärgert und fragt sich, wie viele Zeichen er sinnlos ausgedruckt hat.

Anstatt alle Zeichen zu zählen, zählt er nur die Zeichen in der ersten Zeile und die Anzahl der Zeilen auf dem Blatt. Die erste Zeile hatte 43 Zeichen und auf dem Blatt waren 9 Zeilen.

Dann rechnet er im Kopf, 40 mal 10 gleich 400, und sagt: „Es wurden ca. 400 Zeichen sinnlos ausgedruckt." Welche Gedanken hatte Peters Vater dabei?

Er hat die Zahl 9 auf 10 aufgerundet, die Zahl 43 auf 40 abgerundet und sagte sich: „ Jede Zeile hat ca. 40 Zeichen, und davon wurden ca. 10 Zeilen ausgedruckt, also sind insgesamt ca. 40 mal 10 Zeichen auf dem Blatt Papier." Die gerundeten Zahlen konnte er dann auch mühelos im Kopf multiplizieren.

Peter überprüft das Ergebnis und zählt nach. Nach einer halben Stunde hat er alle Zeichen gezählt. Wenn er sich nicht verzählt hat, wurden tatsächlich 421 Zeichen sinnlos ausgedruckt. Sein Vater hatte also gut geschätzt.

Ein weiteres Beispiel:

Man wirft einen Blick in die Perlenkiste. Wie viele Perlen sind es?

Zerlegt man das Bild in einzelne gleich große Kästchen, zählt die Perlen innerhalb eines Kästchens und multipliziert diese Zahl mit der Anzahl der Kästchen,

erhält man den Schätzwert 1234. Will man lediglich wissen, ob es ca. 1000 , 1100, 1200 oder 1500 Perlen waren, dann wird man diese Zahl auf 1200 abrunden und sagen: Die Perlenschachtel enthielt ca. 1200 Perlen. Man rundet auf 1200 ab und nicht auf 1300 auf, weil 1234 näher an 1200 liegt. Hätte man die Zahl 1251 auf 100 genau runden sollen, wäre 1300 näher an 1251 als 1200.

Das bedeutet allgemein:
Man rundet eine bestimmte Stelle auf, wenn die nachfolgende Stelle größer oder gleich 5 ist, sonst rundet man ab.

Beispiel:
1234 ist ca. 1230 (auf 10 gerundet)
         ca. 1200 (auf 100 gerundet)
         ca. 1000 (auf 1000 gerundet) und
5678 ist ca. 5680 (auf 10 gerundet)
         ca. 5700 (auf 100 gerundet)
         ca. 6000 (auf 1000 gerundet)

Zum Weiterlesen:

• Darstellung natürlicher Zahlen, S. 28
• Addition natürlicher Zahlen, S. 30
• Multiplikation natürlicher Zahlen, S. 32

Darstellung natürlicher Zahlen

Menschen verständigen sich auf unterschiedlichste Art und Weise. Mit Blicken, Worten, Handzeichen, Berühren, technischen Hilfsmitteln oder auch schriftlich. Dazu müssen Vereinbarungen getroffen werden, damit man sich untereinander verstehen kann; beispielsweise sollten zwei Unterhaltende eine Sprache sprechen, die beide verstehen. Und wenn sie sich schreiben, sollten sie beide die Schriftzeichen des anderen verstehen. Hierzu gehören auch Zahlen. In unserer Kultur haben sich die meisten Menschen auf arabische Zahlzeichen, die arabischen Ziffern, geeinigt. Das sind die 10 Ziffern:

0, 1, 2, 3, 4, 5, 6, 7, 8 und 9.

Es lassen sich alle natürlichen Zahlen durch eine bestimmte systematische Anordnung dieser Ziffern darstellen. Die bekannteste Systematik ist das Dezimalsystem, auch Zehnersystem genannt. Warum heißt es Zehnersystem oder Dezimalsystem?

1. Es gibt genau zehn Ziffern.
2. Zehn ist die kleinste Zahl, die nicht mit einer Ziffer dargestellt wird.
3. Die Zahl 10 verknüpft die einzelnen Stellen.

Beispiel: Die einzelnen Stellen einer vierstelligen Zahl nennt man:

T (Tausender), H (Hunderter), Z (Zehner) und E (Einer)

Die nächsthöhere Stelle ist immer 10 mal die Ausgangsstelle.

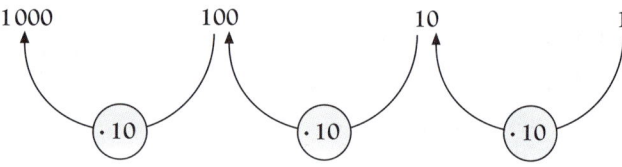

Für die Beispielszahl 5 432 kann so leicht nachgerechnet werden:

5 000 + 400 + 30 + 2 = 5 432
 5 T   4 H 3 Z 2 E

Das Zehnersystem ist ein Stellenwertsystem mit der Grundzahl 10. Ein anderes Stellenwertsystem ist das Dualsystem.

Der Name des Dualsystems kommt vom Lateinischen (duo = 2). Es heißt deshalb auch Zweiersystem, und die Rolle der Zehn im Dezimalsystem übernimmt im Dualsystem die Zahl Zwei. Deshalb gilt:

1. Es gibt genau zwei Ziffern: 0 und 1.
2. Zwei ist die kleinste Zahl, die nicht mit einer Ziffer dargestellt wird.
3. Die Zahl Zwei verknüpft die einzelnen Stellen.

Beispiele:
Null : 0
Eins : 1
Zwei : 10
Drei : 11
Vier : 100
Fünf : 101
Sechs : 110
…

Die Stellen einer vierstelligen Zahl im Zweiersystem nennt man jetzt:

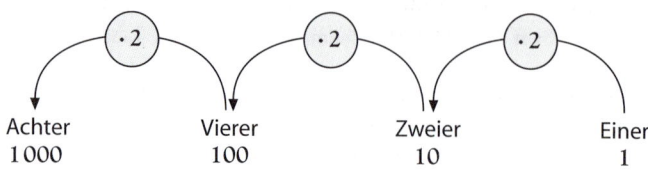

Diesmal ist die nächsthöhere Stelle immer das Doppelte (Zweifache) der vorangegangenen. Ein Vergleich der ersten Zahlen im Dezimalsystem und im Dualsystem ist in der Tabelle gezeigt:

Dualsystem	0	1	10	11	100	101	110	111	1000	1001
Dezimalsystem	0	1	2	3	4	5	6	7	8	9

So wie das Zehnersystem und auch das Zweiersystem gebildet sind, kann jedes andere Zahlensystem auch zusammengebastelt werden. Allerdings sind das Zehnersystem und das Zweiersystem am weitesten verbreitet. Das Zehnersystem, wahrscheinlich weil der Mensch zehn Finger hat, und das Zweiersystem, weil es die Basis für jeden Computer ist. 0 oder 1 bedeuten dann technisch: Strom oder kein Strom.

Natürliche Zahlen können auch an einem Zahlenstrahl veranschaulicht werden. Der Zahlenstrahl ist eine Halbgerade, auf der in gleichen Abständen Markierungen sind. Eine Halbgerade ist eine Linie, die zu einer Seite unendlich lang ist:

Diesen Markierungen kann man natürliche Zahlen zuordnen. Meistens beginnt man an einem Ende mit der Null und schreitet mit den natürlichen Zahlen weiter.

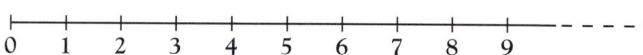

Das muss aber nicht so sein. Der obige Zahlenstrahl geht bis 9, will man auf diesem Strahl alle Zahlen bis 1 000 anordnen, braucht man ein sehr großes Blatt Papier. Bei großen Zahlen interessieren oft nur die gerundeten Zahlen, deshalb kann man einen Zahlenstrahl bis 1 000 auch in Schritten von 100 zeichnen:

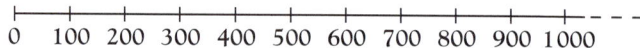

In manchen Geschichtsbüchern findet man Zahlenstrahlen, die weit in die Vergangenheit reichen. Zum Beispiel lassen sich die uns bekannten Eiszeiten an einem Zahlenstrahl mit sehr großen natürlichen Zahlen darstellen.

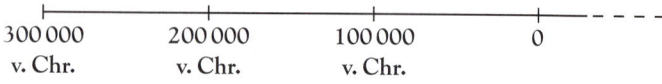

Was aber bei allen Zahlenstrahlen gleich ist: Die Zahlen müssen ihrer Größe nach angeordnet sein, und die Punkte haben einen gleichen Abstand. Im ersten Beispiel ist der Abstand von 1 nach 2 genauso groß wie der Abstand von 0 nach 1, von 2 nach 3 und auch bei allen anderen Einerschritten. Bei den Zahlen von 0 bis 1 000 ist der Abstand der Hunderterschritte gleich gehalten und bei den Eiszeiten die Hunderttausenderschritte. Welchen Schrittabstand man wählt, ist egal, hat man aber einen gewählt, muss man den auch beibehalten!

Natürlich gibt es noch weit mehr Möglichkeiten, natürliche Zahlen darzustellen. Prinzipiell ist das nur eine Frage der Phantasie. Peter stellte im vorangegangenen Kapitel natürliche Zahlen mit einer Strichliste dar und sein Vater mit den Fingern.

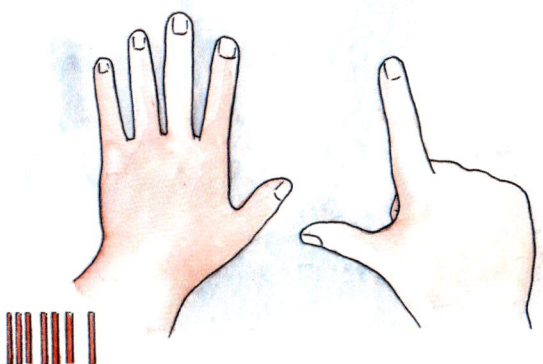

Die Finger kann man so zur Zeichensprache verwenden. Will man in einem fernen Land z. B. drei kleine Brote kaufen und kennt die Sprache nicht, hilft oft die Zeichensprache.
Zahldarstellungen mit Strichlisten sind weit verbreitet, allerdings wird meistens ein bestimmter Code benutzt, der Fünferpaare bündelt. Bei der Klassensprecherwahl in Peters Klasse wurden mit einem Fünfercode für jeden Kandidaten die Stimmen an der Tafel gezählt. Am Ende sah das Tafelbild so aus:

Willi wurde Klassensprecher. Er hatte mit 10 Stimmen 2 Stimmen mehr als Peter, der nur 8 Stimmen bekam, und Maria schnitt mit 4 Stimmen am schlechtesten ab.

Zahlzeichen der Römer, römische Zahlen
Die alten Römer haben ein Zahlensystem aus sieben Buchstaben entwickelt. Man kann auch sagen, aus sieben Zeichen:

römisches Zeichen	I	V	X	L	C	D	M
arabisches Zeichen	1	5	10	50	100	500	1 000

Zusätzlich zu diesen Zeichen haben sie Anordnungsregeln aufgestellt, mit denen alle natürlichen Zahlen bis ca. 4 000 dargestellt werden:

Beispiele:
$III = I + I + I = 3$
$XX = X + X = 20$

Steht ein Zeichen für einen kleineren Wert vor einem Zeichen für einen größeren Wert, dann muss der kleinere Wert von dem größeren subtrahiert werden.

Beispiele:
$IV = V - I = 5 - 1 = 4$
$IIL = L - I - I = 50 - 1 - 1 = 48$

Wenn ein Zeichen mit kleinerem Wert hinter einem Zeichen mit größerem Wert steht, dann sind die Werte zu addieren.

Beispiele:
$VI = V + I = 5 + 1 = 6;$
$MLV = M + L + V = 1000 + 50 + 5 = 1055$

Es stehen nie mehr als drei gleiche Zeichen nebeneinander.

Beispiel:
Statt $IIII = I + I + I + I = 4$ schreibt man:
$IV = V - I = 5 - 1 = 4$

Man setzt von rechts nach links Prioritäten.

Beispiel :
Für 19 schreibt man nicht IXX sondern
$XIX = X + X - I = 10 + 10 - 1 = 19$

Die Werte von gleichen, nebeneinander stehenden Zeichen sind zu addieren.
Das römische Zahlensystem ist auch heute noch von Bedeutung. Diese Uhr beispielsweise hat ein Zifferblatt aus römischen Zahlen:

Zum Weiterlesen:

• Bruchrechnung, S. 38
• Dezimalbrüche und Dezimalzahlen, S. 42

Addition und Subtraktion natürlicher Zahlen, Gleichungen

*T*äglich werden natürliche Zahlen in den unterschiedlichsten Situationen zusammengezählt. Beispiele aus dem Alltag sind reichlich vorhanden:

Beispiel:
Beim Aufräumen findet Peter in seinem Zimmer 3 Spielzeugautos unter seinem Bett, 2 in seinem Spielzeugschrank und ein Spielzeugauto hinter der Tür. Dann legt er sie alle in einen Schuhkarton und zählt seine Autos: es sind 6 Spielzeugautos.

Das Zusammenzählen hat in der Mathematik einen anderen Namen. Es ist die Addition. Die Zahlen 3, 2 und 1 wurden addiert. Man schreibt dafür: 3 Autos + 2 Autos + 1 Auto = 6 Autos. Dahinter verbirgt sich der mathematische Zusammenhang:

$3 + 2 + 1 = 6$ und man sagt: 3 plus 2 plus 1 gleich 6

Das Zeichen „+" nennt man Pluszeichen, das „=" ist das Gleichheitszeichen, und „$3 + 2 + 1 = 6$" nennt man eine Gleichung. Das kann man so verstehen, dass auf der rechten Seite der Gleichung (rechts vom Gleichheitszeichen) der gleiche Wert steht wie auch auf der linken Seite (links vom Gleichheitszeichen). Erinnert man sich, woher diese Gleichung kam, dann steht auf der linken Seite jeweils die Anzahl der Autos, wie sie Peter in seinem Zimmer gefunden hat, und auf der rechten Seite die Autos im Schuhkarton. Das ist natürlich die gleiche Anzahl. Noch etwas fällt auf: Es ist ganz egal, ob Peter zuerst das Auto hinter der Tür in den Karton legt oder zuerst die Autos, die unter dem Bett sind, oder die Autos aus dem Spielzeugschrank. Am Ende sind immer alle 6 Autos im Schuhkarton. Die Gleichungen

$3 + 2 + 1 = 6,$
$2 + 1 + 3 = 6,$
$1 + 2 + 3 = 6,$
$3 + 1 + 2 = 6,$
$2 + 3 + 1 = 6,$
$1 + 3 + 2 = 6$

sind alle richtig. Die Reihenfolge, in der man die einzelnen Zahlen addiert (zusammenzählt), ist also völlig egal.
Man sagt: In der Addition gilt das Vertauschungsgesetz, oder in der Fachsprache: Es gilt das Kommutativgesetz. Für die Zahlen in einer Additionsgleichung gibt es auch Fachwörter. Die Zahlen, die zusammengezählt werden, nennt man Summanden, und das Ergebnis ist die Summe.

```
Summand 1  +  Summand 2  +  Summand 3  =  Summe
    |              |             |            |
    3        +     2       +     1      =     6
    ⎣_____⎦
                    Gleichung
```

Weitere richtige Gleichungen sind:
$1 + 1 = 2,$
$4 = 4,$
$5 = 1 + 2 + 1 + 1,$
$2 + 3 = 3 + 2,$
$0 + 1 = 1,$
$45 + 0 = 45$

Es ist egal, wie viele Summanden auf einer Seite einer Gleichung stehen, es kommt immer nur darauf an, ob der gesamte Wert der einen Seite gleich dem gesamten Wert der anderen Seite ist. Die Zahl null nennt man auch das neutrale Element. Addiert man null zu irgendeiner natürlichen Zahl, so ist das Ergebnis die natürliche Zahl selbst.

Falsche Gleichungen sind:
$3 = 4$ oder $4 + 1 = 0$

Da 3 ungleich 4 ist und $4 + 1 = 5$ und nicht 0, sind die beiden Gleichungen falsch. Will man diese Ungleichheit ausdrücken, kann man das mit dem Ungleichheitszeichen „$\neq$". Die Ungleichungen

$3 \neq 4$ und $4 + 1 \neq 0$

geben an, dass auf der linken Seite ein anderer Wert steht als auf der rechten Seite. Die gesamte Aussage (beispielsweise 3 ist ungleich 4) ist jetzt wieder richtig. Wenn eine natürliche Zahl ungleich einer anderen natürlichen Zahl ist, dann ist eine Zahl immer größer und die andere Zahl immer kleiner. Das kann man mit den Zeichen „$>$" (bedeutet: ist größer als) und „$<$" (bedeutet: ist kleiner als) ausdrücken. Weil 4 größer ist als 3, darf man schreiben:

$4 > 3$, in Worten: 4 ist größer als 3
oder $3 < 4$, in Worten: 3 ist kleiner als 4.

Diese Ausdrücke nennt man Ungleichungen. Bei ihnen ist immer darauf zu achten, dass die Spitze der beiden Zeichen „$>$" und „$<$" auf die Seite mit dem kleineren Wert zeigt.
Eine mit der Addition verwandte und ihr entgegengesetzte Grundrechenart ist die Subtraktion.

Beispiel:
Peter besitzt 6 Spielzeugautos, und sein Freund Erik hat keine. Als Erik mal wieder zum Spielen vorbeikommt, schenkt Peter ihm 2 Autos, die Erik mit nach Hause nimmt, um sie seinen Eltern zu zeigen. Jetzt zählt Peter seine restlichen Autos und stellt fest, dass er nur noch 4 hat.

Auf dieses Ergebnis kommt man auch, wenn man 2 von 6 abzieht, oder wie man in der Mathematik sagt, die 2 von der 6 subtrahiert und die Differenz bildet. Unter der Differenz versteht man den Wert, um den sich die beiden Zahlen 2 und 6 unterscheiden. Man könnte auch die Frage stellen: Um wie viel ist 6 größer als 2 oder 2 kleiner als 6? Die Antwort ist die Differenz der beiden Zahlen. Die mathematische Schreibweise sieht dann folgendermaßen aus: 6 Autos − 2 Autos = 4 Autos. Diesen Zusammenhang beschreibt die einfache Gleichung:

$6 − 2 = 4$ und man liest: 6 minus 2 gleich 4.

Das Zeichen „−" nennt man das Minuszeichen. Für die Zahlen, aus denen die Differenz gebildet wird, gibt es auch wieder Fachwörter: Die größere Zahl ist der Minuend und die kleinere Zahl der Subtrahend. Anders als bei der Additionsrechnung ist die Subtraktion nicht kom-

```
Minuend  −  Subtrahend  =  Differenz
   |            |              |
   6       −    2        =     4
```

mutativ. Das Kommutativgesetz gilt hier nicht mehr, weil Minuend und Subtrahend nicht vertauscht werden dürfen.

6 – 2 ist ungleich 2 – 6

Um die Differenz von 2 und 6 herauszufinden, fragt man sich: „Um wie viel ist 6 größer als 2?"
Vertauscht man in dieser Frage Minuend und Subtrahend, also die kleinere mit der größeren Zahl, dann wäre die Frage ohnehin unsinnig: „Um wie viel ist 2 größer als 6?" Es gibt keine natürliche Zahl, mit der diese Frage beantwortet werden kann, schließlich ist ja 6 größer als 2.

Weitere Subtraktionsgleichungen:

5 – 5 = 0,
6 – 3 = 3,
0 – 0 = 0

Auch bei der Subtraktion ist die Zahl 0 eine besondere Zahl, das neutrale Element. Die Differenz zweier Zahlen, die gleich sind, ist immer gleich 0, und die Differenz einer natürlichen Zahl und der Null ist gleich der natürlichen Zahl. Einen ähnlichen Zusammenhang gibt es auch bei der Addition, dort ist die Zahl 0 auch das natürliche Element. Man darf vermuten, dass Addition und Subtraktion zusammenhängende Rechenarten sind.
Man erinnere sich an Peters Spielzeugautos. Er hatte mal 6 Autos, schenkte 2 Autos Erik, und mit der Rechnung 6 – 2 = 4 ermittelt man die Anzahl der Autos, die noch in seinem Besitz bleiben. Eriks Eltern haben ihm in der Zwischenzeit auch einige Spielzeugautos geschenkt, und jetzt gibt er die 2 Autos Peter wieder zurück. Peter rechnet: 4 + 2 = 6, er besitzt jetzt wieder 6 Autos. Die Addition hat die Subtraktion wieder rückgängig gemacht. Dazu noch ein paar Beispiele:

8 – 3 = 5
1 + 4 = 5
3 + 5 = 8
5 – 4 = 1

Diesen allgemein gültigen Zusammenhang kann man mit den Worten der Subtraktion ausdrücken:
Minuend – Subtrahend = Differenz
Differenz + Subtrahend = Minuend

und mit den Worten der Addition:
Summand 1 + Summand 2 = Summe
Summe – Summand 1 = Summand 2
Summe – Summand 2 = Summand 1

Man sagt:

> Addition und Subtraktion sind entgegengesetzte Rechenarten.
> Die Addition ist die Umkehrung der Subtraktion.

Manchmal ist es wichtig, bestimmte Rechnungen zuerst durchzuführen. In Gleichungen wird deshalb durch die Klammersetzung bestimmt, was zuerst berechnet werden muss.

Beispiel:
Peter bekommt von seinem Vater 20 DM, damit er sich 3 neue Spielzeugautos kaufen kann. Das restliche Geld darf er behalten und sich davon ein Eis kaufen. Sein Lieblingseis ist sehr groß und kostet 3 DM.

Nun ist er im Spielzeugladen und sucht sich 3 schöne neue Autos aus. Ein rotes Auto für 5 DM, ein schwarzes Auto für 6 DM und ein grünes für 7 DM. Er fragt sich, ob er die 3 Autos überhaupt bezahlen kann, und wenn er sie bezahlen kann, ob dann noch genügend Geld für ein Eis übrig bleibt. Dazu nimmt er einen Zettel und einen Stift aus seinem Schulranzen und rechnet. Er schreibt auf:

Die drei Autos kosten:
5 DM + 6 DM + 7 DM = 18 DM

restliches Geld:
20 DM – 18 DM = 2 DM

Die Rechnungen ergeben, dass er genügend Geld für die Autos hat, sich aber nicht mehr sein Lieblingseis kaufen kann. Peter denkt an seine Mutter, die immer wieder sagt: „Eis macht dick, ich esse deshalb auch kein Eis mehr!" Und er kauft sich die Spielzeugautos und von dem Rest einen Hamburger, den es gerade für 2 DM im Sonderangebot gibt.

Wie hat Peter gerechnet? Zuerst hat er die Preise der Autos addiert und dann die Summe, also den Gesamtpreis der Autos, von den 20 DM subtrahiert. Für diese beiden Rechnungen, erst eine Addition und dann eine Subtraktion, hat er zwei Gleichungen aufgeschrieben. Mit Hilfe von Klammern kann man exakt die gleiche Rechnung auch mit einer Gleichung durchführen. Man schreibt dazu:

20 – (5 + 6 + 7) = 2

Die Klammern geben an, was zuerst ausgerechnet werden muss. Es muss immer zuerst das ausgerechnet werden, was in der Klammer steht. Danach betrachtet man die ganze Klammer nur noch als eine Zahl. In diesem Beispiel als (5 + 6 + 7) = 18.

Man beachte:

20 – 5 + 6 + 7 = 28; ohne Klammer kommt eine deutlich andere Zahl heraus.

20 – 5 – 6 – 7 = 2; Peter hätte auch ohne Klammer und mit nur einer Gleichung sein restliches Geld ermitteln können.

Manchmal gibt es auch Gleichungen mit mehreren Klammern. Dazu zwei Bespiele:
16 – (3 + 4) – (4 + 3) = 2, in diesem Beispiel ist es egal, welche Klammer zuerst ausgerechnet wird. Es müssen aber zuerst die beiden Klammerausdrücke berechnet werden, bevor die ganze Gleichung gelöst wird.
16 – [4 – (2 + 1)] = 15, in diesem Beispiel ist es nicht egal, welche Klammer zuerst ausgerechnet wird. Steht eine Klammer innerhalb einer anderen Klammer, muss immer zuerst die innerste Klammer ausgerechnet werden!

 Zum Weiterlesen:

• Rechenbäume, Gleichungen mit Variablen, S. 34
• Bruchrechnung, S. 38
• Dezimalbrüche und Dezimalzahlen, S. 42

Multiplikation und Division natürlicher Zahlen

Die Multiplikation gehört wie die Addition und die Subtraktion zu den Grundrechenarten. Kennt man das kleine Einmaleins, lassen sich mit der Multiplikation viele Probleme schneller lösen als mit der Addition.

Beispiel: An einem beschrankten Bahnübergang müssen Peter und sein Vater lange warten, weil ein langer, mit Traktoren beladener Güterzug langsam vorbeifährt. Danach fragt Peter seinen Vater, mit wie vielen Traktoren der wohl beladen ist? Er versuchte zu zählen, verzählte sich aber. Er ist sich nur sicher, dass jeder Waggon genau mit 4 Traktoren beladen ist. Sein Vater lacht und sagt: „Na, dann rechne es einfach aus. Der Zug hat 30 Waggons, die habe ich gezählt!" Peter beginnt zu rechnen. 30 Waggons mit jeweils 4 Traktoren, das sind zusammen: $4 + 4 + 4 + 4 + 4 + 4 + 4 + 4 + 4 + 4\ldots$ Nach 2 Minuten verriet ihm dann sein Vater, dass 30 mal 4 gleich 120 ist, der Zug also mit 120 Traktoren beladen wurde. Sein Vater hat einfach multipliziert und nicht versucht, die Traktoren pro Waggon aufzusummieren. Das ging einfach schneller. Peter denkt einen Moment darüber nach und stellt überrascht fest, nicht nur 30 mal 4, sondern auch 4 mal 30 ist 120, das ist ja $30 + 30 + 30 + 30$.
Der beschriebene mathematische Zusammenhang, in Gleichungen dargestellt, lautet:

$$30 \cdot 4 = 4 + 4 + 4 + 4 + 4 + \ldots + 4 = 120$$
$$4 \cdot 30 = 30 + 30 + 30 + 30 = 120$$

Die Gleichungen $30 \cdot 4 = 120$ und auch $4 \cdot 30 = 120$ nennt man Multiplikationsgleichungen. Sie sind mit der Addition verwandt, da sie eine Addition beschreiben, die nur gleiche Summanden hat. Die Anzahl der Summanden wird durch die erste Zahl angegeben und der Wert der einzelnen Summanden durch die zweite Zahl. ($4 \cdot 30 = 30 + 30 + 30 + 30 = 120$; Anzahl der Summanden ist 4, der Wert jedes Summanden ist 30; oder kurz: 4 mal 30). Die auftretenden Zahlen, die miteinander multipliziert werden (malgenommen), sind die Faktoren und das Ergebnis das Produkt der Faktoren. Den ersten Faktor nennt man auch Multiplikator (Vervielfacher) und den zweiten Multiplikand (das zu Vervielfachende).

$$\text{Faktor 1} \cdot \text{Faktor 2} = \text{Produkt}$$
$$7 \cdot 4 = 28$$
$$\text{Multiplikator} \cdot \text{Multiplikand} = \text{Produkt oder Produktwert}$$

Bei der Addition wurde festgestellt, dass diese kommutativ ist und das Kommutativgesetz gilt. (Vertauschungsgesetz: zur Erinnerung: $3 + 4 = 4 + 3 = 7$). Die Vertauschbarkeit gilt auch bei der Multiplikation. Wie auch Peter schon festgestellt hat, ist $30 \cdot 4 = 4 \cdot 30$. Der Multiplikator kann demnach auch als Multiplikand verwendet werden, wenn der Multiplikand als Multiplikator verwendet wird. Oder, kurz gesprochen: Man darf die Faktoren vertauschen.

Die Multiplikation ist ebenfalls kommutativ, es gilt das Kommutativgesetz.

Weiteres Beispiel:

$3 \cdot 5 = 15$ $\qquad$ $5 + 5 + 5 = 15$
$5 \cdot 3 = 15$ $\qquad$ $3 + 3 + 3 + 3 + 3 = 15$

Multiplikationen mit der Zahl 1 stellen eine Besonderheit dar. Das Produkt ist immer gleich dem anderen Faktor.
Beispiele:

$1 \cdot 3 = 3 \cdot 1 = 1 + 1 + 1 = 3$
$1 \cdot 4 = 4 \cdot 1 = 1 + 1 + 1 + 1 = 4$
und $1 \cdot 1 = 1!$

Ist ein Faktor einer Multiplikationsrechnung die Zahl 0, so ist auch das Produkt gleich 0, egal welchen Wert der andere Faktor hat.

Beispiel: $0 \cdot 3 = 3 \cdot 0 = 0 + 0 + 0$.

In den obigen Beispielen wurden Multiplikationsgleichungen mit jeweils 2 Faktoren berechnet. Bei Multiplikationsgleichungen mit mehr als 2 Faktoren gelten die obigen Regeln ebenfalls.

Beispiel: Peter steht im Supermarkt und will 3 große Packungen mit Gummibärchen kaufen. In jeder Packung sind 30 kleine Tütchen mit jeweils 20 Gummibärchen. An der Kasse angekommen, fragt er sich, wie viele einzelne Gummibärchen er nun kauft?

3 große Packungen mit jeweils 30 kleinen Tütchen sind insgesamt 3 mal 30 gleich 90 Tütchen. In jedem Tütchen sind 20 Gummibärchen, das macht zusammen in allen Tütchen, 90 mal 20, gleich 1800 einzelne Gummibärchen.

$$(3 \cdot 30) \cdot 20 = 1800$$
$$90 \quad \cdot 20 = 1800$$

Das sind sehr viele, ob er die überhaupt essen kann? Diese Frage kann auch die Mathematik nicht so leicht beantworten, sie kann aber den Rechengang untersuchen:

$$(3 \cdot 20) \cdot 30 = 1800 \qquad (20 \cdot 30) \cdot 3 = 1800$$
$$60 \cdot 30 = 1800 \qquad 600 \cdot 3 = 1800$$

$$(20 \cdot 3) \cdot 30 = 1800 \qquad (30 \cdot 20) \cdot 3 = 1800$$
$$60 \cdot 30 = 1800 \qquad 600 \cdot 3 = 1800$$

$$(30 \cdot 3) \cdot 20 = 1800$$
$$90 \quad \cdot 20 = 1800$$

Da die Multiplikation kommutativ ist, ergeben folgende Rechnungen auch 1 800:

Es ist also egal, in welcher Reihenfolge man multipliziert. Das ist bei der Addition ähnlich. Auch dort ist es egal, in welcher Reihenfolge man die einzelnen Summanden summiert (addiert).

Division
Die Subtraktion ist die der Addition entgegengesetzte Rechenart. Auch die Multiplikation lässt sich wieder rückgängig machen. Diese Rechenart nennt man Division.

Beispiel: Klaus, Erik und Horst besuchen Peter. Der will seine 1 800 Gummibärchen mit seinen Freunden teilen. Wie viele Gummibärchen kann er jedem geben, wenn jeder gleich viele Gummibärchen bekommen soll? Dazu teilt Peter 1 800 durch 4 und gibt dann jedem 450 Gummibärchen, weil:

$$1\,800 : 4 = 450 \quad \text{und} \quad 4 \cdot 450 = 450 + 450 + 450 + 450 = 1\,800$$

In der Fachsprache wird diese Rechenart Division genannt. Die zu teilende Zahl (im Beispiel die Anzahl der Gummibärchen) wird Dividend genannt, und man teilt durch den Divisor (Anzahl der Personen, die gleich viele Gummibärchen bekommen). Das Ergebnis ist der Quotient (Gummipärchen pro Person). Weil der Quotient, multipliziert mit dem Divisor, wieder den Dividenden ergibt (1 800 : 4 = 450 und 450 · 4 = 1 800), sagt man:
Die Division ist die Umkehrung der Multiplikation.

$$\text{Dividend} : \text{Divisor} = \text{Quotient}$$

$$1\,800 \quad : \quad 4 \quad = \quad 450$$

Die Division ist nicht kommutativ und auch nicht immer ausführbar.

Beispiel: $24 : 6 = 4 \qquad 6 : 24 = ?$

24 geteilt durch 6 ist gleich 4, denn 4 mal 6 gleich 24. Aber keine natürliche Zahl beantwortet die Frage: „Wie viel ist 6 geteilt durch 24?" Auch die folgende Frage lässt sich so einfach nicht mit natürlichen Zahlen beantworten: „Was ist 10 geteilt durch 3?" 3 mal 3 gleich 9, das ist zu wenig, und 4 mal 3 gleich 12 schon zu viel! Deshalb darf man sagen: „10 geteilt durch 3 gleich 3, Rest 1." Das bedeutet, dass 3 mal 3 gleich 9 um 1 kleiner ist als 10.

Die Besonderheit der Zahl 0: Was ist 0 : 4? Zu dieser Gleichung wäre Peter gekommen, wenn er 0 (keine) Gummibärchen zum Verteilen gehabt hätte. Die Antwort ist deshalb einfach: 0, denn 0 · 4 = 0! Es gilt allgemein:

Ist der Dividend gleich 0, so ist auch das Ergebnis, der Quotient, gleich 0!

Nun muss man sich auch fragen: „Was ist 4 : 0?" Eine andere Formulierung dieser Frage: „Mit welcher Zahl muss man 0 multiplizieren, damit das Ergebnis gleich 4 ist?" Bis heute hat niemand diese Zahl finden können. Experten behaupten sogar, es gibt sie gar nicht! Deshalb folgender wichtiger Merksatz:

Man darf nicht durch 0 teilen!

Divisionsgleichungen können auch mehr als einen Divisor besitzen. Beispiel:
Der Vater von Klaus arbeitet bei einer großen Gummibärchenfabrik. Dort soll die Verpackungsart geändert werden. Insgesamt sollen 300 000 Gummibärchen zu jeweils 30 in kleine Tütchen und die kleinen Tüten zu jeweils 20 in große Tüten abgepackt werden. Wie viele große Tüten werden benötigt?

Dazu rechnet er in zwei Schritten. Zuerst teilt er 300 000 durch 30 gleich 10 000. So viele kleine Tüten werden benötigt, und dann rech-

net er 10 000 durch 20 gleich 500. Es werden somit 500 große Tüten für die 300 000 Gummibärchen benötigt. Die beiden Gleichungen 300 000 : 30 und 10 000 durch 20 kann man auch in einer Gleichung schreiben: $300\,000 : 30 : 20 = 10\,000 : 20 = 500$

Gleichungen mit allen vier Grundrechenarten
Beispiel: Für ein eventuelles Studium überweist Peters Oma jeden Monat 50 DM auf ein Sparkonto und zu Weihnachten zusätzlich 100 DM. Wie viel Geld überweist Peters Oma jährlich auf das Konto?

Das sind einmalig 100 DM pro Jahr plus 12 mal 50 DM gleich 600 DM, also insgesamt 700 DM. Als Gleichung:

$$100 + (12 \cdot 50) = 700$$

Man kann auch sagen, seine Oma überweist 12 mal 50 DM plus einmal 100 DM. Das sind natürlich auch 700 DM. Die Gleichung dazu:

$$12 \cdot 50 + 100 = 700$$

Eine besondere Regel in der Mathematik besagt, dass Multiplikationsterme (in den Beispielgleichungen ist das der Ausdruck, oder auch Term genannt, 12 · 50) auch ohne Klammersetzung vor Additions- oder Subtraktionsrechnungen zu berechnen sind. Deshalb gilt auch ohne Klammern:

$$100 + 12 \cdot 50 = 12 \cdot 50 + 100 = 700$$

Beispiel: Zu Ostern ist Peters Oma immer sehr großzügig. Sie verschenkt zusammen an Peter, seinen Cousin und an seinen Bruder 24 Schokoladeneier, die sie sich teilen dürfen. Von seinen Tanten bekommt Peter insgesamt 12 Schokoladeneier. Wie viele Schokoladeneier besitzt Peter nach Ostern, wenn er vorher keine hat?

Ähnlich wie im vorherigen Beispiel berechnet sich die Gesamtanzahl. Er bekam 8 Schokoladeneier (24 geteilt durch 3) von seiner Oma und 12 von seinen Tanten. Das macht zusammen 20 Ostereier. Man hätte natürlich auch sagen können, er bekam 12 von seinen Tanten und 8 (24 : 3) von seiner Oma. In Gleichungen:

$$24 : 3 + 12 = 20 \quad \text{oder} \quad 12 + (24 : 3) = 20$$

Weil die Division die Umkehrung der Multiplikation ist, gilt für sie auch die Regel, dass auch sie ohne Klammersetzung immer vor der Addition und der Subtraktion auszuführen ist.

$$24 : 3 + 12 = 12 + 24 : 3 = 20$$

Eine Kurzform und Merkregel besagt:

Punktrechnung vor Strichrechnung!

Damit ist gemeint, dass die Rechenzeichen „+" und „–" mit Strichen gezeichnet werden und die Rechenzeichen „·" und „:" mit Punkten. Aber Achtung: „Manche Menschen verwenden ein „x" als Multiplikationszeichen. Bei Verwendung dieses Zeichens darf obige Merkregel nicht angewandt werden!

 Zum Weiterlesen:

• Rechenbäume, Gleichungen mit Variablen, S. 34
• Bruchrechnung, S. 38
• Dezimalbrüche und Dezimalzahlen, S. 42

Rechenbäume, Gleichungen mit Variablen

Gleichungen können auch als Rechenbäume dargestellt werden. Die einzelnen Zahlen, die berechnet werden, ob subtrahiert, addiert, multipliziert oder dividiert, schreibt man an einen Ast des Baumes, die Rechenzeichen an Astgabelungen. Zwischenergebnisse bilden einen neuen Ast. Das Endergebnis ist der Baumstamm.

Beispiele:

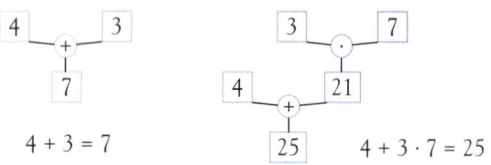

$$4 + 3 = 7 \qquad 4 + 3 \cdot 7 = 25$$

Man beachte, wie mit der Regel „Punktrechnung vor Strichrechnung" am Rechenbaum umgegangen wird. Rechenbäume können auch vorgegeben werden, und man sucht die dazugehörige Gleichung.

Beispiel:

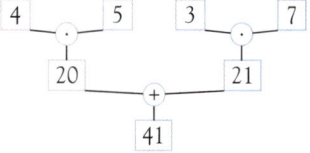

Die Gleichung zu dem Rechenbaum lautet:

$$(4 \cdot 5) + (3 \cdot 7) = 4 \cdot 5 + 3 \cdot 7 = 41$$

Hier dürfen die Klammern weggelassen werden, da die Punktrechnung auch ohne Klammern zuerst berechnet wird. Es fällt auf, dass die Zwischenergebnisse in den Gleichungen nicht auftauchen. Auch Textaufgaben können mit Hilfe von Rechenbäumen gelöst werden.

Beispiel:
In der Gummibärchenfabrik bekommt der Vater von Klaus eine neue Aufgabe gestellt. Es sollen 1000 Tüten verpackt werden, und jede Tüte soll jeweils 20 Tütchen enthalten, in denen jeweils 10 Gummibärchen sind. Wie viele Gummibärchen werden dazu benötigt?

Lösung mit Rechenbaum:

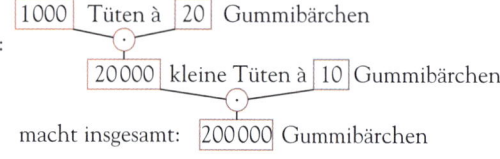

Die dazugehörige Gleichung lautet: $1000 \cdot 20 \cdot 10 = 200\,000$

Bisher waren die Rechenbäume immer mit dem Ziel aufgebaut, das Endergebnis zu bestimmen. Es können aber auch die Werte der Äste gesucht werden.

Beispiel:
Peter wünscht sich zu seinem Geburtstag in 6 Monaten ein neues Fahrrad von seiner Oma. Die verspricht ihm, wenn er bis zu seinem Geburtstag monatlich 15 DM spart, bezahlt sie den Restbetrag für das neue Fahrrad, welches 415 DM kostet. Um herauszufinden, wie viel Geld Peters Oma nach diesem Versprechen dazugeben muss, zeichnet sie einen Rechenbaum und überlegt sich dazu: 15 DM pro Monat ergeben in 6 Monaten 90 DM. Wie viel Geld fehlt dann noch zu 415 DM?

Sie kommt zu dem Ergebnis, dass sie 325 DM dazugeben muss, weil $325 + 90 = 415$ ist. Die zu diesem Rechenbaum gehörige Gleichung sieht so aus:

$$15 \cdot 6 + \underline{\quad} = 415.$$

Hier muss gefragt werden, welche Zahl an die Stelle des Platzhalters zu schreiben ist, damit die Gleichung erfüllt wird? Das ist 325. In der Mathematik wurde vereinbart, an die Stelle des Platzhalters eine Variable zu schreiben. Meistens verwendet man dazu irgendeinen Buchstaben. Mit dem Buchstaben „x", man sagt auch, mit der Variablen „x", wird die Gleichung zu:

$$15 \cdot 6 + x = 415$$

Nun wird gefragt: Für welchen Wert x oder für welche Zahl x ist die Gleichung eine richtige Gleichung? Oder, für welchen Wert x wird die Gleichung erfüllt? Die Antwort lautet dann: Für x = 325.

Weitere einfache Gleichungen sind:

$$x + 3 \cdot 4 = 60$$
$$4 \cdot 3 + x = 60$$

Man überprüfe: Wegen dem Kommutativgesetz sind beide Gleichungen richtig, wenn x = 48 ist. Auch die folgenden Gleichungen sind alle für einen ganz bestimmten Wert der Variablen richtig.

$$
\begin{array}{ll}
x = 10 & |-5 \\
x - 5 = 5 & |\cdot 3 \\
(x - 5) \cdot 3 = 15 & |+5 \\
(x - 5) \cdot 3 + 5 = 15 + 5 & |:4 \\
[(x - 5) \cdot 3 + 5] : 4 = (15 + 5) : 4 &
\end{array}
$$

Diese Gleichungen haben alle gemeinsam, dass sie für x = 10 wahre Aussagen liefern. Das ist kein Zufall. Eine genaue Beobachtung zeigt den Zusammenhang der Gleichungen:
Subtrahiert man die Zahl 5 bei der ersten Gleichung auf beiden Seiten des Gleichheitszeichens, erhält man die zweite. Multipliziert man diese mit 3, gelangt man zur dritten Gleichung, und durch eine Addition der Zahl 5 errechnet sich die vierte Gleichung. Die letzte Gleichung erhält man aus der vorletzten, indem man diese durch 4 dividiert. Man beachte auch die Klammersetzung bei diesen Rechnungen!

Es gilt allgemein:

> Der Wert einer Variablen in einer Gleichung ändert sich nicht, wenn man beide Seiten der Gleichung mit der gleichen Zahl multipliziert oder dividiert, die gleiche Zahl auf beiden Seiten addiert oder subtrahiert.

Es sei vorweggenommen, dass man sich genau diese Eigenschaften zunutze macht, um systematisch die Werte von Variablen in verschiedenen Gleichungen zu bestimmen.

 Zum Weiterlesen:

- Addition natürlicher Zahlen, S. 30
- Gleichungen und Ungleichungen, S. 66

Von Primzahlen zu gemeinsamen Teilern und Vielfachen

Wie bereits festgestellt wurde, ist jede natürliche Zahl ein Vielfaches von 1 und von sich selbst. Zahlen, die genau zwei Teiler haben, also nur Vielfache von 1 und sich selbst sind, nennt man Primzahlen. Die ersten Primzahlen sind also:

Primzahlen: 2, 3, 5, 7, 11, 13, 17, 19, 23, 29, 31, 37, 41, 43, 47 …

Die Zahl 1 ist keine Primzahl, weil sie nur einen Teiler hat. Will man Primzahlen als Produkt darstellen, so sind die Faktoren immer 1 und die Primzahl selbst (eine Primzahl hat nur diese Teiler). Alle anderen Zahlen, die „Nicht-Primzahlen", lassen sich auf mindestens zwei verschiedene Arten als Produkt darstellen; wie die Primzahlen als Produkt der 1 und sich selbst, aber auch in Faktoren, die alle Primzahlen sind, in Primfaktoren (mit Ausnahme der 1). Bei der so genannten Primfaktorzerlegung kann systematisch vorgegangen werden, indem immer die kleinste Primzahl zuerst abgespalten wird.

Beispiele: Primfaktorzerlegung von 24

$24 = 2 \cdot \quad 12 \qquad$ 2 ist Primzahl, 12 nicht

$24 = 2 \cdot \quad (2 \cdot 6) \qquad$ 6 ist keine Primzahl

$24 = 2 \cdot \quad [2 \cdot (2 \cdot 3)] \qquad$ 2 und 3 sind Primzahlen

Die Multiplikation ist kommutativ. Deshalb dürfen die Klammern weggelassen werden.

$24 = 2 \cdot 2 \cdot 2 \cdot 3$

Bei 105 ist 3 die kleinste „abspaltbare" Primzahl:

$105 = 3 \cdot 35 = 3 \cdot 5 \cdot 7$

Die Primfaktoren von 336 sind:

$336 = 2 \cdot 168 = 2 \cdot 2 \cdot 84 = 2 \cdot 2 \cdot 2 \cdot 42 = 2 \cdot 2 \cdot 2 \cdot 2 \cdot 21 = 2 \cdot 2 \cdot 2 \cdot 2 \cdot 3 \cdot 7$
$336 = 2 \cdot 2 \cdot 2 \cdot 2 \cdot 3 \cdot 7$

336 zerlegt sich in die Primfaktoren 2, 3 und 7. Die 2 kommt hierbei 4-mal vor. Für $2 \cdot 2 \cdot 2 \cdot 2$ gibt es auch eine kürzere Schreibweise, nämlich: $2 \cdot 2 \cdot 2 \cdot 2 = 2^4$ (gesprochen: 2 hoch 4). Damit lassen sich die Primfaktoren von 336 kürzer schreiben als $336 = 2^4 \cdot 3 \cdot 7$. 2^4 ist die Potenz aus 2 und 4, wobei 2 die Grundzahl oder Basis ist und 4 die Hochzahl oder der Exponent. Potenzen kann man aus allen natürlichen Zahlen bilden, und es gilt allgemein:

Eine Potenz ist ein Produkt aus gleichen Faktoren. Der Exponent (die Hochzahl) gibt dabei an, wie oft die Basis (die Grundzahl) als Faktor auftritt. Beispiele:

$3^3 = 3 \cdot 3 \cdot 3 = 27$, $10^3 = 10 \cdot 10 \cdot 10 = 1\,000$

Potenzen mit dem Exponenten 1 haben immer den Wert der Basis (Beispiel $4^1 = 4$) und für Potenzen mit dem Exponenten 0 wurde vereinbart, dass ihr Wert immer gleich 1 ist. Das gilt für jede Basis. Also ist:
$1^0 = 1$, $2^0 = 1$, $3^0 = 1$, $4^0 = 1$ …

Gemeinsame Teiler und Vielfache

Besonders bei der Bruchrechnung wird man immer wieder die Frage stellen müssen: „Gibt es eine größte natürliche Zahl, durch die zwei vorgegebene natürliche Zahlen teilbar sind?" Sind die beiden vorgegebenen Zahlen gleich, ist die Beantwortung trivial. Man kann beide durch sich selbst teilen. Sind die Zahlen unterschiedlich, kann man raten oder alle Teiler suchen und findet den größten durch Vergleich.

Beispiel: Gesucht wird der größte gemeinsame Teiler (ggT) der Zahlen 36 und 48.

Teiler von 36: 1, 2, 3, 4, 6, 9, 12, 18, 36
Teiler von 48: 1, 2, 3, 4, 6, 8, 12, 16, 24, 48

Der Vergleich der Teiler liefert eindeutig 12 als größten Teiler von 36 und 48.

Manche Zahlenpaare haben nur die Zahl 1 als größten gemeinsamen Teiler. Solche Zahlen nennt man teilerfremd. Zum Beispiel die Zahlen 8 und 9. Die Teiler von 8 sind 1, 2, 4 und 8, die Teiler von 9 sind 1, 3 und 9.

Auch die Frage nach dem kleinsten gemeinsamen Vielfachen (kgV) ist bei der Bruchrechnung von Bedeutung. Um das kleinste gemeinsame Vielfache zu bestimmen, sucht man die kleinste natürliche Zahl, die gleichzeitig ein Vielfaches von zwei vorgegebenen Zahlen ist. Für die Zahlen 4 und 6 ist das kleinste gemeinsame Vielfache, kurz kgV, die 12 ($4 \cdot 3 = 12$ und $6 \cdot 2 = 12$). Oft kann man das kgV schnell erraten oder findet es durch Probieren. Ist das nicht der Fall, dann hilft die Primfaktorzerlegung weiter. Man zerlegt dazu beide Zahlen in Primfaktoren und verwendet die Potenzschreibweise. Haben die beiden Zahlen Potenzen mit gleichen Basen, dann schreibt man jeweils die Potenzen mit den größeren Exponenten heraus und multipliziert diese. Das Ergebnis ist das kleinste gemeinsame Vielfache.

Beispiel: Gesucht wird das kgV der Zahlen 36 und 48.

Primfaktorzerlegung von 36: $36 = 2 \cdot 2 \cdot 3 \cdot 3 = 2^2 \cdot 3^2$
Primfaktorzerlegung von 48: $48 = 2 \cdot 2 \cdot 2 \cdot 2 \cdot 3 = 2^4 \cdot 3^1$

Beide Zahlen zerlegen sich in die Primfaktoren 2 und 3. Die Potenz mit dem größten Exponenten zur Basis 2 ist 2^4 und die mit dem größten Exponenten zur Basis 3 ist 3^2. Folglich ist das kleinste gemeinsame Vielfache der beiden Zahlen:

kgV von 36 und 48: $2^4 \cdot 3^2 = 2 \cdot 2 \cdot 2 \cdot 2 \cdot 3 \cdot 3 = 144$
Kontrolle: $48 \cdot 3 = 144$ und $36 \cdot 4 = 144$

Hat man zwei Zahlen vorgegeben, die keine gemeinsamen Primfaktoren haben, dann ist das kleinste gemeinsame Vielfache das Produkt der beiden Zahlen.

Beispiel: Die Zahlen 4 und 35 haben $140 = 4 \cdot 35$ als kgV.

Zum Weiterlesen:

- Teilbarkeit natürlicher Zahlen, S. 36
- Bruchrechnung, S. 38

Teilbarkeit natürlicher Zahlen

Hinter vielen Situationen des täglichen Lebens und auch bei manchen Vorgängen in der Natur verbirgt sich die Teilbarkeit der natürlichen Zahlen.

Beispiel: Peter hat nur noch 20 Gummibärchen. Die möchte er in gleich große Mengen aufteilen, um dann jeden Tag die gleiche Anzahl an Bärchen aufzuessen. Welche Möglichkeiten hat er? Man findet:

Isst er 1 Gummibärchen pro Tag, reichen sie 20 Tage. Bei 2 noch 10 Tage, bei 4 reichen sie 5 Tage, bei 5 darf er 4 Tage essen, bei 10 nur noch 2 Tage, und schließlich kann er auch alle 20 auf einmal essen.

Die Zahlen 1, 2, 4, 5, 10 und 20 nennt man die Teiler von 20. Das sind genau die Zahlen, durch die man 20 teilen kann. Für diese Zahlen gilt:
$1 \cdot 20 = 20$
$2 \cdot 10 = 20 \dots$

Alle anderen Zahlen, beispielsweise 3, 6 oder 8, sind keine Teiler von 20. Es gibt keine natürlichen Zahlen, die mit 3, 6 oder 8 multipliziert 20 ergeben. Würde Peter am ersten Tag 8 Gummibärchen essen, so könnte er das auch am zweiten Tag, aber nicht mehr am dritten, weil dann nur noch 4 Gummibärchen übrig sind.

Alle natürlichen Zahlen haben Teiler. Es gibt Zahlen mit mehreren verschiedenen Teilern und manche, ausgenommen der 1, haben nur 2 Teiler. Jede natürliche Zahl ist durch sich selbst teilbar und auch durch die 1.

Beispiele:

Zahl	Teiler	denn es gilt
1	1	$1 \cdot 1 = 1$
2	1,2	$1 \cdot 2 = 2; 2 \cdot 1 = 2$
8	1, 2, 4, 8	$1 \cdot 8 = 8; 2 \cdot 4 = 8 \dots$
20	1, 2, 4, 5, 10, 20	$1 \cdot 20 = 20; \dots$

Beim Zählen der natürlichen Zahlen verwendet man „Einerschritte": 1, 2, 3, 4, 5, 6, 7 …, das bedeutet: Addiert man zu einer natürlichen Zahl 1, so erhält man die nächste natürliche Zahl. Bekanntlich gibt es eine kleinste natürliche Zahl, die 1, aber keine größte. Am Zahlenstrahl kann man das so darstellen:

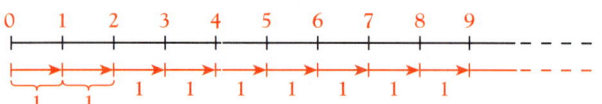

Schreitet man den Zahlenstrahl in „Zweierschritten" entlang, so passiert man die Zahlen: 2, 4, 6, 8, 10. …

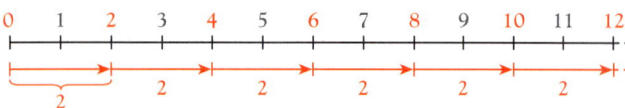

und in „Dreierschritten": 3, 6, 9, 12, 15, 18 …

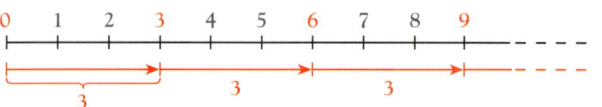

Weil die natürlichen Zahlen alle den gemeinsamen Teiler 1 haben, sind sie alle Vielfache der 1. Die aufgeführten farbigen Zahlen des zweiten Zahlenstrahls haben alle den gemeinsamen Teiler 2, sie sind deshalb alle Vielfache der 2, und am dritten Zahlenstrahl sind die farbigen Zahlen alle ein Vielfaches von 3. Die Zahl 6 ist also ein gemeinsames Vielfaches von 1, 2 und 3.

$1 \cdot 6 = 6$; man sagt: 6 ist das 6fache von 1.
$2 \cdot 3 = 6$; 6 ist das 2fache von 3.
$3 \cdot 2 = 6$; 6 ist das 3fache von 2.

Für ein Vielfaches einer Zahl „x" findet man immer einen weiteren Teiler des Vielfachen, so dass „x" mit dieser Zahl multipliziert wieder das Vielfache ergibt.

Beispiel:
28 ist ein Vielfaches von 7. Das ist gleichbedeutend mit: 7 ist ein Teiler von 28. Der gesuchte weitere Teiler von 28 ist 4, denn: $7 \cdot 4 = 4 \cdot 7 = 28$. 28 ist also auch ein Vielfaches von 4.

Teilbarkeitsregeln von Summen und Produkten
Frage 1: Gibt es einen Zusammenhang zwischen den Teilern einer Summe aus zwei Summanden und den Teilern der einzelnen Summanden?

Beispiel:
Die Summanden seien 20 und 30, die Summe ist dann 20 + 30 = 50. Die Teiler der Summanden und der Summe sind:

Teiler von 20: 1, 2, 4, 5, 10, 20
Teiler von 30: 1, 2, 3, 5, 6, 10, 15, 30
Teiler von 50: 1, 2, 5, 10, 25, 50

Man sieht: Die Zahlen 4 und 20 sind *nur* Teiler von 20 (Summand 1), und die Zahlen 3, 6, 15 und 30 sind nur Teiler von 30 (Summand 2), *aber nicht* von 50 (der Summe). Die *gemeinsamen* Teiler 1, 2, 5 und 10 von 20 und 30 (den Summanden) sind *auch* Teiler von 50. Die (Summe) 50 hat zusätzlich noch die Teiler 25 und 50.

Man mache sich anhand anderer Beispiele klar, dass allgemein gilt:

- Die **gemeinsamen** Teiler der Summanden sind auch Teiler der Summe.
- Teiler eines Summanden, die nicht Teiler des anderen Summanden sind, sind auch nicht Teiler der Summe.
- Die Summe besitzt Teiler, die nicht Teiler der Summanden sind.

Frage 2: Gibt es einen Zusammenhang zwischen den Teilern eines Produktes und den Teilern der dazugehörigen Faktoren?

Auch dazu ein Beispiel:
Die Faktoren seien 8 und 6, das resultierende Produkt $6 \cdot 8 = 48$. Die Teiler von Faktoren und Produkt sind dann:

Teiler von 6: 1, 2, 3, 6
Teiler von 8: 1, 2, 4, 8
Teiler von 48: 1, 2, 3, 4, 6, 8, 12, 16, 24, 48

Hier erkennt man, und das gilt auch allgemein:

- Ist eine Zahl Teiler von mindestens einem Faktor, so ist sie auch Teiler des Produkts.
- Das Produkt hat zusätzlich Teiler, die nicht Teiler der Faktoren sind.

Endstellenregeln
Teilbarkeit durch 2

Alle Zahlen, die ein Vielfaches von 2 sind, haben in der Mathematik einen besonderen Namen. Man nennt sie gerade Zahlen. Alle anderen Zahlen, also alle, die nicht ein Vielfaches von 2 sind, nennt man ungerade Zahlen.

Der Zahlenstrahl zeigt: Alle Vielfachen von 2 (alle geraden Zahlen) enden mit einer der Ziffern: 0, 2, 4, 6 oder 8.
Es gilt:

> Eine natürliche Zahl ist durch 2 teilbar und man nennt sie gerade, wenn sie mit einer der Ziffern 0, 2, 4, 6 oder 8 endet, sonst nicht.

Beispiele:
1 234 567 ist eine ungerade Zahl, weil sie nicht mit einer der Ziffern 0, 2, 4, 6 oder 8 endet, sondern mit 7.
7 654 538 ist eine gerade Zahl, weil sie mit einer der Ziffern 0, 2, 4, 6 oder 8 endet, nämlich mit der 8.

Teilbarkeit durch 10

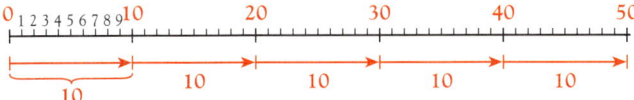

Die Zahlen des Zahlenstrahls in 10er-Schritten sind: 10, 20, 30, 40, 50, 60, 70 … Die Gemeinsamkeit dieser Zahlen erkennt man schnell; sie enden alle mit der Ziffer 0.
Allgemein gilt auch:

> Ist die letzte Stelle einer natürlichen Zahl eine Null, so ist sie durch 10 teilbar, sonst nicht.

Beispiel: 123 450 ist durch 10 teilbar und 2 459 nicht.

Teilbarkeit durch 5

Die Vielfachen der Zahl 5 enden alle mit den Ziffern 5 oder 0.
Es gilt:

> Ist die letzte Ziffer einer natürlichen Zahl eine 5 oder eine 0, so ist die Zahl durch 5 teilbar, sonst nicht.

Beispiel: 455 ist durch 5 teilbar, 467 nicht.

Teilbarkeit durch 4

Die Teilbarkeit durch 4 lässt sich nicht mehr anhand der letzten Stelle entscheiden. Beispielsweise die Zahlen 18 und 28 enden beide mit der Ziffer 8, aber nur eine ist durch 4 teilbar, die 28. Um dennoch eine Regel angeben zu können, betrachtet man folgenden Ausschnitt des Zahlenstrahls:

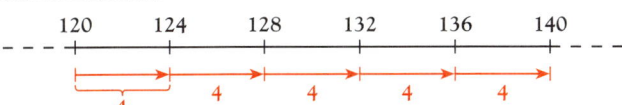

Dass diese Zahlen einen Ausschnitt der 4er-Reihe sind, erkennt man

leicht an ihrem Startwert, denn: 4 · 30 = 120. Die Gemeinsamkeit dieser Zahlen ist die folgende: Die letzten beiden Ziffern stellen eine Zahl dar, die durch 4 teilbar ist. Da auch 100, 200 … durch 4 teilbar sind, gilt das wegen den Teilbarkeitsregeln für Summen allgemein:

> Eine natürliche Zahl ist durch 4 teilbar, wenn ihre letzten beiden Ziffern eine durch 4 teilbare Zahl darstellen, sonst nicht.

Beispiele:
12 345 ist nicht durch 4 teilbar, weil 45 nicht durch 4 teilbar ist.
12 388 ist durch 4 teilbar, weil 88 durch 4 teilbar ist.

Quersummenregeln für die Teilbarkeit durch 9 und 3

Die Vielfachen von 3 und 9 erkennt man nicht an den letzten Ziffern einer Zahl. Die Zahlen 100, 200 und 300 enden alle mit den gleichen Ziffern, aber nur 300 ist durch 3 teilbar und keine von ihnen durch 9. Die kleinste durch 9 teilbare Zahl, die mit den Ziffern 00 endet, ist 900. Um festzustellen, ob eine Zahl durch 3 oder 9 teilbar ist, bildet man die Quersumme der Zahl. Das ist die Summe aus den einzelnen Ziffern.
Beispiel:
Quersumme der Zahl 1 234: 1 + 2 + 3 + 4 = 10
Quersumme der Zahl 9 999: 9 + 9 + 9 + 9 = 36

Dann gelten die Quersummenregeln:

> Ist die Quersumme einer natürlichen Zahl durch 3 teilbar, dann ist auch die Zahl durch 3 teilbar, sonst nicht.
> Ist die Quersumme einer natürlichen Zahl durch 9 teilbar, dann ist auch die Zahl durch 9 teilbar, sonst nicht.

Beispiel:
Die Quersumme von 47 649 ist : 4 + 7 + 6 + 4 + 9 = 30. 30 ist durch 3 teilbar, aber nicht durch 9, folglich ist 47 649 ein Vielfaches von 3, aber kein Vielfaches von 9.

Teilbarkeit durch 6, 7 und 8

Aus den Teilbarkeitsregeln für Produkte folgt:
Weil 6 = 2 · 3 und 8 = 2 · 4 ist, sind auch alle Vielfachen von 6 durch 2 und durch 3 teilbar; die Vielfachen von 8 sind durch 2 und durch 4 teilbar.
Deshalb gilt:

> Ist eine Zahl durch 2 **und** durch 3 teilbar, dann ist sie auch durch 6 teilbar, sonst nicht.
> Teilt man eine Zahl durch 2 **und** das Ergebnis dieser Division ist durch 4 teilbar, dann ist diese Zahl (auch) durch 8 teibar.

Die Teilbarkeit durch 7 ist nicht so leicht festzustellen. Mit Hilfe der Teilbarkeitsregeln von Summen kann trotzdem schnell festgestellt werden, ob eine natürliche Zahl durch 7 teilbar ist oder nicht. Dazu versucht man, die Zahl in Summanden aufzuteilen, die durch 7 teilbar sind. Gelingt das vollständig, ist die Zahl durch 7 teilbar, sonst nicht.

Zum Weiterlesen:

• Von Primzahlen zu gemeinsamen Teilern und Vielfachen, S. 35
• Bruchrechnung, S. 38
• Dezimalbrüche und Dezimalzahlen, S. 42

Bruchrechnung

In vielen alltäglichen Situationen treten mathematische Probleme auf, die mit den natürlichen Zahlen alleine nicht mehr, oder nur sehr umständlich, bewältigt werden können. Oft helfen Bruchzahlen, die verschiedensten Zusammenhänge leichter zu verdeutlichen. Zur Einführung der Bruchzahlen ein Beispiel:

Zu Eriks Geburtstag hat seine Mutter 3 Kuchen gebacken und jeden Kuchen in 8 gleich große Stücke geschnitten. Peter isst von allen am meisten, er isst 5 Stücke Kuchen. Klaus schafft 4, Petra nur 2, Sabine genauso viele wie Klaus, Erik und Tania sind mit einem Stück Kuchen schon satt.

Peter fragt sich: Den wievielten Teil eines ganzen Kuchens haben die einzelnen Gäste gegessen? Tania und Erik haben jeweils nur ein Stück Kuchen gehabt. Ein ganzer Kuchen war in acht gleich große Stücke zerschnitten, also haben Tania und Erik jeweils nur ein achtel Kuchen gegessen.

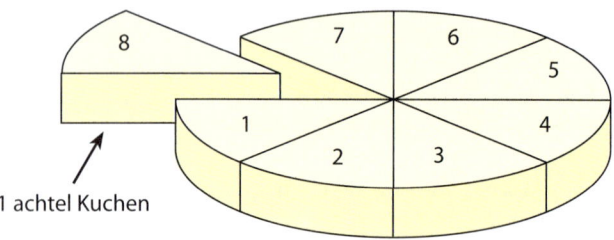

1 achtel Kuchen

Sabine aß 2 Stücke, das sind also 2 achtel Kuchen. Peter stellt sich vor, die 2 Stücke wären ein großes Stück Kuchen und ein Kuchen wäre in solche Stücke aufgeteilt worden, dann sind diese 2 Stücke ein viertel Kuchen.

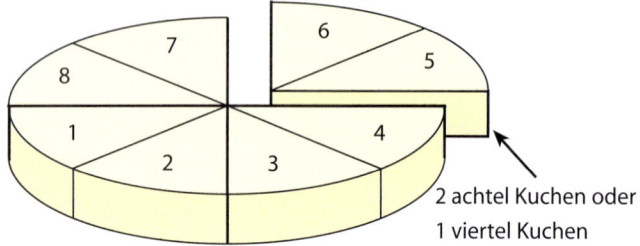

2 achtel Kuchen oder
1 viertel Kuchen

Klaus und Sabine, die 4 Stücke gegessen haben, also vier achtel Kuchen, schafften so nach Peters Überlegungen jeweils einen halben Kuchen:

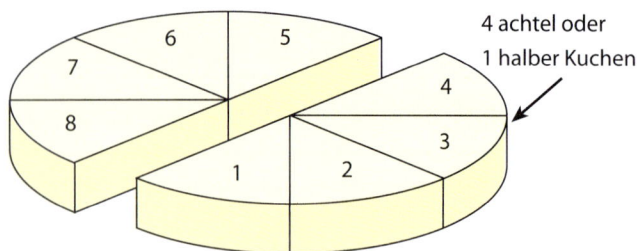

4 achtel oder
1 halber Kuchen

Und Peter selbst hat genauso viel Kuchen gegessen wie Klaus und Tania zusammen. Das waren 5 achtel Kuchen, oder einen halben (wie Klaus) und einen achtel Kuchen (wie Tania).

Für die Angaben 2 achtel Kuchen, ein viertel Kuchen, 4 achtel Kuchen, einen halben Kuchen oder 5 achtel Kuchen gibt es in der Mathematik kürzere Ausdrucksmöglichkeiten, man nennt sie Bruchzahlen.

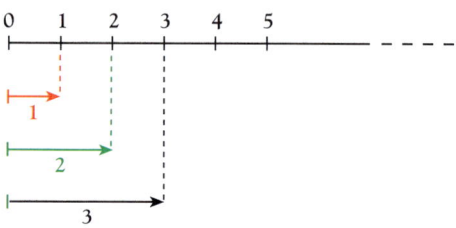

Peters Bezeichnung	2 achtel	ein viertel	4 achtel	ein halb	5 achtel
Bruch	$\frac{2}{8}$	$\frac{1}{4}$	$\frac{4}{8}$	$\frac{1}{2}$	$\frac{5}{8}$

Den Strich nennt man Bruchstrich, die Zahl über dem Strich den Zähler und die Zahl darunter den Nenner.

Nach Peters Überlegungen haben manche Bruchzahlen denselben Wert. Er kam zu den Ergebnissen, dass $\frac{2}{8}$ Kuchen gleich $\frac{1}{4}$ Kuchen ist, und dass $\frac{4}{8}$ Kuchen auch $\frac{1}{2}$ Kuchen sein muss. Das kann man am Zahlenstrahl verdeutlichen. Die natürlichen Zahlen 1, 2, 3 ... können mit Hilfe des Zahlenstrahls auch als unterschiedlich lange Pfeile gedeutet werden.

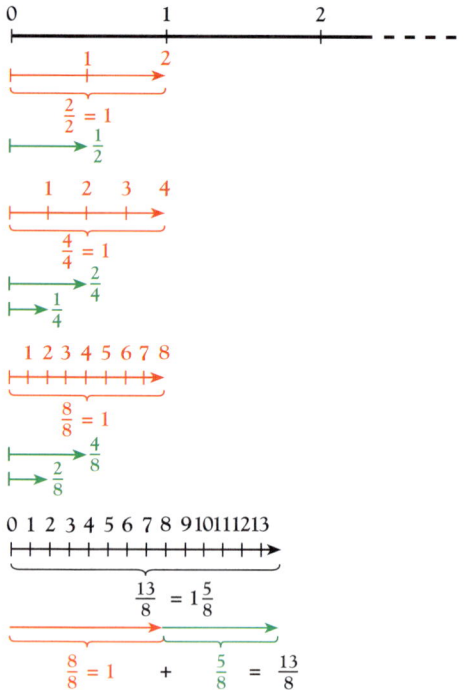

Betrachtet man nun den Pfeil der natürlichen Zahl 1 und teilt diesen in gleich lange Stücke (Bruchstücke), kann man damit schon viele Bruchzahlen verdeutlichen. Der Nenner gibt an (benennt), in wie viele Stücke der Pfeil zerlegt wurde, und der Zähler „zählt" die Anzahl der Bruchstücke, die zu der Bruchzahl gehören.

Die Pfeile für die Brüche $\frac{1}{2}$ und $\frac{4}{8}$ sowie $\frac{2}{8}$ und $\frac{1}{4}$ sind gleich lang. Die Brüche $\frac{1}{2}$ und $\frac{4}{8}$ sowie $\frac{2}{8}$ und $\frac{1}{4}$ haben also den gleichen Wert. Es zeigt sich auch, ist der Zähler gleich dem Nenner, so hat der Bruch den Wert 1; ist der Zähler größer als der Nenner, so ist der Wert des Bruchs größer als 1. Der Bruch $\frac{13}{8}$ hat die Pfeillänge 1 plus $\frac{5}{8}$, deshalb darf man sich aussuchen, ob man die Pfeillänge mit $\frac{13}{8}$ oder $1\frac{5}{8}$ beschreibt. Mit den Bruchzahlen lassen sich am Zahlenstrahl viele neue Pfeile beschreiben. Stellen die natürlichen Zahlen nur Pfeile der Länge 1, 2, 3 … dar, ermöglichen die Bruchzahlen Pfeillängen (oder Größen) anzugeben, die zwischen benachbarten natürlichen Zahlen liegen. Am obigen Zahlenstrahl sieht man, sind Zähler und Nenner gleich, dann stellen diese Brüche die natürliche Zahl 1 dar. Der folgende Zahlenstrahl zeigt, dass sich auch alle anderen natürlichen Zahlen als Brüche ausdrücken lassen.

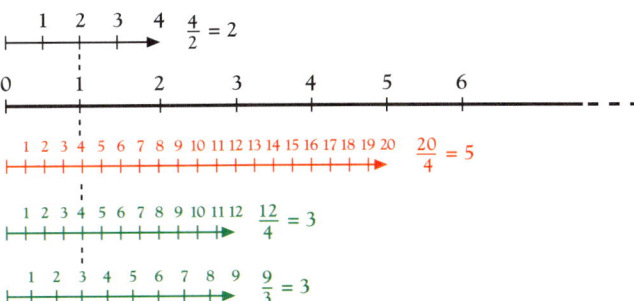

Die Brüche $\frac{3}{1}$ (man sagt nicht drei eintel, sondern drei ganze), $\frac{12}{4}$ und $\frac{9}{3}$ stellen denselben Pfeil dar wie die natürliche Zahl 3, $\frac{4}{2}$ entspricht der Zahl 2 und $\frac{20}{4}$ der 5. Nun liegt es auf der Hand, wie man den Wert eines Bruches ermitteln kann:

$$\frac{12}{4} = 12 : 4 = 3$$

$$\frac{9}{3} = 9 : 3 = 3$$

$$\frac{4}{2} = 4 : 2 = 2$$

$$\frac{20}{4} = 20 : 4 = 5$$

Der Bruchstrich besagt also: Um den Wert des Bruches zu ermitteln, teile man den Zähler durch den Nenner. Wenn das geht, darf man ruhig das Ergebnis anstelle des Bruches verwenden; geht das nicht wie beispielsweise bei $\frac{5}{2}$, so lässt man den Bruch stehen.

Erweitern und Kürzen
Der Bruch $\frac{8}{4}$ hat den Wert 2, denn 8 : 4 = 2. Es gibt aber noch unendlich viele andere Brüche mit dem Wert 2. Dazu muss man Zahlen finden, deren Quotient gleich 2 ist. Zum Beispiel $\frac{12}{6}, \frac{4}{2}, \frac{100}{50}, \frac{2}{1} \ldots$
Aber auch ohne die spezielle Kenntnis des Quotienten ($\frac{4}{4} = 2$) hätte man diese Brüche finden können. Denn es gibt einen Zusammenhang zwischen Brüchen mit gleichem Wert:

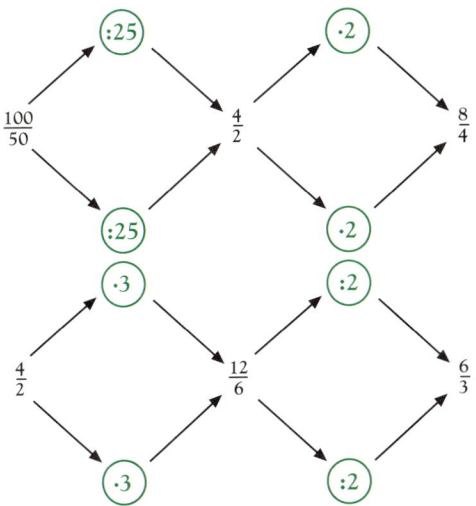

Hier sieht man etwas allgemein Gültiges:
Werden Zähler und Nenner eines Bruches mit demselben Faktor multipliziert, ändert sich der Wert des Bruches nicht. Diesen Vorgang nennt man Erweitern des Bruches. Werden Zähler und Nenner durch die gleiche Zahl dividiert, dann bleibt der Wert des Bruches unverändert. Mit diesem Vorgang kann eine Erweiterung wieder rückgängig gemacht werden, und man nennt ihn: Kürzen.
Ein Beispiel zum Kürzen. Der Bruch $\frac{48}{32}$ soll gekürzt werden. Dazu sucht man gemeinsame Teiler von Zähler und Nenner und kürzt den Bruch. 2 ist ein gemeinsamer Teiler von 48 und 32. Also gilt:

$$\frac{48}{32} = \frac{24 \cdot 2}{16 \cdot 2} = \frac{24 \cdot \cancel{2}}{16 \cdot \cancel{2}} = \frac{24}{16}$$

Da 48 und 32 aber auch andere gemeinsame Teiler haben, hat man sich darauf geeinigt, den größten gemeinsamen Teiler zu suchen und durch diesen zu kürzen. Der ggT von 48 und 32 ist 16, deshalb ist $\frac{48}{32}$ vollständig gekürzt:

$$\frac{48}{32} = \frac{3 \cdot 16}{2 \cdot 16} = \frac{3}{2}$$

Da der Wert von vollständig gekürzten Brüchen leichter am Zahlenstrahl darstellbar ist, sollte man sie immer vollständig kürzen.

Addition und Subtraktion
Addition und Subtraktion natürlicher Zahlen werden am Zahlenstrahl mit Pfeilen verdeutlicht.

Beispiel:

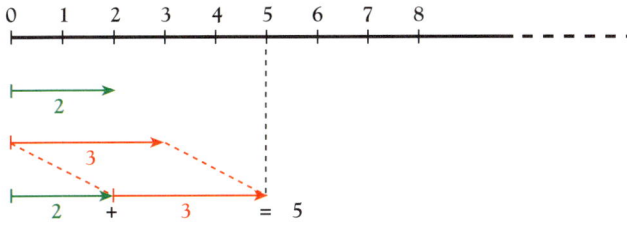

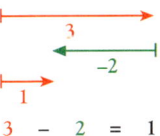

Für die Rechnung $\frac{2}{3} + \frac{3}{2}$ kommt man dann zu folgendem Ergebnis:

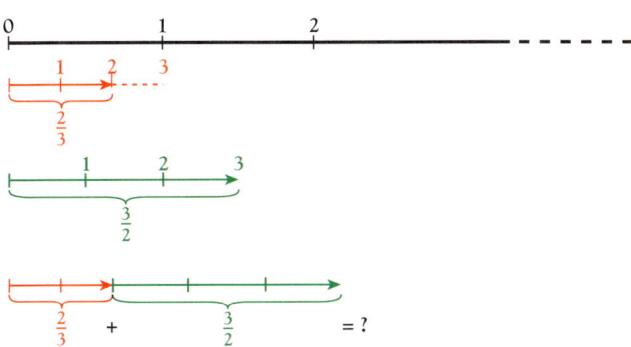

Diesem Ergebnispfeil sieht man nicht an, welche Bruchzahl gemeint ist. Deshalb ist es günstiger, die Ausgangspfeile (Brüche) anzugleichen. Man erweitert die Brüche so, dass sie einen gemeinsamen Nenner, einen Hauptnenner, haben. Das kleinste gemeinsame Vielfache der beiden Nenner ist dazu der Favorit. Die obigen Nenner 2 und 3 haben als kgV die Zahl 6. Man erweitert:

$$\frac{2}{3} = \frac{2 \cdot 2}{2 \cdot 3} = \frac{4}{6} \text{ und}$$

$$\frac{3}{2} = \frac{3 \cdot 3}{3 \cdot 2} = \frac{9}{6}$$

dann erkennt man am Zahlenstrahl das Ergebnis:

$$\frac{2}{3} + \frac{3}{2} = \frac{4}{6} + \frac{9}{6} = \frac{13}{6}$$

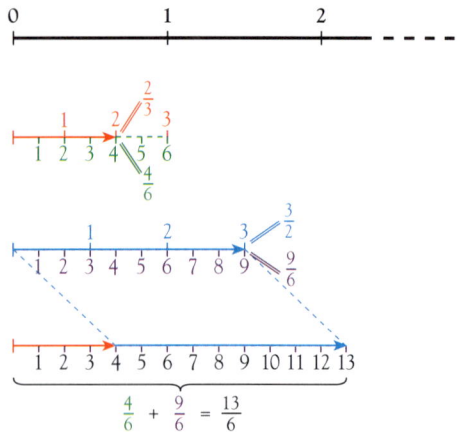

Verallgemeinerung zur Addition zweier Brüche:

> Zwei Brüche addiert man, indem man sie so erweitert, dass sie einen gemeinsamen Nenner haben, einen Hauptnenner. Die Summe der Brüche ist dann die Summe der beiden Zähler der erweiterten Brüche, dividiert durch den Hauptnenner. Als Hauptnenner eignet sich immer das kleinste gemeinsame Vielfache der zu addierenden Brüche.

Beispiele:

$$\frac{5}{4} + \frac{4}{8} = \frac{10}{8} + \frac{4}{8} = \frac{14}{8}$$

$$\frac{5}{12} + \frac{7}{5} = \frac{25}{60} + \frac{84}{60} = \frac{109}{60}$$

Die Überlegungen für die Addition von Brüchen gelten auch für die Subtraktion:

> Man subtrahiert Brüche, indem man sie erweitert, so dass sie einen gemeinsamen Nenner haben, bildet die Differenz der Zähler und behält den Hauptnenner bei.

Beispiele:

$$\frac{3}{2} - \frac{2}{3} = \frac{9}{6} - \frac{4}{6} = \frac{5}{6}$$

$$\frac{8}{5} - \frac{3}{7} = \frac{56}{35} - \frac{15}{35} = \frac{41}{35}$$

Multiplikation

Werden Brüche mit natürlichen Zahlen multipliziert, dann ist der Zähler des Bruches mit der natürlichen Zahl zu multiplizieren und der Nenner wird beibehalten. Auch das kann leicht am Zahlenstrahl gezeigt werden:

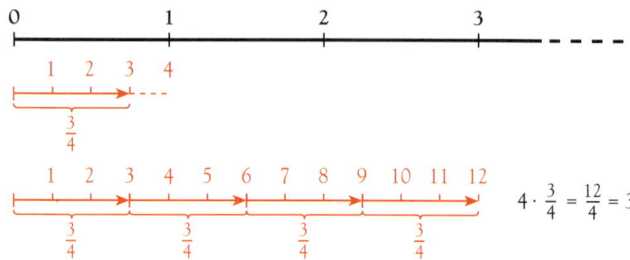

$$4 \cdot \frac{3}{4} = \frac{12}{4} = 3$$

> Brüche multipliziert man miteinander, indem man Zähler mit Zähler und Nenner mit Nenner multipliziert.

Beispiel:
Die Geburtstagtorte von Peters Mutter wurde nur zu $\frac{2}{3}$ aufgegessen. Es bleibt also noch $\frac{1}{3}$ der Torte übrig, das in 3 gleich große Stücke geschnitten wurde. Peter isst davon 2 Stücke. Den wievielten Teil der gesamten Torte hat er gegessen?

Übrig gebliebene Torte:

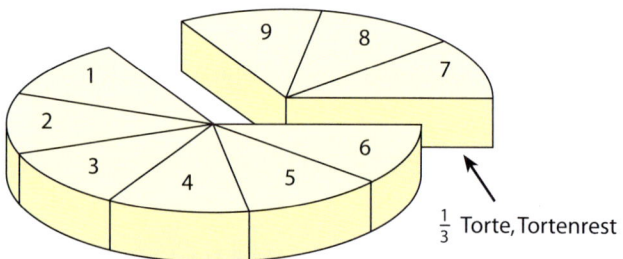

$\frac{1}{3}$ Torte, Tortenrest

Wäre noch die ganze Torte auf dem Tablett, könnte das so aussehen: Jedes Stück ist $\frac{1}{9}$ der Torte, Peter isst davon 2, also isst er $\frac{2}{9}$ der Torte. Das ist $\frac{2}{3}$ von einer drittel Torte, dem Tortenrest. Mathematisch wird das als Produkt der beiden Brüche $\frac{1}{3}$ und $\frac{2}{3}$ beschrieben:

$$\frac{1}{3} \cdot \frac{2}{3} = \frac{2}{9}$$

Division

Wird ein Bruch durch eine natürliche Zahl geteilt, so muss entweder der Nenner mit der Zahl multipliziert werden oder der Zähler durch die Zahl dividiert werden, falls das möglich ist.

Dazu betrachtet man noch einmal das übrig gebliebene Drittel der Torte. Das ist in drei gleich große Stücke geteilt, von denen jedes einzelne Stück $\frac{1}{9}$ der gesamten Torte ist. Mathematisch bedeutet das:

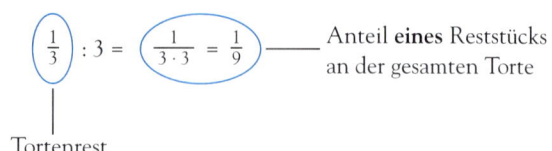

Anteil **eines** Reststücks an der gesamten Torte

Tortenrest

oder:

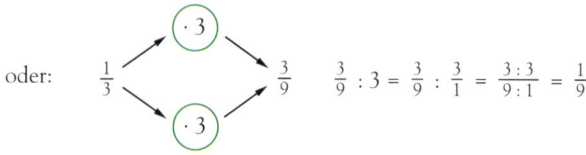

$$\frac{3}{9} : 3 = \frac{3}{9} : \frac{3}{1} = \frac{3 : 3}{9 : 1} = \frac{1}{9}$$

Für die Division von Brüchen untereinander, betrachte man zuerst folgende Bruchmultiplikationen:

$$\frac{3}{2} \cdot \frac{2}{3} = \frac{6}{6} = 1$$

$$\frac{6}{5} \cdot \frac{5}{6} = \frac{30}{30} = 1$$

$$\frac{7}{8} \cdot \frac{8}{7} = \frac{56}{56} = 1$$

Bei diesen Multiplikationen ist das Ergebnis immer gleich 1. Wird bei einem Bruch der Zähler mit dem Nenner vertauscht, dann nennt man den neuen Bruch den Kehrwert und es gilt:

> Multipliziert man einen Bruch mit seinem Kehrwert, ist das Ergebnis immer gleich 1.

Hieraus folgt: Wird ein Bruch mit einem anderen multipliziert und das Ergebnis mit dem Kehrwert des Multiplikators, erhält man wieder den ursprünglichen Bruch.

Beispiel:

$$\frac{2}{3} \cdot \frac{5}{6} = \frac{10}{18} = \frac{5}{9}$$

$$\frac{5}{9} \cdot \frac{6}{5} = \frac{30}{45} = \frac{2}{3}$$

also: $\frac{2}{3} \cdot \frac{5}{6} \cdot \frac{6}{5} = \frac{2}{3}$

Das erinnert daran, dass die Division die Umkehrung der Multiplikation ist. Es gilt zum Beispiel:

$5 \cdot 6 : 6 = 5$

oder ganz allgemein:

$a \cdot b : b = a$.

Für die Bruchzahlen im obigen Beispiel gilt deshalb:

$$\frac{2}{3} \cdot \underbrace{\frac{5}{6} : \frac{5}{6}}_{= 1} = \frac{2}{3} \cdot \underbrace{\frac{5}{6} \cdot \frac{6}{5}}_{= 1} = \frac{2}{3}$$

Nun kann die Rechenregel für die Division von Brüchen an den letzten Zeilen abgelesen werden:

> Durch einen Bruch teilt man, indem man mit dem Kehrwert multipliziert.

Beispiele:

$$\frac{5}{6} : \frac{8}{9} = \frac{5}{6} \cdot \frac{9}{8} = \frac{45}{48}$$

$$4 : \frac{3}{2} = 4 \cdot \frac{2}{3} = \frac{8}{3}$$

$$5 : \frac{1}{3} = 5 \cdot \frac{3}{1} = 15$$

$$\frac{7}{8} : \frac{7}{8} = \frac{7}{8} \cdot \frac{8}{7} = \frac{56}{56} = 1$$

Anordnen von Bruchzahlen

Wie auch die natürlichen Zahlen lassen sich die Bruchzahlen am Zahlenstrahl anordnen. Bei den natürlichen Zahlen unterscheiden sich die Werte zweier benachbarter Zahlen immer um 1. Das ist bei den Bruchzahlen nur selten der Fall. So ist beispielsweise der Wert aller Brüche, deren Nenner größer ist als ihr Zähler, immer kleiner als 1. Für alle Brüche, die kleiner als 1 sind (wenn der Nenner größer als der Zähler ist), findet man die dazugehörende Stelle am Zahlenstrahl

wie folgt: Man teilt den Pfeil für die natürliche Zahl 1 in so viele gleich lange Teilstücke, wie der Nenner angibt. Dann zählt man so viele Teilstücke ab, wie der Zähler vorgibt, und erhält die entsprechende Pfeillänge und damit die richtige Stelle am Zahlenstrahl. Brüche, deren Zähler größer sind als der Nenner, haben einen größeren Wert als 1, man kann sie aber genauso darstellen. Bei großen Brüchen ist das aber sehr aufwendig. Für den Bruch $\frac{123}{4}$ müsste man den Pfeil der natürlichen Zahl 1 in 4 Teile einteilen und dann 123 dieser Teilstücke am Zahlenstrahl aneinander reihen. Das geht aber auch leichter: Der Wert eines Bruches ist der Quotient aus Zähler und Nenner. Für den obigen Bruch ist dieser Quotient gleich:

$$\frac{123}{4} = \frac{120 + 3}{4} = \frac{120}{4} + \frac{3}{4} = 30 \frac{3}{4}$$

oder in einer kürzeren Schreibweise:

$$30 + \frac{3}{4} = 30 \frac{3}{4},$$

sprich: dreißig dreiviertel

Jetzt weiß man: der Wert des Bruches $\frac{123}{4}$ ist um $\frac{3}{4}$ größer als 30. Die Stelle am Zahlenstrahl ist also:

Möchte man ohne Zahlenstrahl entscheiden, welcher von zwei Brüchen den größeren Wert hat, ist das einfach, wenn die beiden Brüche den gleichen Nenner haben. Den größeren Wert hat in diesem Fall der Bruch mit dem größeren Zähler. Haben die beiden Brüche unterschiedliche Nenner, erweitert man beide Brüche, so dass sie den gleichen Nenner haben. Man sagt auch, man macht sie gleichnamig. Den größeren Wert hat dann wieder der Bruch mit dem größeren Zähler.

Beispiel:
Steht man vor der Frage, ob $\frac{17}{3}$ oder $\frac{25}{4}$ größer ist, kann man dieses nicht sofort erkennen. Um zu einem Ergebnis zu kommen, bildet man den gemeinsamen Nenner der beiden Brüche, indem man folgendermaßen erweitert:

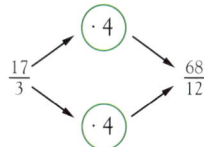 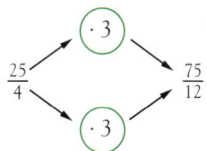

Jetzt kann man die Brüche $\frac{68}{12}$ und $\frac{75}{12}$ vergleichen und erkennt sofort, dass $\frac{75}{12}$ größer ist als $\frac{68}{12}$. Bei diesem Vergleich muss man nur die Zähler 75 und 68 betrachten, da die Nenner gleich sind.

> ### Zum Weiterlesen:
>
> • Dezimalbrüche und Dezimalzahlen, S. 42
> • Ganze und rationale Zahlen, S. 64
> • Der Umgang mit Bruchgleichungen, S. 100

Dezimalbrüche und Dezimalzahlen

Brüche mit den Nennern 10, 100, 1000 … nennt man Dezimalbrüche. Diese haben alle gemeinsam, dass sie Potenzen der Zahl 10 sind.

$$10^1 = 10$$
$$10^2 = 10 \cdot 10 = 100$$
…

Unterteilt man den Zahlenstrahl in Potenzen von zehn, lassen sich an diesem Zahlenstrahl Dezimalbrüche mit den obigen Nennern leicht verdeutlichen. Beispiel:

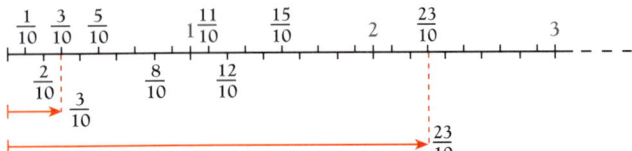

Dieser Zahlenstrahl ähnelt einem Lineal mit Zentimeter- und Millimeterangaben.

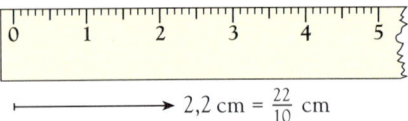

$$2{,}2 \text{ cm} = \frac{22}{10} \text{ cm}$$

Die obigen Bilder zeigen einen Zusammenhang zwischen Dezimalbrüchen und den Kommazahlen. Die Längen der Pfeile lassen sich mit Kommazahlen oder mit Dezimalbrüchen beschreiben. Deshalb heißen Kommazahlen auch Dezimalzahlen. Betrachtet man nun einen Meterstab, der in Hundertstel (100 cm) eingeteilt ist, dann kann man auch sagen, er ist in die Dezimalbrüche

$$\frac{1}{100}, \; \frac{2}{100}, \; \frac{3}{100} \; \dots \; \frac{99}{100}, \; \frac{100}{100} \text{ eingeteilt.}$$

```
        80    90   100   110
```

$$1{,}123 \text{ m} = 1\text{m} + 0{,}1\text{m} + 0{,}02\text{m} + 0{,}003\text{m}$$
$$\| \qquad \| \qquad \| \qquad \|$$
$$1\text{m} + \frac{1}{10}\text{m} + \frac{2}{100}\text{m} + \frac{3}{1000}\text{m}$$
$$\| \qquad \| \qquad \| \qquad \|$$
$$\frac{1000}{1000}\text{m} + \frac{100}{1000}\text{m} + \frac{20}{1000}\text{m} + \frac{3}{1000}\text{m} = \frac{1123}{1000}\text{ m}$$

Man sieht, bei Dezimalzahlen ist für jede Stelle hinter dem Komma ein anderer Dezimalbruch verantwortlich. Die erste Stelle hinter dem Komma wird mit einem Dezimalbruch, der den Nenner 10 hat, beschrieben und die zweite Stelle mit einem Bruch, der den Nenner 100 hat. Deshalb gibt die erste Kommastelle die Zehntel und die zweite die Hundertstel der Dezimalzahl an. Die meisten Meterstäbe (Zollstöcke) sind sogar in Millimeter, also in Tausendstel eingeteilt. An ihnen ließen sich Dezimalbrüche mit dem Nenner 1000 gut verdeutlichen und damit die dritte Kommastelle, die Tausendstelstelle. Allgemein gilt für Dezimalzahlen, etwas lapidar ausgedrückt: Kommazahlen sind eine andere Schreibweise für Dezimalbrüche.

Beispiele:

$$4{,}348 = \frac{4348}{1000} = \frac{4000}{1000} + \frac{300}{1000} + \frac{40}{1000} + \frac{8}{1000}$$

$$\frac{13}{4} = \frac{325}{100} = \frac{300 + 20 + 5}{100} = 3 + \frac{2}{10} + \frac{5}{100} = 3{,}25$$

Gewöhnliche Brüche haben nicht immer eine Zehnerpotenz als Nenner. Manche, wie auch im obigen Beispiel, können aber zu einem Dezimalbruch erweitert werden.

Beispiel: $\frac{3}{4} = \frac{75}{100} = 0{,}75$ lässt sich erweitern und

$\frac{1}{3} = \frac{3}{9} = \frac{33}{99} = \frac{333}{999} = \frac{3\,333}{9\,999} \dots$ lässt sich nicht erweitern.

Woran liegt das? In Primfaktoren zerlegt ist $10 = 2 \cdot 5$. Die einzelnen Zehnerpotenzen (die Nenner der Dezimalbrüche) können als Produkt dieser beiden Primfaktoren geschrieben werden:

$$10 = 2 \cdot 5$$
$$100 = 2 \cdot 2 \cdot 5 \cdot 5$$
$$1000 = 2 \cdot 2 \cdot 2 \cdot 5 \cdot 5 \cdot 5$$
…

Daraus wird gefolgert: Ist der Nenner eines gewöhnlichen Bruches ausschließlich in die Primfaktoren 2 und/oder 5 zerlegbar, kann er zu einem Dezimalbruch erweitert werden, sonst nicht. Beispiele:

$$\frac{3}{20} = \frac{3}{2 \cdot 2 \cdot 5} = \frac{3 \cdot 5}{2 \cdot 2 \cdot 5 \cdot 5} = \frac{15}{100} = 0{,}15$$

$$\frac{11}{8} = \frac{11}{2 \cdot 2 \cdot 2} = \frac{11 \cdot 5 \cdot 5 \cdot 5}{2 \cdot 2 \cdot 2 \cdot 5 \cdot 5 \cdot 5} = \frac{1375}{1000} = 1{,}375$$

$\frac{5}{6} = \frac{5}{2 \cdot 3}$ lässt sich nicht zu einem Dezimalbruch erweitern, da 6 nicht in die Primfaktoren 2 und 5 zerlegt werden kann.

Periodische Dezimalzahlen, Dezimalbrüche

Wie bereits gezeigt wurde, kann der Bruch $\frac{1}{3}$ nicht so leicht als Dezimalzahl geschrieben werden. Man kann seinen Wert aber abschätzen. Dazu betrachtet man eine Zahl, die kleiner ist als $\frac{1}{3}$, und eine Zahl, die größer ist, und sagt $\frac{1}{3}$ liegt zwischen diesen Zahlen. 0 wäre eine kleinere und 1 eine größere Zahl; man weiß also, $\frac{1}{3}$ liegt zwischen 0 und 1. Es gibt aber noch viele andere Bruchzahlen, die größer oder kleiner sind als $\frac{1}{3}$. Deshalb eine genaue und mathematische Untersuchung von $\frac{1}{3}$:
Die Erweiterung von $\frac{1}{3}$ mit den Potenzen von 10 (10, 100, 1000 …) ergibt: $\frac{1}{3} = \frac{10}{30} = \frac{100}{300} = \frac{1000}{3000} \dots$

Für die erweiterten Brüche findet man leicht andere Brüche, die kleiner oder größer sind als $\frac{1}{3}$:

$$\frac{9}{30} = \frac{3}{10} < \frac{10}{30} = \frac{1}{3} < \frac{12}{30} = \frac{4}{10}$$

$$\frac{99}{300} = \frac{33}{100} < \frac{100}{300} = \frac{1}{3} < \frac{102}{300} = \frac{34}{100}$$

$$\frac{999}{3000} = \frac{333}{1000} < \frac{1000}{3000} = \frac{1}{3} < \frac{1002}{3000} = \frac{334}{1000}$$
…

Die gewählten kleineren und größeren Brüche ließen sich so kürzen, dass ihr Nenner eine Potenz von zehn ist. Diese kann man als Dezimalzahlen schreiben:

$$0{,}3 < \tfrac{1}{3} < 0{,}4 \qquad 0{,}33 < \tfrac{1}{3} < 0{,}34 \qquad 0{,}333 < \tfrac{1}{3} < 0{,}334$$

Die Zahlen 0,333 und 0,334 unterscheiden sich nur um ein Tausendstel, dazwischen liegt $\frac{1}{3}$. Das sind sehr enge Schranken, die man nach dem obigen Schema beliebig verkleinern kann. Man sieht, dass $\frac{1}{3}$ auch zwischen 0,333333 und 0,333334 liegen muss. Diese unterscheiden sich nur noch um ein Millionstel!
Wegen diesen Überlegungen nennt man $\frac{1}{3}$ einen periodischen Dezimalbruch und schreibt:

$\frac{1}{3} = 0{,}33333333333.... = 0{,}\overline{3}$ sprich: null Komma drei Periode.

Neben $\frac{1}{3}$ gibt es noch viele andere periodische Dezimalzahlen. Zum Beispiel:

$\frac{1}{6} = 0{,}1666666666... = 0{,}1\overline{6}$

$\frac{3}{11} = 0{,}2727272727... = 0{,}\overline{27}$

Periodische Dezimalbrüche unterscheidet man noch in rein periodische Dezimalzahlen, solche, bei denen die Periode direkt nach dem Komma beginnt (z. B. $0{,}\overline{27}$), und gemischt periodische, bei denen die Periode nicht direkt nach dem Komma beginnt (z. B. $0{,}1\overline{6}$).

Grundrechenarten

Da Dezimalzahlen eigentlich nur eine andere Schreibweise für Dezimalbrüche sind, kann man sie in Dezimalbrüche umwandeln und mit diesen weiterrechnen. Beispiele:

$1{,}38 + 4{,}6 = \frac{138}{100} + \frac{46}{10} = \frac{138}{100} + \frac{460}{100} = \frac{598}{100} = 5{,}98$

$1{,}38 : 4{,}6 = \frac{138}{100} : \frac{46}{10} = \frac{138}{100} \cdot \frac{10}{46} = \frac{1380}{4600} = \frac{3}{10} = 0{,}3$

$1{,}38 \cdot 4{,}6 = \frac{138}{100} \cdot \frac{46}{10} = \frac{6348}{1000} = 6{,}348$

$4{,}6 - 1{,}38 = \frac{460}{100} - \frac{138}{100} = \frac{322}{100} = 3{,}22$

Berechnet man so mehrere Aufgaben mit Dezimalzahlen, stellt man sicher fest, dass die Umwandlung in Brüche gar nicht notwendig ist. Die **Addition** der Zahlen 1,38 und 4,6 reduziert sich auf die Addition der natürlichen Zahlen 138 + 460 und eine richtige Kommasetzung im Ergebnis. Beides kann man erreichen, wenn man sich an die schriftliche Addition erinnert. Hierbei ist lediglich darauf zu achten, die Kommas der beiden Zahlen untereinander zu schreiben und im Ergebnis an derselben Stelle zu übernehmen. Steht über oder unter einer Kommastelle einer der Summanden keine Zahl, so denkt man sich an dieser Stelle eine Null. Eine zusätzliche Null hinter dem Komma ändert den Wert einer Dezimalzahl nicht, das entspricht einer Erweiterung des Dezimalbruches mit der Zahl 10:

Beispiel: 1,38
           + 4,60
           ‾‾‾‾‾‾
           5,98

Für die **Subtraktion** gelten analoge Überlegungen, und man darf auch rechnen: 4,60
           − 1,38
           ‾‾‾‾‾‾
           3,22

Die **Multiplikation** von Dezimalzahlen kann auch durch eine Multiplikation der natürlichen Zahlen ersetzt werden, wobei anschließend das Ergebnis durch eine richtige Kommasetzung wieder in eine Dezimalzahl ersetzt wird. Für die richtige Kommasetzung gibt es auch eine einfache Regel:

> Das Produkt hat so viele Nachkommastellen wie die Faktoren zusammen.

Beispiel: $1{,}38 \cdot 4{,}6 = 138 \cdot \frac{46}{1000} = \frac{6348}{1000} = 6{,}348$

Der Faktor 1,38 hat 2 Nachkommastellen und der Faktor 4,6 nur eine. Das Ergebnis hat deshalb 2 + 1 = 3 Nachkommastellen. Zu dem Ergebnis 6,348 gelangt man also auch, wenn man die natürlichen Zahlen 138 und 46 (man lässt einfach die Kommas bei der Dezimal-

zahl weg) miteinander multipliziert und bei dem Produkt das Komma so setzt, dass dieses insgesamt 2 + 1 = 3 Kommastellen hat.

Auch zur **Division** von Dezimalzahlen müssen Dividend und Divisor nicht unbedingt in Dezimalbrüche umgewandelt werden. Hierzu betrachtet man zunächst die Division einer Dezimalzahl durch eine natürliche Zahl.

Beispiel: $0{,}18 : 6 = \frac{18}{100} : 6 = \frac{3}{100} = 0{,}03$

Zu diesem Ergebnis gelangt man auch mit Hilfe der schriftlichen Division. Man rechnet genauso, als ob man natürliche Zahlen dividiert und zusätzlich das Komma richtig überträgt oder richtig setzt, wenn nur das Ergebnis, wie bei 12 : 8 = 1,5 eine Kommazahl ist.

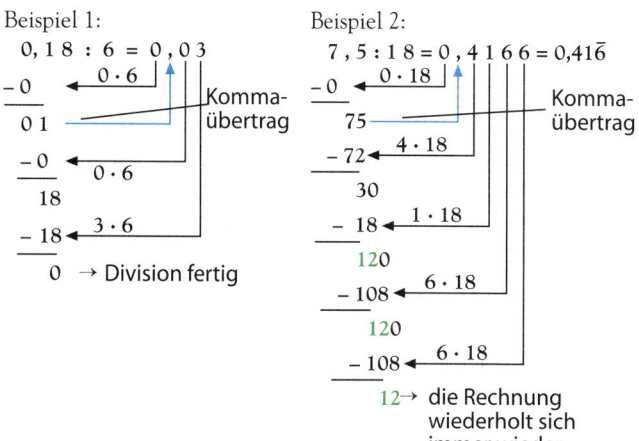

Beispiel 1:   Beispiel 2:

In Beispiel 2 tritt als Ergebnis eine periodische Zahl auf. Das erkennt man an „sich immer wiederholenden" gleichen Resten.

Sind der Dividend und der Divisor beides Dezimalzahlen, kann man mittels gleichsinniger Kommaverschiebung die Rechnung zu einer Division durch eine natürliche Zahl zurückführen. Der Quotient ändert sich dabei nicht.

Dividiert man beispielsweise 0,24 : 0,6, so errechnet man mit den Regeln der Bruchrechnung den Quotienten zu 0,4.

$0{,}24 : 0{,}6 = 24 : 60 = \frac{24}{60} = \frac{4}{10} = 0{,}4$

Verschiebt man nun das Komma von Dividend und Divisor um eine Stelle nach rechts, erhält man folgende Ausgangsgleichung:

$2{,}4 : 6 = 0{,}4$

Eine Besonderheit ist die Division oder Multiplikation mit Zehnerpotenzen. Dividiert man eine Dezimalzahl durch eine Zehnerpotenz, muss das Komma um so viele Stellen nach links verschoben werden, wie die Zehnerpotenz Nullen hat. Bei Multiplikationen wird das Komma um so viele Stellen nach rechts geschoben.

Beispiele: $0{,}1234 \cdot 1000 = 123{,}4$ $0{,}1234 \cdot 10\,000 = 1\,234{,}0$
          $0{,}1234 : 100 = 0{,}001234$ $12{,}345 : 10 = 1{,}2345$

Zum Weiterlesen:

- Bruchrechnung, S. 38
- Ganze und rationale Zahlen, S. 64

Grundlagen der Geometrie

In der Ebene

Um seine Umgebung zu beschreiben, versucht man wie immer, sich das Leben einfacher zu machen. Anstatt wie beispielsweise bei einer Zeichnung jeden einzelnen Strich zu beschreiben, wie breit er ist, wo er anfängt, wo er aufhört, welche Farbe er hat, womit er gezeichnet ist (Wachsmalkreide, Bleistift, Filzstift …) und ob die Fläche zwischen den Strichen eventuell mit irgendeiner Farbe oder einem Muster ausgefüllt ist, werden primitive Formen und Farben benutzt, die jeder kennt. Mit diesen einfachen Formen kann nun ein Bild erstellt werden, das den gleichen Inhalt hat wie das ursprüngliche.

In der Geometrie werden auch die Farben, Muster und Materialien weggelassen und man beschreibt alles durch die geometrischen Grundformen wie beispielsweise Linien, Dreiecke, Rechtecke usw. Dieses Vorgehen kann anhand des folgenden Bildes einer Kirche veranschaulicht werden.

Die geometrische Darstellung, wie sie oben angedeutet wurde, führt zu so einem Bild.

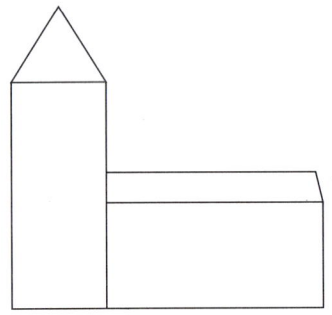

Bei dieser Vereinfachung sind viele Dinge des alten Bildes verloren gegangen, wie beispielsweise die Farbe oder ob in dem Bild die Sonne scheint. Es ist jedoch immer noch die Ähnlichkeit zum ursprünglichen Bild zu sehen, und das für uns Wichtige, nämlich eine Kirche zu zeigen, ist nach wie vor enthalten.

Zu den Grundformen in der Zeichenebene zählen folgende Elemente: Punkte, Linien, Dreiecke, Vierecke und Kreise usw.

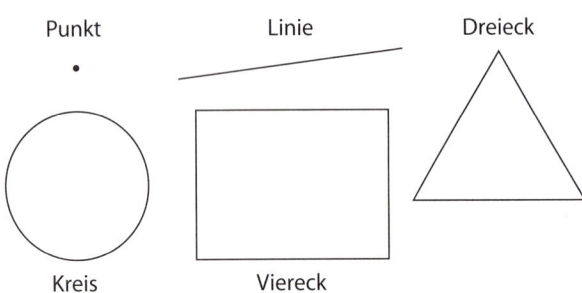

Punkt   Linie   Dreieck

Kreis   Viereck

Im Raum

Die gleiche Vereinfachung kann auch in der räumlichen Darstellung gemacht werden. Hier werden die zu beschreibenden Körper, also die Dinge, die uns umgeben, durch die geometrischen Körper dargestellt. Zu diesen geometrischen Körpern zählen der Quader, der Zylinder, die Kugel, die Pyramide, der Kegel usw.

Ein schönes Beispiel ist die Darstellung der Erde als Globus, der bei vielen Leuten auf dem Schreibtisch steht. Dieser Globus ist vereinfacht gesehen nur eine Kugel. Daher spricht man auch von der Erdkugel.

Wenn ein Körper in der Zeichenebene dargestellt werden soll, ohne ihn perspektivisch zeichnen zu müssen, wird das Modell der Netze benutzt.

Ein Netz von einem Körper wird auf folgende Weise hergestellt. Es wird vorausgesetzt, dass der Körper innen hohl ist, also so, als ob er nur aus Papier oder Pappe bestünde. Ein gutes Beispiel dafür ist ein Schuhkarton. Dieser entspricht recht genau einem Quader. Wenn dieser an seinen Kanten aufgeschnitten und aufgeklappt wird, ergeben sich 6 ebene Flächen (Rechtecke), wie sie in dem folgenden Bild dargestellt sind.

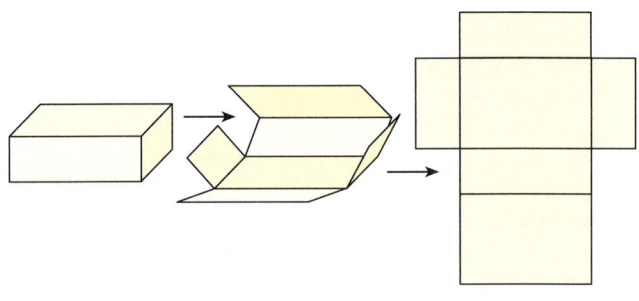

Dieser aufgeschnittene Karton heißt das Netz oder die Netzdarstellung des Quaders. Die Fläche von diesem Netz ist genauso groß wie die Oberfläche des Quaders. Umgekehrt ist es nun möglich, aus einem Netz wieder den zugehörigen Körper zusammenzusetzen. In dem obigen Bild bedeutet das, dass die Fläche ausgeschnitten und dann zusammengefaltet wird, bis sich wieder ein Schuhkarton ergibt. Schwieriger ist es, ein Netz von einem Zylinder anzufertigen. Dabei muss bedacht werden, dass dieser aus zwei Kreisflächen und einer gekrümmten Mantelfläche besteht. Nachdem die beiden Deckel des Zylinders wie bei einem Büchsenöffner abgeschnitten sind, wird die Mantelfläche an einer beliebigen Stelle aufgetrennt. Auf diese Art ergibt sich das Netz eines Zylinders.

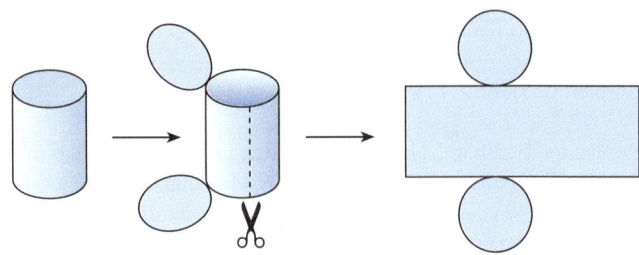

Punkte, Linien und Flächen

Der Punkt ist in der Geometrie wohl der kleinste Baustein, der vorkommt. Aus ihm können alle anderen Formen zusammengesetzt werden, allerdings benötigt man dazu immer beliebig viele Punkte, wie später noch gezeigt wird.

Ein einfaches Beispiel ist in den Anzeigen von vielen digitalen Geräten zu finden, den so genannten Displays. Dort werden Buchstaben und Zahlen häufig durch Punkte dargestellt.

Wenn das Bild aber mit etwas Abstand betrachtet wird, so ist deutlich der Buchstabe Z zu erkennen. Bei einer genaueren Untersuchung des Bildes sind die einzelnen Punkte, aus denen das Z besteht, deutlich zu erkennen. Auch ein Fernseher oder Computermonitor stellt so die Bilder dar. Wenn man sehr genau hinsieht oder eine Lupe benutzt, so ist zu sehen, dass das Bild aus vielen Punkten besteht, die neben- und übereinander liegen.

Das gleiche Verfahren ist auch bei den Bildern in einer Zeitung zu finden. Mit einer Lupe sind die Punkte gut zu erkennen, aus denen sich das Bild zusammensetzt. Diese Punkte liegen allerdings schon sehr eng beieinander.

Auch in Büchern sind heutzutage die Buchstaben aus einzelnen Punkten aufgebaut. Sie liegen jedoch so dicht zusammen, dass sie auch mit einfachen Hilfsmitteln wie einer Lupe nicht mehr zu erkennen sind.

Der Unterschied der eben beschriebenen Punkte zu den Punkten, wie sie in der Geometrie gemeint sind, ist folgender. In den Beispielen haben die Punkte eine Ausdehnung. Bei den Anzeigen sind sie teilweise so groß wie ein Stecknadelkopf.

In der Geometrie haben die Punkte keine Ausdehnung.

Das heißt, es ist egal, wie genau man hinschaut oder wie stark die Lupe vergrößert, die Punkte erscheinen immer als Punkte. Einzelne Punkte werden beim Zeichnen mit einem Kreis oder einem Kreuz dargestellt und mit großen Buchstaben bezeichnet.

Bei dem Begriff der Linie gibt es den gleichen Unterschied. Die Computeranzeige in dem folgenden Beispiel stellt eine Linie dar, indem mehrere einzelne Punkte nebeneinander gesetzt werden. Diese sind zu sehen, wenn man nur nahe genug an der Anzeige steht. Mit etwas Abstand zu der Anzeige aber erscheinen die Punkte wieder wie eine Linie.

In der Geometrie wird eine Linie auch aus Punkten zusammengesetzt.

Bei der Linie liegen die Punkte beliebig eng nebeneinander.

Einzelne Punkte sind also nicht sichtbar, unabhängig davon, wie stark das Bild vergrößert wird. Das ist auch der Grund, weshalb zum Zeichnen einer Linie beliebig viele Punkte benötigt werden, wie am Anfang des Kapitels behauptet wurde.

Linien sind bereits etwas aufwendiger zu beschreiben, wie im nächsten Kapitel gezeigt wird. Sie können einen Startpunkt haben und einen Endpunkt und sie können gekrümmt sein oder gerade. In der Geometrie werden allerdings zunächst nur geradlinige Linien benutzt. Sie werden in den Skizzen mit kleinen Buchstaben gekennzeichnet.

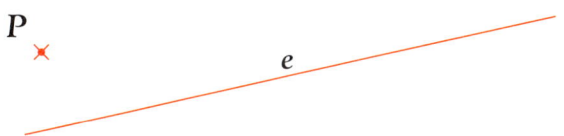

Ebenso kann eine Fläche mit diesem Punktmodell beschrieben werden.

Bei der Fläche liegen die Punkte beliebig eng neben- und übereinander.

Deshalb werden auch für eine Fläche beliebig viele Punkte benötigt, unabhängig davon, wie groß die Fläche ist.

Für Flächen gilt, dass sie nicht immer eben sind. Sie können durchaus gekrümmt sein wie beispielsweise beim Zylinder die Mantelfläche oder wie die Oberfläche einer Kugel.

Flächen werden in den Zeichnungen mit griechischen Buchstaben bezeichnet. Häufig wird dazu der Buchstabe ε benutzt (sprich Epsilon, dieser ist der griechische Buchstabe für unser e).

Wenn, wie im folgenden Bild, ein Punkt A in der Ebene ε liegt, schreibt man $A \in \varepsilon$.

Ebenso schreibt man in der Geometrie, wenn eine Linie e in der Ebene ε liegt, $e \in \varepsilon$.

Es kann auch eine kleinere Ebene ε_1 in der Ebene ε liegen. In diesem Fall sagt man, dass ε_1 eine Teilmenge der Menge ε ist, und schreibt $\varepsilon_1 \subset \varepsilon$.

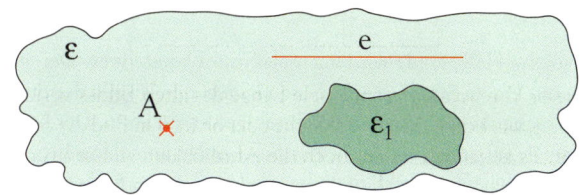

Allgemein gilt in der Geometrie die folgende Aussage:

Alle geometrischen Figuren und Formen sind Punktmengen.

 ## Zum Weiterlesen:

- Geraden, Halbgeraden und Strecken, S. 46
- Vierecke und Kreise, S. 50
- Das Dreieck, S. 78

Geraden, Halbgeraden und Strecken

Die wichtigsten Linien in der Geometrie sind die geradlinigen, da sie einfach zu beschreiben sind. Wenn beispielsweise in einer Aufgabe eine Linie vom Punkt A zum Punkt B gezeichnet werden soll, so kann sich jeder das Ergebnis vorstellen, sofern eine gerade Linie zu ziehen ist. Wenn es aber eine beliebige, krumme Linie sein darf, ist das Ergebnis nicht mehr klar. Wenn nämlich zwei verschiedene Leute diese Linie zeichnen sollen, so werden sie vermutlich auch zwei verschieden gebogene Linien ziehen.

Eine geradlinige Linie von A nach B wird gezeichnet, indem ein Lineal an die zwei Punkte angelegt wird und sie mit einem Strich verbunden werden.

Auf diese Weise ergibt sich eine gerade Linie mit einem Anfangs- und einem Endpunkt. Solch eine Linie wird als Strecke bezeichnet. Da nicht immer klar ist, welcher Punkt der Anfang und welcher das Ende der Strecke sein soll, werden beide Punkte Endpunkte genannt.

> Eine Strecke hat zwei Endpunkte.

Anhand der Konstruktion der Strecke ergeben sich noch zwei weitere Möglichkeiten für eine Linie.

> Eine Halbgerade ist eine Strecke, die zwar einen Startpunkt A hat, aber keinen Endpunkt.

Es ist also eine gerade Linie zu zeichnen, die in einem Punkt beginnt und dann in der anderen Richtung unbegrenzt weiterläuft. Das ist normalerweise auf einem Blatt nicht möglich, da das Papier irgendwann einmal ein Ende hat. Zeichnerisch gelöst wird dieses Problem, indem eine Strecke mit einem Startpunkt versehen wird und auf der anderen Seite der Endpunkt nicht mit eingezeichnet wird.

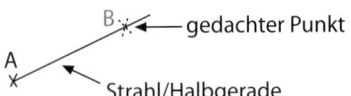

Eine solche Halbgerade wird auch als Strahl bezeichnet. Der Vergleich mit einem Strahl ist sehr passend, da beispielsweise der Strahl einer Taschenlampe genau so beschrieben werden kann. Der Strahl einer solchen Lampe, mit der man in den Nachthimmel leuchtet, beginnt in einem Startpunkt, in diesem Fall der Lampe, und er verliert sich dann im Himmel. Er hat also keinen Endpunkt.

Wenn sowohl der End- als auch Anfangspunkt der Strecke weggelassen wird, so ergibt sich eine weitere Möglichkeit für eine Linie. Diese Linie ist nach beiden Seiten unbegrenzt.

> Eine zu beiden Seiten unbegrenzte Linie heißt eine Gerade.

Eine Gerade wird zwischen zwei gedachten Punkten gezeichnet, aber die Endpunkte werden nicht mit in die Zeichnung eingetragen.

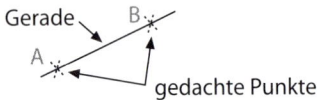

Um die Schreibweise in der Geometrie zu verdeutlichen, werden die Verhältnisse der Geraden und Punkte in dem folgenden Bild erläutert.

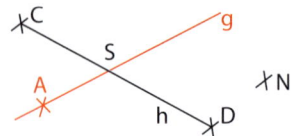

Für die Geraden und die Punkte gelten die Aussagen:

Man sagt:	Man schreibt:
Der Punkt A liegt auf der Geraden g	$A \in g$
Der Punkt D liegt auf der Strecke h	$D \in h$
S ist der Schnittpunkt der Geraden g mit der Strecke h	$S \in g$, $S \in h$, $g \cap h = \{S\}$
Der Punkt N liegt weder auf der Geraden noch auf der Strecke	$N \notin g$, $N \notin h$

Einige wichtige Eigenschaften von Geraden sind folgende:

> Durch einen einzelnen Punkt verlaufen beliebig viele Geraden.

Wenn durch nur einen Punkt eine Gerade gezogen werden soll, so ist die Richtung der Geraden frei wählbar. Bei der Konstruktion sieht das so aus, dass das Geodreieck an den Punkt angelegt wird und es dabei völlig gleichgültig ist, in welche Richtung der Strich verläuft.

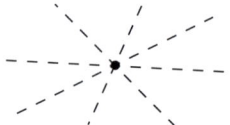

Ausgehend von dem ersten Punkt ist ja die Richtung der Geraden durch den zweiten Punkt festgelegt. Das Geodreieck kann also beim Zeichnen der Geraden nicht mehr beliebig um den ersten Punkt herum gedreht werden. Also gibt es auch keine andere, zweite Gerade, die ebenfalls durch diese zwei Punkte verläuft. Am Anfang des Kapitels ist diese Tatsache bereits einmal benutzt worden, als es darum ging, eine gerade Linie durch zwei Punkte zu zeichnen. Da man nur eine einzige Gerade durch diese Punkte ziehen kann, ist die Lösung dieser Aufgabe für jeden gleich.

Es gilt daher:

> Soll eine Gerade konstruiert werden, die durch 2 Punkte gehen soll, gibt es stets nur eine Möglichkeit.

Im Folgenden sollen die ersten wichtigen geometrischen Beziehungen zwischen Geraden erläutert werden. Wenn zwei Geraden sich in einer Zeichnung befinden, so kann es wichtig sein zu wissen, wie sie zueinander liegen. Auch das ist im Kapitel zuvor schon benutzt worden, als gesagt wurde, dass sich zwei Geraden schneiden. Das ist eine wichtige Aussage, und es ist dann klar, dass beide Geraden einen gemeinsamen Punkt haben, den Schnittpunkt.

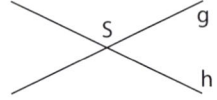

In diesem Beispiel schneiden sich die Geraden g und h im Punkt S. Mathematisch wird das geschrieben als g ∩ h = {S} und gelesen als: die Schnittmenge der zwei Geraden g und h ist der Punkt S. Wichtig ist dabei die folgende Tatsache:

Zwei Geraden können sich höchstens in einem Punkt schneiden.

Das ist auch logisch zu begründen mit folgender Überlegung: Wenn zwei verschiedene Geraden g1 und g2 zwei Schnittpunkte S1 und S2 hätten, so bedeutet das ja, dass diese Punkte sowohl auf der Geraden g1 liegen als auch auf der Geraden g2. Da aber durch zwei Punkte nur eine einzige Gerade verlaufen kann, wie es zwei Abschnitte zuvor erklärt wurde, sind die Geraden g1 und g2 somit ein und dieselbe Gerade und nicht zwei verschiedene. Es ist also nicht möglich, für zwei Geraden zwei oder mehr Schnittpunkte zu haben.

Ein besonderer Fall liegt vor, wenn zwei Geraden senkrecht zueinander stehen. Geprüft werden kann das, indem das Geodreieck wie folgt zu Hilfe genommen wird:

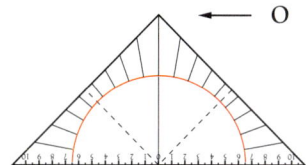

In der Spitze O, gegenüber der langen Seite, treffen sich zwei Kanten des Dreiecks. Diese bilden dort einen so genannten rechten Winkel. Allgemein gilt:

Zwei senkrecht aufeinander stehende Geraden bilden einen rechten Winkel.

Damit kann in dem folgenden Beispiel geprüft werden, ob die Gerade s senkrecht auf der Geraden h steht. Das Geodreieck wird dazu mit der Spitze O an den Schnittpunkt der Geraden s und h angelegt. Die beiden Kanten des Dreiecks müssen dann mit den Geraden übereinstimmen. Wenn das der Fall ist, so stehen die Geraden senkrecht zueinander. Wenn das Geodreieck nicht so an die Geraden angelegt werden kann, so stehen die Geraden auch nicht senkrecht zueinander.

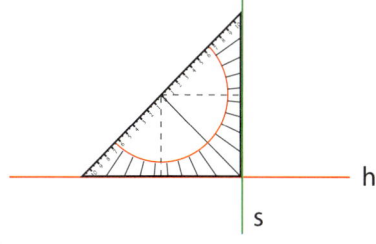

Wenn das in dem Beispiel mit den Geraden s und h überprüft wird, so ist leicht zu sehen, dass sie senkrecht zueinander stehen.
In solch einem Fall wird das geschrieben als: s ⊥ h und man liest es als: s steht senkrecht auf h. Selbstverständlich gilt dann auch umgekehrt die Aussage h ⊥ s.

Wenn zwei Geraden g und p in einer Ebene verlaufen, also beispielsweise auf einem Blatt Papier, und sich diese Geraden **nicht** in einem Punkt schneiden, so können die Geraden nur parallel zueinander sein. Dabei ist es wichtig, sich zu erinnern, dass die Geraden

in beiden Richtungen beliebig lang sind. Das bedeutet, dass die Geraden auch außerhalb des Blattes weitergehen und sich dort schneiden können.

Zueinander parallele Geraden schneiden sich nicht, auch nicht in großer Entfernung.

In unserem Beispiel gilt deshalb g ∩ p = {}. Das heißt in der mathematischen Sprache, dass die Schnittmenge der Geraden g und p leer ist. An dieser Stelle soll noch einmal betont werden, dass diese Aussage nur in einer Ebene gilt. Für zwei Geraden im Raum gibt es noch eine dritte Möglichkeit, wie sie weiter unten beschrieben ist.
Wenn zwei Geraden parallel zueinander sind, wird das geschrieben als g ∥ p und gelesen als g ist parallel zu p.

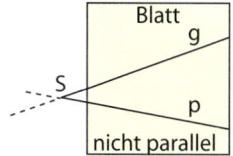 

Eine letzte Möglichkeit für die Beziehung von Geraden zueinander ergibt sich, wenn die beiden Geraden im Raum verlaufen, also nicht auf einem Blatt Papier. In dem folgenden Bild sollen die Kanten eines Würfels dargestellt sein. In Gedanken kann man sich vorstellen, dass durch jede Kante des Würfels eine Gerade verläuft.

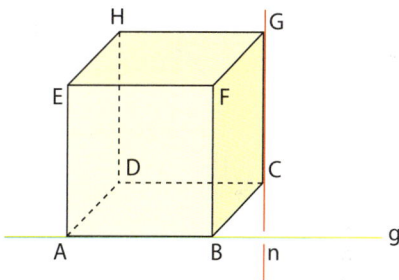

In diesem Bild geht die Gerade g durch die Punkte A und B und die Gerade h durch die Punkte C und G. Beide Geraden schneiden sich nicht und sie sind auch nicht parallel zueinander.

Zwei Geraden, die sich nicht schneiden und nicht parallel zueinander liegen, sind stets windschief.

Das sind alle wichtigen Beziehungen der Geraden zueinander, die in der Geometrie von Interesse sind. Diese verschiedenen Punkte können auch in einem einzigen Satz zusammengefasst werden.

Zwei Geraden g und h schneiden sich in einem einzigen Punkt, sie sind zueinander parallel oder sie sind windschief zueinander.

Zum Weiterlesen:

• Grundlagen der Geometrie, S. 44
• Zeichnen mit dem Geodreieck, S. 48
• Winkel und Winkelmessung, S. 56

Zeichnen mit dem Geodreieck und Maßeinheiten

Das Geodreieck ist erdacht worden, um einem bei der Konstruktion von geometrischen Formen zu helfen. Für viele einzelne Probleme gibt es auch einfachere Lösungen, aber wie wir noch sehen werden, ist das Geodreieck ein gutes Werkzeug, mit dem man viele Aufgaben in der Geometrie angehen kann.

Die größte Schwierigkeit besteht für die meisten Menschen schon darin, eine gerade Linie zu zeichnen, da die Hand nicht immer so ruhig gehalten werden kann. Das Ergebnis ist meistens eine sehr wackelige Linie. Die einfachste Hilfe ist in dem Fall ein fester Gegenstand mit einer geraden Kante. Solche Dinge findet man im täglichen Leben überall um sich herum. Man kann beispielsweise einen Bleistift oder einen beliebigen anderen Stift auf das Blatt legen, festhalten und mit einem anderen Stift einen Strich an dessen Kante entlang ziehen. Auch die Kante eines Buches kann dazu benutzt werden, und natürlich ein Lineal. Es ist sogar sehr einfach, eine gerade Kante zu basteln. Dazu faltet man ein Blatt Papier in beliebiger Richtung einmal zusammen. Die entstehende Faltlinie ist immer eine gerade Linie, die als Vorlage zum Zeichnen einer geraden Linie benutzt werden kann.

Mit dem Geodreieck wird eine gerade Linie gezeichnet, indem man eine beliebige Seite des Dreiecks auswählt und entlang dieser Seite eine Linie zieht. Wenn die Linie zwischen zwei Punkten auf der Zeichenfläche verlaufen soll, so wird das Dreieck an die Punkte angelegt und dann die Linie eingezeichnet.

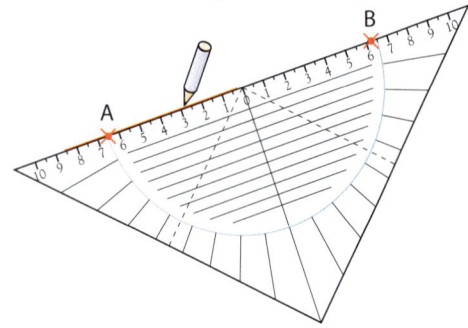

Soll zu einer Geraden eine parallele Gerade konstruiert werden, so benutzt man beim Geodreieck die zur langen Kante des Dreiecks parallel verlaufenden Hilfslinien. Das Dreieck wird so an die auf dem Papier bereits vorhandene Linie angelegt, dass eine der Hilfslinien des Geodreiecks mit dieser zur Deckung kommt. Eine Linie, die dann entlang der langen Seite des Dreiecks gezeichnet wird, ist folglich parallel zur ersten Linie.

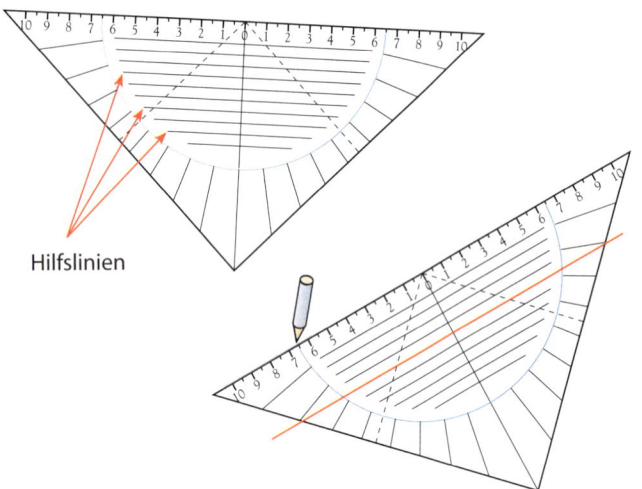

Hilfslinien

Es können auch zueinander senkrechte Linien konstruiert werden, wie bereits im vorigen Kapitel angesprochen wurde. Dazu kann die Spitze des Dreiecks benutzt werden, die der langen Seite gegenüber liegt. Die Kanten des Dreiecks stehen dort senkrecht aufeinander, so dass zum Zeichnen einer senkrechten Linie nur Folgendes gemacht werden muss. Eine dieser Kanten des Dreiecks wird an die bereits vorhandene Linie angelegt. Eine Linie, die jetzt entlang der anderen Kante des Dreiecks gezogen wird, ist immer senkrecht zur ersten Linie.

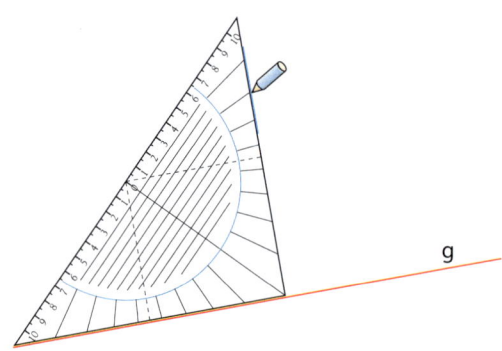

Es gibt jedoch eine weitere Hilfslinie bei dem Geodreieck, mit dessen Hilfe es noch einfacher und eleganter ist, eine senkrechte Linie zu zeichnen. Diese Hilfslinie verläuft von der Spitze des Dreiecks senkrecht zu der langen Kante. Man legt nun das Geodreieck so auf die vorhandene Linie, dass diese und die Hilfslinie übereinander liegen. Die lange Seite des Geodreiecks verläuft jetzt senkrecht zur Ausgangslinie. Die Senkrechte braucht nur noch entlang der Grundlinie des Dreiecks eingezeichnet zu werden.

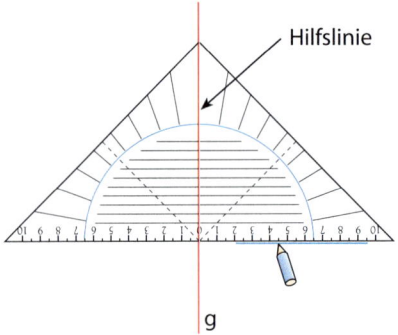

Hilfslinie

g

In diesem Zusammenhang taucht häufig die Aufgabe auf, dass zu einer gegebenen Gerade g und einem gegebenen Punkt P das Lot gefällt werden soll.

> Darunter versteht man die Konstruktion einer senkrechten Geraden zu g, die durch P verläuft.

Das Lot steht also senkrecht auf g. Die Konstruktion des Lotes ist deswegen so interessant, da die Strecke vom Punkt P senkrecht zur Geraden die kürzeste Verbindung des Punktes von der Geraden ist. Das Lot ist also der Abstand von P zu g.

Das Lot wird gefällt, indem das Geodreieck so an die vorhandene Gerade g angelegt wird, dass die Hilfslinie und die Gerade übereinander liegen. Anschließend verschiebt man das Dreieck entlang der Geraden so lange, bis der Punkt P an der langen Kante des Dreiecks anliegt. Dabei muss beachtet werden, dass die Hilfslinie und die Ausgangsgerade sich immer noch überdecken. Jetzt kann das Lot eingezeichnet werden.

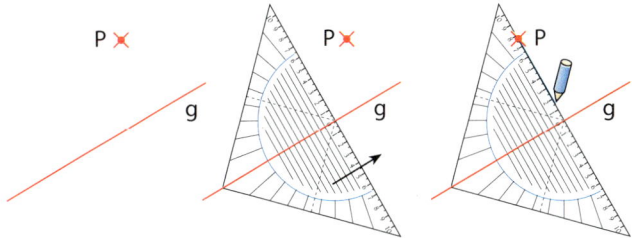

Mit dem Geodreieck kann nicht zuletzt auch die Länge einer Strecke bestimmt werden. Dazu wird das Längenmaß benutzt, das auf der langen Seite des Dreiecks eingezeichnet ist. Auf diesem Längenmaß sind in regelmäßigen Abständen Striche angebracht.

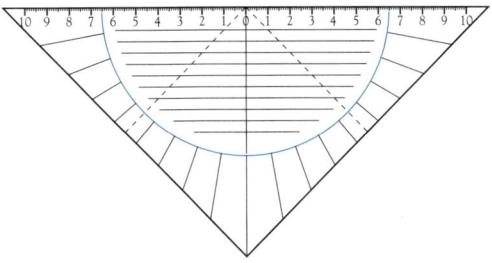

Die kleinen Striche haben jeweils einen Abstand von 1 mm (Millimeter) zueinander. Jeweils nach 10 Strichen folgt ein größerer Strich, der den Abstand in cm (Zentimeter) angibt. Dabei ist zu beachten, dass das Längenmaß in der Mitte der langen Seite beginnt und zu beiden Seiten der Kante hin verläuft. In der Mitte ist der lange Strich mit einer 0 beziffert.

Um die Länge einer Strecke zu messen, wird das Geodreieck so an einen Endpunkt der Strecke angelegt, als ob die Strecke gezeichnet werden müsste. Dabei ist darauf zu achten, dass der eine Endpunkt mit der Mitte des Geodreiecks, also mit der Ziffer 0, übereinstimmt. Die Länge der Strecke kann nun auf dem Längenmaß am anderen Endpunkt der Strecke abgelesen werden.

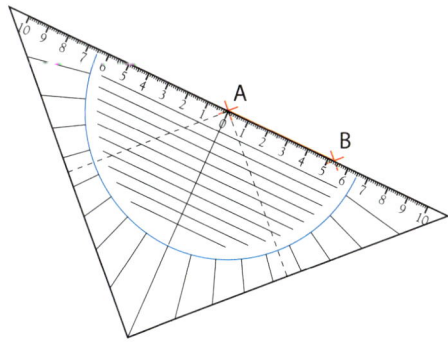

In diesem Beispiel ist die Strecke AB 5 große und 3 kleine Teilstriche lang. Es ergibt sich also die Länge 5 cm plus 3 mm. Das wird auch als 5,3 cm geschrieben.

Die Abstände mm und cm sind so genannte Maßeinheiten, kurz Einheiten. Darunter versteht man Längen, die einmal festgelegt wurden, um verschiedene Längen beschreiben und vergleichen zu können. Die Einheit Meter (m) ist festgelegt worden, nachdem viele Leute feststellten, dass die Länge ein Meter in dem einen Land viel kürzer war als in dem anderen. Das war natürlich unerwünscht, da ja beim Handeln mit Stoffen beispielsweise auch ein Meter Stoff geliefert

werden sollte, wenn ein Meter bestellt war. Aus diesem Grund wurde in Paris festgelegt, wie lang ein Meter sein soll. Dieses Urmeter ist ein Metallstab, auf dem zwei Markierungen angebracht sind, deren Abstand als 1 m festgelegt wurde. Die anderen Einheiten, die in vielen europäischen Ländern heute verwendet werden, sind ganzzahlige Vielfache oder Bruchteile des Meters. So ergeben 100 cm beispielsweise 1 m. Die gängigen Einheiten und deren Umrechnungen sind in der folgenden Tabelle festgehalten.

Maßeinheit	Bezeichnung	Umrechnung
1 mm	Millimeter	1 mm = 0,001 m
1 cm	Zentimeter	1 cm = 10 mm
1 dm	Dezimeter	1 dm = 10 cm = 100 mm
1 m	Meter	1 m = 10 dm = 100 cm = 1 000 mm
1 km	Kilometer	1 km = 1 000 m

Sollen die Zahlenwerte zweier Längen miteinander verglichen werden, so ist es wichtig, dass sie in den gleichen Maßeinheiten angegeben werden. Nötigenfalls müssen sie mit der Umrechnungsvorschrift aus der Tabelle angepasst werden. Andernfalls würde man tatsächlich Äpfel mit Birnen vergleichen!
Gemeint ist damit Folgendes: Wenn zwei Stäbe verglichen werden, von denen der eine 183 cm lang ist und der andere 1,91 m, so kann geschrieben werden:
183 cm < 1,91 m
Das ist nur dann richtig, wenn die Einheiten dabeistehen, denn es gilt nicht:
183 < 1,91 (falsch)
Wenn also nur die Zahlen verglichen werden sollen, so müssen die Einheiten auf beiden Seiten gleich sein. Aus der Tabelle ist abzulesen, dass 1 m = 100 cm sind. Also kann geschrieben werden:
183 cm < 1,91 · 100 cm
Das wird dann zu:
183 cm < 191 cm
Und diese zwei Zahlen können direkt verglichen werden, da die Einheiten nun übereinstimmen.
183 < 191

Auf Landkarten findet man Angaben wie 1 : 200 000 oder 1 : 1 000 000. Mit dieser Information kann man ausmessen und berechnen, wie weit es Luftlinie von einer Stadt zur anderen ist. Die Angabe bedeutet: 1 cm auf der Karte sind 200 000 cm in Wirklichkeit. Wenn man jemandem mitteilt, dass er 200 000 cm fahren muss, dann wird er sich darunter nichts Konkretes vorstellen können. Also rechnen wir mit der obigen Umrechnungstabelle:
100 cm ≙ 1 m ⇒ 200 000 cm ≙ 2 000 m
Wenn nun eine km-Angabe erwünscht ist, so rechnet man weiter:
1 000 m ≙ 1 km ⇒ 2 000 m ≙ 2 km
So kommt man auf eine km-Angabe, unter der sich jeder etwas vorstellen kann.

 Zum Weiterlesen:

• Geraden, Halbgeraden und Strecken, S. 46
• Winkel und Winkelmessung, S. 56

Vierecke und Kreise

*E*benso wie bei den Geraden untersucht wurde, was es für Besonderheiten bei diesen Objekten gibt, hat man auch die anderen geometrischen Figuren genauer unter die Lupe genommen.

Das Viereck beispielsweise ist ein sehr geläufiges Objekt und nicht immer Anlass, sich mehr Gedanken dazu zu machen. Hier soll es aber genauer beleuchtet werden.

Ein Viereck sieht im Allgemeinen so aus wie in diesem Bild.

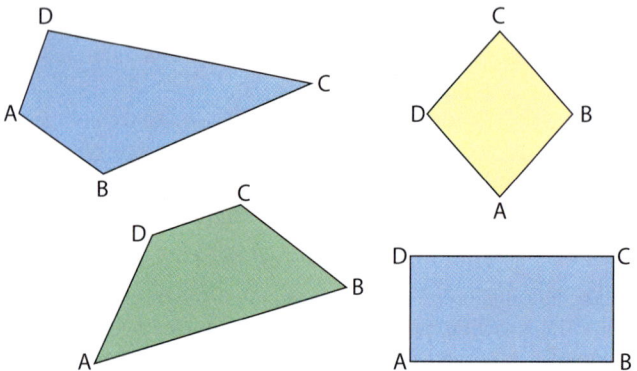

Das Hauptmerkmal dieser geometrischen Form ist zunächst, dass sie vier Ecken hat (die Punkte A, B, C und D). Das ist der Grund, weswegen sie Viereck genannt wird. Weiterhin hat dieses Objekt vier Kanten (die Strecken AB, BC, CD und DA).

Mit diesen Kenntnissen sind nun einige Besonderheiten denkbar.

Die erste Möglichkeit, aus dieser Figur etwas Besonderes zu machen, besteht darin, die jeweils gegenüberliegenden Seiten parallel zueinander zu konstruieren.

Ein Viereck, bei dem die gegenüberliegenden Seiten parallel zueinander stehen, heißt Parallelogramm.

Die Strecke AB heißt jetzt a und die Strecke BC heißt b.

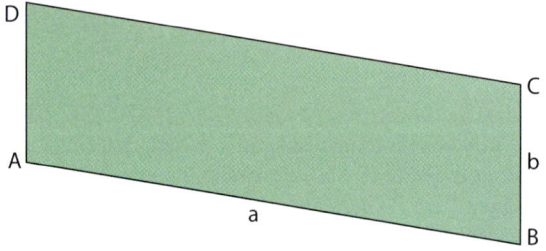

Eine Folge dieser Konstruktion ist, dass die jeweils gegenüberliegenden Seiten eines Parallelogramms gleich lang sind. Es gilt also, dass die Strecke CD gleich a und die Strecke DA gleich b ist.

Wenn alle Seiten eines Parallelogramms gleich lang gewählt werden, liegt ein Spezialfall vor und das Objekt heißt dann ein Rhombus oder auch eine Raute.

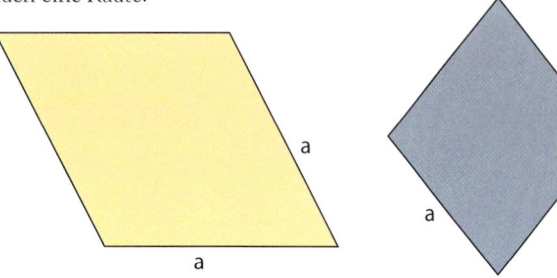

Weiterhin kann das Viereck noch mehr verfeinert werden:

Ein Viereck, bei dem die Seiten senkrecht aufeinander stehen, heißt Rechteck.

Der Name Rechteck kommt daher, dass die Winkel in diesem Viereck so genannte rechte Winkel sind.

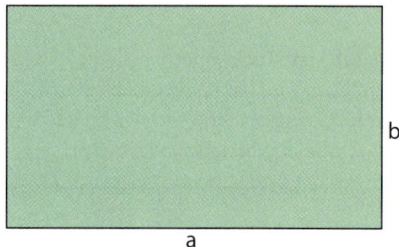

Da die Seiten des Vierecks jeweils senkrecht zueinander stehen, folgt für die jeweils gegenüberliegenden Seiten automatisch, dass sie parallel zueinander sind. Daraus folgt aber sofort:

Jedes Rechteck ist ein Parallelogramm.

Da bei einem Parallelogramm die gegenüberliegenden Seiten jeweils gleich lang sind, ist das ebenfalls beim Rechteck der Fall. Auch hier sind die gegenüberliegenden Seiten gleich lang.

Eine besondere Spezialisierung des Vierecks erhält man, wenn zusätzlich noch alle Seiten gleich lang gewählt werden.

Ein Rechteck mit vier gleich langen Seiten heißt Quadrat.

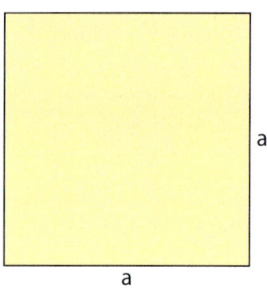

Das Quadrat ist also ein besonderer Fall von einem Viereck, bei dem die folgenden Aussagen gelten:
– Alle Seiten sind gleich lang.
– Zwei benachbarte Seiten stehen senkrecht zueinander, bzw. jedes Quadrat ist ein Rechteck.
– Zwei gegenüberliegende Seiten sind parallel, bzw. jedes Quadrat ist ein Parallelogramm.

Da alle Seiten gleich lang sind, ist auch jedes Quadrat eine Raute.

Umgekehrt gelten die Aussagen aber nicht, das heißt, es ist nicht jede Raute auch automatisch ein Quadrat!

Es gibt noch zwei weitere Vierecke, die aber hier nicht so genau untersucht werden sollen.

Das eine ist der Drachen. Dieser wird so genannt, da er dieselbe Form hat wie die Drachen, die man im Herbstwind fliegen lassen kann. Das Besondere dieser Vierecke ist, dass je zwei benachbarte Seiten gleich lang sind. So ergibt sich folgende Form:

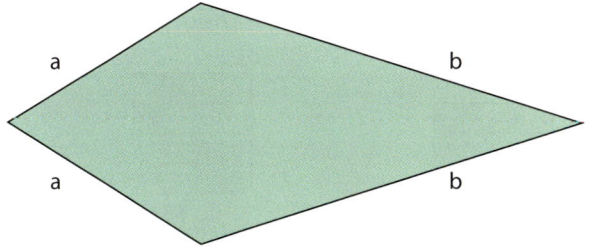

Die andere Variante eines Vierecks ist das Trapez. Auch diese Form ist aus dem Alltag bekannt. Insbesondere ist sie bei den Trapezkünstlern der Zirkusturner als Hilfsmittel zu sehen. Bei dem Trapez sind zwei gegenüberliegende Seiten parallel zueinander und die verbleibenden zwei Seiten liegen beliebig. Dann ergibt sich für ein Trapez das Bild:

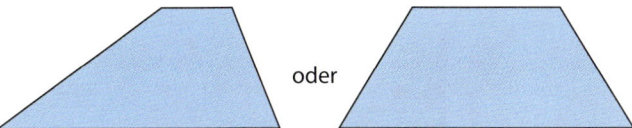

Der Kreis ist ein weiteres geometrisches Objekt, das an dieser Stelle beschrieben werden soll. Eine genauere Untersuchung wird allerdings erst einige Kapitel später erfolgen.

Kreise oder Dinge, die einem Kreis ähnlich sehen, gibt es in unserer Umgebung sehr häufig. Ein paar Beispiele seien hier aufgeführt.

Ein Kreis ist in der Geometrie folgendermaßen festgelegt:

Der Kreis hat einen Mittelpunkt und alle Punkte, die auf dem Kreis liegen, sind von diesem Mittelpunkt gleich weit entfernt.

Die Entfernung der Punkte auf dem Kreis hin zum Mittelpunkt nennt man den Radius des Kreises.

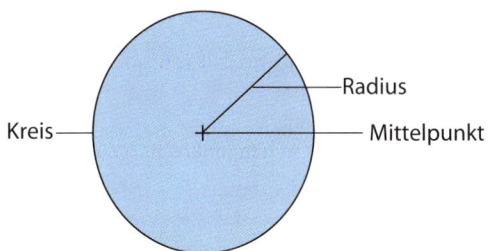

So wie der Kreis soeben beschrieben wurde, gibt es eine sehr einfache Methode, um einen Kreis zu zeichnen. In der Mitte eines Blattes wird eine Reißzwecke befestigt. Das wird der Mittelpunkt des Kreises. An die Reißzwecke wird ein Faden gebunden, dessen anderes Ende an einem Stift befestigt wird. Die Länge des Fadens gibt den Radius des Kreises an. Dann zieht man leicht an dem Faden, bis er gespannt ist. Der Stift wird jetzt einmal um den Mittelpunkt herumgeführt, wobei darauf zu achten ist, dass der Faden immer straff gespannt bleibt. Auf diese Weise entsteht ein einfacher Kreis.

Eine andere Methode ist natürlich, eine Schablone zu benutzen. Als solch eine Schablone kann beispielsweise ein umgestülpter Becher oder eine Münze dienen. Mit dem Stift wird eine Linie um das Objekt herum gezeichnet und es ergibt sich ein Kreis. Hierbei ist es jedoch schwierig, den Mittelpunkt des Kreises wieder zu finden.
Die wichtigste Methode in der Geometrie ist der Gebrauch eines Zirkels. Mit ihm kann der Kreis sehr sauber konstruiert werden. Dazu markiert man auf dem Blatt einen Mittelpunkt M und zieht den Zirkel auf die Länge des gewünschten Radius auseinander. Die Spitze des Zirkels wird in dem Punkt M angesetzt, und die Bleistiftseite des Zirkels wird einmal im Kreis um den Punkt geführt. Diese Konstruktion des Kreises erlaubt es einem, alle wichtigen Eigenschaften, die der Kreis haben soll, von Anfang an festzulegen und dabei einen sehr ordentlichen Kreis zu zeichnen.

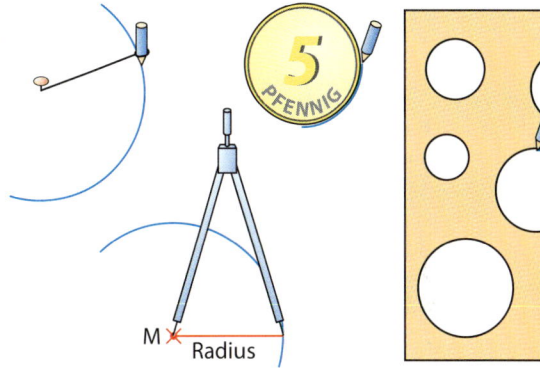

Einige wichtige Bezeichnungen beim Kreis ergeben sich, wenn eine Gerade den Kreis schneidet. Wenn eine solche Gerade durch den Mittelpunkt des Kreises verläuft, so ergibt sich von den Randpunkten des Kreises aus die Strecke AB, die innerhalb des Kreises verläuft. Diese Strecke AB ist der Durchmesser des Kreises. Er ist doppelt so lang wie der Radius des Kreises, da er zweimal vom Mittelpunkt aus zum Rand hin verläuft.

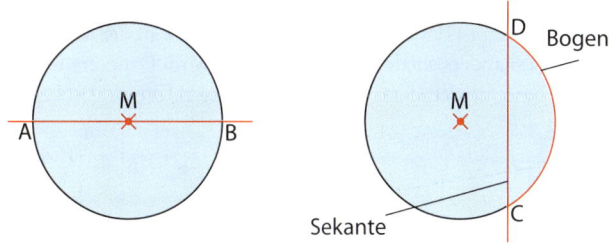

Die andere Strecke CD aus diesem Beispiel entsteht, wenn eine Gerade den Kreis schneidet, jedoch nicht durch den Mittelpunkt geht. Die Strecke CD nennt man eine Sehne des Kreises.
Die Linie auf dem Kreis, die von dem Punkt C zum Punkt D verläuft, wird Bogen genannt „⌢CD".

 Zum Weiterlesen:

• Grundlagen der Geometrie, S. 44
• Spezielle Vielecke, S. 114
• Der Kreis, S. 116

Umfang und Flächeninhalte

*I*m täglichen Leben ist es häufig von Interesse, eine Fläche berechnen zu können. Wenn beispielsweise eine neue Tischdecke gekauft werden soll und der Verkäufer sagt, dass der Quadratmeter Stoff 25 DM kostet, so muss der endgültige Preis einer passenden Tischdecke erst noch errechnet werden.

Eine einfache Methode, diesen Preis auszurechnen, ergibt sich, wenn bekannt ist, wie teuer ein Stück der Größe eines Taschentuchs von dem Stoff ist. Dann muss nur noch nachgeschaut werden, wie oft das Taschentuch auf den Tisch passt, also wie viele Taschentücher man neben- und hintereinander auf den Tisch legen kann. Durch einfaches Nachzählen kann dann der Preis berechnet werden.

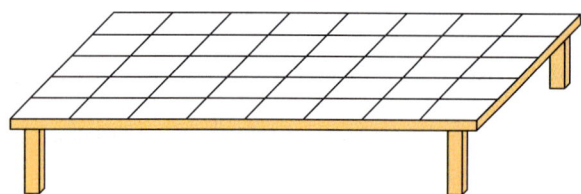

In diesem Bild würden je 8 Taschentücher nebeneinander und je 5 Taschentücher hintereinander passen. Das bedeutet, dass die Tischfläche mit 5 · 8 = 40 Taschentüchern bedeckt werden muss, um sie voll zuzudecken. Daher muss auch die Tischdecke so groß geschnitten werden, dass sie mit 40 Taschentüchern bedeckt werden kann. Wenn nun ein Stück Stoff von der Größe eines Taschentuchs 1,50 DM kostet, so muss für die ganze Tischdecke folglich 40 · 1,50 DM = 60 DM bezahlt werden.

Das Wissen, dass hier gebraucht wird, lässt sich wie folgt formulieren:

> Zwei verschiedene Flächen haben denselben Flächeninhalt, wenn sie sich gegenseitig überdecken können oder wenn sie aus den gleichen Teilflächen bestehen.

Das bedeutet auch, dass es Flächen verschiedener Form gibt, die aber dennoch den gleichen Flächeninhalt haben. In dem folgenden Beispiel haben das Dreieck und das Quadrat den gleichen Flächeninhalt. Am einfachsten ist das zu sehen, wenn das Dreieck in der Mitte aufgetrennt und anders wieder zusammengesetzt wird. Dann ergibt sich ebenfalls ein Quadrat, das passend auf das erste gelegt werden kann.

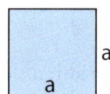 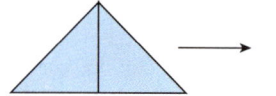

In der mathematischen Schreibweise wird das so ausgedrückt:

> Der Flächeninhalt einer Fläche F wird als F(F) bezeichnet.

Bezeichnet man die Fläche des Dreiecks als F_1 und die Fläche des Quadrats als F_2, so gilt also in diesem Beispiel: $F(F_1) = F(F_2)$, der Flächeninhalt von F_1 ist also genauso groß wie der Flächeninhalt von F_2.

Sollen nun beliebige Flächen miteinander verglichen werden, so kann das mit dieser Methode sehr schnell erfolgen, indem über die Figuren ein Gitter gelegt wird. Solch ein Gitter ist beispielsweise in den karierten Mathematikheften zu finden. Die Figuren werden nur in dieses Gitter eingezeichnet, und der Flächeninhalt kann bestimmt werden. Dazu wird abgezählt, wie viele von den kleinen Quadraten in der Fläche liegen. In dem folgenden Bild sind verschiedene Flächen in solch ein Gitter eingezeichnet, und jeweils darunter ist der Flächeninhalt in Form von überdeckten Quadraten angegeben.

Dabei kommen auch Figuren vor, in denen halbe Quadrate überdeckt werden.

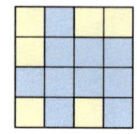   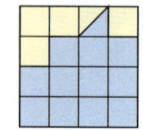

F ≅ 10 Quadrate $F \cong 11 + \frac{1}{2} = 11{,}5$ Quadrate

Wenn sich zwei Schüler darüber unterhalten, dass sie beide eine Figur mit einem Flächeninhalt von je 10 Quadraten gezeichnet haben, so ist noch nicht völlig sicher, dass diese Flächen wirklich gleich groß sind. Es kann immer noch sein, dass der eine Schüler die Zeichnung in seinem Heft angefertigt hat, während der andere sie an der Tafel gezeichnet hat. Da die einzelnen Quadrate in dem Mathematikheft aber viel kleiner sind als die Kästchen an der Tafel, ist der Flächeninhalt der Figur an der Tafel auch viel größer.

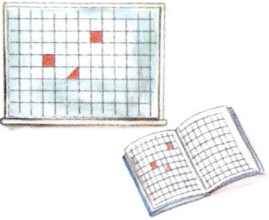

Wenn ein Flächeninhalt angegeben wird, muss also zusätzlich gesagt werden, auf was für Kästchen sich die Angaben beziehen. Man sagt auch, dass die Maßeinheit angegeben werden muss.

Die in Europa gebräuchlichen Maßeinheiten für Flächen ergeben sich aus den Flächeninhalten der Quadrate, die eine Kantenlänge von 1 mm, 1 cm oder 1 m usw. haben. Wenn das Quadrat eine Kantenlänge von 1 cm hat, dann hat das Quadrat einen Flächeninhalt von $1\ cm^2$. In der Tabelle sind einige der gebräuchlichen Maßeinheiten und deren Umrechnungen angegeben.

Kantenlänge des Quadrates	Maßeinheit	Bezeichnung	Vergleich mit anderen Maßeinheiten
1 mm	$1\ mm^2$	Quadratmillimeter	
1 cm	$1\ cm^2$	Quadratzentimeter	$1\ cm^2 = 100\ mm^2$
1 dm	$1\ dm^2$	Quadratdezimeter	$1\ dm^2 = 100\ cm^2 = 10\,000\ mm^2$
1 m	$1\ m^2$	Quadratmeter	$1\ m^2 = 100\ dm^2 = 10\,000\ cm^2$
10 m	1 a	Ar	$1\ a = 100\ m^2$
100 m	1 ha	Hektar	$1\ ha = 100\ a$
1 km	$1\ km^2$	Quadratkilometer	$1\ km^2 = 1\,000\,000\ m^2$

Mit diesen Maßeinheiten können die zwei Schüler jetzt den Flächeninhalt ihrer Figuren vergleichen. Wenn der erste Schüler Quadrate in dem Mathematikheft benutzt, die eine Kantenlänge von einem Zentimeter haben, so hat die Fläche insgesamt einen Inhalt von $10 \cdot 1\ cm^2 = 10\ cm^2$. Im Gegensatz dazu haben die Quadrate an einer Tafel eine Kantenlänge von 1 dm = 10 cm. Die Figur des anderen Schülers hat also einen Flächeninhalt von $10 \cdot 1\ dm^2 = 10\ dm^2$. Ein Blick in die obige Tabelle zeigt, dass $10\ dm^2 = 1\,000\ cm^2$ entsprechen, und damit ist der Flächeninhalt der Figur des ersten Schülers um einiges kleiner als der des zweiten Schülers.

> Wenn zwei Flächen als Zahlengrößen miteinander verglichen werden sollen, so müssen die gleichen Maßeinheiten benutzt werden.

Es ist natürlich mühsam, immer eine Fläche mit Tüchern auszulegen oder ein Gitter auf die Fläche zu malen, wenn dessen Größe bestimmt werden soll. Es kann beispielsweise für Rechtecke eine einfachere Regel gefunden werden.

Im folgenden Bild wird ein Rechteck R in ein Gitter von Quadraten eingezeichnet. Dabei sollen die Quadrate eine Kantenlänge von 1 cm haben. Ein Quadrat hat also einen Flächeninhalt von 1 cm². Aus dem Bild ist zu entnehmen, dass jeweils 8 Quadrate nebeneinander und jeweils 3 Quadrate übereinander liegen. Die Fläche F besteht also aus $3 \cdot 8 = 24$ Quadraten. Damit hat sie eine Größe von $24 \cdot 1$ cm² = 24 cm². Schreibt man die Gleichung nochmals auf, so steht dort:

$F(R) = 3 \cdot 8 \cdot 1$ cm² = 24 cm²

$F(R)$ liest sich: „die Fläche von R".

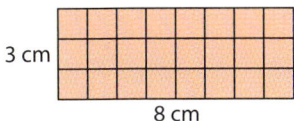

Aus der Schreibweise von Potenzen ist bekannt, dass bei dem Symbol „hoch zwei" die Zahl mit sich selbst malgenommen wird. Das Gleiche gilt bei der Flächeneinheit cm². Sie bedeutet nichts anderes als 1 cm² = 1 cm · 1cm. Die Gleichung kann also auch so geschrieben werden:

$F(R) = 3 \cdot 8 \cdot 1$ cm · 1 cm = 24 cm²

Das darf einfach umgestellt werden zu:

$F(R) = 3 \cdot 1$ cm · 8 · 1 cm = 24 cm²

Da auch geschrieben werden kann: $3 \cdot 1$ cm = 3 cm, rechnet man:

$F(R) = 3$ cm · 8 cm = 24 cm²

Das ist aber nichts anderes als das Produkt aus den Kantenlängen des Rechtecks.

> Der Flächeninhalt eines Rechtecks mit den Kantenlängen a und b berechnet sich zu: $F(R) = a \cdot b$

Dabei müssen die Kantenlängen a und b in derselben Längeneinheit angegeben werden, zum Beispiel in cm.

Allgemein versteht man unter dem Produkt von zwei beliebigen Längen a und b den Flächeninhalt eines Rechtecks mit den Kantenlängen a und b.

Bei dem Spezialfall des Quadrates sind alle Seiten gleich lang. Es gilt also b = a. Deshalb ergibt sich:

> Der Flächeninhalt eines Quadrats mit der Kantenlänge a berechnet sich zu: $F(Q) = a \cdot a = a^2$

Ein Parallelogramm mit den Kantenlängen a und b ist etwas schwieriger zu berechnen, aber mit einem Trick geht auch das. Dieser Kniff besteht darin, das Dreieck, das auf der einen Seite übersteht, abzuschneiden und es auf der anderen Seite wieder anzukleben. Dadurch ändert sich der Flächeninhalt nicht, sondern nur die Form.

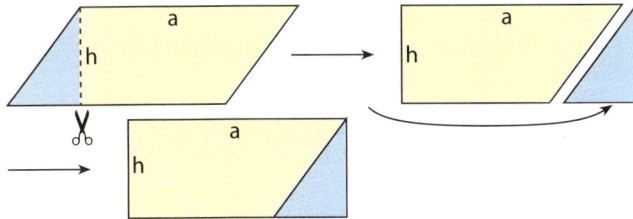

Die Fläche eines Parallelogramms ist somit genauso groß wie die Fläche des zugeordneten Rechtecks mit den Kantenlängen a und h. Die Höhe h ist aber nicht bekannt, sondern muss erst noch bestimmt werden.

> Der Flächeninhalt eines Parallelogramms mit der Kantenlänge a und der Höhe h berechnet sich zu: $F(P) = a \cdot h$

Die Fläche einer komplizierteren Figur, wie sie in dem Bild aufgeführt ist, kann berechnet werden, wenn diese in Rechtecke zerlegt wird. Die Fläche der Rechtecke ist jetzt bekannt, und die Fläche der Gesamtfigur ergibt sich aus der Summe der Flächen der Rechtecke.

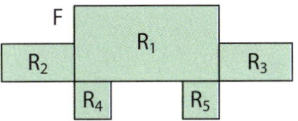

Für die Gesamtfläche F der Figur F folgt:

$F(F) = F(R_1) + F(R_2) + F(R_3) + F(R_4) + F(R_5)$

Eine andere wichtige Größe in der Geometrie ist der Umfang einer Fläche. Soll ein Karton mit einem Band eingepackt werden, so wird im normalen Hausgebrauch einfach ausprobiert, ob das Band um den Karton herum lang genug ist. In der Industrie will man aber schon vorher wissen, wie lang so ein Band werden muss, da eventuell Tausende solcher Kartons eingepackt werden sollen.

Der Umfang eines Kartons mit den Kantenlängen a und b ist genauso groß wie der Umfang eines Rechtecks mit denselben Kantenlängen. Das ist leicht einzusehen, da der Karton, wenn man ihn von oben betrachtet, so aussieht wie ein Rechteck.

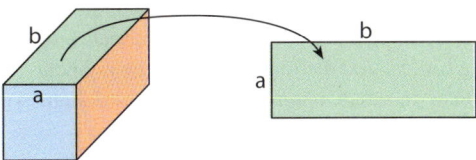

Der Umfang einer beliebigen Figur ergibt sich aus der kleinsten zusammengesetzten Strecke, die einmal um das Objekt herumgeführt werden kann.

Da ein Rechteck R aus vier Strecken, den Kanten a, b, a und b besteht, folgt:

> Der Umfang U eines Rechtecks mit den Kantenlängen a und b berechnet sich zu: $U(R) = a + b + a + b = 2 \cdot a + 2 \cdot b = 2 \cdot (a + b)$

$U(R)$ liest sich: „der Umfang von R".

> Der Umfang eines Quadrates mit der Kantenlänge a = b berechnet sich zu: $U(Q) = 2 \cdot (a + a) = 4 \cdot a$

Bei einer beliebigen Figur kann der Umfang durch Abzählen der überstrichenen Kanten der Quadrate errechnet werden.

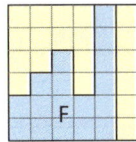

Die Figur F hat 26 Kantenlängen eines Quadrates. Bei einer Kantenlänge von 1 cm je Quadrat sind das also: $U(F) = 26$ cm

> ## Zum Weiterlesen:
>
> • Zeichnen mit dem Geodreieck, S. 48
> • Vierecke und Kreise, S. 50
> • Vielecke, S. 112

Oberflächen und Rauminhalte

Was für die ebenen Figuren Fläche und Umfang sind, kann im weiteren Sinne bei den räumlichen Körpern als die Oberfläche und das Volumen interpretiert werden.

> Die Oberfläche F eines Körpers K ist die Summe seiner äußeren Flächen.
> $F(K) = F(F_1) + F(F_2) + F(F_3) + F(F_4) + F(F_5) + \dots$

Diese Größe kann beispielsweise benutzt werden, um zu bestimmen, wie viel Papier nötig ist, um einen Schuhkarton darin einzuwickeln.

Ein Körper mit der Form eines Schuhkartons wird in der Geometrie als Quader bezeichnet. Ein Quader kann hergestellt werden, indem man sich ein Rechteck senkrecht nach oben hin fortgesetzt vorstellt.

> Ein Quader besteht aus 6 Rechtecken, von denen sich jeweils zwei gegenüberliegen.

Soll ein Quader gezeichnet werden, so wird meistens die Darstellung als Schrägbild benutzt. In dieser Darstellung werden die Vorderseite und die Rückseite des Quaders als Rechtecke in die Zeichnung eingetragen und dann die zugehörigen Ecken der Rechtecke verbunden. Verdeckte Linien, also die Linien, die bei einem undurchsichtigen Karton nicht zu sehen wären, werden als gestrichelte Linien gezeichnet.

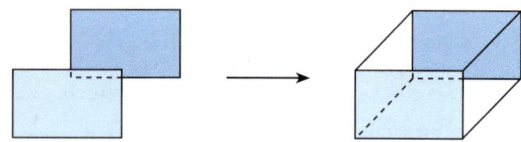

Wie sich die Oberfläche eines Quaders zusammensetzt, ist sofort zu sehen, wenn man die Netzdarstellung des Körpers benutzt. Ein Quader mit den Kantenlängen a, b und c entfaltet sich in der Netzdarstellung folgendermaßen:

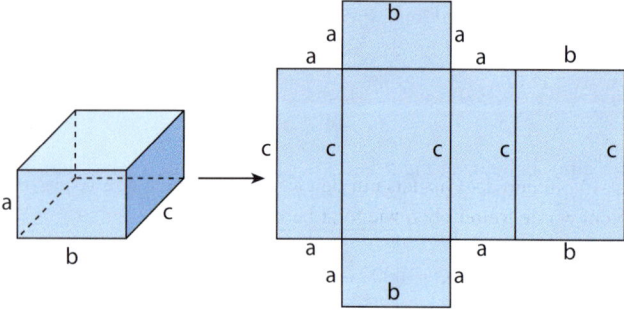

In dieser Darstellung sind alle begrenzenden Flächen des Quaders zu sehen. Einfaches Abzählen ergibt 6 Rechtecke, von denen jeweils 2 gleich groß sind. Die Summe der Flächen ergibt die Oberfläche des Quaders.

> Die Oberfläche des Quaders mit den Kantenlängen a, b und c berechnet sich zu:
> $F(Q) = a \cdot b + a \cdot c + a \cdot b + a \cdot c + b \cdot c + b \cdot c$
> $\quad\;\;\; = 2 \cdot a \cdot b + 2 \cdot a \cdot c + 2 \cdot b \cdot c$
> $F(Q) = 2 \cdot (a \cdot b + b \cdot c + a \cdot c)$

Das Gleiche kann auch bei einem Würfel geschehen. Da aber der Würfel (W) ein Spezialfall des Quaders ist, bei dem alle Seiten gleich

lang sind, kann die Formel auch umgerechnet werden. Dazu werden die Besonderheiten des Würfels in die Gleichung für die Oberfläche eines Quaders eingesetzt.

Die Besonderheit eines Würfels ist, dass gilt: b = a und c = a.

> Die Oberfläche eines Würfels berechnet sich mit den Kantenlängen a = b = c zu:
> $F(W) = 2 \cdot (a \cdot b + b \cdot c + a \cdot c)$
> $\quad\;\;\; = 2 \cdot (a \cdot a + a \cdot a + a \cdot a)$
> $\quad\;\;\; = 2 \cdot (3 \cdot a \cdot a)$
> $\quad\;\;\; = 6 \cdot a \cdot a$
> $F(W) = 6 \cdot a^2$

Die letzte Größe, die hier dargestellt werden soll, ist das Volumen oder auch der Rauminhalt eines Körpers. Gemeint ist damit das, was umgangssprachlich als der Platz oder der Raum bezeichnet wird, den ein Gegenstand einnimmt.

Ähnlich wie bei den Flächen ein Tisch mit Taschentüchern bedeckt wurde, um die Gesamtfläche zu finden, kann hier versucht werden, einen Schuhkarton mit kleinen Würfeln zu füllen. Angenommen, es stehen sehr viele kleine Würfel zur Verfügung, die alle eine Kantenlänge von 1 cm haben. Wenn jetzt versucht wird, diese Würfel in einem Schuhkarton möglichst dicht zu stapeln, so passen nicht beliebig viele Würfel hinein, sondern nur eine bestimmte Menge. In diesem Fall können durchaus 7 200 Würfel in solch einen Karton gestapelt werden. Der Schuhkarton hat damit den gleichen Rauminhalt wie 7 200 Würfel der Kantenlänge 1 cm.

Wenn diese Würfel nun aus dem Karton genommen und so zusammengelegt werden, dass ein Turm mit immer 5 Würfeln neben- und 5 Würfeln hintereinander entsteht, erhält man einen anderen Körper als den Schuhkarton. Wenn dieser Turm aus 288 solchen Schichten (5 · 5 Würfel) zusammengebaut wird, besteht er ebenfalls aus 7 200 Würfeln und hat damit den gleichen Rauminhalt wie der Schuhkarton.

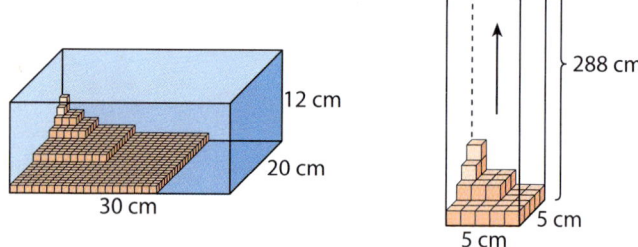

> Verschiedene Körper können das gleiche Volumen haben.

Das Volumen oder auch der Rauminhalt eines Körpers wird mit V bezeichnet.

Bei den Volumina gibt es, wie auch bei den Flächen, Maßeinheiten. Auch hier gilt: Will man Rauminhalte als Zahlen miteinander vergleichen, so muss die gleiche Maßeinheit verwendet werden. In der letzten Spalte der Tabelle sind deshalb die Umrechnungsvorschriften angegeben.

In der folgenden Tabelle sind die wichtigsten, in Europa gebräuchlichen Maßeinheiten aufgelistet. Die häufigste Volumenangabe ist dabei der Liter. Die anderen Einheiten ergeben sich jeweils aus dem Volumen eines Würfels mit der entsprechenden Kantenlänge, also 1 cm³ entspricht dem Volumen eines Würfels mit der Kantenlänge 1 cm.

Kantenlänge des Würfels	Maßeinheit	Bezeichnung	Vergleich mit anderen Maßeinheiten
1 mm	1 mm³	Kubikmillimeter	
1 cm	1 cm³	Kubikzentimeter	1 cm³ = 1 000 mm³
1 dm	1 dm³	Kubikdezimeter	1 dm³ = 1 000 cm³ = 1 000 000 mm
	1 l	Liter	1 l = 1 dm³
1 m	1 m³	Kubikmeter	1 m³ = 1 000 dm³ = 1 000 000 cm³ = 1 000 000 000 mm³

Eine schöne Methode, das Volumen eines Körpers zu messen, ist folgende: Angenommen, der Schuhkarton sei wasserdicht, so kann er bis zum Rand mit Wasser gefüllt werden. Der Karton wird dann in ein Messgefäß entleert. Das Volumen dieses Wassers kann jetzt auf dem Messbecher abgelesen werden, und damit ist auch der Rauminhalt des Kartons bekannt.

Andersherum kann auch das Volumen jedes beliebigen Körpers gemessen werden, wenn der Messbecher mit etwas Wasser gefüllt ist. Es wird dann der zu messende Körper unter die Wasseroberfläche gedrückt, und der Wasserspiegel steigt. Der Gegenstand verdrängt so viel Wasser, wie er selbst an Volumen hat. Es braucht also nur abgelesen zu werden, um wie viel der Wasserspiegel angestiegen ist, und das Volumen des Körpers ist bekannt.

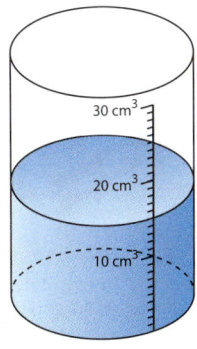 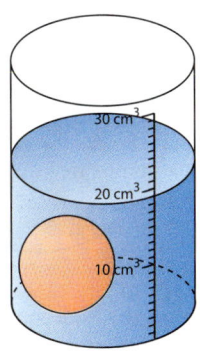

Schöner ist es natürlich, wenn der Rauminhalt eines Körpers zu berechnen ist und nicht immer erst in einen Eimer Wasser getaucht werden muss.

Die Vorgehensweise bei der Herleitung einer Rechenregel für das Volumen verläuft ähnlich wie bei den Oberflächen.

Wird ein Quader mit den Kantenlängen 10 cm, 20 cm und 5 cm vorausgesetzt, so kann dieser, wie es am Anfang des Abschnitts beschrieben wurde, mit Würfeln gefüllt werden. Die Würfel sollen eine Kantenlänge von 1 cm haben. Daraus folgt, dass die Würfel ein Volumen von 1 cm³ haben.

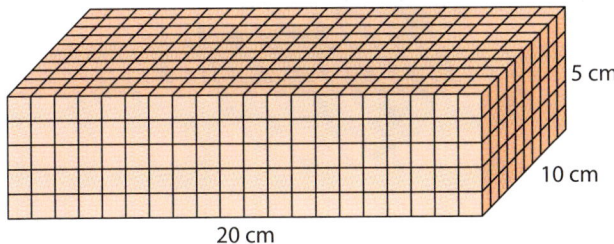

Wie in dem Bild zu sehen ist, liegen in jeder Schicht 20 Würfel nebeneinander. Das liegt daran, dass jeder Würfel die Kantenlänge 1 cm hat und $20 \cdot 1$ cm 20 cm ergibt. Weiterhin liegen entsprechend 10 Würfel hintereinander. Insgesamt liegen wiederum 5 Schichten übereinander. Somit ergeben sich $20 \cdot 10 \cdot 5$ Würfel. Wie bereits gesagt wurde, entspricht das Volumen des Quaders dem Volumen der Würfel.

Es folgt also für das Volumen V des Quaders Q:

$$
\begin{aligned}
V(Q) &= 20 \cdot 10 \cdot 5 \cdot 1 \text{ cm}^3 = 1\,000 \text{ cm}^3 \\
&= 20 \cdot 10 \cdot 5 \cdot 1 \text{ cm} \cdot 1 \text{ cm} \cdot 1 \text{ cm} = 1\,000 \text{ cm}^3 \\
&= 20 \cdot 1 \text{ cm} \cdot 10 \cdot 1 \text{ cm} \cdot 5 \cdot 1 \text{ cm} = 1\,000 \text{ cm}^3 \\
&= 20 \text{ cm} \cdot 10 \text{ cm} \cdot 5 \text{ cm} = 1\,000 \text{ cm}^3
\end{aligned}
$$

Das ist aber wiederum nichts anderes als das Produkt der Kantenlängen des Quaders.

Es gilt also:

Das Volumen eines Quaders mit den Kantenlängen a, b und c berechnet sich zu:
$$V(Q) = a \cdot b \cdot c$$

Wegen dieser Regel wird auch gesagt, dass das Produkt aus drei Längen dem Volumen eines Quaders mit diesen Kantenlängen entspricht.

Eine andere Schreibweise ergibt sich, wenn a und b als die Grundfläche G des Quaders aufgefasst werden. Mit der Grundfläche ist anschaulich die Seite gemeint, mit der der Quader auf dem Boden liegt. In diesem Fall entspricht c der Höhe h des Quaders. Dann ergibt sich das Volumen als das Produkt von Grundfläche und Höhe.

$$V(Q) = G \cdot h$$

Wichtig ist bei der Benutzung dieser Formel, dass beim Einsetzen von Zahlen wieder die gleichen Maßeinheiten benutzt werden. Da in diesem Fall einmal die Maßeinheit einer Fläche und einmal die Maßeinheit einer Länge auftaucht, heißt das, dass wenn bei der Fläche cm² benutzt wird, auch die Länge in cm angegeben werden muss. Dann erhält man das Volumen in cm³.

Das Volumen eines Würfels berechnet sich mit den Kantenlängen a = b = c zu:
$$
\begin{aligned}
V(W) &= a \cdot b \cdot c \\
&= a \cdot a \cdot a \\
V(W) &= a^3
\end{aligned}
$$

Beispiel:
Das Volumen des Quaders mit den Kantenlängen 20 cm, 10 cm und 5 cm wurde weiter oben wie folgt berechnet:

$$20 \text{ cm} \cdot 10 \text{ cm} \cdot 5 \text{ cm} = 1\,000 \text{ cm}^3.$$

Mit der neuen Regel kann man zuerst die Grundfläche berechnen: $20 \text{ cm} \cdot 10 \text{ cm} = 200 \text{ cm}^2$. Jetzt wendet man die Formel $V(Q) = h \cdot G$ an. Für G setzt man 200 cm² ein und für h 5 cm, so dass man zu folgender Rechnung gelangt: $200 \text{ cm}^2 \cdot 5 \text{ cm} = 1\,000 \text{ cm}^3$.

 Zum Weiterlesen:

• Spezielle Vielecke, S. 114
• Prismen und Zylinder, S. 120

Winkel und Winkelmessung

*E*ine wichtige Größe in der Geometrie ist der **Winkel** zwischen zwei Strecken, Halbgeraden oder Geraden. Bislang wurden lediglich die zwei sehr speziellen Fälle behandelt, bei denen die Strecken entweder parallel zueinander verlaufen oder sie senkrecht aufeinander stehen. Im Allgemeinen gibt es aber beliebig viele andere Fälle dazwischen. Da diese Möglichkeiten im täglichen Leben viel häufiger auftreten als die Sonderfälle, braucht man eine mathematische Methode, um sie zu beschreiben. Ein paar Beispiele, wo solche Winkel auftreten, sind Dächer von Häusern, die unterschiedlich stark geneigt sind, oder auch die Wege und Straßen in den Bergen, die verschieden steil ansteigen und damit einen Winkel bilden zur Ebene. Auch die Straßen auf einer Landkarte verlaufen unter verschiedenen Winkeln zwischen den Städten.

Um das Prinzip des Winkels zu verdeutlichen, können alle Fälle auf die Winkel zurückgeführt werden, wie sie zwischen zwei Strecken auftreten, die einen gemeinsamen Endpunkt haben. Diese Strecken sind gegeben durch die Punkte A, B und C. Die Strecke AB heißt a. Sie soll in den folgenden Abbildungen stets parallel zur x-Achse verlaufen. Die Strecke AC heißt b, sie soll frei um den Punkt A drehbar sein. Die beiden Strecken a und b werden im Zusammenhang mit Winkeln auch als die **Schenkel** und der Punkt A als der **Scheitelpunkt** des Winkels bezeichnet.

Zur Anschauung kann diese Anordnung nachgebaut werden, indem zwei Bretter durch ein Scharnier verbunden werden. Die Bretter können nun beliebig weit auf- und zugeklappt werden.

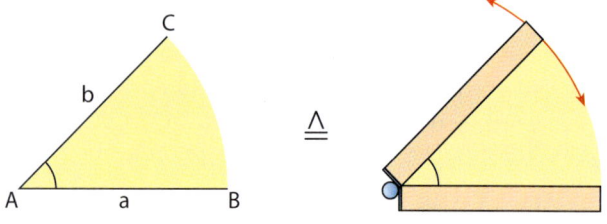

Der Raum zwischen den Brettern, in dem Bild gelb gefärbt, wird als der Winkel bezeichnet. Er wird mit einem Bogen gekennzeichnet. Da man gerne die Größe des Winkels wissen möchte, also ein Maß für diese Fläche haben will, kann Folgendes überlegt werden. Es könnte versucht werden, diesen Winkel zu messen, indem der Abstand der beiden Endpunkte der Strecken mit einem Lineal bestimmt wird. Dass das keine gute Methode ist, sieht man daran, dass der Abstand zwar erst immer größer wird, je weiter man die Schenkel auseinander klappt, aber nachdem die Schenkel ganz gestreckt sind, nähern sie sich wieder einander an. Der Abstand der Endpunkte wird also geringer, obwohl die Fläche zwischen den Schenkeln nach wie vor größer wird.

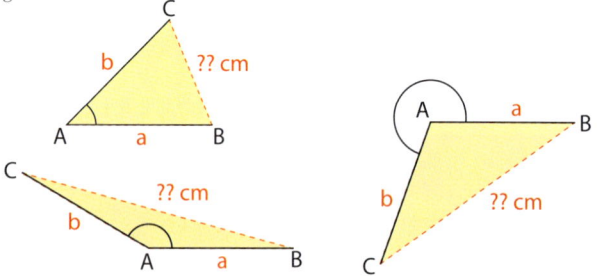

Wenn die Bewegung der Schenkel etwas genauer untersucht wird, so kann beobachtet werden, dass der Endpunkt des Schenkels b, wenn er aufgeklappt wird, einen Kreisbogen um den Punkt A beschreibt.

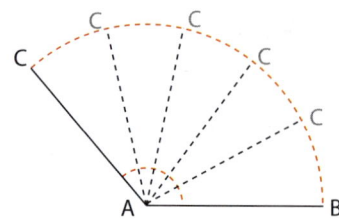

Da dieser Kreisbogen kontinuierlich wächst, je weiter man den Winkel aufklappt, ist er als Maß brauchbar.

> Die Länge des Kreisbogens zwischen den Punkten B und C ist eine gute Maßeinheit für den Winkel und wird das Winkelmaß genannt.

Da es mit einem Lineal aber schwierig bis fast unmöglich ist, die Länge eines Kreisbogens zu messen, wird der Kreisbogen in 360 gleich große Stücke zerlegt. Der Abstand zwischen zwei solchen Stücken wird als 1° (sprich 1 Grad) bezeichnet. Der Abstand 1° ist allerdings nicht zu vergleichen mit einem Abstand in cm, sondern er bedeutet nur, dass der 360ste Teil eines Vollkreises gemeint ist.

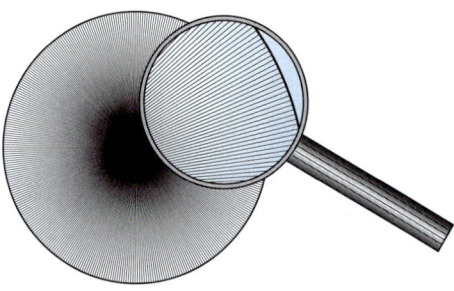

Insgesamt hat der Kreis somit 360°. Warum der Kreis ausgerechnet in 360 Stücke zerlegt wird, hat historische Gründe. Vermutlich hängt das mit der Zahl der Tage im Jahr zusammen, die etwa 360 (genauer 365) beträgt.

Wie in den Bildern zu bemerken ist, gibt es eigentlich immer zwei Bereiche bei den Winkeln, die gemessen werden könnten. In dem folgenden Bild ist der erste Bereich gelb und der zweite Bereich blau dargestellt. Der Winkel könnte also auch andersherum gemessen werden.

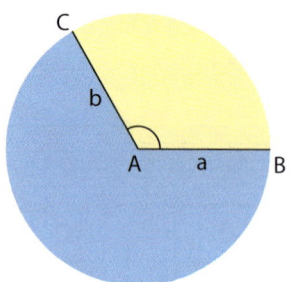

Der gelbe Bereich ergibt sich, wenn der Schenkel b **entgegen dem Uhrzeigersinn** gedreht wird. Eine solche Drehrichtung wird als **positive Drehrichtung** bezeichnet. Ist dieser Winkel gemeint, so wird das Symbol ∡ (a,b) benutzt. Ist der blaue Bereich gemeint, so ist der Schenkel b **im Uhrzeigersinn** zu drehen, und er wird bezeichnet mit ∢ (a,b). Dieses ist die **negative Drehrichtung**. Wenn von Winkeln gesprochen wird, muss also im Allgemeinen der Drehsinn mit angegeben werden, da gilt: ∡ (a,b) ≠ ∢ (a,b).

Ist klar, welcher Winkel gemeint ist, beispielsweise aus einer Skizze, so wird der Pfeil weggelassen, und man schreibt nur noch: ∠ (a,b). Die Bezeichnung des Winkels kann auch durch die Angabe der Eckpunkte erfolgen: ∠ (a,b) = ∠ BAC.

Sollen Winkel angegeben werden, bei denen die Schenkel nicht benannt sind, so verwendet man kleine griechische Buchstaben, wie etwa α (Alpha, entspricht unserem a), β (Beta, entspricht unserem b) und γ (Gamma, entspricht unserem g).

Ist ein Winkel genauer zu bestimmen als auf 1°, so wird eine feinere Skala benutzt. Diese ergibt sich durch eine Zerteilung der Strecke von 1° auf dem Kreisbogen in weitere 60 Stücke. Ein solches Teilstück wird als 1′ (gelesen als **1 Minute**) bezeichnet. Ein Vollkreis hat damit 360 · 60′. Sollen noch feinere Winkel gemessen werden, so unterteilt man auch noch die Minuten in jeweils 60 Stücke. Diese Teilstücke heißen 1′′ (gelesen als **1 Sekunde**). Daraus folgt, dass 1° = 60 · 60′′ = 3 600 Sekunden hat.

An dieser Stelle sollen vier spezielle Winkel erwähnt werden, die bereits benutzt wurden. Diese finden sich, wenn der Vollkreis in vier gleich große Teile geteilt wird. Dann ergeben sich die Winkel 0°, 90°, 180° und 270°. Beträgt das Winkelmaß 0°, so liegen die beiden Schenkel übereinander und sind damit auch parallel zueinander. Dieser Winkel wird der **Nullwinkel** genannt. Ähnliches ergibt sich auch bei 180°. Hier liegen die Strecken hintereinander, wie ausgestreckt, auf einer Geraden, und der Winkel wird deshalb **gestreckter Winkel** genannt. Beträgt das Winkelmaß hingegen 90° oder 270°, so stehen die Schenkel senkrecht aufeinander. Diese Winkel werden als **rechte Winkel** bezeichnet. In Zeichnungen werden sie besonders gekennzeichnet: durch einen Bogen mit einem Punkt in der Mitte. Ein fünfter spezieller Winkel liegt bei 360°. Dieser ergibt sich, wenn ein Schenkel einen Vollkreis beschrieben hat. Aus diesem Grund wird der Winkel **Vollwinkel** genannt. Er ist von seinem Erscheinen her gleich mit dem 0°-Winkel.

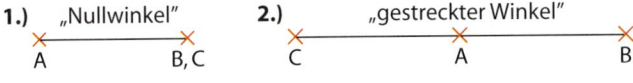

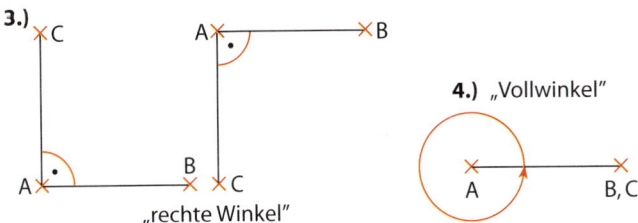

Die folgenden drei Winkelbereiche erhalten aufgrund ihrer Form eine besondere Bezeichnung:
– Winkel zwischen 0° und 90° werden **spitze Winkel** genannt.
– Winkel zwischen 90° und 180° werden **stumpfe Winkel** genannt.
– Winkel zwischen 180° und 360° werden **überstumpfe Winkel** genannt.

Mit dem Geodreieck können Winkel gemessen werden. Dazu wird das Geodreieck mit der langen Seite an einen Schenkel angelegt, so dass die Nullmarkierung des Längenmaßes mit dem Scheitelpunkt übereinstimmt. Der Winkel kann jetzt an der Stelle der halbkreisförmigen Skala des Geodreiecks abgelesen werden, die von dem zweiten Schenkel des Winkels geschnitten wird. Die Skala des Halbkreises auf dem Geodreieck ist meistens zu den Rändern hin verlängert, so dass der Winkel an den Kanten des Dreiecks abgelesen werden kann.

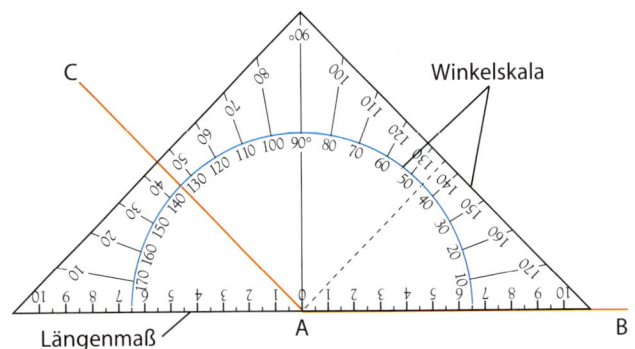

Der Halbkreis ist häufig mit zwei Zahlenreihen beschriftet. Es befinden sich also zwei Skalen auf dem Geodreieck. Der Grund dafür ist der, dass ein Winkel sowohl in positiver als auch in negativer Drehrichtung gemessen werden kann. Es ist für die Messung diejenige Skala zu benutzen, die an der Stelle mit dem Wert 0° beginnt, wo das Dreieck an den Schenkel angelegt wurde.

Soll ein Winkel gemessen werden, der größer ist als 180°, so scheint das zunächst mit einem Geodreieck nicht möglich zu sein, da die Skala nur bis 180° reicht.

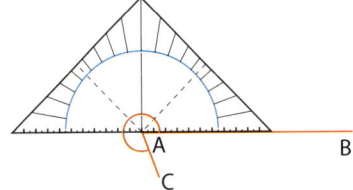

Aber hier hilft eine einfache Überlegung weiter. Da, wie schon gezeigt wurde, zu zwei Strecken immer zwei Winkel denkbar sind, kann in diesem Fall der zweite, kleinere Winkel gemessen werden.

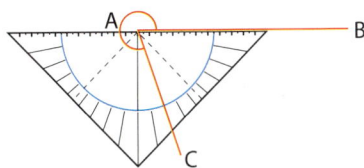

Da ein Vollkreis aus insgesamt 360° besteht, muss die Summe aus dem kleinen Winkel und dem anderen großen Winkel immer 360° ergeben. Daraus folgt: Subtrahiert man den Betrag des kleinen Winkels von 360°, so erhält man den gesuchten Winkel. Wenn also der kleine Winkel 70° beträgt, so ist der andere Winkel 290° groß.

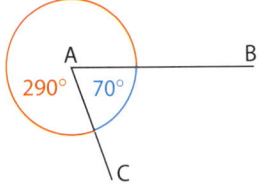

 Zum Weiterlesen:

• Zeichnen mit dem Geodreieck, S. 48
• Das Dreieck, S. 78
• Trigonometrie, S. 140

Verschiebungen

*I*n den folgenden drei Kapiteln werden die ersten grundlegenden Operationen in der Geometrie behandelt. So ähnlich, wie in der Algebra die Operationen „Addieren, Subtrahieren, Dividieren und Multiplizieren" mit den ganzen Zahlen oder auch den reellen Zahlen eingeführt wurden, gibt es auch in der Geometrie Operationen. Das, was in der Algebra die Zahlen sind, können in der Geometrie nur die geometrischen Formen sein, also Vierecke, Geraden, Kreise usw. Da verschiedene Figuren aber nur schlecht miteinander multipliziert werden können, werden hier andere Operationen benutzt.

Angenommen, es liegt ein viereckiges Plättchen vor einem auf dem Tisch. Das, was man mit diesem Viereck dann machen kann, ist Folgendes: Man kann es auf dem Tisch verschieben, man kann es drehen und man kann es umdrehen. Wie später noch gezeigt wird, ist das Umdrehen des Vierecks nichts anderes, als ob das Viereck gespiegelt wird, also als ob man das Viereck im Spiegel betrachtet.

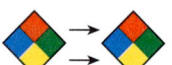 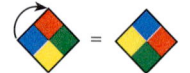 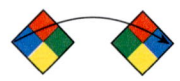

Genau das sollen die Operationen sein, die in den nächsten Kapiteln beschrieben werden. Da das Verschieben, Drehen und Umdrehen des Vierecks Bewegungen in der Ebene sind, werden sie in der Geometrie auch als **Bewegungen** bezeichnet.

Im täglichen Leben sind sehr viele dieser Bewegungen zu beobachten. Ein einfaches Beispiel, bei dem alle diese Bewegungen auftauchen, ist die Fahrt eines Autos. Wenn ein Auto die kurze Strecke von 10 m fährt, so sieht das so aus, als sei das Auto verschoben worden. Während das Auto fährt, drehen sich die Räder, und der Fahrer kann im Rückspiegel die Umgebung hinter sich gespiegelt sehen.

In diesem Kapitel wird die einfachste Bewegung, die **Verschiebung**, untersucht.

Zur einfachen Beschreibung der ebenen Figuren werden diese in einem Koordinatensystem dargestellt. Üblicherweise wird ein **Koordinatensystem** so gewählt, dass zwei Achsen senkrecht aufeinander stehen. Besonders hilfreich ist hierbei das karierte Papier, da die Linien des Hefts senkrecht aufeinander stehen und die Achsen nur entlang dieser Linien gezeichnet werden müssen. Die verbleibenden Linien dienen außerdem als Hilfslinien. Die Achse, die parallel zu der unteren Kante des Blattes verläuft, wird x-Achse genannt. Da diese Achse in einem Gemälde auch parallel zum Horizont verläuft, wird sie auch als die **horizontale Achse** oder kurz „die Horizontale" bezeichnet. Die dazu senkrechte Achse heißt y-Achse. Sie wird auch die **vertikale Achse** oder kurz „die Vertikale" genannt.

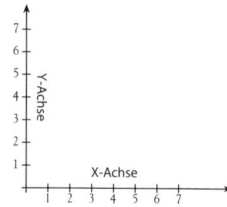

An den beiden Achsen wird eine **Skala** oder auch ein Längenmaß angebracht. Anhand dieser Skala kann eine eindeutige Zuordnung eines Punktes in dem Koordinatensystem erfolgen. Die einfachste Methode, die hier benutzt werden kann, ist, die Kästchen des karierten Papiers abzuzählen. Soll hingegen das Modell eines Hauses eingezeichnet werden, so wird die Skala so gewählt, dass beispielsweise je zwei Kästchen einem Meter entsprechen. Hat das zu zeichnende Haus eine Breite von 12 m, so müssen auf dem Blatt 24 Kästchen als Breite gewählt werden.

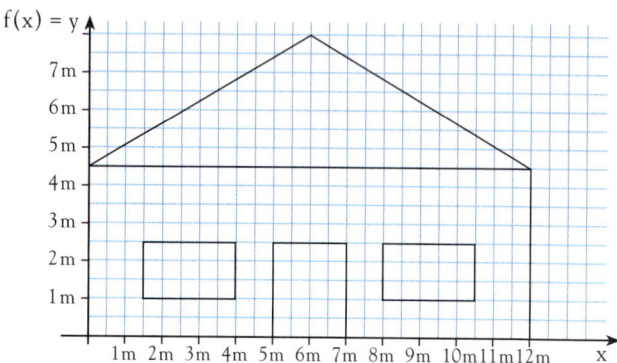

In den folgenden Zeichnungen wird der Einfachheit halber die Zahl der Kästchen als Skala gewählt.

Sobald ein solches Koordinatensystem vorhanden ist, können einzelne Punkte genau angegeben werden. In dem nächsten Bild liegt beispielsweise der Punkt P bei den Koordinaten: 6. Kästchen auf der x-Achse und 9. Kästchen auf der y-Achse. Diese beiden Koordinaten gehören für den Punkt P zusammen und werden auch als **Koordinatenpaar** bezeichnet.

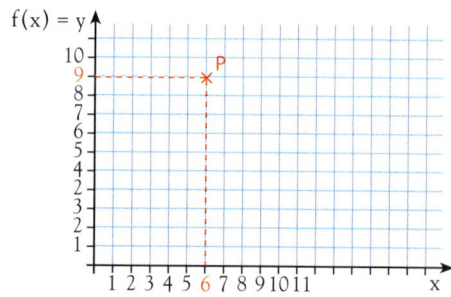

In der Geometrie wird dazu die Schreibweise $P = \binom{6}{9}$ benutzt. Aus einem Vergleich mit den x- und y-Koordinaten wird ersichtlich, dass die x-Koordinate des Punktes oben und die y-Koordinate unten eingetragen wird.

Ein Viereck kann in dieser Darstellung durch die vier Koordinatenpaare der Eckpunkte beschrieben werden.

$A = \binom{2}{1}$, $B = \binom{5}{2}$, $C = \binom{6}{5}$, $D = \binom{3}{6}$

Außerdem muss noch gesagt werden, welche Punkte miteinander zu verbinden sind. Üblicherweise werden die Punkte in alphabetischer Reihenfolge benannt oder so durchnummeriert, wie sie anschließend zu verbinden sind. In diesem Fall werden also die Punkte AB, BC, CD und nicht zu vergessen auch DA miteinander verbunden.

Die so beschriebene Figur soll nun verschoben werden. Angenommen, die Figur wird um fünf Kästchen nach rechts und drei Kästchen nach oben verschoben. Dann ergibt sich das Bild:

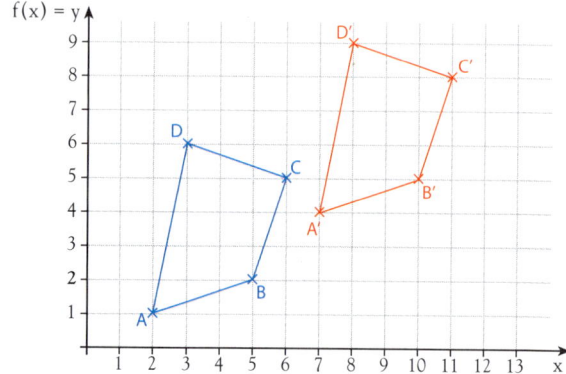

Um deutlich zu machen, dass es sich um die bewegte, also verschobene Figur handelt, wird die ursprüngliche Figur blau und die bewegte Figur rot gezeichnet. Außerdem werden die verschobenen Punkte mit einem Strich markiert, anstatt A heißt der verschobene Punkt also A´.

Man sagt auch, dass ein Abbild von der Ausgangsfigur angefertigt wurde.

> Die verschobene Figur wird in der Geometrie als das Bild bezeichnet und die Ausgangsfigur entsprechend als das Urbild.

Eine umgangssprachliche Beschreibung wurde bereits weiter oben benutzt. Dort wurde die Verschiebung um fünf Kästchen nach rechts und drei Kästchen nach oben in Worten formuliert. Da eine Figur ebenfalls als eine Menge von Punkten beschrieben werden kann, müssen natürlich auch diese Punkte jeweils um diesen Betrag entlang der Achsen verschoben werden. Das wird in der Zeichnung durch **Pfeile** angedeutet. Diese beginnen jeweils an den Eckpunkten des Urbildes und enden an den entsprechenden Eckpunkten der verschobenen Figur. Die Pfeile geben dadurch, dass sie einen Anfang und ein Ende haben, eine Richtung an. Da sie außerdem noch eine Länge haben, geben sie auch eine Entfernung an.

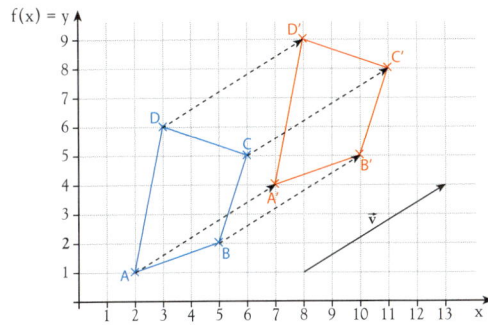

Wie bei allen Pfeilen leicht zu prüfen ist, verlaufen sie von ihrem Ausgangspunkt aus fünf Kästchen nach rechts und drei Kästchen nach oben. Zusammengefasst heißt das:
- Alle Pfeile haben dieselbe Länge.
- Alle Pfeile verlaufen in derselben Richtung.
- Alle Pfeile sind parallel zueinander.

Aus diesem Grund muss nicht für jeden Punkt ein Pfeil angegeben werden, sondern es genügt, **einen** solchen Pfeil zu kennen. Die Verschiebung ist durch diesen Pfeil charakterisiert.

In der Geometrie wird ein Pfeil, will man ihn aufschreiben, durch einen kleinen Pfeil über den zwei Punkten angegeben. So heißt der Pfeil von A nach A´ beispielsweise: $\overrightarrow{AA´}$.

Soll der Pfeil wie bei den Strecken nur mit einem kleinen Buchstaben bezeichnet werden, so wird über dem Buchstaben ein Pfeil mit eingezeichnet wie beispielsweise: $\vec{a}$.

Die Pfeile in diesem Beispiel haben alle die Eigenschaft, 5 Kästchen entlang der x-Achse und 3 Kästchen entlang der y-Achse zu verlaufen. Deshalb wird solch einer Verschiebung auch der Pfeil $\vec{v} = \binom{5}{3}$ zugeordnet. Diese Schreibweise sieht genauso aus wie die Koordinatenschreibweise für einen Punkt, wie sie am Anfang des Kapitels eingeführt wurde. Mit dieser Schreibweise sind **alle** Pfeile, die 5 Kästchen in Richtung x- und 3 Kästchen in Richtung y-Achse zeigen, gemeint!

In der Mathematik werden die Pfeile auch Vektoren genannt. Im Zusammenhang mit Verschiebungen wird die Bezeichnung Pfeil beibehalten.

An dieser Stelle kann zusammengefasst werden:

> Eine Verschiebung V kann durch einen Pfeil $\vec{v}$ beschrieben werden. Dieser Pfeil hat dieselbe Richtung und Länge wie alle Pfeile $\overrightarrow{PP´}$, die an zwei Punkten P und P´ der Figur angelegt werden können.

Werden zwei zueinander parallele Geraden g und h um den gleichen Pfeil verschoben, so ergeben sich die Geraden g´ und h´.

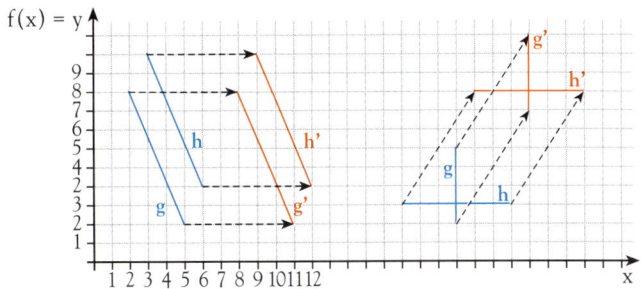

Bis hierher ist bekannt, dass gilt:
g | h, g | g´, h | h´
Das kann umgestellt und zusammengefasst werden zu:
g´| g | h | h´ → g´| h´

> Parallele Geraden liegen nach der Verschiebung wieder parallel zueinander.

Werden zwei sich schneidende Geraden verschoben, so schneiden sich die Bilder der Geraden auch wieder, wie es in der zweiten Zeichnung des obigen Bildes zu erkennen ist.

Außerdem kann beobachtet werden:

> Winkel zwischen zwei Geraden ändern sich bei einer Verschiebung nicht.

Einen Kreis zu verschieben ist besonders einfach. **Es braucht nur der Mittelpunkt verschoben werden, und der Kreis wird wieder auf einen Kreis mit dem gleichen Radius abgebildet.**

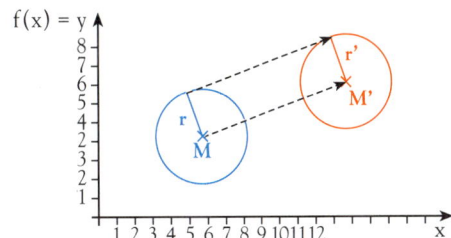

Zum Weiterlesen:

• Drehungen, S. 60
• Spiegelungen, S. 62
• Funktionen im Koordinatensystem, S. 70

Drehungen

Neben der Verschiebung von Figuren in der Ebene gibt es als zweite Form der Bewegung die **Drehung**. Diese Bewegung tritt im Alltag auch sehr häufig auf, wie zum Beispiel bei der Drehung eines Rades. Aber auch bei Flaschen und Gläsern mit Schraubverschlüssen kann der Deckel nur durch eine Drehung geöffnet werden.

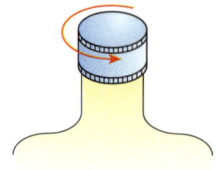

Die Drehung soll an demselben Beispiel erläutert werden wie in dem Kapitel Verschiebungen. Dort war folgendes Viereck in der Ebene gegeben, mit den Punkten: A= $\binom{2}{1}$, B= $\binom{5}{2}$, C= $\binom{6}{5}$, D= $\binom{3}{6}$

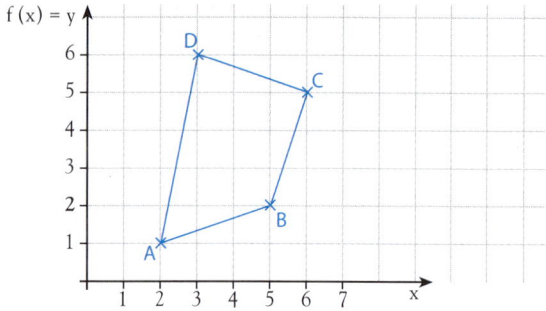

Eine Drehung in der Ebene kann erfolgen, wenn ein Punkt der Figur festgehalten wird und die anderen Punkte gleichzeitig um diesen Punkt herum gedreht werden. In dem Beispiel soll der Punkt A festgehalten werden. Das kann man sich in der Tat so vorstellen, als ob er mit einem Nagel befestigt wäre. Die Figur wird dann an einem anderen Punkt angefasst und um den Punkt A herumgeführt. Der Punkt, der bei einer Drehung festgehalten (befestigt) wird, heißt **Drehpunkt** oder auch **Drehzentrum** der Bewegung.

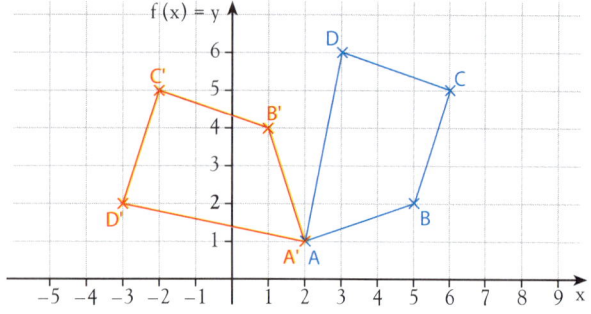

Bei dieser Bewegung liegt wieder wie bei der Verschiebung ein Urbild und ein Bild der Figur vor, und auch hier wird das Urbild blau und die bewegte Figur, also das Bild, rot gezeichnet. Die gedrehten Punkte werden mit gestrichenen Buchstaben bezeichnet, so dass aus einem Punkt P nach der Drehung der Punkt P´ wird.

Vergleichbar mit den Pfeilen der Verschiebung, wird bei der Drehung ebenfalls ein Pfeil eingeführt, der die Bewegung veranschaulichen soll. Dieser Pfeil hat für jeden Punkt seinen Anfang in P. Er verläuft dann der Drehung folgend bis zum Endpunkt P´. Das sieht so aus, als würde jeder Punkt eine Spur auf dem Papier hinterlassen, während die Figur gedreht wird.

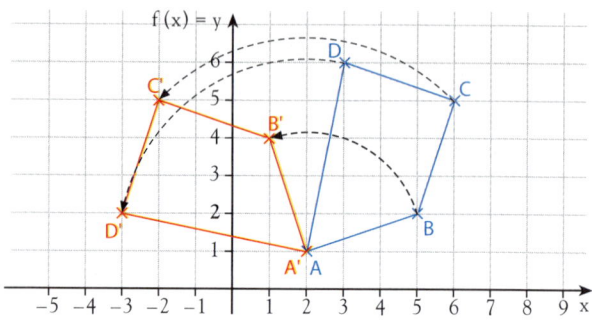

Da die Pfeile aber gekrümmt sind, wird es nicht möglich sein, deren Länge zu messen, und damit müssen die Pfeile noch genauer untersucht werden. Bislang sehen die Bahnen der Punkte und damit die Pfeile so aus, als seien es Kreisbögen. Wenn die Figur einmal um sich herum gedreht wird, so entsteht tatsächlich aus jedem Pfeil ein Kreis, und der Pfeil zeigt wieder auf seinen Anfangspunkt. Das Drehzentrum ist gleichzeitig der Kreismittelpunkt.

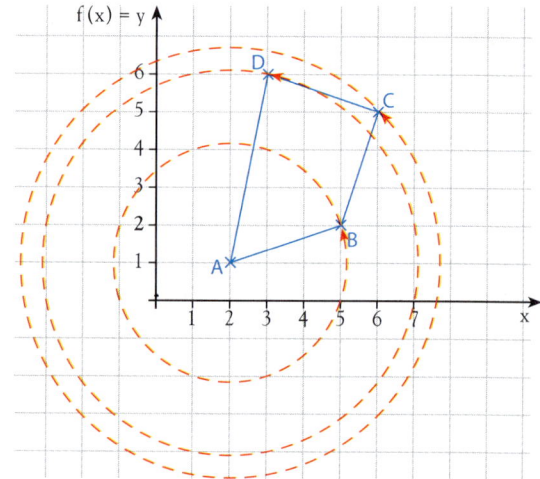

Diese Darstellung der Pfeile legt es nahe, als Maß für die Länge der Pfeile die Winkel heranzuziehen. Der Winkel eines Pfeiles von P nach P´ ist gegeben durch die beiden Schenkel vom Drehzentrum Z (in diesem Fall der Punkt A bzw. A´) hin zu den Punkten P und P´. In dem oberen Beispiel ist also der Winkel für den Pfeil, der zum Punkt D gehört, zu messen zwischen den Strecken AD und AD´, oder anders gesagt, der Winkel ∠DAD´ ist zu bestimmen. In dem folgenden Bild werden nun die Winkelmaße aller Pfeile bestimmt.

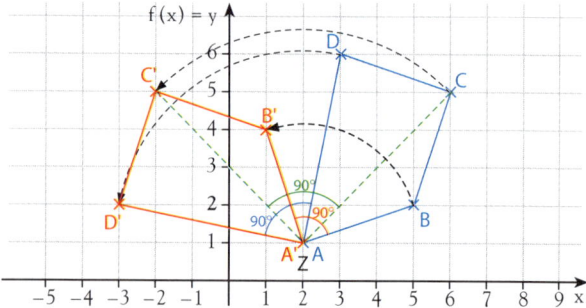

Vergleicht man alle Winkel miteinander, so erkennt man, dass alle Winkel gleich groß sind. Das kann bei allen Drehungen festgestellt werden. Es gilt also, dass bei einer Drehung der überstrichene Winkel für alle Punkte gleich groß ist.

Eine Drehung D wird durch die Angabe des Drehzentrums Z und eines Winkelmaßes α bestimmt.

Mit diesem Winkel α kann für jeden Punkt P einer Figur die Strecke ZP gedreht werden. Wenn das mit allen Punkten der Figur geschehen ist, werden die gedrehten Punkte miteinander verbunden, und es ergibt sich das gedrehte Bild der Figur.

In dieser Beschreibung einer Drehung wird nirgendwo vorausgesetzt, dass das Drehzentrum Z ein Eckpunkt der Figur sein muss. **Bei einer beliebigen Drehung kann der Drehpunkt Z auch irgendwo anders liegen**, wie in dem folgenden Beispiel gezeigt wird.

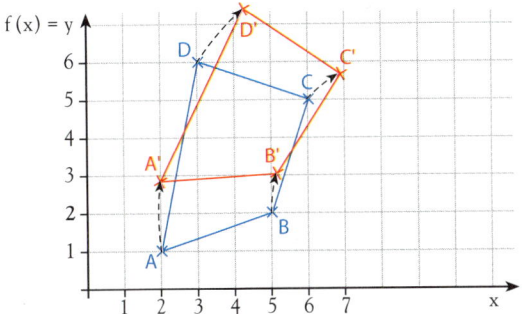

Praktisch kann man sich das so vorstellen, als ob die Figur auf durchsichtiger Folie befestigt ist. Als Drehpunkt wird wieder ein Nagel benutzt, nur dass er diesmal nicht durch einen Eckpunkt der Figur gesteckt wird, sondern durch eine beliebige Stelle der Folie. Bei der Drehung wird die komplette Folie gedreht. Die Drehung sieht dann so aus.

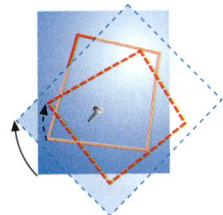

Liegt das Drehzentrum Z auf der Figur oder in der Figur, so ist dieser ein besonderer Punkt bei der Drehung. Er ist so besonders, weil er der einzige Punkt der Figur ist, der sich vor und nach der Drehung an derselben Stelle befindet. Er wird auch **Fixpunkt** genannt.

Um die wichtigsten Eigenschaften der Drehung zu finden, kann wie bei der Verschiebung die allgemeine Drehung einer Strecke betrachtet werden. Eine Strecke AB wird um den Drehpunkt Z mit einem Winkel α gedreht. Da alle Punkte dieser Strecke um denselben Winkel gedreht werden, ist das Bild wieder eine Strecke A´B´.

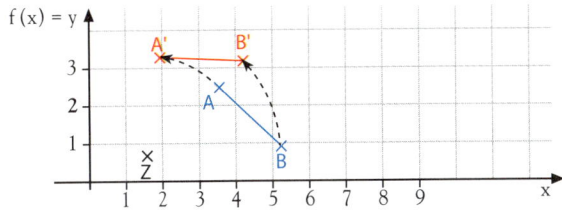

Bei einer Drehung wird eine Strecke AB wieder auf eine Strecke A´B´ abgebildet. Die Länge der Strecke ändert sich dabei nicht. Im Allgemeinen ist die gedrehte Strecke A´B´ nicht parallel zu seinem Urbild. Damit folgt auch, dass ein Pfeil nach einer Drehung im Allgemeinen in eine andere Richtung zeigt.

Hier gibt es allerdings zwei Ausnahmen, in dem einen Fall wird um 0° oder auch 360° gedreht. Dann liegen das Urbild und das Bild aufeinander und die beiden Strecken sind parallel zueinander, da eine Strecke immer parallel zu sich selbst ist. Die andere Ausnahme ergibt sich bei einer Drehung um 180°. Auch dann ist das Bild parallel zu seinem Urbild.

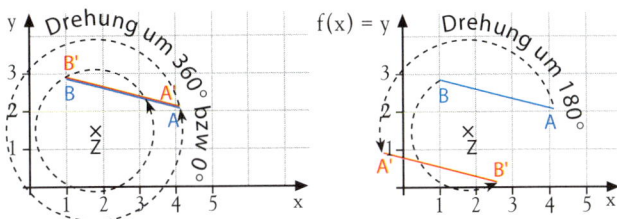

Dieselben Aussagen gelten entsprechend für Geraden und Halbgeraden.

Weitere Eigenschaften findet man, wenn zwei Geraden um denselben Winkel gedreht werden. Da auch hier alle denkbaren Punkte um denselben Winkel gedreht werden, bleibt der Winkel, den die Geraden zueinander haben, nach der Drehung erhalten. Es gilt also:

Zwei zueinander parallele Strecken werden wieder auf zwei zueinander parallele Strecken abgebildet.

Oder anders gesagt:

Der Winkel $\angle(g, h)$ zwischen den Strecken g und h ist genauso groß wie der Winkel $\angle(g´, h´)$ zwischen den gedrehten Strecken g´ und h´.

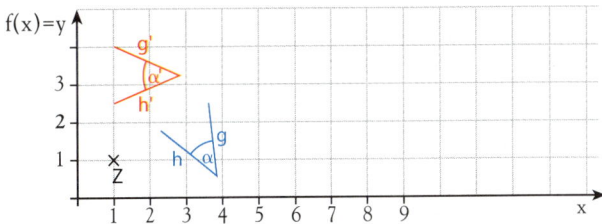

Soll ein Kreis gedreht werden, so muss wieder nur der Kreismittelpunkt berücksichtigt werden. Der Radius ist ja die Länge einer Strecke, und diese verändert sich bei einer Drehung nicht. Es gilt:

Die Drehung eines Kreises ergibt wieder einen Kreis mit demselben Radius.

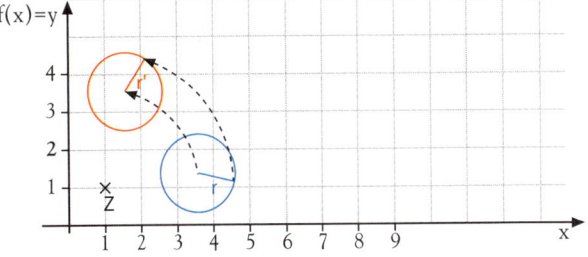

 **Zum Weiterlesen:**

- Verschiebungen, S. 58
- Spiegelungen, S. 62

Spiegelungen

*D*ie dritte und letzte Bewegung in der Ebene, die untersucht werden soll, ist die **Spiegelung**. Da Spiegel im täglichen Leben zuhauf auftreten, muss nicht weiter erläutert werden, warum diese Bewegung von Interesse ist.

Eine Spiegelung entsteht, wenn neben die Figur ein Spiegel gehalten wird und gleichzeitig, etwas von der Seite her, die Figur und ihr Bild betrachtet werden. Das Bild wird in diesem Fall auch das **Spiegelbild** genannt.

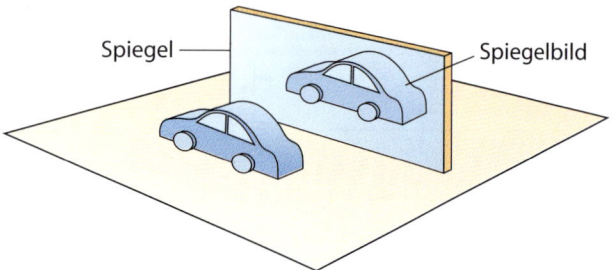

Gezeichnet werden kann solch ein Spiegelbild, indem eine Glasplatte senkrecht auf die Ebene gestellt wird. Da eine Glasplatte nicht nur durchsichtig ist, sondern sie auch teilweise wie ein Spiegel reflektiert, kann gleichzeitig versucht werden, das Spiegelbild zu beobachten und dieses Bild nachzuzeichnen.

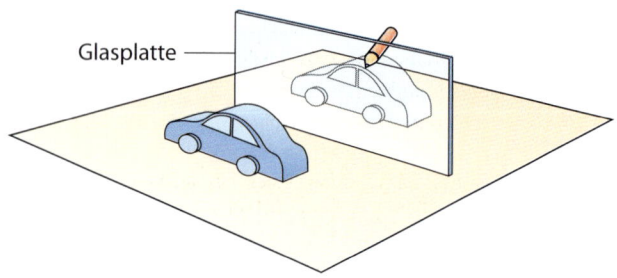

Auf diese Weise kann auch geübt werden, in Spiegelschrift zu schreiben oder Spiegelschrift zu lesen. Da die Eigenschaften der Spiegelung anhand einer geometrischen Figur untersucht werden sollen, wird das Beispiel aus den Kapiteln Verschiebungen und Drehungen benutzt. Dort wurde in beiden Fällen ein Viereck mit den Koordinaten $A = \binom{2}{1}$, $B = \binom{5}{2}$, $C = \binom{6}{5}$ und $D = \binom{3}{6}$ untersucht.

Wenn das Spiegelbild von dieser Figur auf die oben beschriebene Weise sehr sorgfältig angefertigt wird, so ergibt sich das Bild:

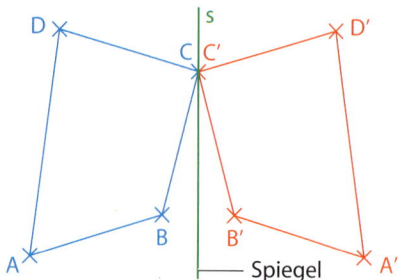

In diesem Bild ist die Position, auf der der Spiegel stand, durch eine grüne Gerade s gekennzeichnet. Das Urbild ist wie immer in Blau und das Bild in Rot dargestellt. Die gespiegelten Punkte sind durch einen Strich markiert.

Um eine mathematische Beschreibung der Spiegelung zu finden, wird zu jedem Koordinatenpaar, das aus dem Punkt P des Urbildes und dem zugehörigen Punkt P′ des Bildes besteht, ein Pfeil eingezeichnet. Dann ergibt sich das Bild:

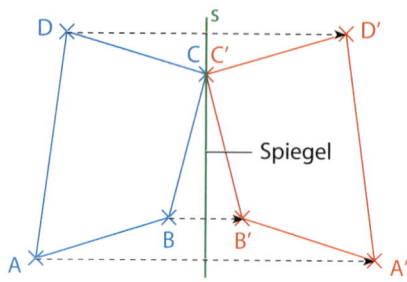

Wird versucht, bei den so entstandenen Pfeilen das Gemeinsame zu finden, kann zunächst beobachtet werden, dass die Pfeile alle eine unterschiedliche Länge haben. Ein gemeinsamer Drehwinkel ist ebenso nicht zu finden. Es fällt aber auf, dass alle Pfeile senkrecht zu der Geraden s stehen, wie leicht mit dem Geodreieck geprüft werden kann. Außerdem ist festzustellen, dass alle Strecken PP′ durch die Gerade s halbiert werden. Der einzige Punkt, für den das nicht der Fall zu sein scheint, ist der Punkt C. Da dieser aber, ebenso wie sein Bildpunkt C′, auf der Geraden s liegt, kann behauptet werden, dass auch die Strecke CC′ durch s halbiert wird. Da die Strecke CC′ die Länge 0 hat, ist diese Behauptung wahr, denn die Hälfte von 0 ist 0. Aus diesen Tatsachen kann gefolgert werden, dass eine Spiegelung durch eine Gerade s festgelegt wird. Es gilt:

> Eine Spiegelung S ist durch eine Gerade s festgelegt. Die Gerade s wird Spiegelungsachse genannt. Die Strecke PP′ eines Punktes P und seines gespiegelten Bildpunktes P′ steht senkrecht zu s und wird durch s halbiert. Liegt der Punkt P auf der Achse s, so ist er identisch mit seinem Bildpunkt P: P = P′.

Eine solche Spiegelung wird Achsenspiegelung genannt. Da ein Punkt, der auf der Achse s liegt, wieder auf sich selbst abgebildet wird, wird er, wie bei der Drehung das Drehzentrum, Fixpunkt genannt.

Soll eine Figur an einer gegebenen Geraden s gespiegelt werden, so kann das Bild sehr einfach mit dem Geodreieck konstruiert werden. Dazu wird das Dreieck für jeden Eckpunkt P der Figur so an s angelegt, als ob für diesen Punkt das Lot zu fällen wäre. An der Skala kann der Abstand des Punktes P zu der Geraden s abgelesen werden, und in derselben Entfernung zu s wird auf der anderen Seite der Geraden der Punkt P′ eingezeichnet. Zum Schluss werden alle gespiegelten Punkte wie im Urbild verbunden.

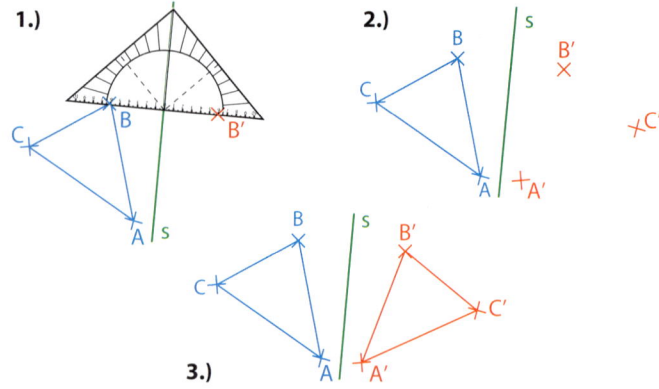

Damit ist die Spiegelung auf mathematische Weise zu beschreiben und es können einige Eigenschaften der Spiegelung untersucht werden. Wie auch bei der Verschiebung und der Drehung wird dazu das Verhalten von Strecken zweier zueinander paralleler Strecken sowie zweier Strecken, die einen Winkel bilden, unter einer Spiegelung betrachtet.

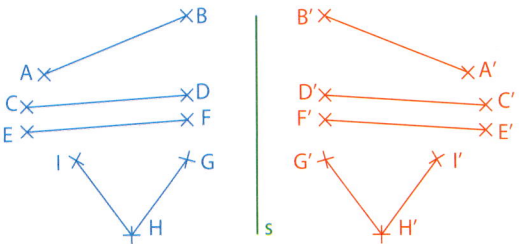

Es sind die folgenden Eigenschaften festzustellen:

Eine Strecke AB wird wieder auf eine Strecke A´B´ abgebildet.
Die beiden Strecken AB und A´B´ sind nicht parallel zueinander.
Die Strecke AB ist genauso lang wie die Strecke A´B´. L(AB) = L(A´B´)
Im Allgemeinen ist die Richtung eines Pfeils nach der Spiegelung nicht identisch mit dem Urbild.
Zwei zueinander parallele Strecken sind nach der Spiegelung wieder parallel zueinander.
Der Winkel zwischen zwei Strecken hat vor und nach der Spiegelung dasselbe Winkelmaß. Es gilt also: $\angle ABC = \angle A´B´C´$ oder auch: $\alpha = \alpha´$.

Bei einem Winkel ist darauf zu achten, dass er unter einer Spiegelung seine Drehrichtung umkehrt. So wird in dem folgenden Bild ein Winkel mit positiver Drehrichtung gespiegelt, und es ergibt sich ein Winkel mit negativer Drehrichtung. Aus $\angle\alpha$ wird also $\angle\alpha´$.

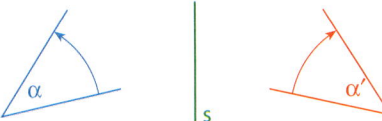

Diese Aussagen gelten nicht nur für Strecken, sondern ebenfalls für Halbgeraden und Geraden.
Die Spiegelung eines Kreises gestaltet sich auch hier sehr einfach. Der Vorgang reduziert sich wieder auf die Spiegelung eines Punktes, dem Mittelpunkt, sowie einer Strecke, dem Radius.

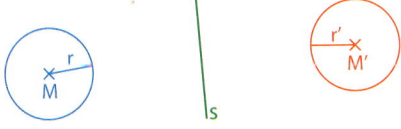

Bei der Spiegelung eines Kreises ergibt sich wieder ein Kreis mit demselben Radius.

Die Achsenspiegelung kann im täglichen Leben zum einen erfahren werden durch die Spiegel, die uns umgeben. Eine andere Methode ergibt sich, wenn die ebene Figur umgedreht wird, wenn sie also auf den Rücken gelegt wird. Das kann so erfolgen, dass eine Figur oder Skizze auf eine durchsichtige Folie gezeichnet wird. Dabei können auch die Eckpunkte beschriftet werden. Diese Folie wird anschließend wie eine Buchseite umgedreht, und es ergibt sich das Spiegelbild.

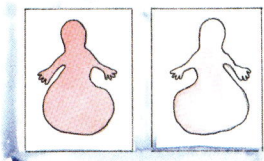

Die Eigenschaften dieser Bewegung sind identisch mit einer Spiegelung, und sie wird deshalb auch als Spiegelung bezeichnet.

Neben der Spiegelung an einer Achse ist noch eine weitere Spiegelung denkbar, die jedoch keine Entsprechung in unserem täglichen Leben hat. Bei dieser Spiegelung werden die Eckpunkte einer Figur nicht an einer Spiegelungsachse gespiegelt, sondern an einem Punkt P_S. Aus diesem Grund heißt diese Spiegelung **Punktspiegelung**. Der Bildpunkt P´ zu einem Punkt P wird bei dieser Spiegelung konstruiert, indem eine Gerade durch die Punkte P_S und P gezeichnet wird. Der Punkt P´ wird dann auf der gegenüberliegenden Seite von P_S in demselben Abstand wie die Strecke P_S eingetragen. Das erfolgt bei einer Figur mit jedem Eckpunkt, und auf diese Weise ergibt sich das punktgespiegelte Bild der Figur.

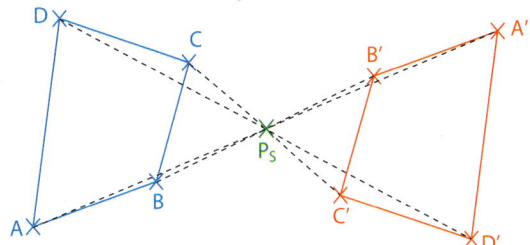

Die Eigenschaften der Spiegelung ergeben sich zu:

Liegt ein Punkt der Figur auf dem Spiegelungspunkt P_S, so wird dieser Punkt auf sich selbst abgebildet. Es gilt also in dem Fall P = P´ = P_S. Dieser Punkt heißt Fixpunkt.
Eine Strecke AB wird wieder auf eine Strecke A´B´ abgebildet.
Die beiden Strecken sind parallel zueinander.
Die Strecke AB ist genauso lang wie die Strecke A´B´. L(A, B) = L(A´, B´).
Die Richtung eines Pfeiles $\overrightarrow{AB}$ kehrt sich bei der Spiegelung um.
Zwei zueinander parallele Strecken sind nach der Spiegelung wieder parallel zueinander.
Der Winkel zwischen zwei Strecken hat vor und nach der Spiegelung dasselbe Winkelmaß $\alpha = \alpha´$.
Ein Kreis wird bei der Punktspiegelung wieder auf einen Kreis mit demselben Radius abgebildet.

Es ist interessant, diese Eigenschaften einmal mit den Eigenschaften der Drehung zu vergleichen. Die Eigenschaften der Punktspiegelung unterscheiden sich nur in einem Punkt von den Eigenschaften einer Drehung. Bei der Drehung heißt es, dass eine gedrehte Strecke A´B´ im Allgemeinen nicht parallel zur Strecke AB ist. Bei den Drehungen wurde erläutert, wann die beiden Strecken parallel zueinander sind, das war der Fall bei einer Drehung um 0°, 360° oder 180°. Die Drehung um 0° oder 360° ist hier nicht von Bedeutung, da sie Abbildungen auf sich selbst sind. Eine Drehung um 180° könnte hier weiterhelfen. Für eine Drehung um 180° stimmen also die Eigenschaften der Drehung und die der Punktspiegelung genau überein. Wird das Beispiel daraufhin nochmals untersucht, so kann man erkennen:

Eine Punktspiegelung an dem Punkt P_S ist identisch mit einer 180°-Drehung mit dem Punkt P_S als Drehzentrum.

 Zum Weiterlesen:

• Winkel und Winkelmessung, S. 56
• Verschiebungen, S. 58
• Drehungen, S. 60

Ganze und rationale Zahlen

Mit Bruch- und Dezimalzahlen können Rechnungen durchgeführt werden, die mit den natürlichen Zahlen alleine nicht ausführbar sind, zum Beispiel die Division $3 : 5 = \frac{3}{5} = 0{,}6$. Dennoch gibt es Aufgaben, die mit den bisher eingeführten Zahlen nicht lösbar sind. Das sind im Wesentlichen Subtraktionen, bei denen der Minuend kleiner ist als der Subtrahend. Solche Aufgaben sind in der Mathematik mit negativen Zahlen lösbar. Die Fragen, um wie viel sich zwei Zahlen voneinander unterscheiden oder um wie viel eine Zahl größer ist als eine andere, werden in der Mathematik mit einer Subtraktionsrechnung beantwortet. Man subtrahiert dazu die kleinere Zahl von der größeren. Möchte man die größere Zahl von der kleineren subtrahieren, hat man sich darauf geeinigt, eine Zahl mit gleichem Betrag, aber mit negativem Vorzeichen anzugeben. Diese Zahlen nennt man negative Zahlen, und unter dem Betrag einer Zahl versteht man den Abstand zwischen ihr und dem Nullpunkt auf dem Zahlenstrahl.

Beispiel:
$5 - 3 = 2$
$3 - 5 = -2$ ← negative Zahl

Negative Zahlen werden mit einem Minuszeichen gekennzeichnet. Damit negative Zahlen auch an dem Zahlenstrahl verdeutlicht werden können, wird dieser erweitert.

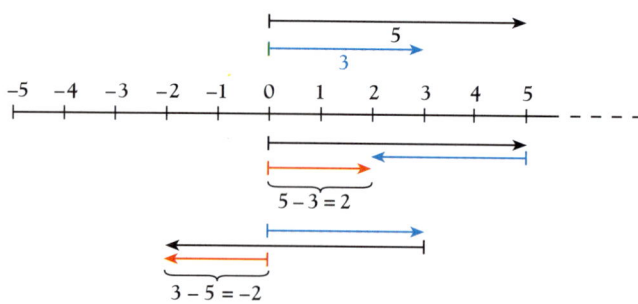

Die Zahl 0 stellt nun eine Grenze dar, und zwar zwischen dem bisherigen Zahlenstrahl und dem für die negativen Zahlen erweiterten Bereich. Da alle negativen Zahlen links von der null angeordnet sind, bedeutet das: „Alle negativen Zahlen sind kleiner als null." Die Zahlen rechts von der Null, also alle Zahlen, die größer sind als null, nennt man positive Zahlen. Für jede natürliche Zahl gibt es eine negative Gegenzahl, die genauso weit von der Null entfernt ist, und für jede negative Zahl gibt es eine positive Gegenzahl.

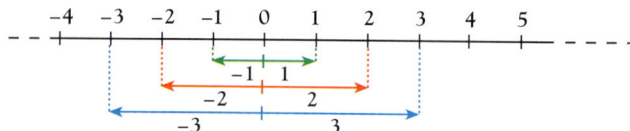

Diese Zahlen nennt man ganze Zahlen. Zu ihnen gehören alle natürlichen Zahlen und die dazugehörigen negativen Zahlen. Die ganzen Zahlen werden mit dem Buchstabenzeichen $\mathbb{Z}$ bezeichnet. Die Menge aller ganzen Zahlen und die Zahl Null bezeichnet man mit $\mathbb{Z}_0$.
$\mathbb{Z}_0 = \{\ldots -3, -2, -1, 0, 1, 2, 3 \ldots\}$
$\mathbb{Z} = \{\ldots -3, -2, -1, 1, 2, 3 \ldots\}$
Zusätzlich beschreiben die Zeichen $\mathbb{Z}_+$ alle positiven ganzen Zahlen, das sind die natürlichen Zahlen $\mathbb{N}$, und $\mathbb{Z}_-$ die negativen ganzen Zahlen.

$\mathbb{Z}_+ = \{1, 2, 3 \ldots\}$
$\mathbb{Z}_- = \{-1, -2, -3 \ldots\}$

Additions- und Subtraktionsrechnungen mit negativen Zahlen sind am erweiterten Zahlenstrahl analog zu den Rechnungen mit positiven Zahlen darzustellen. Bei der Aufstellung von Gleichungen schreibt man negative Zahlen zunächst aber in Klammern, damit das Vorzeichen einer Zahl und das Rechenzeichen getrennt werden können.

Eine genaue Beschreibung der Addition am Zahlenstrahl mit Hilfe von Pfeilen lautet: Man verschiebt den Pfeil des zweiten Summanden, bis dessen Anfang an der Pfeilspitze des ersten ist.
Die Subtraktion kann folgendermaßen beschrieben werden: Man vertausche Anfang und Pfeilspitze des Subtrahenden und verschiebe den Pfeil dann analog zur Addition.

Beispiele:

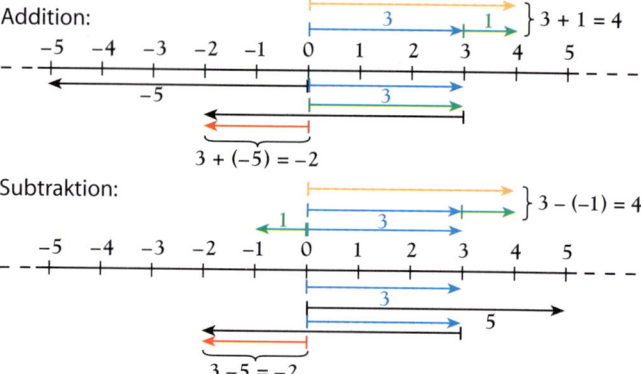

Diese Beispiele zeigen:
$3 + (-5) = 3 - 5 = -2$ und
$3 - (-1) = 3 + 1 = 4$

Das bedeutet allgemein:

> Die Addition einer negativen Zahl ist eine Subtraktion der positiven Gegenzahl, und die Subtraktion einer negativen Zahl ist eine Addition der positiven Gegenzahl.

Für Multiplikationen und Divisionen mit negativen Zahlen gelten folgende Regeln, damit die bisherigen Rechengesetze erhalten bleiben: Multipliziert man eine negative Zahl mit einer positiven oder eine positive Zahl mit einer negativen, so ist das Ergebnis das Produkt der Beträge mit einem negativen Vorzeichen. Multipliziert man Zahlen mit gleichem Vorzeichen, ist das Produkt immer positiv. Für die Division gilt: Haben Dividend und Divisor unterschiedliche Vorzeichen, ist der Quotient negativ. Bei gleichen Vorzeichen von Dividend und Divisor ist der Quotient positiv.
Beispielrechnungen:

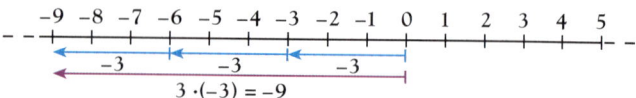

Dreimal den Pfeil -3 aneinander gesetzt, ergibt den Pfeil -9. Wegen dem Kommutativgesetz gilt nun auch:
$-3 \cdot 3 = -9$

Da die Division die Umkehrung der Multiplikation ist, muss nun auch gelten:
$-9 : (-3) = 3$ und
$-9 : 3 = -3$

Den obigen Zusammenhang für Multiplikation und Division kann man mit einfachen Merksätzen behalten:

Plus mal (geteilt durch) plus gleich plus. Minus mal (geteilt durch) minus gleich plus. Plus mal (geteilt durch) minus gleich minus. Minus mal (geteilt durch) plus gleich minus.

Rationale Zahlen

Eine weitere Obermenge der ganzen Zahlen sind alle Zahlen, die sich mit Brüchen darstellen lassen. Dazu gehören auch alle Dezimalzahlen. Diese Zahlenmenge nennt man rationale Zahlen und sie wird mit dem Buchstabenzeichen $\mathbb{Q}$ bezeichnet. Da sich alle natürlichen Zahlen und alle Dezimalzahlen als Brüche darstellen lassen, darf man auch sagen: „Jede Zahl, die man als Bruch zweier ganzer Zahlen darstellen kann, ist eine rationale Zahl." Oder in mathematischer Form:

$$\mathbb{Q} = \{ \tfrac{a}{b} \mid a \in \mathbb{Z} \text{ und } b \in \mathbb{Z}\}$$

Frei übersetzt, aus der Sprache der Mathematik in die deutsche Sprache, ist diese Zeile folgendermaßen zu verstehen: „Alle Brüche $\tfrac{a}{b}$, bei denen a und b Elemente der ganzen Zahlen $\mathbb{Z}$ sind, sind rationale Zahlen."
Die mathematischen Zeichen bedeuten:

„ | " bedeutet: „für die gilt" oder „und es ist"
„ $\in$ " bedeutet: „ist Element von …" oder „ist enthalten"

Liest man demnach $\mathbb{Q} = \{ \tfrac{a}{b} \mid a \in \mathbb{Z} \text{ und } b \in \mathbb{Z}\}$ von links nach rechts, darf man auch sagen:

Rationale Zahlen ($\mathbb{Q}$) sind die Mengen (= {....}) aller Brüche ($\tfrac{a}{b}$), für die gilt: (|) a ist ein Element ($\in$) der ganzen Zahlen ($\mathbb{Z}$), und b ist ein Element ($\in$) der ganzen Zahlen ($\mathbb{Z}$).

Eigenschaften der rationalen Zahlen

Es gibt keine größte und auch keine kleinste rationale Zahl. Ihre Anordnung auf dem Zahlenstrahl ist trotzdem eindeutig. Steht eine Zahl am Zahlenstrahl weiter rechts als eine andere, ist sie die größere Zahl. Hieraus folgt unmittelbar, dass jede positive Zahl größer ist als irgendeine negative Zahl, weil alle positiven Zahlen rechts von der Null stehen und alle negativen links von der Null. Eine weitere interessante Eigenschaft ist die Anzahl der rationalen Zahlen zwischen zwei beliebigen rationalen Zahlen; es gibt zwischen zwei beliebigen rationalen Zahlen unendlich viele andere rationale Zahlen.

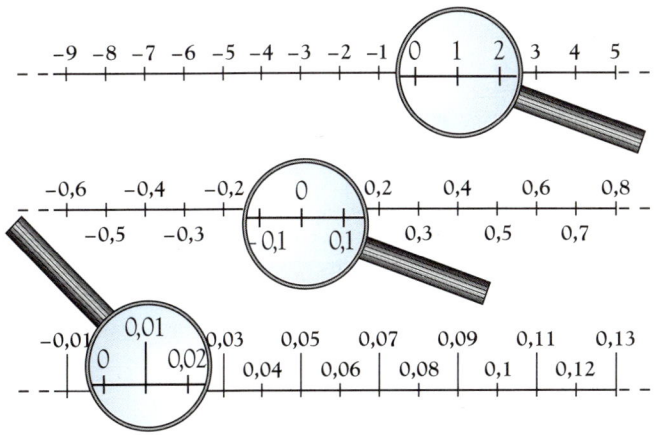

Das Wort Intervall bedeutet in der Mathematik einen Zahlenbereich zwischen zwei Grenzwerten. Mit diesem Wort kann man sich etwas eleganter ausdrücken und für die natürlichen Zahlen behaupten: Das Intervall zwischen den natürlichen Zahlen 2 und 4 enthält nur die natürliche Zahl 3, oder das Intervall zwischen 1 und 2 enthält gar keine natürliche Zahl. Es ist darauf zu achten, dass bei diesen Aussagen die Grenzen der Intervalle nicht mit berücksichtigt wurden, sonst hätte man sagen müssen: Das Intervall zwischen 2 und 4, einschließlich seiner Grenzen, enthält die Zahlen 2, 3 und 4.
Bei den rationalen Zahlen ist das anders, für sie gilt:

Auf jedem noch so kleinen Intervall gibt es unendlich viele rationale Zahlen.

Betrachtet man Intervalle ohne ihre Grenzen, kann man noch nicht einmal eine größte oder eine kleinste Zahl innerhalb eines Intervalls angeben. Zum Beispiel gibt es keine größte oder kleinste Zahl in dem Intervall zwischen den rationalen Zahlen 0 und 1.

Intervall zwischen 0 und 1:
$] 0,1 [= \{a \mid 0 < a < 1 \text{ und } a \in \mathbb{Q}\}$

Mit den neu eingeführten Zeichen] und [werden die ausschließenden Intervallgrenzen angegeben. Das heißt, dass die Grenzen nicht zu dem Intervall dazugehören. Die Frage, welche Zahl die größte zwischen 0 und 1 ist, kann nicht beantwortet werden, es gibt keine größte Zahl. Glaubt man, 0,9 sei die größte Zahl, irrt man sich, denn 0,91 ist größer. Aber auch das kann nicht die größte Zahl sein, denn es gibt noch unendlich viele größere Zahlen als 0,91, die alle kleiner sind als 1:

$0,91 < 0,921 < 0,9221 < … < 0,99 < 0,991 < 0,999999999999 < …$

Mit der gleichen Überlegung stellt man fest, dass es keine kleinste Zahl zwischen 0 und 0,1 geben kann:

$0,1 > 0,0999999 > 0,001 > 0,0009 > 0,00080001 > … > 0,0008 > …$

Intervalle rationaler Zahlen, die eine größte und eine kleinste Zahl haben, sind Intervalle einschließlich ihrer Grenzen. Das Intervall zwischen 0 und 1 einschließlich der Grenzen 0 und 1 hat als größte Zahl die 1 und als kleinste die 0. Mathematisch kann dieses Intervall so beschrieben werden:

$[0, 1] = \{a \mid 0 \leq a \leq 1 \text{ und } a \in \mathbb{Q}\}$

Mit den Zeichen ‚[' und ‚]' werden in der Mathematik die einschließenden Grenzen eines Intervalls angezeigt. Auch die Bezeichnungsweise $] 0, 1] = \{ a \mid 0 < a \leq 1 \text{ und } a \in \mathbb{Q}\}$ ist für Intervalle üblich. Dieses Intervall enthält alle Zahlen zwischen der ausschließlichen Grenze 0 und der einschließlichen Grenze 1. Es hat also eine größte Zahl, die 1, aber keine kleinste.

 Zum Weiterlesen:

• Bruchrechnung, S. 38
• Dezimalbrüche und Dezimalzahlen, S. 42
• Reelle Zahlen, S. 108

Gleichungen und Ungleichungen

Die Lösung vieler mathematischer Probleme kann in zwei Schritte aufgeteilt werden. Im ersten Schritt formuliert man eine Gleichung, die das Problem exakt erfasst und im zweiten Schritt löst man die Gleichung.

Beispiel:
Die Summe zweier Zahlen, von denen eine 13 ist, sei um 3 kleiner als 31. Wie groß ist die andere Zahl?

Nennt man die gesuchte Zahl x, lässt sich folgende Gleichung formulieren:

$$13 + x = 31 - 3 = 28$$

Die Lösung für x kann durch Probieren oder Raten gefunden werden. Rät man zuerst 10, dann ist die linke Seite der Gleichung gleich 23 und die rechte Seite gleich 28. Vergleicht man diese Zahlen, stellt man sicher fest, dass x um 5 größer sein muss, also 15.
Bei komplizierteren Gleichungen kann das Raten oder Probieren aber sehr lange dauern, manchmal ist es sogar unmöglich, eine Lösung zu finden, weil es gar keine gibt. Deshalb sollten Lösungen für Gleichungen nicht geraten, sondern mit Hilfe von Umformungen errechnet werden.
Gleichungen können mit einer Balkenwaage verglichen werden, in deren Waagschalen jeweils das gleiche Gewicht ist. Der Zeigerausschlag einer Balkenwaage ändert sich nicht, wenn man:

– auf beiden Seiten dieselbe Menge dazulegt (Addition),
– die gleiche Menge entnimmt (Subtraktion),
– den Inhalt der Waagschalen mit jeweils dem gleichen Faktor vervielfacht (Multiplikation)
– oder auf beiden Seiten den gleichen Bruchteil liegen lässt und den Rest wegnimmt (Division).

Die Aussage einer Gleichung ändert sich auch nicht, wenn auf beiden Seiten des Gleichheitszeichens die gleiche Rechenoperation durchgeführt wird. Zur systematischen Lösung der Gleichung $13 + x = 31 - 3$ formt man diese deshalb um.
Auf der linken Seite steht eine Summe aus einer Variablen und der Zahl 13; die rechte Seite muss also um 13 größer sein als x. Deshalb subtrahiert man von der rechten Seite 13, streicht den Summanden 13 auf der linken Seite und errechnet den Wert von x:

$$
\begin{aligned}
& 13 + x = 31 - 3 && |-13 \\
\Leftrightarrow\ & \quad\quad x = (31 - 3) - 13 \\
\Leftrightarrow\ & \quad\quad x = 15
\end{aligned}
$$

Eine genauere und rein mathematische Untersuchung zeigt, warum das richtig ist:

$$
\begin{aligned}
& \quad\quad\quad 13 + x = 31 - 3 && |\,\text{Sub. von 13 auf beiden Seiten} \\
\Leftrightarrow\ & \quad (13 + x) - 13 = 28 - 13 && |\,\text{Kommutativgesetz der Add.} \\
\Leftrightarrow\ & (x + 13) + (-13) = 28 - 13 && |\,\text{Sub. ist eine Add. der Gegenzahl} \\
\Leftrightarrow\ & x + (13 + (-13)) = 15 && |\,\text{Add. ist eine Sub. der Gegenzahl} \\
\Leftrightarrow\ & \quad\quad x + (13 - 13) = 15 && |\,13 - 13 = 0 \text{ und } x + 0 = x \\
\Leftrightarrow\ & \quad\quad\quad\quad\quad x = 15
\end{aligned}
$$

In der dritten Umformung wurden die Klammern neu gesetzt. Das ist erlaubt, da die Addition kommutativ ist, und deshalb ist es egal, welche Summanden zuerst addiert werden. Diesen Zusammenhang nennt man auch Assoziativität. Die Addition ist assoziativ, und es gilt das Assoziativgesetz:

Assoziativgesetz:
$$(a + b) + c \Leftrightarrow a + (b + c) \quad \text{für alle } a, b, c \in \mathbb{Q}$$

Das Zeichen „$\Leftrightarrow$" deutet an, dass eine Gleichung oder ein Term äquivalent umgeformt wurde. Äquivalente Umformungen verändern die Aussage der Gleichung nicht. Die einfache Gleichung $x = 15$ hat dieselbe mathematische Bedeutung wie die Ausgangsgleichung $13 + x = 31 - 3$.

Manchmal ist es auch notwendig, beide Gleichungen mit einem Faktor zu multiplizieren oder zu dividieren, um sie so umzuformen, dass eine Variable auf einer Seite alleine steht. Man sagt dazu, man löst die Gleichung nach einer Variablen auf.
Beispiel:

$$
\begin{aligned}
& 3 \cdot x + 8 = 29 && |\,\text{beide Seiten} - 8 \\
\Leftrightarrow\ & 3 \cdot x \quad\quad = 21 && |\,\text{beide Seiten durch 3 teilen} \\
\Leftrightarrow\ & \quad\quad x \quad\quad = 7
\end{aligned}
$$

Bei dieser Umformung kommt es auf die Reihenfolge der Rechenschritte an. Hätte man zuerst beide Seiten durch 3 dividiert und dann 8 subtrahiert, würde x nicht alleine auf einer Seite stehen, sondern:

$$
\begin{aligned}
& \quad\quad\quad 3 \cdot x + 8 = 29 && |: 3 \\
\Leftrightarrow\ & \quad (3 \cdot x + 8) : 3 = 29 : 3 && |-8 \\
\Leftrightarrow\ & (3 \cdot x + 8) : 3 - 8 = 29 : 3 - 8
\end{aligned}
$$

Das ist keine falsche Gleichung, da alle Umformungen äquivalent waren, aber die Gleichung ist komplizierter geworden. Welchen Rechenschritt man zuerst anwenden sollte, ist nicht immer eindeutig. Wegen der Regel „Punktrechnung vor Strichrechnung" ist es aber ratsam, Gleichungen so umzuformen, dass die Multiplikations- und Divisionsrechnungen auf einer Seite der Gleichung stehen und Additions- und Subtraktionsrechnungen auf der anderen Seite. Gleichungen, in denen eine Variable an verschiedenen Stellen auftritt, formt man so um, dass sie nur noch auf einer Seite steht. Produktterme, aus einer Variablen und einer Zahl, sollten immer wie ein einziger Summand behandelt werden und, wenn es sinnvoll erscheint, das Kommutativgesetz anzuwenden, denkt man sich Subtraktionen (oder man schreibt sie um) als Addition der Gegenzahl.
Beispiel:

$$
\begin{aligned}
& 2 \cdot x + 3 \cdot x - 4 && = 20 - x && |+x \\
\Leftrightarrow\ & 2 \cdot x + 3 \cdot x + (-4) + x = 20 \\
\Leftrightarrow\ & 2 \cdot x + 3 \cdot x + x + (-4) = 20 && && |+4 \\
\Leftrightarrow\ & 2 \cdot x + 3 \cdot x + x && = 24 && |\,\text{Erinnerung: } 2 \cdot x = x + x ; \\
& && && |\,3 \cdot x = x + x + x \\
\Leftrightarrow\ & \quad\quad\quad 6 \cdot x && = 24 && |: 6 \\
\Leftrightarrow\ & \quad\quad\quad\quad x && = 4
\end{aligned}
$$

In der vorletzten Umformung werden alle Produktterme mit dem Faktor x zusammengefasst. Das kann auch mit einer Klammer ausgedrückt werden:

$$2 \cdot x + 3 \cdot x + 1 \cdot x = (2 + 3 + 1) \cdot x = 6 \cdot x$$

Hinter diesem Zusammenhang zwischen der Addition und der Multiplikation steht das Distributivgesetz. Das lautet in seiner allgemeinen Form:

Distributivgesetz:
$$a \cdot b + a \cdot c \Leftrightarrow a \cdot (b + c) \quad \text{für alle } a, b, c \in \mathbb{Q}$$

Wendet man das Distributivgesetz an, wird der konstante Faktor „ausgeklammert".

Kommen in einer Gleichung Terme vor wie $3 \cdot (2 \cdot x)$, können diese, wegen dem Kommutativgesetz der Multiplikation, auch umgeschrieben werden zu $(3 \cdot 2) \cdot x = 6 \cdot x$. Wie auch bei der Addition gilt das Assoziativgesetz.

Assoziativgesetz:
$a \cdot (b \cdot c) \leftrightarrow (a \cdot b) \cdot c$ für alle a, b, c $\in \mathbb{Q}$

Sind in einer Gleichung Klammerausdrücke zu multiplizieren und man will die Klammern auflösen, ist das Distributivgesetz hilfreich. Hierbei denke man sich zunächst einen Klammerausdruck als einfache Variable:

$x \cdot (c + d) = x \cdot c + x \cdot d$ (Distributivgesetz)
$(a + b)$ anstelle von x:
$(a + b) \cdot (c + d) = (a + b) \cdot c + (a + b) \cdot d$
$= a \cdot c + b \cdot c + a \cdot d + b \cdot d$

Manchmal ist die Aussage einer Gleichung falsch. Zum Beispiel die Gleichung 3 = 4 ist falsch! Das sieht man sofort, da 4 nicht gleich, sondern größer als 3 ist. Falsche Aussagen verbergen sich auch manchmal hinter Gleichungen mit Variablen, nur sieht man das nicht sofort.

Beispiel:
Man löse folgende Gleichung nach x auf und bestimme den Wert für x:

$$3 \cdot x - 2 \cdot x + 5 = 4 + x \qquad | -x \text{ und } - 5$$
$$\Leftrightarrow 3 \cdot x - 2 \cdot x + 5 - 5 - x = 4 + x - x - 5$$
$$\Leftrightarrow 3 \cdot x - 2 \cdot x - x = 4 - 5$$
$$\Leftrightarrow x \cdot (3 - 2 - 1) = -1$$
$$\Leftrightarrow 0 = -1$$

Das ist eine falsche Aussage! Da alle Umformungen äquivalent waren, stellt auch die Ausgangsgleichung keine wahre Aussage dar. Die Aufgabe ist deshalb nicht lösbar; es gibt keinen Wert für x, der diese Gleichung erfüllen kann.
Auch ein anderes Extrem ist möglich.
Beispiel:
$$4 \cdot x + 4 = x + 1 + x + 1 + 2 \cdot x + 2$$
$$\Leftrightarrow 4 \cdot x + 4 = x + x + 2 \cdot x + 1 + 1 + 2$$
$$\Leftrightarrow 4 \cdot x + 4 = 4 \cdot x + 4 \qquad | - (4 \cdot x + 4)$$
$$\Leftrightarrow 0 = 0$$

Das ist eine wahre Aussage! Da auch hier alle Umformungen äquivalent waren, stellt auch die Ausgangsgleichung eine wahre Aussage dar. Sie ist für jedes x richtig. Die Lösung für x ist also nicht nur eine Zahl, sondern x darf jede Zahl sein.
Oft wird nicht nach einem exakten Wert gefragt, sondern nach einem Mindest- oder Maximalwert. Das wird in der Mathematik mit Ungleichungen ausgedrückt.

Beispiel:
Gesucht werden alle Zahlen, deren Dreifaches addiert mit der Zahl 4 mindestens 13 oder größer ist. Dazu kann folgende Gleichung aufgestellt werden. (Das Zeichen $\geq$ bedeutet „ist größer oder gleich")

$$3 \cdot x + 4 \geq 13 \qquad | -4$$
$$\Leftrightarrow 3 \cdot x \geq 9 \qquad | : 3$$
$$\Leftrightarrow x \geq 3$$

Diese Ungleichung ist immer dann richtig, wenn für die Variable x ein Wert eingesetzt wird, der 3 oder größer als 3 ist. Analoge Ungleichungen lassen sich mit dem „$\leq$-Zeichen" (bedeutet: ist kleiner oder gleich) und mit den Größer- und Kleinerzeichen (>, <) aufstellen und berechnen. Das Endergebnis ist in der Regel nicht eine einzige Zahl für die Variable, sondern eine ganze Zahlenmenge wie zum Beispiel bei der obigen Aufgabe. Alle Zahlen, die größer oder gleich 3 sind, stellen ein richtiges Ergebnis dar. Endet eine Umformung einer Ungleichung, die von einer Variablen abhängt, mit einer wahren Aussage wie beispielsweise 3 > 2, dann darf die Variable jeden Wert annehmen. Endet sie mit einer falschen Aussage, zum Beispiel 3 < 2, dann gibt es keine Lösung.

Bei den äquivalenten Umformungen von Ungleichungen ist im Gegensatz zu den Gleichungsumformungen auf Multiplikationen oder Divisionen mit negativen Zahlen besonders zu achten.

Multipliziert oder dividiert man beide Seiten einer Ungleichung mit einer negativen Zahl, so ist das komplementäre Zeichen einzusetzen. Aus „<" wird „>", aus „$\leq$" wird „$\geq$" und umgekehrt.

Beispiel:
Eine wahre Aussage ist:

$3 > - 4$

Multipliziert man diese Ungleichung mit -3 auf beiden Seiten, ist das eine äquivalente Umformung, und die Aussage muss eine wahre Aussage bleiben.

$$3 > - 4 \qquad | \cdot (- 3)$$
$$\Leftrightarrow - 9 < 12$$

Hätte man anstelle des „>"-Zeichens nicht das „<"-Zeichen gesetzt, würde eine richtige Aussage durch eine äquivalente Umformung in eine falsche umgewandelt. Das wäre ein grober Widerspruch äquivalenter Umformungen.
Multiplikationen und Divisionen mit negativen Zahlen führen zu Vorzeichenänderungen. Dass dabei aus einer „größer als"- eine „kleiner als"-Zuordnung wird und umgekehrt, veranschaulicht man sich am besten am Zahlenstrahl.

Beispiel:

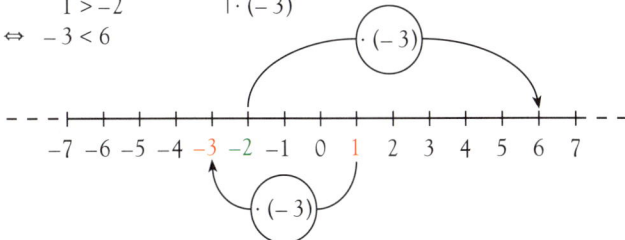

Zum Weiterlesen:

• Rechenbäume, Gleichungen mit Variablen, S. 34
• Zuordnungen und Funktionen im Koordinatensystem, S. 70
• Der Umgang mit Bruchgleichungen, S. 100

Betragsrechnung

Zu jeder rationalen Zahl $a \in \mathbb{Q}$ gibt es eine rationale Gegenzahl $b \in \mathbb{Q}$, mit der Eigenschaft, dass die Summe einer Zahl plus ihre Gegenzahl gleich null ist

$a + b = 0$

Die Lagen der rationalen Zahlen und ihrer Gegenzahlen auf dem Zahlenstrahl zeigen den Zusammenhang, daß sie gleich weit von der Zahl Null entfernt sind.

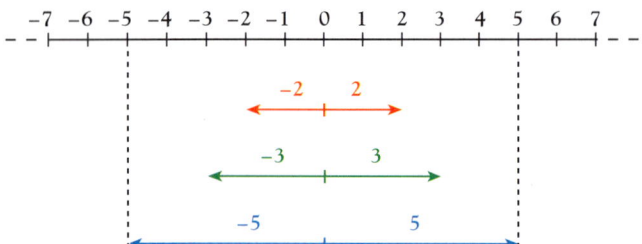

Man sieht: Die Gegenzahlen haben immer ein anderes Vorzeichen als die Zahlen, zu denen sie Gegenzahl sind. Das lässt sich mit einer Variablen auch kürzer ausdrücken: Die Gegenzahl einer beliebigen rationalen Zahl a ist $-a$ und es gilt:

$a + (-a) = 0$.

Zusätzlich erkennt man am Zahlenstrahl, dass Zahl und Gegenzahl die gleiche Entfernung zu der Zahl 0 haben. Bewegt man sich auf dem Zahlenstrahl einmal von der 0 ausgehend zu einer Zahl a und danach, wieder von der 0 ausgehend, zu ihrer Gegenzahl $-a$, dann bewegt man sich jeweils um die gleiche Entfernung. Unterschiedlich sind lediglich die Richtungen. Interessiert man sich gar nicht für die Richtung, sondern lediglich für die Entfernung oder den Abstand einer Zahl zu dem Nullpunkt, dann interessiert man sich für den Betrag einer Zahl. Der Betrag von a und $-a$ (Zahl und Gegenzahl) ist demnach gleich. Um mathematisch auszudrücken, dass man sich nur für den Betrag einer beliebigen rationalen Zahl interessiert, schreibt man diese in Betragsstrichen.

$\mid a \mid$	$=$	$\mid -a \mid$
Betrag von a	ist gleich	Betrag von $-a$

Für den Wert des Betrags schreibt man dann den Abstand zur 0 auf, der immer positiv ist.

Beispiele:

$\mid 3 \mid = \mid -3 \mid = 3; \qquad \mid -\frac{4}{5} \mid = \mid \frac{4}{5} \mid = \frac{4}{5}$

Es gilt allgemein:

> Der Betrag einer beliebigen positiven Zahl ist die Zahl selbst, und der Betrag einer negativen Zahl ist ihre positive Gegenzahl.

Treten Fragen der Form auf, um wie viel sich zwei rationale Zahlen voneinander unterscheiden oder wie groß der Abstand zweier Zahlen auf dem Zahlenstrahl ist, fragt man nach dem Betrag, um den sich die beiden Zahlen unterscheiden. Am Zahlenstrahl findet man schnell Antworten zu diesen Fragen, indem man einen Pfeil von der einen Zahl zur anderen zeichnet und seine Länge misst. Es ist dabei egal, in welche Richtung der Pfeil zeigt, es kommt nur auf seine Länge an, eben seinen Betrag.

Beispiel:
Um welchen Betrag unterscheiden sich die Zahlen 5 und -4?

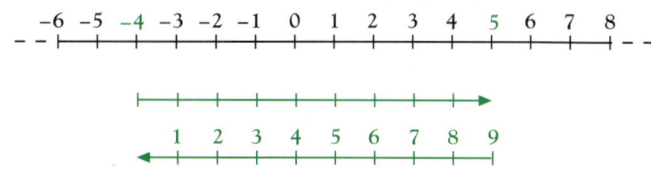

Mit Hilfe des Zahlenstrahls sieht man sofort, dass 5 um den Betrag 9 größer ist als -4.

Zu diesem Ergebnis kommt man auch mit einer Subtraktionsrechnung. Dazu muss die kleinere Zahl von der größeren abgezogen werden. Ist der Subtrahend wie in diesem Beispiel negativ, dann erinnere man sich daran, dass negative Zahlen subtrahiert werden, indem man ihre Gegenzahl addiert, also:

$5 - (-4) = 5 + 4 = 9$

Vertauscht man bei dieser Rechnung Minuend und Subtrahend, erhält man die Gegenzahl von 9.

$(-4) - 5 = -9$

Der Betrag ist aber gleich, denn es gilt:

$\mid 5 - (-4) \mid = \mid 5 + 4 \mid = \mid 9 \mid = 9$ und

$\mid (-4) - 5 \mid = \mid -4 - 5 \mid = \mid -9 \mid = 9$

Für den Abstand zweier Zahlen auf dem Zahlenstrahl kann deshalb mit Hilfe der Beträge eine allgemein gültige Aussage gemacht werden:

> Zwei beliebige rationale Zahlen a und b $(a, b \in \mathbb{Q})$ unterscheiden sich um den Betrag: $\mid a - b \mid = \mid b - a \mid$.

Man muss nicht wissen, welche Zahl die größere ist und welche die kleinere. Der Betrag der Differenz liefert immer den positiven Wert, um den sich zwei Zahlen unterscheiden, beziehungsweise den Abstand der Zahlen auf dem Zahlenstrahl.

Die Funktion der Betragsstriche kann auch als Rechenvorschrift aufgefasst werden, mit der überprüft wird, ob ein Vorzeichen negativ oder positiv ist. Wenn das Ergebnis einer Rechnung innerhalb der Betragsstriche positiv ist, dürfen die Betragsstriche entfernt werden; ist das Ergebnis aber negativ, dann ist das negative Vorzeichen mit einem positiven zu vertauschen. Das bedeutet auch, dass Betragsstriche zusätzlich wie Klammern zu behandeln sind.

Beispiel 1:   Beispiel 2:

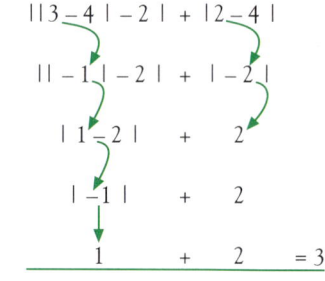

Bei verschachtelten Betragsstrichen ist immer zuerst der innerste Betrag zu bestimmen, genauso ist bei verschachtelten Klammern zuerst die innerste Klammer zu berechnen.

Gleichungen mit Beträgen

Mathematische Gleichungen mit Beträgen müssen zur Berechnung oft in andere Gleichungen umgeschrieben werden, die keine Beträge enthalten, damit man sie lösen kann. Dabei kommt es oft vor, dass man für eine Betragsgleichung mehrere Gleichungen ohne Beträge berechnen muss.

Sucht man beispielsweise alle Zahlen, die den Betrag 5 haben, dann findet man schnell die Antwort: die Zahlen $+5$ und -5. Will man die gleiche Frage mit einer mathematischen Gleichung stellen, schreibt man dazu:

$$| \ x \ | = 5$$

Diese einfache Gleichung hat zwei Lösungen für x. Sie ist für $x = 5$ und $x = -5$ erfüllt. Die obige Frage und auch die Gleichung $|x| = 5$ stellen eine sehr leichte Aufgabe dar, deren Lösung man sofort sieht. Bei schwierigeren Aufgaben ist es oft hilfreich, einen analytischen Lösungsweg zu kennen.

Der Betrag einer positiven Zahl ist diese Zahl selbst, deshalb dürfen in diesem Fall die Betragsstriche weggelassen werden, und der Betrag einer negativen Zahl ist ihre Gegenzahl mit entgegengesetztem Vorzeichen. Zur allgemeinen Lösung macht man deshalb bei Betragsgleichungen eine Fallunterscheidung. Man überlegt sich die Bedingung, wann der Ausdruck zwischen den Betragsstrichen positiv und wann er negativ ist. Im positiven Fall lässt man die Betragsstriche einfach weg, und wenn der Betrag negativ ist, ändert man das Vorzeichen. Eine Vorzeichenänderung wird formal dadurch erreicht, dass man die Betragsstriche durch Klammern ersetzt und die Klammer mit der Zahl -1 multipliziert:

$$| \ x \ | = 5 \quad \begin{cases} \text{1. Fall:} & x > 0 & x = 5 \\ \text{2. Fall:} & x < 0 & -1 \cdot (x) = 5 \\ & & \Leftrightarrow \quad -(x) = 5 \end{cases}$$

Klammerausdrücke, die mit der Zahl -1 multipliziert werden, bezeichnet man auch als Minusklammern und man schreibt einfach ein Minuszeichen vor die Klammer. Fallunterscheidungen dieser Art erleichtern die Berechnung von Betragsgleichungen.

Beispielaufgabe:

$$| \ 12 - x \ | = 4$$

Hier ist zuerst die Fallunterscheidung vorzunehmen. Der Ausdruck zwischen den Betragsstrichen wird negativ, wenn x größer ist als 12, und er bleibt positiv, wenn x kleiner ist als 12. Die Fallunterscheidung lautet deshalb:

1. Fall: $x < 12$

$$\begin{aligned} & 12 - x = 4 & | + x \\ \Leftrightarrow \quad & 12 = 4 + x & | - 4 \\ \Leftrightarrow \quad & 12 - 4 = x \\ \Leftrightarrow \quad & 8 = x \end{aligned}$$

2. Fall: $x > 12$

$$\begin{aligned} & -(12 - x) = 4 & | \text{Minusklammer auflösen} \\ \Leftrightarrow \quad & (-1) \cdot 12 - (-1) \cdot x = 4 \\ \Leftrightarrow \quad & -12 - (-x) = 4 \\ \Leftrightarrow \quad & -12 + x = 4 & | + 12 \\ \Leftrightarrow \quad & x = 16 \end{aligned}$$

Die Betragsgleichung $| 12 - x | = 4$ hat also die beiden Lösungen $x = 8$ und $x = 16$. Die Rechnung hat auch gezeigt, dass eine Gleichung gleichbedeutend, man sagt auch äquivalent, zu mehreren Gleichungen sein kann.

$$| \ 12 - x \ | = 4 \quad \Leftrightarrow \quad \begin{cases} 12 - x = 4 & \text{für } x < 12 \\[2mm] -(12 - x) = 4 & \text{für } x > 12 \end{cases}$$

Man kann auch eine Textaufgabe mit äquivalentem Inhalt zur obigen Aufgabe formulieren. Da der Abstand zweier Zahlen auf dem Zahlenstrahl die Differenz der Zahlen in Betragsstrichen ist, also die betragsmäßige Differenz, lautet obige Aufgabe in Worten:

Aufgabe: Welche Zahlen unterscheiden sich um genau 4 von der Zahl 12?
Antwort: Das ist die Zahl 16, die um 4 größer ist als 12, und 8, die um 4 kleiner ist als 12.

Nicht nur bei der Betragsrechnung, auch in den verschiedensten anderen Bereichen der Mathematik müssen oft Minusklammern berechnet werden, deshalb einige Worte zu ihnen:
Minusklammern sind eigentlich nur eine kürzere Schreibweise für eine Multiplikation des gesamten Klammerausdrucks mit der Zahl -1. Will man die Klammer auflösen, muss wegen dem Distributivgesetz jeder einzelne Summand mit -1 multipliziert werden, was dazu führt, dass alle Summanden ihr Vorzeichen ändern. Minusklammern können deshalb auch schneller aufgelöst werden, indem man vor jeden Summanden das entgegengesetzte Vorzeichen schreibt und die Klammer entfernt.

Beispiel :

$$\begin{aligned} & -(\ 3 + x - 5 - 3 \cdot x) \\ \Leftrightarrow \quad & -3 - x + 5 + 3 \cdot x \end{aligned}$$

Hierbei ist lediglich darauf zu achten, dass man die einzelnen Summanden richtig erkennt. Im Beispiel besteht der letzte Summand aus dem Produkt: $-3 \cdot x$. Das ist nur ein Summand, es wird deshalb auch nur ein Vorzeichen für diesen Summanden vertauscht. Ein häufiger, aber fataler Fehler ist die Vertauschung der Vorzeichen beider Faktoren -3 und x bei dem Summanden $- 3 \cdot x$ zu $+ 3 \cdot (-x)$. Tatsächlich hätte man am Ergebnis nichts geändert, weil: $- 3 \cdot x = 3 \cdot (-x)$!

Zum Weiterlesen:

- Rechnen mit Funktionen und ihre Definitionsbereiche, S. 76
- Potenz- und Wurzelrechnung, S. 110
- Quadratische Gleichungen, S. 132

Zuordnungen und Funktionen im Koordinatensystem

Zwischen den verschiedensten Dingen, Zuständen oder Menschen gibt es oft erklärbare Zusammenhänge. Manche Zusammenhänge sind eindeutig und manche nicht. Man kann zum Beispiel versuchen, einen Zusammenhang zwischen dem Wetter und der Kleidung eines Menschen herzustellen.

Beispiel:
Wenn es draußen stark regnet, kommt Peter oft mit völlig nassen Kleidern von der Schule nach Hause, da er meistens keinen Regenschirm mitnimmt. Nieselt es nur leicht, hat er feuchte Kleider, und wenn die Sonne scheint, sind seine Kleider in der Regel sehr schmutzig, aber trocken, weil er dann häufig auf einen alten Baum klettert. Hier lässt sich folgende Zuordnung ableiten:

Wetter   **Peters Kleidung**
starker Regen ⟶ völlig nasse Kleider
Nieselregen ⟶ feuchte Kleider
Sonnenschein ⟶ schmutzige, trockene Kleider

Diese Zuordnung ist nur auf den ersten Blick eindeutig; es kann zum Beispiel stark regnen, und Peter kommt trotzdem mit trockenen und verschmutzten Kleidern nach Hause, weil er einen Regenschirm dabeihatte. Auch völlig nasse Kleider sind bei Sonnenschein denkbar, wenn er beispielsweise vorher an einem Bach gespielt hat. Das bedeutet, dass man jedem Wetter jeden Kleiderzustand zuordnen kann. Die Zuordnung „Wetter → Kleider" ist deshalb nicht eindeutig.

Wetter   **Peters Kleidung**
starker Regen — völlig nasse Kleider
Nieselregen — feuchte Kleider
Sonnenschein — schmutzige, trockene Kleider

Beispiele für eindeutige Zuordnungen sind oft Preisangaben für bestimmte Mengeneinheiten. Diese können in tabellarischer Form angegeben werden, in so genannten Zuordnungstabellen.
Beispiel:
Preise für Murmeln. Hier gilt der Zusammenhang: Je mehr (weniger) *man kauft*, desto mehr (weniger) *hat man zu bezahlen.*

Anzahl der Murmeln	1	2	3	4	5	6	7	8	9
Preis (DM)	0,20	0,40	0,60	0,70	0,80	0,90	1,00	1,10	1,20

Dieser Tabelle ist eindeutig zu entnehmen, wie viel eine bestimmte Anzahl an Murmeln kostet. Eine genaue Betrachtung zeigt, dass die Preise pro Murmel nicht immer identisch sind; kauft man mehr als 3 Murmeln, dann kostet die einzelne Murmel weniger, als wenn man 3 oder weniger Murmeln kauft. Dennoch ist die Zuordnung eindeutig, weil der zu bezahlende Preis eindeutig von der Anzahl der Murmeln abhängig ist.
Gibt es einen eindeutigen Zusammenhang zwischen zwei Größen (zum Beispiel zwischen Preis und Anzahl der Murmeln), nennt man das auch einen funktionalen Zusammenhang. Den Zusammenhang selbst nennt man schlicht Funktion. In dem obigen Beispiel liefert die Tabelle bereits einen funktionalen Zusammenhang zwischen Murmeln und dem, was sie kosten, sie heißen deshalb Funktionstabellen.
Der gleiche funktionale Zusammenhang kann auch mit einem Pfeildiagramm gezeigt werden.

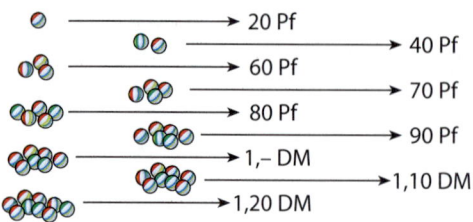

Oder mit zwei Zahlenstrahlen, wobei der eine die Anzahl der Murmeln und der andere den zu bezahlenden Preis angibt; den funktionalen Zusammenhang zeigen dann die Zuordnungspfeile.

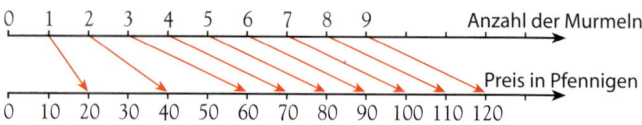

Mit dem Funktionsbegriff können alle eindeutigen Zusammenhänge zwischen Größen beschrieben werden. So auch das Alter zweier Brüder, von denen der eine 2 Jahre älter ist als der andere. Mit Zahlenstrahlen und Pfeilen kann auch dieser Zusammenhang (die Funktion) ausgedrückt werden:

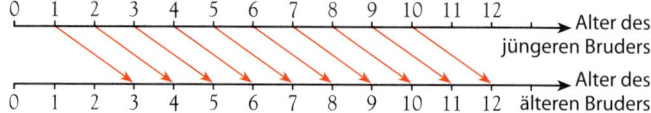

Eine abstraktere, aber genauere Beschreibung von Funktionen geben mathematische Formeln an. Hierzu führt man Variablen ein, die jeweils zu den einzelnen Größen gehören. Bei den beiden Brüdern nennt man das Alter des älteren Bruders einfach „y" und das Alter des jüngeren Bruders „x". Man kann jetzt die Frage stellen: „Wie groß ist y (das Alter des älteren Bruders), wenn der jüngere x Jahre alt ist?" Da man weiß, dass ein Bruder 2 Jahre älter ist als der andere, rechnet man dann ganz allgemein:

$$y = x + 2$$

älterer Bruder   jüngerer Bruder

Das ist eine Gleichung mit zwei Variablen, sie zeigt einen eindeutigen Zusammenhang der beiden Größen x und y. Solche Gleichungen nennt man deshalb Funktionsgleichungen.

Eine weitere Möglichkeit, Zahlenpaare darzustellen, bieten Koordinatensysteme.
Beispiel: Zahlenpaare zu der Funktion $y = x + 2$ im Koordinatensystem:

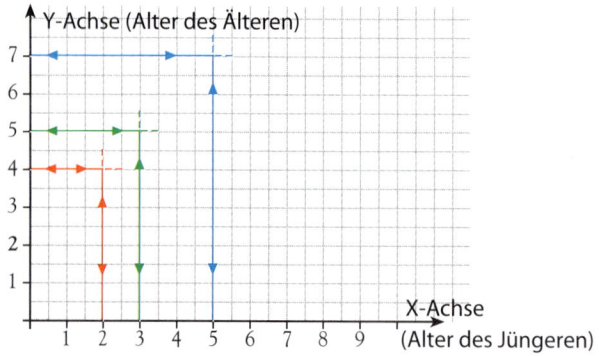

Vergleicht man dieses Koordinatensystem mit den Zuordnungen auf zwei Zahlenstrahlen, sieht man Zusammenhänge.

Verdreht und verschiebt man einen der beiden Zahlenstrahlen, so dass er senkrecht auf dem anderen steht, hat man ein Koordinatensystem, bei dem nicht mehr von Zahlenstrahlen, sondern von Achsen geredet wird. Diese nennt man meistens x- und y-Achse.

Für die Funktion $y = x + 2$ sind im Beispiel folgende Zuordnungen eingezeichnet:

$(x, y) = (2, 4)$ denn: $2 + 2 = 4$
$(x, y) = (3, 5)$ $3 + 2 = 5$
$(x, y) = (5, 7)$ $5 + 2 = 7$

Die Zuordnungspfeile im Koordinatensystem bestehen aus einer parallelen Strecke zur y-Achse, die an der entsprechenden Stelle auf der x-Achse beginnt, und einer parallelen Strecke zur x-Achse, die durch die dazugehörige Stelle auf der y-Achse geht. Die Strecken treffen sich an einem für das Zahlenpaar charakteristischen Punkt, dem man eindeutig entnehmen kann, welche Zahlen einander zugeordnet werden.

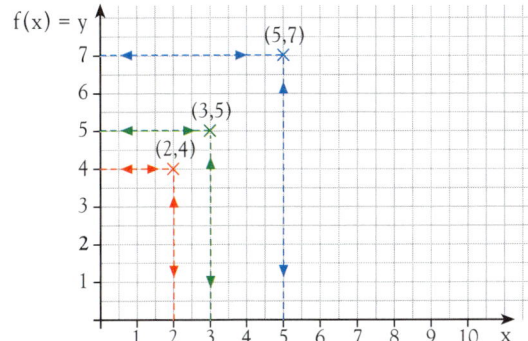

Auf diese Weise reduziert sich der Zusammenhang zwischen zwei verschiedenen Größen auf Punkte, die in ein Koordinatensystem eingetragen werden. Jedem einzelnen Punkt wird eindeutig ein Zahlenpaar zugeordnet.

Viele Zusammenhänge werden nicht nur durch Punkte, sondern auch durch gerade oder gekrümmte Linien im Koordinatensystem veranschaulicht. Will man wissen, ob es dann zu einem bestimmten x-Wert auch einen y-Wert gibt, startet man an der entsprechenden Stelle auf der x-Achse senkrecht nach oben, bis man die Linie kreuzt, und am Kreuzungspunkt fährt man horizontal zur y-Achse und findet so den dazugehörenden y-Wert.

Beispiel:

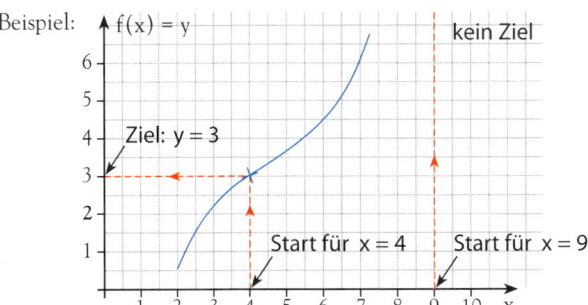

Im obigen Beispiel findet man zu der vorgegebenen Linie im Koordinatensystem für den Wert x = 4 den dazugehörenden Wert y = 3, und für den Wert x = 9 findet man keinen Wert y, weil die Senkrechte nach oben niemals die blaue Linie schneidet.

Sollte es für ein x zwei oder mehrere Werte y geben, ist diese Zuordnung nicht mehr eindeutig, und man nennt sie auch nicht mehr Funktion.

Beispiel:

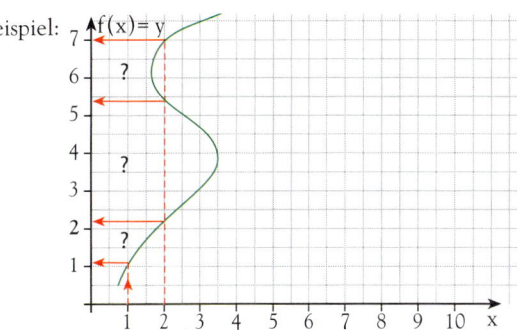

Die eingezeichnete Linie ist kein Funktionsgraph, weil man dem Wert x = 2 keinen eindeutigen Wert y zuordnen kann.

Kann man verschiedenen x-Werten den gleichen Wert y zuordnen, kann es trotzdem eindeutig sein, welchen Wert y man einem bestimmten Wert x zuordnet. Folgendes Beispiel ist deshalb eine Funktion und die eingezeichnete Linie ein Funktionsgraph.

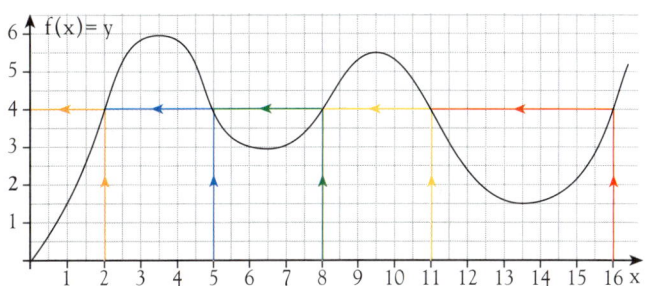

Allgemein gilt: Findet man eine Parallele zur y-Achse, die einen Graphen zweimal oder öfter schneidet, dann ist der Graph kein Funktionsgraph. Er beschreibt zwar eine Zuordnung, aber keine Funktion.

Auch negative Zahlenpaare können im Koordinatensystem dargestellt werden. Dazu erweitert man die x-Achse und y-Achse analog zu den Zahlenstrahlen, so dass auch negative Zahlen dargestellt werden können. Die verschiedenen Bereiche des Koordinatensystems heißen Quadranten, den Kreuzungspunkt der Achsen nennt man Ursprung, die Achsen selbst bezeichnet man als Abszisse sowie Ordinate, und die Zahlenpaare zu einzelnen Punkten heißen Koordinaten des Punktes.

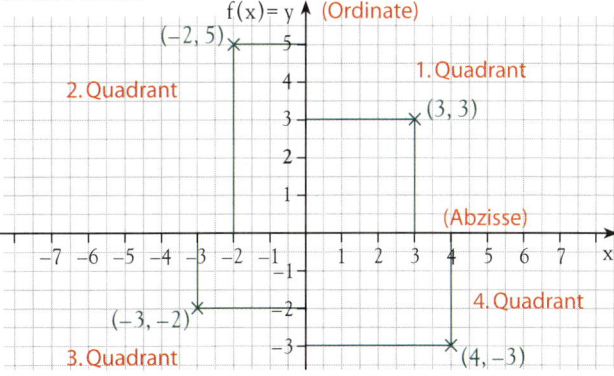

Zum Weiterlesen:

• Proportionale und lineare Funktionen, S. 72
• Antiproportionale Funktionen, S. 75
• Lineare Gleichungssysteme, S. 104

Proportionale und lineare Funktionen

Zuordnungen geben Vorschriften an, die bestimmte Zahlen oder Dinge miteinander verbinden. Zum Beispiel den Benzinverbrauch eines Autos pro Kilometer, einen Preis pro Menge oder einen Gewinn pro verkaufter Ware. Diese drei Beispiele haben Gemeinsamkeiten:

1. Null wird null zugeordnet: Es wird kein Benzin verbraucht, wenn nicht mit dem Auto gefahren wird; es ist nichts zu bezahlen, wenn nichts gekauft wird, und es gibt auch keinen Gewinn, wenn nichts verkauft wird.
2. Es gelten die „je mehr (weniger), desto mehr (weniger)"-Zuordnungen: Je mehr (*weniger*) Auto gefahren wird, desto höher (*geringer*) ist der Benzinverbrauch; je größer (*niedriger*) die Menge, desto höher (*geringer*) der Preis; je mehr (*weniger*) verkauft wird, desto höher (*niedriger*) der Gewinn.
3. In jedem Beispiel konnten die Zuordnungen mit dem Wort „pro" beschrieben werden: pro Kilometer, pro Menge und pro verkaufter Ware.

Fast alle Zuordnungen mit diesen Eigenschaften nennt man deshalb proportionale Zuordnungen. Eine konkrete proportionale Zuordnung ist zum Beispiel die Aussage:
„Ein Auto verbraucht durchschnittlich 0,08 Liter Benzin pro Kilometer."
Diese Aussage alleine reicht aus, um den durchschnittlichen Benzinverbrauch pro Strecke auszurechnen; zum Beispiel, wenn man 10, 20 oder 30 Kilometer mit diesem Auto fährt:
Benzinverbrauch nach 10, 20 oder 30 Kilometern:
$10 \cdot 0,08$ Liter = 0,8 Liter
$20 \cdot 0,08$ Liter = 1,6 Liter
$30 \cdot 0,08$ Liter = 2,4 Liter
Die Rechenvorschrift der proportionalen Zuordnung kann mathematisch mit Variablen verallgemeinert werden:

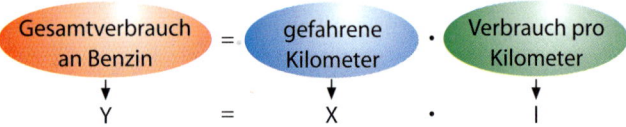

Die Gleichung ist eine Produktgleichung, bei der das Produkt y aus zwei Faktoren x und l gebildet wird. Weiß man bei dieser Gleichung, dass die Variable y den gesamten Benzinverbrauch angibt, die Variable x die Fahrstrecke in Kilometern, und kennt man zusätzlich l, den Benzinverbrauch pro Kilometer, dann kann für jede beliebige Fahrstrecke der gesamte Benzinverbrauch errechnet werden. Die einzige Variable, die dann in allen Rechnungen gleich bleibt, man sagt auch konstant ist, das ist die Variable l. Da sie ein Faktor einer proportionalen Gleichung ist, nennt man sie Proportionalitätsfaktor. Eine Gleichung der Art ist:
$y = p \cdot x$ (im obigen Beispiel: $y = l \cdot x$)
Gleichungen, bei denen p der Proportionalitätsfaktor ist, nennt man Proportionalitätsgleichungen und sagt: „y ist proportional zu x." Mit ihnen lassen sich alle proportionalen Zuordnungen beschreiben. Also auch die Zuordnung „Preis pro Menge", die konkret lauten kann: „Benzin kostet 5 DM pro Liter." Das macht bei 11 Litern:
Gesamtpreis = 5 DM $\cdot$ 11 = 55 DM
Oder allgemein: x Liter Benzin kosten y DM, und der Proportionalitätsfaktor p ist gleich 5 DM.
$y = 5$ DM $\cdot$ x
Proportionale Zuordnungen sind immer eindeutige Zuordnungen und somit auch Funktionen. Die dazugehörigen Funktionsgleichungen sind mit den Proportionalitätsgleichungen identisch. Weil bei Funktionen der Wert y immer von dem Wert der Variablen x abhängt, nennt man ihn auch Funktionswert f (x) der Funktion f und schreibt dazu:
$y = p \cdot x$
$f(x) = p \cdot x$ (sprich: f von x gleich p mal x)

Alle Funktionen, die ein Produkt aus einer Variablen x und einem konstanten Faktor sind, heißen proportionale Funktionen, und den konstanten Faktor nennt man, wie auch bei proportionalen Zuordnungen, Proportionalitätskonstante. Proportionale Funktionen haben im Koordinatensystem typische Graphen, an denen man sie sofort erkennt. Dazu einige Betrachtungen proportionaler Funktionsgraphen:

Beispiel: Die proportionale Funktion sei: „Benzin kostet 5 DM pro Liter."
Dann lautet die Funktionsgleichung $f(x) = 5 \cdot x$
und es kann für einige Benzinmengen eine Funktionstabelle erstellt werden:

f(x) = Gesamt-preis für Benzin	0	10	15	20	35	40	50
x = verbrauchte Benzinmenge	0	2	3	4	7	8	10

Um diese Zahlenpaare im Koordinatensystem darzustellen, wählt man eine geeignete Skalierung der Achsen, so dass man die gewünschten Zahlenpaare übersichtlich in das Koordinatensystem eintragen kann:

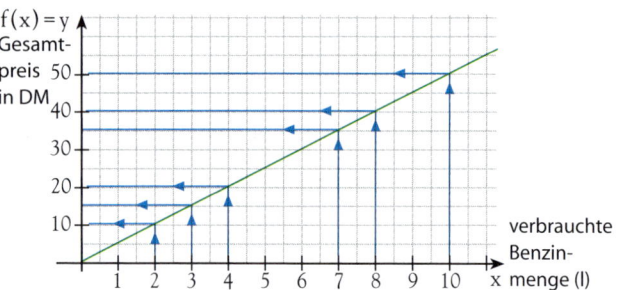

Auffallend ist, dass die Punkte im Koordinatensystem alle auf einer Geraden liegen, die durch den Ursprung geht. Diese Gerade ist der Funktionsgraph der Funktion $f(x) = 5 \cdot x$. Wie im nächsten Koordinatensystem angedeutet wird, haben alle Funktionsgraphen proportionaler Funktionen diese Eigenschaften. Sie sind Geraden und schneiden den Ursprung.

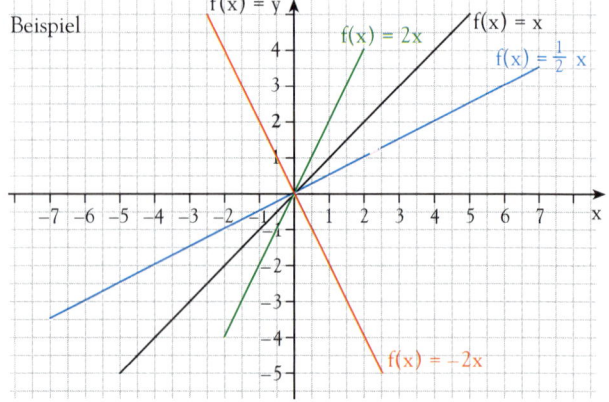

Die obigen Funktionen unterscheiden sich formal nur durch die Proportionalitätskonstanten $(-2, \frac{1}{2}, 1, 2)$, ihre Graphen sind allesamt Geraden, die den Ursprung schneiden, man nennt die Graphen proportionaler Funktionen deshalb auch Ursprungsgeraden. Da der Unterschied von Geraden zu verschiedenen proportionalen Funktionen in der Steigung oder Neigung erkennbar ist, nennt man die Proportionalitätskonstante auch die Steigung der proportionalen Funktion.

Kennt man eine proportionale Funktionsgleichung, zum Beispiel $f(x) = 3 \cdot x$, dann ist die Berechnung nur eines von null verschiedenen Funktionswertes ausreichend, um den Graph der Funktion im Koordinatensystem einzutragen.

Beispiel: Für die Funktion $f(x) = 3 \cdot x$ findet man leicht ein Koordinatenpaar wie zum Beispiel $(1, 3)$. Diesen Punkt zeichnet man in das Koordinatensystem, und der Funktionsgraph ist dann die Gerade durch diesen Punkt und den Ursprung.

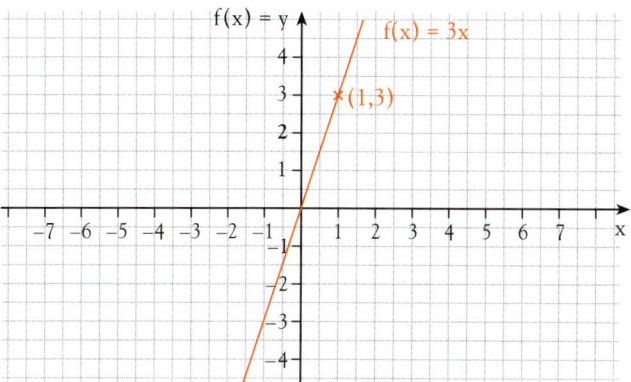

Analytisch kann auch in umgekehrter Reihenfolge vorgegangen werden. Erkennt man in einem Koordinatensystem eine Ursprungsgerade, weiß man, dass es sich um eine proportionale Funktion des Typs $f(x) = m \cdot x$ handelt. In dieser Schreibweise ist m die Proportionalitätskonstante oder Steigung. Weil proportionale Funktionsgleichungen einfache Produktgleichungen sind, lässt sich die Steigung als Quotient eines beliebigen Funktionswertes $f(x)$ und der dazugehorigen Stelle x berechnen.
Es gilt:

$\qquad f(x) = m \cdot x \qquad\qquad | : x$

$\leftrightarrow \frac{f(x)}{x} = m$

Beispiel: Bestimmung der Steigung einer Ursprungsgeraden: Man sucht für irgendeinen Punkt auf der Ursprungsgeraden, außer dem Ursprung selbst, die dazugehörigen Koordinaten. Die x-Koordinate ist dann der x-Wert und die y-Koordinate der Funktionswert $f(x)$.

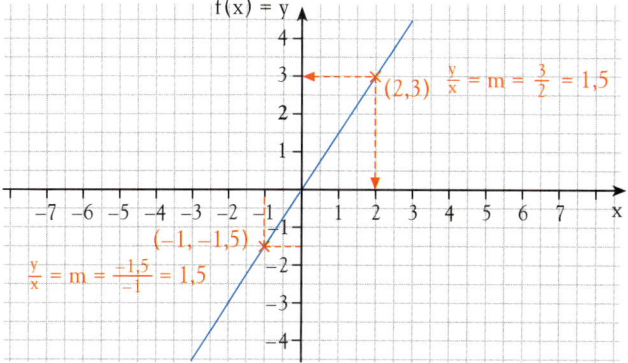

Die Funktion zu dem obigen Funktionsgraphen ist also:
$f(x) = 1{,}5 \cdot x$

Geraden im Koordinatensystem, also auch solche, die nicht durch den Ursprung gehen, sind ebenfalls Funktionsgraphen einer bestimmten Funktionenklasse. Man nennt sie lineare Funktionen. Alle proportionalen Funktionen sind somit auch lineare Funktionen, mit der Besonderheit, dass sie den Nullpunkt schneiden.
Für jede Gerade, die nicht den Ursprung schneidet, findet man eine parallele Gerade, die den Nullpunkt schneidet und damit eine proportionale Funktion beschreibt. (Stellt man sich vor, die Gerade sei durch einen dünnen Stab auf einem Blatt Papier dargestellt, dann kann man diesen parallel verschieben, so dass er den Ursprung schneidet.)

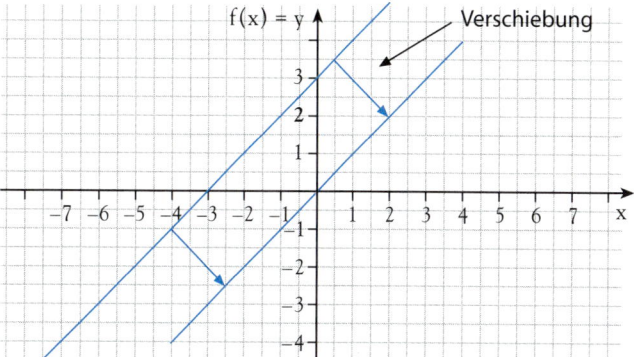

Beide Geraden haben eine Gemeinsamkeit: die Steigung im Koordinatensystem. Für die proportionalen Geraden kann diese sofort bestimmt werden und somit auch für den Graphen der linearen Funktion. Einen weiteren Unterschied liefern die Koordinaten einzelner Punkte auf den Geraden; die Funktionswerte (y-Koordinate) sind für jeden x-Wert um denselben Betrag größer oder kleiner als die der Ursprungsgeraden mit gleicher Steigung. Im folgenden Beispiel haben alle Geraden die Steigung 2.

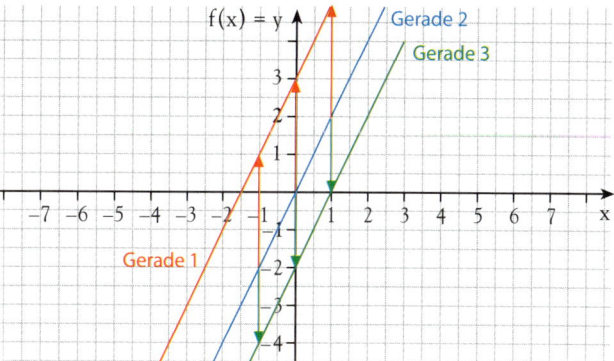

Den Betrag der Verschiebungspfeile sieht man am besten an der Stelle $x = 0$. Dort schneiden die Funktionsgraphen die y-Achse, und man kann die Werte der Verschiebungspfeile ablesen. Die Funktionswerte der roten Geraden sind immer um den Betrag 3 größer und die der grünen Geraden um den Betrag 2 kleiner als die der Ursprungsgeraden. Das kann in der Funktionsgleichung mit einem zusätzlichen Summanden ausgedrückt werden. Die Funktionsgleichungen lauten dann:
Gerade 1: $f(x) = 2 \cdot x + 3$
Gerade 2: $f(x) = 2 \cdot x$
Gerade 3: $f(x) = 2 \cdot x + (-2) = 2 \cdot x - 2$
Alle Gleichungen haben die Steigung 2; ihre Funktionsgraphen sind deshalb parallel. Den Betrag der Verschiebung gegen die Ursprungsgerade erkennt man im Koordinatensystem an den Stellen, an denen

die Graphen die y-Achse schneiden. Diesen Wert findet man in den Funktionsgleichungen als zusätzlichen Summanden wieder. Die Gerade 1 schneidet an der Stelle y = 3 und die Gerade 3 an der Stelle y = − 2. Den Schnittpunkt des Graphen einer linearen Funktion mit der y-Achse nennt man Achsenabschnitt oder auch absolutes Glied. Eine allgemeine Funktionsvorschrift für lineare Funktionen mit Variablen lautet dann: $f(x) = m \cdot x + n$

Die Steigung der Geraden ist durch die Variable m gegeben, der Achsenabschnitt durch n und die „freie" Variable als x.

Um den Graph einer linearen Funktion in ein Koordinatensystem zeichnen zu können, müssen mindestens zwei Punkte des Graphen berechnet werden. Der Funktionsgraph ist dann die Gerade durch diese beiden Punkte. (Einen der beiden Punkte kann man meistens direkt ablesen, da der Funktionsgraph die y-Achse an der Stelle (0, n), dem Achsenabschnitt schneidet.

Beispiel: Zwei Zahlenpaare zu der Funktion $f(x) = -2 \cdot x + 3$ sind:
– (0, 3), denn $f(x = 0) = -2 \cdot 0 + 3 = 3$
– (4, − 5), denn $f(x = 4) = -2 \cdot 4 + 3 = -5$

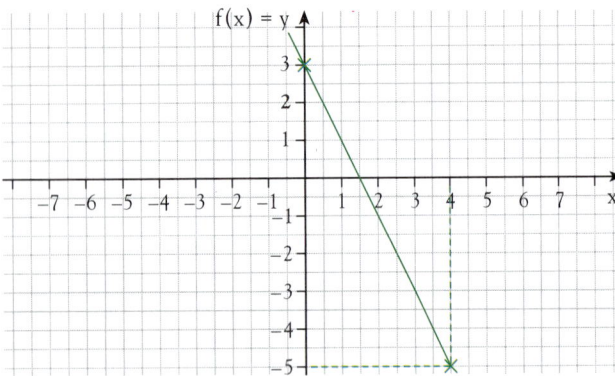

Die Funktionsgleichung zu einem Graphen im Koordinatensystem wird in zwei Schritten bestimmt. Man liest den Achsenabschnitt ab und ermittelt die Steigung der Geraden. Die Steigung kann zum Beispiel dadurch ermittelt werden, dass man eine Parallele durch den Ursprung zeichnet und die Steigung der Ursprungsgeraden errechnet. Die Steigungen von Geraden im Koordinatensystem können aber auch direkt mit Steigungsdreiecken bestimmt werden.

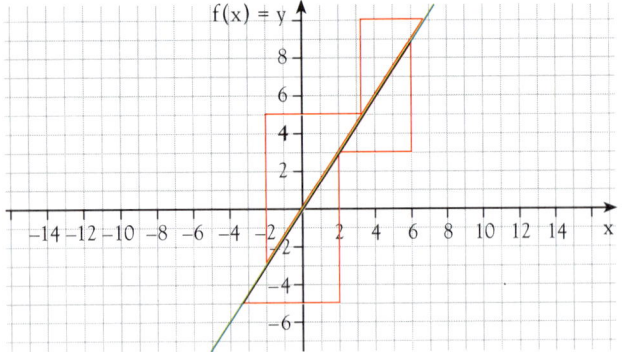

Alle rot gezeichneten Dreiecke nennt man Steigungsdreiecke der Funktion. Sie sind alle rechtwinklige Dreiecke, wobei ihre Hypotenusen ein Teil des Funktionsgraphen sind, eine Kathete ist parallel zu der x-Achse und die andere zu der y-Achse. Jedes Dreieck, das mit diesen Eigenschaften an einen linearen Funktionsgraphen gezeichnet werden kann, ist ein Steigungsdreieck. Der Name kommt daher, da es noch eine andere wichtige Eigenschaft dieser Steigungsdreiecke gibt:

Das Verhältnis (der Quotient) aus der Länge, der zur y-Achse parallelen Kathete zu der anderen Kathete, ist für jedes Steigungsdreieck gleich, und zwar ist dieser Quotient der Betrag der Steigung des Graphen. Beispiel:

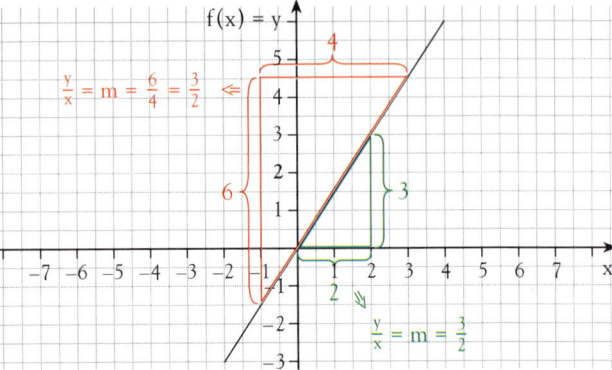

Das Vorzeichen der Steigung sieht man mit einem geübten Auge. Es kann positiv sein, es kann negativ sein oder die Steigung ist 0. Wenn die Steigung 0 ist, verläuft die Gerade parallel zur x-Achse, und es kann auch kein Steigungsdreieck eingezeichnet werden. Diese Einteilung kann auch anders ausgedrückt werden: Lineare Funktionen sind entweder

1. je mehr (weniger), desto mehr (weniger) Zuordnungen,
2. je mehr (weniger), desto weniger (mehr) Zuordnungen, oder
3. konstante Zuordnungen; jedem x wird der gleiche Funktionswert zugeordnet.

Die Steigungen sind im ersten Fall positiv, im zweiten negativ und im dritten Fall gleich null. Man nennt die Funktionen dann auch „steigend", „fallend" oder „konstant".

Beispiel:

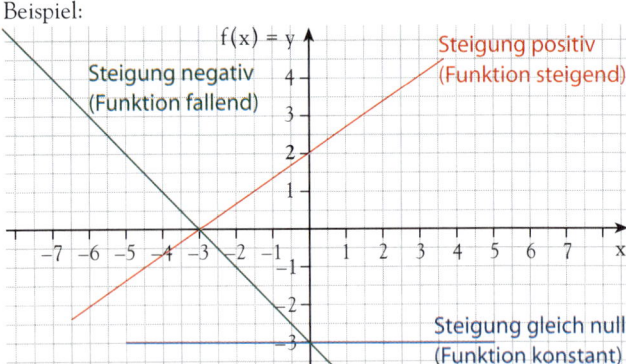

Die einzigen Geraden im Koordinatensystem, die keine linearen Funktionen darstellen, sind Parallelen zur y-Achse. Die damit beschriebenen Zuordnungen sind nicht eindeutig, weil diese Geraden einem einzigen Wert x unendlich viele Werte y zuordnen. Diese Zuordnungen sind deshalb keine Funktionen.

Zum Weiterlesen:

• Zuordnungen und Funktionen im Koordinatensystem, S. 70
• Antiproportionale Funktionen, S. 75
• Rechnen mit Funktionen und ihre Funktionsbereiche, S. 76

Antiproportionale Funktionen

Der Funktionswert proportionaler Funktionen ist ein Produkt aus zwei Faktoren, wobei der eine Faktor eine Konstante ist, die Proportionalitätskonstante, und der andere Faktor eine Variable, zum Beispiel x. Bildet man Quotienten aus einer Konstanten und einer Variablen, ist das keine proportionale Funktion mehr. Funktionen dieser Art nennt man antiproportionale Funktionen.

$f(x) = m \cdot x$ proportionale Funktion
$f(x) = m : x = \frac{m}{x}$ antiproportionale Funktion

Mit antiproportionalen Zuordnungen können Aufteilungen beschrieben werden.
Beispiel:
Für ein geplantes Zeltlager spendiert eine Bäckerei 64 Brötchen für die Lagerteilnehmer. Wie viele Brötchen kann man jedem Teilnehmer geben, wenn das Lager aus 1, 2, 4, 8, 16 oder 256 Teilnehmern besteht?

Zur Beantwortung dieser Frage teilt man die Zahl der Brötchen durch die Anzahl der Teilnehmer. Eine allgemeine (für x Teilnehmer) Zuordnungsvorschrift ist die antiproportionale Funktionsgleichung:

$$f(x) = m : x = \frac{64}{x}$$

Brötchen pro Person — Zahl der Brötchen / Zahl der Teilnehmer

Damit kann folgende Zuordnungstabelle erstellt werden:

Teilnehmerzahl	1	2	4	8	16	256
Brötchen pro Person	64	32	16	8	4	0,25

Die Eintragungen der Zuordnungstabelle zeigen eine typische Eigenschaft antiproportionaler (man sagt auch umgekehrt proportionaler) Zuordnungen:
Verdoppelt, vervierfacht oder allgemein vervielfacht man den Wert x um den Faktor n, so ist der Funktionswert zu halbieren, zu viertel oder allgemein durch den Faktor n zu teilen.

Antiproportionale Funktionen im Koordinatensystem
Kennt man den Graphen einer Funktion nicht, ist es ratsam, eine Zuordnungstabelle zu erstellen und die errechneten Punkte ins Koordinatensystem einzuzeichnen.

Zuordnungstabelle zu $f(x) = \frac{1}{x}$:

x	0	$\frac{1}{4}$ = 0,25	$\frac{1}{3}$ = 0,$\overline{3}$	$\frac{1}{2}$ = 0,5	1	2	3	4
f(x)	unmöglich	4	3	2	1	0,5	0,$\overline{3}$	0,25

Zuordnungstabelle zu $f(x) = \frac{3}{x}$:

x	0	$\frac{1}{2}$ = 0,5	1	2	3	4	6
f(x)	unmöglich	6	3	1,5	1	0,75	0,5

In beiden Zuordnungstabellen sind nur den positiven Variablen die Funktionswerte zugeordnet, die ebenfalls positiv sind. Der Zahl 0 lässt sich kein Funktionswert zuordnen, da man nicht durch 0 teilen kann.

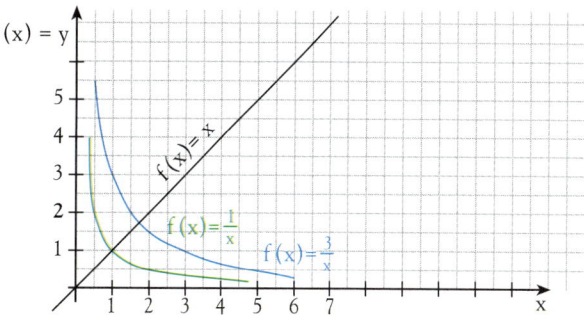

Beide antiproportionalen Funktionen haben folgende Gemeinsamkeiten:

- Der Zahl 0 lässt sich kein Funktionswert zuordnen.
- Je kleiner eine positive Variable, desto größer wird der Funktionswert. Der Funktionswert strebt gegen unendlich, wenn die Variable gegen 0 geht.
- Je größer eine positive Variable, desto kleiner der Funktionswert. Er strebt gegen 0, wenn die Variable gegen unendlich geht.
- Die lineare Funktion $f(x) = x$ ist die Symmetrieachse dieser antiproportionalen Funktionen.

Die Funktionswerte der negativen Gegenzahlen haben die gleichen Beträge, aber ein negatives Vorzeichen. Der Funktionsgraph zu $f(x) = \frac{1}{x}$ und $f(x) = \frac{3}{x}$ liegt deshalb im dritten Quadranten des Koordinatensystems.

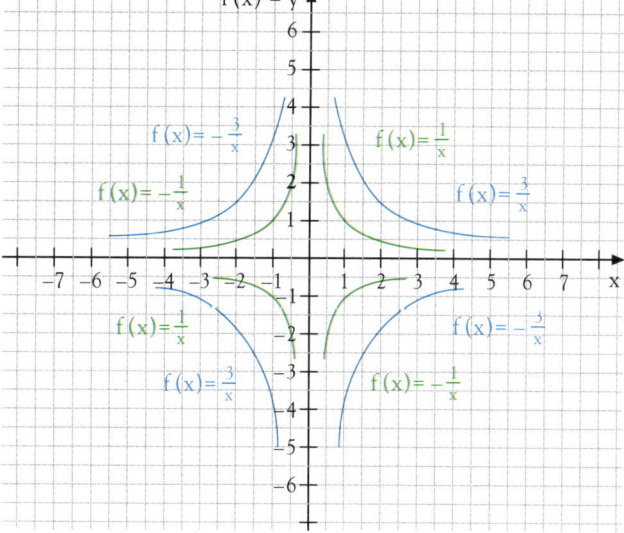

Die eingezeichneten Funktionen schmiegen sich an die Achsen des Koordinatensystems. Für gegen 0 strebende x-Werte streben die Funktionswerte gegen ∞ und für gegen ∞ strebende x-Werte gehen die Funktionswerte gegen 0.

Zum Weiterlesen:

- Rechnen mit Funktionen und ihre Definitionsbereiche, S. 76
- Der Dreisatz, S. 94

Rechnen mit Funktionen und ihre Definitionsbereiche

Graphen von linearen Funktionen sind Geraden im Koordinatensystem. Um eine bestimmte Gerade eindeutig festzulegen, reicht es aus, 2 verschiedene Punkte auf dieser Geraden zu kennen oder zwei Informationen wie Achsenabschnitt und Steigung. Das lässt vermuten, dass lineare Gleichungen Zusammenhänge von 2 verschiedenen Informationen beschreiben.

Beispiel:
Ein Hobbyhandwerker möchte seinen Vorrat an Nägeln und Schrauben aufstocken und will dazu insgesamt 40 DM investieren. Eine Packung mit Schrauben kostet 4 DM und eine Packung mit Nägeln 2 DM. Er könnte so zum Beispiel 9 Packungen Schrauben kaufen, die zusammen 9 · 4 DM = 36 DM kosten, und von den übrigen 4 DM noch zwei Packungen Nägel. Welche weiteren Möglichkeiten gibt es, für 40 DM Schrauben und Nägel einzukaufen?

Solche Textaufgaben löst man am besten, wenn man sich zuerst die bekannten und unbekannten Größen mit Stichworten wie „gegeben" und „gesucht" notiert und für unbekannte Größen Variablen benennt.

Gegeben:	Gesamtpreis	:	40 DM
	Preis pro Schraubenpackung	:	4 DM
	Preis pro Packung Nägel	:	2 DM
Gesucht:	Anzahl der Schraubenpackungen	:	x
	Anzahl der Packungen mit Nägeln	:	y

Aus diesen Größen und Variablen muss nun eine Gleichung aufgestellt werden. Da die Schrauben 4 DM kosten und die Nägel 2 DM, bezahlt man für „x" Packungen Schrauben 4 · x DM und für „y" Packungen Nägel 2 · y DM. Die Rechnung für Schrauben und Nägel ist die Summe dieser Produkte, und diese soll 40 DM sein. Diesen Zusammenhang beschreibt die Gleichung:

$4 \cdot x + 2 \cdot y = 40$

Die Lösungen dieser Gleichung, also alle Werte x und y, mit denen die Aussage der Gleichung wahr ist, findet man durch Auflösen nach y:

$$
\begin{array}{lll}
& 4 \cdot x + 2 \cdot y = 40 & |-(4 \cdot x) \\
\leftrightarrow & 2 \cdot y = 40 - 4 \cdot x & |:2 \text{ oder} \cdot \frac{1}{2} \\
\leftrightarrow & y = (40 - 4 \cdot x) : 2 & |\text{ Distributivgesetz (!)} \\
\leftrightarrow & y = 20 - 2 \cdot x & \\
\leftrightarrow & y = -2 \cdot x + 20 &
\end{array}
$$

Das ist die Gleichung einer linearen Funktion, und ihr Graph im Koordinatensystem ist eine Gerade mit dem Achsenabschnitt 20 und der Steigung − 2. Ihre Lösungen sind Zahlenpaare (x, y), deren Punkte im Koordinatensystem auf einer Geraden liegen.

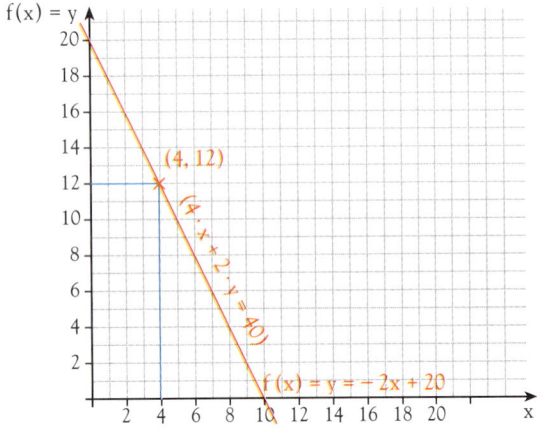

Auf dieser Geraden liegen alle Zahlenpaare, mit denen die Menge der Schrauben und Nägel für 40 DM beschrieben wird. So zeigt zum Beispiel der Punkt (4, 12) auf der Geraden, dass man 4 Packungen Schrauben und 12 Packungen Nägel kaufen kann.

Da eine Gerade durch die Angabe zweier verschiedener Punkte festgelegt ist, kann man auch eine Geradengleichung ermitteln, wenn nur die Koordinaten der beiden Punkte gegeben sind.
Beispiel:

Punkt 1: $(x_1, y_1) = (12, 5)$ Punkt 2: $(x_2, y_2) = (6, 2)$

Das ist im Koordinatensystem folgende Gerade:

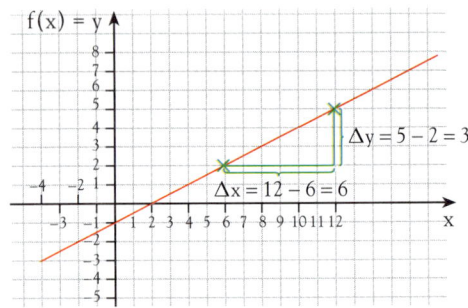

Um die Geradengleichung angeben zu können, muss man die Steigung und den Achsenabschnitt ermitteln. Der Achsenabschnitt kann sofort abgelesen werden, und die Steigung errechnet man mit dem Steigungsdreieck.
Nun soll aber nur die Information der beiden angegebenen Punkte verwendet werden; dazu betrachtet man zunächst das eingezeichnete Steigungsdreieck. Die Länge seiner Katheten lassen sich alleine mit den Koordinaten der angegebenen Punkte berechnen. Die Schreibweise Δx und Δy (sprich: Delta x und Delta y) bezeichnen in der Mathematik oft Differenzen, in diesem Fall die Längen der beiden Katheten des Steigungsdreiecks, deren Quotient die Steigung ist.

$$m = \frac{\Delta y}{\Delta x} = \frac{(y_1 - y_2)}{(x_1 - x_2)} = \frac{3}{6} = 0,5$$

Zur vollständigen Angabe der Funktionsvorschrift f(x) = m · x + n fehlt jetzt noch das absolute Glied. Im Koordinatensystem kann man es bereits ablesen, n = −1, es soll aber nicht abgelesen, sondern aus den angegebenen Punkten berechnet werden. Von diesen weiß man, dass sie die Funktionsgleichung erfüllen. Mit der mittlerweile zusätzlich bekannten Steigung (m = 0,5) kann man jetzt zwei Gleichungen mit nur einer Unbekannten aufstellen:

$$
\begin{array}{lll}
\text{Für Punkt 1 (12,5):} & 5 = 0,5 \cdot 12 + n & |-(0,5 \cdot 12) = -6 \\
& \leftrightarrow \quad 5 - 6 = n & \\
& \leftrightarrow \quad\quad -1 = n &
\end{array}
$$

$$
\begin{array}{lll}
\text{Für Punkt 2 (6, 2):} & 2 = 0,5 \cdot 6 \;+ n & |-(0,5 \cdot 6) \; = -3 \\
& \leftrightarrow \quad 2 - 3 = n & \\
& \leftrightarrow \quad\quad -1 = n &
\end{array}
$$

In beiden Fällen bekommt man natürlich den gleichen Achsenabschnitt heraus, da es sich um ein und dieselbe Gerade handelt. Die Funktionsgleichung lautet also:

$f(x) = 0,5 \cdot x - 1$

Allgemein gültige Zusammenfassung:

Man bestimmt die Geradengleichung aus zwei vorgegebenen Punkten P_1 (x_1, y_1) und P_2 (x_2, y_2), indem man zuerst die Steigung berechnet:

$$m = \frac{(y_1 - y_2)}{(x_1 - x_2)}$$

Anschließend setzt man die Koordinaten eines Punktes und die berechnete Steigung in die allgemeine Gleichung ein, um damit den Achsenabschnitt n zu ermitteln.

$$f(x) = m \cdot x + n \quad \Rightarrow \quad y_1 = \frac{(y_1 - y_2)}{(x_1 - x_2)} \cdot x_1 + n$$

Definitions- und Wertebereiche

Oft interessieren gar nicht die ganzen Funktionen, sondern nur Teilbereiche. Mit dem Graphen der ersten Funktion in diesem Kapitel sollte die Lösungsmenge der vorangegangenen Textaufgabe bestimmt werden. An der Geraden liest man aber nur im ersten Quadranten sinnvolle Zahlenpaare ab, da der Hobbyhandwerker keine negative Anzahl an Schrauben oder Nägeln kaufen kann. Allerdings findet man auch im ersten Quadranten Punkte auf der Geraden, deren Koordinaten keine realistische Antwort geben. Zum Beispiel erfüllt der Punkt $(\frac{11}{2}, 9)$ die Geradengleichung $y = -2 \cdot x + 20$, aber man wird keine 5,5 Packungen kaufen können, da Schrauben und Nägel in ganzen Packungen und nicht in halben verpackt sind.

Eine exakte Angabe der Lösungsmenge (x, y) = (Schraubenpackungen, Nägelpackungen) zur Aufgabe, wie viele Packungen Schrauben zu 4 DM und Nägel zu 2 DM man für 40 DM kaufen kann, sind deshalb alle Zahlenpaare (x, y), die folgende Eigenschaften haben:

1. Sie müssen positiv oder null sein,
2. natürliche Zahlen sein
3. und die Gleichung $y = -2 \cdot x + 20$ erfüllen.

Mit mathematischen Symbolen lässt sich das kürzer ausdrücken:
Lösungsmenge: $L = \{(x, y) \mid y = -2 \cdot x + 20 \wedge x, y \in \mathbb{N}_0\}$

Auch die so definierten Zahlenpaare stellen eine Funktion dar. Im Koordinatensystem sind das einzelne Punkte, die auf einer Geraden liegen:

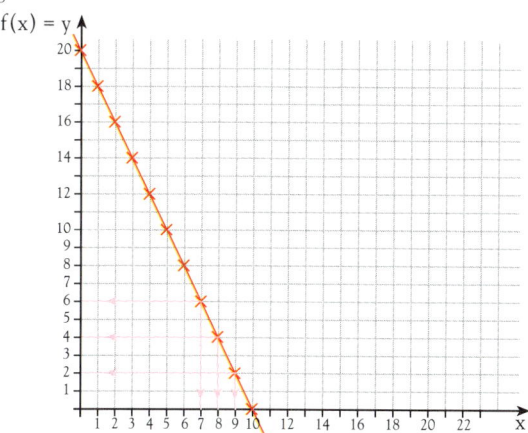

Die Menge der x-Koordinaten der einzelnen Punkte bezeichnet man als Definitionsbereich und die Menge der y-Koordinaten als den Wertebereich der Funktion: $L = \{(x, y) \mid y = -2 \cdot x + 20 \wedge x, y \in \mathbb{N}_0\}$.

In diesem Beispiel ist der Definitionsbereich D und Wertebereich W:

$D = \{0, 1, 2, 3, \ldots, 10\}$; $W = \{0, 2, 4, 6, \ldots, 20\}$

Beide Mengen enthalten genau 11 Zahlen, sie sind gleich groß. Es gibt aber auch Funktionen, bei denen der Wertebereich kleiner ist als der Definitionsbereich. Zum Beispiel bei der Betragsfunktion $f(x) = |x|$. Diese Funktion ordnet allen Zahlen x ihren Betrag zu. Da der Betrag einer negativen Zahl gleich dem ihrer Gegenzahl ist, gibt es immer zwei Zahlen aus dem Wertebereich, die einer Zahl aus dem Definitionsbereich zugeordnet werden. Wählt man die Menge der rationalen Zahlen $\mathbb{Q}$ als Definitionsbereich, dann ist der Wertebereich automatisch die Menge der positiven rationalen Zahlen und null $\mathbb{Q}_{0+}$.

$f(x) = |x|$; für alle $x \in \mathbb{Q}$

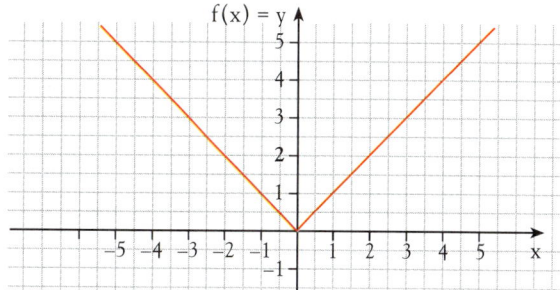

Die Betragsfunktion ist stückweise linear. Da sie aus zwei Halbgeraden besteht, die beide im Ursprung beginnen, und eine die Steigung 1 hat, die andere -1, kann man sie auch ohne Betragsstriche definieren:

$$f(x) = |x| \wedge f(x) = \begin{cases} x & \text{für alle } x \in \mathbb{Q}_{0+} \\ -x & \text{für alle } x \in \mathbb{Q}_- \end{cases}$$

Auf diese Art können auch beliebige andere stückweise lineare Funktionen definiert werden.
Beispiel:

$$f(x) = \begin{cases} 2 \cdot x + 6 & \text{für } -3 \leq x < -2 \\ |x| & \text{für } -2 \leq x < 2 \\ -2 \cdot x + 6 & \text{für } 2 \leq x \leq 3 \end{cases}$$

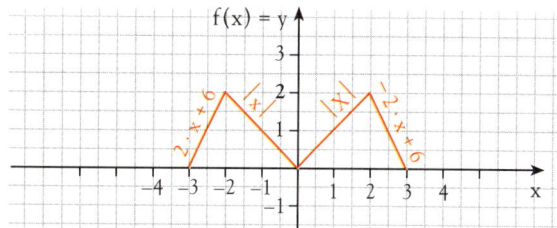

Der Definitionsbereich besteht aus allen rationalen Zahlen x, die kleiner oder gleich 3 und größer oder gleich -3 sind.
Daraus errechnet man den Wertebereich $W = \{x \in \mathbb{Q} \mid 0 \leq x \leq 2\}$.

Zum Weiterlesen:

- Proportionale und lineare Funktionen, S. 72
- Umkehrbarkeit, S. 138
- Lineare Gleichungssysteme, S. 104

Das Dreieck

*D*as Dreieck ist von seinem Aufbau her eine sehr einfache Figur, einfacher noch als das Viereck. Es entsteht, wenn sich drei Geraden in der Ebene in drei verschiedenen Punkten schneiden.

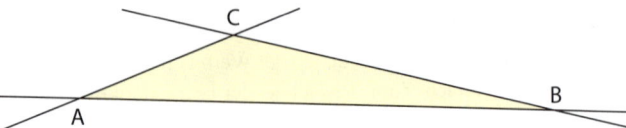

Der Grund, warum es in der Geometrie erst etwas später behandelt wird, ist, dass anhand des Dreiecks einige neue Untersuchungen erfolgen können. Dafür sind jedoch einige vorangegangene Informationen vorauszusetzen, wie beispielsweise die Winkel oder die Bewegungen.

Allgemein wird die Strecke, die dem Eckpunkt P gegenüberliegt, mit dem entsprechenden kleinen Buchstaben p bezeichnet. Der Winkel, der in dem Punkt P auftritt, wird mit dem entsprechenden griechischen Buchstaben bezeichnet. Für p wäre das der Buchstabe π, für die Buchstaben a, b die Buchstaben α, β, für c wird meistens das γ benutzt.

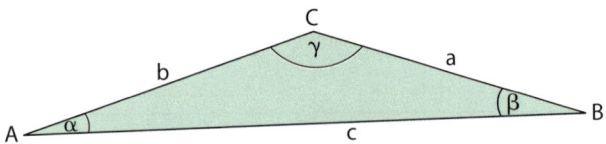

Bei einem Dreieck wird eine Seite als die **Basis** bezeichnet. Die Basis ist umgangssprachlich das, worauf etwas anderes aufgebaut wird. Deshalb wird meistens die Seite, die zur Unterkante des Blattes weist, als Basis genommen. Die beiden verbleibenden Seiten werden, in Analogie zu einem Winkel, **Schenkel** genannt.

Aufgrund dieser Konstruktion gilt immer die **Dreiecksungleichung**:

> In einem Dreieck ist die Summe zweier Seiten immer größer als die Länge der dritten Seite: a + b > c

Ein Dreieck besteht offensichtlich aus drei Seiten und drei Winkeln. Soll ein Dreieck nur mit diesen Maßangaben, also Längen und Winkeln, konstruiert werden, so benötigt man nicht gleichzeitig alle sechs Angaben. Tatsächlich reichen sogar drei dieser Angaben, um ein Dreieck festzulegen. Es ergeben sich fünf verschiedene Kombinationen von Winkel- und Seitenangaben. Bezeichnet man eine Längenangabe mit S und eine Winkelangabe mit W, so lauten die Kombinationen: SSS, SWS, WSW, WWS, SSW. Diese Methoden werden im Folgenden erläutert.

In diesem Zusammenhang wird in der Schule häufig der Gebrauch des **Zirkels** eingeführt. Dieses Zeichengerät ist, ebenso wie das Geodreieck, ein vielseitiges und präzises Hilfsmittel in der Geometrie. In dem Kapitel Vierecke und Kreise wurde bereits beschrieben, wie mit dem Zirkel ein Kreis konstruiert wird. Im Grunde genommen ist das auch alles, was mit dem Zirkel gemacht werden kann. Bei den folgenden Konstruktionen macht man sich vielmehr die Eigenschaft zunutze, dass alle Punkte, die auf dem Kreis liegen, denselben Abstand zu seinem Mittelpunkt haben.

1. Konstruktion eines Dreiecks aus Seite-Seite-Seite (**SSS**):
Die Längen der Seiten sind gegeben als a, b und c. Zunächst wird die Strecke a gezeichnet. Die Endpunkte lauten B und C. Die Seite b hat die Endpunkte C und A. Der Punkt A liegt also im Abstand b von C entfernt. Somit liegt er mit dem Radius b auf dem Kreis um C. Es wird also ein Kreis um C mit dem Radius b geschlagen. Entsprechend schlägt man um B einen Kreis mit Radius a. Die beiden Kreise schnei-

den sich in zwei Punkten, von denen einer frei ausgewählt werden kann. Dieser Punkt ist der Punkt A, denn er hat die richtige Entfernung zu B und zu C. Die Strecke BA hat dadurch die Länge c und die Strecke CA die Länge b. Dadurch sind alle Punkte gefunden.

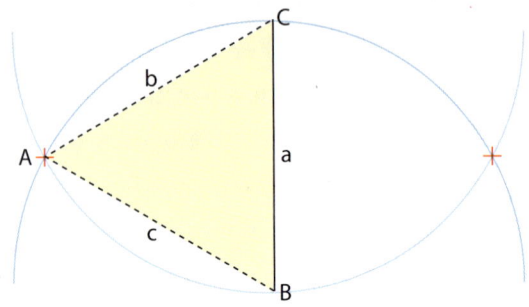

2. Konstruktion eines Dreiecks aus Seite-Winkel-Seite (**SWS**):
Gegeben sind die Längen zweier Seiten a und c und der Winkel β zwischen diesen Seiten. Das Dreieck ergibt sich, wenn zunächst ein Winkel mit dem Winkelmaß β gezeichnet wird. Der Scheitelpunkt ist B. Dann wird um B ein Kreis mit dem Radius a geschlagen, und dort, wo er den Schenkel a schneidet, befindet sich der Punkt C. Der Punkt A befindet sich entsprechend am Schnittpunkt, wo der Schenkel c den Kreis um B mit dem Radius c schneidet. Alle Punkte sind gefunden.

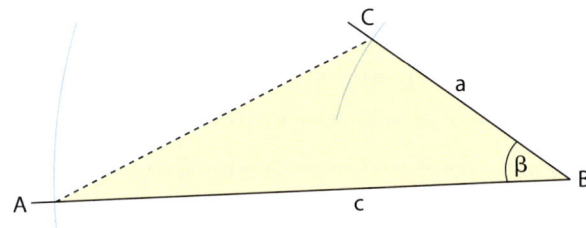

3. Konstruktion eines Dreiecks aus Winkel-Seite-Winkel (**WSW**):
Gegeben sind zwei Winkel α und β sowie die Seite c dazwischen. Diese Konstruktion kommt ohne Zirkel aus. Es wird einfach die Strecke c mit den Endpunkten A und B abgetragen. Der Winkel α wird in A abgetragen und der Winkel β in B. Wo die jeweiligen freien Schenkel der Winkel sich schneiden, befindet sich der Punkt C.

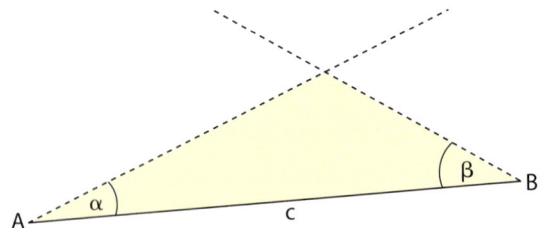

4. Konstruktion eines Dreiecks aus Winkel-Winkel-Seite (**WWS**):
Diese Konstruktion ist besonders einfach, wenn etwas benutzt wird, was in diesem Kapitel erst später hergeleitet wird. Die Winkelsumme in einem Dreieck beträgt immer 180°. Da zwei Winkel gegeben sind, ist der fehlende dritte Winkel zu berechnen, und mit diesem kann das Dreieck mit dem WSW-Verfahren erstellt werden, indem man den errechneten Winkel und den zweiten angegebenen Winkel an der Seite abträgt.

5. Konstruktion eines Dreiecks aus Seite-Seite-Winkel (**SSW**):
Es sind zwei Seiten b und c gegeben sowie der Winkel β. Zunächst wird die Seite c mit den Endpunkten A und B gezeichnet. Dann wird

in B der Winkel β mit einem freien Schenkel abgetragen. Um A wird anschließend ein Kreis mit dem Radius b geschlagen, und hier können verschiedene Fälle auftreten:

1. Schneidet der Kreis den freien Schenkel nicht, so kann es kein Dreieck mit diesen Angaben geben.
2. Berührt der Kreis den freien Schenkel, so ist der Berührpunkt der gesuchte Punkt C.
3. Schneidet der Kreis den Schenkel zweimal, so gibt es zwei verschiedene Dreiecke mit diesen Angaben. In diesem Fall braucht man eine weitere Größe, um das Dreieck eindeutig zu beschreiben.
4. Schneidet der Kreis den Schenkel einmal, so ist der Schnittpunkt der gesuchte Punkt C.

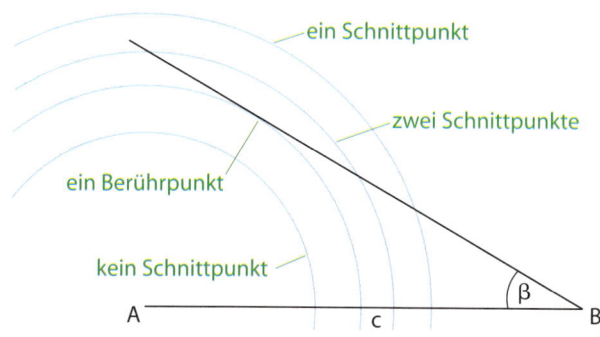

Es gibt noch einige weitere schöne Anwendungen zum Thema „Konstruieren mit dem Zirkel". Da auch sie in einem Zusammenhang mit dem Dreieck stehen, sollen sie ebenfalls an dieser Stelle erläutert werden. Der eigentliche Bezug zu dem Dreieck tritt jedoch erst gegen Ende des Kapitels auf.

Die erste Variante tritt bei der Konstruktion einer **Mittelsenkrechten** auf. Eine Mittelsenkrechte ist die Gerade, die eine Strecke AB senkrecht in zwei gleich große Hälften teilt. Diese kann erstellt werden, indem mit einem Lineal die Strecke ausgemessen, auf der Hälfte der Strecke ein Punkt markiert und mit dem Geodreieck eine Senkrechte zu der Strecke durch diesen Punkt gezogen wird. Eleganter ist aber die Methode, mit dem Zirkel um jeden Endpunkt der Strecke einen Kreis mit gleichem Radius zu schlagen. Die Kreise können einen beliebigen Radius haben, er muss nur größer als die Hälfte der Strecke AB sein. Die zwei Kreise schneiden sich in zwei Punkten. Eine Gerade durch diese zwei Punkte ist die Mittelsenkrechte, da nach der Konstruktion jeder Punkt auf der Geraden den gleichen Abstand zu A und B hat.

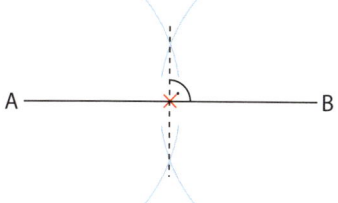

Eine dritte Methode, den Zirkel zu benutzen, findet sich in der Konstruktion einer **Winkelhalbierenden**. Eine Winkelhalbierende teilt einen Winkel in zwei gleich großeWinkel. Hier könnte wieder mit dem Geodreieck versucht werden, erst den Winkel zwischen a und b zu messen und dann einen zweiten Winkel halber Größe einzuzeichnen. Eleganter ist es auch hier, mit dem Zirkel zu arbeiten. Dazu schlägt man zunächst einen Kreis um den Scheitelpunkt S, der die zwei Schenkel in zwei Punkten P und Q schneidet. Zu der Geraden g zwischen die-

sen zwei Punkten wird dann die Mittelsenkrechte erstellt. Die Mittelsenkrechte zur Strecke PQ ist die gesuchte Winkelhalbierende.

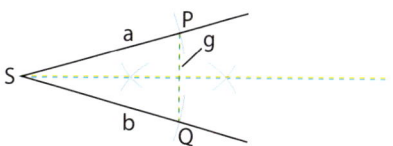

Die letzte hier erwähnte Möglichkeit ist die Erstellung einer **Mittelparallelen** zu zwei parallelen Geraden g und h. Dazu wird mit dem Geodreieck eine senkrechte Gerade s zu g gezeichnet. Diese schneidet g in dem Punkt A und h in dem Punkt B. Zu der Strecke AB konstruiert man jetzt wieder eine Mittelsenkrechte, die somit auch die Mittelparallele zu g und h ist.

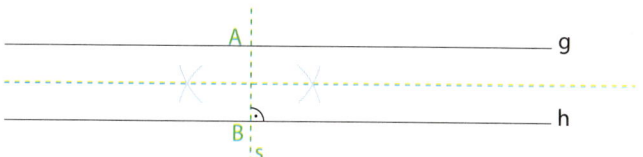

Eine wichtige Eigenschaft der Dreiecke soll in diesem Abschnitt hergeleitet werden. Es soll gezeigt werden, dass die Summe der Innenwinkel eines Dreiecks immer gleich groß ist. Dafür werden aber noch einige Begriffe aus der Welt der Winkel benötigt.
Wird eine Gerade g von einer Geraden h geschnitten, so entstehen vier Winkel.

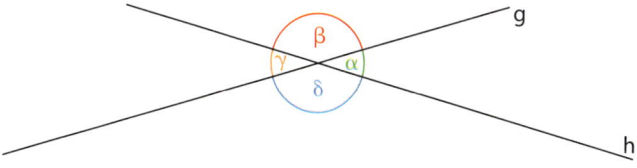

In diesem Bild liegen die Winkel α und β nebeneinander. Bei so einer Anordnung sagt man:

Zwei nebeneinander liegende Winkel eines sich schneidenden Geradenpaares heißen Nebenwinkel.
Die Summe aus zwei Nebenwinkeln α und β ergibt 180° (α + β = 180°).

Das wird klar, wenn ein Schenkel b erst um α und danach um β aufgeklappt wird, so dass sich insgesamt ein gestreckter Winkel ergibt.

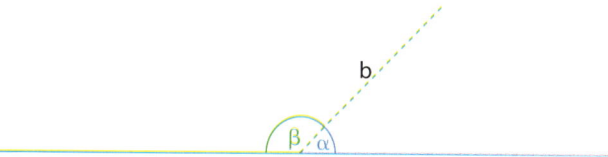

In dem Bild der zwei Geraden sind auch β und γ Nebenwinkel. Daraus folgt für die Summe: β + γ = 180°. Das bedeutet, dass γ = α sein muss.

Zwei sich gegenüberliegende Winkel eines sich schneidenden Geradenpaares heißen Scheitelwinkel.
Scheitelwinkel haben dasselbe Winkelmaß.

Ebenso sind in dem Bild β und δ Scheitelwinkel (β = δ).

Zwei weitere wichtige Winkel entstehen, wenn zwei zueinander parallele Geraden g und h von einer dritten Geraden k geschnitten werden.

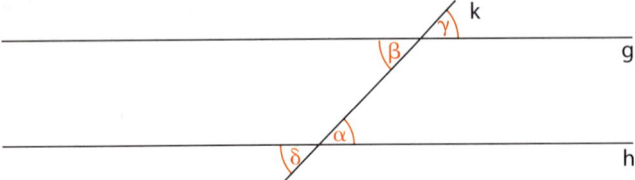

Es ist leicht zu sehen, dass der Winkel α durch eine einfache Verschiebung entlang der Geraden k auf den Winkel γ abgebildet werden kann. Aus dem Kapitel Verschiebungen ist bekannt, dass bei dieser Bewegung ein Winkel sein Winkelmaß beibehält. Also gilt: γ = α.

> Die Winkel α und γ heißen Stufenwinkel. Stufenwinkel haben dasselbe Winkelmaß.

Der Winkel β ist zudem ein Scheitelwinkel zu γ. Also folgt: α = β.

> Die Winkel α und β heißen Wechselwinkel. Wechselwinkel haben dasselbe Winkelmaß.

Mit diesen Hilfsmitteln kann jetzt das Dreieck untersucht werden.

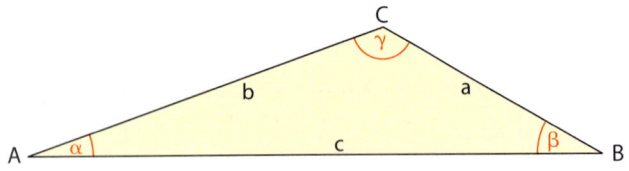

Gezeigt werden soll, dass bei einem Dreieck die Summe der inneren Winkel α, β und γ einen festen Wert hat. Der Beweis ist angesichts der umfangreichen vorherigen Erklärungen erstaunlich kurz. Um diese Eigenschaft eines Dreiecks zu beweisen, wird eine parallele Hilfsgerade zu der Seite c konstruiert, die durch den Punkt C verläuft.

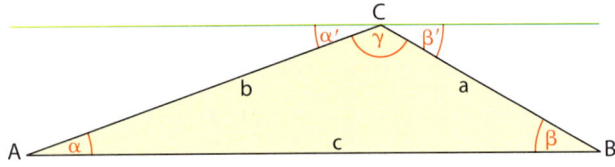

Auf diese Weise ergeben sich die Wechselwinkel α´ und β´. Von diesen ist aus dem vorherigen Abschnitt bekannt, dass gilt: α´ = α und β´ = β. Die Winkel α´, β´ und γ ergänzen sich aber zu einem gestreckten Winkel, also zu 180°. Deshalb gilt: α´ + β´ + γ = 180°. Und daraus folgt natürlich: α + β + γ = 180°. Die Winkel α, β und γ liegen im Inneren des Dreiecks und werden deshalb als die **Innenwinkel** bezeichnet. Es gilt also:

> Die Summe der Innenwinkel eines Dreiecks beträgt 180°.

Der Nebenwinkel eines Innenwinkels wird **Außenwinkel** genannt, da er außerhalb des Dreiecks liegt. Auch für diese Winkel lässt sich eine Besonderheit herleiten.

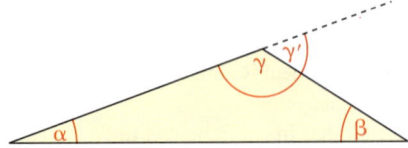

Für den Außenwinkel γ´ gilt: γ´ = 180° − γ.
Zusammen mit dem Satz über die Innenwinkel α + β + γ = 180° führt das zu der Gleichung α + β = γ´.

> Ein Außenwinkel hat dasselbe Winkelmaß wie die Summe der zwei nicht anliegenden Innenwinkel.

Wie bereits ausgeführt wurde, weist ein Dreieck drei Seiten und drei Winkel auf. Damit können sofort einige besondere Formen des Dreiecks angegeben werden. Es werden hier jedoch nur die Besonderheiten in Bezug auf die Länge der Seiten beziehungsweise eines Winkels berücksichtigt.
Da die drei Seiten bis hierhin alle eine beliebige Länge haben konnten, sollen nun Dreiecke mit zwei oder drei gleich langen Seiten betrachtet werden.

> Dreiecke mit zwei gleich langen Schenkeln heißen gleichschenklige Dreiecke.
> Dreiecke mit drei gleich langen Seiten heißen gleichseitige Dreiecke.

Diese Dreiecke werden sinnvollerweise mit der Seite-Seite-Seite-Methode konstruiert.

Eine weitere Möglichkeit ist die Erstellung mit Hilfe der Mittelsenkrechten. Zeichnet man je einen Kreis mit demselben Radius um die Endpunkte einer Strecke und verbindet den Schnittpunkt der Kreise mit den Endpunkten der Strecke, so erhält man ein gleichschenkliges Dreieck.
Ein Vergleich dieser Konstruktion mit der Erstellung eines gleichschenkligen Dreiecks zeigt, dass bei einem gleichschenkligen Dreieck eine Senkrechte zur Basis durch den Punkt P gleichzeitig die Mittelsenkrechte zur Basis ist.
Es kann auch eine Bedingung an einen Winkel geknüpft werden. Da der rechte Winkel eine besondere Rolle in unserer Welt spielt, ist auch das Dreieck mit einem rechten Winkel etwas Besonderes.

> Ein Dreieck mit einem rechten Winkel heißt rechtwinkliges Dreieck.

Ein solches Dreieck ist schon öfters benutzt worden: das Geodreieck. Dieses ist aber nicht nur ein rechtwinkliges, sondern auch ein gleichschenkliges Dreieck.

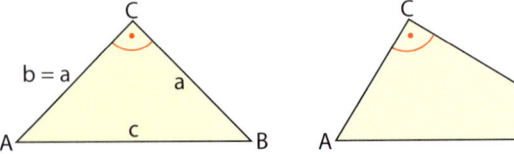

Weiterhin werden Dreiecke auch nach ihren Winkeln eingeteilt. Ebenso wie es spitze und stumpfe Winkel gibt, werden Dreiecke spitzwinklig oder stumpfwinklig genannt.

Bei einem spitzwinkligen Dreieck sind alle Winkel kleiner als 90°. Bei einem stumpfwinkligen Dreieck ist ein Winkel größer als 90°.

spitzwinklig

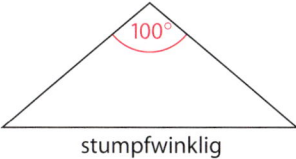
stumpfwinklig

Es ergeben sich noch ein paar Besonderheiten beim Dreieck, wenn folgende Aufgaben gelöst werden:

Aufgabe: Es soll zu einem Dreieck der kleinste Kreis gezeichnet werden, so dass das Dreieck ganz im Kreis liegt. So ein Kreis heißt **Umkreis** zu einem Dreieck.

Das klingt zunächst kompliziert, kann aber mit ein paar kleinen Schritten gelöst werden. Zunächst überlegt man sich, dass bei so einem Kreis sicherlich die Eckpunkte des Dreiecks auf dem Kreis liegen werden. Wäre das nicht so, so gäbe es ja einen noch kleineren Kreis dazwischen. Weiterhin muss der Mittelpunkt M des Kreises zu A, B und C den gleichen Abstand haben. Da alle Punkte, die zu A und B den gleichen Abstand haben, auf der Mittelsenkrechten zu A und B liegen, wird diese konstruiert. Dieselbe Überlegung gilt auch für die Strecken BC und CA. Die dazugehörenden Mittelsenkrechten werden ebenfalls konstruiert. Da aber alle drei Bedingungen erfüllt sein müssen, der Punkt M also sowohl zu A als auch zu B und C denselben Abstand haben muss, kann der Punkt M nur auf dem Schnittpunkt der drei Mittelsenkrechten liegen. Um diesen Schnittpunkt M kann ein Kreis geschlagen werden, der durch alle Eckpunkte verläuft.

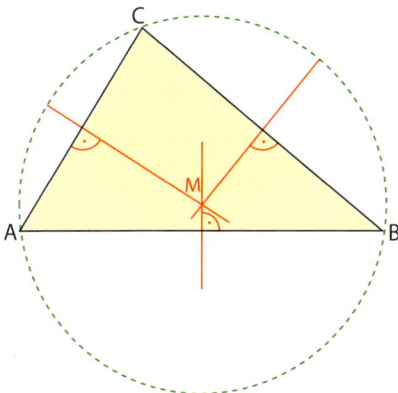

Die drei Mittelsenkrechten zu einem Dreieck schneiden sich in einem Punkt M. Dieser Punkt ist der Mittelpunkt des Umkreises zu dem Dreieck.

Die andere Aufgabe bezieht sich interessanterweise auf den anderen denkbaren Kreis.

Aufgabe: Es soll der größtmögliche Kreis gezeichnet werden, der ganz in einem Dreieck liegt. So ein Kreis heißt **Inkreis**.

Auch diese Aufgabe ist durch kleine Schritte zu lösen. Der Mittelpunkt des gesuchten Kreises liegt sicherlich in dem Dreieck. Außerdem wird der Kreis alle Seiten des Dreiecks berühren. Da alle Punkte auf dem Kreis denselben Abstand zum Mittelpunkt haben, muss der Mittelpunkt zu allen Seiten den gleichen Abstand haben. Insbesondere muss er zu den Schenkeln b und c denselben Abstand haben, und damit wird er auf der Winkelhalbierenden des Winkels β liegen. Dieselben Überlegungen gelten für die verbleibenden zwei anderen Winkel. Die drei Winkelhalbierenden schneiden sich in dem Punkt M. Um M ist ein Kreis zu schlagen mit einem Radius, so dass der Kreis alle drei Seiten berührt.

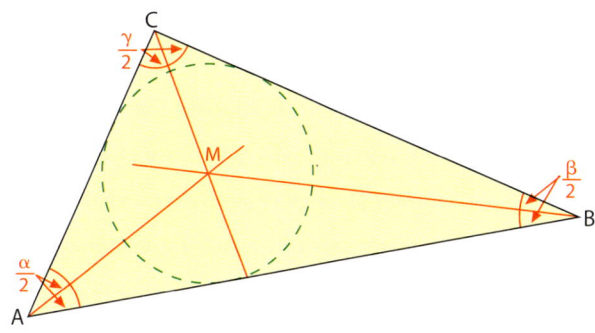

Die drei Winkelhalbierenden in einem Dreieck schneiden sich in einem Punkt M. Dieser Punkt M ist der Mittelpunkt des Inkreises.

Ein anderer Punkt eines Dreiecks ist der Schwerpunkt S. Dieser ergibt sich aus dem Schnittpunkt der Seitenhalbierenden. Eine **Seitenhalbierende** ist die Strecke, die von einem Punkt des Dreiecks ausgeht und die gegenüberliegende Seite halbiert.

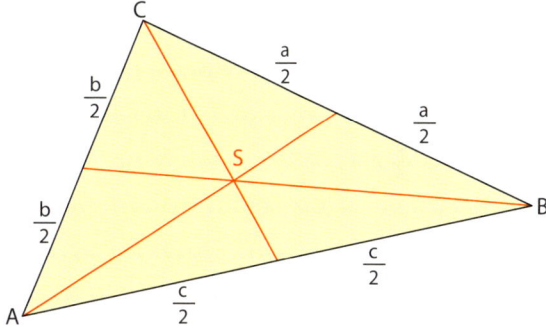

Die drei Seitenhalbierenden eines Dreiecks schneiden sich in dem Schwerpunkt S. Er entspricht dem physikalischen Schwerpunkt des Dreiecks.

Eine besonders wichtige Strecke eines Dreiecks ist die **Höhe** h. Sie ergibt sich aus der Senkrechten zu einer Seite des Dreiecks, die durch den gegenüberliegenden Punkt geht. In einem Dreieck gibt es folglich drei Höhen. Sie werden unterschieden durch einen Index, der angibt, zu welcher Seite die Höhe angegeben wird (h_a, h_b und h_c).

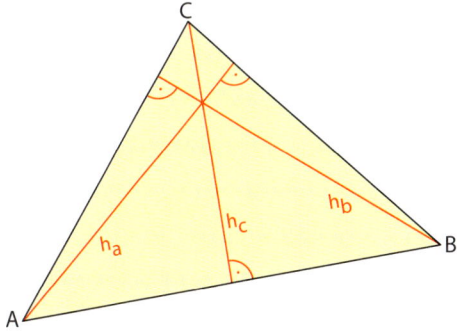

Zum Weiterlesen:

• Vierecke und Kreise, S. 50
• Winkel und Winkelmessung, S. 56
• Rechtwinklige Dreiecke, S. 84

Kongruenz

Wie in den Kapiteln Verschiebungen, Drehungen und Spiegelungen gezeigt wurde, sind diese Operationen die grundlegenden Bewegungen, die mit einer Figur in der Ebene vollzogen werden können. In der Tat ist es so, dass alle nur denkbaren Bewegungen in diese Grundbewegungen zerlegt werden können. So ist die folgende Bewegung, die nur bildlich angedeutet werden kann, nichts anderes als eine Drehung und eine anschließende Verschiebung.

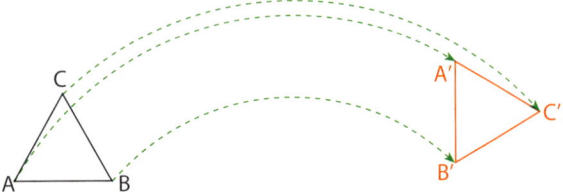

Umgekehrt kann auch eine Bewegung aus den Grundbewegungen zusammengesetzt werden. Wird in dem oberen Beispiel die Verschiebung um den Pfeil $\vec{a}$ mit V_a und die Drehung um den Punkt Z mit D_Z bezeichnet, so kann die Gesamtbewegung G geschrieben werden als: $G = V_a \cdot D_Z$. Diese Schreibweise bedeutet, dass zuerst die Figur verschoben und dann gedreht werden soll. Man sagt, dass die Bewegungen miteinander **verkettet** werden. Die Bewegung $G' = D_Z \cdot V_a$ dreht entsprechend erst die Figur und verschiebt sie dann. Die Bewegungen sind in dem Beispiel festgehalten.

Bewegung G

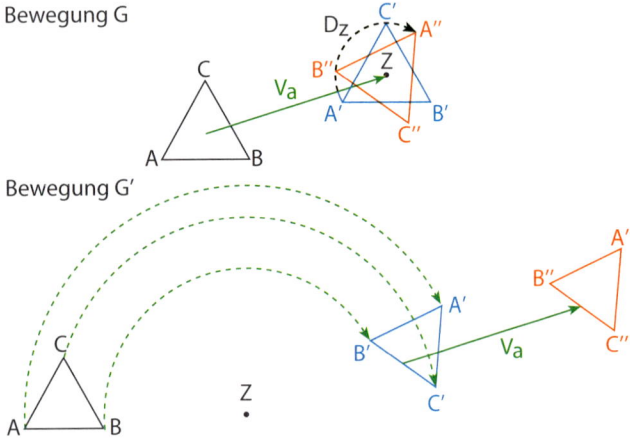

Bewegung G'

Es ist deutlich zu sehen, dass beide Bewegungen G und G' eine andere Gesamtbewegung zur Folge haben.
$$V_a \cdot DZ \neq DZ \cdot V_a$$

> Die Reihenfolge der verketteten Bewegungen ist nicht austauschbar, sie ist nicht kommutativ.

Die einzelnen Bewegungen haben gewisse Eigenschaften, wie die Abbildung eines Winkels auf einen Winkel mit gleichem Winkelmaß oder die Abbildung einer Strecke auf eine Strecke gleicher Länge. Solche Eigenschaften können natürlich auch für die verketteten Bewegungen erarbeitet werden. Das ist aber unsinnig, wenn alle möglichen Bewegungen berücksichtigt werden sollen. Das Problem ist also, festzustellen, ob zwei Figuren die gleiche Form haben.
Die Lösung liegt nun darin, für einzelne Formen wie Dreiecke, Vierecke, Kreise usw. eine andere Regel zu finden, ob zwei Figuren gleich sind oder nicht. Wichtig ist dabei festzulegen, was gemeint ist, wenn gesagt wird, zwei Figuren seien gleich. Es kann gemeint sein, dass die Fläche, der Umfang oder die Form gleich ist oder dass die Dreiecke deckungsgleich sind.

Die Definition für gleiche Figuren soll hier darauf hinauslaufen, dass eine Figur durch Verschiebungen, Drehungen und Spiegelungen wieder auf eine Figur mit denselben Maßen abgebildet wird. Die Eigenschaften dieser Bewegungen können die Längen und die Winkel von Figuren nicht verändern.
In diesem Zusammenhang wird der Begriff der **Kongruenz** geprägt. Er leitet sich von dem lat. Namen congruentia=Übereinstimmung ab.

> Zwei geometrische Figuren A und B, die in ihren Winkeln und Längen übereinstimmen, sind kongruent zueinander. Man schreibt: $A \cong B$

Daraus folgt sofort, dass die einzelnen Bewegungen Verschiebung, Drehung und Spiegelung kongruente Abbildungen sind, da sie sowohl Winkel als auch Längen erhalten.

In dem folgenden Bild sind A und A' kongruent zueinander. Die Figuren B,C und D sind nicht kongruent zu den Figuren A und A'.

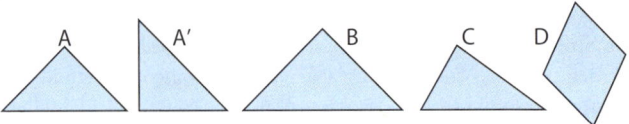

Für eine kongruente Abbildung gelten als einfache Folge auch die folgenden Eigenschaften. Eine kongruente Abbildung ist: winkelerhaltend, längenerhaltend, geradenerhaltend oder flächenerhaltend.

Für Dreiecke lassen sich einfache Regeln angeben, ob zwei Dreiecke kongruent zueinander sind oder nicht. Diese Regeln stehen in direktem Zusammenhang mit den Konstruktionsmethoden eines Dreiecks mit den Seiten- und Winkelangaben. Da diese Konstruktionsmethoden ein Dreieck immer eindeutig festlegen, kann darüber auch festgestellt werden, ob zwei Dreiecke gleich sind oder nicht. Es ergeben sich also fünf verschiedene Kongruenzsätze für Dreiecke:

1. Kongruenzsatz: Seite-Seite-Seite (SSS)
   Stimmen die Längen dreier Seiten zweier Dreiecke überein, so sind diese kongruent zueinander.
2. Kongruenzsatz: Seite-Winkel-Seite (SWS)
   Stimmen die Längen zweier Seiten und der von ihnen eingeschlossene Winkel bei Dreiecken überein, so sind diese kongruent zueinander.
3. Kongruenzsatz: Winkel-Seite-Winkel (WSW)
   Stimmen die Länge einer Seite und die zwei anliegenden Winkel bei Dreiecken überein, so sind diese kongruent zueinander.
4. Kongruenzsatz: Winkel-Winkel-Seite (WWS)
   Hier kann wieder über den Winkelsummensatz bei Dreiecken der dritte Winkel errechnet werden. Und damit ist dieser Satz äquivalent zu dem Satz WSW.
5. Kongruenzsatz: Seite-Seite-Winkel (SSW)
   Stimmen die Längen zweier Seiten und der Winkel, der der größeren Seite gegenüberliegt, bei zwei Dreiecken überein, so sind diese kongruent zueinander.

Zum Weiterlesen:

• Drehungen, S. 60
• Das Dreieck, S. 78
• Ähnlichkeit, S. 88

Symmetrien

In der Mathematik, in der Physik und in anderen Naturwissenschaften, in den Geisteswissenschaften und in der Kunst, aber auch im täglichen Leben begegnet einem häufig der Begriff der **Symmetrie**. Da diese Eigenschaft in der Geometrie besonders anschaulich ist und sie wahrscheinlich sogar hier ihren Ursprung hat, sollen in diesem Kapitel die Grundlagen der Symmetrie erläutert werden. Es muss aber beachtet werden, dass die Bedeutung der Symmetrie in den verschiedenen Fachgebieten unter Umständen eine andere ist.

Die Symmetrie hat deswegen eine so große Bedeutung, da sie ein Ordnungsprinzip ist. Viele symmetrische Objekte oder symmetrisch angeordnete Dinge werden von vielen Menschen als ordentlich oder auch als schön empfunden. So ist in dem folgenden Bild etwa eine Schulklasse von oben abgebildet, wie sie gemischt und durcheinander auf dem Schulhof stehen. Daneben haben sich die Schüler aufgereiht hingestellt, zu je fünf Schülern neben- und fünf Schülern hintereinander.

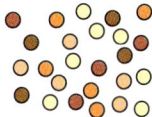 

Das rechte Bild, das eine symmetrische Anordnung darstellt, sieht bestimmt ordentlicher aus, und viele Lehrer fänden es wohl schön, wenn die Schüler sich immer so angeordnet aufstellen würden. Auch die Anzahl der Schüler lässt sich in dem rechten Bild für die meisten Menschen leichter bestimmen als in dem anderen. Viele symmetrische Anordnungen fallen allerdings nicht mehr besonders auf, da man sich bereits daran gewöhnt hat, dass Symmetrien von den meisten Menschen benutzt wurden und werden, um Dinge herzustellen oder zu bauen.

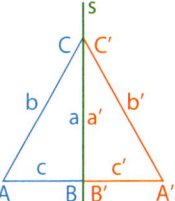

Die Symmetrien, wie sie in diesem Buch behandelt werden und wie sie auch in der Schulmathematik auftreten, leiten sich aus den bereits behandelten Bewegungen ab. Daraus kann bereits erkannt werden, dass hier mindestens drei verschiedene Symmetrien auftreten werden, wobei eine vierte Symmetrie ein Sonderfall der Spiegelung ist.

Wie in dem Kapitel über Spiegelungen beschrieben wurde, erfolgt eine Spiegelung an einer Achse. In dem folgenden Bild wird ein Dreieck an einer Achse s gespiegelt. Die Seite a des blauen Dreiecks liegt dabei ganz auf der Achse s, und die Seite c steht senkrecht zu der Achse.

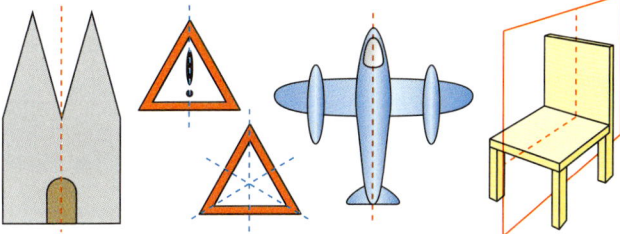

Dieses Bild kann jedoch auch so aufgefasst werden, dass nur ein größeres Dreieck und eine Gerade zu sehen sind. Das größere Drei-

eck ist aufgrund seiner Konstruktion ein gleichschenkliges Dreieck. Spiegelt man das große Dreieck an der Achse s, so wird es auf sich selbst abgebildet. So ein Dreieck heißt achsensymmetrisch zur Achse s.

> Wird eine Figur durch eine Spiegelung an einer Achse auf sich selbst abgebildet, so nennt man die Figur achsensymmetrisch. Die Achse, an der gespiegelt wird, heißt Symmetrieachse.

Für ein gleichschenkliges Dreieck ergibt sich also die eine Symmetrieachse, die durch den Winkel zwischen den beiden gleich langen Seiten verläuft. Ein gleichseitiges Dreieck hat entsprechend drei Symmetrieachsen, da ja alle Seiten gleich lang sind. Alle anderen Dreiecke haben keine Symmetrieachse.

Bei der Punktspiegelung wird entsprechend eine Figur an einem Punkt M gespiegelt. Wird zum Beispiel ein Rechteck an seinem Mittelpunkt M gespiegelt, so ist die Abbildung deckungsgleich mit dem Urbild. Man hat also wieder eine Abbildung auf sich selbst, und deshalb liegt wieder eine Symmetrie vor.

> Wird eine Figur durch eine Punktspiegelung an einem Punkt auf sich selbst abgebildet, so nennt man die Figur punktsymmetrisch. Der Punkt wird Symmetriepunkt oder Symmetriezentrum genannt.

Auch Parallelogramme sind punktsymmetrisch, Dreiecke jedoch nicht.

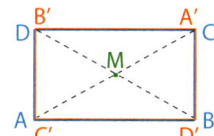 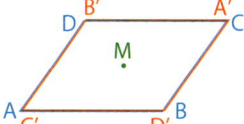 

Für die Drehung kann ebenfalls eine Symmetrie angegeben werden. Dabei muss die Figur wiederum auf sich selbst abgebildet werden. Drehungen um 0° und um 360° gelten üblicherweise dabei nicht als Symmetrien.

> Wird eine Figur durch eine Drehung um einen Winkel α an einem Punkt auf sich selbst abgebildet, so nennt man die Figur drehsymmetrisch.

Will man die Drehsymmetrie eines Quadrates angeben, so findet man leicht, dass ein Quadrat wieder auf sich selbst abgebildet wird, wenn es um 90° oder mehrmals um 90° gedreht wird.

Ebenso kann eine Drehsymmetrie für gleichseitige Dreiecke gefunden werden. Hier muss immer um einen Winkel von 360°/3 = 120° gedreht werden, um das Dreieck mit sich selbst zur Deckung zu bringen.

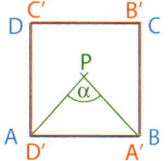 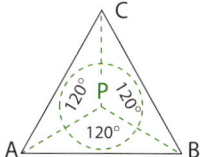

Zum Weiterlesen:

- Drehungen, S. 60
- Spiegelungen, S. 62
- Spezielle Vielecke, S. 114

Rechtwinklige Dreiecke

*E*in besonderes Dreieck ist das rechtwinklige. Wie im Kapitel über das Dreieck bereits beschrieben wurde, beträgt **ein** Winkel des rechtwinkligen Dreiecks 90°. Dieser wird, wie immer bei rechten Winkeln, durch einen Bogen mit einem Punkt in der Mitte gekennzeichnet. Da das rechtwinklige Dreieck eine Sonderrolle spielt, werden die Seiten auch anders genannt als bei den allgemeinen Dreiecken. Die zwei Seiten, die den rechten Winkel bilden, werden Katheten genannt und die dem rechten Winkel gegenüberliegende Seite Hypotenuse.

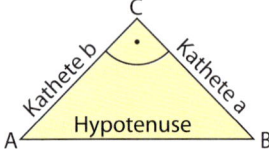

Da die Summe der Innenwinkel immer genau 180° beträgt, kann als Erstes festgestellt werden, dass die anderen beiden Winkel kleiner als 90° sein müssen, denn

$$\alpha + \beta + \gamma = 180°$$
$$\leftrightarrow \qquad \alpha + \beta = 180° - \gamma \qquad \text{mit } \gamma = 90°, \text{ der rechte Winkel}$$
$$\Rightarrow \qquad \alpha + \beta = 180° - 90°$$
$$\leftrightarrow \qquad \alpha + \beta = 90°$$

Ein wesentlicher Satz für das rechtwinklige Dreieck wurde vermutlich bereits vor über 2 000 Jahren von dem griechischen Seefahrer und Händler Thales (640–546 v. Chr.) niedergeschrieben. Er ist als Satz von Thales in der Geometrie bekannt und besagt Folgendes:

Satz von Thales:
Liegt eine Seite eines Dreiecks auf dem Durchmesser des Umkreises, so ist der dieser Seite gegenüberliegende Winkel ein rechter Winkel.

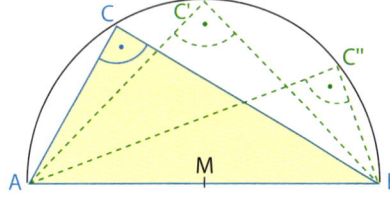

Mit dem, was bis zu diesem Kapitel über Dreiecke und Symmetrien bekannt ist, fällt es nicht mehr schwer, diesen Satz auch zu beweisen. Dieser Beweis ist für alle Dreiecke gültig, deren eine Seite der Durchmesser des Umkreises ist.
Dass der Punkt M die Strecke AB halbiert, ist einleuchtend. Die Strecke AM und die Strecke MB haben damit beide die Länge $\frac{1}{2}$ c. Diese Strecke $\frac{1}{2}$ c ist zugleich der Radius des Umkreises. Nun wird als Hilfe die Strecke MC eingezeichnet. Da der Punkt C auf dem Umkreis liegt, hat auch die Strecke MC die Länge $\frac{1}{2}$ c. Auf diese Weise entstehen zwei Dreiecke AMC und MBC.

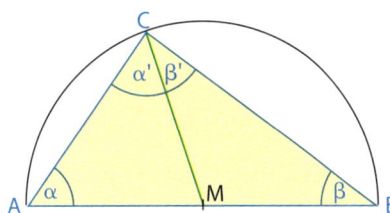

Der Winkel γ teilt sich auf in die Winkel α´ und β´: γ = α´ + β´.
Das Dreieck AMC ist ein gleichschenkliges Dreieck, da die Seiten

AM und MC beide die Länge $\frac{1}{2}$ c haben. Von gleichschenkligen Dreiecken ist aber bekannt, dass sie eine Symmetrieachse haben, die senkrecht zu der Basis steht. An dieser Achse wird der Winkel α auf den Winkel α´ gespiegelt. Das bedeutet, dass α und α´ gleich groß sind: α = α´. Dieselbe Überlegung gilt auch für das Dreieck MBC. Auch dieses ist gleichschenklig und der Winkel β wird auf den Winkel β´ abgebildet: β = β´.
Daraus folgt für den Winkel γ: γ = α´ + β´ → γ = α + β.
Berechnet man jetzt die Summe der Innenwinkel des Dreiecks ABC, so ergibt sich:

$$\alpha + \beta + \gamma = \alpha + \beta + (\alpha + \beta)$$
$$= 2 \cdot \alpha + 2 \cdot \beta$$
$$= 2 \cdot (\alpha + \beta)$$
$$= 2 \cdot \gamma$$

Die Winkelsumme muss 180° ergeben, also:

$$\alpha + \beta + \gamma = 180°$$
$$\Rightarrow \qquad 2 \cdot \gamma = 180°$$
$$\Rightarrow \qquad \gamma = 90°$$

Und damit ist der Winkel in dem Punkt C ein rechter Winkel.
Der Satz von Thales ist auch umgekehrt gültig. Es kann also um jedes rechtwinklige Dreieck ein Umkreis gezeichnet werden, dessen Mittelpunkt auf der Mitte der Hypotenuse liegt.
Ein anderer Satz zum rechtwinkligen Dreieck ist der Satz des Pythagoras. Er wird dem Philosophen und Mathematiker Pythagoras (570--500 v. Chr.) zugeschrieben, der ebenso wie Thales aus Griechenland kam.

Satz des Pythagoras:
Bei einem rechtwinkligen Dreieck ist die Summe der Quadrate über den Katheten gleich dem Quadrat über der Hypotenuse ($a^2 + b^2 = c^2$).

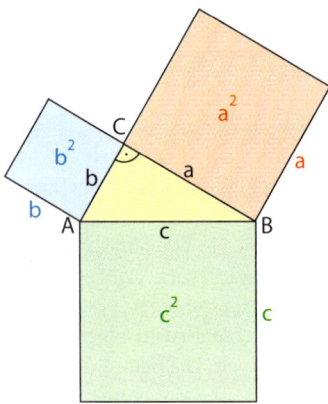

Der Beweis von diesem Satz verläuft ausschließlich geometrisch, also über bildliche Darstellungen. In dem Beweis wird gezeigt, dass die folgenden zwei Figuren die gleiche Fläche belegen.

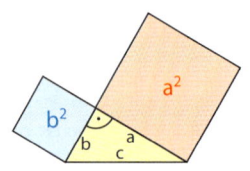
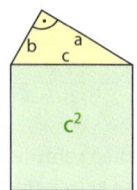

Wenn die Fläche der zwei Quadrate ($a^2 + b^2$) plus der Fläche des Dreiecks genauso groß ist wie die Fläche des Quadrates (C^2) plus der Fläche des Dreiecks, so ist auch die Fläche der zwei Quadrate ($a^2 + b^2$) genauso groß wie die Fläche des Quadrates (c^2). Man hat einfach die Flächen der beiden Dreiecke subtrahiert.

Zunächst wird das linke Bild so ergänzt, dass ein Quadrat entsteht, dessen Fläche berechnet werden kann. Dazu wird das Dreieck ABC an der Mitte M der Hypotenuse um 180° gedreht. Dadurch ergänzt sich das Dreieck zu einem Rechteck (AC'BC), das von der Fläche her zweimal so groß ist wie das Dreieck ABC. Da die Strecke AC zu BL parallel ist, liegen C'B und BL nach der Drehung auf einer Geraden. Dieses Rechteck AC'BC kann an der Geraden, die durch die Punkte K und L geht, gespiegelt werden und füllt dann den Raum zwischen den beiden Quadraten aus.

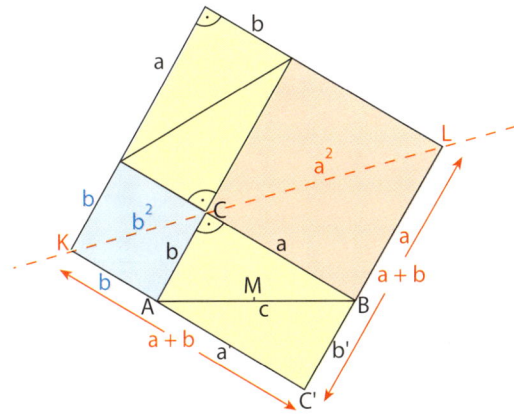

So entsteht durch Hinzufügen von drei Dreiecken, die zu dem Dreieck ABC kongruent sind, ein Quadrat mit der Kantenlänge a + b. Ebenso kann die andere Figur, die aus dem Dreieck und dem Quadrat c^2 besteht, ergänzt werden. Hier wird einfach an den drei freien Kanten des Quadrates jeweils ein zu ABC kongruentes Dreieck angesetzt.

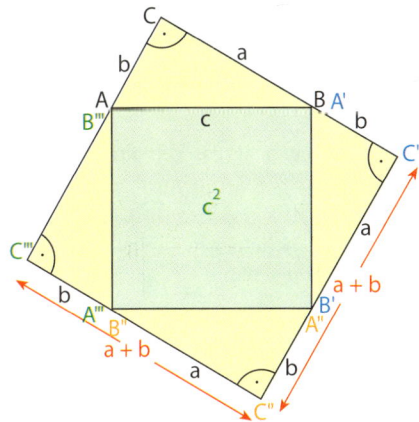

Dass die Seiten des Quadrates keinen Knick haben, ist an den Winkeln zu sehen. Bei einem rechtwinkligen Dreieck gilt α + β = 90°. Da die hinzugefügten Dreiecke kongruent zum ersten sind, haben sie dieselben Winkel. An jedem Punkt, an dem sich die Dreiecke berühren, liegen drei Winkel an: ein rechter Winkel von dem Quadrat sowie immer ein α und ein β der Dreiecke. Die Summe der drei Winkel ergibt immer 180°, also einen gestreckten Winkel. Außerdem liegt immer eine Seite a an einer Seite b.

Damit ergibt auch diese Figur durch Hinzufügen von drei zu dem Dreieck ABC kongruenten Dreiecken ein Quadrat mit der Seitenlänge a + b.

Da beide so zusammengesetzten Quadrate die gleiche Fläche haben ($a + b)^2$ und bei beiden gleich viele identische Dreiecke hinzugefügt wurden, hatten auch die ursprünglichen Figuren dasselbe Flächenmaß. Also ist die Summe der Flächen der Quadrate über den Katheten ($a^2 + b^2$) gleich der Fläche des Quadrates über der Hypotenuse (c^2) → ($a^2 + b^2 = c^2$).

Auch der Satz des Pythagoras kann umgekehrt werden: Gilt bei einem Dreieck die Beziehung $c^2 = a^2 + b^2$, so ist das Dreieck rechtwinklig.

Der dritte Satz zum rechtwinkligen Dreieck stammt abermals von einem Griechen. Der Mathematiker Euklid (365–300 v. Chr.) hat folgende Beziehung gefunden.

Kathetensatz des Euklid:
Bei einem rechtwinkligen Dreieck ist das Quadrat über einer Kathete genauso groß wie das Rechteck, dass aus dem dazugehörenden Hypotenusenabschnitt und der Hypotenuse gebildet wird ($a^2 = p \cdot c$ und $b^2 = q \cdot c$).

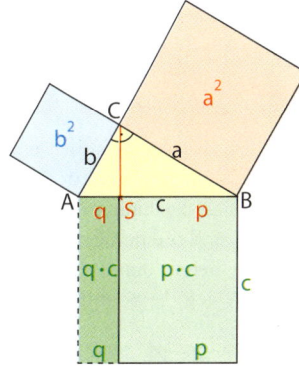

Zu dieser Konstruktion gelangt man, indem man in ein rechtwinkliges Dreieck die Höhe zur Hypotenuse durch den Punkt C einzeichnet. So teilt die Höhe die Hypotenuse im Punkt S in zwei Stücke q und p.

Aus den bisher aufgeführten Sätzen kann ein weiterer erstellt werden, der ebenfalls auf den Mathematiker Euklid zurückgeht.

Höhensatz des Euklid:
In einem rechtwinkligen Dreieck ist das Quadrat über die Höhe gleich dem Rechteck, dass aus den zwei Hypotenusenabschnitten gebildet wird ($h^2 = q \cdot p$).

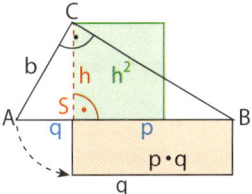

Zum Weiterlesen:

• Das Dreieck, S. 78
• Kongruenz, S. 82
• Symmetrie, S. 83

Die Strahlensätze

In diesem Abschnitt soll geklärt werden, wie mit einfachen Hilfsmitteln, wie beispielsweise einem einfachen rechtwinkligen Dreieck, die Höhe eines Turmes vom Boden aus gemessen werden kann. Das Prinzip, das darüber erarbeitet wird, hilft nicht nur bei solchen praktischen Problemen, sondern es ist in der Geometrie und in verwandten Fächern ein sehr zentraler Satz, der häufig in anderen Beweisführungen gebraucht wird.

Der Strahlensatz handelt, wie der Name schon sagt, von Strahlen. Zu Beginn des Kapitels sollen jedoch wegen der Übersichtlichkeit Strecken benutzt werden.

Es werden also zwei verschieden lange Strecken in der Ebene gezeichnet, die einen Endpunkt gemeinsam haben. Die Strecken werden mit AB und AC bezeichnet. Sie bilden zusammen den Winkel α.

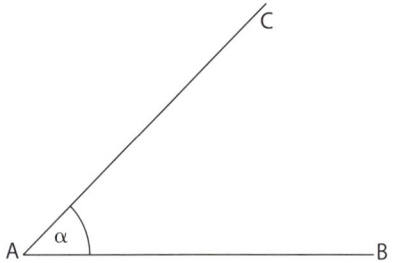

Die Strecke AB soll gleichmäßig unterteilt werden. Sie kann beispielsweise in 10 gleiche Teile geteilt werden, die alle die Länge d haben. Dadurch ergeben sich die Punkte D_1 bis D_9.

Jetzt werden die Punkte B und C durch eine Gerade verbunden und zu dieser je eine parallele Gerade durch die Punkte D_1 bis D_9 konstruiert. Dadurch ergeben sich die Schnittpunkte E_1 bis E_9 auf der Strecke AC.

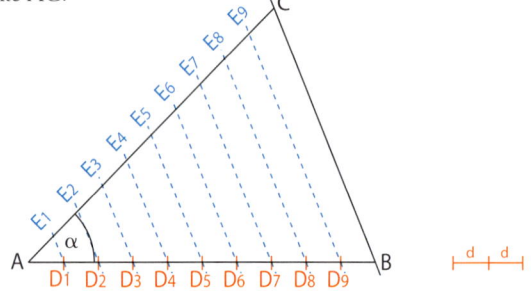

Die Punkte D1–D9 auf der Strecke AB haben alle denselben Abstand d zueinander. Da stellt sich die Frage, ob die Teilstücke auf der Strecke AC auch alle die gleiche Entfernung zueinander haben und wie groß diese ist. Das kann durch eine einfache geometrische Betrachtung geklärt werden. Sollen beispielsweise die Stücke AE_1 und E_3E_4 miteinander verglichen werden, so kann eine Hilfsparallele g zur Strecke AB durch den Punkt E_3 konstruiert werden.

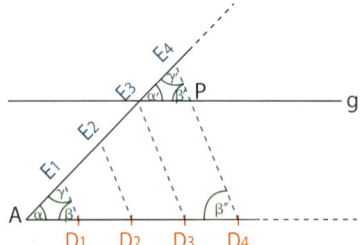

Die Gerade g schneidet die Strecke E_4D_4 in dem Punkt P. Dadurch entsteht ein Dreieck E_3PE_4, das verglichen werden soll mit dem Dreieck AD_1E_1. Da die Gerade g parallel zu AB verläuft, ist der Winkel α' in dem Dreieck E_4E_3P ein Stufenwinkel zu α. α und α' sind damit

gleich groß. Ein anderes Paar Stufenwinkel sind die Winkel β und β'. Der Winkel β' ist wiederum ein Stufenwinkel zu dem Winkel β''. Daraus folgt, dass in den Dreiecken AD_1E_1 und E_3PE_4 auch die Winkel γ und γ' übereinstimmen. Außerdem haben die zwei Dreiecke noch eine Seite mit derselben Länge. Die Seite AD_1 hat die Länge d, da die Seite c in Teilstücke mit der Länge d aufgeteilt worden ist. Damit hat auch die Strecke D_3D_4 die Länge d. Aufgrund der Konstruktion ist das Rechteck $D_3D_4PE_3$ aber ein Parallelogramm. Also hat auch die Seite E_3P die Länge d.

Insgesamt stimmen bei diesen beiden Dreiecken zwei Winkel und die Seite zwischen diesen Winkeln überein, die Kongruenzbedingung WSW ist damit erfüllt, und bei diesem Dreieck sind auch die anderen Winkel und Seitenlängen identisch. Insbesondere ist die Seite E_3E_4 ebenso lang wie die Seite AE_1.

Dieselbe Überlegung kann für jedes Dreieck angestellt werden, das durch eine Parallele zu AB entsteht.

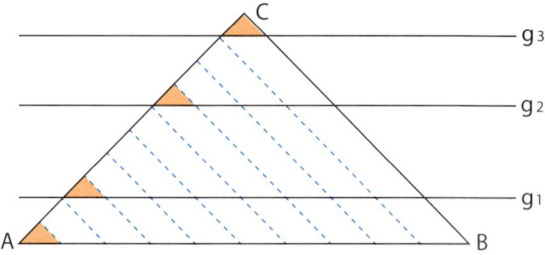

Durch die Unterteilung der Strecke AB in gleich lange Stücke der Länge d wird auch die Seite AC in gleich lange Stücke aufgeteilt. Die Länge dieser Strecken wird mit e bezeichnet. Also hat die Strecke AE_1 die Länge e und die Strecke AD_1 die Länge d.

Im nächsten Schritt betrachtet man den Bruch der Längen von je zwei zueinander gehörenden Streckenabschnitten, also beispielsweise die Strecken AD_1 und AE_1. Die Längen der Strecken sind gegeben durch die Längen d und e. Wenn die Länge einer Strecke angegeben werden soll, so werden die Endpunkte in Betragsstriche gesetzt. Ist beispielsweise die Länge der Strecke AB gemeint, so schreibt man $|AB|$. Damit folgt:

$|AE_1| : |AD_1| = e : d$

Diese Schreibweise wird auch als das Verhältnis der Strecke AE_1 zu der Strecke AD_1 bezeichnet. Angenommen, es wäre e = 3 und d = 4, so würde man sagen: Die Strecke AE_1 verhält sich zu der Strecke AD_1 wie 3 zu 4. Eine solche Gleichung wird deshalb auch **Verhältnisgleichung** oder die **Proportion** genannt.

Zwei andere zueinander gehörende Punkte sind D_5 und E_5. Auch dazu kann die Proportion errechnet werden:

$|AE_5| : |AD_5| = (5 \cdot |AE_1|) : (5 \cdot |AD_1|) = (5 \cdot e) : (5 \cdot d) = e : d$

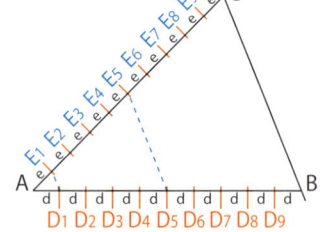

Also haben beide Streckenpaare dasselbe Verhältnis zueinander, und die beiden Gleichungen können zusammengefasst werden.

$|AE_1| : |AD_1| = e : d = |AE_5| : |AD_5|$

$\Rightarrow\ |AE_1| : |AD_1| = |AE_5| : |AD_5|$

Das kann umgestellt werden:

$\Rightarrow\ |AD_1| : |AD_5| = |AE_1| : |AE_5|$

Diese Gleichung gibt das Verhältnis der zwei Geraden an, die durch die Punkte D_1E_1 und D_5E_5 gegeben sind.

Ein anderes Verhältnis kann auch aufgestellt werden, da die Strecke AB in zehn gleich große Stücke geteilt wurde:

$|AD_1| : |D_1D_5| = (1 \cdot d) : (4 \cdot d) = 1 : 4$

Für die entsprechenden Abschnitte auf der Strecke AC gilt:

$|AE_1| : |E_1E_5| = (1 \cdot e) : (4 \cdot e) = 1 : 4$

Auch das kann zusammengefasst werden zu:

$|AD_1| : |D_1D_5| = |AE_1| : |E_1E_5|$

Nimmt man die zwei Gleichungen

1) $|AD_1| : |AD_5| = |AE_1| : |AE_5|$

2) $|AD_1| : |D_1D_5| = |AE_1| : |E_1E_5|$

so können diese kombiniert werden, indem die erste umgestellt wird:

$\Rightarrow\ |AD_1| = |AE_1| : |AE_5| \cdot |AD_5|$

und in die zweite für $|AD_1|$ eingesetzt wird.

$\Rightarrow\ |AE_1| : |AE_5| \cdot |AD_5| : |D_1D_5| = |AE_1| : |E_1E_5|$

Auch die wird umgestellt, und man erhält eine dritte Gleichung:

$\Rightarrow\ |AD_5| : |D_1D_5| = |AE_5| : |E_1E_5|$

Bei der Herleitung der Gleichungen ist es nicht von Bedeutung gewesen, welche aus der Schar der zueinander parallelen Geraden betrachtet wurde. Es hätten auch die Geraden zu D_3E_3 und D_8E_8 dafür benutzt werden können. Die einzige Voraussetzung ist, dass sie parallel zueinander sind.

Die Einteilung der Strecke AB in 10 Teilstücke war gleichermaßen willkürlich. Sie hätte auch in hundert, tausend oder beliebig viele Stücke geteilt werden können, die Zahl der Unterteilung hebt sich später wieder heraus. Es war auch nicht wichtig, zwei Strecken AB und AC zu haben, ebenso hätten die Gleichungen für zwei Strahlen s_1 und s_2 hergeleitet werden können.

Die Gleichungen gelten somit allgemein für den folgenden Aufbau:

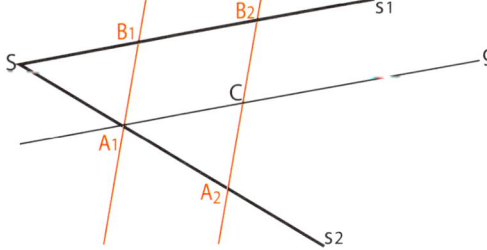

Die Gleichungen werden der erste Strahlensatz genannt.

Erster Strahlensatz:
Zwei nicht parallele Strahlen s_1 und s_2 haben den gemeinsamen Startpunkt S. Werden diese Strahlen von zwei zueinander parallelen Geraden geschnitten, so verhalten sich die Längen der Abschnitte auf dem einen Strahl wie die zugehörigen Längen der Abschnitte auf dem anderen Strahl.
Es gelten die Verhältnisse: $|SA_1| : |SA_2| = |SB_1| : |SB_2|$,
$\qquad\qquad\qquad\qquad |SA_1| : |A_1A_2| = |SB_1| : |B_1B_2|$,
$\qquad\qquad\qquad\qquad |SA_2| : |A_1A_2| = |SB_2| : |B_1B_2|$

In dem ersten Strahlensatz tritt das Verhältnis der Seite A_1B_1 zu A_2B_2 nicht auf. Es kann aber auch zu dieser Seite eine Regel angegeben werden.

Zu diesem Zweck wird eine Parallele g zu dem Strahl s_1 durch den Punkt A_1 gezeichnet. Diese schneidet die Strecke A_2B_2 in dem Punkt C. Der Trick besteht nun darin, den bereits bestehenden ersten Strahlensatz zu benutzen, um den zweiten herzuleiten. Betrachtet man die Skizze so, als sei der Punkt A_2 der Ausgangspunkt der zwei Strahlen S_2 und dem Strahl, der durch A_2B_2 geht, so folgt sofort die Verhältnisgleichung:

$|A_2B_2| : |CB_2| = |A_2S| : |A_1S|$

Das Viereck $A_1CB_2B_1$ ist ein Parallelogramm, und damit hat CB_2 dieselbe Länge wie A_1B_1. Also steht da:

$|A_2B_2| : |A_1B_1| = |A_2S| : |A_1S|$

Diese Gleichung wird der zweite Strahlensatz genannt.

Zweiter Strahlensatz:
Zwei nicht parallele Strahlen s_1 und s_2 haben den gemeinsamen Startpunkt S. Werden diese Strahlen von zwei zueinander parallelen Geraden geschnitten, so verhalten sich die Längen der Abschnitte auf dem einen Strahl wie die zugehörigen Längen der Abschnitte auf den Parallelen.
Es gelten die Verhältnisse: $|A_1B_1| : |A_2B_2| = |SA_1| : |SA_2|$,
$\qquad\qquad\qquad\qquad |A_1B_1| : |A_2B_2| = |SB_1| : |SB_2|$·

Mit Hilfe dieses Satzes und eines rechtwinkligen Dreiecks kann nun die Höhe eines Turmes bestimmt werden. Wenn in einer Entfernung t von dem Turm gleichzeitig die Spitze des Turmes entlang der Hypotenuse und der Sockel entlang einer Kathete angepeilt werden kann, so ergibt sich das Bild:

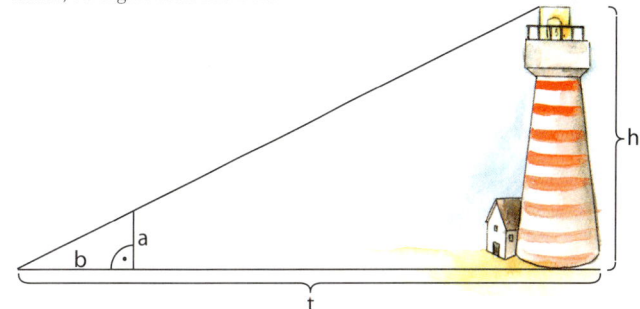

Da der Turm senkrecht auf dem Boden steht und die zwei Katheten des Dreiecks einen rechten Winkel bilden, ist der Turm parallel zu der Kathete a. Es kann also der zweite Strahlensatz angewendet werden und es gilt das Verhältnis:

$h : t = a : b$

Die zwei Katheten a und b können mit einem Lineal gemessen werden. Die Gleichung wird umgestellt:

$h = t \cdot a : b$

Die Länge misst man ebenfalls ab, und so kann mit dieser Formel die Höhe des Turmes berechnet werden.

 Zum Weiterlesen:

• Kongruenz, S. 82
• Zentrische Streckung, S. 90
• Trigonometrie, S. 140

Ähnlichkeit

Wenn zwei geometrische Figuren miteinander verglichen werden, so gibt es bis zu diesem Kapitel nur die Unterscheidung, ob zwei Figuren kongruent sind oder nicht. Das heißt, es wird eine Aussage gemacht, ob zwei Figuren deckungsgleich sind. Dabei wurde bereits das Beispiel angeführt, dass folgende zwei Dreiecke D und D´ nicht kongruent zueinander sind.

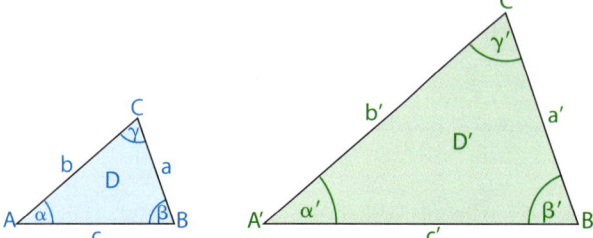

Diese Dreiecke sind also nicht deckungsgleich, da das rechte Dreieck größer ist als das linke, aber dennoch würde ein Betrachter sagen, dass sie sich ähnlich sehen. Wie in dem Bild zu sehen ist, sind die zueinander gehörenden Winkel der beiden Dreiecke gleich groß ($\alpha = \alpha'$, $\beta = \beta'$ und $\gamma = \gamma'$). Die Längen aller einander entsprechenden Seiten sind in dem Dreieck D´ jedoch doppelt so groß wie in dem Dreieck D. Das Verhältnis einer Seite a zu der entsprechenden Seite a´ ist also: $a : a' = 1 : 2$. Dieses Verhältnis ist für alle zusammengehörenden Seiten gleich groß, also $b : b' = 1 : 2$ und $c : c' = 1 : 2$. Entsprechend wird in der Geometrie der Begriff der Ähnlichkeit definiert.

> **Definition von Ähnlichkeit:**
> Zwei ebene Figuren F_1 und F_2 heißen ähnlich, wenn gilt:
> 1) Die zueinander gehörenden Winkel der Figuren haben das gleiche Winkelmaß.
> 2) Das Verhältnis zueinander gehörender Seiten von F_1 und F_2 hat einen festen Wert v.
> Man schreibt dann: $F_1 \sim F_2$ (F_1 ist ähnlich zu F_2)

Diese Ähnlichkeit zweier Figuren kann am einfachsten verglichen werden mit einem Vergrößerungsglas oder einem Fernrohr. Schaut man sich ein Bild mit einer Lupe an, so erscheint es vergrößert. Dreht man ein Fernrohr um und schaut verkehrt herum hindurch, so sieht alles kleiner aus. Das, was jedoch zu erkennen ist, ist dem ähnlich, was auch ohne Vergrößerungsglas beobachtet werden kann.

Das Verhältnis v der Längen zweier zueinander gehörender Seiten wird bei Fernrohren die Vergrößerung genannt. Manche Fernrohre für astronomische Beobachtungen stellen das Bild seitenverkehrt und auf dem Kopf dar. Da auch diese die Bedingungen 1) und 2) erfüllen, sind die Bilder ebenfalls ähnlich zu ihren Urbildern.

> Aus der Definition der Kongruenz folgt, dass zwei kongruente Figuren immer ähnlich zueinander sind. Das Verhältnis zweier zueinander gehörender Seiten ist in diesem Fall 1 : 1.
> ACHTUNG: Zwei ähnliche Figuren sind aber nicht immer kongruent zueinander.

Das Verhältnis zweier Seiten bei ähnlichen Figuren ist gegeben zu:
$$a_1 : a_2 = b_1 : b_2$$

Das kann auch umgeschrieben werden.
$$\rightarrow a_1 : b_1 = a_2 : b_2$$

In dieser Gleichung stehen alle Größen der Figur F_1 auf der linken und alle Größen der Figur F_2 auf der rechten Seite. Das kann mit allen Seiten der beiden Figuren erfolgen.
$$a_1 : c_1 = a_2 : c_2 \text{ und } b_1 : c_1 = b_2 : c_2$$

Diese Gleichungen besagen, dass sich das Verhältnis zweier Seiten einer Figur bei einer ähnlichen Figur nicht ändert.

> Bei zwei ähnlichen Figuren F_1 und F_2 ist das Verhältnis zweier Seiten der Figur F_1 genauso groß, wie das Verhältnis der entsprechenden Seiten der Figur F_2.

Mit dieser Umformung kann auch die Definition von Ähnlichkeit umgeschrieben werden:

> Zwei ebene Figuren F_1 und F_2 heißen ähnlich, wenn gilt:
> 1) Die zueinander gehörenden Winkel der Figuren haben das gleiche Winkelmaß.
> 2) Das Verhältnis zweier Seiten der Figur F_1 hat denselben Wert wie das Verhältnis der entsprechenden Seiten der Figur F_2.

Soll bei zwei Dreiecken geprüft werden, ob sie ähnlich sind oder nicht, so müssten eigentlich alle Winkel vermessen und die Verhältnisse aller Seiten zueinander bestimmt werden. Da das aber aufwendig ist, versucht man hier bereits mit weniger Angaben eine Aussage treffen zu können. Das Gleiche wurde bereits bei der Bestimmung der Kongruenz zweier Dreiecke gemacht. Hier ergaben sich die Kongruenzsätze für Dreiecke, nach denen zum Beispiel ein Dreieck bereits kongruent ist, wenn es in der Länge von drei Seiten übereinstimmt (SSS).
Ein entsprechender Satz für die Ähnlichkeit von Dreiecken wäre zum Beispiel, wenn bei zwei Dreiecken D_1 und D_2 das Verhältnis je einer Seite eines Dreiecks zu der entsprechenden Seite des anderen Dreiecks einen festen Wert hätte.

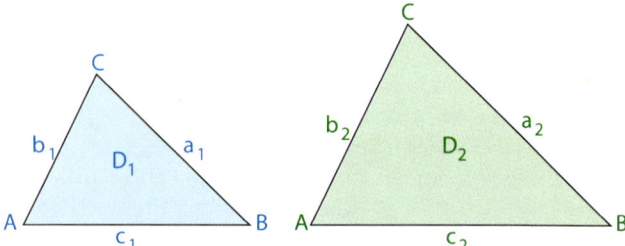

Also in diesem Fall:
$a_1 : a_2 = v$,
$b_1 : b_2 = v$,
$c_1 : c_2 = v$

Der Beweis verläuft über den Strahlensatz. Zunächst betrachten wir ein zu D_1 kongruentes Dreieck D_1'. Dieses ist deckungsgleich zu D_1.

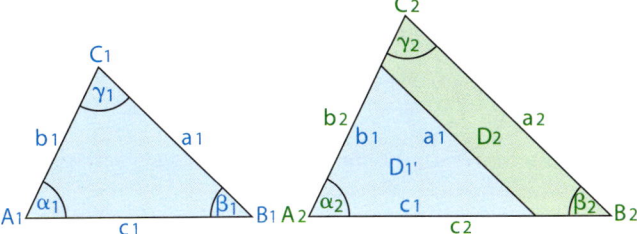

Trägt man jetzt auf c_1 die Strecke c_2 ab, für die gilt $c_1 : c_2 = v$ und konstruiert eine Parallele zu a_1 durch den Punkt B_2, so folgt nach dem zweiten Strahlensatz:

$$c_1 : c_2 = a_1 : a_2$$
$$\Rightarrow a_1 : a_2 = v$$

sowie nach dem ersten Strahlensatz:

$$c_1 : c_2 = b_1 : b_2$$
$$\Rightarrow b_1 : b_2 = v$$

Die Seitenverhältnisse sind also entsprechend dem zweiten Dreieck. Aufgrund der Konstruktion sind die Winkel der zwei Dreiecke identisch. $\alpha_1 = \alpha_2$ ist gleich geblieben, und β_1 und β_2 sowie γ_1 und γ_2 sind jeweils Stufenwinkel.
Damit sind die beiden Dreiecke D_1 und D_2 laut Definition einander ähnlich.

Ein anderer Kongruenzsatz bezieht sich auf den Vergleich von zwei Seiten und dem eingeschlossenen Winkel (SWS). Entsprechend wäre eine Formulierung für zwei ähnliche Dreiecke, dass das Verhältnis zweier Seiten gleich ist und der Winkel zwischen diesen Seiten dasselbe Winkelmaß hat. Also:

$$a_1 : b_1 = a_2 : b_2 \text{ und } \gamma_1 = \gamma_2$$

Auch dieser Satz kann hergeleitet werden durch den Strahlensatz. Zuerst konstruiert man ein zu D_1 kongruentes Dreieck D_2, das dann zu einem ähnlichen Dreieck umgestaltet wird. Das Dreieck D_2 wird wie in dem vorherigen Beispiel durch eine Parallele zu a_1 durch B_2 erstellt. Die Konstruktion und die Argumentation sind identisch mit dem vorherigen Satz.

Der Kongruenzsatz SSW besagt, dass zwei Seiten übereinstimmen müssen, sowie ein Winkel. Entsprechend müsste bei ähnlichen Dreiecken überprüft werden, ob zwei Seiten in demselben Verhältnis zueinander stehen und ob das Maß des entsprechenden Winkels bestehen bleibt.
Auch bei diesem Beweis wird das Problem zurückgeführt auf den Strahlensatz. Angenommen, die längere Seite des Dreiecks sei c. Dann seien die Seiten c_1 und b_1 sowie der Winkel γ_1 vorgegeben.

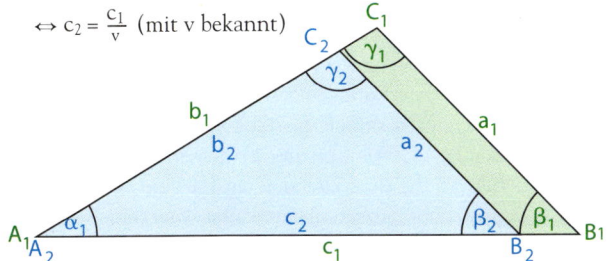

Da die Winkel γ_1 und γ_2 das gleiche Maß haben sollen, müssen die Seiten a_1 und a_2 parallel zueinander verlaufen. Daher kann wieder der Strahlensatz benutzt werden. Wählt man das Verhältnis von b_1 zu b_2, so dass gilt:
$$b_1 : b_2 = v$$

dann folgt nach den Strahlensätzen
$$a_1 : a_2 = b_1 : b_2$$
sowie
$$c_1 : c_2 = b_1 : b_2$$

Die Winkel haben wieder alle dasselbe Winkelmaß, da β_1 und β_2 Stufenwinkel zueinander sind.
Damit erfüllen die Dreiecke wieder die Bedingung für die Ähnlichkeit.

Die verbleibenden Kongruenzsätze haben gemein, dass sie zwei Winkel und eine Seite voraussetzen (WSW und WWS). Da man von einer Seite kein Verhältnis angeben kann, wird hier gezeigt, dass es für die Ähnlichkeit zweier Dreiecke ausreicht, zwei Winkel anzugeben.
Angenommen, α_1 und γ_1 sind gegeben. Da die Winkelsumme im Dreieck 180° beträgt, ist damit auch der dritte Winkel bekannt. Dann kann in dem oberen Bild das Seitenverhältnis $b_1 : b_2$ beliebig gewählt werden. Die Winkelmaße von α_2, γ_2 und β_2 sollen sich nicht ändern. Daher muss a_2 parallel zu a_1 sein. Nach den Strahlensätzen sind somit die Seitenverhältnisse alle gleich ($b_1 : b_2 = a_1 : a_2 = c_1 : c_2$), und die zwei Dreiecke müssen einander ähnlich sein.

Die Ähnlichkeitssätze zusammengefasst:

Zwei Dreiecke sind ähnlich, wenn:
– das Verhältnis der drei Seiten zueinander bei beiden Dreiecken übereinstimmt ($a_1 : b_1 = a_2 : b_2$, $a_1 : c_1 = a_2 : c_2$, $b_1 : c_1 = b_2 : c_2$),
– das Verhältnis der Längen zweier Seiten übereinstimmt und der von diesen Seiten eingeschlossene Winkel bei beiden Dreiecken dasselbe Winkelmaß hat ($a_1 : b_1 = a_2 : b_2$, $\gamma_1 = \gamma_2$),
– das Verhältnis zweier Seiten übereinstimmt und ein angrenzender Winkel, der der längeren Seite gegenüberliegt, dasselbe Winkelmaß hat ($a_1 : b_1 = a_2 : b_2$, $\alpha_1 = \alpha_2$),
– sie in zwei Winkeln übereinstimmen ($\alpha_1 = \alpha_2$, $\beta_1 = \beta_2$).

Um die vielen Angaben zu den Proportionen der verschiedenen Seiten nicht immer in der langen Form $a_1 : b_1 = a_2 : b_2$, $a_1 : c_1 = a_2 : c_2$, $b_1 : c_1 = b_2 : c_2$ schreiben zu müssen, wird in der Geometrie die Schreibweise der **fortlaufenden Proportionen** eingeführt. Dabei werden die Seiten, die in dem entsprechenden Verhältnis zueinander stehen, der Reihe nach als Proportion geschrieben. In dem oberen Beispiel wäre das $a_1 : b_1 : c_1 = a_2 : b_2 : c_2$. Dabei ist zu beachten, dass diese Schreibweise **nicht** als Division aufgefasst werden darf, sondern es sind damit die Brüche gemeint, die sich aus der oberen, langen Zeile ergeben.

Zum Weiterlesen:

• Kongruenz, S. 82
• Die Strahlensätze, S. 86
• Bruchgleichungen, S. 100

Zentrische Streckungen

Als die Strahlensätze hergeleitet wurden, bezogen sich die Verhältnisgleichungen auf ein Bild wie das folgende:

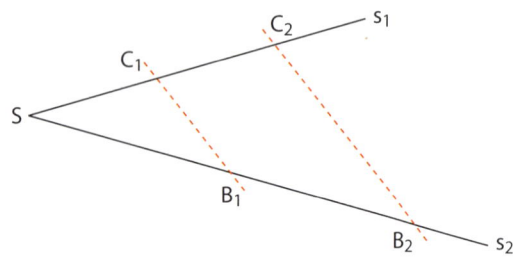

Dabei haben die Strecken B_1C_1 und B_2C_2 sowie die Strecken SB_1 und SB_2 dasselbe Verhältnis zueinander.

$$|B_1C_1| : |B_2C_2| = |SB_1| : |SB_2|$$

Dieses Bild wird so um einen weiteren Strahl erweitert, dass man den Strahlensatz nochmals anwenden kann. Dann ergibt sich das folgende Bild.

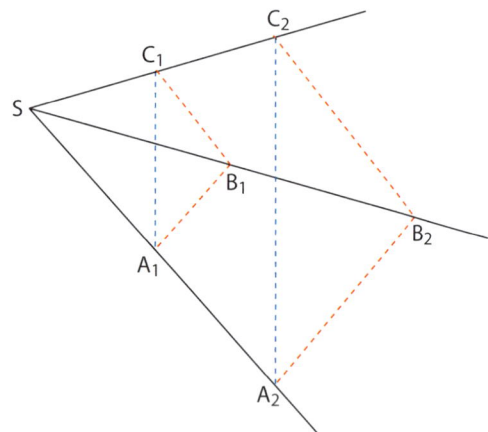

Hier gilt dann:

$$|A_1B_1| : |A_2B_2| = |SB_1| : |SB_2|$$

Außerdem kann der Strahlensatz auch auf die Strecke A_1C_1 und A_2C_2 angewendet werden. Das ist möglich, da für die Seiten SC_1 und SA_1 gilt:

$$|SC_1| : |SC_2| = |SB_1| : |SB_2|$$
$$|SA_1| : |SA_2| = |SB_1| : |SB_2|$$
$$\rightarrow |SC_1| : |SC_2| = |SA_1| : |SA_2|$$

und daher gilt:

$$|A_1C_1| : |A_2C_2| = |SA_1| : |SA_2|$$

Die Strecken haben paarweise stets dasselbe Verhältnis zueinander, dessen Wert im Folgenden mit k bezeichnet wird. Das Dreieck $A_1B_1C_1$ ist damit ähnlich zu $A_2B_2C_2$.
Solch eine Konstruktion heißt in der Geometrie eine zentrische Streckung. Ebenso kann mit anderen geometrischen Figuren verfahren werden. Bei einem Kreis müssten im Grunde alle Punkte einzeln eine Streckung erfahren. Aber hier vereinfacht sich die Bewegung zur Streckung des Kreismittelpunktes M auf den Punkt M′. Da der Kreis wieder auf einen Kreis abgebildet wird, reicht es aus, einen Punkt auf dem Kreis zu strecken. Dadurch wird der Radius des Bildes bestimmt. Der Kreis ist also durch die Streckung des Mittelpunktes und des Radius vollständig bestimmt.

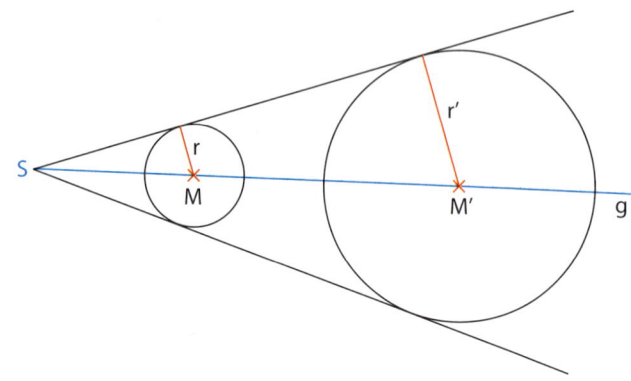

Damit kann eine Definition für die Streckung angegeben werden.

> Eine zentrische Streckung mit einem Zentrum S ist die Abbildung einer Figur F auf F′, bei der jeder Punkt P auf einen Punkt P′ abgebildet wird, für den gilt:
> 1. P′ liegt auf derselben Geraden g, die durch S und P gegeben ist. P′ ∈ g
> 2. Die Längen der Strecken SP′ und SP haben für alle Punkte das Verhältnis k zueinander.
> $$|SP′| = |k| \cdot |SP|$$
> k (k ≠ 0) heißt der Streckfaktor der Abbildung. Ist k < 0, so liegt S zwischen P und P′.

k kann eine beliebige reelle Zahl sein (k ∈ ℝ). Wenn k = 0 wäre, so müßte wegen $|SP′| : |SP| = k$ die Seite SP′ die Länge null haben. Damit hätten alle Seiten der Figur F′ die Länge null, und F′ könnte dann nur noch ein Punkt sein. k = 0 wird deshalb in den folgenden Betrachtungen ausgeschlossen.

– Ist k = 1, so gilt für alle Seiten $|SP′| = |SP|$. Damit wird die Figur wieder auf sich selbst abgebildet.
– Ist k > 1, so gilt $|SP′| > |SP|$. Die Seiten, und damit auch die Figur, werden also größer. So eine Streckung heißt Vergrößerung.
– Ist 0 < k < 1, so wird entsprechend $|SP′| < |SP|$ die Figur verkleinert.
– Ist k < 0, so liegen die Bildpunkte, ähnlich wie bei einer Punktspiegelung, auf der anderen Seite von S. Das Bild scheint dann auf den Kopf gestellt zu sein.

	$|k| > 1$ Streckung Vergrößerung	$|k| = 1$ Identische Abb. Punktspiegelung	$|k| < 1$ Stauchung Verkleinerung
k > 0			
k < 0			

Schaut man sich die Streckung um den Faktor k = –1 (also $|k| = 1$ und k < 0) genauer an, so kann festgestellt werden, dass diese Abbildung bereits bekannt ist. Sie entspricht genau einer Spiegelung an dem Punkt S beziehungsweise einer Drehung um 180° um den Punkt S. Damit ist die zentrische Streckung auch eine Bewegung, wie es bereits in den Kapiteln über Verschiebungen, Drehungen und Spiege-

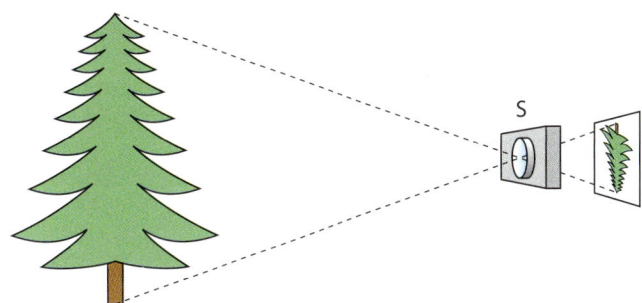

lungen beschrieben wurde. Sie ist jedoch nicht mehr so einfach mit einem auf dem Tisch bewegten Objekt zu vergleichen.
Auch diese Bewegung hat einige Eigenschaften, die aufgrund der Konstruktion leicht anzugeben sind.

> Eigenschaften der zentrischen Streckung:
> Eine Gerade wird auf eine parallele Gerade abgebildet.
> Verläuft die Gerade durch das Zentrum S, so wird die Gerade auf sich selbst abgebildet.
> Eine Strecke P_1P_2 wird auf die Strecke $P_1'P_2'$ abgebildet, wobei diese Strecken das Verhältnis k zueinander haben. $|P_1P_2| : |P_1'P_2'| = |k|$
> Ein Winkel α wird auf den Winkel α' abgebildet. α und α' haben dasselbe Winkelmaß.

Aus diesen Eigenschaften der zentrischen Streckung und einem Vergleich mit der Definition von ähnlichen Figuren folgt, dass eine Figur F durch eine Streckung auf eine zu ihr ähnlichen Figur F' abgebildet wird.
Weiterhin kann zu jeder zentrischen Streckung um den Faktor k die eine Figur F auf die Figur F' abgebildet werden. Weiterhin kann eine Streckung angegeben werden, die F' wieder auf F abbildet. Diese Streckung hat dann den Streckfaktor 1/k.

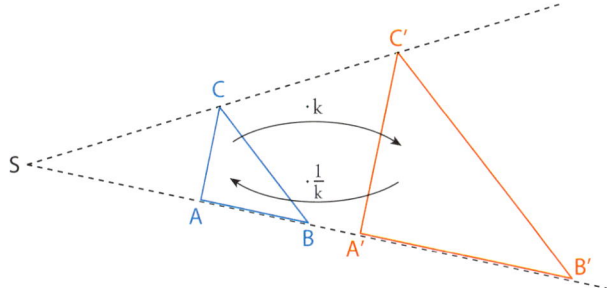

Den Effekt der Vergrößerung eines Urbildes durch eine zentrische Streckung auf ein ähnliches Bild macht man sich im täglichen Leben zunutze. Zum Beispiel befindet sich im Kino der Film auf einer Filmrolle, bei der die einzelnen Bilder des Films lediglich eine Kantenlänge von einigen Zentimetern haben. Das Bild auf der Leinwand jedoch hat eine Kantenlänge von einigen Metern.

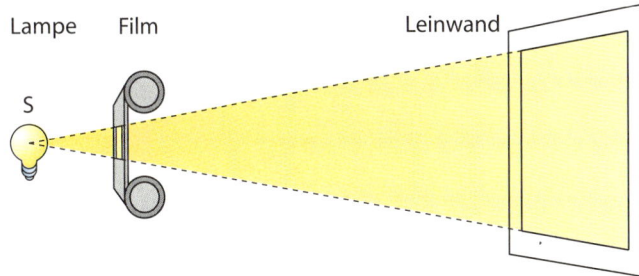

Die Abbildung findet bei der **Projektion** so statt, dass in dem Zentrum S der Streckung die Lampe steht. In geringer Entfernung vor der Lampe befindet sich das Bild der Filmrolle und in größerer Entfernung die Leinwand.
Jetzt kann zu jedem Punkt in dem Bild des Films eine Gerade durch diesen Punkt und der Lampe konstruiert werden. Dort, wo die Gerade die Leinwand schneidet, erscheint der projizierte Bildpunkt in vergrößerter Form. So eine zentrische Streckung wird daher auch **Zentralprojektion** genannt.

Den umgekehrten Weg geht man bei der Aufnahme eines Fotos. Hier wird ein großes Bild durch eine Linse auf den Film abgebildet. Die Linse bündelt die Lichtstrahlen, daher befindet sich das Zentrum S in der Linse. Da der Weg von einem Objekt zur Linse größer ist als der Weg von der Linse zum Film, wird das Bild entsprechend verkleinert. Außerdem steht das Bild auf dem Kopf, da sich das Zentrum der Streckung zwischen dem Bild und dem Urbild befindet.

Insgesamt sind bis hierhin drei verschiedene Bewegungen bekannt: die Verschiebung, die Drehung, die Spiegelung und die zentrische Streckung. Alle diese Bewegungen haben gewisse Eigenschaften, die in den jeweiligen Kapiteln beschrieben sind. Vergleicht man die Eigenschaften der Bewegungen mit den Bedingungen für „ähnliche Figuren", so kann festgestellt werden, dass sie alle eine Figur auf eine zu dieser ähnlichen Figur abbilden. Das liegt daran, dass alle Bewegungen das Winkelmaß eines Winkels erhalten und das Verhältnis zueinander gehörender Figuren nicht verändert wird. Aus diesem Grund werden diese Bewegungen auch **Ähnlichkeitsabbildungen** genannt. Tatsächlich ist es so, dass zwei zueinander ähnliche Figuren F_1 und F_2 immer durch eine Verkettung dieser Bewegungen aufeinander abgebildet werden können. Bei dem folgenden Bild kann beispielsweise das Dreieck D_1 zunächst durch eine Streckung vergrößert werden, so dass alle Seiten ebenso groß sind wie bei dem Dreieck D_2. Dann wird das entstandene Dreieck in die gleiche Orientierung gedreht, und zum Schluss wird es auf die Position des Dreiecks D_2 verschoben. Somit überdecken sich die beiden Dreiecke.

 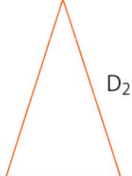

Dieser Sachverhalt führt zu einer weiteren Definition von Ähnlichkeit.

> Die zweite Definition der Ähnlichkeit:
> Zwei Figuren F_1 und F_2 sind zueinander ähnlich, wenn sie durch Ähnlichkeitsabbildungen aufeinander abgebildet werden können.

 Zum Weiterlesen:

- Betragsrechnung, S. 68
- Die Strahlensätze, S. 86
- Ähnlichkeit, S. 88

Scherungen

Die letzte Bewegung, die in diesem Buch dargelegt werden soll, ist die Scherung. Diese Bewegung ist, ebenso wie die zentrische Streckung, nicht mehr mit einer einfachen Bewegung von Figuren zu erklären. Auch bei dieser Bewegung sind das Urbild und das Bild nicht mehr deckungsgleich, die Bewegung verändert also die Figur. Um sich die Bewegung mit einem Beispiel zu veranschaulichen, kann Folgendes gemacht werden. Man nimmt sich einen Stapel Papier, oder besser noch ein Buch, und legt die Hand auf die obere Seite. Dann wird die obere Seite in eine Richtung verschoben, so dass die darunter liegenden Seiten nur ein wenig und die unterste Seite gar nicht verschoben werden. Schaut man sich das von der Seite her an, so ergibt sich in etwa das folgende Bild:

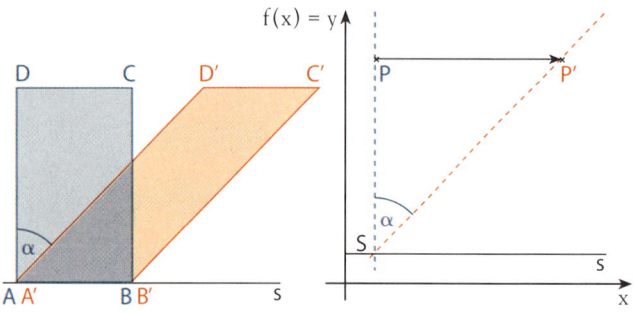

Soll diese Bewegung mathematisch ausgedrückt werden, so ist sofort zu sehen, dass die Bewegung parallel zu einer Geraden verläuft. Diese Gerade wird die **Scherungsachse** (s) genannt. Weiterhin ist zu erkennen, dass die linke Seite der verschobenen Seiten auf einer Geraden liegen. Diese Gerade bildet mit der Senkrechten zu der Scherungsachse (AD) einen Winkel α, der der **Scherungswinkel** genannt wird. Mehr Angaben werden nicht benötigt, um eine Scherung festzulegen. In dem folgenden Bild sind die Elemente einer Scherung anhand eines Rechtecks abgebildet.

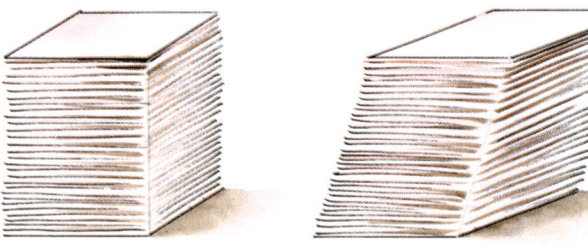

Der Scherungswinkel für einen beliebigen Punkt P ergibt sich aus dem Winkel zweier Geraden. Die erste Gerade ist die Senkrechte zu s durch den Punkt P. Diese schneidet s in dem Punkt S. Die zweite ist eine Gerade durch S und den Bildpunkt P´.

Definition der Scherung:
Bei einer Scherung werden alle Punkte parallel zu einer Scherungsachse s um den Scherungswinkel α verschoben.

Als erste Besonderheit kann sofort angegeben werden, dass alle Punkte, die sich auf der Scherungsachse befinden, nicht verschoben werden.

Diese Scherung ist nicht nur für Rechtecke, sondern für alle möglichen Figuren durchführbar. So auch die folgenden:

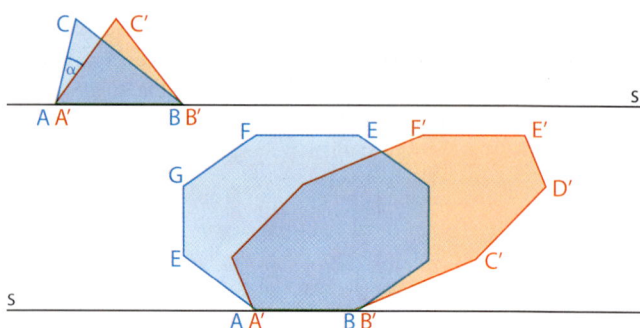

Die Eigenschaften der Scherung sind leicht zu überlegen. So werden Geraden wieder auf Geraden abgebildet. Bei Strecken ist zu beobachten, dass eine Strecke, die parallel zur Scherungsachse verläuft, wieder auf eine Strecke mit gleicher Länge abgebildet wird, die ebenfalls parallel zur Scherungsachse verläuft. Ist eine Strecke aber nicht parallel zur Scherungsachse, so verändert sich die Länge der Bildstrecke. Weiterhin hat die Scherung die Eigenschaft, dass sich die Winkel zwischen zwei Geraden ändern. Das kann sofort gezeigt werden an dem Scherungswinkel, wie er oben beschrieben wurde. In dem Urbild steht die Strecke SP senkrecht auf s. Der Punkt S wird durch die Scherung wieder auf sich selbst abgebildet, da er auf der Scherungsachse liegt, und damit ist die Strecke SP´ um den Scherungswinkel α gegenüber der Strecke SP verdreht.

Eine weitere Eigenschaft ergibt sich daraus, dass alle Punkte parallel zur Scherungsachse verschoben werden. Deshalb hat jeder Punkt vor und nach der Scherung denselben Abstand zur Scherungsachse. Das gilt auch für den Punkt, der am weitesten von s entfernt ist. Bezeichnet man diesen Punkt als die Höhe der Figur, so heißt das, dass sich die Höhe der Figur bei der Scherung nicht ändert.

Die Scherung hat eine letzte wichtige Eigenschaft, die geometrisch schön einfach zu zeigen ist. Stellt man sich eine Figur so vor, als ob sie aus vielen sehr dünnen Rechtecken zusammengesetzt sei, dann sieht eine Scherung so aus:

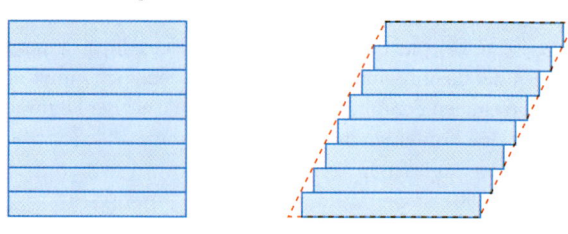

Bei einer Scherung bleibt der Flächeninhalt einer Figur unverändert.

Bei dieser Scherung sollen sich die dünnen Rechtecke nicht verändern, sondern nur die Gesamtfigur. Daher haben diese Rechtecke jeweils vorher und nachher denselben Flächeninhalt. Die Anzahl der Rechtecke ändert sich ebenfalls nicht. Aus diesem Grund haben auch das Urbild und das Bild denselben Flächeninhalt.

 Zum Weiterlesen:

• Die Dreiecksfläche, S. 93
• Prismen und Zylinder, S. 120
• Pyramiden und Kegel, S. 122

Die Dreiecksfläche

Die Eigenschaften des Dreiecks sind bis hierhin fast alle erarbeitet worden. Eine wichtige geometrische Größe fehlt jedoch noch, die Berechnung der Fläche des Dreiecks. Da ein Dreieck maximal **einen** rechten Winkel hat, ist die Methode, wie sie bei dem Rechteck angewandt wurde, hier nicht ohne Probleme zu übernehmen. Es ist jedoch mit Hilfe der bisherigen geometrischen Kenntnisse möglich, die Berechnung der Fläche eines Dreiecks auf einem anderen Weg zu finden.

In einem der ersten Kapitel wurde eine Methode erarbeitet, die Fläche eines Rechtecks zu berechnen. Hat das Rechteck R die Seitenlängen a und b, so ergibt sich die Fläche zu:

$F(R) = a \cdot b$.

Für das Dreieck hätte man gerne eine ähnlich einfache Gleichung, um die Fläche anzugeben. Daher kann beim Rechteck nach einer Verbindung zum Dreieck gesucht werden in der Hoffnung, dass sich der formale Zusammenhang nicht ändert. Aus einem Rechteck können sehr einfach zwei Dreiecke erstellt werden, indem es einmal in der Diagonalen geteilt wird. Wenn als Diagonale die Strecke AC gewählt wird, so erhält man die zwei Dreiecke ABC und ACD.

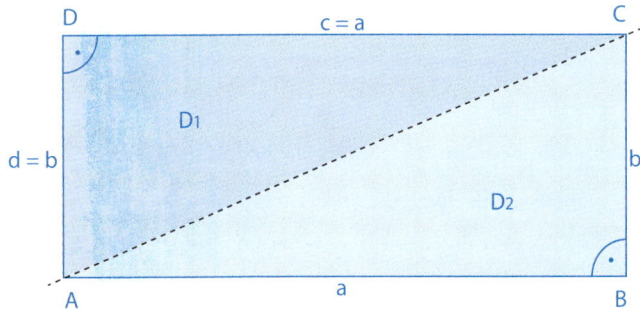

Die so entstandenen Dreiecke D_1 und D_2 sollen untersucht werden, ob sie einander ähnlich sind. Wird bei ihnen die Kongruenzbedingung SWS geprüft, so kann festgestellt werden, dass bei beiden Dreiecken jeweils eine Seite die Länge a und eine Seite die Länge b hat. Der Winkel zwischen diesen Seiten ist in beiden Fällen ein rechter Winkel, er beträgt also 90°. Die Dreiecke stimmen damit in je zwei Seiten und dem eingeschlossenen Winkel überein und sind daher kongruent zueinander. Aus der Kongruenz zweier Figuren folgt, dass sie den gleichen Flächeninhalt haben müssen. Also gilt für die Flächen F der Dreiecke D_1 und D_2:

$F(D_1) = F(D_2)$

Die beiden Dreiecke sind aus dem Rechteck entstanden, also muss die Summe der beiden Dreiecksflächen genau so groß sein wie die Fläche des Rechtecks:

$$F(D_1) + F(D_2) = F(R) = a \cdot b$$
$$\rightarrow \quad F(D_1) + F(D_1) = a \cdot b$$
$$\Leftrightarrow \quad 2 \cdot F(D_1) = a \cdot b$$
$$\Leftrightarrow \quad F(D_1) = \tfrac{1}{2} \cdot a \cdot b$$

> Die Fläche eines rechtwinkligen Dreiecks mit den zwei Katheten a und b ist gegeben zu: $F(D) = \tfrac{1}{2} \cdot a \cdot b$.

Mit Hilfe eines kleinen Tricks kann man auch die Fläche eines beliebigen Dreiecks ermitteln. Wenn an solch einem Dreieck eine Scherung vorgenommen wird, so kann es in ein rechtwinkliges Dreieck umgewandelt werden. Das gilt für jedes denkbare Dreieck mit den Seiten a, b und c.

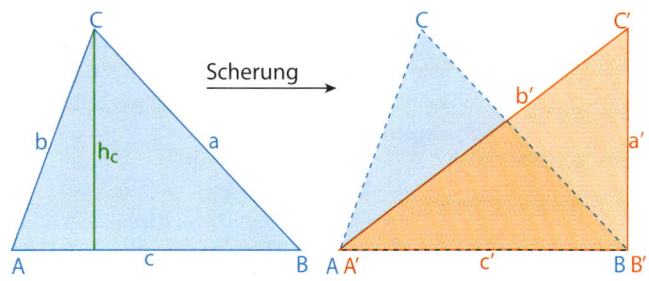

Da bei einer Scherung der Flächeninhalt nicht verändert wird, hat das entstandene Dreieck denselben Flächeninhalt wie das ursprüngliche Dreieck. Zu beachten ist dabei, dass im Allgemeinen die Seite a′ nicht bekannt ist. Da der Scherungswinkel α ebenfalls nicht angegeben ist, muss die Länge der Seite anders gesucht werden. Aufgrund der Konstruktion ist die Strecke a′ parallel zu der Höhe h_c, die senkrecht auf der Strecke c steht und durch den Punkt C geht. Beide Strecken stehen also senkrecht zu c. Außerdem haben sie dieselbe Länge, da die Scherung parallel zu c verlief. Der Abstand von C zu c ist derselbe wie der Abstand von C′ zu c. Damit gilt für ein beliebiges Dreieck:

> Die Fläche eines Dreiecks mit der Basisseite c und der zugehörigen Höhe h_c ergibt sich zu: $F(D) = \tfrac{1}{2} \cdot c \cdot h_c$

Diese Gleichung gilt auch für stumpfwinklige Dreiecke, da diese sich ebenso durch eine Scherung erstellen lassen. Die Höhe h_c bei solch einem Dreieck steht senkrecht auf der Geraden, die durch die Punkte A und B verläuft und liegt außerhalb des Dreiecks.

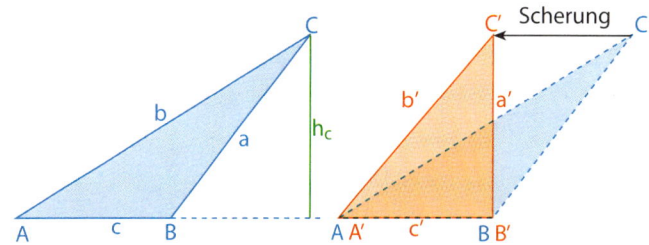

Die Benennung der Seiten des Dreiecks ist in diesem Beispiel austauschbar. Daher gilt die Flächenberechnung auch für die anderen Seiten und die zugehörigen Höhen. ($F(D) = \tfrac{1}{2} b \cdot h_b = \tfrac{1}{2} a \cdot h_a$)

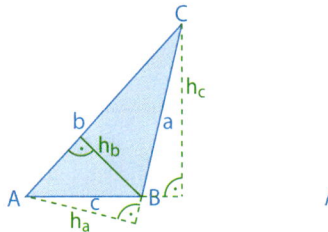
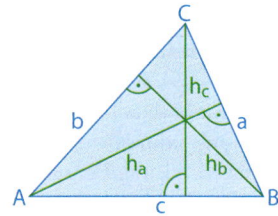

Zum Weiterlesen:

• Umfang und Flächeninhalte, S. 52
• Das Dreieck, S. 78

Proportionalitäten, Dreisatz

Der Dreisatz ist eine Rechenmethode, mit der aus einem gegebenen Zahlenpaar (3 Eier/1,20 DM) mit proportionalem Zusammenhang andere Zahlenpaare (1 Ei/0,40 DM) mit dem gleichen Zusammenhang bestimmt werden können.

Beispiel:
3 Eier kosten 1,20 DM, wie viel DM kosten 5 Eier, wenn es keinen Mengenrabatt gibt?

Diese Frage kann man mit der so genannten Kettenregel sehr leicht, wenn auch nicht sehr mathematisch, lösen. Man hat zwei Spalten, auf die linke Seite in die erste Zeile schreibt man die gesuchte Größe. In diesem Beispiel den Preis für 5 Eier mit einem Fragezeichen oder auch x. Auf die rechte Seite schreibt man die 5 Eier, für die man den Preis sucht. In der nächsten Zeile fängt man links mit der Einheit an, mit der man rechts in der letzten Zeile aufgehört hat. In diesem Fall: Eier.
Um auf eine Lösung zu kommen, sucht man eine bekannte Zuordnung. Bekannt ist die Zuordnung, dass 3 Eier 1,20 DM kosten. Also schreibt man unten 3 Eier in die linke Spalte und in die rechte Spalte 1,20 DM. Jetzt erkennt man, dass rechts unten die gesuchte Größe „DM" steht, daher muss man die Kette nicht weiter verlängern.

? DM	kosten	5 Eier	, wenn
3 Eier		1,20 DM	kosten?

Nun fängt man an zu rechnen. Man schreibt alle Werte der rechten Spalte auf einen Bruchstrich und multipliziert sie. Die Werte der linken Spalte, mit Ausnahme des Fragezeichens, werden unter den Bruchstrich geschrieben und ebenfalls multipliziert. In diesem Beispiel ist es nur ein Wert, die 3.

Rechnung: $\frac{5 \cdot 1,20}{3} = 2,00$ DM

Lösung: 5 Eier kosten 2,00 DM.

Diese Aufgabe kann man auch anders lösen und zwar in drei Schritten, also in der Methode, von der der Dreisatz seinen Namen hat.

Zeile 1: $3 \cdot x = 1,2$ $| : 3$
Zeile 2: $x = 1,2 : 3 = 0,4$
Zeile 3: $5 \cdot 0,4 = 2$
– drei Eier (x) kosten 1,20 DM –
– ein Ei kostet 40 Pf –
– Die Lösung: 5 Eier kosten 2 DM –

Bisher wurde erklärt, wie man mit proportionalen Aufgaben praktisch umgehen kann. Der mathematische Hintergrund wird im Folgenden beschrieben:

Proportionale Zuordnungen können mit den Variablen y, p und x mit der Gleichung y = p · x beschrieben werden.
Die Variablen stehen hierbei für folgende Größen:

y: zugeordnete Größe   (gesamter Betrag für 5 Eier)
p: Proportionalitätskonstante oder Zuordnungsfaktor (Preis pro Ei)
x: Wert, dem etwas zugeordnet wird   (5 Eier)

Dividiert man diese Gleichung auf beiden Seiten durch x, sieht man, dass sie äquivalent (gleichbedeutend) ist zu der Gleichung:

$p = \frac{y}{x} = y : x$

Kennt man ein Zahlenpaar (x, y) einer proportionalen Zuordnung, kann mit dieser Gleichung der Zuordnungsfaktor p bestimmt werden und damit auch jedem anderen Wert die entsprechende Größe zugeordnet werden. Das ist bereits der ganze mathematische Zusammenhang, wenn von dem Dreisatz die Rede ist.

Die Frage, wie viel 5 Eier kosten, wenn 3 Eier 1,20 DM kosten, lässt sich nun bestimmen. Ordnet man die Anzahl der Eier der Variablen x zu und den gesamten Preis der Variablen y, dann errechnet sich der Zuordnungsfaktor p zu 1,20 DM : 3 = 40 Pf. In diesem Beispiel ist das der Preis, den man für 1 Ei zu bezahlen hat (p), oder anders ausgedrückt, der Preis pro Ei. Fünf Eier kosten somit 5 · 40 Pf, also 2,00 DM. Zusammenfassend wurden folgende Rechenschritte durchgeführt.
Aus dem gegebenen Zahlenpaar (3 Eier, 1,20 DM) wurde der Zuordnungsfaktor (Preis für 1 Ei) bestimmt und dieser mit der Anzahl der Eier multipliziert, deren Preis zu bestimmen war (5 Eier).

Verallgemeinert kann der Dreisatz so formuliert werden:

1. Man vergewissere sich, dass zwischen den gegebenen Zahlen ein proportionaler Zusammenhang besteht.
2. Man ermittelt den Zuordnungsfaktor, indem man den Quotienten der beiden Zahlen bildet. Und zwar so, dass man die zugeordnete Größe durch die andere teilt. Dadurch wird automatisch die Größe bestimmt, die der Zahl (Menge, Größe, Gewicht, Länge ...) 1 entspricht.
3. Die Zahl, für die eine neue Zuordnung gesucht wird, ist mit dem Zuordnungsfaktor zu multiplizieren.

Weiteres Beispiel:
Ein Auto verbraucht durchschnittlich 7 Liter Benzin pro 100 km. Wie viel Benzin verbraucht das Auto durchschnittlich für eine Strecke von 160 Kilometern?

Die Antwort findet man mit dem Dreisatz:
1. Zwischen den gegebenen Zahlen, 7 Liter Benzin und 100 Kilometer, besteht ein proportionaler Zusammenhang.
2. Der Zuordnungsfaktor ist der Benzinverbrauch pro Kilometer, also der Quotient aus 7 Litern Benzin und 100 Kilometern:
$p = \frac{7 \text{ Liter}}{100 \text{ km}} = 0,07$ Liter pro Kilometer.
3. Es wird nach dem durchschnittlichen Benzinverbrauch des Autos für eine Strecke von 160 km gefragt. Das ist dann: 160 · 0,07 Liter Benzin = 11,2 Liter Benzin.
Das Auto verbraucht im Durchschnitt 11,2 Liter Benzin pro 160 km.

Unter der Annahme, dass ein proportionaler Zusammenhang besteht, kann man diese Aufgabe ebenfalls mit dem Kettensatz lösen:

? Liter	verbraucht man auf	160 km	, wenn man auf
100 km		7 Liter	verbraucht?

Rechnung: $\frac{160 \cdot 7}{100} = 11,2$

Wiederum kommt man auf das Ergebnis, das Auto verbraucht im Durchschnitt 11,2 Liter auf 160 Kilometer.

Für Zahlenpaare mit antiproportionalem Zusammenhang (zur Erinnerung: f (x) = p · $\frac{1}{x}$) gibt es eine ähnliche Rechenvorschrift, mit der alle anderen Zahlenpaare berechnet werden können, von denen eine Komponente bekannt ist. Eine Zuordnung ist antiproportional, wenn ein Betrag pro Stück oder pro Person bekannt ist und eine vorgegebene Anzahl an Personen oder Stücken.

Beispiel:
Für einen Betriebsausflug spendet der Arbeitgeber einen Geldbetrag, so dass jeder Angestellte zusätzlich 50 DM Taschengeld bekommt, wenn alle Mitarbeiter mitfahren.
Kann ein Angestellter an dem Betriebsausflug nicht teilnehmen, dürfen sich die anderen den überschüssigen Betrag teilen. Insgesamt gibt es 28 Mitarbeiter, von denen aber 8 nicht an dem Betriebsausflug teilnehmen, weil sie krank oder im Urlaub sind. Wie hoch ist das Taschengeld pro Teilnehmer bei dem Betriebsausflug?

Zur Beantwortung dieser Frage berechnet man zuerst den gesamten Betrag, den der Arbeitgeber gespendet hat. Er spendete für jeden seiner Mitarbeiter 50 DM, also insgesamt $28 \cdot 50$ DM = 1 400 DM. Nun dürfen sich aber 20 Mitarbeiter diesen Betrag teilen, weil 8 nicht mitfahren. Also bekommt jeder 1 400 DM : 20 = 70 DM. Das Taschengeld pro Teilnehmer des Betriebsausfluges beträgt 70 DM.

Hier wurde aus dem gegebenen Zahlenpaar (28 Mitarbeiter, 50 DM) der Gesamtbetrag berechnet und dann durch die Anzahl der noch vorhandenen Teilnehmer dividiert, um das Taschengeld pro Mitfahrer zu berechnen. Nennt man x die Anzahl der Angestellten, die sich den gespendeten Geldbetrag teilen dürfen, und y den Geldbetrag, den jeder Einzelne dann bekommt, erkennt man schnell die Zuordnungsvorschrift: $y = \frac{1\,400}{x}$

Die Zuordnung *Anzahl der Teilnehmer → Taschengeld pro Teilnehmer* ist antiproportional. Ähnlich wie auch bei der proportionalen Zuordnung wurde die Zuordnungszahl aus dem gegebenen Zahlenpaar unmittelbar berechnet. Nur ist die Zuordnungszahl, die 1 400 DM, diesmal das Produkt der beiden angegebenen Zahlen (28 Teilnehmer, 50 DM) und nicht wie bei proportionalen Zuordnungen der Quotient.

Verallgemeinert kann auch für antiproportionale Zuordnungen ein Dreisatz formuliert werden, den manche Menschen auch Dreisatz zweiter Art nennen:

1. Man vergewissere sich, dass die zugrunde liegende Zuordnungsvorschrift antiproportional ist.
2. Das Produkt aus dem gegebenen Zahlenpaar liefert die konstante Zuordnungsgröße.
3. Dividiert man die konstante Zuordnungsgröße durch die dritte angegebene Zahl, erhält man die gesuchte vierte Zahl.

Weiteres Beispiel:

Herr Möller fährt jeden Tag mit seinem kleinen LKW von Koblenz nach Köln und wieder zurück. Bis heute hat er sich sehr genau an die Geschwindigkeitsgrenze von 80 km pro Stunde (km/h) gehalten und benötigte immer 2 Stunden und 30 Minuten reine Fahrzeit, das sind 2,5 Stunden. Da ihn manche Kollegen mit 100 km/h überholen, fragt er sich, wie viel Zeit er benötigt, wenn er trotz Verbot auch 100 km/h fährt?

Antwort mit Dreisatzüberlegungen:
1. Die Zuordnung *Fahrzeit für eine bestimmte Strecke → Geschwindigkeit* ist antiproportional, denn die Geschwindigkeit ist der Quotient aus der Strecke und der Zeit.
2. Das Produkt aus dem gegebenen Zahlenpaar (80 km/h; 2,5 Stunden) ist die Fahrstrecke. 80 km/h · 2,5 Stunden = 200 km.
3. Die Division 200 km : 100 km/h ergibt 2 Stunden.

Wenn Herr Möller 100 km/h fährt, benötigt er nur noch 2 Stunden und spart so täglich eine halbe Stunde. Dummerweise riskiert er dann aber seinen Führerschein, seine Arbeitsstelle, eine hohe Geldstrafe und nicht zuletzt die Leben unschuldiger Menschen!

Liegen antiproportionale Zuordnungen vor, lautet die Zuordnungsvorschrift in allgemeiner Form:

$$y = \frac{a}{x} \qquad a, x, y \in \mathbb{Q}$$

Hierbei ist a eine Konstante, die angibt, wie viel in x Teile (Beträge, Längen, Zeiten ...) aufgeteilt werden kann, und y gibt die Größe eines einzelnen Teilstückes (Betrag, Länge, Zeit ...) an. In obiger Dreisatzaufgabe wurde zuerst die Konstante a berechnet und daraus dann die gesuchte Größe y. Eine genauere Betrachtung zeigt, dass auch ohne die konkrete Berechnung von a ein Lösungsweg angegeben werden kann.

$$\begin{aligned} y &= \frac{a}{x} & &| \cdot x \\ \Leftrightarrow y \cdot x &= a \cdot \frac{x}{x} & &| \text{ durch x kürzen} \\ \Leftrightarrow y \cdot x &= a \end{aligned}$$

Diese Umformung ist ganz allgemein, sie gilt für alle Zahlenpaare einer antiproportionalen Zuordnung. Also nicht nur für das Zahlenpaar (x, y), sondern auch für das Zahlenpaar (x_1, y_1). Deshalb darf a durch das Produkt eines weiteren Zahlenpaares ersetzt werden:

$$\begin{aligned} \Leftrightarrow y \cdot x &= y_1 \cdot x_1 & &| : x_1 \\ \Leftrightarrow y \cdot \frac{x}{x_1} &= y_1 \end{aligned}$$

Kennt man die einzelnen Variablen x, x_1 und y, lässt sich mit dieser Gleichung ebenfalls y_1 berechnen. Die obige Aufgabe berechnet sich mit dieser Formel einfach. Herr Möller fährt 80 km/h und benötigt dazu 2,5 Stunden (80 km/h = x und 2,5 Stunden = y). Wie lange fährt er ($y_1 = ?$), wenn er das Tempo auf 100 km/h (100 km/h = x_1) erhöht? Nun müssen einfach die Zahlen anstelle der Variablen in obige Formel eingesetzt werden:

$$\frac{2{,}5 \text{ Stunden} \cdot 80 \text{ km/h}}{100 \text{ km/h}} = 2 \text{ Stunden}$$

Achtung: Bei den antiproportionalen Zuordnungen darf kein Kettensatz angewendet werden, hier muss man auf einen der beiden beschriebenen Rechenwege zurückgreifen.

 Zum Weiterlesen:

• Proportionale und lineare Funktionen, S. 72
• Antiproportionale Funktionen, S. 75

Prozent- und Zinsrechnung

Legt man bei Banken Geld an, geben diese häufig Zinsen. Leiht man sich hingegen Geld, dann nimmt man einen Kredit auf und muss Zinsen bezahlen. Da heute fast jeder Zinsen bekommt oder Zinsen zu zahlen hat, sollte man die Zinsrechnung beherrschen, um die verschiedensten Angebote von Banken und Versicherungen vergleichen zu können.

Die zugrunde liegende Mathematik ist die Exponentialrechnung, es ist aber ausreichend, die proportionalen Zusammenhänge zwischen dem Kapital, aus dem die Zinsen berechnet werden, und den Zinsen selbst zu verstehen, um im täglichen Leben zurechtzukommen. Meistens wird der Zinssatz in Prozent angegeben, was nur ein Name für ganz bestimmte Dezimalbrüche ist. Prozent darf man frei übersetzen als „pro Hundert" und gemeint sind Dezimalbrüche mit dem Nenner 100. Da man oft mit Dezimalbrüchen, die den Nenner 100 haben, rechnen muss, gibt es für diese eine abkürzende Schreibweise, das %-Zeichen (sprich: Prozentzeichen).

% = Prozent = Dezimalbruch, der den Nenner 100 hat

Die einzelnen Begriffe und Zusammenhänge tauchen oft im täglichen Leben auf, so können Werbetexte von Banken etwa so aussehen:

Rasender Kapitalzuwachs mit Habermann-Bankpapieren: 4 % Zinsen ab 1 000 DM und 5 % Zinsen schon ab 2 000 DM!!!!

4 % ist schlicht eine Zahl und zwar der Dezimalbruch $\frac{4}{100}$, den man auch als Dezimalzahl (0,04) schreiben kann. Inhaltlich würde sich an dem Werbetext also nichts ändern, wenn anstelle der 4 % der Dezimalbruch $\frac{4}{100}$ oder die Dezimalzahl 0,04 stehen würde. Diese Zahlenangabe, egal wie man sie schreibt (4 % oder 0,04 oder $\frac{4}{100}$), nennt man den Zinssatz. Das, was aber wirklich interessiert, nämlich wie viel Geld man für sein Kapital bekommt, sind die Zinsen. Sie sind das Produkt aus dem Kapital und dem Zinssatz. Legt ein Sparer bei obiger Bank zum Beispiel 1 000 DM an, bekommt er 4 Hundertstel von den 1 000 DM Zinsen. Das sind 40 DM Zinsen (1 000 DM $\cdot \frac{4}{100}$ = 40 DM). Nun gibt die Bank aber nicht jedes Mal 40 DM Zinsen, wenn jemand 1 000 DM anlegt, dann könnte man ja einfach Geld verdienen, indem man 1 000 DM anlegt, die Zinsen kassiert, das Geld wieder abhebt, erneut anlegt, wieder Zinsen kassiert und so weiter. Ein eifriger Mensch würde das bestimmt 100-mal an einem Tag schaffen und die Bank ruinieren. Um das zu verhindern, gibt die Bank einen Zeitraum an, nachdem die Zinsen ausgezahlt werden. In unserer Gesellschaft haben sich die meisten Banken darauf geeinigt, ihre Zinsen nach einem Jahr zu bezahlen. Steht in einem Werbetext keine Zeitangabe, dann meinen die Banken meistens jährliche Zinsen. Der Sparer, der zu 4 % seine 1 000 DM anlegt, bekommt deshalb nur ein einziges Mal pro Jahr 40 DM an Zinsen, lässt er seine 1 000 DM zu derselben Kondition (Bedingung: 4 % Zinsen) bei der Bank, bekommt er auch in den nächsten Jahren jedes Jahr einmal 40 DM. Hebt er das Geld aber nach einem halben Jahr wieder ab, dann bekommt er nur die Hälfte der Zinsen, in diesem Fall 20 DM, oder gar nichts, wenn irgendwo klein gedruckt steht, dass er das Geld mindestens 1 Jahr bei der Bank lassen muss. Ist das nicht der Fall, dann bekommt er sogar Zinsen, wenn er das Geld nur einen Tag bei der Bank lässt; aber nur $\frac{1}{365}$ von 40 DM, weil ein Jahr 365 Tage hat. Bezeichnet man mit K das Kapital, mit Z die Zinsen und mit p den Zinssatz, kann man eine Zinsformel aufstellen.

$$Z = p \cdot K$$
$$\mid \qquad \mid \qquad \mid$$
Beispiel: 40 DM = 4 % · 1 000 DM

In vielen anderen Büchern steht die Formel: $Z = \frac{p \cdot K}{100}$, und für p wird nur die 4 eingesetzt, da die Formel die 100 im Nenner hat.

Die Formel (Z = p · K) stellt eine proportionale Zuordnung dar. Der Zins ist proportional zu dem Kapital, und der Proportionalitätsfaktor ist der Zinssatz.

Legt man sein Geld für einen Zeitraum an, der nicht 1, 2, 3 … Jahre beträgt, sondern z. B. nur 265 Tage, so muss man nicht erst die Zinsen für ein Jahr berechnen und anschließend diesen Betrag mit $\frac{265}{365}$ multiplizieren, sondern baut in die bereits bekannte Zinsformel $Z = p \cdot K$ den Faktor Zeit mit ein, indem man die rechte Seite der Gleichung durch einen dritten Faktor, die Zeit, erweitert.

Die Variable für die Zeit ist i. So kommt man zu folgender Gleichung: $Z = p \cdot K \cdot i$

Die Variable i ist ein Bruch. In den Zähler kommt die Anzahl der verzinsten Tage und in den Nenner die 365, halt die Anzahl der Tage in einem Jahr. (Banken rechnen grundsätzlich mit 360 Tagen und nicht mit 365.)

Beispiel:
1 000 DM werden zu 3 % für 265 Tage angelegt.
$Z = p \cdot K \cdot i$
$Z = 0,03 \cdot 1 000 \cdot \frac{265}{365} = \frac{0,03 \cdot 1 000 \cdot 265}{365} = 21,78$ DM
Antwort: Nach 265 Tagen erhält der Sparer 21,78 DM.

Diese Formel ist gut geeignet, um sich die Zinsformel zu merken, man nennt sie einfach „Kip-Formel" und erinnert sich, dass man für das K das anzulegende Kapital einsetzt, für i den Bruch $\frac{Tage}{365}$ und für p den Prozentsatz. Das Ergebnis gibt dann stets die Zinsen an, die die Bank zahlt.

Hat man ein Sparbuch, bei dem jedes Jahr die Zinsen gutgeschrieben werden, also zu dem Kapital dazuaddiert werden, bekommt man im nächsten Jahr mehr Zinsen, weil sich das Kapital vermehrt hat. Man redet dann vom Zinseszins.

Beispiel:
Herr Möller legt 5 000 DM zu 5 % Zinsen auf einem Sparbuch an und schaut nach 2 Jahren, wie viel Geld auf seinem Sparbuch ist.
Im ersten Jahr bekommt er $\frac{5}{100} \cdot 5 000$ DM = 250 DM Zinsen. Das Geld wird gutgeschrieben, so dass er im zweiten Jahr ein größeres Kapital hat, und zwar 5 250 DM. Deshalb bekommt er im zweiten Jahr $\frac{5}{100} \cdot 5 250$ DM = 262,50 DM Zinsen und hat nach 2 Jahren insgesamt (5 250 DM + 262,50 DM) 5 512,50 DM auf seinem Sparbuch.

Auch für diesen Zusammenhang kann mit äquivalenten Umformungen und einigen Überlegungen eine Zinseszinsformel aus der Zinsformel $Z = p \cdot K$ hergeleitet werden. In der Zinsformel ist Z der Betrag der Zinsen, die man nach einem Jahr für das Kapital K und den Zinssatz p bekommt. Werden die Zinsen gutgeschrieben, erhöht sich das Kapital auf $K_1 = Z + K$, also das alte Kapital plus die gewonnenen Zinsen. Diese Formel kann noch ein wenig umgeformt werden, indem man für die Zinsen nicht Z, sondern p · K schreibt. Bezeichnet man zusätzlich das Startkapital mit K_0, erhält man folgende Formeln für das neue Kapital nach einem Jahr:

$$K_1 = Z + K_0 \qquad\qquad \mid \text{ mit } Z = p \cdot K_0$$
$$K_1 = p \cdot K_0 + K_0$$

Diese Gleichung lässt sich äquivalent umformen, indem man sich auf das Distributivgesetz beruft. Auf der rechten Seite der Gleichung stehen zwei Summanden, die ihrerseits wiederum Produkte sind, die sich dadurch auszeichnen, dass jeweils ein Faktor gleich ist. Das sind die beiden Summanden $p \cdot K_0$ und K_0 selbst. Den zweiten Summanden erkennt man nicht sofort als Produkt, er lässt sich aber als Produkt von 1 und sich selbst schreiben: $K_0 = 1 \cdot K_0$. Wegen dem Distributivgesetz $(a \cdot (b + c) = a \cdot b + a \cdot c)$ kann man eine Zahl ausklammern, wenn sie in jedem einzelnen Summanden als Faktor vorkommt.

$$K_1 = p \cdot K_0 + K_0$$
$$\Leftrightarrow K_1 = p \cdot K_0 + 1 \cdot K_0$$
$$\Leftrightarrow K_1 = (p + 1) \cdot K_0 \qquad | \text{ es wurde } K_0 \text{ ausgeklammert}$$

Diese Formel gibt direkt an, wie sich das Kapital nach einem Jahr vermehrt. Möchte man wissen, wie das Kapital nach zwei Jahren aussieht, muss man jetzt nur das *alte* Startkapital K_0 durch das *neue* Kapital K_1 ersetzen und erhält K_2, das Kapital nach zwei Jahren. Diese Vorgehensweise kann auch für das Kapital nach 3, 4, 5 … Jahren benutzt werden.

1. Jahr: $K_1 = (p + 1) \cdot K_0$
2. Jahr: $K_2 = (p + 1) \cdot K_1$
3. Jahr: $K_3 = (p + 1) \cdot K_2$
4. Jahr: $K_4 = (p + 1) \cdot K_3 \dots$

Mit diesen Formeln ist das Kapital nach 1, 2, 3, 4 … Jahren bestimmt, sie haben aber den Nachteil, dass man immer das Kapital des vorangegangenen Jahres kennen muss. Zur Berechnung von K_4 muss man beispielsweise K_3 kennen. Berechnungen für das Kapital nach vielen Jahren (zum Beipiel nach 10 oder 20 Jahren) werden mit diesen Formeln auch mit dem Taschenrechner sehr aufwendig. Glücklicherweise lässt sich der Sachverhalt reduzieren. Man ersetzt schrittweise das Startkapital eines Jahres durch das vorangegangene neue Kapital. Auf diese Weise erhält man Zinseszinsformeln, mit denen sofort ausgerechnet werden kann, auf welchen Betrag ein Startkapital nach beliebig vielen Jahren anwächst. Man beachte, wie mit der Potenzschreibweise eine allgemeine Formel für die Zinseszinsrechnung angegeben werden kann:

$$K_1 = (p + 1) \cdot K_0 = (p + 1)^1 \cdot K_0$$

$$K_2 = (p + 1) \cdot (p + 1) \cdot K_0 = (p + 1)^2 \cdot K_0$$

$$K_3 = (p + 1) \cdot (p + 1) \cdot (p + 1) \cdot K_0 = (p + 1)^3 \cdot K_0$$

$$K_4 = (p + 1) \cdot (p + 1) \cdot (p + 1) \cdot (p + 1) \cdot K_0 = (p + 1)^4 \cdot K_0$$

Verallgemeinerung:
Nach i Jahren wächst das Kapital K_0 auf K_i, wenn der Zinssatz p beträgt. K_i berechnet sich allgemein nach der Zinseszinsformel:

$$K_i = (p + 1)^i \cdot K_0$$

Mit diesen Formeln können bereits die meisten Fragen, die im Zusammenhang mit der Zinsrechnung auftreten, beantwortet werden.

Beispielaufgaben:

1000 DM werden zu 4 % auf einem Sparbuch angelegt.

1.) Wie groß ist das Kapital nach 4 Jahren?
Man rechnet mit dem Taschenrechner und der Zinseszinsformel:

$$K_4 = (p + 1)^4 \cdot K_0$$

Rechnung:
$K_4 = (0{,}04 + 1)^4 \cdot 1\,000\,\text{DM} = 1\,169{,}86\,\text{DM}$ (gerundet auf Pfennige)
Antwort: Nach 4 Jahren ist das Kapital auf $1\,169{,}86$ DM angewachsen.

2.) Wie viel Zinsen gibt es im ersten Jahr?
Hier hilft die einfache Zinsformel:

$Z = p \cdot K_0$
$Z = 0{,}04 \cdot 1\,000\,\text{DM} = 40\,\text{DM}$
Antwort: Im ersten Jahr gibt es 40 DM Zinsen.

3.) Wie groß müsste der Zinssatz sein, um bereits im ersten Jahr 60 DM Zinsen zu bekommen?
Zinsformel:

$$Z = p \cdot K \qquad | : K$$

$$\Leftrightarrow p = \frac{Z}{K}$$

Rechnung: $p = \frac{60}{1\,000} = 0{,}06 = 6\,\%$
Antwort: Die Zinsen müssten 6 % betragen.

4.) Wie lange muss das Geld zu 4 % angelegt werden, damit sich das Kapital mindestens verdoppelt?
Hier wird der Zeitraum gesucht, nach dem das Startkapital von 1000 DM auf mindestens 2000 DM anwächst, wenn man es mit 4 % Zinsen anlegt. Um dieses zu berechnen, muss man folgende Gleichung nach x auflösen:

$$K_x \leq (p + 1)^x \cdot K_0$$
$$2\,000\,\text{DM} \leq (0{,}04 + 1)^x \cdot 1\,000\,\text{DM}$$

Analytisch lässt sich diese Gleichung mit den Rechengesetzen der Logarithmen berechnen, und man erhält

$$\frac{\ln \frac{2\,000}{1\,000}}{\ln (1{,}04)} \leq x$$

$$\Leftrightarrow \frac{\ln 2}{\ln (1{,}04)} = 17{,}67 \leq x$$

Das Geld muss also mindestens 17,67 Jahre angelegt bleiben, damit sich das Kapital mindestens verdoppelt. Kennt man diese Rechengesetze nicht, muss man den etwas mühsameren Weg einschlagen und das Kapital nach 1, 2, 3 … Jahren berechnen, bis man erstmalig über 2000 DM erhält. In diesem Fall passiert das im 18. Jahr.

Zum Weiterlesen:

• Proportionale und lineare Funktionen, S. 72
• Antiproportionale Funktionen, S. 75
• Exponential- und Logarithmusrechnungen, S. 148

Binomische Formeln

Viele mathematische Probleme lösen sich schneller, wenn man entsprechende Formeln kennt. Grundsätzlich ist zwar jedes lösbare mathematische Problem auch ohne die vorherige Kenntnis spezieller Formeln zu bewältigen, aber es ist anstrengend, da die verschiedensten Gleichungen, Formeln oder Zusammenhänge dann speziell für eine einzige Aufgabe hergeleitet werden müssen. Kennt man hingegen schon vor der Lösung eines Problems allgemein gültige mathematische Zusammenhänge und Formeln, erleichtert das die Arbeit mit der Mathematik. Trotzdem sollte man nicht Tausende Formeln auswendig lernen, das hindert, sich auf die wirklichen Schwerpunkte zu konzentrieren.

Welche Formeln also sollte man sich merken? Eine allgemein gültige Antwort auf diese Frage kann nicht gegeben werden, das muss letzten Endes jeder für sich selbst entscheiden. Aber zwei Arten von Formeln kennt jeder gute Mathematiker und auch jeder gute Mathematikschüler:

Zum einen sind das Formeln, mit denen man irgendwann einmal rechnete und nie vergaß, zum anderen sind das sehr häufig auftretende Formeln, die in den verschiedensten Bereichen der Mathematik eine Anwendung finden und die auch in *Fleisch und Blut* übergegangen sein müssen, um viele neue Probleme der Mathematik zu verstehen.

Formeln dieser Art sind die binomischen Formeln, die in den folgenden Zeilen hergeleitet werden.

Die ersten beiden binomischen Formeln geben an, wie man die quadratischen Terme $(a + b)^2$ und $(a - b)^2$ ohne Klammern schreiben kann, und die dritte binomische Formel besagt, wie man den Produktterm $(a + b) \cdot (a - b)$ ohne Klammern schreibt. Hierzu formt man um:

Herleitung der 1. binomischen Formel:

$$(a + b)^2 = (a + b) \cdot (a + b)$$

Das Distributivgesetz lautet:

$$c \cdot (a + b) = c \cdot a + c \cdot b \text{ für alle } a, b, c \in \mathbb{Q}$$

Weil das Distributivgesetz für alle rationalen Zahlen gilt, darf man sich für c jede Zahl vorstellen. So auch die Summe aus a und b. Ersetzt man bei dem Distributivgesetz c mit $(a + b)$, steht auf der linken Seite der Ausdruck der binomischen Formel.
Distributivgesetz mit $c = (a + b)$:

$$(a + b) \cdot (a + b) = (a + b) \cdot a + (a + b) \cdot b$$

Wegen dem Distributivgesetz können die Terme auf der rechten Seite der Gleichung auch ohne Klammern geschrieben werden.

$\Leftrightarrow (a + b)^2 = (a + b) \cdot (a + b)$
$\Leftrightarrow (a + b)^2 = a \cdot a + b \cdot a + a \cdot b + b \cdot b$
$\Leftrightarrow (a + b)^2 = a^2 + a \cdot b + a \cdot b + b^2$ | Kommutativgesetz: $a \cdot b = b \cdot a$
$\Leftrightarrow (a + b)^2 = a^2 + 2ab + b^2$ | gleiche Summanden wurden zusammengefasst

Die letzte Gleichung ist die erste binomische Formel. Der mittlere Summand berechnet sich aus $a \cdot b + a \cdot b = 2 \cdot a \cdot b$ und es fällt auf, dass die Multiplikationszeichen weggelassen wurden. Das ist eine vereinfachende Schreibweise, auf die man sich in der Mathematik geeinigt hat ($a \cdot b = ab$). Man vereinfacht nicht nur die Schreibweise,

auch die Aussprache ist etwas lapidar. Die meisten Menschen sagen zu $2 \cdot a \cdot b$ nicht – *zwei mal a mal b* –, sondern kurz – *zwei a b* – und schreiben: 2ab.

Die Herleitungen der zweiten und dritten binomischen Formeln sind analog zu der der ersten binomischen Formel. Man beachte: Das Distributivgesetz gilt auch für Differenzterme.

Herleitung der 2. binomischen Formel:

$$(a - b)^2 = (a - b) \cdot (a - b)$$

$\Leftrightarrow (a - b)^2 = (a - b) \cdot a - (a - b) \cdot b$

$\Leftrightarrow (a - b)^2 = aa - ab - ab - (-b) \cdot b$

$\Leftrightarrow (a - b)^2 = a^2 - 2ab + b^2$

Herleitung der 3. binomischen Formel:

$$(a + b) \cdot (a - b) = (a + b) \cdot a - (a + b) \cdot b$$

$\Leftrightarrow (a + b) \cdot (a - b) = aa + ba - ab - bb$ | $ba - ab = 0$

$\Leftrightarrow (a + b) \cdot (a - b) = a^2 - b^2$

Zusammenfassung: Unter den binomischen Formeln versteht man die drei Gleichungen:

1. $(a + b)^2 = a^2 + 2ab + b^2$
2. $(a - b)^2 = a^2 - 2ab + b^2$
3. $(a + b) \cdot (a - b) = a^2 - b^2$

Diese Formeln sind Termumformungen. Liest man sie von links nach rechts, wird ein Potenz- oder Produktterm in einen Summenterm umgewandelt, und liest man sie von rechts nach links, dann wird ein Summenterm in einen Produktterm aus zwei Faktoren verwandelt. Diesen Vorgang bezeichnet man als Faktorisieren. Mit anderen Worten: Der Term, der ursprünglich nur aus Summanden bestand, wird mit den binomischen Formeln äquivalent in einen Term, der nur Faktoren enthält, umgeformt und umgekehrt.

Es zeigt sich, dass genau diese Termumformungen bei vielen mathematischen Problemen in den unterschiedlichsten Arten und Weisen vorkommen. Deshalb empfielt es sich, diese Formeln auf jeden Fall auswendig zu lernen und ihre Herleitungen zu verstehen.

Rechnen mit binomischen Formeln

Es gibt Gleichungen, für deren Lösung es wichtig ist, auf einer Seite nur Faktoren zu haben und auf der anderen Seite nur Summanden. Oft können die binomischen Formeln weiterhelfen, Gleichungen so umzuformen.

Beispiel:
Für welche Werte von x ist folgende Gleichung erfüllt?

$$x^2 - 4x + 5 = 5$$

Da in dieser Gleichung der Summand x^2 enthalten ist, nennt man derartige Gleichungen quadratische Gleichungen. Sie lassen sich im Allgemeinen nicht durch einfache Termumformungen lösen. Kennt man die allgemeine Lösungsform für quadratische Gleichungen nicht, kann man versuchen, die Lösungen zu erraten, was bei dieser Gleichung durchaus möglich ist. Die Gleichung ist richtig, wenn x = 0 oder x = 4 ist. Denn:

Für x = 0 berechnet sich die Gleichung $x^2 + 4x + 5 = 5$ zu:

$$0^2 - 4 \cdot 0 + 5 = 5$$
$$\Leftrightarrow \quad 5 = 5 \qquad \text{| wahre Aussage}$$

Und für x = 4 zu:

$$4^2 - 4 \cdot 4 + 5 = 5$$
$$\Leftrightarrow \quad 5 = 5 \qquad \text{| wahre Aussage}$$

Eine analytische Lösungsmethode, bietet die so genannte quadratische Ergänzung. Hier vergleicht man zunächst die zu berechnende quadratische Gleichung mit der ersten oder zweiten binomischen Formel:

$$a^2 - 2ab + b^2 = (a - b)^2 \quad \text{(1. binomische Formel)}$$
$$x^2 - 4x + 5 = 5$$

Die linke Seite der quadratischen Gleichung ähnelt offenbar der linken Seite der zweiten binomischen Formel. Man überlegt sich nun, was an der linken Seite verändert werden muss, damit auch diese eine binomische Formel ist? Durch einen Vergleich der ersten beiden Summanden findet man:

x^2 ist analog zu a^2, wenn x = a ist.
4x ist analog zu 2ab, wenn b = 2 und x = a ist.

Wenn b aber gleich 2 ist, müsste an der Stelle der Zahl 5 in der Gleichung die Zahl 4 stehen, weil b^2 dann 2^2 wäre, und das ist gleich 4. Um diesen kleinen Unterschied zu beheben, führt man die quadratische Ergänzung durch. Dazu addiert man auf beiden Seiten der Gleichung das fehlende quadratische Glied (in diesem Beispiel die Zahl 4) und ordnet die Summanden in der Gleichung so an, dass auf der linken Seite die Form der binomischen Formel steht:

$$x^2 - 4x + 5 = 5 \qquad \text{| + 4 (quadratische Ergänzung)}$$
$$\Leftrightarrow \quad x^2 - 4x + 4 + 5 = 4 + 5 \qquad \text{| - 5 (ordnen)}$$
$$\Leftrightarrow \quad x^2 - 4x + 4 = 4$$
$$a^2 - 2ab + b^2 = (a - b)^2$$

Jetzt sieht man, dass sich die linke Seite mit Hilfe der zweiten binomischen Formel umformen lässt und zwar zu:

$$(x - 2)^2 = 4$$

Diese Gleichung stellt direkt zwei Fragen oder Aufgaben:
1. Welche Zahlen mit sich selbst multipliziert ergeben 4? Die Antwort lautet:
2 und –2, denn $2^2 = 4$ und $(-2)^2 = 4$.
Die Zuordnungspfeile im Koordinatensystem bestehen aus einer parallelen Strecke zur y-Achse, die an der entsprechenden Stelle auf der x-Achse beginnt, und einer parallelen Strecke zur x-Achse, die durch die dazugehörende Stelle auf der y-Achse geht. Die Strecken treffen sich an einem für das Zahlenpaar charakteristischen Punkt, dem man eindeutig entnehmen kann, welche Zahlen einander zugeordnet werden.

Die zweite Frage ist deshalb eher eine neue Aufgabe und lautet:
2. Welche Zahlen kann man für x einsetzen, damit (x – 2) gleich –2 oder gleich 2 wird?
$$x - 2 = 2 \quad \text{und} \quad x - 2 = -2 \qquad \text{| beide Gleichungen + 2}$$
$$\Leftrightarrow \quad x = 4 \quad \text{und} \quad \Leftrightarrow x = 0$$
Lösungen für x sind also: x = 4 und x = 0

Die Gleichung $x^2 - 4x + 5 = 5$ hat also 2 Lösungen, nämlich x = 0 und x = 4.

Obwohl die binomischen Formeln in den allermeisten Fällen zu Termumformungen benötigt werden, kann man sie auch als Hilfe beim Kopfrechnen verwenden.

Beispiele:
Das Quadrat von 13 ($13^2 = 13 \cdot 13$) kennen viele Menschen auswendig. Wenn nicht, kann man es schnell mit dem Taschenrechner, mit Hilfe der schriftlichen Multiplikation oder auch im Kopf ausrechnen. Beim Kopfrechnen haben die verschiedensten Menschen die unterschiedlichsten Tricks parat, und manche nutzen dazu sogar die binomischen Formeln.
Dazu zerlegt man die Zahl 13 = 10 + 3, und setzt 10 für a und 3 für b in die erste binomische Formel ein.

$$(a + b)^2 = a^2 + 2ab + b^2$$
$$13^2 = (10 + 3)^2 = 10^2 + 2 \cdot 10 \cdot 3 + 3^2$$
$$= 100 + 60 + 9 = 169$$

Die Berechnung von 13^2 reduziert sich mit Hilfe der ersten binomischen Formel auf die Berechnungen von:
$10 \cdot 10 = 100$, von $2 \cdot 10 \cdot 3 = 60$ sowie $3 \cdot 3 = 9$ und anschließender Addition der drei Zwischenergebnisse $100 + 60 + 9 = 169$.

Auch Aufgaben wie $72 \cdot 68$ lassen sich mit Hilfe binomischer Formeln und ein wenig Übung leicht im Kopf berechnen. Dazu zerlegt man die beiden Zahlen wie folgt:

$$72 = 70 + 2 \quad \text{und} \quad 68 = 70 - 2$$

Und verwendet die dritte binomische Formel:

$$(a + b) \cdot (a - b) = a^2 - b^2$$
$$72 \cdot 68 = (70 + 2) \cdot (70 - 2) = 4\,900 - 4 = 4\,896$$

Die zweite binomische Formel hilft bei Aufgaben wie 999^2, denn:
999 = 1 000 – 1, und das Rechnen mit den Zahlen 1 und 1 000 ist einfacher als mit 999.

$$(a - b)^2 = a^2 - 2 \cdot a \cdot b + b^2$$
$$999^2 = (1\,000 - 1)^2 = 1\,000\,000 - 2 \cdot 1\,000 \cdot 1 + 1^2$$
$$= 1\,000\,000 - 2\,000 + 1 = 998\,001$$

Zum Weiterlesen:

• Der Umgang mit Bruchgleichungen, S. 100
• Quadratische Gleichungen, S. 132
• Linearfaktorzerlegung, Satz von Vieta, S. 136

Der Umgang mit Bruchgleichungen

Alle rationalen Zahlen lassen sich als Brüche darstellen, und jeder Bruch ist auch eine rationale Zahl. Dennoch, ein Bruch ist mehr als nur eine Zahl. Der Bruchstrich ist eine Rechenvorschrift, die besagt, dass der Zähler durch den Nenner zu teilen ist, um den Wert des Bruches zu ermitteln. Zähler und Nenner müssen dabei nicht unbedingt natürliche Zahlen sein, sie können auch aus den unterschiedlichsten mathematischen Ausdrücken bestehen. In diesem Fall liefert der Bruchstrich noch eine zusätzliche Rechenvorschrift. Er besagt, dass der Ausdruck des Zählers und auch der des Nenners so zu behandeln sind, als ob sie jeweils in einer Klammer stehen. Um den Wert eines Bruches zu bestimmen, muss man deshalb den Wert des Zählers und des Nenners bestimmen und kürzt den Bruch, bevor man den Quotienten aus Zähler und Nenner bildet.

Stehen in einem Bruch in Zähler und/oder Nenner Summanden, so muss man beim Kürzen sehr genau hinschauen. Daher soll ein beim Kürzen häufig auftretender Fehler vorab geklärt werden.

Beispiel:

$$f(a) = \frac{3 \cdot a}{7 \cdot a} = \frac{3 \cdot \cancel{a}}{7 \cdot \cancel{a}} = \frac{3}{7}$$

Sieht man sich diese Gleichung an, erkennt man sofort, dass in Zähler und Nenner das a steht, und man kürzt es wie selbstverständlich heraus. So kommt man zu dem Bruch $\frac{3}{7}$. In diesem Fall war das Kürzen durch a vollkommen richtig, aber nur deshalb, weil Zähler und Nenner jeweils aus Produkten bestehen. Stehen in Zähler und Nenner Summen, so ist es schon wesentlich schwieriger, die richtige Zahl zu finden, durch die man kürzen kann.

Beispiel:

$$f(a) = \frac{3 \cdot a + 9}{12 \cdot a + 9}$$

Wenn man sich diese Gleichung anschaut, fallen einem die Zahl 9 und die Variable a ins Auge, und so könnte man auf die Idee kommen, durch 9 und/oder durch a zu dividieren. Dieses ist aber völlig falsch, da man aus einer Summe niemals kürzen darf. Merkt man sich den folgenden Merksatz, dann passiert einem dieser Fehler vielleicht nicht so schnell.

> Aus Summen kürzen nur die Dummen.

Sobald Summen in Zähler und Nenner vorkommen, muss man den größten gemeinsamen Teiler aller Summanden suchen. Durch diesen kann man dann kürzen.

Für die oben angeführte Gleichung bedeutet das:
Man sucht den größten gemeinsamen Teiler von den Summanden 3a, 9, 12a und 9. Mit einem geübten Auge erkennt man, dass es die 3 ist. Als Erstes klammert man in Zähler und Nenner die 3 aus, so dass man auf folgende Gleichung kommt:

$$f(x) = \frac{3 \cdot a + 9}{12 \cdot a + 9} = \frac{3(a + 3)}{3(4a + 3)} = ?$$

Jetzt sieht man, dass jeweils ein Produkt mit dem Faktor 3 in Zähler und Nenner steht. Diese 3 darf jetzt gekürzt werden, so dass man die Gleichung wie folgt auflösen kann:

$$f(a) = \frac{\cancel{3}(a + 3)}{\cancel{3}(4a + 3)} = \frac{a + 3}{4a + 3}$$

Beispiel zum Kürzen von Brüchen:
Welchen Wert hat der Bruch $\frac{5 + 4}{(3 + 6) \cdot 2}$?

$$x = \frac{5 + 4}{(3 + 6) \cdot 2} = \frac{9}{9 \cdot 2} = \frac{9}{18} = \frac{1}{2} = 0,5$$

Hier wurde eine Bruchgleichung aufgestellt, bei der die Variable x für den Wert des Bruches steht. Zur Bestimmung von x wurden zuerst die Werte von Zähler und Nenner bestimmt, danach gekürzt und dann der Quotient gebildet. Dieser Bruch wurde durch 9 gekürzt, was auch einen Rechenschritt früher möglich gewesen wäre. Das Endergebnis dieser Bruchgleichung lautet x = 0,5. Bei den Lösungen von Bruchgleichungen wird auch häufig ein Bruch als Lösung für eine Variable angegeben, das sollte dann aber ein Bruch sein, den man nicht mehr kürzen kann. In diesem Beispiel also $x = \frac{1}{2}$.
Bruchgleichungen können auch Variablen im Zähler oder im Nenner haben; man löst diese Gleichungen, indem man die Variable durch äquivalente Umformungen freistellt. Hierbei ist zusätzlich auf die Regeln der Bruchrechnung zu achten.

Beispiel:

$$\frac{1}{2} = \frac{x}{4} \qquad | \cdot 4$$

$$\Leftrightarrow \frac{4}{2} = \frac{4 \cdot x}{4} \qquad \begin{array}{l} | \text{ linke Seite durch 2 kürzen} \\ | \text{ rechte Seite durch 4 kürzen} \end{array}$$

$$\Leftrightarrow \frac{2}{1} = \frac{x}{1}$$

$$\Leftrightarrow 2 = x$$

Zur Lösung komplizierterer Bruchgleichungen ist es nützlich, einige Zusammenhänge zwischen Bruchgleichungen zu lernen. Zum Beispiel die Aussage:

> Haben zwei Brüche den gleichen Wert, so haben auch ihre Kehrwerte den gleichen Wert.
>
> $$\frac{a}{b} = \frac{c}{d} \quad \overset{\text{Kehrwert}}{\Leftrightarrow} \quad \frac{b}{a} = \frac{d}{c} \qquad (\text{mit } a, b, c, d \neq 0)$$

Bei diesen Bruchgleichungen stehen a, b, c und d im Nenner, deshalb darf keine Variable 0 sein. Die Äquivalenz der beiden Gleichungen kann mit äquivalenten Umformungen leicht gezeigt werden.

$$\frac{a}{b} = \frac{c}{d} \qquad | \cdot b \text{ und } \cdot d$$

$$\Leftrightarrow \frac{abd}{b} = \frac{bdc}{d} \qquad \begin{array}{l} | \text{ linke Seite durch b kürzen} \\ | \text{ und rechte Seite durch d} \end{array}$$

$$\Leftrightarrow \frac{ad}{1} = \frac{bc}{1} \qquad | : a; \; : c$$

$$\Leftrightarrow \frac{ad}{ac} = \frac{bc}{ac} \qquad | \text{ kürzen}$$

$$\Leftrightarrow \frac{d}{c} = \frac{b}{a} \qquad \text{Kehrwertgleichung zu: } \frac{a}{b} = \frac{c}{d}$$

Diese Umformungen beweisen die Äquivalenz zwischen einer Bruchgleichung und der Gleichung ihrer Kehrwerte, wenn nicht durch 0 geteilt wird. Zusätzlich zeigt sie direkt nach der ersten Umformung und anschließendem Kürzen einen interessanten Zusammenhang zwischen a, b, c und d.

> $$\frac{a}{b} = \frac{c}{d} \quad \overset{(\cdot b, \cdot d \text{ und kürzen})}{\Leftrightarrow} \quad ad = bc$$

Die Gleichung wurde mit den beiden Nennern multipliziert und anschließend gekürzt. Als Resultat sind die Brüche verschwunden. Diesen Vorgang nennt man *über Kreuz multiplizieren* und man sieht: Haben jeweils zwei Brüche das gleiche Verhältnis (den gleichen Wert oder den gleichen Quotienten), so sind die Produkte des jeweiligen Zählers mit dem Nenner des anderen Bruches gleich.

Beispiel:
Die Brüche $\frac{2}{1}$ und $\frac{4}{2}$ haben beide den Wert 2, deshalb gilt:

$$\frac{2}{1} = \frac{4}{2} \Leftrightarrow 2 \cdot 2 = 4 \cdot 1$$

Multipliziert man eine Bruchgleichung über Kreuz, erhält man eine zu der Bruchgleichung äquivalente Gleichung ohne Brüche, wenn man die eventuellen Einschränkungen beibehält, die für Bruchgleichungen manchmal notwendig sind, damit ein Nenner niemals gleich 0 wird. Bevor über Kreuz multipliziert wird oder auch bevor man Kehrwerte bildet, sollte man die Bruchgleichung so weit umgeformt haben, dass auf jeder Seite der Gleichung nur noch ein Bruch steht. Eine einzelne Zahl oder eine einzelne Variable ist hier als Bruch mit Nenner 1 zu betrachten (z. B.: $2 = \frac{2}{1}$).

Beispiel:
Welcher Wert x löst folgende Gleichung?

$$\frac{2x}{x^2} + \frac{1}{6} = \frac{3}{2} + \frac{2}{3}$$

Bei dieser Gleichung steht x^2 im Nenner, deshalb darf x nicht null sein, da sonst auch $x^2 = 0$ ist. Den Lösungswert für x findet man nach geeigneten Umformungen:

$$\frac{2x}{x^2} + \frac{1}{6} = \frac{3}{2} + \frac{2}{3} \qquad \Big| -\frac{1}{6} \text{ und durch x kürzen}$$

$$\Leftrightarrow \frac{2}{x} = \frac{3}{2} + \frac{2}{3} - \frac{1}{6}$$

Die Brüche auf der rechten Seite müssen zusammengefasst werden. Dazu sucht man einen Hauptnenner und erweitert die Brüche, so dass sie diesen Nenner bekommen. 6 ist ein gemeinsamer Nenner dieser Brüche.

$$\Leftrightarrow \frac{2}{x} = \frac{3 \cdot 3}{6} + \frac{2 \cdot 2}{6} - \frac{1}{6}$$

$$\Leftrightarrow \frac{2}{x} = \frac{9 + 4 - 1}{6}$$

$$\Leftrightarrow \frac{2}{x} = \frac{12}{6}$$

An dieser Stelle kann der Bruch auf der rechten Seite durch 6 gekürzt werden; er ist dann gleich $\frac{2}{1}$ und man sieht bereits das Ergebnis x = 1. Sieht man das noch nicht, kann über Kreuz multipliziert werden und die Brüche verschwinden.

$$\Leftrightarrow \quad 2 \cdot 6 = 12 \cdot x$$
$$\Leftrightarrow \quad\quad 12 = 12 \cdot x \qquad |:12$$
$$\Leftrightarrow \quad\quad\quad 1 = x$$

Der Wert x = 1 löst also die obige Aufgabe.

Hat man eine Bruchgleichung so weit umgeformt, dass auf einer Seite der Kehrwert der gesuchten Variablen steht und die Variable an keiner anderen Stelle der Gleichung vorkommt, dann bildet man auf beiden Seiten der Gleichung den Kehrwert und hat das Ergebnis.

Beispiel:

$$\frac{1}{x} = \frac{3}{2} \qquad\qquad | \text{Kehrwertbildung}$$

$$\Leftrightarrow \frac{x}{1} = \frac{2}{3} \Leftrightarrow x = \frac{2}{3}$$

Mit Bruchgleichungen werden die unterschiedlichsten Zusammenhänge in der Wirtschaft und in den Naturwissenschaften beschrieben. Eine von fast allen Schülern zu lernende Bruchgleichung ist die so genannte Linsengleichung aus der Physik.

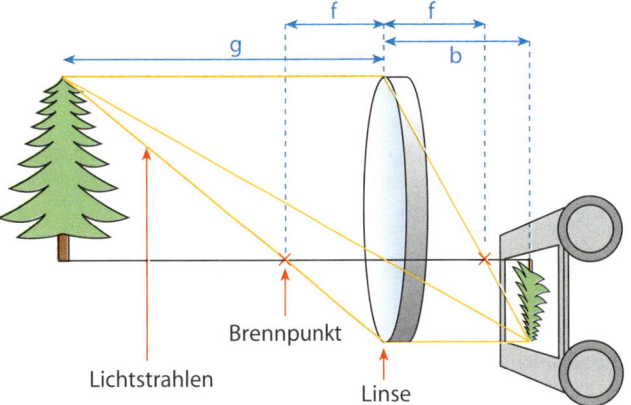

Optische Linsen sind zum Beispiel Lupen, ein Objektiv in einem Fotoapparat oder ein Teil des Auges. Wird eine solche Linse aus einer bestimmten Richtung mit parallel einfallendem Licht bestrahlt, wird das Licht so gebrochen, dass alle Strahlen nach einem bestimmten Abstand zu der Linse durch einen Punkt gehen. Den Punkt nennt man Brennpunkt und den Abstand zur Linse die Brennweite f. Außerdem haben Linsen die Eigenschaft, dass sie Gegenstände optisch abbilden können. Die Linse in einem Fotoapparat bildet zum Beispiel einen Baum auf den eingelegten Film ab, wenn man einen Baum fotografiert. Den Abstand zwischen Baum und Linse bezeichnet man als Gegenstandsweite g und den Abstand zwischen Linse und Film, als die Bildweite b. Den Zusammenhang zwischen der Brennweite f, der Gegenstandsweite g und der Bildweite b beschreibt die Linsengleichung.

Linsengleichung: $\frac{1}{f} = \frac{1}{g} + \frac{1}{b}$

Will man für eine vorgegebene Bildweite b und eine vorgegebene Gegenstandsweite g die Brennweite f berechnen, muss diese Gleichung nach f aufgelöst werden. Da der Kehrwert der Brennweite auf der linken Seite der Gleichung steht, ist es verlockend, auch auf der rechten Seite den Kehrwert zu bilden. Dabei passieren oft Rechenfehler wie: f = g + b. Das ist falsch! Der richtige Kehrwert sieht so aus:

$$f = \frac{1}{\left(\frac{1}{g} + \frac{1}{b} \right)}$$

Das ist ein nicht sehr übersichtlicher Doppelbruch. Deshalb formt man die beiden Brüche auf der rechten Seite so um, dass man sie zu einem Bruch addieren kann, und bildet erst dann den Kehrwert. Das führt zu einer übersichtlicheren Form.

$$\frac{1}{f} = \frac{1}{g} + \frac{1}{b} \qquad\qquad | \text{ erweitern}$$

Brüche addiert man, indem man sie so erweitert, dass sie einen Hauptnenner haben, die Zähler addiert und den Hauptnenner beibehält.

Das Produkt „g · b" ist ein Hauptnenner der beiden Summanden auf der rechten Seite. Deshalb wird $\frac{1}{g}$ mit b und $\frac{1}{b}$ mit g erweitert.

$\Leftrightarrow \frac{1}{f} = \frac{b}{gb} + \frac{g}{bg}$ | addieren

$\Leftrightarrow \frac{1}{f} = \frac{b + g}{gb}$ | Kehrwert bilden

$\Leftrightarrow f = \frac{gb}{g + b}$ → nach f aufgelöste Linsengleichung

Möchte man in einem technischen Aufbau (zum Beispiel Laserapparate) einen Gegenstand mit bestimmter Gegenstandsweite g und mit einer bestimmten Bildweite b abbilden, muss man nur noch die Zahlenwerte g und b einsetzen. Der Wert des Bruches liefert dann die Brennweite, die eine Linse dazu benötigt. Eine etwas schwierigere Aufgabe ist die folgende:

Wie groß ist die Gegenstandsweite g, wenn die Bildweite b doppelt so groß ist wie die Brennweite f ?

In dieser Frage steckt die Information, dass die Bildweite doppelt so groß ist wie die Brennweite, das bedeutet in Formeln: b = 2 · f. Gefragt wird nach der Gegenstandsweite g. Zunächst stellt man die Linsengleichung auf.

Linsengleichung:

$f = \frac{gb}{g + b}$

Im nächsten Schritt wird b durch 2f ersetzt. Das ist keine äquivalente Umformung, sondern eine neue Gleichung, die auch eine neue Information enthält, nämlich: Die Bildweite ist doppelt so groß wie die Brennweite. Das Äquivalenzzeichen „$\Leftrightarrow$" darf deshalb bei dieser Umformung nicht verwendet werden.

$f = \frac{g \cdot 2 \cdot f}{g + 2 \cdot f}$ über Kreuz multiplizieren

$\Leftrightarrow f \cdot (g + 2f) = 2gf$ | : f
$\Leftrightarrow g + 2f = 2g$ | – g
$\Leftrightarrow 2f = g$

Die Antwort lautet also: Wenn die Bildweite b doppelt so groß ist wie die Brennweite f (2f = b), dann ist auch die Gegenstandsweite g doppelt so groß wie die Brennweite f (2f = g). Das ist ein wichtiger Zusammenhang in der Optik.

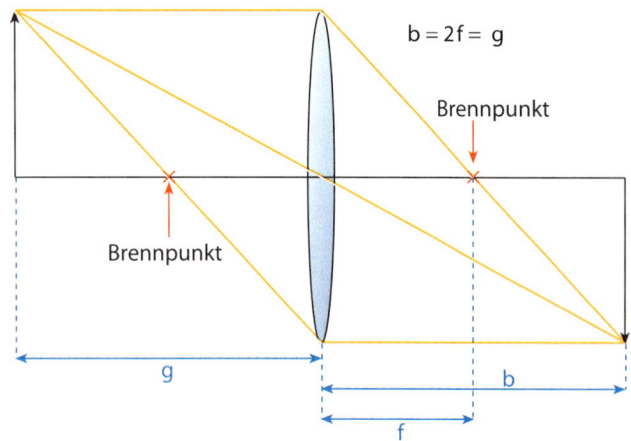

Auch die binomischen Formeln helfen bei manchen Bruchgleichungen, diese so umzuformen, dass man eine Lösung findet.
Beispiel:
Welcher Wert x löst folgende Bruchgleichung?

$\frac{18 + 6x}{18 - 2x^2} - 2 = \frac{2}{3}$

Zuerst ist darauf zu achten, dass kein Nenner 0 wird. Bevor die Gleichung umgeformt wird, muss man sich deshalb ausrechnen, für welche Werte x ein Nenner null würde. Diese Werte darf x nicht annehmen und sind auch als Ergebnis nicht zulässig. Der Nenner des Bruchs auf der linken Seite ist gleich null, wenn der Term $18 - 2x^2$ gleich null ist. Um x herauszubekommen, löst man folgende Gleichung:

$18 - 2x^2 = 0$ | $+ 2x^2$
$\Leftrightarrow 18 = 2x^2$ | : 2
$\Leftrightarrow 9 = x^2$

$\Rightarrow$ x = 3 und x = – 3, denn 3 · 3 = (– 3) · (– 3) = 9

Die Variable x darf also **nicht** 3 und auch **nicht** gleich (– 3) sein. Die weitere Umformung wird begonnen, indem alle Terme, die nicht die Variable x enthalten, auf eine Seite der Gleichung gebracht werden.

$\frac{18 + 6x}{18 - 2x^2} - 2 = \frac{2}{3}$ | $+ \frac{6}{3} (= 2)$

$\Leftrightarrow \frac{18 + 6x}{18 - 2x^2} - 2 + 2 = \frac{2}{3} + \frac{6}{3}$

Mit einem geübten Auge sieht man, dass man auf der linken Seite beim Zähler und beim Nenner jeweils einen Faktor ausklammern kann. Bei dem Zähler ist das der Faktor 6 und bei dem Nenner der Faktor 2. Die Summanden der rechten Seite kann man einfach addieren:

$\Leftrightarrow \frac{6 \cdot (3 + x)}{2 \cdot (9 - x^2)} = \frac{8}{3}$

Der Nenner der linken Seite lässt sich mit der dritten binomischen Formel faktorisieren, und man kann zusätzlich durch 2 kürzen.

$\Leftrightarrow \frac{3 \cdot (3 + x)}{(3 + x) \cdot (3 - x)} = \frac{8}{3}$ | kürzen durch (3 + x)

$\Leftrightarrow \frac{3}{(3 - x)} = \frac{8}{3}$ | über Kreuz multiplizieren

$\Leftrightarrow 9 = 8 \cdot (3 - x)$ | Klammer auflösen
$\Leftrightarrow 9 = 24 - 8x$ | – 24
$\Leftrightarrow - 15 = - 8x$ | : (– 8)

$\Leftrightarrow \frac{15}{8} = x$

Nach längeren Umformungen ist es ratsam, das Ergebnis zu überprüfen, indem man den errechneten Wert für x in die Ausgangsgleichung einsetzt und die rechte Seite mit der linken Seite vergleicht. Diese war nach der ersten Umformung:

$\frac{18 + 6x}{18 - 2x^2} = \frac{8}{3}$ | x ersetzen durch $\frac{15}{8}$

Linke Seite:

$\frac{18 + 6 \cdot \frac{15}{8}}{18 - 2 \cdot \frac{15}{8} \cdot \frac{15}{8}}$ | durch 2 kürzen

$$= \frac{9 + 3 \cdot \frac{15}{8}}{9 - \frac{15^2}{8^2}} \qquad | \ 3 \text{ ausklammern}$$

$$\qquad\qquad\qquad\qquad\qquad | \ 3. \text{ binomische Formel anwenden}$$

$$= \frac{3 \cdot (3 + \frac{15}{8})}{(3 + \frac{15}{8})(3 - \frac{15}{8})} \qquad | \text{ durch } (3 + \frac{15}{8}) \text{ kürzen}$$

$$= \frac{3}{3 - \frac{15}{8}} \qquad | \text{ mit 8 erweitern}$$

$$\frac{8 \cdot 3}{8 \cdot (3 - \frac{15}{8})} = \frac{8 \cdot 3}{8 \cdot 3 - 15} = \frac{24}{9} = \frac{8}{3}$$

Setzt man in der linken Seite der Gleichung für x = $\frac{15}{8}$ ein, dann berechnet sich der Wert des Bruches zu $\frac{8}{3}$. Das ist auch der Wert der rechten Seite, die Lösung x = $\frac{15}{8}$ ist deshalb richtig.

Genau so wie Bruchgleichungen zu behandeln sind, muss auch mit Bruchungleichungen umgegangen werden. Zu beachten ist, wie auch bei Ungleichungen ohne Brüche, dass bei Multiplikationen und Divisionen mit negativen Zahlen die Zeichen <, >, ≤, ≥ in ihre komplementären Zeichen (entgegengesetzten Zeichen) umgewandelt werden.

Hat man eine Textaufgabe, die man lösen möchte, so muss man auf die Formulierung achten, um zu erkennen, ob es sich um eine Gleichung oder Ungleichung handelt. Einige gängige Formulierungen sind folgende:

genauso groß	=
mindestens	≥
höchstens	≤
größer/höher	>
kleiner/niedriger	<

Beispiel:
Gesucht werden alle Zahlen, deren 6faches weniger 4, dividiert durch ihr 4faches plus 3, mindestens gleich 2 ergibt.
Hinter dieser Fragestellung verbirgt sich eine Bruchungleichung. Bezeichnet man die gesuchten Zahlen mit x, dann kann folgende Ungleichung aufgestellt und gelöst werden. (Bei der Lösung werden häufig Fehler begangen, so auch hier.)

$$\frac{6x - 4}{4x + 3} \geq 2 \qquad | \cdot (4x + 3) \ !$$

$$\Leftrightarrow 6x - 4 \geq 2 \cdot (4x + 3) \qquad | \text{ Klammer auflösen}$$

$$\Leftrightarrow 6x - 4 \geq 8x + 6 \qquad | +4; \ -8x$$

$$\Leftrightarrow \quad -2x \geq 10 \qquad | : -2 \text{ (Division durch eine negative Zahl)}$$

$$\Leftrightarrow \qquad x \leq -5$$

Diese Bedingung erfüllen also alle Zahlen, die kleiner oder gleich –5 sind, also auch die Zahl –6.

Probe für x = –6:

$$\frac{6 \cdot (-6) - 4}{4 \cdot (-6) + 3} = \frac{-40}{-21} = \frac{40}{21} \geq 2$$

$\frac{40}{21}$ ist weder gleich 2 noch größer als 2. Bei der Berechnung wurde offenbar ein Fehler begangen. Eine genauere Untersuchung der begangenen Umformungen führt zu folgender Problemstellung:
Direkt bei der ersten Umformung wurde die Ungleichung mit dem Term (4x + 3) multipliziert und das „≥"-Zeichen beibehalten. Berechnet man den Wert dieses Terms für x = –5 oder x = –6, stellt man aber fest, dass er negativ ist und somit das „≥"-Zeichen durch das „≤"-Zeichen zu ersetzen ist.
Wird eine Ungleichung mit einem Term multiplizert bzw. durch einen Term dividiert, der eine Variable beinhaltet, so muss angegeben werden, für welche Werte der Variable der Term negativ wird und somit das „≥"-Zeichen durch sein komplementäres ersetzt werden muss und umgekehrt.
Alle Zahlen, deren 6faches weniger 4, dividiert durch ihr 4faches plus 3, größer oder gleich sind als 2, berechnen sich deshalb folgendermaßen:

$$\frac{6x - 4}{4x + 3} \geq 2 \qquad | \cdot (4x + 3) \ !$$

1. Fall:
$$4x + 3 > 0 \Leftrightarrow x > -\frac{3}{4}$$

$$\Rightarrow x \leq -5$$

Das ist aber unmöglich. Die Variable x kann nicht kleiner sein als –5 und gleichzeitig größer als $-\frac{3}{4}$. Die Berechnung im 1. Fall führte zu keinem Ergebnis.

2. Fall:

$$4x + 3 < 0 \Leftrightarrow x < -\frac{3}{4}$$

$$\frac{6x - 4}{4x + 3} \geq 2 \qquad | \cdot (4x + 3) \text{ und } x < -\frac{3}{4}$$

$$\Leftrightarrow 6x - 4 \leq 2 (4x + 3) \qquad | \text{ Klammer auflösen}$$

$$\Leftrightarrow 6x - 4 \leq 8x + 6 \qquad | +4; \ -8x$$

$$\Leftrightarrow \quad -2x \leq 10 \qquad | : -2 \text{ (Division durch eine negative Zahl)}$$

$$\Leftrightarrow \qquad x \geq -5$$

$$\Leftrightarrow \quad -5 \leq x < -\frac{3}{4}$$

Das Ergebnis kann jetzt angegeben werden: Alle Zahlen x, die größer oder gleich –5 **und** kleiner als $-\frac{3}{4}$ sind, erfüllen die **Ungleichung**:

$$\frac{6x - 4}{4x + 3} \geq 2$$

Zum Weiterlesen:

- Bruchrechnung, S. 38
- Gleichungen und Ungleichungen, S. 66
- Binomische Formeln, S. 98

Lineare Gleichungssysteme

Mit linearen Funktionen, proportionalen und antiproportionalen Zuordnungen lassen sich viele Berechnungen durchführen, wenn man die Zuordnungs- oder die Funktionsvorschrift kennt. Alle Dreisatzberechnungen berufen sich beispielsweise auf proportionale und antiproportionale Zuordnungen. Hinter manchen Problemen verbergen sich aber mehrere Zuordnungen, die dann nicht mehr so leicht berechnet werden können. So gibt es in Warenhäusern für die einzelnen Artikel verschiedene Preiszuordnungen, da sie unterschiedlich teuer sind. Kauft man verschiedene Waren zu unterschiedlichen Preisen, reichen Dreisatzaufgaben nicht mehr aus, um Einzelpreise oder Preise für eine bestimmte Stückzahl zu ermitteln.

Beispiel:
Peters Mutter kaufte letzte Woche 6 Berliner und 12 Stücke Streuselkuchen. Sie kann sich nicht mehr daran erinnern, wie viel ein Berliner und ein Stück Streuselkuchen kostet, sie weiß nur noch, dass sie insgesamt 30 DM bezahlte. Heute schickt sie Peter zum Bäcker, er soll 3 Stücke Streuselkuchen und 3 Berliner kaufen und sich merken, wie viel ein Berliner und ein Stück Kuchen kostet. Dummerweise vergisst auch Peter die Einzelpreise, merkt sich aber, wie auch seine Mutter, den Gesamtpreis von 9 DM.
Können die beiden Einzelpreise rekonstruiert werden?

Aufgaben wie diese können durchaus auch in der Knobelecke einer Zeitung stehen. Man kann sie aber auch analytisch berechnen. Dazu benennt man zuerst Variablen für die gesuchten Größen:

gesucht werden: x – Preis für einen Berliner
und: y – Preis für ein Stück Streuselkuchen

Im zweiten Schritt schreibt man die Informationen aus der Textaufgabe in Gleichungen auf. Diese Textaufgabe beinhaltet zwei wesentliche Informationen:

1.:   6 Berliner und 12 Stücke Streuselkuchen kosten 30 DM
Gleichung 1: 6 · x   + 12 · y   = 30

2.:   3 Berliner und 3 Stücke Streuselkuchen kosten 9 DM
Gleichung 2: 3 · x   + 3 · y   = 9

Der dritte Schritt ist dann eine formale Sache, man muss die Gleichungen lösen, wenn sie lösbar sind, oder zeigen, dass sie nicht lösbar sind. In diesem Beispiel ist ein aus zwei Gleichungen bestehendes lineares Gleichungssystem zu lösen. Man nennt es linear, weil die größte Potenz der Variablen 1 ist ($x^1 = x$, $y^1 = y$).
Die Schreibweise

$$\left|\begin{array}{l} 6\,x + 12\,y = 30 \\ 3\,x + 3\,y = 9 \end{array}\right| \quad \begin{array}{l}\text{Gleichung 1}\\ \text{Gleichung 2}\end{array}$$

bringt zum Ausdruck, dass die beiden Gleichungen zusammengehören. Zur Lösung des Gleichungssystems formt man eine der beiden Gleichungen um und stellt eine Variable frei; zum Beispiel x bei der ersten Gleichung:

$$\begin{array}{lll} & 6\,x + 12\,y = 30 & |-12\,y \\ \leftrightarrow & 6\,x = 30 - 12\,y & |:6 \\ \leftrightarrow & x = 5 - 2\,y \end{array}$$

Es wurde noch kein Endergebnis ausgerechnet, vielmehr zeigt diese Umformung die Abhängigkeit x von y nach der ersten Gleichung. Würde man wissen, wie viel ein Stück Streuselkuchen kostet, könnte man das für y einsetzen und den Preis für die Berliner ausrechnen, man weiß es aber noch nicht. Deshalb ersetzt man in der zweiten Gleichung x durch die Abhängigkeit x von y ($x = 5 - 2y$) der ersten und erhält so *eine* Gleichung, die *beide Informationen*, von Gleichung 1 und von Gleichung 2, enthält. Diese Gleichung hat nur noch eine Unbekannte, die Variable y, nach der man sie auflöst.

Gleichung 1: $x = 5 - 2y$ in

Gleichung 2: $3x + 3y = 9$ einsetzen:

$$\begin{array}{lll} & 3 \cdot (5 - 2y) + 3y = 9 & |\text{ Klammer auflösen} \\ \leftrightarrow & 15 - 6y + 3y = 9 & |-15 \text{ und „y zusammenfassen“} \\ \leftrightarrow & -3y = -6 & |:(-3) \\ \leftrightarrow & y = 2 \end{array}$$

Damit weiß man, dass ein Stück Streuselkuchen 2 DM kostet. Der Preis für einen Berliner errechnet sich mit diesem Wissen dadurch, dass man den Kuchenpreis in eine der beiden Ausgangsgleichungen einsetzt und diese nach x auflöst. Die erste Gleichung ist bereits nach x aufgelöst, es empfiehlt sich, an dieser Stelle für y den Preis pro Stück Streuselkuchen einzusetzen.

$$\begin{array}{ll} & x = 5 - 2y \quad \text{mit } y = 2: \\ \Rightarrow & x = 5 - 4 \\ \leftrightarrow & x = 1 \end{array}$$

Damit ist die Aufgabe gelöst: Ein Berliner kostet 1 DM und ein Stück Streuselkuchen 2 DM. Peter wusste auch schon immer, dass ein Streuselkuchen etwas Wertvolleres ist als ein Berliner.

Die Gleichungen linearer Gleichungssysteme, bestehend aus zwei Gleichungen mit zwei Unbekannten, sind zwei lineare Gleichungen, die auch als Funktionsvorschrift für zwei lineare Funktionen angesehen werden können. Die beiden Gleichungen

Gleichung 1: $\left|\,6x + 12y = 30\,\right|$
Gleichung 2: $\left|\,3x + 3y = 9\,\right|$

können deshalb so umgeformt werden, dass man Geradengleichungen mit einer Steigung und dem y-Achsenabschnitt erkennt. Dazu löst man beide Gleichungen nach der Variablen y auf.

Gleichung 1:
$$\begin{array}{lll} & 6x + 12y = 30 & |-6x \\ \leftrightarrow & 12y = -6x + 30 & |:12 \\ \leftrightarrow & y = -0,5x + 2,5 \end{array}$$

Gleichung 2:
$$\begin{array}{lll} & 3x + 3y = 9 & |-3x \\ \leftrightarrow & 3y = -3x + 9 & |:3 \\ \leftrightarrow & y = -x + 3 \end{array}$$

Die Graphen zu diesen beiden linearen Funktionen sind Geraden im Koordinatensystem. Die Steigungen und auch die y-Achsenabschnitte lassen sich an den nach y freigestellten Gleichungen direkt ablesen, um die Graphen in ein Koordinatensystem einzutragen.

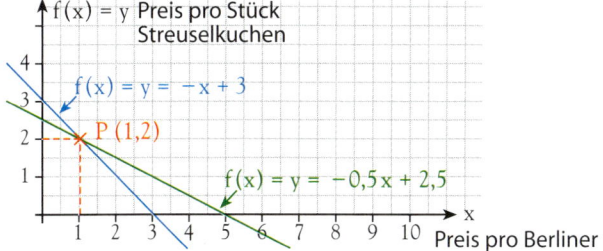

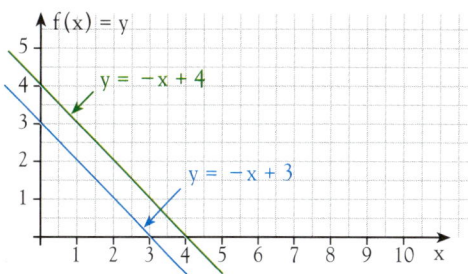

Von besonderem Interesse ist der Schnittpunkt P (1, 2). Seine Koordinaten sind die Lösungen der vorangegangenen Aufgabe, bei der für einen Berliner 1 DM berechnet wurde und für einen Streuselkuchen 2 DM. Das ist kein Zufall, denn die Koordinaten des Schnittpunkts sind die einzigen Werte (x, y), die beide Funktionsgleichungen erfüllen, und diese liefern beide einen Zusammenhang zwischen der Anzahl der gekauften Berliner und Streuselkuchen und dem dafür bezahlten Gesamtpreis. Beide Zuordnungsvorschriften (Gleichungen) können deshalb gleichzeitig nur von den tatsächlichen Preisen x und y gelöst werden. Nachdem das lineare Gleichungssystem

$$\begin{vmatrix} 6x + 12y = 30 \\ 3x + 3y = 9 \end{vmatrix}$$

aufgestellt wurde, hätte man zur Bestimmung der Lösungsmenge auch beide Gleichungen nach y auflösen können, die dazugehörigen Geraden in ein Koordinatensystem eintragen können, und die Lösungen wären dann die Koordinaten x und y des Schnittpunktes der Geraden. Beide Lösungswege sind für jedes beliebige lineare Gleichungssystem gültig.

Wie wäre ein Ergebnis aber zu interpretieren, wenn man sich für den graphischen Lösungsweg entscheidet und feststellt, dass die beiden Geraden parallel im Koordinatensystem liegen und sich gar nicht schneiden?

Beispiel:

Eine Woche später, nachdem Peter 3 Berliner und 3 Stücke Streuselkuchen für 9 DM einkaufte, kauft sich auch sein Vater Berliner und Streuselkuchen für sein Büro. Er bezahlt 16 DM für 4 Stücke Kuchen und 4 Berliner; wahrscheinlich liegt es in der Familie, auch er hat den Einzelpreis vergessen.

Nun sei wieder x der Preis für einen Berliner und y der Preis für ein Kuchenstück, das Gleichungssystem lautet dann:

$$\begin{vmatrix} 3x + 3y = 9 \\ 4x + 4y = 16 \end{vmatrix} \quad \text{– Peters Einkauf} \\ \text{– Vaters Einkauf}$$

Entscheidet man sich für den graphischen Lösungsweg, löst man beide Gleichungen nach y auf.

„Peters Gleichung":
$$\begin{aligned} 3x + 3y &= 9 & | -3x, :3 \\ \Leftrightarrow \quad y &= -x + 3 \end{aligned}$$
„Vaters Gleichung":
$$\begin{aligned} 4x + 4y &= 16 & | -4x, :4 \\ \Leftrightarrow \quad y &= -x + 4 \end{aligned}$$

Schon jetzt sieht man, dass beide Gleichungen zwei Geraden beschreiben, die parallel im Koordinatensystem liegen, denn beide haben die Steigung (−1). Sie haben also keinen Schnittpunkt.

Auch der rein rechnerische Weg wird kein Ergebnis liefern. Löst man die erste Gleichung nach y auf und setzt diese in die zweite Gleichung ein, führt das zu einem Widerspruch. Da y = − x + 4 eine äquivalente Umformung der Gleichung 2 ist, kann man die erste Gleichung auch in diese einsetzen. Wenn, wie in diesem Fall, beide Gleichungen nach derselben Variablen aufgelöst werden, kann man die beiden Gleichungen gleichsetzen, da y = y ist. Dieses Verfahren nennt man das Gleichsetzungsverfahren.

Gleichsetzungsverfahren:
$$\begin{aligned} -x + 3 &= y = y = -x + 4 \\ -x + 3 &= -x + 4 & | +x \\ \Leftrightarrow \qquad 3 &= 4 & \text{Widerspruch !} \end{aligned}$$

Für dieses Gleichungssystem kann keine Lösung angegeben werden, es ist unlösbar! Oder mit anderen Worten: Es gibt keinen gemeinsamen Stückpreis für Berliner und Streuselkuchen, den Peter und sein Vater bezahlt haben können.

Es ist noch ein dritter Fall denkbar.

Beispiel:

Nachdem Peter und seine Eltern Berliner und Streuselkuchen gekauft haben, bekommt auch Peters Schwester Sabine Heißhunger auf Streuselkuchen und Berliner. Sie kauft jeweils 2 Berliner und 2 Kuchenstücke für 8 DM. Natürlich hat sie sich die Einzelpreise auch nicht gemerkt und will sie mit den Einkaufsdaten ihres Vaters, der jeweils 4 Kuchen und 4 Berliner zu 16 DM kaufte, ermitteln.

Mit den gleichen Variablen x und y stellt man folgendes Gleichungssystem auf:

$$\begin{vmatrix} 2x + 2y = 8 \\ 4x + 4y = 16 \end{vmatrix} \quad \text{– Sabines Einkauf} \\ \text{– Vaters Einkauf}$$

Um die Lösung zu finden, kann man beide Gleichungen nach y auflösen und danach entweder Geraden in ein Koordinatensystem zeichnen oder die beiden Gleichungen gleichsetzen.

Vaters Einkauf ergibt:
y = − x + 4   (wurde schon umgeformt)

Sabines Einkauf ergibt:
$$\begin{aligned} 2x + 2y &= 8 & | -2x; :2 \\ \Leftrightarrow \qquad y &= -x + 4 \end{aligned}$$

Die nach y umgeformten Gleichungen sind identisch, man kann also nur eine Gerade in das Koordinatensystem einzeichnen, was nicht ausreicht, um die Einzelpreise zu ermitteln. Auch das Gleichsetzungsverfahren kann nicht weiterhelfen, denn es führt immer zu wahren Aussagen.

Gleichsetzungsverfahren:

$$-x + 4 = y = y = -x + 4$$
$$-x + 4 = -x + 4 \qquad | -4 \text{ oder } + x$$
$$\Leftrightarrow -x = -x \text{ oder } 4 = 4$$

Beide Aussagen sind wahr, egal welchen Wert x annimmt. $(-x)$ ist immer gleich $(-x)$, und 4 ist auch immer gleich 4. Das ist unabhängig von dem Wert irgendeiner Variablen.

Diese Rechnung besagt, dass x jeden Wert annehmen darf. Den dazugehörigen y-Wert ermittelt man dann durch Einsetzen eines gewählten x-Wertes in eine Ausgangsgleichung.

Für $x = 1$ berechnet man y zu $y = (-1) + 4 = 3$ oder für $x = 2$ ist $y = (-2) + 4 = 2$.

Wie viel ein Berliner und ein Kuchenstück tatsächlich kostet, kann mit diesem Gleichungssystem nicht berechnet werden. Es besagt vielmehr: Wenn ein Berliner 1 DM kostete, dann muss ein Stück Kuchen 3 DM gekostet haben, oder hat er 2 DM gekostet, kostete auch der Kuchen 2 DM.

Für solche Aussagen benötigt man nicht 2 Gleichungen, das sind die Aussagen von nur einer einzigen linearen Gleichung. Trotzdem wurde genauso mit zwei Gleichungen gerechnet wie zu Beginn des Kapitels, und dort wurden die Preise eindeutig berechnet. Es muss also einen Unterschied geben zwischen den Gleichungssystemen

$$1: \begin{vmatrix} 6x + 12y = 30 \\ 3x + 3y = 9 \end{vmatrix} \quad \text{und} \quad 2: \begin{vmatrix} 2x + 2y = 8 \\ 4x + 4y = 16 \end{vmatrix}$$

Das Gleichungssystem 2 verhält sich so, als wenn man nur eine Gleichung hätte, also nur eine Information. Daraus darf gefolgert werden, dass die beiden Gleichungen in System 2 gleichwertig sind. Eine genauere Betrachtung zeigt auch, dass eine Gleichung mit einer äquivalenten Umformung in die andere überführt werden kann und umgekehrt:

$$\text{1. Gleichung: } 2x + 2y = 8 \qquad | \cdot 2$$
$$\Leftrightarrow \text{2. Gleichung: } 4x + 4y = 16$$

Denkt man an die Einkäufe von Sabine und ihrem Vater, dann kaufte der Vater genau die doppelte Menge an Berlinern und Streuselkuchen, dafür bezahlte er auch genau den doppelten Betrag. Das ist keine Zusatzinformation für die Einzelpreise.

Bei Gleichungssystem 1 findet man keine äquivalenten Umformungen, die eine Gleichung so umformen, dass die andere Gleichung daraus hervorgeht. Peters Mutter kaufte 6 Berliner und 12 Stücke Streuselkuchen für 30 DM. Daraus alleine hätte man keine Vorhersage für den Gesamtpreis von 3 Berlinern und 3 Stücken Streuselkuchen geben können. Insofern ist Peters Einkauf eine neue Zusatzinformation, und es konnten die Einzelpreise bzw. die beiden Variablen x und y eindeutig bestimmt werden.

In der Mathematik nennt man lineare Gleichungssysteme, bei denen eine Gleichung nach äquivalenten Umformungen aus einer anderen Gleichung des Systems hervorgeht, *linear abhängig*. Die Variablen linear abhängiger Gleichungssysteme lassen sich nicht eindeutig bestimmen. Besteht das Gleichungssystem aus zwei linear abhängigen Gleichungen mit zwei Variablen, dann besteht die Lösungsmenge aus allen Punkten, die die *eine* Geradengleichung erfüllen.

Lassen sich in einem Gleichungssystem die einzelnen Gleichungen mit äquivalenten Umformungen nicht ineinander überführen, nennt man sie *linear unabhängig*. Die Variablen linear unabhängiger Gleichungssysteme lassen sich entweder eindeutig oder gar nicht bestimmen.

Mit Hilfe des graphischen Lösungsweges zeichnet man die beiden Geraden in ein Koordinatensystem und sucht die Koordinaten des Schnittpunktes. Mit dem rechnerischen Lösungsweg formt man eine Gleichung so um, dass man ihre Information in die andere Gleichung einsetzt und eine neue Gleichung mit nur einer Variablen entsteht, die man dann bestimmen kann.

Eine elegantere Art bietet das gaußsche Eliminationsverfahren, das bei Anwendungen mit nur 2 Variablen oft Additionsverfahren genannt wird. Hierbei formt man die Gleichungen in geeigneter Weise äquivalent um und addiert die beiden Gleichungen, so dass eine Variable verschwindet, man sagt auch eliminiert wird. Auf diese Weise entsteht ebenfalls eine neue Gleichung, die nur noch eine Variable, aber Informationen beider Gleichungen enthält.

Beispiel für das Additionsverfahren:

$$\begin{vmatrix} 3x - 8y = 49 \\ 5x + 2y = 5 \end{vmatrix} \qquad | \cdot 4$$

$$\Leftrightarrow \begin{vmatrix} 3x - 8y = 49 \\ 20x + 8y = 20 \end{vmatrix} \qquad \begin{array}{l} \text{beide Gleichungen} \\ \text{addieren} \end{array}$$

$$\Leftrightarrow \begin{vmatrix} 23x = 69 \\ 5x + 2y = 5 \end{vmatrix} \qquad | : 23$$

$$\Leftrightarrow \begin{vmatrix} x = 3 \\ 5x + 2y = 5 \end{vmatrix}$$

Nun setzt man x in eine der beiden Ausgangsgleichungen ein und berechnet den y-Wert. Zum Beispiel in die Ausgangsgleichung $5x + 2y = 5$:

$$5 \cdot 3 + 2y = 5 \qquad | -15$$
$$\Leftrightarrow 2y = -10 \qquad | : 2$$
$$\Leftrightarrow y = -5$$

Die Lösungsmenge des Gleichungssystems ist $x = 3$ und $y = -5$. Schreibt man diese beiden Gleichungen als Gleichungssystem, nennt man dieses die Normalform des ursprünglichen Gleichungssystems.

$$\begin{vmatrix} x = 3 \\ y = -5 \end{vmatrix} \quad \text{ist die Normalform zu} \quad \begin{vmatrix} 3x - 8y = 49 \\ 5x + 2y = 5 \end{vmatrix}$$

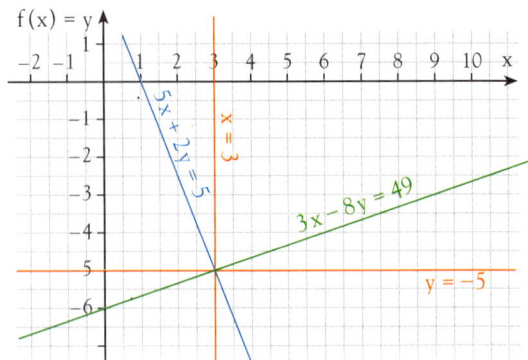

Die beiden Geraden, die durch die Normalform eines Gleichungssystems beschrieben werden, sind in der Regel unterschiedlich von denen des ursprünglichen Gleichungssystems. Sie sind parallel zu den Achsen des Koordinatensystems, und ihre Zugehörigkeit zu dem anderen Gleichungssystem erkennt man daran, dass sie sich im selben Punkt schneiden.

Das Additionsverfahren wird manchmal Subtraktionverfahren genannt, weil man auch die Differenz von zwei Gleichungen bilden darf, um eine Variable zu eliminieren.

Lineare Gleichungssysteme können auch mehr als 2 Variablen besitzen. Zur Lösung von Systemen mit mehr als 2 Variablen benötigt man genau die Anzahl linear unabhängiger Gleichungen, wie unbekannte Variablen zu lösen sind. Die Lösungsmethoden sind analog zu den bereits besprochenen.

Beispiel:
Anhand von 3 verschiedenen Notizen berechnet man Einzelpreise:

1.) 3 Berliner, 2 Apfeltaschen und 1 Nussecke kosten 10 DM.
2.) 1 Berliner, 2 Apfeltaschen und 3 Nussecken kosten 14 DM.
3.) 3 Berliner, 2 Apfeltaschen und 2 Nussecken kosten 13 DM.

Bezeichnet man mit den Variablen x, y, z die Einzelpreise für Berliner, Apfeltaschen und Nussecken, können die Notizen als lineares Gleichungssystem mit drei unbekannten Variablen umgeschrieben werden:

$$y_1 = 10 - 3x - z \neq = 5 - \tfrac{3}{2}x - \tfrac{1}{2}z$$
$$y_2 = 7 - \tfrac{1}{2}x - \tfrac{3}{2}z$$
$$y_3 = 6{,}5 - \tfrac{3}{2}x - z$$

1. | $3x + 2y + z = 10$ |
2. | $x + 2y + 3z = 14$ |
3. | $3x + 2y + 2z = 13$ |

Eine graphische Lösung dieses Systems ist mit dem bisher eingeführten Koordinatensystem nicht möglich, aber eine rechnerische. Mit dem Additionsverfahren eliminiert man sukzessive die einzelnen Parameter, bis man eine Gleichung mit nur noch einer Unbekannten hat, die dann berechnet werden kann. Diese setzt man in geeignete andere Gleichungen des Systems ein, so dass die zweite Variable und danach auch die dritte berechnet werden kann.

Gleichung 1 – Gleichung 3:	$-z = -3$	
	$\Leftrightarrow z = 3$	
Gleichung 1 – Gleichung 2:	$2x - 2z = -4$	
$z = 3$ einsetzen:	$2x - 6 = -4$	$\mid +6, : 2$
	$\hookleftarrow x = 1$	
$z = 3$ und $x = 1$ in Gleichung 1:	$3 + 2y + 3 = 10$	$\mid -6, : 2$
	$\Leftrightarrow y = 2$	

Ergebnis: Ein Berliner kostet in diesem Beispiel 1 DM, eine Apfeltasche 2 DM und eine Nussecke 3 DM.

Aber auch lineare Gleichungssysteme, die aus 3 oder mehr Gleichungen und Variablen bestehen, können derartige Strukturen besitzen, dass sie keine oder auch unendlich viel Lösungen haben.

Beispiel:
Ein lineares Gleichungssystem mit den 3 Variablen x, y, und z bestehe aus den Gleichungen g_1, g_2 und g_3.

g_1: | $x + 2y + 3z = 4$ |
g_2: | $3x + y + z = 3$ |
g_3: | $-4x + 2y + 4z = 2$ |

Subtrahiert man die mit 2 multiplizierte Gleichung g_2 von g_1 und g_3 von g_1, entstehen zwei neue, von y unabhängige Gleichungen, aus denen sich dann x und z berechnen lassen.

$\Rightarrow g_1 - 2 \cdot g_2: -5x + z = -2$
$\Leftrightarrow z = -2 + 5x$

$g_1 - g_3: \quad 5x - z = 2$

Setzt man $z = -2 + 5x$ aus der Gleichung in $5x - z = 2$ ein, sollte x berechenbar sein:

	$5x - (-2 + 5x) = 2$	$\mid$ Klammer auflösen
$\Leftrightarrow$	$5x + 2 - 5x = 2$	
$\Leftrightarrow$	$2 = 2$	

Wie auch schon bei einem Gleichungssystem mit 2 Gleichungen und zwei Unbekannten, führte eine äquivalente Umformung zu einer allgemein gültigen Aussage, ohne eine Variable konkret zu bestimmen. Dieses Gleichungssystem ist offenbar für sehr viele Werte (x, y, z) richtig.
Möchte man beispielsweise für x = 1 die zugehörigen Werte y und z bestimmen, errechnen sich diese aus „geeigneten" Gleichungen des Systems

	$z = 5x - 2$	$\mid$ für x = 1
$\Rightarrow$	$z = 5 \cdot 1 - 2 \Leftrightarrow z = 3$	

Den y-Wert ermittelt man dann mit Hilfe einer Ausgangsgleichung, zum Beispiel mit g_1:

	$x + 2y + 3z = 4$	$\mid -x; -3z$
$\Leftrightarrow$	$2y = 4 - x - 3z$	$\mid : 2$
$\Leftrightarrow$	$y = 2 - 0{,}5x - 1{,}5z$	$\mid$ x = 1 und z = 3 einsetzen
$\Rightarrow$	$y = 2 - 0{,}5 \cdot 1 - 1{,}5 \cdot 3$	
	$= 2 - 0{,}5 - 4{,}5 = -3$	

Das Gleichungssystem besitzt also eine Lösung (x, y, z) = (1, −3, 3). Das ist aber nicht die einzige Lösung, da man für unendlich viele x-Werte die Variablen y und z so bestimmen kann, dass die Gleichungen des obigen Systems alle richtig sind.
Errechnet man, wie im obigen Beispiel, unendlich viele Lösungen, gibt es zwischen den Gleichungen g_1, g_2 und g_3 folgenden Zusammenhang:
$a \cdot g_1 + b \cdot g_2 + c \cdot g_3 = 0$, wobei a, b, c beliebig sein dürfen, aber nicht alle 0.

Die Gleichungen g_1, g_2 und g_3 nennt man dann linear abhängig.
Für obiges Beispiel gilt konkret: $g_1 - g_2 - 0{,}5 \cdot g_3 = 0$

Gilt für ein Gleichungssystem $a \cdot g_1 + b \cdot g_2 + c \cdot g_3 = 0$, nur dann, wenn die Koeffizienten alle gleich null sind, a = b = c = 0, dann nennt man es linear unabhängig und es gibt genau eine Lösung, die alle Gleichungen erfüllt.

Keine Lösungen erhält man, wenn nach äquivalenten Umformungen falsche Aussagen entstehen.

 Zum Weiterlesen:

• Proportionale und lineare Funktionen, S. 72
• Rechnen mit Funktionen und ihre Definitionsbereiche, S. 76
• Umgang mit Bruchgleichungen, S. 100

Reelle Zahlen

Mit den natürlichen Zahlen $\mathbb{N}$ lassen sich alle möglichen Dinge aufzählen und auch viele Berechnungen durchführen. Man stößt aber schnell an die Grenze dessen, was mit den natürlichen Zahlen berechenbar ist. Subtrahiert man eine größere von einer kleineren Zahl, findet man keine Lösung in der Menge der natürlichen Zahlen; erst die Einführung der ganzen Zahlen $\mathbb{Z}$, bei denen es zu jeder natürlichen positiven Zahl auch eine negative Gegenzahl gibt, ermöglicht die Durchführung solcher Subtraktionen. Mit der Menge der ganzen Zahlen werden so neue Rechnungen möglich, die mit den natürlichen Zahlen alleine nicht durchführbar wären.

Aber auch in der Menge der ganzen Zahlen findet man noch lange nicht für jede Rechnung eine Lösung. Die meisten Divisionsaufgaben führen aus der Menge der ganzen Zahlen heraus und hinein in die Menge der rationalen Zahlen $\mathbb{Q}$. Diese Zahlenmenge beinhaltet alle Zahlen, die sich als Bruch, also als Quotient zweier beliebiger ganzer Zahlen, darstellen lassen. Hierzu gehören die natürlichen Zahlen $\mathbb{N}$, die ganzen Zahlen $\mathbb{Z}$, periodische und nicht-periodische Dezimalbrüche und auch die Dezimalzahlen. Man sollte glauben, dass mit diesen Zahlen alle durchführbaren Rechnungen möglich sind, aber dieser Schein trügt.

Es gibt noch weitere, unendlich viele Zahlen, die nicht in der Menge der rationalen Zahlen enthalten sind. Diese Menge nennt man irrationale Zahlen. In ihr sind viele, die Natur beschreibende Größen enthalten, und erst die rationalen Zahlen zusammen mit den irrationalen Zahlen erlauben, solch einfache Berechnungen wie den Flächeninhalt eines Kreises zu bestimmen. Dazu benötigt man nämlich die irrationale Zahl π (griech.: sprich pi); sie ist das Verhältnis aus den Flächeninhalten eines Quadrates mit Kantenlänge r und eines Kreises mit Radius r. Diese Zahl kann nicht durch einen Bruch oder eine Dezimalzahl dargestellt werden. Wie alle irrationalen Zahlen hat π unendlich viele Stellen hinter dem Komma, es tritt aber niemals eine Periode auf. (Würde eine Periode auftreten, könnte man π als gemischt- oder reinperiodischen Dezimalbruch schreiben und es wäre eine rationale Zahl).

Viele einfache quadratische Gleichungen haben keine rationalen Lösungen. Zum Beispiel die Gleichung $x^2 = 2$. Formal bezeichnet man die positive Lösung als Quadratwurzel aus 2 und schreibt dafür $\sqrt{2}$. Möchte man den Zahlenwert von $\sqrt{2}$ bestimmen, findet man näherungsweise die Zahl $\sqrt{2} = 1{,}414213\ldots$ Diese Zahl hat unendlich viele Stellen hinter dem Komma, ohne dass jemals eine Periode auftritt. Würde eine Periode auftreten, müsste man sie als Bruch schreiben können. Die Zahl $\sqrt{2}$ als Bruch zu schreiben ist aber unmöglich. Dieses kann man leicht zeigen:

Annahme:
Die Zahl $\sqrt{2}$ wäre eine rationale Zahl, dann könnte man sie auch als Bruch darstellen; dieser sei in vollständig gekürztem Zustand $\frac{a}{b}$. Das bedeutet, dass a und b ganze Zahlen sind, die aber keinen gemeinsamen Teiler außer der Zahl 1 haben.

Dann gilt:
$$\sqrt{2} = \frac{a}{b}$$
$$\text{und} \quad 2 = \frac{a^2}{b^2} \qquad |\cdot b^2$$
$$\Leftrightarrow 2 \cdot b^2 = a^2$$

a^2 und auch b^2 müssen ganze Zahlen sein, weil auch a und b laut Annahme ganze Zahlen sind. Hieraus kann gefolgert werden, dass a^2 eine gerade Zahl ist, weil a^2 das Doppelte von b^2 ist ($2 b^2 = a^2$). Wenn das

Quadrat einer ganzen Zahl gerade ist, muss auch die ganze Zahl selbst eine gerade Zahl sein; a muss also auch gerade sein. (Man vergewissere sich: Eine gerade Zahl multipliziert mit einer geraden Zahl ergibt wieder eine gerade Zahl, und eine ungerade Zahl multipliziert mit einer ungeraden ergibt eine ungerade Zahl. Ist das Quadrat a^2 gerade, muss deshalb auch a gerade sein.) Ist a gerade, dann gilt für m = a : 2, dass m eine ganze Zahl ist, und man kann a durch m ausdrücken (a = 2 · m) und in obige Gleichung für a einsetzen:

$$2 \cdot b^2 = a^2$$
$$\Leftrightarrow \quad 2 \cdot b^2 = (2 \cdot m)^2$$
$$\Leftrightarrow \quad 2 \cdot b^2 = 4 \cdot m^2 \qquad |:2$$
$$\Leftrightarrow \quad b^2 = 2 \cdot m^2$$

Aus dieser Gleichung folgt für b, analog wie aus der obigen Gleichung für a, dass auch b gerade sein muss. Wenn aber a und b gerade sind, haben sie beide mindestens den gemeinsamen Teiler 2, und das steht im Widerspruch zur Annahme, dass der Bruch $\frac{a}{b}$ vollständig gekürzt ist. Es ist also unmöglich, $\sqrt{2}$ als vollständig gekürzten Bruch $\frac{a}{b}$ und damit auch als rationale Zahl zu schreiben. Ganz analog kann für jede Wurzel aus einer Primzahl gezeigt werden, dass sie keine rationale, sondern eine irrationale Zahl ist.

Die meisten Maßbänder und Zollstöcke sind in unserer Gesellschaft in Meter, Zentimeter und Millimeter eingeteilt, und man gibt die Längen mit Dezimalbrüchen oder Dezimalzahlen an, also mit rationalen Zahlen. Zum Beispiel kann ein Schreiner die Länge von 1,24 m mit Hilfe eines Meterstabes an einem Brett anzeichnen, um es dann abzusägen.

Dass man heute meistens in rationalen Zahlen denkt, ist eigentlich nur ein Zufall. Man hätte genauso gut einen Meterstab entwickeln können, an dem nur irrationale Zahlen stehen, und es würde sich, außer den Zahlenwerten, nichts verändern.

Beispiel:
Mit Hilfe des Satzes von Pythagoras kann man leicht ein Metermaß oder einen neuen Zahlenstrahl kreieren, an dem nur irrationale Strecken abzulesen sind. Mit dem Satz des Pythagoras berechnet man leicht, dass die Länge der Hypotenuse eines rechtwinkligen Dreiecks, dessen Katheten beide die Länge 1 haben, gleich $\sqrt{2}$ ist.

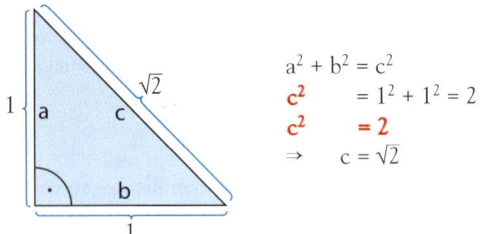

$$a^2 + b^2 = c^2$$
$$c^2 = 1^2 + 1^2 = 2$$
$$c^2 = 2$$
$$\Rightarrow \quad c = \sqrt{2}$$

Aus der so konstruierten Länge, kann man einen neuen Meterstab zusammenbasteln:

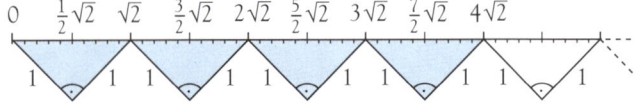

Da die Vielfachen einer irrationalen Zahl wieder eine irrationale Zahl ergeben, stehen an einem so konstruierten Meterstab nur irrationale Zahlen. Misst man mit einem herkömmlichen Zollstock eine Länge von ca. 98,99 cm, würde man mit einem in $\sqrt{2}$ skalierten Zollstock die Länge 70 · $\sqrt{2}$ cm messen. Das ist letztlich nur noch ein sprachlicher Unterschied.

Mit irrationalen Zahlen kann jede reale Länge beliebig genau bestimmt werden, das erkennt man an folgender Überlegung:

Man findet immer eine irrationale Zahl, die zwischen zwei noch so nahe zusammenliegenden rationalen Zahlen liegt und umgekehrt. Dazu muss man sich klarmachen, dass jede Multiplikation einer irrationalen Zahl mit einer rationalen Zahl (zum Beispiel die Multiplikation von $\sqrt{2}$ mit irgendeinem Bruch) wieder eine irrationale Zahl ergibt.

Die vorangegangenen Überlegungen sollen gezeigt haben, dass die irrationalen Zahlen von mindestens der gleichen Bedeutung sind wie auch die rationalen Zahlen. Alle bisherigen Rechnungen, die mit rationalen Zahlen durchführbar sind, könnten auch mit irrationalen Zahlen berechnet werden.

Im Zusammenhang mit den Zahlen sollte das Wort „irrational" nicht als „unwirklich" oder als „nicht vernünftig" verstanden sein. Die irrationalen Zahlen sind „wirklich vernünftig"! Vielmehr sollte man an alle die Sprachen denken (zum Beispiel an Englisch), in denen das Wort „ratio" Verhältnis bedeutet und auch der Quotient aus Zähler und Nenner mit „ratio" bezeichnet wird. In diesem Sinn sind die rationalen Zahlen schon per Sprache als Bruchzahlen und die irrationalen Zahlen als „Nicht-Bruchzahlen" definiert.

Wirklich, oder mit einem Fremdwort ausgedrückt, reell sind beide Zahlentypen; und weil es sehr viele Berechnungen gibt, die mit den rationalen Zahlen alleine nicht mehr durchführbar sind (man denke an Kreisberechnungen, irrationale Wurzeln), fasst man die rationalen Zahlen mit den irrationalen Zahlen zusammen und nennt diese Zahlenmenge die **reellen Zahlen** $\mathbb{R}$. Erst mit rationalen und irrationalen Zahlen zusammen werden viele Berechnungen möglich, die unsere Welt und auch unsere Gesellschaft beschreiben.

Eine weitere, in der Mathematik sehr bedeutende irrationale Zahl ist die nach Euler benannte eulersche Zahl e = 2,718281 … Viele Berechnungen in den Naturwissenschaften und auch in der Wirtschaft wären ohne die Zahl „e" nicht mehr denkbar.

In diesem Buch wird die eulersche Zahl im Zusammenhang mit der Exponentialrechnung und den Logarithmen vorgestellt.

Dichte Gerade, dichte Zahlenanordnung

Die Graphen linearer Funktionen sind Geraden im Koordinatensystem. Besteht der Definitionsbereich nur aus rationalen Zahlen, dann hat diese Gerade Löcher, und zwar unendlich viele Löcher auf jedem noch so kleinen Teilbereich der Geraden.

Beispiel:

Im folgenden Koordinatensystem seien an der x- und y-Achse alle reellen Zahlen aus R angeordnet, der Definitionsbereich der eingezeichneten Funktion f(x) = x sei aber $\mathbb{Q}$ und somit auch der Wertebereich.

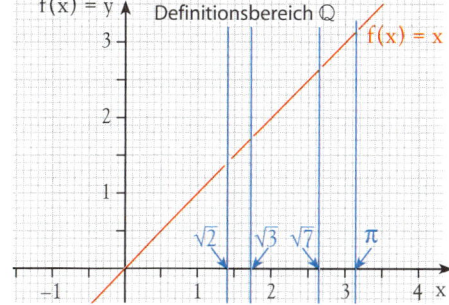

Die Funktionswerte f(x) = x liegen so dicht aneinander, dass man eine Gerade durch sie zeichnen kann. So liegen zum Beispiel zwischen den rationalen Zahlen 1,414 und 1,415 unendlich viele andere rationale Zahlen, beispielsweise 1,4140001 oder 1,4141.

Trotzdem ist die eingezeichnete Gerade nicht wirklich dicht.

Alle zu der y-Achse parallelen Geraden durch irrationale Zahlen auf der x-Achse schneiden den Funktionsgraphen nur auf den ersten Blick. Genau an diesen Stellen ist nämlich die Funktion f(x) = x mit Definitionsbereich $\mathbb{Q}$ gar nicht definiert und hat somit auch keinen Eintrag im Koordinatensystem an diesen Stellen.

Würde man versuchen, an genau diesen Stellen keine Punkte in das Koordinatensystem einzuzeichnen, stünde man vor einem großen Problem. Man müsste beispielsweise zwischen 1,414 und 1,415 unendlich viele Punkte für die rationalen Zahlen zeichnen, zusätzlich aber auch unendlich viele Löcher lassen, da es auch unendlich viele irrationale Zahlen zwischen 1,414 und 1,415 gibt (Beispiele: $\sqrt{2}$; 1,0001 · $\sqrt{2}$; ….).

Eine andere Situation ergibt sich, wenn man den Definitionsbereich auf $\mathbb{R}$ erweitert und somit auch die irrationalen Zahlen zulässt. Auf diese Weise werden die Löcher ausgefüllt und die Gerade wird dicht.

In vielen Büchern werden ähnliche Überlegungen nicht an einer Geraden im Koordinatensystem, sondern anhand von Zahlenstrahlen durchgeführt. Stellt man sich vor, man hätte das Koordinatensystem mit Bleistift gezeichnet, dann kann man jetzt bis auf die Gerade f(x) = x alles ausradieren und an die Gerade einfach einen Zahlenstrahl schreiben.

An diesem Zahlenstrahl sieht man dann, dass erst die rationalen Zahlen zusammen mit den irrationalen Zahlen dicht angeordnet sind.

Ein Beispiel für einen Graphen ohne Lücken, ist der Graph zur e-Funktion f(x) = e^x mit x $\in \mathbb{R}$. Der Wertebereich besteht ebenfalls aus den reellen Zahlen $\mathbb{R}$.

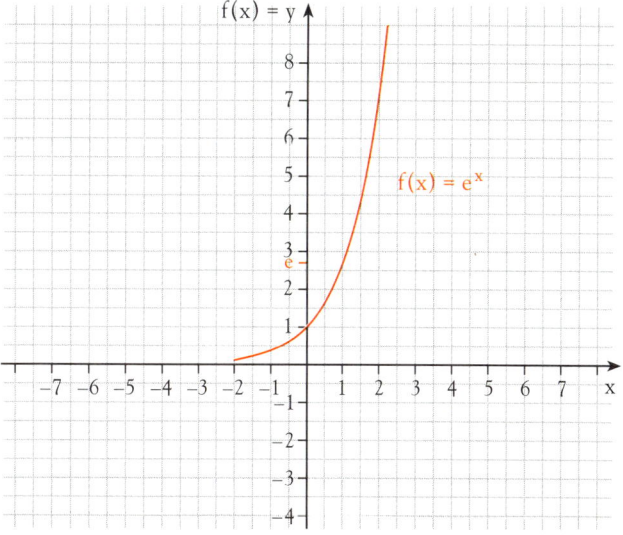

Zum Weiterlesen:

• Ganze und rationale Zahlen, S. 64
• Rechtwinklige Dreiecke, S. 84
• Potenz- und Wurzelrechnung, S. 110

Potenz- und Wurzelrechnung

Die Rechenvorschrift zur Multiplikation einer beliebigen Zahl $a \in \mathbb{R}$ mit sich selbst kann auf zwei verschiedene Arten angegeben werden. Als Multiplikationsrechnung $a \cdot a$ oder auch als Potenzrechnung a^2. Potenzen mit dem Exponenten 2 (Hochzahl 2) sind quadratische Potenzen, und man darf zu a^2 deshalb „a hoch 2" oder „a Quadrat" sagen.

Soll die Rechnung $a \cdot a = a^2$ wieder rückgängig gemacht werden, dividiert man durch a, denn $a^2 : a = a$ (Beispiel: $3 \cdot 3 = 3^2 = 9$ und $9 : 3 = 3$). Den Betrag von $\sqrt{a^2} = |a|$ nennt man Quadratwurzel aus der Zahl a^2. Kennt man nur die Zahl a^2, aber nicht ihre Quadratwurzel $|a|$, kann man auch nicht durch a teilen, um die Rechnung $a \cdot a = a^2$ wieder rückgängig zu machen. Zur Berechnung der Quadratwurzel aus a^2 bleibt zunächst nur das Raten übrig.

Beispiel:
a^2 sei 49. Wie lautet die Quadratwurzel $|a|$ von a^2?

Rät man a = 6, dann rechnet man $6 \cdot 6 = 36$ und stellt fest, dass man falsch geraten hat. Glücklicherweise hat man aber mehrere Versuche und rät weiter, zum Beispiel a = 8 und rechnet $8 \cdot 8 = 64$. Auch der zweite Versuch ging daneben; aber man hat mittlerweile Informationen gewonnen. Man darf aus den beiden Versuchen nicht nur folgern, dass man zweimal falsch geraten hat, sondern auch, dass die gesuchte Zahl a offensichtlich größer ist als 6 und kleiner als 8, weil 49 größer ist als 36 und kleiner als 64. Im dritten Versuch rät man dann wahrscheinlich die Zahl 7 und rechnet $7 \cdot 7 = 49$. Die Quadratwurzel aus 49 ist also 7.

Leider ist die Folgerung a = 7 nicht ganz richtig, denn auch $(-7) \cdot (-7) = 49$. Die ursprüngliche Zahl a lässt sich also nicht mehr eindeutig ermitteln.

Das Berechnen einer Wurzel heißt Wurzelziehen oder Radizieren. Die Zahl, aus der man eine Wurzel ziehen will, nennt man Radikant und das Ergebnis ist die Wurzel aus dem Radikanten. Mit dem Wurzelzeichen „$\sqrt{}$" können obige Aussagen kürzer geschrieben werden:

$\sqrt{49} = 7$

allgemein: $\sqrt{a^2} = |a|$ oder $\sqrt{a^2} = a \quad a \geq 0$

An der allgemeinen Schreibweise erkennt man einen wichtigen Zusammenhang. Da a^2 immer positiv ist, kann aus einer negativen Zahl keine Wurzel gezogen werden. Es gibt beispielsweise keinen Wert $x \in \mathbb{R}$, der die Gleichung $\sqrt{(-49)} = x$ erfüllt. Man kann nur aus positiven Zahlen die Quadratwurzel ziehen!

Rechnet man mit Wurzeln, können diese wie positive Zahlen angesehen werden. Man kann sie sowohl addieren, subtrahieren, dividieren als auch multiplizieren. Bei Multiplikations- oder Divisionsaufgaben können oftmals Zusammenfassungen erfolgen. Hierzu werden in 4 Regeln einige allgemeine Zusammenhänge mit Wurzeltermen dargestellt.

Seien a, b $\in$ R, dann gelten folgende Zusammenhänge:

Regel 1: $\sqrt{a} \cdot \sqrt{a} = a$

Beispiel: $\sqrt{16} \cdot \sqrt{16} = 4 \cdot 4$

Regel 2: $\sqrt{a} \cdot \sqrt{b} = \sqrt{a \cdot b}$

Beispiel: $\sqrt{4} \cdot \sqrt{9} = \sqrt{36}$
$\qquad 2 \cdot 3 = 6$

Regel 3: $\sqrt{a^2 \cdot b} = \sqrt{a^2} \cdot \sqrt{b} = a \cdot \sqrt{b}$

Beispiel: $\sqrt{4^2 \cdot 9} = \sqrt{4^2} \cdot \sqrt{9} = 4 \cdot \sqrt{9}$
$\qquad 12 = 4 \cdot 3$

Regel 4: $\frac{\sqrt{a}}{\sqrt{b}} = \sqrt{\frac{(a)}{(b)}}$

Beispiel: $\frac{\sqrt{4}}{\sqrt{1}} = \sqrt{\frac{(4)}{(1)}}$
$\qquad 2 = \sqrt{4}$

Mit dem Wurzelzeichen können die Ergebnisse aus quadratischen Gleichungen eleganter angegeben werden.

Beispiel:

$$\begin{aligned} x^2 + 5 &= 14 \qquad |-5 \\ \Leftrightarrow \qquad x^2 &= 9 \\ \Leftrightarrow \qquad |x| &= \sqrt{9} \\ \Leftrightarrow \qquad |x| &= 3 \end{aligned}$$

x darf also den Wert 3 oder –3 annehmen. In beiden Fällen ist $|x| = 3$. Manche Menschen drücken diesen Zusammenhang etwas anders aus: Anstatt mit dem Betragszeichen zu arbeiten, gehen sie etwas „lockerer" vor und schreiben für die letzte Zeile einfach:

x = ± 3

Diese Schreibweise ist zwar nicht ganz korrekt und viele Mathematiklehrer beginnen lange Reden, warum man genau diese Schreibweise nicht verwenden soll, aber sie ist für viele Menschen eingängiger.

So wie das Wurzelziehen oder Radizieren eingeführt wurde, kann man es als Umkehrung des Potenzierens mit dem Exponenten 2 (also Quadrieren) betrachten. Auch für Potenzen höherer Ordnungen, wie a^3, a^4, a^5, ..., wird das Wurzelzeichen verwendet, um anzuzeigen, dass man die Basis (Grundzahl) der Potenz berechnen möchte. Man redet dann aber nicht mehr von der Quadratwurzel, sondern von der dritten, vierten oder fünften Wurzel aus a^3, a^4 oder a^5 und schreibt dazu:

$\sqrt[3]{a^3} = a \qquad \sqrt[4]{a^4} = |a| \qquad \sqrt[5]{a^5} = a$

Auch die Quadratwurzel darf in dieser Schreibweise angegeben werden:

$\sqrt[2]{a^2} = \sqrt{a^2} = |a|$

Zieht man eine dritte, fünfte oder auch siebente Wurzel, oder allgemein eine Wurzel aus einer Potenz mit ungeradem Exponenten, ist die Betragsschreibweise nicht notwendig. Für diese Fälle ist nämlich eindeutig, ob eine positive oder negative Zahl potenziert wurde. Beispiel:

$$5^3 = 5 \cdot 5 \cdot 5 = 125$$
$$\Rightarrow \sqrt[3]{125} = 5$$
$$(-5)^3 = (-5) \cdot (-5) \cdot (-5)$$
$$= 25 \cdot (-5) = -125$$
$$\Rightarrow \sqrt[3]{(-125)} = -5$$

Regeln zur Potenzrechnung

Da es offensichtlich einen Zusammenhang zwischen der Wurzel- und der Potenzrechnung gibt, wurde die Potenzrechnung erweitert, so dass man auch rationale Zahlen, also positive und negative Brüche, als Exponenten zulässt und damit auch jede beliebige Wurzel als Potenz schreiben kann. Bevor diese Schreib- und Rechenweise erklärt wird, sollte man einige Folgerungen lernen, die aus der Definition der Potenzrechnung direkt hervorgehen.

1. Potenzen mit gleicher Basis multipliziert oder dividiert man, indem man ihre Exponenten addiert bzw. subtrahiert und die Basis beibehält.

Regel 1: $a^b \cdot a^c = a^{(b+c)}$ und $a^b : a^c = a^{(b-c)}$

Diesen Zusammenhang erkennt man schnell, wenn man sich einige Rechnungen mit kleinen Zahlen notiert.

Beispiel:
$$2^3 \cdot 2^4 = 2 \cdot 2 \cdot 2 \cdot 2 \cdot 2 \cdot 2 \cdot 2 = 2^7 = 128$$

$$2^6 : 2^4 = \frac{2 \cdot 2 \cdot 2 \cdot 2 \cdot 2 \cdot 2}{2 \cdot 2 \cdot 2 \cdot 2} \overset{\text{kürzen}}{=} \frac{2 \cdot 2}{1} = 2^2 = 4$$

2. Wird eine Potenz nochmals potenziert, so sind die Exponenten zu multiplizieren.

Regel 2: $(a^b)^c = a^{b \cdot c}$

Auch diesen Zusammenhang veranschaulicht man sich am besten mit konkreten Zahlen.

Beispiel:

$$(2^3)^2 = (2 \cdot 2 \cdot 2)^2 = 2 \cdot 2 \cdot 2 \cdot 2 \cdot 2 \cdot 2 = 2^6 = 64$$

Diese Rechenregeln für Potenzen können formal auch angewandt werden, wenn man Potenzen mit negativen Zahlen oder Brüchen als Exponent auf ein Blatt Papier schreibt. Man sollte dann aber der Frage nachgehen, was man damit berechnen kann und ob es überhaupt einen Sinn ergibt, Potenzen mit rationalen Zahlen als Exponent aufzuschreiben oder sogar mit ihnen zu rechnen?

3. Potenzen mit negativem Exponenten werden berechnet, indem man den Kehrwert bildet und den Exponenten positiv schreibt:

Beispiel:
$$2^5 \cdot \frac{1}{2^3} = \frac{2 \cdot 2 \cdot 2 \cdot 2 \cdot 2}{2 \cdot 2 \cdot 2} = 2^2 = 4$$

Mit der Regel 1 kann man dieses Produkt auch anders berechnen:

$$2^5 \cdot 2^{(-3)} = 2^{(5 + (-3))} = 2^{(5 - 3)} = 2^2 = 4$$

An dieser Rechnung erkennt man, wie eine Zahl mit negativem Exponenten zu verstehen ist. $2^{(-3)}$ verhält sich genauso, als ob man durch 2^3 dividiert hätte oder als ob man mit $\left(\frac{1}{2}\right)^3$ multipliziert hätte.

Analog zu diesem Beispiel und auch ganz allgemein lässt sich für jede Potenz mit einem negativen Exponenten $(a^{(-b)})$ zeigen, dass eine Rechnung $\left(\frac{1}{a^b}\right)$ mit ihr äquivalent ist. Es gilt deshalb allgemein:

Regel 3: $a^{(-b)} = \frac{1}{a^b}$

4. Potenzen, die einen Bruch als Exponenten haben, kann auf ähnliche Weise ein Wert zugeordnet werden. Dazu betrachtet man zuerst nur Brüche als Exponenten, die den Zähler 1 haben:

Beispiel:
Mit Regel 1 kann man aus folgendem Produkt einer natürlichen Zahl berechnen:

$$2^{\left(\frac{1}{2}\right)} \cdot 2^{\left(\frac{1}{2}\right)} = 2^{\left(\frac{1}{2} + \frac{1}{2}\right)} = 2^1 = 2$$

$2^{\frac{1}{2}}$ kann man auch als Wurzel schreiben: $\sqrt{2}$. Wenn man nun mit den Rechenregeln die Wurzelrechnung rechnet:

$$\sqrt{2} \cdot \sqrt{2} = 2$$

so kommt man offensichtlich zu demselben Ergebnis.

Und $(2)^{\frac{1}{3}} \cdot 2^{\left(\frac{1}{3}\right)} \cdot 2^{\left(\frac{1}{3}\right)} = 2^{\left(\frac{1}{3} + \frac{1}{3} + \frac{1}{3}\right)} = 2^1 = 2$

$$\sqrt[3]{2} \cdot \sqrt[3]{2} \cdot \sqrt[3]{2} = 2$$

Diese Potenzen verhalten sich offenbar wie die Quadratwurzeln und die dritte Wurzel aus 2. Auch das lässt sich für alle Brüche mit Zähler 1 verallgemeinern. Jetzt muss nur noch geklärt werden, was unter Potenzen mit beliebigen Brüchen als Exponent zu verstehen ist.

Beispiel:

$$(2^6)^{\frac{1}{3}} - 2^{\left(\frac{6}{3}\right)} - 2^2 = 4 \text{ (Regel 2)}$$

$$= \sqrt[3]{2^6} = \sqrt[3]{64} = 4$$

Mit dieser Umformung kann man jede beliebige Potenz mit rationalem Bruch als Exponenten in Wurzelschreibweise darstellen. Daraus darf der allgemeine Zusammenhang gefolgert werden:

Regel 4: $a^{\frac{b}{c}} = \sqrt[c]{a^b}$

Das Rechnen mit Wurzeln kann so auch als eine besondere Form der Potenzrechnung aufgefasst werden.

 ## Zum Weiterlesen:

• Betragsrechnung, S. 68
• Umkehrbarkeit, S. 138
• Exponentialfunktionen, S. 142

Vielecke

*B*is zu diesem Kapitel wurden viele geometrische Figuren nur am Rande besprochen. Den Hauptteil der bisherigen Betrachtungen nahm vor allem das Dreieck in Anspruch. Der Grund für diese Vorgehensweise liegt darin, dass viele andere Figuren und Formen mit Dreiecken dargestellt werden können. Ein solches Beispiel wurde bereits beschrieben in dem Kapitel Berechnung der Dreiecksfläche. Dort wurde ein Rechteck durch einen Schnitt entlang der Diagonalen in zwei Dreiecke geteilt. Ebenso kann man mit anderen Objekten verfahren.

In diesem Kapitel sollen die so genannten **Polygone**, zu Deutsch Vielecke, untersucht werden. Diese Figuren haben als Ränder nur gerade Stücke, wie die folgenden Beispiele zeigen.

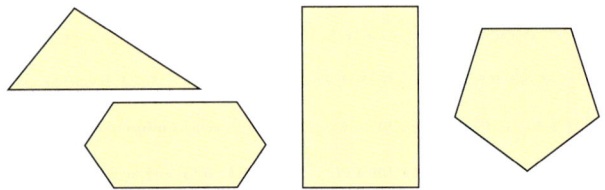

Ein Vieleck oder Polygon wird daher so definiert:

> Ein Vieleck ist eine geschlossene ebene Figur, deren Begrenzung nur aus Strecken besteht.

Die Vielecke werden so bezeichnet, da sich bei zwei angrenzenden Strecken immer eine Ecke, also ein Winkel ergibt. Geht man der Reihe nach die Strecken durch, so hat die letzte Strecke einen gemeinsamen Winkel mit der ersten Strecke. Bei drei vorgegebenen Strecken hat man also drei Ecken, bei vier Strecken vier Ecken, bei fünf Strecken fünf Ecken usw.

> Ist n eine natürliche Zahl und hat ein Vieleck n Strecken, so hat es auch n Winkel. Ein solches Vieleck wird dann als n-Eck bezeichnet.

Auch die Dreiecke und Vierecke gehören somit zu den Vielecken. Da es nicht möglich ist, mit einer oder mit zwei Strecken eine geschlossene Figur zu erstellen, müssen mindestens drei Strecken vorgegeben werden. **Deshalb ist das Dreieck das einfachste darstellbare Polygon** und wurde daher auch besonders intensiv untersucht. Um bei der folgenden Untersuchung einige Probleme zu vermeiden, unterscheidet man die Vielecke in konvexe und konkave Vielecke.

> Ist ein Vieleck konvex, so können zwei beliebige Punkte des Vielecks mit einer Strecke verbunden werden, die vollständig in dem Vieleck liegt. Ist so eine Konstruktion nicht für alle Punkte eines Vielecks möglich, so heißt das Vieleck konkav.

Das kann bei folgenden Figuren einfach geprüft werden.

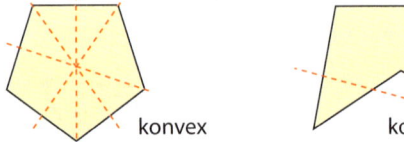

konvex   konkav

Mit dieser Definition folgt, dass alle Winkel in einem konvexen Vieleck kleiner als 180° sein müssen. Wäre ein Winkel größer als 180°, so hätte das Vieleck eine Einbuchtung (= konkav), und es wäre nicht mehr konvex.

Bei den folgenden Untersuchungen sollen nur konvexe Vielecke betrachtet werden.

Es stellt sich nun die Frage, ob alle anderen Vielecke auch so genau untersucht werden müssen wie die Dreiecke, oder ob sich die Eigenschaften des Dreiecks auf sie übertragen lassen. Es ist natürlich wünschenswert, so viel wie möglich von dem Dreieck zu übernehmen, da es ja so viele Vielecke gibt wie natürliche Zahlen und man deshalb beliebig viele Objekte einzeln untersuchen müsste.

Für das Rechteck wurde die Lösung schon gezeigt. Hier genügt es, die Diagonale als Schnittlinie zu benutzen, und man erhält zwei Dreiecke.

Bei einem Fünfeck kann dasselbe ausprobiert werden. Hier ist der Begriff von einer Diagonalen nicht mehr ganz eindeutig.

> Als Diagonale bezeichnet man die Verbindung zweier nicht benachbarter Punkte.

Beim Fünfeck hat man so fünf verschiedene Möglichkeiten, eine Diagonale zu konstruieren.

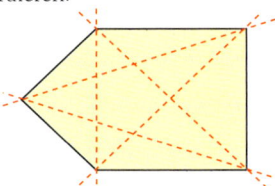

Allgemein gilt:

> Ein konvexes n-Eck hat $\frac{n(n-3)}{2}$ Diagonalen.

Trennt man nun ein Fünfeck an einer Diagonalen auf, so erhält man ein Dreieck und ein Viereck. Das Viereck kann wiederum in zwei Dreiecke zerlegt werden. Insgesamt wird also ein Fünfeck in drei Dreiecke zerlegt.

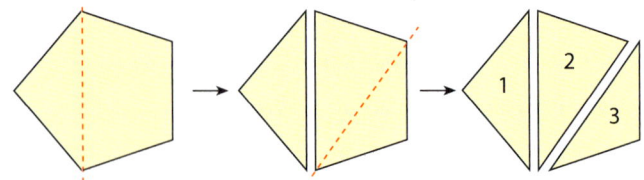

Auch ein Sechseck kann auf diese Weise in Dreiecke zerlegt werden. Trennt man gleich zu Anfang ein Dreieck von dem Sechseck ab, indem bei einem Punkt P die beiden benachbarten Punkte miteinander verbunden werden, so erhält man ein Fünfeck und ein Dreieck. Das Fünftel wird dann wie oben in drei Dreiecke zerlegt.

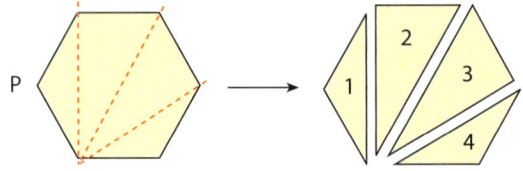

Ein konvexes n-Eck kann in (n–2) Dreiecke geteilt werden.

Auf diese Weise können also beliebige konvexe Vielecke aus Dreiecken aufgebaut werden. Da beispielsweise die Fläche von Dreiecken gut zu berechnen ist, kann darüber auch die Fläche der Vielecke angegeben werden.

Bei einem Dreieck beträgt die Summe der Innenwinkel 180°. Mit der Anzahl der Dreiecke kann so auch die Summe der Innenwinkel eines Vielecks angegeben werden.

Bei einem konvexen n-Eck beträgt die Summe der Innenwinkel (n-2) · 180°

So beträgt beispielsweise die Summe der Innenwinkel bei einem Viereck $(4 - 2) \cdot 180° = 360°$.

Eine weitere Unterteilung der Vielecke erfolgt in regelmäßige und unregelmäßige Vielecke.

Ein regelmäßiges, konvexes n-Eck hat n gleich lange Seiten und n gleich große Winkel.

Diese regelmäßigen n-Ecke haben eine hohe Symmetrie, wie in den folgenden Beispielen zu erkennen ist.

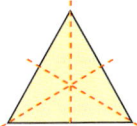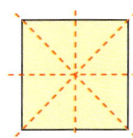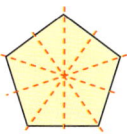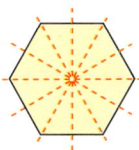

Dabei stellt man fest:

Regelmäßige n-Ecke mit ungerader Eckenzahl n sind achsensymmetrisch.
Regelmäßige n-Ecke mit gerader Eckenzahl n sind punkt- und achsensymmetrisch.
Ein regelmäßiges n-Eck hat genau n Symmetrieachsen.

Zeichnet man bei regelmäßigen Vielecken die Symmetrieachsen ein, so fällt auf, dass sie einen gemeinsamen Schnittpunkt haben. Dieser Punkt ist der Mittelpunkt eines Kreises, der durch alle Punkte des Vielecks verläuft.
Trägt man nur die Symmetrieachsen ein, die durch einen oder zwei Eckpunkte des Vielecks verlaufen, so erhält man eine Unterteilung des n-Ecks in n Dreiecke. Diese Unterteilung ist nicht dieselbe wie die, die im ersten Teil dieses Kapitels beschrieben wurde, da hier ein neuer Punkt entsteht, der Teil der Dreiecke sein soll.
Diese n Dreiecke sind kongruente, gleichschenklige Dreiecke, aufgrund der (Spiegel-)Symmetrie des Vielecks. Der Mittelpunktswinkel, also der der Basis gegenüberliegende Winkel, beträgt 360°/n.

Ein regelmäßiges Vieleck kann durch Angabe eines gleichschenkligen Dreiecks, des Bestimmungsdreiecks, festgelegt werden. Der Mittelpunktswinkel g des Bestimmungsdreiecks beträgt $\frac{360°}{n}$.

Die Konstruktion verläuft so, dass zunächst die Basis s des gleichschenkligen Dreiecks gezeichnet wird. Bei einem gleichschenkligen

Dreieck sind die beiden Winkel α an der Basis gleich groß. γ ist bekannt, daher folgt $γ + 2 \cdot α = 180° \Leftrightarrow α = 90° - \frac{1}{2} \cdot γ$. Damit ist das Basisdreieck gegeben. Um den Mittelpunkt M schlägt man einen Kreis, der durch die Eckpunkte des Dreiecks verläuft. Die anderen Eckpunkte liegen alle auf dem Kreis und haben alle den Abstand s zu ihren benachbarten Punkten.

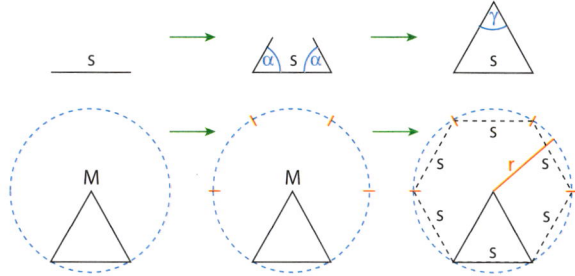

Der Umfang eines regelmäßigen n-Ecks berechnet sich einfach zu $U(V) = n \cdot s$.

Ist der Radius des Umkreises r, so kann auch die Fläche des Vielecks angegeben werden.
Bei einem gleichschenkligen Dreieck mit den zwei gleichen Seiten r ist die Höhe h_S zur Basis s eine Symmetrieachse, die das Dreieck in zwei kongruente Dreiecke teilt.

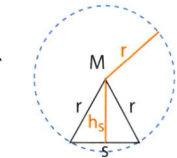

Nach dem Satz des Pythagoras gilt für ein solches Dreieck:
$$h_S^2 + \left(\frac{s}{2}\right)^2 = r^2 \qquad \Rightarrow h_S = \sqrt{r^2 - \left(\frac{s}{2}\right)^2}$$

Das gesamte Dreieck hat dann die Fläche:
$$F(D) = \frac{s \cdot h_S}{2} = \frac{s \cdot \sqrt{r^2 - \left(\frac{s}{2}\right)^2}}{2}$$

Dieses Bestimmungsdreieck befindet sich n-mal in dem n-Eck. Daher ergibt sich die Fläche des Vielecks zu:

Ein n-Eck mit der Seitenlänge s hat die Fläche:
$$F(D) = n \cdot \frac{s \cdot \sqrt{r^2 - \left(\frac{s}{2}\right)^2}}{2}$$

Für ein Sechseck beträgt der Mittelpunktswinkel $\frac{360°}{6} = 60°$. Damit ist das Bestimmungsdreieck ein gleichseitiges Dreieck, also gilt s = r. Die Fläche berechnet sich dann zu:
$$F(D) = 6 \cdot \frac{r \cdot \sqrt{r^2 - \left(\frac{r}{2}\right)^2}}{2} = 3 \cdot r^2 \cdot \sqrt{\frac{3}{4}} = \frac{3}{2}\sqrt{3} \cdot r^2$$

 Zum Weiterlesen:

• Symmetrie, S. 83
• Rechtwinklige Dreiecke, S. 84
• Potenz- und Wurzelrechnung, S. 110

Spezielle Vielecke

In diesem Kapitel sollen die Eigenschaften von verschiedenen Vielecken aufgelistet werden. Teilweise wurden diese bereits in anderen Kapiteln hergeleitet oder benutzt. Sie werden aber wegen der Vollständigkeit hier nochmals aufgelistet.

Das gleichschenklige Dreieck

Zwei Seiten eines Dreiecks haben dieselbe Länge. Hier sei a = b.

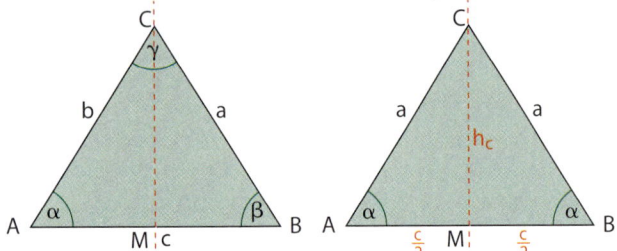

Das Dreieck ist spiegelsymmetrisch zu der Geraden, die senkrecht auf c steht und durch den Punkt C verläuft. Diese Symmetrieachse ist die Höhe h_c.
Aus dieser Symmetrie folgt:
– Die Winkel α und β sind gleich. α = β
– Die Höhe h_c teilt die Strecke c in der Mitte.

Mit dem Satz des Pythagoras kann in dem Dreieck MBC die Höhe berechnet werden:

$$h_c = \sqrt{a^2 - \left(\tfrac{c}{2}\right)^2}$$

Und die Fläche berechnet sich zu:

$$F(D) = \tfrac{1}{2} \cdot c \cdot h_c$$

Das gleichseitige Dreieck

Alle drei Seiten des Dreiecks haben dieselbe Länge a = b = c.
Hier gilt: α = β = γ.

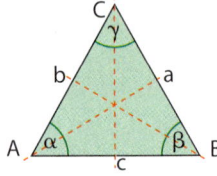 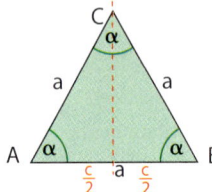

Das Dreieck ist spiegelsymmetrisch zu drei Achsen. Die Achsen stehen jeweils senkrecht zu einer Seite und verlaufen durch den gegenüberliegenden Punkt. Sie sind die Höhen der jeweiligen Seite.
Aus dieser Symmetrie folgt:
– Die Winkel α, β und γ sind gleich. α = β = γ
– Da die Winkelsumme 180° beträgt, gilt: α = β = γ = 60°
– Die Höhen sind alle gleich groß. Eine Höhe h teilt die gegenüberliegende Strecke a in der Mitte.

Auch hier kann mit dem Pythagoras die Höhe berechnet werden:

$$h = \sqrt{a^2 - \left(\tfrac{a}{2}\right)^2} = \sqrt{\tfrac{3}{4}} \cdot a$$

Die Fläche berechnet sich zu:

$$F(D) = \tfrac{1}{2} \cdot h \cdot a = \tfrac{a^2}{4} \cdot \sqrt{3}$$

Das rechtwinklige Dreieck

Ein Winkel des Dreiecks beträgt 90°:

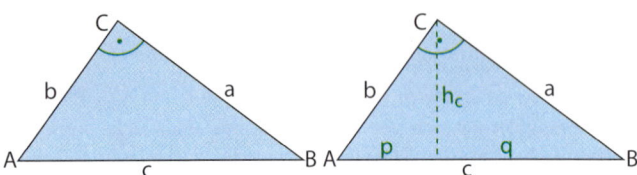

Bei dem rechtwinkligen Dreieck gilt:
– Der Satz des Pythagoras: $c^2 = a^2 + b^2$
– Der Kathetensatz des Euklid: $a^2 = c \cdot q$; $b^2 = c \cdot p$
– Der Höhensatz des Euklid: $h^2 = p \cdot q$

Die Fläche berechnet sich zu: $F = \tfrac{1}{2} \cdot c \cdot h = \tfrac{1}{2} \cdot a \cdot b$

Das Quadrat

Das Quadrat hat vier gleich lange Seiten, die senkrecht zueinander stehen.

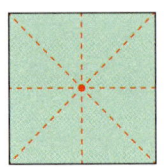 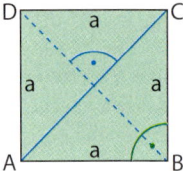

Das Quadrat ist punktsymmetrisch und zu vier Achsen spiegelsymmetrisch.
Wegen der Symmetrie gilt für die Diagonalen, dass sie senkrecht zueinander stehen und gleich lang sind. Mit Hilfe des Satzes des Pythagoras folgt für deren Länge: $d = a \cdot \sqrt{2}$.
Der Umfang beträgt U = 4 · a.
Die Fläche beträgt $F = a^2$.

Das Rechteck

Beim Rechteck sind je zwei gegenüberliegende Seiten gleich lang. Die Seiten stehen senkrecht zueinander.

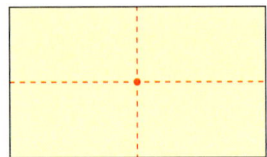 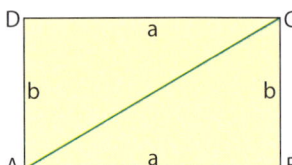

Das Rechteck ist punktsymmetrisch und zu zwei Achsen spiegelsymmetrisch.
Daher sind die Diagonalen gleich lang. Sie haben beide die Länge $d = \sqrt{a^2 + b^2}$, die nach Pythagoras berechnet werden kann.
Der Umfang beträgt U = 2 · a + 2 · b.
Die Fläche beträgt F = a · b.

Die Raute

Die Raute hat vier gleich lange Seiten, von denen die gegenüberliegenden parallel zueinander sind.

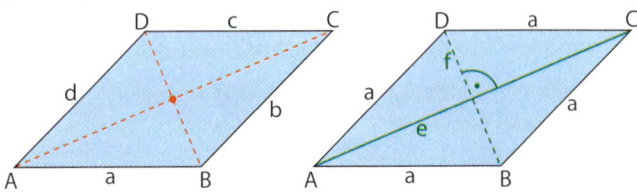

Die Raute ist punktsymmetrisch und zu zwei Achsen spiegelsymmetrisch.

Die Diagonalen stehen senkrecht zueinander. Sie haben die Längen e und f. Für die Diagonalen kann die Beziehung: $e^2 + f^2 = 4 \cdot a^2$ über den Satz des Pythagoras hergeleitet werden.
Der Umfang beträgt $U = 4 \cdot a$.
Die Fläche beträgt $F = \frac{1}{2} e \cdot f$.

Das Parallelogramm

Beim Parallelogramm sind je zwei gegenüberliegende Seiten parallel zueinander.

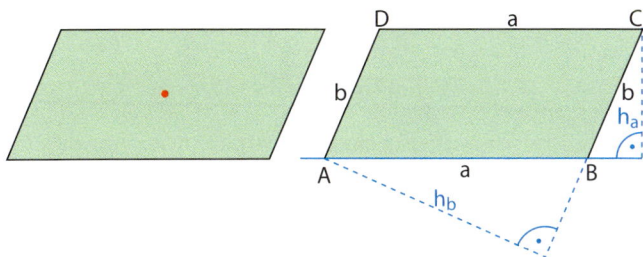

Das Parallelogramm ist punktsymmetrisch.
Die Diagonalen halbieren sich gegenseitig.
Der Umfang beträgt $U = 2 \cdot a + 2 \cdot b$.
Die Fläche beträgt $F = a \cdot h_a = b \cdot h_b$.

Der Drachen

Der Drachen besteht aus je zwei gleich langen Seiten. Die gleich langen Seiten haben jeweils einen Winkel gemeinsam.

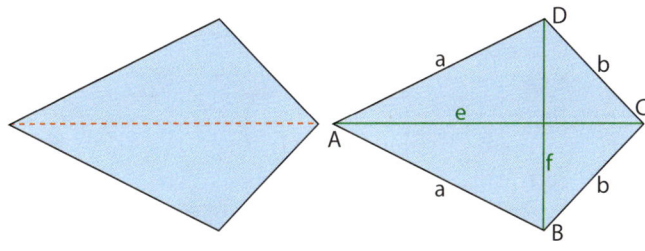

Der Drachen ist spiegelsymmetrisch zu einer Achse.
Die Diagonalen e und f stehen senkrecht zueinander.
Der Umfang beträgt $U = 2 \cdot a + 2 \cdot b$.
Die Fläche beträgt $F = \frac{1}{2} e \cdot f$.

Das Trapez

Beim Trapez liegen zwei Seiten parallel zueinander. Diese heißen die Grundseiten. Die anderen sind beliebig.

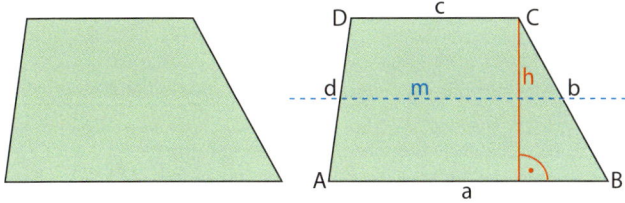

Sind a und c die Grundseiten, so hat die Mittelparallele die Länge $m = \frac{1}{2}(a + c)$.
Der Umfang beträgt $U = a + b + c + d$.
Ist h der Abstand von a und c, so beträgt die Fläche des Trapezes $F = m \cdot h$.

Das gleichschenklige Trapez

Beim gleichschenkligen Trapez liegen zwei Seiten parallel zueinander. Diese heißen die Grundseiten. Die anderen zwei Seiten bilden mit je einer Grundseite denselben Winkel:

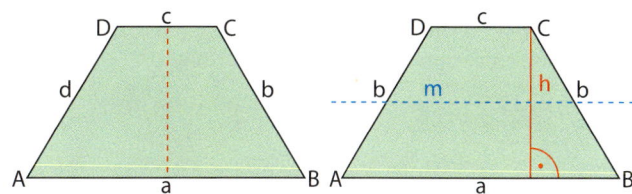

Das gleichschenklige Trapez ist spiegelsymmetrisch zu einer Achse.
Die Seiten b und d sind daher gleich lang (b = d).
Die Mittelparallele hat die Länge $m = \frac{1}{2}(a + c)$.
Der Umfang beträgt $U = a + 2 \cdot b + c$.
Ist h der Abstand von a und c, so beträgt die Fläche des Trapezes $F = m \cdot h$.

Die hier dargelegten speziellen Vierecke können sortiert werden nach ihren Symmetrieeigenschaften. Häufig werden sie dann dargestellt in dem „**Haus der Vierecke**". Dabei werden die Figuren mit der geringsten Symmetrie oben und die mit der höchsten Symmetrie unten eingetragen. Figuren, die eine Spezialisierung einer anderen Figur darstellen, werden durch einen Pfeil mit ihr verbunden.

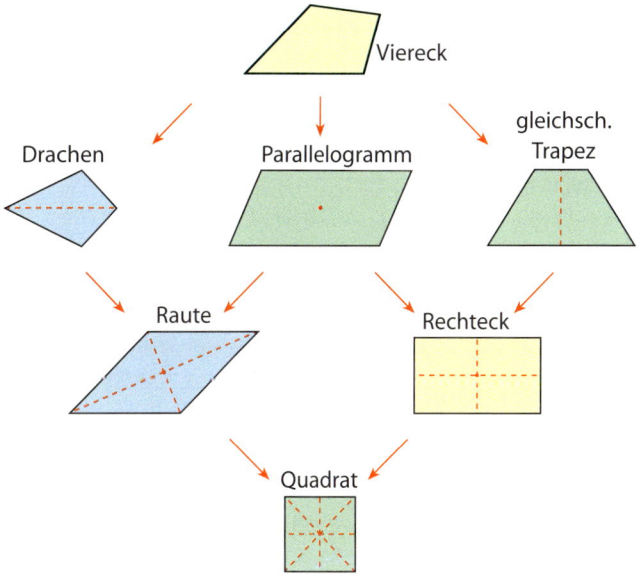

Hier wird nochmals deutlich, dass das Quadrat das Viereck mit der höchsten Symmetrie ist.
Das Parallelogramm ist nur punktsymmetrisch und der Drachen und das gleichschenklige Trapez nur spiegelsymmetrisch.

Zum Weiterlesen:

- Vierecke und Kreise, S. 50
- Rechtwinklige Dreiecke, S. 84
- Potenz- und Wurzelrechnung, S. 110

Der Kreis

Der Kreis nimmt unter den geometrischen Figuren eine Sonderrolle ein, da er nicht durch ein Vieleck dargestellt werden kann. Der Kreis hat keine Ecken.

Zu Beginn der Kapitel über die Geometrie wurde der Kreis beschrieben als die Menge der Punkte, die von dem Mittelpunkt M einen festen Abstand haben. Jede Verbindungsstrecke von M zu dem Kreis hat dieselbe Länge r und wird der Radius genannt.

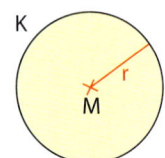 

Mit dieser Konstruktion ist der Kreis punktsymmetrisch zu seinem Mittelpunkt und spiegelsymmetrisch zu jeder Geraden, die durch seinen Mittelpunkt verläuft.

> Der Kreis hat beliebig viele Symmetrieachsen.

Aufgrund dieser **hohen Symmetrieeigenschaft** hat der Kreis seine Sonderrolle.

Ein paar besondere Strecken wurden bereits genannt. Zum einen der Durchmesser, der sich aus einer Strecke zwischen zwei Kreispunkten ergibt, die durch den Mittelpunkt verläuft. Zum anderen die Sehne, die eine Verbindung zwischen zwei beliebigen Kreispunkten P und Q ist. Der Teil des Kreises, der zwischen den Punkten P und Q liegt, heißt Bogen oder auch Kreisbogen und wird bezeichnet mit $\overset{\frown}{PQ}$.

Einen besonderen Namen erhalten auch Geraden, die eine bestimmte Lage zu einem Kreis haben.
- Meidet eine Gerade den Kreis, so hat sie keinen Punkt mit dem Kreis gemein. Solch eine Gerade wird **Passante** genannt.
- Schneidet eine Gerade den Kreis in zwei Punkten, so wird die Gerade **Sekante** genannt. Das Stück zwischen den Schnittpunkten ist die Sehne.
- Hat eine Gerade einen Punkt mit einem Kreis gemein, so wird sie **Tangente** genannt. Man sagt dann, dass die Gerade den Kreis berührt.

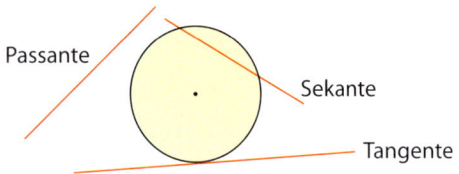

Wird bei einer Tangente der Berührpunkt mit dem Kreismittelpunkt verbunden, so ergibt sich eine Strecke mit der Länge des Radius. Diese Strecke steht immer senkrecht zu der Tangente.

Mit dieser Kenntnis und mit Hilfe des Thalessatzes kann die Aufgabe gelöst werden, zu einem gegebenen Kreis K eine Tangente zu konstruieren, die durch einen Punkt P verläuft.

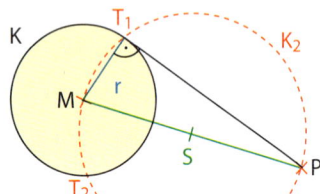

Dazu wird die Strecke MP zwischen Kreismittelpunkt und dem Punkt P eingezeichnet und die Mitte S dieser Strecke bestimmt. Um S wird dann ein Kreis K_2 geschlagen mit dem Radius $\frac{1}{2} \cdot$ MP. Dieser Kreis schneidet den Kreis K in zwei Punkten T_1 und T_2. Wird zu dem Thaleskreis K_2 das zugehörige Dreieck MT_1P eingezeichnet, so ist nun bekannt, dass der Winkel MT_1P 90° beträgt. Die Kathete MT_1 ist nichts anderes als der Radius von K, und damit ist die Gerade durch T_1 und P die Tangente zu K.

Haben zwei Kreise denselben Punkt als Mittelpunkt M, aber zwei verschiedene Radien r_1 und r_2, so sind die Kreise **konzentrisch**.

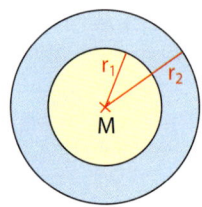

Haben zwei Kreise verschiedene Mittelpunkte M_1 und M_2, so heißen die Kreise **exzentrisch**. Sind r_1 und r_2 die Radien, so gibt es fünf verschiedene Fälle, wie die Kreise zueinander liegen können.

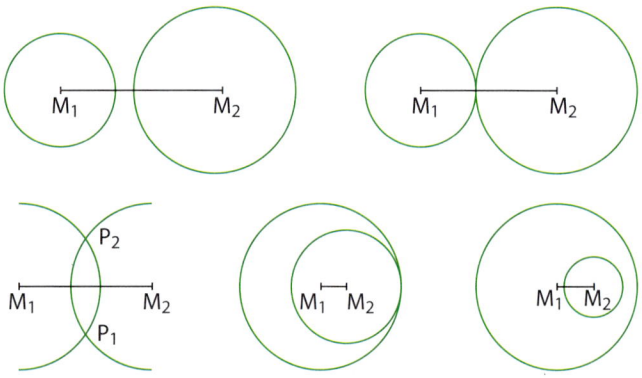

1. Der Abstand der Mittelpunkte ist größer als die Summe der Radien. $|M_1M_2| > r_1 + r_2$
   Die beiden Kreise haben dann keinen Punkt gemeinsam. Die Kreise meiden sich.
2. Der Abstand der Mittelpunkte ist genauso groß wie die Summe der Radien. $|M_1M_2| = r_1 + r_2$
   Die beiden Kreise haben dann einen Punkt gemeinsam. Die Kreise berühren sich.
3. Der Abstand der Mittelpunkte ist größer als die Differenz der Radien und kleiner als die Summe der Radien. $r_1 - r_2 < |M_1M_2| < r_1 + r_2$
   Die beiden Kreise schneiden sich dann in zwei Punkten.
4. Der Abstand der Mittelpunkte ist so groß wie die Differenz der Radien. $|M_1M_2| = r_1 - r_2$
   Die beiden Kreise berühren sich dann von innen.
5. Der Abstand der Mittelpunkte ist größer als 0 und kleiner als die Differenz der Radien. $0 < |M_1M_2| < r_1 - r_2$
   Die beiden Kreise haben dann keinen Punkt gemeinsam. Die Kreise meiden sich. Der Kreis K_2 liegt dann im Innern von K_1.

Die Fläche, die von dem Kreis eingeschlossen wird, heißt **Kreisscheibe**. Die Punkte in der Kreisscheibe haben alle einen Abstand zum Mittelpunkt, der kleiner ist als der Kreisradius. $|PM| \leq r$

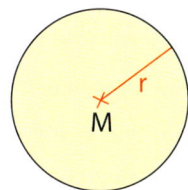

Die Kreisscheibe ist eine konvexe Figur, es gibt also keine Einbuchtungen. Zwei Punkte, die in der Kreisscheibe liegen, können durch eine Strecke verbunden werden, die vollständig in der Figur liegt.

Schneidet eine Gerade die Kreisscheibe in zwei Punkten P und Q, so wird die Scheibe in zwei **Segmente** geteilt. Diese werden auch **Kreissegmente** oder **Kreisabschnitte** genannt.

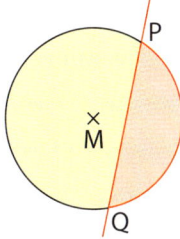 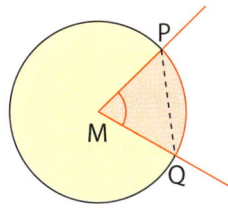

Liegt die Spitze eines Winkels auf dem Mittelpunkt M einer Kreisscheibe, so schneiden die beiden Schenkel den Kreis in den Punkten P und Q. Das Flächenstück mit den Begrenzungen PM, MQ und $\overset{\frown}{QP}$ wird **Sektor** genannt. Der Sektor wird auch als **Kreissektor** bezeichnet.
Die Fläche mit den Begrenzungen PQ und $\overset{\frown}{QP}$ wird **Kreisabschnitt** genannt.

Es stellt sich jetzt die Frage, welchen Flächeninhalt eine solche Kreisscheibe hat. Beim Rechteck konnte der Flächeninhalt leicht durch Auffüllen mit kleinen Quadraten erhalten werden, und die Fläche des Dreiecks wurde durch Umwandeln in ein Rechteck errechnet. Die Fläche eines beliebigen Vielecks ergibt sich aus der Summe der Dreiecksflächen, aus denen es aufgebaut werden kann. Bei dem Kreis ist eine solche Vorgehensweise nicht möglich. Ein Kreis kann nicht so in Dreiecke oder Quadrate zerlegt werden, dass darüber die Fläche des Kreises zu bestimmen wäre. Dieses Problem war unter dem Stichwort „**Quadratur des Kreises**" bereits in der griechischen Antike bekannt.

Das Problem wird in mehreren Schritten angegangen.

1. Schritt:
Zunächst wird gezeigt, dass die Fläche eines Kreises durch Vielecke angenähert werden kann. Dazu betrachtet man zwei Vielecke mit n Ecken. Eines ist das größte mögliche Vieleck (N_{innen}), das vollständig in dem Kreis liegt, und das andere ist das kleinste mögliche Vieleck ($N_{außen}$), das den Kreis vollständig enthält.

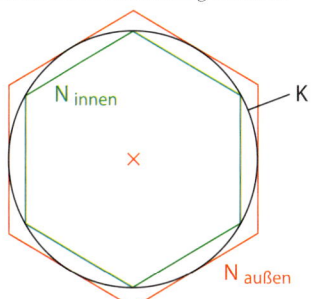

Die Fläche des Kreises ist nach dieser Konstruktion sicherlich größer als die des Vielecks N_{innen} und kleiner als die des Vielecks $N_{außen}$.
$$F(N_{innen}) < F(K) < F(N_{außen})$$

Wird die Zahl der Ecken n der Vielecke erhöht, so ergibt sich die Bildfolge:

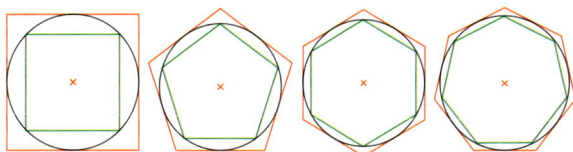

Hier wird deutlich, dass sich der Unterschied in der Fläche zwischen den beiden Vielecken N_{innen} und $N_{außen}$ fortlaufend verkleinert. Wird die Zahl der Ecken immer weiter erhöht, so nähern sich die Flächeninhalte einem festen Wert an. Da der Kreis zwischen den beiden Vielecken liegt, ist dieser feste Wert die Fläche des Kreises. Dieses Vorgehen wird als **Intervallschachtelung** bezeichnet.

2. Schritt:
Jetzt soll geprüft werden, was zwei verschiedene Kreise K_1 und K_2 gemein haben. K_1 und K_2 seien konzentrische Kreise um den Mittelpunkt M mit den Radien r_1 und r_2.

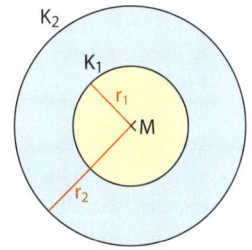 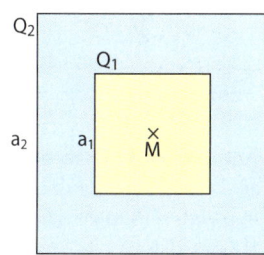

Wie im Kapitel zentrische Streckungen beschrieben wurde, können diese beiden Kreise durch eine zentrische Streckung aufeinander abgebildet werden. Der Streckungsfaktor sei mit k bezeichnet.
Werden zwei Quadrate mit der Kantenlänge a_1 und a_2 so aufeinander abgebildet, so gilt:
$$a_2 = k \cdot a_1.$$

Daraus folgen die Flächen:
$$F(Q_1) = a_1^2$$
$$F(Q_2) = a_2^2$$
$$= (k \cdot a_1)^2 = k^2 \cdot a_1^2$$
$$\rightarrow F(Q_2) = k^2 \cdot F(Q_1)$$

Diese Beziehung gilt bei einer Streckung um den Faktor k für beliebige Vielecke. Daher ist sie auch gültig für die beiden Kreise.
$$F(K_2) = k^2 \cdot F(K_1)$$

Eine bekannte Strecke des Kreises, die sich bei einer Streckung ebenfalls ändert, ist der Radius. Für ihn gilt:
$$r_2 = k \cdot r_1$$
$$\Leftrightarrow \frac{r_2}{r_1} = k$$

Daher folgt für die Flächen:
$$F(K_2) = \left(\frac{r_2}{r_1}\right)^2 \cdot F(K_1)$$
$$\Leftrightarrow \frac{F(K_2)}{r_2^2} = \frac{F(K_1)}{r_1^2}$$

Da diese Gleichung für zwei beliebige Kreise aufgestellt wurde, heißt das:

> Der Quotient aus Flächeninhalt und dem Quadrat des Radius ist konstant und für jeden Kreis gleich groß. Die Konstante wird mit dem griechischen Buchstaben π (Pi) bezeichnet. $F(K)/r^2 = \pi$
> Die Konstante π wird die Kreiszahl genannt.

Ist der Radius beispielsweise r = 1 cm, so beträgt der Flächeninhalt des Kreises $F(K) = \pi \ cm^2$.

> Die Fläche eines Kreises berechnet sich zu:
> $F(K) = \pi \cdot r^2$

3. Schritt:

Nun muss noch der Wert der Konstanten π bestimmt werden. Dazu wird die Intervallschachtelung aus Schritt 1 benutzt. Legt man ein n-Eck zugrunde, so erhält man mit der oben gezeigten Ungleichung:
$F_{i,n} < F_k < F_{a,n}$

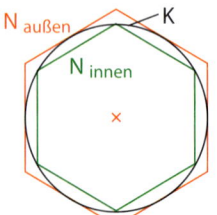 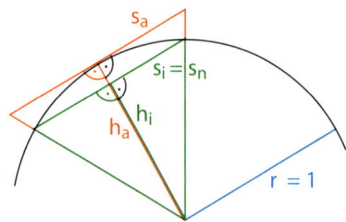

Das n-Eck ist ein regelmäßiges Vieleck. Daher kann zur Berechnung der Fläche das Bestimmungsdreieck herangezogen werden. Um die Berechnung einfacher zu gestalten, wird vorausgesetzt, dass der Radius des Kreises 1 ist (r = 1, ein solcher Kreis wird Einheitskreis genannt). Auf diese Weise wird sich die Fläche des Kreises einfach zu π ergeben.
Die Fläche des inneren und des äußeren Vielecks ist gegeben zu:
$$F_{i,n} = n \cdot \tfrac{1}{2} \cdot s_i \cdot h_i \qquad F_{a,n} = n \cdot \tfrac{1}{2} \cdot s_a \cdot h_a$$

Dabei gilt, $h_a = r = 1$, da die Seite s_a eine Tangente zu dem Kreis ist. Nach dem Strahlensatz gilt: $\frac{s_a}{s_i} = \frac{h_a}{h_i} = \frac{r}{h_i} = \frac{1}{h_i}$
Damit kann das äußere Dreieck umgerechnet werden zu:
$$Fa,n = n \cdot \tfrac{1}{2} \cdot s_i \cdot \tfrac{1}{h_i} \cdot r = n \cdot \tfrac{1}{2} \cdot s_i \cdot \tfrac{1}{h_i}$$

Die Strecken s_i und h_i sind nur abhängig von der Zahl n des n-Ecks. Da die Größen des äußeren Dreiecks nicht mehr auftreten, wird s_i in s_n und h_i in h_n umbenannt.

$$F_{i,n} = n \cdot \tfrac{1}{2} \cdot s_n \cdot h_n$$
$$F_{a,n} = n \cdot \tfrac{1}{2} \cdot s_n \cdot \tfrac{1}{h_n}$$

Jetzt wird das n-Eck so geteilt, dass jedes Bestimmungsdreieck in zwei getrennt wird. Dadurch entsteht dann ein 2n-Eck.

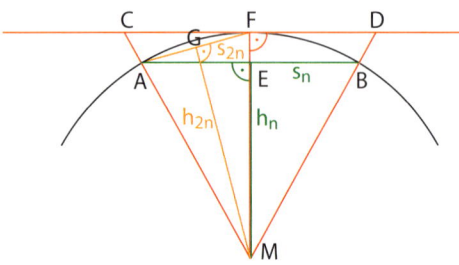

Das innere Bestimmungsdreieck ist gegeben durch die Punkte MAF. Nimmt man die Strecke AE als Höhe dieses Dreiecks (AE = $\tfrac{1}{2} s_n$) und MF als die Grundseite (MF = r = 1), so ergibt sich die Fläche zu:

$$F_{MAF} = \tfrac{1}{2} \cdot 1 \cdot (\tfrac{1}{2} s_n) = \tfrac{1}{4} s_n$$

Damit ergibt sich die Fläche des inneren n-Ecks zu:
$$F_{i,2n} = 2 \cdot n \cdot F_{MAF} = \tfrac{1}{2} \cdot n \cdot s_n$$

Das äußere n-Eck kann durch den Strahlensatz bestimmt werden. Da alle Seiten um den Faktor k gestreckt werden und zur Flächenberechnung der Dreiecke zwei Strecken gebraucht werden, ergibt sich der Streckungsfaktor k^2 für Flächen. Der Faktor k ergibt sich aus der Streckung von h_{2n} zu r = 1 : $k = \tfrac{1}{h_{2n}}$.
$$F_{a,2n} = k^2 \cdot F_{i,2n} = (\tfrac{1}{h_{2n}})^2 \cdot n \cdot \tfrac{1}{2} s_n = n \cdot \frac{\tfrac{1}{2} s_n}{h_{2n}^2}$$

Aus dem Dreieck MAG ergibt sich nach Pythagoras:
(1) $h_{2n}^2 = 1^2 - (\tfrac{s_{2n}}{2})^2$

Aus dem Dreieck AFE ergibt sich nach Pythagoras:
(2) $s_{2n}^2 = (\tfrac{s_n}{2})^2 + (1 - h_n)^2$

Aus dem Dreieck MAE ergibt sich nach Pythagoras:
(3) $(\tfrac{s_n}{2})^2 = 1 - h_n^2$

(3) in (2): $s_{2n}^2 = 1 - h_n^2 + (1 - h_n)^2 = 1 - h_n^2 + (1 - 2 \cdot h_n + h_n^2)$
$\qquad = 2 \cdot (1 - h_n)$
in (1): $h_{2n}^2 = 1 - 2 \cdot (\tfrac{1-h_n}{4}) = \tfrac{1}{2}(1 + h_n)$

Die Fläche $F_{2n}(N_a)$ ergibt sich dann zu:
$$F_{a,2n} = \frac{n \cdot s_n}{(1 + h_n)}$$

Insgesamt gelten jetzt folgende Flächen:

$$F_{i,n} = n \cdot \tfrac{1}{2} \cdot s_n \cdot h_n$$
$$F_{a,n} = n \cdot \tfrac{1}{2} \cdot s_n \cdot \tfrac{1}{h_n}$$
$$F_{i,2n} = n \cdot \tfrac{1}{2} \cdot s_n$$
$$F_{a,2n} = \frac{n \cdot s_n}{(1 + h_n)}$$

Wie leicht nachgerechnet werden kann, gilt die folgende Gleichung:

$$F_{i,2n}^2 = F_{i,n} \cdot F_{a,n} = n \cdot \tfrac{1}{2} \cdot s_n \cdot h_n \cdot n \cdot \tfrac{1}{2} \cdot s_n \cdot \tfrac{1}{h_n}$$
$$= n^2 \cdot \tfrac{1}{2}^2 \cdot s_n^2$$

Außerdem findet man:

$$F_{a,2n} = \frac{2 \cdot F_{i,2n}}{(1 + h_n)} \quad \text{und} \quad h_n = \frac{F_{i,2n}}{F_{a,n}}$$
$$\Rightarrow F_{a,2n} = \frac{2 \cdot F_{i,2n}}{(1 + \frac{F_{i,2n}}{F_{a,n}})}$$
$$\Rightarrow \quad = \frac{2}{\frac{1}{F_{i,2n}} + \frac{1}{F_{a,n}}}$$

Damit gelten die beiden Gleichungen:

> $$F_{i,2n} = \sqrt{(F_{i,n} \cdot F_{a,n})}$$
> $$F_{a,2n} = \frac{2}{\frac{1}{F_{i,2n}} + \frac{1}{F_{a,n}}}$$

4. Schritt:

Was bedeuten die Gleichungen?

Diese Gleichungen geben an, wie der Flächeninhalt eines inneren und des zugehörigen äußeren 2n-Ecks aus dem Flächeninhalt eines n-Ecks berechnet werden kann. Ist also beispielsweise die Fläche des Vierecks bekannt, so kann daraus die Fläche des 8-Ecks berechnet werden, aus diesem die Fläche des 16-Ecks, aus diesem wiederum die Fläche des 32-Ecks usw.

Da im 1. Schritt dargelegt wurde, dass der Flächenunterschied des inneren und des äußeren Vielecks bei steigendem n immer kleiner wird, kann damit die Fläche des Kreises angenähert werden. Über die Ungleichung $F_{i,n} < F(K) < F_{a,n}$ und mit steigendem n wird die Fläche immer genauer beschrieben.

Startet man bei dem Einheitskreis (r = 1), so hat der Kreis den Flächeninhalt

$$F(K) = \pi \cdot r^2$$
$$\rightarrow \qquad = \pi \cdot 1^2 = \pi.$$

Das erste Vieleck soll ein Quadrat sein. Wie dem Bild zu entnehmen ist, hat das äußere Quadrat dann die Kantenlänge 2 und das innere Quadrat eine Diagonale der Länge 2. Daraus folgt nach Pythagoras, dass die Kantenlänge des inneren Quadrates $\sqrt{2}$ beträgt.

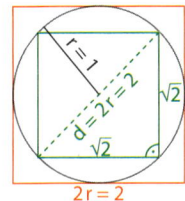

Die Fläche eines Quadrates berechnet sich zu $F(Q) = a^2$. Daraus ergeben sich die Startwerte:

$\rightarrow F_{i,4} = (\sqrt{2})^2 = 2$

$\rightarrow F_{a,4} = 2^2 = 4$

$\rightarrow 2 < \pi < 4$

Die Zahl π liegt also in der ersten Näherung zwischen 2 und 4.

Jetzt wird nach den obigen Gleichungen der Flächeninhalt für die 8-Ecke berechnet:

$F_{i,8} = \sqrt{(2 \cdot 4)} = 2\sqrt{2} = 2{,}828\ldots$

$F_{a,8} = \dfrac{2}{\dfrac{1}{2\sqrt{2}} + \dfrac{1}{2}} = 3{,}314\ldots$

$\rightarrow 2{,}828 < \pi < 3{,}314$

In der zweiten Näherung wird die Zahl π schon genauer eingeschränkt.

Die folgenden Schritte können leicht nachgerechnet werden.

Für das 16-Eck ergibt sich: $F_{i,16} = 3{,}06 \quad < \pi < F_{a,16} = 3{,}18$

Für das 32-Eck ergibt sich: $F_{i,32} = 3{,}12 \quad < \pi < F_{a,32} = 3{,}15$

Für das 64-Eck ergibt sich: $F_{i,64} = 3{,}136 < \pi < F_{a,64} = 3{,}144\ldots$

Nach mehreren Rechenschritten ändern sich die ersten 7 Nachkommastellen nicht mehr, und die Zahl π kann bis auf diese Genauigkeit angegeben werden. $\pi \approx 3{,}1415926\ldots$

Nach diesem Verfahren kann die Zahl π auf beliebig viele Stellen nach dem Komma angegeben werden. Es stellt sich jedoch heraus, dass sie nicht ab einer gewissen Stelle aufhört, sondern dass sie un-

endlich viele Nachkommastellen hat. Da sich die Reihenfolge der Ziffern nicht wiederholt und π auch nicht durch einen Bruch dargestellt werden kann, ist **die Zahl π eine irrationale Zahl**.

Die Fläche eines Kreises kann damit berechnet werden. Ebenso möchte man auch den Umfang eines Kreises bestimmen können, also die Strecke, die eine Schnur haben muss, um sie einmal um den Kreis zu wickeln.

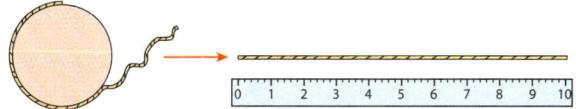

Bei einem Vieleck war das einfach die Summe der Strecken, aus denen die Figur besteht. Der Kreis hat jedoch keine Strecken. Daher wird auch hier ein Trick angewandt. Die Berechnung erfolgt hier wieder anhand eines Kreises mit Radius r.

Zunächst teilt man den Kreis wie eine Torte in eine gerade Anzahl n Sektoren.

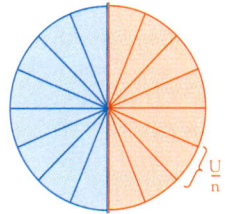

Bezeichnet man den Umfang des Kreises mit U, so hat jeder Sektor einen Bogen der Länge $\frac{U}{n}$ und eine Kantenlänge von r. Diese Sektoren werden dann abwechselnd in der Orientierung nebeneinander gelegt, so dass je $\frac{n}{2}$ Stücke in eine Richtung zeigen.

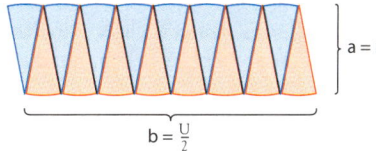

So ergibt sich eine Art Rechteck mit einer welligen Struktur. Die Wellen werden immer kleiner und unbedeutender, je größer n ist. Wird der Kreis in sehr viele Sektoren zerlegt, so können sie zu einem Rechteck umsortiert werden. Das Rechteck hat dann die Kantenlängen a = r und $b = \frac{n}{2} \cdot \frac{U}{n} = \frac{U}{2}$.

Das Rechteck hat die Fläche $F(R) = a \cdot b = r \cdot \frac{U}{2}$. Da es aber aus denselben Stücken besteht wie der Kreis, muss die Fläche gleich der Kreisfläche $F(K) = \pi \cdot r^2$ sein.

$\Rightarrow F(R) = F(K)$

$\Rightarrow \frac{U}{2} \cdot r = \pi \cdot r^2$

$\Rightarrow U = 2\pi \cdot r$

Auf diese Weise erhält man einfach den Umfang des Kreises.

Ein Kreis mit dem Radius r hat einen Umfang $U = 2\pi \cdot r$.

Zum Weiterlesen:

- Vierecke und Kreise, S. 50
- Die Dreiecksfläche, S. 93
- Die Kugel, S. 124

Prismen und Zylinder

*B*islang wurden hauptsächlich die Eigenschaften ebener Figuren behandelt. Der Umfang und der Flächeninhalt der Figuren spielte dabei die wichtigste Rolle. Wie am Anfang der Geometrie bereits gesagt wurde, gibt es eine Entsprechung bei den Körpern. In dem Kapitel Oberflächen und Rauminhalte wurde die allgemeine Definition für die Oberfläche angegeben. Diese setzt sich zusammen aus der Summe der den Körper begrenzenden Flächen.

$$F (\text{Körper}) = F(K_1) + F(K_2) + F(K_3) + \ldots$$

Außerdem wurde das Volumen eines Quaders hergeleitet. Hat der Quader die Kantenlängen a, b und c, dann gilt:

$$V (\text{Quader}) = a \cdot b \cdot c$$

Es gibt aber noch andere Körper als den Quader. Eine Gruppe von Körpern sind die Prismen.

Das Prisma taucht als geometrischer Körper sehr häufig in der Optik auf, aber auch im täglichen Leben sind viele Prismen, beispielsweise als Verpackungen, zu beobachten.

Die Entstehung eines **Prisma** kann man sich so vorstellen, als ob eine beliebige Figur F, die in der Ebene ε liegt, senkrecht zu dieser Ebene nach oben gezogen wird. Ist die Figur ein Vieleck, dann ergeben sich solche Prismen:

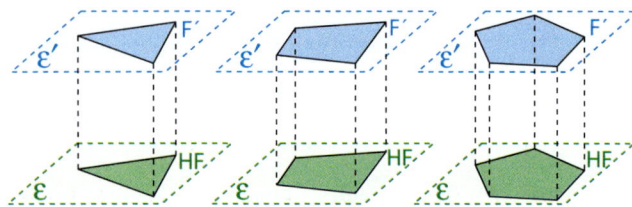

Es entsteht also ein zu F kongruentes Vieleck F´ in der Ebene ε´. Verbindet man die zusammengehörigen Ecken miteinander, so haben diese Kanten alle dieselbe Länge.

– Die Flächen F und F´ heißen die **Grundflächen**.
– Die durch die Kanten und die Grundflächen begrenzten Flächen heißen **Seitenflächen**.
– Alle Seitenflächen zusammen werden der **Mantel** oder die **Mantelfläche** des Prismas genannt.
– Der Mantel und die Grundflächen ergeben zusammen die Oberfläche des Prismas.
– Der Abstand der beiden Ebenen ε und ε´ ist die Höhe des Prismas.
– Stehen wie in diesem Fall diese Kanten senkrecht zu den Ebenen, so spricht man von **geraden Prismen**.
– Wird die Grundfläche nicht senkrecht, sondern schief nach oben gezogen, so entsteht ein **schiefes Prisma**.
– Ist die Grundseite ein n-Eck, dann wird das Prisma n-seitiges Prisma genannt. Ein n-seitiges Prisma hat n Seitenflächen.
– Ist die Grundfläche ein regelmäßiges n-Eck, so liegt ein regelmäßiges Prisma vor.
– Ist die Grundfläche ein Parallelogramm, so heißt das Prisma **Parallelepiped** oder auch **Spat**.
– Ist die Grundfläche ein Rechteck, so heißt das Prisma Quader.

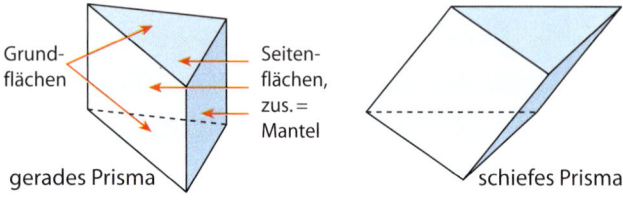

Grund-flächen
Seitenflächen, zus. = Mantel

gerades Prisma   schiefes Prisma

Die Verbindung zu einem Quader ist also hier gegeben. Es liegt also nahe, auch die Volumenberechnung wie bei dem Quader vorzunehmen. Das Volumen des Quaders ist bereits oben angegeben worden. Es gab aber noch eine andere Darstellung des Volumens in dem Kapitel Oberflächen und Rauminhalte, welche die Grundfläche des Quaders enthielt:

$$V(\text{Quader}) = G \cdot h$$

Mit der Grundfläche G und der Höhe h des Quaders. Es soll nun versucht werden, die Fläche des Prismas in der gleichen Form zu berechnen.

Zerteilt man einen Quader in zwei Teile anhand einer Diagonalen in der Grundfläche, so ergeben sich zwei Prismen mit demselben Rauminhalt: $V(P_1) = V(P_2)$

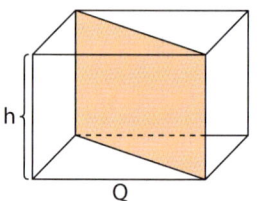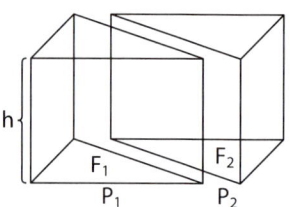

Die Grundflächen F_1 und F_2 dieser zwei entstandenen Prismen entsprechen zwei Dreiecken, die kongruent zueinander sind. Das wurde bereits im Kapitel der Dreiecksfläche gezeigt. Da die Grundflächen also gleich groß sind ($F_1 = F_2$), haben die Prismen auch denselben Rauminhalt. Das Volumen des Quaders $V(Q)$ kann umgeschrieben werden:

$$
\begin{aligned}
V(\text{Quader}) &= G \cdot h \\
&= (F_1 + F_2) \cdot h = F_1 \cdot h + F_2 \cdot h = 2 \cdot (F_1 \cdot h) \\
&= 2 \cdot V(P_1)
\end{aligned}
$$

Also kann das Volumen eines dreiseitigen Prismas auch nach der Gleichung $V(P) = G \cdot h$ berechnet werden.

Da jedes Vieleck aus Dreiecken zusammengesetzt werden kann, wie in dem Kapitel Vielecke gezeigt wurde, wird bei den Prismen dasselbe gemacht.

> Jedes n-seitige Prisma mit der Höhe h kann aus dreiseitigen Prismen derselben Höhe zusammengesetzt werden.

Das Volumen des Prismas V(P) berechnet sich dann aus dem Volumen aller dreiseitigen Prismen $V(P_1)$, $V(P_2)$, $V(P_3)$ …:

$$
\begin{aligned}
V(\text{Prisma}) &= V(P_1) + V(P_2) + V(P_3) + \ldots \\
&= F_1 \cdot h + F_2 \cdot h + F_3 \cdot h + \ldots \\
&= h \cdot (F_1 + F_2 + F_3 + \ldots) \\
&= h \cdot G
\end{aligned}
$$

> Die Fläche eines n-seitigen geraden Prismas mit der Höhe h und der Grundfläche G ist gegeben zu: $V(P) = G \cdot h$

Wie berechnet sich nun die Fläche eines schiefen Prismas?

Dazu wird das gleiche Prinzip angewandt wie bei den Scherungen von ebenen Figuren. Ein beliebiges gerades Prisma wird parallel zu der Ebene ε in Scheiben gleicher Dicke geschnitten. Diese werden nun seitlich verschoben, so dass eine Kante einen Winkel α zu der Senkrechten bildet. Die Höhe des entstehenden schiefen Prismas ist dieselbe wie die des geraden Prismas.

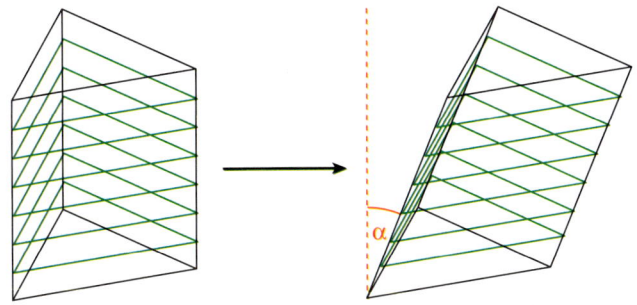

Um tatsächlich ein schiefes Prisma zu erhalten, muss das Prisma in beliebig viele sehr dünne Scheiben geschnitten werden.

Da die Scheiben ihr Volumen nicht geändert haben, ist der Flächeninhalt des geraden und des schiefen Prismas derselbe. Damit gilt auch hier:

> Ein schiefes Prisma der Grundfläche G und der Höhe h hat das Volumen $V(P) = G \cdot h$

Das Prinzip, einen geraden Körper in Gedanken in Scheiben zu zerlegen und schief wieder zusammenzusetzen, geht auf den italienischen Mathematiker **Bonaventura Cavalieri** (1598 bis 1647) zurück.

> Das Prinzip des Cavalieri:
> Liegen zwei Körper zwischen zwei parallelen Ebenen ε_1 und ε_2 und ist für jede zu ε_1 parallele Ebene ε die Schnittfläche der beiden Körper mit ε gleich groß, so haben sie dasselbe Volumen.

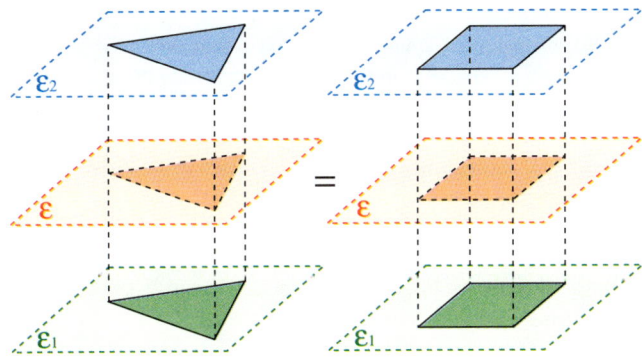

Die Oberfläche F(P) dieser Prismen berechnet sich, wie bereits angedeutet, aus der Mantelfläche F(M) und den beiden Grundflächen F(G):
$$F(P) = 2 \cdot F(G) + F(M)$$

Ist die Grundfläche des Körpers kein Vieleck, sondern ein Kreis, so ergibt sich ein Zylinder.

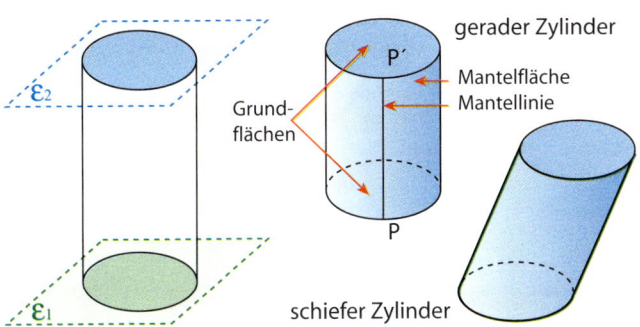

gerader Zylinder

Grund-
flächen

Mantelfläche
Mantellinie

schiefer Zylinder

Da der Kreis keine Ecken hat, besitzt der Zylinder auch keine Kanten. Daher gibt es nur eine Seitenfläche, die gleich der Mantelfläche ist. Die Verbindung zweier zusammengehörender Punkte P und P´ auf den Kreisen K und K´ heißt Mantellinie.

Auch bei diesem Körper wird unterschieden in gerade und schiefe Zylinder.

Um das Volumen zu berechnen, müsste ähnlich wie bei der Berechnung der Kreisfläche der Zylinder angenähert werden durch ein n-seitiges Prisma.

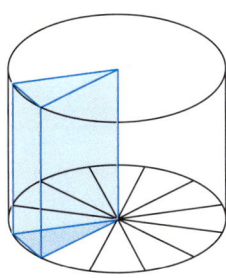

Da der Beweis ebenso verläuft wie bei der Kreisfläche, wird er hier nicht mehr geführt und das Ergebnis nur angegeben. Es folgt, dass auch der Zylinder ein Volumen hat, das sich aus der Grundfläche und der Höhe ergibt. Auch bei dem Zylinder kann das Prinzip des Cavalieri angewandt werden, so dass die Gleichung für gerade und für schiefe Zylinder gültig ist.

> Das Volumen eines Zylinders der Höhe h und mit dem Radius r beträgt: $V(Z) = G \cdot h = \pi \cdot r^2 \cdot h$

Die Oberfläche des Zylinders errechnet sich wiederum aus der Summe der Grundflächen F(G) und der Mantelfläche. Die Mantelfläche des Zylinders erhält man, indem der Zylinder an der Mantellinie aufgeschnitten und aufgerollt wird.

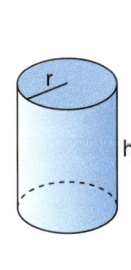
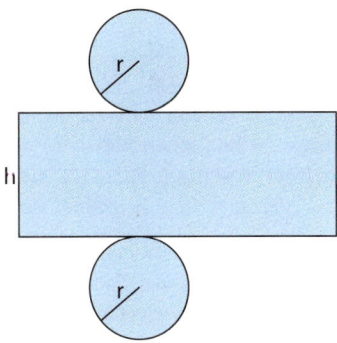

Es entsteht ein Rechteck mit den Kantenlängen h und $2 \cdot \pi \cdot r$. Die Kantenlänge $2 \cdot \pi \cdot r$ ergibt sich aus dem Kreisumfang. Die Grundfläche entspricht der Kreisfläche mit Radius r. Damit folgt:

> Die Oberfläche eines Zylinders ist gegeben zu: $F(Z) = 2 \cdot F(G) + F(M) = 2 \cdot (\pi \cdot r^2) + 2 \cdot \pi \cdot r \cdot h = 2 \cdot \pi \cdot r \cdot (r + h)$

Zum Weiterlesen:

- Oberflächen und Rauminhalte, S. 54
- Scherungen, S. 92
- Der Kreis, S. 116

Pyramiden und Kegel

Neben den Prismen und Zylindern gibt es eine andere Art von Körper, die diesen sehr ähnlich ist. Diese Körper haben ebenfalls eine Grundfläche, die einer geometrischen Figur in einer Ebene ε entspricht. Der Körper entsteht, indem in einer Höhe h über der Ebene ein Punkt S festgelegt wird. Dann wird jede Ecke der Grundfigur aus der Ebene ε mit diesem Punkt verbunden.

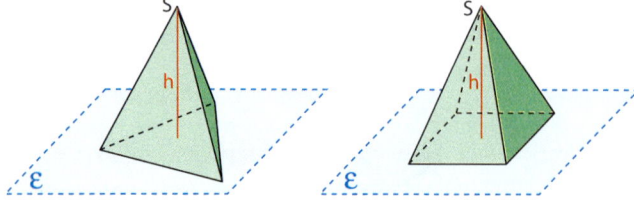

Die Körper, die auf diese Weise entstehen, heißen Pyramiden. Ihren Namen haben sie von den bekannten ägyptischen Grabmälern, den Pyramiden von Giseh, die etwa 3000 v. Chr. gebaut wurden. Im täglichen Leben begegnen einem aber noch andere Beispiele dieser Körper.

Bei einer Pyramide wird die zugrunde liegende Fläche als die **Grundfläche** bezeichnet.
Der Abstand der Spitze S zu der Grundfläche ist **die Höhe h der Pyramide**.
Alle Flächen, welche die Spitze S der Pyramide als einen Eckpunkt haben, sind **Seitenflächen**.
Aufgrund der Konstruktion sind alle Seitenflächen der Pyramide Dreiecke. Alle Seitenflächen einer Pyramide zusammen werden als der **Mantel** bezeichnet.
Ist die Grundfläche ein n-Eck, so handelt es sich um eine **n-seitige Pyramide**.
Sind alle Kanten, die in dem Punkt S zusammenlaufen, gleich lang, so ist es eine **gerade Pyramide**. Ansonsten heißt sie **schiefe Pyramide**.
Ist die Grundfläche ein regelmäßiges n-Eck, so liegt eine **regelmäßige Pyramide** vor.

Die Oberfläche einer Pyramide errechnet sich aus der Summe der begrenzenden Teilflächen, also von Mantel und Grundfläche. Bei einer beliebigen n-seitigen Pyramide sind das also n Dreiecke und das n-Eck, deren Flächen berechnet werden müssen. Das ist besonders einfach zu sehen an der Netzdarstellung des Körpers.

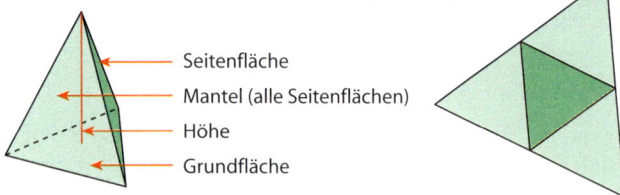

- Seitenfläche
- Mantel (alle Seitenflächen)
- Höhe
- Grundfläche

Der einfachste Fall liegt für eine regelmäßige Pyramide vor. Wenn die Grundfläche ein Quadrat der Kantenlänge a ist, so sind die vier Dreiecke des Mantels gleich groß. Die Fläche eines Dreiecks errechnet sich zu $F(\text{Dreieck}) = \frac{1}{2} \cdot a \cdot h_a$. Die Höhe des Dreiecks h_a kann erhalten werden aus der Höhe h der Pyramide, wenn man sich das Dreieck anschaut, das durch die beiden Höhen gegeben ist.

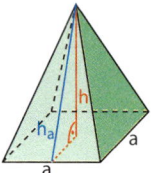

Wie leicht zu sehen ist, steht die gestrichelt eingezeichnete Linie senkrecht zu h und hat die Länge $\frac{a}{2}$. Daher kann mit dem Satz des Pythagoras die Höhe h_a berechnet werden.

$$h_a{}^2 = h^2 + \left(\frac{a}{2}\right)^2$$
$$h_a = \sqrt{h^2 + \left(\frac{a}{2}\right)^2}$$

Die Fläche dieser Pyramide F(P) ergibt sich also zu:
$$\begin{aligned} F(\text{Pyramide}) &= F(Q) + 4 \cdot F(D) = a^2 + 4 \cdot \left(\frac{1}{2} \cdot a \cdot h_a\right) \\ &= a^2 + 2 \cdot a \cdot \sqrt{h^2 + \left(\frac{a}{2}\right)^2} \end{aligned}$$

Das Volumen einer Pyramide kann mit einem ähnlichen Trick hergeleitet werden wie in dem Kapitel Prismen und Zylinder das Volumen des Prismas aus einem Quader. Hilfreich ist auch hier wieder das Prinzip von Cavalieri. Dieses besagt, in etwas anderer Form, dass zwei Körper das gleiche Volumen haben, wenn sie dieselbe Höhe und die gleiche Grundfläche haben.
Hier soll der Rauminhalt eines Prismas in mehrere Pyramiden aufgeteilt werden. Dazu wird ein gerades, dreieckiges Prisma der Höhe h genommen und entsprechend der Zeichnung aufgeteilt.

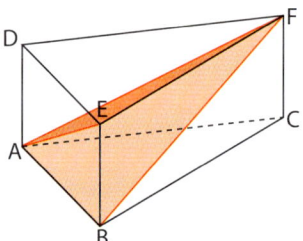

Vergleicht man die Pyramiden ABEF (P_1) und ADEF (P_2), so sind die Grundflächen ABE und AED gleich groß, da diese aus einem Rechteck entstanden sind, das in der Diagonalen geteilt wurde. Außerdem sind die Höhen der beiden Pyramiden gleich groß, da sie denselben Punkt F gemein haben. Diese beiden Pyramiden P_1 und P_2 haben also denselben Rauminhalt. Vergleicht man weiterhin die Pyramiden BEFA (P_1) und BCFA (P_3), so haben auch diese dasselbe Volumen, da sie dieselbe Höhe und die gleiche Grundfläche haben. Alle drei Pyramiden haben also dasselbe Volumen V(P).
$$V(\text{Pyramide}) = V(P_1) = V(P_2) = V(P_3)$$

Das Volumen des Prismas beträgt: $V(\text{Prisma}) = G \cdot h$.
Da die Summe der Volumina der drei Pyramiden so groß ist wie das Volumen des Prisma, gilt:

$$V(\text{Prisma}) = V(P_1) + V(P_2) + V(P_3)$$
$$\Rightarrow \quad 3 \cdot V(P) = G \cdot h$$
$$\Rightarrow \quad V(P) = \frac{1}{3} \cdot G \cdot h$$

Wiederum mit Hilfe des Prinzips von Cavalieri kann eine so entstandene Pyramide in eine beliebige geschert werden, ohne deren Volumen zu ändern. Die Gleichung gilt somit allgemein für Pyramiden.

> Das Volumen einer Pyramide der Höhe h und mit der Grundfläche G ist gegeben zu:
> $$V(P) = \frac{1}{3} \cdot G \cdot h$$

Ebenso wie es die Verbindung zwischen Prisma und Zylinder gibt, gibt es auch eine Pyramide mit einer kreisförmigen Grundfläche. So ein Körper wird Kegel genannt.

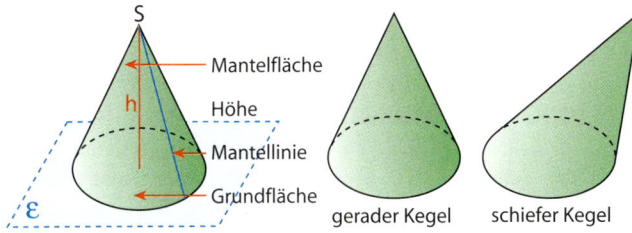

Da auch hier wieder keine Ecken bei der Grundfigur vorliegen, wird eine **Mantellinie** zwischen einem beliebigen Punkt auf der Kreisfläche und der Spitze S gezogen. Ist die Mantellinie für alle Punkte auf dem Kreis zur Spitze hin gleich lang, so ist der Kegel ein **gerader Kegel**, andernfalls heißt er **schiefer Kegel**.

Wird bei einem geraden Kegel der Mantel entlang der Mantellinie aufgeschnitten, so erhält man eine Fläche, die dem Sektor eines Kreises mit Radius s entspricht. Diese Fläche erhält man auch, wenn ein Kegel auf einer Unterlage abgerollt wird.

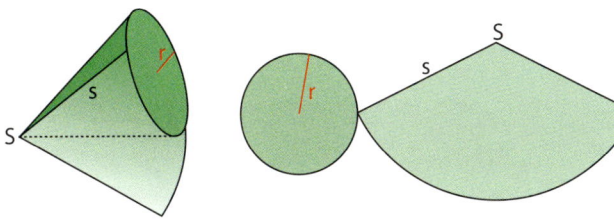

Damit kann die Mantelfläche F(M) berechnet werden. Nimmt man an, der kleine Kreis (K_r) mit dem Radius r würde entlang der äußeren Kreislinie des Kreises (K_s) einmal um den Punkt S herumlaufen, so ergäbe sich die Fläche πs^2. Da er aber nur ein Teilstück weit läuft, das seinem Kreisumfang entspricht ($2\pi r$), ergibt sich das Verhältnis:

$$\frac{F(M)}{F(K_s)} = \frac{U(K_r)}{U(K_s)}$$

$$\Rightarrow F(M) = \frac{2\pi r}{2\pi s} \cdot \pi s^2$$

$$\Rightarrow F(M) = \pi \cdot r \cdot s$$

Damit ergibt sich die Oberfläche des Kegels F(K) zu:

$$F \,(Kegel) = F(K_r) + F(M)$$
$$= \pi \cdot r^2 + \pi \cdot r \cdot s$$

Die Oberfläche eines Kegels mit Radius r des Grundkreises und der Mantellinie s ergibt sich zu:
$$F(K) = \pi \cdot r^2 + \pi \cdot r \cdot s$$

Auch bei dem Kegel ergibt sich das Volumen V(K) wie bei der Pyramide zu:

$$V \,(Kegel) = \frac{1}{3} \cdot G \cdot h$$
$$= \frac{1}{3} \cdot \pi \cdot r^2 \cdot h$$

Das Volumen eines Kegels ergibt sich zu: $V(K) = \frac{1}{3} \cdot \pi \cdot r^2 \cdot h$

Die Kegel haben in der Geometrie darüber hinaus noch eine andere wichtige Bedeutung. Betrachtet man den Schnitt eines geraden Kegels K mit einer Ebene ε, so ergeben sich je nach der Lage der Ebene unterschiedliche geometrische Figuren. Diese Figuren sind auch als **Kegelschnitte** bekannt.

– Hat die Ebene nur die Spitze S mit dem Kegel gemeinsam, so ergibt sich ein **Punkt** als Schnitt.

– Wenn die Ebene an dem Kegel anliegt, so als ob der Kegel auf der Ebene liegen würde, dann ergibt sich eine **Strecke** als Schnittmenge.

– Geht die Ebene durch den Punkt S und schneidet sie den Kegel, so ergibt sich ein **Dreieck** als Schnitt.

– Steht die Ebene senkrecht zu der Grundfläche und geht sie durch die Spitze S des Kegels, so ergibt sich als Schnitt das größtmögliche Dreieck.

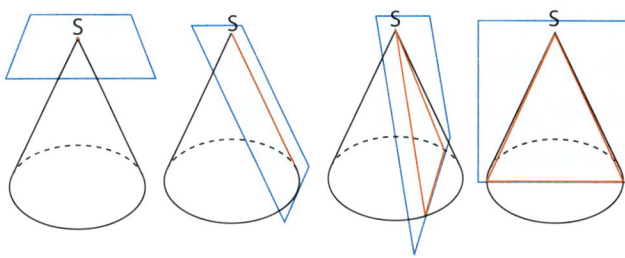

– Die einfachste, bereits bekannte Figur entsteht, wenn die Ebene ε parallel zur Grundfläche des Kegels steht und diesen schneidet. Hier ergibt sich eine zur Grundfläche ähnliche Figur, ein **Kreis**.

– Schneidet die Ebene den Kegel und ist sie weder parallel zur Grundfläche noch zu einer Mantellinie, so ergibt sich als Schnitt eine **Ellipse**.

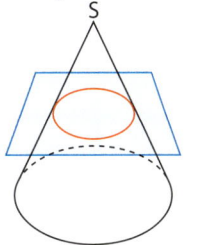
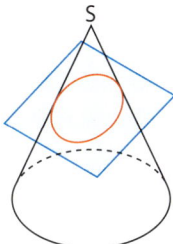

– Schneidet die Ebene den Kegel und ist sie parallel zu nur einer Mantellinie, so ergibt sich als Schnitt eine **Parabel**, sofern die Ebene nicht den Punkt S enthält.

– Schneidet die Ebene den Kegel und ist sie parallel zu zwei Mantellinien, so ergibt sich als Schnitt eine **Hyperbel**.

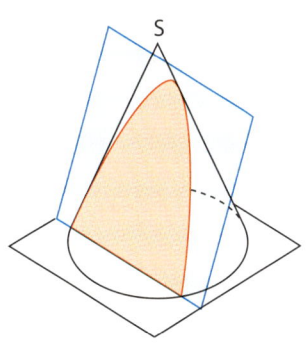
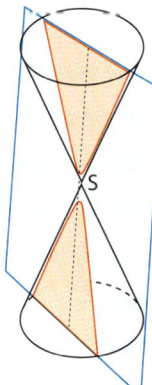

 Zum Weiterlesen:

• Scherungen, S. 92
• Die Dreiecksfläche, S. 93
• Der Kreis, S. 116

Die Kugel

Betrachtet man den Schatten eines geraden Prismas, das von der Seite angestrahlt wird, so erscheint er wie ein Rechteck. Ebenso gibt es einen Körper, dessen Schatten einem Kreis entspricht. Dieser Körper ist die Kugel. Auch die Definition einer Kugel ist der eines Kreises sehr ähnlich.

> Eine Kugel ist die Menge aller Punkte, deren Abstand zu einem gegebenen Mittelpunkt M kleiner oder gleich dem Radius r ist.

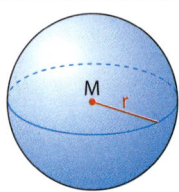

Das Volumen kann auch bei diesem Körper nicht direkt mit den bislang zur Verfügung stehenden Mitteln hergeleitet werden. Daher wird wiederum mit Hilfe des Prinzips von Cavalieri das Volumen dieses Körpers mit einem bekannten Körper verglichen. Die Herleitung erscheint zwar etwas willkürlich, da der Zusammenhang zwischen diesen Körpern nicht sofort zu sehen ist, aber sie führt zum Ziel. Es soll gezeigt werden, dass eine Kugelhälfte dasselbe Volumen hat wie ein Zylinder, aus dem das Volumen eines Kegels herausgeschnitten wurde. Hat die Kugelhälfte den Radius r, so soll auch der Zylinder den Radius r haben, und die Höhe soll ebenfalls r sein.

„r" beschreibt den Abstand ε_1 bis ε_2
„h" beschreibt den Abstand ε_1 bis ε

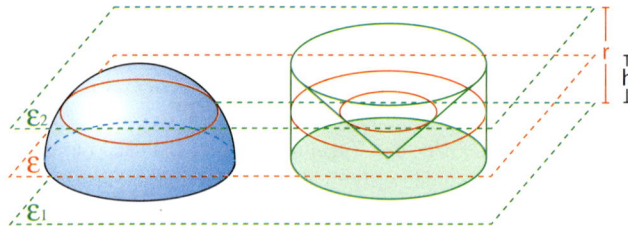

In dem Bild ist angedeutet, dass aus dem Zylinder ein umgekehrter Kegel mit Radius r und Höhe r herausgeschnitten wurde. Damit hat der so entstandene Körper K´ ein Volumen V(K´).

$$V(K´) = V(\text{Zylinder}) - V(\text{Kegel})$$
$$= \pi \cdot r^2 \cdot r - \frac{1}{3} \cdot \pi \cdot r^2 \cdot r$$
$$= \frac{2}{3}\,\pi \cdot r^3$$

Nach dem Satz von Cavalieri haben zwei Körper das gleiche Volumen, wenn sie in jedem Schnitt parallel zur Grundfläche die gleiche Fläche aufweisen. Um das zu beweisen, benutzen wir folgende Skizze, die beide Körper in der Seitenansicht zeigt.

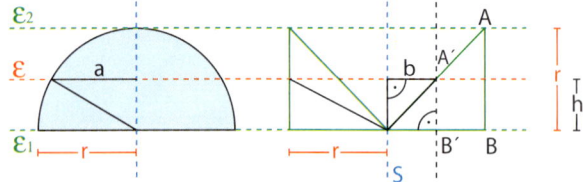

Beide Körper befinden sich zwischen den parallelen Ebenen ε_1 und ε_2. Eine beliebige Ebene ε liegt zwischen ε_1 und ε_2 und hat den Abstand h zu ε_1. Die Ebene ε schneidet aus der Halbkugel einen Kreis mit Radius a aus. a kann mit dem Satz des Pythagoras berechnet werden.

$$r^2 = h^2 + a^2 \leftrightarrow a^2 = r^2 - h^2$$

Die Kreisfläche F in dem Abstand h hat damit die Fläche:
$$F(\text{Kreis}) = \pi \cdot a^2 = \pi \cdot (r^2 - h^2)$$

Bei dem Körper K´ ergibt sich als Schnittfläche mit ε ein Kreisring. Der Radius des äußeren Kreises ist r. Der Radius des inneren Kreises ist b. Durch den Schnitt mit der Ebene ε ergibt sich der Punkt A´. Der Punkt B´ folgt aus einer Parallelen zur Mantelfläche des Zylinders, die durch den Punkt A´ geht.

Da in der Skizze das Dreieck SAB ein gleichschenkliges Dreieck ist, ist auch das Dreieck SA´B´ gleichschenklig. Damit ist der Radius b des inneren Kreises gleich h. Der Kreisring hat also die Fläche:

$$F(\text{Kreisring}) = F(\text{Kreis außen}) - F(\text{Kreis innen})$$
$$= \pi\,r^2 - \pi\,h^2$$
$$= \pi \cdot (r^2 - h^2)$$

Ein Vergleich mit der Fläche, die sich bei der Halbkugel ergibt, zeigt, dass die Flächen in der Schnittebene ε immer gleich groß sind. Damit sind auch die Volumen beider Körper gleich groß.

$$V(\text{Halbkugel}) = V(K´)$$
$$= \frac{2}{3} \cdot \pi \cdot r^3$$

Eine Kugel besteht aus zwei Halbkugeln.

> Das Volumen einer Kugel berechnet sich zu:
> $$V(\text{Kugel}) = \frac{4}{3} \cdot \pi \cdot r^3$$

Die Oberfläche einer Kugel kann angenähert werden, indem die Kugel aus vielen geraden Pyramiden mit einem Quadrat als Grundfläche aufgebaut wird. Macht man die Quadrate beliebig klein, so stimmt das Volumen dieses Aufbaus überein mit dem Kugelvolumen.

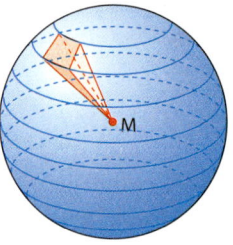

Ist $V(P_1)$ das Volumen der ersten Pyramide und $F(P_1)$ ihre Grundfläche, so folgt die Gleichung:

$$V(\text{Kugel}) = V(P_1) + V(P_2) + V(P_3) + V(P_4) + \ldots$$
$$= \frac{1}{3} \cdot F(P_1) \cdot r + \frac{1}{3} \cdot F(P_2) \cdot r + \frac{1}{3} \cdot F(P_3) \cdot r + \frac{1}{3} \cdot F(P_4) \cdot r \ldots$$
$$= \frac{1}{3} \cdot (F(P_1) + F(P_2) + F(P_3) + F(P_4) + \ldots) \cdot r$$
$$= \frac{1}{3} \cdot \qquad F(\text{Kugel}) \qquad \cdot r$$

Mit dem Volumen der Kugel folgt damit die Gleichung.

$$\frac{4}{3}\,\pi \cdot r^3 = \frac{1}{3} \cdot F(\text{Kugel}) \cdot r$$
$$\Rightarrow F(\text{Kugel}) = 4\pi \cdot r^2$$

> Die Oberfläche einer Kugel berechnet sich zu: $F(\text{Kugel}) = 4\pi \cdot r^2$

Zum Weiterlesen:

- Vierecke und Kreise, S. 50
- Oberflächen und Rauminhalte, S. 54
- Prismen und Zylinder, S. 120

Platonische Körper

Zum Ende des Themas räumliche Geometrie wird eine Art von Körper beschrieben, die in engem Zusammenhang mit den Vielecken der ebenen Geometrie steht. Ein Vieleck ist begrenzt durch n Strecken, weswegen es dann n-Eck genannt wird. Räumliche Körper können entsprechend von Flächen begrenzt sein. Diese Körper werden **Polyeder** (von griechisch: Vielflach) genannt. Zwei bereits bekannte Vielflächner sind der Quader, der von Rechtecken begrenzt wird, und die Pyramide, die beispielsweise nur von Dreiecken begrenzt sein kann.

Auch die Vielflächner werden wie die Vielecke eingeteilt in konvexe und konkave Körper.

Ein Vielflach ist **konvex**, wenn jede Strecke, deren Endpunkte in dem Körper liegen, ganz in dem Körper verläuft. Andernfalls heißt der Körper **konkav**.

Sind die begrenzenden Vielecke eines konvexen Vielflachs einander ähnlich und sind es reguläre Flächen, haben also alle Kanten dieselbe Länge, so handelt es sich um ein reguläres Vielflach. Ein solcher Polyeder wird platonischer Körper genannt.

Der Name platonischer Körper ist nach dem griechischen Philosophen Platon (428–348 v. Chr.) benannt worden.
Es kann gezeigt werden, dass es nur fünf verschiedene platonische Körper gibt. Diese werden nach der Anzahl ihrer begrenzenden Flächen benannt. Üblicherweise wird dazu der griechische Name benutzt.

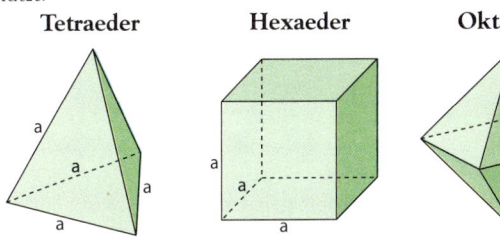

Tetraeder **Hexaeder** **Oktaeder**

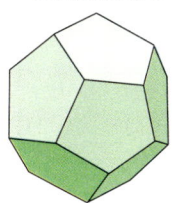 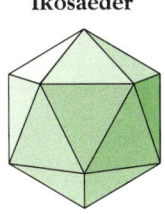

Dodekaeder **Ikosaeder**

– **Tetraeder** (griech.: tetra = vier; Vierflächner)
Die begrenzenden Flächen sind bei diesem Körper Dreiecke.
Ist die Kantenlänge a, so ergibt sich das Volumen zu: $V = \frac{1}{12} a^3 \sqrt{2}$
Die Oberfläche berechnet sich zu: $F = a^2 \sqrt{3}$

– **Hexaeder** (griech.: hexa = sechs; Sechsflächner, der Würfel)
Die begrenzenden Flächen sind bei diesem Körper Quadrate.
Ist die Kantenlänge a, so ergibt sich das Volumen zu: $V = a^3$
Die Oberfläche berechnet sich zu: $F = 6a^2$

– **Oktaeder** (Achtflächner)
Die begrenzenden Flächen sind bei diesem Körper Dreiecke.
Ist die Kantenlänge a, so ergibt sich das Volumen zu: $V = \frac{\sqrt{2}}{3} a^3$
Die Oberfläche berechnet sich zu: $F = 2a^2 \sqrt{3}$

– **Dodekaeder** (Zwölfflächner)
Die begrenzenden Flächen sind bei diesem Körper Fünfecke.
Ist die Kantenlänge a, so ergibt sich das Volumen zu: $V = \frac{a^3}{4}(15 + 7\sqrt{5})$
Die Oberfläche berechnet sich zu: $F = 3a^2 \sqrt{25 + 10\sqrt{5}}$

– **Ikosaeder** (Zwanzigflächner)
Die begrenzenden Flächen sind bei diesem Körper Dreiecke.
Ist die Kantenlänge a, so ergibt sich das Volumen zu:
$V = \frac{5}{12} a^3 (3 + \sqrt{5})$

Die Oberfläche berechnet sich zu: $F = 5a^2 \sqrt{3}$

Leonard Euler (1707-1783) hat eine Beziehung bewiesen, die zwischen der Anzahl der Ecken e, der Anzahl der Flächen f und der Anzahl der Kanten k besteht.

Für platonische Körper gilt der eulersche Polyedersatz: $e + f = k + 2$

Körper	Anzahl der		
	Ecken e	Flächen f	Kanten k
Tetraeder	4	4	6
Hexaeder	8	6	12
Oktaeder	6	8	12
Dodekaeder	20	12	30
Ikosaeder	12	20	30

In dieser Tabelle fällt auf, dass die Wertepaare e und f zwischen Hexaeder und Oktaeder sowie zwischen Dodekaeder und Ikosaeder vertauscht sind. Diese Körper stehen darüber in einer Beziehung zueinander und man nennt sie deshalb **duale Polyeder**. Das Hexaeder und das Oktaeder sind duale Vielflächner so wie das Dodekaeder und das Ikosaeder. Geometrisch findet man diese Beziehung der Körper zueinander, indem beispielsweise bei einem Hexaeder die Flächenmittelpunkte benachbarter Flächen miteinander verbunden werden. Dann ergibt sich aus diesen Strecken das Kantenmodell des Oktaeders. Umgekehrt kann auf demselben Weg aus einem Oktaeder ein Hexaeder konstruiert werden.

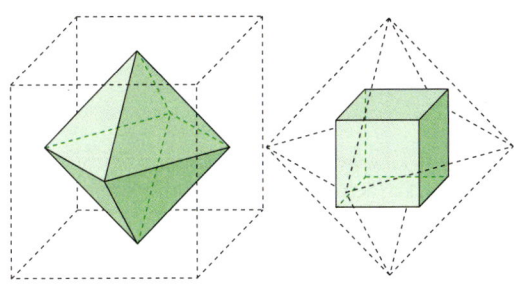

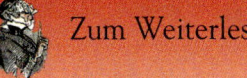
Zum Weiterlesen:

• Vielecke, S. 112
• Prismen und Zylinder, S. 120

Die trigonometrischen Funktionen

Wie bereits in dem Kapitel über die Konstruktion von Dreiecken gesagt wurde, ist ein Dreieck festgelegt, wenn z. B. eine Seite und zwei Winkel angegeben werden (SWW). Beträgt die Länge einer Seite r, ihr anliegender Winkel 30° und der der Seite r gegenüberliegende Winkel 90°, so ergibt sich das folgende Dreieck.

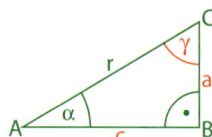

Da das Dreieck festgelegt ist, heißt das, dass die anderen zwei Seiten und der dritte Winkel aus den angegebenen Werten berechnet werden können. Die gesuchten Angaben sind in dem Bild rot gezeichnet. Wie der dritte Winkel berechnet werden kann, ist bereits bekannt. Die Winkelsumme in einem Dreieck beträgt immer 180°, also hat der dritte Winkel γ das Maß: $\gamma = 180° - 90° - 30°$.

Die anderen beiden Seiten a und c sind aber nicht so einfach mit bekannten Größen zu berechnen. Sie müssen allgemeiner angegeben werden. Die Länge der Seite a ist also abhängig von den beiden Winkeln und der Länge der Seite r. Das wird in der Mathematik ausgedrückt, indem eine Funktion aufgestellt wird. Benennt man die Funktion zunächst einmal mit dem Buchstaben f, so kann geschrieben werden: a = f (r, 90°, 30°).

Ebenso kann die Seite c mit einer Funktion g angegeben werden: c = g (r, 90°, 30°).

Dieser Zusammenhang gilt natürlich nicht nur für den Winkel 30°, sondern für einen beliebigen Winkel α. Also schreibt man:
a = f (r, 90°, α).
c = g (r, 90°, α).

Der Winkel in dem Punkt B soll immer 90° betragen. Wenn man sich darauf geeinigt hat, gibt es keinen Grund mehr, ihn mit in die Funktion hineinzuschreiben.
a = f (r, α).
c = g (r, α).

Die Bezeichnung sieht in dem Dreieck nun so aus:

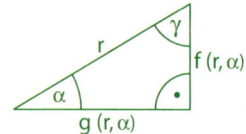

Streckt man so ein Dreieck um einen Faktor k, so erhält man ein ähnliches Dreieck.

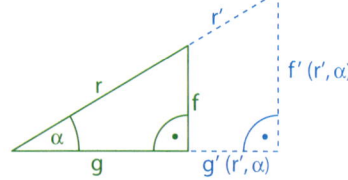

Es ergeben sich die Seiten r´, a´ und c´, die um den Faktor k gestreckt wurden:
r´ = k · r
a´ = k · a = f´(r´, α)
c´ = k · c = g´(r´, α)

Mit diesen Darstellungen kann der folgende Zusammenhang aufgestellt werden:
a´ = k · a $\Rightarrow$ f´(r´, α) = k · f (r, α)
c´ = k · c $\Rightarrow$ g´(r´, α) = k · g (r, α)

Diese Gleichungen besagen, dass die Funktionen f und g linear sind in der Variablen r. Anders gesagt, kann die Variable r aus der Funktion herausgezogen werden, so dass dort steht:

f (r, α) = r · f*(α)
g (r, α) = r · g*(α).

> Die Funktionen f* und g* heißen die trigonometrischen Funktionen. Sie erhalten einen eigenen Namen, da sie sehr häufig gebraucht werden. f* wird als die Sinusfunktion und g* als die Kosinusfunktion bezeichnet.
> f*(α) = sin(α); gelesen „Sinus von Alpha"
> g*(α) = cos(α); gelesen „Kosinus von Alpha"

Ist also, wie oben konstruiert, bei einem rechtwinkligen Dreieck die Hypotenuse r und ein anliegender Winkel α bekannt, so können die fehlenden Seiten berechnet werden.

> In einem rechtwinkligen Dreieck mit der Hypotenuse r und einem anliegenden Winkel α berechnen sich die Längen der Katheten zu:
> a = r · sin(α)
> c = r · cos(α)

Stellt man diese Gleichungen um, so ergeben sich die Funktionen als eine Bruchgleichung:
$\sin(\alpha) = \frac{a}{r}$
$\cos(\alpha) = \frac{c}{r}$

Geht man zurück zu der Beschreibung in dem Dreieck, so ist r die Hypotenuse und a und c sind die Katheten. a ist die Kathete, die dem Winkel α gegenüberliegt. Sie wird deswegen auch als **Gegenkathete** bezeichnet. Die Seite c liegt an dem Winkel α an und heißt daher **Ankathete**. Mit diesen Bezeichnungen ergeben sich folgende Rechenregeln für die Winkelfunktionen:

> $\sin(\alpha) = \frac{\text{Gegenkathete}}{\text{Hypotenuse}}$
> $\cos(\alpha) = \frac{\text{Ankathete}}{\text{Hypotenuse}}$

Da bei der Konstruktion, wie sie vorgenommen wurde, die Länge der Seite r konstant ist, liegt es nahe, sie als den Radius eines Kreises zu betrachten.

Da im Folgenden nur die Funktionen sin(α) und cos(α) betrachtet werden sollen, wird die Seite r auf die Länge 1 gesetzt (r = 1). Wird der Punkt A des Dreiecks als der Kreismittelpunkt gewählt, ergibt sich das folgende Bild:

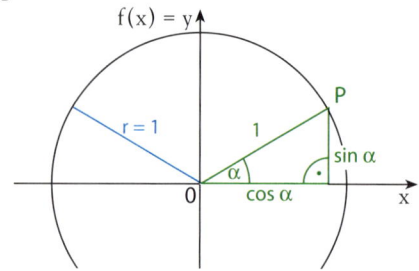

Da der Radius r = 1 ist, nennt man diesen Kreis den **Einheitskreis**. Der Winkel α ist in dieser Darstellung der Winkel zwischen der Abszisse und dem Radius. Der Radius schneidet den Kreis in dem Punkt P. Wie aus dem Bild zu entnehmen ist, hat dieser die oben hergeleiteten Funktionen als Koordinaten:

$$P = \begin{pmatrix} \cos(\alpha) \\ \sin(\alpha) \end{pmatrix}$$

Anhand dieses Bildes kann auch der Name der Sinusfunktion erklärt werden. Spiegelt man den Punkt P an der x-Achse, so ergibt sich der Punkt P′, und die Strecke PP′ entspricht einer Sehne in dem Kreis mit der Länge $2 \cdot \sin(\alpha)$. Der arabische Begriff für Sehne wurde leider falsch übersetzt und stattdessen der lateinische Begriff für Bogen (Sinus) benutzt.

Die Winkelfunktionen wurden für ein rechtwinkliges Dreieck hergeleitet. Für dieses Dreieck gilt selbstverständlich der Satz des Pythagoras: $c^2 = a^2 + b^2$. Die Hypotenuse hat in diesem Fall die Länge r = 1, und die Katheten sind der Sinus und der Kosinus des Winkels α. Damit ergibt sich:

$$r^2 = \sin^2(\alpha) + \cos^2(\alpha)$$
$$1^2 = \sin^2(\alpha) + \cos^2(\alpha)$$
$$1 = \sin^2(\alpha) + \cos^2(\alpha)$$

Für alle Winkelmaße α gilt die Gleichung: $\sin^2(\alpha) + \cos^2(\alpha) = 1$

Für einige besondere Winkel können die Werte für den Sinus und den Kosinus einfach berechnet werden.
Liegt beispielsweise ein Winkel α = 30° vor, so ergibt sich entsprechend der Winkel β = 60°, da die Winkelsumme 180° betragen muss.

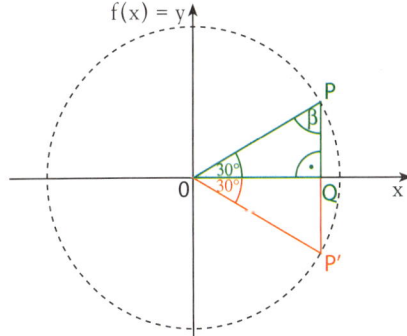

Wird dieses Dreieck gespiegelt an der Strecke 0Q, so erhält man ein Dreieck 0PP′, dessen Winkel alle 60° betragen. Es handelt sich also um ein gleichseitiges Dreieck. Die Seite 0P hat die Länge 1, und damit gilt für die anderen Seiten: $|0P'| = |PP'| = 1$.
Der Punkt Q halbiert aufgrund der Konstruktion die Seite PP′. Die Seite PQ hat damit die Länge: $|PQ| = \frac{1}{2}$.
Die Seite PQ entspricht dem Sinus. Es gilt also: $\sin(30°) = \frac{1}{2}$.
Mit dem Satz $\sin^2(\alpha) + \cos^2(\alpha) = 1$ erhält man:

$$\sin^2(30°) + \cos^2(30°) = 1$$
$$\Rightarrow \qquad \cos^2(30°) = 1 - \sin^2(30°) = 1 - \frac{1}{2}^2 = 1 - \frac{1}{4} = \frac{3}{4}$$
$$\Rightarrow \qquad \cos(30°) = \sqrt{\frac{3}{4}}.$$

Liegt der Winkel α = 45° vor, so ist wiederum wegen der Beziehung α + β + γ = 180° der Winkel β gegeben zu:
β = 180° − α − γ = 180° − 45° − 90° = 45°
Daher ist das Dreieck in diesem Fall ein gleichschenkliges Dreieck.

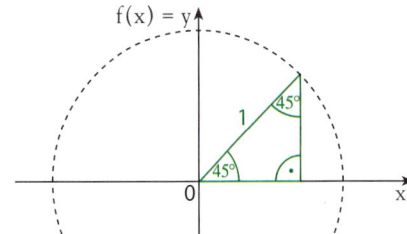

Es handelt sich also um ein gleichschenkliges rechtwinkliges Dreieck. Es gilt daher: $\sin(45°) = \cos(45°)$. Mit dem Satz des Pythagoras errechnet man:

$$\sin^2(\alpha) + \cos^2(\alpha) = 1$$
$$\sin^2(45°) + \sin^2(45°) = 1$$
$$2 \cdot \sin^2(45°) = 1$$
$$\sin^2(45°) = \frac{1}{2}$$
$$\sin(45°) = \sqrt{\frac{1}{2}}$$

Die Funktionswerte für den Winkel 45° sind damit:
$$\mathbf{\sin(45°) = \cos(45°) = \sqrt{\tfrac{1}{2}}.}$$

Liegt ein Winkel α = 60° vor, so ergibt sich entsprechend folgendes Dreieck mit dem Winkel β = 30°:

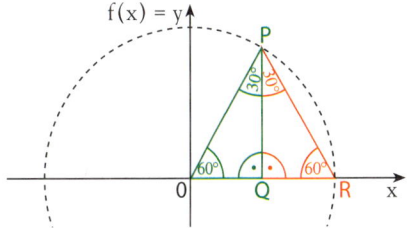

Wird dieses Dreieck gespiegelt an der Strecke PQ, so erhält man ein Dreieck 0PR, dessen Winkel alle 60° betragen. Es handelt sich also um ein gleichseitiges Dreieck. Da die eine Seite 0P die Länge 1 hat, gilt für die anderen Seiten: $|0R| = |PR| = 1$.
Da der Punkt Q nach Konstruktion die Seite 0R halbiert, hat die Strecke 0Q die Länge: $|0Q| = \frac{1}{2}$.
Die Seite 0Q entspricht dem Kosinus. Es gilt also: $\cos(60°) = \frac{1}{2}$.
Mit dem Satz $\sin^2(\alpha) + \cos^2(\alpha) = 1$ erhält man:

$$\sin^2(60°) + \cos^2(60°) = 1$$
$$\Rightarrow \qquad \sin^2(60°) = 1 - \cos^2(60°) = 1 - \frac{1}{2}^2 = 1 - \frac{1}{4} = \frac{3}{4}$$
$$\Rightarrow \qquad \sin(60°) = \sqrt{\frac{3}{4}}$$

Zwei besondere Fälle ergeben sich für die Winkel α = 0° und α = 90°. Das Dreieck zu dem Winkel α = 0° kann man sich so vorstellen, als ob die Strecke 0P sich immer mehr der x-Achse annähert.

Damit wird die Seite, die dem $\sin(\alpha)$ entspricht, immer kleiner, bis sie schließlich zu 0 wird. Die Seite, die den $\cos(\alpha)$ darstellt, wird entsprechend immer länger, bis sie schließlich so lang ist wie die Strecke 0P. Damit ergeben sich die Funktionswerte für α = 0°: $\mathbf{\sin(0°) = 0}$ und $\mathbf{\cos(0°) = 1}$.

Bei dem Winkel α = 90° nähert sich entsprechend die Seite $\sin(\alpha)$ der y-Achse an, während die Seite $\cos(\alpha)$ immer kleiner wird. Also gilt: $\mathbf{\sin(90°) = 1}$ und $\mathbf{\cos(90°) = 0}$.

Vergleicht man die so erhaltenen Funktionswerte miteinander, kann man folgende Tabelle aufstellen:

sin(0°)	sin(30°)	sin(45°)	sin(60°)	sin(90°)
0	$\frac{1}{2}$	$\sqrt{\frac{1}{2}}$	$\sqrt{\frac{3}{4}}$	1
cos(90°)	cos(60°)	cos(45°)	cos(30°)	cos(0°)

Es fällt hier auf, dass der Sinus und der Kosinus für verschiedene Winkel dieselben Funktionswerte haben. Folgt man in der Reihenfolge der Winkel den Pfeilen, so kann festgestellt werden, dass die Winkelmaße des Sinus von links nach rechts in der Tabelle immer größer werden, während die Winkelmaße des Kosinus von rechts nach links hin ansteigen. Diesen Zusammenhang zwischen den beiden Funktionen kann man mathematisch so formulieren:

> Für alle Winkel α haben der Sinus und der Kosinus folgende Beziehung zueinander:
> $\sin(\alpha) = \cos(90° - \alpha)$ und $\cos(\alpha) = \sin(90° - \alpha)$

Diese Beziehung kann auch gezeigt werden über den Satz von der Winkelsumme im Dreieck. Da diese Summe immer 180° beträgt, gilt:

$$\alpha + \beta + 90° = 180° \rightarrow \beta = 90° - \alpha$$

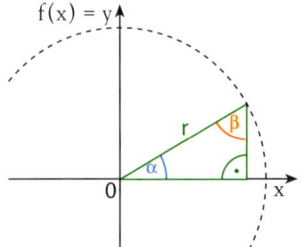 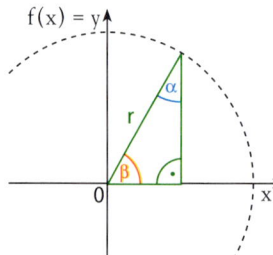

Die eingeschlossene Seite dieser beiden Winkel ist r.
In dem obigen Bild stimmen beide Dreiecke in den Winkeln α und β und in der Seite r überein. Nach dem Kongruenzsatz WSW sind sie damit kongruent zueinander.
In den Dreiecken sind die zueinander gehörenden Seiten in einer Farbe gezeichnet. Aus einem Vergleich der zueinander gehörenden Seiten kann der oben beschriebene Satz direkt erhalten werden.
Die Gleichung $\cos(\alpha) = \sin(90° - \alpha)$ ist der Grund für den Namen Kosinus. Aufgrund dieses Zusammenhangs bezeichnet man die Funktion als das Komplement zu Sinus, kurz Ko-Sinus.

Bislang sind erst einige Werte der Winkelfunktionen bekannt, die sich auf die Winkel von 0° bis 90° beschränken. Um die verbleibenden Winkel bis 360° zu berechnen, wird weiterhin der Einheitskreis benutzt. Dieser Kreis wird durch das eingezeichnete Koordinatensystem in vier gleich große Sektoren geteilt, die auch als **Quadranten** bezeichnet werden.

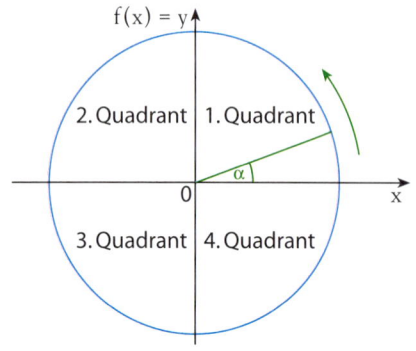

Der rechte obere Sektor heißt der erste Quadrant. Das hängt mit der Definition für den Umlaufsinn zusammen. **In der Mathematik wird eine Drehrichtung, die der Bewegung der Zeiger einer Uhr entgegenlaufen, als positive Drehrichtung bezeichnet. Eine Drehrichtung entlang der Uhrzeiger heißt negative Drehrichtung.**

Die Werte für die Winkel von 90° bis 180° können erhalten werden, indem der erste Quadrant anhand der y-Achse auf den zweiten Quadranten gespiegelt wird.

Dadurch werden die Werte für den Kosinus auf den negativen Teil der x-Achse gespiegelt und sind demnach kleiner als 0. Die Werte des Sinus bleiben auf dem positiven Teil der y-Achse.
Betrachtet man den 30°-Winkel in dem gespiegelten Dreieck, so berechnet sich der zugehörige Winkel zu 180° – 30° = 150°, da der negative Teil der x-Achse mit dem positiven Teil der x-Achse einen gestreckten Winkel von 180° bildet. Entsprechend können auch die anderen Winkel errechnet werden.
Eine weitere Spiegelung des ersten und des zweiten Quadranten an der x-Achse liefert die Werte zu dem Winkelbereich 180° bis 360°. Hierbei werden die Werte für den Sinus jeweils auf die entsprechenden negativen Werte abgebildet.
Geht ein Winkel über 360° hinaus, so wiederholen sich die Werte für den Sinus und den Kosinus alle 360°, wie an dem Einheitskreis leicht gesehen werden kann.
Die so berechneten Werte der Sinus- und der Kosinusfunktion können in ein Koordinatensystem eingetragen werden. In diesem Bild wird jeder Funktionswert des Sinus dargestellt durch die Länge der Gegenkathete des zugehörigen Dreiecks und jeder Kosinus durch die Länge der Ankathete.

Sinus

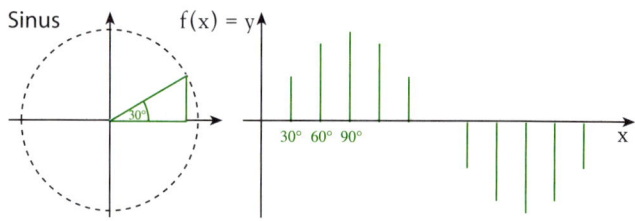

Kosinus

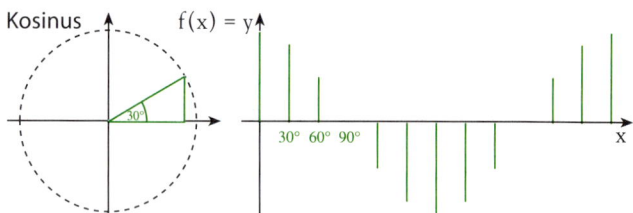

Da die Funktionen nicht nur für diese einzelnen Winkel definiert sind, sondern es für jeden beliebigen Winkel α einen zugehörigen Sinus und einen Kosinus gibt, kann die Darstellung mit einer durchgehenden Kurve erweitert werden.

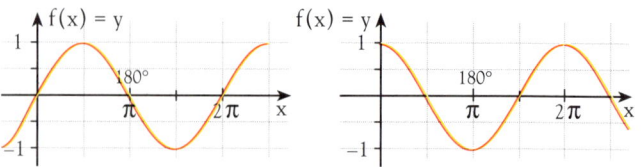

Weitere Eigenschaften dieser Funktionen werden in dem algebraischen Teil über spezielle Funktionen erläutert.

Zwei weitere Winkelfunktionen, die sehr häufig gebraucht werden, sind der Tangens und der Kotangens.

Der **Tangens** erhält seinen Namen wiederum von seinem Erscheinen in dem Einheitskreis. Er ergibt sich aus einer **Tangente** an den Einheitskreis, die parallel zur y-Achse verläuft und durch den Punkt x = 1 geht. Als Tangens wird die Strecke bezeichnet, die sich zwischen dem Schnittpunkt mit der x-Achse und dem Schnittpunkt mit der Verlängerung des Radius r ergibt.

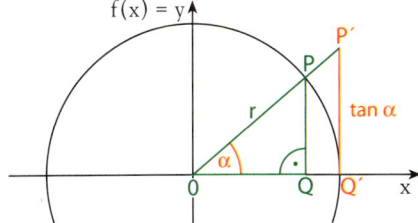

Wie man der Skizze entnehmen kann, erhält man zwei ähnliche Dreiecke 0PQ und 0P′Q′. Daher gilt nach dem Strahlensatz:

$|P′Q′| : |0Q′| = |PQ| : |0Q|$

Hierbei ist die Strecke PQ der Sinus und die Strecke 0Q der Kosinus. Die Strecke 0Q′ hat nach der Konstruktion die Länge 1, und die Strecke P′Q′ wird als der Tangens definiert (mathematische Schreibweise: $\tan(\alpha)$). Setzt man diese Bezeichnungen in den Strahlensatz ein, so gilt:

$$\tan(\alpha) : 1 = \sin(\alpha) : \cos(\alpha)$$

$$\Rightarrow \tan(\alpha) = \frac{\sin(\alpha)}{\cos(\alpha)} = \frac{\frac{\text{Gegenkathete}}{\text{Hypotenuse}}}{\frac{\text{Ankathete}}{\text{Hypotenuse}}} = \frac{\text{Gegenkathete}}{\text{Ankathete}}$$

Diese Funktion ist nur gültig, wenn der Kosinus nicht null ist, da durch null nicht dividiert werden darf. Der Kosinus wird null, wenn der Winkel $\alpha = 90°$ oder $\alpha = 270°$ ist. Für diesen Winkel kann auch an den Einheitskreis keine Tangente konstruiert werden, die die Verlängerung des Radius r schneidet. Die Funktion ist hier **nicht definiert**.

> Der Tangens eines Winkels α ist definiert als Quotient des Sinus und des Kosinus. Für Werte mit $\cos(\alpha) \neq 0$ ist die Tangensfunktion gegeben zu: $\tan(\alpha) = \frac{\sin(\alpha)}{\cos(\alpha)}$

Als Kotangens wird die entsprechende Tangente an den Kreis gezeichnet, die parallel zur x-Achse verläuft und die Verlängerung des Radius r schneidet.

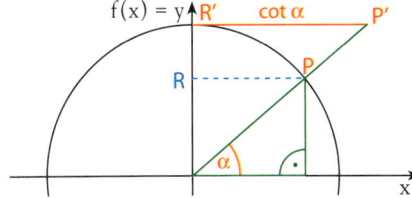

Die Strecke R′P′ wird als der Kotangens bezeichnet. Zeichnet man die Hilfsparallele zur x-Achse durch den Punkt P ein, so schneidet diese die y-Achse in dem Punkt R. Die Strecke RP hat dann die Länge von $\cos(\alpha)$, die Strecke 0R hat die Länge von $\sin(\alpha)$, und die Strecke 0R′ hat nach der Konstruktion die Länge 1. Mit dem Strahlensatz kann auch hier die Beziehung aufgestellt werden:

$|R′P′| : |0R′| = |RP| : |0R|$

$\Rightarrow \qquad \cot(\alpha) : 1 = \cos(\alpha) : \sin(\alpha)$

$$\Rightarrow \qquad \cot(\alpha) = \frac{\cos(\alpha)}{\sin(\alpha)} = \frac{\frac{\text{Ankathete}}{\text{Hypotenuse}}}{\frac{\text{Gegenkathete}}{\text{Hypotenuse}}} = \frac{\text{Ankathete}}{\text{Gegenkathete}}$$

Diese Funktion ist nur für Winkel definiert, bei denen der Sinus nicht null wird. Für Winkel, bei denen der Sinus null ist, gibt es keinen Schnittpunkt der so konstruierten Geraden mit der Verlängerung des Radius.

> Der Kotangens eines Winkels α ist definiert als Quotient des Kosinus und des Sinus. Für Werte mit $\sin(\alpha) \neq 0$ ist die Kotangensfunktion gegeben zu: $\cot(\alpha) = \frac{\cos(\alpha)}{\sin(\alpha)}$

> Als Merksätze für diese beiden trigonometrischen Funktionen gilt, dass sie gegeben sind in einem rechtwinkligen Dreieck zu:
>
> $\tan(\alpha) = \frac{\text{Gegenkathete}}{\text{Ankathete}} \qquad \cot(\alpha) = \frac{\text{Ankathete}}{\text{Gegenkathete}}$

Zum Ende dieses Kapitels soll die Höhe des Turmes mit Hilfe der trigonometrischen Funktionen berechnet werden.

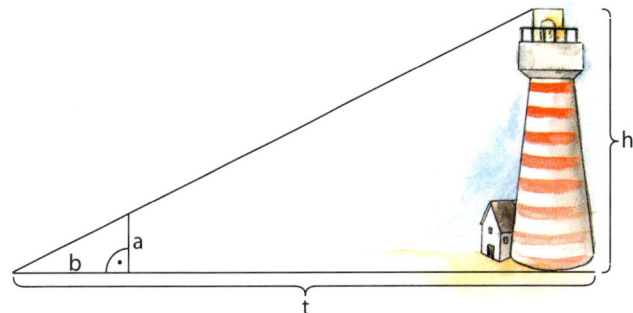

Ist die Höhe h des Turmes in dem Bild nicht bekannt, wohl aber die Entfernung t, die der Beobachter zu dem Turm hat, so kann man die Trigonometrie benutzen, um die Höhe zu berechnen (Voraussetzung: der Turm steht senkrecht auf der Erde.). Dazu muss nur der Winkel zu der Horizontalen gemessen werden, über den die Spitze des Turmes angepeilt werden kann. Für solche Messaufgaben gibt es spezielle Geräte. Ist der Winkel α gemessen, so kann mit dem Tangens die Höhe bestimmt werden. Der Tangens ist gegeben als Quotient von Gegen- zu Ankathete, in diesem Fall also $\tan(\alpha) = \frac{h}{t}$. Da die Höhe h gesucht ist, stellt man die Gleichung um: $h = t \cdot \tan(\alpha) = t \cdot \frac{\sin(\alpha)}{\cos(\alpha)}$.

Angenommen, die Entfernung des Turmes wäre 100 m, und der Winkel, unter dem er angepeilt werden kann, beträgt 30°. Dann gilt: $\sin(30°) = \frac{1}{2}$ und $\cos(30°) = \sqrt{\frac{3}{4}} = \frac{1}{2} \cdot \sqrt{3}$.
Damit berechnet sich die Höhe zu:

$$h = 100 \text{ m} \cdot \frac{\sin(30°)}{\cos(30°)}$$
$$= 100 \text{ m} \cdot \frac{\frac{1}{2}}{(\frac{1}{2} \cdot \sqrt{3})}$$
$$= 100 \text{ m} \cdot \frac{1}{\sqrt{3}}$$
$$= 100 \text{ m} \cdot 0{,}57735 = 57{,}74 \text{ m}$$

Zum Weiterlesen:

• Rechnen mit Funktionen und ihre Definitionsbereiche, S. 76
• Rechtwinklige Dreiecke, S. 84
• Die trigonometrischen Funktionen, S. 126

Hilfsmittel zum Umgang mit Winkelfunktionen

Der Sinussatz

Die Winkelfunktionen können auch benutzt werden, um die Fläche eines Dreiecks zu berechnen. Die Fläche F eines Dreiecks ist gegeben durch die Gleichung: $F_1 = \frac{1}{2} \cdot a \cdot h_a$ bzw $F_2 = \frac{1}{2} \cdot b \cdot h_b$ oder $F_3 = \frac{1}{2} \cdot c \cdot h_c$, je nachdem, welche Höhe benutzt werden soll. Dabei gilt: $F = F_1 = F_2 = F_3$.

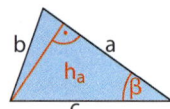 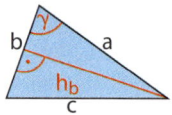 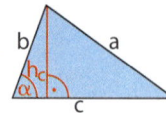

Die verschiedenen Höhen können immer durch den Sinus eines Winkels ausgedrückt werden, da die Höhen senkrecht zu einer Seite stehen und dadurch ein rechtwinkliges Dreieck entsteht.
Berechnet man die Seite h_a mit dem Winkel β und ist die Seite c die Hypotenuse, so ergibt sich:
$$\frac{h_a}{c} = \sin(\beta) \Rightarrow h_a = c \cdot \sin(\beta).$$

Ebenso finden sich die Beziehungen:
$$\frac{h_b}{a} = \sin(\gamma) \Rightarrow h_b = a \cdot \sin(\gamma).$$
$$\frac{h_c}{b} = \sin(\alpha) \Rightarrow h_c = b \cdot \sin(\alpha).$$

Damit kann die Fläche mit drei verschiedenen Gleichungen berechnet werden.
$$F_1 = \frac{1}{2} \cdot a \cdot c \cdot \sin(\beta)$$
$$F_2 = \frac{1}{2} \cdot b \cdot a \cdot \sin(\gamma)$$
$$F_3 = \frac{1}{2} \cdot c \cdot b \cdot \sin(\alpha)$$

Aus der Beziehung $F_1 = F_2$ folgt:
$$\frac{1}{2} \cdot a \cdot c \cdot \sin(\beta) = \frac{1}{2} \cdot b \cdot a \cdot \sin(\gamma) \qquad | \cdot \frac{2}{a}$$
$$\Rightarrow \qquad c \cdot \sin(\beta) = b \cdot \sin(\gamma)$$
$$\Rightarrow \qquad \frac{b}{c} = \frac{\sin(\beta)}{\sin(\gamma)}$$
$$\Rightarrow \qquad \frac{b}{\sin(\beta)} = \frac{c}{\sin(\gamma)}$$

Aus der Beziehung $F_2 = F_3$ folgt:
$$\frac{1}{2} \cdot b \cdot a \cdot \sin(\gamma) = \frac{1}{2} \cdot c \cdot b \cdot \sin(\alpha) \qquad | \cdot \frac{2}{b}$$
$$\Rightarrow \qquad a \cdot \sin(\gamma) = c \cdot \sin(\alpha)$$
$$\Rightarrow \qquad \frac{a}{c} = \frac{\sin(\alpha)}{\sin(\gamma)}$$

Aus der Beziehung $F_1 = F_3$ folgt:
$$\frac{1}{2} \cdot a \cdot c \cdot \sin(\beta) = \frac{1}{2} \cdot c \cdot b \cdot \sin(\alpha) \qquad | \cdot \frac{2}{c}$$
$$\Rightarrow \qquad a \cdot \sin(\beta) = b \cdot \sin(\alpha)$$
$$\Rightarrow \qquad \frac{a}{b} = \frac{\sin(\alpha)}{\sin(\beta)}$$
$$\Rightarrow \qquad \frac{a}{\sin(\alpha)} = \frac{b}{\sin(\beta)}$$

Diese drei Gleichungen kann man wiederum in Beziehung setzen, so dass man den Sinussatz erhält:

> In einem beliebigen Dreieck gilt der Sinussatz:
> $$\frac{a}{\sin(\alpha)} = \frac{b}{\sin(\beta)} = \frac{c}{\sin(\gamma)}$$

Der Kosinussatz

Anhand eines beliebigen Dreiecks kann mit Hilfe der trigonometrischen Funktionen auch der Satz des Pythagoras verallgemeinert dar-

gestellt werden. Ist ein beliebiges Dreieck gegeben, so können folgende Bezeichnungen eingeführt werden:

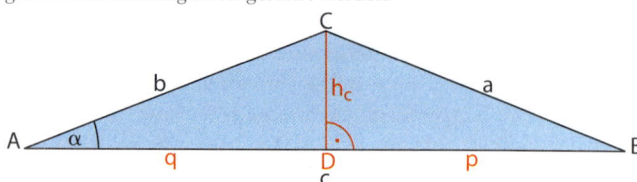

Dadurch, dass die Höhe zur Seite c eingetragen wird, ergeben sich zwei rechtwinklige Dreiecke ADC und DBC. Aus dem Dreieck ADC folgt mit dem Satz des Pythagoras:
$$(1) \quad b^2 = q^2 + h^2 \Rightarrow q^2 = b^2 - h^2$$

und bei dem Dreieck DBC:
$$(2) \quad a^2 = h^2 + p^2 \Rightarrow p^2 = a^2 - h^2.$$

Die Seite c setzt sich zusammen aus p und q: $c = p + q \Rightarrow p = c - q$ und die Gleichung (2) wird damit zu:
$$(3) \quad a^2 = h^2 + (c - q)^2 \qquad \Leftrightarrow \quad a^2 = h^2 + c^2 - 2qc + q^2$$
q^2 wird dann durch (1) ersetzt:
$$(4) \quad a^2 = h^2 + c^2 - 2qc + (b^2 - h^2) \quad \Leftrightarrow \quad a^2 = c^2 + b^2 - 2qc$$
Die Strecke p kann durch den Kosinus des Winkels α ausgedrückt werden:
$$\frac{q}{b} = \cos(\alpha) \Leftrightarrow q = b \cdot \cos(\alpha)$$

Das wird in (4) eingesetzt und man erhält:
$$a^2 = c^2 + b^2 - 2 \cdot b \cdot c \cdot \cos(\alpha)$$

Mit derselben Methode erhält man auch die Gleichungen
$$b^2 = a^2 + c^2 - 2 \cdot a \cdot c \cdot \cos(\beta)$$
$$c^2 = a^2 + b^2 - 2 \cdot a \cdot b \cdot \cos(\gamma)$$

Diese drei Gleichungen werden als Kosinussatz bezeichnet. Da sie das Quadrat der drei Seiten eines Dreiecks und jeweils einen Winkel in Beziehung zueinander stellen, sind sie dem Satz des Pythagoras sehr ähnlich, nur dass diese hier für ein allgemeines Dreieck gelten. Sie werden daher auch als die Verallgemeinerung des Satzes des Pythagoras bezeichnet.

> In einem beliebigen Dreieck gilt der Kosinussatz:
> $$a^2 = c^2 + b^2 - 2 \cdot b \cdot c \cdot \cos(\alpha)$$
> $$b^2 = a^2 + c^2 - 2 \cdot a \cdot c \cdot \cos(\beta)$$
> $$c^2 = a^2 + b^2 - 2 \cdot a \cdot b \cdot \cos(\gamma)$$

Die Additionstheoreme

Sind an einem Einheitskreis zwei Winkel α und β abgetragen, so ergeben sich die Schnittpunkte der zugehörigen Radien mit dem Kreis zu A und B.

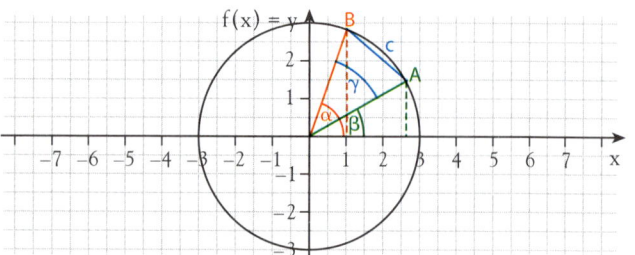

Der Winkel δ zwischen den beiden Radien ist so groß wie die Differenz von α und β: $\gamma = \alpha - \beta$

Soll die Länge der Strecke c berechnet werden, so gibt es zwei verschiedene Methoden dazu. Zum einen liegt das Dreieck AB0 vor, von dem der Winkel d und die beiden Seiten 0A und 0B bekannt sind. Die Seite c kann also mit dem Kosinussatz berechnet werden:

$$c^2 = a^2 + b^2 - 2 \cdot a \cdot b \cdot \cos(\gamma)$$
$$\Rightarrow \quad = |0A|^2 + |0B|^2 - 2 \cdot |0A| \cdot |0B| \cdot \cos(\gamma)$$
$$\Rightarrow \quad = 1^2 + 1^2 - 2 \cdot 1 \cdot 1 \cdot \cos(\gamma) = 1 + 1 - 2 \cdot \cos(\gamma)$$
$$\Rightarrow \quad = 2 - 2 \cdot \cos(\alpha - \beta) = 2 \cdot (1 - \cos(\alpha - \beta))$$

Die andere Methode ergibt sich aus der Koordinatenschreibweise der Punkte A und B

$$A = \begin{pmatrix} \cos(\beta) \\ \sin(\beta) \end{pmatrix}; \qquad B = \begin{pmatrix} \cos(\alpha) \\ \sin(\alpha) \end{pmatrix}$$

Stellt man nur die beiden Punkte A und B in einem Koordinatensystem dar, so kann auch hier ein Dreieck eingezeichnet werden, das so genannte Steigungsdreieck.

Das Steigungsdreieck mit den Seiten c, x und y ist aufgrund seiner Konstruktion rechtwinklig. Daher ergibt sich die Länge der Seite c zu: $c^2 = x^2 + y^2$.
x ist der Abstand der beiden Punkte in der x-Richtung, und y ist der Abstand der beiden Punkte in der y-Richtung. Die Werte der x- und y-Richtung können aus den Koordinaten entnommen werden.
$x = \cos(\beta) - \cos(\alpha)$; $y = \sin(\alpha) - \sin(\beta)$
Damit gilt:

$$c^2 = (\cos(\beta) - \cos(\alpha))^2 + (\sin(\alpha) - \sin(\beta))^2$$
$$\Rightarrow \quad = \cos^2(\beta) - 2\cos(\beta)\cos(\alpha) + \cos^2(\alpha)$$
$$+ \sin^2(\beta) - 2 \cdot \sin(\beta)\sin(\alpha) + \sin^2(\alpha)$$
$$\Rightarrow \quad = (\cos^2(\beta) + \sin^2(\beta)) - 2 \cdot \cos(\beta)\cos(\alpha)$$
$$- 2 \cdot \sin(\beta)\sin(\alpha) + (\cos^2(\alpha) + \sin^2(\alpha))$$
$$\Rightarrow \quad = 1 - 2 \cdot \cos(\beta)\cos(\alpha) \qquad | \text{ da } (\cos^2\beta + \sin^2\beta) = 1$$
$$+ 1 - 2\sin(\alpha)\sin(\beta)$$
$$\Rightarrow \quad = 2 (1 - \cos(\beta)\cos(\alpha) - \sin(\alpha)\sin(\beta))$$

Vergleicht man dieses Ergebnis mit der oben erhaltenen Gleichung $c^2 = 2 \cdot (1 - \cos(\alpha - \beta))$, so ergibt sich:

$$\Rightarrow \quad 2 \cdot (1 - \cos(\alpha - \beta)) = 2 \cdot (1 - \cos(\alpha)\cos(\beta) - \sin(\alpha)\sin(\beta))$$
$$\Rightarrow \quad 1 - \cos(\alpha - \beta) = 1 - \cos(\alpha)\cos(\beta) - \sin(\alpha)\sin(\beta)$$
$$\Rightarrow \quad - \cos(\alpha - \beta) = - \cos(\alpha)\cos(\beta) - \sin(\alpha)\sin(\beta)$$
$$\Rightarrow \quad \cos(\alpha - \beta) = \cos(\alpha)\cos(\beta) + \sin(\alpha)\sin(\beta))$$

Das ist das erste Additionstheorem. Es besagt, dass der Kosinus der Differenz zweier Winkel berechnet werden kann durch eine Summe von Winkelfunktionen der einzelnen Winkel.

Aus dieser Gleichung können nun noch ähnliche hergeleitet werden. Ersetzt man in der Gleichung beispielsweise das β durch $-\beta$, so erhält man:
$\cos(\alpha - (-\beta)) = \cos(\alpha + \beta) = \cos(\alpha)\cos(-\beta) + \sin(\alpha)\sin(-\beta)$
Da der Kosinus eine gerade Funktion ist, gilt immer: $\cos(-\beta) = \cos(\beta)$. Für den Sinus gilt immer, da er eine ungerade Funktion ist, $\sin(-\beta) = -\sin(\beta)$.
Damit folgt das zweite Additionstheorem:
$$\cos(\alpha + \beta) = \cos(\alpha)\cos(-\beta) + \sin(\alpha)\sin(-\beta)$$
$$= \cos(\alpha)\cos(-\beta) - \sin(\alpha)\sin(\beta)$$

Das dritte Theorem erhält man aus der Beziehung $\sin(\alpha) = \cos(90° - \alpha)$ und $\cos(\alpha) = \sin(90° - \alpha)$:

$$\sin(\alpha + \beta) = \cos(90° - (\alpha + \beta))$$
$$= \cos((90° - \alpha) - \beta) \qquad |\, 1. \text{ Additionstheorem}$$
$$\Rightarrow \quad = \cos(90° - \alpha)\cos(\beta) + \sin(90° - \alpha)\sin(\beta)$$
$$\Rightarrow \quad = \sin(\alpha)\cos(\beta) + \cos(\alpha)\sin(\beta)$$

Das vierte Theorem ergibt sich wieder durch Einsetzen von $-\beta$:
$$\Rightarrow \quad \sin(\alpha - \beta) = \sin(\alpha)\cos(-\beta) + \cos(\alpha)\sin(-\beta)$$
$$\Rightarrow \quad = \sin(\alpha)\cos(\beta) - \cos(\alpha)\sin(\beta)$$

Zusammengefasst ergeben sich:

Die Additionstheoreme erster Art.
$$\cos(\alpha + \beta) = \cos(\alpha)\cos(\beta) - \sin(\alpha)\sin(\beta)$$
$$\cos(\alpha - \beta) = \cos(\alpha)\cos(\beta) + \sin(\alpha)\sin(\beta)$$
$$\sin(\alpha + \beta) = \sin(\alpha)\cos(\beta) + \cos(\alpha)\sin(\beta)$$
$$\sin(\alpha - \beta) = \sin(\alpha)\cos(\beta) - \cos(\alpha)\sin(\beta)$$

Addiert man folgende zwei Ausdrücke miteinander und wendet die Additionstheoreme an, so gilt:
$$\sin(\gamma + \delta) + \sin(\gamma - \delta)$$
$$= \sin(\gamma)\cos(\delta) + \cos(\gamma)\sin(\delta) + \sin(\gamma)\cos(\delta) - \cos(\gamma)\sin(\delta)$$
$$= \sin(\gamma)\cos(\delta) + \sin(\gamma)\cos(\delta)$$

Ersetzt man die Buchstaben folgendermaßen:
$\alpha = \gamma + \delta$ und $\beta = \gamma - \delta$

Dann kann man die Gleichungen aufstellen:
$$\alpha + \beta = (\gamma + \delta) + (\gamma - \delta) = 2 \cdot \gamma \qquad \alpha - \beta = (\gamma + \delta) - (\gamma - \delta) = 2 \cdot \delta$$

Daraus folgt:
$$\gamma = \tfrac{1}{2}(\alpha + \beta) \qquad\qquad \delta = \tfrac{1}{2}(\alpha - \beta)$$

Werden diese Ausdrücke in die obige Gleichung eingesetzt, so erhält man die Gleichung:
$$\sin(\alpha) + \sin(\beta)$$
$$= \sin(\tfrac{1}{2}(\alpha + \beta))\cos(\tfrac{1}{2}(\alpha - \beta)) + \sin(\tfrac{1}{2}(\alpha + \beta))\cos(\tfrac{1}{2}(\alpha - \beta))$$
$$= 2 \cdot \sin(\tfrac{1}{2}(\alpha + \beta))\cos(\tfrac{1}{2}(\alpha - \beta))$$

Das gleiche Verfahren kann mit anderen Kombinationen durchgeführt werden, und es ergeben sich:

Die Additionstheoreme zweiter Art:
$$\sin(\alpha) + \sin(\beta) = 2 \cdot \sin(\tfrac{1}{2}(\alpha + \beta)) \cdot \cos(\tfrac{1}{2}(\alpha - \beta))$$
$$\sin(\alpha) - \sin(\beta) = 2 \cdot \cos(\tfrac{1}{2}(\alpha + \beta)) \cdot \sin(\tfrac{1}{2}(\alpha - \beta))$$
$$\cos(\alpha) + \cos(\beta) = 2 \cdot \cos(\tfrac{1}{2}(\alpha + \beta)) \cdot \cos(\tfrac{1}{2}(\alpha - \beta))$$
$$\cos(\alpha) - \cos(\beta) = -2 \cdot \sin(\tfrac{1}{2}(\alpha + \beta)) \cdot \sin(\tfrac{1}{2}(\alpha - \beta))$$

Des Weiteren gibt es noch viele andere Additionstheoreme, die auf zwei oder mehreren Winkeln basieren, die aber hier nicht alle aufgelistet werden können.

Zum Weiterlesen:

• Rechnen mit Funktionen und ihre Definitionsbereiche, S. 76
• Trigonometrie, S. 126
• Die trigonometrischen Funktionen, S. 140

Quadratische Gleichungen, allgemeine Lösung

Lineare Gleichungen zeichnen sich dadurch aus, dass die Variable, zum Beispiel x, nur in linearer Form auftritt, ihr Exponent also 1 ist, ($x^1 = x$). Gleichungen der Form

$$ax^2 + bx + c = 0 \qquad\qquad \text{mit a, b, c, x} \in \mathbb{R} \text{ und } a \neq 0$$

sind quadratische Gleichungen in x. Der Buchstabe x ist die Variable, und die Buchstaben a, b, c nennt man Koeffizienten. Der Term ax^2 heißt quadratisches Glied, bx ist das lineare Glied und c das absolute Glied.
Konkret können quadratische Gleichungen so aussehen:

$$2x^2 + 5 = 0 \qquad\qquad \text{| für a = 2, b = 0, c = 5}$$

$$x^2 = 0 \qquad\qquad \text{| für a = 1, \quad b = c = 0}$$

Hinter den verschiedensten Fragen können sich quadratische Gleichungen verbergen, es ist deshalb wichtig, Lösungsmethoden zu kennen, mit denen die Erfüllungsmenge für x angegeben werden kann.

Beispiel:
Für eine Klassenfahrt spenden einige Eltern zusammen 500 DM, die unter den mitfahrenden Schülern gleichmäßig verteilt werden sollen. Wegen einer Grippewelle können 5 Schüler nicht mitfahren. Das führt dazu, dass jeder einzelne der mitfahrenden Schüler 5 DM mehr bekommt, als wenn alle Schüler der Klasse mitfahren würden. Wie viele Schüler hat die Klasse?

Um diese Frage zu beantworten, kann man systematisch raten, aber auch systematisch rechnen. Hierzu führt man eine Variable x = Anzahl der Schüler ein und versucht den Inhalt der Textaufgabe als Gleichung mit x auszudrücken. Es ist ratsam, sich die einzelnen Informationen mit den Stichworten „gegeben" und „gesucht" zu notieren.

gesucht: Anzahl der Schüler: x

gegeben: Anzahl der Schüler, die mitfahren: x – 5
Gespendeter Geldbetrag: 500 DM
Zusätzlicher Geldbetrag pro Schüler: 5 DM

Der Zusammenhang zwischen den einzelnen Größen muss jetzt durch eine Gleichung ausgedrückt werden. Wäre jeder Schüler mitgefahren, hätte jeder einzelne Schüler $\frac{500}{x}$ DM bekommen. Tatsächlich bekommt aber jeder $\frac{500}{(x-5)}$ DM, und das sind genau 5 DM mehr als $\frac{500}{x}$. Daraus ergibt sich folgende Gleichung, die dann nach x aufzulösen ist:

$$\frac{500}{x} + 5 = \frac{500}{x-5} \qquad\qquad | \cdot x$$

$$\leftrightarrow \qquad 500 + 5x = \frac{500 \cdot x}{x-5} \qquad\qquad | \cdot (x-5)$$

$$\leftrightarrow 500\,(x-5) + 5\,x\,(x-5) = 500\,x \qquad | \text{Klammern auflösen}$$

$$\leftrightarrow 500x - 2\,500 + 5x^2 - 25x = 500\,x \qquad | - 500x$$

$$\leftrightarrow \qquad\qquad -2500 + 5x^2 - 25x = 0 \qquad | \text{ordnen}$$

$$\leftrightarrow \qquad\qquad 5x^2 - 25x - 2\,500 = 0$$

Die äquivalenten Umformungen zeigen, dass die ursprüngliche Bruchgleichung eine quadratische Gleichung ist. Um diese nach x aufzulösen, wendet man einige Tricks an.

1. Die Gleichung ist so umzuformen, dass der Koeffizient des quadratischen Gliedes 1 wird:

$$5x^2 - 25x - 2\,500 = 0 \qquad\qquad | : 5$$

$$\leftrightarrow x^2 - 5x - 500 = 0$$

2. Ist der Koeffizient des linearen Gliedes nicht 0, wird die Gleichung mit einer binomischen Formel verglichen. Und zwar mit der ersten, wenn der Koeffizient positiv ist, oder mit der zweiten, wenn er negativ ist.

$$x^2 - 2xb + b^2 = (x - b)^2 \qquad \leftarrow \text{2. binomische Formel}$$
$$x^2 - 5x - 500 = 0$$

3. Man führt die so genannte quadratische Ergänzung durch. Dazu vergleicht man die Koeffizienten der linearen Glieder und versucht durch Additionen oder Subtraktionen die Gleichung so umzuformen, dass man eine Seite mit Hilfe der binomischen Formel faktorisieren kann.

Koeffizientenvergleich : $5 = 2b \leftrightarrow b = \frac{5}{2}$

$$x^2 - 2xb + b^2 = (x - b)^2$$

$$x^2 - 5x - 500 = 0 \qquad | + (\tfrac{5}{2})^2 \text{ entspricht } b^2$$

$$\leftrightarrow \quad x^2 - 5x + (\tfrac{5}{2})^2 - 500 = (\tfrac{5}{2})^2 \qquad | + 500$$

$$\leftrightarrow \quad x^2 - 5x + (\tfrac{5}{2})^2 = 500 + (\tfrac{5}{2})^2 \qquad | \text{faktorisieren}$$

$$\leftrightarrow \qquad\qquad (x - \tfrac{5}{2})^2 = 500 + (\tfrac{5}{2})^2 \qquad | \text{radizieren}$$

$$\leftrightarrow |x - \tfrac{5}{2}| = \sqrt{500 + (\tfrac{5}{2})^2} = 22{,}5 \qquad | \text{Fallunterscheidung}$$

1. $\qquad\qquad x - \tfrac{5}{2} = 22{,}5 \leftrightarrow x = 25$

2. $\qquad\qquad x - \tfrac{5}{2} = -22{,}5 \leftrightarrow x = -20$

Beide Werte x erfüllen die Ausgangsgleichung, aber bei dieser Aufgabe kann nur ein Wert der richtige sein, da es keine negative Anzahl an Schülern gibt. In dieser Klasse gibt es also 25 Schüler.
Nach einer längeren Rechnung empfiehlt es sich, das Ergebnis zu überprüfen:
25 Schüler hätten pro Person $\frac{500}{25}$ DM = 20 DM bekommen, es fahren aber nur 20 Schüler mit, weil 5 krank sind, und diese bekommen jeweils $\frac{500}{20}$ DM = 25 DM. Wie in der Aufgabenstellung auch gefordert, sind das genau 5 DM mehr, als wenn alle mitgefahren wären. Die Rechnung ist also richtig.

Muss man aus beruflichen oder schulischen Gründen mehrere solcher Aufgaben lösen, ist es sehr zeitraubend, quadratische Gleichungen Schritt für Schritt nach diesem Schema zu berechnen. Es geht wesentlich schneller, wenn man eine Lösungsformel kennt, in die lediglich einige Parameter (Koeffizienten) eingesetzt werden und dann mit einem Taschenrechner oder einem Computer sofort das Endergebnis berechnet wird. Um eine solche Formel zu finden, berechnet man eine quadratische Gleichung mit allgemeinen Koeffizienten. Man könnte so die Gleichung

$$ax^2 + bx + c = 0$$

nach x auflösen. Der erste Rechenschritt lautet dann: Teile die Gleichung durch a und man erhält:

$$x^2 + \left(\tfrac{b}{a}\right) x + \tfrac{c}{a} = 0$$

Diese Gleichung zeichnet sich dadurch aus, dass der Koeffizient des quadratischen Gliedes 1 ist und eine Seite gleich 0. Quadratische Gleichungen in dieser Form nennt man Normalform der quadratischen Gleichung.

Eine gängige Lösungsformel, die in manchen Büchern „p-q-Formel" oder auch „a-b-Formel" genannt wird, erhält man nach der allgemeinen Lösung der quadratischen Gleichung in Normalform: $x^2 + px + q = 0$. Bei dieser Bezeichnungsweise entsteht die p-q-Formel.

Berechnung der p-q-Formel:

$x^2 + px + q = 0$ $\qquad$ | quadratische Gleichung in Normalform
$(x + b)^2 = x^2 + 2bx + b^2$

Der Vergleich mit der 1. binomischen Formel zeigt:

$$p = 2 \cdot b \Leftrightarrow b = \tfrac{p}{2}$$

Damit die Normalform mit den Koeffizienten p und q faktorisiert werden kann, addiert man $\left(\tfrac{p}{2}\right)^2$. Das ist das Analogon zu b^2 in der binomischen Formel.

$\qquad x^2 + px + q = 0$ $\qquad$ | $+ \left(\tfrac{p}{2}\right)^2$ quad. Ergänzung

$\Leftrightarrow x^2 + 2 \cdot \left(\tfrac{p}{2}\right) x + \left(\tfrac{p}{2}\right)^2 + q = \left(\tfrac{p}{2}\right)^2$ $\qquad$ | $-q$

$\Leftrightarrow \quad x^2 + 2 \cdot \left(\tfrac{p}{2}\right) x + \left(\tfrac{p}{2}\right)^2 = \left(\tfrac{p}{2}\right)^2 - q$ $\qquad$ | faktorisieren

$\Leftrightarrow \qquad\qquad \left(x + \tfrac{p}{2}\right)^2 = \left(\tfrac{p}{2}\right)^2 - q$ $\qquad$ | radizieren

$\Leftrightarrow \qquad\qquad \left| x + \tfrac{p}{2} \right| = \sqrt{\left(\tfrac{p}{2}\right)^2 - q}$ $\qquad$ | Fallunterscheidung

1. $x + \tfrac{p}{2} = \sqrt{\left(\tfrac{p}{2}\right)^2 - q} \Leftrightarrow x = -\tfrac{p}{2} + \sqrt{\left(\tfrac{p}{2}\right)^2 - q}$
2. $x + \tfrac{p}{2} = -\sqrt{\left(\tfrac{p}{2}\right)^2 - q} \Leftrightarrow x = -\tfrac{p}{2} - \sqrt{\left(\tfrac{p}{2}\right)^2 - q}$

Das sind 2 Lösungsformeln. Unter der p-q-Formel versteht man genau diesen Zusammenhang, aber sie wird meistens in einer zusammenfassenden Schreibweise notiert.

p-q-Formel zur Lösung quadratischer Gleichungen:

> Sei: $x^2 + px + q = 0$ $\qquad$ $x, p, q \in \mathbb{R}$
>
> $\rightarrow x_{1,2} = -\tfrac{p}{2} \pm \sqrt{\left(\tfrac{p}{2}\right)^2 - q}$

Da die Lösungen für x von einem Wurzelterm abhängen, gibt es oft zwei Lösungen für $x \in \mathbb{R}$. Ist der Ausdruck $\left(\tfrac{p}{2}\right)^2 + q$ positiv, gibt es zwei Ergebnisse.
Ist der Radikant $\left(\tfrac{p}{2}\right)^2 + q$ gleich null, dann gibt es nur eine Lösung, und zwar $x = -\tfrac{p}{2}$. Sollte der Ausdruck kleiner als null sein, also negativ, gibt es keine Lösung für $x \in \mathbb{R}$.

Mit Hilfe der p-q-Formel kann die Lösungsmenge jeder quadratischen Gleichung berechnet werden. Bevor die p-q-Formel angewendet wird, muss eine quadratische Gleichung zuerst mit äquivalenten Umformungen in die Normalform überführt werden, denn nur dort erkennt man die richtigen Koeffizienten p und q.

Es gibt aber auch eine andere Formel, die insbesondere denen gefällt, die nicht gerne mit Brüchen rechnen:
$$x_{1,2} = \frac{-b \pm \sqrt{b^2 - 4ac}}{2a}$$

Wendet man diese Formel an, muss man die quadratische Gleichung $ax^2 + bx + c = 0$ nicht durch a dividieren, sondern setzt die Koeffizienten a, b und c einfach in die Formel ein.

Beispiel:
1.) Lösung mit der p-q-Formel

$\qquad 3x^2 + 10x + 5 = 0$ $\qquad$ | : 3

$\Leftrightarrow x^2 + \tfrac{10}{3} + \tfrac{5}{3} = 0$ $\qquad$ | einsetzen in p-q-Formel

$\Leftrightarrow x_{1,2} = -\tfrac{10}{6} \pm \sqrt{\tfrac{100}{36} - \tfrac{5}{3}}$

$\Leftrightarrow x_{1,2} = -\tfrac{10}{6} \pm \sqrt{\tfrac{100}{36} - \tfrac{60}{36}}$

$\Leftrightarrow x_{1,2} = -\tfrac{10}{6} \pm \tfrac{\sqrt{40}}{6}$

$\Leftrightarrow$ 1.) $x_1 = -\tfrac{-10 + \sqrt{40}}{6}$

$\Leftrightarrow$ 2.) $x_2 = -\tfrac{-10 - \sqrt{40}}{6}$

2.) Lösung mit der 2. Formel

$\qquad 3x^2 + 10x + 5 = 0$ $\qquad$ | einsetzen in die 2. Formel

$\qquad x_{1,2} = \frac{-10 \pm \sqrt{10^2 - 4 \cdot (3 \cdot 5)}}{2 \cdot 3}$

$\Leftrightarrow x_{1,2} = \frac{-10 \pm \sqrt{40}}{6}$

$\quad$ 1.) $x_1 = \frac{-10 + \sqrt{40}}{6}$

$\quad$ 2.) $x_2 = \frac{-10 - \sqrt{40}}{6}$

Man sieht, dass beide Formeln zu dem gleichen Ergebnis führen. Dieses liegt daran, dass sich die p-q-Formel durch eine äquivalente Umformung aus der 2. Formel herleitet:

$$\frac{-b \pm \sqrt{b^2 - 4ac}}{2a}$$

$$= \frac{-b}{2a} \pm \sqrt{\frac{b^2 - 4ac}{4a^2}}$$

$$= \frac{-b}{2a} \pm \sqrt{\left(\frac{b}{2a}\right)^2 - \frac{4ac}{4a^2}}$$

Nun ist $\tfrac{b}{a} = p$ und $\tfrac{c}{a} = q$, da die p-q-Formel zunächst durch den 1. Koeffizienten (a) geteilt wurde. Daraus folgt:

$$= -\frac{p}{2} \pm \sqrt{\left(\frac{p}{2}\right)^2 - q}$$

 Zum Weiterlesen:

• Betragsrechnug, S. 68
• Proportionale und lineare Funktionen, S. 72
• Binomische Formeln, S. 98

Quadratische Funktionen

Die Funktionsgraphen proportionaler und linearer Funktionen sind Geraden im Koordinatensystem, und ihre Funktionsvorschriften sind lineare Zuordnungen. Die Funktionswerte $y = f(x)$ werden im Falle proportionaler Funktionsvorschriften durch genau ein lineares Glied bestimmt und bei linearen Funktionen durch ein lineares und ein absolutes Glied.

proportionale Funktion: $f(x) = bx$ $\quad$ $b, x \in \mathbb{R}$
lineare Funktion: $\quad$ $f(x) = bx + c$ $\quad$ $b, c, x \in \mathbb{R}$

Da $c \in \mathbb{R}$ ist und somit auch 0 sein darf, ist eine proportionale Funktion eine spezielle lineare Funktion, bei der das absolute Glied gleich 0 ist. Werden den Funktionswerten zusätzlich quadratische Glieder zugeordnet, entstehen quadratische Funktionen.

quadratische Funktion: $f(x) = ax^2 + bx + c$ $\quad$ $a, b, c, x \in \mathbb{R}$

Die einfachste quadratische Funktion $f(x) = x^2$ eignet sich zur Untersuchung der Funktionsgraphen. Dazu legt man eine Wertetabelle oder Funktionstabelle an und berechnet für einige Werte x die Funktionswerte $y = f(x)$, so dass man anschließend die Punkte (x, y) in ein Koordinatensystem eintragen kann.

$f(x) = x^2$

x	−2,5	−2	−1,5	−1	0	1	1,5	2	2,5
y = f (x)	6,25	4	2,25	1	0	1	2,25	4	6,25

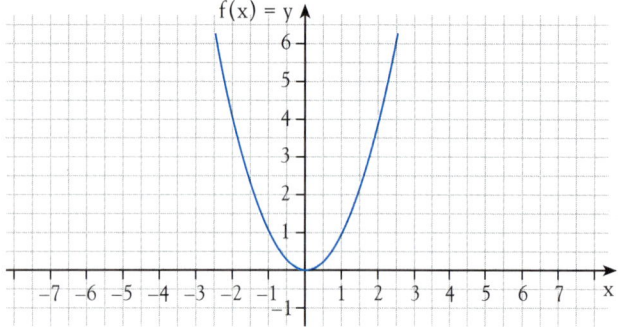

Die berechneten Punkte (x, y) liegen alle auf der eingezeichneten blauen Kurve, und hätte man noch mehrere Wertepaare berechnet, würden diese Punkte ebenfalls auf der Kurve liegen. Diese Kurve wird Normalparabel genannt und sie ist der Funktionsgraph der quadratischen Funktion $f(x) = x^2$.

Die Normalparabel ist symmetrisch zur y-Achse, es gibt keine negativen Funktionswerte. Jeder positive Funktionswert hat aber zwei Werte x, die zueinander Zahl und Gegenzahl sind. Die Zahl Null ist der kleinste Funktionswert und sie wird auch nur dem Wert x = 0 zugeordnet. Es sei vorweggenommen, dass die Funktionsgraphen aller anderen quadratischen Funktionen aus einer Streckung, einer Spiegelung an der y-Achse oder (und) einer Verschiebung der Normalparabel hervorgehen. Diese Graphen werden dann allgemein Parabeln genannt.
Die Graphen zu quadratischen Funktionen der Form $f(x) = ax^2 + c$ mit $a, c \in \mathbb{R}$ gehen aus der Normalparabel dadurch hervor, dass sie für den Fall, dass a negativ ist, an der y-Achse gespiegelt werden, mit dem Betrag von a gestreckt und um c entlang der x-Achse verschoben werden. Diesen Zusammenhang vergegenwärtigt man sich anhand von Beispielen, indem man für konkrete Funktionsvorschriften Zuordnungstabellen anlegt und die Graphen zeichnet.

Beispiel:
$f(x) = -x^2$

x	−2,5	−2	−1	0	1	2	2,5
y = f (x)	−6,25	−4	−1	0	−1	−4	−6,25

$f(x) = -0,5\, x^2$

x	−3	−2	−1	0	1	2	3
y = f (x)	−4,5	−2	−0,5	0	−0,5	−2	−4,5

$f(x) = -0,5\, x^2 + 3$

x	−3	−2	−1	0	1	2	3
y = f (x)	−1,5	1	2,5	3	2,5	1	−1,5

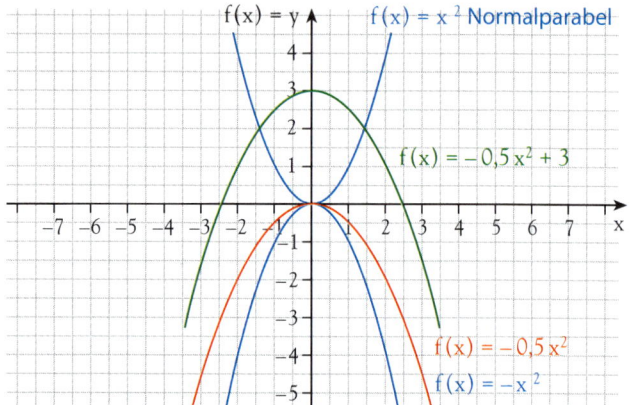

Die eingezeichneten Parabeln sollen den Zusammenhang zwischen der Normalparabel und den Funktionsgraphen zu $f(x) = ax^2 + c$ exemplarisch an $f(x) = -0,5\, x^2 + 3$ zeigen. In diesem Fall ist a = −0,5. Weil a negativ ist, wird die Normalparabel zur x-Achse gespiegelt, und man erhält den Graphen zur Funktion $f(x) = -x^2$. Die anschließende Streckung mit dem Faktor a = 0,5 führt zum Graph der Funktion $f(x) = -0,5x^2$ und eine Verschiebung dieser Parabel um 3 in positive y-Richtung zu $f(x) = -0,5x^2 + 3$.
Auf diese Weise lassen sich alle Funktionsgraphen zu der Zuordnungsvorschrift $f(x) = ax^2 + c$ erklären. Ihre Gemeinsamkeit im Koordinatensystem ist die Symmetrie bezüglich der y-Achse und in ihren Zuordnungsvorschriften das fehlende lineare Glied b · x.
Die Erweiterung zu allen quadratischen Funktionen, also auch mit linearen Gliedern, führt zu Parabeln, die zusätzlich in positive oder negative x-Richtung zu verschieben sind. Dazu betrachte man vorerst Funktionen, deren Zuordnungsvorschrift mit Hilfe der binomischen Formel leicht zu faktorisieren sind, und ergänze diese geeignet.

Beispiele:

$f_1(x) = x^2 - 6x + 9 = (x-3)^2$

x	1	2	3	4	5
y = f (x)	4	1	0	1	4

$f_2(x) = -0,5\,(x-3)^2 + 1 = -0,5\,(x^2 - 6x + 9) + 1$
$\qquad\qquad = -0,5x^2 + 3x - 3,5$

x	1	2	3	4	5
y = f (x)	−1	0,5	1	0,5	−1

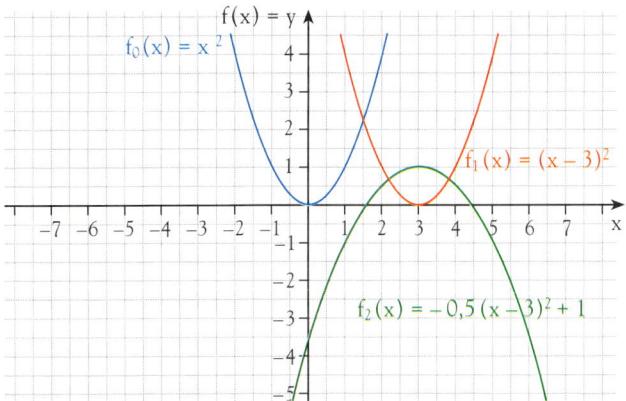

Ein Vergleich der Funktionsvorschriften $f_1(x) = (x - 3)^2$ mit $f_0(x) = x^2 = (x - 0)^2$ zeigt, dass die gleichen Funktionswerte berechnet werden, wenn der x-Wert zur Vorschrift $f_1(x)$ um genau 3 größer ist als bei $f_0(x)$. Mathematisch bedeutet das: $f_0(x) = f_1(x + 3)$. Die rote Parabel ist deshalb die um 3 in positive x-Richtung verschobene Normalparabel.

Zu $f_2(x)$ gelangt man,

1. indem $f_1(x)$ mit $-0,5$ multipliziert wird. Dadurch wird die Parabel gestreckt und an der x-Achse gespiegelt, und
2. durch eine anschließende Addition von 1, was für die Parabel eine Verschiebung um 1 in positive y-Richtung bedeutet.

Alleine anhand der Funktionsvorschrift $f_2(x) = -0,5 (x - 3)^2 + 1$ hätte man auch, ohne die Parabel vor Augen zu haben, einige wichtige Aussagen über die Parabel angeben können, nämlich: Sie geht aus der Normalparabel hervor nach einer Streckung mit dem Faktor 0,5, Spiegelung an der x-Achse, Verschiebung um 3 in positive x-Richtung und einer Verschiebung um 1 in positive y-Richtung. Den größten Funktionswert $y = 1$ an der Stelle $x = 3$ erkennt man ebenfalls. Diesen Punkt P (3, 1) auf der Parabel nennt man deshalb auch Scheitelpunkt, und die Zuordnungsvorschrift, an der man ihn sofort ablesen kann, die Scheitelform der quadratischen Funktion.

Scheitelform der quadratischen Funktion:

$$f(x) = u (x - v)^2 + w \quad \text{mit } u, v, w \in \mathbb{R}$$

Ist eine quadratische Funktion in dieser Form, kann die zugehörige Parabel schnell gezeichnet werden. Der Scheitel ist P (v, w), er ist der höchste oder tiefste Punkt der Funktion, man sagt auch: An der Stelle $x = v$ hat die Funktion ihr Maximum oder Minimum w. Am Vorzeichen von u erkennt man, ob w ein Maximum oder ein Minimum der Funktion ist oder mit anderen Worten, ob die Parabel nach unten oder nach oben „geöffnet" ist, weiterhin gibt | u | den Streckfaktor bezüglich der Normalparabel an.

Die Frage, ob jede quadratische Funktion auch in die Scheitelform überführt werden kann, ist mit „ja" zu beantworten. Folgende äquivalente Umformungen können das beweisen:

Löst man bei einer quadratischen Funktion alle Klammern auf und fasst alle quadratischen, linearen und absoluten Glieder zusammen, erhält man die allgemeine quadratische Funktion:

$f(x) = ax^2 + bx + c$ mit a, b, c $\in \mathbb{R}$

$f(x) = ax^2 + bx + c$ | a ausklammern

$\Leftrightarrow f(x) = a \left(x^2 + \left(\frac{b}{a}\right) x + \frac{c}{a}\right)$ $| + 0 = a \left[\left(\frac{b}{2a}\right)^2 - \left(\frac{b}{2a}\right)^2\right]$

$\Leftrightarrow f(x) = a \left(x^2 + \frac{b}{a} x + \left(\frac{b}{2a}\right)^2 - \left(\frac{b}{2a}\right)^2 + \frac{c}{a}\right)$ | faktorisieren

$\Leftrightarrow f(x) = a \left[\left(x + \frac{b}{2a}\right)^2 + \frac{c}{a} - \frac{b^2}{4a^2}\right]$ | geeignet zusammenfassen

$\Leftrightarrow f(x) = a \left(x + \frac{b}{2a}\right)^2 + c - \frac{b^2}{4a}$ | Scheitelform

Im vorherigen Kapitel wurde mit ähnlichen Umformungen eine p-q-Formel zur allgemeinen Lösung quadratischer Gleichungen hergeleitet. Mit Hilfe von Funktionen können quadratische Gleichungen auch graphisch gelöst werden.

Beispiel:
Zu lösen sei die Gleichung: $2x^2 + 2x - 4 = 0$
Auch in der Mathematik gibt es wirtschaftliche Argumente zur Lösung verschiedener Gleichungen: Da Schablonen zur Zeichnung von Normalparabeln ($y = x^2$) günstig zu erwerben sind, formt man die Gleichung so um, dass auf einer Seite nur noch x^2 vorkommt und auf der anderen Seite nur noch lineare und absolute Glieder:

$2x^2 + 2x - 4 = 0$ $| + 4; - 2x$
$\Leftrightarrow 2x^2 = -2x + 4$ $| : 2$
$\Leftrightarrow x^2 = -x + 2$

Bei dieser Form der quadratischen Gleichung steht auf der rechten Seite ein linearer Ausdruck, dem man auch die lineare Funktion $f_p(x) = -x + 2$ zuordnen kann. Auf der linken Seite steht x^2, dem analog die quadratische Funktion $f_q(x) = x^2$ zugeordnet wird. Zeichnet man beide Funktionen in ein Koordinatensystem, lässt sich vorhersagen, dass die x-Werte der Schnittpunkte von Gerade und Normalparabel die Lösungen der quadratischen Gleichung sind. Denn nur für diese x-Werte sind die Funktionswerte der beiden Funktionen gleich: $f_1(x) = f_p(x) \Rightarrow x^2 = -x + 2$

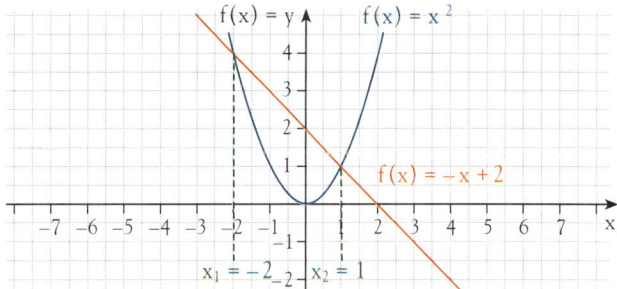

Da sich jede quadratische Gleichung in die Form $x^2 = px + q$ umformen lässt, kann auch jede quadratische Gleichung graphisch gelöst werden. Die Interpretation der p-q-Formel besagt, dass es für eine gegebene Gleichung entweder zwei, eine oder keine Lösung gibt. Eine Interpretation des graphischen Lösungsweges liefert das gleiche Ergebnis. Entweder schneidet die Gerade die Parabel, sie berührt sie oder verfehlt sie gänzlich. Dann gibt es zwei, eine oder keine Lösung.

Zum Weiterlesen:

• Proportionale und lineare Funktionen, S. 72
• Binomische Formeln, S. 98
• Umkehrbarkeit, S. 138

Linearfaktorzerlegung, Satz von Vieta

D ie Graphen proportionaler und linearer Funktionen sind Geraden im Koordinatensystem. Außer den konstanten Funktionen mit $f(x) = b \wedge b \neq 0$, deren Geraden parallel zur x-Achse sind, schneiden sie alle die x-Achse. Die Schnittstellen, an denen ein Funktionsgraph die x-Achse schneidet, nennt man Nullstellen der Funktionen, weil die Funktionswerte $f(x)$ an diesen Stellen gleich 0 sind. Für die allgemeine lineare Funktion $f(x) = mx + n$ berechnet sich die Nullstelle zu:

$$f(x_0) = mx + n = 0 \qquad | -n, \ :m$$
$$\Leftrightarrow \qquad x_0 = -\frac{n}{m}$$

Mit Hilfe dieser Rechnung ist es leicht, lineare Funktionsvorschriften anzugeben, deren Geraden eine bestimmte Nullstelle x_0 haben sollen. Verlangt man zusätzlich noch einen bestimmten Achsenabschnitt n, das ist die Schnittstelle mit der y-Achse, errechnet sich die dazugehörige Steigung zu:

$$x_0 = -\frac{n}{m} \quad \Leftrightarrow \quad m = -\frac{n}{x}.$$

Die Funktionsgraphen der quadratischen Funktionen, die Parabeln, können auf verschiedene Arten und Weisen im Koordinatensystem eingetragen sein. Sie können die x-Achse berühren, schneiden oder auch nicht kreuzen, so dass sie eine, zwei oder keine Nullstelle haben.

Beispiel:

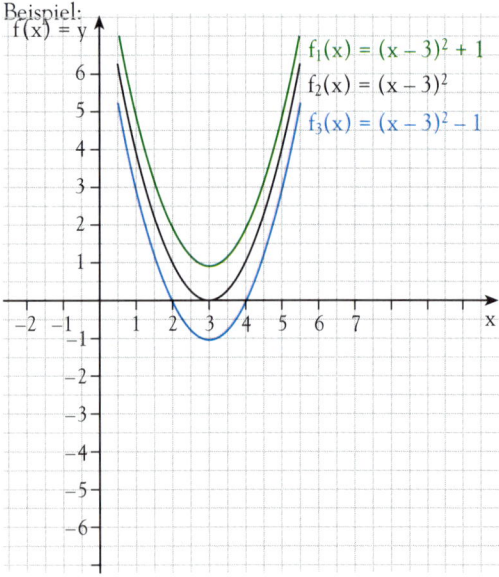

$$f_1(x) = (x-3)^2 + 1$$
$$f_2(x) = (x-3)^2$$
$$f_3(x) = (x-3)^2 - 1$$

Die Funktion $f_2(x) = (x-3)^2$ hat genau eine Nullstelle $x_0 = 3$. Man verifiziert auch anhand der Zuordnungsvorschrift, dass der Funktionswert $f_1(3) = (3-3)^2$ gleich 0 ist. Verschiebt man diese Funktion um 1 in negative y-Richtung, erhält man die Funktion $f_3(x)$, die zwei Nullstellen hat: $x_1 = 2 \wedge x_2 = 4$.

Würde man die Funktionsvorschrift $f_3(x)$ nicht kennen, aber die Nullstellen, könnte man leicht eine quadratische Funktion angeben, die diese Nullstellen besitzt, nämlich:
$f_4(x) = (x-2) \cdot (x-4)$.
Hier besteht die Zuordnungsvorschrift aus zwei Faktoren, den Klammerausdrücken, in denen x jeweils in linearer Form vorkommt. Ein Klammerausdruck und damit auch der Funktionswert sind jeweils gleich 0, wenn x den Wert 2 oder 4 annimmt. Die Funktionsvorschriften f_3 und f_4 beschreiben also beide Parabeln mit den Nullstel-

len $x_1 = 2$ und $x_2 = 4$. Man sollte sich deshalb fragen, worin sie sich unterscheiden.

Da f_3 in der Scheitelform ist, bringt man auch f_4 in die Scheitelform und vergleicht Funktionsvorschriften:

$$f_4(x) = (x-2) \cdot (x-4) \qquad | \text{ Klammern auflösen}$$
$$\Leftrightarrow f_4(x) = x(x-4) - 2(x-4)$$
$$\Leftrightarrow f_4(x) = x^2 - 4x - 2x + 8$$
$$\Leftrightarrow f_4(x) = x^2 - 6x + 8 \qquad | \text{ quadratische Ergänzung}$$
$$\Leftrightarrow f_4(x) = x^2 - 6x + \underbrace{\left(\tfrac{6}{2}\right)^2 - \left(\tfrac{6}{2}\right)^2}_{+\ 0} + 8 \qquad | \text{ faktorisieren}$$

$$\Leftrightarrow f_4(x) = (x-3)^2 - 9 + 8 \qquad | \text{ faktorisieren}$$
$$\Leftrightarrow f_4(x) = (x-3)^2 - 1$$

Offensichtlich sind f_4 und f_3 die gleichen Funktionen. Anhand von diesen Überlegungen darf verallgemeinert werden:

Jede quadratische Funktion $f(x) = ax^2 + bx + c$ mit a, b, c $\in \mathbb{R}$, die mindestens eine Nullstelle besitzt, kann in der Form $f(x) = a(x - x_1)(x - x_2)$ geschrieben werden, wobei x_1 und x_2 Nullstellen sind. Da in diesen Klammerausdrücken x linear auftritt, bezeichnet man sie als Linearfaktoren. Hat eine quadratische Funktion nur eine Nullstelle, dann berührt ihr Graph die x-Achse, für die Nullstellen gilt: $x_1 = x_2 = x_0$, und die Funktionsvorschrift lautet nach der Zerlegung in lineare Faktoren: $f(x) = a(x - x_0)(x - x_0) = a(x - x_0)^2$. In diesem Fall bezeichnet man die Nullstelle auch als doppelte Nullstelle, wegen $x_1 = x_2 = x_0$.
Mit diesem Wissen gibt man leicht eine quadratische Funktionsgleichung an, die ganz bestimmte Nullstellen hat, und kann auch jede quadratische Funktion, mit mindestens einer Nullstelle, in lineare Faktoren zerlegen.

> Sind die Nullstellen einer quadratischen Funktion x_1 und x_2 und ist die Parabel gegenüber der Normalparabel mit dem Faktor a gestreckt oder gestaucht, dann lautet die Funktionsvorschrift in Linearfaktorzerlegung:
>
> $$f(x) = a(x - x_1)(x - x_2)$$
>
> Speziell: Besitzt die quadratische Funktion genau eine Nullstelle x_0, nennt man diese doppelte Nullstelle, und ihre Funktionsvorschrift lautet in Linearfaktorzerlegung:
>
> $$f(x) = a(x - x_0)(x - x_0) = a(x - x_0)^2$$

Man sollte sich merken:

Ähnlich wie bei quadratischen Funktionen die Zuordnungsvorschrift anhand der Nullstellen angegeben werden kann, lassen sich quadratische Gleichungen finden, die eine vorgegebene Lösung haben.

Beispiel:
Sei die Lösungsmenge einer quadratischen Gleichung $x_1 = 2$ und $x_2 = 3$, dann findet man mit Hilfe von Linearfaktoren die Gleichung:
$(x-2)(x-3) = 0$. Diese Gleichung ist für $x = 2$ und $x = 3$ erfüllt. Multipliziert man diese Gleichung mit a, a $\in \mathbb{R} \wedge a \neq 0$, ändert sich nichts an der Erfüllungsmenge.
Auch die Gleichung $a(x-2)(x-3) = 0$ hat die Lösungen $x_1 = 2$ und $x_2 = 3$.

Die quadratischen Gleichungen $(x - x_1)(x - x_2) = 0$ und $a(x - x_1)(x - x_2) = 0$, mit $a \neq 0$ haben die Lösungen x_1 und x_2.

Eine andere und allgemeinere Formulierung lautet:
Ist eine quadratische Gleichung bereits in Linearfaktoren zerlegt, sieht man sofort ihre Lösungen; man muss sie nicht extra in die Normalform umformen, um dann mit der p-q-Formel die Lösung zu berechnen. Dennoch sollte man einmal eine quadratische Gleichung, die in Linearfaktoren gegeben ist, in die Normalform $x^2 + px + q = 0$ überführen und die Koeffizienten p und q mit den Lösungen x_1 und x_2 ausdrücken.
Quadratische Gleichungen mit den Lösungen x_1 und x_2 in Linearfaktoren:

$$(x - x_1)(x - x_2) = 0 \qquad | \text{ Klammern auflösen}$$
$$\Leftrightarrow x(x - x_2) - x_1(x - x_2) = 0$$
$$\Leftrightarrow x^2 - xx_2 - x_1x + x_1x_2 = 0 \qquad | \text{ x ausklammern}$$
$$\Leftrightarrow x^2 - (x_2 + x_1)x + x_1x_2 = 0$$

Jetzt erkennt man, wie p und q in der Normalform durch die Lösungen einer quadratischen Gleichung ausgedrückt werden:

$$x^2 - \underbrace{(x_2 + x_1)}x + \underbrace{x_1x_2} = 0$$
$$x^2 + \quad px \quad + \quad q \quad = 0$$

$$\Rightarrow p = -(x_2 + x_1) \quad \text{und} \quad q = x_1x_2$$

Das ist die mathematische Aussage des Satzes von Vieta.

Seien x_1 und x_2 die Lösungen der quadratischen Gleichung $x^2 + px + q = 0$, dann gilt:

$p = -(x_1 + x_2)$ und $q = x_1x_2$.

Speziell: Es gibt nur eine Lösung $x_1 = x_2 = x_0$, dann gilt:
$p = -2x_0$ und $q = x_0^2$

Satz von Vieta:

Sucht man eine quadratische Gleichung mit einer vorgegebenen Lösung in Normalform, kann mit Hilfe des Satzes von Vieta sofort ein q und auch ein p berechnet werden.

Beispiel:
Ein fairer Mathelehrer überrascht seine Schüler mit einer 5-minütigen Hausaufgabenüberprüfung. Er dachte sich, dass viele Schüler ihren Taschenrechner vergessen werden und einige viel zu verschlafen sind, um schwierige Aufgaben im Kopf zu berechnen. Deshalb wollte er eine „leichte" quadratische Gleichung lösen lassen, deren Lösungen die Zahlen 1 und 2 sind. Mit Hilfe des Satzes von Vieta berechnete er:

$p = -(1 + 2) = -3$ und $q = 1 \cdot 2 = 2$
und stellt den Schülern die Aufgabe:

Aufgabe: Bestimme die Lösungsmenge der Gleichung: $x^2 - 3x + 2 = 0$.
Die richtige Lösung: $x_1 = 1$ und $x_2 = 2$, berechnen aber nur wenige Schüler in den 5 Minuten. Trotz der kleinen natürlichen Zahlen 1

und 2 als Lösung entsteht eine mit der p-q-Formel schwierig im Kopf zu berechnende Aufgabe. $x_1 = x_2 = 1{,}5 \pm \sqrt{(1{,}5)^2 - 2} = \ldots$?
Gelöst wird diese Aufgabe nur von den Schülern, die sie in Brüche umschreiben:

$$x_{1,2} = \frac{3}{2} \pm \sqrt{\frac{9}{4} - \frac{8}{4}} = \frac{3}{2} \pm \sqrt{\frac{1}{4}} = \frac{3}{2} \pm \frac{1}{2}$$

und von zwei Glückspilzen, die sich denken, dass die Aufgabe wahrscheinlich nur ganze Zahlen als Lösung hat, und den Satz von Vieta kennen. Wenn, wie in dieser Aufgabe, q = 2 ist, können das dann nur die Zahlen $x_1 = 1$ und $x_2 = 2$ oder $x_1 = -1$ und $x_2 = -2$ sein, weil nur $1 \cdot 2 = q = 2$ oder $(-1) \cdot (-2) = q = 2$ ergibt. Das richtige Zahlenpaar ermittelten sie dann mit Hilfe von $p = -3 = -(1 + 2)$.

Im Allgemeinen eignet sich der Satz von Vieta nicht zur Lösung einer quadratischen Gleichung. Vielmehr kann mit ihm bequem eine quadratische Gleichung mit vorgegebenen Lösungen in Normalform aufgestellt werden oder eine berechnete oder geratene Lösung überprüft werden.

Beispiel:
Sind beispielsweise die Lösungen $x_1 = 3$ und $x_2 = 5$ als Lösung vorgegeben und es wird einem die Aufgabe gestellt, eine quadratische Gleichung zu finden, die diese Lösungsmenge hat, so kann man in drei Schritten mit dem Satz von Vieta zu einer Lösung kommen:

1.) Berechnung von p:
$\quad p = -(x_1 + x_2)$
$\Rightarrow p = -(3 + 5) = -8$

2.) Berechung von q:
$\quad q = x_1 \cdot x_2$
$\Rightarrow q = 3 \cdot 5 = 15$

3.) Einsetzen von q und p:
$\quad\quad x^2 + px + q = 0$
$\Rightarrow x^2 + (-8)x + 15 = 0$
$\Leftrightarrow \quad\quad x^2 - 8x + 15 = 0$

Um sicherzustellen, dass man richtig gerechnet hat, kann man nun die Probe durchführen und für x 3 bzw. 5 einsetzen:

$3^2 - 8 \cdot 3 + 15 = 9 - 24 + 15 = 0$
$5^2 - 8 \cdot 5 + 15 = 25 - 40 + 15 = 0$

In beiden Gleichungen entsteht eine wahre Aussage, daher weiß man, dass die quadratische Gleichung $x^2 - 8x + 15 = 0$ die gesuchte Gleichung ist.

Zum Weiterlesen:

- Binomische Formeln, S. 98
- Quadratische Gleichungen, S. 132
- Quadratische Funktionen, S. 134

Umkehrbarkeit – Wurzelfunktion als Umkehrfunktion

D ie unterschiedlichsten Aussagen werden Zuordnungen genannt. Sind die Zuordnungen eindeutig, heißen sie auch Funktionen. So sind proportionale Zuordnungen, wie Preis pro Liter Benzin, Funktionen. Auch die Zuordnung eines Zeitplans, wo einer Uhrzeit eindeutig genau ein Schulfach, eine Pause oder eine Freistunde zugeordnet wird, sind Funktionen. Zahlenstrahlen und Pfeile beispielsweise können solche Zuordnungen darstellen:

Zuordnung: Benzin → Preis, ein Liter Benzin kostet 5 DM

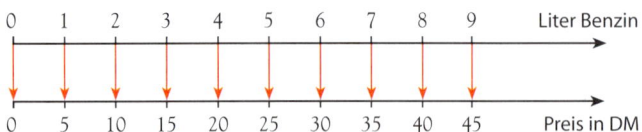

Zuordnung: Uhrzeit → Schulfach oder Pause

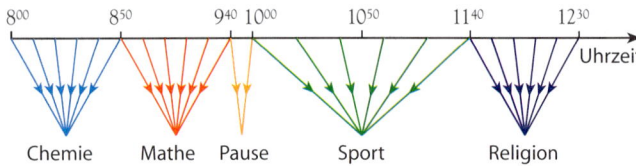

In beiden Fällen sind die Zuordnungen eindeutig und auch Funktionen. Einer bestimmten Menge Benzin wird genau ein Preis zugeordnet und einer bestimmten Uhrzeit genau ein Unterrichtsfach oder eine Pause. Dennoch zeigt die graphische Darstellung einen Unterschied dieser Zuordnungen.

Dreht man die Zuordnung um und ordnet im ersten Beispiel einem Preis eine bestimmte Menge Benzin zu und einem Unterrichtsfach die Uhrzeit, dann ist die *Preis → Benzin*-Zuordnung eindeutig, die *Unterrichtsfach oder Pause → Uhrzeit*-Zuordnung aber nicht. Einem bestimmten Preis, zum Beispiel 20 DM, wird eindeutig die Benzinmenge von 4 Litern zugeordnet, aber einem bestimmten Schulfach, zum Beispiel Chemie, alle Uhrzeiten zwischen 8.00 Uhr und 8.50 Uhr. Das ist nicht eindeutig, und die Zuordnung ist deshalb keine Funktion.

Zuordnung: Preis → Benzin

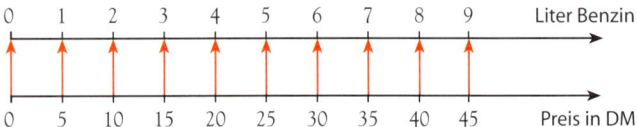

Zuordnung: Unterrichtsfach oder Pause → Uhrzeit

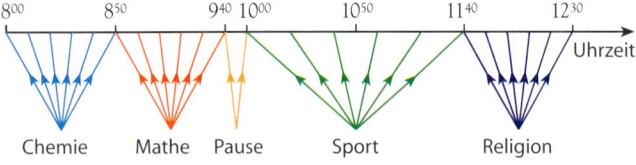

Die „umgedrehten" Zuordnungen nennt man Umkehrzuordnungen (Benzin → Preis: 4 Liter Benzin → 20 DM; Preis → Benzin: 20 DM → 4 Liter Benzin). Ist eine Zuordnung eine Funktion und die Umkehrzuordnung ebenfalls eine Funktion, also eindeutig, nennt man diese auch Umkehrfunktion und sagt: Die Funktion ist umkehrbar. Die Funktion *Benzin → Preis* ist umkehrbar und zu ihr gibt es eine Umkehrfunktion; die Funktion *Uhrzeit → Schulfach* ist nicht umkehrbar und zu ihr gibt es keine Umkehrfunktion.

Auch zu den meisten linearen Funktionen findet man Umkehrfunktionen. Die allgemeine lineare Funktion $y = f(x) = mx + n$ ordnet jedem Wert x eindeutig einen Wert $y = f(x)$ zu. Eine zu der Funktion f zugehörige Umkehrfunktion f_u muss dann jedem Wert $y = f(x)$ den Wert x zuordnen. Für lineare Funktionen findet man die zugehörige Umkehrfunktion, indem man die Funktionsvorschrift $y = mx + n$ nach x auflöst.

$$f: y = mx + n \Leftrightarrow y - n = mx \Leftrightarrow \frac{y}{m} - \frac{n}{m} = x$$
$$\Rightarrow f_u: x = \frac{y}{m} - \frac{n}{m}$$

Möchte man die Umkehrfunktion f_u in dasselbe Koordinatensystem einzeichnen wie auch die ursprüngliche Funktion $f(x)$, müssen die Variablen x und y in der Funktionsvorschrift der Umkehrfunktion vertauscht werden, da in dem ursprünglichen Koordinatensystem die y-Werte den x-Werten zugeordnet werden.

$$\Rightarrow y = f_u(x) = \frac{x}{m} - \frac{n}{m}$$

Die Zuordnungsvorschrift zeigt, bereits ohne die Graphen in das Koordinatensystem einzuzeichnen, dass die Umkehrfunktion ebenfalls eine lineare Funktion mit der Steigung $\frac{1}{m}$ und dem Achsenabschnitt $(-\frac{n}{m})$ ist. Da bei der Berechnung der Steigung und des Achsenabschnittes durch m geteilt wird, kann keine Umkehrfunktion für konstante Funktionen (Steigung m = 0) berechnet werden. Es zeigt sich, dass konstante Funktionen nicht umkehrbar sind und auch keine Umkehrfunktionen besitzen.

Beispiel im Koordinatensystem:

$$f(x) = y = -2x + 2$$
$$\Rightarrow f_u(x) = y = -(\tfrac{1}{2})x + 1$$

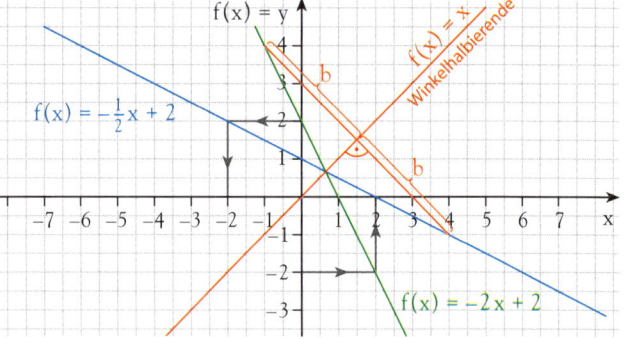

An den Graphen erkennt man die jeweils entgegengesetzte Zuordnungsweise von Funktion und Umkehrfunktion. Ordnet die eine Funktion dem Wert x = 2 den Wert y = – 2 zu, dann ordnet die andere Funktion dem Wert x = – 2 den y-Wert y = 2 zu. Weitere markante Punkte sind die Schnittpunkte der Geraden mit den Achsen des Koordinatensystems. Schneidet die eine Gerade die x-Achse an der Stelle (1, 0) beziehungsweise (2, 0), dann schneidet die andere die y-Achse im Punkt (0, 1) beziehungsweise (0, 2). An der zusätzlich eingezeichneten Winkelhalbierenden f(x) = x erkennt man eine weitere, allgemein gültige Beziehung zwischen Funktionen und ihren Umkehrfunktionen:

Spiegelt man einen Funktionsgraphen an der Winkelhalbierenden f(x) = x, erhält man den Funktionsgraphen der Umkehrfunktion, vorausgesetzt, die Funktion ist umkehrbar.

Ein Beispiel für eine nicht umkehrbare Funktion ist die Betragsfunktion $f(x) = |x|$ mit $x \in \mathbb{R}$. Spiegelt man ihren Funktionsgraphen an der Winkelhalbierenden, so erhält man einen Graphen im Koordinatensystem, der kein Funktionsgraph ist. Dieser Graph beschreibt eine nicht eindeutige Zuordnung, weil den x-Werten nicht mehr eindeutig ein y-Wert, sondern zwei y-Werte zugeordnet werden.

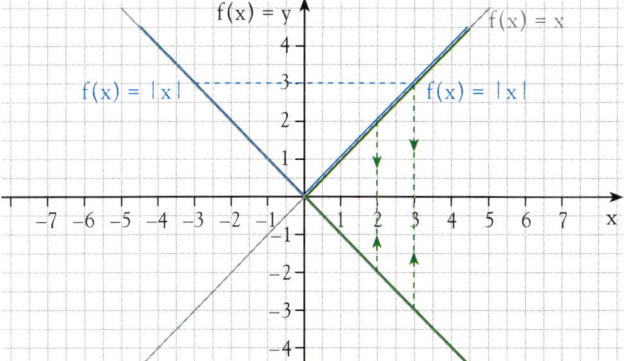

Teilt man die Betragsfunktion in zwei Funktionen $f_1(x) = |x| \wedge x \geq 0$ und $f_2(x) = |x| \wedge x \leq 0$, dann sind die jeweils „halben" Betragsfunktionen umkehrbar. An diesem Beispiel lässt sich ein für alle Funktionen gültiges Kriterium ablesen, ob eine Funktion umkehrbar ist oder nicht.

Gibt es eine Parallele zur y-Achse im Koordinatensystem, die einen Funktionsgraphen mehr als einmal schneidet, so ist die Funktion des Graphen nicht umkehrbar, weil der an $f(x) = x$ gespiegelte Graph keine Funktion mehr beschreibt.

Mit diesem Satz erklärt sich auch, warum konstante Funktionen $f(x) = n$ nicht umkehrbar sind, was sich bereits anhand der Berechnung linearer Umkehrfunktionen, die zu $f_u(x) = \frac{x}{m} - \frac{n}{m}$ führte, gezeigt hat. Konstante Funktionen sind bereits Parallelen zu der x-Achse. Auch quadratische Funktionen mit dem Definitionsbereich $x \in \mathbb{R}$ sind deshalb nicht umkehrbar. Zu ihren Funktionsgraphen, den Parabeln, findet man schnell Parallelen zur y-Achse, die genau zwei Schnittpunkte mit den Parabeln haben. Versucht man trotzdem eine Umkehrfunktion zu quadratischen Funktionen zu berechnen, sieht man, daß durch eine Einschränkung im Definitionsbereich jeweils „halbe" Parabeln umkehrbar sind.

Dazu löst man die allgemeine quadratische Funktionsvorschrift nach x auf:

$$f(x) = y = ax^2 + bx + c \qquad | -y$$
$$\leftrightarrow \quad 0 = ax^2 + bx + c - y \qquad | :a$$
$$\leftrightarrow \quad 0 = x^2 + \left(\frac{b}{a}\right)x + \frac{c-y}{a}$$

Das ist eine quadratische Gleichung in Normalform. Vergleicht man sie mit $x^2 + px + q$, um sie mit Hilfe der p-q-Formel nach x aufzulösen, ist für $p = \left(\frac{b}{a}\right)$ und für $q = \frac{c-y}{a}$ einzusetzen, und die „Umkehrzuordnung" einer allgemeinen quadratischen Funktion lautet:

$$x_{1,2} = -\frac{b}{2a} \pm \sqrt{\frac{b^2}{4a^2} - \frac{c-y}{a}}$$

Vertauscht man die Variablen x und y, um den Graph der Umkehrung im selben Koordinatensystem darstellen zu können, entsteht die eindeutige Zuordnungsvorschrift:

$$y_{1,2} = -\frac{b}{2a} \pm \sqrt{\frac{b^2}{4a^2} - \frac{c-x}{a}}$$

Würde bei dieser Vorschrift die Wurzel nur addiert oder nur subtrahiert, wäre die Zuordnung wieder eindeutig und auch eine Funktion. Das bedeutet, ähnlich wie bei der Betragsfunktion, dass nur „halbe" quadratische Funktionen mit einer Beschränkung des Definitionsbereichs umkehrbar sind.

Die allgemeine quadratische Funktion mit eingeschränktem Definitionsbereich

$$f(x) = ax^2 + bx + c \wedge x \geq -\frac{b}{2a}$$

ist umkehrbar, und ihre Umkehrfunktion nennt man Wurzelfunktion, weil die Variable unter dem Wurzelzeichen steht.

Wurzelfunktion: $f_u(x) = -\frac{b}{2a} \pm \sqrt{\frac{b^2}{4a^2} - \frac{c-x}{a}}$

Da ursprünglich nur x-Werte, die größer sind als $-\frac{b}{2a}$, zugelassen werden, fällt die negative Wurzel weg.
Für die Normalparabel $f(x) = x^2$, bedeutet das Folgendes:

Normalparabel: $f(x) = 1x^2 + 0x + 0 = x^2 \qquad | a = 1, b = c = 0$

Definitionsbereichsbeschränkung: $f(x) = x^2 \wedge x > -\frac{b}{2a} \rightarrow x > 0$

Umkehrfunktion: $f_u(x) = -\frac{b}{2a} + \sqrt{\frac{b^2}{4a^2} - \frac{c-x}{a}}$

$\Rightarrow f_u(x) = -\frac{0}{2 \cdot 1} + \sqrt{\frac{0^2}{4 \cdot 1} - \frac{0-x}{1}} = \sqrt{x}$

Die Umkehrfunktion zu $f(x) = x^2$ mit dem Definitionsbereich $x < 0$ ist $f_u(x) = -\sqrt{x}$ mit dem Definitionsbereich $x > 0$.

Die Berechnungen und auch die Graphen zeigen, dass Definitions- und Wertebereiche bei Funktionen und ihren Umkehrfunktionen vertauscht sind. $f(x) = x^2 \wedge x < 0$ hat einen negativen Definitionsbereich und einen positiven Wertebereich, die Umkehrfunktion $f_u(x) = -\sqrt{x}$ einen negativen Werte- und positiven Definitionsbereich.

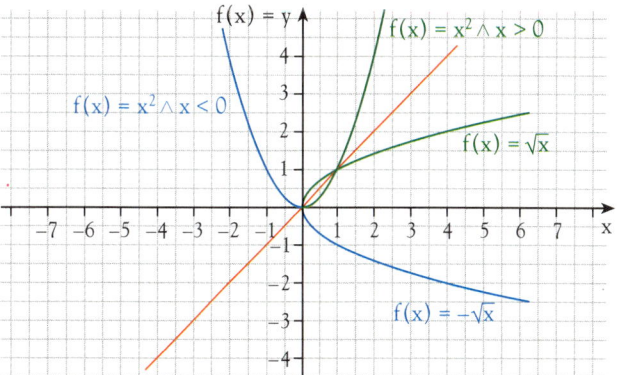

Zum Weiterlesen:

• Potenz- und Wurzelrechnung, S. 110
• Quadratische Funktionen, S. 134
• Logarithmen und logarithmische Funktionen, S. 146

Trigonometrie

Mit den trigonometrischen Bezeichnungen *sin* für Sinus, *cos* für Kosinus und *tan* für Tangens werden Winkeln jeweils eindeutig bestimmte Zahlen zugeordnet. Bei Sinus und Kosinus sind das die Verhältnisse der Katheten zu der Hypotenuse in einem rechtwinkligen Dreieck und das Verhältnis der Katheten untereinander im Falle des Tangens. Die Winkel werden dabei oft im Bogenmaß ausgedrückt, das viele Berechnungen erleichtert, da sich dieses auf den Umfang eines Kreises mit Radius 1 bezieht und nicht wie die Winkeleinteilung auf eine fast willkürliche Einteilung eines Kreises in 360 Tortenstücke. Ob mit *sin* α gerechnet wird, wobei α einen Winkel bezeichnet, oder mit *sin* x, wobei x das Bogenmaß ausdrückt, ist egal. Die Zuordnungen *Zahl → Winkel* oder *Zahl → Bogenmaß* sind beide eindeutig und deshalb eine Funktion. Analoges gilt auch für den Tangens und den Kosinus.

Um die Funktion f (x) = sin x in ein Koordinatensystem einzuzeichnen, erstellt man eine geeignete Funktionstabelle. Diese kann mit einem Taschenrechner berechnet werden, besser aber mit einem Einheitskreis, in den verschiedene rechtwinklige Dreiecke eingetragen sind und eine Skala, so dass man die Werte sin x für verschiedene Winkel direkt ablesen kann.

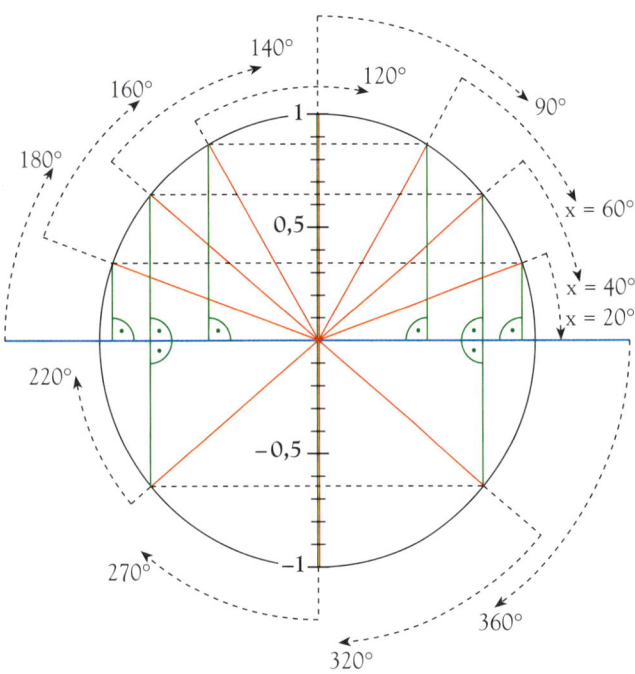

In diesem Einheitskreis sind rechtwinklige Dreiecke eingezeichnet, deren Hypotenusen die Länge 1 haben und rot sind, und die beiden Katheten sind grün beziehungsweise blau. Betrachtet man den Winkel x als den eingeschlossenen Winkel zwischen der blauen Ankathete und der Hypotenuse, dann ist die Gegenkathete grün, und deren Länge entspricht dem Sinus des eingeschlossenen Winkels x.

$$\sin x = \frac{\text{Länge der grünen Kathete}}{\text{Länge der Hypotenuse (=1)}} = \text{Länge der grünen Kathete.}$$

Trägt man die Länge der grünen Kathete und den Winkel x in eine Tabelle ein, entsteht eine Funktionstabelle für die Funktion f (x) = sin x. Die Längen der grünen Katheten liest man dabei so gut ab wie möglich, sie sind deshalb gerundet. Zusätzlich sind in dieser Funktionstabelle einige Winkel im Bogenmaß angegeben, die man auswendig kennen sollte.

f (x) = sin x

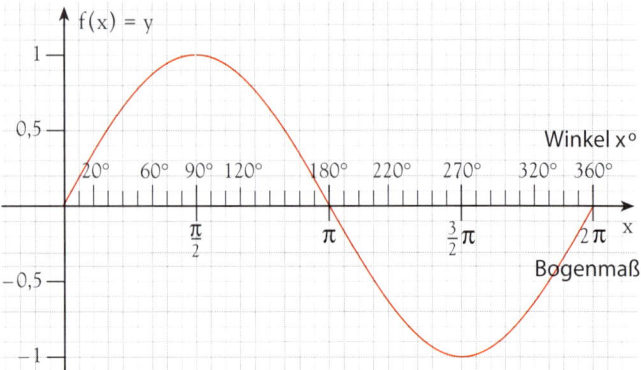

x in x_0	0	20	40	60	90	120	140	160	180	220	270	320	360
f (x)	0	0,3	0,6	0,9	1	0,9	0,6	0,3	0	–0,6	–1	–0,6	0
Bogenmaß	0				$\frac{\pi}{2}$				π		$\frac{3}{2}\pi$		2π

Diese Werte können jetzt in ein Koordinatensystem mit geeigneter Achsenbeschriftung eingetragen werden.

Durch die so ermittelten Punkte kann bequem eine Kurve gezeichnet werden. Hätte man in den Einheitskreis mehrere rechtwinklige Dreiecke eingezeichnet und so die Funktionstabelle erweitert, würden auch alle anderen Wertepaare (y = sin x, x) auf dieser Kurve liegen. Betrachtet man die Hypotenuse (die rote Dreiecksseite) als Zeiger, der sich wie ein Uhrzeiger, aber im entgegengesetzten Uhrzeigersinn bewegt, so kann für jede Stelle ein Dreieck eingezeichnet werden und auch für jeden Winkel ein Wert sin x ermittelt werden. Redet man dabei nicht mehr von Winkeln, sondern vom Bogenmaß, dann hat die äußerste Spitze des Zeigers nach einer vollständigen Umrundung den Weg 2π zurückgelegt (Kreisumfang). Läuft der Zeiger noch einmal rund (ein Uhrzeiger bleibt auch nicht einfach stehen), dann hat die Zeigerspitze nach der zweiten Umrundung den Weg 4π zurückgelegt und so weiter. Man kann deshalb auch allen x-Werten nach der ersten Umrundung (x ≥ 2π) jeweils eindeutig einen Funktionswert f(x) = sin x zuordnen.

Hinter dieser Beschreibung steckt die Vereinbarung, dass der mathematisch positive Drehsinn entgegengesetzt zu dem Uhrzeigersinn ist. Lässt man den Zeiger rückwärts laufen, also im Uhrzeigersinn, kann das damit verglichen werden, als ob man sich auf dem Zahlenstrahl zu immer kleineren Zahlen bewegt. Gelangt man dabei zu der Zahl 0, sind die folgenden Zahlen negativ.

Für den Zeiger im Einheitskreis bedeutet das: Bewegt er sich im Uhrzeigersinn, das ist der mathematisch negative Sinn, so legt er pro Umrundung –2π zurück. Natürlich können auch diesen x-Werten eindeutig Funktionswerte f(x) = sin x zugeordnet werden. Der Definitionsbereich der Funktion f(x) = sin x ist deshalb ℝ.

f (x) = sin x, x ∈ ℝ

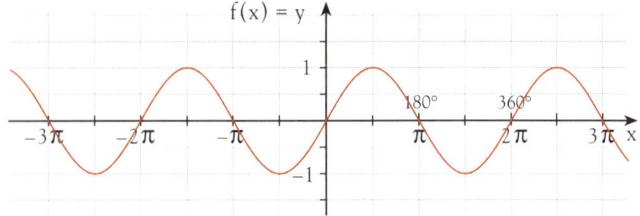

Die Kosinusfunktion $f(x) = \cos x$, $x \in \mathbb{R}$ ist gegenüber der Sinusfunktion um 90° (oder im Bogenmaß $\frac{\pi}{2}$) „verschoben". Das ergibt sich aus der Beziehung $\sin \alpha = \cos (\alpha - 90°)$ oder aus der Betrachtung des Einheitskreises. In dem abgebildeten Einheitskreis sind die blauen Katheten die Ankatheten der eingezeichneten Dreiecke. Der Kosinus im Einheitskreis berechnet sich so zu:

$$\cos x = \frac{\text{Länge der blauen Kathete}}{\text{Länge der Hypotenuse (=1)}} = \text{Länge der blauen Kathete.}$$

$f(x) = \cos x$, $x \in \mathbb{R}$

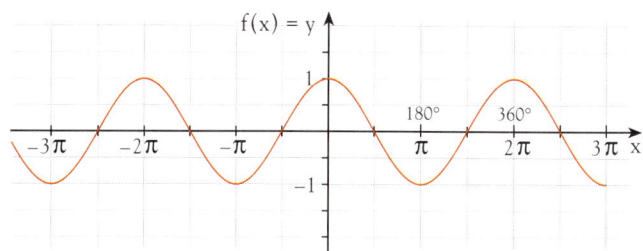

Beide Funktionen zeichnet ihre Periodizität aus. Betrachtet man irgendeinen Punkt auf der Sinuskurve oder auf der Kosinuskurve, so hat ein Punkt, der um 2π in positive oder negative x-Richtung verschoben ist, den gleichen Funktionswert.

Es gilt: $f(x) = \sin x = \sin (x \pm 2\pi) = f(x \pm 2\pi)$
$f(x) = \cos x = \cos (x \pm 2\pi) = f(x \pm 2\pi)$

Da sich die Funktionswerte beider Funktionen in regelmäßigen Abständen 2π wiederholen, bezeichnet man 2π auch als Periodenlänge. Erinnert man sich an den Zeiger des Einheitskreises, so drückt die Periodizität die Umrundung aus. Jedes Mal, wenn der Zeiger eine Runde vollendet hat und eine neue beginnt, wiederholen sich die geometrischen Verhältnisse der einbeschriebenen Dreiecke, deren Katheten ein Maß für die Funktionwerte von Kosinus und Sinus sind.
Die Periodenlänge kann aber auch künstlich verändert werden. Die Periodenlänge der Funktion $f(x) = \sin 2x$ ist π, also ist sie halb so groß wie die der Funktion $f(x) = \sin x$.

Vergleich von $f(x) = \sin x$ und $f(x) = \sin 2x$:

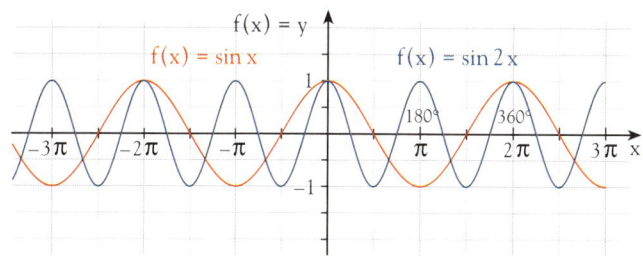

Der Faktor 2 im Argument der Sinusfunktion verhält sich so, als wenn man einen Zeiger in einem Kreis mit Radius $\frac{1}{2}$ laufen lässt. Dieser Kreis hat nämlich nur den halben Umfang, und so wiederholen sich auch die geometrischen Figuren nach einer Strecke π der Zeigerspitze. Würde man in diesem Kreis ebenfalls eine grüne und eine blaue Kathete einzeichnen, um den Sinus- und Kosinuswert zu bestimmen, müsste man deren Längen durch die Länge der roten Hypotenuse (in diesem Kreis $\frac{1}{2}$) dividieren. Außer der Periode hat der Faktor 2 bei $f(x) = \sin 2x$ im Vergleich zu $f(x) = \sin x$ nichts verändert.

Verallgemeinert gilt:

Ist das Argument einer Sinus- oder Kosinusfunktion ein Produkt aus der Variablen x und einer konstanten Zahl a, dann ist die Periodendauer $2\frac{\pi}{a}$.

Beispiel: $f(x) = \sin ax$ oder $f(x) = \cos ax$, $a \in \mathbb{R}$

Die Tangensfunktion kann auf mehrere Arten abgeleitet werden. Zwischen Sinus, Kosinus und Tangens gibt es den Zusammenhang:

$$\tan x = \frac{\sin x}{\cos x}.$$

Da $\cos \frac{\pi}{2} = 0$ und auch $\cos (\frac{\pi}{2} \pm \pi) = \cos (\frac{\pi}{2} \pm 2\pi) = \frac{\sin x}{\cos x} = \ldots = 0$ ist, kann die Tangensfunktion an diesen Stellen nicht berechnet werden, weil nicht durch null dividiert werden darf. An diesen Stellen hat die Tangensfunktion Definitionslücken.
Die Sinusfunktion hingegen ist an den Stellen $\sin 0 = \sin (0 \pm \pi) = \sin (0 \pm 2\pi) = \ldots$ gleich null. Deshalb ist auch die Tangensfunktion an diesen Stellen gleich null.

Berechnet man für verschiedene andere Stellen mit $\tan x = \frac{\sin x}{\cos x}$ Funktionswerte der Tangensfunktion, ermittelt man folgenden Funktionsgraphen:

$f(x) = \tan x$, $x \in \mathbb{R} \setminus \pm k \cdot \frac{\pi}{2}$, $k \in \mathbb{N}$

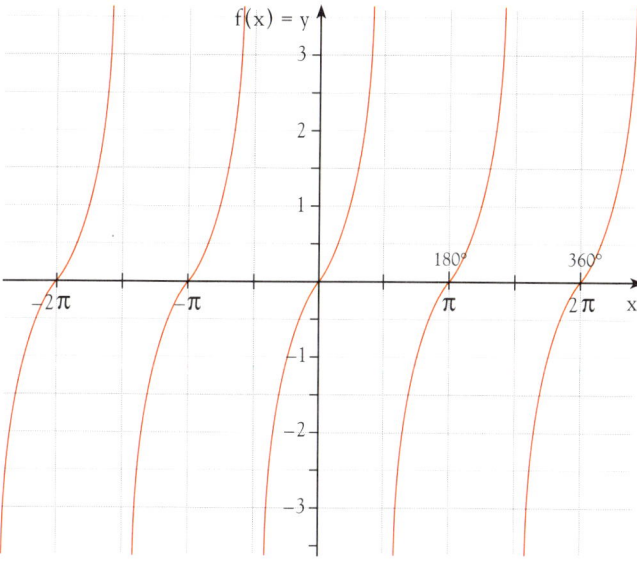

Die Stellen $x = \pm k \cdot \pi$, $k \in \mathbb{N}_0$ sind wie auch bei der Sinusfunktion Nullstellen, und die Stellen $x = \pm k \cdot \frac{\pi}{2}$, $k \in \mathbb{N}$ (! $\mathbb{N}$ ohne null) nennt man Unendlichkeitssprünge. Die Funktionswerte springen an diesen Stellen von $-\infty$ nach $+\infty$, ohne an den Stellen selbst definiert zu sein.

Zum Weiterlesen:

• Die trigonometrischen Funktionen, S. 126
• Additionstheoreme, S. 130

Exponentialfunktionen

Potenzen a^b, mit $b \in \mathbb{Q}$, können nach den Regeln der Potenzrechnung für alle rationalen Exponenten berechnet werden. So stellt die Zuordnung $f(x) = 2^x$, $x \in \mathbb{Q}$ eine Funktionsvorschrift dar, mit der eine Funktionstabelle erstellt und ihr Funktionsgraph in ein Koordinatensystem eingezeichnet werden kann.

$$f(x) = 2^x, \; x \in \mathbb{Q}$$

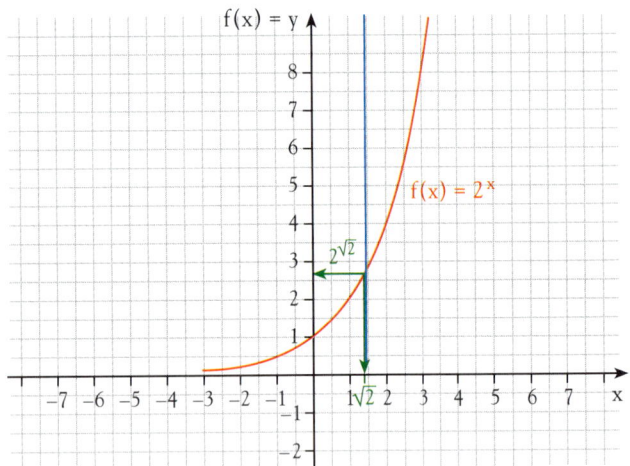

Funktionen wie $f(x) = 2^x$, bei denen die Variable der Exponent ist, heißen Exponentialfunktionen. In diesem speziellen Beispiel: Exponentialfunktion zur Basis 2. Diese Funktion kann grob in drei verschiedene Bereiche eingeteilt werden. Für negative x-Werte ist sie kleiner als 1, für $x = 0$ gleich 1 und für positive Werte größer als 1. Ihr Funktionsgraph ist streng monoton steigend, und sie besitzt keine negativen Funktionswerte $f(x)$.

Im Koordinatensystem ist zusätzlich die Zuordnung $x = \sqrt{2}$ eingezeichnet. Die Gerade scheint die Exponentialfunktion zu schneiden, aber tatsächlich ist nach der bisherigen Definition ein Loch an dieser Stelle, weil der Definitionsbereich, $x \in \mathbb{Q}$, die irrationalen Zahlen ausklammert, da es bisher noch keine Rechenvorschrift gibt, wie eine Potenz 2^c mit irrationalem Exponenten c zu berechnen ist. Mit Hilfe der Exponentialfunktion $f(x) = 2^x$, $x \in \mathbb{Q}$ kann man nun auch Potenzen wie 2^c, mit irrationalem Exponenten, Funktionswerte $f(c)$ zuordnen, so dass der Definitionsbereich auf alle reellen Zahlen erweitert werden kann. Das Wertepaar $(\sqrt{2}, 2^{\sqrt{2}})$ kann, wie in dem Koordinatensystem angedeutet, grafisch bestimmt werden, aber auch rechnerisch mittels Intervallschachtelung.

Beispiel:
Die Funktion $f(x) = y = 2^x$ ist streng monoton wachsend. Deshalb gilt:

ist $a < \sqrt{2} < b$, mit $a, b \in \mathbb{Q} \rightarrow 2^a < 2^{\sqrt{2}} < 2^b$

Da $\sqrt{2} = 1,4142 \ldots$ auf beliebig viele Stellen hinter dem Komma bestimmt werden kann, ist es auch möglich, immer zwei rationale Zahlen a, b mit beliebig vielen Stellen hinter dem Komma zu finden, die sich nur in der letzten Dezimalstelle von $\sqrt{2}$ unterscheiden. Und zwar so, dass gilt: $a < \sqrt{2} < b$. Mit $2^a < 2^{\sqrt{2}} < 2^b$ kann dann auch die Potenz $2^{\sqrt{2}}$ beliebig genau bestimmt werden.

Exponentialfunktionen beschreiben in der Natur sehr viele Prozesse. Hinter fast allen Wachstumsprozessen verbergen sich Exponentialfunktionen.

Beispiel:
Ein Kapital, welches zu einem festen jährlichen Zinssatz $p = 6\% = 0,06$ für einen längeren Zeitraum angelegt wird, vermehrt sich exponentiell. Berücksichtigt man Zins und Zinseszins, lässt sich die Kapitalentwicklung mit folgender Gleichung beschreiben:

$$K(x) = K(0) \cdot (1 + p)^x$$

Das ist eine Exponentialfunktion, bei der $K(x)$ das Kapital nach x Jahren ist und $K(0)$ das Startkapital. (*Die in diesem Buch behandelten Funktionen wurden meistens mit $f(x)$ bezeichnet, das ist aber willkürlich, auch $K(x)$ ist eine Funktion, die von der Variablen x abhängt.*) Mit ihr kann zum Beispiel konkret das Zinsverhalten begutachtet werden, wenn man das Startkapital 1000 DM zu $p = 6\% = 0,06$ für längere Zeit fest anlegt. In der folgenden Funktionstabelle sind die Funktionswerte $K(x)$ gerundet angegeben.

$$K(x) = 1000 \cdot (1,06)^x = K(0) \cdot (1 + p)^x$$

x	0	2	4	6	8	12	24
y = K (x)	1000	1124	1262	1419	1594	2012	4049

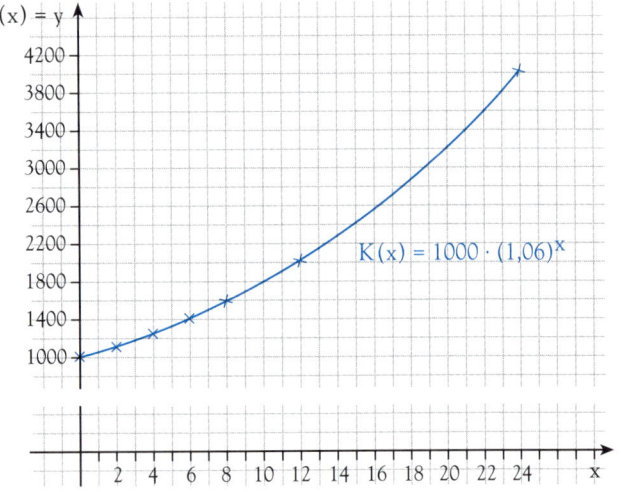

Zunächst beachte man die Beschriftungen der Achsen im Koordinatensystem. Da nur für positive x-Werte auch Funktionswerte berechnet wurden und diese alle größer sind als 1 000, wurde ein Teil der y-Achse einfach weggelassen, das macht die Eintragungen übersichtlicher.

Analog zu der Funktion $f(x) = 2^x$ fällt ein rasanter Anstieg des Funktionsgraphen auf. Schon nach 12 Jahren hat sich bei einem Zinssatz von 6 % das Kapital mehr als verdoppelt. Um eine weitere wichtige Eigenschaft der Exponentialfunktionen zu erläutern, ist in der Funktionstabelle auch das Kapital in 24 Jahren, also nach weiteren 12 Jahren angegeben. Im Vergleich zu dem Kapital nach 12 Jahren hat es sich wieder etwas mehr als verdoppelt. Man darf offenbar die Aussage tätigen: Legt man ein Kapital zu 6 % Zinsen an, verdoppelt es sich etwa alle 12 Jahre.
Diese Aussage soll zu einer anderen Exponentialfunktion aus dem Bereich der Naturwissenschaften führen.

Beispiel:
Biologen untersuchten verschiedene Zellkulturen. Bei einer Zellsorte haben sie jeden Tag um 14.00 Uhr die Anzahl der Zellen in einem Brutgefäß bestimmt und folgende Tabelle angelegt:

Stunden	0	24	48	72	96	120
Datum	13.07.	14.07.	15.07.	16.07.	17.07.	18.07.
Anzahl der Zellen (ohne Gewähr)	10	31	89	273	801	2384

Diese Werte haben sie in ein Koordinatensystem eingetragen, bei dem an der x-Achse die Zeit abgetragen wurde und an der y-Achse die Anzahl der bestimmten Zellen. Schon anhand der Funktionstabelle stellte ein Mitarbeiter fest, dass sich die Anzahl der Zellen alle 24 Stunden (jeden Tag) etwa verdreifachte, und er versuchte das Zellwachstum mit einer Funktion auszudrücken. Er wählte die Funktion $y = f(x) = 10 \cdot 3^x$, bei der x die Anzahl der Tage ist, $f(x)$ die Anzahl der Zellen am Tag x und 10 die Anzahl der Zellen am Tage 0. Diese Funktion zeichnete er auch in das Koordinatensystem (rote Kurve). Sie geht, wie er auch erwartet hat, durch die eingezeichneten Punkte.

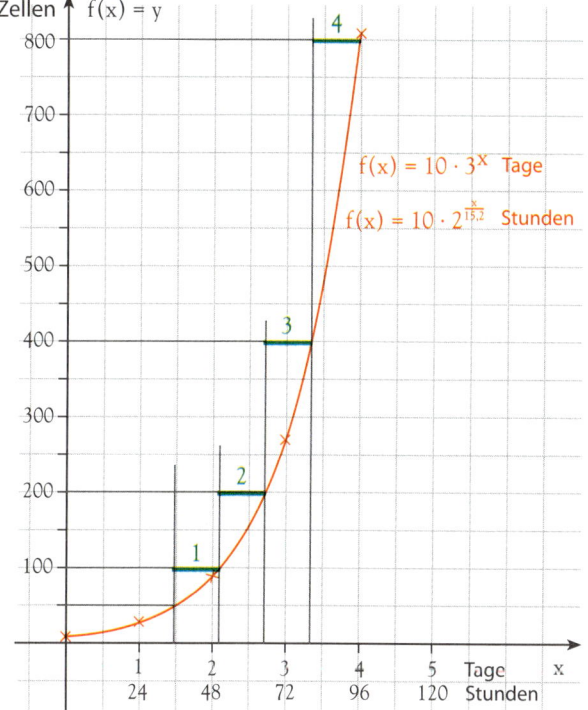

Ein anderer Biologe wollte wissen, nach welcher Zeit sich die Anzahl der Zellen verdoppelt. Dazu zeichnete er Parallelen zu der x-Achse, welche die y-Achse an den Stellen 50, 100, 200, 400 und 800 schneiden. Durch die Schnittstellen der Parallelen mit dem Funktionsgraphen zeichnete er senkrechte Linien bis hin zur x-Achse, die so andere, zu der y-Achse parallele Linien kreuzen. Danach bestimmte er die Längen der grünen Teilstrecken in Stunden. Sie entsprachen alle einer Länge von ca. 15,2 Stunden, woraus er folgerte, dass sich die Anzahl der Zellen etwa alle 15,2 Stunden verdoppelt.
Mit diesem Ergebnis versuchte er eine andere Exponentialfunktion mit der Basis 2 zu finden. Er überlegte sich, dass die Anzahl der Zellen alle 15,2 Stunden mit 2 multipliziert werden muss, und stellte folgende Funktion auf: $f_2(x) = 10 \cdot 2^{\frac{x}{15,2}}$.
Bei dieser Funktion steht die Variable x für die Stunden, und man sieht, dass für $x = 15,2$ der Exponent $\frac{x}{15,2}$ die natürliche Zahl 1 ist, und genau für diesen x-Wert verdoppelt sich der Funktionswert: $f(15,2) = 10 \cdot 2^1 = 20$. Nach weiteren 15,2 Stunden verdoppelt er sich wieder, beziehungsweise der Ausgangswert vervierfacht sich: $f(30,4) = 10 \cdot 2^{\frac{30,4}{15,2}} = 10 \cdot 2^2 = 40$.

Die beiden Beispiele, Zinsrechnung und Zellvermehrung, zeigen wichtige Eigenschaften von Exponentialfunktionen:

> 1. Verdoppelt, verdreifacht oder allgemein vervielfacht sich der Funktionswert $f(x)$ einer Exponentialfunktion nach einer Vergrößerung des x-Wertes von x zu $x + a$, dann wird er sich auch nach jeder weiteren Vergrößerung von x um a verdoppeln, verdreifachen oder allgemein um denselben Faktor vervielfachen.

Erinnerung: Bei 6 % Zinsen verdoppelt sich das Kapital nach ca. 12 Jahren. Die Anzahl der Zellen verdreifacht sich täglich, oder man kann auch sagen, dass sie sich alle 15,2 Stunden verdoppelt. Beide Aussagen sind im Rahmen der Messtoleranz ihres Experiments und auch von Rundungen der Zahlen gleichbedeutend.

> 2. Besteht zwischen zwei Größen ein exponentieller Zusammenhang, dann kann dieser mit einer Exponentialfunktion mit beliebiger Basis, außer den Basen 0 und 1, beschrieben werden.

Erinnerung: Das Zellwachstum konnten die Biologen mit zwei Exponentialfunktionen, die verschiedene Basen und Exponenten haben, gut beschreiben.

Die erste Eigenschaft kann auch theoretisch aus der Potenzrechnung gefordert werden. Es gilt: $a^b \cdot a^c = a^{b+c}$. Überträgt man diesen Zusammenhang auf Exponentialfunktionen, sieht man, dass dieses die mathematische Ausdrucksweise der 1. Eigenschaft ist. Denn vervielfacht sich der Funktionswert einer Exponentialfunktion um den Faktor q, wenn der x-Wert um a erhöht wird, so bedeutet das für $f(x) = e^x$:
$f(x) = e^x$, mit $x \in \mathbb{R}$:

> $f(x) \cdot q = f(x + a)$
> $\Rightarrow e^x \cdot q = e^{x+a} = e^x \cdot e^a$
> $\Rightarrow \quad q = e^a$

Mit diesem Wissen kann man mathematisch überprüfen, wie gut die beiden Funktionsgleichungen der Biologen übereinstimmen.

Die Variable x in der Funktion $f(x) = 10 \cdot 3^x$ steht für die Zeit in Tagen und in der Funktion $f(x) = 2^{\frac{x}{15,2}}$ für die Zeit in Stunden.
Um beide Funktionen vergleichen zu können, formt man zunächst eine Funktion so um, dass die Variable in beiden Funktionen gleiche Zeitabstände, z. B. Stunden beschreibt. Da ein Tag 24 Stunden hat, gilt:

$$f(x) = 10 \cdot 3^x \quad \Leftrightarrow \quad f(x) = 10 \cdot 3^{\frac{x}{24}}$$
Variable x gibt Tage an $\qquad$ Variable x gibt Stunden an

Wie obiger Funktionsgraph und die Zuordnungsvorschrift zeigt, verdoppelt sich die Anzahl je in 15,2 Stunden. Das muss nun auch mit der Funktionsvorschrift $f(x)$ gezeigt werden.
Die jeweilige Anzahl der Zellen zu einem beliebigen Zeitpunkt x wird durch den Funktionswert $f(x)$ angegeben.
15,2 Stunden später muss dieser etwa doppelt so groß sein, und das bedeutet in Formeln:

$$2 \cdot f(x) \approx f(x + 15,2)$$
$$\Rightarrow 2 \cdot 10 \cdot 3^{\frac{x}{24}} \approx 10 \cdot 3^{\frac{x+15,2}{24}} \qquad |{:}10$$
$$\Leftrightarrow 2 \cdot 3^{\frac{x}{24}} \approx 3^{\frac{x}{24}} \cdot 3^{\frac{15,2}{24}} \qquad |{:}(3^{\frac{x}{24}})$$
$$\Leftrightarrow 2 \approx 3^{\frac{15,2}{24}}$$

Eine Überprüfung mit dem Taschenrechner ergibt, dass $3^{\frac{15,2}{24}}$ ungefähr gleich 2 ist. Trotz unterschiedlicher Basen beider exponentieller Funktionsvorschriften wird der gleiche mathematische Zusammenhang beschrieben.

Die Funktionsgraphen von Exponentialfunktionen mit negativen Exponenten verhalten sich wie die an der y-Achse gespiegelten Graphen mit entsprechendem positiven Exponenten.
Beispiel:

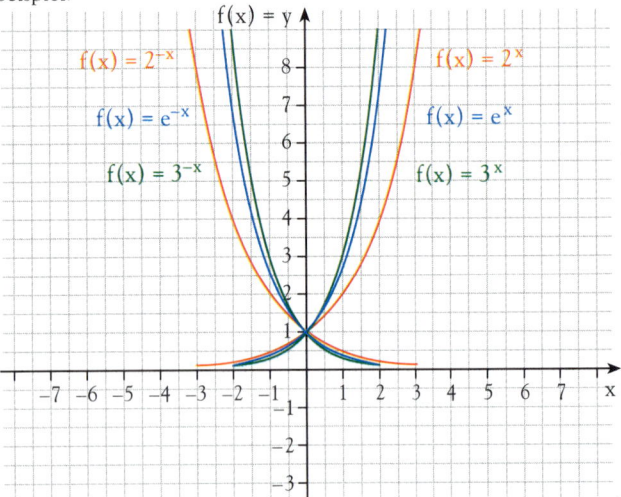

Alle eingezeichneten Funktionsgraphen haben den gemeinsamen Punkt (0, 1). Das ist aber auch der einzige Punkt, den alle Exponentialfunktionen des Typs $f(x) = a^x$ mit a, $x \in \mathbb{R}$ gemeinsam haben. Des Weiteren darf für alle Exponentialfunktionen gesagt werden, dass sie schneller ansteigen oder abfallen als alle anderen in diesem Buch eingeführten Funktionen.
Die Aussage, dass die Funktionsgraphen mit negativen Exponenten sich wie die an der y-Achse gespiegelten Graphen von entsprechenden Funktionen mit positiven Exponenten verhalten, kann auch durch folgende Aussage ersetzt werden.
Ersetzt man die Basis einer Exponentialfunktion mit ihrem Kehrwert, so ist der Funktionsgraph an der y-Achse zu spiegeln. Dahinter verbirgt sich der Umgang mit negativen Exponenten, der besagt:

$a^{-x} = \frac{1}{a^x}$, $a \in \mathbb{R} \setminus 0$ und weil $1^x = 1$, $x \in \mathbb{R}$ gilt auch:
$\frac{1}{a^x} = \left(\frac{1}{a}\right)^x$ mit $x \in \mathbb{R}$

Das Beispiel Zellwachstum zeigte, dass exponentielle Zusammenhänge in der Natur mit den verschiedensten Exponentialfunktionen angegeben werden können. Welche Basis man wählt, ist deshalb egal. Trotzdem findet man in den meisten Lehrbüchern, in denen exponentielle Funktionen zur Beschreibung der verschiedensten Zusammenhänge benötigt werden, sehr häufig Exponentialfunktionen mit der irrationalen Basis e (eulersche Zahl). Ähnlich wie die irrationale Zahl π bei Kreis- und Kugelberechnungen nicht wegzudenken ist, gibt es in der weiteren Mathematik zahlreiche Probleme, die zu dieser Zahl führen. Eine Möglichkeit, die eulersche Zahl e zu berechnen, bietet eine so genannte Reihenentwicklung, die hier nur angegeben, nicht aber hergeleitet werden soll:

$e = 1 + \frac{1}{1} + \frac{1}{1 \cdot 2} + \frac{1}{1 \cdot 2 \cdot 3} + \frac{1}{1 \cdot 2 \cdot 3 \cdot 4} + \frac{1}{1 \cdot 2 \cdot 3 \cdot 4 \cdot 5} + \ldots + = 2,718281 \ldots$

Der Funktionsgraph der Funktion $f(x) = e^x$, $x \in \mathbb{R}$ ist ebenfalls im obigen Koordinatensystem eingezeichnet. Man sieht, dass er von der-

selben Art ist wie alle anderen Funktionsgraphen des Typs $f(x) = a^x$. Auch wenn man keine Lehrbücher besitzt, in denen Funktionen mit der eulerschen Zahl e abgebildet sind, haben die meisten Menschen in Deutschland schon einmal eine solche Funktion gesehen.
Eine sehr bekannte Funktion, die einen eigenen Namen besitzt, ist die gaußsche Glockenfunktion. Das ist eine Exponentialfunktion mit der Basis e, die zusammen mit einem der bedeutendsten deutschen Wissenschaftler Carl Friedrich Gauß auf dem 10-DM-Schein abgebildet ist.

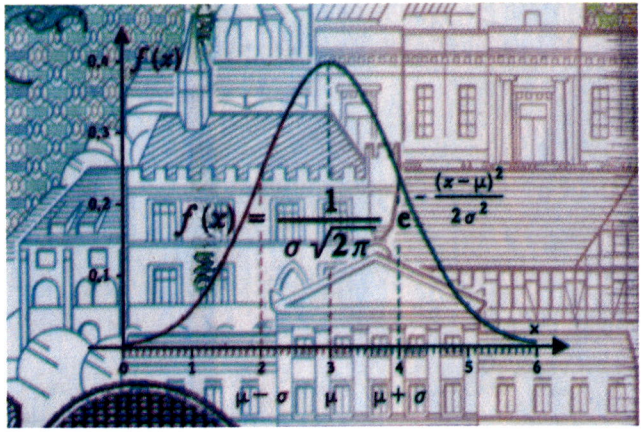

Exponentielle Funktionen der Art

$f(x) = e^{-x^2} = \frac{1}{e^{x^2}}$, $x \in \mathbb{R}$

zeichnen sich durch eine Besonderheit aus. Da der Exponent quadratisch ist, kann x^2 nie negativ werden. Das wiederum bedeutet, dass e^{x^2} immer größer oder gleich 1 ist. Die Funktionswerte der Funktion $f(x) = e^{-x^2} = \frac{1}{e^{x^2}}$ sind deshalb alle kleiner oder gleich 1 und größer als 0, für alle $x \in \mathbb{R}$. Der Graph dieser Funktion hat eine ähnliche Form wie die gaußsche Glockenkurve auf dem 10-DM-Schein.

$f(x) = e^{-x^2}$ Funktionswerte sind gerundet

x	−2	−1	−0,5	0	0,5	1	2
f(x)	0,02	0,37	0,78	1	0,78	0,37	0,02

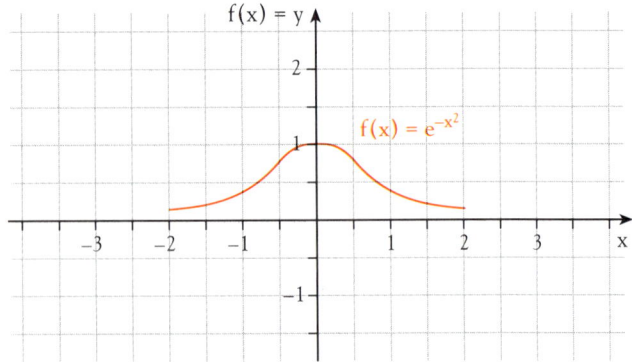

Vergleicht man die Funktionsgraphen der gaußschen Glockenkurve, kurz Gaußkurve, mit der Funktion $f(x) = e^{-x^2}$, erkennt man einige Unterschiede. Die Gaußkurve ist im Koordinatensystem zu positiven x-Werten verschoben, und ihr maximaler Funktionswert ist kleiner als 1. Der Faktor $\frac{1}{\sigma \cdot \sqrt{2 \cdot \pi}} \approx \frac{0,4}{\sigma}$ vor der Potenz bestimmt den maximalen Funktionswert dieser Funktion. Der Exponent $-\frac{(x-\mu)^2}{2\sigma^2}$ verschiebt und verformt die Kurve. Erst wenn x = m ist, wird der Exponent gleich null und die Gaußkurve erreicht ihr Maximum. Im Vergleich zu der Funktion f (x) = e^x ist sie deshalb um den Betrag m in positive x-Richtung verschoben. Die Größe σ steht quadratisch im Nenner des Exponenten und linear im Nenner des Vorfaktors. Ihre Wirkung erklärt man am besten, indem man sich die Veränderung der Glockenkurve auf dem 10-DM Schein vorstellt, wenn σ beispielsweise verdoppelt wird. Zunächst ändert das nichts an der Lage des Maximums, es ist nur von m abhängig. Der maximale Funktionswert hingegen halbiert sich aber, weil f (Maximum) ≈ $\frac{0,4}{σ}$ ist. Im Exponenten steht σ quadratisch in einem Nenner. Die Verdoppelung von σ kann mathematisch so ausgedrückt werden:

$2 \cdot σ_{alt} = σ_{neu}$

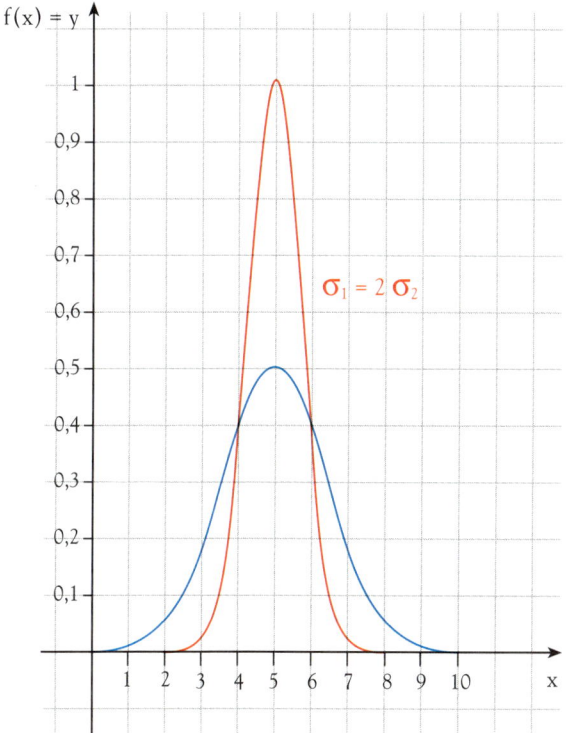

Quadriert man diesen Ausdruck, erhält man:

$(2 \cdot σ_{alt})^2 = 4 \, σ_{alt}{}^2 = σ_{neu}{}^2$

Das neue $σ_{neu}{}^2$ ist demnach viermal größer als das alte $σ_{alt}{}^2$. Weil zur Berechnung des Exponenten durch $σ^2$ geteilt werden muss, ist dieser für jeden Wert x betragsmäßig viermal kleiner. Vergleicht man beispielsweise die beiden Zahlen e^{-1} ≈ 0,37 und e^{-4} ≈ 0,02 und überlegt sich, dass mit $σ_{neu} = 2σ_{alt}$ anstelle eines Funktionswertes von 0,02 jetzt 0,37 genommen würde, erklärt sich die Wirkung von σ. Die Kurve wird breiter.

Mit solchen Überlegungen kann man sich Glockenkurven vorstellen, die gar nicht mehr an Glocken erinnern. Im Falle von sehr großen Zahlen σ ist diese Kurve eher flach und hat eine kleine Delle (ein sehr niedriges Maximum), und im Falle von sehr kleinen Zahlen σ wird sie sehr schlank und bekommt ein sehr großes Maximum. Die Gaußfunktion ist in den verschiedensten Bereichen der Natur- und Wirtschaftswissenschaften von großer Bedeutung. Sie beschreibt die „normale Verteilung" statistischer Ereignisse, oder anders ausge-

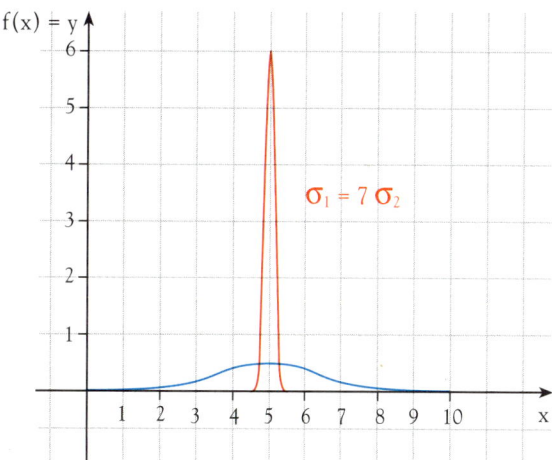

drückt, die Gaußfunktion ist die mathematische Beschreibung des Zufalls. Mit ihr werden unter anderem in der Physik Intensitätsverteilungen von Laserstrahlen beschrieben, in der medizinischen Forschung ist sie ein Hilfsmittel, um Krankheitsausbreitungen zu untersuchen, und in den Wirtschaftswissenschaften hilft sie, Spekulationen berechenbar zu halten.

Wie nahe die Gaußfunktion zu der Natur des Zufalls steht, kann mit einem abgewandelten Galton-Brett gezeigt werden.

In welchen Ausgangskanal eine Kugel fällt, wird der Zufall bestimmen. Dennoch kann vorhergesagt werden, dass bei einer genügend großen Anzahl an Kugeln und Ausgangskanälen die umschreibende Kurve eine Gaußkurve ist. Ihre Form, die im Wesentlichen durch die Größe σ gegeben ist, informiert, wie zufällig ein Ereignis wirklich ist. Einzelheiten zu der Gaußfunktion finden sich in Büchern über Statistik, Stochastik und Wahrscheinlichkeitsrechnung.

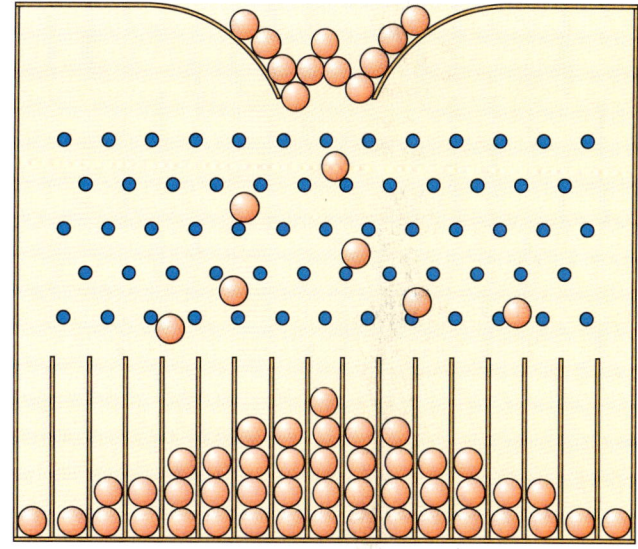

Zum Weiterlesen:

• Reelle Zahlen, S. 108
• Potenz- und Wurzelrechnung, S. 110
• Logarithmen und logarithmische Funktionen, S. 146

Logarithmen und logarithmische Funktionen

Die Funktionsgleichungen von Umkehrfunktionen berechnen sich, indem die Funktionsgleichung y = f (x) nach x aufgelöst und anschließend die Variablen x und y vertauscht werden. Von so berechneten Funktionen $y_u = f_u$ (x) weiß man bereits, wie die Funktionsgraphen aussehen, da sie bekanntlich aus einer Spiegelung der ursprünglichen Funktion an der Winkelhalbierenden f (x) = x hervorgehen.

Um eine Gleichung nach einer Variablen freizustellen, die eine Potenz darstellt, benötigt man den **Logarithmus**.

Beispiel:
Die Gleichung $y = 2^x$ kann mit den üblichen Umformungen Addition, Subtraktion, Division, Multiplikation oder auch Radizieren (Wurzelziehen) nicht nach x aufgelöst werden. Deshalb führt man eine neue Rechenart ein, die man **Logarithmieren** nennt. Mit dieser Rechenart wird die Gleichung nach x aufgelöst.

$$y = 2^x \qquad | \text{logarithmieren}$$
$$\Leftrightarrow \log_2 y = x$$

Allgemein gilt:

> $y = \log_a x \Leftrightarrow x = a^y$ mit a, x $\in \mathbb{R}$
> Wertebereich für y: y $\in \mathbb{R}$

Da x in der Ausgangsgleichung ein Exponent einer Potenz mit Basis 2 ist, schreibt man 2 als Index bei $\log_2$.
In Worten drückt man die neu gewonnene Gleichung wie folgt aus:

$\log_2 y = x$: Der Logarithmus von y zur Basis 2 ist gleich x.

Das ist genau die Hochzahl (der Exponent) x, mit der die Zahl 2 potenziert werden muss, damit man y erhält. Das Rechnen mit Logarithmen erfordert eine gewisse Übung und Kenntnis bestimmter Rechenregeln, aber auch ohne diese zu kennen, ist es bereits möglich, den Graphen einer Logarithmusfunktion in ein Koordinatensystem zu zeichnen.
Betrachtet man die Funktion $y = f (x) = 2^x$, errechnet sich die Umkehrfunktion zu $y_u = f_u$ (x) = $\log_2$ x, und deren Funktionsgraphen konstruiert man, indem man den Graphen von $y = 2^x$ an der Winkelhalbierenden y = x spiegelt:

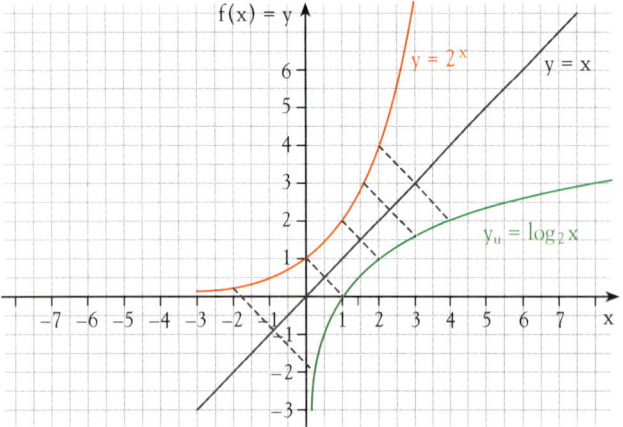

Beide Funktionen sind monoton steigend. Der Definitionsbereich der Logarithmusfunktion ist gleich dem Wertebereich der Exponen-

tialfunktion $\mathbb{R}^+$ (x > 0), und ihr Wertebereich ist gleich dem Definitionsbereich der Exponentialfunktion $\mathbb{R}$.
Analog können auch alle anderen Logarithmusfunktionen in ein Koordinatensystem eingezeichnet werden. Im Folgenden sind exemplarisch die Funktionen y = $\log_2$ x, y = $\log_3$ x und y = $\log_e$ x eingezeichnet.

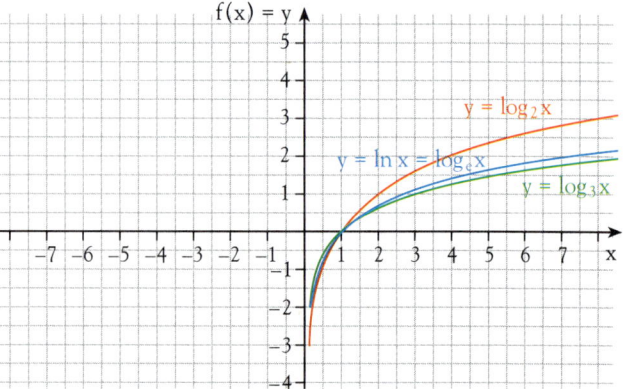

Ebenso wie alle Exponentialfunktionen $y = a^x$ nur einen einzigen gemeinsamen Punkt P (0, 1) haben, so gehen auch alle Logarithmusfunktionen mit y = $\log_a$ x durch einen gemeinsamen Punkt P (1, 0). Das ist gleichzeitig auch der einzige gemeinsame Punkt dieser Funktionen.

Ein weiteres Merkmal einer Logarithmusfunktion besteht darin, dass sie streng monoton steigend ist für a > 0 und streng monoton fallend ist für 0 < a < 1.
Streng monoton steigend bedeutet, dass die Funktionswerte f(x) mit steigenden x-Werten zunehmen, und streng monoton fallend bedeutet, dass die Funktionswerte f(x) mit steigenden x-Werten stets kleiner werden. Gibt es auch nur eine Ausnahme, so handelt es sich um keine streng monotone Funktion mehr.

Für den Logarithmus von x zur Basis e (eulersche Zahl) kann man $\log_e$ x schreiben, aber auch kürzer ln x.
Wegen der großen Bedeutung der eulerschen Zahl nennt man diesen Logarithmus den **natürlichen Logarithmus** und schreibt kurz ln x; er ist, wie auch der Logarithmus zur Basis 10, auf den meisten Taschenrechnern angegeben. Um den Logarithmus zur Basis 10 ($\log_{10}$ x) zu schreiben, darf man per Vereinbarung einfach lg x schreiben. Dieser Logarithmus heißt **dekadischer Logarithmus**.

Die Eigenschaften der Logarithmen können von ihren Funktionsgraphen, von theoretischen Berechnungen oder auch von ihren Umkehrfunktionen, den Exponentialfunktionen, abgeleitet werden. Es empfiehlt sich aber, für leicht zu berechnende Zahlen einige Logarithmen zu berechnen und anhand konkreter Logarithmen einige Schlüsse zu ziehen.

Die meisten Mathematiker und auch Schüler in höheren Klassen sollten die ersten 13 Werte 2^x mit x $\in$ {0, 1, 2, 3 … 12} auswendig können. Sie lauten:

An dieser Tabelle können einige Logarithmen sofort abgelesen werden. Zum Beispiel:

x	0	1	2	3	4	5	6	7	8	9	10	11	12
2^x	1	2	4	8	16	32	64	128	256	512	1024	2048	4096

$\log_2 16 = 4,\quad$ denn $2^4 = 16$
$\log_2 64 = 6,\quad$ denn $2^6 = 64$
$\log_2 1\,024 = 10,$ denn $2^{10} = 1\,024$
$\log_2 4\,096 = 12,$ denn $2^{12} = 4\,096$

Betrachtet man diese Zahlen etwas genauer, erkennt man folgenden allgemein gültigen Zusammenhang und damit auch das **1. Logarithmengesetz**:

$$10\quad = \quad 10 \quad = \quad 4 \quad + \quad 6$$

$$\log_2 1\,024 = \log_2 (16 \cdot 64) = \log_2 16 + \log_2 64$$

allgemein: $\log_d (a \cdot b) = \log_d a + \log_d b \quad$ mit $\quad a, b \in \mathbb{R}^*$

Der mathematische Hintergrund (das erste Logarithmengesetz) kann auch mit einer Divisions- und Subtraktionsrechnung verdeutlicht werden.

$$4 \quad = \quad 4 \quad = \quad 10 \quad - \quad 6$$

$$\log_2 \left(\frac{1024}{64} \right) = \log_2 16 = \log_2 1\,024 - \log_2 64$$

allgemein: $\log_d (a : b) = \log_d a - \log_d b \quad$ mit $\quad a, b \in \mathbb{R}$

In der Mathematik dürfen einfache Zahlenspiele wie diese nicht direkt zu allgemein gültigen Aussagen wie dem 1. Logarithmengesetz führen. Aus diesem Grund sollte man dieses Gesetz auf jeden Fall mit anderen Zahlen und auch mit Logarithmen zu anderen Basen überprüfen.

Trotzdem können Kritiker auch noch nach der tausendsten Überprüfung behaupten, das Logarithmengesetz gilt nicht und bei den Überprüfungen seien zufällig nur solche Zahlen ausgewählt worden, für die es gilt. In diesen Fällen ist der Mathematiker und manchmal auch der Schüler (wenn auch aus anderen Gründen) gezwungen, ein Gesetz zu beweisen.

Beweis des 1. Logarithmengesetzes:
Der Definitionsbereich der allgemeinen Logarithmusfunktion $y = f(x) = \log_a x$ ist gleich dem Wertebereich ihrer Umkehrfunktion $f(x) = a^x$ mit $a > 0$ und somit $\mathbb{R}^+$. Daraus darf gefolgert werden, dass jede Zahl $u, v \in \mathbb{R}^+$ als Potenz von a dargestellt werden kann. Man kann also immer ein b und ein $c \in \mathbb{R}$ finden, so dass gilt: $a^b = u \wedge a^c = v$.

Der Logarithmus $\log_a (u \cdot v)$ kann deshalb umgeschrieben werden zu:

$$\log_a (u \cdot v) = \log_a (a^b \cdot a^c) = \log_a (a^{(b+c)}) = b + c$$

Andererseits ist:

$$\log_a u + \log_a v = \log_a a^b + \log_a a^c = b + c$$

Setzt man voraus, dass der Zusammenhang $a^b \cdot a^c = a^{b+c}$ bereits bewiesen ist, zeigen die beiden Umformungen, dass für alle $u, v \in \mathbb{R}^+$ (der Definitionsbereich der Logarithmen) gilt:
$\log_a (u \cdot v) = \log_a u + \log_a v$. Die Gültigkeit der Gleichung $\log_a (u : v) = \log_a u - \log_a v$ für $u, v \in \mathbb{R}^+$ kann analog gezeigt werden:

$$\log_a (u : v) = \log_a (a^b : a^c) = \log_a (a^{(b-c)}) = b - c$$

$$\log_a u - \log_a v = \log_a a^b - \log_a a^c = b - c$$

Die Existenz des *ersten* Logarithmengesetzes lässt vermuten, dass es auch ein zweites gibt.

Um das **2. Logarithmengesetz** zu veranschaulichen, betrachtet man zunächst wieder überschaubare Potenzen und Logarithmen. Sollte man die ersten Potenzen von 2^x mit $x \in \mathbb{N}$ nicht auswendig kennen, kann man obiger Tabelle einige Werte entnehmen:

$$4\,096 = 2^{12} = (2^3)^4 = 8^4; \log_2 8 = \log_2 2^3 = 3$$

$$12 = \log_2 4\,096 = \log_2 (2^3)^4 = 4 \cdot 3 = 4 \cdot \log_2 8$$
$$\qquad\qquad | \qquad\qquad\qquad |$$
$$\log_2 8^4 \qquad = \qquad 4 \cdot \log_2 8$$

allgemein gilt: $\log_a b^c = c \cdot \log_a b$

Für $b \in \mathbb{R}^+$ und $c \in \mathbb{R}$ ist das die Aussage des 2. Logarithmengesetzes. Auch diese Beziehung sollte man mit anderen Potenzen und Logarithmen verifizieren. Seine allgemeine Gültigkeit hingegen muss mindestens einmal bewiesen werden, indem man die Aussage auf bereits akzeptierte (bewiesene) Zusammenhänge zurückführt.

Wegen dem ersten Logarithmengesetz gelten folgende Umformungen:
$$\log_a x^2 = \log_a (x \cdot x) = \log_a x + \log_a x = 2 \cdot \log_a x$$

$$\log_a x^3 = \log_a (x^2 \cdot x) = 2 \cdot \log_a x + \log_a x = 3 \cdot \log_a x$$

$$\log_a x^4 = \log_a (x^3 \cdot x) = 3 \cdot \log_a x + \log_a x = 4 \cdot \log_a x$$
$$\begin{array}{ccc} . & & . \\ . & & . \\ . & & . \end{array}$$
$$\log_a x^n \qquad\qquad = \qquad\qquad n \cdot \log_a x$$

Diese Überlegungen können für alle natürlichen Zahlen als Exponent angestellt werden. Dass dieser Zusammenhang auch für negative Exponenten gilt, zeigt folgende Umformung:

$$\log_a x^{-n} = \log_a (x^{-1})^n = n \cdot \log_a x^{-1} = n \cdot \log_a \frac{1}{x^1}$$

$$= n \cdot (\log_a 1 - \log_a x) = n \cdot (0 - \log_a x) = -n \cdot \log_a x$$

Sogar für alle beliebigen reellen Exponenten lässt sich die Gültigkeit des 2. Logarithmengesetzes zeigen:
Es sei für alle $q, p \in \mathbb{R}$:

$$b^q = u \Leftrightarrow q = \log_b u$$

$$\Rightarrow u^p = (b^q)^p = b^{p \cdot q} = b^{p \cdot \log u} \qquad | \text{ logarithmieren } \log_b$$

$$\Rightarrow \log_b u^p = \log_b b^{(p \cdot \log u)} = p \cdot \log_b u$$

Zum Weiterlesen:

• Zinsrechnung, S. 96
• Potenz- und Wurzelrechnung, S. 110
• Exponentialfunktionen, S. 142

Exponential- und Logarithmusrechnungen

Alle Zahlen lassen sich als Produkt einer Zahl zwischen 1 und 10 mit einer **Zehnerpotenz** schreiben.

Beispiele:
$1\,234 = 1{,}234 \cdot 10^3$ oder $100 = 1 \cdot 10^2$ oder $0{,}0034 = 3{,}4 \cdot 10^{-3}$

Diese Schreibweise nennt man „**scientific notation**"; sie kommt aus dem Englischen und bedeutet „wissenschaftliche Schreibweise". Insbesondere bei sehr großen oder auch sehr kleinen Zahlen ist die scientific notation wesentlich übersichtlicher. Mit ihr kann man sich auch über Zahlen unterhalten, für die es gar keine Namen gibt.
So schätzen einige Wissenschaftler, dass unser Universum ca. $1 \cdot 10^{15}$ Jahre alt ist, in der üblichen Schreibweise wären das $1\,000\,000\,000\,000\,000$ Jahre oder die Anzahl der Atome von 12 Gramm eines bestimmten Kohlenstoffes auf ca. $6{,}023 \cdot 10^{23}$ Atome.
Möchte man Zahlen in der scientific notation multiplizieren, ist es ausreichend, die Zahlen zwischen 1 und 10 miteinander zu multiplizieren und die Hochzahlen der 10 zu addieren.

Beispiel:
$1{,}23 \cdot 10^3 \cdot 2 \cdot 10^2 = 1{,}23 \cdot 2 \cdot 10^{3+2} = 2{,}46 \cdot 10^5$

Schreibt man zusätzlich die Zahlen zwischen 1 und 10 auch als Zehnerpotenz, so kann jede Multiplikationsrechnung in eine Additionsrechnung der Exponenten zu der Basis 10 umgewandelt werden:

$1{,}23 = 10^a$ und $2 = 10^b \Rightarrow a = \lg 1{,}23 \approx 0{,}0899$
$\phantom{1{,}23 = 10^a \text{ und } 2 = 10^b \Rightarrow}\; b = \lg 2 \approx 0{,}301$

$1{,}23 \cdot 10^3 \cdot 2 \cdot 10^2 = 10^a \cdot 10^b \cdot 10^3 \cdot 10^2 = 10^{a+b+3+2}$

$\approx 10^{5{,}3909} = 10^{0{,}3909} \cdot 10^5$

$\Rightarrow$ *mit:* $10^{0{,}3909} \approx 2{,}46 \rightarrow \lg 2{,}46 = 0{,}3909$

$1{,}23 \cdot 10^3 \cdot 2 \cdot 10^2 = 2{,}46 \cdot 10^5$

Auf diese Weise können alle Produkte als Zehnerpotenzen dargestellt werden, wenn man die Logarithmen zur Basis 10 aller Zahlen zwischen 1 und 10 kennt.
Bevor der Taschenrechner als Rechenhilfe für nahezu jeden zur Verfügung stand, rechneten viele Menschen mit der so genannten dekadischen **Logarithmentafel**. Das ist eine Tabelle, in der die Zehnerlogarithmen aller Zahlen zwischen $1{,}000$ und $9{,}999$ auf vier Stellen hinter dem Komma gerundet angegeben sind. Mit dieser Tafel können nicht nur alle Multiplikationsaufgaben, sondern auch alle Logarithmen zu anderen Basen ausreichend bestimmt werden.
Wie man Logarithmen zu einer bestimmten Basis durch andere Logarithmen ausdrückt, zum Beispiel durch den dekadischen Logarithmus, ergibt sich am Ende der nächsten Beispielaufgabe, die den Zusammenhang zwischen exponentiellen und logarithmischen Rechnungen herausstellt.

Beispiel:
Eine Biologengruppe untersucht das Fortpflanzungsverhalten einer Zellkultur, deren Anzahl an Zellen sich unter bestimmten Umständen, wie Lebensraum, Nahrung oder Temperatur, stündlich verdoppelt. Das Gefäß, in dem die Zellkultur gezüchtet wird, bietet obige Bedingungen, aber nur, wenn weniger als $100\,000\,000$ ($= 10^8$) Zellen vorhanden sind. Bei mehr Zellen wird der Lebensraum zu eng, und die Zellen vermehren sich nicht mehr.
Die Biologen starten die Untersuchung mit 100 Zellen. Wie lange können sie die Zellen untersuchen, bevor die kritische Zellanzahl von 10^8 Zellen überschritten ist?

Zunächst stellt man eine mathematische Gleichung auf, am besten eine Funktionsgleichung, die das Wachstumsverhalten der Zellen beschreibt. Eine Möglichkeit bietet die Funktion: $f(x) = 100 \cdot 2^x$. Die Funktionswerte $f(x)$ sind dann die Anzahl der Zellen nach der Zeit x in Stunden. Die kritische Zellanzahl ist somit der Funktionswert $f(x = x_{gesucht})$ an der Stelle x, so dass folgende Gleichung nach x aufzulösen ist:

$$\overset{:100}{10^8 = 100 \cdot 2^x} \;\Leftrightarrow\; 10^6 = 2^x \;\Leftrightarrow\; \log_2 10^6 = x$$

Jetzt steht man vor dem Problem, $\log_2 10^6$ zu bestimmen. Die meisten Taschenrechner haben zwei Logarithmusfunktionstasten, die des natürlichen Logarithmus $\ln x$ und des dekadischen $\lg x$, aber nicht des Logarithmus zur Basis 2. Deshalb empfiehlt es sich, anders zu rechnen und die Logarithmusfunktion zu äquivalenten Umformungen zu verwenden. Damit das Ergebnis auch mit dem Taschenrechner berechnet werden kann, sollte man entweder die natürliche Logarithmusfunktion oder die dekadische Logarithmusfunktion benutzen.

$$
\begin{aligned}
&& 10^6 &= 2^x && |\text{ logarithmieren} \\
\Leftrightarrow && \ln 10^6 &= \ln 2^x && |\text{ 2. Logarithmengesetz anwenden} \\
\Leftrightarrow && \ln 10^6 &= x \ln 2 && |: \ln 2 \\
\Leftrightarrow && \frac{\ln 10^6}{\ln 2} &= x && |\text{ Taschenrechner} \\
\Leftrightarrow && x &\approx 19{,}932 &&
\end{aligned}
$$

Nach bereits etwa $19{,}932$ Stunden hat sich die Zellanzahl von 100 Zellen auf 10^8 vermehrt.

Zusätzlich zeigt diese Rechnung, wie Logarithmen mit beliebigen Basen in Logarithmen zu einer bestimmten Basis umgerechnet werden können.

$$\log_a b = \frac{\log_c b}{\log_c a} = \frac{\lg b}{\lg a} = \frac{\ln b}{\ln a}$$

Solche Umformungen sind häufig notwendig, da nicht alle Logarithmen mit dem Taschenrechner oder, wie es früher üblich war, mit Hilfe einer Logarithmentafel bestimmt werden können.

Im Kapitel „Exponentialfunktionen" ermittelten Biologen zwei verschiedene Exponentialfunktionen aus gemessenen Daten, um die Wachstumsgeschwindigkeit einer Zellart zu beschreiben. Ein Biologe stellte fest, dass sich die Anzahl der Zellen täglich verdreifachte, und kam zu der Funktion $f(x) = 10 \cdot 3^x$. Sein Kollege untersuchte den Funktionsgraphen und ermittelte die Zeit, in der sich die Anzahl der Zellen verdoppelt, und kam zu der Funktion $f(x) = 10 \cdot 2^{\frac{x}{15{,}2}}$.

In wissenschaftlichen Untersuchungen ist es oft üblich, exponentielle oder logarithmische Zusammenhänge mit der Exponentialfunktion mit Basis e, kurz e-Funktion oder natürlichen Logarithmen anzugeben. Stellt man fest, wie beispielsweise die Biologen, dass sich eine bestimmte Zellanzahl nach einer bestimmten Zeit verdoppelt oder verdreifacht, kann zuerst eine Exponentialfunktion zur Basis 2 oder 3 aufgestellt werden, die man anschließend in eine e-Funktion umrechnet.

Beispiel:

$$f(x) = 3^x$$

$$y = 3^x \qquad | \text{ logarithmieren}$$

$$\Leftrightarrow \ln y = \ln 3^x \qquad | \text{ 2. Logarithmengesetz}$$

$$\Leftrightarrow \ln y = x \cdot \ln 3 \qquad | \text{ potenzieren}$$

$$\Leftrightarrow e^{\ln y} = e^{x \cdot \ln 3} \qquad | (e^{\ln y} = y)$$

$$\Leftrightarrow y = e^{x \cdot \ln 3}$$

$$\Rightarrow f(x) = 3^x \quad \Leftrightarrow \quad f(x) = e^{x \cdot \ln 3}$$

Analog zu diesem Beispiel lassen sich die Werte aller Potenzen a^x, $a \in \mathbb{R}^+$ in Potenzen einer vorgegebenen Basis b^z, $b \in \mathbb{R}^+$ umwandeln:

$$y = a^x \quad \Leftrightarrow \quad \log_b y = x \cdot \log_b a$$

$$\Rightarrow \; y = b^{x \cdot \log_b a}$$

Deshalb gilt allgemein:

$$a x = b^{x \log_b a} \quad \text{mit } a, b \in \mathbb{R}^+ \wedge x \in \mathbb{R}$$

Auch hinter der Zinsrechnung verbergen sich Exponentialfunktionen, und manche Fragestellungen können nur mit Hilfe der Logarithmen beantwortet werden. Legt man ein Kapital K(0) zu einem bestimmten Zinssatz p an, wobei die Zinsen jährlich das Kapital erhöhen, wird das durch folgende Funktion beschrieben:

Zinseszins: $K(x) = K(0) \cdot (1 + p)^x$

Hierbei ist die Variable x die Zeit in Jahren und K(x) das nach x Jahren vorhandene Kapital.
Möchte man für einen konkreten Zinssatz p ausrechnen, nach welcher Zeit das Startkapital K(0) zum Endkapital K(x) angewachsen ist, muss die Zinseszinzgleichung nach x aufgelöst werden. Dazu formt man die Gleichung zunächst so um, dass die Potenz auf einer Seite der Gleichung alleine steht:

$$K(x) = K(0) \cdot (1 + p)^x \qquad | : K(0)$$

$$\Leftrightarrow \frac{K(x)}{K(0)} = (1 + p)^x \qquad | \text{ logarithmieren}$$

$$\Leftrightarrow \ln \frac{K(x)}{K(0)} = \ln (1 + p)^x$$

$$\Leftrightarrow \ln \frac{K(x)}{K(0)} = x \cdot \ln (1 + p)$$

$$\Leftrightarrow \frac{\ln \frac{K(x)}{K(0)}}{\ln (1 + p)} = x$$

Mit dieser Gleichung kann sofort berechnet werden, nach wie vielen Jahren ein Startkapital von beispielsweise 5 000 DM mit 5 % Zinsen die 8 000 DM-Grenze übersteigt.

$$x \leq \frac{\ln \frac{8\,000}{5\,000}}{\ln (1 + 0{,}05)}$$

$$\Leftrightarrow x \leq \frac{\ln \frac{8}{5}}{\ln (1 + 0{,}05)}$$

$$\Leftrightarrow x \leq \frac{\ln \frac{8}{5}}{\ln (1 + 0{,}05)} \approx 9{,}6$$

Bei einer jährlichen Gutschrift der Zinsen hat man nach dem 10. Jahr erstmals über 8 000 DM, und zwar:
5 000 DM $\cdot (1 + 0{,}05)^{10} = 8\,144{,}47$ DM.

Nimmt man andererseits einen Kredit in Höhe von DM 10 000 auf und vereinbart einen Zinssatz von 8 % und eine anfängliche Tilgung von 3 %, so zahlt man jährlich insgesamt 11 % der Kreditsumme an die Bank zurück.
Im ersten Jahr werden 10 000 $\cdot$ 0,08 = 800 (DM) für die Zinszahlung verwendet und 10 000 $\cdot$ 0,03 = 300 (DM) für die Tilgung. In den folgenden Jahren werden zwar weiterhin 1 100 DM an die Bank gezahlt, die zu zahlenden Zinsen fallen aber, und der Tilgungsanteil steigt, und zwar exponential. Dieser exponential steigende Tilgungsanteil soll anhand einer Grafik gezeigt werden.

Der Tilgungsanteil wird in Abhängigkeit der Jahre dargestellt. Daher legt man zunächst folgende Wertetabelle an: (Die Tilgungsraten sind auf volle Einer gerundet.)

f(x) – Tilgungsbetrag
 x – Jahre

f(x)	300	324	349	378	408	441	476	514	555	600	648	699	755	815	881
x	1	2	3	4	5	6	7	8	9	10	11	12	13	14	15

Trägt man nun die Jahre auf der x-Achse ab und den Tilgungsbetrag auf der y-Achse, so erhält man folgenden Graphen, der zeigt, dass der Anstieg nicht linear, sondern exponential ist.

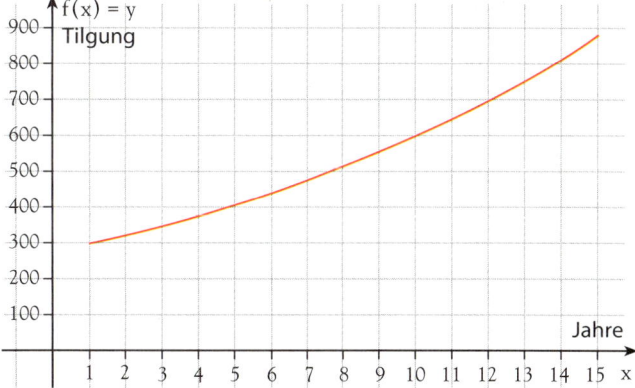

Zum Weiterlesen:

• Zinsrechnung, S. 96
• Potenz- und Wurzelrechnung, S. 110
• Exponentialfunktionen, S. 142

Grundlagen der Wahrscheinlichkeitsrechnung

Viele Menschen würden gerne wissen, was passiert, wenn man eine Münze wirft. Ob sie danach mit dem Wappen oder mit der Zahl nach oben auf dem Boden zu liegen kommt. Diese Frage sollte natürlich auch formal niederzuschreiben sein. Am liebsten wäre es vielen Leuten, wenn man eine Gleichung aufstellen könnte, die einem sagt, welche Seite der Münze oben liegen wird.

Das gleiche Problem ist auch bei vielen anderen Ereignissen aus dem täglichen Leben zu finden. So möchte man beispielsweise wissen, welche Zahl mit einem Würfel gewürfelt wird, welche Zahl beim Roulette fällt, welche Karten man beim Kartenspiel erhält, welche Zahl beim Glücksrad fällt, welches Los gezogen wird usw. Alle diese Spiele werden als **Zufallsexperimente** bezeichnet.

Das Problem dieser Spiele ist, dass das Ergebnis nicht berechnet werden kann. Es kann nicht vorhergesagt werden, welche Seite der Münze oben liegen wird oder welche Zahl gewürfelt wird.

Es kann keine Gleichung angegeben werden, mit der der Ausgang eines Zufallsexperimentes berechnet werden kann.

Auf der anderen Seite versucht man dennoch, diese Zufallsexperimente mathematisch zu beschreiben, um eventuell durch diese Formulierung etwas über den Zufall zu lernen. Da die Mathematik, wie sie bis hierher bekannt ist, also die Algebra und die Geometrie, nicht genügen, um die Zufallsexperimente zu beschreiben, werden viele neue Begriffe eingeführt, mit denen solche Experimente beschrieben werden können. Der daraus entstehende Teil der Mathematik wird als **Wahrscheinlichkeitsrechnung** bezeichnet.

Bei dem Experiment, eine Münze zu werfen, kann also keine Gleichung angegeben werden, die das Ergebnis genau beschreibt. Es ist aber bekannt, dass es nur zwei mögliche Ergebnisse gibt. Entweder liegt das Wappen oder die Zahl oben. Daher wird das Experiment mit einem Diagramm dargestellt, das beide Ergebnisse als Ausgang zulässt. Wird das Ergebnis mit w für Wappen und z für Zahl abgekürzt, so kann der Wurf einer Münze so dargestellt werden.

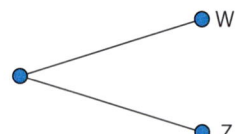

Diese Darstellung wird als der **Ergebnisbaum** bezeichnet. Da mehr als nur ein Ergebnis des Experimentes möglich ist, werden diese zu einer **Ergebnismenge** M zusammengefasst. Für das Zufallsexperiment mit der Münze ist die Ergebnismenge:
M = {w; z}.

Soll das Ergebnis für ein Zufallsexperiment mit einem sechsseitigen Würfel aufgestellt werden, so gilt dann:

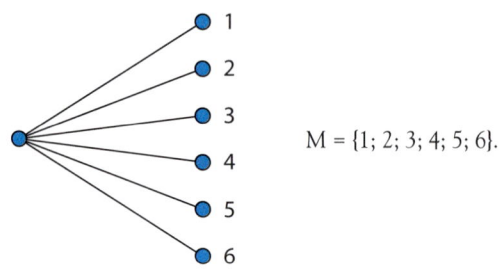

M = {1; 2; 3; 4; 5; 6}.

Ist das Zufallsexperiment mit der Münze durchgeführt worden, ist die Münze also zu Boden gefallen, so ist das Ergebnis des Experiments bekannt. Die Münze liegt mit einer Seite nach oben. Bezeichnet man die Seite der Münze mit dem Buchstaben e, so ist klar, dass sie ein Element der Ergebnismenge sein muss, also entweder w oder z ($e \in M$).

Wie bereits gesagt wurde, kann der Ausgang eines Zufallsexperiments nicht berechnet werden. Um nun herauszufinden, ob einige Ereignisse aus der Ereignismenge häufiger vorkommen als andere, bleibt einem damit nur das Ausprobieren übrig. Soll beispielsweise geklärt werden, ob eine Münze häufiger auf die eine Seite fällt als auf die andere, so kann die Münze 30-mal geworfen werden. Üblicherweise wird das Ergebnis der Versuche des Experimentes in einer Strichliste festgehalten. Jedes Mal, wenn das Wappen oben liegt, wird ein Strich in der Zeile, die mit einem w gekennzeichnet ist, gemacht, sonst in der Zeile mit dem z.

Ergebnis	Striche	absolute Häufigkeit
w	ℍℍ ℍℍ ℍℍ III	18
z	ℍℍ ℍℍ II	12

Dieses Verfahren, ein Zufallsexperiment durch Ausprobieren näher zu untersuchen, wird als **Stichprobe** bezeichnet. Die Anzahl N der Experimente ist der **Umfang der Stichprobe**. Die Anzahl eines Ereignisses wird die **Häufigkeit eines Ereignisses** genannt. Da diese Häufigkeit immer zu einem bestimmten Ereignis e angegeben wird, bezeichnet man sie mit n(e).
Addiert man alle Häufigkeiten einer Stichprobe auf, so ergibt sich die Anzahl der Versuche die durchgeführt wurden. Daher bezeichnet man die Häufigkeit n(e) (n(w) oder n(z)) auch als **absolute Häufigkeit**.

Die Summe aller absoluten Häufigkeiten n(e) ist so groß wie der Umfang N der Stichprobe.

In dem obigen Beispiel ist also der Umfang der Stichprobe N = 30, und die absolute Häufigkeit, dass ein Wappen oben liegt, ist n(w) = 18. Entsprechend ist die absolute Häufigkeit für die Zahl n(z) = 12. Es gilt: N = n(w) + n(z).

Um in der Aussage über die Häufigkeiten unabhängig von dem Umfang der Stichprobe zu sein, dividiert man die Häufigkeiten durch N und erhält damit die relativen Häufigkeiten.

Die relative Häufigkeit h(e) zu einem Ereignis e ergibt sich aus dem Quotienten der absoluten Häufigkeit n(e) und dem Umfang der Stichprobe. $h(e) = \frac{n(e)}{N}$.

Die Summe W aller relativen Häufigkeiten errechnet sich zu:

$W = h(e_1) + h(e_2) + h(e_3) + h(e_4) + \ldots$

$\quad = \frac{n(e_1)}{N} + \frac{n(e_2)}{N} + \frac{n(e_3)}{N} + \frac{n(e_4)}{N} + \ldots$

$\quad = \frac{1}{N} \cdot (n(e_1) + n(e_2) + n(e_3) + n(e_4) + \ldots)$

$\quad = \frac{1}{N} \cdot (N)$

$\quad = 1$

Die Summe aller relativen Häufigkeiten beträgt immer 1 und ist damit unabhängig von dem Umfang der Stichprobe. Damit ist jede relative Häufigkeit selbst kleiner oder gleich 1 ($0 \leq h(e) \leq 1$). Sie wird daher häufig in Prozent angegeben. In dem Beispiel war $n(w) = 18$ und $N = 30$. Damit ist $h(w) = \frac{18}{30} = 0,6 = \frac{60}{100} = 60\,\%$.

Da die relative Häufigkeit durch N dividiert wird, ist klar, dass eine Stichprobe umso genauer wird, je größer der Umfang N der Stichprobe ist. Das ist zu sehen an einer Tabelle, in der die einzelnen Ereignisse festgehalten werden. In der folgenden Tabelle ist eine Versuchsreihe aufgetragen, bei der 15-mal eine Münze geworfen wurde. In der oberen Zeile wird die Zahl N der Versuche angegeben. Darunter ist das Ergebnis festgehalten (w für Wappen und z für Zahl). Die Häufigkeit $n(z)$ gibt an, wie oft die Zahl bis hierher oben lag. In der untersten Zeile wird die relative Häufigkeit zu dem jeweiligen Zeitpunkt angegeben, also in der ersten Spalte bedeutet $h(z) = \frac{n(z)}{1}$, in der zweiten Spalte $h(z) = \frac{n(z)}{2}$, in der dritten Spalte $h(z) = \frac{n(z)}{3}$, usw.

N	1	2	3	4	5	6	7	8	9	10	11	12	13	14	15
e	z	w	w	z	w	w	w	z	z	w	w	z	z	w	z
n(z)	1	1	1	2	2	2	2	3	4	4	4	5	6	6	7
h(z)	1	0,5	0,33	0,5	0,4	0,33	0,29	0,38	0,44	0,4	0,36	0,42	0,46	0,43	0,47

In einer solchen Tabelle schwanken die Werte für die relative Häufigkeit zu Beginn, also bei kleinem N recht stark. Steigt die Zahl der Versuche hingegen an, so nähert sich die relative Häufigkeit immer mehr einem festen Wert an. Würde man den Versuch noch beliebig oft durchführen, so kann $h(z)$ beliebig nahe an diesen festen Wert angenähert werden.

Das Gesetz der großen Zahlen:
In einigen Zufallsexperimenten nähern sich die relativen Häufigkeiten $n(e)$ bei einem großen Umfang N der Stichprobe einem festen Wert an.
Dieser feste Wert wird die Wahrscheinlichkeit P des Ereignisses e genannt ($P(e)$). Die Summe aller absoluten Häufigkeiten $n(e)$ ist so groß wie der Umfang N der Stichprobe.

Die Wahrscheinlichkeit $P(z)$ kann also durch die Stichprobe ermittelt werden. Würde man die Tabelle beliebig fortsetzen, könnte man ablesen: $P(z) = 0,5 = 50\,\%$.

Diesen Wert hätte man auch vorhersagen können. Da die beiden Seiten der Münze sich nur durch die Prägung unterscheiden (Wappen oder Zahl), kann erwartet werden, dass beide Seiten mit der gleichen Wahrscheinlichkeit oben liegen. Also: $P(z) = P(w)$. Die Summe der beiden Wahrscheinlichkeiten beträgt 1, und damit gilt:

$\quad P(z) + P(w) = 1 \qquad\qquad | \text{ da } P(z) = P(w)$

$\Rightarrow \quad P(z) + P(z) = 1$

$\Rightarrow \qquad 2 \cdot P(z) = 1$

$\Rightarrow \qquad\quad P(z) = \frac{1}{2} = 0,5 = 50\,\%$

$\Rightarrow \qquad\quad P(w) = 50\,\%$

Für ein allgemeines Zufallsexperiment kann auf diese Weise berechnet werden:

Hat ein Zufallsexperiment k mögliche Ereignisse $e_1, e_2, e_3 \ldots$ und sind diese alle gleich wahrscheinlich, so gilt:
$P(e_1) = P(e_2) = P(e_3) = \ldots = P(e_k) = \frac{1}{k}$

Wird die Münze zweimal hintereinander geworfen, so ergeben sich bereits mehrere Möglichkeiten für den Ausgang des Experimentes. Dabei wird als Ergebnismenge die Seite nach dem ersten Wurf und die Seite nach dem zweiten Wurf zu einem Paar zusammengefasst. Damit ergibt sich die Ergebnismenge:

$M = \{(z, z); (z, w); (w, w); (w, z)\}$

Da die Münze nacheinander geworfen wird, wird das Zufallsexperiment als zweistufiges Experiment bezeichnet.

Alle Experimente mit mehreren Stufen werden als mehrstufige Experimente bezeichnet.

Liegt ein mehrstufiges Experiment vor, so errechnet sich die Wahrscheinlichkeit für ein Ereignis aus dem Produkt der Wahrscheinlichkeiten in den einzelnen Stufen. Sollen beispielsweise zwei Münzen geworfen werden, so ergibt sich der Baum mit den Pfaden:

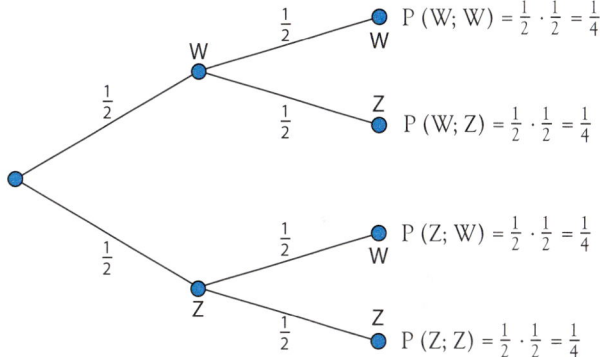

In diesem Baum sind zu jeder Stufe die Wahrscheinlichkeiten, zu dem nächsten Punkt zu kommen, mit eingetragen. Soll die Wahrscheinlichkeit berechnet werden, mit der ersten Münze ein Wappen und mit der zweiten Münze eine Zahl zu werfen, so müssen die Wahrscheinlichkeiten des Pfades vom Anfang bis zu dem Punkt (w,z) multipliziert werden. So ergibt sich die Wahrscheinlichkeit:
$P(w,z) = 0,5 \cdot 0,5 = 0,25 = 25\,\%$.
Dieser Weg, die Wahrscheinlichkeit zu berechnen, wird bezeichnet als

Die Pfadregel.
Die Wahrscheinlichkeit, für ein Ereignis am rechten Rand des Ereignisbaumes, ist gleich dem Produkt der Einzelwahrscheinlichkeiten entlang des Pfades von links bis zu dem Ereignis.

 ### Zum Weiterlesen:

• Statistik, S. 152
• Kombinatorik, S. 154
• Verschiedene Zufallsexperimente, S. 160

Statistik

Die Statistik (auf Griechisch: **Stochastik**) ist eine mathematische Methode, Daten daraufhin zu untersuchen, ob sie zufällig verteilt sind oder nicht. Diese Methode ist insbesondere in den vergangenen Jahren immer häufiger benutzt worden, um die verschiedensten Eigenschaften und Gewohnheiten der Menschen und ihrer Umgebung beschreiben zu können. So wird zum Beispiel untersucht, welches Fernsehprogramm die meisten Leute eines Landes am häufigsten sehen, wie alt Männer und Frauen im Durchschnitt werden, welche Partei sie wählen, wie viel Geld pro Kopf verdient wird, wie viel Kaffee getrunken wird usw.

Der erste und auch wichtigste statistische Wert ist der **Mittelwert**. Mit dem Begriff „Mittelwert" können drei verschiedene Werte gemeint sein:
1. das arithmetische Mittel $\bar{x}$
2. der Modus x_d
3. der Median x
Der wichtigste Mittelwert ist das arithmetische Mittel, dieser Mittelwert gibt den Durchschnittswert aller Ergebnisse an.

In einem Merkmalsraum gibt es immer einen größten Wert e_{max} und einen kleinsten Wert e_{min}. Der Abstand dieser beiden Werte wird als die **Spannweite** w des Merkmalsraumes bezeichnet.

$$w = e_{max} - e_{min}.$$

Da es sich hier nicht mehr um Zufallsexperimente handelt, wird eine Auswahl der Werte nicht mehr als Stichprobe, sondern als **Merkmalsraum** bezeichnet. Ein Element des Merkmalsraumes wird als **Merkmal** bezeichnet. Der Mittelwert berechnet sich aus dem arithmetischen Mittel aller Merkmale.

> Beträgt der Umfang des Merkmalsraumes N und sind die Merkmale mit e_1, e_2, e_3 usw. bezeichnet, so errechnet sich das arithmetische Mittel zu:
> $$\bar{x} = \frac{e_1 + e_2 + e_3 + \ldots + e_n}{N}$$

Auf diese Weise lässt sich bestimmen, wie groß die Schüler einer Klasse im Durchschnitt sind. Angenommen, es sind 15 Schüler in der Klasse, und sie haben jeweils folgende Größe:

Schüler	1	2	3	4	5	6	7	8	9	10	11	12	13	14	15
Größe in m	1,68	1,54	1,71	1,69	1,52	1,62	1,78	1,72	1,67	1,63	1,59	1,64	1,57	1,73	1,77

Hier hat der Merkmalsraum also die Größe N=15, und die Größen der Schüler sind die Merkmale. Die durchschnittliche Größe berechnet sich dann zu:

$$\bar{x} = \frac{1}{15} \cdot (1,68 \text{ m} + 1,54 \text{ m} + 1,71 \text{ m} + 1,69 \text{ m} \ldots)$$
$$= \frac{1}{15} \cdot (24,86 \text{ m})$$
$$= 1,66 \text{ m}$$

Damit ergibt sich die durchschnittliche Größe der Schüler zu 1,66 m.

Etwas schwieriger ist es, wenn nicht das arithmetische Mittel von Zahlen berechnet werden soll, sondern Aussagen oder Beschreibungen von Dingen oder Personen. So kann beispielsweise den Gästen eines Restaurants die Frage gestellt werden, wie gut ihnen das Essen geschmeckt hat. Dürfen die ersten 100 Gäste ihre Meinung in einer Liste mit den folgenden Punkten ankreuzen, so ergibt sich ein Merkmalsraum der Meinungen der Gäste.

Meinung	Strichliste	In Zahlen
„schlecht"	||	2
„nicht so gut"	卌 |	6
„es geht so"	卌 卌 |	11
„in Ordnung"	卌 卌 卌 |||	18
„gut"	卌 卌 卌 卌 卌 卌 卌 卌 卌 ||	47
„sehr gut"	卌 卌 卌 |	16

In diesem Fall sind die Merkmale also die Meinungen der Gäste. Mit diesen Merkmalen ist es natürlich schwierig, einen Mittelwert zu bilden, da Aussagen nicht einfach addiert werden können. Solche Merkmale werden als **qualitative Merkmale** bezeichnet. Liegen die Merkmale als Zahlen vor, so heißen sie **quantitative Merkmale**.
Das Problem kann hier gelöst werden, wenn man die Merkmale durchnummeriert, also „schlecht" = 1, „nicht so gut" = 2, „es geht so" = 3, usw. Auf diese Weise ist auch hier ein Mittelwert möglich. Es muss noch beachtet werden, dass die Meinung „schlecht" 2-mal vorkommt, die Meinung „nicht so gut" 6-mal, usw.

$$\bar{x} = \frac{1}{100} \cdot (2 \cdot 1 + 6 \cdot 2 + 11 \cdot 3 + 18 \cdot 4 + 47 \cdot 5 + 16 \cdot 6)$$
$$= \frac{1}{100} \cdot (450) = 4,5$$

Der Durchschnitt aller Meinungen der Gäste ist 4,5, das entspricht den Meinungen „in Ordnung" und „gut".

Eine weitere wichtige Größe in der Statistik ist die **mittlere Abweichung** der Werte von dem arithmetischen Mittel. Ist der Mittelwert $\bar{x}$ bekannt, so kann durch Vergleichen der einzelnen Merkmale mit $\bar{x}$ herausgefunden werden, dass es einen Wert gibt, der am stärksten nach unten hin abweicht, und einen zweiten, der am stärksten nach oben hin abweicht. Alle anderen Werte liegen dazwischen.
Werden in dem ersten Beispiel, in dem die durchschnittliche Größe der Schüler ermittelt wurde, die Merkmale in ein Diagramm gezeichnet, so sind der größte und der kleinste Schüler schnell zu finden.

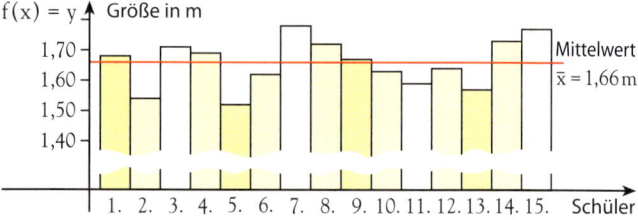

In diesem Bild ist die mittlere Größe aller Schüler als rote Linie eingetragen. Wie man sehen kann, ist kein Schüler so groß wie der Durchschnitt aller Schüler. Außerdem liegt der Durchschnitt auch nicht genau in der Mitte zwischen dem größten und dem kleinsten Schüler. Jeder Schüler weicht von dem Durchschnitt mehr oder weniger ab. Man sagt, dass die Werte um den Mittelwert herum **streuen**.

> Es kann nun zu jedem Merkmal e_i der Abstand a_i zu dem Mittelwert $\bar{x}$ berechnet werden: $a_i = |e_i - \bar{x}|$.
> Die mittlere Abweichung ist bestimmt durch den Mittelwert der Abweichungen a_i.
> $$a = \frac{(a_1 + a_2 + a_3 + \ldots a_N)}{N}$$

Man kann sowohl durch Messen als auch durch aufwendigere Rechnungen herausfinden, wie groß der Prozentsatz der Merkmale ist, der innerhalb des Streifens der mittleren Abweichung um den Mittelwert x herum liegt. Für die Statistik der Schülergröße ist die mittlere Abweichung zu dem arithmetischen Mittel nach oben und nach unten durch eine grüne Gerade dargestellt.

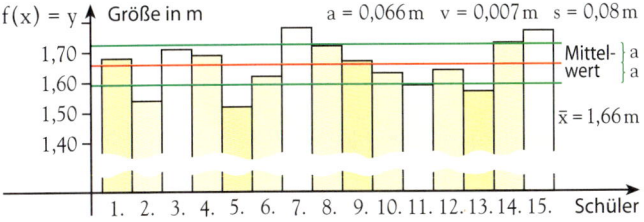

Um den Mittelwert $\bar{x}$ liegen innerhalb der
– einfachen mittleren Abweichung etwa 57,5 %
– zweifachen mittleren Abweichung etwa 86,5 %
– dreifachen mittleren Abweichung etwa 98,5 %
aller Merkmale.
Die mittlere Abweichung ist damit ein Maß für die Streuung der Merkmale um den Mittelwert $\bar{x}$.

Häufig wird bei solchen Darstellungen die Reihenfolge der Schüler **umsortiert**, so als ob sie sich der Größe nach aufgestellt hätten. Da die Schüler nur durchnummeriert waren, erhält auch jetzt jeder der Reihe nach eine neue Nummer und es ergibt sich das Diagramm:

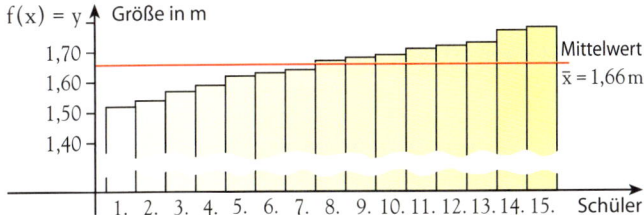

Dieses Umsortieren erfolgt nur, um die Darstellung etwas übersichtlicher zu gestalten.

Die Merkmale, wie sie zum Beispiel bei der Meinungsäußerung der Gäste vorliegen, werden meistens in einem anderen Diagramm dargestellt. In diesem Diagramm wird auf der x-Achse das Merkmal aufgetragen (in diesem Fall die Meinung der Gäste) und auf der y-Achse die Anzahl der Striche zu diesem Merkmal.

Liegen viele Daten vor und ist die Unterteilung des Diagramms sehr klein, so kann an das Diagramm eine Kurve angelegt werden. Angenommen, ein Schüler will wissen, wie weit er beim Kugelstoßen im Mittel kommt. Wenn er über das Jahr verteilt insgesamt mehrere hundert mal versucht, die Kugel so weit wie möglich zu stoßen, und er die Weite auf 10 cm genau misst, so hat er sehr viele Werte (Merkmale), um einen Mittelwert zu bestimmen. Trägt man die Werte in ein Diagramm ein, so findet er folgende Darstellung.

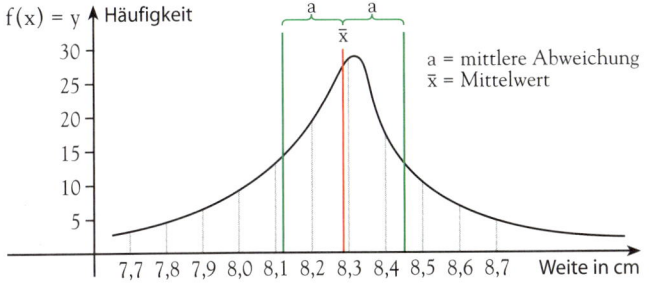

Die Kurve, die an diese Daten angelegt werden kann, hat einen glockenförmigen Verlauf. Diese Kurvenform tritt immer bei Merkmalen auf, die zufällig um einen festen Mittelwert herum streuen, und sie hat daher einen eigenen Namen.

Sie wird als die **Gaußkurve** bezeichnet, nach dem deutschen Mathematiker Carl Friedrich Gauß (1777–1855), der die mathematischen Zusammenhänge zwischen den statistischen Daten und diesem Kurvenverlauf erarbeitet hat.

Die Kurve und C. F. Gauß sind auf dem 10-DM-Schein abgebildet. In dem oberen Bild ist außerdem der Mittelwert $\bar{x}$ (rot) und die mittlere Abweichung (grün) für die Stoßweite eingetragen, die sich nach der Methode, die am Anfang beschrieben wurde, berechnen lassen. Im Durchschnitt erreicht der Schüler also eine Stoßweite von 8,28 m.

Eine letzte Größe, welche hier beschrieben werden soll, ist die **Standardabweichung s**. Sie ist definiert als die mittlere quadratische Abweichung. Es werden also die Abstände jedes Merkmals zu dem Mittelwert $\bar{x}$ quadriert und aus diesen ein Mittelwert gebildet. Daraus ergibt sich zunächst die **Varianz** $v = s^2$. Die Standardabweichung s ergibt sich dann aus der Wurzel von v.

Die Varianz v ist definiert als der Mittelwert der Abweichungen zum Quadrat s_i:
$$s^2 = v = \frac{a_1^2 + a_2^2 + a_3^2 + \ldots a_N^2}{N}; \text{ mit } a_i = |e_i - \bar{x}|$$
Die Standardabweichung ergibt sich aus der Varianz zu:
$$s = \sqrt{v} = \sqrt{\frac{(a_1^2 + a_2^2 + a_3^2 + \ldots a_N^2)}{N}}$$

Der Unterschied zu der mittleren Abweichung besteht darin, dass durch die Bildung des Quadrates der einzelnen Abweichungen diejenigen Werte stärker berücksichtigt werden, die mehr von dem Mittelwert abweichen. Ist die Abweichung doppelt so groß, so geht dieser Wert mit der $2^2 = 4$fachen Stärke ein. Ist die Abweichung dreimal so groß, so ist die Verstärkung $3^2 = 9$fach. Durch diese Bildung des Mittelwertes erreicht man, dass $\frac{2}{3}$ aller Merkmale in den Grenzen liegen, die durch die Standardabweichung gegeben sind.

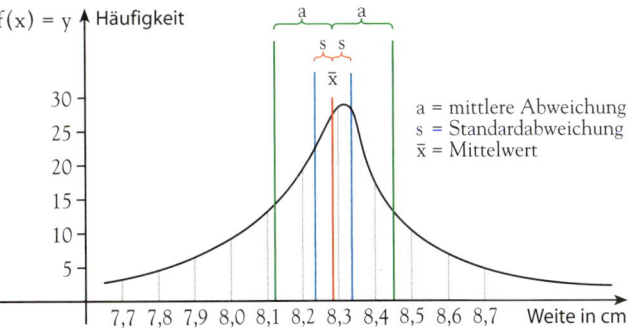

Zum Weiterlesen:

• Grundlagen der Wahrscheinlichkeitsrechnung, S. 150
• Kombinatorik, S. 154
• Verschiedene Zufallsexperimente, S. 160

Kombinatorik

Dieser mathematische Zweig der Wahrscheinlichkeitsrechnung beschäftigt sich damit zu bestimmen, wie viele Kombinationsmöglichkeiten es zu einem Experiment bei einer gegebenen Ereignismenge M gibt. Sollen in einem Versuch zwei Münzen geworfen werden, so gibt es offenbar die vier Möglichkeiten (w; w), (w; z), (z; w), (z; z), wie das Ergebnis ausfallen kann. Da es vier Kombinationsmöglichkeiten gibt, beträgt die Wahrscheinlichkeit für eine Möglichkeit $\frac{1}{2}$.

Schwieriger ist es bereits, wenn drei Münzen geworfen werden sollen. Aber auch dann ist es noch recht einfach zu bestimmen, wie viel Kombinationsmöglichkeiten es gibt. Dazu kann die Anordnung der einzelnen Münzen wie ein dreistufiges Experiment behandelt werden. In der ersten Stufe gibt es zwei Möglichkeiten für die erste Münze, in der zweiten Stufe je zwei Möglichkeiten für die zweite Münze und in der dritten Stufe je zwei Möglichkeiten für die dritte Münze.

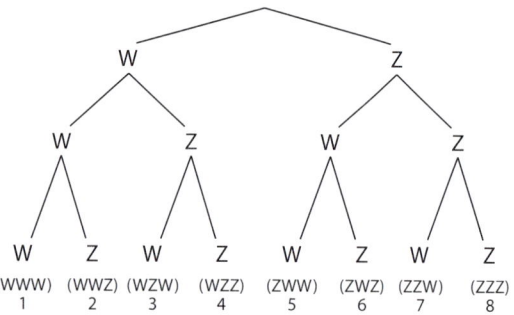

Die Gesamtzahl der Möglichkeiten erhält man durch einfaches Abzählen der untersten Zweige des entstandenen Baumes. In diesem Fall erhält man 8 Kombinationen der Münzen. Das ist auch noch eine praktikable Methode für ein Experiment mit vier oder fünf Münzen, doch spätestens danach wird es mühsam, solch einen Baum aufzuzeichnen. Eine Rechenvorschrift ergibt sich, wenn man sich das Vorgehen beim Erstellen des Baumes vergegenwärtigt. Dort wird für jede benutzte Münze eine Stufe zu dem Baum hinzugefügt. Jeder Punkt einer Stufe hat so viele Zweige, wie es Möglichkeiten gibt für die einzelne Münze. Bezeichnet man die Anzahl der Münzen mit k und bedenkt man, dass jede Münze nur zwei Seiten hat, so berechnet sich die Gesamtzahl der Möglichkeiten g zu:

$$g = \underbrace{2 \cdot 2 \cdot 2 \cdot 2 \cdot \ldots \cdot 2}_{k\text{-mal}} = 2^k$$

Hierbei handelt es sich um eine Kombination mit Zurücklegen, bei der die Reihenfolge, in der Wappen und Zahl auftreten, relevant ist.

Angenommen, es wird der Versuch nicht mit Münzen, sondern mit k sechsseitigen Würfeln durchgeführt, so ergeben sich in jeder Stufe 6 Möglichkeiten für den einzelnen Würfel. Damit beträgt die Gesamtzahl der Möglichkeiten

$$g = 6 \cdot 6 \cdot 6 \cdot \ldots \cdot 6 = 6^k.$$

Haben die k Würfel alle eine andere Anzahl an Flächen (platonische Körper können auch als Würfel mit 4, 6, 8, 12 und 20 Seiten betrachtet werden) und ist die Anzahl der Möglichkeiten für den i-ten Würfel n_i, so ergibt sich als Gesamtzahl der Möglichkeiten:

$$g = n_1 \cdot n_2 \cdot n_3 \cdot \ldots \cdot n_k.$$

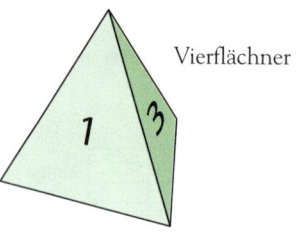

Vierflächner

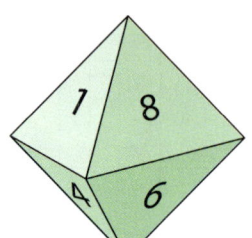

Achtflächner

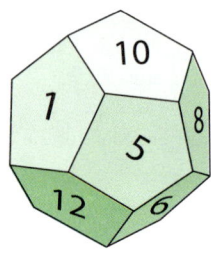

Zwölfflächner

Wie weiter unten noch gezeigt werden wird, ist es sehr wichtig, dass die Würfel sortiert sind. Es gibt also einen ersten, zweiten, dritten … Würfel, deren Ereignis auf den ersten, zweiten, dritten … usw. Platz aufgeschrieben werden kann. Aus diesem Grund spricht man von einer **geordneten Stichprobe**.

> **Die Produktregel der Kombinatorik.**
> Liegen k verschiedene und voneinander unabhängige Elemente für das Ergebnis einer geordneten Stichprobe vor, so berechnet sich die Gesamtzahl g der möglichen Ergebnisse des Zufallsexperiments zu:
> $$g = n_1 \cdot n_2 \cdot n_3 \cdot \ldots \cdot n_k.$$
> Dabei ist n_i die Anzahl der Möglichkeiten des i-ten Elements.

Damit kann jetzt berechnet werden, wie viel Möglichkeiten es gibt für ein Wort mit vier Buchstaben. Es sollen vier Buchstaben, also k = 4 Elemente zusammengebracht werden. Da das Alphabet aus 26 Buchstaben besteht, gibt es für jedes Element $n_1 = n_2 = n_3 = n_4 = 26$ Möglichkeiten. Somit ergeben sich insgesamt $26 \cdot 26 \cdot 26 \cdot 26 = 26^4 = 456\,976$ Möglichkeiten.

A A A A	A A B A	Z Z Z A
A A A B	A A B B	Z Z Z B
⋮	⋮	⋮
A A A Z	A A Z A . . .	Z Z Z Z

In der Kombinatorik werden Sachverhalte häufig mit dem **Urnenmodell** beschrieben. Die Idee dabei ist, dass viele Probleme, die mit der Kombinatorik zu tun haben, umgesetzt werden können in eine Darstellung, die auf einer Urne basiert. Die wichtigste Unterscheidung bei dem Urnenmodell ist die, ob eine Kugel wieder in die Urne zurückgelegt wird oder nicht. Das wird kurz benannt mit „Urnenmodell mit Zurücklegen" und „Urnenmodell ohne Zurücklegen". So kann beispielsweise das vorige Problem der Kombination von 4 Buchstaben so beschrieben werden: In einer Urne befinden sich 26 Kugeln, die jeweils von 1 bis 26 beschriftet sind. Eine Stichprobe besteht darin, viermal hintereinander eine Kugel aus der Urne zu nehmen, die Ziffer zu notieren und die Kugel wieder zurückzulegen.

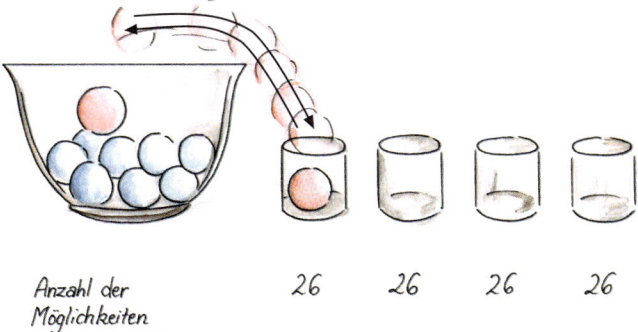

Anzahl der
Möglichkeiten   26   26   26   26

Für das Ziehen einer Kugel gibt es 26 Möglichkeiten, so viel wie Kugeln in der Urne sind. Es soll viermal mit Zurücklegen gezogen werden, also sind die Möglichkeiten für jede Ziffer 26, und damit gibt es für die vier Ziffern zusammen $26 \cdot 26 \cdot 26 \cdot 26 = 26^4$ Möglichkeiten. Bei diesem Urnenmodell gilt also auch die Produktregel.

> Wird aus einer Urne mit n Kugeln eine geordnete Stichprobe vom Umfang k entnommen, so ergeben sich $g = n^k$ Möglichkeiten, sofern die Kugeln **immer** wieder zurückgelegt werden.

Werden die Kugeln nicht wieder zurückgelegt, so ergibt sich eine etwas andere Situation. Angenommen, es liegen wieder 26 Kugeln in der Urne und es sollen 26 Kugeln gezogen und der Reihe nach auf 26 Positionen gelegt werden. Dann gibt es für die erste Position wiederum 26 Möglichkeiten. Da diese Kugel nicht zurückgelegt wird, befinden sich in der Urne nur noch 25 Kugeln, und für die 2. Position gibt es damit nur noch 25 Möglichkeiten, sie zu besetzen. Entsprechend für die 3. Position 24 Möglichkeiten, für die 4. Position 23 Möglichkeiten usw. Für die letzte Position gibt es schließlich nur noch 1 Möglichkeit.

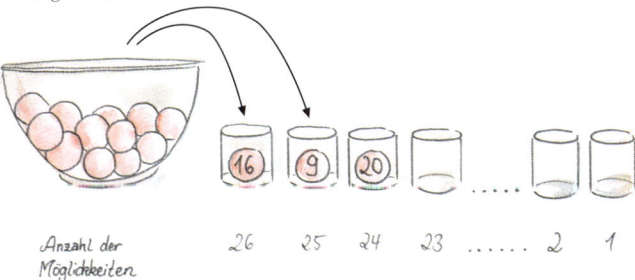

Anzahl der
Möglichkeiten   26   25   24   23   2   1

Die Anzahl der Gesamtmöglichkeiten ergibt sich damit zu:

$g = 26 \cdot 25 \cdot 24 \cdot \ldots \cdot 3 \cdot 2 \cdot 1$

Für solch ein Produkt gibt es in der Mathematik eine besondere Schreibweise, die Fakultät.

> **Definition der Fakultät:**
> Für alle natürlichen Zahlen $n \in \mathbb{N}$ $(n > 1)$ gilt:
>
> $n! = 1 \cdot 2 \cdot 3 \cdot \ldots \cdot (n-2) \cdot (n-1) \cdot n$
>
> Weiterhin gilt: $0! = 1$ und $1! = 1$.
> n! wird gelesen als „n Fakultät".

Damit lässt sich in der obigen Gleichung die Gesamtzahl der Möglichkeiten schreiben als:
$g = 26!$

Da es langwierig ist, diese Gleichung in den Taschenrechner einzutippen, gibt es dort eine Funktion „x!" (sprich x Fakultät).

Möchte man nun die obige Gleichung $g = 26 \cdot 25 \cdot 24 \cdot \ldots \cdot 2 \cdot 1$ berechnen, tippt man nur noch die Zahl 26 und die Funktion „x!" ein und erhält das Ergebnis. In diesem Fall ist es aber sinnvoller, 26! stehen zu lassen, da man mit dem Ergebnis $4{,}03291 \cdot 10^{26}$ wenig anfangen kann.

Das Beispiel kann verallgemeinert werden zu der Aussage:

> Wird aus einer Urne mit n Kugeln eine geordnete Stichprobe vom Umfang n entnommen, so ergeben sich $g = n!$ Möglichkeiten, sofern die Kugeln **nicht** wieder zurückgelegt werden.

In dem letzten Beispiel sollten 26 verschiedene Kugeln auf 26 verschiedene Plätze verteilt werden. Dabei wurde gezeigt, dass es 26! verschiedene Möglichkeiten dazu gibt. Untersucht man diese unterschiedlichen Möglichkeiten, so kann gezeigt werden, dass alle diese Positionierungen erreicht werden können, wenn immer zwei verschiedene Kugeln vertauscht werden. Das Vertauschen von den Kugeln wird als Permutieren bezeichnet. Es gilt:

Die maximale Anzahl verschiedener Permutationen von n Kugeln beträgt n!.

Die hier angestellten Überlegungen im Rahmen der Kombinatorik können auch im täglichen Leben auftreten. So kann man sich überlegen, auf wie viel verschiedene Weisen bei einem Wettrennen von 9 Läufern diese auf 9 Bahnen verteilt werden können. Auch hier ist nach der maximalen Anzahl der Permutationen der 9 Läufer gefragt, die sich berechnete zu $9! = 362\,880$.
Eine andere Frage ist beispielsweise, auf wie viel verschiedene Möglichkeiten sich 24 Schüler nebeneinander setzen können. Auch hier ist die maximale Anzahl der Permutationen gesucht, die sich zu 24! berechnet. Das Ergebnis ist angenähert eine 6 mit 23 Nullen ($600\,000\,000\,000\,000\,000\,000\,000$ das sind 600 Trilliarden), also eine sehr große Zahl.

Aus diesen Beispielen ist ersichtlich, dass die Berechnung der Fakultät schnell zu sehr großen Zahlen führt. Wenn solche Zahlen mit dem Taschenrechner behandelt werden, muss man sehr vorsichtig sein. Viele Taschenrechner können mit solchen großen Zahlen nicht mehr ordnungsgemäß umgehen, so dass sich dann Rechenfehler einschleichen. Die Taste zur Fakultätsberechnung ist mit x! beschriftet.

Soll eine Stichprobe vom Umfang k genommen werden $(k < n)$, werden also weniger als n Kugeln gezogen, so berechnet sich die Gesamtmöglichkeit zu:

$$g = \underbrace{\frac{n \cdot (n-1) \cdot (n-2) \cdot \ldots \cdot (n-k+1)}{}}_{k\ \text{Terme}}$$

Das kann auch durch den folgenden Bruch dargestellt werden.

$$g = \frac{n \cdot (n-1) \cdot (n-2) \cdot \ldots \cdot 2 \cdot 1}{(n-k) \cdot (n-k-1) \cdot (n-k-2) \cdot \ldots \cdot 2 \cdot 1}$$

$$= \frac{n \cdot (n-1) \cdot (n-2) \cdot \ldots \cdot (n-k+1) \cdot (n-k) \cdot (n-k-2) \cdot \ldots \cdot 2 \cdot 1}{(n-k) \cdot (n-k-1) \cdot (n-k-2) \cdot \ldots \cdot 2 \cdot 1}$$

Wenn man sich diesen Bruch genau ansieht, erkennt man, dass die Faktoren im Nenner „$(n-k) \cdot (n-k-1) \cdot (n-k-2) \cdot \ldots \cdot 2 \cdot 1$"

auch im Zähler stehen. Kürzt man diesen Bruch durch diese Faktoren, so erhält man folgende äquivalente Gleichung:

$$g = n \cdot (n-1) \cdot (n-2) \cdot \ldots \cdot (n-k+1)$$

Der Bruch wiederum kann geschrieben werden als ein Bruch von Fakultäten.

$$g = \frac{n!}{(n-k)!} = n \cdot (n-1) \cdot (n-2) \cdot \ldots \cdot (n-k+1)$$

Damit gilt:

> Wird aus einer Urne mit n Kugeln eine geordnete Stichprobe vom Umfang k entnommen (k < n), so ergeben sich
>
> $$g = \frac{n!}{(n-k)!}$$
>
> Möglichkeiten, sofern die Kugeln **nicht** wieder zurückgelegt werden.

Bei den vorherigen Experimenten wurde bereits betont, dass es wichtig ist, eine Kugel nach der anderen zu ziehen und sie sortiert auf ihre Plätze zu legen. Auf diese Weise ergeben sich die geordneten Stichproben. Sind die Stichproben hingegen nicht geordnet, so gibt es mehrere Möglichkeiten, wie diese Kugeln angeordnet werden können.

Um bei dem Beispiel von oben zu bleiben, werden aus einer Urne mit 26 Kugeln 3 Kugeln auf einmal, das heißt ohne Zurücklegen gezogen. Die Kugeln haben alle verschiedene Nummern, die mit a, b und c bezeichnet werden sollen. Diese Kugeln können in einer beliebigen Reihenfolge nebeneinander gelegt werden, da es sich um eine **ungeordnete Stichprobe** handeln soll.

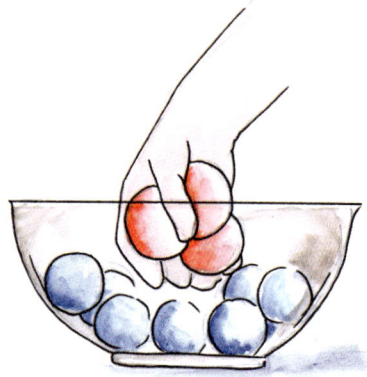

Somit ergeben sich die Möglichkeiten (a, b, c), (a, c, b), (b, a, c), (b, c, a), (c, a, b) und (c, b, a). Das sind 6 Möglichkeiten, die sich bei einer geordneten Stichprobe ergeben hätten. Diese 6 Möglichkeiten entsprechen der Anzahl der Permutationen der drei Kugeln, also 3!. Für eine geordnete Stichprobe mit n = 26 Kugeln, aus der k = 3 Kugeln gezogen werden, gibt es $g^* = \frac{26!}{(26-3)!}$ Möglichkeiten. Da bei der ungeordneten Stichprobe nun 6 Kombinationen der geordneten Stichprobe denkbar sind, ergibt sich die Anzahl der Möglichkeiten für die ungeordnete Stichprobe zu $g = \frac{g^*}{3!} = \frac{26!}{(26-3)! \cdot 3!}$. Wird diese Überlegung übertragen auf den allgemeinen Fall, so entspricht die Zahl 26 der Anzahl n der Kugeln. Von denen werden k Kugeln gezogen. Daraus kann die Anzahl der Möglichkeiten angegeben werden zu $g = \frac{n!}{(n-k)! \cdot k!}$. Dieser mathematische Ausdruck erhält aufgrund seiner Bedeutung eine eigene Schreibweise.

> Der Binomialkoeffizient ist definiert für alle n, k ∈ ℕ mit k ≤ n:
>
> $$\binom{n}{k} = \frac{n!}{(n-k)! \cdot k!}$$

Mit dieser Schreibweise kann das Ergebnis des Urnenexperimentes bei ungeordneten Stichproben einfacher formuliert werden.

> Wird aus einer Urne mit n Kugeln eine ungeordnete Stichprobe vom Umfang k entnommen (k < n), so ergeben sich
>
> $$g = \binom{n}{k} = \frac{n!}{(n-k)! \cdot k!}$$
>
> Möglichkeiten, sofern die Kugeln **nicht** wieder zurückgelegt werden.

Das Experiment, welches jetzt noch fehlt, um die Reihenfolge der Experimente vollständig zu beschreiben, ist die Entnahme einer ungeordneten Stichprobe (Reihenfolge ist nicht relevant, wobei die Kugeln, nachdem sie gezogen wurden, sofort wieder zurückgelegt werden. Jede Kugel kann somit mehrfach in einem Experiment gezogen werden). Um das zu verdeutlichen, stelle man sich eine Urne vor, in der sich vier Kugeln, beschriftet mit den Ziffern 1, 2, 3 und 4 befinden. Aus dieser Urne soll eine Stichprobe von 10 Kugeln gezogen werden. Das ist möglich, da von jeder gezogenen Kugel nur die Ziffer notiert und sie sofort wieder zurückgelegt wird. Dadurch ergeben sich 10 Ziffern von 1 bis 4.

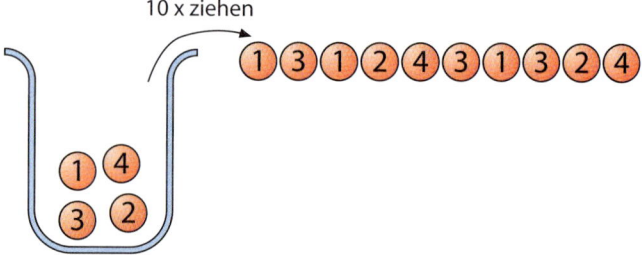

Da die Stichprobe ungeordnet sein soll, kann ihre Reihenfolge nun beliebig durcheinander gebracht werden. In diesem Fall wird sie einfach anders, und zwar den Ziffern nach sortiert. Erst alle 1er nebeneinander, dann alle 2er, dann alle 3er und schließlich alle 4er. Um die Ziffern stärker voneinander zu trennen, wird zwischen jedem Ziffernblock jeweils ein Platz freigelassen. Bei vier verschiedenen Ziffern können damit vier Ziffernblöcke gebildet werden. Diese können mit 3 (= 4 − 1) Leerstellen voneinander getrennt werden. Da genau 10 Kugeln gezogen werden, erhält man 10 Ziffern. Zusammen mit den 3 Leerstellen, benötigt man also 13 Stellen, um ein Ereignis darstellen zu können.

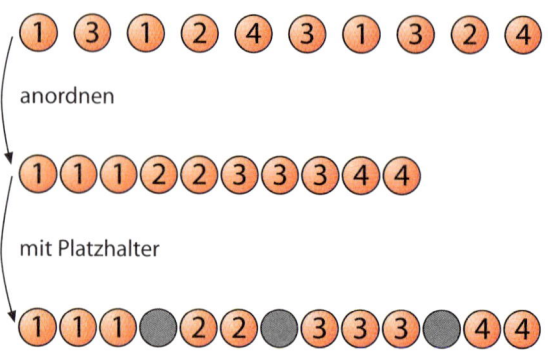

Die Leerstellen sollen immer mit eingetragen werden. Wird beispielsweise keine einzige 1 und keine 2 gezogen, so beginnt das umsortierte Feld mit zwei Leerstellen. Das ist bei den letzten zwei Ereignissen in dem Bild der Fall.

Soll nun die Gesamtzahl der möglichen Ereignisse ermittelt werden, kann folgende Überlegung angestellt werden. Jedes Ereignis unterscheidet sich von einem anderen darin, dass die Positionen der Leerstellen nicht bei beiden übereinstimmen. Würden diese übereinstimmen, so hätten beide Ereignisse jeweils die gleiche Anzahl an Kugeln einer jeden Ziffer. Da es sich um eine ungeordnete Stichprobe handeln soll, wäre es dann ein und dasselbe Ereignis.

Mit diesem Wissen kann jetzt die Anzahl der möglichen Ereignisse berechnet werden. Es braucht dazu lediglich untersucht zu werden, wie viel verschiedene Möglichkeiten es gibt, auf 13 Plätze die 3 Leerstellen zu verteilen. Das ist aber das gleiche Problem wie die Frage, wie viel Möglichkeiten es gibt, ungeordnet k Kugeln aus einer Urne mit n Kugeln ohne Zurücklegen zu ziehen. In diesem Fall ist k = 3 (die Anzahl der Leerstellen) und n = 13 (die Anzahl der Positionen), die Anzahl der Möglichkeiten berechnet sich also zu $g = \binom{13}{3} = 286$.

Der allgemeine Zusammenhang ergibt sich, wenn man die Herleitung des speziellen Falles in den allgemeinen Fall umsetzt. Bezeichnet man die Anzahl der Kugeln mit n und den Umfang der Stichprobe mit k, so benötigt man entsprechend n – 1 Leerstellen, um die Kugeln unterschiedlicher Ziffern voneinander zu trennen. Daraus folgt wiederum, dass k + (n – 1) Positionen benötigt werden, um ein Ereignis darzustellen. Damit ergibt sich insgesamt:

Wird aus einer Urne mit n Kugeln eine ungeordnete Stichprobe vom Umfang k entnommen, so ergeben sich
$$g = \binom{n + k - 1}{n - 1}$$
Möglichkeiten, wenn die Kugeln nach der Entnahme **sofort** wieder zurückgelegt werden.

Diese verschiedenen Verfahren können bei vielen Fragestellungen der Wahrscheinlichkeitsrechnung benutzt werden. Die Kombinatorik ist jedoch auch in anderen Wissensgebieten zu gebrauchen, wie beispielsweise der Mathematik selbst. Ein weit verbreitetes Beispiel dazu ist der binomische Lehrsatz. Bei diesem soll allgemein ein Term der Form $(a + b)^n$ berechnet werden. Einen Term wie $(a + b)^4$ würde man normalerweise ganz normal ausmultiplizieren und dann zusammenfassen. Er kann jedoch auch aufgelöst werden mit Hilfe der Kombinatorik. Dazu wird der Term zur Verdeutlichung so aufgeschrieben:

$$(a + b)^4 = (a + b) \cdot (a + b) \cdot (a + b) \cdot (a + b)$$

Bei der Auflösung dieses Terms werden sicherlich nur Summanden mit den Gliedern a^4, a^3b, a^2b^2, ab^3 und b^4 auftreten, die mit den noch zu bestimmenden Koeffizienten c_i den Term ergeben.

$$(a + b)^4 = c_0 \cdot a^4 + c_1 \cdot a^3b + c_2 \cdot a^2b^2 + c_3 \cdot ab^3 + c_4 \cdot b^4$$

Davon ist weiterhin bekannt, dass die Summanden a^4 und b^4 nur einmal vorkommen ($c_0 = 1$; $c_4 = 1$). Betrachtet man nun einen der anderen Terme, beispielsweise den Term a^3b, so taucht dieser immer dann auf, wenn aus drei Klammern ein a und aus der verbleibenden Klammer ein b entnommen wird. Die Frage ist nun, wie viel Kombinationen es gibt, wenn ein b aus vier Klammern entnommen werden soll. Das entspricht der Entnahme einer Stichprobe vom Umfang eins aus einer Urne mit vier Kugeln, ohne Zurücklegen. Benennt man

diese Anzahl mit c_1, so berechnet sie sich zu: $c_1 = \binom{4}{1}$.
Entsprechend können die anderen Koeffizienten gefunden werden zu: $c_2 = \binom{4}{2}$, $c_3 = \binom{4}{3}$.
Wenn man nun noch nachrechnet, dass gilt: $\binom{n}{0} = 1$ und $\binom{n}{n} = 1$, so kann der Term geschrieben werden als:

$$(a + b)^4 = \binom{4}{0}a^4 + \binom{4}{1}a^3b + \binom{4}{2}a^2b^2 + \binom{4}{3}ab^3 + \binom{4}{4}b^4$$

Wird dieses Vorgehen verallgemeinert für Terme der Form $(a + b)^n$, so ergibt sich:

Der binomische Lehrsatz:
Für alle Zahlen $n \in \mathbb{N}$; $a,b \in \mathbb{R}$ gilt:
$$(a + b)^n = \binom{n}{0}a^n + \binom{n}{1}a^{n-1}b^1 + \binom{n}{2}a^{n-2}b^2 + \binom{n}{3}a^{n-3}b^3 + \ldots +$$
$$\binom{n}{n-2}a^2b^{n-2} + \binom{n}{n-1}a^1b^{n-1} + \binom{n}{n}b^n$$

Schreibt man die Koeffizienten für aufeinander folgende n untereinander auf, so ergibt sich das so genannte **pascalsche Dreieck** (benannt nach dem französischen Naturforscher Blaise Pascal (1623–1662). Die besondere Eigenschaft dieses Dreiecks ist die, dass jeder Koeffizient errechnet werden kann aus der Summe der beiden Koeffizienten, die sich schräg über der zu berechnenden Position befinden. Dieser Zusammenhang ist in dem Bild für zwei Positionen durch die roten Dreiecke angedeutet. Kennt man den Aufbau dieses Dreiecks, so können die binomischen Formeln sehr einfach berechnet werden.

$$
\begin{array}{c}
1 \\
n = 1 \qquad 1 \quad 1 \\
n = 2 \qquad 1 \quad 2 \quad 1 \\
n = 3 \qquad 1 \!-\! 3 \quad 3 \quad 1 \\
n = 4 \qquad 1 \quad 4 \quad 6 \quad 4 \quad 1 \\
n = 5 \qquad 1 \quad 5 \quad 10 \quad 10 \!-\! 5 \quad 1 \\
n = 6 \qquad 1 \quad 6 \quad 15 \quad 20 \quad 15 \quad 6 \quad 1
\end{array}
$$

$n = 1 \Rightarrow (a + b)^1 = a + b$

$n = 2 \Rightarrow (a + b)^2 = a^2 + 2ab + b^2$

$n = 3 \Rightarrow (a + b)^3 = a^3 + 3a^2b + 3ab^2 + b^3$

$n = 4 \Rightarrow (a + b)^4 = a^4 + 4a^3b + 6a^2b^2 + 4ab^3 + b^4$

Zum Weiterlesen:

• Statistik, S. 152
• Die Bernoulli-Experimente, S. 158
• Verschiedene Zufallsexperimente, S. 160

Die Bernoulli–Experimente

Jetzt, da die wichtigsten Begriffe bereitstehen, die im Rahmen der Wahrscheinlichkeitsrechnung von Bedeutung sind, können einige Experimente und Methoden erarbeitet werden, die einem in diesem Bereich der Mathematik häufig begegnen. Das Bernoulli-Experiment, oder auch die Bernoulli-Experimente, gehen zurück auf den Schweizer Mathematiker Jakob Bernoulli (1654-1705), der mit einer der Begründer der Wahrscheinlichkeitsrechnung war.

> Als **Bernoulli-Experimente** werden solche Zufallsexperimente bezeichnet, bei denen sich genau zwei Elemente in der Ereignismenge befinden.

So ein Zufallsexperiment wurde bereits zu Anfang beschrieben, als das Werfen einer Münze behandelt wurde. Hierbei ergab sich als Ereignismenge $M = \{w;z\}$, es gibt also nur die Ereignisse Wappen oder Zahl. Daher kann die Ereignismenge auch allgemein aus einem Ereignis e und einem **Gegenereignis** $\bar{e}$ zusammengesetzt werden. Die Summe der Wahrscheinlichkeiten für die beiden Ereignisse e und $\bar{e}$ muss wieder 1 betragen. Die Wahrscheinlichkeiten für beide Ereignisse müssen, anders als bei dem Münzenexperiment, im allgemeinen nicht gleich groß sein. Bezeichnet man die Wahrscheinlichkeit für das Ereignis e mit $P(e) = p$, so folgt für die Wahrscheinlichkeit für $P(\bar{e})$: $P(\bar{e}) = 1 - P(e) = 1 - p$. Für p gilt dabei: $0 \leq p \leq 1$.
Wird solch ein Experiment nur einmal durchgeführt, so ist dessen Ausgang bereits bekannt, da es bereits in dem Kapitel Grundlagen der Wahrscheinlichkeitsrechnung abgehandelt wurde. Interessanter ist es, wenn mehrmals hintereinander dasselbe Bernoulli-Experiment durchgeführt wird.

> Wird ein Bernoulli-Experiment immer mit denselben Bedingungen n-mal hintereinander durchgeführt, so spricht man von einer **Bernoulli-Kette.**

Ein solches Experiment erhält man, wenn aus einer Urne, in der sich beispielsweise 3 rote und 7 grüne Kugeln befinden, immer eine Kugel gezogen und wieder zurückgelegt wird. Interessiert man sich nur für die Farbe der Kugel, so ergibt sich die Ereignismenge $M = \{rot; grün\}$. Damit liegt also ein Bernoulli-Experiment vor.

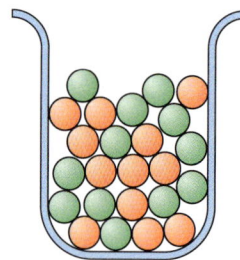

Wird nun viermal hintereinander eine Kugel gezogen (mit Zurücklegen der Kugeln) und schreibt man die Farbe der gezogenen Kugeln der Reihe nach auf, so erhält man eine Bernoulli-Kette. Als Ergebnis liegen dann jeweils vier Kugeln in den Farben Rot und Grün vor. Häufig ist es bei Experimenten wichtig zu wissen, wie groß die Wahrscheinlichkeit für ein Ereignis ist, bei dem ein Merkmal i-mal auftritt. In dem Beispiel könnte es die Frage sein, wie wahrscheinlich es ist, dass bei vier gezogenen Kugeln sich zwei rote darunter befanden. Dazu ordnet man zunächst jedem Ereignis eine **Zufallsgröße** Z zu, die angibt, wie oft die rote Kugel gezogen wurde. Die Farben Rot und Grün werden ab hier mit r und g abgekürzt. Dann stellt sich die Funktion Z so dar:

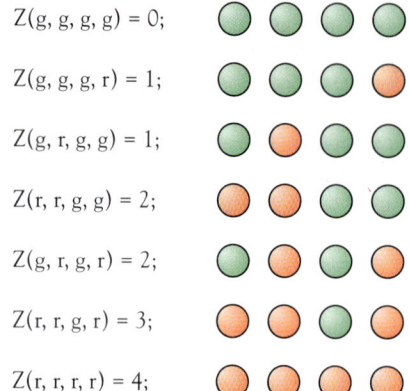

$Z(g, g, g, g) = 0;$

$Z(g, g, g, r) = 1;$

$Z(g, r, g, g) = 1;$

$Z(r, r, g, g) = 2;$

$Z(g, r, g, r) = 2;$

$Z(r, r, g, r) = 3;$

$Z(r, r, r, r) = 4;$

Die Wahrscheinlichkeit, die sich für ein Ereignis mit drei gezogenen roten Kugeln ergibt, beschreibt man dann mit $P(Z = 3)$. Diese setzt sich dann zusammen aus den Wahrscheinlichkeiten:
$P(Z = 3) = P(r, r, r, g) + P(r, r, g, r) + P(r, g, r, r) + P(g, r, r, r)$.

In der Schreibweise kann auch leicht ausgedrückt werden, die Wahrscheinlichkeit anzugeben für mehr als eine rote Kugel in einem Ereignis $P(Z > 1)$. Diese ergibt sich einfach zu:
$P(Z > 1) = P(Z = 2) + P(Z = 3) + P(Z = 4)$.

Auch bei dieser Form der Angabe der Wahrscheinlichkeiten gilt, dass es zu jedem „Ereignis" ein „Gegenereignis" gibt. So ist z.B. das Gegenereignis zu $P(Z > 1)$ die Wahrscheinlichkeit $P(Z \leq 1)$, und es gilt:
$P(Z \leq 1) = 1 - P(Z > 1)$.

Die Wahrscheinlichkeiten können in diesem Fall wieder mit Hilfe der Pfadregel an einem Ereignisbaum abgelesen werden. Bei diesem Baum gehen von jedem Punkt nur zwei Äste aus, obwohl 10 Kugeln in der Urne liegen. Das liegt daran, dass ein Bernoulli-Experiment vorliegt und als Ergebnis einer Ziehung nur die Möglichkeiten rot oder grün möglich sind. Die Tatsache, dass unterschiedlich viele Kugeln von einer Farbe vorhanden sind, schlägt sich in den Wahrscheinlichkeiten für jeden Ast nieder.
Die Wahrscheinlichkeit, eine rote Kugel zu ziehen, ist leicht zu berechnen. Drei von insgesamt 10 Kugeln sind rot, also beträgt die Wahrscheinlichkeit $P(rot) = \frac{3}{10}$. Entsprechend ist die Wahrscheinlichkeit, eine grüne Kugel zu ziehen, $P(grün) = \frac{7}{10}$.
Damit ergibt sich dann der Ereignisbaum:

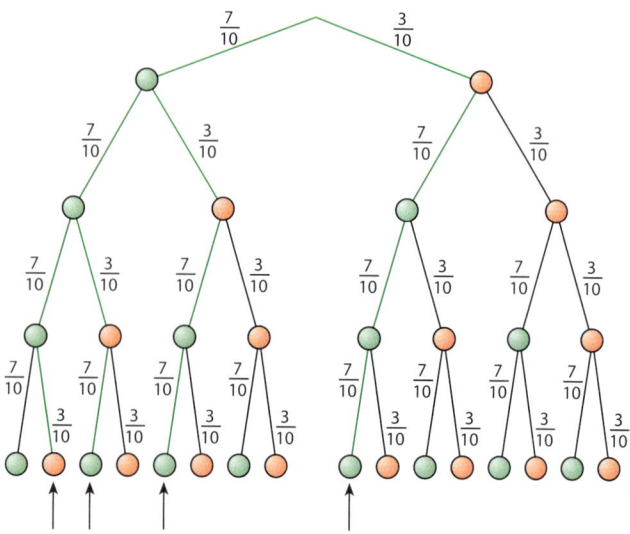

Soll geklärt werden, wie groß die Wahrscheinlichkeit ist, als Gesamtereignis drei grüne und eine rote Kugel zu ziehen, so kann an dem Ereignisbaum für jeden Pfad zu einem solchen Ereignis die Wahrscheinlichkeit berechnet werden, die anschließend addiert werden muss. Als Zufallsgröße Z sind also die Ereignisse gesucht, die eine rote Kugel enthalten, und die Wahrscheinlichkeit $P(Z = 1)$ errechnet sich aus der Summe aller Pfade mit Z = 1. In dem Ereignisbaum sind die Pfade, die ein Ereignis mit genau einer roten Kugel zum Ziel haben, grün markiert.

Berechnet man die zu einem Pfad gehörende Wahrscheinlichkeit, so fällt auf, dass in jedem der Pfade dreimal die Wahrscheinlichkeit P(grün) und nur einmal die Wahrscheinlichkeit P(rot) auftritt. Die Wahrscheinlichkeit Q am Ende eines Pfades ergibt sich damit zu: $Q = P(grün) \cdot P(grün) \cdot P(grün) \cdot P(rot) = P(grün)^3 \cdot P(rot)^1$. Wie später noch zu sehen sein wird, ist es sinnvoll, die Anzahl der roten Kugeln mit aufzuschreiben durch die Potenz $P(rot)^1$.

Da P(rot) und P(grün) Gegenereignisse sind, gilt:
$P(rot) = 1 - P(grün)$.
Dann errechnet sich die Wahrscheinlichkeit am Ende des Pfades, wenn P(rot) abgekürzt wird mit p, zu:

$$Q = P(grün)^3 \cdot P(rot)^1 = (1 - P(rot))^3 \cdot P(rot)^1 = (1 - p)^3 \cdot p^1$$

p ist dabei die Wahrscheinlichkeit dafür, bei einem Zug eine rote Kugel zu ziehen.

Jetzt müssen noch die Wahrscheinlichkeiten für jeden dieser Pfade addiert werden. Wie schon gesagt, sind die Wahrscheinlichkeiten für alle diese Pfade gleich groß, und daher braucht man nur zu ermitteln, wie viele Pfade es mit diesem Ausgang gibt. Das Problem kann mit Hilfe der Kombinatorik gut gelöst werden. Es geht nur darum, eine rote Kugel auf vier Plätze zu verteilen, es gibt also $m = \binom{4}{1}$ Möglichkeiten. Damit berechnet sich die Gesamtwahrscheinlichkeit W, bei vier gezogenen Kugeln genau eine rote Kugel zu ziehen, zu:

$$W = \binom{4}{1} \cdot p^1 \cdot (1 - p)^3$$

Wird nun versucht, die allgemein gültige Formel zu finden, so sieht man wieder, dass die Struktur der Herleitung bei allen anderen Fällen ähnlich ist. Bezeichnet man die Anzahl der insgesamt zu ziehenden Kugeln mit n und die Zahl der Kugeln mit roter Farbe, so ist die Zufallsgröße Z gegeben zu Z = k. In jedem Pfad liegen insgesamt n Kugeln vor. Davon sind in der Lösung k Pfadstücke mit der Wahrscheinlichkeit p für eine rote Kugel. Der Rest der Pfade hat jeweils die Wahrscheinlichkeit (1 – p). Von diesen Pfaden gibt es offensichtlich (n – k) Stück. Die Wahrscheinlichkeit am Ende eines Pfades errechnet sich damit zu: $Q = (1 - p)^{n-k} \cdot p^k$.

Die Anzahl der Pfade, die genau k rote Kugeln enthalten, ergibt sich mit der Kombinatorik, indem k Kugeln auf n Plätze verteilt werden $m = \binom{n}{k}$. Schließlich ist das Experiment auf alle Bernoulli-Experimente zu übertragen, und es folgt:

Ist p die Wahrscheinlichkeit für ein Ereignis E eines (einzelnen) Bernoulli-Experimentes, dann ergibt sich die Wahrscheinlichkeit W, bei einer Bernoulli-Kette von n Versuchen genau k-mal das Ereignis E zu finden, zu:
$$W_n (Z = k) = \binom{n}{k} \cdot (1 - p)^{n-k} \cdot p^k$$
Betrachtet man die Gesamtheit aller Wahrscheinlichkeiten, so erhält man die Funktion $W_n(k)$.
Diese heißt Binomialverteilung und hat für verschiedene n und p eine andere Form.

Es gibt einen Sonderfall der Bernoulli-Kette, der sehr häufig benutzt wird. In manchen Fällen ist die Wahrscheinlichkeit dafür gesucht, dass ein bestimmter Fall mindestens einmal auftritt. Die Zufallsgröße wird dann so formuliert: $Z \geq 1$. Es müssten also alle Wahrscheinlichkeiten $W_n(Z = 1)$, $W_n(Z = 2)$, $W_n(Z = 3)$… $W_n(Z = n)$ berechnet und addiert werden. Mit einem Trick kann das umgangen werden. Man betrachtet in dem Fall das Gegenereignis zu $W_n(Z \geq 1)$. Das Gegenereignis ist gegeben durch: $1 - W_n(Z \geq 1) = W_n(Z = 0)$, und das kann einfacher berechnet werden:
$$W_n (Z = 0) = \binom{n}{0} \cdot (1 - p)^{n-0} \cdot p^0 = 1 \cdot (1 - p)^n \cdot 1 = (1 - p)^n$$
Da für Gegenereignisse gilt: $W_n(Z \geq 1) + W_n(Z = 0) = 1$, berechnet sich die gesuchte Wahrscheinlichkeit zu:
$$W_n (Z \geq 1) = 1 - W_n (Z \geq 1) = 1 - W_n (Z = 0).$$
$$= 1 - (1 - p)^n.$$

Beispiel:
In einem großen Karton sind 30 Kerzenständer. Es ist bekannt, dass die Maschine, die diese Kerzenständer produziert, 10% Ausschuß produziert, also p = 0,1, und 90% der Kerzenständer sind fehlerfrei. Nun soll die Wahrscheinlichkeit berechnet werden, dass von diesen 30 Kerzenständern genau 5 beschädigt sind. Um diese Aufgabe zu lösen, wendet man die Formel für die Binomialverteilung an:
$$W_n (Z = k) = \binom{n}{k} \cdot (1 - p)^{n-k} \cdot p^n$$

Der Textaufgabe entnimmt man nun folgende Werte für n, k und p:
n = 30
k = 5
p = 0,1
und setzt diese in die Formel ein.

$$W_{30} (Z = 5) = \binom{30}{5} \cdot (1 - 0,1)^{(30 - 5)} \cdot 0,1^5$$
$$= \frac{30!}{25! \cdot 5!} \cdot 0,9^{25} \cdot 0,1^5 \mid \text{in den Taschenrechner eintippen}$$
$$= 142\,506 \cdot 0,0718 \cdot 0,00001 = 0,1023$$

$W_{30} (Z = 5) = 0,1023$ bedeutet, dass die Wahrscheinlichkeit, genau fünf beschädigte Kerzenständer zu haben, 10,23 % beträgt.
Meistens interessiert es aber nicht, wie groß die Wahrscheinlichkeit für genau fünf beschädigte Kerzenständer ist, sondern wie groß sie für maximal fünf beschädigte Kerzenständer ist.
Auch diese Aufgabe kann man mit Hilfe der Binomialverteilung lösen, indem man folgende Gleichung aufstellt:

$$W_{30} (Z \leq 5) = W_{30} (Z = 0) + W_{30} (Z = 1) + W_{30} (Z = 2)$$
$$+ W_{30} (Z = 3) + W_{30} (Z = 4) + W_{30} (Z = 5)$$

Nun muss man für die einzelnen Summanden die jeweiligen Wahrscheinlichkeiten berechnen und zusammenaddieren. Einfacher ist es, in eine Tabelle für Binomialverteilungen zu schauen, wo man diesen Wert ablesen kann. Wie man solche Tabellen liest, kann man in Büchern für die Wahrscheinlichkeitsrechnung nachlesen.

 Zum Weiterlesen:

• Grundlagen der Wahrscheinlichkeitsrechnung, S. 150
• Statistik, S. 152

Verschiedene Zufallsexperimente

*I*n diesem letzten Kapitel sollen einige beliebte Spiele und Experimente beleuchtet werden, die mit Hilfe der Wahrscheinlichkeitsrechnung beschrieben werden können. Mit dem bis hierher zur Verfügung stehenden mathematischen Wissen können bereits einige Aussagen getroffen werden, mit denen der Ausgang der Spiele vorhergesagt werden kann oder die die Experimente erst ermöglichen.

Roulette

Das **Roulette** ist ein sehr bekanntes Glücksspiel, das Ende des 17. Jahrhunderts in Frankreich entworfen wurde und sich seitdem weit verbreitet hat. Bei diesem Spiel wird eine Kugel in einen sich bewegenden Drehteller gegeben, die am Ende der Drehungen in einem der Felder des Drehtellers zu liegen kommt. Der Drehteller ist in 37 Felder unterteilt, die von 0 bis 36 durchnummeriert sind. Die Felder von 1 bis 36 sind abwechselnd rot und schwarz gefärbt, nur die 0 ist grün gefärbt.

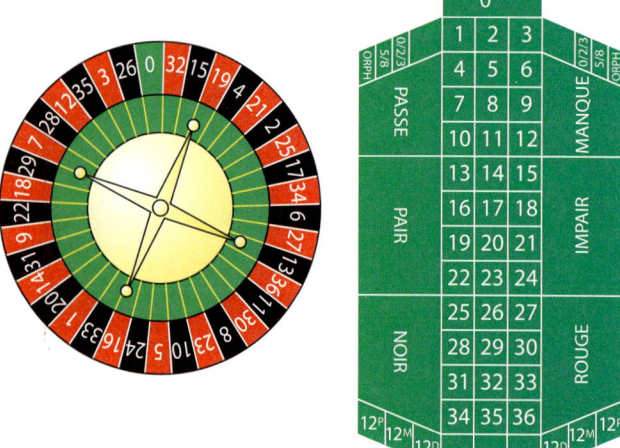

Bei diesem Spiel kann auf verschiedene Arten gewonnen werden, indem zum Beispiel auf die Farbe Rot oder Schwarz, auf gerade oder ungerade Zahlen, auf einzelne Zahlen oder auf Kombinationen von Zahlen gesetzt wird. An dieser Stelle soll nur eine dieser Möglichkeiten näher beleuchtet werden. Gefragt sei also nach der Wahrscheinlichkeit, die besteht, wenn auf die Farbe Rot gesetzt wird. Angenommen, das Spiel ist fair und die Wahrscheinlichkeit für eine oder mehrere Felder ist nicht künstlich (durch Magnete o. Ä.) verändert worden, so ist die Wahrscheinlichkeit für alle Felder gleich groß. Da 37 Felder vorliegen, kann die Wahrscheinlichkeit p für ein Feld bestimmt werden zu: $p = \frac{1}{37}$. Wie bereits gesagt, sind die Felder 1 bis 36 abwechselnd gefärbt. Damit gibt es $\frac{36}{2}$ rote und $\frac{36}{2}$ schwarze Felder, und die Gesamtwahrscheinlichkeit P, dass ein rotes Feld gewinnt, berechnet sich zu: $P = \frac{36}{2} \cdot p = 18 \cdot \frac{1}{37} = 0,486 = 48,6\%$. Die Wahrscheinlichkeit, dass ein rotes Feld gewinnt, ist, ebenso wie für ein schwarzes Feld, etwas kleiner als 50%.

Damit ist klar, dass wenn man 100-mal auf eines dieser Felder setzt, man im Durchschnitt mehr als 50-mal verliert. Die Gewinnauszahlung ist in der Regel so, dass bei Gewinn der Einsatz doppelt zurückgezahlt wird, andernfalls geht er an die Bank zurück. Damit gewinnt die Bank im Durchschnitt bei dieser Art der Gewinnmöglichkeit immer 100 % – 2 · 48,6 %= 2,8 % des Einsatzes – und der Spieler verliert entsprechend.

In der amerikanischen Variante des Roulettes gibt es noch ein 38. Feld in Grün, das mit 00 beschriftet ist. Hier sind die Gewinnchancen für die Bank noch größer.

Das Galton-Brett

Dieser Versuch ist nach dem englischen Arzt Francis Galton (1822–1911) benannt. Das Brett ist so gebaut, dass sich am oberen Ende ein Reservoir von kleinen Kugeln befindet. Diese werden durch einen Schieber davor zurückgehalten, nach unten durchzufallen. Unterhalb des Schiebers sind mehrere Reihen mit Nägeln angebracht. Die Reihen sind so angeordnet, dass in einer Reihe die Nägel genau in der Mitte der zwei darüber befindlichen Nägel plaziert sind. Am unteren Ende des Brettes befinden sich mehrere gleich breite Kästchen, in denen die Kugeln aufgefangen werden.

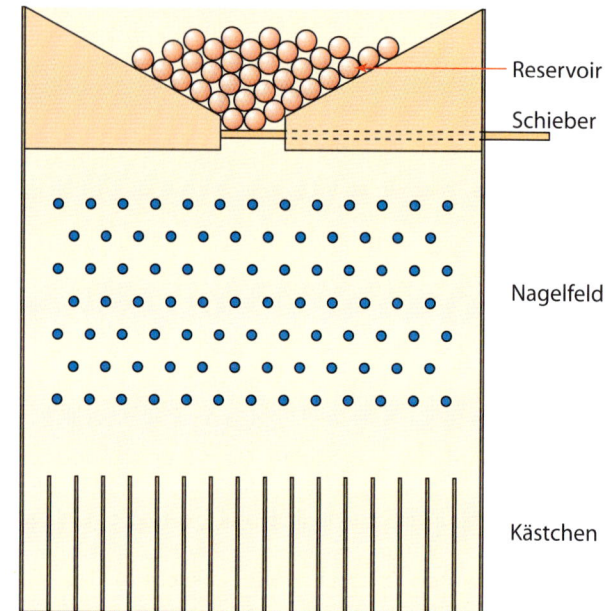

Reservoir

Schieber

Nagelfeld

Kästchen

Wird nun der Schieber weggezogen, so fallen die Kugeln nacheinander durch das Nagelfeld. Die einzelnen Nägel stellen für die Kugeln Hindernisse dar, an denen sie entweder rechts oder links vorbei können. Sind die Kugeln an allen Nagelreihen vorbeigekommen, so fallen sie schließlich in eines der unteren Kästchen. Befanden sich in dem Reservoir 100 Kugeln, so durchlaufen sie alle einzeln diese Prozedur. Die Frage ist nun, wie viele Kugeln im Durchschnitt in welches Kästchen fallen.

Diese Frage lässt sich einfach klären durch einen Vergleich mit einem Bernoulli-Experiment. Der Versuch besteht darin, dass jede Kugel in jeder der k Nagelreihen die Möglichkeiten hat, rechts oder links vorbeizurollen. Angenommen, die Wahrscheinlichkeit p ist für beide Richtungen gleich groß, so ist p=0,5. Dieser Versuch wird für jede Kugel, also n=100-mal durchgeführt. Es wird, anders gesprochen für ein Einzelergebnis (das Kästchen, in das die Kugel hineinfällt), dasselbe Zufallsexperiment k-mal durchgeführt. Damit ist es ein Bernoulli-Experiment mit den gegebenen Parametern n, k und p. Die Verteilung, die sich in den Kästchen ergeben wird, entspricht also einer Binomialverteilung.

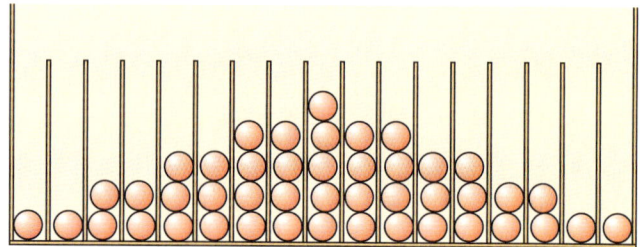

Die Monte-Carlo-Methode

Die Statistik kann sehr hilfreich sein bei der Bestimmung von Größen oder Eigenschaften, die zunächst in keinem Zusammenhang mit der Wahrscheinlichkeitsrechnung stehen. Dabei wird ausgenutzt, dass bei einem Computer in sehr kurzer Zeit sehr viele, zufällig verteilte Zahlen für Berechnungen zur Verfügung stehen. Diese Voraussetzungen werden benötigt aufgrund des Gesetzes der großen Zahlen. Die Abweichungen der mit dieser Methode ermittelten Größen werden mit steigendem Stichprobenumfang kleiner.

Ein schönes, einfach nachzuvollziehendes Beispiel zu dieser Methode kann anhand der Bestimmung der Kreiszahl Pi beschrieben werden. Die Idee dazu ist, dass man das Verhältnis des ersten Quadranten einer Kreisfläche mit Radius r zur Fläche eines Quadrates mit der Kantenlänge r bildet. Geometrisch sieht das wie folgt aus:

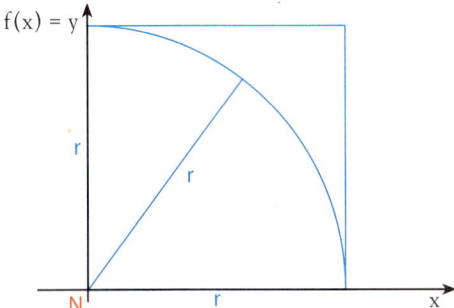

Der Mittelpunkt des Kreises liegt in dem Punkt N. Dieser soll im Ursprung des Koordinatensystems liegen. Die Fläche des Quadrates ergibt sich einfach zu $F(Quadrat) = r^2$, und von der Kreisfläche ist bekannt, dass sie proportional zu r^2 ist: $F(Kreis) = \pi r^2$. Der 1. Quadrant des Kreises hat entsprechend nur $\frac{1}{4}$ der Fläche, also $F(Sektor) = \frac{\pi}{4} \cdot r^2$. Betrachtet man nun das Verhältnis der Fläche des Kreissektors zu der Quadratfläche, so gilt:

$$\frac{F(Sektor)}{F(Quadrat)} = \frac{\frac{\pi}{4} \cdot r^2}{r^2} = \frac{\pi}{4}.$$

Da der Radius r in dem Verhältnis nicht mehr auftaucht, kann diesem ein beliebiger Wert zugewiesen werden. In diesem Fall soll r = 1 sein, es handelt sich also um einen Einheitskreis und ein Einheitsquadrat.

Die Frage ist nun, wie die Flächen der beiden Figuren anders ausgedrückt werden können. Dazu lässt man nun gleichmäßig auf diese Flächen Tropfen oder auch Punkte regnen. Sind diese Punkte gleichmäßig und zufällig verteilt, so sagt man, dass die Punktdichte ρ konstant ist. Das bedeutet, dass bei jeder beliebig geformten und beliebig großen Fläche die Zahl der Punkte, die in dieser Fläche liegen, dividiert durch die Fläche, diesen Wert r ergibt. Formal gilt also: $r = \frac{F}{n}$. Dabei ist n die Anzahl der Punkte in der Fläche F.

Die Gleichung wird umgestellt zu: $F = r \cdot n$, und das Verhältnis der obigen zwei Flächen kann geschrieben werden zu:

$$\frac{F(Sektor)}{F(Quadrat)} = \frac{\pi}{4}$$

$$\Rightarrow \frac{\rho \cdot n_{Sektor}}{\rho \cdot n_{Quadrat}} = \frac{\pi}{4}$$

Die Punktdichte ρ soll überall gleich groß sein, weswegen sie gekürzt werden kann.

$$\Rightarrow \frac{n_{Sektor}}{n_{Quadrat}} = \frac{\pi}{4}$$

Mit n_{Sektor} und $n_{Quadrat}$ wird jeweils die Anzahl von Punkten beschrieben, die in die entsprechenden Flächen gefallen sind.

Bei Computern ist es, wie bereits gesagt, auf einfache Weise möglich, viele Zufallszahlen zu erzeugen. Um die Punkte wie Regentropfen auf die oben beschriebene Fläche fallen zu lassen, erzeugt man für jeden Punkt eine Zufallszahl für die x-Koordinate und eine Zufallszahl für die y-Koordinate. Diese Zufallszahlen haben jeweils einen Wert, der sich irgendwo zwischen null und r befindet. Mit Hilfe der x- und y-Koordinate ist es auch leicht möglich zu entscheiden, ob der Punkt in der Kreissektorfläche liegt oder nicht. Der Punkt liegt in der Kreisfläche, wenn sein Abstand zu dem Mittelpunkt des Kreises kleiner oder gleich dem Radius ist.

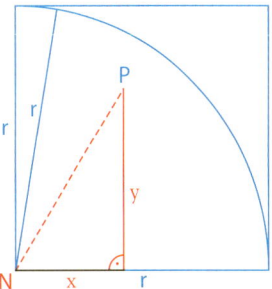

Es muss nach dieser Skizze also gelten: $x^2 + y^2 \leq r^2$. Da die Koordinaten und der Radius r vorliegen, kann das gut geprüft werden.

Lässt man N = 100 000 Punkte auf die Fläche des Quadrates fallen, so gilt natürlich: $n_{Quadrat} = N$. Es ergibt sich so das folgende Bild:

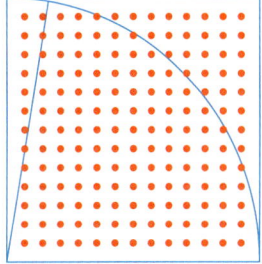

Die Anzahl n_{Sektor} der Punkte, die in dem Kreissektor liegen, ergibt sich für jeden der N Punkte durch die obige Gleichung. Daraus kann dann die Kreiszahl π berechnet werden:

$$\frac{n_{Sektor}}{n_{Quadrat}} = \frac{\pi}{4}$$

$$\Rightarrow \frac{n_{Sektor}}{N} = \frac{\pi}{4}$$

$$\Rightarrow \pi = \frac{4 \cdot n_{Sektor}}{N}$$

Der Wert für π wird immer genauer, je mehr Punkte auf die Fläche regnen, und es ergibt sich hier bald auch der Wert, $\pi = 3,14159 \ldots$ Da es sich um einen statistischen Wert handelt, kann je nach Durchführung der Simulation auch eine Abweichung von dem Wert angegeben werden.

Diese Methode der Ermittlung einer naturwissenschaftlichen Größe durch Simulation auf dem Computer mittels Zufallszahlen ist heutzutage ein Standardverfahren in der Wissenschaft.

Zum Weiterlesen:

• Grundlagen der Wahrscheinlichkeitsrechnung, S. 150
• Statistik, S. 152
• Kombinatorik, S. 154

Mathematische Begriffe und Zusammenhänge

Zahlen

$\mathbb{N}$: Menge der natürlichen Zahlen

$\mathbb{N}_0$: Menge der natürlichen Zahlen einschließlich der Zahl Null

$\mathbb{Z}$: Menge der ganzen Zahlen ($\mathbb{N}_0$ und die negativen Gegenzahlen zu $\mathbb{N}$)

$\mathbb{Z}^+$: Menge der natürlichen Zahlen ($\mathbb{Z}+ = \mathbb{N}$)

$\mathbb{Q}$: Menge der rationalen Zahlen (Menge der Zahlen, die sich als Bruch darstellen lassen)

$\mathbb{R}$: Menge der reellen Zahlen. Alle Zahlen, die sich als Bruch darstellen lassen, und solche, die sich nicht als Bruch darstellen lassen: rationale Zahlen und irrationale Zahlen

$\mathbb{R}^+$: Menge der positiven reellen Zahlen

$\mathbb{R}^-$: Menge der negativen reellen Zahlen

Grundrechenarten

Addition:
$a + b = c$ (Summand + Summand = Summe)

Subtraktion:
$a - b = c$ (Minuend – Subtrahend = Differenz)

Multiplikation:
$a \cdot b = c$ (Faktor · Faktor = Produkt)

Division:
$a : b = c$ (Dividend : Divisor = Quotient)
$b \neq 0$

Rechengesetze

	Addition	Multiplikation
Kommutativgesetze:	$a + b = b + a$	$a \cdot b = b \cdot a$
Assoziativgesetze:	$(a + b) + c = a + (b + c)$	$(a \cdot b) \cdot c = a \cdot (b \cdot c)$
Distributivgesetze:	$a \cdot (b + c)$	$= a \cdot b + a \cdot c$

Teilbarkeit natürlicher Zahlen

Eine natürliche Zahl ist

durch 2 teilbar, wenn ihre letzte Ziffer 0, 2, 4, 6 oder 8 ist.

... durch 3 teilbar, wenn ihre Quersumme durch 3 teilbar ist.

... durch 4 teilbar, wenn die Zahl, die durch ihre letzten beiden Ziffern dargestellt wird, durch 4 teilbar ist.

... durch 5 teilbar, wenn ihre letzte Ziffer eine 5 oder eine 0 ist.

... durch 6 teilbar, wenn sie durch 2 **und** durch 3 teilbar ist.

... durch 7 teilbar, wenn man sie in Summanden zerlegen kann, die alle durch 7 teilbar sind.

... durch 8 teilbar, wenn man diese Zahl durch 2 teilt **und** das Ergebnis dieser Division durch 4 teilbar ist.

... durch 9 teilbar, wenn ihre Quersumme durch 9 teilbar ist.

Bruchrechnung

Erweitern: $\dfrac{a}{b} = \dfrac{a \cdot c}{b \cdot c}$;   Kürzen: $\dfrac{a \cdot c}{b \cdot c} = \dfrac{a}{b}$

Multiplikation: $\dfrac{a}{b} \cdot \dfrac{c}{d} = \dfrac{ac}{bd}$;   Division: $\dfrac{a}{b} : \dfrac{c}{d} = \dfrac{ad}{bc}$

Addition, Subtraktion: $\dfrac{a}{b} \pm \dfrac{c}{d} = \dfrac{ad \pm cb}{bd}$

(Bem.: Brüche so erweitern, dass sie einen gemeinsamen Nenner haben und Zähler addieren bzw. subtrahieren)

Betrag

$|a|$ $+a$,   wenn $a > 0$
$|a| =$ 0,   wenn $a = 0$
$|a|$ $-a$,   wenn $a < 0$

Zusammenhänge: Zwei Zahlen a, b unterscheiden sich um den Betrag $|a - b| = |b - a|$

Lineare Gleichungen, Funktionen

Lineare Gleichung: $ax + b = 0$;
x ist die Variable, und b, c sind Koeffizienten. Der Term ax heißt lineares Glied, und b ist das absolute Glied.

Lineare Funktion: $f(x) = ax + b$
speziell ($b = 0$), proportionale Funktion: $f(x) = ax$

Die Funktionsgraphen sind Geraden mit der Steigung a und schneiden die y-Achse im Punkt $P = (0, b)$.
b heißt auch Achsenabschnitt.

Lineare Gleichungssysteme

Werden gleichzeitig die Bedingungen von zwei oder mehr linearen Gleichungen verlangt, drückt man das mit einem linearen Gleichungssystem aus:

Lineares Gleichungssystem mit zwei Bedingungen:
$|a_1 x + b_1 y = c_1|$
$|a_2 x + b_2 y = c_2|$ x, y sind Variablen, $a_1, a_2, b_1, b_2, c_1, c_2$ Koeffizienten

Das System kann mit dem Additions-, Gleichsetzungs- oder Einsetzungsverfahren oder auch grafisch gelöst werden. Es hat entweder keine Lösung, eine bestimmte Lösung (x, y) oder eine Lösung der Form $y = ax + b$.

Lineares Gleichungssystem mit drei Bedingungen:
$|a_1 x + b_1 y + c_1 z = d_1|$
$|a_2 x + b_2 y + c_2 z = d_2|$ x, y, z sind Variablen;
$|a_3 x + b_3 y + c_3 z = d_3|$ $a_1, a_2 \ldots d_2, d_3$ die Koeffizienten des Systems

Binomische Formeln

1. binomische Formel: $(a + b)^2 = a^2 + 2ab + b^2$

2. binomische Formel: $(a - b)^2 = a^2 - 2ab + b^2$

3. binomische Formel: $(a + b) \cdot (a - b) = a^2 - b^2$

Quadratische Gleichungen

Allgemeine Form: $ax^2 + bx + c = 0$

allgemeine Lösung: $x_{1,2} = \frac{-b \pm \sqrt{(b^2 - 4ac)}}{2a}$

Normalform: $x^2 + px + q = 0$

Lösung: $x_{1,2} = -\frac{p}{2} \pm \sqrt{(\left(\frac{p}{2}\right)^2 - q)}$

Satz von Vieta: $x_1 + x_2 = -p, \quad x_1 \cdot x_2 = q$

In Linearfaktoren: $(x - a)(x - b) = 0$

Lösung: $x_1 = a, x_2 = b$

Bem.: Eine quadratische Gleichung hat genau eine, zwei oder keine Lösung in $\mathbb{R}$, wenn der Wurzelterm größer ist als null, gleich null oder kleiner als null.

Quadratische Funktionen, Scheitelpunktform

Allgemeine Form: $f(x) = ax^2 + bx + c$

speziell: $f(x) = x^2$

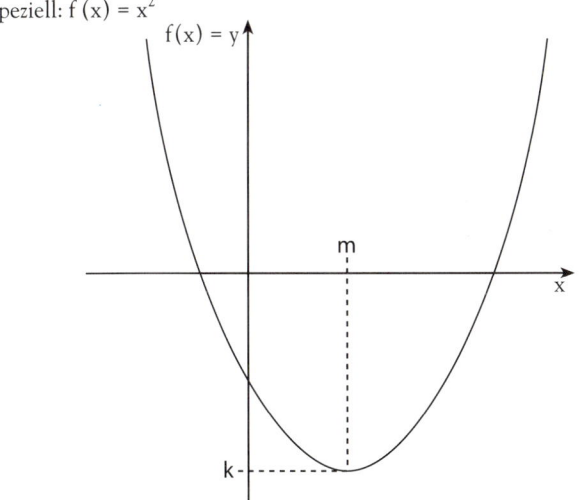

Scheitelform: $f(x) = s(x - m)^2 + k$

Die Funktionsgraphen quadratischer Funktionen heißen Parabeln, die der speziellen Funktion $f(x) = x^2$ Normalparabel. Bei der Scheitelform ist s der Streckfaktor bezüglich der Normalparabel, und der Punkt $P(m, k)$ ist der Scheitelpunkt.

Potenzen und Wurzeln

Definitionen

Potenz: $a^n = \underbrace{a \cdot a \cdot a \cdot a \cdot a \cdot \ldots \cdot a}_{\text{n Faktoren a}}$

speziell: $a^1 = a, \quad a^0 = 1, (a \neq 0)$

Wurzel:
$$\sqrt[2]{a^2} = \sqrt{a^2} = |a|;$$
$$\sqrt[n]{x} = a \Leftrightarrow a^n = x; x \geq 0, n \in \mathbb{N}$$

Zusammenhänge:
$$a^n \cdot a^p = a^{n+p},$$
$$a^n : a^p = a^{n-p},$$
$$(a^n)^p = a^{n \cdot p},$$
$$a^n \cdot b^n = (ab)^n,$$
$$a^n : b^n = (a:b)^n,$$
$$a^{-n} = \frac{1}{a^n},$$
$$a^{\frac{1}{n}} = \sqrt[n]{a},$$
$$a^{\frac{p}{n}} = \sqrt[n]{a^p},$$
$$a^{-\frac{p}{n}} = \frac{1}{\sqrt[n]{a^p}}$$

Logarithmen

Definition

$b^x = a \Leftrightarrow \log_b a = x; a, b > 0$
speziell: $\log_b b = 1; \log_b 1 = 0$

Logarithmengesetze:

Erstes Logarithmengesetz
$\log(a \cdot b) = \log a + \log b$
$\log(a : b) = \log a - \log b$

Zweites Logarithmengesetz
$\log a^b = b \cdot \log a$

speziell: $\log \sqrt[a]{b} = \log b^{\frac{1}{a}} = \frac{1}{a} \log b$

Dekadischer Logarithmus:

$\log_{10} a = \lg a$

Natürlicher Logarithmus:

$\log_e a = \ln a$, mit der eulerschen Zahl $e = 2{,}718281828459 \ldots$

Zusammenhänge:

$\log_b a = \frac{\log_c a}{\log_c b} \overset{speziell}{=} \frac{\ln a}{\ln b} = \frac{\lg a}{\lg b}$

$\log_b a \cdot \log_a b = 1$

Bezeichnungen in der Geometrie

Element	Beschriftung	Beispiel
Punkte	große Buchstaben	P
Linien, Strecken, Strahlen, Geraden	kleine Buchstaben	a, s, g
Ebenen	kleine griechische Buchstaben	ε
Flächen		F (Figur)
Umfang		U (Fläche)
Volumen		V (Körper)
Oberfläche		O (Körper)
Winkel	kleine griechische Buchstaben oder zwei Strahlen s_1, s_2	α, β, γ $\angle(s_1, s_2)$
Bogen (Kreis)	Anfangs- und Endpunkt	$\overset{\frown}{PQ}$
Verschiebung	Pfeil mit Richtung und Länge	$\vec{v}$
Drehung	Drehzentrum	D_Z
Spiegelung	Spiegelungsachse	s

Winkel

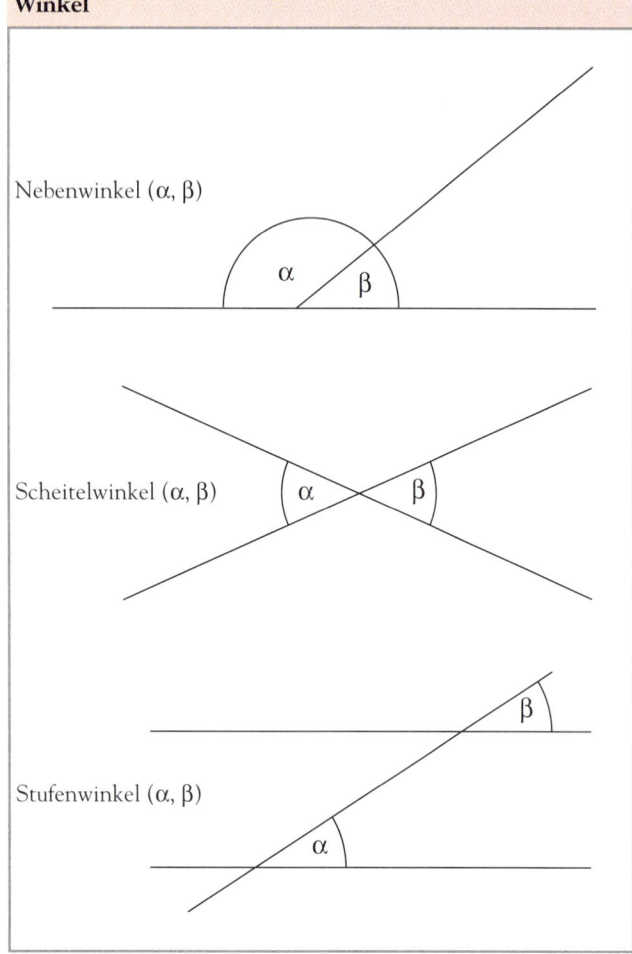

Nebenwinkel (α, β)

Scheitelwinkel (α, β)

Stufenwinkel (α, β)

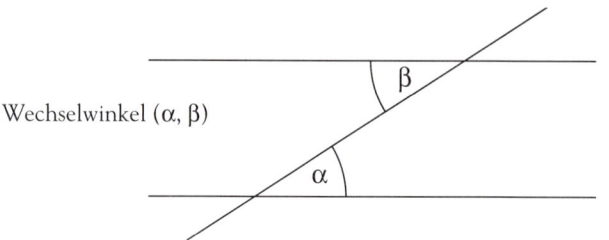

Wechselwinkel (α, β)

Gradmaß, der Vollwinkel wird in 360 Teile (360 Grad) eingeteilt

Umrechnung in Bogenmaß:

$b = \frac{\alpha}{360°} \cdot 2\pi$

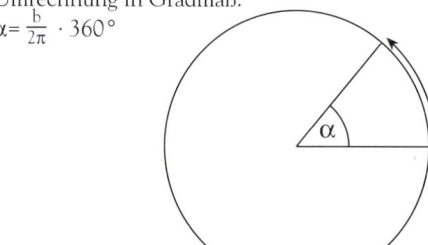

Bogenmaß, ist die Länge des zu einem Winkel α gehörenden Bogens am Einheitskreis

Umrechnung in Gradmaß:

$\alpha = \frac{b}{2\pi} \cdot 360°$

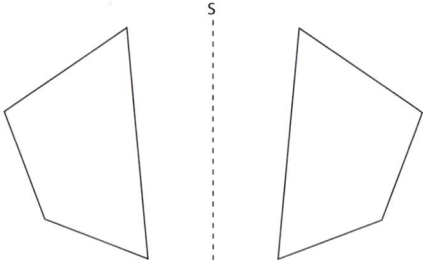

Symmetrien

Spiegelsymmetrie: zwei Figuren werden bei der Spiegelung an einer Achse s aufeinander abgebildet.

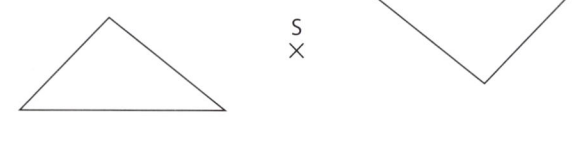

Punktsymmetrie: zwei Figuren werden bei der Spiegelung an einem Punkt S aufeinander abgebildet.

Drehsymmetrie: zwei Figuren werden bei der Drehung um einen Punkt D_z aufeinander abgebildet.

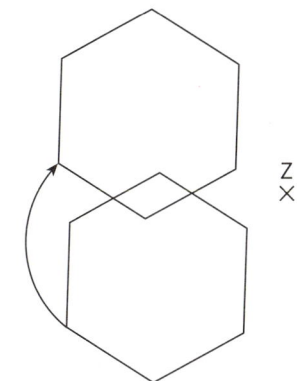

Strahlensätze

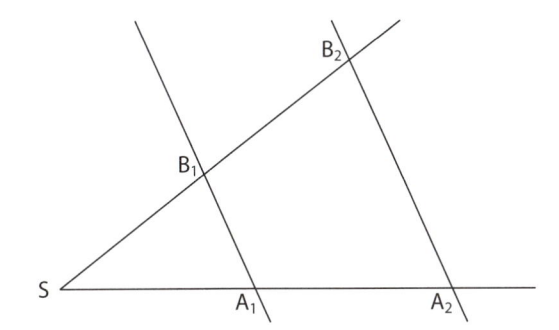

Erster Strahlensatz:

$$|SA_1| : |SA_2| = |SB_1| : |SB_2|$$
$$|SA_1| : |A_1A_2| = |SB_1| : |B_1B_2|$$
$$|SA_2| : |A_1A_2| = |SB_2| : |B_1B_2|$$

Zweiter Strahlensatz:

$$|A_1B_1| : |A_2B_2| = |SA_1| : |SA_2|$$
$$|A_1B_1| : |A_2B_2| = |SB_1| : |SB_2|$$

Dreieck

Allgemein

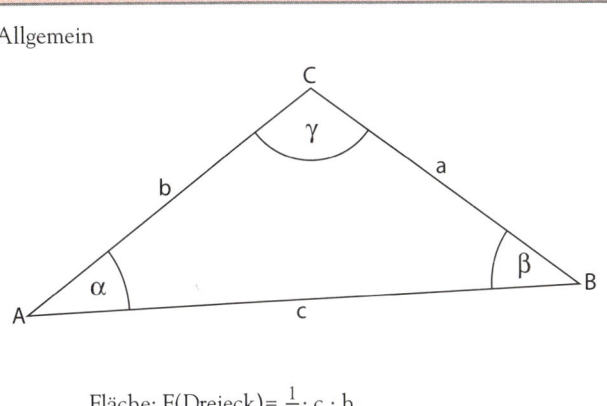

Fläche: $F(\text{Dreieck}) = \frac{1}{2} \cdot c \cdot h_c$.

Winkelsumme: $\alpha + \beta + \gamma = 180°$

Kongruenzsätze:

Zwei Dreiecke sind kongruent zueinander, wenn sie übereinstimmen in:

1. der Länge von drei Seiten (sss).
2. der Länge von zwei Seiten und dem eingeschlossenen Winkel (sws).
3. der Länge von zwei Seiten und dem der längeren Seite gegenüberliegenden Winkel (ssw).
4. der Länge einer Seite und den beiden anliegenden Winkeln (wsw).
5. der Länge einer Seite, eines anliegenden und eines nicht anliegenden Winkels (sww).

Gleichschenkliges Dreieck:

Zwei Seiten haben dieselbe Länge (a = b).

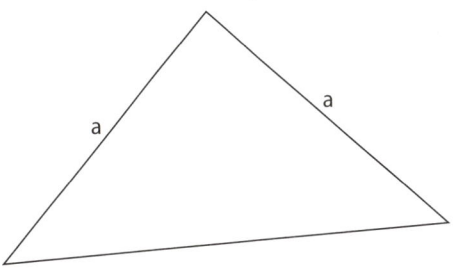

$$h_c = \sqrt{a^2 - \left(\frac{c}{2}\right)^2}$$

Gleichseitiges Dreieck:

Alle Seiten haben dieselbe Länge (a = b = c), alle Winkel sind gleich groß ($\alpha = \beta = \gamma$).

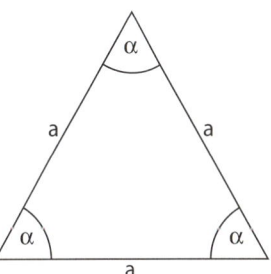

$$h = \sqrt{\frac{3}{4}} \cdot a \Rightarrow F(D) = \frac{a^2}{4} \cdot \sqrt{3}$$

Rechtwinkliges Dreieck:

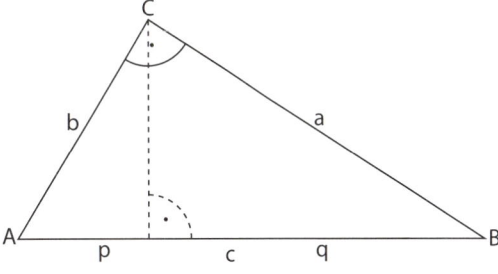

Der Satz des Pythagoras: $\qquad c^2 = a^2 + b^2$

Der Kathetensatz des Euklid: $\quad a^2 = c \cdot q$
$\qquad\qquad\qquad\qquad\qquad b^2 = c \cdot p$

Der Höhensatz des Euklid: $\qquad h^2 = p \cdot q$

Fläche berechnet sich zu: $\qquad F(D) = \frac{1}{2} \cdot a \cdot b$

Vierecke

Quadrat

Alle Seiten sind gleich lang, alle Winkel sind rechte Winkel.

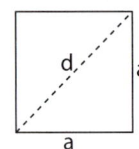

Diagonale: $d = a \cdot \sqrt{2}$
Umfang: $U = 4 \cdot a$
Fläche: $F = a^2$

Rechteck

Je zwei gegenüberliegende Seiten sind gleich lang. Die Seiten stehen senkrecht zueinander.

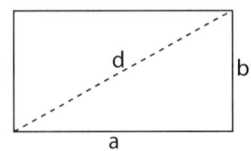

Diagonale: $d = \sqrt{a^2 + b^2}$
Umfang: $U = 2 \cdot a + 2 \cdot b$
Fläche: $F = a \cdot b$

Raute

Vier Seiten sind gleich lang. Die gegenüberliegenden Seiten sind parallel zueinander.

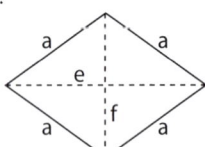

Diagonalen e und f mit: $e^2 + f^2 = 4 \cdot a^2$
Umfang: $U = 4 \cdot a$
Fläche: $F = \frac{1}{2} e \cdot f$

Parallelogramm

Je zwei gegenüberliegende Seiten sind parallel zueinander.

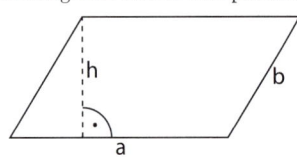

Diagonalen halbieren sich gegenseitig.
Umfang: $U = 2 \cdot a + 2 \cdot b$
Fläche: $F = a \cdot h_a = b \cdot h_b$

Drachen

Je zwei gleich lange Seiten. Die gleich langen Seiten haben jeweils einen Winkel gemeinsam.

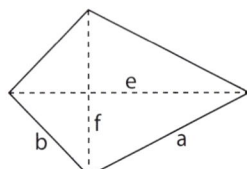

Diagonalen e und f stehen senkrecht aufeinander
Umfang: $U = 2 \cdot a + 2 \cdot b$
Fläche: $F = \frac{1}{2} e \cdot f$

Trapez

Zwei Seiten sind parallel zueinander.

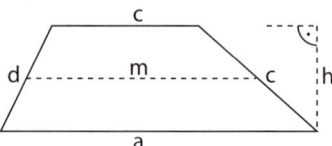

Mittelparallele: $m = \frac{1}{2}(a + c)$
Umfang: $U = a + b + c + d$
Fläche: $F = m \cdot h$

Gleichschenkliges Trapez

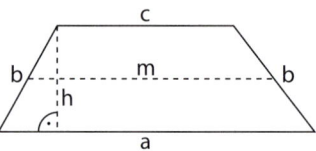

Mittelparallele: $m = \frac{1}{2}(a + c)$
Umfang: $U = a + 2 \cdot b + c$
Fläche: $F = m \cdot h$

Kreis

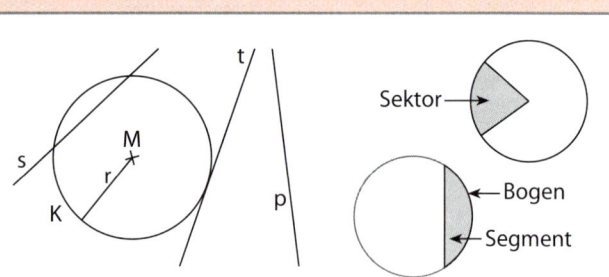

K Kreis   M Mittelpunkt   r Radius   p Passante   t Tangente
s Sekante

Fläche: $F(\text{Kreis}) = \pi \cdot r^2$
Umfang: $U(\text{Kreis}) = 2\pi \cdot r$

Körper

Prisma

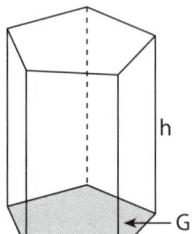

Volumen: $V = G \cdot h$;
G: Grundfläche des Prismas

Pyramide

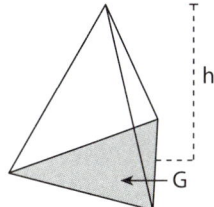

Volumen: $V = \frac{1}{3} \cdot G \cdot h$;
G: Grundfläche der Pyramide

Zylinder

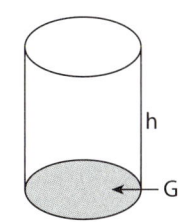

Volumen: $\quad V = \pi \cdot r^2 \cdot h$
Oberfläche: $O = 2\,\pi\,r \cdot (r + h)$

Kegel

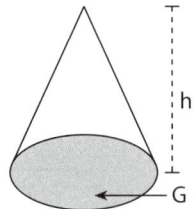

Volumen: $\quad V = \frac{1}{3} \cdot \pi \cdot r^2 \cdot h$
Oberfläche: $O = \pi\,r \cdot (r + s)$

Kugel

M Mittelpunkt
r Radius

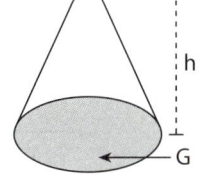

Volumen: $V = \frac{4}{3} \cdot \pi \cdot r^3$
Oberfläche: $O = 4\,\pi\,r^2$

Trigonometrie

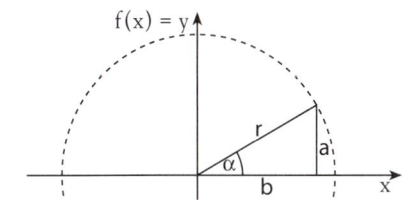

Sinus: $\quad \sin(\alpha) = \dfrac{a}{r} = \dfrac{\text{Gegenkathete}}{\text{Hypotenuse}}$

Kosinus: $\quad \cos(\alpha) = \dfrac{b}{r} = \dfrac{\text{Ankathete}}{\text{Hypotenuse}}$

Tangens: $\quad \tan(\alpha) = \dfrac{\sin(\alpha)}{\cos(\alpha)} = \dfrac{\text{Gegenkathete}}{\text{Ankathete}}$

Kotangens: $\cot(\alpha) = \dfrac{\cos(\alpha)}{\sin(\alpha)} = \dfrac{\text{Ankathete}}{\text{Gegenkathete}}$

$\sin(\alpha) = \cos(90° - \alpha)$; $\cos(\alpha) = \sin(90° - \alpha)$;
$\sin^2(\alpha) + \cos^2(\alpha) = 1$

Additionstheoreme erster Art:

$\cos(\alpha + \beta) = \cos(\alpha)\cos(\beta) - \sin(\alpha)\sin(\beta)$
$\cos(\alpha - \beta) = \cos(\alpha)\cos(\beta) + \sin(\alpha)\sin(\beta)$
$\sin(\alpha + \beta) = \sin(\alpha)\cos(\beta) + \cos(\alpha)\sin(\beta)$
$\sin(\alpha - \beta) = \sin(\alpha)\cos(\beta) - \cos(\alpha)\sin(\beta)$

Additionstheoreme zweiter Art:

$\sin(\alpha) + \sin(\beta) = 2 \cdot \sin(\frac{1}{2}(\alpha + \beta)) \cdot \cos(\frac{1}{2}(\alpha - \beta))$
$\sin(\alpha) - \sin(\beta) = 2 \cdot \cos(\frac{1}{2}(\alpha + \beta)) \cdot \sin(\frac{1}{2}(\alpha - \beta))$
$\cos(\alpha) + \cos(\beta) = 2 \cdot \cos(\frac{1}{2}(\alpha + \beta)) \cdot \cos(\frac{1}{2}(\alpha - \beta))$
$\cos(\alpha) - \cos(\beta) = -2 \cdot \sin(\frac{1}{2}(\alpha + \beta)) \cdot \sin(\frac{1}{2}(\alpha - \beta))$

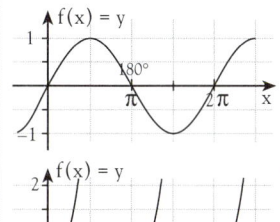
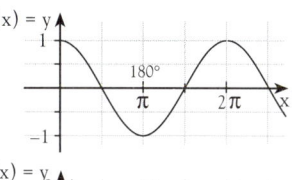
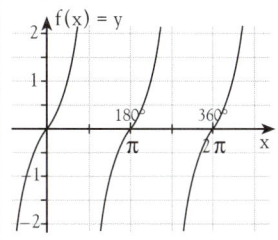
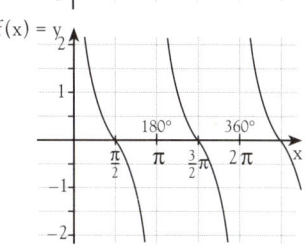

Sinussatz: $\quad \dfrac{b}{c} = \dfrac{\sin(\beta)}{\sin(\gamma)} \qquad \dfrac{a}{c} = \dfrac{\sin(\alpha)}{\sin(\gamma)} \qquad \dfrac{a}{b} = \dfrac{\sin(\alpha)}{\sin(\beta)}$

Kosinussatz: $a^2 = c^2 + b^2 - 2 \cdot b \cdot c \cdot \cos(\alpha)$
$\qquad\qquad\quad b^2 = a^2 + c^2 - 2 \cdot a \cdot c \cdot \cos(\beta)$
$\qquad\qquad\quad c^2 = a^2 + b^2 - 2 \cdot a \cdot b \cdot \cos(\gamma)$

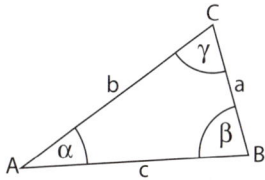

Wahrscheinlichkeitsrechnung

Mittelwert: $\qquad \overline{x} = \dfrac{e_1 + e_2 + e_3 + \dots e_N}{N}$;

e_i: Merkmale N: Gesamtzahl der Ereignisse

Mittlere Abweichung: $a = \frac{1}{N} \cdot (a_1 + a_2 + a_3 + \dots a_N)$; $a_i = |\,e_i - \overline{x}\,|$

Varianz: $\qquad\qquad v = \frac{1}{N} \cdot (a_1^2 + a_2^2 + a_3^2 + \dots + a_N^2)$

Standardabweichung: $s = \sqrt{(\frac{1}{N} \cdot (a_1^2 + a_2^2 + a_3^2 + \dots + a_N^2))}$

Urnenmodell:
geordnete Stichprobe vom Umfang k aus n Kugeln:
Ziehen mit Zurücklegen: n^k Möglichkeiten.
Ziehen ohne Zurücklegen: $\frac{n!}{(n-k)!}$ Möglichkeiten.

Urnenmodell:
ungeordnete Stichprobe vom Umfang k aus n Kugeln:

Ziehen mit Zurücklegen: $\binom{n + k - 1}{n - 1}$ Möglichkeiten.

Ziehen ohne Zurücklegen: $\binom{n}{k}$ Möglichkeiten.

Bernoulli-Experiment (Binomialverteilung)
$W_n(Z = k) = \binom{n}{k} \cdot (1 - p)^{n-k} \cdot p^k$

Physik

Für Tüftler genau das Richtige: Die Physik   170

Energie und Elektrizität – Einführung
Die Temperatur   172
Energie und Wärme   174
Energie: Transport – Wandlungsketten – Entwertung   176
Stromkreis I – Grundlagen   178
Stromkreis II – Erweiterungen   180
Grundlagen des Magnetismus   182
Elektromagnetismus und elektrische Magnetie   184
Ladung, Spannung und Stromstärke   186

Licht und seine Wirkung
Licht und Lichtausbreitung   188
Licht und Schatten   190
Licht und Bilder   192
Reflexion an Hohl- und Wölbspiegel   194
Lichtbrechung   196
Planparallele Platte und Prisma   198
Sammellinsen   200
Zerstreuungslinsen   202
Das Auge und der Sehvorgang   204
Optische Geräte – Mikroskop, Fernrohr, Fotoapparat   206
Die Dispersion – das Spektrum des Lichts   208

Formen der Elektrizität
Wirkungen des elektrischen Stromes   210
Die elektrische Ladung   212
Influenzversuche   214
Der Aufbau der Materie I   216
Die Stromstärke   218
Die elektrische Spannungsquelle   220
Das ohmsche Gesetz   222
Der elektrische Widerstand   224
Strom- und Spannungsmessungen   226
Verzweigte und unverzweigte Stromkreise   228

Mechanik
Sie wirken überall: Die Kräfte   230
Die Gewichtskräfte   232
Kraft als Vektor   234
Das Zusammenwirken von Kräften   236
Der Hebel   238
Das Wellrad   240

Druck und Auftrieb

Stets gegenwärtig: Der Druck 242
Der Druck in Flüssigkeiten 244
Der Druck in Gasen 246
Technische Anwendungen des Drucks 248
Das boyle-mariottsche Gesetz 250
Der Auftrieb in Flüssigkeiten 252
Der Auftrieb in Gasen 254

Arbeit und Leistung

Die Geschwindigkeit 256
Die Beschleunigung 258
Lageenergie und Hubarbeit 260
Bewegungsenergie und Beschleunigungsarbeit 262
Die Energieerhaltung als Postulat 264
Die mechanische Leistung 266

Wärmelehre

Innere Energie 268
Die Schmelzwärme 270
Die Verdampfungswärme 272
Die Wärmepumpe 274
Wärmekraftmaschinen 276

Nutzen der Elektrizität

Der Kondensator 278
Die elektrische Spannung 280
Die elektrische Leistung 282
Die elektromagnetische Induktion 284
Elektromotor und Generator 286
Der Transformator 288
Elektrizitätserzeugung 290

Akustik

Der Schall 292
Schall und Resonanz 294
Die Schallausbreitung 296

Kernphysik

Der Aufbau der Materie II 298
Ionisierende Strahlung 300
Radioaktivität 302
Zerfallskurven 304
Kernkraftwerke 306
Gefahren durch Kernkraftwerke 309

Energieversorgung

Strom aus der Sonne 312

Für Tüftler genau das Richtige: Die Physik

Chaos, Kaffee und Kristalle – von der Kaffeetasse bis ins Weltall reichen die Themen, mit denen sich die Teilnehmer des Wettbewerbs Jugend forscht (ausführliche Informationen auf Seite 896) im vergangenen Jahr befassten.

Wer sich unter „Herzen, die berechenbar sind" eine neue Soap Opera fürs Nachmittagsprogramm erhofft, könnte kaum falscher liegen. Anne Tiedke und Lydia Woiterski wollten vielmehr herausbekommen, unter welchen Bedingungen sich das Licht in einer vollen Kaffeetasse in Form eines Herzens spiegelt. Deshalb bauten sie eine Appatur, die es ermöglicht, Lichtstrahlen unter verschiedenen Winkeln in die Tasse einfallen zu lassen (Abb. 1). Für das Ergebnis haben sie bestimmt viele Tassen Kaffee verbraucht, aber nun steht fest: Je flacher das Licht in die Kaffeetasse fällt, desto ausgeprägtere Herzen sind zu sehen.

Auch „Billard in nichtkausalen Kosmonen-Raumzeiten" führt den Leser zunächst auf die falsche Fährte: Ein Spiel, das man im Restaurant am Ende des Universums spielt? Das Thema von David Klawonn und Martin Herfurth aus Berlin klingt zwar sehr nach Science-Fiction, ist aber dennoch handfeste Physik (Abb. 2). Kosmonen oder kosmische Strings sind hypothetische Überreste aus frühen Phasen des Universums. Sie sind eindimensional – das heißt, dass sie nur eine Längsausdehnung, aber keine Ausdehnung in Breite und Höhe haben – und bewegen sich als Fäden oder

Schleifen mit Lichtgeschwindigkeit durch den Kosmos. Dadurch könnten Zeitparadoxa auftreten: Eine Billardkugel, die auf ein Kosmon zufliegt, könnte in die Vergangenheit zurück laufen und sich dabei selbst aus der Bahn schießen. Welche Paradoxa an Kosmonen auftreten können, haben die beiden jungen Forscher untersucht und mathematisch beschrieben.

In der Kristallkugel die Zukunft lesen ist Hokuspokus – Kristalle züchten ist Physik. Alexander Huber und Axel Rottmann aus Heitersheim wollten herausfinden, wie die symmetrischen Formen von Kristallen entstehen, machten eine eigene Kristallzucht auf und dokumentierten ihre Forschungsergebnisse in der Arbeit „Bestimmung der Wachstumsfunktion oktaedrischer Alaunkristalle" (Abb. 3). Dabei unterlief ihnen ein Fehler – allerdings einer mit sehr schönem Ergebnis: Ihre Kristalle wurden deutlich größer als erwartet. Und schließlich sind auch in der Forschung Fehler dazu da, dass man aus ihnen lernt.

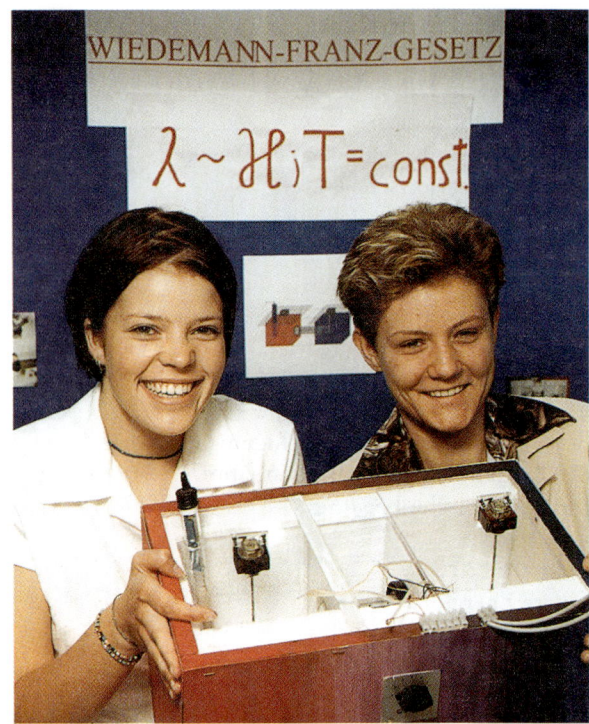

Abb. 1: Anne Tiedke (15) und Lydia Woiterski (17) entwickelten eine Apparatur zum Nachweis des Wiedemann-Franz-Gesetzes

Auch in der Physik kommt selbstverständlich der Computer zum Einsatz. Für ihre Arbeit „Aufbruch ins Chaos – mechanische und elektrische Schwingungen in Simulation und Realität" entwickelten Marcus Benna, Benjamin Lindner und Dominik Jednoralski ein Simulationsprogramm für den Computer und verglichen es anschließend mit dem realen Experiment. Untersucht wurden das Verhalten eines Doppelpendels und eines Diodenschwingkreises, die beiden Phänomene des deterministischen Chaos aufweisen, das heißt, ihr Verhalten lässt sich nicht für beliebig lange Zeiten vorhersagen. Ergebnis: Die Computersimulation der jungen Forscher beschreibt das tatsächliche Verhalten recht exakt.

Ins Weltall begab sich Elias Puchner. Sterne kennt der Normalsterbliche nur als kleine Lichtpünktchen am Himmel. Dieses Licht kann uns aber Informationen liefern, zum Beispiel darüber, wie heiß diese Sterne sind und wie schnell sie sich um die eigene Achse drehen, wie lange also für einen bestimmten Stern ein „Tag" dauert. Der Jungforscher aus Nürnberg baute zu diesem Zweck einen Spektografen mit dem schönen Namen ESEL: Das Licht wird durch eine Glasfaser vom Teleskop in den Spektografen geleitet, wo es durch ein Prisma und ein Beugungsgitter in seine Regenbo-

Abb. 2: David Klawonn (17) und Martin Herfurth (16) mit ihrer Arbeit über Kosmonen bzw. kosmische Strings

genfarben zerlegt wird. Die Bilder werden von einem digitalen Kamerachip aufgenommen, die Daten von einem Computer ausgewertet.

Sponsoren? Warum nicht!

Man muß durchaus nicht allein im stillen Kämmerlein arbeiten. Wen der Forscherdrang gepackt hat, der wird sicherlich erst einmal einen Physiklehrer um Rat fragen, wird bitten, ob er die Apparaturen in der Schule benutzen kann. Hat die Schule kein oder kein genügend ausgestattetes Labor, darf man vielleicht das einer anderen Schule benutzen. Gibt es keine Ansprechpartner, die sich mit *Jugend forscht* auskennen, lässt man sich vom Fachlehrer, der Fachlehrerin oder dem Landeswettbewerbsleiter beraten, dessen Anschrift man von der *Jugend forscht*-Geschäftsstelle erfahren kann. In vielen Bundesländern gibt es auch einen Gerätefonds, über den teure Geräte ausgeliehen oder für die Schule neu angeschafft werden können.

Der nächste Schritt führt zu Firmen, Instituten und Fachleuten. Das ist keineswegs „unsportlich" – auch hauptberufliche Wissenschaftler müssen sich bei ihrer Arbeit mit Experten beraten.

Man sollte sich auch nicht scheuen, Sponsoren zu gewinnen, wenn die vorhandenen Geräte und Materialien nicht ausreichen und Neuanschaffungen das Taschengeld-Budget übersteigen. Viele Firmen unterstützen ohnehin *Jugend forscht* mit Geld- und Sachspenden, stiften Preise und vergeben Stipendien.

Es kann nicht schaden, für das eigene Studienobjekt bei verchiedenen Firmen einmal nachzufragen. Welche Firmen das sein könnten, lässt sich in den Gelben Seiten nachschlagen. Hilfreich ist auch das dickleibige Buch „Wer liefert was?", das man in den meisten Stadtbibliotheken oder bei der Industrie- und Handelskammer einsehen kann.

Sicherheit geht vor

Dass man sich bei seiner Arbeit – schon im eigenen Interesse – an die jeweils geltenden Sicherheitsbestimmungen hält, sollte eigentlich selbstverständlich sein. Die Geräte, die man bei der Arbeit benutzt, sollten das GS-Zeichen (steht für „geprüfte Sicherheit") tragen und immer einen sicheren Standplatz haben. Freiliegende

Kabel müssen so gesichert sein, dass niemand darüber stolpern oder dahinter haken kann – etwa durch Festkleben auf dem Boden und am Arbeitstisch. Das dient nicht nur der eigenen Sicherheit, sondern auch der der Forschungsarbeit. Es wäre doch ein Jammer, wenn die ganze mühsam aufgebaute Apparatur zu Bruch ginge, nur weil man über ein nicht ordentlich festgeklebtes Kabel stolpert!

Ganz besondere Vorsicht ist im Umgang mit Lasergeräten geboten. Zunächst einmal müssen alle Hinweise der Gerätehersteller genau beachtet werden. Für selbst gebaute Lasergeräte gibt es eine Reihe von Sicherheitsvorkehrungen. Will man auf diesem Gebiet experimentieren, empfiehlt sich eine Nachfrage beim zuständigen Gewerbeaufsichtsamt (welches das ist, erfährt man aus dem Telefonbuch).

Weitere Auskünfte erteilt die Bundesanstalt für Arbeitsschutz:

Friedrich-Henkel-Weg 1–25
44149 Dortmund
Telefon: 0231/9071-0

Ans Ende der Arbeit – zwischen Sicherheitshinweisen und Literaturverzeichnis – gehören, wie man es vom Filmnachspann kennt, auch die Danksagungen. Hier bedankt man sich bei allen, die einem mit Rat und Tat zur Seite gestanden haben, bei den Firmen, die Geräte, Materialien und Informationsmaterial zur Verfügung

gestellt haben. Dennoch sollte man eine *Jugend forscht*-Arbeit nicht mit der Oscar-Verleihung verwechseln: Der Dank an Eltern, Onkel, Tante, Oma, Opa, so geduldig sie einen auch unterstützt haben mögen, hat in einer solchen Arbeit eigentlich nichts zu suchen!

Sonderpreise – Umwelttechnik und Energietechnik

Zwei der *Jugend forscht*-Sonderpreise sind für Teilnehmerinnen und Teilnehmer der Fachgebiete Physik und Technik besonders interessant. Die Deutsche Bundesstiftung Umwelt vergibt zusammen mit der Stiftung Jugend forscht den Sonderpreis Umwelttechnik. Hier werden Arbeiten prämiert, die sich mit der Herstellung oder Entwicklung umwelt- und gesundheitsfreundlicher Verfahren und Produkte beschäftigen.

Der Sonderpreis für Energietechnik wird für solche Arbeiten vergeben, die sich mit den Möglichkeiten der Energieeinsparung befassen. Sparsamer Umgang mit Energie ist schließlich nicht nur umweltfreundlicher, sondern auch wirtschaftlicher – und am Geldsparen sind nun wirklich alle interessiert. So beschäftigten sich Schüler gleich mit Konzepten, wie sich an ihrer Schule Gas und Strom sparen und so die Stromkosten reduzieren ließen. Weitere Themen im vergangenen Jahr waren Energieeinsparung bei Automotoren, Straßenbeleuchtung oder Leuchten und sogar „Das Null-Energie-Haus".

Abb. 3: Axel Rottmann (19) und Alexander Huber (20) haben das Wachstum oktaedrischer Alaunkristalle erforscht

Die Temperatur

*I*n der Natur begegnet man Körpern in unterschiedlichen Zuständen. Die Körper können entweder fest, flüssig oder gasförmig sein. Wasser ist z.B. ein Stoff, der bequem in allen drei Zuständen beobachtet werden kann. Bei Zimmertemperatur ist Wasser flüssig, im Winter ist Wasser gefroren und somit fest, und beim Kochen von Wasser verdampft es und wird gasförmig. Am Beispiel des Wassers erkennt man, dass der Zustand eines Stoffes nicht immer gleich bleiben muss. Durch Abkühlen kann die Flüssigkeit in die feste Zustandsform Eis oder Schnee erstarren, und durch Erwärmen geht die Flüssigkeit in den gasförmigen Zustand über. Aber nicht nur das Wasser, sondern alle flüssigen Stoffe lassen sich durch ein angemessenes Erwärmen verdampfen oder durch ein entsprechendes Abkühlen zu einem festen Körper erstarren.

Alle Stoffe können in drei verschiedenen Zustandsformen erscheinen:

1. fest
2. flüssig
3. gasförmig

Erwärmen oder Abkühlen verändert den Zustand der Stoffe.

Beim Erwärmen von Stoffen wird generell eine Volumenzunahme beobachtet. Diese Erscheinung lässt sich mit Hilfe eines einfachen Versuchs nachprüfen: Man füllt einen Glaskolben mit Wasser. Beim Erhitzen des Glaskolbens steigt das Wasser im

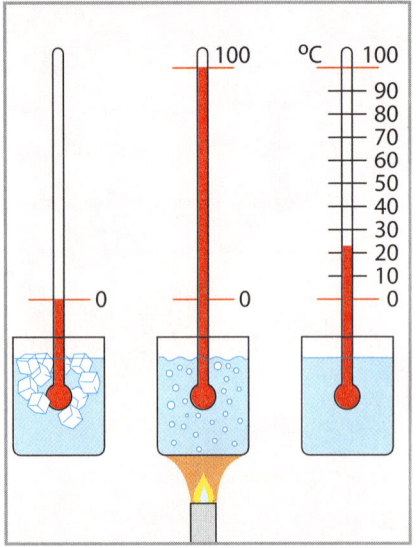

Abb. 1: Wasser dehnt sich bei Temperaturerhöhung aus

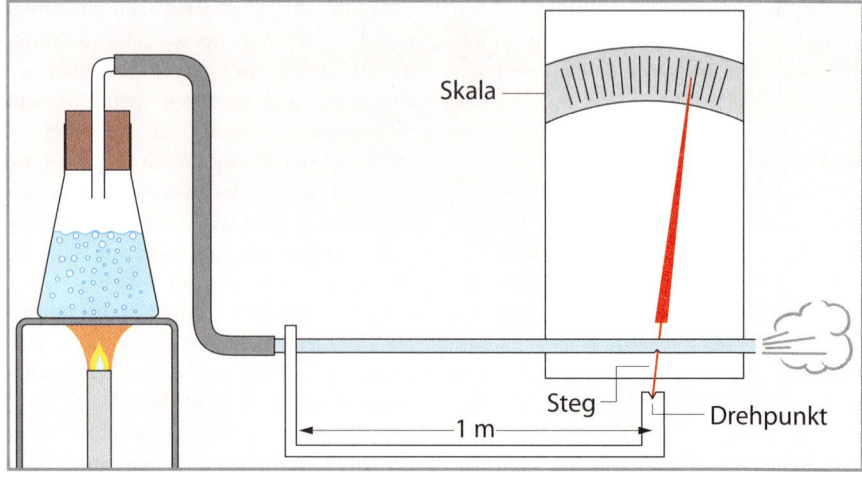

Abb. 2: Messung der Längenänderung eines Metallrohres bei Erwärmung

Glasröhrchen, und beim Abkühlen fällt der Wasserspiegel wieder. Man stellt also fest, dass sich die Flüssigkeit ausdehnt. Die erwärmte Flüssigkeit benötigt mehr Volumen, und diesen Platz für die Volumenänderung findet das Wasser im Steigrohr und zeigt somit die Volumenänderung an. Die Volumenänderung steht also im direkten Zusammenhang mit der Erwärmung der Flüssigkeit (Abb. 1).

Auch feste Körper ändern ihr Volumen bei Erwärmung. Wird erhitzte Flüssigkeit durch ein Rohr gegossen, dann verlängert sich das Rohr, und ein Zeiger, der für die Messung mit dem Rohr verbunden ist, zeigt die Längenänderung genau an (Abb. 2). Mit dieser Methode stellt man eine Längenveränderung der Festkörper beim Temperaturanstieg fest.

In der Technik ist es lebenswichtig, dieses Verhalten von festen Stoffen zu berücksichtigen. Beim Brückenbau wird die temperaturabhängige Längenänderung der Fahrbahn eingeplant, um Risse oder Wellen auf der Fahrbahn zu vermeiden. Dehnungsfugen zwischen Brücke und Fahrbahn geben den nötigen Raum zur Ausdehnung (Abb. 3), und die Brücken sind wegen den Materialspannungen auf beweglichen Rollen gelagert.

Feste und flüssige Stoffe dehnen sich aus. Es stellt sich die Frage, ob sich Gase genauso verhalten. Um das zu untersuchen, benutzt man einen Rundkolben, der Luft enthält. Der Kolben, mit einem Stopfen und einem Ausdehnungsrohr verschlossen, wird in ein mit Wasser gefülltes Becherglas getaucht. Durch Erhitzen der Luft im Glaskolben werden Luftblasen im Wasser sichtbar. Die Luft dehnt sich also durch das Erhitzen im Glaskolben aus und entweicht durch das Ausdehnungsrohr. Wird der Kolben abgekühlt, dann verringert sich das Luftvolumen im

Glaskolben, und Wasser wird in den Kolben aufgesogen. Bei der Abkühlung von Gasen verringert sich das Volumen. Somit wird festgestellt, dass Gase ihr Volumen bei Temperaturveränderung ebenfalls wie feste und flüssige Körper ändern.

Festkörper, Flüssigkeiten und Gase dehnen sich bei Temperaturerhöhung aus und ziehen sich beim Abkühlen zusammen.

Um den Wärmezustand objektiv zu beschreiben, verwendet man die Temperatur. Die eigene Temperaturwahrnehmung ist für die Temperaturbestimmung nicht ausreichend. Der Mensch kann nur unterscheiden zwischen heiß, warm, lauwarm, kühl oder kalt, und selbst diese Unterscheidungen sind abhängig von der jeweiligen Situation und seinem Empfinden. Duscht man sich vor dem Sprung ins Schwimmbecken kalt ab, dann wird die Wassertemperatur im Schwimmbecken als nicht so kalt empfunden. Springt man direkt ins Schwimmbecken, empfindet man das Wasser als wesentlich kälter. Die eigene Wahrnehmung ist unzuverlässig. Will man ein Messverfahren entwickeln, muss man die Eigenschaften der Stoffe kennen, die sich bei Erwärmen oder Abkühlen ändern. Stoffe reagieren mit einer Volumenänderung. Diese objektive Eigenschaft macht sich der Mensch für die Temperaturmessung zunutze.

In Flüssigkeitsthermometern wird häufig das Material Quecksilber benutzt. Das Quecksilberthermometer besteht im Prinzip aus einem Glaskolben mit einem Steigrohr. Will man Temperaturen messen, dann

Abb. 3: Dehnungsfuge

braucht man zusätzlich eine Temperaturskala. Die Temperaturskala lässt sich nach dem Verfahren des schwedischen Physikers Anders Celsius (1701-1744) erstellen. Celsius nutzte für die Einteilung der Temperaturskala zwei Temperaturpunkte. Der eine Temperaturpunkt ist der Schmelzpunkt des Eises, und der andere Temperaturpunkt ist der Siedepunkt des Wassers. Wird der Glaskolben mit Quecksilber gefüllt und in siedendes Wasser gestellt, dann nimmt das Quecksilber die Temperatur an und dehnt sich aus. Das Quecksilber hat dann die Temperatur des siedenden Wassers angenommen, wenn die Quecksilbersäule zum Stillstand kommt und sich nicht mehr weiter ausdehnt. Der erreichte Quecksilberstand in dem Flüssigkeitssteigrohr gibt den oberen Fixpunkt der Temperaturskala an. Wird danach der

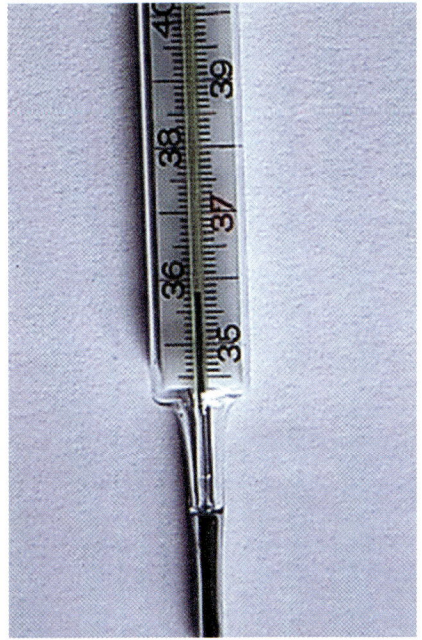

Abb. 4: Die Verengung verhindert den Rückgang der Quecksilberflüssigkeit nach dem Messen der maximalen Temperatur.

Glaskolben in Eiswasser gestellt, verringert sich das Quecksilbervolumen im Steigrohr, und der erreichte Endpunkt ist der untere Fixpunkt der Temperaturskala. Auch hier muss so lange gewartet werden, bis die Quecksilbersäule zum Stillstand kommt. Die Distanz zwischen oberem und unterem Fixpunkt wurde von Celsius in 100 gleiche Abstände unterteilt. Diese Skala kann nach unten oder oben weiter fortgeführt werden. Der Schmelzpunkt von Eis bekam somit die Bezeichnung „null Grad Celsius" (0°C), und dem Siedepunkt wurde der Wert von 100°C (Celsius) zugeordnet.

Das Fieberthermometer ist prinzipiell so aufgebaut wie oben bereits beschrieben, nur kann hier zusätzlich die maximale Temperatur gespeichert werden. Nach dem Messen zieht sich der Quecksilberfaden wieder zusammen. Damit die maximale Temperatur ablesbar bleibt, hat das Steigrohr beim Fieberthermometer eine schmale Verengung (Abb. 4). Dort reißt der Faden beim Abkühlen durch die Volumenverringerung der Quecksilberflüssigkeit ab und verhindert deren Rückzug. Der untere Teil zieht sich in das Vorratsgefäß zurück, und der obere Teil bleibt stehen. Die maximale Temperatur ist auf diese Weise als Information gespeichert. Für die nächste Messung muss das Quecksilber aus dem oberen Teil des Steigrohres durch die Verengung zurückgeschlagen werden, bis es vollständig aus dem Steigrohr verschwunden ist.

Da der Gefrierpunkt von Quecksilber bei −39°C und der Siedepunkt bei 357°C liegt, können Quecksilberthermometer im Temperaturbereich von −30°C bis 300°C benutzt werden. Zur Messung von tiefen Temperaturen benutzt man Alkohol oder Pentan als Thermometerflüssigkeit. Das Alkoholthermometer ist zwischen −100°C und 50°C, das Pentanthermometer bis zu −200°C verwendbar.

Alle Körper in den drei Zustandsformen haben gemeinsam, dass sich ihr Volumen bei der Temperaturerhöhung vergrößert, aber die Volumenveränderung ist von Stoff zu Stoff unterschiedlich. Die unterschiedliche Ausdehnung verschiedener Feststoffe wird bei Bimetallstreifen ausgenutzt.

Zwei Metallstreifen sind miteinander verbunden. Bei Temperaturerhöhung dehnt sich

das eine Metall stärker aus als das andere und verbiegt somit den Doppelstreifen. Diese Eigenschaft wird z. B. für Thermostate bei Bügeleisen oder Heizgeräten ausgenutzt. Bei Temperaturerhöhung verbiegt sich der Bimetallstreifen und unterbricht z. B. einen Stromkreis, der das Bügeleisen oder Heizgerät mit Strom versorgt (Abb. 5).

Die Temperatur wird generell mit ϑ (Theta) bezeichnet und der Abstand zwischen zwei Werten (Differenz) mit dem Zeichen Δ (Delta). Die Temperaturdifferenz wird somit mit $\Delta\vartheta$ (lies: Delta Theta) benannt und es gilt:

$$\Delta\vartheta = \vartheta_2 - \vartheta_1$$

Wenn z. B. die Temperatur von $\vartheta_1 = 50°C$ auf $\vartheta_2 = 60°C$ angestiegen ist, dann beträgt die Temperaturdifferenz $\Delta\vartheta = 10$ K. Die Temperaturdifferenzen werden generell nach dem englischen Physiker Lord Kelvin benannt und in der Einheit Kelvin (K) angegeben. Eine Temperaturdifferenz von 1K entspricht 1°C. Im oben angeführten Beispiel spricht man von einer Temperaturdifferenz von 10 K (Kelvin).

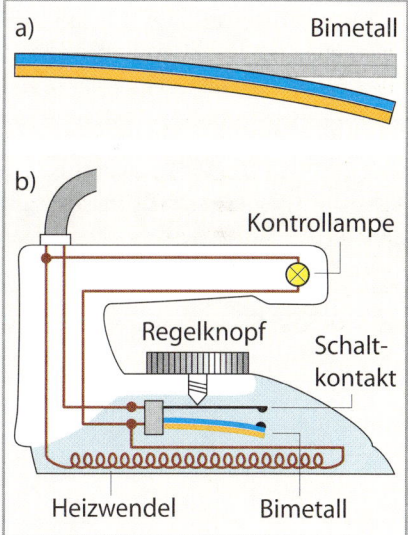

Abb. 5: Funktionsprinzip des Bimetallstreifen

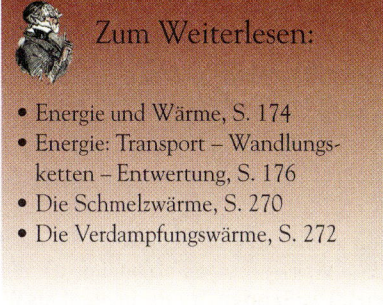

Zum Weiterlesen:

- Energie und Wärme, S. 174
- Energie: Transport – Wandlungsketten – Entwertung, S. 176
- Die Schmelzwärme, S. 270
- Die Verdampfungswärme, S. 272

Energie und Wärme

Friert der Mensch, dann geht er in einen warmen Raum oder er stellt sich in die Sonne, um sich aufzuwärmen (Abb. 1). Sind diese Möglichkeiten nicht gegeben, reibt er sich kräftig die Hände. Bleibt der Mensch längere Zeit in der Kälte stehen, dann benötigt er zusätzliche Energie in Form von zusätzlicher Nahrung (Abb. 2).

Über den Heizkörper oder über die Sonne kann der Mensch Energie in Form von Wärme aufnehmen. Die Hände erwärmen sich durch die Reibungsenergie der Handflächen, und z. B. ein Stück Zucker führt dem Körper chemische Energie zu, die der Körper „verbrennt". Die Energie, in unterschiedlichster Form, wird hier als Wärmezufuhr benutzt. Drückt man eine Luftpumpe beim Aufpumpen zusammen, so erwärmt sich die Pumpe in Reifennähe sehr stark. Wird ein Eisennagel mit der Zange mehrfach gebogen, so erwärmt sich die Biegestelle. Mehrere Stückchen Trockenspiritus (Esbit) verbrennen nach und nach unter einem Wasserbehälter. Das Wasser wird erwärmt. Auch bei diesen Vorgängen beobachtet man eine Änderung der Temperatur der Gegenstände. Bei der Luftpumpe und beim Eisennagel wird mechanische Energie in Wärme umgewandelt, und

Abb. 2: Alleine die 500 g Zucker in dieser Torte enthalten eine Energie von 8000 kJ

chemische Energie wird in Form von Wärme bei der Verbrennung vom Esbit auf das Wasser übertragen.

Das Wesentliche an der Energie ist, dass sie nicht entstehen oder vergehen kann. Sie kann nur von einer Form in die andere umgewandelt werden. Die Energie kann genutzt werden zum Erwärmen oder Heizen, sie kann aber auch in Licht oder Bewegung verwandelt werden. Die Energie kann in elektrischer, mechanischer oder in chemischer Natur vorliegen.

Wichtige Energielieferanten für den Menschen sind in erster Linie Brennstoffe

wie z. B. Kohle, Erdgas, Erdöl, Torf und Kernbrennstoffe wie Uran und Thorium. Aber auch die Energie der Sonne wird in zunehmendem Maße technisch genutzt.

Auch der menschliche Körper benötigt, wie bereits erwähnt wurde, chemische Energie in Form von Nahrungsmitteln, um seinen täglichen Wärmehaushalt zu decken. In den Körperzellen „verbrennt" er diese Stoffe, wenn auch bei relativ niedrigen Temperaturen, und hält seinen Körperkern konstant auf ca. 37°C. 100 g Müsli haben einen Energiewert von ca. 1400 kJ:

Nährwerte von 100 g Müsli:

Brennwert: 1351 kJ
Eiweiß 8,2 g
Fett: 4,7 g
Kohlenhydrate: 61,5 g

Die Zeile über den Brennwert liefert die notwendige Information über die Einheit der Energie. Die Abkürzung „kJ" steht für Kilo-

Abb. 1: Die Sonnenstrahlung dient als Wärmequelle

Abb. 3: Esbit-Kocher mit Thermometer

joule. Joule ist die internationale Einheit der Energie. (Häufig findet man ebenso Aufschriften mit der Abkürzung „kcal". Dies bedeutet „Kilokalorie". Diese Bezeichnung ist aber heute nicht mehr als Einheit erlaubt. Viele Ernährungstabellen enthalten aber immer noch diese Abkürzung für die Energie.)

Forscher haben z. B. herausgefunden, dass 4 Joule an Energie benötigt werden, um 1 Gramm Wasser um 1 K zu erwärmen. Dementsprechend benötigt man z. B. die Energiemenge von 4000 J (4 kJ), um 1000 g (1 kg) Wasser um 1 K zu erwärmen.

Im folgenden Versuch soll mit dem Esbit-Kocher (Abb. 3) festgestellt werden, wie viel Energie sich mit einer Tablette Hartspiritus (Esbit) auf eine bestimmte Menge Wasser übertragen lässt. Eine halbe Tablette Esbit wiegt 1 g (1 Gramm). Im Aluminiumgefäß befindet sich 1 kg (Liter) Wasser. Vor dem Erwärmen hat das Wasser eine Temperatur von 20°C. Nachdem die halbe Esbit-Tablette abgebrannt ist, hat das Wasser eine Temperatur von 30°C. Das Wasser hat sich also um 10 K erwärmt.

Um 1 kg Wasser um 1°C zu erwärmen, benötigt man 4 kJ (Kilojoule). Daraus ergibt sich, dass 1 kg Wasser für 10 K Erwärmung 40 kJ (Kilojoule) benötigt. Die halbe Esbit-Tablette hat also 40 kJ Wärme auf das Wasser übertragen. Die chemische Energie, gespeichert in der Esbit-Tablette, wird in Form von Wärme auf das Wasser übertragen und liefert somit an das Wasser eine Energiemenge von 40 kJ (Kilojoule).

> In Esbit ist Energie. Um 1 kg (1 l) Wasser um 1K zu erwärmen, braucht man 4 kJ (Kilojoule).

Wird eine ganze Esbit-Tablette zum Aufheizen der Wassermenge eingesetzt, dann erwärmt sich das Wasser genau um 20 K. Bei der doppelten Menge Esbit verdoppelt sich somit auch die Temperaturerhöhung. Das Wasser erhält also bei 1 Tablette die zweifache Wärmemenge von 40 kJ. Zwei Esbit-Tabletten geben somit die Wärmemenge von 80 kJ an das Wasser ab.

> Stoffe können Energie aufnehmen, speichern oder abgeben. Die Energiemenge lässt sich portionieren.

Wie Esbit hat jeder andere Stoff einen bestimmten Brennwert.

Brennstoff	Brennwert in kJ/g
Wasserstoff	143
Propangas	50
Benzin	46
Esbit	**40**
Steinkohle	31
Trockenes Holz	14

Bei Nahrungsmitteln bezeichnet man den Brennwert als Nährwert. Auch die Nahrungsmittel geben Ihren Nährwert in kJ/g an:

Nahrungsmittel	Nährwert in kJ/g
Butter	30
Zucker	**16**
Roggenbrot	12
Wurst	12
Kartoffel	6
Vollmilch	2

Wird die Esbit-Tablette in einem Parallelversuch durch einen Tauchsieder ersetzt und führt man damit den gleichen Versuch durch, dann stellt man fest, dass für das Erwärmen von 1kg Wasser um den Betrag von 10 K die gleiche Energiemenge benötigt wird, die von einer halben Esbit-Tablette an das Wasser abgegeben wird. In diesem Fall wird aber elektrische Energie in Form von Wärme auf das Wasser übertragen (Abb. 4). Die elektrische Energie kann am Energiezähler abgelesen werden. Der Energiezähler trägt nur eine andere Einheitenaufschrift für

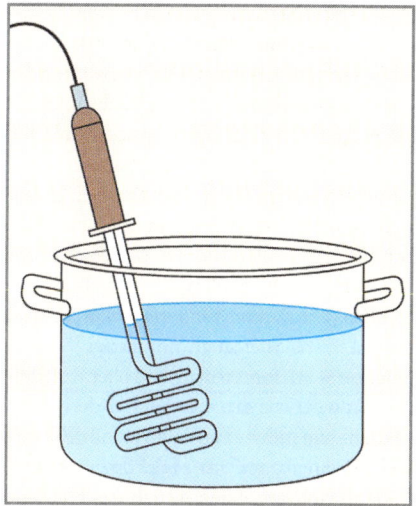

Abb. 4: Wassertopf mit Tauchsieder

die Energie, nämlich „kWh = Kilowattstunde", was aber nichts anderes als eine bestimmte Energie in Joule darstellt: 1 kWh = 3.600.000 J oder 3,6 MJ. Da im Haushalt viel Energie umgewandelt wird, ist es günstiger, eine größere Einheit zu wählen, weil sonst die Energiezähler zu viele Stellen enthalten müssten (Abb. 5).

Energie kann also in chemischer, elektrischer oder mechanischer Form als Wärme auf einen Körper übertragen werden.

In der Umwelt und Technik werden die Energieformen häufig gewandelt. So wandelt eine Rapspflanze in der Fotosynthese die Strahlungsenergie der Sonne in chemische Energie um. Das aus der Rapspflanze gewonnene Öl kann Motoren antreiben und wird durch die Kolben des Motors in mechanische Energie (oder auch Bewegungsenergie) verwandelt. Lauft die Lichtmaschine des Fahrzeugs mit, so wandeln drehende Magneten einen Teil der Bewegungsenergie in elektrische Energie um, damit das Auto mit Licht fahren kann. Die Reifen eines so betriebenen Fahrzeugs werden durch Scheibenbremsen irgendwann gebremst. Die dazu notwendige Reibung wandelt die mechanische Energie in Wärmeenergie um, die nutzlos an die Umwelt abgegeben wird.

Abb. 5: Stromzähler im Haushalt

Zum Weiterlesen:

- Die Temperatur, S. 172
- Energie: Transport – Wandlungsketten – Entwertung, S. 176
- Innere Energie, S. 268
- Die Schmelzwärme, S. 270

Energie: Transport – Wandlungsketten – Entwertung

Die Wärme ist für den Menschen die ursprünglichste Energieform. Wärme ist für das Überleben notwendig. Die Gebäude oder Räume, in denen der Mensch lebt oder arbeitet, sind mit Heizkörpern ausgestattet, die die Luft im Raum für den Menschen angenehm erwärmen. Die Energie im Heizkörper in Form von Wärme wird nicht im Heizkörper erzeugt, sondern der Heizkörper hat nur die Aufgabe, Wärme an die Umgebung abzugeben. Die Wärme für den Heizkörper wird zentral im Haus erzeugt. Ein großer Wasserbehälter wird dort erhitzt, und über Rohrleitungen wird das erhitzte Wasser den Heizkörpern zugeführt. Das Wasser kühlt durch die Wärmeabgabe im Heizkörper ab und fließt in Rohrleitungen zurück zum Heizkessel, wo erneut das Wasser erhitzt wird. Dieser Wasserkreislauf wird mit Hilfe einer Pumpe in Bewegung gehalten. Das erhitzte Wasser dient in diesem Kreislauf als Wärme- oder Energieträger. Das heiße Wasser transportiert die Energie zum Heizkörper.

Nicht nur mit flüssigen Stoffen ist der Wärmetransport möglich, sondern auch Gase oder Feststoffe können Energie transportieren. Für den häuslichen Bereich ist aber Wasser oder Wasserdampf der gebräuchlichste Energieträger.

Energieleitung in Materie

Brennende Holzstäbe lassen sich bequem als Fackeln in der Hand halten, obwohl die eine Seite lichterloh brennt. Wird dagegen ein Eisenstab einseitig erhitzt, dann verteilt sich die Wärme über den ganzen Gegenstand, und er wird beim Festhalten mit der bloßen Hand unangenehm heiß.

Abb. 2: Der Energieverlust ist an schlecht isolierten Häusern besonders groß

Materialien werden grundsätzlich in ihrer Eigenschaft unterschieden, wie gut oder schlecht sie die Wärme leiten. Vergleichbar mit dem Holz, kann man ebenso Glas oder Porzellan an einer Stelle erhitzen, und man stellt auch hier fest, dass sich die Wärme nicht gleichermaßen über den ganzen Körper verteilt. Generell kann man sagen, dass alle Nichtmetalle Wärme schlecht leiten. Mit Wasser im Reagenzglas macht man die gleiche Beobachtung (Abb. 1). Wasser siedet an der Oberfläche in der Flamme, aber das Wasser am anderen Ende im Reagenzglas verändert seine Temperatur kaum. Aber auch Luft leitet Wärme sehr schlecht. Luft und Wasser sind, wie alle Nichtmetalle, schlechte Wärmeleiter, wobei berücksichtigt werden muss, dass strömende Luft oder Wasser, wie z. B. das Wasser im Heizungssystem,

sehr viel Energie transportieren.

Wird im Versuch das Holz, Glas oder Porzellan durch Eisen ersetzt, dann wird das Eisen nach kurzer Zeit überall sehr schnell heiß.

Bei allen anderen Metallen, wie z. B. Kupfer oder Aluminium, wird der gleiche Effekt beobachtet. Die Wärme verteilt sich über das Material, obgleich nur eine Seite des Materials durch die Flamme erwärmt wird. Diese Erfahrung ist für den Menschen von großem Nutzen, denn diese wesentlichen Unterscheidungsmerkmale zwischen Metallen und Nichtmetallen setzt der Mensch überall in seinem täglichen Leben ein. Der Heizkörper z. B. ist aus Metall, weil das Wasser den Heizkörper schnell und gleichmäßig erwärmen soll, und der Heizkörper hat die Aufgabe, so schnell wie möglich die Energie in Form von Wärme an die Umgebung abzugeben.

Für das Gebäude ist es aber wichtig, die erhöhte Raumtemperatur vor der kalten Umgebung (Außentemperatur) zu schützen (Abb. 2). Die Wärme soll nicht nach außen abgeführt werden. Deshalb muss das Gebäude aus Nichtmetallen bestehen. Diese Baustoffe isolieren und schützen damit die Wärme im Raum vor der kälteren Umgebung. Baustoffe, die insbesondere nur zu diesem Zweck in Gebäuden eingesetzt werden, nennt man Isolationsmaterialien (Abb. 3).

Die Energiestrahlung

Bei den bisherigen Beobachtungen wurde der Wärmetransport mit Hilfe von Materie verwirklicht. Entweder wird die Wärme im Material selbst weitergeleitet, wie z. B. bei den Metallen, oder Wärme wird durch Strömung weitertransportiert, wie z. B. das fließende Wasser im Heizungssystem.

Diese beiden Wärmetransportmöglichkeiten erklären aber nicht, warum es auf der Erde warm ist, wenn die Sonne scheint, und warum sofort die Temperatur sinkt, wenn die Sonne hinter den Wolken verschwindet. Hier kann die Wärme nicht mit Materie transportiert werden, denn zwischen der Erde und der Sonne befindet sich ein materieloser Raum, das Weltall. Die Wärmeübertragung erfolgt hier mit der Wärmestrahlung. Die Wärmestrahlung benötigt kein Medium,

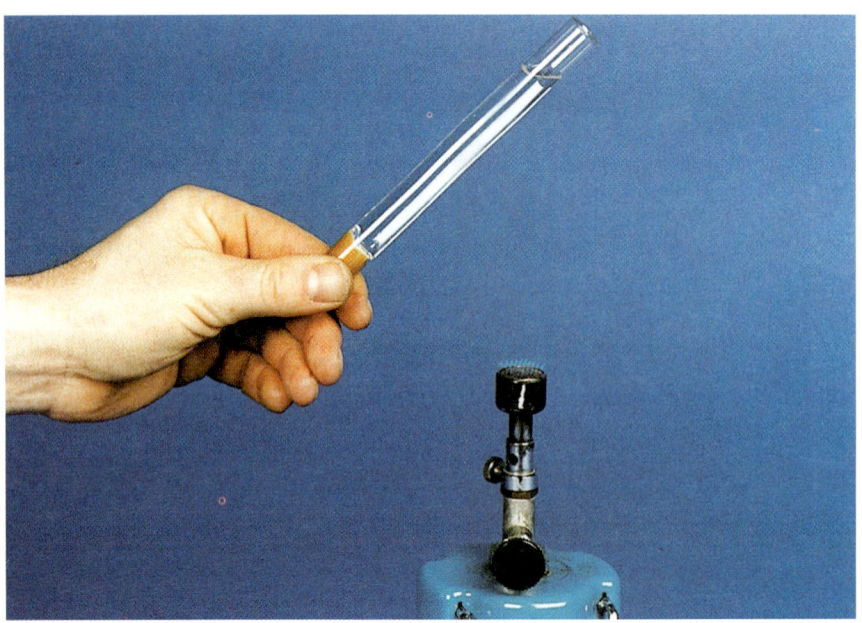

Abb. 1: Wasser siedet an der Oberfläche. Das Reagenzglas lässt sich in der Hand halten

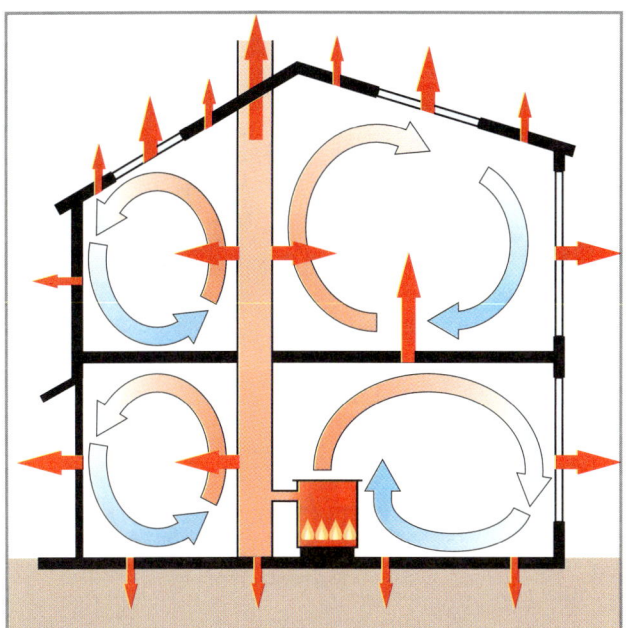

Abb. 3: Schematische Darstellung des Wärmeverlustes: Über die Fenster und den Schornstein ist der Verlust größer als über die Mauern und den Boden

um die Energie zu übertragen. Die Wärmestrahlung erwärmt Materialien unterschiedlich stark. Legt man z. B. einen schwarzen und einen weißen Gegenstand in die Sonne, dann stellt man fest, dass sich der schwarze Körper wesentlich stärker erwärmt. Der schwarze Gegenstand hat die Sonnenstrahlung wesentlich stärker aufgenommen als der weiße. Schwarze Gegenstände geben aber im Vergleich zu den weißen ihre Wärme wieder schneller an die kühlere Umgebung ab.

Die Energieübertragungskette

Energie hat unterschiedliche Erscheinungsformen, sie kann in thermischer, mechanischer oder elektrischer Energie sowie

Abb. 4: Beispiel einer Energieübertragungskette

in Bewegungsenergie in Erscheinung treten. Die Energie kann von einer Energieform in die andere umgewandelt werden und kann von einem Gegenstand zum anderen übertragen werden. Die mehrfache Übertragung der Energie von einer Form in die andere oder von einem Gegenstand zu einem anderen bezeichnet man als Energieübertragungskette (Abb. 4). Das Besondere an den Energieübertragungsketten ist, dass bei der Umwandlung generell immer Energie in Form von Wärme an die Umgebung abgegeben wird.

Energie ist für den Menschen wertvoll, wenn sie für seinen Nutzen einsetzbar ist. Ein Elektrozug bremst, indem er seine Elektromotoren als Generatoren einsetzt. Beim Abbremsen erzeugt der Zug elektrische Energie. Diese elektrische

Reifen geben ihre Energie in Form von Wärme an die Umgebung ab. Die Wärme lässt sich nicht mehr in Bewegungsenergie für das Fahrzeug umwandeln, denn mit der erwärmten Luft in der Umgebung lässt sich das Auto nicht mehr in Bewegung setzen. Die Energie, gespeichert in der Umgebung, ist für den Menschen nicht mehr wertvoll. Die Energie ist entwertet. Diese Energieform wird mit Anergie bezeichnet. Anergie ist Energie, die sich nicht mehr in Exergie umwandeln lässt.

Die Sonne kann prinzipiell als Exergiepumpe der Erde bezeichnet werden. Auf der Erde wurde über Jahrmillionen die Sonnenenergie in Form von fossilen Brennstoffen gespeichert. Diese Exergie ist begrenzt auf der Erde vorhanden und lässt sich nur in sehr langen Zeitzyklen wieder erneuern. Da aber der Energieverbrauch bzw. die Umwandlung von Exergie in Anergie durch den Menschen wesentlich schneller geschieht, als die Sonne ihre Exergie in Form von fossilen Brennstoffen nachliefern kann, sucht der Mensch nach Möglichkeiten, die Sonnenenergie sofort als Exergie zu nutzen. Dieses Vorhaben wird z. B. mit modernen Sonnenkraftwerken oder Sonnenkollektoren verwirklicht. Die Sonnenenergie wird dabei entweder direkt in Wärme oder in Strom umgewandelt (Abb. 5).

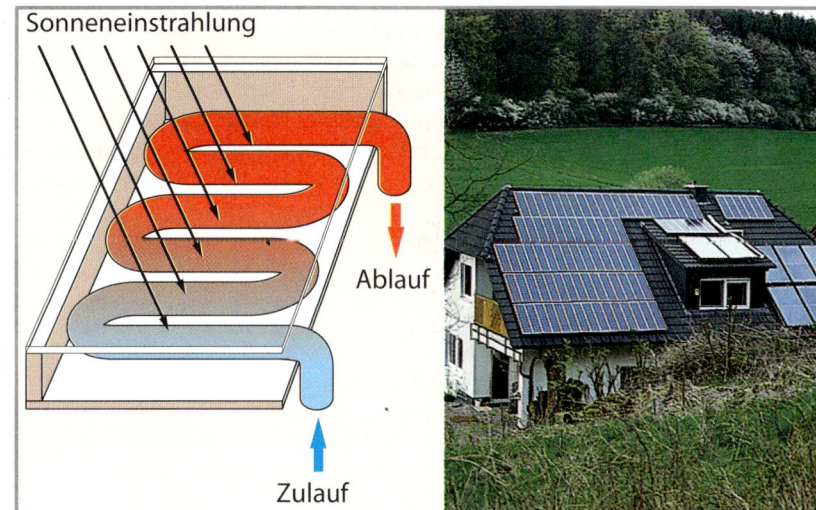

Abb. 5: Umwandlung der Sonnenenergie in nutzbare Energie

Energie bleibt für den Menschen nutzbar, denn sie kann später eingesetzt werden, um den Zug wieder in Bewegung zu setzen. Die Energie wurde umgewandelt, bleibt aber für den Menschen wertvoll, denn sie kann weiter genutzt werden. Diese wertvolle Energie wird als Exergie bezeichnet.

Beim Abbremsen eines Fahrzeuges wird die Bewegungsenergie in thermische Energie umgewandelt. Die heißen Bremsbeläge und

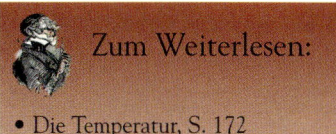

Zum Weiterlesen:

- Die Temperatur, S. 172
- Energie und Wärme, S. 174
- Die Energieerhaltung als Postulat, S. 264
- Wärmekraftmaschinen, S. 276

Stromkreis *I* – Grundlagen

*D*ie elektrische Erscheinung (Induktion) wurde im Jahre 1831 von Faraday entdeckt. Erst 1866 hat Werner von Siemens (1816-1892) die erste Maschine zur Stromerzeugung für eine praktische Verwendung erfunden. Heutzutage ist der Strom aus dem Alltag nicht mehr wegzudenken.

Bei der Bezeichnung Strom geht man von der Vorstellung aus, dass etwas strömt oder fließt. Damit der Strom fließt, benötigt man eine Quelle. Die wichtigste Stromquelle ist das Elektrizitätswerk, das über Freileitungen oder Erdkabel den Strom liefert. Daneben gibt es Stromquellen, die vom elektrischen Versorgungsnetz unabhängig sind wie z. B. Batterien. Ein Verbraucher, wie z. B. eine Glühlampe, zeigt an, dass Strom fließt, indem sie leuchtet. Strom selbst ist nicht ohne weiteres sichtbar. In der Abbildung 1 ist ein einfacher Stromkreis abgebildet. Der Pluspol einer Batterie ist durch ein Kabel an der Stelle A mit einem Schalter verbunden. Der Schalter ist geöffnet. Der Schalter steht an der Stelle B über ein weiteres Kabel mit einem Anschluss der Glühlampe in Verbindung. Der andere Anschluss der Glühlampe ist über ein drittes Kabel mit dem Minuspol der Batterie verbunden. Der Schalter ist geöffnet, es fließt kein Strom. Die Lampe leuchtet nicht. Wird der Schalter geschlossen, dann fließt ein Strom, und die Glühlampe leuchtet.

Der einfache Aufbau des Stromkreises wird in der Abbildung 1 im Schaltbild vereinfacht dargestellt. Die Batterie, die Lampe und der Schalter werden im Schaltbild durch symbolische Zeichen ersetzt (Abb. 2). In der Elektrizitätslehre wird festgelegt, dass der Strom vom Pluspol zum Minuspol fließt.

Da der menschliche Körper ebenfalls Strom leitet, ist Elektrizität für den Menschen gefährlich. Deshalb müssen beim Umgang mit elektrischen Geräten immer die Sicherheitsvorschriften beachtet werden. Mit Netzspannungen darf niemals experimentiert werden. Nur kleine Spannungen unter 24 V sind für den Menschen ungefährlich. Trotzdem ist auch hier Vorsicht geboten, denn auch bei extrem geringen Spannungen können im Kurzschluss sehr hohe Ströme fließen, die zu schweren Verbrennungen führen können.

Leiter und Isolatoren

Der Stromfluss ist nur gewährleistet, wenn der Stromkreis aus Materialien besteht, die den Strom leiten. Der Versuchsaufbau in der Abbildung 1 benutzt beispielsweise Kupferdrähte für die Stromführung. Der Schalter besteht aus Eisen. Kupfer und Eisen sind sehr gute Leiter. Für die Untersuchung von unterschiedlichen Materialien in Bezug auf ihre Eigenschaften der Leitfähigkeit wird der Hebel des Schalters durch unterschiedliche Materialien ersetzt. Die Glühlampe leuchtet auf, wenn das zu prüfende Material leitet. Mit diesem Versuchsaufbau wird festgestellt, dass generell Metalle (Kupfer, Eisen, Aluminium, usw.) und Kohle den Strom sehr gut leiten. Bei diesen Materialien leuchtet die Glüh-

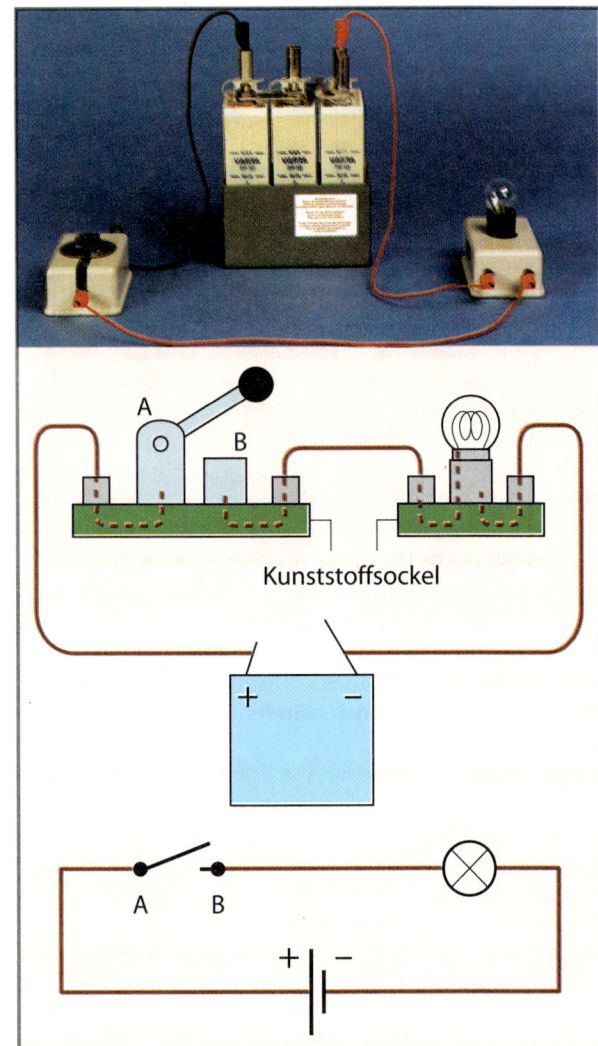

**Abb. 1: Einfacher Stromkreis:
Foto, schematischer Aufbau und Schaltbild**

1) Stromquelle

2) Batterie

3) Lampe

4) Motor

5) Schalter

6) Wechsel-
   schalter

7) Kreuzende
   Leitungen
   ohne Kontakt

8) Abzweigung

Abb. 2: Internationale Schaltsymbole

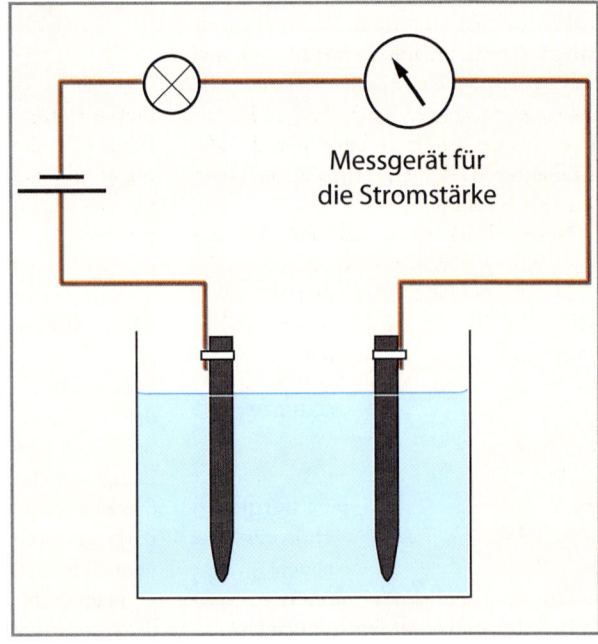

Abb. 3: Leitfähigkeitsprüfung von Flüssigkeiten

lampe. Bei Glas, Porzellan, trockenem Holz, Kunststoffen und Gummi leuchtet die Glühlampe nicht. Diese Stoffe leiten keinen Strom und werden deshalb als Isolatoren bezeichnet.

Für die Untersuchung der Leitfähigkeit von Flüssigkeiten werden zwei Elektroden in ein Glas mit der zu prüfenden Flüssigkeit getaucht (Abb. 3). Die Elektroden bestehen aus Kohlestäben, und die Flüssigkeit besteht zunächst aus Trinkwasser. Bei diesem Versuchsaufbau leuchtet die Lampe nicht. Trotzdem wird ein geringer Stromfluss mit dem Messgerät angezeigt. Dieser Stromfluss ist allerdings zu schwach, um die Glühlampe zum Leuchten zu bringen. Das Experiment zeigt, dass beim Hinzufügen von Säure, Lauge oder Salz die Glühlampe leuchtet. Wässrige Lösungen von Salzen, Säuren und Laugen (Basen) sind also Leiter. Mit reinem destilliertem Wasser zeigt

Aufbau einer Glühlampe

Ist eine Glühlampe in einem Stromkreis angeschlossen, dann fließt der Strom über die Glühwendel der Glühlampe. Der Stromfluss erhitzt die Glühwendel so weit, dass sie anfängt zu glühen und deshalb leuchtet (Abb. 4).

Die Glühlampe besteht im Wesentlichen aus einem Sockel mit einem Fußkontakt, wobei Fassung und Fußkontakt voneinander elektrisch isoliert sind. Über den Fußkontakt fließt der Strom zur Glühwendel, und über den Sockel fließt der Strom wieder zurück. Der Sockel ist in einer isolierten Fassung eingeschraubt. Über Kontaktfedern wird der Strom von der Stromleitung auf den Fußkontakt und den Sockel übertragen. Die Fassung besteht aus einem isolierenden Material.

Es ist möglich, auch zwei Glühlampen an einer Stromquelle anzuschließen, dabei

niger Strom, und die Glühlampen leuchten schwächer.

Bei der Wechselschaltung (Abb. 7) als dritter Möglichkeit kann man über den Wechselschalter den Stromfluss entweder über die eine oder andere Glühlampe lenken. Bei der Wechselschaltung leuchtet nur eine Glühlampe, aber mit der gleichen Intensität, wie bei der einfachen Schaltung.

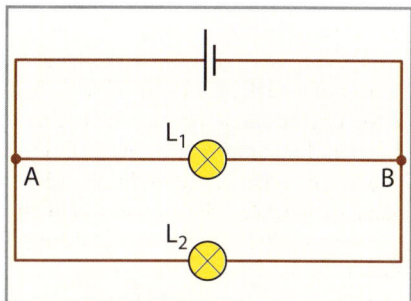

Abb. 5: Glühlampen parallel geschaltet: Beide Lampen leuchten gleich hell

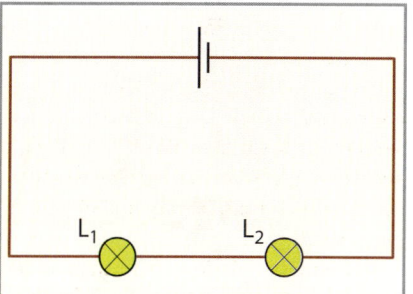

Abb. 6: Glühlampen hintereinander geschaltet: Die Lampen leuchten gleich hell, aber schwächer

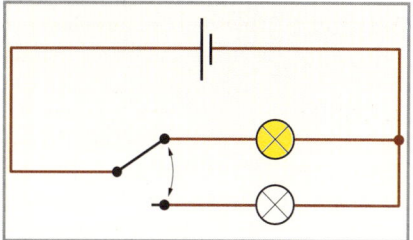

Abb. 7: Wechselschaltung

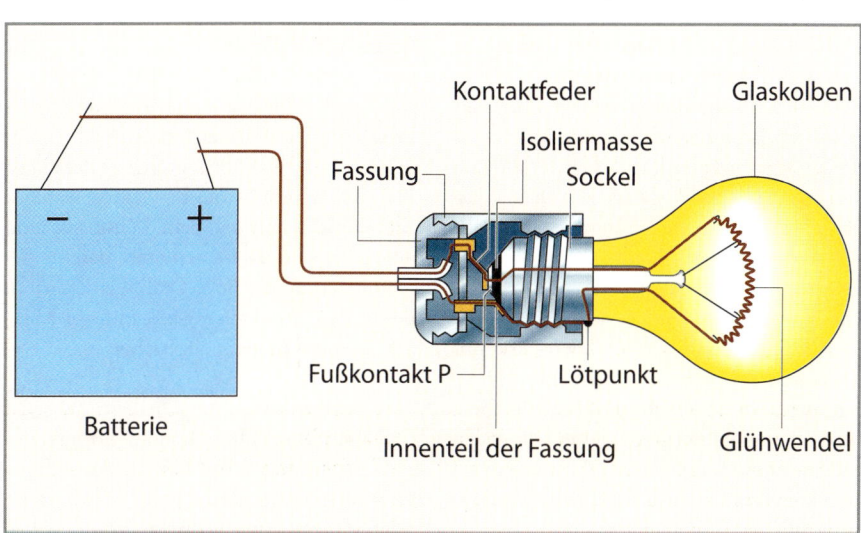

Abb. 4: Der Stromweg in der Glühlampe

das Messgerät keinen Stromfluss an. Destilliertes Wasser ist ein Isolator. Nur die Mineralien im Trinkwasser ermöglichen einen geringen Stromfluss.

Neben Festkörpern und Flüssigkeiten können auch Gase Strom leiten. Diese Erscheinung wird bei der Glimmlampe ausgenutzt. Eine Glasröhre, mit zwei Metallelektroden ausgestattet, wird mit dem Gas Neon gefüllt. Der Strom fließt hier ab einer bestimmten Spannung von einer Elektrode über das Gas zur anderen.

Auch Blutbahnen, Nervenstränge und Muskeln sowie feuchte Haut leiten den Strom sehr gut. Nur trockene Haut wirkt wie ein Isolator. Deshalb ist Strom für den Menschen sehr gefährlich. Ein Stromfluss durch den Körper kann dem Menschen innere und äußere Verletzungen zufügen.

bieten sich prinzipiell drei Lösungen an: Bei der Parallelschaltung (Abb. 5) als erster Möglichkeit sind beide Glühlampen parallel zur Batterie geschaltet. Die Lampen leuchten beide in der Helligkeit, wie bei der einfachen Schaltung. Es fließt in diesem Fall die doppelte Menge Strom, deshalb wird die Batterie doppelt so schnell verbraucht. Bei der Reihenschaltung (Abb. 6) als zweiter Möglichkeit sind die Glühlampen hintereinander geschaltet. Der Strom fließt erst durch die eine Lampe und dann durch die zweite. Die Lampen leuchten weniger intensiv als die Lampen der Parallelschaltung. Da jede Lampe dem Stromfluss einen Widerstand entgegensetzt, wird deshalb bei zwei hintereinander liegenden Widerständen der Stromfluss stärker behindert. Es fließt we-

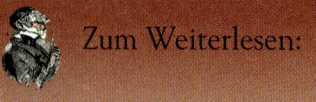

Zum Weiterlesen:

- Stromkreis II - Erweiterungen, S. 180
- Elektromagnetismus, S. 184
- Ladung, Spannung und Stromstärke, S. 186

Stromkreis II – Erweiterungen

*I*n den bisherigen Versuchen mit Stromkreisen wurde der Stromfluss anhand der Glühlampe nachgewiesen. Der Strom, der durch den Glühfaden fließt, erhitzt den Draht und bringt ihn somit zum Glühen. Das Leuchten des Fadens in der Glühlampe ist

Abb. 1: Die spiralförmige Wicklung des Glühfadens ist deutlich zu erkennen

die Folge der Wärmewirkung des elektrischen Stroms. Da der Stromfluss und die Wärmeentwicklung vom Drahtdurchmesser abhängen, werden deshalb sehr dünne Drähte in Glühlampen benutzt. Für die Emission von weißem Licht ist es notwendig, dass der Draht sehr hoch erhitzt wird. Bei un-

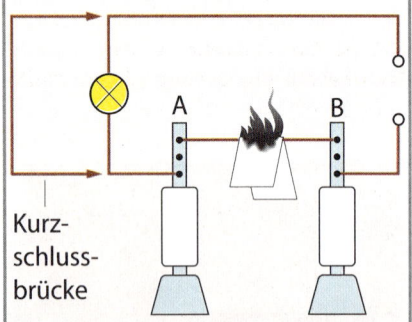

Abb. 2: Ein Kurzschluss entsteht beim Überbrücken der Energiewandler (Glühlampe). Beim Kurzschluss erwärmt sich der Draht zwischen den Punkten A und B. Der Papierreiter fängt Feuer

Abb. 3: Der Dynamo wandelt mechanische Energie in elektrische um

gefähr 500°C glühen alle Festkörper rötlich, und bei 1500°C emittieren Festkörper weißes Licht. Da Kupfer bei einer Temperatur von 1080°C und Eisen bei einer Temperatur von 1500°C schmelzen, sind beide Materialien als Glühwendel nicht geeignet. Für diesen Zweck sind Materialien mit extrem hohen Schmelztemperaturen gefragt wie z. B. Wolfram und Osmium. Da glühende Metalle in der Luft verbrennen, sind die Metallfäden von einem Glaskolben umgeben. Diese Glaskolben sind mit ausgewählten Gasen gefüllt wie beispielsweise Argon, Krypton oder Stickstoff, um die Verbrennung des Metallfadens in der Luft zu verhindern. Bei näherer Betrachtung des Glühfadens erkennt man, dass der Faden zweifach spiralförmig aufgewickelt ist (Abb. 1). Bei gleichem Stromfluss glüht ein gewendelter Glühfaden intensiver als der gleiche Glühfaden im gestreckten Zustand. Die Metallfäden von den benachbarten Windungen erwärmen sich gegenseitig. Neben der indirekten Nutzung der elektrischen Wärmewirkung für die Lichterzeugung, wird der elektrische Strom für die direkte Wärmeerzeugung eingesetzt, wie z. B. in Bügeleisen, Waschmaschinen, Heizgeräten und elektrischen Kochplatten. Bei Überschreitung einer bestimmten Temperatur schmilzt der Heizdraht. Diesen Effekt nutzt man bei Schmelzsicherungen aus. Ist der Stromfluss durch die Sicherung zu hoch, dann brennt der Schmelzdraht durch, und der Stromkreis ist automatisch unterbrochen. Die Schmelzsicherung besteht aus einer Porzellanpatrone, die den dünnen Sicherungsdraht enthält. Ein farbiges Kennplättchen zeigt an, ob der Schmelzdraht durchgebrannt ist; dann ist die Schmelzsicherung für den weiteren Gebrauch nicht mehr zu verwenden und muss ausgewechselt werden. Heute verwendet man in den Haushalten elektromagnetische Sicherungsauto-

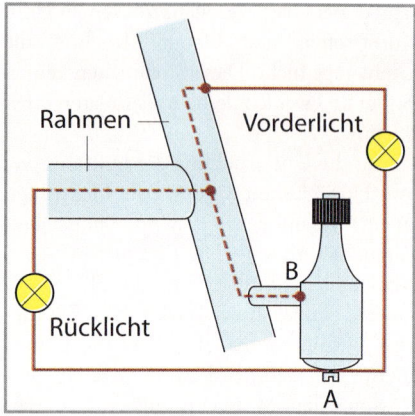

Abb. 4: Der Metallrahmen stellt die Rückleitung für die Fahrradbeleuchtung

maten. Sie haben den Vorteil, dass man sie nach dem Auslösen wieder benutzen kann. Sind keine Sicherungen in den Stromkreis eingebaut, dann macht sich die Wärmewirkung des Stromes an einer anderen Stelle des Stromkreises bemerkbar, und es besteht Brandgefahr. Die Sicherungen sind so auszuwählen, dass zuerst die Sicherung im Stromkreis von der Wärmewirkung des Stromes betroffen ist, bevor die Leitungen oder Haushaltsgeräte vom Strom beschädigt werden. Sicherungen müssen dem Leitungssystem angepasst sein. Es ist verboten, defekte Sicherungen durch dicke Drähte zu ersetzen, denn der Stromkreis wäre somit vor Kurzschlüssen nicht mehr abgesichert.

Der Kurzschluss

Durch Kurzschlüsse können Stromkreise vollständig zerstört werden. Ein Kurzschluss entsteht, wenn z. B. die Pole einer Batterie oder Spannungsquelle direkt, d. h. ohne Energieumwandler über ein Kabel verbunden sind. Kurzschlüsse sind gefährlich, weil sehr hohe Ströme fließen und dadurch Kabelbrände entstehen können. Kurzschlüsse entstehen, wenn Energiewandler in Stromkreisen überbrückt werden (Abb. 2).

Energiewandlung im Stromkreis

Das Besondere an der elektrischen Energie ist, dass sie bequem und schnell in andere Energieformen umgewandelt werden kann.

Bei der Glühlampe wird die elektrische Energie in Licht und Wärme umgewandelt. Der Tauchsieder wandelt den Strom in Wärme um. Die Energie ist dann im erwärmten Wasser enthalten. Ein Dynamo wandelt mechanische in elektrische Energie um (Abb. 3). Ein Fahrradfahrer z. B. spürt sehr deutlich, wenn der Dynamo am Reifen anliegt und Strom für die Fahrradbeleuchtung erzeugt. Der Radfahrer muss

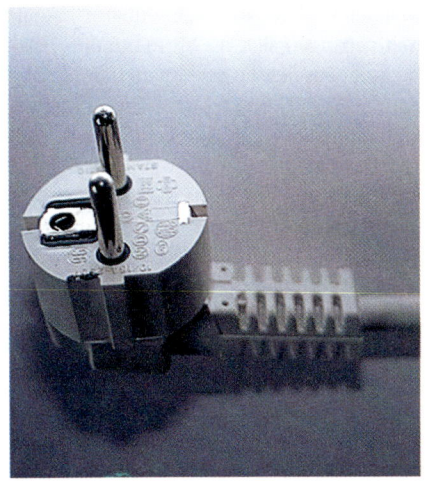

Abb. 5a: Netzstecker in geschlossenem Zustand

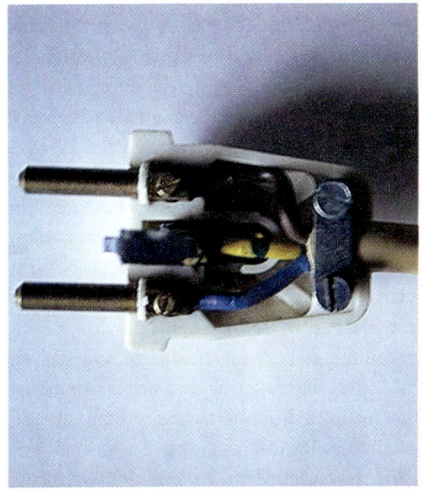

Abb. 5b: Geöffneter Netzstecker; Phase, Null- und Schutzleiter sind gut zu erkennen

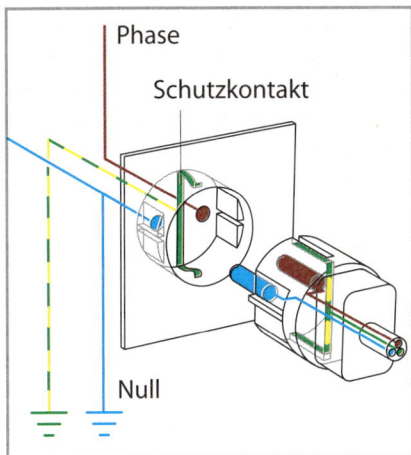

Abb. 5c: Schematische Darstellung des Schutzkontaktsteckers und der Steckdose. Die Farben der einzelnen Leiter sind verbindlich und müssen aus Sicherheitsgründen unbedingt eingehalten werden

wesentlich mehr Arbeit leisten. Diese mechanische Arbeit wird mit Hilfe des Dynamos in Strom umgewandelt. Der erzeugte Strom erwärmt die Glühwendel und bringt die Fahrradlampen zum Erleuchten. Elektrische Energie wird nicht erzeugt, sondern wird immer aus anderen Energieformen umgewandelt.

Die gesparte Rückleitung

Eine Glühlampe leuchtet nur dann, wenn der Stromkreis geschlossen ist, d. h. von der Energiequelle muss eine elektrisch leitende Hin- und Rückleitung den Stromfluss gewährleisten. In den meisten Fällen ist der Stromkreis mit seinen Leitungen direkt erkennbar. Bei der Fahrradbeleuchtung ist der Stromkreis geschlossen, so dass die Fahrradlampen leuchten, aber es fehlt bei der ersten Betrachtung die Rückleitung. Bei genauerer Untersuchung stellt man fest, dass der Metallrahmen des Fahrrads als Rückleitung benutzt wird (Abb. 4). Die Rückleitung zum Dynamo in Form eines Kabels bleibt also erspart, weil der Metallrahmen genauso gut den Strom leiten kann.

Das Haushaltsnetz

Jeder Haushalt bekommt über Zuleitungen vom Kraftwerk Strom geliefert. An jeder Steckdose im Haushalt misst man eine Spannung von 220 V. Beim Öffnen einer Steckdose entdeckt man drei Leiter (Abb. 5a, b, c). Die spannungsführende Leitung wird als Phase bezeichnet. Die Phase liefert für die Haushaltsgeräte den Strom, und der Nulleiter dient als Rückleitung, damit der Stromkreis geschlossen ist. Der Nullleiter wird im Schalterkasten des Hauses „geerdet", indem man ihn mit einem in der Erde vergrabenen Metallstück verbindet. Zwischen der Phase und dem Nullleiter liegt eine Spannung von 220 V (Volt). Die Phase ist in den meisten Fällen braun, der Nullleiter blau und der Schutzleiter grün-gelb gekennzeichnet. Ein Schukostecker (Schutzkontaktstecker) verbindet das Gehäuse mit dem Schutzleiter, der wie der Nullleiter geerdet ist. Falls ein Metallgehäuse Kontakt mit der Phase bekommt, fließt sofort ein Kurzschlussstrom über den Schutzleiter, und die Sicherung unterbricht automatisch den Stromkreis (Abb. 6a, b). Der Schutzleiter schützt somit den Menschen vor einem Stromschlag. Ist kein Schutzleiter vorhanden, kann Spannung am Gehäuse anliegen, und bei Berührung fließt der Strom über den Menschen zur Erde (Abb. 6c).

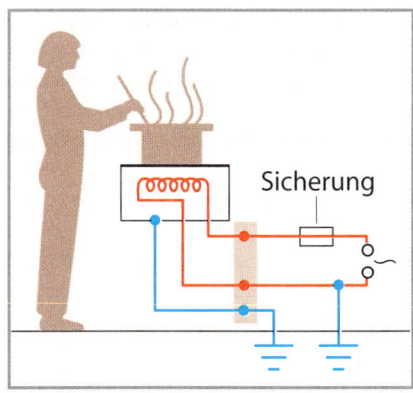

Abb. 6a: Intakte Kochplatte

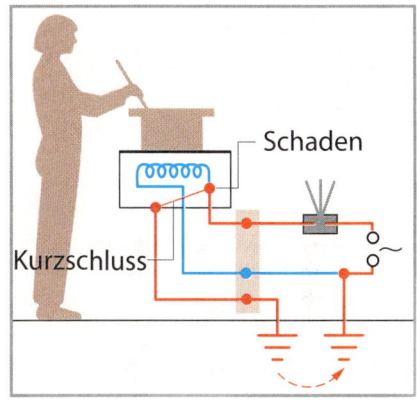

Abb. 6b: Kurzschluss zwischen Glühwendel und Gehäuse; Strom fließt über Schutzleiter

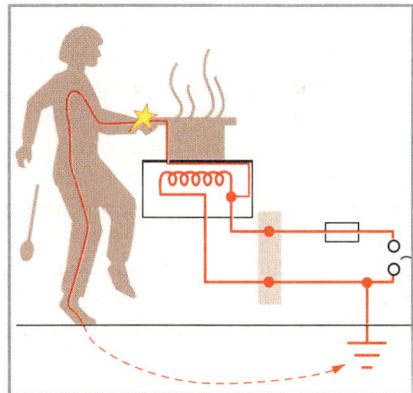

Abb. 6c: Kurzschluss zwischen Glühwendel und Gehäuse; Strom fließt über die Person. Lebensgefahr

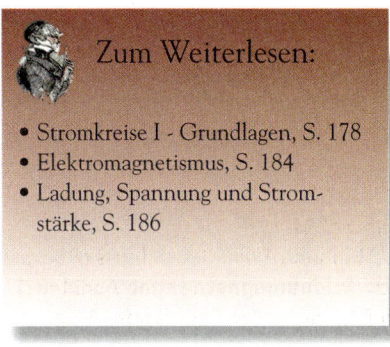

Zum Weiterlesen:

- Stromkreise I - Grundlagen, S. 178
- Elektromagnetismus, S. 184
- Ladung, Spannung und Stromstärke, S. 186

Grundlagen des Magnetismus

Die geheimnisvollen Erscheinungen des Magnetismus haben den Menschen schon von jeher interessiert. Nach den geschichtlichen Überlieferungen fand man im Altertum in der Nähe der Stadt Magnesia in Kleinasien Eisenerzstücke, die andere kleine Eisenerzstücke anzogen. Später fand der Mensch heraus, dass viele Eisenerze (Magneteisen, Magnetkies) magnetische Eigenschaften besitzen. Magnetische Eisenerze findet man vor allem in Schweden, Norwegen, Chile und Ungarn. Heutzutage sind künstliche, aus Stahl hergestellte Magneten für die technische Anwendung wesentlich bedeutungsvoller. Die Form der Magneten kann sehr unterschiedlich sein, in der Abbildung 1 sind ein Stabmagnet, eine Magnetnadel und ein Hufeisenmagnet aus Stahl abgebildet.

Was ein Magnet so alles anzieht

Das Besondere am Magnetismus ist für den Menschen, dass er keinen wahrnehmbaren Übertragungsmechanismus mit seinen Sinnen erfassen kann. Eisengegenstände bleiben am Magneten hängen, ohne dass man Haken, klebende Flächen, Saugnäpfe oder andere bekannte Mechanismen erkennen könnte, die das Festhalten erklären. Die Wirkung des Magneten ist sogar aus einer gewissen Distanz auf Eisen übertragbar, so dass sie selbst durch Luft und Materialien wie Glas, Karton, Papier, Holzbrettchen hindurch auf das Eisen wirkt und es entsprechend bewegt, abstößt oder anzieht. Besonderer Beliebtheit erfreuen sich magnetische Figuren, die z. B. auf der Tischplatte bewegt werden, ohne berührt zu werden. Ein Magnet unter der Tischplatte bewegt die Figuren, und der Zuschauer hat den Eindruck, dass die Figuren von einer magischen Hand versetzt werden.

Bei der Untersuchung aller Grundstoffe hat man herausgefunden, dass der Magnetismus nicht nur auf Eisen wirkt, denn außer Eisen werden noch die Metalle Nickel und

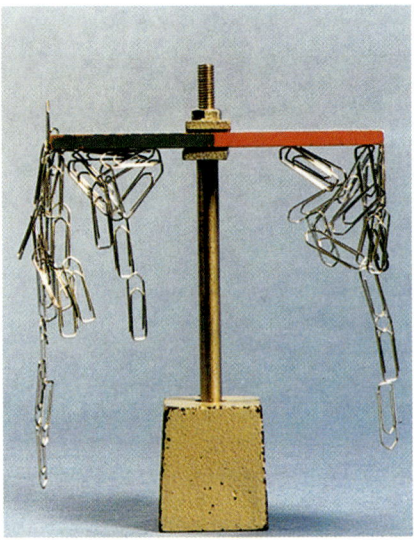

Abb. 2: Stabmagnet: Die Heftklammern halten in der Nähe der Stirnseiten. In der Mitte des Magneten lässt die magnetische Wirkung nach, und die Heftklammern werden losgelassen

Kobalt in vergleichbarer Stärke angezogen. Diese Metalle werden als ferromagnetische Materialien bezeichnet. Stoffe hingegen, die nicht vom Magneten angezogen werden, sind somit nicht ferromagnetisch, z. B. Materialien wie Glas, Karton, Papier oder Holz, aber auch Metalle wie Aluminium und Kupfer.

Des Weiteren beobachtet man, dass der Magnet nicht an allen Stellen die gleiche Anziehungskraft ausübt. Wird an die Stirnseiten Eisen gehalten, dann nehmen die Anziehungskräfte auf das Eisen in Richtung Mitte des Magneten kontinuierlich ab, um dann in der Mitte vom Magneten losgelassen zu werden (Abb. 2). Hier übt der Magnet keine Kraft mehr auf Eisen aus. Streut man Eisenpulver auf den Magneten, dann stellt man ebenfalls fest, dass die Eisenteilchen besonders gut an den Enden des Eisenstabes haften. Es bilden sich an den Stirnseiten des

Magneten so genannte „Eisenbärte". Auch hier verringert sich zur Mitte hin die „Bartbildung" aus den Eisenfeilspänen (Abb. 3).

Geheimnisvolle Linien - Feldlinien

Streut man Eisenpulver gleichmäßig auf ein Papier und legt in die Mitte einen Stabmagneten, dann bildet das Eisenpulver bogenförmige Linien, die als Feldlinien bezeichnet werden (Abb. 4). Die Linien beginnen an einer Stirnseite des Magneten und enden am anderen Ende des Magneten. Werden entlang dieser Linien kleine Magnetnadeln aufgestellt, dann richten sie sich ebenfalls parallel zu diesen Feldlinien aus. Die Endstellen bzw. Stirnseiten der Magneten werden als magnetische Pole bezeichnet. Die Stelle des Stabmagneten, an der die Feldlinien aus dem Material austreten, ist der Nordpol, und die Stelle, an der die Feldlinien in das Material eintreten, wird als Südpol bezeichnet. Beim Magneten wird der Südpol mit der Farbe Grün und der Nordpol mit der Farbe Rot gekennzeichnet. Nähert sich der Südpol eines Magneten dem Nordpol eines anderen Magneten, dann wirken aufeinander anziehende Kräfte. Die beiden Magneten halten aneinander fest. Nähert man die Südpole an, dann stoßen sie sich gegenseitig ab. Die Nordpole der Magneten verhalten sich genauso wie die Südpole, so dass man sagen kann, dass ungleichnamige magnetische Pole sich anziehen und gleichnamige Pole sich gegenseitig abstoßen. Besonders erstaunlich ist die Beobachtung, dass beweglich gelagerte Magneten immer in die gleiche Richtung zeigen. Da die gesamte Erde magnetische Eigenschaften hat, richten sich die Magneten an den Feldlinien der Erde aus. Diese Tatsache macht sich der Mensch zunutze, denn Kompassnadeln bestehen aus magnetischen Materialien. Der magnetische Nordpol des Magneten zeigt in Richtung des magnetischen Südpols, und

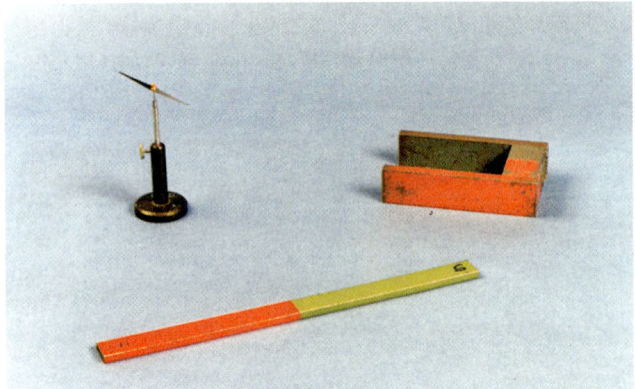

Abb. 1: Stabmagnet, Magnetnadel und Hufeisenmagnet sind die bekanntesten Formen des Magneten

Abb. 3: Eisenfeilspäne bilden einen Bart am Ende eines Magneten. Die magnetische Wirkung ist hier am stärksten

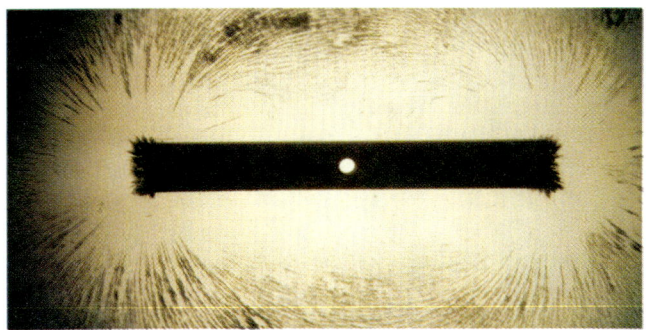

Abb. 4: Darstellung auf dem Overhead-Projektor: Eisenfeilspäne richten sich entlang der Feldlinien aus

Abb. 6: Symbolische Darstellung von ungeordneten Elementarmagneten in nicht magnetisiertem Eisen

der magnetische Südpol des Magneten zum magnetischen Nordpol der Erde. Es ist aber zu beachten, dass man die magnetischen Pole der Erde nicht mit den geographischen Polen verwechselt. Der magnetische Nordpol befindet sich beispielsweise leicht versetzt zum geographischen Südpol, und genauso verhält es sich mit dem magnetischen Südpol, der sich unweit vom geographischen Nordpol befindet.

Magnet und Eisen – Eisen wird magnetisch

Mit einem Magneten ist es möglich, Eisennägel kettenförmig aneinander zu hängen. Das Aneinanderhängen wäre nicht möglich, wenn die einzelnen Nägel nicht vorübergehend magnetisiert wären, so dass sie sich gegenseitig halten könnten (Abb. 5).

Mit diesem Experiment stellt sich nun die Frage, warum die Eisennägel untereinander magnetische Kräfte ausüben, wenn einer von den Nägeln in Kontakt mit einem Magneten steht.

Man stellt sich vor, dass ferromagnetische Stoffe aus Elementarmagneten aufgebaut sind. Befinden sich diese kleinsten magnetischen Einheiten in völliger Unordnung, dann befindet sich das Material im nicht magnetisierten Zustand (Abb. 6). Diese Elementarmagneten werden erst durch Anlegen eines äußeren Magnetfeldes ausgerichtet und somit magnetisiert. Es bilden sich Ketten von Elementarmagneten, deren Wirkung an den Enden des magnetisierten Materials zur Geltung kommt (Abb. 7). Verfallen die Elementarmagnete dann wieder in Unordnung, wenn das äußere Magnetfeld nicht mehr vorhanden ist, dann spricht man von weichmagnetischen Stoffen. Eisen ist z. B. ein weichmagnetisches Material. Bleibt der magnetische Zustand ohne äußeres Feld weiter erhalten, dann handelt es sich um ein hartmagnetisches Material. Stahl hat beispielsweise hartmagnetische Eigenschaften. Erst durch Erhitzen oder durch das Schlagen mit dem Hammer auf den Magneten, der z. B. aus Stahl besteht, werden die gerichteten Ele-

mentarmagnete in Unordnung gebracht, d. h., das Material wird mit dieser Behandlung entmagnetisiert. Wird magnetisierter Stahl geteilt, dann entstehen an den Bruchenden neue Pole (Abb. 8). Auch die neu entstandenen Bruchstücke können immer wieder geteilt werden, und jedes einzelne Bruchstück ist ein eigenständiger Magnet. Bei jedem Magneten ist ein Nord- und ein Südpol vorhanden. Es ist also nicht möglich, bei weiterer Zerteilung den Nord- vom Südpol zu trennen.

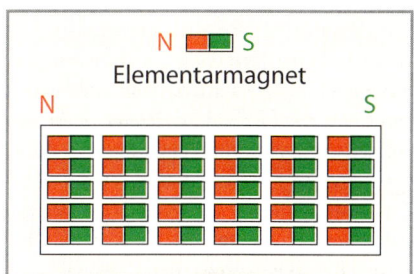

Abb. 7: Ein äußeres Magnetfeld ordnet die Elementarmagneten

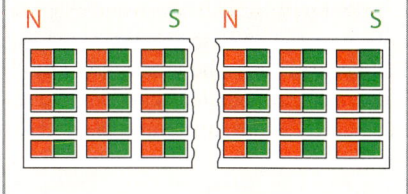

Abb. 8: Nach der Teilung stellen beide Teilstücke neue eigenständige Magneten dar

Zum Weiterlesen:

- Energie und Wärme, S. 174
- Elektromagnetismus, S. 184
- Wirkungen des elektrischen Stromes, S. 210
- Die elektrische Ladung, S. 212

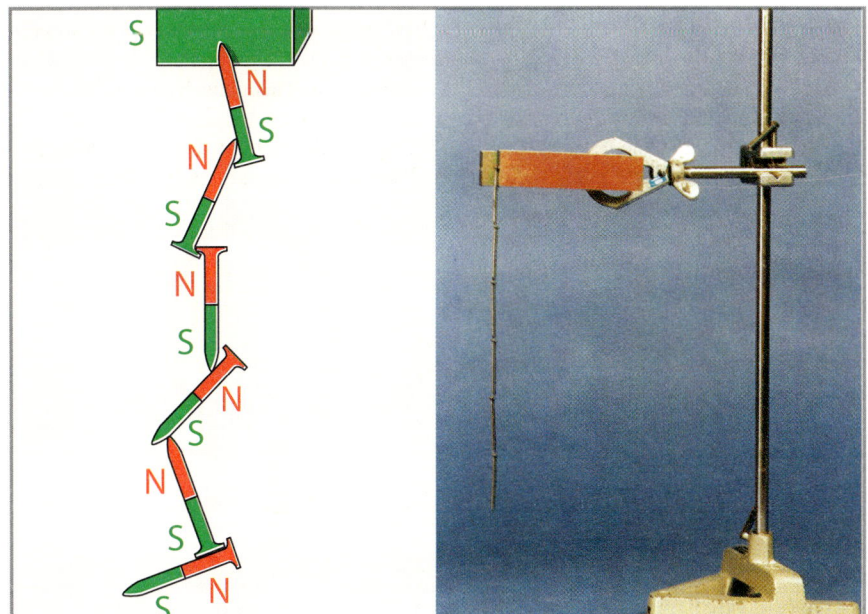

Abb. 5: Vorübergehend magnetisierte Nägel

Elektromagnetismus und elektrische Magnetie

Mit den ersten Erkenntnissen über die Elektrizität, Anfang des 19. Jahrhunderts, wurden auch Versuche unternommen, um eventuelle Zusammenhänge zwischen Magnetismus und Elektrizität zu entdecken. Der dänische Physiker Oersted entdeckte als erster, dass elektrische Ströme Kräfte auf Magnetnadeln ausüben. Der Elektromagnetismus, d. h. der Zusammenhang zwischen Magnetismus und Elektrizität, war somit entdeckt, und damit wurde auch dessen enormer Vorteil gegenüber dem herkömmlichen Magnetismus in seiner Anwendung erkannt. Mit der Entwicklung des Elektromagneten war es nun möglich, die magnetische Wirkung mit dem Stromfluss ein- und auszustellen. Der Grundstein für die spätere Entwicklung in Bereichen wie Elektroantrieb, Schalt- und Nachrichtentechnik war gelegt.

Der Oersted-Versuch

Oersted entdeckte im Jahr 1820, dass ein stromdurchflossener Leiter direkten Einfluss auf eine Kompassnadel ausübt. Die Kompassnadel wurde beim Einschalten des Stroms aus ihrer Nord-Süd-Richtung abgelenkt (Abb. 1). Aus diesem Versuch wurde geschlossen, daß vom stromdurchflossenen Leiter ein magnetisches Feld erregt wird, das auf die Magnetnadel einwirkt. Abbildung 2 zeigt einen Leiter, der senkrecht durch eine Ebene verläuft. Der Leiter wird von einem Strom I durchflossen. Streut man auf die Ebene einer solchen Anordnung Eisenpulver, so ordnen sich die Eisenteilchen in konzentrischen Kreisen an. Das Eisenpulver macht die Feldlinien sichtbar. Werden kleine Magnete auf den Feldlinien angeordnet, dann richten sich diese Magnetnadeln entlang der Feldlinien aus (Abb. 2). Wird die Stromrichtung geändert, dann kehrt sich damit auch die Ausrichtung der Magnetnadeln um. Die Richtung der Feldlinien ist abhängig von der Stromrichtung. Die Korken-

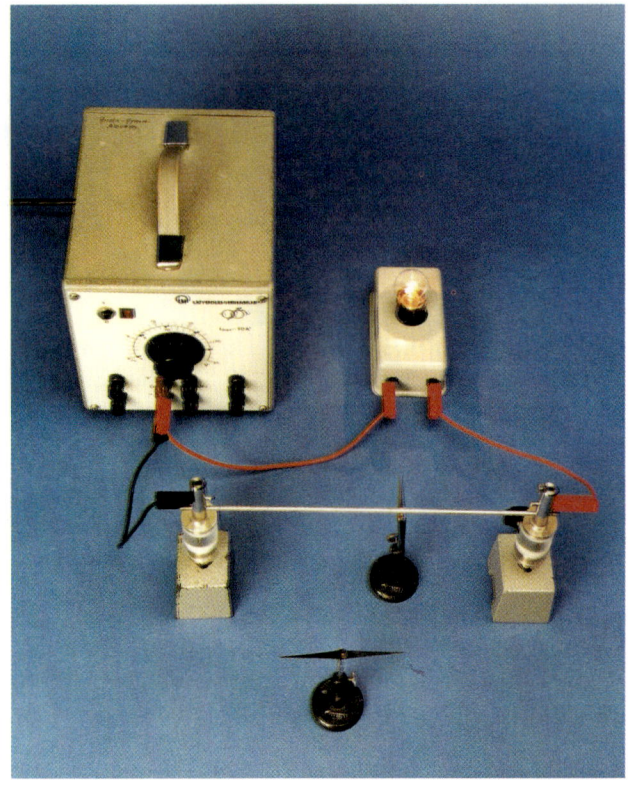

Abb. 1: Der Versuch von Hans-Christian Oersted (1777 - 1851). Die Kompassnadel (Magnet) wird vom stromdurchflossenen Leiter abgelenkt

zieherregel vereinfacht den Zusammenhang der Orientierung der Feldlinien zur Stromrichtung:

> **Korkenzieherregel:** Dreht man den Korkenzieher in Richtung des fließenden Stromes vorwärts, so gibt sein Drehsinn die Richtung der Feldlinien an.

Die Spule als Elektromagnet

Bisher wurde festgestellt, dass ein gestreckter, stromdurchflossener Leiter eine magnetische Wirkung auf Magnete (Kompassnadeln) ausübt. Biegt man den gestreckten Leiter einer stromdurchflossenen Leiterschleife, dann ist sichtbar, dass die Feldlinien innerhalb der Leiterschleife gleichgerichtet sind und die Feldlinien außerhalb der Leiterschleife entgegengesetzt verlaufen. Die Teilfelder innerhalb der Leiterschleife sind gleichgerichtet, unterstützen sich und verstärken das Magnetfeld (Abb. 3). Die Leiterschleife stellt einen Elektromagneten dar, mit einem magnetischen Nord- und Südpol. An der Stelle, wo die Feldlinien austreten, ist der Nordpol. Am Südpol treten die Feldlinien wieder in den Magneten ein. Werden dieser Leiterschleife noch weitere Lei-

terschleifen hinzugefügt, dann erhält man eine Spule. Die Magnetfelder der einzelnen Leiter ergeben ein Gesamtmagnetfeld. Die Feldlinien treten an einer Stirnseite gebündelt aus und an der anderen Stirnseite wieder gebündelt ein (Abb. 4). Strom führende Spulen haben somit Pole und üben wie Stabmagnete magnetische Kräfte aus.

Die verstärkende Wirkung des Eisens

Wird ein Eisenkern in eine Spule gelegt, dann wird der Magnetismus der Spule um ein Vielfaches vergrößert. Der Elektromagnetismus einer stromdurchflossenen Spule magnetisiert den in die Spule gebrachten Eisenkern. Das Eisen besteht aus ungeordneten Elementarmagneten. Durch das gerichtete Magnetfeld im Innern der Spule werden die Elementarmagnete ausgerichtet. Der im Eisen angeregte Magnetismus überlagert und verstärkt dann den ursprünglichen Magnetismus der Erregerspule, so dass bei gleicher Stromstärke der Magnetismus der Spule um ein Vielfaches verstärkt wird. Eine Spule mit Eisenkern zieht z. B. wesentlich mehr Eisennägel an sich als eine Spule ohne Eisenkern, deshalb findet man in der Anwendung größ-

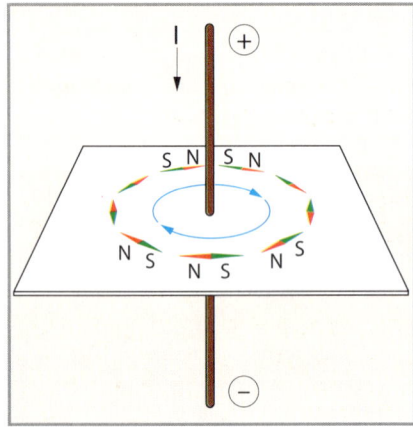

Abb. 2: Die Magnetnadeln zeigen die Richtung der Feldlinien an

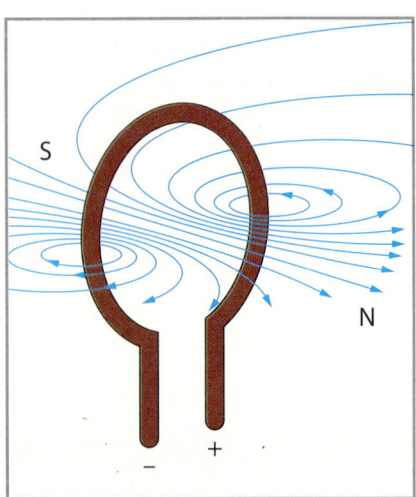

Abb. 3: Das Magnetfeld einer Leiterschleife

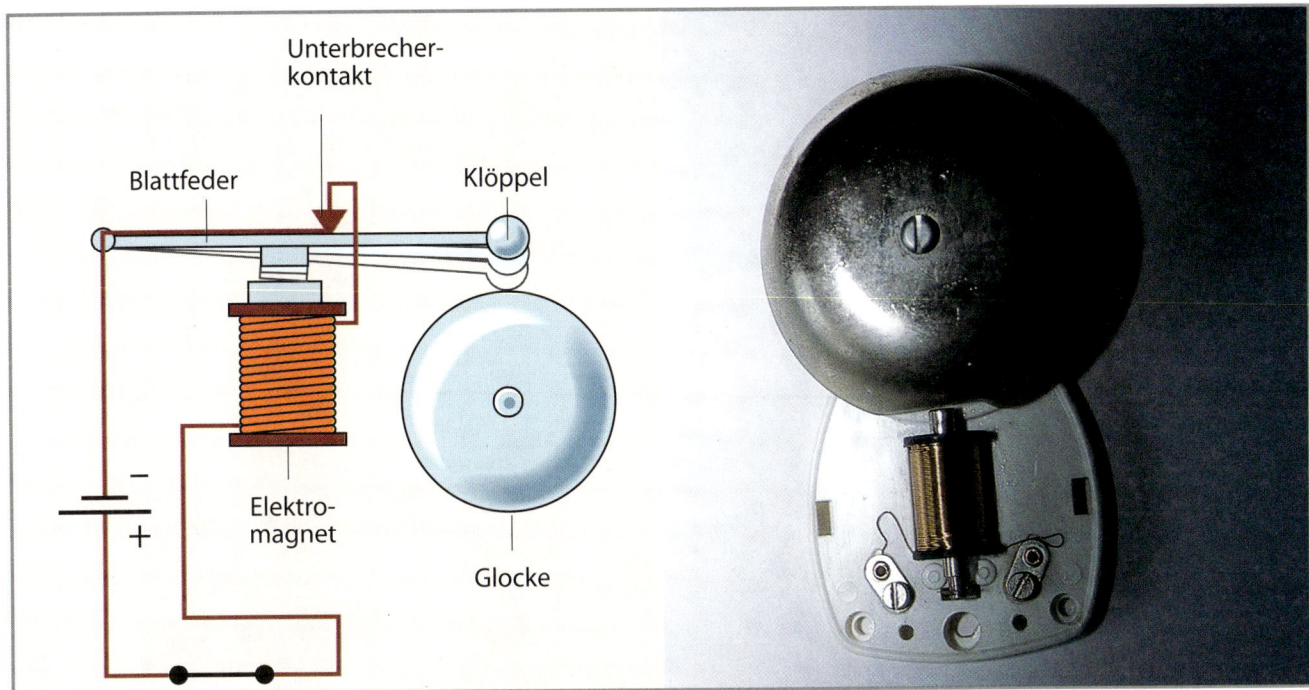

Abb. 5: Schematischer Aufbau einer elekrischen Klingel (links). Im Foto (rechts) ist der Elektromagnet deutlich zu erkennen

tenteils nur Spulen mit Eisenkern wieder. Beim Abschalten der Spulenspannung verliert der Eisenkern fast vollständig seine magnetischen Eigenschaften. Eisen wird deshalb als weichmagnetisch bezeichnet. Im Vergleich dazu werden Materialien, die ihre magnetischen Eigenschaften außerhalb der Spule oder bei abgeschalteter Spulenspannung weiter behalten, als hartmagnetisch bezeichnet. Stahl weist beispielsweise hartmagnetische Eigenschaften auf, so dass Stahl ideal für das Herstellen von Dauermagneten geeignet ist (Permanentmagnete).

Die Klingel

Die Klingel ist eine klassische Anwendung einer Spule mit Eisenkern. In Abbildung 5 ist das Funktionsprinzip in einem Schema vereinfacht dargestellt. Die Klingel besteht aus einer Spule mit Eisenkern, einem Anker (Ei-

senstück), befestigt an einem beweglichen Metallstreifen, und einer Metallspitze. Wenn der Stromkreis geschlossen ist, dann fließt der Strom über die Metallspitze zum Metallstreifen zur Spule. Die stromdurchflossene Spule erzeugt ein Magnetfeld und zieht den Anker mit dem Metallstreifen an. Damit ist aber der Kontakt zwischen Metallspitze und Metallstreifen unterbrochen, so dass kein Strom durch die Spule fließt und der Anker von der Spule losgelassen wird. Der Metallstreifen richtet sich auf, und so besteht erneuter Kontakt mit der Metallspitze. Es fließt wieder Strom, und der Anker wird erneut angezogen. Der Kontakt zur Metallspitze wird deshalb erneut unterbrochen und somit auch der Stromkreis. Der Anker mit dem Metallstreifen schwingt durch das abwechselnde Schließen und Unterbrechen des Stromkreises hin und her. Die Klingel läutet, wenn der Metallstreifen (Klöppel) gegen eine Glocke schlägt.

Das Relais

Wie in Abbildung 6 dargestellt, besteht ein Relais aus zwei getrennten Stromkreisen. Der erste Stromkreis wird als Steuerstromkreis und der zweite Stromkreis wird als Arbeitsstromkreis bezeichnet. Wird der Steuerstromkreis über den Schalter S_1 geschlossen, dann zieht der Elektromagnet (Spule mit Eisenkern) den Schalter S_2 an, und der zweite Stromkreis ist dann ebenfalls geschlossen. Wird der Schalter S_1 geöffnet, dann lässt der Magnet den Schalter S_2 los, und der Arbeitsstromkreis ist unterbrochen. Das Relais bietet somit die Möglich-

keit, mit kleinen Spannungen, z. B. Batteriespannungen, Stromkreise mit hohen Spannungen und Strömen zu steuern.

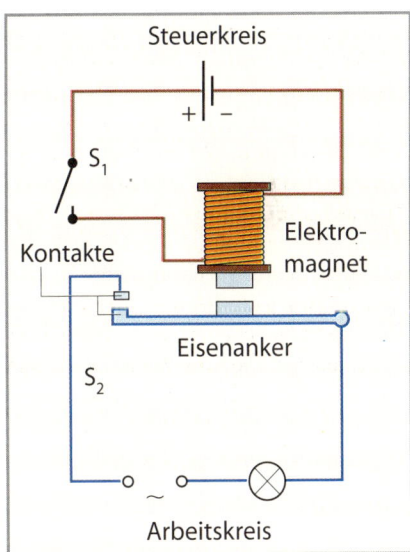

Abb. 6: Aufbau des Relais

Zum Weiterlesen:

- Wirkungen des elektrischen Stromes, S. 210
- Die elektrische Ladung, S. 212
- Die elektromagnetische Induktion, S. 284
- Elektromotor und Generator, S. 286

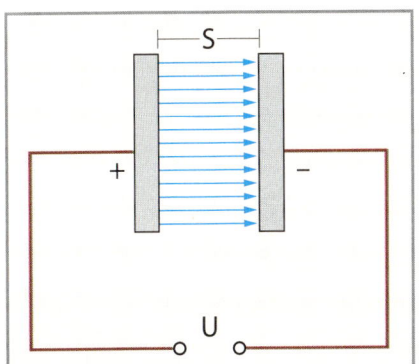

Abb. 4: Magnetfeld einer stromdurchflossenen Spule

Ladung, Spannung und Stromstärke

Wenn ein Stromkreis geschlossen ist und Strom fließt, dann können die unterschiedlichsten Energiewandler betrieben werden. Der Begriff Strom bleibt bei dieser Beschreibung eine abstrakte Größe, die nur vermittelt, dass etwas fließt. In diesem Kapitel wird deshalb die elektrische Substanz vorgestellt, aus der der Stromfluss besteht. Diese Substanz wird als elektrische Ladung Q bezeichnet. Die folgenden Experimente sollen die Eigenschaften der Ladung Q verdeutlichen.

Der folgende Versuch (Abb. 1) zeigt zunächst, dass es möglich ist, vereinzelt Ladung zu transportieren. Dafür wird eine isolierte Metallkugel benutzt, die den Pluspol einer Energiequelle berührt. Die Metallkugel ist isoliert, damit Ladung nicht über den Körper zur Erde abfließt. Die Metallkugel wird von der Spannungsquelle zur Glimmlampe bewegt. Berührt die Kugel diese Glimmlampe, die mit dem negativen Pol verbunden ist, so registriert man ein Aufleuchten der Lampe. Es ist augenscheinlich Ladung transportiert worden, da die Lampe anzeigt, dass es einen kurzzeitigen Stromfluss gab. Ein weiterer Versuch gibt jedoch Aufschluss darüber, welche Art von Ladung transportiert wurde. Berührt man den negativen Pol der Spannungsquelle mit der Kugel und anschließend eine Glimmlampe, die mit dem positiven Pol verbunden wurde, so leuchtet nämlich auch hier die Glimmlampe auf. Die Kugel nahm negative Ladung am Minuspol auf und gab diese am Pluspol ab. Die angeschlossene Glimmlampe leuchtet bei diesem Ladungstransport. Weiterführende Untersuchungen zeigen, dass gleichnamige Ladungen sich abstoßen und ungleichnamige Ladungen sich gegenseitig anziehen (Abb. 2).

Mit der Metallkugel besteht also die Möglichkeit, Ladung portionsweise von der Energiequelle abzuschöpfen, um sie dann an

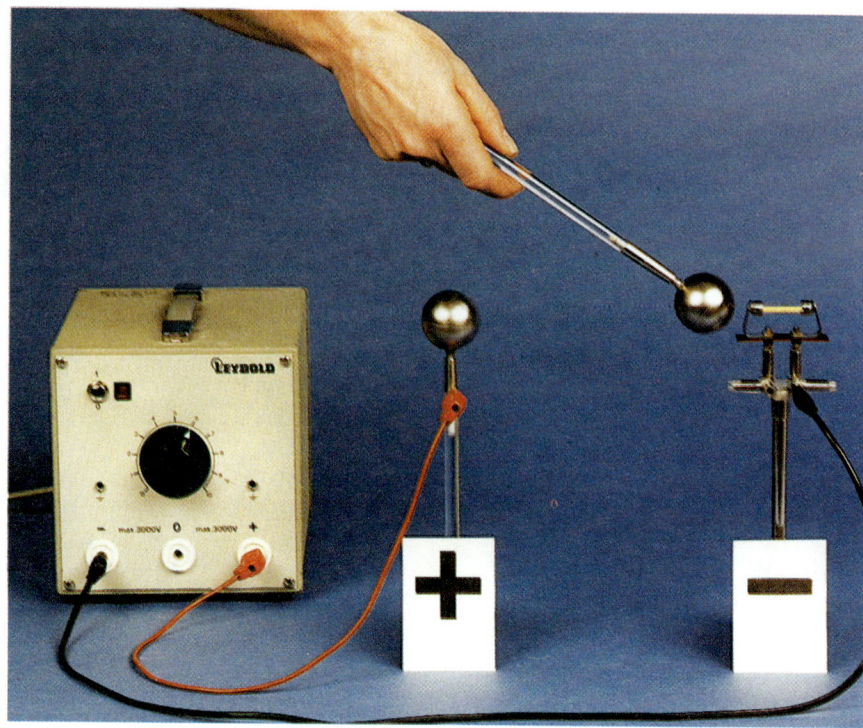

Abb. 1: Ladungstransport

die Glimmlampe abzugeben. Die Glimmlampe leuchtet kurzzeitig auf, d. h., kurzzeitig fließt ein Strom. Werden die Ladungsträger direkt über die Spannungsquelle kontinuierlich an die Glimmlampe nachgeliefert, dann fließt auch ein kontinuierlicher Strom. Die Einheit für die Ladung Q ist benannt nach dem Physiker Charles Augustin de Coulomb (1736-1806) und wird abgekürzt mit C:

[Q] = C
C = Coulomb

Die Stromstärke gibt an, wie viel Ladung pro Zeit z. B. durch einen Leiter fließt:

$$\text{Stromstärke} = \frac{\text{Ladung}}{\text{Zeit}} \qquad [I] = \frac{[Q]}{[t]}$$

Die Gleichung ergibt für die Ladung:

$[Q] = [I] \cdot [t] = A \cdot s = As = C$

A = Ampere
s = Sekunde
C = Coulomb

Was aber versteht man unter dem Spannungsbegriff?

Für die Erklärung des Begriffs Spannung wird oft auf den Wasserkreislauf als Modellvorstellung verwiesen. Der Wasserkreislauf hat in vielen Sachverhalten Ähnlichkeiten mit den Stromkreisläufen und stellt anschaulich den Spannungsbegriff dar.

In einer Stromquelle werden Ladungen getrennt, so dass die Pole eine unterschiedliche Ladungskonzentration aufweisen. Am Pluspol konzentrieren sich positive Ladungen, und am Minuspol befinden sich die negativen Ladungen. Die positiven Ladungen werden grundsätzlich durch negative Ladungen angezogen. Zwischen den Polen besteht also das Bestreben, die Ladungstrennung durch Stromfluss auszugleichen. Im Modell mit dem Wasserkreislauf kann man sich also vorstellen, dass die negativen Ladungen auf ein höheres Ni-

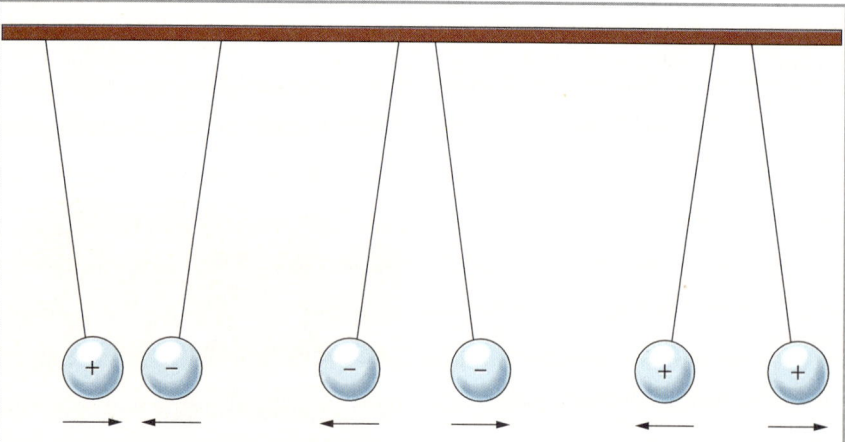

Abb. 2: Das Pendel macht es deutlich: Ungleichnamige Ladung zieht sich an, und gleichnamige Ladung stößt sich ab

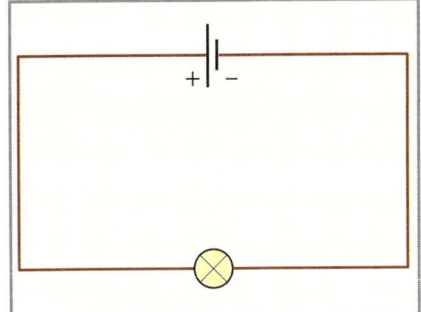

Abb. 4: Stromkreis mit einer einzigen Stromquelle

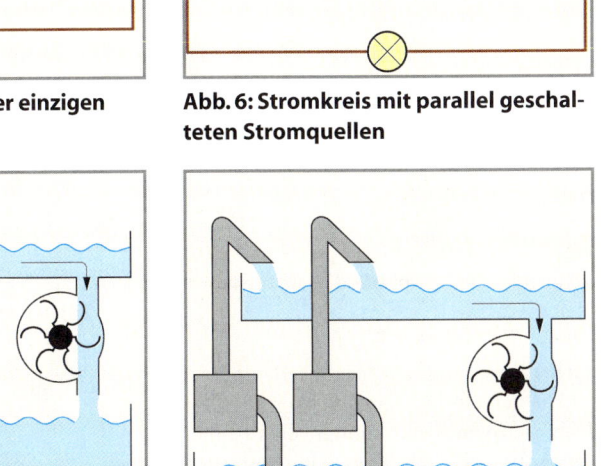

Abb. 6: Stromkreis mit parallel geschalteten Stromquellen

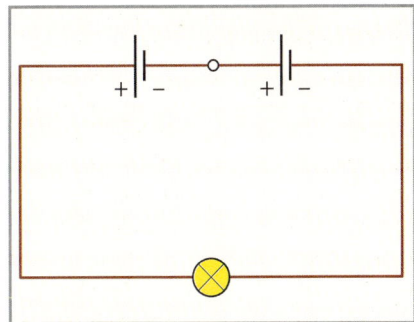

Abb. 8: Stromkreis mit hintereinander geschalteten Stromquellen

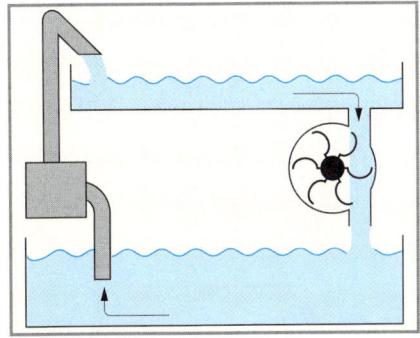

Abb. 3: Wasserkreislauf mit einer Pumpe

Abb. 5: Wasserkreislauf mit parallel geschalteten Pumpen

Abb. 7: Wasserkreislauf mit hintereinander geschalteten Pumpen

veau gepumpt werden (Abb. 3). Die negativen Ladungen haben das Bestreben, zum Pluspol zu fließen. Ist der Stromkreis geschlossen, dann fallen sie wieder wie das Wasser auf das ursprüngliche Niveau zurück. Beim Ausgleich des Niveauunterschieds wird Arbeit verrichtet. Im Wasserkreislauf wird diese Arbeitsverrichtung mit dem Wasserrad angedeutet. Im Vergleich dazu bringen die elektrischen Ladungen eine Lampe zum Leuchten (Abb. 4). Damit der Energiewandler im Wasserkreislauf in Bewegung bleibt, muss immer wieder Wasser auf das gehobene Niveau gepumpt werden. Die Stromquelle verhält sich genauso. Die Fähigkeit einer Stromquelle, Ladung in einem Leiter in Bewegung zu setzten, heißt Spannung (U), gemessen in Volt (V).

Reihen- und Parallelschaltung

Im Wasserkreislaufmodell ist der Druck auf das Wasserrad mit der Spannung im Strom-

kreis vergleichbar. Werden zwei Pumpen parallel angeordnet, wird nicht der Druck auf das Wasserrad geändert. Mit dieser Anordnung werden die Pumpen geschont (Abb. 5). Ähnlich verhält es sich mit den parallel geschalteten Stromquellen (Abb. 6). Die parallel geschalteten Stromquellen liefern für den Stromkreis die gleiche Gesamtspannung wie mit einer einzigen Stromquelle. Die Stromquellen brauchen allerdings nur die halbe Strommenge zu liefern, d. h., die beiden Stromquellen sind nur zur Hälfte belastet. Werden z. B. die beiden Pumpen übereinander angeordnet, befindet sich im Wasserkreislaufmodell das Wasser im oberen Becken auf der doppelten Höhe als bei der einfachen Pumpenanordnung (Abb. 7). Das Wasserrad als Energiewandler am Ende des Fallrohres bekommt den doppelten Druck zu spüren und

läuft doppelt so schnell. Dieses Beispiel auf den Stromkreis übertragen bedeutet, dass zwei hintereinander geschaltete Stromquellen die doppelte Spannung erzeugen. Die Potentialdifferenz ist doppelt so hoch, und die Glühlampe leuchtet deshalb doppelt so hell (Abb. 8). Würde man beispielsweise die Kette der hintereinander geschalteten Spannungsquellen 2-, 3-, 4- oder n-fach verlängern, würde sich somit auch die Spannung dementsprechend 2-, 3-, 4- oder n-fach erhöhen. Im Vergleich dazu erhöhen parallel geschaltete Spannungsquellen die Spannung im Stromkreis nicht (Abb. 9).

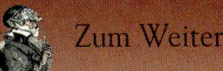

Zum Weiterlesen:

- Elektromagnetismus, S. 184
- Die elektrische Ladung, S. 212
- Die Stromstärke, S. 218
- Die elektrische Spannungsquelle, S. 220

	parallel geschaltet	hintereinander geschaltet
2 Stromquellen	Halbierte Strommenge: Die Stromquellen werden nur zur Hälfte belastet	Doppelte Potentialdifferenz: Die Glühbirne leuchtet doppelt so hell
2 Wasserpumpen	Die Pumpen werden nur zur Hälfte belastet	Doppelte Förderhöhe: Das Wasserrad dreht sich doppelt so schnell

Abb. 9: Zusammenfassung

Licht und Lichtausbreitung

Die Sonne liefert das Licht für das Leben auf der Erde (Abb. 1). Am Tage ist die Sonnenstrahlung so intensiv, dass man nicht direkt in die Sonne blicken kann. Am Abend genießt der Mensch den Sonnenuntergang. Das von der Sonne ausgestrahlte (emittierte) Licht wird direkt vom menschlichen Auge empfangen. Das Auge sieht Licht. Das Licht kann unterschiedlich erscheinen. Licht kann sehr intensiv sein, wie die grellen Sonnenstrahlen während der Mittagszeit, oder aber das Licht kann angenehm wirken, wie der rötliche Sonnenuntergang. Die Sonne ist in diesem Fall die Lichtquelle. Sie sendet das Licht aus, und unser Auge empfängt das Licht. Neben der natürlichen Lichtquelle Sonne gibt es auch künstliche Lichtquellen. Lampen, Laser, Bildschirme oder aber auch glühende oder brennende Gegenstände senden Licht aus.

Nun stellt sich die Frage, ob ein zweiter Beobachter den Lichtstrahl sehen kann, wenn dieser von der Lichtquelle Sonne zum Auge des ersten Beobachters gelangt. Schwebt z. B. der zweite Beobachter im Weltall, dann kann er keine Lichtstrahlen erkennen, die von der Sonne zur Erde gelangen. Die Sonne emittiert das Licht, und die Erde mit ihrem Beobachter empfängt das Licht. Dazwischen ist nichts zu sehen. Befinden sich beide Beobachter in einem Raum

auf der Erde, dann wird plötzlich der Lichtstrahl sichtbar, weil man das Streulicht von den Staubpartikeln sieht, die sich im Lichtstrahl befinden. Der Lichtstrahl wird mit den lichtstreuenden Partikeln sichtbar gemacht.

Generell nennt man ungeordnet reflektierte Lichtstrahlen gestreutes Licht oder diffuses Licht (Abb. 2a). Im Gegensatz dazu wird bei der gerichteten Reflexion das Licht nur in einer Richtung gelenkt (Abb. 2b). Die idealen Reflektoren sind einfache Spiegel. Durch die Stellung des Spiegels lässt sich das Licht in eine bestimmte Richtung lenken. Neben den reflektierenden und streuenden Materialien gibt es auch transparente Stoffe (Abb. 2c), die das Licht ungehindert durchlassen. Schwarze Stoffe hingegen (Abb. 2d) nehmen das Licht vollständig auf. Sie absorbieren es.

Lichtausbreitung

Die meisten Lichtquellen emittieren das Licht gleichermaßen verteilt in alle Richtungen, wobei sich das Licht gradlinig ausbreitet. Die Sonne scheint nicht nur in Richtung Erde, sondern auch in alle anderen Richtungen. Glühlampen emittieren ebenfalls das Licht in alle Richtungen. Mit zunehmender Entfernung von der Lichtquelle laufen die Lichtstrahlen auseinander. Mit Lochblenden ist es möglich, aus den radial auseinander laufenden

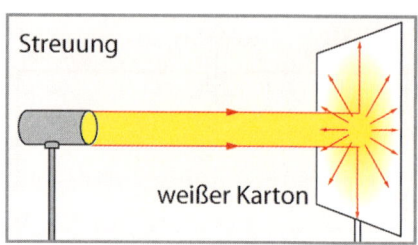

Abb. 2a: Streuung

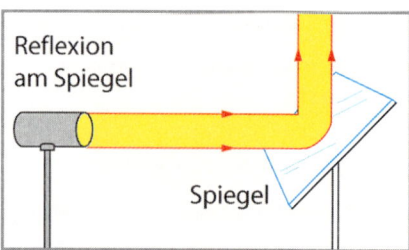

Abb. 2b: Reflexion

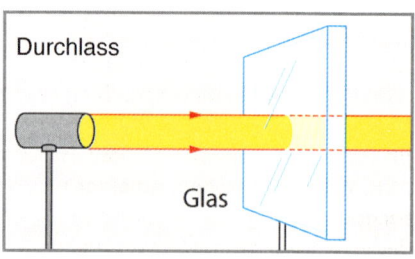

Abb. 2c: Transmission

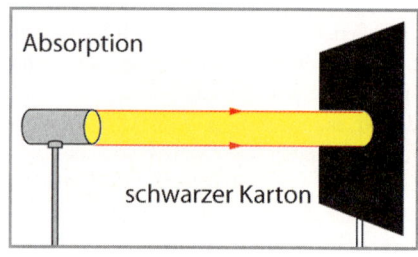

Abb. 2d: Absorption

Strahlen ein dünnes und nahezu paralleles Strahlenbündel auszublenden (Abb. 3).

Reflexion

Trifft ein Lichtstrahl auf einen Spiegel, dann wird der Lichtstrahl abgelenkt. Bei schräg einfallenden Lichtstrahlen wird das Licht schräg reflektiert. Der Winkel zwischen einfallendem Lichtstrahl und dem Lot wird als Einfallswinkel α (Alpha) bezeichnet. Der Winkel zwischen ausfallendem Lichtstrahl und dem Lot wird als Ausfallswinkel β (Beta) bezeichnet (Abb. 4). Bei der Reflexion sind Einfallswinkel und Ausfallswinkel gleich groß. Einfallender Lichtstrahl, reflektierter Lichtstrahl und Lot liegen in einer Ebene. Dieses Reflexionsgesetz ist auch dann gültig, wenn die Oberfläche unregelmäßig ist. Die parallelen Lichtstrahlen treffen hier aber mit unterschiedlichen Winkeln auf die raue Ober-

Abb. 1: Die Sonne als Lichtquelle

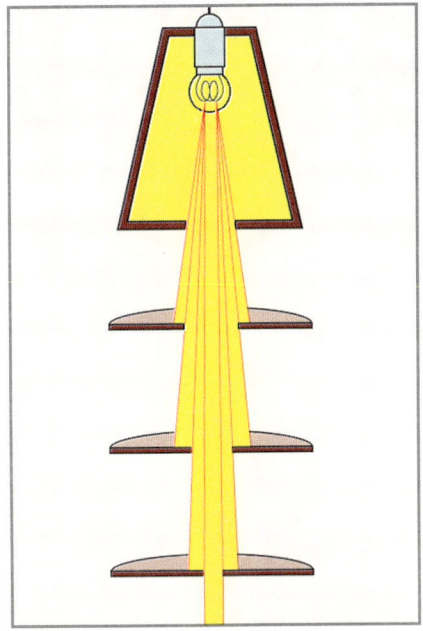

Abb. 3: Licht von einer Punktquelle wird durch Blenden immer schmaler gemacht. Die verbleibenden Strahlen im Lichtbündel verlaufen parallel

fläche. Dementsprechend ungeordnet werden die einzelnen Lichtstrahlen reflektiert.

Glatte Oberflächen, an denen Parallelstrahlen auch nach der Reflexion parallel sind, werden als ebene Spiegel bezeichnet.

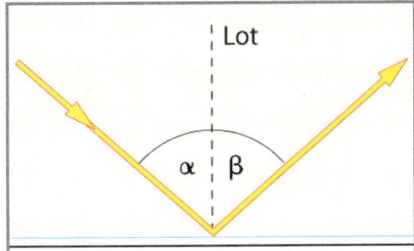

Abb. 4: Reflexionsgesetz: Einfallswinkel α ist gleich Ausfallswinkel β

Der Spiegel erzeugt scheinbare (virtuelle) Bilder, die symmetrisch mit dem Gegenstand zur Spiegeloberfläche liegen (Abb. 5). Der Betrachter hat den Eindruck, als kämen die Strahlen von einem Punkt hinter dem Spiegel. Stellt man vor eine senkrechte, dünne Glasplatte eine brennende Kerze und eine zweite gleich große nicht brennende hinter die Glasplatte, so dass sie mit dem Spiegelbild zusammenfällt, dann kann man mit diesem Aufbau kleine Zaubertricks durchführen, indem man beispielsweise seinen Finger in die scheinbare Flamme der hinteren Kerze hält. Natürlich ist die hintere Kerze aus, aber der Beobachter sieht den Finger in der von der Glasscheibe reflektierten Flamme. Dieser Versuch verdeutlicht, dass ebene Spiegel von einem Gegenstand ein scheinbares (virtuelles) Bild erzeugen, das

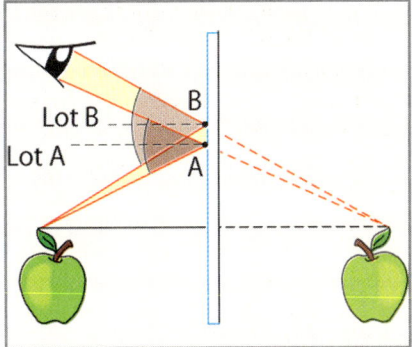

Abb. 5: Bildentstehung am Spiegel: Der Betrachter hat den Eindruck, als kämen die Strahlen von einem Punkt hinter dem Spiegel her

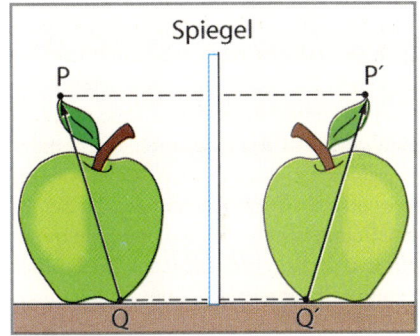

Abb. 6: Gegenstand und virtuelles Spiegelbild

genauso groß ist wie der Gegenstand selbst. Außerdem stellt man fest, dass der Abstand Bild zum Spiegel gleich ist mit dem Abstand Gegenstand zum Spiegel (Abb. 6).

Wenn wir den Lichtschalter betätigen, dann ist sofort das Licht da. Genauso verhält es sich, wenn wir in den Spiegel schauen. Das Bild erscheint sofort.

Wie schnell ist das Licht? Die Astronauten Armstrong und Aldrin installierten 1969 auf dem Mond einen Reflektor. Das von der Erde emittierte Licht benötigte für die Strecke Erde-Mond und wieder zurück ca. 2,5 s (Sekunden). Der Mond ist von der Erde 385.000 km entfernt. Für das Licht ergibt sich damit eine Geschwindigkeit von ca. 300.000 km/s (Abb. 7).

Abb. 7: 385.000 Kilometer trennen Mond und Erde voneinander. Das Licht benötigt für diese Entfernung nur 1,25 Sekunden.

 Zum Weiterlesen:

- Licht und Schatten, S. 190
- Lichtbrechung, S. 196
- Das Auge und der Sehvorgang, S. 204
- Optische Geräte, S. 206

Licht und Schatten

Durch die Erscheinung der Schattenbildung wird das Leben auf der Erde in Tag und Nacht eingeteilt. Wenn ein Erdteil durch die Drehung der Erde um ihre Achse in die sonnenzugewandte, beleuchtete Seite eintritt, dann wird es dort Tag, und wenn dieser Erdteil diese Seite verlässt, dann wird es dort Nacht. Die Sonne ist eine Lichtquelle, und die Erde ist ein Schattenkörper, der einen gigantischen Schattenraum erzeugt (Abb. 1). Das Entstehen der Schattenräume bleibt selbstverständlich nicht nur auf das Zusammenspiel Sonne-Erde beschränkt. Alle Fixsterne sind Sonnen, die als Punktlichtquellen die Planeten anstrahlen, und diese Planeten bilden Schatten. Im Weltraum sind deshalb riesige Schattenräume vorhanden. Die einzelnen Abstände zwischen den Lichtquellen und den Planeten bestimmen, ob Planeten sich gegenseitig beschatten. Die Erde und der Mond stehen z. B. so dicht zueinander, dass der eine unter bestimmten Umständen in den Schatten des anderen gelangen kann. Die Erscheinungen der Schattenbildung zwischen Mond und Erde treten mit präziser Regelmäßigkeit auf. Die Positionen der Planeten zur Sonne werden durch fixe Planetenbahnen bestimmt, d. h., die Planeten durchlaufen in periodischen Abständen immer wieder die gleichen Bahnen, wo sie immer wieder die gleichen Positionen zueinander annehmen. Die periodischen Erscheinungen der Schattenbildung von Mond und Erde spiegeln somit die periodisch auftretenden Planetenpositionen wider und geben deren festen Rhythmus für die Schattenbildung vor. Die Sonnen- und Mondfinsternis sind Schattenbildungen, die direkt von der Erde aus in vorgegebenen Abständen beobachtet werden können. Im Gegensatz dazu werden die Mondphasen nicht durch den Schattenwurf eines anderen Himmelskörpers erzeugt. Vielmehr wird nur ein

Abb. 2: Die Sonne als Punktlichtquelle: Das Handtuch wirft einen Schlagschatten mit scharfen Umrissen

Teil der von der Sonne angestrahlten Mondfläche von der Erde aus gesehen.

Der Schattenwurf

Ein Körper, der von einer punktförmigen Lichtquelle beleuchtet wird und kein Licht durchlässt, erzeugt einen Schlagschatten mit scharfen Umrissen. Der Schatten lässt die Form des Gegenstandes scharf wieder erkennen, und wir nennen den Schatten auch Schattenbild des Gegenstandes (Silhouette) (Abb. 2). Der Schatten ist ein eindeutiger Hinweis darauf, dass das Licht sich gradlinig ausbreitet. Wird anstelle der Punktlichtquelle streuendes Licht benutzt, dann verschwinden die scharfen Grenzen zwischen

Licht und Schatten. Wird ein Gegenstand mit zwei Punktlichtquellen angestrahlt, so erhellt jeweils eine Lichtquelle einen Teil des Schattenraumes der anderen Lichtquelle, wobei der Bereich, der von keiner Lichtquelle erhellt wird, Kernschatten genannt wird (Abb. 3). Der halb erhellte Schattenbereich wird als Halbschatten bezeichnet.

Die Lichtgestalten des Mondes

Der Mond, von der Erde aus betrachtet, verändert während eines Umlaufs um die Erde sein Erscheinungsbild. Es liegt stets eine Mondhälfte im Sonnenlicht, die andere im Schatten, so wie auch auf der Erde

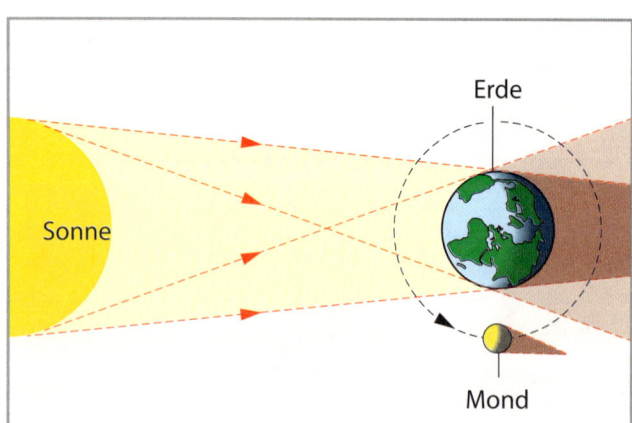

Abb. 1: Kegelförmige Kernschattenbildung hinter der Erde und dem Mond

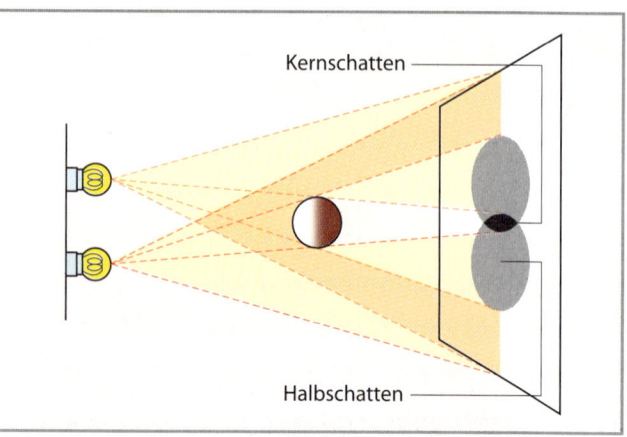

Abb. 3: Kernschatten- und Halbschattenbildung bei zwei Punktlichtquellen

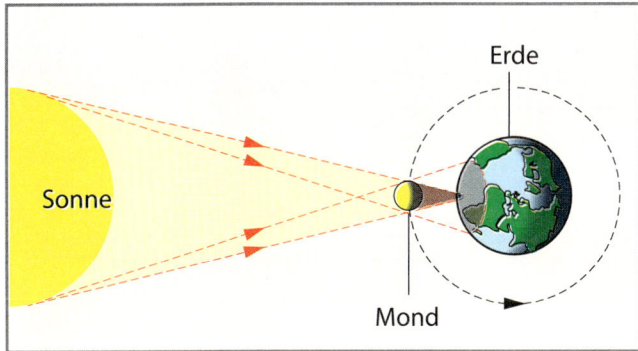

Abb. 5a: Sonnenfinsternis. Der Kernschatten des Mondes fällt auf die Erde

Abb. 5b: Sonnenfinsternis. Der Mond deckt die Sonne ab, die so genannte Corona wird sichtbar

auf der einen Hälfte Tag herrscht und auf der anderen Erdseite Nacht. Die Lichtgestalten oder Phasen des Mondes sind periodisch und beginnen nach etwas mehr als 4 Wochen stets wieder von neuem. Der Mond umkreist die Erde einmal in 27,5 Tagen und mit ihr einmal im Jahr die Sonne. Die Mondphasen entstehen dadurch, dass von der Erde aus betrachtet während eines Mondumlaufs unterschiedliche Anteile der von der Sonne beleuchteten Mondhalbkugel sichtbar sind (Abb. 4). Bei Neumond liegt die erdabgewandte Seite im Sonnenlicht, so dass die erdzuge-

wandte Seite unbeleuchtet ist. Der Mond zeigt dem Erdbeobachter nur die unbeleuchtete Rückseite. Nach drei Tagen sieht der irdische Beobachter bei Sonnenuntergang etwa ein Viertel der beleuchteten Fläche. Der Mond ist für den Beobachter nach rechts gewölbt. Nach einer Woche ist von der beleuchteten Seite des Mondes die Hälfte zu sehen, nach einer weiteren Woche ist die gesamte beleuchtete Fläche zu erkennen. In dieser Phase geht der Mond bei Sonnenuntergang im Osten auf und steht um Mitternacht im Süden am höchsten. Diese Phase wird als Vollmond be-

zeichnet. Nach einer weiteren Woche ist der Mond zur Hälfte sichtbar.

Kreuzt der Mond die direkte Verbindungsstrecke zwischen Sonne und Erde, so fällt sein Schatten auf die Erde.

Für den irdischen Beobachter verfinstert sich dann die Sonne. Da die Mondumlaufbahn sich periodisch verändert und zur überwiegenden Zeit gegen die gradlinige Verbindungsstrecke zwischen Sonne und Erde geneigt ist, passiert es sehr selten, dass die Mittelpunkte von Sonne, Mond und Erde genau auf einer Geraden liegen. Die totale Sonnenfinsternis dauert in der Regel ca. 3 min. Maximal kann eine Sonnenfinsternis ca. 7,5 min betragen. Nach genau 18 Jahren und 11 Tagen (Sarosperiode) wiederholt sich die Sonnenfinsternis. Die letzte totale Sonnenfinsternis fand in Deutschland am 11.8.1999 statt (Abb. 5 a, b).

Eine Mondfinsternis tritt ein, wenn der Mond in gradliniger Verlängerung der Strecke Sonne-Erde steht. Dabei steht der Mond im Kernschatten der Erde. Beim Beginn oder Abklingen der Mondfinsternis ist der Schlagschatten auf dem Mond erkennbar. Bewegt sich der Mond durch das Zentrum des Kernschattens, ist er 2 Stunden lang verdunkelt. Tritt nur ein Teil des Mondes in den Kernschatten ein, dann spricht man von einer partiellen Mondfinsternis, und der Erdschatten ist auf dem Mond erkennbar.

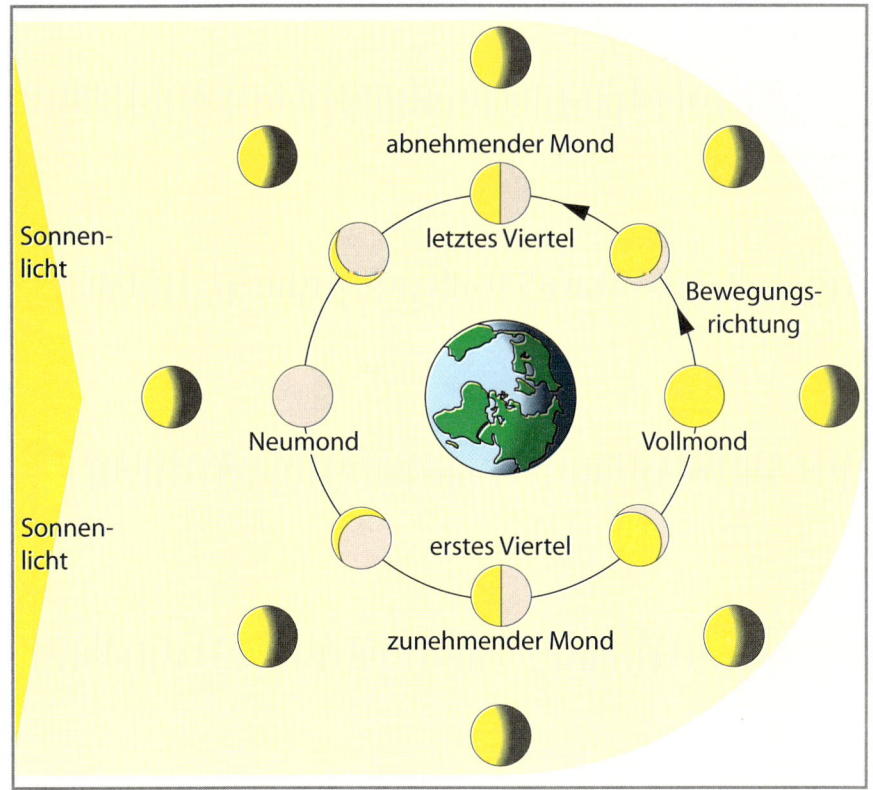

Abb. 4: Mondphasen (Sicht aus dem Weltall): Um die reelle Beobachtung des Mondes von der Erde mit der Abbildung vergleichen zu können, muss die Mondabbildung (mittlerer Ring) in der Richtung von der Erde zum Mond betrachtet werden, sonst erscheinen die Phasen des zunehmenden Mondes seitenverkehrt

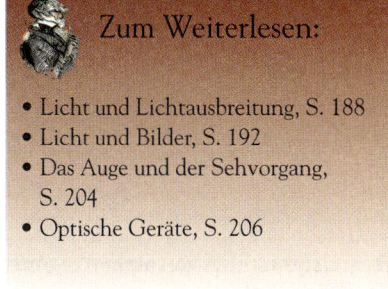

Zum Weiterlesen:

- Licht und Lichtausbreitung, S. 188
- Licht und Bilder, S. 192
- Das Auge und der Sehvorgang, S. 204
- Optische Geräte, S. 206

Licht und Bilder

Schon Johannes Kepler (Abb. 1) befasste sich als einer der Ersten mit dem Bau einer Lochkamera. Die Lochkamera besteht im Prinzip aus einem geschlossenen Kasten mit einem Loch. Ein Gegenstand vor dem Loch der Kamera wird auf der gegenüberliegenden Kastenwand höhen- und seitenvertauscht abgebildet (Abb. 2). Wie

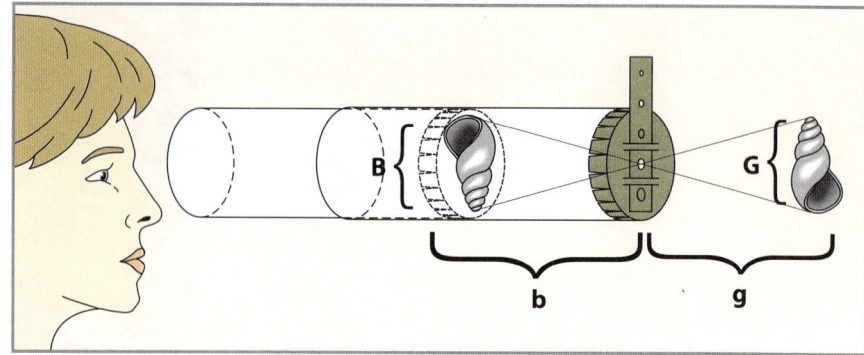

Abb. 2: Abbildung in der Lochkamera: B = Bildgröße in der Lochkamera, G = Gegenstandsgröße, b = Bildweite, g = Gegenstandsweite

Abb. 1: Johannes Kepler (1571-1630)

funktioniert die Lochkamera? Jeder Punkt eines beliebigen Gegenstandes sendet oder reflektiert Licht. In Abbildung 3 wird der Gegenstand symbolisch durch einen schwarzen Stab dargestellt. Die beiden Endpunkte und der Mittelpunkt des Stabes werden zur Vereinfachung der Darstellung ausgewählt. Auf dem Schirm treffen die emittierten Strahlen der ausgewählten Lichtpunkte in ungeordneter Weise auf.

Der Gegenstand ist in Form einer Abbildung auf dem Schirm nicht erkennbar.

Wird wie in Abbildung 4 zwischen dem Gegenstand und dem Schirm eine Lochblende gestellt, bringt die Lochblende Ordnung in das Chaos. Nur bestimmte Lichtstrahlen finden ihren Weg gradlinig durch die Lochblende. Der Rest der Strahlung wird von der Blende zurückgehalten. Die drei Lichtpunkte des Gegenstandes erzeugen auf dem Schirm drei Lichtflecke. Wie die ausgewählten Lichtflecke werden auch alle anderen Punkte vom Gegenstand auf dem Schirm abgebildet. Verkleinert man das Loch der Lochblende, werden die Punkte auf dem Schirm immer feiner. Der Gegenstand erscheint somit genauer bzw. schärfer. Andererseits nimmt mit der Verringerung des Lochdurchmessers auch die Helligkeit des Bildes ab, weil weniger Licht durch die kleinere Öffnung durchgelassen wird. Beim Vergrößern dagegen gelangt mehr Licht an den Schirm, aber die Abbildung wird undeutlicher. Bei weiterer Zunahme des Lochdurchmessers verschwimmt das Bild bis zur Unkenntlichkeit.

Prinzipiell funktioniert auch unser Auge oder der Fotoapparat wie die Lochkamera. Beim Fotoapparat sind jedoch noch Linsensysteme vorgeschaltet, um die Qualität der Aufnahme und deren Größe zu verbessern oder zu steuern. Die Abbildung in der Lochkamera folgt einem bestimmten Abbildungsgesetz, wobei das Bild einer Lochkamera umgekehrt, seitenvertauscht und reell ist (es kann auf einem Schirm aufgefangen werden). In diesem Abbildungsgesetz ist die Gegenstandsgröße der Abbildungsgröße direkt proportional. Das Abbildungsgesetz lautet:

$$A = \frac{B}{G} = \frac{b}{g}$$

A = Abbildungsmaßstab
B = Bildgröße
G = Gegenstandsgröße
b = Bildweite
g = Gegenstandsweite

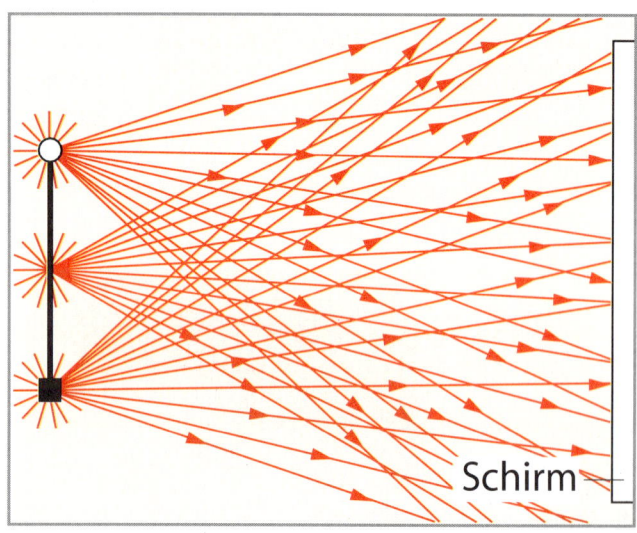

Abb. 3: Lichtstrahlen von einem Gegenstand treffen ungeordnet auf einen Schirm

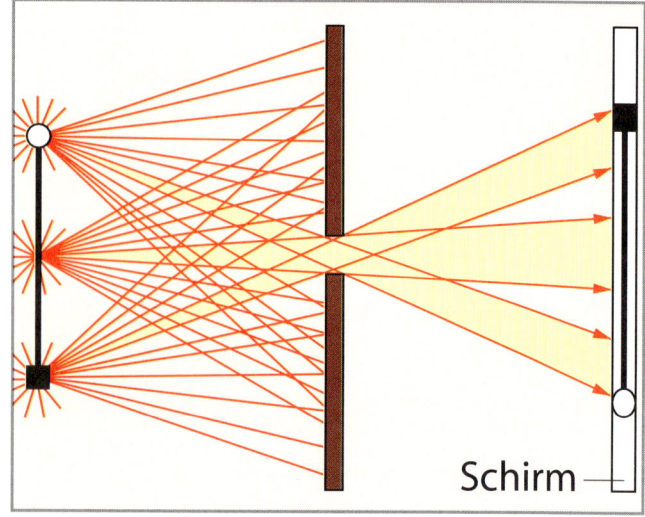

Abb. 4: Eine Lochblende ordnet die Strahlung. Nur bestimmte Strahlen finden den gradlinigen Weg durch die Lochblende

Abb. 6: Das Licht mit seinen verschiedenen Spektralfarben, vom Rot bis Violett

Der Abbildungsmaßstab 2 ist z. B. gegeben, wenn der Gegenstand 10 cm lang ist und man ein Bild von 20 cm erhält. Ist der Gegenstand 20 cm von der Lochblende entfernt, dann muss für das Abbildungsverhältnis 2 der Bildabstand 40 cm betragen.

Das Auge

Der Strahlengang beim Auge entspricht dem Strahlengang der Lochkamera. Das Auge besteht aus einer Sammellinse, der so genannten Kristalllinse, die ein von einem Gegenstand ausgehendes Lichtbündel auf der lichtempfindlichen Netzhaut abbildet. Auf der Netzhaut entsteht wie bei der Lochkamera ein umgekehrtes reelles Bild. Die Scharfeinstellung beim Auge erfolgt nicht durch Veränderung der Bildweite, sondern durch Brennweitenveränderung der Kristalllinse. Das Anpassen der Brennweite an die jeweilige Gegenstandsweite geschieht unbewusst und heißt Akkommodation. Die Linse erzeugt auf der Netzhaut das Bild des Gegenstandes. In der Netzhaut mündet der Sehnerv mit feinsten Verästelungen, den Zäpfchen und den Stäbchen. Die Zäpfchen sind zuständig für das farbige Sehen am Tage, und

die Stäbchen übernehmen ihre Aufgabe für das Schwarzweißsehen in der Nacht. Mit der Pupille regelt das Auge den Lichteinfall. Im Dunkeln sind die Pupillen weiter geöffnet als im Hellen, um mehr Licht einzufangen.

Licht und Farben

Fällt weißes Sonnenlicht durch ein Prisma, erhält man eine Farbzerlegung in alle Regenbogenfarben (Abb. 5). Dieses allgemein bekannte Phänomen wurde bereits von Isaac Newton (1643–1727) untersucht. Das Licht mit seinen verschiedenen Spektralfarben tritt in der Reihenfolge Rot, Orange, Gelb, Grün, Blau, Indigo und Violett auf (Abb. 6). Das langwellige Rot begrenzt den Bereich des sichtbaren Lichts zur einen Seite, das kurzwellige Violett zur anderen. Vereinigt man die Spektralfarben mit Hilfe einer Sammellinse, dann erhält man wieder weißes Licht.

Wird aus den Spektralfarben eine Farbkomponente herausgefiltert, dann ergibt sich eine Mischfarbe aus dem Rest der Spektralfarben. Diese entstandene Mischfarbe wird als Komplementärfarbe bezeichnet. Wird z. B. die Spektralfarbe Rot ausgeblendet, dann erhält man die Komplementärfarbe Grün. Rot und Grün ergeben bei der Zusammenführung wieder weißes Licht. Beim Ausblenden von unterschiedlichen Farbkomponenten aus dem Farbspektrum ergeben sich zu den jeweiligen Farben die Komplementärfarben (Abb. 7).

Damit das Auge alle Farben sehen kann, muss weißes Licht benutzt werden. Fehlen Farbkomponenten in der Beleuchtung, dann ist der Eindruck verfälscht. Wird z. B. ein blauer Gegenstand mit

dem Licht einer Natriumdampflampe beleuchtet, dann ist kein Blau zu erkennen. Natriumdampflampen erzeugen spektralreines gelbes Licht. Um die blaue Farbe erzeugen zu können, muss Blau im Licht enthalten sein. Da im Natriumdampflicht kein blau enthalten ist, erscheint der Gegenstand schwarz. Die unterschiedlichen Farben werden vom Auge mit den Zäpfchen auf der Netzhaut wahrgenommen. Die Zäpfchen kommen in drei verschiedenen Arten vor und sind unterschiedlich empfindlich, bezogen auf die Farberkennung der Farben Rot, Grün und Blau. Der Farbeindruck Blau kann sowohl durch die reine Spektralfarbe als auch durch eine Mischung erzeugt werden. Umgekehrt kann die Mischung von drei Spektralfarben (Blau, Rot, Grün z. B.) jeden Farbton bis zu Weiß erzeugen.

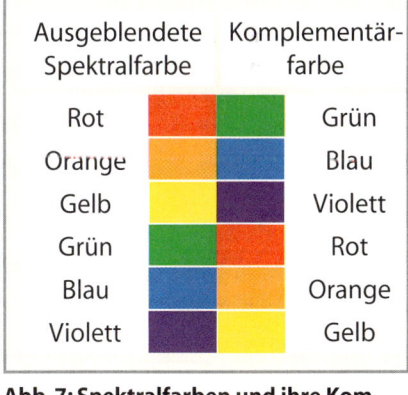

Ausgeblendete Spektralfarbe		Komplementär-farbe
Rot		Grün
Orange		Blau
Gelb		Violett
Grün		Rot
Blau		Orange
Violett		Gelb

Abb. 7: Spektralfarben und ihre Komplementärfarben

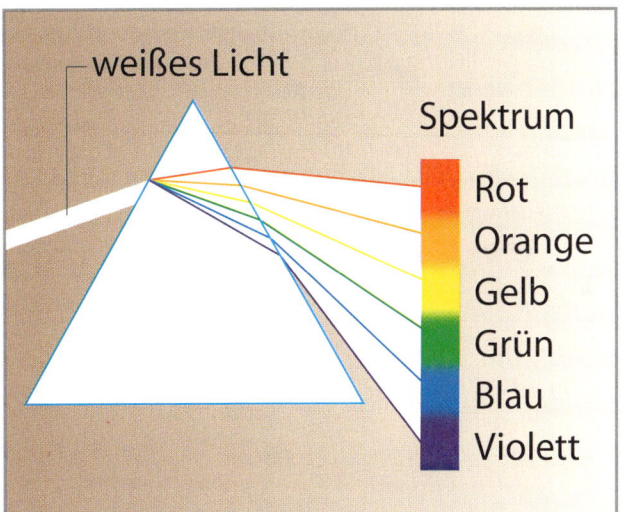

Abb. 5: Das Prisma zerlegt das weiße Licht in seine Spektralfarben

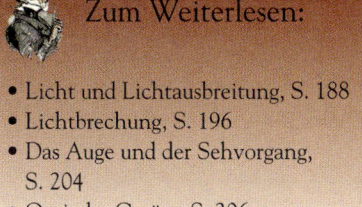

Zum Weiterlesen:

• Licht und Lichtausbreitung, S. 188
• Lichtbrechung, S. 196
• Das Auge und der Sehvorgang, S. 204
• Optische Geräte, S. 206

Reflexion an Hohl- und Wölbspiegel

Verchromte Autoteile, Glaskugeln am Weihnachtsbaum, gewölbte Spiegel an Straßenkreuzungen, Rückspiegel am Fahrrad und Auto geben ein Spiegelbild in Abhängigkeit von der Wölbung der Spiegeloberfläche mehr oder weniger verzerrt wieder (Abb. 1). Die Verzerrung des Spiegelbildes wird beim Rückspiegel am Fahrzeug und beim Spiegel an der Straßenkreuzung bewusst eingesetzt. Das Spiegelbild wirkt zusammengestaucht, damit der Fahrer mit dem Spiegelbild einen größeren Bereich überschauen kann. Gewölbte Spiegel, wie z. B. der Kosmetikspiegel, können aber auch Gegenstände größer erscheinen lassen. Es ist nun interessant zu untersuchen, welchen Einfluss die Wölbung auf das Spiegelbild hat.

Generell unterscheidet man bei gewölbten Spiegeln den Hohlspiegel (Konkavspiegel) und den Wölbspiegel (Konvexspiegel). Liegt beim Spiegel der Rand höher als die Spiegelmitte, dann spricht man von einem Hohlspiegel, dagegen handelt es sich um einen Wölbspiegel, wenn der Rand tiefer liegt (Abb. 2 a, b). Wie für ebene Flächen gilt das Reflexionsgesetz auch für gekrümmte Oberflächen. Gekrümmte Spiegel werden in unserem alltäglichen Leben eingesetzt, wo paralleles Licht erforderlich ist, wie z. B. für Autoscheinwerfer

Abb. 1: Gewölbte Oberflächen lassen verzerrte Spiegelbilder entstehen

oder für Taschenlampen. Trifft im umgekehrten Lichtweg paralleles Licht auf einen Hohlspiegel, dann treffen sich die reflektierenden Strahlen in einem Punkt vor dem Spiegel. Dieser Punkt heißt Brennpunkt. Der Abstand des Brennpunktes vom Scheitelpunkt des Hohlspiegels heißt Brennweite f. Der Brennpunkt und der Scheitelpunkt befinden sich auf der optischen Achse. Die optische Achse ist dadurch gekennzeichnet, dass der Lichtstrahl genau senkrecht auf die gekrümmte Oberfläche des Hohlspiegels auftrifft (Abb. 3).

Die Brennweite f berechnet sich folgendermaßen:

$$f = \frac{r}{2}$$

f = Brennweite des Hohlspiegels
r = Krümmungsradius des Hohlspiegels

Hohlspiegel
(Konkavspiegel) als Kugelspiegel

Wie im vorhergehenden Kapitel bereits erläutert, sammelt der Hohlspiegel parallel zur optischen Achse einfallendes Licht im Brennpunkt. Befindet sich im Brennpunkt eine Punktlichtquelle, dann erzeugt der Spiegel daraus einen parallelen Lichtstrahl. Entfernt man die Lichtquelle auf der opti-

schen Achse vom Hohlspiegel, dann schneiden sich die reflektierten Lichtstrahlen in einem Punkt. Die Lichtstrahlen konvergieren. Je weiter sich die Lichtquelle entfernt, desto stärker konvergieren die Lichtstrahlen. Befindet sich die Lichtquelle zwischen Brennpunkt und Hohlspiegel, dann laufen die Lichtstrahlen auseinander. Das Lichtbündel wird dann als divergent bezeichnet. Der Hohlspiegel wird technisch für die Autobeleuchtung genutzt. Die Biluxlampe, eingesetzt im Autoscheinwerfer, besteht aus zwei getrennt schaltbaren Glühwendeln. Die erste Glühwendel liegt genau im Brennpunkt. Mit dieser Glühwendel wird das parallele Licht für das Fernlicht erzeugt (Abb. 4a). Die zweite Glühwendel wird für das Abblendlicht benutzt. Diese Glühwendel ist einseitig verblendet und strahlt deshalb nur nach oben hin gegen den Hohlspiegel ab (Abb. 4b). Bei der Erzeugung divergenter Strahlen erzeugt der scheinbare Strahlverlauf hinter dem Spiegel ein virtuelles Bild.

Zur grafischen Konstruktion des Bildpunktes genügt die Verwendung von zwei oder drei speziellen geometrischen Strahlen: 1. Hauptstrahl, 2. Parallelstrahl und 3. Brennstrahl (Abb. 5). Ein Gegenstand, der sich zwischen Brennpunkt F und Spiegel S (Scheitelpunkt) befindet, wird hinter dem Spiegel abgebildet.

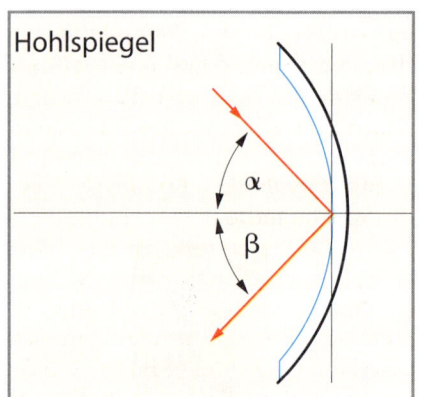

Abb. 2a: Hohlspiegel: Licht fällt in die nach innen gekrümmte Fläche

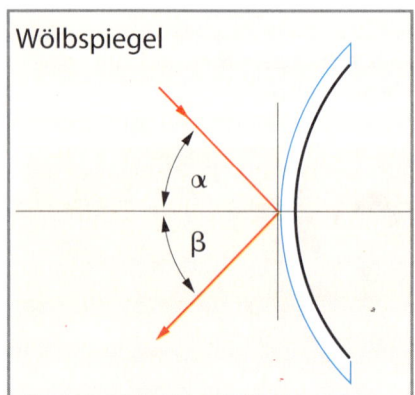

Abb. 2b: Wölbspiegel: Licht fällt auf die nach außen gekrümmte Oberfläche

Gegenstandsweite g	Bildweite b	Bildgröße B	Bildart
g > 2f	f < b < 2f	B < G	Reell, umgekehrt
g = 2f	b = 2f	B = G	Reell, umgekehrt
f < g < 2f	b > 2f	B > G	Reell, umgekehrt
g < f	b < 0	B > G	Virtuell, aufrecht

Tabelle 1: Bilder des Hohlspiegels (Konkavspiegels) in Abhängigkeit zur Gegenstandsweite g

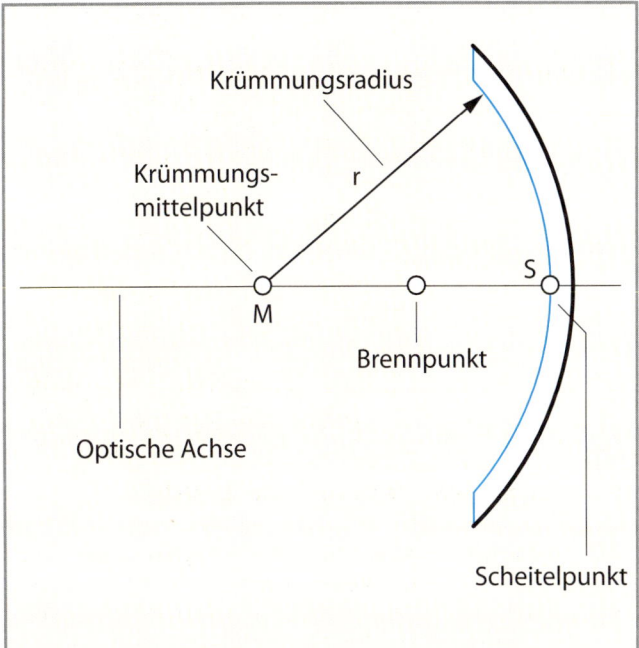

Abb. 3: Wichtige geometrische Begriffe für gekrümmte Spiegel

Abb. 5: Parallelstrahl → Brennpunktstrahl. Brennpunktstrahl → Parallelstrahl. Mittelpunktstrahl wird in sich reflektiert

Diese Abbildung wird scheinbare (virtuelle) Abbildung genannt. Befindet sich der Gegenstand genau auf der Höhe des Brennpunktes (Brennebene), dann wird kein Bild erzeugt. Befindet sich der Gegenstand zwischen dem Brennpunkt F und dem Mittelpunkt M, dann schneiden sich die reflektierten Strahlen. In diesem Fall ist das Bild größer als der Gegenstand. Befindet sich der Gegenstand hinter dem Mittelpunkt, dann wird ein kleineres reelles Bild zwischen Brennpunkt und Mittelpunkt erzeugt. Bei reellen Abbildungen mit dem Hohlspiegel (Konkavspiegel) gelten zusammenfassend folgende Beziehungen zwischen Gegenstandsgröße G, Bildgröße B, Gegenstandsweite g, Bildweite b und Brennweite f:

Ein Hohlspiegel liefert reelle Bilder für g > f und virtuelle Bilder für g < f. Alle Strahlen, die parallel auf den Hohlspiegel treffen, schneiden sich auf der Brennebene. In der Tabelle 1 wird die Bildgröße in Abhängigkeit von der Gegenstandsweite dargestellt.

Wölbspiegel (Konvexspiegel) als Kugelspiegel

Beim Wölbspiegel wird die äußere Kugeloberfläche als reflektierende Seite benutzt. Wölbspiegel (Konvexspiegel) zerstreuen paralleles Licht. Lichtstrahlen, welche parallel zur optischen Achse auf einen Wölbspiegel fallen, werden so zurückgeworfen, dass sie von einem Punkt hinter dem Spiegel, dem scheinbaren (virtuellen) Brennpunkt, herzukommen scheinen. Der Wölbspiegel hat stets scheinbare (virtuelle), aufrechte und verkleinerte Bilder. Weil die Brennweite hinter dem Spiegel liegt, hat sie einen negativen Zahlenwert (f < 0). Die Bildweite hat aus dem gleichen Grund ebenfalls einen negativen Zahlenwert. Die Konstruktion des Spiegelbildes erfolgt wie beim Hohlspiegel mit dem Parallel-, Haupt- und Brennstrahl.

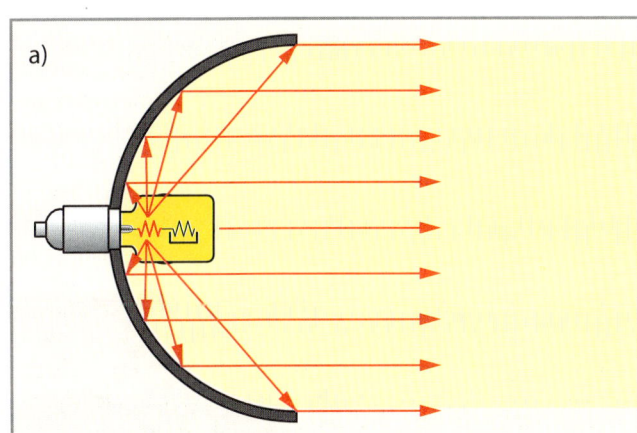

Abb. 4a: Biluxlampe: Fernlicht

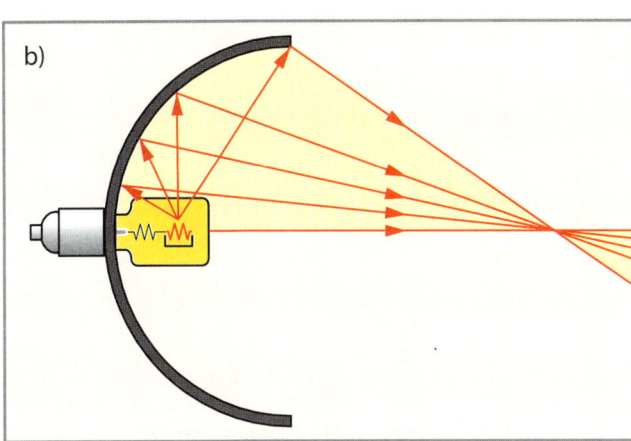

Abb. 4b: Biluxlampe: Abblendlicht

Zum Weiterlesen:

• Lichtbrechung, S. 196
• Planparallele Platte und Prisma, S. 198
• Sammellinsen, S. 200

Lichtbrechung

Wird ein gerader Stab schräg in ein Wasserbecken gehalten, dann wird ein Abknicken des Stabes an der Wasseroberfläche beobachtet. Da der Stab natürlich gerade ist, muss diese Erscheinung darauf beruhen, dass der Lichtweg vom Stab aus dem Wasser heraus nicht gradlinig verläuft. Mit einem Lichtstrahl im Wasserbecken beobachtet man den gleichen Effekt. Ein Teil des Lichtstrahles wird an der Wasseroberfläche reflektiert, der andere Teil dringt in das Wasser ein, ändert aber an der Grenzfläche zwischen Luft und Wasser seine Richtung. Man sagt: Der Lichtstrahl wird beim Eindringen ins Wasser gebrochen (Abb. 1).

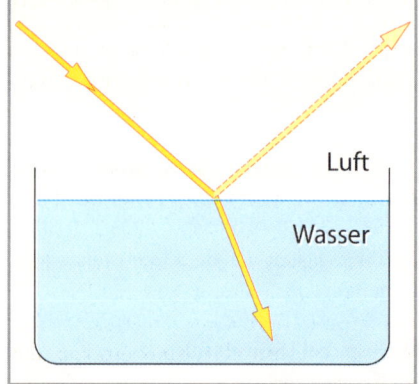

Abb. 1: Brechung des Lichtes an der Grenzfläche zwischen Luft und Wasser

Geht also ein Lichtstrahl von einem Medium (Stoff) in ein anderes Medium über, so ändert er an der Grenzschicht beider Stoffe seine Richtung. Für die genaue Beschreibung des Vorganges „Lichtbrechung" sind nun folgende Begriffe wie einfallender Lichtstrahl, gebrochener Lichtstrahl, Einfallswinkel, Brechungswinkel und Einfallslot notwendig (Abb. 2). Beim Übergang des Lichts von Luft zu Wasser wird beobachtet, dass das Licht zum Lot hin gebrochen wird, d. h., der Winkel zwischen Lot und gebrochenem Strahl wird kleiner. In diesem Fall ist das zweite Medium (Wasser) „optisch dichter" als das erste (Luft). Es muss beachtet werden, dass der Begriff „optische Dichte" nicht von der stofflichen Dichte abgeleitet werden kann. Es ist eine Festlegung, in der die Bezeichnung „optisch dichter" oder „optisch dünner" immer nur auf ein konkretes Stoffpaar bezogen ist. Lässt man einen Lichtstrahl im Wasserbecken von unten gegen die Wasseroberfläche treffen, dann wird ein Teil des Lichtes an der Grenzschicht reflektiert. Der andere Teil geht vom Wasser in die Luft über und ändert an der Grenzfläche ebenfalls seine Richtung. In diesem Fall ist der Einfallswinkel kleiner als der Brechungswinkel, d. h., der Lichtstrahl wird vom Lot weg gebrochen. Hier ist das erste Medium „optisch dichter" als das zweite. Das Licht bleibt ungebrochen beim Übergang von einem Medium zum anderen, wenn der Lichtstrahl senkrecht auf die Grenzfläche auftrifft. Wird der Einfallswinkel im „optisch dichteren" Medium vergrößert, dann verläuft ab einem bestimmten Einfallswinkel der Lichtstrahl an der Grenzfläche entlang. Beim Übergang Wasser-Luft beispielsweise verläuft der Licht-

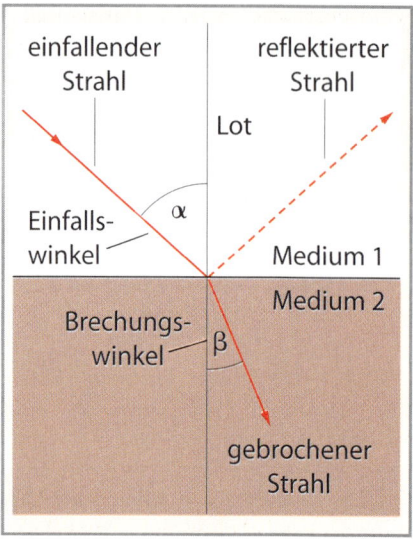

Abb. 2: Begriffe zur Erklärung der Lichtbrechung

strahl bei einem Einfallswinkel von 48,5° genau an der Wasseroberfläche entlang. Der Brechungswinkel beträgt in diesem Fall also 90°. Wird der Einfallswinkel noch größer, dann geht gar kein Licht mehr vom Wasser in die Luft über. Der gesamte Lichtstrahl wird reflektiert. Diese Erscheinung wird Totalreflexion genannt, und der Winkel, bei dem Totalreflexion eintritt, heißt Grenzwinkel der Totalreflexion (Abb. 3). Bei den bisherigen Beobachtungen liegen immer der einfallende Lichtstrahl, das Einfallslot und der gebrochene Strahl in einer Ebene.

Bei der Totalreflexion wird der gesamte Lichtstrahl reflektiert, deshalb glänzt eine

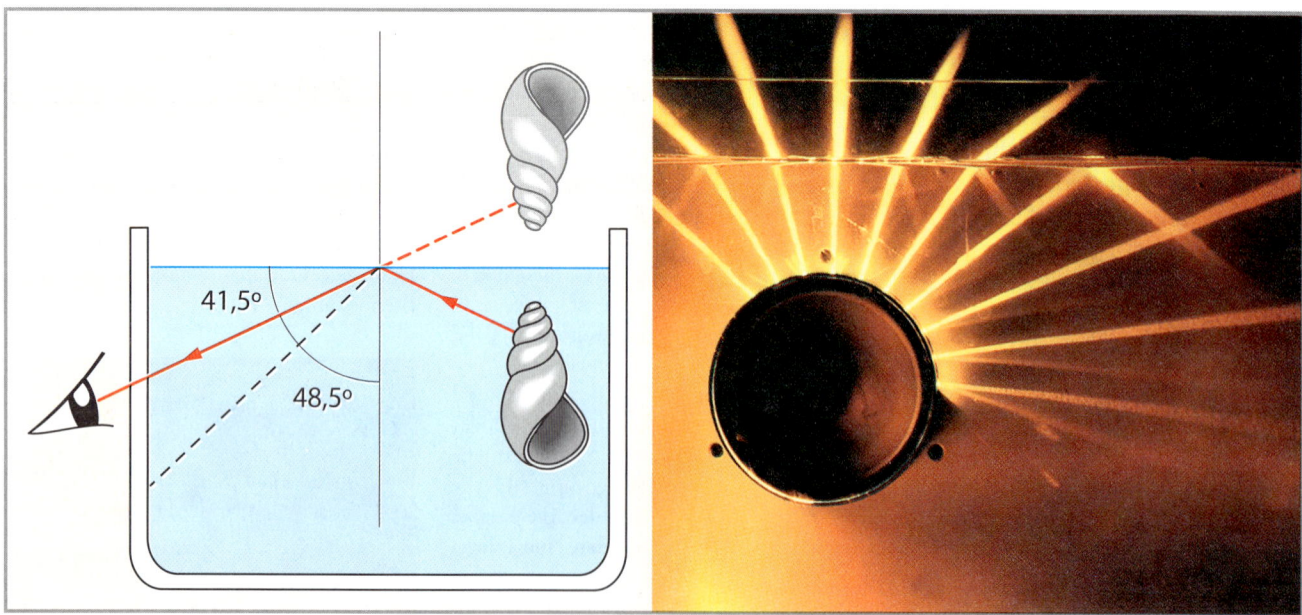

Abb. 3: Brechung des Lichtes an der Grenzfläche zwischen Wasser und Luft. Ab dem Grenzwinkel von 48,5° tritt Totalreflexion ein. Auch im Modellversuch ist dies deutlich zu erkennen

Wasseroberfläche, an der das Licht vollständig reflektiert wird, stärker als eine auf Hochglanz polierte Metalloberfläche.

Die gleichen Beobachtungen wie bei den beiden Medien Wasser und Luft kann man auch bei anderen transparenten Medien machen, wenn beispielsweise der Lichtstrahl von der Luft in ein anderes Medium wie z. B. Glas oder Quarz übergeht. In der Tabelle 1 wird der Brechungswinkel β in Abhängigkeit vom Einfallswinkel α für den Übergang von Luft auf Wasser und Glas dargestellt. In der rechten Spalte ist die Gesamtablenkung δ für den Übergang des Lichtstrahls von der Luft ins Glas angegeben.

Eine Gesetzmäßigkeit zwischen dem Einfallswinkel und dem Brechungswinkel war lange Zeit nicht erkannt worden. Der holländische Mathematiker Snellius bemerkte als Erster, dass das Verhältnis der Gegenkatheten a, b, der Winkel α und β für einen bestimmten Stoff für alle Winkel gleich bleibt (Abb. 4). Für die Formulierung der Gesetzmäßigkeit ersetzte er die Gegenkatheten a und b durch die Winkelfunktionen sinα und sinβ. In Tabelle 2 sind für die Medien Wasser und Glas die Einfalls- und Brechungswinkel ihren Sinuswerten und dem Quotienten sinα/sinβ zugeordnet. Aus der Tabelle ist ersichtlich, dass für alle Ein-

fallswinkel das Verhältnis sinα/sinβ gleich bleibt.

Snellius leitete aus der Beobachtung also folgende Beziehung her:

$$\frac{a}{b} = \frac{\sin\alpha}{\sin\beta} = n$$

mit a als Gegenkathete des Winkels α und b als Gegenkathete des Winkels β. Diese mathematische Beziehung wird als „snelliussches Brechungsgesetz" bezeichnet.

Die Konstante n wird als Brechzahl oder Brechungsindex des Stoffpaares bezeichnet. Für das Stoffpaar Luft/Wasser hat die Brechzahl n für den oben durchgeführten Versuch einen Wert von 1,33.

Beim gleichen Versuchsaufbau mit der gleichen Lichtquelle bekommt man für das Stoffpaar Luft/Glas eine Brechzahl von 1,52. Da der Strahlengang auch umkehrbar ist, kann man aus der Tabelle 2 die Grenzwinkel für die Totalreflexion ablesen. Bei dieser Betrachtung wird der Winkel α zum Einfallswinkel und der Winkel β zum Brechungswinkel. Der Grenzwinkel zur Totalreflexion beträgt in diesem Fall 48,6°. Jeder Einfallswinkel, bezogen auf den Übergang Wasser-Luft, größer als 48,6°, wird an der Wasseroberfläche total reflektiert.

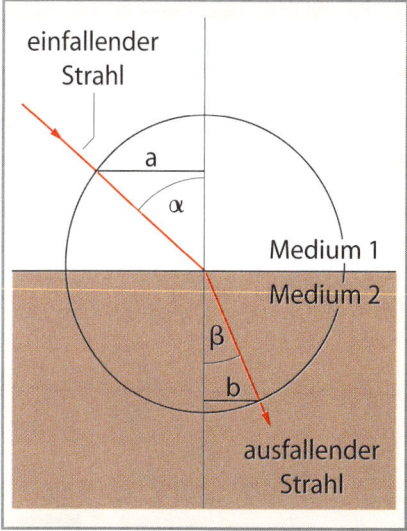

Abb. 4: Mit den Gegenkatheten a und b beschreibt Snellius das Brechungsgesetz

Die Brechzahlen sind aber nicht nur von den Stoffpaaren abhängig, sondern auch von der Farbe des Lichtes. Rotes Licht wird beispielsweise geringer gebrochen als blaues Licht (Dispersion). Blaues Licht ist im Medium langsamer als rotes Licht. Die Geschwindigkeit des Lichtes verhält sich in den beiden Stoffpaaren direkt proportional zum Brechungsindex:

$$\frac{\sin\alpha}{\sin\beta} = \frac{c_o}{c} = n$$

c_o = Lichtgeschwindigkeit im Vakuum (mit der Luft gleichgesetzt)

c = Lichtgeschwindigkeit im Medium

In der Natur können die unterschiedlichen Lichtbrechungen der Farben am Regenbogen beobachtet werden. Beim Regenbogen haben wir die Stoffpaare Luft/Wasser, wobei das Wasser in Form von winzigen Wassertröpfchen in der Luft verteilt ist.

Winkel α in Luft	Winkel β in		Ablenkung beim Übergang Luft/Glas δ = α − β
	Glas	Wasser	
0°	0°	0°	0°
10°	6,6°	7,5°	3,4°
20°	13,2°	14,9°	6,8°
30°	19,5°	22,0°	10,5°
40°	25,4°	28,8°	14,6°
50°	30,7°	35,1°	19,3°
60°	35,3°	40,5°	24,7°
70°	38,8°	44,8°	31,2°
80°	41,0°	47,6°	39,0°
90°	41,8°	48,6°	48,2°

Tabelle 1: Einfallswinkel α und Brechungswinkel β bei Luft, Glas und Wasser

Übergang des Lichtes von Luft ins Wasser				
α	β	sinα	sinβ	sinα/sinβ
20°	14,9°	0,342	0,257	1,33
40°	28,8°	0,643	0,482	1,33
60°	40,5°	0,866	0,649	1,33
80°	47,6°	0,985	0,738	1,33
90°	48,6°	1,000	0,750	1,33

Tabelle 2: Für ein bestimmtes Stoffpaar ergibt das Verhältnis sinα/sinβ immer den gleichen Wert

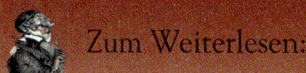
Zum Weiterlesen:

- Reflexion an Hohl- und Wölbspiegel, S. 194
- Planparallele Platte und Prisma, S. 198
- Sammellinsen, S. 200
- Zerstreuungslinsen, S. 202

Planparallele Platte und Prisma

*E*in einfaches Beispiel für die planparallele Platte ist die Fensterscheibe. Der Blick auf die Objekte durch die Fensterscheibe erscheint für den Betrachter unbeeinflusst. Dieser Eindruck täuscht, denn legt man beispielsweise eine planparallele Glasplatte auf einen Schriftzug, dann erkennt man, dass der Teil des Schriftzuges, abgedeckt durch die Glasplatte, klar und deutlich, aber versetzt erscheint gegenüber dem Teil, der nicht von der transparenten Glasplatte abgedeckt wurde (Abb. 1). Der Schriftzug erscheint

Abb. 1: Verschiebung des Schriftzuges durch eine parallele Glasplatte

durch die Glasplatte verschoben. Wird der Versuch mit Glasplatten unterschiedlicher Dicke wiederholt, dann stellt man fest, dass mit zunehmender Dicke der Glasplatte die Verschiebung der Schrift verstärkt wird. Das Gleiche kann man beobachten, wenn man

den Blickwinkel verändert. Schaut man senkrecht auf die Glasscheibe, dann ist keine Verschiebung erkennbar. Neigt der Beobachter den Blickwinkel, dann ist ebenfalls eine Verschiebung sichtbar. Mit zunehmender Neigung nimmt die Verschiebung zu. Bei der Sicht durch die Fensterscheibe ist dieser Effekt auch vorhanden, aber kaum zu bemerken, da man nur durch die Fensterscheibe schaut und somit keinen direkten Vergleich hat zwischen verschobenem und nicht verschobenem Bild. Die Lichtbrechung ist die Ursache für die Verschiebungserscheinung bei planparallelen Platten, die beim Durchgang durch das Glas zweifach auftritt. Beim Eintritt von der Luft in das Glas wird der Lichtstrahl zum Einfallslot hin und beim Austritt aus der Glasplatte vom Einfallslot weg gebrochen. Im Glas verläuft der Lichtstrahl wie in der Luft gradlinig. Da der Einfallswinkel und der Ausfallswinkel gleich groß sind, erfährt der Lichtstrahl keine Änderung der Ausbreitungsrichtung, sondern der Lichtstrahl wird nur parallel verschoben. Die Parallelverschiebung vergrößert sich mit Zunahme der Plattendicke d, der Brechzahl n und dem Einfallswinkel α (Alpha) (Abb. 2 a, b).

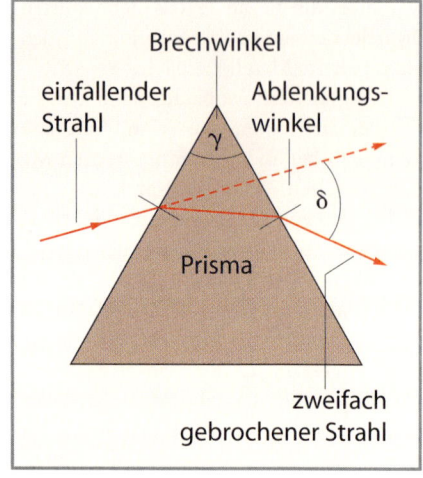

Abb. 3: Lichtbrechung an einem optischen Prisma

Planparallele Platten finden breite Verwendung in der Optik, insbesondere in der Interferometrie, wo das Licht auf seine Eigenschaften hin untersucht wird.

Das Prisma

Ein weiteres wichtiges optisches Bauteil, das sich die Brechung und die Totalreflexion zunutze macht, ist das Prisma. In der Optik versteht man unter einem Prisma einen keilförmigen Glaskörper, dessen ebene Grenzflächen gegeneinander geneigt sind. Im Gegensatz zur planparallelen Platte wirkt sich beim Prisma die zweifache Brechung auf die Ausbreitungsrichtung aus. Wie in Abbildung 3 dargestellt, wird das Prisma durch den Winkel γ (Gamma) bestimmt, der angibt, wie stark die beiden parallelen Ebenen zueinander geneigt sind. Wie bei der planpar-

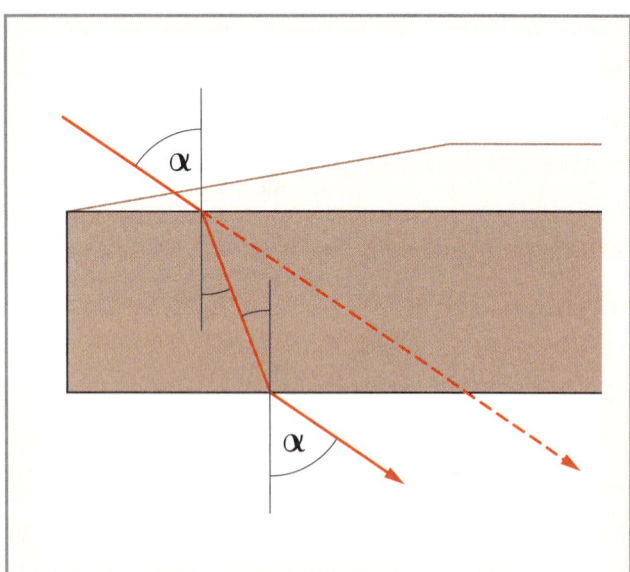

Abb. 2a: Lichtstrahl an einer planparallelen Platte. Der Lichtstrahl wird parallel verschoben

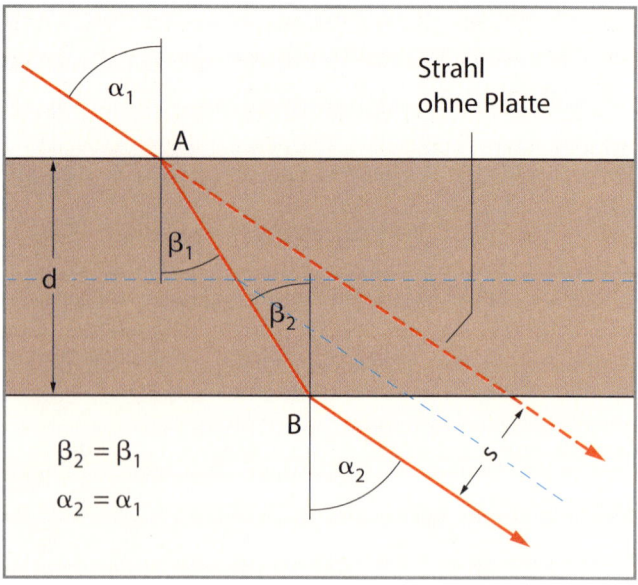

Abb. 2b: Vergrößerung der Parallelverschiebung bei Zunahme der Plattendicke

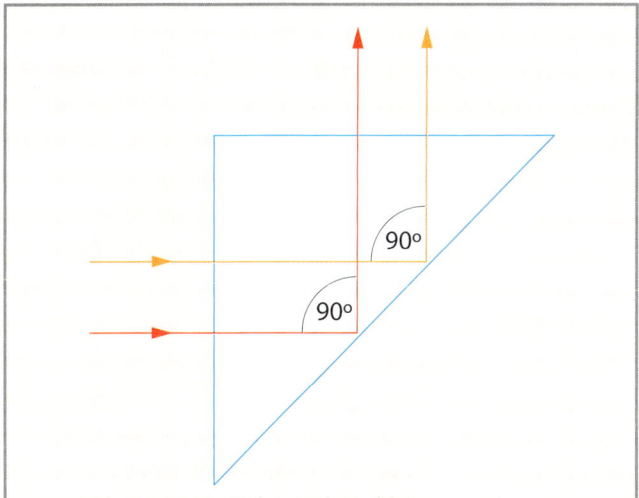

Abb. 4: Totalreflexion im Prisma. Der Lichtstrahl wird um 90° abgelenkt

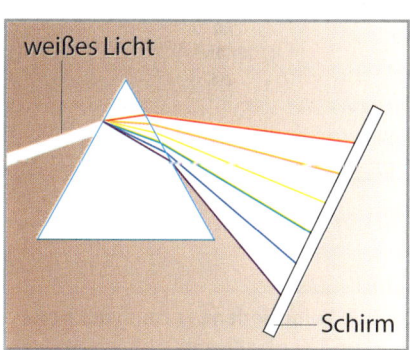

Abb. 5: Totalreflexion im Prisma. Der Lichtstrahl wird um 180° abgelenkt

allelen Platte wird auch hier der Lichtstrahl zweifach gebrochen, d. h., der einfallende Lichtstrahl wird zum Lot hin gebrochen und der ausfallende Lichtstrahl vom Lot weg. Der Gesamtablenkwinkel δ wird bestimmt durch den Einfallswinkel und durch den Ausfallswinkel des Lichtstrahls. Der Gesamtablenkwinkel verändert sich bei gleichem Einfallswinkel des Lichtes, wenn sich der Keilwinkel γ (Gamma) ändert, so dass bei Vergrößerung des Keilwinkels γ der Ablenkwinkel wächst.

Große Bedeutung in der praktischen Optik haben Prismen, die ein rechtwinkliges, gleichschenkliges Dreieck darstellen, d. h. Prismen, die einen Keilwinkel von 90° haben. Fällt der Lichtstrahl, wie in Abbildung 4 dargestellt, senkrecht über eine Grenzfläche in das Prisma ein, dann trifft das Licht in einem Winkel von 45° auf die gegenüberliegende Fläche (Hypotenusenfläche) und wird dort totalreflektiert. Der Lichtstrahl wird mit dieser optischen Prismenanordnung um genau 90° abgelenkt. Fallen zwei Lichtstrahlen in der Höhe versetzt in das Prisma ein, dann werden die Strahlen in ihrer Anordnung vertauscht, so dass eine Bildumkehr erfolgt. Fällt der Lichtstrahl rechtwinklig über die Basis (Hypotenusenfläche) ins Prisma ein (Abb. 5), dann wird er

an beiden Seitenflächen nacheinander totalreflektiert und tritt wieder senkrecht zur Basis aus dem Prisma aus. Hier erfolgt also eine Richtungsänderung von 180°, und das Bild des einfallenden Strahls wird ebenfalls umgekehrt. Bei der dritten Prismenposition trifft das Licht mit einem Winkel von 45° auf eine Seitenfläche auf, so dass der Strahl in Richtung Basisfläche gebrochen wird (Abb. 6). An der Basisfläche wird der Lichtstrahl totalreflektiert. Der Lichtweg durch das Prisma erfährt im Gegensatz zu den beiden vorhergehenden Prismenpositionen keine Richtungsänderung, aber hier wird das Bild umgekehrt.

Lichtzerlegung durch ein Prisma

Das Licht ändert seine Ausbreitungsrichtung beim Übergang von einem Medium ins nächste. Der Brechungswinkel ist dabei nicht nur von der Folge der Medien im Lichtweg abhängig, sondern auch vom Licht selbst. Weißes Licht besteht aus seinen Spektralkomponenten, die im Einzelnen komponentenweise unterschiedlich stark gebrochen werden (Dispersion). Blaues Licht wird beispielsweise in Glas bei schrägem Lichteinfall stärker gebrochen als rotes Licht, so dass weißes Licht im Glas vollständig in seine Spektralfarben zerlegt wird. Bei planparallelen Platten macht sich diese Zerlegung für den Beobachter nicht bemerkbar, da das gesamte Spektrum wieder parallel, d. h. mit dem gleichen Winkel aus dem

Glas austritt und sich dadurch wieder vermischt. Wäre das nicht der Fall, dann würden beispielsweise die Fensterscheiben in allen Spektralfarben bunt schillern. Beim Prisma verhält es sich anders. Hier wird ebenfalls im Glas das Licht in seine Komponenten zerlegt, aber die einzelnen Spektralfarben treten hier mit unterschiedlichen Winkeln aus dem Prisma aus, so dass die Spektralfarben sichtbar bleiben. Am stärksten abgelenkt wird dabei das violette Licht und am wenigsten abgelenkt bleibt die rote Spektralkomponente (Abb. 7).

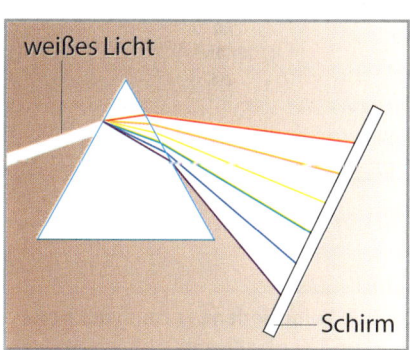

Abb. 7: Die Spektralkomponenten im Licht werden im Prisma unterschiedlich stark gebrochen (Dispersion)

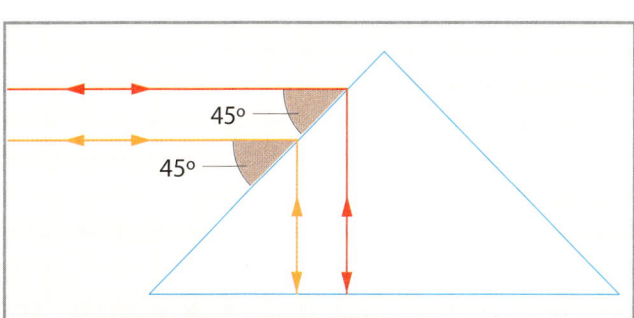

Abb. 6: Umkehrprisma, keine Richtungsänderung

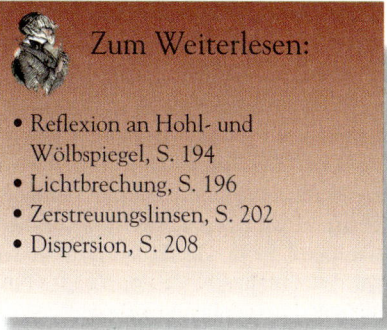

Zum Weiterlesen:

- Reflexion an Hohl- und Wölbspiegel, S. 194
- Lichtbrechung, S. 196
- Zerstreuungslinsen, S. 202
- Dispersion, S. 208

Sammellinsen

*D*ie Hauptbestandteile der meisten optischen Geräte – wie z. B. Fotoapparate, Filmkameras, Fernrohre oder einfache Brillen – bestehen aus Linsen. Linsen sind durchsichtige Körper, hergestellt aus Glas oder Kunststoff, deren Form von Teilen einer Kugeloberfläche begrenzt wird, wobei die Linsen unterschieden werden in Sammel- und Zerstreuungslinsen. Wie der Begriff Sammellinse bereits andeutet, hat sie die Eigenschaft, das Licht zu konzentrieren. Dieser Linsentyp, den man auch als Konvexlinse bezeichnet, hat mindestens eine nach außen gewölbte Seite. Ein Anwendungsbeispiel für die Sammellinse ist die Lupe, die das Sonnenlicht so stark konzentrieren kann, dass sich z. B. ein Stück Papier in ihrem Brennpunkt entzündet. Wie in Abbildung 1 dargestellt, unterscheidet man in Bi-, Plan- und Konkavkonvexlinsen. Sind dagegen die Linsen so geformt, dass die Kugeloberflächen nach innen gewölbt sind, dann spricht man von Zerstreuungslinsen bzw. Konkavlinsen. Im Vergleich zu den Konvexlinsen (Sammellinsen) unterscheidet man auch hier in Bi-, Plan und Konvexkonkavlinsen (Abb. 1).

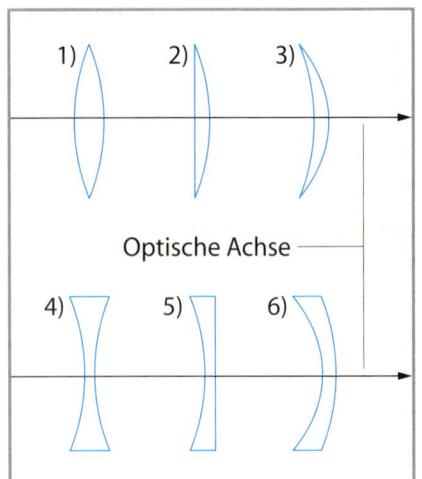

Abb. 1: Verschiedene Formen der Konvex- und Konkavlinsen

Die Sammellinse

Wie bereits erwähnt, hat die Sammellinse (Konvexlinse) die Eigenschaft, paralleles Licht im Brennpunkt zu konzentrieren. Bei näherer Betrachtung des Strahlverlaufs in der Sammellinse erkennt man, dass Lichtbündel unterschiedlich stark in ihrer Richtung abgelenkt werden. Die Richtungsänderung hängt davon ab, an welcher Stelle der Lichtstrahl auf die Linse auftrifft, denn der Lichtstrahl wird beispielsweise wesentlich stärker am Linsenende abgelenkt als in der Nähe der optischen Achse. Um sich das Ablenken eines parallelen Strahls in der Sam-

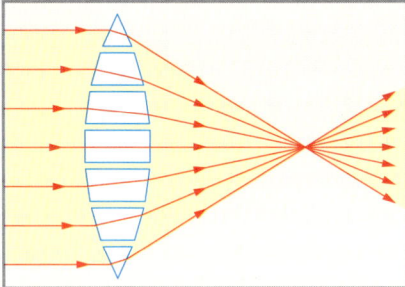

Abb. 2: Funktionsweise der Sammellinse, dargestellt mit Teilprismen

mellinse besser vorstellen zu können, stellt man sich die Linse in Teilprismen zerlegt vor, so dass die optische Achse durch eine planparallele Platte verläuft und zu beiden Seiten Teilprismen die Linse ersetzen. Der Neigungswinkel der Seitenflächen vergrößert sich mit zunehmendem Abstand von der optischen Achse. In den einzelnen Teilstücken der Prismen wird das Licht zweifach gebrochen. Über Prismen ist bekannt, dass mit der zunehmenden Neigung der Seitenflächen die Ablenkung verstärkt wird (Abb. 2). Fällt das Licht parallel zur optischen Achse auf die Sammellinse ein, dann werden die Lichtstrahlen im Brennpunkt konzentriert, wobei die einzelnen Lichtstrahlen in den Teilabschnitten unterschiedlich stark gebrochen werden. Um die Darstellung des Strahlenweges durch die Linse zu vereinfachen, wird,

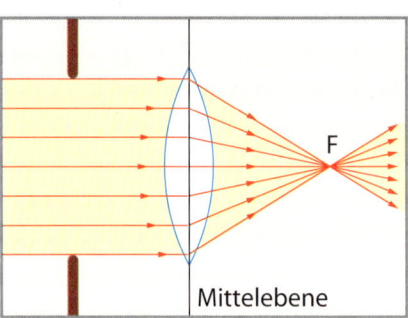

Abb. 3: Sammellinse

anstatt der zweifachen Lichtbrechung, die Gesamtrichtung an der Mittelebene der Linse einmalig geändert (Abb. 3).

Fällt ein paralleler Lichtstrahl schräg auf eine Sammellinse ein, dann werden auch hier die Lichtstrahlen in einem Brennpunkt vereinigt. Der Brennpunkt liegt auf einer Ebene, die parallel zur Mittelebene der Linse liegt. Diese Ebene wird als Brennebene bezeichnet und verläuft durch den Brennpunkt. Wird der Einfallswinkel des parallelen Lichtstrahls verändert, dann verändert sich dementsprechend die Lage des Brennpunktes auf der Brennebene (Abb. 4). Je nach Krümmung der Linsenoberfläche wird das Licht stärker

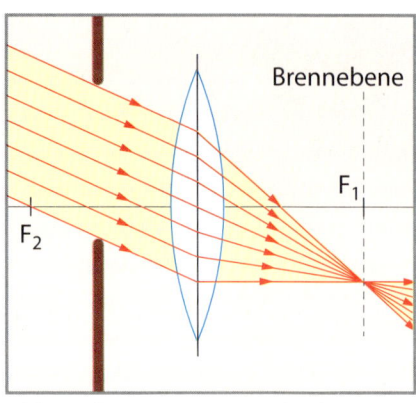

Abb. 4: Die Brennebene verläuft parallel zur Mittelebene. Schräg einfallende parallele Lichtbündel haben ihren Brennpunkt auf der Brennebene

gebrochen, so dass sich die Brennebene zur Linse hin verschiebt. Die Kenngröße der Linse, die den Abstand der Brennebene (Brennweite) enthält, wird als Brechkraft D bezeichnet.

$$D = \frac{1}{f}$$

$$[D] = \frac{1}{[f]} = \frac{1}{m} = 1 \text{ dpt (Dioptrie)}$$

Die Einheit der Brechkraft ist Dioptrie.

Die Bilder der Sammellinse

Mit der Sammellinse ist es möglich, Gegenstände reell und virtuell abzubilden. Der Vorteil der Sammellinse gegenüber der Lochkamera ist, dass bei der Lochkamera nur sehr kleine Öffnungen ein scharfes Bild erzeugen. Um ein lichtstarkes Bild mit der

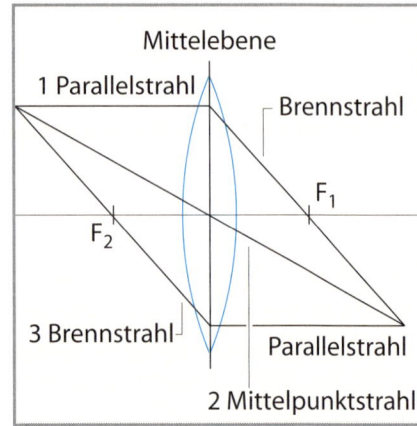

Abb. 5: Ausgezeichnete Strahlen für die Bildkonstruktion bei der Sammellinse. 1 = Parallelstrahl, 2 = Mittelpunktstrahl, 3 = Brennstrahl

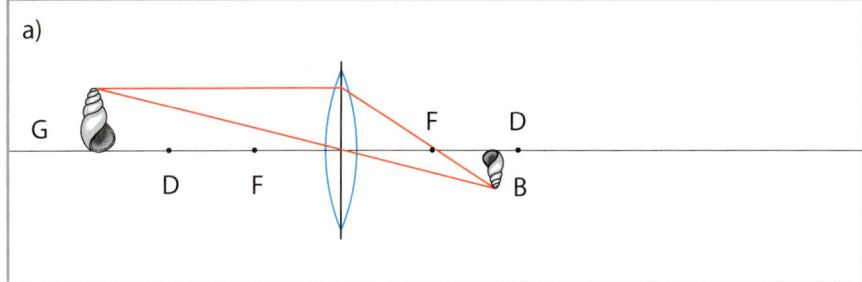

Abb. 6a: Gegenstandsweite g ist größer als die Brennweite b

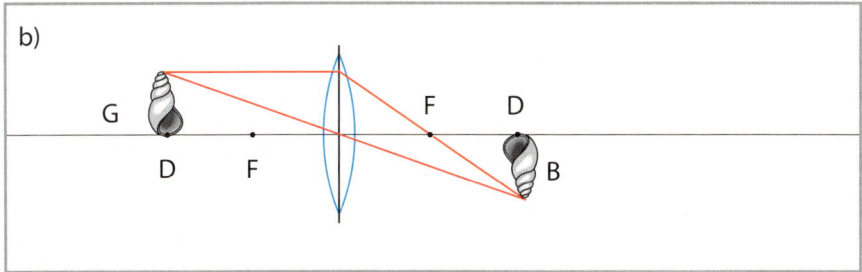

Abb. 6b: Gegenstandsweite g = Brennweite b

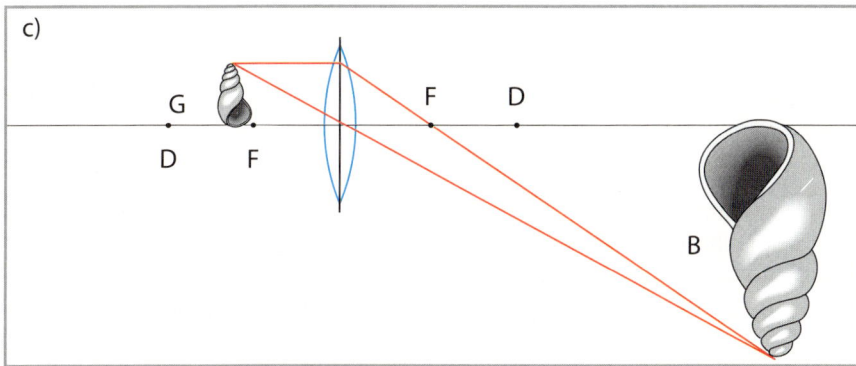

Abb. 6c: Nähert sich der Gegenstand dem Brennpunkt, wird das Bild größer

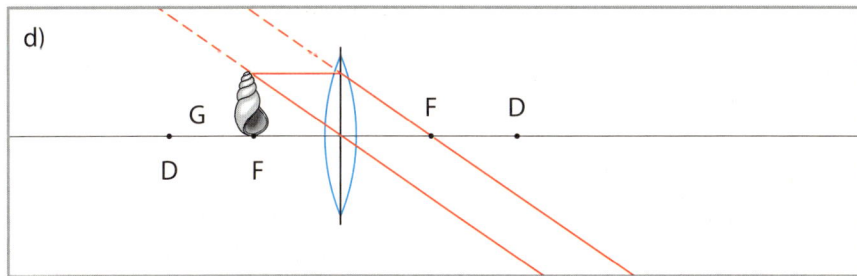

Abb. 6d: Nähert sich der Gegenstand dem Brennpunkt, entsteht kein Bild mehr

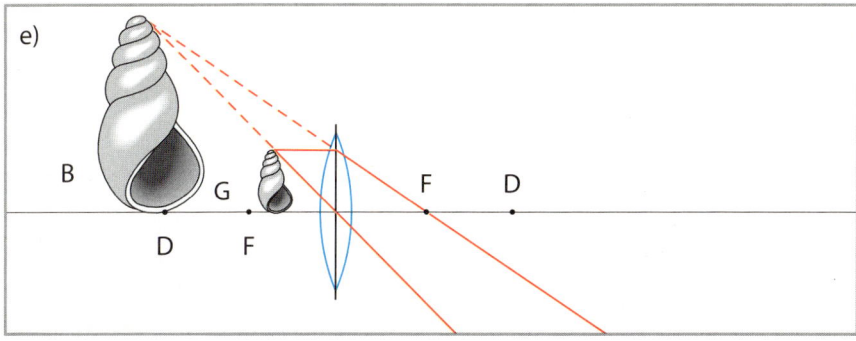

Abb. 6e: Bei Überschreitung des Brennpunkts entsteht ein virtuelles Bild

Lochkamera zu erhalten, muss es mit breiteren Lichtbündeln abgebildet werden, so dass aber die Bildschärfe durch die Vergrößerung der Lichtflecken nachlässt. Die Sammellinse hat den Vorteil, dass sie im Vergleich mit wesentlich größeren Durchmessern ohne Schärfenverlust abbildet. Für die Bildkonstruktion mit der Sammellinse sind ausgezeichnete Strahlen wie der Parallel-, Brenn- und Mittelpunktstrahl vorgesehen (Abb. 5). Für die Bilderzeugung mit der Sammellinse stehen die Gegenstandsweite und Bildweite in direktem Zusammenhang mit dem Abbildungsmaßstab. Das Bild ist stark verkleinert, wenn der Gegenstand sehr weit von der Linse entfernt ist, wobei sich bei Annäherung des Gegenstandes das Bild vergrößert (Abb. 6a). In einem Sonderfall sind der Gegenstand und das Bild gleich groß und dabei gleich weit von der Linse entfernt (Abb. 6b). Nähert sich der Gegenstand dem Brennpunkt, dann vergrößert sich das Bild so lange, bis der Gegenstand den Brennpunkt erreicht hat (Abb. 6c). In dieser Position ist kein Bild mehr erkennbar, da Parallelstrahl und Mittelpunktstrahl parallel verlaufen und sich nicht in einem Bildpunkt vereinigen können (Abb. 6d). Erst bei Überschreitung des Brennpunktes entsteht ein scheinbares (virtuelles) vergrößertes Bild auf der Gegenstandsseite (Abb. 6e). Die reellen Bilder sind im Gegensatz zu den virtuellen Bildern umgekehrt.

Mit der folgenden Gleichung kann man den Abbildungsmaßstab bei Sammellinsen berechnen.

$$A = \frac{B}{G} = \frac{b}{g}$$

In der Linsengleichung sind für optische Berechnungen die Größen Gegenstandsweite (g) Bildweite (b) und Brennweite (f) vorhanden:

$$\frac{1}{g} + \frac{1}{b} = \frac{1}{f}$$

 Zum Weiterlesen:

- Reflexion an Hohl- und Wölbspiegel, S. 194
- Planparallele Platte und Prisma, S. 198
- Zerstreuungslinsen, S. 202
- Dispersion, S. 208

Zerstreuungslinsen

Optische Instrumente bestehen in der Regel aus einer Kombination von unterschiedlichen Linsen oder Linsensystemen. Um beispielsweise parallele Lichtstrahlen auf einen Punkt zu konzentrieren, werden in der Optik Sammellinsen eingesetzt, die also die Fähigkeit haben, die Lichtstrahlen konvergieren zu lassen. Ebenso werden in der Optik Linsen benötigt, die genau das Gegenteil der Sammellinsen bewirken, d. h. das Licht zerstreuen (divergieren). Mit unterschiedlich kombinierten Linsen ist es möglich, in der Optik Lichtwege entsprechend der Anwendung zu optimieren und Linsenfehler wie Unschärfe, Verzerrungen oder Farbfehler zu korrigieren. Wie die Bezeichnung der Zerstreuungslinse bereits verrät, hat sie die Aufgabe, parallele Lichtbündel zu zerstreuen. Zerstreuungslinsen (Konkavlinsen) werden unter anderem in Brillen eingesetzt, um kurzsichtige Augen zu korrigieren. Bei genauer Betrachtung der Zerstreuungslinse (Konkavlinse) stellt man fest, dass sie aus Teilkugeloberflächen besteht, die im Gegensatz zur Sammellinse nach innen gewölbt sind, so dass der Rand breiter ist als der Mittelteil der Linse.

Wirkungsweise einer Zerstreuungslinse

Die Wirkungsweise der Zerstreuungslinse lässt sich verstehen, indem man sich die Linse in Teilstücke zerlegt vorstellt, so dass jedes Teilstück einen bestimmten Lichtweg stellvertretend darstellt. Die Linse wird in der Mitte durch eine planparallele Platte ersetzt. Danach folgen Prismenteilstücke, die so orientiert sind, dass das Licht nach außen hin gebrochen wird (Abb. 1). Die Ablenkung ist umso größer, je mehr die beiden Seitenflächen der Prismenteilstücke gegeneinander geneigt sind, so daß die betrachteten Lichtstrahlen mit wachsendem Abstand von

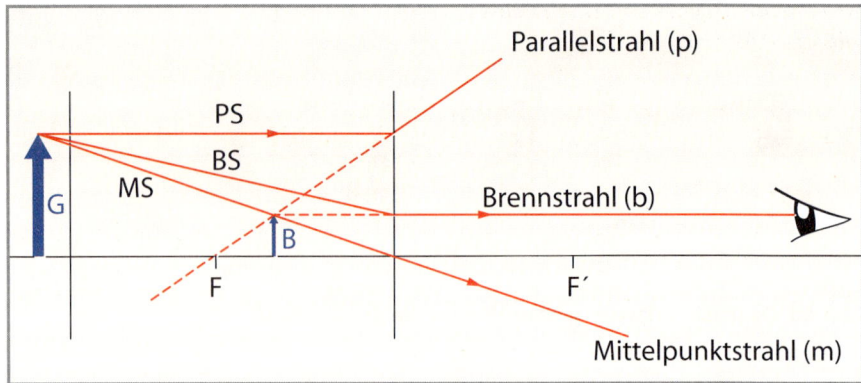

Abb. 3: Bildkonstruktion mit dem Parallelstrahl (p), Brennstrahl (b) und Mittelpunktstrahl (m)

der optischen Achse immer mehr nach außen hin abgelenkt werden. Lässt man Lichtstrahlen parallel zur optischen Achse auf die Zerstreuungslinse (Konkavlinse) fallen, dann werden die Lichtstrahlen derart zerstreut, dass die Strahlen von einem Punkt vor der Linse auszugehen scheinen. Dieser Punkt wird als scheinbarer (virtueller) Brennpunkt F' (Abb. 2) der Konkavlinse bezeichnet, und seine Entfernung vom optischen Mittelpunkt ist die Brennweite f'. Da der Brennpunkt F' im Gegensatz zum Brennpunkt der Konvexlinse auf der Seite des einfallenden Lichts liegt, wird die virtuelle Brennweite f' immer mit einem negativen Vorzeichen angegeben (z. B. für f' = – 5cm: siehe Beispielrechnung).

Bilder der Zerstreuungslinse

Für eine vereinfachte Bildkonstruktion wird auch die Zerstreuungslinse (Konkavlinse) für die optische Darstellung durch ihre optische Mittelebene ersetzt. Für Konstruktion werden auch hier ausgezeichnete Strahlen wie der Mittelpunktstrahl, Brenn-

strahl und Parallelstrahl eingesetzt. Zeichnet man von einem Gegenstandspunkt, wie in Abb. 3 dargestellt, den Strahlverlauf der ausgezeichneten Strahlen, dann ergeben die Schnittpunkte der rückläufigen Verlängerungen der Strahlen den entsprechenden Bildpunkt. Zerstreuungslinsen geben stets aufrechte und verkleinerte, scheinbare (virtuelle) Bilder wieder, so dass beim Blick durch eine Konkavlinse alle Gegenstände, unabhängig von ihrer Entfernung, aufrecht und verkleinert erscheinen. Die Bilder liegen auf derselben Seite wie der Gegenstand zwischen der Linse und dem virtuellen Brennpunkt (Abb. 3).

Beispielrechnung

Für die Zerstreuungslinse gilt uneingeschränkt die Linsengleichung. Es muss allerdings beachtet werden, dass die Brennweite f' einen negativen Zahlenwert besitzt, da der virtuelle Brennpunkt vor der Linse liegt. Da die Brennweite einen negativen Wert besitzt, ist somit auch die Brechkraft negativ. Hat eine Zerstreuungslinse eine Brennweite f' von – 5cm, dann

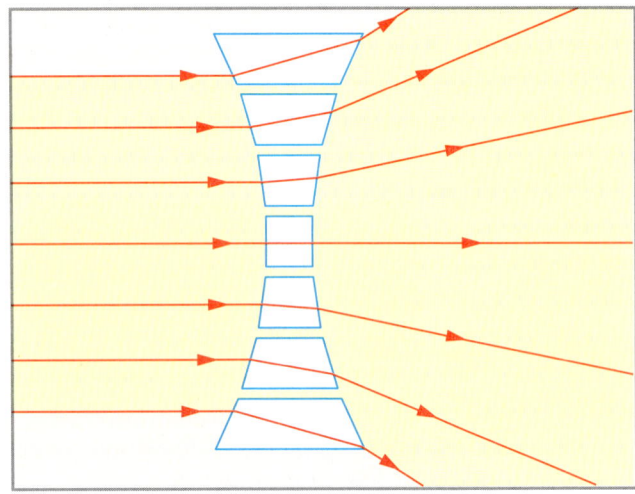

Abb. 1: Zerstreuungslinse in Teilprismen unterteilt

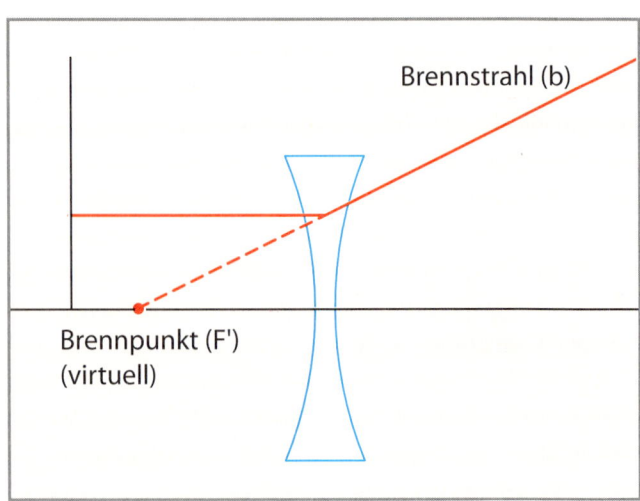

Abb. 2: Scheinbarer Brennpunkt einer Zerstreuungslinse

errechnet sich daraus eine Brechkraft von – 20 dpt (Dioptrie).

$$f = -5\,cm$$

$$D = \frac{1}{-5\,cm} = \frac{1}{-0,05\,m} = -20\,dpt$$

$$\text{Dioptrie: } dpt = \frac{1}{m}$$

Bei einer negativen Brennweite ist also die Brechkraft ebenfalls negativ. Ist der Gegenstand 10 cm von der Linse entfernt, dann ergibt sich nach Lösen der Linsengleichung für die Bildweite ein Wert von –3,3 cm (Beispielrechnung 1).

Für die Bildweite ergibt sich ein negativer Wert, somit befindet sich das scheinbare Bild auf der Gegenstandsseite (Abb. 4). Für den Abbildungsmaßstab A = b/g errechnet sich ein Wert von 0,33, d. h., das Bild ist um den Faktor 3 kleiner als der Gegenstand.

Führt man im Vergleich eine Rechnung für eine Sammellinse mit der gleichen Gegenstandsweite g = 10 cm und Brennweite f = 5 cm durch, dann erhält man aus der Linsengleichung eine Bildweite von 10 cm (Beispielrechnung 2).

In diesem Fall ist der Gegenstand mit doppelter Brennweite von der Linse entfernt, so dass das Bild mit der Linsenentfernung und Größe des Gegenstands auf der anderen Seite der Linse umgekehrt erscheint (Abb. 5).

In der Optik werden häufig in Linsensystemen unterschiedliche Linsen ange-

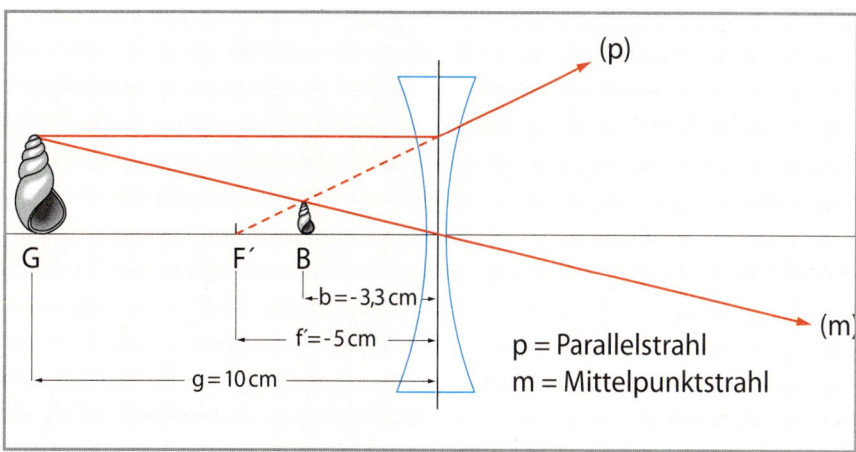

Abb. 4: Konkavlinse (Zerstreuungslinse): Bildkonstruktion; das scheinbare Bild befindet sich auf der Gegenstandsseite

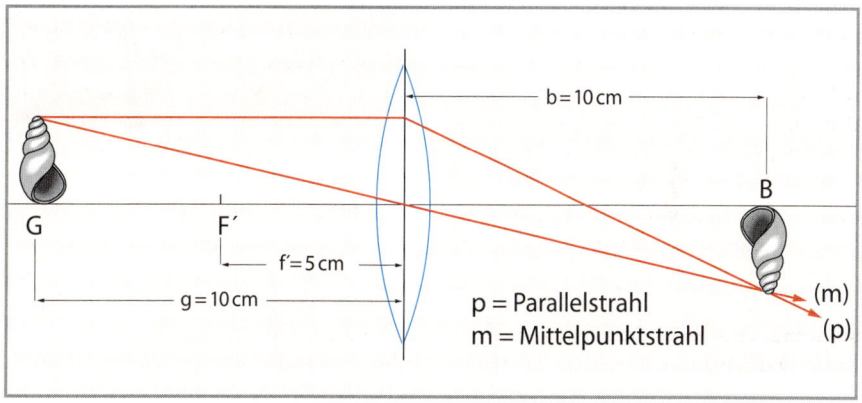

Abb. 5: Konvexlinse (Sammellinse): Bildkonstruktion; das Bild erscheint auf der anderen Seite der Linse, aber umgekehrt

ordnet, und der Gesamtbrechwert des Systems D errechnet sich aus den Einzelbrechwerten der enthaltenen Linsen. Ordnet man die beiden oben angeführten

Beispiellinsen hintereinander an, dann ergibt sich der Gesamtbrechwert aus der Summe der einzelnen Brechwerte:

D = D1 + D2.

Beim Einsetzen der Brechwerte der beiden Linsen ergibt sich für

D = –20 dpt + 20 dpt = 0 dpt

Man erkennt: Bei einer Anordnung dieser beiden Linsen wird die Brechkraft der Konkavlinse (Zerstreuungslinse) mit der Konvexlinse aufgehoben. Der Strahlverlauf wird nach dem Durchlaufen der beiden Linsen letztendlich nicht verändert.

 **Zum Weiterlesen:**

- Reflexion an Hohl- und Wölbspiegel, S. 194
- Planparallele Platte und Prisma, S. 198
- Sammellinsen, S. 200
- Optische Geräte, S. 206

Die Linsengleichung gibt vor:

$$\frac{1}{g} + \frac{1}{b} = \frac{1}{f} \Rightarrow \frac{1}{b} = \frac{1}{f} - \frac{1}{g}$$

$$\frac{1}{b} = -\frac{1}{5\,cm} - \frac{1}{10\,cm}$$

$$\Rightarrow \frac{1}{b} = -\frac{1}{0,05\,m} - \frac{1}{0,1\,m}$$

$$\Rightarrow \frac{1}{b} = -\frac{20}{m} - \frac{10}{m} = -\frac{30}{m}$$

$$\Rightarrow \frac{b}{1} = -\frac{1}{30}\,m = -0,033\,m$$

Bildweite = – 3,3 cm

Beispielrechnung 1

Die Linsengleichung gibt vor:

$$\frac{1}{g} + \frac{1}{b} = \frac{1}{f} \Rightarrow \frac{1}{b} = \frac{1}{f} - \frac{1}{g}$$

$$\frac{1}{b} = \frac{1}{5\,cm} - \frac{1}{10\,cm}$$

$$\Rightarrow \frac{1}{b} = \frac{1}{0,05\,m} - \frac{1}{0,1\,m}$$

$$\Rightarrow \frac{1}{b} = \frac{20}{m} - \frac{10}{m} = \frac{10}{m}$$

$$\Rightarrow \frac{b}{1} = \frac{1}{10}\,m = 0,1\,m$$

Bildweite = 10 cm

Beispielrechnung 2

Das Auge und der Sehvorgang

Das menschliche Auge ist prinzipiell wie eine einfache Kamera aufgebaut, in der ein Kopfstehendes Bild der Außenwelt auf die Netzhaut abgebildet wird. Die Netzhaut nimmt das Bild auf und leitet die Informationen an das Gehirn weiter. Von wenigen Ausnahmen abgesehen, ist das menschliche Auge leistungsstärker als das der meisten Tiere, wobei das Auge, verglichen mit einer fotografischen Kamera, eher als schlecht zu beurteilen ist. Hervorragende Eigenschaften erhält der Vorgang Sehen erst durch das Verarbeiten der Eindrücke im Gehirn. Beispielsweise werden die Anpassung an Hell und Dunkel mit der Pupille und die Anpassung der Brennweite der Augenlinse automatisch vom Gehirn aus gesteuert (Abb. 1). Andererseits sieht das Auge nur in einem sehr kleinen Ausschnitt scharf, was aber für den Vorgang „Sehen" unbedeutend ist, da der Blick sehr schnell von einem Ausschnitt zum anderen geführt wird und deshalb diese Einschränkung vom Menschen nicht bewußt bemerkt wird.

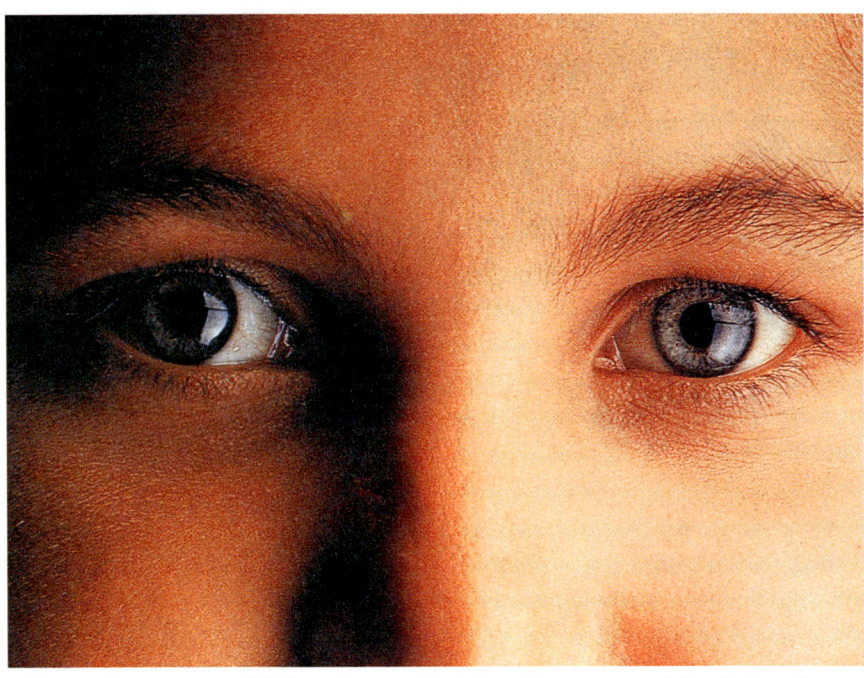

Abb. 1: Sehvorgang und Wahrnehmung: Perfektes Zusammenspiel zwischen Auge und Gehirn

Das Auge und sein Aufbau

Das Auge besteht im Wesentlichen aus der Hornhaut, Augenflüssigkeit, Augenlinse und Glaskörper, die untereinander verschieden stark das Licht brechen (Abb. 2). An der Gestalt dieser Augenbestandteile erkennt man, dass es sich um ein Linsensystem handelt, dessen Brennweite im Gegensatz zum Objektiv im Fotoapparat verändert werden kann. Die Augenlinse (Kristalllinse) besteht aus einem elastischen, transparenten Material, dessen Oberflächenkrümmung durch Anspannung der Augenmuskeln (Ziliarmuskel) verändert wird, um das Bild auf der Netzhaut scharf zu stellen (fokussieren). Die damit erreichbare Anpassung an die Gegenstandsweite heißt Akkommodation des Auges. Die Steuerung des Ziliarmuskels erfolgt automatisch, so dass auf der Netzhaut stets ein scharfes Bild entsteht. Je näher das betrachtete Objekt ist, desto stärker zieht sich der Ziliarmuskel zusammen, und die Linse rundet sich ab. Bei entfernten Gegenständen ist bei einem gesunden Auge keine Akkommodation erforderlich, denn die Augenlinse wird über die straffen Haltebänder des Ziliarmuskels flach gehalten. Neben dem Ziliarmuskel wird auch die Iris vom Gehirn aus gesteuert (Adaption), so dass sie z. B. ihren Durchmesser verkleinert, wenn die Helligkeit zunimmt.

Beim Sehvorgang treten die Strahlen über Pupille und Kristalllinse in das Augeninnere ein und erzeugen umgekehrte Bilder auf der Netzhaut. Die Netzhaut besteht aus einer feinen Haut, durchzogen von feinsten Verzweigungen des Sehnervs, die an der Netzhautoberfläche als Stäbchen und Zäpfchen enden, um die ankommenden Lichtreize zu empfangen. Die so genannten Zäpfchen vermitteln die Farbeindrücke, und die weniger empfindlichen aber dafür zahlreicheren Stäbchen, das Hell-Dunkel-Sehen. Im menschlichen Auge sind ungefähr 7 Millionen Zäpfchen und 120 Million Stäbchen vorhanden.

Bei normaler Helligkeit sieht man vor allem mit den Zäpfchen, wobei drei verschiedene Sorten von Zäpfchen die drei Grundfarben unterscheiden. Bei geringer Helligkeit sind die Zäpfchen unempfindlich, und man sieht nur noch mit den Stäbchen, die die Helligkeitsunterschiede, aber dafür keine Farben wahrnehmen können. Die lichtempfindlichste Stelle der Netzhaut liegt der Pupille genau gegenüber und wird als Netzhautgrube oder gelber Fleck bezeichnet. Die hier erzeugten Bilder werden an dieser Stelle der Netzhaut am deutlichsten wahrgenommen, da dort die Gegenstände in der Bildmitte fehlerfrei abgebildet werden und an dieser Stelle (am gelben Fleck) die Zäpfchen am dichtesten aneinander liegen. Nicht weit vom gelben Fleck entfernt befindet sich der Sehnerv, der direkt zum Gehirn führt. An dieser Stelle befinden sich keine lichtempfänglichen Nervenenden, die die Abbildung aufnehmen. Diese Stelle nennt man den blinden Fleck.

Abb. 2: Längsschnitt durch das menschliche Auge

Lederhaut
Aderhaut
Sehgrube
vordere Augenkammer mit Augenflüssigkeit
Hornhaut
Pupille
Netzhaut
Linse
Glaskörper
Iris
Sehnerv
Ziliarmuskel
blinder Fleck

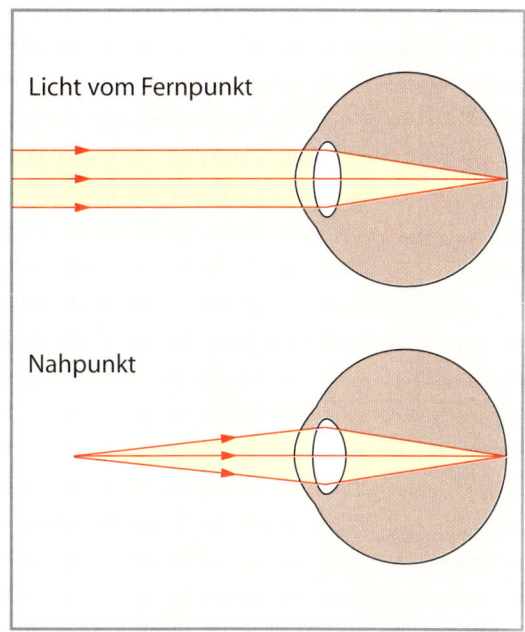

Abb. 3: Nah- und Fernpunkt vom Auge

beiden Bildpunkte auf zwei verschiedene Zäpfchen oder Stäbchen fallen. Dazu muss der Sehwinkel aber mindestens 1/60 Grad (1/60 Grad = 1 Winkelminute) betragen. Bei diesem Sehwinkel sind für die Netzhaut keine Einzelheiten mehr erkennbar, da das Netzhautbild von 0,0063 mm nur noch ein einziges Stäbchen überdeckt und somit die Auflösungsgrenze vom Auge erreicht hat. Um dennoch eine höhere Auflösung mit seinem Auge zu erreichen, müssen Sehhilfen benutzt werden. Die Lupe beispielsweise ermöglicht kleinste Gegenstände zu erkennen, indem sie den Sehwinkel erweitert. Ist der Sehwinkel größer, dann ist somit auch die entsprechende Abbildung auf der Netzhaut größer und deckt eine entsprechende Anzahl von Stäbchen und Zäpfchen ab.

Die Fehlsichtigkeit des Auges

Die Leistungsfähigkeit des Auges hat seine natürlichen Grenzen wie beispielsweise das Auflösungsvermögen, das von der Feinfasrigkeit der aufnehmenden Stäbchen und Zäpfchen auf der Netzhaut abhängt und das über den Sehwinkel festgelegt (definiert) wird. Die Einstellung der Linsenwölbung (Akkommodation) als auch die Anpassung der Iris (Adaption), die über das Gehirn gesteuert werden, so dass auf der Netzhaut ein scharfes „normal belichtetes" Bild entsteht, unterliegen ebenfalls ihren natürlichen Leistungsgrenzen. Ein gesundes Auge hat die Fähigkeit, Gegenstände mit einem Blickabstand von 10–15 cm noch scharf auf der Netzhaut abzubilden. Dieser Punkt wird als Nahpunkt bezeichnet. Alle Gegenstände, die den Abstand zu den Augen weiter unterschreiten, können nicht mehr klar abgebildet werden, denn ein weiteres Wölben der Linse (Akkommodation) ist nicht mehr möglich.

Der entfernteste Punkt, den das Auge noch scharf erkennen kann, wird als Fernpunkt bezeichnet. Hierbei ist die Linse nicht akkommodiert, und der Fernpunkt liegt beim gesunden Auge im Unendlichen (Abb. 3).

Liegt der Fernpunkt bei einem nicht akkommodierten Auge aber im Endlichen, dann spricht man von einem kurzsichtigen Auge. Die Krümmung bzw. die Brechkraft des Auges ist so stark ausgeprägt, dass sich wegen der zu geringen Brennweite die Strahlen für entferntere Gegenstände schon vor

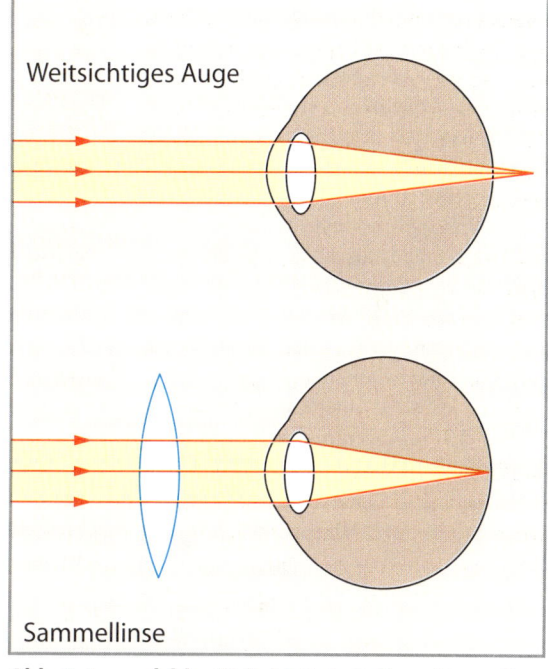

Abb. 5: Augenfehler Weitsichtigkeit: Korrektur mit der Sammellinse

der Netzhaut vereinigen. Brillen mit Zerstreuungslinsen sorgen in diesem Fall für Abhilfe, indem sie die Brennweite entsprechend vergrößern (Abb. 4).

Bei einem weitsichtigen Auge hat sich der Nahpunkt vom Auge entfernt. Für nahe liegende Gegenstände wird das Bild hinter der Netzhaut abgebildet. In diesem Fall sorgt eine Brille mit Sammellinsen für eine Verkürzung der Brennweite (Abb. 5).

Erst das Sehen mit zwei Augen vermittelt den Eindruck von der räumlichen Gestalt der Gegenstände und der Raumtiefe. Das räumliche Sehen ermöglicht das Abschätzen von Entfernungen in die Tiefe des Raumes. Eine wichtige Kenngröße des Auges ist das Auflösungsvermögen, das angibt, bis zu welchem Abstand und Größe zwei Gegenstandspunkte noch getrennt wahrgenommen werden können. Das Auflösungsvermögen wird mit dem Sehwinkel beschrieben. Zwei Gegenstandspunkte können nur dann getrennt wahrgenommen werden, wenn ihre

 **Zum Weiterlesen:**

- Licht und Lichtausbreitung, S. 188
- Licht und Bilder, S. 192
- Lichtbrechung, S. 196
- Zerstreuungslinsen, S. 202
- Dispersion, S. 208

Abb. 4: Augenfehler Kurzsichtigkeit: Korrektur mit der Zerstreuungslinse

Optische Geräte – Mikroskop, Fernrohr, Fotoapparat

Um Einzelheiten eines entfernten Gegenstandes oder Details von einem kleinen Gegenstand erkennen zu können, benötigt man eine Sehhilfe. Ein Baum aus der Ferne gesehen und eine Nadelspitze aus unmittelbarer Nähe betrachtet, sind bei entsprechender Distanz jeweils für das Auge nur als Punkt erkennbar. In beiden Beispielen ist für das betrachtende Auge der Sehwinkel zu klein, so dass das Bild auf der Netzhaut nicht genügend Zäpfchen oder Stäbchen abdeckt. Damit zwei unterschiedliche Bildpunkte erkannt werden können, müssen mindestens zwei Sensoren (Stäbchen oder Zäpfchen) auf der Netzhaut mit dem Bild abgedeckt sein. Um das Bild auf der Netzhaut zu vergrößern, muss der Sehwinkel vergrößert werden, indem man sich dem Gegenstand nähert. Den Weg kann sich der Beobachter ersparen, indem er ein Fernrohr oder Fernglas benutzt, das im Prinzip nichts anderes macht, als den Sehwinkel und damit das Bild auf der Netzhaut zu vergrößern, indem es den Gegenstand optisch näher rückt. Bei sehr kleinen Gegenständen ist es ebenfalls möglich, den Sehwinkel durch Distanzverringerung zu vergrößern, wobei ab einer Gegenstandsnähe von 10 cm die Augenlinse sich nicht mehr ausreichend akkommodieren (krümmen)

kann und das Bild unscharf auf der Netzhaut erscheint. Der Sehwinkel wird in diesem Fall künstlich durch eine Lupe oder ein Mikroskop vergrößert, so dass mehr Einzelheiten erkennbar sind. Die Vergrößerung mithilfe von optischen Instrumenten wird über den Sehwinkel festgelegt (definiert).

$$V = \frac{\delta}{\delta_0}$$

V = Vergrößerung
δ = Sehwinkel mit Instrument
δ_0 = Sehwinkel ohne Instrument

Die Lupe, das Mikroskop

Die Lupe besteht aus einer Sammellinse (Konvexlinse), mit der es möglich ist, ein virtuelles, vergrößertes, aufrechtes Bild zu erzeugen. Das Bild entsteht auf der Gegenstandsseite.

Obgleich der Gegenstand innerhalb der Brennweite der Linse sehr dicht zur Beobachtung an der Lupe liegt, lässt sich das virtuelle Bild in der deutlichen Sehweite (25 cm vom Gegenstand entfernt) beobachten. Im Gegensatz dazu ist die Beobachtung im Nahbereich wesentlich anstrengender, da hier die Augen durch das Akkommodieren sehr schnell ermüden (Abb. 1). Ist die Brennweite der Lupe klein im Verhältnis zur deutlichen Sehweite (s = 25 cm), dann ergibt sich für die Brennweite der Lupe folgende Vergrößerung.

$$V_L = \frac{s}{f}$$

V_L = Vergrößerung der Lupe
s = deutliche Sehweite
f = Brennweite der Lupe

Aus der Formel ist ersichtlich, dass die Vergrößerung mit abnehmender Brennweite zunimmt, wobei eine 20fache Vergrößerung für Lupen nicht überschritten wird, da sonst die Linse zu dick sein würde und Abbildungsfehler das Sehen stark beeinträchtigen. Ist die Vergrößerung mit der Lupe nicht ausreichend, dann kann die Sammellinse durch eine weitere Sammellinse verstärkt werden. Im Mikroskop befinden sich deshalb zwei Sammellinsen in einem Rohr, das als Tubus bezeichnet wird. Die beiden Sammellinsen (Konvexlinsen) werden in ihrer Bezeichnung unterschieden, wobei die Linse, die bei der Betrachtung durch das Mikroskop dem Beobachter

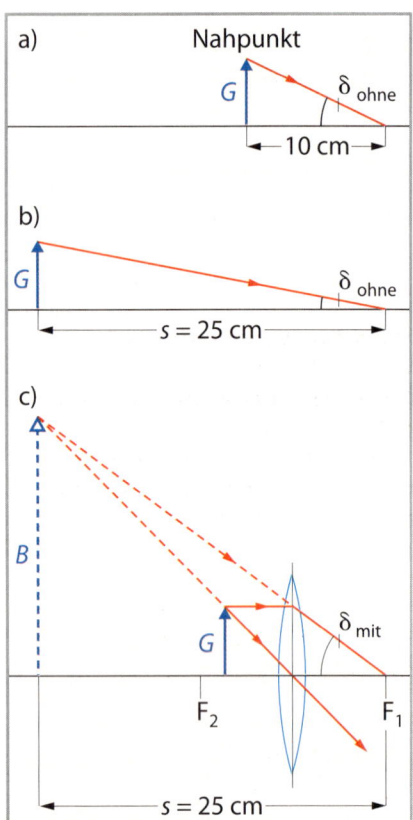

**Abb. 1a) Sehwinkel am Nahpunkt,
b) Sehwinkel bei deutlicher Sehweite,
c) Sehwinkel mit Lupe**

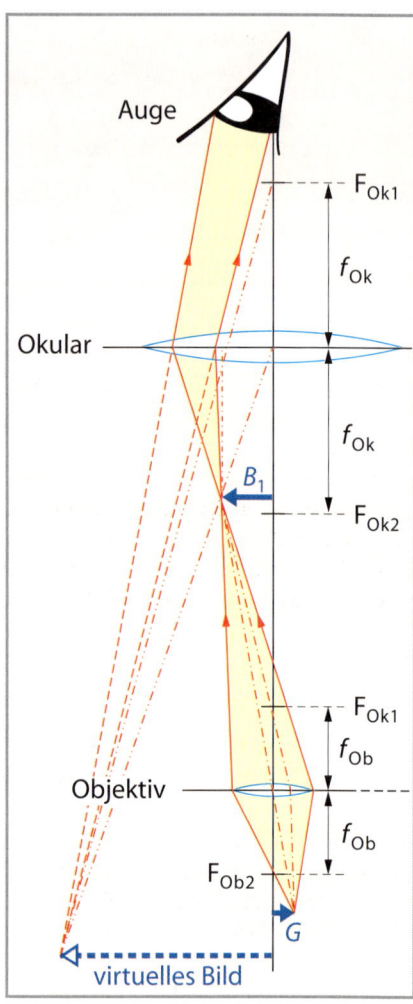

Abb. 2: Strahlengang im Mikroskop

zugewandt ist, als Okular bezeichnet wird und die Sammellinse, die dem Gegenstand zugewandt ist, als Objektiv bezeichnet wird.

Das Mikroskop funktioniert derart, dass der zu beobachtende Gegenstand sich außerhalb der Brennweite des Objektivs befindet. Es entsteht somit ein umgekehrt vergrößertes reelles Bild, das in der Brennweite vom Okular als Zwischenbild für die Erzeugung eines nochmals vergrößerten virtuellen Bildes genutzt wird, welches letztendlich vom Betrachter gesehen wird (Abb. 2). Die Gesamtvergrößerung des Mikroskops errechnet sich aus der Vergrößerung des Objektivs multipliziert mit der Vergrößerung des Okulars.

$$V_M = V_{Ob} \cdot V_{Oku}$$

V_M = Vergrößerung Mikroskop
V_{Ob} = Vergrößerung Objektiv
V_{Oku} = Vergrößerung Okular

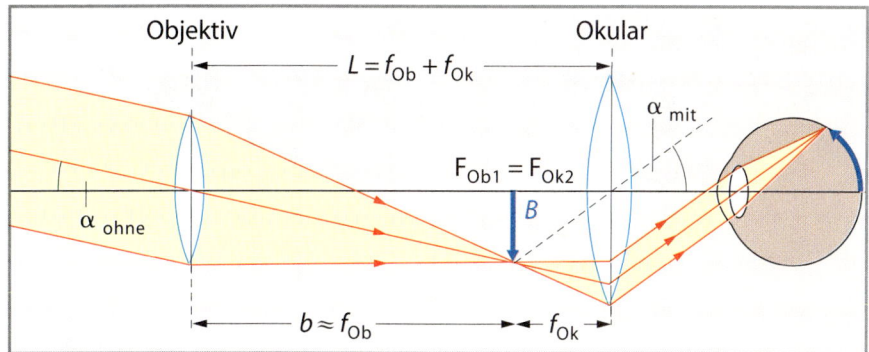

Abb. 3: Strahlengang im astronomischen Fernrohr (Kepler-Fernrohr)

Das Fernrohr

Das Fernrohr besteht im Prinzip aus einer Sammellinse mit großer Brennweite als Objektiv, das die Aufgabe hat, von einem entfernten Gegenstand ein Bild in der Nähe zu erzeugen, so dass man es mit dem Okular als Lupe betrachten kann. Die Strahlen, die von einem anderen Himmelskörper kommen, treffen fast parallel auf die Linse, so dass das Bild in der Höhe der Brennebene entsteht. Aus diesem Grund benötigt man eine Linse mit großer Brennweite, weil damit auch das Zwischenbild umso größer erscheint. Das Okular hat dagegen eine sehr kurze Brennweite, um das Zwischenbild nochmals zu vergrößern (Abb. 3). Die Vergrößerung des Sehwinkels in einem Kepler-Fernrohr berechnet sich aus dem Quotienten der Brennweiten:

$$V_F = \frac{f_{Ob}}{f_{Ok}}$$

V_F = Vergrößerung Fernrohr
f_{Oh} = Brennweite Objektiv
f_{Ok} = Brennweite Okular

Diese Anordnung von zwei Sammellinsen wurde 1611 von Johannes Kepler (1571-1630) entwickelt und wird auch als astronomisches Fernrohr bezeichnet.

Der Fotoapparat

Der einfachste Aufbau für einen Fotoapparat ist prinzipiell die Lochkamera, in der das Bild mit einer lichtempfindlichen Platte oder Film festgehalten wird. Um ein scharfes Bild mit der Lochkamera zu erhalten, ist die Belichtungszeit sehr lang, da nur sehr wenig Licht durch das Loch für die Belichtung zur Verfügung steht. Wird das Loch in der Lochkamera vergrößert, dann sind die Lichtpinsel bei der Abbildung zu groß, und das Bild wird unscharf. Im Gegensatz dazu erzeugt der Fotoapparat die optische Abbildung mit einer Sammellinse, die jeden Gegenstandspunkt exakt zu einem Bildpunkt vereinigt, so dass deren Lichtbündel wesentlich heller sind bei vergleichbarer Auflösung, wodurch die Belichtungszeit wesentlich verkürzt wird. Die Bildpunkte werden auf einem lichtempfindlichen Film festgehalten. Im Allgemeinen befindet sich der abzubildende Gegenstand mehr als zwei Brennweiten vom Objektiv entfernt (g > 2f), so dass

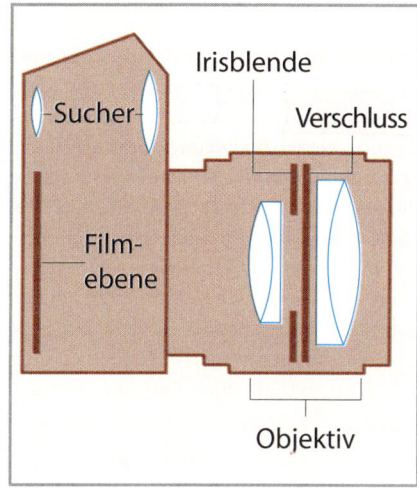

Abb. 4: Aufbau einer Kleinbildkamera

ein reelles, verkleinertes und umgekehrtes Bild auf dem lichtempfindlichen Material entsteht. Die Abbildung bleibt durch fotochemische Prozesse im Material gespeichert. Für die Einstellung der Schärfe muss das Objektiv verschoben werden, wobei die Bildweite der jeweiligen Gegenstandsweite angepasst wird (Abb. 4).

Die Leistungsfähigkeit eines Fotoapparates hängt in erster Linie von der Lichtstärke des Objektives ab und wird durch das Verhältnis von Linsendurchmesser zur Brennweite angegeben, das als Blendenzahl bezeichnet wird. Die Blendenzahl ist das Verhältnis (Brennweite f / Linsendurchmesser d), d. h., Bilder mit gleicher Blendenzahl sind bei gleicher Belichtungszeit gleich hell, und je kleiner die Blendenzahl

ist, desto größer ist die Bildhelligkeit. Die Lichtmenge bei unterschiedlicher Blendenzahl wird über den Zeitverschluss reguliert, so dass Bilder mit unterschiedlichen Blendenzahlen bei angepassten Belichtungszeiten über den Zeitverschluss die gleiche Lichtmenge erhalten.

Der Projektor

Ein Projektor ist prinzipiell im Aufbau mit dem Fotoapparat zu vergleichen. Der Unterschied liegt darin, dass die Lage von Bild und Gegenstand (Objekt) vertauscht wird. Anstelle des lichtempfindlichen Films wird im Fotoapparat das Diapositiv eingesetzt, das stark beleuchtet wird, so dass das Objektiv ein Bild auf der Leinwand außerhalb der Kamera erzeugen kann (Abb. 5). Die Ausführungen der Projektoren lassen sich unterscheiden in Durchlichtprojektoren wie Dia- und Filmprojektor oder Auflichtprojektoren, die auch als Episkope bezeichnet werden.

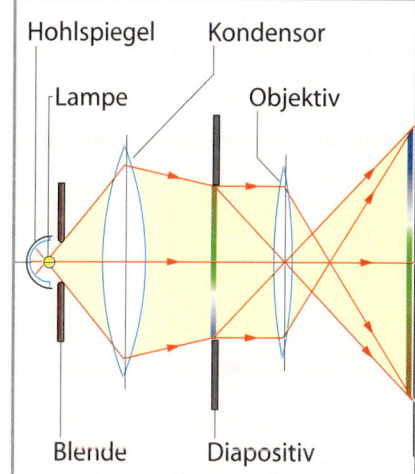

Abb. 5: Funktionsprinzip des Durchlichtprojektors:
Das Diapositiv befindet sich zwischen einfacher und doppelter Brennweite des Objektivs (Sammellinse). Außerhalb der doppelten Brennweite entsteht ein vergrößertes reelles, aber umgekehrtes Bild vom Diapositiv

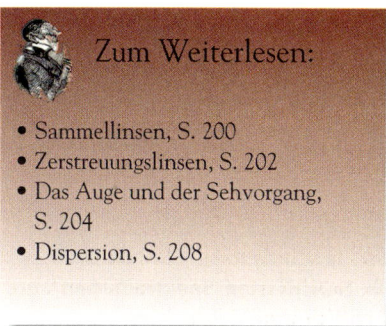

Zum Weiterlesen:

• Sammellinsen, S. 200
• Zerstreuungslinsen, S. 202
• Das Auge und der Sehvorgang, S. 204
• Dispersion, S. 208

Dispersion – das Spektrum des Lichts

*E*in farbenprächtiger Regenbogen entsteht, wenn Sonnenlicht in einem bestimmten Winkel auf Wassertröpfchen fällt, so dass die Farben Rot, Orange, Gelb, Grün, Blau, Indigo und Violett in Halbkreisform am Himmel zu erkennen sind (Abb. 1). Fällt das Sonnenlicht durch ein Prisma, dann erhält man die gleichen Farben in der gleichen Reihenfolge angeordnet. Das Rot begrenzt den Farbenbereich zur einen und das Violett zur anderen Seite. Das Farbenspiel des Lichtes ist auch an anderen transparenten Gegenständen zu beobachten wie z. B. an geschliffenen Glaskanten, Edelsteinen oder auch transparenten Kunststoffen, wenn sie in einem bestimmten Winkel dem Sonnenlicht ausgesetzt sind, wobei auch hier die gleiche Reihenfolge der Farben zu erkennen ist.

Für die genauere Untersuchung des Lichtes und der Ursache für das Auftreten der Farben kann beim folgenden Versuch das Sonnenlicht auch durch eine Kohlenbogenlampe ersetzt werden. Diese Lampe erzeugt durch elektrische Entladung zwischen zwei Kohlestäben (Elektroden) einen hellen Lichtbogen mit einer Temperatur von 3000-4000°C. Der Lichtstrahl der Lampe fällt über einen Spalt auf ein Prisma, so dass bei der Kohlenbogenlampe die gleichen Farben in der gleichen Reihenfolge zu beobachten sind wie beim Sonnenlicht. Bei der Untersuchung der einzelnen Farben stellt man fest, dass jede Farbe unterschiedlich stark vom Prisma abgelenkt bzw. gebrochen wird. Am wenigsten abgelenkt (gebrochen) wird das rote und am stärksten gebrochen wird das blaue Licht (Abb. 2).

Abb. 1: Eines der eindrucksvollsten Naturereignisse: Der Regenbogen

Aus diesem Versuchsergebnis kann man schließen, dass das Licht aus farbigen Lichtanteilen besteht, die als Spektralfarben bezeichnet werden und in ihrer Gesamtheit ein Spektrum bilden. Außerdem ist ersichtlich, dass sowohl das Licht der Sonne als auch das Licht weiß glühender anderer Lichtquellen die einzelnen Spektralfarben enthalten. Beim Durchgang des weißen Lichts durch transparentes brechendes Material wie z. B. Glas oder Wasser werden die einzelnen Anteile des Spektrums unterschiedlich stark gebrochen und dadurch winkelabhängig voneinander getrennt.

Als Ursache nimmt man an, dass das rote Licht das Medium Glas als weniger optisch dicht empfindet als das blaue Licht und deshalb weniger stark abgelenkt wird. Da der Brechungsindex über die Ablenkung definiert wird, stellt man hier fest, dass sich der Brechungsindex des betreffenden Materials mit der Spektralfarbe ändert. Dieses Phänomen, dass die Brechzahl (der Brechungsindex) von der Spektralfarbe abhängig ist, be-

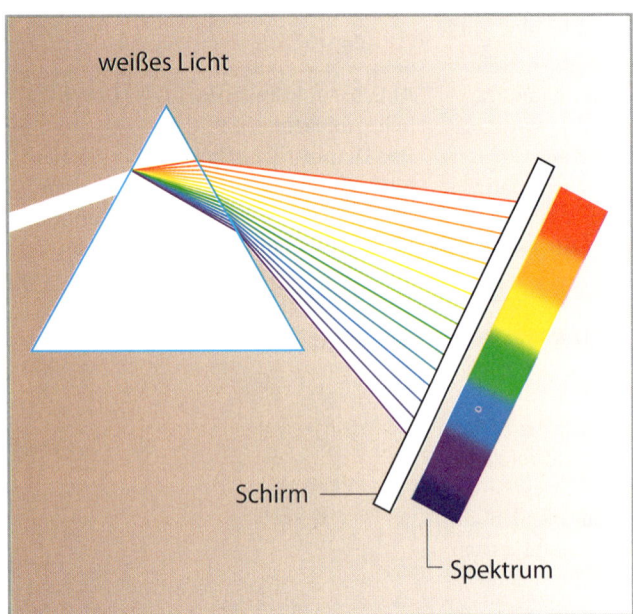

Abb. 2: Dispersion: Spektralfarben werden am Prisma unterschiedlich stark gebrochen

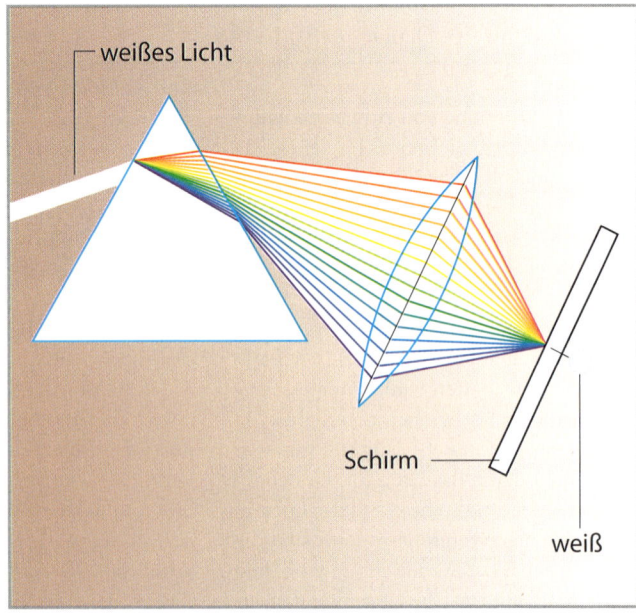

Abb. 3: Die Spektralfarben bilden beim Zusammenführen wieder weißes Licht

Abb. 4: Isaac Newton (1643-1727)

zeichnet man als Dispersion des Lichts. Ein weiterer Beweis dafür, dass das weiße Licht aus den einzelnen Spektralfarben besteht, wird aus dem Versuch ersichtlich, bei dem die Spektralfarben, wieder über eine Sammellinse (Konvexlinse) zusammengeführt, weißes Licht ergeben (Abb. 3). Die Tatsache, dass das Sonnenlicht aus einer Mischung aus Spektralfarben besteht, wurde bereits im Jahr 1704 vom englischen Physiker Isaac Newton nachgewiesen (Abb. 4). Eine Erklärung für das Entstehen des Regenbogens lieferte bereits davor der französische Philosoph René Descartes (1596-1650). Beim Eintritt des Sonnenlichtes in den Regentropfen werden die Spektralfarben unterschiedlich stark ge-

brochen (Abb. 5). Ein Teil des gebrochenen Lichtes wird an der Rückwand des Tropfens totalreflektiert und verlässt nach nochmaliger Brechung den Wassertropfen. Zwischen dem einfallenden Sonnenstrahl und den reflektierten Spektralfarben besteht ein Winkel von 40° für die violette Komponente und von 42° für den roten Spektralanteil, wobei alle anderen Spektralkomponenten dazwischen liegen. Um einen Regenbogen beobachten zu können, ist es deshalb wichtig, dass man mit dem Rücken zur Sonne steht. Die Dispersionserscheinung ist nur zu beobachten, wenn gerichtetes Licht in Form von z. B. direkten Sonnenstrahlen vorhanden ist. Bei bedecktem Himmel kann deshalb kein Regenbogen beobachtet werden.

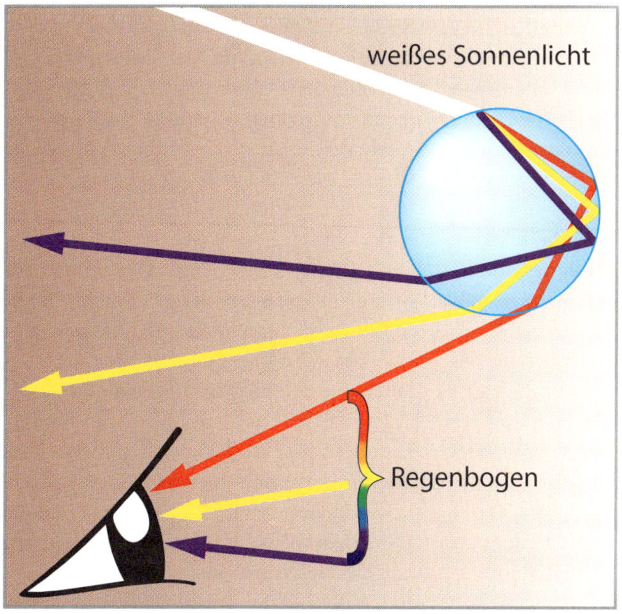

Aus den bisherigen Versuchen ist ersichtlich, dass sich das Licht aus den einzelnen Komponeten der Spektralfarben zusammensetzt. Das Licht besitzt Wellencharakter wie z. B. die Radiowellen oder Mikrowellen, nur mit dem Unterschied, dass die Lichtwellenlängen im Vergleich wesentlich kürzer sind, wobei als Wellenlänge der Abstand zwischen zwei benachbarten Schwingungsmaxima bezeichnet wird (Abb. 6). Das Spektrum des sichtbaren Lichts wird durch das langwellige Rot und durch das kurzwellige Violett begrenzt. Außerhalb des sichtbaren Spektrums folgt der roten Spektralfarbe der Infrarotbereich und dem violetten Licht die ultraviolette Strahlung.

Die Abhängigkeit der Brechzahl von den unterschiedlichen Spektralfarben (Wellenlängen des Lichts) wirkt sich auch bei der Abbildung durch Linsen aus, falls nicht einfarbiges Licht verwendet wird. Eine Linse hat durch die Brechzahländerung für jede Spektralfarbe (Wellenlänge) eine andere Brennweite. Die Brechzahl für violettes Licht ist höher als für rotes Licht, somit ist die Linsenbrennweite für violettes Licht kleiner als für rotes (Abb. 7). Für jede Spektralfarbe ergibt sich ein eigener Brennpunkt. Wie weit die Brennpunkte der einzelnen Spektralfarben auseinander liegen, hängt von der Dispersion des Glases ab. Als Nennwert der

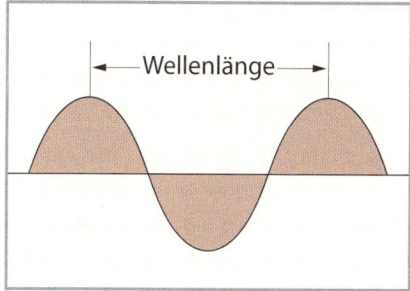

Abb. 6: Licht besitzt Wellencharakter, die Wellenlänge ist der Abstand zwischen zwei benachbarten Schwingungsmaxima

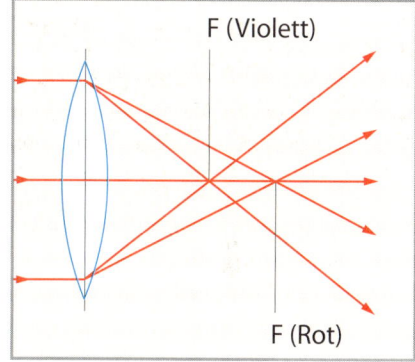

Abb. 7: Farbfehler bei der Sammellinse (Konvexlinse): Da die Brechzahl für violettes Licht höher ist als die des roten, ist die Linsenbrennweite für violettes Licht kleiner

Brennweite wird das gelbe Natriumlicht angegeben, und die Abweichungen dazu werden als Farbfehler oder chromatische Aberration bezeichnet. Bei Abbildungen mit einfachen Linsen macht sich der Farbfehler durch farbige Säume bemerkbar, denn wegen der unterschiedlichen Brennweiten entsteht für jede Farbe ein eigenes Bild mit eigener Größe.

Es ist möglich, durch Hintereinanderschalten z. B. einer Sammellinse und einer Zerstreuungslinse aus geeigneten unterschiedlichen Gläsern den Farbfehler zu reduzieren. Ein solches Linsensystem wird als Achromat bezeichnet.

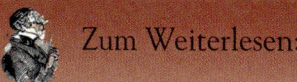

Zum Weiterlesen:

- Reflexion an Hohl- und Wölbspiegel, S. 194
- Lichtbrechung, S. 196
- Planparallele Platte und Prisma, S. 198
- Zerstreuungslinsen, S. 202

weißes Sonnenlicht

Regenbogen

Abb. 5: Entstehung des Regenbogens. Dispersion am Wassertropfen

Wirkungen des elektrischen Stromes

Die elektrische Energie kann in chemische und magnetische Energie verwandelt werden oder kann über Wärme ihre Wirkung zur Geltung bringen. Die Wärmewirkung des Stromes wird in vielen elektrischen Haushaltsgeräten genutzt wie beispielsweise beim Tauchsieder zum Erwärmen von Wasser oder in den Kochplatten des Elektroherds. Der Strom ist als Energieform sehr praktisch, da er in relativ dünnen Leitungen zu dem Verbraucher (Energiewandler) transportiert wird und sich dort problemlos in andere Energieformen umwandeln lässt. Es stellt sich nun die Frage, wann der Strom seine Energie in Wärme abgibt. Bei der Stromleitung muss man sich vorstellen, daß der Strom in Form von Elektronen (negativen Ladungen) in den Leitungen fließt.

Wird das Fließen der Elektronen durch einen Engpass (Widerstand) beispielsweise in Form einer dünnen Leitung eingeschränkt, dann stoßen sich die Elektronen vermehrt an den Atomen des Leitungsmaterials, und Energie der Elektronen wird in Form von Wärme abgegeben. Je größer die Behinderung, desto mehr wird bei gleichem Stromfluss an Widerstand entgegengesetzt, und Wärme entsteht. Der Leitungsquerschnitt und die Höhe des Stromflusses müssen also aufeinander abgestimmt sein. Bezüglich der Wärmeumwandlung lässt sich der Elektronenfluss vergleichen mit einem Seil, das beim Tauziehen durch eine Hand gleitet. Je stärker die Hand zufasst und das Seil in sei-

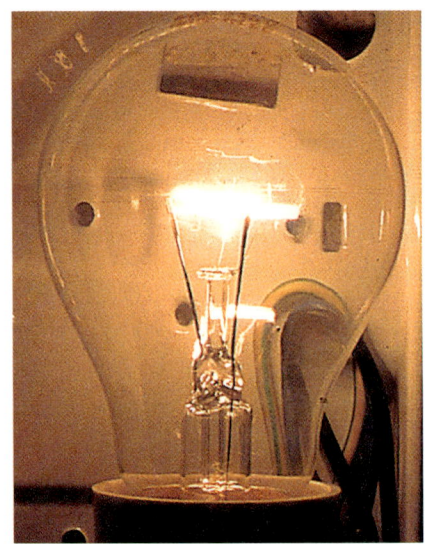

Abb. 1: Glühlampe

ner Bewegung behindert, desto mehr erwärmt sich die Hand durch die Reibung mit dem Seil. Besonders gut leitet Kupfer den Strom, deshalb bestehen die meisten Leitungen aus Kupferdrähten. Gold und Silber leiten den Strom noch besser, sind aber für die Verwendung als Leitungsmaterial viel zu teuer. Wird bei gleichem Stromfluss der Leitungsquerschnitt verringert, dann erwärmt sich dementsprechend der Stromleiter.

Lichtwirkung des elektrischen Stroms

Der Querschnitt der Stromleitung kann so weit verringert werden, dass der Draht sich beim Stromdurchfluss bis zum Glühen erhitzt. Je stärker der Draht erhitzt wird, desto heller erleuchtet er, so dass beispielsweise in der Glühlampe der Stromfluss die Wendel aus feinem Wolframdraht auf eine Temperatur bis zu 3000°C aufheizt (Abb. 1). Die Wärmewirkung des Stroms wird hier als Lichtquelle ausgenutzt, und die Helligkeit des emittierten Lichtes ist direkt von der Temperatur der Glühwendel abhängig, d. h., je höher die Temperatur ist, desto heller erleuchtet die Glühwendel. Im Vergleich dazu können Gase ohne Wärmewirkung Licht

Abb. 2: Leuchtstoffröhre

erzeugen. In der Leuchtstoffröhre wird Quecksilberdampf zum Leuchten angeregt, wobei die emittierte Strahlung für das Auge kaum sichtbar ist, da sich der überwiegende Teil der Strahlung im ultravioletten Spektralbereich befindet. Auf der Innenseite der Glasröhre trifft deshalb die Strahlung auf einen Leuchtstoff, der den ultravioletten Spektralanteil in sichtbares Licht verwandelt (Abb. 2). Die Leuchtstoffröhre hat einen sehr hohen Wirkungsgrad, denn fast die Hälfte der elektrischen Energie geht in sichtbares Licht über. Im Vergleich dazu wandelt die Glühlampe nur ungefähr 10 % der Energie in sichtbares Licht um, und der Rest geht in Wärme über.

Chemische Wirkung des elektrischen Stroms

Bisher wurden nur Metalle oder Gase als Leiter für den elektrischen Strom vorgestellt. Auch Flüssigkeiten können Strom leiten, wobei Wasser allein den Strom eher schlecht leitet. Taucht man aber zwei Elektroden in eine wässrige Lösung von Salzen, Basen oder Säuren und legt eine elektrische Spannung an, dann fließt ein elektrischer Strom. Der Strom wird also nicht vom Wasser geleitet, sondern von der Substanz, die im Wasser aufgelöst ist. Wässrige Lösungen, die den Strom leiten, werden Elektrolyte genannt, und die Träger des elektrischen Stromes in Flüssigkeiten sind Ionen, die beim Zerfall von Molekülen (Dissoziation) entstehen.

So dissoziiert beispielsweise Kochsalz (NaCl) in wässriger Lösung, d. h., Natrium gibt ein Elektron ab und wird zu einem Na^+-Ion, wobei Chlor das zusätzliche Elektron aufnimmt und zu einem Cl^--Ion wird. Das negative Chlorion bewegt sich zur positiven

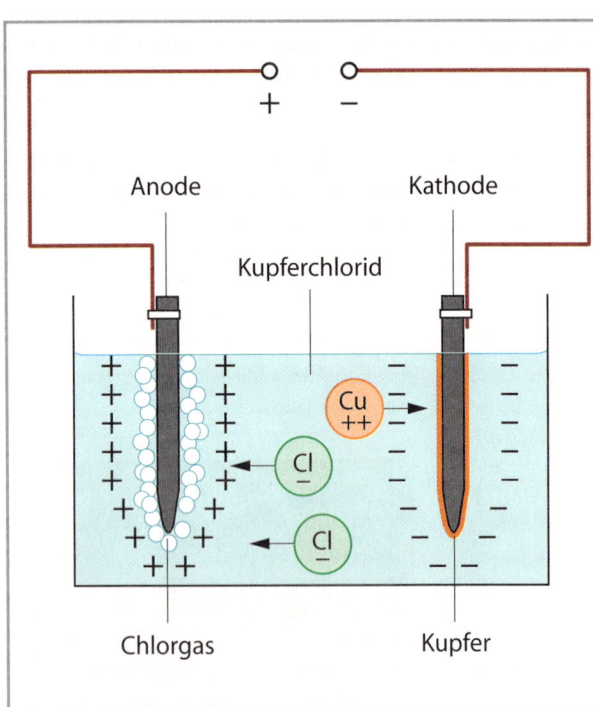

Abb. 3: positive Kupferionen werden zur Kathode und negative Chlorionen werden zur Anode gezogen.

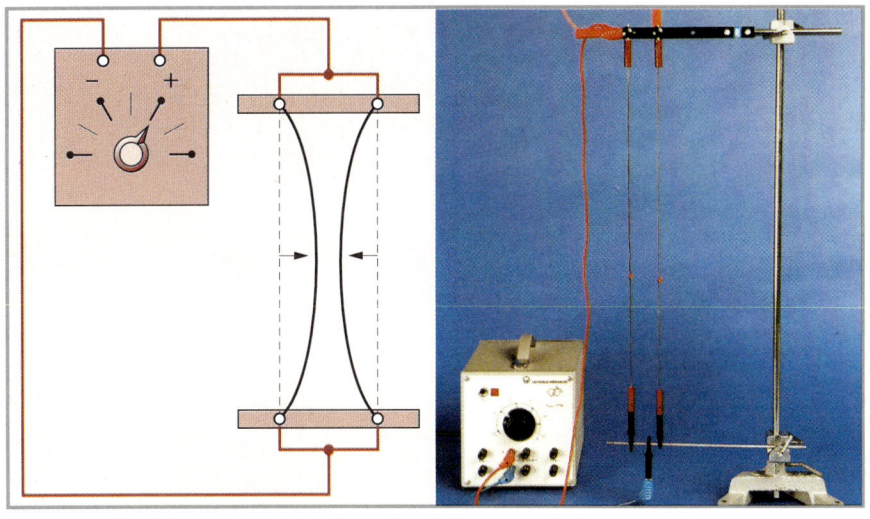

Abb. 4: Kraftwirkung auf einen stromdurchflossenen Leiter

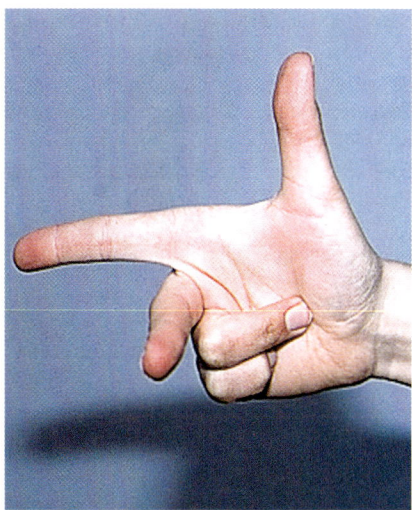

Abb. 6: Dreifingerregel (rechte Hand)

Elektrode (Anode), an der Elektronenmangel herrscht, und gibt ein Elektron ab. Das elementare Chlor steigt in Bläschen auf und tritt durch seinen charakteristischen Geruch an der positiven Elektrode (Anode) in Erscheinung. Das Natriumion hingegen neutralisiert sich durch Elektronenaufnahme an der positiven Elektrode (Kathode). Bei Stromfluss wandern also positive Ionen (Kationen) zur negativen Elektrode (Kathode), und negative Ionen (Anionen) bewegen sich zur positiven Elektrode (Anode).

Kupferchlorid, in Wasser gelöst, ist ebenfalls für den Stromfluss geeignet. Der Unterschied zum Natriumchlorid besteht nur darin, dass in diesem Fall anstatt Natriumionen die Kupferionen zur Kathode wandern und dort neutralisiert werden. Das Kupfer bildet einen Belag über der Kathode (Abb. 3).

Kehrt man die Stromrichtung um, stellt man fest, dass sich jetzt die andere Elektrode mit Kupfer überzieht, und dass sich an der Anode der vorher gebildete Kupferbelag löst. Nimmt man anstatt der Anode ein Kupferblech, kann sich fortlaufend von der Anode Kupfer ablösen, um damit die Kathode zu überdecken. Diesen Vorgang nennt man Galvanisieren. Er wird zur Oberflächenveredelung von Metallen genutzt.

Magnetische Wirkung

Beim Oersted-Versuch wurde gezeigt, dass ein stromdurchflossener Leiter ein Magnetfeld erzeugt. Wird dieser Leiter zu einer Leiterschleife geformt, hat dieses Magnetfeld einen Nord- und einen Südpol, die durch weitere Leiterschleifen in Form einer Spule verstärkt werden. Wird der Versuch umgekehrt und ein Leiter senkrecht zu den Feldlinien durch ein Magnetfeld bewegt, ist eine Spannung an den jeweiligen Enden des Leiters messbar. In diesem Fall spricht man

davon, dass im Leiter eine Spannung induziert wird. Befindet sich ein stromdurchflossener Leiter im äußeren Magnetfeld und eine Spannung wird angelegt, stellt man fest, dass der stromdurchflossene Leiter mit seinem ihn umgebenden Magnetfeld durch das äußere Magnetfeld eine abstoßende bzw. anziehende Kraft erfährt (Abb. 4). Dieser Effekt wird beispielsweise im Drehspulinstrument ausgenutzt.

Beim Stromfluss durch die einzelnen Windungen der Spule dreht sich die Spule im Magnetfeld in Abhängigkeit vom Stromfluss. Je stärker der Stromfluss ist, desto mehr dreht sich die Spule. Ein Zeiger gibt entsprechend der Spulenstellung die Stromstärke an (Abb. 5). Wenn kein Strom fließt, wird sie über die Rückstellkräfte der verdrillten Aufhängung der Spule wieder in Normalposition gebracht. Die Ablenkrichtung des Stromleiters im äußeren Magnetfeld lässt sich über die Dreifingerregel der rechten Hand bestimmen:

Hält man den Daumen in Stromrichtung (technische Stromrichtung also von + nach –) und zeigt der Zeigefinger in Richtung der magnetischen Feldlinien, dann zeigt der abgespreizte Mittelfinger in die Bewegungsrichtung (Abb. 6).

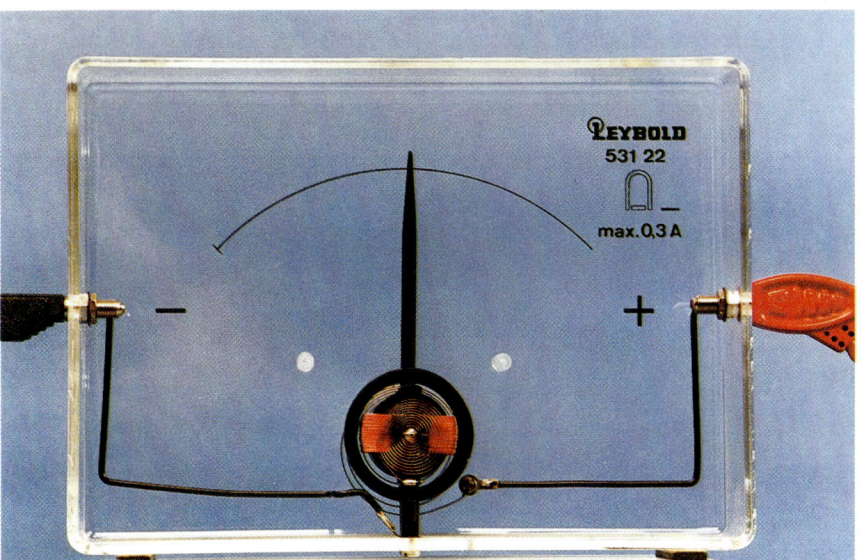

Abb. 5: Funktionsprinzip: Drehspulinstrument

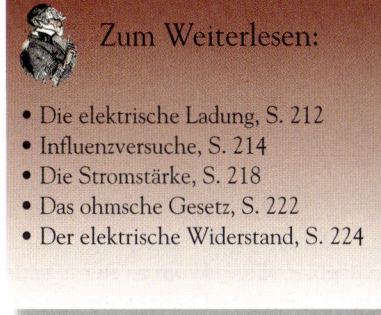

Zum Weiterlesen:

- Die elektrische Ladung, S. 212
- Influenzversuche, S. 214
- Die Stromstärke, S. 218
- Das ohmsche Gesetz, S. 222
- Der elektrische Widerstand, S. 224

Die elektrische Ladung

Werden Kunststoffgegenstände mit einem Leder gerieben, dann kann man beispielsweise Papierschnipsel oder Watteflocken damit anziehen. Es ist also eine Kraftwirkung zwischen den Gegenständen zu beobachten. Eine ähnlich merkwürdige Entdeckung machte man bereits im Altertum (Thales von Milet, 585 v. Chr.) mit geriebenem Bernstein, der mit seiner anziehenden Wirkung auf Wolle bereits Aufmerksamkeit auf sich lenkte. Durch das Reiben lassen sich anscheinend Ladungen von Körpern entfernen bzw. aufnehmen. Berührt man mit einem geriebenen Kunststoffstab beispielsweise eine Metallkugel und nach nochmaligem Reiben eine zweite Metallkugel, dann wirken die beiden Metallkugeln abstoßend aufeinander (Abb. 1).

Für die weitere Untersuchung des elektrischen Phänomens benutzt man ein Elektroskop, dass genau diese abstoßende Kraftwirkung ausnutzt, um elektrische Ladung nachzuweisen.

Das Elektroskop besteht aus einer Metallkonstruktion, an der ein leicht beweglicher Zeiger befestigt ist. Der Zeiger ist mit dem Metallhalter elektrisch verbunden, so dass sich die Ladung gleichermaßen verteilt und ihre abstoßende Wirkung über die Zeigerbewegung zum Ausdruck bringt. Der Metallring (bzw. das Gehäuse) ist mit der Erde verbunden und gegenüber dem inneren Metallsystem isoliert. Die Metallzeiger sind leitend mit einem Metallteller verbunden, der sich außerhalb des Elektroskops befindet. Berührt man mit dem geriebenen Kunststoffstab den Metallteller, dann bemerkt man, dass der Zeiger ausschlägt und dann die neue Position beibehält, auch wenn sich der

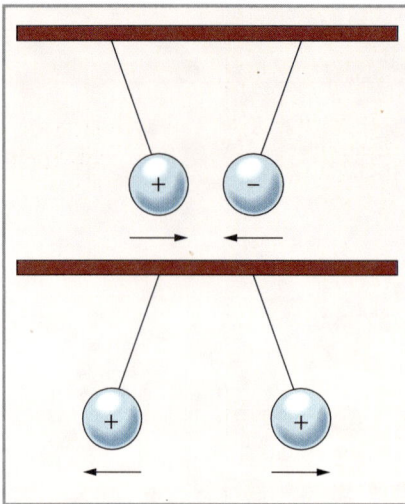

Abb. 1: Kraftwirkung zwischen elektrischen Ladungen: gleichnamige Ladungen stoßen sich ab und ungleichnamige Ladungen ziehen sich an

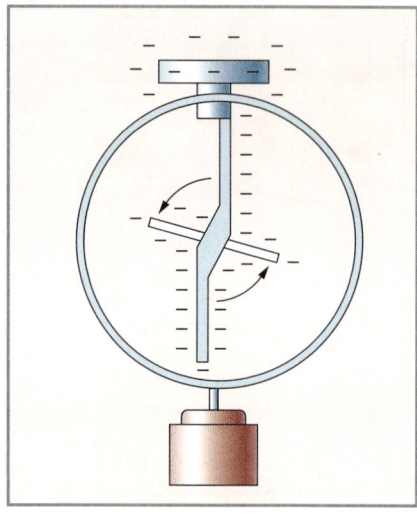

Abb. 2: Das Elektroskop ist das geeignete Gerät für den Nachweis von Ladung (hier in einer schematischen Darstellung)

Kunststoffstab vom Metallteller entfernt (Abb. 2). Es wurde somit ruhende elektrische Ladung aufgebracht. Berührt man danach mit dem Leder den leitenden Teller des Elektroskops, dann fällt der Zeiger wieder in die Ausgangsposition zurück, d. h., der Ausschlag vom Elektroskop wird wieder neutralisiert.

Beginnt man den Versuch in vertauschter Reihenfolge, dann stellt man fest, dass beim Berühren mit dem Leder das Elektroskop ebenfalls ausschlägt. Berührt man nun danach das Elektroskop mit dem Kunststoffstab, dann wird auch hier der Ausschlag neutralisiert und der Zeiger nimmt seine Ausgangsposition ein. Aus dem Versuch ist ersichtlich, dass es zwei Arten von Ladungen

geben muss, wobei sich gleichnamige Ladung abstößt und sich die gegensätzlichen Ladungssorten neutralisieren. Die elektrische Ladung wird demnach unterschieden in Plusladung Q^+ und Minusladung Q^-. Wird auf dem Metallteller des Elektroskops ein Metallbecher in leitender Verbindung installiert, dann besteht die Möglichkeit, die Ladung über den Becher auf das Elektroskop zu bringen. Möchte man die Ladung von einem Elektroskop zu einem zweiten löffeln, dann macht es einen Unterschied, ob man mit dem Löffel den Becher (Faraday-Becher) von außen berührt oder von innen. Als Löffel wird hier vereinfacht eine Metallkugel mit isolierendem Kunststoffgriff bezeichnet, die die Ladung aufnimmt wie ein Löffel

Abb. 3a: Ladungsentnahme von der Becheraußenseite: Führt man die Metallkugel zum zweiten Elektroskop, so schlägt dieses aus: die Kugel konnte Ladung aufnehmen

Abb. 3b: Ladungsentnahme aus dem Becherinneren: Führt man die Metallkugel zum zweiten Elektroskop, so schlägt dieses nicht aus: es ließ sich keine Ladung entnehmen

Abb. 4: Blitzeinschlag in ein Auto

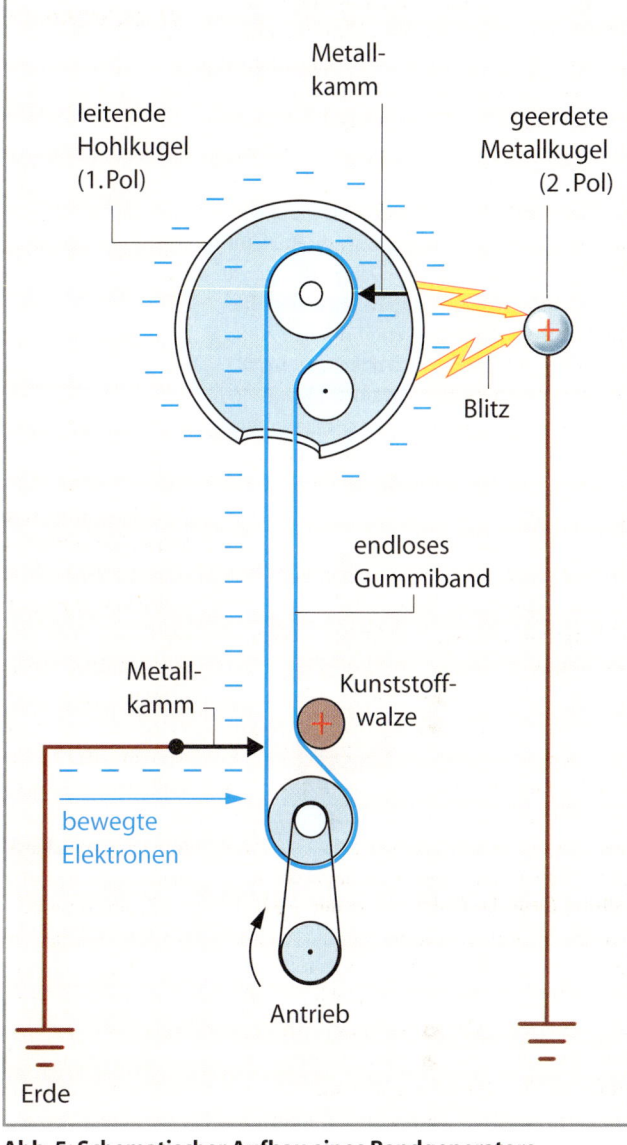

Metall-
kamm

leitende
Hohlkugel
(1.Pol)

geerdete
Metallkugel
(2 .Pol)

Blitz

endloses
Gummiband

Metall-
kamm

Kunststoff-
walze

bewegte
Elektronen

Antrieb

Erde

Abb. 5: Schematischer Aufbau eines Bandgenerators

und an anderer Stelle wieder abgibt. Von der Becheraußenseite lässt sich Ladung zum anderen Elektroskop transportieren (Abb. 3a). Beim Berühren der Innenseite des Bechers geht keine Ladung auf den Löffel über, und folglich zeigt das zweite Elektroskop keinen Ausschlag (Abb. 3b). Somit zeigt die Becherinnenwand bezüglich der Ladung ein anderes Verhalten als die Becheraußenwand, nämlich, dass es möglich ist, über die Becherinnenseite Ladung auf das Elektroskop zu bringen. Bei einem weiteren Versuch ist aber ersichtlich, dass es möglich ist, über die Becherinnenseite Ladung auf das Elektroskop zu laden. Jeweils erneut erzeugte Reibungsladung lässt sich über den Becherinnenbereich aufladen. Mit erneuter Berührung des geriebenen Plastikstabs schlägt der Zeiger stark aus, da jeweils neue Ladung hinzugefügt wird. Wird im Vergleich dazu die Becheraußenwand berührt, dann kann dieser Effekt nicht beobachtet werden. Über die Außenwand lässt sich keine Ladung hinzufügen, da dort bereits Ladung vorhanden ist, und die von der Ladung des Elektroskops ausgehende abstoßende Kraft behindert den Ladungsübergang vom gleichnamig geladenen Löffel zum Elektroskop. Die Übertragung wird vollständig behindert, wenn die Ladungsdichte des Elektroskops gleich der des Löffels ist, da es zwischen Körpern gleicher elektrischer Ladung keinen Ladungsübergang gibt. Bringt man im Vergleich dazu die elektrische Ladung ins Innere des Faraday-Bechers, so wechselt diese direkt auf den Faraday-Becher über. Dieser Versuch führt zu dem Schluss, dass sich die Ladung nur auf der Metallaußenwand ansammelt. Die ruhende Ladung hat somit ihren Sitz auf der Außen-

fläche des Metallhohlkörpers (Faraday-Becher).

Der Faradaykäfig zeigt im größeren Maßstab, dass der Innnenraum von großen Ladungsbewegungen unberührt bleibt. Personen bleiben im Faradaykäfig unverletzt, selbst wenn außen Blitze durch Hochspannungsentladung auf den Metallkäfig einwirken. Der Innenbereich bleibt vollständig unberührt von der Entladung. Dieser Effekt ist lebenswichtig z. B. für Autofahrer, die in ein Gewitter geraten (Abb. 4). Blitze, die direkt in das Fahrzeug einschlagen, sind für Insassen ungefährlich, da sich die Ladung nur auf der Karosserieaußenwand befindet. Im Innenraum bleibt es ladungsneutral.

Der Effekt, dass der Faraday-Becher von innen kontinuierlich mit Ladung nachgefüllt wird und dass man die Ladung von außen ablöffeln kann, wird vom Bandgenerator (Van-de-Graaff-Generator) ausgenutzt (Abb. 5). Mit diesem Generator erzeugte der holländische Physiker im Jahre 1931 erstmals hohe Spannungen für Versuchszwecke bis zu 1.000.000 Volt. Bei diesem Generator wird ein Band aus isolierendem Material durch Reibung oder mit einer kleinen Batterie schwach aufgeladen. Dieses Band fördert nun kontinuierlich Ladung in das Innere der Me-

tallkugel. Die Metallkugel nimmt die Ladung auf, unabhängig von der Ladungsmenge, die bereits aufgenommen wurde, und die Ladung wandert sofort auf die Außenseite der Kugel. Mit dem Bandgenerator kann auf diese Art und Weise kontinuierlich Ladung auf die Kugel aufgebracht werden und somit extrem hohe Spannungen erzeugt werden.

Zum Weiterlesen:

• Influenzversuche, S. 214
• Der Aufbau der Materie, S. 216
• Die Stromstärke, S. 218
• Das Ohmsche Gesetz, S. 222
• Der elektrische Widerstand, S. 224

Influenzversuche

Mit den magnetischen Kräften vergleichbar, üben auch elektrische Ladungen Kräfte aufeinander aus, so dass sich gleichnamige Ladungen abstoßen und ungleichnamige Ladungen anziehen. Das Elektroskop ist ein einfaches Messgerät, das Ladung nachweist, indem es das Abstoßen von gleichnamiger Ladung für die Messung ausnutzt. Wird Ladung mit einem „Löffel" auf den Metallkopf des Elektroskops gebracht, dann beobachtet man einen Ausschlag. Bei genauerer Betrachtung erkennt man, dass das Elektroskop schon ausschlägt, bevor die Ladung den Metallkopf berührt. Diesen Effekt nennt man Influenz, deren Eigenschaf-

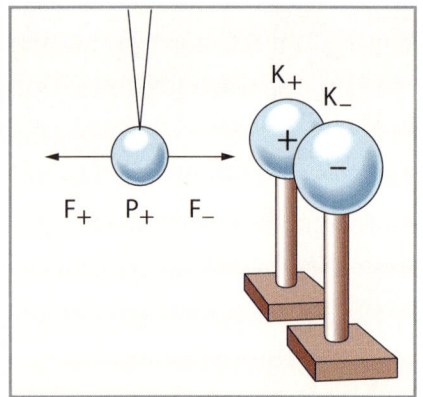

Abb. 1: Kräfte von entgegengesetzten Ladungen heben sich gegenseitig auf

ten in diesem Kapitel mit den folgenden Versuchen genauer dargestellt werden sollen.

Wird im folgenden Versuch eine Metallkugel als Pendel mit Hilfe eines Bandgenerators positiv geladen und wird dieser frei hängenden Kugel eine fest stehende positiv geladene Kugel genähert, dann beobachtet man, daß die bewegliche Kugel von der fest stehenden Kugel abgestoßen wird. Nähert man dieser Versuchsanordnung eine weitere fest stehende Kugel, aber mit negativer Ladung der gleichen Ladungsmenge, so dass der Abstand des Pendels zu beiden Kugeln gleich ist, dann ist kein Ausschlag des Pendels mehr zu beobachten (Abb. 1). Die bifilate Aufhängung verhindert die unweigerlich auftretende Bewegung der Probekugel. Dieser Versuch verdeutlicht, dass sich entgegengesetzte Ladungen in ihrer Wirkung neutralisieren, wenn sie die gleiche Ladungsmenge besitzen. Wird beispielsweise das elektrische Feld dieser Kugel geschwächt, indem Ladung z. B. mit dem Löffel abgetragen wird, dann stellt man fest, dass sich die Felder nicht mehr vollständig neutralisieren und das Pendel dementsprechend ausschlägt. Berühren sich aber die beiden Kugeln mit der gegensätzlichen Ladung, dann gleicht sich die Ladung in Form eines Funkens schlagartig aus, und beide Kugeln sind damit elektrisch neutral.

Ein weiterer Versuch zeigt, dass eine positiv geladene Kugel bei Annäherung an den Kopf des Elektroskops das Instrument zum Ausschlagen bringt und damit Ladung anzeigt (Abb. 2). Entfernt sich die Kugel, dann geht der Zeiger wieder in seine Nullstellung zurück, da keine zusätzliche Ladung auf das Instrument übertragen wurde. Es stellt sich nun die Frage, warum das Elektroskop trotz alledem ausschlägt. Der Grund dafür liegt darin, dass Ladung durch äußere Kraftwirkung der geladenen Kugel auseinander gezogen bzw. getrennt wird, so dass sich im Zeigerbereich als auch im Kopfbereich des Elektroskops ein Ladungsüberschuss befindet, der zum Zeigerausschlag führt. In Metall sind die negati-

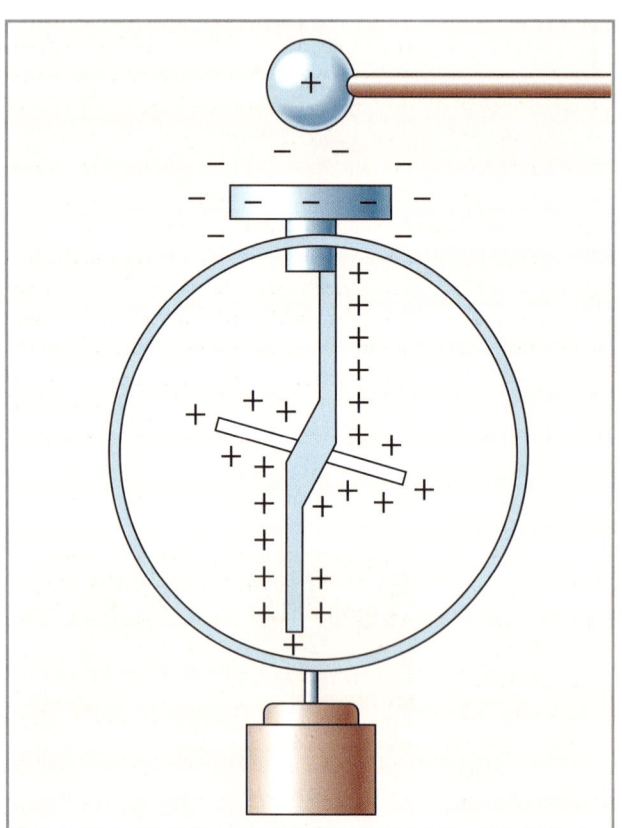

Abb. 2: Trennung von Ladung im Elektroskop durch Influenz

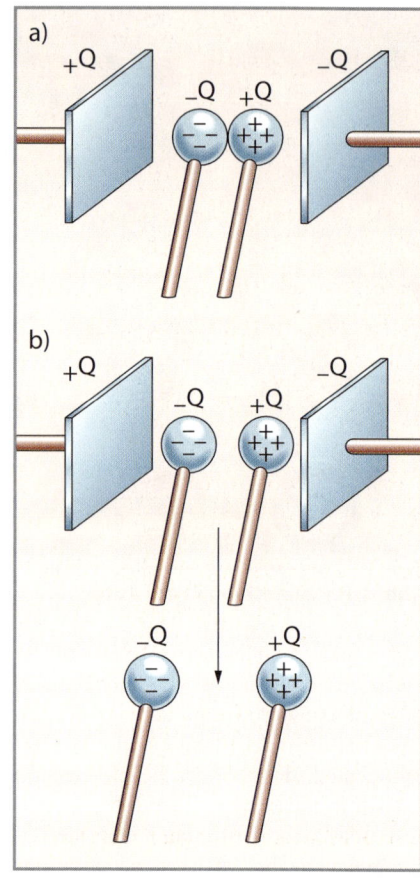

Abb. 3a) Löffelpaar im Feld, b) getrenntes Löffelpaar im Feld und dann außerhalb des Feldes

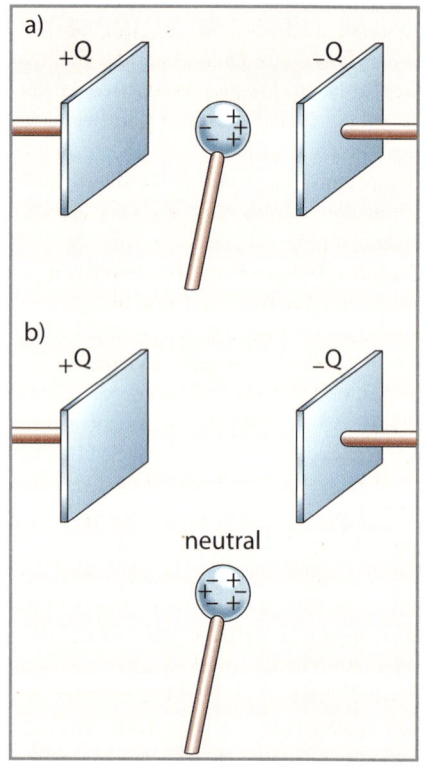

Abb. 4a) Löffel im Feld, b) Löffel außerhalb des Feldes

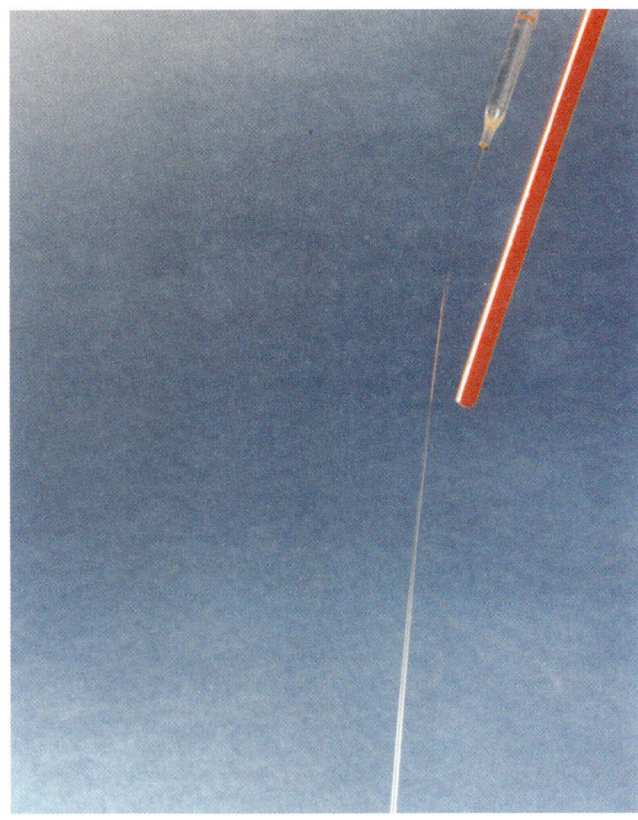

Abb. 5: Influenzwirkung bei Isolatoren, a) Wattefasern, b) Wasserstrahl

ven Ladungsträger (Elektronen) beweglich, und entsprechend der Polarität des äußeren Feldes werden sie entweder angezogen oder abgestoßen. Bei der Annäherung einer positiven Ladung werden negative Ladungen (Elektronen) Q^- angezogen und die positiven Ladungen Q^+ bleiben im Zeiger zurück. Die äußere Krafteinwirkung verwandelt somit das Elektroskop in einen Zweipol oder Dipol, und die unter dem Einfluss eines elektrischen Feldes verursachte Ladungstrennung wird als Influenz bezeichnet. Entfernt sich die äußere Ladung, dann vermischen sich im Metall die positiven mit den negativen Ladungen, und ihre Kraftwirkung neutralisiert sich in der Form, wie es mit den beiden großen Kugeln im vorhergehenden Versuch demonstriert wurde. Die Ursache der Kraftwirkung der elektrischen Ladungen ist das elektrische Feld. Ein Körper heißt elektrisch neutral, wenn die Anzahl der positiven und negativen Ladungen gleich ist. Im Gegensatz dazu ist ein Körper geladen, wenn die Anzahl der Ladungen unterschiedlich groß ist. Ladungsunterschiede in Metallen lassen sich mit Hilfe der Ladungstrennung erzeugen, indem man beispielsweise zwischen zwei ebenen Platten mit verschiedener Ladung zwei sich berührende Löffel hält (Abb. 3a, b). Durch die Wirkung des äußeren Feldes sammeln sich die Ladungen, dem elektrischen Feld entsprechend, auf den Löffeln

an. Werden die beiden Löffel im Feld auseinander gezogen und dann aus dem Feld entfernt, dann sind sie entgegengesetzt geladen. Auf jedem Löffel ist ein Ungleichgewicht an Ladungen vorhanden. Der Löffel, der näher zur positiven Platte orientiert war, ist negativ geladen, und der Löffel, der der negativen Platte näher stand, ist positiv geladen, entsprechend der Gesetzmäßigkeit, dass sich ungleichnamige Ladungen anziehen bzw. gleichnamige Ladungen abstoßen. Wird im Vergleich dazu nur ein Löffel zwischen die beiden geladenen Platten gehalten, dann findet auch hier eine Ladungstrennung statt, aber beim Entfernen aus dem äußeren Feld ist keine Ladung des Löffels nachweisbar. Die Ladungen haben sich außerhalb wieder ausgeglichen bzw. neutralisiert (Abb. 4a, b). Die Versuche zum Nachweis der elektrischen Influenz verdeutlichen, dass beide Arten der elektrischen Ladung im Leiter vorhanden sind. Jedoch sind es nur die Elektronen (negative Ladungen), die in Metallen frei beweglich sind und so die Trennung von Ladungen durch äußere Felder ermöglichen.

Im Gegensatz zu Metallen sind die Elektronen (negative Ladung) bei Isolatoren (schlechten Leitern) an ihre Atome gebunden. Aber auch hier zeigt die Influenz ihre Wirkung, so dass beispielsweise ein feiner Wasserstrahl von einem geladenen Kunst-

stoffstab abgelenkt wird oder Wattefasern angezogen werden (Abb. 5). Die einzelnen Moleküle des Wassers bestehen prinzipiell aus ungeordneten Dipolen. Nähert sich ein äußeres elektrisches Feld, dann richten sich die Dipole aus, und der Isolator wird somit vom äußeren Feld angezogen, d. h., der Wasserstrahl verändert die Strahlrichtung. Dieser Effekt ist vergleichbar mit den Elementarmagneten in ferromagnetischen Materialien (Eisen), die sich ebenfalls nach dem äußeren Feld ausrichten. Entfernt man das äußere Feld, dann fallen die Dipole wieder in den ungeordneten Zustand zurück, vergleichbar mit den Elementarmagneten im Eisen, die ohne äußeres magnetisches Feld ihre Ausrichtung verlieren. Das Ausrichten von Dipolen in Isolatoren durch Influenz wird auch als Polarisation bezeichnet.

Zum Weiterlesen:

- Der Aufbau der Materie I, S. 216
- Die Stromstärke, S. 218
- Das ohmsche Gesetz, S. 222
- Der elektrische Widerstand, S. 224
- Die elektrische Spannung, S. 280
- Die elektrische Leistung, S. 282

Der Aufbau der Materie I

Elektrische Erscheinungen führen zu der Überlegung, dass die Materie, bestehend aus Atomen, einen inneren elektrischen Aufbau besitzt. Die Atome bestehen dabei in der Regel aus positiven, negativen und neutralen Bestandteilen, wobei das Atom mit diesen Bausteinen unter normalen Bedingungen nach außen hin elektrisch neutral ist. Das Bild über den Aufbau des Atoms verfeinerte sich durch intensive Forschung insbesondere am Anfang dieses Jahrhunderts. Der Begriff Atom kommt ursprünglich aus der griechischen Sprache und bedeutet „unteilbar", d. h., das Atom wurde als kleinster Baustein der Materie angenommen. Die späteren Kenntnisse über die elektrischen Bestandteile innerhalb der Materie führten zu einer detaillierteren Vorstellung, dass das Atom aus negativen Ladungen besteht, die in einer gleichmäßig mit positiver Ladung ausgefüllten Kugel eingebettet sind (Abb. 1). Diese Vorstellung wurde vom englischen Physiker Thomson als Atommodell am Anfang des 20. Jahrhunderts entwickelt. Weitere Forschungsergebnisse führten den englischen Physiker Rutherford zu einem Atommodell, in dem die negativen Ladungen (Elektronen) wie Planeten um den positiven Atomkern in der Atomhülle kreisen. In diesem Planetenmodell würden allerdings die Elektronen wie schwingende Dipole kontinuierlich Energie abstrahlen. Aus diesen energetischen Überlegungen verfeinerte der dänische Physiker Niels Bohr dieses Atommodell, indem er die Elektronenbewegung nur auf ganz bestimmten äußeren Bahnen bzw. Schalen zuließ (Abb. 2). Man spricht hier vom bohrschen Schalenmodell des Atoms, das die Elektronenbewegung ohne Energieverluste berücksichtigt, welche wie kreisförmig bewegte Ladungen auftreten müssten. Nach dem alten Planetenmodell müssten sonst die Elektronenbahnen durch die Ener-

Abb. 3: Atomkern als Reiskorn mit einer Atomhülle der Größe eines Fußballstadions

gieabstrahlung kontinuierlich enger werden, was letztendlich zum Zusammenfall der Materie führen würde. Das entspricht aber nicht der Realität. Befinden sich die Elektronen auf den vorgegebenen Schalen, dann wird von den Elektronen keine Energie abgegeben, und die Elektronenbahnen bleiben konstant bestehen.

Das Atom hat den unvorstellbar kleinen Durchmesser von 10^{-10} m, d. h., dieser Baustein der Materie hat bei einer 1millionenfachen Vergrößerung immer noch die winzige Größe von 1 hundertstel Millimeter. Der Atomkern selbst ist dabei nochmals 10.000fach kleiner (10^{-14} m) als das Gesamtatom. In der Atomhülle, also zwischen dem Atomkern und den sich darum bewegenden Elektronen, befindet sich keine Materie. Um eine Vorstellung von den Größenverhältnissen im Atom zu bekommen, muss man sich vergleichsweise ein Reiskorn als Atomkern denken, das sich in der Mitte einer Atomhülle mit der Größe eines Fußballstadions befindet

(Abb. 3). Die gesamte Masse des Atoms ist im Atomkern konzentriert, wobei der Atomkern aus den positiv geladenen Protonen und aus den gleich großen, aber elektrisch neutralen Neutronen besteht. Die Anzahl der positiv geladenen Protonen und der negativ geladenen Elektronen ist bei einem normalen Atom gleich, und das Atom ist deshalb insgesamt elektrisch neutral. Man kennt heutzutage insgesamt 109 chemische Elemente, davon kommen 91 in der Natur vor, und die übrigen werden ausschließlich künstlich erzeugt. Wasserstoff ist dabei von allen Elementen am einfachsten aufgebaut und besteht nur aus einem Proton als Atomkern und aus einem Elektron in der Atomhülle (Abb. 4). Wasserstoff ist das leichteste chemische Element. Im Vergleich dazu besitzt Helium im Atomkern 2 Protonen und 2 Neutronen, d. h., Helium hat im Atomkern das 4fache der Wasserstoffmasse vereinigt. Für das elektrisch neutrale Helium befinden sich somit 2 Elektronen auf der Elek-

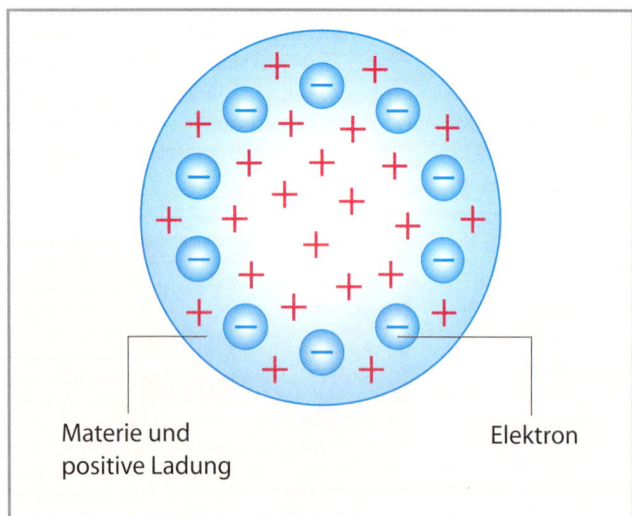

Materie und positive Ladung — **Elektron**

Abb. 1: Einfaches Atommodell nach Thomson

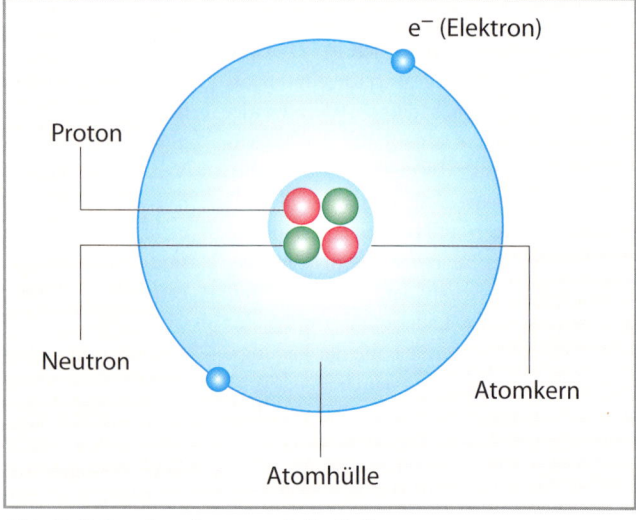

e⁻ (Elektron) · **Proton** · **Neutron** · **Atomhülle** · **Atomkern**

Abb. 2: Bohrsches Atommodell: Heliumatom

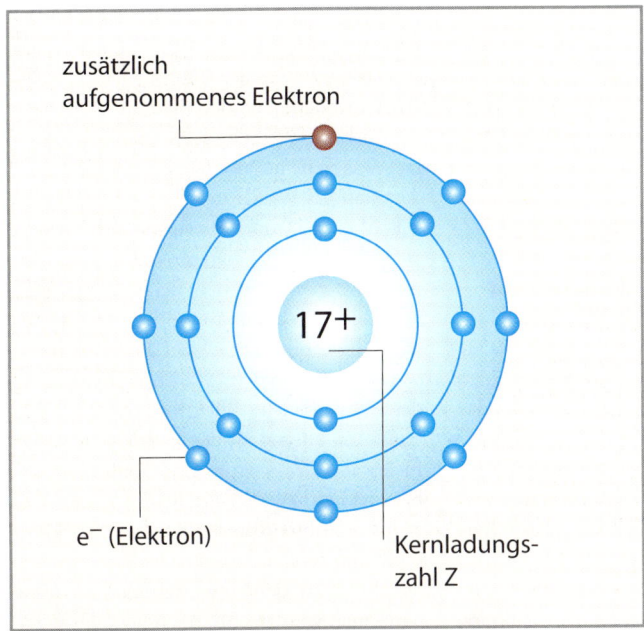

Abb. 5: Bohrsches Atommodell: ionisiertes Chlor

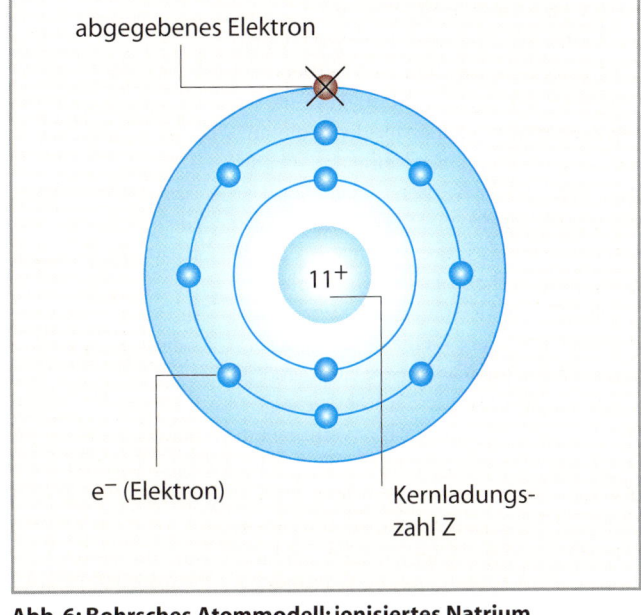

Abb. 6: Bohrsches Atommodell: ionisiertes Natrium

tronenschale. Mit der wachsenden Anzahl der Protonen im Atomkern steigt gleichzeitig die Anzahl der Elektronen und der Elektronenschalen in der Atomhülle. Jede weitere Elektronenschale kann eine höhere Anzahl von Elektronen aufnehmen, wobei die größten Atome maximal 7 Elektronenschalen in der Atomhülle vorweisen. Zur Vereinfachung der Vorstellung kann man sich das Atom auch als Zwiebel vorstellen, wo auf jeder Schalenebene eine bestimmte Anzahl von Elektronen Platz hat. Bewegt man sich vom Atomkern ausgehend zu den einzelnen Schalen, dann hat die erste Schale Platz für 2 Elektronen, die nächsthöhere ist höchstens mit 8 Elektronen besetzt, und die nachfolgenden Schalen können 18, 32 usw. Elektronen maximal aufnehmen. Die Anzahl der Protonen wird entsprechend

größer und wird als Kernladungszahl Z bezeichnet.

Wie bereits erwähnt, ist ein Atom elektrisch neutral, wenn die Anzahl der Protonen mit der Anzahl der Elektronen übereinstimmt. Stimmt die Elektronenzahl nicht mit der Protonenzahl (Kernladungszahl Z) überein, dann ist das Atom nicht mehr neutral, und man spricht in diesem Fall von einem Ion. Salze beispielsweise besitzen die Eigenschaft, in wässrigen Lösungen in Ionen zu zerfallen. Diesen Vorgang nennt man Dissoziation. Bei der Dissoziation von Kochsalz bzw. Natriumchlorid (NaCl) entstehen positiv geladene Na+- Ionen und negativ geladene Cl−-Ionen. Bei der Trennung von NaCl hat das Natrium ein Elektron dem Chlor überlassen. Das neutrale Chlor hat die Kernladungszahl Z = 17, so dass 17 Protonen im Atomkern und 17 Elektronen in der Atomhülle vorhanden sind (Abb. 5). Dabei besteht das Chlor aus drei Elektronenschalen, wobei sich auf der ersten Schale 2 Elektronen befinden, auf der zweiten Schale befinden sich 8 Elektronen, und auf der dritten Schale sind 7 Elektronen vorhanden. Durch das zusätzliche Elektron sind somit auf der äußeren Schale 8 Elektronen, und das Chlor wird mit diesem überschüssigen Elektron

zum negativ geladenen Ion. Das Natrium hat im Vergleich eine Kernladungszahl Z gleich 11, d. h., der Kern besteht aus 11 Protonen (Abb. 6). Das Natrium hat vergleichbar mit dem Chlor ebenfalls 3 Elektronenschalen, wobei auf der dritten Schale nur ein Elektron vorhanden ist. Da die Elektronen die Tendenz haben, vollständige Elektronenschalen zu besitzen, gibt das Natrium sein äußeres Elektron, an das Chlor ab und wird dadurch positiv. Es fehlt ein Elektron, und der positive Ladungsanteil des Atomkerns überwiegt. Wird Spannung an den Elektroden in einer wässrigen Kochsalzlösung angelegt, dann werden die negativ geladenen Chlorionen von der positiven Elektrode angezogen. Dabei gibt das Chloratom sein überschüssiges Elektron ab, und es bildet sich elementares Chlor, das als Chlorgas aufsteigt. Im Gegensatz dazu wandert das positiv geladene Natriumatom zur negativen Elektrode und nimmt dort ein Elektron auf. Durch das Neutralisieren der Ionen wird mit der Aufnahme bzw. Abgabe von Elektronen an den entsprechenden Elektroden ein Stromfluss erzeugt.

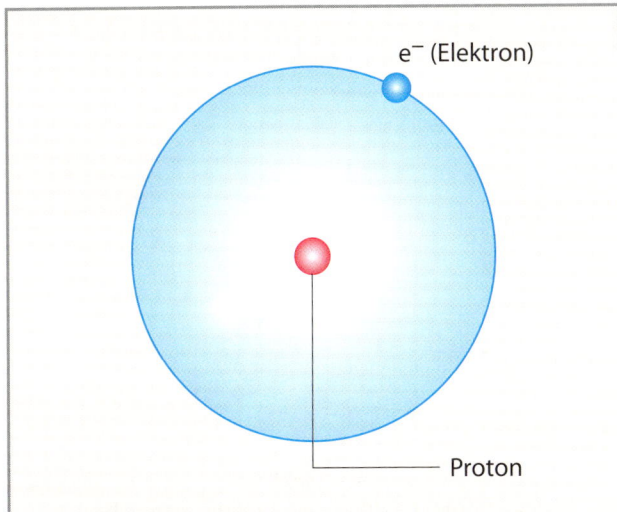

Abb. 4: Bohrsches Atommodell: Wasseratom

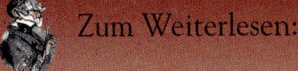

Zum Weiterlesen:

- Das ohmsche Gesetz, S. 222
- Der elektrische Widerstand, S. 224
- Die elektrische Spannung, S. 280
- Die elektrische Leistung, S. 282
- Der Aufbau der Materie II, S. 298

Die Stromstärke

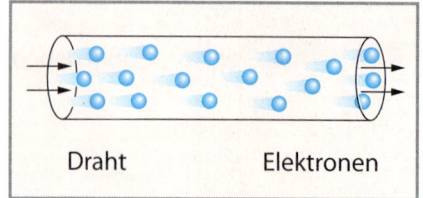

Ist der Stromkreis geschlossen, bewegen sich Elektronen (negative Ladung Q⁻) beispielsweise durch einen Draht, so dass Ladung von einem Ende des metallischen Leiters zum anderen transportiert wird. Dieser elektrische Strom kann mit der Strömung von Wasser durch eine Rohrleitung verglichen werden. Die Wasserströmung wird in diesem Fall aus den Angaben ermittelt, die angeben, wie viel Wasser durch die Rohrleitung hindurchfließt. Es ist dabei einleuchtend, dass der Querschnitt der Rohrleitung eine wichtige Größe für die Bestimmung der durchfließenden Wassermenge ist, denn je größer der Durchmesser der Rohrleitung ist, desto mehr Wasser kann hindurchfließen. Genauso verhält es sich mit der fließenden Ladung, so dass für die elektrische Stromstärke die Ladungsmenge angegeben wird, die sich pro Zeiteinheit durch einen bestimmten Leitungsquerschnitt bewegt (Abb. 1). Aus dieser Vorstellung des elektrischen Stroms resultiert folglich, dass bei gleich bleibender Stromstärke die transportierte Elektrizitätsmenge in Form von Ladung (Q) zur Zeit proportional ist, d. h., dass

Abb. 1: Stromstärke: Ladungsmenge, die pro Zeiteinheit durch einen bestimmten Querschnitt hindurchfließt

sich die Ladungsmenge bei n-facher Zeit ver-n-facht.

Es stellt sich nun die Frage, wie sich die Ladungsmenge messen bzw. abzählen lässt, um diese Behauptung über die Stromstärke nachweisen zu können. Die Stromstärke I ist durch ein Messverfahren der magnetischen Wirkung des Stromes festgelegt (definiert), und die Einheit der Stromstärke I wird mit Ampere bezeichnet, benannt nach dem französischen Physiker, Mathematiker und Philosophen André Marie Ampère (1775-1836). Ein gleichwertiges, aber anschaulicheres Messverfahren beruht auf der Elektrolyse von gesäuertem Wasser. Unter Einsatz des hofmannschen Apparates liefert die durch den Stromfluss erzeugte Knallgasmenge ein Proportionalitätsverhältnis, das für die Definition der Stromstärke genauso gut geeignet ist.

Der hofmannsche Apparat besteht aus drei wassergefüllten Glasröhrchen, die am Fußteil miteinander verbunden sind (Abb. 2). In den äußeren Glasröhrchen, die nach oben hin mit

Hähnen verschlossen sind, befinden sich Elektroden, wobei das mittlere Röhrchen den Flüssigkeitshaushalt in den beiden äußeren Röhrchen reguliert. Für den Versuch wird dem destilliertem Wasser im hofmannschen Apparat etwas Säure hinzugefügt. Die Säure bewirkt, dass sich das Wasser in H⁺- und OH⁻-Ionen aufspaltet, die beim Anlegen einer Spannung an den Elektroden einen Stromfluss durch den Elektrolyten ermöglichen. Bei Stromfluss wird an beiden Elektroden eine heftige Gasentwicklung beobachtet, wobei die Gase in den getrennten Röhrchen aufgefangen werden. An der Anode (positive Elektrode) sammelt sich Sauerstoff an und an der Kathode (negative Elektrode) Wasserstoff. Ein Gemisch dieser beiden Gase heißt Knallgas und ist explosiv. Es ist zu beobachten, dass sich die Gasentwicklung von Wasserstoff zu Sauerstoff im Verhältnis 2:1 an den Elektroden entwickelt. Zur Erklärung kann man vereinfacht annehmen, dass beim Neutralisieren der H⁺-Ionen an der negativen Elektrode aus vier H⁺-Ionen zwei Wasserstoffmoleküle (H_2) entstehen. An der positiven Elektrode ergeben vier OH⁻-Ionen nach der Abgabe ihrer Elektronen zwei Wassermoleküle (H_2O) und ein Sauerstoffmolekül (O_2). Die oben beschriebene Anordnung wird hauptsächlich genutzt, um industriell Wasserstoff und Sauerstoff zu erzeugen. Ersetzt man beispielsweise die herkömmlichen Spannungsquellen durch eine Solaranlage, kann Wasserstoff umweltfreundlich produziert werden, so dass sich mit dem gewonnenen Knallgas vielfältige Verbrennungsmaschinen antreiben lassen, die bei der Verbrennung nur Wasser erzeugen, also eine sinnvolle Alternative zu den herkömmlichen umweltbelastenden fossilen Brennstoffen ergeben.

Die im hofmannschen Apparat entstandene Knallgasmenge wird durch den Transport von geladenen Teilchen (Ionen) erzeugt. Diese Knallgasmenge kann dazu genutzt werden, die genaue Stromstärke I zu

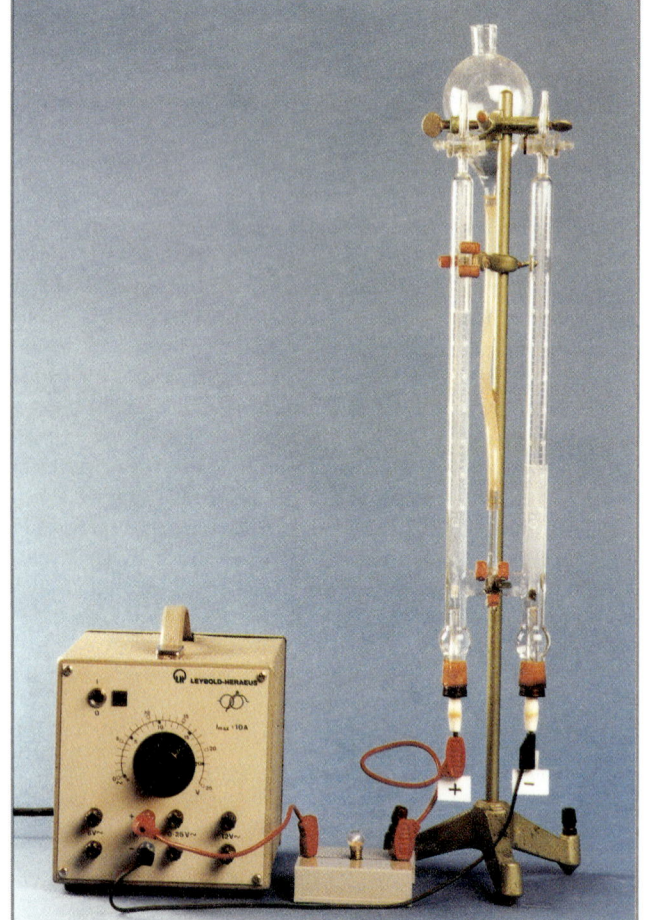

Abb. 2: Hofmannscher Apparat

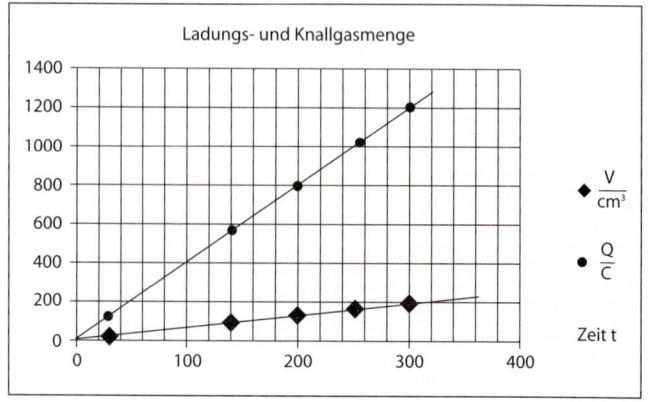

Abb. 3: Proportionaler Anstieg der Knallgasmenge bzw. Ladungsmenge

ermitteln (Abb. 3). Es ist bekannt, dass bei einer Knallgaszelle (Versuchsaufbau) beim Durchgang der Ladungsmenge von 1 C (Coulomb) 0,17 cm³ Knallgas erzeugt wird. Laut Definition ist dabei 1 C die Einheit der Elektrizitätsmenge der Ladung, die bei einem Strom der Stärke 1 A (Ampere) in 1 s durch den Leiterquerschnitt fließt und ebenfalls als 1 As (1 Amperesekunde) bezeichnet werden kann. Wird die gebildete Gasmenge in Abhängigkeit von der Zeit mit dem hofmannschen Apparat gemessen, ergibt sich folgende Messreihe (Tabelle 1).

Die Messreihe bestätigt die Proportionalität zwischen der Gasvolumenänderung bzw. der Ladungsmenge Q und der Zeit t:

$$Q \sim t \quad \text{(gelesen: Q ist proportional zu t)}$$

Der Quotient aus der Ladung und der Zeit ergibt die elektrische Stromstärke I.

$$I = \frac{Q}{t}$$

Die oben gemessenen Werte für das Volumen und die daraus errechneten Werte für die Ladung ergeben eine Gerade, wenn man sie in ein Q-t-Diagramm (s.o.) einträgt. Die Steigung der Geraden ergibt wie der Quotient Q/t die Stromstärke. In unserem Fall haben wir eine Stromstärke von 4,09 C/s bzw. A (Ampere). Zusammenfassend kann man sagen, dass die abgeschiedene Knallgasmenge der transportierten Ladungsmenge proportional ist. Gleiche Ladungsmengen erzeugen damit gleiche Knallgasmengen. Doppelt so große Ladungsmengen erzeugen doppelt so hohe Knallgasmengen: V ~ Q.

Im Vergleich zur Ladungseinheit 1 C ist die Ladungseinheit eines einzelnen Elektrons winzig klein und hat den Wert von $1,6 \cdot 10^{-19}$ C (Coulomb). Das bedeutet, dass $6,25 \cdot 10^{18}$ Elektronen ein Coulomb ergeben.

Abb. 4: Die Stromstärke des Blitzes erreicht bis zu 10.000 Ampère

Ströme fließen nahezu überall. Die höchsten sind in der freien Natur zu beobachten (Abb. 4). Leider sind sie in der Form des Blitzes noch nicht nutzbar. Ganz im Gegensatz dazu die sehr schwachen Ströme, die in der modernen Technik große Wirkung zeigen; in modernen Mikrochips sind sie meist nur wenige Mikroampere stark (Abb. 5).

Abb. 5: Klein, aber fein: Die Ströme in Mikrochips

t/s	30	140	200	250	300
Gemessene Knallgasmenge V/cm³	20.88	97.44	139.2	174	208.8
Errechnete Ladungsmenge Q/C	122.8	573	818	1023	1228

**Tabelle 1: Messreihe; Knallgasmenge in Abhängigkeit von der Zeit.
Die Ladungsmenge wurde aus der Knallgasmenge errechnet**

Zum Weiterlesen:

- Ladung, Spannung und Stromstärke, S. 186
- Strom- und Spannungsmessungen, S. 226
- Verzweigte und unverzweigte Stromkreise, S. 228

Die elektrische Spannungsquelle

Eine Spannungsquelle ist eine Energiequelle, die einen Elektronenfluss ermöglicht. Im geschlossenen Stromkreis bestimmt die Höhe der Spannung entscheidend den Strom- bzw. den Elektronenfluss. Je weniger Widerstand dem Stromfluss entgegengesetzt wird, desto mehr Elektronen können fließen. Je größer die Spannungsdifferenz zwischen dem Minuspol und dem Pluspol der Spannungsquelle ist, desto höher ist beispielsweise bei gleich bleibendem elektrischen Widerstand des Stromkreises der Stromfluss. Verglichen mit dem Fließverhalten von Wasser im Gefälle, haben die Elektronen im geschlossenen Stromkreis den Drang, sich vom Minuspol zum Pluspol der Spannungsquelle zu bewegen. Je höher das Gefälle im Wassermodell ist, desto schneller fließt das Wasser ab. Ähnlich verhält es sich mit den Elektronen einer Spannungsquelle, d. h., je höher die Spannungsdifferenz ist, desto größer ist der Stromfluss. Nur noch der elektrische Widerstand setzt dem Stromkreis ein Hindernis entgegen, d. h., erhöht sich der elektrische Widerstand, dann verringert sich der Stromfluss. Der Widerstand begrenzt damit den Stromfluss. Wäre im geschlossenen Stromkreis kein elektrischer Widerstand vorhanden, wie beispielsweise im Fall eines elektrischen Kurzschlusses, dann würde ein fast unbegrenzt hoher Strom, d. h. Kurzschlussstrom fließen. Der Kurzschlussstrom ist sehr gefährlich, da er den elektrischen Stromkreis zerstören kann.

Der Kurzschluss könnte mit dem Bruch einer Staumauer verglichen werden, wo große Mengen Wasser ungehindert abfließen, da kein Hindernis bzw. Widerstand dem Wasser entgegengesetzt wird.

Im Fall eines elektrischen Kurzschlusses unterbrechen elektrische Sicherungen automatisch den Stromkreis.

Spannungsquellen besitzen die Eigenschaft, Ladungen trennen zu können; dadurch entsteht am Pluspol der Spannungsquelle ein Elektronenmangel, und der Minuspol ist folglich durch Elektronenüberschuss gekennzeichnet (Abb. 1). Dieser Zustand von Elektronenüberschuss und Elektronenmangel lässt sich beispielsweise auf elektrochemischem Weg erzeugen. Der Vorgang der Elektrolyse lässt sich umkehren, d. h., über den elektrochemischen Weg lässt sich eine elektrische Spannung erzeugen, die beim geschlossenen Stromkreis einen elektrischen Strom fließen lässt.

Um eine elektrochemische Spannungsquelle zu erhalten, taucht man zwei verschiedene Metalle in einen Elektrolyten ein und verbindet sie mit einem Leiter, so dass zwischen den Metallen bzw. den Elektroden ein elektrischer Strom fließt. Diese Anordnung wird als galvanisches Element bezeichnet, benannt nach dem italienischen Mediziner Luigi Galvani (1737-98), der beobachtete, dass Froschschenkel beim Berühren mit unterschiedlichen Metallen zucken. Das erste galvanische Element (voltaische Säule) wurde entwickelt von Alessandro Volta (1799), das aus Kupfer-(Cu) und Zink-(Zn)Scheiben bestand, die getrennt in verdünnte Schwefelsäure (H_2SO_4) eingetaucht wurden. Diese Anordnung erzeugt eine Spannungsdifferenz von 1,10 V (Volt). Gemäß der elektrochemischen Spannungsreihe können unterschiedliche Spannungen mit verschiedenen Metallkombinationen erreicht werden.

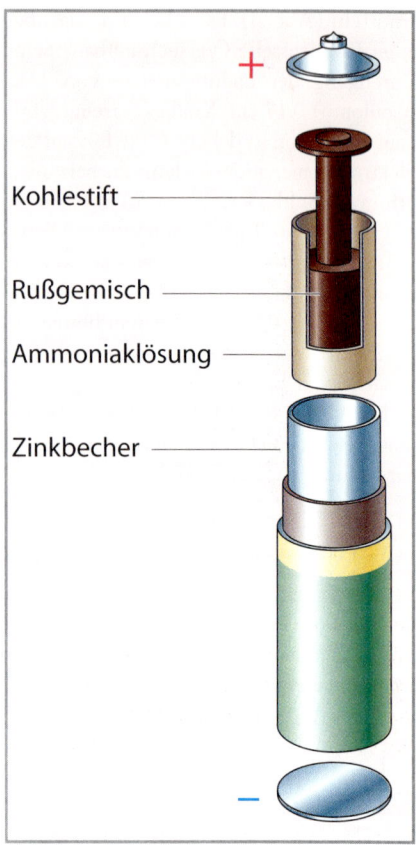

Abb. 2: Monozelle: Zink-Kohle-Element erzeugt 1,5 V (Volt)

Kohlestift

Rußgemisch

Ammoniaklösung

Zinkbecher

Die Taschenlampenbatterie stellt eines der gebräuchlichsten galvanischen Elemente dar (Abb. 2). Sie besteht aus einem Zinkbecher und einem Kohlestab in der Mitte der Monozelle, die mit einem Braunsteinmantel umgeben ist. Der Zinkbecher bildet den negativen Pol und der umhüllte Kohlestab den positiven Pol. Als Elektrolyt befindet sich zwischen den beiden Elektroden eine eingedickte Salmiaklösung (NH_4Cl). An der Oberfläche des Zinkbechers, der die negative Elektrode bildet, gehen durch die Einwirkungen des Elektrolyten 2fach positiv geladene Zinkionen in Lösung (Abb. 3). Die abgegebenen Elektronen bilden an der Elektrode einen Elektronenüberschuss, und die Zinkionen laden die Lösung und den darin steckenden Kohlestab positiv auf. Wenn eine Spannung von 1,5 V (Volt) zwischen den beiden Elektroden erreicht ist, verhindern Abstoßungskräfte den weiteren Austritt von Zinkionen. Sobald aber der Stromkreis geschlossen ist, verliert der Zinkbecher Elektronen. Über den äußeren Stromkreis gelangen die Elektronen zum Kohlestab und geben dort die Elektronen an die positiven Ionen ab. Der äußere Elektronenstrom verursacht einen inneren Ionenstrom, dabei wird die Zinkelektrode immer weiter aufgelöst (Abb. 4).

Abb. 1: Batterien sind die bekanntesten Spannungsquellen. Sie existieren in den verschiedensten Ausführungen und Größen und finden meist in tragbaren, netzunabhängigen Geräten Verwendung

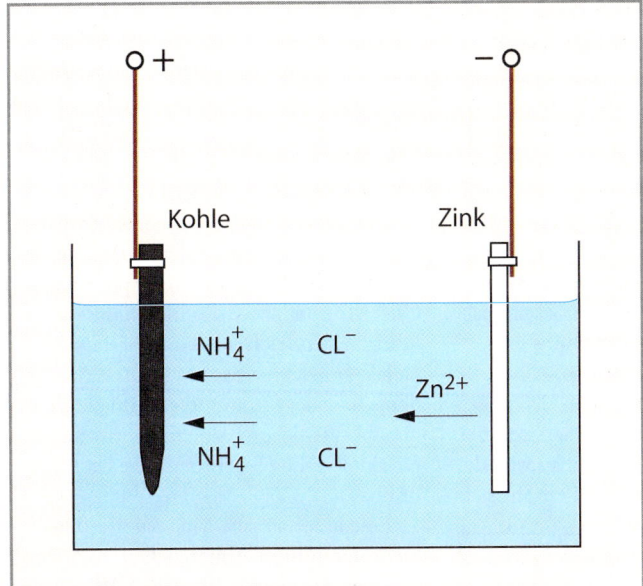

Abb. 3: Zink-Kohle-Element: Ammoniumchlorid NH_4Cl in wässriger Lösung, d. h. NH_4^+-Ionen und Cl-Ionen. Durch Lösungsdruck gehen Zn^{2+}-Ionen in die Lösung. Die NH_4^+-Ionen wandern zur Kohleelektrode. Zn^{2+}-Ionen verbinden sich mit den Cl-Ionen zu $ZnCl_2$ (Zinkchlorid)

Abb. 5: Bleiakkumulator: Entladener Zustand: Erst durch das Anlegen einer äußeren Stromquelle kann der Akkumulator aufgeladen werden. Die Ionen der Schwefelsäure wandern zu den Elektroden. An der Kathode entsteht metallisches Blei (Pb), an der Anode Bleioxid (PbO_2)

Akkumulatoren basieren auf dem gleichen Prinzip, können aber im Vergleich zur oben beschriebenen Monozelle wieder aufgeladen werden.

Beim galvanischen Element ist wesentlich, dass die Elektroden verschiedenartig sind und gemäß der elektrolytischen Spannungsreihe die Grundlage für die Spannungserzeugung bilden. Im Vergleich dazu wird im Akkumulator auf künstliche Weise die Verschiedenartigkeit der beiden Elektroden immer wieder hergestellt. Das lässt sich verwirklichen, indem man beispielsweise zwei Bleiplatten (Pb) in verdünnte Schwefelsäure (H_2SO_4) taucht; dann bilden sich auf

beiden Platten weiße Schichten aus Bleisulfat ($PbSO_4$). In diesem Fall misst man noch keine Spannung, da sich die beiden Platten nicht voneinander unterscheiden (Abb. 5). Werden die beiden Platten aber an einer Spannungsquelle angeschlossen, so dass ein Ladestrom fließt, entsteht an der Kathode metallisches Blei (Pb) und an der Anode Bleidioxid (PbO_2). Es stehen sich also nach dem Ladevorgang zwei verschiedene Stoffe als Elektoden gegenüber, d. h., verursacht durch den Ladevorgang, sind die beiden Bleielcktroden mit unterschiedlichen Schichten auf den Oberflächen versehen. Ihre Schichten haben gemäß der elektrochemischen Spannungsreihe verschiedene Spannungen und ergeben somit ein galvanisches Element mit einer Spannung von 2 V (Volt). Bei dem entgegengesetzten Vorgang der Stromentnahme werden die Oberflächen der beiden Elektroden durch die chemische Veränderung so weit verändert, bis beide Platten wieder identisch mit einer Bleisulfatschicht ($PbSO_4$) überzogen sind. In diesem Zustand ist der Akkumulator

(Abb. 6) entladen. Beim Laden wird also elektrische Energie in chemische Energie umgewandelt, und beim Entladen wird diese Energie wieder abgegeben.

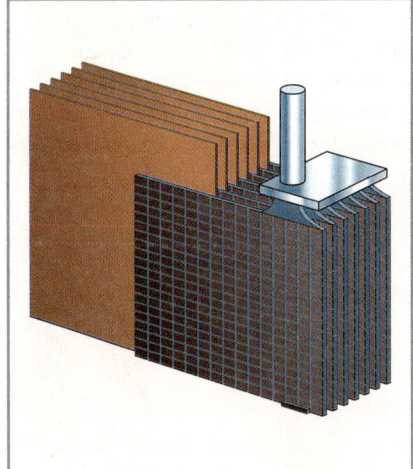

Abb. 6: Bleiakkumulatorzelle

Zum Weiterlesen:

• Strom- und Spannungsmessungen, S. 226
• Verzweigte und unverzweigte Stromkreise, S. 228
• Die elektrische Spannung, S. 280
• Die elektrische Leistung, S. 282

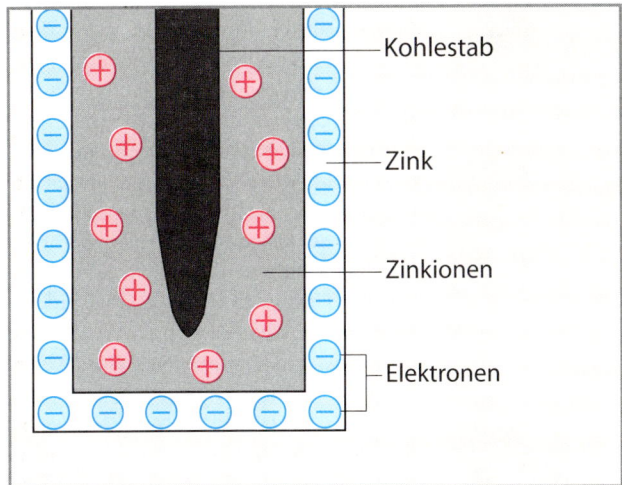

Kohlestab

Zink

Zinkionen

Elektronen

Abb. 4: Zink-Kohle-Element: Auflösung des Zinkmantels beim Stromfluss

Das ohmsche Gesetz

Physik

Um beim Einkauf von elektrischen Verbrauchsgegenständen die elektrischen Leistungen der Ware beurteilen zu können, sind auf den Verpackungen von Glühlampen beispielsweise Angaben über Spannung und Stromstärke zu entnehmen. Die Angaben auf Glühlampenverpackungen können sich unterscheiden, so kann auf einer Verpackung 220 V (Volt) und 0,27 A (Ampere) stehen, und eine weitere Verpackung kann z.B. mit 220 V (Volt) und 0,54 A (Ampere) beschriftet sein, d. h., dass durch diese beiden Glühlampen bei gleich angelegter Spannung ein unterschiedlicher Strom fließt. Es stellt sich nun die Frage, welche Eigenschaften bei Glühlampen dazu führen, dass bei gleicher Spannung die Stromstärke unterschiedlich hoch ausfällt. Den genaueren Zusammenhang zwischen Stromstärke und Spannung untersuchte bereits der Gymnasiallehrer Georg Simon Ohm im Jahr 1826. Dabei fand er eine Gesetzmäßigkeit heraus, die nach ihm als **ohmsches Gesetz** benannt wurde.

Das Zusammenspiel zwischen der angelegten Spannung U und der Stromstärke I wird verdeutlicht, indem man beispielsweise einen Konstantandraht an einer regelbaren Spannungsquelle anschließt (Abb. 1 und 2). Um in diesem Versuch die Spannung und den Strom in den einzelnen Versuchsschritten messen zu können, werden parallel zur Spannungsquelle ein Spannungsmessgerät und in Reihe ein Strommessgerät geschaltet. Wird die Spannung bei diesem Versuch um das Doppelte erhöht, dann beobachtet man ebenfalls eine Verdoppelung der Strom-

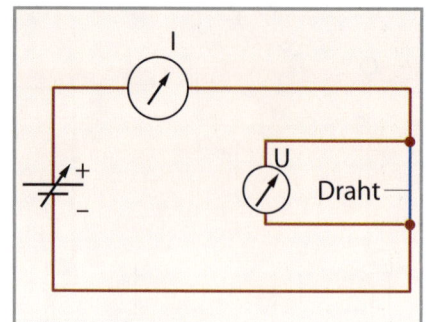

Abb. 2: Messaufbau zur Messung der Kennlinien

stärke. Diese Tendenz bleibt bei weiterer Spannungserhöhung bestehen, d.h., wird die Spannung n-fach erhöht, dann erhöht sich

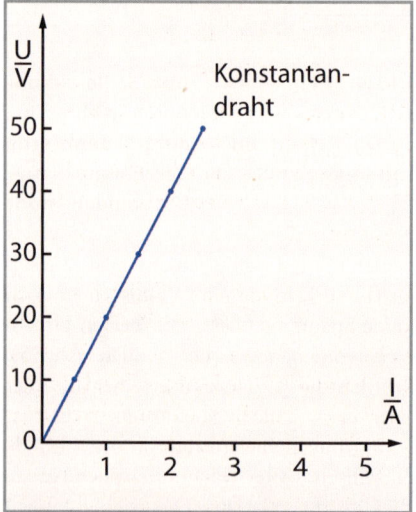

Abb. 3: U-I-Kennlinie von Konstantan

dementsprechend die Stromstärke um den n-fachen Betrag (Abb. 3).

Das Ergebnis dieser einfachen Versuchsreihe zeigt, dass die Stromstärke I der Spannung U proportional ist: I~U (sprich: I ist proportional U). Dieser Zusammenhang wird als ohmsches Gesetz bezeichnet.

Die nächste Frage stellt sich, was passiert, wenn die Querschnittsfläche des Drahtes verdoppelt wird. Die Verdoppelung der Querschnittsfläche des Konstantandrahts führt im Vergleich zum einfachen Draht bei gleich angelegter Spannung zu einer Verdoppelung der Stromstärke. Wird die Drahtquerschnittsfläche halbiert, dann wird auch eine Halbierung der Stromstärke beobachtet (Abb. 4).

Eine anschauliche Modellvorstellung für die festgestellten Abhängigkeiten im elektrischen Stromkreis bietet der Wasserfluss durch Rohrleitungen. Durch ein Rohrleitungssystem fließt durch einen bestimmten Rohrdurchmesser vermehrt Wasser, wenn beispielsweise der Wasserdruck erhöht wird. Der Wasserdruck ist der durchfließenden Wassermenge direkt proportional. Übertragen auf das ohmsche Gesetz bedeutet das, dass der Wasserdruck die Spannung im Stromkreis darstellt und bei Erhöhung der Spannung die Stromstärke proportional ansteigt. Wird im Wassermodell der Rohrdurchmesser erhöht, dann fließt ebenfalls mehr Wasser durch die Rohrleitung. Dieses Proportionalitätsverhalten zwischen Wasserfluss und Rohrleitungsdurchmesser lässt sich ebenfalls beim elektrischen Stromkreis beobachten, denn bei Erhöhung des Leitungsquerschnittes erhöht sich dementsprechend die Stromstärke.

Die Stromstärke ist also proportional zur angelegten Spannung. Es stellt sich nun weiter die Frage, ob die Drahtlänge einen Einfluss auf die Stromstärke hat. Für diese Untersuchung werden Konstantandrähte mit ein-, zwei-, und dreifacher Länge bei gleich angelegter Spannung auf den Stromfluss untersucht. Dabei wird ebenfalls festgestellt, dass die Drahtlänge sich umgekehrt proportional zur Stromstärke verhält, d. h., je länger der Draht ist, desto geringer ist bei gleicher Spannung die Stromstärke (Abb. 5a, b). Die Ursache kann damit verdeutlicht werden, dass bei doppelter Drahtlänge die Elektronen auf doppelt so viele Atome im Draht stoßen und dabei doppelt so stark abgebremst werden, d. h., bei n-facher Drahtlänge wird den Elektronen n-facher Widerstand entgegengesetzt. Der elektrische Widerstand ist der Drahtlänge proportional und wird bestimmt aus dem Quoti-

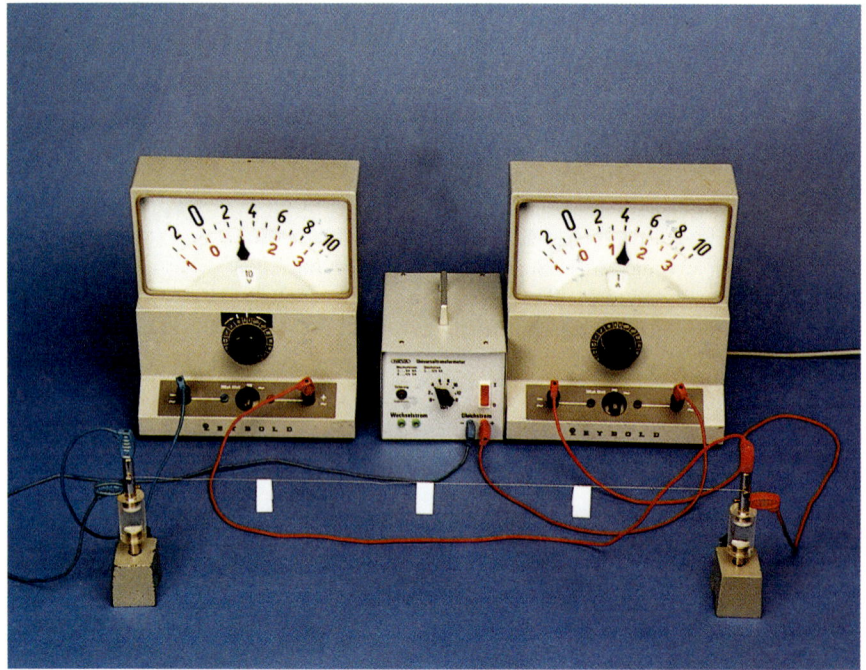

Abb. 1: Versuchsaufbau zur Messung von Spannung und Stromstärke

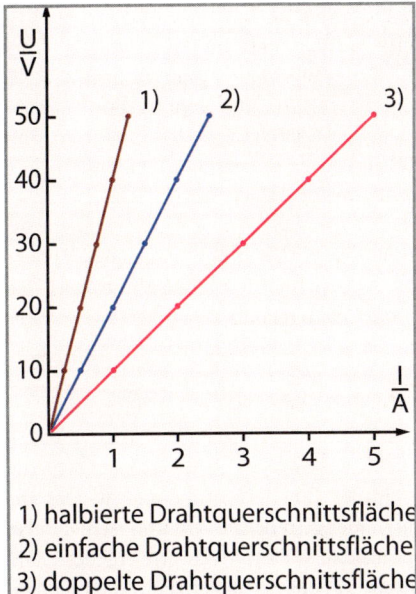

1) halbierte Drahtquerschnittsfläche
2) einfache Drahtquerschnittsfläche
3) doppelte Drahtquerschnittsfläche

Abb. 4: U-I-Kennlinien von unterschiedlichen Drahtdicken. Die Steigung der Geraden gibt den Widerstand an. Je dünner der Draht, desto höher der Widerstand

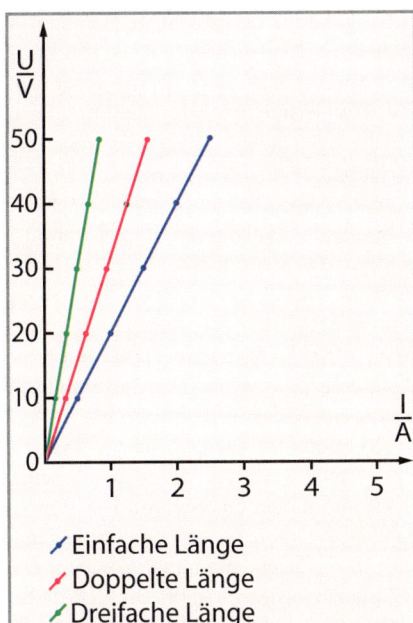

↗ Einfache Länge
↗ Doppelte Länge
↗ Dreifache Länge

Abb. 5a: U-I-Kennlinien von unterschiedlichen Drahtlängen. Die Steigung der Geraden gibt den Widerstand an. Je länger der Draht, desto höher ist der Widerstand

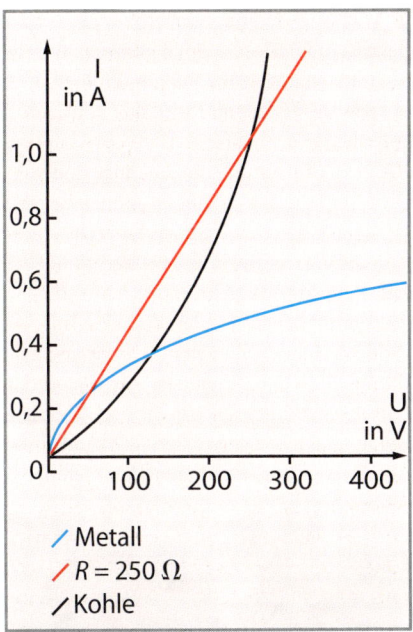

↗ Metall
↗ $R = 250\,\Omega$
↗ Kohle

Abb. 6: I-U-Kennlinien von Konstantan, Metall und Kohle: Es ist deutlich zu erkennen, dass sich bei zunehmender Stromstärke der Widerstand von Kohle verringert

enten aus der anliegenden Spannung U und der Stromstärke I:

$$\frac{\text{Spannung (U)}}{\text{Stromstärke (I)}} = \text{Widerstand (R)}$$

$$\frac{[U]}{[I]} = [R]$$

$$\frac{V\,(\text{Volt})}{A\,(\text{Ampere})} = \Omega\,(\text{Ohm})$$

Ω = griech. Buchstabe Omega

Wie die Drahtlänge hat auch der Drahtdurchmesser seinen Einfluss auf den elektrischen Widerstand, d. h,. mit steigendem Drahtdurchmesser sinkt der elektrische Widerstand vom Draht. In Abbildung 3 gibt die Steigung der Geraden den Widerstand wieder, d. h., je dünner der Draht ist, desto steiler ist die Gerade und entsprechend höher ist der Widerstand. Bei gleicher Betrachtungsweise kann aus der Abbildung 5 entnommen werden, dass sich bei Veränderung der Drahtlänge die Widerstandserhöhung sich ebenfalls in der Steilheit der Geraden widerspiegelt.

Beim ersten Versuch wurde festgestellt, dass Konstantan bei Erhöhung der Spannung die Stromstärke proportional erhöht. Bei anderen Materialien wie beispielsweise Eisen, Aluminium, Kupfer und Silber nimmt bei Erhöhung der Spannung der Stromfluss nicht proportional zu. Misst man den Stromfluss bei einem Eisendraht bei konstanter Erhöhung der Spannung, dann beobachtet man, dass der Stromfluss nicht mehr proportional ansteigt, d. h,. der Stromfluss steigt weniger schnell an als die angelegte Spannung. Trägt man den Quotienten der angelegten elektrischen Spannung und den Stromfluss für Konstantan und Metall auf, dann erkennt man einen deutlichen Unterschied (Abb. 6). Für Konstantan ergibt sich eine Gerade, und das Metall weicht mit zunehmender Spannung von der Geraden ab. Die Ursache für die Widerstandszunahme ist das Erwärmen des Metalldrahtes beim Stromdurchfluss. Je mehr Strom durch den Eisendraht fließt, desto mehr erwärmt er sich, und der Widerstand nimmt zu.

In diesem Fall ist das ohmsche Gesetz nicht gültig. Wird der Eisendraht bei der Versuchsdurchführung gekühlt, dann ist auch hier die Proportionalität zu beobachten, und das ohmsche Gesetz gilt. Im Gegensatz zu Metallen hat Kohle die Eigenschaft, bei zunehmender Stromstärke bzw. Temperatur den Widerstand zu verringern (Abb. 6).

U/V	10	20	30	40	50	Länge
I/A	0,5	1	1,5	2	2,5	Einfache Länge
I/A	0,25	0,5	0,75	1	1,25	Doppelte Länge
I/A	0,16	0,3	0,5	0,66	0,83	Dreifache Länge

Abb. 5b: U-I-Kennlinien von unterschiedlichen Drahtlängen

Zum Weiterlesen:

• Die Wirkung des elektrischen Stromes, S. 210
• Die elektrische Ladung, S. 212
• Influenzversuche, S. 214
• Der elektrische Widerstand, S. 224

Der elektrische Widerstand

Als Widerstand bezeichnet man eine elektrische Größe, die den Elektronenfluss im geschlossenen Stromkreis einschränkt. Der elektrische Widerstand ist dabei von vielen Einzelfaktoren abhängig, d. h. vom Material, von der Temperatur, von der Länge und vom Querschnitt des stromdurchflossenen Leiters. Metalle sind generell Strom leitende Materialien; Kunststoffe, Holz und andere Nichtmetalle leiten den Strom extrem schlecht bzw. gar nicht und werden deshalb als Isolatoren bezeichnet. Zwischen Leitern und Isolatoren befindet sich noch die Klasse der Halbleiter, die den Strom relativ schlecht leiten. In einem Leitungsmaterial (Metall) strömen die Elektronen zwischen den Metallato-

men hindurch. Ein absolut ungehindertes Strömen ist dabei nicht möglich, da die Elektronen mit den Atomen zusammenstoßen. Dieser Widerstand begrenzt den Stromfluss, und durch das Abbremsen der Elektronen erwärmt sich das leitende Material.

In der Natur lässt sich das Phänomen des Widerstandes am besten anhand herabstürzender Wassermassen erläutern: Durch ein natürliches Hindernis wie einen Felsbrocken wird der freie Fall des Wassers ständig unterbrochen (Abb. 1). Im Gegensatz zu einem Wasserfall (Abb. 2) wird dem „Stromfluss" ständig ein Widerstand entgegengesetzt.

Der Stromfluss durch einen Leiter in Form eines Drahtes wird bestimmt durch seine Länge und seinen Querschnitt. Der Widerstand eines Drahtes nimmt proportional mit seiner Länge zu und nimmt mit Zunahme des Drahtdurchmessers ab, d. h., der elektrische Widerstand des Drahtes ist umgekehrt proportional zum Querschnitt des Leiters:

$$R \sim \frac{1}{A} \qquad [R] = \Omega \\ [A] = mm^2$$

Die einzelnen Materialien setzen dem elektrischen Strom einen unterschiedlich großen Widerstand entgegen. Als Ursache für die Variation des Widerstandes wird die atomare bzw. molekulare Struktur der Materialien, die die Leitfähigkeit des Materials beeinflussen, angenommen. Die Leitfähigkeit wird mit dem Leitwert als Kehrwert vom Widerstand definiert. Die Einheit des elektrischen Leitwertes ist:

$$G = \frac{1}{R} \qquad G = Leitwert$$

Die Einheit des Leitwertes (G) heißt Siemens (S):

$$[G] = \frac{1}{\Omega} = S \qquad S = Siemens$$

Um die Leitfähigkeit bzw. die Widerstandswirkung unterschiedlicher Materialien miteinander vergleichen zu können, benötigt man für die Körper gleiche Abmessungen. Häufig bezieht man die auf die Länge des Widerstandsdrahtes in Metern und den Querschnitt A in Quadratmillimetern. Die Temperatur muss immer angegeben werden:

$$R = \frac{\rho \, 1}{A} \qquad [l] = m \\ [A] = mm^2 \\ [R] = \Omega \\ [\rho] = \frac{\Omega \, mm^2}{m}$$

Wobei ρ (Rho) als spezifischer Widerstand bezeichnet wird. Die Umstellung der Formel nach ρ ergibt:

$$\rho = \frac{R \cdot A}{l}$$

In der Tabelle 1 sind einige Werkstoffe zusammengestellt, die sehr unterschiedliche spezifische Widerstandswerte ergeben. Aus dieser Tabelle ist ersichtlich, dass Kupfer einen sehr geringen spezifischen Widerstand hat im Vergleich zum Halbleitermaterial Silicium und dem Isolationsstoff Porzellan.

Spezifische Widerstandswerte bei 18 °C [$\Omega mm^2/m$]	
Kupfer	0,02
Eisen	0,1
Konstantan	0,5
Silicium	1,200
Porzellan	10^{18}

Tabelle 1: Widerstandswerte verschiedener Werkstoffe

Hat man beispielsweise einen feinen Kupferdraht mit einem Querschnitt von 0,25 mm² und einer Länge von 3 m, ergibt sich mit dem spezifischen Widerstand von 0,02 Ωmm²/m folgender Widerstand R:

$$R = \frac{0,02 \, \Omega \, \frac{mm^2}{m} \cdot 3m}{0,25 \, mm^2} = 0,24 \, \Omega$$

Der Begriff Widerstand hat eine zweifache Bedeutung, zum einen bezeichnet er eine physikalische Größe eines Leiters, auf der anderen Seite wird der Begriff Widerstand für die Bezeichnung eines Bauteils in der Elektrotechnik bzw. Elektronik benutzt. Die Widerstände haben die Aufgabe, in elektronischen Stromkreisen den Stromfluss bzw. die Spannungen mit ihrer Widerstandswirkung zu beeinflussen. Die technischen Widerstände werden häufig auch als Schichtwiderstände bezeichnet, wenn sie nämlich aus

Abb. 1: Mit Widerstand!

Abb. 2: Ohne Widerstand!

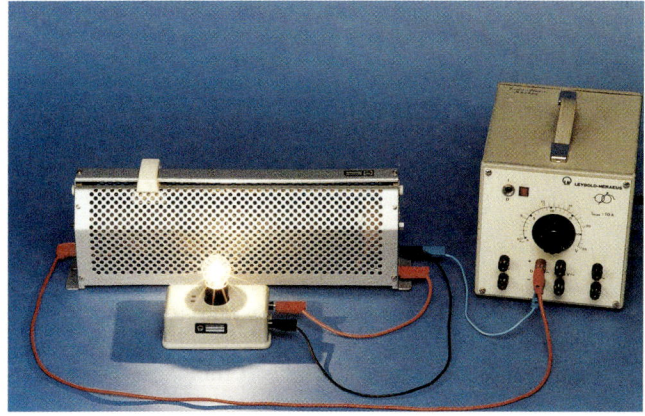

Abb. 5: Geringer Widerstand = großer Elektronenfluss

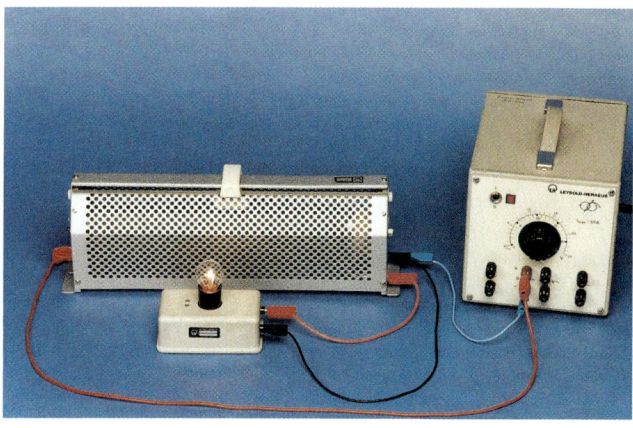

Abb. 6: Großer Widerstand = geringer Elektronenfluss

einer dünnen Kohle- bzw. Metallschicht bestehen. Die leitende Schicht wird zum Schutz mit einem Porzellanmantel umhüllt. Zur Kennzeichnung der Widerstände bzgl. ihrer Widerstandsgröße werden sie mit einem Farbcode versehen. Der Farbcode besteht aus 4 Farbringen, wobei die Farbe und die entsprechende Position der Farbringe verschlüsselt die Widerstandsgröße wiedergeben (Abb. 3).

Ein Schichtwiderstand, wie er in jedem Gerät vorkommt mit Ringen der Farbfolge Gelb, Weiß, Schwarz und Gold ergibt entsprechend der Tabelle in Abbildung 2 einen Widerstandswert von 490 Ω ±5%. Die 5% geben an, dass der Widerstandswert um 5% schwanken kann, d. h., er könnte im Extremfall einen minimalen Wert von 465,5 und einen maximalen Wert von 514,5 aufweisen. Mit den Festwiderständen lassen sich also die Ströme in komplexen Stromkreisen regulieren, wobei die Widerstände sich nicht in ihrem Betrag bei Betriebstemperatur bzw. Nennspannung verändern lassen. Nur außerhalb der Betriebstemperatur ändern sich die Widerstandswerte. Mit Schiebewiderständen ist es möglich, bei normaler Betriebstemperatur den Widerstandswert zu verändern. Beim Schiebewiderstand handelt es sich um ein Porzellanrohr, um das der Widerstandsdraht gewickelt ist. Ein Metallschieber gleitet über die Drahtwicklung und kann mit der Position des Schiebers die abgegriffene Drahtlänge bzw. die Widerstandshöhe verändern. Mit dem Schiebewiderstand (Abb. 4) lässt sich beispielsweise die Helligkeit von Glühlampen regulieren (Abb. 5 und 6).

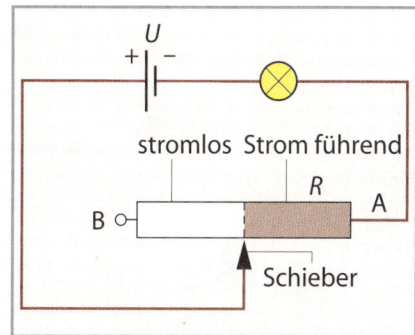

Abb. 4: Schematische Darstellung des Schiebewiderstandes

Metalle haben generell die Eigenschaft, den Strom besonders gut im kalten Zustand zu leiten. Mit steigender Temperatur nimmt der Widerstandswert zu. Die Gruppe von Werkstoffen mit solchen Eigenschaften werden als Kaltleiter bezeichnet. Ursache für die Zunahme des Widerstandswertes sind die erhöhten Molekül- und Atomschwingungen im Material.

Es gibt noch eine zweite Gruppe von Leitern, die als Heißleiter bezeichnet werden. Diese Stoffe leiten den Strom bei erhöhter Temperatur besonders gut. Kohle ist beispielsweise ein Heißleiter. Bei Heißleiterwerkstoffen werden mit der Temperaturerhöhung mehr und mehr Elektronen aus ihren Bindungen gelöst, die für den Stromfluss zur Verfügung stehen.

	1. Ring	2. Ring	3. Ring	4. Ring
schwarz	0	0		
braun	1	1	0	± 1 %
rot	2	2	00	± 2 %
orange	3	3	000	
gelb	4	4	0000	
grün	5	5	00000	
blau	6	6	usw.	
violett	7	7		
grau	8	8		
weiß	9	9		
gold			: 10	± 5 %
silber			: 100	± 10 %

Abb. 3: Schichtwiderstände: Zu Hunderten steuern sie die Prozesse im Inneren elektronischer Geräte. Die Farbcodes geben Aufschluss über ihren Wert

Zum Weiterlesen:

- Das ohmsche Gesetz, S. 222
- Strom- und Spannungsmessungen, S. 226
- Die elektrische Spannung, S. 280
- Die elektrische Leistung, S. 282

Strom- und Spannungsmessungen

Grundsätzlich kann jede Wirkung des elektrischen Stroms als Messprinzip ausgenutzt werden. Fließen beispielsweise unterschiedlich hohe elektrische Ströme durch eine Glühlampe, dann beobachtet man entsprechende Helligkeitsschwankungen. Die Lichtstärkeänderungen reichen zum Grobabschätzen aus, um Aussagen treffen zu können, ob nun mehr oder weniger Strom durch den Stromkreis fließt. Um aber elektrische Ströme und elektrische Spannungen hinsichtlich ihrer Stärke objektiv beurteilen zu können, benötigt man genaue Messgeräte. Damit die Messungen exakt und reproduzierbar sind, wurden Messgeräte entwickelt, die überwiegend die elektromagnetischen Wirkungen des Stroms ausnutzen. Das Drehspulinstrument ist dabei für die Strom- und Spannungsmessung in der Elektrotechnik das am häufigsten benutzte Messinstrument. Wie die Bezeichnung für das Messinstrument bereits verrät, besteht das Gerät aus einer Spule, die sich zwischen den magnetischen Polen eines Permanentmagneten befindet (Abb. 1). Fließt ein Strom durch diese Spule, dann bekommt sie, verursacht durch die magnetischen Feldkräfte des elektrischen Stroms, einen magnetischen Nord- und Südpol. Die stromdurchflossene Spule hat damit magnetische Eigenschaften, die die Bestrebung ausnutzt, dass sich ungleiche Pole anziehen und gleichnamige Pole abstoßen; dementsprechend bewegt sie sich innerhalb

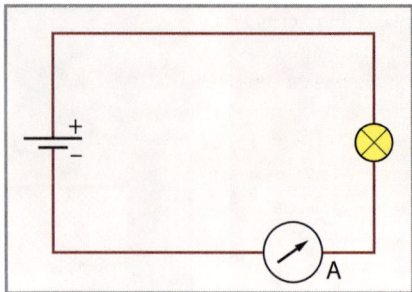

Abb. 2: Bei der Strommessung wird das Strommessgerät in Reihe mit dem Energiewandler (Glühlampe) geschaltet

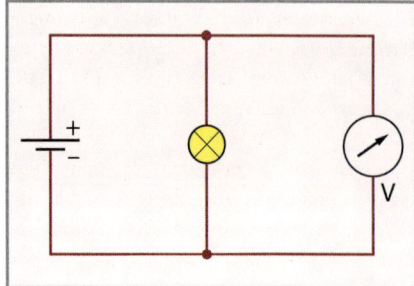

Abb. 3: Bei der Spannungsmessung wird das Spannungsmessgerät parallel zum Energiewandler (Glühlampe) geschaltet

der Pole des Permanentmagneten. Diese Eigenschaft wird als Messprinzip für das Messwerk des Gerätes ausgenutzt. Da die Spule an einer Strom leitenden Zuführung befestigt ist, die der Spule im Magneten mechanischen Halt gibt, verdrillt sich die elektrische Zuführung und übt eine Gegenkraft gegenüber der elektromagnetischen Drehbewegung der Spule aus. Die Spule richtet sich so weit aus, bis die Kräfte, d. h. die Feldkräfte mit den Rückstellkräften im Gleichgewicht stehen. Wird der Stromfluss durch die Spule erhöht, ist auch die magnetische Kraft der Spule größer, und dementsprechend stärker verdreht sich die Spule, bis wieder das Kräftegleichgewicht erreicht ist. Die Spule verdreht sich also proportional zur Stromstärke, die durch die Spule fließt. Diese Proportionalität wird für die Strom- und

Spannungsmessung in Stromkreisen ausgenutzt. Befestigt man an der Spule noch einen Zeiger, dann kann der Messwert direkt an einer geeichten Skala abgelesen werden.

Das Messwerk des Drehspulinstruments ist in dieser ursprünglichen Bauweise nur für den Gleichstrom geeignet. Im Vergleich dazu ändert sich beim Wechselstrom die Stromrichtung periodisch. Daraus folgt, dass sich die magnetische Polarität der Spule und damit die Drehrichtung und die Ausschlagseite des Zeigers mit der gleichen Periodizität ändert. Da der Wechselstrom 100-mal in der Sekunde seine Stromrichtung ändert, müsste der Zeiger vom Messgerät je 50-mal in der Sekunde zu beiden Seiten ausschlagen. Der Zeiger würde so schnell schwingen, dass das menschliche Auge den Zeiger nicht mehr erkennen könnte. Da die Spule zu träge und

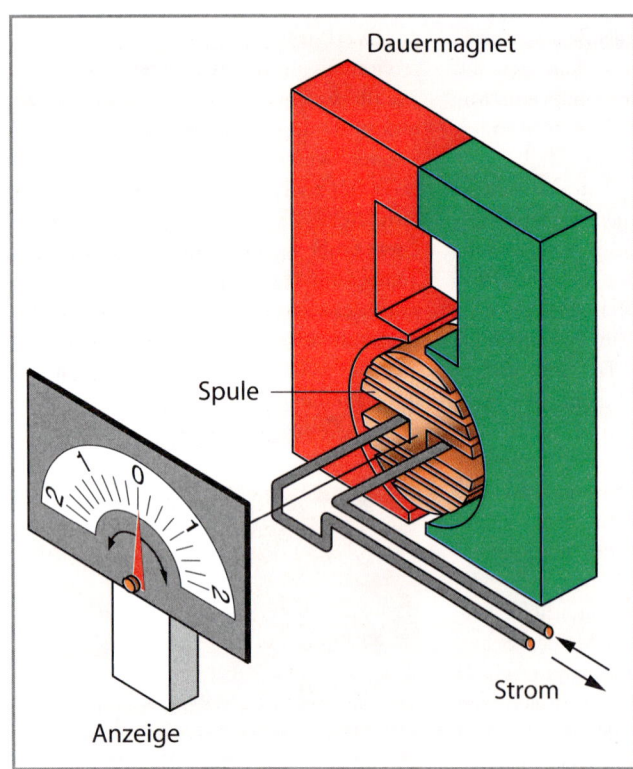

Abb. 1: Messwerk eines Drehspulinstruments

Abb. 4a: Messung der Stromstärke

Abb. 4b: Messung der Spannung

langsam ist, um dieser schnellen Änderung zu folgen, kann mit dem Drehspulmessinstrument der Wechselstrom nur als Zittern des Zeigers wahrgenommen werden. Um trotz alledem Wechselströme mit dem Drehspulinstrument messen zu können, besitzt dieses Gerät besondere Vorrichtungen, die den Wechselstrom in Gleichstrom umwandeln.

Um den Stromkreis in seiner elektrischen Leistung erfassen zu können, sind Stromstärke- und Spannungsangaben erforderlich.

Für die Messung der Stromstärke muss das Messgerät in den Stromzweig gelegt werden (Abb. 2). Der Strom des Stromkreises fließt also durch das Messgerät hindurch. Es ist dabei äußerst wichtig, daß das Messgerät selber so wenig wie möglich an Widerstand dem Strom entgegensetzt, damit der Stromfluss durch den Messvorgang nicht beeinflusst wird, denn auch Messgeräte haben einen elektrischen Widerstand, der als Innenwiderstand des Messgerätes bezeichnet wird. Er sollte also prinzipell so bemessen sein, dass er beim Messvorgang kaum einen Einfluss auf den zu untersuchenden Stromkreis hat. Diese Anforderung wird besonders dann schwierig einzuhalten sein, wenn nur sehr geringe Ströme im Stromkreis untersucht werden sollen.

Im Gegensatz zur Strommessung muss bei der Spannungsmessung das Messgerät parallel geschaltet werden. Für die Messung der Spannung ist es notwendig, daß der Widerstand des Spannungsmessgerätes sehr hoch ist, damit der Stromfluss begrenzt wird. Um die Strom- und Spannungsmessungen mit dem Drehspulmessinstrument realisieren zu können, muss das Messwerk, das im Wesentlichen aus der

Spule und dem Permanentmagneten besteht, für die Messungen noch zusätzlich mit Vor- und Nebenwiderständen ausgestattet werden. Für die Messung der Stromstärke ist es erforderlich, dass das Messgerät einen sehr geringen Innenwiderstand vorweist. Für die Spannungsmessung muss der Innenwiderstand aber sehr hoch sein, da das Messgerät parallel zum Stromkreis angeschlossen wird (Abb. 3). Andernfalls würde über das Messwerk ein Kurzschlussstrom fließen und damit das Messwerk zerstören. Aus diesem Grund ist es sehr wichtig, daß beim Benutzen der Messgeräte darauf geachtet wird, ob das Messgerät im Strom- oder Spannungsmessbereich eingestellt ist (Abb. 4a, b). Schließt man beispielsweise ein Messgerät, das auf Strommessung eingestellt ist, wie einen Spannungsmesser an, fließt ein Kurzschlussstrom und das Gerät kann zerstört werden, wenn nicht eine Sicherung im Messgerät die Zerstörung des Messwerkes verhindert. Ausserdem ist es wichtig, dass bei den Messungen zunächst in dem höchsten Messbereich begonnen wird. Damit der Messfehler so klein wie möglich ist, muß ein angemessener Messbereich gewählt werden. Der Messfehler ist also im Wesentlichen von der Wahl des Messbereiches und natürlich von der Qualität des Messgerätes abhängig. Auf

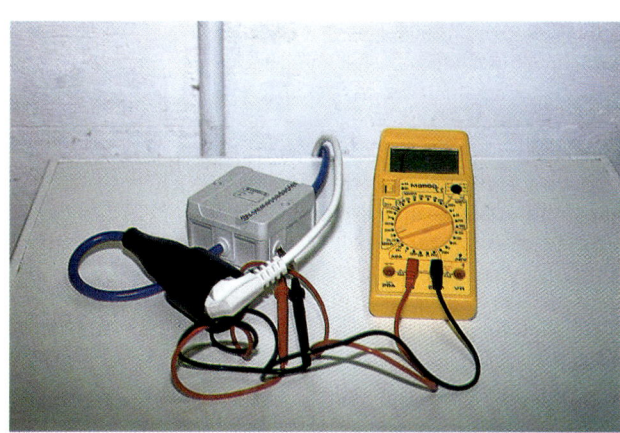

Abb. 6: Haushaltsstrom-Messgerät

den Messgeräten ist die Fehlergrenze angegeben. Die Genauigkeit wird durch Klassenzeichen festgelegt und ist auf der Instrumentenskala als Zahl abgedruckt. Ist dort beispielsweise der Wert 1,5 abzulesen, dann bedeutet das, dass vom Skalenendwert 1,5% Fehler auftreten können, d. h. also, bei einem Messbereichsendwert von z. B. 100 V kann im gesamten Messspektrum ein Fehler von 1,5 V (Volt) auftreten. Bei einem Messwert von 50 V im gleichen Messbereich bedeutet die Abweichung von 1,5 V eine Fehlerabweichung von 3%. Bei 10 V beträgt die Fehlerabweichung bereits 10%. Dieses Beispiel verdeutlicht, dass Messungen im unteren Ende des Messbereiches den Fehler wesentlich vergrößern. Um den Fehler so gering wie möglich zu halten, sollte der Messbereich bei Strom- oder Spannungsmessungen voll ausgeschöpft werden.

Im alltäglichen Leben sind diverse Strom- und Spannungsmessgeräte im Einsatz. Einfache Teststreifen oder kleine Messgeräte für Batterien sind in vielen Haushalten vorhanden (Abb. 5). Ebenso findet man zunehmend Messgeräte zur Beurteilung des Stromverbrauches im Haushalt. Die Geräte werden vor den Verbraucher (meistens eine Waschmaschine, Wäschetrockner, Computer oder Geschirrspülmaschine) geschaltet und errechnen die Leistung aufgrund von Strom- und Spannungsmessungen (Abb. 6).

Abb. 5: Diverse Messgeräte zur Beurteilung des Stromverbrauches und der Spannung. Durch Multiplikation von Spannung und Stromstärke errechnen sie die Leistung des jeweiligen Verbrauchers

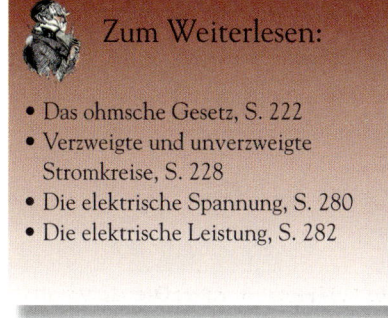

Zum Weiterlesen:

- Das ohmsche Gesetz, S. 222
- Verzweigte und unverzweigte Stromkreise, S. 228
- Die elektrische Spannung, S. 280
- Die elektrische Leistung, S. 282

Verzweigte und unverzweigte Stromkreise

Ein einfacher Stromkreis besteht aus einer Stromquelle und einem Energiewandler. Der häufig für den Energiewandler benutzte Begriff „Verbraucher" ist streng genommen nicht korrekt, da die Energie des elektrischen Stroms beim geschlossenen Stromkreis nicht verbraucht wird, sondern sich nur in eine andere Energieform verwandelt. Mit einer Glühlampe als Energiewandler im Stromkreis wird beispielsweise die elektrische Energie in Licht und Wärme umgewandelt. In der technischen Stromrichtung fließt vom Pluspol der Energiequelle der Strom über die Glühlampe zum Minuspol. Es muss berücksichtigt werden, dass die technische Stromrichtung dem Elektronenstrom genau entgegengesetzt gerichtet ist, denn die Elektronen fließen vom Minuspol zum Pluspol. Die Glühlampe ist dabei über elektrische Leiter mit der Stromquelle verbunden, die den Strom für den geschlossenen Stromkreis liefert, z. B. eine Batterie oder ein Akkumulator. Im Haushalt dagegen dienen vereinfacht betrachtet die Steckdosen in der Wand als Stromquellen, wobei die Steckdosen keine richtigen Stromquellen sind, sondern nur verlängerte Zuleitungen von Stromquellen, die sich außerhalb der Haushalte befinden. Die Zuleitungen transportieren also die elektrische Energie ins Haus, wobei sich die Stromquellen in Kraftwerken befinden, die beispielsweise thermische Energie oder Kernenergie mit Generatoren in elektrische Energie verwandeln.

Damit an jeder Steckdose im Haushalt die gleiche Spannung von 220 V anliegt, sind die Steckdosen parallel zur Spannungsquelle (Generator im Kraftwerk) geschaltet (Abb. 1). In Abbildung 2 ist ein verzweigter Stromkreis dargestellt, in dem drei unter-

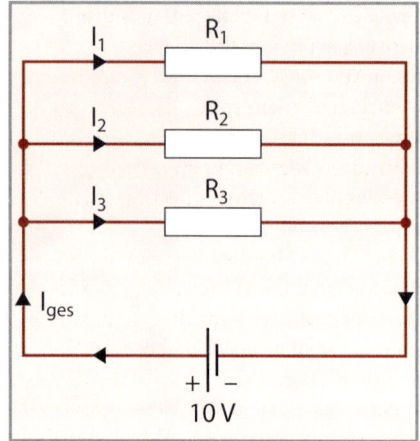

Abb. 2: An den drei Widerständen liegt die Spannung von 10 V an. Die Summe der Einzelströme bildet den Gesamtstrom (1. kirchhoffsches Gesetz)

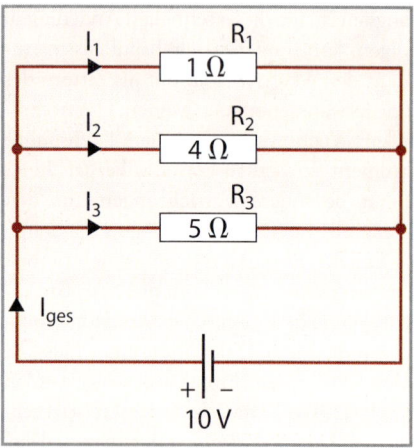

Abb. 3: Die Beispielaufgabe für einen verzweigten Stromkreis wird mit Hilfe der kirchhoffschen Regel und des ohmschen Gesetzes gelöst

schiedliche Widerstände parallel zu einer Spannungsquelle geschaltet sind. An allen drei Widerständen liegt die gleiche Spannung an. Die elektrische Spannung lässt sich zur Vereinfachung mit dem Druckgefälle von drei Rohrleitungen vergleichen, die von einem höher gelegenen Stausee zum Turbinenhäuschen führen. In den drei parallel liegenden Rohren ist der Wasserdruck gleich. Sind die Rohrleitungen im Durchmesser unterschiedlich groß, dann fließt durch ein größeres Rohr entsprechend mehr Wasser als durch ein vergleichbar dünneres Rohr. Das dünne Rohr setzt im Vergleich zum dicken Rohr dem Wasserfluss einen größeren Widerstand entgegen. Die Gesamtwassermenge besteht aus der Summe der Einzelwassermengen, die durch die Rohre fließen. Im Vergleich dazu verhält sich im parallel geschalteten Stromkreis die elektrische Stromstärke wie der Wasserfluss in den einzelnen Rohren. Der elektrische Strom wird gemäß dem ohmschen Gesetz in den einzelnen Stromkreisen in Abhängigkeit zum Widerstand begrenzt. Die Summe der einzelnen Ströme ergibt den Gesamtstrom.

Aus dieser Betrachtung ergibt sich die 1. kirchhoffsche Regel:

$$I_{ges} = I_1 + I_2 + I_3 + \dots$$

Aus der 1. kirchhoffschen Regel und dem ohmschen Gesetz lässt sich sofort die Formel für den Gesamtwiderstand finden: Bei einer Parallelschaltung verhalten sich die Zweigströme umgekehrt proportional zu den Verzweigungswiderständen:

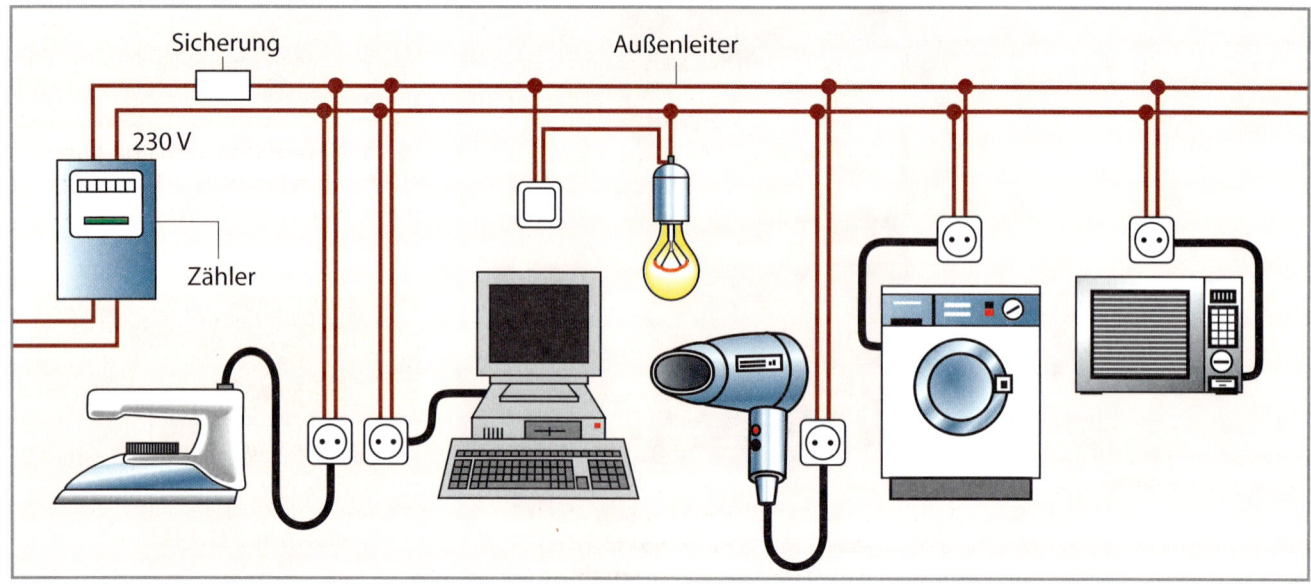

Abb. 1: Verzweigter Stromkreis: Parallelschaltung im Haushalt

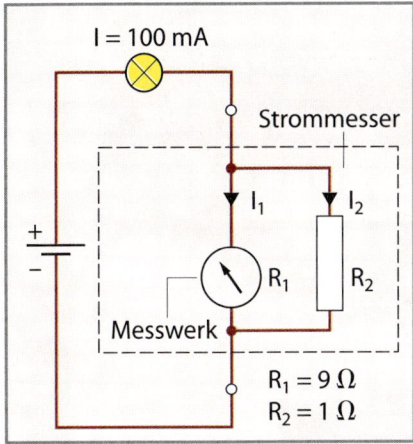

Abb. 4: Für die Strommessung wird mit dem Nebenwiderstand R₂ der Meßbereich des Messwerks erweitert. Gemäß dem ohmschen Gesetz fließt bei der Parallelschaltung der Strom umgekehrt proportional zu den Widerständen R₁ und R₂. Daraus ergibt sich: I₁ = 10 mA; I₂ = 90 mA

$$\frac{I_1}{I_2} = \frac{R_2}{R_1} \qquad \text{oder}$$

$$\frac{1}{R_{ges}} = \frac{1}{R_1} + \frac{1}{R_2} + \frac{1}{R_3}$$

Sind die einzelnen Widerstände im verzweigten Stromkreis vorgegeben und die Gesamtspannung wird als bekannt vorausgesetzt (Abb. 3), dann lassen sich unter Verwendung der kirchhoffschen Regel und des ohmschen Gesetzes die Einzelströme bzw. der Gesamtstrom im verzweigten Stromkreis berechnen:

$$I_1 = \frac{U_{ges}}{R_1} = \frac{10\ V}{1\ \Omega} = 10\ A$$

$$I_2 = \frac{U_{ges}}{R_2} = \frac{10\ V}{4\ \Omega} = 2,5\ A$$

$$I_3 = \frac{U_{ges}}{R_3} = \frac{10\ V}{5\ \Omega} = 2\ A$$

Wie im Haushalt, wo prinzipiell alle Haushaltsgeräte mit ihren elektrischen Widerständen parallel geschaltet werden, wird der verzweigte Stromkreis auch für die Konstruktion von Strommessgeräten benutzt. Das Messwerk des Messinstrumentes ist nur bis zu einer bestimmten Stromstärke brauchbar. Für die Mes-

sung von höheren Strömen muss dem Messwerk ein Widerstand parallel geschaltet werden (Abb. 4). Dieser Widerstand, der zur Messbereichserweiterung des Instrumentes dient, wird als Nebenwiderstand bezeichnet. Für mehrere Messbereichserweiterungen werden dementsprechend unterschiedliche Widerstände parallel geschaltet.

Im Gegensatz zum verzweigten Stromkreis, in dem die Widerstände parallel zur Spannungsquelle geschaltet sind, werden beim unverzweigten Stromkreis die Widerstände in Reihe, d. h. hintereinander geschaltet (Abb. 5). Seinem Widerstandswert proportional setzt jeder Widerstand dem Stromkreis ein Hindernis entgegen, so dass der Stromfluss durch die Summe der Einzelhindernisse bestimmt wird. Vergleichbar mit dem Wasserfluss, der durch unterschiedlich dicke, hintereinander angeordnete Rohrleitungen strömt, ist die Stromstärke bei hintereinander angeordneten Widerständen an jeder Stelle des Stromkreises gleich groß. Mit dem unverzweigten Stromkreis verhält es sich deshalb folgendermaßen:

$$R_{ges} = R_1 + R_2 + R_3$$

$$\frac{U_{ges}}{I} = \frac{U_1}{I} + \frac{U_2}{I} + \frac{U_3}{I}$$

Ein Anwendungsbeispiel für die Reihen- bzw. Hintereinanderschaltung ist die Lichterkette am Weihnachtsbaum (Abb. 6). Wird eine Glühlampe aus der Lichterkette entfernt, dann erlischt die gesamte Lichterkette. Der Stromkreis ist für alle Glühlampen unterbrochen, da im gesamten Stromkreis derselbe Strom durch die Glühlampen fließt. Wären die Glühlampen parallel zueinander geschaltet, dann blieben beim Entfernen einer Lampe die restlichen Glühlampen erleuchtet, da jede Lampe einen eigenen

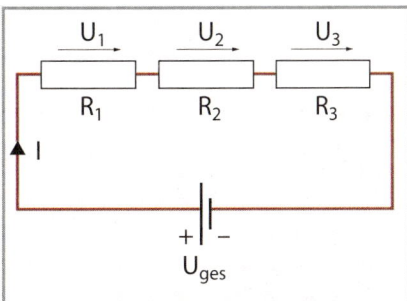

Abb. 5: Unverzweigter Stromkreis: Durch alle Widerstände fließt der gleiche Strom I. Die Teilspannungen sind proportional zu den Widerständen

Stromkreis bildet, in dem also ein eigener Strom fließt.

Die Gesamtspannung im unverzweigten Stromkreis teilt sich gemäß dem ohmschen Gesetz proportional zu der Größe der Widerstände in Teilspannungen auf:

$$U_{ges} = U_1 + U_2 + U_3 + ...$$

Eine Anwendung der Reihenschaltung stellt die Messbereichserweiterung von Spannungsmessgeräten dar. Ein Vorwiderstand verhindert, dass die gesamte Spannung am Messwerk abfällt. Da sich bei einer Variation der Gesamtspannung die Teilspannung in der Reihenschaltung proportional verändert, kann das Messwerk über diese Proportionalitätsbeziehung die Gesamtspannung anzeigen. Im Spannungsmessgerät wird also bei der Messbereichsänderung der Vorwiderstand und die entsprechende Skalierung der Anzeige geändert.

Abb. 6: Hintereinanderschaltung von Glühlampen: Brennt eine Birne durch, ist der Stromkreis für alle anderen auch unterbrochen

Zum Weiterlesen:

• Wirkungen des elektrischen Stromes, S. 210
• Die elektrische Ladung, S. 212
• Die elektrische Spannung, S. 280
• Die elektrische Leistung, S. 282

Sie wirken überall: Die Kräfte

Die Umgangssprache kennt viele Kraftbegriffe wie z. B. Arbeitskraft, Überzeugungskraft, wirtschaftliche oder politische Kraft. Diese Kräfte lassen sich nicht messen und sind deshalb keine physikalischen Kräfte.

Mit der eigenen Muskelkraft verhält es sich anders. Mit der Muskelkraft lässt sich ein Gummiband dehnen, ein Wagen anschieben, ein Speer werfen oder ein Ball oder eine Spiralfeder zusammenpressen.

Beim Wagenanschieben wird der Bewegungszustand der Körper geändert. Zunächst ruht der Wagen und dann bewegt er sich. Die Muskelkraft setzt somit den Wagen in Bewegung. Der Krafteinsatz beschleunigt den Wagen (Abb. 1a).

Beim Speerwurf verhält es sich ähnlich. Hier wird durch die eigene Muskelkraft der Speer mit dem Wurf in Bewegung gesetzt. Genauso ist ein Krafteinsatz notwendig, um einen gleichmäßig bewegten Körper in seiner Bewegungsrichtung zu ändern. Eine permanente Kraft wirkt z. B. auf einen bewegten Körper, der sich auf einer Kreisbahn mit gleichmäßiger Geschwindigkeit bewegt.

Kräfte können den Bewegungszustand oder die Bewegungsrichtung von Körpern ändern

Wie wir aus eigener Erfahrung kennen und wie die oberen Beispiele es veranschaulichen, wird mit Hilfe der Muskelkraft nicht nur der Bewegungszustand von Körpern geändert, sondern die Muskelkraft kann den Körper in seiner Erscheinungsform ändern.

Der Krafteinsatz verlängert das Gummiband durch Ziehen, und der Ball oder die Spiralfeder verformen sich durch das Zusammenpressen (Abb. 1b, 1c).

Kräfte können Körper verformen

Das Einsetzen der Muskelkraft hinterlässt also eine Wirkung auf den Körper. Entweder wird der Bewegungszustand vom Körper geändert oder der Körper wird verformt. Die Muskelkraft ist somit die Ursache für die Zustandsänderung des Körpers (Wirkung).

Zusammenhang Ursache-Wirkung

Während wir bei unserer eigenen Muskelkraft ein Empfinden dafür haben, wie groß sie

Abb. 2: Ein Expander mit Skala ergibt ein Messgerät zum Vergleichen von Kräften

ist, können wir andere Kräfte nur indirekt über ihre Wirkung miteinander vergleichen. Da man Kräfte am Ändern des Bewegungszustandes erkennt, könnte man die Wurfweite beim Speerwerfen vergleichen. Diese Kraftmessung ist aber ungeeignet, weil auch die Geschicklichkeit beim Speerwerfen eine wesentliche Rolle spielt.

Günstiger verhält es sich mit einer Feder oder mit einem Expander. Zwei Personen ziehen z. B. nacheinander am Expander, der an einer Seite befestigt ist. Wer den Expander stärker verlängert und somit verformt (Abb. 2), der übt auf ihn die größere Kraft aus. Wird der Expander von beiden Personen bis auf die gleiche Länge verformt, üben beide gleich große Kräfte aus. Ziehen beide Personen gleichzeitig am Expander, ist die Verformung am größten. Je größer die einwirkende Kraft (Ursache) ist, desto stärker verformt sich der Expander (Wirkung). Der Expander ist somit ein Gerät, das Kräfte vergleicht und feststellt, welche der Kräfte größer ist. Wurden die einzelnen Längenausdehnungen der Zugversuche der Personen an einer dahinter liegenden Tafel markiert, besitzen wir eine Kräfteskala. Die Skala und der Expander bilden somit ein Messgerät.

Zum Messen in der Physik benötigt man noch eine Einheit. Längen misst man z. B. in Metern, Zeiten z. B. in Sekunden. Die Einheiten sind willkürlich durch Vorschriften festgelegt, und man einigte sich hier auf die Krafteinheit Newton, benannt nach dem englischen Physiker Isaac Newton (1643-1727), der die grundlegenden Gesetze der Mechanik entdeckte.

Als Kraftmesser benutzt man prinzipiell kleine, aber präzise „Expander", die eine hochwertige Stahlfeder beinhalten (Abb. 3). 1 N (N = Newton) ruft bei dieser Stahlfeder eine bestimmte Verlängerung hervor. Man kann mit diesem Messgerät feststellen, ob eine Kraft kleiner, gleich oder größer 1 N ist. Wird der Kraftaufwand verdoppelt, wird auch die Verlängerung der Stahlfeder verdoppelt. Wird der Kraftaufwand verdreifacht, vervierfacht oder beliebig vervielfacht (n-fach), wird auch die Verlängerung der Stahlfeder verdreifacht, vervierfacht oder entsprechend vervielfacht (n-fach). Die Längenänderung der Stahlfeder ist somit zur Kraft proportional. Einer ihrer Teilstriche kann z. B. die Angabe 1 N tragen. Greift eine Kraft an, kann man an der Unterkante der äußeren Hülle sofort den Messwert ablesen.

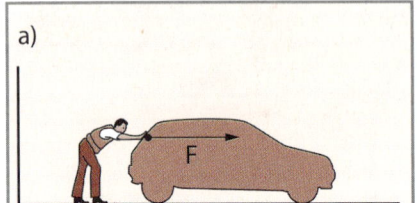

Abb. 1a: Durch Muskelkraft wird der ruhende Wagen in Bewegung gesetzt

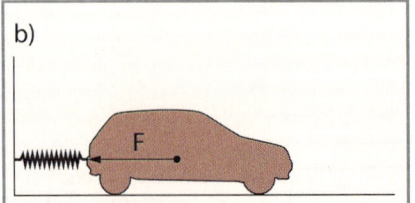

Abb. 1b: Die Kraftwirkung des Wagens verformt die Spiralfeder

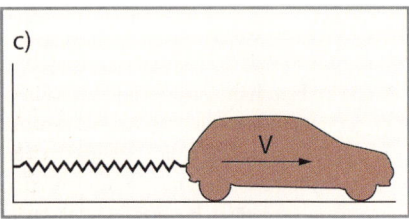

Abb. 1c: Die Feder befindet sich in der Ursprungsform

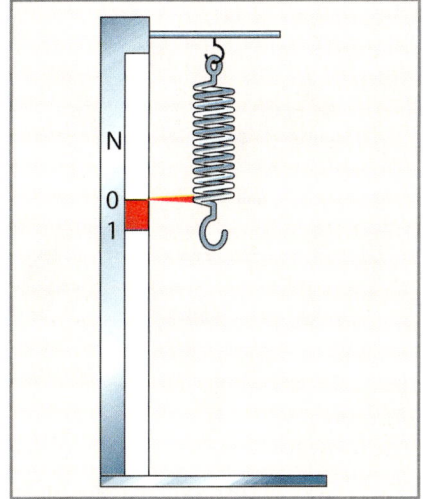

Abb. 3: Feder ohne Kraftwirkung

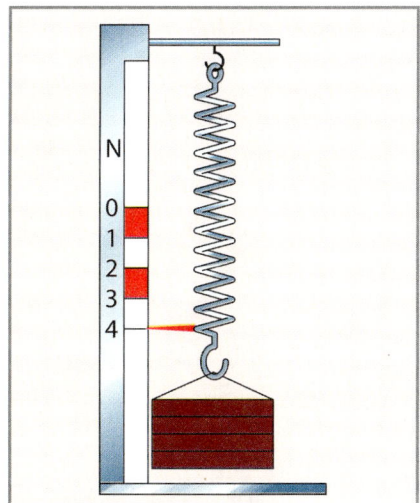

Abb. 4: Feder mit Kraftwirkung

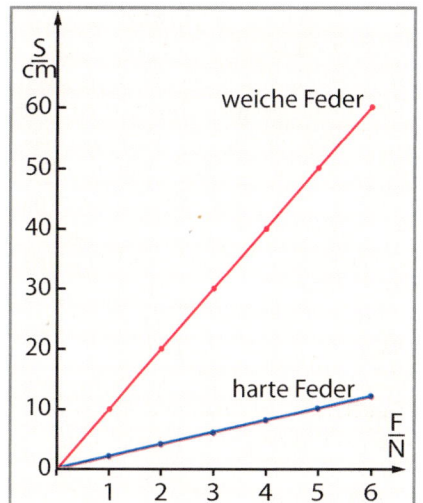

Abb. 5: Kraft-Weg-Diagramm

Wird die Feder bis zum Teilstrich 4 verlängert, so übt man in diesem Fall eine Kraft von 4 N aus (Abb. 4).

Je nach Härte der Feder können Kraftmesser verschiedene Messbereiche aufweisen.

Es gibt Kraftmesser, die sehr geringe Kräfte messen können mit einem Messbereich von 0 N bis 0,1 N. Es gibt auch Kraftmesser, die sehr große Kräfte bestimmen können mit einem Messbereich von 0 N bis 100 N. Je nach Anwendung muss ein entsprechender Kraftmesser ausgewählt werden. Bei den bisher beschriebenen Kraftmessern fällt auf, dass die Markierungen der Messskalen in gleichen Abständen angebracht sind. Die n-fache Zugkraft ruft die n-fache Verlängerung hervor. Die Verlängerung ist zur Zugkraft direkt proportional. Ist die Kraft nicht mehr wirksam, zieht sich die Feder wieder zusammen und nimmt die Ausgangsposition ein. Verformungen dieser Art, die sich wieder zurückbilden, wenn die Kraft nicht mehr wirkt, heißen elastische Verformungen. Der Kraftmesser beinhaltet eine elastisch verformbare Feder, weil der Kraftmesser nach der Kraftanwendung wieder seine Ursprungsform annimmt.

Bei plastischen Verformungen verhält es sich anders. Knetmasse lässt sich z. B. plastisch verformen. Bei jeder erneuten Kraftanwendung verformt sich der Körper, obgleich die formgebende Kraft verschwindet. Bei der Knetmasse bleibt die Verformung bestehen.

Die Kraftwirkung auf die Stahlfeder des Kraftmessers erzeugt eine Verlängerung der Feder. Ist der Kraftzuwachs 1fach, 2fach, 3fach ... n-fach und verhält sich die Längenänderung dementsprechend 1fach, 2fach 3fach ... n-fach, ist die Längen- oder Wegänderung dem Kraftzuwachs direkt proportional (Tabelle 1). Die Proportionalität ist im Kraft-Weg-Diagramm daran erkennbar, dass die Verbindung der Messwerte eine Gerade ergibt (Abb. 5).

Diesen Zusammenhang nennt man nach dem englischen Physiker Robert Hooke das hookesche Gesetz. Der Quotient aus der Kraft F und der Verlängerung s ist in diesem Fall konstant, und diesen Quotienten bezeichnet man mit D. Je größer D ist, desto größer muss die Zugkraft für die gleiche Verlängerung sein. Die Größe D gibt an, wie sehr sich eine Feder einer Verlängerung widersetzt, deshalb nennt man D Federhärte oder Federkonstante.

Das hookesche Gesetz: Die Verlängerung s einer bestimmten Feder ist zur angreifenden Kraft F proportional:

$s \sim F$. Der Quotient aus Kraft F und der Verlängerung s ist konstant.

$$\frac{F}{s} = D = \text{konstant oder}$$

$F = D \cdot s$. D wird als Federkonstante bezeichnet:

$$[D] = \frac{[F]}{[S]} = \frac{N}{m}$$

D = Federkonstante
F = Kraft
s = Weg
N = Newton
m = Meter

Wird der Versuch mit einem Gummiring durchgeführt, dann wird zwar festgestellt, dass auch hier die Verlängerung s mit der Kraft ansteigt, wobei die Längenänderung sich nicht proportional zur Kraftänderung verhält. Hier gilt nicht das hookesche Gesetz.

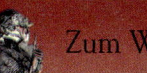

Zum Weiterlesen:

- Die Gewichtskräfte, S. 232
- Kraft als Vektor, S. 234
- Das Zusammenwirken von Kräften, S. 236
- Die Energieerhaltung als Postulat, S. 264

	weiche Feder		harte Feder	
	s (Weg) in cm	$\frac{F}{s} = D$ in $\frac{N}{cm}$	s (Weg) in cm	$\frac{F}{s} = D$ in $\frac{N}{cm}$
0	0	-	0	-
1	9,9	0,101	2,1	0,47
2	19,7	0,101	4,1	0,48
3	29,6	0,101	6,2	0,48
4	39,4	0,101	8,4	0,47
5	49,2	0,101	10,4	0,48
6	59,1	0,101	12,6	0,47

Tabelle 1: Zugkraft und Verlängerung von zwei Spiralfedern

Die Gewichtskräfte

Im täglichen Leben spürt der Mensch die Gravitationskraft bzw. Schwerkraft, indem er auf der Erde stehen bleibt und nicht davonfliegt. Springt der Mensch in die Luft, dann fällt er wieder auf den Boden zurück. Diese Beobachtung ist nicht nur gültig für die Erde, Ähnliches würde man auch auf der Sonne und auf dem Mond feststellen. Befindet man sich allerdings als Astronaut im Weltall, dann schwebt der eigene Körper und wird scheinbar von keinem Planeten angezogen. Man stellt also fest, dass die Erde, der Mond und die Sonne jeden Körper anziehen. Man kann die Wirkung dieser Kraft feststellen und auch erklären. Die Physik beschränkt sich auf die Untersuchung und Beschreibung der Wirkung. Man stellt z. B. fest, dass es außergewöhnliche Körper gibt mit Stellen, die sich gegenseitig abstoßen oder anziehen. Diese Körper mit diesen Eigenschaften bezeichnet man als Magneten. Das Abstoßen bzw. Anziehen bei Magneten ist damit noch lange nicht erklärt. Genauso verhält es sich mit der Gravitationskraft. Man kann die Wirkung dieser Kraft feststellen, aber es gibt keine Erklärung, die begründet, warum das so ist. Bei näherer Untersuchung der Gravitationskraft wird festgestellt, dass diese Eigenschaft nicht nur mit Planeten zusammenhängt. Es gibt Versuche, die zeigen, dass jeder Körper unabhängig von seiner Größe anziehend auf andere Körper wirkt.

> Beliebige Körper ziehen sich an. Diese Erscheinung heißt Gravitation. Die wirkende Kraft heißt Gravitationskraft. Die Gravitationskraft kann auch als Schwerkraft oder Gewichtskraft bezeichnet werden.

Die Gravitationskraft verschiedener Körper kann mit der Gravitationsdrehwaage nachgewiesen werden (Abb. 1). Diese Drehwaage besteht aus zwei gleich großen Bleikugeln, die miteinander fest verbunden sind und prinzipiell Planeten darstellen. Zwischen den Bleikugeln befinden sich kleinere Kugeln, die ebenfalls starr miteinander verbunden sind. Die kleinen Kugeln sind über einen dünnen Draht beweglich befestigt. Das kleine Kugelpaar nähert sich den großen Kugeln und richtet sich zu den großen Kugeln aus. Werden die großen Kugeln in ihrer Lage verdreht, dann folgen die kleinen Kugeln dieser Richtungsänderung. Das kleine Kugelpaar wird durch Wechselwirkung mit den großen Kugeln erneut ausgerichtet, bis beide Kugelpaare wieder parallel gestellt sind. Dieser Ver-

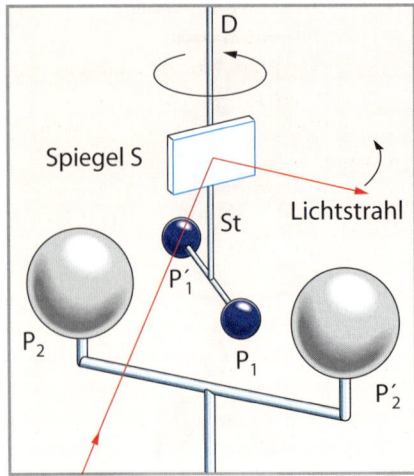

Abb. 1: Die Kugel P$_1$ wird durch P$_2$ angezogen, und die Kugel P$_1'$ wird durch P$_2'$ angezogen

such kann prinzipiell mit allen Gegenständen durchgeführt werden und führt immer zu dem gleichen Ergebnis. Hier handelt es sich also nicht um magnetische Kräfte, da sie auch zwischen unmagnetischen Stoffen wie Glas, Blei oder Holz ausgeübt werden.

Mit diesem Versuch wird gezeigt, dass zwischen allen Körpern eine Anziehungskraft herrscht. Die Wechselwirkungskräfte sind abhängig von der Größe der Körper. Die Anziehung der im Experiment benutzten Bleikugeln ist für den Menschen nicht spürbar. Die Kräfte sind zu gering. Damit der oben beschriebene Versuch gelingt, hängen die kleinen Kugeln noch zusätzlich in einem kleinen Gehäuse, denn der geringste Luftzug würde den Versuch erheblich behindern. Eine Spiegelvorrichtung, starr verbunden mit dem kleinen Kugelpaar, zeigt mit Hilfe eines reflektierenden Lichtstrahls genau die Positionsänderung an.

Erst bei großen Körpern in Form von Planeten spürt der Mensch die Gravitationskraft oder kann sie an anderen Gegenständen direkt beobachten. Die Beobachtung zeigt außerdem, dass die Gewichtskraft senkrecht nach unten zieht, denn der Mensch steht senkrecht und nicht schief auf der Erde (Abb. 2). Lässt man einen Stein vom Turm fallen, dann fällt er ebenfalls senkrecht zu Boden. Diese Erscheinung ist überall auf

Abb. 2: An allen Orten auf der Welt zieht die Gewichtskraft senkrecht nach unten in Richtung Erdmittelpunkt

der Erde gleich zu beobachten. Da die Erde nicht kugelförmig ist, hat die Kraft, die auf den Körper wirkt, zwangsläufig nicht überall dieselbe Stärke. Die Schwerkraft am Äquator hat eine andere Stärke als die Schwerkraft an den Polen, obwohl sie immer in Richtung Erdmittelpunkt zeigt. Beim Einsatz von genauen Kraftmessern kann auf der Erde festgestellt werden, dass die Kraftwirkung an den Polen größer ist als am Äquator. Begründet wird diese Feststellung mit der Tatsache, dass die Polkappen auf der Erde abgeflacht sind. Der Schwerkraftzuwachs ist mit dem geringeren Abstand zum Erdmittelpunkt zu begründen. An den Polen ist man deshalb 0,5% schwerer als am Äquator. Entfernt man sich

Abb. 3: Trotz des schweren Schutzanzuges können die Astronauten auf dem Mond riesige Sprünge machen

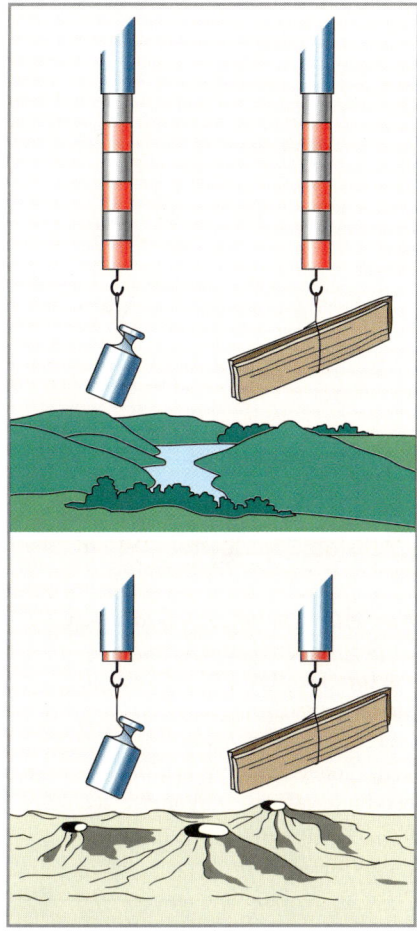

Abb. 4: Unterschied der Schwerkraft: Schwerkraft auf der Erde und Schwerkraft auf dem Mond

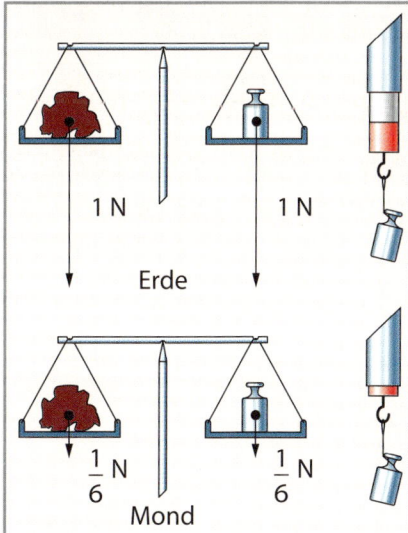

Abb. 5: Beim Ortswechsel bleibt die Balkenwaage im Gleichgewicht

von der Erde, nimmt die Schwerkraft ab. Vom Erdmittelpunkt ausgehend, ist auf dem Erdboden die Schwerkraft z. B. 4-mal größer als in einer Höhe von 6370 km.

Die Anziehungskräfte nehmen mit Abstandserhöhung ab

Der Betrag der Schwerkraft, die an einem Körper angreift, hängt nicht nur vom Abstand zwischen Planet und Körper ab, sondern auch von der Masse. Die Mondmasse ist wesentlich kleiner als die Erdmasse. Die Erde besitzt mehr Masse. Im Vergleich zur Erde werden auf der Mondoberfläche alle Körper nur mit dem 6. Teil der Gewichtskraft angezogen. Wird z. B. auf der Erde durch die Gravitation eine Kraft von 6 N auf einen Körper ausgeübt, dann würde derselbe Körper auf dem Mond nur eine Gewichtskraft von 1 N erfahren. Beim Luftsprung könnte der Mensch auf dem Mond 6-mal so hoch springen wie auf der Erde (Abb. 3).

Die Anziehungskräfte nehmen mit der Masse der Körper zu

Besitzen zwei unterschiedliche Körper aus beliebigen Stoffen die gleiche Gewichtskraft, besteht z. B. ein Körper aus Stahl und der andere Körper ist aus Holz, dann sind beide Körper auf dem Mond zwar 6-mal leichter, aber das Gewicht bleibt identisch (Abb. 4). Haben z. B. 3 Tafeln Schokolade auf der Erde das dreifache Gewicht, so besteht das gleiche Verhältnis auch auf dem Mond. Auf dem Mond haben zwar alle Körper nur 1/6 der Gewichtskraft, aber der Körper selbst mit seiner Masse bleibt identisch. Eine Tafel Schokolade auf dem Mond ist für den Astronauten daher nicht weniger sättigend als auf der Erde. Die Masse bleibt gleich und ist nicht vom Ort abhängig. Die Substanz des Körpers bleibt beim Ortswechsel erhalten.

> Die Ursache für die Gewichtskraft ist die Gravitationskraft der Masse. Die Masse ist vom Ort unabhängig.

Zwei Körper haben die gleiche Masse, wenn sie am gleichen Ort gleich schwer sind. Die Gewichtskraft kann verglichen werden mit Kraftmessungen, oder aber man vergleicht die Massen mit der Balkenwaage (Abb. 5). Die Balkenwaage ermöglicht den direkten Vergleich. Sind beide Massen identisch, dann zeigt die Balkenwaage keinen Ausschlag. Die Balkenwaage vergleicht Massen ortsunabhängig. Ist die Schwerkraft an einem Ort geringer, dann gilt: Beide Körper verändern ihr Gewicht gleichermaßen.

> Sind zwei Körper am gleichen Ort gleich schwer, dann haben sie die gleiche Masse.

Zur Festlegung der Masse als physikalische Basisgröße benötigt man ein Messverfahren. Das Messverfahren stellt die Massengleichheit oder die Massenvielfachheit fest. Ein Körper hat die n-fache Masse eines Vergleichskörpers, wenn er am gleichen Ort n-mal so schwer ist.

Die Maßeinheit für die Masse ist 1 Kilogramm (1 kg). 1 kg ist die Masse eines Normkörpers, der in Paris aufbewahrt wird.

> Die Masse eines Körpers wird mit m bezeichnet. Die Gewichtskraft wird mit G bezeichnet.

Die Gewichtskraft G ist der Masse m direkt proportional. G~m. Bildet man den Quotienten aus der Gewichtskraft zur Masse, dann ergibt sich der Faktor g.

$$[g] = \frac{[G]}{[m]} = \frac{N}{kg}$$

$$\text{oder } G = m \cdot g$$

G = Gewichtskraft
g = Ortsfaktor
m = Masse

Die Masse eines Körpers ist vom Ort unabhängig. Da die Gewichtskraft vom Ort abhängt, ist g ebenfalls vom Ort abhängig. Deshalb wird der Faktor g als Ortsfaktor bezeichnet. Der Ortsfaktor g hat die Einheit N/kg. Der Quotient aus Gewichtskraft G und Masse m an einem bestimmten Ort ergibt immer denselben Faktor g. Für Mitteleuropa erhält man einen Wert von 9,81 N/kg. Am Äquator ergibt der Quotient aus Gewichtskraft und Masse den Wert 9,78 N/kg, und an den Polen erhalten wir den Wert 9,83 N/kg. Der Faktor g ergibt z. B. auf dem Mond einen Wert von ca. 1,63 N/kg. Aus diesem Vergleich der Quotientenbildung aus Gewichtskraft und Masse wird ersichtlich, dass der Faktor g ortsabhängig ist.

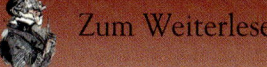 Zum Weiterlesen:

- Sie wirken überall: Die Kräfte, S. 230
- Kraft als Vektor, S. 234
- Das Zusammenwirken von Kräften, S. 236
- Der Hebel, S. 238

Kraft als Vektor

Physik

Jeder weiß, dass man einen Nagel nur gerade bzw. waagerecht aus der Wand ziehen kann (Abb. 1a). Setzt man seine Muskelkraft so ein, dass man quer zum Nagel zieht, dann bleibt der Nagel in der Wand stecken (Abb. 1b). In beiden Zugrichtungen ist der Kraftaufwand gleich hoch, aber die Wirkungen der beiden Krafteinsätze erzielen unterschiedliche Ergebnisse. Auch der Ansatzpunkt der Kraft ist für seine Wirkung entscheidend, so ist z. B. eine Drehtür leichter zu bewegen, wenn man mehr außen als innen gegen den Drehflügel drückt und ein Stab lässt sich leichter verbiegen, indem man ihn zum Verbiegen an den äußeren Enden anfasst. Damit die Kraft in ihrer Wirkung richtig eingeschätzt wird, müssen somit nicht nur der Betrag und die Richtung, sondern auch der Ansatzpunkt der Kraft bekannt sein.

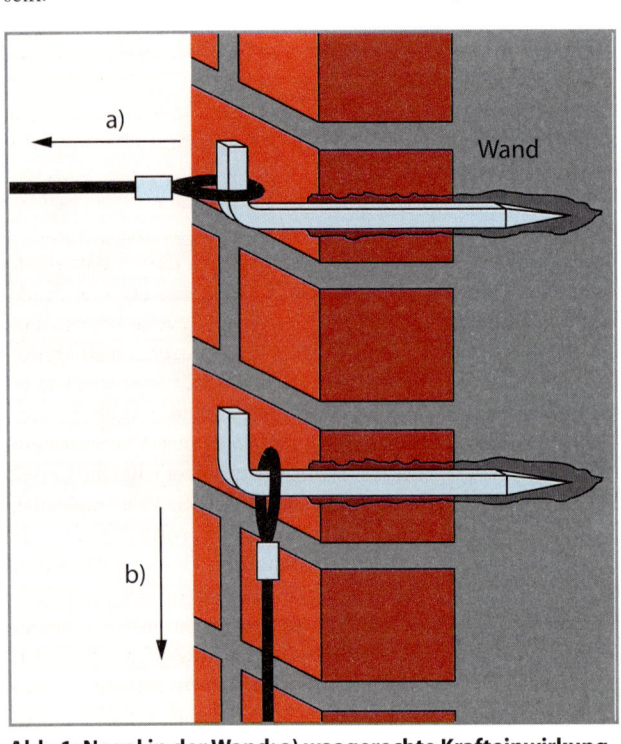

Abb. 1: Nagel in der Wand: a) waagerechte Krafteinwirkung b) senkrechte Krafteinwirkung

Größen, die in der Physik durch Betrag und Richtung gekennzeichnet sind, heißen Vektoren, die mit Pfeilen veranschaulicht werden, wobei diese Pfeile sich über der jeweiligen Größe befinden:

$$\vec{F} \ (F = \text{Kraft})$$

Ein Vektor wird mit einem Pfeil über der Buchstabengröße gekennzeichnet.

Der Betrag des Vektors kommt in der grafischen Darstellung des Vektorpfeils in seiner Länge zum Ausdruck. Damit man alle möglichen Zahlenwerte durch Pfeile gewisser Länge darstellen kann, wählt man einen für den jeweiligen Fall zweckmäßigen Maßstab (Abb. 2). Im Vergleich zur Kraft gibt es in der Physik auch Größen, die keine Richtungsabhängigkeit besitzen, wie beispielsweise die Masse und die Temperatur.

Wechselwirkungsprinzip

Bei der Beschreibung der Kraft konzentriert man sich in erster Linie auf den Körper, der durch die Kraft eine Verformung oder Bewegungsarbeit erfährt. Diese oberflächliche Betrachtung berücksichtigt aber nicht, dass jede Wirkung mit einer Gegenwirkung gekoppelt ist. Zieht man am Nagel, der in der Wand steckt, wirkt der Zugkraft eine zweite Kraft entgegen, die den Nagel zurückhält. Verschwindet die Gegenkraft und der Nagel löst sich aus der Wand, verschwindet gleichzeitig die Zugkraft. Dieses Beispiel verdeutlicht, dass hier die Zugkraft ohne Gegenkraft nicht existieren kann. Die gesamte Physik ist auf dieser Gesetzmäßigkeit -Kraft und Gegenkraft- aufgebaut. So kommt beispielsweise die Gewichtskraft eines Körpers durch die Anziehung von Erde und Körper zustande. Aber auch bei magnetischen Kräften handelt es sich immer um die Wechselwirkung zweier Magnete. Befestigt man beispielsweise zwei Magnete getrennt auf zwei gleichen Wagen, dann bewegen sich die Wagen aufeinander zu. Hält man mit einem Kraftmesser die beiden Wagen mit den Magneten von ihrer Bewegung ab, dann zeigen die Kraftmesser gleich große, entgegengesetzt gerichtete Kräfte an (Abb. 3).

Wird ein Magnet entfernt, werden von beiden Kraftmessern der Wagen keine Kraftwirkungen angezeigt. Diese Beobachtung zeigt, dass es keine Einzelkräfte in der Natur gibt. Diese Feststellung wurde bereits vom englischen Physiker Isaac Newton (1643-

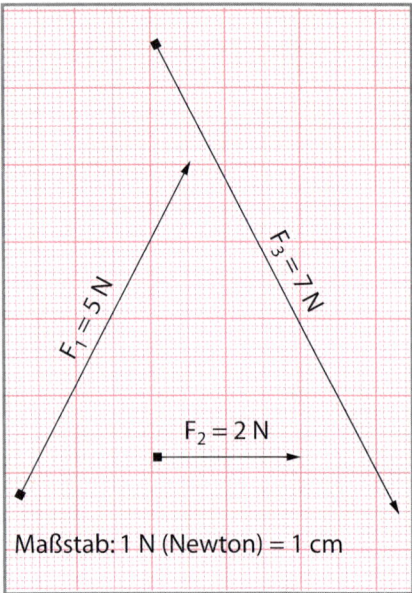

Abb. 2: Die Länge des Vektorpfeils ist proportional zum Betrag des Vektors. Der Betrag wird auch als Skalar bezeichnet

1727) endeckt, und er formulierte das berühmte Wechselwirkungsgesetz - actio gleich reactio:

Wirkt eine Kraft F_1 von einem Körper A auf einen Körper B, übt gleichzeitig der Körper B auf den Körper A eine gleich große aber genau entgegengesetzte Kraft F_2 aus.

Kräftegleichgewicht und Bewegung

Wirken mehrere Kräfte auf einen ruhenden Körper, stellt sich die Frage, unter welcher Bedingung der Körper in der ruhenden Position bleibt. Für den Sonderfall, dass zwei Kräfte auf den Körper einwirken können, stellt man fest, dass der Körper nur dann in der ruhenden Position bleibt, wenn sie genau entgegengesetzt wirken und dabei gleich groß sind. Die beiden Kraftvektoren befinden sich auf einer Geraden, und ihre Rich-

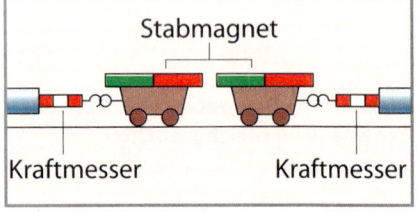

Abb. 3: Stabmagnete, auf Wagen befestigt, ziehen sich gegenseitig an. Auf beide Wagen wirkt die gleiche Kraft

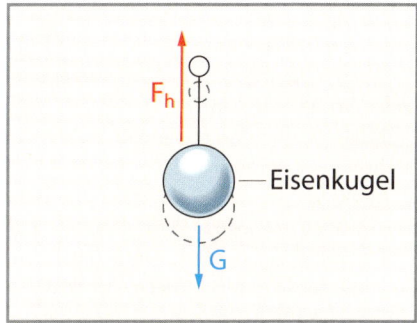

Abb. 4: Eine Eisenkugel wird hochgehoben. Die Kraft F_h, mit der die Kugel gehoben wird, ist so groß wie die Gravitationskraft G. Beide Kräfte sind genau entgegengesetzt gerichtet

tungen sind gegeneinander orientiert. Der Betrag bzw. Skalar beider Vektoren ist genau entgegengesetzt gerichtet.

Der Körper gerät in Bewegung, wenn kein Kräftegleichgewicht vorhanden ist. Ist ein Körper in Bewegung, so genügt es, die Gewichtskraft G zu kompensieren. Dieser Fall kann beobachtet werden, wenn man mit seiner Mukelkraft in gleichmäßiger Bewegung einen Gegenstand in die Luft hebt. Die Gravitationskraft, die eine Kraftwirkung auf den Gegenstand zum Erdboden hin ausübt, ist so groß wie die Kraft, mit der der Gegenstand in die Luft gehoben wird (Abb. 4). Die Kraftwirkungen liegen auch in diesem Fall wieder auf einer Geraden und sind genau entgegengesetzt orientiert. Der Betrag der Kraftwirkung der hebenden Hand ist so groß wie der Betrag der Gravitationskraft, die auf den Gegenstand wirkt. Aus diesem Grund geht der Körper aus der ruhenden Position in einen bewegten Zustand über. Die Bewegung ergibt sich also aus dem Ungleichgewicht zwischen den wechselwirkenden Kräften.

Liegen also Vektoren entgegengesetzt gerichtet genau auf einer Geraden, dann lassen sich die Vektoren voneinander abziehen, d. h., die zwei entgegengesetzt gerichteten Kräfte F_1 und F_2 lassen sich durch eine resultierende Kraft mit der Richtung der größeren Kraft F_1 und mit dem Betrag $F = F_1 - F_2$ ersetzen. Liegen die beiden Vektoren in gleicher Richtung auf der Geraden, werden die Beträge der einzelnen Vektoren addiert, so dass zwei gleichgerichtete Kräfte F_1 und F_2 sich durch eine resultierende Kraft mit der gleichen Richtung und dem Betrag $F = F_1 + F_2$ darstellen lassen. Bewegungskonstanz des Körpers tritt also ein, wenn zwei entgegengesetzte Kräfte, die am gleichen Körper längs einer Geraden angreifen, den gleichen Betrag $F_1 = F_2$ aufweisen. Der Körper steht im Kräftegleichgewicht, und für die resultierende Kraft gilt $F = 0$ N (Newton).

Reibung

Damit ein Körper, der sich mit gleich bleibender Geschwindigkeit auf einer horizontalen Ebene bewegt, zum Stillstand gebracht werden kann, muss diesem Körper eine Kraftwirkung entgegenwirken. In der Realität aber beobachtet man, dass ein be-

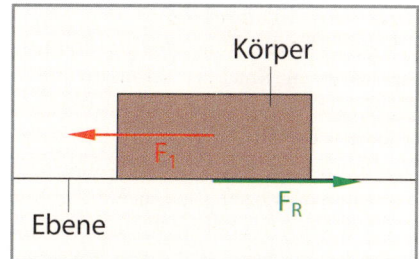

Abb. 5: Die Reibungskraft F_R verhindert, dass sich der Körper bei Anwendung der Zugkraft F_1 fortbewegt. F_R und F_1 sind im Betrag gleich, aber in der Richtung genau entgegengesetzt gerichtet

wegter Körper bereits ohne sichtbare Krafteinwirkung zum Stillstand kommt. Bei genauerer Betrachtung liegt die unsichtbare Ursache in der Reibungskraft, die eine bremsende, der Bewegung entgegengesetzte Wirkung ausübt. Die Reibungskraft kann ebenfalls verhindern, dass sich der Körper bei Anwendung einer Zugkraft bewegen lässt. Zugkraft und Reibungskraft stehen hier im Gleichgewicht (Abb. 5). Die Gegenkraft der Reibung wird größtenteils durch Unebenheiten der aufeinander gleitenden Oberflächen verursacht. Die Reibungskraft spielt in der Technik eine entscheidende Rolle. Bremsen beispielsweise können nur funktionieren, wenn Materialien als Bremsbeläge benutzt werden, die beim Aufeinandergleiten sehr starke Reibungskräfte verursachen. Hohe Reibungskräfte sind für ein effizientes Bremsen erforderlich. Weniger erwünscht sind Reibungskräfte z. B. im Motor. Das Motorenöl hat hier die Aufgabe, die Reibung zwischen Kolben und Motorengehäuse so stark wie möglich zu reduzieren.

Am Beispiel Eisenbahn lässt sich sehen, wie Reibungskräfte gering gehalten werden können. Die Reibung zwischen den Schienen und den Rädern der einzelnen Waggons ist so niedrig, dass die Lokomotive auf ebener Strecke nur wenig Kraft aufbringen muss, um den Zug in Fahrt zu halten (Abb. 6), denn Stahl auf Stahl reibt sich kaum!

Abb. 6: Die Reibungskräfte sind bei der Eisenbahn denkbar gering

Zum Weiterlesen:

- Sie wirken überall: Die Kräfte, S. 230
- Das Zusammenwirken von Kräften, S. 236
- Der Hebel, S. 238
- Das Wellrad, S. 240

Das Zusammenwirken von Kräften

Ein Hochseilartist balanciert auf einem Stahlseil, das durch die Gewichtskraft des Artisten einen „Knick" bekommt. Ist das Seil für solche Kräfte ausgelegt? Wäre das Seil nur bis auf das Dreifache der Gewichtskräfte belastbar, wäre der Artist in arger Not. Die im Seil wirksamen Kräfte sind in Wirklichkeit um ein Vielfaches höher. Woran das liegt, zeigt folgender Versuch.

Dieselbe Masse m hängt jeweils an zwei Federwaagen und wirkt mit der gleichen Gewichtskraft senkrecht nach unten (Abb. 1). Die Federwaagen sind an einer Magnettafel befestigt und schließen jeweils einen anderen Winkel ein. Die Federwaagen zeigen eine unterschiedliche Kraft an. Es ist offensichtlich, dass die Wirkung von Kräften davon abhängt, in welche Richtung sie wirken. Kräfte sind nämlich Vektoren. Die Gewichtskraft verursacht in den Zugseilen unterschiedliche Kräfte, die durch Vektoren veranschaulicht werden können. Vektoren haben Betrag und Richtung. Sie werden durch Pfeile veranschaulicht, die über der jeweiligen Größe auftauchen. Die Richtung der Pfeile ist die der Kraftrichtung, die Länge des Pfeils symbolisiert den Betrag (Stärke) der Kraft.

Kräfteaddition

Wie wirken Kräfte nun zusammen? Sind die Kräfte durch Betrag und Richtung festgelegt, so kann man durch Vektoraddition die Wirkung der Kräfte erfassen. Für den Betrag der Kraft sollte man einen sinnvollen Maßstab wählen, damit die Zeichnung eine angemessene Größe erhält. Hier ist der Maßstab so gewählt, dass 1 cm 20 N entspricht. Man addiert Kräfte, indem man den Anfangspunkt

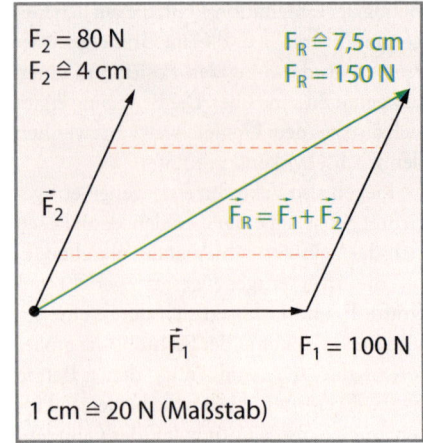

Abb. 2: Vektoraddition

der Kraft F_2 an den Endpunkt der Kraft F_1 legt. Dazu ist es im Allgemeinen erforderlich, dass man den Vektor F_2 parallel verschiebt. Das geschieht am besten mit einem Geodreieck. In der oben stehenden Abbildung 2 ist diese Parallelverschiebung durch rote gestrichelte Linien angedeutet, die natürlich nicht zur eigentlichen Kräftezeichnung gehören. Nun verbindet man den Anfangspunkt der Kraft F_1 mit dem Endpunkt der Kraft F_2.

Der sich nun neu ergebende Vektorpfeil symbolisiert die Gesamtwirkung der beiden Vektoren F_1 und F_2. Man nennt ihn den „resultierenden Vektor F_R" (Abb. 2). Er beginnt am Anfangspunkt des Vektors F_1 und endet am Endpunkt des Vektors F_2. Der resultierende Vektor hat die Länge 7,5 cm. Die resultierende Kraft hat also den Betrag 150 N. Es wird deutlich, dass die vektorielle Addition nicht der herkömmlichen Addition von Zahlen entspricht. Das Ergebnis der Kräfteaddi-

tion hängt entscheidend vom Winkel zwischen den beiden Kräften ab. Nur zwei Fälle der Vektoraddition entsprechen unserer normalen Vorstellung von Addition (Abb. 3).

1. Fall: Wirken zwei Kräfte in die gleiche Richtung, so addieren sich die Vektoren quasi wie Zahlen. Dazu ist es erforderlich, den Vektor F_2 so lange zu verschieben, bis der Anfangspunkt des Vektors der Kraft F_2 am Endpunkt des Vektors F_1 liegt. Der resultierende Vektor F_2 hat nun eine Länge, die der algebraischen Summe der Beträge der beiden Vektoren entspricht, nämlich 5,5 cm, was einer Kraft von 5,5 N gleichkommt.

2. Fall: Die beiden Vektoren wirken genau in entgegengesetzter Richtung. Auch hier verschiebt man die Vektoren wie im 1. Fall. Der Anfangspunkt des Vektors F_2 liegt nun am Endpunkt des Vektors F_1. Der resultierende Vektor beginnt am Anfangspunkt von F_1 und endet am Endpunkt von F_2. Er hat nur noch eine Länge von 4 cm, was einer Kraft von 4 N entspricht. Dieser Fall steht für unsere Vorstellung einer normalen Subtraktion, denn F_2 hat ja eine entgegengesetzte Richtung zur Kraft F_1.

Kräftezerlegung

Kommt man zum Anfangsbeispiel zurück, wo eine bekannte Kraft, nämlich die Gewichtskraft $G = m \cdot g$ wirkt, so stellt man sich die Frage, wie die Wirkung dieser Kraft in den Zugseilen zu ermitteln ist. Der Vorgang der Kräfteaddition läuft umgekehrt ab (Abb. 4). Man zeichnet zunächst die Gegenkraft zur Gewichtskraft G, denn die beiden Zugseilkräfte bilden nach dem Wechselwirkungsprinzip in ihrer vektoriellen Summe die Ge-

Abb. 1: Die Kraftwirkung hängt vom Winkel ab

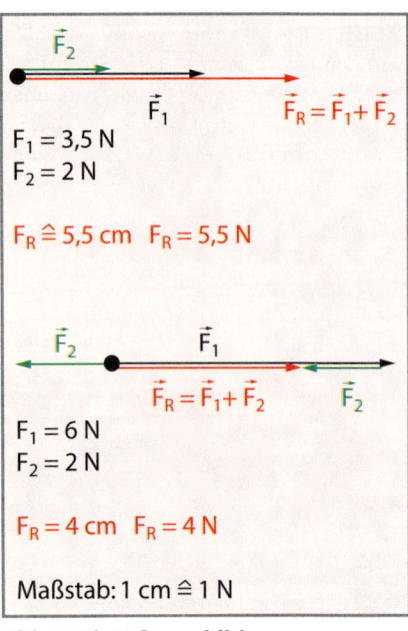

Abb. 3: Die Vektoraddition

genkraft zur Gewichtskraft G. Die Gegenkraft zu G hat die gleiche Länge wie G, jedoch die entgegengesetzte Richtung. Nun verschiebt man, vom gemeinsamen Anfangspunkt aller Kräfte beginnend, eine Wirkungslinie einer beliebigen Seilkraft mit einem Geodreieck so lange parallel, bis man zum Endpunkt der Gewichtskraft G gelangt. Man erhält so den Endpunkt der Kraft F_2. Die Summe der Vektoren F_1 und F_2 muss die Gegenkraft von G ergeben. Natürlich kann die gleiche Konstruktion auch von der linken Seite beginnen. Es stellt sich in der Gesamtheit ein Parallelogramm dar, das so genannte Kräfteparallelogramm. Das Kräfteparallelogramm zeigt die Wirkung der Gewichtskraft in beiden Zugseilen.

Kräftezerlegung an der schiefen Ebene

Eine Skaterbahn, die man auf Spielplätzen neuerdings häufig findet, ist eine schiefe Ebene. Auf dieser schiefen Ebene kann man Anlauf nehmen, um dann mit dem Skateboard Kunststücke vorzunehmen. Welche Kräfte wirken auf eine Person, die sich auf einer solchen schiefen Ebene befindet (Abb. 5)?

Die Erdanziehungskraft G wirkt zunächst senkrecht nach unten. Diese kann aber wegen der „Anordnung schiefe Ebene" nicht wirksam werden, sondern es kommt zu einer Zerlegung dieser Kraft in zwei Teile (Komponenten). Diese Kraftanteile werden auch Kraftkomponenten genannt. Eine Komponente zieht den Skater hangabwärts. Sie wird Hangabtriebstriebskraft F_H genannt. Die andere Komponente steht senkrecht zum Hang und drückt den Fahrer auf die Fahrbahn. Man nennt sie Normalkraft F_N. Zur Konstruktion der Kraftkomponenten zeichnet man zunächst, jeweils vom Schwerpunkt S des Skaters beginnend, eine Parallele zum Hang und dann eine Gerade, die senkrecht zum Hang steht. So hat man die Wirkungslinien der beiden Komponenten gefunden. Zur Bestimmung der Beträge verschiebt man die auf dem Hang senkrecht stehende Wirkungslinie

Abb. 6: Geringe Hangabtriebskräfte bei schwacher Hangneigung

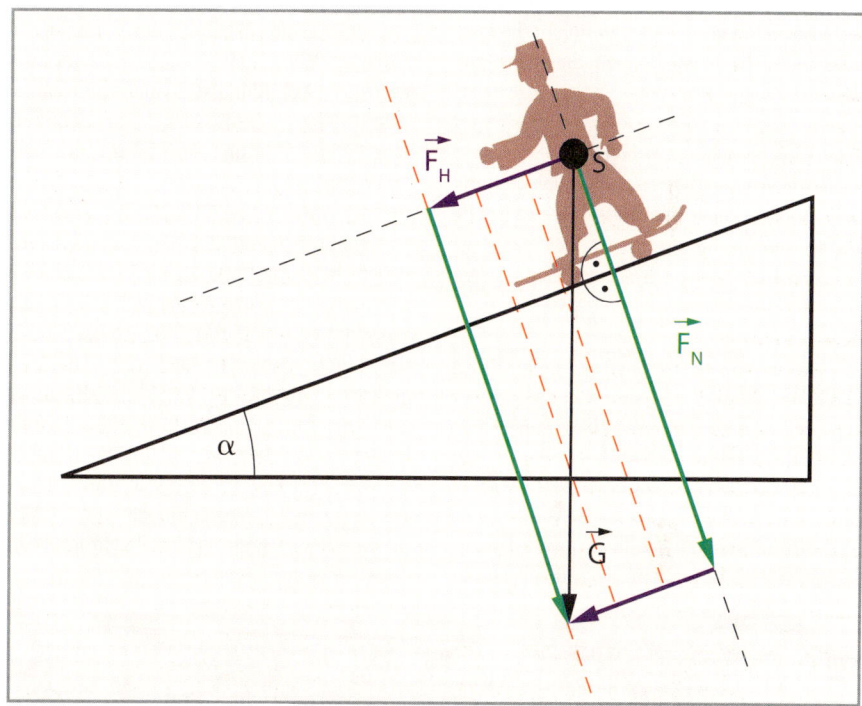

Abb. 5: Kräftezerlegung an der schiefen Ebene

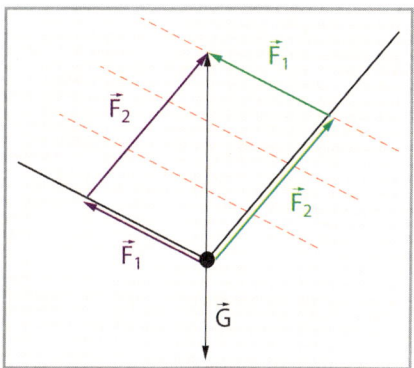

Abb. 4: Kräftezerlegung-Kräfteparallelogramm

so lange parallel, bis sie durch die Pfeilspitze des Kraftvektors G läuft. Damit ist sowohl die Länge des Vektors der Hangabtriebskraft F_H, als auch die Länge der Normalkraft F_N festgelegt. Hat man den Kraftvektor G in einem bestimmten Maßstab gezeichnet, so gilt jetzt der gleiche Maßstab für die Komponenten. Durch die Längenangabe kann man nun auf die Kraftbeträge zurückschließen.

Schon die alten Ägypter machten sich die schiefe Ebene zunutze, um ihre schweren Gegenstände nach oben zu ziehen. Wie Abbildung 6 zeigt, ist die Hangabtriebskraft des auf der schiefen Ebene liegenden Körpers sehr klein, verglichen mit seiner Gewichtskraft.

Eine Person, die diesen Körper eine schiefe Ebene hochziehen muss, muss ab-

gesehen von der Reibungskraft gerade diese Kraft aufwenden, um den Körper diesen schwach geneigten Hang hochzuziehen. Der Nachteil ist natürlich, dass der Zugweg relativ lang ist.

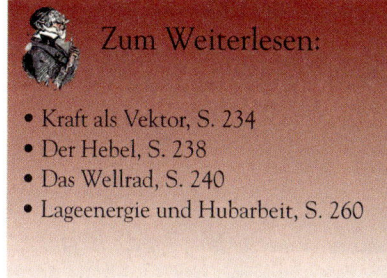

Zum Weiterlesen:

• Kraft als Vektor, S. 234
• Der Hebel, S. 238
• Das Wellrad, S. 240
• Lageenergie und Hubarbeit, S. 260

Der Hebel

Physik

*E*in Bauarbeiter versucht, eine schwere Kiste anzuheben und sie auf eine Kranplattform zu befördern. Er beugt sich zu Boden, bringt seine Hände unter den vorstehenden Kistenrand und strengt sich mächtig an. Seine Kräfte sind nicht groß genug. Die schwere Kiste bewegt sich nicht. Sein Kollege kommt auf eine Idee. Er legt ein dickes Holzstück vor die Kiste, nimmt eine Eisenstange, die er unter die Kiste klemmt, und hebelt mit dem Holzstück als Auflage die Kiste auf die Plattform.

Auf einem nahe gelegenen Spielplatz befinden sich 3 Kinder, die auf einer Wippe sitzen und den Vorgang beobachten. Zwei sitzen auf den Wippenenden, ein anderes steht auf einem Wippenarm und bewegt sich langsam hin und her. In einer Position ist die Wippe im Gleichgewicht. Bewegt sich das stehende Kind von dieser Position in die eine oder andere Richtung, so gerät die Wippe aus dem Gleichgewicht.

Das Gleichgewicht am Hebel

Beide vorangegangenen Beispiele behandeln das Phänomen Hebel. Was genau ist ein Hebel?

> Als einen Hebel bezeichnet man eine Anordnung aus einem starren Körper und einer festen, ortsgebundenen Drehachse, um die der starre Körper drehbar gelagert ist.

Man unterscheidet einseitige und zweiseitige Hebel. Bei einem zweiseitigen Hebel

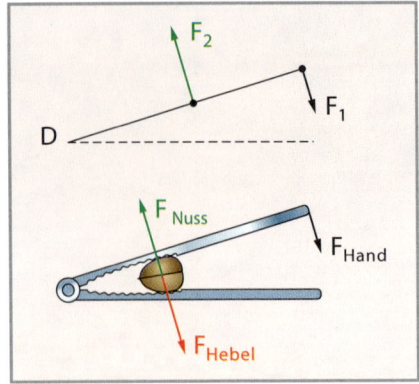

Abb. 2a: Der einseitige Hebel

(Abb. 1) liegen die Angriffspunkte der jeweils angreifenden Kräfte rechts und links vom möglichen ortsfesten Drehpunkt. Ein Nussknacker der abgebildeten Form ist ein einseitiger Hebel, eine Zange ein zweiseitiger. In der Abbildung sind auch die Reaktionskräfte von Nuss und Nagel eingezeichnet, ohne die die Wirkung der Hebel nicht verständlich wird (Abb. 2a/b).

Um herauszufinden, welche Bedingungen gelten müssen, damit an einem Hebel Gleichgewicht herrscht, belasten wir in einem Versuch einen zweiseitigen Hebel mit unterschiedlichen Gewichtskräften (Abb. 3). Dazu sind Massen an verschiedenen Aufhängpunkten angebracht. Die Abstände dieser Aufhängpunkte vom Dreharm und die Größe der Gewichtskräfte werden im Versuchsverlauf variiert. Die Hebelvorrichtung selber steht fest auf dem Versuchstisch.

An diesem Hebel herrscht momentan Gleichgewicht. Tabelle 1 gibt wieder, in wel-

Abb. 2b: Der zweiseitige Hebel

chen unterschiedlichen Postionen an einem Hebel Gleichgewicht herrscht (Tabelle 1).

Aus der Tabelle entnimmt man, dass an einem Hebel dann Gleichgewicht herrscht, wenn die jeweiligen Produkte aus Kraft und Hebelarm gleich groß sind. Das Produkt aus Kraft F und Hebelarm r heißt Drehmoment M. Die Einheit des Drehmoments ist das Nm (lies: Newton-Meter).

Ein Beispiel

Es wirkt eine Kraft F von 3 N an einem Hebelarm der Länge l. In der Technik ist der Begriff „Drehmoment" auch vom so genannten Drehmomentschlüssel bekannt. Dieser bewirkt, dass beim Anziehen von Schrauben nur ganz bestimmte Drehmomente wirksam werden. Dieser Drehmomentschlüssel bietet Schutz und Sicherheit, einerseits, dass die Schrauben nicht abbrechen, und andererseits, dass sie fest angezogen werden. Es ist eine Vereinbarung, dass linksdrehende Momente positiv und rechtsdrehende Momente negativ gezählt werden. Damit kann man nun die Gleichgewichtsbedingung anders formulieren.

> An einem zweiseitigen Hebel herrscht Gleichgewicht, wenn die Summe der Drehmomente null ist:
>
> $$M_L + M_R = 0$$

Eine Beispielrechnung soll das erläutern. An einem zweiseitigen Hebel greift rechts eine Kraft F der Größe 4 N in einem Abstand von 0,5 m an. Auf der linken Seite sollen zwei Kräfte wirksam werden. Die erste Kraft hat den Betrag 2 N und greift im Abstand von 0,2 m an. Die zweite Kraft greift in 0,1 m Abstand an. Ihre Größe ist jedoch nicht bekannt. Zur Berechnung der 2. linksdrehenden Kraft stellt man die Momentengleichung auf und löst nach F_{L2} auf:

Abb. 1: Ein zweiseitiger Hebel: Die Angriffspunkte liegen rechts bzw. links vom ortsfesten Drehpunkt

Abb. 3: Hebelversuch

Abb. 4: Das Produkt aus Kraft F und Hubweg s bleibt gleich

Beispielrechnung:

$$M_L + M_R = O$$

$$F_{L1} \cdot r_1 + F_{L2} \cdot r_2 + F_R \cdot r_3 = O$$

$$2\,N \cdot 0,2\,m + F_{L2} \cdot 0,1\,m - 4\,N \cdot 0,5\,m = O$$

$$0,4\,Nm + F_{L2} \cdot 0,1\,m - 2\,Nm = O$$

$$F_{L2} \cdot 0,1\,m = 2\,Nm - 0,4\,Nm$$

$$F_{L2} = \frac{1,6\,Nm}{0,1\,m}$$

$$F_{L2} = 16\,N$$

Der Hebel als Kraftwandler

Aus den bisherigen Beispielen wird deutlich, dass an einem kurzen Hebelarm eine große Kraft wirkt, wenn am langen Hebelarm eine relativ kleine Kraft wirksam wird.

Eine kleine Kraft wird durch den Hebel in eine große Kraft gewandelt.

Der Hebel ist ein Kraftwandler.

Dieses Prinzip der Kraftwandlung nutzen wir im täglichen Leben sehr oft, ob wir nun Nüsse knacken, eine Zange benutzen, mit einer Schubkarre Erde transportieren oder Schlösser mit Schlüsseln öffnen. Immer wenden wir das Prinzip der Kraftwandlung an. Es gibt aber auch einen gewissen Nachteil bei diesen Vorgängen. Es liegt auf der Hand, dass der Weg, auf dem die kleine Kraft wirksam wird, länger ist. Das aber stört nicht sehr, und der Kraftgewinn ist enorm. Physikalisch gesehen bedeutet das nichts anderes, als dass keine Arbeit eingespart werden kann. Was ist Arbeit?

Die Arbeit ist das Produkt von Kraft und Weg, wenn die Kraft in Richtung des Weges wirkt.

Das Produkt von Kraft und Weg bleibt auf beiden Hebelseiten dasselbe. Eine Hebelvorrichtung soll das verdeutlichen (Abb. 4).

Die Drehmomentscheibe

An einer Scheibe, die mit Löchern versehen ist, hängen verschiedene Massen. Die Massen haben unterschiedliche Gewichtskräfte und sind an verschiedenen Punkten der Scheibe aufgehängt. Diese Punkte haben verschiedene Abstände vom Drehpunkt, der in der Scheibenmitte liegt. Eine solche Anordnung nennt man Drehmomentscheibe. Die Verhältnisse an einer Drehmomentscheibe sind auf den ersten Blick leider nicht so übersichtlich wie im oben abgebildeten Hebelversuch, bei dem der Hebel im Gleichgewicht war. Das liegt unter anderem daran, dass die Kräfte im Hebelversuch immer senkrecht auf dem Hebelarm standen. Dies ist hier nicht der Fall. So ergibt hier die Momentengleichung für links- und rechtsdrehende Momente nicht null, falls wir die Kräfte und die jeweiligen Abstände multiplizieren und unter Vorzeichenbeachtung addieren.

Trotzdem herrscht augenscheinlich an der Drehmomentscheibe ein Gleichgewicht. Wie ist das zu erklären? Berücksichtigt man die im Versuch durch Markierstreifen dargestellten senkrechten Projektionen der Dreharmabstände für die jeweiligen Kräfte, so ist die Momentengleichung wieder erfüllt. Das bedeutet, dass die Richtung der Kraft, die am Hebelarm ansetzt, von Bedeutung ist. Ändert sich die Richtung der angreifenden Kraft am Hebelarm, so ändert sich auch das Drehmoment.

Zum Weiterlesen:

- Das Zusammenwirken von Kräften, S. 236
- Kraft als Vektor, S. 234
- Das Wellrad, S. 240
- Lageenergie und Hubarbeit, S. 260

$\dfrac{F_1}{N}$	$\dfrac{r_1}{m}$	$\dfrac{M_1 = F_1 \cdot r_1}{Nm}$	$\dfrac{F_2}{N}$	$\dfrac{r_2}{m}$	$\dfrac{M_2 = F_2 \cdot r_2}{Nm}$
0,5	0,1	0,05	0,2	0,25	0,05
0,2	0,4	0,08	0,4	0,2	0,08
0,4	0,6	0,24	1,2	0,2	0,24

Tabelle 1

Das Wellrad

$\mathcal{S}$ehr wenige Dinge haben den Menschen nach der Erfindung des Feuers derart beflügelt wie das Rad. Wenn sich das im Computerzeitalter etwas altmodisch anhören mag, so wurde nach der Erfindung des Rades der Mensch buchstäblich mobil. Aber nicht nur in Fahrzeugen findet es Anwendung, sondern in vielen Maschinen, bei denen es um Antrieb geht. Sehr häufig verwenden Menschen das Rad, um sich selber fortzubewegen. Dazu benutzen sie, wie der Name schon sagt, das Rad oder auch Fahrrad genannt (Abb. 1).

Wellrad und Kettenantrieb –
Die Kraftübertragung beim Fahrrad

Schaut man sich ein Fahrrad genau an, so sieht man sehr viele Räder. Erstens gibt es die eigentlichen Räder, die gummiummantelt sind und auf der Hinterrad- bzw. Vorderradfelge sitzen. Mit diesen luftgefüllten Gummireifen fahren wir luftgefedert auf der Straße. Am Hinterrad erkennt man ein weiteres Rad, das Zahnrad, auch hinteres Ritzel genannt, über das die Kette läuft. Dieses Ritzel ist über die Speichen mit der hinteren Felge verbunden. Die Kette läuft dann zum vorderen Ritzel, das auch Kettenrad heißt. Dieses Kettenrad ist mit der so genannten Tretkurbel verbunden. Hier wirkt die Antriebskraft der Beine. Heute sehen Fahrräder meist komplizierter aus, da sie eine Gangschaltung besitzen und sehr viele hintereinander angeordnete Zahnräder haben. Grundsätzlich funktioniert der Antrieb über das Prinzip des Wellrades und des Kettenantriebs. Was muss man sich unter einem Wellrad vorstellen? Nichts anderes als eine Welle und ein Rad kombiniert, also ein Rad mit einer dickeren Achse, auf der das Rad befestigt ist. Wie ein Wellrad funktioniert, zeigt folgender Versuch (Abb. 2).

Eine kleine Kraft von x Newton wirkt tangential am großen äußeren Radius des Wellrades. An das innere Teil des Wellrades kann man nun ein großes Gewicht hängen, um

Abb. 1: Fahrrad mit Kettenantrieb

einen Gleichgewichtszustand zu erreichen. Die Kombination „kleine Kraft - großer Abstand" und „große Kraft - kleiner Radius" erinnert stark an das Hebelgesetz. Und in der Tat ist das Wellrad nichts anderes als ein Hebel, wie Abbildung 3 zeigt: Das Drehmoment am äußeren Radrand ist ebenso groß wie das am inneren Radius des Wellrades.

> Das Wellrad ist wie der Hebel ein Kraftwandler, das Drehmoment bleibt konstant.

Der Wellradantrieb entspricht dem Antrieb mit der Tretkurbel. Hier kann an den Pedalen eine relativ kleine Kraft ansetzen, um am vorderen Ritzel eine große Kraft wirken zu lassen. Die Kraft wird nun auf die Kette übertragen. Die Kette hat einzelne Kettenglieder. Zwischen ihnen wirkt stets

dieselbe Kraft. Ein Kettenantrieb macht nichts anderes als ein Gebilde aus zwei Zahnrädern - Getriebe genannt. Ein einfaches Getriebe ist eine Anordnung aus zwei Zahnrädern unterschiedlicher Radien, die über Zähne übereinander abrollen, wobei eines das Antriebsrad ist (Abb. 4).

Hier stellt das große Zahnrad (r_2) das große vordere Ritzel des Fahrrades dar. An den Berührpunkten, den Zähnen, wirkt nach dem Wechselwirkungsprinzip das Antriebsrad mit der Kraft F_2 und das kleinere angetriebene Rad mit der Reaktionskraft F_1. Die wirkenden Kräfte sind also gleich. Aufgrund unterschiedlicher Radien werden durch die gleichen Kräfte unterschiedliche Drehmomente erzeugt. Am kleineren Zahnrad (r_1) wirkt jetzt ein kleineres Drehmoment. Allerdings dreht es mit einer höheren Drehfrequenz als das große Zahnrad, wobei sich die Drehfrequenzen umgekehrt wie die Radien der Räder verhalten:

$$\frac{f_1}{f_2} = \frac{r_2}{r_1}$$

Ein Getriebe wandelt Drehmomente – die Kräfte bleiben konstant.

Nun treibt das „schnell" drehende hintere Ritzel über die Speichen das hintere Rad an. Es liegt wieder ein Wellradantrieb vor. Da sich das Hinterrad genauso schnell dreht wie das Ritzel, läuft das hintere Rad einen enorm großen Weg ab. Der Nachteil ist allerdings,

Antriebsart		Kraftangriffspunkt	Wirksamer Radius	Wirksame Kraft	Wirksames Drehmoment	Wirksamer Weg
Wellrad		Pedal	16 cm	150 N	2400 Ncm	5 cm
		Vorderes Ritzel	8 cm	300 N	2400 Ncm	2,5 cm
Kettenantrieb		Hinteres Ritzel	4 cm	300 N	1200 Ncm	2,5 cm
Wellrad		Hinterrad	36 cm	33,3 N	1200 Ncm	22,5 cm

Tabelle 1: Antriebsverlauf beim Fahrrad

Abb. 2: Drehmomentgleichheit am Wellrad

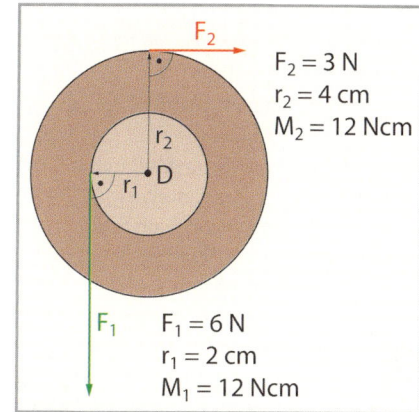

$F_2 = 3\,N$
$r_2 = 4\,cm$
$M_2 = 12\,Ncm$

$F_1 = 6\,N$
$r_1 = 2\,cm$
$M_1 = 12\,Ncm$

Abb. 3: Schematische Darstellung der Drehmomentgleichheit am Wellrad

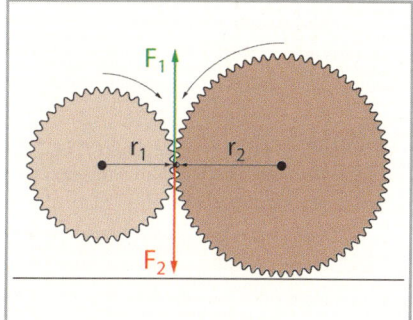

Abb. 4: Das Getriebe als Drehmomentwandler

dass die wirkende Kraft am großen Radradius stark verkleinert ist. Unsere relativ große „Tretkraft" wird durch den Gesamtantrieb stark verkleinert. Zwischen Rad und Straßenbelag wirken kleine Antriebskräfte, allerdings haben wir dafür einen Weggewinn. Tabelle 1 soll den gesamten Antriebsverlauf noch einmal verdeutlichen.

Aus der tabellarischen Übersicht wird deutlich, dass es beim Fahrrad zwei Antriebsarten gibt, zwei Wellradantriebe und dazwischen einen Kettenantrieb, der einem Getriebe gleicht. Die Antriebskraft des Fahrers wird um den Faktor 4,5 verringert. Ein normaler Fahrradantrieb ist also „kraftreduziert". Demgegenüber steht der Vorteil eines hohen „Weggewinns" um den Faktor 4,5, d. h., dreht man das Pedal um ca. 10 cm, so hat man bereits 45 cm, also fast einen halben Meter zurückgelegt. Es versteht sich von

selbst, dass ein Fahrrad ein ideales Gefährt ist, um sich auf ebenen Strecken fortzubewegen. Bei Bergfahrten zeigen sich die Nachteile des Geräts. Es sind aufgrund der Hangabtriebskraft zusätzliche Kräfte vom Fahrer aufzubringen, die schnell ermüden. Hier hilft nur eine Gangschaltung. Die Absicht der Gangschaltung wird klar, wenn man die tabellarische Übersicht verstanden hat. Je nach Bergsteilheit bleibt für den Fahrer eine gewisse Antriebskraft übrig. Die setzt er optimal ein, um noch einen angemessenen Weg zurücklegen zu können. Die Antriebsritzel werden kleiner, und die Hinterradritzel werden größer. Bergfahren heißt, Gangschaltung und Körper aufeinander abzustimmen (Abb. 5).

Bei komplizierteren Maschinen als dem Fahrrad findet man häufig Zahnradantriebe, Kettenantriebe, aber auch Riemenantriebe.

Sämtliche genannten Antriebsarten (Zahnrad-, Ketten- und Riemenantriebe) sind Drehmomentwandler, d. h., das jeweils größere Rad hat das größere Drehmoment, besitzt aber die kleinere Drehfrequenz.

Wellradangetriebene Räder sind Kraftwandler. Am größeren Antriebsrad benötigt man nur kleine Kräfte, dafür aber längere Wege. Die Drehfrequenz und das Drehmoment der über eine Welle verbundenen Räder bleiben gleich.

 Zum Weiterlesen:

- Das Zusammenwirken von Kräften, S. 236
- Kraft als Vektor, S. 234
- Der Hebel, S. 238
- Lageenergie und Hubarbeit, S. 260

Abb. 5: Fahrrad mit mehrstufiger Kettenschaltung

Stets gegenwärtig: _Der Druck_

Physik

An einem Obststand beschwert sich ein junger Mann über den Zustand der frischen Pfirsiche und signalisiert der Verkäuferin, dass die von ihm gewünschte Ware „Druckstellen" hätte. Er kauft die Ware nicht. Sein weiterer Weg führt ihn in ein Museum. Der Parkettboden des Museums hat viele kleine Eindrücke. Diese stammen von Schuhen mit so genannten Pfennigabsätzen. Druckstellen sind eine Folge von Krafteinwirkungen auf einen Körper. Die Phänomene Druck und Kraft sind anscheinend eng miteinander verbunden. Druckstellen werden in Folge größerer Kraft immer ausgeprägter, aber am Beispiel der Damenschuhabdrücke im Parkett erkennt man, dass die Höhe der Kraft allein nicht ausreichend die Druckwirkung beschreibt, denn die Gewichtskraft von Personen mit anderen Schuhen größerer Auftrittsfläche ist mindestens genauso groß.

Der Zustand „Druck"

Versucht man, eine Kraft auf Flüssigkeiten oder Gase auszuüben, so muss man diesen Vorgang zunächst ohne Erfolg abbrechen. Die beiden Medien weichen aus, da die Gas- und Flüssigkeitsmoleküle frei beweglich sind. Erst wenn man die Medien quasi einsperrt, z. B. Luft in einen Fahrradschlauch oder eine Flüssigkeit in einen Kolbenprober, kann man eine Kraft ausüben (Abb. 1a/b).

Beim Aufpumpen des Fahrradschlauchs spürt man deutlich, dass man eine Kraft ausüben muss. Sperrt man den Schlauch, so wie es allgemein üblich ist, in einen Mantel, so spürt man deutlich, dass der Druck im Reifen zunimmt. Das Pumpen fällt immer schwerer. Man sagt, der Reifendruck steigt. Das Pumpen hat ein Ende, wenn der zulässige Reifenmaximaldruck erreicht ist. Pumpt man immer weiter, so platzt der Reifen.

Gase sind komprimierbar – man kann sie zusammendrücken.

Anders sieht es beim flüssigkeitsgefüllten Kolbenprober aus. Man kann zwar Kräfte ausüben, aber es geschieht scheinbar nichts.

Flüssigkeiten sind nicht komprimierbar – man kann sie nicht zusammendrücken.

Gibt es also keinen Druck in Flüssigkeiten? In eine Spritze saugt man etwas Wasser, danach ein wenig Luft und dann wieder Wasser ein. Man verschließt die Spritze

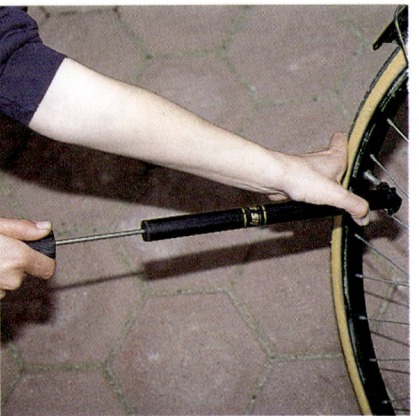

Abb. 1a: Aufpumpen eines Fahrradschlauchs. Ventil und Luftpumpe erwärmen sich

vorne mit dem Finger und übt dann eine Kraft mit der anderen Hand aus und beobachtet die Spritze. Das in die Flüssigkeit eingesperrte Gasvolumen verkleinert sich, ohne direkt mit der beweglichen Kolbenfläche, die die Kraft ausübt, in Berührung zu sein. Die Flüssigkeit gibt den Druckzustand weiter. In der Flüssigkeit herrscht also ein bestimmter Druck.

In Flüssigkeiten gibt es also sehr wohl einen Druck, auch wenn sie nicht komprimierbar sind (Abb. 2).

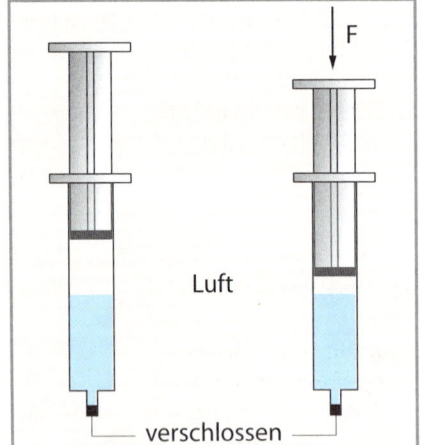

Abb. 2: Druckwirkung in einer Spritze

Der Druck und seine bestimmenden Größen

Drei Kolben unterschiedlichen Querschnitts werden mit Flüssigkeit gefüllt, untereinander mit Gummischläuchen verbunden und mit Gewichten beschwert.

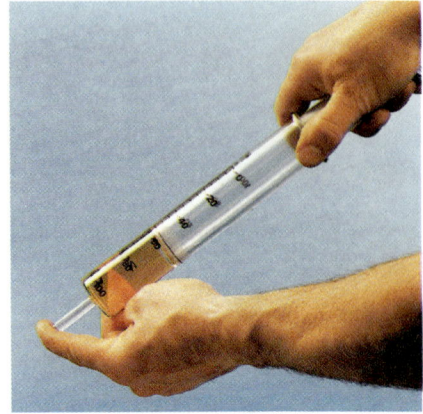

Abb. 1b: Kraftausübung auf eine Flüssigkeit im Kolbenprober. Diese lässt sich nicht komprimieren

Die Leitungen zum Kolben 2 und Kolben 3 sind durch Feststellschrauben verschließbar, so dass sich bei fest verschlossenen Schrauben eine Druckänderung nicht auswirken kann. Es werden verschiedene Gewichte auf den Kolben 1 gelegt und jeweils getestet, ab welchem Gewicht die beiden anderen Kolben sich nicht mehr nach oben bewegen. Dies geschieht durch Änderung der Gewichtsstücke auf den Kolben. Durch Benutzung der Feststellschrauben können Kolben 2 und Kolben 3 jeweils einzeln untersucht werden (Abb. 3).

In der Tabelle 1 erkennt man, dass anscheinend Gleichgewichtszustände immer dann erreicht werden, wenn auf große Flächen große und auf kleine Flächen kleine Kräfte wirken. Man sagt dann, die Drücke in den Kolben sind gleich. Diese Aussage ist berechtigt, denn wären die Drücke nicht gleich, so würde sich ein Kolben langsam nach oben bewegen, da der andere Kolben einen höheren Druck erzeugen würde.

Drücke in verbundenen Systemen sind dann gleich, wenn sich Gleichgewichtszustände einstellen, d. h. Zustände, die sich nicht ändern.

So benötigt man eine Kraft von 1,6 N, um auf einer Fläche von 4 cm² die gleiche Wirkung zu erzeugen wie eine Kraft 0,4 N auf einer Fläche von 1 cm². Die Kräfte auf die

F_1/N	A_1/cm²	F_2/N	A_2/cm²	F_3/N	A_3/cm²	$P_1/\frac{N}{cm^2}$	$P_2/\frac{N}{cm^2}$	$P_3/\frac{N}{cm^2}$
3,3	8,25	1,6	4	0,4	1	0,4	0,4	0,4
4,125	8,25	2	4	0,5	1	0,5	0,5	0,5

Tabelle 1

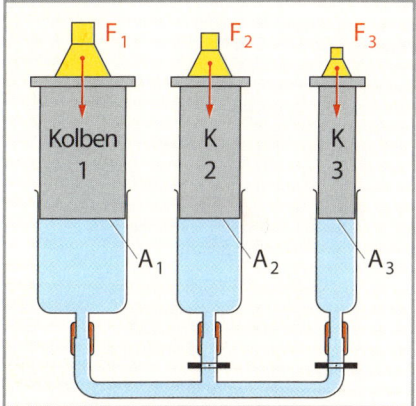

Abb. 3: Verbundene Kolben. Veranschaulichung des Gleichgewichtszustands

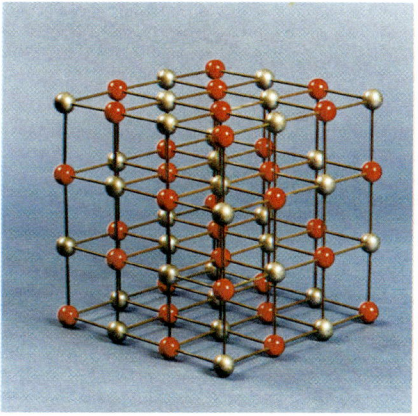

Abb. 4: Gitteraufbau eines Festkörpers. Er kann nicht komprimiert, sondern höchstens zerbrochen werden

Kolben sind in den Gleichgewichtszuständen unterschiedlich groß. Die Quotienten aus Kraft- und Flächenwerten sind in den Gleichgewichtszuständen jedoch immer gleich groß. Gleichgewichtszustände erzeugen gleiche Drücke. Es liegt nahe, den Quotienten aus Kraft F und zugehöriger Fläche A als Druck zu bezeichnen. Der Druck wird mit dem Buchstaben p abgekürzt (engl.: pressure):

Der Druck p ist der Quotient aus der wirkenden Kraft F und der zugehörigen Fläche A.

$$\text{Druck} = \frac{\text{Kraft}}{\text{Fläche}}$$

$$p = \frac{F}{A} \qquad [p] = \frac{N}{m^2} \qquad \text{oder}$$

$$[p] = \frac{N}{cm^2}$$

$$1\,\frac{N}{m^2} = 1\,\text{Pa} \quad (\text{lies: 1 Pascal})$$

Ein Pascal ist ein sehr kleiner Druck. Er entspricht etwa dem Druck auf eine Fläche von 1 m², falls man gleichmäßig 100 g Zucker (Gewichtskraft ca. 1 N) darüber verstreut, deshalb gibt es noch andere Druckeinheiten, die größere Wirkungen erfassen können. Die gebräuchlichste Einheit ist das Bar.

1 bar = 100.000 Pa = 10^5 Pa
1 Pa = 1/100.000 bar = 10^{-5} bar (Bar: lies bar)
1 hPa = 100 Pa = 10^{-3} Bar (hPa: lies Hektopascal)

Den Luftdruck gibt man in Hektopascal (Millibar) an. 1 Millibar ist 1/1000 bar. Große Drücke misst man in Bar. Ein Hochdruckdampfstrahler erzeugt einen Druck von 120 bar. Der Luftdruck beträgt etwa 1000 mbar (Millibar), also ca. 1000 hPa.

Eine Beispielsaufgabe illustriert den Umgang mit den neuen Größen und Einheiten: Auf einem Kolben der Querschnittsfläche A – 5 cm² lastet ein Gewichtsstück der Masse m = 100 g. Wie groß ist der auf die Kolbenwände ausgeübte Druck p?

Druck in festen, flüssigen und gasförmigen Körpern

Feste Körper sind ähnlich wie ein Gitter aufgebaut (Abb. 4).

Die Kräfte zwischen den einzelnen Atomen und Molekülen sind sehr stark. Deshalb kann man sie schwer zusammendrücken. Aber auch Festkörper kann man unter Druck setzen. Bei einer maximalen Druckbelastung können sie zerbrechen, deshalb ist es für Festkörper im industriellen Gebrauch üblich, eine maximale Druckfestigkeit anzugeben. Ziegelsteine haben eine Druckfestigkeit von ca. 100 N/mm², das entspricht einem Maximaldruck von 10^8 Pa oder 1000 bar (Abb. 5). Bei flüssigen und gasförmigen Körpern ist das anders. Ihre Moleküle, die man sich zunächst als Kugeln vorstellen kann, sind frei beweglich. In Flüssigkeiten liegen sie sehr dicht und geben den Druck in alle Richtungen gleich stark weiter. In Gasen sind diese Kugeln sehr weit auseinander, bewegen sich schnell und stoßen häufig gegeneinander oder gegen die Gefäßwände, dadurch erzeugen sie ihren Innendruck.

Abb. 5: Das Fundament riesiger Hochhäuser muss dem enormen Druck standhalten können

---

$$p = \frac{F}{A} = \frac{m \cdot g}{A} = \frac{100\,g \cdot 9{,}81\,\frac{N}{kg}}{5\,cm^2} = \frac{0{,}1\,kg \cdot 9{,}81\,\frac{N}{kg}}{5 \cdot \frac{1}{100}\,m \cdot \frac{1}{100}\,m}$$

$$= \frac{0{,}1 \cdot 9{,}81 \cdot N \cdot 100 \cdot 100}{5\,m^2} = 1962\,\frac{N}{m^2} = 1962\,\text{Pa}$$

$$= 1962 \cdot 1\,\text{Pa} = 1962 \cdot 10^{-5}\,\text{bar} = 0{,}01962\,\text{bar}$$

$$= 0{,}01962 \cdot 1\,\text{bar} = 0{,}01962 \cdot 10^3\,\text{hPa} = 19{,}62\,\text{hPa} = 19{,}62\,\text{mbar}$$

Beispielaufgabe

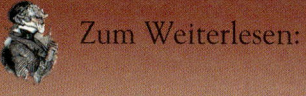

Zum Weiterlesen:

- Der Druck in Flüssigkeiten, S. 244
- Der Druck in Gasen, S. 246
- Technische Anwendungen des Drucks, S. 248

Der Druck in Flüssigkeiten

Jeder, der im Schwimmbad schon einmal getaucht ist, kennt das unangenehme Druckgefühl in den Ohren beim Tieftauchen. Je tiefer man taucht, desto stärker verspürt man einen Druck in den Ohren, der ab einer Wassertiefe von 5 Metern für die meisten Menschen nicht mehr ohne Schmerzen toleriert wird. Ein kleiner Trick hilft, diese Schmerzen zu verringern. Hält man sich vor dem Tauchgang die Nase mit Daumen und Zeigefinger zu und schließt zusätzlich den Mund, so kann man einen erhöhten Druck erzeugen, der das Trommelfell der Ohren quasi nach außen drückt. Auch dieses Gefühl ist unangenehm, aber in der Tiefe lindert es den Schmerz.

Der Schweredruck

Offenbar erzeugt eine Flüssigkeitssäule einen Druck. Je tiefer man in eine Flüssigkeit eintaucht, desto größer ist der Druck. Doppelte Eintauchtiefe erzeugt doppelt so große Drücke. Diesen Sachverhalt zeigt ein Digitalmanometer in einem Versuch an, indem man es zunächst in verschiedene Wassertiefen eintaucht. Ein Manometer ist ein Messgerät, das den Druck messen kann. Die Eintauchtiefe beträgt 10 cm bzw. 20 cm. Die zugehörigen Drücke verhalten sich wie die Eintauchtiefen (Abb. 1a, b). Die Tauchtiefe h und der Druck p, der in der Wassersäule herrscht, verhalten sich offensichtlich proportional zueinander.

> Der Druck p ist proportional zur Tauchtiefe h:
> $$p \sim h$$

Ein weiterer Versuch zeigt, dass bei gleicher Wassertiefe der Druck von der Dichte der Flüssigkeit abhängt. Man taucht das Digitalmanometer einmal in Wasser und ein anderes Mal bei gleicher Tauchtiefe in Alkohol (Abb. 1c).

Die Dichte ρ von Wasser beträgt 1 g/cm³, die von Alkohol etwa 0,8 g/cm³. Man sieht, dass sich die Drücke ebenso verhalten. Der Druck p in einer Flüssigkeitssäule verhält sich proportional zur Dichte der jeweiligen Flüssigkeit:

> $$p \sim \rho$$

Wie kann man sich nun die Druckentstehung in einer Flüssigkeitssäule vorstellen? Drücke entstehen durch Kräfte, die auf Flächen einwirken. Es ist nahe liegend, die Gewichtskraft der betreffenden Flüssigkeitssäule für die Druckentstehung verantwortlich zu machen, denn diese lastet quasi als „Flüssigkeitsblock" über einer bestimmten Fläche A (Abb. 2). Die Gewichtskraft einer Flüssigkeitssäule ist das Produkt von Masse und Ortsfaktor:

$$G = m \cdot g$$
$$m = \rho \cdot V$$
$$G = \rho \cdot g \cdot V$$
$$V = A \cdot h$$

V = Volumen ρ = Dichte
A = Fläche G = Gewicht
h = Höhe

Somit ergibt sich für den Druck p:

$$p = \frac{F}{A} = \frac{G}{A} = \rho \cdot g \cdot \frac{V}{A}$$

$$p = \rho \cdot g \cdot h$$

Eine Vergrößerung der einbezogenen Flüssigkeitssäule würde zwar die auf der zugehörigen Fläche A lastende Kraft erhöhen, aber man kann sich leicht überlegen, dass die Fläche dazu im gleichen Verhältnis zunimmt.

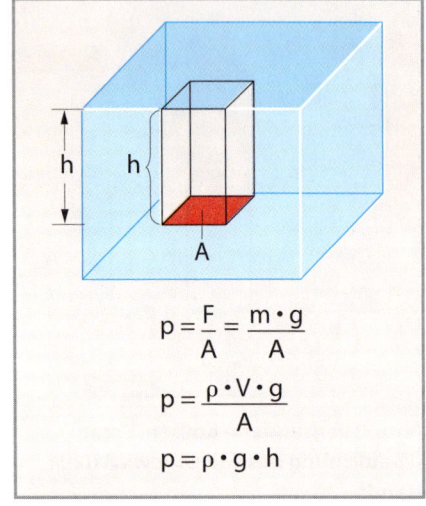

$$p = \frac{F}{A} = \frac{m \cdot g}{A}$$

$$p = \frac{\rho \cdot V \cdot g}{A}$$

$$p = \rho \cdot g \cdot h$$

Abb. 2: Der Schweredruck p in einer Flüssigkeit

Der Flüssigkeitsdruck, Schweredruck oder auch hydrostatische Druck einer Flüssigkeitssäule hängt also nicht von der Ausdehnung des Wasserbehälters ab, sondern nur von der Eintauchtiefe h und der Flüssigkeitsdichte. Die folgende Beispielrechnung bestätigt das Versuchsergebnis, das man der Abbildung 1 entnehmen kann. Die Eintauchtiefe des Manometers beträgt 0,1 m, die Dichte des Wassers beträgt 1 g/cm³ und die Erdbeschleunigung g = 9,81 N/kg (siehe Beispielrechnung, S. 245 oben).

Man kann nun verstehen, warum bei extrem tiefen Tauchgängen von bis zu 11.000 m, die die Wissenschaftler unternehmen, um den Meeresboden zu erforschen, spezielle Stahltauchkugeln erforderlich sind. Der hohe Wasserdruck würde sonst alles zusammenpressen. Man kann sich als Grobregel merken, das 10 m Wassertiefe einem Druck von 1 bar entsprechen. Die Tauchkugel muss also einem Druck von ca. 1100 bar standhalten.

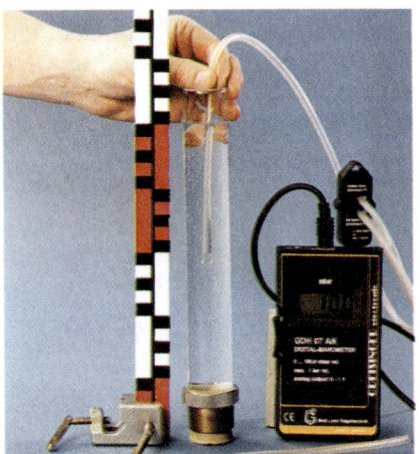

Abb. 1a: Druck in 10 cm Wassertiefe

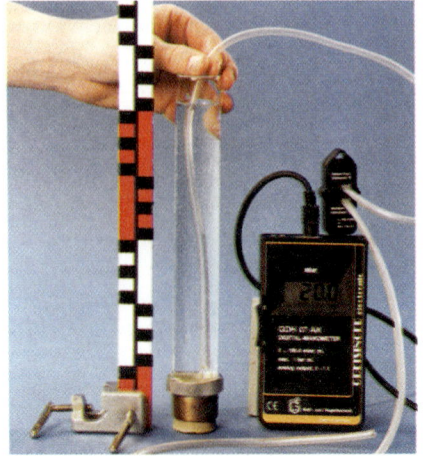

Abb. 1b: Druck in 20 cm Wassertiefe

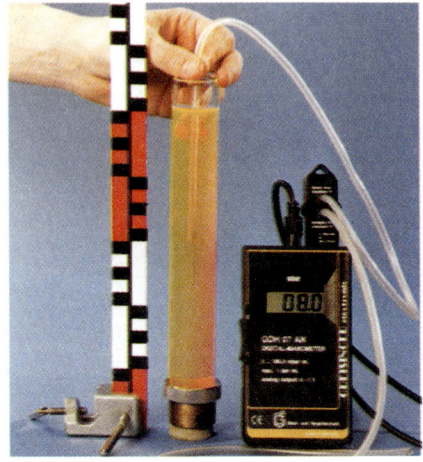

Abb. 1c: Druck in 10 cm tiefer Alkoholsäule

$$p = \rho \cdot g \cdot h$$

$$= 1 \frac{g}{cm^3} \cdot 9{,}81 \frac{N}{kg} \cdot 0{,}1 \, m$$

$$= \frac{1 \cdot \frac{1}{1000} \, kg \cdot 9{,}81 \, N \cdot 0{,}1 \, m}{\frac{1}{100} \, m \cdot \frac{1}{100} \, m \cdot \frac{1}{100} \, m \cdot kg}$$

$$= \frac{\frac{kg}{1000} \cdot 100 \cdot 100 \cdot 100 \cdot 9{,}81 \, N \cdot 0{,}1 \, m}{m^3 \cdot kg}$$

$$= 981 \frac{N}{m^2}$$

$$= 981 \, Pa = 0{,}00981 \, bar \approx 10 \, mbar$$

Beispielrechnung

Druckmessung

Wie kann man nun die Größe „Druck" messen? Wenn man mit einem Schnorchel taucht, kann es passieren, dass sich Wasser im U-förmig gebogenen Schnorchelstück befindet. Durch Pusten befördert man diese Wassersäule aus dem Schnorchel, um wieder frei atmen zu können. Dies geschieht durch Druckerhöhung im Lungenraum. Druckerhöhung kann also Flüssigkeiten in U-Rohren anheben. Mit diesem Prinzip kann man ein einfaches Messgerät bauen, das den Druck in Flüssigkeiten messen kann. Man nennt es Druckdosenmanometer (Abb. 3). Es besteht aus einer kleinen Metalldose, die mit einer Gummimembran überzogen ist. Im seitlichen Dosenteil befindet sich eine Öffnung, über die ein Gummischlauch gestülpt ist. Dieser führt zu einem flüssigkeitsgefüllten U-Rohr aus Glas. Drückt man wie in unserem Schnorchel auf die Dosenmembran, so steigt die Flüssigkeit im U-Rohr dem Druck entsprechend an. Taucht man die eigentliche Dose nun in eine Flüssigkeit, so drückt die über der Membran

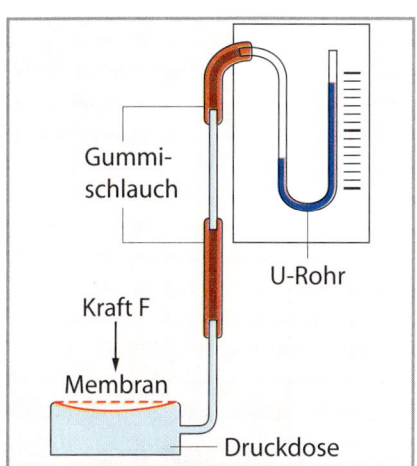

Abb. 3: Druckdosenmanometer

stehende Flüssigkeitssäule auf die Membranfläche und erzeugt einen Druck, der im U-Rohr abgelesen wird. Benutzt man eine solche Druckdose mit langem Gummischlauch bei einem Tauchgang, so stellt man etwas Eigentümliches fest. Dreht man die Druckdose in einer bestimmten Tauchtiefe in alle möglichen Raumebenen oder kippt sogar die Membran nach unten, so ändert sich der Druck nicht. Der Druck wirkt demnach in alle Richtungen gleich. Das ist einfach zu erklären, wenn man sich einen Behälter mit Wasserkugeln gefüllt vorstellt (Abb. 4). Auf eine in

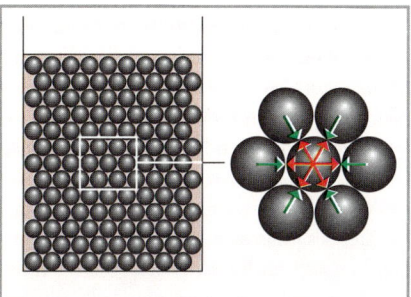

Abb. 4: Druckausbreitung in Flüssigkeiten

der Wassersäule befindliche Kugel wirken aus allen möglichen Raumrichtungen Kräfte durch die Nachbarkugeln. Nach dem Wechselwirkungsprinzip drückt diese Kugel mit ihren Kräften in entgegengesetzter Richtung zurück.

> Der Druck in einer Flüssigkeitssäule wirkt in einer bestimmten Tiefe in alle Richtungen gleich.

Verbundene Gefäße

Ein weiteres, zunächst eigentümliches Verhalten zeigen so genannte verbundene Gefäße (Abb. 5a).

Die Gefäße haben alle eine unterschiedliche Form, aber in allen steigt die Flüssigkeitssäule unabhängig von der Gefäßform auf dieselbe Höhe. Wenn man bedenkt, dass der Wasserdruck nur von der Höhe der Wassersäule abhängt, ist der Effekt leicht verständlich, da in allen Gefäßböden derselbe Druck herrscht. Diesen Sachverhalt nutzt man u. a. für unser Wasserversorgungssystem. In Wassertürmen wird das Wasser auf eine bestimmte Höhe gepumpt, und zu Hause steigt das Wasser scheinbar von allein nach oben. Wie können jedoch Bäume ihre hoch in den Baumkronen gelegenen Blätter mit Wasser versorgen? Eigentlich dürfte das Wasser nicht

bis in die Kronen gelangen, wenn es nicht den Kapillareffekt geben würde. Kapillaren sind sehr dünne, haarfeine Röhren (Abb. 5b).

Werden die Röhren, die verbunden sind, dünner, so steigt die Flüssigkeit in der dünnsten Röhre am höchsten. Erklärbar wird das durch molekulare Anziehungskräfte zwischen Gefäßwand und Flüssigkeit. Dort, wo die Wände wie in den Kapillaren sehr nahe beieinander liegen, sind diese Kräfte sehr hoch und ziehen das Wasser quasi nach oben. Diesen Effekt nutzen Pflanzen zur Wasserversorgung.

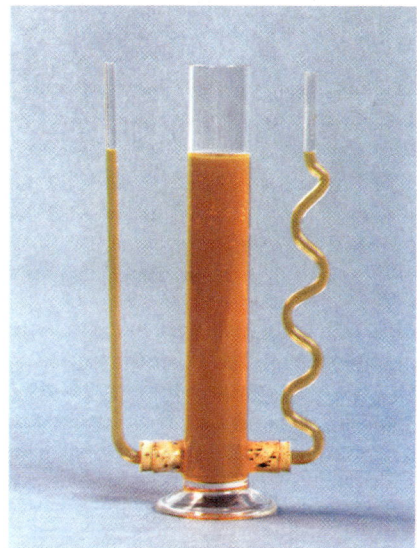

Abb. 5a: Verbundene Gefäße

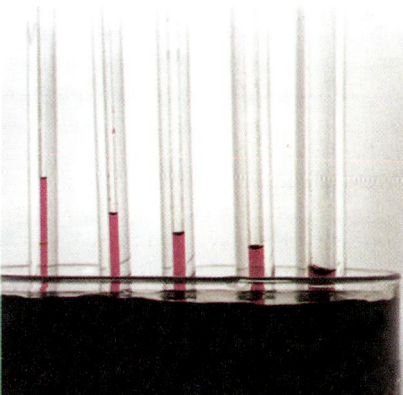

Abb. 5b: Kapillareffekt

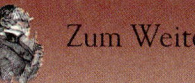 Zum Weiterlesen:

- Stets gegenwärtig: Der Druck, S. 242
- Der Druck in Gasen, S. 246
- Technische Anwendungen des Drucks, S. 248
- Der Auftrieb in Flüssigkeiten, S. 252

Der Druck in Gasen

*E*in großer, leerer Blechkanister wird mit ein wenig Wasser gefüllt, dann auf eine Herdplatte gesetzt und stark erhitzt, so dass das Wasser siedet (kocht). Jetzt wird der Kanister von der Herdplatte entfernt und mit einem Stopfen verschlossen. Nach einer gewissen Zeit nimmt man beim Abkühlen knackende Geräusche wahr. Der Kanister wird scheinbar von allein stark eingebeult (Abb. 1). Irgendwer muss den Kanister zu-

Abb. 1: Durch den Luftdruck zusammengepresster Blechkanister

sammengedrückt haben. Die Antwort gibt die Luft. Gase erzeugen nämlich, ähnlich wie Flüssigkeiten, einen Druck. Da die Erde von einer Atmosphäre umgeben ist, leben wir quasi auf dem Grund eines Luftmeeres. Tagtäglich spürt man unweigerlich die Auswirkungen der auf uns lastenden Luftmassen, nämlich den Luftdruck. Nachrichtensendungen schließen im Allgemeinen mit Meldungen über das Wetter. Satellitenfotos geben Aufschluss über nahende Luftmassen, die als so genannte Hoch- und Tiefdruckgebiete das Wetter bestimmen.

Der Luftdruck

Warum genau ist nun der Blechkanister eingedrückt worden? Normalerweise behalten Kanister ihre Form, wenn sie verschlossen werden. Durch das Erwärmen ist wie beim Kochen Wasserdampf im Innenraum entstanden, der einen Teil der Luft im Kanister verdrängt. Kühlt sich nach dem Verschließen der Wasserdampf ab und wird er zu Wasser, so fehlt ein Teil der Luft, die sich normalerweise im Kanister befindet. Ebenso fehlt der Druck des Wasserdampfes, da sich der Dampf wieder in Wasser verwandelt hat. So kann der von außen wirkende Luftdruck den Kanister zusammenpressen. Dieses Prinzip nutzt man zum „Einkochen" von Lebensmitteln. Obst und Gemüse werden in Gläsern in einem Wasserbad erhitzt. Beim Abkühlen drückt sich der Glasdeckel auf den Gummidichtungsring, und das Glas ist verschlossen (Abb. 2).

Versucht man, mit den Händen den Deckel des Glases abzuziehen, scheitert man direkt. Der Luftdruck presst den Deckel fest auf. Natürlich kann man an der Lasche des Dichtrings ziehen und das Glas öffnen. Eine andere Öffnungsmethode ist aber aufschlussreicher und hilft, Gläser zu öffnen, deren spröde Dichtringlaschen abgerissen sind. Mit einer Nadel sticht man ein kleines Loch in den Dichtring. Man hört, wie die Luft in das Glas hineingesogen wird. Besser sollte man sagen, „hineingedrückt" wird. Wenn so viel Luft in das Glas geflossen ist, dass der Innendruck gleich dem äußeren Luftdruck ist, lässt sich der Deckel ganz einfach abheben. Dieses Experiment verrät auch, warum man nichts vom Luftdruck spüren kann. Der Innendruck in unserem Körper entspricht dem äußeren Luftdruck. Nur wenn man sehr schnell mit Aufzügen oder Fahrzeugen große Höhen über-

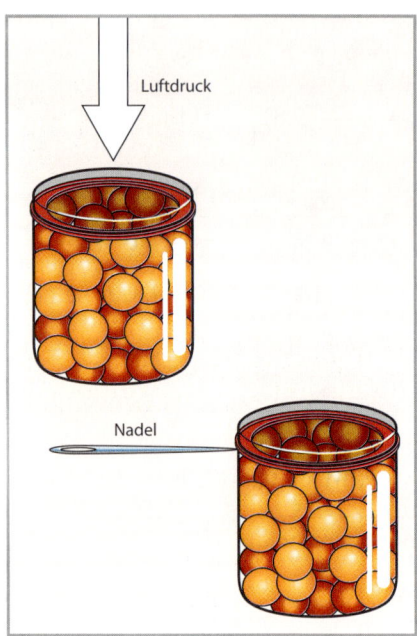

Abb. 2: Das verschlossene Einmachglas lässt sich durch Anstechen des Dichtungsringes leicht öffnen

windet, spürt man Druckwirkungen auf unser Trommelfell im Ohr. Der Luftdruck nimmt nämlich mit der Höhe ab. Der Innendruck im Körper hat sich noch nicht angepasst und drückt das Trommelfell nach außen. Das unangenehme Gefühl lässt sich durch Lufteinsaugen oder Kaugummikauen verringern, da der Ausgleich der Drücke schneller vonstatten geht. Da die Auswirkungen des Luftdrucks den Menschen lange Zeit unbekannt waren, ist das Experiment von Otto von Guericke (1602-1686) berühmt geworden.

Er fügte, ähnlich wie in Abbildung 3a/b ersichtlich, zwei große Eisenhalbkugeln zusammen und pumpte sie anschließend luft-

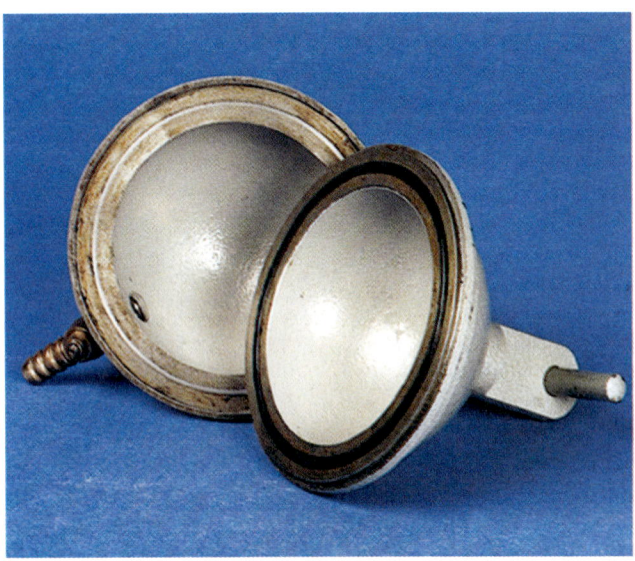

Abb. 3a: Modell der Magdeburger Halbkugeln

Abb. 3b: Luftleere Halbkugeln haften zusammen

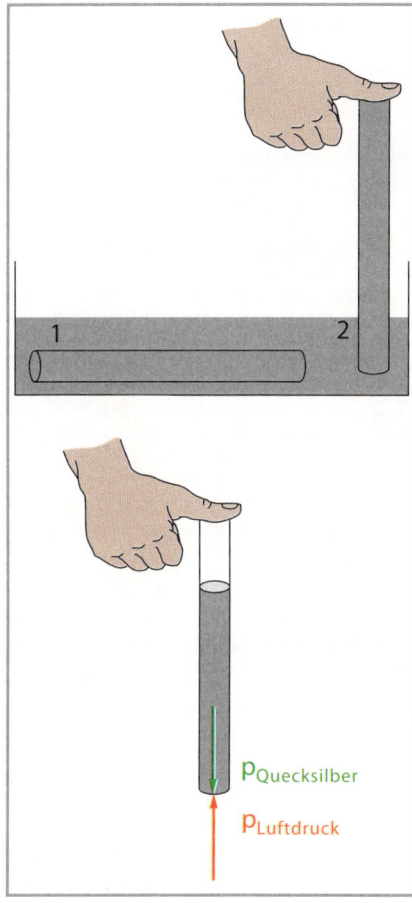

Abb. 4: Versuch von Torricelli. Die Röhre lief stets bis auf eine Höhe von 760 mm aus

leer. Erst ein Gespann von zweimal acht Pferden konnte die Kugeln auseinander ziehen. Da in den Kugeln nahezu ein Vakuum entstanden war, presste die Luft mit großer Kraft von außen auf die Kugelflächen. Wir nehmen einmal an, dass an diesem Tag ein Luftdruck von 1 bar herrschte. Dies entspricht etwa dem normalen Luftdruck. Die Kugel hatte einen Durchmesser von ca. 1 m. Die Querschnittsfläche war damit ca. 3,14 m² groß. Welche Kraft drückte die Halbkugeln zusammen?

Beispielrechnung

Auf jede Kugelhälfte wirkten also nur 150.000 N. Natürlich war im historischen Versuch die Kraft auf die Halbkugel nicht so groß wie hier berechnet. Denn in der Rechnung wird vorausgesetzt, dass von innen kein Druck auf die Halbkugeln ausgeübt wird. Die Kugel dürfte also keine Luft beinhalten. Dieser Zustand wird mit Vakuum bezeichnet. Otto von Guericke konnte damals noch kein absolutes Vakuum erzeugen. Deshalb muss man in der Rechnung immer noch einen gewissen

Druck, den Innendruck, subtrahieren, um an die wirkliche Kraft zu gelangen, die sich damit reduziert:

$$P = P_A - P_I$$

P : wirksamer Druck
P_A : Außendruck
P_I : Innendruck

Damit hatten die 16 Pferde eine Chance, die Kugeln vor der staunenden Menge auseinander zu ziehen. Die Vakuumtechnik hat sich allerdings im Laufe der Geschichte stark entwickelt, und so kann heute extremes Vakuum (Ultrahochvakuum 10⁻¹⁴ bar) erreicht werden.

> Der Luftdruck wird durch die über uns liegende Atmosphäre erzeugt und nimmt beim Aufsteigen in große Höhen ab. Am Erdboden beträgt er ca. 1 bar.

Barometer

Wenn man den Luftdruck messen will, braucht man entsprechende Messgeräte. Das einfachste Luftdruckmessgerät ist ein Quecksilberbarometer, das E. Torricelli (1608-1647) erfunden hat (Abb. 4). Er tauchte dazu eine Glasröhre in ein Quecksilberbad, verschloss ein Ende mit der Hand und hob die Röhre aus der Flüssigkeit. Er stellte fest, dass die Röhre immer bis auf eine Höhe von 760 mm auslief. Wie ist das zu erklären? Genauso wie der Druck in Flüssigkeiten nach allen Seiten wirkt, so wirkt auch der Luftdruck in alle Richtungen und damit auch nach oben. Er drückt genauso stark nach oben, wie der Flüssigkeitsdruck einer 760 mm hohen Quecksilbersäule nach unten drückt.

> Der Luftdruck wirkt in alle Richtungen gleich.

Verringert sich durch das Wettergeschehen der Luftdruck, so läuft ein Teil des Quecksilbers aus und man liest, dem gefallenen Druck entsprechend, eine geringere Quecksilbersäulenhöhe ab.

> Die Höhe einer Quecksilbersäule verhält sich proportional zum Luftdruck.

Damit kann man, mit einer Skala versehen, leicht ein Messgerät für den Luftdruck – ein so genanntes Quecksilberbarometer – bauen. Normale Flüssigkeiten wie Wasser eignen sich wegen ihrer geringen Dichte nicht zum Barometerbau, da die entsprechenden Flüssigkeitssäulen viel zu hoch wären. Quecksilber gerät wegen seiner Giftigkeit zunehmend in die Umweltdiskussion, daher baut man mechanische Barometer, Dosenbarometer, die die durch den Luftdruck verursachte Biegung einer Membran mechanisch in einen Zeigerausschlag verwandeln. Manche Barometer sind so gebaut, dass sie den über den normalen Luftdruck hinauswirkenden Druck anzeigen (Abb. 5).

Das geschieht beim Messen des Reifendrucks an einer Tankstelle. Die Angabe 2,3 bar bedeutet, dass im Reifen 3,3 bar und außen 1 bar Luftdruck herrschen. Der Unterschied wird für den Benutzer automatisch ausgerechnet. Er beträgt 2,3 bar.

Abb. 5: Reifendruckmessung; das Messgerät subtrahiert automatisch den Luftdruck (1 bar)

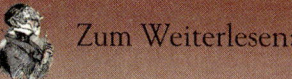

Zum Weiterlesen:

- Stets gegenwärtig: Der Druck, S. 242
- Das boyle-mariottsche Gesetz, S. 250
- Der Auftrieb in Flüssigkeiten, S. 252
- Der Auftrieb in Gasen, S. 254

247

Technische Anwendungen des Drucks

Auch wenn man es nicht direkt bemerkt, bestimmen technische Anwendungen des Drucks das gesamte Leben. Ob man nun in einem Fahrzeug ein Bremspedal betätigt, einem Bagger bei der Arbeit zusieht oder in einer Flugzeugfertigungshalle einer Presse beim Herstellen von Flugzeugblechen zuschaut: überall begegnet man hydraulischer Technikanwendung, wobei Flüssigkeiten unter Druck gesetzt werden, die diesen weitergeben und an gewünschter Stelle eine genau bemessene Kraftwirkung erzeugen.

Die hydraulische Presse

Die hydraulische Presse ist ein technisches Gerät, mit dem man mit geringen eigenen Kräften große Kraftwirkungen erzielen kann. In einem Versuch soll durch die Kraftwirkung einer Hand ein Stein zertrümmert werden (Abb. 1). Dazu wird der kleine Kolben mehrfach auf und ab bewegt, etwa so, wie man einen Wagenheber betätigt. Die Folge ist, dass sich auf der anderen Seite der größere Kolben langsam hebt und schließlich mit großer Gewalt den Stein zertrümmert. Wie kann eine solch kleine Kraft eine so große Wirkung entfalten? Der prinzipielle Aufbau einer hydraulischen Presse gibt Aufschluss darüber (Abb. 2).

Die hydraulische Presse ist mit einer Hydraulikflüssigkeit, einer Art Öl, gefüllt. Diese ist wie alle Flüssigkeiten nicht kompressibel, kann aber den Druck weitergeben. Pumpt man am Kolben K1, so öffnet sich das Ventil V_2, und Öl wird in den Kolbenraum des Kolbens K2 gepumpt. Der Kolben K2 hebt sich. Beim Zurückziehen des Pumphebels schließt sich V_2, und das Ventil V_1 öffnet sich, so dass weiteres Öl aus dem Vorratsbehälter zum Pumpen zur Verfügung steht. Der Vorgang wiederholt sich, bis der Stein eingeklemmt

Abb. 1: Hydraulische Presse zertrümmert einen Stein

ist. Wird mittels einer Hand eine Kraft von 30 N auf den 3 cm² großen Pumpzylinderkolben K1 ausgeübt, so wirkt ein Druck p von:

$$p = \frac{30\ N}{3\ cm^2} = 10\ \frac{N}{cm^2} = 1\ bar$$

Da nun die Drücke in einer Flüssigkeit überall gleich sind, herrscht auch im Presskolben derselbe Druck. Allerdings verursacht er dort eine viel größere Kraft F_2:

$$F_2 = p \cdot A = 1\ bar \cdot 120\ cm^2$$
$$= 10\ \frac{N}{cm^2} \cdot 120\ cm^2$$
$$= 1200\ N$$

Der Stein zerbricht. Ursache ist die größere Fläche des Kolbens K_2. Damit der Ölrückfluss nach der Arbeit gewährleistet ist, gibt es noch eine hier nicht gezeichnete Ölrückflussleitung, die das Öl aus dem Kolben K_2 in das Vorratsgefäß ableitet.

> An kleinen Pumpkolben wirkende kleine Kräfte verursachen an großflächigen Presskolben große Kräfte.

Natürlich steht dem Kraftgewinn ein häufiges Pumpen gegenüber. Außerdem kann man sich klarmachen, dass man mit einer hydraulischen Presse keine Arbeit einsparen kann. Die Arbeit ist das Produkt von Kraft F und Weg s, wenn die Kraft in Richtung des Weges wirkt. Eine kleine Kraft verrichtet auf einem langen Weg (mehrmaliges Pumpen) die gleiche Arbeit wie eine große Kraft auf einem sehr kleinen Weg. Der pressende Kolben bewegt sich nämlich nur sehr wenig im Vergleich zum häufig auf und ab bewegten Pumpkolben. Mit solchen Pressen werden Flugzeug- und Autoteile industriell gefertigt. Natürlich haben sie ein anderes Aussehen. Aber die Funktionsweise ist ähnlich, wenn auch dort Maschinen die Handkraft durch maschinelle Kraft ersetzen. Hebebühnen und hydraulische Wagenheber arbeiten nach dem gleichen Prinzip (Abb. 3).

Die Scheibenbremse

Die meisten Autos besitzen heute eine Scheibenbremsanlage. Die ursprünglichen Trommelbremsen werden langsam verdrängt. Sie besitzen zu viele Nachteile (Er-

Abb. 2: Schematischer Aufbau einer hydraulischen Presse

Stein

$F_1 = 30\ N$

K1

$A_{K1} = 3\ cm^2$

K2

$F_2 = ?$

$A_{K2} = 120\ cm^2$

Ölvorrats-behälter

V_1

V_2

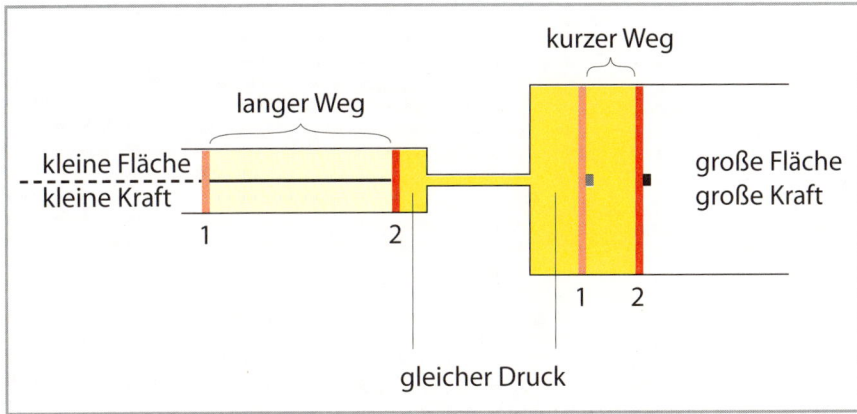

Abb. 3: Einfaches Hydraulikprinzip

$$W_F = F_p \cdot s_p$$

W_F = Bremsarbeit des Fahrers
s_p = Pedalweg (9 cm)
F_p = Pedalkraft = 1N

$$W_B = F_B \cdot s_B$$

W_B = Bremsarbeit der Backen
s_B = Backenweg (1,5 mm)

$$W_B = W_F \Rightarrow F_B \cdot s_B = F_p \cdot s_p$$

$$F_B = F_p \cdot \frac{s_p}{s_B}$$

$$F_B \approx F_p \cdot \frac{9\ cm}{1,5\ mm} \approx 60N$$

hitzung bei Bergabfahrten/ungleiche Bremswirkung) und sind nicht so zuverlässig. Auch eine Scheibenbremse arbeitet hydraulisch (Abb. 4). Drückt der Autofahrer aufs Bremspedal, so drückt der Kolben des Hauptbremszylinders auf die Bremskolben der Metallscheibe (Bremsscheibe). Die Folge ist, dass die Bremsbacken fest auf die Metallscheibe gedrückt werden und somit das Auto abgebremst wird. Zu bedenken ist, dass der Pedalweg im Verhältnis zum Weg, den die Bremsbacken zurücklegen, sehr groß ist.

Die Bremsbacken legen nur einen Weg zurück, der im Millimeterbereich liegt.

Eine fiktive Beispielrechnung veranschaulicht die große Bremswirkung, die in Wirklichkeit auch noch durch so genannte Bremskraftverstärker erhöht wird.

Die stark vereinfachte Rechnung schätzt die Wirkung einer Scheibenbremse ab. Die am Bremspedal vom Fahrer verrichtete Arbeit soll so groß sein wie die von der Bremsanlage verrichtete Bremsarbeit:

Vakuumtechnik

Gefriergetrocknete Lebensmittel werden unter Luftausschluss getrocknet. Glühbirnen, Halbleiterkristalle, Kabel und Transformatoren werden unter Vakuumbedingungen hergestellt. Die Gebiete der industriellen Anwendung der Vakuumtechnik wachsen unaufhörlich. Eingesetzt werden Strahlpumpen, Diffusionspumpen und u. a. so genannte Drehschieberpumpen. Beispielhaft wird die Funktionsweise einer Drehschieberpumpe erklärt (Abb. 5). Eine Glasglocke, die über einen Absperrhahn verschließbar ist, soll zu Versuchszwecken evakuiert werden. Sie ist über einen Schlauch mit einer Drehschieberpumpe verbunden.

Ein exzentrisch rotierender Metallzylinder schiebt die durch den Lufteinlass einströmende Luft mit Hilfe eines Schiebers so lange vor sich her, bis der Luftauslass erreicht ist. Dort befindet sich ein Kugelventil, das die Luft nur in eine Richtung ausströmen lässt. Die Federn des Schiebers pressen diesen fest an die hochpolierte Innenwand der Pumpe an und drücken bei jeder Umdrehung einen Teil der Luft aus der Glasglocke heraus.

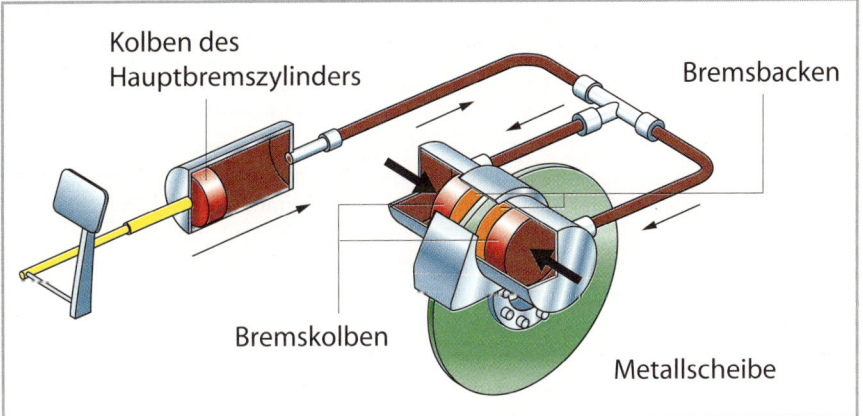

Abb. 4: Funktionsweise der Scheibenbremse

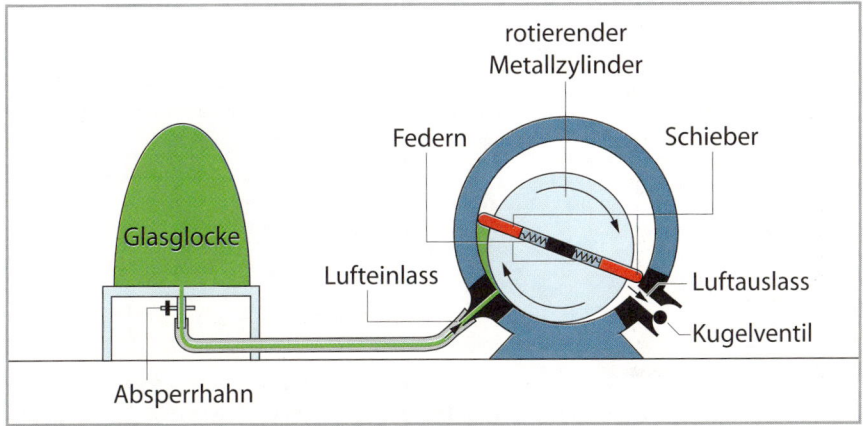

Abb. 5: Drehschieberpumpe erzeugt ein Vakuum in einer Glasglocke

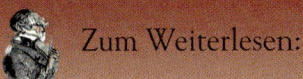

Zum Weiterlesen:

- Stets gegenwärtig: Der Druck, S. 242
- Der Auftrieb in Flüssigkeiten, S. 252
- Der Auftrieb in Gasen, S. 254

Das boyle–mariottsche Gesetz

Taucher benutzen für ihre Tauchgänge Pressluftflaschen. Taucht man in größere Tiefen ohne technisches Tauchgerät ab, so wird das Volumen des menschlichen Brustkorbs durch den hydrostatischen Druck stark zusammengepresst. Das ist abgesehen von Schmerzen im Brustbereich nicht direkt gefährlich, falls man 20 m Tauchtiefe nicht überschreitet. Jedoch ist die Tauchzeit auf wenige Minuten begrenzt. In einer Pressluftflasche (Druck bis 300 bar) kann man Atemluft mitnehmen, länger unter Wasser bleiben und größere Tiefen erreichen. Der Körper erzeugt einen Gegendruck beim Tauchen, so dass der Brustkorb seine normale Größe beibehält (Abb. 1). Ein ventilgesteuerter Druckregler passt den Druck der eingeatmeten Luft dem jeweiligen hydrostatischen Druck an. So erreicht man mit viel Übung bis zu 70 m Tiefe. Für noch größere Tiefen benötigt der Mensch dann allerdings einen Schutz für den gesamten Körper, da der Druck sonst auch auf die anderen Körperteile negativen Einfluss hätte (Abb. 2).

Kann man nun berechnen, wie tief man gefahrlos ohne Atemhilfe tauchen kann? Gibt es einen gesetzmäßigen Zusammenhang zwischen dem Volumen des Brustkorbs und dem Druck in der betreffenden Tiefe?

Das Gesetz von Boyle und Mariotte

Ein Versuch soll über den Zusammenhang von Volumen V und Druck p einer abgeschlossenen Gasmenge Aufschluss geben (Abb. 3). Ein Gasvolumen ist durch eine frei bewegliche Metallkugel in einer Glasröhre eingeschlossen. Die Metallkugel ist

Abb. 1: Die Verkleinerung des Brustkorbs wird verhindert, indem Druckluft in die Lungen gepresst wird

oberflächenpoliert und hat nahezu denselben Durchmesser wie die Glasröhre: Die Kugel schließt dadurch dicht mit dem Röhreninneren ab. Auf der Glasröhre ist eine Skala angebracht, die ein Ablesen des eingeschlossenen Gasvolumens ermöglicht. Die Glasröhre ist mit einem Manometer verbunden, das den herrschenden Druck anzeigt. Mittels einer umgekehrt laufenden Vakuumpumpe wird über einen Schlauch Luft gegen die Glaskugel gedrückt. Ein Umschalter an der Pumpe ermöglicht es, Unterdrücke zu erzeugen, falls die Pumpe evakuierend arbeitet. Gemessen werden der Druck und das Volumen der durch die Kugel eingesperrten Gasmenge. Im eingeschlossenen Volumen herrscht derselbe Druck wie außen, ansonsten würde sich die Kugel bei einem bestimmten äußeren Druck so lange

bewegen, bis Innendruck und Außendruck gleich sind.

Die Ergebnisse des Versuchs sind in einer Messtabelle festgehalten und grafisch dargestellt (Abb. 4). Druck p und Volumen V einer Gasmenge verhalten sich offensichtlich nicht proportional. Vielmehr erkennt man, dass bei zunehmendem Druck sich das Gasvolumen verkleinert. Eine solche Beziehung bezeichnet man als umgekehrte Proportionalität. Kennzeichen einer umgekehrten Proportionalität ist die Produktgleichheit der betreffenden Größen.

Die Produktgleichheit erkennt man in der letzten Tabellenzeile, in der sich nur konstante Werte ergeben. Den Graph einer umgekehrt proportionalen Beziehung nennt man Hyperbel. Zugehörige Punkte auf der Hyperbel zeigen, dass das Produkt des

Abb. 2: Tieftaucheranzug

Abb. 3: Druck und Volumen einer abgeschlossenen Gasmenge

Drucks p und des Volumens V einer eingeschlossenen Gasmenge eine Konstante ist. Diesen Zusammenhang fanden der Engländer Robert Boyle (1627-1691) und Jahre später der Franzose Edme Mariotte (1620 - 1684) unabhängig voneinander. Deshalb wird das Gesetz boyle-mariottsches Gesetz genannt. Man setzt allerdings voraus, dass beim Versuch die Temperatur konstant ist. Jeder, der schon einmal einen Fahrradreifen aufgepumpt hat, weiß, dass sich das Ventil und die Pumpenöffnung stark erwärmen. Möchte man die Temperatur konstant halten, muss man entweder vorsichtiger pumpen oder so lange warten, bis sich die Gasmenge wieder an die Umgebungstemperatur angeglichen hat. Im vorgestellten Versuch ist die Temperaturkonstanz gut gewährleistet.

Das boyle-mariottsche Gesetz:

Das Produkt aus Druck p und Volumen V einer abgeschlossenen Gasmenge erweist sich bei gleichbleibender Temperatur als konstant:

$$p \cdot V = \text{konstant}$$

$\dfrac{P}{bar}$	0,5	0,8	1	1,25	1,6	2,0
$\dfrac{V}{cm^3}$	16	10	8	6,4	5	4
$\dfrac{p \cdot V}{bar \cdot cm^3}$	8	8	8	8	8	8

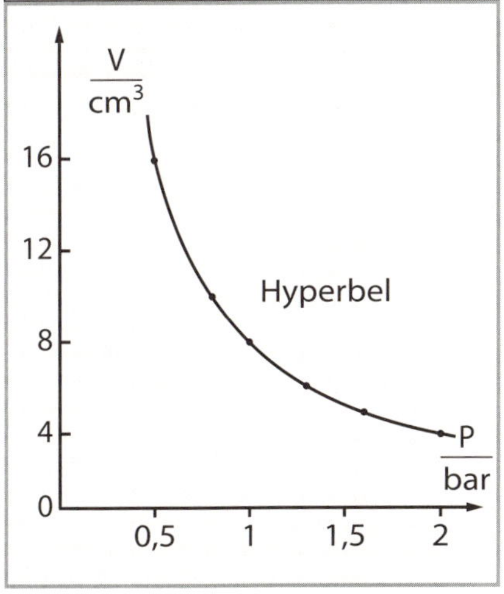

Abb. 4: Druck p und Volumen V verhalten sich in einer Gasmenge umgekehrt proportional zueinander

Eine Beispielrechnung soll die Anwendung dieses wichtigen Gasgesetzes illustrieren:

Ein Taucher habe ein Lungenvolumen von 8000 cm³. Er wagt einen Tauchgang bis auf 40 m Tiefe (ohne Pressluftflasche). Wie stark wird sein Lungenvolumen zusammengepresst?

$V_1 = 8000 \text{ cm}^3$
$V_2 = ?$

$p_1 = 1 \text{ bar}$
$p_2 = (4 \text{ bar} + 1 \text{ bar}) = 5 \text{ bar}$

Der Wasserdruck in 40 m Tiefe beträgt 4 bar; der Atmosphärendruck muss addiert werden.

$p_2 V_2 = p_1 V_1 = \text{konst.}$

$V_2 = \dfrac{p_1 V_1}{p_2} = \dfrac{1 \text{ bar} \cdot 8000 \text{ cm}^3}{5 \text{ bar}}$

$= 1600 \text{ cm}^3$

Der Druck in Gasen

Im Allgemeinen verändern sich Gasdruck, Volumen und Temperatur einer Gasmenge gleichzeitig, so zum Beispiel bei einem Luftballon, der im Sommer im Auto auf der Rückbank liegt. Die Sonnenstrahlen lassen die Temperatur und den Druck ansteigen, und der Ballon dehnt sich aus. Steigt die Temperatur weiter, so platzt er letztlich. Wie kann man sich das Zustandekommen eines Gasdrucks erklären? Man stellt sich ein Gasvolumen wie eine Menge eingesperrter Kugeln vor, die sich aufgrund ihrer Wärmeenergie stark bewegen. Die Kugeln fliegen ungeordnet durcheinander, stoßen mit anderen Kugeln zusammen und prallen gegen die Gefäßwand. Ein Versuch zeigt diesen Zustand (Abb. 5). In einer Art Rüttelmaschine werden durch Vibrationen Glaskugeln in heftige Bewegung gesetzt. Sie befinden sich in einer senkrecht stehenden Glasröhre und stellen ein Modellgas dar, dass das Verhalten von Gasteilchen darstellen soll. Das „Modellgasvolumen" ist oben durch ein Pappstück begrenzt. Die gegen den oben aufgelegten Pappkarton stoßenden Glaskugeln erzeugen beispielhaft den Gasdruck. Drückt man von außen auf den Karton, so verkleinert sich das Volumen, das den Glaskugeln zur Verfügung steht. Die Stöße werden häufiger - ihr Druck nimmt damit zu. Das boyle-mariottsche Gesetz wird dadurch verständ-

lich. Eine Verkleinerung des Volumens hat automatisch eine Vergrößerung des Drucks zur Folge. Eine Erhöhung des Rüttelns der Maschine ist nichts anderes als eine Temperaturerhöhung des Gases, was ein Anheben des Pappkartons zur Folge hat. Dies entspricht dem Ausdehnen unseres Ballons im heißen Auto.

Abb. 5: Das Verhalten von Gasteilchen, dargestellt mit Hilfe von Glaskugeln (Modellaufbau)

Atmen

Mit der Kenntnis des boyle-mariottschen Gesetzes wird auch klar, wie der Atemmechanismus funktioniert. Atmet man bewusst ein, so hebt man den Brustkorb und vergrößert sein Volumen. Der Innendruck fällt, und der äußere Luftdruck pumpt Luft in die Lungen. Beim Ausatmen senkt man den Brustkorb und verkleinert sein Volumen. Der Innendruck steigt. Die Luft wird vom Mund ausgeatmet.

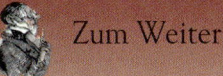 **Zum Weiterlesen:**

- Stets gegenwärtig: Der Druck, S. 242
- Der Druck in Gasen, S. 246
- Der Auftrieb in Flüssigkeiten, S. 252
- Der Auftrieb in Gasen, S. 254

Der Auftrieb in Flüssigkeiten

*E*in Strandspaziergang ist immer abwechslungsreich, da interessante Dinge zu beobachten sind. Der Blick fällt dabei auf ein Schiff, das im Meer schwimmt. Das Schiff ist aus Metall. Metall ist schwerer als Wasser. Wieso kann es sich über Wasser halten und ist zudem noch beladen? Menschen tummeln

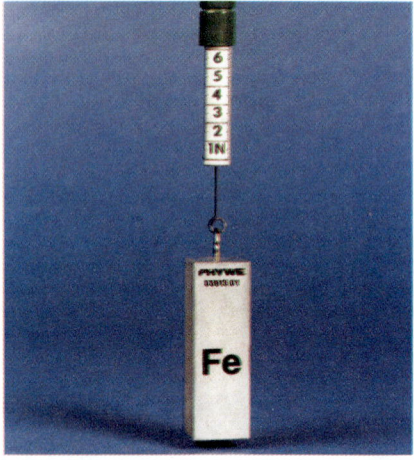

Abb. 1a: Gewichtskraft des Eisenkörpers

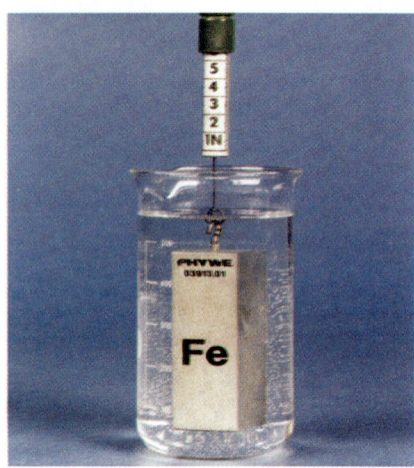

Abb. 1b: Gewichtskraft des Eisenkörpers in Wasser

Abb. 1c: Gewichtskraft des Eisenkörpers in Spiritus

sich gerne im Wasser. Fast jeder kann schwimmen. Beim Spielen im Wasser geht man unter, wenn man ausatmet. Atmet man stark ein, so kann man sich auf das Wasser legen, ohne unterzugehen. Das ist auf den ersten Blick widersinnig. Man scheint schwimmen zu können, wenn man geringe Mengen eines Stoffs (Luft) zu sich nimmt, also minimal schwerer wird, und geht unter, wenn das Gewicht kleiner wird. Es muss andere wichtige Einflussfaktoren geben, die bestimmen, ob ein Körper schwimmt oder sinkt.

Der Auftrieb

Man hängt einen Eisenkörper an eine Federwaage und bestimmt seine Gewichtskraft. Denselben Körper hängt man nun ins Wasser (Abb. 1a/b). Die Gewichtskraft des Körpers hat sich geändert. Der Körper ist leichter geworden. Wir hängen einen gleich großen Aluminiumkörper ins Wasser, auch er verliert an Gewicht, und zwar ist der Gewichtsverlust genauso groß wie beim gleich großen Eisenkörper. Obwohl also Eisenkörper und Aluminiumkörper ein unterschiedliches Gewicht haben, erfahren sie in Wasser denselben Gewichtsverlust. Man sagt, beide Körper erfahren eine Auftriebskraft F_A, die der senkrecht nach unten wirkenden Gewichtskraft entgegengesetzt ist. Das Einzige, was den Körpern gemeinsam ist, ist ihr Volumen. Das Volumen scheint eine maßgebende Größe für den Auftrieb zu sein. Hängt man einen Eisenkörper doppelten Volumens ins Wasser, so erfährt er eine doppelt so hohe Auftriebskraft.

> Die Auftriebskraft F_A, die ein vollständig in eine Flüssigkeit eingetauchter Körper erfährt, erweist sich als proportional zu seinem Volumen: $F_A \sim V_K$

Wir hängen denselben Eisenkörper wie in Versuch 1a in eine andere Flüssigkeit, und zwar in Spiritus (Abb. 1c). Auch jetzt wird der Körper leichter, aber nicht in dem gleichen Ausmaß wie beim Eintauchen ins Wasser. Die Auftriebskraft scheint also auch von der Flüssigkeitsart abzuhängen. Wir vergleichen die Auftriebskräfte genauer durch einen weiteren Versuch. Ein beliebiger Körper wird in Wasser und danach in Alkohol getaucht. Die Auftriebskräfte werden verglichen. Die Auftriebskraft in Wasser beträgt 1 N, die Auftriebskraft in Spiritus 0,8 N. Die Dichte ρ_w des Wassers beträgt 1 g/cm³, die Dichte von Spiritus ρ_{SP} liegt bei 0,8 g/cm³. Diese auffällige Ähnlichkeit führt zu der Vermutung, dass

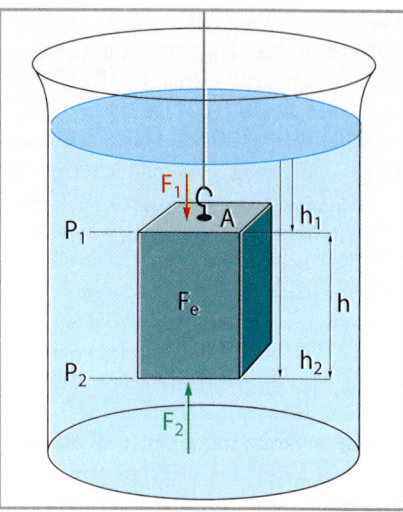

Abb. 2: Druckverhältnisse am eingetauchten Körper

die Auftriebskraft, die ein Körper erfährt, der Dichte der Flüssigkeit ρ_{FL} proportional ist: $F_A \sim \rho_{FL}$. Die anschließende Deduktion (Ableitung) wird diese Feststellungen bestätigen und die endgültige Formel für die Auftriebskraft erbringen.

Die Auftriebskraft

Wir betrachten einen Metallkörper, der in eine Flüssigkeit eintaucht (Abb. 2). Aufgrund des hydrostatischen Drucks wirkt in der Tiefe h_2 eine Kraft auf den Körper, die das Produkt aus p_2 und der Körperfläche ist: $F_2 = p_2 \cdot A$. Diese Kraft zeigt senkrecht nach oben. Gleiche Überlegungen führen dazu, dass in der Wassertiefe h_1 ebenso eine Kraft F_1 auf den Körper wirkt: $F_1 = p_1 \cdot A$.

Diese Kraft zeigt nach unten. Die Differenz dieser Kräfte verursacht die Auftriebskraft. Die Auftriebskraft ergibt sich durch folgende Rechnung:

$F_A = F_2 - F_1$	F_A = Auftriebsart
$F_1 = P_1 \cdot A$	F_1 = Kraft auf die obere Fläche
$F_2 = P_2 \cdot A$	F_2 = Kraft auf die untere Fläche
$p = \rho \cdot g \cdot h$	ρ = Dichte der Flüssigkeit
$F_A = \rho\, g \cdot h \cdot A$	g = Erdbeschleunigung
$F_A = \rho \cdot g \cdot V$	V = Volumen

Man erkennt, dass sich die Auftriebskraft, wie im oberen Versuch vermutet, sowohl proportional zum Volumen des eingetauchten Körpers als auch proportional zur Dichte

Abb. 3a: Holzquader taucht in Wasser ein

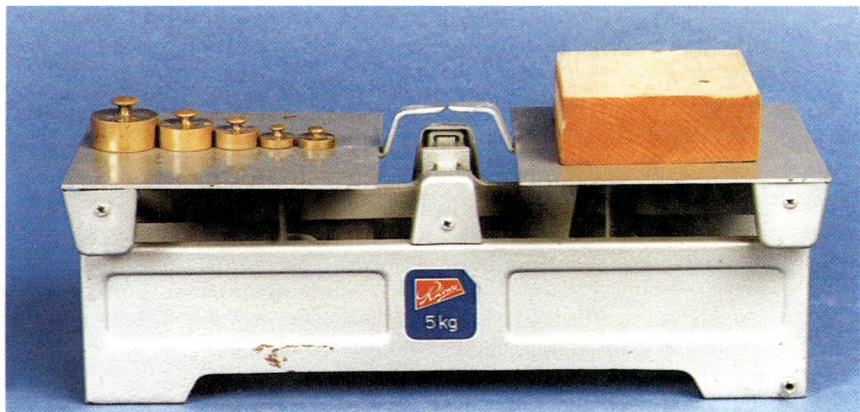

Abb. 3b: Gewichtsbestimmung des Quaders

der verwendeten Flüssigkeit verhält. Der Faktor g ist verständlich, da wir uns auf der Erde befinden und dieser den hydrostatischen Druck mitbestimmt. Die Auftriebskraft wurde schon im Altertum vom Griechen Archimedes (287-212 v. Chr.) entdeckt und formelmäßig im so genannten archimedischen Prinzip festgehalten:

> Ein vollständig in eine Flüssigkeit eingetauchter Körper erfährt eine Auftriebskraft F_A, die seiner Gewichtskraft entgegenwirkt:
>
> $$F_A = \rho_{FL} \cdot g \cdot V_K$$
>
> Die Auftriebskraft entspricht demnach der Gewichtskraft des verdrängten Flüssigkeitsvolumens.

Nun wird auch klar, warum man beim Einatmen im Wasser schwimmen kann. Zwar nimmt man eine geringe Luftmenge zu sich und wird nachweislich um einiges schwerer, aber durch die Brustkorbvergrößerung wird das Volumen des Körpers vergrößert. Man erfährt nun eine seinem vergrößerten Volumen entsprechend erhöhte Auftriebskraft und schwimmt. Beim Ausatmen ist die Sachlage umgekehrt. Die Dichte des menschlichen Körpers liegt knapp über der Dichte von Wasser. Geringe Volumenänderungen des Körpers bestimmen Schwimmen und Sinken.

Wieso schwimmt ein Schiff?

Ein Holzquader schwimmt im Wasser und taucht nur bis zu einer gewissen Tiefe ein (Abb. 3a). Man markiert die Eintauchlinie und berechnet über die Volumenformel eines Quaders das eingetauchte Volumen. Das eingetauchte Volumen beträgt 390 cm³. Anschließend wird das Gewicht des Holzquaders auf einer Waage bestimmt (Abb. 3b). Es beträgt 390 g. Gibt es auch hier einen Zusammenhang zwischen dem Gewicht der verdrängten Flüssigkeit und dem Auftrieb des Körpers? Die Waage bestätigt diese Vermutung. Der Holzquader hat anscheinend so viel Flüssigkeit verdrängt, bis die Gewichts-

kraft der verdrängten Flüssigkeit seinem Eigengewicht entspricht.

> Schwimmen: Ein Körper taucht so tief in eine Flüssigkeit ein, bis seine Gewichtskraft der Gewichtskraft des durch ihn verdrängten Flüssigkeitsvolumens entspricht.

Wir bestimmen in einer Beispielrechnung die Eintauchtiefe einer Schwimmkerze. Eine zylinderförmige Wachskerze hat die Dichte $\rho = 0{,}9 \text{ g/cm}^3$. Sie hat einen Radius von 2 cm und eine Höhe von 3 cm. Wie tief taucht sie ins Wasser ein?

> h_B = Höhe des Wasserblocks
>
> $$h_B = \frac{\rho_{\text{Wachs}}}{\rho_{\text{Wasser}}} \cdot h = \frac{0{,}9 \text{ g/cm}^3}{1{,}0 \text{ g/cm}^3} \cdot 3 \text{ cm}$$
>
> $$= 2{,}7 \text{ cm}$$

In der Beispielrechnung erkennen wir auch das Prinzip des Schwimmens, Schwebens und Sinkens. Jetzt ist auch klar, warum Schiffe aus Metall schwimmen können; sie müssen hohl sein, damit ihre mittlere Dichte kleiner als die von Wasser ist (Abb. 4).

Abb. 4: Dank der Luftmassen im Inneren des Schiffes ragen die Aufbauten aus Stahl mehrere Stockwerke über die Wasseroberfläche hinaus

> ### Zum Weiterlesen:
>
> - Stets gegenwärtig: Der Druck, S. 242
> - Der Druck in Gasen, S. 246
> - Das boyle-mariottsche Gesetz, S. 250
> - Der Auftrieb in Gasen, S. 254

Der Auftrieb in Gasen

*E*in großer Heißluftballon schwebt majestätisch am Himmel (Abb. 1). Eine Hügelkuppe naht. Von weitem hört man das Anspringen des Gasbrenners und sieht Flammen auflodern. Die Ballonhülle muss der Hitze standhalten können. Der Ballon darf nicht mit einem explosiven Gasgemisch gefüllt sein, da wegen des Feuers eine Explosion droht. Er ist nur mit Luft gefüllt. Der Ballon überwindet den Hügelkamm und schwebt weiter in Richtung des sanft wehenden Windes. Ballons kann man kaum steuern. In der Geschichte der Luftfahrt baute man nach der Erfindung der Ballons steuerbare Luftschiffe, auch Zeppeline genannt. Einer der Erfinder dieser zigarrenförmigen Luftschiffe war Graf Zeppelin. Nach größeren Brandkatastrophen und mangelnder Einsatztauglichkeit im Krieg stellte man den Bau von Zeppelinen ein. Möchte man heute gezielt schnell einen weit entfernten Ort erreichen, so benutzt man Flugzeuge. Düsenflugzeuge lösten in der Geschichte der Luftfahrt Propellermaschinen im Bereich großer Flugzeuge weitgehend ab. Die Tatsache, dass beide fliegen können, beruht jedoch auf denselben physikalischen Gesetzen. Warum muss man Ballons mit heißem Gas füllen? Wieso fliegen Flugzeuge, die doch recht schwer sind?

Warum schwebt ein Heliumluftballon?

Auf Jahrmärkten kann man mit Helium gefüllte Luftballons kaufen. Man muss aufpassen, wenn man sie loslässt, fliegen sie weg. Ein Versuch gibt den Grund für dieses Verhalten an. Unter einer Glasglocke wird eine Weihnachtskugel mit einer empfindlichen Waage gewogen. Auf der einen Seite hängt die Kugel, auf der anderen Seite ein kleiner Behälter, der mit Metallkugeln gefüllt ist. Man kann so lange Metallkugeln ergänzen, bis die Waage im Gleichgewicht ist. Pumpt man nun den

Abb. 1: Schwebender Ballon

Raum unter der Glasglocke luftleer, so stellt sich das in der Abbildung 2 ersichtliche Ungleichgewicht ein.

Ist die Kugel schwerer oder der Behälter leichter geworden? Das kann eigentlich beides nicht sein. Ähnlich wie in Flüssigkeiten erfahren Körper jedoch einen Auftrieb. Die Auftriebskraft hängt entscheidend vom Volumen des betreffenden Körpers ab. Damit ist die Sachlage klar. Die Weihnachtskugel ist wirklich schwerer als der kleine Metallbehälter. In der Luft erfährt die Kugel allerdings aufgrund ihres größeren Volumens eine größere Auftriebskraft und wird dadurch in größerem Maße leichter als der kleine Metallkörper. Die beiden Körper scheinen dadurch in der Luft gleich schwer zu sein. Wird die Luft entfernt, zeigt sich die wahre Natur der Weihnachtskugel. Sie ist schwerer.

Körper erfahren in Gasen einen Auftrieb. Die Formel für den Auftrieb in Gasen entspricht der für den Auftrieb in Flüssigkeiten. Jetzt ist allerdings die Dichte der Gase zu benutzen:

$$F_A = \rho_{GAS} \cdot g \cdot V_K$$

F_A = Auftriebskraft
ρ_{GAS} = Dichte der Luft
g = Erdbeschleunigung
V_K = Volumen des Körpers

Wieso fliegt eine Person dann nicht hoch oder schwebt in der Luft? Eine Beispielrechnung zeigt die Größe der Auftriebskraft eines Menschen mit einer Gewichtskraft von 600 N und einem Volumen von ca. 60 l:

$$F_A = \rho_{Luft} \cdot g \cdot V_K$$
$$= 1{,}3\,\frac{g}{l} \cdot 9{,}81\,\frac{N}{kg} \cdot 60\,l = 0{,}8\,N$$

Abb. 2: Wegfall von Auftriebskräften im Vakuum

Die Gewichtskraft wird durch den Auftrieb in Luft nur unmerklich gemindert. Möchte man also Körper fliegen lassen, so braucht man recht große Volumina, um hohe Auftriebskräfte erzeugen zu können, und außerdem ein Füllgas, das leichter ist als Luft. Darum sind Ballonhüllen so groß. Wieso erhitzt man die Luft im Ballon? Die Dichte von heißer Luft ist geringer als die von kalter Luft. So kann man den Auftrieb regulieren. Außerdem ist das sehr viel billiger als Helium. Am besten fliegt ein Ballon mit dem leichtesten Element „Wasserstoff". Doch Wasserstoff ist hochexplosiv und wird nur bei speziellen Anwendungen verwandt, z. B. bei hoch fliegenden Wetterballons.

> Ein Körper, der sich in einem Gas befindet, erfährt eine Auftriebskraft. Die Auftriebskraft ist dem Volumen V_K des Körpers und der Dichte ρ_{Gas} des ihn umgebenden Gases proportional. Die Formel für den Auftrieb in Gasen ist ähnlich der Formel für den Auftrieb in Flüssigkeiten:
> $$F_A = \rho_{Gas} \cdot g \cdot V_K$$

Physik

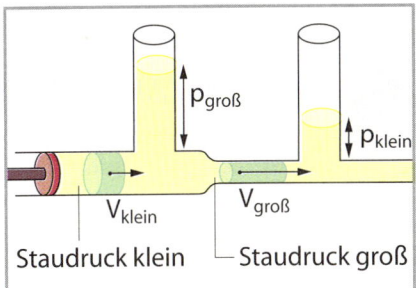

Abb. 4: Statischer Druck und Staudruck

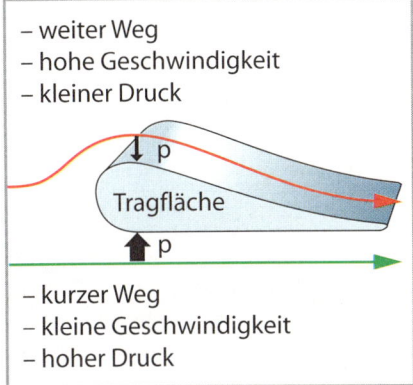

- weiter Weg
- hohe Geschwindigkeit
- kleiner Druck

Tragfläche

- kurzer Weg
- kleine Geschwindigkeit
- hoher Druck

Abb. 5: Vereinfachte Druckverhältnisse an einer Tragfläche

Warum fliegen Flugzeuge?

Aus den bisher aufgezeigten Zusammenhängen wird klar, dass die Erläuterungen zum Auftrieb nicht ausreichen, um zu erklären, warum ein Flugzeug fliegt. Die Auftriebskräfte reichen bei weitem nicht aus, um ein Flugzeug anzuheben. Den bisher betrachteten Auftrieb bezeichnet man auch als statischen Auftrieb. Damit sich ein Flugzeug in die Lüfte bewegt, muss es sich zunächst selbst bewegen. Luft muss sich über die Tragflächen bewegen. Ein Handexperiment zeigt grundsätzlich auf, warum ein Flugzeug fliegen kann (Abb. 3).

Ein Kind hält einen Papierstreifen in der Hand, der an der Hand lose herunterhängt. Es pustet von oben über diesen Streifen. Der Streifen hebt sich. Das scheint zunächst paradox (widersinnig), es hat jedoch seinen Grund. Der Papierstreifen muss durch die Tatsache, dass sich Luftteilchen über ihn bewegen, angehoben werden. Das bedeutet, dass es von unten einen Druck auf die Papierstreifenfläche geben muss, der größer ist als der Druck von oben.

Genau das ist der Fall. Doch woher kommt dieser höhere Druck? Es muss neben dem statischen Druck oder auch Schweredruck noch einen Druck geben, der bei dynamischen Sachverhalten, also bei Bewegung, wirksam wird. Die grundsätzliche Sachlage zu diesem Problem kann man mit einem Röhrensystem darstellen, durch das eine Flüssigkeit gepumpt wird (Abb. 4).

Fließt eine Flüssigkeit durch das Röhrensystem, so muss sie sich im dünneren Teil der Röhre schneller bewegen, damit die Strömung nicht abreißt und ein kontinuierlicher Durchfluss gewährleistet ist. In den senkrecht über dem Röhrensystem befindlichen Flüssigkeitsstutzen steht das Wasser aufgrund ver-

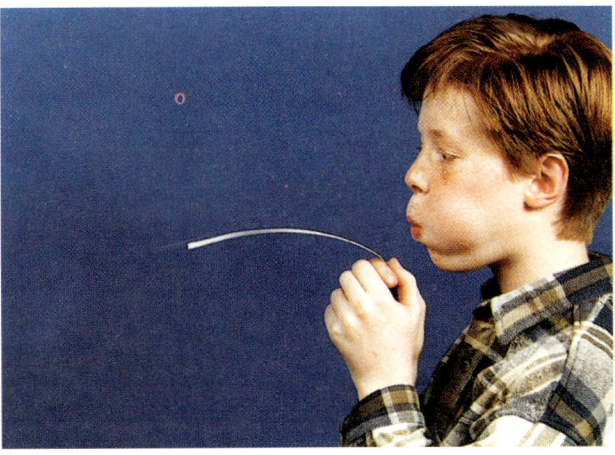

Abb. 3: Schwebender Papierstreifen

schiedener hydrostatischer Drücke unterschiedlich hoch. Im kleineren Rohrquerschnitt bewegt sich die Flüssigkeit mit hoher Geschwindigkeit, dort herrscht aber ein kleiner statischer Druck. Umgekehrt ist es im großen Rohrquerschnitt. Hier liegt eine kleine Geschwindigkeit, jedoch ein hoher Druck vor. Man hat nämlich festgestellt, dass die Summe von statischem Druck und der Druckerscheinung, die durch die Geschwindigkeit verursacht wird, immer gleich groß ist (Staudruck). Diesen Zusammenhang hat der Schweizer Daniel Bernoulli (1700–1782) festgestellt. Dort also, wo die Geschwindigkeit am größten ist, existiert ein kleiner statischer Druck, und dort, wo die Geschwindigkeit klein ist, gibt es einen hohen statischen Druck. Nun versteht man auch das Verhalten des Papierstreifens. Oben über dem Streifen bewegt sich die Luft schnell. Der zugehörige statische Druck ist kleiner als der Druck unter dem Streifen, da dort die Geschwindigkeit der Teilchen kleiner ist. Der Streifen bewegt sich nach oben. Ähnlich ist es bei den Tragflächen der Flugzeuge. Die Tragflächen haben die in Abb. 5 abgebildete Form. Damit die Strömung nicht abreißt, müssen die Luftteilchen oben schneller sein als unten. Die Folge ist, dass der statische Druck unten größer ist und das Flugzeug abhebt (Abb. 6).

 Zum Weiterlesen:

- Stets gegenwärtig: Der Druck, S. 242
- Der Druck in Gasen, S. 246
- Das boyle-mariottsche Gesetz, S. 250
- Der Auftrieb in Flüssigkeiten, S. 252

Abb. 6: Die Wölbung der Tragfläche ist deutlich zu erkennen. Die vorbeiströmende Luft muss auf der Flügeloberseite einen längeren Weg zurücklegen

Die Geschwindigkeit

*I*n der heutigen modernen Zivilisation ist die Geschwindigkeit eine wichtige physikalische Größe, die ganz entscheidend das alltägliche Leben bestimmt. Güter und Menschen werden tagtäglich mit modernen, schnellen Verkehrsmitteln von einem Ort zum anderen transportiert. Ferne Reiseziele können mit dem Flugzeug in Tagesreisen erreicht werden (Abb. 1), die in früheren Zeiten erst nach wochenlangen, abenteuerlichen Schiffsreisen (Abb. 2) erreicht werden konnten. Informationen können heutzutage problemlos in Bruchteilen von Sekunden mit dem Einsatz von Nachrichtensatelliten von einem Punkt der Erde zum anderen gesendet werden (Abb. 3). Hohe Geschwindigkeiten begeistern stets den Menschen, und er ist immer bestrebt, die Geschwindigkeiten in unterschiedlichen Bereichen der Technik zu erhöhen. Die grundlegende Frage, was die physikalische Größe Geschwindigkeit nun eigentlich genau bedeutet, soll zunächst mit dem direkten Vergleich von fahrenden Fahrzeugen veranschaulicht werden. Steht man beispielsweise an der Autobahn, kann man bei den vorbeifahrenden Fahrzeugen sofort erkennen, welche Fahrzeuge eine höhere bzw. geringere Geschwindigkeit aufweisen (Abb. 4). Entfällt der direkte Vergleich, da beispielsweise die Fahrzeuge nur einzeln hintereinander vorbeifahren, dann wird es schwieriger für den Beobachter, die Fahrzeuge in ihrer Geschwindigkeit zu beurteilen, denn der Mensch kann Geschwindigkeiten mit seinen zur Verfügung stehenden Sinnesorganen nicht objektiv abschätzen. Für den genauen Vergleich der Geschwindigkeiten misst man deshalb im folgenden Versuch die Zeitspanne, in der die Fahrzeuge einen be-

Abb. 1: Düsenflugzeug: schnell und bequem

stimmten Streckenabschnitt zurücklegen. Für diesen Versuch werden dabei zunächst nur zwei Fahrzeuge verglichen. Das Fahrzeug, das im Vergleich zum zweiten Fahrzeug in der geringeren Zeit den Streckenabschnitt abfährt, hat somit die höhere Geschwindigkeit. Der Zeitaufwand für das Abfahren des Streckenabschnittes ist umgekehrt proportional zur Geschwindigkeit v:

$$v \sim \frac{1}{t}$$

v = Geschwindigkeit
t = Zeit

Zur Überprüfung der Messergebnisse nehmen weitere Beobachter mit ihren Messungen an dem Versuch teil. Für dieselben Fahrzeuge haben erstaunlicherweise aber alle Beobachter unterschiedliche Zeiten gemessen. Das Missverständnis wird geklärt, da man feststellte, dass alle Beobachter eine unterschiedlich lange Messstrecke für ihre Zeitmessung genutzt haben. Zum richtigen Vergleich der Geschwindigkeiten müssen deshalb die unterschiedlichen Messstrecken ausgemessen werden (Abb. 5).

In der Tabelle 1 tragen die Beobachter die Wertepaare Fahrstrecke/Zeit für die beiden Fahrzeuge ein.

Die einzelnen Wertepaare Fahrstrecke/Zeit der beiden Fahrzeuge werden dann in ein Weg-Zeit-Diagramm eingetragen (Abb. 6). Aus dem Diagramm wird ersichtlich, dass sich die Messwerte von den jeweiligen Fahrzeugen genau auf einer Geraden befinden. Mit dieser Geraden wird die Proportionalität zwischen Fahrstrecke und Fahrzeit erkennbar, d. h., dass bei doppelter zurückgelegter Strecke auch die doppelte Zeit benötigt wird bzw. bei n-facher Strecke die n-fache Zeit:

$$s \sim t \qquad \text{Weg} \sim \text{Zeit}$$

Sind die Fahrstrecke und die Fahrzeit proportional zueinander, dann bewegt sich der Körper gleichförmig und im Weg-Zeit-Diagramm ergeben die Messwerte eine Ursprungsgerade, d. h. eine Gerade, die den Nullpunkt durchläuft. Der Quotient aus dem Weg s und der Zeit t bleibt dabei immer konstant. Der konstante Quotient wird als Geschwindigkeit v einer gleichförmigen Bewegung definiert:

$$v = \frac{s}{t} \qquad \text{Geschwindigkeit} = \frac{\text{Weg}}{\text{Zeit}}$$

Da nun alle Wertepaare, gemessen von den einzelnen Beobachtern, auf den beiden Geraden liegen, haben alle Beobachter die gleichen Quotienten und damit die gleichen Geschwindigkeiten der beiden Fahrzeuge ge-

Abb. 2: Segelschiff: langsam und arbeitsintensiv

Abb. 3: Satellit: Datenübertragung mit Lichtgeschwindigkeit

messen. Die Beobachter haben also die Geschwindigkeiten der Fahrzeuge, die sich gleichförmig auf der Messstrecke bewegten, mit der Weg-Zeit-Messung festgestellt.

Die Messergebnisse wurden in dem Versuch in m/s angegeben. Auf der Tachoanzeige im Auto wird aber die Geschwindigkeit in km/h (km = Kilometer, h = Stunde) angegeben.

Bei der Umrechnung von der ersten Einheit m/s in die zweite Einheit km/h muss beachtet werden, dass 1 Kilometer (km) 1000 m entspricht und eine Stunde (h) aus 3600 Sekunden besteht:

$$\text{Umrechnung: } \frac{1\ m}{sec} = 3{,}60\ \frac{km}{h}$$

$$\frac{1\ km}{h} = 0{,}278\ \frac{m}{sec}$$

Aus der Geschwindigkeitsdefinition lässt sich also bei Kenntnis der zurückgelegten Strecke und der dabei benötigten Zeit die Geschwindigkeit berechnen:

$$s = 120\ m \qquad t = 3{,}9\ s$$

$$v = \frac{120\ m}{3{,}9\ s} = 30{,}76\ \frac{m}{s} = 110{,}7\ \frac{km}{h}$$

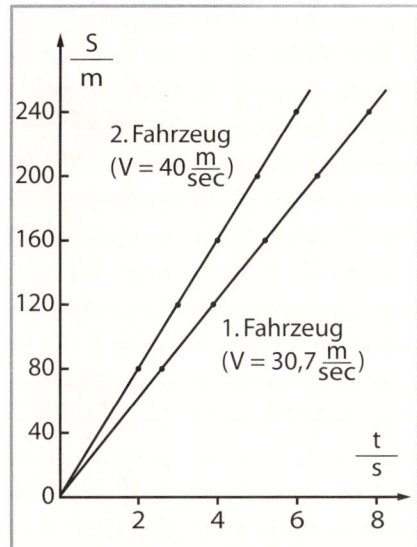

Abb. 6: Weg-Zeit-Diagramm

Genauso lässt sich bei Umstellung der Formel bei Kenntnis der Geschwindigkeit und der benötigten Zeit die Wegstrecke berechnen:

$$v = 40\ \frac{m}{s} \qquad t = 10\ s$$

$$s = v \cdot t \qquad s = 40\ \frac{m}{s} \cdot 10\ s$$

$$s = 400\ m$$

Auch die benötigte Zeit lässt sich aus der Geschwindigkeit und der Wegstrecke berechnen:

$$v = 40\ \frac{m}{s} \qquad s = 50\ m$$

$$t = \frac{s}{v} = \frac{50\ m}{40\frac{m}{s}} = 1{,}25\ s\ \text{(Sekunden)}$$

In der folgenden Tabelle sind im Vergleich typische Geschwindigkeiten aufgelistet:

Fortbewegung	Wert	Einheit
Fußgänger	1,5	m/s
Sprinter	10	m/s
Fallschirmspringer	4	m/s
Regentropfen	9	m/s
Schall in der Luft	340	m/s
Rennpferd	90	km/h
normales Auto	180	km/h
Schnellzug	280	km/h
Gewehrgeschoss	2900	km/h
Düsenflugzeug	3000	km/h
Licht, Radiowellen	300000	km/s

Abb. 4: An Straßen lassen sich die Geschwindigkeiten leicht vergleichen

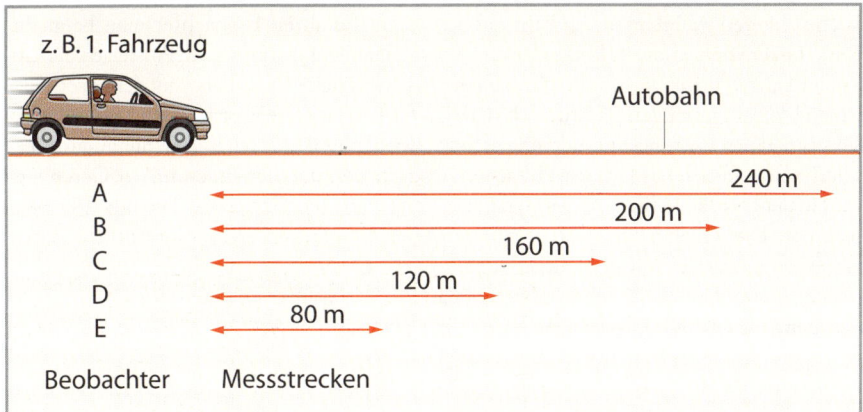

z. B. 1. Fahrzeug

Autobahn

A   240 m
B   200 m
C   160 m
D   120 m
E   80 m

Beobachter   Messstrecken

Abb. 5: Für die Geschwindigkeitsmessung sind die Messstrecken der Beobachter A, B, C, D und E unterschiedlich lang

Beobachter	E	D	C	B	A
Messstrecke	80 m	120 m	160 m	200 m	240 m
1. Fahrzeug	2,6 s	3,9 s	5,2 s	6,5 s	7,8 s
2. Fahrzeug	2,0 s	3 s	4 s	5 s	6 s

Tabelle 1: Zeitdauer der beiden Fahrzeuge bei unterschiedlichen Messstrecken; s = Sekunden

 Zum Weiterlesen:

- Die Beschleunigung, S. 258
- Lageenergie und Hubarbeit, S. 260
- Bewegungsenergie und Beschleunigungsarbeit, S. 262
- Die Energieerhaltung als Postulat, S. 264

Die Beschleunigung

Wird ein Körper nicht beschleunigt, befindet sich dieser Körper entweder im Stillstand oder er bewegt sich gleichförmig schnell, d. h. ohne Zuwachs oder Abnahme der Geschwindigkeit. Die gleichförmige Bewegung ist prinzipiell dadurch gekennzeichnet, dass der Körper sich zu jeder Zeit mit der gleichen Geschwindigkeit v bewegt. Die gleichförmige Bewegung spielt bei der Konzeption von vielen technischen Geräten eine entscheidene Rolle. Ohne gleichförmige Bewegung würde sich beispielsweise ständig die Bandgeschwindigkeit im Kassettenrekorder ändern, und der Ton bzw. die Musik wären somit verzerrt. Rolltreppen oder Skiliftanlagen müssen für den sicheren Transport der Kunden bzw. Skiläufer zu jeder Zeit die gleiche Geschwindigkeit aufweisen. Im Gegensatz dazu weiß man aus eigener Erfahrung, dass alle Verkehrsmittel wie beispielsweise Autos, Züge oder Flugzeuge während des Transportes aus unterschiedlichen Gründen Geschwindigkeitsänderungen vornehmen (Abb. 1). Der Geschwindigkeitswert, den man beispielsweise während der Autofahrt auf dem Tachometer erkennt, gibt nur die Momentangeschwindigkeit an. Behinderungen während der Fahrt durch Staus oder Baustellen zwingen den Autofahrer, die Geschwindigkeit zu verändern. Die Durchschnittsgeschwindigkeit für die gesamte Strecke lässt sich errechnen, indem der vollständig zurückgelegte Weg durch die dafür benötigte Zeit geteilt wird:

$$\bar{v} = \frac{\Delta s}{\Delta t} = \frac{s_2 - s_1}{t_2 - t_1}$$

$\bar{v}$ = Durchschnittsgeschwindigkeit
Δs = Streckenabschnitt
Δt = Zeitspanne
(Δ = Delta)

Die Durchschnittsgeschwindigkeit liefert dabei keine Information über die Geschwindigkeitswerte, die sich während der Fahrzeit ergeben. Die Geschwindigkeit unterliegt Schwankungen, d. h., sie wird erhöht oder verringert, wobei beide Formen der Geschwindigkeitsänderung durch Beschleunigungen erreicht werden. Wird z. B. die Geschwindigkeit erhöht, spricht man von einer positiven Beschleunigung, und der Körper wird dadurch in seiner Bewegung schneller. Wird im Gegensatz dazu das Fahrzeug abgebremst, nennt man das eine negative Beschleunigung, und die Geschwindigkeit des Körpers nimmt dementsprechend ab.

Die alltägliche Beobachtung, dass der Fahrer beim Losfahren, d. h. bei der positiven Beschleunigung, in den Fahrersitz gepresst wird, ist ein wesentlicher Effekt beim Beschleunigungsvorgang. Je schneller das Fahrzeug beschleunigt, desto stärker wird der Fahrer in den Sitz gepresst. Beim Abbremsen spürt der Fahrer genau den entgegengesetzten Effekt, so dass er sich beim noch stärkeren Abbremsen des Fahrzeuges noch stärker vom Fahrersitz löst und dadurch in den Fahrergurt gepresst wird. In beiden Fällen hat der Fahrer den Eindruck, dass der Körper der Geschwindigkeitsänderung nicht so schnell nachkommt. Dieses Phänomen wird in der Physik als Trägheit der Masse bezeichnet. Die Trägheit der Körper nimmt proportional mit der Masse zu, und der Bewegungszustand eines Körpers lässt sich nur mit dem Einsatz von Kräften ändern. Je größer die Masse des Körpers ist, desto mehr Kraft muss für die Beschleunigung aufge-

Abb. 1: Die größte Beschleunigung, der der Mensch überhaupt ausgesetzt werden kann: der Raketenstart

wendet werden, um der Trägheit der Masse entsprechend entgegenzuwirken.

Befindet sich beispielsweise ein Fahrzeug in Bewegung, lässt sich die Momentangeschwindigkeit am Tachometer ablesen. Nach dem Losfahren beobachtet man beim Beschleunigungsvorgang ein Ansteigen der Geschwindigkeit. Die dabei auf dem Tachometer beobachtete Geschwindigkeitsänderung wird physikalisch als Beschleunigung bezeichnet, die die Änderung der Geschwin-

$\dfrac{t}{s}$	10	20	30	40	50	60
Fahrzeug A $\dfrac{V}{m/s}$	10	20	30	45	40	45
Fahrzeug B $\dfrac{V}{m/s}$	9	18	27	36	45	54

Tabelle 1

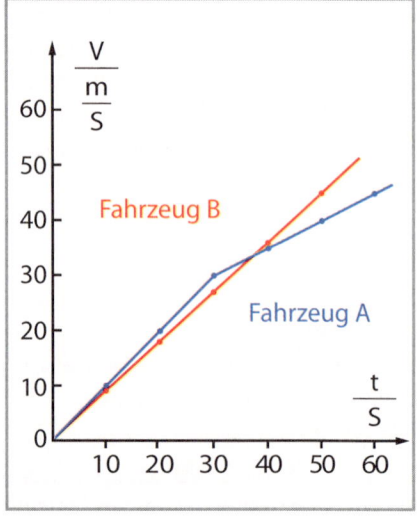

Abb. 2: Geschwindigkeits-Zeit-Diagramm

digkeit innerhalb einer bestimmten Zeitspanne angibt.

Im folgenden Versuch werden bei zwei unterschiedlichen Fahrzeugen die Geschwindigkeiten in Abhängigkeit von der Zeit gemessen und in der Tabelle 1 dargestellt:

Aus der Tabelle ist ersichtlich, dass das Fahrzeug A seine Geschwindigkeit in der Anfangsphase schneller ändert. Nach einer Zeitspanne von 30 Sekunden wird festgestellt, dass sich der Geschwindigkeitszuwachs verringert. Das Fahrzeug B hat von Anfang bis zum Ende der Beschleunigungsphase immer den gleichen Geschwindigkeitszuwachs. Die Messwerte der Tabelle 1, in einem Geschwindigkeits-Zeit-Diagramm dargestellt, veranschaulicht, dass sich der Geschwindigkeitszuwachs des zweiten Fahrzeuges als eine durchgehende Gerade darstellt (Abb. 2). Beim Verbinden der Wertepaare Geschwindigkeit / Zeit vom Fahrzeug B wird ersichtlich, dass hier der Beschleunigungsvorgang durch 2 Teilbeschleunigungen besteht, so dass dieser Beschleunigungsvorgang im Diagramm durch zwei Geraden mit unterschiedlicher Steigung dargestellt wird. Die Beschleunigung wird definiert als der Quotient der Geschwindigkeitsänderung und der dazu benötigten Zeit:

$$a = \frac{\Delta v}{\Delta t} = \frac{v_2 - v_1}{t_2 - t_1}$$

$$[a] = \frac{\frac{m}{s}}{s} = \frac{m}{s^2}$$

a = Beschleunigung
$\Delta \vartheta$ = Geschwindigkeitsänderung

Die Steigung der Geraden spiegelt die Beschleunigung wieder, d. h., je steiler die Gerade, desto höher ist die Beschleunigung.

Für das Fahrzeug B ergibt sich für die gesamte Beschleunigungsphase eine Beschleunigung von:

$$a = \frac{v}{t} = \frac{54 \frac{m}{s}}{60 \text{ s}} = 0,9 \frac{m}{s^2}$$

Für das Fahrzeug A ergibt sich für den ersten Teilabschnitt eine Beschleunigung von:

$$a = \frac{v_2 - v_1}{t_2 - t_1} = \frac{(30 - 0) \frac{m}{s}}{(30 - 0) \text{ s}} = 1 \frac{m}{s^2}$$

und für den zweiten Teilabschnitt errechnet sich eine Beschleunigung von:

$$a = \frac{v_2 - v_1}{t_2 - t_1} = \frac{(45 - 30) \frac{m}{s}}{(60 - 30) \text{ s}} = 0,5 \frac{m}{s^2}$$

Aus der Wertetabelle bzw. aus dem Diagramm wird ersichtlich, dass die resultierende Endgeschwindigkeit von Fahrzeug A im Vergleich zu Fahrzeug B geringer ist. Obgleich die Anfangsbeschleunigung von Fahrzeug A höher ist, ist die Endgeschwindigkeit geringer:

Fahrzeug A	$v = 45 \frac{m}{s}$
Fahrzeug B	$v = 54 \frac{m}{s}$

Ergibt sich im Diagramm beim Auftragen der Geschwindigkeitsmesswerte in Abhängigkeit von der Zeit eine Gerade, dann spricht man von einer gleichförmigen Beschleunigung, denn der Zuwachs der Geschwindigkeit verhält sich gleich bleibend zur Zeit.

Ist beispielsweise die Beschleunigung vorgegeben und die Zeit, in welcher der Körper beschleunigt

wird, lässt sich die Endgeschwindigkeit folgendermaßen bestimmen:

$$v = a \cdot t \qquad \text{Fahrzeug B:}$$
$$v = 0,9 \frac{m}{s^2} \cdot 60 \text{ s} = 54 \frac{m}{s}$$
$$\text{da } 1 \frac{m}{s} = 3,6 \frac{km}{h}$$
$$\text{ergibt } 54 \frac{m}{s} = 194,4 \frac{km}{h}$$

Genauso lässt sich bei der Vorgabe der Beschleunigung und der Endgeschwindigkeit die Zeit berechnen, die erforderlich ist, um die Geschwindigkeit zu erreichen:

$$t = \frac{v}{a}$$
$$\text{Fahrzeug B } \frac{v}{a} = \frac{54 \frac{m}{s}}{0,9 \frac{m}{s^2}} = 60 \text{ s}$$

Damit ein Körper beschleunigt wird, muss eine Kraft auf den Körper wirken. Eine zentrale Kraftwirkung üben z. B. die Gravitationskräfte aus. Alle Gegenstände fallen aufgrund dieser Kraftwirkung mit der Beschleunigung g zu Boden :

$$g = 9,81 \frac{m}{s^2}$$

Bei genauerer Beobachtung stellt man aber fest, dass z. B. beim Paraglider, wie auch beim herkömmlichen Fallschirm, die Fallgeschwindigkeit durch den Schirm verringert wird (Abb. 3), denn der Luftwiderstand bremst den Fallschirm ab.

Im Vakuum fallen alle Gegenstände mit der gleichen Fallgeschwindigkeit zu Boden, egal ob es sich dabei um ein Stück Blei oder eine leichte Feder handelt.

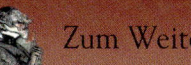

Zum Weiterlesen:

- Die Geschwindigkeit, S. 256
- Lageenergie und Hubarbeit, S. 260
- Bewegungsenergie und Beschleunigungsarbeit, S. 262
- Die Energieerhaltung als Postulat, S. 264

Abb. 3: Paraglider: Fliegen dank Luftwiderstand und Auftrieb

Lageenergie und Hubarbeit

*E*in mit Dieselkraftstoff betriebener Kran verrichtet seine Arbeit. Schwere Eisenstreben, Betonfertigteile und anderes Baumaterial werden von seinem Motor nach oben gezogen. Das Knarren der Stahlseile, die das Material senkrecht nach oben ziehen, um dann ein Stück waagerecht über die Baustelle zu schwenken, ist stundenlang zu hören. Plötzlich versagt der Kran. Ein Baufacharbeiter erkennt die Situation und tankt nach. Dabei wärmt er sich die fröstelnden Hände an der Motorwand.

Wo ist die Energie des Treibstoffs geblieben? Sicherlich, ein Teil der Energie hat den Motor und seine Umgebung erwärmt, aber das kann nicht alles sein. Intuitiv erwartet man, dass sich die Energie des Treibstoffs nicht in Luft aufgelöst haben kann. Der Blick fällt auf die hochgelegten Baumaterialien. Dort muss die Energie stecken. Höher gelegte Körper müssen also eine Form von Energie besitzen. Das wird auch klar, wenn man einen Vorgang betrachtet, der ähnlich abläuft. In einer Talsperre eines Bergsees lagert Wasser. Die Sonne hat das Wasser auf dem Meer verdunsten lassen, und Wolken haben diesen Wasserdampf an die Berghänge gebracht. Beim Aufsteigen der Luft kühlt sich diese etwas ab, und es beginnt zu regnen. Die Talsperre staut dieses Regenwasser hoch in den Bergen.

Bei Bedarf öffnet die Talsperre ihre Abflüsse und treibt mit dem nach unten stürzenden Wasser Turbinen an, um elektrische Energie aus diesem Prozess zu gewinnen. Je höher die Talsperre liegt, desto mehr Energie kann sie gewinnen. Je mehr Wassermassen sie speichern kann, desto größer ist die zu erwartende elektrische Energie. Sie wurde aus Wasser gewonnen, das um eine bestimmte Höhe h angehoben wurde. Diese Energie bezeichnet man mit Höhenenergie, Lageenergie oder auch potentieller Energie (E_L: lies: Lageenergie)

Aus den bisherigen Betrachtungen wird plausibel, dass die Lageenergie proportional zur Hubhöhe h sein muss:

$$E_L \sim h$$

Eine weitere Proportionalität muss die Lageenergie zur angehobenen Masse besitzen:

$$E_L \sim m$$

Die Lageenergie hängt jedoch noch von einer weiteren Größe ab. Eine genaue Kenntnis der Formel für die Lageenergie erhält man erst durch die Betrachtung des Vorgangs, der zur eigentlichen Erhöhung der Lageenergie führt.

Der Kran muss beim Anheben auf der Hubstrecke h eine Kraft F aufwenden. Sehen wir vom kurzen Anrucken beim Anheben vom Boden ab, so ist diese Kraft immer konstant und nichts anderes als die Gewichtskraft der jeweiligen Masse m, die angehoben wurde. Der Kran arbeitet für uns (Abb. 1). Die Bezeichnung „Arbeit" übernimmt man auch in der Physik für einen Vorgang, bei dem auf einem Weg s eine Kraft F aufgewendet wird. Der Weg s entspricht hier dem Hubweg h. Die Arbeit wird mit dem Buchstaben W (engl.: work) abgekürzt. Die spezielle Form dieser Arbeit nennt man hier Hubarbeit, sie wird mit W_H bezeichnet.

Je höher der Kran die Last heben muss, desto größer wird seine zu verrichtende Arbeit:

$$W_H \sim h$$

Ebenso gilt: Je größer die Gewichtskraft der anzuhebenden Masse, desto größer wird die vom Kran verrichtete Arbeit:

$$W_H \sim G \text{ also } W_H \sim m \cdot g$$

Wenn eine Größe in der Physik zu mehreren Größen proportional ist, dann ist sie auch zum Produkt dieser Größen proportional. Man gewinnt aus diesen Betrachtungen die Formel für die Hubarbeit WH:

$$W_H = m \cdot g \cdot h$$

Die Hubarbeit des Krans führt dazu, dass die angehobenen Baumaterialien eine höhere Lageenergie bekommen (Abb. 2). Es ist nahe liegend, die Arbeit des Krans als den Vorgang zu bezeichnen, der zur Änderung des Lageenergiezustandes des Baumaterials führt. Die vorangegangenen Betrachtungen verweisen auch durch die Proportionalitäten auf eine starke Ähnlichkeit zwischen der Änderung der Lageenergie und der geleisteten Hubarbeit. Die in der Formel zur Lageenergie fehlende Größe ist nichts anderes als die Erdbeschleunigung oder der Ortsfaktor g.

Die Betrachtungen legen eine Formelgleichheit für die verrichtete Hubarbeit und die dadurch erreichte Lageenergie nahe:

$$W_H = E_L = m \cdot g \cdot h$$

Abb. 1: Ein Kran verrichtet Arbeit

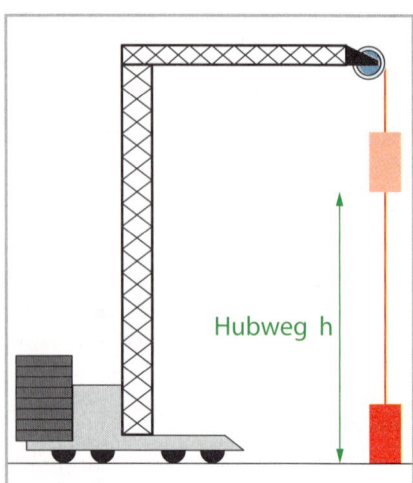

Hubweg h

Abb. 2: Kran mit Hubweg h

Welche Einheiten haben nun diese beiden Größen?

Die Einheit der Arbeit W ergibt sich allgemein aus dem Produkt von Kraft F und Weg s. Die Arbeit hat also die Einheit Nm (lies: Newton-Meter).

Formal gesehen enthält die Energie E auch dieses Einheitenprodukt. Man nennt jedoch 1 Nm 1 J (lies: Joule). Die Energie hat also im Gegensatz zur Arbeit die Einheit Joule. So kann man Energie und Arbeit einheitsmäßig auseinander halten.

Beispiel: Ein Kran soll 5 t Baumaterial in den 3. Stock einer Baustelle (h = 7 m) befördern. Wie groß ist die dabei zu verrichtende Arbeit? Wie groß ist die entsprechende Treibstoffenergie, die durch die Arbeit des Krans in Lageenergie der Baumaterialien verwandelt wird?

Gegeben:

$g \approx 10 \, \dfrac{N}{kg}$; $\quad m = 5000 \, kg$; $\quad h = 7 \, m$

Gesucht:

W_H bzw. E_L

Lösung:

$W_H = m \cdot g \cdot h$

$\qquad = 5000 \, kg \cdot 10 \, \dfrac{N}{kg} \cdot 7 \, m$

$\qquad = 350.000 \, Nm = 0,35 \, MNm$

$E_L \quad = W_H = 0,35 \, MNm = 0,35 \, MJ$

Diese Energie entspricht der Treibstoffenergie.

Ein nicht einfaches Problem ergibt sich, wenn man den Teilvorgang betrachtet, der den Kran steuert, wenn er die Baumaterialien waagerecht kurz über dem Endniveau bewegt. Physikalisch gesehen wird hier keine Hubarbeit verrichtet, da der zugehörige Wert der Hubhöhe auf einer Waagerechten den Wert null hat. Trotzdem setzt der Kran während dieses Vorgangs gewisse Teiltreibstoffmengen um. Sind die bisherigen Betrachtungen nicht gründlich genug gewesen? Prinzipiell schon, doch leider tritt bei allen mechanischen Vorgängen unvermeidlich der Effekt der Reibung auf. Die beweglichen Rollen des Krans reiben auf der unbeweglichen Schiene. Es ist eine Reibungskraft wirksam. Sie ist umso größer, je mehr Masse bzw. Gewichtskraft der zu transportierende Körper hat.

Wovon hängt die Reibungskraft ab, und wo wird sie wirksam?

Die Reibungskraft ist zwischen dem Körper und der Unterlage wirksam (Abb. 3a). Man definiert die Reibungskraft F_R über einen Vorgang, bei dem man einen Körper geradlinig mit konstanter Geschwindigkeit zieht. Die dazu erforderliche Zugkraft Fz setzt man mit der tatsächlich wirkenden Reibungskraft F_R gleich.

Zieht man einen doppelt so schweren Körper (Abb. 3b), so muss man, wie in der Abbildung ersichtlich, eine doppelt so große Zugkraft aufwenden, was einer doppelt so großen Reibungskraft entspricht. F_R verhält sich proportional zur Gewichtskraft des Körpers.

Ebenso erweist sich die Reibungskraft als abhängig von der Unterlage (Abb. 3c) und damit von einem Reibungsfaktor μ, der je nach Unterlagenbeschaffenheit die Reibung beeinflusst. Die Formel dafür lautet: $F_R = \mu \cdot G = \mu \cdot m \cdot g$.

Genau diese Reibungskraft muss auf dem Transportweg s vom Kran aufgebracht werden. Auch hier ist also eine Arbeit – man nennt sie Reibungsarbeit – zu verrichten. Die Reibungsarbeit ist das Produkt von Reibungskraft F_R und Transportweg s.

$$W_R = F_R \cdot s = \mu \cdot m \cdot g \cdot s$$

Das Ergebnis einer Reibungsarbeit ist bekannt:

Reibung erzeugt Wärme, womit auch das Problem der Treibstoffenergie des Krans gelöst wäre. Auf dem waagerechten Wegstück wird zwar keine Hubarbeit verrichtet, jedoch wird Wärmeenergie, die als reiner Verlust gewertet werden muss, an die Umgebung abgegeben.

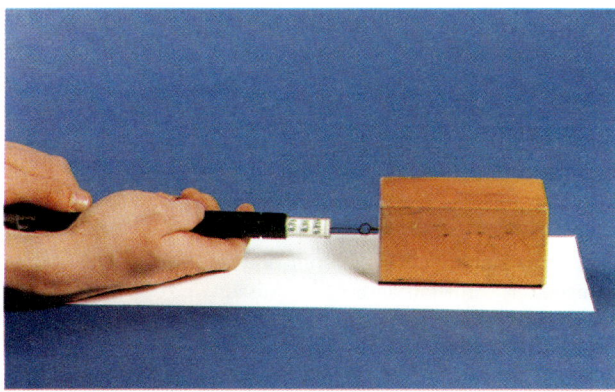

Abb. 3a: glatte Unterlage

Abb. 3b: glatte Unterlage mit doppelter Masse

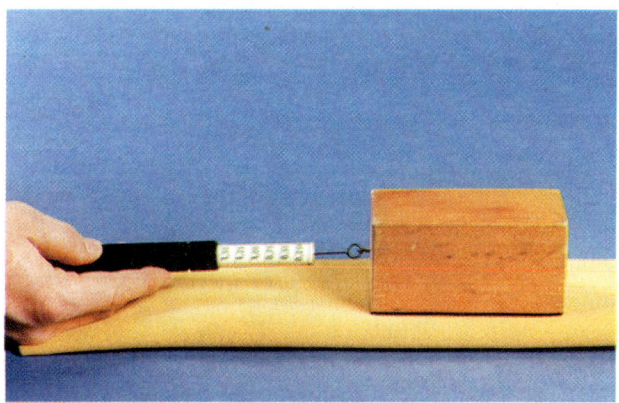

Abb. 3c: raue Unterlage

Zum Weiterlesen:

- Die Beschleunigung, S. 258
- Die Energieerhaltung als Postulat, S. 264
- Die mechanische Leistung, S. 266

Bewegungsenergie und Beschleunigungsarbeit

*I*m Straßenverkehr sterben jährlich sehr viele Menschen. Haben die Zahlen durch die Einführung der Gurt- und Helmpflicht sowie durch die Erfindung des Airbags und des ABS (Antiblockiersystem) deutlich abgenommen, so bleibt neben dem Faktor „Alkohol am Steuer" das zu schnelle Fahren die Hauptursache für die immer noch zu hohe Zahl an Verkehrsunfällen. Zu gering sind die Fähigkeiten von Kraftfahrern, die Auswirkungen der Fahrzeuggeschwindigkeit einzuschätzen. Die Länge von Bremswegen wird häufig verkannt.

Bremsversuche

Ein Fahrzeug bremst bei einer Geschwindigkeit von 20 km/h und von 40 km/h ab (Abb. 1). Anders als im Straßenverkehr weiß der Fahrer in diesem Versuch, wann er zu bremsen hat. Die Länge des Bremswegs und die zugehörige Geschwindigkeit werden untersucht. Der Bremsweg beträgt im ersten Fall 3,98 m, also rund 4 m, und im zweiten Fall 15,75 m, also rund 16 m. Einer Verdopplung der Fahrgeschwindigkeit steht eine Vervierfachung des Bremswegs gegenüber. Das Fahrzeug wird mit 100 kg Zusatzgewicht beladen und der Bremsweg erneut getestet. Er verlängert sich. Dieses Phänomen kennen wir auch von schwer beladenen LKWs, die trotz eines aufwendigen Bremssystems enorm lange Bremswege haben. Der Bremsweg verhält sich in gewissen Grenzen annähernd proportional zur Masse des abzubremsenden Körpers. In der Praxis können die genannten Werte weit dif-

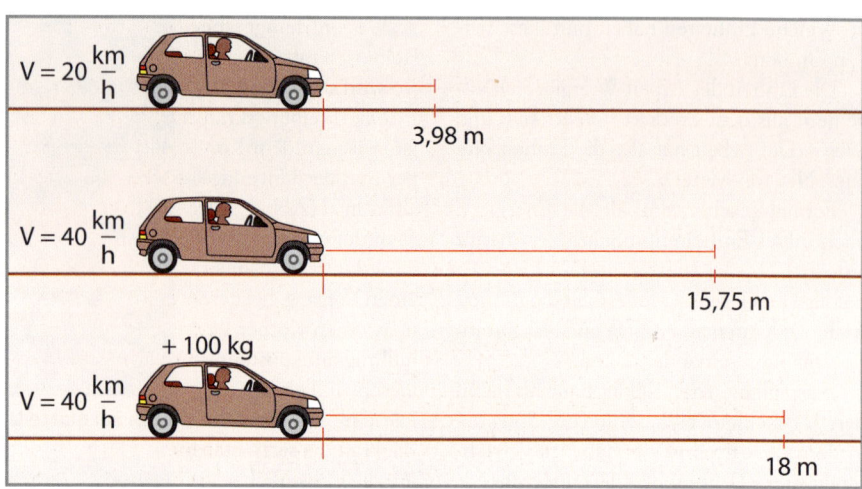

Abb. 1: Bremswegmessung bei einem Auto

ferieren, da das Bremspedal vom Fahrer nicht dem Straßenbelag entsprechend maximal betätigt wird, was in modernen Fahrzeugen das Antiblockiersystem übernimmt. Der Zustand der Reifen und die Witterung sind, wie jeder weiß, von großem Einfluss. Außerdem sind diese Werte im täglichen Leben nicht aussagekräftig, da die Reaktionszeit des Fahrers den Bremsweg erheblich verlängert. Trotzdem kann man aus beiden Bremsversuchen leicht erkennen, was beim Bremsen eigentlich passiert. Ein Handdruck auf die Reifen nach einem Bremsmanöver verrät das Geschehene. Die Reifen sind heiß. Die Umgebung der Reifen, die Straße, hat sich ebenso erwärmt. Vervielfacht sich der Bremsweg, so vervielfacht sich die Wärmeenergie.

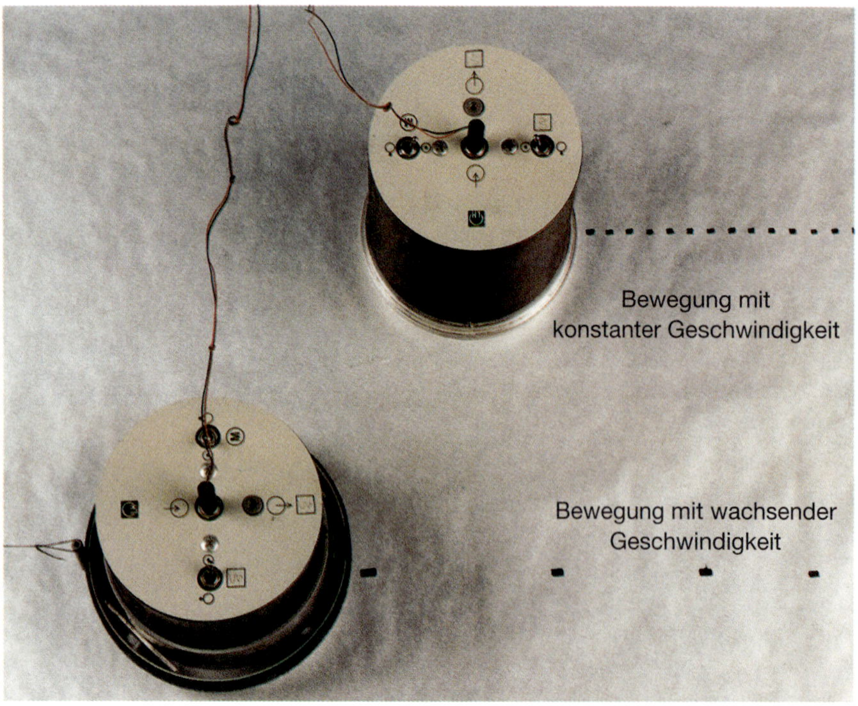

Bewegungsenergie

Woher stammt die Energie, die beim Bremsmanöver in Wärme umgewandelt und entwertet wird? Sie kann nur aus dem System „Auto" selber stammen. Fahrende Autos besitzen Energie, auch Bewegungsenergie genannt. Wenn wir vereinfacht davon ausgehen, dass diese Energie dem Wärmeenergieverlust beim Bremsen entspricht, dann können wir annehmen, dass sich die Bewegungsenergie eines Körpers proportional zu dem Quadrat seiner Geschwindigkeit (v^2) und proportional zu seiner Masse m verhält, denn beide Energien sind gleich groß. Doch woher stammt die Bewegungsenergie des Fahrzeugs? Der Motor ist die treibende Kraft im Auto. Seine Kolben bewegen sich auf und ab und verrichten Arbeit, die über Nockenwellen in die Fortbewegung der Räder umgesetzt wird. Der Motor erhält für diese Arbeit, die das Fahrzeug aus der Ruhe heraus oder beim Fahren beschleunigt, Energie aus dem Treibstofftank. Denn zum Arbeiten benötigt der Motor Energie. Die Arbeit, die der Motor verrichtet, heißt Beschleunigungsarbeit. Diese Arbeit steigert die Geschwindigkeit des Autos. Leider sind in Wirklichkeit die Verhältnisse u. a. durch die Luftreibung überdeckt. Wir spüren sie, wenn man die Hände aus dem fahrenden Auto hält. Dummerweise wird für diesen Anteil ein großes Maß an Energie aufgewendet. Es ist sogar so absurd, dass man das meiste Geld beim Tanken für diese Reibungsenergie und die Motorwärme ausgibt. Ein Auto ist aus energetischen Gründen also nichts anderes als eine „schnell fahrende Heizung", die Reibung verursacht. Die insgesamt durch den Straßenverkehr entwertete Energie ist enorm. Die für uns wichtige Bewegungsenergie spielt dabei nur eine untergeordnete Rolle. Wäre die Reibung nicht

Abb. 2a: Beschleunigung eines Gleiters auf einem Luftkissentisch

Abb. 2b: Luftgleiter auf dem Wasser: Der Hovercraft

vorhanden, so würde das Fahrzeug einmal beschleunigt und seine erreichte Geschwindigkeit beibehalten.

> Die Bewegungsenergie (kinetische Energie) E_{Kin} eines Körpers verhält sich proportional zur Masse m des bewegten Körpers und proportional zum Quadrat seiner Bewegungsgeschwindigkeit.
>
> $E_{Kin} \sim m \qquad E_{Kin} \sim v^2$

Die endgültigen Formeln zur Bewegungsenergie werden über Beschleunigungsversuche ermittelt.

$\frac{t}{s}$	0	1,0	2,0	3,0	4,0	5,0
$\frac{s}{cm}$	0	1,5	6	13,5	24	37,5

Abb. 3: Versuchstabelle mit zugehörigem Weg-Zeit-Diagramm einer beschleunigten Bewegung

Die Beschleunigungsarbeit

Mit der folgenden Versuchsanordnung soll die Beschleunigungsarbeit berechnet werden, die die Gewichtskraft eines Massestücks für uns verrichtet. Störende Reibung wird weitgehend ausgeschlossen. Wir betrachten einen Gleiter, der auf einer ebenen Fläche steht (Abb. 2a/b). Unter dem Gleiter strömt Luft aus, so dass der Gleiter wie ein Luftkissenboot auf der glatten Unterlage schwebt. Der störende Faktor Reibung ist so gut wie ausgeschlossen. Der Gleiter soll beschleunigt werden. Wir verbinden den Gleiter mit einer Schnur, die wiederum über eine Rolle geführt wird, an der das Massestück hängt. Das Gewicht übt eine Kraft aus. Lässt man den Gleiter los, so wird er immer schneller. Er wird beschleunigt. Die Ursache ist eine ständig wirkende Kraft, nämlich die Gewichtskraft des Massestücks. (Anmerkung: Für genauere Betrachtungen muss man bedenken, dass auch das Gewichtsstück selber beschleunigt wird.) Ursache für eine Beschleunigung a (engl.: acceleration) ist also eine Kraft. Die Erfahrung lässt leicht folgende Schlüsse zu: Je größer die beschleunigende Kraft F ist, desto größer ist die sich einstellende Beschleunigung a. Je größer die Masse des zu beschleunigenden Körpers ist, desto größer ist die erforderliche Kraft F, die den Gleiter auf dieselbe Beschleunigung bringen soll. Damit lässt sich der Sachverhalt plausibel machen, dass sich die Kraft F, die beschleunigend auf einen Körper wirkt, als das Produkt von Masse m und Beschleunigung a darstellen lässt, wenngleich dies in keinster Weise exakt hergeleitet wurde.

$$F = m \cdot a$$

Wenn man nun die Arbeit berechnen will, die man verrichten muss, um einen Körper aus dem Stillstand auf die Geschwindigkeit v zu bringen, ist dieser Zusammenhang sehr nützlich. Die Arbeit ist das Produkt von Kraft F und Weg s, das in Wegrichtung wirkt. Damit ist die Beschleunigungsarbeit $W_B = m \cdot a \cdot s$.

Die Wirkung einer Beschleunigung zeigt das folgende Weg-Zeit-Diagramm. Zugrunde liegt die beschleunigte Bewegung, die der Gleiter ausgeführt hat (Abb. 3). Das zugehörige Diagramm ergibt eine Parabel. Die Weg-Zeit-Funktion zeigt folgende Abhängigkeit:

$$s = \tfrac{1}{2} \cdot a \cdot t^2$$

Der Weg s einer beschleunigten Bewegung nimmt quadratisch mit der Zeit zu. Der Weg s verhält sich proportional zum Quadrat der Zeit t. Damit ergibt sich für die Beschleunigungsarbeit folgender Zusammenhang.

$$
\begin{aligned}
W_B = F \cdot s &= m \cdot a \cdot s \\
&= m \cdot \frac{v}{t} \cdot \frac{1}{2} \cdot at^2 \\
&= m \cdot \frac{v}{t} \cdot \frac{1}{2} \cdot \frac{v}{t} \cdot t^2 \\
&= \frac{1}{2} \cdot m \cdot v^2
\end{aligned}
$$

Die Formel für die Beschleunigungsarbeit lautet:

$$W_B = \frac{1}{2} \cdot m \cdot v^2$$

Die Beispielrechnung zeigt folgenden Sachverhalt auf: Die Beschleuigungsarbeit verhält sich proportional zur Masse des bewegten Körpers. Die Beschleunigungsarbeit ist auch proportional zum Quadrat der Geschwindigkeit des beschleunigten Körpers. Beschleunigungsarbeit W_B und Bewegungsenergie (kinetische Energie) E_{Kin} eines Körper besitzen demnach dieselben Abhängigkeiten. Die Betrachtungen legen eine Formelgleichheit für die verrichtete Beschleunigungsarbeit und die dadurch erreichte Bewegungsenergie nahe:

$$W_B = E_{Kin} = \tfrac{1}{2} \cdot m \cdot v^2$$

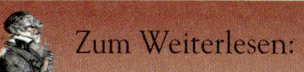

Zum Weiterlesen:

- Die Geschwindigkeit, S. 256
- Lageenergie und Hubarbeit, S. 260
- Die Energieerhaltung als Postulat, S. 264

Die Energieerhaltung als Postulat

Energie ist eine entscheidende Größe im Leben moderner Industriegesellschaften geworden. Einerseits benötigt der Mensch sehr viel Energie in unterschiedlichsten Formen zum Leben. Andererseits bedrohen ihn künftig die Folgen allzu verschwenderischen Umgangs mit den vorhandenen Energieressourcen. Als Beispiel sei der Treibhauseffekt genannt, der in Folge der Verbrennung fossiler Energieträger deutlich zugenommen hat. Das bei der Verbrennung produzierte CO_2 (Kohlendioxid) bewirkt, dass Effekte begünstigt werden, die die Atmosphäre zunehmend aufheizen. Außerdem enden die Energiewandlungsketten letztlich immer in der Form von Wärme. Die Definition, dass Energie die Fähigkeit ist, Arbeit zu leisten, hat hohen praktischen Wert, denn immer, wenn Energie vorliegt, hat man Wege gefunden, diese über Arbeit in andere Energieformen umzuwandeln. Außerdem kann man ganz gut mit ihr rechnen, ähnlich wie mit dem Guthaben auf einem Konto. Wenn man eine Überweisung tätigt, so vermindert sich auf einem Konto das Guthaben, auf einem anderen wächst es. Die Summe des Geldes bleibt dabei erhalten. Ähnlich verhält es sich mit der Größe Energie. Die Summe der Energien bleibt immer erhalten, wenn wir die Wärmeenergie quasi als Guthaben mit hinzuziehen. Beweisen kann man den Energieerhaltungssatz allerdings nicht. Da sich aber noch keine Widersprüche zu diesem Umstand ergeben haben, darf man ihn getrost anwenden.

Erscheinungsformen der Energie

Neben den bisher untersuchten mechanischen Energieformen „Lageenergie" und „Bewegungsenergie" gibt es noch andere Energieformen. Eine weitere mechanische Energieform ist die Spannenergie. Ein Expander wird gespannt (Abb. 1). Gegen die Zugkräfte der Gummiseile muss auf einem Weg s Arbeit verrichtet werden. Gespannte Federn oder Expander enthalten Energie, wie man leicht merkt, wenn diese zurückschnellen. Dabei ist die Federkraft von besonderer Art. Jeder, der einen Expander einmal gespannt hat, weiß, dass gerade das „letzte Stück" besonders viel Kraft erfordert. Aufschluss über diesen Sachverhalt gibt das Kraft-Weg-Diagramm beim Spannen einer Feder (Abb. 2).

Wie in der Abbildung ersichtlich, wächst die Federkraft F proportional zum Spannweg s an:

$$F \sim s$$
$$F = konst \cdot s$$
$$F = D \cdot s$$

Dieser Zusammenhang ist auch unter dem Namen „hookesches Gesetz" bekannt. Den zugehörigen Proportionalitätsfaktor nennt man D. Er heißt Federhärte oder Federkonstante. Je größer D ist, desto mehr Kraft benötigt man, um eine Feder um den gleichen Weg s zu spannen. Die Einheit von D ist N/m: $[D] = N/m$.

Bei den bisherigen Betrachtungen zur Energie blieb die aufzuwendende Kraft immer konstant, wie zum Beispiel beim Heben einer Last zur Erhöhung der Lageenergie. Damit nimmt die Spannenergie eine Sonderstellung ein und macht die Sache etwas komplizierter, denn die Kraft F erweist sich als abhängig vom Weg s. So soll die Formel für die Spannenergie hier auch nur genannt und nicht hergeleitet werden. Die Formel ähnelt der für die Bewegungsenergie.

> Eine gespannte Feder speichert Energie. Man nennt sie Spannenergie E_S: $E_S = \frac{1}{2} \cdot D \cdot s^2$

Wer einen Expander spannen will, benötigt Muskelkraft. Doch Vorsicht, Kraft und Energie sind nicht dasselbe. Leider verwendet man in der Alltagssprache häufig die Ausdrücke Kraft und Energie synonym. So meint das Wort Kraftbrühe, dass viel Energie in Form von Fett in einer Suppe enthalten ist. Ob der Mensch, der die Suppe isst, kräftig ist, entscheidet eher sein körperlicher Zustand als die Brühe an sich.

> In der Physik sind Kraft und Energie gänzlich verschiedene Dinge.

Andererseits gehören sie zusammen, wie man am Beispiel „Expander" sehen kann, denn der Mensch benötigt eben auch Energie in Form von gespeicherten chemischen Substanzen im Muskel, um Kräfte aufwenden zu können. Deshalb nimmt er Nahrung zu sich. In Nahrung ist Energie in chemischer Form enthalten. Muskeln können chemische Energie in mechanische Energien und Wärme umwandeln. Muskeln können Körper heben (Bergsteigen), können Körper beschleunigen (Sprinten) und Federn spannen (Expander). Dabei wird immer zusätzlich Wärme frei.

Energie ist in verschiedensten Erscheinungsformen in der Natur vorhanden. Die Sonne liefert Wärmestrahlung, aber auch Strahlung, die man über die Solarzellen direkt in elektrische Energie umwandeln kann. Langfristig versorgt uns die Sonne mit fossilen Brennstoffen (chemische Energie),

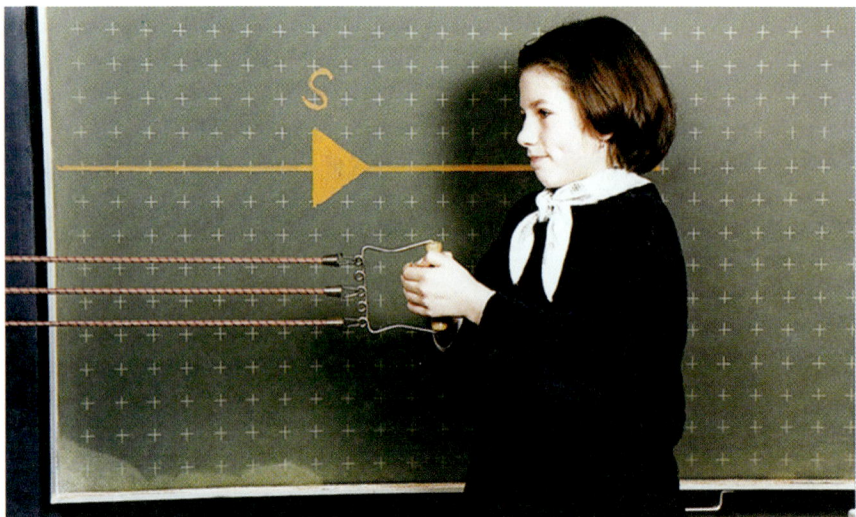

Abb. 1: Ein Expander wird gespannt

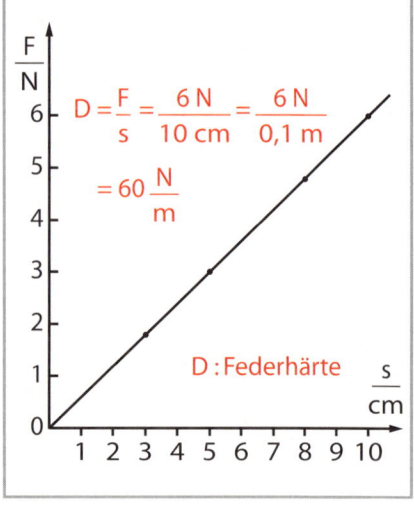

Abb. 2: Kraft-Weg-Diagramm

Physik

da sie Pflanzen wachsen ließ, die Kohlenstoff speicherten, der später als Öl, Kohle oder Gas nutzbar wurde. Kurzfristig versorgt uns die Sonne mit Pflanzenölen, z. B. Rapsöl, und Nahrungsmitteln. Außerdem erzeugt die Sonne über die Verdunstung von Meerwasser Regenwolken, die wiederum als Wasservorrat zur Energieproduktion in Talsperren gespeichert werden. Die Kernenergie stammt nicht von der Sonne. Sie ist ein „Restbestandteil" der Entstehungsgeschichte unseres Planeten, wie auch die Erdwärme in großen Tiefen. Kernenergie kann ebenso zur Energiewandlung benutzt werden wie andere Energieformen. Aber nicht erst seit dem Atomunfall in Tschernobyl ist sie in die Diskussion geraten, da die bei ihrer Wandlung auftretende Radioaktivität sehr gefährlich ist. Allerdings ist ihre Umwandlung weitgehend CO_2-frei. Energieformen sind wandelbar. Endstation aller Wandlungen bleibt die entwertete Form von Energie – die Wärme. Es gibt drei mechanische Energieformen: Lageenergie, Bewegungsenergie und Spannenergie. Energie kann in weiteren Energieformen wie chemischer Energie, Kernenergie, Licht- oder Strahlungsenergie, elektrischer oder magnetischer Energie und Wärme auftreten. Hinter manchen Bezeichnungen wie Windenergie verbergen sich mechanische Energieformen, wie hier z.B. Bewegungsenergie.

Ein Pendel wird ausgelenkt, indem ein Pendelkörper auf eine bestimmte Höhe h angehoben wird (Zustand 1, Abb. 3). Lässt man den Pendelkörper los, so schwingt er nach vorn unten. Seine Geschwindigkeit nimmt zu. Im untersten Punkt (Zustand 2) bestimmt man mit einer Lichtschranke die Geschwin-

digkeit der Kugel, indem man die Verdunklungszeit der Lichtschranke bestimmt. Wenn man nun den Kugeldurchmesser kennt, kann über die Formel v = s/t leicht die Geschwindigkeit bestimmt werden. Bildet man die Bilanz der Energien, dann fällt auf, dass die „Energiekontoführung" aufgeht. Die Lageenergie hat sich vollständig in Bewegungsenergie umgewandelt (Abb. 4). Betrachtet man den Zustand 1, in dem die Kugel auf eine Höhe h gebracht wird, so besitzt sie dort nur Lageenergie $E_L = m \cdot g \cdot h$. Im zweiten Zustand hat die Kugel nur noch Bewegungsenergie (kinetische Energie) $E_{Kin} = \frac{1}{2} \cdot m \cdot v^2$. Nun könnte man einwenden, dass die Kugel doch noch eine Höhe h_x über dem Versuchstisch hat und somit Lageenergie besitzt. Wir haben jedoch den Nullpunkt der Höhenmessung beim tiefsten Pendelpunkt festgelegt. Das ist zulässig und außerdem nützlich. Man kann für die Lageenergie jeden beliebigen Nullpunkt wählen, wenn man alle anderen Höhen darauf bezieht. Die Nullpunktswahl ist so vorzunehmen, dass die Rechnung möglichst einfach wird, wie die Beispielrechnung zeigt.

Die Beispielrechnung macht deutlich, dass die Lageenergie vollständig in Bewegungsenergie umgesetzt wird. Für die Umwandlung mechanischer Energieformen gilt der Energieerhaltungssatz:

Die Summe aller Energieformen bleibt konstant.

$$E_{L1} + E_{Kin1} + E_{S1}$$
$$= E_{L2} + E_{Kin2} + E_{S2} = \text{konst.}$$

Die Verdunklungszeit beträgt in unserem Experiment 0,03 s. Der Kugeldurchmesser beträgt 0,03 m.

$$v = \frac{\Delta s}{\Delta t} = \frac{0,03 \text{ m}}{0,03 \text{ s}} = 1 \text{ m/s}$$

Anwendung des Energieerhaltungssatzes.

$$E_{Kin2} = E_{L1}$$

$$\frac{1}{2} mv^2 = m \cdot g \cdot h$$
$$v^2 = 2g \cdot h$$
$$v = \sqrt{2g \cdot h}$$

Die Kugel wurde anfangs um 5 cm angehoben.

$$v = \sqrt{2 \cdot 9{,}81 \frac{N}{kg} \cdot 0{,}05 \text{ m}}$$

$$v = \sqrt{0{,}981 \frac{kg \frac{m}{s^2}}{kg} \cdot m}$$

$$= 0{,}99 \frac{m}{s} \approx 1 \frac{m}{s}$$

Fazit: Die Lageenergie wurde vollständig in Bewegungsenergie umgewandelt.

Abb. 4: Beispielrechnung

Damit ermöglicht der Energieerhaltungssatz Voraussagen über andere Zustände.

Bei diesen Überlegungen schließen wir Reibung ganz aus. In Wirklichkeit entsteht bei jedem Schwingen des Pendels Reibung. Die Folge ist, dass der Pendelkörper seine Ursprungshöhe nicht mehr erreicht und immer langsamer wird, bis er im untersten Punkt stehen bleibt. Das Schicksal aller mechanischer Energiewandlungen ist die Endstation „Wärme". Physikalisch ist dies zwar kein Verlust, in der Praxis allerdings sehr wohl.

Zum Weiterlesen:

- Lageenergie und Hubarbeit, S. 260
- Bewegungsenergie und Beschleunigungsarbeit, S. 262
- Die mechanische Leistung, S. 266

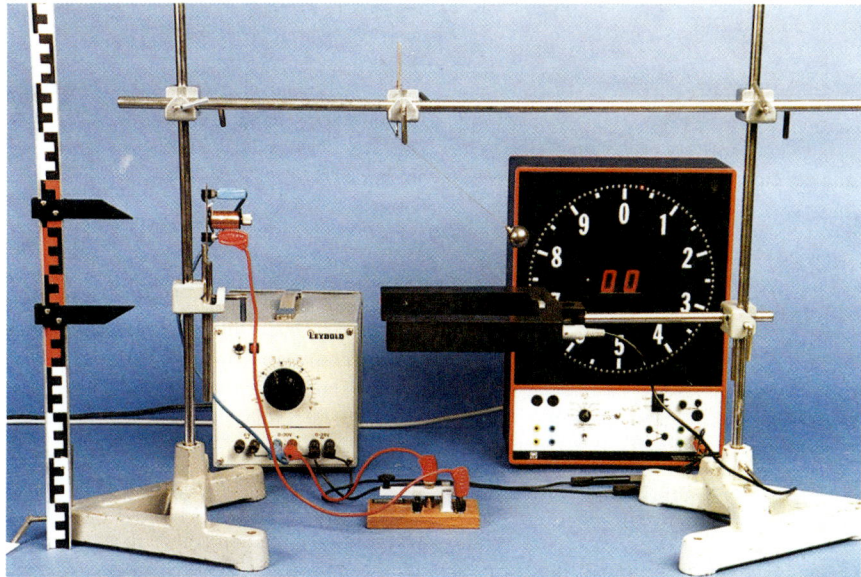

Abb. 3: Energiewandlung beim Pendel

Die mechanische Leistung

Stellt man sich eine Wettfahrt zwischen einem Oldtimer und einem Sportwagen auf einer Bergstraße vor, dann ist das Ergebnis nicht überraschend, wenn das Sportauto nach der Überwindung von z. B. 1000 Höhenmetern zuerst am Ziel ankommt (Abb. 1). Unter der Annahme, dass beide Fahrzeuge mit Fahrer gleich viel Masse aufbringen, ist die verrichtete Arbeit der beiden Fahrzeuge dennoch bei unterschiedlicher Geschwindigkeit gleich groß. Die verrichtete physikalische Arbeit berechnet sich aus dem Produkt der Gewichtskraft und der überwundenen Höhendifferenz:

$$W = F \cdot s$$

$[W]$ = Nm   Arbeit

$[F]$ = N = kg $\frac{m}{s^2}$ Kraft

$[s]$ = m   Weg bzw. Höhendifferenz

Da beide Fahrzeuge die gleiche Masse besitzen und die gleiche Bergstrecke mit der gleichen Höhendifferenz abgefahren sind, haben somit beide Fahrzeuge die gleiche Arbeit verrichtet, und aus diesem Grund hat kein Fahrzeug die Wettfahrt gewonnen. Der Sportwagenfahrer ist aber mit der Bewertung der Wettfahrt nicht zufrieden, denn er argumentiert, dass sich die Aufwärtsfahrt seines Sportwagens dennoch von der des Oldtimers unterscheidet, da die Bergfahrt bzw. Arbeit des Sportwagens im Vergleich zum Oldtimer in einer wesentlich kürzeren Zeit verrichtet wurde. Um das Geleistete beider Fahrzeuge zu unterscheiden, müsste man deshalb zusätzlich angeben, dass der

Sportwagen seine Arbeit in kürzerer Zeit verrichtet hat, damit die vollbrachte Leistung des Sportwagens höherwertiger eingeschätzt werden kann. Um die Leistungsdifferenz der beiden Fahrzeuge direkt zum Ausdruck zu bringen, benutzt man deshalb die physikalische Größe der Leistung P, welche die Arbeit und die dafür benötigte Zeit genau aus den oben angeführten Gründen ins richtige Verhältnis setzt. Die physikalische Leistung P wird deshalb aus dem Quotienten der verrichteten Arbeit W und der benötigten Zeit t gebildet:

$$P = \frac{W}{t} \qquad [P] = \frac{J}{s} = W \quad \text{Leistung}$$

P = Power
J = Joule
W = Watt
s = Sekunde
t = Zeit

Mit dieser Definition ergibt sich für den Sportwagen bei einer Fahrzeit von 30 Minuten eine Leistung von:

1 kg entspricht einer Gewichtskraft von 9,81 N ≈ 10 N, damit haben 1400 kg eine Gewichtskraft von 14.000 N.

$$P = \frac{14.000 \ N \cdot 1000 \ m}{30 \ min}$$

$$= \frac{14.000 \ N \cdot 1000 \ m}{1800 \ s}$$

$$= 7777 \ \frac{J}{s} = 7777 \ W$$

Für den Oldtimer erhält man eine Leistung bei einer Fahrzeit von 70 Minuten:

$$P = \frac{14.000 \ N \cdot 1000 \ m}{70 \ min}$$

$$= \frac{14.000 \ N \cdot 1000 \ m}{4200 \ s}$$

$$= 3333 \ \frac{J}{s} = 3333 \ W$$

Die Ergebnisse zeigen, dass die Leistung unterschiedlich hoch sein kann, obgleich die

Abb. 2: Leistungsunterschied zweier Motoren im Versuchsaufbau

verrichtete Arbeit gleich hoch ist. Der Sportwagenfahrer ist mit dieser Bewertung zufrieden. Die Leistung verhält sich umgekehrt proportional zur Zeit, d. h., je kürzer der Zeitaufwand ist, um eine bestimmte Arbeit zu verrichten, desto höher ist die Leistung. Die physikalische Leistung wird dementsprechend geringer, wenn für die gleiche Arbeit mehr Zeit beansprucht wird.

Ebenso kann man die mechanische Leistung auch vergleichen, wenn für zwei Vorgänge die gleiche Zeit benötigt wird, dabei aber unterschiedliche Arbeiten verrichtet werden.

Zwei Motoren sind an einem Versuchstisch angebracht. Über eine Schnur sind zwei gleich schwere Gewichte mit den Motorwellen verbunden (Abb. 2). Eine Stoppuhr misst die Zeit, die für das Anheben der Gewichte auf die jeweilig abgebildete Höhe erforderlich ist. Die Hubdauer beträgt in beiden Fällen 3,5 Sekunden. Der leistungfähigere Motor M_1 hebt in derselben Zeit den gleichen Körper ein gutes Stück höher als der andere Motor M_2. Deshalb ist seine Hubarbeit W_1 größer als die Arbeit W_2, die der andere Motor in der gleichen Zeit verrichtet. Da die mechanische Leistung der Quotient aus der verrichteten Arbeit W und der dazu benötigten Zeit t ist, P = W/t, ist auch die Leistung P_1 des stärkeren Motors größer, denn der Quotient enthält im Zähler einen größeren Arbeitsbetrag. Im Allgemeinen unterscheiden sich bei Leistungsvergleichen die verrichtete Arbeit und die dazu aufgewandte Zeit. Die Größe des Quotienten W/t entscheidet darüber, wer die höhere Leistung er-

Abb. 1: Leistungsunterschied zwischen einem Oldtimer und einem Sportwagen

bringt. Häufig wird bei Bewegungsabläufen auch die momentane Leistung berechnet. Dafür muss die Augenblicksleistung für eine kleine Zeitspanne Δt (lies: Delta t) berechnet werden: $P = W/\Delta t = F \cdot v$.

Ein Beispiel soll die Tragweite der momentanen Leistung verdeutlichen. Ein Fahrzeug der Masse 1500 kg wird in 4 Sekunden auf die Geschwindigkeit von 36 km/h (10 m/s) gebracht. Dabei wirkt die konstante Kraft von 3750 N. Die momentane Leistung am Ende des Beschleunigungsvorgangs beträgt:

$$P = F \cdot v = 3750\,N \cdot 10\,m/s$$
$$= 37.500\,Nm/s = 37,5\,kJ/s$$
$$= 37,5\,kW$$

Das Fahrzeug hat aber erst am Ende des Beschleunigungsvorganges die Geschwindigkeit von 10 m/s erreicht. Da bei einer konstanten Kraft die Geschwindigkeit kontinuierlich ansteigt, ist die durchschnittliche Leistung während des Beschleunigungsvorgangs nur halb so groß. Man muss also deutlich zwischen der momentanen Leistung und der Durchschnittsleistung unterscheiden. So entspricht die Höchstleistung eines Menschen in der folgenden Tabelle nur einer momentanen Leistung. In der folgenden Tabelle sind unterschiedliche Leistungen aufgeführt.

Mensch:	
Dauerleistung	50-100 W (Watt)
Höchstleistung	2 kW (Kilowatt)
Kaffeemaschine	800 W
Bohrmaschine	1000 W
Automotor	20-100 kW
Diesellok	3 MW
Dampfkraftwerk	1000 MW
Fahrradlicht	3 W

Hebt z. B. ein Kran (Abb. 3) ein Gewicht von 5 t (t = Tonne; 1 Tonne = 1000 kg) in 10 s (s = Sekunde) 20 m (m = Meter) hoch, dann ergibt sich also folgende Leistung:

5000 kg entspricht 50.000 N

$$P = \frac{50.000\,N \cdot 20\,m}{10\,s}$$
$$= 100.000\,\frac{Nm}{s}$$
$$= 100.000\,\frac{J}{s} = 100\,\frac{kJ}{s} = 100\,kW$$

Benötigt der Kran für die Übertragung der gleichen Energie (Arbeit) die doppelte Zeit, dann ergibt sich eine Leistung P von:

$$P = \frac{50.000\,N \cdot 20\,m}{20\,s}$$
$$= 50.000\,\frac{Nm}{s} =$$
$$= 50.000\,\frac{J}{s} = 50\,\frac{kJ}{s} = 50\,kW$$

Benötigt also der Kran zum Verrichten seiner Arbeit die doppelte Zeit, dann ist seine Leistung nur halb so hoch.

Die Leistung des Krans kann auch direkt ausgerechnet werden, indem neben der Gewichtangabe die Geschwindigkeit des Krans angegeben wird, mit der er die Masse anhebt. Mit einer Hubgeschwindigkeit von 0,5 m/s ergibt sich für die gleiche Last eine Leistung von:

$$P = 50.000\,N \cdot \frac{0,5\,m}{s} = 25.000\,\frac{Nm}{s}$$
$$= 25.000\,\frac{J}{s} = 25000\,W = 25\,kW$$

Die physikalische Leistung P ist also auch das Produkt aus der Kraft F und der Geschwindigkeit v. Die Leistung P ist insbesondere auf jedem Typenschild von Haushaltsgeräten wieder zu finden. Auf dem Typenschild einer Waschmaschine ist z. B. eine Nennleistung von 2,5 kW angegeben. Für den Waschvorgang benötigt die Waschmaschine eine Zeit von 90 Minuten. Während des Waschvorganges wird eine Energie übertragen bzw. Arbeit verrichtet von:

90 min   = 1,5 Stunden
$E = 2,5\,kW \cdot 1,5\,h = 3,75\,kWh$
$E = \quad 3,75\,kWh = 3,75\,kW \cdot 1\,h$

$E = 3,75\,kW \cdot 3600\,s = 13.500\,kWs$

Die elektrische Arbeit (übertragene Energie) ist also das Produkt aus elektrischer Leistung P und Zeit t.

Der Wirkungsgrad ist eine wichtige Kenngröße, welche die Effizienz von verschiedenen Motoren charakterisiert. Der Wirkungsgrad wird definiert als:

$$\eta = \text{Wirkungsgrad} \qquad \eta = \text{Eta}$$
$$\eta = \frac{\text{genutzte Energie}}{\text{eingesetzte Energie}} \cdot 100\,\%$$

Der Wirkungsgrad von Dampfturbinen liegt bei 40 %, von Dieselmotoren bei 38 % und von Solarzellen bei etwa 12%. Liefert beispielsweise ein Solarmodul, das aus einzelnen Solarzellen besteht, eine elektrische Leistung von 100 W, liegt also die eingestrahlte Sonnenenergie, die auf das Solarmodul trifft, bei 1200 W. Ein Ottomotor verbraucht ungefähr 250 g Benzin, um Energie von 1 Kilowattstunde zu erzeugen. Benzin hat aber einen spezifischen Heizwert von 46 MJ/kg. Für den Ottomotor ergibt sich ein Wirkungsgrad von 31,3%:

$$\eta = \frac{3,6\,MJ}{11,5\,MJ} \cdot 100\% = 31,3\%$$

Abb. 3: Die mechanische Leistung des Baukrans

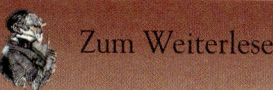

Zum Weiterlesen:

- Die Geschwindigkeit, S. 256
- Die Beschleunigung, S. 258
- Lageenergie und Hubarbeit, S. 260
- Die Energieerhaltung als Postulat, S. 264

Innere Energie

Der Engländer James Watt hat mit der Erfindung der Dampfmaschine im Jahre 1769 die Grundlage der industriellen Revolution geschaffen. Damit gelang es dem Menschen zum ersten Mal, die gespeicherte Energie aus fossilen Brennstoffen wie Kohle, Holz oder später Öl zum Antrieb von Maschinen zu nutzen. Die Wechselwirkung zwischen Wärme, Wasser und Wasserdampf wurde für die Funktion der Dampfmaschine ausgenutzt. Seitdem sind die unterschiedlichsten Maschinen erfunden worden und eine wesentliche Aufgabe der heutigen Wissenschaft und Technik besteht nun darin, die Leistungsfähigkeit der Maschinen weiter zu steigern. Neue Erkenntnisse über die Zusammenhänge zwischen Arbeit, Wärme und Energie sind dabei die Grundvoraussetzung für weitere Verbesserungen. Die Steigerung der Leistung besteht z. B. darin, den Wirkungsgrad der Maschinen zu erhöhen. Eine Maschine ist dann optimal, wenn die gesamte Energiezufuhr vollständig ausgenutzt wird, d. h., ein Auto wäre energetisch optimal, wenn die gesamte chemische Energie des Benzins in Bewegung umgesetzt werden würde. In der Praxis wird aber ein Großteil der Energie in

Abb. 1a: Erwärmte Luft breitet sich aus und dehnt den Ballon

Abb. 1b: Kalte Luft lässt den Ballon schrumpfen

nutzlose Wärmeenergie umgewandelt und geht damit für den Bewegungsprozess verloren. Aus Erfahrung weiß jeder, dass sich beispielsweise Automotoren während der Fahrt erwärmen. Der Wirkungsgrad, d. h. das Verhältnis zwischen genutzter und aufgewandter Energie, gibt dabei an, wie viel der getankten chemischen Energie, in Form von Benzin, wirklich in Bewegung umgesetzt wird. Der Dieselmotor hat beispielsweise einen Wirkungsgrad von 38 % und der Ottomotor von 32 %, und der somit überwiegende Anteil der Energie wird beim Verbrennungsmotor an den Motorblock und das Abgas in Form von Wärme abgegeben. Die Wärmeenergie kann für den Bewegungsprozess nicht mehr genutzt werden, und man spricht in diesem Fall von entwerteter Energie. Der Kühler im Auto sorgt dafür, dass der Motor durch die Wärmeenergie nicht zu heiß wird. Mit dem Kühlsystem wird die Energie vom gusseisernen Motorblock auf das Kühlwasser übertragen. Das geschieht, indem Wasser durch Kühlleitungen durch den Motorblock fließt. Das Wasser nimmt beim Kühlen die Temperatur des Motorblocks an, d. h., die Wärmeenergie wird vom Gusseisen auf das Kühlwasser übertragen. Das Wasser nimmt also die Wärmeenergie auf und erhöht dabei seine innere Energie. Als innere Energie wird dabei der mikroskopische Zustand des Stoffs angesehen. Wenn beispielsweise Wasser seine innere Energie erhöht, was sich durch Temperaturerhöhung bemerkbar macht, dann beginnen sich die Wassermoleküle stärker zu bewegen. Je höher der Temperaturanstieg bzw. die Zunahme der inneren Energie ist, desto stärker bewegen sich die Moleküle, bis sie sich so stark bewegen, dass Wasserdampf aufsteigt. Hat der Wasserdampf keine Möglichkeiten zu entweichen, wie beispielsweise im Kühlsystem des Motorblocks, dann steigt der Druck in den Leitungen. Im Eisen des Motorblocks findet mikroskopisch prinzipiell genau der gleiche Prozess wie im Wasser statt. Durch den Verbrennungsprozess im Motor wird Energie in Form von Wärme auf den Motorblock übertragen. Das Gusseisen des Motorblocks erhöht dadurch seine innere Energie, und mikroskopisch wird diese Energie durch erhöhte Atomschwingungen zum Ausdruck gebracht. Je höher die Temperatur des Gusseisens, desto stärker sind die Atomschwingungen. Bei weiterer Temperaturerhöhung fängt das Eisen an zu glühen. Die Atombewegungen sind hierbei so heftig, dass selbst sichtbares Licht ausgestrahlt (emittiert) wird. Diese Energieform ist eine Veränderung des inneren Zustandes der Materie auf mikroskopischer, d. h. auf molekularer bzw. atomarer Ebene. Die innere Energie des Körpers ist von seiner Bewegungs-

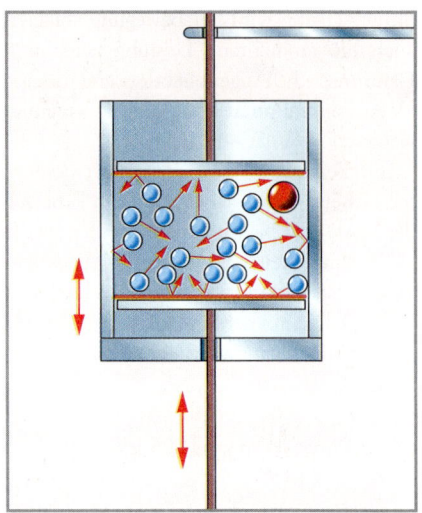

Abb. 2: Modellversuch: Darstellung der Teilchenbewegung mit Glaskügelchen

bzw. Lageenergie zu unterscheiden, die als makroskopische Energiegrößen bezeichnet werden können. Eine heiße Eisenkugel fällt genauso schnell auf den Boden wie eine kalte Kugel, d.h. die innere Energie hat keinen Einfluss auf die äußeren Energieformen. Kinetische Energie (Bewegungsenergie) kann aber in innere Energie umgewandelt werden. Dieser Effekt wird beispielsweise beim Abbremsen von Fahrzeugen deutlich ausgenutzt. Durch die Reibungskraft der Bremsbeläge auf den Bremsscheiben wird die Geschwindigkeit reduziert, d. h. die Bewegungsenergie des Fahrzeuges wird umgewandelt in Wärme. Arbeit wird in diesem Fall in Wärme bzw. innere Energie umgewandelt.

Neben Flüssigkeiten und Festkörpern können auch Gase ihre innere Energie verändern. Vergleichbar wie im Festkörper oder in der Flüssigkeit erhöht sich die innere Energie bei Gasen durch Wärmezufuhr mit einer Volumenausdehnung. Wird ein gefüllter Luftballon in die Sonne gelegt, dann vergrößert er sich. Die Luft im Luftballon dehnt sich durch die wärmenden Sonnenstrahlen aus (Abb. 1a). Mikroskopisch bedeutet das, dass die Bewegung der einzelnen Atome bzw. Gasmoleküle durch die Zunahme der inneren Energie steigt. Die Gasmoleküle stoßen vermehrt aneinander bzw. an die äußere Haut des Luftballons. Durch diese Stöße vergrößert sich der Ballon. Wird derselbe Luftballon zwischenzeitlich in den kühlen Schatten gelegt, dann nimmt die Bewegung der Gasmoleküle ab, das Gas braucht deshalb weniger Platz, und folglich wird der Ballon kleiner (Abb. 1b). Der umgekehrte Prozess ist beim Luftpumpen zu beobachten, dort wird durch das Zusammenpressen der Luft Wärme an die Pumpe abgegeben. Wie sich die Gasmoleküle in den Gasen bewegen, kann mit

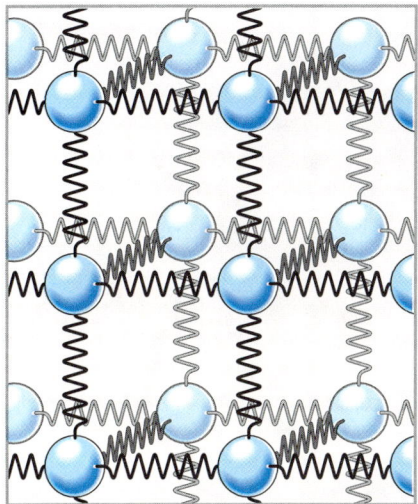

Abb. 3a: Teilchenbewegung im Festkörper

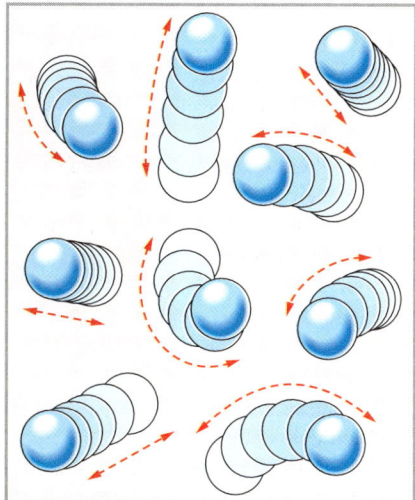

Abb. 3b: Teilchenbewegung in Flüssigkeit

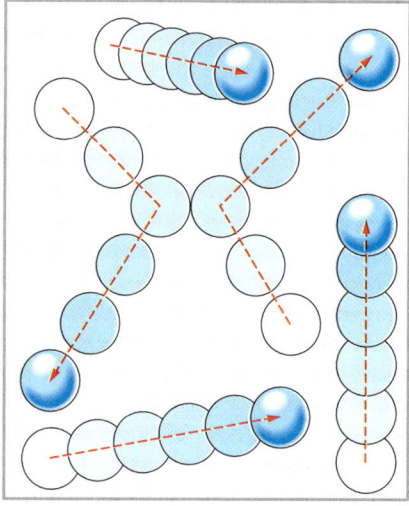

Abb. 3c: Teilchenbewegung in Gas

einem Modellversuch (Abb. 2) veranschaulicht werden. Der Versuch besteht im Wesentlichen aus einem Gefäß mit einem schnell beweglichen Unterboden, der, von einem Motor angetrieben, sich sehr schnell auf und ab bewegt. Im Gefäß befinden sich Glaskügelchen, die durch die Bodenerschütterung im Gefäß hüpfen. Das Hüpfen der Glaskügelchen ist dabei mit den Gasmolekülen zu vergleichen, die sich ungeordnet im abgeschlossenen Raum wie die Gasmoleküle im Luftballon bewegen und sich gegenseitig und an der Außenwand stoßen. Wird die Temperatur des Gases erhöht, dann kann man es mit einer Erhöhung der Geschwindigkeit der Glaskügelchen vergleichen. Geht der Boden des Gefäßes schneller auf und ab, fliegen die Glaskügelchen schneller im Gefäß hin und her. Ist der obere Deckel des Versuchsgefäßes noch zusätzlich beweglich montiert, dann stoßen die Glaskügelchen den Deckel weiter nach oben. Dieser Effekt wird bei den Gasteilchen im Luftballon beobachtet, nämlich dass die schnelleren Gasteilchen den Ballon durch ihre Stöße an der Außenhaut ausdehnen. In Flüssigkeiten ist die erhöhte Beweglichkeit der Moleküle daran erkennbar, dass bei erhöhter Temperatur die Löslichkeit von Stoffen erhöht wird. Aus diesem Grund beispielsweise löst sich der Zucker im heißen Tee wesentlich schneller auf als im kalten Tee.

Die Aufnahme von Energie in Form von Wärme erhöht die innere Energie in Festkörpern, in Flüssigkeiten und in Gasen. Die zusätzliche innere Energie erhöht die Bewegungen der Atome bzw. Moleküle. Der Bewegungsspielraum der Atome im Festkörper ist bei der Temperaturerhöhung am stärksten eingeschränkt. In Metallen erhöhen sich die Schwingungen der Atome, die im Metallgitter verankert sind. In Flüssigkeiten sind die

Moleküle bereits beweglicher, und im Gaszustand sind die Gasteilchen frei beweglich und der Temperaturanstieg erhöht die kinetische Energie der Gasteilchen (Abb. 3a, b, c).

Alle Materialien unterscheiden sich nun darin, dass sie in Abhängigkeit zum Temperaturanstieg unterschiedliche Energiemengen in Form von Wärme aufnehmen können. Diese Eigenschaft wird mit einer Materialkonstante beschrieben, die als spezifische Wärme bzw. spezifische Wärmekapazität bezeichnet wird und folgende Einheit besitzt:

$$[c] = 1 \ \frac{J}{g \cdot K} = 1 \ \frac{kJ}{kg \cdot K}$$

$$c = \text{spezifische Wärme}$$

Die spezifische Wärme (Wärmekapazität) gibt an, wie viel Energie (Joule) man braucht, um die Temperatur von 1 g des betreffenden Stoffes um 1 K zu erhöhen.

Erhöht ein Körper der Masse m seine Temperatur um den Betrag $\Delta\vartheta$, dann wird seine innere Energie um die Wärmemenge W erhöht:

$$
\begin{aligned}
W &= c \cdot m \cdot \Delta\vartheta \\
W &= \text{Wärmemenge (J)} \\
m &= \text{Masse (kg)} \\
\Delta\vartheta &= \text{Temperaturdifferenz (K)} \\
c &= \text{spezif. Wärme } \left(\frac{J}{g \cdot K}\right)
\end{aligned}
$$

Bei den meisten Kühlprozessen wird Wasser benutzt, da Wasser die höchste spezifische Wärmekapazität von c = 4,2 J/g K besitzt. Für 1 kg Wasser bei einer Temperaturerhöhung von 5 K ergibt sich eine Erhöhung der inneren Energie von:

$$W = 4{,}2 \ \frac{kJ}{kg \cdot K} \cdot 1 \ kg \cdot 5 \ K = 21 \ kJ$$

Für 1 kg Luft ergibt sich bei der gleichen Temperaturerhöhung folgender Wert:

$$W = 1{,}005 \ \frac{kJ}{kg \cdot K} \cdot 1 \ kg \cdot 5 \ K = 5{,}025 \ kJ$$

Im Vergleich ist zu erkennen, dass es sich mit Wasser wesentlich effektiver kühlen lässt.

In der folgenden Tabelle sind im Vergleich einige Stoffe mit ihrer spez. Wärme aufgelistet:

Substanz	c gemessen bei 20°C in kJ/(kg · K)
Quecksilber	0,13
Eisen	0,45
Glas	0,84
Beton	2,9
Luft	1,005
Wasser	4,2
Helium	$5{,}23 \cdot 10^{-3}$
Wasserstoff	$14{,}21 \cdot 10^{-3}$

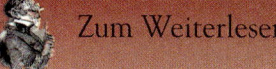

Zum Weiterlesen:

- Die Schmelzwärme, S. 270
- Die Verdampfungswärme, S. 272
- Die Wärmepumpe, S. 274
- Wärmekraftmaschinen, S. 276

Die Schmelzwärme

Alle Stoffe können im festen, flüssigen oder gasförmigen Zustand vorkommen. Diese drei makroskopischen Erscheinungsformen der Materie werden als Aggregatzustände bezeichnet, wobei der Wechsel von einem Zustand zum anderen hauptsächlich von der Temperatur abhängt. Generell kann man sagen, dass die meisten Stoffe bei tiefen Temperaturen in festem Zustand, bei mittleren Temperaturen in flüssigem und bei hohen Temperaturen in gasförmigem Zustand vorliegen. Die Änderung vom festen Aggregatzustand in den flüssigen Zustand wird bekanntlich durch Schmelzen des Stoffes erreicht. Der umgekehrte Vorgang, der vom flüssigen zum festen Zustand führt, erfolgt durch Erstarren der Materie (Abb. 1). Werden flüssige Körper durch Erhitzen verdampft, befindet sich die Materie im gasförmigen Zustand. Den umgekehrten Prozess, wo also das Gas in flüssige Materie umgewandelt wird, bezeichnet man als Kondensation (Verflüssigung). Die Zustandsänderung durch das Schmelzen erfolgt bei den meisten Stoffen unter Volumenzunahme, d. h. beispielsweise, Wachs (Paraffin) benötigt im festen Zustand weniger Volumen als im flüssigen. Diese Zustandsänderung wird als normal bezeichnet, da die meisten Stoffe sich so verhalten und beim Erstarren an Volumen abnehmen bzw. an Dichte zunehmen. Das Wasser zeigt beim Schmelzvorgang genau konträre Eigenschaften, d. h., das Wasser des geschmolzenen Eises hat ein kleineres Volumen als das Eis selbst. Diese Eigenschaft bei der Zustandsänderung vom Festkörper zur Flüssigkeit wird als anormal bezeichnet und ist der Grund dafür, dass

das leichtere Eis auf dem Wasser schwimmt. Diese besondere Eigenschaft des Wassers wird von der Natur ausgenutzt, da sie ermöglicht, dass beispielsweise Fische in Seen unter der Eisschicht überwintern können, da das leichtere Eis auf dem dichteren Wasser schwimmt (Abb. 2). Der Festkörper Eis hat eine geringere Dichte als das Wasser, so dass es beim Gefrieren nicht auf den Boden absinkt und erlaubt, dass das Gewässer von oben zufriert und dabei der Natur hilft. Es ist aber auch bekannt, dass schwimmendes Eis insbesondere für die Schifffahrt sehr gefährlich sein kann, das zeigt beispielsweise die tragische Katastrophe des als unsinkbar geltenden britischen Luxusschiffs Titanic im Jahre 1912. Durch den Zusammenstoß mit einem Eisberg hatte die Jungfernfahrt der Titanic ein grausames Ende gefunden. Eisberge schmelzen im Wasser sehr langsam, da der Schmelzprozess sehr viel Energie erfordert. Beim Schmelzen von Stoffen wird zusätzliche Energie benötigt, die der Umgebung entnommen wird, so dass durch diese Energieaufnahme die innere Energie des Körpers erhöht wird. Die Erhöhung der inneren Energie erfolgt normalerweise parallel zur Temperaturerhöhung des Körpers. Legt man beispielsweise ein Eisenstück in erwärmtes Wasser, dann erhöht sich kontinuierlich mit der Aufnahme der Wärmeenergie die Temperatur des Eisenstücks. Beim Eis im Wasser beispielsweise verhält es sich anders, denn trotz Zunahme der inneren Energie des Eisblocks bleibt die Temperatur des Eiskörpers konstant. Die Erhöhung der inneren Energie wird nur für den Schmelzprozess benötigt, so dass die Zunahme der inneren En-

Abb. 2: Eis schwimmt oben und ist im festen Zustand sehr belastungsfähig

ergie im Schmelzprozess zu keiner Temperaturerhöhung führt. Die Energie für den Prozess wird aus der Umgebung geliefert, so dass man einen Temperaturabfall im Wasserbad misst. Der genaue Schmelzvorgang soll nun im folgenden Versuch mit Paraffin (Kerzenwachs) verdeutlicht werden. Sehr fein geraspeltes Kerzenwachs (Paraffin) wird in ein schmales Gefäß gegeben, in das zur Temperaturüberprüfung ein Thermometer hineingestellt wird. Das Gefäß wird mit Paraffin in ein Wasserbad gegeben, wobei das Wasser des Wasserbades mit einem Tauchsieder erhitzt wird (Abb. 3). Das Thermometer zeigt zu Versuchsbeginn einen kontinuierlichen Anstieg der Temperatur an. Bei einer Temperatur von etwa 53°C stagniert der Temperaturanstieg, bis alles Paraffin geschmolzen ist. Dann steigt die Temperatur des flüssigen Paraffins wieder kontinuierlich an. Der Versuch zeigt, dass die Schmelztemperatur vom Paraffin 53°C beträgt. Außerdem wird festgestellt, dass beim Schmelzvorgang die Temperatur nicht ansteigt, obgleich weiterhin Energie von der Umgebung aufgenommen wird. Die innere Energie von Paraffin erhöht sich also auch beim Schmelzvorgang, obwohl die Temperatur nicht steigt. Wie man den genauen Energiewert erfährt, der für den Schmelzvorgang erforderlich ist, soll der folgende Versuch demonstrieren. Für diesen Versuch werden 400 g Wasser mit einer Temperatur von 50°C in einen Styroporbecher gefüllt (Abb. 4). In dieses Wasser werden 100 g Eiswürfel, die eine Temperatur von 0°C haben, gegeben. Nachdem das Eis geschmolzen ist, wird eine Temperatur der gesamten Flüssigkeit von 24°C gemessen. Für das Abkühlen der 400 g

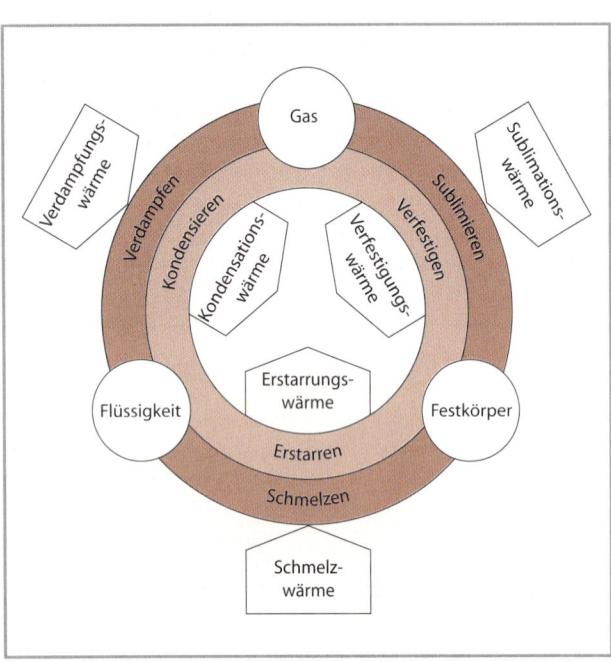

Abb. 1: Aggregatzustände und ihre Änderungen

Wasser von 50°C auf 24°C, um den Betrag von 26 K, errechnet sich folgende Energiemenge:

$$W_{ab} = \text{vom Wasser abgegebene innere Energie}$$
$$W_{ab} = c \cdot m \cdot \Delta\vartheta$$
$$W_{ab} = 4{,}2 \, \frac{J}{g \cdot K} \cdot 400 \, g \cdot 26 \, K$$
$$= 43.680 \, J$$

Das Aufwärmen der aus dem Eis gewonnenen Wassermenge von 0°C auf 24°C erfordert eine Energiemenge von:

$$W_{auf} = \text{vom Wasser aufgenommene innere Energie}$$
$$W_{auf} = 4{,}2 \, \frac{J}{g \cdot K} \cdot 100 \, g \cdot 24 \, K$$
$$= 10.080 \, J$$

Da der Energieerhaltungssatz gilt, ergibt der Differenzbetrag der beiden oben aufgeführten Energien die Energie, die allein für den Schmelzprozess erforderlich ist:

$$W_{Schmelz} = \text{Schmelzwärme von } 100 \, g \, Eis$$
$$W_{Schmelz} = W_{ab} - W_{auf}$$
$$W_{Schmelz} = 43.680 \, J - 10.080 \, J$$
$$= 33.600 \, J$$

Diese Energie wird als Schmelzwärme bezeichnet. Verschiedene Stoffe benötigen unterschiedliche Energien für den Schmelzprozess. Jeder Stoff wird somit durch seine spezifische Schmelzwärme charakterisiert. Die spezifische Schmelzwärme gibt die benötigte Energiemenge an, die zum Schmelzen von einem Gramm einer Substanz benötigt wird. Für Eis ergibt sich aus der oberen Rechnung für die spezifische Schmelzwärme folgender Wert:

$$s = \frac{W_{Schmelz}}{m} = \frac{33.600 \, J}{100 \, g} = 336 \, \frac{J}{g}$$
$$s = \text{spezifische Schmelzwärme } [s] = \frac{J}{g}$$

In folgender Tabelle sind die spezifischen Schmelzwärmen von unterschiedlichen Substanzen aufgeführt:

Stoff	Schmelzwärme in J/g
Kochsalz	500
Aluminium	400
Wasser	335
Eisen	270
Paraffin	147
Benzol	140
Ethanol	120
Platin	111
Methanol	109
Wasserstoff	63
Stickstoff	28
Sauerstoff	17

Die spezifische Schmelzwärme von Wasser ist im Vergleich zu anderen Substanzen recht hoch, deshalb lassen sich beispielsweise Getränke sehr gut mit Eiswürfeln kühlen.

Der Schmelzvorgang lässt sich mikroskopisch bzw. molekular so verstehen, dass die Teilchen (Atome) eines kristallinen Körpers um ihre festen Plätze Schwingungen ausüben. Die Heftigkeit der Schwingungen nimmt mit steigender Temperatur des Körpers zu. Bei genügender Energiezufuhr können die Teilchen die Festkörperstruktur verlassen und bilden die ersten Tropfen einer Flüssigkeit auf der Oberfläche des Festkörpers. Die weiter erhöhte innere Energie wird beim Schmelzvorgang nicht genutzt, um die Geschwindigkeit der Schwingungen weiter zu erhöhen, sondern um Arbeit gegen die Bindungskräfte zu verrichten, so dass sich die Teilchen vom Festkörperverband lösen können. Aus diesem Grund wird beim Schmelzvorgang keine weitere Temperaturerhöhung gemessen. Erst nach Abschluss des Schmelzvorgangs können die Teilchen in der Flüssigkeit die Schwingungen weiter erhöhen und parallel dazu die Temperatur der Flüssigkeit steigen lassen.

Vergleichbar mit dem Schmelzprozess ist das Auflösen von Zucker oder Salz im Wasser. Damit beispielsweise das Salz in seiner Kristallstruktur zerfällt, müssen Moleküle aus dem Kristallverband gelöst werden. Für diesen Vorgang benötigt das Salz aber Energie, die dem Wasser entzogen wird. Da das Wasser nicht aufgewärmt wird, gibt es für das Aufbrechen der Salzmoleküle Energie von seiner inneren Energie ab. Durch die Energieabgabe kühlt das Wasser ab, bis das Salz vollständig aufgelöst ist. Wird Salz direkt mit

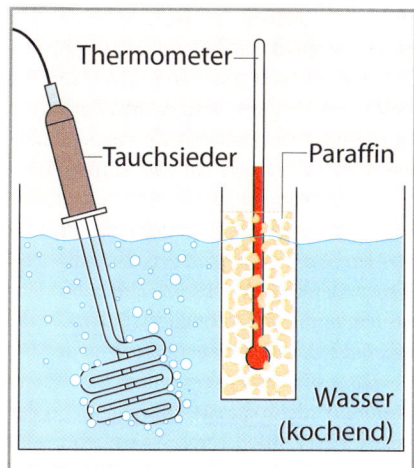

Abb. 3: Versuchsaufbau: Schmelzvorgang bei Paraffin

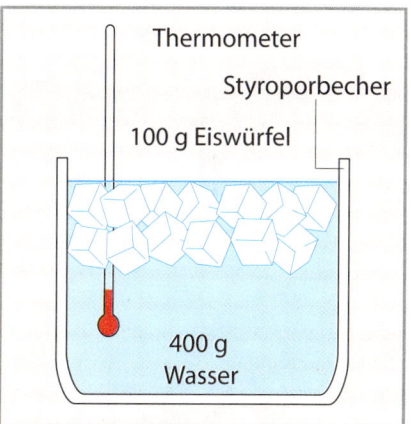

Abb. 4: Versuchsaufbau: Bestimmen der spezifischen Schmelzwärme von Eis

Eis zusammengebracht, dann wird folgende Beobachtung gemacht: Das Eis-Salz-Gemisch wird sehr breiartig, und die Temperatur der Mischung nimmt extrem ab. Beide Komponenten benötigen für die Auflösung der Bindungen sehr viel Energie. Diese Energie wird von der inneren Energie des Wassers bereitgestellt. Durch die Abnahme der Energie sinkt automatisch die Temperatur des Gemischs. Das breiartige Gemisch kann dabei Temperaturen bis −18°C erreichen und wird deshalb als Kältemischung bezeichnet.

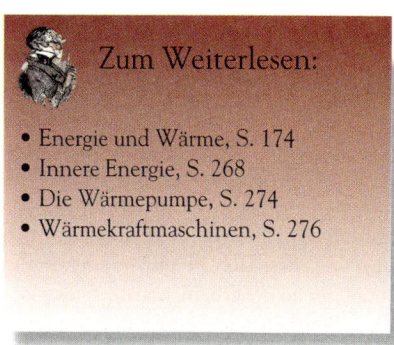

Zum Weiterlesen:

- Energie und Wärme, S. 174
- Innere Energie, S. 268
- Die Wärmepumpe, S. 274
- Wärmekraftmaschinen, S. 276

Die Verdampfungswärme

Befindet sich durch das Heizen im Winter eine sehr trockene Luft in den Wohnräumen, dann wird die Luftfeuchtigkeit mit Hilfe von Verdunstern erhöht. Verdunster sind dabei nichts anderes als wassergefüllte, offene Gefäße, die an den Heizkörpern befestigt sind. Nach einer gewissen Zeit müssen diese Gefäße wieder mit Wasser aufgefüllt werden, da dass Wasser vollständig verschwunden ist (Abb. 1). Je wärmer die Heizkörper sind, desto schneller verdunstet das Wasser. Das Wasser in der Luft ist für den Beobachter unsichtbar geworden. Der Raumbewohner merkt nur, dass die Luft durch den Anstieg der Luftfeuchtigkeit angenehmer ist. Das Wasser ändert also seinen Aggregatzustand von flüssig zu gasförmig. Die gleichen Erfahrungen mit dem Verschwinden der Feuchtigkeit wird tagtäglich beim Trocknen der Wäsche gemacht, denn durch Verdun-

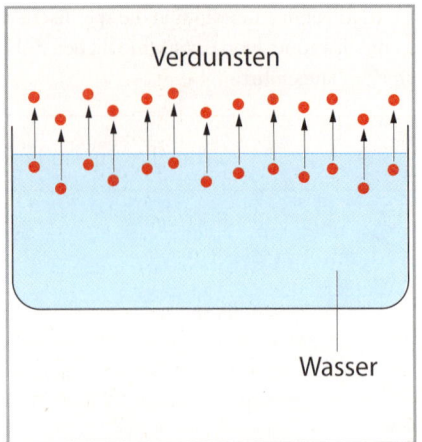

Abb. 2: Natürlicher Verdunstungsvorgang ohne Energiezufuhr

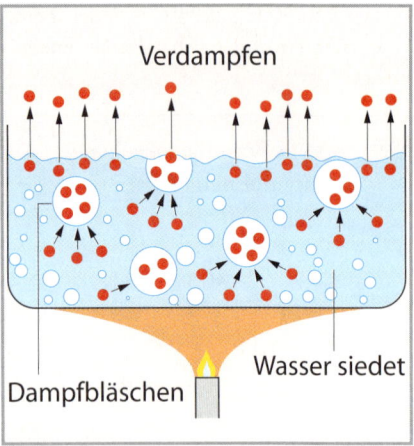

Abb. 3: Verdampfen mit zusätzlicher Energiezufuhr

Abb. 1: Heizkörper mit Verdunster

sten der Feuchtigkeit wird der Stoff getrocknet. Die Feuchtigkeit in der Wäsche verdunstet besonders schnell, wenn sie idealerweise dem Wind und der Sonne ausgesetzt ist. Im Vergleich dazu verdampft das Wasser noch schneller, wenn es in einem Gefäß direkt auf einer Kochplatte zum Sieden gebracht wird. Es steigen dabei sogar dampfgefüllte Blässchen im Wasser auf, und das Wasser entweicht somit sehr schnell in die Umgebung.

Das Verdampfen ist dabei im Prinzip nichts anderes als ein sehr intensives Verdunsten. Der Unterschied besteht eigentlich nur darin, dass sich beim Verdunsten der Dampf nur an der Oberfläche der Flüssigkeit bildet. Beim Sieden entsteht auch im Inne-

ren der Flüssigkeit Dampf, deshalb steigen im kochenden Wasser Dampfbläschen auf. Das Besondere am Sieden ist, dass sich beim Verdampfen die Temperatur nicht ändert. Jede Flüssigkeit hat ihre charakteristische Temperatur, bei der sie zu sieden anfängt.

Mit dem Teilchenmodell kann man sich vorstellen, was beim Verdunsten bzw. Verdampfen in der Flüssigkeit vor sich geht. Zu jeder Temperatur der Flüssigkeit gehört eine mittlere Teilchengeschwindigkeit, wobei es unter den Teilchen immer welche gibt, die sich schneller bzw. langsamer bewegen als der Durchschnitt. Beim Verdunsten können sich die schnelleren Teilchen aus dem Anziehungsbereich der Flüssigkeit entziehen und entweichen in die Umgebung als Bestandteile des Dampfes. Die mittlere Teilchengeschwindigkeit der verbleibenden Moleküle sinkt dabei ab, so dass sich die Flüssigkeit entsprechend abkühlt. Beim Verdunsten entweichen also nur die schnellen Teilchen, die sich direkt in der Nähe der Wasseroberfläche befinden (Abb. 2). Wird das Wasser bis zum Sieden erhitzt, dann erhöht sich die durchschnittliche Teilchengeschwindigkeit der gesamten Flüssigkeit. Ist dabei die Geschwindigkeit der Teilchen so groß, dass sie sich auch im Inneren der Flüssigkeit aus den Anziehungskräften lösen können, entstehen Dampfbläschen, und die Flüssigkeitsmenge verringert sich (Abb. 3).

Die Geschwindigkeit, in der das Wasser verdampft, ist abhängig von der Temperatur der Flüssigkeit. Mit steigender Temperatur steigt auch die Geschwindigkeit der Teilchenbewegung, so dass die Flüssigkeit schneller verdunstet bzw. verdampft. Ein Maß für die Geschwindigkeit, in der die Flüssigkeit verdampft und damit Teilchen die Flüssigkeit verlassen, liefert der Dampfdruck.

Der Dampfdruck wird in einem vollständig evakuierten Gefäß (Vakuum) gemessen, das nur zum Teil mit der zu untersuchenden Flüssigkeit aufgefüllt ist. Über der Flüssigkeit stellt sich durch das Entweichen der schnellen Teilchen ein für den Stoff charakteristischer Druck ein, der als Dampfdruck bezeichnet wird. Verändert sich das Volumen über der Flüssigkeit, dann bleibt der Dampfdruck trotz alledem konstant. Bei der Verringerung des Volumens geht beispielsweise ein Teil des Dampfes wieder in den flüssigen Zustand über. Wird andererseits das Volumen vergrößert, dann entweicht mehr Flüssigkeit in den gasförmigen Zustand. Der Dampfdruck ist also prinzipiell nicht vom Volumen abhängig. Der Dampfdruck fällt erst dann, wenn die Flüssigkeit vollständig verschwunden ist. Er verändert sich außerdem nicht nur mit der Temperatur der Flüssigkeit, sondern ist auch von Substanz zu Substanz unterschiedlich. Der Dampfdruck einer bestimmten Temperatur zeigt nichts anderes an, als dass sich der Austausch von Teilchen der Flüssigkeit mit den Teilchen des Dampfes im Gleichgewicht befindet, d. h., die Zahl der austretenden Teilchen aus der Flüssigkeit ist gleich der Zahl der eintretenden Teilchen. Wird die Temperatur erhöht, dann steigt ihre Beweglichkeit und damit der Dampfdruck, d. h., dass zunächst mehr Teilchen aus der Flüssigkeit austreten, bis sich wieder ein Gleichgewicht zwischen Flüssigkeit und Dampf eingestellt hat. Kommt die Flüssigkeit zum Sieden, dann entspricht der Dampfdruck dem äußeren Luftdruck. Aus diesem Grund entstehen Dampfbläschen im siedenden Wasser.

In der folgenden Tabelle sind einige Dampfdruckwerte (bei normalem Luftdruck $p = 1013$ mbar) von Wasser in Abhängigkeit von der Temperatur angegeben:

Temperatur / °C	Druck / mbar
0	6,1
20	23,3
40	73,7
50	123
100	1013
150	4760
350	165.330

Mit dem folgenden Versuch soll untersucht werden, wie viel Energie benötigt wird, um beispielsweise 1 Gramm Wasser zu verdampfen. Für diesen Versuch wird ein Tauchsieder mit einer Leistung von 400 W in ein mit 500 g (0,5 Liter) Wasser gefülltes Gefäß gehalten (Abb. 4).

Der Tauchsieder gibt jede Sekunde eine Energiemenge von 400 J an das Wasser ab. In einer relativ kurzen Zeit kocht das Wasser:

Benötigte Energiemenge, um Wasser von 20°C auf 100°C zu erhitzen:

$$E = \frac{4,2 \text{ J}}{g \cdot °C} \cdot 500 \text{ g} \cdot 80°C = 168.000 \text{ J}$$

$$= 168.000 \text{ Ws}$$

Der Tauchsieder hat eine Leitung von 400 W, also ergibt sich eine Zeitdauer von:

$$t = \frac{168.000 \text{ Ws}}{400 \text{ W}} = 420 \text{ s} = 7 \cdot 60 \text{ s}$$

$$= 7 \text{ min}$$

Das Wassergefäß mit dem Tauchsieder steht auf einer Waage. Mit der Waage soll festgestellt werden, wann 20 g von der Flüssigkeitsmenge verdampft sind. Aus der Zeitdauer der Verdampfung und der Energiezufuhr des Tauchsieders lässt sich die Verdampfungsenergie von Wasser feststellen:

Der Tauchsieder hat in 1 min 55 s 20 g Wasser verdampft.

1 min 55 s = 115 s

$$115 \text{ s} \cdot 400 \text{ W} = 115 \text{ s} \cdot 400 \frac{\text{J}}{\text{s}}$$

$$= 46.000 \text{ J}$$

46.000 J für 20 g Wasser; für 1 g Wasser ergibt sich:

$$\frac{46.000 \text{ J}}{20 \text{ g}} = 2300 \frac{\text{J}}{g} = 2,3 \frac{\text{kJ}}{g}$$

genauer Wert: $2,26 \frac{\text{kJ}}{g}$

Die gesamte Energie, die vom Tauchsieder geliefert wird, ist nur für die Änderung des Aggregatzustandes von flüssig zu gasförmig vorgesehen. Die Temperatur des Wassers bleibt beim Sieden konstant. Wird von außen keine Wärmeenergie zugeführt, dann kühlt sich die Flüssigkeit beim Verdampfen ab. Auch beim Verdunsten ohne Energiezufuhr wird die gleiche Energiemenge benötigt. Der Vorgang verläuft natürlich wesentlich langsamer. Im Vergleich zum Wasser lässt sich beim Äther der Verdunstungs-

vorgang einfacher beobachten. Füllt man beispielsweise Äther in eine offene Schale und stellt diese auf eine Waage, dann stellt man fest, dass die Flüssigkeit relativ schnell verdunstet, bis kein Äther mehr in der Schale vorhanden ist. Mit dem Thermometer stellt man gleichzeitig beim Verdunsten fest, dass sich der Äther während des Vorganges abkühlt.

Die Verdampfungswärme wird von der unmittelbaren Umgebung, d. h. hier von der Flüssigkeit aufgenommen. Schwitzt beispielsweise der Mensch, wird die Verdampfungsenergie der Haut entzogen. Der Schweiß wirkt aus diesem Grund kühlend.

Terracottakrüge funktionieren auf gleiche Weise, d. h., durch die Krugwand dringt (diffundiert) Flüssigkeit, die an der Außenwand verdunstet. Beim Verdunsten entzieht die Flüssigkeit dem Krug die erforderliche Verdampfungsenergie, so dass sich der Krug ebenfalls abkühlt. Die Verdunstungskühlung wird großtechnisch in Kraftwerken bzw. Industrieanlagen eingesetzt. In Kühltürmen fließt das Wasser über eine große Oberfläche, wobei ein geringer Teil der Flüssigkeitsmenge verdunstet. Die verdunsteten Wassermoleküle entziehen der Flüssigkeit die nötige Verdampfungswärme, so dass das Wasser sehr schnell abkühlt. Das Verdampfen wird beschleunigt, wenn durch schnellen Luftaustausch, durch Wind oder Gebläse der Dampf von der Umgebung der Flüssigkeitsoberfläche entfernt wird.

Der umgekehrte Vorgang des Verdampfens wird als Kondensation bezeichnet. Bei der Kondensation verändert der Dampf seinen gasförmigen Zustand und wird flüssig. Die Kondensationstemperatur entspricht der Siedetemperatur. Aus diesem Grund beobachtet man Wassertröpfchen am Deckel des Kochtopfes, die sich aus dem aufsteigenden Wasserdampf bilden. Kondensationsenergie wird frei, wenn der Dampf in den flüssigen Zustand übergeht. Der Betrag der Kondensationsenergie stimmt mit der Verdampfungsenergie überein.

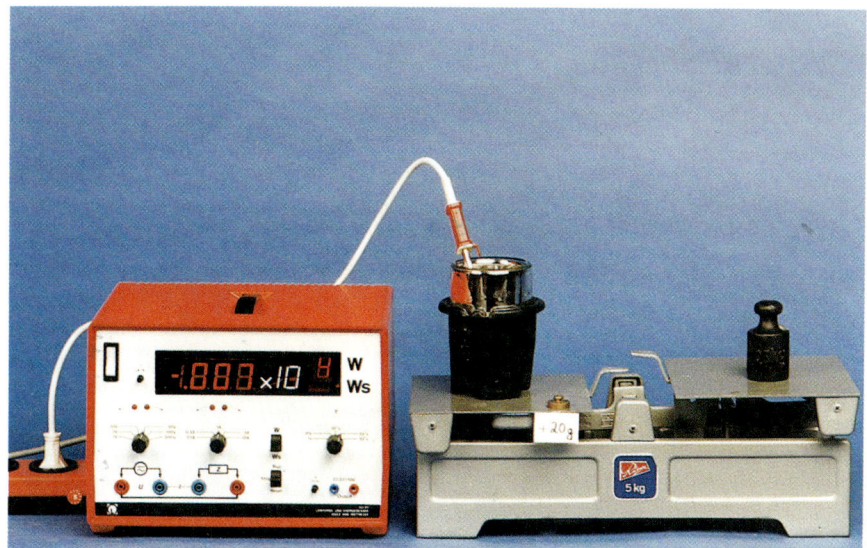

Abb. 4: Versuchsaufbau zur Berechnung der Verdampfungsenergie

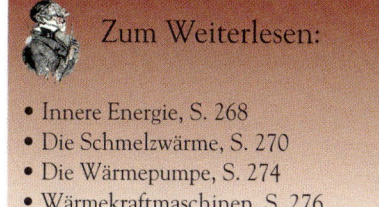

Zum Weiterlesen:

• Innere Energie, S. 268
• Die Schmelzwärme, S. 270
• Die Wärmepumpe, S. 274
• Wärmekraftmaschinen, S. 276

273

Die Wärmepumpe

Unterschiedliche Energieformen lassen sich in Wärme umwandeln. Durch die Reibung beispielsweise kann mechanische Energie in Wärmeenergie umgewandelt werden, über den ohmschen Widerstand kann elektrische Energie und über den Verbrennungsprozess kann chemische Energie in Wärmeenergie transformiert werden. Bei der Wärmeübertragung fließt Wärmeenergie vom wärmeren zum kälteren Körper. Die Temperaturdifferenz und das Material beeinflussen, wie schnell eine bestimmte Wärmemenge von dem wärmeren zum kälteren Medium übertragen wird. Sind also Materialien mit unterschiedlicher Temperatur in Kontakt, dann wird so lange Wärmeenergie ausgetauscht, bis ein Gleichgewicht vorhanden ist, d. h., bis beide Körper die gleiche Temperatur vorweisen. Durch die Übertragung der Wärme wird die innere Energie des kälteren Körpers erhöht, und die innere Energie des wärmeren Körpers nimmt ab.

Es stellt sich nun die Frage, ob der umgekehrte Weg möglich ist, d. h., den kälteren Körper noch kälter und den wärmeren Körper noch wärmer zu machen. Dabei soll die vorhandene innere Energie des kälteren Körpers weiter abgeschöpft werden, um diese entnommene innere Energie dem wärmeren Körper zuzufügen, damit er sich noch weiter erwärmt.

Diese Forderung wirkt auf den ersten Blick paradox, denn es erscheint als unwahrscheinlich, mit kaltem Wasser beispielsweise einen heißen Tee noch weiter erwärmen zu können.

Die Wärmepumpe bietet aber dennoch für diese paradoxe Forderung eine technische Lösung. Der Nutzen dieser Pumpe ist in allen Haushalten, durch die Präsenz der Kühlschränke, allgegenwärtig. Die Kälte im Kühlschrank wird mit Hilfe einer Wärmepumpe

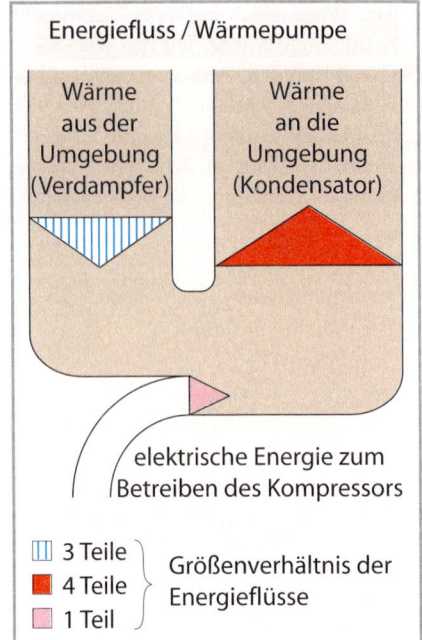

Abb. 1: Wärmepumpe im Kühlschrank: Die Wärme wird aus dem Kühlfach in die Kühlrippen transportiert

erzeugt, d. h., die Wärmeenergie wird dem Kühlfach im Kühlschrank entzogen und nach außen abgegeben (Abb. 1). Auf der Rückseite des Kühlschrankes befinden sich Kühlrippen, die die aufgenommene Wärmemenge an die Luft abgeben. Stellt man beispielsweise eine handwarme Milch in das Gefrierfach, wird die innere Energie der Milch bis zum Gefrieren entzogen, und die Kühlrippen an der Außenwand des Kühlschranks werden erwärmt und geben diese Energie an die Umgebung ab.

Um innere Energie vom kühlen zum warmen Medium übertragen zu können, werden

die Umwandlungsenergien einer Kühlflüssigkeit beim Verdampfen und Kondensieren technisch eingesetzt.

Das Verdampfen und Kondensieren

Wenn man z. B. nach dem Schwimmen aus dem Wasser kommt, ist die Verdunstungskälte auf der Haut zu spüren. Das Wasser verdunstet, aber es entzieht für den Wechsel vom flüssigen zum gasförmigen Aggregatzustand der Umgebung sehr viel Wärme. Die Haut bzw. der Körper kühlt sich dabei sehr schnell ab. Je schneller das Verdunsten vor sich geht, desto schneller wird Energie aus der Umgebung entnommen. Alkohol beispielsweise verdampft wesentlich schneller als Wasser. Bei der Desinfektion kennt jeder den kühlenden Effekt von Desinfektionsmitteln. Beim Verdunsten auf der Haut wird dem Körper kurzfristig sehr viel Energie in Form von Wärme entnommen, und die Körperstelle kühlt stark ab. Füllt man beispielsweise Äther in eine Schüssel, dann kann man den Temperaturfall beim Verdunsten nachmessen. Die Wärmeenergie wird für den Wechsel vom flüssigen zum gasförmigen Aggregatzustand dem restlichen Äther entzogen. Im Vergleich zu Wasser gibt es neben dem Äther auch noch andere Stoffe, die sehr schnell verdunsten:

Stoff	J/g	°C
Kohlendioxid	595	-56,6
Sauerstoff	213	-183
Äther	376	35
Alkohol	850	78
Wasser	2260	100

Die Stoffe verdunsten bzw. verdampfen um so schneller, je dichter sie sich am jeweiligen stoffabhängigen Siedepunkt befinden. Beim Sieden entspricht der Verdampfungsdruck dem äußeren Luftdruck, so dass z. B. Wasser bei einer Siedetemperatur bei 100°C einen Dampfdruck von 1013 mbar vorweist. Wird der äußere Druck verringert, kann Wasser bei einer wesentlich geringeren Temperatur sieden (Abb. 2). Erhöht sich aber der äußere Druck, dann erhöht sich auch die Siedetemperatur.

Das Teilchenmodell liefert die mikroskopische Vorstellung zu diesem Phänomen. Bei einer bestimmten Temperatur bewegen sich die Teilchen mit einer bestimmten Durchschnittsgeschwindigkeit. Da sich einige Teilchen schneller bewegen, haben sie somit die nötige Energie, um die Flüssigkeit als Dampf zu verlassen. Nimmt der äußere Luftdruck ab, ist weniger Energie erforderlich, um gegen den

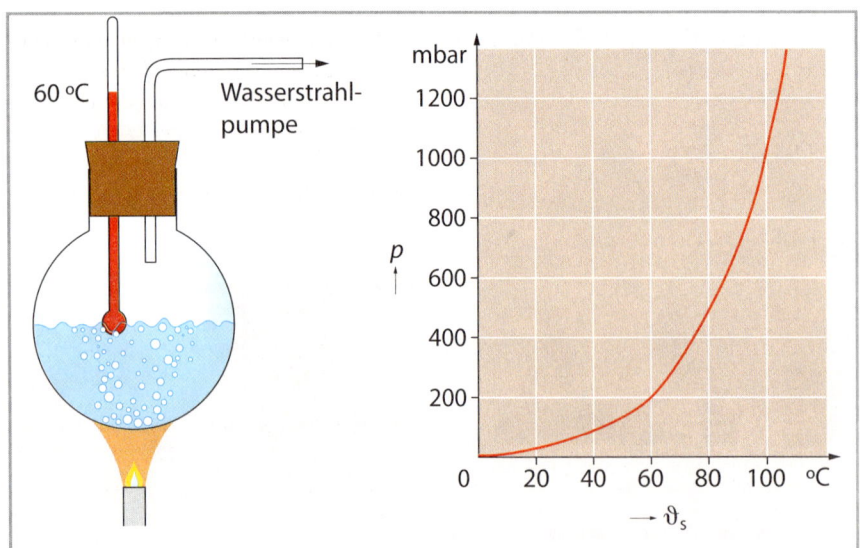

Abb. 2: Äußerer Druck verändert die Siedetemperatur (Beispiel Wasser)

äußeren Druck anzugehen, und es bildet sich mehr Dampf, und bei weiterer Druckverringerung beginnt die Flüssigkeit zu sieden. In diesem Fall ist der äußere Druck so gering, dass sich selbst Teilchen im inneren Flüssigkeitsvolumen verflüchtigen und als Dampfbläschen aufsteigen. Wird andererseits der äußere Druck erhöht, werden die Teilchen wieder in die Flüssigkeit zurückgedrängt, und erst bei höheren Temperaturen sind sie mobil genug, um die Flüssigkeit verlassen zu können.

Der Schnellkochtopf nutzt beispielsweise dieses Phänomen aus. Im Gegensatz zum normalen Kochtopf ist der Schnellkochtopf fest verschlossen, so dass beim Kochen der Dampf nicht entweichen kann. Mit steigendem Druck siedet das Wasser bei Temperaturen oberhalb der normalen Siedetemperatur von 100°C. Die Speise wird somit schneller und schonender bei einer höheren Temperatur gegart.

Im Gegensatz zum Verdampfen geht beim Kondensieren der Stoff vom gasförmigen in den flüssigen Aggregatzustand über. Bei diesem Prozess wird genau die Wärmeenergie frei, die vorher beim Verdampfen der Umgebung entzogen wurde. Die Kondensationstemperatur ist gleich der Siedetemperatur. Wird der äußere Druck erhöht, setzt auch dementsprechend früher die Kondensation bei der Flüssigkeit ein.

Wärmepumpe: Anwendung Kühlschrank

Der Kühlschrank besteht im Wesentlichen aus einem geschlossenen Röhrensystem und einem Kältemittel, dass die Eigenschaft hat, schon bei sehr niedriger Temperatur zu sieden. Dieses Kältemittel durchläuft ein Röhrensystem, in dem es beim Umlauf zyklisch verdampft und wieder siedet. Das Röhrensystem durchläuft dabei ein isoliertes Kühlfach und die außen am Kühlschrank angebrachten Kühlrippen (Abb. 3). Die Ver-

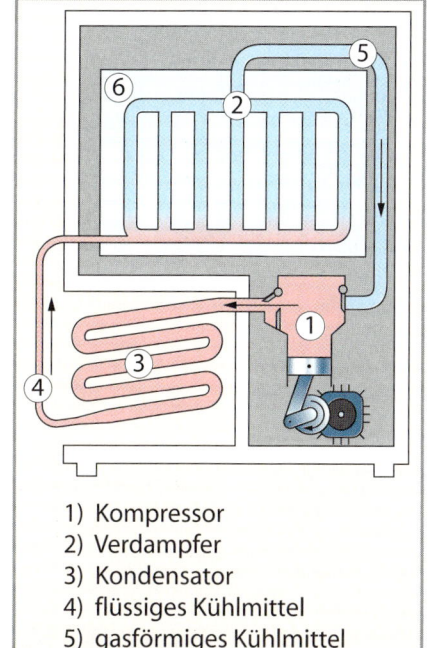

1) Kompressor
2) Verdampfer
3) Kondensator
4) flüssiges Kühlmittel
5) gasförmiges Kühlmittel
6) Kühlraum

Abb. 3: Kompressorkühlschrank

dampfung des Kühlmittels findet in dem isolierten Kühlfach statt, wo es der Umgebung bzw. dem Kühlmittel Verdampfungsenergie entzieht. Das Kühlfach kühlt die zu kühlenden Lebensmittel ab. Ein Kompressor pumpt nach dem Durchlaufen des Kühlfachs den Dampf aus dem Verdampfer in den Verflüssiger, wo der Dampf unter dem erhöhten Druck verflüssigt wird. Beim Kondensieren wird hier Kompressionswärme über Kühlrippen an die Umgebung abgeführt.

Als Kühlmittel wurde bisher das FCKW-haltige (Fluorkohlenwasserstoff) Frigen eingesetzt. Aufgrund der Gefährdung der Ozonschicht durch chlorhaltige Kältemittel kommen in Zukunft nur noch Flüssigkeiten zur Anwendung, die nicht die Ozonschicht ab-

bauen und nur sehr gering den Treibhauseffekt unterstützen. Ein Ersatzstoff beispielsweise ist R134a (teilhalogenierter Kohlenwasserstoff). Teilweise werden bereits auch Wärmepumpen mit dem klimaunschädlichen Propan hergestellt, und für große Wärmepumpen kommt auch Ammoniak zum Einsatz.

Wärmepumpe: Heizung

Der Kühlschrank kann bereits als Wärmepumpe bezeichnet werden, da er dem Kühlgut entzogene Wärme nach außen transportiert und die durch den Kompressor erzeugte Kompressionswärme an die Umgebung abgibt. Wird der „Kühlraum" der Wärmepumpe in einen See, ins Grundwasser oder einfach ins Freie verlegt und der Kondensator in geeigneter Form im Haus installiert, dann kann die Wärmepumpe als Heizung genutzt werden (Abb. 4). Der See oder das Grundwasser kühlen durch die Verdampfungswärme weiter ab, und die Kompressionswärme des Kühlmittels erwärmt das Haus. So kann auf Kosten z. B. der inneren Energie des Grundwassers ein Haus beheizt werden. Mit den Wärmepumpen lässt sich bei günstigen Bedingungen eine thermische Energie ausbeuten, die dreimal so hoch ist wie die zugeführte elektrische Energie. Es kann nach der Definition (Festlegung) des Wirkungsgrades ein Wirkungsgrad von 400 % erreicht werden.

$$\text{Wirkungsgrad } \eta = \frac{E_{nutz}}{E_{zu}}$$

$$\eta = \frac{\text{Nutzenergie}}{\text{zugeführte Energie}}$$

Der extrem gute Wirkungsgrad der Wärmepumpe täuscht allerdings darüber hinweg, dass die elektrische Energie von der Erzeugung bis zur Endnutzung erheblichen Verlusten unterliegt. Diese Verluste müssen bei korrekter Einschätzung des Wirkungsgrades mit berücksichtigt werden.

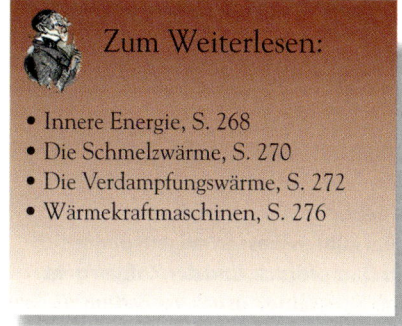

Zum Weiterlesen:

- Innere Energie, S. 268
- Die Schmelzwärme, S. 270
- Die Verdampfungswärme, S. 272
- Wärmekraftmaschinen, S. 276

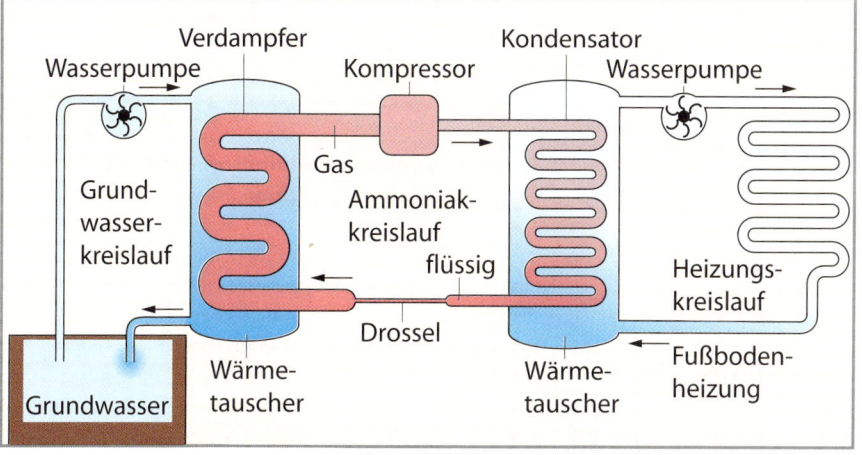

Abb. 4: Die Wärmepumpe liefert Energie zum Beheizen von Wohnungen

Wärmekraftmaschinen

*F*ür das moderne Leben ist es selbstverständlich, dass Maschinen einen Großteil der Arbeit übernehmen und damit zu einer Erhöhung der Lebensqualität beitragen, denn bis vor 150 Jahren gab es keine andere Möglichkeit, als die Kraft von Mensch und Tier und auch die des Wassers einzusetzen. Erst im Jahre 1707 veröffentlichte der Marburger Physik- und Mathematikprofessor Denis Papin das Prinzip der ersten Dampfmaschine. In dieser Maschine wird die Eigenschaft von Wasserdampf ausgenutzt, um damit Arbeit zu verrichten, denn wenn Wasser verdampft, nimmt der Dampf 1700-mal so viel Raum ein wie das Wasser selbst und erzeugt damit einen enormen Druck. Wird z. B. Wasser in einem Reagenzglas zum Sieden gebracht, dann entsteht im Röhrchen ein hoher Dampfdruck. Je länger das siedende Wasser über der Flamme gehalten wird, desto mehr Dampf entwickelt sich im Röhrchen, und gleichzeitig steigt der Druck an (Abb. 1). Der Druck im Reagenzglas steigt so lange an, bis der Korken dem wachsenden Druck im Röhrchen nicht mehr standhalten kann. Der Korken löst sich vom Reagenzglas und fliegt davon. Der Dampfdruck hat somit Arbeit verrichtet. Genauso wird beispielsweise der Dampfdruck beim Pfeifkessel ausgenutzt. Der Dampf zischt durch die Pfeife und gibt einen Signalton ab.

Hat der Dampf keine Möglichkeiten, sich auszubreiten, dann entsteht im eingeschlossenen Gefäß ein enormer Druck, der auf die Gefäßwände wirkt. Ist aber eine Gefäßwand beweglich, versucht der Dampf, sich mehr Platz zu verschaffen, indem er die bewegliche Wand bzw. den beweglichen Kolben wegschiebt und damit Arbeit verrichtet. Die wesentliche Aufgabe der Dampfmaschine besteht also darin, den erzeugten Dampfdruck in mechanische Arbeit zu verwandeln.

Die erste Dampfmaschine, die einen Kolben antrieb, wurde im Jahre 1712 vom Engländer Thomas Newcomen erfunden und später von James Watt weiterentwickelt. Diese Dampfmaschine lässt sich einfach nachbauen. Ein Korken, von einer dünnen Stricknadel aufgespießt, befindet sich in einem Reagenzglas (Abb. 2). Das Reagenzglas ist mit einem weiteren Stopfen verschlossen, wobei die Stricknadel durch eine Öffnung durch diesen Stopfen hindurchführt. Wird das Wasser erhitzt, dann entsteht ein Dampfdruck, der den Korken mit der Stricknadel nach oben drückt. Damit der Korken wieder in seine Ausgangslage zurückkehrt, wird das Reagenzglas in ein kaltes Wasserbad gestellt. Der Dampf kondensiert, und der Druck fällt im unteren Teil des Reagenzglases ab. Der Korken wandert wieder zurück und führt damit eine Kolbenbewegung einer thermodynamischen Wärmekraftmaschine durch.

Die richtigen Dampfmaschinen bestehen im Wesentlichen aus einem Dampfkessel, der mit dem Zylinder verbunden ist. Mit einer Schiebersteuerung gelangt der Dampf abwechselnd auf die obere bzw. untere Seite des Kolbens. In Abbildung 3/1 öffnet der Schieber die obere Zylinderseite des Kolbens. In Abbildung 3/2 ist zu erkennen, dass der Schieber die obere Kammer schließt. Das Gas hat nun die Möglichkeit, sich auszudehnen und den Kolben nach unten zu schieben. Ist der Kolben unten angekommen, öffnet der Schieber die untere Zylinderseite, und Gas kann

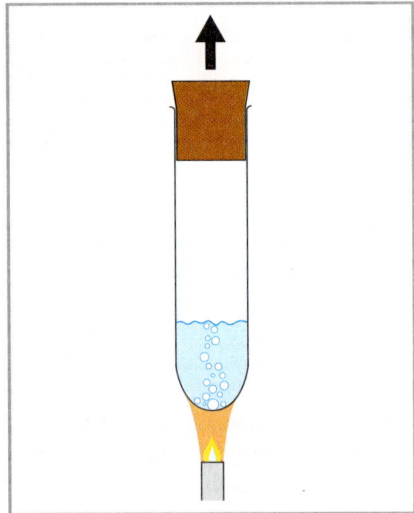

Abb. 1: Der Druck vom Wasserdampf schießt den Korken heraus

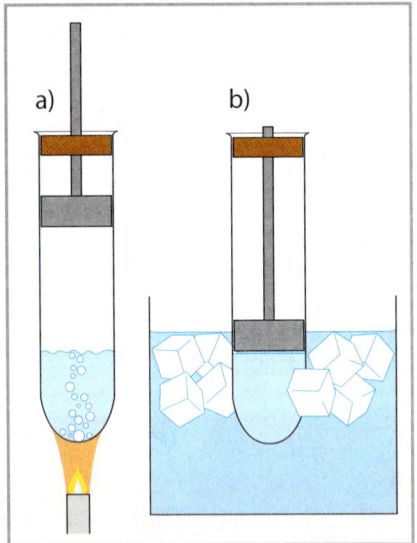

Abb. 2: Modell einer thermodynamischen Wärmekraftmaschine: a) der Dampf schiebt den Kolben nach oben; b) Im kühlen Wasserbad entspannt sich der Dampfdruck, und der Kolben geht wieder in seine Ausgangsposition zurück

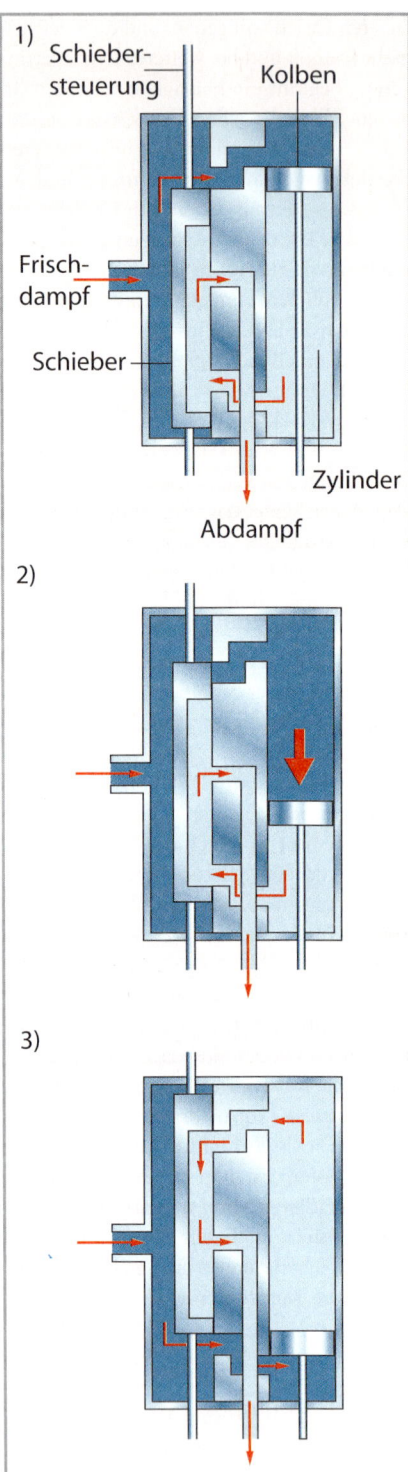

Abb. 3: Funktionsprinzip der Kolbendampfmaschine

dort hineinströmen, um dann die gleiche Arbeit in umgekehrter Richtung durchzuführen (Abb. 3/3). Gleichzeitig kann das entspannte Gas auf der gegenüberliegenden Seite aus dem Zylinder strömen.

Bei allen Maschinen ist die Frage entscheidend, wie gut sich die Wärme des Wasserdampfes in mechanische Energie umwan-

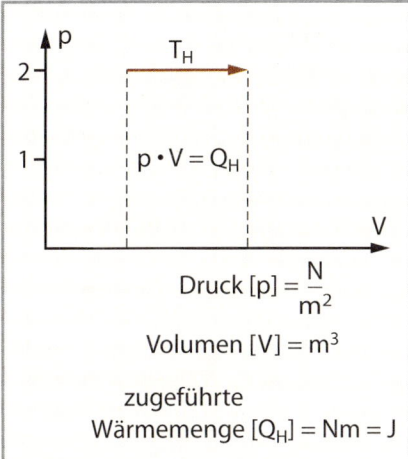

Abb. 4: pV-Diagramm: Volumenausdehnung (Expansion) bei hohem Druck

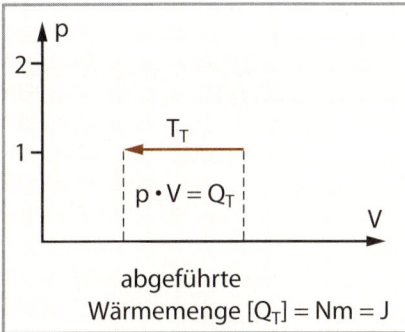

Abb. 5: pV-Diagramm: Volumenverringerung (Kontraktion) bei niedrigem Druck

deln lässt. Betrachtet man dabei nochmals den Versuch mit dem Korken im Reagenzglas, dann stellt man fest, dass der Kreislauf prinzipiell aus der Ausdehnung und dem Zusammenziehen der Luft im Kolben besteht. Das Reagenzglas wird erhitzt, und der Kolben wird durch den Dampfdruck verschoben. Um den Arbeitszyklus zu schließen, wäre es unsinnig, den Kolben wieder zurückzuschieben, denn es müsste quasi die gleiche mechanische Arbeit aufgewandt werden, die gerade aus der Wärme gewonnen wurde. Um den Korken aber wieder zurückzubekommen, wird das Reagenzglas in kaltes Wasser gestellt. Der Wasserdampf kondensiert, und der Korken fällt in seine Ausgangsposition zurück. Beim Abkühlen im Wasserbad geht aber Wärmeenergie verloren.

Um genau diesen Verlust zu untersuchen, ist zur Darstellung das pV-Diagramm besonders hilfreich. Im pV-Diagramm kann direkt die Arbeit abgelesen werden, die der Dampf durch Volumenausdehnung erbringt, denn mit dem Produkt aus Druck und Volumenänderung errechnet sich die Arbeit, die ein normales Gas verrichten kann. Wird beispielsweise zur Vereinfachung der Darstellung vorausgesetzt, dass der Druck des Gases bei der Volumenänderung

konstant bleibt, dann ergibt sich im Volumendiagramm eine Gerade parallel zur V-Achse (Abb. 4). Die Fläche unterhalb Geraden ergibt die Arbeit, die durch das Gas verrichtet wird. Aus der Zustandsgleichung für Gase ist ersichtlich, dass die Druckänderung mit der Temperaturänderung direkt proportional ist:

$$p \cdot V = \frac{m}{M} \cdot R \cdot T$$

p = Druck
V = Volumen
m = Masse des Gases
M = Molmasse des Gases
R = allgemeine Gaskonstante
T = absolute Temperatur (K)

Man kann direkt daraus schließen, dass mit der Erhöhung der Dampftemperatur der Druck des Dampfes ansteigt. Ist also die Temperatur des Gases niedriger, dann ist gleichzeitig der Druck niedriger, und aus dem pV-Diagramm (Abb. 5) ist ersichtlich, dass beispielsweise bei halbem Druck sich die Fläche in dieser Darstellung ebenfalls halbiert, d. h. in diesem Fall nur die halbe mechanische Arbeit geleistet wird. Im Vergleich zu diesem Modell wird in einer realen Maschine ein abgerundeter Zyklus durchlaufen. Im geschlossenen Arbeitszyklus wird ein Vorgang mit der Pfeilrichtung angegeben. Verrichtet das Gas Arbeit, dann dehnt sich das Volumen aus. Dieser Vorgang wird z. B. mit einem Pfeil nach rechts gekennzeichnet. In einer realen thermodynamischen Maschine muss für den geschlossenen Zyklus auch Arbeit am Gas verrichtet werden, damit der Kolben wieder zurück in seine Ausgangsposition geschoben wird und der Arbeitszyklus wieder von vorn beginnen kann. Es ist verständlich, dass die Arbeit, die der Maschine wieder zugeführt wird, nicht genutzt werden kann. Als Nutzarbeit bleibt bei jedem Zyklus genau die Differenz der beiden Energien, die genau die Fläche innerhalb des geschlossenen Kurvenzuges darstellt (Abb. 6). Das Verhältnis der Nutzenergie W_N zur zugeführten Wärmeenergie Q_H ist der Wirkungsgrad, der im Verhältnis günstiger wird, wenn der Druck für die Volumenarbeit des Gases zunimmt und der Druck bei der Zurückführung des Gases sehr gering ist. Da der Druck der Temperatur direkt proportional ist, wird der Wirkungsgrad erhöht, wenn die Temperatur T_H des Arbeit verrichtenden Wasserdampfes sehr hoch ist und die Temperatur T_T des Gases beim Zurückschieben des Kolbens sehr niedrig ist. Der Wirkungsgrad ist also gegeben durch:

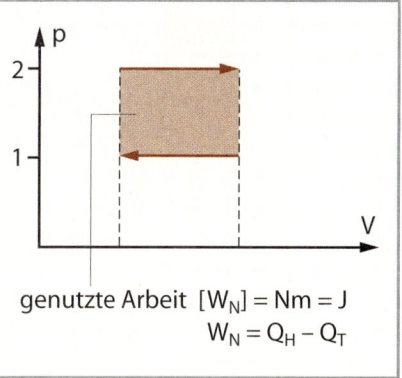

Abb. 6: pV-Diagramm: einfacher Kreisprozess

$$\eta = \frac{W_N}{Q_H}$$

η = Eta = Wirkungsgrad
W_N = Nutzenergie
Q_H = zugeführte Wärmemenge (H = Hoch)
Q_T = abgegebene Wärmemenge (T = Tief)

da $W_N = Q_H - Q_T$

ergibt $\eta = \dfrac{Q_H - Q_T}{Q_H} = \dfrac{Q_H}{Q_H} - \dfrac{Q_T}{Q_H}$

$\qquad = 1 - \dfrac{Q_T}{Q_H}$

T_T = Temperatur des abgekühlten Wasserdampfs
T_H = Temperatur des aufgeheizten Wasserdampfs

da $Q_T \sim T_T$ und $Q_H \sim T_H$

ergibt $\eta = 1 - \dfrac{T_T}{T_H}$

Der Unterschied zwischen dem oben vorgestellten Modell einer idealisierten thermodynamischen Wärmekraftmaschine und der Realität besteht im Wesentlichen darin, dass neben der Volumenänderung sich auch beispielsweise der Druck verändert. Im pV-Diagramm ergeben sich mehr abgerundete, weniger anschauliche Zyklen, da mehrere Parameter sich gleichzeitig ändern. Im Prinzip wird aber auch hier nichts anderes dargestellt als die nutzbare Arbeit, die als Fläche der geschlossenen Kurve erscheint.

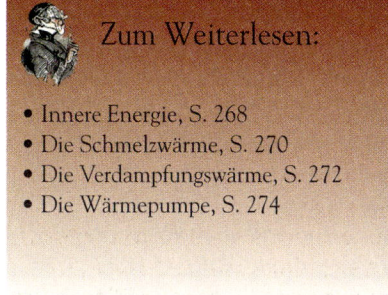

Zum Weiterlesen:

• Innere Energie, S. 268
• Die Schmelzwärme, S. 270
• Die Verdampfungswärme, S. 272
• Die Wärmepumpe, S. 274

Der Kondensator

Der Kondensator stellt ein wichtiges Element in der Elektrotechnik bzw. Elektronik dar, denn in einer Vielzahl von elektronischen Schaltungen wird er genauso benötigt wie z. B. der Transistor und der Widerstand. Entsprechend der Funktion und Leistungsstärke gibt es Kondensatoren in unterschiedlichen Ausführungen und Größen. Das Besondere am Kondensator ist, dass er Ladung aufnehmen und wieder abgeben kann. Das Fassungsvermögen (Kapazität) an Ladungen ist ein wesentliches Merkmal, wonach der Kondensator bemessen wird.

Ein Kondensator ist im Prinzip nichts anderes als eine Anordnung von zwei isolierten Leitern, wobei der Plattenkondensator die einfachste und gebräuchlichste Form darstellt (Abb. 1). Der Plattenkondensator be-

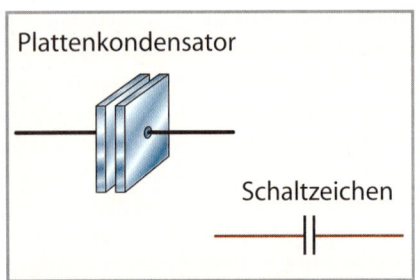

Abb. 1: Plattenkondensator

steht aus einem Paar voneinander isolierter Metallplatten, die mit je einem Pol einer Spannungsquelle verbunden sind.

Die angelegte Spannung am Kondensator hat einen direkten Einfluss auf die aufgenommene Ladungsmenge. Folgender Versuch soll verdeutlichen, was ein Kondensator an Ladungen in Abhängigkeit zur angelegten Spannung aufnehmen kann: Ein Kondensator wird an eine variable Spannungsquelle angeschlossen. Zwischen Spannungsquelle und dem Kondensator befindet sich zur Strommessung in Reihe ein Amperemeter geschaltet (Abb. 2). In Abhängigkeit zur eingestellten Spannung

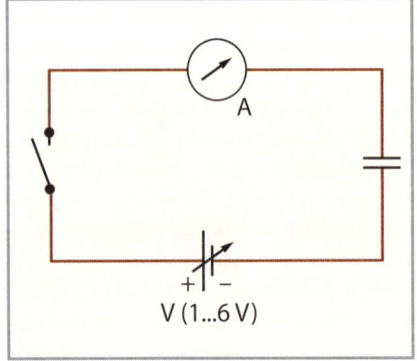

Abb. 2: Versuchsaufbau

wird am Amperemeter der Maximalausschlag des Stromflusses abgelesen. Der maximale Stromfluss ist proportional zu der Ladungsmenge, die der Kondensator aufnimmt:

$$Q = I \cdot t$$

Die Spannung wird in diesem Versuch kontinuierlich erhöht und mit zwei unterschiedlichen Kondensatoren durchgeführt. Setzt man die gemessenen Skalenwerte der maximalen Stromstärke ins Verhältnis zu der angelegten Spannung, dann erkennt man eine Proportionalität zwischen der Ladung Q und der angelegten Spannung U:

$$Q \sim U$$

Die Proportionalitätskonstante zwischen der Ladungsmenge und der angelegten Spannung U wird mit C bezeichnet:

$$Q = C \cdot U$$

Wird die Gleichung nach C umgestellt, dann ergibt sich:

$$C = \frac{Q}{U}$$

Daraus erkennt man, dass C angibt, wie viel Ladung der Kondensator pro 1 V (Volt) angelegter Spannung aufnehmen kann. Die Proportionalitätskonstante spiegelt das Fassungsvermögen des Kondensators wider und wird deshalb als Kapazität bezeichnet.

Nimmt z. B. der Kondensator die Ladungsmenge von 1 As bei einer Spannung von 1 V auf, dann hat der Kondensator die Kapazität von 1 Farad. Diese Einheit ist benannt nach dem englischen Physiker Faraday:

$$\frac{1 \text{ As}}{1 \text{ V}} = 1 \text{ F (Farad)}$$

In der technischen Anwendung sind meistens wesentlich geringere Kapazitäten erforderlich, und es werden deshalb folgende Maßeinheiten genutzt:

1 Millifarad = 1 mF = 10^{-3} F = 0,001 F

1 Mikrofarad = 1 µF = 10^{-6} F = 0,000001 F

1 Nanofarad = 1 nF = 10^{-9} F = 0,000000001 F

Je mehr Ladung ein Kondensator bei einer festgelegten Spannung aufnehmen kann, desto höher ist seine Kapazität. Erhöht man die angelegte Spannung am Kondensator, dann wird auch entsprechend mehr Ladung aufgenommen. Es stellt sich die Frage, welche Faktoren die Kapazität des Kondensators bestimmen. Es werden zur Untersuchung dieser Fragestellung zwei Plattenkondensatoren mit einem exakt identischen Aufbau, aber mit unterschiedlicher Flächengröße verglichen. Dieser Versuch zeigt, dass bei einer Verdoppelung des Radius des Plattenkondensators (vierfache Fläche) bei identischer Spannung das Vierfache an Ladung aufgenommen wird, d. h., die Kapazität ist um das Vierfache größer. Die Kapazität C ist also proportional zu der Fläche A des Kondensators.

Die Veränderung der Kapazität in Abhängigkeit zur Fläche wird technisch in Drehkondensatoren ausgenutzt. Je mehr Fläche sich im Drehkondensator gegenübersteht, desto höher ist die Kapazität.

Mit dem Abstand zwischen den Platten eines Plattenkondensators lässt sich ebenfalls die Kapazität verändern. Wird z.B. der Abstand zwischen den Platten verringert, dann erhöht sich die Kapazität. Die Kapazität ist umgekehrt proportional zur Distanz zwischen den Platten.

Der Plattenabstand hat somit einen direkten Einfluss auf das Spannungsverhalten des Kondensators. Wird ein Kondensator bei einer bestimmten Spannung aufgeladen, dann zeigt er beim Abschalten der Spannungsquelle eine bestimmte Spannung an. Wird der Abstand zwischen den Platten verringert, dann zeigt der Kondensator eine geringere Spannung an. Diese Beobachtung zeigt, dass in der zweiten Plattenposition noch mehr Ladung vom Kondensator aufgenommen werden kann, so dass beim erneuten Anlegen der Spannungsquelle der Kondensator weiter aufgeladen wird. Durch das Zusammenschieben der Platten hat sich also die Kapazität erhöht.

Der Grund für diese Erscheinung ist der, dass sich auf den Innenseiten der Platten La-

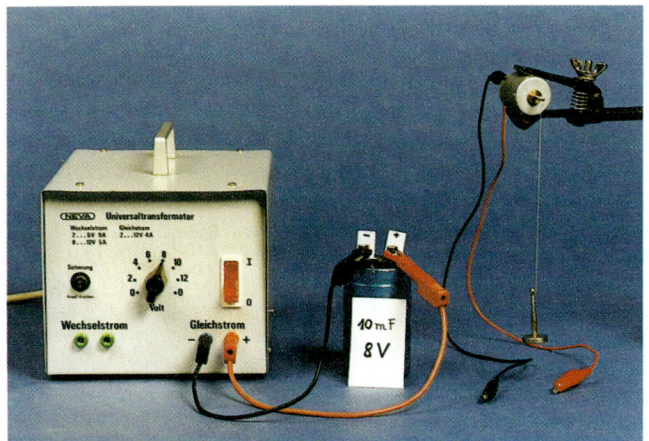

Abb. 3a: Der Kondensator wird von einer Spannungsquelle geladen

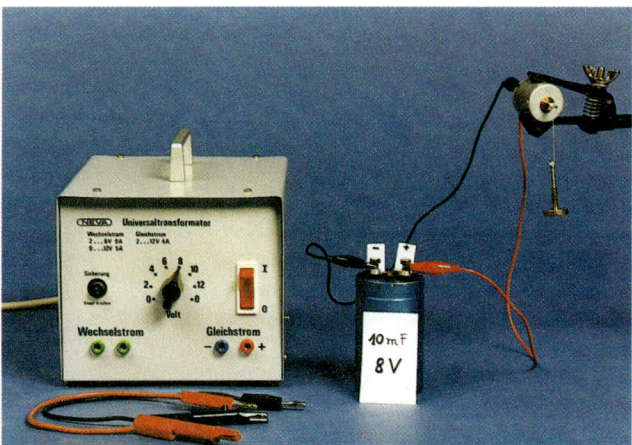

Abb. 3b: Die elektrische Energie des Kondensators wird in mechanische umgewandelt

dungen entgegengesetzter Polarität genau gegenüberstehen und sich wegen den vorhandenen Feldkräften (Influenz) gegenseitig festhalten. Ist der Abstand zwischen den Platten sehr gering, dann ist die Influenz entsprechend hoch, und es können mehr Ladungen auf den Platteninnenseiten aufgrund der höheren Feldkräfte gebunden werden. Je enger die Platten des Kondensators aneinander stehen, desto stärker ist die Influenz (Feldkraft) und entsprechend mehr Ladungen sind gebunden. Wird der Abstand zwischen den Kondensatorplatten vergrößert, nehmen dementsprechend die Feldkräfte bzw. die Influenz ab, und weniger Ladung kann somit vom Kondensator aufgenommen werden.

Neben der Veränderung des Plattenabstandes und der Plattengröße gibt es noch eine weitere Möglichkeit, die Kapazität von Kondensatoren zu erhöhen. Wird zwischen die Platten Papier, Kunststoff oder Glas gelegt, erhöht sich ebenfalls die Kapazität. Das isolierende Material wird als Dielektrikum bezeichnet. Durch die Feldkräfte wird das Dielektrikum polarisiert, und es wirken somit zusätzliche Feldkräfte, die noch mehr Ladungen binden und somit die Kapazität erhöhen. Die einzelnen Stoffe werden mit der Dielektrizitätszahl ε_r charakterisiert. In folgender Tabelle sind einige Stoffe mit ihren Dielektrizitätszahlen aufgeführt:

Stoff	Dielektrizitätszahl ε_r
Vakuum, Luft	1
Teflon	2
Weichgummi	2,5
Hartgummi	4
Glas	5
Marmor	8

Die Dielektrizitätszahl gibt das Verhältnis an, um welchen Faktor die Kapazität erhöht wird, wenn im Kondensator die Luft bzw. das Vakuum durch das entsprechende Material ersetzt wird:

$$\frac{C_d}{C_0} = \varepsilon_r$$

C_d = Kapazität mit Dielektrikum
C_0 = Kapazität mit Vakuum

Glas beispielsweise mit einer Dielektrizitätszahl E_r gleich 5 erhöht also die Kapazität um den Faktor 5. Für den Plattenkondensator ist also folgende Beziehung gültig:

$$C \sim \varepsilon_r \cdot \frac{A}{d}$$

Ein geladener Kondensator besitzt mit der aufgenommenen Ladung die Fähigkeit, seine elektrische Energie in Arbeit umzuwandeln und kann somit als Strom- bzw. Energiequelle eingesetzt werden. Die Menge der gespeicherten Energie ist zum einen proportional der aufgenommen Ladung Q und zum anderen proportional zur Spannung. Der Spannungswert kann nur zur Hälfte berücksichtigt werden, da der Ladevorgang mit der ungeladenen Kapazität, also mit der Spannung 0 beginnt und mit dem vollen Spannungswert endet. Aus diesem Grund wird nur der Mittelwert genommen. Aus den Proportionalitätsbeziehungen ergibt sich:

$$W = \frac{1}{2} C \cdot U^2$$

Angenommen, ein Motor kann idealerweise verlustfrei die elektrische Energie vom Kondensator in mechanische Energie umsetzen, dann lässt sich beispielsweise das 10-g-Gewicht mit der Ladungsmenge des vorgegebenen Kondensators um die folgende Höhendifferenz heben (Abb. 3a/b):

$$W = \frac{1}{2} C U^2$$

$$C = 10 \text{ mF} = 10 \text{ m}\frac{As}{V} = 0,01 \frac{As}{V}$$

$$U = 10 \text{ V}$$
$$U^2 = 100 \text{ V}^2$$

$$W = \frac{1}{2} \cdot 0,01 \frac{As}{V} \cdot 100 \text{ V}^2$$

$$= \frac{1}{2} \cdot 1 \text{ AsV} = \frac{1}{2} \text{ AVs}$$

$$= 0,5 \text{ AVs} = 0,5 \text{ Ws} = 0,5 \text{ Nm}$$

In der Praxis bestehen Kondensatoren aus Metallfolien, die durch Isolierpapier voneinander getrennt sind.

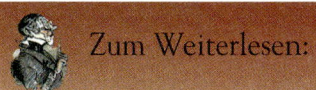 **Zum Weiterlesen:**

- Die elektrische Spannung, S. 280
- Die elektrische Leistung, S. 282
- Elektromotor und Generator, S. 286
- Der Transformator, S. 288

Die elektrische Spannung

Physik

Wenn man ein elektrisches Gerät betreibt, z. B. eine Taschenlampe oder einen Walkman, so weiß man eigentlich direkt, welche Batterien man benutzen muss. Wenn nicht, so kann man leicht auf dem Gerät die erforderliche Nennspannung, also die Spannung, die man an die Klemmen des Geräts anlegen muss, erfahren. Auf dem Typenschild oder in dem Batteriefach des Geräts stehen die notwendigen Angaben, z. B. 3 V (Volt) bei einem Taschenrechner oder 9 V (Volt) bei einem Walkman. Die Geräte, die man zu Hause am Hausleitungsnetz betreibt, tragen die Aufschrift 220 V. Damit ist klar, die Einheit der Spannung ist „V" (Volt), wie man sie aus dem täglichen Leben kennt. Ihren Namen hat sie von dem italienischen Physiker A. Volta (1745-1827). Die Größe „Spannung" wird mit dem Buchstaben U abgekürzt. Doch was muss man sich unter Spannung vorstellen?

Den Begriff der Spannung kann man sich mit Hilfe des Wasserkreislaufes verdeutlichen, der in vielen Sachverhalten Ähnlichkeit zum Stromkreislauf aufweist.

Ein elektrisches Gerät kann nur dann funktionieren, wenn Stromfluss vorhanden ist, der quasi von einer elektrischen Pumpe betrieben wird. Wenn man einen Wasserfluss in einem Wasserkreislauf erzeugen will, so benötigt man ebenfalls eine Pumpe. In dem in Abbildung 1 dargestellten Rohrsystem wird zunächst kein Wasser durch das eingebaute Verbindungsstück fließen, da eine Wasserpumpe fehlt. Zudem steht in beiden Seiten des U-Rohrs das Wasser gleich hoch, so dass kein Ausgleich von Wassermengen erfolgen kann. Das Verbindungsstück soll einen elektrischen Widerstand darstellen. Es kann eine Lampe sein oder ein anderes elektrisch betriebenes Gerät. Damit nun Wasser durch das Verbindungsstück fließen kann, muss man eine Pumpe in das U-Rohr bringen, welche unter Energieaufwand ständig Wasser von der einen Seite auf die andere schafft (Abb. 2). Die Ursache für das Fließen des Wassers ist ein Druckunterschied zwischen der linken und der rechten Rohrseite.

Die Spannung in einem Stromkreis kann man sich nun als diese Druckdifferenz vorstellen. Die Druckdifferenz ist die Ursache für das Fließen des Wasserstromes, die Spannung ist die Ursache für das Fließen des elektrischen Stromes. Druckdifferenz und Spannung bewirken Ähnliches. Spannung kann man sich demnach als Druckdifferenz vorstellen. Die Druck-

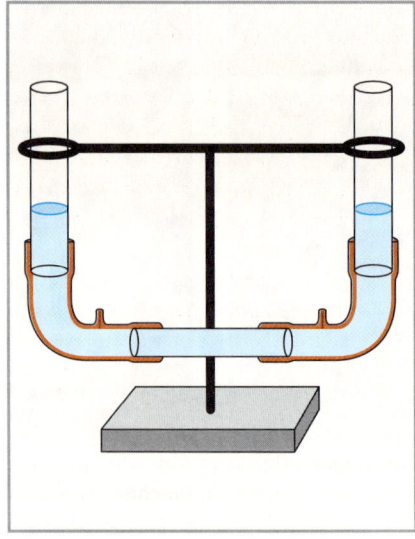

Abb. 1: Rohrsystem ohne Wasserfluss (im Gleichgewicht)

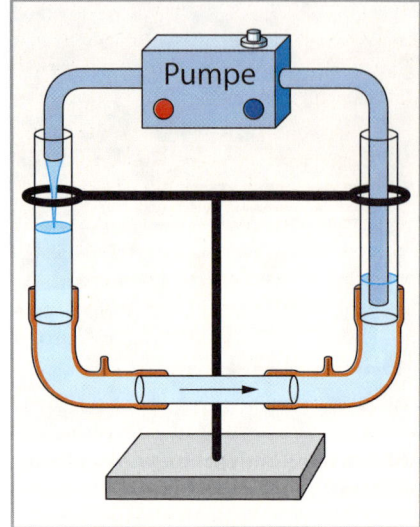

Abb. 2: Rohrsystem mit Pumpe und Wasserfluss

differenz messen wir im Wasserkreislauf mit einem Manometer (Druckmessgerät) an zwei Stellen des Verbindungsstücks. Die Spannung misst man vor und hinter dem Widerstand mit einem Voltmeter. Die Druckdifferenz kann nur dann ständig vorhanden sein, wenn die Pumpe ständig unter Energieaufwand Wasser von der einen Seite pumpt. Ähnlich verhält es sich im elektrischen Stromkreis. Unter Energieaufwand pumpt eine Spannungsquelle ständig innerhalb der Spannungsquelle Ladung vom Minuspol zum Pluspol (Abb. 3). Die vereinbarte technische Stromrichtung verläuft genau entgegengesetzt. Die Größe des Druckunterschieds regelt bei einem festen Verbindungsrohrquerschnitt die Höhe des Wasserdurchflusses. Die Größe der Spannung bestimmt die Höhe des elektrischen Stromes. Zunächst muss ein Druckunterschied da sein, damit Wasser

fließen kann; Spannung muss vorhanden sein, damit elektrischer Strom fließt. Der Druckunterschied wird nur von der Pumpe und ihrem Energieaufwand bestimmt – das Verbindungsstück hat keinen Einfluss. Die Spannung ist unabhängig vom eingebauten Widerstand – nur der Energieaufwand der Spannungsquelle ist entscheidend. Eine weitere Vorstellung für den Begriff der Spannung ist wichtig. Man lädt dazu in einem Versuch (Abb. 4a) einen Kondensator durch eine Spannungsquelle auf. Dabei passiert Folgendes: Unter Energieaufwand pumpt die Spannungsquelle Ladung von der einen Kondensatorplatte auf die andere. Hierbei wird die eine Platte negativ, die andere Platte positiv aufgeladen. Die Spannungsquelle liefert eine Spannung von 250 V. Ein statisches Voltmeter zeigt auch für den Kondensator nach dem Aufladen und dem Trennen des Kon-

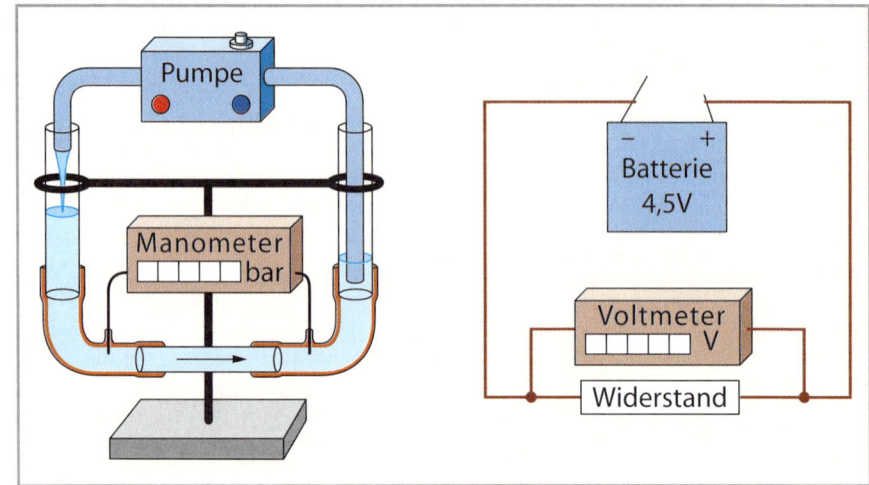

Abb. 3: Wasserkreislauf und Stromkreislauf im Vergleich

densators von der Spannungsquelle 250 V an. Der Kondensator wird nun über eine Glimmlampe entladen, die kurz schwach aufleuchtet (Abb. 4b).

Bisher ist eigentlich nichts Ungewöhnliches passiert. Doch nun wird der gleiche Versuch wiederholt. Nach dem Trennen des Kondensators von der Spannungsquelle zieht man die Platten des Kondensators ein gutes Stück auseinander. Dazu muss man eine Kraft aufwenden. Beim anschließenden Entladen des Kondensators passiert etwas Unerwartetes: Die Glimmlampe leuchtet nun sehr hell auf. Den gleichen Effekt kennt man von einer Lampe, an der die Spannung erhöht wurde. Auch diese Lampe leuchtet heller. Wie kann man sich nun erklären, dass sich die Spannung an der

Lampe erhöht hat? Es ist zu vermuten, dass das Auseinanderziehen die Ursache für die Spannungserhöhung darstellt. Überprüft wird dies durch die Wiederholung des gesamten Vorgangs; jedoch schließt man vor dem Auseinanderziehen das statische Voltmeter an. Die Spannung erhöht sich kontinuierlich beim Auseinanderziehen der Platten.

Eine genaue Erklärung bringt Aufschluss über den Vorgang: Die Kondensatorplatten sind nach dem Aufladevorgang unterschiedlich geladen. Zwischen der positiv und der negativ geladenen Platte herrschen elektrische Anziehungskräfte, wie sie bei unterschiedlich elektrisch geladenen Körpern üblich sind. Gegen diese Anziehungskräfte muss man eine Kraft längs des Zugweges auf-

wenden. Man steckt Energie in das System „Kondensator". Je mehr Energie man in das System hineinsteckt, desto größer ist später die Energie pro Ladungsportion auf der Kondensatorplatte; man kann auch sagen, desto größer ist die Spannung, unter der die Ladungen stehen. Damit hat man eine neue Sichtweise für den Begriff Spannung erhalten:

Spannung ist „Energie pro Ladung". Da diese Energie unter Arbeitsaufwand in das System hineingesteckt wurde, kann man auch sagen: Spannung ist Arbeit pro Ladung.

$$U = \frac{W \text{ (Arbeit)}}{Q \text{ (Ladung)}}$$

$$[U] = \frac{J \text{ (Joule)}}{C \text{ (Coulomb)}}$$

$$1V = \frac{1 J}{1 C}$$

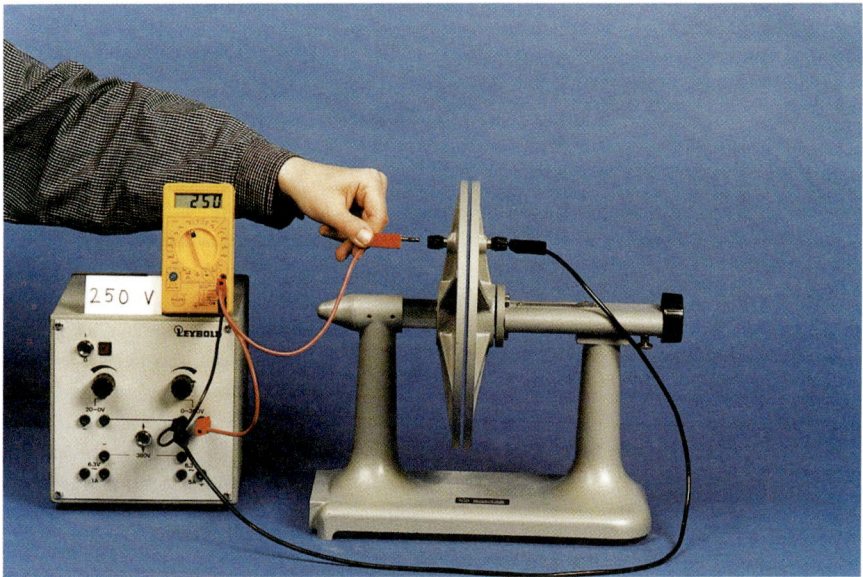

Abb. 4a: Laden des Kondensators

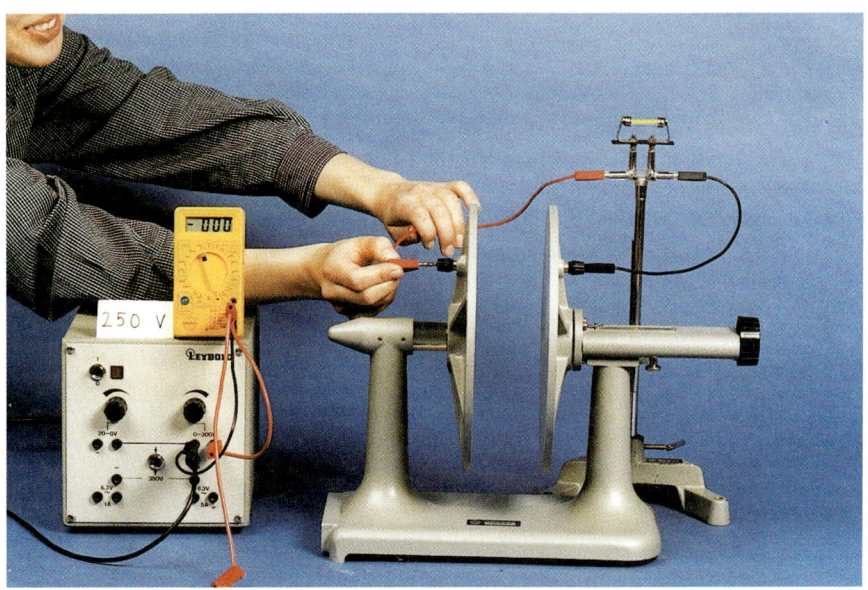

Abb. 4b: Entladen des Kondensators nach vorherigem Auseinanderziehen

Bei Bandgeneratorversuchen entstehen auch sehr hohe Spannungen von mehreren 10.000 Volt. Wieso ist diese Spannung nicht gefährlich für den Menschen, wo doch überall vor Hochspannung gewarnt wird? Nun, vor Hochspannung sollte man sich in jedem Fall in Acht nehmen. Beim Bandgenerator ist es so, dass nicht genügend große Ladungsmengen nachgeliefert werden können, sonst wäre auch diese Spannung gefährlich. Es ist ähnlich wie bei einem Regentropfen, der hoch vom Himmel fällt. Er tut einem nichts. Würden 200 Liter Wasser aus derselben großen Höhe auf eine Person herunterfallen, gäbe es einen bösen Unfall. Vor Hochspannung in elektrischen Geräten sollte man sich in jedem Fall schützen. Bei Schulversuchen werden deshalb häufig Schutzwiderstände von 1 MΩ oder mehr verwendet.

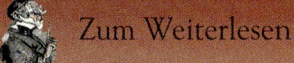 Zum Weiterlesen:

• Die elektrische Leistung, S. 282
• Die elektromagnetische Induktion, S. 284
• Elektromotor und Generator, S. 286

Die elektrische Leistung

*E*lektrische Energie ist im modernen Leben für viele Menschen die favorisierte Energieform. Sie hat im Vergleich zu vielen anderen Energieformen den Vorzug, dass sie am Ort der Nutzumwandlung sehr sauber, leise und auf Knopfdruck verfügbar und universell einsetzbar ist. Für industrielle wie persönliche Nutzung kann der „Strom" in fast allen Gebieten seine Anwendung finden.

Im Haushalt garen und erhitzen Kochplatten das Essen, Lampen strahlen Licht ab, Computer und Fernsehbildschirme senden Informationen, Gartengeräte leisten mechanische Arbeit, aber auch große Elektromotoren können Fahrstühle und selbst Seilbahnen in Bewegung setzen. Die elektrische Energie steht dem Menschen sofort zur Verfügung, da an anderer Stelle, in Kraftwerken, aus fossilen wie nuklearen Energieträgern, wie Kohle, Gas oder Erdöl bzw. Kernenergie, zur selben Zeit elektrische Energie erzeugt wird.

Die elektrische Leistung ist ein zentraler Begriff im Umgang mit der elektrischen Energie und den damit verbundenen elektrischen Energiewandlern. Die mechanische Leistung wurde mit dem Quotienten Arbeit durch Zeit also W/t definiert. Es ist nun zweckmäßig zu fragen, welche Faktoren die elektrische Leistung bestimmen.

Im Rahmen der Diskussion, dass Energie eingespart werden soll, da zum einen die Energieressourcen begrenzt sind und zum anderen das Verbrennen von fossilen Energieträgern zur Erzeugung von Strom die Umwelt durch den CO_2-Ausstoß sehr stark belastet, werden heutzutage Elektroartikel angeboten, die weniger elektrische Energie für gleiche „Dienstleistungen" erfordern. Sehr aktuell sind zur Zeit insbesondere Sparlampen, denn sie benötigen wesentlich weniger elektrische Energie als die herkömmlichen Glühlampen.

Im folgenden Versuch wird eine moderne Sparlampe mit einer herkömmlichen Glühlampe verglichen. Werden beide Lampen an eine Spannungsquelle angeschlossen, dann stellt man zunächst fest, dass bei beiden Lampen die Lichtleistung identisch ist (Abb. 1/2). Um zu untersuchen, welche elektrische Energie für das Betreiben der jeweiligen Lampe erforderlich ist, wird ein Strommesser in Reihe und ein Spannungsmesser parallel zu den beiden Energiewandlern (Lampen) geschaltet. Der Versuch zeigt, dass die Energiesparlampe bei einer Spannung U von 230 V einen Stromfluss von 0,065 A aufweist. Im Parallelversuch mit der normalen Glühlampe wird bei gleicher Spannung U von 230 V ein Strom von 0,33 A gemessen. Bildet man für die jeweilige Lampe das Produkt aus dem Spannungs- und Stromwert, dann erhält man genau den Wert der elektrischen Leistung, der auf den Lampen angegeben ist. Die elektrische Leistung wird also definiert als das Produkt aus der Spannung U und dem Strom I:

$$P = U \cdot I$$

$$[P] = 1\,V \cdot 1\,A = 1\,W$$

$$\text{Glühlampe } P = 230\,V \cdot 0,33\,A$$
$$= 75,9\,W \approx 75\,W$$
$$\text{Sparlampe } P = 230\,V \cdot 0,065\,A$$
$$= 14,95\,W \approx 15\,W$$

Da der Strom I die Ladungsmenge Q darstellt, die in einer bestimmten Zeit im Stromkreis fließt, kann die elektrische Leistung auch folgendermaßen dargestellt werden:

$$P = U \cdot I = U \cdot \frac{Q}{t}$$

Die mechanische Arbeit unterscheidet sich von der mechanischen Leistung durch den Faktor Zeit, d. h., die mechanische Leistung ist gleich dem Quotienten aus mechanischer Arbeit und Zeit. Genauso verhält sich die elektrische Leistung zur elektrischen Arbeit:

$$W = P \cdot t = U \cdot I \cdot t$$
$$= U \cdot \frac{Q}{t} \cdot t = U \cdot Q$$
$$[W] = 1\,VAs = 1\,Ws$$

Mit dieser Formel lässt sich bestimmen, wie lange man die beiden Lampen mit einer Energie von 1 kWh leuchten lassen kann:

$$W = P \cdot t \qquad t = \frac{W}{P}$$

$$\text{Glühlampe: } t = \frac{1\,kWh}{75\,W} = \frac{1000\,Wh}{75\,W}$$
$$= 13{,}33\,h$$
$$= 13\text{ Stunden } 20\text{ min.}$$

$$\text{Sparlampe: } t = \frac{1\,kWh}{15\,W} = \frac{1000\,Wh}{15\,W}$$
$$= 66{,}66\,h$$
$$= 66\text{ Stunden } 40\text{ min.}$$

Die Sparlampe kann also fünfmal länger leuchten als die normale Glühlampe. Es stellt sich nun die Frage, warum bei gleicher Lichtausbeute ein unterschiedlicher Strom fließt bzw. sich die Leistungen unterscheiden. Berührt man mit der Hand die beiden Lampen, dann bekommt man eine Antwort auf diese Frage. Die Glühlampe hat sich viel stärker erwärmt. Ein Großteil der elektrischen Energie wird bei der Glühlampe also in Wärme umgewandelt, d. h., der Wirkungsgrad der Glühlampe ist deutlich geringer als bei der Sparlampe.

Damit das Elektrizitätswerk für die gelieferte elektrische Energie bezahlt werden kann, wird der Strom mit Stromzählern registriert, und der Stromverbrauch in Haushalten wird dann in Kilowattstunden abgerechnet. Der Durchschnittshaushalt zahlt ungefähr 40 Pfennig für eine kWh (Kilowattstunde). Eine kWh kann im Vergleich zu den Einheiten der mechanischen Arbeit dargestellt werden:

$$W = P \cdot t$$
$$[W] = 1\,kW \cdot 1\,h = 1\,kWh$$
$$= 1000\,W \cdot 3600\,s$$
$$= 3.600.000\,Ws = 3.600.000\,\frac{J}{s} \cdot s$$
$$= 3.600.000\,J$$
$$= 3600\,kJ = 3600\,kNm$$

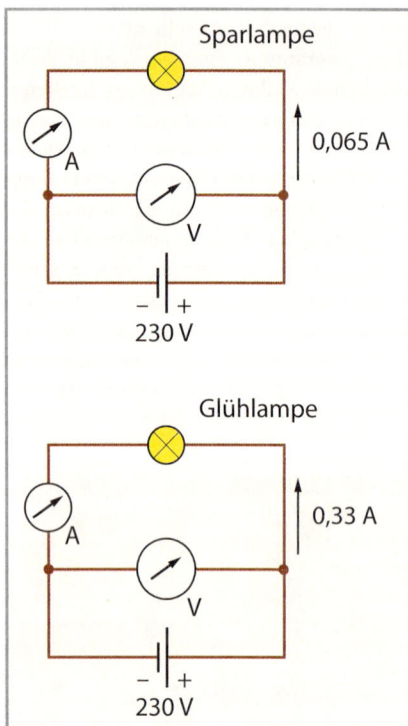

Abb. 1: Sparlampe und Glühlampe im geschlossenen Stromkreis

Sparlampe

0,065 A

− +
230 V

Glühlampe

0,33 A

− +
230 V

Abb. 2a: Sparlampe im geschlossenen Stromkreis

Abb. 2b: Glühlampe im geschlossenen Stromkreis

Um die Arbeit von einer kWh an mechanischer Arbeit zu erbringen, müsste ein Bauarbeiter folgende Menge an 50-kg-Paketen an Steinmaterial beispielsweise in den 3. Stock (10 Meter Höhendifferenz) eines Gebäudes tragen:

$$W = P \cdot t$$
$$W = 3000\ \text{W} \cdot 12\ \text{min}$$
$$= 3000\ \text{W} \cdot 720\ \text{s}$$
$$= 2.160.000\ \text{Ws} = 600\ \text{Wh}$$
$$= 0,6\ \text{kWh}$$

$$\eta = \frac{\text{genutzte Energie}}{\text{aufgewandte Energie}} \cdot 100$$

$$\eta = \frac{168.000\ \text{Ws}}{168.000\ \text{Ws}} \cdot 100 = 100\ \%$$

---

50 kg entspricht 500 N

Arbeit pro Steinpaket
$$500\ \text{N} \cdot 10\ \text{m} = 5000\ \text{Nm}$$

$$1\ \text{kWh} = 3600\ \text{kNm} = 3.600.000\ \text{Nm}$$

Anzahl der Steinpakete
$$= \frac{3.600.000\ \text{Nm}}{5000\ \text{Nm}} = 720$$

Der Bauarbeiter muss für eine Kilowattstunde 720-mal 50-kg-Steinpakete die Treppe hochtragen.

Um die elektrische Arbeit im Haushalt abschätzen zu können, benötigt man die Leistungsangaben der elektrischen Geräte. Die elektrische Leistung ist auf den Typenschildern der Geräte markiert. Hat beispielsweise ein Heizlüfter eine elektrische Leistung von 3000 W, dann nimmt er also jede Sekunde eine elektrische Energie von 3000 Ws auf und wandelt sie größtenteils in Wärmeenergie um. Nur ein geringer Teil wird beim Heizlüfter in mechanische Energie verwandelt. Soll nun die verrichtete elektrische Arbeit des Gerätes bestimmt werden, dann genügt es, die Leistung auf dem Typenschild abzulesen und die Zeit zu messen, in der das Gerät eingeschaltet ist. Ist der Heizlüfter z. B. 12 Minuten in Betrieb, dann ergibt sich mit der Angabe der elektrischen Leistung von 3000 W eine elektrische Arbeit von:

Beim Tauchsieder wird die elektrische Energie vollständig in Wärmeenergie umgewandelt. Um das zu überprüfen, wird im folgenden Versuch ein Tauchsieder mit einer elektrischen Leistung von 1000 W benutzt, um eine Wassermenge von 0,5 l (Liter) von 20°C auf 100°C zu erhitzen. Das Erhitzen mit dem Tauchsieder dauert genau 2 min und 48 s. Daraus ergibt sich eine elektrische Arbeit von:

$$W = P \cdot t \quad \text{(aufgewandte Energie)}$$
$$W = 1000\ \text{W} \cdot 168\ \text{s} \cdot 168.000\ \text{Ws}$$

Bei der Berechnung der Wärmemenge, die als innere Energie an das Wasser abgeben wird, errechnet sich folgender Energiewert:

$$W = c_w \cdot m_w \cdot \Delta\vartheta \quad \text{(genutzte Energie)}$$
$$= 4{,}2\ \frac{\text{J}}{\text{g} \cdot \text{K}} \cdot 500\ \text{g} \cdot 80\ \text{K}$$
$$= 168.000\ \text{J} = 168.000\ \text{Ws}$$

Mit dem Tauchsieder wird also die gesamte elektrische Energie in Wärmeenergie umgewandelt. Der Tauchsieder nutzt vollständig die elektrische Energie aus, denn der Wirkungsgrad, der die genutzte zur aufgewandten Energie ins Verhältnis setzt, beträgt hier 100%:

Die Umwandlung der elektrischen Energie in Wärmeenergie verläuft also in der Regel mit einem sehr hohen Wirkungsgrad. Wie das Beispiel mit der Glühlampe verdeutlicht, ist bei der Umwandlung der elektrischen Energie in Licht der Wirkungsgrad schon wesentlich ungünstiger (Abb. 2b). Neuentwicklungen wie die Sparlampe haben den Wirkungsgrad im Vergleich zur Glühlampe um den Faktor 5 verbessert (Abb. 2a). Die alleinige Betrachtung des Wirkungsgrads in Bezug auf die Umwandlung von elektrischem Strom zur Nutzenergie täuscht darüber hinweg, dass der Strom selbst mit einem bestimmten Wirkungsgrad erzeugt werden muss, bevor er in den Haushalten für die Nutzung bereitsteht. Dampfturbinen, die generell zur Stromerzeugung eingesetzt werden, haben einen Wirkungsgrad von 40 %. Bei der Gesamtberechnung des Energieverbrauchs muss berücksichtigt werden, dass der Strom über weite Strecken transportiert werden muss, wo Leistungsverluste auftreten.

Zum Weiterlesen:

- Der Kondensator, S. 278
- Die elektrische Spannung, S. 280
- Elektrizitätserzeugung, S. 290

Die elektromagnetische Induktion

*I*m Jahre 1820 hatte Oersted herausgefunden, dass stromdurchflossene Leiter Magnetnadeln in Drehung versetzen. Aus dieser Erkenntnis schloss Oersted, dass Stromführende Leiter ebenfalls Magnetfelder besitzen. Diese Magnetfeldlinien umhüllen dabei ringförmig den Leiter. Aus dieser fundamentalen Beobachtung stellte sich nun die Frage, ob nicht der umgekehrte Weg, d. h. mit einem Magnetfeld Strom zu erzeugen, möglich sei. Diese Frage untersuchte zur damaligen Zeit der englische Physiker Faraday und entdeckte 1831 die elektromagnetische Induktion, d. h. dass durch Bewegen eines Leiters in einem Magnetfeld Strom erzeugt wird.

Um die elektromagnetische Induktion zu untersuchen, ist folgender Versuchsaufbau erforderlich: Ein elektrischer Leiter ist an stromleitenden Drähten befestigt und bildet damit eine Leiterschaukel (Abb. 1). Die Leiterschaukel wird im magnetischen Feld be-

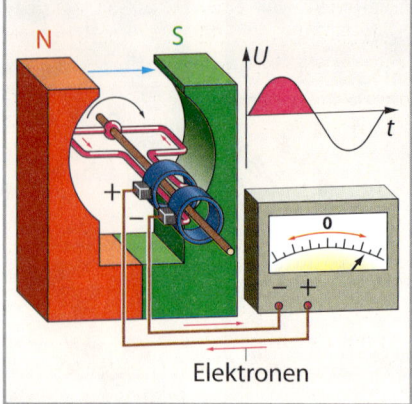

Abb. 2: Rotation einer Leiterschleife

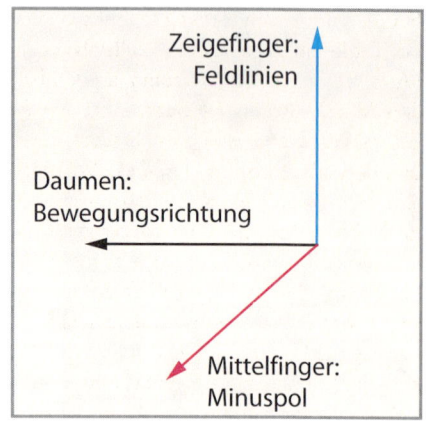

Abb. 3: Linke-Hand-Regel

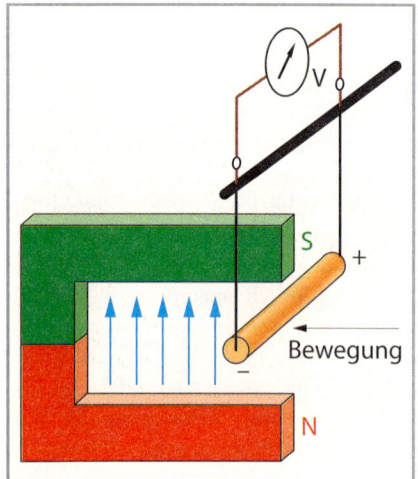

Abb. 1: Die Leiterschaukel

wegt. Ein Spannungsmessgerät ist an den beiden Enden der flexiblen Drähte befestigt. Wird die Leiterschleife in das Magnetfeld geführt, erfährt das Spannungsmessgerät einen Ausschlag und zeigt somit eine Spannung an. Der Ausschlag erhöht sich, wenn gleichzeitig die Bewegung verstärkt wird, d. h., je schneller der Leiter bewegt wird, desto höher schlägt das Messgerät aus. Wird der Leiter in entgegengesetzter Bewegungsrichtung durch das Magnetfeld geführt, dann schlägt das Messgerät in die genau entgegengesetzte Richtung. Man stellt also fest, dass die Bewegungsrichtung und die Geschwindigkeit für eine Veränderung des Ausschlages sorgen. Der Grund für den Ausschlag am Spannungsmessgerät liegt darin, dass das magnetische Feld die Ladungen im elektrischen Leiter trennt.

Wenn ein Leiter in einem Magnetfeld

quer zu den Feldlinien bewegt wird, dann entsteht an den Enden des Leiters eine Induktionsspannung. Besteht der Leiter aus einer gebogenen Leiterschleife und wird diese Leiterschleife im Magnetfeld so bewegt, dass der gebogene Draht bei der Drehbewegung die Magnetfeldlinien schneidet, dann misst man an den Enden der Leiterschleife eine Wechselspannung (Abb. 2). Das Abwechseln der Spannungsrichtung lässt sich damit begründen, dass bei einer vollständigen Drehbewegung die Leiterschleife die Feldlinien in zwei entgegengesetzte Richtungen schneidet. Da aber die induzierte Spannung von der Bewegungsrichtung abhängt, verändert sich damit periodisch die Spannungsrichtung. Nach diesem Prinzip arbeitet der Generator. Der Generator besteht dabei aus einer großen Anzahl von Leiterschleifen, die um einen Läufer gewickelt sind. Als Läufer wird die Spule bezeichnet, die beim Generator beispielsweise mit der Drehachse der antreibenden Turbine verbunden ist. Die Induktionsspannung im Leiter wird durch eine Kraft erzeugt, die als Lorentzkraft bezeichnet wird, und der Minuspol der induzierten Spannung wird durch die sogenannte Linke-Hand-

Regel bestimmt (Abb. 3). Zeigt der Daumen in Bewegungsrichtung des Leiters, der Zeigefinger in Richtung der Feldlinien, dann gibt der Mittelfinger den Minuspol an.

Bei dem bisherigen Versuch wurde die induzierte Spannung des Leiters in Abhängigkeit zur Bewegungsrichtung und Geschwindigkeit gemessen.

Beim folgenden Versuch soll untersucht werden, was passiert, wenn ein Strom führender Leiter sich in einem Magnetfeld befindet.

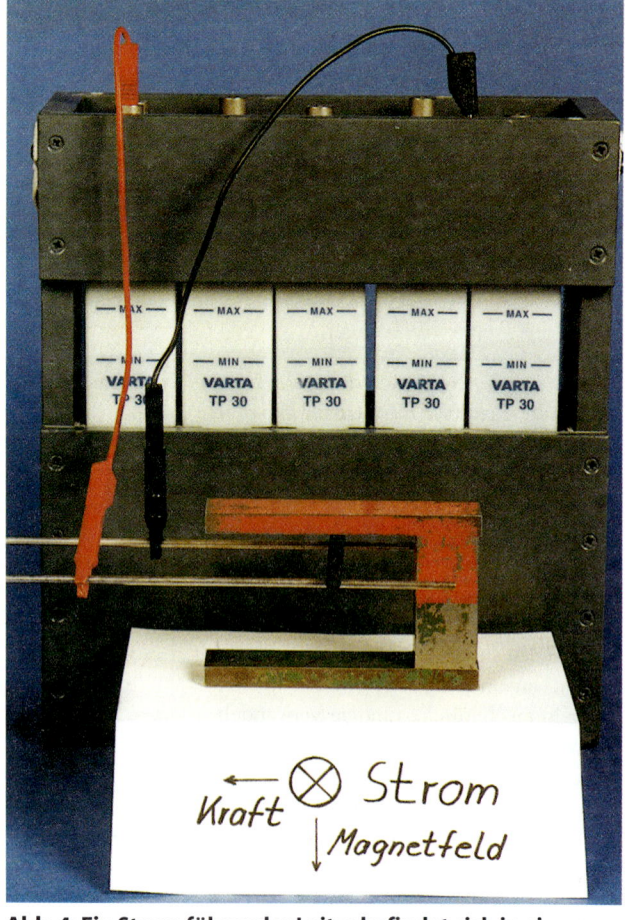

Abb. 4: Ein Strom führender Leiter befindet sich in einem Magnetfeld

Für diesen Versuch eignet sich insbesondere ein Kohlestab, der auf zwei Metallstäben liegt (Abb. 4). Wird eine Spannung an den beiden Metallblöcken angelegt, dann ist der Stromkreis über den Kohlestab geschlossen, und es fließt ein Strom. Für diese Versuchsanordnung wurde ein Kohlestab ausgewählt, da Kohle kein ferromagnetischer Stoff ist und deshalb nicht automatisch wie Eisen ohne Stromfluss in das Magnetfeld hineingezogen wird. Ist der Stromkreis über dem Kohlestab geschlossen, dann wird auf den Kohlestab die Lorentzkraft ausgeübt, und er setzt sich gemäß der Linke-Hand-Regel in Bewegung: Der Daumen der linken Hand zeigt dabei in Richtung des Stromes, der gespreizte Zeigefinger in Richtung der Feldlinien und der abgespreizte Mittelfinger in Richtung der Kraftwirkung (Lorentzkraft).

Die Lorentzkraft ist die Kraftwirkung, die durch die Überlagerung der Feldlinien entsteht. In Abbildung 5 ist ein stromdurchflossener Leiter im Querschnitt in einem Hufei-

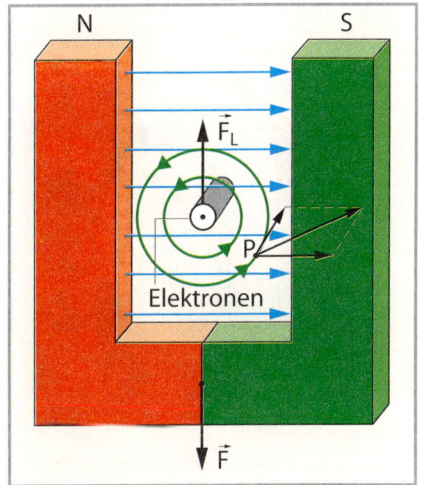

Abb. 5: Magnetfeldlinien des Permanentmagneten und des stromdurchflossenen Leiters überlagern sich

senmagnet abgebildet. Nach der Linke-Faust-Regel zeigt der Daumen in Richtung des Stromflusses, und die Feldlinien zeigen in Richtung der Fingerkuppen. Wird der Leiter mit einem Punkt in der Mitte markiert, dann fließt der Strom aus der Bildebene heraus auf den Beobachter zu (Abb. 6). Da nun die Feldlinien die Tendenz haben, sich zu überlagern, werden auf der einen Seite die Feldlinien verstärkt, und auf der anderen Seite werden die Feldlinien geschwächt (Abb. 7). Der Leiter hat nun das Bestreben, sich in Richtung des geschwächten Feldes zu bewegen. Die Feldveränderung übt eine Kraftwirkung auf den Leiter aus. Ist die Stromrichtung so orientiert, dass der Strom in die Bildebene

hineinfließt (mit einem Kreuz gekennzeichnet), dann ist das Feld genau auf der entgegengesetzten Seite geschwächt, und die Lorentzkraft wirkt in die entgegengesetzte Richtung. Wird nun hier genauso wie beim Generator eine Leiterschleife in das Magnetfeld gehalten, durch die ein Strom fließt, dann bewegt sich die Leiterschleife. So funktioniert der Elektromotor, denn die Leiterschleife wird durch die Lorentzkraft in Bewegung versetzt. Um nun einen Elektromotor zu erhalten, ist es prinzipiell notwendig, dass die Stromrichtung wechselt, damit die Leiterschleife immer das Bestreben hat, sich in die gleiche Richtung zu bewegen.

Ist in einem weiteren Versuch der Stromkreis über den Kohlestab geschlossen und wird nun der Kohlestab in Bewegung gesetzt, dann fließt ein Induktionsstrom. Gleichzeitig bemerkt man, dass der Kohlestab bzw. die Bewegung des Kohlestabes durch das Magnetfeld abgebremst wird. Diese Beobachtung stimmt mit der lenzschen Regel überein, die besagt, dass ein durch die Bewegung in einem Leiter ausgelöster Induktionsstrom stets so gerichtet ist, dass er die Strom erzeugende Bewegung hemmt.

Am eindeutigsten ist die Lorentzkraft als Wechselwirkung zwischen elektrischer Ladung und Magnetfeld bei einzelnen Elektronen zu beobachten, wenn sie sich durch ein magnetisches Feld bewegen. Mit der braunschen Röhre lässt sich diese Erscheinung sehr anschaulich verdeutlichen. Die braunsche Röhre ist ein Glasgehäuse, das unter Vakuum steht und am Hals mit einer Elektronenkanone ausgestattet ist. Die Elektronenkanone besteht im Wesentlichen aus einer Glühkathode und einer Anode, die in der Mitte ein Loch enthält. Von der Glühkathode werden Elektronen emittiert (ausgesandt), und diese werden durch das elektrische Feld zwischen der Kathode und der Anode beschleunigt. Die Elektronen fliegen bei ihrer Beschleunigungsphase nicht gegen die Anode, sondern schießen durch das Loch der Anode hindurch dem Bildschirm entgegen. Auf dem Bildschirm der braunschen Röhre wird der Elektronenstrahl beim Auftreffen mit einem Leuchtstoff sichtbar gemacht. Wird nun ein äußeres magnetisches Feld an der braunschen Röhre angebracht, das mit seinen Feldlinien senkrecht zu der Bewegungsrichtung der Elektronen steht, dann wirkt die Lorentzkraft auf die Elektronen, und sie werden somit abgelenkt. Die Ablenkung erfolgt wieder nach der Linke-Hand-Regel, d. h., der Daumen zeigt in die Flugrichtung der Elektronen, der gespreizte Zeigefinger in Richtung der magnetischen

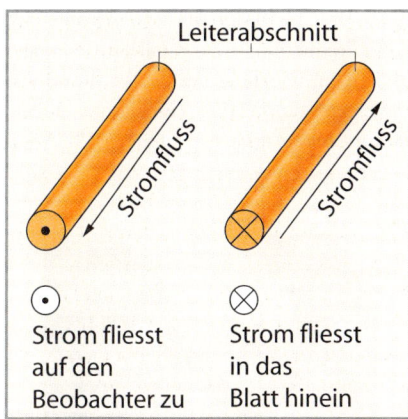

Abb. 6: Richtungen des Stromflusses

Feldlinien und der Mittelfinger in Richtung der Lorentzkraft. Die braunsche Röhre hat ihre Hauptanwendung in der Bilderzeugung beim Fernsehgerät, dort wandert der Elektronenstrahl mit einer extrem hohen Geschwindigkeit über den Bildschirm und erzeugt damit ein Bild.

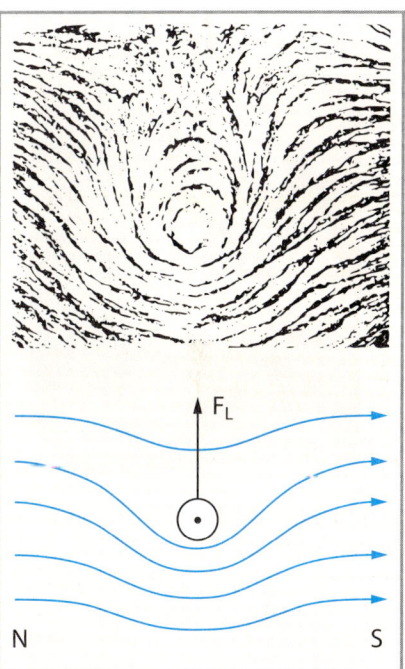

Abb. 7: Das zusammengesetzte Feld erzeugt die Lorentzkraft

Zum Weiterlesen:

- Die elektrische Spannung, S. 280
- Die elektrische Leistung, S. 282
- Elektromotor und Generator, S. 286

Elektromotor und Generator

*D*er wachsende Einsatz der Elektrotechnik in der Produktion verlief parallel zu der industriellen Entwicklung des 20. Jahrhunderts. Die Elektromotoren bzw. Generatoren veränderten schlagartig das Erscheinungsbild in den

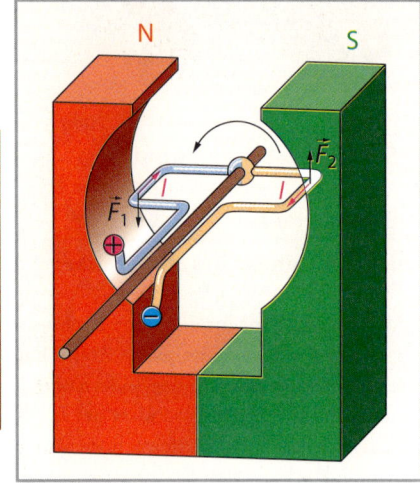

Abb. 1: Prinzip des Elektromotors

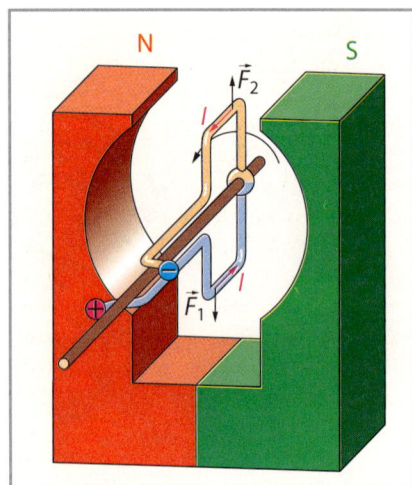

Abb. 2: Totpunkt der Leiterschleife

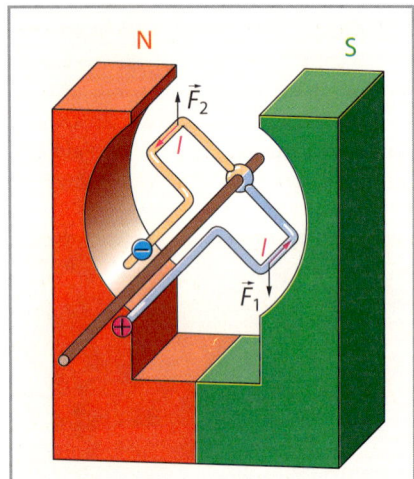

Abb. 3: Richtungsänderung der Lorentzkraft

Werkstätten der Industrie. In den Anfängen der industriellen Revolution wurden die Arbeitsmaschinen noch über lange Riemen (Transmissionen) von einer zentralen Antriebsmaschine bewegt. Die langen Riemen als Energieüberträger wurden mit der Einführung von Elektromotoren durch Strom führende Kabel ersetzt. Mit dem Elektromotor war es ab dann möglich, vor Ort, angepasst an die jeweiligen Anforderungen, die Elektrizität in mechanische Arbeit zu verwandeln.

Um die elektrische in mechanische Energie in Form einer Drehbewegung umwandeln zu können, muss der fließende Strom in mechanische Kraft verwandelt werden. Befindet sich ein Strom führender Leiter in einem Magnetfeld, dann wirkt auf diesen Leiter die Lorentzkraft, die den Leiter in Bewegung versetzt. Der Elektromotor muss so aufgebaut sein, dass durch die Lorentzkraft eine mechanische Energie in Form einer Drehbewegung entsteht. Der Elektromotor besteht im Wesentlichen aus einem Magneten, der so geformt ist, dass sich zwischen den beiden Polen Strom führende Leiterschleifen befinden (Abb. 1). Die Lorentzkraft entsteht durch die Überlagerung der Magnetfeldlinien mit dem Magnetfeld der Strom führenden Leitung, d. h., auf der einen Seite des Leiters verstärken sich die Feldlinien und auf der anderen Seite heben sich die Feldlinien gegenseitig auf. Der Leiter verspürt den Drang, sich in Richtung Feldschwächung zu bewegen, wobei sich die Richtung der Lorentzkraft nach der Linke-Hand-Regel bestimmen lässt. Die ausgeübte Kraft auf beiden Seiten der Leiterschleifen erzeugt über den Hebelarm zur Drehachse eine Drehbewegung. Befindet sich dann die Leiterschleife in der um 90° verdrehten Position (Abb. 2), dann erbringt die Lorentzkraft keinen weiteren Beitrag für die Drehbewegung, da hier kein Hebelarm vorhanden ist. Hat die Leiterschleife genug Schwung und überwindet diesen Totpunkt, dann können die Lorentzkräfte wieder ihre Wirkung auf die Leiterschleife ausüben. Da mit dieser Halbdrehung der Leiterschleife sich gleichzeitig die Stromrichtung vor den Polen ändert, wird die Leiterschleife abgebremst und in die genau entgegengesetzte Drehrichtung bewegt, d. h., durch die scheinbare Stromrichtungsänderung wirkt auch die Lorentzkraft in die genau entgegengesetzte Richtung (Abb. 3). Die Leiterschleife kommt letztendlich zum Stillstand. Damit aber die anfängliche Drehbewegung bestehen bleibt, muss die Stromrichtung des Leiters vor dem jeweiligen Pol immer die gleiche Richtung vorweisen. Werden also die Leiter in eine bestimmte Richtung durch die Lorentzkraft in Bewegung versetzt, dann muss zu diesem Zweck, vor dem Er-

reichen des nächsten Magnetpols, die Gesamtstromrichtung geändert werden. Die Stromrichtungsänderung erfolgt mit dem Stromwender, der auch als Kommutator bezeichnet wird. Der Kommutator besteht aus

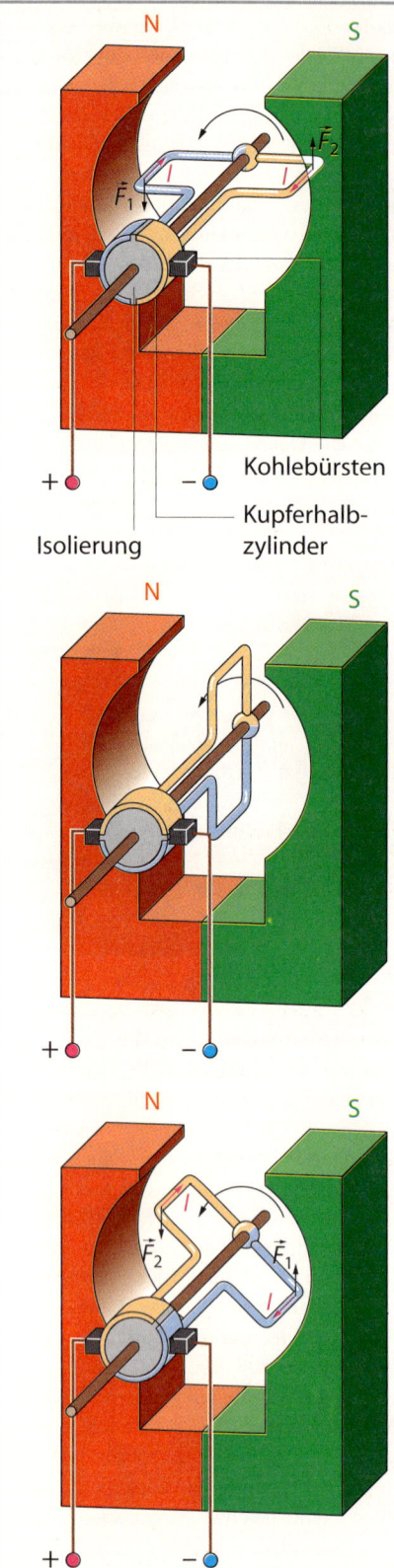

Abb. 4: Kommutator im Einsatz

zwei Halbringen, die über Kohlebürsten mit dem Plus- bzw. Minuspol verbunden sind (Abb. 4). Mit dem Kommutator wird automatisch zum richtigen Zeitpunkt die Stromrichtung geändert. Um die Antriebskräfte zu erhöhen, besteht der Elektromotor in der Praxis nicht nur aus einer Leiterschleife, sondern aus einer drehbaren Spule. Zur weiteren Verstärkung des Magnetfeldes ist die Spule auf einen Eisenkern gewickelt. Die Spule mit Eisenkern und Kommutator wird als Anker bezeichnet.

In den üblichen Elektromotoren wird das magnetische Feld durch Spulen erzeugt, die über einen Eisenkern mit den Polschuhen verbunden sind. Um die Drehrichtung des Ankers zu verändern, muss die Polarität am Anker oder an den Spulen geändert werden. Werden beide Stromrichtungen gleichzeitig vertauscht, dann bleibt die Drehrichtung erhalten. Aus diesem Grund ist es möglich, den Elektromotor mit einer Wechselspannung zu betreiben. Wichtig dabei ist, dass die Stromrichtungsänderung in der Ankerspule gleichzeitig mit der Stromrichtungsänderung in der Erregerspule erfolgt. Die Ankerspule und die Feldspulen können entweder in Reihe oder parallel geschaltet sein. In Reihe geschaltete Motoren werden als Hauptschlussmotoren bezeichnet, d. h., hier ist die Ankerspule in Reihe zu den Magnetspulen geschaltet. Beim Nebenschlussmotor befinden sich die Ankerspulen parallel zu den Feldspulen.

Um die Elektromotoren betreiben zu können, werden Generatoren benötigt, die den erforderlichen Strom liefern. Genauso wie in den Elektromotoren wird auch in den Generatoren die Lorentzkraft ausgenutzt. Der wesentliche Unterschied zwischen einem Generator und einem Elektromotor besteht darin, dass im Generator mechanische Energie in elektrische umgewandelt wird, im Gegensatz zum Elektromotor, wo aus elektrischer Energie mechanische Energie erzeugt wird. Es ist prinzipiell möglich, den Elektromotor auch als Generator zu nutzen. An den Klemmen, wo norma-

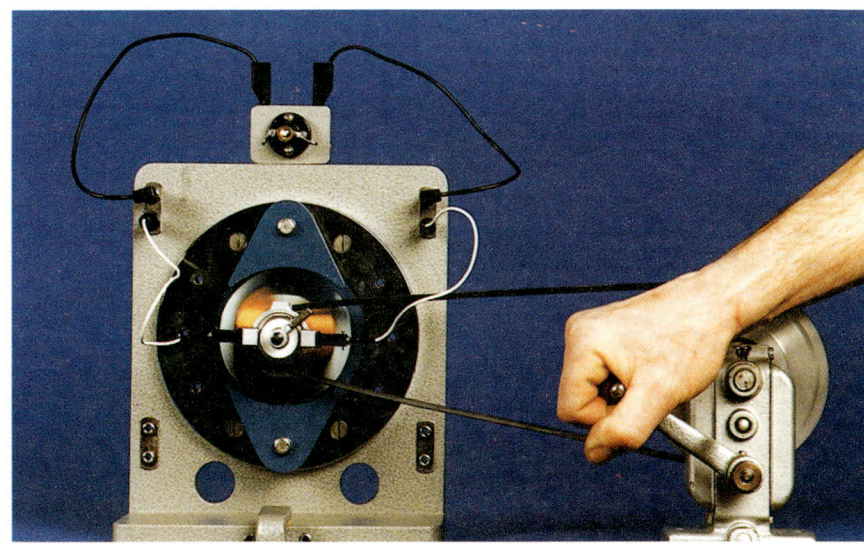

Abb. 5: Mit dem Generator wird mechanische Energie in elektrische umgewandelt

lerweise die Stromzuführung angeschlossen ist, um den Motor zu betreiben, ist es möglich, beispielsweise eine Lampe anzuschließen. Wird der Elektromotor (z. B. Spielzeugmotor) mit der Hand gedreht, dann leuchtet die Lampe auf. Der Elektromotor hat nun die mechanische Energie der Drehbewegung in elektrische Energie umgewandelt (Abb. 5).

Wird eine Leiterschleife zwischen den Polschuhen eines Permanentmagneten gedreht, dann ist es möglich, über den Stromwender (Kommutator) eine pulsierende Gleichspannung abzunehmen (Abb. 6). Der Grund, dass die Spannung pulsiert, liegt darin, dass der Leiter während der Drehbewegung unterschiedlich stark die Feldlinien schneidet. Die induzierte Spannung ist proportional zu der Menge der Feldlinien, die innerhalb eines Zeitintervalls geschnitten werden. Werden innerhalb einer bestimmten Zeit viele Feldlinien geschnitten, dann ist die induzierte Spannung sehr hoch, werden aber keine Feldlinien geschnitten, dann wird keine Spannung induziert. Aus diesem Grund hat die induzierte Spannung ihr Maximum genau dann, wenn

sich die Leiterschleife entlang der Polschuhe bewegt. Außerhalb der Polschuhe bewegt sich die Leiterschleife entlang derselben Feldlinie, bis der nächste Polschuh erreicht ist. Da hier kaum Feldlinien geschnitten werden, wird auch keine Spannung erzeugt. Da bei der Drehbewegung die Anzahl der geschnittenen Feldlinien kontinuierlich anwächst bzw. sich verringert, verändert sich auch die Spannung entsprechend kontinuierlich. Wird der Kommutator gegen zwei Schleifringe ausgetauscht, die fest mit den beiden Enden der Leiterschleifen verbunden sind, dann wird an diesen Schleifringen eine Wechselspannung abgenommen (Abb. 7). Die Strommenge, die über die Leiterschleife fließen kann, hängt von der Menge der Energiewandler ab. Sind sehr viele Energiewandler angeschlossen, fließt ein hoher Strom. Der höhere Strom bremst die Bewegung gemäß der lenzschen Regel ab, so dass mehr Antriebsenergie erforderlich ist. Da beim Generator extrem hohe Ströme fließen und man diese Strommengen nicht über den Kommutator leiten kann, wird beim Generator das Feld im Rotor erzeugt, und die Spannung wird in den Spulenpaketen im Stator induziert. Darin unterscheidet sich im Wesentlichen der Generator vom Elektromotor.

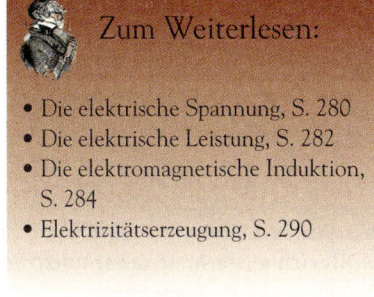

Zum Weiterlesen:

- Die elektrische Spannung, S. 280
- Die elektrische Leistung, S. 282
- Die elektromagnetische Induktion, S. 284
- Elektrizitätserzeugung, S. 290

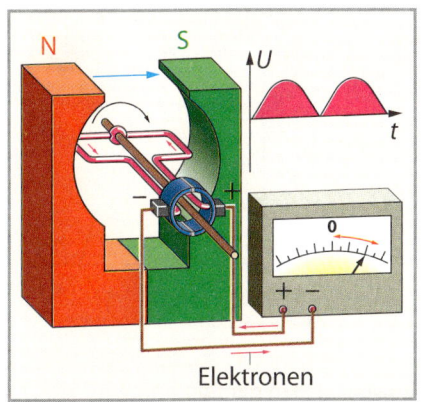

Abb. 6: Pulsierende Gleichspannung

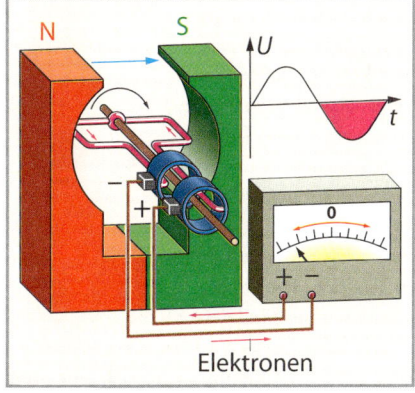

Abb. 7: Wechselspannung

Der Transformator

Der Transformator ist ein zentrales Bauteil in der Elektrotechnik sowie in der Elektronik. In der Elektrotechnik besteht die Aufgabe des Transformators im Wesentlichen darin, die vom Generator erzeugte Spannung zu verändern, d. h. in seinem Betrag zu erhöhen bzw. zu verringern. In der Energiewirtschaft beispielsweise sind für den Transport der elektrischen Leistung über Fernleitungen Hochspannungen erforderlich. Die Spannungsänderung kann nur mit dem Transformator erreicht werden, da Netzgeneratoren bei vorgegebener Drehzahl für die Stromerzeugung nur die fixen Spannungen von 220 V und 380 V abgeben. Die vom Generator erzeugte Spannung wird dann mit Hilfe des Transformators auf beispielsweise 220.000 V (220 kV) hochtransformiert. Genauso lassen sich Spannungen von 220 V in Kleinspannungen umwandeln. Spielzeugeisenbahnen sind in der Regel mit Trafos (Transformatoren) ausgestattet, die Spannungen zwischen 12 und 48 V liefern. Ein Trafo kann generell so aufgebaut werden, dass sich eine beliebig hohe bzw. niedrige Spannung aus der vorgegebenen Spannung ergibt, allerdings mit der fundamentalen Einschränkung, dass man nur Wechselspannungen transformieren kann, denn nur bei Wechselspannung funktioniert die elektromagnetische Induktion. Dieses physikalische Phänomen macht sich nur bemerkbar, wenn Bewegung im Spiel ist, d. h., umfasst also eine Leiterschleife ein bewegtes bzw. sich änderndes Magnetfeld, so wird in ihr eine Spannung induziert. Das ist ein Naturgesetz, das nicht näher erklärt werden kann. Mit der Lorentzkraft beschreibt man aber die Wirkung dieses Phänomens.

Im Generator z. B. erzeugt die Bewegung der Leiterschleifen eine Induktionsspannung, da sie so angeordnet sind, dass sie sich quer zu den magnetischen Feldlinien bewegen. Diese Induktionsspannung wird durch

Physik

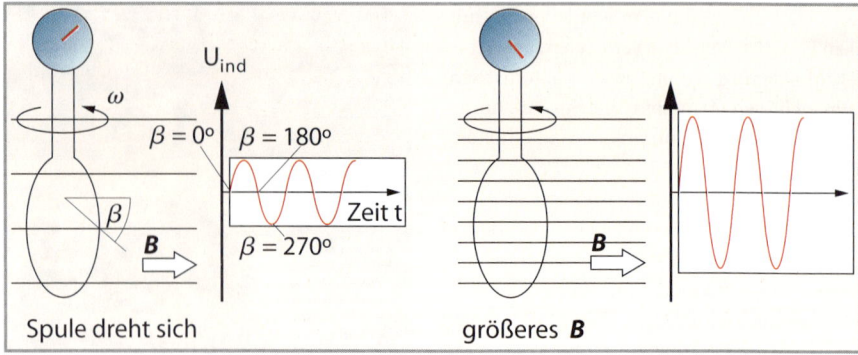

Abb. 1: Leiterschleife im Magnetfeld (links). Ein stärkeres Magnetfeld erzeugt eine höhere Spannung (rechts)

die Lorentzkraft hervorgerufen. Die Lorentzkraft wirkt nur, wenn die Leiterschleifen im Magnetfeld bewegt werden. Beim Generator werden also die Leiterschleifen von Wasser- oder Dampfturbinen angetrieben, und es entsteht durch das Kreuzen der Leiterschleifen mit den Magnetfeldlinien eine Induktionsspannung. Die Richtung der Spannung verändert sich während einer Drehbewegung, und es entsteht daraus eine Wechselspannung. In Abbildung 1 ist stellvertretend für den Generator eine Leiterschleife im Magnetfeld dargestellt. Wird das Magnetfeld verstärkt, dann erhöht sich auch die Spannung. Erhöht sich die Drehbewegung, vergrößert sich die Frequenz der abgegebenen Spannung des Generators (Abb. 2).

Für die Erzeugung der Induktionsspannung ist es gleichbedeutend, ob sich, wie beim Generator, die Leiterschleifen im Magnetfeld bewegen oder aber die Leiterschleifen fest stehen und sich das Magnetfeld bewegt, denn in beiden Fällen tritt Induktion auf. Wird z. B. für das sich ändernde Magnetfeld ein Permanentmagnet in Bewegung gesetzt, dann erzeugt das bewegte Magnetfeld in den Leiterschleifen eine Induktionsspannung (Abb. 3). Die Spannung erhöht sich dabei in Abhängigkeit zur Anzahl der Leiterschleifen der Spule und der Stärke des Magneten. Der Transformator arbeitet nach dem gleichen Prinzip, denn auch hier wird durch ein bewegtes magnetisches Feld Spannung in einer Spule erzeugt. Beim Trafo wird aber das bewegte magnetische Feld, im Unterschied zu den oben angeführten Beispielen, nicht durch einen bewegten Permanentmagneten erzeugt, sondern von einer zweiten Spule. Damit aber diese Spule nicht hin und her bewegt werden muss wie der Permanentmagnet, wird die Stromrichtung in dieser Spule ständig geändert, d. h., diese Spule wird an Wechselspannung angeschlossen. Das sich ständig ändernde Magnetfeld induziert eine Spannung in der zweiten Spule (Abb. 4).

Der Unterschied zwischen Wechselspannung und Gleichspannung ist der, dass sich permanent die Polarität der Spannung in zeitlichen Intervallen ändert, d. h., der Pluspol wird zum Minuspol und der Minuspol wird zum Pluspol und umgekehrt. Diese Änderung erfolgt z. B. in den üblichen Stromnetzen 100-mal in der Sekunde. Man spricht in diesem Fall von einer Frequenz von 50 Hertz. Die Wechselspannung hat einen sinusförmigen Verlauf, d. h., die Polarität ändert sich nicht schlagartig. Die Geschwindigkeit vom Auf und Ab der Spannung hängt

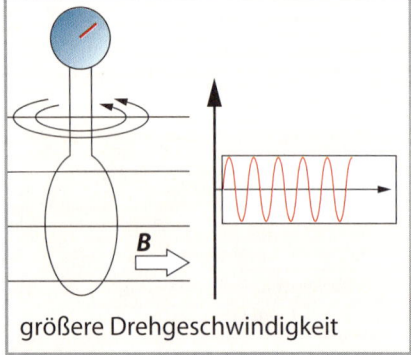

Abb. 2: Wird die Drehgeschwindigkeit der Leiterschleife erhöht, erhöht sich die Frequenz der Wechselspannung

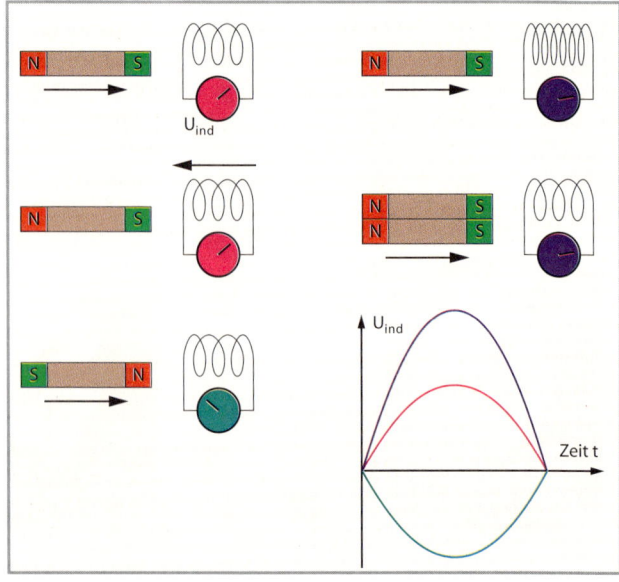

Abb. 3: Der Magnet bewegt sich in der Spule; es wird eine Spannung induziert

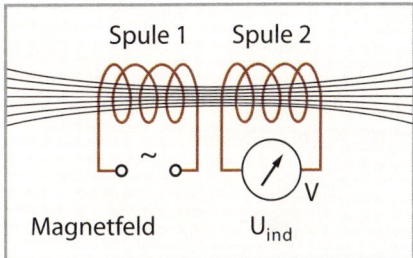

Abb. 4: Induktion einer Spannung in der zweiten Spule durch die erste Spule

direkt mit der Geschwindigkeit des Generators zusammen. Wird die Geschwindigkeit des Generators erhöht, dann erhöht sich proportional dazu die Frequenz (Abb. 5).

Mit der Änderung der Polarität der Spannung in der ersten Spule, d. h. mit der Stromrichtungsänderung, verändert sich dementsprechend das Magnetfeld. Das Magnetfeld baut sich wie die Spannung auf und ab. Die Wechselspannung erzeugt also in der ersten Spule im Transformator ein bewegtes Magnetfeld, das in der zweiten Spule eine Spannung induziert. Im Gegensatz zur Wechselspannung besitzt Gleichspannung keine Feldänderung; deshalb kann sie nicht transformiert werden, denn nur bei Bewegung entsteht eine Induktionsspannung.

Der Transformator ist also aus zwei Spulen aufgebaut, d. h. aus einer Primär- und einer Sekundärspule (Abb. 4). Die beiden Spulen sind mit einem Eisenkern verbunden, und zwischen den beiden Spulen gibt es keine leitende Verbindung. Der Wechselstrom in der Primärspule führt also zu einer Spannung in der Sekundärspule, die auch als Induktionsspule bezeichnet wird. Die Induktionsspannung ist im Wesentlichen abhängig von den Windungszahlen der beiden Spulen. Ist die Windungszahl der Primärspule mit der Windungszahl der Sekundärspule gleich, dann ist kein Unterschied in der Spannung zu erkennen. An der Sekundärspule misst man die gleiche Höhe der Wechselspannung wie an der Feldspule, d. h. Primärspule. Wird aber das Verhältnis zwischen der Windungszahl der Sekundärspule verdoppelt, im Verhältnis zur Windungszahl der Primärspule, dann stellt man fest, dass die Spannung sich ebenfalls verdoppelt, wie folgendes Beispiel verdeutlicht:

Primärspule	500 Wdg
Sekundärspule	1000 Wdg

$$= \frac{3\,V}{6\,V} = \frac{\text{Primärspannung}}{\text{Sekundärspannung}}$$

Bei weiteren Versuchen kann man deshalb feststellen, dass das Spannungsverhältnis sich proportional zum Windungszahlenverhältnis der Spulen verhält:

U_1 = Primärspannung	I_1 = Primärstrom
U_2 = Sekundärspannung	I_2 = Sekundärstrom
N_1 = Windungen Primärspule	
N_2 = Windungen Sekundärspule	
ü = Übersetzungverhältnis	

$$\frac{U_2}{U_1} = \frac{N_2}{N_1} = ü$$

Das Verhältnis der Windungszahlen zueinander wird als Übersetzungsverhältnis ü bezeichnet. Möchte man beispielsweise für die Spielzeugeisenbahn eine Spannung von 24 V erzeugen, dann muss der Transformator folgendes Verhältnis zwischen Primär- und Sekundärwindungen aufweisen:

$$\frac{U_2}{U_1} = \frac{24\,V}{240\,V} = \frac{1}{10} = ü$$

Für die Erzeugung von Hochspannung ist das Verhältnis genau umgekehrt, wie im folgenden Beispiel verdeutlicht wird:

$$\frac{U_2}{U_1} = \frac{220.000\,V}{220\,V} = \frac{1000}{1} = ü$$

Transformatoren mit solchen Übersetzungsverhältnissen werden als Hochspannungstransformatoren bezeichnet. Hochspannungstransformatoren werden also eingesetzt, um von niedriger Spannung auf hohe Spannung zu transformieren. Muss die Hochspannung nach der Übertragung der elektrischen Energie über die Fernleitung wieder zurücktransformiert werden, dann benutzt man Hochstromtransformatoren. An dieser Transformatorenseite fließen hohe Ströme, die die vielen angeschlossenen Haushalte mit der erforderlichen Strommenge versorgen. Hochstromtransformatoren benutzt man beispielsweise auch für Induktionsschmelzöfen oder zum elektrischen Schweißen.

Beim idealen Transformator ist die Leistung der Primärspule gleich der Leistung der Sekundärspule:

$$P_1 = U_1 \cdot I_1 = U_2 \cdot I_2 = P_2$$

P_1 = Leistung Primärspule
P_2 = Leistung Sekundärspule

$$U_1 \cdot I_1 = U_2 \cdot I_2$$
$$\frac{I_1}{I_2} = \frac{U_2}{U_1}$$

Die Ströme verhalten sich also umgekehrt proportional zu der Spannung.

Beim realen Transformator (Trafo) treten elektrische Verluste auf. Bei kleinen Trafos können Verluste bis 10 % auftreten, und bei sehr großen Netztransformatoren liegen die Leistungsverluste bei ca. 0,5%, denn die Transformationsprozesse sollen möglichst wenig Energie in Form von Wärme abgeben. Selbst Verluste von 0,5% der übertragenen Energie erzeugen enorme Wärmemengen.

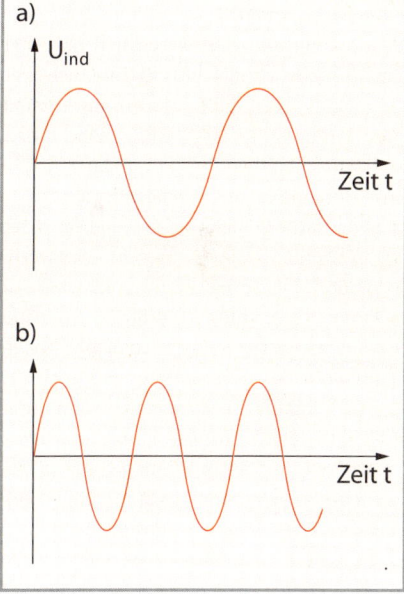

Abb. 5: Induzierte Wechselspannung

Zum Weiterlesen:

- Der Kondensator, S. 278
- Elektromotor und Generator, S. 286
- Elektrizitätserzeugung, S. 290

Elektrizitätserzeugung

Physik

Die elektrische Energie ist universell einsetzbar und steht dem Menschen überall zur Verfügung, wo es Steckdosen gibt. Da aber die elektrische Energie nicht nennenswert gespeichert werden kann, muss genau zu dem Augenblick, wo ein Kunde elektrische Energie benötigt, in einem Kraftwerk diese Energie erzeugt werden. Wird beispielsweise im Haushalt ein Staubsauger benutzt, dann wird zur selben Zeit diese Energie an anderer Stelle in einem Kraftwerk erzeugt und über Fernleitung zum Staubsauger transportiert. Die elektrische Energie in den Leitungen wird überwiegend über die Erzeugung von Wärme gewonnen. In Wärmekraftwerken werden Primärenergieträger wie Steinkohle, Braunkohle oder Kernenergie zum Antrieb von Generatoren genutzt. Diese Kraftwerke speisen ihre Energie in das Stromnetz, das flächendeckend ausgebreitet ist. Am Stromnetz sind die Abnehmer, d. h. Haushalte, Betriebe oder Industrien, wie auch die Stromproduzenten angeschlossen. Fällt im Verbundnetz ein Kraftwerk aus, dann ist die Stromversorgung trotzdem gesichert, da die anderen Kraftwerke die zusätzliche Last untereinander aufteilen können. Der Gesamtverbrauch der elektrischen Energie unterliegt einem bestimmten Tagesrhythmus. Am Tag ist der Energieverbrauch wesentlich höher als nachts, wobei es am Tage noch zusätzlich Spitzenzeiten mit sehr hohem Stromverbrauch gibt. Ein besonders hoher Energiebedarf besteht zwischen 8 und 12 Uhr und um 18 Uhr. Die Mehranforderung von elektrischer Energie bremst die Generatoren ab und verringert deren Drehzahl. Die Nachregelung der Turbinen durch Erhöhung des Dampfdrucks ist in Sekunden abgeschlossen. Würde man die Geschwindigkeit der Generatoren nicht erhöhen, dann würden die Generatoren mit der geringeren Drehzahl eine verringerte Spannung an das Netz liefern. Schwankungen von Netzspannung sind trotz alledem gelegentlich zu beobachten. Während der Spitzenlasten sind die Kraftwerke voll ausgelastet. Zur Unterstützung werden die Pumpspeicherkraftwerke dazugeschaltet, die nur zu diesen Stoßzeiten Strom in das Netz liefern. Pumpspeicherkraftwerke sind Wasserkraftwerke, die ihre Wasserturbinen zur Abdeckung der Spitzenlasten einsetzen. Zu den anderen Tageszeiten, wo der Stromverbrauch nicht so hoch ist, wird das Wasser wieder in den höher gelegenen See gepumpt. Das Pumpspeicherkraftwerk ist also eine Art Energiespeicher, in dem die elektrische Energie in Lageenergie gespeichert wird. Da diese Kraftwerke nur für wenige Stunden am Tag gebraucht werden, sind die Betriebskosten extrem hoch. Am deutschen Energienetz sind insgesamt 34 Kraftwerke für die öf-

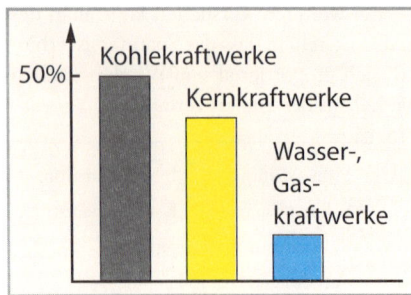

Abb. 1: Anteile am deutschen Energienetz

fentliche Versorgung zuständig, die ungefähr 86 % des Energiebedarfs abdecken. Der restliche Strom wird von Industrieanlagen (14%) und von Bundesbahnanlagen (2%) geliefert (Abb. 1). Die Hälfte der Energieversorgung wird mit Kohlekraftwerken abgedeckt. Kernkraftwerke decken ca. 40 % der Stromversorgung ab. Die restlichen 10 % werden durch gas- und wasserbetriebene Kraftwerke erzeugt.

Das Bereitstellen der elektrischen Energie besteht also zum großen Teil aus der Nutzung von fossilen Energieträgern. Durch den Verbrennungsprozess entstehen Abgase, die die Umwelt stark belasten. Allein an luftgetragenen Stoffen wurden im Jahre 1991 etwa 0,57 Mio. t (Millionen Tonnen) Stickoxide (NOx), rund 3,32 Mio. t Schwefeldioxide und ca. 0,65 Mio. t Kohlenmonoxide (CO) emittiert. Zusätzlich wurden etwa 1,4 Mio. t Staub und rund 381 Mio. t Kohlendioxid (CO_2) freigesetzt. In den letzten 10 Jahren wurden erhebliche Anstrengungen unternommen, um die Schadstoffemissionen mit Hilfe von Entstaubungs-, Rauchgasentschwefelungs- und Entstickungsanlagen zu reduzieren. Verordnungen wurden von der Regierung erlassen

wie beispielsweise die Großfeuerungsanlagenverordnung, um mittelfristig die immer noch sehr starke Luftverschmutzung der Kohlekraftwerke zu reduzieren. Im Gegensatz zu den Großfeuerungsanlagen sind die Kernreaktoren in der Stromproduktion relativ sauber. Als Nachteil der Kernenergie gilt die Gefahr für den Menschen und seine Umwelt, die von der nuklearen Strahlung ausgeht, denn radioaktive Strahlungen können bei entsprechender Dosis zu Veränderungen der Erbanlagen und Zellenschäden führen, die schwere Krankheiten wie Krebs oder sogar den Tod zur Folge haben. Aus diesem Grund muss die Kernspaltung zur Stromerzeugung von der Umwelt isoliert ablaufen, damit keine Strahlung oder strahlendes Material mit der Umwelt in Berührung kommt. Die Reaktorkatastrophe in Tschernobyl hat gezeigt, welche verheerenden Auswirkungen ein Reaktorunglück haben kann. In Frankreich beispielsweise wird über 90 % der elektrischen Energie durch Kernenergie erzeugt. Dort führt die Kernenergie zu weniger kontroversen Diskussionen in der Bevölkerung als in Deutschland.

Eine Alternative zu den Großfeuerungsanlagen und den Kernkraftwerken liefern die erneuerbaren (regenerativen) Energien. Zu den regenerativen Energien zählen die Solarenergie, Windenergie, Erdwärme, Wärme aus Biomasse und die Wasserkraft. Abgesehen von der Wasserkraft, tragen die erneuerbaren Energien in keiner relevanten Größenordnung zur Deckung der elektrischen Energie bei.

In Abbildung 2 ist schematisch die Funktionsweise eines kohlegefeuerten Wärmekraftwerks dargestellt. Im Kohlekraftwerk wird also die gebundene chemische Energie

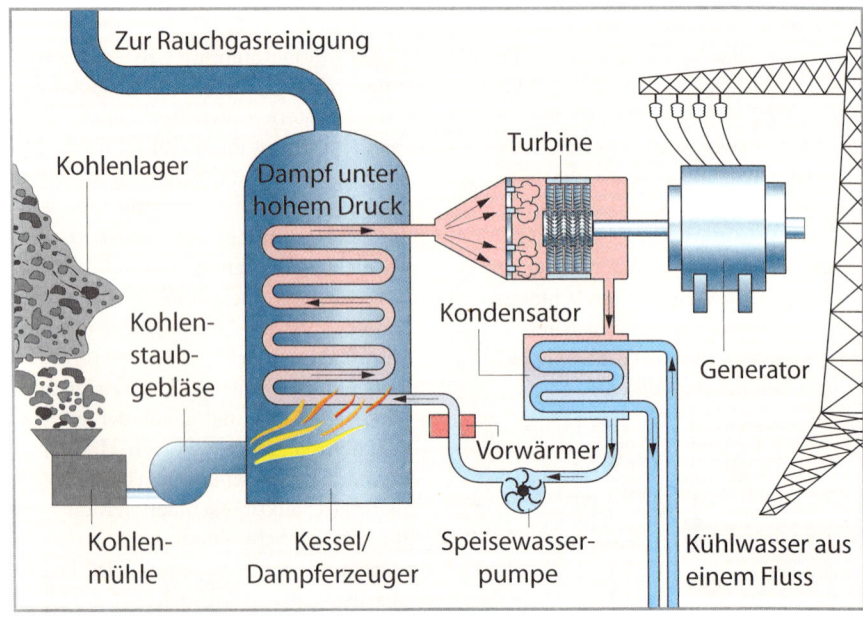

Abb. 2: Funktionsweise eines Kohlekraftwerkes

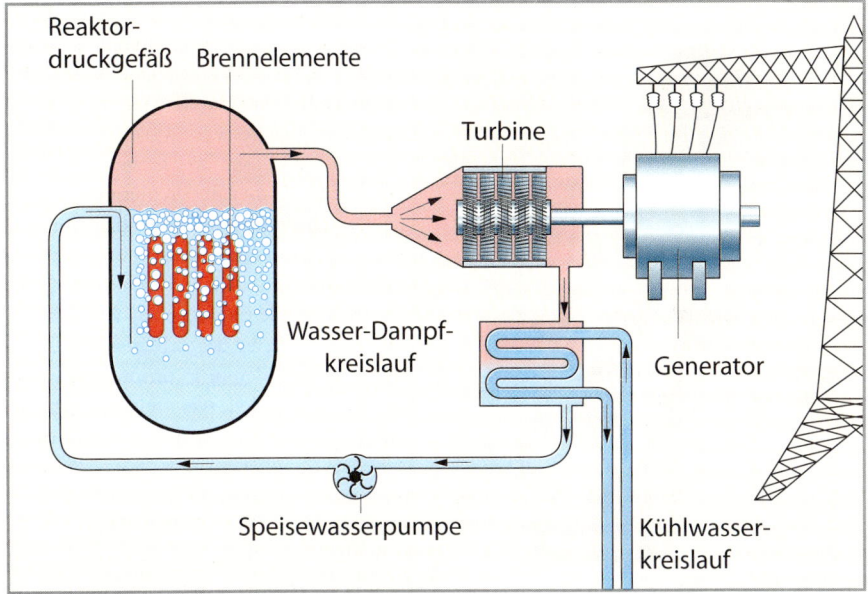

Abb. 3: Kernkraftwerk: Siedewasserreaktor

der Brennstoffe in Wärme umgewandelt, Wasser wird damit verdampft und treibt eine Turbine an. Die Achse der Turbine ist mit der Achse des Generators verbunden, so dass die Drehbewegung der Turbine in elektrische Energie umgewandelt wird. Die Abgase des Verbrennungsprozesses gelangen über Filteranlagen zum Schornstein nach draußen. Die Spannung der erzeugten elektrischen Energie wird mit einem Transformator (Trafo) in Hochspannung transformiert. Über Fernleitungen, die an Hochspannungsmasten befestigt sind, wird die Energie in die Haushalte, Betriebe oder Industrien transportiert.

Bei den Kernkraftwerken unterscheidet man zwischen dem Siedewasser- (Abb. 3) und

dem Druckwasserreaktor (Abb. 4). Der Hauptunterschied zwischen den beiden Reaktortypen ist, dass der Siedewasserreaktor prinzipiell nur aus einem Kühlkreislauf besteht. Im Vergleich dazu besteht der Druckwasserreaktor aus einem Primär- und Sekundärkreislauf. Im Primärkreislauf kühlt das Wasser die Brennstäbe und erwärmt sich dabei selbst. Über einen Wärmetauscher gelangt dann die Wärme aus diesem Kreislauf in den Sekundärkreislauf. Dort erzeugt die Wärmeenergie Dampf für die Turbine, die letztendlich den Generator antreibt. Die Wärmeenergie wird aus der Kernspaltung von hoch radioaktivem Uran gewonnen. Beim Siedewasserreaktor wird das Wasser direkt im Reaktordruckgefäß

zum Sieden gebracht. Der Siedewasserreaktor ist wegen seiner einfachen Bauweise in der Investition wesentlich preiswerter. Der Druckwasserreaktor hat aber einen höheren Wirkungsgrad.

Die Übertragung der elektrischen Energie erfolgt über Hochspannungsleitungen, da bei hoher Spannung die Energieverluste durch Leitungserwärmung begrenzt werden. Mit einem Versuch wird der Wärmeverlust von Leitungen mit hochohmigen Widerständen untersucht: Bei einer Spannung von 4 V „Generatorspannung" bleibt ein Lämpchen erloschen. Liegen die hochohmigen Leitungswiderstände an einer Hochspannung, dann reduzieren sich die Wärmeverluste und das Glühlämpchen leuchtet, da der Leistungsverlust an den Fernleitungen reduziert wurde. Der Leistungsverlust berechnet sich wie folgt:

$$U_L = I \cdot R_L \quad \text{in} \quad P = U \cdot I \text{ ergeht:}$$
$$P_L = I^2 \cdot R_L \qquad P_L = \text{Leistungsverlust}$$

Der Wärmeverlust ist also quadratisch abhängig von der Stromstärke, d. h., wird die Spannung um den Faktor 20 hochtransformiert, dann verringert sich gleichzeitig der Strom um den Faktor 20:

$$1\text{ W} = 1\text{ A} \cdot 1\text{ V oder}$$
$$1\text{ W} = \frac{1}{20}\text{ A} \cdot 20\text{ V}$$

Da die Leistung quadratisch vom Strom abhängt, bedeutet dies, dass die Verlustleistung durch die hochohmigen Zuleitung nur noch den 400sten Teil ausmacht:

$$P = I^2 \cdot R$$
$$P = \left(\frac{1}{20}\right)^2 \cdot P_L = \frac{1}{400} \cdot P_L$$

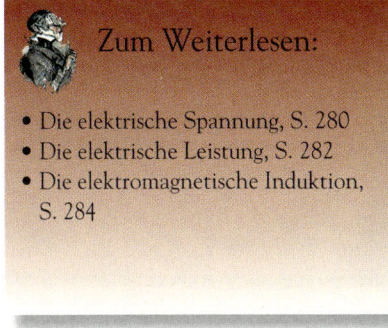

Zum Weiterlesen:

- Die elektrische Spannung, S. 280
- Die elektrische Leistung, S. 282
- Die elektromagnetische Induktion, S. 284

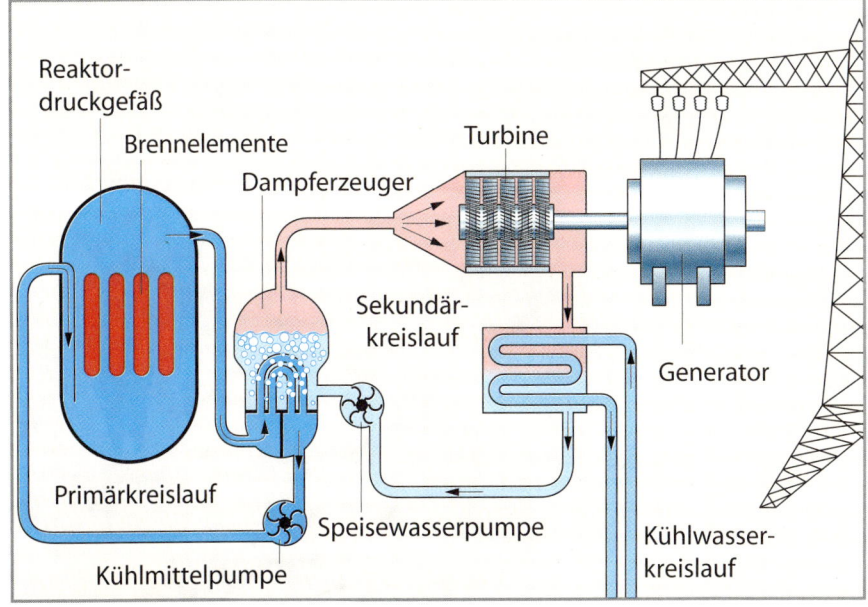

Abb. 4: Kernkraftwerk: Druckwasserreaktor

Der Schall

*D*üsenflugzeuge starten mit ohrenbetäubendem Lärm, längs viel befahrener Straßen werden Schallschutzwände gebaut, wenn diese Straßen an Wohngebieten vorbeiführen. Gesundheitliche Schäden wie Hörsturz und Tinnitus (Ohrsausen) werden von Medizinern im Zusammenhang mit zunehmendem Lärm im Alltag des Menschen genannt. Schall ist aber nicht nur Lärm, Schall ist auch Sprache und Musik. Schall kann Gefühle erzeugen – so können Lieder oder Musikstücke fröhlich oder auch traurig stimmen. Das Quietschen von Reifen kann Angstgefühle und Schrecken auslösen. Das Rauschen des Waldes und der Meeresbrandung empfinden die Menschen als erholsam und beruhigend, das Knistern des Feuers verbreitet Gemütlichkeit. Ein Arzt kann mit dem Stethoskop Atmungsgeräusche in der Lunge und den Bronchien hören. Mit der Sprache werden vielfältige Informationen ausgetauscht. Tagsüber und auch nachts wird Schall vom Ohr aufgenommen. Ist dieses Sinnesorgan nicht mehr funktionsfähig, müssen andere Verständigungsformen gefunden werden – von der stark eingeschränkten Empfindenswelt kann jeder Taube berichten.

Woher kommt dieser Schall, wie entsteht er zu so vielen Gelegenheiten und an so vielen Orten? Die Klärung dieser Frage ist eng verknüpft mit dem Verständnis eines Vorgangs, der in der Natur häufig vorkommt – einem Schwingungsvorgang.

Wie entsteht Schall – was ist eine Schwingung?

Mit den Fingerspitzen kann jeder die Entstehung von Schall, wie z. B. beim Sprechen oder beim Summen, seitlich am Kehlkopf ertasten – bei der Erzeugung eines tiefen Tones spürt man ein Zittern (Vibrieren) in den Fingerspitzen. Ein tiefes, lang gezogenes A eignet sich für diesen Versuch sehr gut. Die Stimmbänder im Kehlkopf werden von der

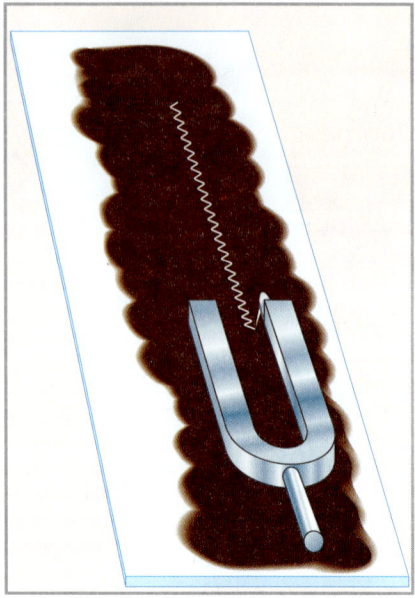

Abb. 2: Die schwingende Stimmgabel

ausströmenden Luft in Schwingungen versetzt, sie bewegen sich hin und her. Eine Tonerzeugung ist damit gleichzeitig verbunden.

Spannt man einen elastischen Streifen aus Federstahl in einen Schraubstock, zieht das freie Ende des Stahlstreifens in eine Richtung und lässt es dann los, so schwingt es schnell hin und her (Abb. 1). Gleichzeitig kann man einen Ton hören. Dies gelingt auch mit einem langen Lineal, welches man an einer Tischkante mit der einen Seite auf den Tisch drückt und an der freien Seite dann anzupft. Schallerreger können sehr verschieden aussehen, aber alle führen viele Schwingungen in jeder Sekunde aus.

Um nun zu klären, wodurch sich eine Schwingung auszeichnet und wie eine Schwingung sich von der anderen unterscheidet (denn durch Unterschiede bei den Schallerregern, also den Schwingern, wird ja unterschiedlicher Schall erzeugt), stellt man eine solche Schwingung zeichnerisch

in einem Diagramm dar. Dabei wendet man einen Trick an, der in Abbildung 2 deutlich wird: Eine mit einer Spitze versehene Stimmgabel, die durch Anschlagen in Schwingungen versetzt wurde, wird über eine berußte Glasplatte gezogen. Dadurch erkennt man nicht nur den räumlichen Verlauf der Schwingung (also die Hin- und Herbewegung), sondern kann auch feststellen, in welchem Zeitmaß dieser Vorgang abläuft. Wenn man eine Skala neben die Schwingungskurve legt, auf der steht, dass die Gabel z. B. in 1 Sekunde um 1 cm gezogen wurde, kann man abzählen, wie viele Schwingungen die Gabel in 1 Sekunde ausgeführt hat. Außerdem kann man mit dieser Methode feststellen, wie weit der Schwinger – hier der Stimmgabelast – ausschlägt. Die periodische, also die sich in einem gleich bleibendem, bestimmten Zeitmaß wiederholende Hin- und Herbewegung – die Schwingung – wird so sichtbar gemacht. Eine genauere Methode zur Untersuchung einer Schwingung, die sich auch zur Aufzeichnung von sehr schnellen Schwingungen eignet, zeigt der Versuch in Abbildung 3: Wird eine Stimmgabel angeschlagen und die entstehende Schwingung mit einem Mikrophon auf einem Oszilloskop sichtbar gemacht, so zeigt das Oszillogramm den Schwingungsverlauf in Abhängigkeit von der Zeit. Eine solche Darstellung wird auch Schwingungsdiagramm genannt. Die Stimmgabel in diesem Versuch führt 440 Schwingungen in einer Sekunde aus und erzeugt damit den Kammerton a'.

Welche Informationen kann man einem Schwingungsdiagramm entnehmen?

Die Abbildung 4 bietet eine übersichtliche Darstellung einer Schwingung im Diagramm. Die Weglänge von der Mittellage (Ruhelage) des Schwingers bis zum Umkehrpunkt heißt Amplitude, es ist die größtmögliche Auslenkung. Die Amplitude

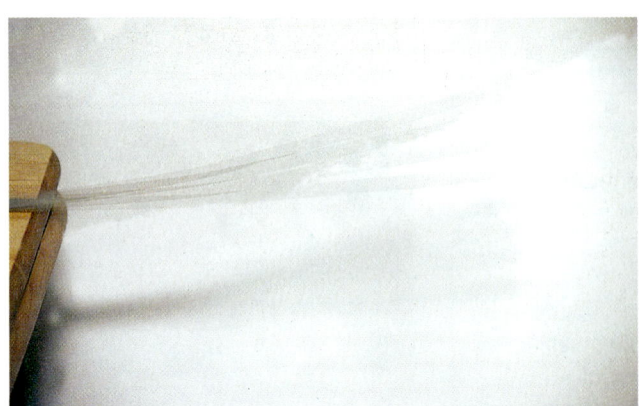

Abb. 1: Der schwingende Stahlstreifen

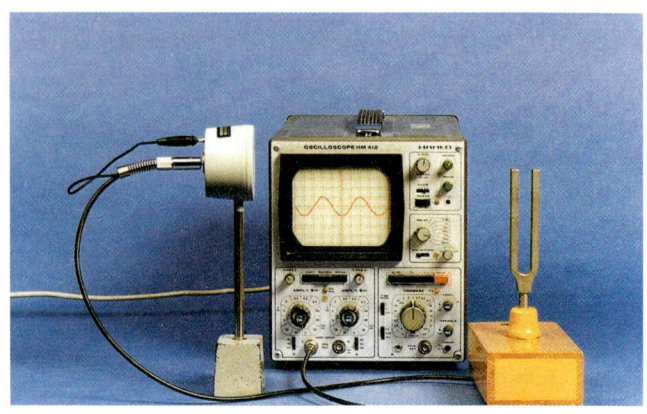

Abb. 3: Schwingungsaufzeichnung mit dem Oszilloskop

nimmt bei einer natürlichen Schwingung normalerweise wegen auftretender Energieverluste mit der Zeit etwas ab. Eine solche Schwingung heißt gedämpfte Schwingung. Die Zeit für eine vollständige Hin- und Herbewegung des Schwingers (für ein Periode) heißt Periodendauer T. Sie wird in Sekunden angegeben.

Die Zahl der Einzelschwingungen je Sekunde nennt man Frequenz f der Schwingung. Beträgt die Periodendauer z. B. T = 1 s/5, so werden 5 Schwingungen in einer Sekunde ausgeführt. Hierfür sagt man auch: Die Frequenz beträgt f = 5 Hz. Das Hz ist die Abkürzung für die Einheit Hertz, welche für die Frequenz üblicherweise gewählt wird.

Damit gelten also auch folgende Zusammenhänge zwischen der Periodendauer T und der Frequenz f:

Die Schwingung ist eine periodische hin- und hergehende Bewegung.
Die Amplitude ist die Strecke von der Mittellage (Ruhelage) bis zur größten Auslenkung, also dem Umkehrpunkt des Schwingers.
Die Periodendauer T ist die Zeit für einen vollständigen Hin- und Hergang des Schwingers. Die Einheit der Periodendauer ist die Sekunde. Die Frequenz f einer Schwingung gibt die Zahl der Perioden je Sekunde an. Die Einheit der Frequenz ist 1 Hz = 1/s.
Die Periodendauer T und die Frequenz f sind jeweils die Kehrwerte voneinander:

$$f = \frac{1}{T} \quad und \quad T = \frac{1}{f}$$

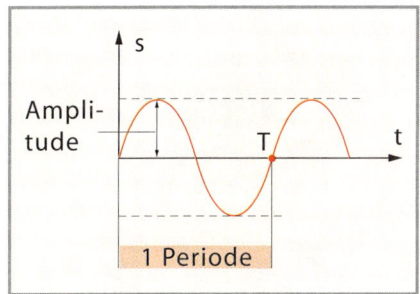

Abb. 4: Schwingungsdiagramm

Kann das Schwingungsdiagramm auch noch weitere Geheimnisse preisgeben?

Worin unterscheiden sich hohe von tiefen Tönen, laute von leisen Tönen? Eine Stimmgabel, welche mit 440 Hz (Kammerton a') schwingt, erzeugt einen für die Stimmgabel typischen Ton, welcher sich deutlich unterscheidet vom Ton a', der durch eine Blockflöte erzeugt wird. Wie wirkt sich so etwas im Schwingungsdiagramm aus? Schlägt man eine Stimmgabel fester an, so wird die Amplitude im Oszillogramm größer, bei Anschlägen mit geringer Stärke deutlich kleiner. Gleichzeitig wird dabei natürlich die Lautstärke größer bzw. kleiner. Nimmt man eine Stimmgabel für einen höheren Ton, also etwa eine für f = 528 Hz (c''), so rücken die einzelnen Schwingungskurven im Oszillogramm enger zusammen, die Periodendauer ist verkürzt, die Frequenz damit gestiegen (Abb. 5).

Schwingungsdiagramme geben auch die unterschiedlichen Schwingungsformen verschiedener Schallerreger wieder. Bei gleicher Periodendauer und damit Frequenz, also gleicher Tonhöhe, zeigen die aufgezeichneten Schwingungen von verschiedenen Instrumenten eine ganz unterschiedliche Form (Abb. 6); man spricht von der Klangfarbe. Geigen und Flöten zeigen z. B. bei gleicher Frequenz einen recht unterschiedlichen Schwingungsverlauf. Im Vergleich zum Stimmgabelton zeigen sich im Kurvenverlauf des Diagramms viele zusätzliche Mini-Schwingungen, die auf der eigentlichen Grundschwingung draufsitzen.

Man nennt diese zusätzlichen Schwingungen, die für jedes Instrument typisch sind, auch Obertöne. Geräusche, wie z. B. Klatschen oder ein Knall, haben häufig einen ganz unregelmäßigen Diagrammverlauf, aus dem man nur schwer eine bestimmte Periodendauer ablesen kann. Ein Logopäde (Sprachheilkundler) kann aus dem Schwingungsdiagramm von oszilloskopierten Lauten sogar Sprachfehler exakt erkennen und diese therapieren, bis die Diagramme etwa wieder genormten Vorgaben entsprechen.

Im Schwingungsdiagramm spiegelt eine unterschiedliche Amplitude die unterschiedliche Lautstärke eines Tons wider:
lauter: größere Amplitude
leiser: kleinere Amplitude

Die Tonhöhe zeigt sich in einer verschiedenen Periodendauer:
hoher Ton: kleine Periodendauer
tiefer Ton: große Periodendauer

Instrumente erzeugen Obertöne. Die so genannte Klangfarbe zeigt sich in unterschiedlichen Schwingungsformen im Diagramm:

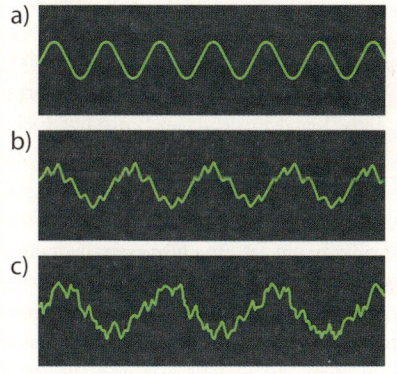

Abb. 6: Verschiedene Schwingungsformen (in Ausschnitten)

Zum Weiterlesen:

- Schall und Resonanz, S. 294
- Die Schallausbreitung, S. 296

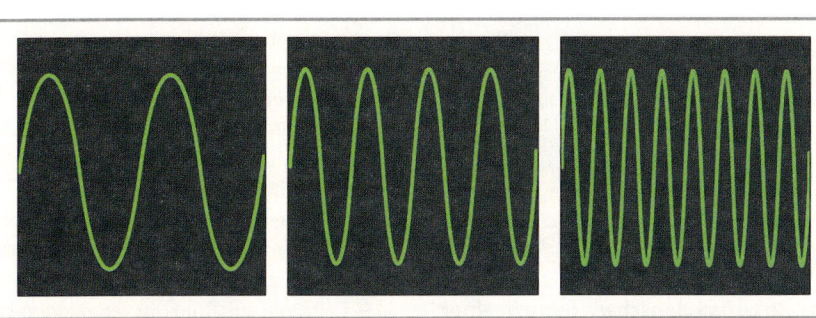

Abb. 5: Tiefe und hohe Töne

Schall und Resonanz

Schaut man sich die Saiten einer Gitarre an, so bemerkt man verschiedene Dicken für die einzelnen Saiten. Beim Wechsel von Saiten muss man genau beachten, welche neue Saite man aufzieht: dünnere für die hohen, dickere für die tiefen Töne. Die dicken Saiten haben mehr Masse und sind damit träger. Deshalb schwingen sie langsamer; die Periodendauer ist relativ groß und die Frequenz damit klein – ein tiefer Ton entsteht bei der Saitenschwingung. Violinen haben zwar weniger Saiten, jedoch sind diese deutlich unterschiedlich dick. Die Saiten im Klavier für die tiefen Töne sind sogar dick und eng mit einem Draht umwickelt, um sie noch träger zu machen (Abb. 1). So erreicht man ebenso wie beim Kontrabass sehr tiefe Töne. Beim Stimmen solcher Saiteninstrumente verändert man durch Drehen am Wirbel die Spannung der Saiten und dadurch die Tonhöhe, beim Spielen von Violinen, Gitarren und anderen Saiteninstrumenten verkürzt man durch Abgreifen die Länge der Saite. So erzeugt man den gewünschten Ton, was bei Violinen aber viel Übung erfordert, da keine Stege zum Abgreifen vorgegeben sind. Kürzere Saiten erzeugen höhere Töne ebenso wie stärkere Spannung bei gleicher Dicke. Das Material der Saite hat einen großen Einfluss auf die Klangfarbe des Instrumentes; Metallsaiten erzeugen eher einen harten und klaren Klang, so wie man es vom Banjo her kennt.

> Für die Tonhöhe bei Saiteninstrumenten ist die Dicke, die Länge und die Spannung der Saite verantwortlich. Das Material der Saite hat Einfluss auf die Klangfarbe.

Weshalb erzeugt eine bestimmte schwingende Saite immer den gleichen Ton?

Eine Saite, die man an den beiden Enden einspannt und dann anzupft, schwingt immer auf die gleiche Art und Weise: sie führt die so genannte Eigenschwingung aus und erzeugt dabei den Grundton. Legt man in ungefähr gleichen Abständen kleine Papierreiter auf die Saite und zupft sie leicht an, beobachtet man, dass die Papierreiter in der Mitte der Saite am heftigsten schwingen und sogar von der Saite heruntergeschleudert werden können. Je näher die Papierreiter an den Enden liegen, desto ruhiger verhalten sie sich. Die schwingende Saite hat in der Mitte einen Schwingungsbauch (Ort der größten Amplitude), an den Enden hat sie jeweils einen Schwingungsknoten mit dem Amplitudenwert null. Interessant ist in diesem Zu-

Abb. 1: Auch die drei tiefen Saiten einer Gitarre werden umwickelt

sammenhang noch die Tatsache, dass die Saite bei halbierter Länge mit der doppelten Frequenz schwingt.

Auch andere schwingungsfähige Körper und damit Tonerzeuger schwingen bei Anregung immer mit gleicher, typischer Frequenz – der Eigenfrequenz. Dies gilt immer dann, wenn das schwingungsfähige System nach einer einmaligen Anregung keine weitere Einflussnahme erfährt. So erzeugt die Glocke einen bestimmten Ton, für ein Glockenspiel braucht man so viele Glocken, wie für die Melodie verschiedene Töne nötig sind. Beim Xylophon gibt es für jeden Ton ein Plättchen, bei der Zitter eine eigene Saite. Ein Weinglas oder andere Hohlkörper aus hartem Material erzeugen einen bestimmten Ton. Bläst man eine Pfeife an, so versetzt man die Luftsäule in der Pfeife in Schwingungen und erzeugt so

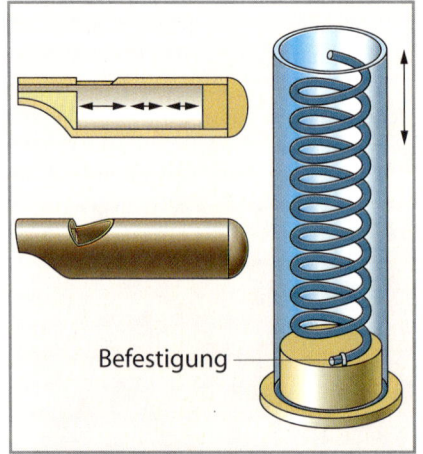

Abb. 2: Luftsäulenschwingung in einer Pfeife/Federmodell

einen Ton. Als mechanisches Modell zeigt die Abbildung 2 eine eingespannte Spiralfeder, die bei unveränderter Länge ja auch immer mit der gleichen Frequenz schwingt. Nur wenn man die Länge der schwingenden Luftsäule wie bei einer Blockflöte durch Öffnen oder Schließen eines Loches verändert, variiert die Tonhöhe. Bei vielen Blasinstrumenten geschieht dies auch durch bewegliche Klappen (Saxophon).

Ein schwingungsfähiges System wird mit verschiedenen Frequenzen angeregt – wann tritt Resonanz ein?

Spannt man eine Saite zwischen zwei Enden ein und regt ein Ende durch einen Exzentermotor zu Schwingungen an, so schwingt die Saite nur bei ihrer Eigenfrequenz in der oben beschriebenen Art und Weise. Erhöht man die Anregungsfrequenz auf das Doppelte, entsteht in der Mitte ein Knoten und rechts und links davon ein Bauch. Bei dreifacher Anregungsfrequenz gibt es drei Bäuche, bei vierfacher vier usw. (Abb. 3). Die Saite lässt sich also zu weiteren Schwingungsformen mit verschiedenen Frequenzen anregen. Dies sind die Oberschwingungen, die die Obertöne erzeu-

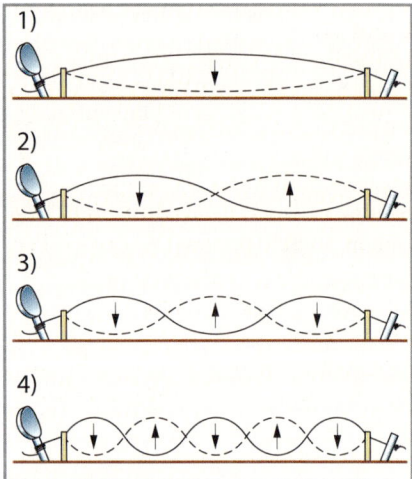

Abb. 3: Schwingungsformen einer Saite bei verschiedenen Anregungsfrequenzen

gen und die Klangfarbe eines Saiteninstrumentes mitbestimmen.

Stellt man einen kleinen Lautsprecher vor ein längeres Hohlrohr und ein Mikrophon, welches an ein Oszilloskop angeschlossen ist, an die andere Seite des Rohres, so erzeugt die im Rohr vom Lautsprecher in Schwingung versetzte Luftsäule im Mikrophon ein Schwingungssignal, welches im Oszillogramm sichtbar wird. Verändert man die Lautsprecherfrequenz, so schwingt offensichtlich auch die Luftsäule im Rohr in veränderter Frequenz, was an den veränderten Abständen der

Abb. 4: Resonanz bei zwei Stimmgabeln

Abb. 5: Weingläser sind für Resonanzversuche gut geeignet

Schwingungskurven im Oszillogramm sichtbar wird. Die Luftsäule führt erzwungene Schwingungen aus. Bei einer bestimmten Frequenz wird die Amplitude auf dem Oszillogramm jedoch besonders groß – man kann dies auch an einer Lautstärkeerhöhung hören. Die Luftsäule wird im Rhythmus ihrer Eigenfrequenz angeregt – es tritt Resonanz ein, die Schwingung ist besonders heftig. Eine Luftsäule kann mehrere solcher Resonanzfrequenzen haben – man spricht wieder von Oberschwingungen.

Für den in Abbildung 4 dargestellten Versuch bringt das Resonanzphänomen die Erklärung: Stellt man zwei gleiche Stimmgabeln nahe beieinander auf und schlägt die erste an, so versetzt die Luftschwingung die zweite Stimmgabel in Bewegung, sie führt Schwingungen mit gleicher Frequenz wie Gabel eins aus. Die Luftschwingung der zweiten Stimmgabel bringt den kleinen Spiegel an der langen Stahlfeder zum Schwingen, der leichte Schwingungsausschlag wird durch die veränderte Laserreflexion an der Wand sichtbar gemacht. Dieses empfindliche Experiment funktioniert nur dann, wenn die Stimmgabeln genau baugleich sind, sie also die gleiche Eigenfrequenz besitzen. Nur dann kann die schwingende Luft die Stimmgabel 2 so stark anregen, dass sie mitschwingt – der Resonanzfall. Auch mit einem dünnwandigen Weinglas kann man einen Resonanzversuch durchführen (Abb. 5): Fährt man mit einem feuchten Finger im richtigen Tempo und dem passenden Druck über den Glasrand, so werden die Glasmoleküle durch

die Reibung immer ein Stückchen mitgerissen und schwingen dann wieder zurück – schließlich fällt das Glas im Resonanzfall in den Zustand der Eigenschwingung und gibt einen hohen, klaren Ton ab.

> Schwingungsfähige Systeme schwingen bei einmaliger Anregung immer in ihrer Eigenfrequenz, der Grundschwingung. Bei dauernder Anregung entstehen, z. B. bei schwingenden Saiten, bei bestimmten Frequenzen weitere Schwingungsformen, die Oberschwingungen. Einige schwingungsfähige Systeme folgen den Anregungsfrequenzen über große Bandbreiten, fallen bei der Erreichung ihrer Eigenfrequenz jedoch in eine besonders heftige Schwingung. Dies wird Resonanz genannt.

Automatische Schwingungsverstärkung – ist Resonanz immer erwünscht?

Die Stimmgabeln in Abbildung 4 stecken auf einem Hohlkörper aus Holz. Dieser ist so di-

mensioniert, dass er durch Resonanz die Luftschwingung verstärkt. Ohne ihn könnte man den Ton der Stimmgabel kaum hören. Eine Verstärkung der Lautstärke durch Resonanz ist hier also gewünscht. Schwingungsverstärkung durch Mitschwingen anderer Stoffe in Resonanz kann aber auch sehr lästig sein, wie folgendes Beispiel zeigt: Kauft man eine sehr billige Lautsprecherbox, kann es passieren, dass die Musik bei bestimmten Lautsprecherfrequenzen (also Tonhöhen) plötzlich unnatürlich laut wird oder schlecht klingende Zusatzgeräusche auftreten. Wie ist das möglich? Nun, bestimmte Bauteile wie Holzwände oder Metallfassungen der Lautsprechermembranen schwingen unerwünscht mit, im Resonanzfall zeigt sich dies in störenden Nebengeräuschen.

Instrumentenbauer machen sich die Resonanz allerdings zunutze. Durch einen Resonanzkörper, der aber möglichst alle Töne gleichmäßig verstärkt, erhält das Instrument seine Klangfülle. Dies kann durch einen Holzhohlkörper wie bei Violinen (Abb. 6) oder Gitarren geschehen oder durch den Deckel und den Boden bei einem großen Konzertflügel (Resonanzböden). Hierin besteht die Kunst des Instrumentenbauers – er muss alle schwingungsfähigen Bauteile wie Böden, Griffbrett und die eingeschlossene Luft so aufeinander abstimmen, dass der gewünschte und typische Klang kräftig entsteht.

Abb. 6: Resonanzkörper zur Schwingungsverstärkung

Zum Weiterlesen:

• Der Schall, S. 292
• Die Schallausbreitung, S. 296

Die Schallausbreitung

Wer schon einmal den „Gesang" der Wale auf einer CD oder in einem Fernsehbericht gehört hat, wundert sich über die Schönheit und den Variationsreichtum der Laute, die die Wale zur Verständigung ausstoßen, aber auch darüber, dass diese „Gesänge" über riesige Entfernungen hinweg im Wasser von den Tieren untereinander wahrgenommen werden können (Abb. 1). Besonders hohe Töne, die die Wale ausstoßen, können vom Menschen jedoch nicht gehört werden (Ultraschall), gelangen wahrscheinlich über Tausende Kilometer von Wal zu Wal. Auch Fledermäuse nutzen zur Orientierung und Beutejagd Ultraschall. Schall kann sich aber nicht nur in Wasser und in Luft ausbreiten, sondern auch in anderen Flüssigkeiten und Gasen sowie in Festkörpern. Klopft man mit einem kleinen Metallgegenstand auf ein Heizungsrohr im Haus, so kann man dieses Klopfen im ganzen Haus an allen Rohren und Heizungen gut hören. In früheren Zeiten sollen sich so Gefängnisinsassen von Zelle zu Zelle verständigt haben. Verschüttete Bergarbeiter konnten Lebenszeichen in Form von Klopfgeräuschen übersenden und so geortet und gerettet werden. Legt man dagegen eine elektrische Klingel unter eine Glasglocke und vermeidet durch einen untergelegten Schwamm Kontakt zu Wand und Boden, so hört man das Klingeln immer weniger, wenn die Luft aus der Glasglocke evakuiert wird, bis schließlich – bei Annäherung an das Vakuum – nichts mehr zu hören ist (Abb. 2). Im Vakuum breitet sich Schall nicht aus. Eigentlich dürfte man deshalb in Science-Fiction-Filmen oder bei Computerspielen während großer Weltraumgefechte gar keine Geräusche hören. Weshalb kann man im Weltall nichts hören, wie breitet sich Schall überhaupt aus?

Abb. 1: Wale verständigen sich über große Entfernungen

Wie kann man sich die Schallausbreitung erklären?

Schlägt man auf ein Tamburin, so wird ein leichtes Kügelchen, welches vor einem in kurzer Entfernung aufgestellten zweiten Tamburin hängt, von dessen Membran weggeschleudert (Abb. 3). Die Luft hat den Schlag weitergegeben, sie dient hier als Trägermedium für eine Schallwelle. Was passiert nun genau bei der Ausbreitung einer solchen Welle in der Luft? Wie kann man sich den Ausbreitungsvorgang, den man ja nicht sehen kann, vorstellen?

Eine Schallquelle, die in Luft schwingt, setzt die Teilchen der Luft in ihrer unmittelbaren Umgebung durch die Schwingungsbewegung ebenfalls in Bewegung, sie werden quasi angestoßen, so dass eine Ver-

dichtung von Teilchen vor der Quelle entsteht. Diese Verdichtung wandert von der Quelle durch die Luft weg, weil ja die ersten Teilchen die nächsten in Bewegung setzen usw. Eine Luftverdünnung folgt der Verdichtung, da hinter dieser Teilchen fehlen. Diese Folge von Verdichtungen und Verdünnungen stellt Druckschwankungen dar und wandert durch die Luft, die man als Trägermedium für diese Welle – die Schallwelle – bezeichnet. Alle Luftteilchen, die von der sich ausbreitenden Welle mitgerissen werden, führen dieselbe Schwingung aus, allerdings zeitversetzt, wobei die entfernteren Teilchen natürlich später zu schwingen beginnen. Man sagt auch, im Medium Luft breitet sich eine Störung aus in Form von Druckschwankungen – das versteht man gerade unter der Schallwelle. Dies kann man sich so vorstellen wie die Dichteschwankungen einer Spiralfeder, die leicht gespannt auf dem Boden liegt und dann an einem Ende in Längsrichtung der Feder angezupft wird. Die Folge von Verdichtungen und Verdünnungen wandert dann mit einer bestimmten Ausbreitungsgeschwindigkeit durch die Feder. Nun ist auch klar, warum

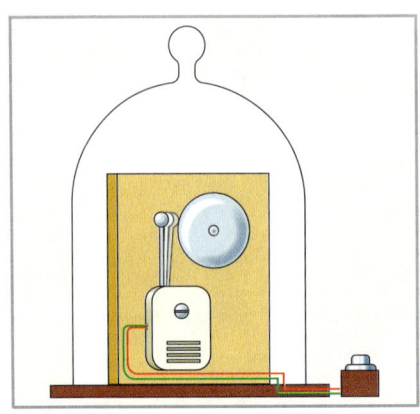

Abb. 2: Kein Klingelgeräusch ohne Luft

man im All nichts hören kann: Wegen der fehlenden Luft kann auch keine Schallwelle entstehen!

> Schall breitet sich in festen, flüssigen und gasförmigen Körpern aus. Die Schwingung einer Schallquelle erzeugt dabei in diesen Medien eine Schallwelle. Die Teilchen in dem Stoff, in dem sich die Welle als Folge von Druckschwankungen ausbreitet, erfasst zuerst die Teilchen in der Nähe der Schallquelle, die dieselbe Schwingung ausführen wie alle später erfassten Teilchen auch. Im Vakuum kann sich keine Schallwelle ausbreiten.

Wie lange braucht der Donner vom Blitz zum Beobachter?

Ein Blitz heizt die Luft in seiner unmittelbaren Umgebung sehr stark auf. Dadurch entsteht um den Blitz herum eine Druckwelle, denn die heiße Luft beansprucht mehr Volumen als zu dem Zeitpunkt, an dem sie noch Normaltemperatur hatte. Diese Druckwelle wandert als Schallwelle vom Blitz weg. Nach welcher Zeit erreicht diese den Beobachter, der sie als Donner wahrnimmt? Um die Frage zu beantworten, muss man die Schallgeschwindigkeit in Luft kennen.

Mit dem Versuchsaufbau in Abbildung 4 kann man die Schallgeschwindigkeit messen: Schlägt man die beiden Bretter zusammen, so startet das Mikrophon, das vom Schall eher erreicht wird, die Uhr. Erreicht der Schall nach einer Laufstrecke von s = 1 m das zweite Mikrophon, so stoppt dieses die Uhr, was hier nach 3 Millisekunden passiert. Mit der Formel für die Geschwindigkeit

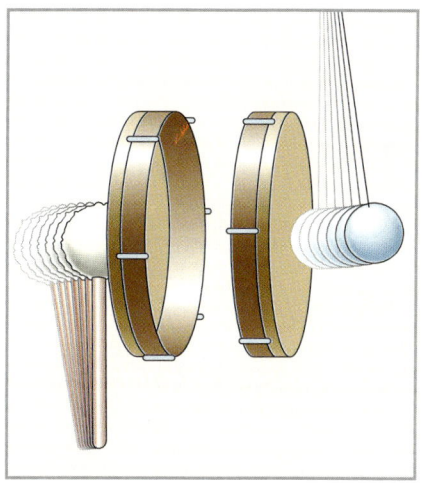

Abb. 3: Luft als Schlagvermittler

Schallausbreitung in anderen Stoffen – genauso schnell?

Die Geschwindigkeit der Schallausbreitung ist in anderen Stoffen als Luft sehr unterschiedlich. Sie hängt davon ab, wie schnell die Störung weitergegeben werden kann, wie groß also der zeitliche Abstand der Schwingungsausführung der einzelnen schwingenden Teilchen in Richtung der Ausbreitung der Welle ist. Dies hängt vom Aufbau der Stoffe ab. In festen Stoffen, in denen die Atome untereinander sehr fest gekoppelt sind, breitet sich die Schallwelle viel schneller als in Luft aus. Dies gilt besonders für Metalle. Genaue Angaben findet man in nebenstehender Tabelle (Abb. 5).

Schallausbreitung ist nicht immer erwünscht – was tun?

Schall wird in der heutigen Gesellschaft mit ihrem hohen Verkehrsaufkommen zu Lande und in der Luft und der teilweise dichten Besiedlung oft als störend empfunden: Fluglärm, Straßenlärm, Baulärm oder auch der Rasenmäher des Nachbarn, die aufgedrehte Stereoanlage oder das Straßenfest zu später Stunde – Klagen wegen zu viel Lärm beschäftigen die Gerichte immer häufiger. Das Empfinden von Schall als Lärm hängt aber auch vom persönlichen Empfinden jedes einzelnen Menschen ab – der Schlafsuchende fühlt sich schon vom Ticken des Weckers oder dem berühmten tropfenden Wasserhahn gestört. So wird Schall zum Lärm, wenn er als störend empfunden wird und wenn er Gesundheitsschäden verursacht. Die Teilnahme an einem Rock-Konzert oder extrem laute Musik aus dem Kopfhörer können den Schallpegel bis zur Schmerzgrenze anwachsen lassen. Ein zerstörtes Innenohr kann die Folge sein. Den besten Schutz gegen Lärm bietet die Lärmvermeidung – ist diese nicht möglich, so müssen Lärmschutzmaßnahmen ergriffen werden. Maßnahmen wie Schallschutzwände, Schalldämpfer oder Schallisolatoren helfen hierbei. Wenn man die Ober-

Stoff	Schallgeschwindigkeit Meter / Sekunde
Kautschuk	35
Holz	5500
Eisen	5800
Alkohol	1200
Süßwasser	1450
Salzwasser	1530
Sauerstoff	321
Luft	340
Stickstoff	345
Wasserstoff	1350

Abb. 5: Schallgeschwindigkeiten in verschiedenen Stoffen

flächen schallreflektierender Wände durch unregelmäßige Vertiefungen und Erhöhungen unterbricht, wird der Schall diffus in verschiedene Richtungen zurückgeworfen – die Energie des Schalls verteilt sich auf einen größeren Raum und wird somit weniger wirksam.

In Häusern kann man durch den Einbau schlechter Schallleiter die Weitergabe von Schall reduzieren: Wasserrohre aus Metall im Mauerwerk kann man mit Steinwolle oder Schaumstoff umwickeln, eine Trittschalldämmung durch Teppich oder auf Schaumstoff schwimmend verlegter Estrich vermindern die Schallübertragung durch Decken. In Bauverordnungen finden sich heutzutage viele Vorschriften zur Lärmvermeidung, die häufig gleichzeitig gegen Wärmeverluste wirksam sind.

---

v kann man die Schallgeschwindigkeit errechnen:

$$v = \frac{s}{t} = \frac{1\ \text{m}}{3\ \text{ms}}$$

$$= \frac{1000\ \text{m}}{3\ \text{s}} = 333\ \frac{\text{m}}{\text{s}}$$

Der Schall hat also eine Geschwindigkeit von ungefähr 333 m/s. Dieser Wert gilt bei normalem Luftdruck und einer Temperatur von 20° C. In Luft legt der Schall also in 3 Sekunden etwa eine Strecke von 1000 m (1 km) zurück.

Nun kann man überlegen, wie weit der Blitz entfernt war: Zählt man z.B. 6 Sekunden vom Blitz bis zum Donner, so hat der Schall in dieser Zeit eine Strecke von 2000 Metern zurückgelegt:

> Die Schallgeschwindigkeit in Luft beträgt ca. 330 m/s.
> In 3 Sekunden legt der Schall in Luft etwa einen Kilometer zurück.

> Schall kann als störend empfunden werden und zu Gesundheitsschäden führen – dann wird Schall zu Lärm. Ist Schallvermeidung nicht möglich, müssen Lärmschutzmaßnahmen getroffen werden. Der Gesetzgeber hat hierfür zahlreiche Schutzverordnungen erlassen.

Zum Weiterlesen:

- Der Schall, S. 292
- Schall und Resonanz, S. 294

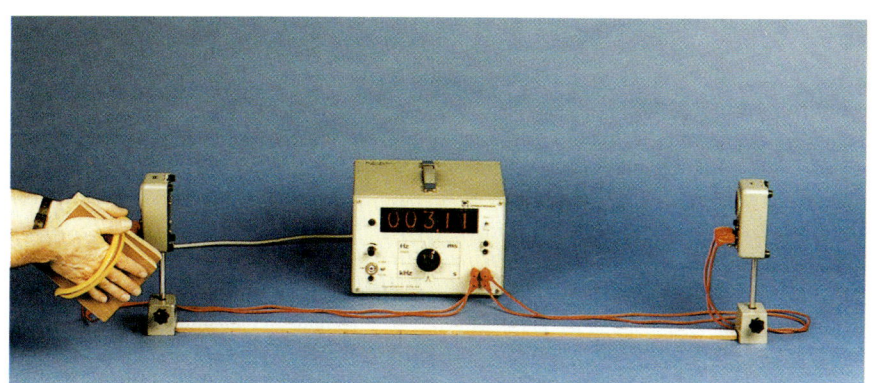

Abb. 4: Bestimmung der Schallgeschwindigkeit

Der Aufbau der Materie II

Kurz vor der Jahrhundertwende (1900) zeigten Heinrich Hertz, Philipp Lenard und später Ernest Rutherford, dass Atome und Moleküle nicht kompakt aufgebaut sind, sondern überwiegend aus leerem Raum bestehen, vergleichbar mit dem Weltall. In ihren Experimenten beobachteten die Forscher, dass beschleunigte Elektronen ungehindert durch 5 µm dicke Aluminiumfolie hindurchfliegen können. Dieses Ergebnis setzte die damalige Fachwelt in Erstaunen, denn die Aluminiumfolie setzt den schnellen Elektronen immerhin 104 Atomschichten in dichter Packung übereinander angeordnet entgegen. Aus diesen Beobachtungen schloss man, dass das Atom nur sehr wenig Substanz enthält, an der sich die Elektronen stoßen können, so dass prinzipiell die beschleunigten Elektronen durch die Atome ungehindert hindurchfliegen können. Mit diesem Ergebnis kam man zum Schluss, dass die Substanz des Atoms nur aus dem Atomkern und den Elektronen in der Elektronenhülle besteht. Um sich die Größenordnungen und die Massenverteilung im Atom vorstellen zu können, hätte beispielsweise

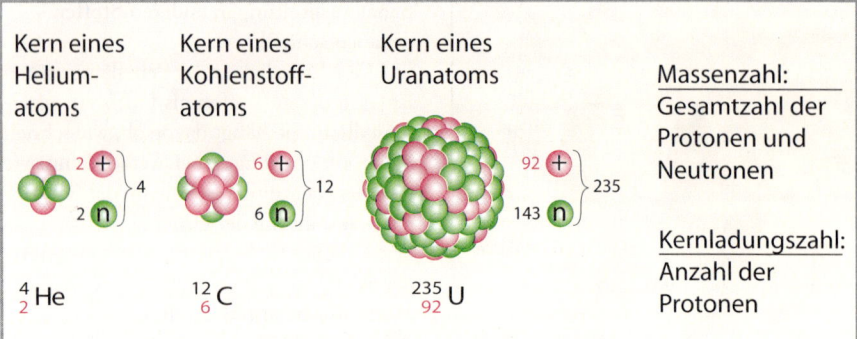

Abb. 2: Aufbau der Atomkerne im Modell: Rot: Kernladungszahl Z (Ordnungszahl), schwarz: Massenzahl A

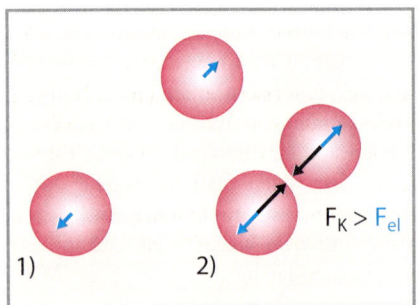

Abb. 1: Bei geringen Entfernungen wirken die Kernkräfte. Bei größeren Entfernungen wirken zwischen den Protonen abstoßende elektrische Kräfte

ein Atomkern der Größe von einer Erbse eine Atomhülle mit den Ausmaßen des Eiffelturms. Der Zwischenraum zwischen dem Atomkern und den Elektronen ist leer. In der Realität hat die Atomhülle den Durchmesser von 10^{-7} mm (0,0000001 mm), und der Atomkern hat dabei nur einen Durchmesser von 10^{-12} mm (0,000000000001 mm). Der Atomkern besteht aus positiv geladenen Protonen und den elektrisch neutralen Neutronen. Der Atomkern wird auch als Nuklid und die Atomkernbestandteile wie Protonen und Neutronen werden als Nukleonen bezeichnet. Die Masse eines Protons und eines Neutrons ist etwa 2000-mal größer als die Masse des Elektrons, d. h., dass prinzipiell die gesamte Masse des Atoms im Atomkern konzentriert ist. Obgleich die Masse des Pro-

tons wesentlich größer ist als die des Elektrons, haben beide gleich große Ladungen ($e = 1,6 \cdot 10^{-19}$ C), allerdings mit umgekehrten Vorzeichen, d. h., die Elektronen sind negativ und die Protonen positiv geladen. Da gleichnamige Ladungen sich abstoßen, müssten eigentlich die Protonen im Atomkern durch die abstoßenden elektrischen Kräfte auseinander fliegen. Dieses Bestreben der geladenen Protonen wird mit extrem hohen Kernkräften verhindert, so dass der Kern dicht gepackt zusammengehalten wird (Abb. 1). Die Kernkräfte sind allerdings nur in einem ganz engen Bereich wirksam. Wird dieser Bereich überschritten, dann wirken die abstoßenden elektrischen Kräfte, und der Kern fliegt auseinander.

In der Atomhülle befinden sich die negativ geladenen Elektronen. Aufgrund der elektrisch unterschiedlichen Ladung müssten Elektronen vom Atomkern angezogen werden. Auch hier wirken besondere Kräfte, damit der positiv geladene Atomkern nicht mit den negativ geladenen Elektronen zusammenfällt.

Um Elektronen aus der Atomhülle zu lösen, wird eine bestimmte Energie benötigt. Diese Energiewerte sind nicht kontinuierlicher Natur, sondern stufenartig angeordnet. Das bohrsche Atommodell weist den einzelnen Elektronen ganz bestimmte Bahnen bzw. Schalen in der Atomhülle zu. Die Elektronen mit der größten Energie sind am weitesten vom Atomkern entfernt, d. h., in der bohrschen Modellvorstellung besetzen sie die äußere Schale der Atomhülle. Je geringer die Energie der Elektronen ist, desto näher rücken sie in den vorgegebenen Schalen an das Atom heran. Die Atome sind so aufgebaut, dass prinzipiell zuerst die am dichtesten gelegene Schale mit Elektronen aufgefüllt wird. Die Schalen um den Atomkern werden von innen nach außen mit K-, L-, M-, N-, O-, P-, Q-Schale oder mit der Hauptquantenzahl n = 1, 2, 3, 4 ... bezeichnet. In

jeder Schale mit der Hauptquantenzahl n können nach dieser Modellvorstellung nur $2n^2$ Elektronen untergebracht werden. Für die Schale k mit der Hauptquantenzahl n=1 ergibt sich beispielsweise die Zahl 2. Für die einzelnen Schalen erhält man somit:

K-Schale: 2 Plätze für Elektronen
L-Schale: 8 Plätze für Elektronen
M-Schale: 18 Plätze für Elektronen
N-Schale: 32 Plätze für Elektronen
etc.

In einem Atom stimmt die Anzahl der Elektronen mit der Anzahl der Protonen überein, so dass das Atom nach außen hin elektrisch neutral erscheint. Die Anzahl der Protonen im Atomkern wird auch als Kernladungszahl Z bezeichnet. Die Summe aller Nukleonen eines Atomkerns (Nuklid), d. h. die Gesamtheit von Protonen und Neutronen bezeichnet man als Massenzahl A. Mit der Massenzahl A und der Kernladungszahl Z lassen sich die Atomkerne eines jeden Atoms bestimmen (Abb. 2). Aus der Massenzahl und der Kernladungszahl berechnet sich die Neutronenzahl:

Neutronenzahl N =
Massenzahl A – Kernladungszahl Z

Das Periodensystem ist nach den Kernladungszahlen der Elemente organisiert (Abb. 3). Die Kernladungszahl wird auch als Ordnungszahl bezeichnet, denn sie gibt an, welche Stelle das Element im Periodensystem einnimmt. Das erste Element im Periodensystem nimmt der Wasserstoff ein mit der Kern- bzw. Ordnungszahl 1. Das Wasserstoffatom hat somit ein Proton. Da Wasserstoff nach außen hin neutral ist, befindet sich in der Atomhülle ein Elektron. An zweiter

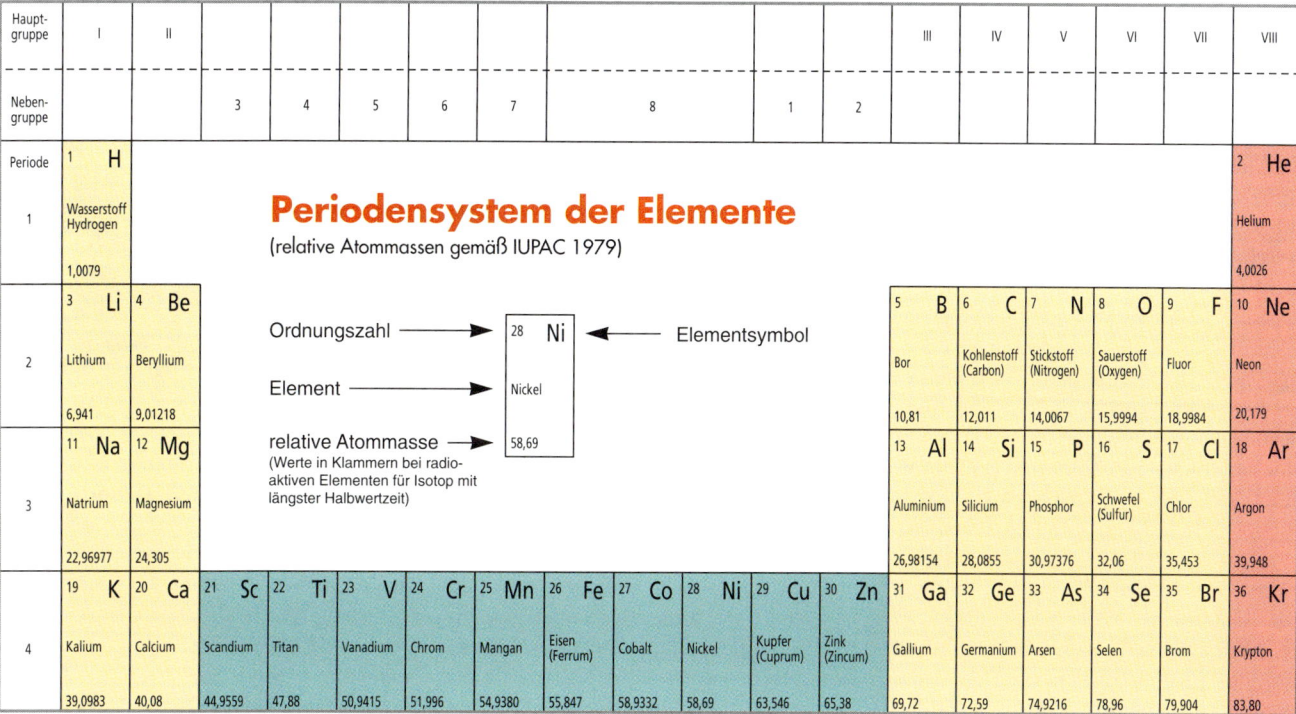

Haupt-gruppe	I	II										III	IV	V	VI	VII	VIII
Neben-gruppe			3	4	5	6	7	8	1	2							
Periode 1	1 **H** Wasserstoff Hydrogen 1,0079																2 **He** Helium 4,0026
2	3 **Li** Lithium 6,941	4 **Be** Beryllium 9,01218										5 **B** Bor 10,81	6 **C** Kohlenstoff (Carbon) 12,011	7 **N** Stickstoff (Nitrogen) 14,0067	8 **O** Sauerstoff (Oxygen) 15,9994	9 **F** Fluor 18,9984	10 **Ne** Neon 20,179
3	11 **Na** Natrium 22,96977	12 **Mg** Magnesium 24,305										13 **Al** Aluminium 26,98154	14 **Si** Silicium 28,0855	15 **P** Phosphor 30,97376	16 **S** Schwefel (Sulfur) 32,06	17 **Cl** Chlor 35,453	18 **Ar** Argon 39,948
4	19 **K** Kalium 39,0983	20 **Ca** Calcium 40,08	21 **Sc** Scandium 44,9559	22 **Ti** Titan 47,88	23 **V** Vanadium 50,9415	24 **Cr** Chrom 51,996	25 **Mn** Mangan 54,9380	26 **Fe** Eisen (Ferrum) 55,847	27 **Co** Cobalt 58,9332	28 **Ni** Nickel 58,69	29 **Cu** Kupfer (Cuprum) 63,546	30 **Zn** Zink (Zincum) 65,38	31 **Ga** Gallium 69,72	32 **Ge** Germanium 72,59	33 **As** Arsen 74,9216	34 **Se** Selen 78,96	35 **Br** Brom 79,904	36 **Kr** Krypton 83,80

Periodensystem der Elemente
(relative Atommassen gemäß IUPAC 1979)

Ordnungszahl ⟶ 28 Ni ⟵ Elementsymbol
Element ⟶ Nickel
relative Atommasse ⟶ 58,69
(Werte in Klammern bei radio-aktiven Elementen für Isotop mit längster Halbwertzeit)

Abb. 3: Auszug aus dem Periodensystem

Stelle im Periodensystem befindet sich das Helium. In seinem Atomkern befinden sich 2 Protonen und 2 Neutronen, so dass Helium die Massenzahl 4 besitzt. In der Heliumatomhülle befinden sich 2 Elektronen auf der K-Schale. Das Element Sauerstoff steht beispielsweise an 8. Stelle im Periodensystem, d. h., dass im Sauerstoffkern 8 Protonen vorhanden sind. Damit Sauerstoff nach außen neutral ist, befinden sich also in der Atomhülle 8 Elektronen. Sauerstoff hat die Massenzahl 16, d. h., im Sauerstoffkern befinden sich neben den 8 Protonen noch 8 Neutronen. Das Periodensystem ist nun so aufgebaut, dass mit jeder neuen Hauptquantenzahl, d. h. mit jeder weiteren äußeren Schale in der Atomhülle, eine neue Reihe im Periodensystem beginnt. Diese Reihe wird auch als Periode bezeichnet, von denen es insgesamt 7 gibt.

Im Periodensystem gibt es insgesamt 8 Gruppen, die vertikal angeordnet sind und mit römischen Ziffern bezeichnet werden. In der I. Gruppe befinden sich die Alkalien (Alkalimetalle), in der VII. Gruppe die Halogene, und in der VIII. sind die Edelgase enthalten.

Die Alkalimetalle zeichnen sich dadurch aus, dass auf der äußeren Schale nur ein Elektron sitzt. Das äußere Elektron lässt sich relativ leicht vom restlichen Atom lösen. Alkalimetalle bezeichnet man aus diesem Grund als elektropositiv, denn sie bilden bei der Elektrolyse oder bei chemischen Verbin-

dungen positive Ionen. Halogene verhalten sich genau entgegengesetzt. Bei den Halogenen fehlt auf der letzten äußeren Schale noch ein Elektron. Halogene haben deshalb das Bestreben, noch ein Elektron aufzunehmen. Im Vergleich dazu sind bei den Edelgasen die äußeren Schalen vollständig besetzt. Edelgase möchten deshalb weder Elektronen aufnehmen noch abgeben und sind deshalb chemisch sehr stabil. Um trotzdem Elektronen aus dem Edelgasatom zu entfernen, benötigt man eine relativ hohe Ionisationsenergie. An der Wertigkeit der Atome kann man ablesen, wie viele Elektronen ein Atom aus seiner Atomhülle abgeben kann oder aufnehmen möchte. Die Fähigkeit, Elektronen abgeben zu können, wird als positive Wertigkeit und die Fähigkeit, Elektronen aufzunehmen, wird als negative Wertigkeit bezeichnet. Aus diesem Grund sind z. B. die Alkalimetalle und der Wasserstoff positiv einwertig und die Halogene negativ einwertig.

Haben Atome gleiche Ordnungs- oder Kernladungszahlen, dann weisen sie im Atom die gleiche Protonenzahl auf. Die Neutronenzahl kann aber im Atomkern variieren. Atome des gleichen Elements mit veränderter Neutronenzahl werden als Isotope bezeichnet. Ein Isotop ist also an der abweichenden Massenzahl erkennbar. Der Wasserstoffkern beispielsweise besteht im Normalfall aus einem Proton. Es gibt aber auch Wasserstoff, der im Atomkern zusätzlich zu dem Proton noch ein Neutron besitzt.

Da Proton und Neutron die gleiche Masse aufweisen, verdoppelt sich somit das Gewicht, und die Massenzahl hat in diesem Fall den Wert 2. Wasserstoff mit einem Neutron wird als schwerer Wasserstoff bezeichnet (Deuterium = D). Es ist sogar möglich, Wasserstoff mit 2 Neutronen herzustellen. Dieses Element wird als überschwerer Wasserstoff (Tritium) bezeichnet, mit der Massenzahl 3 (Abb. 4).

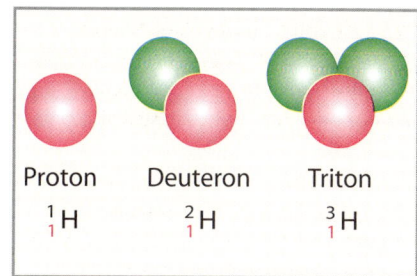

Proton ^1_1H Deuteron ^2_1H Triton ^3_1H

Abb. 4: Kernaufbau der Wasserstoff-Isotope

Zum Weiterlesen:

- Ionisierende Strahlung, S. 300
- Radioaktivität, S. 302
- Zerfallskurven, S. 304
- Kernkraftwerke, S. 306

Ionisierende Strahlung

Wie so oft in der Geschichte der Physik war auch die Entdeckung der radioaktiven Strahlung zufallsbedingt. Im Jahre 1896 untersuchte Henry Becquerel das Verhalten phosphoreszierender Stoffe, die eingestrahltes Licht verzögert mit meist veränderter Farbe wieder abstrahlten. Ein zu Versuchszwecken verwendetes Stück Uranerz ließ er versehentlich mehrere Tage auf einer lichtdicht eingewickelten fotografischen Platte liegen. Bei der Entwicklung der Photoplatte zeigte sich zu seinem Erstaunen eine eindeutige Schwärzung mit den Umrissen des Erzstücks. Als Ursache dieser Schwärzung liegt die Vermutung nahe, dass vom Uranerz eine Strahlung ausgeht, die festes, lichtundurchlässiges Papier zu durchdringen

Nachweismethoden radioaktiver Strahlung

Die Untersuchung der neu entdeckten Strahlung stellte sich als recht schwierig heraus. Anders als bei Lichtstrahlung nimmt das menschliche Auge sie nicht wahr; fühlen oder schmecken kann man sie auch nicht. Bringt man jedoch ein radioaktives Präparat in die Nähe eines geladenen Elektroskops, so entlädt sich dieses langsam, unabhängig von der zuvor aufgebrachten Ladungsart. Einen vergleichbaren Effekt beobachtet man, wenn man ein brennendes Streichholz in die Nähe des Elektroskops bringt. Durch die hohe Temperatur werden Luftmoleküle ionisiert, die das Elektroskop umgebende Luft wird leitfähig. Die Entladung des Elektroskops bei Anwesenheit eines radioaktiven Präparates lässt auf einen vergleichbaren Prozess schließen, d. h., radioaktive Strahlung besitzt ionisierende Wirkung.

Aufbauend auf dieser ionisierenden Wirkung wurden verschiedene Nachweisgeräte für radioaktive Strahlung entwickelt.

Luft vermag bei hoher Temperatur mehr Wasserdampf aufzunehmen als bei niedrigen Temperaturen. Wird nun in einer so genannten Nebelkammer ein Wasser-Luft-Gemisch durch plötzliche Ausdehnung abgekühlt, so ist die Luft mit Wasserdampf übersättigt. Vergleichbar den Kondensstreifen eines hoch fliegenden Düsenflugzeugs, lagern sich an den durch die Strahlung hervorgerufenen Ionen feine Wassertröpfchen an und machen den Verlauf der Strahlung sichtbar (Abb. 1). Für quantitative Messung besser geeignet ist der Geigerzähler (Abb. 2).

Im Inneren eines metallischen Zylinders wird ein dünner Draht gespannt. Legt man nun zwischen Draht und Zylindermantel eine Spannung an, so bildet sich zwischen beiden ein elektrisches Feld aus. Sobald ra-

dioaktive Strahlung das Zählrohr durchsetzt, werden Ionen gebildet. Diese werden durch die elektrischen Feldkräfte zu den Elektroden gezogen, es entsteht ein kurzer Stromstoß, der nach Verstärkung registriert werden kann. Werden sehr viele Ionen erzeugt, fällt der Stromstoß entsprechend stärker aus. Zur Empfindlichkeitssteigerung wird bei dem Geiger-Müller-Zählrohr die zylinderförmige Kammer mit einem Edelgas unter einem geringem Druck von etwa 100 hPa gefüllt. Bei hinreichend hoch gewählter Spannung (üblich sind etwa 500 V) kann bereits ein einzelner Ionisationsvorgang registriert werden. Bei seinem Weg zum positiven Draht wird dabei das entstandene Elektron so schnell, dass es seinerseits mehrfach durch Stoßionisation weitere Ionenpaare erzeugt, diese ihrerseits auch usw. Kaskadenartig vermehren sich so die gebildeten Ionen und führen zu einem kräftigen Stromstoß. In diesem so genannten Plateaubetrieb des Zählrohres wird jedes radioaktive Teilchen unabhängig von der Stärke seines Ionisationsvermögens registriert. Das Geiger-Müller-Zählrohr misst also die Anzahl von Partikeln, von denen es durchsetzt wird. Die je Sekunde registrierte Anzahl an Impulsen wird als Zählrate bezeichnet. Will man statt der Partikelanzahl die Energie der radioaktiven Strahlung messen, so kann man hier-

Abb. 1: Nebelkammerspuren radioaktiver Strahlung

für so genannte Szintillationszähler verwenden.

Arten und Eigenschaften radioaktiver Strahlung

Um Näheres über die Natur der radioaktiven Strahlung zu erfahren, bringt man zwischen Präparat und Zählrohr ein starkes Magnetfeld an. Es zeigt sich, dass die Zählrate in der ursprünglichen geradlinigen Strahlungsrichtung deutlich abnimmt (Abb. 3).

Dafür treten sowohl nach links als auch nach rechts abgelenkte Strahlungsanteile auf. Diese Ablenkung lässt sich nur durch die Annahme erklären, dass diese Anteile der Strahlung aus geladenen Teilchen bestehen. Die „Rechte-Hand-Regel" liefert unter Berücksichtigung der Magnetfeldrichtung für den nach links abgelenkten Strahlungsanteil ein positives Ladungsvorzeichen und entsprechend für den

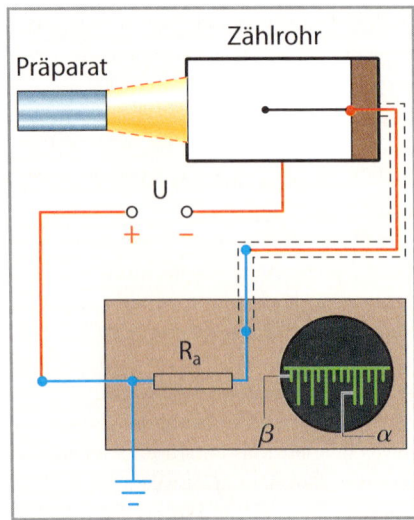

Abb. 2: Für die quantitative Messung der Strahlung: der Geigerzähler

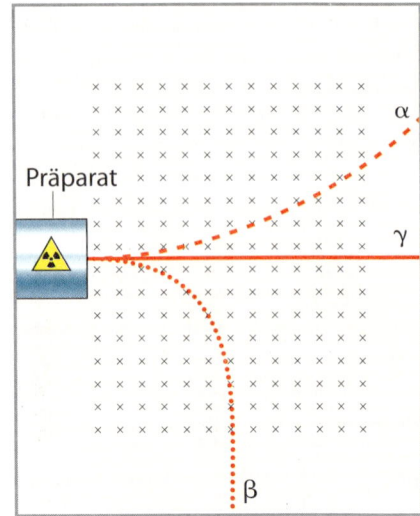

Abb. 3: Aufspaltung radioaktiver Strahlung im Magnetfeld

nach rechts abgelenkten Anteil ein negatives. Dem griechischen Alphabet folgend, wird der positive Anteil α-Strahlung, der negative geladene Anteil β-Strahlung und der offensichtlich ungeladene Anteil γ-Strahlung genannt.

Durch geeignete Messverfahren lässt sich auch die Geschwindigkeit der α- bzw. β-Teilchen bestimmen. Bahnkrümmung im Magnetfeld und Geschwindigkeit zusammengenommen erlauben einen Rückschluss auf die Masse des beobachteten Teilchens. Auf diese Weise hat man herausgefunden:

α-Teilchen sind Heliumkerne
β-Teilchen sind schnelle Elektronen

γ-Strahlung zeigt vergleichsweise geringe Wechselwirkung mit Materie. Sie lässt sich weder von Magnetfeldern noch von elektrischen Feldern ablenken, trägt somit keine Ladung. Alle Versuche deuten darauf hin, dass γ-Strahlung von derselben Natur ist wie Licht, jedoch im Vergleich zu diesem weit mehr an Energie transportiert.

γ-Strahlung ist hochenergetisches Licht (elektromagnetische Strahlung)

Das „hochenergetische Leben" eines β-Teilchens währt nicht sehr lange. Nachdem es durch einen Prozess im Inneren des Kerns erzeugt und aus diesem mit hoher Geschwindigkeit herausgeschleudert wurde, trifft es auf seinem weiteren Weg immer wieder auf Atome der umgebenden Materie. Bei dem dann unvermeidlichen heftigen Zusammenstoß kommt es im Regelfall dazu, dass dem gestoßenen Atom ein Elektron (oder auch mehrere) entrissen wird. Es hat eine Ionisation stattgefunden. Die dazu erforderliche Energie fehlt dem β-Teilchen anschließend, es ist energieärmer und somit langsamer geworden. Nach einer mehr oder weniger großen Anzahl an derartigen Stoßprozessen ist sein Energie-

vorrat und somit seine ionisierende Wirkung erschöpft. Ganz ähnlich verhält es sich bei α-Teilchen, und auch die γ-Strahlung verliert durch vergleichbare, jedoch nur quantenmechanisch erklärbare Stoßprozesse seine Energie.

Abbildung 4 zeigt eine Messanordnung zur Erfassung radioaktiver Strahlung. Der Zähler registriert nicht nur die Anzahl der Zählimpulse, er ermöglicht auch die Wiedergabe über einen Lautsprecher.

Hält man zwischen das radioaktive Präparat und das Zählrohr ein Blatt Papier, so nimmt die Zählrate deutlich erkennbar ab. Dieser Effekt unterbleibt, wenn man zuvor durch eine geeignete Messanordnung die α-Strahlung herausgefiltert hat. Aufgrund ihrer Größe stoßen die α-Teilchen in sehr rascher Folge auf Atome der Umgebungsmaterie und verlieren dementsprechend schnell ihre Energie. Ihre Reichweite ist in Luft auf nur wenige Zentimeter beschränkt, Papier oder die menschliche Haut vermag sie nicht zu durchdringen. Den sehr viel kleineren Elektronen der β-Strahlung gelingt es, eine im Mittel viel größere Strecke zu durchfliegen, bevor auch sie bei einem Zusammenstoß Energie abgeben. Aufgrund ihres Entstehungsprozesses können die Elektronen der β-Strahlung ganz unterschiedliche Geschwindigkeiten besitzen. Um auch die schnellsten unter ihnen abzuschirmen, ist eine mehrere Millimeter dicke Aluminiumplatte erforderlich. Die γ-Strahlung schließlich kann aufgrund ihrer sehr geringen ionisierenden Wirkung sehr lange Wege zurücklegen. Ihr Durchdringungsvermögen ist daher sehr hoch. Selbst eine mehrere Zentimeter dicke Bleiplatte kann sie nur ungenügend abschirmen.

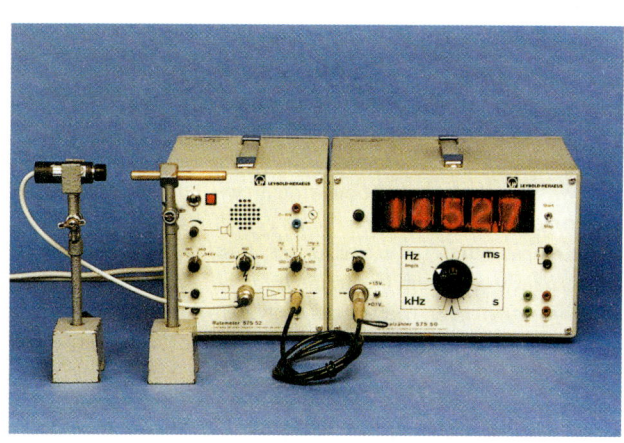

Abb. 4: Zählrohrmessung radioaktiver Strahlung

Schaden und Nutzen der radioaktiven Strahlung

Nahezu jeder ist in seinem Leben schon einmal geröntgt worden. Der eine, weil sein Zahnarzt genaueren Einblick in eine Zahnwurzel wünschte, der andere wegen einer Durchleuchtung seiner Lunge. Röntgenstrahlung ist zwar nicht radioaktiven Ursprungs, sie ist jedoch eng verwandt mit der γ-Strahlung. Bei Schilddrüsenfehlfunktionen wird oft ein Szintigramm (Abb. 5) aufgenommen, bei dem radioaktiv markiertes Jod Rückschlüsse über die Art und Schwere der Fehlfunktion zulässt. Zur Behandlung und Nachsorge mancher Krebserkrankung ist der Einsatz von radioaktivem Co60 nicht selten. Die Vorteile bei der medizinischen Nutzung radioaktiver Strahlung sowie der Röntgenstrahlung sind offensichtlich. Wie aber sieht es mit eventuellen Nebenwirkungen aus? Wird ein körpereigenes Atom oder Molekül ionisiert, so kann dies zu einer Veränderung des Moleküls und somit zu einer Schädigung der Zelle führen. Gelingt es dem Körper nicht, aufgrund von Reparaturmechanismen diesen Schaden zu beheben, wird die zugehörige Zelle verändert oder sie stirbt ab. Die Zerstörung einer Keimzelle kann zur Folge haben, dass Missbildungen in der zukünftigen Generation auftreten, es liegt ein genetischer Schaden vor. Beschränkt sich die Schädigung auf die bestrahlte Person selbst, so spricht man von somatischen Schäden.

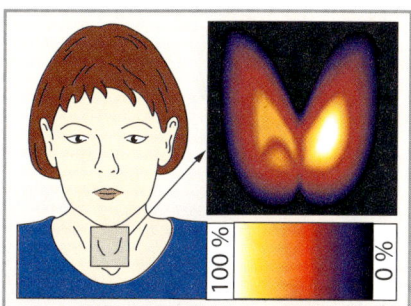

Abb. 5: Szintigramm einer Schilddrüse

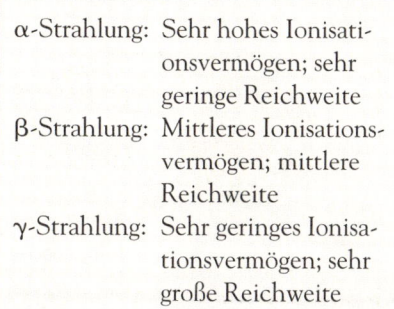

α-Strahlung: Sehr hohes Ionisationsvermögen; sehr geringe Reichweite
β-Strahlung: Mittleres Ionisationsvermögen; mittlere Reichweite
γ-Strahlung: Sehr geringes Ionisationsvermögen; sehr große Reichweite

Zum Weiterlesen:

• Der Aufbau der Materie II, S. 298
• Radioaktivität, S. 302
• Zerfallskurven, S. 304
• Kernkraftwerke, S. 306

Radioaktivität

Kernaufbau und Kernbindungsenergie

Das Ganze ist weniger als die Summe seiner Teile. Atomkerne setzen sich aus positiv geladenen Protonen und neutralen Neutronen zusammen. Der einfachste Atomkern ist der von Wasserstoff. Er besteht aus einem einzelnen Proton. Das Deuteron besitzt bereits zwei Kernbausteine. Um es zu erzeugen, muss man ein Proton und ein Neutron sehr dicht aneinander bringen. Wenn sich die beiden Teilchen fast berühren, wird eine sehr starke Kernkraft wirksam, die beide Teilchen fest aneinander bindet und zu einer neuen Einheit verschmilzt. Vergleicht man die Masse der beiden Bausteine Proton und Neutron mit derjenigen des gebildeten Deuteron, so stellt man Erstaunliches fest:

$$m_{Proton} + m_{Neutron}$$
$$= 1,67265 \cdot 10^{-27}\ kg + 1,67495 \cdot 10^{-27}\ kg$$
$$= 3,34760 \cdot 10^{-27}\ kg$$

$$m_{Deuteron} = 3,34612 \cdot 10^{-27}\ kg$$

Das Deuteron besitzt eine um $\Delta m = 1,48 \cdot 10^{-30}$ kg geringere Masse als seine beiden Bausteine zusammen. Der Massenverlust (auch Massendefekt genannt) kommt dadurch zustande, dass bei dem Kernbildungsprozess ein kleiner Teil der Ausgangsmasse, eben dieser Betrag Δm, in Strahlungsenergie gewandelt und, einem Lichtblitz vergleichbar, abgestrahlt wird. Wie viel Energie aus einer bestimmten Masse entsteht, kann nach der berühmten, von Einstein formulierten Gleichung $W = mc^2$ berechnet werden. Hierbei bedeutet W die Energie, m die gewandelte Masse und c die Vakuumlichtgeschwindigkeit. Um das gebildete Deuteron wieder in seine beiden Bestandteile, das Proton und das Neutron, zu zerlegen, muss man umgekehrt einen entsprechenden Energiebetrag (Bindungsenergie genannt) zuführen. Solange dies nicht geschieht, sind die Kernbausteine (auch Nukleonen genannt) aneinander gebunden. Bringt man drei oder mehr Kernbausteine dicht zusammen, so bilden sich auf vergleichbare Weise auch Kerne höherer Nukleonenanzahl.

Abbildung 1 zeigt die je Nukleon freigesetzte Bindungsenergie in Abhängigkeit von der Gesamtanzahl der Kernbausteine (Massenzahl). Die Energie ist hier in Vielfachen der Maßeinheit 1 MeV (Megaelektronenvolt) dargestellt:

$$1\ eV = 1,602 \cdot 10^{-19}\ J$$

Dies ist diejenige Energie, die ein Elektron bei Durchlaufen einer Spannung von 1 V dazugewinnt.

Auffällig ist, dass die Bindungsenergie je Nukleon bei einer Massenzahl von ca. 60 einen maximalen Wert besitzt. Kleine Kerne wie auch Kerne größerer Massenzahl besitzen demnach je Kernbaustein eine geringere Bindungsenergie.

Neben der sehr starken Kernkraft ist auch die coulombsche Abstoßung zwischen den positiv geladenen Protonen eines Kerns von großer Bedeutung. Während die Kernanziehungskraft nur auf die jeweils benachbarten Kernbausteine einwirkt, macht sich die Coulombkraft auch über größere Entfernungen bemerkbar. Damit die Gesamtabstoßung in einem großen Kern mit vielen Nukleonen nicht zu groß wird und die Kernanziehungskraft überwindet - der Kern würde dann auseinander fliegen - finden sich in schweren Kernen überproportional viele Neutronen. Der mittlere Abstand der Protonen wird dadurch vergrößert, die elektrische Abstoßung verkleinert. So besitzt beispielsweise U 235 bei einer Massenzahl von 235 nur 92 Protonen, dafür aber 143 Neutronen. Will man die Protonenzahl besonders hervorheben, so verwendet man die Schreibweise $^{235}_{92}$U.

Radioaktive Strahlung als Begleiterscheinung von Kernumwandlungen

Die zu α-Strahlung führende Kernumwandlung erfordert streng genommen intime Kenntnisse der Quantenphysik, sie lässt sich aber anhand der Kurve zur Kernbindungsenergie zumindest plausibel machen. Als Beispiel mag der wohl bekannteste α-Strahler dienen, das Uran U 235.

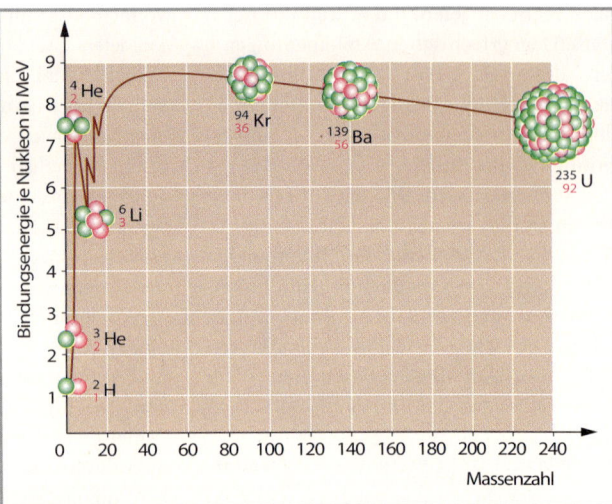

Abb. 1: Schematische Darstellung der mittleren Bindungsenergie je Nukleon

Löst man aus dem Urankern ein α-Teilchen (bestehend aus zwei Protonen und zwei Neutronen) heraus, ergeben sich die beiden Teilkerne Th 231 und He 4 (das α-Teilchen). U 235 besitzt eine Bindungsenergie je Nukleon von 7,591 MeV, also eine Gesamtbindungsenergie von $235 \cdot 7,591$ MeV = 1783,885 MeV. Für Th 231 ergibt sich eine etwas höhere Bindungsenergie je Nukleon, nämlich 7,618 MeV. Die Gesamtbindungsenergie des Thoriums errechnet sich zu $231 \cdot 7,618$ MeV = 1759,758 MeV, die des α-Teilchens zu $4 \cdot 7,074$ MeV = 28,296 MeV.

Die Gesamtbindungsenergie von U 235 liegt mit 1783,885 MeV unterhalb der Gesamtbindungsenergie von Th 231 und α-Teilchen zusammen, die 1788,054 MeV beträgt. Der Zerfallsprozess ist aus rein energetischer Sicht also möglich und setzt eine Differenzenergie von 4,169 MeV frei. Diese wird dem entstandenen α-Teilchen als kinetische Energie mitgegeben. Warum gerade dieser α-Zerfall stattfindet und nicht etwa irgendeine andere Zerteilung des Urankerns, bleibt hier unbeantwortet.

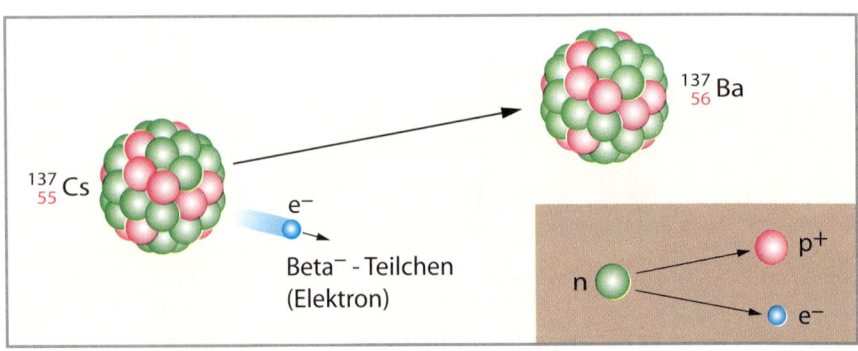

Abb. 2: Schematische Darstellung des β-Zerfalls am Beispiel von C 137

$$^{235}_{92}U \xrightarrow{\alpha} {}^{231}_{90}Th \xrightarrow{\beta} {}^{231}_{91}Pa \xrightarrow{\alpha} {}^{227}_{89}Ac \xrightarrow{\beta} {}^{227}_{90}Th \xrightarrow{\alpha} {}^{223}_{88}Ra \xrightarrow{\alpha} {}^{219}_{86}Rn \xrightarrow{\alpha} {}^{215}_{84}Po \xrightarrow{\alpha} {}^{231}_{82}Pb \xrightarrow{\beta} {}^{211}_{83}Bi \xrightarrow{\alpha} {}^{207}_{81}Ti \xrightarrow{\beta} {}^{207}_{82}Pb$$

Abb. 3: Zerfallsreihe am Beispiel von U 235

Der β-Zerfall

Ein freies Neutron besitzt mit $m_n = 1{,}6749 \cdot 10^{-27}$ kg eine größere Masse als Proton ($m_p = 1{,}6726 \cdot 10^{-27}$) und Elektron ($m_e = 9{,}1095 \cdot 10^{-31}$) zusammengenommen. Wegen $m_n c^2 > (m_p + m_e) \cdot c^2$ ist der Zustand „Proton + Elektron" energetisch günstiger als der Zustand „Neutron", die Umwandlung n → p + e kann ohne äußere Energiezufuhr stattfinden und lässt sich tatsächlich an freien Neutronen beobachten, die nach einer mittleren Zeitspanne von 15 Minuten in ein Proton und ein Elektron „zerfallen". Das Elektron ist dabei als Reaktionspartner erforderlich, weil sich andernfalls die Gesamtladung des Systems ändern würde. Dies aber verbietet der Satz von der Erhaltung der Gesamtladung eines abgeschlossenen Systems. Findet dieser Umwandlungsprozess im Innern eines Atomkerns statt, so spricht man vom β-Zerfall (Abb. 2). Das Elektron bekommt dabei eine so große Energie übertragen, dass es den Kern trotz der elektrischen Anziehungskraft verlässt.

Die γ-Strahlung

Die γ-Strahlung ist eine bei fast allen Zerfallsprozessen auftretende Folgeerscheinung. Ähnlich wie angeregte Atome unter Energieabgabe in Form von so genannten Lichtquanten in den energetisch tiefsten Zustand, ihren Grundzustand übergehen, treten auch in Atomkernen neben dem Grundzustand viele mögliche angeregte Zustände auf. Wechselt ein Kern in einen tiefer liegenden Energiezustand, so strahlt er die frei werdende Energie als dem Lichtquant vergleichbares γ-Quant ab.

Zerfallsreihen

Nachdem eine Kernumwandlung durch α- bzw. β-Zerfall stattgefunden hat, kann zweierlei eintreten. Entweder der entstandene Atomkern ist nicht mehr radioaktiv, oder aber er kann seinerseits erneut zerfallen, es entsteht eine Reihe von Folgezerfällen. Am Beispiel von U 235 soll eine solche Zerfallsreihe aufgezeigt werden. Der Übersichtlichkeit halber wird überall dort, wo mehrere Zerfallsmöglichkeiten bestehen, nur diejenige aufgezeigt, die mit der größeren Wahrscheinlichkeit eintritt (Abb. 3).

Anhand der angegebenen Massen- und Protonenzahlen lassen sich die einzelnen Zerfälle leicht verfolgen. Jeder α-Zerfall vermindert die Protonenanzahl um 2, die Massenzahl um 4. Beim β-Zerfall bleibt die Massenzahl unverändert, die Protonenanzahl wächst um 1, es ist ja ein Neutron in ein Proton gewandelt worden.

Die Aktivität

Die Zahl der Kernzerfälle, die in einer radioaktiven Probe je Sekunde stattfinden, nennt man ihre Aktivität. Ihre Einheit ist 1 Bq (Becquerel) = 1 Zerfall pro Sekunde. Die für Schulpräparate übliche Aktivität von 37.000 Bq besagt somit, dass in jeder Sekunde 37.000 Atome zerfallen. Trotz dieser scheinbar sehr hohen Zahl vermag ein solches Präparat im Regelfall über viele Jahre hinweg radioaktive Strahlung auszusenden, da die Anzahl der in ihr enthaltenen Atome sehr groß ist.

Die Kernspaltung

Die bisher beschriebenen Kernumwandlungen benötigen keinen äußeren Anstoß, sie laufen gemäß den im Kapitel Zerfallskurven beschriebenen Gesetzmäßigkeiten automatisch ab. Durch äußere Steuerung lässt sich darüber hinaus eine Fülle weiterer Kernprozesse in Gang setzen.

Im Jahre 1938 haben Otto Hahn und Fritz Straßmann Uranproben mit Neutronen beschossen. Ihr Ziel war die Erzeugung so genannter Transurane, d. h. Uranisotope mit erhöhter Neutronenanzahl. Die chemische Analyse der bestrahlen Probe ließ jedoch eindeutig auf die Existenz von Barium schließen. Was war geschehen?

Der mit einem Neutron beschossene Urankern nimmt dieses zunächst auf. Es entsteht ein hoch angeregter Zwischenkern U 236, der anschließend, ähnlich wie eine heftig bewegte Seifenblase, in zwei oder mehr Bruchstücke zerplatzen kann. Dabei muss nicht, wie in Abbildung 4 dargestellt, Barium und Krypton entstehen, auch andere „Bruchstücke" sind bei der Spaltung von Uran möglich. Die entstandenen Kerne besitzen wegen ihrer geringeren Massenzahl eine höhere Gesamtbindungsenergie. Es wird Energie in Form von kinetischer Energie, also Wärme frei. Der im Mittel je Spaltungsprozess freigesetzte Energiebetrag von rund 190 MeV wird in Kernkraftwerken zur Stromerzeugung benutzt.

Da schwere Kerne überproportional viele Neutronen besitzen, ist nahe liegend, dass außer den Kerntrümmern Überschussneutronen entstehen, die nun ihrerseits Spaltungen in Gang setzen können. Sobald durchschnittlich mehr als eines der von einer Spaltung freigesetzten Neutronen seinerseits eine erneute Spaltung hervorruft, tritt eine lawinenartige Vermehrung der Spaltungsvorgänge auf. Die dabei freigesetzte Energie hat ihre zerstörerische Wirkung bei Kernwaffenversuchen dramatisch vor Augen geführt.

Zum Weiterlesen:

- Der Aufbau der Materie II, S. 298
- Zerfallskurven, S. 302
- Radioaktivität, S. 304
- Kernkraftwerke, S. 306

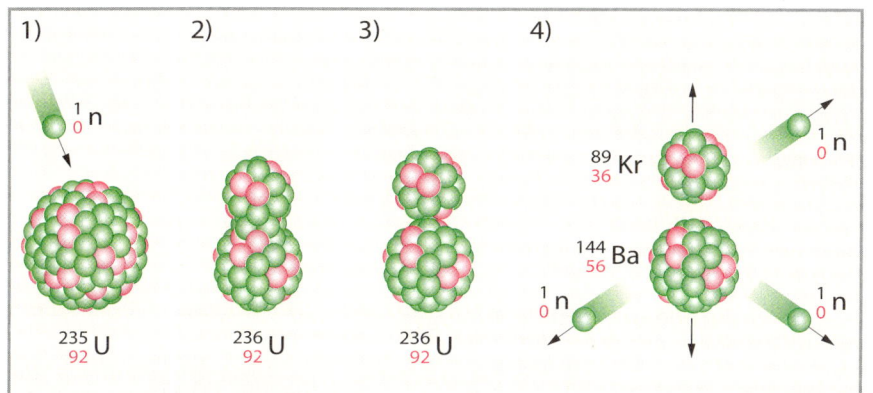

Abb. 4: Schematische Darstellung der Spaltung von U 235

Zerfallskurven

*E*ine Forschergruppe stößt bei archäologischen Ausgrabungen auf eine alte Feuerstelle. In unmittelbarer Nachbarschaft der Feuerstelle finden sich neben teilweise verkohlten Holzstücken auch Scherben von Tonkrügen sowie Überreste anderweitigen Hausrates. Sie möchte herausfinden, aus welcher Epoche die gefundenen Überreste stammen. Der Physiker in der Gruppe weiß Rat. Er schickt eines der verkohlten Holzstücke in ein Labor ein. Dort stellt man fest, dass dieses Holzstück einen Kohlenstoffanteil von 28 g besitzt und mit einer Aktivität von 2,3 Bq (Becquerel) radioaktiv strahlt. Nach kurzer Rechnung gibt der Physiker das Alter der Holzprobe mit ca. 7000 Jahren an. Die Feuerstelle stammt also aus der Jungsteinzeit. Altersbestimmungen dieser Art werden in der Archäologie recht häufig durchgeführt. Sie beruhen auf der so genannten C-14-Methode, deren Verständnis einige Vorbereitung erfordert.

Das radioaktive Zerfallsgesetz

In einem Vorratsfläschchen befindet sich radioaktives Thorium, bei dessen Zerfall das ebenfalls radioaktive Edelgas Rn 220 (Radon oder auch Thoriumemanation genannt) entsteht. Durch kurzen Druck auf das Fläschchen und anschließendes Absperren des Ventils gelangt eine bestimmte Anzahl an Radon-220-Nukliden in das Innere der ansonsten mit Luft gefüllten Kammer. Durch den Zerfall des Radons entsteht radioaktive (α-, β- und γ-) Strahlung, durch deren ionisierende Wirkung die Luft der Kammer leitend wird, und zwar umso besser, je mehr Ionisationen stattfinden. Legt man nun noch eine fest gewählte Spannung zwischen die Wandung der Kammer und einen dagegen isoliert angebrachten, in das Innere der Kammer ragenden Stift, so fließt ein Strom. Da dieser Strom in der Größenordnung von 10^{-11} A liegt, muss er zunächst verstärkt werden, bevor er mit einem üblichen Drehspulmessgerät angezeigt werden kann (Abb. 1). Liest man nun in konstanter zeitlicher Aufeinanderfolge alle 10 Sekunden die aktuelle Stromstärke ab, so erhält man folgende Messtabelle:

$\dfrac{t}{s}$	0	10	20	30	40	50
$\dfrac{I}{10^{-11}A}$	4,5	3,9	3,5	3,1	2,7	2,4

Deutlich erkennbar wird die gemessene Stromstärke mit der Zeit geringer, wobei jedoch ihre Abnahme zu Beginn stärker ausfällt als am Ende der Messreihe.

Nummeriert man die gemessenen Stromstärkewerte in der Form $I_0, I_1 \ldots I_6$ durch und bildet den Quotienten zweier aufeinander folgender Werte, so ergibt sich jeweils annähernd derselbe Wert, d. h.:

$$\frac{I_1}{I_0} \approx \frac{3,97 \cdot 10^{-11}\,A}{4,50 \cdot 10^{-11}\,A} \approx 0,88$$

$$\approx \frac{I_2}{I_1} \approx \ldots \approx \frac{I_6}{I_5}$$

Dieses für Exponentialfunktionen typische Verhalten kann man in der folgenden Form zum Ausdruck bringen:

$$I_1 = 0,88 \cdot I_0$$
$$I_2 = 0,88 \cdot I_1$$
$$= 0,88^2 \cdot I_0$$
$$\ldots$$
$$I_n = 0,88^n \cdot I_0$$

Somit lässt sich voraussagen, welche Stromstärke nach 5 Minuten Messdauer noch zu erwarten ist, nämlich:

$$I_{30} = 0,88^{30} \cdot I_0 = 9,7 \cdot 10^{-13}\,A$$

Stellt man die vorliegende Exponentialfunktion mit der in den Naturwissenschaften üblicherweise verwendeten Basis e (eulersche Zahl) dar, so ergibt sich:

$$I(t) = I(0) \cdot e^{-0,0128\frac{1}{s} \cdot t}$$

t ist die seit Messbeginn verstrichene Zeit in Sekunden.

Wie lässt sich nun die beobachtete Stromstärkeabnahme deuten? Hervorgerufen wurde der Strom durch die von der ionisierenden Strahlung gebildeten Ladungsträger. Die Anzahl dieser Ladungsträger muss sich folglich in gleichem Maße verringern wie die Stromstärke. Dies wiederum kann nur eintreten, wenn weniger Ionisationen, also auch weniger radioaktive Zerfälle pro Zeiteinheit stattfinden. Ein einmal zerfallenes Rn-220-Nuklid kann nicht noch einmal zerfallen, und wegen des abgesperrten Ventiles gelangt kein Nachschub in die Ionisationskammer. Somit verringert sich die Anzahl der in der Ionisationskammer noch vorhandenen radioaktiven Nuklide, und zwar in genau dem Maße, in dem die Stromstärke abnimmt. Diesen Sachverhalt bringt das Zerfallsgesetz zum Ausdruck. Benennt man die Anzahl der radioaktiven Kerne einer Probe zum Zeitpunkt t mit N(t), so gilt speziell für das untersuchte Radon:

$$N(t) = N(0) \cdot e^{-0,0128\frac{1}{s} \cdot t}$$

Entsprechende Eigenschaften zeigen auch alle anderen radioaktiven Substanzen, es gilt das Zerfallsgesetz:

$$N(t) = N(0) \cdot e^{-k \cdot t}$$

Die im Exponenten auftretende Konstante k heißt Zerfallskonstante. Sie besitzt einen für den jeweils betrachteten radioaktiven Stoff charakteristischen Wert. Je größer die Zerfallskonstante ist, desto schneller zerfällt das entsprechende radioaktive Material.

Bei der Interpretation des Zerfallsgesetzes muss man Vorsicht walten lassen. Wählt man eine sehr kleine Probe mit nur sehr wenigen radioaktiven Kernen, im Extremfall wäre auch ein einziger radioaktiver Kern denkbar, so entstehen unsinnige Aussagen etwa der Form: „Nach Ablauf einer Sekunde sind noch 0,3 radioaktive Kerne vorhanden." Für ein einzelnes aktives Nuklid lässt sich überhaupt keine scharfe Aussage über den Zerfallszeitpunkt machen, stattdessen kann man nur angeben, wie groß die Wahrscheinlichkeit ist, dass es in der nächsten Sekunde tatsächlich zerfällt. Eine vergleichbare Situation tritt beim Würfelwurf auf. Der jeweils nächste Wurf lässt sich nicht sicher voraussagen, wohl aber die Chance, eine 1 zu würfeln. Diese ist nämlich, wie für jede andere Augenzahl auch, durch 1/6 gegeben. Führt man jedoch 100.000 Würfe hintereinander aus, so kann man recht sicher sein, dass davon ca. 100.000 : 6 = 16.666 Würfe zu einer Eins führen werden. In diesem Sinne ist das Zerfallsgesetz als stochastische Aussage zu verstehen, die nur für genügend große Anzahlen N(0) korrekte Prognosen liefert. Die Zerfallskonstante k lässt sich nun als Zerfallswahrscheinlichkeit interpretieren:

$$k = 0,0128\,\frac{1}{s}$$

Dies bedeutet: „Die Wahrscheinlichkeit, dass ein einzelnes Rn-220-Nuklid innerhalb der nächsten Sekunde zerfällt, beträgt 0,0128."

Die Halbwertzeit

Ein erneuter Blick auf die Zerfallskurve von Radon macht eine weitere Eigenschaft radioaktiver Substanzen deutlich. Ermittelt man die Zeit, nach der die Hälfte der Substanz zerfallen ist, so erhält man rund 56 Sekunden. Nach weiteren 56 Sekunden hat erneut eine Halbierung stattgefunden usw. Nach jeweils 56 Sekunden, der Halbwertszeit, hat sich die ursprüngliche Menge radioaktiver Substanz halbiert. Wie schon die Zerfallskonstante ist auch die Halbwertszeit eine für die jeweilige Substanz charakteristische Größe. Ein wenig Mathematik macht den Zusammenhang beider Materialkonstanten deutlich:

$$N(t + T_{1/2}) = \frac{1}{2} \cdot N(t)$$

$$\Leftrightarrow N(0) \cdot e^{-k \cdot (t+T_{1/2})} = \frac{1}{2} \cdot N(0) \cdot e^{-kt}$$

$$\Leftrightarrow e^{-k \cdot T_{1/2}} = \frac{1}{2}$$

$$\Leftrightarrow -k \cdot T_{1/2} = \ln\frac{1}{2}$$

$$\Leftrightarrow T_{1/2} = \frac{\ln 2}{k}$$

Für Radon ergibt sich eine gemessene Halbwertszeit von:

$$T_{1/2} = \frac{\ln 2}{0,0128\frac{1}{s}} = 54,2\ s$$

Diese befindet sich in guter Übereinstimmung mit dem Literaturwert von 55,6 s.

Die Spanne der bisher gemessenen Halbwertszeiten reicht von Bruchteilen einer Sekunde bis zu vielen Millionen Jahren (Abb. 2).

Die meisten der heute bekannten radioaktiven Nuklide sind durch künstliche Kern-

Element	Halbwertszeit
Rn 215	2,3 μs
Rn 220	55,6 s
Cs 137	30 a
C 14	5730 a
U 238	4.470.000.000 a
Th 232	14.000.000.000 a

Abb. 2: Beispiele für Halbwertszeiten

umwandlungen (etwa durch Kernbeschuss mit Neutronen, Protonen oder α-Teilchen) vom Menschen erzeugt worden. An natürlichen radioaktiven Quellen gibt es im Wesentlichen nur noch U 235, U 238 und Th 232. Geht man davon aus, dass die Erde vor ca. 15 Milliarden Jahren entstanden ist, so entspricht dieser Wert in etwa der Halbwertszeit von Th 232. Die Hälfte des bei der Erdentstehung gebildeten Thoriums ist somit noch vorhanden. Bezüglich U 238 ist die Halbwertszeit bereits dreieinhalbmal verstrichen, die ursprüngliche Stoffmenge also auf etwa den zehnten Teil gesunken. Radioaktive Substanzen mit Halbwertszeiten von weniger als 100 Millionen Jahren sind nur noch zu einem Bruchteil von weniger als $7 \cdot 10^{-46}$ der ursprünglichen Menge vorhanden. Auf die gesamte Erdmasse bezogen wären dies gerade ca. 1000 radioaktive Kerne, eine nicht nachweisbare Menge.

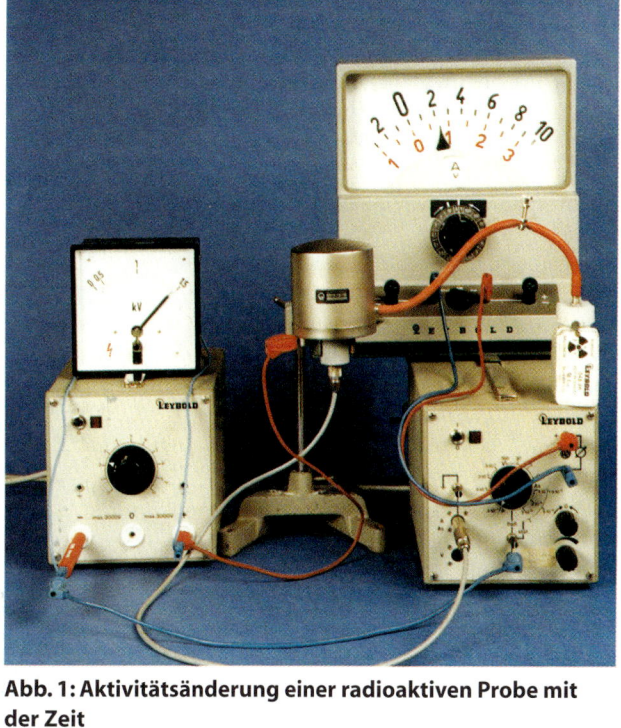

Abb. 1: Aktivitätsänderung einer radioaktiven Probe mit der Zeit

Altersbestimmung nach der C-14-Methode

Aus den Tiefen des Weltalls wird die Erde mit kosmischer Strahlung bombardiert. Trifft ein Neutron dieser Strahlung auf den in der Atmosphäre enthaltenen Stickstoff, so kann über die folgende Reaktion das radioaktive Kohlenstoffisotop C 14 gebildet werden:

$$^{14}_{7}N + ^{0}_{1} \rightarrow ^{14}_{6}C + ^{1}_{1}H$$

Unter der gerechtfertigten Annahme, dass die Intensität der Höhenstrahlung seit vielen tausend Jahren konstant gewesen ist, hat sich ein Gleichgewicht zwischen Zerfall und Neubildung von C 14 eingestellt. In lebendem Holz findet man unter 10^{12} stabilen C-12-Atomen je ein instabiles C-14-Atom. Ist das Holz abgestorben, so werden keine neuen C-14-Atome mehr eingelagert. Bedingt durch den radioaktiven Zerfall von C 14 mit einer

Halbwertszeit von $T_{1/2} = 5730\ a$ nimmt die Konzentration des C-14-Anteiles mit der Zeit ab. Das eingangs erwähnte Holzstück mit einem Kohlenstoffanteil von 28 g enthält ca.

$$\frac{28\ g}{12 \cdot u} = 1,41 \cdot 10^{24}$$

Atome. Im Moment des Absterbens müssten sich darunter $1,41 \cdot 10^{24}$ radioaktive C-14-Atome mit einer Aktivität von 5,4 Bq befinden. Tatsächlich gemessen wurde mit 2,3 Bq nur 43% der ursprünglichen Aktivität, 57% der C-14-Atome müssen somit bereits zerfallen sein. Durch Einsetzen in das Zerfallsgesetz berechnet man das Alter der Holzprobe mit etwa 7000 a.

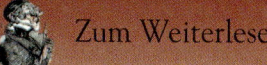 Zum Weiterlesen:

• Der Aufbau der Materie II, S. 298
• Radioaktivität, S. 304
• Kernkraftwerke, S. 306
• Gefahren durch Kernkraftwerke, S. 310

Kernkraftwerke

Die Begrenztheit der fossilen Energiereserven auf der Erde wird heutzutage, im Gegensatz zu den siebziger Jahren, nicht mehr als das Hauptproblem in der Weltenergieversorgung angesehen. Die globalen fossilen Energiereserven werden mittlerweile als reichhaltig eingeschätzt. Das Hauptproblem der fossilen Energienutzung liegt insbesondere in der von ihr ausgehenden ökologischen Bedrohung, d. h. der Beeinträchtigung der Luftqualität und der wachsenden Sorgen vor möglichen Klimaveränderungen durch den Treibhauseffekt. Neben den regenerativen (erneuerbaren) Energieträgern,zählt die Kernenergie zu den Energieträgern, bei denen keine klimaschädlichen Gase wie CO_2 entstehen. Als Brennstoff der Kernenergienutzung durch Kernspaltung wird Uran eingesetzt. Die Weltvorräte an Natururan sind ähnlich begrenzt wie die Vorkommen an Erdöl und Erdgas. Durch die Nutzung von schnellen Brutreaktoren wird die Kernenergie zu einer fast unerschöpflichen Energiequelle.

Grundsätzlich kann jedes Atom gespalten werden, aber bei bestimmten Uran- und Plutoniumisotopen ist die Spaltung relativ leicht durchzuführen. In der Natur kommt das Uran in drei Isotopen vor: U 234, U 235 und U 238. Das Isotop U 238 kommt dabei am häufigsten vor (99,3 %) die restlichen 0,7 % bestehen überwiegend aus U 235. U 234 spielt für die Kernenergienutzung keine Rolle, da es

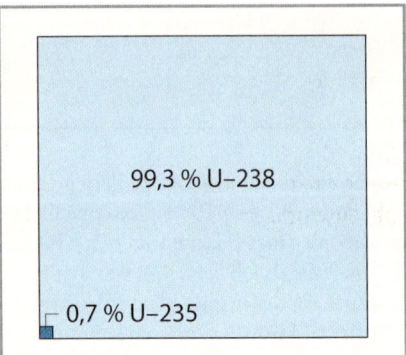

Abb. 1: Zusammensetzung des natürlichen Urans

extrem selten vorkommt (Abb. 1). Die drei Uranisotope haben die Eigenschaft, sich spontan zu spalten. Diese spontane Kernspaltung kommt allerdings sehr selten vor und ist deshalb für die Kernenergienutzung nicht relevant. Durch Neutronenbeschuss kann die Kernspaltung künstlich beeinflusst werden, wobei sich U 235 durch die Neutronen am leichtesten spalten lässt. Bei der Kernspaltung wird U 235 bevorzugt mit langsamen Neutronen beschossen, wobei sich

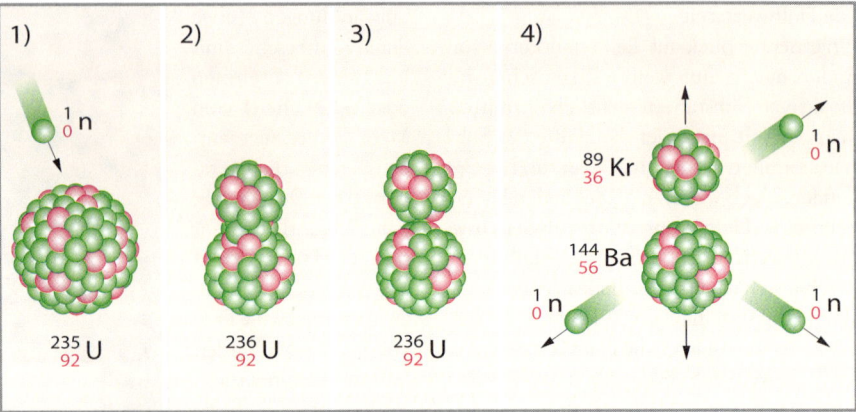

Abb. 2: Kernspaltung

folgende Kernreaktion (Abb. 2) mit folgender Reaktionsgleichung ergibt:

$$\begin{aligned} {}^{235}_{92}U + {}^{1}_{0}n &\rightarrow {}^{236}_{92}U \\ &\rightarrow {}^{89}_{36}Kr + {}^{144}_{56}Ba + 3\,{}^{1}_{0}n + \gamma \end{aligned}$$

Bei dieser Kernreaktion entstehen z. B. die Trümmerkerne Krypton und Barium. Es können aber auch andere Trümmerkerne entstehen, so dass man heute etwa 200 verschiedene Spaltprodukte des Uran 235 kennt. Die Spaltprodukte sind größtenteils radioaktiv. Bei der Kernspaltung wird also sehr viel Energie freigesetzt, außerdem entstehen neben den Trümmerkernen drei weitere Neutronen, die zu einer Kettenreaktion führen.

Bei jeder Kernspaltung entsteht etwa $1,9 \cdot 10^8$ eV an nutzbarer Energie. Da ein Joule $6,242 \cdot 10^{18}$ eV entspricht, sind also ca. 33 Mrd. (Milliarden) Urankerne erforderlich, um die Energie von einem Joule zu erzeugen.

Damit z. B. 1 kg Wasser von 20°C auf 100°C erwärmt werden kann, benötigt man folgende Menge an gespaltenen Urankernen:

$$\begin{aligned} \Delta W_{th} &= 4,2 \cdot 80.000 \text{ J} \\ &= 336.000 \text{ J} = 336 \text{ kJ} \end{aligned}$$

da für 1 J 33 Mrd. Kerne erforderlich sind, ergibt sich (33 Mrd. = $33 \cdot 10^9$): $336 \text{ kJ} \cdot 33 \cdot 10^9 = 1,1 \cdot 10^{16}$ Kerne

Das entspricht folgender Masse:

$1,1 \cdot 10^{16}$ Kerne entsprechen 4,3 μg Uran ($\mu = 10^{-6} = 0,000001$)

Für die Erzeugung der gleichen Wärmemenge müsste das 2,5millionenfache an Steinkohlenmasse aufgebracht werden.

Überträgt man dieses Ergebnis auf den Energiebedarf in unserer Gesellschaft, dann zeigt sich, dass z. B. ein Würfel aus Uran 235 mit einer Kantenlänge von 10 cm so viel Energie erzeugt, dass man z. B. eine Großstadt wie Hamburg einen Monat lang mit Strom versorgen kann. Im Vergleich dazu ist für diese Energiemenge ein aufgeschütteter Steinkohlewürfel mit der Kantenlänge von ca. 40 m erforderlich (Abb. 3).

Für die Spaltung jedes einzelnen Atoms U 235 ist ein Neutron erforderlich. Da aber bei jeder Spaltung von Urankernen neue Neutronen entstehen, können diese entstandenen Neutronen weiter Urankerne spalten, so dass ein lawinenartiger Spaltprozess in Gang gerät. Wenn keine Neutronen nach außen verloren gehen, dann verdoppelt sich die Anzahl der Neutronen von Spaltung zu Spaltung (Abb. 4). In kürzester Zeit wird durch diese Kettenreaktion eine ungeheure Menge an Energie frei.

Um die Kernenergie zu nutzen, ist es in erster Linie erforderlich, die Kettenreaktion kon-

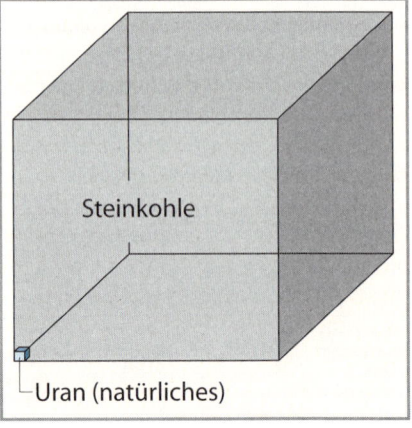

Abb. 3: Energieträgerverbrauch im Vergleich: Steinkohle – Uran

Physik

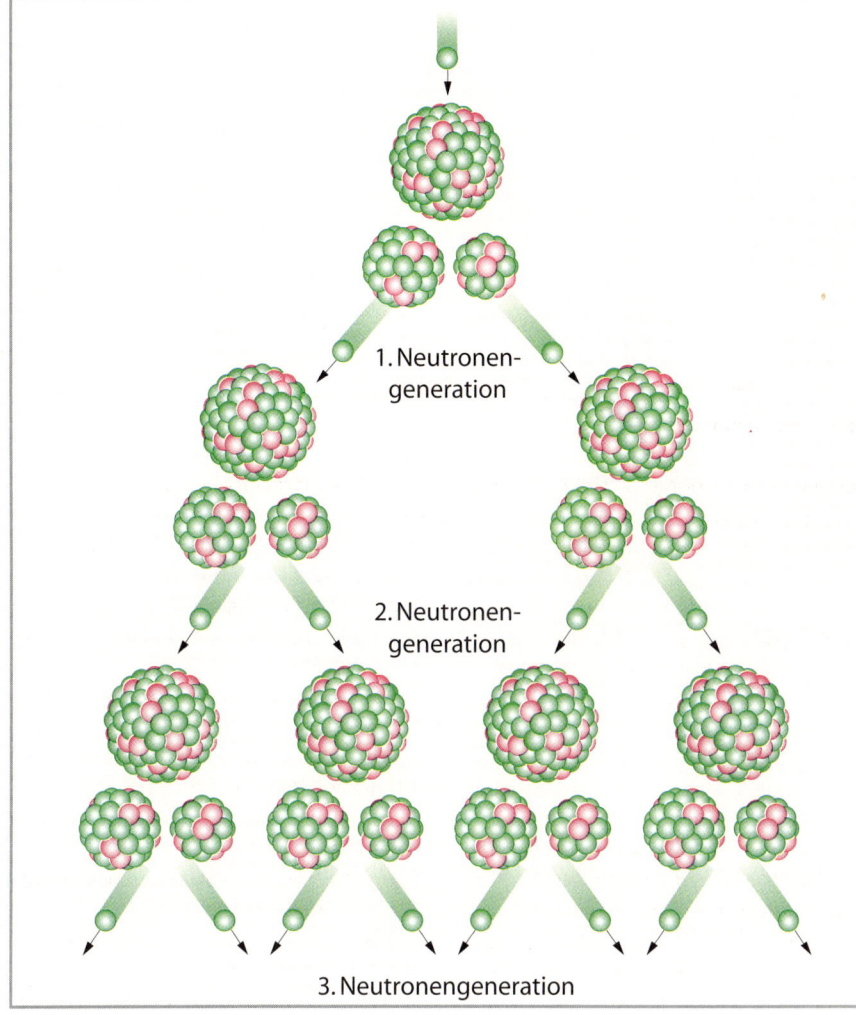

Abb. 4: Kettenreaktion im Uran-235

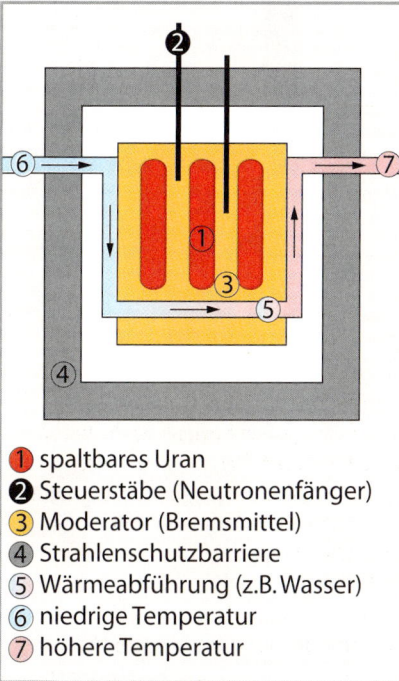

① spaltbares Uran
② Steuerstäbe (Neutronenfänger)
③ Moderator (Bremsmittel)
④ Strahlenschutzbarriere
⑤ Wärmeabführung (z.B. Wasser)
⑥ niedrige Temperatur
⑦ höhere Temperatur

Abb. 5: Aufbau Kernreaktor

dafür mit einem speziellen Verfahren angereichert, d. h., der Anteil von 0,7% natürlichem Uran wird auf ca. 3,5% angehoben.

Sicherheitsaspekte waren aber letztendlich ausschlaggebend dafür, dass in Deutschland Leichtwasserreaktoren gebaut wurden.

trollieren zu können. Dafür benötigt man einen Kernreaktor, der für den Kernspaltungsprozess folgende Elemente benötigt (Abb. 5):

1. genügend spaltbares Material;
2. einen Stoff, der die Neutronen abbremst, da nur sehr langsame Neutronen für die Kernspaltung von U 235 geeignet sind (Brutreaktoren ausgenommen);
3. Vorrichtung zum Dosieren von Neutronen;
4. Stoff, der die Wärme abführt;
5. Strahlenschutzvorrichtungen.

Neben den Leistungsreaktoren, die nur zur Stromerzeugung dienen, gibt es noch Brutreaktoren, die neben der Stromerzeugung noch zusätzlich spaltbares Material erzeugen.

Die Wahrscheinlichkeit der Kernspaltung ist von der Geschwindigkeit der Neutronen abhängig. Bei langsamen Neutronen ist die Wahrscheinlichkeit einer Kernspaltung von Uran 235 wesentlich höher. Aus diesem Grund müssen die Neutronen abgebremst werden. Die Verringerung der Geschwindigkeit der Neutronen wird mit dem so genannten Moderator (Bremsmittel) erreicht, dabei stoßen die Neu-

tronen mit den Atomen des Moderators zusammen. Ein ideales Bremsmittel soll die Neutronen abbremsen, aber nicht absorbieren. Schweres Wasser (D_2O) ist ein sehr guter Moderator, wobei die Erzeugung von schwerem Wasser sehr aufwendig und teuer ist. In Kanada wird z. B. schweres Wasser in so genannten Schwerwasserreaktoren benutzt.

In England und in der ehemaligen Sowjetunion wurden überwiegend Reaktoren gebaut, die Graphit zum Abbremsen der Neutronen benutzten. In der Bundesrepublik Deutschland dagegen wird Wasserstoff in Form von leichtem Wasser (H_2O) zum Abbremsen benutzt (Abb. 6). Aus diesem Grund nennt man diesen Reaktortyp auch Leichtwasserreaktor. Der Nachteil von leichtem Wasser ist, dass es die Neutron relativ stark absorbiert. Damit die Kernreaktion trotzdem durch die Absorption nicht zum Stillstand kommt, muss die Konzentration an spaltbarem Material angehoben werden, damit vermehrt Neutronen nachproduziert werden können. Das natürliche Uran wird

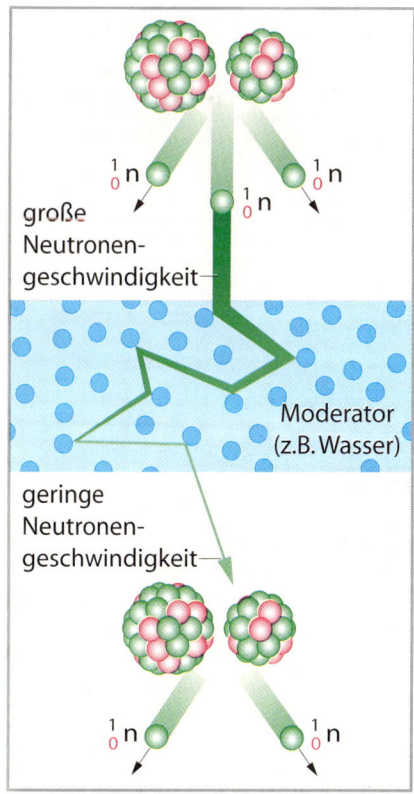

große Neutronengeschwindigkeit

Moderator (z.B. Wasser)

geringe Neutronengeschwindigkeit

Abb. 6: Abbremsen von schnellen Elektronen mit Wasser

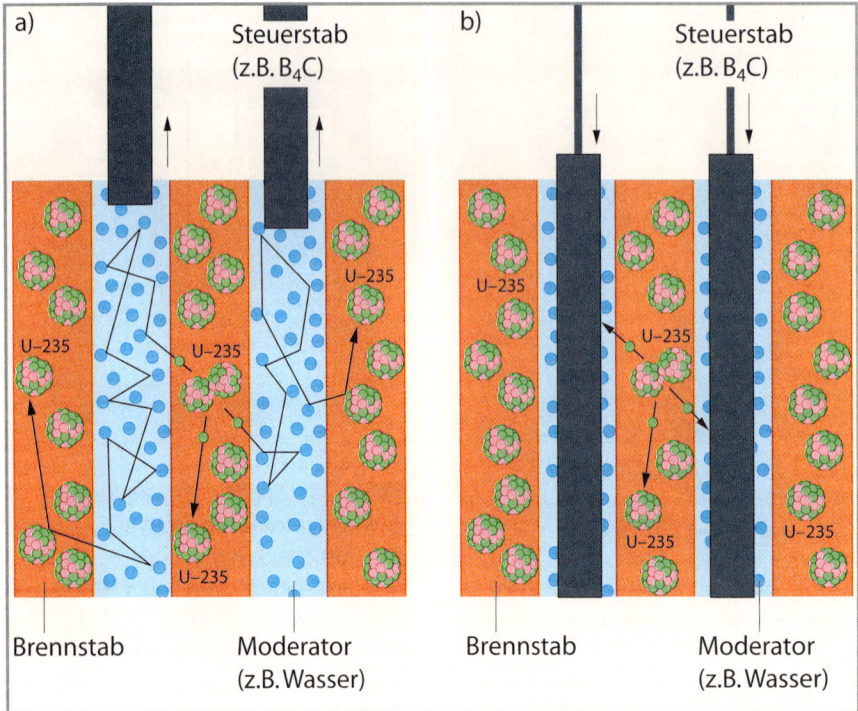

Abb. 7: Steuerstäbe zum Steuern der Kettenreaktion

eine Fehlbedienung führten zu der Reaktorkatastrophe von Tschernobyl.

Die Kettenreaktion in den Reaktoren werden mit Steuerstäben reguliert. Als Steuerstäbe kommen Materialien zum Einsatz, die besonders stark Neutronen absorbieren. Es können dafür Materialien wie Bor, Indium, Silber oder Cadmium eingesetzt werden (Abb. 7).

Bei den Leichtwasserreaktoren wird zwischen dem Druck- und dem Siedewasserreaktor unterschieden. Die von den Reaktoren abgeführte Wärme wird zur Erzeugung von Dampf genutzt, der die Turbine und damit den Generator antreibt. Der Reaktor ersetzt somit prinzipiell den befeuerten Dampfkessel in einem herkömmlichen Wärmekraftwerk. Ein Druckwasserreaktor beispielsweise mit einer Leistung von 1300 MW (Megawatt = Million Watt) hat etwa 200 Brennelemente, wobei jedes Brennelement mit 300 Uran-Stäbchen ausgerüstet ist. Brennstäbe haben dabei eine Länge von 4,83 m und einen Brennstabdurchmesser von 10,75 mm. Der wesentliche Unterschied zwischen Siedewasser- und Druckwasserreaktor besteht darin, dass im Siedewasserreaktor direkt Wasserdampf entsteht, der zum Antrieb der Turbine genutzt wird. Im Druckwasserreaktor wird die Wärme über einen Wärmetauscher auf den Sekundärkreislauf übertragen.

Im Brutreaktor wird im Unterschied zu den beiden oben erwähnten Reaktortypen neben der Energieerzeugung noch das spaltbare Material Plutonium 239 aus dem sonst unbrauchbaren Uran 238 hergestellt. Dafür werden nur schnelle Neutronen benötigt, deshalb läuft dieser Reaktor ohne Moderator. Da bei diesem Prozess höhere Temperaturen entstehen, ist der Brutreaktor wie der Druckwasserreaktor aus einem Primär- und Sekundärkreislauf aufgebaut (Abb. 8).

Da im Primärkreislauf im Brutreaktor höhere Temperaturen entstehen, wird Natrium als Kühlmittel eingesetzt. Mit dem „Brüten" von spaltbarem Material können Brutreaktoren heutzutage Natururan etwa 60-mal besser ausnutzen als Leichtwasserreaktoren.

Steigt die Leistung des Reaktors durch vermehrte Kernspaltung, dann verdampft durch Überhitzung der Moderator. Die Neutronen können somit nicht mehr abgebremst werden, und der Reaktor kommt automatisch zum Stillstand. Beim Reaktortyp von Tschernobyl wird Graphit als Moderator benutzt. Beim Überhitzen bleibt die Funktion des Moderators erhalten und die Kernspaltung wird weiter fortgeführt. Dieser Effekt und

Abb. 8: Kernkraftwerk mit schnellem Brutreaktor

Zum Weiterlesen:

- Der Aufbau der Materie II, S. 298
- Radioaktivität, S. 304
- Gefahren durch Kernkraftwerke, S. 309
- Solarenergie, S. 312

Gefahren duch Kernkraftwerke

In den 50er Jahren hatte sich aus Sicherheitsgründen die Bundesrepublik Deutschland bewusst für den Leichtwasserreaktor entschieden. Der Leichtwasserreaktor benutzt leichtes Wasser als Kühlmittel und Moderator (Abb. 1).

Normales Wasser (H_2O) wird dabei als leichtes Wasser bezeichnet, im Gegensatz zu dem schweren Wasser (D_2O), das mit dem Wasserstoffisotop Deuteron D gebildet wird. Deuteron besitzt im Vergleich zum herkömmlichen Wasserstoffkern (Nuklid) zusätzlich zu dem Proton noch ein Neutron. Aus diesem Grund hat das schwere Wasser die doppelte Atommasse wie leichtes (normales) Wasser.

Der Moderator hat die Aufgabe, die Neutronen abzubremsen, da nur langsame Neutronen den Urankern 235 spalten können. Steigt die Leistung des Reaktors an, dann wird mehr Wärme erzeugt, und dabei steigen Dampfblasen im Wasser auf. Mit dem Aufsteigen der Dampfblasen verringert sich die Dichte des Wassers, so dass weniger Wassermoleküle vorhanden sind, um die Neutronen abzubremsen. Da nur ausreichend stark abgebremste Neutronen die Urankerne (U 235) spalten, sinkt die Anzahl der Kernspaltungen, und der Reaktor kühlt sich ab (Abb. 2). Im theoretischen Fall eines totalen Kühlmittelverlusts würde die Kernreaktion sofort stoppen. Diese Art von Selbststabilisierung

Leistung bzw. die Anzahl der Kettenreaktionen, dann bilden sich Bläschen im Kühlwasser. Die Dichte des Kühlwassers nimmt mit den Dampfbläschen ab. Damit absorbiert das Wasser weniger Neutronen. Die höhere Anzahl der Neutronen wird vom Graphit abgebremst, und es finden aufgrund der erhöhten Anzahl der Neutronen mehr Kernreaktionen statt (Abb. 3). Nur besondere Sicherheitsmaßnahmen können verhindern, dass die Kettenreaktion der Kernspaltung nicht außer Kontrolle gerät. Eine fehlerhafte Bedienung des Reaktortyps im Zusammenhang mit einem technischen Experiment verursachte am 26. April 1986 die Reaktorkatastrophe in der Nähe der ukrainischen Stadt Tschernobyl. Beim Experiment stieg die Anzahl der Kernreaktionen in wenigen Sekunden so dramatisch an, dass der Reaktor außer Kontrolle geriet. Der Kernreaktor wurde durch die hohen Temperaturen zerstört. Graphitbrände (Moderator besteht aus Graphit) transportierten die herausgeschleuderten radioaktiven Partikel im Schornsteineffekt der heißen Luft in 1-2 km Höhe. Die radioakti-

Abb. 1: Atomkraft, die scheinbar saubere Energie

ven Partikel wurden über weite Teile Europas verteilt (Abb. 4).

Ein Großteil der Radionuklide (radioaktive Atomkerne) haben die unmittelbare Umgebung des Reaktors von einem Radius von ca. 30 km extrem radioaktiv verseucht (kontaminiert). Diese Region bleibt lange Zeit unbewohnbar. Die Windrichtung hatte die durch den Brand frei gewordenen Radionuklide über weite Teile Europas verstreut.

Als Radionuklide werden die Atomkerne von radioaktiven Atomen bezeichnet. Die Strahlung der Radionuklide haben die Eigenschaft, Stoffe zu ionisieren, deshalb

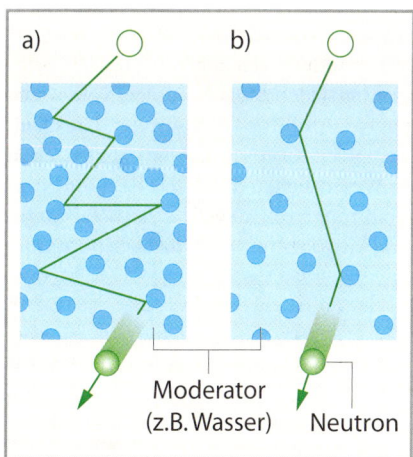

Abb. 2: Hohe und tiefe Wassertemperatur

wird als inhärente (innewohnende) Stabilität bezeichnet und trägt wesentlich zur Sicherheit des Reaktorbetriebes bei. Der Spaltprozess im Leichtwasserreaktor wird also bei Erhöhung der Temperatur des Moderators verringert.

Im Vergleich dazu, benutzen die Reaktoren der ehemaligen UdSSR Graphit als Moderator und Wasser als Kühlmittel. Steigt die

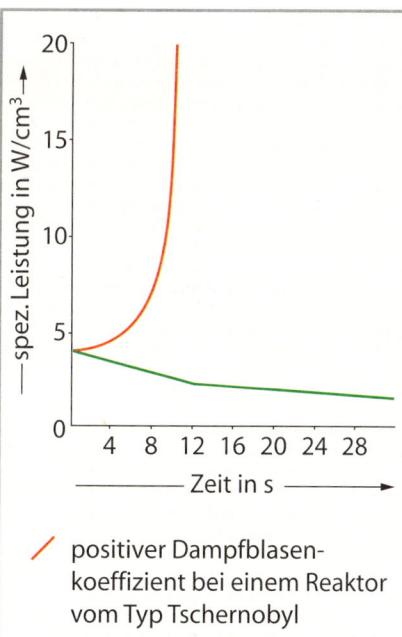

positiver Dampfblasenkoeffizient bei einem Reaktor vom Typ Tschernobyl

negativer Dampfblasenkoeffizient bei einem Siedewasserreaktor (BRD)

Abb. 3: Reaktorleistung beim Versagen der Kühlmittelpumpen

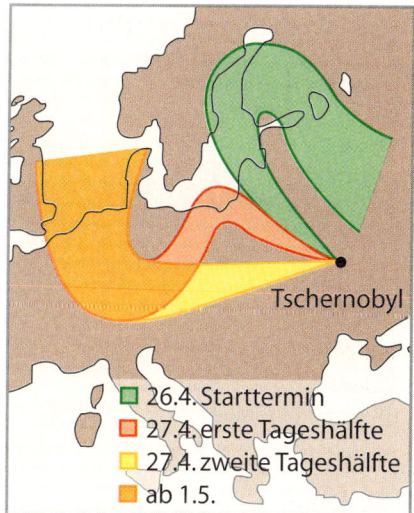

■ 26.4. Starttermin
■ 27.4. erste Tageshälfte
■ 27.4. zweite Tageshälfte
■ ab 1.5.

Abb. 4: Reaktorkatastrophe Tschernobyl: Ausbreitung der radioaktiven Partikel

spricht man auch von einer ionisierenden Strahlung. Diese Strahlung schleudert Masse und Energieportionen mit hohen Beträgen heraus. Dieser Vorgang wird auch als radioaktiver Zerfall bezeichnet. Der Beschuss von Organismen mit radioaktiven Strahlungen ist sehr gefährlich.

Die Gefährdung des Menschen durch die Reaktorkatastrophe wird somit ausschließlich durch die Radionuklide verursacht. Durch den Fallout (Niederschlag von radioaktiven Partikeln) gelangen die Radionuklide in die Nahrungskette. Da sich der Mensch dauernd im Stoffaustausch mit seiner Umwelt befindet, kommt es zu einer äußeren und inneren Strahlenbelastung des menschlichen Körpers. Bei den Strahlenschäden, die beim menschlichen Körper auftreten können, unterscheidet man in somatische (soma = Körper) und genetische (Erbgut) Schäden.

Die Wahrscheinlichkeit, dass Strahlenschäden auftreten, hängt von der Energiedosis D (Menge an Stahlung) und der Strahlenart ab. Alphastrahlung (Wasserstoffkerne) sind für den Organismus beispielsweise wesentlich gefährlicher als Beta- (Elektronen) oder Gammastrahlung (Röntgenstrahlung). Die Strahlung wird mit dem Qualitätsfaktor Q bezeichnet (Abb. 5). Die Strahlenbelastung eines Organismus wird mit der Äquivalentsdosis bewertet (Abb. 6):

$$H = P \cdot \bar{Q}$$

$$[H] = \frac{J \text{ (Joule)}}{s} \quad \text{(Äquivalentdosis)}$$

$$[D] = \frac{J \text{ (Joule)}}{s} \quad \text{(Energiedosis)}$$

$$\bar{Q} = \text{Qualitätsfaktor}$$

Beispiel 1: Gammastrahlen

$$D = \frac{10^{-15}}{s} J \qquad \bar{Q} = 1$$

$$H = \frac{10^{-5} J}{s} \cdot 1 = \frac{10^{-5} J}{s} = \frac{10^{-2} J}{kg} = 10^{-2} Sv$$

Beispiel 2: Neutronenstrahlen
$$\bar{Q} = 10 \quad D = \text{bleibt}$$

$$H = \frac{10^{-5} J}{s} \cdot 10 = 10^{-1} Sv = 0,1 Sv$$

$$= 100 \text{ m Sv}$$

Beispiel 3: Alphastrahlen
$$\bar{Q} = 20 \quad D = \text{bleibt}$$

$$H = \frac{10^{-5} J}{s} \cdot 10 = 10^{-1} Sv = 0,1 Sv$$

$$= 100 \text{ m Sv}$$

$$H = \frac{10^{-5} J}{s} \cdot 20 = 2 \cdot 10^{-1} Sv = 0,2 Sv$$

$$= 200 \text{ mSv}$$

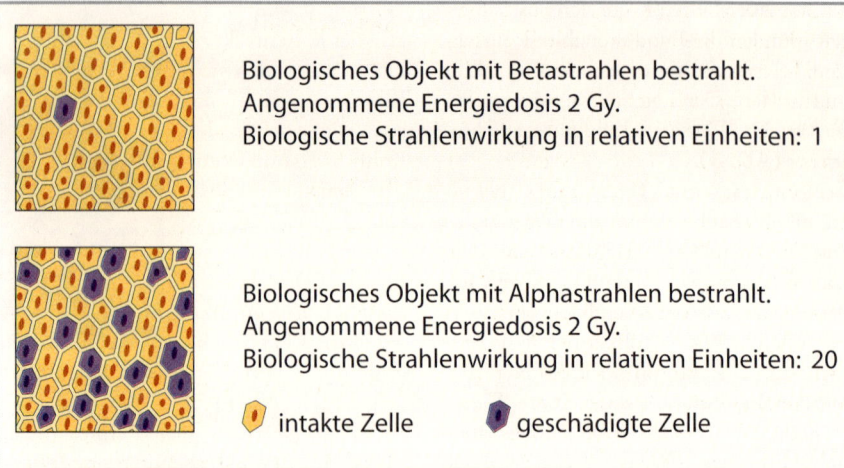

Biologisches Objekt mit Betastrahlen bestrahlt. Angenommene Energiedosis 2 Gy. Biologische Strahlenwirkung in relativen Einheiten: 1

Biologisches Objekt mit Alphastrahlen bestrahlt. Angenommene Energiedosis 2 Gy. Biologische Strahlenwirkung in relativen Einheiten: 20

⬡ intakte Zelle ⬢ geschädigte Zelle

Abb. 5: Der Qualitätsfaktor unterscheidet die Strahlung in ihrer schädigenden Wirkung

Für die Äquivalentsdosis galt früher das REM (rem =röntgen equivalent man), heutzutage benutzt man die Einheit Sv (Sievert).

Für die Umrechnung gilt:

1 rem	= 0,01 Sv
1 mrem	= 0,01 mSv

Bezogen auf eine bestimmte Zeitspanne ergibt sich die Äquivalentsdosisleistung:

$\frac{Sv}{h}$	$\frac{rem}{h}$	Sv = Sievert h = Stunde $Sv = \frac{J}{kg}$
$\frac{Sv}{d}$	$\frac{rem}{d}$	d = Tag
$\frac{Sv}{a}$	$\frac{rem}{a}$	a = Jahr

$$\text{rem} = \text{röntgen equivalent man}$$

$$1 \text{rem} = \frac{1}{100} Sv$$

Um Frühschäden am menschlichen Körper zu erkennen, muss der Körper einer Mindestmenge an Strahlung ausgesetzt sein. Die Schwellendosis liegt zwischen 200 und 300 mSv. Durch diese Strahlenbelastung zeigen sich kurzzeitige Veränderungen des Blutbildes. Erhöht sich die Strahlenbelastung, dann sind dementsprechend gravierend die Strahlenschäden. Eine Ganzkörperdosis von 7000 mSv gilt im Allgemeinen als tödlich. Neben den Frühschäden treten auch Spätschäden an den Organismen auf. Die Spätschäden machen sich durch bösartige (ma-

ligne) und nicht bösartige (nichtmaligne) Wucherungen bemerkbar.

In der Tabelle (S. 311 rechts oben) sind einige Strahlenbelastungen bzw. Grenzwerte aufgeführt (Abb. 7).

Damit die Gefahr eines Reaktorunglücks in der BRD so gering wie möglich gehalten wird, unterliegen die Kernreaktoren einem grundlegenden Sicherheitskonzept.

Kernkraftwerke bestehen in der BRD aus einem System von Sicherheitsbarrieren. Diese Barrieren haben zum einen die Aufgabe, Strahlungen nach außen abzuschirmen und das Austreten von radioaktiven Stoffen zu verhindern (Abb. 8).

Die Alpha-(Heliumkerne) und Betastrahlen (Elektronen) werden vollständig durch das Kühlwasser absorbiert. Die Gammastrahlen (Röntgenstrahlen) werden schon im Wesentlichen durch das Reaktordruckgefäß zurückgehalten. Die restliche Strahlung wird durch eine 2 m dicke Schutzmauer

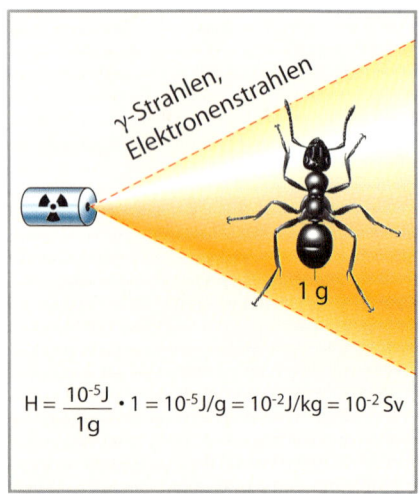

γ-Strahlen, Elektronenstrahlen

1 g

$$H = \frac{10^{-5} J}{1g} \cdot 1 = 10^{-5} J/g = 10^{-2} J/kg = 10^{-2} Sv$$

Abb. 6: Beispiel: Äquivalentsdosis bei Gammastrahlung

aus Stahlbeton abgefangen. Gegen äußere Einwirkungen wie beispielsweise Erdbeben oder Flugzeugabstürze schützt die äußere Gebäudehülle. Der Leichtwasserreaktor in der BRD ist neben den Sicherheitsbehältern und einem Notkühlsystem insbesondere mit einer automatischen Leittechnik ausgestattet. Bei einer auftretenden Störung arbeitet dieses System selbständig und lässt sich nicht durch Fehlverhalten des Personals in seinem Ablauf beeinflussen. Dieses Sicherheitssystem kontrolliert sich selbst. Nach der deutschen Risikostudie können gravierende Reaktorunglücke, beispielsweise durch Kernschmelze, nur einmal in 10.000 Reaktorbetriebsjahren stattfinden. Bei 1% dieser Unfälle müsste man gemäß der Studie mit Todesfällen rechnen. Das Risiko ist also extrem gering, aber es werden weiterhin Sicherheitsforschungen unternommen, um das Risiko zu minimieren.

Belastungsart	Äquivalentsdosisleistung pro Jahr	
	mSv/a (Sievert)	mrem/a
1 Flugstunde pro Jahr in 10 km Höhe	0,003	0,3
Grenzwert für radioaktive Abgaben bei Kernkraftanlagen	0,3	30
Medizinische Strahlenbehandlung (mittlere Strahlenbelastung in der BRD)	1,5	150
Mittlere natürliche Strahlenbelastung in der BRD	2,4	240
Grenzwert für beruflich Strahlen ausgesetzten Personen	50	5000
Medizinisch fassbare Strahleneffekte	250 mSv	25.000 mrem
Vorübergehende Strahlenkrankheit	1000 mSv	100.000 mrem
Schwere Strahlenkrankheit	4000 mSv	400.000 mrem
Tödliche Dosis	7000 mSv	700.000 mrem

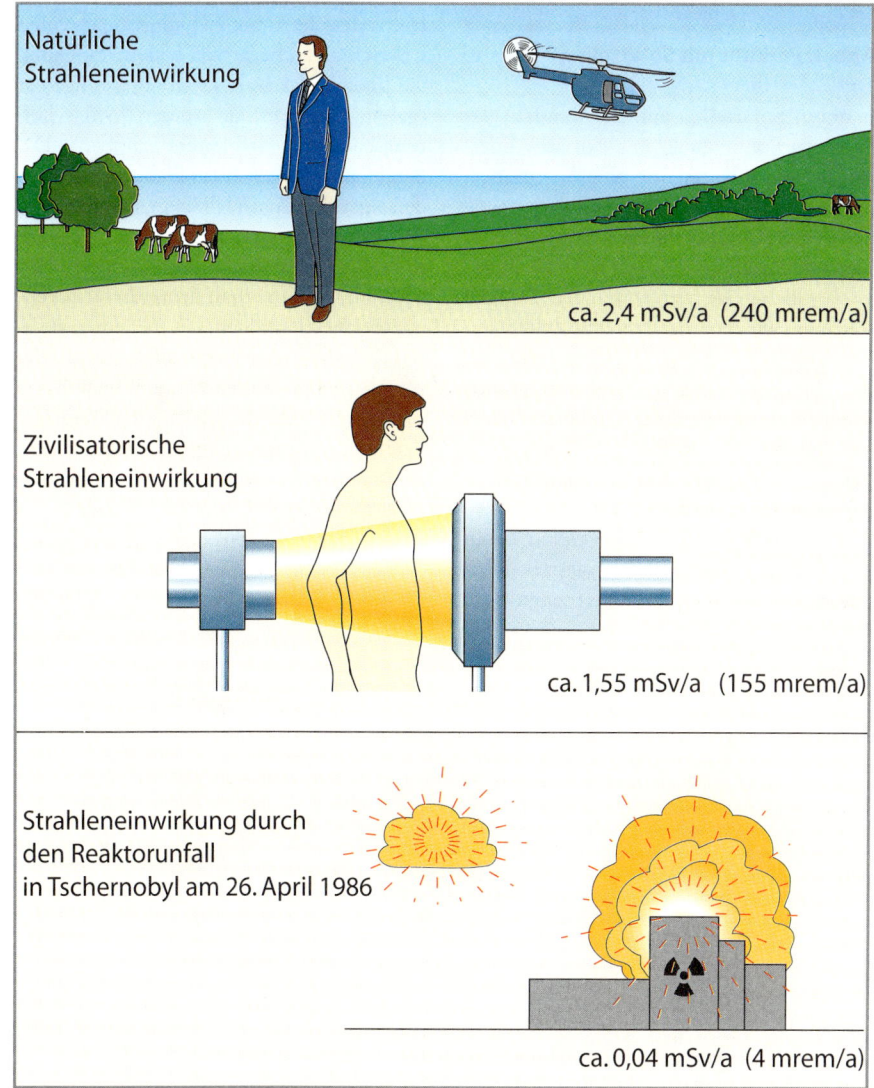

Natürliche Strahleneinwirkung

ca. 2,4 mSv/a (240 mrem/a)

Zivilisatorische Strahleneinwirkung

ca. 1,55 mSv/a (155 mrem/a)

Strahleneinwirkung durch den Reaktorunfall in Tschernobyl am 26. April 1986

ca. 0,04 mSv/a (4 mrem/a)

Abb. 7: Mittlere effektive Strahlendosierung in der BRD (1988). Die natürliche und zivilisatorische Strahleneinwirkung übersteigt die des Reaktorunfalls bei weitem

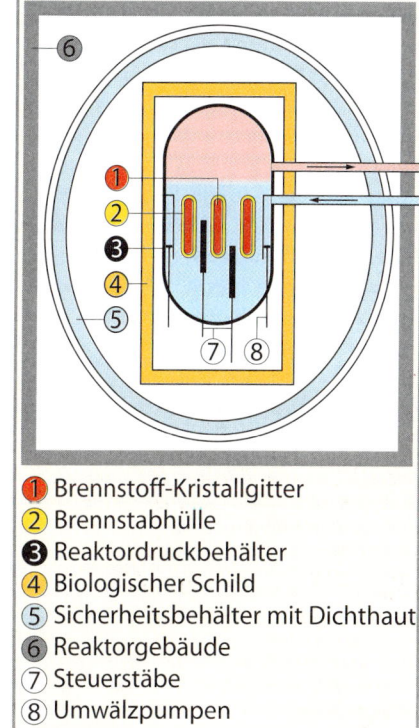

① Brennstoff-Kristallgitter
② Brennstabhülle
❸ Reaktordruckbehälter
④ Biologischer Schild
⑤ Sicherheitsbehälter mit Dichthaut
❻ Reaktorgebäude
⑦ Steuerstäbe
⑧ Umwälzpumpen

Abb. 8: Sicherheitsbarrieren im AKW

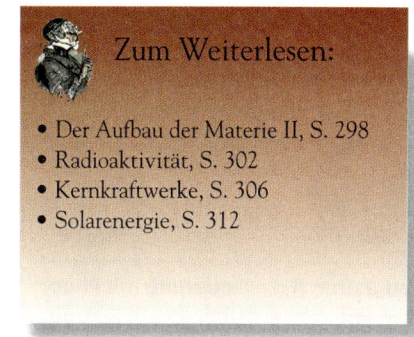

Zum Weiterlesen:

- Der Aufbau der Materie II, S. 298
- Radioaktivität, S. 302
- Kernkraftwerke, S. 306
- Solarenergie, S. 312

Strom aus der Sonne

Macht man eine Reise in südliche Länder wie Zypern oder Israel, so fallen einem auf vielen Dächern schwarze Behälter auf. Was hat es damit auf sich? Die Menschen nutzen mit diesen schwarz beschichteten Behältern die Sonnenenergie zur Erwärmung ihres Brauchwassers. Jeder, der im Sommer schwarze Kleidung trägt, spürt die enorme Hitze, die dadurch absorbiert (aufgenommen) wird. Schwarze Gegenstände haben die Fähigkeit, Sonnenstrahlen zu absorbieren. Auch in unseren Breiten lohnt sich die Erwärmung des Brauchwassers zunehmend. Zum einen gewährt der Staat finanzielle Hilfen bei der Anschaffung, zum anderen werden durch erhöhte Stückzahlen die Herstellungspreise gesenkt. Da bei uns die Sonne nicht so intensiv scheint, benötigt man allerdings speziell gefertigte Sonnenkollektoren, die es in unterschiedlichsten Ausführungen gibt. Das durch die Sonne erwärmte Wasser wird in einen Wärmetauscher geleitet, der die Wärmeenergie übernimmt und in einem Kessel als warmes Wasser speichert. Will man dann ein heißes Bad nehmen, erwärmt man das Wasser um die notwendige Temperaturdifferenz und spart damit Geld, Energie und CO_2 (Kohlendioxid) ein. Diese Art von Energieeinsparen wird Schule machen, denn viele Staaten der Welt haben sich auf der Weltklimakonferenz in Rio dazu verpflichtet, den Ausstoß der gefährlichen Treibhausgase, zu denen auch CO_2 gehört, stark zu vermindern. Aber es gibt noch eine andere elegante Art, die unerschöpflichen Energiemengen der Sonne zu nutzen.

Photovoltaik

Betrachtet man moderne Parkuhren, Taschenrechner, Armbanduhren und Verkehrskontrollanlagen, so fallen die schönen blau gefärbten Kristallplatten der so ge-

Abb. 1: Parkuhr mit Solarzellen

nannten Solarzellen auf. Sie wandeln das Licht der Sonne direkt in elektrische Energie um und arbeiten wie eine Spannungsquelle (Abb. 1). Solarzellen bestehen häufig aus dem Halbleitermaterial Silizium oder Germanium. Silizium ist auf der Erde in unerschöpflichen Mengen vorhanden. Deshalb scheint es widersinnig, dass diese Zellen vergleichsweise teuer sind. Der Grund dafür ist, dass die Herstellung von sauberen, großen Siliciumkristallen sehr aufwendig ist. Zudem funktionieren die Halbleiter erst dann, wenn man sie durch den Einbau von Fremdatomen gezielt verunreinigt (Abb. 2).

Dieses gezielte Verunreinigen mit Arsen oder Bor nennt man Dotieren eines Halbleiters. Ähnliche Produktionsmethoden wendet man auch bei Transistoren und Dioden

an, die wir aus der Unterhaltungselektronik kennen. Eine Solarzelle kann am besten mit einer Diode verglichen werden. Durch die gezielte Dotierung z. B. mit Arsen oder Phosphor erreicht man beim Herstellen einer Diode, dass das Silizium einige negative Ladungsträger mehr im Kristallgitter hat. Man nennt dieses das n-dotierte Silicium. Umgekehrt kann man durch den Einbau anderer Stoffe (z. B. Bor) ein p-dotiertes Silicium herstellen. Beide Schichten werden zusammengefügt. Dabei bildet sich in der Berührfläche zwischen n- und p- dotiertem Silicium eine Grenzschicht aus, in der sich die Ladungsträger quasi genau anders anordnen als die eigentliche Polarität der Schicht. Die Ladungsträger werden sozusagen herübergesogen, wodurch sich räumlich sehr eng begrenzt die Polarität gerade umkehrt. Fertigt man sehr dünne p-dotierte Schichten, so dass z. B. Sonnenlicht eindringen kann, passiert folgendes (Abb. 3): Die p-dotierte Halbleiterschicht hat im Grenzbereich einen Überschuss an negativen Ladungen. Durch die Energie des Lichts werden sie angeregt (genau sagt man, sie werden in das Leitungsband des Halbleiters gehoben). Dadurch entwickelt sich ein Elektronenfluss in den eigentlichen n-Halbleiter, der die so angeregten Elektronen durch seine „positiven" Raumladungen in der Grenzschicht herübersaugt. Damit erhält der n-Halbleiter energiereiche Elektronen, die über einen äußeren Stromkreis dem p-Halbleiter wieder zurückgegeben werden können. Im äußeren Stromkreis wird die Elektronenenergie in Wärme, Licht, Bewegung usw. umgewandelt, so dass die ankommenden Elektronen energiearm sind. Nun beginnt der Vorgang von neuem.

Die Ähnlichkeit zu Dioden erkennt man auch an der Spannung, die eine Solarzelle liefert. Sie beträgt etwa 0,5 - 0,6 V (Abb. 4).

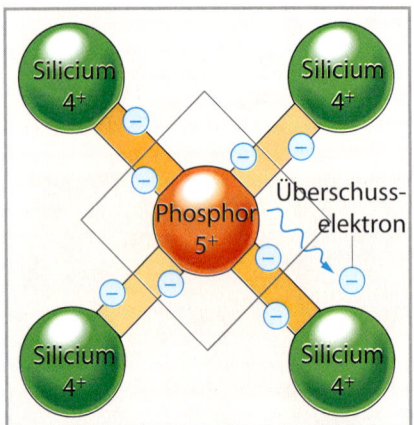

Abb. 2: Durch die Dotierung mit Phosphor entsteht ein Überschußelektron

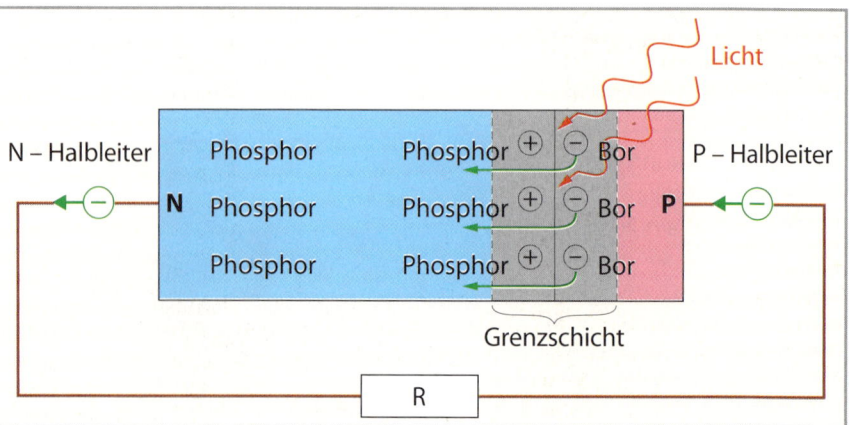

Abb. 3: Stromleitung durch Lichteinwirkung in einer Solarzelle. Die p-dotierte Halbleiterschicht hat im Grenzbereich einen Überschuss an negativen Ladungen

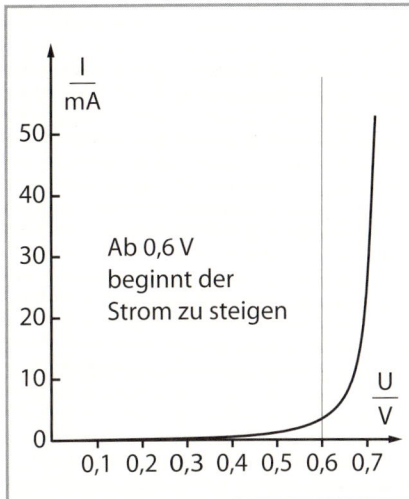

Abb. 4: Kennlinie einer Siliziumdiode

Dies ist etwa die Spannung, bei der eine Halbleiterdiode beginnt, Strom „relativ gut" zu leiten.

Das Gegenfeld in der Grenzschicht muss nämlich erst durch eine von außen angelegte Spannung überwunden werden. Die gewählte Darstellung ist natürlich stark vereinfachend. Die wichtigsten Sachverhalte lassen sich aber damit nachvollziehen.

> Strom aus Solarzellen ist Gleichstrom, der seine Energie aus Licht erhält.

Nutzung der Photovoltaik

Täglich strahlt die Sonne ein Vielfaches dessen auf die Erde, was der Mensch an Energie umwandelt, jedoch nicht immer an den richtigen Ort und nicht immer zum richtigen Zeitpunkt. Damit entstehen bei der Nutzung der Photovoltaik, der direkten Umwandlung von Sonnenlicht in Strom, erhebliche praktische Probleme. Wie bereits erwähnt, liefert eine Solarzelle nur eine Spannung von ca. 0,5 V. Man muss also viele Solarzellen hintereinander schalten, um eine angemessene Spannung zu erhalten. In Kleingeräten wie in Taschenrechnern und in Uhren sind die Solarzellen den batteriebetriebenen Geräten bei weitem kostenmäßig überlegen. Auch bei Großgeräten wie Parkuhren oder Verkehrszählstellen, für die eine separate Leitung gelegt werden müsste, sind solarbetriebene Geräte viel billiger. Für die Stromversorgung von Satelliten (Abb. 5) sind sie sogar unverzichtbar. Die Zahl von Photovoltaikanlagen zur direkten Stromeinspeisung steigt ständig. Dabei wird der in der Solaranlage gewonnene Gleichstrom über Wechselrichter in Wechselstrom umgewandelt und in das Netz eingespeist.

Bei dieser Anwendung (1 kW – 200 kW) ist die herkömmlich produzierte elektrische Energie heute noch wirtschaftlicher. Allerdings rechnet man bei ihr Folgekosten, wie die nachweislich entstandenen Umweltschäden, nicht hinzu. In manchen Städten Deutschlands gibt es das Modell der sogenannten kostendeckenden Vergütung. Wer eine Photovoltaikanlage installiert, erhält über einen Zeitraum von 10 bis 20 Jahren eine erhöhte Strompreisvergütung. Bei angemessener Sonnenscheindauer kann man damit sogar einen geringen Gewinn erwirtschaften. Diese Anlagen arbeiten vollständig CO_2-frei. Noch ist also die Photovoltaik ein Minusgeschäft, und es gibt wirtschaftlich bessere Möglichkeiten, Energie einzusparen. Zum Beispiel könnte man den Wirkungsgrad von Kraftwerken mit geringeren Mitteln erheblich verbessern und kurzfristig mehr Energie einsparen. Troztdem ist eine Förderung der Solarenergie wichtig, da irgendwann die Kraftwerke keine fossilen Brennstoffe mehr haben. Dann nützt auch der beste Wirkungsgrad nichts mehr. Als Alternative bliebe nur noch die Kernenergie oder die Kernfusion, wobei Letztere im Moment weit von jeglicher Nutzungsmöglichkeit entfernt ist.

Kombinierte Systeme

Wenn man die Sonnenenergie mit einem Hohlspiegel bündelt, so kann man erhebliche Mengen an Energie auffangen. Lenkt man diese Energie gebündelt auf so genannte Stirlingmotoren, so kann Strom erzeugt werden. In heißen Ländern wie in Spanien geschieht das zu Forschungszwecken. Man kann auch mit Solarstrom Wasserstoff, wie im hofmannschen Apparat beschrieben, herstellen. Schon heute fahren mit Wasserstoff betriebene Autos und Züge. Allerdings ist Wasserstoff wegen seiner Explosionsgefahr sehr gefährlich. Für Entwicklungsländer mit hoher Sonnenscheindauer könnte die Wasserstoffproduktion ein lukratives Geschäft werden. Doch auch hier ist der Weg noch weit. Zur direkten Unterstützung dieser Länder ist es vielleicht wichtiger, sie mit so genannten Solarkochern auszurüsten, die mit einem Hohlspiegel Sonne einfangen und diese als Kochwärme nutzbar machen. In den Dürrezonen brächten Solarkocher den Vorteil, wichtiges Baumland vor der Abrodung zu retten.

Es wird von den Menschen selber abhängen, inwieweit sie bereit sind, die unerschöpfliche Energie der Sonne zu nutzen.

Abb. 5: Satelliten sind ohne Solarenergie undenkbar

 Zum Weiterlesen:

- Der Aufbau der Materie II, S. 298
- Radioaktivität, S. 302
- Kernkraftwerke, S. 306
- Gefahren durch Kernkraftwerke, S. 309

Biologie

Die Faszination des Lebendigen: Die Biologie   316

Grundlagen
Alle Lebewesen zeigen gleiche Merkmale   318

Haustiere und Nutztiere
Der Hund – Begleiter des Menschen   320
Die Katze – vom Mäusefänger zum Schmusetier   322
Das Pferd – vielseitig, schnell, intelligent   324
Das Rind – ein bedeutendes Nutztier   326
Das Huhn ist ein seltsamer Vogel   328
Das Schwein stammt vom Wildschwein ab   330
Der Mensch und die Nutztiere   332

Tiere und ihre Lebensräume
Feldhase und Wildkaninchen   334
Der Maulwurf – Leben unter der Erde   336
Fische in ihrem Lebensraum   338
Vögel – Eroberer der Luft   340
Amphibien – Leben im Wasser und an Land   342

Der Körper des Menschen
Die sexuelle Entwicklung des Menschen   344
Fortpflanzung und Entwicklung des Menschen   346
Das Skelett schützt und stützt   348
Ernährung, Verdauung und gesunde Zähne   350
Sinnesorgane des Menschen: Haut, Auge, Ohr, Nase   352
Herzschlag und Atmung   354

Lebensgrundlage Pflanzen
Pflanzen – Grundlage für das Leben   356
Pflanzen vermehren sich   358

Leben in Ökosystemen
Wald – Lebensraum für Pflanze und Tier   360
Mensch und Wald – gestern und heute   362
Bäume kennen und erkennen   364
Farne – Pflanzen ohne Blüten und Samen   366
Pilze wachsen auch im Dunkeln   368
Waldameisen leben in einem Staat   370
Borkenkäfer können die Wälder gefährden   372
Viele Bäume im Wald sind krank   374
Pflanzen und Vögel der Binnengewässer   376
Die Vielfalt der Süßwasserbewohner   378
Ökologie der Binnengewässer   380
Leben im Wattboden   382
Zugvögel und andere Besucher des Wattenmeeres   384
Das Wattenmeer – ein Lebensraum in Gefahr   386

Zellbiologie
Der Aufbau der Zelle   388
Die Zellteilung   390
Die Mikroorganismen   392

Kein Leben ohne grüne Pflanzen

Bau und Funktion einer Blütenpflanze 394
Ohne Fotosynthese kein Leben 396
Die Landwirtschaft früher und heute 398
Intensive Landwirtschaft und ökologischer Landbau 400

Stoffwechsel im menschlichen Körper

Die Nahrung liefert Energie und Baustoffe 402
Der Stoffwechselvorgang 404
Blutkreislauf und Transportvorgänge 406
Funktion von Leber und Niere 408
Die Atmung 410
Bewegung 412

Reize wirken auf den Menschen ein

Der Bau des Auges 414
Sehen und Wahrnehmen 416
Hören – Riechen – Schmecken 418
Die Haut – das größte Sinnesorgan 420

Steuerung über Nerven und Hormone

Steuerung über Nerven und Hormone 422
Sexualhormone und ihre Wirkung auf den menschlichen Körper 424
Liebe, Sex und Partnerschaft 426
Leben aus der Retorte 428
Das Immunsystem 430

Verhalten von Tieren und Menschen

Angeborenes Verhalten bei Tieren 432
Erworbenes Verhalten bei Tieren 434
Tierwanderungen 436
Angeborenes und erworbenes Verhalten des Menschen 438

Übertragung des Erbguts

Die mendelschen Gesetze 440
Die Chromosomen – Träger der Erbinformation 442
Angewandte Genetik – Gentechnologie 444

Stammesgeschichte

Fossilien 446
Stammesgeschichte der Lebewesen 448
Ursachen des Artenwandels 450
Stammesgeschichte des Menschen 452

Umwelt

Umwelt – Ökologie 456

Ordnung

Systematik 458

Die Faszination des Lebendigen: Die Biologie

Die Biologie ist bei *Jugend forscht* und *Schüler experimentieren* (Teilnahmebedingungen und nähere Informationen auf Seite 896) immer noch das beliebteste Forschungsgebiet. Dabei gehen die jungen Forscher mittlerweile weit über das hinaus, was im traditionellen Biologieunterricht angeboten wird, und beziehen neben den klassischen Gebieten – Pflanzen, Tiere, Menschen – auch Umwelt und Medizin in ihre Studien ein.

Interessantestes Forschungsobjekt: Tiere

Tiere gehören dabei natürlich zu den bevorzugten Studienobjekten. Wer sich im Rahmen von *Jugend forscht* mit ihnen befassen möchte, muss selbstverständlich die Tierschutzbestimmungen einhalten. Bei der Arbeit darf kein Tier zu Schaden kommen, und es sind ausschließlich rein beobachtende Arbeiten erlaubt.

Wer glaubt, Städte seien unwirtlich und kein Lebensraum für Tiere, der hat nur nicht genau hingesehen. Genau das tat aber Michael Schraut. Er stellte am Beispiel seiner Heimatstadt Schweinfurt „Vergleichende Betrachtungen an der Vogelwelt städtischer Ökosysteme" an. Dazu erfasste er den Vogelbestand sowie die jeweilige Zusammensetzung von Arten und Individuen. Resultat seiner Beobachtungen: In waldähnlichen Flächen wie Parks und Friedhöfen ist die gefiederte Bevölkerung am dichtesten, die Artenvielfalt am größten. Weniger beliebt bei Spatz und Specht sind Schulgelände und Industriegebiete. Michael Schraut schließt seine Untersuchungen mit einem Plädoyer: Die Lieblingsplätze der Stadtvögel sollten vor Überbauung geschützt und durch gezielte Pflege gefördert werden.

Vögel interessierten auch Michaela Gack (Abb. 1). Sie wollte wissen, was Schleiereulen schlemmen. Der Name ihres Wohnortes Grub am Forst lässt vermuten, dass dort etliche ihrer ansonsten stark gefährdeten Forschungsobjekte ansässig sind. Statt die scheuen Nachttiere bei ihren Mahlzeiten zu beobachten – ein Versuch, der wohl ohnehin zum Scheitern verurteilt wäre –, sammelte die junge Eulenexpertin an drei verschiedenen Orten Gewölle, also die unverdaulichen Teile der Beutetiere, die die Eulen wieder hervorwürgen. Analyse und Vergleich der Gewölle brachten zu Tage, dass die Eulen zehn verschiedene Kleinsäugerarten verputzten. Ganz oben auf der Speisekarte standen dabei Feldmäuse, und gibt es dort einmal einen schwachen Jahrgang, weichen die Eulenpaare auf Spitzmäuse aus.

Weniger ansehnliche Beobachtungsob-

Abb. 1: Michaela Gack (19) untersuchte im Landkreis Coburg an drei ausgewählten Standorten das Gewölle von Schleiereulen

jekte hatten sich Verena Fuhrmann, Tamme de Riese und Christina Schaltke aus Aschersleben im letzten Jahr ausgesucht. Ihr Forschungsgegenstand hieß Aphis fabae, die Schwarze Bohnenblattlaus. Die drei Forscherinnen beschäftigte folgende Frage: An Trockenstress angepasste Pflanzen sind zwar in der Lage, über längere Zeiträume mit wenig Wasser auszukommen – aber gilt das auch für die auf ihnen lebenden Parasiten? So untersuchten sie den Blattlausbefall auf verschiedenen Ackerbohnensorten, die auf unterschiedlich feuchten Böden wuchsen, und mussten feststellen, dass Pflanzen, die auf trockenem Boden wuchsen, deutlich stärker von Blattläusen befallen waren. Das liegt unter anderem daran, dass die Pflanzen bei Trockenheit mehr der für Blattläuse lebenswichtigen Aminosäuren produzieren. Besorgniserregendes Fazit: Bei einer Klima-

veränderung hin zu mehr Trockenheit ergäben sich auch gravierende Probleme für den Pflanzenschutz. Fazit für den Balkongärtner: Gießen schützt vor Läuseplagen.

Wasserscheue Pflanzen

Fensterscheiben, die nicht schmutzig werden? Ein Traum, den Forscher bald zu erfüllen hoffen, indem sie die wasserabweisenden Eigenschaften von Pflanzen nachahmen. Warum aber haben manche Pflanzen unbenetzbare oder sogar selbstreinigende Blätter? Erklärte man dieses Phänomen früher mit der rauen Blattoberfläche, so glaubt man heute, das es an dem über der Blattstruktur liegenden Luftpolster liegt. Christiane Opitz aus Weinheim (Abb. 2) nahm sich für ihre Arbeit die Luftpolster verschiedener Blätter vor und stellte fest, dass sich zwar alle untersuchten Blätter relativ gleichartig gegenüber

Abb. 2: Christiane Opitz (19) entdeckte, dass Luft ein wesentlicher Bestandteil wasserabstoßender Blattoberflächen ist

Wasser verhielten, die auf ihnen gebundene Luftschicht aber jeweils sehr große Unterschiede zeigte. Ein weiterer Schritt hin zur Fensterscheibe, die permanenten Durchblick garantiert!

Was bei Pflanzen unter der Oberfläche passiert, interessierte Markus Schwarzländer, Matthias Forster und Rupprecht Lange. Dass eine Tomate reif ist, wenn sie rot, weich und lecker ist, erschien ihnen als Definition zu unwissenschaftlich; sie wollten es genauer wissen und suchten nach Indikatoren, die das Reifestadium einer Frucht anzeigen. Als „Versuchskaninchen" wählten sie das Korallenstöckchen, das wie die Tomate ein Nachtschattengewächs ist. Es gelang ihnen, die Reifestadien an Hand von Inhaltsstoffen wie Chlorophyllen und Carotinoiden sowie bestimmter Zellorganelle zu bestimmen. Außerdem konnten sie den Reifevorgang in vitro simulieren und beeinflussen und intakte Klone aus Pflanzenteilen regenerieren. Anwendungsmöglichkeiten für ihre Forschungsergebnisse wären im botanischen, pharmazeutischen oder lebensmitteltechnischen Bereich denkbar.

Einem ganz traditionellen Thema widmete sich Florian Menzel in seiner preisgekrönten Arbeit „Anatomie der Farnpflanzen: Artbestimmung und Evolution". Er untersuchte 70 Farnpflanzen und entwickelte daraus einen anatomischen Bestimmungsschlüssel für die europäischen Arten, mit dem sich selbst aus einem kleinen Pflanzenteil oder einem abgestorbenen Wedel die Pflanze bis zur Gattung sicher bestimmen lässt. Selbst für gut erhaltene Farnfossilien gilt der Schlüssel des jungen Forschers, der sich außerdem zum Ziel gesetzt hatte, die sehr umstrittene Systematik der Farne zu überprüfen.

Forschungsgebiet Medizin

Nur sehr langsam bequemen sich Schulmediziner, sich mit der Wiederentdeckung der Pflanzenheilkunde zu befassen. Früher wurden Hausmittel von Generation zu Generation mündlich überliefert oder in Büchern festgehalten. Heute aber will man es genauer wissen. Zwar gilt noch immer der Satz „Wer heilt, hat recht", aber man möchte gerne wissenschaftlich untermauert haben, was unsere Vorfahren ohnehin schon wussten. Vor der Erfindung des Kühlschranks würzte man Lebensmittel vermutlich, um sie zu konservieren und Magen-Darm-Infekte zu vermeiden. Anna-Louise Pfeffer (Abb. 3) nahm die „scharfen" Lebensmittel genauer unter die Lupe und untersuchte die Wirkstoffe in Knoblauch, Zwiebel, Pfeffer, Chili

Abb. 3: Anna-Louisa Pfeffer (19) untersuchte vor allem den Knoblauch auf seine antibakterielle und antimykotische Wirkung

etc. Fazit: Die Pflanzen haben tatsächlich antibakterielle und antimykotische, also pilzhemmende Eigenschaften. Knoblauch und Zwiebeln etwa hemmen die Gärung von Hefepilzzellen vollständig, Chili und Pfeffer immerhin noch deutlich. Knoblauch hilft außerdem gegen Fußpilz, Mundgeruch und Magenschleimhautentzündung, ist also nicht nur dem Volksmund nach, sondern erwiesenermaßen gesund.

Biologie und Umwelt

Dass Pflanzen äußerst sensibel auf Umwelteinflüsse reagieren, weiß inzwischen wohl jeder. Dass man sie aber auch an Stelle teurer und komplizierter Geräte als richtiggehende Messinstrumente einsetzen kann, dürfte manchem neu sein. Besonders gut eignen sich für diesen Zweck Flechten, denn sie haben keinerlei Schutzvorrichtungen gegen das Eindringen gasförmiger Schadstoffe und reichern schädigende Substanzen schon in geringer Konzentration an. Daher sind sie ideale Indikatoren für die Überwachung der Umweltqualität. Ronny Henke entwickelte seine eigene Berechnungsmethode, um auf Gestein und auf Bäumen wachsende Flechten zu untersuchen, und konnte so eine hohe Schadstoffbelastung im Zentrum von Weimar nachweisen, die aber überraschenderweise im idyllischen, grünen Ilmpark ebenso hoch war. Des Rätsels Lösung: Jener Park hat nicht nur eine bedeutende Geschichte – steht doch hier das legendäre Gartenhaus, in dem der Dichter und Naturforscher Goethe zu Beginn seiner Weimarer Zeit wohnte –, sondern auch eine sehr hohe Luftfeuchtigkeit, in der sich erheblich mehr Schadstoffe lösen. Gute Nachricht für Weimar und Goe-

thes Gartenhaus: Die Luftqualität ist mittlerweile auf dem Wege der Besserung.

Sonderpreis Umwelt

Im Bereich Umwelt sind die Teilnehmer längst den klassischen Biotopuntersuchungen im Biologieunterricht entwachsen. Sie beschäftigen sich mit Fragen von Energie, Recycling und Bodennutzung. Themen der letzten Jahre waren etwa das Recycling von PVC, eine Tankummantelung, die das Auslaufen von Benzin verhindert, oder die Entwicklung einer umweltfreundlichen Schneckenabwehr. Es wurde gefragt: „Sind Spülmittel biologisch abbaubar"?, und die „Auswirkungen von Brauereiabwasser auf das Wachstum von Radieschen" wurden ebenso untersucht wie der „Einfluss von Nitrat auf die Physiologie der Grünalgen" oder der „Einfluss von Nickel auf das Pflanzenwachstum am Beispiel von Futterklee".

„Die grüne Walnuss – ein Bioinsektizid?", fragte sich Friederike Haass: Wenn einen unter einem Walnussbaum die Mücken in Ruhe lassen – sollte dann vielleicht der Saft der grünen Schalen ein wirksames Insektizid sein? Die junge Forscherin stellte fest, dass sich mit diesem Saft Ameisen vertreiben lassen, dass er aber auch einen wachstumshemmenden Wirkstoff enthält. Der Walnussschalensaft hat also das Zeug zum hervorragenden – umweltfreundlichen und abbaubaren – biologischen Insektizid, wenn es gelingt, die toxische Wirkung zu verhindern.

Die besten Umwelt-Projekte werden beim Welt-Wettbewerb „Worldwide Young Researchers for the Environment" (WYRE) präsentiert, an dem Jugendliche aus rund 100 Staaten teilnehmen.

Alle Lebewesen zeigen gleiche Merkmale

*D*ie Biologie befasst sich mit Lebewesen. In dem Wort Biologie stecken die griechischen Worte „bios" = Leben und „logos" = Lehre. So ist also die Biologie die Lehre von allem Lebendigen, von Menschen, Tieren und Pflanzen. Woran erkennt man aber nun, was ein Lebewesen ist? Es gibt fünf Merkmale, die erfüllt werden müssen, damit man von Lebewesen sprechen kann:

1. Lebewesen pflanzen sich fort.
2. Sie wachsen und entwickeln sich.
3. Sie bewegen sich aus eigener Kraft.
4. Sie nehmen Nahrung auf und atmen.
5. Sie reagieren auf Reize.

Für Mensch und Tier sind diese Lebensäußerungen leicht erkennbar, für Pflanzen treffen sie aber auch zu, sind jedoch oft so verborgen, dass sie erst nach Langzeitbeobachtungen wahrgenommen werden können. Jeder der fünf Punkte wird nun mit Beispielen erklärt:

1. Lebewesen pflanzen sich fort und vererben ihre Merkmale.

Da die Tiere und Menschen nicht unsterblich sind, muss für eine ausreichende Zahl von Nachkommen gesorgt werden, damit sie nicht aussterben. Tiere legen Eier oder bringen, wie der Mensch, lebende Junge zur Welt. Die Nachkommen erben ganz bestimmte Merkmale von ihren Eltern. Bald sehen die Jungen wie ihre Eltern aus. Wenn sie erwachsen sind, können sie sich fortpflanzen (Abb. 1).

So bleibt ihre Art erhalten. Samenpflanzen blühen, und die Pollenkörner werden auf eine andere Blüte der gleichen Pflanzenart übertragen. Danach bilden sich Samen, aus denen sich neue Pflanzen entwickeln. Außer durch Samen (geschlechtliche Vermehrung) haben Pflanzen auch eine ungeschlechtliche

Abb. 2: Wachstum einer Pflanze in drei Stadien

Fortpflanzung. So bilden Erdbeeren lange Ausläufer, an deren Enden Knospen zu neuen Pflanzen mit eigenen Wurzeln und Blättern heranwachsen. Die Kartoffel vermehrt sich durch Knollen, die Tulpe durch Zwiebeln. In der Gärtnerei nutzt man die Fähigkeit vieler Pflanzen, sich durch Stecklinge fortzupflanzen. Dabei werden aus abgeschnittenen Blättern oder Zweigen neue Pflanzen gezogen.

2. Lebewesen wachsen und entwickeln sich.

Menschen wie Tiere wachsen und werden älter. Während dieser Zeit durchlaufen sie verschiedene Wachstums- und Altersstufen. Irgendwann sterben sie den Alterstod. Beeindruckend ist es, die Entwicklung vom Säugling zum erwachsenen Menschen oder vom Jungtier zum ausgewachsenen Tier zu verfolgen. Es dauert unterschiedlich lange, bis Menschen und Tiere ausgewachsen sind. Der Mensch, der bei seiner Geburt ungefähr 50 Zentimeter groß war, erreicht als Erwachsener ungefähr 1,80 Meter und braucht dazu fast 20 Jahre. Die Maus ist in 10 Wochen ausgewachsen, das Pferd mit drei Jahren. Auch Pflanzen haben unterschiedliche Wachstumszeiten. Aus einem etwa 2 Zentimeter großen Samen der Kastanie entsteht ein 25 Meter hoher Baum. Aus einem Sonnenblumenkern, der 7 Millimeter groß ist, wächst innerhalb von fünf Monaten eine Pflanze von drei Metern Höhe. Eichen wachsen ihr Leben lang und können über 1800 Jahre alt werden (Abb. 2).

3. Lebewesen bewegen sich aus eigener Kraft.

Tiere haben vielfältige Techniken der Fortbewegung entwickelt, je nachdem, ob sie auf dem Land, im Wasser oder in der Luft leben. Sie kriechen, laufen, rennen, springen, klettern, schwingen sich von Baum zu Baum, schwimmen oder fliegen (Abb. 3). Bewegungen bei Pflanzen laufen sehr langsam ab, sie können sich nicht selbständig von ihrem Standort fortbewegen. Sie wenden beispielsweise ihre Blätter zum Licht, öffnen oder schließen die Blüten, richten sich wieder auf, wenn sie niedergetreten werden. Bei der Weinrebe dauert es ungefähr eine Stunde, bis sich eine Ranke einmal um den Stab gewunden hat.

4. Lebewesen nehmen Nahrung auf und atmen.

Der Mensch muss sich ernähren, sonst verhungert oder verdurstet er (Abb. 4). Mit der

Abb. 1: Alle Nachkommen erben charakteristische Merkmale

Abb. 3: Verschiedene Möglichkeiten der Fortbewegung

Nahrung werden alle Stoffe aufgenommen, die zum Leben gebraucht werden. Unverwertbare Stoffe werden ausgeschieden. Die Nährstoffe werden aus der Nahrung gewonnen. Diese werden auch in den Muskeln verarbeitet. Dazu ist der Sauerstoff notwendig, den der Mensch einatmet. Menschen und Tiere ernähren sich von Pflanzen oder von anderen Tieren; auch von Stoffen, die von diesen Lebewesen stammen. Pflanzen ernähren sich ganz anders als Tiere und Menschen. Sie stellen ihre Nahrung selber her. Dazu

brauchen sie Sonne, Luft, Wasser und Mineralstoffe aus dem Boden.

5. Lebewesen reagieren auf Reize.
Bei plötzlichem grellen Licht schließt der Mensch die Augen. Bei einem verdächtigen Geräusch im Wald ergreifen Rehe die Flucht. Werden die Fühler der Weinbergschnecke berührt, zieht sie sich in ihr Gehäuse zurück.

Die Fähigkeit, Reize aus der Umwelt wahrzunehmen und entsprechend darauf zu

Abb. 4: Nahrung und Sauerstoff sind die wichtigsten Voraussetzungen für das Leben

reagieren, ist für das Überleben wichtig. Bei Pflanzen ist es schwieriger, Reaktionen auf Reize zu sehen. Auffällige Beispiele sind folgende: Die Mimose faltet bei der leichtesten Berührung ihre Fiederblättchen zusammen, und der ganze Zweig sinkt ruckartig nach unten. Die Blättchen entfalten sich erst nach einiger Zeit wieder. Die Sonnenblumen drehen ihren Blütenkopf mit dem Sonnenlauf. Sie zeigen damit nicht nur Bewegung, sondern auch eine Reaktion auf einen Reiz. Die Venusfliegenfalle ist eine fleischfressende Pflanze. Bei leichtester Berührung klappen die Blätter zu, und die Beute ist gefangen. Wurzeln wachsen in den Erdboden. Sie reagieren dabei auf die Anziehung der Erde.

 Zum Weiterlesen:

- Pflanzen – Grundlage für das Leben, S. 356
- Die Katze, S. 322
- Der Hund, S. 320

319

Der Hund – Begleiter des Menschen

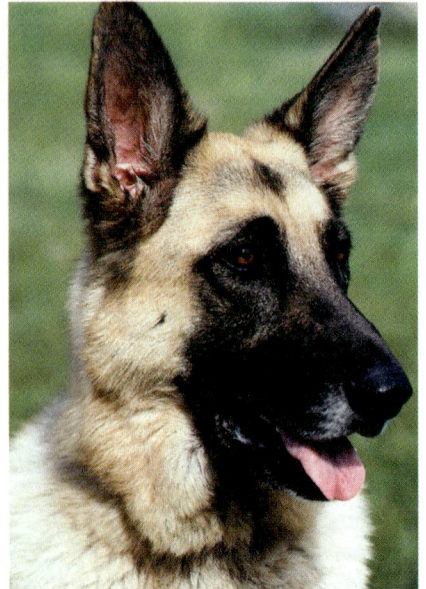 

Abb. 2: Beim Schäferhund ist die Abstammung vom Wolf deutlich zu erkennen

Der Hund ist eines der ältesten Haustiere des Menschen und lebt als einziges Tier mit ihm, und nicht neben ihm. Obwohl Hunde nicht so hohe Leistungen erbringen wie die Kühe mit Milch und Fleisch, die Schafe mit Wolle und die Pferde mit dem Tragen von Lasten, sind sie doch am engsten mit den Menschen verbunden. Der Hund ist nämlich von Natur aus ein gesellig lebendes Tier und von allen Haustieren das gelehrigste und anhänglichste. Der Grund dafür lässt sich aus seiner Abstammung vom **Wolf** erklären. Wölfe leben in Rudeln, das sind kleine Gruppen von 8–15 Tieren. Im Wolfsrudel herrscht eine strenge Rangordnung. Der Ranghöchste ist der Leitwolf, und nach ihm richtet sich das Rudel. Er ist in der Regel das stärkste und erfahrenste Tier, das seine Stellung durch Kämpfe gegen andere Rudelmitglieder erworben hat. Die Tiere verständigen sich untereinander durch Körpersprache (Abb. 1). Die Ausdrucksmittel dabei sind die Stellung des Schwanzes, der Ohren, des Mauls und des Rückens. Von Bedeutung ist auch, ob das Fell gesträubt ist oder anliegt. Außerdem wird die Körpersprache noch durch Laute ergänzt wie Winseln oder Knurren. Der Hund betrachtet die Menschen seiner Umgebung als sein Rudel, und sein Herrchen oder Frauchen werden für ihn der „Leitwolf". Diese Position erhalten die Menschen durch die Erziehung ihrer Hunde. Diese lernen, was erlaubt ist und was nicht. Anders als beim Wolf allerdings, bei dem es immer wieder Rangordnungskämpfe gibt, behält der Haushund das Verhalten, das er als Jungtier, als Welpe, gelernt hat, bei. Er löst sich nicht von seiner Bezugsperson, er bleibt seinem Besitzer „treu".

Zugehörigkeit zur Gruppe, Herrentreue und Gehorsam sind im Zusammenleben mit dem Menschen für den Hund wichtige Verhaltensweisen, die er vom Wolf hat. Andere Verhaltensweisen seiner wild lebenden Vor-

fahren haben für den Haushund keine Bedeutung mehr, aber er behält sie bei: das Verstecken von Nahrungsresten, das Zuscharren des Kots, das Kreiseln vor dem Niederlegen, um das Steppengras zu glätten, die Abgrenzung des Reviers durch Urin.

Der Hund akzeptiert das menschliche Zuhause als sein **Revier**, das er verteidigt. Dringt ein fremder Hund oder Mensch ein, wird er verbellt. Das Markieren von Reviergrenzen gehört dazu. An vielen Stellen wird Harn als Duftmarke abgesetzt. Das riechen dann andere Hunde. Der Hund markiert aber nicht nur Haus und Grundstück, sondern er hinterlässt seine „Visitenkarte" für andere Hunde an vielen Stellen. Das tun besonders die männlichen Hunde, die **Rüden**. Dies sind noch Reste des wölfischen Verhaltens, das angeboren ist. Der Hund muss es nicht erlernen. Und so macht er es auch 14.000 Jahre nach seiner Zähmung zum Haushund wie die Wölfe, die beim Durch-

streifen großer Gebiete Osteuropas, Asiens und Nordamerikas ihre Reviergrenzen mit Harnmarkierungen kennzeichneten. Außerdem schnüffelt der Haushund unentwegt. Mit seiner außerordentlich feinen Nase orientiert er sich über die Vorgänge in seiner Umgebung. Er kann wesentlich besser riechen als der Mensch. Die Riechschleimhaut des Menschen hat 5 Millionen Riechzellen, die des Schäferhundes zum Beispiel 22 Millionen. Als so ausgerüstetes **Nasentier** kann er an einer Spur, die einen Tag und älter ist, noch den Duft des Urhebers erkennen. Diese Fähigkeit nutzt die Polizei, wenn sie Hunde zur Verbrecherjagd einsetzt oder im Suchdienst bei vermissten Menschen unter Trümmern und Lawinen. Der Zollbeamte setzt den Hund beim Suchen nach Drogen ein. Für die Jäger stöbern die Hunde das Wild auf und treiben es ihm zu.

Auch hören kann der Hund besser als der Mensch. Er hört Geräusche wesentlich frü-

Abb. 1: Die Ausdrucksmöglichkeiten des Hundes

her. Das macht ihn zum aufmerksamen Wachhund. Er reagiert außerdem auf sehr hohe Töne, die wir nicht wahrnehmen können. Der Hund ist somit auch ein **Ohrentier**.

Seine Augen sind nicht so gut wie die des Menschen. Farben kann er nicht sehen, er unterscheidet nur Grautöne. Aber er sieht Bewegungen besser. Die Wachsamkeit und der gute Geruchssinn haben den Hund schon vor Tausenden von Jahren zum Begleiter des Menschen gemacht. In allen Teilen der Erde sind durch Züchtungen mehr als 400 Rassen entstanden. Der Mensch wählte immer nur solche Tiere zur Fortpflanzung aus, die besondere Merkmale und Eigenschaften besaßen und diese an die Nachkommen weitergaben. Auf diese Weise wurde die Ursprungsform Wolf vielfach verändert (Abb. 2).

In Europa gibt es 120 anerkannte Hunderassen, von denen der Schäferhund dem Wolf am ähnlichsten sieht. Die Rassenvielfalt vom 80 Kilogramm schweren und 80 Zentimeter großen Bernhardiner, dem Riesen

müssen nicht wie der Mensch beim Gehen die ganze Sohle abrollen, sie berühren nur mit den Zehen den Boden. Sie sind **Zehenspitzengänger**. Die kräftigen und stumpfen Krallen, die nicht empfindlich sind, geben dem Fuß Halt auf unsicherem Grund, wie die Spikes beim Sportschuh. Die schwieligen Ballen unter den Zehen schützen beim Laufen vor Verletzungen. Da Hunde nicht schwitzen können, lassen sie an heißen Tagen und nach anstrengendem Laufen die Zunge aus dem Maul hängen und hecheln. Die an den Schleimhäuten des Mundes vorbeistreichende Luft fördert die Wasserverdunstung und wirkt abkühlend. Auch über die Ballen können Hunde Wasser verdunsten.

Hat der Hund eine Beute aufgespürt, jagt er ihr laut bellend nach. Er verfolgt, er hetzt sie, bis zu deren Erschöpfung. Darum wird er auch als **Hetzjäger** bezeichnet. Dann ergreift er die Beute, hält sie mit den spitzen Eckzähnen fest und schüttelt sie tot. Dieses „Totschütteln" ist dem Hund angeboren. Wenn er nach einem weggeworfenen Spielzeug

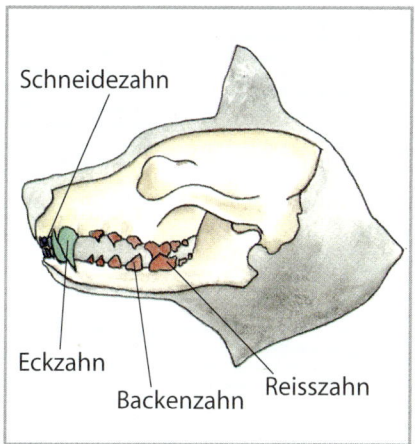

Abb. 4: Schematische Darstellung des Hundegebisses

Eine Hündin und einen Rüden kann man an den Geschlechtsorganen unterscheiden. Die Hündin hat Saugwarzen an der Bauchseite, der Rüde ist am Glied, dem Penis, und am Hodensack zu erkennen. Wenn eine Hündin paarungsbereit ist, man spricht davon, dass sie heiß oder läufig ist, dann wirkt sie unruhig. Selbst das anhänglichste Tier läuft Rüden nach und beachtet seinen menschlichen Herrn weniger. Die Scheide der Hündin schwillt an und scheidet einen blutigen Ausfluss aus. Durch ihren Geruch lockt sie die Rüden an. Nach der Paarung dauert es noch 59–65 Tage, bis die Welpen geboren werden. Drei bis zehn Jungtiere entwickeln sich im Leib der Hündin. Der Geburtsvorgang, auch Werfen genannt, kann bis zu 24 Stunden dauern. Welpen sind zuerst noch blind und recht hilflos. Sie können weder stehen noch gehen. Ihre Entwicklung ist noch nicht abgeschlossen. Man bezeichnet sie deshalb als **Nesthocker**. Der stark ausgeprägte Pflegetrieb der Hündin sichert die Versorgung der Welpen. Sie werden beleckt, gesäubert, gewärmt und ernährt. Die ersten Wochen saugen die Welpen an den Saugwarzen, den Zitzen, die Muttermilch. Tiere, die ihre Jungen lebendig zur Welt bringen und mit Muttermilch säugen, bezeichnet man als **Säugetiere**.

Abb. 3: Malteser gehören, wie die meisten der kleinen Hunderassen, zu den Gesellschaftshunden

sen unter den Hunden, bis zum 16 Zentimeter großen und 500 Gramm schweren Chihuahua bietet dem Menschen Hunde von verschiedenem Nutzen. Sie dienen ihm als **Arbeits-** und **Gebrauchshunde** und **Gesellschafts-** oder **Luxushunde** (Abb. 3).

Neben den bekannten Rassen gibt es eine Vielzahl von **Mischlingshunden**, die dann entstehen, wenn Hunde verschiedener Rassen Junge miteinander haben. Sie zeigen Merkmale beider Rassen und werden als **Bastarde** bezeichnet. Ungefähr jeder vierte Hund ist ein Mischling.

Durch ihren Körperbau sind viele Hunderassen zu großer Schnelligkeit befähigt. Sie

jagt, zeigt er auch diese Verhaltensweise, denn er verhält sich dem Spielzeug gegenüber ähnlich wie gegenüber einem Beutetier.

Der Hund hat ein **Raubtiergebiss** mit 42 Zähnen, das ihn als **Fleischfresser** kennzeichnet (Abb. 4). Auffällig sind die vier großen, dolchartigen, etwas nach innen gebogenen Eckzähne. Mit ihnen kann der Hund sein Beutetier gut festhalten, töten und zerreißen. Mit den spitzhöckerigen Backenzähnen wird die Nahrung zerquetscht. Die kleinen, meißelförmigen Schneidezähne sind beim Fressen von geringerer Bedeutung. Mit ihnen werden zum Beispiel Fleischreste vom Knochen abgeschabt.

 Zum Weiterlesen:

- Hören – Riechen – Schmecken, S. 418
- Die Katze, S. 322
- Das Pferd, S. 324

Die Katze – vom Mäusefänger zum Schmusetier

Die Katze ist wie der Hund ein beliebtes Haustier. Obwohl sie schon seit vielen Jahrhunderten mit dem Menschen zusammenlebt, hat sie viel von ihrem ursprünglichen Naturell behalten. Sie ist ein eigenständiges Wesen geblieben und nur bedingt erziehbar. Wer mit Katzen zusammenlebt, muss sie als Individuen akzeptieren, die das Maß der Zuwendung, das sie brauchen, selbst bestimmen. Die Hauskatze stammt von der ägyptischen **Falbkatze** ab, die vor mehr als 5000 Jahren von den Ägyptern gezähmt wurde. Wegen der großen Getreidevorräte im Land des Nils gab es viele Mäuse. Diese zogen die dort lebenden Wildkatzen an. Die Ägypter erkannten den Nutzen der Mäusefänger, die ihre Kornvorräte schützten, und nahmen sie in Pflege: aus den Nachkommen der wilden Falbkatze wurde die zahme Hauskatze. Viele Familien hielten sich damals Katzen als Haustiere, und sie waren sogar so eng mit ihnen verbunden, dass alle Familienmitglieder sich die Augenbrauen als Zeichen der Trauer rasierten, wenn die Hauskatze starb. Es war sogar verboten, eine Katze zu töten. Später wurde sie als heiliges Tier verehrt und nach dem Tode einbalsamiert.

Erst vor 1000 Jahren kam die Hauskatze nach Deutschland. Ihre Vorliebe für Wärme und Sonne zeigt die Verwandtschaft mit der ägyptischen Urform. Katzen bilden viel weniger Rassen als Hunde, denn der Mensch hat sie zwar als Mäusejäger geschätzt, doch sonst wenig beachtet und darum auch nicht gezüchtet. Darum ähneln Katzen viel mehr ihrer Urform, als das bei Hunden zu beobachten ist. Heutige Züchtungen haben vor allem die Länge der Haare und die Zeichnung des Fells verändert. Zu den Langhaarkatzen gehören die Angorakatze und die Perserkatze. Sie sind ruhige Hausgenossen, die in verschiedenen Farben gezüchtet werden. Zu den Kurzhaarkatzen gehören die Siamkatzen. Sie sind schlank, elegant und sehr lebhaft.

Im Unterschied zum Hund ist die Katze ein Einzelgänger. Sie kann sehr zutraulich werden, wird aber nie so anhänglich wie ein Hund. Die Katze bleibt mehr ihrem Revier treu. Nach einem Umzug kann es geschehen, dass sie zu ihrem alten Revier zurückkehrt. Sie ist standorttreu, während der Hund personentreu ist. Auch beim Spielen und Jagen zeigen Hund und Katze ein unterschiedliches Verhalten. Der Hund hetzt seine Beute. Die Katze schleicht sich leise an oder lauert geduldig vor einem Mauseloch. Dabei duckt sie sich mit gespitzten Ohren flach auf den Boden und bleibt lange Zeit reglos. Die Katze ist ein **Schleichjäger**. Kommt die Maus aus ihrem Loch, setzt die Katze zu einem kraftvollen Sprung an, ergreift die Beute mit den ausgestreckten Krallen der Vorderpfote und tötet sie durch einen gezielten Biss ins Genick. Danach wird die Maus verzehrt. Manchmal lässt die Katze die Beute noch frei und spielt mit ihr. Das hängt aber vom Hunger der Katze ab (Abb. 1). Beim Anschleichen an die Beute darf die Katze weder gehört noch gesehen werden. Sie setzt die Beine nur mit den Zehen auf, sie ist ein **Zehengänger**. Die hornigen Krallen an den Zehen der runden Katzenpfoten liegen dann in Hautfalten verborgen. Die Katze kann also auf ihren sehr weichen Ballen geräuschlos wie auf Samtpfoten schleichen. Da die Krallen den Boden nicht berühren, nutzen sie sich auch nicht ab und bleiben scharf. Trotzdem müssen die Krallen manchmal nachgeschärft werden. Das geschieht durch Kratzen an Bäumen oder Gegenständen. Beim blitzschnellen Beutesprung fährt sie ihre Krallen aus und ergreift damit die Beute. Durch Muskeln, die über Sehnen mit den Krallen verbunden sind, wird das Ausfahren der Krallen ermöglicht (Abb. 2). Mit den dolchartigen Eckzähnen tötet die Katze ihre Beute. Das Fleisch wird mit den scharfhöckerigen Backenzähnen zerschnitten (Abb. 3). Die Katze hat ein **Fleischfressergebiss** und gehört zu den **Beutegreifern**, den Raubtieren. Dieses Jagdverhalten schlägt immer wieder durch, auch wenn die Hauskatze von Milch und Katzenfutter lebt. Katzen gehen gerne auf Jagd, meistens in der Dunkelheit, aber auch am Tag. Für das Jagen in der Nacht

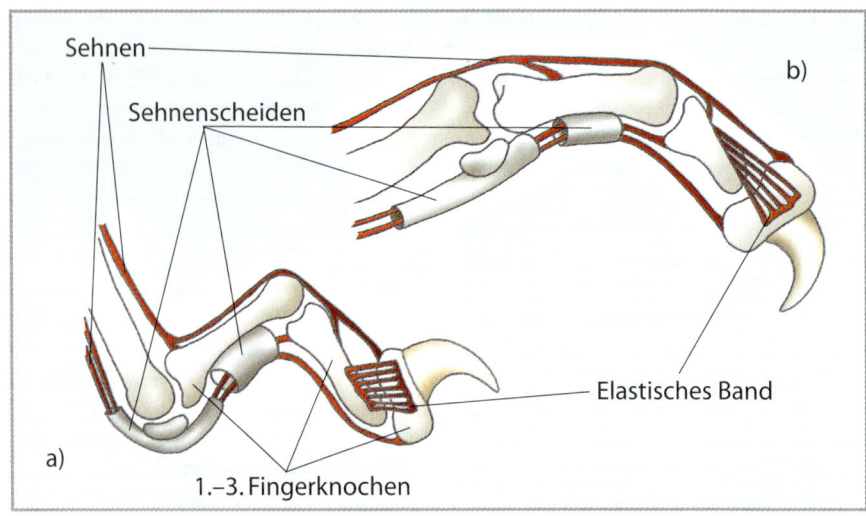

Abb. 2: Schematische Darstellung der Kralle: a) eingezogen, b) ausgestreckt

Sehnen

Sehnenscheiden

b)

Elastisches Band

a)

1.–3. Fingerknochen

Abb. 1: Das Jagdverhalten der Katze: a) Annäherung, b) Absprung, c) Ergreifen der Beute

a)

b)

c)

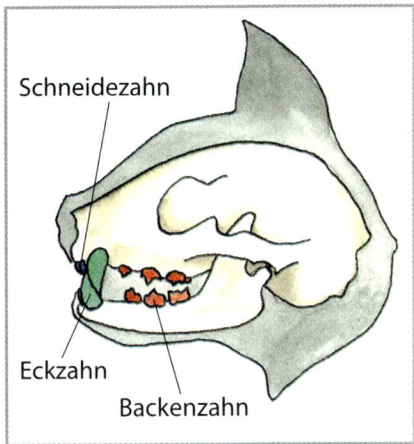

Abb. 3: Das Gebiss der Katze

haben sie hervorragend lichtempfindliche Augen. Die Pupillen einer Katze weiten sich in der Dämmerung kreisrund, so dass möglichst viel Licht ins Auge fällt. So kann sie auch bei wenig Helligkeit noch gut sehen. Eine spiegelnde Schicht hinter der Netzhaut wirft das Licht auf die Sehzellen zurück. So wird es zweimal ausgenutzt, also verstärkt. Diese Spiegelung kann man auch beobachten, wenn Autoscheinwerfer in der Dunkelheit auf Katzenaugen treffen.

Gegen die Helligkeit des Tages verengen sich die Pupillen zu einem senkrechten Sehschlitz (Abb. 4). Bei zu großer Dunkelheit kann die Katze dann auch nichts mehr sehen. Dann verlässt sie sich auf ihren **Tastsinn**. Die empfindlichen Schnurrhaare dienen als Tastwerkzeuge. Sie sind etwas länger, als der Körper breit ist. An der Haarwurzel sind sie von feinen Nervenfasern umgeben, die der Katze melden, wie groß ein Hindernis ist, ob die Öffnung eines Schlupflochs breit genug ist. Auch das feine Gehör hilft der Katze beim Jagen in der Dunkelheit. Lei-

Abb. 4: Bei starkem Lichteinfall verengen sich die Pupillen zu Sehschlitzen

ses Mäusepiepsen hört sie selbst aus größerer Entfernung. Die Katze stellt ihre Ohrtüten in die Richtung, aus der die Laute kommen.

Zwei- bis dreimal im Jahr ist die Paarungszeit der Katzen. Man nennt sie **Ranzzeit**. Eine paarungsbereite Katze zeigt dann ein auffälliges Verhalten: Sie rollt sich auf dem Boden hin und her, sie ist rollig. Nach einer Tragezeit von acht Wochen bringt die Katze drei bis acht Junge zur Welt. Die zunächst blinden Kätzchen sind hilflos und pflegebedürftig. Sie werden von der Mutter gesäugt, gesäubert und gewärmt. Solche unselbständigen Jungtiere nennt man **Nesthocker**. In der zweiten Woche öffnen die Kätzchen die Augen. Sie spielen viel untereinander, balgen dann mit Wollknäueln, Bällen und anderen Gegenständen und üben dabei das Anschleichen und Ergreifen einer Beute.

Katzen sind reinlich. Bei jeder Gelegenheit lecken und glätten sie ihr Fell und ihre Pfoten. Auf der rauhen Zunge sitzen nach hinten gerichtete winzige Hornstacheln, die beim Putzen wie Bürste und Waschlappen zugleich wirken.

Katzen können sich auf verschiedene Weise verständigen: durch den Körper, mit ihrer Stimme und mit Duftmarken. Beim Drohen legt die Katze die Ohren an und kneift die Augen zu schmalen Schlitzen zusammen. Schlägt sie dabei mit dem Schwanz hin und her, bedeutet das starkes Drohen. Ein Angriff erfolgt, wenn sie einen Buckel macht und die Zähne zeigt. Unterstützt wird er durch Fauchen und Knurren (Abb. 5). Wenn die Katze sich wohl fühlt, schnurrt sie. Sie miaut, wenn sie vor verschlossener Tür steht oder Hunger hat. Wenn sich Kater und Katze zur Paarungszeit suchen, jaulen sie laut. Zur weiteren Verständigung setzen die Katzen Duftmarken ab. Einmal durch Urin und auch durch ein Sekret, einen Duftstoff, der in Drüsen am Schwanz gebildet wird.

Hund und Katze mögen sich selten. Da die Katze mit ihren kurzen Beinen kein ausdauernder Läufer ist, rettet sie sich bei Bedrohung auf Bäume oder andere Erhöhungen. Wird sie in die Enge getrieben, nimmt sie eine Stellung ein, die Furcht und Schrecken einjagen soll: Sie macht einen Katzenbuckel, die Haare sträuben sich und täuschen ein viel größeres Tier vor. Dazu entblößt sie die Zähne und faucht wild.

Die Katze nützt dem Menschen durch das Fangen von Mäusen und Ratten. Leider gehört sie zu den Feinden der Vögel. Ein großer Teil der Vogelbruten fällt Katzen zum Opfer.

In den Waldgebieten von Eifel, Hunsrück und Schwarzwald lebt noch die **Europäische Wildkatze**. Sie ist mit der Falbkatze ver-

Zufriedenheit

Annäherung

Gefahr

Angriff

Abb. 5: Die Körpersprache der Katze

wandt und ähnelt der grau getigerten Hauskatze. Am Schwanz kann man beide unterscheiden. Bei der Wildkatze endet der schwarz geringelte, dicke Schwanz mit einer Quaste, der Schwanz der Hauskatze dagegen ist spitz. Die Wildkatze wurde früher gejagt und dadurch beinahe ausgerottet, denn man sah in ihr einen „blutgierigen, mordlustigen Räuber". Seit 1924 ist sie geschützt, denn man hat festgestellt, dass die Wildkatzen sich zu 80 % von Kleinnagern, vor allem Wühlmäusen, ernähren und damit einen wichtigen Dienst bei der biologischen Regulierung von Schadnagern leisten.

Verwandte Großkatzen sind Löwe, Puma, Tiger, Leopard, Jaguar und Luchs.

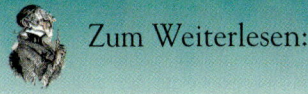 Zum Weiterlesen:

- Der Hund, S. 320
- Das Huhn, S. 328
- Angeborenes Verhalten bei Tieren, S. 432

Das Pferd – vielseitig, schnell, intelligent

Pferde faszinieren durch ihre Kraft, Eleganz, Schnelligkeit und Vielfalt der Erscheinungsformen. Erst vor 5000 Jahren wurde das Pferd gezähmt und seitdem als Haustier gehalten. Vor dieser Haustierwerdung liegt noch eine lange Entwicklungsgeschichte, die 60 Millionen Jahre zurückreicht in die Zeit, da auf der Erde tropisches Klima herrschte. Da lebte der Urahn des Hauspferdes in den üppigen Wäldern und versteckte sich bei Gefahr im Unterholz. Dieses Urpferdchen, „Eohippus" genannt (zusammengesetzt aus den griechischen Wörtern eos = Morgenröte und hippos = Pferd), war nicht größer als ein Terrier. Im Laufe von Jahrmillionen, als das Klima kälter wurde, gingen Wälder zugrunde und Steppen breiteten sich aus. Das Waldtier konnte unter diesen Bedingungen nicht mehr leben. Aber es gab unter den Nachkommen Tiere, die durch Erbänderungen besser an die neuen Lebensbedingungen angepasst waren. Diese pflanzten sich weiter fort, und so entwickelten sich aus dem kleinen Waldtier Eohippus die großen schnellen Wildpferde der Steppe. Alle heutigen Pferderassen stammen vom **Przewalski-Pferd** ab, das die Steppen Asiens bewohnte. Diese Wildpferdeform ist heute nur noch im zoologischen Garten zu sehen, denn es wurde als begehrtes Jagdwild verfolgt. Das zeigen auch steinzeitliche Höhlenzeichnungen wie in Lascaux in Frankreich. Wildpferde sind kleiner und gedrungener als die Zuchtformen. Sie haben

Abb. 1: Das Przewalski-Pferd gehört zu den letzten ursprünglichen Wildpferden unserer Erde

stets eine dunkle, bürstenartige Stehmähne und dunkle Beine und auf dem Rücken einen dunklen Aalstrich (Abb. 1). Im Laufe der Jahrtausende wandelte sich das frei lebende Steppentier zum Nutztier.

In vergangenen Zeiten wurden Pferde als Kampf- und Arbeitstiere durch den Menschen genutzt. In Schlachten waren berittene Krieger dem Fußvolk weit überlegen. Reitervölker wie die Hunnen, Mongolen und Araber waren dadurch in der Lage, andere Völker zu besiegen. Dies galt bis zur Erfindung der Feuerwaffen.

Bauern bearbeiteten mit Pferden ihre Ackerflächen, und der Transport von Gütern und Menschen konnte nur mit Pferdegespannen geleistet werden. Die Postkutsche galt über Jahrhunderte als das schnellste Verkehrsmittel. Traktor, Lastwagen und Eisen-

bahnen haben schließlich die Arbeitskraft des Pferdes abgelöst. Aber von ihm stammt noch die früher verwendete Maßeinheit für die Leistung eines Motors: PS, die Abkürzung für Pferdestärke.

Heute unterscheidet man bei Pferden Ponys, Vollblüter, Warmblüter und Kaltblüter. Diese Bezeichnungen bedeuten nicht, dass das Blut kalt oder warm ist, sondern wie temperamentvoll das Pferd ist.

Vollblüter sind die temperamentvollsten Pferde mit zierlichem Kopf und schlankem Körper. Die bekanntesten sind die Araberpferde. Sie werden im Rennsport eingesetzt. Die schnellsten von ihnen können eine Geschwindigkeit von 70 Kilometern in der Stunde erreichen (Abb. 2).

Warmblüter, gezüchtet aus einer Kreuzung zwischen Vollblütern und Kaltblütern, sind schnelle, schlanke Reit- und Turnierpferde: Trakehner, Hannoveraner und Holsteiner.

Die kräftigen, langsamen **Kaltblüter** mit starkem Knochenbau werden auch heute noch in der Forstwirtschaft als Rückepferde zum Abtransport gefällter Bäume eingesetzt. Sie richten weniger Schaden an als ein großer Traktor. Bekannt sind das Belgische Kaltblut und das Westfälische Kaltblut (Abb. 3).

Ponys sind Kleinpferde mit einer Schulterhöhe zwischen 90 und 147 Zentimetern. Zu ihnen gehören: Shetlandponys, Islandpferde, Haflinger und das Norwegische Fjordpferd.

In ihren Verhaltensweisen ähneln die heutigen Pferderassen noch immer den Wildpferden. Als nahezu wehrlose Tiere mussten die Wildpferde stets auf der Hut vor Feinden sein. Sie retteten sich durch schnelle Flucht. Darum bezeichnet man sie als Fluchttiere. Ihre beweglichen Ohren spielen ständig und lauschen auf jedes Geräusch. Auch heute scheuen Pferde, gehen durch oder schlagen nach hinten aus, wenn sie erschreckt werden. Pferdekenner sprechen ihre Tiere an, bevor sie sich ihnen nähern. Neben dem Gehörsinn ist auch der Geruchssinn gut ausgeprägt. Feinde, Wasser und gutes Futter werden schon von weitem gewittert.

Pferde sind Pflanzenfresser. Sie beißen Gras, Blätter und kleine Zweige mit den Schneidezähnen ab. Anschließend wird das Futter mit

Abb. 2: Vollblüter sind temperamentvoll

Abb. 3: Charakteristisch für Kaltblüter ist der starke Knochenbau

den breiten Backenzähnen zerkleinert. Diese haben breite Kauflächen mit rauen Falten. Die Abnutzung der Falten gibt Pferdekennern einen Hinweis auf das Alter des Tieres. Das Pferd kaut nur einmal gründlich; es ist kein Wiederkäuer wie das Rind. Da die Pflanzennahrung arm an Nährstoffen ist, braucht das Pferd viel Futter, bis es satt ist.

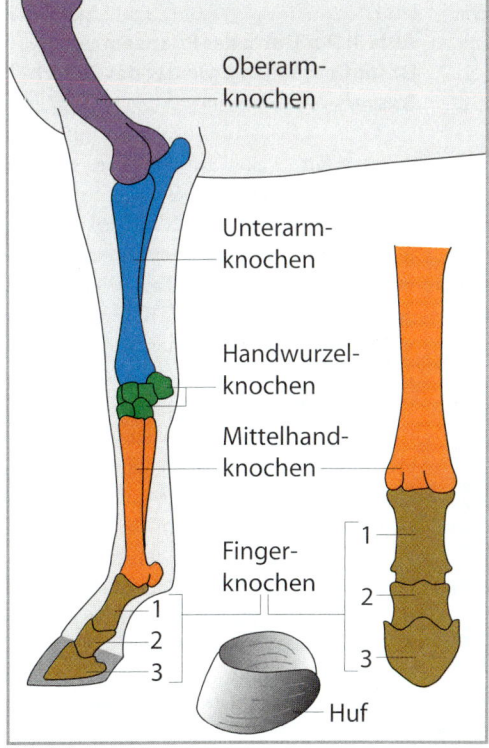

Abb. 4: Die Vorderhand des Pferdes

Je nach Rasse dauern die Fresszeiten beim Weidegang 10 bis 14 Stunden am Tag. Der Darm kann bis zu 20 Meter lang sein.

Pferde können stundenlang laufen, ohne zu ermüden. Ihre Beine sind Laufbeine. Anders als der Mensch tritt das Pferd nicht mit dem ganzen Fuß, sondern nur mit der Spitze der Zehen auf. Es ist ein **Zehenspitzengänger**. Nur eine Zehe trägt die ganze Last. Diese Mittelzehe ist sehr kräftig gebaut. Ihr vorderstes Glied steckt in einem hornigen Huf (Abb. 4). Beim Wildpferd wuchsen die Hufe im gleichen Maße nach, wie sie abgenutzt wurden. Unter starker Beanspruchung nutzen sie sich allerdings schneller ab. Darum tragen die Pferde zum Schutz Hufeisen. Man kann die Hufeisen gut mit Nägeln befestigen, da die Hornschuhe totes Gebilde sind (Abb. 5). Man unterscheidet drei Gangarten beim Pferd: Schritt, Trab und Galopp.

Pferde gehören zu den **Säugetieren**. Das weibliche Tier, die Stute, bringt nach einer Tragezeit von 338 Tagen meist ein Jungtier, ein Fohlen, zur Welt. Dieses kann gleich nach der Geburt sehen und nach kurzer Zeit auf den Beinen stehen und trinken. Es ist ein **Nestflüchter**. Um mitflüchten zu können, hat es derart lange Vorderbeine, dass es anfangs nur mit gespreizten Vorderbeinen grasen kann.

Nahe verwandt mit dem Pferd ist der **Esel**. Beide kann man miteinander kreuzen. Ist der Hengst ein Pferd und die Stute ein Esel, erhält man einen Maulesel. Das Ergebnis einer Kreuzung von Eselhengst und Pferdestute ist das Maultier. Beide sind genügsame Tragtiere.

Abb. 5: Das Hufeisen bewahrt den Huf des Pferdes vor zu starker Abnutzung

 Zum Weiterlesen:

- Das Rind, S. 326
- Der Hund, S. 320
- Die Katze, S. 322

Das Rind – ein bedeutendes Nutztier

Das Rind ist ein sehr vielfältiges Nutztier. Es gibt etwa 100 Rinderrassen. Die bekanntesten sind das Schwarzbunte Niederungsvieh, das Braunvieh und das Rotbunte Höhenvieh. Aus Schottland sind die Gallowayrinder gekommen und aus Frankreich die Charolais. Alle stammen vom **Ur- oder Auerochsen** ab, die einst sehr verbreitet waren. Sie lebten in kleinen Herden in den Wäldern Europas. Steinzeitliche Höhlenmalereien beweisen, dass die Auerochsen schon damals für die Menschen große Bedeutung als Jagdbeute hatten. Ein Auerochse hatte gewaltige Hörner von 80 Zentimetern Länge. Zur Herde gehören Bullen oder Stiere, die männlichen Tiere, Kälber, die Jungtiere, Färsen, die weiblichen Tiere, die noch kein Kalb hatten, und Kühe. Wahrscheinlich wurden schon vor 8000 Jahren die ersten Auerochsen eingefangen und zur Fleischversorgung gehalten. Dieses Urrind wurde vor mehr als 300 Jahren ausgerottet (Abb. 1).

Bei der Züchtung der Rinder ging der Mensch planmäßig vor. Er wählte solche Tiere, die seinen Bedürfnissen am besten entsprachen: hohe Fleischleistung, große Milchmengen, Widerstandsfähigkeit gegen Krankheiten oder Eignung für bestimmte Klimabedingungen. Damit das zu erwartende Tier später eine gute Leistung bringt, entscheidet sich der Bauer heute, sein Rind künstlich besamen zu lassen. Dazu wird in speziellen Instituten von Zuchtbullen mit hochwertigen Eigenschaften Samenflüssigkeit gesammelt. Diese wird den Kühen mit Hilfe einer Spritze in die Scheide gegeben. Diesen Vorgang nennt man künstliche Besamung. Nach neun Monaten Tragezeit wird ein voll entwickeltes Kälbchen geboren.

Abb. 1: Das Urrind in den Höhlenzeichnungen von Lascaux, Frankreich

Gleich nach der Geburt kann es sehen und versucht schon nach wenigen Minuten aufzustehen. Kälber sind **Nestflüchter**. Kaum steht das Kalb auf seinen wackeligen Beinen, sucht es nach dem Euter der Kuh. Auch Rinder gehören zu den Säugetieren (Abb. 2).

Früher wurden die Rinder als Arbeitstiere in der Landwirtschaft eingesetzt. Sie mussten den Pflug oder Wagen ziehen. Dazu wählte man besonders kräftige Bullenkälber aus. Da Bullen zwar sehr kräftig, aber auch sehr temperamentvoll sind, werden sie kastriert. Bei der Kastration werden die Hoden entfernt, und die Tiere sind dann wesentlich ruhiger. Solche kastrierten Tiere nennt man Ochsen.

Obwohl das Rind viel leistet, kommt es als **Pflanzenfresser** mit verhältnismäßig ein-

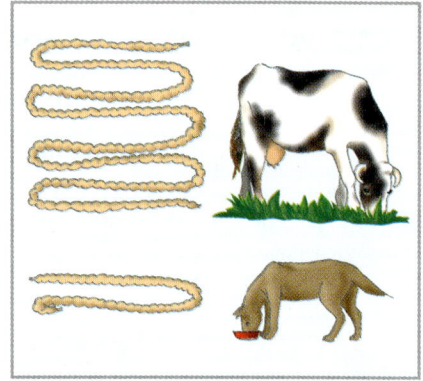

Abb. 3: Der Darm der Pflanzenfresser ist fünfmal so lang wie der des Fleischfressers

fachem Futter aus. Da Pflanzen weniger lebensnotwendige Nährstoffe enthalten, braucht das Rind große Nahrungsmengen, um satt zu werden. Es frisst bis zu 60 Kilogramm Grünfutter pro Tag. Dieses muss gründlich verarbeitet werden. Darum ist der vierteilige Magen besonders groß und der Darm 22mal so lang wie der ganze Körper (Abb. 3). Das verursacht auch den tonnenförmigen, hängenden Leib der Rinder. Unentwegt grasen die Tiere auf der Weide. Dabei umfasst die lange Zunge die Gräser und zieht sie ins Maul. Da dem Rind im Oberkiefer die Schneidezähne fehlen, wird das Gras nicht abgebissen, sondern mit einem Ruck des Kopfes abgerupft. Zunächst wird die Nahrung ungekaut geschluckt. Durch die Speiseröhre gelangt das Futter in die erste von vier Magenkammern, den **Pansen**. Er kann bis zu 200 Liter fassen. In ihm wimmelt es von vielen Milliarden winzig kleiner Le-

Abb. 2: Hat die Kuh nur ihr Kalb zu versorgen, gibt sie nur 600 Liter Milch im Jahr

bewesen, Mikroorganismen, die die Nahrung zersetzen. Nach einiger Zeit gelangt der Speisebrei in den **Netzmagen**. Hier werden kleine Ballen geformt und durch den Schlund wieder ins Maul zurückbefördert. Die einzelnen Portionen, die jetzt zum zweiten Mal im Maul sind, werden ausgiebig gekaut. Deshalb bezeichnet man das Rind als **Wiederkäuer**. Das Wiederkäuen geschieht im Liegen. Wie das Pferd hat das Rind ein Pflanzenfressergebiss: breite Backenzähne mit harten Schmelzfalten, die die Nahrung wie zwischen Mühlsteinen zermahlen. Der nun dünnflüssige Nahrungsbrei wird zum zweiten Mal geschluckt und gelangt in den dritten Magenabschnitt, den **Blättermagen**. Hier wird vor allem Flüssigkeit entzogen. Erst im letzten Abschnitt, dem **Labmagen**, erfolgt die Verdauung, die im Darm fortgesetzt wird (Abb. 4).

Sollen Rinder möglichst schnell Fleisch ansetzen oder viel Milch geben, dann reicht Gras als Futter nicht aus. Dann muss zusätzlich Kraftfutter gegeben werden. Das wichtigste Erzeugnis der Kuh ist die Milch. Hochleistungsrinder können bis zu 10.000 Liter Milch im Jahr geben, das sind 30 Liter am Tag. Früher melkten die Bauern die Kühe mit

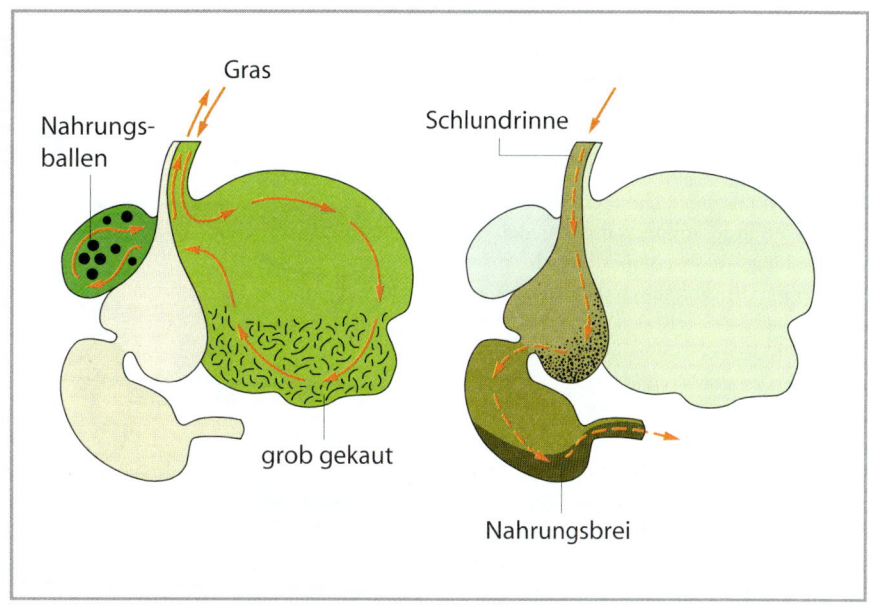

Abb. 4: Weg der Nahrung durch die vier Mägen der Kuh

der Hand. Heute wird mit einer Melkmaschine gemolken. Ein großer Kühltankwagen holt die Milch beim Bauern ab und bringt sie in die Molkerei. Hier wird die Milch erhitzt, Bakterien werden dadurch abgetötet, und die Milch ist länger haltbar. Die Milch der Kuh enthält Milcheiweiß, Milchfett, Mineralstoffe und Vitamine und stellt somit ein vollwertiges Nahrungsmittel für den Menschen dar. Für die Ernährung von Säuglingen und Kleinkindern ist sie besonders geeignet, weil ihr Eiweiß dem der Muttermilch weitgehend gleicht. Aus der Milch können viele Produkte gewonnen werden (Abb. 5).

Rinder haben an jedem Fuß zwei Hufe. Sie zählen deshalb zu den Paarhufern und sind, wie die Pferde, Zehenspitzengänger.

Die Vorfahren der Rinder lebten in kleinen Herden und grasten in weiten Graslandschaften. Eine Haltung im Freien entspricht ihren natürlichen Lebensgewohnheiten. Dann muss der Landwirt jeden Morgen und Abend zum Melken auf die Weide fahren oder die Kühe abends in den Stall und morgens wieder auf die Weide treiben. Die Stallhaltung ist für den Landwirt bequemer. Fütterung und Ausmistung geschehen meist automatisch. Das Rind erhält alles, was es braucht. Damit es seine natürliche Bewegung hat, gibt es heute große Laufställe, in denen die Tiere nicht mehr angebunden sind.

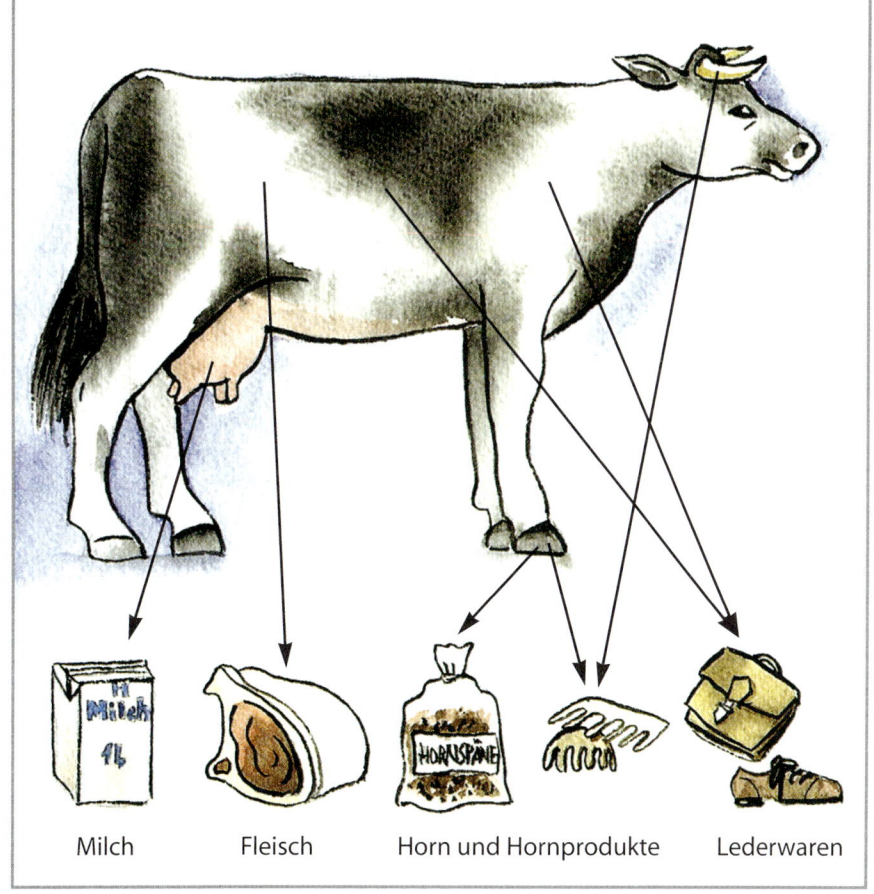

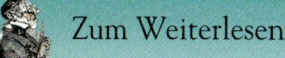

Milch   Fleisch   Horn und Hornprodukte   Lederwaren

Abb. 5: Die Kuh ist in Deutschland das wichtigste und vielseitigste Nutztier

Zum Weiterlesen:

- Das Pferd, S. 324
- Der Mensch und die Nutztiere, S. 332
- Ursachen des Artenwandels, S. 450

Das Huhn ist ein seltsamer Vogel

Alle Hühnerrassen stammen vom **Bankivahuhn** ab, das heute noch in Südostasien verbreitet ist. Dort lebt es in den Wäldern als Bodenvogel, da es mit seinen kurzen Flügeln nur schwerfällig fliegen kann. Bankivahühner lieben die Sonne und die Wärme und baden gern im Staub. Dazu setzen sie sich in die lockere Erde, sträuben ihr Gefieder, öffnen die Flügel und werfen Erde hoch, so dass sie über den Rücken durch das Gefieder rieselt. Danach schütteln sich die Hühner kräftig. Durch dieses Staubbaden hält das Huhn sein Gefieder trocken und locker und befreit es von Ungeziefer. Im Waldboden scharren die Hühner mit ihren kräftigen Zehen, an denen starke Krallen sitzen, nach Insekten, Würmern, Larven, Wurzelteilen und Samen. Zum Übernachten fliegen die Bankivahühner auf ihre Schlafbäume, da sie sich in der Höhe sicherer fühlen. Sie sind schlechte Flieger, aber gute Läufer.

Diese Verhaltensweisen, Staubbaden, Scharren und Aufbaumen, also das Schlafen auf Baumästen oder Sitzstangen, haben sich beim Haushuhn erhalten. Sie sind aber nur selten zu beobachten, weil es immer weniger frei laufende Hühner gibt. Die frühere **Freilandhaltung** ist zu teuer, und der steigende Bedarf an Eiern und Schlachthühnern kann dadurch nicht gedeckt werden.

Eine Hühnerschar wird von einem Hahn angeführt. Durch gackernde Laute bleibt die Schar in ständigem Kontakt. Durch typische Rufe bei Fütterung, Gefahr und Eiablage verständigen sich die Hühner in ihrer „Sprache". Der **Hahn** nimmt eine besondere Stellung ein. Äußerlich fällt er durch einen größeren Kamm und große Kehllappen und längere, sichelförmig gebogene, farbenfrohe Schwanzfedern auf. Er geht eifrig umher und verteidigt den Auslauf seiner **Hennen** und behauptet so sein **Revier**. Ein fremder Hahn wird im Revier nicht geduldet. Er wird zunächst angekräht, hat das keine Wirkung, kommt es zum Kampf. Geduckt und mit gesträubter Halskrause stehen die Gegner voreinander. Plötzlich fliegen sie gegeneinander und versuchen, sich mit den scharfen Sporen und Krallen zu treffen und sich gegenseitig mit den Schnäbeln die Köpfe blutig zu hacken. Ein Siegeskrähen folgt dem flüchtenden Schwächeren.

Kennzeichnend für den Hahn ist sein lautes, herausforderndes Rufen, das „Kikeriki". Es ertönt meist von einer Erhöhung herab. Dabei macht der Hahn eigentümliche Hals- und Kopfbewegungen. Ihm als dem Ranghöchsten folgen in einer genau gegliederten Ordnung, der so genannten **Hackordnung**, die einzelnen Hennen. Diese Stellung wird durch Sieg und Niederlage in Kämpfen entschieden, die im Alter von drei Wochen beginnen. Das Huhn, das stets gesiegt hat, alle anderen vertrieben – weggehackt – hat, ohne selbst gehackt zu werden, steht an der Spitze. Am Ende der Hackordnung steht die schwächste Junghenne. Sie muss allen anderen Tieren ausweichen. Diese Hackordnung (Abb. 1) gibt es nicht nur am Futterplatz, sondern auch abends, wenn die Tiere sich auf die Stange setzen.

Versuche haben gezeigt, dass Hühner sich am Gesicht erkennen. Wird dieses durch Farbe verändert, kann ein ranghoher Vertreter seine Stellung in der Hackordnung verlieren. Artgenossen, die länger von der Hühnerschar getrennt lebten, werden wieder erkannt und in der alten Rangstellung respektiert. Diese Form der Ein- und Unterordnung in einen geselligen Verband regelt das Zusammenleben der Hühner. Eine Hackordnung bildet sich immer, also ist die Bereitschaft dazu angeboren. Die jeweilige Rangordnung wird erlernt.

Mit dem kräftig geformten Schnabel pickt das Huhn seine Nahrung auf und verschluckt sie unzerkaut, denn Hühner haben keine Zähne. Die Nahrung gelangt zunächst in eine sackartige Ausstülpung der Speiseröhre, den Kropf (Abb. 2). Hier wird die Nahrung eingeweicht. Darum trinken Hühner viel. Das Trinken ist ein umständlicher Vorgang, denn sie können das Wasser nicht saugend einziehen. So füllen sie ihren Unterschnabel mit dem Wasser und heben dann den Kopf in die Höhe, wobei das Wasser in die Speiseröhre fließt. So ist der Satz entstanden: „Keinen Tropfen trinkt das Huhn, ohne einen Blick zum Himmel zu tun." Anschließend wirken im Drüsenmagen Verdauungsstoffe auf die Nahrung ein. Das Zerkleinern der Nahrung besorgt danach der Kau- oder Muskelmagen. Die Muskelwände sind mit einer Hornschicht aus scharfen Rillen und Kanten ausgekleidet. Kleine, mit der Nahrung aufgenommene Steinchen helfen mit, das Futter zu Brei zu verreiben. Der **Muskelmagen** ersetzt also die Zähne.

Vor der Paarung benimmt sich der Hahn recht auffällig. Er scharrt mit den Füßen und verkündet mit Lockrufen, dass in der Nähe eine Futterstelle ist. Wenn sich eine Henne nähert, spreizt er die Flügel und stolziert mit gesenktem Kopf und steifen Schritten um die Henne umher. Der Hahn balzt. Unter **Balz** versteht man besondere Verhaltensweisen von Geschlechtspartnern, die der Paarung vorausgehen. Ist die Henne paarungsbereit,

Abb. 1: Die Rangordnung behalten die Hühner ihr Leben lang bei

Speiseröhre

Blinddärme

Dünndarm

Kropf

Drüsenmagen

Kaumagen

Magenwand

Abb. 2: Der Verdauungsweg beim Huhn

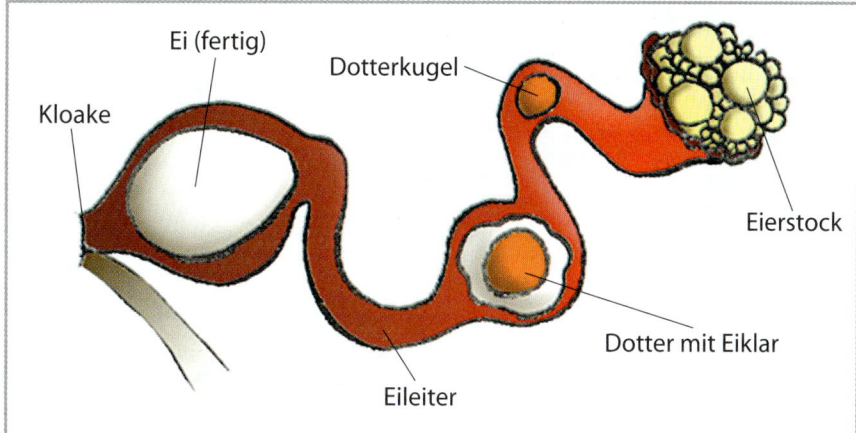

Kloake

Ei (fertig)

Dotterkugel

Eierstock

Dotter mit Eiklar

Eileiter

Abb. 3: Die Wanderung des Hühnereis

duckt sie sich, und der Hahn steigt auf den Rücken und hält sich mit dem Schnabel im Nackengefieder fest. Dann erfolgt die Paarung. Dabei presst er seine Geschlechtsöffnung, die **Kloake**, auf die Geschlechtsöffnung der Henne und gibt dabei Samenflüssigkeit, Sperma genannt, ab. Dadurch gelangen Samenzellen, die Spermien, in den Eileiter der Henne, wo sie in die Eizellen eindringen und damit das Ei befruchten. Die geschlechtliche Vereinigung bei den Hühnern nennt man Treten. Die Eier, die die Henne danach legt, sind befruchtet. Aus ihnen können Küken gebrütet werden.

Die Bildung eines Hühnereis beginnt im Eierstock. Hier reift die Eizelle heran, wird mit Dotter angereichert und wächst beim Durchwandern des darmartigen Eileiters. Aus dem Ei wird die **Dotterkugel** mit gallertartigem Eiweiß, die mit einer pergamentartigen Schalenhaut und schließlich mit einer festen Kalkschale umschlossen wird. Die Wanderung des Hühnereis durch den Eileiter dauert ungefähr 24 Stunden (Abb. 3).

Wenn nun eine Samenzelle eine Eizelle (Dotterkugel) erreicht und in sie eindringt, verschmelzen die Kerne der Eizelle und der Samenzelle. Unmittelbar danach beginnt die Zellteilung, und es entsteht auf dem Dotter eine flache Keimscheibe.

Unter der Einwirkung der Brutwärme wächst das Küken heran. Es ernährt sich durch Dotter und Eiklar. Die Henne sitzt auf den Bruteiern, wendet sie von Zeit zu Zeit mit dem Schnabel, damit die Wärme gleichmäßig von allen Seiten an die Eier kommt. Die Schale ist so konstruiert, dass sie einem großen, gleichmäßigen Druck standhält. Sauerstoff erhält das sich entwickelnde Küken, das Embryo genannt wird, durch die Poren der Eierschale und die Luftkammer am stumpfen Ende des Eis. Nach 21 Tagen ist der Nahrungsvorrat verbraucht und das Hühnchen voll entwickelt. Mit einem harten Kalkaufsatz des Oberschnabels, dem Eizahn, kratzt und pickt es die Eierschale von innen auf. Dazu stemmt es sich mit den kräftigen Füßen und dem Nacken gegen die Kalkschale, bis es ihm gelingt, diese zu sprengen. Über sechs Stunden dauert das Aufbrechen der Schale. Erst liegt das Küken erschöpft und mit nassem Federkleid neben den Schalenteilen. Die Nestwärme trocknet schnell die Daunenfedern. Schon nach wenigen Minuten folgt das Küken der Mutter. Es ist bereits ein vollkommen ausgebildeter Vogel. Es sieht, trägt ein Daunenkleid, hat kräftige Beine, kann hören, piepsen, nach Futter picken und scharren. Hühnerküken sind **Nestflüchter** (Abb. 4). Mit hellen Pieptönen hört man sie rufen. Die Henne antwortet nicht mit dem gewohnten Gackern, sondern mit Glucklauten. Deshalb nennt man sie Glucke. Sie steht in ständigem Rufkontakt mit ihren Küken. Sie lockt zum Futter, und auf ihr warnendes Rufen verschwinden alle Jungen sofort unter ihrem Gefieder. Die Küken verstehen die Lock- und Warnrufe sofort und antworten mit dem richtigen Verhalten. Das ist ihnen angeboren. Nachts sitzt die Glucke nicht wie die anderen Hennen auf der Sitzstange, sondern hockt am Boden, um die Küken zu wärmen.

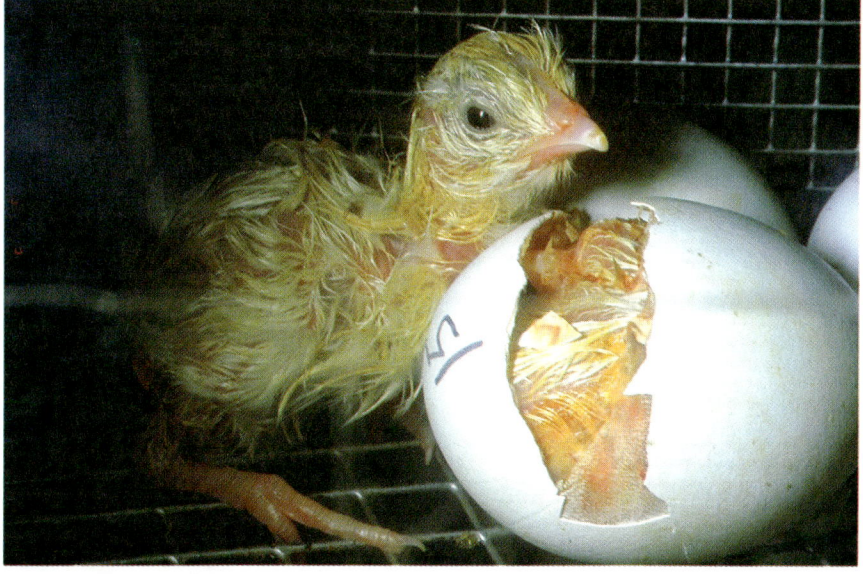

Abb. 4: Nach etwa sechs Stunden harter Arbeit gelingt es dem Küken, die Schale mit dem Eizahn aufzubrechen

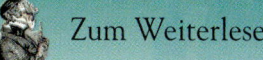

Zum Weiterlesen:

- Der Hund, S. 320
- Der Mensch und die Nutztiere, S. 332
- Erworbenes Verhalten bei Tieren, S. 434

Das Schwein stammt vom Wildschwein ab

Schweine sind die einzigen Haustiere, deren Vorfahren noch in freier Wildbahn in Europa vorkommen. **Wildschweine** leben im Unterholz feuchter Laubwälder oder dichter Nadelwaldschonungen. Durch ihr schwarzbraunes, borstiges Fell sind sie gut getarnt. Sie bevorzugen Stellen mit schlammigen Pfützen, den Suhlen, denn sie nehmen regelmäßig Schlammbäder. Die Schlammkruste verschafft den Tieren im Sommer Abkühlung und Schutz vor Insektenstichen. In der Dämmerung verlassen sie das schützende Dickicht und durchwühlen auf der Suche nach Nahrung den Boden mit der rüsselartig verlängerten Schnauze. Die Endplatte des Rüssels ist durch Knorpel versteift und ein vorzügliches Riech- und Tastorgan. Mit ihm können die Tiere selbst tief in der Erde verborgene Wurzeln, Würmer, Insekten und Schnecken aufspüren und ausgraben. Mäuse, Frösche, Vögel, auch Eicheln, Nüsse, Pilze und Beeren vervollständigen die umfangreiche Speisekarte. Der gute Geruchssinn des Schweins hat in Frankreich dazu geführt, dass es wie ein Spürhund eingesetzt wird, um unterirdisch wachsende Pilze zu finden. Diese Pilze heißen Trüffel, sind sehr teuer und sehr begehrt. Dies geht nur, weil Schweine auch sehr gelehrig sind, denn sie müssen lernen, die Pilze zwar auszugraben, aber nicht zu fressen. Zirkusleute haben die Gelehrigkeit der Schweine erkannt und mit ihnen Auftritte entwickelt.

Da Schweine pflanzliche und tierische Nahrung zu sich nehmen, werden sie als **Allesfresser** bezeichnet. Das Gebiss zeigt Merkmale eines Raubtiergebisses wie auch solche eines Pflanzenfressers (Abb. 1). Die

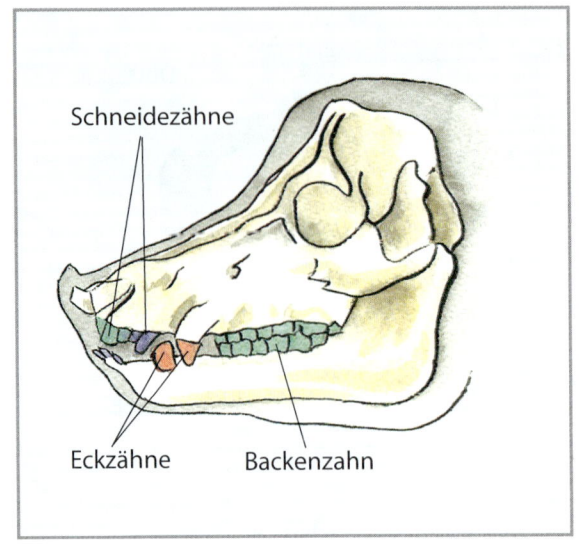

Abb. 1: Das Gebiss des Schweins

Schneidezähne

Eckzähne   Backenzahn

Kronen der hinteren Backenzähne sind stumpfhöckerig wie bei Pflanzenfressern. Sie dienen zum Zerreiben der pflanzlichen Nahrung. Kennzeichnend sind die nach außen und oben wachsenden Eckzähne. Beim männlichen Wildschein, dem Keiler, können die Eckzähne bis zu 15 Zentimeter lang werden und aus dem Maul ragen. Sie heißen in der Jagdsprache Hauer. Beim Aufbrechen des Bodens und beim Abreißen von Wurzeln leisten die Hauer gute Dienste und sind bei einem eventuellen Angriff auf Menschen sehr gefährlich. Suchen Wildschweine angrenzende Felder und Wiesen auf, können sie Schäden anrichten und sind darum bei den Landwirten nicht beliebt (Abb. 2a). Zur Paarungszeit (Ende November bis Januar) schließen sich die Keiler, die sonst meist alleine leben, einer Rotte an. Das ist ein Verband von Wildschweinen, bestehend aus weiblichen Tieren, den Bachen, und den Jungtieren. Die Jüngsten sind die zuletzt ge-

borenen, braungelb gestreiften Frischlinge. Diese Ende März bis Anfang April geborenen Frischlinge (vier bis acht in einem Wurf) bleiben in den ersten Lebenstagen eng aneinander geschmiegt im Nest. Etwa eine Woche nach der Geburt folgen sie der Mutter. Fast vier Monate lang werden sie von ihr noch gesäugt.

Wildschweine weichen im Allgemeinen dem Menschen aus. Wenn sie jedoch Junge führen und sich bedroht fühlen, können sie auch dem Menschen gefährlich werden.

Wegen der Hufe gehören die Schweine in die Reihe der Huftiere wie Pferd, Rind, Ziege und Schaf. Sie treten an jedem Fuß mit zwei Zehen auf, und jede der Zehen trägt einen Huf. Sie sind also **Paarhufer**.

Zwar hat das Hausschwein von seinem Vorfahren viele Verhaltensweisen beibehalten, aber die Körpermerkmale sind im Laufe der Züchtung stark verändert worden. Es besitzt nur noch ein spärliches Borstenhaar, die rosige Haut bestimmt seine Farbe. Rundlich ist seine Gestalt, der Kopf wurde stumpfer. Die aufrechten Ohren entwickelten sich zu herunterhängenden Schlappohren, der lange Schwanz zum Ringelschwänzchen. Aus dem hochbeinigen, mit feinen Sinnen ausgestatteten Waldläufer ist ein kurzbeiniges Stalltier geworden, dessen Sinne abgestumpft sind (Abb. 2b).

Die Sau kann zweimal im Jahr Nachwuchs haben. Ein Wurf bringt acht bis dreizehn Ferkel (Abb. 3).

Das ständige Futterangebot hat das Hausschwein zu einem immer fressenden Fleischlieferanten gemacht. Als Zuchtziel wird angestrebt, vom Schwein möglichst viel Fleisch zu erhalten, denn über die Hälfte des Flei-

Abb. 2a: Das Wildschwein

Abb. 2b: Das Hausschwein

Abb. 3: Mehr als zehn Jungtiere können von der Sau gleichzeitig gesäugt werden

sches und der Wurst, die in Deutschland gegessen werden, stammt vom Schwein. Weil die meisten Verbraucher mageres Fleisch bevorzugen, ist man in den Mästereien auch bemüht, magere Schweinerassen zu züchten, die nicht so viel Fett ansetzen. Diese neuen Rassen sollen außerdem einen langen Rücken haben, der viele Koteletts liefert (Abb. 4).

Der Mensch füttert Schweine mit verschiedenen Pflanzen, mit Rüben, Mais und Kartoffeln, sowie auch mit Küchenabfällen. Damit die Tiere schneller wachsen, bekommen sie auch Kraftfutter. Außerdem werden sie in riesigen Stallungen, modernen Großmästereien, gehalten, die die Größe von Fa-

briken erreichen. Diese Art der Haltung wird **Intensivhaltung** genannt. Dadurch können die Kosten gesenkt und das Fleisch billig produziert werden.

In diesen Betrieben werden die Ferkel bald nach der Geburt von der Mutter getrennt und in Gruppen aufgezogen. Damit sie schneller wachsen, bekommen sie ein besonderes Futter. Wenn sie 20 Kilogramm wiegen, gehen sie in die Mast. Da stehen sie in Boxen zu Zehnergruppen. Der Boden besteht aus Beton- oder Eisenbalken mit regelmäßigen Spalten, durch die der Urin und der Kot in riesige Auffangbecken gelangen. Wühlen, wie es ihrer Natur entspricht, können die Schweine nicht, weil es keine Ein-

streu gibt. Dies führt zu Langeweile bei den Tieren, die gerne mit der Einstreu spielen und darauf herumkauen. Sie sollen sich aber nicht viel bewegen, damit nicht wertvolle Energie verbraucht wird. Deshalb bleiben sie, bis auf die Fütterungszeit, im Dunkeln. Weil wenig Bewegung und viel Futter ungesund sind, brauchen die Tiere in Großmästereien viele Medikamente. Ihre Stressempfindlichkeit zeigt sich auch beim Transport zum Schlachthof. Die Beruhigungsmittel, die sie für die Fahrt bekommen, können als Rückstände im Fleisch den Menschen gefährden.

Der Wunsch des Käufers nach billigem Schweinefleisch hat diese Masthaltung zur Folge. Eine Freilandhaltung und die Haltung im modernen Familienstall, wo die Schweine unter naturnahen Bedingungen leben, verlangen höhere Preise. Hier sind die Schweine weniger anfällig gegen Krankheiten als in der Intensivhaltung. Sie brauchen daher weniger Medikamente, und ihr Fleisch ist frei von unnatürlichen Zusätzen.

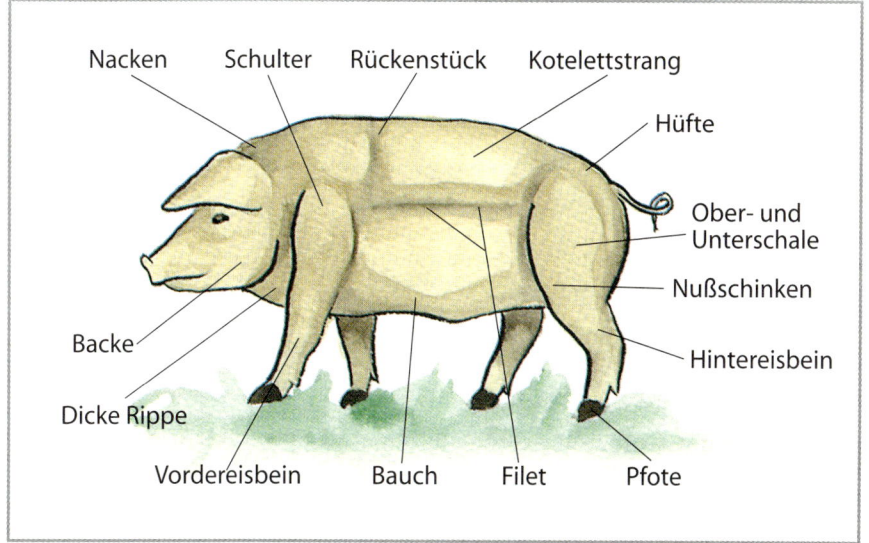

Nacken   Schulter   Rückenstück   Kotelettstrang

Hüfte

Ober- und Unterschale

Nußschinken

Hintereisbein

Backe

Dicke Rippe

Vordereisbein   Bauch   Filet   Pfote

Abb. 4: So bezeichnet der Fleischer die einzelnen Stücke des Schweins

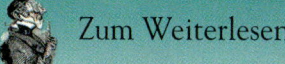 **Zum Weiterlesen:**

- Der Hund, S. 320
- Das Rind, S. 326
- Der Mensch und die Nutztiere, S. 332

Der Mensch und die Nutztiere

Schon vor vielen tausend Jahren verstanden es Menschen, Wirbeltiere zu zähmen und als Haustiere zu halten. Sie erkannten ihren Nutzen: die Wachsamkeit des Hundes, die Kraft und Schnelligkeit des Pferdes, die Milchleistung beim Rind sowie die Fleischgewinnung beim Schwein und Rind. Tiere mit besonders günstigen Eigenschaften wurden ausgesucht und weitergezüchtet. Aus Tierhaltern wurden Tierzüchter, die die Ernährungsprobleme des Menschen verringerten. So gelang es dem Menschen, durch ständige **Auslese** die gewünschten Eigenschaften durchzusetzen. Wildrinder lieferten zum Beispiel gerade so viel Milch, wie zur Aufzucht eines Kalbes nötig war. Das sind ungefähr 600 Liter im Jahr. Heute hat der Mensch Kühe gezüchtet, die bis zu 10.000 Liter Milch im Jahr liefern (Abb. 1).

Für die ständig wachsende Bevölkerung mussten neue Nahrungsquellen gesucht werden. Das hat heute zu einer **Haustierhaltung** geführt, die nicht unproblematisch ist. Früher bestimmte die Ertragsfähigkeit des Bodens rings um den Hof, wie viele Tiere sinnvollerweise gehalten werden konnten. Heute, da die Nachfrage nach Fleisch und Eiern groß ist, wird bodenunabhängig gewirtschaftet. Das heißt, dass durch den Zukauf von Futter aus Übersee die Leistung der Tiere gesteigert wird. Besonders viele Tiere können gehalten werden, wenn sie auf engem Raum untergebracht sind und sich der Landwirt die Arbeit bei der Versorgung durch Maschinen und andere technische Einrichtungen erleichtern kann. So stehen zum Beispiel Kälber in engen Boxen, wenn

Abb. 1: Eine Kuh gibt bis zu 30 Liter Milch am Tag

sie gemästet werden sollen. Der Raum ist so eng bemessen, dass sie sich nur hinlegen und aufstehen können. Für unnötige Bewegung soll keine Energie verbraucht werden. Dieses Prinzip gilt auch für die Schweinehaltung (Abb. 2).

Zu enge Haltung von Tieren stößt an Grenzen, die man bei Schweinen, Legehennen und Puten schon überschritten hat. In der Bundesrepublik wurden 1997 400 Millionen Hähnchen verzehrt und 20 Milliarden Eier verbraucht. Um den steigenden Bedarf an Eiern und Schlachthühnern zu decken, werden Hühner zu Tausenden in

Hühnerfarmen in großen Hallen gehalten. Bei dieser Tierhaltung unterscheidet man Batterie- oder Bodenhaltung. Bei der **Batteriehaltung** werden bis zu sechs Hühner in Drahtkäfigen von etwa einem Quadratmeter Grundfläche zusammengesperrt. Da die Käfige nebeneinander und in mehreren Etagen übereinander gestapelt werden, kann man so ungefähr 40 Hennen auf einem Quadratmeter Grundfläche halten. Die Fläche, die das einzelne Tier zur Verfügung hat, ist kleiner als ein DIN-A-4 Blatt. Die Käfigböden bestehen aus schräg angeordneten Drahtgittern, durch die der Kot hindurchfällt. Die Eier rollen bei den geneigten Käfigböden in ein gut erreichbares Drahtgestell oder auf ein Förderband. Ein anderes Förderband liefert den Tieren das Futter. Die Wasserversorgung erfolgt ebenfalls automatisch. So kann eine Arbeitskraft 15.000 Hennen versorgen. Die Produktionskosten werden auf diese Weise niedrig gehalten, und die Eier können billig verkauft werden (Abb. 3). Die Käfige stehen in klimatisierten, fensterlosen Ställen. Um die Hennen zu größeren Legeleistungen anzuregen, lässt man 23 Stunden das Licht brennen. Dadurch wird der natürliche Tag-und-Nacht-Rhythmus aufgehoben und die Legeleistung der Hennen von den Jahreszeiten unabhängig gemacht. Unter natürlichen Bedingungen legen Hennen im Herbst und Winter nicht jeden Tag ein Ei. Angeborene Verhaltensweisen wie Scharren, Flügelschlagen, Sandbaden, Nestbau, ungestörtes Eierlegen und ungehinderte Bewegung können in den engen Käfigen nicht stattfinden. Das führt oft dazu, dass die Hennen angriffslustig

Abb. 2: Dicht gedrängt stehen die Mastschweine im Stall

werden, sich gegenseitig Wunden hacken und Federn auspicken. Krankheiten breiten sich bei dieser Massentierhaltung schnell aus. Deshalb werden dem Futter häufig vorbeugende Medikamente beigefügt. Die Legeleistung der Hennen lässt nach etwa 14 Monaten nach. Dann werden sie geschlachtet und als Suppenhuhn verkauft. Das Europäische Parlament hat sich dafür ausgesprochen, die Käfighaltung innerhalb von zehn Jahren schrittweise abzubauen.

Bei der **Bodenhaltung** leben ungefähr 1000 bis 5000 Tiere in riesigen Ställen. Bei Tageslicht können die Tiere sich frei bewegen und auf dem Boden scharren und picken, im Staub baden und artgerecht auf Stangen ruhen. Bei einer so großen Anzahl von Hennen kann sich keine Rangordnung ausbilden, bei der sich die Tiere an individuellen Merkmalen erkennen. Um aggressives Verhalten zu vermeiden, wird empfohlen, die Stallböden so zu unterteilen, dass ungefähr 100 Tiere eine Gruppe bilden. Denn Untersuchungen haben gezeigt, dass Hühner, die bis zu 100 Artgenossen noch unterscheiden können, dann weniger aggressiv miteinander umgehen. Auch bei der Bodenhaltung erfolgt die Versorgung automatisch. Von einer Arbeitskraft können 5000 Hennen versorgt werden. Diese Haltung braucht mehr Platz und einen größeren Arbeitsaufwand, und somit sind diese Eier auch teurer. Bei der Bodenhaltung oder der noch artgerechteren Freilandhaltung ist den Tieren wesentlich mehr Bewegungsfreiheit gegeben (Abb. 4).

In den großen Zuchtbetrieben, die ganz leistungsorientiert sind, soll das Vieh mit

Abb. 3: Durch Massenhaltung werden die Waren für fast alle Menschen erschwinglich

Hilfe von Hochenergieleistungsfutter und weiteren Futterzusatzstoffen wie Antibiotika und Wachstumsförderern in möglichst kurzer Zeit Schlachtreife erlangen. Es entstehen aber nicht nur Billigprodukte, sondern größere Mengen an klimawirksamen Spurengasen, wie Ammoniak und Methan, auch tonnenweise Staub, der oft in hohem Grad krankheitserregende Mikroorganismen und Zellgifte enthält. Eine Anlage von 1000 Schweinen produziert 500 Kilogramm Staub pro Jahr. Ein einziger Hühnerstall mit 30.000 Stück Geflügel belastet die Luft stündlich mit 56 Milliarden Keimen. Außerdem enthält die durch die Ventilation nach außen dringende Stallluft Mikroorganismen, wie Bakterien und Schimmel sowie Strahlenpilze, die die Gesundheit der in der Umgebung von Stallanlagen lebenden Menschen gefährden können. Milben und kleinste Bruchstücke von Hautschuppen, Haaren und Federn gelangen ebenfalls nach außen. Die Teile haben die gleiche negative Wirkung wie Asbest und sind verantwortlich für die Erkrankungen der Atemwege. Weitere Probleme entstehen für die Umwelt durch die Abfallbeseitigung. Der Mist, der nicht abgefault ist, kann die Pflanzen auf den Weiden schädigen und das Grundwasser bedrohen.

Abb. 4: In der Freilandhaltung werden die natürlichen Lebensgewohnheiten weitgehend berücksichtigt

 Zum Weiterlesen:

- Das Schwein, S. 330
- Das Rind, S. 326
- Das Huhn, S. 328

Feldhase und Wildkaninchen

Im Gegensatz zu den Haustieren stellen wild lebende Tiere an ihren Lebensraum typische Ansprüche und sind auf besondere Weise für ihn spezialisiert. Der Feldhase und das Wildkaninchen fanden geeignete Lebensbedingungen in der Umgebung der Menschen. Ursprünglich war der natürliche Lebensraum des **Feldhasen** die offene Landschaft zwischen Wald und Wüstensteppe. Heute ist er überall zu finden: im Feld, auf der Wiese, im Wald, im Park und im Garten. Er ist wie das Kaninchen, die Amsel, die Maus und die Ratte ein **Kulturfolger**. So bezeichnet man Tiere, die in der vom Menschen gestalteten Landschaft leben. Diese bietet dem Pflanzenfresser eine gute Nahrungsquelle, aber zugleich auch viele Gefahren durch den immer stärker werdenden Verkehr und die vielen Hunde und Katzen. Nur dadurch, dass der Feldhase dem Leben auf dem Boden besonders angepasst ist, kann er in einem relativ deckungsarmen Lebensraum vor so vielen Feinden bestehen. Er hat eine Tarnfarbe, kann schnell laufen und ist ein Nestflüchter. Auf dem braunen Acker ist er mit seinem erdfarbenen Fell schwer zu erkennen. Er lebt als Einzelgänger sein ganzes Leben unter freiem Himmel, und da er keine Waffen besitzt, ist er äußerst wachsam. Tags-

Abb. 1: So entsteht die Hasenspur

Hoppelnder Hase

Flüchtender Hase

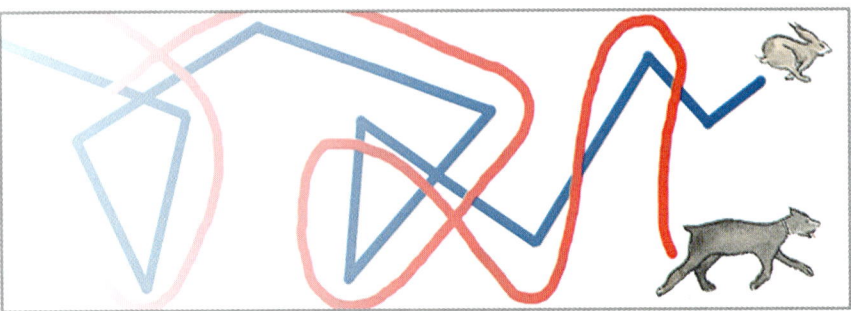

Abb. 2: So flieht der Feldhase vor dem Hund

es viele Nasentiere gibt. Erst wenn zum Beispiel ein Hund ihm bis auf drei Meter oder näher kommt, seine Fluchtdistanz also unterschritten ist, fährt er mit einem gewaltigen Satz blitzschnell aus dem Lager auf. Den ersten Schreck seines Verfolgers nutzt er aus

nung und der Schnelligkeit helfen dem Hasen seine scharfen **Sinnesorgane**. Der Hase hört, sieht und riecht vorzüglich. Die langen, trichterförmigen Ohren sind bei ihm zu wahren Horchgeräten ausgebildet. Da die Gehörgänge nach hinten liegen, hört der Hase besonders deutlich, was hinter ihm geschieht. Wenn er „Männchen" macht, um sein Revier auf Feinde zu überprüfen, hebt er sich auf die Hinterbeine, richtet den Körper steil auf, spielt mit den langen Ohren hin und her und wittert, schnuppert, mit der Nase (Abb. 3). Mit den seitlich liegenden

über liegt er tief gedrückt in seinem Lager, der **Sasse**. Für diese sucht er eine Bodenvertiefung hinter einem Grashorst oder einer Ackerfurche. Manchmal scharrt er auch eine flache Mulde. Dieser Platz wird darum so offen gewählt, damit durch keine Erdwälle oder Hügel die Wahrnehmung eines Feindes eingeschränkt wird. Kehrt der Feldhase zu seiner Sasse zurück, wählt er nicht den direkten Weg, sondern legt mehrere Spuren an, die den Verfolger in die Irre führen sollen. Auf der Suche nach der richtigen Spur macht sich der Feind so rechtzeitig für den Hasen bemerkbar. Der Feldhase „drückt" sich sehr lange und legt die Ohren, die man Löffel nennt, nach hinten. So nimmt der Wind nur wenig Witterung von ihm und verrät ihn nicht seinen Feinden, unter denen

und bringt sich mit gewaltigen Sprüngen, die über zwei Meter sein können, in Sicherheit. Dabei werden die langen Hinterbeine weit nach vorne geschnellt, über den Aufsetzpunkt der Vorderbeine hinaus, und dann kräftig abgedrückt. So stehen die Fußabdrücke, die Trittsiegel, der Hinterläufe vor denen der Vorderläufe (Abb. 1). Rückt ein hetzender Hund ihm aber doch einmal zu nahe, so schüttelt er ihn durch Hakenschlagen ab, das heißt, er wechselt während des Laufens plötzlich die Richtung. Dann saust der Hund an ihm vorbei und verliert bei seiner Verfolgungsjagd an Metern (Abb. 2). Der Hase ist ein Langstreckenläufer mit einer großen Lunge, der eine Geschwindigkeit von 70 Kilometern in der Stunde erreichen kann. Er ist ein Fluchttier. Neben der Tar-

Abb. 3: Der Feldhase hört, riecht und sieht vorzüglich

Augen erkennt der Hase vor allem Bewegungen. Er sieht gleichzeitig nach vorne, zur Seite, nach hinten und nach oben. Er braucht nicht einmal den Kopf zu bewegen, um ein großes Sehfeld unter Kontrolle zu haben (Abb. 4). Feinde bemerkt er schon von weitem, duckt sich dann tief in seine Sasse, um so übersehen zu werden.

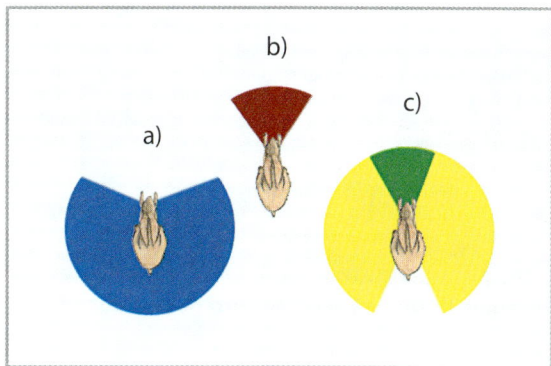

Abb. 4: Die Wahrnehmungsbereiche des Hasen: a) Hören, b) Wittern, c) Sehen

Durch eine hohe Nachkommenschaft wird der Feldhase vor dem Aussterben bewahrt. Die Häsin wirft drei- bis viermal im Jahr zwei bis vier Junge. Sie sind behaart und können sehen, sind also Nestflüchter. So kann die Hasenfamilie auf jährlich bis zu 16 Tiere anwachsen. Die Anzahl der Feldhasen nimmt im Gegensatz zum Wildkaninchen nach einem nassen und kalten Frühjahr ab. Vor allem die Märzhasen aus dem ersten Wurf können den garstigen Witterungen nicht standhalten. Von Mitte Oktober bis Mitte Januar ist die Hasenjagd freigegeben. Der Hase ist das häufigste Jagdwild.

Obwohl das **Wildkaninchen** (Abb. 5) mit dem Feldhasen verwandt ist, unterscheidet es sich in vielem von ihm. Sein bevorzugter Lebensraum sind Felder mit ausreichenden Deckungsmöglichkeiten, sonnige Waldränder, Kiefernwälder, Dünen und Dämme mit lockerem, sandigem Boden. Denn anders als der Feldhase, gräbt sich das Wildkaninchen **unterirdische Baue**, in denen es Schutz sucht, seine Jungen wirft und aufzieht. Da Wildkaninchen gerne in Kolonien zusammenleben, kann man bei einer Wohnanlage Loch neben Loch finden. Gemeinsam wachsen die jungen Wildkaninchen auf, spielen und fressen zusammen. Niemals entfernen sie sich weiter als 200 Meter von ihrem Bau. Bei drohender Gefahr verständigt sich die stumme Gesellschaft durch

Klopfen. Als Trommelstäbe benutzen Wildkaninchen die Hinterbeine. Die Erde dient als Trommel. Blitzschnell flüchten alle in ihren Bau. Da sie im Gegensatz zum Feldhasen eine relativ kleine Lunge besitzen, ist diese Flucht ein wirksamer Schutz. Wildkaninchen sind Fluchttiere. Durch eine Fallröhre kann das Wildkaninchen sich auf kürzestem Weg in seinen Erdbau retten. Der Kaninchenbau besteht aus vielen Röhren (Abb. 6). Am tiefsten liegt der Wohnkessel. Darin schlafen die Kaninchen am Tage. Verfolger können sich in dem weit verzweigten Bau verirren.

Abends und morgens während der Dämmerung verlassen die Wildkaninchen ihren Bau und gehen auf Nahrungssuche. Sie fressen die Kräuter der Wiesen, nagen vom Kohl und von den Rüben und richten in jungen Baumkulturen durch Benagen Schäden an. Die Schnuppernase der Wildkaninchen erkennt das schmackhafte Futter am Geruch. Blätter und Halme werden wie beim Hasen durch den Spalt in der Oberlippe, die Hasenscharte, ins Maul gezogen. In härtere Gegenstände schaben die gebogenen Schneidezähne ein Loch. Bei der Zerkleinerung der Nahrung führen Hase und Wildkaninchen besondere Kaubewegungen durch. Bei geschlossenem Maul geht der Unterkiefer in schneller Folge vor und zurück. Hierfür hat sich die Bezeichnung mümmeln eingebürgert. Und so wird der Hase auch Mümmelmann genannt.

Die Wildkaninchen wären schon längst ausgestorben, wenn sie nicht eine so große Nachkommenschaft hätten. Das Weibchen

Abb. 5: a) Wildkaninchen, b) Feldhase

bringt fünfmal im Jahr fünf bis zwölf Junge in einer besonderen unterirdischen Nest- oder Satzröhre zur Welt. Diese hat sie weich und warm mit ausgezupften Bauchhaaren ausgepolstert. Die zum gleichen Zeitpunkt geborenen Jungen bezeichnet man als Satz. Sie kommen nackt, zahnlos und blind zur Welt. Die hilflosen **Nesthocker** werden von der Mutter gesäugt. Nach vier Wochen sind die kleinen Kaninchen selbständig. Junge aus den ersten Würfen des Jahres können schon im gleichen Jahr wieder Junge haben. Ein einziges Elternpaar kann bis zum Herbst 60 Nachkommen haben. So ein fruchtbares Tier hat auch viele Verfolger: Marder, Wiesel, Iltis, Fuchs, Habicht, Bussard und Eulen.

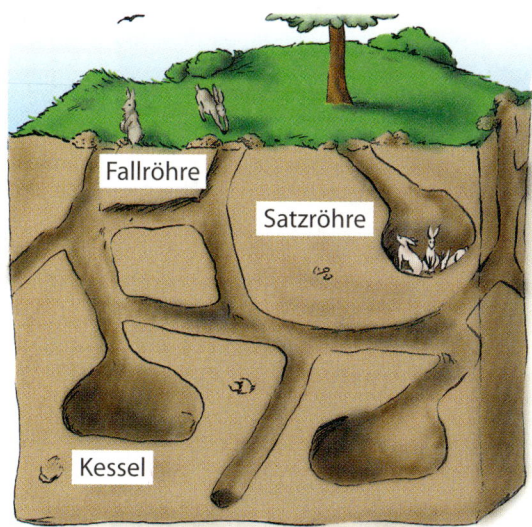

Fallröhre

Satzröhre

Kessel

Abb. 6: Kaninchenbau

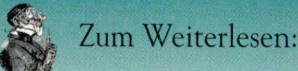
Zum Weiterlesen:

- Der Maulwurf, S. 336
- Vögel, S. 340
- Wald – Lebensraum für Pflanze und Tier, S. 360

Der Maulwurf – Leben unter der Erde

*E*in Maulwurf selbst ist selten zu sehen, wohl aber das Ergebnis seiner unterirdischen Wühltätigkeit: die Maulwurfshügel, Haufen aus lockerer Erde auf Weiden, Wiesen, Äckern und im Garten. Von der Arbeit in der Erde leitet sich auch sein Name ab. Eine alte Bezeichnung für Erde ist Mull. So ist er eigentlich ein Mullwerfer, ein Erdwerfer. Aus Mull wurde im Laufe der Zeit, als das Wort nicht mehr verstanden wurde, Maul. So kam es zu der Bezeichnung Maulwurf. Vom Gartenbesitzer wird er mit Spaten, Fallen und Chemikalien verfolgt. Der Landwirt lässt ihn in Ruhe, denn durch seine Wühltätigkeit lockert er den Boden auf, und außerdem vertilgt er große Mengen von Schadinsekten.

Für die Wühlarbeit im Boden ist der Maulwurf wunderbar ausgerüstet. Sein Körper ist walzenförmig und geht ohne sichtbaren Hals in den Kopf über. Beim Graben schiebt sich der stromlinienförmige Körper drehend durch das Erdreich. Dabei wirkt der knorpelige Rüssel wie ein Bohrer. Die kleinen Hinterbeine helfen mit, den Körper nach vorne zu schieben. Unterstützt wird die Arbeit durch die rudernden Kratzbewegungen mit den krallenbesetzten Vorderpfoten. Die Erde wird dabei seitlich am Körper vorbeigezogen. Nach einer kurzen Wegstrecke dreht sich der Maulwurf mit einer Rolle vorwärts um und schiebt das Erdreich wie ein Bulldozer in Richtung Ausgang (Abb. 1). Die dichten Haare seines samtweichen anthrazitfarbenen Fells sind sehr kurz und passen sich Vorwärts- und Rückwärtsbewegungen an. Bei anderen Tieren mit einem Fell, zum Beispiel einem Hund, liegen die Haare in einer bestimmten Richtung, die Haar-

Abb. 1: Mit seinem stromlinienförmigen Körper ist der Maulwurf hervorragend für Wühlarbeiten im Erdreich geeignet

strich genannt wird. Das Maufwurfsfell hat keinen Strich. So kann sich der Maulwurf in den engen Röhren auch gut rückwärts bewegen. Die Vorderbeine sind ein wichtiges Werkzeug für den Maulwurf. Sie sind eher zum Graben, Schaufeln und Kratzen konstruiert als zum Laufen. Sie sehen aus wie Hände und scheinen direkt am Körper angewachsen zu sein. Die Handfläche wird durch einen sechsten „Finger", das **Sichelbein**, verbreitert (Abb. 2). Diese Kralle sitzt unter dem Daumen. Häute verbinden die Finger und lassen nur die Krallen frei, so dass eine große Handfläche entsteht. Alle fünf Finger tragen lange, ausgehöhlte **Grabkrallen**. Mit diesem leistungsstarken Schaufelgerät kann der Maulwurf erstaunlich gut gra-

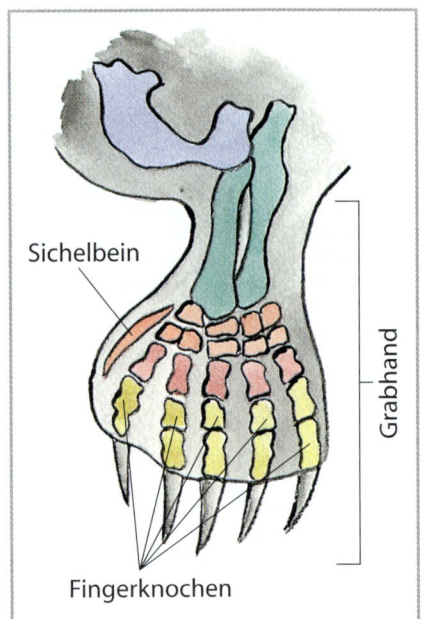

Abb. 2: Die Grabhand des Maulwurfs

ben (Abb. 3). In einer Stunde schafft er fünf bis zehn Meter. In höchster Gefahr die gleiche Strecke auch in wenigen Minuten. Im Laufe einiger Tage entsteht unterirdisch ein weit verzweigtes System von Gängen und über der Erde viele Haufen. Manchmal gehören 30 bis 50 Erdhaufen zum Jagdgebiet eines Tieres. Alle Erdhügel sind durch unterirdische Gänge miteinander verbunden. Die Ausdehnung eines solchen **Tunnelsystems** richtet sich nach dem Nahrungsangebot. Ein markiertes Tier besaß Gänge von 228 Metern Gesamtlänge, ein anderes nur von 146 Metern. Die Gänge sind in verschiedenen Tiefen angeordnet (Abb. 4). Dicht unter der Oberfläche liegen die Jagd-

Abb. 3: Der Maulwurf nutzt seine Grabhände als Werkzeug

gänge. Sie führen an den Wurzeln von Pflanzen vorbei, an denen Engerlinge und Drahtwürmer fressen. Hier findet der Maulwurf auch Tausendfüßler, Raupen, Spinnen und auch die nützlichen Regenwürmer. Der **Wohnkessel** oder **Nestkessel**, in dem der Maulwurf ruht und in dem auch die Jungen aufgezogen werden, liegt tiefer. Hier fühlt sich der Maulwurf vor seinen Feinden, den Greifvögeln, Krähen, Störchen, Reihern, Füchsen und Mardern, sicher. Maulwürfe sind Einzelgänger. Nur kurz während der Paarungszeit leben die erwachsenen Tiere zusammen. Im Frühjahr bringt das Weibchen im Wohnkessel drei bis sechs blinde und nackte Junge zur Welt. Sie sind nicht größer als eine Bohne und werden von der Mutter gesäugt. Nach zwei Monaten sind die jungen Maulwürfe selbständig. Neben dem Wohnkessel gibt es eine Vorratskammer. Steil abwärts führende Gänge können bis auf das Grundwasser reichen oder sammeln das Wasser. Zu dieser Tränke steigt der Maulwurf zum Trinken hinab. Durch die Gänge laufen die Maulwürfe mehrmals am Tage, um sie nach Tieren abzusuchen, die sich hier verirrt haben: Eidechsen, Schlangen, Mäuse, selbst Frösche und Schnecken. Hierbei werden weite Wege zurückgelegt. Messungen ergaben bis zu 23 Kilometer Laufleistung am Tag.

Der Maulwurf ist ein unersättlicher Fresser. Im nasskalten Boden und aufgrund sei-

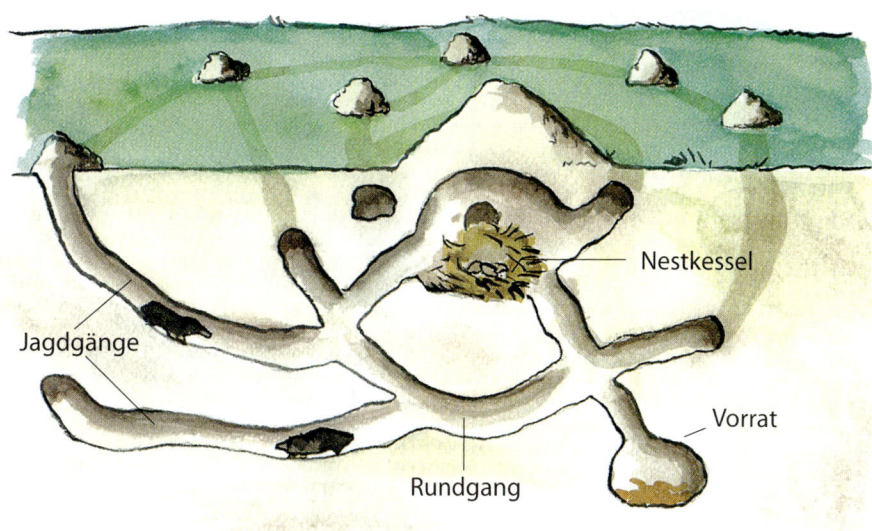

Abb. 4: Typisches Gangsystem eines Maulwurfs

würfe in ihren Gängen unter der Erde umher. Im Winter wird es schwierig, in den Gängen, die wegen des Frostes tiefer angelegt werden, noch genügend Regenwürmer zu finden. Zu diesem Zweck haben die Maulwürfe ihre Vorratskammer. Hier werden Engerlinge und Regenwürmer untergebracht, denen sie das Vorderende abgebissen haben. So bleiben die Regenwürmer am Leben, sind aber bewegungsunfähig. Man hat in einer solchen Vorratskammer einmal 1280 Regenwürmer gefunden. Sie wogen mehr als zwei Kilogramm.

Beute keine Rolle. Sie sind so klein wie ein Stecknadelkopf und vom Fell verdeckt. Obwohl die Ohrmuscheln fehlen und die Ohröffnungen ebenfalls vom Fell bedeckt sind, hört der Maulwurf gut. Er hat nämlich „das Ohr direkt an der Wand" liegen. Vor seinen Feinden ist der Maulwurf in seinem Gangsystem gut geschützt. Wenn er aufgrund von Überschwemmungen seinen Bau verlässt, ist er ungeschützt seinen Fressfeinden ausgeliefert. Um diesen zu entgehen, kann er auch riesige **Erdhaufen** über seinem Nest aufwerfen. Diese so genannten **Sumpfburgen** können 1,75 Meter Durchmesser erreichen und fast einen Meter über die Erde aufragen. Sie haben **Gänge** und einen Wohnkessel.

Der Maulwurf richtet an den Pflanzen des Gartens keinen Schaden an. Im Gegensatz zu Wühlmäusen frisst er keine Pflanzenwurzeln. Dazu ist sein Insektenfressergebiss gar nicht geeignet. Es ist auch nicht sinnvoll, Maulwurfshaufen einzuebnen. Die Verstopfung der Luftkanäle bedroht den Luftatmer, und er ist gezwungen, durch übermäßige **Grabtätigkeit** die Luftversorgung wieder herzustellen. Der Maulwurf darf weder gefangen noch getötet werden. Er steht unter Naturschutz.

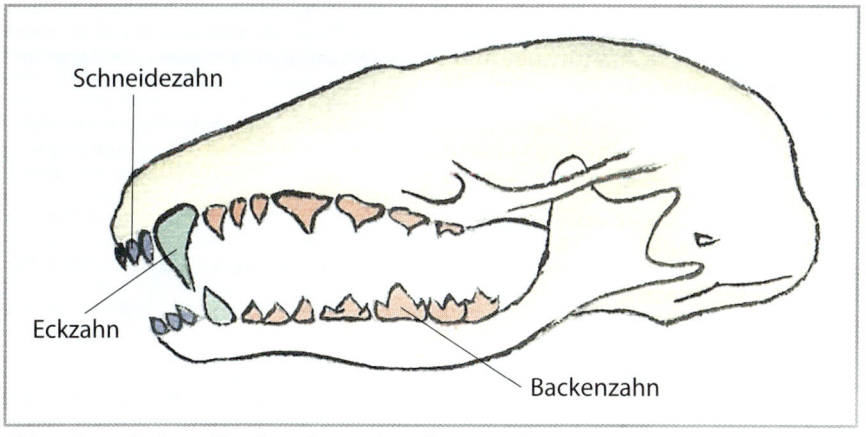

Abb. 5: Der Maulwurf besitzt ein Insektenfressergebiss

ner hohen Grableistung verbraucht er viel Energie. Diese muss durch kontinuierliche Nahrungsaufnahme ausgeglichen werden. Ein ausgewachsenes Tier frisst täglich 120 Gramm Nahrung. Das ist so viel wie sein eigenes Körpergewicht. Große Regenwürmer packt er mit seinen spitzen Zähnen an deren Vorderende und zieht den weichen Körper zwischen den Vorderkrallen hindurch, so dass die Erde aus dem Darm gedrückt wird. Im Sommer wie im Winter laufen die Maul-

Mit seinen 44 spitzen Zähnen zerkleinert der Maulwurf die Nahrung. Sie eignen sich gut zum Festhalten der Beute und zum Knacken harter Insektenpanzer. Man nennt dieses Gebiss deshalb **Insektenfressergebiss** (Abb. 5).

Beim Aufspüren der Beute hilft dem Maulwurf sein gut ausgeprägter Gehör-, Geruchs-, Tast- und Erschütterungssinn. Seine Nase ist so empfindlich, dass er die Beutetiere sogar durch die Erdschicht wittern kann. Die Augen spielen beim Auffinden der

 Zum Weiterlesen:

• Vögel, S. 340
• Fische, S. 338
• Wald – Lebensraum für Pflanze und Tier, S. 360

Fische in ihrem Lebensraum

Fische sind für das Leben im Wasser gut ausgestattet. Der Körper ist am Kopf und Schwanz zugespitzt. Ohne Hals geht der Kopf in den Rumpf über. Man sagt, die Fische sind stromlinienförmig gebaut (Abb. 1). Zahlreiche Knochenplättchen, die **Schuppen**, bedecken dachziegelartig den Körper. Darüber liegt noch eine feuchte **Schleimschicht**. In ihr produzieren unzählige kleine Drüsen Schleim. Daher ist der Fisch glitschig. Dies und die Form vermindern den Wasserwiderstand beim Schwimmen und lassen die Fische leicht durch das Wasser gleiten. An den Schuppen kann man mit der Lupe eine interessante Beobachtung machen. Viele Ringe sind zu sehen. Wenn die Fische wachsen, werden auch die Schuppen größer, und es entstehen neue Ringe. Im Sommer weite Ringe, denn sie wachsen schneller, im Winter enge Ringe. An diesen „Jahresringen" kann man ungefähr das Alter mancher Fische bestimmen.

Aus dem Schuppenkleid ragen die **Flossen** hervor. Eine bewegliche Flossenhaut spannt sich zwischen fein beweglichen Knochenstäben. Die Flossen können so wie ein Fächer ausgebreitet und wieder zusammengelegt werden. Den Vorder- und Hinterbeinen der Landtiere entsprechen die paarig angeordneten Brust- und Bauchflossen. Mit ihnen steuern die Fische ihre Bewegung. Das Hauptfortbewegungsorgan ist die Schwanzflosse. Durch ein starkes Hin- und Herschlagen des Schwanzes wird das Wasser zur Seite gedrückt, und der Fisch treibt sich schlängelnd vorwärts. Die Rückenflosse und die Afterflosse verhindern ein Umkippen des Fisches zur Seite (Abb. 2). Die Antriebskraft für die Flossen liefern dicke Muskelstränge, die den Körper in seiner ganzen Länge

durchziehen. Zwischen diesem Muskelfleisch liegen die Gräten, dünne Knochenstäbe. Die großen Gräten gehen direkt von der Wirbelsäule ab. Sie bilden wie die Rippen beim Menschen einen Schutzkorb um die inneren Organe.

Die meisten Fische besitzen in der Bauchhöhle eine **Schwimmblase** und können sich wie U-Boote leichter oder schwerer machen (Abb. 3). Wenn sie aufsteigen wollen, bilden sie ein Gas und füllen damit die Schwimmblase. Wenn sie sinken wollen, geben sie einen Teil des Gases ab. Der Fisch kann die Füllung der Schwimmblase so regulieren, dass sein Körpergewicht dem des Wassers, das ihn umgibt,

Abb. 1: Durch ihre stromlinienförmige Gestalt sind Fische optimal an das Leben im Wasser angepasst

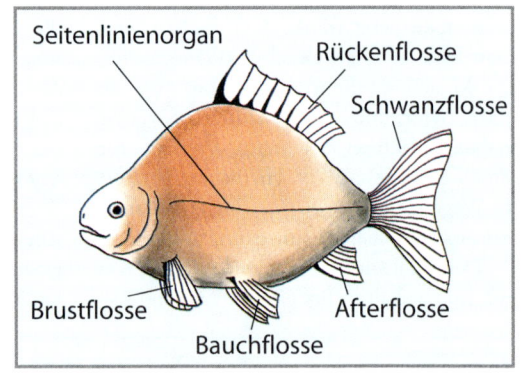

Abb. 2: Die verschiedenen Flossen des Karpfens

angepasst ist. So schwebt der Fisch. Bodenfische, wie zum Beispiel Welse und Schollen, haben keine Schwimmblase. Fische besitzen an beiden Seiten ein **Seitenlinienorgan**. Es ist zu erkennen als eine leicht geschwungene, punktierte Linie vom Kopf bis zum Schwanz. Die Punkte sind winzige Öffnungen, die in einen feinen Kanal unter den Schuppen münden. In der Innenwand des Kanals sitzen Tausende von Sinneszellen und melden jede Veränderung des Wasserdrucks an das Gehirn. So kann der Fisch andere Fische und Gegenstände im Wasser erfühlen. Das Seitenlinienorgan informiert über Hindernisse und Beutetiere auch im Dunkeln, über Richtung und Stärke der Wasserströmung und ermöglicht den Fischen das Schwimmen im Schwarm. Mit diesem Organ entdeckt der Fisch sogar den Angler, obwohl dieser das Wasser noch nicht erreicht hat. Durch sein Auftreten werden im Boden Schwingungen verursacht, die in Ufernähe ans Wasser weitergegeben werden, wo der Fisch sie wahrnimmt.

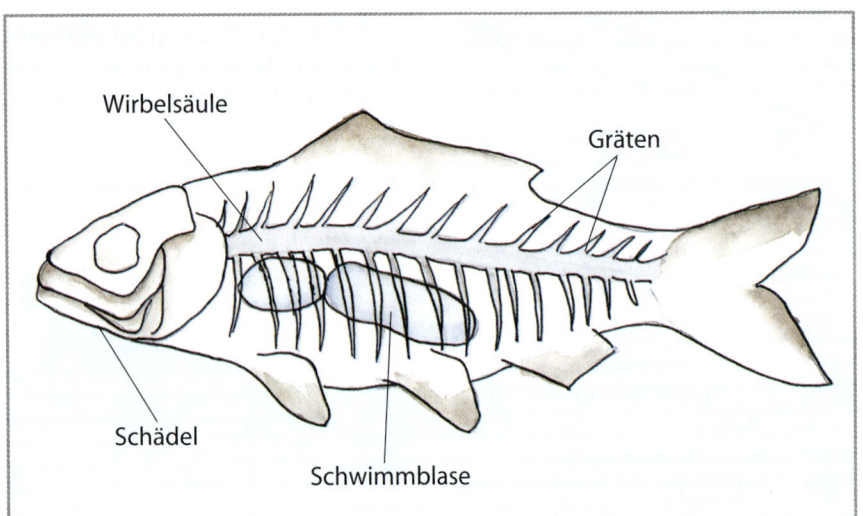

Abb. 3: Die Gasmenge in der Schwimmblase lässt den Fisch entweder steigen, sinken oder schweben

Fische atmen im Gegensatz zu anderen Wirbeltiere nicht mit Lungen, sondern ihr ganzes Leben lang mit **Kiemen**. Die Atemtätigkeit kann man gut beobachten. Beim Atmen öffnet der Fisch das Maul und saugt Wasser ein. Beim Schließen des Maules werden die unmittelbar hinter dem Kopf liegenden Kiemendeckel abgespreizt (Abb. 4). Das Wasser fließt seitlich heraus. Unter jedem Kiemendeckel liegen vier tiefrote, blutdurchströmte Kiemen. Sie bestehen aus dünnhäutigen Kiemenblättchen, den eigentlichen Atmungsorganen. Diese stehen dicht beieinander auf einer halbrunden, knöchernen Spange, dem Kiemenbogen. Vier von diesen liegen auf jeder Kopfseite in dem hinteren Raum der Mundhöhle. Diesen Raum nennt man Kiemenhöhle. Im Wasser, das an den Kiemenblättchen vorbeiströmt, ist Luft gelöst. Der Sauerstoff dieser Luft wird von den Blutgefäßen der Kiemenblättchen

net. Deshalb heißen Fischweibchen auch Rogner. Das Männchen bildet Samenzellen, die in einer weißen Flüssigkeit, die man Milch nennt, schwimmen. Fischmännchen heißen daher Milchner. Hat das Weibchen die Eier, den **Laich**, abgelegt, spritzt das Männchen seine Milch darüber. Die beweglichen Samenzellen vereinigen sich mit den Eizellen. Eine äußere Befruchtung hat stattgefunden. Die Befruchtung ist dem Zufall überlassen. Darum ist die Anzahl der Eier sehr hoch, beim Karpfen bis zu einer Million, beim Hecht bis zu 45.000. Aus einem befruchteten Ei entwickelt sich je nach Wassertempe-

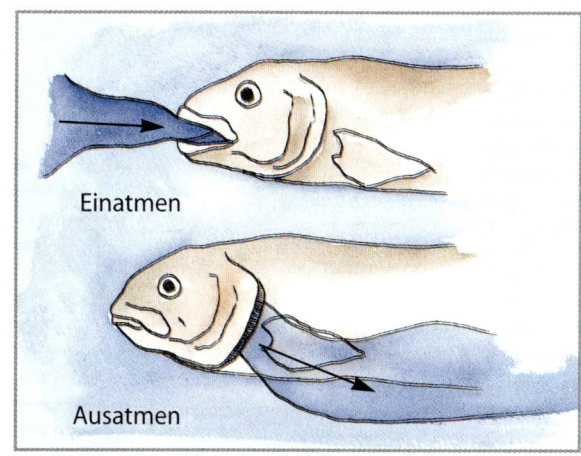

Abb. 4: Der Atmungsvorgang des Fisches

Abb. 5: Die Entwicklung der Forelle: a) Das Ei umhüllt das Jungtier mit dem großen Dottersack, b) Die Larve ernährt sich aus dem Dottersack, c) Der Dottersack bildet sich langsam zurück

aufgenommen. Durch die Vielzahl der Kiemenblättchen entsteht eine große Atmungsoberfläche, die es den Fischen ermöglicht, viel Sauerstoff aus dem Wasser aufzunehmen. Kohlendioxid wird über die Kiemenblättchen an das Wasser abgegeben. An den Kiemenbögen befinden sich außerdem kammartige Reusenzähne. Durch diese werden Nahrungsteile zurückgehalten und die Beschädigung der Kiemenblättchen verhindert.

Die meisten Fische legen ihre Eier einmal im Jahr. Man sagt, sie laichen. Die Weibchen haben in ihrem Körper lang gestreckte Eierstöcke, in denen sich viele kleine Eier entwickeln. Fischeier werden als Rogen bezeich-

ratur innerhalb von zwei bis drei Monaten ein kleiner Fisch. Dieser sieht dem erwachsenen Fisch noch nicht sehr ähnlich. Man bezeichnet ihn als **Larve**. Der Kopf und die Augen sind viel zu groß, die Flossen bestehen nur aus Flossensäumen, und unter dem Bauch hängt ein riesiger Dottersack (Abb. 5). Dieser hat lebenswichtige Bedeutung für die Fischlarve, da sie sich ungefähr sechs Wochen aus ihm ernährt. Wenn dieser Vorratssack aufgezehrt ist, sind alle Flossen ausgebildet und die anderen Organe auch: Der Fisch ist selbständig.

Nicht alle Fische sehen gleich aus. Es gibt rund 20.000 Fischarten. Die meisten haben eine ähnliche Gestalt wie der Goldfisch. An-

dere weichen stark davon ab oder haben besondere Verhaltensweisen.

Rochen und **Schollen** haben einen stark abgeplatteten Körper. Wegen ihrer flachen Form können sie sich eng an den Meeresboden anschmiegen oder in den Sand eingraben. **Aale** und **Lachse** gehören zu den Wanderfischen. Kennzeichen des Aals ist die schlangenförmige Gestalt, die dadurch entsteht, dass alle Flossen einen zusammenhängenden Flossensaum bilden. Erwachsene Aale verlassen ihr Gewässer und wandern flussabwärts ins Meer bis vor die Küste Nordamerikas und laichen in der Sargassosee. Danach sterben die Altaale. Aus den befruchteten Eiern entwickeln sich winzige Larven, die mit den Meeresströmungen an die Küsten getrieben werden. In einem Zeitraum von drei Jahren haben sie sich zu 7 Zentimeter langen Glasaalen umgewandelt. In den Flüssen wachsen sie im Laufe der nächsten acht Jahre bis zu 1,50 Meter heran und ziehen dann wieder flussabwärts.

Ausgewachsene Lachse leben im Meer. Sie können 1,50 Meter lang werden und 38 Kilogramm wiegen. Zur Laichzeit schwimmen sie die Flüsse aufwärts, in denen sie als Jungtiere lebten. Auf dieser Wanderung müssen sie oftmals hohe Hindernisse überwinden. Es wurden schon Sprünge von 3 Metern Höhe und 5 Metern Weite beobachtet.

Zum Weiterlesen:

• Amphibien, S. 342
• Ökologie der Binnengewässer, S. 380
• Zugvögel und andere Besucher des Wattenmeeres, S. 384

Vögel – Eroberer der Luft

Fliegen können wie die Vögel – das ist ein uralter Wunsch des Menschen. Immer wieder scheiterten die Versuche, denn der Körper des Menschen ist nicht zum Fliegen gebaut. Viele Forscher haben sich mit dem Fliegen beschäftigt. Ein bedeutender war Otto Lilienthal, der 1889 seine wissenschaftlichen Forschungsergebnisse in dem Buch „Der Vogelflug als Grundlage der Fliegerkunst" veröffentlichte. Heute nutzen Segelflieger, Paraglider und Drachenflieger an Berghängen aufsteigende Aufwinde und gleiten dann mit großen Tragflächen wie ein Vogel. Aber Vögel sind nicht auf diese Aufwinde angewiesen, sondern können ihre Flügel als Motor einsetzen (Abb. 1). So vollbringen sie faszinierende Leistungen: Die Küstenseeschwalbe fliegt im Spätsommer von ihrem Brutgebiet am Nordpol zum Winterquartier am Südpol. Im nächsten Frühjahr fliegt sie die Strecke von 15.000 Kilometern wieder zurück.

Federn sind das wichtigste Kennzeichen eines Vogels, das ihn von allen anderen Tieren unterscheidet. Sie erfüllen eine Reihe von Aufgaben. Durch das Gefieder – so bezeichnet man die Gesamtheit aller Federn – bekommt der Vogel seine glatte, windschlüpfrige Form. Federn sind, wie die Haare der Säugetiere, ein Wärmeschutz und helfen dem Vogel, seine Körpertemperatur ständig auf 40 Grad Celsius zu halten. Außerdem schützen sie ihn vor Nässe und Wind. Das Gefieder mildert Stöße und schützt vor Ver-

Abb. 1: Die Flügel sind ein kraftvoller Flugmotor

verschiedenartige Federn. Die Dunen oder Daunen oder Flaumfedern bilden das wärmende Unterkleid. Diese Aufgabe erfüllen sie auch, wenn der Mensch Enten- oder Gänsefedern als Füllungen für Federbetten benutzt. Darüber liegen die dachziegelartig angeordneten Deckfedern, die den Körper wie einen Mantel umhüllen. Besonders kräftig gebaut sind die **Schwungfedern** der Flügel und die **Steuerfedern** am Schwanz. Je nach Gewicht des Vogels gibt es unter-

und den Armen der Menschen. Sie bestehen aus Oberarm, Unterarm und Hand. Also sind Flügel zu Flugwerkzeugen umgewandelte Vordergliedmaßen (Abb. 2). Sie bilden zum Fliegen die Tragflächen und sind zugleich Antriebsmotor. Beim Abwärtsschlagen des Flügels drückt die Luft von unten die breiten Innenfahnen der Federn gegen die schmalen Fahnenseiten der Nachbarfedern. Die Luft kann nicht durch die Flügel hindurchstreichen. Der Vogel drückt sich auf diesem Luftkissen hoch und nach vorne: er fliegt. Beim Aufwärtsschlagen knickt der Flügel etwas ein und bietet dadurch der Luft weniger Widerstand. Die Schwungfedern drehen sich wie die Klappen einer Jalousie, so dass die Luft durch die Schlitze strömen kann (Abb. 3). Diese Flugmethode, der **Ruderflug**, der sehr viel Kraft erfordert, wird durch die stark ausgebildete Brustmuskulatur erbracht. Die Flugmuskeln bilden das dicke Brustfleisch und finden an dem breiten Brustbeinkamm, einem Knochen, eine große Ansatzfläche. Beim **Segelflug** fliegen die Vögel mit ausgebreiteten Flügeln ohne Flügelschlag. Hierbei werden sie von der warmen, aufsteigenden Luftströmung emporgetragen. Sie kreisen und gewinnen dadurch immer mehr an Höhe. Vögel mit breiten Schwingen, wie zum Beispiel Storch und Möwe, sind gute Segelflieger. Beim **Rüttelflug** steht der Vogel auf der Stelle. Der Schwanz ist ausgebreitet und wirkt als Bremse. Haben Greifvögel eine Beute erspäht, stürzen sie im **Stoßflug** zur Erde. Kurz bevor sie ihr Opfer mit den Krallen ergreifen, breiten sie blitzschnell ihre Schwingen aus und fangen sich ab.

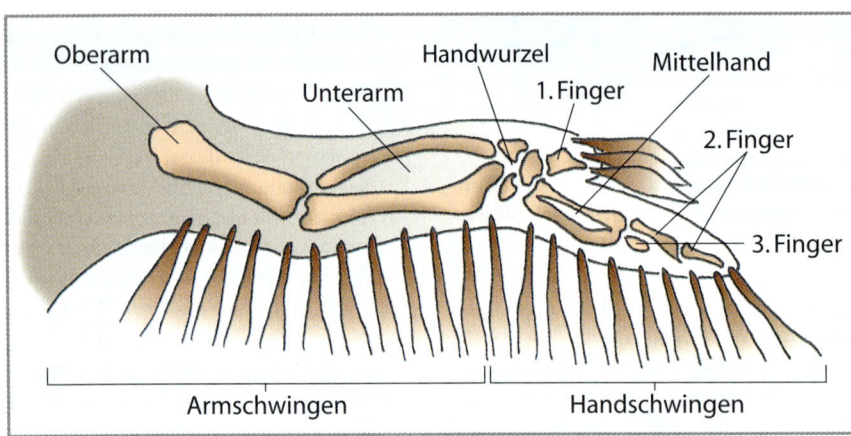

Abb. 2: Schematische Darstellung des Flügels (Haushuhn)

letzungen. Bei der Balz und Paarung spielen die Farben eine Rolle. Das Gefieder passt sich den unterschiedlichsten Bedingungen an, kann im Flug stromlinienförmig anliegen oder zum Federball aufgeplustert dem Gegner imponierende Größe vortäuschen. Außerdem verleihen die Federn dem Vogel größere Oberflächen und damit die Fähigkeit zum Schweben und Fliegen. Der Vogel hat

schiedlich viele davon. Kleine Singvögel haben 12 Schwanzfedern, der Schwan 24. Beim ruhigen, geraden Flug sind sie zusammengelegt und bilden so eine Verlängerung des Rückens und verbessern die Fluglage. Beim Bremsen werden sie zu einem Fächer gespreizt und ermöglichen eine genaue Ansteuerung des Landeplatzes. Die Flügel entsprechen den Vorderbeinen der Säugetiere

Vogelfedern sind erstaunlich elastisch und federleicht. Alle Federn einer 350 Gramm schweren Taube wiegen zusammen nur 6 Gramm. Die meisten Federn bestehen aus Federkiel und Fahne (Abb. 4). Der Kiel ist ein Rohr, das mit dem unteren Teil tief in der Haut steckt. Hier stehen die Federn mit Hautmuskeln in Verbindung, die sie aufrichten und anlegen können. Der obere Teil des Kiels heißt Schaft. Vom **Schaft** zweigen Tausende von Federästchen ab, die wiederum

aus der Bürzeldrüse über dem Schwanz wasserabweisend zu machen. Trotz der intensiven Pflege sind die Federn nach einem Jahr verschlissen und müssen erneuert werden. Dieser Federwechsel heißt **Mauser**. So kann man im Sommer nach der Brut Amseln ohne Schwanz oder mit kahlem Kopf sehen.

Der stromlinienförmige Körper der Vögel ist ausgezeichnet zum Fliegen geschaffen. Ein leichter Körper kann mit weniger Kraft in die Luft gehoben werden als ein schwerer Kör-

Außerdem wirken sie wie ein Kühlsystem, wenn sich der Vogelkörper beim anstrengenden Flug erhitzt. Die Wirbel von der Brust bis zum Schwanz sind fest miteinander verwachsen. Mit dieser starren Wirbelsäule können die Vögel zwar schlecht laufen, behalten aber im Flug die richtige Körperhaltung.

Auch in der Ernährung und Fortpflanzung sind sie dem Fliegen angepasst. Energiereiche Nahrung wird aufgenommen, schnell verdaut und bleibt nur kurz im

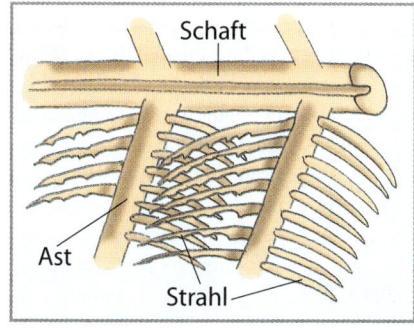

Abb. 4: Die Struktur einer einzelnen Feder

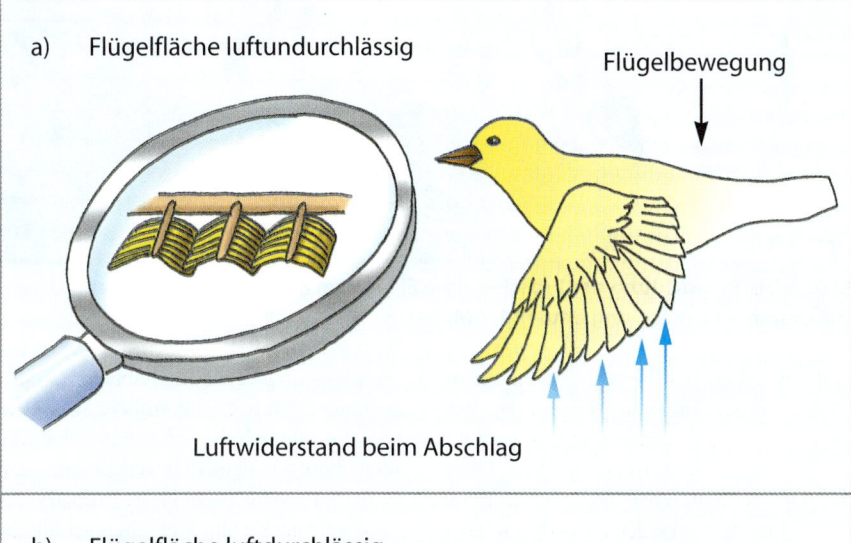

Luftwiderstand beim Abschlag

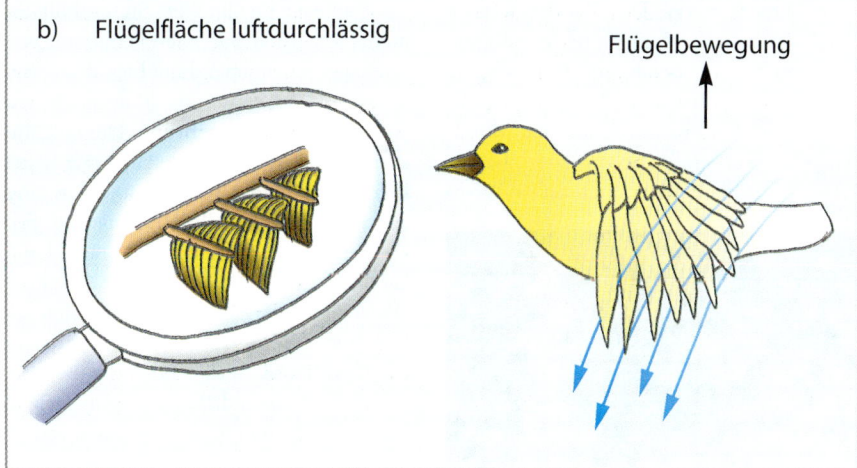

Abb. 3: Die Funktionsweise der Federn: a) Abschlag, b) Aufschlag

Körper. So wird das Körpergewicht durch das Gewicht der Nahrung kaum verändert. Auch die Eiablage und die Entwicklung der Jungen außerhalb des Vogelkörpers sorgen für geringes Gewicht.

Die Vögel sind also dem Lebensraum Luft in vielerlei Weise angepasst: durch Federn, „Leichtbauweise" und Flugtechnik, durch die Art der Ernährung und Fortpflanzung.

Unter den Vögeln gibt es Spezialisten für bestimmte Lebensräume.

Die **Wasservögel** mit ihren Schwimmfüßen und dem besonderen Schnabel zum Herausfiltern der Nahrung aus dem Wasser. **Spechte** mit besonderen Kletterfüßen, Stützschwanz und Meißelschnabel mit Schleuderzunge sind Baumbewohner. **Greifvögel** mit Hakenschnabel und Greiffüßen sind gewandte Beutejäger. **Eulen** mit ihrem weichen Gefieder, dem feinen Gehör und den lichtempfindlichen Augen jagen in der Dunkelheit lautlos ihre Beute.

zahlreiche Strahlen tragen. Die Ästchen können lose abstehen wie bei den Daunen. Bei den zusammenhängenden Federn tragen die Strahlen zahlreiche kleine Häkchen, die so genannten Hakenstrahlen, die in die ihnen gegenüberliegenden glatten Strahlen, die Bogenstrahlen, greifen wie eine Art Reißverschluss. An einer Kranichschwungfeder sitzen zum Beispiel 600.000 Federstrahlen. Vögel pflegen ausgiebig mit dem Schnabel ihr Federkleid, einmal, um Haken und Bogenstrahlen wieder zu verbinden, zum anderen, um es mit einem fettähnlichen Stoff

per von gleicher Größe. Säugetiere wiegen oft mehr als dreimal so viel wie Vögel in vergleichbarer Körperlänge. Ein Maulwurf von 16 Zentimeter Länge wiegt 90 Gramm, eine Kohlmeise von 14 Zentimeter Länge 18 Gramm. Der Vogelkörper ist also sehr leicht gebaut. Die Knochen sind dünnwandig und innen hohl. Der zahnlose Schnabel aus Horn ist ebenfalls sehr leicht. Zwischen den Eingeweiden liegen Luftsäcke, die mit der Lunge in Verbindung stehen. In den Luftsäcken kann ein Vogel viel Luft aufnehmen und den hohen Sauerstoffbedarf beim Fliegen decken.

 Zum Weiterlesen:

- Das Huhn, S. 328
- Der Maulwurf, S. 336
- Zugvögel und andere Besucher des Wattenmeeres, S. 384

Amphibien – Leben im Wasser und an Land

Diese Gruppe von Tieren wird auch als Lurche bezeichnet. Zu ihnen zählen Frösche, Kröten, Unken, Molche und Salamander. Sie können im Wasser oder auf dem Land leben. So nehmen sie eine besondere Stellung unter den Wirbeltieren ein; sie vermitteln zwischen den ganz im Wasser lebenden und durch Kiemen atmenden Fischen und den ganz auf dem trockenen Land lebenden und durch Lungen atmenden Reptilien, Vögeln und Säugern. Sie werden auch **Amphibien** genannt. Dieser Name kommt vom Griechischen amphibios = „doppellebig" und weist gut auf die Fähigkeit der Tiere hin. Der Übergang vom Fisch zum Lurch fand vor fast 400 Millionen Jahren statt. Damals lebte in Seen und Flüssen ein Fisch mit besonderen Fähigkeiten: der Quastenflosser. Er konnte für einige Zeit auf dem Land leben. Da bewegte er sich mit seinen durch Knochen gestützten Flossen vorwärts. Er atmete Sauerstoff aus der Luft. Durch weitere Umwandlungen vollzog sich im Zeitraum von vielen Millionen Jahren die Entwicklung einer Fischart zu den ersten Landwirbeltieren. In den ersten warmen Nächten im März und April erfolgt die **Laichwanderung** von Grasfröschen und Erdkröten. Dann kommen die Tiere aus ihren Winterverstecken, den selbst gegrabenen Erdlöchern oder dem Schlammgrund. Hier haben sie im todähnlichen Schlaf, der **Winterstarre**, die kalte Jahreszeit verbracht. Zielstrebig wandern sie zu ihrem Tümpel oder Teich. Sie kehren immer zu dem Gewässer, das sie als junger Frosch verlassen haben, zurück. Darum kann man

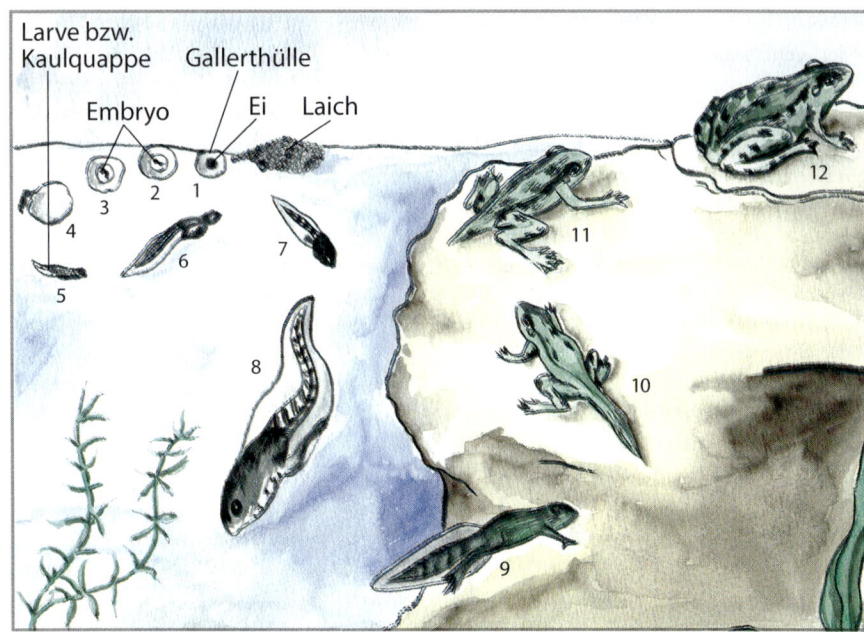

Abb. 2: Die Entwicklung des Frosches vom Ei bis zum ausgewachsenen Tier. Die gesamte Entwicklung dauert 2-3 Monate

in der Regel Altfrösche nicht an eine neue Umgebung gewöhnen. Im Wasser versuchen sie nun, mit verschiedenartigen Tönen die Weibchen anzulocken. Sie quaken. Diese Töne werden durch Stimmbänder im Kehlkopf hervorgerufen. Die Bänder werden durch die zwischen Lunge und Mundhöhle hin- und herstreichende Luft in Bewegung versetzt. Zum Verstärken des Quakens stülpen sie aus den Spalten hinter den Mundwinkeln zwei große Schallblasen heraus (Abb. 1). Trifft ein Männchen auf ein Weib-

chen, so springt es auf das weibliche Tier und klammert sich fest. Das größere Weibchen trägt das Männchen huckepack. Sobald das Weibchen mit dem Ablegen der Eier beginnt, spritzt das Männchen eine milchigtrübe Flüssigkeit darüber. Sie enthält Samenzellen, auch Spermien genannt. Diese erreichen schwimmend die Eier, dringen in sie ein und befruchten sie. Man spricht von einer **äußeren Befruchtung**. Die Eier sind kleiner als ein Stecknadelkopf. Sie haben keine feste Schale, sondern sind von einer durchsichtigen Eiweißhülle umgeben. Solche Eier ohne Schale nennt man **Laich** (Abb. 2). Der befruchtete Laich sinkt zu Boden. Die Eiweißhüllen saugen sich wie Gelatine voll Wasser und steigen erneut an die Oberfläche. Jetzt sind die Kügelchen etwa 1 Zentimeter dick und haben eine gute Schutzhülle, die das Austrocknen verhindern soll und gegen das kalte Wasser isoliert. Das Froschweibchen legt 300–4000 Eier ab, die als dicke Laichballen im Wasser schwimmen. Es sind darum so viele, weil die Tiere viele Feinde haben. Fische und andere Wasserbewohner fressen Laich und Larven. Storch, Fuchs, Igel und Ringelnatter stellen dem Frosch nach. Nicht alle Amphibien wählen die gleiche Verpackung der Eier. Die Erdkröte legt Laichschnüre, die sie in zwei bis vier Reihen an Wasserpflanzen verankert. Bei der Geburtshelferkröte wickelt sich das Männchen die Eischnüre mit 50–60 Eiern um die Hinterbeine und trägt sie bis zum Schlüpfen der Larven etwa drei Wochen umher. Hier ist die Anzahl der Eier kleiner,

Abb. 1: Zur Verstärkung des Quakens füllt der Frosch die Schallblasen mit zusätzlicher Luft

denn das Risiko durch Fressfeinde ist geringer. Also: Je aufwendiger die Eier versteckt oder versorgt werden, desto geringer ist ihre Anzahl. Die Eier werden durch die Frühlingssonne entwickelt. Je nach Witterung schlüpfen die Larven der Frösche, die **Kaulquappen**, nach drei bis fünf Wochen. Sie haben dann keine Ähnlichkeit mit dem Frosch. Sie atmen durch Kiemen und leben und ernähren sich anders als der Frosch. Es sieht so aus, als ob der zukünftige Frosch sich hinter einer Maske oder Larve versteckt. Man nennt solche Jugendstadien, die den erwachsenen Tieren überhaupt nicht gleichen, **Larven**. Die Kaulquappe ist also eine Froschlarve. In den ersten Tagen hängen die Larven noch an den Resten der Gallerthülle, wachsen aber von Tag zu Tag und sehen bald

Abb. 3: Im Gegensatz zu den Froschlurchen haben die Schwanzlurche verkürzte Hinterbeine und können sich daher nicht mehr springend vorwärts bewegen

wie ein kleiner Fisch aus. Sie bewegen sich mit einem Ruderschwanz und atmen mit Außenkiemen, kleinen, bäumchenartigen Gebilden, die zu beiden Seiten des Kopfes wachsen. Die Tiere leben zwei bis drei Monate in diesem Larvenstadium. Während dieser Zeit werden die äußeren Kiemen zurückgebildet und durch innere ersetzt. Tagsüber sind die Kaulquappen ständig auf Futtersuche. Mit winzigen Hornzähnchen raspeln sie Algenbewuchs an Pflanzen ab. Sie sind Pflanzenfresser.

Die Umwandlung zum Frosch beginnt mit der Entwicklung der Hinterbeine, später folgen die Vorderbeine. Hornkiefer, Schwanz und Kiemen verschwinden. Der Blutkreislauf stellt sich auf die Lungenatmung um. Aus der kleinen Mundöffnung wird das breite Frosch-

maul. Der Darm verkürzt sich und stellt sich auf die Fleischnahrung des Frosches um.

Der junge Frosch verlässt das Wasser mit circa 1,5 Zentimeter Länge und lebt an Land weiter. Dann ist der Gestaltwandel von der Kaulquappe, einem fischähnlichen Wassertier, zum Frosch, einem durch Lungen atmenden Landtier, abgeschlossen. Diesen Vorgang nennt man **Metamorphose**. Sie dauert zwei bis drei Monate.

Amphibien fühlen sich kalt und feucht an. Sie sind **wechselwarm**. Ihre Haut ist reich an Schleimdrüsen, die die Haut feucht halten. Dieser Schleim ist giftig, bei einigen Arten sogar sehr giftig. Durch die dünne, reich durchblutete feuchte Haut können sie unmittelbar aus dem Wasser und aus der Luft Sauerstoff aufnehmen. Sie haben neben der Lungenatmung also auch eine **Hautatmung**. Diese kann einige Zeit die Lungenatmung ersetzen. Während der Kältestarre atmen sie nur durch die Haut. Amphibien trinken nicht, sondern nehmen die Feuchtigkeit durch die Haut auf. Sie ernähren sich von Insekten aller Art, Würmern und Schnecken. Sie sind **Fleischfresser**.

Die in Deutschland lebenden Amphibien werden in zwei Gruppen unterteilt: die **Froschlurche** und die **Schwanzlurche**. Zur ersten Gruppe gehören die Frösche, Kröten und Unken. Durch ihre plumpe Gestalt unterscheiden sich die Kröten von den Fröschen. Ihre Hinterbeine sind nur wenig länger als ihre Vorderbeine (Abb. 3). Darum können sie nicht wie die Frösche mit ihren langen Hinterbeinen in großen Sätzen sprin-

gen, sondern nur laufen und kriechen. Sie haben eine warzige Haut und gehen bei Einbruch der Dämmerung auf Beutefang. Unken leben im Sommer in und an Gewässern. Bei Gefahr zeigen sie zur Abschreckung die grellfarbigen Flecken ihrer Unterseite. Zu den **Schwanzlurchen** gehören Feuersalamander und Teichmolch. Bei der Umwandlung von der Larve zum erwachsenen Tier bleibt bei diesen Lurchen der Schwanz erhalten. Mit ihm bewegen sie sich schlängelnd fort. Bei den Salamandern schlüpfen die Larven aus den Eihüllen im Mutterleib. Zur Ablage der Larve begibt sich das Weibchen nur mit dem Hinterleib ins Wasser. Molche leben im Frühjahr und im Sommer nur im Wasser. Im Herbst gehen sie an Land.

In der Bundesrepublik gibt es 19 verschiedene Amphibienarten, davon sind zehn gefährdet. Amphibien brauchen nämlich eine intakte Umwelt. Landschaftsräume mit ruhigen Rückzugsbereichen, eine Vielfalt von Kleinbiotopen mit Verbindungselementen wie Hecken und Fließgewässern. Die Wasserqualität des Laichgewässers muss gut sein, aber viele Bäche sind durch chemische Stoffe verunreinigt. Viele Feuchtgebiete sind trockengelegt, und das Verkehrsnetz wird immer dichter. Umweltschützer plädieren für Schutzmaßnahmen zum Erhalt der Amphibien: Straßensperren, die die Tiere auf dem Weg zu den Laichplätzen wirkungsvoll vor dem Überfahren retten; Hinweisschilder „Krötenwanderung" nützen wenig. Tiere, die vom Lichtstrahl der Autos erfasst werden, verhalten sich wie einem natürlichen Feind gegenüber. Sie ducken sich zusammen und sind wegen ihrer Tarnfarbe kaum sichtbar. Das hilft wohl gegen natürliche Feinde, aber nicht gegen Autos. Schutzzäune und Tunnel verhindern, dass die Amphibien überhaupt erst die Straße erreichen. Bei Schutzzäunen wandern sie zum Beispiel den Zaun entlang und werden an bestimmten Stellen in eingegrabenen Eimern gefangen. Dann bringt man sie zu Tunneln oder über die Straße. Alle europäischen Amphibienarten stehen unter Naturschutz.

 Zum Weiterlesen:

- Fische, S. 338
- Pflanzen und Vögel der Binnengewässer, S. 376

Die sexuelle Entwicklung des Menschen

Das Wort **Pubertät** kommt aus dem Lateinischen und heißt eigentlich „Mannbarkeit". Das ist die Entwicklungsphase, in der aus Jungen Männer und aus Mädchen Frauen werden (Abb.1). Die Pubertät ist eine Zeit des Umbruchs, in der große seelische und körperliche Veränderungen ablaufen. Heute setzt diese Zeit 3–4 Jahre früher ein als vor 100 Jahren. Beim Mädchen kann sie mit 9 Jahren beginnen, meistens zwischen dem 11. und 14. Lebensjahr. Beim Jungen setzt die Pubertät ein bis zwei Jahre später ein. In dieser Zeit zeigen Jugendliche große Schwankungen in ihren Gefühlen und Stimmungen. Oft fühlen sie sich unverstanden und ungerecht behandelt. Sie spüren, dass sie erwachsen werden. Verstärkt rebellieren sie gegen Eltern und Lehrer, um zu zeigen, dass sie nun alleine für sich entscheiden wollen. Ihre Abgrenzungen gegenüber der Welt der Erwachsenen zeigen sie nach außen auch in ihrer Kleidung, im Gebrauch einer Jugendsprache und in der Vorliebe für bestimmte Musik. Auch das Verhalten unter Gleichaltrigen ändert sich. Da bei den Mädchen die Pubertät etwas früher beginnt, sind sie den Jungen voraus und finden sie dann oft kindisch, während die Jungen die Mädchen als zickig ablehnen. Je älter Jungen und Mädchen werden, desto mehr fühlen sie sich zum anderen Geschlecht hingezogen. Das Bedürfnis nach größerer Nähe wächst. Man möchte sich berühren, häufig beisammen sein. Zur freundschaftlichen Zuneigung kommt jetzt die Sexualität.

Ausgelöst wird dieses Verhalten durch **Geschlechtshormone**, die sich verstärkt in

Abb. 1: Die Pubertät ist für Jungen und Mädchen ein schwieriges Alter

den Geschlechtsdrüsen bilden. Das hat zur Folge, dass sich die Körperformen verändern und die sekundären Geschlechtsmerkmale, die typisch für die Erwachsenen sind, ausbilden. Später werden die **Geschlechtszellen** reif. Ein starkes Längenwachstum setzt ein, begleitet manchmal von einer deutlichen Gewichtszunahme. Die Größenunterschiede zwischen Gleichaltrigen können erheblich sein. Im Laufe der Jahre gleicht sich das wieder aus. Bei den Mädchen fangen die **Schamhaare** und die **Achselbehaarung** an zu wachsen, die **Brust** wird größer. Beim Jungen beginnt der **Kehlkopf** zu wachsen und verändert die Stimme, die Schultern werden breiter und kräftiger, Scham- und Achselbehaarung nimmt zu. Der erste Bartflaum be-

ginnt zu sprießen. Die Hormone bewirken, dass die Unterschiede zwischen Mädchen und Jungen während der Pubertät immer größer werden (Abb. 2).

Ungefähr ein Jahr nach Beginn der Pubertät haben die Mädchen dann ihre erste Blutung. Diese **Regelblutung** dauert in den meisten Fällen 3–5 Tage und hört dann wieder auf. Später wiederholt sich diese regelmäßig jeden Monat. Darum nennt man sie auch Regel, Periode oder Menstruation. Bei jungen Mädchen können die Abstände zwischen den einzelnen Blutungen länger sein. Die Regelblutung ist ein natürlicher Vorgang. Während dieser Zeit kann man auch Sport treiben. Besonders wichtig sind in diesen Tagen ausreichende Hygienemaßnahmen wie die Benutzung von Tampons oder Binden. Weil sich das Menstruationsblut zersetzt und einen typischen Geruch annimmt, müssen Binden häufig gewechselt werden. Beim Tragen eines Tampons tritt kein Geruch auf. Um auch in Zukunft auf das Auftreten der Blutung vorbereitet zu sein, sollte das Mädchen einen Menstruationskalender führen. Die Tage der Blutung werden darin angekreuzt. Die Regelblutung kann sich durch Klimawechsel und seelische Belastung verschieben.

Beim Jungen zeigt sich die Geschlechtsreife mit dem ersten **Samenerguss**, der **Pollution**. Hierbei werden Tausende von Samenzellen ausgeschieden. Das geschieht nicht so regelmäßig wie beim Mädchen. Der Samenerguss erfolgt unwillkürlich während des Schlafes oder nach Reizung des Gliedes.

Mädchen und Jungen werden schon geschlechtsreif, bevor die gesamte körperliche und geistig-seelische Entwicklung abgeschlossen ist.

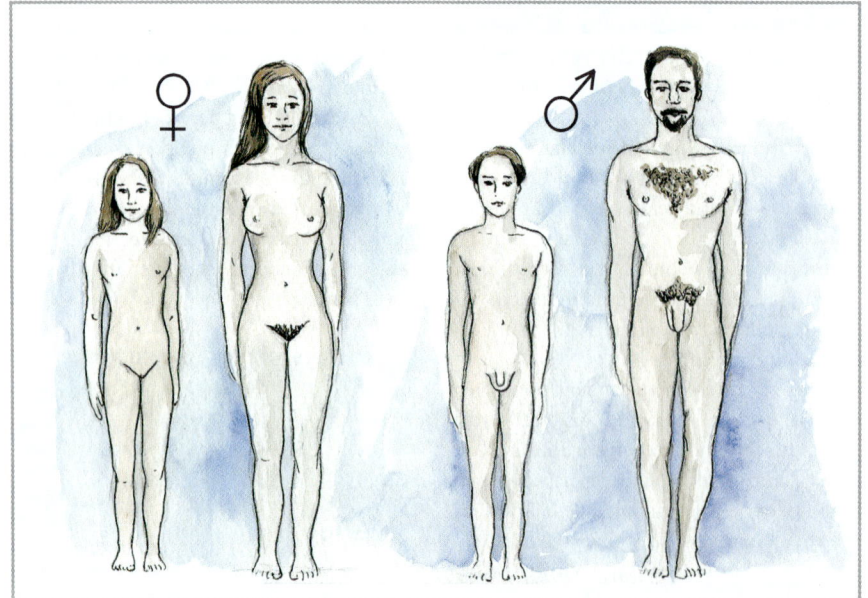

Abb. 2: Die körperliche Entwicklung vom Mädchen zur Frau und vom Jungen zum Mann. ♀ ist das Zeichen für weiblich; ♂ ist das Zeichen für männlich

Die männlichen Geschlechtsorgane

Die Geschlechtsorgane des Mannes, das Glied, auch **Penis** genannt, und der **Hodensack**, liegen außerhalb des Körpers (Abb. 3). Vorne am Penis sitzt die **Eichel**, die von einer zurückschiebbaren Vorhaut bedeckt ist. Bei manchen Jungen kann die Vorhaut verwachsen sein, so dass sie sich nicht zurückschieben lässt. Das kann der Arzt leicht beheben.

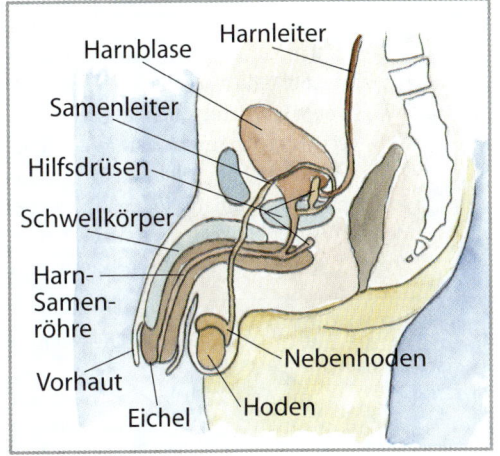

Abb. 3: Die männlichen Geschlechtsorgane im Schnitt von der Seite

Unter der Vorhaut sammelt sich eine talgige Masse aus abgestorbenen Zellen und Flüssigkeit an. Diese sollte täglich abgewaschen werden, sonst können ein unangenehmer Geruch oder gar eine schmerzhafte Entzündung die Folge sein. Geschützt im Hodensack liegen zwei Hoden, äußerst empfindliche eiförmige Drüsen. In ihnen werden die Fortpflanzungszellen, die **Spermien**, gebildet. Diese werden in langen Schläuchen gespeichert, die in den Nebenhoden liegen. Über den **Samenleiter** gelangen die Spermien aus den Nebenhoden bis in die Harn-Samenröhre im Glied. Von der Bläschendrüse und der Vorsteherdrüse, der **Prostata**, wird eine Flüssigkeit abgegeben, in der sich die Samenzellen gut bewegen können. Im Glied liegen **Schwellkörper**. Sie sind von dehnbaren Blutadern durchzogen. Wenn sich das Blut in den Adern staut, wird das Glied fest und steif. Das geschieht bei geschlechtlicher Erregung. Auf dem Höhepunkt der Erregung werden durch ruckartiges Zusammenziehen von Muskeln die Samenzellen herausgestoßen. Die Flüssigkeit, die Spermien und Nährstoffe enthält, nennt man **Sperma**. Bei einem solchen Erguss gelangen 200–400 Millionen Samenzellen nach außen. Die kurze Zeit vor

und während des Samenergusses wird als erregend und lustvoll empfunden. **Orgasmus** nennt man bei beiden Geschlechtern den Höhepunkt der geschlechtlichen Erregung.

Die weiblichen Geschlechtsorgane

Die **weiblichen Geschlechtsorgane** sind äußerlich wenig auffällig (Abb. 4). Sie liegen zum größten Teil im Körperinnern. Von außen zu sehen sind die etwas vorgewölbten **großen Schamlippen** und die **kleinen Schamlippen** mit dem **Kitzler**, einer reizempfindlichen, erbsengroßen Erhebung. Ähnlich wie das Glied des Mannes enthalten Kitzler und kleine Schamlippen Schwellkörper, die sich bei geschlechtlicher Erregung durch Blutstau vergrößern. Der Scheideneingang ist bei Mädchen und Frauen, die noch keinen Geschlechtsverkehr hatten, mit einem Häutchen verschlossen, das in der Mitte eine kleine Öffnung hat. Dieses **Jungfernhäutchen** zerreißt beim ersten Geschlechtsverkehr.

Die Scheide führt zu den **inneren Geschlechtsorganen**, die geschützt von den Beckenknochen in der Bauchhöhle liegen. Dazu gehört die **Gebärmutter**, die auch Uterus genannt wird. Das ist ein bir-

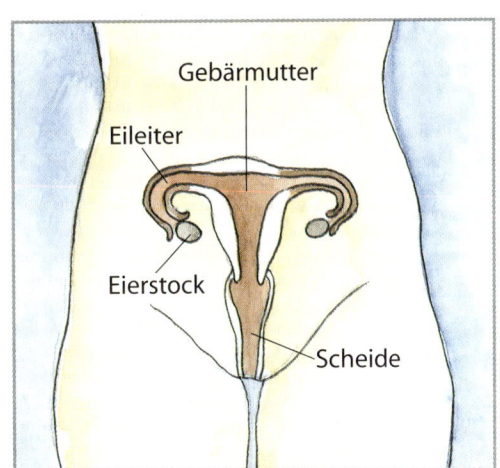

Abb. 4: Die weiblichen Geschlechtsorgane im Schnitt von vorne

nengroßer Muskel, der einen Hohlraum umschließt. In ihm kann sich die befruchtete Eizelle bis zum geburtsfähigen Kind entwickeln. Weiter gehören zu den inneren Geschlechtsorganen die beiden **Eierstöcke**, in denen sich die **Eizellen** nacheinander entwickeln, und die **Eileiter**. Von Geburt an ruhen hunderttausend kleine Eizellen in den Eierstöcken. Die Eizelle ist die größte Zelle des menschlichen Körpers: Eine reife Eizelle

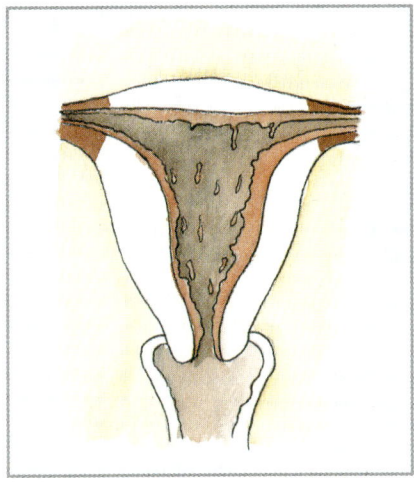

Abb. 5: Wird die Eizelle nicht befruchtet, beginnt die Schleimhaut, sich nach dem 28. Zyklustag abzulösen

ist etwa so groß wie der Durchmesser eines Haares. Wenn eine Eizelle reif wird, wird sie von einem Trichter am Ende des Eileiters aufgenommen. Da sich eine Eizelle nicht allein fortbewegen kann, sind die Innenwände der Eileiter mit Flimmerhärchen ausgekleidet, die sich immer in Richtung Gebärmutter hin bewegen. Dadurch gelangt die Eizelle durch den Eileiter in die Gebärmutter. Sie ist schon auf das Ei vorbereitet. Die Schleimhaut ist auf ungefähr das Fünffache ihrer ursprünglichen Stärke angeschwollen. Sie ist stark durchblutet, mit Nährstoffen eingelagert, so dass ein befruchtetes Ei sich wie in einem Nest einnisten könnte, um sich dann zu einem Lebewesen zu entwickeln. Ist das Ei nicht befruchtet, das Nest also überflüssig, löst sich die Schleimhaut von der Innenwand der Gebärmutter ab (Abb. 5). Sie gelangt als blutiger Schleim durch die Scheide nach außen. Die Menstruation wiederholt sich etwa alle 28 Tage. Zwischen dem 45. und 55. Lebensjahr, in den so genannten Wechseljahren, geht normalerweise die Tätigkeit der Eierstöcke zurück, und es werden keine reifen Eier mehr an den Eileiter abgegeben. Bis dahin sind insgesamt 400–500 Eizellen herangereift.

 Zum Weiterlesen:

- Steuerung über Nerven und Hormone, S. 422
- Sexualhormone und ihre Wirkung auf den menschlichen Körper, S. 424

Fortpflanzung und Entwicklung des Menschen

Ist der Wunsch zweier Menschen nach Zärtlichkeit und großer Nähe sehr stark, so kommt es zur **geschlechtlichen Vereinigung**. Man sagt dazu auch Geschlechtsverkehr oder „miteinander schlafen". Meist wollen sie dabei keine Kinder bekommen, und es gibt ihnen schon das **Petting** – das Streicheln und Küssen der Geschlechtsteile – volle Befriedigung. Da ein Geschlechtsverkehr zu einer Schwangerschaft führen kann, ergibt sich daraus eine besondere Verantwortung. Heute ist es möglich, durch die Anwendung von **Verhütungsmitteln**, die verhindern können, dass Samen und Eizelle zusammentreffen, eine Schwangerschaft zu vermeiden. Zu diesen Mitteln gehört die **Pille**. Sie muss regelmäßig eingenommen werden, wenn sie wirken soll. Die Pille enthält künstlich hergestellte weibliche Geschlechtshormone, die verhindern, dass Eizellen in den Eierstöcken reif werden. Es kommt zu keinem Eisprung, aber die Regelblutung läuft trotzdem normal ab. Weil die Pillenhormone sehr unterschiedlich auf den Körper wirken, gibt es die Pille nur auf ein Rezept vom Arzt. Ein weiteres Verhütungsmittel ist die **Spirale**. Sie wird vom Frauenarzt in die Gebärmutter eingesetzt. Spiralen werden meist nur von Frauen, die schon ein Kind geboren haben, verwendet. Das **Diaphragma** ist ein anderes Verhütungsmittel. Vor jedem Geschlechtsverkehr muss es in die Scheide eingeführt werden. Es sitzt vor dem Eingang der Gebärmutter und verhindert, dass Samenzellen eindringen können. Da das Diaphragma die richtige Größe haben muss, wird es vom Arzt angepaßt.

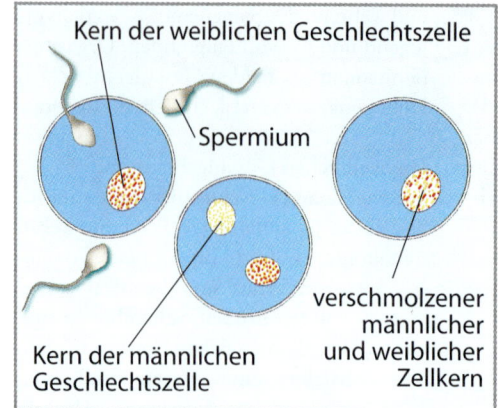

Abb. 1: Befruchtungsvorgang

Die Schwangerschaftsverhütung, die der Mann anwenden kann, ist das **Kondom**, auch Präservativ, Pariser oder Gummi genannt. Das ist eine dünne Gummihülle, die über das versteifte Glied gezogen wird. Sie fängt die Samenflüssigkeit mit den Samenzellen auf. Kondome sind preiswert und gesundheitlich unbedenklich. Man kann sie in Apotheken, Drogerien und Supermärkten kaufen. Darüber hinaus sind sie auch ein Schutz gegen Krankheiten wie AIDS, die durch intime Beziehungen übertragen werden können. Die gleichzeitige Anwendung eines **chemischen Mittels** kann mit dem Kondom kombiniert werden. Das sind Schaumzäpfchen, die in die Scheide eingeführt werden, um Spermazellen abzutöten. Chemische Mittel allein sind unsicher.

Entwicklung im Mutterleib

Damit sich aus einer Eizelle ein Kind entwickeln kann, muss diese erst von einer Samenzelle befruchtet werden. Das geschieht durch den Geschlechtsverkehr. Hierbei führt der Mann sein versteiftes Glied in die Scheide der Frau ein. Dadurch, dass er es hin- und herbewegt, kommt es zu einer starken Erregung, die zum Samenerguss führt. Dabei werden 200–600 Millionen Samenzellen in die Scheide abgegeben. Hiermit hat der Mann den Höhepunkt seiner geschlechtlichen Erregung erreicht.

Auch die Frau erlebt durch Steigerung der Erregung einen Höhepunkt. Diese höchsten Augenblicke der geschlechtlichen Erregung werden **Orgasmus** genannt und

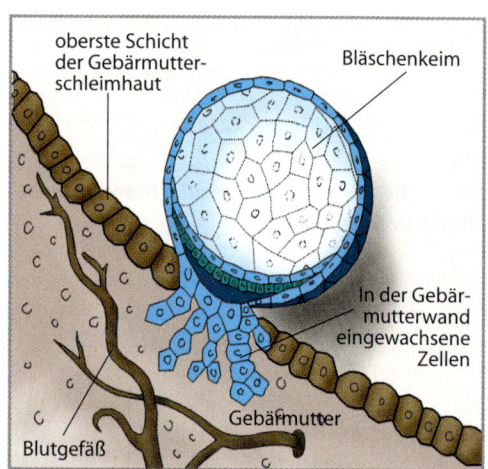

Abb. 3: Einnistung der Eizelle in die Gebärmutterschleimhaut

bringen für beide Partner ein starkes Lust- und Glücksgefühl. Mit Hilfe des Schanzfadens schwimmen die Samenzellen in der Samenflüssigkeit und können so zur Eizelle gelangen. Der Kopf der schnellsten Samenzelle dringt in die Eizelle ein, und beide Zellkerne verschmelzen. Damit ist die Eizelle befruchtet, und die Entwicklung eines neuen Lebewesens beginnt (Abb. 1). In der befruchteten Eizelle sind jetzt die Anlagen aus der Samenzelle des Vaters und die aus der Eizelle der Mutter vereinigt. Jetzt ist festgelegt, wie der zukünftige Mensch aussehen wird: Augenfarbe, Haarfarbe, Größe, Geschlecht.

Der Körper des Menschen besteht aus vielen Millionen Zellen. Seine Entwicklung beginnt schon im Eileiter, wenn sich kurz nach der Befruchtung die Eizelle teilt (Abb. 2). So entstehen zunächst zwei Zellen, dann vier, und nach weiteren Zellteilungen immer kleinere. Sie bilden zusammen ein

Abb. 2: Entwicklung der befruchteten Eizelle

befruchtete Eizelle	Zweizellenstadium	Vierzellenstadium
	ca. 25 Stunden nach der Befruchtung	ca. 40 Stunden nach der Befruchtung

Maulbeerstadium ca. 80 Stunden nach der Befruchtung

Bläschenkeim ca. 120 Stunden nach der Befruchtung

Bläschen aus Zellen, das **Bläschenkeim** genannt wird. Als kleine Zellkugel nistet sich die sich teilende Eizelle in der dicken Gebärmutterschleimhaut ein (Abb. 3). Hier können die Zellen Nährstoffe aus der Gebärmutter aufnehmen, und so kann der Keimling neue Zellen bilden und schnell wachsen. Wichtig für seine Entwicklung ist nun, dass sich die Schleimhaut nicht ablöst. Dafür sorgen Hormone, die während der Keimentwicklung entstehen. Sie verhindern auch, dass weitere Eier heranreifen. Unaufhörlich vermehren sich die Zellen. Um den Zellhaufen herum bildet sich eine Hülle, die **Fruchtblase**. Sie ist mit Flüssigkeit, dem **Fruchtwasser**, gefüllt, das wie ein Stoßdämpfer gegen Erschütterungen von außen wirkt. Die Verbindung zum mütterlichen Körper besteht durch die 60 Zentimeter lange **Nabelschnur**. Sie beginnt am Bauch des Kindes und endet im dichten Teil der Gebärmutter, im Mutterkuchen, auch **Plazenta** genannt. Alle Nährstoffe und auch Sauerstoff erhält der Keimling vom mütterlichen Blut. In den ersten drei Monaten der Schwangerschaft wird er **Embryo** genannt. In dieser Zeit entstehen alle Gewebe, Organe und Körperteile des Kindes (Abb. 4). Gefahr droht dem heranwachsenden Kind, wenn es aus dem mütterlichen Blut Giftstoffe aufnimmt. Schon etwa eine Minute nach dem ersten Zug an einer Zigarette beginnt das Herz des Embryos heftiger zu schlagen. Rauchen, Alkohol, Drogen und manche Medikamente können Entwicklungsstörungen hervorrufen. Nach drei Monaten sind alle Anlagen vorhanden. Man spricht jetzt von dem **Fötus** oder **Fetus** (lateinisch fetus = Nachkomme). Normalerweise dauert die Schwangerschaft 280 Tage. In dieser Zeit wächst ein ungefähr drei Kilogramm schweres und 50 Zentimeter langes Kind heran. Durch regelmäßige **Vorsorgeuntersuchungen** kann ein Arzt prüfen, ob die Schwangerschaft und die Entwicklung des Kindes normal verlaufen. Es kann vorkommen, dass ein Kind zu früh zur Welt kommt. Solche **Frühgeburten** können ab Ende des 7. Monats mit ärztlicher Hilfe am Leben erhalten werden. Erfolgt die Geburt noch früher, ist das Kind nicht lebensfähig. Man nennt das ein **Fehlgeburt**.

Manchmal kommt es vor, dass zwei Eizellen gleichzeitig im Eierstock heranreifen und beide befruchtet werden. Dann entwickeln

Abb. 4: So sieht ein menschlicher Embryo etwa 8 Wochen nach der Befruchtung aus. Er ist etwa 4 cm lang und wiegt 11 g. Kleine Finger und Zehen sind zu erkennen, die Augen sind noch geschlossen, das Herz schlägt schon regelmäßig.

sich **zweieiige Zwillinge**. Sie unterscheiden sich wie alle Geschwister und können auch unterschiedlichen Geschlechts sein. Es können auch Zwillinge entstehen, wenn sich die befruchtete Eizelle vollständig in zwei Teile teilt und sich die dabei entstehenden Tochterzellen selbständig weiterentwickeln. **Eineiige Zwillinge** haben das gleiche Geschlecht und sehen sich zum Verwechseln ähnlich oder gleichen sich „wie ein Ei dem anderen".

Abb. 5: Babys brauchen sehr viel Zuwendung

Die Geburt

Die Geburt eines Kindes kündigt sich normalerweise durch ziehende Schmerzen, die **Wehen**, im Rücken und Unterleib an. Diese werden durch ein Zusammenziehen der Gebärmuttermuskulatur verursacht. Die Wehen erweitern den Gebärmuttermund. Zu Beginn des Geburtsvorgangs platzt die Fruchtblase, und das Fruchtwasser läuft aus. Mit dem Kopf voran verlässt das Kind durch die Scheide den Mutterleib. Noch ist es durch die Nabelschnur mit der Mutter verbunden. Die Hebamme oder der Arzt durchtrennen die Nabelschnur. Diesen Vorgang nennt man **Abnabelung**.

Aus dem Fetus ist ein Säugling geworden. Nun ist das Kind nicht mehr durch den mütterlichen Kreislauf mit Sauerstoff und Nährstoffen versorgt. Es muss selbst atmen, Nahrung aufnehmen und verdauen. Mit dem ersten Schrei füllen sich seine Lungen mit Luft, und es beginnt zu atmen und ist allein lebensfähig. Kurze Zeit später wird die **Nachgeburt**, die aus Mutterkuchen, Nabelschnur und Fruchtblase besteht, ausgestoßen. Jetzt ist der Geburtsvorgang abgeschlossen. Nach der Geburt muss sich der Säugling auf seine neue Umgebung einstellen. Vom ersten Tag an braucht er Liebe, Zuwendung und Pflege. Eine große Rolle spielt dabei der körperliche Kontakt mit der Mutter, zum Beispiel beim Stillen, der ihm ein Gefühl von Sicherheit und Geborgenheit gibt. Die Ernährung, die Sauberkeit und die körperliche Nähe sind wichtig für das Wohlbefinden und die Entwicklung des Säuglings. Säuglinge mögen es, wenn man sich mit ihnen beschäftigt, mit ihnen spricht und spielt. Es ist wichtig, dass das Kind schon in den ersten Lebensjahren viele Anregungen aus seiner Umwelt erhält. Ansehen und Begreifen von Dingen fördern seine Entwicklung (Abb. 5).

Zum Weiterlesen:

- Steuerung über Nerven und Hormone, S. 422
- Sexualhormone und ihre Wirkung auf den menschlichen Körper, S. 424

Das Skelett schützt und stützt

Das Knochengerüst schützt und stützt den Körper und gibt ihm zusammen mit den Muskeln seine Form. Ohne Knochen würde der Mensch in sich zusammensinken. Über 200 Knochen bilden zusammen das Knochengerüst, das **Skelett** (Abb. 1). Entsprechend den Aufgaben sind sie unterschiedlich geformt. Der **Schädel**, der das Gehirn schützt, ist ein kompliziert zusammengesetztes Mosaik einzelner Knochen. Bei Säuglingen und Kleinkindern sind die Schädelknochen noch nicht miteinander verzahnt. Zwischen den Knochen ist noch eine Lücke, die Fontanelle, die erst allmählich zuwächst. Darum muss man beim Umgang mit Kleinkindern besonders vorsichtig sein, denn an dieser Stelle kann es zu Gehirnverletzungen kommen. Der **Brustkorb** mit den Rippen schützt Lunge und Herz. Das **Becken** stützt und umschließt schützend die Verdauungs- und Geschlechtsorgane. Die röhrenförmigen Knochen der **Gliedmaßen**, der Arme und Beine, sind lang und kräftig, da sie schwer tragen müssen. Durch Schulter- und Beckenknochen sind sie mit dem übrigen Skelett verbunden.

Die Hauptstütze des Körpers ist die **Wirbelsäule**. Sie ist durchaus nicht starr und gerade wie eine Säule. Darum ist der Name irreführend. Sie besteht aus 33 einzelnen **Wirbeln**, die miteinander beweglich durch knorpelige, elastische Zwischenwirbelscheiben, die **Bandscheiben**, verbunden sind (Abb. 2). Wegen der aufrechten Haltung des Menschen, bei der der Rumpf meist senkrecht gehalten wird, müssen die Lendenwirbel

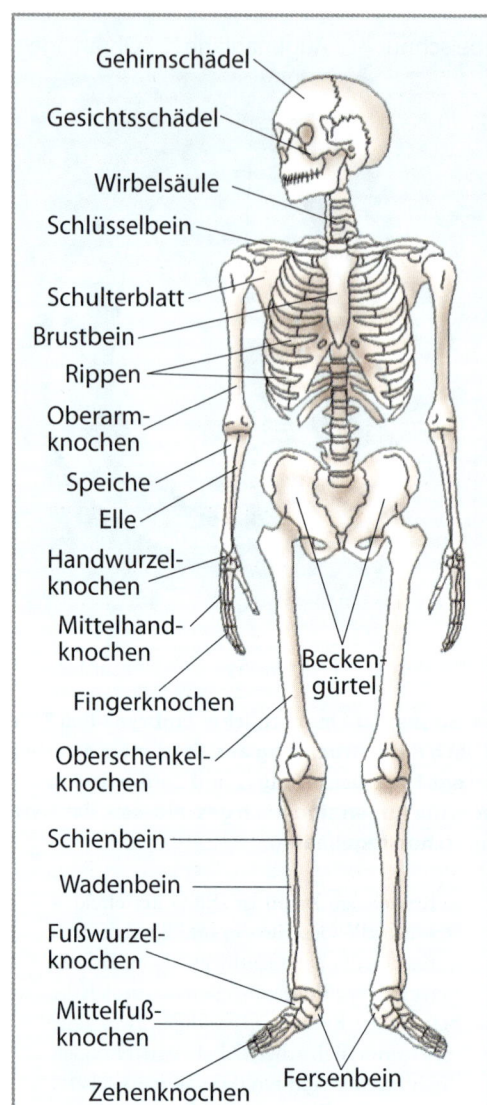

Abb. 1: Das Skelett des Menschen

die meiste Last tragen, die Halswirbel nur noch wenig. Darum nehmen von unten nach oben die Wirbel an Höhe und Umfang ab. Kleinkinder können sich zuerst gut auf allen vieren bewegen, denn erst im Laufe der ersten Lebensjahre entwickelt sich die charakteristische Eigenform der Wirbelsäule: ein doppeltes S. Durch diese Form wird eine gute Federung erreicht, so dass das Gehirn nicht bei jedem Schritt erschüttert wird. Außerdem ermöglicht sie dem Menschen, über längere Zeit aufrecht zu stehen und zu gehen.

Im Jugendalter verknöchert die Wirbelsäule. Danach hat sie ihre endgültige Form. Wenn Heranwachsende ihren Körper zu stark einseitig belasten, kann sich die Wirbelsäule verformen. Das kann durch das Tragen von schweren Schultaschen oder durch eine falsche Sitzhaltung geschehen. Solche Verformungen führen bei Jugendlichen zu Haltungsschäden, die Schmerzen verursa-

chen. Die Füße sind besonderen Belastungen ausgesetzt, denn sie tragen bei aufrechter Haltung das ganze Körpergewicht und erfordern darum ein besonders starkes Fußskelett. Die 26 Fußknochen bilden ein Gewölbe, das durch Muskeln und kräftige Bänder gefestigt wird. Durch unzweckmäßige Schuhe, zu vieles Stehen, Bewegungsmangel oder Übergewicht können die Fußmuskeln und -bänder geschwächt werden, und das Fußgewölbe senkt sich. Ein Senk- oder Spreizfuß ist die Folge. **Fußschäden** können auch zu Schmerzen führen. Regelmäßige Bewegung, Sport, Spiel und Barfußgehen und Vermeidung von einseitiger Belastung wirken vorbeugend bei Haltungs- und Fußschäden (Abb. 3).

Beweglichkeit durch Gelenke

Alle Körperteile, die Bewegungen ausführen können, sind durch **Gelenke** verbunden. Es gibt verschiedene Gelenktypen, die auch nur bestimmte Bewegungen zulassen: Das Ellenbogengelenk ist ein **Scharniergelenk**. Die Knochen lassen sich wie die Klinge eines Taschenmessers nur in eine Richtung bewegen (Abb. 4). Das **Sattelgelenk** am Grund des Daumens erlaubt die Bewegung in zwei Richtungen. **Kugelgelenke** sind am beweglichsten. Oberarm- und Oberschenkelknochen lassen sich in alle Richtungen drehen.

In ihrem Aufbau sind alle Gelenke ähnlich (Abb. 5). Das gewölbte Ende eines Knochens, der **Gelenkkopf**, liegt in der Vertiefung des anderen Knochens, der **Gelenkpfanne**. Beide Knochenen-

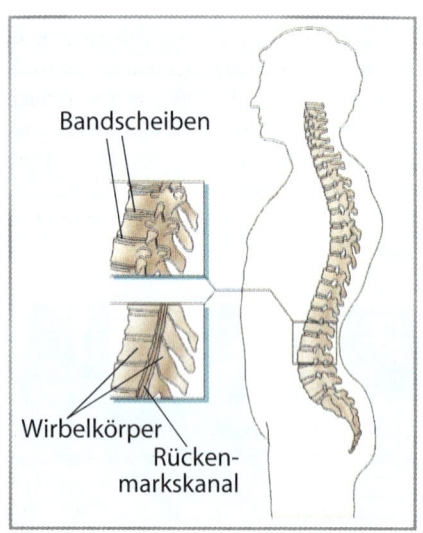

Abb. 2: Die Wirbelsäule von der Seite. Die Bandscheiben haben eine federnde Wirkung, ähnlich einem Wasserkissen

Abb. 3: Gelenkigkeit kann trainiert werden

Biologie

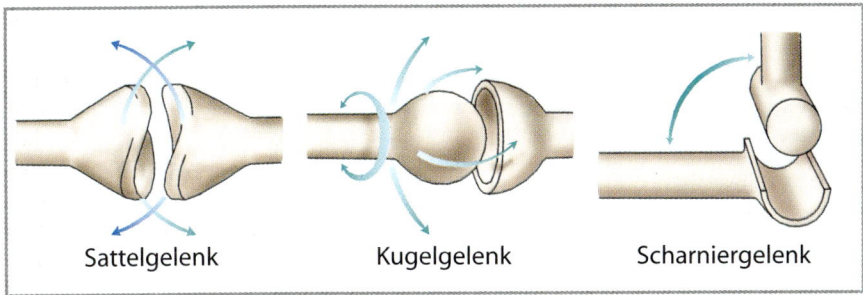

Abb. 4: Gelenktypen

den sind mit einer glatten **Knorpelschicht** überzogen. Diese vermindert eine Reibung an den Gelenkenden. Als zusätzliches Gleitmittel wirkt die **Gelenkschmiere**. Fehlt diese, so kommt es zur Abnutzung der Knorpelschicht und zu starken Schmerzen. Die Knochenhäute bilden die **Gelenkkapsel**. Durch kräftige Bänder werden die Knochen zusätzlich verbunden und zusammengehalten. Wenn ein Gelenk überdehnt wird und dabei der Gelenkkopf aus der Gelenkpfanne springt, aber schnell wieder in seine alte Lage zurückkehrt, spricht man von einer **Verstauchung**. Bei einer **Verrenkung** bleibt der

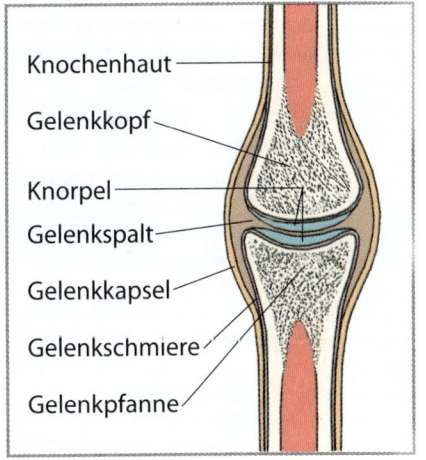

Abb. 5: Aufbau eines Gelenks

- Knochenhaut
- Gelenkkopf
- Knorpel
- Gelenkspalt
- Gelenkkapsel
- Gelenkschmiere
- Gelenkpfanne

Gelenkkopf außerhalb der Gelenkpfanne. Das geschieht häufig beim Schultergelenk, da bei ihm die Gelenkpfanne sehr flach ist, so dass der Gelenkkopf des Armes bei starker Beanspruchung aus der Gelenkpfanne herausgedrückt werden kann.

Muskeln bewegen den Körper

Aus eigener Kraft können sich Knochen und Gelenke nicht bewegen. **Muskeln** erzeugen die Kraft, mit der alle Bewegungen des Körpers ausgeführt werden können. Daran sind 639 Muskeln beteiligt. Sie bilden das Fleisch des menschlichen Körpers und formen sein Aussehen. Die Muskeln, die aus feinen Fasern bestehen, sind gut durchblutet. Hier werden viele Nährstoffe mit Hilfe von Sauerstoff verarbeitet. Die dabei entstehende Energie kann der Muskel für seine Arbeit gebrauchen. Die Muskeln sind über Sehnen fest mit den Knochen verbunden. **Sehnen** sind reißfest und kaum dehnbar. Am bekanntesten ist die **Achillessehne**, die von der Ferse zu den Wadenmuskeln führt. Jeweils oberhalb und unterhalb eines Gelenkes befestigt eine Sehne den dazugehörenden Muskel an einem Knochen. Sie überträgt die Kraft vom Muskel auf den Knochen. Beim Beugen des Armes zum Beispiel zieht sich der Armbeuger, auch **Beuger** oder **Bizeps** genannt, zusammen. Diese Verkürzung kann man auf der Vorderseite des Oberarmes deutlich sehen: Er wird dicker (Abb. 6). Beim Strecken des Armes verkürzt sich der Muskel auf der Rückseite des Oberarmes. Dieser heißt Armstrecker oder **Strecker**. Gleichzeitig mit der Anspannung des Streckers erschlafft der Beuger. Ein Muskel kann sich nur in eine bestimmte Richtung zusammenziehen und benötigt deshalb einen Gegenspieler, der ihn in seine alte Lage zurückbringt. Armbeuger und Armstrecker sind solche Gegenspieler. Zur Bewegung an einem Gelenk gehören also mindestens zwei Muskeln.

Damit Muskeln und Gelenke gesund bleiben, müssen sie regelmäßig bewegt werden. Wenn Muskeln zu stark beansprucht werden, ermüden sie und fangen an zu schmerzen. Sie brauchen dann eine Erholungszeit. Durch Training kann die Ausdauer der Muskeln erhöht werden. Dabei können sie auch dicker und kräftiger werden. Regelmäßiger Sport hilft auch, **Muskelzerrungen** vorzubeugen. Sie treten bei ungewohnten körperlichen Anstrengungen auf.

Wie Knochen aufgebaut sind

Knochen sind nicht nur sehr fest und hart, sondern auch ein wenig elastisch. Obwohl sie sehr viel Kalk enthalten, sind sie auch aus lebenden Zellen aufgebaut. Ein kleines Kind hat noch biegsame, weiche Knochen. Sie bestehen zum großen Teil aus dem elastischen Knochenknorpel. Erst im Laufe des Wachstums wird in die Knochen Kalk eingelagert. Die Knochen können verschieden aussehen: Oberschenkelknochen sind lang und gestreckt, die Fingerknochen sind klein, das Schulterblatt ist plattenförmig. Doch alle Knochen sind ähnlich gebaut. Die Oberfläche des Knochens ist mit der dünnen **Knochenhaut** bedeckt. In ihr liegen zahlreiche Blutgefäße für die Ernährung und Sauerstoffversorgung sowie Nerven. Beide sind am Wachstum der Knochen und am Wachstumsprozess nach Verletzungen beteiligt. Unter der Knochenhaut liegt das **Knochengewebe**. Es ist aus vielen kleinen **Knochenbälkchen** aufgebaut. Ihr Verlauf gleicht den Verstrebungen an einer Stahlbrücke. Dieses Konstruktionsprinzip gibt nicht nur einer Brücke, sondern auch dem Knochen eine hohe Belastbarkeit. Röhrenknochen sind innen hohl. Dieser Hohlraum ist mit **Knochenmark** ausgefüllt.

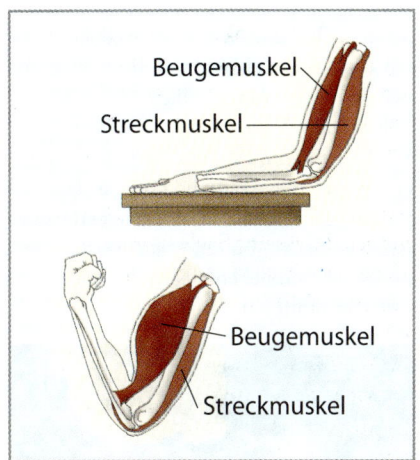

- Beugemuskel
- Streckmuskel
- Beugemuskel
- Streckmuskel

Abb. 6: Beuge- und Streckmuskel

Bei einem einfachen Knochenbruch wird ein Gipsverband angelegt, damit der Knochen in völliger Ruhe verheilen kann. Nach einigen Wochen ist der Knochen wieder zusammengewachsen. In dieser Zeit wachsen die Knochenzellen der Bruchstelle fest ineinander, Knochenkalk lagert sich an. Der Bruch verheilt.

 Zum Weiterlesen:

- Herzschlag und Atmung, S. 354
- Ernährung, Verdauung und gesunde Zähne, S. 350
- Bewegung, S. 412

Ernährung, Verdauung und gesunde Zähne

Wie jedes Lebewesen muss auch der Mensch Nahrung aufnehmen, damit der Körper sich entwickeln kann und leistungsfähig ist. Wichtige Bestandteile der Nahrung sind Kohlenhydrate, Eiweiße, Fette, Vitamine, Mineralstoffe und Wasser (Abb. 1). Isst man zu viele kohlenhydratreiche Lebensmittel, so nimmt man zu. Energieaufnahme und Energieverbrauch müssen im Gleichgewicht bleiben, denn die Energie, die der Körper nicht verbraucht, wird von ihm festgehalten und als Fett gespeichert. Naschereien sind wahre Energiebomben: 100 Gramm Kartoffelchips besitzen beispielsweise 2400 Kilojoule. **Vollwertkost** ist die ausgewogenste Ernährungsform und auch ideal zum Abnehmen. Vollwertkost umfasst Nahrungsmittel, die nur wenig bearbeitet sind, wie Brot aus dem ganzen Korn, frische Gemüse, Obst, Eier und Milchprodukte. Wer sich klug ernährt, braucht nicht zu hungern, bleibt fit und wird nicht dick.

Kohlenhydrate, enthalten in Brot, Brötchen, Kartoffeln, Reis und Süßigkeiten, liefern dem Körper Kraft und Energie, damit er sich zum Beispiel bewegen kann. **Fette**, enthalten in Speck, Butter, Margarine, Nüssen und Wurst, sind ebenfalls Kraftspender. **Eiweiße**, enthalten in Milch, Eier, Käse, Fisch

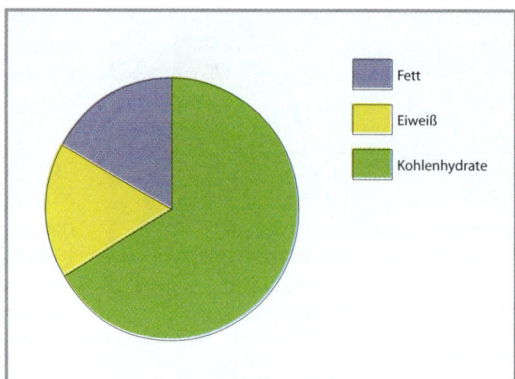

Abb. 1: Die Grundnährstoffe sollten sich folgendermaßen zusammensetzen: $^2/_3$ **Kohlenhydrate,** $^1/_6$ **Eiweiß,** $^1/_6$ **Fett**

Abb. 2: Nach großer körperlicher Anstrengung ist viel trinken besonders wichtig

und Fleisch, sind für den Aufbau, das Wachstum und die Erhaltung des Körpers notwendig. Deshalb brauchen Kinder und Jugendliche am meisten Eiweiß. Um den Körper gesund zu erhalten, braucht der Mensch noch **Mineralstoffe** und **Vitamine**. Vitamin C zum Beispiel steigert die Leistungsfähigkeit und erhöht die Abwehrkraft gegen bestimmte Krankheiten. Mineralstoffe wie Kalzium und Phosphor sind wesentliche Bestandteile der Knochen und Zähne. Eisen ist für die

Blutbildung nötig. Diese Stoffe braucht der Mensch nur in kleinen Mengen. Ohne **Wasser** kann der Mensch nicht leben, denn es erfüllt wichtige Aufgaben im Körper: Wasser ist ein wichtiger Bestandteil der Zellen. Es dient als Lösungs- und Transportmittel, außerdem als Kühlungsmittel. Beim Schwitzen wird das Wasser durch die Schweißporen abgegeben. Durch die Verdunstung des Wassers kühlt die Haut ab. Der Körper besteht ungefähr zur Hälfte aus Wasser. Täglich werden etwa 2,4 Liter ausgeschieden. Dieser Flüssigkeitsverlust muss durch Trinken und Nahrungsaufnahme ausgeglichen werden. Ein Wasserverlust, der etwa ein Fünftel des Körpergewichts ausmacht, ist tödlich (Abb. 2).

Beim Verdauungsvorgang werden alle genannten Stoffe den Nahrungsmitteln entzogen. Die **Verdauung** beginnt bereits im Mund. Hier spielt der **Speichel** eine wichtige Rolle. Beim Kauen wird die Nahrung nicht nur zerkleinert, sondern auch mit Speichel vermengt, und gleichzeitig wandelt ein Verdauungsstoff das Kohlenhydrat Stärke im Brot zu dem Kohlenhydrat Zucker um. Kaut man einen Bissen Brot etwa 30–35mal, merkt man, dass er süß schmeckt. Solche Verdauungsstoffe heißen **Enzyme**. Drei Paar Speicheldrüsen erzeugen an einem Tag 1–1,5 Liter Speichel. Nach dem Kauen gelangt der Speisebrei durch die 20–25 Zentimeter lange **Speiseröhre** in den Magen. Sie ist ein weicher, muskulöser Schlauch. Durch das Zusammenziehen der ringförmigen Muskeln wird der Speisebrei weitergeschoben. Die muskulöse Magenwand ist dehnbar, so dass 1–2 Liter Nahrung aufgenommen werden können. Sie sorgt auch dafür, dass der Magen-

inhalt kräftig durchmischt und durchgeknetet wird. Aus der Magenwand wird Magensaft mit stark verdünnter Salzsäure und Enzymen abgegeben, wodurch die Zerlegung der Eiweiße beginnt. Beim Aufstoßen kann man den sauer schmeckenden Teil des Magensaftes feststellen. Die Salzsäure tötet schädliche Keime ab, die sich in der Nahrung befinden. Portionsweise wird der Speisebrei durch den Magenausgang, den Pförtner, in den **Dünndarm** gedrückt. Dieser beginnt mit dem **Zwölffingerdarm**, der so lang ist, wie zwölf Finger breit sind. Hier wirken verschiedene Verdauungssäfte, die von der **Bauchspeicheldrüse** und der **Gallenblase** in den Dünndarm abgegeben werden. Diese zerlegen die Nährstoffe in ihre kleinsten Bestandteile (Abb. 3). Auch Fette werden in kleinste Tröpfchen umgewandelt, so dass die Fett spaltenden Enzyme besser einwirken können. Auf den Zwölffingerdarm folgt der Leer- und der Krummdarm. Der gesamte Dünndarm ist etwa vier Meter lang. Hier wird der Abbau der Nahrung in kleinste Bauteile abgeschlossen. In die Dünndarmschleimhaut ragen viele fingerartige Ausstülpungen, die Darmzotten. Durch diese ist die Oberfläche im Dünndarm stark vergrößert. Die Wandzellen der **Darmzotten** entnehmen dem Nahrungsbrei die verdauten Nährstoffe: Traubenzucker, die Bausteine von Fett und Eiweiß, aber auch Mineralstoffe und Vitamine. Im Innern der Darmzotten ist

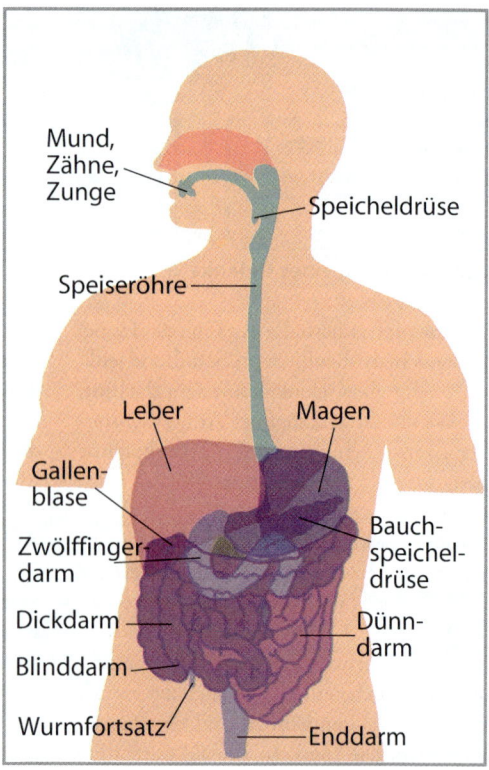

Abb. 3: Verdauungsorgane des Menschen

Mund, Zähne, Zunge

Speicheldrüse

Speiseröhre

Leber

Magen

Gallenblase

Zwölffingerdarm

Bauchspeicheldrüse

Dickdarm

Dünndarm

Blinddarm

Wurmfortsatz

Enddarm

Biologie

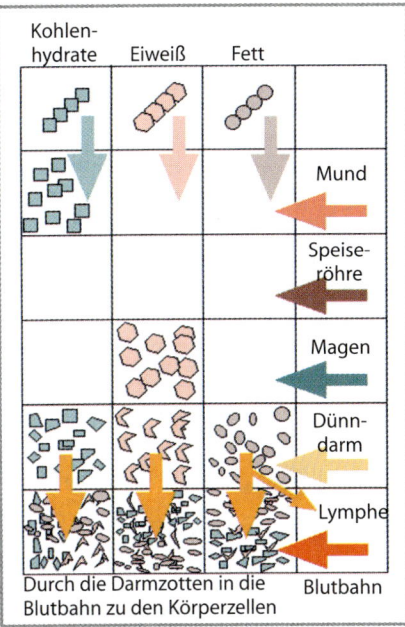

Kohlen-hydrate	Eiweiß	Fett	
			Mund
			Speise-röhre
			Magen
			Dünn-darm
			Lymphe
			Blutbahn

Durch die Darmzotten in die Blutbahn zu den Körperzellen

Abb. 4: Die Zerlegung der Nährstoffe bei der Verdauung

ein feines Gefäßnetz. Vom Blut aufgenommen, gelangen die Nährstoffteilchen in den gesamten Körper. Wo der Dünndarm in den **Dickdarm** einmündet, sitzt der **Blinddarm**. Am Blinddarm hängt ein fingergroßes Anhängsel, der **Wurmfortsatz**. Er gehört nicht zu den Verdauungsorganen, sondern dient der Abwehr von Krankheitserregern. Er kann sich entzünden. Krankheitszeichen sind krampfartige Bauchschmerzen und Fieber. Dann muss ein Arzt aufgesucht werden, denn es handelt sich um die so genannte Blinddarmentzündung. Im Dickdarm werden dem stark verflüssigten Speisebrei Wasser und Mineralstoffe entzogen. Seine Länge beträgt 1,5–2 Meter. Die hier lebenden Bakterien zersetzen einen Teil der bis jetzt unverdauten Nahrung. Die unverdaulichen Reste werden im **Mastdarm** gesammelt und als **Kot** durch den After ausgeschieden (Abb. 4).

Ungesunde Lebensweise, Krankheitserreger und Reizstoffe können zur Erkrankung der Verdauungsorgane führen, wie Entzündungen der Schleimhäute, Durchfall, Verstopfung. Durch gesunde Lebensweise und vollwertige Nahrung kann man sich weitgehend davor schützen.

Ein gesundes **Gebiss** ist eine wichtige Voraussetzung für die Verdauung. Die Milchzähne werden vom 6. Lebensjahr an von einem Dauergebiss mit 32 Zähnen abgelöst. Es besteht aus **Schneidezähnen, Eckzähnen** und **Backenzähnen**. Der Grundaufbau ist bei allen Zahnarten ähnlich. Jeder besteht aus **Zahnkrone, Zahnhals** und **Zahnwurzel** (Abb. 5). Harter **Zahnschmelz** bedeckt als

Überzug die Krone und bedeckt die Kaufläche. Er glänzt wie Porzellan und ist sehr hart. Die Wurzel wird von einer dünnen Schicht **Zahnzement** geschützt. Die Zahnwurzel befestigt den Zahn im Kieferknochen. Der größte Teil des Zahnes wird vom **Zahnbein** gebildet. Das ist eine feste, knochenartige Masse, die in den Kieferknochen hineinragt. Sie umgibt die **Zahnhöhle**, in die über die Wurzelspitze Blutgefäße und Nervenfasern gelangen. Die Blutgefäße liefern Stoffe, die zum Aufbau und zur Ernährung des Zahnes notwendig sind. Die Nerven geben Alarm, wenn der Zahn beschädigt ist. Zahnhals, Zahnwurzel und Kieferknochen sind vom stark durchbluteten **Zahnfleisch** umhüllt. Gesundes Zahnfleisch schützt die Zahnwurzel vor Infektionen. Bei Zahnfleischschwund und Zahnfleischbluten, der so genannten Parodontose, bildet sich das Zahnfleisch zurück, und die Zähne verlieren ihren Halt. Eine der Ursachen hierfür ist vitaminarme Nahrung.

Bei mangelhafter Pflege können die Zähne krank werden. Zahnfäule oder **Karies** ist die häufigste Zahnkrankheit. Eine anfangs kleine Stelle im Zahnschmelz wird zu einem immer größeren Loch, das auf das Zahnbein und schließlich auf die Zahnhöhle übergreifen kann. Hierbei wirken mehrere Ursachen zusammen: Speisereste, hauptsächlich Zucker und klebrige Süßigkeiten, bilden auf den Zähnen einen dünnen Belag. Das ist der ideale Nährboden für Bakterien, die es milliardenfach in der Mundhöhle gibt. Bestimmte Bakterien bilden Säuren, die den Zahnschmelz angreifen. Es entstehen kleine Löcher, und die Zerstörung des Zahnes beginnt. Karies und Parodontose sind Krankheiten, die mit der Ernährung zu tun haben.

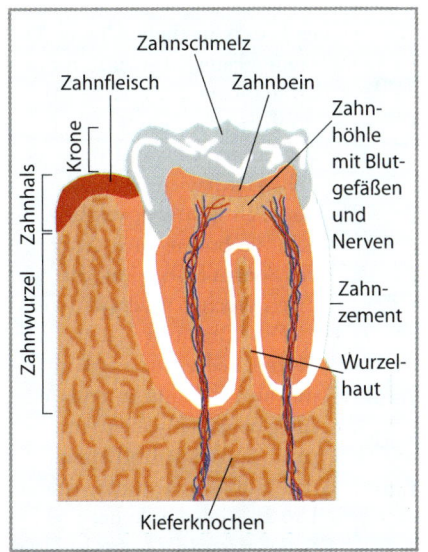

Abb. 5: Schnitt durch einen Backenzahn

Zahnschmelz
Zahnfleisch
Zahnbein
Zahnhöhle mit Blutgefäßen und Nerven
Zahnzement
Wurzelhaut
Krone
Zahnhals
Zahnwurzel
Kieferknochen

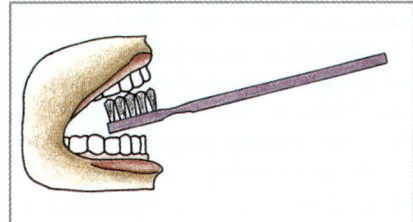

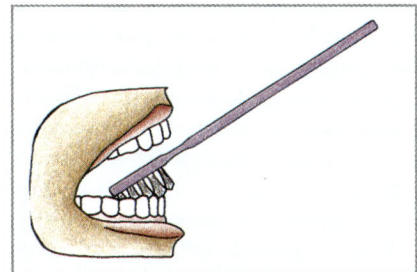

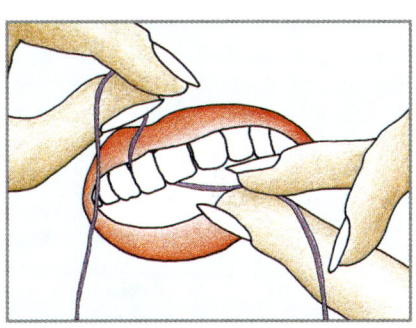

Abb. 6: Zur Zahnpflege gehört die richtige Zahnputztechnik und das Reinigen der Zahnzwischenräume mit Zahnseide

Feste und auch rohe Nahrungsmittel, wie Vollkornbrot, Äpfel und Möhren, sollten die Zähne beißen, damit sie kräftig bleiben. Süßigkeiten sind für die Zähne Gift.

Die richtige Zahnputztechnik

Nach jeder Mahlzeit, zumindest aber täglich morgens und abends, sollten die Zähne geputzt werden. Dabei stets von Rot nach Weiß bürsten, also vom Zahnfleisch zu den Zähnen, damit die Speisereste nicht unter das Zahnfleisch geschoben werden. Mit Hilfe von Zahnseide und Munddusche können zuvor die Speisereste aus den Zahnzwischenräumen entfernt werden (Abb. 6).

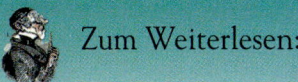 **Zum Weiterlesen:**

- Herzschlag und Atmung, S. 354
- Die Nahrung liefert Energie und Baustoffe, S. 402

Sinnesorgane des Menschen: Haut, Auge, Ohr, Nase

Um die Umwelt zu erfassen und um sich in ihr zurechtzufinden, hat der Mensch die so genannten Sinnesorgane: Augen zum Sehen, Ohren zum Hören, die Nase zum Riechen, die Zunge zum Schmecken, die Haut zum Tasten und Wahrnehmen von Wärme, Kälte, Schmerz.

Die Haut

Die **Haut**, das größte Organ des Menschen, verrät eine Menge. Nicht nur den Kriminalbeamten, ob der Täter durch seinen Fingerabdruck zu überführen ist. Denn jeder Mensch hat sein eigenes Hautmuster aus Bögen, Schleifen oder Wirbeln. Die Haut zeigt an, wie alt ein Mensch ist, ob er sich wohl fühlt oder krank ist. Bei großer Wut wird man rot ("Die Zornesröte ist ihm ins Gesicht gestiegen"), bei Schrecken blass ("Er war ganz blass vor Angst"). Verfärbungen der Haut sind meist Anzeichen von Krankheiten. Wie wichtig die Haut ist, zeigt die Tatsache, dass bei der Zerstörung eines Drittels der Hautfläche durch Verbrennung der Mensch sterben muss.

Die Haut ist ein Organ mit mehreren Schichten: der Oberhaut, der Lederhaut, der Unterhaut (Abb. 1). Die **Oberhaut**, die aus fünf Schichten besteht, unter anderem aus der obersten Hornschicht und der darunter liegenden Keimschicht, ist verschieden dick. Besonders dick ist sie an den Fußsohlen. Hier kann die Hornschicht 1 Millimeter stark sein. Bei besonders starker Beanspruchung bis zu 4 Millimeter. An den dünnsten Stellen ist die Haut etwa so dick wie die Seite eines Buches, 0,1 Millimeter. Am Lippenrot erreicht sie nicht einmal diese Stärke, denn die stark durchblutete Lederhaut scheint hier

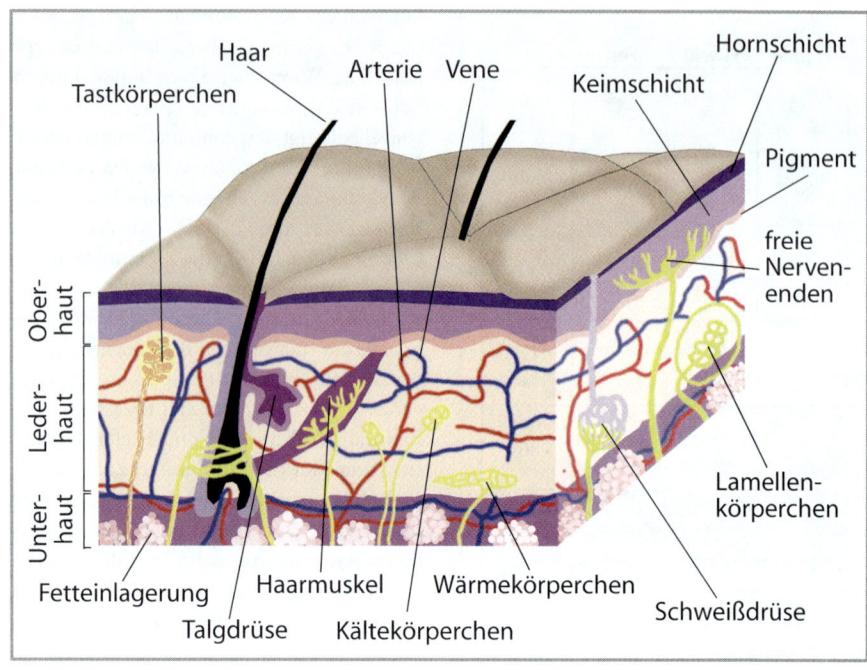

Abb. 1: Schematischer Aufbau der Haut

durch. Ständig lösen sich von der Hornschicht kleine Schüppchen. Auf der Kopfhaut verbinden sich diese toten Hautzellen zu großen Schuppen. Neue Zellen werden in der unter der Hornschicht liegenden Keimschicht gebildet. Finger- und Zehennägel sind Bildungen dieser Schicht. Die Haare reichen bis in das Unterhautgewebe. Auf dem Kopf eines jungen Menschen wachsen mehr als 100.000 Haare. Am Ende jeder Haarwurzel ist ein kleiner Muskel befestigt, der sich bei Kälte zusammenziehen kann und die Haare aufrichtet. So entsteht die so genannte Gänsehaut. In der Keimschicht werden auch die Farbstoffe gebildet, die die Haut braun färben. Wenn man sich in der Sonne aufhält, werden viele Farbstoffkörnchen gebildet. Der braune Farbstoff schützt vor den ultravioletten Strahlen (UV-Strahlen) der Sonne. Die Farbstoffkörnchen wandern mit den Zellen nach oben und werden abgestoßen bzw. abgewaschen. So geht die Bräune nach dem Ende der Sonnenbestrahlung nach einigen Wochen wieder verloren.

Die Oberhaut ist mit der dicken **Lederhaut** verzahnt. In ihr liegen Muskeln und feine Blutgefäße, zahlreiche Sinnesorgane, aufgeknäulte Drüsen, die den Schweiß erzeugen. Andere Drüsen stellen Talg her und befinden sich in der Nähe der Haarwurzeln. Durch den Talg werden

Haare und Haut gefettet, und die Haut bleibt geschmeidig.

Die **Unterhaut** ist die dickste der drei Schichten. In ihr befindet sich Fettgewebe. Dieses wirkt wie ein Polster gegen Druck und Stoß. Außerdem dient es als Wärmeisolation und verringert die Wärmeabgabe des Körpers. Darüber hinaus ist dieses Fett eine Nährstoffreserve.

Die Haut hat eine doppelte Aufgabe: Einerseits wirkt sie als Schutzhülle für den Körper, schützt gegen Austrocknung, Abkühlung und Eindringen von Bakterien, fängt Druck und Stoß auf. Andererseits stellt sie die Verbindung zur Außenwelt her durch winzige Sinnesorgane, die Druck-, Schmerz- und Temperaturempfindungen vermitteln.

Das Auge

Bestimmte Reize wirken auf die Sinnesorgane ein. Beim **Auge** sind es **optische Reize**. Damit dieses Lichtsinnesorgan stets leistungsfähig bleiben kann, liegen wichtige Teile verborgen im Kopf. So der kugelige **Augapfel** in der mit Fett ausgepolsterten **Augenhöhle**. Zum Schutz bei Gefahr schließt sich ganz schnell das **Augenlid**. Auch bei zu grellem Licht schließt sich das Auge automatisch. Eine solche automatische Reaktion nennt man **Reflex**. Er lässt sich durch den Willen fast nicht unterdrücken. Um das Auge feucht zu halten und zu reinigen, wird ständig Tränenflüssigkeit abgesondert. Durch das Öffnen und Schließen der Augenlider wird sie gleichmäßig verteilt. Kleine Schmutzteilchen werden in die Augenwinkel zur

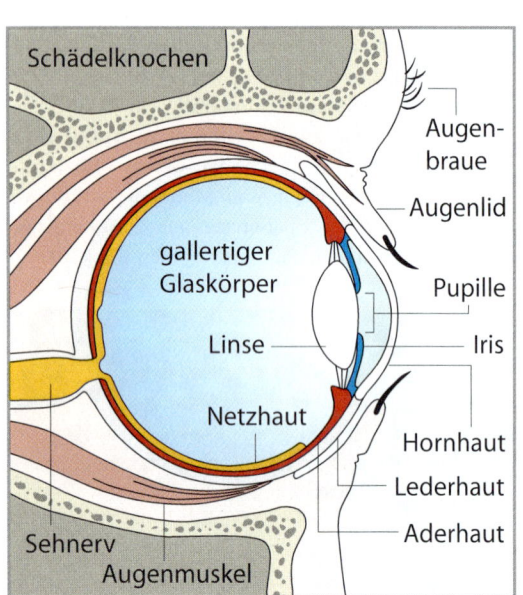

Abb: 2: Längsschnitt durch das menschliche Auge

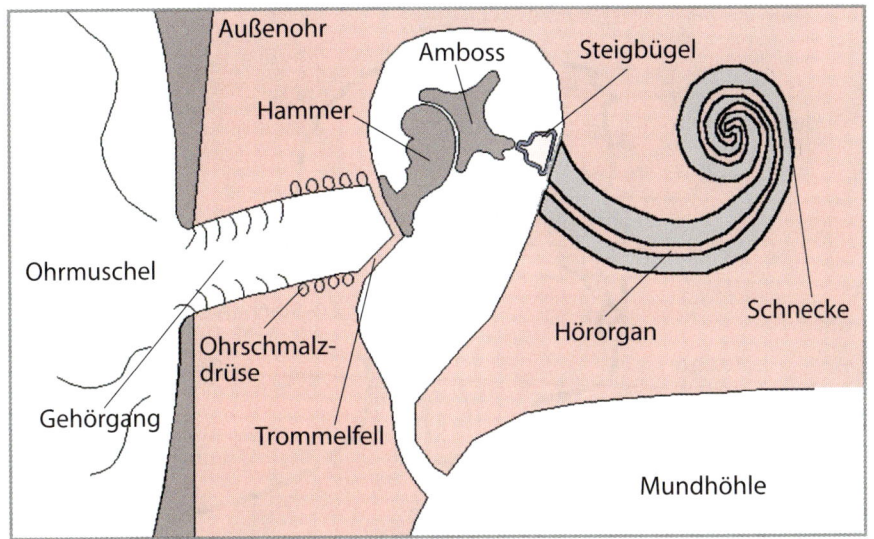

Abb. 3: Aufbau des Ohres

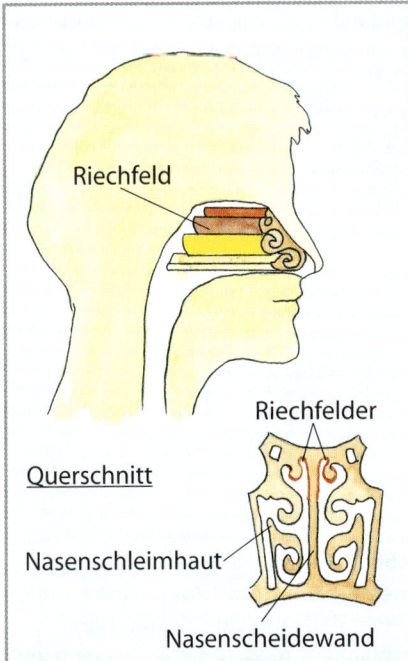

Abb. 4: So wird Geruch und Geschmack wahrgenommen

Nase hingespült. Die feste, undurchsichtige **Lederhaut** umgibt das Auge. Im vorderen Teil, da, wo das Licht eintritt, ist sie durchsichtig (Abb. 2). Sie heißt hier **Hornhaut**. Dahinter liegt die Linse. Vor der **Augenlinse** liegt die Regenbogenhaut, die **Iris**, die ihren Namen daher hat, dass sie unterschiedlich gefärbt sein kann. In der Mitte ist ein dunkles Loch, die **Pupille**. Durch sie dringt das Licht in das Augeninnere. Die Pupille kann sich erweitern und verengen mit Hilfe der Ringmuskulatur. So kann sich das Auge wechselnden Lichtverhältnissen anpassen. Um nahe und entfernte Gegenstände gleich scharf auf der **Netzhaut** abbilden zu können,

kann die Linse ihre Form verändern. In der Netzhaut stehen 130 Millionen **Sehsinneszellen** dicht beieinander. Nach ihrer Form werden sie als **Stäbchen** oder **Zapfen** bezeichnet. Die Stäbchen liefern ein schwarzweißes Bild und ermöglichen das Dämmerungssehen. Mit den Zapfen werden die Farben gesehen. Viele Menschen meinen, dass schon im Auge die Bilder entstehen. Das ist aber nicht so. Durch das einfallende Licht werden die Sinneszellen in der Netzhaut verschieden stark gereizt. Diese Reize werden über den **Sehnerv** zum **Gehirn** geleitet. Erst das Gehirn macht aus den vielen Einzelmeldungen ein Bild dessen, was die Augen erblicken.

Die Ohren

Die **Ohren** sind in der Lage, Schallwellen wahrzunehmen. Diese werden von der **Ohrmuschel**, die wie ein Trichter wirkt, in den **Gehörgang** geleitet (Abb. 3). Hier halten Härchen und das Ohrenschmalz eingedrungene Schmutzteilchen fest. Die Schallwellen treffen auf das **Trommelfell**, das in Schwingungen gerät. Das erste von den drei **Gehörknöchelchen** ist am Trommelfell festgewachsen und muss sich mitbewegen. Der **Hammer** schlägt auf den **Amboss**, dieser auf den **Steigbügel**. Der Schall wird dadurch verstärkt und auf ein Häutchen übertragen, das das **Mittelohr** zum **Innenohr** verschließt. Die Flüssigkeit in der Ohrschnecke wird in Schwingungen versetzt. In der Schnecke sitzen **Hörsinneszellen**. Sie schicken über den **Hörnerv** die Reizungen zum Gehirn. Die Richtung, aus der ein Geräusch kommt, kann man nur mit beiden Ohren wahrnehmen, da jedes der Ohren das Geräusch etwas anders aufnimmt.

Nase und Mund

Der Mensch kann tausend verschiedene Gerüche wahrnehmen und unterscheiden. Wein-, Käse- und Kaffeeprüfer sind Spezialisten. Trotzdem ist das Geruchsvermögen des Menschen schwach entwickelt. Mit dem Hund kann er es nicht aufnehmen. Das **Geruchssinnesorgan** liegt in der **Nase**. Auf einem pfenniggroßen Fleck im oberen Teil der Nasenhöhle sitzen Millionen von **Geruchszellen**. Sie sind mit Nervenzellen, die zum Gehirn führen, verbunden. Sie kontrollieren nicht nur die Atemluft und warnen vor Gefahren wie Feuer oder Gas, sie kontrollieren auch die Nahrung (Abb. 4). Beim Kauen schmeckt man nicht, was man isst, sondern riecht es auch. Mund und Nase sind über den Rachen miteinander verbunden. So können Duftstoffe von den Riechzellen wahrgenommen werden. Bei Erkältungen

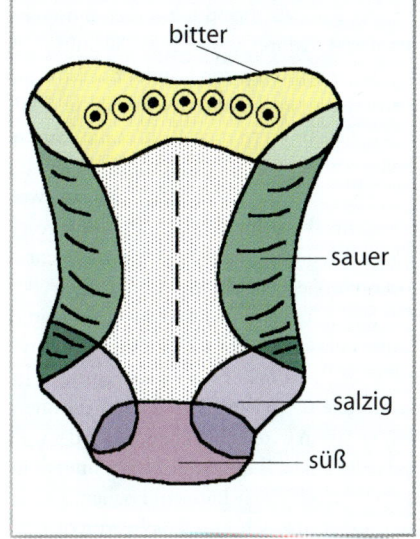

Abb. 5: Die Geschmacksfelder der Zunge

mit verstopfter Nase schmeckt das Essen nicht, da keine Duftstoffe an die Riechzellen gelangen. Mit der **Zunge** können wir wahrnehmen, ob eine Nahrung süß, sauer, salzig oder bitter schmeckt. Verschiedene Felder mit **Geschmackssinneszellen** sind dafür verantwortlich (Abb. 5).

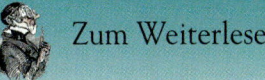 Zum Weiterlesen:

- Der Bau des Auges, S. 414
- Sehen und Wahrnehmen, S. 416
- Hören – Riechen – Schmecken, S. 418

Herzschlag und Atmung

*D*er Mensch kann wochenlang fasten, über eine kurze Strecke dursten, aber ohne zu atmen halten es auch gute Taucher nicht länger als drei Minuten aus. **Atmen** ist also lebensnotwendig. Beim Atmen scheint es so, als würde nur Luft eingesogen und wieder ausgestoßen. In Wirklichkeit aber besteht die Atmung aus vielen komplizierten Vorgängen, die nicht nur in den Atmungsorganen, sondern auch in jeder Zelle des Körpers ablaufen.

Beim Atmen gelangt die Luft durch Nase oder Mund in die **Luftröhre**. Die **Nasenhöhle** ist mit einer feuchten, gut durchbluteten **Schleimhaut** ausgekleidet. Diese ist mit Schleim und feinen **Flimmerhaaren** überzogen, die die Aufgabe haben, die Staubteilchen aus der eingeatmeten Luft herauszufiltern. In der Nasenhöhle wird die Luft auch erwärmt und auf ihren Geruch überprüft und kontrolliert. Diese Funktionen zeigen, welche Vorzüge die Nasenatmung gegenüber der Mundatmung hat. Die Luftröhre ist die Verbindung zur Lunge. Sie ist eine elastische, etwa 2 Zentimeter weite und bis zu 12 Zentimeter lange Röhre, die, durch Knorpelringe verstärkt, ständig offen gehalten wird. Die Luftröhre gabelt sich in zwei Äste, die **Bronchien** (Abb. 1). Diese verzweigen sich weiter und durchziehen als feine Verästelungen das gesamte Lungengewebe. Am Ende sitzen traubenförmige Gebilde, die **Lungenbläschen**. Etwa 700 Meter lang sind die Bronchien mit ihren Verzweigungen in der Lunge des Menschen. Viele Millionen von winzigen Lungenbläschen bilden das Gewebe der beiden Lungenflügel. Rechnet man die Oberfläche aller Lungenbläschen zusammen, so ergibt sich eine Fläche von fast 80 Quadratmetern. Das ergäbe einen Platz für 20 Tischtennisplatten. Die **Lunge** liegt durch Rippen geschützt im Brustraum, der nach unten vom Zwerchfell begrenzt wird.

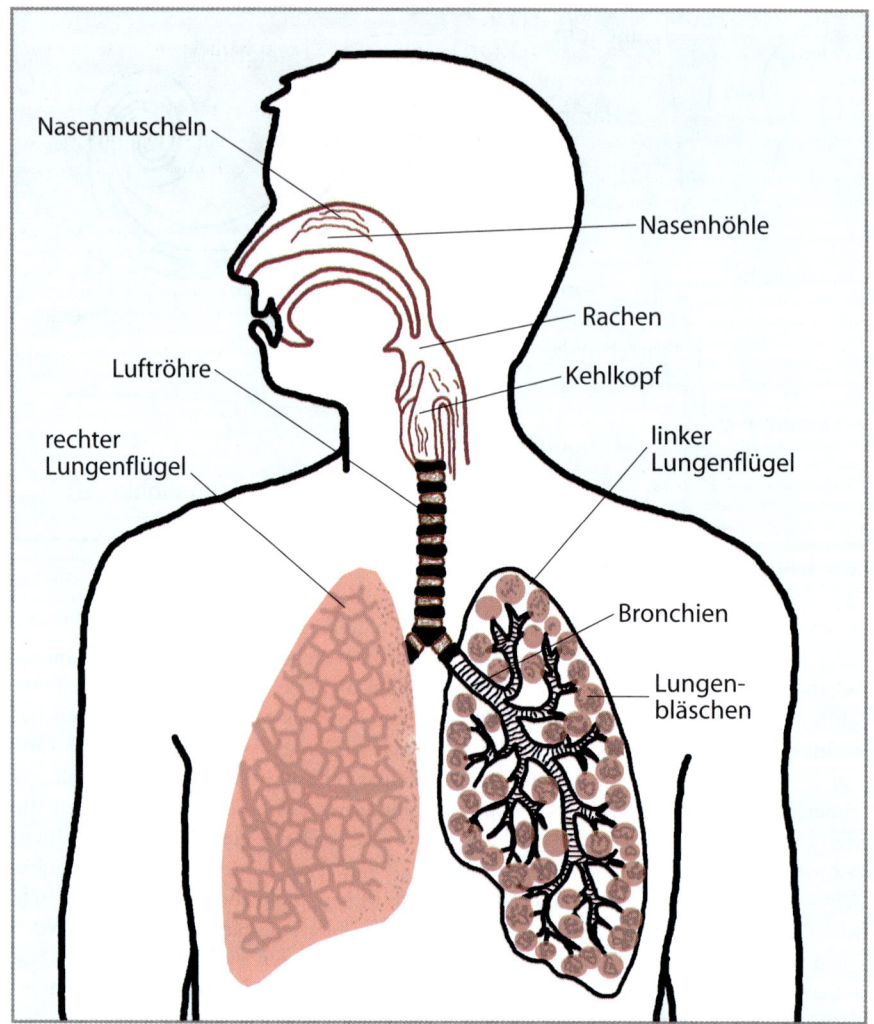

Abb. 1: Die Atemorgane

Nasenmuscheln

Nasenhöhle

Rachen

Kehlkopf

Luftröhre

linker Lungenflügel

rechter Lungenflügel

Bronchien

Lungenbläschen

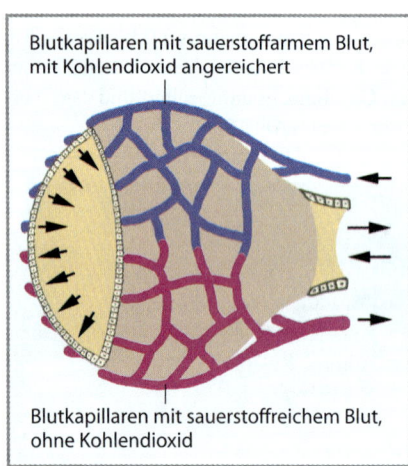

Blutkapillaren mit sauerstoffarmem Blut, mit Kohlendioxid angereichert

Blutkapillaren mit sauerstoffreichem Blut, ohne Kohlendioxid

Abb. 2: Lungenbläschen mit Kapillaren

Alle Lungenbläschen sind von einem Netz haarfeiner Blutgefäße, den **Kapillaren**, umgeben. Die dünnen Wände der Lungenbläschen bilden die Kontaktfläche zwischen Atemluft und Blut (Abb. 2). Durch sie dringt **Sauerstoff** aus der Einatemluft in die Blutkapillaren ein. Gleichzeitig wird der bei der Muskelarbeit entstandene Abfallstoff **Kohlendioxid** aus dem Körper aufgenommen. Bei diesem **Gasaustausch**, der Tag und Nacht stattfindet, gelangt Sauerstoff aus der Lunge ins Blut und Kohlendioxid aus dem Blut in die Lunge. Dieser Vorgang wird als **äußere Atmung** bezeichnet. Dazu läuft eine **innere Atmung** in den Körperzellen ab. Bei dieser Zellatmung werden die Grundbausteine der aufgenommenen Nährstoffe mit Hilfe von Sauerstoff in noch kleinere Teile zerlegt, und die in ihnen gespeicherte Energie wird frei. Energie benötigt der Körper für viele Vorgänge, zum Beispiel die Muskeln für Bewegung. Ein anderer Teil der Energie wird zu Wärme. Bei der inneren Atmung entsteht unter anderem Kohlendioxid. Dieser Stoff

wird mit dem Blut zur Lunge gebracht und mit der Atemluft abgegeben. Je mehr die Muskeln bewegt werden, desto schneller erfolgt die Atmung, denn die Muskeln benötigen mehr Sauerstoff.

Sauerstoffmangel führt zur Ermüdung und nach einiger Zeit zu Kopfschmerzen. Er

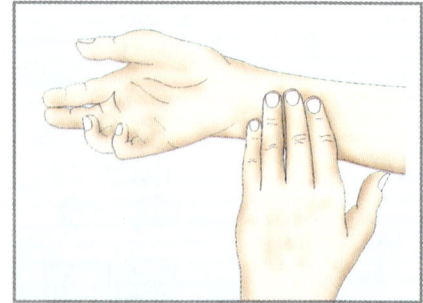

Abb. 3: So kann man den Pulsschlag messen: Ertaste mit Zeige- und Mittelfinger den Pulsschlag an der Handschlagader. Miss 10 Sekunden lang und nimm die Zahl mal 6. Das ergibt den Ruhepuls in der Minute

entsteht vor allem in schlecht gelüfteten Räumen, oft aber auch in verkehrsreichen Straßen, denn jeder Automotor verbraucht Sauerstoff. Eine weitere Gefährdung der Gesundheit wird durch Gase ausgelöst, die den Sauerstofftransport im Blut gefährden. Bei besonderer Wetterlage können sich Abgase, Schwefeldioxid und Stickoxide, wie eine Dunstglocke über einem Gebiet anreichern und zum gefürchteten **Smog** führen. Smog ist ein Kunstwort aus den englischen Wörtern **sm**oke (Rauch) und fog (Nebel).

Wie das Herz arbeitet

Das Herz ist ein etwa faustgroßer **Herzmuskel**, der ununterbrochen das ganze Leben lang das Blut im Körper verteilt. Bei jedem Herzschlag pumpt er 70–80 Kubikzentimeter durch die Adern. In einer Minute schlägt das Herz beim Erwachsenen 60–80mal und befördert dabei etwa 5–6 Liter Blut. Das ist etwa die gesamte Blutmenge des Körpers. Dabei erreicht das Herz eine Pumpleistung von ungefähr 260.000 Litern in einem Monat. Das entspricht dem Inhalt von etwa 8 Tanklastwagen. Der Pumpstoß des Herzens überträgt sich auf die Schlagadern und ist als **Puls** zum Beispiel an der Schlagader des Handgelenks zu spüren (Abb. 3). Die gesamte Blutmenge fließt in einem Röhrensystem aus Adern, das den ganzen Körper durchzieht. Es beginnt im Herzen und endet auch hier. Deshalb spricht man vom **Blutkreislauf** (Abb. 4).

Das Herz besteht aus zwei Hälften, die durch die **Herzscheidewand** voneinander getrennt sind. Jede der beiden Hälften besteht aus zwei Kammern, dem kleineren **Vorhof** und der eigentlichen **Herzkammer**. Sauerstoffreiches Blut kommt aus der Lunge in die linke Herzvorkammer und gelangt von dort weiter in die linke Herzkammer. Ventile sorgen dafür, dass das Blut nur in eine Richtung fließt. Diese Funktion übernehmen die **Herzklappen**. Es gibt **Segelklappen** und **Taschenklappen**. Die Segelklappen sind dünne Hautlappen am Eingang zu den Herzkammern. Sehnen verhindern das Zurückschlagen beim Zusammenziehen des Herzmuskels. Die Taschenklappen bestehen aus Hautsäckchen, die beim Ausdehnen des Herzens mit Blut gefüllt sind und dadurch aufgebläht werden. Durch diesen Verschluss kann kein Blut aus den Arterien ins Herz zurückfließen. Die Bewegung der Herzklappen verursacht die **Herztöne**. Durch die großen Schlagadern, die **Arterien**, wird das Blut in den Körper gepumpt. Die Arterien verzweigen sich immer mehr, werden immer feiner, dünner als ein Haar. In diesen so genannten Haargefäßen, den **Kapillaren**, findet ein Stoffaustausch statt. Nährstoffe und Sauerstoffe werden an die Zelle abgegeben. Kohlendioxid gelangt durch die Kapillaren ins Blut, das zum Herzen zurückfließt. Auf diesem Weg werden die Blutgefäße größer und vereinigen sich zu großen **Venen**, die in die rechte Vorkammer des Herzens münden

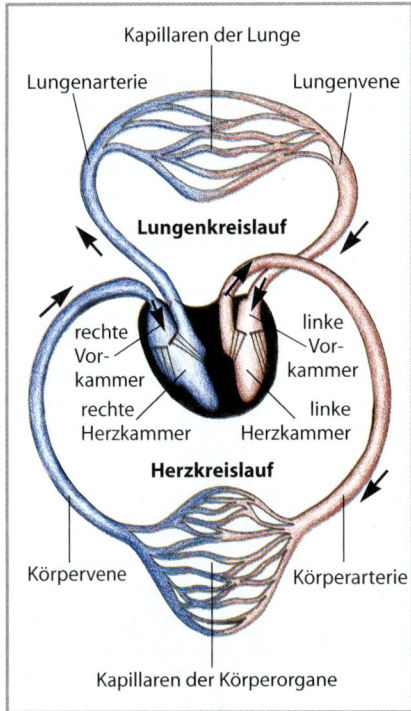

Abb. 4: Schema des Blutkreislaufs: rot = sauerstoffreiches Blut, blau = sauerstoffarmes Blut

(Abb. 5). Damit ist der **Körperkreislauf** geschlossen und der **Lungenkreislauf** beginnt. Das sauerstoffarme und kohlendioxidreiche Blut wird von der rechten Vorkammer in die rechte Herzkammer gepumpt und gelangt durch die Lungenarterie zu den feinen Kapillaren an den Lungenbläschen, wo ein Gasaustausch stattfindet: Kohlendioxid wird abgegeben und Sauerstoff wird aufgenommen. Über die Lungenvene gelangt das Blut zur linken Herzhälfte, und der Körperkreislauf beginnt von neuem.

Durch ungesunde Ernährung und durch Rauchen lagern sich Stoffe an den Wänden der Gefäße ab, die das Herz mit Blut versorgen. Die Durchblutung wird beeinträchtigt, der Blutdruck steigt. Um die Durchblutung aufrechtzuerhalten, muss das Herz schneller schlagen. Ungenügendes Training des Herzmuskels führt oft zur Herzschwäche.

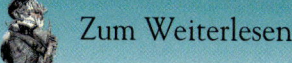 Zum Weiterlesen:

- Der Stoffwechselvorgang, S. 404
- Blutkreislauf und Transportvorgänge, S. 406
- Die Atmung, S. 410

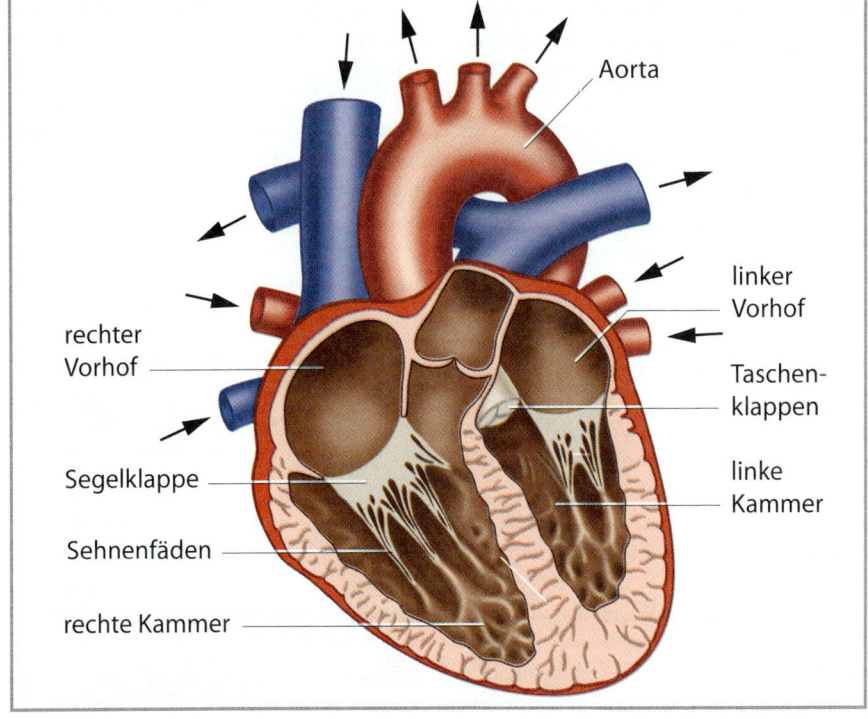

Abb. 5: Aufbau des Herzens. Herzklappen sorgen dafür, dass das Blut nur in eine Richtung fließen kann

Pflanzen – Grundlage für das Leben

Seit mehr als 100 Millionen Jahren wachsen Pflanzen fast überall auf der Erde. Ohne die Pflanzen ist das Leben nicht denkbar. Sie stellen Stoffe her, von denen sich Mensch und Tier ernähren. Würden die Pflanzen aussterben, so fänden zunächst die Pflanzenfresser und dann die Fleischfresser keine Nahrung mehr. Dann würden alle Tiere und der Mensch aussterben.

Die Entwicklung vom Samen zur Pflanze

Pflanzen entwickeln sich aus Samen. Es ist erstaunlich, wie sich aus einem kleinen Samen eine Pflanze entwickelt, wie aus einem 1 Zentimeter großen Sonnenblumenkern eine bis zu 2,5 Meter hohe Pflanze in einem Jahr wird (Abb. 1). Oder aus einem 1,5 Zentimeter großen Fichtensamen ein 50 Meter hoher Baum in 60 Jahren. Natürlich geht die Entwicklung vom Samen zur fertigen Pflanze nicht von heute auf morgen. Für die Keimung sind ganz bestimmte Voraussetzungen nötig. Das soll am Beispiel der Feuerbohne gezeigt werden: Der Samen der Feuerbohne hat mehr Ähnlichkeit mit einem Steinchen als mit einer Pflanze. Er ist hart und trocken und erscheint völlig leblos. Und doch ist der Samen ein Nährstoffspeicher, in dem die künftige Pflanze als winziger Keimling ruht. Nach Aufnahme von

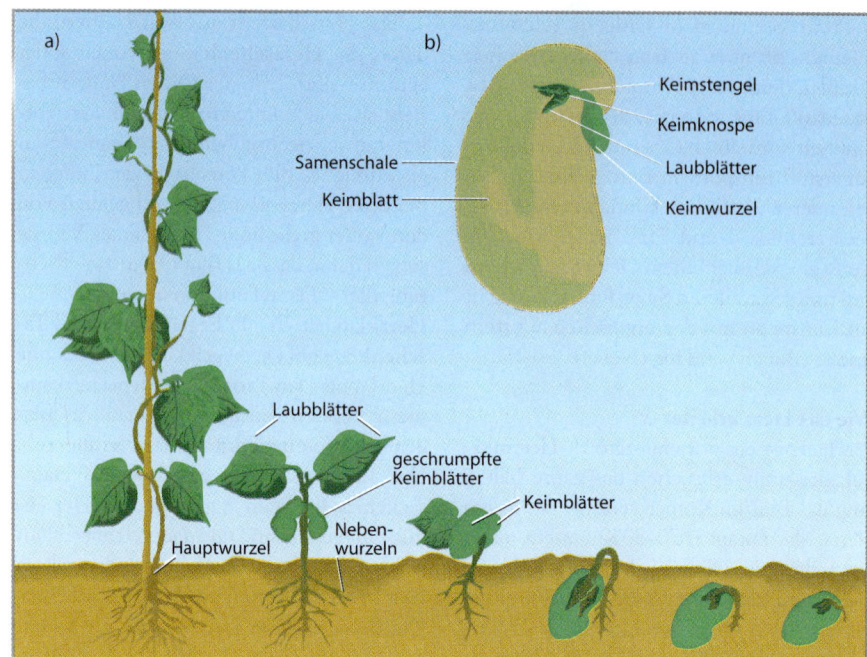

Abb. 2: Keimung (a) und Aufbau (b) eines Bohnensamens

Abb. 1: Sonnenblumen werden bis zu 2,50 Meter hoch

Wasser lässt sich die harte Bohnenschale entfernen, und man sieht zwei große Hälften, die **Keimblätter**. Geschützt zwischen den Keimblättern liegt ein winziges Pflänzchen, der **Pflanzenembryo** mit Keimstängel, mit den ersten Laubblättern, der Keimknospe und der Keimwurzel. Trockener Samen kann für längere Zeit aufbewahrt werden. Während dieser Zeit zeigt der Embryo keine sichtbaren Veränderungen: er ruht. Ist die Samenschale durch die aufquellenden Keimblätter gesprengt, schiebt sich die Wurzel hervor und wächst tiefer in den Boden (Abb. 2). Auch der Stängel beginnt zu wachsen. Er schiebt sich durch den Boden ans Licht und hebt die ersten beiden Laubblät-

ter über die Erde. Damit Samen keimen können, brauchen sie unbedingt Wasser und Sauerstoff und eine bestimmte Temperatur. Reis benötigt 10–12 Grad, der heimische Roggen keimt schon bei 1–2 Grad.

Aufbau einer Pflanze

In ihrem Erscheinungsbild sind die Pflanzen so ungeheuer vielfältig, reichen von Gänseblümchen, Klatschmohn, Kirschbaum und Buche bis zur Kiefer und Seerose. Obwohl die Pflanzen alle ganz unterschiedlich aussehen und an verschiedenen Orten vorkommen, haben alle den gleichen Aufbau: Wurzel, Spross, Blätter und Blüte. Diese vier **Grundorgane** sind wichtig für die Pflanze, um sich zu ernähren, zu wachsen und sich fortzupflanzen (Abb. 3). Jedes Pflanzenorgan hat eine bestimmte Aufgabe zu erfüllen. **Wurzeln** verankern die Pflanze im Boden und versorgen sie mit Wasser und Mineralstoffen. Um die Pflanze ausreichend mit diesen Stoffen zu versorgen, verzweigt sich die Hauptwurzel in unzählige, immer dünner werdende Seitenwurzeln. Ganz am Ende befinden sich die winzigen Wurzelhärchen, die eng die Bodenteilchen umspinnen. Durch die Feuchtigkeit im Boden werden die Mineralstoffe in den Bodenteilchen gelöst und können so im Wasser von den Wurzelhaaren aufgenommen werden, um dann von Zelle zu Zelle zu gelangen. Die Wurzeln können verschieden ausgebildet sein. Bei der Taubnessel bestehen sie aus einem Wurzelbüschel mit dünneren Hauptwurzeln und vielen Seitenwurzeln, die sich flach unter der Erde aus-

breiten. Das sind **Flachwurzler**. Der Löwenzahn hat eine dickere, pfahlartige Wurzel. Mit dieser **Pfahlwurzel** kann er aus tieferen Bodenschichten Wasser aufnehmen. Er ist ein **Tiefwurzler**. Auch unter den Bäumen gibt es Tief- und Flachwurzler.

Den **Spross** bezeichnet man bei den Pflanzen als Stängel. Gräser besitzen hohle Sprossen, die Halme. Sie wachsen besonders schnell, so dass man sie mehrmals im Jahr abschneiden kann, um sie als Grünfutter für das Vieh zu verwenden. Die Äste und Stämme der Sträucher und Bäume sind verholzt. Sie bringen Blätter und Blüten hervor. In ihrem Innern sind die Leitungsbahnen für das Wasser und die gelösten Nährsalze. In den **Blättern** baut die Pflanze mit Hilfe des Sonnenlichtes Vorratsstoffe auf, Wasserverdunstung und Atmung laufen hier ab. Die Blattfläche

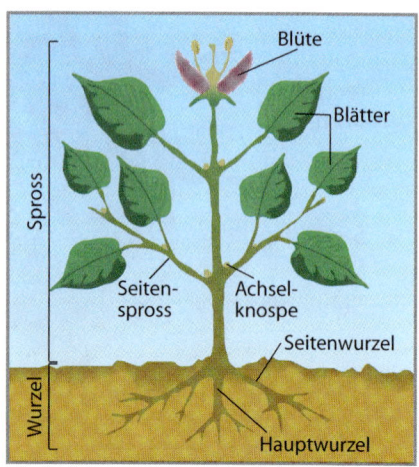

Abb. 3: Bauplan einer Blütenpflanze

Biologie

wird von Blattadern durchzogen, die der Leitung des Wassers und der Nahrung dienen und dem Blatt die nötige Stütze geben. **Blüten** dienen der Fortpflanzung. Farben und Formen können auffällig oder unscheinbar sein (Abb. 4). Besonders schöne Farben und Formen bringen Rosen, Orchideen oder Kakteen hervor. Kleiner und weniger auffällig sind zum Beispiel die Blüten von Bäumen. Eine Blüte kann allein am Spross sitzen oder mit mehreren in verschiedener Anordnung. Man spricht von verschiedenen Blütenständen.

Die Ernährung der Pflanze

Der größte Teil des aus dem Boden aufgenommenen Wassers wird durch die Blätter wieder an die Luft abgegeben. Manche Pflanzen geben große Mengen Wasser an die Luft ab. Man hat errechnet, dass eine Birke mit 200.000 Blättern an einem warmen Tag 60 Liter Wasser verdunstet. Die Wasserabgabe wird ausgeglichen durch das von den Wurzeln neu aufgenommene Wasser. Die Wasserverdunstung erfolgt durch winzige Blattöffnungen. Auf der Blattunterseite sind mit dem Mikroskop kleine Poren zu sehen, die **Spaltöffnungen**. Sie werden von zwei bohnenförmigen Zellen, den Schließzellen, geöffnet und geschlossen (Abb. 5). Je nach Wetterlage und Luftfeuchtigkeit sind die Spaltöffnungen unterschiedlich weit geöffnet, immer so, wie es für die Pflanze am günstigsten ist. Die Pflanze nimmt fortwährend Wasser auf und gibt es ab. Das ist notwendig, da die Pflanze mit dem Wasser aus dem Boden gelöste Mineralstoffe aufnimmt, die sie für ihr Wachstum braucht.

Grüne Blätter bauen Nährstoffe auf

Vom Wasser und den Mineralstoffen allein kann sich eine grüne Pflanze nicht ernähren. Zwei Forscher beantworteten die Frage nach der Ernährung der Pflanzen durch folgende

Abb. 4: Die Vielfalt der Blütenformen

Experimente: Der belgische Arzt Johann Baptist van Helmont pflanzte 1635 einen 2,5 Kilogramm schweren Weidenbaum in einen Kübel mit genau abgewogener Erde. Fünf Jahre wurde die Erde nur mit Regenwasser gegossen. Der Baum wuchs heran und wog 84,5 Kilogramm, war also um 82 Kilogramm

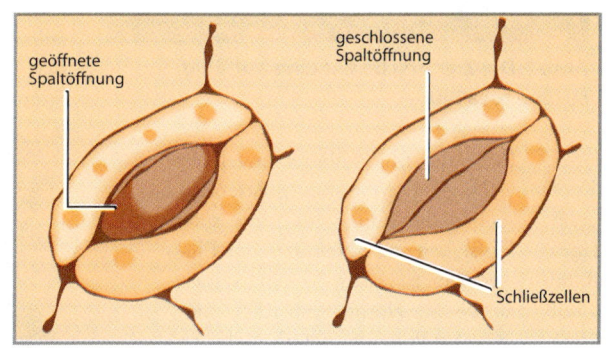

Abb. 5: Spaltöffnung im geschlossenen und im geöffneten Zustand

schwerer geworden. Das Gewicht der Erde hatte nur um 60 Gramm abgenommen. Helmont glaubte, die Pflanze benötigte zum Wachstum und zur Gewichtsaufnahme außer Mineralstoffen nur noch Wasser. Das konnte aber nicht stimmen. Denn wenn man dem Weidenbaum das Wasser entzog, wog er immer noch 15 Kilogramm. Der englische Forscher Joseph Priestley löste 1772 das Rätsel. Er hatte beobachtet, dass eine Maus mit einer Pflanze zusammen unter einer Glasglocke einige Zeit leben konnte, während sie ohne Pflanze unter der Glocke ohnmächtig wurde und dann starb. Die Erklärung ist folgende: Pflanzen geben durch die Spaltöffnungen Sauerstoff ab, der für die Atmung von Menschen und Tieren lebensnotwendig ist. Gleichzeitig

nehmen sie durch die Spaltöffnungen das Kohlendioxid, das Mensch und Tier ständig ausatmen, auf. Aus Kohlendioxid, Wasser und Nährsalzen werden in der Pflanze Zucker, Stärke, Fett und Eiweiße gebildet. Für diesen chemischen Umwandlungsprozess braucht die Pflanze unbedingt **Licht**, genauer gesagt **Sonnenenergie**. Da dieser Vorgang nur im Licht stattfinden kann, nennt man ihn **Fotosynthese** (aus dem Griechischen für photos = Licht und synthesis = Aufbau). Die Fotosynthese findet nur in den Teilen der Pflanze statt, die den grünen Farbstoff **Chlorophyll** enthalten (Abb. 6).

Zum größten Teil wird der Zucker in Stärke umgewandelt. Mit Hilfe der aus dem Boden stammenden Mineralsalze werden auch Eiweiße, Fett und Vitamine hergestellt. Diese Nährstoffe können zum Beispiel in Wurzeln, Knollen und Samen gespeichert werden. Den Zucker kann man in vielen Obstsorten schmecken, zum Beispiel bei Weintrauben und Kirschen. Auch Wurzelteile enthalten Zucker: Möhren schmecken süßlich. Die Stärke ist in der Kartoffelknolle zu finden, Fette zum Beispiel in Nüssen und Sonnenblumenkernen. Pflanzen bauen ihre Nährstoffe selbst auf. Sie ernähren sich nicht von anderen Lebewesen.

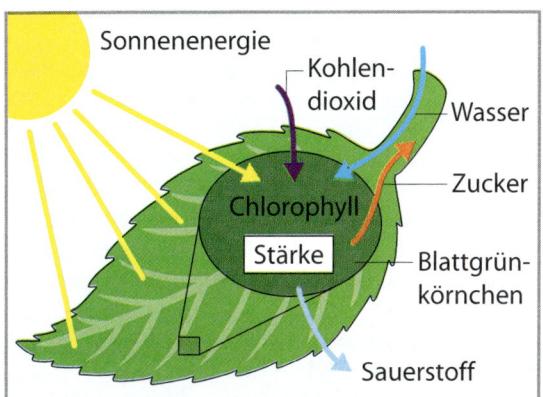

Abb. 6: Schema der Fotosynthese

 Zum Weiterlesen:

- Wald – Lebensraum für Pflanze und Tier, S. 360
- Pflanzen vermehren sich, S. 358
- Bau und Funktion einer Blütenpflanze, S. 394

Pflanzen vermehren sich

*T*rotz ihres verschiedenartigen Aussehens haben alle Blüten einen gemeinsamen **Grundbauplan**: Kelchblätter, Kronblätter, Staubblätter und Fruchtblätter. Die Blütenteile sind zwar unterschiedlich gestaltet, erfüllen aber dieselbe Aufgabe: Sie dienen der Fortpflanzung. Dieses soll am Beispiel der Kirschblüte deutlich werden (Abb. 1). Auffällig sind die fünf weißen **Kronblätter**. Unterhalb von diesen stehen fünf grüne, zurückgeschlagene Blättchen, die **Kelchblätter**. Sie haben vor dem Aufblühen die Blütenknospe schützend wie ein Kelch umgeben. Innen stehen zahlreiche **Staubblätter**, die aus einem fadenförmigen Stiel und den gelben **Staubbeuteln** bestehen. Die Staubbeutel enthalten den feinkörnigen, meist gelben Blütenstaub, den **Pollen**. Wenn der Staubbeutel bei warmem Wetter aufplatzt, werden die Pollenkörner frei. In den einzelnen Pollenkörnern entwickeln sich **Samenzellen**. Staubblätter sind daher die männlichen Teile der Blüte. In einer Aushöhlung in der Mitte der Kirschblüte sitzt ein grünes **Fruchtblatt**. Es gleicht einem auf dem Kopf stehenden **Stempel** und wird daher auch Stempel genannt. Der längliche Teil des Stempels ist der **Griffel**, der obere Teil die klebrige **Narbe** (Abb. 2). Der verdickte Teil ist der **Fruchtknoten**. In ihm befinden sich eine oder mehrere Samenanlagen. Jede Samenanlage entwickelt eine **Eizelle**. Daraus kann sich später die Kirschfrucht bilden. Das Fruchtblatt entspricht dem weiblichen Teil der Blüte (Abb. 3).

Abb. 1: Die Zierkirsche hat eine auffällig schöne rosa Blüte

Aus der Blüte werden Früchte und Samen
An warmen, trockenen Tagen werden Bienen und Hummeln durch die leuchtende Farbe der Blütenblätter angelockt (Abb. 4). Die meisten Insekten besuchen die Blüten, um eine süße Flüssigkeit, den **Nektar**, vom Blütenboden zu holen. Bienen machen aus Nektar Honig. Außerdem sammeln sie Pollenkörner als Nahrung für die Aufzucht der jungen Bienen im Bienenkorb. Dann tragen sie dicke Pollenpakete an ihren Hinterbeinen, die so genannten Höschen. Wenn die Insekten in die Blüte hineinkriechen, platzen reife Staubbeutel auf, und der Pollen quillt heraus. Viele Pollenkörner bleiben am behaarten Insektenkörper hängen. Beim eifrigen Besuch von

Blüte zu Blüte wird der Körper mit Pollenkörnern eingepudert. Es geschieht, dass einige Pollenkörner an der klebrigen Narbe des Stempels haften bleiben. Dann ist die Blüte bestäubt. Ohne diese **Bestäubung** könnte die Kirsche keine Frucht mit Samen bilden.

Die Pollenkörner, die die männlichen Keimzellen der Blütenpflanze enthalten, bilden **Pollenschläuche**. Diese wachsen durch die Narbe in den Griffel. Ein Wettwachsen beginnt. Das Ziel ist die Eizelle in der Samenanlage. Der erste Pollenschlauch, der diese erreicht, öffnet sich, und die männliche Geschlechtszelle dringt in die Eizelle ein. Beide Zellkerne verschmelzen zu einem Zellkern. Damit ist die **Befruchtung** der Blüte abgeschlossen. Jetzt beginnt die Entwicklung der Kirschfrucht. Die befruchtete Eizelle beginnt sich zu teilen. Durch viele Zellteilungen entwickelt sich aus der Samenanlage der Samen. Der Fruchtknoten umschließt den Samen, schwillt an und reift allmählich zur Kirsche heran. Die Blütenblätter welken und fallen ab. Aus der Fruchtknotenwand haben sich das saftige Fruchtfleisch und der harte Steinmantel gebildet. Im Innern des Kirsch-

Abb. 2: Stempel und Staubblätter der Tulpe

kerns liegt geschützt der Samen. Wenn dieser in den Boden gelangt, kann ein neuer Kirschbaum wachsen.

Bei den meisten Pflanzen liegen die Samen in den Früchten verborgen. Beim Apfel, der Erbse, dem Mohn, der Erdbeere und vielen anderen Samenpflanzen liegen mehrere Samenanlagen im Fruchtknoten. Aus jeder kann sich ein Samen bilden. Es gibt eine große Vielfalt von Fruchtformen (Abb. 5).

Vermehrung durch Früchte und Samen
Anders als Tiere können die ortsfesten Pflanzen nur als Samen oder Früchte wandern, das heißt in neue Lebensräume vordringen oder neue Standorte besiedeln. Einige Samenpflanzen bilden viele Tausende von Früchten und Samen aus, von denen nur wenige zum

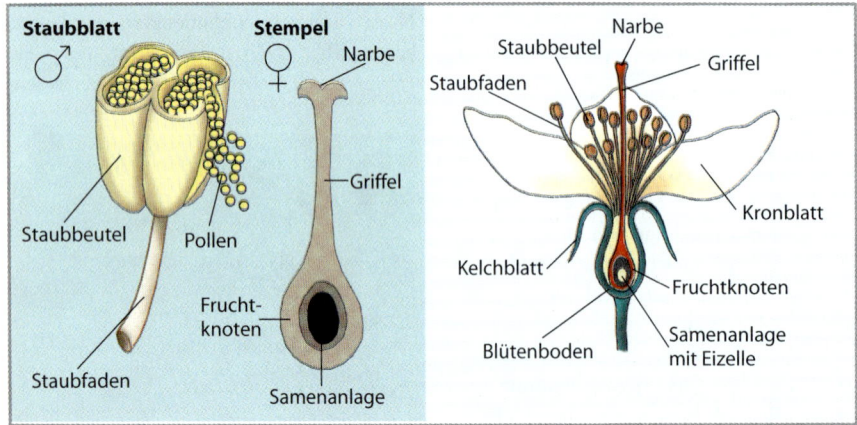

Abb. 3: Männliche und weibliche Blütenorgane, Längsschnitt durch eine Kirschblüte

Staubblatt — Stempel — Narbe — Griffel — Staubbeutel — Pollen — Fruchtknoten — Staubfaden — Samenanlage

Staubbeutel — Narbe — Staubfaden — Griffel — Kelchblatt — Kronblatt — Blütenboden — Fruchtknoten — Samenanlage mit Eizelle

Biologie

Abb. 4: Bienen und andere Insekten bestäuben die Blüte

Keimen kommen: so bei der Pappel. An warmen Frühsommertagen treiben Tausende weißer, watteartiger Flocken durch die Luft. Das sind die Samen der Pappel. Von den vielen Millionen Samen bilden nur wenige ein Pflänzchen, und von hundert dieser kleinen Pflänzchen entwickelt sich nur ein einziger Baum. Die Natur ist darum so verschwenderisch, damit die Art nicht ausstirbt. Die einzelne Pflanze ist allerdings zum großen Teil auf Fremdhilfe angewiesen. So gibt es die Verbreitung durch das Wasser, den Wind, durch Tiere und die Eigenverbreitung. Bei der Verbreitung der Pappelsamen spielt der **Wind** eine wichtige Rolle. Damit ein Transport über weite Strecken möglich ist, sind Samen und Früchte oft mit zusätzlichen Einrichtungen ausgestattet. Feine Haare bilden zum Beispiel beim Löwenzahn und bei der Distel einen Schirm, an dem der Samen viele Kilometer weit getragen werden kann (Abb. 6). Die Früchte von Kiefer, Tanne, Ahorn, Linde und vielen anderen Pflanzen können sich durch Flügel in kreisende und schwebende Bewegung versetzen. Diese Flug- und Schwebeeinrichtungen sorgen für eine Verlängerung der Fallzeit. So hat der Wind die

Möglichkeit, die Frucht von der Mutterpflanze fortzutragen. Beim Mohn genügt ein leichter Windzug, und die Kapsel schüttet die Samen wie ein Salzstreuer nach allen Seiten. In der Strauchschicht und in dichten Beständen reicht die Windgeschwindigkeit nicht, um die Früchte und Samen weit genug zu transportieren. Hier sind **Tier** und **Mensch** Helfer bei der Verbreitung. Vögel werden von den Früchten der Eberesche und Hagebutte angelockt. Die unverdaulichen Samen werden später ausgeschieden und so verbreitet. Eichelhäher und Eichhörnchen verschleppen und vergraben Früchte und Samen als Winternahrung. Werden sie nicht gefressen, können sie im neuen Jahr keimen. Manche Früchte sind mit Widerhaken ausgestattet, wie bei der Klette. Sie bleiben im Fell der Tiere oder der Kleidung der Menschen hängen und fallen an anderem Ort wieder ab. Einige Pflanzen schaffen die **Eigenverbreitung** von Samen. Bei der kleinsten Berührung explodieren die Fruchtkapseln des Springkrauts und die Samen werden herausgeschleudert. Die reifen Fruchthülsen von Lupine und Ginster schleudern auch ihre Früchte heraus. Wasserpflanzen haben Früchte und Samen mit Hohlräumen, so dass sie weite Strecken vom **Wasser** transportiert werden können.

Vermehrung ohne Samen

Bei manchen Pflanzen sind Blüte und Samen für eine Fortpflanzung nicht nötig, die neue Pflanze entsteht aus der Mutterpflanze. Diese Vermehrung wird im Unterschied zur geschlechtlichen Vermehrung durch Bestäubung und Befruchtung als **ungeschlechtliche** oder **vegeta-**

tive **Vermehrung** bezeichnet. Gärtner nutzen sie aus und haben viele Möglichkeiten, neue Pflanzen zu bekommen.

Ausläufer und Ableger: Der Hahnenfuß zum Beispiel sendet nach allen Seiten oberirdische Zweige aus, die einige Zentimeter von der Mutterpflanze entfernt Wurzeln bilden. An dieser Stelle entsteht eine vollständig neue Pflanze. Bei der Erdbeere ist dieser Vorgang auch gut zu sehen. Die Quecke bildet unterirdische Ausläufer aus, die dicht unter der Erde ein verzweigtes Netz bilden und dann neue, grüne Tochterpflanzen ausbilden. Über die Ausläufer werden die jungen Pflanzen mit Nährstoffen versorgt, bis sie Blätter und Wurzeln gebildet haben. Dann können sie sich selbst vermehren.

Stecklinge: Bei diese Methode wird ein Teil der Pflanze, ein Blatt oder ein Stängel, dazu angeregt, Wurzeln zu bilden.

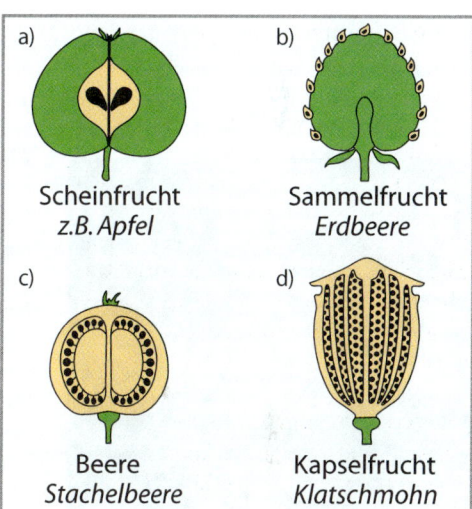

Abb. 5: Einige Fruchtformen: a) Scheinfrucht, b) Sammelfrucht, c) Beere, d) Kapselfrucht

Zwiebeln und Knollen: Aus Zwiebeln und Knollen kann man neue Pflanzen ziehen. An Zwiebeln von Tulpen, Hyazinthen oder Schneeglöckchen bilden sich kleine Tochterzwiebeln, aus denen neue Pflanzen werden. Dahlien und Kartoffeln bilden Knollen, die der Vermehrung dienen.

 Zum Weiterlesen:

- Pflanzen – Grundlage für das Leben, S. 356
- Bau und Funktion einer Blütenpflanze, S. 394
- Ohne Fotosynthese kein Leben, S. 396

Abb. 6: Der Samen des Löwenzahns wird vom Wind weitergetragen

Wald – Lebensraum für Pflanze und Tier

Auf der Erde gibt es sehr unterschiedliche Lebensräume, in denen jeweils ganz bestimmte, den besonderen Bedingungen des Lebensraums angepasste Pflanzen und Tiere leben: Das Meer, die Wüste, der Wald gehören zu solchen Lebensräumen, auch **Biotope** genannt. Das Meer nimmt den größten Raum ein: 71% der Erdoberfläche sind von Ozeanen bedeckt. Rund 30 % der gesamten Festlandfläche sind bewaldet. Die größten Flächen nehmen die feuchtheißen Regenwälder der Tropen ein. Daneben gibt es die ausgedehnten Nadelwälder der Taiga und die Laubmischwälder gemäßigter Breiten. In Deutschland gibt es keinen Urwald mehr. Der römische Geschichtsschreiber Plinius, der mit den römischen Legionen am Rhein lag, meldete noch: „Das ganze Germanien ist von Wäldern bedeckt". Doch durch den Eingriff der Menschen ist der Wald im Laufe der Geschichte stark verändert worden. Sie brauchten Siedlungsland, Ackerland, Weideland, dazu Bau- und Brennmaterial.

In Nordrhein-Westfalen ist gut ein Viertel der Landschaft mit Wald bedeckt. Bäume prägen das Bild des Waldes, hinzu kommen viele Pflanzen, Tiere und Pilze. Alle zusammen bilden sie eine **Lebensgemeinschaft**, in der alle durch ein engmaschiges Beziehungsgeflecht verbunden sind. In einem Mischwald ist dieses am deutlichsten zu sehen. Mischwälder gliedern sich meist in **Stockwerke**. Von unten nach oben betrachtet, unterscheidet man die Kraut-

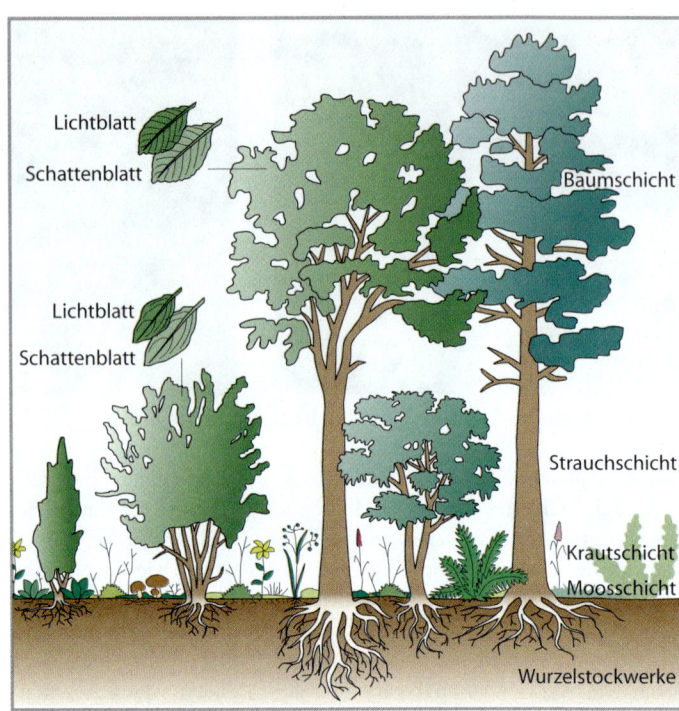

Abb. 1: Stockwerke des Waldes

schicht, die Strauchschicht, die Baumschicht (Abb. 1). In den einzelnen Stockwerken des Waldes sind die Lebensbedingungen für Pflanzen und Tiere recht unterschiedlich, da die Versorgung mit Licht, Wärme, Wasser und Nährstoffen jeweils anders ist. Durch verschiedenartige Wurzelformen, unterschiedliche Stammlängen, mannigfaltig geformte Baumkronen werden Luft- und Bodenraum vorteilhaft genutzt. Wie durch einen Mantel wird das Waldinnere vor Stürmen und austrocknenden Winden geschützt.

Die **Moosschicht**: Da Moose sehr anspruchslos sind, gehören sie mit den Flechten zu den Pionierpflanzen, die sogar als erste Pflanzen Felsen besiedeln. Im Wald sind sie Anzeiger für nährstoffarmen, sauren Boden. Darum ist die Moosschicht in Nadelwäldern besonders gut ausgebildet. Ganze Moosteppiche können hier den Wald bedecken. Sie gedeihen allerdings nur im lichten Schatten. Wird der Wald abgeholzt, verschwinden sie. Moose können viel Wasser speichern. Darin liegt ihre Bedeutung für den Wasserhaushalt einer Landschaft. In die Moosschicht gehören auch die Pilze, die im Sommer und Spätsommer je nach Feuchtigkeit und Wärme erscheinen.

Die **Krautschicht**: Sie hängt in ihrer Zusammensetzung vom Boden wie auch vom Baumbestand ab. In Fichtenreinbe-

ständen fehlt sie fast ganz. In Buchenwäldern ist sie unregelmäßig ausgebildet. Neben Farnen gedeihen verschiedene Blütenpflanzen, wie Leberblümchen, Sauerklee, Waldmeister, Schlüsselblume, Springkraut und andere Kräuter und Gräser. Eine dichtere Krautschicht zeigt sich im Frühling, wenn die Bäume noch kahl sind und genügend Licht den Boden erreicht. Dann ist der Boden übersät mit weiß blühenden Buschwindröschen, die auch Waldanemonen genannt werden. Auch am Waldrand ist eine dichtere Krautschicht zu finden, in der beispiels-

Abb. 3: Krautschicht

weise der Rote Fingerhut oder das Weidenröschen vorkommen (Abb. 2).

Von der Beschaffenheit der Krautschicht hängt vor allem der Artenreichtum an Tieren ab. Je vielseitiger die Pflanzendecke, desto vielseitiger die Tierwelt (Abb. 3).

Abb. 2: Der Rote Fingerhut kommt in der Krautschicht des Waldes vor

Die **Strauchschicht**: Sträucher und niedrige Bäume bilden ein mittleres Stockwerk. Dazu gehören Schwarzer Holunder, Weißdorn, Schlehdorn, die Haselnuss, die Eberesche, der Faulbaum. Die Strauchschicht erreicht ungefähr drei Meter Höhe.

Die **Baumschicht**: Sie wird durch hoch wachsende Bäume wie Buche, Eiche und Kiefer gebildet, die Höhen bis zu 40 Metern erreichen können. Säulenartig streben die Bäume in die Höhe. Erst oben verzweigt sich jeder Baum und bildet eine Krone, die von Frühling bis Herbst Blätter trägt. Die Kronen bilden das Dach des Waldes. Ist das Kronendach dicht geschlossen, so ist der Wald lichtarm. Hier ist der Pflanzenwuchs ärmer als auf Lichtungen, wo das Sonnenlicht durch eine Lücke auf den Waldboden fällt.

Tiere in den Schichten des Waldes: Der Mischwald mit seinen verschiedenen Stockwerken bietet vielen Arten von Insekten, Würmern, Spinnen, Schnecken Wohn- und Nahrungsraum. Diese bilden wiederum eine wichtige Nahrungsgrundlage für Salamander, Kröten, Eidechsen und viele Vogelarten. Die **Vögel** sind so spezialisiert auf eine Nahrungsquelle, dass sie nicht in Nahrungskonkurrenz geraten. Amseln und Singdrosseln finden

Abb. 4: Der Rothirsch zählt zu den Pflanzen fressenden Säugetieren des Waldes

Nachtgreifvögel, Eulen, zu denen zum Beispiel der Waldkauz gehört.

Zu den im Wald lebenden **Pflanzen fressenden Säugetieren** gehören Rothirsche und Rehe (Abb. 4). Nur männliche Hirsche tragen ein vielendiges Geweih. Die Weibchen leben mit ihren Jungen das ganze Jahr in Rudeln, die von einem erfahrenen Alttier geleitet werden. Zur Paarungszeit (Brunft) gesellen die Hirsche sich zu ihnen.

Zu den **Fleisch fressenden Säugetieren** im Wald gehören Fuchs (Abb. 5), Hermelin, Iltis, Marder und Dachs. Der Fuchs hat einen langen, buschigen Schwanz, die Lunte. Er ist ein vielseitiger Jäger, der meistens nachts jagt: Mäuse, junge Hasen und Kaninchen, Vögel, Regenwürmer. Das Weibchen, die Fähe, bringt in einem unterirdischen Bau 4–6 Welpen zur Welt. Der Baummarder ist ein Beutegreifer, so groß wie eine Hauskatze. Kennzeichen ist der gelbliche Kehlfleck. Er jagt nachts. Der Dachs wirkt gedrungen und massig, gräbt weitverzweigte Baue bis zu 5 Meter tief. Er ernährt sich von pflanzlicher und tierischer Nahrung.

Das **Schwarzwild**, die Wildschweine, wühlen als Allesfresser auf der Nahrungssuche den Boden auf. Kaninchen, Maulwurf, Dachs und Fuchs graben im Waldboden ihre Gänge und Baue.

Die **Bodenschicht**: Die oberste Schicht besteht aus dem Falllaub, den Nadeln und Zweigen, Früchten und Samen und abgestorbenen Pflanzen und Tieren. Sie wird als Laubschicht oder Laubstreu bezeichnet. In einem Laubwald fallen jährlich auf einen Boden mit einer Fläche von einem Hektar (10.000 Quadratmeter) etwa 9 Tonnen organische Stoffe. Der Waldboden wäre längst meterhoch mit Streu bedeckt, wenn nicht Milliarden von Bodenlebewesen die anfallenden Stoffe verarbeiteten. Viele Zersetzer sind am Abbau beteiligt: Springschwänze und Hornmilben öffnen die Blattoberfläche, so dass Pilze und Bakterien besser eindringen können. Asseln, Nacktschnecken, Ohrwürmer, Schneckenlarven fressen das Blattgewebe, so dass nur die Blattgerippe bleiben. Dieser Rest wird von Regenwürmern gefressen. Sie hinterlassen Kotkrümel. So besorgen viele Zersetzer den Abbau von Laubstreu. Dabei entsteht brauner Humus. Er dient vielen Lebewesen als Nahrungsquelle. Er bindet Wasser und Mineralstoffe. Beide können dann von der Pflanzenwurzel aufgenommen werden.

Abb. 5: Der Fuchs jagt meistens nachts

ihre Nahrung auf dem Boden, leben vorwiegend von Würmern und weichhäutigen Larven. Nachtigall und Grasmücke jagen im niedrigen Geäst nach Insekten und Spinnen. Der Kleiber sucht an den Stämmen nach Kerbtieren. Er kann als einziger Vogel kopfüber am Stamm herablaufen. Der Specht hackt mit seinem meißelharten Schnabel Insektenlarven aus den Bohrgängen unterhalb der Rinde. Meisen turnen im Geäst auf der Suche nach Larven, Puppen und Insekten. Im Kronendach horsten die großen **Greifvögel**, wie Mäusebussard und Habicht. In den geräumigen Höhlen alter Bäume brüten

 Zum Weiterlesen:

- Pflanzen vermehren sich, S. 358
- Das Schwein, S. 330
- Farne – Pflanzen ohne Blüten und Samen, S. 366

Mensch und Wald – gestern und heute

*H*olz ist einer der wichtigsten Rohstoffe für den Menschen. Wo es kein Holz gab, gab es auch kein Sesshaftwerden. Die ersten Hütten, Pflüge, Einbäume, Haushaltsgeräte aus Holz lassen sich für die Zeit von 10.000 bis 500 v. Chr. nachweisen. Seit Urzeiten hat der Mensch Wälder genutzt, gerodet, abgebrannt oder ausgeplündert. Island, heute fast baumlos, war bis vor 1000 Jahren bewaldet, die kahlen Highlands von Schottland trugen natürliche Kiefernwälder. Der Mensch brauchte Holz für den Hausbau, für Brücken, Wind- und Wassermühlen, Brennmaterial, Geräte und Gegenstände. Große Mengen von Holz wurden für Kriegsschiffe verbraucht. Um ein mittelgroßes Kriegsschiff zu bauen, mussten 4000 Eichen gefällt werden. England allein besaß am Ende des 18. Jahrhunderts eine Flotte von 10.000 Handelsschiffen und 1000 Kriegsschiffen. Der Wald wurde dem Flottenbau geopfert. Eine weitere Verschwendung von Holz in gigantischem Ausmaß geschah durch den Bau von prunkvollen Schlössern, Residenzen und Kirchen. Die aufkommende Industrie brauchte Unmengen an Bauholz und Holzkohle für Glashütten, Erzbergwerke und Salzbergwerke. Es kam zur großen **Holznot**, bis Ende des 18. Jahrhunderts die Kohle das Holz verdrängte und Eisen vielfach das Holz ersetzte. Mit der industriellen Revolution um 1800 kam es zum Ende der Holznot. Seit rund 200 Jahren gibt es eine geregelte Forstwirtschaft. Forste

Abb. 1: Der Wald ist ein wichtiger Rohstofflieferant

Abb. 2: Der Wald hat einen hohen Erholungswert

sind Wälder, die vom Menschen angepflanzt worden sind. Sie werden nach einem bestimmten Plan bewirtschaftet und genutzt und bleiben sich in ihrer Entwicklung nicht selbst überlassen. Die damalige Aufforstung mit den schnell wachsenden Fichten und Kiefern entsprach der Forderung nach mehr

Nutzholz. Deren Mängel traten damals noch nicht so deutlich zutage wie heute: die Gefährdung durch Insekten, Pilze, Sturm, Wasser, Schnee. Das 1986 erarbeitete Gesamtkonzept „Wald 2000" verpflichtet den Staatsforstbetrieb zu einem naturnahen Wirtschaftswald. Der Urwald ist Vorbild für naturnahe Waldwirtschaft, das heißt, in die Wachstumsabläufe soll so wenig wie möglich eingegriffen werden. Verschiedene Baum- und Straucharten unterschiedlichen Alters bilden eine Lebensgemeinschaft. Mischwälder gelten als widerstandsfähiger und stabiler als Reinbestände.

Vor 2000 Jahren war Deutschland zu zwei Dritteln von Wald bedeckt. Heute ist es weniger als ein Drittel. Dies teilt sich auf in Staatswald, Gemeindewald und Privatwald. Der Wald hat für den Menschen eine **wirtschaftliche Bedeutung** als Einkommensquelle, Arbeitsplatz und Rohstofflieferant. Jeder Bundesbürger verbraucht jährlich einen Kubikmeter Rohholz, wobei dieser Bedarf nur zur Hälfte durch einheimisches Holz gedeckt wird, 50 % werden eingeführt. Denn im Bundeswaldgesetz ist festgeschrieben, dass nicht mehr Holz eingeschlagen werden darf als nachwächst (Prinzip der Nachhaltigkeit). Somit ist der Waldbestand gesichert (Abb. 1).

Neben der wirtschaftlichen Bedeutung bietet der Wald für den Menschen zahlreiche Vorzüge für **Freizeit und Erholung**. Die Luft im Waldinnern ist deutlich staubärmer als in der Umgebung. Dies lässt sich besonders im Einflussbereich von Großstädten messen. Baumkronen wirken wie Kämme, die Verunreinigungen aus der Luft herausziehen, weil die Kronen der Bäume eine sehr

große Oberfläche besitzen, die zum Teil das Fünfzigfache der darunter liegenden Bodenfläche beträgt. Die Windruhe im Wald führt zu einer raschen Ablagerung der Staub- und Rußteilchen. Nadeln und Blätter der Bäume filtern sie aus. Die Zahl der Staubteilchen in der Luft ist in Wäldern um weit über 90 % geringer als in Städten. Ein Kubikmeter Luft

Abb. 3: Der Wald ist ein wichtiger Lärmschutz

über Industriestädten enthält 500.000 Rußteilchen. Ein Kubikmeter Luft im Wald enthält 500. Die Filterleistung der Wälder und die Anreicherung mit Feuchtigkeit durch die hohe Verdunstungsrate im Wald ist der Grund für reine Waldluft. Dazu kommt der aromatische Duft, der von Bäumen während der Blütezeit oder im Herbst durch den Blattabfall und seine Zersetzungsprozesse gebildet wird. So steigert der Wald durch gute Luftqualität und Aroma direkt die Lebensqualität des Menschen. Der Wald besitzt und erzeugt ein eigenes Klima. Das Waldklima zeichnet sich unter anderem dadurch aus, dass eine besondere Windruhe herrscht, ein Teil des Niederschlags in den Kronen der Bäume hängen bleibt, die Verdunstungsrate des Waldbodens infolge Beschattung und

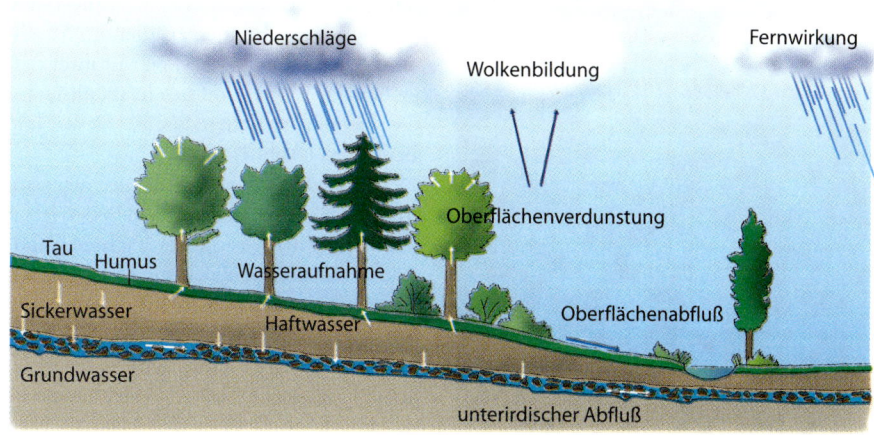

Abb. 4: Der Einfluss des Waldes auf den Wasserhaushalt

Schutz vor direkter Sonnenbestrahlung gering ist. Außerdem wird viel Sauerstoff produziert, im Sommer herrschen niedrigere und im Winter höhere Temperaturen als auf waldfreien Flächen. Diese Vorzüge genießen die Spaziergänger. Sie können einfach die Atmosphäre auf sich wirken lassen oder ganz bewusst Natur erleben, indem sie Pflanzen und Tiere wahrnehmen. Rund 40 % der Bundesbürger gehen einmal im Monat in den Wald, sagen die Statistiker. Die Bedeutung des Waldes wird auch in der Gesundheitsförderung und der modernen Medizin anerkannt. Heilklimatische Orte liegen häufig in Waldnähe (Abb. 2).

Der Wald wirkt als **Lärmfilter**. Waldstreifen links und rechts der Autobahn wirken lärmdämmend. Die Schallwellen werden durch Blätter, Nadeln und Zweige der Bäume und Sträucher reflektiert und zerstreut. Schallenergie wird durch Pflanzen und Bodendecke verschluckt. Beides vermindert den Lärm (Abb. 3).

Der Wald hat zahlreiche **Schutzfunktionen**. Wälder spielen für Wasserhaushalt, Bodenbeschaffenheit und Klima einer Land-

schaft eine wichtige Rolle. Der Wald beeinflusst den **Wasserhaushalt** am meisten dadurch, dass er das schnelle Abfließen von Niederschlägen durch das Blätterdach der Baumkronen verhindert. Die Niederschläge werden von der Bodenschicht mit ihren

Abb. 5: Der Wald als Windschutz

Moospolstern aufgesaugt, gespeichert und langsam an das Grundwasser abgegeben. Die außerordentliche Wasseraufnahme und Speicherfähigkeit des Waldbodens beruht auch auf der intensiven Bewurzelung. Die Gesamtwurzellänge einer Buche beträgt 23 Kilometer. Ein Quadratmeter Waldboden kann bis zu 200 Liter Niederschlagswasser zurückhalten. Die Bäume entnehmen dem Boden täglich große Wassermengen, verdunsten sie teilweise und begünstigen so die Wolkenbildung (Abb. 4). Der Wald schützt den Boden vor **Erosionen** durch Wind und Wasser. Er bremst die Windgeschwindigkeit. Dadurch werden Verwehungen der Bodenkrume verhindert und die Verdunstung von Wasser herabgesetzt (Abb. 5). In den Gebirgsregionen ist der Wald der natürliche, lebensnot-

wendige Lawinenschutz (Abb. 6). Dort, wo bedenkenlos Raubbau getrieben wurde, zeigen sich erschreckende Folgen: Das Land verkahlt oder verkarstet, das heißt, der Boden wird bis auf den gewachsenen Fels abgetragen. Die Erdkrume verschwindet. In tieferen Lagen werden kleine Wasserläufe nach Regenfällen zu reißenden Strömen und können die Landschaft überschwemmen. In Trockenzeiten rinnt nur wenig Wasser durch Bach- und Flussbetten. Der Grundwasserspiegel sinkt ab, Wiesen und Felder trocknen aus. Ungehindert kann der Wind die Bodenkrume davonwehen. So können sich entwaldete Landschaften in unfruchtbare Steppen und schließlich in Wüsten verwandeln.

Auch das **Klima** wird durch den Wald beeinflusst. Klimaextreme wie auf der Freifläche gibt es im Wald nicht. Hier sind die Temperaturen ausgeglichen. Im Sommer tagsüber bis zu 10 °C kühler und im Winter wärmer. Der Wald ist ein Frischluftlieferant, denn an Sommertagen strömt die Luft des Waldes ins Freiland und in die Städte. Der Wald gilt als wesentlicher Sauerstofferzeuger für alles Leben. Er entnimmt der Luft Kohlendioxid (CO_2) und gibt Sauerstoff an sie ab. Fünf große Bäume decken den Sauerstoffbedarf eines Menschen.

Abb. 6: Gebirgswald

 Zum Weiterlesen:

- Wald – Lebensraum für Pflanze und Tier, S. 360
- Viele Bäume im Wald sind krank, S. 374
- Intensive Landwirtschaft und ökologischer Landbau, S. 400

Bäume kennen und erkennen

Jede Baumart stellt an Standort und Klima ihre eigenen Ansprüche. Auf der ganzen Welt gibt es mehr als 25.000 Baumarten. Von dem 165 Meter hohen Eukalyptusbaum in Australien bis zum dem kleinsten alpinen Baum von zwei Zentimeter Höhe. Maximal 50 Baumarten gibt es in Deutschland.

Die **Fichte** ist in Deutschland die wichtigste Baumart. Etwa 40 % der Waldfläche der Bundesrepublik besteht aus Fichtenwäldern. Darum gilt die Fichte in manchen Gebieten auch als Brotbaum, das heißt, sie ist der für die Forstwirtschaft bedeutendste Holzlieferant. Für die weite Verbreitung der Fichte gibt es mehrere Gründe. Erstens können Fichten schon nach 60–70 Jahren geschlagen werden. Zweitens ist Fichtenholz vielseitig verwertbar. Das reicht vom Bau- und Schalholz bis zum Instrumentenbau, dazu werden Möbel und Spielzeug, Kisten und Paletten aus Fichtenholz hergestellt. Es ist auch ein wichtiger Rohstoff für die Papierherstellung. Drittens gehört die Fichte zu den anspruchslosesten und widerstandsfähigsten Baumarten. Optimale Lebensbedingungen findet sie in den regenreichen Mittelgebirgslagen (Abb. 1). Bei guten Bedingungen hat die Fichte ein regelmäßiges, kegelförmiges Aussehen, ist von oben bis unten mit Ästen bewachsen, kann bis 60 Meter hoch und 600 Jahre alt werden. Zu den Merkmalen der Fichte gehören ein flachstreichendes Wurzelwerk und eine raue, relativ dünne Borke. Die Zapfen hängen herab und fallen als Ganzes auf den Boden (Abb. 2). Die Nadeln

Abb. 1: In Fichtenschonungen sind die Baumstämme wegen der geringen Lichtdurchlässigkeit kahl

Abb. 2: Die Zapfen der Fichten hängen herab

der Fichte sind um den ganzen Jahrestrieb verteilt. Sie sitzen einzeln und sind scharf gespitzt. Unter günstigen Bedingungen bleiben die Nadeln 6–10 Jahre am Baum, bevor sie abfallen. Die Fichte hat männliche und weibliche Blüten. Die zapfenförmige weibliche Blüte ist erst grünlich, dann rötlich und steht aufrecht am Zweig. Nach der Bestäubung entwickeln sich daraus die Zapfen. Die kleinen, roten, erdbeerartigen männlichen

Blüten enthalten große Mengen gelben Blütenstaubs. Nach der Bestäubung im Frühjahr sind die geflügelten Samen im Herbst reif und werden im nächsten Frühjahr ausgestreut. In jungen Fichtenschonungen stehen die Bäume dicht beieinander. Dann sterben die unteren Äste wegen Lichtmangel ab und vertrocknen allmählich. So wachsen astlose Stämme heran, die sich als Nutzholz besser verwenden lassen.

Die **Tanne** liebt das Gebirge. In Deutschland ist sie im Schwarzwald und Thüringer Wald zu finden. Nördlich der Main-Linie kommt sie kaum vor. Sie wird auch Weißtanne genannt wegen ihrer weißgrünen Rinde und gehört mit der Fichte zu den Baumarten, die in Mitteleuropa die größte Höhe erreichen. Tannen können 600 Jahre alt werden. Mit 100 Jahren ist die Tanne ausgewachsen. Dann hat sie eine Höhe von 30–40 Metern erreicht, manche werden auch bis 70 Meter hoch. Die Tanne beansprucht nährstoffreiche Böden und hohe Luftfeuchtigkeit. Die Zapfen der Tanne sind wie Kerzen aufgerichtet. Am Boden sind keine Tannenzapfen zu finden, denn Schuppen und Samen fallen vom Zapfen ab, die Zapfenspindel bleibt am Ast. Die Nadeln sind an der Spitze eingekerbt, auf der Oberseite dunkelgrün und auf der Unterseite mit zwei weißen Wachsstreifen versehen. Im Gegensatz zur Fichte ist die Tanne ein Tiefwurzler. Tannen erfüllen im Mischwald eine wichtige Funktion. Mit ihrer tiefgreifenden Wurzel sind sie ein stabilisierendes Element zwischen Buche, Fichte und Bergahorn (Abb. 3).

Die **Kiefer** ist ein Baum, der auch auf trockenem und nährstoffarmem Boden leben kann. Sie wächst gerne auf leichten Sandböden. Um in diesen lockeren, armen Böden an das Wasser zu kommen, hat sie eine bis zu fünf Metern lange Pfahlwurzel entwickelt. Gegen Frost und sommerliche Hitze ist sie unempfindlich. Die dicke, korkhaltige Borke und die paarweise stehenden Nadeln lassen nur wenig Wasser verdunsten. Die Verdunstungfläche der Nadeln ist wesentlich kleiner als bei Laubblättern. Außerdem ist die schon derbe Oberhaut der Nadeln mit einer abdichtenden Wachsschicht überzogen. Der Kiefernzapfen ist klein, graubraun und fast eiförmig. Er entwickelt sich aus den weiblichen Blütenständen. Die weiblichen Blütenstände sind rötlich und wachsen an der Spitze von jungen Trieben. Sie gleichen kugeligen, kleinen Zapfen. Die männlichen Blütenzapfen sind gelb und stehen in Ähren. Der erst grüne Zapfen wächst heran und verholzt. Bei trockenem Wetter öffnen sich die Schuppen, und die geflügelten Samen fallen heraus. Was die Kiefer braucht, das ist Licht. Deshalb wächst sie mit reichlichem Abstand von Baum zu Baum. Kiefernwälder haben eine gut entwickelte Kraut- und Strauchschicht und bieten vielen Tieren Lebens-

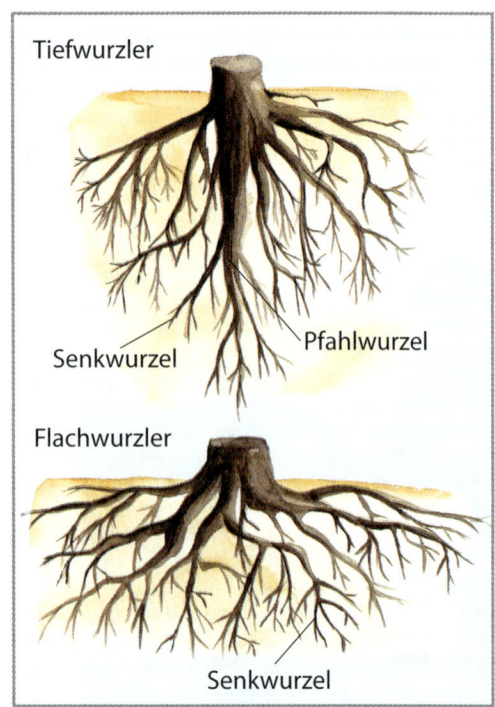

Abb. 3: Tief- und Flachwurzler

Abb. 4: Kiefer

Buche ein wichtiges Element in Mischbeständen mit Fichte, Tanne und anderen Baumarten, da sie konkurrenzstark und schattenertragend ist. Hinsichtlich der Bodenbeschaffenheit ist sie relativ anspruchsvoll. Sie benötigt tiefgründige, mineralreiche Böden. Da die Buche gut Schatten verträgt, kann sie als Keimling und junge Pflanze unter anderen Bäumen wachsen. Die Rotbuche ist ein stattlicher Baum und wird bis zu 30 Meter hoch, manchmal sogar bis 45 Meter. Sie kann 300 Jahre alt werden. Der Stamm ist säulenartig und von silbergrauer Farbe. Mit 120–140 Jahren ist ein Rotbuchenstamm von 60–80 Zentimeter Durchmesser schlagreif. Außer der Eiche gibt es kein so strapazierfähiges, hartes Holz wie das vom Buchenstamm. Die jungen Buchenblätter sind lichtgrün, erst weich, und tragen am Blattrand feine,

Abb. 5: Blutbuche

raum. Die Durchschnittshöhe der Kiefer liegt bei 40 Metern. Sie hat einen schirmförmigen Wuchs, die Äste sind nur im oberen Abschnitt des Stammes vorhanden. Hier ist die Rinde rötlich, im unteren Teil eher dunkelbraun und rissig. Kiefern können bis 300 Jahre alt werden. Das Kiefernholz ist harzreich und dauerhaft. Es ist eines der wichtigsten Bauhölzer für Deckenbalken und Dachstühle. Auch als Möbelholz wird es eingesetzt sowie für Türen und Fenster (Abb. 4).

Die **Rotbuche** war noch im Mittelalter der häufigste Waldbaum in Deutschland. Durch die Waldrodungen in dieser Zeit wurden die Buchenwälder immer weiter zurückgedrängt. Bei der späteren Aufforstung bevorzugte man Fichten, weil sie in kürzerer Zeit Gewinn brachten. Große Buchen gibt es im Spessart und Steigerwald. Sonst ist die

Abb. 6a: Stieleiche (Früchte)

weiße Härchen. Später werden sie hart und glänzend. Die Blütenstände beider Geschlechter sind behaart, gelblich oder grünlich und wachsen auf demselben Zweig. Die Früchte, bekannt als Bucheckern, reifen in einem stacheligen Fruchtbecher heran.

Drei Eichenarten wachsen in den Wäldern: **Stieleiche, Traubeneiche** und **Roteiche**. Die beiden ersten sind leicht an den Früchten zu unterscheiden. Die Stieleiche hat walzenförmige Eicheln, die einzeln an einem Stiel sitzen (Abb. 6). Bei der Traubeneiche sitzen immer drei Eicheln und mehr in ungestielten Bechern traubenartig zusammen. Die Blätter sind gelappt mit tiefen, runden Buchten. Die anfangs glatte Rinde wird mit dem Alter rissig. Die männlichen Blütenstände sind locker herabhängende Kätzchen von grünlicher Farbe. Die weiblichen

Abb. 6b: Traubeneiche (Blüte)

Blüten sind winzig und oberhalb der männlichen Kätzchen zu finden. Nach der Bestäubung durch den Wind im Frühjahr sind die Früchte, die Eicheln, im Herbst reif. Die Roteiche hat ihren Namen, weil sich die Blätter im Herbst schön karminrot verfärben. Sie sind scharf gezackt, und die Eicheln sind etwas breit gedrückt, eiförmig und rotbraun glänzend. Die Eichen können ein recht hohes Alter erreichen. An durchschnittlichen Standorten 700–800 Jahre. Es gibt aber auch Eichen, die bis zu 2000 Jahre alt geworden sind. Eichenholz ist hart, schwer und kostbar (Abb. 7).

Abb. 7: Eichen werden bis zu 2000 Jahre alt

 Zum Weiterlesen:

- Wald – Lebensraum für Pflanze und Tier, S. 360
- Mensch und Wald, S. 362
- Viele Bäume im Wald sind krank, S. 374

Farne – Pflanzen ohne Blüten und Samen

Abb. 1: Farne wachsen in der Krautschicht des Waldes

Farne sind charakteristische Pflanzen für feuchte und schattige Stellen in den Wäldern (Abb. 1). Sie sind in der Krautschicht anzutreffen. Ein weit verbreiteter Waldfarn ist der **Wurmfarn**. Aus dem Wurzelstock der Pflanze gewann man im Altertum ein Mittel gegen Bandwürmer. Daher leitet sich der Name diese Farns ab. Der Wurmfarn wird bis zu 1,50 Meter hoch. Seine großen, doppelt gefiederten Blätter werden Wedel genannt. Sie wachsen aus einem schräg im Boden liegenden Wurzelstock. In jedem Jahr wächst er am Vorderende weiter und bildet neue Wedel. Im Herbst sterben die Blätter ab. Im Frühjahr bilden sich junge Farnwedel, die schneckenartig eingerollt sind. Sie wachsen nicht wie die Blätter der Blütenpflanzen vom Blattgrund, sondern von der Spitze aus. Durch das Einrollen sind die zarten Wedel vor Verletzungen und zu starker Wasserverdunstung geschützt. Wenn alle Wedel ausgebreitet sind, bilden sie einen Trichter. Diese Anordnung ist von lebenswichtiger Bedeutung: Die Blätter beschatten sich kaum, und das Licht kann von der Pflanze, die an schattigen Orten wächst, voll ausgenutzt werden (Abb. 2).

Beim Wurmfarn gibt es keine Blüten, auch keine Knollen, Zwiebeln oder Ausläufer, die anderen Pflanzen zur Vermehrung dienen. **Fortpflanzung und Vermehrung** geschehen beim Wurmfarn auf besondere Weise: Im Laufe des Sommers entstehen auf der Blattunterseite viele kleine, erst hellgrüne, dann braune, wulstige Erhebungen. Mit einer guten Lupe erkennt man feine Häutchen, die Schleier genannt werden. Jedes Häutchen verdeckt etwa 80 gestielte Kapseln

(Abb. 3). Im Spätsommer reißt die Kapsel auf, und ein braunes Pulver fällt heraus. Es besteht aus einer Unmenge mikroskopisch kleiner Körnchen, die als **Sporen** bezeichnet werden. Sporen dienen der Fortpflanzung und Vermehrung. Sie sind ohne Befruchtung entstanden und doch so beschaffen, dass aus ihnen neue Pflanzen wachsen können. Sporen, die vom Wind auf feuchten Waldboden getragen werden, keimen nach einiger Zeit aus. Es entwickelt sich aber kein der Mutterpflanze ähnlicher Farn, sondern ein herzförmiges, fingernagelgroßes Blättchen, das auf dem Boden aufliegt. Dieses wird **Vorkeim** genannt.

Auf der Unterseite des Vorkeims bilden sich männliche und weibliche Geschlechtsorgane aus, und im Verborgenen vollzieht sich hier eine Befruchtung. Die männlichen Ge-

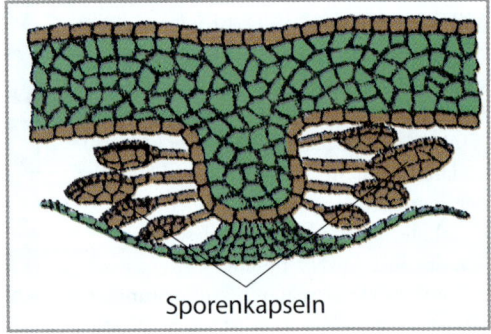

Sporenkapseln

Abb. 3: Fiederblatt mit Sporenhäufchen

schlechtszellen sehen wie winzige Becher aus. Sie bilden bewegliche Keimzellen, die **Schwärmer** genannt werden. Die weiblichen Geschlechtsorgane sind flaschenförmig gebaut. In ihrem Innern entwickelt sich eine **Eizelle** (Abb. 4). Die spiralig aufgewickelten Schwärmer schwimmen mit Hilfe von Geißeln zur Eizelle. Wenn es regnet, perlen Regentropfen auf die Unterseite des Vorkeims und bilden eine geschlossene Wasserfläche. Jetzt platzen die männlichen Geschlechtsorgane auf, und die Schwärmer schwimmen zu den weiblichen Geschlechtszellen und befruchten die Eizellen. Es entstehen jedoch nicht wie bei den Blütenpflanzen Samen, sondern es entwickelt sich aus der befruchteten Eizelle ein Sporenträger, eine neue Farnpflanze. Diese bildet wieder ungeschlechtliche Sporen.

Der Wurmfarn und alle anderen Farnarten haben verschiedene Formen der

Abb. 2: Wurmfarn

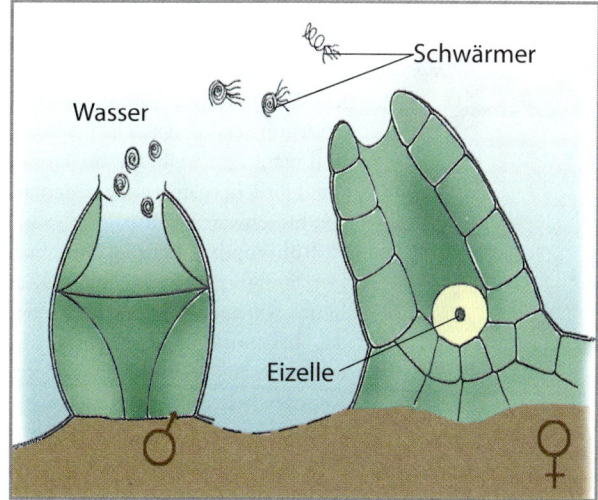

Abb. 4: Befruchtung beim Wurmfarn

Vermehrung, die sich abwechseln. Die Farnpflanze ist die ungeschlechtliche Generation. Sie bildet Sporen. Man spricht auch von der Sporen-Generation. Der Vorkeim ist die geschlechtliche Generation. Er produziert Keimzellen, die Spermien und Eizellen. Man spricht auch von der Keimzellen-Generation. Im Leben der Farne gibt es also zwei Entwicklungsabschnitte, die regelmäßig

miteinander abwechseln. Diese Aufeinanderfolge nennt man **Generationswechsel** (Abb. 5).

Farne wachsen in allen Erdteilen. Besonders viele gibt es in den Tropen. Vor vielen Millionen Jahren, im Erdaltertum, bildeten sie gewaltige Urwälder mit über 10 Meter hohen Farnbäumen. Der **Adlerfarn** ist mit 2 Meter Wuchshöhe der größte einheimische Farn. Seine Wedel sind nur im Sommer grün. Er verträgt Sonnenbestrahlung und besiedelt daher auch lichte Wälder und Kahlschläge. In feuchten, schattigen Wäldern wächst die **Hirschzunge**. Dieser Farn hat immergrüne Wedel, die zungenförmig sind und in Büscheln wachsen. Der **Braune Streifenfarn** wird bis zu 12 Zentimeter hoch. Er hat immergrüne Wedel, die einfach gefiedert sind. Er wächst an Felshängen und steinigen Orten. Der **Rippenfarn** wird 20–50

Abb. 6: Tüpfelfarn

Zentimeter hoch und hat immergrüne Wedel, die in einer Rosette angeordnet sind. Er bevorzugt feuchte Eichen-, Misch- und Fichtenwälder. Der **Tüpfelfarn** mit einer Höhe von 10–40 Zentimetern hat immergrüne Wedel und wächst im Halbschatten, vor allem auf moosigen Bäumen und Baumwurzeln (Abb. 6).

Die Farnpflanzen entwickeln und vermehren sich alle wie der Wurmfarn. Zu den Farnpflanzen gehören auch **Bärlappgewächse** und **Schachtelhalme**. Auch sie vermehren sich durch Sporen. Bärlappgewächse sind immergrüne kriechende Gewächse mit sehr kleinen Blättern. Sie gehören zu einer sehr alten Pflanzengruppe, von der nur noch sehr wenige Arten erhalten sind, die unter Naturschutz stehen. Schachtelhalme haben hohe, gegliederte Sprosse. Jedes Glied steckt schachtelförmig in dem anderen. Von dieser Einschachtelung der Stängelglieder hat die Pflanze wohl ihren Namen bekommen.

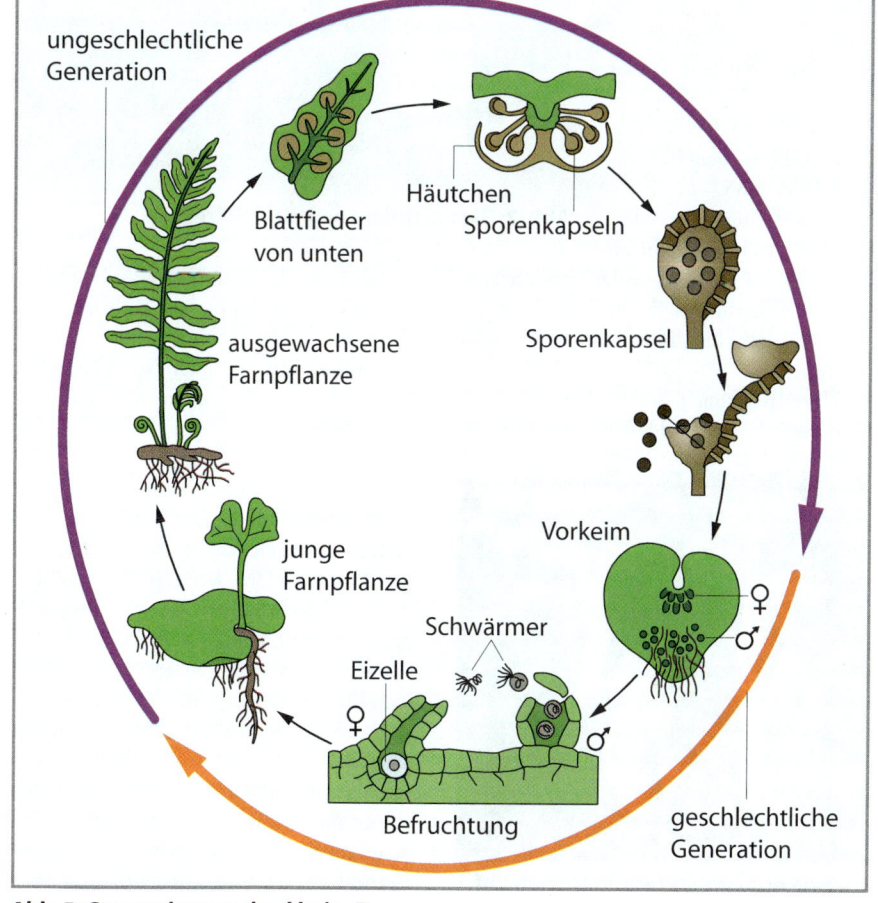

Abb. 5: Generationswechsel beim Farn

Zum Weiterlesen:

- Wald – Lebensraum für Pflanze und Tier, S. 360
- Pflanzen vermehren sich, S. 358

Pilze wachsen auch im Dunkelen

Im Sommer und Spätsommer, wenn es warm und feucht ist, schießen die Pilze aus dem Boden. Der Pilz, der oberhalb des Bodens zu sehen ist, ist nur ein **Fruchtkörper**. Der eigentliche Pilz steckt im Boden. Als dichtes Geflecht von bleichen Fäden durchzieht er die Streu- und Bodenschicht. Es bleibt jahrelang erhalten. Dieses Fadengeflecht wird auch **Myzel** genannt. Es entwickelt sich aus den **Sporen**. Diese reifen in der Fruchtschicht des Fruchtkörpers heran. Sie gibt es als Lamellen bei den Lamellenpilzen und als Röhren bei den Röhrenpilzen (Abb. 1). Blätterpilze oder Lamellenpilze werden alle Pilze genannt, deren Lamellen unter dem Hut radial angeordnet sind. Röhrenpilze haben an der Hutunterseite einen dichten Besatz senkrecht stehender Röhren, in denen ebenfalls die Sporen gebildet werden. Bei den meisten Pilzen ist die Fruchtschicht an der Unterseite des Hutes zu finden. Sind die Sporen herangereift, fallen sie auf den Boden und bei günstigen Bedingungen, nämlich warmem, feuchtem Wetter, bilden sich Zellketten, die zu weißen Fäden heranwachsen, die **Hyphen** genannt werden. Die Hyphen sind verschiedengeschlechtig. Treffen männliche und weibliche Hyphen aufeinander, so verschmelzen sie an der Berührungsstelle, verdichten sich und bilden dort eine besondere Form des Myzels. Daraus entsteht in wenigen Tagen ein oberirdischer Fruchtkörper, der als Pilz bezeichnet wird. Dieser wächst schnell heran, streut wieder Sporen aus und geht zugrunde (Abb. 2).

Ein besonderer Fall ist die sternförmige Ausbreitung des Myzels. Es kann geschehen, dass die Pilzfäden gleichmäßig nach allen Seiten wachsen. In der Mitte stirbt es manchmal ab. So können geschlossene Ringe von Fruchtkörpern entstehen. Im Mittel-

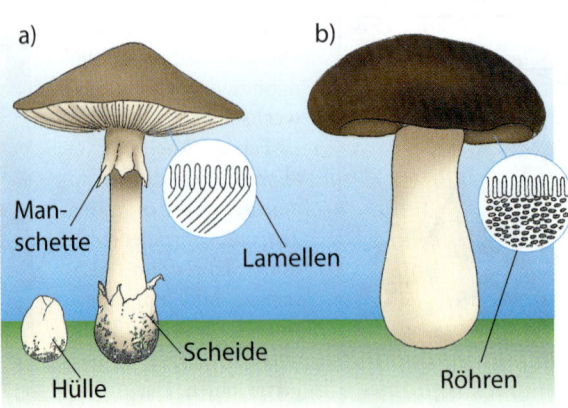

Abb. 1: a) Lamellenpilze auf einer Waldlichtung, b) Röhrenpilze

alter glaubte man, Tanzplätze von Hexen vor sich zu haben, und man nannte sie Hexenringe.

Die Sporen sind mikroskopisch klein, bei manchen Arten so winzig, dass 100 Sporen aneinander gereiht einen Millimeter ergeben. Dagegen ist ihre Zahl riesengroß. Ein Hutpilz erzeugt viele Millionen Sporen. Man kann den Hut mit der Unterseite auf ein Blatt Papier legen. Nach ein bis zwei Tagen sind auf dem Papier verschiedenartige Muster zu finden, entstanden aus den Sporen, die aus dem Pilz herausgefallen sind.

Die verschieden gestalteten und verschiedenfarbigen Fruchtkörper dienen nur der Vermehrung. Nach der Form des Fruchtkörpers unterscheidet man Hut-, Bauch-, Korallen- und Leistenpilze.

Hutpilze (Lamellenpilze), Beispiel Waldchampignon: Der Waldchampignon ist ess-

bar und wächst in Gruppen in Nadelwäldern. Er ist an einigen Merkmalen, die ihn vom giftigen Knollenblätterpilz unterscheiden, eindeutig zu erkennen: Die Lamellen sind nicht rein weiß, im jungen Zustand rötlich, später schokoladenfarben bis schwarz (Abb. 3).

Röhrenpilze, Beispiel Steinpilz: Der Steinpilz ist essbar und wegen seines würzigen Geschmacks einer der bekanntesten Speisepilze. Er wächst in Nadel- und Laubwäldern. Kennzeichen ist der rotbraune, gewölbte Hut, der bis zu 20 Zentimeter groß werden kann (Abb. 4).

Leistenpilze, Beispiel Pfifferling: Der dottergelbe Pfifferling ist auch ein begehrter Speisepilz. Er riecht angenehm und hat einen pfefferartigen Geschmack. Seine

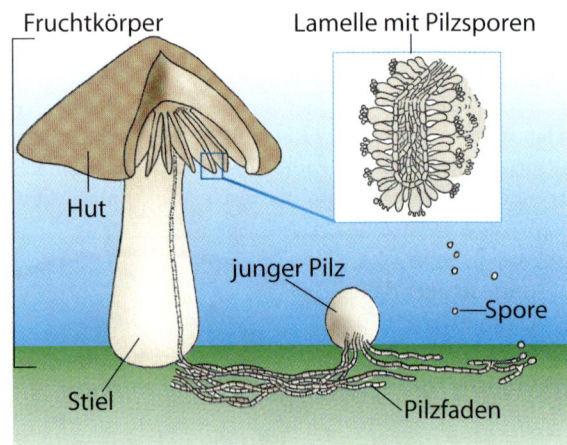

Abb. 2: Die Fortpflanzung eines Pilzes

Gestalt ist trichterförmig, an der Hutunterseite laufen Leisten bis in den Stiel hinab (Abb. 5).

Korallenpilze, Beispiel Ziegenbart: Der Ziegenbart ist essbar. Er bevorzugt Nadelwälder. Sein Fruchtkörper ist kräftig goldgelb und korallenartig verzweigt.

Bauchpilze, Beispiel Flaschenstäubling: Der Flaschenstäubling ist eßbar. Er wächst in Laub- und Mischwäldern, zu erkennen an den kleinen, weißen, warzigen und flaschenförmigen Fruchtkörpern. Die Sporen reifen im Innern des Fruchtkörpers (Abb. 6).

Pilze haben weder Wurzel und Stängel noch Blätter und Blattgrün. Da allen Pilzarten das Blattgrün fehlt, sind sie nicht in der Lage, sich selbst Nährstoffe aus anorganischen Stoffen mit Hilfe des Sonnenlichts aufzubauen. Pilze – die darum auch kein Licht brauchen – sind auf schon vorbereitete Nahrung angewiesen. Sie entnehmen sie faulenden Pflanzen- und Tierresten oder

Abb. 3: Der Waldchampignon und der giftige grüne Knollenblätterpilz können auf den ersten Blick leicht miteinander verwechselt werden

auch lebenden Organismen. Ihr Myzel durchzieht die toten Pflanzen- und Tierkörper und zersetzt sie bei der Nahrungsaufnahme. Daher spielen Pilze als **Fäulnisbewohner** eine wichtige Rolle in der Natur. Sie bauen organische Stoffe ab und führen die darin enthaltenen Nährsalze dem Boden wieder zu, die dann von den Pflanzen erneut genutzt werden. Einige Fäulnisbewohner leben nur auf abgestorbenen Bäumen oder Baumresten. Durch ihre Zersetzungstätigkeit erfüllen diese Pilze eine wichtige Aufgabe im Wald, denn sie schaffen so Raum für neues Leben. Das Pilzmyzel kommt an vielen Stellen vor: in der Laubstreu, in der Humusschicht des Bodens, an Wurzeln, an Stämmen oder Ästen.

Einige Pilze ernähren sich von Stoffen lebender Organismen. Sie durchsetzen lebendes Holz mit ihrem Myzel und entnehmen aus den Leitungsbahnen des Baumes Nährstoffe. Auf gleichem Wege scheiden sie Abfallstoffe aus. Auf diese Weise können sie Bäume zum Absterben bringen. Diese Pilze werden als **Schmarotzer** oder **Parasiten** bezeichnet (Abb. 7).

Abb. 4: Steinpilz

Abb. 5: Pfifferling

Pilze erfüllen noch eine andere wichtige Aufgabe im Wald. Fast alle Waldbäume gehen eine Verbindung mit dem Pilzgeflecht im Boden ein. Die Wurzelspitzen werden umhüllt von einem Geflecht von Pilzen. Die feinen Fäden dringen sogar in die Wurzel ein. Dieses Pilz-Wurzel-Organ wird Mykorrhiza genannt. Die Pilze können so die von den Bäumen erzeugten Nährstoffe aufnehmen, die der Pilz selber nicht herstellen kann, und der Pilz hilft dem Baum bei der Aufnahme des Wasser mit gelösten Nährstoffen. Pilze und Bäume bilden eine gegenseitige Partnerschaft. Diese wird **Symbiose** genannt (griechisch: sym = zusammen, bios = Leben). Es liegt hier, anders als beim

Parasitismus, keine einseitige, sondern eine ausgewogene Beziehung vor. Man hat herausgefunden, dass Bäume ohne Pilzpartner schlechter gedeihen. Einige Pilze können nur mit bestimmten Wirtspflanzen eine Symbiose eingehen. So wachsen Birkenpilze nur unter Birken, der Lärchenröhrling nur unter Lärchen.

Pilze sind ein begehrtes Nahrungsmittel. Jährlich werden viele Pilze gesammelt. Es ist wichtig, die Pilze zu kennen, um nicht an ungenießbare oder giftige Pilze zu geraten. Manche Pilzarten

Abb. 7: Die Parasiten unter den Pilzen ernähren sich von Bäumen

erzeugen sehr starke Gifte. Der Verzehr von Knollenblätterpilzen führt zu den gefährlichsten Vergiftungen. Erst 6–48 Stunden nach der Pilzmahlzeit treten Vergiftungserscheinungen auf. Dann sind die Gifte schon ins Blut übergegangen und haben Organe geschädigt, besonders die Leber. Darum ist es wichtig, beim geringsten Verdacht, Knollenblätterpilze gegessen zu haben, den Arzt aufzusuchen. Beginnt die Behandlung erst, wenn schon die Vergiftungserscheinungen auftreten, ist es meistens schon zu spät. Bei Verdacht auf Pilzvergiftung sollte immer ein Arzt hinzugezogen werden. Denn auch essbare Pilze können giftig wirken, wenn sie angefault sind oder falsch gelagert werden. Darum sollten folgende **Sammelregeln** gut beachtet werden:

Abb. 6: Flaschenstäubling

1. Nur Pilze sammeln, die bekannt und einwandfrei sind.
2. Keine alten Pilze nehmen.
3. Pilze werde abgeschnitten oder abgedreht, so bleibt das Myzel im Boden und kann weitere Fruchtkörper bilden.
4. Pilze werden in Körben getragen, nicht in Tüten oder Säcken; denn dann entstehen Druckstellen, an denen die Fäulnis beginnt.
5. Pilze sollten bald verwertet werden. Bei zu langer Lagerung zersetzt sich das Eiweiss und sie werden unbekömmlich.
6. Bei Anzeichen einer Pilzvergiftung muss sofort der Arzt aufgesucht werden.

 Zum Weiterlesen:

- Wald – Lebensraum für Pflanze und Tier, S. 360
- Pflanzen vermehren sich, S. 358
- Viele Bäume im Wald sind krank, S. 374

Waldameisen leben in einem Staat

Die **Roten Waldameisen** stehen unter Naturschutz. Sie sind ein wichtiges Glied in der Lebensgemeinschaft des Waldes und tragen zum biologischen Waldschutz bei:

1. Viele verschiedene Insektenarten sind als „Einmieter" im Ameisenstaat auf den Schutz, den ihnen die Ameisen bieten, angewiesen. Allein zirka 70, meist sehr kleine Käferarten leben mit Ameisen zusammen: Im Nest der Roten Waldameise leben die Larven der Rosenkäfer, die sich von den pflanzlichen Teilen im Ameisenhügel ernähren. Der nach der Verpuppung schlüpfende Rosenkäfer verlässt sehr schnell das Ameisennest.

2. Die Samen von einheimischen Pflanzenarten wie Veilchen, Ehrenpreis, Perlgras werden von den Ameisen verschleppt und verbreitet. Diese Samen, die ein zucker- und eiweißhaltiges Anhängsel haben, das die Ameisen fressen, werden ins Nest getragen und nach dem Fressen des Anhängsels wieder herausgetragen. Auf diese Weise werden die Samen verbreitet. Auf dem Weg ins Nest geht mancher Samen schon verloren.

3. Ameisen dienen verschiedenen Vogelarten, wie zum Beispiel Schwarz-, Grün- und Grauspecht, als Nahrung. Einige Vogelarten nehmen ein Bad in Ameisen, um durch die Ameisensäuren Parasiten aus ihrem Gefieder zu vertreiben.

4. Waldameisen fördern die Produktion des Honigtaus, welcher Ausgangsprodukt des Waldhonigs ist. Der Honigtau wird von Blatt- oder Schildläusen ausgeschieden. Diese sind Pflanzensauger, die sich von Pflanzensäften ihrer Wirtspflanzen, die besonders im Sommer viel Zucker enthalten, ernähren. Da sie nicht alles für ihren Stoffwechsel benötigen, scheiden

Abb. 1: Rote Waldameise, Arbeiterin

sie einen Teil als Honigtau wieder aus. Für Bienen, Wespen, Ameisen ist der Honigtau eine äußerst wichtige Nahrungsquelle. Die Ameisen können durch Betasten die Blattläuse veranlassen, diesen Honigtau abzugeben. Die Ameisen nehmen diesen Honigtropfen in ihren Kropf auf und befördern ihn so. Der Kropf ist eine Erweiterung der Speiseröhre. Der Tropfen kann im Nest wieder ausgewürgt werden und ergänzt die Speisekarte der Ameise.

5. Ameisen gehören wegen ihrer Volksstärke zu den wichtigsten Insektenvertilgern. Sie ernähren sich von Insekten und deren Larven. Ein großer Teil besteht aus Forstschädlingen wie Kiefernspinner, Eichenwickler, Rüsselkäfer, Borkenkäfer und Blattwespe. Da der Nahrungsbedarf von einem Volk sehr groß ist, werden die Ameisen als **biologische Schädlingsbekämpfung** angesehen (Abb. 1).

Die Rote Waldameise und ihre Verwandten sind Hügel bauende Insekten. Der kegelförmige Bau der Roten Waldameise kann bis zu 1,50 Meter hoch sein. Der oberirdische Teil besteht hauptsächlich aus Nadeln und dürren Ästen. Dieser Hügel hält nicht nur Regenwasser ab, sondern ermöglicht auch eine gute Temperaturregelung. Im Innern der Kuppel herrschen stets 25 °C. Zahlreiche Öffnungen führen in das weit verzweigte Gangsystem, das in den Bau zu dem meist größeren unterirdischen Teil führt. Ausgangspunkt ist meist ein alter Stubben, ein Baumstumpf von Eiche, Fichte oder Kiefer (Abb. 2).

Mehrere hunderttausend Ameisen, manchmal sogar über eine Million, können zu einem Staat gehören. Jedes Volk hat einen besonderen Geruch. Mit einem Duftstoff,

dem Pheromon, verständigen sich die Ameisen. Er wird auch zum Markieren der Ameisenstraßen benutzt. Auf solchen Duftstraßen kann man auch Ameisen beobachten, die sich gegenseitig mit den Fühlern betasten. Sie beklopfen sich mit einer schnellen Folge von Fühlerschlägen. Man bezeichnet das als Betrillern (Abb. 3). Eine um Futter bettelnde Ameise betrillert eine andere Ameise. Diese wendet sich der hungrigen Ameise zu und würgt einen flüssigen Nahrungssaft aus ihrem Kropf. So können sich die Ameisen durch Fühlersprache verständigen. Die Fähigkeit, diese Signale auszusenden und auf sie zu antworten, ist Ameisen angeboren. Diese Signale sind Schlüsselreize, die Instinkthandlungen auslösen.

Ein Ameisenstaat besteht während des größten Teils des Jahres nur aus weiblichen Tieren, einer oder mehreren **Königinnen** und den **Arbeiterinnen**. Die Arbeiterinnen sind zwar unterschiedlich groß, auch innerhalb eines Volkes (4–9 mm), aber deutlich kleiner als die Königinnen. Die Königinnen

Abb. 3: Betrillern

sind groß (9–11 mm) und fallen durch einen kräftigen Brustabschnitt und den großen, eirunden, stark glänzenden Hinterleib auf. Junge Königinnen sind, wie die Männchen, geflügelt. Das Eierlegen besorgen meist mehrere Königinnen. Zwischen den Arbeiterinnen gibt es eine Aufgabenteilung. Sammlerinnen schaffen die Nahrung herbei. Da Beutetiere häufig größer sind als sie selbst, arbeiten Ameisen zusammen. Außerdem gibt es Wächterinnen, die einen etwas größeren Kiefer haben. Fremde Ameisen, die nicht zum Staat gehören, werden angegriffen und getötet. Nestbauerinnen sorgen neben der Erhaltung des Baus durch Öffnen oder Schließen von Ausgängen dafür, dass die Temperatur im Innern des Nestes konstant gehalten wird. Brutpflegerinnen füttern die Brut und sorgen dafür, dass die verschiedenen

Abb. 2: Ameisenhaufen

Brutstadien an der jeweils richtigen Stelle gelagert werden: die Eier feucht-kühl im Boden, Larven mäßig warm unterhalb der Kuppel, Puppen trocken-warm in der Kuppel selbst (Abb. 4). Nach Beendigung der Winterruhe in den tief gelegenen Erdkammern beginnen die Königinnen im Frühjahr mit der Eiablage. Nach einer 14-tägigen Entwicklungsdauer schlüpfen aus den Eiern, die im Volksmund auch Ameisensalz genannt werden, madenförmige Larven, die sich dreimal häuten und dann verpuppen. Aus diesen Puppen, im Volksmund auch als Ameiseneier bezeichnet, schlüpfen die fertigen Ameisen. Insgesamt nimmt die Entwicklung der Brut mindestens sechs Wochen in Anspruch, je nach Temperatur dauert es länger (Abb. 5).

Bis zum Herbst werden Eier gelegt. An einem warmen Tag im Sommer verlassen geflügelte weibliche und männliche Tiere ihren Bau und schwärmen zu einem Hochzeitsflug aus. Während dieser Zeit werden die weiblichen Tiere von den **Männchen** befruchtet. Die Weibchen, die nun zu Königinnen ge-

Puppen

Larven

Eier

Larven

kleinere Larven

Abb. 4: Längsschnitt durch einen Ameisenhügel

worden sind, werfen ihre Flügel ab. Sie können mit einem Teil des Volkes neue Tochternester gründen. In der Regel kehren sie aber in ihr altes Nest zurück. Auf diese Weise wird das Volk der Roten Waldameisen immer wieder verjüngt. Die Männchen leben nur wenige Wochen. Außerhalb der Fort-

pflanzungszeit entwickeln sich nur Arbeiterinnen.

Seit Jahrzehnten nehmen die Waldameisenbestände ab. Gefahren kommen nicht nur aus gelegentlichen Katastrophen wie Waldbrand oder Sturm, sondern auch durch Puppensuche von Menschen, die „Ameiseneier" als Vogel- und Fischfutter benutzen, mutwillige Zerstörung, Kahlschlag der Wälder und schwere Fahrzeuge bei der Forstwirtschaft. Darum ist man in der Forstwirtschaft sehr bemüht, durch geeignete Maßnahmen bestehende Völker zu schützen.

Waldameisen haben keinen Stachel, aber im Hinterleib eine Giftdrüse, aus der sie auf Angreifer Ameisensäure bis zu 60 Zentimeter weit spritzen können. Die **Rote Knotenameise**, die unter Steinen in Erdnestern lebt, hat aber einen Giftstachel, mit dem sie stechen kann. Sie sucht auch Blattlauskolonien auf, um durch Betrillern den zuckerhaltigen Saft zu bekommen. Die **Rossameisen** zählen mit Größen von 14 Millimetern bei den Arbeiterinnen und 18 Millimetern bei den Königinnen zu den größten europäischen Ameisenarten. Sie dringen vom Boden aus über die Baumwurzeln in den Stamm ein, nagen die weichen Holzschichten der Jahresringe heraus und lassen die härteren Holzschichten als dünne Wände stehen. So legen sie ein umfangreiches Gang- und Kammersystem an, ohne dass beim Baum von außen ein Befall zu erkennen ist.

Das Sammeln von Vorräten in ihren Nestern ist unter Ameisen weit verbreitet. Eine mexikanische Ameisenart, die **Honigameise**, sammelt Vorräte auf ungewöhnliche Weise: Arbeiterinnen bringen Honigausscheidungen zu anderen Ameisen, deren Hinterleib durch den prall gefüllten Kropf so stark gedehnt ist, dass sie sich kaum noch bewegen können. Sie hängen an der Decke der Vorratskammern wie „lebende Honigtöpfe". Ein „Honigtopf" kann 100 Ameisen 14 Tage lang ernähren.

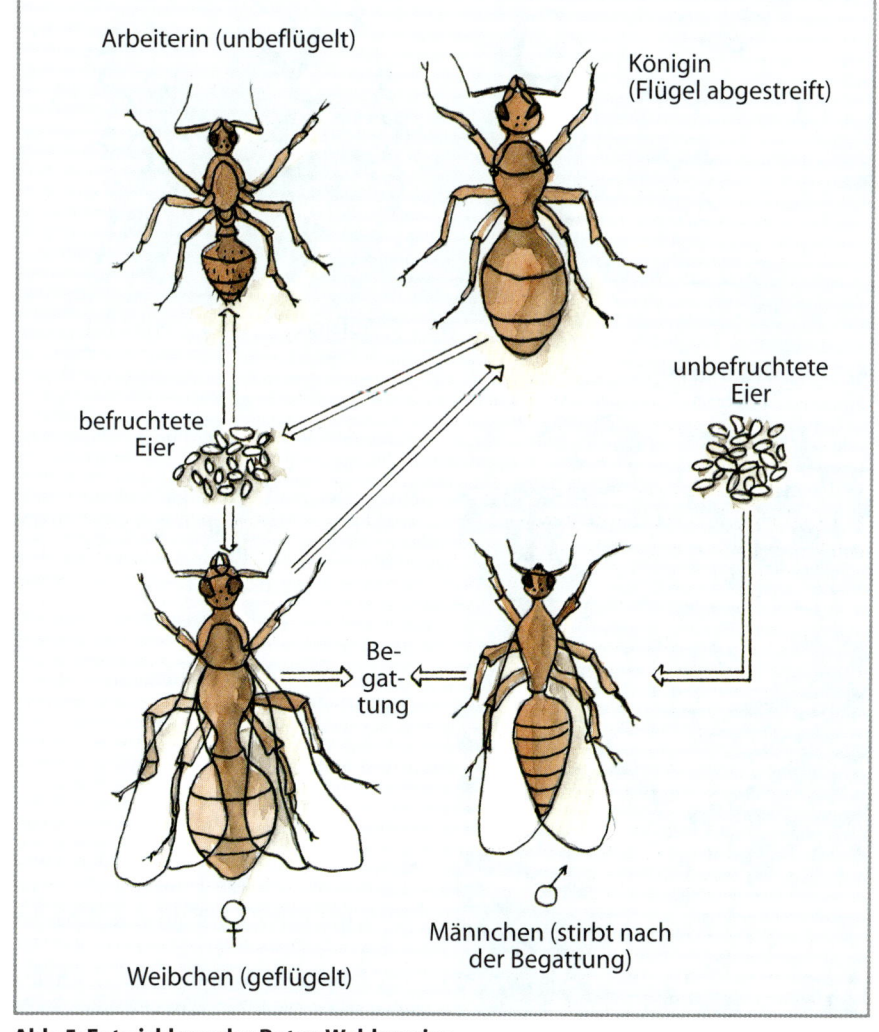

Arbeiterin (unbeflügelt)

Königin (Flügel abgestreift)

unbefruchtete Eier

befruchtete Eier

Begattung

♀
Weibchen (geflügelt)

Männchen (stirbt nach der Begattung) ♂

Abb. 5: Entwicklung der Roten Waldameise

Zum Weiterlesen:

- Wald – Lebensraum für Pflanze und Tier, S. 360
- Angeborenes Verhalten bei Tieren, S. 432
- Borkenkäfer, S. 372

Borkenkäfer können die Wälder gefährden

Das Holz der Bäume kann durch 45 Käferarten geschädigt werden, die meistens bestimmte Baumarten oder Baumteile bevorzugen. Die meisten Borkenkäferarten sind Rindenbrüter. Sie finden günstige Entwicklungsbedingungen in kränkelnden oder absterbenden Bäumen. Kommt es im Wald zu größeren Schäden durch Sturm oder Schnee

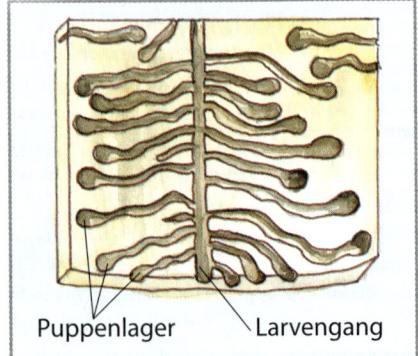

Abb. 2: Schema des Buchdruckerbrutbildes

oder Störungen im Wasserhaushalt, so können sich dort Borkenkäfer besonders stark vermehren. Bei hoher Käferdichte befallen manche Arten gesunde Bäume und bringen sie zum Absterben.

Der **Große achtzähnige Fichtenborkenkäfer**, auch **Buchdrucker** genannt, ist die bei weitem gefährlichste Borkenkäferart und durchaus in der Lage, bei warmer Witterung und mangelnden Gegenmaßnahmen ganze Fichtenalthölzer zu vernichten. Der dunkelbraune Buchdrucker ist mit seinen 5 Millimetern Körperlänge eher ein unscheinbarer Käfer (Abb. 1). Im späten Frühjahr fliegen die Käfer ihre Fraßbäume an. Dazu gehören frisch gefällte oder kränkelnde Fichten. Die Käfer bohren sich in die Rinde der Bäume und dringen durch die Borke bis in den Bast vor, der zwischen Rinde und Holz liegt. Sie nagen einen kurzen Gang und erweitern ihn zu einer kleinen Kammer, die auch **Rammelkammer** genannt wird. In diesem Paarungsraum paart sich das Buchdruckermännchen mit mehreren Weibchen. Die Weibchen bohren dann senkrechte Gänge. Jedes Weibchen frisst sich einen solchen **Muttergang** und legt in Einischen 30–60 Eier ab (Abb. 2). Die aus den Eiern schlüpfenden Larven fressen mit ihren kräftigen Mundwerkzeugen einen rechtwinklig vom Muttergang abzweigenden Gang in die Bastschicht des Baumes. Diese **Larvengänge** zweigen rechts und links vom

Abb. 1: Fichtenborkenkäfer

Muttergang ab und werden umso breiter, je mehr die Larve wächst (Abb. 3). Ist sie ausgewachsen, frisst sie am Ende des Larvenganges eine muschelförmige Kammer, die **Puppenwiege** genannt wird. Hier verpuppt

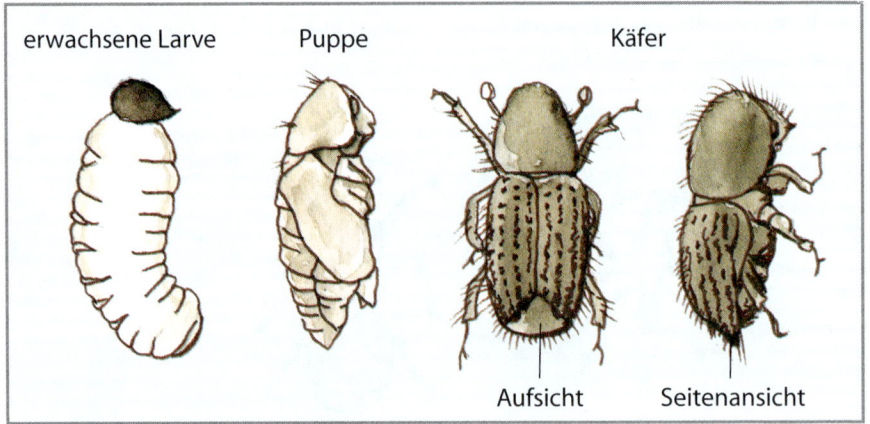

Abb. 3: Larve und Puppe des Buchdruckers

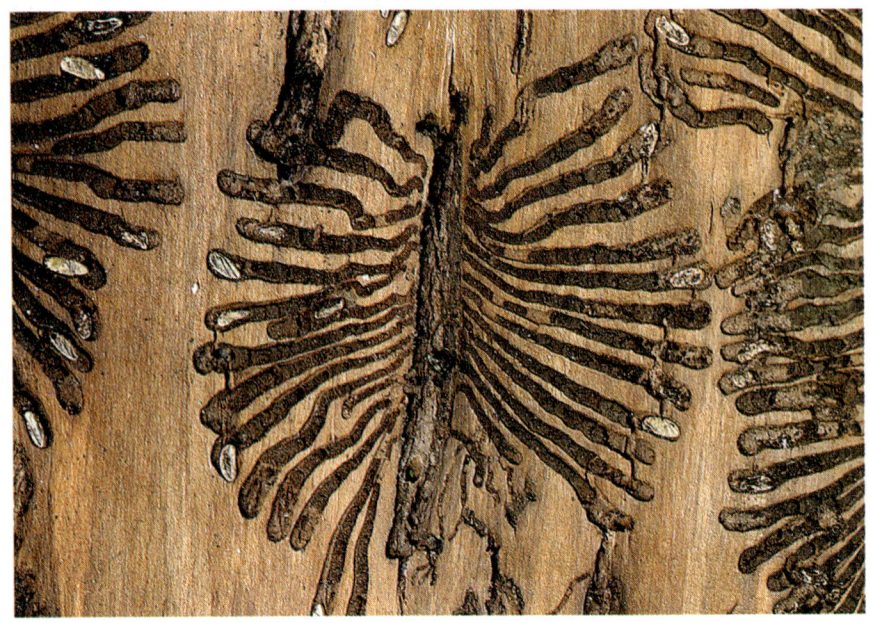

Abb. 4: Fraßbild des Kupferstechers

sie sich und wandelt sich zum Käfer um. Dieser bohrt sich ein kreisrundes Flugloch, gelangt nach außen und kann dann wieder neue Bäume befallen. Bei starkem Befall sieht deshalb die Rinde aus, als sei sie von Schrotschüssen durchsiebt. Die Entwicklung vom Ei bis zum fertigen Tier beträgt bei warmer Witterung und Trockenheit etwa einen Monat, bei kühler Witterung und Feuchtigkeit über drei Monate. So kann es in Jahren mit besonders günstigen Bedingungen zum Massenauftreten der Käfer kommen. Beim Anlegen der Fraßgänge werden Teile der Bastschicht zerstört, in der die Nährstoffe eines Baumes transportiert werden. Wenn aber zahlreiche Borkenkäfer einen Baum befallen, kann die Bastschicht so stark beschädigt werden, dass der Baum eingeht. Gesunde Fichten wehren sich erfolgreich, indem sie vermehrt Harz produzieren, das die Fraßgänge verstopft.

Die verschiedenen Borkenkäferarten hinterlassen typische Fraßbilder als Visitenkarten auf der Rindenunterseite (Abb. 4). Der Kupferstecher, ein kleiner Borkenkäfer von 2 Millimeter Länge, lebt in Fichten und legt von der Rammelkammer 3–6 sternförmig ausgehende Muttergänge an, von denen beidseitig die Larvengänge abzweigen. Der krumm-

Abb. 5: Lockstofffalle

zähnige Tannenborkenkäfer, bis 3 Millimeter lang, befällt Tannen. Die Muttergänge werden doppelarmig in H-Form angelegt. Davon gehen die Larvengänge aus.

Um eine Massenvermehrung der Borkenkäfer zu verhindern, werden in der Forstwirtschaft verschiedene Maßnahmen ergriffen: Der Brutraum der Borkenkäfer wird dadurch eingeschränkt, dass geschlagene Hölzer vor Flugbeginn aus dem Wald abtransportiert werden. Außerdem werden Nutzhölzer entrindet oder nass gelagert. Das Aufstellen von **Borkenkäferfallen** soll dazu beitragen, eine hohe Käferdichte durch Massenfang abzusenken (Abb. 5). Diese Fallen enthalten einen Lockstoff, ein Pheromon, das künstlich hergestellt wird. Die Borkenkäfer produzieren einen solchen Duftstoff dann, wenn sie einen bruttauglichen Baum gefunden haben. Sie locken damit Artgenossen an, damit der Brutraum optimal ausgenutzt wird und zugleich die Abwehrkräfte, der Harzfluss, eines noch lebenden Baumes durch den Massenangriff geschwächt werden. In den Flugfallen ist ein mit Lockstoff durchtränktes Vlies eingeschweißt, das den Duftstoff wohldosiert an die Luft abgibt. Von den Flugfallen gibt es verschiedene Typen. Eine Art besteht aus Prallfläche und Auffangbehälter. Die Käfer stoßen während des Suchens nach der Lockstoffquelle gegen die Prallfläche, stürzen ab und gelangen durch Schlitze in den Auffangbehälter, aus dem sie sich nicht mehr befreien können.

Der Befall einer Fichte durch den Buchdrucker ist an folgenden Merkmalen zu erkennen: Vom Frühjahr bis Herbst – während der Entwicklungszeit – kann braunes Bohrmehl auf den Borkenschuppen oder auf Spinnweben beobachtet werden. Außerdem zeigen fünfmarkstückgroße helle Flecken auf der Rinde ein Borkenkäfervorkommen an. Diese so genannten Rindenspiegel werden durch den Specht verursacht, der durch das Abschlagen einzelner Borkenschuppen das Bohrloch zu einer Rammelkammer sucht. Wenn sich die Käferbrut im Larvenstadium befindet, wird die Spechtarbeit intensiver, und dann fallen größere Rindenstücke ab, und das Holz wird sichtbar (Abb. 6). Ein weiteres Merkmal ist die Nadelverfärbung. Die Nadeln der Krone röten sich.

Reinbestände, wie zum Beispiel ein Fichtenwald, bieten wirtschaftliche Vorteile. Sie haben jedoch biologisch betrachtet viele Nachteile. In solchen **Monokulturen** kann sich der Borkenkäfer bei für ihn günstigen Bedingungen massenhaft vermehren und Schäden anrichten. Deshalb zieht man heute **Mischwälder** vor. Das sind Wälder, in denen

Abb. 6: Aufgerissene Baumrinde mit Borkenkäferspuren

verschiedene Laubbaumarten oder Laub- und Nadelhölzer unterschiedlichsten Alters wachsen. In jedem gesunden Mischwald gibt es eine bestimmte Anzahl von Borkenkäfern, deren Zahl im Laufe mehrerer Jahre nur geringfügig zu- oder abnimmt. So ein Bestand richtet keinen Schaden an, da die Käfer nur erkrankte oder beschädigte Bäume befallen. Die Anzahl der Borkenkäfer in einem Wald wird durch die Nahrungsmenge, das heißt durch die Anzahl der erkrankten Bäume und die natürlichen Feinde, wie zum Beispiel die Spechte, bestimmt. Treten die Borkenkäfer

Abb. 7: Der Specht ist der natürliche Feind des Borkenkäfers

in großen Mengen auf, haben die Spechte ein Riesenangebot an Nahrung (Abb. 7). Sie können mehr Junge aufziehen als in Jahren mit relativ wenigen Käfern. In den darauf folgenden Jahren ist die Anzahl der Spechte größer, und es werden noch mehr Borkenkäfer gefressen, so dass die Zahl der Käfer auf diese Weise verringert wird. Das Nahrungsangebot für Spechte geht zurück. Das hat zur Folge, dass die Anzahl der Nachkommen bei den Spechten zurückgeht. Solange sich die Umweltbedingungen nicht stark ändern, nimmt keine der Tierarten überhand. Man sagt: Die Lebewesen befinden sich in einem **biologischen Gleichgewicht**. Dieses ist ein ungeheuer vielfältiges Wechselspiel, bei dem neben Borkenkäfer und Specht noch viele weitere Faktoren mitwirken: andere Feinde beider Tiergruppen, die Witterung, Einwirkungen durch den Menschen, Belastung durch Luftschadstoffe.

 Zum Weiterlesen:

- Waldameisen leben in einem Staat, S. 370
- Viele Bäume im Wald sind krank, S. 374
- Wald – Lebensraum für Pflanze und Tier, S. 360

Viele Bäume im Wald sind krank

Trotz der großen Bedeutung des Waldes ist es um seinen Gesundheitszustand nicht gut bestellt. In fast allen Gebieten der Bundesrepublik sind Wälder krank. Baumerkrankungen gab es schon immer und auch Krankheitsepidemien bei einzelnen Baumarten. Bei den jetzigen **großflächigen Waldschäden** ist jedoch klar, dass keine natürliche Ursache der Auslöser ist. (Abb. 1) Die klassischen Rauchschäden als negative Auswirkung von zu hohen Konzentrationen von Schwefeldioxid wurden schon vor mehr als 100 Jahren beobachtet. Sie haben vor allem mit zunehmender Industrialisierung zur Entwaldung von Industriegebieten geführt. Sie sind für die heutigen neuartigen, großflächigen Waldschäden nicht allein verantwortlich. Mit dem starken Anstieg auffälliger Waldschäden zu Beginn der 80er Jahre entstand eine umfassende **Waldschadensforschung**. Die Erkenntnis ist, dass nicht nur eine Ursache allein, sondern vielfältige Schadfaktoren und Wirkungszusammenhänge, die sich gegenseitig beeinflussen, das Ökosystem Wald aus dem Gleichgewicht gebracht haben. Nach einer Schadenserhebung aus dem Jahre 1991 weist im Durchschnitt jeder vierte Baum deutliche Schäden auf (Abb. 2). Geographischer Schwerpunkt erkrankter Bäume sind die Mittelgebirge, die Höhenlagen des Sauerlandes und der Alpenvorrand (Abb. 3).

Die **Tanne** ist am stärksten erkrankt. Eine gesunde Tanne hat normalerweise eine Krone, die etwa die Hälfte bis ein Drittel der gesamten Baumlänge einnimmt. Bei kranken Tannen ist die gesunde Krone bis auf einen kleinen Rest an der Kronenspitze zurückgedrängt worden. Verursacht wird diese lichte

Abb. 1: Sterbender Wald

Krone durch Nadelverluste. Gesunde Tannen behalten ihre Nadeln 12 Jahre lang am Spross, bevor sie abgeworfen werden. Erkrankte Bäume werfen das ganze Jahr über Nadeln ab, auch grüne, äußerlich gesunde Nadeln. So sieht man völlig entnadelte Äste, so genannte Totäste, in der Krone (Abb. 4). Außerdem wird das Höhenwachstum eingeschränkt, und es kommt zu einer Abflachung der Kronenspitze. Es bildet sich schon bei jungen Tannen die so genannte Storchenkrone. Hinzu kommt die Ausbildung eines krankhaften Nasskerns. Zu erkennen ist er an seiner braunen Farbe. Das sonst trockene Holz ist nass und hat durch das Entstehen von Buttersäure einen unangenehmen, an Katzenharn erinnernden Geruch.

Bei der **Fichte**, der wichtigsten Holzart in der Bundesrepublik, zeigt sich ein ähnliches Krankheitsbild: rasche Verlichtung der Krone, Gelbfärbung der Nadeln, die dann braun werden und abfallen. Darauf reagieren die Bäume mit Angsttrieben, die den Nadelverlust ausgleichen sollen.

Auch bei Kiefer, Buche, Eiche und Ahorn treten gehäuft Krankheitssymptome auf (Abb. 5). Charakteristisch für die Erkrankung von **Buchen** ist ein verfrühter Blattfall schon im Sommer. An manchen Tagen kann der Boden mit grünen und gelbgrünen Blättern übersät sein. Sie werfen ihr Laub ab, ohne die typische Herbstfärbung. Außerdem rollen sich die Blätter kranker Buchen ein. Bei allen erkrankten Bäumen kommt eine krankhafte Veränderung des Feinwurzelsystems hinzu, die zu einer Vitalitätsschwächung der Bäume führt.

Abb. 2: Jeder vierte Baum ist mittlerweile vom Baumsterben betroffen

Luftschadstoffe spielen für die neuartigen Waldschäden eine Schlüsselrolle. Schädliche Abgase aus Kraftwerken, Industrieanlagen, Kraftfahrzeugen und privaten Heizungen werden vom Wind Hunderte von Kilometern weit transportiert. Die Schadstoffe aus den Verbrennungsvorgängen, vor allem Schwefeldioxid, dringen wie andere Gase auch durch Spaltöffnungen in die Blätter ein. Die Zelle wird geschädigt. Die Folge ist eine Einschränkung der Fotosynthese. Außerdem wird die Fotosynthese eingeschränkt durch einen Mangel an Mineralstoffen wie Magnesium und Kalium. Dieser wird verursacht durch die aus Verbrennungsprozessen freigesetzten Schadgase Schwefeldioxid und Stickoxid, die in Form von Schwefelsäure beziehungsweise Salpetersäure im Regenwasser gelöst werden. Durch diese Stoffe kommt es zu dem **sauren Regen**. Im Boden geschieht nun Folgendes: Durch ständige Ablagerung von Säuren im Boden

Abb. 3: Baumsterben im Bayerischen Wald

Abb. 4: Kranke Tannen werfen ihre Nadeln ab

und können so die Pflanze gleichsam in die Zange nehmen. Endstadium ist die Vergilbung und der Abfall der Blätter. Selbst wenn die einzelnen Schadstoffe aus der Industrie im Augenblick keine alarmierende Wirkung haben, so verwandeln sie auf lange Sicht den Lebensraum. Bestimmte Substanzen, die meist mit der Luft erstaunlich weit verfrachtet werden, wirken sich nicht direkt auf die Pflanzen aus, sondern können auch Gewässer und Boden und selbst die Qualität des Grundwassers verändern.

Zu den genannten **Emissionen**, dem Ausstoß von Schadstoffen, kommen die nicht unwesentlichen sonstigen **Umweltbelastungen** durch Nitrate, Streusalze, Grundwasserabsenkung, Drainagen, Flussbegradigungen. Zusätzlich wirken die **Klimaextreme** wie Trockenperioden, Stürme, Schneebruch sowie Massenauftreten von Schädlingen auf den Wald ein (Abb. 6).

Diese Vielzahl von möglichen Schadfaktoren macht es so unendlich schwer, den Auslöser oder Hauptschuldigen zu finden. Die Erkrankung der Bäume beginnt nicht erst mit dem Auftreten der Schadsymptome

Abb. 5: Sterbende Kiefernwälder

wert überschritten haben, bricht das System zusammen.

Die chemischen Veränderungen im Boden versucht man teilweise durch Kalk zu mindern. Durch die **Kalkung** sinkt der Säuregehalt des Bodenwassers. Änderungen des Bodens sind allerdings erst nach Jahrzehnten zu erwarten.

Luftverunreinigungen und neuartige Waldschäden sind ein grenzübergreifendes Problem. Seit 1986 zeichnen die europäischen Staaten Waldschäden auf. Nach Angaben von 1991 liegt der Anteil von Bäumen mit deutlichen Schäden in Großbritannien bei 57 %, in Polen bei 45 % und in Tschechien bei 41 %. Die errechneten **„Critical Loads"**, jene Schadstoffmengen, welche die Lebensgemeinschaften nach dem gegenwärtigen Stand der Erkenntnis langfristig verkraften können, werden in Deutschland deutlich überschritten. Hier und in den Ländern, die Schadstoffe nach Deutschland exportieren, sind umfassende Maßnahmen dringend nötig.

werden die Nährstoffteilchen von den Bodenteilchen verdrängt und mit dem Sickerwasser im Boden abwärts verlagert beziehungsweise ausgewaschen. Gleichzeitig gelangen Aluminium und Schwermetalle in die Bodenlösung, die durch ihre giftige Wirkung die Bodenorganismen und die Fein-

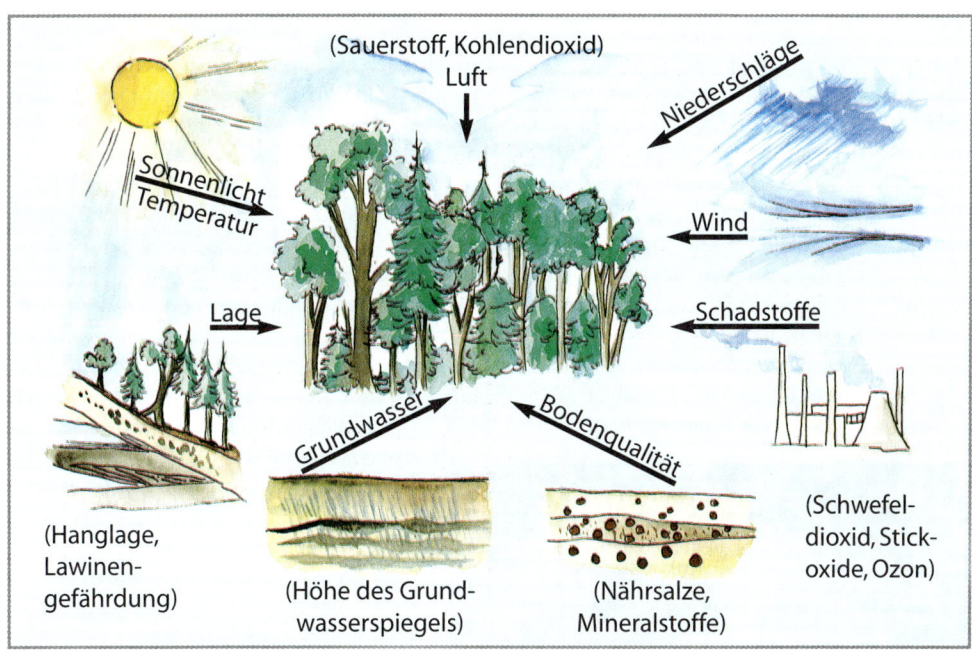

(Sauerstoff, Kohlendioxid)
Luft
Niederschläge
Sonnenlicht
Temperatur
Wind
Lage
Schadstoffe
Grundwasser
Bodenqualität
(Hanglage, Lawinengefährdung)
(Höhe des Grundwasserspiegels)
(Nährsalze, Mineralstoffe)
(Schwefeldioxid, Stickoxide, Ozon)

Abb. 6: Zahlreiche Faktoren wirken auf den Lebensraum Wald ein

wurzeln der Bäume schädigen. Diese Veränderungen im Boden haben eine Störung des Nährstoffkreislaufes zur Folge. Einige Mineralstoffe sind an der Fotosynthese beteiligt, bei der CO_2 und Wasser mit Hilfe von Lichtenergie in Kohlenhydrate umgewandelt wird. Die organischen Verbindungen sind als Endprodukte der Fotosynthese notwendig, um Lebensprozesse aufrechtzuerhalten. Also wirken Luftschadstoffe über Blatt und Boden

in den Baumkronen, sondern schon erheblich früher. Durch Jahresringanalysen wurde nachgewiesen, dass eine deutliche Vitalitätsschwächung schon 10 bis 30 Jahre vor dem sichtbaren Kronschaden einsetzte. Dazu laufen Schädigungsprozesse im Boden ab, die eine Versauerung des Waldbodens und langfristig eine Auswaschung der Nährstoffe zur Folge haben. Wenn diese schleichenden Veränderungen einen gewissen Schwellen-

Zum Weiterlesen:

- Bäume kennen und erkennen, S. 364
- Borkenkäfer, S. 372
- Die Landwirtschaft früher und heute, S. 398

Pflanzen und Vögel der Binnengewässer

Neben den großen Weltmeeren, die 94 % der gesamten Wasserfläche auf der Erde ausmachen, bleiben noch 6 % für die Binnengewässer. Seen, Weiher, Tümpel (stehende Gewässer), Bäche, Flüsse (Fließgewässer). Diese sind wichtige Lebensräume, **Biotope** (griechisch bios = Leben, topos = Ort) für Pflanzen, Tiere und Menschen. Alle lebenden Organismen und ihre leblose Umwelt sind voneinander abhängig und beeinflussen sich auch gegenseitig. Dieses Beziehungsgeflecht bezeichnet man als **Ökosystem** und versteht darunter eine Einheit, die alle Organismen in einem bestimmten Gebiet im Zusammenhang mit der Umgebung umfasst.

In jedem Gewässer herrschen andere Lebensbedingungen. Das Wasser kann ganz flach oder tief, stehend oder von reißender Wasserführung sein, zeitweise austrocknen oder ständig Wasser haben. Diesen unterschiedlichen Lebensbedingungen sind stets nur ganz bestimmte Lebewesen angepasst, und so sind in jedem Biotop die Lebensgemeinschaften anders.

Pflanzengesellschaften

Der Mensch nutzt die unterschiedlichen Gewässer sehr stark und verändert dadurch die Uferzonen. Ein naturbelassener See zeigt in seinem Uferbereich verschiedene **Pflanzengesellschaften**, die je nach **Standortbedingungen** sehr unterschiedlich sind (Abb. 1). Im sumpfigen Randgebiet wachsen hauptsächlich Erlen, Weiden, Sumpfdisteln und Seggen. In diesem so genannten **Erlengürtel** können nur Pflanzen gedeihen, die gelegentliche Überschwemmungen vertragen. Im flachen Wasser stehen Schilf, Rohrkolben, gelbe Schwertlilien und Teichbinsen. Sie bilden den **Röhrichtgürtel**, der bis zu einer Wassertiefe von 2 Metern reicht. Diese

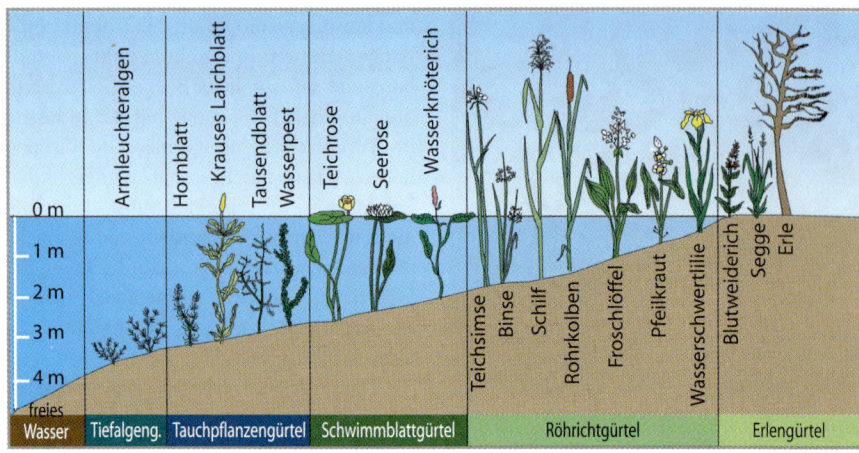

Abb. 1: Pflanzengürtel eines Sees

Pflanzen haben alle sehr lange Stängel (beim Schilf bis zu 4 Meter Höhe), damit sie nicht überflutet werden, da dann der Stoffaustausch mit der Luft, die Fotosynthese, nicht ablaufen kann. Auf den Röhrichtgürtel folgt der **Schwimmblattgürtel**. Pflanzen, die selbst noch bis zu einer Wassertiefe von 4 Metern existieren, müssen einen biegsamen Stängel haben, um mit Wasserströmungen und Wellenschlag fertig zu werden. Weiße Seerosen, gelbe Teichrosen und Wasserknöterich gehören in diesen Bereich (Abb. 2). Die großen, breiten Blätter schwimmen auf der Wasseroberfläche und folgen mit ihren zugfesten, biegsamen Stängeln dem Sinken und Steigen des Wasserspiegels. Die Schwimmblätter sind so tragfähig, dass ein Teichhuhn darüber laufen kann, ohne einzusinken. Die Spaltöffnungen liegen auf der Oberseite und ermöglichen eine ungestörte Aufnahme von Kohlendioxid für die Fotosynthese und die Abgabe von Sauerstoff. Außerdem ist die Oberseite der Schwimmblattpflanzen mit einem Wachsbezug ausgestattet, so dass Was-

sertropfen sofort abperlen. Zur Schwimmblattzone gehören auch die Wasserlinsen. Sie schwimmen frei umher und können die Wasseroberfläche eines nährstoffreichen Weihers so dicht bedecken, dass man vom Wasser nicht mehr viel sieht. Die tiefste Zone (bis zu 8 Metern) besiedeln die **Tauchblattpflanzen.** Hornblatt, Tausendblatt, Laichkraut und Wasserpest gehören dazu. Sie leben untergetaucht und aufrecht stehend im Wasser. Der Schnitt durch den Stängel eines Tauchblattes zeigt luftgefüllte Kanäle. Da Luft leichter als Wasser ist, wird die Pflanze so hochgezogen. Mit der dünnen Pflanzenoberfläche entnehmen sie dem Wasser alle notwendigen Stoffe. Einige Pflanzen sind nur in der Blütezeit an der Wasseroberfläche sichtbar. Dann strecken sie ihre Blütenstände zur Bestäubung über den Wasserspiegel. In Wassertiefen ab 8 Metern wird der Wasserdruck so stark, dass Pflanzen mit Leitungsbahnen dort nicht mehr leben können. Algen und Moose haben diese nicht und können sich in der so genannten **Tiefalgenzone** ansiedeln, wenn genügend Licht zur Fotosynthese vorhanden ist.

Vögel an Binnengewässern

An und in natürlichen Gewässern ist eine vielfältige und interessante Vogelwelt anzutreffen. Viele Vogelarten nutzen dieses Biotop als Brut- und Nahrungsrevier. Ihre Zahl wird in den Wintermonaten noch durch Gäste aus dem Norden vergrößert. Aber es entsteht dabei keine Nahrungskonkurrenz, da die Vögel unterschiedliche Nahrungsreviere benutzen und unterschiedliche Brutplätze beziehen. Der fast storchengroße **Graureiher** zum Beispiel findet seine Nahrung im Uferbereich. Mit seinen langen Stelzbeinen wagt er sich nur ins seichte Wasser hinein, da er nicht schwimmen kann. Auf dem Land und in der Luft kann er sich

Abb. 2: Seerosen zählen zu den Schwimmblattpflanzen

bewegen, baut sein Nest auf Bäumen in der Nähe des Wassers. Der **Haubentaucher** dagegen lebt auf der reinen Wasserfläche. Er ist ein guter Schwimmer und Taucher. Geschickt taucht er auch in Tiefen bis zu 6 Metern, um Fische zu fangen. Er baut ein schwimmendes Nest aus zusammengetragenem Material vor der Röhrichtzone. An Land wirken Haubentaucher sehr unbeholfen, da sie durch ihre weit hinten am Körper angesetzten Beine nur schwerfällig gehen können und wie die Ente einen Watschelgang haben. An diesem Vergleich soll deutlich werden, dass in dem komplexen Beziehungsgeflecht von Arten und Umwelt jeder seinen bestimmten Platz hat. Man bezeich-

Abb. 3: Eine Vielzahl von Wasservögeln nutzt die unterschiedlichen Tiefenbereiche der Binnengewässer

net diesen als **ökologische Nische**. Da es viele solcher ökologischen Nischen am See gibt, ist ein Nebeneinander vieler verschiedener Vögel möglich (Abb. 3).

Die **Stockente** ist die häufigste Wildente. Das bunte Männchen mit dem flaschengrünen, schillernden Kopf, dem weißen Halsring und dem gelben Schnabel kann man gut vom einfarbig braunen Weibchen unterscheiden (Abb. 4). Dieses schlichte Gefieder gibt dem Weibchen beim Brüten durch seine Tarnfarbe einen guten Schutz vor Feinden. An das Leben auf dem Wasser sind die Entenvögel hervorragend angepasst. Die Füße sind wie beim Höckerschwan, der Lachmöwe und dem Haubentaucher als typische Schwimmfüße mit Schwimmhäuten zwischen den Zehen ausgebildet. Beim Schwimmen werden abwechselnd das eine Bein nach vorne und das andere nach hinten bewegt. Bei der Rückwärtsbewegung des Beines werden die Schwimmhäute ausgebreitet, so dass sie gegen das Wasser drücken. Der Vogel wird dabei vorwärts getrieben. Zieht die Ente das Bein nach vorne, werden die Schwimmhäute eng zusammengelegt. Dadurch ergibt sich ein geringer Wasserwiderstand. Durch den fortwährenden Kontakt mit dem Wasser müssen die Vögel den Wärmeentzug gering halten. Das geschieht durch eingeschlossene Luft im gefetteten Federkleid, die wärmeisolierend wirkt. Dieser Luftfilm um den Körper senkt aber auch das spezifische Gewicht, wodurch das Tauchen erschwert wird. Haubentaucher können, indem sie unterschiedliche Luftmengen zwischen ihre Federn einschließen, ihren Auftrieb so verändern, dass sie in Ruhestellung hoch auf dem Wasser liegen, jedoch beim Tauchen mit kleinerem Volumen weniger Wasserwiderstand bieten. Die gute Wärmeisolierung des Körpers gilt aber nicht für die Füße, die im Winter der Kälte des Wassers oder dem Eis ausgesetzt sind. Diese Füße sind deshalb wechselwarm, denn in dem oberen Beinabschnitt befindet sich eine besondere Wärmeaustauscheinrichtung im Gefäßsystem, die den Wärmetransport zum Fuß abkoppelt. So kann die Zehentemperatur bei 0 bis −5 °C liegen, die Schenkeltemperatur bei 32 °C. Die Stockenten sind Allesfresser und finden ihre Nahrung vorwiegend am Grund des Gewässers. Beim **Gründeln** ragt der Hinterleib senkrecht aus dem Wasser, gleichzeitig werden die

Abb. 4: Das Stockentenmännchen ist mit seinem bunten Gefieder leicht vom unauffälligen Weibchen zu unterscheiden

Schwimmfüße bewegt, und durch den Schnabel wird der feuchte Schlamm gedrückt. Da die Stockenten einen besonderen Schnabel haben, einen **Seih-** oder **Siebschnabel** mit Hornleisten an den Rändern, kann das Wasser abfließen, und die festen Nahrungsteile (Insekten, Würmer, Laich, Pflanzenteile) bleiben zurück. Zeitig im Frühjahr beginnt die Stockente mit der Brut. 10−12 Eier können zu einem Gelege gehören. Die geschlüpften Küken folgen der Mutter schon am ersten Tag. Sie sind **Nestflüchter**, können aber noch nicht fliegen, da ihre Deckfedern erst noch wachsen müssen (Abb. 5).

Abb. 5: Stockentenweibchen mit Küken

Der **Höckerschwan** gehört zu den größten und mit einem Gewicht bis zu 13 Kilogramm zu den schwersten einheimischen Schwimmvögeln. Er ernährt sich von Wasser- und Sumpfpflanzen. Mit seinem langen Hals kann er die Pflanzen bis zu einer Tiefe von 1,50 Meter ergreifen und abreißen.

Zum Weiterlesen:

- Vögel, S. 340
- Pflanzen – Grundlage für das Leben, S. 356
- Angeborenes Verhalten bei Tieren, S. 432

Die Vielfalt der Süßwasserbewohner

Kleinlebewesen in Gewässern

Zu den Kleinlebewesen im Wasser gehören die **Algen**. Sie sind zum größten Teil für das bloße Auge unsichtbar, und erst unter dem Mikroskop erkennt man, welche Fülle kleinster Organismen im Wasser lebt. Sie gehören zum **Plankton** (aus dem Griechischen = das Treibende). So werden alle Lebewesen bezeichnet, die im Wasser schweben können. Um diesem Zustand zu erreichen, tragen viele Algen Schwebefortsätze. Das können stachelartige Fortsätze sein, die die Sinkgeschwindigkeit gering halten. Auch der Zusammenschluss einzelner Zellen zu Kolonien vergrößert die Schwebefähigkeit. Planktontiere unterstützen das Schweben durch Hüpf- und Schwimmbewegungen. Man unterscheidet das **pflanzliche Plankton (Phytoplankton)** und das **tierische Plankton (Zooplankton)**. Zu dem pflanzlichen Plankton, das meist nur aus einer Zelle besteht, gehören **Blaualgen, Kieselalgen, Grünalgen und Geißelalgen** (Abb. 1). Algen nehmen im Ökosystem Gewässer einen bedeutenden Platz ein. Sie bilden die wichtigste Grundlage für die tierischen Organismen im Wasser, da sie mit Hilfe des Sonnenlichts und des Chlorophylls aus Wasser und Kohlendioxid Kohlenwasserstoffe wie Zucker, Stärke oder Fette aufbauen. Bei diesem Prozess wird Sauerstoff freigesetzt. Das Vorkommen des Phytoplanktons ist an die Einstrahltiefe des Sonnenlichts gekoppelt. Tierisches Plankton unterscheidet sich vom pflanzlichen durch die Ernährung. Es lebt von pflanzlichen oder tierischen Organismen. Beim tierischen Plankton gibt es einzellige und mehrzellige Lebewesen in einer großen Formenvielfalt: **Wimperntierchen, Rädertierchen, Wasserflöhe und Hüpferlinge** (Abb. 2).

Wasserinsekten auf und unter der Wasseroberfläche

Das Wasser ist auch Lebensraum für Weichtiere (zum Beispiel Schnecken) und zahlreiche Insekten. Viele der Insekten verbringen einen Teil ihres Lebens im Wasser (Larven von Mücken und Libellen). Aber auch als ausgewachsene Tiere bleiben sie in der Nähe des Wassers, weil sie hier ihre Eier wieder ablegen müssen.

Die **Wasserläufer** nutzen die Oberflächenspannung des Wassers aus und gleiten elegant über die Wasserfläche. Mit den kurzen Vorderbeinen fangen sie die Beutetiere. Die Mittel- und Hinterbeine sind überlang und wirken wie Ausleger. So ist die Flächenlast an den Füßen

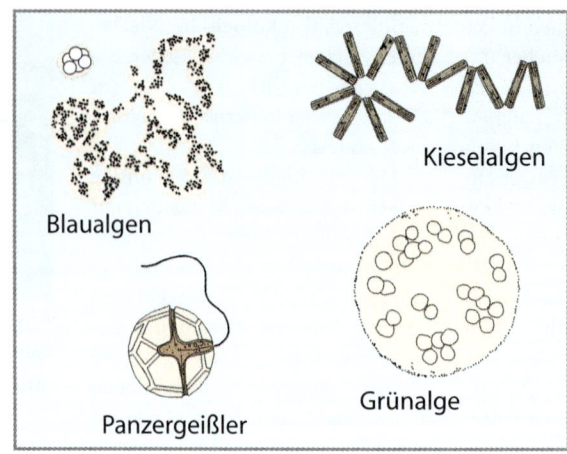

Abb. 1: Pflanzliches Plankton

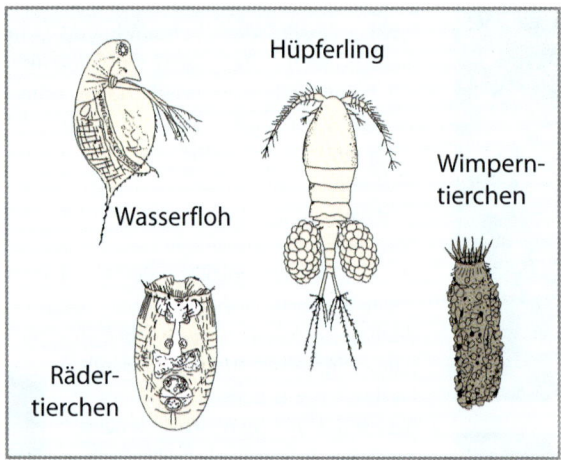

Abb. 2: Tierisches Plankton

minimal. Sie sind samtartig behaart, und ein Wasser abweisendes Fett sorgt dafür, dass sie nicht ins Wasser einsinken. Ein auffälliger Käfer ist der im Wasser lebende **Gelbrandkäfer**, 3–4 Zentimeter lang, auf der Oberseite dunkelolivgrün, auf der Unterseite gelb-rot. Von den gelben Streifen, die den Körper einfassen, hat er seinen Namen. Seine Hinterbeine tragen feine Härchen, die sich wie Fächer ausbreiten und zusammenlegen und so als Schwimmbeine dienen. Der

Abb. 3: Fliegen gehören zur Gruppe der Zweiflügler

Käfer wie die 6 Zentimeter lange Larve sind gefräßige Räuber und erbeuten Wassertiere bis zur Kaulquappe und kleine Fische. Beide benötigen zum Leben im Wasser Luftsauerstoff. Der Käfer steigt hin und wieder an die Wasseroberfläche und nimmt unter seinen Flügeldecken einen Luftvorrat mit abwärts. Durch Atemöffnungen unter den Flügeln gelangt die Luft in die **Tracheen**. So ein Luftvorrat reicht für 8–15 Minuten unter Wasser. Die Larve des Gelbrandkäfers muss ebenfalls in Abständen auftauchen. Sie atmet über ein Atemrohr am Hinterleib. Mit diesem hängt sie sich an die Wasseroberfläche, so dass die Luft direkt in die Tracheen einströmen kann. Sauerstoff wird so aufgenommen und Kohlendioxid abgegeben. So atmen auch die Larven der **Stechmücken**. Mit den **Schnaken** und **Fliegen** bilden sie eine besondere Gruppe unter den Insekten, die der Zweiflügler (Abb. 3). Ihre Hinterflügel sind zu so genannten Schwingkölbchen reduziert.

Die **Wasserspinne** ist die einzige Spinne, die ihr Leben unter Wasser verbringt. Darum streckt sie auch in Abständen ihren Hinterleib aus dem Wasser, um zu atmen. Taucht sie ab, nimmt sie einen Luftvorrat zwischen den feinen Haaren am Hinterleib mit, der aussieht wie eine Taucherglocke. Diese Luftblasen hängt sie an Wasserpflanzen fest.

Libellen leben in zwei Welten

Man unterscheidet bei den Libellen zwei große Gruppen: die **Großlibellen** und die wesentlich zierlicheren **Kleinlibellen**. In Deutschland kommen etwa 30 Arten von Kleinlibellen vor, die Großlibellen sind mit 50 Arten vertreten (Abb. 4). Libellen sind wahre Flugkünstler und gehören zu den elegantesten und besten Fliegern unter den Insekten. Sie fliegen vorwärts und sogar rückwärts, schwirren wie ein Hubschrauber auf der Stelle, schießen pfeilschnell davon. Die leichten Flügel werden von einer hauchdünnen Flughaut gebildet und sind dennoch äußerst stabil. Dafür sorgen Längsversteifun-

Abb. 4: Die Libelle kommt in einer Vielzahl von Arten vor

gen (Adern) und Querrippen. Die kräftige Flugmuskulatur ermöglicht 30 Flügelschläge pro Sekunde. Im Vergleich zur Stechmücke, die ihre Flügel 600mal in der Sekunde bewegt, ist diese Flügelschlagfrequenz nicht einmal sehr hoch. Wer so rasant fliegt, muss sich auch blitzschnell orientieren können. Dazu haben sie ihre großen, halbkugeligen **Netzaugen**, die aus 30.000 Einzelaugen bestehen. Mit diesem hochkomplizierten Organ haben sie einen Rundumblick und

Abb. 5: Sich paarendes Libellenpaar

können die Sinneseindrücke schneller verarbeiten als das menschliche Auge. 175 Einzelreize pro Sekunde können sie unterscheiden, das menschliche Auge schafft 20.

Der Körper ist wie bei anderen Insekten in **Kopf, Brust** und **Hinterleib** gegliedert. Die Brust besteht aus drei ringförmigen Gliedern, an denen je ein Beinpaar sitzt, und am hinteren auch die Flügel. Beim Hinterleib sind die Ringe beweglich miteinander verbunden und zeigen an der Seite winzige Öff-

nungen für die Atmung, die im Innern des Körpers durch ein weit verzweigtes Netz von Kanälen die Luft direkt an die Organe bringt. Diese Kanäle nennt man **Tracheen**.

Das **Paarungsverhalten** von Libellen ist ein faszinierender Vorgang. Im Sommer verbinden sich Männchen und Weibchen zum **Paarungsrad** (Abb. 5). Das Männchen besitzt am Hinterleib ein spezielles zangenförmiges Greiforgan, mit dem es das Weibchen hinter dem Kopf umklammert. Sie fliegen dann gemeinsam, das Männchen vorne, in einer **Tandemstellung** umher. Das Weibchen biegt seinen Hinterleib nach vorne, sucht mit seiner Geschlechtsöffnung die am zweiten Hinterleibsring liegende Samentasche des Männchens und übernimmt dort die Spermien. Dabei bilden sie ein Paarungsrad. Danach erfolgt wieder in Tandemstellung die Eiablage. Es können mehr als 1000 Stück sein, die einfach ins Wasser abgeworfen oder in den Schlamm gebohrt werden. Aus den Eiern schlüpfen die flügellosen **Libellenlarven**. Sie leben versteckt am Grund der Gewässer. Sie sind Wasseratmer, die den im Wasser gelösten Sauerstoff mit Kiemenblättern im Enddarm aufnehmen. Sie ernähren sich von Kleinlebewesen. Die Unterlippe ist als **Fangmaske** zu einem baggerförmigen Gebilde umgestaltet. Als Räuber packen sie Kleinkrebse, Würmer, Kaulquappen und Wasserinsekten aller Art. Während dieser Zeit häu-

ten sie sich viele Male. Die Entwicklungszeit bis zum fertigen Insekt (Imago) kann je nach Art einige Monate bis zu 5 Jahren betragen. Zur letzten Häutung verlassen sie das Wasser und klammern sich an einem Pflanzenstängel fest. Hier erfolgt dann die Umwandlung zum Vollinsekt, dem Lufttier. Die harte Larvenhülle reißt auf der Oberseite auf, und die ausgewachsene Libelle zieht ihren Körper aus der Larvenhaut. Das Schlüpfen ist ein langwieriger Prozess. Die leeren Larvenhüllen kann man an günstigen Tagen im Sommer zu Dutzenden an Tümpeln und Bächen entdecken.

Die Entwicklung der Libelle unterscheidet sich von der anderer Insekten. Bei Käfern und Schmetterlingen folgen auf das Larvenstadium die Ausbildung von Puppen und dann das fertige Insekt. Libellen haben kein Puppenstadium. Man bezeichnet ihre Entwicklung daher als **unvollständige Verwandlung**.

Der Lebensraum Wasser wird auch von Amphibien und Fischen stark genutzt.

 Zum Weiterlesen:

- Waldameisen leben in einem Staat, S. 370
- Fische, S. 338
- Amphibien, S. 342

Ökologie der Binnengewässer

Wechselbeziehungen zwischen Wasserorganismen

Wie auf dem Land, so dient auch im Wasser
das eine Lebewesen dem anderen als Nahrung. Fressen und Gefressenwerden ist auch
hier das regierende Prinzip. Durch diese
Nahrungsbeziehung sind die Lebewesen miteinander verbunden wie die Glieder einer
Kette. Sie gehören zu einer **Nahrungskette**.
In der Regel werden die Kleineren von den
Größeren gefressen. In Wirklichkeit sind
aber die Beziehungen zwischen den einzelnen Organismen einer Lebensgemeinschaft
komplizierter. Meist fängt eine Tierart verschiedene Beutetiere. So frisst zum Beispiel
das Teichhuhn Wasserpflanzen und kleine
Wasserflöhe und auch Libellenlarven. Es
gehört also mehreren Nahrungsketten an.
Aufgrund dieser Verflechtung kann man
auch von einem **Nahrungsnetz** sprechen.
Fällt ein Glied in dieser Kette aus, so kann
es zu einer Störung im gesamten Ablauf
kommen. Am Anfang jeder Nahrungskette
stehen pflanzliche Organismen. Sie nehmen
Nährsalze und Kohlendioxid aus dem Wasser auf und geben Sauerstoff ab. Sie sind die
Produzenten (Hersteller) aller lebenswichtigen Stoffe. Tiere ernähren sich zum Teil
von Pflanzen, aber auch von Tieren. Sie sind
die **Konsumenten** (Verbraucher). Außer
den Produzenten und den Konsumenten
umfasst eine Lebensgemeinschaft noch eine
dritte wichtige Gruppe von Organismen, die
Destruenten (Zerstörer). Zu dieser Gruppe
gehören Bakterien, die die abgestorbenen
Pflanzen und Tiere in anorganische Stoffe

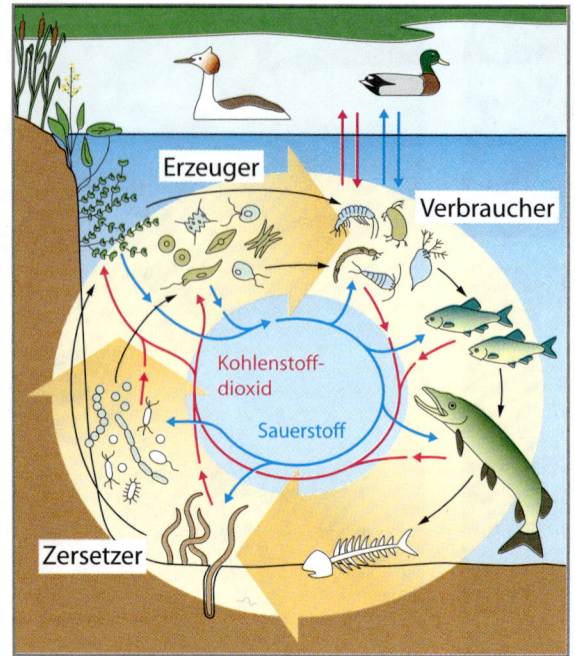

Abb. 1: Stoffkreislauf im See

(Kohlendioxid, Mineralsalze u. a.) verwandeln. Sie sorgen dafür, dass aus toten Lebewesen wieder die Ausgangsstoffe entstehen
(Abb. 1). So findet im Wasser ein ständiger
Kreislauf aller Stoffe statt.

Mit dem Stoffkreislauf ist ein **Energie-
fluss** verbunden. Am Anfang steht die Sonnenenergie. Sie wird durch den Vorgang der
Fotosynthese gebunden, indem Pflanzen und
Algen energiereiche Stoffe wie Kohlenhydrate, Eiweiße und Fette aufbauen. Diese
gespeicherte Energie wird dann von Grün-

pflanzen über Pflanzenfresser
an die Fleischfresser übertragen. Dabei geschieht immer
Folgendes: Das Lebewesen
wandelt die mit der Nahrung
aufgenommene chemische
Energie zum Teil in andere
Energie für Lebensvorgänge
wie Bewegung und Wärme
um. So wird der Energiebetrag von Glied zu Glied der
Nahrungskette kleiner. Dauernder Nachschub durch die
Sonnenenergie am Anfang
der Nahrungskette darf deshalb nicht fehlen.

Eingriffe in das Ökosystem
Alle Gewässer werden vom
Menschen stark genutzt und
belastet. Erholung suchende
Menschen strömen an See-
ufer. Das wird dann problematisch, wenn durch unvor-
sichtige Badegäste, Surfer und Motorboot-
fahrer die Lebensgemeinschaften im Uferbereich gestört werden. **Abwässer** aus Haushalt
und Industrie gelangen in die Gewässer. Aus
der Landwirtschaft wird ein Teil des Düngers,
der Gülle und der Pflanzenschutzmittel in
das Wasser eingeschwemmt. Dazu kommen
die **Luftschadstoffe** (Abb. 2).

Diese zugeführten Stoffe enthalten auch
eine Menge Nährstoffe für das Wasser. Man
bezeichnet diesen Vorgang der ständigen Zu-
führungen von Nährstoffen als **Eutrophierung**. Wenn das Wasser aber ständig gedüngt
wird, kommt es zu einer Massenentwicklung
von Pflanzen, vor allem der Algen (Algenblüte). Das Wasser färbt sich dunkelgrün.
Die Planktonfresser finden ein überreiches
Nahrungsangebot und vermehren sich ebenfalls stärker. Auch die Zahl der Fische steigt.
Doch dann gerät das eingependelte Gleichgewicht zwischen Produzenten, Konsumenten und Destruenten ins Wanken, und der
See kippt um. Folgendes geschieht: Algen-
massen sterben ab und werden von Bakterien
unter Verbrauch von Sauerstoff abgebaut. Es
entsteht für andere Tiere ein Sauerstoffmangel, und sie sterben. Die großen Mengen organischer Substanzen können auch von
einer unvorstellbar großen Zahl von Bakterien und Pilzen nicht abgebaut werden.
Der Seeboden wird von Pflanzen- und Tierleichen überdeckt. Es bilden sich Faulschlamm und übel riechende Gase, wie zum
Beispiel Schwefelwasserstoff und Methan.
Aus einem See mit klarem Wasser und einer
artenreichen Tier- und Pflanzenwelt ist ein

Abb. 2: Industrieemissionen vergiften unsere Gewässer

trübes, übel riechendes Gewässer geworden. Hier ist tierisches und pflanzliches Leben nicht mehr möglich. Ein derartiges Umkippen des Gewässers kann auch durch die Einleitung giftiger Industrieabwässer geschehen (Abb. 3).

In den Abwässern von Gewerbe- und Industriebetrieben befinden sich außerdem Stoffe wie Quecksilber, Blei, Arsen. Dazu noch Säuren, Laugen, Salze. Viele dieser Stoffe sind hochgradig giftig, kaum abbaubar und reichern sich in Nahrungsketten an. Diese schleichende Vergiftung bei den Gliedern der Nahrungskette hat auch für den Menschen Folgen. So kam es zum Beispiel in Japan mehrfach zu tödlichen Quecksilbervergiftungen durch Fischgenuss. Oft werden die Giftstoffe im menschlichen Körper gespeichert, und erst später zeigen sich Folgen. Wird ein Insektizid, zum Beispiel DDT, auf die Wasseroberfläche gesprüht, um die Eier der Stechmücke unschädlich zu machen, so ist die Stoffmenge hoch verdünnt und nach zwei Wochen nicht mehr nachweisbar. Sie bleibt aber in Wasserlebewesen erhalten und steigt von Glied zu Glied der Nahrungskette um das Zehnfache pro Gramm Körpermasse. So kann ein Gramm Körpermasse bei einem Raubfisch 10.000mal so viel Insektizid enthalten wie ein Gramm Algenmasse.

Außerdem werden immer mehr Flussläufe begradigt, das heißt, die Flussbetten werden künstlich gestaltet. Das Ufer wird befestigt. Das hat zur Folge, dass sich die Strömungs-

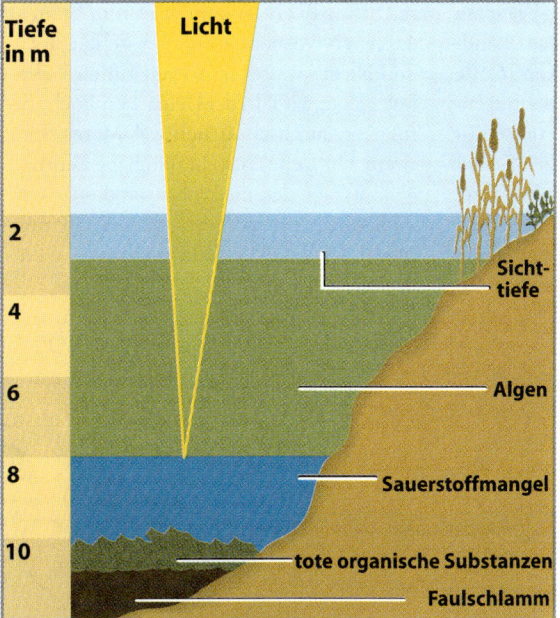

Abb. 3: Folgen der Überdüngung

geschwindigkeit erhöht. Der eingezwängte Fluss gräbt sich immer tiefer in den Untergrund. Die Folge sind von Jahr zu Jahr mehr Hochwasserkatastrophen und in den Trockenzeiten Wassermangel, da mit der Vertiefung des Flussbettes der Grundwasserspiegel sinkt und Quellen und Brunnen versiegen können (Abb. 4).

Selbstreinigung in Fließgewässern
Ökosysteme können mit Störungen fertig werden. Ein Fließgewässer kann durch einen starken Selbstreinigungsmechanismus eingeleitete Abwässer abbauen. Nach Einleitung der Abwässer, zum Beispiel aus dem Haushalt, die viele organische Substanzen enthalten, wie Kot, Harn und Küchenabfälle, beginnt eine gesteigerte Aktivität der Mikroorganismen, wie Bakterien und Pilze. Für die Zersetzungsprozesse verbrauchen sie viel Sauerstoff, den sie aus dem Wasser entnehmen. Gleichzeitig vermehren sie sich aufgrund der günstigen Bedingungen stark. Eine **biologische Selbstreinigung** ist nur dann möglich, wenn im Wasser genügend Pflanzen leben, die den Sauerstoff produzieren. Außerdem dürfen auf den nächsten Kilometern nicht schon neue Abwässer eingeleitet werden.

Industrielle Reinigung
Um die Verschmutzung der Gewässer gering zu halten, wird ein großer Teil des Wasser in **Kläranlagen** gereinigt. Man unterscheidet drei Arten der Wasserreinigung. Eine **mechanische Reinigung:** Siebe und Rechen halten groben Unrat zurück. In einem Vorklärbecken setzen sich Sand und andere Feststoffe ab. Die auf der Oberfläche schwimmenden Öle und Fette werden abgeschöpft. Bei der **biologischen Reinigung** sorgen Bakterien in einem Belebtschlamm-Becken für eine Zersetzung der Schwebeteilchen. Die abgesetzten Massen des Belebtschlamms werden zum Faulturm gepumpt. In der dritten Stufe, der **chemischen Reinigung**, werden die bei den Abbauprozessen entstandenen Nitrate und Phosphate, die in den Gewässern ein zu üppiges Pflanzenwachstum auslösen würden, herausgefiltert. Danach fließt das Wasser gereinigt in einen Bach oder Fluss.

Abb. 4: Die künstliche Regulierung von Flüssen ist verantwortlich für die Zunahme von Überschwemmungen auch in gemäßigten Breiten

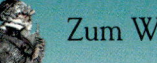 Zum Weiterlesen:

- Pflanzen und Vögel der Binnengewässer, S. 376
- Die Vielfalt der Süßwasserbewohner, S. 378
- Viele Bäume im Wald sind krank, S. 374

Leben im Wattboden

*V*on der gesamten Erdoberfläche bestehen 71 % aus Meeren und nur 29 % aus Landmasse. Das Weltmeer wird durch Kontinente in drei große Ozeane unterteilt: Atlantik, Pazifik und Indischer Ozean. Die Nordsee ist ein flaches Nebenmeer des Atlantiks mit einem Salzgehalt von 35 Gramm pro Liter Meerwasser. Die Ostsee, die von den Ozeanen weitgehend isoliert ist und nur durch schmale Meeresstraßen mit der Nordsee ver-

reicht. In Buchten kommt es zum Stau, so dass ein Niveauunterschied zwischen Hoch- und Niedrigwasser im so genannten Tidenhub größer wird. In der Deutschen Bucht beträgt er durchschnittlich 2,4 Meter. Eine zweite Flutwelle entsteht durch die Zentrifugalkraft auf der mondabgewandten Seite. Außerdem nehmen besonderer Sonnenstand, Wind und Luftdruckverhältnisse Einfluss auf Ebbe und Flut.

rischer Biomasse enthält der Wattboden unter einem Quadratmeter Oberfläche. Die meisten Tiere haben sich in den Wattboden zurückgezogen, um sich vor Austrocknung und Feinden zu schützen. Hier wohnt die nur wenige Millimeter große **Wattschnecke**. Mit ihren 6 Millimetern ein Winzling, der doch seine Spuren im Watt hinterlässt. Sie grast Bakterien und Kieselalgen mit Hilfe einer kleinen Raspelzunge ab, die mit Zähnen be-

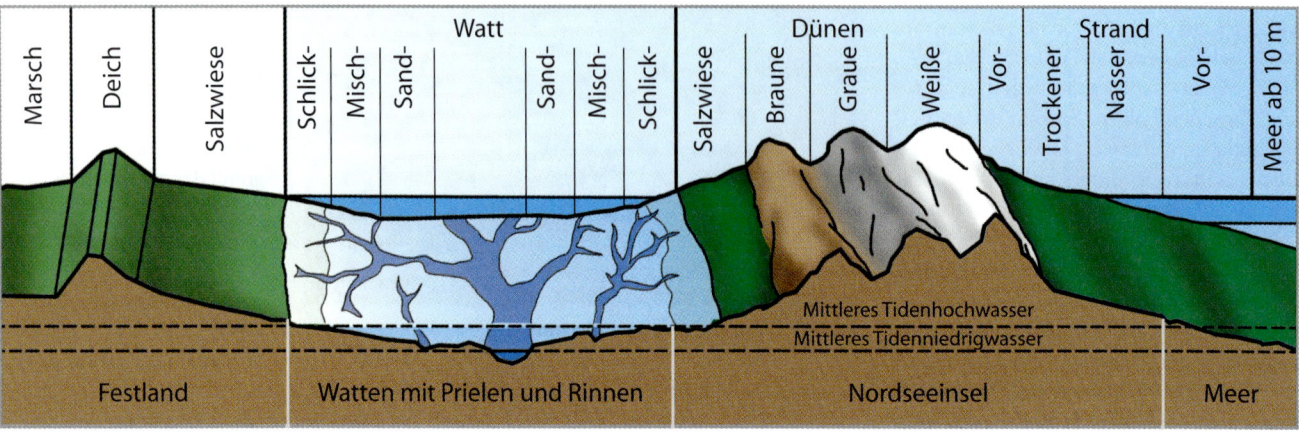

Abb. 1: Die Zonen des Wattenmeeres

bunden ist, hat einen geringeren Salzgehalt, da der Wasserhaushalt mit durch die großen Süßwasserflüsse und die Niederschläge bestimmt wird (westliche Ostsee 17 Gramm und östliche Ostsee weniger als 8 Gramm pro Liter).

Leben zwischen Land und Meer

An der Nordseeküste breitet sich zwischen Land und Meer ein von den Gezeiten geformtes Sechsstundenland aus, das Wattenmeer. Es erstreckt sich in einer Länge von 450 km an der Nordseeküste zwischen dem holländischen Den Helder im Westen bis zum dänischen Esbjerg im Norden. Es reicht vom Fuß des Außendeichs mit seinen Salzwiesen über das Schlick- und Sandgebiet mit den Prielen und Rinnen bis zu den Dünen der Inselkette (Abb. 1). Das Watt ist somit ein parallel zur Küstenlinie angeordnetes Flachwasserbecken, das täglich zweimal vom Meer überspült wird. Ebbe, ablaufendes Wasser, und Flut, auflaufendes Wasser, sind das Ergebnis eines komplizierten Zusammenspiels von himmlischen Kraftfeldern, nämlich Mond und Sonne. Die stärkere Wirkung geht vom Mond aus. Das bewegliche Wasser wird durch seine Anziehungskraft zu einem Wellenberg aufgehäuft, der allerdings im freien Ozean nur eine Höhe von einem halben Meter er-

Das Wattenmeer ist eine der letzten großflächigen, zusammenhängenden **Naturlandschaften** Europas, in die Menschen noch relativ wenig eingegriffen haben. Die Lebensbedingungen sind hier für Pflanzen wie Tiere extrem hart. Trockenperioden und Überflutungen folgen fortwährend aufeinander. Die meisten Tiere, die durch Haut oder Kiemen atmen, müssen Verhaltensweisen entwickeln, um sich vor dem Austrocknen oder Sauerstoffmangel zu schützen. Außerdem müssen sie auf den schwankenden Salzgehalt des Wassers reagieren. Bei zu starker Verdunstung wird es noch salziger, bei Regen süßt es aus.

Bei Ebbe sieht die nassglänzende Schlick- und Sandfläche zwar auf den ersten Blick völlig ausgeräumt und leblos aus, aber der Boden hat es in sich. Etwa 300 Gramm tie-

setzt ist. Bei Niedrigwasser gräbt sie sich in den Boden ein. Von der Wattschnecke leben Krebse, Fische und Enten. Ein anderer Winzling ist der 15 Millimeter lange **Schlickkrebs**, der zu den Flohkrebsen gehört. 1000–5000 Tiere befinden sich auf einem Quadratmeter, manchmal sogar mehr (Abb. 2). Sie sitzen in selbst gegrabenen, 3–4 Zentimeter langen, U-förmigen Gängen, die mit Schleim ausgekleidet sind. Zum Nahrungserwerb haben sie zwei Techniken entwickelt: Durch Schlagen mit den Beinen erzeugen sie einen Wasserstrom, dem sie Sauerstoff entnehmen und aus dem sie die zerriebenen Pflanzenteilchen herausfiltern. Zum anderen kratzen sie mit dem langen Antennenpaar die oberste Bodenschicht zu sich heran und entnehmen ihr Kieselalgen und tote organische Partikelchen. Die winzigen **Wattenseealgen**, die bei Niedrigwasser aus ihren Löchern hervorkriechen, bedecken den Boden mit einem goldbraunen Film. Auf eine nur münzgroße Fläche passen rund eine Million Algenzellen. Nicht nur Strandschnecken weiden diesen Algenrasen ab. Auch Muscheln beteiligen sich daran. Sie gehören zu den Weichtieren, deren Körper von einer zweiklappigen Schale umschlossen ist. Diese ist an der Rückseite der Tiere durch ein Scharnier verbunden. Die **Pfeffer-, Herz- und Sand-**

Abb. 2: Stark vergrößerter Schlickkrebs (Orig. 15 mm)

(Bildbeschriftung: Fühler (Antenne), Schwanz, Schwimmbeine, Schreitbeine, Fühler (Antenne))

Biologie

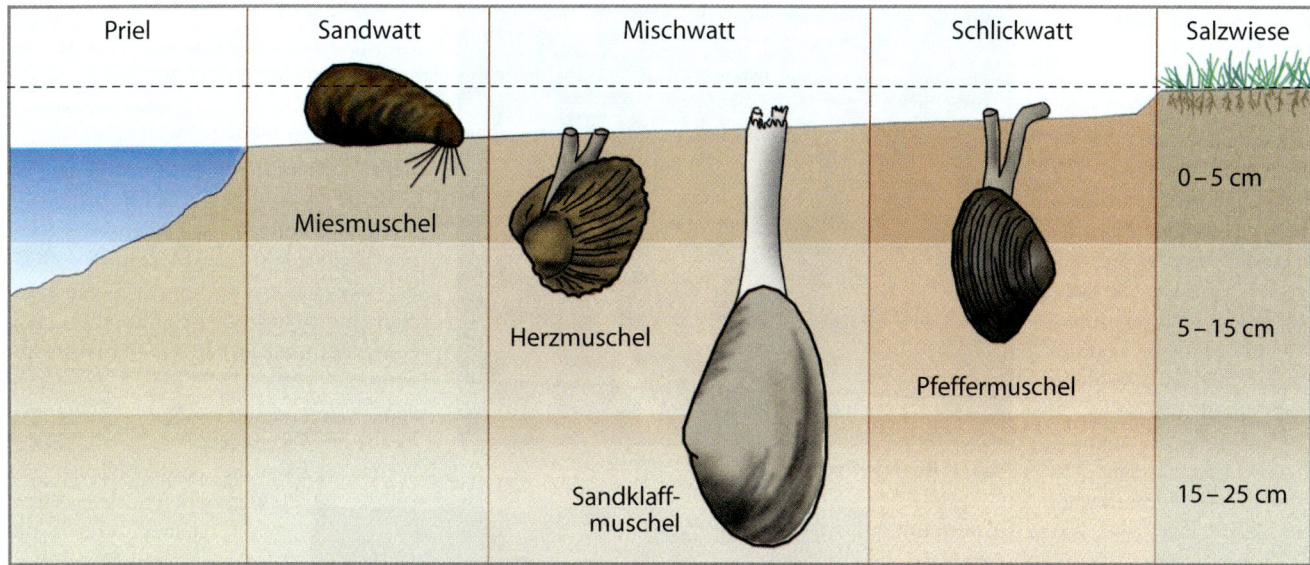

Priel	Sandwatt	Mischwatt	Schlickwatt	Salzwiese
	Miesmuschel			0–5 cm
		Herzmuschel	Pfeffermuschel	5–15 cm
		Sandklaffmuschel		15–25 cm

Abb. 3: Verschiedene Muscheln leben in unterschiedlichen Schichten des Watts

klaffmuscheln graben sich verschieden tief in den Wattboden ein. Über einen **Sipho** stehen sie mit der Oberwelt in Verbindung. Pfeffer- und Herzmuschel benutzen zwei getrennte Schnorchel, einen Ein- und einen Ausströmsipho, bei der Sandklaffmuschel sind sie verwachsen. Bei ihr kann der Sipho bis zu 50 Zentimeter lang werden (Abb. 3). Nur die runden Löcher im Watt verraten die

Abb. 4: Wohnröhre des Wattwurms

Anwesenheit der Muscheln. Hat man eine Muschel ausgegraben, so versucht sie mit Hilfe eines kleinen, beilförmigen Grabfußes wieder im Wattboden zu verschwinden. Durch Auffüllen mit Blut kann er ausgefahren werden und mit Hilfe von Muskeln wieder zurückgezogen werden. Es gibt eine eigenartige Erscheinung im Wattenmeer: Wenn man über den Wattboden geht, zieht die Muschel durch die Erschütterung ruckartig ihren Schnorchel ein, so dass das Wasser darin nach oben spritzt. Darum werden die Muscheln in manchen Küstengegenden auch „Pisser" genannt.

Die **Miesmuschel** gräbt sich nicht ein, braucht also auch keinen Sipho, sondern sitzt dicht gedrängt mit vielen Tausenden von Muscheln auf dem Wattboden in so genannten Muschelbänken. Sie verankern sich mit einem klebrigen, zugfesten Eiweißfaden, dem **Byssusfaden**. Dieser wird in einer speziellen Drüse am Fuß der Tiere gebildet, um sich dann am Untergrund oder an Artgenossen festzuhalten. Bei Überflutung öffnen die Muscheln ihre Schalenklappe einen Spalt. Mit ihrem wie ein sehr feines Sieb konstruierten Kiemenpaar strudelt die Muschel durch die Bewegung heftig arbeitender Wimpernbänder Wasser ein und filtriert daraus die mikroskopisch kleinen Nahrungspartikel. Eine große Miesmuschel kann bis zu 100.000 Muschellarven und viele Seesternlarven pro Tag als Nahrung aus dem Wasser filtern. Dabei werden nicht nur lebenswichtige Nahrungspartikelchen aufgenommen, sondern auch gefährliche Giftstoffe. Gerade Miesmuscheln sind stark mit Schwermetallen und organischen Giften belastet. Wenn die Muschelbänke trocken liegen, schließen die Tiere ihre Schalenklappen, damit sie nicht austrocknen.

Alle kleinen Wattbewohner sind die Nahrung größerer, im Boden lebender Tiere. Dazu gehört auch der **Watt- oder Pierwurm**. Seine Spuren hinterlässt er als charakteristische Kothaufen. Er ist ein entfernter Verwandter des Regenwurms, ist 10–20 Zentimeter lang, und seine Farbe reicht von braun

bei jungen bis schwarz bei älteren Tieren. Er lebt in einem U-förmigen Wohngang, dessen Wände durch Schleim verfestigt und bis zu 30 Zentimeter tief sind. Mit dem Vorderkörper liegt er in Richtung des blind endenden Teils, wo er ständig Sand aufnimmt (Abb. 4). Er ernährt sich von Mikroorganismen und zerriebenem Pflanzenmaterial, das er mit dem Sand aufnimmt. Der Sand und andere Stoffe werden als Kotschlinge aus der Röhre gedrückt. Das ist der Augenblick, in dem die Vögel auf die fette Beute warten. Sie erwischen oftmals aber nur einen Teil seines dünnen Hinterendes. Mit einem abgerissenen Hinterleib kann er weiterleben, da er aus den übrigen Körpersegmenten ein neues Hinterende regenerieren kann. Einerseits ist er als Beutetier für andere Tiere wichtig, hat aber auch durch seine Grab- und Fresstätigkeit eine besondere Bedeutung für das Ökosystem Watt. Bis zu 50 Tiere kann man auf einem Quadratmeter finden, die pro Jahr 400 Kilogramm Wattboden intensiv umarbeiten.

So ernähren sich diese Tiere des Watts durch **Abweiden**, **Strudeln** und **Fressen** von Bodenteilchen.

Zum Weiterlesen:

- Das Wattenmeer – Lebensraum in Gefahr, S. 386
- Ökologie der Binnengewässer, S. 380

Zugvögel und andere Besucher des Wattenmeeres

Vögel am Wattenmeer

Das Wattenmeer ist ein äußerst nahrungsreicher Lebensraum für viele Vogelarten und ein unersetzbarer Brut- und Rastraum. Das Nahrungsangebot ist so groß, dass 3 Millionen Vögel im Laufe des Jahres im Wattenmeer satt werden. Die meisten halten sich auf ihrem Zug im Frühjahr und im Herbst hier auf. Während der Zugzeit kommt es zu großen Massenansammlungen. Und doch kommt es zu keinem Konkurrenzkampf bei der Nahrungssuche, da jede Art aufgrund ihrer Ausstattung – Form und Länge des Schnabels und der Beine – sich stochernd, pickend, hackend, seihend, tastend und tauchend auf die Suche begibt. Dicht gedrängt warten sie schon auf höher gelegenen Rastplätzen, dass das Wasser abläuft. Bei ihrer Nahrungssuche hinterlassen sie charakteristische Spuren. Durch ihre besondere Schnabelform sind sie an unterschiedliche Beute angepasst. **Regenpfeifer** mit ihren kurzen Schnäbeln picken Krebse und andere Kleintiere auf. Die langschnäbeligen **Austernfischer** und **Brachvögel** stochern nach Würmern und Muscheln im Wattboden (Abb. 1). Diese Vögel haben Fußabdrücke ohne Schwimmhäute. Zu den Vögeln

Abb. 1: Austernfischer

Abb. 2: Möwen haben Schwimmhäute

Abb. 3 : Die Silbermöwe ist der häufigste Brutvogel der Nord- und Ostsee

mit Schwimmhäuten gehören die **Möwen, Seeschwalben, Enten-** und **Gänsevögel** (Abb. 2). Eine besondere Art der Nahrungsaufnahme kann man bei verschiedenen Möwenarten beobachten. Sie stehen im flachen Wasser, trampeln auf der Stelle und senken hin und wieder den Kopf, um Nahrung aufzunehmen. Durch ihr Trampeln haben sie in das seichte Wasser so genannte Trampelkuhlen getreten. Dabei wird der Boden aufgewirbelt, und der richtige Tritt zur

rechten Zeit und an der richtigen Stelle verspricht einen reich gedeckten Tisch mit Kleintieren.

Häufigster Brutvogel an Nord- und Ostseeküste ist die **Silbermöwe.** Sie ist bussardgroß und hat einen kräftigen, gelben Schnabel (Abb. 3). Bei ihrer Nahrungssuche ist sie vielseitig, sucht im Watt, am Strand, begleitet Schiffe, ist auf Äckern, Wiesen und Müllplätzen zu finden. Dazu hat sie verschiedene Strategien entwickelt: Sie späht schreitend nach Beute, nimmt im flachen Suchflug über der Wasserfläche Beute auf oder macht es wie andere Artkollegen mit Trampelkuhlen. Hauptnahrung sind Krebse, Muscheln, Seesterne, Fische und Abfälle. Wie alle Meeresvögel müssen die Möwen ihre Nahrung aus dem Meer beziehen. Das ist nicht einfach, da dies mit zwei Dingen verbunden ist, die für Vögel außerordentlich schädlich sind: Nässe und Salzgehalt. Wasservögel haben eine viel stärker entwickelte Bürzeldrüse als Landvögel, so dass sie ihr Gefieder sicher einfetten können. Futter und Trinkwasser enthalten eine große Salzmenge.

Man hat errechnet, dass eine Eiderente pro Tag 40–60 Gramm Salz aufnimmt. Solche Salzmengen sind für den Körper schädlich. Meeresvögel wären nicht überlebensfähig, wenn nicht eine Salzausscheidung durch spezielle, im Kopf liegende Drüsen geschieht. Über die Nasenlöcher fließt eine helle, konzentrierte Salzlösung nach außen. Bei trockenem Wetter kann das zu Salzkrusten auf dem Schnabel führen. Bei älteren Tieren kann man eine charakteristische Kopfbewegung beobachten, mit der sie die Salzkruste abschütteln.

Fische im Wattenmeer

Wenn bei Ebbe die meisten Flächen des Watts schon trockengefallen sind, bleiben oftmals die Priele als einzig Wasser führende Ader zurück. Da ein Priel auch bei Ebbe noch Wasser führen kann, ist er das Auffangbecken für alle Tiere, die sich bei Flut über die Wattfläche verteilen. Das Wattenmeer ist sehr fischreich. Etwa 100 Fischarten kommen dort vor. Die meisten sind Saisongäste, die im Sommer das Wattenmeer als Aufzuchtgebiet gebrauchen, die **Scholle, Seezunge, Hering** und **Sprotte.** Sie laichen in der Nordsee, und die Larven werden mit der Flut ins Wattenmeer verfrachtet. Das reiche Nahrungsangebot und das verhältnismäßig warme Wasser bieten gute Bedingungen für das Heranwachsen. Im Winter wandern die jungen Schollen, Heringe und andere Fischarten in die tiefere Nordsee ab. In den letzten Jahrzehnten ist der Hering, der auch als „Silber der Nordsee" bezeichnet wird, im Bestand stark zurückgegangen (Abb. 4).

Abb. 4: Die Heringsfischerei war einmal eine der Haupteinnahmequellen der Nordseefischerei

Biologie

Seehunde

Als größtes Tier lebt im Sommer der **Seehund** im Wattenmeer. Er gehört zu den Robben, die als Fischfresser die Küsten aller Meere bevölkern. Er ist die einzige Robbe, die sich an Deutschlands Küsten aufhält (Abb. 5). Bei Flut findet er reichlich Nahrung an Heringen, Plattfischen und Aalen. Bei Ebbe nutzen die Seehunde die frei werdenden Sandbänke als Ruheplätze. Da liegen sie in Gruppen vereint, denn Seehunde sind soziale Meeressäuger. Nähert sich etwas Fremdes ihrem Liegeplatz, werden zunächst die Wächtertiere aufmerksam, dann alle anderen, robben zum Wasser und tauchen weg. Alle Robben sind hervorragende Taucher und Schwimmer. Die vier Gliedmaßen sind zu Flossen umgewandelt. Die Vorderfüße werden als Ruder gebraucht, während die Hinterfüße zu einer waagerechten Schwanzflosse zusammengelegt werden. Kopf und Rumpf gehen ineinander über, so dass der Körper stark stromlinienförmig ist. Ein dichter, warmer Pelz und eine Speckschicht schützen sie vor der Wasserkälte. Die kleinen Ohröffnungen werden unter Wasser durch einen Schließmuskel sicher abgedichtet. Auch die Nasenlöcher sind dank einer Ver-

Abb. 6: Der Seestern bewegt sich mit seinen Armen fort

Im Sommer sind die Seehunde an die Sandbänke gebunden, denn da ist die Seehund-Kinderstube. Ende Juni/Anfang Juli bringen die Seehundweibchen ihre Jungen zur Welt. Seehundbabys wiegen bei der Geburt 8–10 Kilogramm und können sofort schwimmen. Das Säugen der Babys mit sehr fetthaltiger Milch (bis zu 40 %, Kuh- und Menschenmilch enthält 4 % Fett) ist ebenso wie die Geburt an festen Untergrund gebunden. Wegen der guten Nahrung nehmen sie 1 Pfund und mehr pro Tag zu. Nur wenn sie ausgiebig Ruhe haben, bekommen die Seehunde genug von der nährkräftigen Milch und können ihr Gewicht in 6 Wochen verdreifachen.

Manchmal findet man **Heuler**. So nennt man diesjährige junge Seehunde, die, wenn sie allein gelassen werden, heulende Rufe ausstoßen, um ihre Mutter wieder anzulocken. Sind es echte Heuler, die ihre Mutter durch Unfall, Krankheit oder andere Umstände verloren haben, werden sie in Aufzuchtstationen gebracht und so lange betreut, bis sie selbständig sind.

Seesterne

Seesterne gehören zu den bekanntesten Meeresbewohnern. Ihr Körper besteht aus einer zentralen Scheibe, aus der strahlenförmig fünf Arme herausragen. Mit jedem der Arme kann sich der Seestern voranbewegen (Abb. 6). Der Kopf fehlt. Der Mund liegt in der Mitte der Unterseite der Scheibe, der

After auf der Oberseite. An der Unterseite der Arme sitzen kleine schlauchartige Füßchen mit Saugnäpfen. Sie sind mit einem Kanalsystem verbunden, das mit Wasser gefüllt ist. Muskeln pressen Wasser aus den Bläschen in die Saugnäpfe, und dadurch werden diese gestreckt. Andere Muskeln verkürzen die Füßchen. Seesterne sind Raubtiere, die sich von Schnecken, Muscheln, Krebsen und selbst von Fischen ernähren. Beim Fressen der Muscheln bedient sich der Seestern einer speziellen Technik. Er umklammert mit den Armen die Beute und zieht dann die beiden Klappen mit der Saugkraft der zahllosen Füßchen auseinander. Es dauert Stunden, bis die Muskeln der Muschel ermatten. Sobald ein kleiner Spalt entstanden ist – 0,1 Millimeter reichen schon aus –, stülpt der Seestern den Vorderteil seines Magens durch die Mundöffnung nach außen und schiebt ihn durch den Spalt in das Innere der Beute und scheidet Verdauungssäfte aus. Das Fleisch der Muschel wird so außerhalb des Körpers des Seesterns verdaut und dann von ihm aufgesaugt. Ein Seestern fühlt sich rau an. Er gehört zu den **Stachelhäutern**. In seiner Haut sitzt ein Netz vom Kalkplättchen, die sich geschmeidig gegeneinander bewegen.

Abb. 5: Seehunde sind Bewohner des Wattenmeeres

schlussautomatik beim Tauchen zu verschließen. Unter Wasser wird die Zahl der Herzschläge von 150 auf 10 je Minute gesenkt. Der gesamte Stoffwechsel läuft auf Sparflamme. Dadurch verbraucht er viel weniger Sauerstoff und kann so 8–10 Minuten tauchen. Auf dem Land bewegt sich der Seehund unbeholfen.

Er kann nicht, wie der Seelöwe, die Hinterflossen unter den Körper klappen und so auf allen vieren laufen. Deshalb muss er sich an Land wie eine Spannerraupe fortbewegen. Er wirft den Vorderkörper vor und zieht dann den Hinterleib nach.

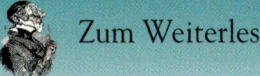

Zum Weiterlesen:

- Vögel, S. 340
- Fische, S. 338
- Leben im Wattboden, S. 382

Das Wattenmeer – ein Lebensraum in Gefahr

*S*toffkreisläufe – Nahrungsketten – Nahrungsnetze

Das Meer weist eine ungeheure Formenvielfalt auf. Es gibt unzählig viele winzige Lebewesen, die man nur mit dem Mikroskop entdecken kann. Sie schweben und schwimmen und sind nur den Bruchteil eines Millimeters groß. Sie werden als **Plankton** (aus dem Griechischen = das Treibende) bezeichnet. Dazu gehören sowohl pflanzliche als auch tierische Organismen, deren Eigenbewegung nicht ausreicht, sich von der Wasserbewegung unabhängig zu machen. Zu den **Mikroalgen** gehören die Kieselalgen, die Geißelalgen und Blaualgen. Bisher wurden im Wattenmeer etwa 450 verschiedene Arten von Kieselalgen nachgewiesen. Sie bilden die organische Grundlage allen Lebens im Meer, bauen aus energiearmen, anorganischen Stoffen mit Hilfe des Sonnenlichtes energiereiche, organische Stoffe auf. Bei dieser Fotosynthese wird Sauerstoff freigesetzt. Das Plankton ist der **Produzent** (Hersteller) und hat eine große Bedeutung für die anderen Lebewesen, die es zum Leben gebrauchen. Diese werden deshalb **Konsumenten** (Verbraucher) genannt. Bei dieser Beziehung geht es um Fressen und Gefressenwerden. Zum Plankton gehören auch Tiere. Man bezeichnet sie als **tierisches Plankton (Zooplankton)**. Das sind riesige Mengen an kleinen Krebsen, Würmern, Krebs-, Muschel- und Fischlarven. Planktonriesen sind die Quallen. Da das Plankton in so großer Zahl vorkommt, bietet es auch die Hauptnahrungsquelle für viele Watttiere. Das **pflanzliche Plankton (Phytoplankton)** wird vom tierischen Plankton gefressen. (Abb. 1) Diese kleinen Pflanzenfresser, wie zum Beispiel der Ruderfußkrebs, werden von größeren Tieren verspeist. Auch diese haben Fressfeinde. Die Übertragung von Nahrungsenergie von Pflanzen auf eine Reihe von anderen Lebewesen über wiederholtes Fressen und Gefressenwerden kann schematisch in einer **Nahrungskette** dargestellt werden (Abb. 2). Am Anfang der Nahrungskette stehen Algen, am Ende zum Beispiel als Endkonsument der Seehund. Es kann natürlich auch der Mensch als Fischkonsument sein. Bevor ein Seehund als Endkonsument satt ist, müssen unzählig viele Planktonalgen die Nahrungsbasis produziert haben. Die Nahrungsbeziehungen der Meereslebewesen sind jedoch nicht so gradlinig, sondern komplizierter, da jede Tierart verschiedene

Abb. 1: Das pflanzliche Plankton wird vom tierischen Plankton gefressen

Fressfeinde hat, und diese auch nicht nur eine Tierart erbeuten, sondern gleichzeitig auf mehreren Ebenen Nahrung finden. Dadurch werden diese Ketten untereinander so verflochten, dass sie ein **Nahrungsnetz** bilden.

Das Meer als Nahrungsquelle

Die Ernährung der Weltbevölkerung durch Produkte, die auf dem Land gewonnen werden, ist an ihre Grenzen gekommen. Darum setzt man große Hoffnungen auf den Lebensraum Wasser. **Algen**, die in riesigen Mengen vorkommen, können für die Nahrung verarbeitet werden. Wissenschaftler arbeiten daran, die Möglichkeiten auszuwerten. In Japan gehören Algen schon zur täglichen Nahrung.

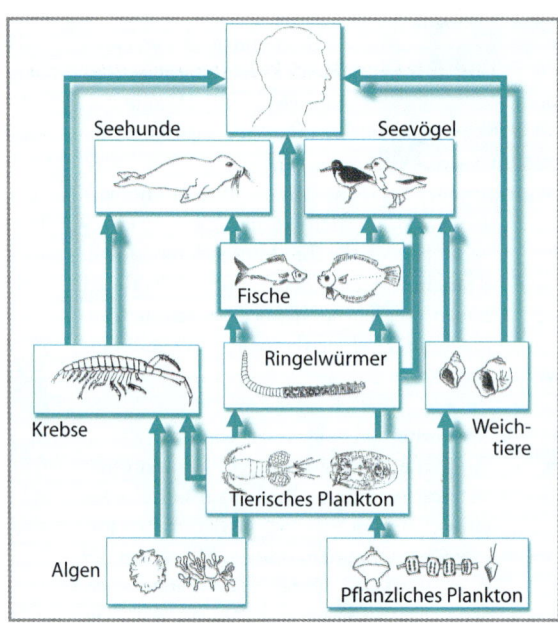

Abb. 2: Die Nahrungspyramide im Meer

Meeresfische gehörten schon immer zum Speiseplan des Menschen, wie Kabeljau, Seelachs, Rotbarsch, Hering, Makrele, Scholle. Durch Überfischung, das heißt rücksichtslosen Raubfang, ist die Zahl der Speisefische zurückgegangen. Seit einigen Jahren züchtet man Fische. Der Lachs ist ein Objekt des **„fishfarming"**. Dieser teure Speisefisch wird in großen Mengen in Fischfarmen vor allem vor Irland, England und Norwegen gezüchtet (Abb. 3). Die frisch geschlüpften Lachse werden in Süßwassertanks aufgezogen. Dann gewöhnt man sie an Wasser mit allmählich steigendem Salzgehalt. Danach setzt man sie in große Schwimmkäfige, die in ruhigen Meeresbuchten liegen. Gefüttert werden sie mit Fischmehl, das aus kleinen Fischen und Heringen gewonnen wird. Bei so intensiver Haltung müssen Chemikalien und Medikamente mit eingesetzt werden, um keine Krankheiten auftreten zu lassen. Das bedeutet aber eine Belastung für das Meerwasser und den Endkonsumenten. Das Meer kann nur dann zur Nahrungsquelle der Zukunft werden, wenn die Verschmutzung beendet wird.

Das Meer, ein gefährdeter Lebensraum

Durch die Nahrungsebenen eines Ökosystems wird nicht nur Energie von Stufe zu Stufe weitergegeben, auch **giftige Stoffe**. Viele stammen aus dem Binnenland und gelangen mit den Flüssen ins Meer. Dazu kommen die **Abwässer** von den großen Industriebetrieben an den Küsten. Große Mengen von schadstoffhaltigem Material werden von Schiffen aus in das Meer verklappt. Weitere Stoffe stammen aus der Atmosphäre, die sich hier aus dem Verkehr, aus Industrie und Kraftwerken gesammelt haben und dann über Niederschläge ins Meer gelangen. Schwermetalle, chlorierte Kohlenwasserstoffe (PCB) oder radioaktive Substanzen, die nicht abgebaut werden können, reichern sich in immer höherer Konzentration in den Konsumenten an (Abb. 4). Sie steigern sich von Glied zu Glied der Nahrungskette und schädigen vor allem die Endkonsumenten. So führt man auch das große Seehundsterben von 1988 auf die Tatsache zurück, dass die Seehunde als Endglieder der Nahrungskette so geschwächt waren, dass ihr Immunsystem eine von grönländischen Robben eingeschleppte Virusinfektion nicht bekämpfen konnte.

Aus der Landwirtschaft droht eine weitere Gefahr. In den letzten

25 Jahren stieg der Verbrauch der Stickstoffdüngung in Schleswig-Holstein um das Dreifache. Hoher Einsatz von **Mineraldünger** und **Gülle** bedeutet, dass die darin enthaltenen Stoffe wie Phosphat und Nitrat ausgewaschen werden und über Fließgewässer zum Meer gelangen. Durch diese Düngestoffe entsteht die Algenblüte, die starken Sauerstoffmangel zur Folge hat, an dem Fische und andere Meerestiere zugrunde gehen. Im Frühjahr 1988 hatte sich ein Algengürtel von 200 Kilometer Länge und 10 Kilometer Breite vor den Küsten Norwegens, Schwedens und Dänemarks gebildet. In dem Algenschleim erstickten Millionen von Fischen und Bodentieren.

Abb. 3: Lachsfarm auf Island

Abb. 4: Industrieemissionen verunreinigen über die Niederschläge unsere Meere und Seen

Nicht nur Tankerunfälle bringen Öl ins Meer. Permanent ist die Nordsee durch Öl belastet als Abfallprodukt menschlicher Tätigkeit, zum Beispiel durch Ölbohrungen, Ablassen von Altöl und Reinigen von Schiffstanks (Abb. 5). Dies führt zu starken Schäden an Fischeiern. Muscheln sterben ab. Geraten Enten oder Möwen in Ölteppiche, bedeutet das für sie einen grausamen Tod. Sie können nicht mehr fliegen, tauchen, schwimmen, fressen. Das Öl verklebt das Gefieder, und dieses verliert seine isolie-

rende Wirkung. Kaltes Wasser dringt bis an die Haut. Die Tiere werden unterkühlt. Bei dem unaufhörlichen Versuch, das Gefieder mit dem Schnabel zu putzen, gelangt Öl in den Magen-Darm-Trakt und führt dort zu schmerzhaften Entzündungen. Nur 20 % der verölten Vögel werden an die Strände geschwemmt, die meisten versinken auf offener See.

schenzone, ist weniger streng geschützt und lässt Nutzungsmöglichkeiten wie Fischerei, Jagd und Bebauung zu. In Zone 3, der **Erholungszone**, sind viele Nutzungen durch den Menschen zugelassen.

Ob diese Maßnahmen ausreichen und nicht zu sehr zu einem Nutzpark führen, muss sich zeigen. Wirtschaftliche Interessen und Naturschutzgedanken müssen sinnvoll

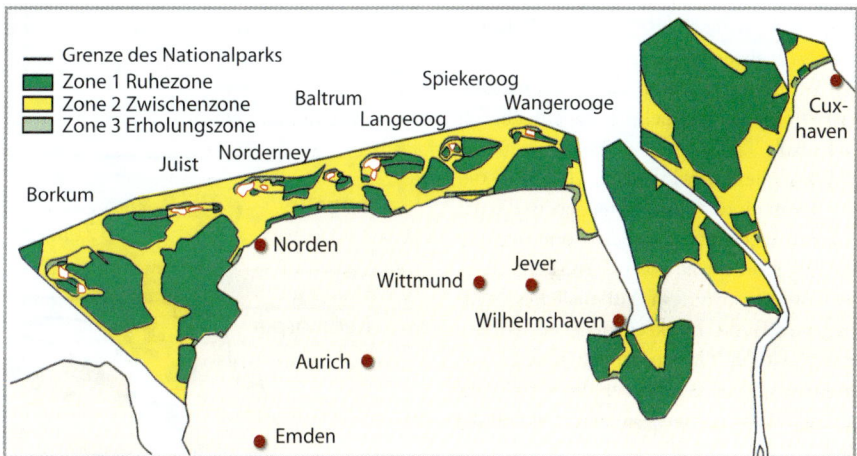

Abb. 6: Nationalpark Wattenmeer, niedersächsischer Teil

Schutzmaßnahmen für Meer und Watt
Das Wissen um die Einzigartigkeit, die Bedeutung und Bedrohung des Ökosystems Wattenmeer hat zu Schutzmaßnahmen geführt. Weite Teile des Wattenmeers wurden 1985 in Schleswig-Holstein und 1986 in Niedersachsen zum **Nationalpark** erklärt (Abb. 6). Die Nationalparkidee wurde in Amerika ins Leben gerufen, wo der erste Park im Yellowstone-Gebiet in den Rocky Mountains entstand. Die Zielsetzung ist, die ursprünglich vom Menschen noch unberührte Natur zu erhalten. Der Nationalpark Wattenmeer ist in drei Zonen eingeteilt. In Zone 1, der **Ruhezone**, ist der Schutz am intensivsten. Zu ihr gehören wichtige Seehundliegeplätze, Brut-, Rast- und Mauserplätze der Vögel und auch Salzwiesen. Zone 2, die **Zwi-**

aufeinander abgestimmt werden. Mit Sicherheit müssen noch weitere Maßnahmen folgen, um das Ökosystem Wattenmeer für die Zukunft zu erhalten. Die Abwasserfracht der Flüsse muss erheblich verringert werden.

 **Zum Weiterlesen:**

- Vögel, S. 340
- Ökologie der Binnengewässer, S. 380
- Zugvögel und andere Besucher des Wattenmeeres, S. 384

Abb. 5: Öltransporte auf dem Meer bergen immer wieder die Gefahr von Tankerunfällen in sich

Der Aufbau der Zelle

Alle lebenden Organismen bestehen aus **Zellen**. Lebewesen können als Einzeller oder Vielzeller auftreten. Bei den Einzellern werden die Lebensvorgänge innerhalb einer Zelle gesteuert, während sich bei den Vielzellern Zellgruppen spezialisieren und differenzierte Aufgaben zum Wohle des Gesamtorganismus übernehmen.

Dabei können jeder einzelnen Zelle die Kennzeichen des Lebendigen zugeordnet werden. Sie können wachsen und sich entwickeln, sie haben eine grundlegende Bedeutung bei der Fortpflanzung, sie sind maßgeblich am Stoffwechsel beteiligt, und sie besitzen prinzipiell die Fähigkeit von Reizbarkeit und Bewegung.

Ihrer jeweiligen Aufgabe entsprechend, können Zellen sich in ihrer äußeren Erscheinung stark voneinander unterscheiden. In ihrem Aufbau zeigen sie jedoch große Übereinstimmung. Unterschiede findet man insbesondere zwischen Zellen von Pflanzen und solchen von Tier und Mensch. Zellen können als Räume aufgefasst werden, die nach außen hin durch eine **Membran** (Tier, Mensch) bzw. zusätzlich durch eine **Zellwand** (Pflanze) abgeschlossen sind. Im Inneren jeder Zelle treten deren Organe (**Organellen**) auf, die in das **Zellplasma** eingebettet sind (Abb. 1).

Die Zellen von Pflanzen werden in der Regel von einer Zellwand umgeben, die der Zelle eine bestimmte äußere Form verleiht und durch die sie die nötige Festigkeit erhält. Da Pflanzen weder ein **Außenskelett** besitzen wie z.B. die Insekten noch ein **Innenskelett** wie der Mensch, erreichen sie das nötige Maß an Festigkeit durch die Verhärtung der Zellwände, zugleich aber auch durch das Auftreten von **Vakuolen** innerhalb der Zelle, Hohlräumen, die mit einem wasserähnlichen Saft gefüllt sind.

Die Zellwand besteht hauptsächlich aus Cellulose. Sie verdickt sich im Laufe der Zeit und wird starr. Dies trägt zur Stabilisierung der Pflanze bei. Die Zellmembran, die bei tierischen Zellen den einzigen Abschluss nach außen bildet, liegt bei der pflanzlichen Zelle der Zellwand von innen an. Stoffe, die die Zelle benötigt bzw. die ausgeschieden werden sollen, passieren sowohl die Zellwand als auch die Membran.

Das Zellinnere wird vom Zellplasma (**Cytoplasma**), einer durchsichtigen Masse, ausgefüllt, das hauptsächlich aus verschiedenen **Eiweißen (Proteinen)** und Wasser besteht. In ihm liegt der **Zellkern**, dessen Plasma durch eine eigene Membran vom übrigen Zellplasma abgegrenzt ist. Der Kern enthält das Steuerzentrum der Zelle, in dem die Erb-

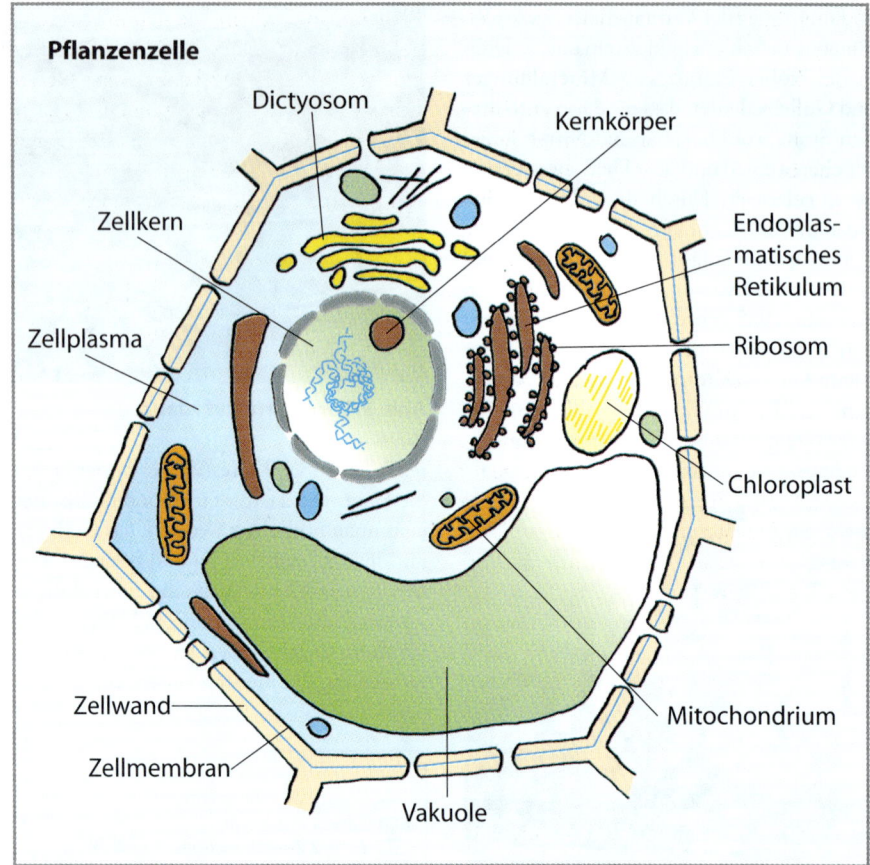

Pflanzenzelle

Dictyosom · Kernkörper · Zellkern · Endoplasmatisches Retikulum · Zellplasma · Ribosom · Chloroplast · Zellwand · Mitochondrium · Zellmembran · Vakuole

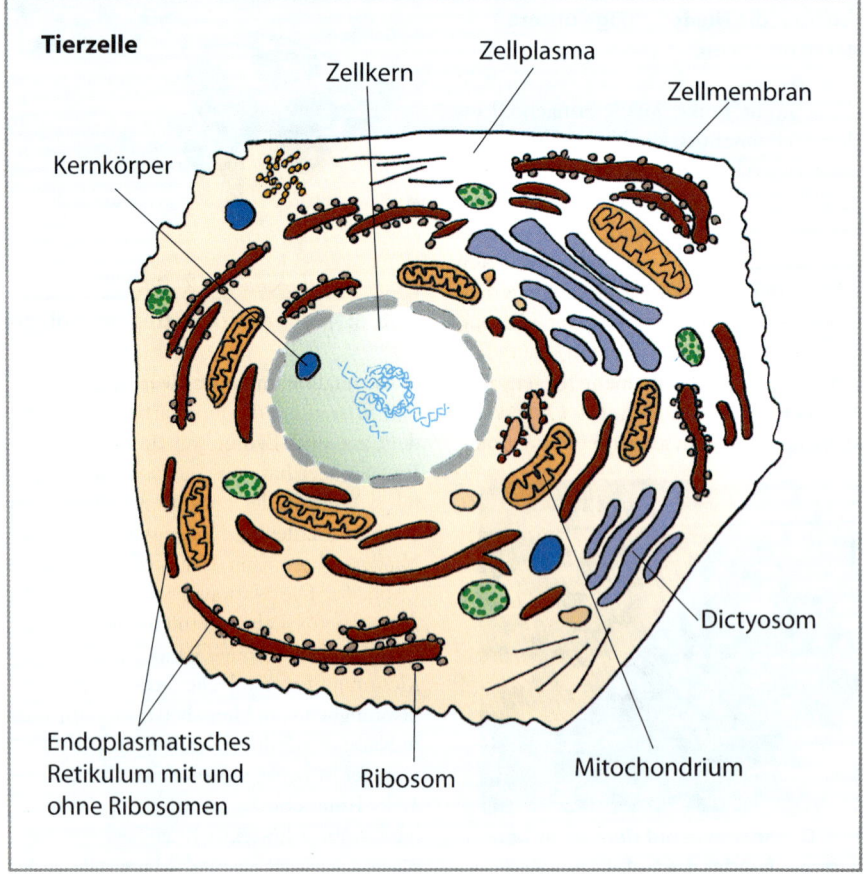

Tierzelle

Zellkern · Zellplasma · Zellmembran · Kernkörper · Endoplasmatisches Retikulum mit und ohne Ribosomen · Ribosom · Dictyosom · Mitochondrium

Abb. 1: Pflanzenzelle – Tierzelle

faktoren in Form von **Chromosomen** auftreten.

Im Zellplasma befinden sich die übrigen Organellen. Besonders auffällig unter ihnen ist das innerplasmatische Netzwerk **(Endoplasmatisches Retikulum)**, ein innerzelluläres, nach allen Seiten verzweigtes Kanalsystem, dessen Membranen sich in Form und Lage ständig verändern, so dass immer neue Systeme von Hohlräumen und Kanälen entstehen. Sein Innenraum ist mit einer Flüssigkeit ausgefüllt, die sich vom umgebenden Plasma unterscheidet. Das ER steht sowohl mit der Kernmembran als auch mit der Außenmembran der Zelle in Verbindung. Auf diese Weise bildet es die Grundlage für den Stofftransport zu allen Stellen der Zelle sowie zur Entsorgung unbrauchbarer Stoffwechselreste, da seine Membranen ihm ermöglichen, Stoffe durchzulassen oder zurückzuhalten. Zugleich garantiert das ER eine Vergrößerung der inneren Zelloberfläche, wodurch Stoffwechselvorgänge begünstigt werden. Das ER übernimmt also innerhalb der Zelle die Aufgabe des Stofftransports.

Hauptsächlich an den äußeren Wänden des ER treten die **Ribosomen** auf. Es handelt sich um körnchenähnliche Strukturen, in denen nach Anweisungen aus dem Zellkern Eiweiße aus Aminosäuren zusammengesetzt werden. Sie sind der Ort der Proteinsynthese.

Eine weitere Organellgruppe stellen die **Mitochondrien** dar. Sie treten gehäuft vor allem in Muskelzellen auf, da in ihnen energiereiche Stoffe unter Zuhilfenahme von Sauerstoff zu energiearmen Stoffen oxidiert werden. Die dabei freigesetzte Energie wird in der Zelle in Form von **Adenosintriphosphat (ATP)** gespeichert und steht dem Körper u. a. als Bewegungsenergie zur Verfügung. Mitochondrien können in kugeliger, aber auch in stäbchenförmiger Gestalt auftreten. Sie besitzen eine äußere und eine innere Membran. Während die äußere das Organell zum Zellplasma hin abgrenzt, verläuft die innere zu dieser weitgehend parallel, hat jedoch verschiedene Einstülpungen nach innen. An dieser Innenmembran liegen vor allem die Enzyme der Atmungskette, mit deren Hilfe die Zellatmung und damit die Freisetzung von Energie gewährleistet ist. Die Mitochondrien kann man daher auch als die „Kraftwerke" der Zelle bezeichnen.

Ähnlich wie das ER bestehen die **Dictyosomen** aus großflächigen Biomembranen. Ihre besondere Gestalt verdanken sie ihrer schüsselähnlichen Form, wobei in der Regel mehrere flache Scheiben übereinander angeordnet auftreten, an deren Rändern sich

Bläschen abschnüren, die sich in Richtung Zellmembran bewegen und dort ihren Inhalt nach außen abgeben. Solche **Golgi-Körper** (benannt nach ihrem Entdecker Camillo Golgi) treten vor allem in Zellen von Drüsen auf, da durch ihre Abschnürungen produziertes Drüsensekret nach außen gelangt.

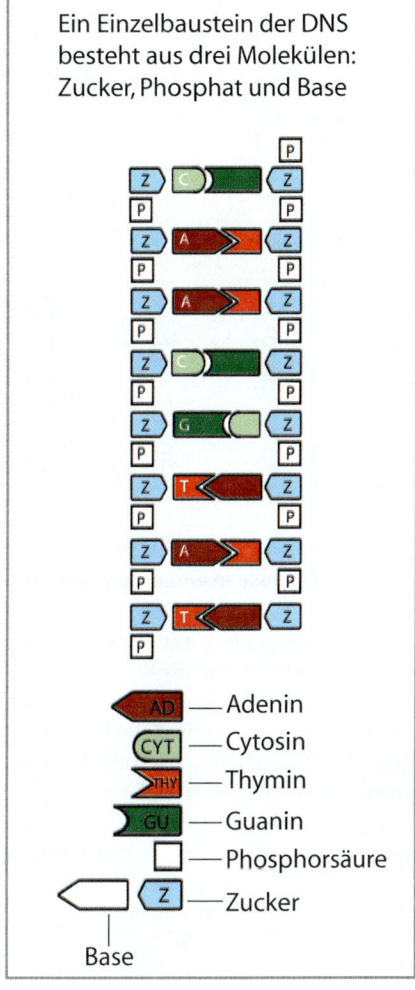

Ein Einzelbaustein der DNS besteht aus drei Molekülen: Zucker, Phosphat und Base

AD — Adenin
CYT — Cytosin
THY — Thymin
GU — Guanin
☐ — Phosphorsäure
Z — Zucker
 Base

Abb. 2: Der Aufbau der DNS

Einem weiteren Organell, das jedoch nur in den Zellen der grünen Pflanzen auftritt, muss Beachtung geschenkt werden, da sein Vorkommen als Voraussetzung für alles Leben gelten kann. Es ist der **Chloroplast**. Er enthält den grünen Farbstoff **Chlorophyll**, der in feinen Schichten die scheibenförmigen Granae bedeckt. Unter Einwirkung von Licht, Kohlendioxid und Wasser kommt es hier zur Fotosynthese, das heißt, anorganische Stoffe werden in organische umgewandelt, die als Nahrungsgrundlage für die Pflanzenfresser und damit indirekt auch für die Fleischfresser dienen.

Es wird deutlich, dass Zellen nicht nur in der Lage sein müssen, sich selbst am Leben

zu halten, sondern zugleich spezielle Aufgaben erfüllen können, die sie als Teil eines Organs oder Gewebes auszeichnen: Muskelzellen, Hautzellen, Nervenzellen oder Zellen von Hormondrüsen übernehmen sehr unterschiedliche Aufgaben zum Wohl des Gesamtorganismus. Voraussetzung für ihr einwandfreies Funktionieren ist eine präzise Steuerung durch den Zellkern. Er gibt darüber hinaus bei der Teilung der Zelle die Erbsubstanz, die Grundlage für alle Steuerungsvorgänge in der Zelle ist, so an die entstehenden Tochterzellen weiter, dass diese in gleicher Weise gesteuert werden können wie die Mutterzelle.

Der Zellkern, der in den meisten Zellen in kugeliger Gestalt auftritt, ist von einer Kernmembran umgeben, über deren Poren der Stoffaustausch ermöglicht wird. Im Kernplasma treten überwiegend Ribonukleinsäuren **(RNS)** und Desoxyribonukleinsäuren **(DNS)** als unverzweigte Molekülketten auf, die als Kernsäuren oder Nukleinsäuren bezeichnet werden und Träger der Erbinformationen sind (Abb. 2).

Grundbausteine der Nukleinsäuren sind die **Nukleotide**. Diese setzen sich jeweils aus drei verschiedenen Molekülen zusammen: 1 Molekül Phosphorsäure, 1 Molekül Zucker und 1 Molekül organische Base. Dabei besteht zwar jedes DNS-Molekül aus vielen Nukleotiden, es treten aber immer nur vier verschiedene Basen auf: **Adenin** (A), **Guanin** (G), **Cytosin** (C) und **Thymin** (T). Bei der RNS wird Thymin durch **Uracil** (U) ersetzt.

Die äußere Form der DNS entspricht einer spiralig gewundenen Leiter, deren Holme abwechselnd aus Phosphorsäure und Zucker bestehen, während die Basen die Sprossen bilden. Es können sich immer nur zwei bestimmte Basen miteinander verbinden: Adenin (A) mit Thymin (T) und Guanin (G) mit Cytosin (C). Ein DNS-Faden entsteht also durch die Aneinanderreihung vieler Nukleotide. Dabei kann ein fertiges Kettenmolekül aus 77 bis zu mehreren Millionen Nukleotiden bestehen.

Zum Weiterlesen:

- Die Chromosomen, S. 442
- Ohne Fotosynthese kein Leben, S. 396
- Die Atmung, S. 410
- Bewegung, S. 412

Die Zellteilung

*D*er Aufbau der **DNS-Doppelhelix** ist von großer Bedeutung für die Weitergabe des Erbmaterials bei der Zellteilung. Zellen vermehren sich grundsätzlich durch Teilung. Den Teilungsvorgang bezeichnet man als **Mitose**. Ziel der Mitose ist nicht nur die Entstehung von zwei neuen Tochterzellen, sondern auch die identische **Replikation** des Erbmaterials, das heißt das gesamte Erbmaterial, das in der Mutterzelle enthalten war, tritt nach der Teilung in jeder neu entstandenen Zelle so auf, wie es auch in der Ausgangszelle bereits vorlag. Wie ist das möglich? (Abb. 1)

Zu Beginn jeder Zellteilung entstehen durch Spiralisierung und Verkürzung der DNS-Fäden die unter dem Lichtmikroskop erkennbaren **Chromosomen**, die in der Regel bereits in zwei Teilstücke getrennt auftreten (**Chromatiden**), zugleich jedoch über eine Einschnürung, das **Zentromer**, miteinander verbunden sind. Die Anzahl der Chromosomen ist artspezifisch, das heißt, jede Art besitzt in ihren Zellen die typische Anzahl von Chromosomen, der Mensch zum Beispiel 46. Zu diesem Zeitpunkt hat sich die Verbindung der Basen („Sprossen der Leiter") bereits gelockert, so dass die beiden Hälften (Chromatiden) der Doppelhelix nach dem Reißverschlussprinzip auseinander weichen können. Kernkörperchen und Kernmembran lösen sich auf (**Prophase**).

Die Chromosomen ordnen sich anschließend in einer Ebene der Zelle an, die als Äquatorialebene bezeichnet wird. An das Zentromer heften sich eiweißhaltige Spindelfasern, die sich inzwischen von den beiden Zellpolen her ausgebildet haben und die

Prophase

Metaphase

Frühe Anaphase

Anaphase

Späte Anaphase

Frühe Telophase

Abb. 1: Ablauf der Mitose in einzelnen Teilschritten

sich durch ihre Stränge mit den Chromosomen verbinden (**Metaphase**).

Die Chromatiden werden durch Verkürzung der Spindelfasern und die Unterstützung von Stemmfasern zunächst völlig voneinander getrennt und anschließend zu den beiden entgegengesetzten Polen gezogen. Dadurch erhält jeder Pol einen gleichartigen Chromatidensatz (**Anaphase**).

Die Chromatiden entschrauben und entfalten sich und gehen in die Arbeitsform über. Kernkörperchen und Kernmembran bilden sich neu (**Telophase**).

Die nun fehlende Hälfte des ursprünglichen Doppelstranges wird durch Stoffe, die von außen in die Zelle gelangen, wieder aufgebaut und zwar genau so, wie sie in der Mutterzelle vorgelegen hatte (Abb. 2). Da sich nur die bestimmten Basen miteinander verbinden können, T–A bzw. G–C, ist ein Fehler im Aufbau ausgeschlossen. Diese Ergänzung des vorhandenen Chromatids bildet die Voraussetzung für eine weitere Teilung. Beide Tochterzellen erhalten gleiche Anteile des vorhandenen Plasmas (**Interphase**).

Die Natur erreicht durch den Vorgang der Mitose, dass bei der Teilung von Zellen sämtliche Erbinformationen der Mutterzelle identisch an die Tochterzellen weitergegeben werden. Dadurch ist gewährleistet, dass die neu entstandene Zelle die ihr zugedachte Aufgabe in gleicher Weise erfüllt wie die Mutterzelle.

Bleibt noch zu klären, auf welcher Grundlage die Zelle vom Zellkern aus gesteuert wird. Die Reihenfolge der Basen am DNS-Strang stellt den Code für den Informationsaustausch zwischen Zellkern und Zelle dar. Sie ist nicht beliebig sondern so ausgelegt, dass jeweils drei aufeinander folgende Basen (**Triplett**) angeben, welche Aminosäuren, die im Zellplasma auftreten, zum Aufbau eines Proteins benötigt werden. Auch der Anfang bzw. das Ende einer Information sind durch das Auftreten bestimmter Tripletts gekennzeichnet.

Die DNS im Zellkern öffnet sich an der Stelle, an der eine Information abgerufen werden soll (**Puff**). Mit Hilfe der **Boten-RNS** wird im Kern eine Matrize einer Seite des geöffneten DNS-Abschnittes hergestellt.

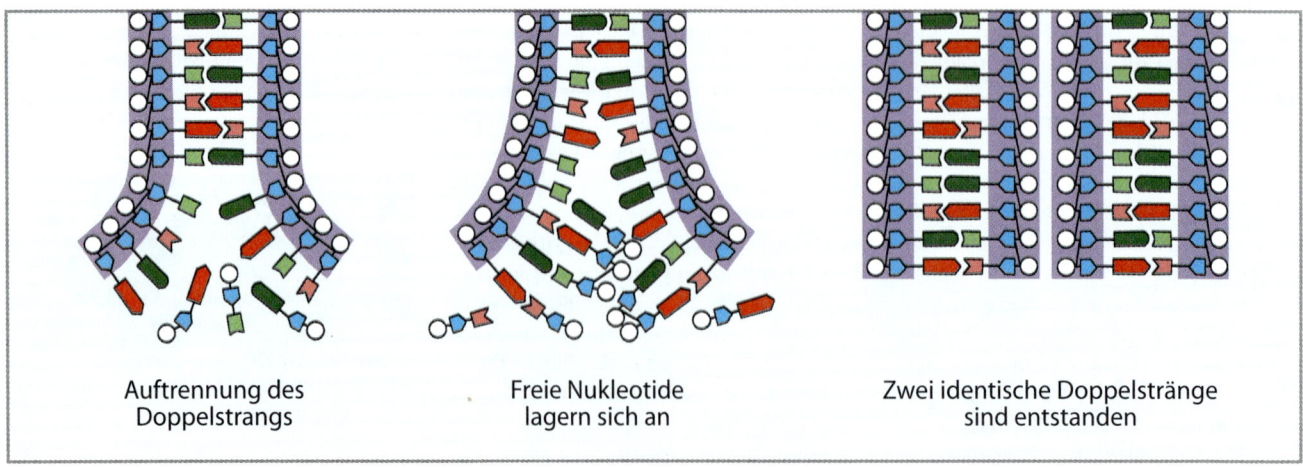

Auftrennung des Doppelstrangs

Freie Nukleotide lagern sich an

Zwei identische Doppelstränge sind entstanden

Abb. 2: Identische Replikation der DNS

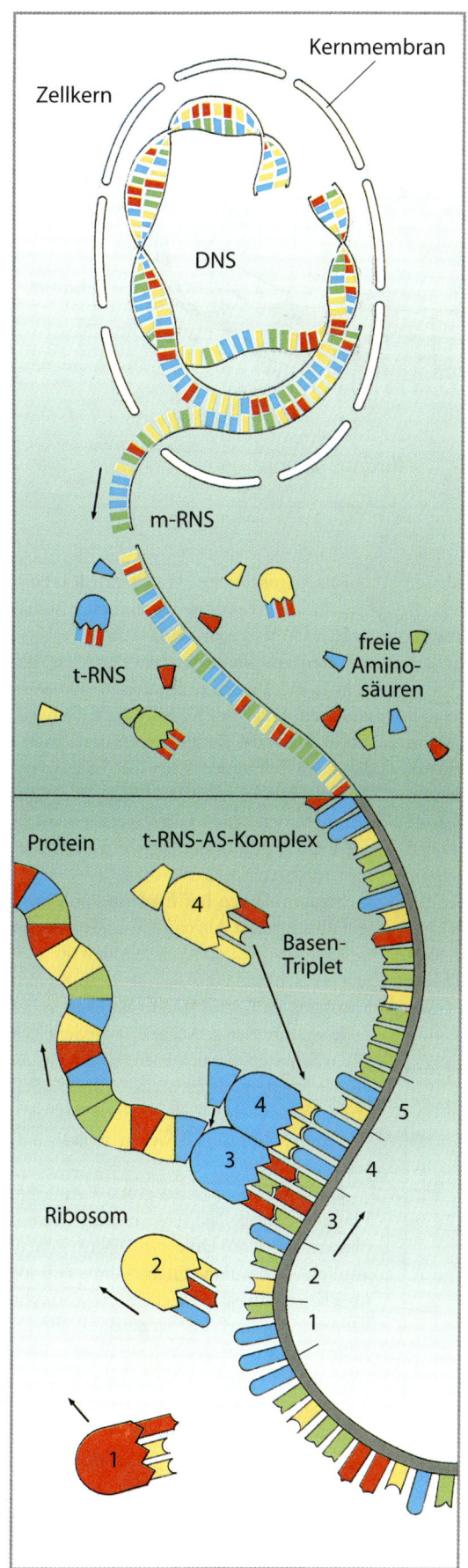

Abb. 3: Eiweißbildung an den Ribosomen

Mit dieser Matrize verlässt die Boten-RNS den Zellkern durch eine Pore der Kernmembran und wandert zu den **Ribosomen.** Ebenfalls an der DNS des Kerns bilden sich die **Träger-RNS,** die als Tripletts bestimmte **Aminosäuren** an sich binden. Mit diesen Aminosäuren, den Bausteinen der **Proteine,** erscheinen sie ebenfalls an den Ribosomen und gehen an den Stellen Verbindungen mit der Boten-RNS ein, an denen sie mit deren organischen Basen zusammenpassen. Auf diese Weise fügen sich die einzelnen Aminosäuren automatisch so lange in der vom Kern vorgeschriebenen Reihenfolge aneinander, bis ein spezifisches Protein aufgebaut worden ist (Abb. 3).

Proteine ihrerseits können im weiteren Verlauf als Baustoffe für den Organismus benutzt werden. Darüber hinaus bauen sich aus ihnen **Enzyme** auf, ohne deren Vorhandensein wichtige Stoffwechselvorgänge nicht ablaufen können.

Die Entstehung neuer Körperzellen aus alten ist die Voraussetzung allen Wachstums in der Natur. Die Anzahl der Körperzellen eines Gesamtorganismus muss sich erhöhen, wenn er wachsen soll. Dies, sowie die Replikation des Erbgutes bei dessen Übertragung auf die Tochterzellen, ist Folge der Mitose. Zugleich bildet die Mitose die Grundlage für die vegetative Fortpflanzung, eine Art der Vermehrung, die deutlich älter ist als die sexuelle Variante. Insbesondere bei Pflanzen finden wir oft beide Möglichkeiten ausgeprägt. Über Sprossung und Knospung oder Triebe entstehen aus den Zellen der Mutterpflanze über rein mitotische Vorgänge Nachkommen, die genetisch mit der Mutter und untereinander völlig übereinstimmen, da sie alle das gleiche genetische Material besitzen. Solche identische Nachkommenschaft wird als **Klon** bezeichnet.

Die Möglichkeit der sexuellen Fortpflanzung muss im Vergleich zur vegetativen offensichtlich einen Fortschritt mit sich gebracht

haben. Tatsächlich ist sie die eindeutig höhere Form der Vermehrung, da erst durch sie die Anpassungsfähigkeit der Organismen an sich ändernde Umweltbedingungen deutlich erhöht wurde. Worin also liegt der Unterschied der beiden möglichen Ansätze?

Das grundsätzlich Neue, das mit der sexuellen Vermehrung einhergeht, ist die Veränderung des vorliegenden Erbmaterials. Diese ist jedoch nur möglich, wenn in der ersten Körperzelle eines Individuums sowohl mütterliche als auch väterliche Erbanteile auftreten. Nur unter der Voraussetzung, dass in einer Art männliche und weibliche Individuen auftreten, kann es durch die Verschmelzung von männlichen und weiblichen Keimzellen zu einer Neukombination des genetischen Materials kommen (Abb. 4).

Abb. 4: Bei der sexuellen Vermehrung kommt es zu einer Neukombination der Gene, deshalb müssen sich Mutter und Tochter nicht gleichen, obwohl sie miteinander verwandt sind

Um zu verhindern, dass sich bei der Verbindung der **Samenzelle (Spermium)** mit der **Eizelle (Zygote)** die Anzahl der Chromosomen verdoppelt, und damit ein ständiges Anwachsen der Chromosomenzahl in den Zellen von Generation zu Generation gegeben wäre, muss bei der Entstehung von Keimzellen garantiert werden, dass die Zahl der Chromosomen auf ihre Hälfte reduziert wird. Diesen Vorgang bezeichnet man als **Meiose.**

 Zum Weiterlesen:

• Die Mikroorganismen, S. 392
• Die mendelschen Gesetze, S. 440
• Die Chromosomen, S. 442
• Angewandte Genetik, S. 444

Die Mikroorganismen

Zu den Mikroorganismen zählen neben anderen sehr kleinen Lebewesen vor allem Einzeller, wie Bakterien, Viren und einige Pilze. Sie unterscheiden sich von allen übrigen Lebensformen vor allem durch ihre geringe Größe. Um sie zu erkennen, braucht man Lichtmikroskope, um ihren Feinbau zu untersuchen sogar Elektronenmikroskope.

Ein typischer Vertreter für einzellige Lebewesen ist das **Pantoffeltierchen**. Sein bevorzugter Lebensraum sind stehende Gewässer, in denen es sich mit Hilfe seiner Wimpern fortbewegt. Diese umgeben seine Oberfläche, und mit Hilfe ihrer gleichmäßigen rhythmischen Schläge bewegt sich der Einzeller durch das Wasser, um seine Nahrung aufzusuchen.

Diese Wimpern bezeichnet man auch als Zilien. Das Pantoffeltierchen gehört also zu den bewimperten Einzellern (Ziliaten). Seinen Namen verdankt es seiner äußeren Form, die tatsächlich einer Schuhsohle sehr ähnlich ist (Abb. 1).

Auch Trompeten- und Glockentierchen gehören zu den Ziliaten. Sie spielen, ähnlich wie das Pantoffeltierchen, eine große Rolle bei der Reinigung von Gewässern, da sie in der Lage sind, organische Verunreinigungen aufzunehmen und abzubauen.

Ein weiterer Vertreter der in Gewässern auftretenden Einzeller ist die **Amöbe**. Sie hat für die Fortbewegung eine völlig andere Lösung entwickelt. Da ihre Zellmembran relativ elastisch ist, lässt sie ihr Plasma in eine bestimmte Richtung strömen. An der entgegengesetzten Seite dagegen wird Plasma verringert. Dadurch bildet sie so genannte Scheinfüßchen aus, durch die eine Bewe-

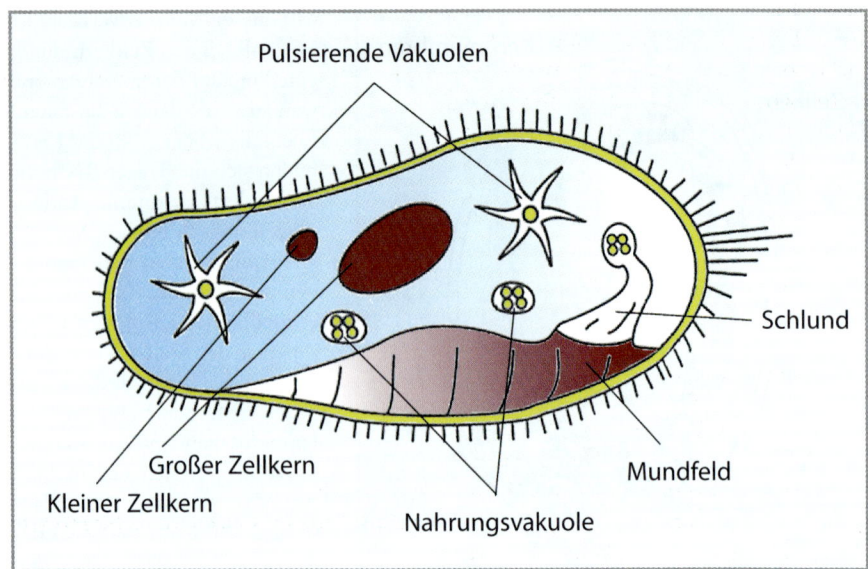

Abb. 1: Pantoffeltierchen

gung gewährleistet ist. Aufgrund dieser Fähigkeit wird die Amöbe auch als Wechsel- oder Fließtierchen bezeichnet, da sie während der Fortbewegung ständig ihre äußere Gestalt verändert.

Wechseltierchen und andere Einzeller sind in der Lage, auch dann zu überleben, wenn sich ihre Umweltverhältnisse radikal ändern. Trocknen zum Beispiel Tümpel oder Pfützen aus, in denen Amöben leben, so gehen sie rechtzeitig in die Dauerform über. Sie bilden eine widerstandsfähige Hülle aus, innerhalb derer sie lange Zeit fast ohne Stoffwechsel überleben, durch den Wind an andere Orte getragen werden können und auch ungünstige Temperaturen überstehen. Sobald ihre Umgebung wieder wässrig ist, gehen sie in die Normalform über und vermehren sich.

Das **Augentierchen (Euglena)**, das ebenfalls ein wasserbewohnender Einzeller ist, hat für seine Fortbewegung eine weitere Variante zu bieten. Als Geißeltierchen (Flagellat) bewegt es sich mit Hilfe einer Geißel, die am vorderen Ende des Körpers zu finden ist. Ähnlich wie das Ruder einer Gondel treibt diese den Zellkörper durch ihre Eigenbewegung nach vorn (Abb. 2). Dieses Antriebsprinzip finden wir auch bei Spermien, die in der Lage sein müssen, relativ weite Wege zurückzulegen.

Seinen Namen hat Euglena von einem auffälligen roten Augenfleck am Rande der Geißelgrube. Tatsächlich handelt es sich jedoch nicht um ein Auge, sondern bei einfallendem Licht und ständigem Drehen der Zelle um ihre eigene Achse erzeugt der Fleck einen Schatten, der in kurzen Abständen auf eine lichtempfindliche Stelle in der Geißelgrube fällt. Dadurch ist Euglena befähigt, sich zum Licht hin zu bewegen, es aktiv aufzusuchen.

Darüber hinaus fallen grüne Punkte im Plasma des Flagellaten auf. Es sind Chloroplasten, mit deren Hilfe das Augentierchen, ähnlich wie die grüne Pflanze, ihre Nahrung über Fotosynthese selbst erzeugt (autotrophe Ernährungsweise). Erst wenn die Lichtverhältnisse für die Fotosynthese nicht ausreichen, nimmt Euglena Nahrung von außen auf und verdaut sie (heterotrophe Ernährungsweise).

Keine Lebensform auf unserer Erde ist so erfolgreich wie die **Bakterien**, die ebenfalls nur aus einer Zelle bestehen. Sie sind für das menschliche Auge unsichtbar, kommen aber überall vor: Sie wachsen in lebenden mehrzelligen Organismen, leben im Boden, der

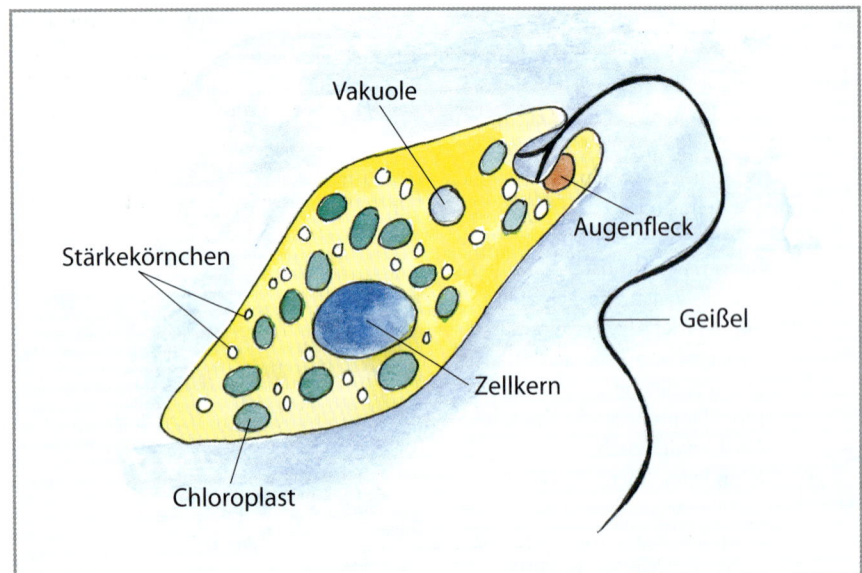

Abb. 2: Euglena – Augentierchen

Luft und auch in der Dunkelheit der Meerestiefen. Dabei ist ihre Anpassungsfähigkeit unüberboten. Sie ertragen Hitze bis zu 85 °C, überstehen große Kälte und werden vom Wind mit Leichtigkeit überall hingetragen (Abb. 3).

Ihrer äußeren Form entsprechend, unterscheiden wir Bazillen (Stäbchenform), Kokken (Kugelform), Spirillen (Korkenzieherform) und Vibrionen (Kommaform). Sie können begeißelt oder unbegeißelt sein, einzeln oder in Kolonien auftreten. Ihr Zellaufbau unterscheidet sich von pflanzlichen, tierischen und menschlichen Zellen insbesondere dadurch, dass ihr Kern keine Membran aufweist. Das Erbmaterial liegt auf einem einzigen Bakterienchromosom (Kernäquivalent) und zum Teil in ringförmigen Plasmiden im Plasma vor. Dieses wird nach außen hin von einer recht starren Zellwand abgegrenzt, die oft noch von einer schleimigen Schicht umgeben ist.

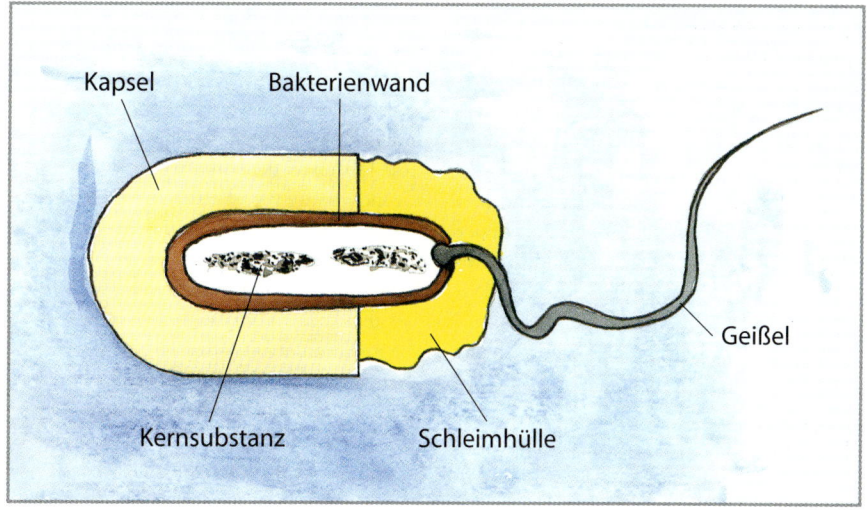

Abb. 3: Bau eines Bakteriums (Kommaform)

Bakterien spielen im Haushalt der Natur eine hervorragende Rolle. Als Saprophyten ernähren sie sich von toten Pflanzen und Tieren. Sie zersetzen dabei die organischen Stoffe in Kohlendioxid und anorganische Stickstoffverbindungen. Die Folgen solcher Zersetzungsvorgänge sind allgemein bekannt: Nahrungsmittel verfaulen, Tierleichen und abgestorbene Pflanzen verwesen, Milch gärt und wird sauer.

Darüber hinaus treten Bakterien auch als Symbionten auf. Als solche kommen sie in fast allen Tieren und Menschen vor. Indem sie dabei helfen, Nahrung im Verdauungstrakt zu erschließen, sind sie für ihren Wirt von Nutzen und profitieren zugleich von ihm. Man nennt dieses Zusammenleben mit gegenseitigem Vorteil Symbiose.

Leider müssen wir uns vor solchen Bakterien schützen, die als Parasiten und Krankheitserreger unser Leben bedrohen. Sie dringen in Pflanzen, Tiere und Menschen ein und ernähren sich von deren Zellen. Oft scheiden sie auch Stoffe aus, die für den Wirt giftig sind. Dadurch kann der befallene Körper schwer geschädigt werden.

Menschen haben im Laufe der Zeit spezielle Fähigkeiten von Bakterien und **Pilzen** entdeckt und für sich zu nutzen versucht. Insbesondere die Erzeugung von Stickstoff durch Knöllchenbakterien im Boden und die Herstellung verschiedenster Milchprodukte durch Milchsäurebakterien verdanken wir diesen Mikroorganismen. Darüber hinaus finden spezielle Pilzarten heute Anwendung sowohl in der Bekämpfung von Krankheiten (Penicillin) als auch bei der Lebensmittelherstellung (Hefepilze für Teigwaren und alkoholische Getränke).

Zu den Krankheitserregern gehören auch die **Viren**. Sie sind um ein Vielfaches kleiner

als die Bakterien, jedoch ähnlich gefährlich wie die Parasiten. Da sie nicht zu eigenem Stoffwechsel befähigt sind, können sie sich nur vermehren, wenn sie lebende Zellen für sich in Anspruch nehmen. Indem sie ihr eigenes Erbmaterial in das des Wirtes einschleusen, wird dieser in seinen Stoffwechselvorgängen so umprogrammiert, dass er fortan Virenbestandteile zusammensetzt und auf diese Weise neue Viren aufbaut. Dabei bezahlt die von Viren befallene Zelle schließlich mit dem Leben, denn sie verbraucht ihre eigenen Kräfte bei der Virenreproduktion. Sie platzt auf und entlässt Hunderte neuer Viren, die ihrerseits sofort weitere Zellen befallen. Nur durch das Erkennen, Bekämpfen und Vernichten der Angreifer durch körpereigene Abwehrstoffe gelingt es, die Krankheitserreger unschädlich zu machen (Abb. 4).

Der **AIDS-Erreger** ist deshalb ein besonders heimtückischer Virus, weil er vor allem die Zellen angreift und vernichtet, die dem Körper signalisieren, dass die Abwehr mobilisiert werden muss. Da das Immunsystem zwar vorhanden, nicht aber stark genug alarmiert ist, können die verschiedensten Krankheitserreger, die normalerweise abgewehrt werden, zunehmend die Oberhand gewinnen.

 Zum Weiterlesen:

- Der Stoffwechselvorgang, S. 404
- Das Immunsystem, S. 430
- Die Vielfalt der Süßwasserbewohner, S. 378
- Leben im Wattboden, S. 382

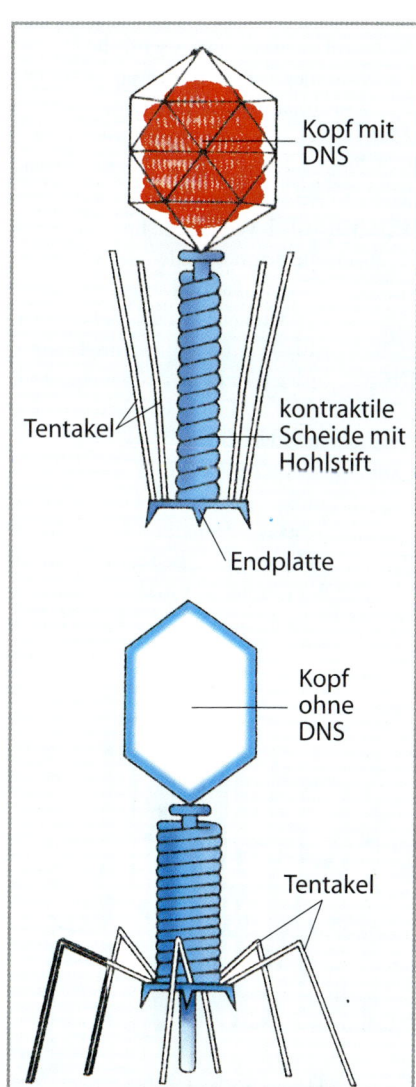

Abb. 4: Bau eines Bakteriophagen

Kopf mit DNS

Tentakel

kontraktile Scheide mit Hohlstift

Endplatte

Kopf ohne DNS

Tentakel

Bau und Funktion einer Blütenpflanze

Alle Blütenpflanzen sind im Prinzip gleich aufgebaut. Mit der Haupt- und den Seitenwurzeln sind sie im Boden verankert, der Stängel bzw. Stamm stellt die etwas kräftigere Mittelachse dar, die sich nach allen Seiten verzweigen kann, und an den Zweigen schließlich treten die Blätter, Knospen und Blüten auf. Diese äußere Gestalt bildet die Voraussetzung dafür, dass Pflanzen ihre typischen Aufgaben erfüllen können: dem Boden Wasser entnehmen und dieses verdunsten, Nährstoffe bilden und sich vermehren (Abb. 1).

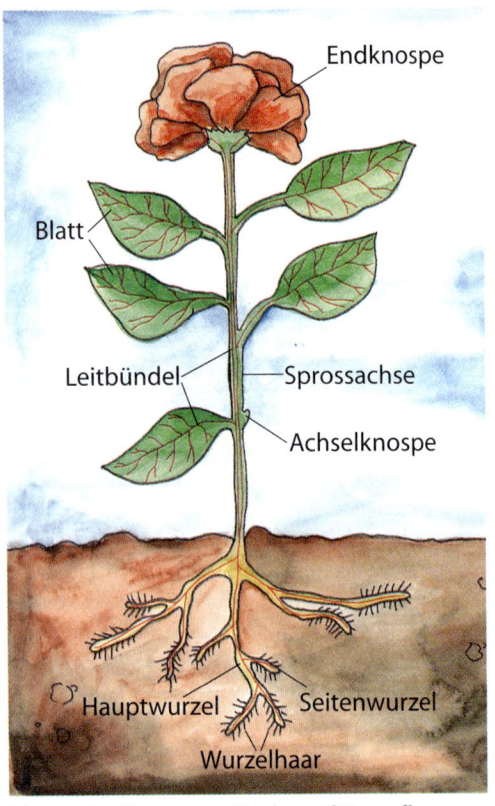

Abb. 1: Stofftransport in einer Blütenpflanze

Endknospe
Blatt
Leitbündel
Sprossachse
Achselknospe
Hauptwurzel
Seitenwurzel
Wurzelhaar

Um gut wachsen und gedeihen zu können, brauchen Pflanzen Mineralsalze, die sie aus dem Boden aufnehmen. Diese enthalten vor allem Stickstoff, Kalium, Phosphor, Calcium, Magnesium und Eisen. Darüber hinaus nimmt die Pflanze auch andere Stoffe auf, allerdings nur in sehr kleinen Mengen. Man bezeichnet diese deshalb als Spurenelemente.

In einer natürlichen Landschaft, in die der Mensch nicht eingreift, gelangen diese Stoffe durch den Abbau toter Tiere und Pflanzen in den Boden und stehen so für neues Leben jederzeit zur Verfügung. In Kulturlandschaften hingegen, in denen über weite Flächen immer wieder gleiche Pflanzenarten angebaut werden, die jedoch nicht auf den Feldern verbleiben, ist der Mensch

gezwungen, dem Boden immer wieder die für die Pflanze notwendigen Stoffe zuzuführen.

Um den Boden nicht völlig verarmen zu lassen, ließ man bis vor ca. 100 Jahren Teile brachliegen, säte Gründüngung aus, die später untergepflügt wurde und brachte vor allem tierische und menschliche Fäkalien als Mist und Jauche aus, um den Feldern Nährsalze zuzuführen, die in diesen organischen Rückständen enthalten sind und die die Humusbildung im Boden unterstützten.

Heute kennt man die einzelnen Stoffe, die die Pflanze braucht, genau und stellt sie so zusammen, dass der Landwirt sie als künstlichen Dünger auf das Feld ausbringen kann. Dadurch haben sich inzwischen die Erträge weltweit deutlich verbessert, so dass Hungersnöte in unseren Breiten inzwischen so gut wie unbekannt sind.

Mineraldünger stellt man heute als Nährsalzmischungen industriell her. Im Handel sind die Mineralien abgestimmt auf die Bedürfnisse einzelner Pflanzenarten zu haben. Sie sind frei von Krankheitserregern und riechen nicht so unangenehm wie Stallmist oder gar Gülle. Werden zu viele Düngemittel auf Felder ausgebracht, so kann durch sie das Grundwasser verseucht werden.

Mit der **Wurzel** sind die Pflanzen im Boden verankert. Über sie nehmen sie außerdem die in Wasser gelösten Mineralien auf. Um zu verstehen, wie das geschieht, muss man wissen, wie die Wurzel gebaut ist (Abb. 2).

Abb. 2: Bau einer Wurzel

Wurzelrinde
Oberhaut
Zentralzylinder
Wurzelhaarzone
Streckungszone
Bildungsgewebe
Wurzelhaube

Von außen nach innen unterscheidet man vor allem drei Bereiche: die Oberhaut mit den Wurzelhaaren, die Wurzelrinde und den Zentralzylinder.

Von oben nach unten wird die Wurzel immer dünner. Ihre Spitze ist umgeben von der Wurzelhaube. In ihr findet ständig Wachstum durch Zellteilung statt. Darüber liegt die Streckungszone, in der die entstandenen Zellen sich strecken und dadurch die Wurzel zusätzlich verlängern. Im oberen Teil, der Wurzelhaarzone, bildet die Oberhaut viele feine Wurzelhärchen aus, durch die die Gesamtoberfläche der Wurzel vielfach vergrößert wird. Je größer die aufnehmende Oberfläche der Wurzel ist, desto mehr Stoffe können in sie eindringen. Über sie gelangen die Stoffe aus dem Boden ins Wurzelinnere (Abb. 3).

Dabei müssen diese Härchen in der Lage sein, das Wasser aufzunehmen, obwohl die Wassermoleküle an den Bodenteilchen haften. Der Wassertransport in die Wurzel hinein geschieht deshalb mit Hilfe von **Diffu-**

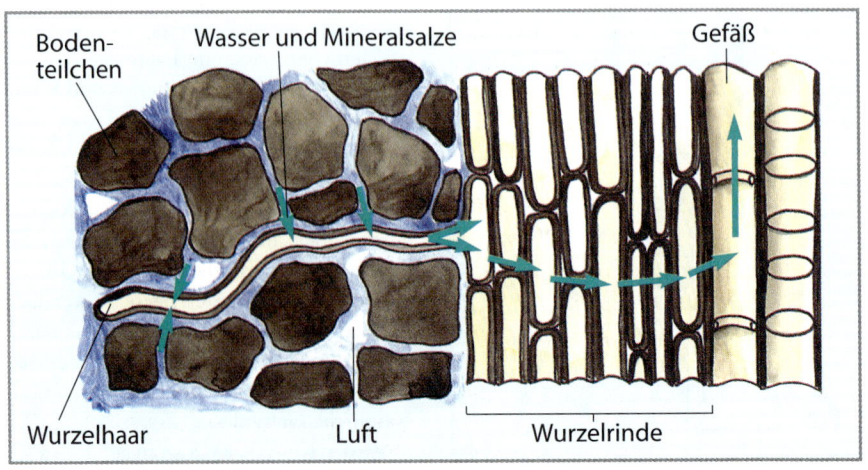

Bodenteilchen
Wasser und Mineralsalze
Gefäß
Wurzelhaar
Luft
Wurzelrinde

Abb. 3: Stoffaufnahme über die Wurzelhärchen

sion und Osmose. Wie alle Zellmembranen sind auch die Membranen der Wurzelzellen halb durchlässig (**semipermeabel**), das heißt sie sind so gebaut, dass bestimmte Moleküle durchgelassen werden, andere jedoch nicht. Wassermoleküle sind grundsätzlich bestrebt, sich in Richtung solcher Räume zu bewegen (diffundieren), in denen eine höhere Konzentration von gelösten Stoffen vorhanden ist. Da der Anteil von gelösten Stoffen innerhalb der Wurzelhaarzellen in der Regel größer ist als im umgebenden Boden, dringen Wasser und molekulare Anteile der Mineralien bis ins Zellinnere vor. Diesen Vorgang bezeichnet man als **Osmose**. Auch der weitere Transport von Wasser und Nährsalzen bis zum Zentralzylinder, dem inneren Teil der Wurzel, geschieht mit Hilfe der osmotischen Saugkraft, da die Zellen zur Mitte hin ansteigende Konzentrationen von gelösten Stoffen aufweisen.

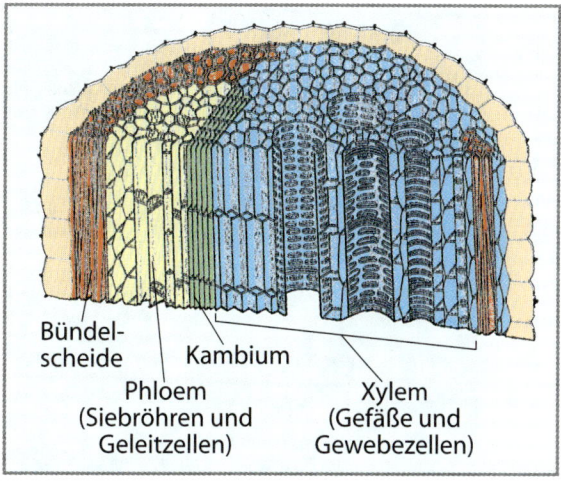

Abb. 4: Leitbündel

Abb. 5: Die mächtigen Wurzeln der Bäume müssen Hunderte von Blättern mit Nährstoffen versorgen

Erst von der Mitte der Wurzel aus übernehmen Leitungsbahnen (Leitbündel) den weiteren Wassertransport hin zu den oberen Teilen der Pflanze. In den Blättern verzweigen sie sich bis in die feinsten Blattadern und versorgen auf diese Weise jede Pflanze mit Wasser und den darin gelösten Stoffen .

Betrachtet man die **Leitbündel** (Abb. 4) unter dem Lichtmikroskop im Querschnitt (zum Beispiel beim Stängel des Hahnenfußes), so erkennt man, dass jeweils mehrere Leitungsröhren zu einem Leitbündel zusammengefasst sind. Die einzelnen Leitbündel wiederum sind im Kreis angeordnet und werden durch das sie umgebende Festigungsgewebe gestützt. Bei jedem dieser Bündel kann

man leicht zwei unterschiedliche Gefäßgruppen erkennen: die weiträumigeren Wasserleitungsbahnen und die Siebröhren, in denen der in den Blättern entstandene Traubenzucker zur Pflanzenmitte hin transportiert wird.

Fast das gesamte Wasser, das von der Pflanze aus dem Boden aufgenommen wird, gibt sie durch Verdunstung über die Blätter anschließend wieder an ihre Umgebung ab. Tatsächlich braucht die Pflanze nur einen Teil des aufgenommenen Wassers, um zu leben. In jedem Liter Wasser sind jedoch so wenige Mineralstoffe gelöst, dass es einer enormen Menge Flüssigkeit bedarf, damit die Pflanze auch wirklich in ausreichendem Maße mit den von ihr benötigten Nährsalzen versorgt wird. Vor diesem Hintergrund wird verständlich, warum eine ausgewachsene Birke im Sommer täglich bis zu 200 Liter Wasser verdunsten kann. Durch entsprechende Versuche konnte inzwischen nachgewiesen werden, dass Pflanzen durchaus auch mit relativ wenig Wasser auskommen und dabei gut gedeihen, wenn ihnen die notwendigen Mineralien künstlich zugefügt werden.

Das hier beschriebene Leitungssystem versorgt nicht nur kleinere Pflanzen ausreichend mit Wasser. Auch in hohen Bäumen, deren Wurzeln sich oft bis viele Meter tief im Boden ausbreiten, gelangt das Wasser bis in die Wipfel und Kronen und versorgt oft Tausende von Blättern mit Flüssigkeit (Abb. 5). Dabei kann man den Stamm eines Baumes durchaus mit dem Stängel einer krautigen Pflanze vergleichen. Auch hier finden wir das gleiche Transportsystem.

Während die Zellen, die sich im Frühjahr bilden, dünnwandig und relativ groß sind, entwickeln sich die Zellen des Spätsommers und Herbstes eher dickwandig und klein. Auf diese Weise entsteht das typische Muster der **Jahresringe**, die gut zu erkennen sind, wenn ein Baum abgesägt wird. An ihnen kann man jedoch auch erkennen, wie wasserreich die einzelnen Jahre waren, in denen der Baum gewachsen ist. Je mehr Wasser zur Verfügung stand, umso breiter ist der Ring, der sich durch stetige Zellteilung in dem entsprechenden Jahr bilden konnte (Abb. 6).

Die jährlich aufs Neue stattfindenden Zellteilungen, die ein Dickenwachstum des Stammes bewirken, gehen von einem Teilungsgewebe namens **Kambium** aus. Dieses liegt ringförmig im Stamm und gibt nach innen weiträumige, Wasser führende Gefäßzellen sowie nach außen Siebröhrenzellen ab. Die Gesamtheit der Siebröhren und des ihnen zugehörigen Gewebes bezeichnet man als Bast. Die Wasser führenden Gefäße mit ihrem zugehörigen Gewebe nennt man **Holz**. Es erhält durch Einlagerung von Lignin seine Härte.

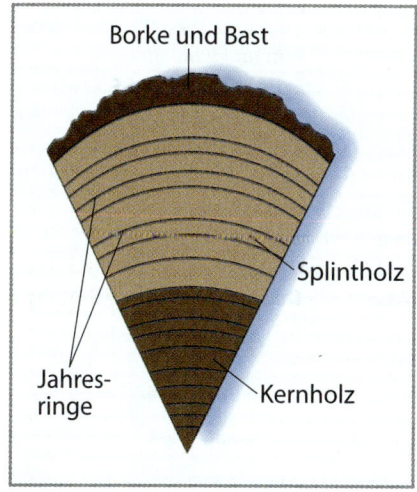

Abb. 6: Schnitt durch einen Baumstamm

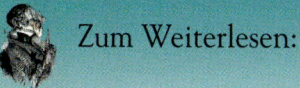

Zum Weiterlesen:

- Bäume kennen und erkennen, S. 364
- Ohne Fotosynthese kein Leben, S. 396
- Viele Bäume im Wald sind krank, S. 374

Ohne Fotosynthese kein Leben

Die Versorgung der Pflanze mit Nährstoffen geschieht nicht nur über die Wurzel. Wie bereits im Zusammenhang mit den Siebröhren angedeutet wurde, besteht in jeder Pflanze auch ein gegenläufiges Transportsystem. Um die Pflanze lebensfähig zu halten, insbesondere jedoch, um nährstoffreiche Früchte zu bilden, muss sie in der Lage sein, **Traubenzucker** zu bilden, der als energiereicher Grundstoff in vielfacher Form umgewandelt werden kann. Da die grüne Pflanze sich in der Regel nicht **heterotroph** ernährt, also keine Nahrung von außen aufnimmt, löst sie ihre Energieprobleme auf völlig andere Weise.

Betrachtet man einen Baum, so fällt die oft riesige Baumkrone besonders auf. Das Astwerk hat sich im Laufe der Jahre so intensiv verbreitet, dass oft Tausende einzelner Blätter das Licht der Sonne aufnehmen können (Abb. 1).

Bei vielen krautigen Pflanzen finden wir die Blätter gegenständig und über Kreuz so versetzt, dass das Sonnenlicht möglichst optimal ausgenutzt werden kann. Darüber hinaus kann man feststellen, dass Zimmerpflanzen die Tendenz haben, ihre Blätter zum Licht auszurichten, ja, oft neigt sich im Laufe der Zeit die ganze Pflanze dem Licht entgegen. Licht ist für die Pflanze also offensichtlich überlebenswichtig.

Des Weiteren muss die Pflanze mit **Wasser** versorgt sein und **Kohlendioxid** aufnehmen können, das in der Regel in der sie umgebenden Luft ausreichend vorhanden ist. Wasser und Kohlendioxid wandelt die grüne Pflanze unter Zuhilfenahme von Licht in einem chemischen Prozess so um, dass energiereicher **Traubenzucker** und **Sauerstoff** entstehen. Diesen Vorgang bezeichnet man als **Fotosynthese** (griech. „photos" = Licht). Ort der Fotosynthese sind die **Blattgrünkörner (Chloroplasten)**, die in besonders großer Zahl in den Zellen der Blätter vorkommen (Abb. 2).

Untersucht man den Querschnitt eines Blattes, so kann man deutlich drei Zellgruppen unterscheiden:

An der oberen und unteren Blattseite bilden die Zellen der äußeren Haut (**Epidermis**) das nach außen schützende

Abb. 1: Laubbäume nehmen das Sonnenlicht über eine Vielzahl von Blättern auf

Abschlussgewebe. Der Oberseite schließen sich unter der Epidermis lang gestreckte, eng aneinander stehende Zellen an. Es handelt sich um das **Palisadengewebe** (Abb. 3). In diesen Zellen treten besonders viele **Chloroplasten** auf, da sie dem Licht besonders intensiv ausgesetzt sind. Zwischen ihnen und der Unterseite des Blattes sind Zellen zu erkennen, die nicht gestreckt sind und die durch ihre aufgelockerte Form Zellzwischenräume bilden. Dies ist das **Schwammgewebe**. Die Epidermis der Unterseite weist viele **Spaltöffnungen** auf, über die Luft in das Blatt strömt, die sich in den interzellulären Räumen verbreiten kann.

Darüber hinaus ist im Blattquerschnitt häufig auch der Anschnitt einer Blattader zu sehen, die die bereits vorgestellten **Gefäße** und **Siebröhren** aufweist, die den Transport des Wassers übernehmen und der gesamten Pflanze den gebildeten **Traubenzucker** zuführen (Abb. 4).

Die Verwandlung der anorganischen Stoffe in organische, als Ergebnis der **Fotosynthese**, die als wichtige Voraussetzung für das Leben auf der Welt angesehen werden kann, verläuft über mehrere Zwischenstufen und kann folgendermaßen beschrieben werden:

$$6\ CO_2\quad +\quad 12\ H_2O$$
Kohlendioxid + Wasser

Lichtenergie ®
verbindet sich unter Lichteinwirkung

$$C_6H_{12}O_6 + 6\ H_2O + 6O_2$$
zu Zucker, Sauerstoff wird frei.

Der größte Teil des **Sauerstoffs**, der bei der **Fotosynthese** freigesetzt wird, verlässt das Blatt wieder über die **Spaltöffnungen**. Auf diese Weise steht er allen atmenden Lebewesen zur Verfügung. Die **Spaltöffnungen** haben dabei eine regulierende Funktion: Je nach Menge des vorhandenen Wassers im Blatt sind sie in der Lage, den Gasaustauch zu beschleunigen oder zu hemmen. Zwei bohnenförmige Zellen, die **Schließzellen**, erweitern bei steigendem Wasserdruck den Spalt und verengen ihn bei Druckabfall. Auf diese Weise kann bei starker Wasserzufuhr entsprechend viel verdunsten. Bei Trockenheit oder zu starker Sonneneinstrahlung hin-

Abb. 2: Stoffumwandlung im Blatt

gegen erschlaffen die Zellen, wodurch sich der Spalt zunehmend schließt und einer Austrocknung des Blattes entgegengewirkt wird.

Eine Besonderheit weisen die **Schwimmblätter** der **Seerose** auf. Bei ihnen befinden sich die **Spaltöffnungen** nur an der Oberseite, da sonst der Gasaustausch mit der umgebenden Luft behindert wäre. Diese Veränderung kann als eine Anpassung an den besonderen Standort dieser Pflanze gedeutet werden.

Viele Pflanzen wandeln bereits in den Blättern den **Traubenzucker** in **Stärke** um. Andere lagern ihn in Speicherorgane ein, wie zum Beispiel die Zuckerrübe. Einen Teil des gebildeten Zuckers verbraucht die Pflanze für ihre eigenen Lebensleistungen.

Traubenzucker und **Stärke** bilden die Grundlage für **Cellulose, Fette** und **Eiweiße.** Da Tiere und Menschen sich nicht über die

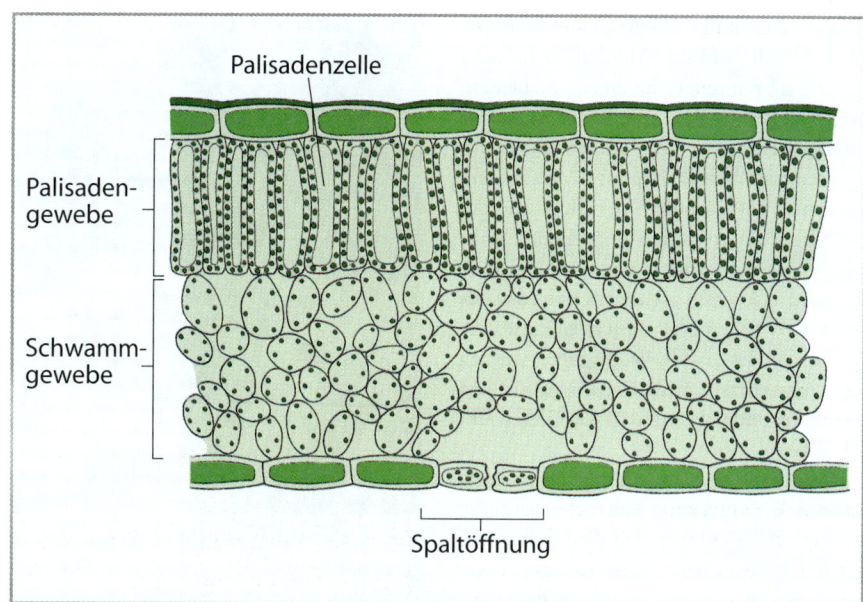

Abb. 3: Bau eines Blattes im Querschnitt

Abb. 4: Die Blattadern mit ihren Transportgefäßen bestimmen die Struktur des Blattes

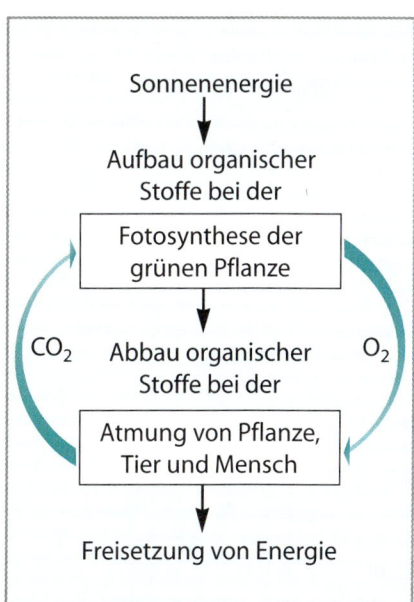

Abb. 5: Fotosynthese und Atmung

Fotosynthese versorgen können, sind sie auf die Grundstoffe der Pflanze angewiesen, um ihren Energiehaushalt stabil zu halten. Sie ernähren sich heterotroph, das heißt sie nehmen pflanzliche oder tierische Nahrung von außen auf und benutzen den **Sauerstoff,** um die aufgenommenen organischen Stoffe als **Kohlendioxid, Wasser** und **Energie** wieder freizusetzen (Abb. 5).

Diesen Vorgang bezeichnet man als **Atmung.** Dabei wird das unbrauchbare **Kohlendioxid** ausgeatmet und steht erneut für die **Fotosynthese** der Pflanze zur Verfügung. Das Reaktionsschema der Atmung lautet entsprechend:

$$C_6H_{12}O_6 + 6O_2 \ \circledR$$

In Gegenwart von Sauerstoff wird der Zucker oxidiert,

$$6CO_2 + 6H_2O + Energie$$

dabei werden Kohlendioxid, Wasser und Energie freigesetzt.

Auch die Pflanze selbst veratmet einen Teil der von ihr hergestellten Stärke, um alle Prozesse zu unterstützen, die für sie mit Energieaufwand verbunden sind. Dies geschieht ständig. Die Fotosynthese hingegen ist an die Tagstunden gebunden und erreicht ihr Maximum in der Regel am späten Morgen.

Grundsätzlich erzeugen Pflanzen jedoch deutlich mehr energiehaltige Stoffe, als sie selbst für sich in Anspruch nehmen.

 Zum Weiterlesen:

- Die Nahrung liefert Energie und Baustoffe, S. 402
- Der Stoffwechselvorgang, S. 404
- Die Atmung, S. 410

Die Landwirtschaft früher und heute

Etwa eine halbe Million Jahre lebte der Mensch während der Altsteinzeit und der mittleren Steinzeit als Sammler und Jäger in völliger Harmonie mit der Natur. Er suchte immer wieder neue Orte auf, da er gezwungen war, sich den Bedingungen anzupassen, die durch das Verhalten der Tiere und das natürliche Vorkommen pflanzlicher Nahrungsquellen bestimmt war. Damit war er denselben Gesetzen unterworfen wie die Tiere, und da er der Natur nicht mehr abverlangte, als diese ihm freiwillig anbot, wurden deren natürliche Kreisläufe nicht gestört und das bestehende **ökologische Gleichgewicht** kaum beeinflusst.

Eine grundsätzliche Veränderung erfolgte erst mit der Entstehung bäuerlicher Kulturen vor etwa 10.000 Jahren im Gebiet des heutigen Irak (Zweistromland zwischen Euphrat und Tigris) und in der Folge auch in Europa (Jungsteinzeit). Die Rodung von Landflächen, das gezielte Ausbringen von Saatgut und Dünger, die Einfriedung von Kulturland und das Züchten von Pflanzen (Gerste und Weizen) und Tieren (Schafe, Ziegen und Rinder) wurden zur Grundlage bäuerlichen Lebens und gestatteten es den Menschen, Gefahren für ihr Leben zu reduzieren und so viel Nahrung zu erwirtschaften, dass die Zahl der Überlebenden die der Sterbenden allmählich überstieg.

Abb. 1: Der Pflug wurde noch Anfang des Jahrhunderts von Pferden oder Ochsen gezogen

zu steigern (Abb. 1). Damit einher ging aber auch die Spezialisierung in Kenntnissen und Fertigkeiten Einzelner und die damit voranschreitende Entwicklung zu handwerklichen Berufen. Der **Handel** begünstigte die Entstehung von Städten und die Anhäufung von Reichtum bei einzelnen Gruppen. Die Menschen auf dem Land nahmen an dieser Entwicklung eher im negativen Sinne teil: Die Begehrlichkeit der Reichen führte zur Verpflichtung der Bauern, Abgaben zu leisten.

beitung der Felder, der Einbringung der Ernte und der Versorgung der Tiere unterstützen konnten. Kinderreichtum war deshalb auf dem Land eine Notwendigkeit. Zugleich sorgte er häufig dafür, dass durch Erbfolge der Landbesitz in immer kleinere Parzellen zerfiel, die nach vielen Generationen zerstückelt und unzusammenhängend oft nur mühsam zu erreichen waren.

Wie aber sollte die Landwirtschaft die Ansprüche einer stetig wachsenden Bevölkerung auf Dauer befriedigen? Die Bauern hatten die Erfahrung gemacht, dass selbst bei Düngung durch Stallmist die Erträge des Ackers allmählich zurückgingen, wenn man dem Boden keine Erholungsphase gönnte. Schon im Mittelalter ließ man deshalb Teile des zur Verfügung stehenden Bodens regelmäßig brachliegen (**Dreifelderwirtschaft**). Ein deutlicher Schritt hin zur intensiveren Ausnutzung der vorhandenen Fläche gelang aufgrund genauerer Untersuchungen, welche Stoffe die Pflanze dem Boden entnimmt. Vor allem Justus von Liebig (1803–1873) formulierte die These, dass dem Boden in vollem Maße das zurückgegeben werden müsse, was die Pflanze ihm entzogen habe. Darüber hinaus wies er nach, dass das Wachstum der Pflanze durch den Nährstoff begrenzt sei, der im Boden in relativ geringster Menge vorhanden sei. Das heißt, wenn alle Nährstoffe im Boden vorhanden sind, die die Pflanze braucht, einer von ihnen jedoch in zu geringer Menge, so kann die Pflanze nicht gedeihen. Darüber hinaus wurde festgestellt, dass jede Pflanzenart unterschiedliche Ansprüche an den Boden stellt, die es zu beachten gilt.

Nach einer Zusammenlegung von kleineren Bodenflächen in einer **Flurbereini-**

Abb. 2: Durch die Flurbereinigung entstanden größere, zusammenhängende Felder, die leichter zu bewirtschaften waren

Die Erfindung des Rades, die Fähigkeit des Menschen, Metalle herzustellen und zu bearbeiten, der Einsatz von Tieren zum Transport von Gütern und nicht zuletzt die Erfindung des Pfluges, der die bis dahin übliche Hacke als Arbeitsgerät ersetzte und mit dessen Hilfe man den Boden sehr viel intensiver bearbeiten konnte, versetzte die **Bauern** in die Lage, ihre Erträge schrittweise

Zugleich konfiszierten die Begüterten ihr Land, wenn sie durch den Druck der Abgaben verarmten und ihre Abgabeverpflichtungen nicht erfüllen konnten.

Da die intensive Bearbeitung des Bodens über Jahrhunderte nur durch harte körperliche Arbeit zu erreichen war, war der hohe Arbeitsaufwand umso eher zu bewältigen, je mehr Nachkommen die Eltern bei der Bear-

gung, die zu größeren, zusammenhängenden Arealen führte, nutzten die Landwirte alle modernen Möglichkeiten, um ein Maximum an Erträgen zu erwirtschaften (Abb. 2). Die Fähigkeit vor allem der Schmetterlingsblütler, mit Hilfe von Knöllchenbakterien an ihren Wurzeln elementaren Stickstoff aus der Luft in Verbindungen zu überführen und ihn so für die Pflanze verwertbar zu machen, gibt dem Bauern die Möglichkeit, durch Aussaat solcher Pflanzen den Stickstoffgehalt im Boden auf natürliche Weise zu erhöhen (Gründüngung). Außerdem bringt er auch heute oft noch Stallmist aus, der nach einer gewissen Ablagerungszeit vor allem Kalium und Phosphorverbindungen enthält und die Humusbildung im Boden beschleunigt, so dass die Fähigkeit des Bodens, Wasser zu binden, ansteigt und seine Struktur gelockert wird. Darüber hinaus wird **Gülle** auf die Felder gefahren, ebenfalls ein Endprodukt tierischen Stoffwechsels, das vorwiegend Kalium und Stickstoffverbindungen enthält (natürliche Düngung).

Abb. 3: Systematischer Einsatz von Pestiziden

Abb. 4: Monokulturen

Bei intensiver **Nutzung** der Böden reicht die natürliche Düngung und die Gründüngung der Böden jedoch nicht aus, um alle Nährsalze in ausreichendem Maß zu ersetzen. Heute werden die Böden auf ihren Stoffgehalt untersucht und anschließend gezielt die Mengen und Zusammensetzungen an Nährstoffen ausgebracht, die dem Boden für die Pflanzenart, die er hervorbringen soll, feh-

len. Solcher künstlicher Dünger wird auf chemischem Wege erzeugt. Vor allem das Verfahren, Stickstoff aus der Luft zu gewinnen, versetzte die Landwirtschaft in die Lage, mit Stickstoff unterversorgte Böden entsprechend anzureichern und dadurch Flächen zu nutzen, die früher brachliegen mussten. Die Erträge konnten auf diese Weise so intensiv gesteigert werden, dass ein mitteleuropäischer Landwirt heute in einem Jahr etwa 4200 kg Weizen pro Hektar erntet, wobei dem Boden jedoch bis zu 135 kg Stickstoff, 11 kg Phosphor und 50 kg Kalium entzogen werden.

Im Zuge der Flurbereinigung entstanden nicht nur größere, zusammenliegende Flächen, sondern man beseitigte auch weitgehend Hecken und Sträucher, die bis dahin als Windschutz, aber auch als Grenzmarkierung die Landschaft gegliedert hatten. Mit der Zunahme von großen Maschinen in der Landwirtschaft galt es, die größeren Flächen möglichst störungsfrei befahren zu können. Zudem verringerte sich die Anzahl der anzubauenden Kulturpflanzen bis auf einige wenige. Folge dieser Veränderungen war ein völlig verändertes Landschaftsbild. Große, weiträumige **Monokulturen** (Abb. 4) konnten nun von wenigen Menschen mit entsprechenden Maschinen bewirtschaftet werden. Von solchen Kultu-

ren profitierten jedoch nicht nur die chemische Industrie und die Hersteller von landwirtschaftlichen Nutzfahrzeugen, sondern auch die Tiere, die sich von den ausgebrachten Pflanzen ernähren.

Um den Erfolg ihrer Erträge nicht zu gefährden, brachten die Landwirte **Pflanzenschutzmittel** (Pestizide) aus, die die Anzahl der Schädlinge möglichst gering halten (Insektizide) und verhindern sollten, dass Unkräuter in Konkurrenz zu der Kulturpflanze auftraten (Herbizide) (Abb. 3).

Durch die genannten Anstrengungen, verbunden mit stetig ansteigenden Erfolgen in der Pflanzen- und Tierzucht, war die moderne Landwirtschaft in der Lage, die Dreifelderwirtschaft zu beenden und zugleich die Erträge in einem Maße zu steigern, dass zeitweise enorme Überschüsse erwirtschaftet wurden. Die EU sah sich schließlich veranlasst, Erzeugerquoten einzuführen, um einer ungezügelten **Überproduktion** in den westlichen Industrieländern gegenzusteuern. Folge des Intensivanbaus war und sind zugleich schwerwiegende Eingriffe in die Natur, deren Konsequenzen zurzeit Politik und Gesellschaft in zunehmendem Maß beschäftigen (Umweltprobleme).

Zum Weiterlesen:

• Bau und Funktion einer Blütenpflanze, S. 394
• Der Aufbau der Zelle, S. 388
• Stammesgeschichte des Menschen, S. 452

Intensive Landwirtschaft und ökologischer Landbau

Um zu begreifen, dass die Intensivierung der Landwirtschaft auf Dauer das **ökologische Gleichgewicht** der Natur nachhaltig stört, sei zunächst darauf hingewiesen, dass der Boden als Grundlage zur Erzeugung landwirtschaftlicher Produkte ein höchst sensibles Gut ist, dessen Zusammensetzung weit komplexer ist, als es von außen erscheinen mag. Die Höhe des so genannten Mutterbodens schwankt zwischen einigen Zentimetern und mehreren Metern. An seiner Entstehung haben sowohl sich auflösendes Gestein als auch organische Stoffe ihren Anteil, die als Zersetzungsprodukte zusammen mit den mineralischen Anteilen die Humusschicht bilden. In einem gesunden und fruchtbaren Boden treten darüber hinaus die verschiedensten **Bodenorganismen** auf, die am Ab- und Umbau des anfallenden organischen Materials beteiligt sind. Sie sorgen dafür, dass die beim Abbau anfallenden **Nährsalze** den nachwachsenden Pflanzen zur Verfügung stehen. Zu ihnen gehören Springschwänze und Milben, aber auch Asseln, Ohrwürmer, Tausendfüßler sowie Fadenwürmer, um nur einige zu nennen. Außerdem sind Bakterien und Pilze von Bedeutung für das Ökosystem Boden, denn sie haben Anteil an den Zersetzungsvorgängen und sind zugleich Nahrung für die Kleinstlebewesen. Regenwürmer, Wühlmäuse und Maulwürfe sorgen für die notwendige Durchlüftung des Bodens. In einer Hand voll Humusboden gibt es letztlich mehr Lebewesen als Menschen auf der Erde (Abb. 1).

Man kann sich leicht ausmalen, was mit dem so wichtigen Produktionsmittel Boden geschieht, wenn im Laufe des Jahres zur Düngung, zur Ausbringung der Saat und für die Ernte schwere Maschinen über ihn hinfahren. Eine zunehmende Verdichtung ist die

Abb. 1: Ohrwürmer und Tausendfüßler gehören zu den Bodenorganismen

Folge, so dass das natürliche kapillare Lüftungsnetz, das den Mutterboden durchzieht und seine lockere Struktur garantiert, zerstört wird. Niederschläge können nicht in ausreichendem Maß in den Boden eindringen. Dadurch kommt es immer wieder zur Ausschwemmung von Bodenteilchen. Darüber hinaus werden durch die intensive Ausbringung von **Gülle** auf die Äcker die Lebensverhältnisse für Mikroorganismen verschlechtert. Überdies besteht die Gefahr, dass **Nitrate**, die in der Gülle enthalten sind, ins Grundwasser gelangen und damit das Trinkwasser der Menschen verseuchen. Das

Ausbringen von Herbiziden und Insektiziden, durch die die Schädlinge in den Monokulturen vernichtet werden sollen, hat negative Folgewirkungen auch auf viele nützliche Arten, da diese nicht genügend Futter finden. Gleiches gilt natürlich für die Vernichtung von Hecken und Sträuchern, da vielen Vogelarten, Spinnen, Käfern und anderen Tieren dadurch der Lebensraum genommen wird.

Obwohl die Landwirtschaft lange Zeit von der Vorstellung ausging, mit großen Maschinen und intensiver Düngung der Felder sei die Produktivität insgesamt zu steigern, stellte sich allmählich heraus, dass die Situation vor allem für die klein- und mittelständischen Bauern immer problematischer wurde, da das Entgelt für Agrarprodukte nicht in dem Maße wuchs wie der ständige Aufwand für Investitionen und laufende Unkosten. Viele kleinere Höfe mussten deshalb aufgeben zugunsten immer größerer Betriebe (Abb. 2). Inzwischen mehren sich die Skandalmeldungen u. a. über Hormonmissbrauch, Probleme im Zusammenhang mit BSE und Gefahren für den Menschen durch resistente Bakterienstämme in landwirtschaftlichen Erzeugnissen aufgrund zu intensiver Versorgung der in Massen gehaltenen Tiere mit Antibiotika.

Dem Menschen als Endverbraucher drohen als Konsequenz aus der jahrelangen intensiven Bewirtschaftung der Böden gesundheitliche Gefahren, da sich die Rückstände von Chemikalien über die Nahrungskette in seinem Körper anreichern können und die Nitratwerte des Trinkwassers in einigen Regionen Deutschlands bedrohlich angestiegen sind. Die Entwicklung hin zu einer auf Maximalerträge ausgerichteten Produktionsweise gerät zwangsweise in Konflikt mit dem Schutz der Umwelt. Heute schreibt der Gesetzgeber den Landwirten vor, wann und in welchen Mengen Düngemittel auf den Feldern ausgebracht werden dürfen, damit eine Überdüngung des Bodens vermieden wird.

Neue Hoffnung, dass die Landwirtschaft aus der Sackgasse herausfindet, in die sie geraten ist, keimt inzwischen durch den **alternativen Landbau**. Seine Verfechter gehen von dem Grundsatz aus, dass das ökologische Gleichgewicht durch die Arbeit des Landwirtes nicht in Gefahr gebracht werden darf, und dass mit dem Einsatz von Energie möglichst sparsam umgegangen werden soll. Es

Abb. 2: Heute ist nur noch die Bewirtschaftung großer landwirtschaftlicher Flächen wirtschaftlich lukrativ

Biologie

werden alle Möglichkeiten ausgenutzt, dem Boden auf natürliche Weise Dünger zuzuführen (Tierdung bzw. Gründüngung), und darüber hinaus werden die Kulturen so angelegt, dass u. a. durch den Erhalt der Fressfeinde möglichst viele Schädlinge gefressen und dadurch an ihrer intensiven Vermehrung gehindert werden. Hierdurch ist auch eine Zunahme der **Artenvielfalt** gewährleistet. Zugleich wird versucht, pflanzliche Konkurrenten durch entsprechende Zusammensetzung der Anpflanzungen bzw. durch frühzeitige mechanische Bearbeitung zurückzudrängen. Nutztiere werden nicht nach dem Prinzip des höchsten Gewinns gehalten, sondern es wird Wert darauf gelegt, dass sie ihr arttypisches Verhalten weitgehend ausleben können (Abb. 3). Die Folge solcher Bewirtschaftung ist u. a. die Erhaltung von Feldrainen, Hecken und kleinen Gewässern. Darüber hinaus werden gefährliche Einbringungen in das Grundwasser und damit in das Trinkwasser vermieden.

Selbstverständlich sind Höfe, die nach dem Prinzip der ökologischen Bewirtschaftung arbeiten, nicht in der Lage, so hohe Erträge zu erzielen wie die herkömmlichen Unternehmen. Sollen solche Betriebe rentabel sein, so müssen sie ihre Waren zu entsprechend höheren Preisen auf dem Markt anbieten. Inzwischen findet man in jeder grö-

Abb. 3: Biobauern unterwerfen sich in der Tier- und Pflanzenzucht strengen Richtlinien

ßeren Stadt in der Bundesrepublik, zum Teil aber auch auf dem Lande, Wochenmärkte, auf denen die Produkte der Bio-Bauern angeboten werden. Ob sich die alternative Form der Landwirtschaft auf Dauer wird durchsetzen können, ist weitgehend abhängig vom Kaufverhalten des Kunden. Er muss erkennen, dass der höhere Preis gerechtfertigt ist und dass die Unterstützung des alternativen Landbaus auf Dauer die einzige Möglichkeit ist, den Schaden, den wir der Natur und damit auch uns selbst zugefügt haben, allmählich zu reduzieren.

Bio-Bauern gehen auch von der Überzeugung aus, dass für die Nutztiere, die sie halten, eine angemessene Weidefläche vorhanden sein muss, die so groß ist, dass der Dung der Tiere ausgebracht werden kann, ohne die Umwelt zu gefährden. In dem Maße, wie in den letzten Jahrzehnten **Drittländer** ihre landwirtschaftlichen Nutzflächen zum Anbau von Kraftfutter zur Verfügung stellten, das anschließend tonnenweise in die EG importiert wurde, wuchs bei uns die Zahl der Bauern, die immer mehr Tiere ohne entsprechende Landflächen hielten. Die anfallende Gülle wurde deshalb zunehmend ein Entsorgungsproblem. Die Belastung des Grundwassers nahm daher vor allem in Gegenden, in denen intensiv Schweinemast betrieben wird, zu. Die Menschen der

Dritten Welt hingegen litten zum Teil Hunger, da ein großer Teil der Anbaufläche, von der sie sich ursprünglich ernährt hatten, Monokulturen gewichen war, deren Erträge für den Export bestimmt waren (Abb. 4).

Heute gehen Fachleute von der Vorstellung aus, dass die Menschen in den Entwicklungsländern dazu angeregt werden sollten, sich auf ihre ursprünglichen Traditionen des Anbaus zu besinnen und diese mit den Erkenntnissen des modernen ökologischen Landbaus zu verknüpfen. So könnten sie in die Lage versetzt werden, ihre Lebensgrundlagen in ausreichendem Maße und umweltschonend selbst herzustellen (Abb. 5). Zugleich aber müssen die einzelnen Staaten ihre Bevölkerung darüber aufklären, dass eine weitere ungehemmte Vermehrung der Menschheit in Zukunft alle guten Einsichten und Vorsätze zunichte machen wird. Darum müssen große Anstrengungen unternommen werden, um die Gesamtzahl der

Abb. 5: Reisanbau in Bangladesh

Menschen nicht ständig weiter anwachsen zu lassen. Bei einer Gesamtzahl von inzwischen ca. 6 Milliarden Menschen, für die „Mutter Erde" täglich Nahrung zur Verfügung stellen soll, ist der Kollaps vorprogrammiert, wenn die Verantwortlichen nicht rechtzeitig gegensteuern.

 Zum Weiterlesen:

- Wald – Lebensraum für Pflanze und Tier, S. 360
- Die Landwirtschaft früher und heute, S. 398
- Umwelt – Ökologie, S. 456

Abb. 4: Riesige Ertragsmengen aus Monokulturen (hier Mais) werden für den Export bestimmt

Die Nahrung liefert Energie und Baustoffe

Welche Nahrung Menschen hauptsächlich zu sich nehmen, hängt sehr stark davon ab, wo sie leben, welche technischen Möglichkeiten für Anbau und Ernte ihnen zur Verfügung stehen und welche kulturellen bzw. religiösen Traditionen ihre **Essgewohnheiten** bestimmen. Während in Asien vor allem Reis und Gemüse, die reich an Kohlenhydraten sind, als **Grundnahrungsmittel** die Bevölkerung ernähren, leben Menschen in Grönland weitgehend von eiweißhaltigem Fisch. In unseren Breiten hingegen gibt es ein reichliches Angebot pflanzlicher und tierischer Nahrung, so dass wir in der Lage sind, unsere Kost ausgewogen zusammenzustellen (Abb. 1).

„Der Mensch ist, was er isst." Diese bekannte Aussage erinnert daran, dass richtige Ernährung Grundvoraussetzung für das Wohlbefinden jedes Einzelnen von uns ist, und dass falsche Ernährung auf Dauer Auslöser für Krankheiten sein kann und in besonders schlimmen Fällen sogar zum Tode führen kann.

Gerade in den westlichen Gesellschaften, in denen sich fast alle Menschen heute gesund ernähren könnten, gibt es, bedingt durch Zeitmangel und Stress, aber zum Teil auch durch übertriebene Vorstellungen darüber, dass eine ansprechende äußere Erscheinung zwangsläufig mit Schlanksein verbunden sein müsse, nicht wenige Menschen, die unter Essstörungen leiden. Dafür ist sowohl die Bulimie, die vor allem bei jungen Mädchen auftritt, aber auch das zu hohe Kör-

Abb. 1: Regionale und kulturelle Unterschiede bestimmen die Ernährungsgewohnheiten der Menschen auf dieser Erde

Abb. 2: Leistungssportlerin

pergewicht vieler Erwachsener ein deutliches Zeichen. Auch die vielen Versprechen der Medien, das Körpergewicht durch immer neue Diäten reduzieren zu können, und das Angebot verschiedenster Dragees, die die Verdauung regulieren sollen, sind ein Hinweis darauf, dass der natürliche Zusammenhang zwischen Nahrungsaufnahme und Energieverbrauch gestört ist.

Unser Körper verbraucht selbst dann zur Aufrechterhaltung der Atmung, Herztätigkeit und der Körpertemperatur Energie, wenn wir schlafen. Diese Energiemenge, die der völlig ruhig gestellte Körper benötigt, bezeichnet man als **Grundumsatz**. Unter dem Begriff **Leistungsumsatz** hingegen versteht man die Energiemenge, die über den Grundumsatz hinaus für alle zusätzlichen Energie verbrauchenden Vorgänge von unserem Körper beansprucht wird. Sie wird in Joule berechnet (4,2 kJ entsprechen der Wärmemenge, die man braucht, um 1 l Wasser um 1 °C zu erhöhen = 1 Kilokalorie) (Abb. 2).

In den Nahrungsmitteln, die wir aufnehmen, sind vor allem drei wesentliche Stoffe enthalten, in denen die vom Körper benötigte **Energie** gespeichert ist. Es sind die Kohlenhydrate, Fette und Eiweiße. Kohlenhydrate und Fette bezeichnet man als Betriebsstoffe, da der Körper vor allem aus ihnen die Energie für alle Bewegungsvorgänge gewinnt. Eiweiße hingegen benutzt er vor allem als Baustoffe, um die vielen Zellen, die ständig im Körper absterben und durch neue ersetzt werden müssen, aufbauen zu können.

Die Menge an Nahrungsmitteln, die unser Körper täglich aufnehmen muss, ist also stark davon abhängig, wie intensiv wir uns bewegen. Ein Fußballspieler hat nach den Anstrengungen des Spiels natürlich wesentlich mehr Energie verbraucht als ein Mensch, der zur gleichen Zeit Büroarbeit verrichtet hat. Die verbrauchte Energie muss wieder ersetzt werden. Dazu eignet sich vor allem der Verzehr von kohlenhydrat- und fettreichen Nahrungsmitteln (Abb. 3).

Kohlenhydrate sind vor allem in Mehlspeisen, Kartoffeln sowie im Reis und im Zucker enthalten. Fett hingegen tritt überwiegend in tierischen Milchprodukten wie Butter und Käse, aber auch in Fleischwaren auf. Eiweiß (Protein) ist nur im Notfall ein Energiespender, denn es wird als Baustoff zur Erhaltung des Körpers gebraucht. Da kleine Kinder noch intensiv wachsen, sind Proteine für sie besonders wichtig. Diese sind sowohl in Milchprodukten enthalten als auch in Fleisch und Fisch. Kinder sollten täglich etwa 2,5 g Eiweiß pro kg Körpergewicht zu sich nehmen, für Erwachsene hingegen reicht 1 g pro kg Körpergewicht. Eine Faustregel besagt, dass gesunde Nahrung so zusammengestellt sein sollte, dass sie aus etwa 60 % Kohlenhydraten, 25 % Fetten und 15 % Eiweiß besteht (Abb. 4).

Kohlenhydrate, die von uns über das notwendige Maß hinaus aufgenommen werden, speichert der Körper in Fettzellen und gibt sie erst dann wieder frei, wenn erhöhter

erscheinungen wie Skorbut oder Rachitis führen. Um dem Körper die notwendigen Vitamine zuzuführen, sollte man frisches Obst und Gemüse essen, in denen vor allem das so wichtige Vitamin C enthalten ist.

Mineralstoffe werden vor allem für den Aufbau der Knochen benötigt, spielen aber auch eine Rolle für die Tätigkeit der Muskeln und der Nerven. Darüber hinaus nehmen wir in sehr kleinen Mengen auch Stoffe wie Eisen, Kupfer, Zink, Fluor und Jod auf. Diese Spurenelemente haben u. a. eine Bedeutung bei der Bildung des Blutes, des Zahn-

Tätigkeit	Kalorienverbrauch pro halbe Stunde
Tennis spielen	240 kcal
Joggen, mittleres Tempo	380 kcal
Squash spielen	414 kcal
Brustschwimmen	316 kcal
Ski fahren	192 kcal
Fußball spielen	258 kcal
Golf spielen	166 kcal
Gymnastik	130 kcal
Rad fahren (15 km/h)	186 kcal
Gewichtheben (30 kg Gewicht)	360 kcal
Backen	70 kcal
Bügeln	124 kcal
Klavier spielen	78 kcal
Rasen mähen	220 kcal
Kochen	88 kcal
Schreibmaschine schreiben	54 kcal

Abb. 3: Höhe des Kalorienverbrauchs bei unterschiedlichen Tätigkeiten

Lebensmittel pro 100 g	Eiweiß (g)	Fett (g)	Kohlen-hydrate (g)	Mineral-stoffe (mg)	Vitamin A (mg)	Vitamin E (mg)	Vitamin B$_1$ (mg)	Vitamin B$_2$ (mg)	Vitamin C (mg)	Energie (kcal)
Milch, 3,5 % Fett	3,3	3,6	4,8	439,12	31	0,1	0,04	0,18	2	64
Fruchtjoghurt 1,5 % Fett	3,0	1,3	13,6	370,01	13	+	0.03	0.15	2	78
Gouda 48% Fett	22,7	29,1	+	1918,6	310	0,8	0,04	0,30	0	343
Hering	8,2	22,0	+	793,45	38	1,5	0,04	0,22	+	193
Brathuhn	19,9	12,1	+	692,83	10	0,1	0,08	0,16	3	145
Rinderfilet	21,2	4,2	+	573,31	*	*	0,10	0,13	*	121
Schweineschnitzel	22,2	1,9	0,1	567,76	*	0,7	0,80	0,19	*	106
Salami	18,5	38,0	5,0	2519,1	+	0,1	0,18	0,20	*	371
Reis	2,0	0,3	24,3	78,9	0	0,1	0,11	0,01	0	106
Roggenmischbrot	6,4	1,7	49,9	923,37	0	*	0,18	0,08	0	193
Erdnüsse (geröstet)	26,4	64,2	20,8	1640,14	110	10,0	0,25	0,14	0	588
Blumenkohl (gekocht)	2,1	0,2	4,0	287,4	2	0,09	0,09	0,08	45	18
Apfel	0,3	0,8	13,4	172,5	4	0,5	0,04	0,03	12	48

+ = in Spuren vorhanden
* = keine Angaben vorhanden

Abb. 4: Nährwertgehalt ausgewählter Lebensmittel

Energiebedarf besteht. Wer sich nicht genügend bewegt, läuft also bei guter Ernährung Gefahr, zu dick zu werden.

Über die genannten Nährstoffe Kohlenhydrate, Fette und Eiweiß hinaus benötigt der Körper jedoch noch weitere wichtige Stoffe: Vitamine, Mineralsalze und Spurenelemente. Alle drei treten nur in sehr geringen Mengen auf, doch eine Unterversorgung mit Vitaminen kann zu schlimmen **Mangel-**

schmelzes und für die Funktion der Schilddrüse.

Außerdem ist der Körper auf **Wasser** angewiesen, denn nur mit Hilfe des Wassers können verschiedenste Stoffe gelöst und damit transportfähig gemacht werden. Tatsächlich bestehen wir aus ca. 60 % Wasser. Da wir einen Teil davon immer wieder ausscheiden, muss Wasser stets aufs Neue zugeführt werden, um den Verlust auszugleichen.

Zum Weiterlesen:

- Der Stoffwechselvorgang, S. 404
- Blutkreislauf und Transportvorgänge, S. 406
- Funktion von Leber und Niere, S. 408

Der Stoffwechselvorgang

Die Darstellung der Vorgänge im Blatt der grünen Pflanze hat gezeigt, dass beim Ablauf der Fotosynthese in den Chloroplasten der Blattzellen die anorganischen Stoffe Kohlendioxid und Wasser unter Einfluss des Lichtes eine chemische Verbindung miteinander eingehen, bei der Sauerstoff an die umgebende Luft freigesetzt und Zucker aufgebaut wird.

Die Energie des Sonnenlichtes wird dabei in Form von **Traubenzucker (Glukose)** oder **Fruchtzucker (Fructose)** eingefangen. Traubenzucker und Fruchtzucker sind **Einfachzucker (Monosaccharide)**, das heißt ihre Moleküle treten einzeln und unverbunden auf. In dieser Form sind sie wasserlöslich und können in den Siebröhren der Pflanze zu den Stellen transportiert werden, wo sie gebraucht werden.

Insbesondere Speicherorgane in der Wurzel, in den Blättern, im Stängel und in Knollen müssen mit Zucker versorgt werden. Außerdem wird er in den Früchten eingelagert, da diese zum Teil als Lockmittel für Vögel, vor allem aber als Nahrungsgrundlage für den werdenden Keimling notwendig sind. Dort werden sie als **Doppelzucker (Disaccharid)**, zum Beispiel Rohrzucker, meistens jedoch als **Mehrfachzucker (Polysaccharid)** deponiert. Als Mehrfachzucker bezeichnet man Zuckermoleküle, die sich zu langen Molekülketten miteinander verbunden haben, die sich manchmal auch weiter verzweigen können. Zu ihnen gehört die lösliche **Stärke (Amylose)** und die unlösliche Stärke (**Amylopektin**). Die Pflanzen speichern die Stärke in der

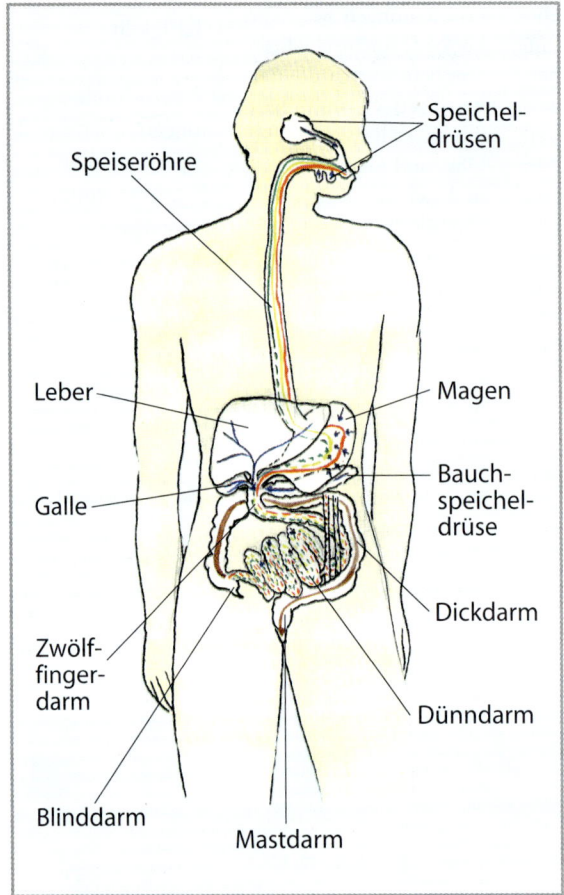

Abb. 1: Verdauungsorgane des Menschen

Speicheldrüsen
Speiseröhre
Leber
Galle
Zwölffingerdarm
Blinddarm
Magen
Bauchspeicheldrüse
Dickdarm
Dünndarm
Mastdarm

Regel in Form des Amylopektins, damit sie nicht durch die Pflanzensäfte fortgeschwemmt werden kann.

Stärke ist, wie auch die Cellulose, ein Kohlenhydrat. Menschen können die Cellulose zwar nicht verdauen, nehmen sie mit der Nahrung jedoch als Füll- und Ballaststoff auf, um die Darmtätigkeit anzuregen. Mehrfachzucker in Form von Stärke nehmen wir täglich in Mehlspeisen oder Kartoffeln zu uns. Darüber hinaus auch Doppelzucker in Form des **Milchzuckers (Laktose)** oder **Malzzuckers (Maltose)**. Die Wortendung -ose weist dabei immer auf einen Zucker hin.

Um die Nahrung, die wir zu uns nehmen, bis auf Molekülgröße zu reduzieren, brauchen wir in unserem Körper spezielle Wirkstoffe, die dabei helfen, die Molekülketten aufzubrechen. Es handelt sich um spezifische Eiweißmoleküle, die als **Enzyme** bezeichnet werden und in deren Gegenwart chemische Prozesse ohne zusätzlichen Energieaufwand ablaufen. Man nennt sie deshalb auch Katalysatoren, da sie eine chemische Reaktion bewirken, ohne dabei in die Reaktionsprodukte einzugehen. Die Wortendung -ase weist immer auf ein Enzym hin.

Die Veränderung der Nahrung beginnt

bereits im Mund (Abb. 1). Mit den Zähnen zerkleinern wir die Bissen und führen ihnen Speichel zu, in denen das Enzym Amylase (Ptyalin) enthalten ist. Der Speisebrei wird schlüpfrig, so dass wir ihn schlucken können. In Anwesenheit der Amylase wird die Molekülkette der Stärke bereits im Mund zu kleineren Einheiten abgebaut. Dabei werden Wassermoleküle aufgenommen (Hydrolyse). Das Endprodukt des Abbaus ist die Maltose, ein Disaccharid, das aus zwei Molekülen Glukose (Traubenzucker) besteht.

Die weitere Aufspaltung der Maltose geschieht im Magen mit Hilfe des Enzyms Maltase und unter weiterer Aufnahme von Wassermolekülen. Endprodukt sind einzelne Glukosemoleküle, die durch die Darmwand in den Blutkreislauf übertreten können. Die Umwandlung von Stärke in einzelne Zuckermoleküle funktioniert deshalb relativ einfach, weil die Zuckerbausteine der Stärkemolekülkette leicht voneinander zu trennen sind. In 100 g Stärke sind 1550 kJ Energie enthalten (Abb. 2).

Auf Fette und Eiweiß hat der Speichel des Mundes jedoch keine Wirkung. Ihre Aufspaltung beginnt erst im Magen. Dieser sondert täglich etwa 2 Liter Magenflüssigkeit ab. Aufgrund ihres 0,5 %igen Salzsäuregehalts werden schädliche Bakterien abgetötet. Die Magenschleimhaut als Barriere verhindert zugleich, dass die säurehaltigen Säfte des Magens die Magenwände angreifen und der Magen sich dadurch selbst „verdaut". Muskeln der Magenwände vermischen durch ihre Bewegungen Magensäfte und den Nahrungsbrei.

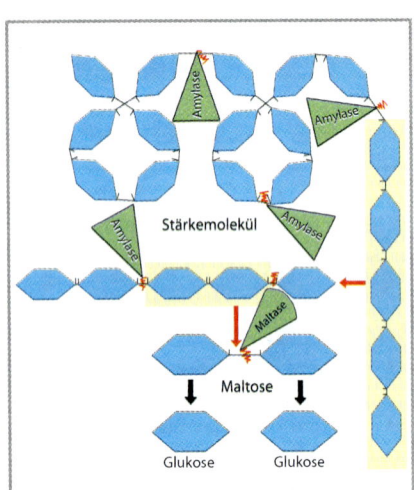

Abb. 2: Abbau von Stärke

Amylase
Amylase
Amylase
Amylase
Stärkemolekül
Maltase
Maltose
Glukose
Glukose

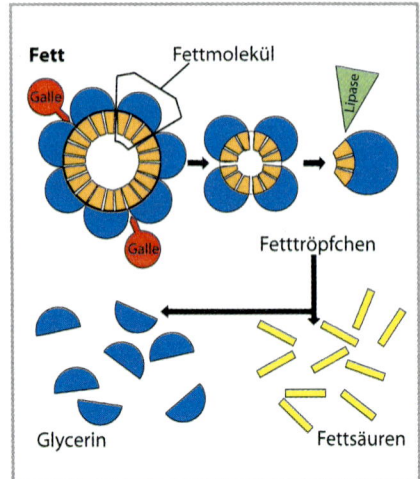

Abb. 3: Abbau von Fett

Fett
Fettmolekül
Galle
Lipase
Galle
Fetttröpfchen
Glycerin
Fettsäuren

Biologie

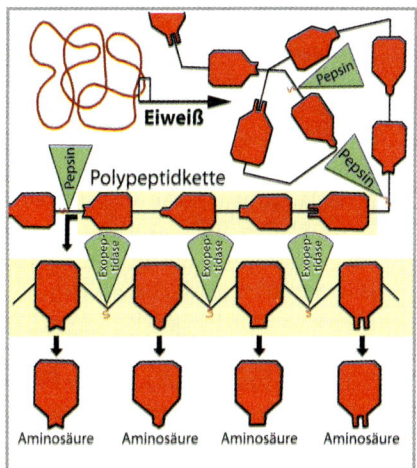

4: Abbau von Eiweiß

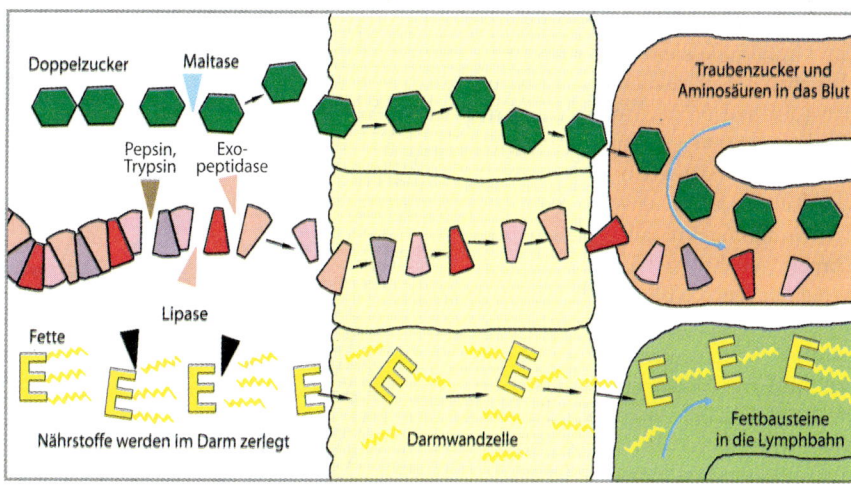

Abb. 5: Weg der Nährstoffe vom Darm in Blut und Lymphe

Die Magensäfte bewirken durch ihre Säuren auch, dass eintreffende Proteine aufquellen und sich ihre Oberfläche dadurch vergrößert. Nun kann das Enzym **Pepsin** auf die langkettigen Eiweißmoleküle einwirken und sie in einzelne Bruchstücke aufspalten, die als **Polypeptide** bezeichnet werden.

Erst nach dieser „Vorbehandlung" im Magen gelangt der Nahrungsbrei in kleinen Portionen über den Magenausgang (Pförtner) in den ersten Abschnitt des Dünndarms, den Zwölffingerdarm. Dieser Teil des Darms wird von der Leber und der Bauchspeicheldrüse mit Säften versorgt, die bei der weiteren Aufspaltung der Nahrung von Bedeutung sind. Die Leber erzeugt den Gallensaft, der in der Gallenblase gespeichert wird und von dort in den Darm gelangt. Ihm fällt die Aufgabe zu, das eintreffende Fett in feinste Tröpfchen zu zerteilen. Auf diese Weise wird seine Gesamtoberfläche so stark vergrößert, dass das Enzym **Lipase** aus der Bauchspeicheldrüse die einzelnen Tröpfchen in die Bestandteile **Fettsäuren** und **Glycerin** zerlegen kann. Diese werden in die Gefäße der Lymphbahnen aufgenommen und in ihnen weitertransportiert (Abb. 3).

Die Polypeptidketten des Eiweißes werden im Dünndarm mit Hilfe von **Exopeptidasen** in ihre Grundbausteine, die Aminosäuren, zerlegt. Auch Disaccharide, die der Aufspaltung auf dem Weg bis in den Dünndarm entgangen sein sollten, werden hier mit Hilfe von Maltase zu Glukose umgewandelt (Abb. 4).

Sind auf diese Weise alle im Nahrungsbrei enthaltenen Stoffe bis auf ihre Grund-

bestandteile zerlegt, so sind diese in der Lage, im weiteren Teil des Dünndarms dessen Wände zu passieren und in den Blutkreislauf überzutreten (Abb. 5).

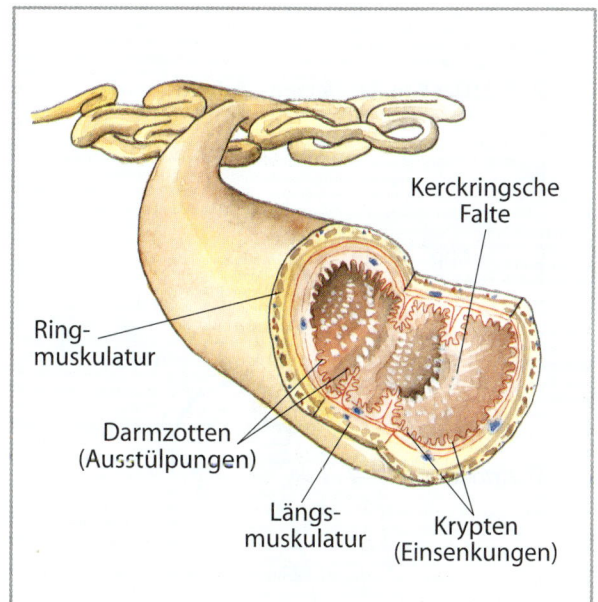

Abb. 6: Schnitt durch den Dünndarm

Die innere Wand des Dünndarms weist etwa 5 Millionen Darmzotten auf, die ihrerseits von unzählbaren Ausstülpungen, den Mikrozotten, besetzt sind. Auf diese Weise ist die innere Oberfläche des Dünndarms durch Auffaltung immens vergrößert. Die Gesamtoberfläche des Dünndarms beträgt etwa 200 m² (Abb. 6).

Die Wände sind halb durchlässig (semipermeabel), so dass über ihre Zellen die Bausteine der Kohlenhydrate, Fette und des Proteins ins Blut gelangen können. Da ein Konzentrationsgefälle zwischen dem Darminneren und der Flüssigkeit des Blutes besteht, diffundiert ein Teil der Moleküle aus

den Nahrungsmitteln auf osmotischem Wege in die Gefäße. Der übrige Teil muss die Schranke unter Energieaufwand passieren (aktiver Transport). Während Glukose und Aminosäuren direkt in den Blutkreislauf gelangen, werden Fettsäuren und Glycerin zunächst von den Lymphgefäßen aufgenommen, bevor auch sie die Blutbahn erreichen. Im Dickdarm unterstützen Myriaden von Bakterien die weiteren Verdauungsvorgänge. Sie ernähren sich von den für uns unverdaulichen Nahrungsresten und geben dabei einige für unseren Körper wichtige Vitamine frei. Nachdem dem Nahrungsbrei im Dickdarm Wasser, Salze und verschiedene Vitamine entzogen worden sind, verlassen die unverdaulichen Restbestandteile über Mastdarm und After den Körper.

Untersuchungen haben ergeben, dass die Stoffwechselvorgänge in unserem Körper besonders bei Aufnahme von Mischkost optimal ablaufen können, das heißt eine Mischung aus pflanzlicher und tierischer Nahrung lässt sich am besten verdauen und hält uns gesund.

 Zum Weiterlesen:

- Ohne Fotosynthese kein Leben, S. 396
- Funktion von Leber und Niere, S. 408
- Die Nahrung liefert Energie und Baustoffe, S. 402

Blutkreislauf und Transportvorgänge

Die mit der Nahrung aufgenommenen Grundstoffe kann der Organismus über chemische Zwischenschritte so variabel auf- und umbauen, dass daraus fast alle körpereigenen Substanzen zusammengesetzt werden können. Voraussetzung dafür ist jedoch, dass der Transport der Grundstoffe zu allen Zellen des Körpers gewährleistet ist. Das Gefäßsystem, in dem das Blut durch den Körper strömt, bildet die „Straßen", über die Glukose, Aminosäuren, aber auch Sauerstoff zu den Zellen hin gelangt. Zugleich werden lösliche Abfallstoffe wie Kohlendioxid und Wasser sowie Harnstoffe über dieses System entsorgt.

Dies kann jedoch nur funktionieren, wenn das Blut ständig in Bewegung gehalten wird. Unser **Herz** pumpt deshalb unablässig und befördert ca. 10 Liter Blut in der Minute durch unsere Adern. Auf den Tag hochgerechnet, sind dies etwa 14.000 Liter (Abb. 1).

Das Herz ist ein Hohlmuskel, der in zwei voneinander getrennte Räume, die linke und die rechte Herzkammer, unterteilt ist. Es zieht sich ein Leben lang abwechselnd zusammen und entspannt sich anschließend wieder. Verengt es sich **(Systole)**, dann wird das Blut in die vom Herzen wegführenden **Arterien** gedrückt. Durch Muskeln der Arterienwand, die sich dehnen und zusammenziehen können, bleibt der Blutfluss auch im Erschlaffungszustand **(Diastole)** des Herzens erhalten.

Das Gefäßsystem ist beim Menschen geschlossen, das heißt, das Blut bewegt sich im Kreislauf vom Herzen weg und anschließend wieder dorthin zurück (Abb. 2). Dabei unterscheidet man einen kleineren und einen größeren Kreislauf. Aus der linken Herzkammer strömt das mit Sauerstoff angereicherte Blut in die Körperschlagader. Dieses etwas größere Gefäß verzweigt sich im Körper zunehmend. Schließlich verästelt es sich so stark, dass der Durchmesser der kleinsten Adern kleiner als der eines Haares ist. Diese kleinsten Gefäße bezeichnet man als Haargefäße **(Kapillaren)**. Von ihnen aus können Nährstoffe und Sauerstoff zu den Zellen diffundieren. Zugleich nimmt das Blut der Kapillaren Kohlendioxid auf, das als Zellgift über die **Venen** in die rechte Herzkammer und von dort über die Lungenarterie zur Lunge transportiert wird, von wo es ausgeatmet werden kann. Gleichzeitig wird in der Lunge neuer Sauerstoff aufgenommen. Über die Lungen-

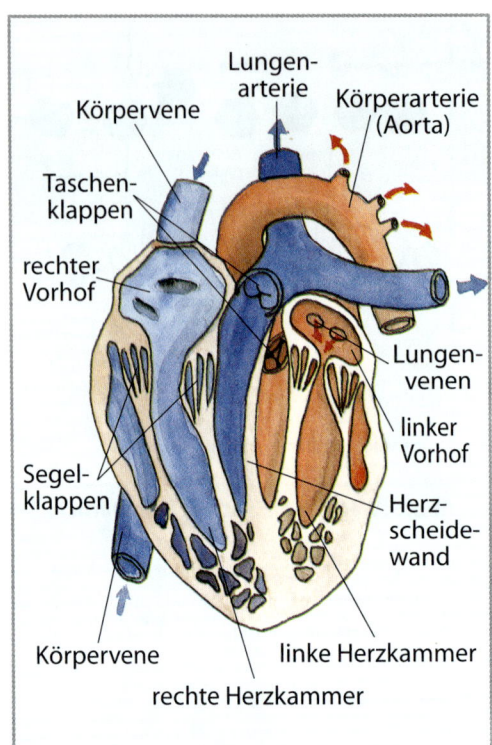

Abb. 1: Der Bau des Herzens (Schnitt)

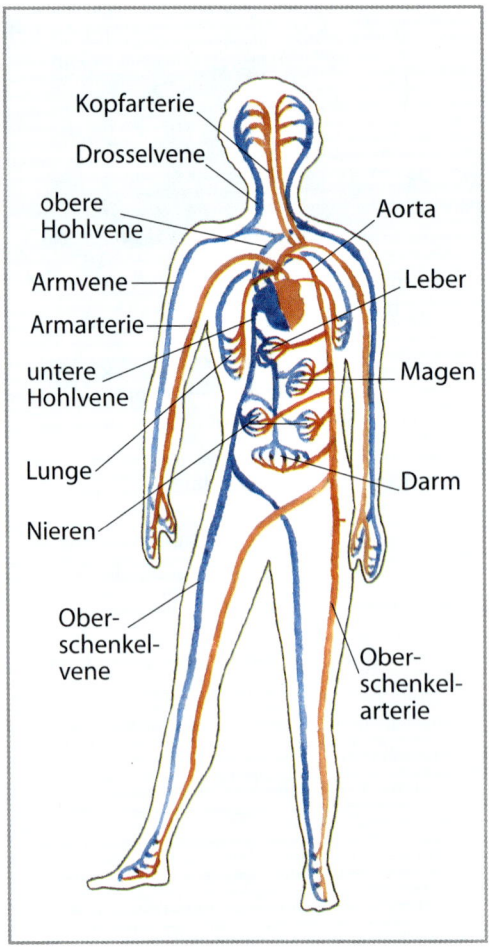

Abb. 2: Der Blutkreislauf

vene gelangt das Blut danach an seinen Ausgangsort, die linke Herzkammer, zurück, womit der Kreislauf geschlossen ist. Das Blut versorgt also die Zellen durch den Körperkreislauf, während der Lungenkreislauf einen Austausch von Gasen in der Lunge ermöglicht.

Im Herzen lösen sich Druck- und Saugvorgänge rhythmisch ab. Oberhalb jeder Herzkammer befindet sich je ein Vorhof, der durch Segelklappen von der darunter liegenden Kammer getrennt ist. Sie verhindern den Rückfluss des Blutes während der Entspannungsphase des Herzmuskels. Da das Blut die Segelklappen nur in eine Richtung passieren kann, ist ein Rückfluss ausgeschlossen. Beim erneuten Zusammenziehen des Herzens wird das Blut direkt in die Schlagadern gedrückt. Taschenklappen zu Beginn der Schlagadern verhindern auch hier einen Rückfluss (Abb. 3).

Wie aber kann der Fluss des Blutes aufrechterhalten werden, wenn ein so weiter Weg zurückzulegen ist und das zurückkehrende Blut in den Venen sich bei nachlassendem Druck und damit verminderter Strömungsgeschwindigkeit sogar gegen die Anziehungskraft der Erde zum Herzen hin bewegen muss? Mehrere Faktoren unterstützen die Bewegung des Blutes in den Venen: Vom Herzen geht eine gewisse Sogwirkung aus, und die Venen ihrerseits sind mit Muskeln ausgestattet, die sich rhythmisch zusammenziehen. Außerdem treten in den Venen in regelmäßigen Abständen Taschenklappen auf, die den Rückfluss ähnlich wie im Herzen verhindern. Darüber hinaus liegen die meisten Venen den Arterien so eng an, dass deren Kontraktion bewegungsfördernd auch auf das Blut der Venen wirkt (Abb. 4).

Durch das Netz von Hauptverkehrsadern, Nebenstraßen und Verbindungswegen, aus dem unser Kreislaufsystem besteht, fließt das Blut unaufhörlich zu allen Organen, um sie zu versorgen. Nährstoffe aus dem Darm, Sauerstoff aus der Lunge, darüber hinaus aber auch Wasser, Hormone, Mineralsalze, Vitamine und Abwehrstoffe werden den Zellen durch das Blut zugeführt und zugleich Abfallstoffe entsorgt.

Blut besteht aus Plasma, einer gelblichen Flüssigkeit, in der Blutzellen bzw. -körperchen und andere kleine Teile schwimmen. Bei den Blutkörperchen unterscheidet man zwei Hauptgruppen: die **roten Blutkörperchen (Erythro-**

Biologie

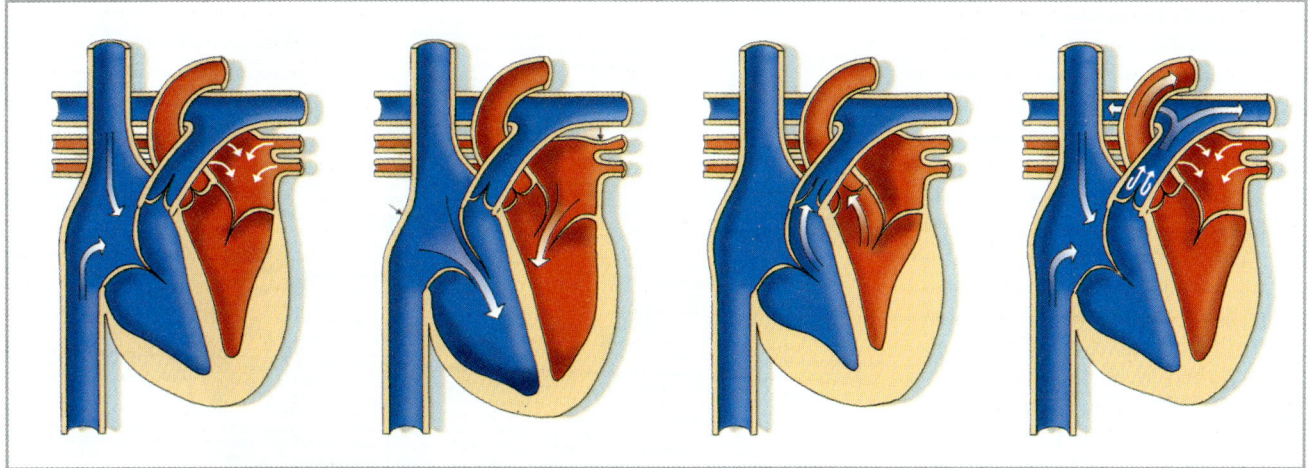

Abb. 3: Vier Phasen des Herzschlags

zyten) und die **weißen Blutkörperchen** (Leukozyten). Alle übrigen Teilchen bezeichnet man als **Blutplättchen (Thrombozyten)**.

Besonders zahlreich sind die roten Blutkörperchen. Ihre Farbe verdanken sie einem roten Farbstoff, dem **Hämoglobin**. Unter dem Mikroskop erkennt man die roten Blutkörperchen als rötliche Scheiben mit einer zentralen Delle. Sie haben keinen Zellkern und können sich daher auch nicht durch Teilung vermehren. Ihre Aufgabe ist der Gastransport im Blutstrom. In einem Kubikmillimeter Blut treten ca. 5 Millionen dieser Blutzellen auf. Sie werden aus dem Knochenmark ständig erneuert (Abb. 5).

Hämoglobinmoleküle sind in der Lage, Sauerstoffmoleküle locker an sich zu binden. Die roten Blutkörperchen bewegen sich mit dem Blutstrom passiv durch den Körper und geben Sauerstoffmoleküle da ab, wo die Zwischenzellflüssigkeit niedrige Sauerstoffwerte aufweist (Diffusion). Von der die Zelle umgebenden Flüssigkeit tritt der Sauerstoff in

| Arterie | Vene | Taschenklappen |

Abb. 4: Prinzip des Bluttransports in den Venen

die Zelle ein, wo er in den Mitochondrien beim Abbau der Glukose für die Gewinnung von Energie gebraucht wird. Das bei diesem Oxidationsvorgang freigesetzte Kohlendioxid diffundiert über die Zwischenzellflüs-

sigkeit ins Blut und wird von den roten Blutkörperchen zur Lunge transportiert.

Im Gegensatz zu den roten Blutkörperchen übernehmen die weißen Blutkörperchen eine ganz andere Aufgabe. Sie sind in der Lage, Fremdkörper und Krankheitserreger zu erkennen und unschädlich zu machen. Sie können jeden beliebigen Ort im Körper aufsuchen, da ihnen ihre amöboide Bewegungsweise gestattet, die Kapillaren zu verlassen, um ihre Arbeit auch in den interzellulären Räumen und in den Lymphgefäßen zu verrichten. Weiße Blutkörperchen besitzen einen Zellkern und vernichten fremde Eiweiße, indem sie sie umfließen und in ihrem Zellleib verdauen.

Die Blutplättchen (Thrombozyten) sind kleine Bruchstücke von Zellen. Sie sind vor allem an der Blutgerinnung beteiligt. Diese muss bei einer Verletzung eingeleitet werden, um eine Wunde mit Schorf zu verschließen, damit der Blutverlust möglichst gering ist und keine Krankheitserreger in den Körper gelangen.

Zum Weiterlesen:

- Herzschlag und Atmung, S. 354
- Funktion von Leber und Niere, S. 408
- Die Atmung, S. 410

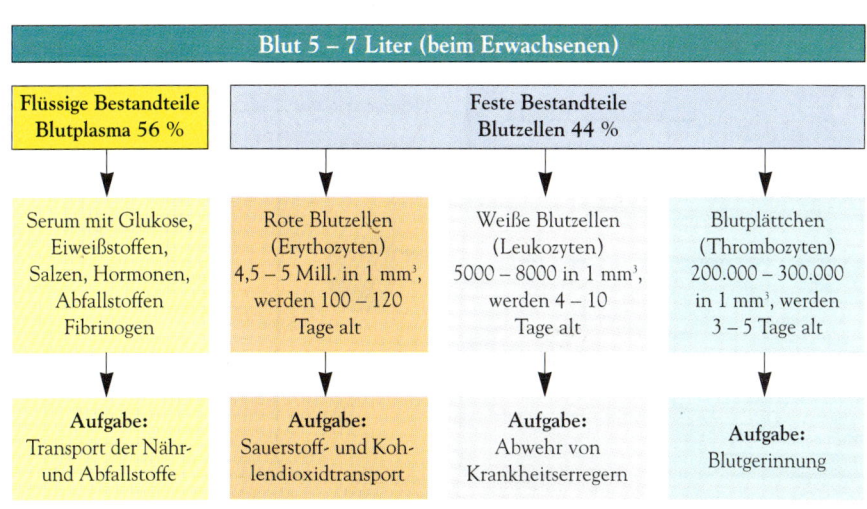

Blut 5 – 7 Liter (beim Erwachsenen)			
Flüssige Bestandteile Blutplasma 56 %	**Feste Bestandteile** Blutzellen 44 %		
Serum mit Glukose, Eiweißstoffen, Salzen, Hormonen, Abfallstoffen Fibrinogen	Rote Blutzellen (Erythozyten) 4,5 – 5 Mill. in 1 mm³, werden 100 – 120 Tage alt	Weiße Blutzellen (Leukozyten) 5000 – 8000 in 1 mm³, werden 4 – 10 Tage alt	Blutplättchen (Thrombozyten) 200.000 – 300.000 in 1 mm³, werden 3 – 5 Tage alt
Aufgabe: Transport der Nähr- und Abfallstoffe	**Aufgabe:** Sauerstoff- und Kohlendioxidtransport	**Aufgabe:** Abwehr von Krankheitserregern	**Aufgabe:** Blutgerinnung

Abb. 5: Zusammensetzung und Aufgaben des Blutes

Funktion von Leber und Niere

Die **Leber** ist mit einem Gewicht von ca. 1,5 kg die größte Drüse unseres Körpers und übernimmt verschiedenste Aufgaben: Sie speichert Energievorräte, funktioniert als Entgiftungszentrale und baut Stoffe so ab und um, dass die Nahrung, die wir zu uns nehmen, optimal genutzt wird. Die Leber wird sowohl mit venösem wie auch arteriellem Blut versorgt. Die aus dem Darm eintreffenden Nährstoffe werden hier aufgenommen, weiterverarbeitet und gespeichert.

Das Lebergewebe besteht aus bis zu 100.000 Leberläppchen, die in vielen sechseckigen Säulen zu Untereinheiten zusammengefasst sind. In der Mitte dieser Arbeitseinheiten verläuft die Zentralvene, die von den in Plattenform angeordneten Leberzellen strahlenförmig umgeben ist (Abb. 1).

Das Blut erreicht die Leber zu 80 % vom Darm kommend über die **Pfortader**, die sich nach der Eintrittsstelle bis in kleinste Verästelungen verzweigt, um alle Leberläppchen mit verdauten Nährstoffen zu versorgen. Die restlichen 20 % des Blutes kommen, angereichert mit Sauerstoff, vom Herzen. Bei einem ruhenden Menschen strömt auf diese Weise pro Minute etwas mehr als ein Liter Blut durch die Leber.

Das Pfortaderblut trägt außer den Nährstoffen auch verbrauchte rote Blutkörperchen heran. Der in ihnen enthaltene rote Farbstoff, das Hämoglobin, wird so verarbeitet, dass der größte Teil der Eisenatome, mit denen die roten Blutkörperchen den Sauerstoff an sich binden können, zurückgewonnen wird. Selbst die Aminosäuren, aus denen das Hämoglobin aufgebaut ist, nutzen die Leberzellen, entweder zum Aufbau neuer Proteine oder, nach deren weiterem Abbau,

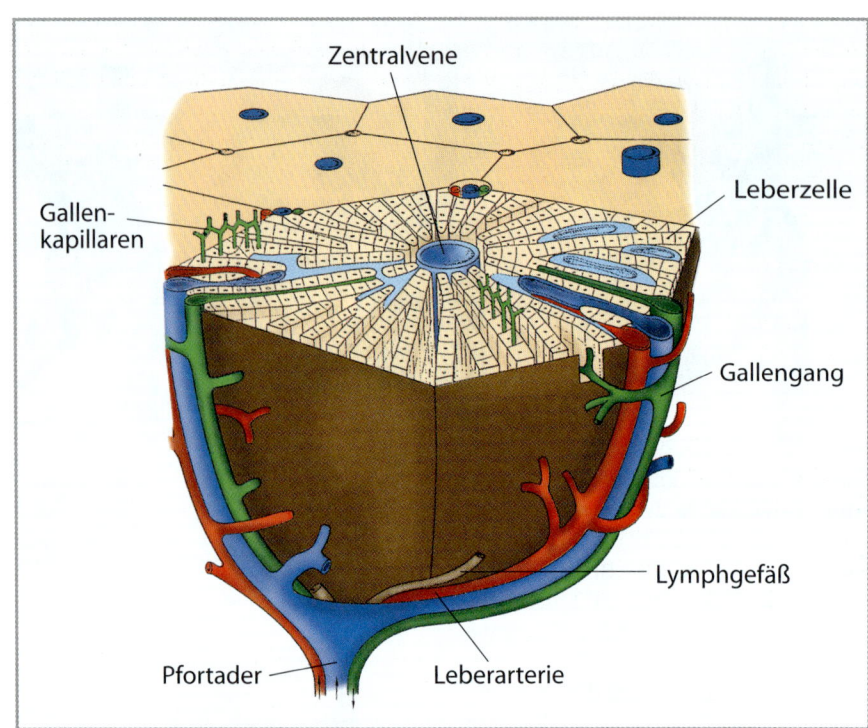

Abb. 1: Schematischer Aufbau eines Leberläppchens

zur Energiegewinnung. Der dabei entstehende **Harnstoff** wird an das Blut abgegeben und gelangt über die **Niere** und **Blase** nach außen. Kohlenhydrate speichert die Leber in ihren Zellen in Form von nicht löslichem Glykogen. Dieses wird bei Bedarf in lösliche Glukose umgewandelt und ins Blut zur Versorgung des Organismus abgegeben.

Damit die Lebensvorgänge im Körper ungestört ablaufen können, muss der **Zuckergehalt** des Blutes ständig einen Sollwert von 0,1 % betragen. Da wir aber in unregelmäßigen Abständen, entsprechend der anfallenden Muskelanstrengungen, mehr oder weniger stark Energie verbrauchen, kontrolliert das Gehirn über entsprechende Nervenbahnen ständig den Istwert. Fällt dieser unter eine kritische Grenze, so veranlasst das Gehirn die **langerhansschen Inseln**, einen Teilbereich der Bauchspeicheldrüse, den Botenstoff (Hormon) **Glukagon,** auszuschütten. Zugleich wird **Adrenalin**, ein Hormon des **Nebennierenmarks**, abgerufen. Die Zufuhr beider Hormone in die Blutbahn bewirkt in der Leber die vermehrte Umwandlung von nicht löslichem **Glykogen** in lösliche Glukose, so dass der Blutzuckerspiegel steigt. Überschreitet dieser eine kritische Marke, so

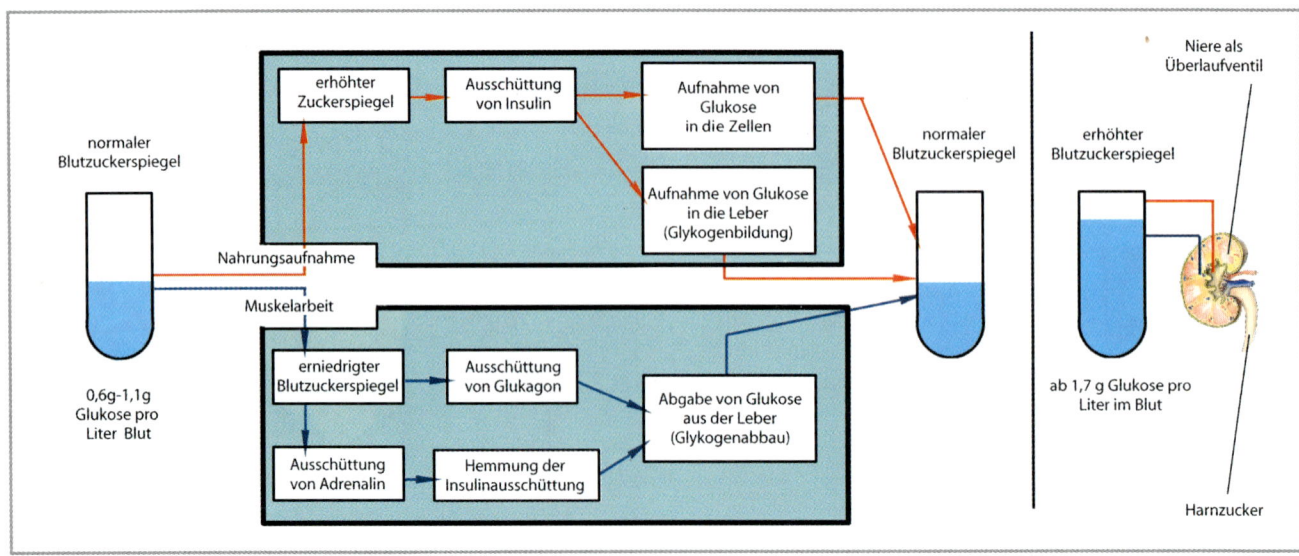

Abb. 2: So reguliert sich der Blutzuckerspiegel

wird durch die Freisetzung des Hormons **Insulin,** das ebenfalls aus den langerhansschen Inseln stammt, die gegenteilige Wirkung erzielt: Der Abbau von Glykogen in der Leber wird gehemmt, der Eintritt des Zuckers in die Körperzellen hingegen gefördert (Abb. 2).

Durch dieses Wechselspiel hält sich der Sollwert des Blutzuckergehalts ständig in der Nähe von 0,1 %. Die Hormone Glukagon und Adrenalin treten im Körper also als die Gegenspieler **(Antagonisten)** des Insulins auf. Zuckerkranke **(Diabetiker)** leiden nicht daran, den vorhandenen Zucker nicht verwerten zu können. Eine Fehlfunktion der Bauchspeicheldrüse verhindert bei ihnen, dass zum richtigen Zeitpunkt genügend Insulin in die Blutbahn gerät. Da die Hemmung des Glykogenabbaus in der Leber unterbleibt, nimmt das Blut zu viel Zucker auf, ohne dass die Zellen es verarbeiten können. Der Zucker geht daher zum Teil in den Urin über und kann mit entsprechenden Testverfahren dort nachgewiesen werden. Durch die Unterzuckerung der Zellen magern Zuckerkranke stark ab. Durch gezielte Insulingaben von außen kann der Blutzuckerspiegel dieser Menschen künstlich kontrolliert werden.

Die Leber speichert auch die Vitamine A, B, D, E und K. Überschüssige Mengen sammelt sie und gibt sie in Zeiten einer Unterversorgung in der Nahrung an den Organismus ab. Darüber hinaus ist sie in der Lage, Gifte, wie zum Beispiel Alkohol oder solche, die wir durch Medikamente zu uns nehmen, innerhalb bestimmter Grenzen unschädlich zu machen.

Ähnlich wie das verzweigte System der Adern und Kapillaren für das Blut existiert in der Leber ein weiteres Gefäßsystem, das mit feinsten Gängen die Leberzellen umgibt. Durch diese Gefäße fließt der Gallensaft über den Hauptgallengang bis zur **Gallenblase,** einem birnenförmigen Organ unterhalb der Leber, das den grünlichen Saft speichert und in kleinen Portionen an den Zwölffingerdarm abgibt.

Der Organismus geht mit den Stoffen, die ihm von außen zugeführt werden, sehr sparsam um. Alles, was durch chemischen Umbau wieder verwertet werden kann, wird in der Leber auch dazu genutzt. Selbst ein Teil

der Gallenflüssigkeit besteht aus Bestandteilen abgestorbener roter Blutkörperchen. Jedoch nicht alle Stoffe können beliebig recycelt werden. Solche, die im Gesamtzusammenhang keine Verwendung mehr finden können, weil sie den Körper auf Dauer vergiften würden, müssen ausgeschieden werden.

Das wichtigste Ausscheidungsorgan unseres Körpers ist die Niere. Sie tritt paarig auf, und ihre beiden Hälften liegen als bohnenförmige Gebilde beiderseits der Wirbelsäule

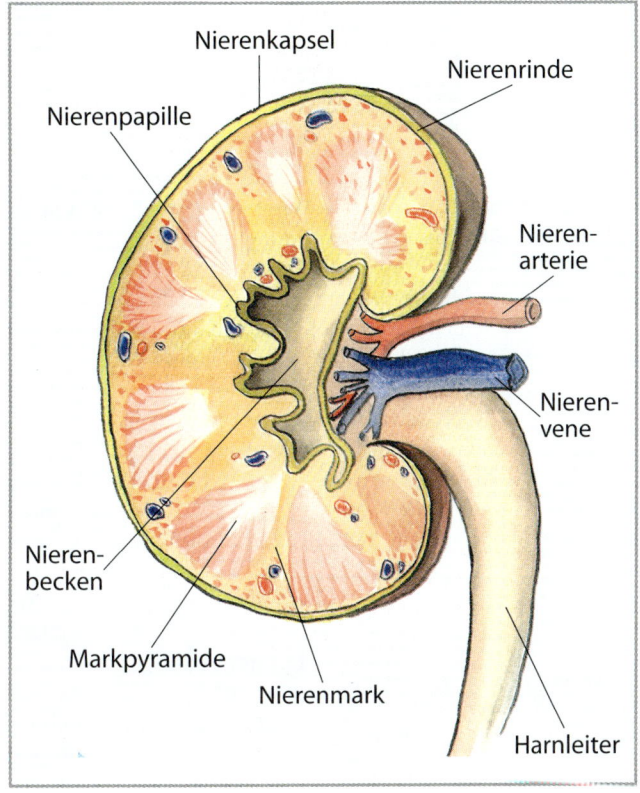

Abb. 3: Bau der Niere

unterhalb des Zwerchfells. Täglich durchfließen sie bis zu 1500 l Blut, das heißt in einer Stunde passiert unser gesamtes Blut etwa 20-mal die Nieren und wird dort gereinigt (Abb. 3).

Es gelangt zunächst über die Nierenarterie in das Kapillarsystem der Nierenrinde. Diese besteht aus etwa 1,2 Millionen Nierenkörperchen. In ihnen beginnt die **Harnbildung.** Jedes Nierenkörperchen, von denen etwa eine Million in der Rinde auftreten, besteht aus einem Haargefäßknäuel, das von einer doppelwandigen Kapsel, der bowmanschen Kapsel, umhüllt ist. Da die Gefäße der Knäuel besonders dünn sind, erhöht sich in ihnen der Druck, so dass in den Kapillarschlingen Wasser und darin gelöste Abfallstoffe durch die sehr feinen Gefäßwände gepresst werden und sich anschließend in der

umgebenden bowmanschen Kapsel als Filtrat ansammeln können. Dabei passieren jedoch nur Stoffe von geringer Molekülgröße die Kapillarwände. Zu ihnen gehören vor allem im Wasser gelöster Traubenzucker, Aminosäuren und Harnstoff. Blutkörperchen und größere Proteine bleiben in den Gefäßen zurück.

Das Filtrat **(Primärharn),** das nun die meisten im Blut gelösten Stoffe enthält, nimmt anschließend seinen Weg über das vielfach gewundene Nierenkanälchen, das von einem dichten Kapillarnetz umgeben ist. Über diese Adern geschieht mittels aktivem Transport die Rückgewinnung sowohl des Wassers als auch der darin gelösten lebensnotwendigen Stoffe. Wassermoleküle diffundieren aufgrund unterschiedlicher Konzentrationen zunächst in das die Nierenkanälchen umgebende Zellgewebe und von dort zurück in die Blutbahn. Dabei reguliert ein Hormon der **Hirnanhangdrüse** die Durchlässigkeit der Nierenkanälchen und steuert auf diese Weise den Gesamtwasserhaushalt des Körpers. Bei Wasserüberschuss wird viel Wasser abgegeben und umgekehrt. Das gereinigte Blut verlässt die Niere anschließend über die Nierenvene, um den Weg zum Herzen anzutreten.

Je mehr Flüssigkeit dem Körper von außen zugeführt wird, umso intensiver können also Schadstoffe ausgeschwemmt werden.

Im **Sekundärharn (Urin)** verbleiben schließlich vor allem Harnstoff, kleine Mengen Kochsalz sowie Harnsäure und andere für den Körper unbrauchbare Stoffe. Er sammelt sich im **Nierenbecken,** von wo er über den **Harnleiter** in die **Blase** fließt. Einen weiteren Teil der Abfallstoffe scheiden wir durch Schwitzen über die Haut aus.

 Zum Weiterlesen:

- Der Stoffwechselvorgang, S. 404
- Blutkreislauf und Transportvorgänge, S. 406
- Steuerung über Nerven und Hormone, S. 422

Die Atmung

Während des Vorgangs der Fotosynthese baut die grüne Pflanze mit Hilfe von Licht, Wasser und Kohlendioxid Kohlenhydrate auf, die, unter Zuhilfenahme von Mineralsalzen und Spurenelementen aus dem Boden, bereits in der Pflanze in vielfältiger Weise zu neuen Endprodukten umgebaut werden können. Das Angebot der Pflanzen wiederum ist Grundlage für alle Pflanzenfresser, tierische Proteine und Fette zu produzieren und damit ihren Körper aufzubauen. Selbst die Fleischfresser profitieren indirekt von den Stoffen, die die Pflanzenfresser aufgenommen haben, denn deren Körper ist aus den Substanzen aufgebaut worden, die sie über die Pflanzen bezogen haben.

Um die Energie, die ursprünglich aus dem Licht der Sonne stammt, in den Muskelzellen freizusetzen, bedarf es eines Verbrennungsvorgangs in der Zelle (**Oxidation**). Es handelt sich dabei um eine chemische Umsetzung ohne Erhitzung, bei der Traubenzucker unter Sauerstoffaufnahme in Kohlendioxid und Wasser abgebaut und zugleich Energie in Form von Adenosintriphosphat (ATP) gewonnen wird. Dieser Vorgang, den man auch als **Zellatmung** bezeichnet, findet in den Mitochondrien statt. Er ist der eigentliche Atmungsvorgang.

Auf welchem Weg die Kohlenhydrate die Zellen erreichen, und mit welchen Mitteln ihre Zufuhr geregelt wird, wurde bereits ausgeführt. Wie aber gelangt die Zelle ständig an genügend Sauerstoff, damit der Zucker zerlegt werden kann und dadurch die vom Körper benötigte Energie zur Verfügung steht?

Die Luft, die unseren Organismus umgibt, enthält etwa 21 % Sauerstoff, 0,035 % Kohlendioxid und 78 % Stickstoff. Ausgeatmete Luft hingegen besitzt nur noch einen Sauerstoffanteil von etwa 17 %, dagegen aber rund 3,5 % Kohlendioxid. Der Anteil des Stickstoffs ist hingegen konstant. Die Differenzen lassen vermuten, dass ein Gasaustausch im Körper stattgefunden hat.

Das Zusammenspiel von Brustkorb, Muskeln und Lungenbläschen ermöglicht der Luft und damit dem Sauerstoff das Vordringen bis in den Körper. Zugleich wird die Entsorgung des Gases Kohlendioxid beim Ausatmen gefördert. Die **Lunge** als Ganzes wird dabei durch die Knochen des dehnbaren Brustkorbes geschützt. Den unteren Ab-

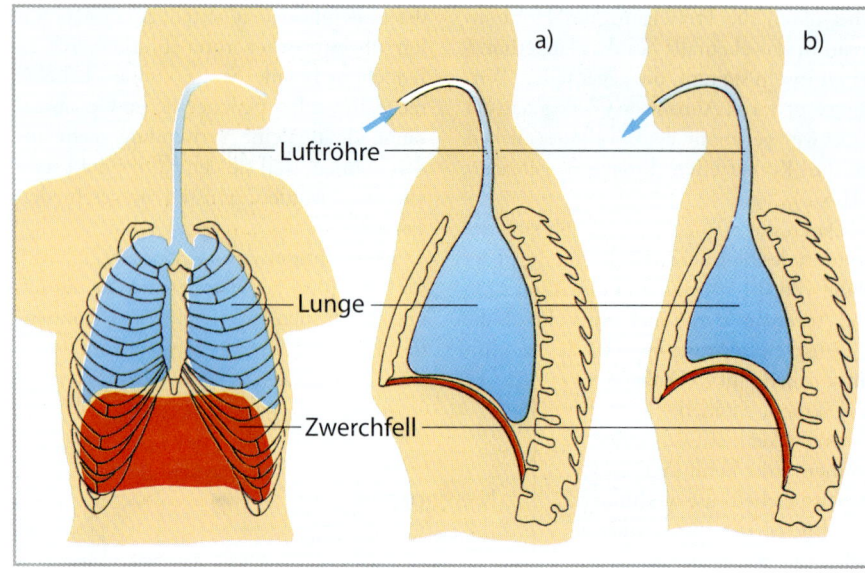

Abb. 1: Schematische Darstellung der Brust- und der Zwerchfellatmung – a) Einatmung b) Ausatmung

schluss bildet das mit Muskeln versehene **Zwerchfell**. Dieses trennt Brust- und Bauchhöhlenbereich und ist nach oben gewölbt (Abb. 1).

Ziehen sich die Muskeln des Zwerchfells zusammen, so flacht die Wölbung ab. Zugleich dehnen sich die Rippen des Brustkorbes durch die Kontraktion der Zwischenrippenmuskeln. Beide Faktoren zusammen

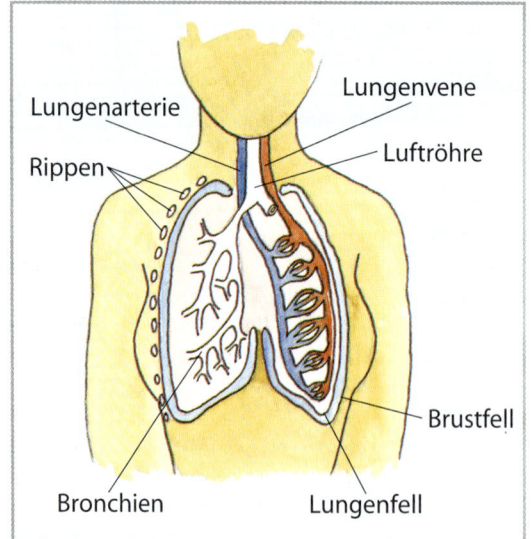

Abb. 2: Schematischer Aufbau der Lunge

bewirken eine Vergrößerung des Brustraumes, so dass ein Unterdruck in den Lungenbläschen (Alveolen) entsteht. In dem Maße, wie dieser anwächst, strömt Luft über die Luftröhre und die Bronchien in die Alveolen der beiden Lungenflügel – wir atmen ein. Bei der Ausatmung hingegen verläuft der Vorgang in umgekehrter Richtung:

Dadurch, dass sich das Zwerchfell hebt und sich die Rippen des Brustkorbes senken, verengt sich die Brusthöhle, und die eingeatmete Luft wird aus den Alveolen gedrückt, so dass sie den Körper über Mund und Nase verlassen kann. Im Gegensatz zur Zellatmung bezeichnet man diese Vorgänge als äußere Atmung.

In der Lunge findet der Gasaustausch zwischen der Atemluft und dem Blutkreislauf statt (Abb. 2). Je mehr Energie in den Zellen für Bewegungsvorgänge des Körpers verbraucht wird, umso intensiver muss Sauerstoff zugeführt werden. Während ein Mensch in Ruhe etwa 20-mal in der Minute atmet, steigert sich die Frequenz zum Beispiel nach einem anstrengenden Lauf auf bis zu 60 Atemzüge pro Minute. Erst allmählich pendelt sich die Atemgeschwindigkeit danach wieder auf den normalen Stand ein.

Die linke Lunge ist etwas kleiner als die rechte, da auch das Herz im Brustraum seinen Platz beansprucht. Die Lungenflügel treten nicht als zwei blasenförmige Gebilde auf. Die linke Lunge besteht vielmehr aus zwei, die rechte hingegen aus drei Lappen, die sich jeweils in 10 Teilbereiche unterteilen lassen. Die Luftröhre teilt sich in zwei Stammbronchien, die zum linken und rechten Lungenflügel führen. Dort teilen und verzweigen sie sich weiter. Ihre feinsten Äste führen die Luft über die Alveolargänge zu etwa 400 Millionen Lungenbläschen, von denen aus der Sauerstoff der Luft ins Blut übertreten kann. Auf diese Weise bedient sich die Natur eines auch an anderer Stelle bereits beschriebenen Prinzips der Oberflächenvergrößerung: Die Gesamtoberfläche der Al-

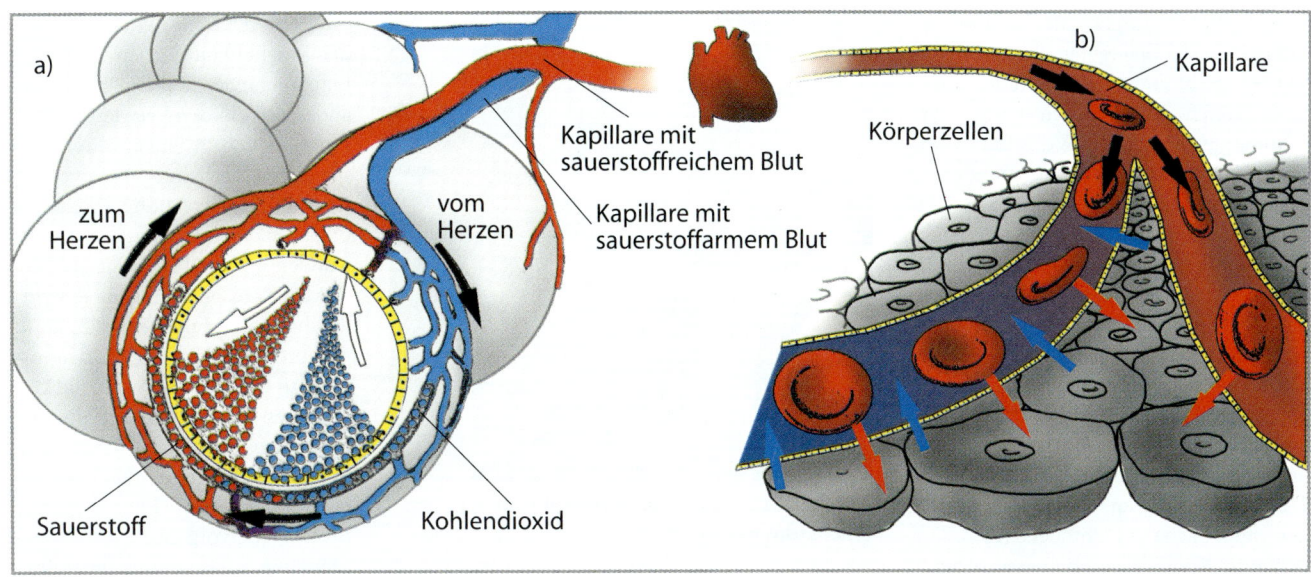

Abb. 3: Gasaustausch – a) Lungenbläschen (Alveole) b) Körpergewebe

veolen erreicht bei einem erwachsenen Menschen 100–250 Quadratmeter. Ihr Durchmesser beträgt hingegen nur 0,25 mm, und die aus nur einer Zellschicht bestehenden Wände weisen eine Dicke von lediglich 0,001 mm auf (Abb. 3).

Durch diese Wände findet der Gasaustausch statt. Da jedes Bläschen von einem Netz winziger Blutgefäße (**Kapillaren**) umgeben ist, kann der eintreffende Sauerstoff durch die hauchdünne Wandung von Alveole und Blutgefäß ins Blut diffundieren. Der Durchmesser der umgebenden Kapillare ist so klein, dass die roten Blutkörperchen sie nur einzeln passieren können. Der Sauerstoff geht sofort eine Verbindung mit dem Hämoglobin ein, während im Serum mitgeführtes Kohlendioxid aufgrund des Konzentrationsgefälles in die Alveolen diffundiert. Es wird anschließend ausgeatmet.

Die Abgabe von Kohlendioxid und die gleichzeitige Aufnahme von Sauerstoff verändern das Blut auch in seiner Farbe: Während das kohlendioxidreiche Blut dunkler gefärbt ist, hellt es sich nach Aufnahme des Sauerstoffs deutlich auf. Dies ist der Grund dafür, warum in Darstellungen entsprechend die Farben Blau und Rot zur Unterscheidung des „verbrauchten" und „sauerstoffreichen" Blutes verwendet werden.

Während Pflanzen und sehr kleine Tiere in der Lage sind, ihren Gasaustausch über direkte Diffusionsvorgänge zwischen Zellen und umgebender Luft zu bewerkstelligen, sind höher entwickelte Tiere im Wasser oder auf dem Land dazu nicht in der Lage, weil nur ein kleiner Teil ihrer Körperzellen unmittelbar mit der Luft in Kontakt ist. Sie haben deshalb andere Lösungen entwickeln müssen, um den Gasaustausch zu gewährleisten. Insekten als **Tracheenatmer** lassen die Luft über Leitungsgänge bis zu allen Stellen ihres Körpers vordringen. Da dies jedoch nur über sehr kurze Wege möglich ist, ist ihr Größenwachstum durch ihr Atmungssystem eingeschränkt. Bei höheren Temperaturen funktioniert diese Form etwas besser, weshalb man in den Tropen auch entsprechend größeren Insekten begegnet (Abb. 4).

Fische, Reptilien, Vögel und Säugetiere hingegen nutzen die Möglichkeit, mit Hilfe des Blutes die Gase in ihrem Körper zu transportieren. Fische entnehmen dabei den Sauerstoff dem Wasser, während auf dem Land lebende Tiere Luft einatmen. Kleinere Tiere, wie zum Beispiel der Frosch, ergänzen ihre Lungenatmung durch **Hautatmung** (Abb.

5). Dabei diffundiert Sauerstoff unmittelbar in die äußeren Zellschichten. Vor allem im Wasser lebende Insekten haben darüber hinaus spezielle Methoden entwickelt, um sich mit Sauerstoff aus der Luft auch unter

Abb. 5: Frösche atmen über Haut und Lunge

Wasser zu versorgen: Sie tauchen in Abständen an die Wasseroberfläche auf, um Luft aufzunehmen. Die Wasserspinne zieht sogar einen Luftvorrat als kleine Blase mit sich unter Wasser. Der darin enthaltene Sauerstoff reicht ihr über lange Zeit zur Atmung.

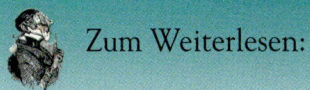 Zum Weiterlesen:

- Herzschlag und Atmung, S. 354
- Fische, S. 338
- Vögel, S. 340
- Amphibien, S. 342

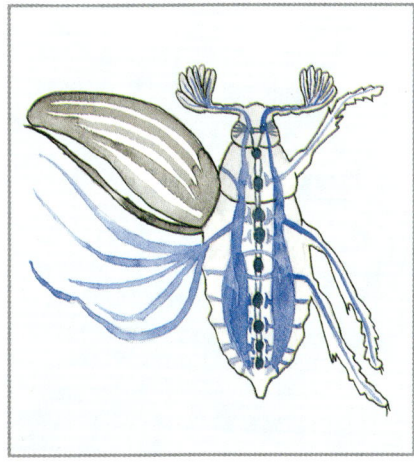

Abb. 4: Atmung über Tracheen (Insekten)

411

Bewegung

*E*in ganz wesentliches Merkmal des Lebendigen ist die Bewegung. Zwar ist sie bei Pflanzen nicht so augenfällig festzustellen wie bei Tieren, denn Pflanzen erzeugen ihre Nahrung auf chemischem Weg selbst. Für sie reicht es daher aus, ohne Ortsveränderung an einem hellen Platz bei günstigen klimatischen Bedingungen zu leben. Trotzdem führen auch Pflanzen Bewegungen aus, die sie entweder in eine günstige Position zum Licht bringen oder ihren zusätzlichen Halt auf oder an festen Unterlagen garantieren. So kann man beobachten, dass Blüten sich mit der Zunahme an Licht und Wärme öffnen, während sie nachts und bei ungünstigen Witterungsverhältnissen geschlossen bleiben. Darüber hinaus richten sie sich in ihrem Wachstum nach der Lichtquelle (Abb. 1).

Blätter, Knospen und Blüten werden bevorzugt zum Licht hin ausgerichtet, und manche Bäume weisen nur am äußeren Rand des Waldes Astwerk auf, das bis auf den

Abb. 1: Die Sonnenblume richtet sich in ihrem Wachstum nach der Sonne

Abb. 2: Die Wachstumsbewegung der Kletterrose ist deutlich erkennbar

Boden reicht. Rankende Pflanzen hingegen drehen ihre Ausläufer so lange suchend in alle Richtungen, bis sie auf Halt stoßen und sich um ihn schlingen. Dieses Verhalten ermöglicht es ihnen, große Höhen zu erreichen und sich in ihnen zu verbreiten, ohne zugleich Festigkeit in Form eines Stammes ausbilden zu müssen (Abb. 2).

Für tierische Organismen hingegen gehört die Fähigkeit, sich zu bewegen, zur Grundausstattung. Sie spielt eine wichtige Rolle im Zusammenhang der Nahrungssuche, aber auch das Zerkleinern und Aufnehmen von Nahrung ist mit Bewegungsabläufen verbunden. Dies gilt für die Fleischfresser ebenso wie für die Pflanzenfresser, obwohl Letztere sich in der Regel nicht so schnell bewegen können müssen wie ein Fleischfresser,

da sie ihre Nahrung weder verfolgen können müssen, noch diese sich dem Zugriff durch Flucht oder Gegenwehr widersetzen kann. Es ist daher nicht verwunderlich, dass Raubtiere der Steppe zu den schnellsten Säugern der Welt gehören, die bei jeder Verfolgungsjagd jedoch so viel Energie verbrauchen, dass sie sich wiederholte „Fehlstarts" nicht leisten können, ohne selbst vom Tod bedroht zu sein. Wie der Beutegreifer auf die Fähigkeit, sich rasch zu bewegen, angewiesen ist, so verhilft die gleiche Fähigkeit dem Beutetier, sich dem Tod durch blitzschnelle Flucht zu entziehen oder dem Feind durch Angriff entgegenzutreten. Und schließlich sind auch die Partnersuche, das Paarungsverhalten, Geburt und Aufzucht der Jungen ohne einen Bewegungsapparat bei höheren Tieren nicht vorstellbar (Abb. 3).

Während viele Pflanzensamen die Möglichkeit nutzen, sich mit Luftströmungen von einem Ort zum anderen befördern zu lassen und Einzeller sich in Flüssigkeiten entsprechend verhalten (**passive Bewegung**), haben höher stehende Organismen das Zufallsprinzip überwunden und sind befähigt, gezielte Bewegungen aus eigenem Antrieb durchzuführen (**aktive Bewegung**).

Von grundlegender Bedeutung für aktive Bewegungen sind die körperlichen Voraussetzungen, die eine Bewegung überhaupt erst ermöglichen. Zu ihnen gehören die Bereitstellung von Energie über Stoffwechselvorgänge sowie ein Steuermechanismus und eine funktionierende Muskulatur. Für schnelle Bewegungen können darüber hinaus eine stabile Körperstruktur durch inneres oder äußeres Skelett und Gliedmaße mit Gelenken sehr dienlich sein (Abb. 4).

Erst durch die Fähigkeit, Muskelfasern zu verkürzen oder zu verlängern, gelingt es uns, die etwa 200 in sich starren Knochen des Skeletts in ihrer Richtung so zu verändern, dass Bewegungsvorgänge einzelner Körperteile, zugleich aber auch die Fortbewegung des Körpers als Ganzem möglich wird. Vor allem die Kugel- und Scharniergelenke der Gliedmaßen und an Händen und Füßen sind dabei eine große Hilfe. Sie sind mit Sehnen und Bändern verbunden, die ihrerseits mit der Muskulatur verwachsen sind.

Die Muskeln, die etwa 40 % unseres Körpergewichts ausmachen, bestehen aus einem Gewebe, das die Eigenschaft besitzt, sich zusammenziehen zu können. In der Hauptsache gibt es drei unterschiedliche

Abb. 3: Flüchtende Zebras

Muskelgewebe: Den größten Teil macht die **quer gestreifte Skelettmuskulatur** aus. Sie wird vom Gehirn über Nervenbahnen willentlich gesteuert. Bewegungsvorgänge, die unbewusst ablaufen, werden von den **Herzmuskeln** (Herz) oder von der glatten **Eingeweidemuskulatur** (Darm, Blutgefäße, Bronchien, Gebärmutter, Harnorgane) ausgeführt. Die kleinste Einheit der Skelettmuskulatur, die von Nervenendigungen und Blutgefäßen durchzogen wird, stellen die einzelnen **Fasern** dar, die bis 0,1 mm dick und bis zu etwa 10 cm lang sein können. Jede Faser wiederum besteht aus einer Vielzahl feiner Fäserchen, den **Fibrillen**. Der besondere Feinbau dieser Fibrillen lässt sie unter dem Mikroskop in einem typischen Querstreifenmuster erscheinen, was den Namen des Muskels erklärt (Abb. 5).

Abb. 4: Muskulöser männlicher Körper

Die Fibrillen sind in der Faser so angeordnet, dass sich jeweils ein **Myosinfilament** mit einem **Aktinfilament** abwechselt. Soll sich der Muskel anspannen, so muss er sich verkürzen. Die Vorsprünge am Myosinfilament schieben sich dabei so zwischen die Aktinfilamente, dass deren Endstücke aufeinander zubewegt werden. Da dieser Vorgang zugleich bei allen anderen freien Aktinendstücken der Faser geschieht, kommt es zu einer deutlichen Verkürzung des gesamten Muskels. Der Zug, der dadurch auf die Sehnen bzw. Bänder übertragen wird, teilt sich dem daran befestigten Knochen mit, der dadurch in seiner Lage verändert wird. Eine Entspannung und danach ein erneutes Auseinanderweichen des Aktinfilaments in den Fasern kann nur geschehen, wenn sich ein anderer Muskel anspannt, der als Gegen-

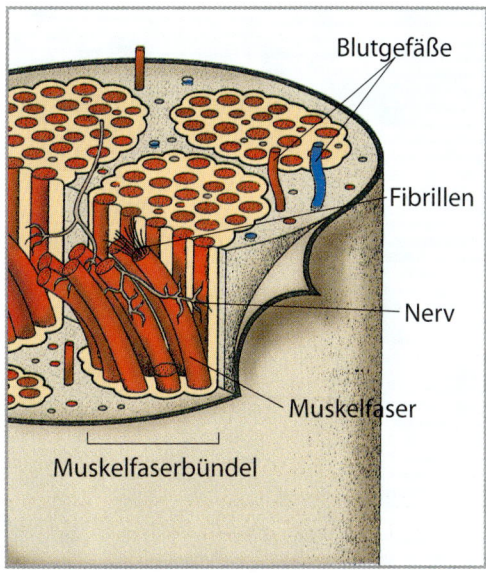

Abb. 5: Querschnitt durch einen Muskel

spieler (**Antagonist**) durch seine Verkürzung seinen „Partner" zugleich in die Ausgangsstellung zurückbringt. Deutlich ist dies am Beispiel von Beuger und Strecker am Oberarm zu sehen: Beugt man den Unterarm, so ist eine deutliche Schwellung und Verkürzung des Beugemuskels (Bizeps) auf dem Oberarmknochen zu bemerken. Der Streckmuskel auf der unteren Seite hingegen ist gedehnt. Streckt man den Arm wieder, so zieht sich der Strecker etwas zusammen (Abb. 6). Da es für die Muskeln des Herzens keine Antagonisten gibt, übernehmen hier Druckverhältnisse innerhalb des Herzens deren Rolle.

Wie aber kommt der Muskel an die Energie, die er für den aktiven Bewegungsvorgang braucht? Über die Blutgefäße werden die Muskelzellen mit energiereicher Glukose versorgt, die in deren Kraftwerken (**Mitochondrien**) bei Sauerstoffaufnahme zur Energiegewinnung abgebaut wird. Kohlendioxid und Wasser werden zugleich abgegeben. Ein Teil der chemischen Energie verwandelt sich dabei in Wärme, die zur Aufrechterhaltung der Körpertemperatur dient. Der Rest, etwa 30 %, steht als Bewegungsenergie zur Verfügung. Bei intensiver Muskelarbeit reicht der Sauerstoff meist nicht aus. Die Zellen erlangen die notwendige Energie dann über die Milchsäuregärung. Die Glukose wird dabei zur Energiegewinnung ohne Sauerstoff in Kohlendioxid und Milchsäure gespalten, die vom Blut aufgenommen und zur Leber zu weiterem Abbau transportiert wer-

den. Bei anhaltender Muskelarbeit kann die Milchsäure in den Zellen nicht schnell genug abtransportiert werden. Folge sind Schmerzgefühle, die wir als Muskelkater wahrnehmen. Dieser klingt erst ab, wenn die Zelle mit Hilfe von Sauerstoff die Milchsäure abbauen kann.

Muskelfasern unseres Körpers können sich durch eiweißreiche Nahrung und gleichzeitige nachhaltige Beanspruchung vermehren. Auch die Einnahme des männlichen Sexualhormons Testosteron beschleunigt die Entwicklung von Muskeln, was jedoch unnatürlich ist und vor allem für den Bereich des Sports mit Strafen belegt wird (Anabolika). Umgekehrt werden Muskeln im Körper dann allmählich abgebaut, wenn sie über längere Zeit keine Arbeit leisten. Das hat schon so mancher Patient feststellen müssen, wenn er nach einem Knochenbruch endlich vom Gips befreit wurde und mit Erstaunen feststellen musste, dass sein Arm oder Bein ganz dünn geworden war.

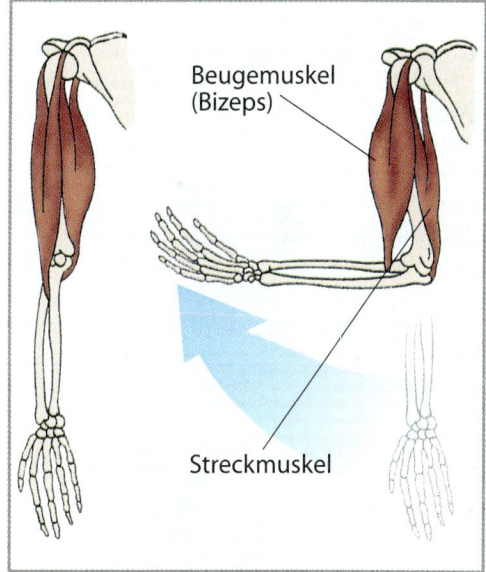

Abb. 6: Das Gegenspielerprinzip

Zum Weiterlesen:

- Die Atmung, S. 410
- Das Skelett, S. 348
- Die Nahrung liefert Energie und Baustoffe, S. 402

413

Der Bau des Auges

Unsere Sinnesorgane nehmen Reize aus der Umwelt auf. Es können jedoch nur solche Reize verarbeitet werden, für die das jeweilige Sinnesorgan empfänglich ist: optische (sehen), akustische (hören), chemische (schmecken und riechen) und taktile (berühren) Reize. Unsere Sinnesorgane verwandeln die ankommenden Reize in elektrische Impulse, die über die Nervenbahnen zum Gehirn gelangen. Das Gehirn übersetzt die ankommenden Impulse in entsprechende Wahrnehmungen. Sinnesorgane dienen also als Vermittler zwischen Umwelt und dem einzelnen Lebewesen. Sie sind jedoch nur in der Lage, einen beschränkten Ausschnitt der Umwelt aufzunehmen. Jede Art hat entsprechend ihren Lebensbedingungen solche Sinnesorgane entwickelt, die für ihr Überleben von Bedeutung sind.

Schon der Einzeller Euglena, der zur Fotosynthese befähigt ist, muss in der Lage sein, Lichtquellen zu orten, um aktiv Stellen mit optimaler Helligkeit aufsuchen zu können. Ähnlich wie der Regenwurm ist Euglena jedoch nur in der Lage, hell und dunkel zu unterscheiden, und diese Fähigkeit ist für beide Arten völlig ausreichend als Voraussetzung, sich in ihrem Lebensraum zurechtzufinden.

Das Sehvermögen von Insekten hingegen beruht auf ganz anderen Voraussetzungen. Sie sehen mit Augen. Diese sind völlig unbeweglich und fangen trotzdem Lichtreize aus einem sehr weiten Winkel auf. Bei oberflächlicher Betrachtung scheint zum Beispiel die Stubenfliege zwei Augen zu besitzen, die am obe-

Abb. 1: Die Augen der Insekten sind völlig unbeweglich

ren Teil des Kopfes paarig auftreten. Bereits mit der Lupe kann man eine netzartige Struktur der Augenoberfläche bemerken, nach der das Insektenauge auch als Netzauge oder **Facettenauge** bezeichnet wird (Abb. 1).

Es handelt sich dabei jedoch in Wirklichkeit nicht um zwei, sondern oft um mehrere tausend Einzelaugen, die wie die Kompartimente einer Wabe miteinander verbunden sind (Abb. 2a). Untersucht man den Bau der Einzelaugen genauer, so erkennt man eine außen liegende Linse und darunter einen Kristallkegel (Abb. 2b). Beide Teile sind

durchsichtig und farblos und stellen den lichtbrechenden Teil des Einzelauges dar. Die wie durch ein Brennglas gebündelten Lichtstrahlen gelangen zu einem lang gestreckten Sehzellenbündel, das in der Mitte den lichtempfindlichen Sehstab enthält. Über jedes dieser Augen wird ein sehr kleiner Ausschnitt der Wirklichkeit als heller oder dunkler Bereich für das Insekt wahrnehmbar. Sein Bild der Umgebung ist also die Summe dieser Bereiche, woraus man schließen kann, dass das „Weltbild" der Insekten und ihr genaues Sehen abhängig von der Anzahl ihrer Einzelaugen sind. Je mehr Augen vorhanden sind, umso schärfer werden die Konturen und umso genauer kann sich das Tier auf seine visuellen Eindrücke verlassen. Versuche haben ergeben, dass manche Insekten die Blumen in anderen Farben sehen als der Mensch, da ihre Facettenaugen reines Rot nicht verarbeiten können. Im für uns unsichtbaren UV-Licht erkennen sie jedoch Teile in der Pflanze, die als Nahrungsquelle für sie von großer Bedeutung sind.

Das Auge der Säuger ist dagegen völlig anders gebaut. Geschützt durch die knochigen Augenhöhlen, die Lider, die Augenbrauen und den Film aus Tränenflüssigkeit, wird nur der vordere Teil des **Augapfels** sichtbar. Der übrige Teil liegt innerhalb der Augenhöhle verborgen. Er hat eine runde Form, weshalb man auch vom Augapfel spricht (Abb. 3).

Drei Schichten umgeben das gallertartige Innere unseres Auges: Als äußerer Abschluss

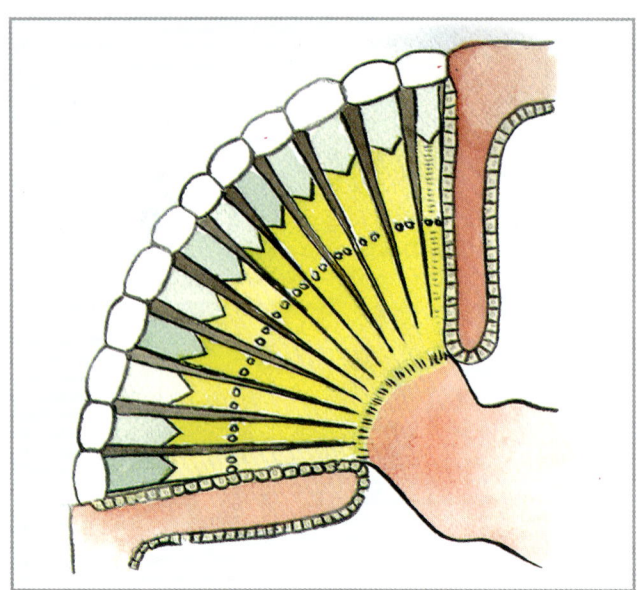

Abb. 2a: Komplexauge eines Insekts

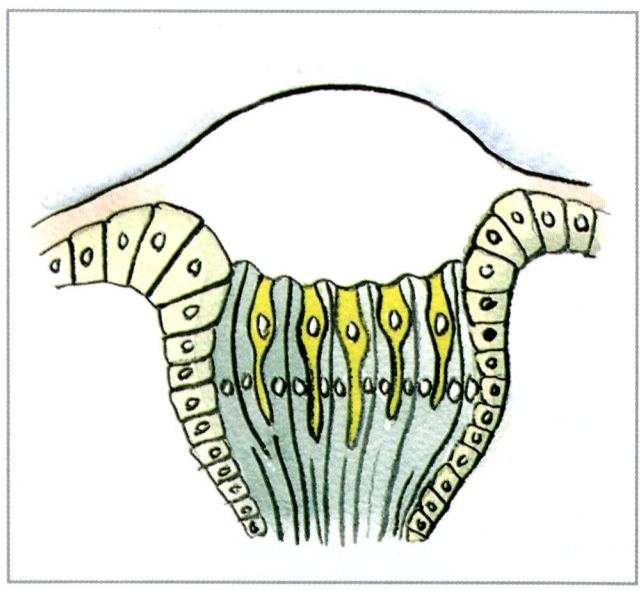

Abb. 2b: Einzelauge eines Insekts in Längsschnitt

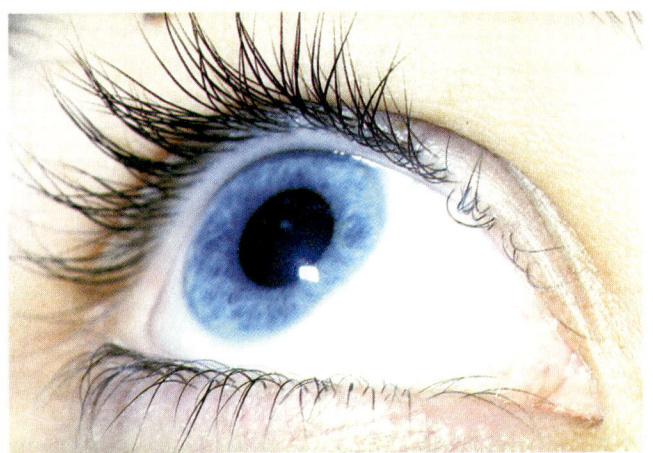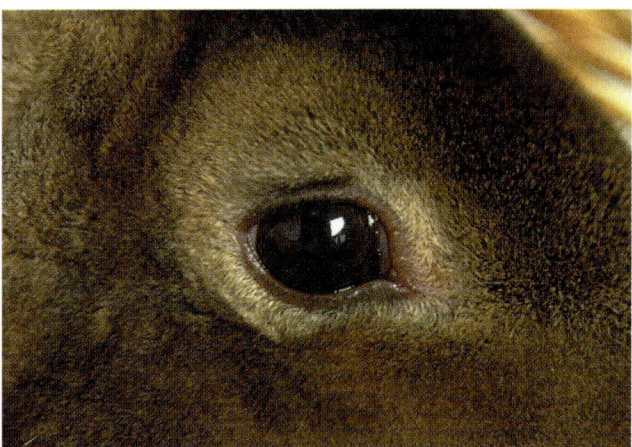

Abb. 3: Beim Menschen und bei den Säugetieren ist nur der vordere Teil des Augapfels sichtbar

und zugleich als Schutz nach außen ist die weiße, derbe Lederhaut (Sklera) von besonderer Widerstandsfähigkeit. Vorn geht sie in die durchsichtige Hornhaut (Cornea) über. Die sechs Muskeln, die den Augapfel bewegen, sind an der Lederhaut befestigt. Ihr vorderer Teil ist von der Bindehaut bedeckt, die ständig durch salzhaltige, Bakterien angreifende Tränenflüssigkeit befeuchtet und gereinigt wird (Abb. 4).

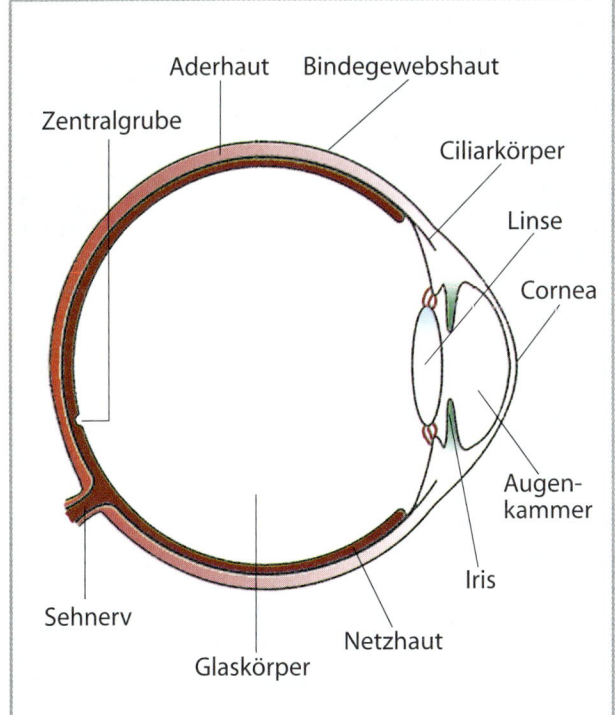

Abb. 4: Längsschnitt durch das menschliche Auge

Unter der Lederhaut liegt die gut durchblutete und stark pigmentierte Aderhaut (Chorioidea). Sie geht in ihrem vorderen Teil in die Regenbogenhaut (**Iris**) über, deren Pigmentmenge und -anordnung die Augenfarbe bestimmen. In der Mitte lässt sie das Sehloch (**Pupille**) frei, das sich je nach Lichtintensität weiten oder verengen kann. Bei hellem Licht wird die Pupille enger, während sie sich bei schwachem Licht weitet. Oder genauer: Über Nervenbahnen werden die Muskeln der Pupille so gesteuert, dass sich die Öffnung in jedem Augenblick den jeweiligen äußeren Lichtverhältnissen durch Weitung oder Verengung so anpasst, dass die Lichtverhältnisse im Inneren des Auges annähernd konstant bleiben.

Die **Linse** liegt unmittelbar hinter der Pupille. Sie ist durchsichtig und elastisch an den Fäden des sie umgebenden Strahlenkörpers (Ziliarkörper) aufgehängt, mit dessen ringförmigem Muskel (Ziliarmuskel) die Form der Linse verändert werden kann. Zwischen ihr und der Hornhaut befinden sich zwei mit wässriger Flüssigkeit gefüllte Kammern: die vordere und die hintere Augenkammer. Die dritte und innerste Augenhaut bildet die lichtempfindliche **Netzhaut** (Retina). Sie besteht aus Millionen von hoch spezialisierten Sinneszellen. Diese sind in der Lage, Lichtreize aufzunehmen und so zu verarbeiten, dass sie als kodierte elektrische Impulse über Nervenbahnen zum Sehzentrum des Gehirns gelangen und dort optische Wahrnehmungen entstehen lassen. Seine eigentliche Form erhält das Auge jedoch durch den Glaskörper, der als gelgefüllter, durchsichtiger Ball den größten Teil des Innenraumes ausfüllt.

Den Sehvorgang bewirken die aufgeführten Teile des Auges gemeinsam in Teamarbeit. Während die Iris den Lichteinfall zu jedem beliebigen Zeitpunkt regelt, werden die einfallenden elektromagnetischen Wellen, aus denen sich das Licht zusammensetzt, so von der Hornhaut, dem Kammerwasser und dem sich anschließenden Glaskörper gebrochen, dass im Bereich der Sehgrube (gelber Fleck) ein auf dem Kopf stehendes, seitenverkehrtes, scharfes Bild entsteht.

Beim gesunden Auge werden die Lichtstrahlen durch die Brechung so gebündelt, dass ihr Brennpunkt genau auf der Ebene der Netzhaut liegt. Dabei sorgt der kreisförmige Ziliarmuskel, der die Linse umgibt, dafür, dass diese sich in ihrer Form ständig so verändert, dass nur der Bereich aus der Wirklichkeit auf der Netzhaut scharf abgebildet wird, auf den sich das Augenmerk tatsächlich richtet. Die übrigen Bereiche erscheinen unscharf. Hält man zum Beispiel einen ausgestreckten Zeigefinger in einem Abstand von etwa 15 cm vors Gesicht und befindet sich zugleich vor einer Landschaft mit verschiedenen Objekten, so erscheint entweder der Finger scharf oder die Objekte der Landschaft, nie aber beides gleichzeitig. Wie ist das zu erklären?

 Zum Weiterlesen:

- Sinnesorgane, S. 352
- Sehen und Wahrnehmen, S. 416
- Steuerung über Nerven und Hormone, S. 422

Sehen und Wahrnehmen

Die Scharfeinstellung von verschieden weit entfernten Objekten geschieht mit Hilfe des ringförmigen Ziliarmuskels, der die Linse umgibt. Den Vorgang bezeichnet man als Akkommodation. Zwischen dem Ringmuskel und der Linse befinden sich feine, strahlenförmig angeordnete Bänder, die den Muskel mit der Linse verbinden. Der Ringmuskel kann sich anspannen oder entspannen. Im angespannten Zustand verdickt er sich. Der Abstand zwischen ihm und der Linse verkleinert sich dabei, und die Bänder erschlaffen. Die Linse geht in ihren natürlichen Zustand, die Wölbung, über. Das Licht wird dabei so gebrochen, dass nahe Objekte scharf auf der Netzhaut abgebildet werden. Da dieser Vorgang unter ständigem Energieaufwand geschieht, empfinden wir ihn umso anstrengender, je näher sich das betrachtete Objekt vor unserem Gesicht befindet. Wir wenden den Blick lieber auf entferntere Objekte.

Schauen wir zum Beispiel zum Horizont, so kehren sich die Verhältnisse im Auge um: der Ringmuskel erschlafft und wird dadurch dünner. Der Abstand zur Linse aber erhöht sich. Dadurch straffen sich die Bänder, und die Linse wird flach gezogen. Die Brechung der Lichtstrahlen geschieht nun so, dass weiter entfernte Objekte scharf auf der Netzhaut abgebildet werden. Da der Muskel dabei entspannt ist, empfinden wir es nicht als mühsam, für längere Zeit in die Ferne zu schauen.

So viel zum Prinzip. In Wirklichkeit richten wir unser Augenmerk jedoch innerhalb kürzester Zeit auf die verschiedensten Objekte, die alle unterschiedlich weit von uns entfernt sind. Völlig unbewusst regulieren die entsprechenden Muskeln bei jeder Kopfbewegung über die Veränderung der Pupille und der Linsenform sowohl den Lichteinfall als auch die Schärfe des Bildes (Abb. 1).

Die dargestellten Zusammenhänge können jedoch nicht für jeden Menschen garantieren, dass ein ungestörtes scharfes Sehen möglich ist. Vor allem ältere Menschen brauchen Sehhilfen in Form von Brillen. Grund dafür ist sehr häufig die Tatsache, dass die Linse im Laufe von Jahrzehnten ihre Elastizität verliert und damit scharfes Sehen in der Nähe immer schwieriger wird, weil die Linse bei Anspannung des Muskels nicht mehr völlig ihre natürliche Krümmung erreicht. Mit etwa 50 Jahren brauchen die meisten Menschen daher eine Lesebrille. Ihre Gläser helfen das Licht so zu brechen, dass auch nahe Objekte wieder scharf auf der Netzhaut abgebildet werden (Abb. 2).

Aber auch bei jungen Menschen können Sehfehler auftreten. Bei ihnen weichen entweder die lichtbrechenden Teile des Auges, vor allem Hornhaut und/oder Linse, von der Norm ab, oder die Form des Auges lässt eine richtige Fokussierung nicht zu. Werden die Strahlen fälschlicherweise so gebrochen, dass der Brennpunkt hinter der Netzhaut entsteht, so spricht man von Weitsichtigkeit. Werden sie hingegen bereits vor der Netzhaut gebündelt, so liegt Kurzsichtigkeit vor. Beide Sehfehler sind durch entsprechende Brillen korrigierbar. Bei Kurzsichtigkeit mit Hilfe einer Zerstreuungslinse, bei Weitsichtigkeit hingegen mit einer Sammellinse (Abb. 3).

In der Netzhaut treten zwei unterschiedliche Typen von Rezeptoren auf. Ihrer Form entsprechend, bezeichnet man sie als Stäbchen und Zapfen. Von ihnen treten in der Retina etwa 130 Millionen auf. Die Stäbchen übertreffen die Zapfen jedoch in ihrer Anzahl bei weitem. Ist genügend Licht vorhanden, so arbeiten insbesondere die Zapfen und vermitteln uns das farbliche Sehen. Sie sind vor allem in der Gegend des gelben Fleckes anzutreffen, der in der Mittelachse des Auges liegt. Diese Sehgrube ist deshalb auch die Stelle des schärfsten Sehens und der besten Farbunterscheidung. Vom gelben Fleck aus in Richtung Peripherie nehmen die Stäbchen ständig zu. Sie sind vor allem zuständig für die Unterscheidung von hell und dunkel und ermöglichen uns auch noch ein Sehen in der Dämmerung.

Biologie

Nahsehen

Fernsehen

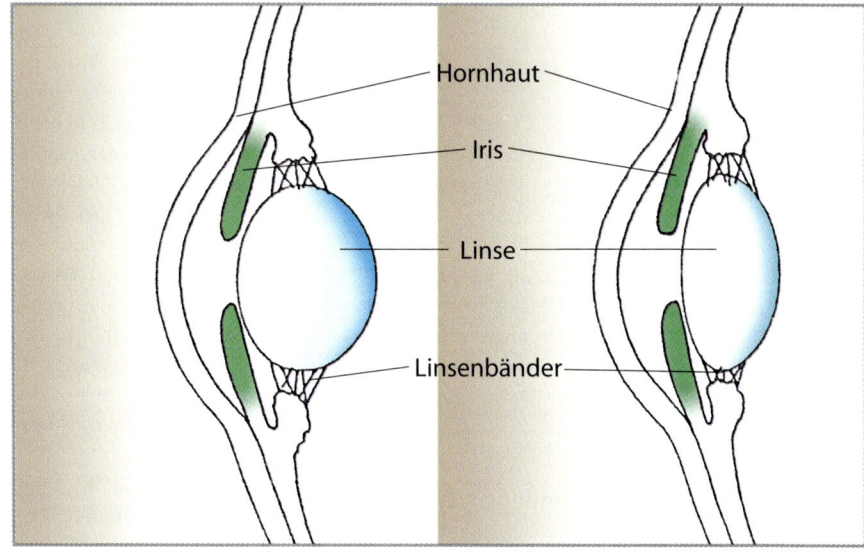

Hornhaut

Iris

Linse

Linsenbänder

Abb. 1: Nah- und Fernakkommodation des Auges

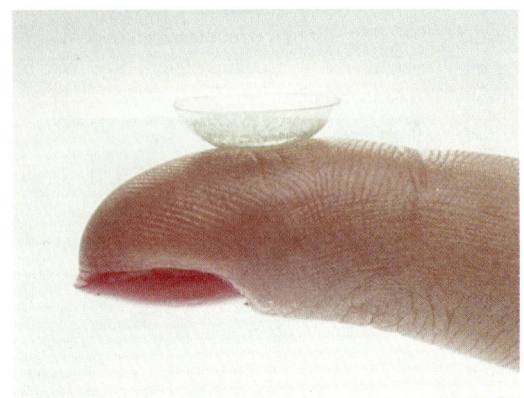

Abb. 2: Sehhilfe Kontaktlinse

Beide Rezeptoren enthalten einen lichtempfindlichen chemischen Stoff, den Sehpurpur, der bei Belichtung abgebaut wird, um sich sofort wieder zu erneuern. Dieser Vorgang ist Voraussetzung für die Auslösung von schwachen elektrischen Impulsen, die als

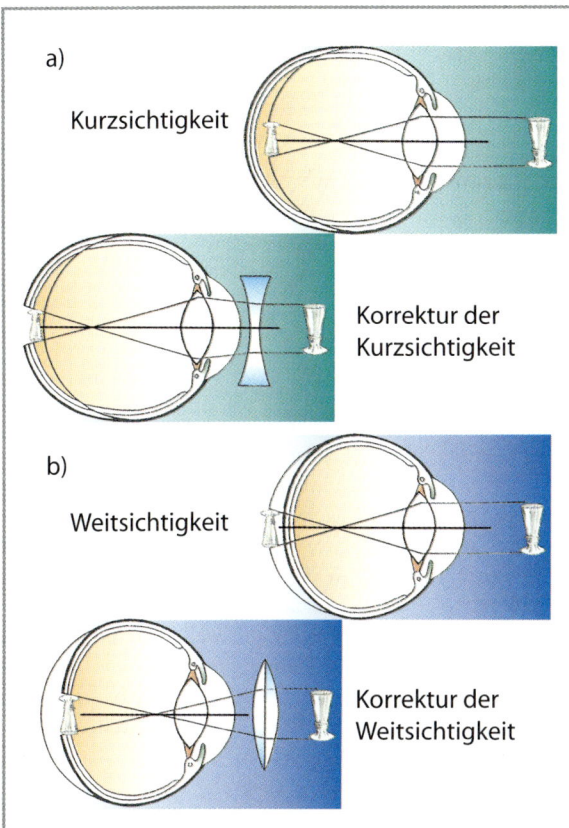

a)

Kurzsichtigkeit

Korrektur der Kurzsichtigkeit

b)

Weitsichtigkeit

Korrektur der Weitsichtigkeit

BU: Abb. 3: a) Kurzsichtigkeit, b) Weitsichtigkeit

kodierte Meldungen über Nervenbahnen das Gehirn erreichen. Im Gehirn entsteht nicht nur die eigentliche Wahrnehmung des auf der Retina gespiegelten Bildes, sondern im Vergleich mit anderen Sinneswahrnehmungen entscheidet das Gehirn sich auch dafür, uns das auf dem Kopf stehende Bild der Netz-

haut „korrigiert" zu vermitteln. Andernfalls liefen wir Gefahr, mit den Füßen den Boden unter uns zu spüren, während sich der optische Boden über uns befände (Abb. 4).

Von jeder Zelle der Netzhaut führt eine ableitende Nervenfaser (Neuron) zum Gehirn. Die gebündelten Fasern verlassen das Auge gemeinsam als Sehnerv etwas unterhalb der Sehgrube. An dieser Stelle bilden die drei Häute eine Aussparung und umschließen das Nervenbündel. Die Retina ist also an dieser Stelle (blinder Fleck) unterbrochen, was eigentlich zur Folge haben müsste, dass in dem Bild, das wir sehen, ebenfalls eine Aussparung auftreten müsste. Tatsächlich können vom blinden Fleck aus keine Informationen an das Gehirn übertragen werden. Die Ergänzung geschieht vielmehr durch das zweite Auge. Bei jedem Auge fehlen unterschiedliche Informationen, so dass das Gehirn leicht kompensieren kann. Die Ergänzung leistet das Gehirn sogar auch dann, wenn ein Auge fehlt. Räumliches Sehen ist nur möglich, wenn zwei Augen vorhanden sind, die den abzubildenden Ausschnitt der Wirklichkeit aus zwei unterschiedlichen Blickwinkeln übertragen. Das Gehirn ist in der Lage, uns aufgrund der Differenz der eintreffenden Informationen eine räumliche Wahrnehmung zu vermitteln. Solche Wahrnehmungen werden noch durch weitere Hilfsmaßnahmen

unterstützt. So empfinden wir grundsätzlich Objekte umso kleiner, je weiter sie von uns entfernt sind und umgekehrt, obwohl wir wissen, dass dies mit ihrer tatsächlichen Größe nicht übereinstimmt. In ähnlicher Weise glauben wir aus Erfahrung zu wissen, dass Linien in einem Raum auf einen Fluchtpunkt zulaufen. Die Begrenzungslinien von Hausdächern vermitteln uns daher oft den Eindruck, als liefen sie schräg zueinander, obwohl wir genau wissen, dass sie in Wirklichkeit parallel ausgerichtet sind.

Abb. 5: Welches Reh ist größer?

Offensichtlich bedient sich das Gehirn eines ererbten Programms, das uns die Orientierung im Raum erleichtert. Übertragen wir solche Orientierungshilfen auf das zweidimensionale Papier, indem wir in einer Zeichnung durch die Anordnung schräger Linien einen Raum vortäuschen, in dem gleich große Personen im Vorder- und Hintergrund erscheinen, so ist unser Gehirn in Deutungsnot. Da es die Widersprüche nicht auflösen kann, deutet es das Reh im Hintergrund als verhältnismäßig groß (Abb. 5).

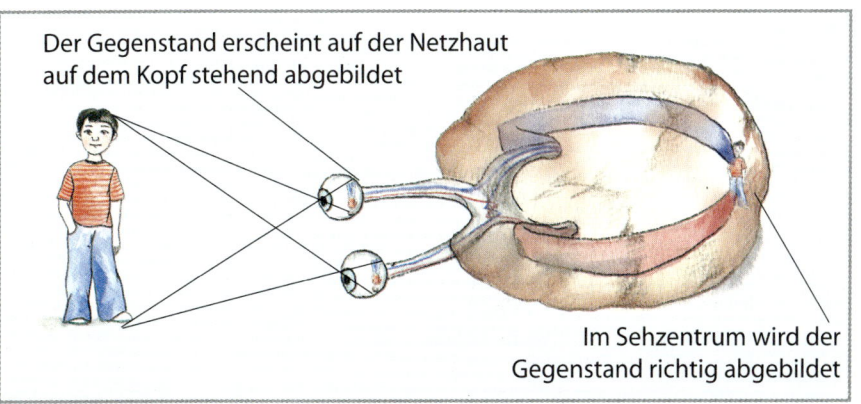

Der Gegenstand erscheint auf der Netzhaut auf dem Kopf stehend abgebildet

Im Sehzentrum wird der Gegenstand richtig abgebildet

Abb. 4: Das Gehirn spiegelt die Sinneswahrnehmung, so dass man den Boden nicht nur unter den Füßen spürt, sondern ihn auch dort sieht

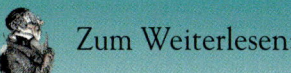

Zum Weiterlesen:

- Sinnesorgane, S. 352
- Der Bau des Auges, S. 414
- Steuerung über Nerven und Hormone, S. 422

Hören – Riechen – Schmecken

Ähnlich wie uns die Rezeptoren der Netzhaut dazu befähigen, elektromagnetische Wellen des Lichtes zu verarbeiten, so dass wir eine optische Vorstellung unserer Umwelt gewinnen, ist das **Ohr** in der Lage, uns akustische Eindrücke zu vermitteln. Es fängt jedoch nicht nur die Schallwellen auf und wandelt diese in Nervenerregungen um, sondern sorgt auch dafür, dass wir uns im Raum orientieren und Richtungen wahrnehmen können.

Unsere kaum bewegliche Ohrmuschel als Teil des äußeren Ohres ist so gebaut, dass ankommende Schallwellen von ihm eingefangen und in Richtung Gehörgang geleitet werden. Dieser endet am Trommelfell, das den Gehörgang abschließt und das durch die ankommenden Schallwellen in Schwingungen versetzt wird (Abb. 1).

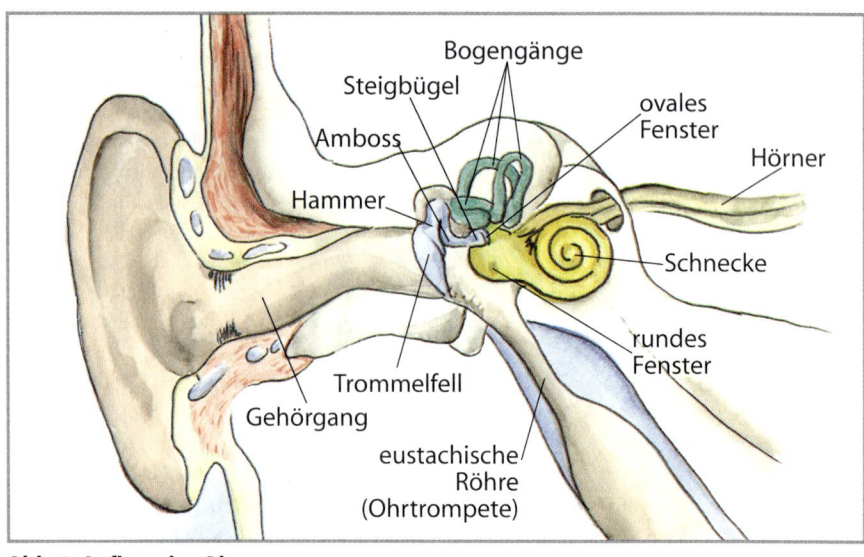

Abb. 1: Aufbau des Ohres

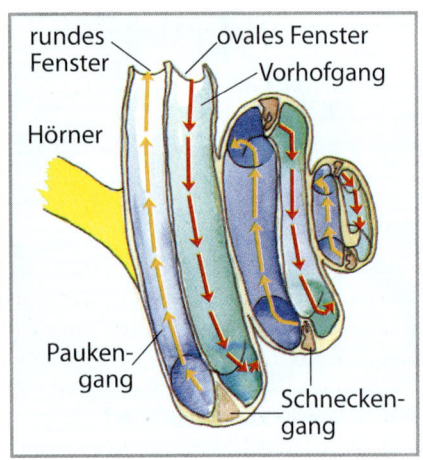

Abb. 2: Längsschnitt durch die Schnecke des Innenohrs

Jenseits des Trommelfells beginnt das Mittelohr. Der Raum des Mittelohres ist durch einen Kanal, die eustachische Röhre, mit dem Rachenraum verbunden, wodurch ein Druckausgleich im Mittelohr jederzeit möglich ist. Drei winzige knöcherne Gebilde im Mittelohr stellen die Verbindung zwischen dem Trommelfell und dem inneren Teil des Ohres, der Schnecke, her. Aufgrund ihrer besonderen äußeren Erscheinung spricht man bei diesen Gehörknöchelchen von Hammer, Amboss und Steigbügel. Sie haben die Aufgabe, die Schwingungen des Trommelfells um das etwa 20fache zu verstärken und auf das ovale Fenster der Schnecke zu übertragen (Abb. 2).

Die Schnecke bildet zusammen mit den Bogengängen des Gleichgewichtsorgans das Innenohr. Wegen seines verwickelten Baus wird es auch als Labyrinth (griech.: labyrinthos = Irrgang) bezeichnet. Die Gänge beider Organe liegen sehr geschützt als knö-

cherne Aussparungen im Felsenbein. Die Windungen im Inneren der Schnecke sind durch eine Membran in zwei mit Gehörwasser angefüllte, schlauchförmige Bereiche gegliedert, die an der obersten Windung ineinander übergehen. Mechanischer Druck, der das ovale Fenster über die Gehörknöchelchen erreicht, pflanzt sich als Welle im Gehörwasser über den Vorhofgang bis zur Spitze der Schnecke und von dort über den Paukengang bis zum runden Fenster fort, das den Gangbereich nach außen abschließt. Hier kommt es zum Druckausgleich.

Eingebettet zwischen die genannten Bereiche, windet sich ein dritter, kleinerer Gang parallel zu den beiden anderen. Es ist

der Schneckengang. Auf seiner Grundmembran (Basilarmembran) befinden sich etwa 35.000 Sinneszellen. Ihre feinen Sinneshärchen ragen in die gallertartige Masse der Deckplatte. Alle diese Sinneszellen zusammen mit den sie umgebenden Stützzellen werden als das cortische Organ bezeichnet.

Läuft eine Druckwelle durch das Gehörwasser im Gangsystem der Schnecke, so beginnt die Grundmembran zu schwingen. Die Sinneshärchen auf den Sinneszellen werden dadurch verbogen. Je nach Erschütterung und Lageveränderung der Sinneshärchen übersetzen die Sinneszellen den Zustand ihrer Härchen in entsprechende elektrische Nervenimpulse, die über die ableitende Faser

Lärmart	Auswirkung	Dezibel
Flüstern	Beeinträchtigung der Konzentrationsfähigkeit, Störung des Schlafs	30
leise Unterhaltung	Beeinträchtigung der Konzentrationsfähigkeit, Störung des Schlafs	40
Musik in Zimmerlautstärke	Beeinträchtigung der Konzentrationsfähigkeit und des Schlafs	50
laute Unterhaltung	Schlafstörung, Störung des vegetativen Nervensystems, Beeinflussung von Puls und Blutdruck	60
Autoverkehr	Schlafstörung, Störung des vegetativen Nervensystems, Beeinflussung von Puls und Blutdruck	70
Laute Musik	Schlafstörung, Störung des vegetativen Nervensystems, Beeinflussung von Puls und Blutdruck	80
Güterverkehr	Schlafstörung, Störung des vegetativen Nervensystems, Beeinflussung von Puls und Blutdruck	90
Motorräder und Vespas	Schwerhörigkeit	100
Lautes Pfeifen	Schwerhörigkeit	110
Fluglärm	Schmerzgrenze	120
Explosion	Schmerzgrenze	130

Abb. 3: Gesundheitliche Auswirkungen verschiedener Lärmquellen

Biologie

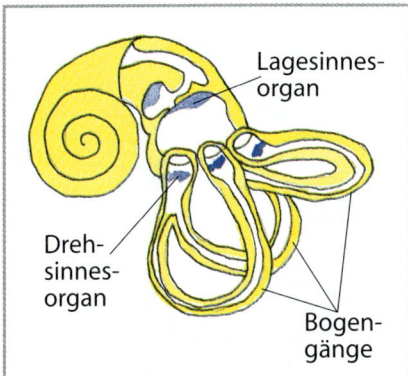

Abb. 4: Innenohr – Hörorgan und Gleichgewichtsorgan

jeder einzelnen Zelle gebündelt das Hörzentrum im Gehirn erreichen. Hier kommt es daraufhin zu einer entsprechenden **akustischen Wahrnehmung**. Schallwellen hoher Frequenz werden dabei stets im vorderen Teil der Schnecke verarbeitet. Je tiefer die ankommenden Frequenzen sind, umso höher liegt in der Schnecke der Bereich ihrer Verarbeitung (Abb. 3).

Das Gleichgewichtsorgan liegt im Innenohr unmittelbar neben der Schnecke. In ihm befinden sich zwei unterschiedliche Teilorgane: das Dreh- und das Lagesinnesorgan. Ihre Aufgabe ist es, dem Gehirn Informationen über den Bewegungszustand des Körpers und dessen Lage im Raum zu vermitteln und damit zu gewährleisten, dass dieser im Gleichgewicht gehalten wird bzw. Störungen rechtzeitig begegnet werden kann (Abb. 4).

Das Drehsinnesorgan besteht aus drei Bogengängen, die als knöcherne, mit Flüssigkeit gefüllte Röhren halbkreisförmig angeordnet sind. Sie stehen senkrecht zueinander entsprechend den Ebenen des dreidimensionalen Raumes. Am Ende jedes Bogenganges befindet sich eine Erweiterung, die Ampulle. Auf jede geringste Bewegung der Flüssigkeit in den Bogengängen reagieren Sinneszellen und ihre aufstehenden Sinneshärchen in der Ampulle, indem sie ihre veränderte Lage als verschlüsselte Nachricht dem Gehirn übermitteln. Da die Flüssigkeit auf äußere Bewegungen des Körpers mit einer gewissen Trägheit reagiert, empfinden wir das plötzliche Anhalten in einem Aufzug als unangenehm, da unser Gehirn den veränderten Zustand nur mit einer geringen Verzögerung wahrnehmen kann.

Die Sinneszellen des Lagesinnesorgans liegen in den Vorhofsäckchen zwischen den Bogengängen und der Schnecke. Ihre Sinneshärchen ragen mit ihrem oberen Ende in eine gallertartige Schicht, auf der sich Kalk-

kristalle befinden. Bewegungen des Kopfes verändern die Lage der Härchen, so dass abführende Nervenimpulse entsprechende Informationen an das Gehirn weitergeben können. Der Balanceakt über das Drahtseil wäre undenkbar ohne das einwandfreie Funktionieren der **Gleichgewichtsorgane**.

Ähnlich wie beim Ohr wirken auch im Nasen-Rachenraum zwei unterschiedliche Sinnesbereiche eng zusammen. Essen wir eine schmackhafte Speise, so nehmen wir Informationen über deren Zustand sowohl über die Nase als auch über die Zunge auf. Jeder weiß, dass wesentliche Genussanteile fehlen, wenn ein heftiger Schnupfen die Sinneszellen unserer Nase beeinträchtigt und wir die Duftstoffe, die von der Nahrung ausgehen, nicht mehr wahrnehmen können.

Schmecken und Riechen gehören daher zusammen, denn beide Sinnesleistungen gründen auf der Reizung durch chemische

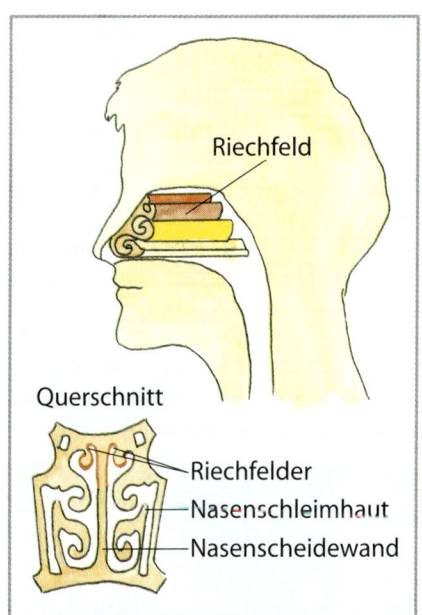

Abb. 5: Lage und Bau des Riechorgans

Stoffe: Auslöser für das Schmecken sind flüssige oder im Speichel gelöste Stoffe, während Gerüche durch Duftstoffe entstehen, die mit der Luft (gasförmig) unsere Nase erreichen. Deshalb spricht man auch von **chemischen Reizen** (Abb. 5).

Die Oberfläche unserer Zunge weist viele feine Erhebungen auf, die so genannten Zungenwärzchen (Papillen). An ihren Wänden, vor allem aber auf den Papillen, liegen beerenförmige Geschmacksknospen. Es sind chemische Sinneszellen, die die im Speichel gelösten Substanzen prüfen und entsprechende Informationen zum Gehirn weiterleiten.

Jede Papille weist 100–200 Geschmacksknospen auf. Am deutlichsten sind etwa 10

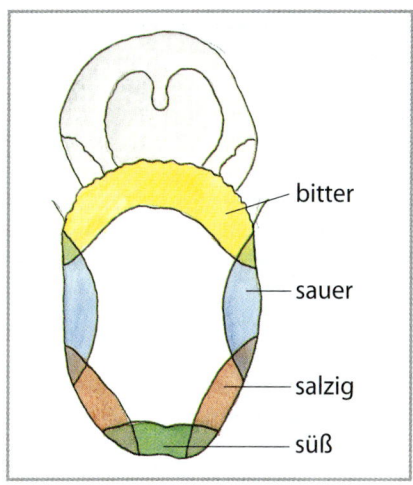

Abb. 6: Geschmacksfelder der Zunge

größere Wärzchen am hinteren Teil der Zunge zu sehen, wo sie zusätzlich von einem Ringgraben mit erhöhtem Außenrand zu erkennen sind. Am vorderen Teil der Zunge treten hingegen fadenförmige Papillen auf, während die pilzförmigen über die ganze Zungenoberfläche verteilt sind. Sie alle vermitteln die vier verschiedenen Geschmacksempfindungen: süß, sauer, bitter und salzig. Einzelne Bereiche der Zunge sind auf bestimmte Geschmacksrichtungen spezialisiert. Süß bemerken wir vor allem mit der Zungenspitze, salzig an den vorderen, sauer dagegen an den hinteren Rändern, während bitterer Geschmack vom Zungengrund verarbeitet wird (Abb. 6).

Geruchsstoffe hingegen verbreiten sich über die Luft. Sie strömt bei der Einatmung am schleimhautbedeckten Riechfeld im obersten Teil der Nasenhöhle vorbei, wo bis zu 100 Millionen Riechzellen gereizt werden können. Die Sinneshärchen dieser Zellen vermitteln den Geruchszentren des Gehirns Informationen über die eintreffenden Moleküle der Geruchsstoffe. Das Gehirn seinerseits verbindet solche Informationen mit entsprechenden Gefühlsqualitäten, die uns bestimmte Gerüche als angenehm erscheinen lassen oder zu deren Ablehnung führen.

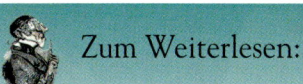

Zum Weiterlesen:

- Sinnesorgane, S. 352
- Steuerung über Nerven und Hormone, S. 422

Die Haut – das größte Sinnesorgan

Kein Organ vermittelt uns aus der Umwelt so viele unterschiedliche Informationen wie die Haut. Sie grenzt den Körper nicht nur nach außen ab, sondern ist zugleich auch flächenmäßig das mit Abstand größte Organ. Ihre Oberfläche beträgt beim Mann etwa 2, bei der Frau hingegen 1,5 Quadratmeter. Bei einer Dicke von durchschnittlich 8 mm erreicht ihr Gewicht rund 15 % unseres Körpergewichtes. Über den Tastsinn vermittelt sie uns sowohl sanfte Berührung als auch Druckempfindungen. Sie gibt uns darüber hinaus ständig Auskunft über die uns umgebende Temperatur, denn unser Wohlbefinden ist an relativ enge Temperaturgrenzen gebunden. Über den Schmerzsinn der Haut werden wir schließlich vor Gefahren gewarnt und können rechtzeitig durch Vermeidungsstrategien oder Vorsichtsmaßnahmen so reagieren, dass wir Schaden vermeiden oder von uns abwenden können.

Um all diese vielfältigen Leistungen unserer Haut besser verstehen zu können, wird zunächst ihr Aufbau genauer untersucht. Am Quer- und Längsschnitt erkennt man, dass unsere Haut aus mehreren Schichten besteht. Von außen nach innen folgen aufeinander: Oberhaut, Lederhaut und Unterhaut (Abb. 1).

Die **Oberhaut** ist etwa so dünn wie ein Blatt Papier. Sie schützt den Organismus vor Verletzungen, Austrocknung und vor dem Eindringen von Krankheitserregern. Sie besteht aus Deckgewebe, das deutlich einen Aufbau in zwei Lagen erkennen lässt: In der unteren **Keimschicht** werden fortlaufend

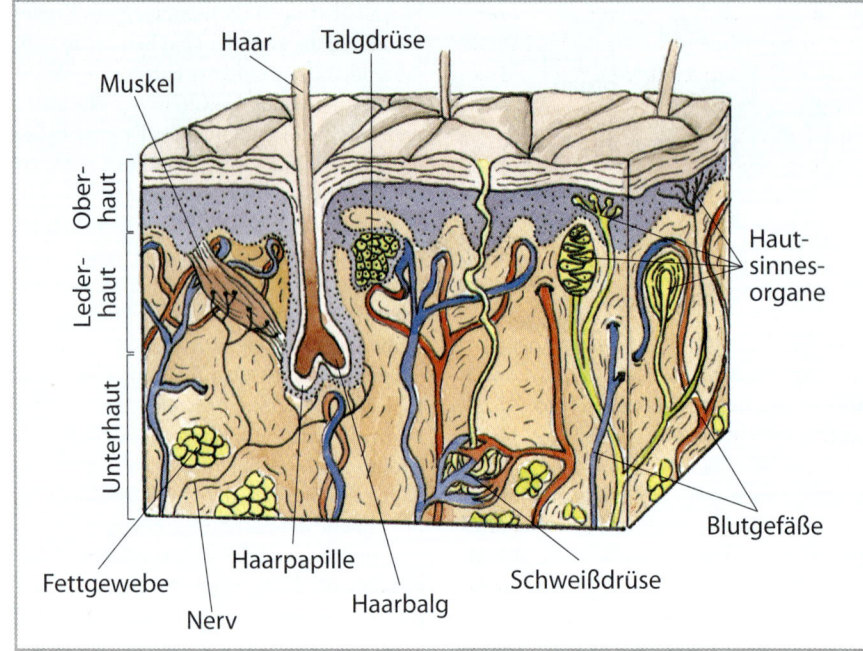

Abb. 1: Schematischer Aufbau der Haut

neue Zellen gebildet, die von nachfolgenden Zellen nach außen in die **Hornschicht** gedrängt werden, verhornen, absterben und abschilfern. Auf diese Weise erneuert sich unsere Haut unbemerkt etwa einmal im Monat. In Zellen der Keimschicht werden die **Pigmentkörner** gebildet, die die Farbe der Haut bei verschiedenen Rassen verursachen (Abb. 2). Ihre Zahl nimmt bei längerer Einwirkung von Sonnenlicht zu, denn durch die Bildung des dunklen Farbstoffes **Melanin** ist ein wirksamer Schutz vor UV-Strahlung gegeben.

Eine Sonderbildung der Oberhaut stellen die Haare dar. In einer bis in die Unterhaut reichenden Einsenkung der Keimschicht, dem **Haarbalg**, entstehen am Grunde, der Haarpapille, laufend verhornende Zellen, die das Haar bilden. Zwischen Haarbalg und Oberhaut spannt sich der kleine Haarbalgmuskel, dessen Kontraktion das Haar aufrichtet und so die „Gänsehaut" hervorruft. Ein Nervenfasergeflecht um die **Haarpapille** (Haarbalgnerv) macht die Haare zu Empfangsorganen für Berührungsreize. Das Haar wirkt dabei als Hebel.

Die Härchen auf der Haut, aber auch das Haupthaar sowie die Behaarung unter den Achseln und in der Schamgegend, sind Restbestände eines ursprünglichen Haarkleides, das den ganzen Körper bedeckte. Es diente vor allem als Wärmeschutz, darüber hinaus jedoch auch zum Imponieren durch Abspreizen der Haare in gefährlichen Situationen, was eine scheinbare Vergrößerung des Körpers bewirkte. Das Programm läuft noch heute ab, wenn wir vor Schreck eine Gänsehaut bekommen, die Wirkung ist jedoch eher kläglich.

Auch die **Drüsen** der Haut sind Oberhautbildun-

Abb. 2: Die Pigmentkörner sind für die Hautfarbe verantwortlich

gen. In den Haarbalg münden **Talgdrüsen**, in denen fetthaltige Zellen entstehen. Diese zerfallen zu Talg, durch den die Haut und die Haare gefettet werden. **Schweißdrüsen** sind lang und schlauchförmig. Sie münden in der Hautoberfläche, ihr Sekret absonderndes Teil jedoch liegt aufgeknäuelt in der **Unterhaut**. Über sie werden beim Schwitzen Stoffe ausgeschieden, die für den Körper nicht verwertbar sind, u. a. Salze zu 1 %. Die Sekrete der Schweißdrüsen haben ein leicht saures Milieu, wodurch sie bakterienabtötend wirken. Zugleich hat die Schweißbildung eine abkühlende Wirkung, denn durch die Verdunstung der Flüssigkeit auf unserer Haut wird dem Organismus Wärme entzogen.

Die **Lederhaut** besteht vor allem aus einem dichten Geflecht von **Bindegewebsfasern**. Die Grenze zwischen Oberhaut und Lederhaut ist durch die im Längsschnitt wellenförmige Linie der Lederhautpapillen, die eine Art „Verzahnung" der beiden Schichten bewirken, deutlich ausgeprägt. Der Übergang zwischen Leder- und Unterhaut ist fließend.

Die Unterhaut ist vor allem durch **Fettgewebe** gekennzeichnet, das bei Frauen im Allgemeinen stärker entwickelt ist als bei Männern, wodurch sich ihre Haut weicher anfühlt. Die kissenförmige Unterteilung des Fettgewebes durch Bindegewebsfasern unterstützt die stoßdämpfende Wirkung der Fettpolster.

Durch den Tastsinn empfinden wir Berührungen und gewinnen Vorstellungen von der Beschaffenheit betasteter Gegenstände. Die Hautstellen, die Druckempfindungen vermitteln, werden als Druckpunkte bezeichnet. Wo sie auftreten, liegen in den Papillen der Lederhaut **Tastrezeptoren**, die **Tastkörperchen**, die sich aus übereinander geschichteten Tastzellen zusammensetzen. Zwischen ihnen verlaufen feine Nervennetze, über die elektrische Impulse weitergeleitet werden. Der Mensch besitzt insgesamt etwa 600.000 solcher Rezeptoren, jedoch in verschiedener Verteilung. Am dichtesten stehen sie an den Fingerballen, wo auf 1 Quadratzentimeter der Oberfläche ca. 50 Druckpunkte kommen. In der gesamten Handoberfläche sind es etwa 15.000. Am spärlichsten treten sie auf dem

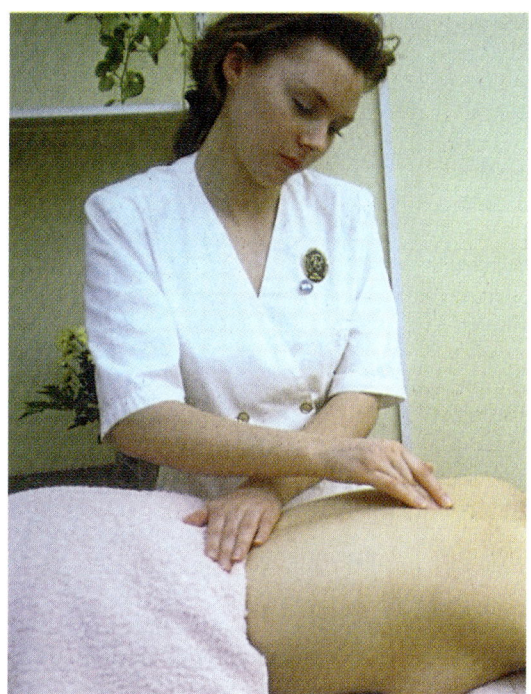

Abb. 3: Bei der Massage üben die Hände Druck auf die einzelen Körperpartien aus

Rücken auf (Abb. 3). Für die Feinheit des **Tastsinnes** ist maßgebend, in welchem Mindestabstand voneinander zwei Druckpunkte liegen. Dadurch, dass wir mehrere Berührungsreize gleichzeitig verarbeiten können, ist es blinden Menschen möglich, mit Hilfe der Blindenschrift zu lesen.

Bis in die Oberhaut hinein reichen außerdem freie Nervenendigungen, die Schmerzen und einige Berührungsempfindungen an das Gehirn vermitteln. In den Lederhautpapillen kommen Kältekörperchen dicht an die Oberhaut heran. Die Wärmerezeptoren dagegen liegen wesentlich tiefer in der Lederhaut. Beide vermitteln dem Gehirn Informationen über die umgebende Temperatur, die allerdings nicht absolut, sondern nur relativ festgestellt werden kann (zum Beispiel: Innen ist es wärmer als außen). Wir können also 10 °C sowohl als kalt als auch als warm empfinden, je nachdem, mit welcher anderen Temperatur verglichen wird. Über einen Regelmechanismus können jederzeit angemessene Reaktionen (schwitzen – zittern) eingeleitet werden, um eine Überhitzung oder Unterkühlung des Körpers zu vermeiden (Abb. 4). Noch tiefer, nämlich im innersten Teil der Lederhaut, liegen die so genannten **Lamellenkörperchen**. Sie reagieren auf heftige Stöße und starken Druck, indem sich die zwiebelblättrigen Lamellen verformen und so den zentralen Sinneskolben reizen.

Während die Reizleitungen, die von unseren Augen oder Ohren zum Gehirn führen, nur wenige Zentimeter lang sind, müssen Impulse von unseren Füßen einen sehr weiten Weg, zum Teil über 1,50 m, zurücklegen, bis sie die Zentrale erreichen. Aus diesem Grunde werden die meisten Meldungen der Haut bereits im Rückenmark verarbeitet. Wir reagieren auf eine Verbrennung am Bein oder an der Hand reflexartig. das heißt, die Bewusstwerdung des auslösenden Faktors und der blitzschnellen Reaktion geschieht im Gehirn mit einer geringen Verzögerung. Dieser abgekürzte Reflexbogen ist typisch für die Beantwortung eines eingehenden Schmerzreizes.

 Zum Weiterlesen:

- Sinnesorgane, S. 352
- Steuerung über Nerven und Hormone, S. 422
- Sexualhormone und ihre Wirkung, S. 424

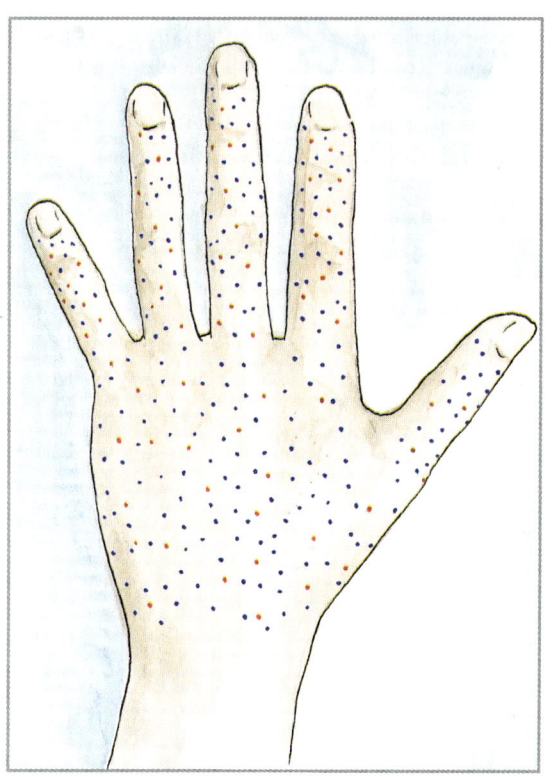

Abb. 4: Wärme- und Kältepunkte der Hand

Steuerung über Nerven und Hormone

Der Begriff der Steuerung ist jedem geläufig. Ein Auto muss mit dem Lenkrad an sein Ziel gesteuert werden, die Waschmaschine hingegen wird von einem automatischen Programm gesteuert. Steuerungsvorgänge gibt es auch in unserem Körper. Was in der einzelnen Zelle geschieht, ist durch die Gene im Zellkern vorprogrammiert. Die Gesamtheit der Organe hingegen unterliegt der Steuerung durch das Gehirn, ohne dessen Anweisungen diese nichts Sinnvolles leisten können.

Der Informationsfluss in unserem Körper geschieht auf zwei unterschiedlichen Wegen: über das **Nervensystem** und über **Hormone**, die ins Blut abgegeben werden. Dabei ist das Nervensystem die höhere Instanz, denn Hormonausschüttungen werden vom Gehirn, der Leit- und Befehlszentrale unseres Körpers, kontrolliert.

Das Nervensystem des Menschen besteht aus dem Gehirn, dem Rückenmark und den Nervenbahnen, die zu allen Teilen des Körpers führen und diese mit dem Gehirn verbinden. Man unterscheidet **sensorische Bahnen**, über die von den Sinnesorganen elektrische Impulse das Gehirn erreichen und Informationen über die Umwelt in verschlüsselter Form weitergeleitet werden, und **motorische Bahnen**, die Befehle der Zentrale an die Erfolgsorgane übermitteln. Gemeinsam sorgen diese Bahnen dafür, dass wir über alles unterrichtet werden, was in unserer näheren Umgebung vor sich geht, und dass wir in angemessener Weise auf die eingehenden Informationen reagieren. Über Regelkreise kann das **zentrale Nervensystem (ZNS)** die Zustände im Körper jederzeit kontrollieren und bei sich verändernden Bedingungen regulierend eingreifen.

Das Gehirn als der wesentliche Teil des ZNS liegt sehr gut geschützt durch die knöcherne Schädelkapsel und eingebettet in

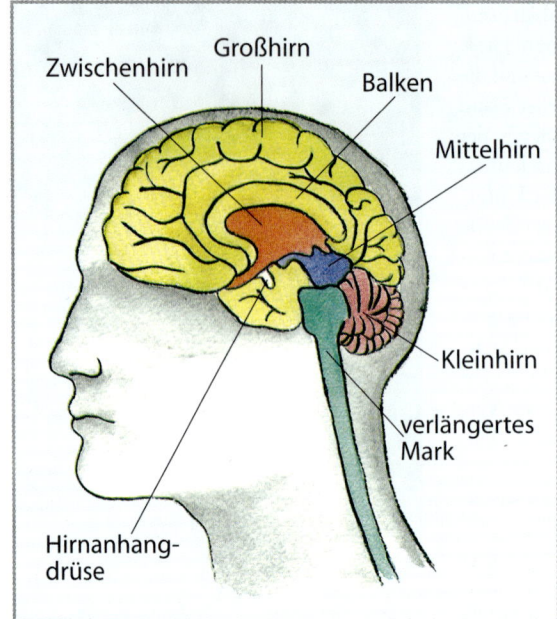

Abb. 1: Schematischer Querschnitt durch das Gehirn

Gehirnflüssigkeit, die Stöße von außen abfängt. Darüber hinaus umgeben drei Häute das Gehirn, die ebenfalls einen Schutz bilden. Die äußerste harte Haut ist derb und direkt an die Schädelkapsel angewachsen. Dann folgt eine feinere, die Spinnwebenhaut. Als dritte umschließt die weiche Haut die Hirnwindungen bis in alle Furchen und liegt der Hirnoberfläche eng auf. Ihre feinen Blutgefäße versorgen das Gehirn vor allem mit Sauerstoff. Das eigentliche Gehirn besteht aus einer etwas schwammigen graurosa Zellmasse, deren Fortsatz sich als Rückenmark bis zum Gesäß erstreckt. Etwa 1 Billion **Nervenzellen** sind im ZNS über 100 Billionen Schaltstellen miteinander vernetzt, und die Nervenbahnen, die von hier aus den gesamten Körper durchziehen, erreichen gemeinsam eine Länge von ca. 400.000 Kilometern.

Ein Schnitt durch das Gehirn (Abb. 1) zeigt, dass das Großhirn etwa 4/5 des gesamten Hirnvolumens ausmacht und damit besonders viel Platz beansprucht. Es liegt über den restlichen Hirnteilen und weist viele Längs- und Querfurchen auf, wodurch seine Oberfläche stark vergrößert ist. Das in zwei Hälften geteilte **Großhirn** ist nur über den Balken miteinander verbunden, der die linke und die rechte Hirnhälfte miteinander verknüpft. Es speichert Sinneseindrücke und Erfahrungen, ist Sitz des Denkens und des Bewusstseins. Dabei werden ganz bestimmte Leistungen von entsprechenden Zentren aus gesteuert, die ihrerseits miteinander verknüpft sind. Das **Kleinhirn**, das sich im hinteren Schädelbereich an das Großhirn anschließt, ist vor allem für unbewusste Bewegungsvorgänge sowie das Gleichgewicht zuständig.

Ihm vorgelagert befindet sich der stammesgeschichtlich älteste Teil des Gehirn, das Stammhirn, das man in Zwischenhirn, Mittelhirn und verlängertes Rückenmark aufteilen kann. Von diesen Bereichen aus werden vor allem alle unbewussten und automatischen Vorgänge in unserem Körper gesteuert, aber auch Gefühle entstehen hier. Der **Hypothalamus**, eine Drüse des Zwischenhirns, bildet das Bindeglied zwischen nervöser und hormonaler Steuerung.

Nervenzellen haben, ihrer spezifischen Aufgabe als Leitungsbahnen für Nervenimpulse entsprechend, einen besonderen Aufbau (Abb. 2).

Sie bestehen aus einem Zellkörper mit Zellkern, von dem nach allen Seiten viele Verästelungen **(Dendriten)** abzweigen, und der Nervenfaser **(Neurit)**, die sich an ihrem Ende ebenfalls verzweigt und über ihre motorischen Endplatten **(Synapsen)** mit den Dendriten anderer Zellen oder mit Muskelfasern in Verbindung steht. Der leitende Teil der Faser **(Axon)**, in dem viele Einzelfasern zu einem Bündel zusammengeschlossen sind, ist umgeben von der isolierenden fetthaltigen Markscheide und Hüllzellen. Die **Markscheide** weist in regelmäßigen Abständen von 1 bis 2 Millimetern Einschnürungen auf, was dem Axon ein perlenschnurähnliches Aussehen verleiht. Nervenfasern können beim erwachsenen Menschen bis zu 1 Meter lang sein. Zwischen dem Axon einer Zelle

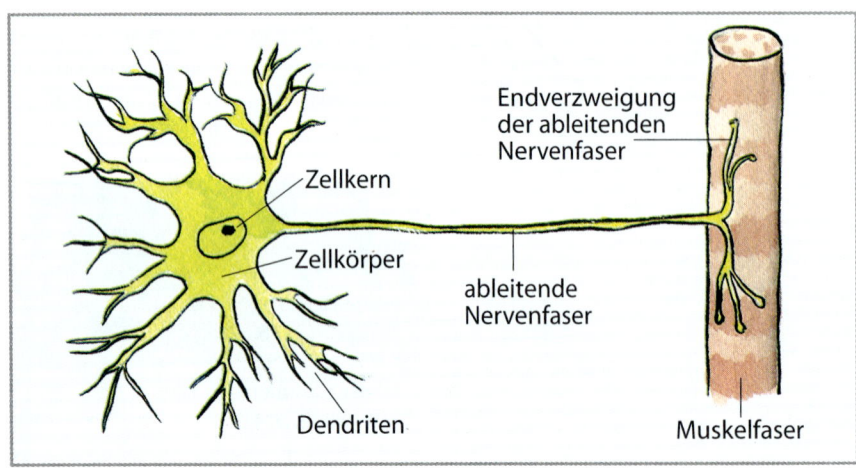

Abb. 2: Aufbau einer Nervenzelle

und dem Dendriten einer anderen oder einer Muskelzelle besteht ein kleiner Spalt (synaptischer Spalt), der nur mittels chemischer Überträgerstoffe überwunden werden kann. Erreicht ein elektrischer Impuls diese Stelle, so wird an den Endknöpfchen u. a. der Neurotransmitter Acetylcholin ausgeschüttet, der den Spalt überwindet und an der gegenüberliegenden Seite einen neuen Impuls in Gang setzt. Dadurch, dass die chemischen Signale immer von den Endkolben kommen, ist gesichert, dass Erregungsleitungen in Nervenbahnen prinzipiell nur in eine Richtung verlaufen.

Das Rückenmark, das ein Teil des ZNS ist, befindet sich im Wirbelkanal als weicher, weißlich grauer Strang. In seiner Substanz verlaufen Millionen von Längsfasern. Sie übertragen die Reize, die vom Rumpf und von den Gliedmaßen aufgenommen werden, ans Gehirn und leiten entsprechende Befehle an die Muskeln. Das **Rückenmark** ist jedoch auch in der Lage, selbständig zu arbeiten. Reize, die besonders schnell beantwortet werden müssen, werden ohne Kontrolle des Gehirns direkt vom Rückenmark gesteuert. Solche Vorgänge werden als Reflexe bezeichnet. Erst nach Abschluss einer Reaktion wird das Gehirn über deren Vollzug unterrichtet.

Während das animale oder **periphere Nervensystem (ZNS)** also über sensorische und motorische Nervenbahnen Reize aus der Umwelt aufnimmt und diese sinnvoll beantwortet, kümmert sich das vegetative Nervensystem darum, dass die Organe im Inneren unseres Körpers reibungslos und aufeinander abgestimmt funktionieren. Dabei arbeiten die Bahnen des **Sympathikus** und **Parasympathikus** als Antagonisten, das

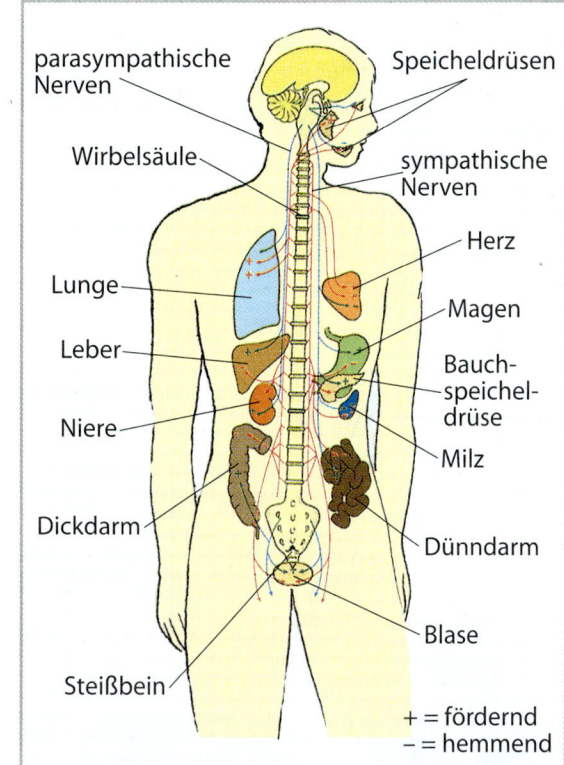

parasympathische Nerven
Speicheldrüsen
Wirbelsäule
sympathische Nerven
Herz
Lunge
Magen
Leber
Bauchspeicheldrüse
Niere
Milz
Dickdarm
Dünndarm
Blase
Steißbein

+ = fördernd
− = hemmend

Abb. 3: Eingeweidenervensystem des Menschen

heißt Stränge des sympathischen Systems vermitteln solche Befehle, die den Organismus zur Leistung befähigen. Er fördert dabei alle Tätigkeiten von Organen, die zur Leistungssteigerung beitragen, und wirkt zugleich hemmend auf solche, die der Leistung eher abträglich sind (Abb. 3).

Der Parasympathikus hingegen gewinnt die Oberhand in der Phase der Erholung. Er animiert alle Verdauungs- und Versorgungsvorgänge und hemmt den Verbrauch von Energie. Aber nicht nur über die Leitungsbahnen der Neuronen werden Vorgänge in unserem Körper kontrolliert, sondern auch über **Botenstoffe (Hormone)**. Diese werden in verschiedenen Drüsen gebildet und gelangen von dort aus über die Blutbahn zu den Organen, deren Tätigkeit sie anregen sollen. Dabei spielt der Hypothalamus als Hauptteil des Zwischenhirns und oberstes hormonelles Kontrollorgan eine entscheidende Rolle. Er wirkt zusammen mit der **Hirnanhangdrüse (Hypophyse)** auf einen großen Teil der Hormondrüsen im Körper ein und fördert bzw. hemmt deren Hormonproduktion (Abb. 4).

Hormone bewirken bereits in unvorstellbar schwacher Dosierung bei den Zellen, für die sie bestimmt sind, eine Reaktion. Manche bereits ab einem Billiardstel Gramm je Gramm Blut. Sie sind nicht nur für die äußeren und inneren Veränderungen während der Pubertät verantwortlich, sondern auch für Wachstum, Fortpflanzung und Stoffwechselvorgänge. Ihre Wirkung erzielen sie nicht in Bruchteilen von Sekunden wie das Nervensystem, sondern sie senden ihre Signale oft über längere Zeiträume mit entsprechend nachhaltigen Ergebnissen.

Hormondrüsen		Hormone	Wirkung
Hirnanhangdrüse	→	Wachstumshormon	Knochen- und Muskelwachstum, beschleunigt Eiweißsynthese
	Keimdrüsen	Sexualhormone	Ausbildung der sekundären Geschlechtsmerkmale, Keimzellenreifung
	langerhanssche Inseln der Bauchspeicheldrüse	Insulin, Glukagon	beeinflusst Höhe des Blutzuckerspiegels, fördert Glykogenbildung
	Nebennierenmark	Adrenalin, Noradrenalin	Gefäßverengung, Blutdrucksteigerung, Erhöhung der Herztätigkeit, Verlangsamung der Darmbewegung, Erhöhung der Leistungsbereitschaft, Förderung des Glykogenabbaus
	Nebennierenrinde	Corticoide (etwa 40 bekannt)	Einfluss auf Fett-, Eiweiß- und Zuckerstoffwechsel, Regulation des Mineralstoffwechsels und des Wasserhaushalts
	Schilddrüse	Thyroxin	Beeinflussung des Nervensystems, körperliche und geistige Entwicklung, Regulation der Stoffwechselvorgänge und des Wachstums
Thymusdrüse		Thymosin	fördert die Reifung des Immunsystems
Zirbeldrüse		Melatonin	noch nicht geklärt

Abb. 4: Hormone und ihre Wirkungen

 Zum Weiterlesen:

- Der Aufbau der Zelle, S. 388
- Funktion von Leber und Niere, S. 408
- Sexualhormone und ihre Wirkung, S. 424

Sexualhormone und ihre Wirkung auf den menschlichen Körper

Kaum ein Zeitabschnitt im Leben eines Menschen wird als so zwiespältig erfahren wie der der **Pubertät**. Irgendwann zwischen 12 und 14 Jahren erfahren Jungen und Mädchen, dass die Welt nicht mehr zu stimmen scheint. Bis dahin wurde in der Regel die Familie als Mittelpunkt des Lebens erfahren, von dem aus das Kind seine täglichen kleinen Eroberungen innerhalb seiner Umwelt machte. Sie vermittelte ihm Sicherheit und

durch die das Kind geschlechtsreif wird. Jungen bemerken an sich, dass sie nun deutlich wachsen und dass ihre Muskelkraft zunimmt. Die Schultern werden breiter und Bartwuchs setzt ein. Unter den Achseln und in der Schamgegend bilden sich Haare. Auch die Stimme beginnt sich zu verändern, da sich der Kehlkopf vergrößert. Der Junge erlebt seinen ersten **Samenerguss**, der sich zunächst meist während des Schlafs einstellt.

gewebe, durch das die Figur des Mädchens etwas rundlicher erscheint. Zugleich wird das Becken etwas breiter. Auch die Brüste beginnen sich zu entwickeln, und mit der ersten **Monatsblutung** weiß das Mädchen, dass es geschlechtsreif geworden ist.

Auslöser für die körperlichen und seelischen Veränderungen während der Pubertät sind Botenstoffe (**Hormone**), die schon in kleinsten Mengen für Veränderungen im

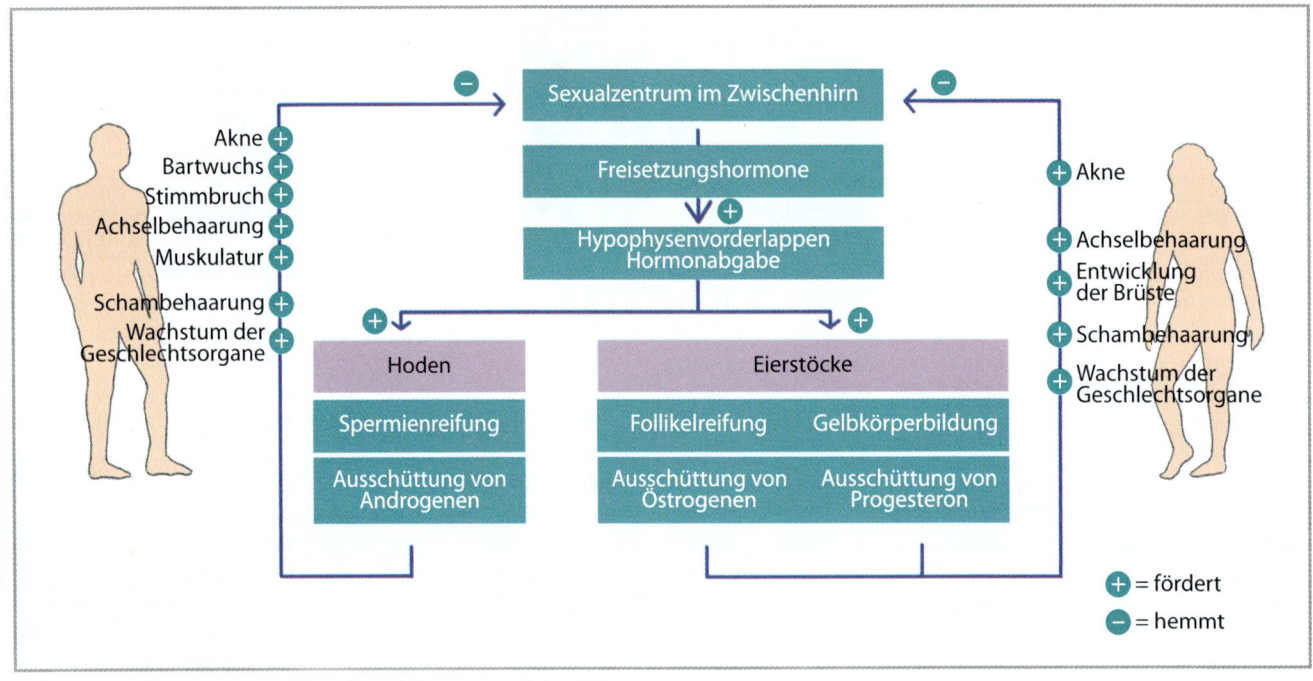

Abb. 1: Sexualhormone und ihre Auswirkungen auf den Körper

Selbstvertrauen. Aber gerade mit dieser ursprünglich so vertrauten Umgebung gerät der junge Mensch meist in Konflikt, sobald er sein erstes Jahrzehnt durchlebt hat und die Verabschiedung vom Kindesalter eine neue Lebensphase einleitet.

Der Übergang zeigt alle Zeichen einer Krise, denn der wachsende Wunsch, weniger von den Eltern als von den Gleichaltrigen wichtig genommen zu werden, fördert das Verlangen nach intensiven Außenkontakten vor allem auch mit dem anderen Geschlecht. Die Eltern empfindet man nicht selten als gestrig und ihre Kritik als eher störend beim Aufbruch zu neuen Ufern. Zugleich jedoch sind da die vielen Abhängigkeiten von den Erwachsenen, mit denen sich der junge Mensch täglich arrangieren muss und die er doch am liebsten hinter sich ließe. Was ist nur geschehen?

In Wechselwirkung mit den seelischen Veränderungen geht eine körperliche Umstellung vor sich,

Die Mädchen stellen in dieser Zeit ebenfalls Veränderungen an ihrem Körper fest. Auch bei ihnen ist ein Wachstumsschub zu bemerken, der bei Mädchen jedoch früher beginnt und auch früher endet als bei den Jungen. Ähnlich wie bei den Jungen treten nun Achsel- und Schamhaare auf. Es bildet sich das für Frauen typische Unterhautfett-

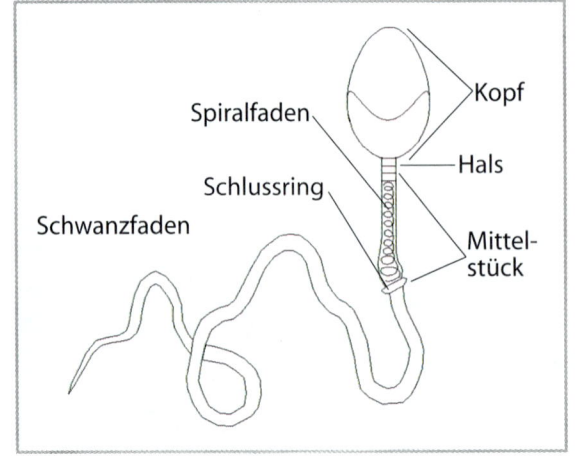

Abb. 2: Aufbau eines Spermiums

Körper sorgen können. So wie das Hormon Thymosin der Thymusdrüse unser Wachstum steuert, so sind es verschiedene Sexualhormone, die die körperlich-seelischen Umstellungen während der Pubertät bewirken. Sie werden ständig kontrolliert von der **Hypophyse**, einer Drüse im Zwischenhirn, die als Vermittler zwischen Nerven- und Hormonsystem fungiert (Abb. 1). Bei beiden Geschlechtern bilden sich nicht nur die sekundären Merkmale aus, sondern auch die Geschlechtsorgane selbst (primäre Merkmale), **Hoden** und **Penis** beim Jungen, **Scheide, Gebärmutter** und **Eierstöcke** beim Mädchen, erreichen nun ihre volle Größe. Beim Jungen bilden sich, angeregt durch die Androgene, in den feinen Kanälchen der beiden Hodendrüsen Samenzellen (**Spermien**) in großer Zahl, bis zu 100 Millionen täglich. Sie sammeln sich in den beiden Nebenhoden, von wo aus sie den Körper über die beiden **Samenleiter** und durch die

Harn-Samenröhre des Gliedes verlassen können. Auf dem Weg nach außen geben Drüsen (**Prostata und cowpersche Drüsen**) etwas Flüssigkeit ab, in denen die Spermien schwimmen (Sperma). Dies geschieht meist im Schlaf und kann mit sexuellen Träumen verbunden sein. Dabei kommt es durch sexuelle Erregung zur Versteifung und Aufrichtung des Penis (**Erektion**), was durch einen Blutstau in den Schwellkörpern des Gliedes verursacht wird. Spermien sind Keimzellen, die sich aus Spermienmutterzellen entwickelt haben. Sie bestehen aus einem Kopf, Mittelteil und Schwanzfaden. Der Kopf enthält einen halben (haploiden) Chromosomensatz, der bei der Reifeteilung (Meiose) entstanden ist. Der Mittelteil dient als Energiezentrum, von dem aus der Schwanz in rhythmische Bewegungen versetzt wird (Abb. 2).

Partner, die sich lieben und attraktiv finden, sehnen sich danach, sich körperlich nahe zu sein. Mit allen Sinnen erfreuen sie sich aneinander, indem sie sich betrachten, küssen und streicheln und sich mit Worten gegenseitig ihrer Zuneigung versichern. Dabei geraten sie in einen sexuellen Erregungszustand und empfinden das Bedürfnis nach körperlicher Vereinigung. Schließlich führt der Mann sein erigiertes Glied in die Scheide der Frau ein, um ihr noch näher zu sein. Durch Bewegungen in der **Vagina** lösen gegenseitige Berührungsreize den Höhepunkt ihres Glücks- und Lustgefühls aus (Orgasmus). Dabei kommt es beim Mann zum Samenerguss. Die geringe Menge an Sperma, die dabei in die Scheide der Frau gelangt, enthält ca. 300 Millionen Spermien, die durch ihre Eigenbewegung versuchen, das weibliche Ei zu erreichen.

Vergleicht man die Geschlechtsorgane des Mannes mit denen der Frau, so fällt auf, dass die männlichen außerhalb des Körpers erscheinen, während die weiblichen unsichtbar, wie bei allen Säugern, innerhalb des Körpers liegen. Dies ergibt sich aus den Funktionen, die diese Organe im Dienste der Fortpflanzung übernehmen. Die männlichen Keimdrüsen (Hoden) sind deshalb nicht im Körperinnern, weil die Entwicklung der Spermien nur bei Temperaturen ablaufen kann, die etwas unter der des Körperinneren liegen. Das **Glied** hingegen,

als Leitungsbahn für die Spermien, muss sich versteifen können, wenn männliche Keimzellen in den weiblichen Körper gelangen sollen (Abb. 3).

Die weiblichen Fortpflanzungsorgane hingegen sind der Ort, an dem sich der

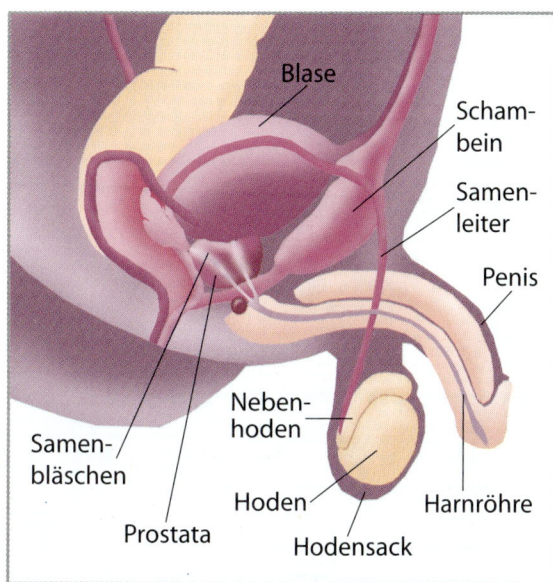

Abb. 3: Männliche Geschlechtsorgane

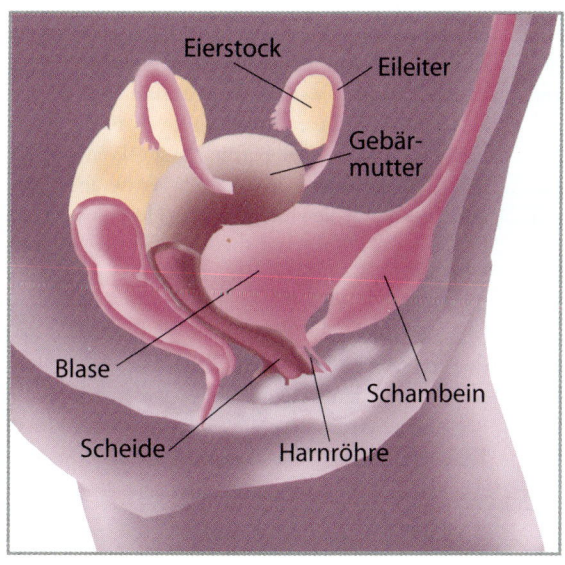

Abb. 4: Weibliche Geschlechtsorgane

wachsende Keim über lange Zeit in Ruhe und geschützt vor negativen Einflüssen von außen entwickeln können soll (Abb. 4). Es erscheint daher sinnvoll, dass sie im Inneren des Leibes angeordnet sind. Ebenso wie die Keimdrüsen des Mannes treten die der Frau paarig auf. Es sind die beiden Eierstöcke, die schon bei der Geburt eines Mädchens zusammen ca. 400.000 **Eizellen** enthalten, von denen im Leben einer Frau jedoch nur etwa 400 zur Reife kommen.

Mit Beginn der Pubertät reift etwa jeden Monat ein Ei heran und zwar abwechselnd in jedem Eierstock. Das menschliche Ei, das etwa die Größe eines Stecknadelkopfes hat (0,1 mm), bildet sich im Eibläschen (Follikel), das nach einiger Zeit aufplatzt und das reife Ei in einen der beiden Eileiter entlässt (Follikelsprung). Unterstützt durch das rhythmische Schlagen der Flimmerhärchen, mit denen die Innenwände der Eileiter ausgekleidet sind, wird das Ei, das sich nicht aktiv bewegen kann, in Richtung zur Gebärmutter bewegt, wo es nach 4 – 5 Tagen ankommt. Nach dem Follikelsprung ist die weibliche Eizelle für ca. 24 Stunden befruchtungsfähig, das heißt, ist es einem intakten Spermium zu dieser Zeit gelungen, bis zum Eileiter vorzudringen, dann wird es mit der Eizelle verschmelzen. Das befruchtete Ei nistet sich anschließend in der **Gebärmutterschleimhaut** ein, und eine Schwangerschaft beginnt, die etwa 9 Monate dauert. Da es heute jedoch genügend Möglichkeiten gibt, eine Befruchtung zu verhindern, ist dieser Fall die Ausnahme. In der Regel kommt das Ei unbefruchtet in der Gebärmutter an, wo es zu Beginn des neuen Zyklus zusammen mit Schleimhautteilen abgestoßen wird.

Von außen führt der Weg über die Scheide (Vagina) bis zum Gebärmutterhals. Das saure Milieu der Vaginalschleimhaut ist bakterienfeindlich. Dadurch finden Krankheitserreger dort keine günstigen Lebensbedingungen. Das Innere der Gebärmutter ist zusätzlich durch einen Schleimpfropf geschützt, der den **Gebärmutterhals** verschließt. Der Schleim verändert seine Konsistenz zum Zeitpunkt des Follikelsprungs, damit Spermien kurzfristig die sonst geschlossene Schranke passieren können. Von oben münden die beiden Eileiter rechts und links in die Gebärmutter.

 Zum Weiterlesen:

- Die sexuelle Entwicklung des Menschen, S. 344
- Steuerung über Nerven und Hormone, S. 422
- Die mendelschen Gesetze, S. 440
- Die Chromosomen, S. 442

Liebe, Sex und Partnerschaft

Die weiblichen Geschlechtsorgane sind in ihrem Bau und ihrer Funktion so angelegt, dass prinzipiell etwa einmal im Monat eine Schwangerschaft eintreten könnte. Um zu gewährleisten, dass sich ein befruchtetes Ei in der Gebärmutterschleimhaut einnisten und dort weiterentwickeln kann, baut diese sich in einem Rhythmus von ca. 28 Tagen auf und anschließend wieder ab, wenn das Ei nach dem Eisprung nicht befruchtet wurde. Dieser Vorgang, den man auch als den weiblichen Zyklus (Kreis), die Periode oder als Menstruation (lat. mens = Monat) bezeichnet, setzt erstmals im Alter von etwa 12 Jahren ein und hält bis zur Menopause an, die bei den meisten Frauen zwischen dem 40. und 50. Lebensjahr beginnt. Eingeleitet wird die erste Menstruation vom Hypothalamus. Er regt die Hypophyse dazu an, Hormone in den Blutkreislauf abzugeben. Eines davon ist das Follikel stimulierende Hormon FSH, das dafür sorgt, dass sich in den Eierstöcken erstmalig ein Follikel (Eibläschen) entwickelt, in dem ein Ei heranreift. Der Follikel selbst bildet ebenfalls ein weibliches Sexualhormon, das Östrogen, und gibt es in den Blutkreislauf ab. Östrogen stimuliert den Aufbau der Gebärmutterschleimhaut. Diese Schleimhaut, die die Innenwand der Gebärmutter völlig auskleidet, ist gut durchblutet und bildet die Lebensgrundlage für einen eventuell sich einnistenden Keimling. Ihr Aufbau dauert etwa 9 Tage. Zu diesem Zeitpunkt hat der Östrogenspiegel seinen Hochpunkt erreicht (Abb. 1).

Die Hypophyse stellt nun die Produktion von FSH ein und produziert stattdessen LH (Luteinisierungshormon), ein Gelbkörper stimulierendes Hormon. Haben FSH und

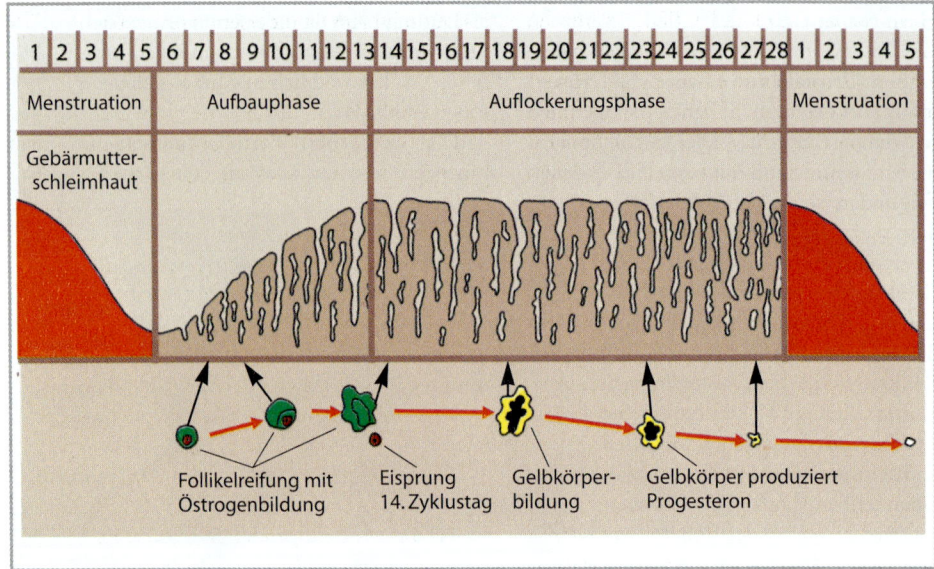

Abb. 1: Schema des Menstruationszyklus

LH einen bestimmten Wert im Blut erreicht, so platzt der Follikel und gibt das reife Ei frei (Eisprung; Ovulation) Das trichterförmige Ende eines Eileiters hat sich inzwischen über den Eierstock gestülpt und fängt das reife Ei auf, das anschließend zur Gebärmutter geleitet wird.

Unter der Einwirkung der beiden Hypophysenhormone LH und LTH (Gelbkörper stimulierende Hormone) färbt sich das leere Follikelbett gelb, weshalb man es nun auch als Gelbkörper bezeichnet. Sollte es nach dem Eisprung zu einer Befruchtung gekommen sein, so wächst der Gelbkörper heran und sorgt durch die Produktion des Hormons Progesteron dafür, dass die Gebärmutterschleimhaut aufrechterhalten bleibt und gut durchblutet wird. Zugleich werden die Milchdrüsen der Brust dazu angeregt, sich auf die Produktion von Muttermilch vorzubereiten. Auf den Hypothalamus wirkt der hohe Progesteronspiegel im Blut gleichzeitig hemmend, so dass kein neues FSH gebildet

wird, und somit während der Schwangerschaft auch kein neues Ei heranreifen kann (Abb. 2).

Wurde das Ei nicht befruchtet, so bildet sich der Gelbkörper rasch zurück. Die Ausschüttung von Progesteron nimmt dabei ständig ab. Die Gebärmutterschleimhaut baut sich ab und wird am Ende des Zyklus abgestoßen. Die Haargefäße, von denen sie durchzogen ist, reißen dabei auf und geben etwas Blut frei, das zusammen mit den Resten der Schleimhaut den Körper durch die Scheide verlässt. Der schützende Schleimpfropf am Gebärmutterhals hat sich zu dieser Zeit aufgelöst, damit der Weg frei ist zur Entsorgung von Blut und Gewebeanteilen. Tampons oder saugfähige Vorlagen nehmen den Ausfluss auf.

Bei den meisten Frauen dauert dieser Vorgang zwischen 4 und 7 Tagen. Er kann vor allem in der ersten Zeit von Bauchschmerzen, Übelkeit oder auch Kopfschmerzen begleitet sein. Manche Frauen fühlen sich vor

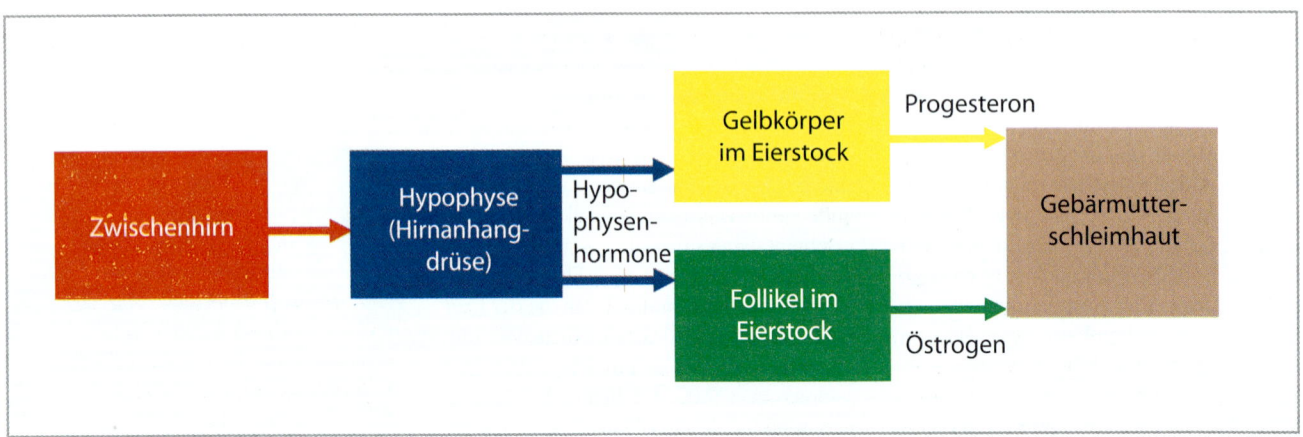

Abb. 2: Wirkungen der Sexualhormone bei der Frau

allem vor der einsetzenden Blutung unwohl, reizbar und nervös. Untersuchungen haben ergeben, dass über die Hälfte aller Frauen unter körperlichen Unwohlseingefühlen während ihrer Periode leidet, die man auch als Menstruationsbeschwerden bezeichnet. Sie verschwinden jedoch normalerweise, kurz nachdem die neue Regel eingesetzt hat.

Das FSH wird vom Körper so dosiert, dass sich nur ein Follikel bildet, so dass auch nur ein Ei befruchtungsfähig ist. In Ausnahmefällen kommt es jedoch zu Abweichungen. Wenn mehrere Eier gleichzeitig heranreifen, in den Eileiter wandern und dort befruchtet werden, kann es später zur Geburt von Zwillingen oder gar Mehrlingen kommen (Abb. 3).

Obwohl der Mensch als ein Lebewesen mit vergleichsweise intensiven sexuellen Aktivitäten zu bezeichnen ist, ist er heutzutage, zumal in den westlichen Ländern, weit entfernt von der Vorstellung, es müsse jede Gelegenheit genutzt werden, um Nachwuchs zu erzeugen. In Gesellschaften, deren Lebensunterhalt bis ins hohe Alter gesichert

Abb. 4: In vielen Entwicklungsländern gilt Kinderreichtum auch heute noch als Zeichen von Wohlstand

ist, wird Kinderreichtum oft eher als Belastung empfunden, da beide Eltern meist berufstätig sind und eine große Familie die meisten vor nur schwierig zu lösende Probleme stellt. In den stark agrarorientierten Gesellschaften früherer Zeiten war dies hingegen anders: Viele, vor allem männliche Nachkommen sicherten der älteren Generation das Überleben und waren Garant für die Erhaltung oder auch Mehrung des Eigentums (Abb. 4). Überdies konnten die Nachkommen leicht durch Krankheit, Unfälle oder

kriegerische Auseinandersetzungen frühzeitig sterben. Auch Kirche und Staat förderten die positive Einstellung zu einer zahlreichen Nachkommenschaft, indem sie im Mittelalter jede Form der Geburtenregelung als Todsünde bzw. todeswürdiges Verbrechen brandmarkten.

Trotzdem kennen wir bereits aus dem alten Ägypten und auch von den Römern Praktiken, die die Menschen schon im Altertum vor ungewollten Schwangerschaften schützen sollten. Heute können Paare, die verhüten wollen, auf eine Vielzahl von Möglichkeiten zurückgreifen, die einen wirksamen Schutz vor einer Empfängnis bieten. Sieben Kontrazeptiva sollen hier genannt werden:

Die **Pille** ist aufgrund ihrer bequemen Anwendung inzwischen ein sehr häufig benutztes Verhütungsmittel. Sie enthält in der Regel eine Kombination von Östrogenen und Gestagenen, die den Eisprung verhindern. Nebenwirkungen sind jedoch nicht völlig auszuschließen, weshalb die Pille rezeptpflichtig ist.

Die **Spirale** ist ein kleines, T-förmiges Plastikgebilde, dessen mittlerer Teil mit Kupfer umwickelt ist. Sie wird in die Gebärmutter eingesetzt und verhindert mit großer Sicherheit die Einnistung eines Eies.

Zäpfchen, Gels oder Cremes, die Spermien abtötende Stoffe (Spermizide) enthalten, können vor dem Geschlechtsverkehr in die Scheide eingeführt werden. Keine absolute Sicherheit.

Das **Diaphragma** ist eine Latexkappe, die vor den Muttermund platziert wird und so das Vordringen der Spermien verhindert. Es ist ziemlich sicher in Verbindung mit spermizidem Gel.

Die **Sterilisation** führt bei der Frau zum Verschluss der Eileiter und beim Mann zur Durchtrennung der Samenleiter. Beide Methoden sind sehr sicher, jedoch nicht ohne weiteres umkehrbar.

Das **Kondom** ist eine feine Latexhülle, die vor dem Verkehr über das versteifte Glied gestreift wird. Es ist sicher bei richtigem Gebrauch und schützt darüber hinaus gut vor der Übertragung von Geschlechtskrankheiten bzw. AIDS.

Der **Minicomputer** misst die Veränderung der Hormonkonzentration und kann

Abb. 3: Zweieiige Zwillinge entstehen durch Befruchtung zweier gleichzeitig gereifter Eizellen mit je einem Spermium. Eineiige Zwillinge entstehen, wenn sich eine mit einem Spermium befruchtete Eizelle nach der ersten Zellteilung (Zwischenzellenstadium) in zwei Zellen teilt, die sich voneinander trennen. Aus diesen entstehen dann zwei gleichgeschlechtliche, genetisch identische Kinder.

anhand der Daten angeben, wann die fruchtbare Phase beginnt und wann sie endet. Die Lebensdauer von Spermien und Eizelle werden dabei berücksichtigt. Bei richtiger Anwendung gewährleistet er hohe Zuverlässigkeit ohne Nebenwirkungen.

Mit dem Einsetzen der Pubertät machen junge Menschen oft die Erfahrung, dass sie sich sehr stark zu einem Freund oder einer Freundin hingezogen fühlen. Beide Partner genießen die gegenseitige Zuneigung und suchen auch die körperliche Nähe zum anderen.

 Zum Weiterlesen:

- Steuerung über Nerven und Hormone, S. 422
- Leben aus der Retorte, S. 428
- Die mendelschen Gesetze, S. 440
- Die Chromosomen, S. 442

Leben aus der Retorte

Manchen Paaren, die sich sehnlichst ein Kind wünschen und die auch in der Lage sind, beste Voraussetzungen für sein seelisches und körperliches Gedeihen zu garantieren, bleibt der Wunsch nach einem Baby unerfüllt. In früheren Zeiten haben die meisten Menschen, die mit diesem Problem umzugehen hatten, sich im Laufe der Zeit in ihr Schicksal gefügt. Schwieriger war es in Königshäusern, in denen sich keine Nachkommenschaft einstellen wollte. Ohne einen Stammhalter drohten ganze Reiche unterzugehen, was Heinrich VIII. von England sogar dazu brachte, mit der Kirche zu brechen, um eine andere Frau heiraten zu können.

Auch in unserer Zeit bleibt jedes siebte bis zehnte Paar ungewollt kinderlos. Das Ausbleiben von Nachwuchs ist in der Regel die Folge einer Anomalie bei einem der beiden Partner oder gar bei beiden, was allerdings die Ausnahme sein dürfte. Wollen die beiden wissen, an wem es liegt, dass keine Kinder kommen, und ob die Schwierigkeiten zu beheben sind, so müssen sich beide Partner untersuchen lassen.

Der Mann sollte feststellen lassen, ob

● seine Keimdrüsen in ausreichendem Maße befruchtungsfähige Spermien produzieren,

● diese tatsächlich im Sperma enthalten sind oder möglicherweise eine Verstopfung des Samenleiters vorliegt.

Die Frau hingegen sollte sich u. a. Gewissheit darüber verschaffen, ob

● ihr Zyklus normal abläuft,

● ihre Eizellen reif werden,

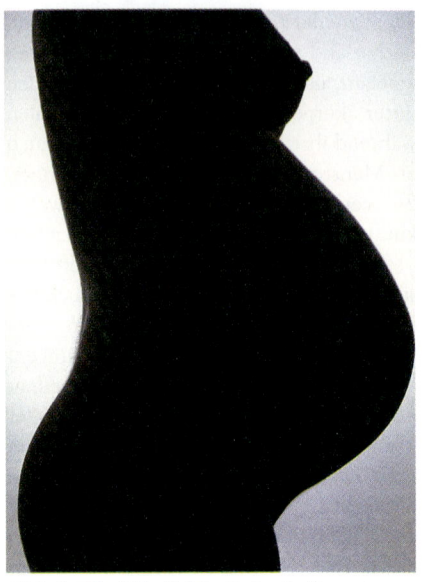

Abb. 1: Die Möglichkeit der Leihmutterschaft birgt moralische und rechtliche Probleme in sich

● sich der Schleimpfropf rechtzeitig verflüssigt und die Spermien bis in die Eileiter gelangen,

● ihre Gebärmutter Wucherungen oder eine nicht normale Form aufweist,

● ihr Eileiter durchgängig ist.

Selbst dann, wenn bei ihm oder ihr einer der genannten Faktoren vorliegt und nicht abzustellen ist, ist beim heutigen Stand des Wissens durchaus nicht auszuschließen, dass das Paar doch noch zu einem Kind kommt.

Durch die biologische Nähe des Menschen zu den Säugern können die Ärzte inzwischen vieles von dem auf den Menschen übertragen, was in der Tierzucht längst angewandt wird. Bei den Nutztieren geht es dabei jedoch weniger um die Frage, ob ein steriles Muttertier über Umwege Nachkommenschaft gebiert. Vielmehr versucht man, die Embryonen genetisch besonders wertvoller Tiere mehreren Weibchen, deren Erbmaterial ohne besondere Bedeutung ist, in die Gebärmutter einzupflanzen. Auf diese Weise gebären sie später als **Leihmutter** genetisch wertvolle Kälber, deren biologische Mutter sie sind, ohne dass sie ihr eigenes **Erbgut** an ihr Kind weitergegeben haben. Die genetische Mutter erscheint zu wertvoll, als dass man sie ihr eigenes Kind austragen lässt. Während die **Empfängertiere** mit den Nachkommen der genetischen Mutter schwanger sind, bereitet der Tierarzt diese bereits durch entsprechende **Hormongaben** auf die nächste **Superovulation** vor, bei der eine Vielzahl von Eiern den Eierstock verlässt, um außerhalb des Tierleibes in einem Glasgefäß von den Spermien eines genetisch wertvollen Vatertiers künst-

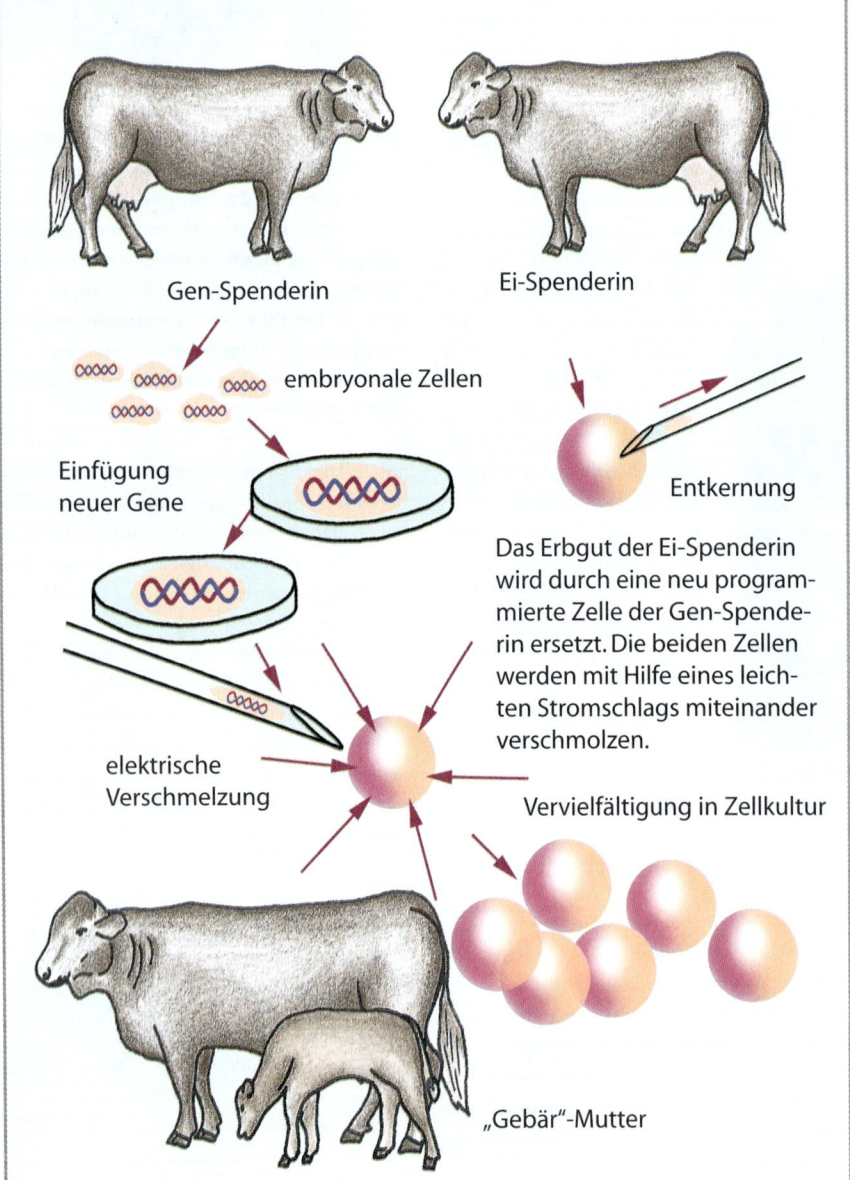

Gen-Spenderin

Ei-Spenderin

embryonale Zellen

Einfügung neuer Gene

Entkernung

Das Erbgut der Ei-Spenderin wird durch eine neu programmierte Zelle der Gen-Spenderin ersetzt. Die beiden Zellen werden mit Hilfe eines leichten Stromschlags miteinander verschmolzen.

elektrische Verschmelzung

Vervielfältigung in Zellkultur

„Gebär"-Mutter

Abb. 2: Verfahren zur Klonierung mit verändertem Genmaterial

lich befruchtet zu werden. Der Keimling, den man etwa eine Woche auf einem **Nährboden** heranwachsen lässt, wird anschließend den Ammen zum Zeitpunkt ihrer Aufnahmefähigkeit eingepflanzt.

Die Methode der **In-vitro-Befruchtung**, bei der Ei- und Samenzelle im **Reagenzglas** zueinander finden, und die ursprünglich nur bei Tieren angewandt wurde, ist prinzipiell auch auf den Menschen übertragbar. Heute leben bereits viele Kinder, die außerhalb des Mutterleibes gezeugt wurden. Mit der Anwendung dieser künstlichen Methode konnte inzwischen vielen Paaren geholfen werden, ihr eigenes Kind zu haben, auch wenn dies unter normalen Umständen ausgeschlossen gewesen wäre. Die Anwendung dieser Möglichkeit beim Menschen ist jedoch umstritten, denn viele sehen in ihr den ersten Schritt hin zu einer hemmungslosen

gibt es inzwischen Unternehmen in den USA, die sich genau auf diese Marktlücke spezialisiert haben. Sie vermitteln Frauen, die bereit sind, ihre Fortpflanzungsorgane für 10.000 Dollar zu vermieten und damit als Dienstleister für Frauen, die keine Kinder austragen können, die Schwangerschaft übernehmen. Nach der In-vitro-Zeugung vollzieht sich die Einpflanzung des Keimlings auf gleiche Weise wie in der Tierzucht. Schwierigkeiten können sich jedoch einstellen, wenn nach der Geburt des Kindes der Brutpflegeinstinkt der Leihmutter stärker ist als ihre ursprüngliche Vorstellung, nur Geld verdienen zu wollen. Das natürliche Programm ist nicht so leicht abzustellen, wie manche sich dies vielleicht erhoffen (Abb. 1).

Und was bringt die Zukunft? Die Meldung vom **geklonten Schaf Dolly** im Jahre 1997 entfachte eine heftige Diskussion über die

Meldung lag vor allem in der Mitteilung, man habe eine Körperzelle zur Teilung anregen können. Dies schien bis dahin unmöglich, da die Teilung in der Natur erst nach der Befruchtung einsetzt. Sollte dies der Durchbruch zur „schönen neuen Welt" sein, in der zunächst die Tiere und später möglicherweise auch die Menschen entsprechend ihrer genetischen Merkmale geklont würden? Könnte sich dann möglicherweise jeder ein Double anfertigen lassen, das tiefgefroren als lebendes Ersatzteillager zur Verfügung stünde? Wäre es vielleicht sogar denkbar, den eigenen Tod durch **Klonierung** zu überleben? Und was wäre mit den transgenen Lebewesen (Organismen, die fremde Gene in sich tragen), deren Erbgut in Zukunft vielleicht ein Mix aus Mensch, Tier oder Pflanze sein wird? Auch sie wären beliebig zu vervielfältigen und eine ergiebige Quelle für geschäftstüchtige Unternehmer. Kein Wunder, dass kirchliche und staatliche Stellen auf die Meldung aus England empört reagierten, denn niemand kann absehen, welche Wege, vor allem aber welche Irrwege das Experiment von Edinburgh für die Menschen und die Natur eröffnet (Abb. 3).

1878	L. Schenk führt die Befruchtung von Meerschweinchen außerhalb des Mutterleibs durch.
1944	M. F. Menkin und J. Rock gelingt die Befruchtung menschlicher Eizellen im Reagenzglas.
1952	Eine Kuh wird erfolgreich mit eingefrorenen Spermien befruchtet.
1952	Das Klonen von Fröschen gelingt.
1953	Erstmals werden tiefgefrorene Spermien zur künstl. Befruchtung der Frau eingesetzt.
1959	Das erste Säugetier (Kaninchen) aus dem Reagenzglas wird geboren.
1972	Aus eingefrorenen Mäuseembryonen entwickeln sich lebende Mäuse.
1978	Das erste Retortenbaby – Louise Brown – erblickt das Licht der Welt.
1983	Erstmals wird einer Frau erfolgreich ein fremdes, aber vom eigenen Mann befruchtetes Ei eingepflanzt. Die Geburt verläuft problemlos.
1984	Erstmals wird ein Kind, das aus einem eingefrorenen Embryo entstanden ist, geboren.
1986	Das Klonen von Schafen gelingt durch Vervielfältigung von Embryonalzellen.
1992	Eine 62-jährige Italienerin bringt dank der Spender-Eizelle einer anderen Frau ein gesundes Kind zur Welt.
1997	Das geklonte Schaf Dolly entsteht aus den Körperzellen eines erwachsenen Schafs.

Abb. 3: Chronik der künstlichen Fortpflanzung

Nutzung und **Manipulation** menschlicher Keime und menschlichen Erbmaterials. Eine Kommission, die bereits im Jahre 1984 grundsätzlich vor den Möglichkeiten des Missbrauchs der menschlichen Keimbahn durch die Wissenschaftler gewarnt hat, sieht in der Nutzung der **In-vitro-Methode** dann keine Gefahr, wenn die Keimzellen von sterilen Eltern stammen, die nur so ein eigenes Kind haben können, oder wenn die Ei- bzw. Samenspende zwar von einer dritten Person kommt, die kinderlosen Eltern jedoch bereit sind, das zukünftige Kind als ihr eigenes im rechtlichen Sinne anzunehmen. Die Übertragung des Keimlings auf eine Leihmutter, die das Kind im Sinne einer Dienstleistung austrägt, lehnt die Kommission aus ethischen Gründen ab, weil damit geradezu unlösbare Konflikte vorprogrammiert sind. Trotzdem

Frage, ob es erlaubt sein könne, auch Menschen zu klonen **(ungeschlechtliches Erzeugen von erbgleichen Nachkommen)**, und welche Vorteile sich die Wissenschaft davon verspreche. Es wurde berichtet, in der Nähe von Edinburgh sei es Wissenschaftlern erstmals gelungen, das Erbgut eines Schafes in die Eizelle eines zweiten Schafes zu verpflanzen und die so vorbereitete Eizelle zur Teilung anzuregen. Der Keimling wurde einem dritten Schaf eingesetzt, das nach der üblichen Tragezeit ein Lamm warf, das genetisch mit dem ersten Tier völlig übereinstimmte. Ein Jahr später klonten japanische und amerikanische Forscher unabhängig voneinander nach dem gleichen Verfahren Kälber (Abb. 2).

Fachleute erkannten sofort die Brisanz dieser Aussagen. Die große Neuigkeit der

Die Wissenschaftler erhoffen sich davon vor allem die Möglichkeit, mit transgenen Klonen schneller und in größeren Mengen Arzneimittel für die Menschen auf der ganzen Welt produzieren zu können. Zugleich erkennen sie aber, dass die Klonierung die Rassenvielfalt verarmen lassen würde und damit ähnliche Probleme auftreten würden, die wir bereits heute von der Inzucht her kennen: ein schwaches Immunsystem und damit eine erhöhte Anfälligkeit für Krankheiten. Darüber hinaus müssten wir hinnehmen, dass der Mensch mit der Klonierung eine völlig widernatürliche Art der Fortpflanzung betriebe, deren Auswirkungen auf die gesamte Natur durchaus nicht bekannt sind. Ob eines Tages auch der Mensch zum Klonen freigegeben wird, steht derweil in den Sternen.

Zum Weiterlesen:

- Angewandte Genetik, S. 444
- Sexualhormone und ihre Wirkung, S. 424
- Die mendelschen Gesetze, S. 440
- Angeborenes und erworbenes Verhalten des Menschen, S. 438

Das Immunsystem

Der menschliche Organismus kann – ebenso wie der tierische – nur funktionieren, wenn er Stoffe von außen in sich aufnimmt, aus denen er seine Energie gewinnt oder die er als Baustoffe nutzt, um seinen Körper aufzubauen bzw. um Zellen und Gewebe zu erneuern. Geschieht diese Versorgung regelmäßig und in ausreichendem Maße, so befindet sich der Körper in einem Fließgleichgewicht, das heißt zwischen der Menge der aufgenommenen Stoffe, der benötigten Betriebs- und Baustoffe, der verbrauchten Energie und der nach außen abgegebenen flüssigen oder festen Restbestände besteht ein ausgeglichenes Verhältnis. Das Funktionieren unserer Organe, die Fähigkeit, unsere Glieder zu bewegen, aber auch unser geistig-seelisch-körperliches Wohlbefinden hängen in hohem Maße davon ab, ob dieses Gleichgewicht nicht gestört ist.

Sosehr wir also auf die Aufnahme von Stoffen aus der Umwelt angewiesen sind, die wir uns aktiv einverleiben und die uns gesund erhalten, ist unser Körper zugleich ständig damit beschäftigt, Fremdstoffen den Zugang zum Körperinneren zu verwehren oder diese, wenn sie in den Körper eingedrungen sind, aufzuspüren und zu vernichten.

Mikroorganismen, die für unser Auge unsichtbar allgegenwärtig sind, sind am Abbau allen organischen Materials in der Natur beteiligt und sorgen als Destruenten dafür, dass die Grundstoffe der abgestorbenen Organismen stets von neuem in den natürlichen Kreislauf des Lebens eingeschleust werden. Zu ihnen gehören vor allem die Bakterien und Pilze. Wie aber schützt unser Körper sich davor, von diesen Zersetzern angegriffen und zerstört zu werden? Eine wirksame Schranke, die Mikroorganismen in der Regel nicht überwinden können, stellt unsere Haut dar. Ihr **pH-Wert** liegt im leicht sauren Bereich und bietet damit Krankheitserregern keine

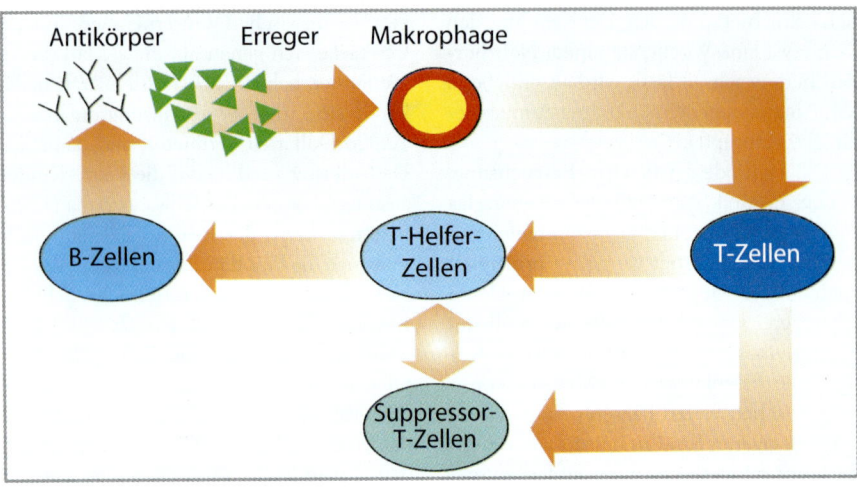

Abb. 1: Schematische Darstellung eines intakten Immunsystems

günstige Lebensgrundlage. Darüber hinaus enthält der Säuremantel **körpereigene Antibiotika**, die in den tieferen Hautschichten gebildet und über Hauttalg und Schweiß auf der Oberfläche verteilt werden.

Problematischer sind natürlich die verschiedenen Öffnungen, die ins Körperinnere führen. Sie gestatten den Erregern Zutritt und sind damit ein potentielles Sicherheitsrisiko. Ein intaktes **Immunsystem** (Abb. 1) ist jedoch in der Lage, fremdes Eiweiß zu erkennen und es umgehend unschädlich zu machen. In unserem Blut treten nämlich zwei sehr unterschiedliche Gruppen von Blutzellen auf: die roten Blutkörperchen (Erythrozyten) und die weißen Blutkörperchen (Leukozyten). Während die roten Blutzellen den Transport von Sauerstoff und Kohlendioxid übernehmen, erfüllen die weißen Blutkörperchen die Aufgaben der Immunabwehr. Sie bewegen sich in unterschiedlichen Gruppen innerhalb und außerhalb der Blut- und Lymphbahnen. Als **Granulozyten** und **Monozyten** fressen sie Krankheitserreger, Schmutz- und Zellteilchen, wobei sie nicht

selten selbst zugrunde gehen. Als Lymphozyten spüren sie körperfremdes Eiweiß auf und vernichten es. Erstaunlicherweise sind sie auch in der Lage, sich die Struktur der Fremdstoffe zu „merken", um bei deren wiederholtem Erscheinen umso schneller angreifen zu können. Schon eine geringe Verletzung der Haut ruft sie alle auf den Plan, und ihre „selbstlose" Verteidigung hinterlässt ein Heer von Leichen auf dem Schlachtfeld, das wir als Eiter zu Gesicht bekommen. Wenn auch Haut, Schleimhäute und Magensäfte durch ihre Säuren einen großen Teil der Eindringlinge fern halten oder vernichten, so ist der Kampf nicht immer schon von vornherein zu unseren Gunsten entschieden. Die Tatsache, dass unser Immunsystem mit einer ganzen Reihe von Erregern erst einmal Bekanntschaft gemacht haben muss, bevor es in der Lage ist, sie wieder zu erkennen und schnell und wirkungsvoll zu bekämpfen, zwingt die Menschen im Kindesalter dazu, verschiedene fieberhafte **Infektionskrankheiten** durchzumachen wie z.B. die Masern, Windpocken, Röteln, Mumps oder Schar-

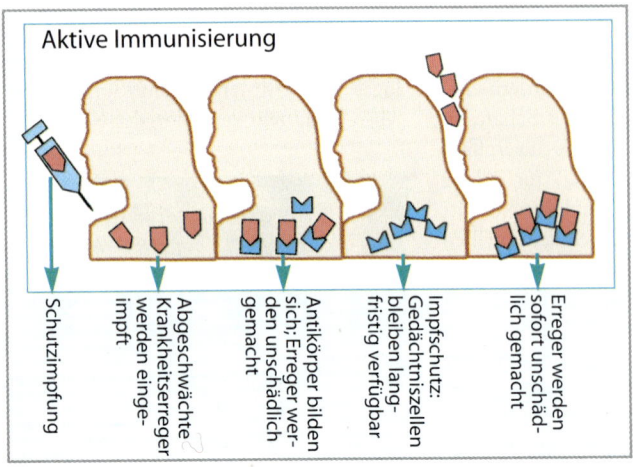

Aktive Immunisierung

- Schutzimpfung
- Abgeschwächte Krankheitserreger werden eingeimpft
- Antikörper bilden sich; Erreger werden unschädlich gemacht
- Impfschutz: Gedächtniszellen bleiben langfristig verfügbar
- Erreger werden sofort unschädlich gemacht

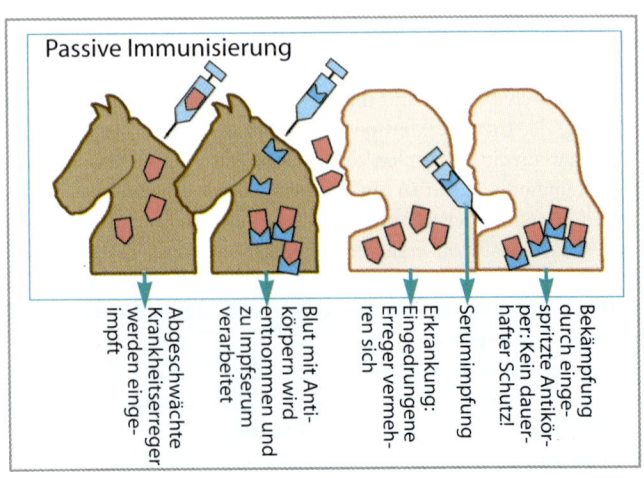

Passive Immunisierung

- Abgeschwächte Krankheitserreger werden eingeimpft
- Blut mit Antikörpern wird entnommen und zu Impfserum verarbeitet
- Erkrankung: Eingedrungene Erreger vermehren sich
- Serumimpfung
- Bekämpfung durch eingespritzte Antikörper: Kein dauerhafter Schutz!

Abb. 2: Modell der aktiven und passiven Schutzimpfung

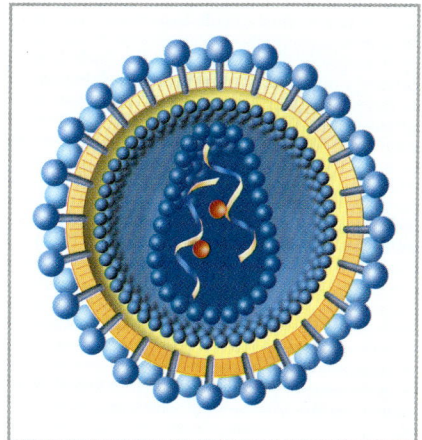

Abb. 3: Dreidimensionales Modell des HIV-Virus

lach.

   Schutzimpfungen können unsere Abwehr sinnvoll unterstützen. Dabei wird das Immunsystem mit Hilfe von abgeschwächten Erregern auf künftige Angriffe vorbereitet, ohne dass sich die Krankheitssymptome voll entwickeln können (Abb. 2). Da das Merkvermögen des Systems das Muster des Angreifers bereits kennt, hat dieser keine Chance, sich im Körper auszubreiten. Problematischer jedoch sind die Viren, da sie ihre äußere Gestalt immer wieder verändern und auch in der Lage sind, sich in Körperzellen zu verstecken. Trotzdem werden sie zumeist von den Y-förmigen **Immunglobulinen (Antikörper)** entdeckt und als Eindringling (Antigen) identifiziert. Heftet sich ein Antikörper an ein Antigen, so wird dieses von den Fresszellen leicht erkannt und unschädlich gemacht. Menschen, die ihre Arbeit ständig in unmittelbarem Kontakt mit vielen anderen verrichten, erkranken seltener, da ihre Abwehr ständig auf dem neuesten Stand ist und genügend Informationen über die Erscheinungsmerkmale der verschiedensten Antigene gespeichert hat.

   Steigt die Körpertemperatur über das gewöhnliche Maß von 37 °C, so haben wir Fieber. Der Körper mobilisiert seine Abwehr. Dies geschieht immer dann, wenn zur Bekämpfung der Fremdstoffe eine deutlich stärkere Reaktion verlangt wird als gewöhnlich. In diesem Fall bewirken Botenstoffe im Gehirn eine Veränderung des Sollwertes für die Körpertemperatur. Die steigende Temperatur ihrerseits sorgt dafür, dass die Produktion von Fresszellen deutlich erhöht wird, so dass den Krankheitserregern intensiver begegnet werden kann.

   Ein intaktes Immunsystem ist also das wirksamste Mittel, uns vor Erkrankung zu schützen. Gesunde Ernährung, Bewegung an

der frischen Luft, das Wohlbefinden am Arbeitsplatz und in der privaten Sphäre sowie eine ausgewogene Lebensführung können viel dazu beitragen, die natürliche Abwehr funktionsfähig zu halten und die eigene Vitalität zu fördern. Chronische Entzündungsherde im Körper hingegen stellen eine ständige Herausforderung des Immunsystems dar und können es auf die Dauer überfordern. Viele Menschen belasten ihren Organismus zusätzlich durch zu häufige Zufuhr von Giften wie Alkohol, Nikotin oder anderen Drogen. Solche Verhaltensweisen machen uns schließlich immer anfälliger für Krankheiten, da nicht wenige Menschen heute zusätzlich von Stress und Nervosität geplagt werden, Zivilisationserscheinungen, die den Körper auf Dauer ebenfalls schädigen können. Die allmähliche Abnahme der Leistungsfähigkeit unserer Abwehr im Alter hingegen, ist ein völlig natürlicher Vorgang und bereits in unserem genetischen Programm von Anfang an festgelegt.

   Nicht wenige Menschen, vor allem in Afrika, sterben heute jedoch bereits in jungem Alter an der Immunschwäche AIDS (**A**cquired **I**mmune **D**eficiency **S**yndrome). Ausgelöst wird das AIDS-Erscheinungsbild von **HIV-Viren (Human Immunodeficiency Virus)**, deren Tätigkeit unser Immunsystem lahm legt, so dass die Betroffenen schließlich den verschiedensten Erregern hilflos ausgeliefert sein können (Abb. 3). Übertragen wird der Virus über Blutkontakt oder beim Geschlechtsverkehr, da der Erreger auch im Sperma auftreten kann. Das eigentliche Problem besteht darin, dass nach einer Ansteckung die Viren bevorzugt solche Zellen befallen, die Teil des Immunsystems sind und deren Aufgabe darin besteht, die Abwehr zu mobilisieren. In dem Maße, wie sich die HIV-Viren im Körper vermehren und ausbreiten, wird das System geschwächt,

weil die Informationskette zwischen den T-Helferzellen und den **Makrophagen (Fresszellen)** unterbrochen ist, so dass die Abwehr ausgeschaltet wird. Die Bildung von Antikörpern gegen die Substanzen aus dem Innern des Virus ist im Blut des Infizierten bereits lange vor Ausbruch des eigentlichen Krankheitsbildes nachzuweisen (AIDS-Test). Zwischen Ansteckung und Erscheinungsbild der Immunschwäche können Monate, aber auch Jahre liegen (Abb. 4).

   Wesentlich schwieriger als Infektionskrankheiten ist der Krebs zu bekämpfen, eine verbreitete Zivilisationskrankheit, die nach den Erkrankungen von Herz- und Kreislauf in der Bundesrepublik an zweiter Stelle der Todesursachen steht. Die Entstehung eines Tumors kann genetischen Ursprungs sein, es wird heute jedoch vermutet, dass auch die Belastung der Umwelt als Auslöser für diese heimtückische Krankheit in Frage kommt, bei der sich Zellen unkontrolliert teilen und

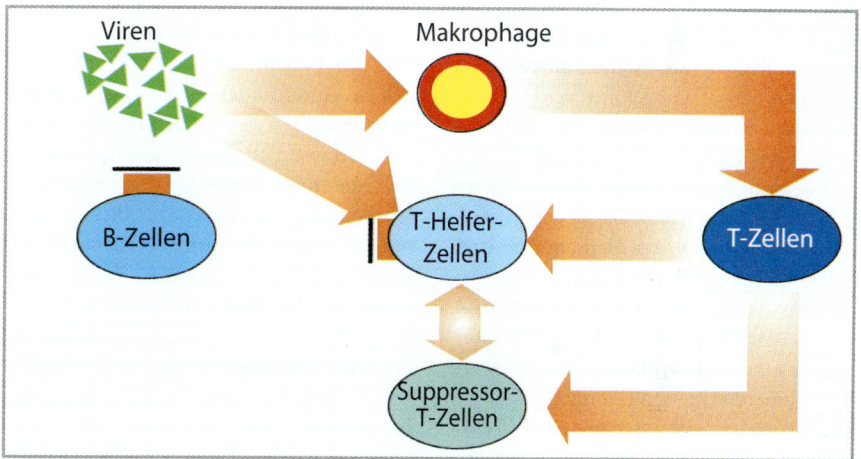

Abb. 4: Der HIV-Virus zerstört das Immunsystem

dann zu Wucherungen (Tumoren) heranwachsen. Dabei verdrängen oder zerstören sie das umgebende Gewebe und können, wenn sie in die Blutbahn geraten, an anderen Stellen Tochtergeschwulste (Metastasen) hervorrufen. Durch Operation, Bestrahlung oder Medikamente versuchen die Ärzte, Krebsleiden zu bekämpfen.

 Zum Weiterlesen:

- Der Stoffwechselvorgang, S. 404
- Wald – Lebensraum für Mensch und Tier, S. 360
- Mikroorganismen, S. 392
- Blutkreislauf und Transportvorgänge, S. 406

Angeborenes Verhalten bei Tieren

Die Verhaltensforschung (Ethologie) ist eine verhältnismäßig junge Disziplin der Biologie. Vor allem Konrad Lorenz und sein Schüler Eibl-Eibesfeld stehen am Anfang aufsehenerregender Untersuchungen an Tieren und Menschen. Ihnen ist es mit zu verdanken, dass wir heute viel darüber wissen, welche Verhaltensprogramme bei Tier und Mensch genetisch festgelegt sind und unter welchen Voraussetzungen Verhaltensmuster erlernt werden können. Die Lernfähigkeit eines Lebewesens ist an die Ausprägung seiner Merkfähigkeit gebunden, denn nur wer sich etwas merken bzw. sich an etwas erinnern kann, ist in der Lage, eine vorteilhafte Verhaltensweise im geeigneten Moment erfolgreich zu wiederholen. Ein noch größerer Fortschritt ist dann gegeben, wenn Verhaltensweisen auf ihre Folgen in die Zukunft hin eingeschätzt und bewertet werden können, ja im Zweifelsfall sogar in Widerspruch zu den Erbprogrammen bewusst ausgeführt werden. Dazu bedarf es eines hoch entwickelten Gehirns, wie nur wir Menschen es besitzen.

Insekten, deren nervöse Strukturen weit weniger entwickelt sind als die von Wirbeltieren, folgen in ihrem Verhalten weitgehend den genetisch vorgegebenen Mustern. Sie verhalten sich entsprechend den Instinkten, die von Generation zu Generation weitergegeben werden. Diese können sowohl durch innere Sekretion (Hormone) als auch durch von außen auftretende Reize ausgelöst oder verstärkt werden. Verhaltensweisen treten in der Regel als Bewegungsvorgänge auf. Ihr Ziel ist dabei grundsätzlich die Erhaltung des Individuums (Nahrungssuche, Verteidigung, Flucht) und die Weitergabe des Erbgutes (Kampf, Paarung, Aufzucht des Nachwuchses) und damit zugleich die Erhaltung einer Art. Bei höher entwickelten Tieren begünstigen angeborene Verhaltensweisen darüber hinaus die ständigen Anpassungsvorgänge an die sich verändernde Umwelt (Kampf der Männchen um Reviere und Weibchen).

Die Biene, als ein Beispiel Staaten bildender Insekten, zeigt auf eindrucksvolle Weise, wie differenziert nicht nur die Arbeitsteilung innerhalb des Bienenstaates ist, sondern auch, wie ein hoch entwickeltes Sozialgefüge auf der Basis rein instinktiven Verhaltens funktionieren kann. Die bis zu 80.000 Individuen eines Bienenvolkes sind die Kinder einer Mutter (Königin). Sind sie männlichen Geschlechts (Drohnen), so bil

Tage	
3	Ei
9	Larve
9	Puppe
	Schlüpfen
10	Fütterung und Pflege der Larven
6	Bau der Zellen
4	Bewachung des Fluglochs

Abb. 1: Lebenslauf einer Arbeiterin

den sie eine Minderheit, die nach der Begattung ihren Zweck erfüllt hat und stirbt. Von den weiblichen Nachkommen werden sich nur einige wenige aufgrund hormoneller Steuerung und unterschiedlicher Fütterung zu neuen Königinnen (Weiseln) entwickeln. Die erste Königin, die schlüpft, tötet entweder allein oder mit Hilfe von Arbeiterinnen alle übrigen Königinnen, die noch als Puppe in ihren Weiselwaben liegen.

Die übrigen Bienen werden durch ihre hormonelle Unterentwicklung und unterschiedliche Behandlung im Stadium der Metamorphose zu Arbeiterinnen, die nach einem genau festgelegten Zeitplan Arbeiten innerhalb und außerhalb des Bienenstockes übernehmen (Abb. 1).

Ihr Erbprogramm gibt dabei nicht nur genau vor, in welcher Größe, Form und Anordnung die Waben zu bauen sind, in die die Königin täglich bis zu 1500 Eier legt, sondern mit unterschiedlichen Tanzbewegungen informieren sich die Arbeiterinnen auch gegenseitig über Lage und Entfernung günstiger Futterquellen.

Das Verhalten eines Lebewesens steht immer in einem engen Zusammenhang mit seiner Fähigkeit, Reize aus der Umwelt aufzunehmen und angemessen auf sie zu reagieren. Aus der Vielzahl der Reize, die ständig über die Sinnesorgane vermittelt werden, trifft das ZNS jedoch eine Auswahl, das heißt nur eine beschränkte Anzahl von Reizen wird durch instinktive Handlungen beantwortet. Solche Reize, die bei einem Tier zwanghaft eine typische Verhaltensweise auslösen, bezeichnet man als Schlüsselreize. Sie sind als Verhaltensauslöser im genetischen Programm verankert und von Art zu Art unterschiedlich (artspezifisch). Schlüsselreize stammen aus dem gesamten Spektrum des Reizangebots (optisch, akustisch, chemisch, taktil) und können bei verschiedenen Arten sogar Auslöser für Handlungsketten sein.

Wie intensiv das Auftreten eines Schlüsselreizes durch eine tierische Verhaltensweise beantwortet wird, ist abhängig von der „Qualität" des Reizes und zugleich von der inneren Gestimmtheit des Tieres (Appetenzverhalten). Die Reaktion auf einen Schlüsselreiz

Abb. 2: Das typische Fütterverhalten bei Singvögeln beruht auf angeborenen Verhaltensmustern

ist dann besonders stark, wenn es sich um einen optimalen Reiz handelt, der zu einem Zeitpunkt auftritt, zu dem das Tier eine hohe innere Bereitschaft hat, auf ihn zu reagieren.

Die Spinne, die eine Erschütterung ihres Signalfadens wahrnimmt (taktiler Schlüsselreiz), wird umso heftiger auf die Beute stürzen, je hungriger sie ist. Auch die Reaktion kleiner Singvögel im Nest durch Strecken des Halses und Sperren wird durch einen Berührungsreiz ausgelöst: Die Erschütterung des Nestes durch die anfliegenden Eltern wird zum Auslöser für das instinktive Verhalten der Kleinen. Deren Bettellaute und das farbliche Muster im Inneren der Schnäbel wirkt wiederum als auslösendes Moment für die Eltern, das herbeigebrachte Futter in deren Schnäbel zu stopfen (Schlüsselreiz-

Schlüsselreiz	löst beim Männchen folgendes Verhalten aus:	löst beim Weibchen folgendes Verhalten aus:
rote Brust des Männchens	Kampfstimmung, Aggressivität, Abwehr anderer Männchen	Annäherung an den Partner Zeigen des Bauches in Senkrechtstellung
dicker Bauch des Weibchens in Senkrechtstellung	Aggressionshemmung, Zickzacksprünge, Zeigen des Nesteingangs	
Zickzacksprünge, Schwimmen zum Nest		Förderung der Paarbindung, folgt zum Nesteingang Einschlüpfen ins Nest
Einschlüpfen	Schnauzentriller	
Schnauzentriller		Ablage der Eier
Ablage der Eier	Besamung der Eier	

Abb. 3: Schlüsselreizkette beim Stichling

Abb. 4: Attrappenversuche zeigen, daß die Tiere zwanghaft auf bestimmte Reize reagieren

kette) (Abb. 2). Wie zwanghaft dieser Mechanismus funktioniert, wird deutlich, wenn wir beobachten, wie ein kleiner Singvogel einen Kuckuck großzieht, der die Eltern an Größe schließlich um ein Vielfaches übertrifft, ohne dass diese daran Anstoß nehmen. Im Gegenteil wird das falsche Kind, das aufgrund seiner eigenen Instinkte seine Stiefgeschwister kurz nach dem Schlupf umgebracht hat, durch intensive Fütterung durch deren Eltern „belohnt".

Das Balz- und Paarungsverhalten des Stichlings zeigt in besonders auffälliger Weise, dass sich die verschiedensten auslösenden Reize bei dieser Art sogar zu einer Instinktkette verknüpfen, bevor es zur Eiablage kommt (Abb. 3).

Wird die Schlüsselreizkette durch Störung von außen unterbrochen, so muss sie wieder von vorn aufgebaut werden, wenn es zur Eiablage und Besamung kommen soll. Die Instinktkette stellt ein sinnvolles Reiz-Reaktionsmuster dar, das in seiner Abfolge garantiert, dass sich die beiden Partner als artgleich und paarungsbereit erkennen. Der Schnauzentriller des Männchens kann dabei als letzte Sicherheitsmaßnahme gedeutet werden, die die Anwesenheit des Männchens bei der Eiablage garantiert. Wird das Männchen nach dem Einschlupf des Weibchens ins Nest am Schnauzentriller gehindert, so verlässt das Weibchen nach einiger Zeit das Nest, ohne abgelaicht zu haben.

Beide Partner erfüllen ihre Aufgabe hingegen auch dann, wenn anstatt eines lebenden Artgenossen eine Attrappe erscheint, die die typischen Farben, Formen und Bewegungsmerkmale aufweist. Ein Weibchen legt selbst dann seine Eier im Nest ab, wenn für die Vorbereitungen eine Männchenat-

trappe benutzt und der Berührungsreiz an ihrer Schwanzwurzel mit Hilfe eines Stäbchens von Menschenhand ausgeführt wird. Das Verhaltensprogramm wird offensichtlich ausschließlich durch die angeborenen Auslösemechanismen gesteuert und kann von den Tieren nicht willentlich beeinflusst werden. Mit Hilfe von Attrappen lässt sich feststellen, welche Reize als Schlüsselreize bei einer Art ein bestimmtes angeborenes Verhalten auslösen. Des Weiteren geben Attrappen Auskunft darüber, innerhalb welcher Grenzen die auslösenden Reize liegen müssen, um wirksam zu sein, bzw. welche Merkmale die heftigste Reaktion hervorrufen (Abb. 4).

Zum instinktiven Verhaltensrepertoire der höheren Wirbeltiere gehören vor allem Ausdruckshaltungen, die über die innere Gestimmtheit von Artgenossen informieren (Angst, Aggressivität, Paarungsbereitschaft u. a.), aber auch Muster im Zusammenhang mit der Reviermarkierung und -verteidigung. Außerdem sind Verhaltensweisen in Bezug auf Paarung und Brutpflege sowie die Herstellung, Erhaltung oder Veränderung einer Rangordnung innerhalb von Sozialverbänden weitgehend durch Instinkte festgelegt.

 Zum Weiterlesen:

• Der Mensch und die Nutztiere, S. 332
• Steuerung durch Nerven und Hormone, S. 422
• Die Chromosomen, S. 442
• Erworbenes Verhalten bei Tieren, S. 434

Erworbenes Verhalten bei Tieren

Die instinktiven Verhaltensweisen der Tiere befähigen diese nicht nur dazu, ihr eigenes Leben zu sichern, sondern sie tragen zugleich auch wesentlich zur Erhaltung der Arten bei. Dabei garantieren angeborene Verhaltensmuster umso eher anhaltende Erfolge, je gleichförmiger die Umweltbedingungen sind, die für eine bestimmte Art gelten. Das Krokodil gilt zwar als gefährliches Reptil, sein Gehirn ist jedoch so wenig entwickelt, dass seine Verhaltensweisen fast ausschließlich auf Instinkten beruhen. Wer das Verhalten dieser Tiere intensiv studiert, kann ziemlich genau voraussagen, unter welchen Umständen sie aus dem Wasser schnellen und zuschnappen. Ähnliches gilt für Haifische, die schon seit etwa 300 Millionen Jahren durch die Weltmeere schwimmen und dort unangefochten unter immer ähnlichen Bedingungen leben konnten.

Mit der Entwicklung des Gehirns und der damit einhergehenden Merkfähigkeit wuchs höher stehenden Tieren die Möglichkeit zu, sich in einer immer differenzierteren Umwelt dadurch besser zurechtzufinden, dass sie negative Erfahrungen durch Vermeidungsverhalten minimierten, von positiven Erfahrungen hingegen durch Wiederholung profitierten. Dies ist die Grundlage für alle Lernvorgänge, die selbst beim Menschen unverändert fortwirken. Dabei unterscheiden die Ethologen verschiedene Möglichkeiten des Lernens.

Hält man ein junges Eichhörnchen, das noch nie eine Nuss gesehen hat, in einem Käfig und gibt ihm mehrere Haselnüsse, so hat es ein angeborenes Bedürfnis, diese in die Pfoten zu nehmen, sie nach allen Seiten zu drehen und sie mit seinen Nagezähnen zu bearbeiten. Schließlich wird es den Kern befreien. Gibt man ihm weitere Nüsse, so wird es schon nach kurzer Zeit lernen, mit welcher Technik die Nuss am schnellsten zu öffnen ist. Hat es anfangs ein Loch in die Schale gebissen, so öffnet es diese schon bald mit einem gezielten Biss, der die Schale in zwei Hälften teilt. Nüsse, die es nicht öffnet, weil sein Hunger gestillt ist, wird es versuchen im Boden zu vergraben. Das Bedürfnis, die Nuss aufzunehmen und sich mit ihr zu beschäftigen, sowie der Bewegungsablauf für das Verstecken sind dem Eichhörnchen angeboren. Wie eine Nuss am schnellsten zu öffnen ist, muss es hingegen lernen, da nicht alle Nüsse in der Natur gleichförmig auftreten. **Angeborenes** und erworbenes **Verhalten** ergänzen sich bei der Nahrungsaufnahme

Abb. 1: Nüsse knackendes Eichhörnchen

Abb. 2: Zirkusvorführungen demonstrieren eindrucksvoll die Lernfähigkeit der Tiere

und der Vorratshaltung des Eichhörnchens also in sinnvoller Weise (Abb. 1).

Lernvorgänge bei Tieren können jedoch auch durch zufällige Erfolgserlebnisse ausgelöst werden. Werden z. B. in einem Kuhstall Trinknäpfe angebracht, die sich mit Wasser füllen, sobald die Kuh mit ihrer Schnauze auf einen Hebel drückt, so wird die Kuh von dieser Möglichkeit, Wasser zu trinken, immer wieder Gebrauch machen, sobald sie den Mechanismus aus Zufall oder Neugierde zum ersten Mal ausgelöst hat, denn sie weiß, dass ihr Verhalten durch das Erscheinen des Wassers belohnt wird. Ebenso wird sie lernen, die Berührung des Elektrozaunes zu vermeiden, weil sie mit negativen Erfahrungen besetzt ist. Verhaltensforscher sprechen in diesem Zusammenhang von **positiven** bzw. **negativen Verstärkern**.

Mäuse, die die Gänge eines Labyrinths durchlaufen müssen, um an ihre Nahrung zu kommen, sind in der Lage, schon nach kurzer Zeit Umwege zu vermeiden. Sie suchen dann die Stelle, an der die Nahrung zu finden ist, auf dem kürzesten Weg auf. Ihre Lernmethode ist die von Versuch und Irrtum (trial and error), bei der die Vermeidung von Fehlern erst dann möglich ist, wenn diese gemacht worden und als falsche Lösung erkannt worden sind. Als Ergebnis kann die Maus jedoch einen deutlichen Erfolg verbuchen, denn sie wird in Zukunft die Umwege vermeiden können und schneller an ihr Ziel gelangen. Man spricht in diesem Zusammenhang von Lernen durch **Erfolg**.

Viel einfacher ist es natürlich, positives Verhalten durch **Nachahmung** zu praktizieren. Seitdem ein japanisches Makakenweibchen erstmalig Kartoffeln vor dem Verzehr im Wasser wusch und die Erfahrung machte, dass saubere Kartoffeln besser schmecken als verschmutzte, schlossen sich immer mehr ihrer Artgenossen diesem Verhalten an, so dass nach einigen Jahren das Waschen der Kartoffeln zum selbstverständlichen Verhaltensrepertoire dieser Affenart gehörte. Auch von Vögeln ist bekannt, dass sie lernen, Stimmen täuschend nachzuahmen. Manche Papageien sind sogar in der Lage, bestimmte Begriffe mit entsprechenden Situationen zu verbinden und z. B. nur dann „Guten

Tag" zu sagen, wenn jemand das Zimmer betritt.

Noch erstaunlichere Lernleistungen können Tiere erbringen, wenn man sie mit viel Geduld dressiert. Jeder weiß vom Besuch im Zirkus, dass Menschen selbst gefährlichen Raubtieren wie Tigern und Löwen Verhaltensweisen abfordern können, die deren natürlichen Instinkten zu widersprechen scheinen. Tatsächlich nutzen die Dompteure das Wissen der modernen Verhaltensforschung, um das Publikum zu verblüffen. Raubkatzen halten natürlicherweise einen Mindestabstand von Menschen oder Feinden und fliehen, wenn diese ihnen zu nahe kommen. Im Umgang mit dem Dompteur von klein auf lernt die Raubkatze, dass für sie keine wirkliche Gefahr besteht. Trotzdem reagiert sie mit typisch fauchenden Abwehrgesten und schlägt nach der Peitsche, sobald ihr diese zu nahe kommt. Der Dompteur, der seine Tiere persönlich füttert, wird durch geduldige **Dressur** zum Alphatier. Mit Hilfe seiner Peitsche, die als verlängerter Arm fungiert, hält er die Tiere während der Vorstellung stimmungsmäßig ständig zwischen Flucht und Angriff (Abb. 2).

Wie der russische Mediziner I. Pawlow um 1900 durch Versuche an Hunden herausfand, gibt es auch Reflexhandlungen bei

Abb. 4: Affen und Delphine sind sehr gelehrige Tiere

Abb. 3: In der Natur folgen die Gänseküken der Mutter bzw. dem Lebewesen, das sich wie die Mutter verhält

Tieren, die im Laufe des Lebens erworben werden. Indem Pawlow für das Tier immer wieder eine Verbindung zwischen dem Erscheinen des Futters und einem neutralen akustischen Reiz herstellte, konnte er nachweisen, dass bei seinem Versuchstier auch dann ein instinktiver Reflex (Speichelfluss)

auslösbar war, wenn schließlich nur eine Glocke ertönte. Der akustische Reiz der **Glocke** war für den Hund schließlich fest mit der Erfahrung verknüpft, dass Nahrung erscheint. In der Folge reichte bereits das Ertönen der Glocke, um das instinktive Verhalten des Tieres auszulösen. Einen solchen Lernvorgang, bei dem aufgrund von Erfahrung Auslöser für Reflexe erweitert bzw. ausgetauscht werden, bezeichnet man als **bedingten Reflex**. Im Gegensatz zu den unbedingten Reflexen können bedingte Reflexe auch wieder gelöscht werden.

Eine Sonderform des Lernens stellt der Vorgang der **Prägung** dar. Bei ihm sind angeborene und erlernte Anteile aufs engste miteinander verbunden. Wie K. Lorenz nachweisen konnte, folgen Gänseküken in der sensiblen Phase (ca. 13–16 Stunden nach der Geburt) jedem Objekt, das sich bewegt und bestimmte Laute von sich gibt. In der Natur ist dies die Mutter (Abb. 3). Tritt an die Stelle der Mutter jedoch ein Ball oder ein Mensch, so werden die Kleinen ihn als ihre Mutter akzeptieren und so lange in seiner Nähe bleiben bzw. hinter ihm herlaufen, bis sie ein Alter erreichen, in dem sich auch unter

natürlichen Bedingungen die enge Bindung zwischen Mutter und Kindern lockert. In der Phase der Prägung lernen die Kinder also, wer ihre Mutter ist. Die Bindung ist jedoch nur während der sensiblen Phase herstellbar. Danach sinkt die Bereitschaft der Kleinen, auf eine Mutter zuzugehen und Kontakt mit ihr aufzunehmen, fast auf null.

Die Prägung ist ein irreversibler Lernvorgang, bei dem die Bereitschaft, sich an eine Mutter zu binden und diese Bindung aufrechtzuerhalten, angeboren ist. Die einmal eingeprägten Muster können nicht wieder vergessen werden.

Als die höchste Form tierischen Verhaltens wird das **einsichtige Lernen** betrachtet. Eine Vielzahl von Untersuchungen hat ergeben, dass vor allem Primaten in der Lage sind, Werkzeuge zu benutzen, um an ihre Nahrung zu kommen. Menschenaffen lernen, wie man mit Steinen auf einer harten Unterlage die Schalen von Nüssen öffnet, andere benutzen Stöcke, um im Wasser damit zu angeln. Schimpansen und Orang-Utans sind sogar in der Lage, durch „Nachdenken" komplizierte Situationen zu analysieren, bevor sie schrittweise und folgerichtig handeln.

So sind Menschenaffen durchaus in der Lage, eine hoch hängende Banane zu erreichen, indem sie Kisten in ihrem Käfig so übereinander stapeln und besteigen, dass sie das Futter erreichen. Andere erkennen, dass man Stöcke durch Ineinanderstecken verlängern kann, um mit ihnen nach dem Futter zu angeln. Selbst einfache „Denksportaufgaben" wurden von Schimpansen gelöst. Wenn Tiere auch nicht in der Lage sind, eine Sprache auf Lautebene zu entwickeln wie der Mensch, so ist es doch erstaunlich, in welchem Maß einsichtiges Handeln vor allem von Primaten und Delphinen erbracht werden kann (Abb. 4).

 Zum Weiterlesen:

• Der Hund, S. 320
• Steuerung über Nerven und Hormone, S. 422

Tierwanderungen

Wenn im Frühjahr oder im Herbst das laute Geschrei der vorüberziehenden Wildgänse zu hören ist, blickt man gern zum Himmel, um die typische Flugformation dieser Vögel zu beobachten. So mancher wird dann mit einem wehmütigen Gefühl die Tiere beneiden, die alljährlich in freiem Flug am Himmel ihre Bahn ziehen und weite Reisen gen Süden und zurück zu ihren Brutplätzen machen (Abb. 1). Und doch ist dieses Verhalten nur ein Beispiel für die Vielzahl tierischer Bestrebungen, den Raum optimal für ihr Leben zu nutzen. Alle Wirbeltiere verbringen einen Teil ihrer Zeit damit, sich in ihrer Umwelt zu bewegen und alle Chancen wahrzunehmen, dort Futter zu finden. Aber auch viele Wirbellose verhalten sich ganz ähnlich, denn nur relativ wenige Arten im Wasser haben den Vorteil, dass ihre Nahrung vorbeischwimmt und von einem festen Platz aus aufgenommen werden kann.

Die meisten Arten müssen ihre Futterplätze aktiv aufsuchen oder sich am Standort lebender Beutetiere orientieren, die es aufzuspüren und zu verfolgen gilt. Ob wir die Wanderung der Ameise betrachten, die am Stamm eines Baumes hinaufläuft, um zu den Blattläusen zu gelangen, deren zuckerhaltige Ausscheidungen sie begierig als Nahrung aufnimmt, oder ob wir unser Augenmerk auf die Nordische Seeschwalbe richten, die auf ihrem Flug von der Arktis zur Antarktis in jedem Jahr 36.000 km zurücklegt, immer geht es um das gleiche Prinzip: sich mit Hilfe der Muskelkraft zu bewegen und sich, ausgerüstet mit optimalen Navigationssystemen, zielsicher im Raum zu orientieren, um an die nötige Nahrung zu gelangen.

An einigen Beispielen soll gezeigt werden, welche Faktoren im Einzelnen für das Wanderverhalten von Tieren ausschlaggebend sind und auf welche Weise sie ihren Weg finden. Die Rauchschwalbe, die bei uns heimisch ist, sich aber Anfang September auf Überlandleitungen zu größeren Gruppen versammelt, überwintert, ähnlich wie der Storch, in Zentralafrika. Da sie ausschließlich von Insekten lebt, die sie im Flug aufnehmen kann, ist sie gezwungen, sich an Standorten aufzuhalten, an denen eine Mindesttemperatur von 9 °C garantiert ist. Wie Ringfunde bestätigen, ist deshalb Afrika das Winterrevier aller europäischen Schwalben. Schwalben aus Ostasien hingegen verbringen die kalte Zeit in Südostasien. Die Fähigkeit, die Nahrung während des Fluges aufnehmen zu können, ist während ihrer Reise ein großer Vorteil für die Schwalben. Darüber hinaus vermeiden sie das offene Meer, indem sie zur Überquerung des Wassers die

Abb. 1: Wildgänse auf ihrem Weg in den Süden

Meerengen nutzen. Die Straße von Gibraltar, aber auch die Meerenge am Bosporus werden an manchen Tagen von Tausenden Vögeln überquert, die sich von allen Gegenden Europas im Herbst und im Frühjahr hier einfinden. Nur die Wüste Sahara stellt ein großes Hindernis für die Segler dar, denn Insekten sind hier Mangelware. Viele Schwalben, die die Wüstenüberquerung hinter sich haben, sind verständlicherweise ausgehungert und zu Tode erschöpft. In Zentralafrika finden sie dann jedoch ausgedehnte Gebiete mit einem reichlichen Nahrungsangebot und stabilen Temperaturen vor (Abb. 2).

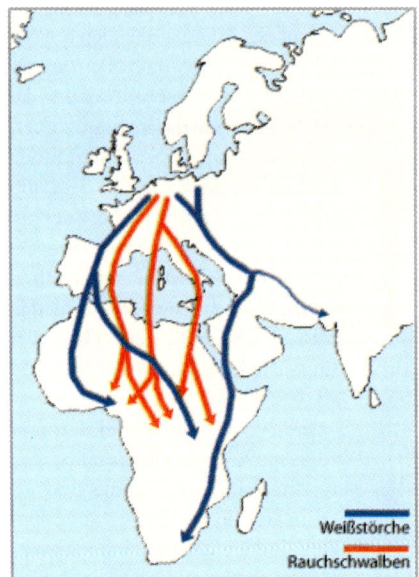

Abb. 2: Zugwege von Weißstorch und Rauchschwalbe

Untersuchungen haben ergeben, dass Zugvögel sich auf verschiedenste Weise orientieren. Sowohl Küstenformationen als auch auffällige geographische Besonderheiten wie Flüsse oder Gebirge sind für sie optische Wegmarken. Darüber hinaus konnte jedoch inzwischen nachgewiesen werden, dass

sich Vögel auch mit dem Geruchssinn und über das Magnetfeld der Erde orientieren. Ihr Kurs wird außerdem vom Stand der Sonne mitbestimmt. Nächtlich wandernde Vögel, wie Lerchen, Drosselrohrsänger und das Rotkehlchen, erhalten hingegen Orientierungshilfen durch den Mond und die Sterne. Der Drang, in eine bestimmte Richtung loszufliegen, ist den Zugvögeln angeboren. Der Zeitpunkt hingegen ist oft abhängig von der Länge des Tageslichtes, den Temperaturen und der zur Verfügung stehenden Nahrung.

Aber nicht nur die Vögel legen ausgedehnte Strecken zurück, um sich jederzeit mit genügend Nahrung versorgen zu können. Auch Säuger sind oft gezwungen, weite Wege hinter sich zu bringen, bevor sich günstigere Lebensbedingungen zeigen. Die meisten Herdentiere des afrikanischen Graslandes wandern zwischen Trocken- und Regenzeitgebieten hin und her. Vor allem Zebras, Gnus und Gazellen schließen sich zu riesigen Huftierherden zusammen, um als Vegetarier in den ausgedehnten Savannen zu weiden (Abb. 3). Ihr Auftreten lockt Löwen an, die vor allem auf schwache und kranke Tiere Jagd machen. Hyänen und Geier als Aasfresser sorgen dafür, dass alle Reste toter Tiere beseitigt werden.

Wenn in der Trockenzeit die Temperaturen unerträglich steigen und zugleich die Wasservorräte auf ein Minimum zurückgehen, suchen diese Herden andere Gebiete auf, die zwar weit entfernt liegen, in denen jedoch genügend Wasser vorhanden ist. Bei solchen Wanderungen durchqueren die Tiere nicht selten Flüsse, in denen Krokodile auf der Lauer liegen. Bei jeder Wanderung finden erschöpfte Tiere den Tod, was jedoch für den Bestand der Herde nicht ins Gewicht fällt. Es ist beobachtet worden, dass sich die Herden manchmal auf Regen- und Gewitterwolken zubewegen, die bis zu 100 km entfernt sein können.

Der in seinem Wanderverhalten wohl auffälligste und bekannteste Fisch ist der Lachs. Die amerikanischen, asiatischen und europäischen Lachse laichen zwischen September und Februar in sauberen Quellflüssen. Nachdem das Weibchen mit seinem Schwanz eine etwa 15 Zentimeter tiefe Grube hergestellt hat, legt es seine Eier dort hinein. Anschließend werden sie vom Männchen besamt. Die geschlüpften Jungen folgen

schlüpft waren. Geschwächt durch die Anstrengungen der Wanderung, haben viele von ihnen bis zu 25 % ihres Körpergewichts verloren. Nach dem Laichvorgang sterben die meisten von ihnen an Erschöpfung. Nur ein kleiner Teil macht sich erneut in Richtung offenes Meer auf.

Wie sich die Tiere auf dem langen Weg vom Meer zum Geburtsplatz orientieren, war lange Zeit ein Rätsel. Erst Experimente mit

Wale unvollständig ist, hat man doch auch eine Reihe von gesicherten Beobachtungen gemacht. Der Buckelwal, der ein Gewicht von ca. 40 Tonnen erreichen kann, hält sich sowohl auf der Nord- wie auf der Südhalbkugel auf. Eine Population z. B., die im Sommer vor der norwegischen Küste lebt, zieht im Winter in tropische Gewässer. Für andere Wale gilt Ähnliches: Viele von ihnen durchziehen große Meeresbereiche, wobei die nah-

Abb. 3: Gnuherde auf der Wanderung

der Strömung der Flüsse. Sie erreichen schließlich den Ozean und schwimmen weit ins Meer hinaus.

Nach einem Meeresaufenthalt von einigen Jahren, in denen die Tiere geschlechtsreif geworden sind und sich in gute körperliche Verfassung gebracht haben, kehren die ausgewachsenen Lachse ins Süßwasser zurück und wandern die Flüsse aufwärts. Dabei müssen sie, gegen die Strömung anschwimmend, Stromschnellen und Wasserfälle überwinden, was sie viel Kraft kostet. Schließlich kommen sie genau in dem Quellwasser wieder an, wo sie ursprünglich aus dem Ei ge-

Lachsen in Kanada, bei denen die Riechgruben der Tiere zeitweise verstopft wurden, bestätigten die Vermutung, dass die Fische die unterschiedlichen Gewässer riechend voneinander unterscheiden können und dass ihnen bei der Suche nach dem richtigen Weg höchst selten ein Fehler unterläuft.

In der letzten Zeit berichten die Medien wiederholt von Walen, die sich an Land verirrt haben und nur mit großer Mühe, wenn überhaupt, mit Hilfe des Menschen, das offene Wasser erreichen können. Lange Zeit hat man wenig über das Leben der Wale und ihre Verhaltensweisen gewusst, weil es zu schwierig erschien, sie im offenen Meer unter Wasser in Langzeitstudien zu beobachten. Ausgerechnet die Walfänger, die diese Tiere beinahe ausgerottet hätten, haben erste Anhaltspunkte dafür geliefert, dass auch Wale Wanderungen durchführen, denn sie bemerkten, dass die Tiere sich zu bestimmten Jahreszeiten nur in bestimmten Meeresgebieten aufhielten.

Obwohl auch heute noch das Wissen über die Wanderungen der

rungsreichsten Gegenden offensichtlich zur Zeit des Kalbens aufgesucht werden.

Für das Stranden der Wale an der Küste gibt es verschiedene Erklärungen. Manchmal verirren sich unerfahrene Tiere in Küstennähe, wo sie auflaufen und aufgrund ihres Gewichtes bewegungsunfähig werden. Wissenschaftler gehen davon aus, dass es jedoch auch Fälle gegeben hat, bei denen ein Leittier beim Verfolgen eines Fischschwarms zu nahe an den Strand geriet. Da bei manchen Walen die übrige Herde dem Leittier zwanghaft folgt, schwimmt die ganze Gruppe an Land und ist dann nicht selten manövrierunfähig (Abb. 4).

Abb. 4: Gestrandeter Wal

 Zum Weiterlesen:

- Vögel, S. 340
- Angeborenes Verhalten bei Tieren, S. 432

Angeborenes und erworbenes Verhalten des Menschen

Für den Menschen, der sowohl von seinem Körperbau her als auch von seinen Steuerungsmechanismen biologisch der Gruppe der Säuger zuzuordnen ist, kann man in vielfältiger Hinsicht instinktives Verhalten nachweisen. Wenn auch kein Tier, so wie er, in der Lage ist, aufgrund seines Bewusstseins und seiner Fähigkeit zum Denken selbst angeborene Verhaltensprogramme bis zu einem gewissen Grade zu kontrollieren oder gar willentlich zu unterdrücken. Die Untersuchung tierischer Verhaltensmuster und ihre Ergebnisse sind deshalb aufschlussreich auch in Bezug auf menschliches Verhalten, obwohl sich der Mensch zugleich in nichts so grundlegend vom Tier unterscheidet als gerade in seiner Fähigkeit, seine Handlungsweisen bewusst zu hinterfragen oder an von ihm akzeptierten Normen auszurichten.

Schon der Säugling zeigt eine Reihe von angeborenen Verhaltensweisen. Berührt man seinen Mund mit dem Finger, so löst der Berührungsreiz unmittelbar den Saugreflex aus, der natürlicherweise die Voraussetzung für die Ernährung an der Mutterbrust ist. Ähnlich verhält es sich beim Handgreifreflex (Abb. 1). Jeder Gegenstand, der mit der inneren Handfläche in Berührung kommt, wird umklammert, mit besonderer Vorliebe die Haare der Eltern. Ähnlich wie Tiere geben Säuglinge Gefühlen, die mit Unwohlsein verbunden sind, durch entsprechende Lautäußerungen Ausdruck. Der enge Hautkontakt mit vertrauten Personen hingegen wird als lustvoll erfahren und mit einem lächelnden Gesicht beantwortet.

Aber auch erwachsene Menschen folgen in ihrem Verhalten nicht selten angeborenen Auslösern (Schlüsselreizen). Die typische Gesichtsform eines Kleinkindes z. B. löst in uns in der Regel typische Verhaltensweisen aus: Es stellt sich unmittelbar eine positive Grundstimmung ein, aus der heraus wir zu Wohlwollen neigen. Erkennen wir eine Gefahr, die dem Kleinkind droht, sind wir sofort bereit, diese abzuwenden. Selbst sein nerviges Schreien können wir für kurze Zeit überhören, ja wir beugen uns über das Kind und lächeln es an. Häufig ahmen Eltern oder Verwandte sogar seine Bewegungen nach. Wie ist das alles zu erklären?

Fordert man Erwachsene auf, sich spontan zu dem Bild „Kindchenschema" zu äußern und zu entscheiden, ob ihnen die Köpfe auf der rechten bzw. linken Seite sympathischer erscheinen, so votieren die meisten für die linke Hälfte, weil sie in ihr die Kleinkindformen bei Mensch und Tieren zu erkennen glauben (Abb. 2). Tatsächlich aber ist nur der Kopf unten links der eines Lebewesens

Abb. 1: Der Greifreflex gehört zu den angeborenen Reflexen

im frühen Stadium. Alle gezeigten Tiere hingegen sind erwachsen. Da einige von ihnen aber in ihren Kopfformen denen eines menschlichen Kleinkindes sehr ähnlich sind, meldet sich in uns zwanghaft der Brutpflegeinstinkt, der in uns den Wunsch auslöst, das unbeholfene Wesen zu beschützen. Die hohe Stirn, die runden großen Augen, das

Abb. 2: Auslösung des Brutpflegeverhaltens nach Lorenz

Stupsnäschen und die rundlichen Formen des Gesichts und der Wangen sowie das unausgeprägte Kinn sind u. a. die typischen optischen Reize, die in uns jede Aggression hemmen und uns freundlich stimmen (Abb. 3). Erwachsene Pekinesen erfüllen mit ihrem Gesichtsausdruck ganz ähnliche Merkmale und werden nicht selten von Damen gekauft, deren Kinder inzwischen das Haus verlassen haben. Männliche Primaten „leihen" sich gern Kleinkinder von Müttern der Gruppe, um rivalisierende Männchen in ihrer Aggressivität durch die Gegenwart des Babys zu bremsen, und auch Politiker benutzen zeitweise kleine Kinder, um ihre Sympathiewerte zu verbessern.

Ohne Zweifel funktionieren die angeborenen Auslösemechanismen für den Menschen auch im Zusammenhang der Paarbindung und Fortpflanzung. Vor allem optische Reize als sexuelle Schlüsselreize verfehlen selten ihre Wirkung. Äußere weibliche und männliche Körperformen sind bis heute nicht nur ein wirksames Mittel, die Aufmerksamkeit des jeweils anderen Geschlechts auf sich zu ziehen, sondern auch die kommerzielle Werbung weiß um die verkaufsfördernde Bedeutung optimaler weiblicher Schlüsselreize. Eine schmale Taille, breite Hüften, lange Haare und lange, schlanke Beine sowie ein wohlgeformter Busen und eher weiche Gesichtszüge sind die Attribute, die auch die Puppe Barbie stellvertretend für das weibliche Geschlecht aufzuweisen hat. Als typisch männlich hingegen gelten schmale Hüften, breite Schultern, ein muskulöser Körper und markante Gesichtszüge (Abb. 4).

Vergleichen wir instinktives Verhalten von Säugern, die in sozialen Gruppen leben, mit dem des Menschen, so fallen weitere

Ähnlichkeiten auf. Besitzansprüche auf Reviere (Revierverhalten) sind auch bei uns ausgeprägt, wenn sie sich auch inzwischen häufig vom territorialen Anspruch (Haus und Grundstück) bis hin zu wirtschaftlichen Interessensphären erweitert haben. Kriegerische Auseinandersetzungen brechen auch unter Menschen aus, weil solche Sphären vermeintlich oder tatsächlich nicht genügend respektiert werden. An die Stelle von Markierungen durch Duftnoten sind Verträge getreten, die nicht selten der Stärkere dem Schwächeren diktiert. Das Imponieren und Drohen wird bei Tieren häufig durch trickreiche Vergrößerung des Körpers, verbunden mit aggressiven Ausdruckshaltungen erreicht, die den Feind einschüchtern sollen. Der Mensch hingegen versucht, einen potentiellen Gegner durch das Präsentieren von Waffen und die Beschreibung ihrer gefährlichen Zerstörungskraft zu beeindrucken. Auch soziale Rangordnung und Gruppenzusammenhalt erfährt der Mensch, ähnlich wie

Abb. 3: Kindchenschema: Weiche Züge, große Augen und runde Formen sind die typischen Merkmale, durch die das Brutpflegeverhalten ausgelöst wird

Abb. 4: Geschlechterspezifische Schlüsselreize wie eine schmale Taille oder breite Schultern wirken anziehend auf das jeweils andere Geschlecht

viele Tiere, als selbstverständliche Erscheinung seiner Lebenswirklichkeit.

In einem jedoch unterscheidet sich der Mensch ganz wesentlich vom Tier: Aufgrund seines Gehirns, dessen Speicher- und Kombinationsfähigkeit die jedes Tierhirns bei weitem übertrifft, ist er in der Lage, sehr viel zu lernen und seine eigenen Handlungen mit denen anderer zu vergleichen und zu bewerten. Sein Bewusstsein und seine Fähigkeit zu denken gestatten es ihm außerdem, die Folgen seines Handelns in die Zukunft hinein vorauszusehen. Dies versetzt ihn in die Lage,

sich willentlich und frei für oder gegen bestimmte Handlungsweisen zu entscheiden. Auch seine Fähigkeit, komplizierte Zusammenhänge denkend zu analysieren, um anschließend sinnvoll und angemessen zu handeln, ist unübertroffen. Darüber hinaus gestatten es sein Kehlkopf und Rachenraum, Laute in höchst differenzierter Weise während der Ausatmung zu erzeugen, mit deren Hilfe er sehr genaue Informationen an andere weitergeben bzw. von diesen empfangen kann. Selbst die uns am nächsten stehenden Tiere sind dazu nicht in der Lage. Ihre Laute

beschränken sich auf die Äußerung von Gestimmtheiten, dienen zum Anlocken eines Geschlechtspartners oder dienen als Mittel, einen sozialen Verband zusammenzuhalten.

Sein unlöschbarer Wissensdurst, dessen Triebfeder die auch bei vielen Wirbeltieren zu beobachtende Neugierde ist, hat ihn nicht nur die Schrift erfinden lassen, mit deren Hilfe er auf die Erfahrungen und das Wissen der bereits verstorbenen Generationen zurückgreifen konnte, sondern er ist inzwischen dabei, die Natur nach seinen Vorstellungen zu verändern, indem er versucht, die elementarste Grundlage allen Lebens, das Erbmaterial in der DNS, in seinen Dienst zu stellen. Zugleich greift er nach den Planeten, und sein verlängerter Arm erforscht in Form von Satelliten bereits Räume, die außerhalb unseres Sonnensystems liegen. Die älteren Teile seines Gehirns jedoch haben sich in ihrer Programmierung nicht geändert, so dass auch am Ende des 20. Jahrhunderts der Mensch sich als hochentwickelter Geist mit z.T. primatenähnlichen Instinkten präsentiert.

 Zum Weiterlesen:

- Stammesgeschichte des Menschen, S. 452
- Sexualhormone, S. 424
- Die sexuelle Entwicklung des Menschen, S. 344
- Fortpflanzung und Entwicklung, S. 346

Die mendelschen Gesetze

Schon sehr frühzeitig haben die Menschen erkannt, dass man Tiere züchten kann. Sie stellten fest, dass z.B. Hunde Eigenschaften besitzen, die für den Menschen von großem Nutzen sein können. Seine Wachsamkeit, seine Treue, seine Bereitschaft, die Gruppe zu verteidigen, seine sprichwörtliche Spürnase und nicht zuletzt seine ausgeprägte Lernfähigkeit machten ihn schon für den Steinzeitjäger zum unverzichtbaren Begleiter. Bis heute ist er das beliebteste Haustier geblieben und wird darüber hinaus in vielfältiger Weise zur Erfüllung verschiedenster Aufgaben genutzt. Die Menschen fanden bald heraus, dass man die positiven Eigenschaften der Hunde verstärken konnte, wenn man darauf achtete, dass beide Eltern einer neuen Generation die gewünschten Merkmale in möglichst ausgeprägter Weise besaßen. Indem der Mensch also über lange Zeit regulierend in das Fortpflanzungsgeschehen dieser Tiere eingriff und dabei den gewünschten Merkmalen entsprechend Zuchtwahl unter den Elterntieren praktizierte, sorgte er dafür, dass aus dem Stammtier Wolf bis heute eine Vielzahl verschiedener Hunderassen entstand, die sich in ihrem Aussehen, der Größe, dem Haarkleid, der Länge der Beine und vielen anderen Eigenschaften unterscheiden und doch alle die typische Ausprägung eines Hundes besitzen. Die Art Hund hat sich dadurch in viele Rassen aufgeteilt.

Dies alles geschah über lange Zeit ohne jedes Vorwissen darüber, nach welchen Regeln und Gesetzmäßigkeiten sich Merkmale in der Natur vererben. Erst der böhmische Augustinerpater **Gregor Mendel** führte um 1856 in seinem Klostergarten in Brünn systematische Untersuchungen an Erbsenpflanzen durch. Seine Ergebnisse gingen als die mendelschen Gesetze in die Geschichte der Naturwissenschaft ein. Bis heute gilt er als der Vater der modernen Pflanzen- und Tierzüchtung, und es ist unbestritten, dass seine Erkenntnisse im Prinzip auch auf den Menschen anwendbar sind. Gregor Mendel ging von der Vorstellung aus, dass bei der Verwendung reinrassiger Pflanzen, die sich nur in einem Merk-

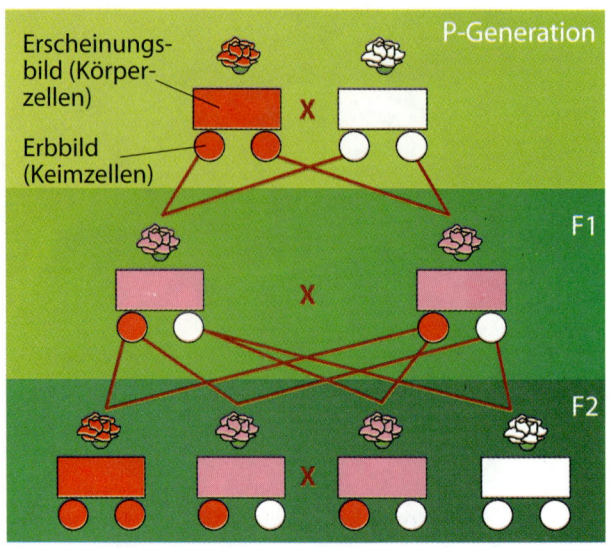

Abb. 1: Ergebnisse des intermediären Erbgangs

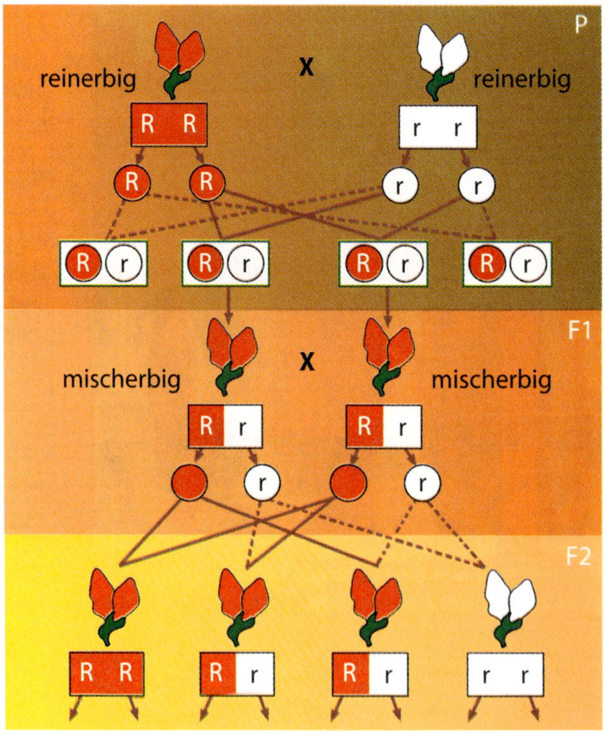

mal deutlich voneinander unterschieden, im Laufe von Generationen zu erkennen sein müsse, was mit diesen Merkmalen geschehe. Für seine Kreuzungsversuche mit **Erbsenpflanzen** konzentrierte er sich deshalb zunächst auf

Abb. 2: Ergebnisse des dominanten Erbgangs (R = dominante Anlage für rote Blütenfarbe, r = rezessive Anlage für weiße Blütenfarbe

reinerbige Elternpflanzen (**Parentalgeneration P** von lat. parentes = Eltern) mit roten bzw. weißen Blüten und stellte sicher, dass keine Fremdbestäubung stattfinden konnte. Das unterschiedliche Merkmal, das es in der Folge zu beachten galt, war also die Farbe.

Bei der Betrachtung der ersten Tochtergeneration (**Filialgeneration F1** von lat. filia = Tochter) entdeckte er, dass alle Nachkommen der reinerbigen Eltern in der Blütenfarbe rosa waren, d.h., sie waren in dem untersuchten Merkmal untereinander alle einheitlich, jedoch nicht so wie die Eltern, sondern eine Mischung aus beiden. Solche Nachkommen bezeichnet man als Mischlinge oder Bastarde. Nach wiederholten Versuchen mit gleichen Voraussetzungen kam Mendel immer wieder zu den gleichen Ergebnissen. Er formulierte deshalb seine erste Regel als **Uniformitätsregel**:

Kreuzt man zwei reine Rassen einer Art untereinander, so zeigen alle Bastarde der F1-Generation das gleiche Aussehen.

Ein Erbgang, bei dem sich die Merkmale der Eltern in der F1-Generation vermischen, wird als **zwischenelterlicher (intermediärer) Erbgang** bezeichnet. Als Mendel in der Folge einzelne Pflanzen aus der F1-Generation untereinander kreuzte, stellte er fest, dass alle Nachkommen, die von dieser Generation abstammten, entweder rot, rosa oder weiß in der Blütenfarbe waren. Nach sehr gewissenhaften Untersuchungen an vielen ähnlichen Beispielen machte er immer wieder die Erfahrung, dass beim zwischenelterlichen Erbgang in der F2-Generation sowohl das Merkmal beider unterschiedlichen Großeltern (rot/weiß) als auch das Merkmal der gemischten Eltern auftrat, und zwar in einem Verhältnis von 25 % rot, 50 % rosa und 25 % weiß (1:2:1). Mendel formulierte daraufhin seine zweite Regel als **Spaltungsregel**: Kreuzt man die Mischlinge unter sich, so spaltet die F2-Generation in einem bestimmten Zahlenverhältnis auf. Die Merkmale der P-Generation treten wieder auf.

Mendel stand zur Erklärung dieser von ihm gefundenen Ergebnisse noch nicht unser modernes Wissen über den Bau der Zelle und der Gene in den Chromosomen als Erbträger aller Merkmale zur Verfügung. Er ging jedoch bereits von der richtigen Annahme aus, dass für jedes erscheinende Merkmal sowohl von mütterlicher als auch von väterlicher Seite

Biologie

Erbstrukturen vorhanden sein mussten, die in den weiblichen bzw. männlichen Keimzellen zu suchen waren. Ein Merkmal musste dann **reinerbig (homozygot)** sein, wenn von beiden Elternpflanzen zur Ausprägung eines Merkmals bei der Befruchtung die gleichen Elemente **(Gene)** aufeinander trafen. Waren sie unterschiedlich, so war das Ergebnis **mischerbig (heterozygot)** (Abb. 1).

Der zwischenelterliche Erbgang kommt in der Natur jedoch relativ selten vor, da eine Vermischung der elterlichen Anlagen bezüglich eines Merkmals nicht die Regel ist. Viel häufiger tritt der Fall ein, dass eine mütterliche Anlage die entsprechende vom Vater unterdrückt oder umgekehrt. Man spricht von **Dominanz** (lat. dominare = herrschen) und **Rezessivität** (lat. recedere = zurückweichen) der Erbanlagen (Abb. 2).

Diese Tatsache hatte auch Mendel schon beobachtet, denn er stellte häufig fest, dass die F1-Generation in dem von ihm untersuchten Merkmal zwar uniform war, die elterlichen Eigenschaften sich dabei jedoch nicht vermischten, sondern alle Nachkommen der F1-Generation nur die Merkmalseigenschaft der Mutter bzw. nur die des Vaters besaßen. Er folgerte daraus, dass eine elterli-

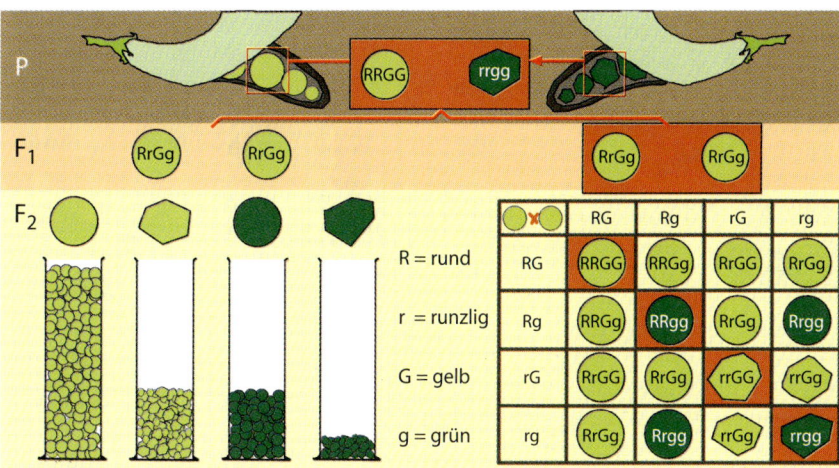

Abb. 3: Erbgang mit unterschiedlichen Anlagen

Wie aus Abb. 2 ersichtlich ist, spaltet die F2-Generation beim dominanten Erbgang also in einem anderen Zahlenverhältnis auf als beim zwischenelterlichen. 75 % der Nachkommen zeigen im Erscheinungsbild das dominante Merkmal, während 25 % das rezessive Merkmal aufweisen (3:1).

Schließlich ging Mendel noch einen Schritt weiter, indem er herauszufinden versuchte, welche Ergebnisse bei der Kreuzung

Erbanlagen rezessiv waren. Diesmal galt es also, die Ergebnisse sowohl der unterschiedlichen Farben als auch die der unterschiedlichen Formen auszuwerten. Mendel stellte fest, dass die Nachkommen in der F1-Generation in ihrem Erscheinungsbild alle rund und gelb waren, da bei ihnen die dominanten Anlagen die rezessiven stets unterdrückten. Die F2-Generation hingegen spaltete im Verhältnis 9:3:3:1 auf. Es erschienen sowohl solche Nachkommen, die im Erscheinungsbild dem einen Elter entsprachen, als auch solche, die das des anderen Elter aufwiesen. Darüber hinaus jedoch traten zwei neue **Rassen** auf. Sie waren im Erscheinungsbild entweder gelb und runzlig oder grün und rund. Dieses Ergebnis fasste Mendel in seiner **Unabhängigkeitsregel** zusammen: Kreuzt man Rassen, die sich in mehreren Merkmalen unterscheiden, so werden die einzelnen Anlagen unabhängig voneinander vererbt und können sich dabei neu kombinieren (Abb. 3).

Gregor Mendels Erkenntnisse haben die moderne Züchtung sowohl von Pflanzen als auch von Tieren auf eine neue Grundlage gestellt, da seine Erkenntnisse erstmals einen genaueren Einblick in die Zusammenhänge der Vererbung von Eigenschaften ermöglichten (Abb. 4).

Abb. 4: Zwillingsforschung gehört zu den interessantesten Themen der Vererbungslehre

che Anlage die andere unterdrückte. Heute wissen wir, dass es dominante und rezessive Gene gibt, die zwar beide weitergegeben werden **(Genotyp)**, deren Ausprägung im Erscheinungsbild **(Phänotyp)** eines Lebewesens jedoch nur im Fall ihrer Dominanz auftritt. Die einzige Ausnahme wäre gegeben, wenn zwei rezessive Gene Ursache für die Ausprägung sind, was zwar selten, aber möglich ist.

von Pflanzen mit mehr als einem unterschiedlichen Merkmal zu erzielen seien. Diesmal wendete er seine Aufmerksamkeit nicht auf die Farbe der Blüten, sondern die der Früchte, zugleich aber auch auf deren Form. Als Ausgangsmaterial wählte er Sorten, deren Früchte rund und gelblich waren und bei denen beide Erbanlagen dominant auftraten. Diese kreuzte er mit einer Sorte mit grünen und runzligen Früchten, deren

 Zum Weiterlesen:

- Die Chromosomen, S. 442
- Angewandte Genetik, S. 444
- Die Zellteilung, S. 390

Die Chromosomen – Träger der Erbinformation

Erst als in den fünfziger Jahren die Forscher James Watson und Francis Crick den Bau der **Chromosomen** im Zellkern entschlüsselten und ihr Modell der gewundenen Doppelspirale vorstellten, war ein weiterer großer Schritt zum Verständnis der Funktionszusammenhänge in Bezug auf die Erbmaterie getan. Die Erkenntnisse Gregor Mendels konnten nun ergänzt werden durch das Wissen über die Struktur der **DNS** (Desoxyribonukleinsäure) und über die Vorgänge in der Zelle während der Arbeitsphase und während ihrer Teilungsphase. Die Wissenschaftler erkannten auch bald, dass bestimmte Abschnitte der DNS Informationsträger für typische Merkmale im Phänotyp eines Lebewesens sind. Solche Chromosomenbereiche bezeichnete man als **Gene**. Vor allem Untersuchungen an der Taufliege erbrachten neue Erkenntnisse. Die **Taufliege** besitzt nur vier Chromosomenpaare und vermehrt sich so rasch, dass Züchtungsergebnisse schon nach kurzer Zeit vorliegen und weiter untersucht werden können. Es war das erste Insekt, für das eine Genkarte erstellt werden konnte. Aus dieser ging hervor, welche Abschnitte auf den Chromosomen Merkmale bezüglich der Form, der Größe und der Farben des Körpers beeinflussen. Inzwischen arbeiten genetische Labors weltweit seit Jahren an der Entschlüsselung des genetischen Codes auch beim Menschen. Es ist eine Aufgabe, die nur mit Hilfe von Computern zu lösen ist, denn allein die Lebensvorgänge des Krankheitserregers E. coli, einem Bakterium, werden von etwa fünf Millionen Basensignalen gesteuert, von denen jedes einzelne zu untersuchen ist, um seine Wirkzusammenhänge zu verstehen.

Darüber hinaus gelang es den Forschern, Aufschluss über die genetischen Abläufe bei der Befruchtung einer Eizelle zu erlangen. Im Gegensatz zur ursprünglichen Art der Vermehrung durch reine Zellteilung (**Mitose**), bei der das genetische Material unverändert von der Elterngeneration an die Tochtergeneration weitergegeben wird (vegetative Vermehrung), bedient sich die Natur längst einer zweiten Möglichkeit der Fortpflanzung (sexuelle Vermehrung), bei der die erste Körperzelle eines Lebewesens genetisch nicht mehr identisch mit der der Parentalgeneration ist (**Meiose**). Voraussetzung dafür ist die Bereitstellung von männlichen und weiblichen Keimzellen, die bei der Befruchtung miteinander verschmelzen.

In den normalen Körperzellen treten die Chromosomen grundsätzlich als Paarlinge auf (homologe Chromosomen). Je ein Chromosom des Paarlings stammt ursprünglich vom weiblichen, das andere vom männlichen Elternteil. Schon aus ihrer Größe und Form kann man darauf schließen, welche zu einem Paar zusammengehören. Fachleute fertigen heute Übersichten über die Chromosomenpaare jeder beliebigen Art an und benennen sie mit Zahlen entsprechend ihrer Größe und Form. Einen solchen paarweise auftretenden **Chromosomensatz** bezeichnet man als diploid (doppelt) (Abb. 1).

Keimzellen dürfen jedoch keinen diploiden Chromosomensatz aufweisen. Ihre Chromosomen treten haploid (einfach) auf. Andernfalls würde sich die Anzahl der Chromosomen in den Körperzellen der Nachkommen von Generation zu Generation verdoppeln. Wie also erreicht die Natur die Halbierung des Erbmaterials bei der Bildung von Keimzellen?

Die Entstehung von Keimzellen verläuft ähnlich wie die der Körperzellen, jedoch in zwei Schritten (1. u. 2. Reifeteilung). Zunächst verdicken und verkürzen sich die Chromosomen und ordnen sich in der Äquatorialebene als homologe Chromosomen an. Die Chromatiden haben sich jedoch zu diesem Zeitpunkt noch nicht voneinander getrennt, sondern das Chromosom erscheint in geschlossener Form. Ähnlich wie bei der Mitose hat sich inzwischen eine Teilungsspindel von den Zellpolen aus gebildet, die die homologen Chromosomen so auseinander ziehen, dass je eines aus jedem Paarling zu dem entgegengesetzten Pol wandert. Dabei bleibt es dem Zufall überlassen, welche Chromosomen, die ursprünglich vom väterlichen bzw. mütterlichen Organismus stammten, sich schließlich an dem jeweiligen Pol zusammenfinden. Entscheidend ist, dass auf jeder Seite genau die Hälfte der Chromosomen eintrifft. Die erste Reifeteilung als Beginn der Meiose garantiert damit immer aufs Neue die Vermischung väterlichen und mütterlichen Erbgutes.

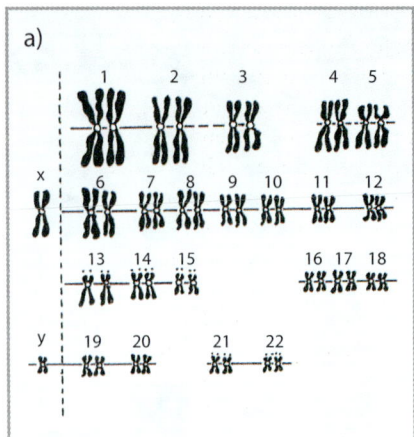
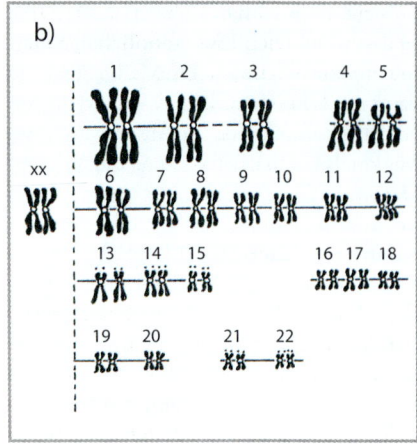

Abb. 1: Diploider Chromosomensatz a) des Mannes b) der Frau

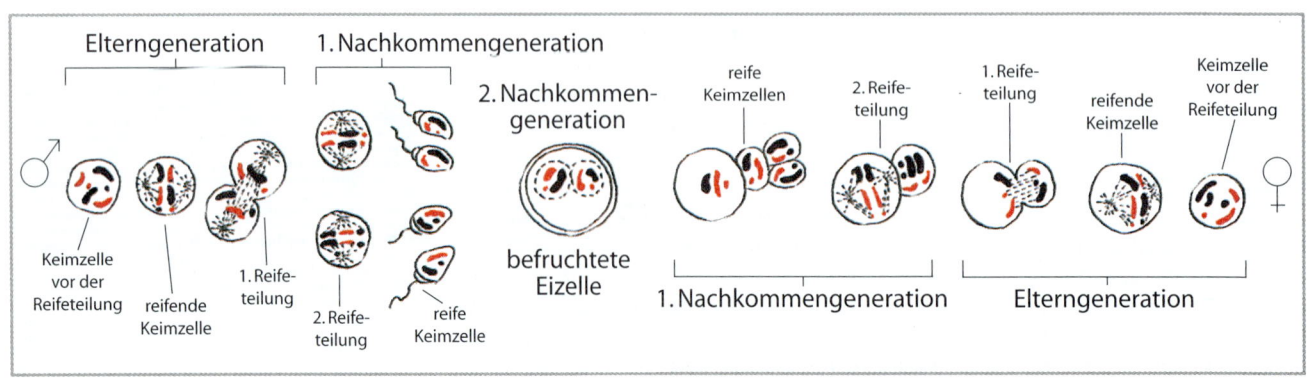

Abb. 2: Entwicklung von Keimzellen

Biologie

Zugleich wird durch diesen ersten Teilungsschritt erreicht, dass aus einer diploiden eine haploide Zelle geworden ist, und damit durch die Reduktion der Chromosomen auf ihre Hälfte die Grundvoraussetzung dafür geschaffen worden ist, dass es zu einer neuen Verbindung von zwei Keimzellen kommen kann, ohne dass sich die Anzahl der Chromosomen dabei verdoppelt.

Der weitere Verlauf bis zur endgültigen Herstellung von neuen Keimzellen, die zweite Reifeteilung, unterscheidet sich im Grunde nicht von der Mitose. Die beiden entstandenen haploiden Zellen durchlaufen in der Folge eine mitotische Teilung, so dass als Ergebnis vier haploide Keimzellen vorliegen, die in sich das durchmischte Erbgut der Eltern aufweisen. Im weiblichen Organismus sterben jedoch drei von ihnen ab, da beinahe das gesamte Plasma von einer Zelle beansprucht wird, aus der später ein neues Ei hervorgeht. Im männlichen Organismus hingegen bilden sich vier lebensfähige Spermien. Verbindet sich ein Spermium mit einer Eizelle, so ist die Befruchtung vollzogen, d. h., zwei haploide Chromosomensätze haben sich wieder zu einem diploiden ergänzt. Die auf diese Weise entstandene erste Körperzelle ist die Grundlage für den Aufbau eines neuen Organismus. Über mitotische Teilungsvorgänge wird sich der Körper allmählich aufbauen (Wachstum) (Abb. 2).

Diese schematischen Abläufe während der Meiose sind jedoch nicht allein verantwortlich für die Veränderung des genetischen Materials. Bei der Anordnung homologer Chromosomen während der ersten Reifeteilung kommt es immer wieder vor, dass die Chromosomen so eng aneinander liegen, dass sie durch Abbrechen und Verdrehen Teilstücke gegenseitig austauschen. Einen solchen Vorgang bezeichnet man als **Crossing-over**. Auch spontane Veränderungen in der Basenfolge der DNS können beobachtet werden. Sie werden in der Regel durch äußere Einflüsse wie Strahlungen oder auch durch chemische Einwirkungen ausgelöst und erzeugen Abweichungen im genetischen Material, die Veränderungen im Erscheinungsbild eines Lebewesens zur Folge haben können. Man bezeichnet diesen Vorgang als Erbsprünge (Mutation) und die Träger der Veränderung als Mutanten. Bekannte Beispiele für solche Erscheinungsformen sind die Albinos unter Tieren und Menschen, aber auch die Rotblättrigkeit der Blutbuche geht auf eine Mutation zurück (Abb. 3). Für Züchter können auftretende Mutanten dann wirtschaftliche Bedeutung haben, wenn diese durch ihre Veränderungen im Erbmaterial und in ihrem Erscheinungsbild die Nachfrage steigern. Um das Auftreten der Mutationsrate künstlich zu erhöhen, wendet man heute Bestrahlungsverfahren an. Die Zukunft jedoch wird vermutlich den Genetikern gehören, die das Erbgut aufgrund ihrer genauen Kenntnisse gezielt verändern können (**Genmanipulation**).

Zu den Merkmalen des Phänotyps gehört bei vielen Organismen u. a. die Ausprägung zum weiblichen oder männlichen Individuum, denn nur unter dieser Voraussetzung kann die Vermischung des Erbgutes durch Ausbildung von Ei- und Samenzellen garantiert werden. Beim Menschen, dessen Zell-

Eltern

Kinder

Abb. 4: Geschlechtschromosomen bestimmen das Geschlecht

kerne 23 Chromosomenpaare enthalten, wird das jeweilige Geschlecht durch die Geschlechtschromosomen bestimmt. Ordnet man die Chromosomen zu einem kompletten Chromosomensatz, so fällt auf, dass in den Zellen der Frau zwei X-Chromosomen als geschlechtsbestimmende Elemente auftreten, während in den Zellen des Mannes dieser Paarling aus einem X- und einem Y-Chromosom besteht. Infolgedessen besitzen sämtliche Eizellen nach der Meiose ein X-Chromosom, während die Hälfte aller Spermien mit einem Y-Chromosom ausgestattet ist. Nach der Wahrscheinlichkeitsrechnung müssen also etwa gleich viele Mädchen wie Jungen geboren werden. Das Verhältnis von weiblichen und männlichen Nachkommen ist tatsächlich ausgeglichen, wenn man große Populationen betrachtet, egal ob beim Menschen oder bei anderen Lebewesen, die sich sexuell vermehren (Abb. 4).

Abb. 3: Das weiße Känguru ist das Ergebnis einer Mutation

 Zum Weiterlesen:

- Der Aufbau der Zelle, S. 388
- Die Zellteilung, S. 390
- Angewandte Genetik, S. 444

Angewandte Genetik – Gentechnologie

Nachdem geklärt war, dass die Gene in den Chromosomen in ihrem Aufbau die Produktion artspezifischer Eiweiße lenken, die ihrerseits Grundlage für die Vorgänge im Körper der Organismen sind, und dass diese Gene an die Nachkommen vererbt werden, tat sich für die Wissenschaft ein weites Feld praktischer Anwendungsmöglichkeiten auf. Die Forscher fragten sich, ob es möglich sei, bestimmte Gene aus einem Zellkern zu isolieren, um sie dann in einen ganz anderen Kern zu übertragen. Dies schien erreichbar, da die Pflanzenzelle von den gleichen Strukturen gesteuert wird wie die Tier- und Menschenzelle und der genetische Code bei allen Zellen gleich ist. Allerdings galt es dabei, eine große Hürde zu bewältigen: Die Größenverhältnisse der Gene als Teilabschnitte der **Chromosomen** ließen es nicht zu, dass mit feinen Werkzeugen an ihnen gearbeitet wurde. Erst seit man seit den siebziger Jahren mit Hilfe von so genannten Restriktions-Enzymen, die man in die Zelle einschleuste, in der Lage war, Gene an vorbestimmten Stellen zu zerschneiden und ein fremdes **Gen** an den Schnittstellen einzufügen und zu verkleben, war die Tür zu einer unübersehbaren Entwicklung geöffnet: Gene von Bakterien und Erbsen ließen sich nun genauso zusammenfügen wie die von Walfisch und Buntspecht oder Mensch und Maus.

Vor allem auf dem Gebiet der Medizin wurden dadurch Fortschritte erreicht. Das **Erbmaterial** von Bakterien tritt außer im

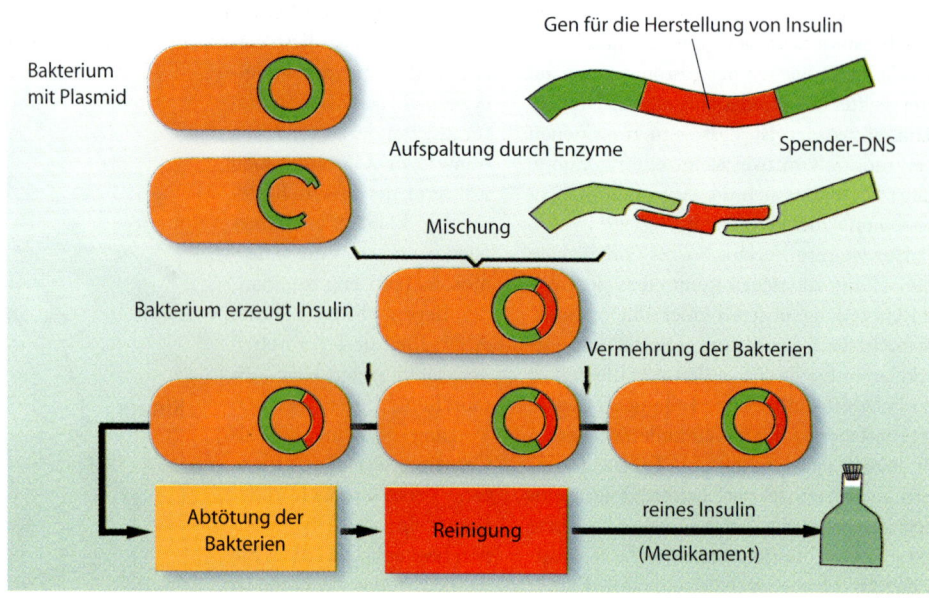

Abb. 1: Genmanipuliertes Plasmid

ringförmigen **Bakterien-Chromosom** zum Teil auch in ringförmigen **Plasmiden** auf. Damit sind sie in der Lage, genetische Informationen untereinander auszutauschen. Diese Tatsache machten sich die Forscher zu Eigen, um bei **E. coli**, einem Bakterium, das im menschlichen Darm auftritt, die ringförmige Erbsubstanz aufzutrennen und ein menschliches Gen, das in unserem Organismus die Produktion des Hormons Insulin steuert, einzuschleusen. So entstand ein Einzeller, der menschliches Insulin produziert, ein Hormon, das für die Regulierung des Zuckergehaltes im Blut des Menschen von größter Bedeutung ist. Da sich E. coli sehr schnell vermehrt und das Fremdgen mit ver-

erbt wird, entwickelte man ein Verfahren, um Bakterien menschliches Insulin erzeugen zu lassen (Abb. 1). Heute produzieren Mikroorganismen in großen Fermentationsanlagen verschiedenste Grundstoffe für Pharmaunternehmen. Große Erwartungen setzt man in der gentechnologischen Forschung auch in die Bekämpfung von Pilzen, Viren und Bakterien, soweit diese als Krankheitserreger den Menschen, Tiere oder Pflanzen befallen (Abb. 2).

Auch für die Produktion von Nutzpflanzen wird die Gentechnik in Zukunft voraussichtlich eine immer größere Rolle spielen. Für die chemische Industrie wird es nämlich immer schwieriger, der Landwirtschaft Herbizide anzubieten, die einerseits die Unkräuter auf dem Feld vernichten, andererseits jedoch die Kulturpflanze nicht schädigen. Nach dem Eintrag von Giften über lange Zeit ist die Zahl der Organismen, die resistent gegen die herkömmlichen Mittel geworden sind, ständig gestiegen. Eine Lösung des Problems bietet die **Gentechnik** dadurch, dass Kulturpflanzen gezogen werden, die genetisch so manipuliert werden, dass in ihrer DNS eine **Resistenz** gegen Herbizide bereits eingebaut wird. Dies ist beim Raps bereits geglückt. Beim Mais hat man auf dieser Basis eine Pflanze hervorgebracht, die ihr eigenes Insektengift produziert. Wie bekannt ist, werden inzwischen auch solche Pflanzen genverändert gezogen, die als Lebensmittel unmittelbar vom Menschen verzehrt werden. Vor allem die lecithinhaltige Sojabohne, deren Stoffe in ca. 30.000 Lebensmitteln auftreten, wird als Genprodukt aus

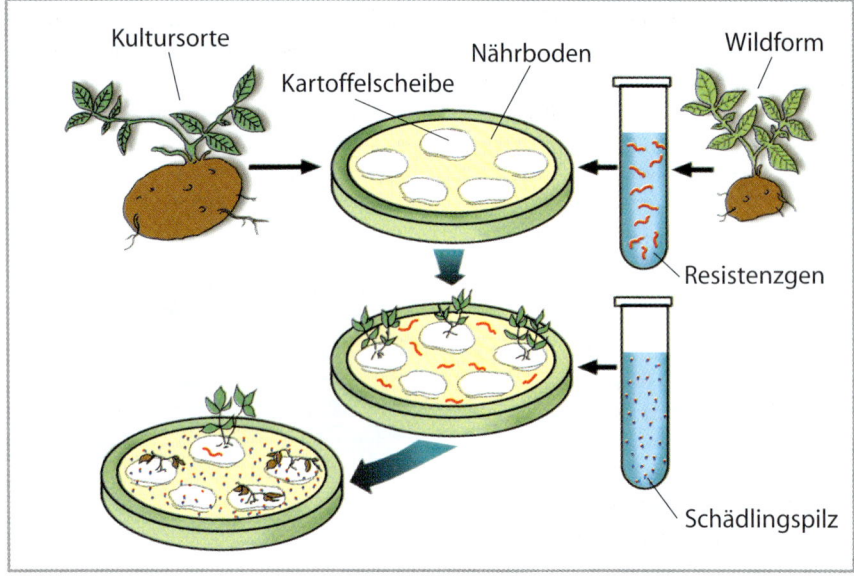

Abb. 2: Erzeugung und Auslese resistenter Sorten

den USA heute in fast die ganze Welt verkauft. Darüber hinaus ist die Antimatschtomate „FlavrSavr" auf dem Vormarsch, bei der das **Gammelgen** ausgeschaltet wurde, wodurch sie wochenlang gelagert werden kann, ohne zu matschen. Genkartoffeln mit höherem Stärkegehalt, gentechnologisch hergestellter Wein mit ausgezeichnetem Aroma und kräftiger Farbe, Reispflanzen, die auch auf salzigen Böden wachsen, Käse, der mit Hilfe genmanipulierter Pilze entstanden ist, das sind nur einige wenige Beispiele aus einer Vielzahl von Lebensmitteln, auf die sich der Verbraucher in Zukunft einstellen muss (Abb. 3).

Auch in der Tierzucht nutzt man seit langem die Möglichkeiten, die durch das Wissen der Genetiker gegeben sind. Durch das Einschleusen von Wachstumshormongenen in die Keimbahn von Nutztieren erhöht man deren Wachstumsgeschwindigkeit und Körpergröße. Die Züchtung von Turbofischen ist heute kein Problem mehr. Lachse mit Dorschgenen, Forellen mit Rattengenen, Karpfen mit Menschengenen – dies alles ist machbar. Längst sind auch Kühe, Ziegen und Schafe von Geningenieuren zu Bioreaktoren für Medikamente umgebaut worden. Der transgene Bulle „Hermann" erzeugt in Holland seit Jahren Nachkommen, deren Milch ein Bakterien abtötendes Mittel enthält. Und dies ist erst der Anfang. Inzwischen erscheint es nicht einmal mehr abwegig, dass über gezielte Eingriffe in die Endstücke von Chromosomen beim Menschen, den so ge-

Abb. 4: Durch Manipulation der Chromosomen wird es vielleicht einmal möglich sein, die Lebensdauer des Menschen deutlich zu verlängern

nannten Telomeren, das Leben eines Menschen verlängert werden kann. Die Telomere verkürzen sich bei jeder Zellteilung. Unterschreiten sie eine bestimmte Länge, so ist die Zelle nicht mehr lebensfähig. Sie stirbt ab. Forschern ist es gelungen, diese Telomere im

Abb. 3: Genmanipulierte Lebensmittel sind mit dem bloßen Auge nicht von natürlich gezogenen zu unterscheiden

Reagenzglas zu verlängern. Die so behandelten Zellen lebten deutlich länger und teilten sich häufiger. Inzwischen ist man auf der Suche nach einem Mittel, das die Telomere bei alternden Menschen regenerieren kann und damit den Alterungsprozess anhalten, wenn nicht gar rückgängig machen soll (Abb. 4).

Es wird deutlich, dass mit der Fähigkeit des Menschen, pflanzliches und tierisches Erbgut gezielt zu verändern, große Erwartungen verbunden sind: Medizin und Pharmaindustrie versprechen sich für die Zukunft große Fortschritte, und die Landwirtschaft kann ihre Erträge möglicherweise nochmals deutlich steigern und so den Hunger in der Welt lindern helfen. Zugleich fehlt es jedoch auch nicht an warnenden Stimmen. Wie jede neue Entwicklung löst auch die Gentechnik bei vielen Menschen besorgte Fragen aus: Sollte der Mensch willkürlich in die bestehende Ordnung der Natur eingreifen, die das vorläufige Ergebnis evolutiver Prozesse ist, die sich in Jahrmillionen vollzogen haben? Ist es nicht vielleicht eine „Weisheit" der Natur, dass Gene natürlicherweise Artengrenzen nicht überspringen können? Wer kann verhindern, dass genmanipulierte Mikroorganismen aus dem Labor entweichen und daraus unkontrollierbare Folgen für die

Natur entstehen? Wissen wir heute schon genug darüber, welche Wirkung genveränderte Nahrungsmittel im Zusammenspiel mit unserem Stoffwechsel haben? Können wir uns eine Welt der Monster und Schimären wünschen? Wer soll verhindern, dass auch der Mensch zum „Versuchskaninchen" der Genetiker wird, mit allen entwürdigenden Folgen, die man sich leicht ausmalen kann?

Ob das Wissen über genetische Zusammenhänge und die Möglichkeiten, mit ihm umzugehen, in Zukunft für den Menschen eher von Vorteil oder Nachteil sein wird, liegt in seiner eigenen Verantwortung. Ähnlich wie die Atomkraft an sich weder gut noch böse ist, sondern erst durch ihre verantwortbare oder unverantwortliche Anwendung gute oder schlechte Resultate erzeugt, so wird voraussichtlich auch die Gentechnik für den Menschen nur dann segensreich sein, wenn nicht vor allem finanzielle Interessen den Umgang mit ihr bestimmen, sondern in Abwägung der möglichen Risiken von allen Beteiligten verantwortlich gehandelt wird.

 Zum Weiterlesen:

- Die Landwirtschaft früher und heute, S. 398
- Die Mendelschen Gesetze, S. 440
- Leben aus der Retorte, S. 428

Fossilien

Lange Zeit gingen die Menschen davon aus, dass die Natur mit ihren Pflanzen und Tieren von Gott in einem einmaligen Schöpfungsakt in die Welt gesetzt seien und ihr Erscheinungsbild sich seitdem nicht mehr verändert habe. Diese Annahme stützte sich vor allem auf die Aussagen der Bibel, in der die Natur dem Menschen untergeordnet erscheint und ihm von Gott zu seinem Nutzen übergeben wird. Die Griechen hatten jedoch bereits erkannt, dass alle Erscheinungen einem gemeinsamen Prinzip unterliegen, nämlich dem der Veränderung. Und dass die Welt nicht immer schon so gewesen sein konnte, wie sie sich uns heute darstellt, musste spätestens deutlich werden, als in Steinbrüchen immer wieder Abdrücke von Muscheln und Meerestieren an Stellen gefunden wurden, die heute weitab von jedem größeren Gewässer liegen. Wie konnten sich diese eindeutigen Meeresbewohner so weit von ihrer ursprünglichen Umwelt entfernt haben?

Dieses Problem konnte nur zufriedenstellend gelöst werden, wenn man annahm, dass die Fundorte ursprünglich vom Wasser des Ozeans bedeckt waren und die Meeresküsten sich in ihrer Lage im Laufe der Zeit verändert hatten. Die Wissenschaft, die die Geheimnisse über die Veränderung in der Natur über Jahrmillionen zu ergründen versucht, ist die **Paläontologie** (Wissenschaft von den ausgestorbenen Lebewesen), ihre Forscher bezeichnet man als **Paläontologen**. Sie versuchen mit Hilfe von immer neuen Funden nachzuweisen, welche Pflanzen und Tierarten im Laufe der Naturgeschichte existiert haben, welche inzwischen ausgestorben sind und welche sich über sehr lange Zeiträume unverändert haben behaupten können. Besondere Bedeutung haben in diesem Zusammenhang **Fossilien** (von lat. fossilis = ausgegraben; meist versteinerte Reste eines Organismus aus einem vergangenen Erdzeitalter), durch die wir inzwischen ein ungefähres Bild über die Entwicklung der Natur von ihren Anfängen bis heute haben.

Fossilien findet man nicht nur im Boden. Kleinere Lebewesen können auch durch das Harz der Bäume eingeschlossen werden, der den Organismus luftdicht abschließt und im

Abb. 1a: Fossiler Abdruck aus Mali, Afrika

Abb. 1b: Fossiler Ammonit

Laufe der Zeit zu Bernstein verhärtet. Lebewesen können auf diese Weise beliebig lange konserviert werden. Darüber hinaus sind auch Funde aus dem Eis bekannt, in dem größere Tiere manchmal über Jahrtausende erhalten blieben.

Die meisten Fossilien sind dadurch entstanden, dass abgestorbene Tiere auf den Meeresboden sanken, wo die weichen Teile ihrer Körper schon bald durch Bakterien zer-

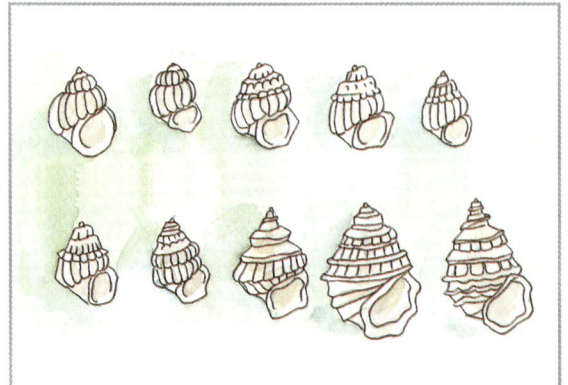

Abb. 2: Entwicklung der Gehäuseform bei der Schnecke Paludina im Pliozän

setzt wurden. Das zurückbleibende Skelett oder auch der Panzer eines Meeresbewohners wurden mit der Zeit vom Schlick des Bodens bedeckt und allmählich luftdicht abgeschlossen. Im Laufe von Jahrtausenden kann es durch den Druck der sich ablagernden Sedimente zur Versteinerung solcher harten Teile kommen, die bei Arbeiten in Steinbrüchen oder unter Tage beim Abbau von Kohle zufällig entdeckt werden. Dabei ist die Anzahl der Funde, die ursprünglich aus dem Meer stammen, verständlicherweise ungleich größer als solche, die von landbewohnenden Lebewesen stammen, denn auf dem festen Land kommen nur dann Fossilien zum Vorschein, wenn das Erdmaterial durch Wind und Wasser (Erosion) allmählich wieder abgebaut worden ist (Abb. 1).

Um einen fossilen Fund richtig beurteilen zu können und die paläontologischen Erkenntnisse zu erweitern, wenden die Wissenschaftler zwei Methoden an. Zunächst stellen sie das Alter des Fundes fest. Anhaltspunkte ergeben sich zunächst aus dem Ort bzw. der Tiefe, aus der der Fund geborgen wurde. Die Fachleute wissen heute vieles über die Entstehung einzelner Erdschichten und können deren Alter bestimmen. Grundsätzlich kann man davon ausgehen, dass die untersten Zonen auch die ältesten sind und umgekehrt (relative Zeitmessung).

Für genauere Altersangaben orientiert man sich meist an der **radioaktiven Zerfallszeit** (absolute Zeitmessung). Man weiß, dass in allen Organismen zwei Gruppen von Kohlenstoffatomen auftreten, die sich in ihrem Aufbau unterscheiden (normale C-Atome und C14-Atome). Stirbt ein Lebewesen, so nehmen vom Augenblick des Todes an die Zahl der C14-Atome mit einer messbaren Geschwindigkeit ab. Nach 5570 Jahren ist genau die Hälfte der Atome zerfallen (Halbwertzeit). Aus der Menge der tatsächlich noch vorhandenen C14-Atome zum Zeitpunkt der Messung kann das Alter eines Fossils, das nicht älter als ca. 30.000 Jahre ist, ziemlich genau bestimmt werden. Für noch ältere Funde wendet man eine Methode an, bei der die Zerfallszeit des Urans im Gestein bestimmt wird. Die ältesten Funde

Zeitalter	Formation	Jahrmill.	Tierwelt	Pflanzenwelt
Neuzeit (Känozoikum)	Quartär	0,6		
	Tertiär	60		
Mittelalter (Mesozoikum)	Kreide	140		
	Jura	175		
	Trias	200		
Altertum (Paläozoikum)	Perm	240		
	Karbon	300		
	Devon	350		
	Silur	450		
	Kambrium	540		
Urzeit (Archaikum)	Präkambrium	1900		

Tierwelt-Gruppen: Insekten, Haie, Knochenfische, Lurche, Kriechtiere, Säuger, Vögel, Mensch.
Pflanzenwelt-Gruppen: Pilze, Algen, Moose, Farne, Schachtelhalme, Palmfarne, Nacktsamer, Bedecktsamer.

Abb. 3a: Stammbaum der Lebewesen

dien und Aufbau der körpereigenen Eiweiße zu untersuchen, um verwandtschaftliche Beziehungen zwischen fossilen und heutigen Organismen so genau wie möglich zu ergründen. Die Ergebnisse solcher Forschungen führen zur Entwicklung von **Stammbäumen**, die uns anschaulich darstellen, wie im Pflanzen- und Tierreich eines aus dem anderen im Laufe der verschiedenen Erdzeitalter hervorgegangen ist und welche Stellung der Mensch in diesem Zusammenhang einnimmt (Abb. 3).

Die paläontologische Forschung hat also zu der Erkenntnis geführt, dass nicht von Anfang an alle Organismengruppen bereits vorhanden waren, sondern dass einzelne Gruppen im Lauf der Erdgeschichte in einem zeitlichen Nacheinander aufgetreten sind. Darüber hinaus wurde erkannt, dass sich die heutigen Organismen aus andersartigen Vorfahren entwickelt haben. Die früheren Formen können also als die Ahnen der heutigen gelten.

gibt man auf diese Weise heute mit einem Alter von rund 3,5 Milliarden Jahren an, man bezieht sich dabei auf die frühesten Spuren lebender Zellen, die aus einer Gesteinsprobe aus Isua auf Grönland stammen.

Ist das Alter eines Fossils ermittelt, so wird es mit anderen, bereits untersuchten Funden verglichen. Auf diese Weise können nicht nur Festlegungen über das zeitliche und örtliche Vorkommen verschiedener Arten getroffen werden, sondern es ist auch feststellbar, wie sich die Arten in ihrem äußeren Erscheinungsbild im Laufe der Zeit verändert haben, wann welche Arten ausgestorben sind und welche Pflanzen oder Tiere sich schon so lange unverändert haben erhalten können, dass wir sie inzwischen als lebende Fossilien bezeichnen (Abb. 2). Zu ihnen gehören Lebewesen, deren Umwelt sich über Jahrmillionen so gut wie nicht verändert hat (z. B. Tiefsee, alte Urwälder, Inseln). Heute geht man davon aus, dass nur noch ein geringer Teil der Arten auf der Erde vorkommt,

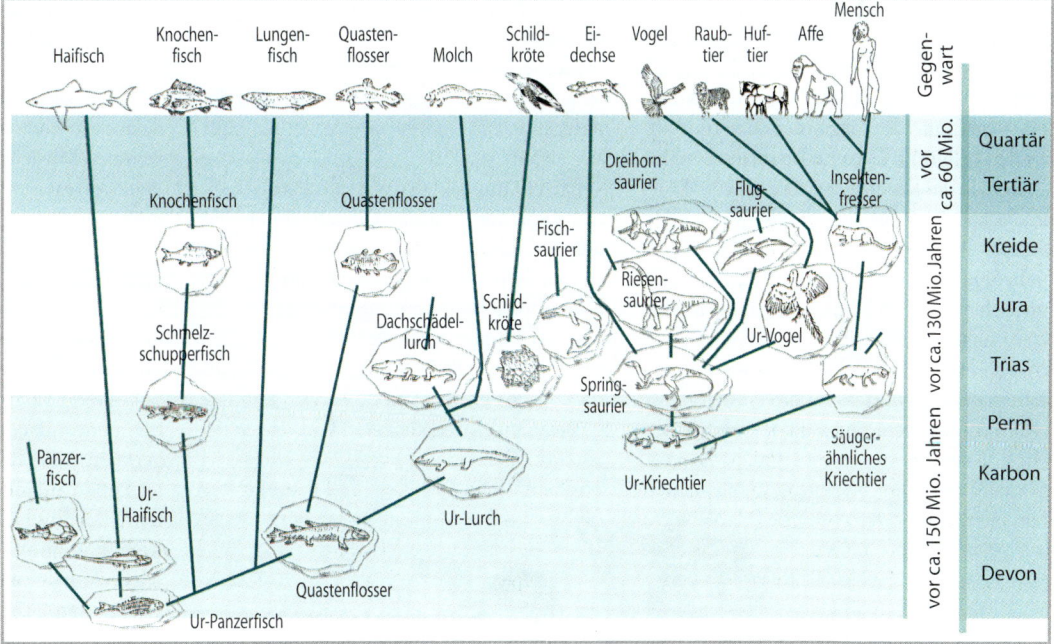

Abb. 3b: Obere Reihe: einige heute lebende Vertreter des Wirbeltierstammes. Darunter: einige aus Versteinerungen bekannte Vorfahren

die sie in früheren Zeiten einmal bevölkerten.

Um zu belegen, wie im Lauf von Jahrmillionen aus Einzellern der Meere sich die Mannigfaltigkeit der Natur in den verschiedensten Lebensräumen bis heute entwickeln konnte, arbeiten seit langem Spezialisten Hand in Hand. Es gilt dabei nicht nur, Fossilien in Alter und Herkunft zu bestimmen und einzuordnen, sondern auch Körperbau, Organfunktionen, embryonale Sta-

Zum Weiterlesen:

- Stammesgeschichte der Lebewesen, S. 448
- Ursachen des Artenwandels, S. 450
- Stammesgeschichte des Menschen, S. 452

Stammesgeschichte der Lebewesen

Es ist nahe liegend, die Frage zu stellen, wo die Wissenschaftler ankommen, wenn sie den Weg der Entwicklung immer weiter nach hinten verfolgen bis zu dem Punkt, an dem sie auf den Ursprung allen Lebens stoßen. Tatsächlich hat es in der Vergangenheit nicht an Versuchen gefehlt, den Beginn des Lebens zu ergründen, ohne dass es bis heute gelungen wäre, eine in sich schlüssige Theorie anzubieten, die von jedem nachvollziehbar ist. Abgesehen von dem Problem, genau festzulegen, was man eigentlich unter Leben versteht, sind die Erklärungsangebote zu wenig schlüssig, als dass sie bisher nicht alle auch hinterfragt werden könnten.

Spätestens seitdem die Menschen damit begannen, für ihre Toten grabähnliche Räume zu schaffen, in denen sie ihre Vorfahren mit Geräten und Nahrung für ein Leben jenseits der konkreten Vorstellung versahen, war abzusehen, dass die bohrenden Fragen nach dem Wohin und Woher stets aufs Neue gestellt werden würden. Und so viele „eindeutige" Antworten vor allem durch die Religionen im Lauf der Zeit auch gegeben wurden, so fehlten doch immer Beweise für Aussagen und vermeintliche Wahrheiten, die in unterschiedlichster Weise den Menschen im Laufe der Jahrtausende vermittelt wurden (Abb. 1). Es ist bis heute auch nicht geklärt, ob das Leben nur auf den Planet Erde beschränkt ist, oder ob es bei der Größe des Kosmos und der unvorstellbaren Menge von Galaxien, Sonnensystemen und „Welten" möglicherweise auch an anderen Stellen des Weltraums Leben gibt, wenn vielleicht auch in anderer Form als bei uns. Darüber hinaus suchen wir Antworten auf die Frage, ob das Leben auf unserem Stern das Resultat einer

Abb. 1: Ägyptische Grabmalereien illustrieren, dass die Menschen sich schon Tausende von Jahren vor Christi Geburt mit den Fragen nach dem Sinn von Leben und Tod beschäftigt haben

Aneinanderreihung von unzähligen Zufällen und damit die Folge blinder Naturgesetzlichkeit ist, oder ob es von zielgerichteten Kräften gelenkt wird und wenn ja, ob die Lenkung von außen geschieht oder aber der Materie zielgerichtete Kräfte von allem Anfang an innewohnen.

Die Hoffnungen der Wissenschaftler, weiter erhellende Aussagen in all diesen Zusammenhängen machen zu können, knüpfen sich an die Erwartung, schon bald mit den besten optischen Geräten von einer Weltraumstation aus den Kosmos zu ergründen, dessen Sterne z.T. Milliarden von Lichtjahren von uns entfernt sind, während andere Experten bis zu den kleinsten Bausteinen der

Materie vordringen, um ihnen ihre Geheimnisse zu entreißen. Der ständige Prozess, neues Wissen über vergangene und mögliche künftige Entwicklungen zu erlangen, spornt den Menschen dazu an, alle Möglichkeiten auszuschöpfen, um seine Kenntnisse zu erweitern. Mit jeder Türe, die er öffnet, stößt er jedoch meist auf Räume mit neuen Türen, die es zu öffnen gilt.

Immerhin ist es inzwischen gelungen, das mittelalterliche Weltbild zu korrigieren, nach dem unsere Erde als Mittelpunkt des Kosmos galt, um die sich alles drehte. Und auch die Vorstellung einer einmaligen Schöpfung, die als unveränderliche Setzung bis heute andauert, musste als unhaltbar aufgegeben werden. Und wenn aufgrund fossiler Funde auch bisher kein lückenloses Szenario der Entwicklungsvorgänge gezeichnet werden konnte, so erwiesen sich die Zufallsentdeckungen in aller Welt doch als ausreichend, um eine heute allgemein gültige Theorie über das Entstehen und Untergehen von Arten formulieren zu können.

Besonders hilfreich beim Zusammensetzen des Puzzles „Stammesgeschichte der Natur" waren fossile Funde, wie z. B. der des **Urvogels Archaeopteryx**, der im Jahre 1877 bei Eichstätt gefunden wurde und dessen Skelett sowohl vogel- wie reptilähnliche Merkmale aufwies. Sein Alter wird mit ca. 140 Millionen Jahren angegeben (Abb. 2).

Dieser Fund gab erstmalig den Anstoß zu der Vorstellung, dass es zwischen Kriechtieren und Vögeln Übergangsformen gegeben haben muss, die Merkmale beider Gruppen besaßen. Auffallende Kriechtiermerkmale

Abb. 2: Der Urvogel Archaeopteryx

beim Skelett des Urvogels waren vor allem die Zähne in seinem Kiefer, die beweglichen Rückenwirbel, die 22 freien Schwanzwirbelknochen, das flache Brustbein, die freien Rippen und drei nicht miteinander verwachsene Fingerknochen. Zugleich wies er jedoch ein für Vögel typisches Schädelskelett auf, einen Schnabel, relativ große Augenhöhlen und den Vogelfuß mit drei nach vorn und einem nach hinten gerichteten Zeh. Das für Vögel typisch stark ausgebildete Brustbein fehlte hingegen. Heute geht man davon aus, dass Archaeopteryx ein taubengroßer Vogel war, dessen Flugvermögen aufgrund seiner noch nicht genügend weit entwickelten Vogelmerkmale eher als dürftig bezeichnet werden muss. Es ist allerdings davon auszugehen, dass er bereits ein vollständiges Federkleid besaß, das aber eher zum Wärmen als zum Fliegen diente, und dass er seine Flügel vermutlich zum Gleitflug benutzte. Zum ausdauernden Fliegen fehlten ihm die Muskeln. Er muss als ein Glücksfall für die Paläontologie betrachtet werden, denn wir können heute davon ausgehen, dass sich kaum ein ähnlich gut erhaltener Fund wiederholen wird. Es ist anzunehmen, dass es in der langen Zeit von der Entwicklung vom Kriechtier auf dem Boden hin zum Lebensraum Luft unsäglich viele Zwischenformen (**Brückentiere**) gegeben haben muss, bevor der heutige Vogel seine Skelettform erreicht hatte.

Ähnlich wie Archaeopteryx als ein fossiles Verbindungsglied zwischen landbewohnenden Echsen und Vögeln gilt, nimmt man inzwischen an, dass auch zwischen den Fischen und Reptilien Übergangsformen existiert haben. Der **Quastenflosser**, ein Fisch aus dem Devon vor ca. 400 Millionen Jahren, weist am auffälligsten verschiedene Merkmale auf, die es als wahrscheinlich erscheinen lassen, dass er sich als erstes „Wirbeltier" zeitweise auch auf dem Land behaupten konnte, wo sich durch die damals bereits existenten Insekten an der Küste ein völlig neues Nahrungsangebot für ihn und seine Nachkommen anbot. Er gilt heute als das Brückentier zwischen den Fischen und den Amphibien, die ihrerseits als die Vorstufe zu den Reptilien aufzufassen sind. 1939 entdeckte man, dass der Quastenflosser, den man bis dahin nur von fossilen Funden kannte, als lebendes Fossil an der Küste Südafrikas lebte. Bis heute kann man dem Fisch in den Gewässern des Ozeans begegnen, wo

Abb. 3: Der Dinosaurier Yangchuanosaurus

die Umweltbedingungen so wenig schwanken, dass er sich an keine neuen Außenbedingungen anpassen musste.

Einige **Amphibien** gingen wieder ins Wasser zurück, da sie der Konkurrenz zu den Reptilien nicht gewachsen waren. Diese vermehrten sich an Land relativ schnell und verzweigten sich wiederholt. Eine Entwicklungsrichtung führte zu den **Dinosauriern**, von denen manche ein so enormes Gewicht

Abb. 4: Der Flugsaurier Ramphoryhynchus

und eine solche Größe erreichten, dass sie einen großen Teil ihres Lebens im Wasser verbringen mussten. Brontosaurus, ein Dinosaurier aus dem Jura, konnte sein Gewicht von 30 Tonnen nur bewegen, weil er auf vier Beinen ging. Andere kleinere Saurier hatten verkürzte Vorderextremitäten, so dass sie auf den Hinterbeinen standen, während ihre Wirbelsäule schräg nach oben verlief (Abb. 3). Die ersten Dinosaurier waren Fleischfresser, ihre massigen Nachfahren lebten jedoch von Pflanzen. Einigen von ihnen gelang es sogar, den Luftraum für sich zu nutzen. Als **Flugsaurier** hatten sie, ähnlich wie die späteren Fledermäuse, Flughäute entwickelt, die sich von den Vorderextremitäten bis zu den Beinen spannten und mit

deren Hilfe sie in der Lage waren, in der Luft zu segeln (Abb. 4).

Als eine Besonderheit bezüglich der Einordnung in stammesgeschichtliche Zusammenhänge gilt das in Australien lebende **Schnabeltier**, dessen Erscheinung und Verhalten zunächst ziemlich rätselhaft erschien. Es legt zwar Eier, die ausgeschlüpften Jungen aber werden gesäugt. Dabei sondert das weibliche Tier die Milch über Poren ab, die von den Jungen aus dem Fell geleckt wird. Die üblichen Säugerzitzen fehlen. Darüber hinaus weisen die männlichen Tiere an ihren Hinterfüßen einen Sporn auf, der Gift enthält, vergleichbar dem Giftzahn von Schlangen. Den Kriechtieren und Vögeln vergleichbar besitzt das Tier nur eine hintere Körperöffnung (Kloake), die der Ausscheidung von Verdauungsresten dient, zugleich aber auch als Geschlechtsöffnung fungiert. Die Temperatur des Körpers ist nicht konstant wie bei Säugern, sondern kann stark schwanken. Mit seinem abgeflachten Schnabel fängt es unter Wasser Kleintiere. Inzwischen geht man davon aus, dass vor ca. 200 Millionen Jahren Lebewesen auftraten, die, ähnlich wie das Schnabeltier, gleichzeitig Kriechtier- und Säugermerkmale aufwiesen und die deshalb als Übergangslösungen hin zum Säuger zu deuten sind.

 Zum Weiterlesen:

- Ursachen des Artenwandels, S. 450
- Stammesgeschichte des Menschen, S. 452
- Fossilien, S. 446

Ursachen des Artenwandels

Fossile Funde können also Aufschluss über frühere Lebensformen geben und die Frage beantworten helfen, welche Arten im Laufe der Stammesgeschichte ausgestorben sind, welche Gründe dafür zu nennen sind, welche Veränderungen stattgefunden haben und wie die gesamte Entwicklung bis heute vermutlich abgelaufen ist. Sehr hilfreich zum Verständnis der Zusammenhänge sind dabei die Beobachtungen und Feststellungen des Engländers Charles Darwin (1809–1882), der als erster Naturforscher herausfand, unter welchen Voraussetzungen Veränderungen in der belebten Natur ablaufen. In seinem Buch „Über die Entstehung der Arten" formulierte er die Gesetzmäßigkeiten, die der Entstehung der Artenvielfalt zugrunde liegen.

Darwins Denkansatz ist der der natürlichen Auslese bzw. des „survival of the fittest", was oft mit dem „Überleben des Stärkeren" übersetzt wurde. Diese Deutung ist insofern unvollständig, als es dabei nicht nur um die Muskelkraft des Körpers geht, sondern um positive Merkmale, die für ein Individuum und schließlich auch für eine Art von überlebenswichtiger Bedeutung sein können. An einem Beispiel soll erläutert werden, was dies in der Praxis bedeutet.

Da sich die Veränderungen in der Natur normalerweise über sehr lange Zeiträume erstrecken, sind sie von uns in eigener Anschauung nur selten zu beobachten. Hin und wieder sorgen jedoch massive Veränderungen der Umwelt dafür, dass unter sehr starkem Selektionsdruck schon nach relativ kurzer Zeit Veränderungen eintreten.

Der Birkenspanner, ein heimischer Falter, hat im Laufe der Zeit auf Flügeln und Rumpf eine Tarnfärbung entwickelt, die mit der Rinde der Birke zum Verwechseln ähnlich ist. Diese Färbung schützt ihn davor, von seinen Feinden erkannt zu werden. In Industriegebieten kommt es vor, dass sich die

Abb. 1: Heller und dunkler Birkenspanner auf der Birkenrinde

Birkenrinde durch die Ablagerung von Schmutzpartikeln dunkel färbt. Die Tarnung, die für den Spanner bisher so günstig war, verkehrt sich nun, ohne dass er etwas davon merkt, in eine tödliche Falle, denn auf dem dunkleren Hintergrund fällt er nun besonders stark auf. Das positive Erbmerkmal verkehrt sich in ein negatives (Abb. 1).

Zum Glück ist jedoch nicht jeder Spanner in seiner Färbung völlig gleich mit allen anderen Artgenossen. Aufgrund von Mutationen gibt es auch immer wieder Schwankungen zum Helleren oder Dunkleren. Schlüpfen in der nächsten Generation einige etwas dunklere Exemplare aus, so werden diese in der Tendenz eine etwas längere Überlebenschance besitzen und somit ihre Erbmerkmale stärker vererben können als die helleren, denn diese werden unter den veränderten Umständen besser gesehen und werden dadurch, zumindest im statistischen Mittel, häufiger das Opfer ihrer Feinde.

In den Folgegenerationen werden sich die dunkleren Typen immer stärker durchsetzen, da dunkel zu sein sich nun in einen Vorteil gewandelt hat: Es ist für das Überleben ein positives Merkmal. Es wird deutlich, dass diejenigen Individuen die größte Überlebenschance und Fortpflanzungsmöglichkeit besitzen, die durch ihre Merkmalsausprägungen an ihre Umweltverhältnisse (Temperaturen, Nahrungsangebot, Feinde, Beschaffenheit des Lebensraumes etc.) am besten angepasst sind. Ändern sich diese Bedingungen, so müssen sich auch einzelne Individuen und damit allmählich eine ganze Art ändern können. Andernfalls stirbt sie aus (Abb. 2).

An kaum einem anderen Tier ist die Entwicklung von bekannten fossilen Funden bis zur Ausprägung der heutigen Gestalt so übersichtlich nachvollziehbar wie am Beispiel des Pferdes. Seine Stammesgeschichte können wir heute bis über 50 Millionen Jahre zurückverfolgen, wobei die wesentlichen Faktoren der Evolution auch hier zum Tragen kommen: Mutation, Selektion und Isolation.

Der älteste fossile Fund eines Pferdes, den man im vorigen Jahrhundert in Nordamerika machte, stammt aus dem Tertiär und zeigt einen etwa fuchsgroßen Säuger, der das Urpferd als einen Waldbewohner ausweist. Wie durch fossilen Mageninhalt und Laubfressergebiss nachzuweisen ist, konnten sie Knospen, saftige Blätter oder Früchte nur zerquetschen, da ihre Backenzähne abgerundet waren. An den Vorderfüßen besaßen sie vier, an den hinteren Füßen dagegen nur drei Zehen, die sich, vergleichbar dem Fuß der Paarhufer, spreizen konnten und damit verhinderten, dass das Tier im weichen Waldboden einsank (Abb. 3).

Etwa 30 Millionen Jahre später begegnen wir einem etwa hundegroßen Nachfahren, dessen Beine sich verlängert hatten. Dies

Abb. 2: Die Dinosaurier konnten sich den veränderten Umweltbedingungen nicht anpassen

brachte den Vorteil, dass das Tier schneller laufen konnte. Das Bein hatte sich inzwischen so verändert, dass sich die seitlichen Zehen allmählich zurückgebildet hatten und das frühe Pferd nun auf der verlängerten und verdickten Mittelzehe lief. Dabei entwickelte sich der Nagel zum Huf, der bestens geeignet war, den Zehenknochen zu schützen und als Stoßdämpfer die Bänder und Sehnen vor Überlastung zu bewahren.

Aber nicht nur die Gliedmaßen veränderten sich. Mit der Eroberung der offenen Steppe als Lebensraum reichten die kuppelförmigen Zähne nicht aus, die harten und zähen Gräser der Prärie so aufzuschließen, dass das Pferd in der Lage war, sie zufriedenstellend zu verdauen. Die Entwicklung ging deshalb hin zu größeren und stabileren Zähnen, deren harte Schmelzfalten eine gute Voraussetzung für gründliche Kauvorgänge waren.

ausgesetzt. Je höher das Auge also am Schädel angeordnet ist, umso eher wird das Tier einen Feind bemerken.

Der Selektionsdruck entsteht also durch die Gefährdung durch Fressfeinde. Die Individuen, die ein Merkmal besitzen, das sich positiv für ihr Überleben auswirkt (hier die Anordnung des Auges), werden in der Tendenz länger leben als Artgenossen mit einer schwächeren Ausprägung dieses Merkmals, und aufgrund ihrer längeren Lebenserwartung werden sie statistisch gesehen mehr Nachkommen hinterlassen als jene. Damit ist gewährleistet, dass sich im Laufe von Generationen dieser Vorteil bei den Nachkommen verstärkt. Die Notwendigkeit, genügend Platz für die größer werdenden Backenzähne zu schaffen, sorgte für eine Streckung des Schädels.

Abb. 3: Urpferd aus dem Tertiär

Fähigkeit zur schnellen Flucht aus dem Stand. Selbst sein Schlaf ist eher oberflächlich, damit es jederzeit der Gefahr entkommen kann.

Wie aber ist zu erklären, dass sich die fossilen Funde nicht auf Nordamerika beschränken, sondern z.T. auch in Europa gemacht wurden? Alaska und Sibirien waren nicht immer schon durch die Beringstraße voneinander getrennt, sondern ursprünglich eine zusammenhängende Landmasse. Heute geht man davon aus, dass die in Europa auftretenden Pferde über diese Landbrücke zu uns eingewandert sind.

Vom fuchsgroßen Eohippus des Eozäns bis zum Equus der Jetztzeit hat sich das Pferd in Körperbau und Verhalten optimal seinem Lebensraum angepasst. Mit dem Przewalski-Pferd und dem Esel entwickelten sich in Europa Wildformen, denen wir noch heute begegnen. In seiner ursprünglichen Heimat Amerika hingegen geriet die Entwicklung in eine Sackgasse, und das Pferd starb dort aus. Erst durch den Reimport durch spanische Soldaten nach der „Entdeckung Amerikas" betrat das Pferd in der „Neuen Welt" wieder den Boden seiner Vorfahren.

Unsere heutigen Reitpferde sind zwar aus der Wildform hervorgegangen, der Züchter ließ jedoch der Natur nicht ihren freien Lauf, sondern entwickelte neue Rassen nach seinen Wünschen und Erwartungen, wobei er das Erbprogramm der Wildform nützte, um es seinen Interessen unterzuordnen (Abb. 4).

Abb. 4: Hochgezüchtetes Rennpferd

Zeitgleich mit der Vergrößerung des Schädels und damit des Gebisses rückte die Augenhöhle langsam aber sicher immer weiter nach oben. Dies ist zu verstehen, wenn man sich vergegenwärtigt, dass alle Gras fressenden Säuger mit dem Problem zu kämpfen haben, dass Feinde nur schwer auszumachen sind, solange der Kopf zur Nahrungsaufnahme zu Boden gesenkt ist. Dies umso mehr, als Grasfresser mit einer Nahrung vorlieb nehmen, die wenig nährstoffreich ist und deren mangelnde Qualität durch Quantität ausgeglichen werden muss. Folglich sind die Tiere über viele Stunden des Tages mit der Nahrungsaufnahme beschäftigt und somit zwangsläufig über lange Zeiträume Gefahren

Der Mechanismus der Anpassung aufgrund eines Selektionsdrucks kann natürlich ebenso auf die Veränderung des Beines angewandt werden. Und es wird damit verständlich, dass die Steppe (Umwelt des Pferdes) im Laufe vieler Generationen den Huf und das lange Bein erzwungen hat, das seinerseits nur optimal funktionstüchtig in Verbindung mit einem entsprechend großen und muskulösen Rumpf ist. Die Erhaltung seiner Art verdankt das Pferd in seiner langen Entwicklungsgeschichte also nicht so sehr aggressiven Verteidigungsstrategien gegenüber seinen Feinden, sondern vor allem seiner ausgeprägten Aufmerksamkeit jeder potentiellen Gefahr gegenüber und seiner

 Zum Weiterlesen:

- Die Chromosomen, S. 442
- Stammesgeschichte der Lebewesen, S. 448
- Stammesgeschichte des Menschen, S. 452

Stammesgeschichte des Menschen

Und der Mensch? Ist er möglicherweise eine Spezies außerhalb der Natur, ihren Gesetzmäßigkeiten kraft seines Geistes enthoben? Ist nicht er der wahre Herrscher über alle Natur, der ihre Mechanismen durchschaut und sie sich dadurch gefügig machen kann? Es ist u. a. das große Verdienst Darwins, dass er mit seiner Theorie von der Entstehung der Arten nicht nur die Menschen dazu brachte, ihr Weltbild von der **Konstanz der Arten** zu korrigieren, sondern dass er sie zugleich auch zwang, sich selbst zu ihren Anteilen als Naturwesen zu bekennen und darüber nachzudenken, welchen Stellenwert sie innerhalb der Entwicklungsvorgänge der Natur einnahmen. Heute können wir kaum noch nachvollziehen, was es für die Zeitgenossen Darwins bedeutete, sich mit dem Gedanken anzufreunden, dass sie möglicherweise in direkter Verwandtschaft zu verschiedenen Affenarten standen, und entsprechend vehement versuchte die christlich geprägte Gesellschaft des Abendlandes die darwinschen Vorstellungen zu bekämpfen und sich von den „peinlichen Verwandten" zu distanzieren. Aber weder die öffentliche Verspottung des Wissenschaftlers noch die Angriffe durch Autoritäten seiner Zeit konnten verhindern, dass sich die Wahrheit zunehmend ihren Weg zunächst in die Köpfe der Wissenschaftler und in der Folge auch in das Bewusstsein breiter Massen bahnte.

Allein schon ein Blick auf das Armskelett des Menschen und das verschiedener Wirbeltierarten lässt im Vergleich erkennen, dass der Aufbau und die Anordnung der verschiedenen Knochen im Wesentlichen übereinstimmen (**homologe Organe**), was natürlich kein Zufall sein kann (Abb. 1).

In der Reihenfolge treten bei allen übereinstimmend zunächst der Oberarmknochen auf, dann folgen Elle und Speiche, die Knochen des Handgelenks und der Mittelhand und schließlich bei jedem der fünf Finger die drei Fingerknochen. Trotz dieser gleichen Reihenfolge fällt auf, dass die Länge der einzelnen Knochen sehr unterschiedlich sein kann. Dies ist besonders augenfällig beim Vergleich des Armes von Maulwurf und Fledermaus. Die unterschiedlichen Umweltverhältnisse haben

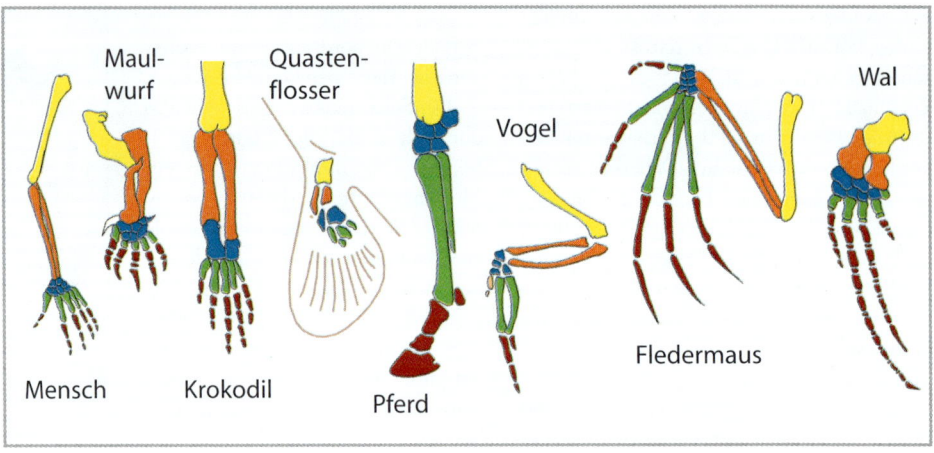

Abb. 1: Vergleich der vorderen Gliedmaßen bei verschiedenen Wirbeltieren

hier im Laufe von Jahrmillionen offensichtlich dafür gesorgt, dass, ausgehend von einem gemeinsamen **Wirbeltiergrundskelett,** durch natürliche Auslese sich Formen und Größenverhältnisse entwickelten, die für das Überleben der Individuen innerhalb ihres Lebensraumes besonders günstig waren. Die Grabhand des Maulwurfs ebenso wie die feingliedrigen, leichten und lang gezogenen Mittelhand- und Fingerknochen der Fledermaus, aber auch entsprechende Verwachsungen, Rückbildungen bzw. Verdickungen

einzelner Knochen bei Pferd und Vogel müssen als Anpassungserscheinungen gesehen werden, die durch die Umweltverhältnisse im Laufe der Zeit erzwungen wurden.

Mit Hilfe unserer heutigen modernen Untersuchungsmethoden gelingt es sogar, die Eiweißstruktur der verschiedenen Arten zu analysieren. Vergleiche der **Aminosäuresequenzen** bestimmter Enzyme geben dabei genauesten Aufschluss über den Grad der Verwandtschaft zwischen den verschiedensten Organismen. Solche Untersuchungen kommen zu dem Ergebnis, dass der Mensch mit keiner anderen Spezies so nah verwandt ist wie mit den Menschenaffen (Abb. 2). Aber auch Schweine und Mäuse sind verwandtschaftlich weniger weit von uns entfernt, als es manchem vielleicht lieb ist (Abb. 3).

Der Mensch, der sich inzwischen nicht mehr als eine Setzung durch außerirdische Kräfte begreift, ist biologisch eines der vielen Ergebnisse, die das Tierreich in der Folge der evolutiven Wirkweisen hervorgebracht hat, und damit prinzipiell ihren Gesetzmäßigkeiten unterworfen. Zugleich jedoch nimmt sein Skelett unter allen anderen Wirbeltieren insofern eine Sonderstellung ein, als seine Wirbelsäule nicht waagerecht, sondern senkrecht angeordnet ist. Diese Besonderheit, auf deren Ursache noch eingegangen wird, ist vermutlich die Voraussetzung dafür, dass der Mensch, wie kein anderes Lebewesen, in der Lage ist, zu denken und dadurch zur erfolgreichsten Art auf dieser Welt aufzusteigen. Ob seine Karriere jedoch vorteilhaft für die weitere Entwicklung der übrigen Natur und damit

Abb. 2: Die Menschenaffen stehen dem Menschen von allen Tierarten biologisch am nächsten

auch für sich selbst ist, darf zumindest angezweifelt werden. Möglicherweise wird sein Schicksal irgendwann dem der Dinosaurier gleichen, die, wie manche vor ihnen, für einen gewissen Zeitraum eine beherrschende Rolle spielten, inzwischen jedoch als evolutive Sackgasse nur noch über fossile Funde von sich reden machen.

Trotz des umfangreichen Materials, auf das die Forscher heute zurückgreifen können, ist es nicht möglich, das Auftreten des Menschen mit einem fixen Datum zu verknüpfen. Die Entwicklung unserer Art aus verwandten **Primaten** (Herrentiere) heraus ist ein Vorgang, der sich offensichtlich so allmählich abgespielt hat, dass die eigentliche Menschwerdung sich über einen sehr langen Zeitraum hingezogen hat. Dabei erscheint es für immer unmöglich, festzustellen, ab wann genau die besondere Fähigkeit, die den Menschen vom Tier unterscheidet, nämlich das Denken, erstmals begonnen hat. Wir müssen vielmehr annehmen, dass auch diese Fähigkeit als Prozess aufzufassen ist, der von vielen äußeren Faktoren mitbestimmt und gefördert worden ist.

Die ursprüngliche Heimat des Menschen dürfte in Afrika gelegen haben, denn von dort stammen die ältesten Funde menschenaffenähnlicher Vorfahren. Ohne hier genauer auf Insektenfresser einzugehen, die heute allgemein als Vorläufer der Halbaffen und der Affen angesehen werden, scheint gesichert, dass vor ca. 20 Millionen Jahren bereits im afrikanischen Urwald menschenaffenähnliche Tiere auftraten, die die riesigen tropischen Wälder bewohnten und sich dort vor allem vegetarisch ernährten. Die Forscher gaben ihnen den Namen **Dryopithekus** (Baumaffen des Tertiärs). Durch einen eiszeitlichen Klimawechsel vor ca. 17 Millionen Jahren sanken die Temperaturen und bewirkten u. a. eine flächenmäßige Verkleinerung der bis dahin riesigen Urwälder. Es entstanden erstmalig savannenähnliche Landschaften, die bis heute in Afrika anzutreffen sind (Abb. 4).

In der Savanne, die weitgehend von hohem Gras, aber auch von einzelnen Bäumen oder Baumgruppen bewachsen ist, lassen sich etwa 3 Millionen Jahre später etwas kleinere und leichtere Tiere mit äffischer Gestalt nachweisen, deren Gebiss aufgrund der veränderten zäheren Nahrung bereits menschenähnlicher ist. Es handelt sich um **Ramapithekus**, dessen Verbreitung jedoch zu dieser Zeit bereits weit über Afrika hinausgeht.

Abb. 3: Enzymatischer Verwandtschaftsgrad bei verschiedenen Tierarten

Vermutlich hat sich der aufrechte Gang irgendwann vor 8 bis 4 Millionen Jahren entwickelt. Fossile Fußabdrücke, die auf die Veränderung des Greiffußes zu einem Standfuß hindeuten, stammen aus der Zeit vor ca. 3,5 Millionen Jahren. Der Vorteil, der mit einer zunächst sicher nur zeitweisen Aufrichtung des Körpers gegeben war, lag vermutlich darin, dass es im hohen Gras der Savanne für das Überleben günstig war, eventuelle Feinde aus einer aufgerichteten Position rechtzeitig entdecken zu können.

Die sich allmählich durchsetzende Körperhaltung erbrachte zugleich einen Nebeneffekt, der in seiner Bedeutung gar nicht hoch genug angesiedelt werden kann: Indem die Natur es zuließ, dass die vorderen Gliedmaßen von ihrer eigentlichen Funktion, den Rumpf stabil abzustützen, befreit wurden, konnte der Vormensch sie zweckentfremdet einsetzen. Dabei erwies sich der gegenständige Daumen als weiterer glücklicher Umstand, denn mit seiner Hilfe konnten die Tiere nicht nur ihre Nahrung fassen und gezielt zum Mund führen, sondern es wurde auch der Weg frei für die Herstellung von einfachen Werkzeugen aus hartem Naturmaterial wie

Abb. 4: Dryopithecus, der Braunaffe des Tertiärs

Knochen und Stein. Es kann nicht verwundern, dass sich in der Folge das Gehirn dieser Affenart vergrößerte, denn durch die neuen Umstände waren ja überhaupt erst die Voraussetzungen dafür entstanden, dass jedes Mehr an Intelligenz als deutlicher Selektionsvorteil wirken musste.

Es wäre natürlich falsch, anzunehmen, die Säuger könnten im Grunde ohne weiteres auf ihre vorderen Gliedmaßen verzichten. Für den Übergang aus der gebückten zur aufrechten Haltung hatten unsere Vorfahren natürlich einen Preis zu zahlen. Der Vorteil, mit aufgerichtetem Körper besser vor Überraschungsangriffen geschützt zu sein, ging auf Kosten schneller und ausdauernder Bewegung. Die neue Körperhaltung war nämlich eher ungünstig für eine Flucht mit schnellem Sprint und anhaltendem Rennen, da das Herz das Blut nun gegen dessen Schwerkraft bis in den Schädel pumpen musste und die Wirbelsäule beim Laufen ihrer Abstützung weitgehend beraubt war. Die inneren Organe, die vom Bauplan und der Entwicklung her an der Wirbelsäule aufgehängt waren und durch Brust und Bauchdecke bis dahin unterstützt und gehalten wurden, mussten nun von dem dafür ursprünglich nicht vorgesehenen Becken aufgefangen werden. Erst durch seine allmähliche Verbreiterung konnte es die neue Funktion mehr schlecht als recht erfüllen.

All diese Faktoren zeigen im Vergleich zur Ausgangssituation, dass für den aufrechten Gang evolutiv zunächst durchaus nicht vieles sprach und seine Entwicklung zu einer zukunftsweisenden Neuerung wohl kaum zu erwarten war. Ohne weiteres hätte es sich auch um eine evolutive Episode handeln können, deren Schicksal schon bald mangels Nachkommen besiegelt gewesen wäre. Offensichtlich jedoch glichen die Vorteile, die mit der Befreiung der Arme und Hände einhergingen, die Nachteile beim Laufen aus. Durch die „handwerklichen" Erfolge und die bis heute nicht endende Suche nach immer effektiveren Lösungen zur Lebensbewältigung waren unsere Vorfahren kraft ihrer wachsenden geistigen Potenz ihren Konkurrenten zumindest ebenbürtig, und der aufrechte Gang erwies sich schließlich als eine

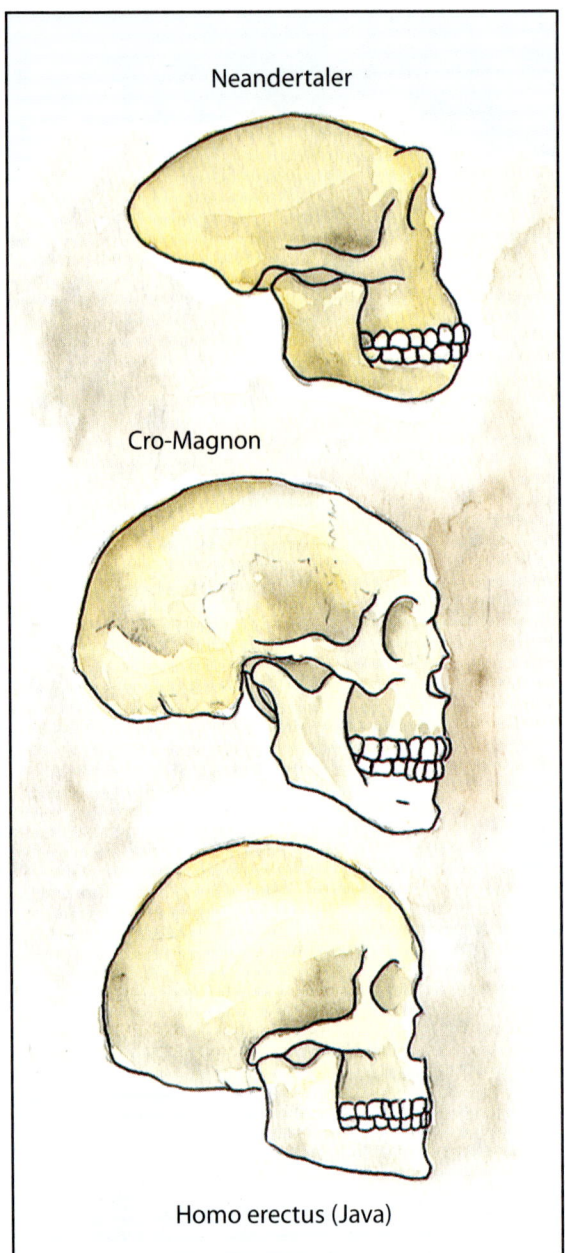

Abb. 5: Vergleich der Schädel von Homo erectus, Neandertaler und Cro-Magnon-Mensch

durchaus erfolgreiche Variante neben der Möglichkeit, sich auf allen vieren fortzubewegen.

Die Marksteine auf dem weiteren Weg der Entwicklung sind die Erfindungen oder besser das Herausfinden, mit welchen Mitteln die Situation für den frühen Menschen zu verbessern sei. Und so wundert es nicht, dass der **Homo habilis** (geschickter Mensch), der zu einer Gruppe von Urmenschen gehörte, die vor etwa 2 bis 3 Millionen Jahren lebte, bereits ein Gehirnvolumen von ca. 800 cm³ hatte und in der Lage war, Steinwerkzeuge mit scharfen Kanten herzustellen, die er vermutlich zum Häuten und Zerlegen

von Beutetieren benutzte. Aufgrund dieser Fähigkeiten datiert man sein Auftreten heute als das **Tier-Mensch-Übergangsfeld**.

Homo erectus (der aufgerichtete Mensch) hinterließ seine Spuren bis vor etwa 300.000 Jahren. Sein Skelett ähnelt bereits stark dem des heutigen Menschen. Sein Gesicht unterscheidet sich jedoch durch starke Augenwülste und eine fliehende Stirn. Das Gesicht hat noch äffische Züge, aber das Gehirnvolumen beträgt bereits über 1000 cm³. Diese frühen Menschen lebten in Gruppen als Jäger und Sammler. Die Jagd führten sie gemeinsam durch und teilten die Beute. Da sie bereits im Umgang mit dem Feuer geübt waren und in Höhlen Schutz vor schlechter Witterung und gefährlichen Raubtieren suchten, konnten sie sich von Afrika aus auch nach Europa und Asien verbreiten (Abb. 5).

Von **Homo sapiens** (der weise Mensch) gibt es besonders viele fossile Funde. Als sein wohl bekanntester Vertreter gilt der **Homo neandertaliensis** oder kurz der **Neandertaler**, der seinen Namen einem Fundort nahe Düsseldorf verdankt. Sein Ursprungsgebiet lag vor etwa 50.000 Jahren in Asien oder Osteuropa, später verbreitete er sich jedoch auch in Europa, Russland und Nordafrika. Man weiß heute über ihn deshalb so viel, weil er seine Toten z.T. in Höhlen beisetzte. Dadurch sind ganze Skelette gefunden worden. Er war etwa 1,60 m groß. Er kannte bereits Steinschaber und Speerspitzen und benutzte auf der Jagd Holzspeere. Sein Hirnvolumen war etwa gleich groß wie das des heutigen Menschen. Vor allem die nachweisliche Totenbeisetzung und Grabbeigaben deuten darauf hin, dass der Neandertaler eine gewisse kulturelle Stufe erreicht hatte und er über den Tod und dessen Folgen nachdachte. Es wird auch angenommen, dass er bereits in der Lage war, seine Vorstellungen mit sprachlichen Mitteln zum Ausdruck zu bringen. Heute gilt er als eine Seitenlinie in der Entwicklung der Menschheit, da er wahrscheinlich etwa vor 30.000 Jahren vom **Homo sapiens sapiens** (Jetztmensch) verdrängt wurde und ausstarb. Der Neandertaler ist bis heute ein besonders eindrucksvolles Beispiel dafür, dass die Entwicklung von den Primaten zum Jetztmensch nicht gradlinig verlief. Manche Gruppen existierten über weite Strecken zeitgleich, bevor einige ausstarben und die Entwicklungslinie von anderen weitergeführt wurde.

Der eigentliche Vorläufer der heutigen Menschenrassen ist der **Cro-Magnon-Mensch**. Seinen Namen erhielt er, ähnlich wie der Neandertaler, nach der ersten Fundstelle. Seine äußere Erscheinung unterschied sich kaum noch von der unseren. Als Sammler und Jäger erreichte er während der letzten Eiszeit eine erstaunlich hohe Kulturstufe. Seine Höhlenzeichnungen vor allem aus Südfrankreich und aus den Pyrenäen haben ein Alter von etwa 15.000 Jahren und sind von einer beeindruckenden Aussagekraft. Als Farbe benutzte er eine Mischung aus klein geriebenen Steinen und Tierfett. Die Bilder dienten wohl kaum zur Ausschmückung der Höhlen, sondern dem Jagdzauber. Noch heute gehen Naturvölker von der Vorstellung aus, dass man durch eine Zeichnung die Seele eines Tieres einfangen kann. Bei rituellen Handlungen im Höhleninnern beschworen die Jäger vermutlich das Jagdglück, indem sie den Ablauf der Jagd auf einer abstrakten Ebene vorwegnahmen und so günstige Voraussetzungen für den tatsächlichen Jagdverlauf zu schaffen versuchten (Abb. 6).

Mit fortschreitender Entwicklung gelang es den Menschen nicht nur, Gefäße aus Lehm zu formen und so Töpferwaren herzustellen, in denen sie in den Zeiten des Überflusses Samen und Früchte, aber auch tierisches Fett und andere Lebensmittel

Abb. 6: Höhlenzeichungen des Cro-Magnon-Menschen in Lascaux

zumindest für eine gewisse Zeit aufheben konnten, sondern sie schnitzten auch Nadeln und Ösen aus den Stoßzähnen des Mammuts, um damit die Felle der Tiere zu bearbeiten, aus denen sie ihre Kleidung anfertigten. Weitere Stationen auf dem Weg zu einer höheren Zivilisationsstufe waren vor allem die Metallherstellung, durch die die Waffen verbessert wurden, und die Entwicklung von Rädern, mit deren Hilfe Lasten über weite Strecken transportiert werden konnten.

Den tiefsten Einschnitt in die Gewohnheiten der Menschen stellt jedoch die Aufgabe des nomadenhaften Lebens als Jäger und Sammler zugunsten einer sesshaften Lebensweise dar, die erstmals für den Zeitraum vor ca. 10.000 Jahren im Gebiet von Euphrat und Tigris nachzuweisen ist. Vor allem die bäuerliche Kultur des alten Ägyptens mit den periodisch wiederkehrenden Nilüberschwemmungen und den geradezu übermenschlichen Anstrengungen des Pyramidenbaus gründete auf einer bereits weit entwickelten Sozialstruktur. Ihre große Leistung besteht in der Entwicklung der Schrift in Form von Hieroglyphen, die uns bis heute von den Gebräuchen aus dieser Zeit erzählen. Sie versetzte den Menschen in die Lage, Informationen beliebig lange zu konservieren und Erfahrungen gesichert von einer Generation an die nächste weiterzugeben (Abb. 7).

Gesellschaften, die von der Jagd und vom Sammeln leben, gibt es auch heute noch. Afrikanische Pygmäen und australische Aborigines zeigen uns, dass ein Leben in Regenwäldern und Wüsten auch heute noch möglich ist, indem der Mensch sich als Teil der

Natur begreift wie vor hunderttausend Jahren. Sie sind nirgendwo besonders zahlreich, da sie im Einklang mit ihrer Umwelt leben, sich den Gefahren von außen stellen müssen und ihre Nachkommenschaft durch das begrenzte Nahrungsangebot und Krankheit oft frühzeitig stirbt. Wir müssen uns vor Augen führen, dass der Mensch die längste Zeit seines irdischen Daseins so gelebt hat und die Anzahl der Individuen dabei nur unerheblich anwuchs. Dies änderte sich dramatisch, seitdem er erkannte, dass man auch in Hütten und Dörfern leben kann, ohne hinter der Nahrung herzulaufen. Als Umherziehender konnte er nur das Allerwichtigste mit sich nehmen: Waffen, Feuer und wenige Geräte, die von der Gruppe je nach Bedarf gemeinsam benutzt wurden. Als Bauer jedoch war die Vorstellung von Eigentum und Besitz geboren, die es gegen andere zu verteidigen galt. Kriegerische Auseinandersetzungen, Überbevölkerung, soziale Spannungen und rücksichtslose Ausbeutung der Natur sind bis heute ebenso die Folge dieses Schrittes wie wissenschaftliche, technische, aber auch zivilisatorische und kulturelle Leistungen.

Abb. 7: Ägyptische Hieroglyphen, Tempelinschrift

 Zum Weiterlesen:

- Ursachen des Artenwandels, S. 450
- Stammesgeschichte der Lebewesen, S. 448

Umwelt – Ökologie

Die Ökologie ist ein relativ neuer Teilbereich der Biologie, der die Wechselbeziehungen zwischen den Organismen und ihrer Umwelt untersucht. Es werden die Umweltfaktoren erforscht, die auf die Organismen einwirken. Darüber hinaus werden die Lebensbedürfnisse der verschiedensten Arten festgestellt, um herauszufinden, welche Ansprüche sie an ihre Umwelt stellen. Organismen müssen die Umweltfaktoren vorfinden, die ihre Lebensmöglichkeiten begünstigen und alle übrigen tolerieren können. Das Vorkommen und die Verbreitung bestimmter Tier- und Pflanzenarten ist also weitgehend abhängig vom Auftreten bestimmter ökologischer Faktoren.

ändert nicht nur die äußere Gestalt von Pflanzen, sondern hat auch Einfluss auf die Keimung von Samen und Blütenbildung. Frei im Wasser auftretende Tiere nutzen das Licht als Orientierungsfaktor im Raum. Landbewohner bilden hingegen eine äußere harte Schutzschicht aus (Kutikula bei Insekten), tragen ein Haar- oder Federkleid oder lagern Pigmente in ihrer Haut ein, um sich vor den energiereichen UV-Strahlen der Sonne zu schützen (Abb. 1). Darüber hinaus werden Tiere auch von der Tageslänge beeinflusst. Die hormonelle Steuerung zur Aktivierung der Keimdrüsen im Frühjahr wird durch die entsprechende Tageslänge ausgelöst. Auch die Mauser bei Vögeln, die Bil-

ren Darm als Biotop ansprechen, wenn hier als Arten auch nur Mikroorganismen auftreten. In einem Biotop leben verschiedenste Tier- und Pflanzenarten zusammen, die dort die für sie notwendigen Bedingungen vorfinden. Sie alle bilden im Biotop eine Lebensgemeinschaft (Biozönose). Die einzelnen Arten der Biozönose wiederum stehen untereinander in vielfältigen direkten und indirekten Wechselbeziehungen. Aufgrund ihrer spezifischen Ansprüche an ihre Umwelt werden Biotope in der Regel von typisch zusammengesetzten Lebensgemeinschaften besiedelt, zwischen denen es nach einiger Zeit zu einem biologischen Gleichgewicht kommt. Der Aufbau und die Vernetzung von Nahrungsketten innerhalb der Biozönose ist ein bevorzugter Forschungsgegenstand für die Ökologen. Durch Untersuchungen der Räuber-Beute-Verhältnisse und der Veränderungen innerhalb des Biotops durch das Verhalten einzelner Arten und Individuen kommen Wissenschaftler zu grundlegenden Erkenntnissen über die Bedingungen, die für die Erhaltung des Gleichgewichts und der Arten von Bedeutung sind.

Ein wichtiger ökologischer Faktor, der mitbestimmend für Veränderungen innerhalb der Biozönose sein kann, ist die Konkurrenz. Diese kann sowohl innerhalb ein und derselben Art auftreten als auch zwi-

Abb. 1: Die Insekten sind mit einer sehr harten Schutzschicht gepanzert

Als ein wesentlicher ökologischer Faktor gilt die Temperatur. Bei **wechselwarmen Tieren (Poikilotherme)** schwankt die Körpertemperatur mit der Außentemperatur. Die Stoffwechselvorgänge und damit die Reaktionsgeschwindigkeit dieser Lebewesen stehen also in unmittelbarer Abhängigkeit zur Umgebungstemperatur. Diese Geschwindigkeit beschleunigt sich bei einem Anstieg der Außentemperatur um 10 °C um das Zwei- bis Dreifache. Es werden in der Regel Temperaturen von einigen Graden unter 0 bis etwa 40 °C toleriert. Die angegebenen Werte liegen innerhalb eines Bereiches, in dem die Körperflüssigkeit noch nicht gefriert und das körpereigene Eiweiß noch nicht gerinnt.

Gleichwarme Lebewesen (Homoiotherme) hingegen können extreme Temperaturen überleben, denn sie besitzen zusätzliche Anpassungsmöglichkeiten (Winter- und Sommerfell, Schwitzen, Winterruhe, Winterschlaf).

Einen weiteren ökologischen Faktor stellt das Licht dar. Vor allem für Pflanzen und sämtliche Mikroorganismen, die zur Fotosynthese befähigt sind, ist das Licht von größter Bedeutung. Licht bestimmt und ver-

Abb. 2: Tümpel sind Biotope, die den Fröschen ideale Umweltbedingungen bieten

dung des Geweihs bei verschiedenen Huftieren und der einsetzende Vogelzug werden vom Zeitgeber Licht gesteuert.

Die Lebensräume, die den verschiedenen Arten die Umweltfaktoren bieten, die diese für ihr Leben benötigen, bezeichnet man als **Biotope**. Zu ihnen zählt man das **Watt** ebenso wie **Moore** oder **Tümpel** (Abb. 2). Im weiteren Sinne könnte man sogar unse-

schen verschiedenen Arten. Erstere tritt vor allem im Zusammenhang mit der Festlegung von Revieren oder der Rangordnung bei sozialen Verbänden auf. Letztere hingegen findet man, wenn zwei oder mehrere Arten um gleiche Vorteile konkurrieren. In der Regel kann man davon ausgehen, dass Arten, die prinzipiell die gleichen Anforderungen an ihre Umwelt stellen, nicht gemeinsam in

Biologie

einem Biotop leben können (Konkurrenzausschlussprinzip). Innerhalb einer Biozönose (Abb. 3) besetzen einzelne Arten deshalb so genannte ökologische Nischen, in denen sie ihre spezifischen Überlebensbedingungen antreffen.

Bezieht man den Menschen in die hier dargestellten Zusammenhänge ein, so muss man feststellen, dass seiner Konkurrenz keine Tierart gewachsen ist. Nach den Regeln des Verdrängungswettbewerbs wäre es also im Prinzip nur eine Frage der Zeit, bis die natürlichen Zusammenhänge völlig ins Ungleichgewicht gerieten. Tatsächlich hat der Mensch bis heute eine Vielzahl von Tieren ausgerottet, indem er sie intensiv bejagte oder ihre Lebensräume so stark veränderte, dass die Chancen zum Überleben für viele Arten immer kleiner wurden (Abb. 4).

Das enorme **Bevölkerungswachstum** in verschiedenen Teilen der Erde hat dazu geführt, dass immer größere Landstriche als Kulturland in Äcker

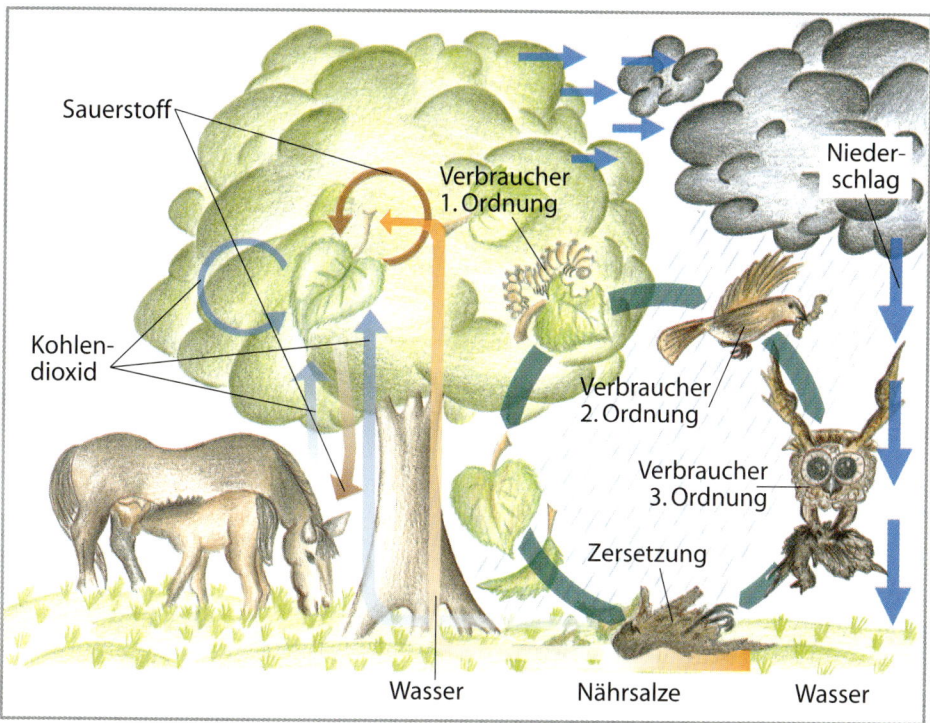

Abb. 3: Biozönose im Wald

und Wiesen verwandelt oder als Bauland für Häuser und Straßen versiegelt wurde. Lange Zeit stand für die meisten Menschen die Profitmaximierung und damit der Eigennutz an erster Stelle und viel zu lange wurde übersehen, dass die Schäden, die der Mensch durch Verschmutzung der Umwelt zufügte, langfristig **irreparable Schäden** für die Natur hervorrufen würden. Erde, Luft und Wasser wurden lange Zeit beinahe bedenkenlos verseucht, und erst in den letzten Jahren konnte sich allmählich die Überzeugung durchsetzen, dass ein Umdenken höchste Priorität haben muss, wenn unsere Enkelkinder eine halbwegs intakte Natur vorfinden sollen.

Was müsste in Zukunft geschehen? Vor allem müssten wir alle sparsamer mit den natürlichen Bodenschätzen umgehen, die insbesondere in den westlichen Industrieländern in Form fossiler Brennstoffe (Kohle, Öl) Energieträger Nr. 1 sind. Bei ihrer Verbrennung durch Hausbrand, Industrie, Autos und Flugverkehr belasten wir die Luft, die so viele zum Atmen brauchen. Erneuerbare Energiequellen wie Pflanzenöl, Wasser und Wind und das Sonnenlicht müssten optimal genutzt werden. Darüber hinaus müsste der Verbrauch von **Fluorchlorkohlenwasserstoffen** so schnell wie möglich eingestellt werden, um zu verhindern, dass sich die Ozonschicht weiter abbaut und sich der Treibhauseffekt verschlimmert. Die Überdüngung von Feldern und Gewässern müssten ein Ende haben. Auch Brandrodungen im großen Stil sowie das Abholzen von Teilen der Urwälder müßte unterbunden werden. Mit dem aufbereiteten Wasser sollten wir

sparsam umgehen und zunehmend Regenwasser da im Haus einsetzen, wo dies möglich ist. **Abwässer** sollten nur in gereinigter Form Bächen oder Flüssen zugeleitet werden. Die Überfischung der Meere müsste gestoppt werden und dafür Sorge getragen werden, dass das Meer nicht zur Müllkippe für Abfälle aller Art wird.

Solche Forderungen werden seit langem erhoben, und die Staaten der Erde machen inzwischen erste Versuche, den Umweltgedanken auch politisch umzusetzen. Voraussetzung für weitere Erfolge ist jedoch die Notwendigkeit, die Anzahl der Menschen nicht weiter rasant ansteigen zu lassen. Wenn es nicht gelingt, durch gezielte Geburtenkontrolle die **Bevölkerungsexplosion** einzudämmen, wird voraussichtlich irgendwann alles aus den Fugen geraten. Alle Verantwortlichen müssen deshalb in einer globalisierten Welt alle Anstrengungen unternehmen, um die Natur zu retten.

 Zum Weiterlesen:

- Die Landwirtschaft früher und heute, S. 398
- Intensive Landwirtschaft und ökologischer Landbau, S. 400
- Das Wattenmeer – ein Lebensraum in Gefahr, S. 386

Abb. 4: Leguane sind in ihrem Bestand gefährdet

Systematik

*B*ereits von ihrer äußeren Erscheinung her treten uns die Lebewesen in der Natur in einer solchen Vielfalt und so unterschiedlicher Ausprägung entgegen, dass Zusammenhänge auf den ersten Blick kaum auffallen. Trotzdem haben sich die Wissenschaftler bemüht, Prinzipien zu erstellen, nach denen sowohl die Pflanzen als auch die Tiere einzuordnen sind. Dabei spielt jedoch nicht nur eine Rolle, welche äußeren Merkmale ein Organismus aufweist. Durch das Wissen über die Stammesgeschichte der Lebewesen ist man heute vielmehr in der Lage, Pflanzen und Tiere aufgrund ihrer Verwandtschaftsgrade zu Gruppen zusammenzufassen. Dabei geht man davon aus, dass im Laufe der stammesgeschichtlichen Entwicklung die höher entwickelten Lebewesen aus den einfacheren hervorgegangen sind.

Schon Aristoteles (389–322 v. Chr.) versuchte, die ihm bekannten Pflanzen und Tiere darzustellen und beschrieb sie aufgrund ihres Aussehens. Diese Aufstellung blieb dann für fast 2000 Jahre Grundlage des Wissens über die belebte Natur. Erst Carl von Linné (1707–1778) erweiterte den Katalog der Namen, indem er die damals bekannte Pflanzen- und Tierwelt nach Erscheinung und Lebensräumen mit Hilfe lateinischer Namen ordnete, zugleich jedoch in seinem

Abb. 2: Der Tausendfüßler ist ein Vertreter der Gliederfüßler

Werk „Das System der Natur" bereits den Doppelnamen einführte, der Auskunft über die Gattung und die Art gibt (z. B. Felis silvestris – die Wildkatze). Seine Übersicht enthielt bereits mehr als 8500 Pflanzen und 4236 Tiere. Trotzdem musste sie schon bald überarbeitet werden. Es wurden nicht nur ständig neue Entdeckungen vor allem in fremden Ländern gemacht, die es einzuordnen galt, sondern mit der zunehmenden Verbreitung des modernen Wissens über stammesgeschichtliche Zusammenhänge und die Grundlagen der Evolution wurde das linnésche Modell z.T. fragwürdig. Es musste deshalb überarbeitet und erweitert werden.

Abb. 1: Quallen gehören zur Familie der Nesseltiere

Inzwischen ordnet man die vielen bekannten Arten entsprechend ihrer Herkunft für das Reich der Pflanzen in Abteilungen, Klassen, Ordnungen, Familien, Gattungen und Arten, während sich das Reich der Tiere in Stämme, Klassen, Ordnungen, Familien, Gattungen und Arten gliedert. Je weiter man die Entwicklung stammesgeschichtlich zurückverfolgt, umso problematischer wird es, eindeutig zwischen Tieren und Pflanzen zu trennen, denn unter den Einzellern treten Organismen auf, die wie Pflanzen zeitweise autotroph ihre Nährstoffe über fotosynthetische Vorgänge selbst erzeugen, zugleich aber auch heterotroph leben können, indem sie Bakterien in ihren Zellleib aufnehmen und diese verdauen wie Tiere. Ist ein Lebewesen in seiner evolutiven Entwicklung bereits weiter fortgeschritten, so mehren sich die Merkmale, über die es einzuordnen ist.

Das **Reich der Pflanzen**, für das heute ca. 400.000 Arten bekannt und beschrieben sind, hat u. a. folgende Abteilungen:

Bakterien sind einzellige Lebewesen, die überall auftreten können und sich durch Teilung vermehren. Sie bilden oft Kolonien. Ohne Zellkern. Oft begeißelt. 2000 Arten.

Blaualgen sind ebenfalls Einzeller, die sich durch Teilung vermehren. Mit Hilfe des Chlorophylls, das in ihrem Zellkörper auftritt, leben sie autotroph. Vor allem im Süßwasser. Ohne Geißeln. 2500 Arten.

Algen bilden in der Regel lange, dünne Zellfäden aus, die manchmal auch verzweigt auftreten. Genaustausch möglich. In der Regel Wasserpflanzen. 14.000 Arten. Klassen: Geißelalgen, Grünalgen, Kieselalgen, Rotalgen, Braunalgen.

Pilze sind Pflanzen ohne Chlorophyll. Sie leben als Saprophyten (Fäulnisbewohner), Parasiten (Schmarotzer) oder als Symbionten (in Lebensgemeinschaft mit anderen Organismen zu gegenseitigem Vorteil). Sie bilden Hyphengeflechte aus, die das Myzel bilden, können aber auch einzellig sein. 90.000 Arten. Klassen: Algenpilze, Schlauchpilze, Ständerpilze.

Moospflanzen bilden den Übergang zu den Sprosspflanzen. Keine Wurzeln, sondern Rhizoide und Leitgefäße. Vermehrung durch Generationswechsel. Landbewohner an feuchten Stellen. 26.000 Arten. Klassen: Lebermoose, Laubmoose.

Farnpflanzen haben ausgebildete Leitgefäße, Wurzeln und einen Spross (Sprosspflanze). Vermehrung durch Generationswechsel wie Moose. 13.000 Arten. Klassen: Nacktfarne, Bärlappgewächse, Schachtelhalme, Farne.

Blütenpflanzen sind Sprosspflanzen. Sie vermehren sich geschlechtlich. Man kann sie aufteilen in die Unterabteilungen Nacktsamer (Samenanlagen frei, bilden meist Zapfen aus; typisch für Nadelhölzer), 600 Arten,

Abb. 3: Tintenfische zählen zur Gruppe der Weichtiere

und Bedecktsamer (Samenanlage liegt geschlossen und geschützt im Fruchtknoten), 250.000 Arten. Bei den Bedecktsamern treten zwei unterschiedliche Klassen auf: die einkeimblättrigen und die zweikeimblättrigen Pflanzen.

Für das **Reich der Tiere**, für das inzwischen über eine Million Arten bekannt sind, ergeben sich u. a. folgende Stämme:

Urtiere sind Einzeller, die sich durch Teilung vermehren. 20.000 Arten. Klassen: Geißeltierchen, Wurzelfüßler, Wimperntierchen.

Schwämme führen im Meer ein ortsfestes Leben. Alle mit Kalkskelett. 5000 Arten.

Nesseltiere sind radialsymmetrisch gebaute Tiere, die aus zwei Zellschichten bestehen (Entoderm und Ektoderm), die ihr Gewebe bilden. Sie leben meist im Meer und besitzen einen inneren Hohlraum mit einem Eingang, der als Verdauungstrakt funktioniert. Besitzen Nesselzellen. Fortpflanzung oft über Generationswechsel, aber auch geschlechtlich möglich. 10.000 Arten. Klassen: Hydratiere, Quallen, Blumentiere (Abb. 1).

Plattwürmer sind zweiseitig symmetrische, abgeplattete Tiere mit drei Zellschichten. Erstes Auftreten von Organen. 5500 Arten. Klassen: Strudelwürmer, Saugwürmer, Bandwürmer.

Schlauchwürmer besitzen eine runde Körperform. Bei ihnen tritt erstmalig ein durchgehender Darm mit After auf. 750 Arten. Klasse: Fadenwürmer.

Ringelwürmer besitzen einen runden Körper, der in Segmente gegliedert ist. Nervensystem und geschlossenes Blutgefäßsystem. 9000 Arten. Klassen: Urringelwürmer, Vielborster, Wenigborster, Egel, Gürtelwürmer.

Gliederfüßler besitzen einen in Segmente gegliederten Körper mit einem chitinhaltigen Außenskelett und gegliederten Beinen; Tracheenatmung oder Kiemenatmung; einfache oder zusammengesetzte Augen oder beides. 850.000 Arten. Klassen: Tausendfüßler, Insekten, Spinnen, Krebse (Abb. 2).

Weichtiere sind Tiere mit einem weichen Körper, die oft ein Schutzgehäuse aus Kalk bilden, in das sie sich zurückziehen können. Atmung über Kiemen oder Lungen. 130.000 Arten. Klassen: Schnecken, Muscheln, Tintenfische, Kopffüßler (Abb. 3).

Stachelhäuter sind radialsymmetrische, fünfstrahlige Tiere ohne Kopf, die in der Regel im Meer auftreten. Kalkiges Hautskelett, Bewegung, Atmung und Nahrungsaufnahme mit Hilfe des Wassergefäßsystems. 6000 Arten. Klassen: Seestern, Seeigel, Seewalzen, Schlangensterne.

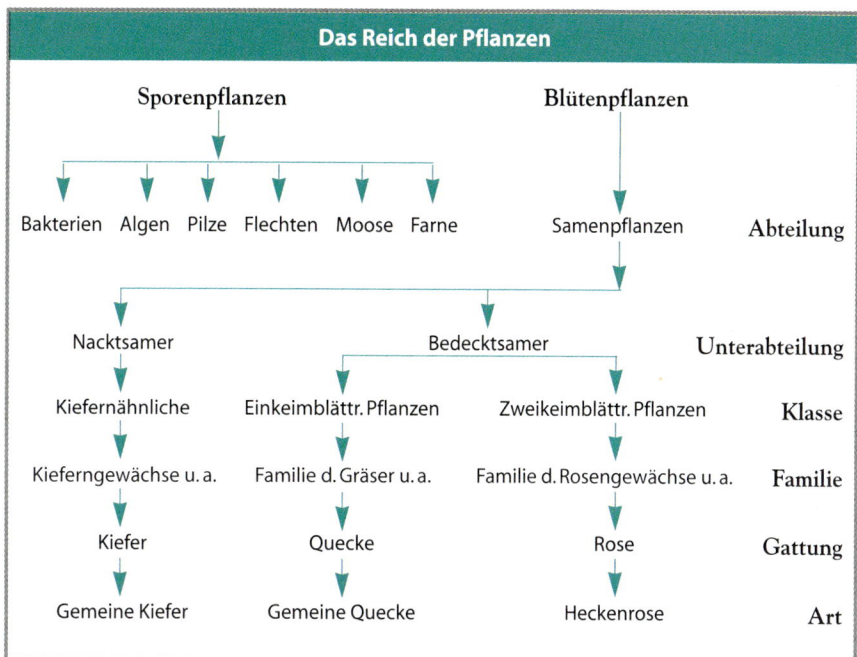

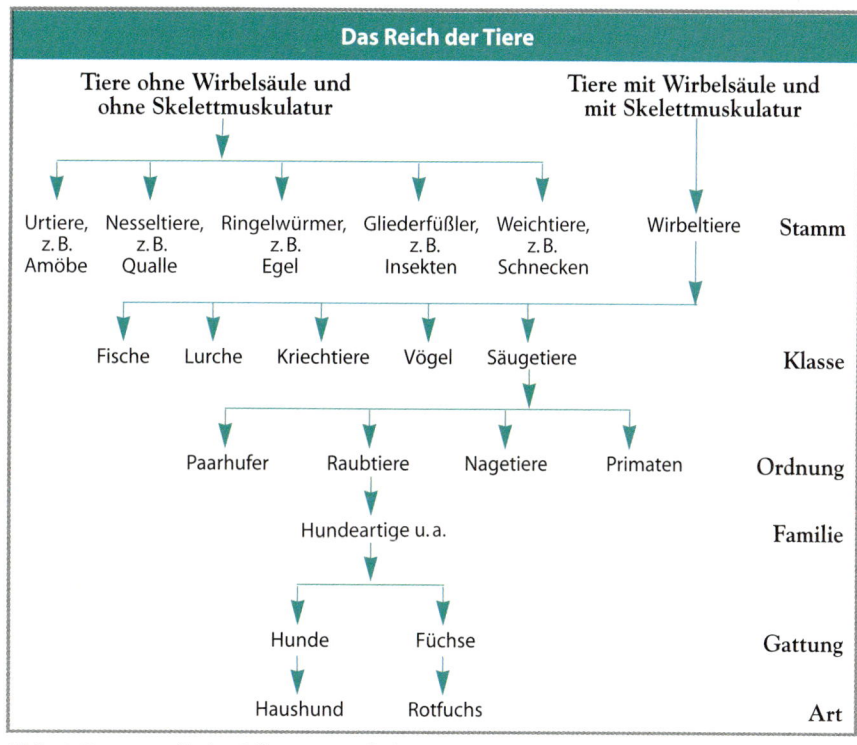

Abb. 4: Systematik der Pflanzen und Tiere

Chordatiere besitzen einen gegliederten Körper, der in der Regel einen Schwanz aufweist. Knochengerüst mit Skelettmuskulatur und Wirbelsäule. Hoch entwickeltes Nervensystem bzw. Sinnesorgane. Kiemen- oder Lungenatmung, geschlossener Blutkreislauf.
Unterstämme: Manteltiere, Seescheiden, Wirbeltiere. 60.000 Arten. Klassen der Wirbeltiere: Fische, Lurche, Kriechtiere, Vögel, Säugetiere.

 Zum Weiterlesen:

- Fossilien, S. 446
- Stammesgeschichte der Lebewesen, S. 448
- Ursachen des Artenwandels, S. 450

Chemie

Keineswegs nur Schall und Rauch: Die Chemie   462

Einführung in die Chemie
Die Chemie – die große Unbekannte   464
Der weite Weg zur Wissenschaft Chemie   466
Eigene Charaktere – Stoffe und ihre Eigenschaften   468
Nicht nur sauber, sondern rein: Stoffmischungen – Reinstoffe – Trennverfahren   470

Grundlagen der Chemie
Modelle und Aggregatzustände   472
Hurtig und geschwind – die Teilchenbewegung   474
Auch die Atome sind nicht mehr die Alten   476
Das Ende der alten Physik – das Zwiebelschalenmodell   478
Wolkige Kugeln – das Kugelwolkenmodell der Atome   480

Das Periodensystem der Elemente
Die Chemie und ihre Liebe zur Ordnung – das Periodensystem der Elemente   482
Nichts ist praktischer als eine gute Theorie – die physikalischen Grundlagen des Periodensystems   484
Die spät entdeckten „Adligen" – die Edelgase   486

Chemische Reaktionen I
Wenn die Chemie stimmt – chemische Reaktionen   488
Das ‚Buchstabenmodell' chemischer Reaktionen und eine kleine Anleihe bei der Mathematik   490

Wasserstoff und Sauerstoff
Sauerstoff – ein chemisches Element als Grundlage des Lebens auf unserer Erde   492
Kein Wasser ohne diesen Stoff – der Wasserstoff und die Moleküle   494

Das Verhalten von Gasen
Das späte Glück der Chemiker – die physikalischen Ähnlichkeiten unter den Gasen   496

Chemische Reaktionen II
Gasig leichtes Rechnen – chemische Reaktionen mit Beteiligung von Gasen   498
Man rechnet fest mit ihnen – Feststoffe und ihre Reaktionen   500
Stets energisch – chemische Reaktionen und die Energie   502

Metalle
Metalle – das Grundgerüst der Technik   504
Auch die Metalle sind Individualisten   506
Die Tausendsassas der Technik – die Verwendungszwecke der wichtigsten Gebrauchsmetalle   508
Die Erze haben's in sich: Von der Gewinnung der Metalle   510
Übergänge zwischen Metallen – die Übergangsmetalle   512

Halbmetalle
Nur noch halbe Metalle = Halbmetalle   514

Nichtmetalle
Auch schlecht kann gut sein – die Nichtmetalle und ihre elektrische Leitfähigkeit   516
Kohlenstoff – ein chemisches Element mit unterschiedlichen Gesichtern   518
Schwefel und Phosphor – vielseitige Nichtmetalle   520
Halogene – natürlich nicht elementar   522

Wasser
Die wichtigste Substanz der Welt: Gewöhnliches Wasser   524

Chemie

Gase und Luft

Brausetabletten, Regentropfen, Ammoniak und das Prinzip vom kleinsten Zwang 528

Emissionen und Immissionen von Nichtmetalloxiden 530

Wer wird denn gleich in die Luft gehen – die Chemie tut es 532

Radikales Rendezvous über den Wolken: UV trifft auf FCKWs – Ozon verhindert Schlimmeres 534

Das größte natürliche Treibhaus – die Erde unter einer riesigen Kuppel 536

Salze und Ionen

Der lange Marsch – von den polaren Atombindungen zu den Salzen und Ionen 538

Ein Gitter für die Salze – Ionengitter und ihre Besonderheiten 542

Die Chemie der versalzenen Suppe 544

Absolut unverzichtbar – Ionen und Salze als Nährstoffe 546

Alkali- und Erdalkalimetalle

Die Alkalimetalle: Eine hochreaktive Elementfamilie 548

Die Erdalkalimetalle: Für farbiges Feuerwerk und Mumm in den Knochen 550

Säuren und Basen

Wenn Rotkohl sauer wird ... 552

Die Vorstellung des pH-Wertes 554

Säuren und Basen – die Geschichte holt uns immer wieder ein 556

Die Geschichte geht weiter – Anwendungen der Säure-Base-Theorie 558

Batterien und Akkumulatoren

Energie hin und her – elektrisch und chemisch 560

Organische Chemie I

Organische Chemie – Stoffe der belebten Natur? 562

Fossile Energieträger und erneuerbare Energien 564

Die Alkane – das kleine Einmaleins der gesättigten Kohlenwasserstoffe 566

Fast gleich ist nicht identisch – das Phänomen der Isomerie 568

Petrochemie

Schwarzes Gold – der wertvolle Rohstoff Erdöl 570

Crack – das Knacken von langkettigen Alkanen für Treibstoffe 572

Kunststoffe

Von der Kunst, Stoffe in langen Ketten herzustellen 574

Naturstoffe und Ernährung

Liebet eure Feinde – auch die Alkohole? 578

Ameisensäure, Essigsäure, Zitronensäure ... – Carbonsäuren auf Schritt und Tritt 582

Gesundheit, Gerüche und Glanz durch Ester und Wachse 586

Fett mag Fett und macht fett 588

Nicht nur Schaumschläger – Seifen und Waschmittel 590

Kohlenhydrate – vielseitige Naturstoffe 592

Amine – von A wie Amphetamin bis V wie Vitamin 594

Aminosäuren und Proteine – fast unendliche Vielfalt durch komplexe Strukturen 596

Energie, Nährstoffe und die i-Tüpfelchen der Nahrung 598

Von Triebtätern und Feinschmeckern – Exkurs: Chemie für Gourmets 600

Kosmetik

Schöner Schein? Chemie schafft's 602

Das Periodensystem

Das Periodensystem der Elemente 604

Keineswegs nur Schall und Rauch: Die Chemie

Im Bereich der Chemie sind der Experimentierfreude keine Grenzen gesetzt. Die Teilnehmer von *Jugend forscht* (Teilnahmebedingungen und Informationen auf Seite 896) haben sich in den letzten Jahren mit den unterschiedlichsten Themen beschäftigt, vom bodenständigen „Das Braunwerden der Kartoffel" bis zur hochwissenschaftlichen „Synthese von Spirofuranen – Darstellung neuer Fluoreszenzfarbstoffe".

Gefährliche Experimente?

Ein Chemielabor im Kinder- oder Jugendzimmer – da stellt sich mancher gleich die Frage: Ist das nicht gefährlich?

Die Antwort muss lauten: Im Prinzip nein. Dann nämlich, wenn man alle Experimente – und das ist vorgeschrieben! – im Rahmen der Gefahrstoffverordnung (auf gut Behördendeutsch GefstoffV. abgekürzt) durchführt. Dafür gibt es technische Richtlinien (für Schüler TRGS 450, für Studenten TRGS 451), die jeder Chemielehrer und natürlich auch jede Chemielehrerin besorgen kann.

Wer Gefahrstoffe benutzt, also Stoffe, die gefährliche Eigenschaften wie ätzend, brandfördernd, explosionsgefährlich, giftig oder reizend haben, muss unbedingt alle Hinweise auf Verpackung oder Beipackzettel ganz genau beachten. Gefahrstoffe dürfen nur mit äußerster Sorgfalt und unter Einhaltung aller Vorsichtsmaßnahmen gelagert, transportiert und behandelt werden.

Dies dient dem Schutz von Umwelt und Mitmenschen ebenso wie dem eigenen Schutz. Dass man beim Experimentieren mit Chemikalien immer eine Schutzbrille und entsprechende Kleidung (vor allem Hand-

Abb. 1: Sparten Tonnen wertvollen Silbers ein: Jens Baldamus, Robert Feik und Stefan Schlosser (alle 17 Jahre) aus Cottbus

schuhe!) trägt, sollte sich eigentlich von selbst verstehen.

Wer mit Chemikalien umgeht, ist gesetzlich verpflichtet, diese auch umweltgerecht zu entsorgen. Wer seinen Sondermüll einfach in die nächste Toilette oder den nächsten Müllcontainer kippt, hat wahrhaftig keinen Sonderpreis Umwelttechnik verdient – schließlich ist die fachgerechte Entsorgung eins der wichtigsten Forschungsthemen. Chemikalien sind grundsätzlich Sondermüll, den man über seine Schule oder Universität entsorgen lässt oder bei der so genannten Wertstoffannahme einer Entsorgungsfirma am Wohnort abgibt. In den meisten Fällen

kann das Amt für Abfallwirtschaft weiterhelfen. In vielen Städten gibt es ein so genanntes Schadstoffmobil, an dem man gefährliche Stoffe abliefern kann. Wann dieses Fahrzeug wo zu finden ist, erfährt man aus dem Abfallkalender, der eigentlich in jedem Haushalt zu finden sein sollte.

Die technischen Geräte, die man benutzt, sollten das GS- („Geprüfte Sicherheit") Zeichen tragen und sicher und standfest aufgebaut werden. Kabel sichert man durch Klebestreifen am Boden und am Arbeitstisch, um nicht durch Stolpern oder Hineinhaken sich selbst, seine Mitmenschen und das ganze Experiment zu gefährden.

Chemie – ein teures Vergnügen?

Viele Chemikalien, die man für seine Experimente benötigt, sind sehr teuer. Das Taschengeld reicht dafür oft bei weitem nicht aus. Die Vorräte in der Schule sind meist begrenzt, oder die benötigte Chemikalie ist gar nicht vorhanden. Hier kann *Jugend forscht* den Jungchemikern helfend unter die Arme greifen und stellt für Arbeiten aus dem Fachgebiet Chemie Zuschüsse von bis zu 100 DM zur Verfügung.

Das Geld muss der Betreuungslehrer bei der Hamburger Geschäftsstelle (Adresse Seite 896) auf Schulbriefpapier beantragen. Man sollte sich rechtzeitig überlegen, ob und wie viel Geld man für Chemikalien braucht, denn der Etat ist jedes Jahr begrenzt, und wer zu spät dran ist, für den ist vielleicht nichts mehr übrig.

Man kann natürlich auch versuchen, selbst Sponsoren zu finden, und zu diesem

Abb. 2: Natural Pulping - Alternative und umweltfreundliche Zellstoffherstellung: Mit seiner Arbeit gewann Sven Siegle (20) 1995 den Bundeswettbewerb

Chemie

Zweck Firmen ansprechen oder anschreiben und sie bitten, Material und/oder Geräte zur Verfügung zu stellen. (Mehr dazu unter *Jugend forscht*, Fachbereich Physik, Seite 171)

Braucht man am Wettbewerbsort Spezialmaterial, das wirklich nicht selbst zu beschaffen und mitzubringen ist, etwa Gasflaschen oder bestimmte Chemikalien, oder muss man nach dem Wettbewerb Chemikalien entsorgen, sollte man das rechtzeitig vorm Wettbewerb der Patenfirma oder dem Wettbewerbsleiter mitteilen.

Im Vordergrund: die Umwelt

Bei vielen Arbeiten, die in den letzten Jahren im Wettbewerb *Jugend forscht* für den Fachbereich Chemie eingereicht wurden, stand die Umwelt im Vordergrund. Das spiegelt sich etwa in Titeln wie „Von Fleckenteufeln und Umweltengeln", „Zersetzung von Höschenwindeln im Kompost" oder „Trennung und Wiederverwertung von Getränkekartons" wider. Wie man Umweltschäden vermeiden, verringern oder wieder gutmachen kann, gehört mit zu den wichtigsten Forschungsthemen – und das nicht nur bei *Jugend forscht*. Dieses Problem wird alle in den nächsten Jahren noch verstärkt beschäftigen.

Um „umweltfreundliche Schwarzweißfotografie" machten sich etwa Stefan Schlosser, Jens Baldamus und Robert Feik Gedanken. Der Hintergrund: In der fotochemischen Industrie werden jedes Jahr tausende Tonnen Silber verbraucht. Ein Teil davon landet in der Umwelt und belastet Böden und Gewässer. Die drei jugendlichen Forscher schlagen vor, das zudem noch teure Metall durch einen organischen schwarzen Farbstoff zu ersetzen, der nach einem Verfahren erzeugt wird, wie es in der Farbfotographie bereits verwendet wird (Abb. 1).

Das „papierlose" Büro, das uns zu Beginn des Computerzeitalters versprochen wurde, ist immer noch Zukunftsmusik. Weiterhin wird viel zu viel Holz für viel zu viele Druck-Erzeugnisse verbraucht – und so schnell, wie man eine Zeitung liest und wegwirft, kann kein Baum nachwachsen. Andererseits fällt bei der Getreideernte eine Unmenge an Stroh an, mehr, als in allen Ställen des Landes verbraucht werden kann. Oft wird es einfach verbrannt – eine fürchterliche Materialverschwendung. Sven Siegle kam deshalb auf die Idee, in einem umweltfreundlichen Verfahren aus Stroh eine hochwertige Zellulose zu gewinnen. Das Papier, das man daraus herstellen kann, hält dem Vergleich mit aus Holz gewonnenen Produkten durchaus stand (Abb. 2).

Mit Bleifolie arbeitet der Dachdecker, um Schornsteinansätze und Fenster abzudichten.

Abb. 3: Dem sauren Regen auf der Spur: Daniel Rhinow (17) bei seiner Untersuchung der Dachziegel

Warum aber, fragte sich Daniel Rhinow, sehen diese Folien immer so korrodiert aus? Sollte der saure Regen daran schuld sein? Und wenn ja, wie viel des giftigen Schwermetalls wird dabei frei? Der jugendliche Chemiker nahm Analysen und Messungen vor und konnte feststellen, dass vor allem die Salpetersäure im Regenwasser das Blei angreift. In einem Liter Regenwasser, das über eine Bleifolie lief, wies er ganze sechs Milligramm Blei nach – damit war der Grenzwert des Schwermetalls für Trink- und Brauchwasser um ein Vielfaches überschritten (Abb. 3).

Neben dem Bereich „Umwelt" beschäftigen sich die Teilnehmer des Fachgebiets Chemie auch verstärkt mit dem Bereich „Gesundheit". Dag Leine beispielsweise befasste sich mit chemischem Süßstoff. Das Problem ist bekannt: Diabetiker dürfen, Figurbewusste wollen keinen Zucker zu sich nehmen. Viele synthetische Süßstoffe haben aber unangenehme Nebenwirkungen, führen zu Magen- und Darmbeschwerden. Aspartam gilt als beschwerdefreier Süßstoff, ist jedoch in der Her-

stellung aus Enzymen recht teuer. Der Jungforscher konnte in seiner Aspartam-Synthese den Süßstoff aus einfacheren, billigeren Komponenten synthetisieren. Dabei bleibt jedoch noch ein Problem zu lösen: Es entstehen zwei Aspartam-Varianten, und Dag Leine steht vor der Aufgabe, die chemische Reaktion in die von ihm gewünschte Richtung zu lenken. Vielleicht beim nächsten *Jugend forscht* ...

Warum fühlen sich die Zähne stumpf an, wenn man Spinat, Rhabarber oder Sauerampfer gegessen hat? Dass daran die Oxalsäure schuld ist, wusste Katja Schmitz – und auch, dass die Salze dieser Säure zur Bildung von Nierensteinen führen können. Sie entdeckte diese Säure auch in Bananenfäden und Walnusshäutchen (Abb. 4). Vorteil der Säure: Sie kann viel Calcium binden, und das brauchen vor allem Heranwachsende, aber auch ältere Menschen, denn es stärkt Knochen und Zähne. Katjas Rezept: Walnüsse in den calciumreichen Joghurt rühren und Rhabarberkuchen mit Sahne essen. Endlich einmal ein Gesundheitstipp, der auf Anhieb lecker klingt!

Sonderpreis Umwelttechnik

Mit dem Sonderpreis Umwelttechnik werden Entwicklungen und Erfindungen ausgezeichnet, die Umweltbelastungen verringern oder vermeiden bzw. bereits bestehende Umweltschäden beseitigen können. Hier befassten sich die Teilnehmer in den letzten Jahren etwa mit der Wiederverwertung ungetrennter Plastikabfälle, Waschmitteln aus nachwachsenden Rohstoffen, abbaubaren Stärkefolien, der Abflussreinigung mittels Ultraschall oder der Frage: „Bauen Algen Schwermetalle ab?"

Abb. 4: Sowohl gesund als auch lecker? Für Katja Schmitz (16) kein Widerspruch mehr

Die Chemie – die große Unbekannte

Chemie

Was ist ‚Chemie'? Eine einfache Frage, auf die eine Antwort – zugegebenermaßen – nicht immer ganz leicht fällt. Nach und nach sollen die folgenden Kapitel an die vielfältigen Themen der Chemie heranführen und so auf die Frage antworten. Die Chemie prägt unseren Alltag weit stärker, als uns bewusst ist. Deswegen ist ein Einblick in und Überblick über dieses Fach sicherlich von Vorteil. Auf Anhieb denkt fast jeder an Chemiker, die mit ihren Mitarbeitern in Laboratorien und Fabrikanlagen forschen und produzieren (Abb. 1, 2).

Die Chemie beschränkt sich jedoch nicht auf die Industrie. Denn das **Leben** selbst hat chemische Grundlagen: Bei der Fülle von Substanzen im Körper und der Vielfalt der hier ablaufenden chemischen Prozesse kann man alle Lebewesen als „Chemiefabriken" bezeichnen, gleich ob Bakterien, Pflanzen oder Tiere (Abb. 3, 4). Kein Leben also ohne Chemie. Dieselbe natürliche Chemie kann Leben auch gefährden: Es existiert eine Vielzahl biologischer Gifte. Viele Drogen wie Opium, Kokain, Haschisch und Nikotin sind pflanzliche Wirkstoffe. Das Rauschmittel Alkohol entsteht durch die Wirkung bestimmter Hefen aus natürlichem Zucker. Die Grenzen zwischen **‚Naturchemie'** und **‚Laborindustrie'** verschwimmen. Die harten Drogen Heroin und LSD lassen sich recht einfach durch leichte Abwandlung von Naturstoffen im Labor herstellen – von jedem, der sich mit ‚der Chemie' auskennt und

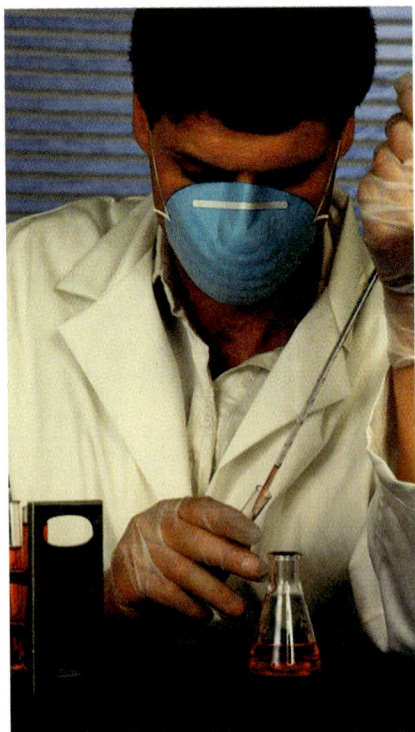

Abb. 1: Chemielaborant bei der Arbeit

seinen Profit auf Kosten der Gesundheit anderer macht. Heroin ist teurer als Gold. ‚Ecstasy' wird gewinnbringend in Hinterhoflabors hergestellt. Ähnlich undurchschaubar erscheint vielen Betrachtern die chemische Industrie im Allgemeinen.

Was aber wäre ohne chemische Industrie im weitesten Sinne? Einige Gebrauchsmetalle stünden gar nicht, andere nur unzureichend zur Verfügung. Ohne elektrischen Strom müsste man auf manche lieb gewonnene Annehmlichkeit verzichten – z.B. Fernseher, CD-Player, Waschmaschine. Der Verzicht auf Kunststoffe würde die Lebensqualität weiter senken. Ohne gebrannten Kalk, Zement und ähnliche Produkte wäre man auf das Bauen mit Natursteinen, Lehm und Holz angewiesen. Wie bei Glas und Keramik herrschten hier arge Engpässe. Die wenigen natürlichen Farbstoffe wären wie in der Antike den Betuchten vorbehalten. Die Ärmeren trügen schlichtes Grau. Die Ernten fielen durch den Mangel von Kunstdünger und Schädlingsbekämpfungsmitteln viel niedriger aus – die Umwelt jedoch würde geschont. Ohne den Einsatz von besonderen Chemikalien, den Medikamenten, läge auch in den Industrieländern die Sterblichkeit hoch. Man sieht: Die moderne Chemie hat für die Menschheit Großes geleistet.

Ohne Frage ist einiges von dem, was die Industrie herstellt, nicht ohne Risiken für die Menschen und die Natur allgemein. Umweltverschmutzung ist in den letzten 20 Jahren zu einem festen Begriff geworden. Stichworte wie ‚Dioxine', DDT und viele weitere Stoffe mit unaussprechlichen Namen sind mittlerweile allgemein verbreitet. Das Unglück im indischen Bhopal 1984 zeigte mit seinen Tausenden von Toten, wie weit Schlamperei im Umgang mit Chemikalien führen kann.

Die „Chemie"-Kritiker, z.B. von Greenpeace, sind selbst Leute vom Fach. Daher mussten die Vertreter der Industrie ihre Warnungen ernst nehmen. Sicherheits- und Vorsichtsmaßnahmen wurden ergriffen und Produktionsabläufe immer sicherer. In den schlimmsten Fällen schloss man ganze Betriebe. Die Schadstoffbelastung von Boden, Wasser und Luft nimmt seit Jahren in den Industrieländern ab. Der Einsatz besserer Filter hält giftige Stoffe zurück. Kraftwerke stoßen weniger Schadgase aus: Unter hohen Kosten hat man sie mit ‚Reinigungsfabriken' ausgestattet. Über den Strompreis finanziert sie jeder Stromverbraucher mit. Auch der Dreiwege-Katalysator der Benzinmotoren, der ‚Kat', hat seinen Preis – und arbeitet chemisch.

Abb. 2: Eine chemische Großanlage

Alle diese Beispiele sollen eines zeigen: Entscheidend ist, wie man ‚Chemie' auffasst und wie bzw. wo man sie einsetzt.

Die vorwissenschaftliche Chemie

Am Anfang der Menschwerdung stand das **Feuer**. Der Urmensch tat den entscheidenden Schritt weg vom Tier, als er seine Scheu vor Wald- und Steppenbränden verlor (Abb. 5). Er lernte, es zu bewahren, zu nutzen und zu erzeugen. Feuer hielt Raubtiere fern und erhellte die Nächte. Gegrilltes Fleisch war besser zu kauen und zu verdauen; die Hitze tötete Bakterien ab. Bestimmte Bohnensorten wurden erst erhitzt genießbar. Das Feuer sicherte das Überleben bis nach Feuerland, Sibirien und Alaska. Seine Vernichtungskraft indessen bleibt bis heute bedrohlich. Ob in Kriegen oder im tiefsten Frieden – Feuersbrünste legten ganze

Abb. 3: Frucht wie Blüte sind Vertreter der Naturchemie

Abb. 4: Ein Regenwurm als „Chemiearbeiter"

Städte mit verheerenden Resultaten in Schutt und Asche.

Feuer konnte noch viel mehr leisten, z. B. beim Brennen von Lehm zu **Keramiken** als Behälter für Lebensmittel; bekannt sind griechische Weinamphoren. Später gesellte sich wieder mit Hilfe des Feuers das Aufbringen von Glasuren sowie die Fertigung von Glaswaren hinzu. Beim Gebäudebau half hoch erhitzter Kalkstein, ‚Branntkalk', als **Kalkmörtel**. Der Name ‚Seifensieder' für einen angesehenen Beruf weist auf die Bedeutung des Feuers hin. Lange Zeit verwendete man nur verbrannte Pflanzen, d.h. die darin enthaltene Pottasche, um Seife herzustellen.

Die feurige Hilfe – neue Techniken und neue Materialien

Über eine Million Jahre verwendete der Mensch nur ein dauerhaftes Material – den Feuerstein und seine Verwandten. Die **Steinzeit** ist sprichwörtlich geworden. Abgelöst wurde sie durch eine rasche Folge von **Metallzeiten: Kupferzeit, Bronzezeit** und **Eisenzeit**. Ohne Feuer hätte es die neuen Materialien nicht gegeben! Und ohne die neuen Materialien keine neuen Techniken.

Kupfer war am einfachsten chemisch aus seinen Erzen zu gewinnen; es diente zur Herstellung von Schmuck, Gefäßen und – eingeschränkt – Waffen. Diese Zeit wird meist nicht genannt; denn reines Kupfer konnte der härteren **Bronze** (Kupfer-Zinn-Legierungen) waffentechnisch nicht standhalten: Ihre Besitzer waren den Nachbarvölkern militärisch überlegen. Das häufige **Eisen** bzw. der kohlenstoffhaltige härtere **Stahl** lösten vor etwa 3500 Jahren vom östlichen Mittelmeerraum aus allmählich die Bronze ab. Ihre ‚kriegerische' Rolle haben die Metalle behalten – ihre friedliche Nutzung verbreitete sich und überwiegt heute bei weitem. Ob aus ihnen ein Panzer oder ein Lkw entsteht, beschließt allein der Mensch. Als weitere Metalle kannte man schon in der Antike **Blei, Zinn, Quecksilber, Gold** und **Silber**.

Chemie und Information

Der Beginn aller Hochkulturen, die ‚geschichtliche Zeit', zeichnet sich durch die Erfindung der **Schrift** aus. Damit ließen sich Mitteilungen genauer und dauerhafter weitergeben als bloß mündlich. Chemische Stoffe bestimmten die Form der Zeichen, nämlich durch das **Schreibmaterial**: Die Dreiecke und Striche der sumerischen Keilschrift sind leicht in feuchten Ton zu ritzen. Die fertig gebrannten Tafeln blieben teils bis heute erhalten. Ähnlich kantig fielen anfangs die in Marmor gemeißelten griechischen und römischen Großbuchstaben wie A, H, Z, T, K, M aus. Runde Buchstaben setzten sich erst mit anderen Materialien durch, auf Pergament und **Papyrus**, dem Vorläufer des heutigen **Papiers**. Verschiedenste chemische Behandlungen verhalfen Letzterem zu einer Vielseitigkeit, die man nicht ahnen konnte. Dank der Chemie sind neue Materialien als **Informationsträger** hinzugekommen: Silbersalze bei Fotos und Filmen, Magnetbänder und -platten sowie die CD zum Speichern von Musik, Filmen und Computerdaten. Der endgültige Durchbruch zum derzeitigen Informationszeitalter vollzog sich wieder mit viel Chemie. Aus Quarzsand – Siliciumdioxid – stellt man den **Halbleiter Silicium** in höchster Reinheit her. Kein Groß- oder Personalcomputer, kein ABS, keine Raumfahrt und kein CD-Spieler wären ohne diesen Stoff möglich geworden (Abb. 6).

Abb. 6: Ohne Silicium kein Computer

Zum Weiterlesen:

- Der weite Weg zur Wissenschaft Chemie, S. 466
- Eigene Charaktere – Stoffe und ihre Eigenschaften, S. 468
- Nicht nur sauber, sondern rein – Reinstoffe – Trennverfahren, S. 470

Abb. 5: Das Lagerfeuer wärmt und schützt vor Raubtieren

Der weite Weg zur Wissenschaft Chemie

Als **Wissenschaft** gilt die Chemie seit etwa 1700. Nach dem großen deutschen Philosophen **Kant** (1724–1804) braucht jede Wissenschaft eine theoretische Basis. Das ist besonders in den Naturwissenschaften sehr praktisch, denn ihre Theorien lassen sich experimentell überprüfen. Ausgerechnet die erste rein chemische Theorie erwies sich als falsch; wir müssen nicht näher auf sie eingehen. Aber sie war nützlich, denn sie machte Voraussagen, an denen sich viele Experimente orientierten, deren Ausgang schließlich diese Theorie widerlegte. Aber schon davor wurde Chemie betrieben, auch wenn man sie noch nicht so nannte. Man denke nur an die Alchemisten und ihre Suche nach dem „Stein der Weisen" (Abb. 1).

Vom Nutzen der Wissenschaftsgeschichte

Ein umfassender Rückblick auf die **Geschichte** der **Naturwissenschaften** hat einige nützliche Aspekte. Erstens: Das Ausüben **dieser Wissenschaften** ist nur möglich, wenn das Nachdenken über ‚die Natur der Natur' **nicht nur** im Vokabular des betreffenden Faches stattfindet. Die frühen europäischen Naturforscher, **Aristoteles** (384–322 v. Chr.) an ihrer Spitze, waren stets herausragende Philosophen. Deswegen ist die Wissenschaftsgeschichte auch eine Geschichte der Denkweisen und -methoden. Zweitens: Manche anerkannten Lehrsätze der ‚Alten' sind heute nicht mehr haltbar – Irren ist menschliche Natur. Drittens: Der Weg der Wissenschaft von ihren Anfängen an erfolgte durchaus nicht so geradlinig und folgerichtig, wie manche Lehrbücher das glauben machen. Mancher Irrweg und Umweg wurde beschritten, bis man die zugrunde liegenden Fehler erkannte. Kolumbus hatte eben nicht Indien entdeckt; aber im Namen ‚Westindische Inseln' in der Karibik ist sein Irrtum heute noch abzulesen. Und umgekehrt: Etliche Hypothesen wurden zur Zeit ihres Entstehens verächtlich gemacht, setzten sich aufgrund weiterer Forschungsergebnisse dann aber klar durch. In der Chemie ist dies die Atomlehre. Bereits in der Antike hatten **Leukipp** (etwa 500–450 v. Chr.) und **Demokrit** (etwa 460–380 v. Chr.) über **Atome** philosophiert, aber in der Antike mit ihrer Spekulation wenig Anklang gefunden. Viertens: Wissenschaftliche Begriffe fallen nicht vom Himmel, sondern sind Schöpfungen des Menschen ihrer Zeit. Vor allem am Anfang sind sie darum nicht immer leicht zu begreifen und manchmal widersprüchlich. Hier gilt: Die Schwierigkeiten der heutigen Anfänger ähneln häu-

Abb. 1: Experimentierraum eines Alchemisten

fig denen der frühen Wissenschaftler. Fünftens: Viele naturwissenschaftliche Entdeckungen und Erfindungen hatten und haben gesellschaftliche und politische Auswirkungen.

Die Elemente von Aristoteles bis Lavoisier...

Wir sprechen in vielen Alltagssituationen immer noch von den ‚wütenden' Elementen im Sinne von Aristoteles: Feuer, Wasser, Luft, Erde. (Genau genommen hatte er mit dem ‚Äther' ein fünftes eingeführt.) Sein Verdienst war, dass er die chemischen Verbindungen und Reaktionen für seine Zeit sehr scharfsinnig analysierte. Das Manko bestand darin, dass seine Elementenlehre mit den Grundeigenschaften warm – kalt, trocken – feucht den Blick zu sehr auf die qualitative Veränderung – z. B. des Eisens beim Rosten – richtete und dabei den men-

Abb. 2: Jede Naturwissenschaft interessiert hier etwas anderes

genmäßigen, den quantitativen Zusammenhang vernachlässigte.

Auf der Basis seiner Lehre entwickelte sich, in der Kombination mit fernöstlichen Ansichten, bald der Glaube, weniger geschätzte Stoffe in den ‚König der Metalle', das **Gold**, umwandeln zu können. In China schätzte man eher seine medizinische Wirkung. Im Westen brachte die verbissene Suche nach der Goldherstellung die Chemie in Verruf: Seit Beginn der Neuzeit war ziemlich klar, dass es den **‚Stein der Weisen'** nicht gibt und somit jeder ‚Goldmacher' als Betrüger auftrat.

Dass es überhaupt dazu kommen konnte, lag auch daran, dass zum Ende des ersten Jahrtausends die Araber eine führende Rolle in Naturwissenschaften und Medizin innehatten. Und dass sie wissbegierig und weltoffen die Schriften des Aristoteles studierten und weiterentwickelten. Und dass sie die damals wenig kenntnisreichen Europäer an ihren Lehren teilhaben ließen. Eine davon war ein neues Verständnis der chemischen Reaktionen und der Metalle. Letztere sollten aus den so genannten **‚Prinzipien'** Quecksilber – für flüssig – und Schwefel – für brennbar – bestehen. Die Reaktionen bestünden darin, dass sich die Mengenanteile der beiden **Prinzipien** veränderten. **Paracelsus** führte noch ein drittes Prinzip, das Salz, ein. Er war ein glühender Verfechter des medizinischen Einsatzes von ‚Chemikalien' wie manchen Erzen gegen Krankheiten. Man nennt ihn daher den ersten Iatrochemiker (griechisch ‚iatrós' = ‚Arzt'). Allzu lange hielt sich die Prinzipienlehre jedoch nicht.

In der Renaissance wurden die Menschen kritischer gegenüber den Lehren von Auto-

Chemie

ritäten wie Aristoteles, jedenfalls im nicht-kirchlichen Bereich. Was überprüfbar erschien, hatte sich dem Urteil des Experimentators und dessen Vernunft zu stellen. Spätestens mit Galilei begann sich um 1600 das **physikalische** Experiment durchzusetzen. In der Chemie, damals noch als Alchemie bezeichnet, hatte man schon Jahrhunderte vorher immer sorgfältigere Versuche durchgeführt. Was fehlte, war eine angemessene Theorie.

Sie entwickelte sich mit der Wiederaufnahme einer ‚echten' Elementen- und Atomlehre im 17. Jahrhundert, wenn anfangs auch ziemlich zaghaft. Immerhin musste man gegen eine rund 2000 Jahre alte Tradition ankämpfen. Aber die berühmten Experimente des O. von Guericke zu Vakuum und Luftdruck hatten die Theorien des Aristoteles schwer erschüttert: Dieser hatte die Atomlehre abgelehnt, weil er die Existenz des Vakuums vehement bestritt. Er konnte sich nicht vorstellen, dass es etwas geben könne, was er sich nicht vorstellen konnte. Und die grenzenlose **Leere zwischen den Atomen** war eine denknotwendige Folgerung von Demokrits Atomvorstellungen.

Im Laufe des 18. Jahrhunderts hatte sich die experimentelle chemische Technik immer weiter verfeinert. Insbesondere hatte man erkannt, dass es verschiedene Gase gab und dass sie bei manchen chemischen Reaktionen wesentlich mitbeteiligt waren. Auch auf der Basis dieser neuen Erkenntnisse stellte Lavoisier gegen Ende des Jahrhunderts den modernen Begriff des chemischen Elements auf. Dies sei ein Stoff, der sich **chemisch** nicht mehr zerlegen lasse. Dabei räumte dieser führende Chemiker seiner Zeit ein, dass man sich bei einzelnen Stoffen durchaus irren könne, ob sie Element oder chemische Verbindung seien. Das sei auch eine Frage der experimentellen Möglichkeiten. Er hatte Recht: Chlor hielt man aufgrund einer falschen Theorie über die Säuren für eine Verbindung, gebrannten Kalk (Calciumoxid) aber für ein Element. Lavoisier starb 1794 unter der Guillotine. Als Steuerpächter des

Abb. 3: Jede Naturwissenschaft betrachtet das gleiche Ei anders

Königs hatte er sich politisch missliebig gemacht. Und wohl einen Teil seiner aufwendigen Experimente mit dem Einkommen aus dieser Tätigkeit finanziert.

... und die Atome bis Dalton

Etwa zehn Jahre später kam der Brite J. Dalton aufgrund der zahlreichen experimentellen Befunde seiner Vorgänger und Zeitgenossen, aber durchaus auch durch eigene **physikalische** Versuche auf den Atombegriff von Demokrit zurück. Mit dem ‚Atom' ließen sich eine ganze Reihe chemischer wie physikalischer Versuchsergebnisse zwanglos deuten. Als Dalton sogar noch ein weiteres chemisches Gesetz **vorhersagte**, war dem Atomismus der neuzeitliche Durchbruch gelungen – bei den Chemikern immerhin. Viele Physiker hielten sich beim neuen Glauben an die Atome aber sehr zurück.

Die Chemie und einige Nachbarfächer

Wie der Name sagt, beschäftigen sich **Naturwissenschaften** mit den vielfältigen Erscheinungen der **Natur**. Stark vereinfacht gesagt, beschäftigt sich die **Physik** mit den messbaren Aspekten von Materie und Energie, die **Biologie** mit dem lebendigen Organismus, die **Chemie** mit den Stoffen und deren Vielfalt, aus denen die unbelebte wie die belebte Natur besteht. An Abbildung 2 würde einen Physiker wohl am ehesten die Fahrt des Surfbrettes interessieren, wie aus der Windbewegung die Bewegung des Bret-

tes auf dem Wasser entsteht. Ein Biologe konzentriert sich vermutlich auf den Surfer als lebendiges Wesen. Ein Chemiker könnte nach den verwendeten Kunststoffen des Surfbrettes fragen, ihrer Zusammensetzung und Herstellung.

Doch auch der gleiche Vorgang, das gleiche Objekt kann alle drei interessieren, wie das Ei in Abbildung 3. Vielleicht würden sie sich auf unterschiedliche Aspekte konzentrieren, der Physiker etwa auf das Gewicht, die Stabilität der Schale, das Schlingern eines rohen Eies, wenn man es dreht; der Biologe darauf, von welchem Tier das Ei stammt, wie aus ihm ein neues Lebewesen entstehen kann und dass es anderen Lebewesen als Nahrung dient; der Chemiker auf die Inhaltsstoffe des Eies wie Lecithine, Proteine, Tenside, und dass das Eiweiß anders aufgebaut ist als der Dotter und beides wiederum ganz anders als die Schale.

Vielfach sind diese drei Naturwissenschaften aber gar nicht so getrennt voneinander. Um beim Beispiel mit dem Ei zu bleiben: Die Frage mit dem Ei als biologische Nahrung ist verknüpft mit den chemischen Vorgängen im Körper. Eine physikalische Betrachtung der Schale wird unterstützt vom Wissen um deren chemische Zusammensetzung.

In der Schule gesellt sich Chemie gleichberechtigt zu Physik und Biologie. Wie Abbildung 4 zeigt, bildet die Physik das Fundament aller Naturwissenschaften. Auf sie stützen sich etagenartig Chemie und Biologie. Von der Chemie her leiten sich **physikalische Chemie** und **Biochemie** als Überlappungen zu den Nachbarwissenschaften ab.

Daneben wären ohne Chemie die moderne **Medizin**, die **Pharmazie** und die **Ernährungswissenschaften** undenkbar. Die **Landwirtschaftswissenschaft** stützt sich zu einem guten Teil auf chemische Erkenntnisse, selbst dann, wenn sie zu ‚ökologischem Landbau' rät. Die **Geologie**, die Wissenschaft von der Erde, könnte ohne Chemie keine vernünftige Ordnung in ihre Welt der Gesteine, Erze und weiterer Bodenschätze bringen.

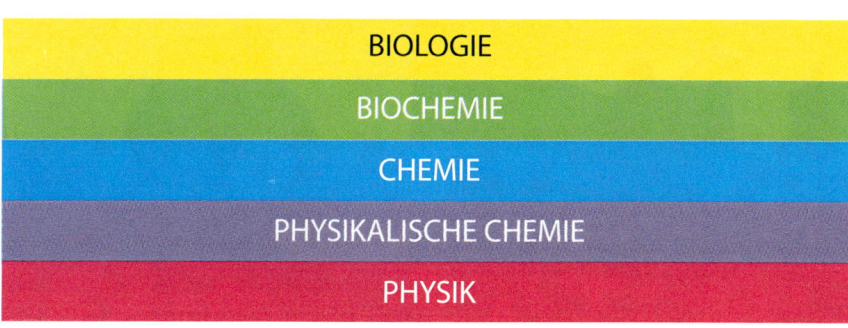

Abb. 4: Das Haus der Naturwissenschaften

BIOLOGIE

BIOCHEMIE

CHEMIE

PHYSIKALISCHE CHEMIE

PHYSIK

 Zum Weiterlesen:

- Die Chemie – die große Unbekannte, S. 464
- Eigene Charaktere – Stoffe und ihre Eigenschaften, S. 468
- Nicht nur sauber, sondern rein – Reinstoffe – Trennverfahren, S. 470

Eigene Charaktere – Stoffe und ihre Eigenschaften

Die biologisch wichtigsten chemischen Grundstoffe sind wohl jedermann vom Namen her bekannt: Wasserstoff, Kohlenstoff, Stickstoff und Sauerstoff. Sie dokumentieren am besten, wie wichtig der Begriff ‚Stoff‘ in der Chemie ist. Wie weit er in den Alltag hineinreicht, zeigt die folgende, sehr verkürzte Auflistung gebräuchlicher Bezeichnungen: Arzneistoffe, Brennstoffe, Eiweißstoffe, Farbstoffe, Geschmacksstoffe, Impfstoffe, Kunststoffe, Mineralstoffe, Nährstoffe, Rohstoffe, Sprengstoffe, Treibstoffe, Wertstoffe. Der für alle Lebewesen weitaus wichtigste Begriff enthält ebenso das Wort ‚Stoff‘: **Stoffwechsel**, also die Gesamtheit aller chemischen Reaktionen in einem biologischen Organismus wie dem menschlichen Körper.

Hingewiesen sei darauf, dass die obige Liste der Stoffe zu ergänzen ist. Denn eine ganze Reihe von Stoffen wird im Alltagsgebrauch als ‚Mittel‘ bezeichnet: Arzneimittel, Betäubungsmittel, Düngemittel, Frostschutzmittel, Insektenvertilgungsmittel, Kühlmittel, Lebensmittel, Nahrungsmittel, Pflanzenschutzmittel, Reinigungsmittel, Schmerzmittel, Waschmittel.

Auch im Haushalt werden sehr viele verschiedene Stoffe verwendet (Abb. 1). Je nach ihren ganz speziellen Eigenschaften benutzt man sie für alle möglichen Zwecke.

An ihren Eigenschaften erkennt man sie …

Jeder Mensch besitzt Eigenschaften, die er mit anderen teilt, und solche, die ihn von anderen unterscheiden: Augen-, Haar- und Hautfarbe, Größe und Gewicht, Form von

Abb. 2: Stoffe können sich durch ihre Farbe unterscheiden

Augen, Ohren und Kopf, Blutgruppe und weitere. In ihrer Summe charakterisieren sie eindeutig eine bestimmte Person unter knapp sechs Milliarden Menschen.

Auch die Chemie charakterisiert – nämlich Stoffe. Weit über 13 Millionen sind mittlerweile bekannt. Um diese voneinander zu unterscheiden, untersucht man ihre Eigenschaften. Hier ist es wie bei den Eigenschaften eines Menschen: Auch die Stoffe besitzen solche, die sie mit anderen gemeinsam haben, und solche, die sie von anderen unterscheiden. Vergleichbar mit den Einträgen in einem Ausweis fasst man die Stoffmerkmale in Tabellenwerken zusammen. Dort kann man nachschlagen, wenn man eine bestimmte Substanz identifizieren will. Manche dieser Eigenschaften sind sehr einfach, schon auf den ersten Blick zu erkennen, andere erkennt man erst durch genauere Untersuchung, teilweise nicht ohne Hilfsmittel. Oft fasst man viele Stoffe, die eine oder mehrere Stoffeigenschaften gemeinsam oder ver-

gleichbar haben, in einer Stoffklasse zusammen. Da jeder Stoff aber viele Eigenschaften hat, kann der gleiche Stoff durchaus zu mehreren Stoffklassen gehören, je nachdem, welche seiner Eigenschaften gerade von Interesse ist.

… nach ihren Eigenschaften verwendet man sie

Wer eine Tür weiß streichen will, wird Titan- oder Zinkweiß benutzen, kein Chromgrün oder Cobaltblau. Die **Farbe** ist ein erstes Merkmal der Stoffe (Abb. 2). Kompakte und polierte Metallgegenstände besitzen einen typischen Glanz: Es ist eine blanke Silberschicht auf der Rückseite von Spiegeln, die uns zurücklächelt. Diese Silberschicht wird chemisch auf dem Glas aufgebracht (Abb. 3). Wenn wir jemanden ‚nicht riechen können‘, ist es, wenn man es wörtlich nimmt, sein Geruch, den wir nicht ausstehen können. Oder den von Gülle und Jauche. Umgekehrt macht uns ein Parfüm oder Gesichtswasser eventuell sympathisch.

Viele Stoffe besitzen einen charakteristischen **Geruch**. Oftmals mischt man dabei verschiedene duftende Stoffe, wie beim Parfüm, um einen neuen Geruch zu kreieren. Über **Geschmack** kann man sich sehr wohl streiten, wenn bei der Zubereitung der Rindfleischsuppe versehentlich Zucker verwendet wurde und beim Vanillepudding das Salz. Wer Kandiszucker für seinen Tee verwendet, kann ihn anhand seiner **Kristallform** leicht von Kochsalz unterscheiden (Abb. 4). Die **Härte** eines Bohrers entscheidet darüber, ob wir mit ihm ein Loch in die Wand bohren können. Die **Sprödigkeit** von Glasflaschen ist einer ihrer Nachteile gegenüber solchen aus Kunststoffen: Sie sind zerbrechlich. Die leichte **Verformbarkeit** von Metallen und

Abb. 1: Einige Stoffe aus dem Haushalt

Abb. 3: Ein im Labor hergestellter Silberspiegel

Abb. 4: Steinsalz/Kochsalz hat immer die gleich Kristallform

Abb. 5: Die geringe Wärmeleitfähigkeit von Kunststoffgriffen ist bei Kochgeräten nützlich

Oder die Knochen, die Zähne, die Schleimhäute sich in Wasser leicht lösen würden. Und umgekehrt: Ohne die Löslichkeit von Sauerstoff, Kochsalz, Zuckern und vielen anderen Stoffen könnte sich kein Lebewesen ernähren (Abb. 7).

Stoff	Löslichkeit in g/Liter Wasser
Sauerstoff	0,043
Kalkstein	0,015
Gips	2,0
Kochsalz	358,8
Rohrzucker	2039

Abb. 7: Die Löslichkeit verschiedener Stoffe in Wasser ist sehr unterschiedlich

vielen Kunststoffen ist in der Technik wie im Alltag von immenser Bedeutung. Metalle besitzen außerdem **elektrische Leitfähigkeit**. Es existieren aber auch schon leitfähige Kunststoffe. Die gute **Wärmeleitfähigkeit** der Metalle ist beim Kochen, Braten und Backen hochwillkommen, dabei nutzt man aber auch, dass Kunststoffe die Wärme schlechter leiten (Abb. 5). Der **Magnetismus** von Eisen gibt mit der Kompassnadel Seefahrern seit langer Zeit die Richtung vor. Die **Dichte** als ‚spezifische Masse'

Dichte = Masse/Volumen

$\leftrightarrow \rho$ (rho) = m/V (als Größengleichung) entscheidet darüber, ob feste Verunreinigungen im Wasser schwimmen wie Holz und Kork oder absinken/untergehen wie Sand und die ‚Titanic'. Sie ist für den Flug von großen und kleinen Ballons (Abb. 6) sowie

von Luftschiffen zuständig. Und dafür, dass der Einsatz von Leichtmetallen Flugzeuge immer größere Nutzlasten befördern lässt. Werkstoffe mit geringer Dichte und gleichzeitig hoher Festigkeit machen das Drei-Liter-Auto schon heute möglich. Denn geringes Gewicht bedeutet weniger Kraftstoffverbrauch.

Die **Mischbarkeit** oder **Löslichkeit** ist für den Fortbestand des Lebens mitentscheidend: Jede Zelle schottet sich durch Membranen von der Umgebung ab und bildet damit ihr eigenes Reich. Jedes Wasserlebewesen ist erst durch wasserunlösliche Stoffe an seiner Körperoberfläche existenzfähig. Aber auch der Mensch profitiert davon. Denn es wäre schlimm, wenn sich unsere Haut bei jedem Regenguss auflösen würde.

Eine der wichtigsten Kenngrößen eines Stoffes ist sein **Aggregatzustand** bei Raumtemperatur und Normaldruck (1013 Hektopascal). Leben ist nur durch die **Gase** Sauerstoff und Kohlendioxid denkbar, wenn genügend viel **flüssiges** Wasser vorhanden ist. Für die mechanische Stabilität der Lebewesen ist die Existenz vom Feststoffen notwendig. Die Cellulose der Pflanzen, das Chitin der Insektenpanzer und die Knochen der Wirbeltiere. Die Lage der **Schmelztemperatur** und der **Siedetemperatur** sind daher nicht nur für Chemiker relevante Größen in den Stoffdatenbanken (Abb. 8).

Stoff	Schmelztemperatur C°	Siedetemperatur C°
Aluminium	660	2450
Alkohol	– 114	78
Eisen	1540	3000
Gold	1063	2677
Kochsalz	801	1465
Kupfer	1083	2600
Quecksilber	– 39	357
Sauerstoff	– 219	– 183
Stearinsäure	71	370
Wasser	0	100
Wasserstoff	– 259	– 253

Abb. 8: Schmelz- und Siedetemperatur eines Stoffes gehören zu seinen charakteristischen Eigenschaften

 Zum Weiterlesen:

- Der weite Weg zur Wissenschaft Chemie, S. 466
- Nicht nur sauber, sondern rein – Reinstoffe – Trennverfahren, S. 470
- Modelle und Aggregatzustände, S. 472

Abb. 6: Nur Gase mit niedriger Dichte lassen Ballons frei fliegen

Nicht nur sauber, sondern rein:
Stoffmischungen – Reinstoffe – Trennverfahren

Mischungen – Unterschiede und Beispiele

Beim Schwimmen Zeitung lesen? Unmöglich? Die Dame von Abb. 1 zeigt, dass es geht. Dann jedenfalls, wenn man ein Bad im Toten Meer nehmen kann. **Im** Toten Meer wohl nicht, eher **auf** ihm.

Die Physik lehrt, dass ein Körper – passiv – schwimmt, wenn seine Dichte kleiner ist als die der Flüssigkeit – und wenn er sich nicht in ihr auflöst. Jeder weiß, dass Fett oben schwimmt. Seine Dichte ist etwas niedriger als die des Wassers. Sehr dick wirkt die Dame aber nicht. Also liegt's am Wasser. Besser, an seinem Salzgehalt von etwa 30 %. Eine konzentrierte Kochsalzlösung hat eine Dichte von rund 1,19 g/l, das ist etwa 10 % mehr als die mittlere Dichte des menschlichen Körpers. Stoffmischungen besitzen eben andere Eigenschaften als die reinen Stoffe.

Zum Trinken ist dieses Wasser jedoch gänzlich ungeeignet. So seltsam es klingen mag: Wer seinen Durst mit Salzwasser löscht, verdurstet. Dem Körper wird dabei zu viel Salz zugeführt. Das überflüssige Salz wird aus dem Körper geschwemmt, wobei mehr Flüssigkeit verloren geht, als man aufgenommen hat. Zum Durstlöschen eignet sich also besser das so genannte Trinkwasser, zum Beispiel aus einem Brunnen oder einer Quelle (Abb. 2).

Abb. 1: Im Toten Meer schwimmt ein Mensch aufgrund des hohen Salzgehaltes ohne Schwimmbewegungen

gungskraft der Natur zu unterstützen. Erst komplizierte und langwierige Prozesse machen das verschmutzte Wasser wieder genießbar. **Unsauberes** Trinkwasser erweist sich in der Dritten Welt immer mehr als Träger von Krankheit und Tod. Unser Trinkwasser hingegen gilt als (weitgehend) **sauber**. Dennoch ist es nicht **rein**. Es enthält gelöste Gase und verschiedene Salze. Und das ist gut so: Auch chemisch reinstes Wasser, gereinigt durch mehrfache Destillation, ist nicht für die Ernährung geeignet, in größeren Mengen verzehrt ist es sogar tödlich. Es dringt in die Körperzellen ein, bringt diese zum Platzen und schädigt dadurch das Gewebe. Auch hier gilt: Die Reinstoffe besitzen andere Eigenschaften als Mischungen. Dies zeigt sich auch bei der Betrachtung der Siedekurven von reinem Wasser und von Salzwasser (Abb. 3).

Im Alltag umgeben uns fast nur **Stoffmischungen**. Diese lassen sich in zwei Gruppen unterteilen: **heterogene Mischungen** und ho-

mogene Mischungen. (Heterogen lässt sich hier am besten als ‚uneinheitlich', homogen als ‚einheitlich' aufgebaut übersetzen.)

Heterogene Mischungen sind leicht als solche zu erfassen. Oft erkennt man bereits mit bloßem Auge mehrere Mischungsbestandteile: Nudeln und Fett in der Suppe, Wolken (Abb. 4), Nebel und Rauch in der Luft, trübe Säfte (Abb. 5) und Schmutzwasser als **Suspensionen** (lateinisch ‚suspendere' =‚schweben'), Gasblasen im Sprudel. Sie zeigen grundsätzlich die Tendenz, sich ohne äußere Einwirkung zu **entmischen**. **Dispersionsfarben** sind vor Gebrauch umzurühren (lat. dispersio: Zerstreuung). Manchmal sind die unlöslichen Bestandteile so klein, dassman sie erst unter dem Mikroskop erkennt: Die Fetttröpfchen der Milch (Abb. 6) oder die Zellen des Blutes. Milch, Salben, Cremes und Mayonnaise als **Emulsionen** werden durch **Emulgatoren** stabilisiert (lat. ‚emulsum'=‚abgemolken'), diese verhindern das Entmischen der Mischungsbestandteile.

Abb. 2: Sauberes Trinkwasser ist ideal zum Durstlöschen

Auch das Wasser aus dem Wasserhahn eignet sich zum Trinken. Dass dieses aber überhaupt noch genießbar ist, könnte verwundern. Jedenfalls jeden, der das Schmutzwasser einer öffentlichen Kanalisation kennt. Auch das Wasser der Flüsse und Seen ist meist viel zu verschmutzt, um es zu trinken. Kläranlagen sind zumindest in Ballungsgebieten nötig, um die **Selbstreini-**

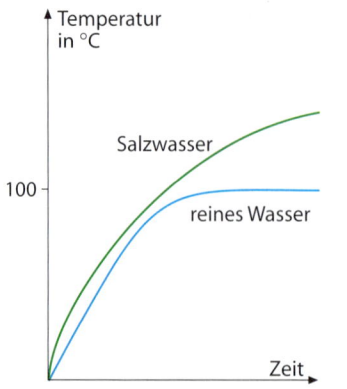

Abb. 3: Die Siedetemperatur von reinem Wasser bleibt konstant, die von Salzwasser steigt an

Abb. 4: Wolken sind wie Nebel Ansammlungen kleinster Wassertropfen in der Luft

Eines haben heterogene Mischungen alle gemeinsam: Sie sind in mehr oder weniger dicken Schichten undurchsichtig. Wer je im Nebel unterwegs war, weiß das.

Die verschiedenen Komponenten homogener Mischungen lassen sich dagegen nicht oprisch unterscheiden. Selbst unter dem Lichtmikroskop sind keine einzelnen Bestandteile zu erkennen. Daher sehen alle farblosen Lösungen (fast) genauso wie reines Wasser aus, ob sie nun Salz enthalten, Alkohol oder gelösten Sauerstoff. In Goldlegierungen lassen sich die einzelnen Metalle nicht unterscheiden. Und Mischungen von farblosen Gasen sehen immer gleich aus.

Abbildung 7 fasst die Bezeichnungen für verschiedene Mischungen zusammen.

Mischungen lassen sich leicht herstellen: Salate, Suppen, Puddings, Kuchenteige, Spülwasser. Oder Mischungen aus den verschiedenen Farben eines Malkastens (Abb. 8). Die **Mischungseigenschaften** lassen sich durch Änderung der **Zusammensetzung** praktisch beliebig **verändern**. Das gilt für alle Stoffe, die sich in **jedem Verhältnis** miteinander mischen lassen: Gase, Wasser und Alkohol, Zement, Sand, Kies und Baustahl zu Beton. Und selbst wenn es Löslichkeitsgrenzen gibt wie bei Zucker und Salz mit Wasser, kann man weitgehend selbst bestimmen, wie süß oder gesalzen man seine Getränke und Speisen zu sich nehmen möchte.

Stoffmischungen zu trennen ist schwieriger. Alle **Trennverfahren** nutzen dabei Un-

Abb. 5: Säfte mit festem Fruchtfleisch sind Suspensionen

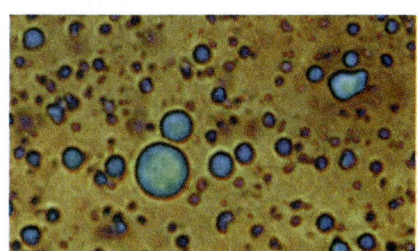

Abb. 6: Die Fetttröpfchen der Milch sind erst unter dem Mikroskop sichtbar

Heterogene Mischungen		Homogene Mischungen	
Emulsion	Flüssigkeit in Flüssigkeit	Lösungen	Feststoff in Flüssigkeit
Suspension	Feststoff in Flüssigkeit		Flüssigkeit in Flüssigkeit
Rauch	Feststoff in Gas		Gas in Flüssigkeit
Nebel	Flüssigkeit in Gas	Legierung	Feststoff in Feststoff
Gemenge	Feststoff mit Feststoff	Gasmischungen	Gas in Gas
leicht aufzutrennen		**aufwendige Trennverfahren nötig**	

Abb. 7: Wichtige Beispiele für heterogene und homogene Mischungen

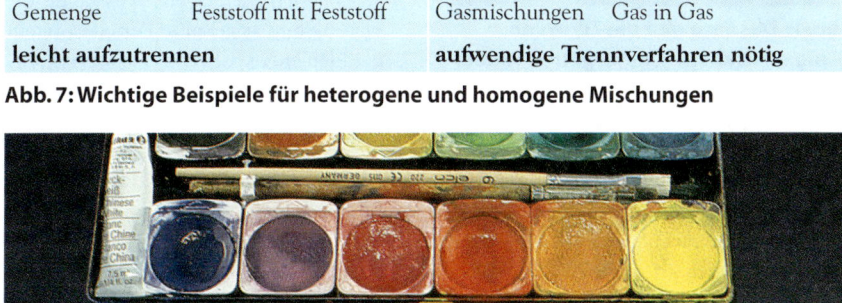

Abb. 8: Farbmischungen herzustellen ist ein Kinderspiel

terschiede in den Eigenschaften der Mischungsbestandteile. Man benutzt für heterogene und homogene Mischungen unterschiedliche Trennverfahren. Eine Übersicht über verschiedene Verfahren geben die Abbildungen 9 und 10. Dabei ist auch angegeben, welche Stoffeigenschaft zur Trennung benutzt wird; in dieser sollten sich die zu trennenden Stoffe unterscheiden.

Das Beispiel mit der Siedetemperatur des Wassers zeigte, dass **Reinstoffe charakteristische, unveränderliche Eigenschaften** aufweisen. Mit diesen lassen sie sich eindeutig von allen anderen Stoffen unterscheiden. Und erst wenn man sie so rein wie möglich hergestellt hat, kann man sie miteinander mischen, um bestimmte Eigenschaften zu erzielen, die die einzelnen Reinstoffe für sich nicht besitzen.

Eigenschaft	Verfahren	Beispiele
Dichte	Aufschwimmen	Holz auf Wasser
	Sedimentieren/Absetzen	Sandfang in Kläranlagen
	Dekantieren	Abfließen des Abwassers aus dem Sandfang
	Zentrifugieren	Fett aus Milch
Korngröße	Filtrieren/Filtern	Kaffee, Tee
Magnetismus	Magnettrennung	Eisenschrott (von Kunststoffen, anderen Metallen)

Abb. 9: Gebräuchliche Trennverfahren bei heterogenen Mischungen

Eigenschaft	Verfahren	Beispiele
Siedetemperatur	Destillation	Erdöl, Spirituosen, Wasser
	Eindampfen	Zucker, Meersalz
Löslichkeit	Extraktion	Salinensalz
Teilchengröße	Dialyse	Blutwäsche
(verschiedene)	Chromatographie	Farbstoffe

Abb. 10: Gebräuchliche Trennverfahren bei homogenen Mischungen

 Zum Weiterlesen:

- Eigene Charaktere – Stoffe und ihre Eigenschaften, S. 468
- Modelle und Aggregatzustände, S. 472
- Hurtig und geschwind – die Teilchenbewegung, S. 474

Modelle und Aggregatzustände

Was ist ein Modell? Eine Puppe, ein Modellflugzeug oder ein Flaschenschiff – eine vom Menschen gemachte Abbildung der Wirklichkeit.

Ein weit verbreiteter Fehler in der Chemie, anderen Wissenschaften und im Alltag ist, die Vorstellungen oder **Modelle**, die man sich von Gegenständen macht, mit der **Realität** gleichzusetzen.

1. Ein Auto oder ein Mensch (Abb. 1) auf einem **Foto** oder in einem Film ist nicht die Person oder der Wagen selbst, sondern nur ein **Bild**, eben ein **Modell**: Im Allgemeinen stark verkleinert, manchmal vergrößert, jedenfalls nur zweidimensional. Trotzdem – Fotos wirken überzeugend.

2. Wohl niemand wird einen **Globus** mit der Erde selbst verwechseln. Als Darstellung für die annähernde Kugelform der Erde ist er durchaus brauchbar. Auch der Begriff ‚Erdachse' lässt sich an ihm gut erklären. Unbrauchbar ist er dagegen, wenn man sich in den Ferien die schönsten Wanderwege aussuchen will; dazu kann man eine Wanderkarte heranziehen. Dem Modell können Eigenschaften mitgegeben werden, die in Wirklichkeit gar nicht oder doch nicht so vorhanden sind: So werden benachbarte Staaten häufig unterschiedlich koloriert und die nur gedachten Ländergrenzen als Linien dargestellt.

3. **Modelleisenbahnen** können dem Original zum Verwechseln ähnlich sehen. Trotzdem wird niemand behaupten, Modelllok und reale Lok seien identisch. Und kaum ein Vater wird seinen Dreijährigen an sein kompliziertes Modell heranlassen, sondern ihm ein viel gröberes, aber robustes aus Holz oder Plastik zum Spielen geben. Für diesen Zweck ist das einfache Modell vollkommen brauchbar (Abb. 2).

Fazit: Modelle sind weder gut noch schlecht, sondern nur mehr oder weniger brauchbar als Abbildung der Realität.

Das gilt auch für die **Atommodelle**, die in diesem Buch nacheinander verwendet werden und die aufeinander aufbauen.

Abb. 1: Das Foto gibt die Züge von Königin Elisabeth II. naturgetreu wieder

1. Das **Kugelmodell**. Brauchbar ist es zum Verständnis der drei Aggregatzustände und ihrer Übergänge auf der Grundlage der einfachen thermischen Teilchenbewegung. Unbrauchbar ist es dagegen zur Erklärung der chemischen Bindungen (Abb. 3).

2. Das **Kern-Hülle-Modell**. Es ist geeignet, um die Durchlässigkeit der Materie für radioaktive Strahlung zu erklären. Es ist unbrauchbar für ein differenziertes Verständnis der periodisch anwachsenden Größen der Atome, der chemischen Bindungen und hier vor allem der Wertigkeiten verschiedener Atome. Warum ist z. B. die Formel eines Wassermoleküls H_2O, eines Methanmoleküls CH_4, die des Kohlenstoffdioxids aber CO_2?

3. Das **Schalenmodell** in Anlehnung an **Bohr**. In Analogie zum Modell des Son-

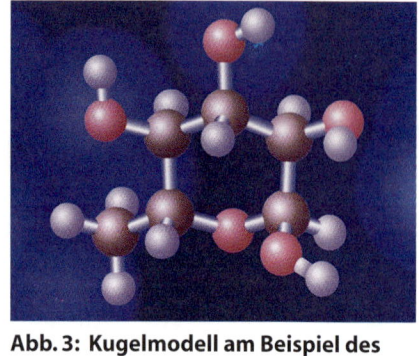

Abb. 3: Kugelmodell am Beispiel des Glukosemoleküls

nensystems ist es gut geeignet für die Beschreibung der steigenden Atomradien innerhalb einer Elementfamilie. Es erklärt aber nicht, wann eine Schale abgeschlossen sein soll, dass das Wasserstoffatom Kugelform besitzt und vieles mehr.

4. Das **Kugelwolkenmodell**. Es unterliegt keinem der unter 1.–3. genannten Widersprüche und ist noch einigermaßen anschaulich. Leider bietet es keine Erklärung für das gesamte Periodensystem der Elemente (PSE). Das schwierige ‚Orbitalmodell' sollte höheren Chemiekursen vorbehalten sein.

Wir leben mit ihnen – die drei Aggregatzustände

Wir tanken sie richtig, die frische Luft. Nach starkem Schwitzen benötigt unser Körper dringend Flüssigkeitsnachschub; sonst würde das Blut zu dickflüssig. Die Festigkeit der Knochen hält uns aufrecht.

Abb. 4: Wasser fließt immer zum tiefsten Punkt

Abb. 2: Vereinfachtes Modell einer Eisenbahn

Abb. 5: Die Milch befindet sich unten im Glas, passt sich dessen Form an und besitzt eine Oberfläche

Die Mehrzahl der Stoffe kann in allen drei Aggregatzuständen – fest, flüssig, gasförmig – vorkommen. Welcher Aggregatzustand gerade vorliegt, hängt neben den Eigenheiten der Substanz von Temperatur und äußerem Druck ab. Jeder dieser drei Zustände hat seine charakteristischen Eigenschaften:

Als **Feststoff** besitzt eine Substanz die **größte Dichte** – sie liegt etwa 5–10 % höher als die der jeweiligen Flüssigkeit. Im Idealfall haben die festen Körper natürliche, regelmäßige Formen mit mehreren Oberflächen. Ohne eine äußere Kraft behalten Festkörper ihre Form stets bei.

Die wichtigste Ausnahme bei der Dichte ist das Wasser: Das Eis schwimmt an der Oberfläche und sinkt nicht nach unten, weil seine Dichte kleiner ist. Darauf wird später noch genauer eingegangen.

Flüssigkeiten passen sich jeder **Gefäßform** an – in einer Flasche, Kanne oder

Abb. 6: Die Lufthülle der Erde besitzt keine abgrenzende Oberfläche

Tasse. Sie fließen bis zum tiefsten Punkt, den sie erreichen können (Abb. 4). Das sieht man, wenn sich Regenwasser in Pfützen ansammelt oder wenn man Saft in ein Glas schüttet. Das weiß man von Bächen und Flüssen: Ihre Endstationen sind die Meere, manchmal Binnenseen. Flüssigkeiten (Abb. 5) besitzen immer **eine** Oberfläche, die sie von der Umgebung wie der Luft trennt. Nur wegen dieser Oberfläche kann man sie erkennen, wenn sie farblos sind.

Eigenschaften	Teilchenmodell	Modellgrafik
Größte Dichte, keine Komprimierbarkeit	Engste Nachbarschaft der Teilchen	
Regelmäßigkeit, Beibehaltung der Form	Regelmäßig angeordnete, nicht verschiebbare Teilchen	

Abb. 7: Vergleich der Eigenschaften von Feststoffen mit dem Teilchenmodell

Eigenschaften	Teilchenmodell	Modellgrafik
Etwas niedrigere Dichte, geringe Komprimierbarkeit	Weniger enge Nachbarschaft – kleine ‚Löcher' zwischen ihnen	
Fließfähigkeit, Formanpassung	Weniger regelmäßig angeordnete, verschiebbare Teilchen	

Abb. 8: Vergleich der Eigenschaften von Flüssigkeiten mit dem Teilchenmodell

Eigenschaften	Teilchenmodell	Modellgrafik
Sehr niedrige Dichte, hervorragende Komprimierbarkeit	Kaum noch Nachbarschaft – riesige ‚Lücken' zwischen den Teilchen – kein Zusammenhalt untereinander	

Abb. 9: Vergleich der Eigenschaften von Gasen mit dem Teilchenmodell

Gase weisen die weitaus **niedrigsten Dichten** auf. Diese sind bis zu tausendmal kleiner als die der Feststoffe. Man kann sie stark komprimieren. Das nutzt man beim Aufpumpen eines Fahrradreifens wie auch beim Verdichten des Kraftstoff-Luft-Gemisches in einem Verbrennungsmotor. Sie verteilen sich vollständig und gleichmäßig in jedem zu Verfügung stehenden Raum. Zudem besitzen sie **keine** Oberfläche – die Erdatmosphäre geht praktisch kontinuierlich in das Vakuum des Weltalls über (Abb. 6). Wegen der fehlenden Oberfläche sind farblose Gase unsichtbar.

Das Kugelmodell der Teilchen

In der Chemie arbeitet und denkt man viel mit und in **Modellen**. Eines der wichtigs-ten ist das **Teilchenmodell**. Die einfachste Vorstellung, die man sich von den Teilchen macht, ist, dass sie kugelförmig

sind. Diese Annahme lässt sich vorbildlich zur Erklärung der Aggregatzustände anwenden. ‚Se aggregare' heißt im Lateinischen ‚sich anschließen'. Dann bedeutet ‚Aggregatzustand' ganz anschaulich, in welcher Art und Weise sich diese Teilchen einander anschließen: Den beobachtbaren und messbaren **Eigenschaften** lassen sich **Modelle der Teilchen** zuordnen, die sich so weit wie möglich oder gewünscht entsprechen. Die Abbildungen 7, 8 und 9 sollen

dies für die drei verschiedenen Aggregatzustände verdeutlichen. Die hier gewählte Darstellung der Teilchen als Kugeln lässt natürlich viele Fragen offen, beispielsweise wie und warum die Teilchen zusammengehalten werden. Als einfaches Modell ist es aber ausreichend, um sich eine erste Vorstellung von der Anordnung und Beweglichkeit der Teilchen in den drei Aggregatzuständen machen zu können.

Zum Weiterlesen:

- Auch die Atome sind nicht mehr die alten, S. 476
- Das Ende der alten Physik – das Zwiebelschalenmodell, S. 478
- Wolkige Kugeln – das Kugelwolkenmodell der Atome, S. 480

Hurtig und geschwind – die Teilchenbewegung

Dass Materie nicht immer und überall, aber doch ziemlich oft in Bewegung ist, lässt sich bei flüssigen und festen Stoffen direkt beobachten. Die Beispiele sind bekannt. Wasser eines Baches, Flusses (Abb. 1) oder aus der Leitung

Abb. 2: Roheisen fließt aus dem Hoch-ofen

fließt wie flüssiges Eisen in die tiefstmögliche Lage (Abb. 2). Demselben Gesetz gehorchen Lawinen oder Steinschläge. Die Bewegung von vielen Gasen lässt sich nur indirekt feststellen, weil die meisten Gase farblos sind. Die Bewegung von Blättern, Zweigen und Ästen lässt aber Rückschlüsse auf die Windstärke, also auf eine Luftbewegung zu.

Dass auch die **Teilchen selbst** in steter Bewegung sind, lässt sich ohne teure Geräte wie Elektronenmikroskope **nur** indirekt erschließen und am ehesten bei Gasen und Flüssigkeiten feststellen. Der Duft eines Parfüms oder Rasierwassers verfliegt in einem geschlossenen Raum ebenso wie unangenehmer Geruch, wenn man das Fenster öffnet.

Gibt man zwei oder mehr Gase zusammen, so gleichen sich ihre Konzentrationen nach genügender Zeit vollständig aus, sie durchdringen sich gegenseitig. Da sie aus Teilchen bestehen, **müssen** es diese sein, die wandern: von oben nach unten **und umgekehrt** (Abb.

3). Ähnliches läuft beim Gasaustausch zwischen dem Blut und der Luft in den Lungenbläschen aufgrund des Konzentrationsunterschiedes ab. Diese **Diffusion** kann man auch bei Flüssigkeiten beobachten (Abb. 4). Selbst wenn man seinen Kaffee mit dem Zuckerwürfel nicht umrührt, schmeckt er nach einiger Zeit gleichmäßig süß. Die Teezubereitung mit dem Beutel folgt dem gleichen Prinzip.

Eine spezielle Art der Diffusion ist die **Osmose**. Halb durchlässige Membranen wie die von Organismen verhindern eine freie Diffusion. Sie lassen nur die kleinen Teilchen des Lösemittels durch, nicht aber größere gelöste. Ein Ei ohne Schale quillt darum auf, wenn man es in reines Wasser legt: Der Verdünnungseffekt ist nur durch ‚Einwandern' der Wasserteilchen in das Ei möglich (Abb. 5). Dem gleichen Prinzip einer einseitigen Diffusion folgt die **Dialyse**, die Blutwäsche bei Nierenkranken.

Die Teilchenbewegung ist auch für die Existenz unserer ausgedehnten Atmosphäre verantwortlich. Mit durchschnittlichen Geschwindigkeiten zwischen 400–500 m/s ist sie noch um einiges schneller als der Schall. Die Teilchen der Luft ‚wehren' sich damit mit gewissem Erfolg gegen die Erdanziehung. Erst in ca. 5500 m Höhe ist der Luftdruck auf die Hälfte gesunken.

Ein erster großer Schritt zum Zusammenwachsen von Physik und Chemie war es, als Mitte des 19. Jahrhunderts einige Physiker die Existenz von Teilchen akzeptierten und ihre Bewegung mit den Begriffen **Temperatur** und

Wärme verknüpften. Es war ein Riesenerfolg, dass sie mit relativ wenigen Grundannahmen und Gesetzen der **Mechanik** die experimentell eindeutig gesicherten Kenntnisse über das Verhalten von Gasen **theoretisch** ableiten konnten. Das hatte und hat bis heute Konsequenzen.

Wir wissen, dass sich Zucker in heißem Wasser schneller löst als in kaltem und dass Wäsche im Wäschetrockner oder bei hohen Außentemperaturen schneller trocknet als bei niedrigen. Man darf annehmen, dass die Teilchen bei hohen Temperaturen schneller sind als bei niedrigen oder genauer: dass sie bei **höherer Temperatur** eine **größere Bewegungsenergie** besitzen.

Es ist diese Energie, die Gasen erlaubt, ein bestimmtes Volumen einzunehmen oder ihren Druck auszuüben. Der Gasdruck kommt dabei durch die Stöße der Teilchen auf die Gefäßwand zustande. Druck bzw. Volumen eines Gases steigen gleichmäßig mit der Temperatur an (Abb. 6) und nehmen mit ihr ab. (Wer einen ‚heißen Reifen' fährt, darf sich über höheren Reifendruck während und kurz nach der Fahrt nicht wundern.)

Abb. 1: Bei einem Gebirgsfluss ist das Fließen des Wassers leicht zu erkennen

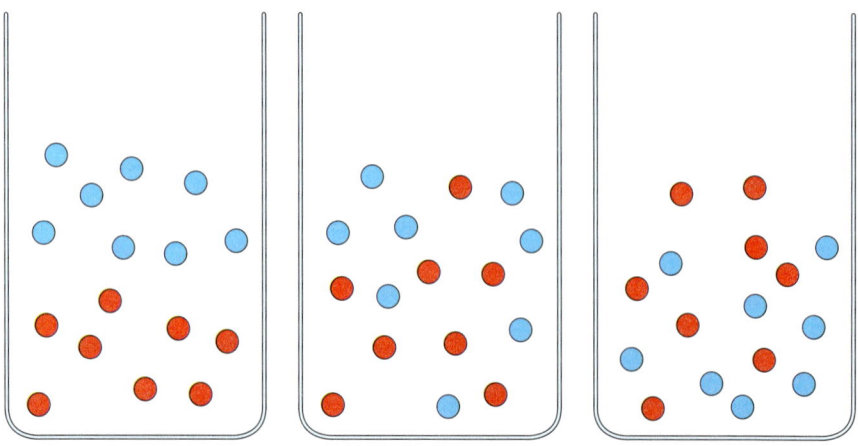

Abb. 3: Bei der Diffusion wandern Teilchen von oben nach unten, aber auch von unten nach oben

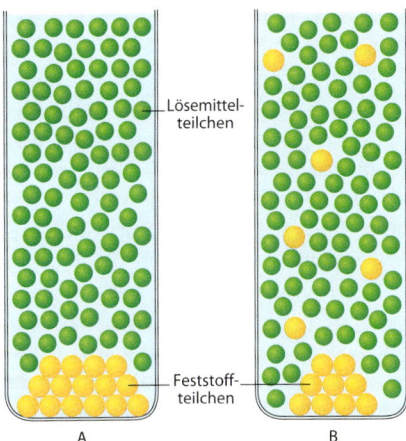

Abb. 4: Modell von Lösevorgang und Diffusion eines Feststoffes in einer Flüssigkeit

Beginnt man bei 0°C mit einem festen Gasvolumen und steigert man allmählich die Temperatur, so beobachtet man mit jedem Grad eine Volumen- bzw. Druckzunahme um 1/273 der Ausgangswerte. Im Idealfall findet man die doppelten Werte für Druck bzw. Volumen bei +273 °C, eine Halbierung der Ausgangswerte bei rund –137 °C, eine Verringerung auf ein Viertel bei –68 °C und eine weitere **lineare Abnahme** mit sinkender Temperatur. Aus diesen Beobachtungen folgt, dass es für **alle Stoffe** eine **niedrigste Temperatur** geben muss, die nicht mehr unterschritten werden kann: den **absoluten Nullpunkt** bei ca. –273 °C. Bei ihm ist jede **Wärmebewegung** der Partikel erloschen, der Gasdruck gleich null. Damit kommt man zur absoluten oder KELVIN-Temperaturskala. Man behält die Einteilung der Celsiusskala bei und nennt die –273 °C **null Kelvin – 0 K**. In dieser Skala schmilzt Eis bei 273 K und siedet bei 373 K.

Die Umrechnungen fallen leicht:
Zahlenwert (ZW) (in K) = ZW (in °C) **+ 273**;
Zahlenwert (ZW) (in °C) = ZW (in K) **– 273**

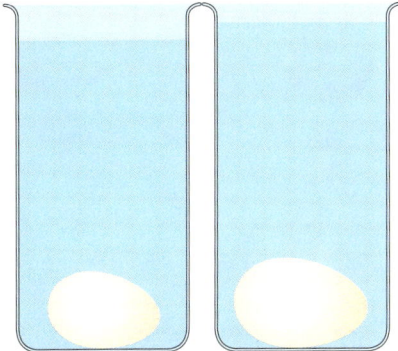

Abb. 5: Die halb durchlässige Eihaut lässt nur Wasserteilchen durch, nicht die Teilchen gelöster Stoffe

Viele weitere Erscheinungen in der Natur sind temperaturabhängig: das Wachstum von Pflanzen, die Geschwindigkeit chemischer Reaktionen, die elektrische Leitfähigkeit und die Dichte. Man kann mit Heißluftballons fahren, weil gerade bei Gasen die Dichte stark mit der Temperatur sinkt (Abb. 7).

Auch die **Wärme** als Energieform lässt sich in diesem Modell veranschaulichen. Dass sie nicht dasselbe sein kann wie ‚Temperatur‘, leuchtet ein. Man braucht länger, d.h. mehr Energie, wenn man nicht zwei, sondern zehn Liter Wasser zum Kochen bringen will. In dem größeren Volumen sind **mehr Teilchen** enthalten. Anders gesagt: Mehr Teilchen bedeuten größeren Wärmeinhalt. Dieser hängt natürlich nach allem Gesagten auch von der Temperatur und damit der Bewegungsenergie der Teilchen ab. Und vom jeweiligen **Aggregatzustand** und den Übergänbgen zwischen

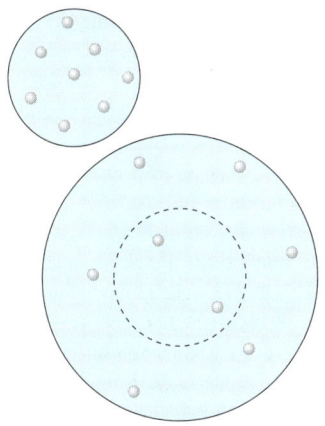

Abb. 6: Die Volumenzunahme mit der Temperatur im Teilchenmodell

Ihnen: Denn Schmelzen und Erstarren sowie Verdampfen und Kondensieren haben auch etwas mit Wärme zu tun. Die **Schmelzwärme** von Eis nutzt man aus, wenn man Speisen und Getränke ohne sonstige Kühlung kalt halten will (Abb. 8). Um das Eis zu schmelzen, muss es Schwelzwärme aufnehmen. Diese entzieht sie der Umgebung, die entsprechend abgekühlt wird. Die **Verdampfungswärme** von Flüssigkeiten kann man ähnlich anwenden. Wer einen kühlen Kopf bewahren will, reibt sich Stirn und Schläfen mit Kölnischwasser ein, welches relativ viel Alkohol enthält. Damit der Alkohol verdampfen kann, benötigt er Verdampfungswärme, die er der Haut entzieht und diese so abkült. Und die Haut erwärmt sich nach dem Bad oder Duschen am langsamsten, wenn man sie nicht abtrocknet.

Es gibt eine Reihe weiterer Erscheinungen, die nahe legen, dass zwischen den Teilchen je nach Stoff mehr oder minder starke Kräfte wirken, die sie im Feststoff und der Flüssigkeit

Abb. 7: Heißluftballons steigen auf, weil heiße Luft eine geringere Dichte hat als kalte

zusammenhalten. Schon um ein Streichholz zu zerbrechen oder ein Stück Pappe zu zerschneiden, muss man Energie aufbringen. Die Siedetemperaturen der verschiedenen Stoffe sind ein Maßstab für den Zusammenhalt zwischen ihren Teilchen. Denn erst beim Sieden trennt man sie vollständig voneinander. Die Spanne der Seiedetemperaturen liegt zwischen 4 K oder –269 °C beim Helium und etwa 6000 K bzw. rund 5s700 °C beim Wolfram, dem Metall der Glühfäden in elektrischen Lampen. Daraus kann man folgern, dass die Anziehungskräfte zwischen den Helium-Teilchen viel schwächer als zwischen den Wolfram-Teilchen sind.

Abb. 8: Schmelzendes Eis hält das Obst länger kühl als gleich kaltes Wasser

 Zum Weiterlesen:

- „Stoffeigenschaften", S. 468
- Modelle und Aggregatzustände, S. 472
- Die physikalischen Grundlagen des Periodensystems, S. 484

Auch die Atome sind nicht mehr die alten

Wir haben weiter oben erfahren, dass ‚Atom‘ ‚das Unteilbare‘ bedeutet. Mit dem zugrunde liegenden Kugelmodell gibt es jedoch keine brauchbare Erklärung für den Zusammenhalt der Atome in Feststoffen und Flüssigkeiten. Wieder, wie bei den ersten Atomvorstellungen, brachte der Rückgriff auf alte Erfahrungen zusammen mit neuen Ideen den Durchbruch.

Abb. 1: Blitze sind die sichtbaren Zeichen von Entladungsvorgängen, wenn sich durch ‚Luftreibung‘ große Ladungsmengen getrennt haben

Seit der Antike kennt man die **Reibungselektrizität**. Sie ist die Voraussetzung für **Blitze** (Abb. 1), die durch ihre Einschläge dem Frühmenschen den Zugang zum Feuer eröffnet hatten. Sie lässt einem die Haare zu Berge stehen, wenn man sie mit einem Kunststoffkamm frisiert (Abb. 2). Der Name ‚elektrisch‘ rührt vom altgriechischen ‚elektron‘ = ‚Bernstein‘ her. Dieser zieht nach län-

Abb. 2: Beim Frisieren laden sich Kamm und Haare entgegengesetzt auf und ziehen sich daher an

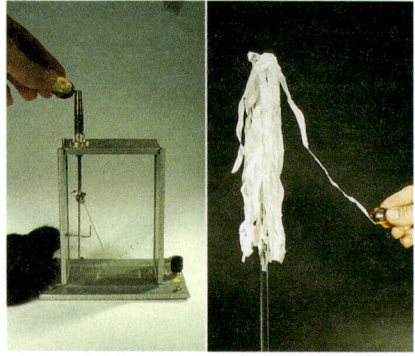

Abb. 3: Ein ‚geladener‘ Bernstein zieht einen Papierstreifen an

gerem Kontakt mit anderen Stoffen leichte Körper wie Papierschnipsel an (Abb. 3). Die elektrische Wirkung ist also offenbar zwischen verschiedenen Körpern übertragbar: Fast wie bei einem Fuhrwerk lassen sie sich bis zu einem bestimmten Punkt ‚beladen‘. Daher stammt der Begriff ‚**elektrische Ladung**‘. Rasch erkannte man, dass es offenbar zwei verschiedene Arten gibt: Jeweils gleiche Ladungen stoßen sich ab, ungleiche – positive und negative – ziehen sich an. Die Basis dieser Erscheinungen blieb aber bis 1897 rätselhaft.

Dann fand der Engländer J. J. Thomson das negative **Elektron** als Bestandteil der gesamten Materie. Mit ihm kann man ein erstes Modell für die elektrische Aufladung entwerfen. Offenbar binden verschiedene Materialien die Elektronen unterschiedlich stark an sich; diese gehen von einem Stoff auf den anderen über. Der eine erwirbt damit einen **Überschuss an negativer Ladung** und erscheint damit auch nach außen **negativ** geladen; der andere erleidet einen **gleich großen Elektronenverlust** und erscheint daher nach außen hin **positiv** geladen (Abb. 4). Die elektrische Kraft wirkt, wie die Schwerkraft, ohne direkten Kontakt zwischen den geladenen Körpern: Der Kamm aus Abbildung 2 zieht die Haare schon aus einer gewissen Entfernung an. Für spätere Betrachtungen ist zudem wichtig, dass ein geladener Körper imstande ist, die Elektronen in einem anderen ohne Berührung zu verschieben (Abb. 5).

Von Natur aus sind Stoffe nach außen hin nicht geladen – elektrisch neutral also, wie es sich bei Atomen stets erwiesen hatte. Diese neutralen Atome aber mussten nach aller Erfahrung die negativ geladenen Elektronen enthalten. Wo genau befindet sich dann die zum Ladungsausgleich nötige positive Ladung?

Die Antwort kam aus einer nur scheinbar anderen Ecke der Physik. Der Franzose H. Becquerel stieß 1896 auf einen völlig

neuen Effekt: die ‚Uranstrahlen‘ oder Radioaktivität. Pierre Curie, ein Mitarbeiter von Becquerel, und etwa zeitgleich der neuseeländisch-britische Physiker E. Rutherford entdeckten in späteren Experimenten, dass die natürliche Radioaktivität aus drei verschiedenen Teilen besteht, die sich in einem elektrischen (oder magnetischen) Feld unterschiedlich verhalten (Abb. 6). Der erste Teil wird von der negativen Elektrode angezogen, ist also selbst elektrisch positiv geladen, und zwar mit dem doppelten Ladungsbetrag der Elektronen. Den zweiten Teil zieht es zur positiven Elektrode, es zeigte sich, dass er aus besonders schnellen Elektronen besteht. Den dritten Teil zieht es weder zur po-

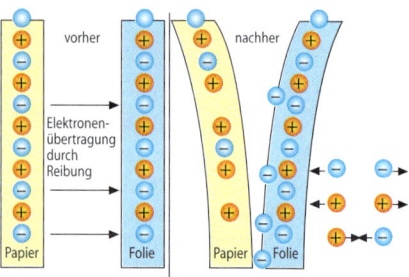

Abb. 4: Verschiedene Stoffe besitzen unterschiedliche Bindungskräfte für Elektronen und ziehen sich nach deren teilweiser Übertragung gegenseitig an

sitiven noch zur negativen Elektrode. Also ist er elektrisch neutral. Nach den ersten drei Buchstaben des griechischen Alphabets – Alpha, Beta, Gamma – taufte man die drei unterschiedlichen Teile α-Strahlen oder α-Teilchen, β-Strahlen oder β-Teilchen und γ-Strahlen.

Die Physiker hatten neue Untersuchungsinstrumente für die Materie bzw. die Atome gefunden. Sie erbrachten eine revolutionär neue Ansicht von den Atomen – sie konnten nicht die kompakten Kugeln sein, wie man sie sich seit Dalton vorgestellt hatte. Auch der Begriff ‚elementar‘ ließ sich

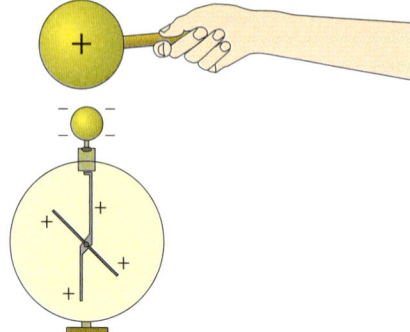

Abb. 5: Allein die Annäherung eines geladenen Körpers bewirkt eine Ladungsverschiebung in einem anderen

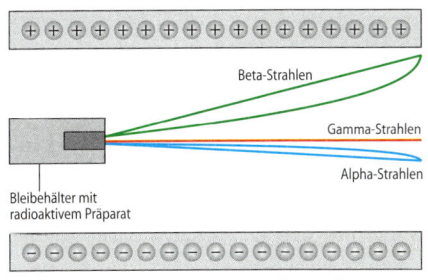

Abb. 6: Die Ablenkung radioaktiver Strahlen durch statische Elektrizität

für Atome nicht mehr halten: Sie bestehen aus noch ‚elementareren‘, noch kleineren Bausteinen.

Rutherford führte 1909 eines der berühmtesten physikalischen Experimente durch: Er ließ α-Strahlen eine hauchdünne – kaum 1000 Atome ‚dicke‘ – Goldfolie durchtreten (Abb. 7) und erlebte eine Überraschung. Zwar durchquerten die meisten Alpha-Teilchen die Folie geradlinig. Sie trafen aber nicht auf einem ein-

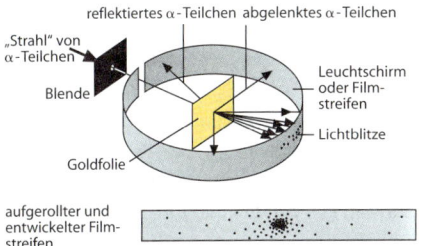

Abb. 7: Schema des Rutherford-Versuchs. Einige α-Teilchen werden mehr oder weniger stark abgelenkt

zigen Punkt auf: Der Fleck auf dem Schirm bzw. dem Film war größer als erwartet; einige wenige Teilchen zeigten ganz erhebliche Abweichungen von der geraden Flugrichtung bis hin zur kompletten Umkehr (Abb. 8). Die Auswertung dieser Versuche führte zur Aufstellung des erwähnten Kern-Hülle-Modells mit der Vorstellung eines nahezu leeren Atoms (Abb. 9). Die Elektronen laufen auf Kreisbahnen mit be-

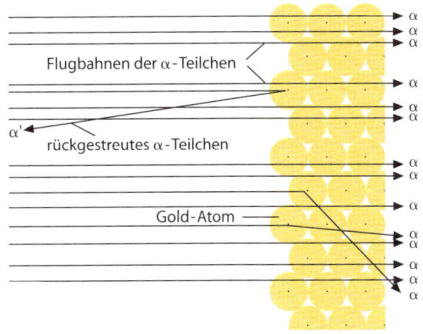

Abb. 8: Die α-Teilchen werden nur durch nahen Vorbeiflug an den Atomkernen abgelenkt und bei einem ‚Volltreffer‘ reflektiert

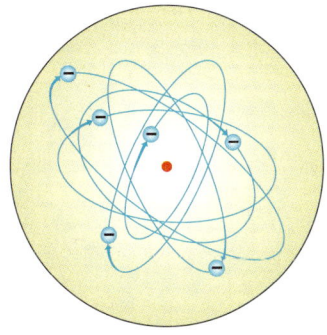

Abb. 9: Das einfachste Kern-Hülle-Modell der Atome. Die Größenverhältnisse stimmen nicht

liebigem Durchmesser um den Kern. Nur mit der Annahme eines derart aufgebauten Atoms lässt sich das Verhalten der α Teilchen verstehen. Ein Atom ist also zweigeteilt. Der winzige, positiv geladene **Atomkern** hat einen Durchmesser von weniger als $\frac{1}{10\,000}$ des ganzen Atoms, enthält jedoch fast die gesamte Atommasse – mehr als 99,94 %. In der **Hülle** schwirren die leichten Elektronen herum (Abb. 9).

Zur Veranschaulichung: Erhöht man in Gedanken die Größe eines Atoms auf die eines Fußballstadions, rund 200 m, hat der Atomkern einen Durchmesser im Millimeter- bis Zentimeterbereich (Abb. 10). Die Elektronen sind etwa um das Tausendfache kleiner als die Kerne. Man müsste sie unter dem Mikroskop suchen; ihre Größe liegt in diesem Modell bei 2 Tausendstel Millimetern oder 2 Mikrometern. Es ist eine schwierige Vorstellung, dass ein Atom, und damit auch die Materie, fast aus nichts besteht.

Ein weitere Folgerung aus Rutherfords Experimenten betrifft den Atomkern. In ihm

Abb. 10: Selbst bei einer ‚Vergrößerung‘ um mehr als das Billionenfache sind die Atomkerne kaum und die Elektronen gar nicht zu erkennen

selbst Atomkerne waren, und zwar die des Heliums. Ihre **zweifache Ladung** bewies die Anwesenheit von zwei Protonen. Ihre experimentell ermittelte **vierfache Masse** im Vergleich zu einem Proton bedeutet, dass die Kerne – bis auf eine Ausnahme – neben den Protonen eine zweite, elektrisch **neutrale** Art von Kernteilchen oder **Nukleonen** (lat. ‚nucleus‘ = Kern) enthalten, die **Neutronen**. Protonen, Neutronen und Elektronen bezeichnet man als ‚Elementarteilchen‘, d.h. chemisch nicht weiter zerlegbare Teilchen. Einige ihrer Eigenschaften sind in Abb. 11 zusam-

Elementarteilchen	Proton	Neutron	Elektron
Symbol	p+	n	e⁻
Vorkommen	Kern	Kern	Hülle
Ladung in Elementarladungseinheiten	+ 1	0	– 1
ungefähre Masse in Atommasseneinheiten	1 u	1 u	0,0005 u
genauere Masse in Atommasseneinheiten	1,0073 u	1,0086 u	0,0005 u
ungefähre relative Größe	●	●	·

Abb. 11: Vergleichende Übersicht über die Bausteine der Atome

müssen sich genausoviele einfach positive Ladungen befinden wie negative Elektronenladungen in der Hülle. Nur dann ist das Atom nach außen hin auch elektrisch neutral. Die Träger der positiven Ladung bezeichnet man als **Protonen**. Jeder Grundstoff, also jedes Element, besitzt eine charakteristische Anzahl von Protonen, anders gesagt: verschiedene Elemente unterscheiden sich durch ihre **Protonenzahl**; man nennt sie auch **Kernladungszahl**. Es stellte sich dazu heraus, daß die α-Teilchen

 Zum Weiterlesen:

- Modelle – Modelle und Aggregatzustände, S. 472
- Das Ende der alten Physik – das Zwiebelschalenmodell, S. 478
- Wolkige Kugeln – das Kugelwolkenmodell der Atome, S. 480

Das Ende der alten Physik –
das Zwiebelschalenmodell

D as im letzten Kapitel angeführte Kern-Hülle-Modell nach Rutherford erlaubte den Elektronen prinzipiell **jeden beliebigen Abstand** vom Atomkern. Heute scheint das kaum bemerkenswert. Letztlich weiß man doch, dass Satelliten in 300, 500 oder gar 36000 km Höhe die Erde umrunden. Ihre Fliehkraft gleicht die Erdanziehung aus, daher stürzen sie nicht ab. Ähnlich verhält es sich mit der Sonne und den Planeten.

So anschaulich es ist – dieses **mechanische Modell** der Wechselwirkung zwischen Schwerkraft und Fliehkraft ist nicht ohne weiteres auf die Atome übertragbar. Nach den Gesetzen der Elektrizitätslehre müssten die Elektronen in kürzester Zeit auf den Atomkern fallen. Die meisten Atome sind jedoch höchst stabil. Dieser Widerspruch war allen Wissenschaftlern klar, auch Rutherford.

Zu Beginn des 20. Jahrhunderts revolutionierten die völlig neuen Ideen von Max Planck, Albert Einstein, Niels Bohr und anderen die Naturwissenschaften. Ihre wich-

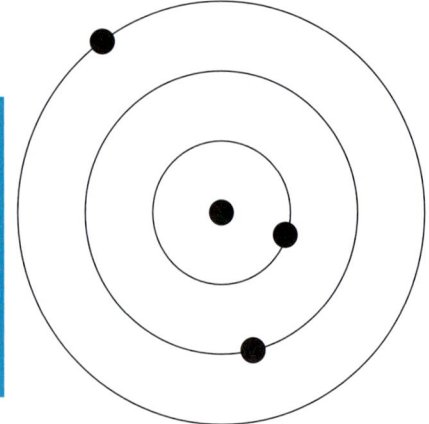

Abb. 1: Schema der bohrschen Bahnen. Die Größenverhältnisse des Kerns und der Elektronen sowie deren Anzahl sind willkürlich gewählt. Auf die Angabe der Kernladung wird hier verzichtet

tigste Erkenntnis: In der Welt der Atome und des Kosmos herrschen eigene, zum Teil andere Gesetze als in der Welt, die wir im Alltag erleben.

1913 rettete Bohr aber gerade mit einer Analogie zum Sonnensystem die Atomtheorie vor dem Untergang. Das **bohrsche Atommodell** gestattet den Elektronen allerdings nur ganz **bestimmte** – also nicht beliebige – Abstände vom Kern. Diese stabilen Kreisbahnen sollten die Elektronen vor dem Sturz in den Kern bewahren; ein Begründung dieser Annahme blieb Bohr jedoch schuldig (Abb. 1).

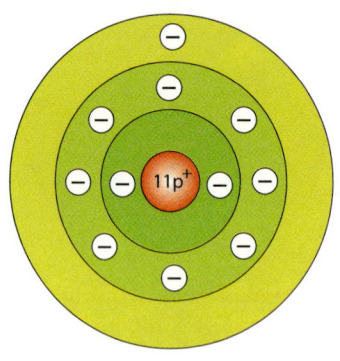

Abb. 2: Schalenmodell eines Atoms mit 11 Protonen und 11 Elektronen. Die innerste Schale kann maximal 2 Elektronen und die zweite Schale maximal 8 Elektronen aufnehmen, darum muss das elfte Elektron in die dritte Schale ausweichen

Eine Weiterentwicklung des Bohrmodells ist das **Schalenmodell** (Abb. 2), das große Ähnlichkeit mit dem Aufbau einer Zwiebel besitzt. Die innerste – erste – Schale ist eine Kugel, also ein dreidimensionales Gebilde, mit dem Atomkern in ihrem Zentrum. Alle weiteren Schalen sind Kugelschalen (Abb. 3). Im Gegensatz zu den festgelegten bohrschen Bahnen können sich die Elektronen innerhalb der einzelnen Schalen fast frei bewegen. Ihre gleichen Ladungen zwingen sie, sich so weit wie möglich aus dem Weg zu gehen. Andererseits unterliegen sie der Anziehung des positiven Kerns; sie halten sich so weit es geht in dessen Nähe auf.

Das steht mit einem der wichtigsten Gesetze der modernen Atomphysik im Ein-

klang. Vereinfacht besagt dieses, dass man bei Elementarteilchen gleichzeitig nicht genau vorhersagen kann, wo sie sich aufhalten und wie schnell sie sind. Diese Erkenntnis steht in schroffem Widerspruch zur ‚alten‘ Physik und dem bohrschen Modell.

Die Isotope eines Elements – chemisch fast gleich, physikalisch nicht

Dalton hatte für die Atome wegen ihrer geringen Größe eine eigene Einheit der Masse eingeführt. Als **atomare Masseneinheit**, englisch: atomic mass unit, mit dem Symbol ‚**u**‘ von ‚unit‘, wählte er die Masse eines Wasserstoffatoms, dem er die Masse 1 zuordnete. Seit 1961 werden die Atommassen auf das Kohlenstoffisotop ^{12}C bezogen. Als atomare Masseneinheit gilt seitdem 1/12 der Masse dieses Isotops:
1 u = 0,00000000000000000000000001661 Gramm = $1{,}661 \cdot 10^{-24}$ g.

Die Atome aller übrigen Elemente sind schwerer. Das erleichterte den Umgang mit dieser Masseneinheit im atomaren Bereich, wie die Einheiten Gramm und Kilogramm im normalen Leben sehr praktisch sind. Die Bestimmung der Atommassen war zu jener Zeit ein mühseliges, fehleranfälliges Unterfangen.

Immerhin konnte man feststellen, dass die Atommassen der meisten Elemente natürliche Zahlen waren: ein Kohlenstoffatom besitzt die Masse 12 u, ein Sauerstoffatom ‚wiegt‘ 16 u, ein Eisenatom 56 u. Ausnahmen stellten z. B. Chloratome mit 35,5 u und Kupferatome mit 63,4 u dar. Die ‚krummen‘ Zahlen konnte man nicht erklären.

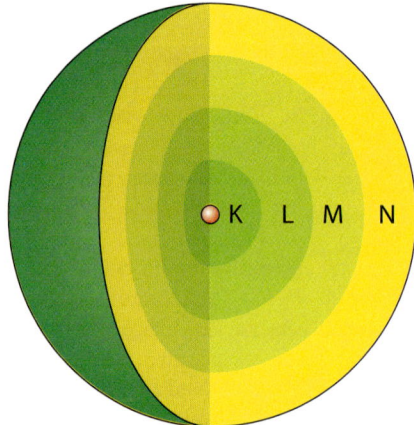

Abb. 3: Zur Verdeutlichung der drei Dimensionen des Schalenmodells ein ‚Aufschnitt‘ mit vier Schalen. Aus historischen Gründen bezeichnet man die einzelnen Schalen auch mit Großbuchstaben in der Reihenfolge des lateinischen Alphabets: K, L, M, N, O, P, Q

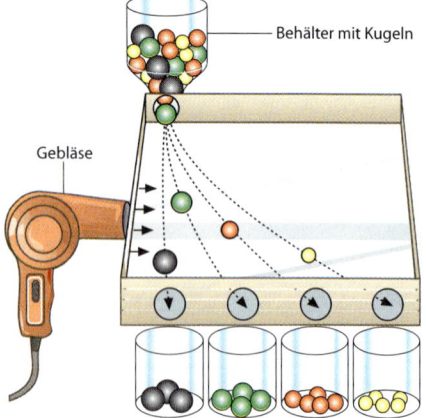

Abb. 4: In diesem Modellversuch wird das Prinzip des Massenspektrometers gezeigt: Verschieden schwere Kugeln rollen aus dem Behälter und werden von einem Luftstrom abgelenkt. Die leichtesten werden am stärksten beeinflusst, die schwersten nur wenig

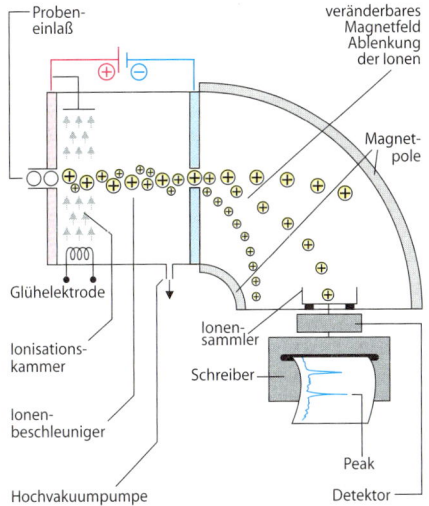

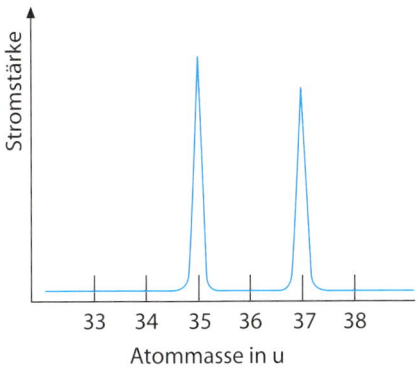

Abb. 5: Schema eines modernen Massenspektrometers: Aus der Glühelektrode treten schnelle Elektronen aus. Beim Aufprall auf der Probe schlagen sie aus deren Hülle – meist – ein Elektron heraus; die Atome werden dabei zu positiven Ionen. Das veränderbare Magnetfeld im rechten Teil der Zeichnung lenkt die Ionen je nach ihrer Masse auf den Detektor

1919 hatte der Brite Aston das **Massenspektrometer** entwickelt (Abb. 4, 5) und festgestellt, dass die meisten Elemente aus mehreren Atomarten mit **unterschiedlicher Masse** bestehen; diese verschiedenen Atomarten nennt man **Isotope**. Die Massenunterschiede betragen – fast genau – 1 u oder ein Vielfaches davon. Beim Chlor findet man zwei natürlich vorkommende Isotope: eines mit der Atommasse 35 u, das zweite mit 37 u (Abb. 6). Die experimentell ermittelte Atommasse von Chlor mit 35,5 u ist ein Mit-

Abb. 6: Die Massen der beiden Chlorisotope betragen 35 u und 37 u. Aus der Höhe der Spitzen – englisch ‚peaks‘ – kann man die relative Häufigkeit der einzelnen Isotope ermitteln. Beim Chlor liegen sie bei 75,7 % ^{35}Cl und 24,3 % ^{37}Cl oder etwa 3 zu 1

telwert, der die Häufigkeiten der beiden Isotope ausdrückt. Chemisch unterscheiden sich diese Isotope nicht.

Halten wir fest: Alle Atome desselben Elements besitzen **gleich viele Protonen** – und dieselbe Anzahl an Elektronen. Im Atom kommen nach all unseren Modellen sonst nur noch **Neutronen** vor. Deren Masse

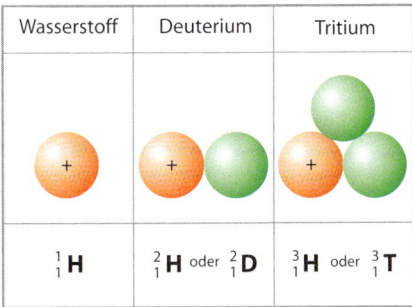

Wasserstoff	Deuterium	Tritium
$^1_1$H	$^2_1$H oder $^2_1$D	$^3_1$H oder $^3_1$T

Abb. 8: Alle Kerne von Wasserstoffatomen enthalten genau ein Proton. Die Bezeichnungen ‚leichter Wasserstoff‘ für den einzigen neutronenlosen Atomkern und ‚schwerer Wasserstoff‘ sind einleuchtend. Die beiden neutronenhaltigen Wasserstoffatome besitzen eigene Namen und Symbole: Deuterium und Tritium (griechisch ‚deuteron‘ ‚das Zweite‘ und ‚triton‘ ‚das Dritte‘)

ist etwa so groß wie die der Protonen. Daraus folgt, dass die Massenunterschiede von Isotopen auf einer **unterschiedlichen Anzahl von Neutronen** beruhen. Um ein Isotop eindeutig zu charakterisieren, benutzt man heute die folgende Schreibweise: [^{35}Cl]-Chlor (sprich Chlor 35), [^{16}O]-Sauerstoff (Sauerstoff 16) usw. Dieser links oben angefügte Wert heißt **Nukleonen-Anzahl** oder auch **Massenzahl**. Die Formelschreibweise ist ähnlich: ^{37}Cl, ^{16}O, ^{238}U – Uran 238. Vor allem in der Physik fügt man links unten noch die Anzahl der Protonen hinzu (Abb. 7). Die Differenz aus den Anzahlen von Nukleonen und Protonen ist die **Neutronen-Anzahl**.

Bestimmte Isotope spielen heute in der Technik wie Wissenschaft und Medizin eine wichtige Rolle: Man nutzt aus, dass sie sich zwar chemisch, nicht jedoch physikalisch gleich verhalten. Einige Isotope sind radioaktiv, sie lassen sich mit Geigerzählern leicht auf ihrem Weg durch den menschlichen Körper verfolgen, erlauben so Aussagen über Krankheiten. Andere gestatten Altersbestimmungen in der Archäologie. [^{235}U]-Urankerne lassen sich in Kernkraftwerken und Atombomben spalten, [^{238}U]-Urankerne nicht. Bei der **Kernfusion** in Wasserstoff-

bomben verschmelzen je ein Deuterium- und ein Tritiumkern miteinander, beides Isotope des Wasserstoffes (Abb. 8). Ähnliches läuft in der Sonne ab.

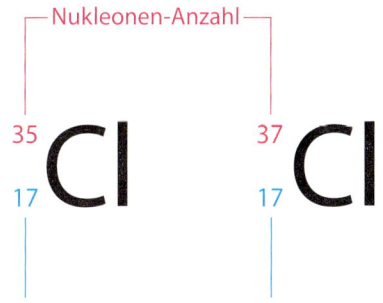

Abb. 7: Die Nukleonen-Anzahl wird dem Elementsymbol links oben vorangestellt, die Protonen-Anzahl, wenn nötig, links unten

Nicht alle Elemente kommen in verschiedenen Isotopen vor. Auf der atomaren Ebene können wir also die Aufteilung der Reinstoffe in Elemente und Verbindungen wie folgt definieren:

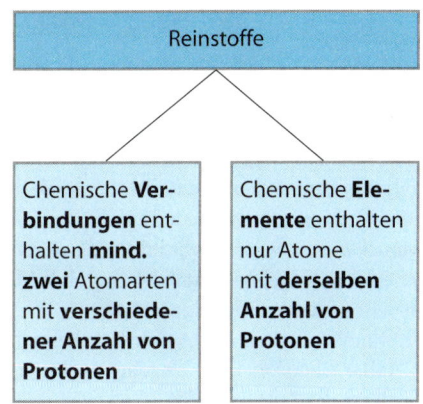

Verwechselt werden darf hier nicht der Begriff der chemischen Verbindung: Er bezeichnet hier sozusagen ein „Gemisch“ aus Isotopen eines Elementes, nicht etwa die Verbindung von verschiedenen Elementen.

 Zum Weiterlesen:

- Auch die Atome sind nicht mehr die alten, S. 476
- Wolkige Kugeln – das Kugelwolkenmodell der Atome, S. 480
- Die physikalischen Grundlagen des Periodensystems, S. 484

Wolkige Kugeln – das Kugelwolkenmodell der Atome

Wiederholen wir die bisher wichtigen beiden Atommodelle. Das Kugelmodell als einfachstes ist höchst anschaulich, erklärt indes nicht die Anziehung zwischen Teilchen im atomaren Bereich oder die Durchlässigkeit der Materie für radioaktive Strahlen. Trotz allem – in etwas erweiterter Form tauchte es beim Schalenmodell wieder auf.

Dieses ist mit allen bisherigen Argumenten hervorragend vereinbar. Leider liefert es aber keine plausible Deutung dafür, dass in der innersten Schale höchstens zwei Elektronen Platz finden und das Fassungsvermögen der zweiten bei acht endet. Chemische

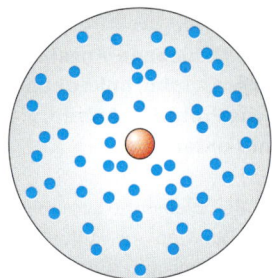

Abb. 1: Die Elektronen bewegen sich innerhalb der ‚Kugel' regellos hin und her

und physikalische Experimente zeigen aber eindeutig, dass dies so ist.

Das nun vorzustellende fünfte Modell wird hier das endgültige sein. Es beinhaltet das Kugelmodell und das Schalenmodell. Wir können immer wieder auf die beiden zurückgreifen, wenn sie zur Erklärung ausreichen. Das **Kugelwolkenmodell**, kurz **KWM**, macht folgende Grundannahmen:

1. Man stellt sich den Aufenthaltsbereich **aller** Elektronen als **Kugeln** vor. Innerhalb der Kugeln sind die Elektronen an keinen festen Ort gebunden. Wir wissen nie, wo sie genau sind, nur, dass sie sich irgendwo in der Kugel aufhalten. Eine anschauliche Vorstellung davon bekommt man mit dem nächtlichen Verhalten einer Mücke im Licht einer heißen Lampe. Einerseits zieht sie alles zum Licht hin, andererseits wird es ihr in seiner Nähe zu heiß. Das Insekt fliegt also mit wechselnden Abständen zur Lampe in alle möglichen Richtungen, verlässt aber ohne Zwang von außen nicht völlig den Schein der Lichtquelle. Abbildung 1 soll dies illustrieren.

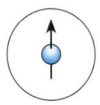 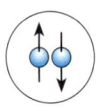

Abb. 2: Die Pfeile sind Symbole für die Spinrichtung der Elektronen

2. Die Anzahl dieser Kugeln ist von der Größe der jeweiligen Schale abhängig: Eine in der ersten, vier in der zweiten und noch mehr in der dritten, vierten und jeder weiteren Schale.
3. Jede einzelne Kugel kann **maximal zwei Elektronen** aufnehmen. Anschaulich lässt sich dies so erklären: Die Elektronen besitzen wie Kreisel einen ‚Drall'. Bei den

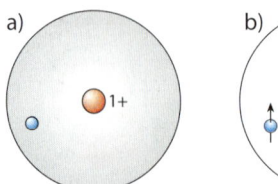

Abb. 3: a) Ein Wasserstoffatom mit einem Proton und einem Elektron b) Ein Wasserstoffatom mit der Spinrichtung des Elektrons

Elementarteilchen nennt man ihn **Spin**. Dieser kann wie der Kreisel zwei Drehrichtungen besitzen, im Uhrzeigersinn oder gegen ihn. Innerhalb **einer** Kugelwolke **müssen** die beiden Elektronen **entgegengesetzten Spin** besitzen. Weil es nur zwei Richtungen gibt, passt **kein drittes Elektron** mehr in eine Kugelwolke. All-

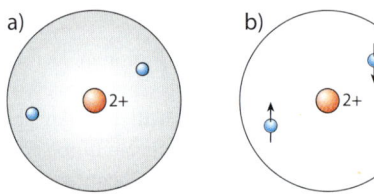

Abb. 4: a) Ein Heliumatom mit zwei Protonen und zwei Elektronen b) Ein Heliumatom mit den Spins der beiden Elektronen

gemein benutzt man **Pfeile** mit entgegengesetzter Richtung als **Symbole** für die **Spinrichtung** (Abb. 2).

Mit diesem Wissen bauen wir modellhaft die beiden einfachsten Atome auf: Das Wasserstoff- und das Heliumatom. Das **erste** Element besitzt Atome mit **einem** Proton im Kern und damit **einem** Elektron in der Hülle, das **zweite jeweils zwei**.

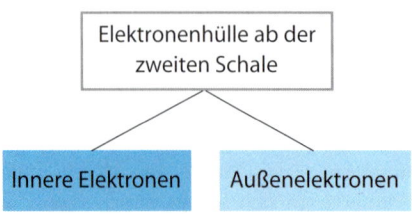

Abb. 5: Die Unterteilung der Elektronenhülle

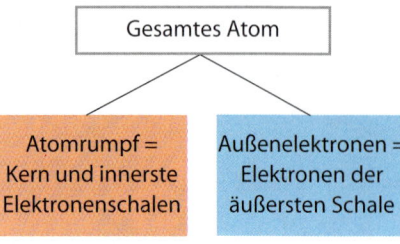

Abb. 6: Die Unterteilung eines Atoms in Untereinheiten

Die Neutronen bleiben hier außen vor (Abb. 3, 4). Mit diesen beiden Elektronen ist die erste Kugelwolke und somit die erste Schale voll.

4. In der zweiten Schale existieren vier Kugelwolken. Diese werden wegen der gegenseitigen Abstoßung der Elektronen nacheinander mit **jeweils einem** Elektron besetzt. Erst ab dem fünften füllen sich die Kugelwolken mit einem zweiten Elektron auf: Somit lassen sich auf der zweiten Schale maximal **acht** Elektronen unterbringen. Ab dieser zweiten Schale teilen wir die Elektronenhülle gedanklich auf.

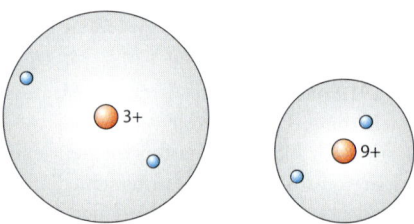

Abb. 7: Die Atomrümpfe von Lithium und Fluor

Wir finden **eine äußerste Schale** oder **Außenschale** vor, deren Besetzung bei den Edelgasatomen abgeschlossen wird. Man bezeichnet sie daher auch als **Edelgasschale** und die Anordnung der elektronen, die **Elektronenkonfiguration**, als **Edelgaskonfiguration**. Die Elektronen in der Außenschale der Atome erhalten eine eigene Bezeichnung: **Außenelektronen**.

Darunter liegen eine oder mehrere komplett gefüllte **innere Schalen** (Abb. 5). Diese Schalen mit dem **Atomkern** fasst man als neue Einheit zusammen, dem **Atomrumpf**. Der Atomrumpf ist also der **Rest des Atoms**, der nach Entfernen der äußersten Schale zurückbleibt (Abb. 6). Für alle Atome, bei denen die zweite Schale aufgefüllt wird, ist das also einfach ihr jeweiliger Atomkern zusammen mit den beiden Elektronen der innersten Schale. Als Beispiele führen wir den Atomrumpf des Lithiums mit drei und den des Fluors mit 9 Protonen an (Abb. 7).

Wir können nun die Kugelwolkenmodelle

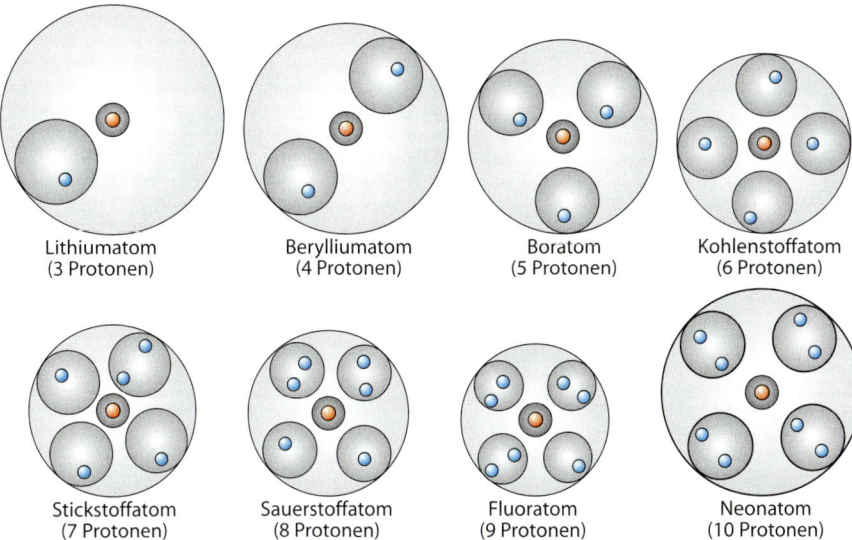

Lithiumatom (3 Protonen) Berylliumatom (4 Protonen) Boratom (5 Protonen) Kohlenstoffatom (6 Protonen)

Stickstoffatom (7 Protonen) Sauerstoffatom (8 Protonen) Fluoratom (9 Protonen) Neonatom (10 Protonen)

Abb. 8: Die Auffüllung der vier Kugelwolken der zweiten Schale

von acht aufeinander folgenden Elementen darstellen (Abb. 8).

Beim Neonatom ist die zweite Schale vollständig gefüllt. Die zusätzlichen Elektronen der folgenden Elemente müssen damit zunächst die dritte Schale belegen. Da die Verhältnisse von zweiter und dritter Schale ansonsten innerhalb dieses Modells vergleichbar sind, stellen wir nur die Elektronenverteilung der Atome des ersten, Natrium, und des siebten Elements dieser Reihe dar; dieses ist das bekannte Chlor (Abb. 9).

Viele Experimente haben das KWM bestätigt. Wir greifen drei in der Chemie bedeutsame Resultate heraus. Die ersten beiden sind in den obigen Grafiken schon angedeutet worden: Während eine Schale aufgefüllt wird, sinken die Atomradien. Die steigende Kernladung zieht die Elektronen immer stärker an. Ebenso sagt das KWM voraus, dass nach dem Auffüllen der zweiten Schale mit acht Elektronen damit begonnen wird, die dritte Schale zu besetzen, und dass in dieser ganz ähnliche Verhältnisse herrschen wie in der zweiten Schale. Und tatsächlich: Beim Übergang zur dritten Schale, beim Natrium, sind die Atomradien zunächst größer, sinken aber ähnlich wie bei der vorhergehenden Elementreihe ab (Abb. 10). Gleiches geschieht beim Auffüllen der vierten Schale, beginnend beim Kalium. Helium, Neon und Argon fallen dabei etwas aus dieser Regel heraus, deshalb sind sie in Abbildung 10 eingeklammert. Bei diesen Edelgasen ist jeweils das Auffüllen einer Schale beendet. Danach beginnt die Besetzung einer neuen Schale.

Gestützt wird das Kugelwolkenmodell auch durch die **Ionisierungsenergie**. Unter **Ionisierung** versteht man die vollständige Entfernung von Elektronen aus dem Anziehungsbereich des Kerns. Am Beispiel des Lithiumatoms fällt auf, dass die Energie, die für die Entfernung des ersten Elektrons nötig ist, ungleich niedriger ist als die für das zweite und dritte. Das KWM hatte vorausgesagt, dass die innerste Schale nur zwei Elektronen enthalten kann. Das dritte des Lithiumatoms, das in der zweiten Schale liegt, hat einen größeren Abstand vom Kern und lässt sich daher mit weniger Energie abspalten als die beiden inneren Elektronen in der ersten Schale. Nach dem Abtrennen des Außenelektrons kommen auf die drei Protonen im Kern noch zwei Elektronen; es ist ein einfach positiv geladenes Lithiumion entstanden. Vom Lithium bis zum Neon nimmt die Ionisierungsenergie für das erste Elektron ziemlich stetig zu. Das ist klar, weil die Ladung des Atomrumpfes ansteigt und somit die Elektronen stärker angezogen werden. Beim Übergang zur nächsten Schale sinkt die Ionisierungsenergie für das erste Elektron dann wieder ab, weil die neue Schale weiter vom Kern entfernt ist. Somit sind auch die Außenelektronen weiter weg von den sie anziehenden Protonen.

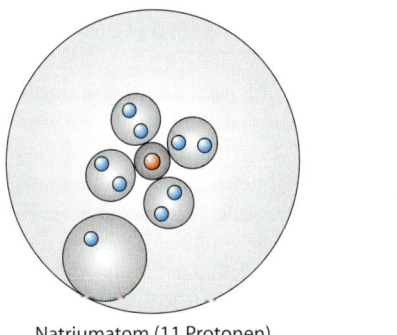
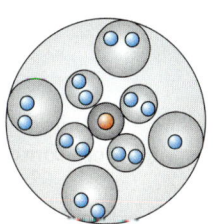

Natriumatom (11 Protonen) Chloratom (17 Protonen)

Abb. 9: Die Elektronenbesetzung der dritten Schale beim Natrium, und beim Chloratom, dem ersten und dem siebten Element mit dieser Schale

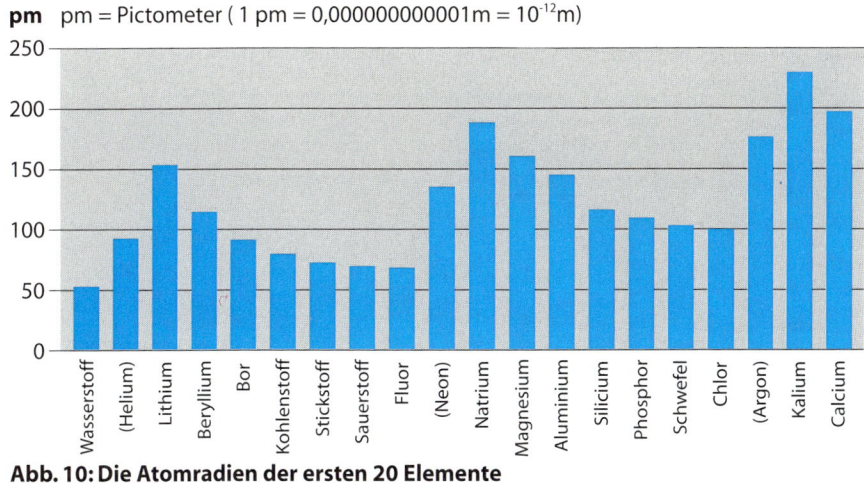

pm pm = Pictometer (1 pm = 0,000000000001m = 10^{-12}m)

Abb. 10: Die Atomradien der ersten 20 Elemente

Zum Weiterlesen:

- Modelle und Aggregatzustände, S. 472
- Die physikalischen Grundlagen des Periodensystems, S. 484
- Die spät entdeckten Adligen – die Edelgase, S. 486

481

Die Chemie und ihre Liebe zur Ordnung – das Periodensystem der Elemente

Ordnung ist das halbe Leben. Die andere Hälfte besteht, zumindest in der Chemie, zu einem Großteil aus Anschaulichkeit. Daher haben wir alle hier wichtigen Atommodelle vorweg eingeführt. Sie helfen dabei, chemische Abläufe und Zusammenhänge anschaulicher und verständlicher zu machen.

Kehren wir damit zurück ins 19. Jahrhundert, als die meisten Physiker den Chemikern das ‚Denken in Atomen' überließen. Mit wachsender Zahl bekannter Elemente stieg auch das Bemühen, sie überschaubar anzuordnen. Die erste, grobe Hauptunterteilung erfolgte nach der Eigenschaft, Strom zu leiten, nach der elektrischen Leitfähigkeit: Die guten Leiter waren die Metalle, die Nichtleiter oder auch Isolatoren dementsprechend Nichtmetalle. Eine weitere wichtige Kenngröße war das ‚Atomgewicht' (Atommasse).

Neben diesen physikalischen Eigenschaften brachte auch die genauere Untersuchung der chemischen Verhaltensweisen der Elemente zunehmend Licht in den Dschungel. Nach dem Motto ‚Wer mit wem?' ordnete man die Elemente danach an, ob sie mit anderen Stoffen, z. B. mit Wasser oder mit Sauerstoff, reagierten oder eben auch nicht reagierten. Man zog ihre chemischen Verbindungen heran, z. B. die Oxide, also die Verbindungen mit Sauerstoff, und untersuchte diese nach ihrem sauren oder eher ‚laugenhaften/alkalischen' Charakter.

Neben diesen **qualitativen** Untersuchungen erkannte man auch allmählich die überragende Rolle der **quantitativen** Untersuchungen: Mehr und mehr war nicht nur interessant, **ob** ein Stoff mit einem anderen reagierte, sondern auch, **in welcher Menge** er dies tat. Anders gefragt: Wie viel von Stoff A reagiert mit wie viel von Stoff B? Diese Verhältnisse zu beobachten war noch vergleichsweise einfach. Worin aber die Ursachen dieser Massenverhältnisse lagen, erkannte man erst mit den physikalischen Theorien des 20. Jahrhunderts.

Außerdem entdeckte man, dass es Elemente gab, die sich in ihren Eigenschaften mehr oder weniger stark ähnelten. Und so bürgerte sich um 1850 ein weiterer Begriff bei den Chemikern ein: die ‚Familienähnlichkeit'. Eine **Familie**, so nannte man eine Gruppe von Elementen, die vergleichbare Eigenschaften aufwiesen. Im qualitativen Bereich hatte man mehrere solcher Familien gefunden. Da waren die **‚Alkalimetalle'** Lithium, Natrium und Kalium. Zur Freude der Feuerwerker färben sie Flammen in verschiedenen Farben. Ihre Oxide sind ‚Alka-

Abb. 1: Mendelejew und Meyer ordneten die Elemente

Wasserstoff = 1, Lithium = 7, Beryllium = 9,4, Bor = 11, Kohlenstoff = 12, Stickstoff = 14, Sauerstoff = 16, Fluor = 19, Natrium = 23, Magnesium = 24, Aluminium = 27,4, Silicium = 28, Phosphor = 31, Schwefel = 32, Chlor = 35,5, Kalium = 39, Calcium = 40

Abb. 2: Die einfache Anordnung der Elemente nach steigender Atommasse

lien'; sie bilden mit Wasser die ätzenden Laugen. Gemeinsamkeiten weisen auch die Vertreter der **‚Erzbildner'** auf: Sauerstoff, Schwefel und Selen. Eisenoxide stellen die wichtigsten Eisenerze dar; Schwefelverbindungen, sog. Sulfide, sind die häufigste Quelle der meisten übrigen Gebrauchsmetalle. Es folgten die **‚Salzbildner'** Chlor,

Brom und Iod sowie als deren leichtestes das später entdeckte Fluor. Kochsalz, chemisch Natriumchlorid, als Namenspatron aller Salze ist fester Bestandteil unserer Ernährung. Ohne kleine Mengen Fluorsalze für die Härte des Zahnschmelzes und kleinste Mengen Iodsalze für eine ordentliche Funktion der Schilddrüse wäre unser Leben weniger erträglich.

Neben diesen drei Gruppen kannten der Deutsche L. Meyer und der Russe D. Mendelejew (Abb. 1) noch die Familie der **‚Erdalkalimetalle'**, die **‚Bor-Aluminium-Familie'**, die **‚Kohlenstofffamilie'** und die **‚Stickstofffamilie'**. Beide veröffentlichten fast zeitgleich und voneinander unabhängig 1869 ihre Entwürfe eines Ordnungssystems der Elemente. Beide hatten als erstes Ordnungsprinzip die **Atommasse** erkannt. Damit ließen sich die bekannten Elemente gut als Reihe darstellen (Abb. 2). Die Stelle, an der

Wasserstoff = 1		
	Beryllium = 9,4	Magnesium = 24
	Bor = 11	Aluminium = 27,4
	Kohlenstoff = 12	Silicium = 28
	Stickstoff = 14	Phosphor = 31
	Sauerstoff = 16	Schwefel = 32
	Fluor = 19	Chlor = 35,5
Lithium = 7	Natrium = 23	Kalium = 39

Abb. 3: Die zweidimensionale Anordnung der ersten 16 Elemente (nach Mendelejew)

ein Element in dieser Reihe auftrat – an erster, vierter oder zehnter Stelle –, wurde ihm als **Ordnungszahl** zugeteilt: Element Nummer 1 war Wasserstoff usw. Beide wussten: Zwischen zwei Elementen aus einer Familie lagen sechs andere, anders gesagt hatte jedes Element mit seinem siebten Nachfolger ähnliche Eigenschaften. Die einzige Ausnahme war Wasserstoff: Zu ihm fand sich kein ähnliches Element. Eine **periodische Wiederkehr** war aus der Astronomie lange bekannt:

mente ja nicht nur mit Wasserstoff. Man zog weitere Verbindungen, mit Sauerstoff statt mit Wasserstoff, heran, z. B. Schwefeltrioxid SO_3. Aus dem berühmtesten ‚chemischen Symbol‘ – H_2O – lässt sich unschwer ableiten, dass Sauerstoffatome selbst zweiwertig gegenüber Wasserstoff sind, da sie sich mit zwei einwertigen Wasserstoffatomen verbinden. Also lässt sich für Schwefel, im oben erwähnten SO_3, eine Sechswertigkeit gegenüber Sauerstoff ableiten: Er bindet drei

ten Elementen, weil sonst das Prinzip der Ähnlichkeit verletzt worden wäre. Mehr noch: Er sagte ihre Eigenschaften mit einer solchen Präzision voraus (Abb. 5), dass ihm die Fachwelt höchste Anerkennung zollte und das PSE fortan eine Art heiliges Buch der Chemie wurde. Übrigens schreibt man in heutigen Periodensystemen die Elementfamilien nicht mehr nebeneinander wie Mendelejew, sondern untereinander. Dies soll seine Verdienste aber in keiner Weise schmälern.

Wasserstoff/H = 1					
	Beryllium/Be = 9,4	Magnesium/Mg = 24	Zink/Zn = 65,2	Cadmium/Cd = 112	
	Bor/B = 11	Aluminium/Al = 27,4	? = 68	Uran/U = 116	Gold/Au = 197?
	Kohlenstoff/C = 12	Silicium/Si = 28	? = 70	Zinn/Sn = 118	
	Stickstoff/N = 14	Phosphor/P = 31	Arsen/As = 75	Antimon/Sb = 122	Bismut/Bi = 210?
	Sauerstoff/O = 16	Schwefel/S = 32	Selen/Se = 79,4	**Tellur/Te = 128?**	
	Fluor/F = 19	Chlor/Cl = 35,5	Brom/Br = 80	**Iod/I = 127**	
Lithium/Li = 7	Natrium/Na = 23	Kalium/K = 39	Rubidium/Rb = 85,4	Caesium/Cs = 133	Thallium/Tl = 204
		Calcium/Ca = 40	Strontium/Sr = 87,6	Barium/Ba = 137	Blei/Pb = 207

Abb. 4 : Das Periodensystem der (1869 bekannten) Elemente nach Mendelejew

die Jahreszeiten und die Vollmondphasen beispielsweise.

Doch stimmte dies wirklich? Folgte wirklich auf jedes Element sieben Plätze später ein zu ihm ähnliches? Auf den ersten Blick sind sich Sauerstoffgas und fester Schwefel nicht besonders ähnlich. Trotzdem ordnete man sie in eine Familie. Denn man entdeckte die Bedeutung der chemisch wohl bedeutsamsten Eigenschaft, der **Wertigkeit**. Wie bei der Atommasse wählte man aufgrund vielfacher Erfahrung das Wasserstoffatom als ‚Einheit‘: Es gab an, wie viel ein anderes Atom ‚wert‘ war. **Einwertige** Atome wie Natrium und Chlor sind **ein Wasserstoffatom wert**; sie binden genau eines an sich. **Zweiwertige** wie Calcium einerseits und Sauerstoff oder Schwefel auf der anderen Seite können **zwei Wasserstoffatome** an sich binden, **dreiwertige** – Bor und Stickstoff – binden **drei** und **vierwertige** – Kohlenstoff, Silicium – **vier**. Dann ist mit der Wertigkeit Schluss; mehr als vier Wasserstoffatome kann kein Atom an sich binden.

Hier hätte es schwierig werden können; denn Natrium und Chlor mit ihrer Einwertigkeit sowie Calcium und Sauerstoff mit ihrer Zweiwertigkeit gegenüber Wasserstoff waren untereinander äußerst verschieden, sie konnten unmöglich zu einer Familie gehören. Allerdings verbinden sich Ele-

zweiwertige Sauerstoffatome an sich. Auf diese Weise ließen sich nicht nur Wertigkeiten bis vier, sondern bis sieben bestimmen. Das war die Basis für die sieben erwähnten Elementfamilien.

Mit diesen zwei voneinander unabhängigen Eigenschaften, dem Atomgewicht und der Wertigkeit, war es vernünftig, die Elemente **zweidimensional** wie eine Tabelle anzuordnen. Mendelejew schrieb die Familienmitglieder nebeneinander, die verschiedenen Familien übereinander (Abb. 3). Dazu schnitt er nach sieben Elementen quasi die Anordnung laut Abb. 1 auseinander. Schwierig war noch die Einordnung von Wasserstoff, es gab kein ihm ähnliches Element, so dass ihm eine Sonderstellung zufiel: Er gehörte in keine der bekannten Familien.

Mendelejews in vielen Büchern zu findendes **Periodensystem der Elemente**, kurz PSE (Abb. 4), als eine Art Theorie ist aus zwei Gründen wichtig: Erstens stellte sie zum ersten Mal die chemische Ähnlichkeit als Ordnungskriterium über die eher physikalische Atommasse. Deshalb vertauschte er auch die Plätze von Tellur und Iod: Nach ihrer Atommasse angeordnet, würden sie nicht bei ihren Verwandten stehen. Zweitens ließ Mendelejew rechts neben Aluminium und Silicium je einen Platz offen. Er forderte geradezu die Existenz von zwei zu seiner Zeit noch unbekann-

	voraus-gesagt	fest-gestellt
Atommasse (u) Schmelztemp. (°C)	ca. 72 hoch	72,59 968
Dichte (g/cm³)	5,5	5,36
Oxid Dichte (g/cm³)	XO_2 4,7	GeO_2 4,7
Chlorid Siedetemp. (°C)	XCl_4 <100	$GeCl_4$ 83

Abb. 5: Mendelejews Annahmen vom noch unbekannten Germanium (Ge) waren sehr genau

 Zum Weiterlesen:

- Auch die Atome sind nicht mehr die alten, S. 476
- Die physikalischen Grundlagen des Periodensystems, S. 484
- Die spät entdeckten Adligen – die Edelgase, S. 486

Nichts ist praktischer als eine gute Theorie – die physikalischen Grundlagen des Periodensystems

Das Kugelwolkenmodell wird uns helfen, das Periodensystem der Elemente zu verstehen. Denn der Atombau spiegelt sich in diesem wider – und umgekehrt.

Vorweg müssen wir kurz das Problem der chemischen Atomsymbole angehen. Manche Symbole scheinen so gar nicht zum Namen des Elementes zu passen, wie z. B. H für Wasserstoff oder O für Sauerstoff. Das liegt daran, dass sich die Symbole meist auf den griechischen oder lateinischen Namen des Elementes beziehen. Hier eine kleine Auswahl etwas schwierigerer Symbole (Abb. 1). Einige der schon seit langem bekannten Elemente werden mit dem ersten Buchstaben ,abgekürzt'. Es gibt aber mehr Elemente als Buchstaben im Alphabet. Daher tritt in den meisten Fällen ein zweiter, wenn möglich der zweite des griechischen oder lateinischen Namens, zum Anfangsbuchstaben hinzu. Diese Buchstabenschreibweise ist immerhin schon ein echter Fortschritt gegenüber den Atomsymbolen, die Dalton benutzte (Abb. 2).

Wir wollen uns nun ein modernes, einfaches Periodensystem der Elemente anschauen (Abb. 3). Hier sind nun die Elemente nach steigender **Ordnungszahl** in den waagerechten Reihen, den **Perioden**, geordnet; neben den sechs hier dargestellten existiert noch eine siebte. Die Elementfamilien bezeichnet man heute als **Gruppen**; sie bilden die senkrechten **Spalten**; es sind acht an der Zahl.

Was hat der Aufbau dieses PSE mit unseren Modellen vom Atombau, insbesondere dem Kugelwolkenmodell zu tun? Blicken wir hierzu zunächst auf das Modell der Kerne zurück. Im Kern eines Atoms sind die Protonen enthalten. Die **Protonen-Anzahl** oder auch **Kernladungszahl** ist **identisch** mit der chemischen **Ordnungszahl**. Da Atome nach außen hin elektrisch neutral sind, müssen sich in der Hülle des Atoms genau so viele Elektronen befinden wie Protonen im Kern, denn der ,Wert', der Betrag ihrer Ladung ist gleich groß, und nur bei gleicher Anzahl können sich die Ladungen nach außen hin aufheben. Also ist die Ordnungszahl auch gleich der **Elektronen-Anzahl**. Wir können die Ordnungszahl direkt im Periodensystem ablesen: Wie früher gesehen, steht sie unten links am Atomsymbol. Die Zahl oben in den Elementkästchen ist die **Atommasse**, angegeben in der Atommasseneinheit **u**. Sie ist meist eine ,krumme' Zahl, weil diese Masse nicht nur von Protonen und Elektronen, sondern auch noch von den elektrisch neutralen **Neutronen** im Atomkern mitbestimmt wird. Deren Zahl variiert bei den **Isotopen** eines Elementes. In die chemisch ermittelte Atommasse fließen die Massen der Isotope und ihrer Häufigkeit ein. Wir wissen, dass man die Zahl und die Masse der einzelnen Isotope mit dem Massenspektrometer bestimmt. Zum Begriff ,Isotope': Im Griechischen bedeutet ,isos' ,gleich' und ,topos' ,Ort, Platz'. Isotope sind also Atome, die im PSE am gleichen Platz stehen. Sie haben dieselbe Ordnungszahl und somit auch dieselbe Anzahl an Protonen und Elektronen, unterscheiden sich aber in der Anzahl der Neutronen. Sie sind Varianten desselben Elements. Wenn man von einem Element ein bestimmtes Isotop exakt bezeichnen

Abb. 2: Die modernen chemischen Symbole sind verständlicher als die von Dalton

will, muss man die Zahl **aller** Nukleonen, Protonen **und** Neutronen, **oben links** am Atomsymbol mit angeben. Abbildung 4 verdeutlicht das an zwei Beispielen. Wir sehen beim Lithium, dass beide Isotope die Ordnungszahl Drei haben, also drei Protonen im Kern. Das eine hat aber insgesamt sechs Kernteilchen oder Nukleonen, das andere sieben. Zieht man die drei Protonen ab, so ergibt sich, dass das eine Lithiumisotop drei, das andere vier Neutronen im Kern hat.

Um die **Periodennummern**, die **Gruppennummern** und die besprochenen **Wertigkeiten** der Atome zu verstehen, kommen wir auf das Kugelwolkenmodell zurück. Die erste Schale mit einer Kugelwolke konnte nur **zwei Elektronen** aufnehmen. Vergleichen wir mit dem PSE: In der **ersten** Periode finden sich **zwei Elemente**, Wasserstoff und Helium. Die **zweite Schale** besitzt vier Kugelwolken, die nacheinander mit insgesamt **acht Elektronen** besetzt werden. Die **zweite Periode** enthält die **acht Elemente** von Lithium bis Neon. Ähnlich geht es noch in der dritten Kugelwolke/der dritten Periode zu. Für den Zusammenhang zwischen PSE und Kugelwolkenmodell gilt also: Die Nummer der Periode gibt an, wie viele Elektronenschalen vorhanden sind und welche davon gerade besetzt wird. Alle

Deutsch	Griechisch/Latein	Englisch	Italienisch	Atomsymbol
Wasserstoff	hydrogenium	hydrogen	idrogeno	H
Kohlenstoff	(carbo = Kohle)	carbon	carbonio	C
Stickstoff	nitrogenium	nitrogen	azoto	N
Sauerstoff	oxygenium	oxygen	ossigeno	O
Natrium		sodium	sodio	Na
Kalium		potassium	potassio	K
Eisen	ferrum	iron	ferro	Fe
Silber	argentum	silver	argento	Ag
Gold	aurum	gold	oro	Au
Quecksilber	hydrargyrum	mercury	mercurio	Hg
Blei	plumbum	lead	piombo	Pb

Abb. 1: Eine kleine Auswahl an Namen von Elementen und Atomsymbolen

Periode	I	II	III	IV	V	VI	VII	VIII
1	1,008 ——Atommasse in u ₁ H —Ordnungszahl							4,003 2 He
2	6,94 3 Li	9,01 4 Be	10,81 5 B	12,01 6 C	14,00 7 N	16,00 8 O	19,00 9 F	20,18 10 Ne
3	22,99 11 Na	24,31 12 Mg	26,98 13 Al	28,09 14 Si	30,97 15 P	32,07 16 S	35,45 17 Cl	39,94 18 Ar
4	39,10 19 K	40,08 20 Ca	69,72 31 Ga	77,61 32 Ge	74,92 33 As	78,96 34 Se	79,90 35 Br	83,80 36 Kr
5	85,47 37 Rb	87,62 38 Sr	114,82 49 In	118,71 50 Sn	121,75 51 Sb	127,60 52 Te	126,90 53 I	131,29 54 Xe
6	132,91 55 Cs	137,33 56 Ba	204,38 81 Tl	207,2 82 Pb	208,98 83 Bi	84 Po	85 At	86 Rn

Abb. 3: Eine einfache Darstellung des PSE moderner Prägung

Elemente der Periode mit der **Nummer drei** weisen **drei** Schalen auf; davon wird die dritte gerade aufgefüllt. Die **Anzahl der Elemente** in einer Periode ist gleich der **Anzahl der Elektronen**, die in der **äußersten Schale** Platz finden: zwei – acht – acht.

An den Gruppennummern lässt sich sofort ablesen, **wie viele Außenelektronen** ein bestimmtes Atom besitzt. Also: **Gruppe eins** bedeutet: die Atome aller Elemente dieser Gruppe („Familie") verfügen über **ein Außenelektron**, die von **Gruppe acht** weisen **acht** auf, die anderen liegen demgemäß dazwischen. Die Ausnahme ist das Heliumatom: Die erste Schale fasst just zwei Elektronen. Es ist **chemisch** richtig, das Helium in die achte Gruppe einzuordnen; denn es ist ein Edelgas wie die anderen Familienmitglieder: Die Elemente der achten Gruppe gehören zur Gruppe der Edelgase. Andere Gruppen sind beispielsweise die Alkalimetalle in der ersten Gruppe oder die Halogene in der siebten. In diesen Gruppe fasst man Elemente mit ähnlichen Eigenschaften zusammen. Es ist mithin kein Zufall, dass die Elemente einer Gruppe untereinander angeordnet sind: An der **Gruppennummer** lässt sich die **Anzahl der Außenelektronen** ablesen, die demnach maßgeblich die chemischen Eigenschaften

eines Elementes bestimmt. Allerdings ist die Anzahl der Außenelektronen nicht der einzige Bestimmungsfaktor. Ohne auf die weiteren Bestimmungsfaktoren einzugehen, können wir jetzt schon sagen, dass es noch weitere geben muss, sonst würde Helium nicht zu den Edelgasen gehören, da es nur **zwei Außenelektronen** hat statt derer **acht** wie die übrigen Edelgase. Sonst würde Wasserstoff zu den Alkalimetallen gehören, denn Wasserstoff hat genau wie diese genau **ein Außenelektron**. Wasserstoff unterscheidet sich aber ganz erheblich von den Alkalimetallen.

$$^{6}_{3}\text{Li} \quad ^{7}_{3}\text{Li} \qquad ^{127}_{53}\text{I} \quad ^{131}_{53}\text{I}$$

Abb. 4: Das korrekte Symbol der beiden Isotope von Lithium und Iod

Auch die **Wertigkeit** hat einiges mit der Besetzung der Kugelwolken zu tun. Die **höchste Wertigkeit** nimmt ein Element gewöhnlich in Verbindung mit **Sauerstoff** ein, entspricht genau der **Gruppennummer**, und somit eben der **Gesamtzahl an Außenelektronen**: Stickstoff steht in der fünften Gruppe, er hat fünf Außenelektronen, es existieren Stickstoff-Sauerstoff-Verbindun-

gen mit fünfwertigen Stickstoff. Bei der Wertigkeit gegenüber Wasserstoff ist dies anders: Hier zählen nur die einfach besetzten Kugelwolken. In der zweiten Periode werden zunächst von Lithium bis Kohlenstoff nacheinander alle vier Kugelwolken einfach besetzt. Diese Elemente sind dementsprechend ein- bis vierwertig gegenüber Wasserstoff, sie können ein bis vier Wasserstoffatome an sich binden. Man gelangt so zu den Formeln LiH, BH_2, BH_3 und CH_4 für die Wasserstoffverbindung dieser vier Elemente. Beim Stickstoffatom aber wird nun die erste Kugelwolke zweifach besetzt, **drei einfach besetzte** bleiben übrig. Mithin kann es nur **drei Wasserstoffatome** an sich binden. Die Formel der Stickstoff-Wasserstoff-Verbindung lautet also NH_3 (Ammoniak). Beim Sauerstoff- und Fluoratom nimmt die Zahl der einfach besetzten Kugelwolken weiter ab, sie können also nur noch **zwei** bzw. **ein Wasserstoffatom(e)** festhalten. Ihre Wasserstoffverbindungen besitzen also die Formeln H_2= (Wasser) bzw. HF (Fluorwasserstoff). Neonatome mit ihren **acht Außenelektronen** in den vier doppelt besetzten Kugelwolken binden gar keine Wasserstoffatome an sich.

Der Umgang mit dem Kugelwolkenmodell ist umständlich. Als Ersatz hat man zwei leicht unterschiedliche Schreibweisen erfunden, mit denen man neben dem Element auch die Anzahl der Außenelektronen darstellt. In der ersten, der Punktschreibweise, werden alle **Außenelektronen** als **Punkte** dargestellt. **Doppelt** besetzte Kugelwolken symbolisiert man dabei durch einen **Doppelpunkt**. Bei der zweiten, der Punkt-Strich-Schreibweise, verwendet man für die doppelt besetzten Kugelwolken statt des Doppelpunktes einen **Strich**. All diese Zeichen werden an den Atomsymbolen platziert. Die Abbildungen 5a und 5b zeigen diese beiden Schreibweisen anhand der Elemente in der zweiten und dritten Periode. Sie berücksichtigen die Verteilung der Außenelektronen auf die vier Kugelwolken.

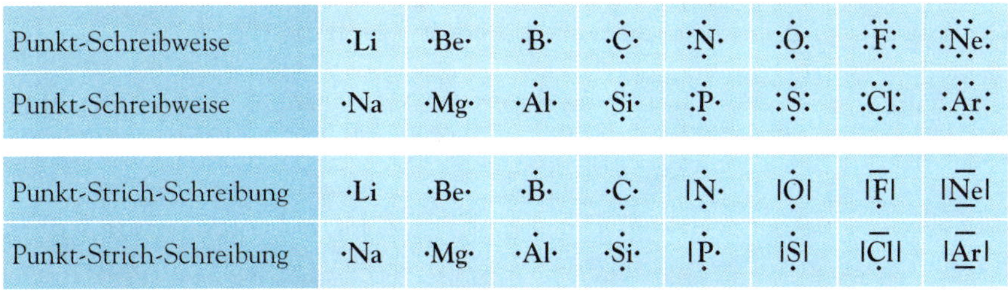

Punkt-Schreibweise	·Li	·Be·	·Ḃ·	·Ċ·	:Ṅ·	:Ö:	:F̈:	:N̈e:
Punkt-Schreibweise	·Na	·Mg·	·Ȧl·	·Ṡi·	:Ṗ·	:S̈:	:C̈l:	:Är:
Punkt-Strich-Schreibung	·Li	·Be·	·Ḃ·	·Ċ·	|N̄·	|O̲|	|F̄|	|N̲e̲|
Punkt-Strich-Schreibung	·Na	·Mg·	·Ȧl·	·Ṡi·	|P̄·	|S̲|	|C̄l|	|Är|

Abb. 5a, b : Die üblichen Schreibweisen für die Außenelektronen. Einzelpunkte stehen für einfach besetzte Kugelwolken, Doppelpunkte oder Striche für zweifach besetzte

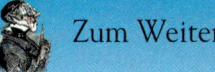

Zum Weiterlesen:

• Die Chemie und ihre Liebe zur Ordnung – das Periodensystem, S. 482
• Die spät entdeckten Adligen – die Edelgase, S. 486
• Das späte Glück der Chemiker – physikalisch ähnliche Gase, S. 496

Die spät entdeckten „Adligen" – die Edelgase

Vielleicht ist es schon aufgefallen, dass bei der Vorstellung des Kugelwolkenmodells die **Edelgase Helium**, **Neon** und **Argon** auftauchten, nicht aber beim Periodensystem von Mendelejew. Der Grund ist einfach: Auf der Erde wurden sie erst kurz vor 1900 entdeckt, knapp 30 Jahre nach dem ersten PSE. Sie fehlten als komplette Familie, daher hatte man sie chemisch nicht vorhersagen können. Bis heute besitzen die Edelgase eine Sonderstellung unter den Elementen; denn die drei leichten sind zu ‚edel', um sich mit den Atomen anderer, ‚gemeiner' Elemente zusammenzutun. Die Edelgasatome sind unter normalen Bedingungen die einzigen ‚Singles', echte **einzelne Atome**. Wie wir gesehen haben, sind die äußeren Kugelwolken bei ihnen mit zwei Elektronen beim Helium und je acht bei Neon und Argon voll besetzt. Diese Acht tritt auch bei den schwereren Verwandten **Krypton**, **Xenon** und dem radioaktiven **Radon** auf. Alle Edelgase kommen in der Luft vor, Argon ist sogar das dritthäufigste Gas im Gasgemisch Luft (Abb. 1). Warum dann diese späte Entdeckung?

Weil Chemiker immer auch ‚in chemischen Reaktionen' denken. Ende des 18. Jahrhunderts hatte ein Brite die Edelgase der Luft bereits isoliert, nachdem er elementaren Stickstoff und Sauerstoff auf chemischem Weg entfernt hatte. Den bescheidenen Gasrest, weniger als $\frac{1}{100}$ der ursprünglichen Menge, konnte er jedoch nicht identifizieren, weil er keine chemischen Reaktionen einging.

Gut 100 Jahre später hatte man im Nachweis von Elementen große Fortschritte gemacht. Trotzdem muss man dem Physiker Lord Rayleigh Beifall zollen. Er hatte herausgefunden, dass aus der Luft gewonnener Stickstoff eine Dichte von 1,2567 g/l besaß, ein chemisch hergestellter jedoch nur eine von 1,2505 g/l. Diese minimale Abweichung um 0,5 % hätten viele andere nicht weiter beachtet. Rayleigh jedoch stieß nach langwierigem Überprüfen verschiedener Lösungsansätze gemeinsam mit dem Chemiker Ramsay 1894 auf das Argon. Die übrigen Edelgase wurden in rascher Folge entdeckt, innerhalb von nur 6 Jahren, weil es zu dieser Zeit mit der Luftverflüssigung von Linde mög-

Abb. 2: Helium dient als unbrennbares Füllgas von Luftballons und Luftschiffen

lich wurde, ihre Konzentration zu erhöhen. Beide erhielten 1904 den Nobelpreis, Lord Rayleigh den für Physik, Ramsay den für Chemie. Nur das Helium hatte man ohne diese Methode entdeckt: Alpha-Teilchen als Produkte des radioaktiven Zerfalls von Uran und Thorium sind die Kerne des Heliumatoms.

Die meisten technischen Anwendungen der Edelgase beruhen auf ihrer Reaktionsträgheit; Argon hat daher sogar seinen Namen. Helium hat mit seiner zweitkleinsten Dichte aller Gase den brennbaren Wasserstoff aus Ballons und Luftschiffen verdrängt (Abb. 2). Argon ist als Schutzgas beim Schweißen weithin bekannt; es verhindert die rasche Reaktion des heißen Metalls mit Sauerstoff. Als Füllgas in Glühlampen verhindert es das Verdampfen des Metallfadens und ermöglicht so höhere Glühfadentemperaturen und damit Lichtausbeuten. In teueren, aber langlebigeren Lampen ersetzt man Argon durch das seltenere Krypton. Xenon wird in der neuesten Generation von Autoscheinwerferbirnen

eingesetzt, die hohe Leuchtkraft aufweisen.

Den höchsten Bekanntheitsgrad dürfte indes das zweite Edelgas haben: Leuchtstoffröhren bezeichnet man meist als **Neonröhren**, obwohl nur die (zuerst hergestellten) rot leuchtenden Röhren mit Neon gefüllt sind. Die im Alltag eingesetzten weißen enthalten aber gar kein Neon, sondern (giftiges!) Quecksilber.

Wegen der mangelnden Reaktionsbereitschaft der Edelgase glaubte man lange Zeit, sie würden gar keine Reaktionen eingehen. Selbst bei sehr hohen Temperaturen, tausend und mehr Grad Celsius, reagieren z.B. Helium und Argon fast nicht. Die Stabilität ihrer gefüllten Außenschale ist tatsächlich hoch. Seit 1962 kennt man allerdings einige Verbindungen von Krypton und vor allem von Xenon. Dabei zeigte sich dann, beispielsweise in der Verbindung XeO_4, dass Xenon auch tatsächlich achtwertig ist, wie es seiner Stellung im Periodensystem entspricht.

Name – Atomsymbol	Bedeutung im Griechischen	Atommasse in u molare Masse in g	Dichte bei 0°C und 1 bar in g/l	Quotient aus molarer Masse und Dichte	Siedetemperatur in °C bzw. Kelvin	1 Liter Luft enthält (Milliliter)
Helium – He	‚Sonne'	4,0	0,18	22,4 l/mol	−269/4	0,0046
Neon – Ne	das Neue	20,2	0,9	22,4 l/mol	−246/27	0,016
Argon – Ar	das Träge	39,9	1,78	22,4 l/mol	−186/87	9,3
Krypton – Kr	das Verborgene	83,8	3,74	22,4 l/mol	−153/120	0,0011
Xenon – Xe	das Fremde	131,3	5,89	22,4 l/mol	−108/165	0,00009

Abb. 1: Die Edelgase mit ihren wichtigsten Kenndaten im Überblick

Chemie

In ihrer Schwäche liegt die Kraft – die Bindungen des Herrn van der Waals

Wie wir bei den Aggregatzuständen schon gesehen haben, können Stoffe nicht nur in den drei Zuständen fest, flüssig und gasförmig auftreten, sie können auch von einem Zustand in einen anderen wechseln, z. B. beim Verdampfen einer Flüssigkeit durch Erwärmung. Der umgekehrte Weg ist das Kondensieren, also der Wechsel vom gasförmigen in den flüssigen Zustand, z. B. durch Abkühlen. Dies ist prinzipiell bei allen Gasen möglich.

Wer beim Camping mit den blauen Butanbrennern heizt, weiß, dass sie eine Flüssigkeit enthalten, der Hörtest beim Schütteln beweist das eindeutig. Butan ist aber bei Raumtempe-ratur ein Gas, sein Siedepunkt liegt bei etwa 0° Celsius. Öffnet man den Hahn, entweicht auch ein Gas, wie am Zischen zu hören ist. Das Butan wurde verflüssigt, indem man es unter Druck setzte. Butan wird nämlich unter genügend hohem Druck flüssig. Beim Aufdrehen des Hahnes sinkt der Druck ab, so dass es wieder gasförmig wird. Chlor und Schwefeldioxid verhalten sich unter Druck ähnlich wie das Butan.

Viele andere Gase jedoch lassen sich zwar unter Druck komprimieren; sie denken aber nicht daran, flüssig zu werden. Dazu zählen alle Edelgase, aber auch Wasserstoff, Stickstoff und Sauerstoff. Um sie zu kondensieren, muss man sie auf sehr niedrige Temperaturen abkühlen. Dabei nutzt man das erwähnte Kühlschrankverfahren des Herrn Linde. Das Gas oder auch das Gasgemisch wird mit einem Kompressor verdichtet. Bei dieser Kompression erwärmt es sich. Diese Kompressionswärme führt man ab, beim Kühlschrank an die umgebende Luft, und senkt den Druck danach wieder ab. Dabei dehnt sich das Gas wieder aus, es expandiert. Diese Entspannung ist die Umkehrung der Kompression. Folgerichtig sinkt dabei die Gastemperatur. Beim Kühlschrank befindet sich der ‚Verdampfer‘, in dem sich das Gas entspannt, im Schrank selbst, der Kompressor außerhalb des Kühlraumes. So erreicht man, dass die Innentemperatur unter der äußeren liegt. Beim Verflüssigen von Luft oder anderen Gasen schaltet man mehrere dieser Vorgänge (verdichten, Wärme abführen, entspannen) hintereinander. Mit den so erreichbaren tiefen Temperaturen erhält man sogar flüssiges Helium bei -269°C.

Bei der Besprechung der Aggregatzustände hatten wir festgestellt, dass zwischen den Teilchen Kräfte wirken, die sie zumammenhalten. Diese Anziehungskräfte sind in Feststoffen größer als in Flüssigkeiten und in diesen wiederum größer als in Gasen. Besonders gering sind diese so genannten **Van der Waals-Kräfte** zwischen Atomen der Edelgase. Die Edelgasatome kommen also der ursprünglichen Vorstellung von Atomen als Teilchen ohne gegenseitige Wechselwirkungen am nächsten. Eine Verflüssigung der Edelgase durch reine Druckerhöhung ist trotzdem nicht möglich, da die temperaturabhängige Bewegungsenergie der Teilchen den schwachen Anziehungskräften zwischen Ihnen entgegenwirkt. Ein ähnlicher Effekt ergibt sich, wenn man einen (nicht zu starken) Magneten rasch genug an einem Nagel vorbeiführt: Der Nagel wird nicht am Magneten hängen bleiben. Mit Sinken der Temperatur wird die Eigenbewegung der Teilchen aber geringer. Und unterhalb einer gewissen Temperatur wird die Teilchenbewegung so gering, dass die Van der Waals-Anziehung die Bewegungskraft der Teilchen übersteigt. Bei dieser Temperatur wird das Gas flüssig, weil die nun stärkere Van der Waals-Kraft die Teilchen zusammenhält. Wie beim Magneten: Bewegt man ihn langsam über den Nagel, so zieht er ihn an und der Nagel bleibt an ihm hängen. Bei den Edelgasen erkennt man, dass die Kondensationstemperaturen umso höher liegen, je weiter unten sie im Periodensystem stehen. Wir erinnern uns: Beim Übergang von einer Periode zur nächsten wächst das Atom um eine Schale an, wird also größer. Und bei größeren Teilchen wirkt die Van der Waals-Kraft stärker, weil sie der Kraft mehr ,Angriffsfläche' bieten. Eine entsprechende Erfahrung macht man im Alltag immer wieder: Ein Gegenstand wird vom Kleber umso besser gehalten, je größer die Klebefläche ist, deswegen klebt man ja eine Briefmarke auch nicht hochkant auf einen Brief. Wenn also die Van der Waals-Kraft stärker wirkt, dann überwindet sie auch leichter die Kraft der Eigenbewegung der Teilchen. Somit kondensieren Edelgase mit größeren Atomen bei höheren Temperaturen.

Abb. 3 : Das farbige Licht von edelgashaltigen Leuchtröhren scheint große Wirkungen auszuüben

 Zum Weiterlesen:

- Wenn die Chemie stimmt – chemische Reaktionen, S. 488
- Kein Wasser ohne diesen Stoff – Wasserstoff und Moleküle, S. 494
- Das späte Glück der Chemiker – physikalisch ähnliche Gase, S. 496

Wenn die Chemie stimmt – chemische Reaktionen

Es ist höchst bedauerlich, dass man in einem Buch keine Experimente durchführen kann. Denn in der Chemie steht jede Erkenntnis auf einer experimentellen Basis, und scheinbar Sicheres fällt mit dem **Experiment**. Wir haben das eben noch am Xenon gesehen. Was genau ist nun ein ‚Experiment'? Eine sachliche Antwort wäre: Ein ‚ge-

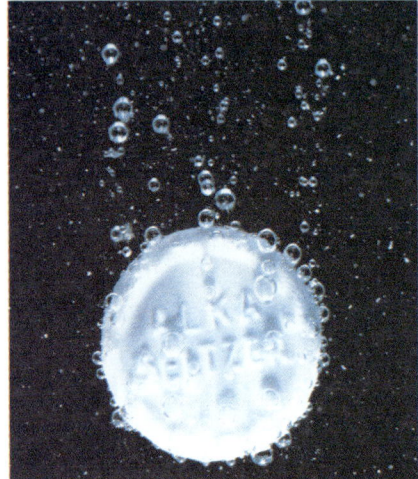

Abb. 1: Beim Auflösen einer Brausetablette in Wasser entstehen Gasblasen, ein untrügliches Kennzeichen für eine chemische Reaktion

planter **Versuch**'. Eine andere: ‚**eine Frage an die Natur**'. Auch diese Definition ist in den Naturwissenschaften korrekt. Allerdings schweigt die Natur zu all unseren Fragen. Wir selbst geben uns die Antworten auf die Versuchsergebnisse, und diese können je nach Vorwissen ganz unterschiedlich ausfallen.

Abb. 2: Brennendes Feuer ist sicheres Kennzeichen einer chemischen Reaktion

Wir haben mehrfach gesehen, dass das zentrale Experiment der Chemie nach wie vor die **chemische Reaktion** ist. Und dass diese Reaktionen bei allen Lebensvorgängen und in der Technik unser Dasein mitbestimmen.

Versuchen wir also, uns Fragen zu stellen und Antworten zu geben, die zu verstehen sind. Chemische Reaktionen liegen vor, wenn

– sich eine Tablette ‚aufbrausend' in Wasser löst, weil dabei ein Gas entsteht (Abb. 1);
– Holz, Kohle oder Erdgas brennt (Abb. 2);
– aus der bestäubten Apfelblüte ein Apfel heranwächst (Abb. 3) oder aus einer befruchteten Eizelle ein Mensch;

– man ein Brot, einen Kuchen backt oder Spiegeleier brät und die Produkte anders aussehen und schmecken als die jeweiligen Ausgangsstoffe;
– eine zuckerhaltige Lösung durch bestimmte Pilze zu Alkohol vergoren wird;
– dieser Alkohol von Essigbakterien in Essigsäure umgewandelt wird;
– in der biologischen Reinigungsstufe von Kläranlagen organische Verunreinigungen von Bakterien ‚aufgefressen' werden (Abb. 4);
– mit einer gelben Lösung getränkte Jeans an der Luft indigoblau werden;
– Milch sauer wird – auch bei der Herstellung von Kefir und Joghurt;
– man Kesselstein durch Säuren auflöst;
– Kupferdächer mit der Luft einen grünen Überzug bilden (Abb. 5).

Bei chemischen Reaktionen entstehen aus den **Ausgangsstoffen** stets **dauerhaft neue Stoffe**, die ganz andere, unerwartete Eigenschaften besitzen können als die, aus denen sie entstanden sind. Diese neuen Stoffe lassen sich dann wieder nur durch chemische Reaktionen in die ursprünglichen Substanzen ‚zurückverwandeln'. Hier ist ein Grund für die Schwierigkeiten zu suchen, die viele Menschen mit der Chemie hatten und haben. Es ist noch nicht lange her, dass sie dabei an Hexerei, Zauberei oder schwarze Magie glaubten. Die uralte Kunst, mit Indigo Stoffe blau zu färben, beweist das. ‚Er/sie kann hexen und blaufärben.' Nur wenig milder war der Ausdruck ‚Blaufärber' für einen Lügner.

Die **bleibende Veränderung** ist etwas vereinfacht der Unterschied zu physikalischen Vorgängen wie dem Schmelzen oder Ver-

Abb. 3: Das Heranwachsen eines Apfels aus einer Blüte und sein ‚Rotwerden' beruht auf chemischen Reaktionen

Abb. 4: In einer Kläranlage wird ein Teil der Verunreinigungen von Bakterien durch chemische Reaktionen vertilgt

Abb. 5: Der grüne Belag, die Patina, entsteht bei der chemischen Reaktion des Kupfers mit der Luft

dampfen eines Stoffes. Das Wasser, das als Dampf dem Kochtopf entströmt, kann sich an der kühlen Fensterscheibe gleich wieder niederschlagen. Spiegeleier werden nie wieder zu rohen Eiern.

In einem zweiten Punkt weichen chemische Reaktionen von der Alltagserfahrung ab. Sie verlaufen nur in ganz bestimmten **Massenverhältnissen**. Das lässt sich manchmal bei Brausetabletten beobachten, die in Wasser schwer lösliche Carbonate, so heißen die Salze der Kohlensäure, enthalten. Zum **Auflösen** setzt man den Tabletten einen bestimmten Anteil Citronensäure zu. (Deren Reaktion mit den Carbonaten lässt das Gas Kohlenstoffdioxid entstehen.) Ist zu wenig der Säure vorhanden, so bleibt ein kleiner Teil des Carbonats ungelöst am Boden übrig. Gibt man dann etwas Essig zu, so verschwindet der kleine Rest, und wieder entwickelt sich etwas Gas.

Beim rein physikalischen Mischen dagegen existiert keine Grenze. Man kann beim Zubereiten eines Kuchenteigs so viel Zucker zum Mehl geben, wie man will. Beim Vermischen von Alkohol und Wasser lässt sich jedes beliebige Mischungsverhältnis einstellen. Das Auflösen von Zucker oder Salz in Wasser zeigt zwar eine Löslichkeitsgrenze, ab der sich nichts mehr weiter lösen lässt. Bis dahin aber kann man die Zusammensetzung völlig frei einstellen.

Die obigen Beispiele sollten an einigen Veränderungen zeigen, wie man chemische Reaktionen **sicher** erkennt: Veränderungen bei Farbe, Geruch oder Geschmack, Entstehen eines Gases, Löslichkeit (rohes Eiklar kann man mit Wasser verdünnen, nicht aber gekochtes oder gebratenes), Feuer/Flamme.

Leider laufen nicht alle chemischen Reaktionen so überzeugend ab.

Hier müssen wir kurz darauf eingehen, was ‚Reaktion' in der Chemie bedeutet. Ziehen wir ein Beispiel heran: Jemand zeigt eine ‚allergische Reaktion'. Bei einem Allergiker kommen Erscheinungen wie Jucken oder Husten vor, wenn etwas auf ihn einwirkt, das er schlecht verträgt. Ähnlich verhält es sich in der ‚normalen' Chemie. Ein Stoff ‚agiert' nie allein von sich aus, sondern er ‚reagiert' auf äußere ‚Anstöße'. Diese können von anderen Stoffen herrühren wie beim Rosten von Eisen (Abb. 6) und von Wärmezufuhr wie beim Eierkochen oder Braten. Durch Zufuhr von elektrischer Energie laden wir Akkus auf; sonst müssten wir Autos anschieben und Motorräder immer noch mit dem Kickstarter antreten. Sichtbares Licht und UV-Strahlen können die Ursache chemischer reaktionen sein wie beim Fotografieren und dem Sonnenbrand, bei der Fotosynthese und der Bildung und Zerstörung von Ozon. Auch die Wirkung von Radioaktivität auf Menschen, Tiere und Pflanzen beruht darauf, dass sie, meist schädliche, chemische Reaktionen auslöst. Die Chemie hat eben viele Gesichter.

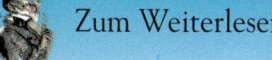

Zum Weiterlesen:

- Das ‚Buchstabenmodell' chemischer Reaktionen, S. 490
- Gasig leichtes Rechnen – chemische Reaktionen von Gasen, S. 498
- Man rechnet fest mit ihnen – Feststoffe und ihre Reaktionen, S. 500

Abb. 6: Eisen zeigt die chemische Reaktion des Rostens nur, wenn es Sauerstoff und Wasser ausgesetzt ist

Das ,Buchstabenmodell' chemischer Reaktionen und eine kleine Anleihe bei der Mathematik

Wortschreibweise	Sechs und (plus) zwei ergibt acht
Mathematische Schreibweise	6 + 2 = 8

Abb. 1: Ausführliche und gekürzte Schreibweise

Zahlen und mathematische Aufgaben wie in der oberen Zeile von Abb. 1 zu schreiben ist ziemlich umständlich. Darum verwendet man die **Symbolschreibweise**.

Im Prinzip nichts anderes ist die Symbolschreibweise der Chemie. Jeder, der die Symbole als Modelle sieht, kann chemische Abläufe verstehen.

Den Zahlwörtern – eins, drei – entsprechen in der Chemie die **Stoffnamen**: Wasser, Schwefel, Kupfer, Glycerin, Sauerstoff. Am Anfang kann man chemische Reaktionen als ein **stoffliches Geschehen** in Worte fassen; Abb. 2 zeigt die Entwicklungsstufen zum **chemischen Reaktionsschema**.

Wortschreibweise
Kupfer (Abb. 3) und Sauerstoff reagieren miteinander und ergeben (schwarzes) Kupferoxid (Abb. 4)
gemischte Schreibweise
Kupfer + Sauerstoff → (schwarzes) Kupferoxid
chemisches Reaktionsschema
$1\,Cu + 1\,O → Cu_1O_1$

Abb. 2: Der gleiche Vorgang in drei Schreibweisen

Die Substanz oder Substanzen auf der linken Seite nennt man **Ausgangsstoffe** oder **Edukte**, die auf der rechten Seite **Produkte**. ,→' bezeichnet man als **Reaktionspfeil**: Er zeigt an, in welche Richtung die Reaktion läuft. Die Stoffnamen ersetzen wir durch **chemische Symbole** als **Teilchenmodelle**; die Stoffe selbst behalten wir dabei im Hinterkopf.

Genau genommen muss man das Schema wie folgt ,zurückübersetzen': Ein Kupferatom (Cu-Atom) reagiert mit einem Sauerstoffatom (O-Atom) zu einer Kupferoxid-,Einheit' (CuO-Einheit). Die Zahlen **vor** den Atomsymbolen sind die **Koeffizienten** (Faktoren). Sie geben an, wie viele der Teilchen, bei denen sie stehen, bei der chemischen Reaktion umgesetzt werden. Die ,Einheit' Cu_1O_1

ist die **chemische Formel** des Kupferoxids. Sie gibt an, dass **in der chemischen Verbindung (schwarzes) Kupferoxid** auf **ein Kupferatom** genau **ein Sauerstoffatom** kommt. Das kann man **rechts unten** an den **Indizes** – Einzahl **Index** – ablesen. Zur Erinnerung: Die Nukleonenanzahl und die Protonenanzahl schreibt man links an das Elementsymbol.

Mit diesem Wissen wollen nun die chemischen Gesetze kennenlernen.
1. Das Gesetz von der Erhaltung der Masse wurde Ende des 18. Jhd. von A. L. Lavoisier aufgestellt: Bei **chemischen Reaktionen** bleibt die Gesamtmasse der Reaktionsteilnehmer konstant. Selbst wenn Stoffe explosiv (miteinander) reagieren, geht nichts an Masse verloren. Bei chemischen Reaktionen werden also **Atome weder erzeugt noch vernichtet**. In unserem Beispiel erzeugen wir keine Kupfer- oder Sauerstoffatome, es verschwinden auch keine.
2. Das Gesetz der konstanten Massenverhältnisse besagt: In **chemischen Verbindungen** liegen die Massen der beteiligten Elemente in **konstanten Verhältnissen** vor. Diese Verhältnisse sind in der Regel ,krumme' Zahlen. Beim (schwarzen) Kupferoxid liegt es bei 3,97 g Kupfer zu 1 g Sauerstoff; ein Mehr an Kupfer oder Sauerstoff findet keinen Reaktionspartner.

Drittes Grundgesetz (Gesetz der **ganzzahlig vielfachen Massenverhältnisse**): Wenn

Elemente **mehr als eine Verbindung** miteinander bilden können, liegen in diesen **verschiedenen** Verbindungen auch **unterschiedliche Atomanzahlen** vor. Dieser Fall ist nicht allzu selten. Es existiert neben dem schwarzen ein zweites, rötliches Kupferoxid. In der Umwelt spielen mehrere Stickstoffoxide eine schädliche Rolle.

Das rötliche Kupferoxid hat die Formel Cu_2O_1: Im Gegensatz zum schwarzen mit der Formel Cu_1O_1 kommen hier **zwei** Kupferatome – **Index = 2** – auf **ein** Sauerstoffatom. Das Massenverhältnis Kupfer zu Sauerstoff beträgt 7,94 : 1. Vergleichen wir diesen Wert mit dem des schwarzen Oxids, so ist zu sehen, dass 7,94 genau das Zweifache von 3,97 ist: 7,94 : 3,97 = 2 : 1, also ein ganzzahliges Vielfaches.

Diese Indizes liegen in der Natur der Atome; der Mensch ermittelt sie nur. Eine chemische **Formel mit ihren Indizes** ist Kennzeichen eines ganz **bestimmten Stoffes**. Die Formeln darf man nie manipulieren! Sowohl die Änderung eines Buchstabens wie die Änderung eines Indexes ergeben die Formel einer **anderen** Substanz.

Anfänger haben mit den Indizes oft Schwierigkeiten. Daher nochmals ein Blick auf die Mathematik. Beim Rechnen mit x hat die Variable meistens einen Faktor: 2 x, – 5 x. Es ist ein schwerer Rechenfehler, wenn man den Faktor einseitig verändert. Genauso

Abb. 3: Elementares Kupfer hat eine typische rote Farbe

Chemie

Abb. 4: Das schwarze Kupferoxid besitzt keine Ähnlichkeit mit metallischem Kupfer

ist es ein schwerer Verstoß gegen alle Regeln der Natur, wenn man die Indizes ‚frisiert'.

Mit dem zweiten, dem rötlichen Kupferoxid beleuchten wir die Rolle der Koeffizienten. Es könnte wie das schwarze direkt aus den Elementen entstehen:

$Cu + O \rightarrow Cu_2O_1$

Da stimmt etwas nicht. Der Index ‚zwei' beim Symbol des Kupferatoms im Oxid besagt, dass es 2 Cu-Atome enthält. Auf der linken Seite des Reaktionsschemas kommt bisher aber nur eines vor. Wir müssen links die Anzahl der Kupferatome erhöhen, indem wir vor das Cu-Symbol den **Koeffizienten** ‚zwei' setzen:

$2 Cu + 1 O \rightarrow 1 Cu_2O_1$ oder
$2 Cu + O \rightarrow Cu_2O$

Dahinter steht wie immer in der Chemie die fundamentale Erfahrung, dass wir keine Atome her- oder wegzaubern können. Und weil in der Mathematik niemand mehr 1x schreibt sondern nur ‚x', lassen wir ab hier den Koeffizienten und Index eins weg.

Es muss noch erwähnt werden, dass Sauerstoff fast ausschließlich zweiatomig vorkommt. In den Reaktionsgleichungen müsste man also statt O eigentlich O_2 schreiben und dementsprechend die Koeffizienten des Kupfers und der Kupferoxide verdoppeln. Damit ergeben sich folgende Gleichungen:

$2 Cu + O_2 \rightarrow 2 CuO$ und
$4 Cu + O_2 \rightarrow 2 Cu_2O$

Ein Ausflug in die Riesenzahlen – Teilchenzahlen und ihre Einheit

Aus der Mathematik ist bekannt, dass man an Gleichungen nichts entscheidend verändert, wenn man beide Seiten der Gleichung mit derselben Zahl multipliziert:

$x = 12 \Leftrightarrow 100000 x = 1\,200\,000$

Im Alltag fasst man häufig mehr oder minder große Zahlen zusammen, um kleinere zu erhalten. Mit denen lässt sich leichter umgehen. Gängige Beispiele sind das Dutzend statt zwölf, 1 Tag statt 86400 Sekunden, 1 Jahr statt 525960 Minuten.

Chemiker sind an Teilchenanzahlen interessiert. Erinnern wir uns an die Definition der Atommasseneinheit u: $1 u = 1,661 \cdot 10^{-24}$ g. Das ist ungefähr die Masse eines Wasserstoffatoms. **Wie viele Atome** enthält **ein Gramm** der Substanz **Wasserstoff**? Die Antwort auf diese unscheinbare Frage ergibt die mit Abstand wichtigste Zahl der ganzen Chemie. Darum ein Beispiel.

Wie viele Einpfennigstücke kann man bei einer Nutzlast von einer Tonne transportieren, wenn **ein Pfennig** eine **Masse** von **0,2g** besitzt? Diese Anzahl sei x. Um uns die Rechnung zu erleichtern wandeln wir ‚Gramm' in ‚Tonne' um. Dann gilt:

$0,2 \cdot 0,000001 \, x = 1 \Leftrightarrow x = 5\,000\,000$

Ergebnis: Es sind fünf Millionen Einpfennigstücke.

Auch in der Chemie kann man von der Massse auf die Teilchenanzahl schliessen:

$1,661 \cdot 10^{-24} \, x = 1 \Leftrightarrow x = \mathbf{6,02 \cdot 10^{23}}$
(gerundet $\mathbf{6 \cdot 10^{23}}$)

Ergebnis: Es sind etwas mehr als 600 Trilliarden Wasserstoffatome in einem Gramm Wasserstoff enthalten. Zur Größe dieser Zahl: Ein Computer, der pro Sekunde eine Milliarde Atome zählt, wäre über 19 Millionen Jahre beschäftigt.

Die Masse eines Atoms in Gramm ist unhandlich klein, deshalb kürzt man sie mit der Atommasseneinheit u ab. Die gerade berechnete Zahl ist zu riesig. Man hat daher für die Chemie eine neue Größe eingeführt: Die **Stoffmenge** mit dem **Symbol n** und der **Einheit mol** (von Molekül). Es gilt: Eine Stoffportion mit der **Stoffmenge 1 mol** enthält $\mathbf{6,02 \cdot 10^{23}}$ Teilchen, z. B. Atome. Ähnlich also, wie man statt ‚10 000 Gramm' nur noch ‚10 Kilogramm' sagt, heißt es jetzt statt ‚$6,02 \cdot 10^{23}$ Teilchen' schlicht nur noch ‚**1 mol Teilchen**'. Nach dem bedeutenden italienischen Forscher Avogadro erhielt diese Zahl den Namen **Avogadro-Konstante N_A** mit der Einheit 1/mol, also ‚pro mol'. Mit dieser Zahl kann man die Atommasse, angegeben in u, umrechnen in die Masse in Gramm, die $6 \cdot 10^{23}$ Atome besitzen. Sie ist also ein Umrechnungsfaktor. Dazu multipliziert man diese Zahl N_A mit der Atommasse. Für ein Mol Wasserstoffatome ergibt sich:

$6,02 \cdot 10^{23}$/mol $\cdot 1,661 \cdot 10^{-24}$ g $= 1$ g/mol

Dieses ‚g/mol', sprich: gramm pro mol, ist die Einheit einer sehr wichtigen Größe, der **molaren Masse**. Das beleuchten wir gleich an zwei weiteren Beispielen. Die Atommassen anderer Elemente sind ziemlich genau ein Vielfaches der Masse eines Wasserstoffatoms. Sauerstoffatome wiegen 16 u, Kupferatome im Durchschnitt – man denke an die Isotope – 63,5 u. Wenn wir diese Werte einsetzen, erhalten wir

$6,02 \cdot 10^{23}$/mol $\cdot 16 \cdot 1,661 \cdot 10^{-24}$ g $= 16$ g/mol (Sauerstoff) und

$6,02 \cdot 10^{23}$/mol $\cdot 63,5 \cdot 1,661 \cdot 10^{-24}$ g $= 63,5$ g/mol (Kupfer).

Anders gesagt: Ein Mol Sauerstoffatome wiegt 16 Gramm, ein Mol Kupferatome wiegt 63,5 Gramm. Diese Zahlenwerte der molaren Masse von Elementen entsprechen genau den Werten, die als Atommasse in u in jedem PSE und allen Tabellen zu finden sind.

Zum Weiterlesen:

- Wenn die Chemie stimmt – chemische Reaktionen, S. 488
- Gasig leichtes Rechnen – chemische Reaktionen von Gasen, S. 498
- Man rechnet fest mit ihnen – Feststoffe und ihre Reaktionen, S. 500

Sauerstoff – ein chemisches Element als Grundlage des Lebens auf unserer Erde

Luft – auf nichts anderes sind wir so ständig angewiesen. Ohne Wasser hält man es wenige Tage, ohne Nahrung immerhin einige Wochen aus. Ohne Luft aber keine fünf Minuten.

Luft ist ein Gasgemisch, sie besteht zu knapp vier Fünfteln aus Stickstoff, über einem Fünftel aus Sauerstoff, der Rest

Abb. 1: Sauerstofflieferant Pflanze

hauptsächlich aus Edelgasen. Aus diesem Gasgemisch nehmen wir bei der Atmung Sauerstoff auf: Er ist es, auf dessen ständige Zufuhr der Mensch angewiesen ist. Den Großteil des benötigten Sauerstoffes atmen wir dabei über die Lungen, einen geringen Teil (ca. 2 %) auch über die Haut. Quasi im Austausch für den Sauerstoff atmen wir dann Kohlenstoffdioxid, CO_2, wieder aus. Doch nicht nur wir Menschen, auch die übrigen Lebewesen wie Tiere und Pflanzen atmen. Wie kommt es dann, dass der Luftsauerstoff nicht irgendwann verbraucht ist?

Im Unterschied zur Atmung von Menschen und Tieren, die Sauerstoff ein- und Kohlenstoffdioxid ausatmen, betreiben Grünpflanzen (Abb. 1) Fotosynthese: Mit Hilfe von Chlorophyll, dem grünen Blattfarbstoff, als Katalysator und Sonnenlicht als Energiequelle reagieren dabei Kohlenstoffdioxid und Wasser zu Glucose (Traubenzucker) und Sauerstoff (Abb. 2a). Bei der Atmung läuft der umgekehrte Prozess ab: Glucose und Sauerstoff reagieren zu Kohlenstoffdioxid und Wasser (Abb. 2b). Atmungsgleichung und Fotosynthesegleichung sind Umkehrreaktionen. Durch die beiden entgegengerichteten Prozesse entsteht ein Sauerstoffkreislauf.

Sauerstoff – chemisch betrachtet

Sauerstoff (chem. Symbol O, von lat.: oxygenium) ist ein gasförmiges Element, das in der sechsten Hauptgruppe des Periodensystems zu finden ist. Er hat sechs Elektronen in der Außenschale und kann somit noch zwei weitere Elektronen aufnehmen, um die **Oktettregel** (acht Elektronen in der Außenschale) zu erfüllen. Elementarer Sauerstoff besteht weitaus am häufigsten aus zweiatomigen Molekülen (O_2). Dieses Gas ist farblos, geruchlos und ungiftig. Es kondensiert bei $-183\,°C$ zu einer blauen Flüssigkeit. Daneben gibt es aber auch eine Sauerstoffmodifikation, die aus dreiatomigen Molekülen (O_3) besteht: **Ozon**. Ozon ist ein bläuliches Gas, hat einen stechenden Geruch und ist giftig. Sein Siedepunkt liegt bei $-112,4\,°C$.

Chemisch gewonnen wird Sauerstoff nach dem sog. „Linde-Verfahren" zur Luftverflüssigung. Der Siedepunkt von Sauerstoff liegt über dem von Stickstoff ($-196\,°C$), dem Hauptluftbestandteil. Sauerstoff kondensiert also eher und lässt sich dann vom Stickstoffgas abtrennen. Auf diese Weise wird in den Industrienationen weltweit eine riesige Menge Sauerstoff produziert – auf einen einzelnen Bürger umgerechnet einige Dutzend Kilogramm Sauerstoff pro Jahr. Somit gehört Sauerstoff zu den wichtigsten Ausgangsstoffen der chemischen Industrie. Hauptsächlich wird dieser Sauerstoff in der Stahlindustrie

eingesetzt: Zur Erzeugung einer Tonne Stahl wird ebenfalls etwa eine Tonne Sauerstoff gebraucht.

Sauerstoff wird auch bei vielen chemischen Reaktionen, die im Alltag stattfinden, benötigt. Insbesondere wird die Vielzahl der bekannten Verbrennungsreaktionen erst durch das Vorhandensein von Luftsauerstoff ermöglicht: Verbrennung ist nichts anderes als die Reaktion mit Sauerstoff. Die gesamte Energiewirtschaft (Verbrennung von Öl, Gas, Kohle, Verkehr, Heizung, die meisten Kraftwerke) kann nur mit Sauerstoff funktionieren. Eine brennende Kerze ist ein einfaches Beispiel für eine chemische Verbrennungreaktion. Wenn man die Sauerstoffzufuhr begrenzt, z.B. durch das Überstülpen eines geschlossenen Behälters, dann erlischt die Kerze nach kurzer Zeit (Abb. 3). Ihr „geht die Luft aus". Chemisch exakter ausgedrückt, steht der Verbrennungsreaktion ein Ausgangsprodukt – nämlich der Luftsauerstoff – nicht mehr zur Verfügung, so dass eine weitere Reaktion nicht erfolgen kann.

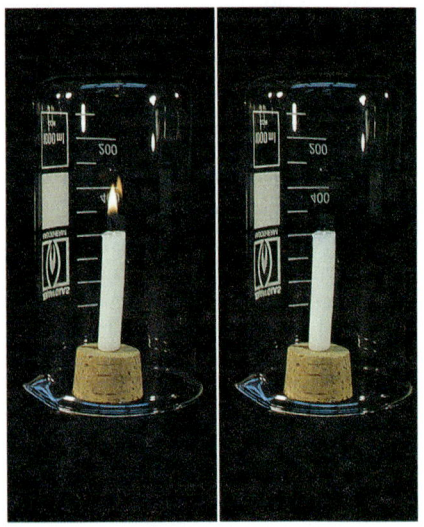

Abb. 3: Verbrennungsreaktionen erfordern Sauerstoff

Eine besondere Eigenschaft von Sauerstoff ist seine enorme Reaktivität. Sauerstoff geht mit Elementen (z.B. Kohlenstoff, Wasserstoff, Schwefel, Phosphor, Eisen) Reaktionen ein, die zur Bildung von Verbindungen führen. Die meisten Reaktionen, an denen Sauerstoff beteiligt ist, sind Oxidationsreaktionen. Dabei entstehen als Produkte Oxide, wie Kohlenstoffdioxid (CO_2), Wasser (H_2O) und Eisenoxide (FeO, Fe_2O_3). In reinem Sauerstoff verlaufen Oxidationsreaktionen sehr viel heftiger und schneller als an der Luft, was daran liegt, dass

A) Fotosynthesegleichung:

6 Moleküle Kohlenstoffdioxid + 6 Moleküle Wasser → 1 Molekül Glucose + 6 Moleküle Sauerstoff

$$6\,CO_2 + 6\,H_2O \rightarrow 1\,C_6H_{12}O_6 + 6\,O_2$$

B) Atmungsgleichung:

1 Molekül Glucose + 6 Moleküle Sauerstoff → 6 Moleküle Kohlenstoffdioxid + 6 Moleküle Wasser

$$C_6H_{12}O_6 + 6\,O_2 \rightarrow 6\,CO_2 + 6\,H_2O$$

Abb. 2: Die Fotosynthese- und die Atmungsgleichung

Abb. 4: Der Wald ist einer der größten Sauerstofflieferanten der Erde

die Luft „nur" zu gut einem Fünftel aus Sauerstoffgas besteht. Deswegen wird bei vielen chemischen Prozessen reiner Sauerstoff statt normaler Umgebungsluft eingesetzt.

Sauerstoff – biologisch betrachtet

Mehr als 1 Kilogramm Sauerstoff nimmt der Durchschnittsbürger täglich auf, vier Fünftel davon (ca. 800–900 g) als Sauerstoffgas aus der Luft. Ein Fünftel (gut 200 g) gelangt in chemisch gebundener Form mit der Nahrung in den menschlichen Körper. Sauerstoff ermöglicht es dem Menschen auch, „auf gute Gedanken zu kommen". Etwa

50 ml (ein Viertel des Inhalts eines Trinkglases) benötigt das menschliche Gehirn – pro Minute! Ein Spaziergang an der frischen, also sauerstoffreichen Luft hilft, die Vitalfunktionen des Menschen wieder herzustellen, am besten natürlich dort, wo viele Grünpflanzen als „Sauerstofflieferanten" vorhanden sind – im Wald (Abb. 4). Nach der oben formulierten Fotosynthese-Gleichung produzieren Grünpflanzen tagsüber Sauerstoff. Diese Reaktion benötigt aber Licht als Energiequelle. Nachts – oder allgemein bei Dunkelheit – läuft die umgekehrte Reaktion ab – auch die Grünpflanzen verbrauchen

dann Luftsauerstoff. Deswegen ist es nicht ratsam, Grünpflanzen in Schlafräumen zu plazieren; sie rauben dem schlafenden Menschen – zumindest nachts – den Luftsauerstoff. Allerdings ist ihr nächtlicher Sauerstoffverbrauch wesentlich geringer als die Menge, die sie tagsüber wieder produzieren. Deshalb sind Grünpflanzen in Wohnräumen durchaus sehr nützlich.

Sauerstoffgas gelangt über die Atemwege in den menschlichen Blutkreislauf. In der Lunge wird Sauerstoff unter Normaldruck reversibel (hier: vorläufig) zum Transport an den roten Blutfarbstoff Hämoglobin, einen Eisenkomplex, gebunden. Der gebundene Sauerstoff wird bei dem geringeneren Druck in den Zellen des menschlichen und tierischen Gewebes wieder abgegeben. Durch die Reaktion von Glucose und Sauerstoff wird in den Körperzellen Energie gewonnen. Sauerstoffmangel im Gewebe (Hypoxie) ist besonders bei Kleinkindern und älteren Menschen sehr gefährlich. In der Medizin wird Sauerstoff in Reinform oder mit Luft vermischt zum Beatmen und Inhalieren verwendet. Die besonders empfindlichen früh geborenen Babys legt man in einen mit Sauerstoff gefüllten Brutkasten. Am eigenen Körper kann man sauerstoffarmes Blut an der bläulichen Färbung erkennen. Es fließt in den Venen und wird deswegen venöses Blut genannt. Sauerstoffreiches Blut hat eine rote Färbung und fließt in den Arterien.

Sauerstoff ist also ein Stoff, ohne den Leben auf unserer Erde so gut wie nicht möglich ist. Nur für einige Bakterien und Blaualgen (Anaerobier) ist Sauerstoff giftig. In ihrem Stoffwechsel hat Sauerstoff keinen Platz. Als das Leben auf der Erde entstand, mussten noch alle Lebewesen ohne Sauerstoff auskommen. Erst allmählich reicherte sich der von den Pflanzen gebildete Sauerstoff in der Atmosphäre an, und die Lebewesen passten ihren Stoffwechsel allmählich daran an. Heute sind wir so sehr auf Sauerstoff angewiesen, dass wir ihn dorthin, wo er nicht oder für uns nicht aufnehmbar vorhanden ist, mitnehmen müssen, z.B. bei Ausflügen unter Wasser (Abb. 5) oder in den Weltraum.

 Zum Weiterlesen:

- Die wichtigste Substanz der Welt: Gewöhnliches Wasser, S. 524
- Emissionen und Immissionen von Nichtmetalloxiden, S. 530
- Wer wird denn gleich in die Luft gehen, S. 532

Abb. 5: Taucher können mit Hilfe der Sauerstoffflasche unter Wasser atmen

Kein Wasser ohne diesen Stoff – der Wasserstoff und die Moleküle

Wasserstoff ist das mit Abstand häufigste Element im Universum. Rund 93 % aller Atome des Weltalls sind Wasserstoffatome, die restlichen zum größten Teil Heliumatome. Es hat mit der Entstehung unseres Kosmos zu tun, dass diese beiden leichtesten Elemente so sehr dominieren (Abb. 1). Der sehr geringen Teilchenanzahl im Raum zwischen den Sternen, dem interstellaren Gas, ist zuzuschreiben, dass man dort drei verschiedene Formen des Wasserstoffs beobachten kann: Protonen als nackte Wasserstoffatomkerne, einzelne Wasserstofftome und zweiatomige Wasserstoffmoleküle. Von diesen drei Erscheinungsformen des Wasserstoffs im Weltall sind mit ihrer vergleichsweise dichten Atmosphäre unter normalen Bedingungen nur die Moleküle auf der Erde anzutreffen.

Warum? Man geht im Kugelwolkenmodell davon aus, dass einfach besetzte Kugelwolken die Tendenz zeigen, ein weiteres Elektron aufzunehmen. Das war die Erklärung dafür, dass bei den Edelgasen innerhalb einer Periode das Auffüllen der jeweils äußersten Schale beendet ist, weil bei ihnen alle Kugelwolken doppelt besetzt sind. Nun gehen wir einen Schritt weiter: Einfach besetzte Kugelwolken der Atome überlappen sich, es entstehen **doppelt besetzte Kugelwolken**. Wir sagen auch: Die Elektronen **paaren** sich. Somit gehören sie nicht mehr nur **einem** Atom, sondern **zwei Atomen** gleichzeitig an. Diese werden durch die Kugelwolke zwischen ihnen fest aneinander gebunden; sie bilden etwas Neues mit eigenem Namen: **Molekül**. In der Punkt-Strich-Schreibweise sieht das beim Wasserstoff so aus:

$$H + H \rightarrow H : H \text{ oder } H + H \rightarrow H – H$$

Der Doppelpunkt oder der Strich zwischen **zwei** Atomsymbolen bedeutet im Prinzip dasselbe wie bei einem einzelnen Atom: **eine** doppelt besetzte Kugelwolke. Aus praktischen Gründen bevorzugt man den Strich, den man als ‚**Bindungsstrich**‘ bezeichnen könnte. Er symbolisiert die Bindung zwischen zwei Atomen. Daher bezeichnet man diesen Typ der **chemischen Bindung** als **Atombindung** oder **Elektronenpaarbindung**. Sie ist zwischen zwei **Nichtmetallatomen** die **einzige** Bindungsart. In vielen Fällen vereinfacht man die Schreibweise noch weiter: H_2 ist sozusagen die Zusammenfassung der beiden H-Atome, ihre Summe. Diese und ähnliche Formeln heißen daher **Summenformeln**.

Elementarer Wasserstoff spielt in der Natur der Erde fast keine Rolle. Sein Volumenanteil in der Luft liegt unter 0,0001 %. Der Massenanteil des Wasserstoffs in Verbindungen beträgt in der äußeren Erdschicht lnapp 1 %. Ein Vergleich mit dem Helium – Häufigkeit in der Luft ca. 0,0005 % – bringt Aufschluss über ihr geringes irdisches Vorkommen. Diese beiden Elemente besitzen die leichtesten Moleküle bzw. Atome. ‚Leicht‘ heißt auch: Sie bewegen sich am schnellsten. Bei der im Vergleich zu anderen Planeten recht hohen Temperatur auf der Erde und ihrer geringen Masse können beide Elemente die Erdanziehung überwinden und in den Weltraum diffundieren. (Auch die Raumfahrt setzt auf diesen Teil der Physik: Will man künstliche Satelliten auf weite Reisen schicken, sollten sie möglichst leicht sein.) Auf den Riesenplaneten Jupiter und Saturn finden sich beide Elemente in großen Mengen. Beide Planeten sind wesentlich größer als die Erde, so dass ihre stärkere Schwerkraft auch die beiden leichtesten Elemente halten kann. Hinzu kommt hier, dass die Oberfläche infolge des großen Abstands zur Sonne viel kälter ist, die Teilchengeschwindigkeit liegt niedriger.

Sehen wir uns die Eigenschaften des ‚normalen‘ Wasserstoffs einmal in Abbildung 2 an.

Wasserstoff besitzt die geringste Dichte aller Stoffe; als Füllgas verleiht er deshalb den stärksten Auftrieb. Darum war das zweite Flugobjekt nach der Montgolfiere ein mit Wasserstoff gefüllter Ballon. Er wurde das Vorbild der Ballonfahrerei; sie

Abb. 3: Die Kombination aus brennendem Wasserstoff und Aluminium bedeutete das Ende der älteren Luftschiffahrt

Abb. 1: Das Universum besteht hauptsächlich aus Wasserstoff und Helium. Diese beiden Elemente sind 1000-mal häufiger als alle anderen Elemente zusammen

Dichte bei 0 und bei 20 °C: 0,0899/0,084 g/l

Schmelztemperatur – 259 °C

Siedetemperatur – 253 °C

leicht brennbar und entflammbar – mit (Luft) Sauerstoff hochexplosiv: Knallgas; industrielle Herstellung: aus Erdgas und Wasser (Wasserelektrolyse)
industrielle Verwendung: Erdölaufbereitung (‚Entschwefelung‘), Stickstoffdünger und Sprengstoffe, Fetthärtung, Gewinnung elementarer Metalle, Energieträger (Raketentreibstoff)

Abb. 2: Die wichtigsten Eigenschaften des Wasserstoffs mit Anwendungsgebieten

Abb. 4: Heute sind Luftballons anstelle von Wasserstoff mit Helium gefüllt

entwickelte sich dort besonders rasch, wo preiswerter Wasserstoff verfügbar war. Bis 1937 gab er auch den Zeppelinen Auftrieb. Damals fing die ‚Hindenburg' nach einem Transatlantikflug bei der Landung in Lakehurst (New York) Feuer. Aus neuester Sicht war für die Katastrophe offenbar mitentscheidend, dass der brennende Wasserstoff das Aluminiumgerippe des Luftschiffs in Brand setzte (Abb. 3). Der Luftschifffahrt steht eine Wiedergeburt bevor, jetzt aber wie bei den Kinderluftballons nur noch mit Helium als Füllgas (Abb. 4), weil Helium nicht brennbar ist.

Die Brennbarkeit des Wasserstoffs war und ist die Voraussetzung für die Raketentechnik (Abb. 5). Sie ermöglichte dem Menschen die Mondlandung. Die Ariane 5, eine der derzeit leistungsfähigsten Raketen, bezieht ihre Energie aus 120 t flüssigem Was-

Abb. 6: Entzündung von Wasserstoff am Platin-Katalysator

serstoff (und natürlich auch Sauerstoff). Aus Wasserstoff kann man durch Verbrennung mehr Energie erzeugen als bei der Verbrennung gleicher Mengen anderer Stoffe. Das Produkt dieser Verbrennung ist umweltfreundlich und uns allen wohlbekannt: Wasser.

Das macht Überlegungen verständlich, elementaren Wasserstoff als Ersatz für fossile Energieträger wie Kohle und Öl einzusetzen, bei deren Verbrennung das Treibhausgas Kohlenstoffdioxid entsteht.

1823 beobachtete der Deutsche Döbereiner als Erster die katalytische Wirkung von fein verteiltem Platin gegenüber Wasserstoff. Hält man das Metall an der Luft bloß in einen Wasserstoffstrom, so glüht es auf: Der Wasserstoff reagiert entgegen seiner sonstigen Gewohnheit dann schon bei Zimmertemperatur und ohne direkte Zündung mit dem Luftsauerstoff (Abb. 6). Ohne Katalysator reagiert das Wasserstoff-Sauerstoff-Gemisch erst bei einer Temperatur von rund 600°C schlagartig miteinander (Knallgasexplosion). Zur Definition von ‚**Katalysator**' in der Chemie: Er **startet**, **beschleunigt** und **lenkt** eine chemische Reaktion. Nach dem Ende der Reaktion liegt er **unverändert** vor, wird durch die Reaktion also nicht verbraucht oder verändert.

Der Franzose Lavoisier leitete im späten 18. Jahrhundert Wasserdampf durch ein erhitztes Eisenrohr und fand, dass dabei ein Gas entstand, also ein neuer Stoff, der das ‚Was-

Abb. 5: Ohne flüssigen Wasserstoff wäre die heutige Raumfahrt kaum denkbar

Organismen und deren Stoffwechsel ist er unentbehrlich. Es gibt nur wenige biochemisch wichtige Verbindungen, die keinen Wasserstoff enthalten. ‚Am liebsten' mag er offenbar andere Nichtmetalle; Verbindungen von Wasserstoff mit Nichtmetallen sind weitaus häufiger als mit Metallen. Kohlenwasserstoffe wie Methan, Propan oder Octan kennt fast jeder aus dem Alltag oder in der Technik.

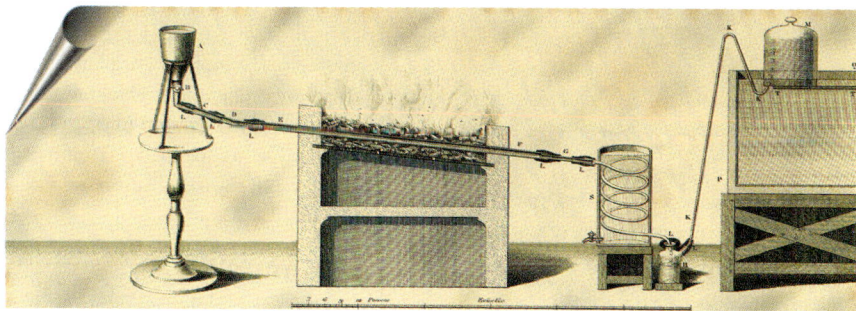

Abb. 7: Mit dieser Apparatur konnte Lavoisier Wasser zerlegen und Wasserstoff auffangen

ser (mit)bildet': Wasserstoff (Abb. 7). Damit war das Ende der Lehre besiegelt, Wasser sei ein Element.

Die grosse Bedeutung der Wasserstoff-Verbindungen

Der menschliche Körper enthält einen Massenanteil von 10% Wasserstoff, der zu einem großen Teil im Wasser gebunden ist. Daneben besitzt Wasserstoff eine ungeheure Bedeutung bei vielen weiteren chemischen Verbindungen. Besonders in biologischen

Zum Weiterlesen:

- Sauerstoff – Grundlage des Lebens auf unserer Erde, S. 492
- Die wichtigste Substanz der Welt: Gewöhnliches Wasser, S. 524
- Die Geschichte geht weiter – Säuren und Basen , S. 558

Das späte Glück der Chemiker – die physikalischen Ähnlichkeiten unter den Gasen

Wir haben es heute gut. Die Vorstellungen von Bohr und seinen Nachfolgern über Atome haben sich in der chemischen Praxis bestens bewährt. Man wächst heutzutage mit Begriffen wie ‚Atomkraftwerke' auf (Abb. 1). Kurz, Atome sind uns von klein an vertraut.

Was uns selbstverständlich erscheint, war es die ersten 50 Jahre nach ‚Daltons' Atomen ganz und gar nicht. Man musste sich mühsam und mit etlichen Rückschlägen neuen Begriffen und Verfahren nähern und lernen, sie vernünftig zu beurteilen. Vernünftig heißt, dass man Schwächen und sogar Fehlern bei Annahmen und Methoden nicht ausweichen sollte. Das ist leichter ausgesprochen als einzuhalten, speziell in den Anfangszeiten neuer Überlegungen. Und so enthusiastisch die Chemiker den Atombegriff aufnahmen, so sehr hatten sie auch mit ihm zu kämpfen. Denn Dalton hatte zwei aus heutiger Sicht falsche Behauptungen aufgestellt. Dahinter steckte eine tiefgründige wissenschaftliche Überzeugung: Die Natur ist einfach. Und wir sollten möglichst einfach denken, wenn wir sie verstehen wollen (Prinzip der **Einfachheit**).

Abb. 1: Atomkraftwerk – ein Alltagsbegriff

Abb. 2: Avogadros Gasgesetz verhalf den Chemikern zu neuen Erkenntnissen

Daltons erster Fehler hieß: Alle Elemente bestehen **immer** aus den einfachsten Teilchen – **Atomen**. Der zweite war: Atome verschiedener Elemente verbinden sich **immer** im Verhältnis 1 : 1 miteinander. Dieser zweite Satz ließ sich nicht allzu lange halten. Der erste bereitete einige Kopfschmerzen. Umso mehr, als es nicht ganz einfach war, die Atommassen zu messen. Selbst zu Mendelejews Zeiten wurde die Atommasse von Uran um den Faktor zwei zu klein angesehen.

Die Lösung dieses Problems wurde bereits 1811 veröffentlicht – und lange nicht beachtet. Sie stammte von dem Italiener **Avogadro** (Abb. 2) – er ist uns bei der Avogadro-Konstanten und damit der Teilchenzahl schon begegnet – und lautete: ‚Gleiche Rauminhalte aller **Gase** enthalten unter gleichen äußeren Bedingungen die gleiche Anzahl Moleküle (Atome).'

Dazu ein Rückblick: Wir haben bei den Edelgasen gesehen, dass bei ihnen die Dichten und die Atommassen proportional waren. Mit anderen Worten: Die Dichte **und** Atommasse von Neon sind etwa jeweils um den Faktor fünf größer die des Heliums. Entsprechend kann man bei den übrigen Edelgasen aus der Dichte leicht die Atommasse bestimmen. Leider waren Dalton die Edelgase noch nicht bekannt.

Man wusste zu jener Zeit recht genau, dass sich bei physikalischen Experimenten verschiedene Gase **gleich** verhielten. Wir haben das beim Zusammenhang zwischen Druck und Temperatur schon gesehen. Die Hypothese von Avogadro erklärte auch die übrigen Gasgesetze ganz einfach. Aber sie stand einfach im Widerspruch zu Daltons einfachen Elementatomen.

Blenden wir kurz zu den Gasen zurück (Abb. 3). Die Gasteilchen sind weit voneinander entfernt, zwischen ihnen liegt so etwas wie ein leerer Raum. Der übt keine Kräfte aus und wiegt nichts. Also gehen Eigenschaften wie die Dichte **allein** von den Teilchen aus. Bei Druck, Volumen und **chemischen Reaktionen** ist ihre Bewegung zu beachten. Bei Gasen und Dämpfen hat man damit eine Möglichkeit, die Molekülmassen ziemlich genau zu messen. Man musste ‚nur' noch wissen, aus wie vielen Atomen die Moleküle zusammengesetzt waren. Bei den Elementen war die einfachste Annahme ‚zwei'. Sie sollte sich **chemisch** glänzend bestätigen.

Abb. 3: In Gasen beeinflussen sich die Teilchen wegen der großen Entfernungen so gut wie nicht

Zum Glück kam die Chemie

Der Formel ‚H_2O' für ein Wassermolekül kam eine entscheidende Bedeutung zu. Die chemische Analyse ergab das **Massenverhältnis** Wasserstoff – Sauerstoff mit 1 zu 8. Nach Dalton nahm man als Formel daher zunächst ‚HO' an; dann hätte die Atommasse von Sauerstoff 8 u betragen. Dazu im Widerspruch stand das ‚**Gesetz der einfachen Volumenverhältnisse**'. Alle Experi-

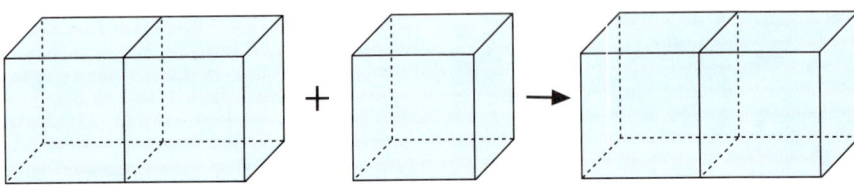

Abb. 4: 2 Raumteile (RT) Wasserstoff reagieren mit 1 RT Sauerstoff und bilden über 100 °C 2 RT Wasserdampf

mente bewiesen, dass **zwei** Raumteile Wasserstoff mit **einem** Raumteil Sauerstoff **vollständig** reagierten. Weitere Aufklärung brachten Versuche, bei denen man Temperaturen **über 100 °C** einhielt. Dann erhielt man ‚echten' Wasserdampf, und zwar immer **zwei** Raumteile (Abb. 4).

Um das modellmäßig zu verdeutlichen, betrachten wir Abb. 5. **Physikalisch** lassen sich einatomige Gase wie Helium oder Neon nicht von Gasen unterscheiden, die aus zwei- oder mehratomigen Molekülen aufgebaut sind. Vier Helium- oder Neonatome nehmen denselben Raum ein und üben denselben Druck aus wie vier Wasserstoffmoleküle. (Natürlich sind die Anzahlen in Wirklichkeit viel größer.)

Denken wir weiterhin einfach. Wenn zwei Raumteile **Wasserdampf** entstehen, enthalten sie ein Vielfaches von zwei Wassermolekülen. Das Volumen des Wasserstoffgases ist doppelt so groß wie das des Sauerstoffs. Damit ist die Molekülformel ‚OH' nicht haltbar. Die bekannte Formel ‚H_2O' ist ‚am einfachsten' zu verstehen, wenn man annimmt, dass sowohl beim Wasserstoff wie beim Sauerstoff **zweiatomige Moleküle** vorliegen (Abb. 6). Daraus ergab sich, dass Sauerstoff die Atommasse 16 u hat.

Diese **Synthese** von Wasser aus den Elementen wird stark gestützt durch die umgekehrte Reaktion – die **Zerlegung** oder **Analyse im engeren Sinn** von Wasser in seine elementaren Bestandteile. Das ist bei sehr hohen Temperaturen möglich. Dabei erhält man immer zwei Raumteile Wasserstoff und einen Raumteil Sauerstoff.

Avogadros stärkstes Geschütz für seine Molekülhypothese war eine andere Reaktion des Wasserstoffs, die mit elementarem Chlor. Diese Reaktion verläuft übersichtlicher als

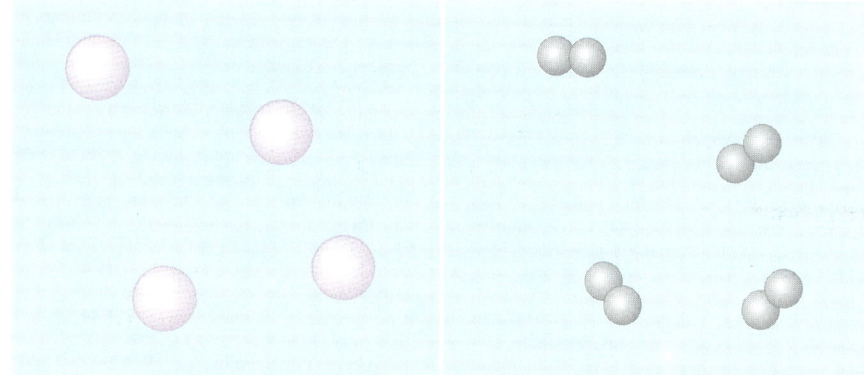

Abb. 5: In Gasen nehmen gleich viele Atome eines Edelgases und zweiatomige Moleküle den gleichen Raum ein

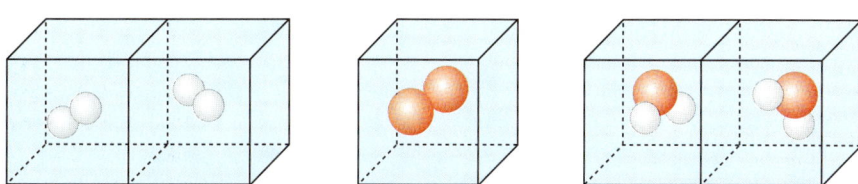

Abb. 6: Zweiatomige Moleküle sind bei der Reaktion zwischen Wasserstoff und Sauerstoff zu Wasser beteiligt

die Wassersynthese. Stets ergeben **ein** Volumenteil Wasserstoff und **ein** Volumenteil Chlor **zwei** Volumenteile **Chlorwasserstoff**. Mit einatomigen Gasen wäre das überhaupt nicht zu verstehen (Abb. 7).

Mit dem Massenspektrometer lässt sich heute auch die Masse von Molekülen sehr genau ermitteln. Daher ist es sicher, dass nur die Edelgase bei normalen Bedingungen atomar vorkommen. Alle anderen elementaren Gase, auch Stickstoff und Fluor, bestehen aus zweiatomigen Molekülen. Die einzige Ausnahme ist dreiatomiges Ozon.

Die Ähnlichkeit unter den Gasen beschäftigt uns nochmals. Blicken wir zurück

auf die Edelgase. In der Tabelle mit ihren Eigenschaften fand sich, dass der Quotient aus Atommasse und Dichte bei allen gleich war: **22,4**. Der **Zahlenwert** der Atommasse in u ist gleich dem der molaren Masse in g/mol. Verwenden wir diese, ändert sich an der Zahl selbst also nichts. Damit führen wir bei Gasen als Einheit der Stoffmenge/Teilchenzahl das leichter verständliche **molare Volumen** mit der Einheit **l/mol** ein: Alle Gase enthalten bei **0 °C** und **Normaldruck** in einem Volumen von **22,4 l** $6 \cdot 10^{23}$ (physikalisch beständige) Teilchen. Bei den Edelgasen sind das die Atome, bei allen anderen Gasen aber Moleküle! Die Angabe der Teilchenart ist also wichtig. Bei 25 °C beträgt der Wert **24 l/mol**. Ein Würfel mit diesem Volumen besitzt eine Kantenlänge von rund 28,8 cm.

Tatsächlich haben 24 l Wasserstoffgas eine Masse von 2 g, 24 l Sauerstoffgas eine von 32 g usw. Die Werte sind genau das **Doppelte des Zahlenwertes der Atommassen**, eben weil die Gase aus zweiatomigen Molekülen bestehen.

Zum Weiterlesen:

- Die spät entdeckten Adligen – die Edelgase, S. 486
- Kein Wasser ohne diesen Stoff – Wasserstoff und Moleküle, S. 494
- Gasig leichtes Rechnen – chemische Reaktionen von Gasen, S. 498

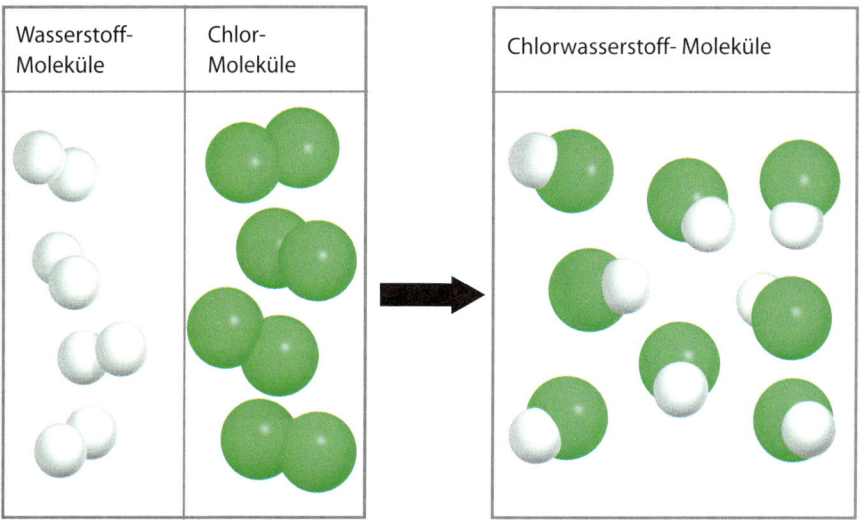

Wasserstoff-Moleküle	Chlor-Moleküle	Chlorwasserstoff- Moleküle

Abb. 7: Die Volumenverhältnisse bei der Reaktion von Wasserstoff und Chlor beweisen, dass beide Gase zweiatomige Moleküle besitzen

Gasig leichtes Rechnen – chemische Reaktionen mit Beteiligung von Gasen

In mathematischen Gleichungen müssen die Zahlenwerte links und rechts vom Gleichheitszeichen übereinstimmen. Bei chemischen Reaktionen sind es die **Atomanzahlen** auf den **beiden Seiten** des **Reaktionspfeils**: Auf beiden Seiten des Pfeils müssen gleich viele Atome jedes Elementes stehen, denn bei einer Reaktion können nicht einfach Atome entstehen oder verschwinden. Um das zu üben, beginnen wir mit den einfachen Zahlenwerten der Reaktion zwischen Wasserstoff und Chlor (Abb. 1a). Beides sind Gase, das Reaktionsprodukt HCl ebenso. Die Aggregatzustände setzt man häufig als deutsche Abkürzungen hinter den Stoff bzw. sein Atom- oder Molekülsymbol: festes Wasser, Eis also – $H_2O(f)$, flüssiges Wasser – $H_2O(fl)$, Wasserdampf – $H_2O(g)$. (Dämpfe setzen wir Gasen gleich.) In der Regel bezieht man sich auf den Aggregatzustand, den der Stoff bei 25 °C besitzt. Moleküle und andere Teilchen, die aus mehreren Atomen bestehen, setzen wir für den Anfang in geschweifte Klammern. Der Inhalt in diesen Klammern darf nicht verändert werden!

Die Abb. 1b und 1c zeigen das Modell eines Chlor- und eines Chlorwasserstoffmoleküls. Die ursprünglichen Kugeln der Atome sind etwas verändert, weil sich die Kugelwolken überlappen.

Analog verfahren wir bei der Wassersynthese, der Herstellung von Wasser aus den Elementen (Abb. 2).

Reaktionsschema	Wasserstoffgas + Chlorgas → Chlorwasserstoffgas Wasserstoff(g) + Chlor(g) → Chlorwasserstoff(g)
Reaktionsgleichung: Ersatz der Wörter durch die jeweiligen Teilchensymbole, bei ‚unseren‘ Gasen die Moleküle mit ‚Platzhaltern‘ für die Koeffizienten.	☐ {H₂} + ☐ {Cl₂} → ☐ {HCl} – ohne (g) ☐ {H₂}(g) + ☐ {Cl₂}(g) → {HCl}(g)
Ein Wasserstoffmolekül enthält wie das Chlormolekül zwei Atome, ein Chlorwasserstoffmolekül nur jeweils eins. Die Atomzahl muss auf beiden Seiten des Pfeils gleich sein. Das geht nur über die Änderung der Koeffizienten. Für das HCl-Molekül muss er zwei sein. Ähnlich den Faktoren in der Mathematik gilt: Der Koeffizient ‚vervielfältigt‘ die Anzahlen aller Atome in der Klammer – und nur in dieser.	☐ {H₂}(g) + ☐ {Cl₂}(g) → 2 {HCl}(g)
Zur Erinnerung: Wir lassen die Koeffizienten und die Indizes weg, wenn sie den Wert eins besitzen. Die Kästchen sind also leer.	{H₂}(g) + {Cl₂}(g) → 2 {HCl}(g) $H_2(g) + Cl_2(g) → 2 HCl(g)$

Abb. 1a : Die Reaktionsgleichung für die Synthese von Chlorwasserstoff

Die Abbildung 3 zeigt die Synthese von Wasser noch einmal in grafischer Form.

Ein technisch ungeheuer wichtiges Verfahren ist die Produktion von Ammoniak, NH_3. Die Formel für das Ammoniakmolekül können wir aus dem Kugelwolkenmodell ableiten. Ein Stickstoffatom verfügt über drei

Abb. 1b : Das Modell eines Chlormoleküls

Abb. 1c: Das Modell eines Chlorwasserstoffmoleküls

einfach besetzte Kugelwolken, es kann also drei H-Atome an sich binden. Den Gestank dieses Gases kennt man von frisch naturgedüngten Feldern: Es entsteht bei der Zersetzung der Gülle. Die Reaktionsgleichung der Ammoniaksynthese zeigt Abb. 4.

Ein drängendes Problem der heutigen Kohlekraftwerke ist, dass bei der Verbrennung von Kohle immer Kohlenstoffdioxidgas entsteht, das den Treibhauseffekt verstärkt. Wir wollen sehen, wie man aus Messungen bei der Reaktion von festem elementarem Kohlenstoff mit Sauerstoff die Molekülformel von Kohlenstoffdioxid erhält. Das Reaktionsschema lautet:

Kohlenstoff(f) + Sauerstoff(g)
→ Kohlenstoffdioxid(g)

1. Messung: Man findet folgende Volumenverhältnisse:

Reaktionsschema	Wasserstoffgas + Sauerstoffgas → flüssiges Wasser Wasserstoff(g) + Sauerstoff(g) → Wasser(fl)
Reaktionsgleichung mit den Molekülsymbolen	☐ {H₂}(g) + ☐ {O₂}(g) → ☐ {H₂O}(fl)
Zwei O-Atome im Sauerstoffmolekül links bedeuten, dass das Wassermolekül (zunächst) den Koeffizienten zwei erhält	☐ {H₂}(g) + ☐ {O₂}(g) → 2 {H₂O}(fl)
Die Verdopplung der Anzahl der Wassermoleküle bewirkt, dass jetzt rechts vier Wasserstoffatome – 2 · 2 – vorhanden sind, doppelt so viele wie links. Wir verdoppeln daher auch die Anzahl der Wasserstoffmoleküle auf der linken Seite und sehen leicht, dass nun auf beiden Seiten der Reaktionsgleichung dieselbe Anzahl aller Atome vorhanden ist	2 {H₂}(g) + ☐ {O₂}(g) → 2 {H₂O}(fl)
→ die endgültige chemische Gleichung	$2\,H_2(g) + O_2(g) → 2\,H_2O(fl)$

Abb. 2: Die Reaktionsgleichung für die Synthese von Wasser

Reaktionsschema	Wasserstoff(g)	+	Sauerstoff(g)	→	Wasser(fl)
Reaktionsgleichung	$2H_2(g)$	+	$O_2(g)$	→	$2H_2O(fl)$
Modell		+		→	
Bedeutung	2 Wasserstoff-Moleküle		1 Sauerstoff-Molekül		2 Wasser-Moleküle
Atombilanz	4 Wasserstoff-Atome		2 Sauerstoff-Atome		4 Wasserstoff-Atome 2 Sauerstoff-Atome

Abb. 3: Die Wassersynthese aus den Elementen mit ,echten' Modellen

1 RT Sauerstoffgas → 1 RT Kohlenstoffdioxidgas

Deutung: Die **beiden** Atome von **einem** Sauerstoffmolekül gehen in **ein** Kohlenstoffdioxidmolekül über: Gleiche Volumina entsprechen bei Gasen ja gleichen Teilchenanzahlen. Die sehr geringe Abnahme des Volumens des festen Kohlenstoffs dürfen wir vernachlässigen. Unsere Reaktionsgleichung heißt daher zunächst:

$$x\ C(f) + O_2 \rightarrow \{C_xO_2\}$$

Unsere vorläufige Formel des Kohlenstoffdioxids lautet damit C_xO_2, denn wir wissen noch nicht, wie viele C-Atome an der Reaktion teilgenommen haben und im Molekül des Produkts enthalten sind – 1, 2 oder mehr.

2. Messung: Wir konnten bei den Edelgasen aus deren Dichte die Masse eines Atoms berechnen. Entsprechend erhält man bei den anderen Gasen aus der Dichte den Zahlenwert für die Masse der Moleküle bzw. für die molare Masse. Die Dichte des Kohlenstoffdioxids beträgt bei 25 °C etwa 1,81 g/l. Wir wissen weiterhin, dass bei Gasen die Stoffmenge ein Mol ein konstantes Volumen hat, nämlich 24 l/mol (bei 25 °C). Multipliziert man diese beiden Werte, so ergibt sich für Kohlenstoffdioxid eine molare Masse von 43,5 g/mol, die Molekülmasse ist ca. 43,5 u. Die beiden Sauerstoffatome haben zusammen eine Masse von 32 u. Es fehlen also ca. 11,5 u in der Masse des Kohlenstoffdioxids. Aus dem PSE wissen wir, dass die Atommasse des Kohlenstoffs 12 u beträgt. Diese Werte liegen dicht genug zusammen, um daraus zu erkennen, dass genau ein Kohlenstoffatom im Kohlenstoffdioxid gebunden ist. Bruchteile von Atomen oder ihrer Masse sind in der Chemie ja nicht erlaubt. Man erhält also die Formel CO_2 für Kohlenstoffdioxid.

Dies verträgt sich auch exzellent mit der theoretisch ableitbaren Formel: An ein C-Atom mit seinen vier einfach besetzten Kugelwolken können sich gut zwei O-Atome mit je zwei einfach besetzten Kugelwolken anlagern.

Dass die experimentellen Ergebnisse höher einzuschätzen sind als rein theoretische Überlegungen, wird am zweiten Kohlenstoffoxid deutlich. Es bildet sich, wenn Kohlenstoffdioxid bei hohen Temperaturen mit Kohlenstoff reagiert. Seinen genauen Namen lassen wir zunächst offen:

Kohlenstoffdioxidgas + fester Kohlenstoff → ,Kohlenstoffoxid'-Gas

Erste Messung: Aus einem Raumteil (RT) Kohlenstoffdioxid entstehen zwei Raumteile des ,Kohlenstoffoxid'-Gases mit der vorläufigen Formel C_yO_z.

$$1\ RT\ CO_2(g) + x\ C(f) \rightarrow 2\ RT\ C_yO_z(g)$$
$$\leftrightarrow CO_2(g) + x\ C(f) \rightarrow 2\ \{C_yO_z\}(g)$$

Zwangsläufig ergibt sich z = 1: Auf der linken Seite steht ein Molekül mit zwei Sauerstoffatomen, macht zwei Sauerstoffatome insgesamt. Auf der rechten Seite stehen zwei Moleküle mit je z Sauerstoffatomen, also muss z = 1 sein, damit hier ebenfalls zwei stehen und die Gleichung stimmt. Der Wert von y ist wieder leicht aus der Gasdichte zu ermitteln; bei 25 °C ist sie 1,15 g/l. Mit dem Faktor 24 (dem molaren Volumen von Gasen bei 25 °C in l/mol) berechnet sich die molare Masse zu 27,6 g/mol. Sauerstoff hat die Masse 16 u, Kohlenstoff 12 u. Somit ist die molare Masse des entstandenen Gases nur zu erklären, wenn y – und damit auch **x** – den Wert **eins** annehmen:

$$CO_2(g) + C(f) \rightarrow 2\ CO(g)$$

CO ist die Molekülformel des **Kohlenstoffmonooxids**. Die genauen Werte wären 28 g/mol oder für die Molekülmasse 12 u + 16 u = 28 u.

Reaktionen, an denen Gase beteiligt sind, sind relativ leicht überschaubar, wenn man die Gesetzmäßigkeiten von Gasen im Hinterkopf behält.

Reaktionsschema	Stickstoff(g) + Wasserstoff(g) → Ammoniak(g)
Reaktionsgleichung	☐ $\{N_2\}(g) +$ ☐ $\{H_2\}(g) \rightarrow$ ☐ $\{NH_3\}(g)$
Das zweiatomige Stickstoffmolekül bedingt, dass die Zahl der Ammoniakmoleküle zu verdoppeln ist.	☐ $\{N_2\}(g) +$ ☐ $\{H_2\}(g) \rightarrow$ ☑2 $\{NH_3\}(g)$
Der Koeffizient 2 vor dem Ammoniakmolekül ergibt rechts 2 · 3 = 6 Wasserstoffatome. Damit erhält das Wasserstoffmolekül links den Koeffizienten 3, denn 3 · 2 = 6	☐ $\{N_2\}(g) +$ ☑3 $\{H_2\}(g) \rightarrow$ ☑2 $\{NH_3\}(g)$
→ ohne Kästchen	$\{N_2\} + 3\ \{H_2\}(g) \rightarrow 2\ \{NH_3\}(g)$
→ ohne Klammern	$N_2(g) + 3\ H_2(g) \rightarrow 2\ NH_3(g)$

Zurück auf die stoffliche Ebene: die Koeffizienten drücken aus, dass 1 RT (Raumteil) (z. B. ein Kubikmeter) Stickstoff mit 3 RT (drei Kubikmeter) Wasserstoff reagiert und dass dabei 2 RT (zwei Kubikmeter) Ammoniakgas entstehen

Abb. 4: Die Reaktionsgleichung für die Synthese von Ammoniak

Zum Weiterlesen:

- Das späte Glück der Chemiker – physikalisch ähnliche Gase, S. 496
- Man rechnet fest mit ihnen – Feststoffe und ihre Reaktionen, S. 500
- Stets energisch – chemische Reaktionen und Energie, S. 502

Man rechnet fest mit ihnen – Feststoffe und ihre Reaktionen

Mit Gasen hat man es leicht. Ihre Teilchen, besser **Moleküle**, sind so weit voneinander entfernt, dass sie sich kaum behelligen. Bei Reaktionen mit Flüssigkeiten und Feststoffen liegen die Verhältnisse schwieriger. Um besser zu verstehen, wie ihre Formeln zustande kommen, greifen wir auf ein Gas zurück. Wir betrachten die Reaktion von **Kohlenstoffdioxid**, Molekülformel CO_2, mit **Magnesium** (Abb. 1). Dabei wollen wir die Punkte 2) bis 4) der Abbildung noch einmal für das Magnesiumoxid näher erklären. Gesucht ist das Verhältnis der beteiligten Elemente: Auf wie viele Magnesiumatome kommen wie viele Sauerstoffatome? Punkt 2) berechnet dazu zunächst, welchen prozentualen Anteil diese Elemente an der Masse des gebildeten Magnesiumoxids haben. Diese prozentualen Anteile sind nämlich unabhängig davon, wie viel Gramm Magnesiumoxid tatsächlich vorliegen. Sie berücksichti-

gen aber noch nicht, dass die Atome unterschiedlich schwer sind: Bei gleichem prozentualen Massenanteil wären von zwei Elementen mit verschiedenen Atommassen vom ‚leichteren' Element mehr Atome vorhanden als vom ‚schwereren' (Abb. 2). Punkt 3) setzt also den prozentualen Massenanteil eines Elementes mit seinem Atomgewicht ins Verhältnis. Die Division unter Punkt 4) ermittelt dann das gesuchte Verhältnis der Elemente zueinander. Dabei wird auf ein ganzzahliges Ergebnis gerundet.

Das Metall Magnesium hat wegen seiner geringen Dichte von $1,74 \, g/cm^3$ eine enorme Bedeutung im Flugzeugbau. Es gehört gegenüber Sauerstoff zu den reaktionsfreudigsten aller Metalle, selbst wenn dieser in einer chemischen Verbindung vorliegt. Im Magnesiumoxid ergibt sich dessen Wertigkeit zu zwei, weil Sauerstoff zweiwertig ist und auf ein Mg-Atom ein O-Atom kommt.

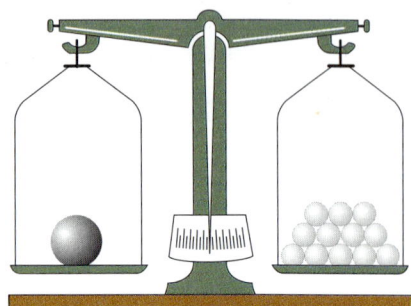

Abb. 2: Je kleiner die Atommasse, desto größer ist die Atomanzahl

Beim festen Magnesiumoxid handelt es sich um eine Metall-Nichtmetall-Verbindung. Bei diesen existieren keine einzelnen Moleküle, sondern ‚**Formeleinheiten**'. Was darunter zu verstehen ist, zeigt die Abbildung 3. Man ‚fasst' so viele benachbarte Teilchen der unterschiedlichen Elemente zusammen, wie sich aus dem empirisch ermittelten Ver-

Reaktionsschema	Magnesium(f) + Kohlenstoffdioxid(g) → Magnesiumoxid(f) + Kohlenstoff(f)
Reaktionsgleichung mit Platzhaltern – **elementare Feststoffe** erhalten meist **keinen Index**	☐ Mg(f) + ☐ {CO_2}(g) → ☐ {Mg_xO_y}(f) + ☐ C(f)
Experimentell ermittelte Massen aller Reaktionsteilnehmer (Edukte, Produkte) in Gramm	1,62 + 1,47 = 2,69 + 0,4 (0,4 + 1,07) (1,62 + 1,07)
1) 1. Grundgesetz – Massenkonstanz: Die **Summe der Massen** (in Gramm) der Edukte und der Reaktionsprodukte müssen **gleich** sein, sonst wären die **Messungen falsch**	3,09 = 3,09
2) Anwendung des 2. Grundgesetzes – konstante Massenverhältnisse: Berechnung der **Massenanteile** der einzelnen **Elemente** in ihren **chemischen Verbindungen** in Prozent in **diesem** Experiment – man dividiert den hundertfachen **Massenanteil** jedes Elements durch die **Gesamtmasse** der Verbindung	In 1,47 g Kohlenstoffdioxid sind 0,4 g Kohlenstoff und 1,07 g Sauerstoff enthalten → $(0,4 \cdot 100)/1,47 =$ 27,2% Kohlenstoff und $(1,07 \cdot 100)/1,47 = 72,8\%$ Sauerstoff In 2,69 g Magnesiumoxid sind 1,62 g Magnesium und 1,07 g Sauerstoff enthalten → $(1,62 \cdot 100)/2,69 =$ 60,2 % Magnesium und als Rest 39,8 % Sauerstoff
3) Man dividiert die prozentualen Massenanteile aller Elemente durch deren jeweilige Atommasse (aus dem PSE)	Kohlenstoff: 27,2/12 = 2,27 Sauerstoff: 72,8/16 = 4,55 Magnesium : 60,2/24,3 = 2,48 Sauerstoff: 39,8/16 = 2,49
4) Man dividiert für jedes Molekül, von dem man die Verhältnisse sucht, die unter 3) erhaltenen größeren Werte durch den **kleinsten** erhaltenen Wert und rundet auf die **nächsten ganzen** Zahlen	4,55/2,27 = 2,0/1 → 2 O-Atome – 1 C-Atom 2,49/2,48 = 1/1 → 1 O-Atom – 1 Mg-Atom → Summenformel von Magnesiumoxid : MgO
Weil ein Kohlenstoffdioxidmolekül **zwei** O-Atome enthält, muss die Zahl der {MgO}-Einheiten rechts den Koeffizienten 2 erhalten	☐ Mg(f) + ☐ CO_2(g) → ② {MgO}(f) + ☐ C(f)
Nun haben wir durch den ‚Multiplikator' zwei rechts **zwei Mg-Atome**, links nur eines. Daher bekommt dieses ebenfalls den Koeffizienten **2**	② Mg(f) + ☐ CO_2(g) → ② {MgO}(f) + ☐ C(f)
In chemischer Kürze – man beachte die Unterschiede zwischen Koeffizienten und Indizes: Links stehen 2 Mg-Atome, 1 C-Atom und 2 O-Atome, rechts ebenso. Bei diesem ‚Abzählen' spielt die Art der Bindungspartner keine Rolle	$2 \, Mg + CO_2 \rightarrow 2 \, MgO + C$

Abb. 1: Die Reaktionsgleichung für die Synthese von Magnesiumoxid

hältnis der Atomanzahlen ergibt. Das Magnesiumoxid, dessen Formel wir eben berechnet haben, entspricht der Anordnung der Teilchen in Abb. 3a. Daran denkt wohl kein Turner, wenn er sich z.B. am Reck die Hände vorher mit dieser ‚Magnesia' bepudert. Das Magnesiumoxid soll nur den Schweiß aufsaugen und den unfreiwilligen Abgang vom Gerät verhindern.

Chemiker lieben es genau. Zufrieden sind sie meist erst, wenn die **Analyse** einer Substanz mit dem Ergebnis ihrer **Synthese** übereinstimmt – je genauer, desto besser. Wir wollen das nicht mehr ganz so ausführlich am Beispiel des Silberoxids zeigen. Die Reaktionsgleichung der Analyse von Silberoxid

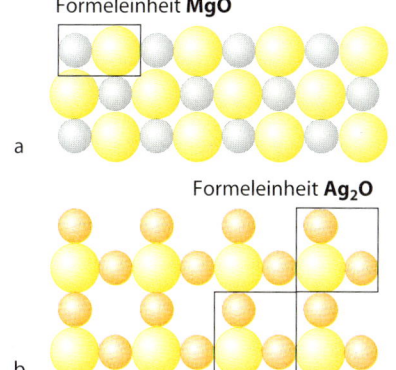

Formeleinheit **MgO**

a

Formeleinheit **Ag₂O**

b

Abb. 3: Formeleinheiten von Feststoffverbindungen; a) mit dem Verhältnis 1:1, b) mit dem Verhältnis 2:1

wird in Abbildung 4 aufgestellt, die der Synthese in Abbildung 5.

Beim Verschweißen von Schienen nutzt man das ‚**Thermit-Verfahren**'. Das Rattern der Züge über die Gleisfugen hat damit ein Ende. Dafür erzeugt man vor Ort flüssiges Eisen, indem Eisenoxid mit Aluminiummetall reagiert. Allzu schwierig ist die mathematische Chemie auch hier nicht. Die Koeffizienten allerdings werden größer. Im Unterschied zu bisherigen Gleichungen wollen wir nur diese finden; die Formeln aller beteiligten Stoffe sind deshalb direkt in Abbildung 6 angegeben.

Bei dieser Art von Reaktionsgleichungen kümmert man sich am besten zuerst um die häufigste Atomart. Das sind hier die Sauerstoffatome. Mit ein wenig ‚echter' Mathematik erkennt man, dass die Indizes links und rechts teilerfremd sind. Ihr kleinstes gemeinsames Vielfaches ist somit ihr Produkt: $4 \cdot 3 = 12$. Um links auf 12 O-Atome zu kommen, müssen wir also für das Eisenoxid mit seinen 4 Sauerstoffatomen den Koeffizienten 3 einsetzen. Gerade umgekehrt ist es rechts. Hier wird der Koeffizient für das Aluminiumoxid die Vier. Oder ganz einfach: In allen Fällen mit teilerfremden Zahlen vertauscht man quasi die Indizes und Koeffizienten der linken und rechten Seite: der **Index** vier **links** wird zum **Koeffizienten** vier **rechts**, der **Koeffizient** drei **links** zum **Index** drei **rechts**. Eine nützliche Regel! Der Rest ist Grundschulmathematik. Die so gefundene endgültige Reaktionsgleichung zeigt Abbildung 7.

Auf vergleichbare Art kommt die Formel des Aluminiumoxids zustande. Die Wertigkeit ‚zwei' der Sauerstoffatome kennen wir inzwischen zur Genüge. Aluminiumatome sind hier dreiwertig, wie es der Stellung des Aluminiums in der dritten Gruppe des PSE entspricht: $Al_2^{III}O_3^{II}$. Die Wertigkeiten sind oben rechts als römische Zahlen angegeben. Man kann sich jedoch bei vielen Verbindungen nicht ‚blind' auf das PSE verlassen. Die Wertigkeit eines Elementes in einer speziellen Verbindung ist stets das Resultat der experimentell ermittelten Formel.

Analyse von Silberoxid		
Reaktionsschema	Silberoxid(f) → Silber(f) + Sauerstoff(g)	
Reaktionsgleichung – Platzhalter	☐ Ag_xO_y(f) → ☐ Ag(f) + ☐ O_2	
Massenumsatz im Experiment	3,63 g	3,37 g + 0,26 g
Prozentanteile, **bezogen auf das Oxid**		92,8 % + 7,2 %
Quotienten aus Prozentanteil und Atommasse	92,8/107,9 = 0,86	7,2/16 = 0,45
Bruch der obigen Quotienten	0,86/0,45 = 1,91 : 1	gerundet 2 : 1
Formeleinheit des Silberoxids	Ag_2O (x=2, y=1)	
Reaktionsgleichung der Analyse	2 Ag_2O(f) → 4 Ag(f) + O_2(g)	
Atommasse (Silber) = 107,9 u – Atommasse (Sauerstoff) = 16 u		

Abb. 4: Die Reaktionsgleichung der Analyse von Silberoxid

Synthese von Silberoxid		
Reaktionsschema	Silber(f) + Sauerstoff(g) → Silberoxid(f)	
Reaktionsgleichung – Platzhalter	☐ Ag(f) + ☐ O_2(g) → ☐ Ag_xO_y(f)	
Massenumsatz im Experiment	4,43 g + 0,31 g	4,74 g
Prozentanteile, **bezogen auf das Oxid**	93,5 % + 6,5 %	
Quotienten aus Prozentanteil und Atommasse	93,5/107,9 = 0,867	6,5/16 = 0,41
Bruch der obigen Quotienten	0,867/0,41 = 2,11 : 1 – gerundet 2 : 1	
Formeleinheit des Silberoxids	Ag_2O (x=2, y=1)	
Reaktionsgleichung der Synthese	4 Ag + O_2 → 2 Ag_2O	

Abb. 5: Die Reaktionsgleichung der Synthese von Silberoxid

Reaktionsschema	Eisenoxid(f) + Aluminium(f) → Eisen(f) + Aluminiumoxid(f)
Reaktionsgleichung **ohne** Platzhalter	{Fe_3O_4}(f) + Al(f) → Fe(f) + {Al_2O_3}(f)

Abb. 6: Die Reaktionsgleichung der Reaktion von Eisenoxid mit Aluminium, ohne Koeffizienten

Reaktionsgleichung mit Berücksichtigung der Koeffizienten und Indizes	3 {Fe_3O_4}(f) + 4 · 2 Al(f) → 3 · 3 Fe(f) + 4 {Al_2O_3}(f)
Reaktionsgleichung	3 Fe_3O_4 + 8 Al → 9 Fe + 4 Al_2O_3

Abb. 7: Die endgültige Reaktionsgleichung der Reaktion von Eisenoxid mit Aluminium

 Zum Weiterlesen:

- Gasig leichtes Rechnen – chemische Reaktionen von Gasen, S. 498
- Stets energisch – chemische Reaktionen und Energie, S. 502
- Metalle – das Grundgerüst unserer Technik, S. 504

Stets energisch – chemische Reaktionen und die Energie

Wir haben gesehen, dass dem Feuer bei der Entwicklung der Menschheit eine entscheidende Rolle zukam (Abb. 1). Noch heute sind brennende Gegenstände in weiten Teilen der Erde die einzige Lichtquelle (Abb. 2). In seiner gezähmten Form ist es nach wie vor unentbehrlich. Man erzeugt **Wärme** durch die **Verbrennung** von Mineralölprodukten, Erdgas, Stein- und Braunkohle. Ohne sie wäre das Wohlbefinden im warmen Heim arg gefährdet. Das gesamte Wirtschafts- und Verkehrssystem stünde vor dem Kollaps. Der Energieaspekt steht weit im Vordergrund. Dass

Abb. 1: Die Wärme und der Schein des Lagerfeuers zählen für den Alltag mehr als die chemische Reaktion

dahinter chemische Reaktionen stehen, wurde im Alltag kaum beachtet. Bis eindeutig nachzuweisen war, dass die Menge des Kohlenstoffdioxids in der Atmosphäre deutlich anstieg. Es war, wie es bei der Raumfahrt noch ist: Hauptsache, dass die Verbrennung funktioniert und genügend Schub liefert (Abb. 3). Ähnlich geht es im Körper fast aller Organismen zu. Sie – und wir – existieren, weil in ihrem Inneren ständig chemische Reaktionen ablaufen, die überhaupt erst die Lebensfunktionen ermöglichen. Beim Menschen sind dies die Tätigkeiten vom Gehirn mit den Nerven, dem Herz-Kreislauf-System und dem Verdauungsapparat. Daneben wird Körperwärme er-

Abb. 2: Nur die brennende Kerze liefert Licht

Abb. 3: Nur die Energie chemischer Reaktionen lässt die Rakete abheben

zeugt und Energie bereitgestellt, damit wir körperlich arbeiten können. Das Gesamtsystem dieser genau kontrollierten chemischen Reaktionen ist der **Stoffwechsel**, vereinfacht ‚biologische Verbrennung‘. Richtig feuerfest ist allerdings kein Lebewesen.

An dieser Stelle ist es notwendig, darauf hinzuweisen, dass **bei allen chemischen Reaktionen** auch **Energieumsetzungen** stattfinden. Die Mehrzahl läuft wie im Ofen, Kohlekraftwerk oder Körper ab: Es wird **Wärme** nach außen hin frei. Dieser Typ heißt **exotherme Reaktion** (griechisch ‚exo‘ ‚hinaus‘ und ‚therme‘ ‚Wärme‘, vgl., Thermometer‘). Diese Reaktionen laufen prinzipiell **spontan** ab. Wie bei mechanischen Vorbildern – Regen und Bergbach (Abb. 4), Steinschlag oder Lawine – geht es dabei mit der Energie bergab, von einem Zustand **höherer** zu einem mit **niedrigerer Energie**. Die Differenz entspricht der freigesetzten **Wärmemenge**, der **Reaktionswärme**. Bei Brennstoffen und vor allem Treibstoffen achtet man zudem darauf, dass sie möglichst wenig Raum beanspruchen.

Abb. 4: Wie beim Bach laufen spontane chemische Reaktionen nur ab, wenn ein Energiegefälle vorliegt

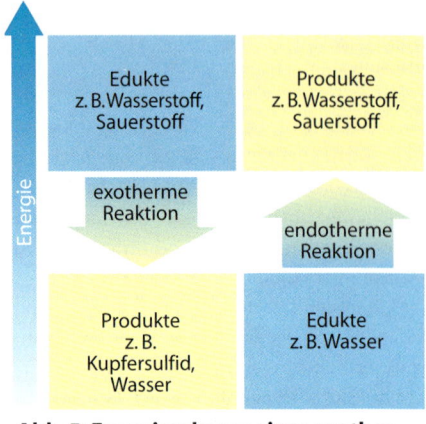

Abb. 5: Energieschema einer exothermen und einer endothermen Reaktion

Darin liegt eines der Probleme der früher erwähnten Wasserstofftechnik: Die Dichte des Wasserstoffs ist die geringste aller bekannten Stoffe, eine feste Gewichtsmenge, beispielsweise ein Kilo, nimmt also mehr Raum ein als bei anderen Stoffen.

Während die Verbrennung des Wasserstoffs zu Wasser eine stark exotherme Reaktion ist, also viel Energie in Form von Wärme freigesetzt wird, ist die Zerlegung des Wassers, also die **Umkehrung**, eine ebenso stark **endotherme Reaktion** (griechisch ‚endo‘ ‚innen, hinein, vgl. ‚endogen‘ und ‚Endoskop‘). Sie läuft nur unter **ständiger Energiezufuhr** ab. Damit ist jede zurzeit vorstellbare Wasserstofftechnologie fast untrennbar an die Sonne gebunden. Sie ist die einzige Energiequelle, die ohne weitere Umweltbelastung zur Verfügung steht. Abb. 5 stellt die Beziehung zwischen exothermen und endothermen Reaktionen dar. Wenn die Technik effizient genug wäre, hätte die Menschheit mit der Wasserstofftechnik einen echten **Energiekreislauf**

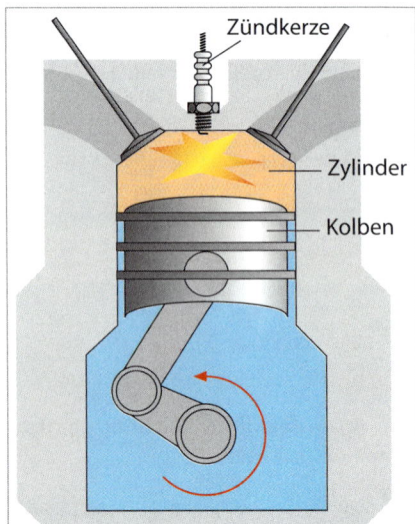

Abb. 6: Im Ottomotor braucht die Verbrennung des Kraftstoffs einen Zündfunken

Chemie

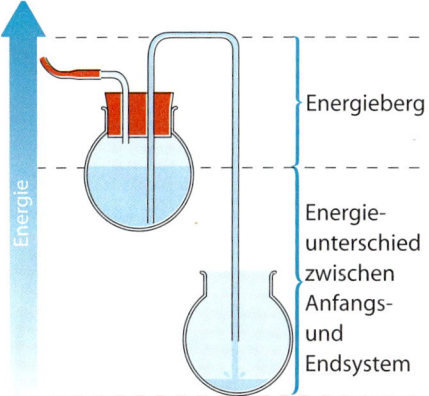

Abb. 7: Das Saugheber-Modell veranschaulicht die Aktivierungs- und die Reaktionsenergie

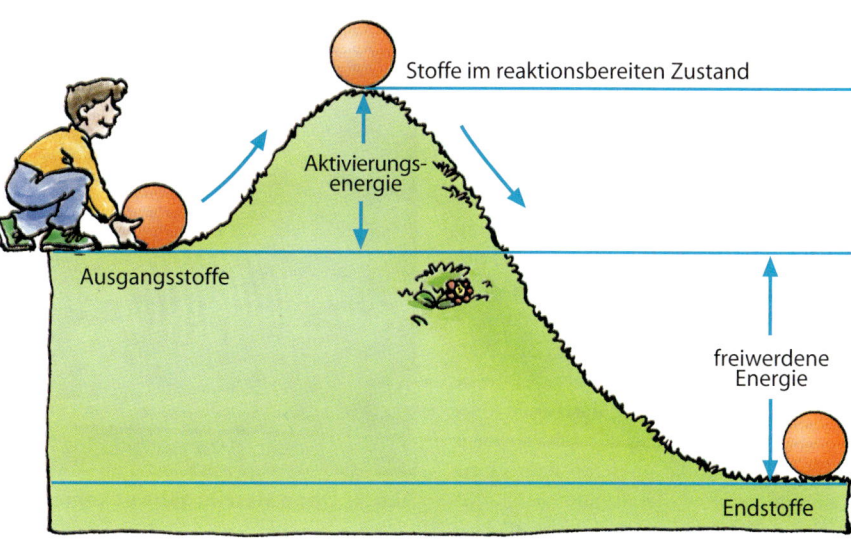

Abb. 8: Die Kugel rollt erst mit einem kleinen Anstoß über die Kuppe ins Tal

angeworfen. Das Prinzip wäre mit dem natürlichen Wasserkreislauf zu vergleichen, bei dem auch die Energie der Sonne die treibende Kraft ist.

Der zündende Funke

Beim Kapitel über den Wasserstoff haben wir kurz etwas zu Katalysatoren gesagt. Mit ein wenig Nachdenken muss es verwundern, dass Wasserstoff und andere brennbare Stoffe mit Sauerstoff heftig reagieren **können**, es bei Normaltemperatur aber nicht tun. Der exotherme Ablauf einer Reaktion scheint keine Gewähr dafür zu sein, dass sie tatsächlich mit hinreichender Geschwindigkeit abläuft.

Das ist ein Glück für alle Lebewesen und Brennstoffe, die mit dem Luftsauerstoff in Kontakt kommen. Gäbe es diese Hemmung nicht, würden das Holz der Bäume, alles Gras und auch tierische Felle, die menschliche Haut sowie alle Brennstoffe in mehr oder minder kurzer Zeit chemisch dahinschwinden.

Wenn aber der Funke im Zylinder des Ottomotors übergesprungen ist (Abb. 6), **wenn** bei der Rakete der Wasserstoff entzündet wurde, **wenn** die Zigarette angezündet wurde, dann endet die Reaktion erst, wenn kein brennbarer Stoff (oder kein Sauerstoff) mehr vorhanden ist. Es scheint eine Art chemische Hemmschwelle vorzuliegen. In einem Mo-

dellversuch kann man das veranschaulichen (Abb. 7): Das Wasser aus dem oberen Kolben könnte aufgrund seiner potentiellen Energie in das untere Gefäß fließen. Es tut es aber nicht, weil es erst den Saugheber hinauffließen müsste. Man kann dem Wasser jedoch über diese Schwelle hinweghelfen: Pustet man kräftig genug über das zweite Rohr in den Kolben, bis das Wasser gerade richtig zu fließen begonnen hat, dann geht es von da an allein bergab.

Die Chemie spricht deshalb auch bei chemischen Reaktionen vom **Aktivierung** und nennt die aufzuwendende Energie die **Aktivierungsenergie** (Abb. 8). Von allein kann die Kugel nicht den Hügel hinunterrollen. Sie muss erst den kleineren Anstieg auf der linken Seite überwinden. Den Anstoss, die Aktivierungsenergie, gibt ihr der Junge. Wenn sie die Hügelkuppe überwunden hat, gibt es kein Halten mehr; sie rollt bis zur tiefsten Stelle rechts. Ihre Lage links symbolisiert die Energie der Ausgangsstoffe/Edukte, rechts die der Reaktionsprodukte. Der Unterschied zwischen Ausgangs- und Endlage entspricht

– allgemein – der **Reaktionsenergie**. Die Aktivierungsenergie wird durch die kleinere Differenz zwischen Ausgangslage und Hügelspitze dargestellt. Durch die zugeführte Aktivierungsenergie steigt der Energieinhalt der Edukte zunächst an. In Abbildung 8 wird so der Zustand auf der Kuppe erreicht. In den meisten Fällen besteht die Energiezufuhr in einer Temperaturerhöhung. Die Erwärmung der Ausgangsstoffe erhöht die Geschwindigkeit der darin enthaltenen Teilchen. Dadurch wird die Reaktionsbereitschaft erhöht, z. B. für eine eventuell nötige Spaltung von Molekülen. Dies gilt z. B. für die Wassersynthese aus Wasserstoff und Sauerstoff, für die eine Spaltung des Wasserstoffs in Atome notwendig ist.

Bei Verwendung des Katalysators Platin läuft die Wassersynthese dagegen ohne Zufuhr von Aktivierungsenergie ab. Ein Katalysator beseitigt also den Aktivierungsberg bzw. verringert ihn zumindest deutlich.

Neben einem Katalysator kann schon eine Stoffzerkleinerung die Reaktion beschleunigen: Die wirksame Oberfläche, an der eine Reaktion stattfinden kann, vergrößert sich (Abb. 9). Dies ist der Grund für die extreme Zerstörungskraft bei Staubexplosionen (Abb. 10).

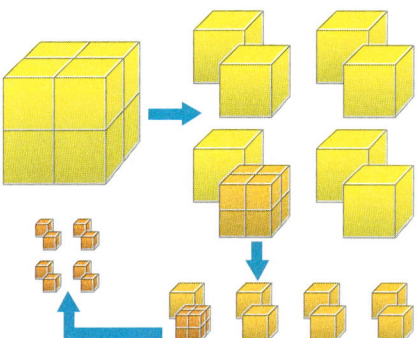

Abb. 9: Zerteilung vergrößert die reaktionsbereite Oberfläche eines Stoffes

Abb. 10: Explosionen als rasch ablaufende exotherme Reaktion bergen ein riesiges Zerstörungspotential

Zum Weiterlesen:

• Gasig leichtes Rechnen – chemische Reaktionen von Gasen, S. 498
• Man rechnet fest mit ihnen – Festtoffe und ihre Reaktionen, S. 500
• Energie hin und her – elektrisch und chemisch, S. 560

Metalle – das Grundgerüst unserer Technik

*S*eit mehreren tausend Jahren stellen die Menschen aus Metallen Werkzeuge, Münzen und Schmuck her. Bereits seit Ende der Steinzeit prägten Metalle als wichtigste und solideste **Werkstoffe** die nachfolgenden Menschheitsepochen: Mit Kupferzeit, Bronzezeit und Eisenzeit begannen die Metallzeitalter. Metalle sind vorzügliche und unentbehrliche Werkstoffe geblieben, ihre Bedeutung hat sogar noch zugenommen. Unsere heutige Zivilisation ist ohne Verwendung von Metallen undenkbar: Ohne sie gäbe es praktisch keine Maschinen oder Werkzeuge, weder Flugzeuge noch Fahrzeuge (Abb. 1). Auch die moderne Bautechnik kommt nicht ohne Metalle aus.

Die vielfältige Nutzung der Metalle liegt an ihren vorteilhaften **gruppentypischen Eigenschaften:**

1. Metalle zeigen bei Krafteinwirkung mechanische **Verformbarkeit**, ohne zu brechen. Dies nutzen Handwerk und Industrie, indem sie Metalle z. B. zu Gartentoren schmieden, zu Motorenteilen pressen, zu Autoblechen walzen oder zu Drähten ziehen (Abb. 2).

Abb. 1: Ohne Metalle gäbe es keines der heutigen Fahrzeuge

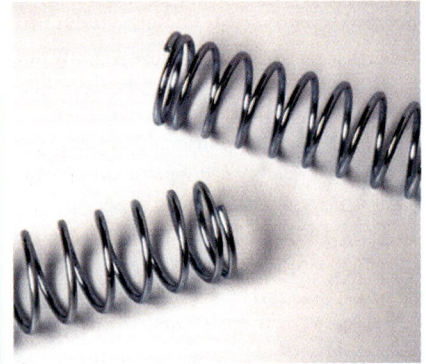

Abb. 2: Am Beispiel einer Feder lässt sich Formbarkeit und Festigkeit von Metallen deutlich erkennen

2. Metalle weisen eine **gute Leitfähigkeit für den elektrischen Strom** auf. Die Leitfähigkeit sinkt mit steigender Temperatur, während sie bei sehr niedrigen Temperaturen unendlich groß werden kann („Supraleitung"). Elektrokabel sind immer aus Metall gefertigt, so dass Elektrotechnik ohne Metalle unmöglich wäre.

3. Metalle haben eine gute **Wärmeleitfähigkeit**. Daher baut man aus ihnen Wärmetauscher. Das sind Geräte, die Wärme übertragen sollen. Beispiele dafür sind Autokühler und Heizkörper. Auch alle Kochtöpfe sind aus Metall gefertigt – bis auf die Griffe, denn diese sollen möglichst wenig erwärmt werden. Durch das gute Wärmeleitvermögen fühlen sich Metalle

„kalt" an: Sie nehmen die Wärme der Haut auf und transportieren und verteilen sie rasch weiter.

4. Der charakteristische **Glanz** der Metalloberfläche beruht darauf, dass Metalle Licht reflektieren (Abb. 3). Der Metallglanz ist wichtig für Schmuck und wird zur Herstellung von Spiegeln und anderen Reflektoren genutzt: Hinter dem Glas ist eine dünne Metallschicht aufgetragen. Die Farbe des Glanzes ist fast immer silbrig, bei Kupfer allerdings rötlich und bei Gold gelb. Bei vielen Metallen verliert sich der Glanz durch Reaktion mit dem Luftsauerstoff. Das „Anlaufen" des Silbers geht dagegen auf die Reaktion mit in der Luft enthaltenem Schwefelwasserstoff zurück. Eine frisch erzeugte Oberfläche zeigt aber immer den typischen Metallglanz.

5. Metalle sind bei Raumtemperatur **Feststoffe**. Die meisten Metalle schmelzen und sieden erst bei hohen Temperaturen. Die einzige Ausnahme macht das elementare Quecksilber mit dem Elementsymbol Hg: Es ist eine silberhell glänzende, sehr giftige Flüssigkeit. Quecksilber erstarrt bei −39°C und verdampft bei Zimmertemperatur leicht. Auch das flüssige Quecksilber hat alle oben genannten Metalleigenschaften.

Abb. 3: Gebrauchsgegenstände aus Metall zeigen den typischen Metallglanz

Die metallische Bindung

Metallatome haben nur ein bis vier Elektronen in der äußersten Schale. Diese wenigen Bindungselektronen sind relativ locker gebunden und können leicht abgegeben werden. Im Metallkörper erreichen die Atome abgeschlossene energiearme Außenschalen, indem sie ihre Bindungselektronen in den Raum zwischen den Atomen entlassen. Dadurch werden die Metallatome zu positiv geladenen **Atomrümpfen**,

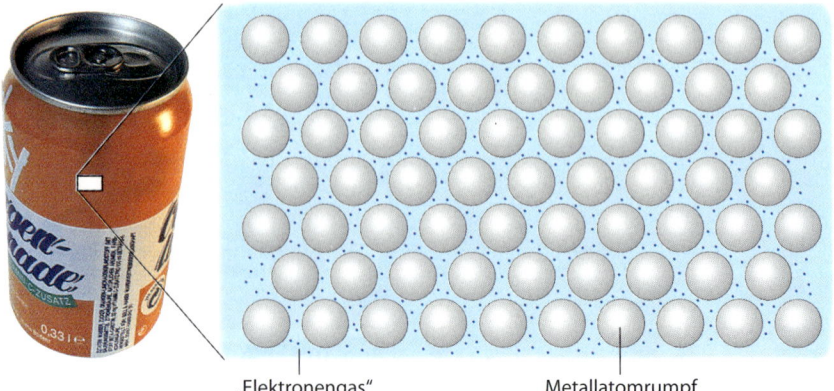

„Elektronengas"   Metallatomrumpf

Abb. 4: Das Elektronengas-Modell der Metallbildung

Chemie

die in einer regelmäßigen Anordnung vorliegen: Sie bilden ein regelmäßiges dreidimensionales **Metallgitter**. Die abgegebenen Elektronen bewegen sich im Metallgitter weitgehend frei, fast wie Gasteilchen. Man spricht deshalb auch von „**Elektronengas**" (Abb. 4). Das Elektronengas durchdringt das Metallgitter vollständig und bewirkt als

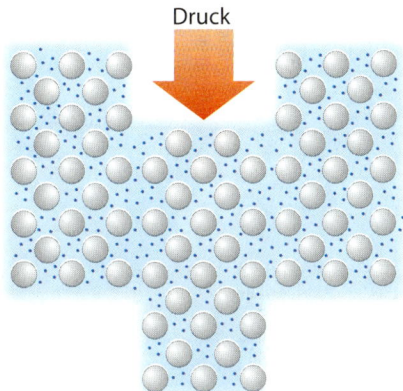

Abb. 5: Metalle verformen sich bei Druckeinwirkung, ohne zu brechen

„Elektronenkitt" den Zusammenhalt des Metalls: Eigentlich müssten sich die positiv geladenen Atomrümpfe gegenseitig abstoßen. Dazwischen halten sich aber die negativ geladenen Elektronen des Elektronengases auf. Die Anziehung zwischen den Atomrümpfen und den Elektronen ist größer als die gegenseitige Abstoßung der Atomrümpfe. Deswegen wirken in festen und flüssigen Metallen **starke Bindungskräfte**. Auch die Elektronen im Elektronengas stoßen sich gegenseitig ab, denn sie sind gleichartig geladen. Da sie frei beweglich sind und ein Bestreben haben, sich gegenseitig auszuweichen, verteilen sie sich im Metallgitter gleichmäßig.

Die Metallstruktur erklärt die metallischen Eigenschaften

Wie für alle Stoffe gilt auch für die Metalle, dass die beobachtbaren Eigenschaften auf ihrem **inneren Aufbau** beruhen.

Die Metallionen sind über das Elektronengas an alle Nachbarionen gleichmäßig gebunden. Die Bindungskräfte wirken in alle Raumrichtungen gleich. Es gibt damit keine bevorzugte Bindung zu einem bestimmten Nachbarn. Deshalb lassen sich einzelne Bereiche oder Schichten durch Druck gegeneinander verschieben, ohne dass dabei der Atomverband zerreißt (Abb. 5). Das Abgleiten der Metallionen aneinander macht die Metalle zu verformbaren Werkstoffen. Das Elektronengas kann auch im verformten Gegenstand sofort für eine Bindung sorgen. Besonders gut ausgeprägt ist die Verformbarkeit bei hohen Temperaturen, wenn die Atomrümpfe schon eine hohe Eigenbewegung haben: „Man muss das Eisen schmieden, solange es heiß ist."

Das Elektronengas bewirkt im festen und flüssigen Zustand die elektrische Leitfähigkeit der Metalle: Bei **Anlegen einer äußeren Spannung** an einen Metallgegenstand wandern die frei beweglichen Elektronen zum positiven Pol und bewirken so einen Stromfluss. Das Elektronengas im Metall geht mit Anlegung der Spannung also von einer regellosen in eine gerichtete Bewegung über (Abb. 6). Bei höherer Temperatur stören die heftigeren Schwingungen der Atomrümpfe die Bewegungen der Elektronen; der **elektrische Widerstand** des Metalls nimmt zu und die Leitfähigkeit ab.

Die Metalle im Periodensystem der Elemente

Etwa vier Fünftel der chemischen Elemente sind Metalle. Metalle neigen zu che-

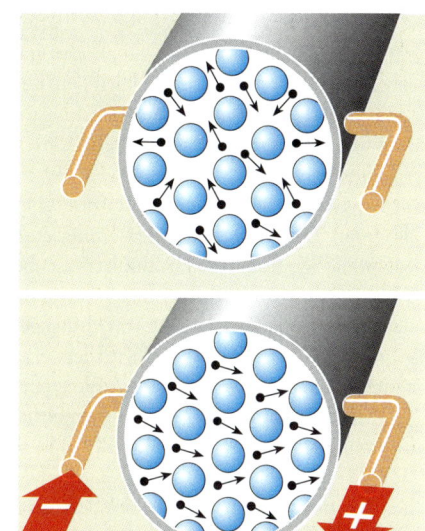

Abb. 6: Das Elektronengas in einem Metallstück geht nach Anlegen einer Spannung von einer ungeordneten in eine gerichtete Bewegung über

mischen Reaktionen, bei denen sie die Bindungselektronen abgeben und dadurch Edelgaskonfiguration erreichen. Zwischen den Metallen und den im Periodensystem rechts stehenden Nichtmetallen stehen die **Halbmetalle**, wobei die Grenze nach beiden Seiten nicht scharf zu ziehen ist.

In einer Periode nimmt der **Metallcharakter von rechts nach links zu** (Abb. 7). Dies liegt daran, dass innerhalb einer Periode die Rumpfladung der Atome der weiter links stehenden Elemente geringer ist. Sie sind daher die größten in ihrer Periode (s. S. 481). Bei ihnen ist also der Abstand zwischen Atomkern und Außenelektronen am größten. Dadurch werden die Elektronen weniger stark angezogen und können somit leichter abgegeben werden. Aus dem gleichen Grund nehmen die Metalleigenschaften innerhalb einer Gruppe **von oben nach unten** zu: In der gleichen Richtung nimmt die Größe der Atome zu und damit die Bindungsstärke zwischen Atomkern und Außenelektronen ab. Links unten im Periodensystem stehen aus chemischer Sicht die „typischsten" Metalle.

 Zum Weiterlesen:

- Auch Metalle sind Individualisten, S. 506
- Die Tausendsassas der Technik – Gebrauchsmetalle, S. 508
- Die Alkalimetalle – eine hochreaktive Elementfamilie, S. 548

Gruppen-nummer	I	II	III	IV	V	IV	IIV	VIII
Metallcharakter →								
1	1 H							2 He
2	3 Li	4 Be	5 B	6 C	7 N	8 O	9 F	10 Ne
3	11 Na	12 Mg	13 Al	14 Si	15 P	16 S	17 Cl	18 Ar
4	19 K	20 Ca	31 Ga	32 Ge	33 As	34 Se	35 Br	36 Kr
5	37 Rb	38 Sr	49 In	50 Sn	51 Sb	52 Te	53 I	54 Xe
6	55 Cs	56 Ba	81 Tl	82 Pb	83 Bi	84 Po	85 At	86 Rn
7	87 Fr	88 Ra	(113) –	(114) –	(115) –	(116) –	(117) –	(118) –
	Alkalimetalle	Erd-Alkalimetalle	Borgruppe	Kohlenstoff-gruppe	Stickstoff-gruppe	Chalkogene	Halogene	Edelgase

Abb. 7: Der Metallcharakter nimmt im Periodensystem von rechts nach links und von oben nach unten zu

Auch die Metalle sind Individualisten

In der Ausprägung ihrer Eigenschaften sind die einzelnen Metalle z. T. recht verschieden. Nicht alle sind z. B. gleich gute Leiter für Strom und Wärme. Die Einteilung der Metalle berücksichtigt noch mehr Unterschiede.

Nach der **Schmelztemperatur** unterscheidet man hoch- und niedrig schmelzende Metalle: Wolfram (W) schmilzt erst bei 3390 °C, so dass man daraus die Drahtwendel der Glühbirnen fertigt. Zinn (Sn) hingegen schmilzt schon bei 232 °C und wird deswegen zum Gießen von Figuren genutzt. Bleigießen an Silvester nutzt die ebenfalls niedrige Schmelztemperatur des Bleis (Pb) von 327°C. Die jeweiligen Siedetemperaturen liegen um mindestens mehrere hundert Grad Celsius höher als die Schmelztemperaturen.

Häufig werden die Metalle nach ihrer **Dichte** (Masse pro Volumen) unterschieden. **Leichtmetalle** haben eine Dichte bis 4,5 g/cm^3. Die wichtigsten Leichtmetalle sind Magnesium (Mg) mit einer Dichte von 1,74 g/cm^3, Aluminium (Al) mit 2,7 g/cm^3 und Titan (Ti) mit 4,5 g/cm^3. Sie werden zur Gewichtsersparnis im Fahrzeug- und Flugzeugbau benutzt (Abb. 1). Ihr relativ hoher Preis rechnet sich durch die Treibstoffeinsparungen. Von **Schwermetallen** spricht man bei einer Dichte von mehr als 4,5 g/cm^3, wie beim Blei mit 11,3 g/cm^3. Es wird zum Beschweren von Tauchergürteln und Gardinen („Bleiband") verwendet. In Form ihrer chemischen Verbindungen sind mehrere Schwermetalle sehr giftig. Blei hat sich in der Nahrungskette stark angereichert. In Deutschland wurde daraufhin das verbleite Benzin 1996 vom Markt genommen. Quecksilber (Hg) ist mit 13,6 g/cm^3 ebenfalls ein Schwermetall. An Vergiftung durch Quecksilber-Verbindungen sind im Nachkriegs-Japan viele Menschen gestorben.

Die **Beständigkeit gegen Korrosion** (von lateinisch corrodere: zernagen, zerfressen) ist bei den verschiedenen Metallen sehr unterschiedlich ausgeprägt. Die **unedlen Metalle** unterliegen ihr mehr oder weniger stark. Das heißt, sie zersetzen sich unter der Einwirkung von Luftsauerstoff und Wasser. Rosten von Eisen (Fe) ist das bekannteste Beispiel (Abb. 2). Die seltenen **Edelmetalle**, wie Silber (Ag), Gold (Au) und Platin (Pt) sind hingegen ziemlich korrosionsbeständig (Abb. 3). Dies förderte ihren Wert und ihre Nutzung. Gold ist bereits seit 10000 Jahren und Silber seit 6000 Jahren bekannt; beide hatten schon früh eine Bedeutung als Zahlungsmittel und Schmuckmetall.

Das Vorkommen der Metalle

Aus der unterschiedlichen Korrosionsbeständigkeit folgt ein wichtiger Unterschied für das Vorkommen der Metalle. Man kann die wenigen Edelmetalle „gediegen" finden: Sie kommen an manchen Stellen der Erde in bereits hoher Reinheit elementar vor. Deshalb konnten Goldsucher nach dem Metall graben oder es im Flusssand als „Nuggets" finden. Kaum vorstellbar, dass das gesamte von der Menschheit bisher geförderte Gold einen Würfel von nur 18 m Kantenlänge ergeben würde. Um winzige Anteile an diesem „Weltgoldwürfel" sind schon viele Kriege geführt und Menschen getötet worden. Die unedlen Metalle werden geringer geschätzt. Sie müssen mit hohem Aufwand aus ihren **Erzen** gewonnen werden. Das sind Mineralien, in denen die gesuchten Metalle als chemische Verbindungen enthalten sind und die im Bergbau gefördert werden. In aufwendigen Trennverfahren muss das Erz zunächst von unerwünschten Begleitstoffen, dem „tauben Gestein", befreit werden. Nach dieser Anreicherung wird das jeweilige Metall in verschiedenen chemischen Reaktionen aus den Verbindungen freigesetzt.

Wie die Metalle ihren Namen bekamen

Auf die Art der Gewinnung der Metalle aus ihren Erzen deutet schon der Name „Metall" hin: „métallon" ist das griechische Wort für Grube oder Bergwerk. Auch der Name „Chemie" hat höchstwahrscheinlich mit Metallen zu tun: Im Altgriechischen bedeutet „chyma" Metallguss. Eine andere Deutung vermutet den Ursprung des Wortes im altägyptischen „chemia". Diesen Namen trug die schwarze Erde im Nildelta, mit deren Hilfe die Priester des Osiris zur Zeit der Pharaonen Gold und Silber herstellen wollten. Beide Metalle hatten damals kultische Bedeutung.

Legierungen – Metallmischungen nach Maß

Für eine Verwendung als elektrische Leiter müssen die eingesetzten Metalle wie Kupfer (Cu), Aluminium (Al), Silber (Ag) oder Gold (Au) möglichst rein sein. Verunreinigungen verschlechtern die Leitfähigkeit. Deshalb sollte der Fremdstoffgehalt deutlich

Abb. 2: Rostbildung an der Luft

Abb. 1: Magnesium-Legierungen werden im Flugzeugbau verwendet

Abb. 3: Gold ist sehr korrosionsbeständig

Chemie

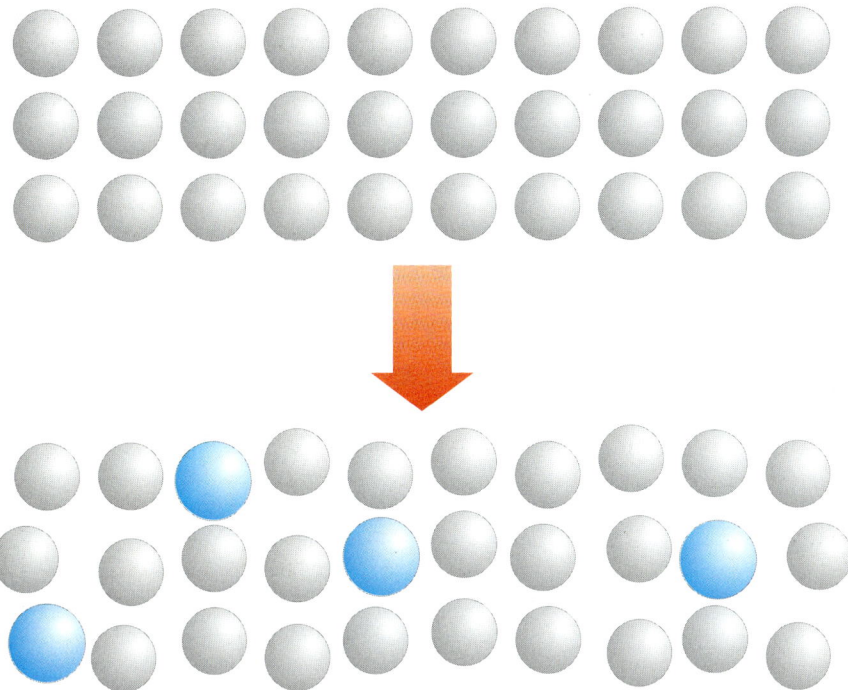

Abb. 4: In vielen Legierungen rufen die kleinsten Teilchen des Zusatzmetalls eine „Aufrauung" des Grundmetalls hervor und bedingen so eine größere Härte

streut. Diese rufen eine „Aufrauung" hervor: Die Anordnung der Teilchen wird unregelmäßig (Abb. 4). Die einzelnen Schichten des Grundmetalls lassen sich dadurch nicht mehr so leicht gegeneinander verschieben. Zur Härtung kann auch ein eingebautes Nichtmetall führen: Stahl ist eine Eisenlegierung, die bis zu 2 % Kohlenstoff enthält. Die Zusammensetzung der verschiedenen Legierungen prägt deren Eigenschaften und hat damit Einfluss auf die Verwendung. Daß eine Legierung oft ganz andere Eigenschaften hat als die verwendeten Metalle in Reinform, haben die Menschen schon frühzeitig erfahren. Im Anschluss an die Kupferzeit ging die Menschheit dazu über, härtere Legierungen zu nutzen: In der Bronzezeit begann man aus den recht weichen Metallen Kupfer und Zinn die wesentlich härtere und gleichzeitig bei niedrigeren Temperaturen schmelzende **Bronze** herzustellen. Aus ihr wurden Skulpturen, Schmuckstücke und Werkzeuge gefertigt. Bronze brachte gegenüber dem weichen Kupfer entscheidende Vorteile: Sie ermöglichte die Fertigung besserer Schneidewerkzeuge wie Pflüge, Messer und Äxte. Auch Wagenachsen konnten nun hergestellt werden. Dadurch ergaben sich bessere Bedingungen in der Landwirtschaft und verbesserte Transportmöglichkeiten, was wiederum die Ernährungssituation stark verbesserte. Heute wird die relativ weiche und sich rasch abnützende Bronze als Werkstoff kaum noch verwendet. Am besten bekannt ist sie wahrscheinlich durch die Medaillen für die Drittplatzierten bei Olympischen Spielen. Die **Messing** genannte Legierung ist ebenfalls wesentlich härter als die einzelnen Bestandteile Kupfer und Zink. Dafür ist Messing ein wesentlich schlechterer Leiter für Wärme und Strom als das elementare Kupfer (Abb. 5). Die Elektrotechnik bevorzugt Kupfer gegenüber dem noch besser leitenden, aber teureren Silber. Mittlerweile greift man für elektrische Leitungen auch gern auf Aluminium zurück, da es wiederum billiger als Kupfer ist.

unter 0,1 % liegen. Umgekehrt scheiden die meisten elementaren Metalle für mechanisch stark beanspruchte Anwendungen aus: Sie sind zu weich! Weil sie sich zu schnell abnutzen würden, werden sie nur in Ausnahmefällen als Werkstoffe verwendet. Metallische Werkstoffe werden fast immer aus **Legierungen** gefertigt. Das sind Metallmischungen, die Atome von mehreren Elementen enthalten. Man erhält Legierungen, indem man verschiedene Metalle zusammenschmilzt. Beim Abkühlen entstehen dann **Schmelzgemische**. Besonders einfach lassen sich Metalle mit dem ohnehin flüssigen Quecksilber legieren. Diese quecksilberhaltigen Legierungen heißen **Amalgame**. In der Zahnheilkunde wird Silberamalgam als Füllungsmaterial für Plomben verwendet, ist gesundheitlich aber umstritten.

Legierungen sind **keine chemischen Verbindungen**, denn die verwendeten Legierungspartner liegen nicht in einem festen Zahlenverhältnis zueinander vor: Man kann die Mischungsanteile in weiten Bereichen ändern. Durch Variation der Zusammensetzung kann man gezielt die Werkstoffeigenschaften der Legierungen beeinflussen. Besonders gilt dies für die wichtige **Härte**. Unter Härte versteht man dabei den Widerstand, den ein Körper dem Eindringen eines anderen Körpers entgegensetzt. Von zwei verschieden harten Körpern bezeichnet man denjenigen als den härteren, mit dem man den anderen ritzen kann. Die Härte spielt bei der technischen Nutzung von Metallen eine entscheidende Rolle. Jeder Heimwerker weiß, dass zum Bohren in Beton ein härterer Bohrer erforderlich ist als für weiches Holz.

Warum die Legierungen etwas Besonderes sind und wie sie die Menschheit voranbrachten

Auch in Legierungen werden die Eigenschaften durch die Anordnung der kleinsten Teilchen bestimmt. Die Erhöhung der Härte wird meist folgendermaßen hervorgerufen: In die regelmäßige Anordnung der kleinsten Teilchen des Grundmetalls sind noch kleinste Teilchen des Zusatzmetalls einge-

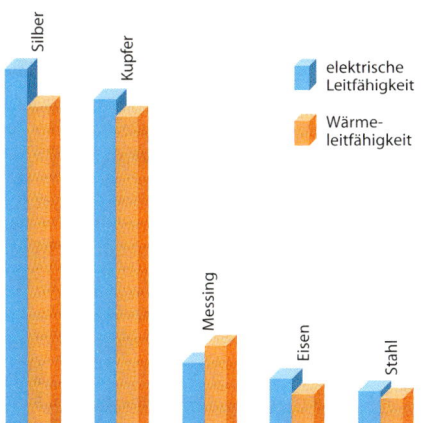

Abb. 5: Legierungen haben eine schlechtere elektrische und Wärmeleitfähigkeit als die zugrunde liegenden Metalle

 Zum Weiterlesen:

- Metalle – das Grundgerüst unserer Technik, S. 504
- Die Tausendsassas der Technik – Gebrauchsmetalle, S. 508
- Die Erze haben's in sich: Die Gewinnung der Metalle, S. 510

Die Tausendsassas der Technik – die Verwendungszwecke der wichtigsten Gebrauchsmetalle

Nur rund 20–30 der insgesamt über 70 Metalle sind im technischen Gebrauch von größerer Bedeutung. Dennoch existieren mittlerweile tausende verschiedener metallischer Werkstoffe – maßgeschneidert je nach Einsatzzweck. Diese große Zahl wird durch die vielfältigen Kombinationsmöglichkeiten der **Legierungen** ermöglicht. Die Variation der Zusammensetzung beeinflusst die Werkstoffeigenschaften (Abb. 1, 2). Bereits die wichtigsten Gebrauchsmetalle bieten eine beeindruckende Vielfalt an Eigenschaften und **Verwendungsmöglichkeiten**.

Aluminium (Al) ist heute das wichtigste Leichtmetall. Es wird allerdings nur selten in reiner Form verwendet, z. B. für elektrische Leitungen, Alufolie, Getränkedosen und die Deckel von Joghurtbechern. Aus Legierungen des Aluminiums werden Fensterrahmen, Flugzeug- und Fahrzeugteile, Autofelgen und die Rahmen von Leichtfahrrädern hergestellt.

Name der Legierung	Zusammensetzung (gerundet)	Verwendung	Besonderheiten
Bronze	75% Kupfer 25% Zinn	Kirchenglocken, Skulpturen, olympische Medaillen	In der Bronzezeit wichtigstes Gebrauchsmetall
Messing (gelb)	70% Kupfer 30% Zink	Blasinstrumente, Armaturen, Beschläge, Schrauben	
Messing (rot)	80% Kupfer 20% Zink	Unechtes Blattgold	
Konstantan	60% Kupfer 40% Nickel	Widerstandsdraht	Widerstand bleibt temperaturunabhängig konstant
Neusilber (Alpaka)	50% Kupfer 25% Nickel 25% Zink	Essbestecke, Modeschmuck	
Lagermetall	78% Kupfer 15% Blei 7% Zinn	technische Aggregate mit bewegten Teilen, Achslager	

Abb. 1: Zusammensetzung und Verwendung ausgewählter Legierungen

Abb. 2: Diese Musikinstrumente bestehen aus der Legierung Messing

Blei (Pb) ist weich und leicht verformbar. Seine große Dichte nutzt man zum Beschweren von Tauchergürteln und Gardinenband. Bleiakkumulatoren (Autobatterien) enthalten dieses Metall in Form mehrerer einzelner Platten. Bleischürzen dienen zum Schutz vor Röntgenstrahlung in der Medizin, weil sie die Strahlung nicht durchlassen. Lötblei (Lötzinn) ist eine Legierung aus den niedrig schmelzenden Metallen Blei und Zinn. Beim Löten werden zwei Metalle durch die Lötlegierung elektrisch leitend miteinander verbunden. Seit der Römerzeit wurden Trinkwasserleitungen aus Bleirohren verlegt. Weil Blei giftig ist, werden die Rohre heute aus Kupfer oder Kunststoff hergestellt.

Eisen (Fe) ist seit mehreren tausend Jahren bekannt und wegen seiner Bedeutung für die Stahlerzeugung bis heute das wichtigste Gebrauchsmetall. Eisen ist ferromagnetisch; es wird von einem Magneten angezogen. Es ist silberweiß und reagiert als unedles Metall in feuchter Luft mit Sauerstoff. Durch die dann eintretende Rostbildung können Gegenstände aus Eisen zerstört werden. Zum Schutz vor Korrosion kann man die Werkstoffe mit Schutzschichten von Lack oder anderen Metallen überziehen. Eisen liegt in der Natur nicht frei vor, sondern findet sich ausschließlich in Form seiner Verbindungen.

Gold (Au) ist ein sehr weiches Metall, das sich einfach zu Blattgold auswalzen lässt. Blattgold ist Zierde an Plastiken oder alten Bauwerken. Münzen und Barren aus Gold dienen als Wertanlage. Elektrische Kontakte

Abb. 3: Kupferleitungen

in Computern und teuren Hi-Fi-Anlagen sind aus Gold gefertigt. Zahnkronen enthalten Gold als Legierungsbestandteil. Für Schmuck wird Gold mit Silber und/oder Kupfer legiert. Je nach Mischung ergeben sich verschiedene Färbungen der Legierung (Weißgold, Rotgold). Die eingeprägten Zahlen geben den Anteil des Golds an. Die Zahl 585 bedeutet, dass das Schmuckstück zu 585 von 1000 Teilen aus Gold besteht.

Kupfer (Cu) hat nach Silber die zweithöchste elektrische Leitfähigkeit aller Metalle. Daher sind sehr viele elektrische Leitungen daraus gefertigt (Abb. 3). Bier wird in kupfernen Braukesseln gebraut. Im Sanitärbereich verlegt man Kupferrohre für Gas- und Wasserleitungen. Kupfer ist ein besonders wichtiger Legierungsbestandteil. Außerdem stellt man aus Kupfer Türen, Dachabdeckungen und Dachrinnen her. Durch Witterungseinflüsse entsteht an der Oberfläche eine blaugrüne Verbindung, die Patina genannt wird. Mit Kupfer gedeckte Dächer, z. B. von Kirchen und öffentlichen Gebäuden, zeigen diese Erscheinung (Abb. 4).

Platin (Pt) hat seinen Namen vom spanischen Wort ‚platina' für „kleines Silber, Silberchen". Es ist ein wichtiger Legierungsbestandteil im Auto-Katalysator. Wie das Gold wird es als Schmuck und Barren genutzt. Platinlegierungen sind hochfest sowie chemikalien- und temperaturbeständig. Man verwendet sie daher für Geräte im chemischen Labor oder Raketendüsen. Auch Eichmaße wie das Urkilogramm oder Urmeter sind daraus hergestellt.

Chemie

Abb. 4: Kupferdächer setzen mit der Zeit grüne Patina an

Quecksilber (Hg) wurde lange Zeit als Thermometer- und Barometerflüssigkeit verwendet. Wegen seiner Giftigkeit und der seiner Verbindungen geht die Nutzung zurück. Zusammen mit Silber ist es Legierungsmetall in Amalgam-Zahnfüllungen (‚Plomben').

Silber (Ag) ist ein weiches Edelmetall. Silberschmuck besteht aus einer Legierung mit Kupfer. Die Zahl im eingedrückten Stempel gibt den Silberanteil in 1 000 Teilen Legierung an. Ferner wird Silber als Münzmetall und Kontaktmetall genutzt. Die lichtempfindlichen fotografischen Filme enthalten Silberverbindungen; Silberoxid ist in manchen Batterien enthalten.

Titan (Ti) wurde zunächst in der Weltraumforschung eingesetzt, weil man dort ein hartes und dennoch leichtes Metall benötigte. Heute nutzt man seine Eigenschaften nicht nur für Raketen, Raumgleiter und Satelliten, sondern auch ganz irdisch für hochwertige Fahrräder und Uhrengehäuse.

Zink (Zn) ist ein hellgraues Schwermetall, das an der Luft schnell seinen Glanz verliert. Zinkbleche werden zum Abdichten beim Hausbau verwendet und zu Dachrinnen geformt. Manche Stahlbleche erhalten Rostschutz durch Verzinken (Zinküberzug). Im Automobilbereich verbessern verzinkte Karosserien die Langzeithaltbarkeit. Zink ist ein wichtiges Batteriemetall.

Zinn (Sn) dient zur Herstellung von Miniaturfiguren, Ziertellern und Schmuckbechern. Es ist Legierungbestandteil von Bronze und Lötzinn. Weißblech ist Eisen mit einem Zinnüberzug. Daraus werden Konserven- und Getränkedosen hergestellt.

Metallgewinnung Schritt für Schritt

Unter **Metallurgie** oder Hüttenkunde versteht man die Lehre von der Gewinnung der Metalle aus ihren Erzen. Die Metallge-

winnung lässt sich allgemein in drei Schritte gliedern:

1. Zuerst kommt die **Aufarbeitung**, bei der unerwünschte Bestandteile des Erzes entfernt werden. Dadurch wird die gewünschte Komponente angereichert.

2. Danach kommt die **Reduktion**, wenn die Metallverbindung zum elementaren Metall reduziert wird.

3. In der **Raffination** wird das gewonnene Metall gereinigt und für die weitere Nutzung aufbereitet.

Die genauen Verfahren der einzelnen Prozessschritte unterscheiden sich von Metall zu Metall.

Metalle bringen Farbe in den Alltag

Auch in Form ihrer chemischen Verbindungen haben Metalle vielfältige Nutzung gefunden. Die unedlen Metalle haben im Verlauf von Jahrmillionen mit dem Luftsauerstoff reagiert und dabei **Metalloxide** gebildet:

Metall + Sauerstoff → Metalloxid
Eisen + Sauerstoff → Eisenoxid

Die Reaktion mit Sauerstoff (lat. oxygenium) wird als **Oxidation** bezeichnet.

Alle Metalloxide sind Feststoffe, viele sind farbige Substanzen (Abb. 5, 6). Schon in der Steinzeit haben die Menschen Farben für Höhlenmalereien verwendet oder um sich selbst zu schmücken. Dazu haben sie vermutlich farbige Erde mit Tierfett vermischt. Farbig ist eine Erde dann, wenn sie besonders viel eines bestimmten Metalloxids enthält. Meistens sind dies verwitterte Erzlagerstätten. Ocker beispielsweise wird heute noch an einigen Stellen in Italien als gelbbraune Erde gewonnen. Die Ockererde besteht zu einem erheblichen Teil aus Eisenoxid, das mit Tonmineralen vermischt ist. Eisenoxid ist braun, aber wegen der beige-

Metalloxid	Farbe
Bleioxid (PbO)	gelb
Chromoxid (Cr_2O_3)	grün
Cobaltoxid (CoO)	blau
Eisenoxid (Fe_2O_3)	rotbraun
Kupferoxid (CuO)	schwarz
Magnesiumoxid (MgO)	weiß
Quecksilberoxid (HgO)	gelb oder rot
Titandioxid (TiO_2)	weiß
Zinkoxid (ZnO)	weiß

Abb. 6: Farbige Metalloxide (Auswahl)

mengten Tonminerale kann die Erde gelbe, rotbraune oder orange Farbtöne annehmen. Die rote Farbe der Dachziegel wird durch Eisenoxid hervorgerufen. Auch viele andere Metalloxide werden als **Pigmentfarbstoffe** genutzt. Pigmentfarben sind in Wasser unlöslich. Jedes, auch das kleinste Körnchen eines solchen Pigments, ist durch und durch farbig. Die farbintensiven und temperaturbeständigen Metalloxide werden zum Färben von Glas, Keramik und Porzellan eingesetzt: Cobaltoxid ergibt eine kräftige blaue Farbe, Flaschenglas wird mit Eisenoxid braun eingefärbt und Mangandioxid bewirkt eine violette Farbe. Titandioxid ist das wichtigste Weißpigment. Wegen seiner hohen Deckkraft wird es immer dort eingesetzt, wo man ein intensives Weiß erhalten möchte, z. B. bei Autolacken und Fassadenanstrichen. Auch Papier und Watte sowie viele Kosmetika, z. B. Zahnpasta, können dieses Pigment enthalten. In der Natur verhelfen Metalloxide manchen Edelsteinen zu ihren Farben. In **Ölfarben** für Gemälde sind die Pigmente mit Leinöl angeteigt. Farblacke zum Schutz von Holz und Metallen enthalten die farbigen Pigmente in einem farblosen Basislack. Manche Metalloxide, wie Bleioxid und Chromoxid, sind giftig. Andere, wie Eisenoxid oder Titandioxid, hingegen sind ungiftig. Zinkoxid ist sogar Bestandteil von heilenden Hautsalben.

Abb. 5: Farbige Metalloxide: Grünes Chromoxid, gelbes Bleioxid, weißes Zinkoxid und rotbraunes Eisenoxid

 Zum Weiterlesen:

- Metalle – das Grundgerüst unserer Technik, S. 504
- Auch Metalle sind Individualisten, S. 506
- Die Erze haben's in sich: Die Gewinnung der Metalle, S. 510

Die Erze haben's in sich: Von der Gewinnung der Metalle

Eine chemische Reaktion, bei der einem Oxid der Sauerstoff entzogen wird, bezeichnet man als **Reduktion** (von lateinisch reducere = zurückführen). Sie gelingt nur, wenn der Sauerstoff anderweitig gebunden wird. Lässt man beispielsweise schwarzes Kupferoxid mit elementarem Eisen reagieren, wird das Kupferoxid zu elementarem rötlichem Kupfer **reduziert**. Eisen hingegen geht eine Verbindung mit dem Sauerstoff ein, es wird **oxidiert**:

> ── Reduktion ──→
>
> Kupferoxid (f) + Eisen (f) → Kupfer (f) + Eisenoxid (f); exotherm
>
> └─ Oxidation ──┘

Reaktionen, bei denen eine Oxidation und eine Reduktion gleichzeitig ablaufen, bezeichnet man als **Redoxreaktionen** (**Red** von Reduktion und **Ox** von Oxidation). Redoxreaktionen sind eine Konkurrenz um die Bindung zum Sauerstoff. Das Eisen geht eine Verbindung mit dem Sauerstoff ein. Dadurch wird Eisen zum **Reduktionsmittel** für das Kupferoxid, weil es dessen Reduktion bewirkt. Umgekehrt wird das Eisen durch das Kupferoxid oxidiert. Daher ist Kupferoxid das **Oxidationsmittel** – es bringt einen anderen Stoff dazu, eine Oxidation einzugehen. Ein Oxidationsmittel wird also selbst reduziert und ein Reduktionsmittel oxidiert. Neben Kupfer können auch andere Metalle durch die Reduktion ihrer Oxide hergestellt werden. Als Reduktionsmittel verwendet man häufig Kohlenstoff, denn er ist preiswert und wird bei dieser Reaktion zu gasförmigem und damit flüchtigem Kohlenstoffdioxid oxidiert:

> ── Reduktion ──→
>
> Kupferoxid (f) + Kohlenstoff (f) → Kupfer (f) + Kohlenstoffdioxid (g)
>
> └─ Oxidation ──┘

Dadurch bleibt auf der Produktseite kein anderes festes Oxid zurück, sondern nur das reine Metall. Ein mühsames Trennen der Produkte entfällt.

Kohlenstoff kann nicht alle Metalle aus ihren Oxiden freisetzen. Während Eiseoxid sich wie Kupferoxid reduzieren lässt, brennt Magnesium in Kohlenstoffdioxid. Dabei entstehen weißes Magnesiumoxid und schwarzer Ruß aus Kohlenstoff:

> ── Reduktion ────
>
> Kohlenstoffdioxid (g) + Magnesium (f) → Kohlenstoff (f) + Magnesiumoxid (f)
>
> └─ Oxidation ────┘

Hier ist also Magnesium das Reduktionsmittel für CO_2. Das Reaktionsverhalten beruht auf dem in folgender Reihe abnehmenden **Reduktionsvermögen**:

Magnesium – Aluminium – Zink – Kohlenstoff – Eisen – Blei – Kupfer – Silber

Diese Reihe gibt die Abstufung von den unedlen bis zu den edlen Metallen wieder. Dabei gelten folgende Aussagen:

1. Magnesium ist hier das stärkste und Silber das schwächste Reduktionsmittel.

2. Jedes hier aufgeführte Element kann nur die Oxide der rechts von ihm stehenden Elemente reduzieren.

Magnesium entzieht also allen hier aufgeführten Elementen den Sauerstoff aus den Oxiden. Silber hingegen vermag nicht ein einziges Oxid zu reduzieren und bleibt elementar. Darauf gründet sich sein ‚edler Charakter‘.

Neben den Metalloxiden, also den Verbindungen mit Sauerstoff, liegen viele Metalle auch als Sulfide vor. Sie sind Verbindungen mit Schwefel eingegangen.

Metall + Schwefel → Metallsulfid
Eisen + Schwefel → Eisensulfid

In diesem Fall spricht man von sulfidischen statt oxidischen Erzen. Bevor aus den Erzen ein Metall gewonnen werden kann, müssen die Metallsulfide in Metalloxide überführt werden. Dies geschieht durch Erhitzen an der Luft, das so genannte **Abrösten**:

Kupfersulfid + Sauerstoff
→ Kupferoxid + Schwefeldioxid

Eisen und Stahl – das Rückgrat der Industrialisierung

Eisen ist in Form seiner Verbindungen das zweithäufigste Metall in er Erdkruste. In einem komplizierten chemisch-technischen Prozeß werden die Eisenminerale in Eisen von höherer Reinheit überführt. Das im **Hochofen** erzeugte **Gusseisen** (Roheisen) enthält noch 3 bis 4% Kohlenstoff und andere Verunreinigungen. Es ist ein sehr hartes

Abb. 1: Roheisen beim Hochofenabstich

und sprödes Material, das man in regelmäßigen Abständen beim Hochofenabstich abfließen lässt (Abb. 1). Um **schmiedbares Eisen** zu erhalten, muss der Kohlenstoffgehalt auf unter 2% gesenkt werden. Wegen seiner Zugfestigkeit und Zähigkeit wird schmiedbares Eisen zur Produktion von Gegenständen verwendet, die großen Belastungen ausgesetzt sind. Beispiele dafür sind Anker, Ketten, Bolzen u. v. m. Liegt der Kohlenstoffgehalt zwischen 0,5 und 1,7%, so spricht man von **Stahl**. Daneben enthalten viele Stahlsorten je nach Verwendungszweck geringe Beimischungen von anderen Metallen. Die einzelnen Stähle sind zusammenfassend widerstandsfähige metallische Werkstoffe, die vorwiegend aus Eisen bestehen. Stähle sind hart, geschmeidig, zugfest und zäh; sie werden in der Industrie vielfältig eingesetzt. Eisen ist in Form des Stahls bis heute das wichtigste Gebrauchsmetall geblieben, denn die Stähle haben eine überragende Bedeutung in der gesamten Technik. Man könnte auch unsere Zeit eine Eisenzeit nennen. Im Ruhrgebiet sowie im Saarland und anderen Teilen Deutschlands haben „Kohle und Stahl" in den vergangenen 150 Jahren das gesamte Umfeld geprägt, auch wenn ihre volkswirtschaftliche Bedeutung in letzter Zeit nachgelassen hat. Nicht ohne Grund ist in Völklingen das ehemalige Hüttenwerk von der Unesco zum Weltkulturerbe erklärt worden.

Viele der Tausende von Stahlsorten erhalten ihre besonderen Eigenschaften wie Härte, Zähigkeit, Elastizität oder Korrosionsbeständigkeit durch den **Zusatz von Legie-**

Zusätze		Name, Verwendung
18 %	Chrom	**V2A-Stahl**, rostfrei
8 %	Nickel	Haushaltsgegenstände
0,2 %	Silicium	Eisenbahnwagen,
0,2 %	Kohlenstoff	Chemiereaktoren
0,2 %	Mangan	
18 %	Wolfram	**Schnellarbeitsstahl**, besonders hart
4 %	Chrom	Werkzeugbearbeitung
1 %	Vanadium	

Abb. 2: Zusammensetzung und Verwendung zweier Edelstähle

rungsmetallen: Chrom erhöht die Härte, Nickel die Zähigkeit, und Wolfram verhindert die Enthärtung (nachlassende Härte) bei hohen Temperaturen. Auch Molybdän und Vanadium sind besonders wichtige Legierungsmetalle für Stahl. **Edelstahl** erhält seinen Namen, weil er nicht rostet (Abb. 2). Bezüglich der **Verformbarkeit** gibt es zwischen den einzelnen Stahlsorten große Unterschiede. Als Faustregel gilt, dass ein weicher Stahl besonders elastisch, d.h. verformbar ist. Hingegen sind harte Stähle besonders spröde, neigen bei Verformung also zum Brechen. Für viele Anwendungen benötigt man aber harten und dennoch elastischen Stahl, was die Technik vor große Herausforderungen stellt. Der berühmte **Damaszenerstahl** verknüpfte beide sich eigentlich ausschließenden Eigenschaften in perfekter Weise. Aus Dutzenden Lagen zweier sich abwechselnder Stahlsorten wurde in sehr viel Handarbeit nach und nach ein einziges Werkstück geschmiedet. Die edelsten Schwerter hatten Damaszenerklingen.

Einen interessanten Einblick in die historische Gewinnung, Verarbeitung und Verwendung der Metalle bieten manche **Freilichtmuseen**, oft mit einer Vorführung imposanter Werkzeuge verbunden.

Aluminium – ein Stoff mit kurzer Vergangenheit und großer Zukunft

Aluminiumverbindungen sind recht verbreitet in der Erdrinde anzutreffen. Es ist das häufigste Metall überhaupt. Dennoch ist reines Aluminium erst seit etwas mehr als 150 Jahren bekannt. Es war so schwierig und aufwendig herzustellen, dass noch am Hofe Napoleons III. das teuerste Besteck nicht aus Gold, sondern aus Aluminium gefertigt war. Die komplizierte Gewinnung ist geblieben, aber der Preis für ‚Alu‘ ist seither gefallen.

Aluminium wird elektrochemisch, also unter Einsatz von elektrischem Strom hergestellt. Der Aufwand zur Herstellung ist enorm hoch. Für die Herstellung von einer Tonne Aluminium benötigt man 15000 Kilowattstunden (kWh) Strom sowie 600 kg Kohle (Elektrodenmaterial) und 4000 kg **Bauxit**. Dieses Mineral enthält Aluminiumoxid (Al_2O_3). Durch Umschmelzen von gesammeltem Alu-Schrott werden Rohstoffe und bis zu 95 % Energie eingespart.

Eine große Zukunft könnten die brandneu entwickelten Werkstoffe auf Aluminiumbasis haben, die so genannten **Metallschäume**. Sie werden hergestellt, indem man Aluminiumpulver mit einem ebenfalls pulverförmigen Treibmittel unter hohem Druck zu einer massiven Einheit zusammenpresst. Anschließend wird dieses feste Stück in einem Ofen erhitzt. Bei mehr als 400°C zersetzt sich das Treibmittel und setzt ein (harmloses) Treibgas frei. Dadurch geht das Metall auf wie ein Brot beim Backen. Der fertige Alu-Schaum besteht zu 70–80 % aus Luft. Dadurch hat er sehr gute Dämmeigenschaften. Die enthaltenen Gasbläschen sind etwa so groß wie in feinem Badeschaum. Der fertige Schaum ist sehr leicht, seine Dichte liegt unter 1g/cm³. Er ist geschlossenporig und damit schwimmfähig. Noch einen Schritt weiter geht die Fertigung von **Alu-Sandwiches** (Abb. 3). Sie entstehen, wenn das aufschäumbare Material in zwei solide Alu-Platten eingebettet wird. Dieses Sandwich wird zu einem einheitlichen Blech gewalzt, das anschließend in jede gewünschte Form gebracht werden kann. Erst danach kommt es in den Ofen. Dort schäumt nur der Mittelteil auf und behält seine feste Verbindung zur oberen und unteren Platte bei. Das fertig aufgeschäumte Bauteil hat eine bis zu zehnmal höhere Stabilität als ein Stahlblech gleichen Gewichts. Erste Probeanwendungen im Automobilbau verheißen dieser Technik eine große Zukunft. Auch andere Metalle lassen sich aufschäumen, wobei diese Technik für den Stahl noch in den Anfängen steckt.

Zum Weiterlesen:

- Die Tausendsassas der Technik – Gebrauchsmetalle, S. 508
- Übergänge zwischen Metallen – die Übergangsmetalle, S. 512
- Der lange Marsch – von polaren Atombindungen zu Ionen, S. 538

Abb. 3: Alu-Sandwiches haben hohe Stabilität bei geringem Gewicht (Foto: Fraunhofer Institut IFAM, Bremen)

Übergänge zwischen Metallen – die Übergangsmetalle

Wer sich ein so genanntes kurzes Periodensystem der Elemente genauer ansieht, wird bemerken, dass eine ganze Reihe sehr bekannter Elemente dort nicht auftaucht: Chrom, Eisen, Nickel, Kupfer, Silber, Gold, Platin, Quecksilber. Manchmal weist ein dicker senkrechter Balken darauf hin. Einige von ihnen sind von sehr großer wirtschaftlicher Bedeutung, und mit einigen von ihnen geht man täglich (her)um. Das gilt im Sinne des Wortes: Sie sind im Maßstab von einigen Milligramm bis zu wenigen Gramm notwendiger Bestandteil unseres Körpers (Abb. 1) und unserer Ernährung. Von der Masse her sind sie sicher nicht mit den meisten Nichtmetallen oder den häufigsten Metallen im Körper, Calcium und Magnesium, zu vergleichen. Aber die Winzigkeit von rund drei Milligramm Kobalt bewahrt uns vor dem Tod. Ab dem Vanadium, dem Element Nr. 23, gehören sie mit Dichten zwischen 6 und 9 g/cm³ alle zu den wegen ihrer Giftwirkung zu Recht vielfach gescholtenen Schwermetallen (Abb. 2). Nur – die Menge (Dosis) macht das Gift.

Element	Atomsymbol	Masse in Gramm
Vanadium	V	0,02
Chrom	Cr	0,01
Mangan	Mn	0,02
Eisen	Fe	4,2
Kobalt	Co	0,003
Nickel	Ni	0,01
Kupfer	Cu	0,11
Zink	Zn	2,3

Abb. 1: Ungefährer Gehalt eines 70-kg-Menschen an Übergangsmetallen – nur in Form ihrer Verbindungen

Warum gehen wir erst jetzt insgesamt auf sie ein? Weil das Kugelwolkenmodell keine passende Beschreibung für ihre Eigenschaften liefert und weil ihr chemisches Verhalten ziemlich kompliziert ist. Wir beschränken uns deswegen hier auf eine kleine Auswahl.

Eine andere, ältere Bezeichnung für diese im ganzen dreißig Elemente lautet ‚**Nebengruppenelemente**‘ (Abb. 3). Was wir bisher erörtert haben, trifft im Wesentlichen eher auf die **Hauptgruppenelemente** zu. Bei ihnen findet man alle drei Klassen von Elementen: Metalle, Halb- und Nichtmetalle. Die ‚neuen‘ Elemente sind aber ausnahmslos Metalle. Wenigstens das ist einigermaßen erklärbar: Abgesehen vom Wasserstoff besitzen

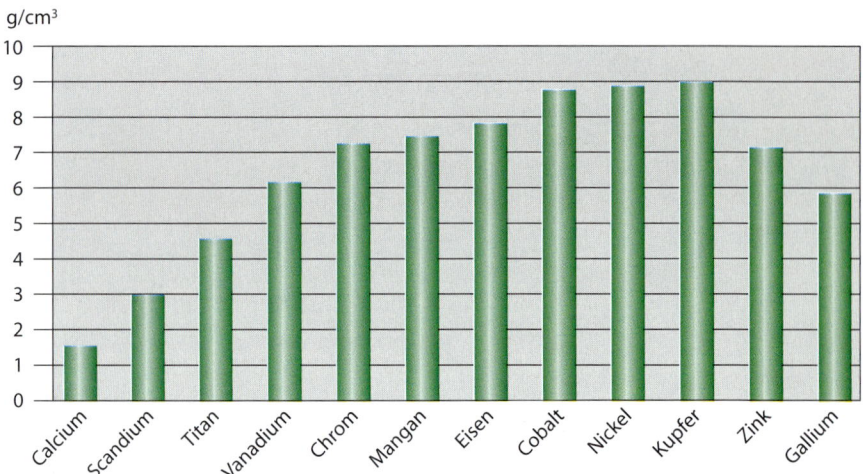

Abb. 2: Die Dichte der Übergangsmetalle zwischen den Hauptgruppenmetallen Calcium und Gallium

alle Nichtmetalle mindestens vier Außenelektronen.

Wir hatten bei den bisher besprochenen Metallen darauf hingewiesen, dass sie eine geringe Anzahl von Außenelektronen besitzen. Dies gilt auch für die Übergangsmetalle. In der **äußersten Schale** der Elemente zwischen Scandium und Zink finden sich maximal **zwei** Elektronen. Diese übernehmen sie vom Calcium, dem Metall mit der Protonenanzahl 20 in der **zweiten** Hauptgruppe, das direkt vor ihnen steht. Erhärtet wird das weiterhin dadurch, dass das seltene Gallium – 31 Protonen – als Metall der **dritten** Hauptgruppe über **drei** Außenelektronen verfügt. Wo ‚verstecken‘ sich dann die 10 Elektronen, die von Scandium, $_{21}$Sc, bis Zink, $_{30}$Zn, dazukommen? Sie werden in die **dritte Schale** (die zweitäußerste) eingebaut! Das ist aus zwei Gründen möglich: Erstens lassen sich in der dritten Schale nicht nur die acht Elektronen unterbringen, von denen wir bis zum Argon ausgegangen sind, sondern insgesamt achtzehn. Schließlich ist die dritte Schale voluminöser als die zweite, wo wirklich bei acht Schluss ist. Zweitens gibt es, außer in der ersten, in den einzelnen Schalen **Unterschalen**. Sie fallen erst ab dem fast unbekannten Scandium ins Ge-

wicht. Das Schwierige daran ist, dass sich die Elektronen in diesen Unterschalen einmal wie ‚normale‘ Außenelektronen verhalten, unter anderen Umständen jedoch nicht.

Recht übersichtlich sind die physikalischen Eigenschaften. Vom Calcium aus steigt die Dichte (Abb. 2) bemerkenswert stark bis knapp 9 g/cm³ bei Kobalt, Nickel und Kupfer an. Ihr relativ starker Rückgang beim Zink und nochmals weiter zum Gallium lässt den Schluss zu, dass beim Zink die Besetzung der Unterschale abgeschlossen ist und dass Gallium wieder ein ganz ‚normales‘ Hauptgruppenelement ist. Gestützt wird diese Annahme durch die hier nicht mehr aufgeführte Dichte der dem Gallium folgenden Elemente: Germanium und Arsen sind Halbmetalle mit Dichten unter 6 g/cm³.

Unsere Annahmen werden durch die Atomradien weiter gestärkt (Abb. 4). Der Unterschied zwischen Calcium und Scandium ist im Verhältnis noch relativ groß. Danach aber nehmen die Atomradien nur noch wenig ab, und von Nickel über Kupfer zu Zink und Gallium steigen sie sogar leicht an. (Das erklärt, dass Legierungen dieser Metalle untereinander besonders leicht herzustellen sind.) Bei den Hauptgruppenelementen sinken sie von einem zum nächsten Element, wobei die Differenzen zwischen den Elementen viel größer sind.

Auch die ersten Ionisierungsenergien sprechen für eine unerwartet große Ähnlichkeit dieser

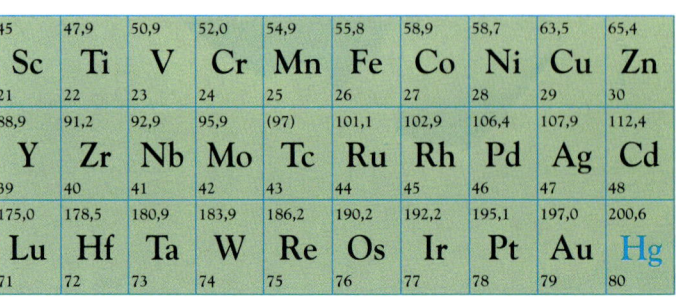

Sc	Ti	V	Cr	Mn	Fe	Co	Ni	Cu	Zn
45	47,9	50,9	52,0	54,9	55,8	58,9	58,7	63,5	65,4
Sc	**Ti**	**V**	**Cr**	**Mn**	**Fe**	**Co**	**Ni**	**Cu**	**Zn**
21	22	23	24	25	26	27	28	29	30
88,9	91,2	92,9	95,9	(97)	101,1	102,9	106,4	107,9	112,4
Y	**Zr**	**Nb**	**Mo**	**Tc**	**Ru**	**Rh**	**Pd**	**Ag**	**Cd**
39	40	41	42	43	44	45	46	47	48
175,0	178,5	180,9	183,9	186,2	190,2	192,2	195,1	197,0	200,6
Lu	**Hf**	**Ta**	**W**	**Re**	**Os**	**Ir**	**Pt**	**Au**	**Hg**
71	72	73	74	75	76	77	78	79	80

Abb. 3: Die Übergangsmetalle der 4., 5. und 6. Periode stehen zwischen den Hauptgruppenmetallen

Chemie

Picometer

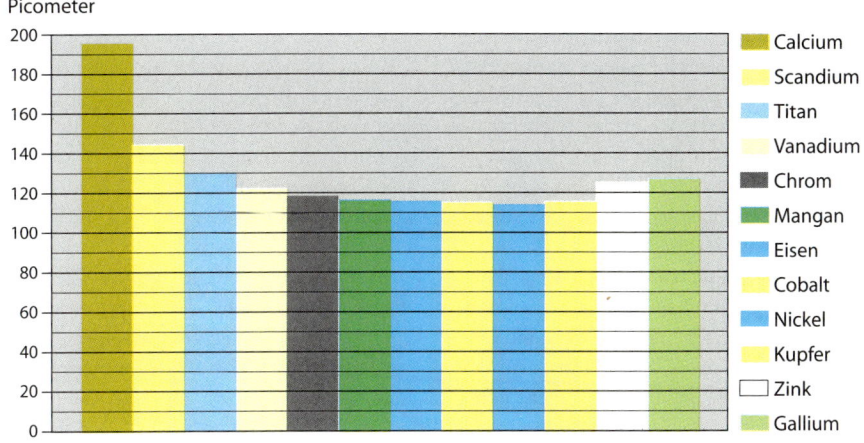

Abb. 4: Die Atomradien der zehn Übergangsmetalle zwischen den Hauptgruppenelementen Calcium und Gallium (1 Picometer = 10^{-12} m)

Elemente untereinander (Abb. 5). Bei den Hauptgruppenelementen der dritten Periode ist sie beim Argon mehr als das Dreifache größer als beim Natrium!

Es bleibt zum Abschluss dieser Betrachtungen ein kurzer Blick auf die Schmelz- und Siedetemperaturen (Abb. 6). Ihre Einheitlichkeit widerspricht aller Erfahrung mit den Halb- und Nichtmetallen. Der unerwartet drastische Rückgang beim Zink ist wieder ein Indiz dafür, dass bei ihm die Unterschale komplett ist. Unterstrichen wird dies

MJ/mol

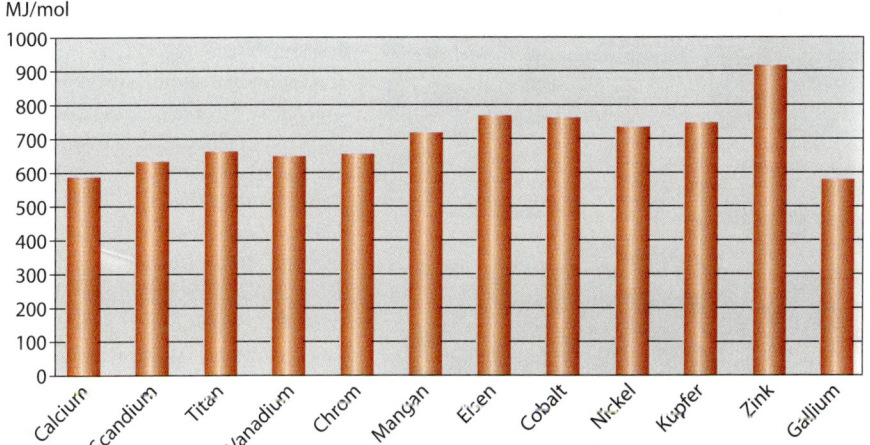

Abb. 5: Die ersten Ionisierungsenergien der Übergangsmetalle sind sich sehr ähnlich (zwischen den Hauptgruppenmetallen Calcium und Gallium)

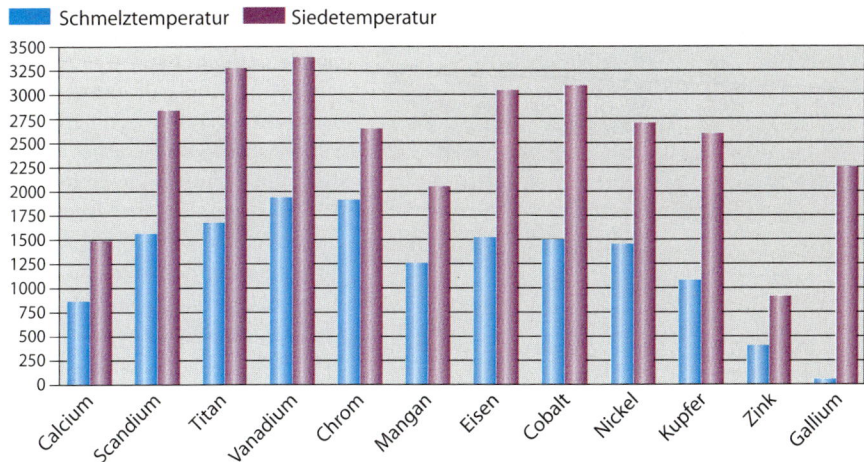

Abb. 6: Die Schmelz- (blau) und Siedetemperaturen (violett) der leichten Übergangsmetalle zwischen Calcium und Gallium

nochmals mit einem Blick auf das Gallium. Es schmilzt mit etwa 29 °C bereits wenig oberhalb der Zimmertemperatur.

Nicht ganz unwichtig ist der ‚normale‘ Magnetismus. Ihn weisen von den hier interessierenden reinen Metallen nur Eisen, Kobalt und Nickel auf. Dies zeigt eine weiter gesteigerte Ähnlichkeit dieser drei Elemente untereinander.

Werfen wir einen kurzen Blick auf die Chemie dieser Metalle, wobei wir die schweren Vertreter einbeziehen. Ein erstes Phänomen ist, dass Verbindungen dieser Elemente häufig farbig sind, während Verbindungen der Hauptgruppenelemente meist weiß sind. Und dass fast jede Farbe mit vielen Zwischentönen auftritt. Einige Farbpigmente dieser Art wie das grüne Chromoxid (Cr_2O_3), aber auch gerade das **weiße** Titandioxid – TiO_2 – werden als Malerfarben benutzt.

Ein anderes Problem ist das der Wertigkeit. Wir haben oben schon erwähnt, dass die in der Unterschale eingebauten Elektronen teilweise als Bindungselektronen eingesetzt werden, teils nicht. Daraus ergeben sich zwei Konsequenzen. Die erste ist, dass außer Scandium alle diese Metalle wie das Calcium zweiwertig auftreten können, die Mehrzahl aber auch dreiwertig wie Gallium. So existiert vom Eisen ein Chlorid mit der Formel $FeCl_2$ und eines mit der Formel $FeCl_3$. Vor allem bemerkenswert ist jedoch, dass besonders die schweren Vertreter wie Wolfram und Osmium – ein Verwandter des Platins – gegenüber Sauerstoff sehr hohe Wertigkeiten erreichen können: Neben einem Chromtrioxid, CrO_3, kennt man das sehr stabile Wolframtrioxid, WO_3, und sogar das Osmiumtetraoxid, OsO_4, das zusammen mit dem Xenontetraoxid, XeO_4, die höchste aller bekannten Wertigkeiten erreicht.

Anders als bei den meisten Hauptgruppenelementen sind auch Unterschiede von einer Wertigkeitsstufe möglich. Im Dichromtrioxid (Cr_2O_3) etwa ist Chrom dreiwertig, im Chromdioxid (CrO_2) hingegen vierwertig.

 Zum Weiterlesen:

• Die Tausendsassas der Technik – Gebrauchsmetalle, S. 508
• Die Erze haben's in sich: Die Gewinnung der Metalle, S. 510
• Das Periodensystem, S. 604

Nur noch halbe Metalle = Halbmetalle

Der Massenanteil des Elements **Silicium** in der Erdkruste in Form von **Siliciumverbindungen mit Sauerstoff**, Quarz (Siliciumdioxid, SiO_2) und **Silicaten** übertrifft mit knapp 26 % den Anteil aller Metalle zusammen. Dabei kommen die häufigen unter ihnen wie Aluminium, Eisen, Magnesium chemisch gebunden in diesen Silicaten vor oder waren es jedenfalls ursprünglich. Auch Sauerstoff ist, abgesehen vom Luftsauerstoff, überwiegend in den Silicaten gebunden. Man schätzt, dass 95 % aller Gesteine aus **Silicaten** und **Quarz** bestehen. Jeder von uns steht fest auf dem Boden – und dieser besteht vor allem aus **Silicatgestein**, in neuerer Zeit auch aus Zement (lateinisch ‚caementum' ‚Bruchstein, Mörtel'), welcher ebenfalls aus Silicaten hergestellt wird. Wir bauen unser Getreide, Gemüse und Obst auf Ackerboden (Abb. 1), und auch dieser enthält Silicate. Kleinkinder spielen gern im Sandkasten, die Älteren bevorzugen den Sand am Strand. Und dieser Sand ist meist nichts anderes als durch Witterung sehr fein gemahlener Stein, eben Silicatgestein. Wir genießen den Anblick edlen Porzellans und bevorzugen im Alltag das billigere Steingut. Steine aus gebranntem Lehm erlauben den Bau dauerhafter Häuser in Gegenden, wo Natursteine selten sind. Schon Kinder probieren mit Kieselsteinen aus, wie weit sie werfen und wie gut sie treffen können. Andere Steine benutzt man auch einfach zur Zierde, nämlich die Schmucksteine wie z. B. den Amethyst oder Opal. Auch Bergkristall (Abb. 2), kristallisierter Quarz, stellt eine Zierde dar. Die Erfindung der Quarzuhren bedeutete fast das Ende der klassischen Uhren. Glas wird hergestellt aus Quarzsand (Abb. 3). Glas gibt es für fast jeden Zweck, von der Massenflasche oder dem Fensterglas bis zum High-Tech-Produkt in der Astronomie. Kurz – Silicate in ihren unterschiedlichsten Formen, Siliciumdioxid als reiner Quarz sind aus unserem Leben nicht wegzudenken, bilden regelrecht unsere Grundlage.

Diese scheinbar übervolle Liste von Siliciumverbindungen wird der Vielfalt der Silicate in Natur, Technik und Wissenschaft bei weitem nicht gerecht. Der menschliche Körper enthält nur rund drei Gramm Silicate, vorwiegend in den Knochen. Dabei allerdings ist ihre Funktion nicht unwichtig. Man weiß z. B. von Hühnern, dass der Aufbau ihres Skelettes gestört ist, wenn ihre Nahrung keine Silicate enthält. Viele Pflanzen sind auf Silicate angewiesen. Schachtelhalme bestehen zu über 6 % aus Silicaten, Silicate in Kieselalgen gab diesen gar ihren Namen. Denn der ursprüngliche Elementname von Silicium war ‚Kiesel'. Erst später übersetzte man ihn ins Lateinische: ‚silex' = ‚Kiesel'. Im Deutschen blieb der Name teilweise erhalten; die **Silicate** sind **Salze der Kieselsäuren**. Deren Aufbau ist recht kompliziert, wir ersparen uns die Einzelheiten.

Abb. 1: Boden - ein komplexes heterogenes Gemisch mit großem Anteil an Quarzsand und Silicaten

Silicium – das Element der Computer oder die Computer in ihrem Element

Niemand bestreitet heute, dass wir im Zeitalter der Elektronik leben, und diese Elektronik basiert auf Chips aus Silicium. Außerhalb der Technik und der Chemie ist das Element fast unbekannt, obwohl rund zwei Millionen Tonnen pro Jahr für Stahl und andere Legierungen gebraucht werden. Dagegen nehmen sich die rund 15 000 Tonnen Reinstsilicium für den elektronischen Einsatz fast bescheiden aus. Bei einer Dicke von 0,65 cm belegt diese Siliciummenge mit einer Fläche von 1 km² nur den Innenbereich einer mittelgroßen Stadt. Dass Silicium der Stoff ist, auf dem Computerchips aufgebaut sind, liegt an einer besonderen Eigenschaft, die es mit nur wenigen anderen Elementen gemeinsam hat: Sie können den elektrischen Strom nur **schlecht leiten**, wesentlich schlechter als Metalle. Aber doch auch deutlich besser als das gute Dutzend der typischen elementaren Nichtmetalle. Es ist, als wären sie bei der Leitfähigkeit auf halbem Wege stecken geblieben. Und so stehen sie auch im PSE etwa ‚auf halber Strecke', Silicium etwa in der vierten Gruppe, also ziemlich in der Mitte. Die schlechte Leitfähigkeit nimmt wie bei den Nichtmetallen, aber anders als bei den Metallen mit der Temperatur zu. Diese kleine Klasse von Elementen heißt **Halbmetalle**, allgemeiner **Halbleiter**. Und auf dieser Halbleitereigenschaft beruht die moderne Elektronik. Der Ausgangsstoff der Siliciumgewinnung ist Siliciumdioxid, Quarz. Dieser ist äußerst weit verbreitet. Die Gewinnung von Silicium aus diesem Quarz ist relativ einfach. Trotzdem ist Silicium als Ausgangsstoff für die Chipherstellung teuer, weil hierfür nur höchst reines Silicium verwendet werden kann. Schon geringste Verschmutzungen machen es für die Elektronikindustrie unbrauchbar, u. a. weil seine Halbleitereigenschaft dadurch gestört wird. Das Verfahren zur Reinigung des Siliciums, eine Kombination aus Chemie und Physik, ist aufwendig. Der erste Schritt besteht ähnlich wie beim Eisen in der Reaktion von Quarz mit Koks bei hoher Temperatur:

$$SiO_2 + 2\,C \rightarrow Si + 2\,CO$$

Das Rohsilicium wird bei 300 °C mit Chlorwasserstoff zu Trichlorsilan

– Formel SiHCl$_3$ – umgesetzt. (Silane sind Verbindungen aus Silicium und Wasserstoff. Ein Teil der H-Atome kann gegen andere Atome ausgetauscht sein. Die Formel entspricht der des bekannten Chloroforms: CHCl$_3$.) Dieses besitzt mit 32 °C eine verblüffend niedrige Siedetemperatur. Nun reicht eine zweimalige Destillation für das Abtrennen praktisch aller Verunreinigungen aus. Die Apparatur dafür besteht allerdings aus einem Chromnickelstahl höchster Qualität. Das Trichlorsilan zersetzt sich unter Zugabe von Wasserstoffgas bei über 1000 °C an einem dünnen Siliciumstab und bildet dabei im Laufe von 10 Tagen **polykristallines Silicium**.

$$SiHCl_3 + H_2 \rightarrow Si + 3\ HCl$$

‚Polykristallin' bedeutet, dass der gewachsene Stab aus ungezählt vielen kleinen Einzelkristallen und -kriställchen besteht. Als grobes Bild kann man sich vorstellen, dass die Einzelkristalle ein Haufen Nägel wären. Wenn man diese aus einem Behälter ausschütten würde, würden sie kreuz und quer durcheinander liegen.

In dieser Form ist es für die Chipfertigung unbrauchbar. Man muss es zum **Einkristall** umschmelzen. Auch dieser Schritt ist langwierig. Um im gewählten Bild zu bleiben: Man richtet alle Nägel wie mit einem Magneten einheitlich aus und lässt sie dabei miteinander verschmelzen. Dieses aufwendige Verfahren, um einkristallines, höchst reines Silicium zu erhalten, verteuert natürlich den an und für sich einfach zu gewinnenden Rohstoff ganz erheblich. Der scheinbare Witz: Beim Umschmelzen zum Einkristall wird das Reinstsilicium wieder gezielt verunreinigt. Durch Zusatz anderer Elemente wie Bor und Phosphor erhält es aber erst genau die Art an Leitfähigkeit, die für die weitere Verwendung erforderlich ist. Diese Verunreinigung, man spricht hier von **Dotierung**, ist im Gegensatz zu einer natürlichen, unwillkürlichen Verunreinigung äußerst genau geplant.

Neben diesem Einsatz in der Elektronik ist es auch möglich, Silicium zur Stromerzeugung einzusetzen: Auffallendes Sonnen-

Abb. 3: Anlage zur Produktion von Fensterglas

licht erzeugt eine elektrische Spannung bzw. einen Strom. Der so erzeugte Strom hat aber einen extrem hohen Preis von bis zu 2 DM für die Kilowattstunde und übertrifft so den Strompreis der normalen Kraftwerke fast um den Faktor zehn. Die hohen Kosten der Herstellung von Siliciumeinkristallen tragen erheblich zu diesem hohen Preis bei. Ob sich billigere Solarzellen aus polykristallinem Silicium am Markt durchsetzen können, ist aber letztlich nicht nur eine Preisfrage.

Zum Abschluss sei noch erwähnt, dass auch einige Verbindungen Halbleitereigenschaften besitzen. Galliumarsenid beispielsweise ist in Solarzellen und Computerchips sogar leistungsfähiger als Silicium. Allerdings ist es noch einmal wesentlich teurer als Reinstsilicium, weswegen es sich technisch nicht durchsetzen konnte. Gleiches gilt auch für das Halbmetall **Germanium**, das im PSE direkt **unter** Silicium steht. Auf ihm basierten die ersten Transistoren. Auch wenn es heute vom Silicium verdrängt ist, stellt sich die Frage, ob wir ohne seine Vorreiterrolle mit Chips arbeiten könnten, auf denen viele Millionen Transistoren höchst effizient gemeinsam werkeln.

Abb. 2: Bergkristall ist besonders schön kristallisierter Quarz

Zum Weiterlesen:

- Metalle – das Grundgerüst unserer Technik, S. 504
- Auch schlecht kann gut sein – Leitfähigkeit der Nichtmetalle, S. 516
- Das Periodensystem, S. 604

Auch schlecht kann gut sein –
die Nichtmetalle und ihre elektrische Leitfähigkeit

Was sind **Nichtmetalle**? Dasselbe wie ein Nichtschwimmer im Vergleich zu einem Schwimmer: sie sind **nicht Metalle**. Am deutlichsten wird das nach dem letzten Kapitel an der Leitfähigkeit. Nichtmetalle leiten den elektrischen Strom nicht. Absolute Isolatoren existieren indes nicht. Somit präzisiert man: Sie sind sehr schlechte bis extrem schlechte elektrische Leiter. Wenn es die Nichtmetalle nicht gäbe, bräuchten wir uns nicht um elektrischen Strom und seine Vorzüge für unsere Zivilisation zu kümmern. Denn spätestens der Lichtschalter wäre zwecklos. Abschalten können wir nur, weil bei niedrigen Spannungen schon wenige Millimeter Luft zwischen den Kontakten ausreichen, den Strom zu unterbrechen. (Natürlich gilt das bereits für die Kraftwerke, Überlandleitungen usw.) Und diese Luft enthält fast ausschließlich **elementare Nichtmetalle**: **Stickstoff, Sauerstoff, Argon** und weitere Edelgase. Zu erwähnen ist hier schon, dass auch die **Nichtmetallverbindungen** in der Luft wie Kohlenstoffdioxid und Wasserdampf schlechte Leiter sind.

Wir haben stets betont, dass für Chemiker die **Eigenschaften von Stoffen** eng mit den **Eigenschaften ihrer kleinsten Teilchen – Atome und Moleküle –** verbunden sind. Also ziehen wir zum besseren Verständnis wieder ein geeignetes Atommodell heran und arbeiten weiterhin mit dem PSE. Über die Metalle wissen wir, dass sie im Periodensystem ziemlich weit links stehen, weiter links als die Halbmetalle. Sie besitzen wenige **Außenelektronen** und geben diese im festen wie flüssigen Zustand quasi ab. Die Außenelektronen schwirren als **Elektronengas** zwischen den Atomrümpfen umher. Man nennt sie auch **delokalisierte Elektronen**. Wegen ihrer geringen Masse reagieren sie im Nu auf Änderungen des äußeren elektrischen und magnetischen Zustands. Es ist im Modell ihr ‚Fließen‘, das die Grundlage des elektrischen Stroms in **Metallen** bildet.

Wir haben es uns erspart, auf die Einzelheiten der schlechteren Leitfähigkeit der Halbmetalle einzugehen. Jedenfalls beruht auch ihre elektrische Leitfähigkeit auf dem ‚Fließen‘ von Elektronen. Es liegt nahe, anzunehmen, dass die Anzahl der fließenden Elektronen bei schlechten Leitern deutlich niedriger ist als bei den Metallen, den guten Leitern. Silicium und Germanium stehen in der Mitte der vierten Gruppe, also ziemlich zentral im PSE, und besitzen damit vier Außenelektronen. Wir zählen noch Bor in der dritten Gruppe mit seinen drei und

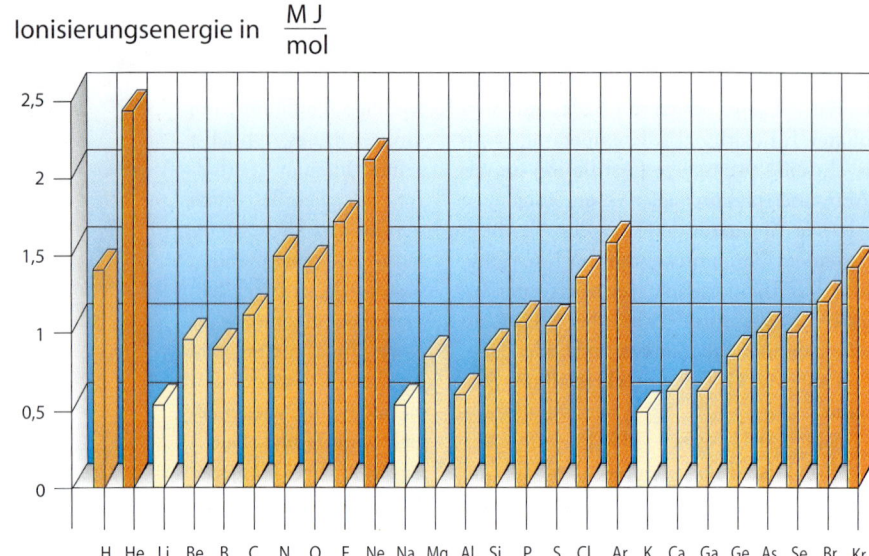

Abb. 1: Die ersten Ionisierungsenergien der Nichtmetalle sind deutlich höher als die der Metalle

Arsen in der fünften mit fünf Außenelektronen im Atom zu den Halbmetallen. Daraus folgt, dass die typischen Nichtmetalle spätestens in der sechsten Gruppe anzutreffen sind. Die Edelgase in der achten Gruppe kennen wir schon. Und die bei ihnen im Vergleich zu den folgenden Elementen besonders hohen **Ionisierungsenergien** (Abb. 1).

Inzwischen haben wir dazugelernt. Es fällt nun leichter zu erkennen, dass die Ionisierungsenergien der Elemente, die direkt vor den Edelgasen stehen, ähnlich hoch sind wie bei diesen. Und viel höher als bei den ersten und zweiten Mitgliedern einer Periode. Bei Bor (B), Silicium und Germanium liegt der Wert im mittleren Bereich. Die Fähigkeit, die Außenelektronen stärker festzuhalten, und dies lässt sich aus einer höheren Ionisierungs-

energie ableiten, ist offenbar ein Maßstab dafür, ob wir ein Element zu den Nichtmetallen zählen. (Chemische Eigenschaften kommen selbstverständlich hinzu, sind hier aber noch schwer zu erklären.) Bei weiterer Betrachtung fällt auf, dass die Ionisierungsenergien mit jeder Periode insgesamt etwas sinken. Also dürfen wir erwarten, dass die Nichtmetalle besonders unter den leichteren Vertretern einer Gruppe zu finden sind. Diese stehen im Periodensystem der Elemente **oben**.

Wir überprüfen unsere Vermutung am Beispiel Wasserstoff, den wir schon kennen. Bei ihm ist die Ionisierungsenergie ähnlich hoch wie beim Edelgas Krypton und fast dreimal höher als beim Lithium, das im PSE direkt unter dem Wasserstoff steht. Damit scheidet Wasserstoff aus dem Kreis der Me-

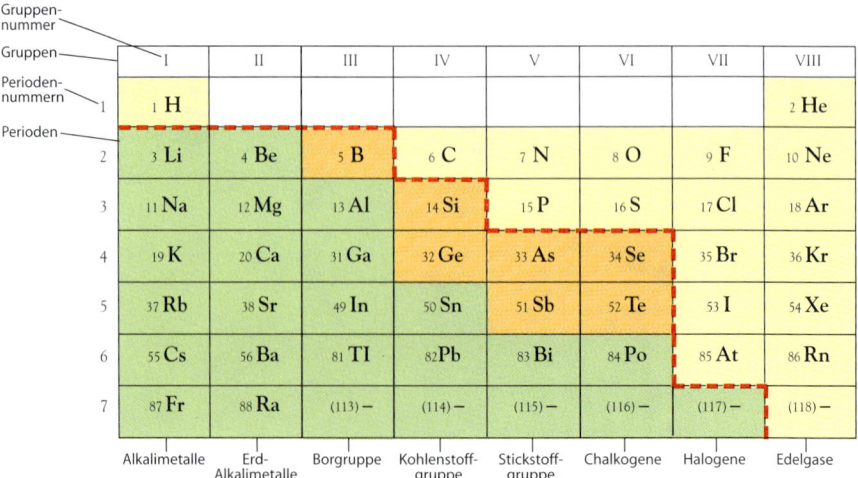

Abb. 2: Die Nichtmetalle im Periodensystem sind hier gelb unterlegt

Chemie

516

tallkandidaten definitiv aus. Im Modell lässt sich das hier bereits verstehen. Der Atomrumpf des Lithiums besteht aus dem Kern mit drei Protonen – die Neutronen interessieren wenig – und der mit zwei Elektronen besetzten ersten Schale. Beim Wasserstoff-Atom wäre der Rumpf das ‚nackte‘ Proton, und das ist von der Größe her nicht mit dem Lithiumatomrumpf zu vergleichen, weil es rund zehntausendmal kleiner ist.

Mit all diesen Betrachtungen kann man leicht durchschauen, dass die Nichtmetalle ansonsten ziemlich weit **rechts** im Periodensystem anzutreffen sein werden, auf jeden Fall rechts von den Halbmetallen. Wenn uns also die Frage gestellt würde, wo wir die Nichtmetalle suchen sollten, wäre ‚rechts und oben‘ die richtige Antwort (Abb. 2). An der vierten Gruppe lässt sich das verdeutlichen. **Unten** stehen mit Zinn und Blei **Metalle**, darüber die **Halbmetalle** Silicium und Germanium. **Ganz oben** zeigt der Kohlenstoff, dass wir im Grundsatz Recht haben. Und wenn es irgendwo Ausnahmen von den Regeln gibt, dann können wir sie mit einem passenden Modell erklären.

Stichwort ‚Modell‘. Wie deuten wir die praktisch nicht vorhandene elektrische Leitfähigkeit der elementaren Nichtmetalle? Dazu kehren wir nochmals zu den ‚delokalisierten‘ Elektronen des Metallmodells zurück. Im Lateinischen verkehrt die Vorsilbe ‚de‘ einen Begriff in sein Gegenteil: ‚motivieren‘ – ‚demotivieren‘, ‚maskieren‘ – ‚demaskieren‘. Lassen wir das ‚de‘ oben weg, ergibt sich ‚lokalisierte‘ Elektronen. Mit ‚locus‘ (lateinisch) als ‚Ort‘ müssen wir annehmen, dass bei Nichtmetallen die Elektronen ihre Atome **nicht** verlassen können.

Deutlich zu sehen ist dies bei den elementaren Gasen wie dem Wasserstoff. Wenn wir uns zurückerinnern, hatten wir bei ihm die Begriffe ‚Molekül‘ und ‚Atombindung‘ erklärt. Im Gegensatz zu den Edelgasen verfügen H-Atome über **eine einfach besetzte Kugelwolke**, durch den Punkt symbolisiert. Diese Wolken von zwei Wasserstoffatomen überlappen sich und lassen mit dieser Bindung das H_2-Molekül entstehen:

$$H\cdot + \cdot H \rightarrow H{-}H \quad \text{Summenformel: } H_2$$

Prinzipiell genauso verhalten sich Fluor- und Chloratome. Als Vertreter der siebten Gruppe besitzen sie sieben Außenelektronen, somit drei doppelt besetzte Kugelwolken, daher hier die Striche als ihr Symbol bei den Atomen wie Molekülen:

$$|\overline{F}\cdot + \cdot\overline{F}| \rightarrow |\overline{F}{-}\overline{F}|$$

$$|\overline{Cl}\cdot + \cdot\overline{Cl}| \rightarrow |\overline{Cl}{-}\overline{Cl}| \quad \text{Summenformel: } F_2, Cl_2$$

Die Moleküle der beiden schweren Halogene Brom und Iod sind genauso aufgebaut wie die von Fluor und Chlor, die Summenformeln sind damit Br_2 und I_2.

Im Kapitel ‚Sauerstoff‘ haben wir kurz die Bindung im O_2-Molekül angesprochen. O-Atome verfügen über je **zwei einfach** und **doppelt** besetzte Kugelwolken. Die beiden einfach besetzten bilden im Sauerstoffmolekül eine **Doppelbindung** aus – zwei Striche **zwischen** den Atomsymbolen:

$$\overline{O}: + :\overline{O} \rightarrow \overline{O}{=}\overline{O} \quad \text{Summenformel: } O_2$$

Nach Grundschulart zählen wir weiter. N-Atome weisen **drei einfach** besetzte Kugelwolken auf, die vierte ist **doppelt** besetzt. Drei mal eins ergibt drei, in unserem Falle eine **Dreifachbindung**:

$$|N: + :N| \rightarrow |N{\equiv}N| \quad \text{Summenformel: } N_2$$

Man sieht, dass aus den Summenformeln die **Bindungszahl** oder **Bindigkeit**, also die Anzahl der überlappenden und **bindenden Kugelwolken** nicht abzulesen ist. Mit dem Vereinfachen verlieren wir ein gewisses Maß an Information.

Wer nun erwartet, dass beim Kohlenstoffatom mit seinen **vier einfach besetzten Kugelwolken** auch eine **Vierfachbindung** ausgebildet wird, täuscht sich. Man kann allein aus räumlichen Gründen nicht alle vier Kugelwolken zur Überlappung bringen, bei dreien ist Schluss. Die Bindung zwischen Atomen durch Überlappung einfach besetzter Kugelwolken heißt **Atombindung** oder **Elektronenpaarbindung**. Eine wichtige Anmerkung: Wir haben hier nur die Verhältnisse in den **Molekülen der Elemente** erörtert. Man darf sie nicht bedingungslos auch auf **Verbindungen** übertragen.

Nichtmetalle sind von absolut wichtiger Bedeutung für das Leben. Dies erkennt man schon daran, dass alles Lebendige aufgebaut ist auf so genannten **Kohlenwasserstoffen**, Molekülen auf der Grundlage von Kohlenstoff-Wasserstoff-Verbindungen. Und beides sind Nichtmetalle. Auch Wasser, aus dem unser Körper zu etwa zwei Dritteln besteht, ist eine Verbindung zweier Nichtmetalle. Abbildung 3 verdeutlicht noch einmal die Wichtigkeit der Nichtmetalle in Lebewesen: Rund 98 % der Körpermasse eines Menschen besteht aus Nichtmetallen, schon allein Sauerstoff, Kohlenstoff und Wasserstoff zusammen bringen es auf 93 %. Calcium ist vor allem durch seine wichtige Funktion beim Knochenbau als einziges Metall nennenswert vorhanden. (Natürlich kommen die aufgeführten Elemente nicht in ihrer elementaren Form im Körper vor, sondern in verschiedensten Verbindungen.)

Element	Masse in Gramm	Anteil in Prozent
Sauerstoff	45 500	65 %
Kohlenstoff	12 600	18 %
Wasserstoff	7 000	10 %
Stickstoff	2 100	3 %
Phosphor	700	1 %
Schwefel	175	0,25 %
Chlor	105	0,15 %
Silicium	1,4	0,002 %
Calcium	1 050	1,5 %
Kalium	140	0,2 %
Natrium	105	0,15 %
Magnesium	35	0,05 %
Eisen	4,20	0,006 %
Zink	2,33	0,0033 %
Sonstige	482,07	0,69 %

Abb. 3: Anteile verschiedener Elemente am Gewicht eines Menschen von 70 kg (Nichtmetalle Rot, Metalle Blau, Silicium als Halbmetall Violett)

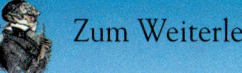

Zum Weiterlesen:

- Metalle – das Grundgerüst unserer Technik, S. 504
- Nur noch halbe Metalle = Halbmetalle, S. 514
- Der lange Marsch – von polaren Atombindungen zu Ionen, S. 538

Kohlenstoff – ein chemisches Element mit unterschiedlichen Gesichtern

Kohlenstoff (C) ist das Element, das eine ungemeine Vielzahl von Verbindungen ermöglicht: Ein komplettes Gebiet der Chemie gründet sich auf Kohlenstoffverbindungen – die organische Chemie. Ihr ist das letzte Drittel des Chemieteils dieses Buches gewidmet. In diesem Kapitel soll jedoch die anorganische Kohlenstoffchemie behandelt werden, die auch sehr vielfältig und interessant ist. Kohlenstoff steht in der vierten Hauptgruppe des Periodensystems und ist als einziger Vertreter dieser Gruppe ein typisches Nichtmetall. Silicium und Germanium sind Halbmetalle, Zinn und insbesondere Blei sind eindeutig den Metallen zuzuordnen. Als Nichtmetall bildet Kohlenstoff Elektronenpaarbindungen mit anderen Nichtmetallen, wie zum Beispiel im Kohlenstoffmonooxid (CO), das wie Kohlenstoffdioxid (CO_2) später behandelt wird.

Fester Kohlenstoff existiert in drei unterschiedlichen Erscheinungsformen, den so genannten **Modifikationen**. Zwei dieser Kohlenstoffmodifikationen sind genauso bekannt wie unterschiedlich; eine dritte wurde erst in jüngster Zeit entdeckt. Die altbekannten Modifikationen des Kohlenstoffs heißen Graphit und Diamant. „Ein Diamant ist unvergänglich", behauptet die Werbung. Dies ist nicht völlig falsch, insbesondere wenn man die Vergänglichkeit eines Bleistiftes als Maßstab nimmt.

Winzig kleine Schichten von **Graphit** werden beim Schreiben mit einem Graphit-Bleistift zu Papier gebracht. Wenn man die so erstellte Schrift unter einem Mikroskop betrachtet, wird man viele flache Plättchen erkennen können. Diese Struktur und auch die Tatsache, dass Graphit elektrischen Strom leitet, wird verständlich, wenn man

sich Abbildung 1 ansieht: Jedes Kohlenstoffatom bildet Bindungen zu drei weiteren Kohlenstoffatomen aus. Dafür werden pro C-Atom drei Außenelektronen benötigt. Das Ergebnis dieser Anordnung sind ebene Schichten. Als Element der vierten Hauptgruppe hat Kohlenstoff jedoch vier Außenelektronen. Pro Kohlenstoffatom ist also ein Elektron keiner Bindung fest zugeordnet – es ist frei beweglich zwischen den Schichten. Diese frei beweglichen Elektronen sind der Grund für die elektrische Leitfähigkeit von Graphit. Die Leitfähigkeit von Graphit ist jedoch nur parallel zu den Schichten vorhanden: Senkrecht zu den zweidimensionalen Schichtungen – also durch die Schichten hindurch – ist Graphit nicht leitfähig, da die Elektronen in dieser Richtung nicht wandern können. Die Eigenschaften des Graphits – schwarzgraue Farbe, metallischer Glanz, Weichheit, gerichtete Leitfähigkeit, Spaltbarkeit in „Blättchen" – lassen sich alle anhand dieser Graphitstruktur erklären.

Auch der **Diamant** besteht aus purem Kohlenstoff. Diese Modifikation des Kohlenstoffs ist äußerst hart, farblos und durchsichtig. Des Weiteren ist ein Diamant sehr schwer spaltbar und leitet elektrischen Strom nicht. All diese Eigenschaften lassen sich einfach erklären, wenn man sich die Diamantstruktur vor Augen führt: Jedes Kohlenstoffatom ist dreidimensional mit anderen Kohlenstoffatomen vernetzt. In dieser Gitterstruktur sind alle Außenelektronen des Kohlenstoffs in Bindungen mit anderen C-Atomen lokalisiert (Abb. 2). Diese feste Gitterstruktur lässt einen Diamanten (fast) unvergänglich werden. Diamanten haben eine lange Geschichte hinter sich. In ihrer „Kindheit" waren sie nicht so hart und isolierend

– langfristige geologische Prozesse haben sie hervorgebracht und verändert. Dies wird in der Technik nachgeahmt, wenn man sog. Industriediamanten herstellt: Mit über 8000 MPa (Mega-Pascal) und bei Temperaturen von über 1500 °C wird Graphit „unter Druck gesetzt", bis ein künstlicher Diamant entsteht. Industriediamanten werden wegen ihrer enormen Härte beispielsweise für stark beanspruchbare Bohrkerne benutzt. Allerdings sind auch Industriediamanten nicht unvergänglich – sie nutzen sich wie so vieles auch mit der Zeit ab. Möchte man sie schneller loswerden, genügt es, sie im Sauerstoffstrom zu verbrennen, und Diamanten erleiden das gleiche Schicksal wie Kohle: Kohlenstoffdioxid entfleucht, und der Diamant ist futsch:

$$C \text{ (f)} + O_2 \text{ (g)} \xrightarrow{\text{Energie}} CO_2 \text{ (g)}$$

Eine dritte Modifikation des Kohlenstoffs wurde vor gut einem Jahrzehnt entdeckt: die **Fullerene**. Sie bestehen aus großen Kohlenstoffmolekülen, die wie Fußbälle zusammen-

Abb. 2: Kohlenstoffmodifikation 2: Diamant

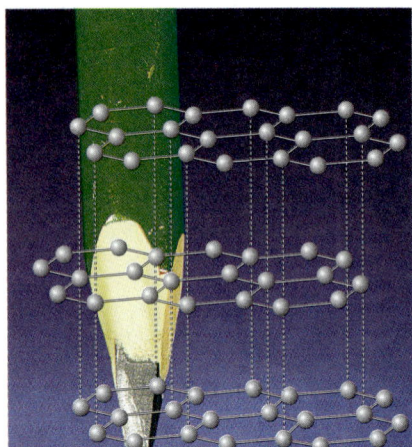
Abb. 1: Kohlenstoffmodifikation 1: Graphit

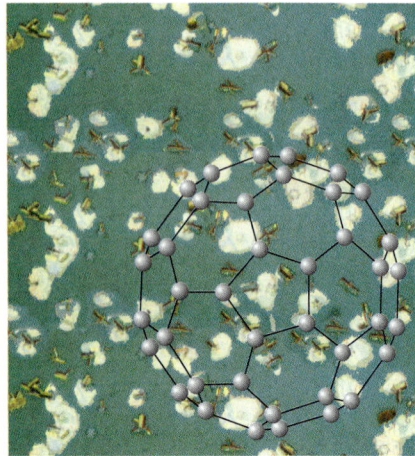
Abb. 3: Kohlenstoffmodifikation 3: Fullerene

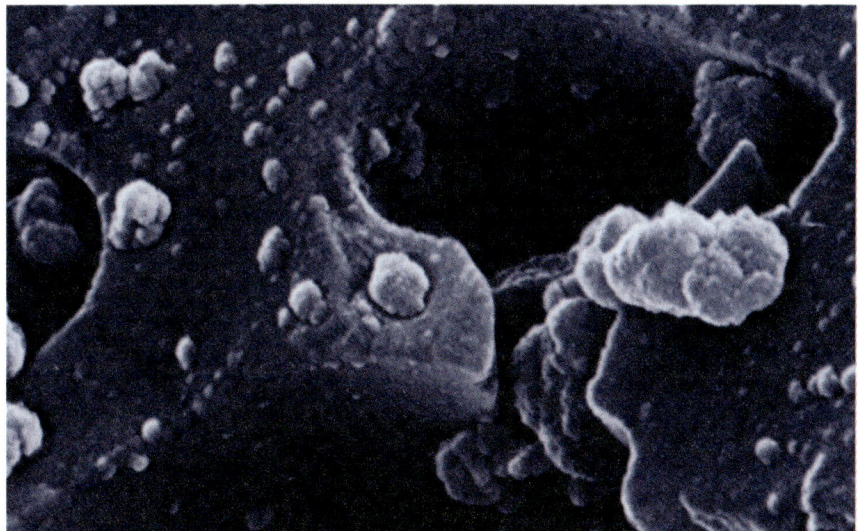

Abb. 4: Aktivkohle: Durch die schwammartige Oberflächenstruktur kann Aktivkohle viele Substanzen adsorbieren

Abb. 5: Sümpfe und Moore sind die Entstehungsorte von Kohle

gesetzt sind: Aus Sechsecken und aus etwas kleineren Fünfecken: Jedes Fünfeck grenzt an fünf Sechsecke – jedes Sechseck hat drei Fünfecke und drei Sechsecke zum Nachbarn. Das bekannteste Fulleren besteht aus 60 C-Atomen und wird C_{60}-Fulleren genannt (Abb. 3). In Fullerene kann man positiv geladene Metall-Ionen wie in einem Käfig einschließen, was interessante Anwendungen erhoffen lässt. Es wird weiterhin an den Nutzungsmöglichkeiten für Fullerene geforscht.

Von der dritten und exotischen Kohlenstoffmodifikation nun zurück zum Kohlenstoff im Alltag: **Ruß** besteht aus fast reinem Kohlenstoff und ist als unangenehm schwärzende Farbe allgemein bekannt. Wenn man dicht über eine Kerzenflamme einen flachen, glatten Gegenstand – wie etwa einen Teller – hält, dann sammelt sich dort schwarzer Ruß. Auch Dieselmotoren haben zum Teil einen enormen Rußausstoß, was bei älteren LKWs oft unangenehm auffällt. Dieser Ruß besteht aus winzigen Graphitkristallen. In der Industrie wird Ruß in Druckfarben und zur Verstärkung von Gummi verarbeitet. Aber auch als **Aktivkohle** ist Kohlenstoff

allgemein bekannt. Aktivkohle ist chemisch aufbereiteter Kohlenstoff, der sehr porös ist und eine äußerst große Oberfläche besitzt (Abb. 4). Aufgrund dieser Eigenschaft vermag Aktivkohle viele Geruchsstoffe, Farbstoffe und Gifte aus Gasen und Flüssigkeiten aufzunehmen. Zur Adsorption gasförmiger Substanzen dient Aktivkohle in Dunstabzugshauben, Zigarettenfiltern und Gasmasken. Im feuchten Nass wird Aktivkohle in Aquarienfiltern und insbesondere bei der Abwasserreinigung und Trinkwasseraufbereitung eingesetzt. Im Darm dient Aktivkohle in Form von Kohle-Komprimetten zur Bekämpfung von Magen-Darm-Infekten.

Aber auch als Energieträger ist Kohlenstoff von enormer Bedeutung – nämlich als **Kohle**. Wie Braunkohle und Steinkohle entstanden sind, soll nun ausgeführt werden: In den Sumpfgebieten am Rande der einstigen Ozeane starb üppige Vegetation ab und verrottete in feuchtwarmer Umgebung (Abb. 5). In den stehenden, sauerstoffarmen Gewässern konnten die Pflanzenteile gar nicht so schnell verrotten, wie absterbende Pflanzenteile wieder anfielen: Sie sanken ab und erlangten unter Wasser mit der Zeit eine faserige Struktur. So entstand hieraus Torf, ein holzartiges Material, das in einigen Gebieten dieser Erde auch heute noch als Brennstoff genutzt wird. Wenn der Torf weiter komprimiert wurde, entstand mit der Zeit Braunkohle, die trotz 40 % Wasseranteil als ein bedeutender Brennstoff gilt. Bei weiterer Druckerhöhung entsteht aus Braunkohle schließlich Steinkohle, die noch viele flüchtige – das heißt leicht verdampfende – Substanzen, aber nur noch etwa 5 % Wasser enthält. Steinkohle ist ein vielfältiges Gemisch

aus unterschiedlichen Substanzen. Je nach Verbrennungstemperatur und -bedingungen entstehen unterschiedliche Verbrennungsprodukte.

Die weltweiten Reserven an Kohle sind enorm und übertreffen die bis heute bekannten Erdölreserven um ein Vielfaches. Weltweit werden enorme Mengen an Kohle verfeuert – heute noch deckt Kohle zu etwa einem Viertel den weltweiten Primärenergiebedarf (Abb. 6). Auch bei uns ist Kohle ein Hauptenergielieferant. Doch die nicht endenden Diskussionen um den Tagebau der heimischen Braunkohle – wie im nordrhein-westfälischen Garzweiler – verdeutlichen weitere Probleme, die mit der Kohleförderung zusammenhängen: Bei der Verbrennung von Kohle werden nicht unerhebliche Mengen an Schadstoffen frei. Neben diesen Umweltbelastungen benötigt der Tagebau eine enorme Menge an Raum und verändert somit ganze Landstriche. Trotzdem sind wir wohl weiterhin auf Kohle als Primärenergielieferant angewiesen.

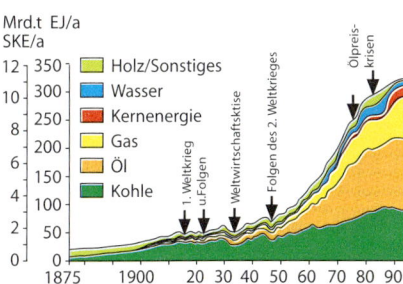

Abb. 6: Die Verbrennung von Kohle deckt auch heute noch zu einem Viertel den weltweiten Primärenergiebedarf

Zum Weiterlesen:

• Metalle – das Grundgerüst unserer Technik, S. 504
• Nur noch halbe Metalle = Halbmetalle, S. 514
• Der lange Marsch – von polaren Atombindungen zu Ionen, S. 538

Schwefel und Phosphor – vielseitige Nichtmetalle

Das Element Schwefel als Sulfid in Erzen

Schwefel findet sich in gebundener Form in sulfidischen Erzen wie zum Beispiel Kupferkies (Kupfereisensulfid, $CuFeS_2$), Zinnober (Quecksilbersulfid, HgS) und Pyrit (Eisendisulfid, FeS_2). Bei der Metallgewinnung aus schwefelhaltigen Erzen entsteht neben elementarem Metall auch Schwefel. Im folgenden Beispiel gehen das Metallatom Cu mit der Oxidationsstufe + II und das Nichtmetallatom S mit der Oxidationsstufe −II jeweils in die Oxidationsstufe +/− 0 über – als Produkte liegen Kupfer und Schwefel also elementar vor:

$$\overset{+II\,-II}{CuS} \quad \rightarrow \quad \overset{+/-\,0}{Cu} \quad + \quad \overset{+/-\,0}{\tfrac{1}{8}\,S_8}$$

Im Labor kann man duch Erhitzen von elementarem Schwefel (S_8) mit elementarem Kupfer (Cu) Kupfersulfid herstellen (Abb. 1). Diese Reaktion ist genau die Umkehrung der oben beschriebenen:

$$\overset{+/-\,0}{\tfrac{1}{8}\,S_8} \quad + \quad \overset{+/-\,0}{Cu} \quad \xrightarrow{\text{Erhitzen}} \quad \overset{+II\,-II}{CuS}$$

Schwefelwasserstoff

Aus festem Eisensulfid entsteht in einer Reaktion mit flüssiger Salzsäure gelöstes Eisenchlorid sowie gasförmiger Schwefelwasserstoff:

$$FeS\,(f) + 2\,HCl\,(fl) \rightarrow FeCl_2\,(aq) + H_2S\,(g)$$

Eine andere Herstellungsmöglichkeit von Schwefelwasserstoffgas ist die direkte Synthese aus den Elementen bei 600 °C:

$$\tfrac{1}{8}\,S_8\,(f) + H_2\,(g) \xrightarrow{600\,°C} H_2S\,(g)$$

Abb. 1: Aus elementarem Kupfer und elementarem Schwefel wird Kupfersulfid

Für den Menschen ist Schwefelwasserstoff ein sehr giftiges Gas. Das Gefährliche an gasförmigem H_2S ist die Tatsache, dass es die Geruchsnerven betäubt und somit eine weitere Wahrnehmung verhindert. Der Geruch von Schwefelwasserstoff ist allgemein bekannt, nämlich als der Gestank von „faulen Eiern": Die schwefelhaltigen Proteine von Eiern entwickeln bei ihrer Zersetzung unangenehm riechendes, giftiges Nichtmetallsulfid: Schwefelwasserstoffgas. Ein anderes Sulfid – ungiftiges Eisensulfid, FeS – kann manchmal auch in Eiern festgestellt werden: Die grünliche Färbung am Rande des Eidotters deutet auf dieses Metallsulfid hin.

Schwefelbakterien

Es existieren zwei Gruppen von Bakterien, die sich von schwefelhaltigen Stoffen „ernähren": Schwefel oxidierende Bakterien und Schwefelreduzierer. Unter anaeroben Bedingungen (unter Ausschluss von Luftsauerstoff) können Schwefel reduzierende Bakterien elementaren Schwefel (S°) als Elektronenakzeptor nutzen, wobei Wasserstoffgas (H_2) oxidiert wird. Dieses Phänomen wurde erst vor gut 20 Jahren entdeckt und als „Schwefelatmung" oder „anaerobe Atmung", also Atmung ohne (Luft-) Sauerstoff bezeichnet. Viele Archaebakterien bilden aus elementarem Schwefel und Wasserstoffgas Schwefelwasserstoff nach folgender Bilanzgleichung:

$$S° + H_2 \rightarrow H_2S$$

Es existieren sogar einige Arten von Archaebakterien, die zusätzlich in Gegenwart von Luftsauerstoff – also aerob – Schwefel oxidieren. Schwefel oxidierende Bakterien, zu denen auch die Schwefelpurpurbakterien zählen, verwerten reduzierende Schwefelverbindungen wie zum Beispiel Schwefelwasserstoff: Es entsteht elementarer Schwefel (S°) als Oxidationsprodukt, was man vereinfacht so beschreiben kann:

$$\overset{+I\,-II}{CO_2 + 2\,H_2S} \rightarrow [CH_2O] + H_2O + \overset{+/-\,0}{2\,S°}$$

Die zugrunde liegende Reaktion ist durchaus mit der Fotosynthese-Reaktion vergleichbar. Bei der Fotosynthese erfolgt die Wasserstofffixierung jedoch aus Wasser (H_2O), während die Schwefelbakterien Schwefelwasserstoff (H_2S) als Wasserstoffquelle nutzen. Ein grundlegender Unterschied besteht allerdings darin, dass der oxidierte Schwefel – im Gegensatz zum Sauerstoff bei der Fotosynthese-Reaktion – nicht gasförmig entweichen kann.

Abb. 2: Rhombischer Schwefel

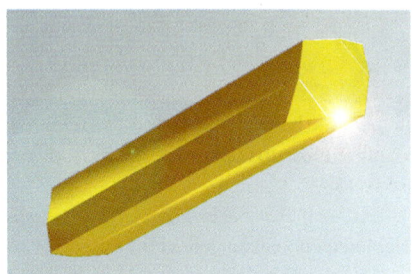

Abb. 3: Monokliner Schwefel

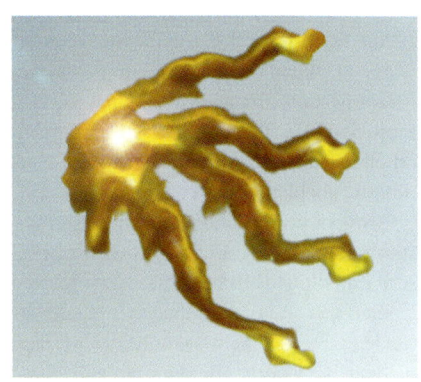

Abb. 4: Plastischer Schwefel

Der von den Schwefelbakterien gebildete Schwefel verbleibt zunächst – in Form von winzigen Kügelchen – in den Bakterien. Auf diese Art werden bedeutende Mengen von festem Schwefel fixiert. In unterirdischen Schwefellagerstätten konnten sich so im Laufe der Zeit riesige Vorkommen von elementarem Schwefel ansammeln.

Elementarer Schwefel

Elementarer Schwefel besteht aus Ringen von jeweils acht Atomen. Die einzelnen S_8-Ringe haben dabei eine kronenförmige Struktur. Schwefel ist ein gelbes, nahezu geruchloses festes Nichtmetall, das im Wasser unlöslich ist. Zur Gewinnung von elementarem Schwefel wird heißer Wasserdampf durch lange Rohre direkt in die Schwefellagerstätten eingeblasen; durch andere Rohre wird der verflüssigte Schwefel dann nach oben gepresst

Chemie

Abb. 5: Apatit – das Phosphatmineral mit der Formel $Ca_5[(PO_4)_3F]$

und kann dort aufbereitet werden. Dampfförmiger Schwefel enthält kleinere Schwefelmoleküle von S_8 bis hin zu S_2; Letzteres verleiht heißem Schwefeldampf eine leicht bläuliche Färbung.

Modifikationen des Schwefels

Ähnlich wie im vorigen Kapitel beim Kohlenstoff beschrieben, liegt auch elementarer Schwefel in unterschiedlichen Formen vor. Zwei dieser Modifikationen bestehen aus kronenförmigen S_8-Ringen. Die bei Normaltemperatur stabile Form ist der alpha-Schwefel (α-

Abb. 6: Henning Brandt staunte nicht schlecht, als der Phosphor ihm das Licht brachte

S), dessen S_8-Moleküle ein Gitter in einer rhombischen Form bilden. Eine rhombische Anordnung kann man sich wie eine Doppelpyramide vorstellen, wobei die jeweiligen Spitzen abgeschnitten sind (Abb. 2).

Monokliner Schwefel, auch beta-Schwefel (β-S) genannt, ist stabförmig aus S_8-Ringen aufgebaut (Abb. 3). Er ist nicht so kompakt wie rhombischer Schwefel und hat daher auch eine geringere Dichte als dieser. Bei einer dritten Modifikation des Schwefels sind bis zu 100000 Schwefelatome kettenförmig aneinander gereiht – man beschreibt ihn als S_n ($n <$ 100000). Er entsteht, wenn Schwefelschmelzen längere Zeit oberhalb der Schmelztemperatur gehalten werden. Schreckt man eine solche Schmelze durch Eingießen in kaltes Wasser ab, so erhält man den so genannten **plastischen Schwefel** (Abb. 4). Beim Dehnen von plastischem Schwefel werden die einzelnen Schwefelketten aneinander entlanggezogen, er besitzt also eine gewisse Elastizität.

Verwendung von Schwefel

Schwefel ist für den menschlichen Organismus ungiftig. Auch niedere Tiere und Pflanzen können mit Schwefel leben. Wird Schwefel allerdings zu Schwefelwasserstoff reduziert oder zu Schwefeldioxid oxidiert, kann er fein verteilt Pilzkrankheiten (Mehltau) im Garten- und Weinbau bekämpfen. So wird Schwefel zur Desinfektion von Weinfässern, aber auch von Konservengläsern eingesetzt. Lebensmittel wie Rosinen, Feigen oder Datteln werden als Trockenobst zur Haltbarmachung ebenfalls geschwefelt. Fein verteilter Schwefel dient in der Medizin als Bestandteil von Salben zum Bekämpfen von Hautkrankheiten.

Guten Apatit – ein wichtiges phosphathaltiges Mineral

Phosphor kommt in der Natur – in Form von PO_4^{3-}-Ionen – in Phosphatgesteinen vor, insbesondere in Apatiten, Abkömmlinge von Calciumphosphat $Ca_3(PO_4)_2$. In ihnen kann der Phosphatrest zum Teil durch andere Gruppen ersetzt sein, wie zum Beispiel durch Fluor (F) (Abb. 5). Wenn man Apatite mit Sand und Kohlenstoff im elektrischen Ofen stark erhitzt, bildet sich elementa-

rer Phosphor, der als P_4 vorliegt. Der Sand (Siliciumdioxid, SiO_2) dient dazu, das Calcium zu binden – bei der Reaktion bildet sich eine Schlacke von Calciumsilicat ($CaSiO_3$).

$$2\ Ca_3(PO_4)_2\ (f) + 6\ SiO_2\ (f) + 10\ C\ (f)$$
$$\rightarrow P_4\ (g) + 6\ CaSiO_3\ (fl) + 10\ CO\ (g)$$

Ein großer Teil des so gebildeten Phosphors wird wieder in Phosphat umgewandelt, das für die Düngemittelherstellung verwendet wird. In der Biochemie ist Phosphat Bestandteil der Knochen- und Nervensubstanz sowie der Nucleinsäuren (Erbsubstanz). Der wichtigste Energieüberträger der lebenden Zelle ist ebenfalls ein Phosphat: Adenosintriphosphat (ATP).

Modifikationen des Phosphors

Als Henning Brandt vor gut 300 Jahren den weißen Phosphor entdeckte, wurde sein Labor von kaltem Licht erhellt. Das griechische Wort „phosphoros" bedeutet so viel wie „Lichtbringer" (Abb. 6). Die erste Modifikation des Phosphors ist **weißer Phosphor P_4** in Form eines Tetraeders: Drei P-Atome bilden ein Dreieck als Grundfläche, ein viertes P-Atom befindet sich mittig über dieser Grundfläche. So ist jedes Phosphor-Atom mit den drei anderen P-Atomen verbunden. In dieser Anordnung sind die Bindungswinkel recht spitz, so dass im **P_4**-Molekül eine relative Spannung herrscht. Dies ist auch der Grund für die hohe Reaktivität des weißen Phosphors: Bei Luftkontakt fängt weißer Phosphor von sich aus zu brennen an. Deswegen wird er auch unter Luftausschluss aufbewahrt. Weißer Phosphor ist sehr giftig. Erhitzt man den weißen Phosphor unter Luftausschluss, wandelt er sich in die zweite Modifikation, den ungiftigen **roten Phosphor** um. Roter Phosphor wird als **P_n** bezeichnet und ist weniger reaktiv als weißer Phosphor, kann sich aber auch bei Reibung entzünden. Diesen Effekt macht man sich bei der Herstellung von Streichholzschachteln zunutze: Die Reibflächen enthalten roten Phosphor. Die dritte Modifikation des Phosphors ist **schwarzer Phosphor**, der in einer Schichtstruktur – ähnlich wie Graphit – vorliegt.

 Zum Weiterlesen:

- Kohlenstoff – ein Element mit mehreren Gesichtern, S. 518
- Emissionen und Immissionen von Nichtmetalloxiden, S. 530
- Wenn Rotkohl sauer wird …, S. 552

Halogene – natürlich nicht elementar

Die **Halogene** Fluor (F), Chlor (Cl), Brom (Br), Iod (I) und Astat (At) bilden die siebte Hauptgruppe des Periodensystems. Das radioaktive Astat wird hier nicht behandelt, denn es kommt in der Natur so gut wie gar nicht vor – das langlebigste Astat-Isotop hat eine Halbwertszeit von acht Stunden. Halogene sind sehr stark elektronegativ und einwertig; sie haben sieben Elektronen auf der Außenschale. Bei Aufnahme eines weiteren Elektrons ist die Schale voll besetzt, so wie es bei den Edelgasen der Fall ist, die elementar als Einzelatome vorliegen.

Halogene kommen **natürlich nicht elementar** vor – sie finden sich in der Natur, wie auch Alkalimetalle, nur in Verbindung mit anderen Elementen. Elementares Fluor, Chlor, Brom und Iod sind durch den Menschen erzeugt worden. Typisch ist Chlor als Chlorid-Ion (Cl^-) beispielsweise in Verbindung mit Natrium als Natrium-Kation (Na^+): NaCl, die am längsten bekannte Chlor-Verbindung. Natriumchlorid, Kochsalz, Steinsalz, Speisesalz sind andere Bezeichnungen für dieses charakteristische Salz. Von der Eigenschaft, Salze zu bilden, leitet sich auch der Name „Halogene" ab: Das griechische Wort „halas" bedeutet Salz; „Gene" sind als Bildner allgemein bekannt. Halogene sind **Salzbildner**: Elemente, die mit Metallen direkt Salze bilden. Die Wasserstoffverbindungen, die sich in Wasser zu Säuren lösen, heißen **Halogenwasserstoffe**, wie zum Beispiel Chlorwasserstoff (HCl), die Salze werden **Halogenide** genannt.

Bildung von Natriumhalogeniden:
$2\,Na\,(f) + F_2\,(g) \rightarrow 2\,NaF\,(f)$
(Natriumfluorid)
$2\,Na\,(f) + Cl_2\,(g) \rightarrow 2\,NaCl\,(f)$
(Natriumchlorid)
$2\,Na\,(f) + Br_2\,(fl) \rightarrow 2\,NaBr\,(f)$
(Natriumbromid)
$2\,Na\,(f) + I_2\,(f) \rightarrow 2\,NaI\,(f)$
(Natriumiodid)

Abb. 2: Chlor bleicht Blüten und Blätter

Abb. 1: Chlor, Brom und Iod in elementarer Form (von links)

Neben Mineralien, die Fluor, Chlor, Brom und Iod enthalten, kommen Halogene in gebundener Form hauptsächlich im Meerwasser (Salzwasser) und in Meeresalgen vor, die Iod – nicht elementar – in organischen Verbindungen enthalten. Wenn Halogene elementar vorliegen, ist dies künstlich erreicht worden: Fluor ist dann ein blassgelbes Gas, Chlor ein grünliches Gas, Brom eine braunrote Flüssigkeit und Iod ein dunkelvioletter Feststoff (Abb. 1). Elementar liegen sie allesamt als zweiatomige Verbindungen vor: F_2 (g), Cl_2 (g), Br_2 (fl) und I_2 (f); allgemein bezeichnet man elementare Halogene als X_2. Beim Einatmen von gasförmigen Halogenen kommt es zu einer starken Reizung der Schleimhäute.

Fluor

Elementares Fluor kann nicht durch gewöhnliche chemische Oxidation von Fluoriden hergestellt werden, da Fluor selbst das stärkste Oxidationsmittel ist:

F_2 (g) + 2 H^+ (aq) + $2e^- \longrightarrow$ 2 HF (aq)
Flußsäure; saure Lösung

Es gibt kein chemisches Oxidationsmittel, das stark genug wäre, um Fluoridionen zu Fluor zu oxidieren. Daher muss auf elektrochemische Art verfahren werden, um die Umkehrreaktion der obigen Fluoridbildung zu erreichen: Fluor wird mit Hhilfe elektrischer Energie aus Flusssäure, HF, gewonnen, die aus dem Mineral Flussspat,

CaF_2, hergestellt wird. Vom Flussspat kommt auch der Name „Fluor" (lat.: fluo: ich fließe) – schon im Mittelalter wurde dieses wichtige Fluormineral als Flussmittel beim Schmelzen von Erzen verwendet.

Fluor ist **das reaktionsfreudigste Element** überhaupt, es ist extrem aggressiv, greift sogar Glas an. So heftig es als Element reagiert, so beständig ist es in Verbindungen, wie den Fluorchlorkohlenwasserstoffen (FCKWs) oder auch **Teflon**. Teflon ist polymerisiertes Tetrafluorethen (C_2F_4), ein chemisch besonders widerstandsfähiger Kunststoff, der als Anti-Haft-Beschichtung für Bratpfannen bekannt ist. Geringe Beimengungen von Fluorid zum Trinkwasser oder in der Zahnpasta helfen, Karies vorzubeugen, da der Einbau von Fluoratomen Zähne, aber auch Knochen stärkt. In der Schweiz beispielsweise wird dem Trinkwasser eine geringe Menge Fluorid beigemischt, um die Zähne der Eidgenossen zu schützen. In höheren Konzentrationen sind Fluoride jedoch giftig.

Abb. 3: Ein Liter Badewasser enthält 0,2 bis 0,3 mg Chlor, das für Bakterien tödlich wirkt

Abb. 4: „Iodsalz mit Fluor" besteht fast ausschließlich aus Natriumchlorid und enthält weder Iod noch Fluor

Chlor

Der Name Chlor leitet sich vom griechischem Wort „chloros" für grün ab, elementares Chlor ist ein zweiatomiges, gelblich–grünes, giftiges Gas, das viele Naturstoffe durch Oxidation schädigt (Abb. 2). Chlor löst sich sehr gut in Wasser und wird zur Desinfektion von Trinkwasser, aber auch von Bade-, Brauch- und Abwasser genutzt: Stets ist die Abtötung von Mikroorganismen das Ziel (Abb. 3). Dies geschieht entweder durch Verdrängung von Wasserstoff aus den Verbindungen oder durch Chloraddition unter Aufspaltung von Doppelbindungen. Chlor wird durch Elektrolyse (Spaltung durch elektrischen Strom) von wässriger NaCl-Lösung hergestellt.

Chlorwasserstoff

Chlorwasserstoff kann man als Salzsäuregas (HCl) bezeichnen: Chlorwasserstoff ist farblos, unbrennbar, sehr gut in Wasser löslich: 1 l Wasser kann über 500 l (gut 800 g) HCl-Gas lösen, wobei sich die Lösung merklich erwärmt. Nebel aus feinen HCl-Tröpfchen bilden sich an feuchter Luft, wenn gasförmiges HCl vorhanden ist. Chlorwasserstoff ist giftig, aber nicht hochgiftig. In Wasser gelöster Chlorwasserstoff heißt Salzsäure: Salzsäure ist aus Kochsalz und Schwefelsäure gewinnbar. Als Nebenprodukt entsteht Natriumsulfat:

$$2\,NaCl + H_2SO_4 \rightarrow Na_2SO_4 + 2\,HCl$$

Brom

Die Bezeichnung Brom stammt vom griechischen Wort „bromos", was so viel wie „Gestank" bedeutet. Brom wird aus gelöstem Bromid in Meerwasser, Solequellen, Salzseen (Totes Meer) hergestellt. Chlor dient hierbei als Oxidationsmittel:

$$Cl_2\,(g) + 2\,Br^-\,(aq) \rightarrow 2\,Cl^-\,(aq) + Br_2\,(fl)$$

Brom wird eingesetzt zur Synthese von Farbstoffen, pharmazeutischen Produkten, Pflanzenschutzmitteln. Kaliumbromid (KBr) findet in der Medizin Verwendung, Silberbromid (AgBr) ist ein lichtempfindlicher Stoff auf fotografischen Filmen.

Iod

I_2 ist das größte Molekül eines elementaren Halogens, es hat die meisten Elektronen und ist am leichtesten polarisierbar. Die intermolekularen Anziehungskräfte sind daher beim Iod am größten. Darum ist Iod im Gegensatz zu den anderen Halogenen bei Raumtemperatur fest. Der Name Iod stammt von griechischen Wort „ioeides": veilchenfarben. Natürlich kommt Iod als Iodid (I^-) in Ozeanen und in Gesteinsschichten vor. Auch aus Solen bei Erdölbohrungen wird Iod – wie Brom mit Hilfe von Chlor – aus Iodid (I^-) gewonnen:

$$Cl_2\,(g) + 2\,I^-\,(aq) \rightarrow 2\,Cl^-\,(aq) + I_2\,(f)$$

Reines Iod bildet dunkelviolette, graphitähnliche Blättchen, die sich bei Temperaturen ab 20 °C verflüchtigen, wobei die Umgebung gebräunt wird. Der Übergang von festem Iod in gasförmiges Iod wird auch Sublimation von Iod genannt. Iod ist reaktionsträger als die anderen Halogene. In gelöster Form – als bräunliche Iodtinktur – dient Iod zur Desinfektion von Wunden. Einige pharmazeutische Produkte und Farbstoffe sind ebenfalls iodhaltig. Silberiodid (AgI) dient wie Silberbromid fotografischen Zwecken.

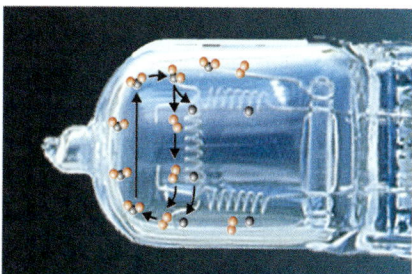

Abb. 5: In Halogenlampen verbinden sich Wolfram-Atome und Halogen-Moleküle zu Wolframhalogenid, das am 3000 °C heißen Glühdraht wieder zersetzt wird

Iodiertes Speisesalz

Im menschlichen Körper hat Iod die Funktion eines Spurenelementes; es ist Bestandteil des Schilddrüsenhormons Thyroxin. Etwa 20 mg Iod enthält der menschliche Körper, und die zu fast 100 % in der Schilddrüse. Um eine ausreichende Versorgung mit Iod durch die Nahrung sicherzustellen, wird nach Empfehlungen der Weltgesundheitsorganisation WHO in etwa 50 Ländern iodiertes Speisesalz verwandt – Natrium- oder Kaliumiodat ($NaIO_3$, KIO_3) wird zugesetzt (Abb. 4). In Deutschland ist für iodiertes Speisesalz ein Iodgehalt zwischen 15 und 25 mg pro 1 kg Salz vorgeschrieben; auch exzessiver Verzehr von Fischen und Meeresfrüchten kann den menschlichen Iodbedarf kaum decken.

Halogenlampen

Um die Lebensdauer und die Lichtausbeute von Glühlampen zu steigern, enthalten die Kolben außer einem „Schutzgas" (Inertgas) auch geringe Mengen von Halogenverbindungen. Das flüchtige Methylhalogenid (H_3CX; X = Cl, I) verbindet sich mit aus dem Glühdraht stammendem Wolfram (W) bei 250 bis 650 °C zu einer flüchtigen Wolframverbindung, die später am heißem Glühfaden wieder zerfällt. Wolfram schlägt sich so an den heißesten Stellen, die am dünnsten sind, nieder. Das Halogen wird bei dieser Zersetzung wieder frei und steht für eine erneute Reaktion mit dem Wolfram zur Verfügung. Mit dieser **Transportreaktion** wird Wolfram in Form von Wolframhalogenid zum Glühfaden zurücktransportiert, dessen Lebensdauer dadurch verlängert wird (Abb. 5). Außerdem ist in Halogenlampen die Leuchtkraft vergrößert, da der Innendruck in der Lampe höher als bei gewöhnlichen Glühlampen sein kann. Halogenlampen wurden ursprünglich in der Reprotechnik und für Autoscheinwerfer und Flutlichte eingesetzt. Bei Autoscheinwerfern fallen neuerdings glitzernde Xenon-Dampflampen auf, während Halogenlampen weiterhin zunehmend für Beleuchtungszwecke bei Niederspannung eingesetzt werden.

Zum Weiterlesen:

- Radikales Rendezvous über den Wolken, S. 534
- Ein Gitter für die Salze – Ionenbindungen, S. 542
- Von der Kunst, Stoffe in langen Ketten herzustellen, S. 574

Die wichtigste Substanz der Welt: Gewöhnliches Wasser

Wasser ist Leben – in ihm entstanden die ersten Einzeller. Bis heute ist ohne Wasser kein Leben möglich. Menschen, Tiere und Pflanzen sterben bei Wassermangel. In Trockengebieten schützen sich die Lebewesen vor zu hohem Wasserverlust. Auch Nahrungsmittel enthalten Wasser (Abb. 1). Manche Lebensmittel, wie Dörrobst und Stockfisch, macht Entwässern (Trocknung) haltbar. Demnach benötigen auch Bakterien und Pilze Wasser. Grüne Pflanzen brauchen

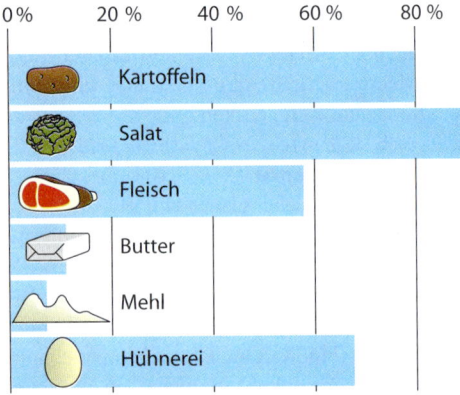

Abb. 1: Der Wassergehalt einiger Lebensmittel

es für die sauerstoffliefernde Fotosynthese. Der menschliche Körper besteht zu fast zwei Dritteln aus Wasser (Abb. 2). Es ermöglicht wichtige Stoffwechselreaktionen, transportiert viele andere Substanzen und stützt die Zellen und Gewebe. Bereits nach wenigen Tagen verdurstet ein Mensch, ohne Nahrung hingegen kann er mehrere Wochen überleben. Drei Liter Wasser brauchen wir pro Tag. Im Laufe unseres Lebens nehmen wir bis zu 65 000 Liter davon auf.

Jeder Deutsche verbraucht im Durchschnitt 140 Liter Wasser täglich zum Trinken und Kochen, Waschen und Duschen oder für

die WC-Spülung. Das entspricht dem Inhalt von 200 Flaschen Mineralwasser (Abb. 3)! In der Freizeit gehen wir gern „ans Wasser": Flüsse, Seen und Meeresküsten ziehen uns nicht nur zum Baden magisch an. Wasser formt Landschaften. Die Erde ist zu 71 % mit Wasser bedeckt, das in dicken Schichten blau erscheint. Daher kommt der Ausdruck „Blauer Planet" (Abb. 4). Nur ein kleiner Teil der riesigen Wassermenge ist als Trinkwasser nutzbar, etwa 0,3 %. Wasser ist eben eine kostbare und schützenswerte Lebensgrundlage.

Vom Wesen des Wassers

Der griechische Gelehrte Thales von Milet (625 bis 545 v. Chr.) hielt Wasser für den Ur-Stoff, aus dem alle anderen Körper entstehen. Er nannte ihn das „Prinzip aller Dinge, aus dem alles ist und zu dem alles zurückkehrt". Für seinen Landsmann Empedokles (ca. 440 v. Chr.) bildeten die vier ‚Elemente' Wasser, Erde, Luft und Feuer die Grundlagen der stofflichen Welt. Aus heutiger Sicht ist Wasser kein Element, sondern eine Verbindung. Zwei Wasserstoffatome und ein Sauerstoffatom bilden ein Wassermolekül mit der Formel H_2O.

Als einzige Substanz kommt Wasser ohne menschliches Zutun in allen **drei Aggregat-**

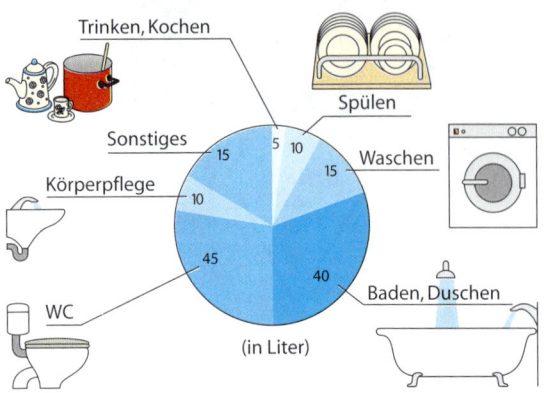

Abb. 3: Unser täglicher Wasserverbrauch

zuständen auf der Erde vor: **flüssig** (Regen, Tautropfen, Oberflächen- und Grundwasser, fein verteilt in der Luft als Wolken und Nebel), **fest** (Schnee und Eis) und **gasförmig** (unsichtbarer Wasserdampf in der Luft). Wasserdampf kondensiert an kalten Körpern zu Tröpfchen, z. B. wenn wir gegen eine Glasscheibe hauchen. Unter Normalbedingungen wird flüssiges Wasser nicht kälter als 0 °C und nicht heißer als 100 °C. Diesen Gefrier- bzw. Siedepunkt machte der schwedische Forscher Anders Celsius 1742 zu Fixpunkten seiner Temperaturskala: Den Temperaturbereich dazwischen unterteilte er in hundert gleiche Teile, die Celsius-Grade. Reines Wasser ist geschmack-, geruch- und farblos. Um es von anderen farblosen Flüssigkeiten zu unterscheiden, benutzt man weißes Kupfersulfat ($CuSO_4$), das sich bei Wasserzugabe tiefblau verfärbt (Abb. 5). Kupfersulfat ist ein einfaches Nachweismittel, ein **Indikator**

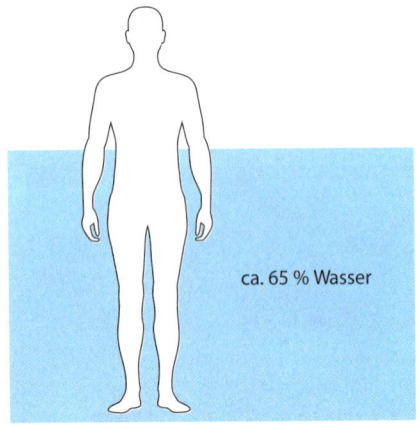

ca. 65 % Wasser

Abb. 2: Der menschliche Körper besteht zu fast zwei Dritteln aus Wasser

Abb. 4: Die Erde wird durch das Wasser zum „Blauen Planeten"

Abb. 5: Weißes Kupfersulfat ist ein Nachweismittel für Wasser

(von lat. „indicare", anzeigen). Indikatoren zeigen durch Farbveränderung die Anwesenheit einer bestimmten Substanz an. Weißes Kupfersulfat nimmt Wasser auf, das als **Kristallwasser** in die Gitterstruktur der blauen Form eingebaut ist. Ein anderer Indikator für Wasser ist blaues Kobaltchloridpapier ($CoCl_2$). Es verfärbt sich bei Berührung mit Wasser rosa. Chemisch ausgedrückt „schlägt die Farbe von blau nach rosa um." Kobaltchloridpapier verfärbt sich auch an der frischen Schnittstelle eines halbierten Apfels oder einer Tomate rosa, denn Äpfel und Tomaten enthalten Wasser.

Voll cool oder echt heiß:
Wasser und Temperatur

Wir übersehen oft die besonderen Eigenschaften des Wassers, z. B. die außergewöhnlich hohe **Wärmekapazität**. Um die Wassertemperatur zu erhöhen, ist viel Energie in Form von Wärme erforderlich. Das Wasser ist ein besonders guter **Wärmespeicher**. Dies ist von zentraler Bedeutung für das Klima. Die riesigen Wassermengen der Meere, Flüsse und Seen gleichen Temperaturschwankungen der Luft aus. Sie nehmen einen großen Teil der Sonnenstrahlung auf

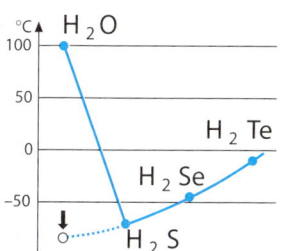

Abb. 6: Siedetemperaturen einiger Wasserstoffverbindungen

und geben die aufgenommene Wärme nur langsam wieder ab. Große Gewässer dämpfen starke Temperaturunterschiede zwischen Tag und Nacht oder zwischen verschiedenen Jahreszeiten. Der Bodensee beispielsweise wirkt als großer Wärmespeicher. Auf der Insel Mainau ist das Klima daher so mild, dass Zitrusfrüchte gedeihen. In Wüsten fehlt der Einfluss des Wassers; die Tage sind sehr heiß, die Nächte extrem kalt.

Die Siedetemperatur des Wassers von 100 °C kommt uns vom Kochen der Lebensmittel ganz normal vor. Dieser Siedepunkt ist aber ungewöhnlich hoch. Die Wasserstoffverbindungen der anderen Elemente, die wie Sauerstoff in der 6. Hauptgruppe des Periodensystems stehen, haben deutlich niedrigere Siedepunkte (Abb. 6). Der Pfeil deutet an, dass Wasser schon bei ca. −80 °C sieden müsste, wenn es der Erwartung entsprechen würde. Zum Glück tut es das nicht. Sonst gäbe es auf der Erde kein flüssiges Wasser und damit auch kein Leben.

Schlaff, nein danke – die Oberflächenspannung des Wassers

Die Wassermoleküle ziehen sich gegenseitig stark an. Im Innern der Flüssigkeit ist ein einzelnes Wassermolekül rundum von Nachbarmolekülen umgeben. Daher heben sich die Anziehungskräfte in der Richtung gegenseitig auf (Abb. 7). An der Wasseroberfläche befinden sich nur seitlich und nach innen hin Nachbarmoleküle. Nach oben hin schließt die Luft an. Auf jedes an der Oberfläche befindliche Wassermolekül wirkt daher eine ins Innere der Flüssigkeit gerich-

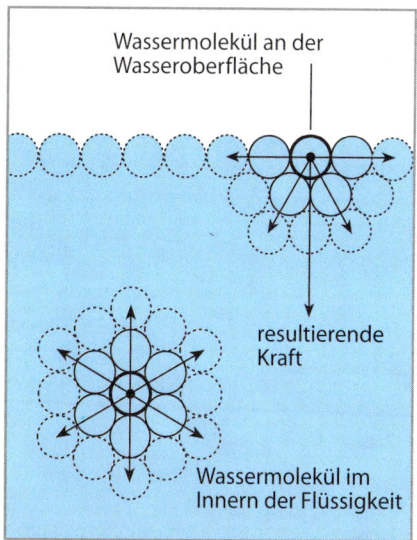

Abb. 7: Zwischenmolekulare Kräfte bewirken die Oberflächenspannung

tete Kraft, die versucht, es ins Innere zu ziehen. Infolgedessen bildet die Flüssigkeit eine möglichst kleine Oberfläche, die sich wie eine straff gespannte, aber dehnbare Haut verhält. Dieses Phänomen heißt **Oberflächenspannung**. Ihr verdanken die Wasserläufer ihren Lebensraum. Die etwa ein Zentimeter großen Insekten laufen auf Wasseroberflächen und drücken sie dabei etwas ein (Abb. 8). Dank der Oberflächenspannung kann auch eine Rasierklinge schwimmen, obwohl Eisen eine achtmal höhere dichte als Wasser besitzt. Man muss dazu die Rasierklinge mit der flachen Seite ganz behutsam auf die Wasseroberfläche legen. Die Klinge geht aber sofort unter,

Abb. 8: Die Oberflächenspannung des Wassers lässt den Wasserläufer nicht einsinken

Abb. 9: Wasser hat bei 4 °C seine größte Dichte. Das leichtere Eis schwimmt darauf

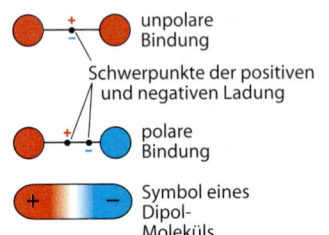

unpolare Bindung

Schwerpunkte der positiven und negativen Ladung

polare Bindung

Symbol eines Dipol-Moleküls

Abb. 11: Unpolare und dipolare Bindungen

wenn das Wasser **Spülmittel** enthält. Das Spülmittel **zerstört die Oberflächenspannung**. Diese Eigenschaft haben alle Waschmittel. Sie „entspannen" das Wasser, damit es auch in kleinste Poren z. B. von Kleidungsstücken eindringen kann. Die Reinigungswirkung wird dadurch besser.

Die Oberflächenspannung prägt auch die **Wassertropfen**. Die zur Mitte gerichteten Anziehungskräfte formen eine Kugel. Unter Einfluss der Schwerkraft wird ein Tropfen birnenförmig. Ein Versuch zeigt, dass eine Wölbung sogar entgegen der Erdanziehung möglich ist. Man füllt ein Glas bis zum Rand mit Wasser und gibt behutsam Büroklammern hinein – und zwar eine nach der anderen. Dabei wölbt sich die Wasseroberfläche nach oben. Mit etwas Feingefühl kann man mehr als hundert Büroklammern versenken, bevor das Wasser überläuft.

Eis schwimmt oben. Logisch. Logisch?

Die „Titanic" rammte einen auf dem Ozean treibenden Eisberg. Auch in der Cola schwimmen die Eiswürfel oben. Wir finden das normal. Tatsächlich ist das eine weitere Besonderheit des Wassers. Im Normalfall haben Feststoffe eine größere Dichte als die zugehörige Flüssigkeit, sind also bei gleichem Volumen schwerer. Gefrorene Essigsäure beispielsweise sinkt in flüssiger Essigsäure ab. Eis aber ist leichter als Wasser und schwimmt darauf (Abb. 9). Seine größte Dichte besitzt Wasser bei einer Temperatur von 4 °C; dann ist der Raumbedarf am geringsten. Bei weiterem Abkühlen und beim Gefrieren dehnt es sich aus. Diese Eigenschaft bezeichnet man als **Dichteanomalie des Wassers**. Anomalie kommt von griechisch anomalos, für „abweichend". In der Tat verhält sich Wasser eigenartig: Bis zu einer Temperatur von 4 °C zieht es sich beim Abkühlen zusammen. Darunter dehnt es sich wieder aus, beim Gefrieren sogar schlagartig um etwa zehn Prozent seines Volumes.

Die Dichteanomalie ist in der Natur sehr wichtig. Hätte Wasser bei 0 °C seine größte Dichte, so wären am Gewässergrund die kältesten Schichten. Die Gewässer würden im Winter von unten nach oben durchfrieren und dadurch das Leben in ihnen vernichten. In Wirklichkeit frieren Teiche und Seen von der Oberfläche her zu: Mit sinkender Wassertemperatur steigt die Dichte. Das kalte Wasser wird spezifisch schwerer und sinkt in die Tiefe. Fällt die Wassertemperatur unter 4 °C, verringert sich die Dichte wieder. Das Wasser dehnt sich aus und wird spezifisch leichter. Es bleibt an der Oberfläche und gefriert dort. Da Eis Wärme schlechter leitet als Wasser, isoliert es gegen die Kälte der Luft. Unterhalb der Eisschicht bleiben tiefe Gewässer dadurch meist eisfrei. An den tiefsten Stellen der Gewässer sammelt sich das 4 °C kalte Wasser, weil es das schwerste ist. Dort können Tiere und Pflanzen den Winter überstehen.

Gefrierendes Wasser entwickelt durch das Ausdehnen große Kraft, bis hin zur **Frostsprengung**: Eine wassergefüllte Glasflasche zerspringt in der Tiefkühltruhe. Rohre können platzen, wenn in ihnen das Wasser gefriert. In Felsspalten kann Eis sogar Gestein sprengen.

„Elektrisiertes" Wasser

Ein Wasserstrahl wird im elektrischen Feld eines aufgeladenen Hartgummistabs abgelenkt (Abb. 10). Wassermoleküle sind demnach elektrische **Dipole** mit einer negativen und einer positiven Seite. Sie lassen sich mit einem Stabmagneten vergleichen. Wie dieser sind sie insgesamt neutral. Um Dipole zu verstehen, hilft ein kleiner Ausflug in die Chemie. Jede Elektronenpaarbindung beruht darauf, dass zwei Atome sich zwei gemeinsame Bindungselektronen teilen. Die Atome verschiedener Elemente ziehen ihre Bindungselektronen unterschiedlich stark an. Als Maß für die Anzie-

Abb. 10: Ein Wasserstrahl lässt sich vom elektrischen Feld eines Hartgummistabs ablenken

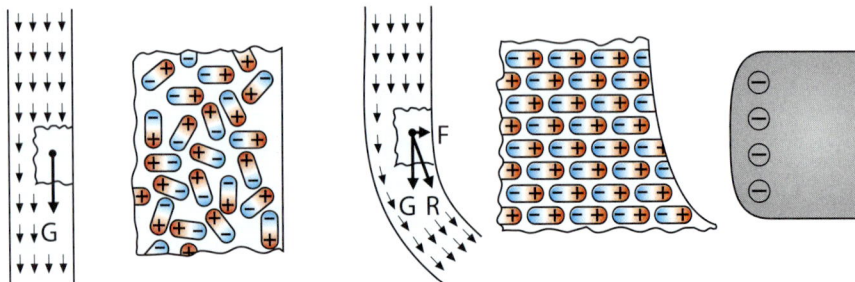

Abb. 12: Die Ablenkung des Wassers im Modell

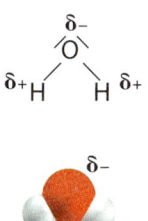

Abb. 13: Das Wassermolekül als Dipol

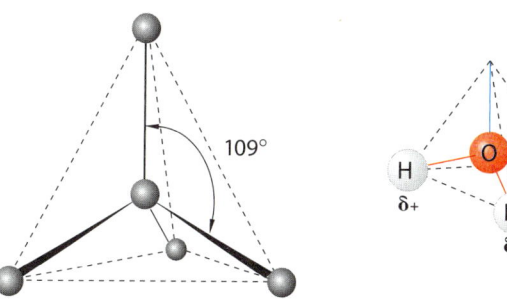

Abb. 15: Der Bindungswinkel im Tetraeder beträgt 109°, im Wassermolekül 104,5°

hungskraft gilt die **Elektronegativität**. Diesen Begriff hat der Chemiker Linus Pauling (1901 bis 1994) eingeführt. Zwei Atome mit stark unterschiedlicher Elektronegativität gehen eine **polare Atombindung** ein. Im Molekül entsteht eine unsymmetrische Elektronenwolke mit einem negativen und einem positiven Pol, ein Dipol (Abb. 11). Das Atom mit der größeren Elektronegativität zieht die Bindungselektronen stärker zu sich herüber und erhält eine negative Teilladung. Im Wassermolekül ist dies beim Sauerstoffatom der Fall. Der Bindungspartner mit der kleineren Elektronegativität erhält eine positive Teilladung. Beim Wasser sind das die beiden Wasserstofatome. Normalerweise sind die Dipole nicht bevorzugt nach einer Richtung ausgerichtet. Auf den erwähnten Wasserstrahl wirkt nur die Gewichtskraft G (Abb. 12). Im elektrischen Feld des Hartgummistabs erfolgt eine Ausrichtung der Dipolmoleküle zum Stab hin. Zusätzlich wirkt nun die elektrostatische Anziehungskraft F, die den Wasserstrahl in Richtung R ablenkt.

Wasserstoffbrückenbindungen lassen das Wasser aus der Reihe tanzen

Die Eigentümlichkeiten des Wassers beruhen auf seiner Molekülstruktur. Die Wassermoleküle sind gewinkelt gebaut. Die Atomkerne des Sauerstoffs und der beiden Wasserstoffatome bilden miteinander einen Winkel von 104,5° (Abb. 13). Die Zeichen **δ–**

Abb. 14: Die Ballons ordnen sich tetraedrisch an

und **δ+** stehen für die negative bzw. positive Teilladung der Atome. Den räumlichen Bau erklärt das **Elektronenpaar-Abstoßungsmodell**. Danach stoßen sich bindende und nicht bindende Elektronenpaare eines in einem Molekül gebundenen Atoms gegenseitig ab. Die Elektronenpaare ordnen sich so um das mittlere Atom an, dass sie den größtmöglichen Abstand voneinander haben. Bei vier Elektronenpaaren ergibt sich eine tetraedrische Anordnung. Ein **Tetraeder** ist ein gleichmäßiger geometrischer Körper mit vier identischen, dreieckigen Seiten. Ein einfaches Modell veranschaulicht dies: Vier Luftballons, die durch kurze Gummibänder zusammengehalten werden, ordnen sich tetraedrisch an. Jeder hat so den größtmöglichen Abstand von seinen Nachbarn (Abb. 14). Im Tetraeder beträgt der Bindungswinkel 109° (Abb. 15). Im Wassermolekül hat das Sauerstoffatom zwei freie Elektronenpaare. Diese haben einen größeren Raumbedarf als bindende Elektronenpaare. Daher ist der Bindungswinkel des „Atomdreiecks" Wasserstoff–Sauerstoff–Wasserstoff auf 104,5° „zusammengedrückt".

Die Anziehungskräfte zwischen den parti-

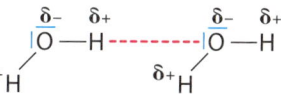

Abb. 16: Die Wasserstoffbrückenbindung zweier Wassermoleküle

ell negativ geladenen Sauerstoffatomen und den partiell positiv geladenen Wasserstoffatomen **verschiedener** Wasser-Moleküle sind relativ stark. Dadurch kommt es zur Bildung zwischenmolekularer Bindungen, die als **Wasserstoffbrückenbindungen** bezeichnet werden (Abb. 16). Diese treten auf, wenn Wasserstofatome stark polare Atombindungen eingehen, z. B. auch bei Ammoniak (NH_3) oder Alkoholen. Im Wasser sind die Wasserstoffbrückenbindungen besonders stark, weil jedes Molekül tetraedrisch vier davon eingehen kann: Zwei mit den beiden freien Elektronenpaaren des Sauerstoffatoms und je eine mit den beiden Wasserstoffatomen. Deswegen sind die Anziehungskräfte zwischen Wassermolekülen besonders groß, sie entwickeln starke **Kohäsionskräfte**. Sie lassen das Wasser selbsttätig in enge Spalten kriechen. Zwischen zwei Glasscheiben, die durch einen kleinen Spalt getrennt sind, steigt das Wasser von alleine

empor. Hoch geordnet liegen die Wasserstoffbrückenbindungen in Schnee- und Eiskristallen vor. Sie bilden eine sechseckartige (hexagonale) Kristallstruktur (Abb. 17). In dieser liegen große Hohlräume vor, was die niedrige Dichte von Eis erklärt. Beim Schmelzen werden nur ca. 30 % der Wasserstoffbrückenbindungen aufgebrochen. Flüssiges Wasser enthält auf molekularer Ebene also sehr kleine „Bruchstücke von Eis", die so genannten **Cluster**. Darunter versteht man eine Zusammenlagerung mehrerer gleichartiger Moleküle zu einer als Einheit auftretenden Molekülgruppe.

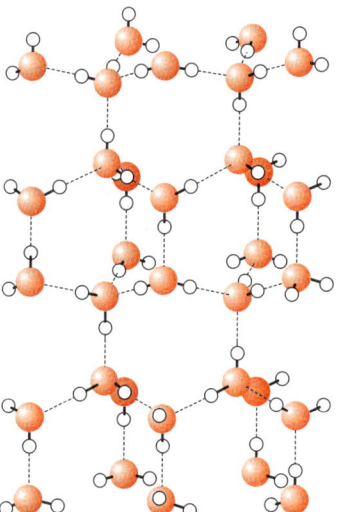

Abb. 17: Jeweils vier Wasserstoffbrückenbindungen bewirken die Anordnung der Wassermoleküle im Eis

 Zum Weiterlesen:

- Sauerstoff – Grundlage des Lebens auf unserer Erde, S. 492
- Kein Wasser ohne diesen Stoff – Wasserstoff und Moleküle, S. 494
- Die Chemie der versalzenen Suppe, S. 544

Brausetabletten, Regentropfen, Ammoniak und das Prinzip vom kleinsten Zwang

Wenn ein Auto gegen eine massive Betonwand fährt, bleibt oftmals nicht viel mehr übrig als ein Schrotthaufen. Die ursprüngliche Form ist nicht mehr zu erkennen. Der Grund dafür ist, dass die Karosserie der Wucht des Aufpralles nachgegeben hat. Dabei wird gleichzeitig ein Teil der Energie abgefangen – sie wird verbraucht bei der Verformung der Metalle. Dies kann im Einzelfall den Insassen das Leben retten. Eine andere Verformung entsteht beim Zusammendrücken eines prallen Luftballons. Dieser gibt dem Druck nach, indem er sich einbeult und an anderer Stelle wieder ausbeult. Nach Wegfall des Druckes nimmt er seine ursprüngliche Form wieder an. Beide Gegenstände, das Auto und der Luftballon, reagieren in diesen Beispielen auf einen Zwang, einen Einfluss, der von außen auf sie einwirkt.

Ganz ähnlich liegen die Verhältnisse in der Chemie. Auch ihre Systeme reagieren auf äußere Einflüsse, wann immer möglich, durch ‚Ausweichen‘ oder ‚Nachgeben‘. Hier beschränken wir uns auf zwei mögliche ‚Zwänge‘: **Temperatur** und **Druck**. Wir werden an einfachen Beispielen sehen, was mit ‚Zwang‘ gemeint ist und wie er sich physikalisch-chemisch auswirkt. Dabei soll zudem deutlich werden, dass es chemische Reaktionen gibt, die **nicht vollständig in einer Richtung** ablaufen, sondern in gewissen Grenzen **umkehrbar** sind.

In unseren Breiten weiß jedes Kind, dass Eis bei 0°C zu schmelzen und umgekehrt Wasser bei 0°C zu gefrieren/erstarren beginnt. Nehmen wir das Sieden von flüssigem Wasser bzw. Kondensieren von Wasserdampf bei 100°C hinzu, haben wir zwei Beispiele für umkehrbare physikalische Vorgänge:

$$H_2O(f) \leftrightarrow H_2O(fl) - H_2O(fl) \leftrightarrow H_2O(g)$$

‚Cola on the rocks‘ ist sicher nicht unbekannt. Die Mischung bleibt so lange kühl, wie noch Eiswürfel in ihr schwimmen. Diese Zeitspanne ist viel länger als bei der Erwärmung von bloßer Cola von 0°C. Das Eis widersetzt sich quasi dem ‚Zwang‘, Zimmertemperatur anzunehmen. Umgekehrt sinkt die Temperatur von Wasser im Eisfach nicht unter 0°C, bis auch die letzte Flüssigkeit erstarrt ist. Dabei ist die **Schmelzenthalpie** oder Schmelzwärme im Spiel. Sie wird frei beim Erstarren, dadurch kann das Wasser im Eisfach noch einige Zeit ein Abkühlen auf unter 0°C verhindern, bis es völlig erstarrt ist. Beim Schmelzen wird sie der Umgebung entnommen, wodurch die Eiswürfel die Cola kühl halten. Im Grundsatz damit vergleichbar ist die Erfahrung, dass es selbst bei Sonnenschein in Nebelgebieten recht lange kühl bleibt: Die Wärme der Sonne führt erst dann zu einer merklich höheren Temperatur, wenn die letzten Nebeltröpfchen verschwunden sind. Hier ist die **Verdampfungsenthalpie** die Ursache: Der verdampfende Nebel entzieht der Umgebung Wärme.

Gehen wir nun über zum System **Kohlenstoffdioxid–Wasser**. Das Gas ist mäßig in Wasser löslich. Dabei reagieren CO_2- und H_2O-Moleküle in gewissem Umfang miteinander und bilden vereinfacht **Kohlensäure**:

$$CO_2 + H_2O \rightarrow H_2CO_3$$

Kohlenstoffdioxid ist ein natürlicher

Abb. 1: Ein Regentropfen nimmt beim Herabfallen Kohlenstoffdioxid aus der Luft auf

Luftbestandteil. Jeder Regentropfen nimmt es daher auf, maximal bis zur Löslichkeitsgrenze – so entsteht der **natürliche** saure Regen (Abb. 1).

Wirft man eine Brausetablette in Wasser, so entsteht ein Gas (Abb. 2). Die Tabletten enthalten meist Citronensäure und Natriumhydrogencarbonat ($NaHCO_3$). Diese beiden reagieren miteinander unter Bildung von Kohlensäure. Das entweichende Gas ist Kohlenstoffdioxid. Dies ist möglich, weil die Kohlensäure fast vollständig in Umkehrung ihrer Bildung, in CO_2- und H_2O-Moleküle zerfällt und mehr CO_2 entsteht, als in Wasser löslich ist:

$$H_2CO_3 \rightarrow CO_2 + H_2O$$

Wir fassen die beiden Reaktionen zusammen:

$$H_2CO_3 \leftrightarrow CO_2 + H_2O$$

Der Doppelpfeil bedeutet, dass die Reaktion von links nach rechts **und umgekehrt** ablaufen kann – das ist eine Frage der ‚Zwänge‘.

Der Alltag lehrt, dass warmer Sprudel an der Luft schnell schal wird. Gase lösen sich umso weniger in Wasser, je höher der Zwang ‚Temperatur‘ ist. Mit steigender Erwärmung entweicht also ein Teil des Kohlenstoffdioxids. Die Anzahl der ‚freien‘ Moleküle – der im Gas – nimmt mit der Temperatur zu.

Warum aber schäumt selbst eisgekühlter normaler Sprudel beim Öffnen der Flasche und beim Einschenken auf? Hier macht man sich den Zwang ‚Druck‘ zunutze. Ihm können vor allem Gase ausweichen. Das haben wir früher schon am Beispiel des ‚Flüssiggases‘

Abb. 2: Beim Auflösen einer Brausetablette wird Kohlenstoffdioxid freigesetzt, das sprudelnd entweicht

$$CO_2 + H_2O \rightleftharpoons H_2CO_3$$

Butan gezeigt. Bei der Löslichkeit ist es ähnlich: Gase lösen sich umso besser, je mehr Druck man auf sie ausübt, sie weichen dem Druck aus, indem sie „in Lösung gehen". Und sie entweichen in dem Maße aus der Lösung, wie sich der äußere Druck vermindert. Die Anzahl der ‚freien' Moleküle nimmt bei sinkendem Druck zu.

Auch andere – ‚echte' – chemische Reaktionen unterliegen diesen Zwängen. Der Druck kommt nur bei Beteiligung von Gasen richtig ins Spiel und auch dann nur, wenn sich die Molekülanzahlen der Edukte von denen der Produkte unterscheiden. Dies ist bei folgender umkehrbarer Reaktion der Fall, der Produktion von **Ammoniak** aus den Elementen:

$$3 H_2(g) + N_2(g) \rightarrow 2 NH_3(g);$$
$$\Delta H = -92 \text{ kJ/mol(Stickstoffmoleküle)}$$

Mit etwa 120 Millionen Tonnen pro Jahr gehört sie zu den wirtschaftlich wichtigsten großtechnischen Synthesen. Das Ammoniak wird zum größeren Teil zu Düngemitteln, zum kleineren zu Sprengstoffen weiterverarbeitet sowie für andere Zwecke verwendet (Abb. 3). Man führt die Reaktion bei sehr hohen Drücken von 100 bis zu 1000 bar durch, dem Hundert- bis Tausendfachen des Normaldrucks. Gleichzeitig liegt die Reaktionstemperatur bei bis zu 500°C. Damit kommt man der Belastbarkeit der Materialien der Apparaturen sehr nahe. Die Erklärung für diesen Aufwand liegt ökonomisch auf der Hand: Man will in möglichst kurzer Zeit möglichst viel Ammoniak produzieren.

Wie wir beim Einpressen von Kohlenstoffdioxid in Wasser schon gesehen haben, weicht ein Gas dem äußeren Zwang ‚Druck' dadurch aus, dass sich die Anzahl der **freien** Gasteilchen verringert. Bei der Produktion des Ammoniaks läuft es im Prinzip ähnlich ab. Aus den Koeffizienten der obigen Reak-

tion ist abzulesen, dass sich bei einem vollständigen Umsatz die Anzahl der Moleküle halbiert: Die Molekülanzahlen der Edukte addieren sich zu **vier** (3 + 1), es entstehen aber im Verhältnis dazu nur **zwei** auf der Seite des Reaktionsprodukts. Die Druckerhöhung begünstigt also die **Bildung** des Ammoniaks, da es bei gleichem Druck nur die Hälfte des Volumens der Ausgangsstoffe benötigt. Man bezeichnet das Phänomen des Ausweichens chemischer oder physikalischer Systeme aufgrund eines äußeren Zwangs als das Prinzip vom kleinsten Zwang oder Prinzip von Le Chatelier, der es 1888 erstmals formulierte.

Befassen wir uns jetzt mit dem Einfluss der Temperatur auf die obige Reaktion. Wieder können wir in Anlehnung an die oben besprochenen physikalischen Vorgänge argumentieren. Dort begünstigte die steigende Temperatur den Schritt, bei dem sich die Anzahl der – mehr oder minder – freien Teilchen erhöht. Damit ist schon einzusehen, dass höhere Temperaturen die **Zersetzung** des Ammoniaks, also die Rückreaktion begünstigen. Oder anders ausgedrückt: Die Bildung des Ammoniaks verläuft **exotherm** – die Enthalpie dieser Reaktion ist negativ. Damit **muss** seine Zersetzung **endotherm** sein. Dem Zwang ‚Temperatur' weicht das reagierende System aus, indem es verstärkt die endotherme, also „Energie verbrauchende" Rückreaktion ablaufen lässt. Warum führt man dann die Reaktion nicht gleich unter Kühlung, mindestens aber bei normaler Temperatur durch?

Der Grund ist einfach – die Reaktion liefe viel zu langsam ab, wenn überhaupt. Nach einer chemischen Faustregel beschleunigen sich chemische Reaktionen bei einem Anstieg der Temperatur um jeweils zehn Grad Celsius auf den doppelten bis vierfachen Wert: Eine Temperaturerhöhung von 100°C brächte mindestens eine tausendmal höhere **Reaktionsgeschwindigkeit**. Denn wie wir inzwischen wissen, ist die Temperatur ein Maß für die Bewegungsenergie der Teilchen. Aus den obigen Molekülformeln geht klar hervor, dass die Ammoniakmoleküle nur entstehen können, wenn die Bindungen in den Stickstoff- und den Wasserstoffmolekülen gespalten werden. Diese Aufspaltung in die jeweiligen **Atome** erfordert viel Energie – je mehr bereitsteht, desto besser.

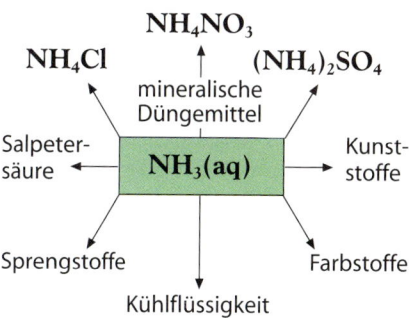

Abb. 3: Einsatzgebiete für Ammoniak

Aus dieser Sicht wären also möglichst hohe Temperaturen wünschenswert. Sie beeinträchtigen jedoch – wie hohe Drücke – in jedem Fall die Lebensdauer der Reaktionsapparaturen. Da man diese nicht alle paar Wochen oder Monate erneuern will, bleibt nur, die Reaktionsgeschwindigkeit durch einen **Katalysator** zu erhöhen. Man weiß heute, dass sich sowohl die N_2- wie die H_2-Moleküle an dessen Oberfläche anlagern und dabei die Gasmoleküle in einzelne Atome dissoziieren. Danach binden sich drei H-Atome an ein Stickstoffatom. Die Wahl der Temperatur ist so gesehen ein Kompromiss zwischen möglichst schneller Reaktion, möglichst geringem Ausmaß des Ammoniakzerfalls und ausreichend langer Beständigkeit der technischen Apparaturen.

Die beschriebene Ammoniaksynthese aus den Elementen heißt nach ihren Entwicklern **Haber-Bosch-Verfahren**. Vorangetrieben wurde die Entwicklung dieses Verfahrens wesentlich im Ersten Weltkrieg (Abb. 4). Denn damals wurde Salpetersäure, ein wichtiger Ausgangsstoff für Sprengstoffe, vorwiegend aus Chilesalpeter hergestellt. Als dessen Einfuhr nicht mehr möglich war, bot die großtechnische Ammoniaksynthese die Möglichkeit zur unabhängigen Produktion von Salpetersäure aus Ammoniak, denn die Ausgangsstoffe hierfür waren immer reichlich vorhanden. Ohne dieses Verfahren hätte der Erste Weltkrieg nicht erst 1918, sondern schon im Jahre 1915 geendet – aufgrund von Mangel an Schießpulver.

Abb. 4: Der Erste Weltkrieg wäre für Deutschland ohne Ammoniaksynthese eher zu Ende gewesen

 Zum Weiterlesen:

- Das späte Glück der Chemiker – physikalisch ähnliche Gase, S. 496
- Absolut unverzichtbar – Ionen und Salze als Nährstoffe, S. 546
- Wenn Rotkohl sauer wird ..., S. 552

Emissionen und Immissionen von Nichtmetalloxiden

*E*in bedeutender Teil der umweltrelevanten Emissionen sind Oxide von Nichtmetallen wie Kohlenstoff, Stickstoff oder Schwefel. Sie werden auch saure Oxide oder Säureanhydride genannt (S. 556).

Man spricht von Emissionen, wenn Stoffe aus bestimmten Quellen in die Atmosphäre gelangen. Dabei ist es unerheblich, ob diese Quellen natürlichen Ursprungs sind (Vulkane, Moore, Meere) oder ob es sich um Schadstoffausstöße handelt, die vom Menschen verursacht werden (Fabrikschornsteine, Heizungskessel, Autoabgase, Lagerfeuer). Zu Emissionsstoffen gehören Kohlenstoffmo-

Abb. 1: Starke Emissionen von Schadstoffen

nooxid (CO), Kohlenstoffdioxid (CO_2), Schwefeldioxid (SO_2) und Stickstoffoxide (NO_x) (Abb. 1). Durch die Luft werden diese Emissionen fortgetragen, um an einem anderen Ort als Immissionen wieder auf die Erde zu gelangen (Abb. 2). Wie ein Emigrant jemand ist, der auswandert, ist ein Immigrant jemand, der sich an einem anderen Ort niederlässt. Als Immissionen bezeichnet man die wirklich auf den Menschen oder andere Lebewesen einwirkenden Schadstoffe. Dabei können vorherrschende Windrichtungen und Wetterlagen einen entscheidenden Einfluss auf die Stärke und den Ort der Umweltverschmutzung haben.

Ein Beispiel: In den 80er Jahren nahm das Waldsterben in Deutschland bedrohliche

Formen an; es erlangte gesamtgesellschaftliche Beachtung und wurde zum „Wort des Jahres" erwählt. Als „le waldsterben" hielt es auch Einzug in die französische Sprache. In Frankreich war das Waldsterben jedoch nicht so dramatisch wie in Deutschland, obwohl die Emissionen von Schadstoffen in beiden Ländern vergleichbar sind. Eine Hauptursache hierfür war die Hauptwindrichtung: Während in Frankreich oftmals eine frische Atlantikbrise aus nordwestlichen Richtungen die Schadstoffe weiterträgt, gelangten in die Bundesrepublik viel mehr Schadstoffe, und zwar vor allem aus östlichen Richtungen: aus der ehemaligen DDR und aus anderen osteuropäischen Staaten. Schadstoffe machen eben nicht vor Grenzen halt.

Oxide des Kohlenstoffs

Kohlenstoffmonooxid, CO, ist ein farbloses, brennbares und sehr giftiges Gas. Es ist fast unlöslich in Wasser und wird in der Industrie als Reduktionsmittel genutzt. CO findet sich in fast allen Verbrennungsabgasen – vom Zigarettenrauch bis hin zum Wärmekraftwerk. Es entsteht bei unvollständiger Verbrennung von Kohlenstoff oder seinen Verbindungen, wenn nicht genügend Sauerstoff für eine komplette Verbrennung vorhanden ist. CO ist ein starkes Atemgift, da es die Sauerstoffbindung im Blut hemmt und somit dem Menschen lebenswichtiges O_2 vorenthält. In Privathaushalten ist der CO-Ausstoß in den letzten 30 Jahren um die Hälfte gesunken. Auch Autos emittieren durch wirksame Katalysatoren weniger CO als früher, doch wird dies durch die gestiegene Anzahl der Automobile wieder wettgemacht.

Kohlenstoffdioxid, CO_2, entsteht bei Verbrennungsreaktionen, wenn genügend Sauerstoff in der Umgebung vorhanden ist. Außerdem entsteht CO_2 bei Gärungsprozessen wie der alkoholischen Gärung. Kohlenstoffdioxid ist ein farb- und geruchloses Gas, das mit Wasser unter Bildung von Kohlensäure (H_2CO_3) reagiert.

$$CO_2 + H_2O \leftrightarrow H_2CO_3$$

Sprudelndes Mineralwasser mit Kohlensäure ist das Ergebnis einer solchen Reaktion. In der Natur ist CO_2 das Ausgangsprodukt der Fotosynthesereaktion. In der Technik macht man sich Kohlenstoffdioxid als Kältemittel zunutze: Bei −79 °C geht CO_2 direkt vom festen Zustand (Trockeneis) in den gasförmigen über, es sublimiert. Im Alltag kann man Trockeneis in Discos erleben: Die effektvollen Nebel bestehen aus sublimierendem Trockeneis, also aus CO_2.

Abb. 2: Emissionen und Immissionen

Oxide des Schwefels

Schwefeldioxid, SO_2, ist ein farbloses, reizendes und giftiges Gas von stechendem Geruch. Alle fossilen Brennstoffe sind schwefelhaltig. Aus unterschiedlichsten Schwefelverbindungen entsteht bei Verbrennungsreaktionen Schwefeldioxid (SO_2). Schwefeldioxid ist ein klassischer Luftschadstoff – schon im 17. Jahrhundert war Schwefeldioxid als schädliche Emission bekannt und gefürchtet. Durch den Bau hoher Schornsteine wurde es später möglich, dass das SO_2 über Stadt- und Landesgrenzen „vom Winde verweht" wurde. So konnten schädliche Emissionen aus den Industrieregionen weitab von ihren Entstehungsorten als Immissionen an anderen Orten wieder herabregnen.

Schwefeldioxid wird zum Teil in der Luft zu Schwefeltrioxid, SO_3, oxidiert. Durch Reaktion mit dem Wasserdampf der Luft entsteht ein Gemisch aus schwefliger Säure (H_2SO_3) und Schwefelsäure (H_2SO_4), die Hauptbestandteile des sauren Regens sind. In Deutschland gelten seit Mitte der 80er Jahre stark verschärfte Vorschriften zur Luft-

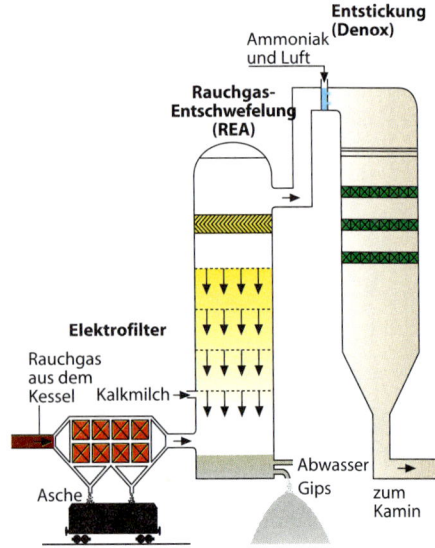

Abb. 3: Bei der Rauchgasentschwefelung in drei Stufen entstehen Asche und Gips

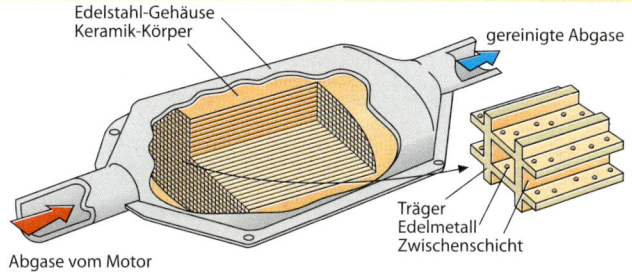

Edelstahl-Gehäuse
Keramik-Körper

gereinigte Abgase

Träger
Edelmetall
Zwischenschicht

Abgase vom Motor

Abb. 4: Der Kat im Auto funktioniert mit Edelmetallen auf einer Keramikfläche

reinhaltung, wodurch die Emissionen von Schwefeloxiden stark zurückgegangen sind. In allen Kraftwerken werden heute die Abgase entschwefelt; auch für alle Industriebetriebe gelten Richtlinien zur Einhaltung niedriger Grenzwerte (Abb. 3).

Oxide des Stickstoffs

Die Oxide des Stickstoffs, NO (Stickstoffmonooxid), NO_2 (Stickstoffdioxid) und N_2O (Lachgas), werden häufig unter der Sammelbezeichnung NO_X zusammengefasst und Stickoxide genannt. N_2O entsteht durch das Wirken von Bakterien auf andere Stickstoffverbindungen im Boden. NO und NO_2 entstehen bei der Verbrennung aller Brennstoffe – sowohl in Autos als auch in Industrieanlagen, da N_2 und O_2 als die Hauptbestandteile der Luft allgegenwärtig sind. Aus diesem Grund entsteht in den heißen Abgasen von Automotoren oder Flugzeugen Stickstoffmonooxid. Die Reaktion von N_2 und O_2 zu NO verläuft endotherm, also unter Energieaufnahme.

$$N_2\,(g) + O_2\,(g) \rightarrow 2\,NO\,(g)\ \Delta H° = +180\,kJ$$

Stickstoffmonooxid wird an der Luft schnell weiter zu Stickstoffdioxid oxidiert:

$$2\,NO\,(g) + O_2\,(g) \rightarrow 2\,NO_2\,(g)$$

Das Problem der „Entstickung" ist jedoch nicht so leicht in den Griff zu bekommen wie die Entschwefelung. Das Ziel des Autokatalysators ist es, rasch eine komplette Oxidation oder Reduktion von Schadstoffen oder nicht verbrannter Kraftstoffsubstanzen zu erreichen. Hierzu werden Edelmetalle als Katalysatoren eingesetzt, die folgende Reaktionen ermöglichen:

$$CH_4 + 2\,NO_2 \rightarrow CO_2 + N_2 + 2\,H_2O$$
$$2\,CO + 2\,NO \rightarrow 4\,CO_2 + N_2$$

Aus den Nichtmetalloxiden CO und den Stickoxiden NO_X werden unschädliche Reaktionsprodukte: Kohlenstoffdioxid (CO_2), gasförmiges Wasser (H_2O) und Stickstoffgas (N_2). Katalysatoren, die dies bewirken, sind einige Edelmetalle wie fein verteiltes Platin und Palladium oder Rhodium. Sie befinden sich in einer hauchdünnen Schicht auf der Oberfläche eines wabenförmigen Keramikkörpers (Abb. 4). Man muss auf diese recht teuren Metalle zurückgreifen, da nur sie bei den vorherrschenden Verbrennungstemperaturen eine Katalyse und damit einen Ablauf der oben genannten Reaktionen garantieren können. Gerade nach einem Kaltstart, bei dem besonders viele Schadstoffe entstehen, ist eine zuverlässige und effiziente Abgasreinigung besonders wichtig. Dazu benötigt der Motor im Verhältnis zur zugeführten Luft genau soviel Kraftstoff, wie notwendig ist, um den gesamten Sauerstoff zu verbrauchen – nicht mehr und nicht weniger. Das Verhältnis zwischen zugeführtem Sauerstoff zu der Menge, die für eine vollständige Verbrennung benötigt wird, bezeichnet man als Lambda-Wert. Bei Fahrzeugen mit geregeltem Katalysator misst die Lambda-Sonde im Auspuff den im Abgas enthaltenen Rest-Sauerstoff und stellt die Motorelektronik dementsprechend ein. Für die vollständige Umsetzung der Abgase ist der Lambda-Wert gleich eins. In diesem Fall werden dem Motor pro Kilogramm Kraftstoff 14,5 Kilogramm Luft zugeführt. Katalysatoren können jedoch auch „vergiftet" werden. Blei und andere Schwermetalle sind sehr wirksame Katalysatorgifte. Sie setzen sich an der Katalysatoroberfläche fest und verhindern so das Wirken des Katalysators.

 Zum Weiterlesen:

- Auch schlecht kann gut sein – Leitfähigkeit der Nichtmetalle, S. 516
- Wer wird denn gleich in die Luft gehen – Chemie tut es; S. 532
- Wenn Rotkohl sauer wird …, S. 552

Abb. 5: Das Solarauto – bald eine Alternative zum Auto mit Verbrennungsmotor?

Wer wird denn gleich in die Luft gehen – die Chemie tut es

„Sich in **Luft** auflösen" meint so viel wie unsichtbar werden. Das geht chemisch aber nicht. Denn Luft ist ein hochkompliziertes und -sensibles Gemisch aus verschiedenen Gasen (Abb. 1). Hauptbestandteil ist Stickstoff (N_2), gefolgt von Sauerstoff (O_2), Argon (Ar), Kohlenstoffdioxid (CO_2) und anderen in Spuren enthaltenen Gasen. Die Luft ist die Grundlage unserer Atmung (Atemluft), und der Sauerstoff die Basis der wichtigsten menschlichen Lebensprozesse. Die Pflanzen wiederum (ver-)brauchen tagsüber das Kohlenstoffdioxid und nachts den Sauerstoff.

Stickstoff ist mit seinen 78 Volumenprozent der Hauptbestandteil der Luft. Trotzdem ist er vielen nicht besonders gut bekannt. Das dürfte damit zusammenhängen, dass elementarer Stickstoff ein äußerst reaktionsträges Gas ist, das wegen dieser Trägheit nicht weiter in

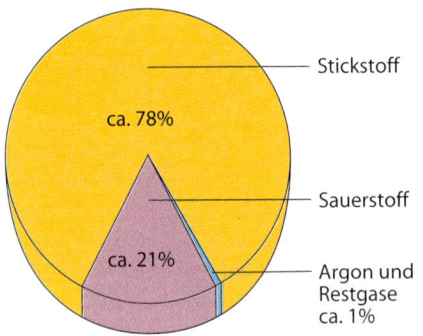

Abb. 1: Luft ist ein Gasgemisch, das zum größten Teil aus Stickstoff besteht

Stickstoff ca. 78%
Sauerstoff ca. 21%
Argon und Restgase ca. 1%

Erscheinung tritt. Dies ist wohl der Grund, warum das relativ häufige Element erst sehr spät, nämlich in der zweiten Hälfte des 18. Jahrhunderts, als Luftbestandteil entdeckt wurde. Der französische Chemiker Lavoisier gab ihm den Namen „azote" (vom griechischen Wort „azotikos": alles Lebendige erstickend); der deutsche Chemiker Scheele nannte es „Stickstoff". In einer reinen Stickstoffumgebung erstickt man – ein sehr unschöner Tod. Wenn der Luftsauerstoff in einem abgeschlossenen Raum verbraucht ist, droht Erstickungsgefahr: Wie im Sauerstoffkapitel anhand der brennenden Kerze erläutert, benötigen alle Verbrennungsreaktionen Sauerstoff. Die Kerze unter dem Becherglas erlischt, wenn der elementare Sauerstoff verbraucht ist. Die Kerze ist ein Modell für den menschlichen Organismus. Die wichtigsten Energie liefernden Stoffwechselreaktionen sind nichts anderes als biologisches „Verbrennen" ohne Feuer der Nahrungsbestandteile wie Fette, Kohlenhydrate oder auch von Al-

Abb. 2: Inversionswetterlagen führen in Ballungsräumen zu Smog

Warmluft
geringer Austausch
Kaltluft
Smog
Schadstoffe
Smog

kohol. Zu all diesen Verbrennungsreaktionen wird Luftsauerstoff benötigt; keinen Einfluss auf diese grundlegenden Stoffwechselreaktionen hat der Luftstickstoff.

Der Sauerstoff der Luft liegt zum allergrößten Teil als „normaler" Sauerstoff in Form von O_2-Molekülen vor, der in einem früheren Kapitel bereits besprochen wurde. Doch seit Urzeiten steht Sauerstoffgas in einem empfindlichen Gleichgewicht mit einer anderen Modifikation von Sauerstoff, nämlich dem **Ozon** (O_3), dessen Molekül aus drei Sauerstoffatomen besteht.

Ozon ist ein bläuliches Gas, das bei $-112\,°C$ zu einer tiefblauen, wie Tinte aussehenden, explosiven Flüssigkeit kondensiert. Durch Energiezufuhr kann Luftsauerstoff zu kleinen Teilen zu Ozon reagieren:

$$3\ O_2 + \text{Energie} \leftrightarrow 2\ O_3$$

In der Natur findet eine solche Reaktion bei den Blitzentladungen in Gewittern statt. Die Frische der Luft nach einem Gewitterregen ist auf das gebildete Ozon zurückzuführen, das in höheren Konzentrationen einen stechenden Geruch hat (der Name Ozon kommt aus dem Griechischen und bedeutet „Geruch"). Ozongeruch kann man manchmal in der Nähe von technischen Geräten (Fotokopiergeräten) wahrnehmen, wenn der Luftsauerstoff durch Zufuhr einer größeren Menge Energie zum geringen Teil zu Ozon reagiert. Im Labor kann man Ozon nach dem gleichen Prinzip dadurch herstellen, dass man in einer künstlich geschaffenen, kleinen Sauerstoffatmosphäre (Sauerstoff in einem Rundkolben) eine elektrische Entladung zündet. Auch durch kurzwellige Ultraviolett-Strahlung (UV-Strahlung) können Sauerstoffmoleküle

Abb. 3: Industrieabgase können Smog verursachen

Abb. 4: Beschränkungen des Individual-verkehrs werden wohl auch in Zukunft bei erhöhten Ozonwerten und Smog unumgänglich sein

(O$_2$) in Sauerstoffatome (O) gespalten werden, so dass aus beiden Ozon (O$_3$) entstehen kann. Daher enthält auch die Luft immer eine sehr kleine Menge Ozon.

Ozon hat besondere Bedeutung im Zusammenhang mit anderen Schadstoffen erlangt, die in Ballungsräumen ständig neu entstehen und in die Luft gepustet werden. Auto- und Industrieabgase sind die unliebsamen Produkte aus Verbrennungsreaktionen. Sie greifen „radikal" in die komplizierten, natürlichen Gleichgewichte ein, die „in der Luft liegen". Das Ergebnis dieser heftigen Gleichgewichtsstörungen ist der **Sommer-Smog**, auch Foto-Smog genannt. Er entsteht, wenn infolge starker Sonneneinstrahlung Stick-

stoffdioxid aus Kfz-Abgasen in Stickstoffmonoxid und Sauerstoffatome gespalten wird. Die Sauerstoffatome reagieren sofort mit dem molekularen Luftsauerstoff weiter und bilden so bodennahes Ozon. Durch Folgereaktionen des Ozons mit Kohlenwasserstoffen aus Abgasen entstehen weitere Schleimhaut reizende Verbindungen wie Acetaldehyd, Formaldehyd oder Acrolein. In Los Angeles tritt der seit Jahren bekannte und gefürchtete Foto-Smog allsommerlich wieder auf. Neben der starken UV-Strahlung im Sommer (Foto-Smog) bestimmen insbesondere die geographischen und meteorologischen Gegebenheiten in Los Angeles das Auftreten des Smogs. Inversionswetterlagen sowie die daraus folgende ausbleibende Luftzirkulation führen in vielen Ballungsräumen auf der ganzen Welt allsommerlich zu Problemen mit der schadstoffhaltigen Luft (Abb. 2). In europäischen Großstädten wie Athen und Paris und auch in Deutschland ist Smog seit langem ein immer wiederkehrendes, ernst zu nehmendes Problem (Abb. 3).

Es existiert jedoch noch eine andere Art von Smog – der so genannte **Winter-Smog** oder auch London-Smog. Diese Art von Smog hat mit Ozon nichts zu tun. Smog ist eine Wortschöpfung aus den beiden englischen Wörter „smoke" (Rauch) und „fog" (Nebel). Es ist kein Zufall, dass dieses Wort gerade in London geschaffen wurde: Man denke nur an Mister X, wie er im Londoner Nebel den Beamten von Scotland Yard entfleucht. Doch hat die Wortschöpfung „Smog" einen viel tragischeren Hintergrund: Im Dezember 1952 starben innerhalb von 14 Tagen mehr als 4000 Menschen an den Folgen des

Smogs. Bereits im 19. Jahrhundert kam es immer mal wieder vor, dass in kürzes-ter Zeit mehr als 1000 Menschen „die Luft ausgingen"; sie starben elendig an den Folgen des Smogs. Grund für den Winter-Smog damals war die Verfeuerung einer stark schwefelhaltigen Kohle. Neben Ruß (chemisch ist Ruß fast ausschließlich Kohlenstoff) entstanden in hohem Maße Schwefeloxide als Verbrennungsprodukte. Diese konnten sich im Londoner Nebel lösen und wurden darin zur schädlichen Schwefelsäure, die beim Einatmen schwere Verätzungen der Atemwege verursacht. Heute ist das Problem der Schwefeloxide zum Großteil dadurch gelöst, dass die meisten Industriebetriebe mit Rauchgas-Entschwefelungs-Anlagen die Abgase reinigen. Außerdem werden vermehrt schwefelarme Brennstoffe (Kerosin, Benzin, Gas) verwandt. Diese Form der Entschwefelung findet also vor der Verbrennung statt, was viel geschickter ist. Denn es ist technisch viel einfacher, den chemisch gebundenen Schwefel aus den (meist flüssigen) Brennstoffen zu entfernen, als ihn später aus den gasförmigen Verbrennungsprodukten – oder der Luft – abzutrennen und unschädlich zu machen. Doch auch Stickoxide, die durch Verbrennungsreaktionen entstehen, können sich im feuchten Nebel lösen und dabei Salpetersäure bilden.

Beide Arten von Smog bergen ernst zu nehmende Risiken für alle Lebewesen in sich. Bei uns sind die Auswirkungen und die Gefahren spätestens seit „dem" Jahrhundertsommer 1994 allgemein bekannt: Erstmals wurden auf bundesdeutschen Autobahnen Geschwindigkeitsbegrenzungen und Fahrverbote erhoben (Abb. 4). Auch werden in den Nachrichtensendungen inzwischen allsommerlich Warnhinweise bei erhöhten Ozonwerten verkündet: Sportliche Betätigungen und andere außergewöhnliche körperliche Belastungen sollen möglichst unterbleiben; doch insbesondere für ältere Leute und Kinder bedeutet Ozon ein Gesundheitsrisiko. Die Atemwegserkrankungen und sonstige Gefahren, die durch bodennahes Ozon und Smog entstehen, sind nicht zu unterschätzen.

Abb. 5: Saubere, frische Luft ist die Grundlage unseres Lebens

 Zum Weiterlesen:

• Sauerstoff – Grundlage des Lebens auf unserer Erde, S. 492
• Emissionen und Immissionen von Nichtmetalloxiden, S. 530
• Radikales Rendezvous über den Wolken, S. 534

Radikales Rendezvous über den Wolken:
UV trifft auf FCKWs – Ozon verhindert Schlimmeres

Im letzten Kapitel wurde auf die Gefährlichkeit von Ozon in bodennahen Gebieten hingewiesen. Normalerweise leben Menschen im Bereich zwischen 0 m und höchstens ca. 5000 m über dem Meeresspiegel. Es ist inzwischen allgemein bekannt, dass man sich beim Skifahren in Gebirgsregionen besonders gut gegen die gefährliche UV-Strahlung der Sonne schützen muss(Abb. 1). Sonnenbrille und Sunblocker sind unerläßlich. Nur Bergsteiger und Yetis kommen bisweilen in noch höhere Regionen bis knapp 9 000 m – der höchste Gipfel des Himalaya-Gebirges, Mount Everest, ist 8848 m hoch. In Gipfelregionen ist es ganz besonders wichtig, sich vor UV-Strahlung zu schützen, und auch Ozon ist in der Höhenluft ein ernst zu nehmendes Gesundheitsrisiko. Fast sämtliche das Wetter beeinflussenden Prozesse finden in der soeben beschriebenen **Troposphäre** – den unteren 10000 Metern über dem Meeresspiegel – statt. Dennoch ist in den Gebirgsregionen, wie dem Himalaya, die Welt noch lange nicht zu Ende. Im Gegenteil: Chemisch wird es weiter oben erst so richtig interessant (Abb. 2).

In der **Stratosphäre** (Luftschicht zwischen 10000 und 40000 m über dem Meeresspiegel) findet eine Vielzahl von chemischen Reaktionen in hochkomplizierten Gleichgewichten statt. Die wichtigste Gleichgewichtsreaktion in diesem Bereich ist der Auf- und Abbau von Ozon (Trisauerstoff O_3) aus dem beständigeren Disauerstoff (O_2). Vereinfacht kann man dies so beschreiben: Sauerstoffgas (O_2) bildet durch kurzwellige UV-Strahlung Ozon (O_3), das in einer Rückreaktion wieder zu Sauerstoffgas (O_2)

Abb. 1: Insbesondere in Höhenlagen ist Sonnenschutz unerlässlich

zurückreagieren kann. Sowohl die Hinreaktion der Ozonbildung als auch die Rückreaktion des Ozonabbaus erfolgt Fotolytisch – eine Spaltung durch UV-Licht. Als Ergebnis liegt vorher wie nachher Sauerstoffgas vor; O_2 und O_3 stehen in einem empfindlichen Gleichgewicht.

$$3\,O_2 \xrightarrow{\text{UV-Strahlung}} 2\,O_3$$

Durch die zwischenzeitliche Bildung von Ozon wird ein bedeutender Teil – mehr als drei Viertel – der UV-Strahlung „aus dem Verkehr gezogen". Dies ist eine einfache Umschreibung der **UV-Absorption** durch das Ozon. Die UV-Strahlung kann sich jedoch nicht einfach in nichts auflösen; sie wird in Wärme umgewandelt. Das Ozon in der Stratosphäre ist also die Garantie dafür, dass schädliche UV-Strahlung bereits weit oben abgefangen und gebremst wird – Ozon entfaltet in der Stratosphäre seine lebensschützende Bedeutung. Die Stratosphäre beherbergt über 90 % des gesamten Ozons und könnte somit auch als „Ozonsphäre" bezeichnet werden. Die gängige Einheit für Ozonkonzentrationen ist die Dobson Unit (DU; engl.: unit = Einheit [µm]). Eine Ozonschichtdicke von 10 Mikrometer – 1 µm = der millionste Teil eines Meters oder 10^{-6} m – entspricht einer Dobson Unit (Abb. 3).

Die oben beschriebene Reaktion des Ozonabbaus ($2\,O_3 \rightarrow 3\,O_2$) ist eine sehr langsame Reaktion, die aber durch **Radikale** katalysiert wird. Radikale sind besonders reaktive Atome oder Atomgruppen, die ein einsames, ungepaartes Elektron besitzen. Sie entstehen durch (symmetrische) Spaltung einer Elektronenpaarbindung.

$$\text{Rad}\bullet \;+\; O_3 \rightleftharpoons \text{Rad-O}\bullet \;+\; O_2 \quad (1)$$
$$\text{Rad-O}\bullet \;+\; O_3 \rightleftharpoons \text{Rad}\bullet \;+\; 2\,O_2 \quad (2)$$

Die Gleichung (1) wird einige tausend Mal durchlaufen. Dies ist möglich, da sich die Radikale nach Gleichung (2) immer wieder zurückbilden. Erst nach vielen Reaktionsdurchläufen ist die „Radikalität" eines Radikals beendet, und es kann sich – beispielsweise mit einem anderen Radikal – friedlich und unzerstörerisch zusammenschließen.

Es gibt zwei Hauptursachen für die Existenz der Radikale in der Stratosphäre: Zum einen entstehen durch Stickstoffverbindungen wie Lachgas (N_2O; Distickstoffoxid) Stickstoffmonooxid-Radikale (NO•) – diese Radikalbildung, ein Teil des NO_x-Zyklus, überwiegt in etwa 30 km Höhe.

$$N_2O + O_3 \rightleftharpoons 2\,NO\bullet + O_2 \;(NO_x\text{-Zyklus})$$

Andererseits werden **F**luor**c**hlor**k**ohlen**w**asserstoffe (FCKWs) in höheren Regionen – in etwa 45 km Höhe – durch das UV-Licht fotolytisch gespalten. Je nach Wellenlänge λ (Lambda) – finden unterschiedliche Reaktionen statt; es entstehen jedoch stets Chlorradikale (Cl•), die die Ozonzerstörung vorantreiben:

$$CFCl_3 \xrightleftharpoons{h\nu} CFCl + 2\,Cl\bullet$$
$$\lambda < 150 \text{ nm}$$
$$CFCl_3 \xrightleftharpoons{h\nu} \bullet CFCl_2 + Cl\bullet$$
$$\lambda < 215 \text{ nm}$$

Seit den 50er Jahren wurden FCKWs als Kältemittel in Kühlschränken und als Treibgase in Spraydosen benutzt. Sie erschienen für diese Zwecke ideal, da sie als chemisch

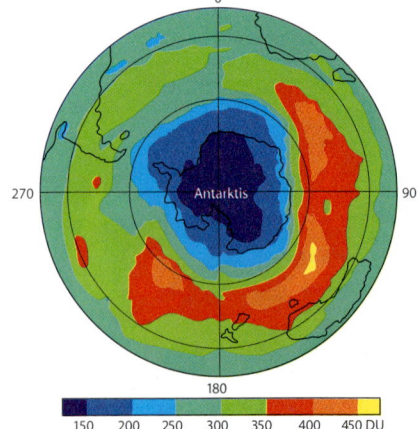

Abb. 3: Ozonkonzentrationen über dem Südpol am 5. Oktober 1987. Bei einem Absinken der Konzentration auf einen Wert unter zwei Drittel des Normalwertes spricht man vom Ozonloch

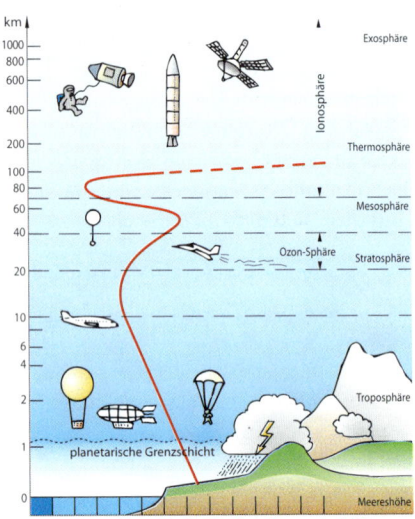

Abb. 2: Über 90 % des Ozons befinden sich in der Stratosphäre

Chemie

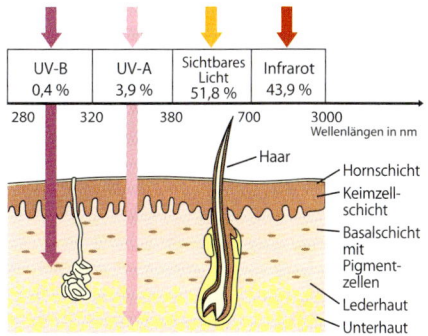

Abb. 4: Die gefährliche, kurzwellige UV-Stahlung kann tief in die menschliche Haut eindringen

inert galten, das heißt, dass sie keine chemischen Reaktionen eingehen und somit ohne Nebeneffekte nur kühlen und treiben. Hinzu kommt, dass FCKWs nicht brennbar sind, was für die Sicherheit von entscheidender Bedeutung ist. Eine den FCKWs eng verwandte Stoffklasse, die meist bromhaltigen **Halone**, wurden früher in großem Stile in der Brandbekämpfung als Feuerlöschmittel eingesetzt. Heute ist man dazu übergegangen, Wasser fein verteilt als Löschmittel einzusetzen; bei Bränden in elektrischen Anlagen wird eine Mischung aus Argon, Stickstoff und Kohlenstoffdioxid benutzt. Trotzdem werden vereinzelt noch Halone als Feuerlöschmittel verwendet, da sie fast unschlagbar reaktionsträge sind. Diese für Brandbekämpfung und Katastrophenschutz unter Umständen überlebensgarantierende Eigenschaft kann im Einzelfall wichtiger sein als die klimaverändernden Nachteile der Halone.

Abb. 5: Auch Tiere könnten durch künstliche Sonnenschutzmaßnahmen vor Haut- und Augenleiden bewahrt werden

Die Reaktionsträgheit der Halone und der FCKWs ist der Grund dafür, dass diese Stoffe uns heute enorme Probleme bereiten: Sie verweilen sehr lange, d.h. mehrere Jahre, in der Troposphäre, da sie nicht abgebaut werden und ungehindert, unverändert und langsam weiter aufsteigen können. Es verstreicht sehr viel Zeit, bis sie in höhere Luftschichten der Stratosphäre gelangen, wo sie durch die UV-Strahlung radikalisch gespalten werden und ihre tückische Wirkung entfalten können: Aus den reaktionsträgen Stoffen werden durch Energiezufuhr (UV-Licht der Sonnenstrahlung in der Stratosphäre) radikale Ozonzerstörer. Besonders schwierig sind die Auswirkungen der FCKWs vorauszusagen. Einerseits sind die Gleichgewichte, in die eingegriffen wird, hochkompliziert, andererseits entsteht ein Problem der zeitlichen und örtlichen Differenz von Entstehungsort und Wirkungsstätte: FCKWs, die zu einem bestimmten Zeitpunkt freigesetzt werden, beginnen erst über 20 km höher und oft auch erst über 20 Jahre später zu wirken.

Mitte der 80er Jahre wurde zum ersten Mal vom **Ozonloch** über der Antarktis geredet. Doch auch schon vorher wurde eine Abnahme der Ozonkonzentration in der Stratosphäre festgestellt, die seit Ende der 60er Jahre auch per Satellit beobachtet wird: Im antarktischen Frühling (September/Oktober) ist die Ozonschicht über der südlichen Erdhalbkugel am geringsten; über dem Nordpol erreicht die Ozonschicht ihr Dichteminimum im Januar/Februar. Der Grund für die jahreszeitlich sehr großen Schwankungen der Ozonkonzentration ist die Störung von komplizierten Gleichgewichtsreaktionen durch künstliche, also vom Menschen erzeugte Stoffe.

Die große Gefahr, die das Ozonloch in sich birgt, ist die Tatsache, dass gefährliche UV-Strahlung nahezu ungehindert durch dieses „Loch" hindurchgelangen kann. Beim Menschen kann die UV-Strahlung hautreizend und im Extremfall auch hautzerstörerisch wirken. Man unterteilt **ultraviolette Strahlung** in UV-A- und UV-B-Strahlung, teilweise auch noch in UV-C-Strahlung. Die UV-A-Strahlung kann zwar noch tiefer in die unteren Hautschichten eindringen; die UV-B-Strahlung ist jedoch gefährlicher. Sie wird auch harte UV-Strahlung genannt und ist hauptsächlich für Sonnenbrand, Alterungsprozesse und letztlich auch für Hautkrebs verantwortlich (Abb. 4).

In Neuseeland oder Australien, wo das Ozonloch zuerst entdeckt wurde und am weitesten vorangeschritten ist, wird man heute im Sommer niemanden mehr ohne Sonnen-

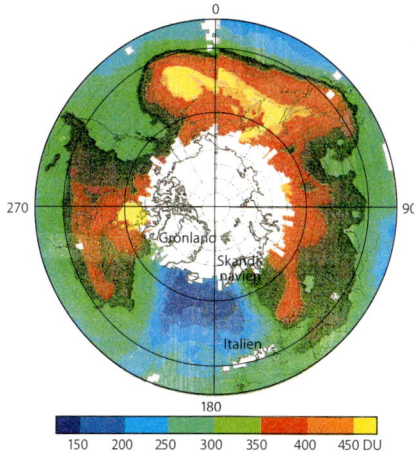

Abb. 6: Die Ozonkonzentration über der Nordhalbkugel am 18. 1. 1992

schutz (Kappe, Sonnenbrille) antreffen. Dort werden die Menschen ständig über Warnhinweise in Radio und Fernsehen vor den Gefahren gewarnt. In der Mittagszeit, in der die Sonne am stärksten scheint, gehen die Leute teilweise nur noch aus dem Haus, wenn es unbedingt sein muss. Bei Tieren, die es nicht gelernt haben, sich künstlich – z. B. mit Sonnenbrillen – vor UV-Strahlung zu schützen, ist ein Anstieg von Augenleiden bis hin zu Erblindungen festgestellt worden. Deshalb gibt es Wissenschaftler, die fordern, Tiere in den besonders gefährdeten Gebieten der Südhalbkugel mit künstlichen Sonnenschutzmaßnahmen zu versehen (Abb. 5).

Doch auch auf der Nordhalbkugel sind sich die Menschen inzwischen der Risiken, die das künstliche, von Menschenhand erzeugte Ozonloch in sich birgt, bewusst – künstlicher Schutz vor der schädlichen UV-Strahlung ist eine gesundheitsfördernde Maßnahme, denn auch hier wird das Ozonloch nicht merklich kleiner (Abb. 6).

Wir sollten weiterhin einiges dafür tun, dass das Ozonloch nicht größer wird, da Ozon in der Stratosphäre unser Leben schützt. Gefährlich ist Ozon in bodennahen Gebieten, wie das vorige Kapitel zeigte. Für das Ozon gilt wie für keinen anderen Stoff: **Oben hui, unten pfui!**

 Zum Weiterlesen:

- Wer wird denn gleich in die Luft gehen – Chemie tut es; S. 532
- Das größte natürliche Treibhaus – die Erde, S. 536
- Von der Kunst, Stoffe in langen Ketten herzustellen, S. 574

Das größte natürliche Treibhaus –
die Erde unter einer riesigen Kuppel

Was ist von der Vorstellung zu halten, ständig in einem Treibhaus zu leben? Wir alle leben im gleichen Treibhaus – der Erde unter einer riesigen Kuppel. Und das ist auch gut so. Denn ohne diese „Kuppel" der Atmosphäre wäre es auf der Erde durchschnittlich 33 °C kälter, statt angenehm gemäßigter 18 °C wären es –15 °C. Gut zwei Drittel der Sonnenstrahlung gelangt auf die Erdoberfläche und wird von Wasser und der Erdoberfläche aufgenommen (= absorbiert). Der Rest wird bereits in der Atmosphäre, z. B. von den Wolken, absorbiert oder in den Weltraum zurück reflektiert. Freigegeben wird diese Strahlung wieder als Infrarotstrahlung, die man als angenehme und unsichtbare Wärme fühlen kann. Die eingestrahlte Wärme wird wie in einem Treibhaus festgehalten. Der **Treibhauseffekt** ist also eine Grundvoraussetzung für alles Leben auf unserer Erde (Abb. 1). Die Erwärmung beruht darauf, dass Gase eine dünne Lufthülle bilden und die Wärme absorbieren können: Ohne diese Treibhausgase würde die Wärme wieder ungenutzt ins Weltall zurückstrahlen. Es sind hauptsächlich Kohlenstoffdioxid (CO_2) sowie Wasserdampf (H_2O), die als wichtigste Treibhausgase eine lebensfreundliche Umgebungstemperatur auf der Erde garantieren (Abb. 2). Aber auch Ozon (O_3), Methan (CH_4) und Lachgas (N_2O) tragen ihren – wenn auch geringeren – Teil zum natürlichen Treibhauseffekt bei. Hiervon unterschieden wird der künstliche Treibhauseffekt, der hauptsächlich ein Ergebnis der wachsenden Industrialisierung und der damit zusammenhängenden Verbrennung fossiler Energieträger wie Kohle und Erdöl ist. Wichtige Treibhausgase, die zur künstlichen Erwärmung der Erdatmosphäre beitragen, sind die FCKWs und insbesondere das CO_2.

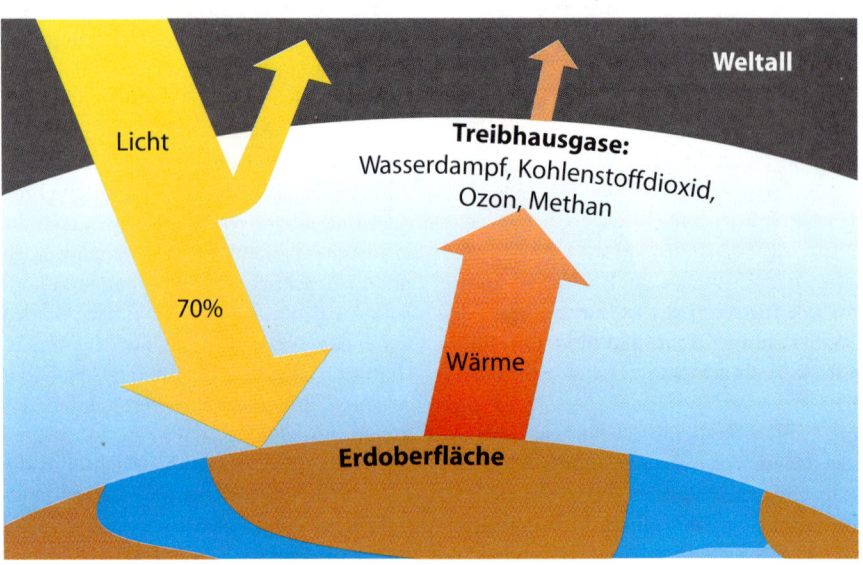

Abb. 1: Schematische Darstellung des Treibhauseffektes

CO₂

„Grünes Gas" wird Kohlenstoffdioxid manchmal genannt, weil es bei der fotosynthese und beim natürlichen Treibhauseffekt lebenswichtige Funktionen erfüllt. Die Wirkung des CO_2 als Treibhausgas beruht darauf, dass es in der Atmosphäre in demselben Wellenbereich stark Wärme (Energie) zu absorbieren vermag, in dem die Erde Energie abstrahlt – CO_2 hindert die Wärme daran, in die Stratosphäre zu entfleuchen. Darüber hinaus sorgt aber zusätzlich erzeugtes CO_2 für eine weitere Erwärmung der Atmosphäre: Eine Verdoppelung der CO_2-Konzentration bedeutet eine globale Temperaturerhöhung um 2,5 °C. Die Hälfte des vom Menschen erzeugten Treibhauseffektes wird dem CO_2 zugeschrieben. Dieses CO_2 stammt aus Verbrennungsreaktionen fossiler Energieträger, woran wir alle beteiligt sind. Kohlenstoffdioxid ist mit Abstand das bedeutendste Treibhausgas und wird daher bisweilen auch als „Killergas" bezeichnet.

FCKWs

FCKWs sind auch für den Treibhauseffekt von sehr großer Bedeutung, da sie durch ihre besondere Fähigkeit zur Wärmeabsorption erheblich zu einer weiteren, künstlichen Aufheizung der Erde beitragen: Trotz eines Rückgangs des Ausstoßes von FCKWs auf eine Million Tonnen pro Jahr bewirken FCKWs immer noch fast ein Viertel des künstlichen Treibhauseffektes.

H₂O

Gasförmiges Wasser, auch Wasserdampf genannt, ist ein sehr wirksames Treibhausgas. Kondensstreifen in der Luft sind nichts anderes als gefrorener Wasserdampf, die weißen Streifen am Himmel sind ein sicheres Indiz hierfür (Abb. 3). Bei Temperaturen von –50 °C bis –70 °C gefriert Wasserdampf in der Stratosphäre. So bilden sich kilometerbreite Wolkenflächen aus Eiskristallen. Wie durch ein Glasdach werden Sonnenstrahlen somit auf die Erde durchgelassen, während die Wärmestrahlung der Erdoberfläche weitgehend zurückgehalten wird. Etwa zwei Drittel des natürlichen Treibhauseffektes sind auf Wasserdampf zurückzuführen (Abb. 4).

Ozon

Ozon kann auch als Treibhausgas wirken. Die Hauptursache für bodennahes Ozon ist der Autoverkehr, was im vorletzten Kapitel beschrieben wurde. Jedoch sind die Auswirkungen des Ozons für den Treibhauseffekt nicht so schwerwiegend wie seine Auswir-

Abb. 2: Eine dünne Schicht von Gasen bewahrt die Erde vor Auskühlung. Sonnenlicht kann hindurchgelangen; die Wärmeabstrahlung der Erde wird aber absorbiert

Abb. 3: Kondensstreifen der Flugzeuge bestehen aus gefrorenem Wasserdampf

Abb. 4: Bei Trockenheit ist in der unteren Troposphäre nur sehr wenig vom Treibhausgas Wasserdampf vorhanden – Wüstennächte sind daher besonders kalt

kungen an der Erdoberfläche – Ozon ist bodennah eine große Gefahr.

CH_4

Mehr als die Hälfte des vom Menschen direkt oder indirekt erzeugten Methans stammt aus der Lebensmittelerzeugung. Über vier Fünftel entstehen dabei durch das Wirken von Bakterien, die in den Pansen von Kühen und anderen Wiederkäuern hausen – das können pro Tag und pro Kuh bis zu 25 Liter gasförmiges Methan sein (Abb. 5). Solche Bakterien finden sich außerdem in Sumpfgebieten, auf Mülldeponien, und sie tummeln sich in den Klärbecken bei der biologischen Abwasserreinigung. Des Weiteren entfleucht Methan aus undichten Gasleitungen (Lecks beim Erdgastransport) in nicht geringen Mengen. Methangas wird in der Atmosphäre – durch HO• radikalkatalysiert – zu CO_2 und H_2O oxidiert.

Oft haben menschliches Verhalten und alltägliche Lebensweise auf unsere Umwelt Auswirkungen, die nicht direkt erkennbar oder abschätzbar sind. Hierfür soll der **Flugverkehr** als Beispiel dienen. Lärmbelastungen

Abb. 5: Mit bis zu 25 Litern Methangas täglich liefert die Durchschnittskuh ihren Beitrag zum natürlichen Treibhauseffekt

und die Tatsache, dass durch die Verbrennungsreaktionen in den Triebwerken Schadstoffe entstehen, sind die unangenehmen Begleiterscheinungen des menschlichen Fliegens. Jedoch ist der Anteil des Luftverkehrs am Schadstoffausstoß recht gering; weltweit stammt nur ein sehr kleiner Prozentsatz der verkehrsbedingten Schadstoffe aus dem Flugverkehr. Das Problem liegt viel weiter weg, als man vielleicht vermutet: in der Stratosphäre. Bei etwa 10 km liegt der Übergang von der Troposphäre, in der alle biologischen und auch die wetterbildenden Prozesse stattfinden, zur Stratosphäre. Die dünne Luft dort oben erscheint vorteilhaft für Langstreckenflüge – es kann Flugzeugtreibstoff Kerosin gespart werden. Außerdem sollte man meinen, dass keine **Klimaveränderungen** durch Schadstoffausstoß zu erwarten sind, da die wetterbildende Zone tiefer, nämlich in der Troposphäre liegt. Denn zwischen Stratosphäre und Troposphäre findet nur ein geringer Austausch statt. Und genau hier beginnen die Probleme im Zusammenhang mit dem Langstreckenflugverkehr. Denn die Emissionen bleiben durch mangelnden Austausch lange in der Stratosphäre zurück; insbesondere Stickoxide (NO_x) und Wasserdampf (H_2O) wirken hier klimagefährdend. Die Auswirkungen der zusätzlichen Wasserdampfbildung durch den Flugverkehr sind jedoch schwer einzuschätzen und umstritten. Es bleibt die Frage, ob wirklich so viel Langstreckenflugverkehr notwendig ist: Urlauber fliegen oft um die halbe Welt, und beim Transport von Kiwis aus Neuseeland werden pro Kilogramm über 8 Liter Kerosin verbraucht. Dabei entstehen 25 kg CO_2, etwa 10 kg Wasserdampf und über 150 g Stickoxide.

Wegen der Flughöhe von 10000 Metern können die Verbrennungsprodukte direkt in die Stratosphäre gelangen. Das bei Verbrennungsreaktionen entstehende Stickstoffmonooxid ist genauso ein Ozonkiller wie die im vorigen Kapitel beschriebenen FCKWs. Nur mit dem Unterschied, dass dieses Stickstoffmonooxid weit oben entsteht und direkt seine ozonzerstörende Wirkung zeigen kann – ein Stickstoffmonooxidmolekül in 10 km Höhe ist 30fach klimabelastender als in bodennahen Regionen:

$$NO + O_3 \rightarrow NO_2 + O_2 \qquad (1)$$
$$NO_2 + O \rightarrow NO + O_2 \qquad (2)$$
$$O_3 + O \rightarrow 2\,O_2 \qquad \text{Nettobilanz}$$

Bei der Reaktion (1) wird ein Ozonmolekül zerstört. Die Rückbildung des Ozonmoleküls aus O_2 und O wird jedoch durch das NO_2 verhindert. Durch Verbindung mit O

entsteht – nach Gleichung (2) – wiederum NO, das nach Gleichung (1) weitere Ozonmoleküle zerstören kann. Dieser Kreislauf kann mehrere Jahre dauern, da weder eine Reinigung durch Regen noch durch Luftaustausch mit der Stratosphäre stattfinden kann. Letztlich wird so viel mehr Ozon in Sauerstoff umgewandelt, als dies ohne Stickstoffmonooxid möglich wäre. Die untere Nettobilanz-Reaktion läuft so als chemische Reaktion nicht ab. Sie ist nur die Addition der beiden Einzelgleichungen, zeigt aber das eindeutige Ergebnis. Die Auswirkungen und Gefahren des stratosphärischen Ozonabbaus sind im vorigen Kapitel beschrieben.

Zur Hälfte wird der vom Menschen erzeugte Treibhauseffekt durch das Kohlenstoffdioxid bestimmt. Seit den siebziger Jahren hat der CO_2-Gehalt der Atmosphäre um etwa ein Viertel zugenommen. Gleichzeitig stieg die Durchschnittstemperatur der Erde um etwa 0,6 °C. Das hört sich nicht nach viel an und ist für den Menschen nicht wahrnehmbar. Doch wenn man sich vor Augen führt, dass in den letzten Eiszeiten die Durchschnittstemperatur nur etwa um 2 °C niedriger als heute lag, dann bedeuten die 0,6 °C Erwärmung der letzten 25 Jahre Welten. Mit Eisbohrkernen in der Antarktis lässt sich das globale Klima mehr als 100000 Jahre zurückverfolgen, und zwar durch in Eis eingeschlossene Gasblasen. In Eiszeiten war die CO_2-Konzentration äußerst gering, in Warmzeiten war die CO_2- und CH_4-Konzentration sehr hoch. Der CO_2-Ausstoß wächst weltweit weiter an, und Klimaforscher befürchten, dass durch weitere Erwärmung die riesigen Mengen Polareis schmelzen könnten. Dies hätte einen Anstieg des Meeresspiegels zur Folge. Was wird die Zukunft bringen? Werden tief liegende Küstengebiete oder weite Teile Hollands bald unter Wasser stehen – oder ist dieses Szenario übertriebene Angst? Müssen wir uns weiter an Flutkatastrophen und extreme Klimaveränderungen – wie El Niño – gewöhnen? Diese Fragen lassen sich hier und heute nicht beantworten; die Zukunft wird uns die Antwort geben müssen.

 Zum Weiterlesen:

- Kohlenstoff – ein Element mit mehreren Gesichtern, S. 518
- Emissionen und Immissionen von Nichtmetalloxiden, S. 530
- Fossile Energieträger und erneuerbare Energien, S. 564

Der lange Marsch – von den polaren Atombindungen zu den Salzen und Ionen

In den letzten Kapiteln wurden einige der häufigsten **Nichtmetalloxide** vorgestellt. Besonders bekömmlich für Mensch, Tier und Pflanze sind die meisten nicht gerade, jedenfalls nicht im Übermaß. Dabei liegen Gefährlichkeit und Nützlichkeit oftmals dicht beisammen, wie die folgenden Beispiele zeigen sollen.

Zusammen mit Wasser ist **Kohlenstoffdioxid** (CO_2) der Hauptnährstoff aller grünen Pflanzen, durch Fotosynthese stellen sie aus diesen beiden Verbindungen elementaren Sauerstoff und Traubenzucker her. Es ist

nochmals von diesem zu den Metallen Beryllium und Lithium. Diese krassen Unterschiede müssen offenbar auf dem Metall-/Halbmetall-/Nichtmetall-Charakter des mit dem Sauerstoff verbundenen Elementes beruhen.

Blicken wir zurück zu den Edelgasen. Bei diesen hatten wir kurz die Van der Waals-Bindungen angesprochen. Sie sind die schwächsten aller Bindungen, treten dafür überall und immer auf. Ihre Stärke hängt von der Größe der Teilchenoberflächen ab. Bei den Edelgasen – und nur bei diesen – waren diese Teil-

nahe, dass die kleinsten Teilchen bei diesen beiden **keine Moleküle** sind. Was sind sie dann?

Die Elektronegativität – eine hilfreiche Modellvorstellung

An dieser Stelle greifen wir auf das Konzept der **Elektronegativität** zurück. Es hatte beim Wasser geholfen, einige seiner Eigenschaften wie die hohe Siedetemperatur und die seiner kleinsten Teilchen, der Wassermoleküle, zugänglich zu machen. Die wichtigsten Begriffe hierzu sind **polare Elek-**

Name	Lithiumoxid	Berylliumoxid	Boroxid	Kohlenstoff-dioxid	Stickstoff-monooxid	Ozon	Sauerstoff
Formel	Li_2O	BeO	B_2O_3	CO_2	NO	O_3	O_2
Aggregat-zustand	Feststoff	Feststoff	Feststoff	Gas	Gas	Gas	Gas
charakteri-sierende Temperatur	Schmelz-temperatur > 1700 °C	Schmelz-temperatur 2530 °C	Schmelz-temperatur 580 °C	Siede-temperatur −78 °C/195 K	Siede-temperatur −152 °C/121 K	Siede-temperatur −112 °C / 160 K	Siede-temperatur −183 °C/54 K

Abb. 1: Sauerstoff und Oxide der Elemente der 2. Periode mit ihren Schmelz- oder Siedetemperaturen

nicht direkt giftig, unsere ausgeatmete Luft enthält zu etwa 4 % Kohlenstoffdioxid. Spätestens ab etwa 10 % Anteil an der eingeatmeten Luft jedoch wird es gefährlich: Es führt zu Bewusstlosigkeit und schließlich zum Tod, wenn nicht rasch Sauerstoff zugeführt werden kann. **Stickstoffdioxid** (NO_2) ist ein recht starkes Gift, andererseits für Pflanzen in chemisch veränderter Form, Salze der als **Salpetersäure** (HNO_3) lebensnotwendig, weil sie zwar auf Stickstoffdüngung angewiesen sind, die Dreifachbindung im N_2-Molekül jedoch sehr schwer zu knacken ist.

Im Zusammenhang mit diesem Kapitel interessiert uns jedoch am meisten, dass beide Stoffe zu den Schadstoffen der Luft gehören, selbst also Gase sind. Gleiches gilt auch für Kohlenstoffmonooxid (CO), Stickstoffmonooxid (NO), Schwefeldioxid (SO_2). Dies könnte die Frage aufwerfen, ob alle **Oxide**, also alle Verbindungen mit Sauerstoff gasförmig sind.

Gase besitzen Siedetemperaturen, die deutlich unter 20–25 °C liegen. Abbildung 1 vergleicht das Element ‚Sauerstoff' mit einigen seiner Verbindungen mit Elementen aus der zweiten Periode des PSE.

Man sieht den drastischen Sprung der Eigenschaften der Oxide beim Übergang von den Nichtmetallen zum Halbmetall Bor und

chen Atome. Hier sind es Moleküle. Den Unterschied der Siedetemperaturen von Ozon und dem ‚normalen Sauerstoff' (Disauerstoff) können wir damit recht gut erklären: Das O_3-Molekül ist größer als das O_2-Molekül. Selbst die Siedetemperatur von Stickstoffmonooxid liegt gut im grünen Bereich. Kohlenstoffdioxid zeigt zwar gewisse Besonderheiten, ist aber immerhin noch ein Gas.

Sehen wir uns an dieser Stelle noch einmal genau das PSE an. Kohlenstoff und Stickstoff (sowie Sauerstoff) zählen zu den Nichtmetallen: Sie stehen oben und relativ weit rechts. Ihre Oxide bestehen, wie ihre Siedetemperaturen zeigen, aus einzelnen Molekülen. Ihre vereinfachten Bindungsverhältnisse sollen das zeigen: C=O, N=O, zum Vergleich O=O.

Bor zählt zu den Halbmetallen mit ihren Eigenheiten. Hier zeigt sich eine davon. Sein Oxid schmilzt drastisch höher als die Oxide der Nichtmetalle, aber deutlich niedriger als das der beiden Metalle. Wir **müssen** davon ausgehen, dass Dibortrioxid – B_2O_3 – **nicht** aus Molekülen besteht, jedenfalls nicht aus solch kleinen wie beim CO_2-, NO- oder O_2-Molekül. Die Van der Waals-Bindungen sind viel zu schwach, die recht hohe Schmelztemperatur zu erklären.

Der nochmalige starke Anstieg zum Berylliumoxid und Lithiumoxid hin legt

tronenpaarbindung, **Dipolmolekül** und **Wasserstoffbrückenbindungen**. Die Elektronegativität, häufig als **EN** abgekürzt, spielt in der gesamten Chemie eine große Rolle. Man darf sie nicht als reale Größe ansehen, wohl aber als gut ‚erfundene' Hilfe. Daher hier nochmals ihre Definition: Die **EN** ist ein Maß dafür, wie stark die an einer Bindung beteiligten Atome die bindenden Elektronen an sich ziehen.

Es ist wie beim Tauziehen. Sind beide Mannschaften **gleich stark** oder **schwach**, werden sie mit ein wenig Hin und Zurück – Elektronen sind beweglich – das Tau gleichmäßig zwischen sich aufteilen, selbst also ihren Platz beibehalten. Ist eine der Mann-

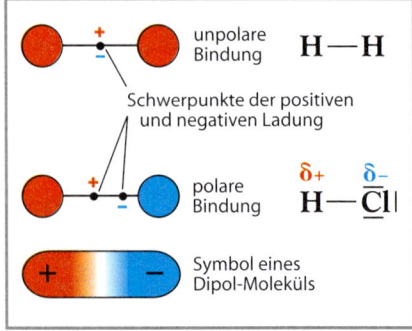

Abb. 2: In einer polaren Atombindung zieht das elektronegativere Atom die bindenden Elektronen zu sich herüber

H 2,1							He –
Li 1,0	Be 1,5	B 2,0	C 2,5	N 3,0	O 3,5	F 4,0	Ne –
Na 0,9	Mg 1,2	Al 1,5	Si 1,8	P 2,1	S 2,5	Cl 3,0	Ar –
K 0,8	Ca 1,0	Ga 1,6	Ge 1,8	As 2,0	Se 2,4	Br 2,8	Kr –
Rb 0,8	Sr 1,0	In 1,7	Sn 1,8	Sb 1,9	Te 2,1	I 2,5	Xe –
Cs 0,7	Ba 0,9	Tl 1,8	Pb 1,8	Bi 1,9	Po 2,0	At 2,2	Rn –

Abb. 3: Das PSE mit den Hauptgruppenelementen und deren Elektronegativitätswerten

schaften **etwas** stärker, wird sie die andere und das Tau mehr zu sich hinziehen. Genau genommen muss man also wissen, welche Mannschaften gerade am Start sind. Den Teams unserer Modellvorstellung entsprechen die Atome, dem Tau die bindenden Elektronen.

In Abb. 2 ist der Bindungsstrich das Symbol für diese bindenden Elektronen. $\delta+$ (delta plus) und $\delta-$ (delta minus) zeigen die **Teilladungen** oder **Partialladungen** der beiden an der Bindung beteiligten Atome an. Woher soll man wissen, welches der Atome die positive bzw. negative Partialladung trägt, also die Elektronen stärker zu sich herüberzieht? Ganz einfach – aus **Tabellen**, in denen die Elektronegativitäten aller Elemente bzw. ihrer Atome aufgelistet sind, wie in dem gezeigten Kurz-PSE, das nur die Hauptgruppenelemente aufführt (Abb. 3). Wir kommen darauf zurück.

Der zweifache Nobelpreisträger Linus Pauling berechnete als Erster die EN-Werte der verschiedenen Elemente. Sein Rechenansatz ist recht kompliziert; wir wollen in einer groben Näherung sein Konzept darstellen. Wir ziehen die Bildung der Wasserstoffverbindungen der Halogene aus den Ele-

menten als einfachste Beispiele heran und berücksichtigen nun die **Reaktionsenthalpie** ΔH_R. Wir setzen sie hier der ‚**Reaktionsenergie**' und ‚**Reaktionswärme**' gleich. (‚Δ' ist das große griechische Delta und steht in Mathematik und Naturwissenschaften für ‚Differenz'.) Das **negative** Vorzeichen besagt, dass alle vier Reaktionen **exotherm** ablaufen, also Energie in Form von Wärme freisetzen.

Die Zahlenwerte der einzelnen Reaktionsenthalpien in Abbildung 4 zeigen, dass beim Fluor die Reaktion weitaus am meisten Wärme freisetzt und zum Iod hin ein drastischer Rückgang zu verzeichnen ist. In allen Fällen entsteht eine **H–X-Einfachbindung** (X = Halogenatom). Wir gehen nun davon aus, dass umso mehr Energie freigesetzt wird, je stärker die H–X-Bindung ist. Aus diesen und vielen weiteren Reaktionen ergibt sich, dass von allen Einfachbindungen diejenige mit Fluor als eines der Bindungsatome am stärksten ist. An zweiter Stelle folgen die Bindungen mit Sauerstoff. Bei ihm müssen wir daran denken, dass er zweiwertig ist. Wir dürfen nur seine Einfachbindungen zum direkten Vergleich mit Fluor, Chlor usw. benutzen. Denn auch in der Chemie gilt: Doppelt genäht hält besser. Das zeigt sich in

Abbildung 5 bei den Bindungen zwischen Sauerstoff und C-Atomen.

Das Fluor als Bezugspunkt zu wählen war vernünftig. Den Zahlenwert **4,0** für die Elektronegativität ordnete ihm Pauling willkürlich zu. Dies hat sich bewährt; denn die EN-Werte aller anderen Elemente liegen in einem vertrauten Zahlenbereich – und sie sind selbstverständlich alle kleiner, siehe Abbildung 3. Zu beachten bleibt, dass ein ΔEN-Wert von **null** natürlich **nicht** bedeutet, dass die Bindungsenthalpie null ist, die beteiligten Atome sich also trennen. Sonst gäbe es keine Elementmoleküle wie H_2 oder Cl_2. Ein ΔEN von null besagt vielmehr, dass die bindenden Elektronenpaare gleichmäßig zwischen den Atomen aufgeteilt sind, die Schwerpunkte von positiver und negativer Ladung fallen also zusammen (Abb. 2). Die Bindung wird ‚nur' umso fester, je größer die EN-Differenz ist, weil die Bindung dann stärker polarisiert ist. Die EN-Differenz ist also ein Maß für die **Stärke der Polarität einer Atombindung**.

Mit den eigentlichen EN-Werten kann man die Ladungsvorzeichen der Teilladungen ermitteln – mehr nicht. Aber selbst für sehr weit gehende chemische Betrachtungen ist dies nützlich, daher einige Beispiele mit den EN-Werten für H=2,1, C=2,5, N=3,0, Cl=3,0, O=3,5, F=4,0:

$$\overset{\delta+\ \ \delta-}{\text{H–F}} \quad \overset{\delta+\ \ \delta-}{\text{H–Cl}} \quad \overset{\delta+\ \ \delta-}{\text{H–O}} \quad \overset{\delta+\ \ \delta-}{\text{H–N}} \quad \overset{\delta+\ \ \delta-}{\text{C–Cl}} \quad \overset{\delta+\ \ \delta-}{\text{H–C}}$$

Man kann die Spitzenstellung des Fluors bei der Elektronegativität auch aus dem Vergleich seiner Atome mit denen **links** von ihm und **unter** ihm verstehen. Zwei Faktoren beeinflussen die Kraft, die die bindenden Elektronen anzieht: Die **Ladung** der anziehenden **Atomrümpfe** und deren Durchmesser bzw. **Radius**: Je größer der Radius ist, umso größer ist der Abstand zwischen Kern und (Außen-) Elektronen und damit umso schwächer die Anziehung. Die **Rumpfladung** und **Rumpfgröße** lassen sich aus dem PSE ermitteln: Der Wert dieser Ladung ist gleich der Gruppennummer, der Radius des Rumpfes nimmt nach dem Schalenmodell von Periode zu Periode zu. Fluor besitzt also als Element der siebten Gruppe in seiner Periode die größte Rumpfladung. Und von allen Halogenen besitzt es die kleinsten Atomrümpfe (oder Atome). Umgekehrt muss das **elektropositivste** oder am wenigsten elektronegative Element dem Fluor im PSE diagonal gegenüber liegen: Caesium weist von den Alkalimetallen den größten Atomradius auf.

Reaktionsschema	Reaktionsenthalpie
$H_2 + F_2 \rightarrow 2\ HF$	ΔH_R = –537 kJ/2 mol HF-Moleküle
$H_2 + Cl_2 \rightarrow 2\ HCl$	ΔH_R = –185 kJ/2 mol HCl-Moleküle
$H_2 + Br_2 \rightarrow 2\ HBr$	ΔH_R = –103 kJ/2 mol HBr-Moleküle
$H_2 + I_2 \rightarrow 2\ HI$	ΔH_R = –9,5 kJ/2 mol HI-Moleküle

Abb. 4: Die Enthalpien der Bildung der vier Halogenwasserstoffe aus den Elementen nehmen vom Fluor zum Iod stark ab

Bindung	Bindungsenthalpie (-energie) in kJ/mol Bindungen	Betrag der Elektronegativitätsdifferenz ΔEN
H–F	564	1,9
H–Cl	432	0,9
H–Br	362	0,7
H–I	292	0,4
H–O	462	1,4
H–N	390	0,9
H–S	339	0,4
C–F	502	1,5
C–Cl	326	0,5
C–Br	271	0,3
C–O	352	–
C=O	741	–

Abb. 5: Die Stärke von Atombindungen (ihre Bindungsenthalpie) ist am größten, wenn Fluor oder Sauerstoff beteiligt sind

Die Oxidationszahlen als verbesserte Bindigkeit

Im Kapitel über die Nichtmetalle haben wir den Begriff ‚Bindungszahl‘ oder ‚Bindigkeit‘ eingeführt. Damit bekamen wir eine erste Vorstellung davon, wie sich gleiche Atome zueinander verhalten. In der Chemie wird es meist erst spannend, wenn sich verschiedene Atome zusammenlagern. Eine weitere ‚Hilfestellung‘ bietet in diesen Fällen die ‚Oxidationszahl‘. Ihr Name ist Programm, sie hat einiges mit ‚Oxidation‘ zu tun. Und zu verstehen ist sie erst mit der Elektronegativität. Sehen wir uns dazu die bekannte Knallgasreaktion, die Reaktion zwischen elementarem Wasserstoff und Sauerstoff nochmals an und schreiben das Wassermolekül mit den Partialladungen:

$$2\,H_2 + O_2 \rightarrow 2\,H_2O \;=\; {}_{\delta+}\underset{H \quad H}{\overset{\delta-}{\diagup O\diagdown}}{}_{\delta+}$$

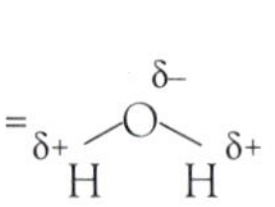

Wer mit Sauerstoff reagiert, wird nach altem chemischem Sprachgebrauch ‚oxidiert‘. Hier ist es der Wasserstoff als Element. Begeben wir uns nun auf die Ebene der Atome. Nach den EN-Werten müssen die H-Atome **hier** eine positive Teilladung tragen, denn das O-Atom ist elektronegativer. Aus der Formel geht deutlich der Begriff der Bindigkeit hervor: Das O-Atom ist zweibindig, die H-Atome sind einbindig. Mit der Kombination aus Bindigkeit und EN definieren wir: Die **Oxidationszahl** ist dem Betrag nach die klassische Bindigkeit, versehen mit dem **Vorzeichen der Partialladungen**, wie sie sich in den **vorliegenden Bindungen**

aus den EN-Werten ergeben. Sie wird stets in **römischen Ziffern** angegeben, das **Vorzeichen** wird ihr **vorangestellt**. In unserem Beispiel ist damit die Oxidationszahl der beiden **H-Atome +I**, die des **Sauerstoffatoms –II**. Hierzu gleich einige Anmerkungen:

1. In neutralen Molekülen ist die Summe der Oxidationszahlen stets null, hier: $2 \cdot (+I) + (–II) = 0$;
2. In der Bindung mit Nichtmetallatomen besitzen H-Atome stets die Oxidationszahl +I;
3. O-Atome tragen fast immer die Oxidationszahl –II;
4. die Oxidationszahl von Fluoratomen ist –I.

Mit der Oxidationszahl wird die Oxidation auf die atomare Ebene übertragen und damit ein Stück anschaulicher. Zudem ist damit ‚Reduktion‘ als Umkehrung der Oxidation ein Stück verständlicher. Zur Erinne-

rung: Die Reduktion war schon zur Zeit der ‚alten‘ Metallverhüttung die Gewinnung der elementaren Metalle aus ihren Erzen, immer mit Holzkohle (Kohlenstoff) als Reduktionsmittel.

Wir greifen nochmals auf die Wasserstoff-Sauerstoff-Reaktion zurück und benutzen die Oxidationszahlen:

$$\overset{0}{2\,H}–\overset{0}{H} + \overset{0}{O}=\overset{0}{O} \rightarrow \overset{+I\;-II\;+I}{2\,H–O–H}$$

Auch die kleinen hochgestellten Nullen sind Oxidationszahlen, eben mit dem Wert **null**. Denn wenn **gleiche** Atome aneinander gebunden sind, ist ΔEN = 0. Es fiel nicht schwer, diese Standardreaktion als Oxidation anzusehen, bei der **elementarer Wasserstoff oxidiert** wird. Und bei der die Wasserstoffatome **nach der Reaktion**, also im Wassermolekül, einen **positiveren Wert** der **Oxidationszahl** annehmen, als sie ihn im **Wasserstoffmolekül vor der Reaktion** besaßen. Konsequenz: Als Oxidation bezeichnen wir nun eine Reaktion, bei/nach der die Atome eines Elements eine **positivere Oxidationszahl** bekommen. Die Sauerstoffatome ‚verschlechtern‘ sich dagegen, sie werden **reduziert**, ihre **Oxidationszahl wird negativer**. Diese Reaktion ist die **Reduktion**. Bereits dieses eine Beispiel zeigt, dass Oxidation und Reduktion untrennbar miteinander verknüpft sind. Als **Reduktions-Oxidations-Reaktionen** oder kurz **Redoxreaktionen** sind sie das Fundament sehr vieler chemischer Vorgänge in der Technik und in biologischen Organismen. Offenbar kann man jetzt die Oxidation **weiter** fassen, wie die Reaktionen zwischen Wasserstoff und Chlor bzw. Fluor zeigen:

$$\overset{0}{H}–\overset{0}{H} + \overset{0}{Cl}–\overset{0}{Cl} \rightarrow \overset{+I\;-I}{2\,H–Cl}$$
$$\overset{0}{H}–\overset{0}{H} + \overset{0}{F}–\overset{0}{F} \rightarrow \overset{+I\;-I}{2\,H–F}$$

Verbindung	Formel	Schmelztemperatur	Elektronegativitätsdifferenz
Fluorwasserstoff	HF	–83 °C	1,9
Natriumfluorid	NaF	992 °C	3,1
Magnesiumfluorid	MgF_2	1265 °C	2,8
Wasser	H_2O	0 °C	1,4
Natriumoxid	Na_2O	920 °C	2,6
Magnesiumoxid	MgO	2800 °C	2,3
Chlorwasserstoff	HCl	–114 °C	0,9
Natriumchlorid	NaCl	800 °C	2,1
Magnesiumchlorid	$MgCl_2$	714 °C	1,8

Abb. 6: Vergleich der Eigenschaften einiger Wasserstoffverbindungen mit den entsprechenden Natrium- und Magnesiumverbindungen

Chemie

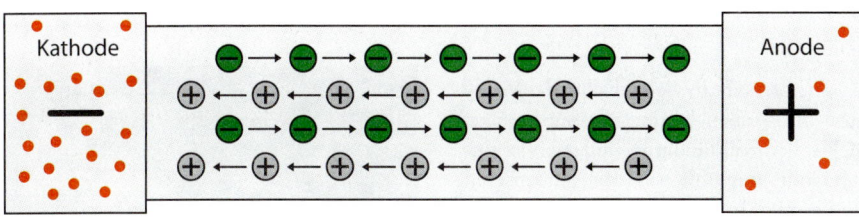

positive geladene Ionen

negativ geladene Ionen

Abb. 7: In Schmelzen von Salzen wandern die positiven Metallionen zur Kathode, die negativen Nichtmetallionen zur Anode

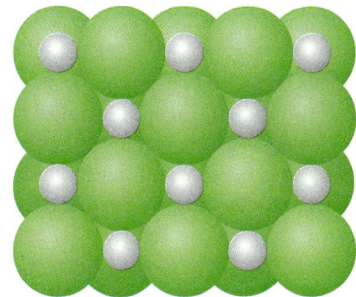

Abb. 8: Verschieden geladene Ionen im Ionengitter

Wieder wird Wasserstoff oxidiert, das Chlor bzw. das Fluor nehmen den Platz des Sauerstoffs ein. Ihre Oxidationszahl nimmt ab (Zahlenstrahl!), sie wird auch hier negativer. Der Unterschied liegt **nur** im **Zahlenwert** der Oxidationszahl. (Die nach den EN-Werten größere Polarität in der H–F-Bindung gegenüber der im H–Cl-Molekül berücksichtigt diese Schreibweise nicht.) Die Ähnlichkeiten der Reaktionen des Wasserstoffs mit Fluor bzw. Chlor und mit Sauerstoff sind also unter dem Oberbegriff der Oxidation zusammengefasst.

Salze: Ionenwertigkeiten als volle Ladungen

Wasserstoff hat eine Sonderstellung im Reigen der Elemente. Sein EN-Wert von 2,1 passt nicht zu den Alkalimetallen, sondern in unserem Rahmen nur zu den Nichtmetallen. Der Grund: Der Atomrumpf des H-Atoms ist das ‚nackte‘ Proton, die Anziehung auf das eine Elektron sehr stark. Der Winzling von Proton – im Vergleich mit den ‚normalen‘ Atomrümpfen und Atomen – ist unter chemischen Bedingungen **allein** nicht existenzfähig. Das zeigt sich in der Abbildung 6:

Ähnlich wie in Abb. 1 erkennt man den dramatischen Anstieg der Schmelztemperaturen von den Verbindungen des Nichtmetalls Wasserstoff (Abb. 1: Sauerstoff) zu denen der beiden Metalle Natrium (dem Lithium ähnlich) und Magnesium (dem Beryllium ähnlich). Hinzu kommt im **direkten Vergleich** die größere ΔEN. Nur ist diese allein nicht allzu aussagekräftig. Man vergleiche die Elektronegativitätsdifferenz im Fluorwasserstoff mit der von Magnesiumchlorid: Der Unterschied zwischen den beiden ΔEN-Werten ist minimal, der zwischen den Schmelztemperaturen ist enorm. Offenbar ist also die Betrachtung der ΔEN-Werte **allein** nicht ausreichend.

Wir haben früher schon gesehen, dass **wässrige Lösungen** von **Metall-Nichtmetall-Verbindungen** den elektrischen Strom leiten. Auch ihre **Schmelzen sind elektrisch leit-**

fähig. Allerdings gibt es erhebliche Unterschiede zur Leitfähigkeit der Metalle: Alle Beobachtungen zeigen, dass in den Schmelzen (wie in den wässrigen Lösungen) nicht ‚freie‘ Elektronen (Elektronengas der Metalle), sondern **elektrisch geladene Ionen** als **Ladungsträger** fungieren – sie wandern beim Anlegen einer elektrischen Spannung (griechisch ‚ion‘, ‚das Wandernde‘) (Abb. 7). Darum heißen diese Stoffe auch **Ionenverbindungen**. Dabei sind die **Metallionen positiv geladen, Nichtmetallionen negativ**. Die Ionen sind dabei **echt** geladen, nicht partiell wie die Atome bei den Elektronenpaarbindungen. Wir nehmen an, dass sie schon im Feststoff vorhanden sind. Zwischen den entgegengesetzt geladenen Ionen herrschen starke Anziehungskräfte, da ein beliebiges Ion nicht nur ein entgegengesetzt geladenes Ion anzieht, sondern alle, von denen es umgeben ist. Es bildet sich ein **Ionengitter** (Abb. 8). In diesem sind sie nach unseren Modellen von Festkörpern fest an ihre Plätze gebunden. Daher zeigen **feste** Salze im Gegensatz zu den Metallen **keine** Leitfähigkeit. In einer Ionenverbindung liegen keine kleinen Einzelmoleküle vor, sondern der gesamte Ionenkristall ist ein Riesenmolekül. Damit wird klar, warum die Salze so hohe Schmelzpunkte besitzen.

Salze ist allgemein die Bezeichnung für Metall-Nichtmetall-Verbindungen in dieser Form, benannt nach dem Kochsalz, dem Natriumchlorid.

Feste Bindungen

Fassen wir einmal kurz zusammen, welche Bindungen wir bis jetzt kennen gelernt haben.

– Die **Elektronenpaarbindung**, gleichbedeutend sind die Begriffe **Atombindung** und **kovalente Bindung**. Hier bilden einfach besetzte Kugelwolken zweier Atome durch Überlappung ein gemeinsames, bindendes Elektronenpaar. Je nach Anzahl der einfach besetzten Kugelwolken können bis zu drei solcher bindenden Elektronenpaare zwischen zwei Atomen gebildet werden. Dies ist die einzige Bindungs-

art zwischen zwei Nichtmetallatomen. Sie kann zwischen gleichen oder verschiedenen Elementen bestehen.

– Die **Metallbindung**. In Metallen sind die Atome in einem Metallgitter angeordnet. Die einzelnen Metallatome geben ihre Außenelektronen in den Zwischenraum zwischen sich ab. Dieses „Elektronengas“ hält die Atomrümpfe zusammen. Auch diese Bindung kann zwischen gleichen und zwischen verschiedenen Metallatomen bestehen. Es binden sich aber nicht genau zwei, sondern viele Atome zusammen.

– Die **Ionenbindung**. Hier haben Nichtmetallatome Außenelektronen aufgenommen, die Metallatome abgegeben haben. Sie kommt also nur zwischen verschiedenen Atomen vor. Es entstehen entgegengesetzt geladene Ionen, die sich gegenseitig stark anziehen und ein Ionengitter bilden.

Neben diesen Bindungen zwischen Atomen kennen wir auch Bindungen zwischen Molekülen.

– Die **Wasserstoffbrückenbindung**. Sie bildet sich zwischen Wasserstoffatomen, die mit stark elektronegativen Nichtmetallatomen eine polare Bindung eingegangen sind, und freien Elektronenpaaren an diesen Atomen eines anderen Moleküls.

– Die **Van der Waals-Bindung**. Zwischen unpolaren Molekülen wirken ausschließlich Van der Waals-Kräfte. Es sind Anziehungskräfte zwischen Molekülen und werden wesentlich von deren Größe bestimmt. Diese Bindung ist ziemlich schwach, liegt dafür aber immer vor.

Zum Weiterlesen:

• Auch schlecht kann gut sein – Leitfähigkeit der Nichtmetalle, S. 516
• Wasser – kein ganz gewöhnlicher Stoff, S. 524
• Ein Gitter für die Salze – Ionenbindungen, S. 542

Ein Gitter für die Salze – Ionengitter und ihre Besonderheiten

Früher, als Edelstähle noch nicht so weit verbreitet waren, hatte man die Reaktion von Metallen mit Nichtmetallen Tag für Tag vor Augen: Rostendes Eisen beim Besteck, Fahrradspeichen und -rahmen. Ein besonderes Ärgernis stellten in wenigen Jahren durchgerostete Karosserien dar; sie bestimmten das Verfallsdatum manches Autos. Heute kennt man fast nur noch rostige Nägel. Die Reaktionsgleichung des Rostens ist eine echte **Redoxgleichung**. Sie lautet:

$$4\,Fe + 3\,O_2 \rightarrow 2\,Fe_2O_3$$

Um die Bildung von Salzen aus den Elementen angemessen zu beschreiben, kombinieren wir die ‚alte' Wertigkeit und die **Oxidationszahl** zur **Ionenladung**. Während die Atome in den Molekülen der Nichtmetall-

Wie hier gibt in vielen Fällen das Metallatom sein Außenelektron bzw. seine Außenelektronen vollständig ab, und das Nichtmetall füllt mit ihnen seine Außenschale vollständig. In unserem Vergleich mit dem Tauziehen heißt dies, dass die eine Mannschaft das Tau **komplett** zu sich hinüberzieht. Das Natriumion besitzt die gleiche Elektronenzahl und –verteilung wie das im PSE vor ihm stehende Neon, das Chloridion die gleiche Elektronenanordnung wie das hinter ihm stehende Krypton (Abb. 2). Beide Elemente erreichen durch den Elektronenübergang Elektronenanordnungen (Elektronenkonfigurationen) von Edelgasen (Edelgaskonfiguration). Dieses Bestreben der Elemente, die Elektronenkonfigurationen der Edelgase zu

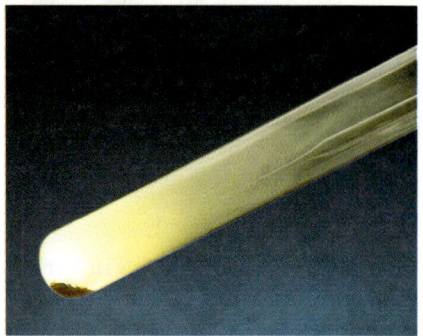

Abb. 1: Festes Natrium reagiert mit Chlor unter hellem Aufglühen (exotherm) zu Natriumchlorid

sind dagegen die Ionisierungsenergien der Alkalimetalle; sie geben ihr einziges Außenelektron leicht ab. Im Gegensatz dazu besitzen die Halogene recht hohe Ionisierungsenergien. Sie erreichen eine Edelgasschale daher nicht durch Elektronenabgabe, sondern durch Elektronenaufnahme.

Allerdings führt diese Elektronenübertragung führt zur Bildung von schönen Steinsalzkristallen (Abb. 4). Das ist leicht nachzurechnen, wenn man die **Bildungsenthalpien** von **Kationen** und **Anionen** im Gaszustand kennt. Dazu zerlegt man die Gesamtreaktion gedanklich in die beiden **Teilreaktionen** der **Elektronenabgabe** (Ionisierung, Oxidation) des Metallatoms und der **Elektronenaufnahme** (Reduktion) des Nichtmetallatoms und addiert sie anschließend:

(1) $2\,Na(g) \rightarrow 2\,Na^+(g) + 2\,e^-$
$\Delta H = +992\ kJ/2\ mol\ Elektronen\ (e^-)$
(2) $2\,Cl(g) + 2\,e^- \rightarrow 2\,Cl^-(g)$
$\Delta H = -698\ kJ/2\ mol\ Elektronen$

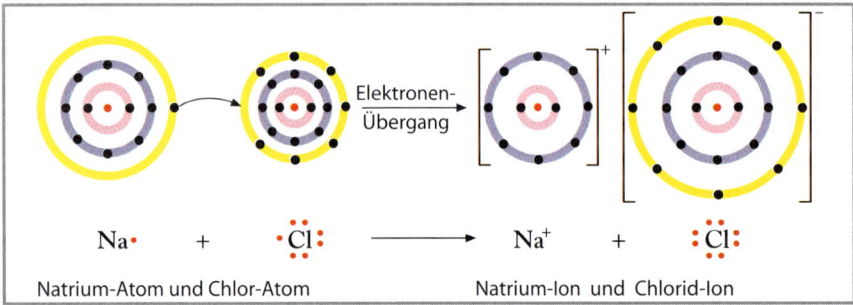

Abb. 2: Ein Chloratom übernimmt bei der Reaktion mit Natrium ein Elektron von einem Natriumatom. Dieses verliert seine Außenschale, das Cl-Atom füllt sie auf

verbindungen nur **Teilladungen** tragen, betrachten wir die Ionenladung als ein ganzzahliges Vielfaches der Ladung eines **Elektrons**. Das lässt sich gut verstehen, wenn man bei der Reaktion von Metallen mit Nichtmetallen eine **vollständige Elektronenübertragung** annimmt. Die Oxidationszahl der Sauerstoffatome war –II. Sie geht bei den Salzen über in die **Ionenladung 2–**. Man beachte den Unterschied in der Schreibweise. Sie ist in der Chemie ähnlich wichtig wie die Rechtschreibung bei normalen Texten. Mit dieser Annahme ergibt sich nach dem **Gesetz der Elektroneutralität** oder des **Ladungserhaltes** sofort die Ladung des Eisenions in der ‚Rostgleichung':

$$4\,Fe^0 + 3\,O_2^0 \rightarrow 4\,Fe_2^{3+}O_3^{2-}$$

Wie bei den Oxidationszahlen sind die Beträge aller positiven und negativen Ionenladungen gleich: $|\,2 \cdot 3+| = |\,3 \cdot 2-|$.

Sehr viel spektakulärer verläuft die Reaktion von Natrium mit Chlor (Abb. 1) mit der Gleichung

$$2\,Na{\cdot} + |\overline{\underline{Cl}} : \overline{\underline{Cl}}| \rightarrow 2\,Na^+|\overline{\underline{Cl}}|^-$$

erreichen, bezeichnet man auch als Oktettregel. Dieses Verhalten wird durch einen Blick auf die Ionisierungsenergien der Elemente verständlich (Abb. 3). Die höchsten Ionisierungsenergien besitzen die Edelgase; ihre voll besetzten (abgeschlossenen) Elektronenschalen sind besonders schwierig anzugreifen, d.h. sehr stabil. Besonders gering

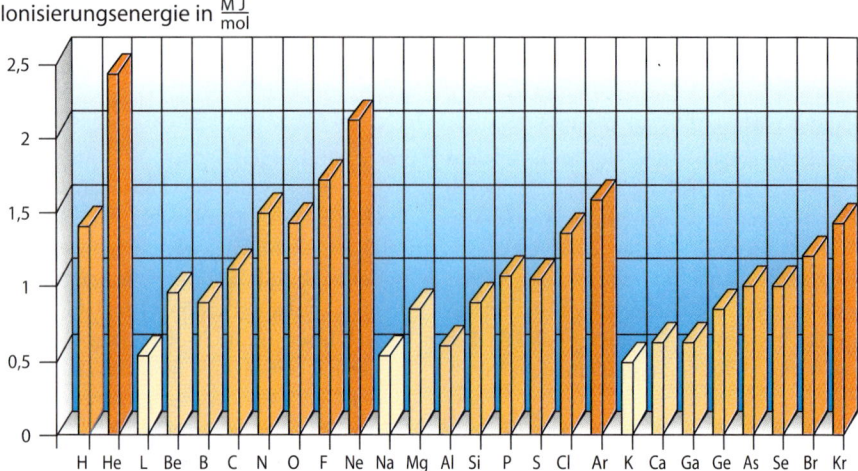

Ionisierungsenergie in $\frac{MJ}{mol}$

Abb. 3: Die Ionisierungsenergien der Alkalimetalle (Li, Na, K) sind innerhalb jeder Periode am niedrigsten, die der Edelgase am höchsten

Abb. 4: Steinsalzkristalle sind natürliches, fast reines Natriumchlorid

$(1)+(2)\ 2\,Na + Cl_2 \rightarrow 2\,Na^+(g) + 2\,Cl^-(g)$
$\Delta H = +294\ kJ/2\ mol\ Elektronen$

Die Reaktion verliefe **endotherm**, also nur unter **Energiezufuhr**. In der Realität kann man aber eine hohe Wärmeentwicklung über das Aufglühen nicht nur sehen, sondern auch als **negative Reaktionsenthalpie** messen:

$(3)\ 2\,Na^0(f) + Cl_2^0(g) \rightarrow 2\,Na^+Cl^-(f)$
$\Delta H_R = -411\ kJ/mol\ Elektronen$

Wieso verläuft die scheinbar gleiche Reaktion einmal endotherm und einmal exotherm? Der Unterschied liegt offensichtlich im Aggregatzustand: In (1) und (2) liegen die Ionen im **Gaszustand** vor – **ohne Anziehungskräfte** untereinander. Im Feststoff (3) nähern sie sich dagegen auf den **minimalen Abstand**. Dabei wird infolge der elektrischen Anziehung die **Gitterenergie** frei, beim Natriumchlorid beträgt diese 766 kJ/mol. Da-

durch verläuft die Reaktion insgesamt exotherm. Der vergleichsweise hohe Wert der Gitterenergie wird zum einen durch die **großen Anziehungskräfte** zwischen den **echt geladenen Teilchen**, den Ionen, zum anderen durch die Struktur des Gitters verursacht (Abb. 5): Im festen Natriumchlorid umgeben sich die Natrium- mit **sechs** Chloridionen und umgekehrt. Es sind mithin also viele Teilchen, die sich gegenseitig stark anziehen. Damit läßt sich die recht große Härte vieler Salze gut erklären. Und umgekehrt ihre hohe Sprödigkeit: Eine Mineralsalztablette läßt sich leicht zerbrechen. Die äußere Kraft verschiebt die Teilchen im Gitter. Dabei geraten gleich geladene Ionen in Kontakt; deren starke Abstoßung lässt den Kristall ‚zerplatzen‘ (Abb. 6).

Dasses zu einem gewissen Grad die Gitterenergien sind, die die Reaktionen von Metallen und Nichtmetallen bestimmen, zeigt das obige Beispiel des rostenden Eisens. Bei der Stellung des Eisens im PSE können seine Ionen in einfachen Verbindungen nicht der Oktettregel folgen. Diese ist somit in vielen Fällen höchstens auf die Bildung der **Anionen** anwendbar.

Das Konzept der Gitterenergie, die auf der Anziehungskraft zwischen entgegengesetzt geladenen Ionen beruht, bietet dagegen mehr Erklärung an. Sehen wir uns die beiden

Verbindung	normale Formel	Formel mit Ionenladungen	Schmelztemperatur
Natriumfluorid	NaF	Na^+F^-	992 °C
Magnesiumoxid	MgO	$Mg^{2+}O^{2-}$	2640 °C

Abb. 7: Bei Salzen mit ähnlicher Struktur besitzt das mit den höher geladenen Ionen die höhere Schmelztemperatur

Verbindung	Formel mit Ionenladungen	Schmelztemperatur
Natriumchlorid	Na^+Cl^-	800 °C
Natriumiodid	Na^+I^-	662 °C

Abb. 8: Bei vergleichbaren Salzen hat das mit den größeren Ionen die niedrigere Schmelztemperatur

Fälle von Abb. 7 an. Die beiden Salze scheinen laut ‚normaler‘ Formel sehr ähnlich zu sein. Ihre höchst unterschiedlichen Schmelztemperaturen sprechen jedoch dagegen. Aus den Formeln mit den Ionenladungen wird der Grund klar: Im Magnesiumoxid sind beide Ionen **zweifach** geladen, im Natriumfluorid nur **einfach**. Die Anziehungskräfte, die die Ionen des Magnesiumoxids aufeinander ausüben, sind also größer als diejenigen im Natriumfluorid. Magnesiumoxid besitzt daher eine höhere Gitterenergie als Natriumfluorid. Um sie zu überwinden und den Kristall zu zerstören ist mehr Energie notwendig, was sich an der höheren Schmelztemperatur des Magnesiumoxids ablesen lässt.

Verbindung	Formel	Schmelztemperatur
Zinndichlorid	$SnCl_2$	313 °C
Zinntetrachlorid	$SnCl_4$	−33 °C
Kohlenstofftetrachlorid (Tetrachlormethan)	CCl_4	−23 °C

Abb. 9: Zinntetrachlorid besitzt verglichen mit Zinndichlorid keinen Salzcharakter mehr

 Zum Weiterlesen:

- Metalle – das Grundgerüst unserer Technik, S. 504
- Der lange Marsch – von polaren Atombindungen zu Ionen, S. 538
- Die Chemie der versalzenen Suppe, S. 544

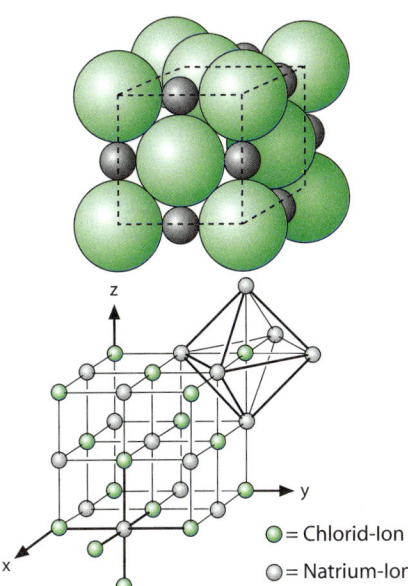

○ = Chlorid-Ion
○ = Natrium-Ion

Abb. 5: Vollkugel- und Kugel-Stab-Modell der Struktur von Natriumchlorid

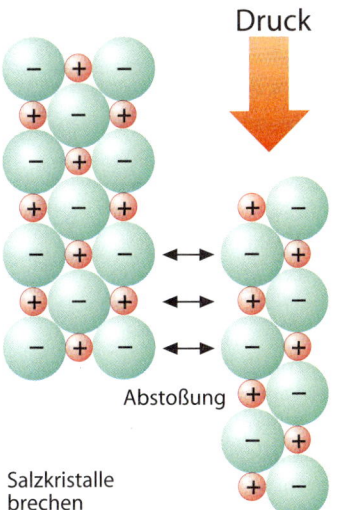

Druck

Abstoßung

Salzkristalle brechen

Abb. 6: Salzkristalle brechen bei Krafteinwirkung infolge der Abstoßung gleicher Ionen

Die Chemie der versalzenen Suppe

Kochsalz (NaCl) löst sich wie viele andere Stoffe in Wasser auf. Nach kurzer Zeit sind die Salzkristalle nicht mehr zu sehen. Trotzdem ist das Kochsalz weiter vorhanden. Ein Geschmackstest beweist dies. Außerdem bilden sich beim vollständigen Verdunsten oder Verdampfen des Wassers erneut Kristalle. Die Chemiker sagen, das Kochsalz hat sich im Wasser gelöst. Dabei ist eine **Lösung**, in diesem Fall Kochsalzlösung, entstanden. Flüssigkeiten, die Stoffe lösen, heißen **Lösemittel**. Sie sind gegenüber dem gelösten Stoff im Überschuss vorhanden. Nicht jedes Lösemittel kann auch jeden Stoff lösen. Wenn Wasser das Lösemittel ist, so spricht man von **wässrigen Lösungen**. Gelöst werden können neben Feststoffen auch Flüssigkeiten und Gase: Alkoholische Getränke, wie Bier und Wein, sind Lösungen von Alkohol (Ethanol) in Wasser. Ohne gelösten Sauerstoff könnten im Wasser keine Fische leben. Lösungen

Stoff	Löslichkeit in Gramm pro 100 Gramm Wasser
Haushaltszucker	204
Kochsalz (Natriumchlorid, NaCl)	35,9
Soda (Natriumcarbonat, Na_2CO_3)	21,7
Natron (Natriumhydrogencarbonat, $NaHCO_3$)	9,6
Gips ($CaSO_4$)	0,2
Löschkalk (Calciumhydroxid, $Ca(OH)_2$)	0,12
Sauerstoff (O_2)	0,0043
Stickstoff (N_2)	0,0019
Kalkstein (Calciumcarbonat, $CaCO_3$)	0,0015

Abb. 1: Löslichkeit einiger Stoffe in Wasser bei 20 °C

Abb. 2: Kristalle eines Salzes lösen sich selbständig in Wasser

sind immer **homogene Stoffmischungen**. Man sieht ihnen nicht an, dass sie zwei oder mehr Bestandteile enthalten: Salzwasser ist optisch nicht von Süßwasser zu unterscheiden. Eine Lösung ist immer klar durchsichtig, selbst wenn sie intensiv gefärbt ist. Nicht alle wasserlöslichen Stoffe lösen sich gleich gut. Leicht löslich sind Kochsalz und Haushaltszucker, schwer löslich sind z. B. Gips oder Silberchlorid (AgCl). In Wasser unlösliche Stoffe sind beispielsweise Sand oder elementarer Schwefel (S). Die **Löslichkeit** in einem bestimmten Lösemittel ist somit eine messbare Stoffeigenschaft. Sie gibt an, wie viel Gramm eines Stoffes sich in 100 Gramm Lösemittel lösen. Bei vielen Feststoffen steigt die Löslichkeit mit der Temperatur. Deswegen haben Löslichkeitstabellen immer eine Temperaturangabe (Abb. 1).

Gesättigte Lösungen liegen vor, wenn im Lösemittel die Höchstmenge des entsprechenden Stoffs gelöst ist. Die Lösung hat dann eine maximale **Konzentration**. Weitere Zugabe eines Feststoffs führt zur Bildung eines unlöslichen Bodenkörpers. Dazu sind in einem Liter Wasser rund 360 g Kochsalz, aber nur zwei Gramm Gips nötig.

Was beim Lösen passiert

Lösungsvorgänge lassen sich gut mit farbigen Feststoffen beobachten. Kupfersulfat ($CuSO_4$) sinkt beim Lösen in blauen Schlieren auf den Grund des Gefäßes. Zunächst sammelt sich die blaue Lösung im unteren Teil an, darüber steht klares Wasser (Abb. 2). Die Lösungen fester Stoffe sind demnach spezifisch schwerer als reines Wasser. Nach einiger Zeit nimmt die gesamte Flüssigkeit eine gleichmäßige Färbung an: Wegen der Eigenbewegung der Teilchen durchmischen sich die verschiedenen Stoffe. Das nennt man **Diffusion** (Abb. 3). Es entsteht eine homogene Mischung. Die zu lösenden Salze sind Ionenverbindungen. Die gute Wasserlöslichkeit vieler Salze beruht auf der elektrischen Ladung der Ionen und der Struktur der Wassermoleküle. Die Dipolmoleküle des Wassers umlagern zunächst die Gitter-Ionen an den Ecken und Kanten des untertauchenden Kristalls. Zwischen den Ionen und den Dipolmolekülen des Wassers wirken elektrostatische Anziehungskräfte. Schicht für Schicht werden einzelne Ionen aus dem Kristall herausgelöst. Die Wasser-Dipole umgeben die positiv geladenen Kationen mit ihren negativ teilgeladenen Sauerstoffatomen, und die negativ geladenen Anionen mit den positiv teilgeladenen Wasserstoffatomen. Durch die Wechselwirkungen zwischen Ionen und

Dipolmolekülen bildet sich rund um jedes Ion eine kugelförmige **Hydrathülle** aus Wassermolekülen. Dieser Vorgang heißt **Hydratation** (Abb. 4). Im Reaktionsschema werden hydratisierte Ionen mit dem Kurzsymbol (aq) für ‚aqua' (Wasser) gekennzeichnet (Abb. 5). Durch die Hydrathüllen sind die Ionen voneinander abgeschirmt. Sie können erst dann wieder einen Feststoff bilden, wenn nicht mehr genügend Wassermoleküle zwischen ihnen sind. Dann entsteht ein unlöslicher Bodenkörper. Lösevorgänge können je nach Stoff exotherm oder endotherm ablaufen. Das hängt davon ab, ob die beim Lösen frei werdende **Hydratationsenergie** größer oder kleiner ist als die aufzuwendende Gitterenergie, welche die Ionen zusammenhält. Im ersten Fall erwärmt sich die Lösung, im zweiten Fall kühlt sie sich ab. Beim endothermen Vorgang wird der Umgebung also Wärme entzogen. Das geht nur, weil dabei die Beweglichkeit der Teilchen in der Lösung zunimmt, ähnlich wie beim Verdunsten von Flüssigkeiten.

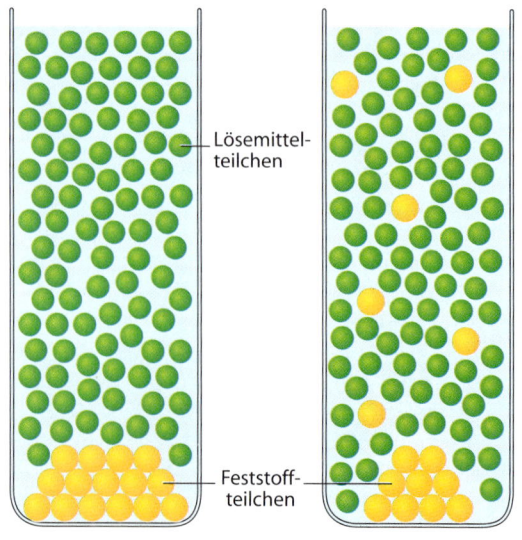

Lösemittel-teilchen

Feststoff-teilchen

Abb. 3: Durch Diffusion wird der gelöste Stoff gleichmäßig im Lösemittel verteilt

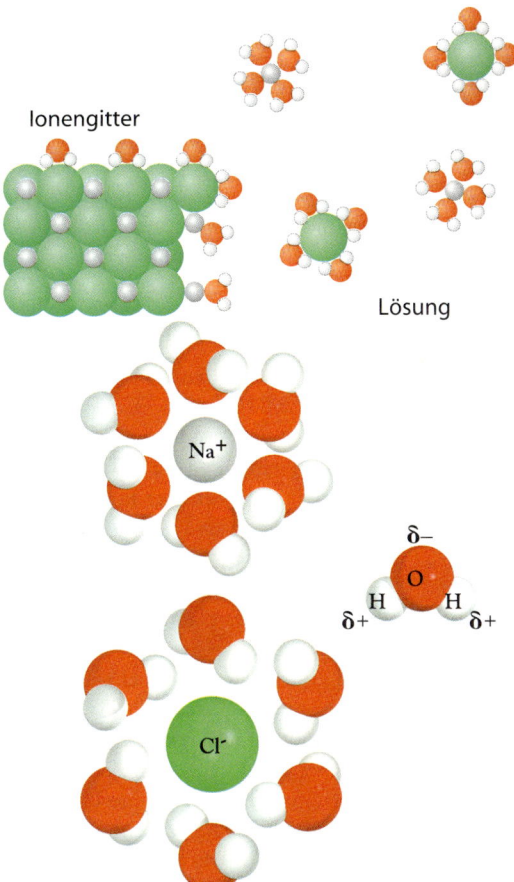

Ionengitter

Lösung

Na⁺

Cl⁻

$\delta-$

O

H   H

$\delta+$ $\delta+$

Abb. 4: Beim Auflösen von Salzen bilden die Wassermoleküle eine Hydrathülle um jedes einzelne Ion

Salzlösungen sind einfach anders

Immer wieder ereignen sich tödliche Stromschläge während des Badens, wenn ein elektrisches Gerät, z.B. ein Fön, in die wassergefüllte Badewanne fällt. Die elektrische Leitfähigkeit des Wassers beruht auf seinem natürlichen Salzgehalt. Die hydratisierten Ionen übernehmen den Ladungstransport. Freie Elektronen spielen hier – im Gegensatz zu den Metallen – keine Rolle. Die Stärke der Leitfähigkeit ist abhängig von der Konzentration der Ionen. **Destilliertes Wasser** leitet den elektrischen Strom praktisch nicht, denn durch das Destillieren ist es praktisch salzfrei. In Leitungswasser sind geringe Mengen von verschiedenen Salzen gelöst. Es leitet den elektrischen Strom. Der Salzgehalt von Meerwasser ist noch größer. Daher leitet es den elektrischen Strom gut. Vom gesamten Wasser der Erde sind 97 %

$$NaCl_{(f)} \xrightarrow{\ H_2O\ } Na^+_{(aq)} + Cl^-_{(aq)}$$

Abb. 5: Reaktionsschema der Lösung von Kochsalz

Salzwasser. Es hat einige besondere Eigenschaften. Die gelösten Ionen stören die Wassermoleküle beim Aufbau des hoch geordneten Eis-Gitters. Deswegen kann Salzwasser, z.B. in Polarregionen, auch kälter als 0 °C sein, ohne zu gefrieren. Dieser Effekt heißt **Gefrierpunktserniedrigung**. Man nutzt ihn beim winterlichen Einsatz von Streusalz gegen vereiste Straßen und Fußwege. Das gelöste Salz bewirkt außerdem eine **Siedepunktserhöhung**: Salzwasser siedet erst jenseits von 100 °C, weil die gelösten Ionen die Wassermoleküle der Hydrathülle fest an sich binden. Sowohl Gefrierpunktserniedrigung als auch Siedepunktserhöhung beruhen letztlich darauf, dass die Ionen-Dipol-Wechselwirkung stärker ist als die Wasserstoffbrückenbindungen unter den Wassermolekülen.

Allgegenwärtig: Gelöste Gase

Auch für Gase ist Wasser ein gutes Lösemittel. Gewässer und Leitungswasser enthalten gelöste Gase der Luft. Die Menge richtet sich nach **Wassertemperatur** und Luftdruck (Abb. 6). Mit höherer Wassertemperatur nimmt die Löslichkeit der Gase ab. Wärmeres Wasser enthält weniger gelösten Sauerstoff. Deshalb kann in sehr heißen Sommern natürliches Fischsterben auftreten. Beim Erhitzen von Wasser steigen schon weit vor dem Siedepunkt kleine Gasbläschen auf. Darin entweicht die gelöste Luft. Bei 100 °C siedet das Wasser, und die Blasen bestehen dann aus Wasserdampf. Mit höherem Druck steigt die Löslichkeit von Gasen in Wasser. Kohlenstoffdioxid (CO_2) wird unter hohem **Druck** in Mineralwasser, Limonade und Cola gelöst und bildet die „Kohlensäure". Beim Öffnen der Flasche sinkt der Druck wieder ab, weshalb ein Teil des eingepressten Kohlenstoffdioxids zischend entweicht.

Eine Lösung für das Abwasser

In der Natur existiert kein reines Wasser, weil es immer einen Anteil gelöster Stoffe enthält. Zusätzlich hat die Menschheit dem Wasser der Bäche, Flüsse, Seen und Meere viele Schadstoffe zugemutet. Die Eigenschaft als Lösemittel und Transportmedium (Strömung) schien viele Gifte und Abfallstoffe sehr einfach zu entsorgen. Sie wurden in die Gewässer gegeben, teils, weil man nicht um ihre Giftigkeit wusste, häufig aber auch, weil

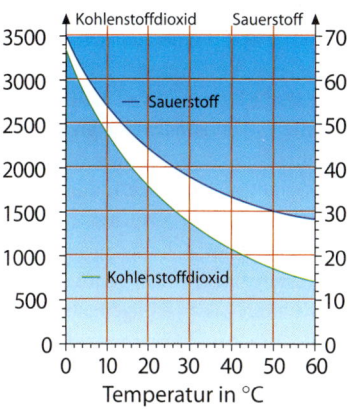

Masse in mg (in 1 l Wasser gelöst)

Kohlenstoffdioxid   Sauerstoff

Sauerstoff

Kohlenstoffdioxid

Temperatur in °C

Abb. 6: Die Löslichkeit von Gasen in Wasser sinkt mit der Temperatur

es einfach und bequem und vor allem billig ist, unerwünschte und unbrauchbare Reste einfach in einen ‚zufällig' vorbeifließenden Fluss zu kippen. Tatsächlich waren die vielen Einleitungen von Abwasser eine ‚Schein-Lösung', denn die Schadstoffe wurden lediglich verdünnt und weggeschafft, nicht aber wirklich beseitigt. Das Wasser selbst wurde zum Problemfall: Die zwar verdünnten, aber immer noch vorhandenen Schadstoffe sammelten sich allmählich im Wasser an, die Schadstoffkonzentration im Wasser wuchs, die Wasserqualität sank oftmals bedrohlich. An manchen Orten wurde selbst das unterirdische Grundwasser verseucht. Gegenmaßnahmen mussten her: Zunehmend wurden neue Kläranlagen gebaut und ältere modernisiert. Viele Produktionsprozesse kommen heute mit weniger Abwasser aus, und manche gewässerbelastenden Stoffe sind aus Haushalten und Industrie ganz verschwunden. Für viele Schadstoffe ist die Einleitung in die Gewässer gesetzlich verboten, bei anderen zumindest eingeschränkt. Alle diese Maßnahmen brachten Erfolge in der Wasserreinhaltung. Das Wasser der Flüsse ist in den letzten Jahren sauberer geworden. Im Rhein leben heute wieder zahlreiche Fischarten, die vorher durch Abwässer vertrieben waren.

 Zum Weiterlesen:

- Wasser – kein ganz gewöhnlicher Stoff, S. 524
- Ein Gitter für die Salze – Ionenbindungen, S. 542
- Die Vorstellung des pH-Wertes, S. 554

Absolut unverzichtbar – Ionen und Salze als Nährstoffe

Als **Bioelemente** werden diejenigen chemischen Elemente bezeichnet, die unverzichtbar am Aufbau der Körpersubstanz von Lebewesen beteiligt sind. In großen Mengen nötig sind die so genannten **Makronährelemente**: Kohlenstoff, Sauerstoff, Wasserstoff, Stickstoff, Schwefel, Phosphor, Kalium, Calcium, Magnesium sowie bei Mensch und Tier auch Natrium und Chlor. Daneben gibt es die in geringen Mengen ('Spuren') notwendigen, aber dennoch unentbehrlichen **Spurenelemente**. Dazu gehören Eisen, Mangan, Zink, Kupfer, Molybdän, Kobalt sowie Fluor, Iod, Selen, Silicium bei Mensch und Tier und Chlor und Bor bei Pflanzen. Viele andere Elemente wie Blei, Cadmium und Quecksilber wirken giftig.

Viele Bioelemente werden in Form **anorganischer Salze**, in Form von Ionen aufgenommen, die somit lebenswichtige Nahrungsbestandteile sind. Man bezeichnet sie als **Mineralsalze** oder **Mineralstoffe**. Sie werden durch Verwitterung aus Gesteinen gebildet und reichern sich beispielsweise in Mineralquellen und dem daraus gewonnenen Mineralwasser an. Sowohl in Pflanzen als auch in Tieren übernehmen Mineralstoffe vielfältige **Funktionen**:

– Sie dienen als direkte Bausteine zur Bildung von Gerüstsubstanzen. Hierzu zählen die Knochen mit einem hohen Anteil an Calciumphosphat ($Ca_3(PO_4)_2$). Auch die Schalen („Mineralskelette") von Schnecken und Muscheln sowie Korallenriffe nutzen Kalk (Calciumcarbonat, $CaCO_3$) und damit einen Mineralstoff zur Stabilisierung.

– Sie sind am Aufbau vieler biologisch lebenswichtiger Stoffe beteiligt. Ohne Eisenionen gäbe es keinen roten Blutfarbstoff (Hämoglobin) und damit keinen Sauerstofftransport im Blut. Magnesiumionen sorgen im Blattgrün (Chlorophyll)

Lebensmittel	Natriumchloridgehalt in %
Roher Schinken	4 bis 5
Salami	3 bis 5
Matjeshering	8 bis 10
Kaviar	5 bis 10
Frischfisch	0,6 bis 1,2
Schmelzkäse	3 bis 4
Emmentaler Käse	3 bis 5
Frische Erbsen	0,01 bis 0,02
Dosenerbsen	2 bis 5
Salzstangen	4 bis 5
Speisesalz	ca. 99

Abb. 1: Viele Lebensmittel enthalten unerwartet viel Kochsalz

dafür, dass die Fotosynthese stattfinden kann.

– Der Wasserhaushalt der Gewebe wird maßgeblich von Salzen beeinflusst. Die in der Zellflüssigkeit gelösten Ionen binden in ihrer Hydrathülle Wassermoleküle. Dadurch wird weitgehend ein pralles Zellvolumen gesichert (**osmotischer Druck**). Als **isotonisch** bezeichnet man Lösungen, die denselben osmotischen Druck aufbauen, wie ihn die jeweilige Gewebeflüssigkeit besitzt. Als einfacher Blutersatz kommt physiologische Kochsalzlösung mit einem Massenanteil von 0,9 % NaCl zum Einsatz. Sie ist dem Blut isotonisch. Hingegen nennt man Lösungen, die einen geringeren Salzgehalt (osmotischen Wert) als die von ihnen umgebene Zelle haben, **hypotonisch**. Destilliertes Wasser beispielsweise bringt Zellen zum Platzen und wirkt daher, literweise getrunken, tödlich. **Hypertonische** Lösungen sind höher konzentriert als die Zellflüssigkeit. Sie entziehen dem Gewebe Flüssigkeit und 'trocknen' damit die Zellen aus.

– Der Salzhaushalt des Körpers spielt eine entscheidende Rolle bei der Übertragung von Nervenimpulsen und bei der Aktivierung vieler Enzyme.

Alles in allem ist ein konstanter Ionenbestand des Organismus Voraussetzung für den Ablauf aller Lebensprozesse. Bei ungenügender Auf-

nahme von Mineralsalzen treten **Mangelerscheinungen** auf, z.B. Iodmangel beim Menschen. Iod ist chemisch gebunden in den Schilddrüsenhormonen enthalten. Diese regulieren eine Vielzahl von Stoffwechselreaktionen. Wo das Iodid des Bodens ausgewaschen wurde, liegen Iodmangelgebiete vor. Eine wichtige Iodquelle für die menschliche Ernährung sind Meeresfische und inzwischen auch iodhaltiges Speisesalz.

Das lebenswichtige Kochsalz wird in relativ großen Mengen benötigt. Etwa fünf Gramm davon müssen wir pro Tag aufnehmen. Da es in vielen Lebensmitteln enthalten ist oder zugesetzt wird, kommt es bei unserer Ernährung oft sogar zu einer Überversorgung (Abb. 1).

Ohne Salze keine Pflanzen

Am Anfang der Nahrungskette stehen die Pflanzen. Sie benötigen zum Gedeihen Licht, Luft, Wasser und **nährsalzhaltige Böden** (Abb. 2). Nur wenn alle diese Bedingungen erfüllt sind, bauen sie energiereiche biochemische Substanzen auf, die sie zum Leben benötigen. Davon ernähren sich dann wiederum Tiere und Menschen. Die Pflanze entzieht die für ihr Wachstum unentbehrlichen Salze dem Boden. Nur gelöste Ionen können zusammen mit dem Wasser über die Wurzeln aufgenommen werden. Welche Stoffe im Einzelnen in der Pflanze enthalten sind, ermittelt das Verfahren der **Elementaranalyse**. Dazu werden die getrockneten Pflanzenteile verbrannt und die Asche chemisch untersucht. Der Einfluss der einzelnen Stoffe wird in Experimenten mit **Nährlösungen** untersucht. Das sind Salzlösungen,

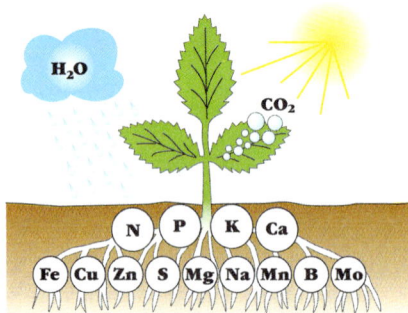

Abb. 2: Pflanzen benötigen Wasser, Licht, Kohlenstoffdioxid und verschiedene Elemente in Form gelöster Salze

Abb. 3: Kaliummangel verursachte bei der rechten Tomate den grünen Kragen

Abb. 4: Das „liebigsche Minimumfass" veranschaulicht das Gesetz vom Minimum

deren Zusammensetzung genau bekannt ist und mit denen die Pflanze versorgt wird. Fehlt nun in einer Nährlösung ein lebensnotwendiges Element, so macht sich dies durch auffällige Mangelerscheinungen bemerkbar (Abb. 3). Meist wird das Wachstum beeinträchtigt, und die Blätter verfärben sich gelb. Diese Pflanzenkrankheit nennt man **Chlorose**.

Stoffkreisläufe und Düngung

Die Grundlage fruchtbaren Bodens ist verwittertes Gestein. Die daraus freigesetzten Ionen werden teilweise in die Pflanzensubstanz eingebaut und damit in ‚biologischen Umlauf' gebracht. In intakten Böden zersetzt eine riesige Zahl von Bodenbakterien und Pilzen (Destruenten) später die abgestorbene biologische Substanz. Durch ihre Abbautätigkeit **mineralisieren** sie die Biomasse: Biologisch gebundener Stickstoff, Schwefel und Phosphor werden in Form von Ionen dem Boden nach und nach zurückgegeben. Durch die Mineralisation werden die Stoffkreisläufe biologisch wichtiger Elemente geschlossen, und für die Pflanzen stehen erneut Nährsalze zur Verfügung. Der **Kreislauf der Mineralstoffe** kann nur funktionieren, wenn Verwesung und Nachwachsen an gleicher Stelle passieren. Dies ist in

der Natur der Fall. Intensive Landwirtschaft entzieht aber mit der **Ernte** die Mineralstoffe ihrem Kreislauf. Durch **Düngung** werden die Nährelemente wieder zurückgeführt und für die neue Ernte ergänzt. Justus von Liebig, der Begründer der Agrikulturchemie, erkannte 1843: „Als Prinzip des Ackerbaus muss angesehen werden, dass der Boden in vollem Maße wieder erhält, was ihm genommen wurde." Dank uralter Erfahrung wurden bereits in der vorindustriellen Landwirtschaft Jauche und Stallmist als organische Wirtschaftsdünger wieder auf die Äcker zurückgebracht (**natürliche Düngung**). Wegen der Bevölkerungsexplosion mussten immer mehr Menschen ernährt werden – bei insgesamt schrumpfender landwirtschaftlicher Nutzfläche. Auch mit einer intensiveren Bebauung der Felder war die Welternährung nicht mehr gesichert. Seit den Untersuchungen Liebigs wurde die **Düngung mit Mineralsalzen** zur Steigerung der Erträge immer wichtiger. In vielen Fällen war und ist Stickstoff der Minimumfaktor. An Stickstoffdünger standen nur Natrium- und Kaliumnitrat ($NaNO_3$ und KNO_3) zur Verfügung. Die natürlichen Vorkommen drohten Ende des 19. Jahrhunderts zur Neige zu gehen. Mit Nachdruck arbeiteten Forschung und Technik an Verfahren, den in der Luft reichlich vorhandenen elementaren Stickstoff in biologisch verwertbare Verbindungen zu überführen. Das Haber-Bosch-Verfahren zur Ammoniak-Synthese (S. 529) brachte die Lösung dieses Problems. Heute werden 85% der weltweiten Ammoniakproduktion zu Stickstoffdünger verarbeitet.

Viel hilft nicht immer viel – das Problem der Überdüngung

Die Ansprüche der Pflanzen an Menge und Verhältnis der aufzunehmenden Nährsalze sind verschieden. Manche Elemente werden von allen Pflanzen benötigt, andere dagegen nur von einigen. Ein Mangel an einer bestimmten Ionenart kann nicht durch den Überschuss einer anderen Ionenart ausgeglichen werden. Auch diesen Sachverhalt erkannte Justus von Liebig mit seinem **Gesetz vom Minimum**: Für das Gedeihen einer Pflanze ist danach immer die Ionenart, die im relativen Mi-

nimum vorliegt, der wachstumsbegrenzende Faktor. Diesen Sachverhalt veranschaulicht das „liebigsche Minimumfass". In Abb. 4 begrenzt der im Minimum vorhandene Stickstoff den Ertrag, obwohl die anderen Faktoren in genügender Höhe vorliegen. Das Minimumfass verdeutlicht auch, dass sich die Erträge nicht grenzenlos steigern lassen: Irgendwann läuft das Fass immer an einer Stelle über. **Überdüngung** ist daher widersinnig, denn sie steigert die Ernte nicht, verursacht aber unnötige Kosten und Umweltschäden. Überschüssige Nährsalze können den Boden versalzen oder werden durch das Regenwasser ausgewaschen und gelangen in Grund- und Oberflächenwasser. Dort können sie zu einer Gefährdung der Trinkwasserreserven oder zu einer biologischen Belastung von Flüssen und Seen führen. Phosphate aus Ackerböden, Haushalten und Waschmitteln älterer Bauart führen zu einem hohen Nährstoffeintrag in die Gewässer (**Eutrophierung**). In der Folge kommt es zu einem übermäßig starken Wachstum mancher Wasserpflanzenarten, vor allem von Algen. Die Pflanzen nehmen sich gegenseitig Licht und Lebensraum weg, sterben dann ab und führen zu einer wachsenden Schlammschicht am Grund des Gewässers. Zu ihrer Zersetzung verbrauchen die abbauenden Mikroorganismen den im Wasser gelösten Sauerstoff. Schließlich tritt **Fäulnis** ein, wobei Giftstoffe entstehen. Ein Beispiel ist der Schwefelwasserstoff (H_2S), dessen Geruch nach faulen Eiern allgemein bekannt ist. Sauerstoffmangel und Vergiftung lassen Fische und andere Lebewesen sterben („Umkippen des Gewässers").

Die intensive Düngung in der Landwirtschaft in den letzten Jahren ist insbesondere auf Gülle-Einträge in Gegenden mit viel **Massentierhaltung** zurückzuführen. Die stickstoffreiche Gülle erhöhte die Nitrat-Konzentrationen in Grund- und Trinkwasser (Abb. 5). Ein Zuviel an Nitrationen kann beim Menschen, speziell bei Säuglingen, zu schweren Vergiftungen führen.

 Zum Weiterlesen:

- Die Alkalimetalle – eine hochreaktive Elementfamilie, S. 548
- Die Erdalkalimetalle – für Feuerwerk und Knochen, S. 550
- Wenn Rotkohl sauer wird …, S. 552

Abb. 5: Überschüssige Nitrationen werden aus dem Boden ausgewaschen

Die Alkalimetalle: Eine hochreaktive Elementfamilie

Die **Alkalimetalle** bilden wie die Edelgase oder Halogene eine **Elementfamilie**. Im Periodensystem werden sie als erste Hauptgruppe untereinander geschrieben. Zu den Alkalimetallen gehören die Elemente Lithium (Li), Natrium (Na), Kalium (K), Rubidium (Rb), Caesium (Cs) und Francium (Fr). Wie alle

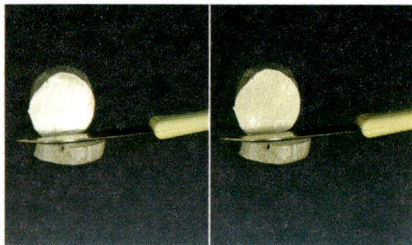

Abb. 1: Frisch angeschnittenes Natrium überzieht sich an der Luft spontan mit einem Belag

Metalle leiten sie den elektrischen Strom. Ihr metallischer Glanz ist silbrig-weiß, nur Cäsium hat einen leicht goldenen Schimmer. Alkalimetalle haben niedrige Schmelztemperaturen und eine geringe Härte. Ihre Atome können das einzelne Außenelektron sehr leicht abgeben. Alkalimetalle sind daher die reaktionsfreudigsten aller Metalle. Beim Erhitzen sind sie leicht entflammbar. An der Luft reagieren sie mit Sauerstoff und Wasserdampf, an der Oberfläche bildet sich ein Belag, der das Metall vor weitergehender Reaktion schützt (Abb. 1). Mit Wasser reagieren sie unter starker Energiefreisetzung (exotherm). Daher kommen sie in der Natur nicht elementar vor, sondern ausschließlich in Form von Verbindungen. Die darin enthaltenen einfach positiv geladenen Kationen haben die Edelgaskonfiguration des jeweils im PSE vorausgehenden Edelgases. Alkalimetalle verleihen Flammen eine jeweils charakteristische **Flammenfärbung**: Lithiumverbindungen färben eine Flamme karminrot, Natriumverbindungen gelb und Kaliumverbindungen violett (Abb. 2). Dadurch sind sie in ihren Verbindungen leicht nachweisbar. In Labor und Industrie lassen sich Alkalimetalle aus ihren Salzen elementar herstellen. Erstmals gelang dies im Jahr 1807 dem Engländer Humphry Davy mit Kalium und Natrium.

Wie die Alkalimetalle ihren Namen bekamen

Das Wort ‚Alkali' leitet sich von arabisch ‚al kalja' für **Soda** (Natriumcarbonat, Na_2CO_3) ab. Sie wurde aus Asche von Meerespflanzen gewonnen. Mit dem Namen ‚Soda' war früher auch Kaliumcarbonat (K_2CO_3) gemeint, das in der Asche von Landpflanzen enthalten ist. Man konnte

beide Carbonate nicht unterscheiden und verwendete sie unter anderem als Ausgangsstoff zur Seifenherstellung. Erst der Chemiker Martin Heinrich Klaproth unterschied beide Carbonate im Jahre 1796 und bezeichnete sie mit Natron (Na_2CO_3) und Kali (K_2CO_3). Davon leiten sich die Namen Natrium und Kalium ab. Das Kaliumcarbonat wurde auch als ‚Pottasche' bezeichnet, weil die Asche der Landpflanzen, aus der es gewonnen wurde, in Töpfen (‚Pötten') zu Asche produziert und ausgelaugt wurden.

Lithiumverbindungen kommen in geringer Menge in einigen Gesteinen vor. Der Name kommt von griechisch ‚lithos' für Stein. Rubidium (von lat. ‚rubidus', dunkelrot) und Caesium (von lat. ‚caesius', himmelblau) sind nach ihrer Flammenfärbung benannt. Das radioaktive Francium ist nicht stabil und lässt sich nur in sehr geringen Mengen herstellen. Benannt ist das Element nach Frankreich, dem Heimatland seiner Entdeckerin Marguerite Perey.

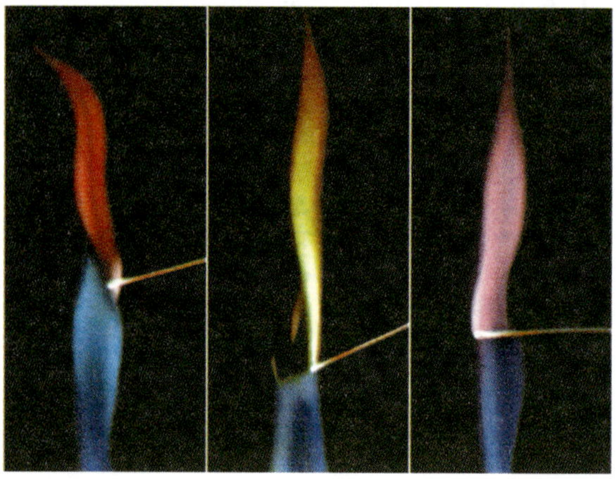

Die Charaktere der Familienmitglieder

Die Reaktionsfreudigkeit der Alkalimetalle nimmt vom Lithium bis zum Caesium zu (Abb. 3). Die drei ersten „Geschwister" der Elementfamilie, Lithium, Natrium und Kalium, sind spezifisch leichter als Wasser. Lithium hat bei Raumtemperatur von allen Feststoffen die geringste Dichte. Es ist etwas zäh, lässt sich aber mit einem Messer schneiden. Natrium lässt

sich noch besser schneiden; Kalium ist butterweich. Während eine frische Schnittstelle beim Lithium den metallischen Glanz für einige Zeit behält, läuft die Schnittstelle von Natrium schnell an, die von Kalium sofort. Da die drei Elemente an der Luft reagieren, bewahrt man sie unter der **Schutzflüssigkeit** Paraffinöl auf. Wasser scheidet als Schutzflüssigkeit aus, da alle Alkalimetalle damit unter Bildung von Wasserstoffgas reagieren. Die dabei entstehen-

Abb. 2: Alkalimetallverbindungen bewirken eine typische Flammenfärbung (links: Lithium, Mitte: Natrium, rechts: Kalium)

den **Alkalimetallhydroxide** haben die Verhältnisformel MeOH. ‚Me' steht für die einzelnen Alkalimetalle.

Alkalimetall und Wasser
→ Alkalihydroxid und Wasserstoff
$2\ Me\ (f) + 2\ H_2O \rightarrow 2\ MeOH_{(aq)} + H_2$
Natrium und Wasser
→ Natriumhydroxid und Wasserstoff
$2\ Na\ (f) + 2\ H_2O \rightarrow 2\ NaOH_{(aq)} + H_2$

Element, Symbol	Atommasse in u	Dichte (bei 20°C) in g/cm³	Schmelztemp. in °C	Reaktion mit Wasser	Flammenfärbung	Hydroxid
Lithium Li	6,9	0,53	180,5		karminrot	**LiOH**
Natrium Na	23,0	0,97	97,8	Heftigkeit nimmt zu	gelb	**NaOH**
Kalium K	39,1	0,86	63,7		violett	**KOH**
Rubidium Rb	85,5	1,53	39,0		dunkelrot (lat. ruber)	**RbOH**
Caesium Cs	132,9	1,87	28,5		blau (lat.: caesius)	**CsOH**

Abb. 3: Die Eigenschaften der Alkalimetalle im Vergleich

Chemie

Das „aq" bedeutet, dass das Hydroxid in wässriger Lösung vorliegt. Die Hydroxide und ihre wässrigen Lösungen, die Laugen, reagieren ‚**alkalisch**' (basisch). Sie bilden mit Wasser Laugen. Der Indikator Phenolphthalein zeigt die Anwesenheit der Lauge an, indem er von farblos nach rotviolett umschlägt (Abb. 4). Natriumhydroxid bildet in wässriger Lösung eine sehr starke Lauge, die Natronlauge. Eine Lösung von KOH wird als Kalilauge („Ätzkali") bezeichnet. Die Reaktion zwischen Alkalimetall und Wasser wird mit steigender Ordnungszahl stärker. Natrium reagiert heftiger als Lithium; es flitzt auf der Wasseroberfläche umher und wird dabei immer kleiner. Kalium reagiert noch stärker, der entstehende Wasserstoff entzündet sich spontan. Rubidium und Caesium führen die Abstufung fort. Sie sind äußerst reaktiv; mit Wasser reagieren sie explosionsartig. Caesium explodiert schon an feuchter Luft. Deshalb müssen diese beiden Metalle in luftleere Ampullen eingeschlossen werden.

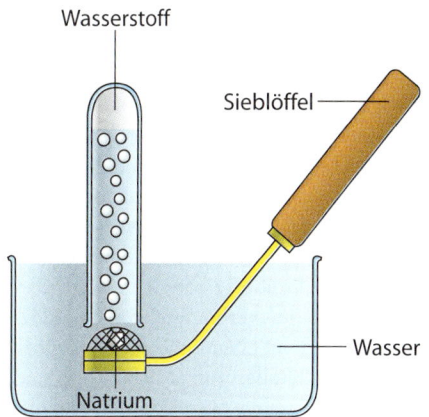

Abb. 4: Natrium reagiert heftig mit Wasser und bildet dabei Natronlauge

lypyrrol-Akku und der Natrium-Schwefel-Akku. Beide sollen in Zukunft Elektroautos antreiben.

Ansonsten lassen die elementaren Alkalimetalle wegen ihrer Reaktivität nur ganz spezielle Anwendungen zu, z. B. wird Natrium als Kühlmittel in Kernreaktoren oder eine Natrium-Kalium-Legierung als Trocknungsmittel für organische Verbindungen verwendet. Sehr wichtig sind hingegen die Alkalimetall-Verbindungen, vor allem Natrium- und Kaliumsalze. Jeder Liter Meerwasser enthält 10,6 g gelöstes Natrium und 0,38 g gelöstes Kalium. Kaliumsalze sind wichtige **Pflanzendünger**. Auch für den Stoffwechsel von Menschen und Tieren sind sie unentbehrlich. Kochsalz (Natriumchlorid, NaCl) ist in fast jedem Lebensmittel enthalten. Es ist lebenswichtig, allerdings sollten wir täglich nicht mehr als fünf Gramm davon zu uns nehmen. Natriumverbindungen sind in vielen Produkten wie Seife, Zahnpasta und Shampoo enthalten. Im Englischen heißt Natrium ‚sodium', was man auf vielen Inhaltsangaben von Kosmetika lesen kann (Abb. 6). Für die Herstellung von Seifen und Glas wird in großen Mengen Soda, also Natriumcarbonat (Na_2CO_3), verwendet. Es wird seit 1860 nach dem **Solvayverfahren** gewonnen. Als Ausgangsstoffe dienen Natriumchlorid, Ammoniakwasser und Kohlenstoffdioxid:

$$Na^+Cl^- + NH_3 + H_2O + CO_2$$
$$\rightarrow Na^+HCO_3^- + NH_4^+Cl^-$$

Das Zwischenprodukt Natriumhydrogencarbonat ($NaHCO_3$) ist relativ schwer löslich und kann abfiltriert werden. Es dient als Treibmittel in **Backpulver** und **Brausepulver** und ist heute gemeint, wenn man von ‚Natron' spricht. Beim Erhitzen setzt es Kohlenstoffdioxid frei.

$$2\ Na^+HCO_3^- \rightarrow Na_2CO_3 + H_2O + CO_2$$

Abflussreiniger enthalten **Natriumhydroxid** (NaOH), das in wässriger Lösung die stark ätzende Natronlauge bildet. Im Siphon des Waschbeckens löst diese Haare und andere Verstopfungen auf. In der chemischen Industrie ist Natronlauge ein sehr wichtiger Grundstoff.

Abb. 5: Natriumdampflampen

Glühwendel

Natriumkügelchen

Verwendung und Vorkommen der Alkalimetalle

An vielen Straßenkreuzungen stehen Laternen mit **Natriumdampflampen**. Sie sind äußerst sparsam, und ihr gelbes Licht durchdringt auch Nebel. Die Lampe besteht aus zwei luftleeren Glaskolben. Der innere Kolben enthält eine Glühwendel aus Wolfram-Draht (W) und etwas festes Natrium. Die Natrium-Atome leuchten bei einer Spannung von 500 Volt gelb auf, ohne dass sie chemisch reagieren (Abb. 5). In **Batterien** bieten Alkalimetalle zunehmend eine umweltschonende Alternative zu den umweltbelastenden Schwermetallen wie Quecksilber (Hg) und Cadmium (Cd). Die Lithium-Mangandioxid-Zelle liefert eine Spannung von 3 Volt und wird z. B. in kleinen Kameras verwendet. Als wieder aufladbare Stromquelle dienen der Lithium-Po-

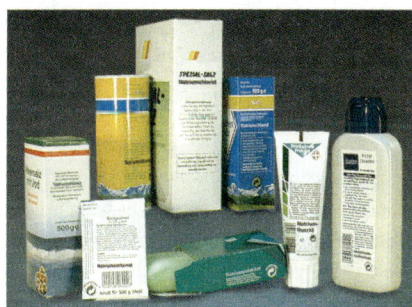

Abb. 6: Stoffe des Alltags, die Natriumverbindungen enthalten

 Zum Weiterlesen:

- Der lange Marsch – von polaren Atombindungen zu Ionen, S. 538
- Die Erdalkalimetalle – für Feuerwerk und Knochen, S. 550
- Säuren und Basen – die Geschichte holt uns ein, S. 556

Die Erdalkalimetalle: Für farbiges Feuerwerk und Mumm in den Knochen

Auch die sechs Elemente Beryllium (Be), Magnesium (Mg), Calcium (Ca), Strontium (Sr), Barium (Ba) und Radium (Ra) gehören zu einer Elementfamilie. Sie bilden die zweite Hauptgruppe des Periodensystems, und man bezeichnet sie als **Erdalkalimetalle**. Der Name bezieht sich zum einen darauf, dass diese Elemente in nennenswertem Maße am Aufbau der Erdkruste beteiligt sind, insbesondere Calciumverbindungen. Zum anderen deutet er auf chemische Ähnlichkeit zu den Alkalimetallen hin. Nach diesen sind die Erdalkalimetalle die reaktivsten Metalle. Auch sie sind brennbar und laufen an der Luft an, weil sie mit Sauerstoff reagieren. Dabei bilden sie Oxide des Typs MeO, wobei ,Me' für ein beliebiges Erdalkalimetall steht:

$$2\,Me\,(f) + O_2\,(g) \rightarrow 2\,MeO\,(f)$$

Mit Wasser reagieren sie zu Hydroxiden des Typs Me(OH)$_2$ und Wasserstoff (H$_2$):

Erdalkalimetall und Wasser
→ Erdalkalihydroxid und Wasserstoff
$$Me\,(f) + 2\,H_2O \rightarrow Me(OH)_2\,(aq) + H_2\,(g)$$
Calcium und Wasser
→ Calciumhydroxid und Wasserstoff
$$Ca\,(f) + 2\,H_2O \rightarrow Ca(OH)_2\,(aq) + H_2\,(g)$$

Die Erdalkalimetalle kommen wegen ihrer Reaktionsfreudigkeit in der Natur ausschließlich in Form von Verbindungen vor. Ihre Atome besitzen zwei Außenelektronen, die bei chemischen Reaktionen umso leichter

Element, Symbol	Atom-masse in u	Dichte (bei 20°C) in g/cm³	Schmelz-temp. in °C	Reaktion mit Wasser	Flammen-färbung	Hydroxid
Magnesium **Mg**	24,3	1,74	650	Heftigkeit nimmt zu	—	Mg(OH)$_2$
Calcium **Ca**	40,1	1,55	838		orange	Ca(OH)$_2$
Strontium **Sr**	87,6	2,60	800		karminrot	Sr(OH)$_2$
Barium **Ba**	137,3	3,50	714		grün	Ba(OH)$_2$

Abb. 1: Die Eigenschaften einiger Erdalkalimetalle im Vergleich

Bindung im Metallgitter im Vergleich zu den Erdalkalimetallen insgesamt fester. Dies äußert sich in den höheren Schmelz- und Siedepunkten sowie der größeren Dichte und Härte (Abb. 1). Alle Erdalkalimetalle sind spezifisch schwerer als Wasser. Einige von ihnen bewirken eine jeweils charakteristische **Flammenfärbung**: Calciumverbindungen färben eine Flamme orange, Strontiumverbindungen karminrot und Bariumverbindungen grün (Abb. 2). Solche Salze verwendet man daher in Feuerwerkskörpern (Abb. 3).

Von Namen und Vorkommen

Bei den Erdalkalimetallen kann gut vom Namen auf wichtige Vorkommen und Eigenschaften geschlossen werden. Beryllium ist ein sehr seltenes Element; seine Salze sind sehr starke Lungengifte. Die Bezeichnung leitet sich ab vom Edelstein Beryll. Magnesium hat seinen Namen von Magnesia, einer Stadt im westlichen Kleinasien. Calcium kommt von lateinisch ,calx' für Kalkstein. Strontium ist benannt nach dem schottischen Ort Strontian, in dessen Bleibergwerken das Mineral Strontianit entdeckt wurde. Barium war bis zur Entdeckung des Radiums das spezifisch schwerste Erdalkalimetall. Der Name leitet sich von griechisch ,barys' für schwer ab. Radium ist ein radioaktives Element, das man früher in der Radiotherapie zur Bekämpfung von Krebs benutzte. Die Bezeichnung kommt von lateinisch ,radius' für Strahl.

Calcium – das Metall in Knochen, Kreide und Kalkstein

Calcium ist nach Aluminium und Eisen das dritthäufigste Metall auf der Erde. Auch uns steckt es ganz schön in den Knochen. Wie die Zähne bestehen sie aus Calciumphosphat (Ca$_3$(PO$_4$)$_2$) und anderen Calciumverbindun-

gen. Ein Erwachsener hat in seinem Körper über 1000 g gebundenes Calcium. Calciumionen spielen auch bei der Blutgerinnung und bei Muskelkontraktionen eine Rolle. Ein sehr calciumreiches Nahrungsmittel ist die Milch, mit rund einem Gramm pro Liter. In Hartkäse können sogar bis zu 12 g pro Kilogramm enthalten sein. Wer Milchprodukte nicht verträgt, kann auf Calcium(brause)tabletten zurückgreifen. Die häufigste Verbindung des Calciums ist **Kalk** (Calciumcarbonat, CaCO$_3$). Aus diesem nahezu wasserunlöslichen Stoff bestehen Korallenriffe, Marmor, Kreide und ganze Gebirgszüge (Abb. 4). Marmor ist kaum verunreinigter Kalk, der durch Metalloxide seine Färbung erhält. Kreide besteht aus den Gehäusen winziger urweltlicher Wasserorganismen. Der typisch weiße Kalkstein ist ein vorwiegend durch Ton verunreinigter Kalk. Muschelkalk wurde aus den Schalenresten von Muscheln und Wasserschnecken gebildet.

Magnesium – der Tausendsassa unter den Mineralstoffen

Magnesiumverbindungen sind reichlich in vielen Mineralien und in Meerwasser vorhanden. Magnesiumionen sind als Helfer

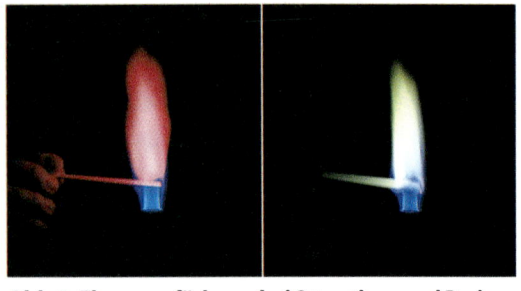

Abb. 2: Flammenfärbung bei Strontium und Barium

abgegeben werden können, je größer das Atom ist. Daher nimmt ihre Reaktionsfreudigkeit mit steigender Ordnungszahl zu. Die entstehenden Ionen haben die Oxidationszahl +II und die Elektronenkonfiguration des vorhergehenden Edelgases. Mit Ausnahme des Radiums sind die Erdalkalimetalle Leichtmetalle. Sie sind silberglänzend und gute Leiter für elektrischen Strom. Wegen der höheren Kernladung hat ein Atom eines Erdalkalimetalls einen kleineren Radius als das Alkalimetallatom der gleichen Periode. Das gleiche gilt für die Ionenradien. Da außerdem die Ionenladungen doppelt so hoch sind wie bei den Alkalimetallen, ist die

Abb. 3: Erdalkalimetallverbindungen geben Feuerwerk die prächtige Färbung

Abb. 4: Korallenriffe und Marmor bestehen aus verschiedenen Formen von Kalk

und Bestandteil von Enzymen im menschlichen Körper an rund dreihundert Stoffwechselprozessen beteiligt. Auch Magnesium gibt es als Brausetabletten zur Nahrungsergänzung. Reich an Magnesium sind alle grünen Pflanzen, da es das Zentralatom des grünen Blattfarbstoffs (Chlorophyll) ist. Ohne Magnesium gäbe es also keine Fotosynthese und damit kein Leben in der heutigen Form.

Die Verwendung der Erdalkalimetalle

Magnesium wird großtechnisch in leichten Legierungen für den Flugzeug- und Fahrzeugbau verwendet. Früher hat man es in Blitzlichtpulvern zum Fotografieren genutzt, da es an der Luft mit sehr heller Flamme bei 3 000°C verbrennt:

$$2 \; Mg \; (f) + O_2 \; (g) \rightarrow 2 \; MgO \; (f)$$

Magnesium brennt sogar unter Wasser (Abb. 5). Deswegen wird es von Tauchern als Fackel benutzt.

Abb. 5: Magnesium brennt auch in Wasser

Ansonsten spielen bei den Erdalkalimetallen weniger die Metalle selbst als vielmehr ihre Verbindungen eine Rolle.

Kalk wird als Düngemittel und als Rohstoff für zahlreiche chemisch-technische Prozesse verwendet. Calciumverbindungen braucht man auch im Baugewerbe. Bereits in der Antike verwendete man Kalkstein als Baustoff. Als Bindemittel für Mörtel verwendet man eine wässrige Lösung von Calciumhydroxid ($Ca(OH)_2$), zu der man Sand mischt. Beim Anrühren bildet sich eine Suspension, die an der Luft aushärtet, der Mörtel wird fest: Das Calciumhydroxid reagiert mit dem Kohlendioxid der Luft zu hartem Kalk:

$$Ca(OH)_2 + CO_2 \rightarrow CaCO_3 + H_2O.$$

Hartes Wasser – wenn Erdalkalimetalle zum Problem werden

Härtebereich	Gehalt an CaO in mg/l	°d
1 (weich)	0 bis 73	0 bis 7
2 (mittelhart)	73 bis 145	7 bis 14
3 (hart)	145 bis 218	14 bis 21
4 (sehr hart)	größer 218	größer 21

Abb. 6: Die Härtebereiche des Wassers

Die für den Alltag bedeutende Wasserhärte wird im Wesentlichen durch seinen Gehalt an Erdalkaliionen hervorgerufen, vor allem durch Calciumsalze (Kalkhärte) und Magnesiumsalze (Magnesiahärte). ‚**Hartes Wasser**‘ enthält eine große Menge gelöster Erdalkaliionen, ‚**weiches Wasser**‘ nur wenig. Die **Härtebereiche** des Wassers werden in Grad deutscher Härte (°d) angegeben. 1 °d entspricht 10 mg Calciumoxid (CaO) in 1 Liter Wasser. Man unterscheidet vier Härtebereiche (Abb. 6). Magnesium- und andere Salze werden auf Calciumoxid umgerechnet. Hartes Wasser kann zum Problem werden. Die Erdalkaliionen mindern beispielsweise die Wirkung von Seifen und anderen Waschmitteln. Die Dosierung eines herkömmlichen Waschmittels richtet sich daher nach der Wasserhärte – bei hartem Wasser muss mehr eingesetzt werden. Eleganter ist die Zugabe eines speziellen ‚Entkalkers‘, weil dann die Menge des Waschmittels für den Härtebereich 1 beibehalten wird. Es ist wichtig, die Wasserhärte im Haushalt zu kennen. Sie kann beim örtlichen Wasserwerk erfragt werden. Die Wasserhärte einer Region richtet sich nach ihrem geologischen Untergrund. Hartes Wasser kommt vor allem in kalkreichen Gegenden vor. Unter der Einwirkung von Säu-

Abb. 7: Tropfsteinhöhlen und Kalkablagerungen (Kesselstein) beruhen auf dem gleichen chemischen Prinzip

ren zersetzt sich der Kalk. Kohlenstoffdioxid (CO_2) aus der Luft löst sich in Regen und Gewässern und reagiert als so genannte Kohlensäure mit Kalkstein.

$$CaCO_3 \; (f) + CO_2 \; (aq) + H_2O$$
$$\leftrightarrow Ca^{2+} \; (aq) + 2 \; HCO_3^- \; (aq)$$

Das entstehende Hydrogencarbonat geht in Lösung, weil es im Gegensatz zum Carbonat in Wasser löslich ist. Dabei können relativ hohe Ca^{2+}-Konzentrationen ins Wasser gelangen. Bei Temperaturen oberhalb 70°C oder beim Verdunsten des Wassers überwiegt die Rückreaktion:

$$Ca^{2+} \; (aq) + 2 \; HCO_3^- \; (aq)$$
$$\leftrightarrow CaCO_3 \; (f) + CO_2 \; (aq) + H_2O$$

Aus der Lösung von Calciumhydrogencarbonat entweicht Kohlenstoffdioxid, und Kalk setzt sich ab. Das führt zur Bildung von Tropfsteinen in Höhlen und zur Abscheidung unerwünschten Kesselsteins in Rohren, Kesseln, Töpfen usw. (Abb. 7). Die durch Kesselstein ‚verkalkten‘ Geräte sind in ihrer Heizwirkung eingeschränkt und verbrauchen mehr Strom. Durch Säurezugabe, z. B. von Essig oder Zitronensäure, lässt sich Kesselstein wieder auflösen.

 Zum Weiterlesen:

- Absolut unverzichtbar – Salze und Ionen, S. 546
- Die Alkalimetalle – eine hochreaktive Elementfamilie, S. 548
- Die Geschichte geht weiter – Säuren und Basen, S. 558

Wenn Rotkohl sauer wird …

*D*er saure Geschmack verschiedener Substanzen, wie Essig, Zitronensaft, saure Milch, ist seit alters her bekannt. Insbesondere Essig ist ein wichtiger Konservierungsstoff für Lebensmittel und wird seit sieben Jahrtausenden genutzt – in China galt der Krug mit Essig als Symbol des Lebens. Der Römer Plinius berichtete neben der Essigsäure auch über Apfel-, Ameisen-, Milch-, Oxal-, Wein- und Citronensäure, ohne über die Zusammensetzung und Wirkungsweise Bescheid zu wissen. Was ist also „sauer" oder eine „Säure"? Auf diese Frage lieferte erst in der zweiten Hälfte des 17. Jahrhunderts der englische Chemiker Robert Boyle erste brauchbare Antworten. Er beschrieb die Wirkungsweise von Säuren unter anderem folgendermaßen: Säuren lösen Marmor und färben gewisse blaue Pflanzenfarbstoffe rot.

Abb. 2: Rotwein – oder Weißwein mit Rotkohlextrakt als Säureindikator?

Wenn Frau Rotkohl sauer wird …

Wer das Sams kennt, weiß, dass Frau Rotkohl dunkelrot anläuft, wenn sie so richtig sauer ist – das Gemüse, das ihr den Nachnamen bescherte, kann in der Chemie als praktisches Nachweismittel für eine Vielzahl von Säuren genutzt werden. Klein geschnitten, durchgekocht und filtriert erhält man aus Rotkohl einen Farbstoffauszug. Dieser Auszug (auch Extrakt genannt; von lat.: extrahere = herausziehen) kann den Gehalt bzw. die Intensität von Säuren optisch durch Farbreaktionen anzeigen. Bestimmte Färbungen sind ein charakteristisches Indiz – daher nennt man solche Stoffe **Indikatoren** (von lat.: indicare = anzeigen). Wenn Rotkohlextrakt mit einer sauren Lösung zusammenkommt, zeigt er das durch eine dunkelrote Färbung an. Als Messgröße für Säuregehalt bzw. -stärke dient der **pH-Wert**, der im nächsten Kapitel vorgestellt wird. Säuren haben immer einen pH-Wert von 0 bis knapp unter 7; je stärker sauer ein Stoff ist, desto niedriger ist der pH-Wert. Bei pH = 7 ist der Stoff nicht mehr sauer, sondern neutral. Dies zeigt der Rotkohl-Indikator

durch eine bläulich grüne Färbung an (Abb. 1). Ähnliche Farbreaktionen liefern auch viele andere natürliche Indikatoren, wie zum Beispiel Lackmus. **Lackmus** ist ein bläulicher Farbstoff, der aus Flechten gewonnen wird. In saurer Lösung reagiert Lackmusextrakt wie Rotkohlextrakt: Die Farbe schlägt nach rot um.

pH-Wert	0–2	2–4	4–7	7
Farbe	dunkelrot	rosa-rot	lila	bläulich-grün

Abb. 1: Farbskala des Rotkohl-Indikators

Weißwein und Rotkohl ergeben ‚Rotwein'

Tropft man in ein Glas Weißwein einen Milliliter Rotkohlextrakt und schüttelt langsam, dann färbt sich der Wein rot. Wein enthält Säuren, die den Farbumschlag des Indikators nach rot bedingen. Der pH-Wert von Wein liegt zwischen 3 und 4. In Abbildung 2 könnte der rote Wein also tatsächlich auch mit Rotkohlsaft gefärbter Weißwein sein. Auch einige Fruchtsäfte haben einen recht hohen Säuregehalt, was gleichzeitig einen niedrigen pH-Wert bedingt. So kann man auch bei Apfel- oder Grapefruitsaft eine rötliche Färbung feststellen, wenn Rotkohl-Indikator-Lösung zugetropft wird.

Auch schwarzen Tee kann man als Säureindikator nutzen. Wenn man in den Tee Zitronensaft tropft, wird die Farbe des Tees merklich heller. Diese Farbreaktion beruht auf der Wirkung der Citronensäure im Zitronensaft (Abb. 3). Viele Stoffe im Alltag enthalten Säuren, besitzen also einen pH-Wert unterhalb von 7 (Abb. 4).

pH-Wert	Stoff
0,9–1,5	Magensaft
2,3	Zitronensaft
3	Haushaltsessig
4,5	saure Milch
4–6,5	Schweiß
7	reines Wasser

Abb. 4: pH-Werte einiger Stoffe

Stets (salz-) sauer – unser Magen

Auch unser Magen ist sauer: Im Magensaft liegt eine so genannte Wasserstoffsäure vor, die Salzsäure (HCl), jedoch in stark verdünnter Form. Die Magenschleimhaut wird durch einen Überzug aus zähem Schleim vor dem Angriff der Salzsäure geschützt (Abb. 5). In der vorliegenden Konzentration bei einem pH-Wert von 0,9 bis 1,5 hilft die Salzsäure, die Nahrungsbestandteile stark zu zerlegen. Stärker konzentriert jedoch würde Salzsäure

den Menschen von innen „auffressen". Wenn die Magensäure im menschlichen Körper – aufgrund mangelnder Schließfähigkeit des oberen Magenmuskels – zurück in die Speiseröhre fließen kann, entsteht ein brennendes Gefühl in Rachen und Speiseröhre, das Sodbrennen. Sodbrennen kann man durch Wassertrinken (Verdünnen) oder durch Einnahme Säure bindender oder neutralisierender Stoffe bekämpfen. So genannte Antacida („Säuregegner") enthalten Carbonate, Oxide, Hydroxide oder Phosphate von Magnesium und Aluminium, die überschüssige Magensäure abbinden und damit aus dem Verkehr ziehen. Zur Vorbeugung von Sodbrennen sind sie – neben der empfehlenswerten natürlichen Stressvermeidung – durchaus geeignet.

Salzsäuredämpfe oder gar auf die Haut verschüttete Salzsäure-Lösungen sind gefährlich: Das Einatmen von Salzsäuredämpfen greift die Atemwege an und führt zu Lungenentzündungen; die feinen Lungenbläschen werden angeätzt, so dass Blut in die sonst luftgefüllten Lungenhohlräume eindringen kann.

Erst das Wasser, dann die (Schwefel-) Säure

Auch Schwefelsäure (H_2SO_4) ist eine starke Säure, die unverdünnt gefährlich ist. Doch beim Verdünnen von Schwefelsäure mit harmlosem Wasser ist Vorsicht geboten: Wenn man in einen Behälter mit Schwefelsäure Wasser tropfen würde, wäre teuflisches Spritzen die Folge, da beim Lösen eine enorme Wärmeentwicklung stattfindet. Deshalb darf man Schwefelsäure nur verdünnen, indem man sie langsam in ein Gefäß mit Wasser tropft – niemals umgekehrt: „Erst das Wasser, dann die Säure, sonst geschieht das Ungeheure." Schwefelsäure zerstört menschliches und pflanzliches

Abb. 3: Schwarzer Tee als Säureindikator: Bei Zugabe von Zitronensaft wird der Tee deutlich heller

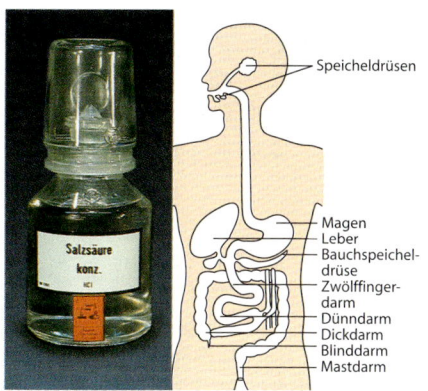

Abb. 5: Magensaft enthält verdünnte Salzsäure, die die Verdauung von Proteinen einleitet

Gewebe durch Oxidation – die resultierenden Verätzungen auf der Haut sind schmerzhaft und heilen sehr schlecht. Bei inneren Vergiftungen mit Schwefelsäure muss sofort ein Arzt aufgesucht werden. Als erste Hilfe kann man Milch trinken, und auch Magnesia-Zugabe hilft, da Magnesiumoxid die Schwefelsäure binden kann:

$$MgO + H_2SO_4 \rightarrow MgSO_4 + H_2O$$

Die wichtigste Säure des Stickstoffs: Salpetersäure

Die wichtigste und beständigste Säure des Stickstoffs, Salpetersäure (HNO_3), wirkt in konzentrierter Form stark oxidierend – nur sehr edlen Metallen wie Gold und Platin kann Salpetersäure nichts anhaben. Selbst Kupfer und Silber werden von Salpetersäure gelöst. Aus diesem Grunde wird Salpetersäure auch genutzt, um Silber und Gold zu trennen: 50%ige Salpetersäure wird in diesem Zusammenhang als „Scheidewasser" bezeichnet. Ein Gemisch aus konzentrierter Salpetersäure und konzentrierter Salzsäure wird als „Königswasser" bezeichnet: Selbst königliches Gold wird in dieser Mischung aufgelöst

Abb. 6: Selbst Gold kann durch „Königswasser" – eine Mischung aus Salpetersäure und Salzsäure – aufgelöst werden

(Abb. 6). Verwendung findet Salpetersäure in großem Maßstab zur Herstellung von Stickstoffdüngern. Aber auch zur Herstellung von Farben und Lacken, Kunstleder, Medikamenten und Explosivstoffen ist Salpetersäure eine wichtige Grundchemikalie.

Saure Böden durch sauren Regen

Durch Immissionen von schwefel- und stickstoffhaltigen Nichtmetalloxiden entstehen als Produkte der Luftverschmutzung Schwefelsäure und Salpetersäure. Diese starken Säuren sind Hauptbestandteile des sauren Regens. Bis zu einem gewissen Punkt können sie im Boden neutralisiert und „abgepuffert" werden, was die nächsten Kapitel genauer beschreiben. Sinkt der pH-Wert im Boden jedoch unter den Wert von 4, versauert der Boden zunehmend, und ein natürliches Ausbalancieren des Säuregehaltes kann kaum noch erfolgen. Bei einem solch niedrigen pH-Wert werden zunehmend Aluminium, Mangan und Schwermetalle als Ionen in der Bodenlösung freigesetzt. Diese können auf Pflanzenwurzeln giftig wirken. Gleichzeitig verarmt der Boden an wichtigen Pflanzennährstoffen wie Calcium- und Magnesiumionen, da diese dem Boden durch den Pufferungsvorgang entzogen werden. Teilweise kann künstliche Kalkung Abhilfe schaffen.

Chemische Korrosion

Aber auch an Baudenkmälern hinterlässt saurer Regen seine Spuren. Im Kapitel über chemische Gleichgewichte und deren Verschiebung wurde auf den „natürlichen sauren Regen" durch Aufnahme von Kohlenstoffdioxid durch die Regentropfen hingewiesen. Dadurch entsteht in geringen Mengen Kohlensäure, die seit jeher Bauwerken und Kunstdenkmälern zu Leibe rückt. An der Oberfläche von Kalksteinen löst das CO_2-haltige Regenwasser das Calciumcarbonat zu wasserlöslichem Hydrogencarbonat auf.

Bindemittel   Regenwasser
$$CaCO_3 \text{ (f)} + H_2O + CO_2 \text{ (aq)} \leftrightarrow Ca(HCO_3)_2 \text{ (aq)}$$
Hydrogencarbonat

Abb. 7: Kieselsäureester ist ein moderner Konservierungsstoff für Bauwerke, die im sauren Regen stehen

Das wasserlösliche Hydrogencarbonat wird vom Regen abgewaschen, der Stein löst sich allmählich auf.

Doch die starken Säuren, die heutzutage infolge von Luftverschmutzung im Regenwasser vorhanden sind, bewirken durch Kristallisation und Hydratation eine regelrechte Sprengung des Gesteins. Dabei kann die Umwandlung der Carbonate in die unten angegebenen Salze eine Volumenzunahme bis um das Fünffache bewirken:

$$CaCO_3 + H_2O + H_2SO_4 \rightarrow$$
$$CaSO_4 + 2 H_2O + CO_2$$
Gips

$$MgCO_3 + 6 H_2O + H_2SO_4 \rightarrow$$
$$MgSO_4 + 7 H_2O + CO_2$$
Bittersalz

$$CaCO_3 + 3 H_2O + 2 HNO_3 \rightarrow$$
$$Ca(NO_3)_2 + 4 H_2O + CO_2$$
Kalksalpeter

Schon seit Jahrhunderten werden Gebäude vor chemischer Korrosion geschützt: Früher geschah die Konservierung mit Naturstoffen wie Leinöl, Rapsöl und Ochsenblut. Ein sehr moderner Konservierungsstoff für Baudenkmäler ist Kieselsäureester. Als Steinfestiger bildet er im Inneren Siliciumdioxid-Gel, das auch nach Jahrzehnten noch witterungsstabil ist (Abb. 7).

 Zum Weiterlesen:

- Die Vorstellung des pH-Wertes, S. 554
- Säuren und Basen – die Geschichte holt uns ein, S. 556
- Ameisensäure & Co: Carbonsäuren auf Schritt und Tritt, S. 582

Die Vorstellung des pH-Wertes

Der **pH-Wert** ist ein Maß für den sauren Charakter einer Lösung: Bei einem pH-Wert von 0 liegt eine sehr starke Säure, zum Beispiel einmolare Salzsäure (HCl), vor (einmolar = ein Mol pro Liter). Ein pH-Wert von 7, wie bei reinem Wasser, zeigt einen neutralen Stoff an; es liegt keine freie Säure mehr

Abb. 1: Ein Liter 3,65 %ige Salzsäure hat einen pH-Wert von 0

vor. Oberhalb von 7 liegen Laugen – auch Basen genannt – vor. Eine besonders starke Lauge ist Natronlauge (NaOH) – liegt einmolare Natronlauge vor, ist der pH-Wert 14. Der pH-Wert ist keine lineare Abstufung, was die Vorstellung etwas schwierig macht. Das Ansteigen des pH-Wertes um den Wert 1 entspricht einer Verdünnung der Säure mit Wasser im Verhältnis 1:10. Dies soll am folgenden Beispiel verdeutlicht werden:

Abb. 2: Ein Liter 3,65 %ige Salzsäure, mit 9 Litern Wasser verdünnt, hat einen pH-Wert von 1

Salzsäure ist eine Lösung von Chlorwasserstoffgas in Wasser. Der Säurecharakter von Salzsäure wird deutlich, wenn man sie als aufgebaut aus einem Proton (H$^+$) und einem Chloridion (Cl$^-$) beschreibt. Das Element Wasserstoff (H) hat die Atommase 1 [g/mol], das Element Chlor 35,5 [g/mol]. 1 mol HCl-Moleküle hat die Masse von 36,5 g.

Ein 1-l-Gefäß ist mit einem Liter einer 3,65 %igen Salzsäure gefüllt. 1 mol Salzsäure ist jetzt in einem Liter Wasser gelöst. **Die Konzentration der Salzsäure ist 1 mol/l. Der pH-Wert ist 0** (Abb. 1).

In einen 10-l-Eimer mit bereits neun Litern Wasser wird der Inhalt dieses Gefäßes gegossen. **Die Konzentration der Salzsäure ist $\frac{1}{10}$ mol/l. Der pH-Wert der Salzsäurelösung beträgt jetzt 1** (Abb. 2).

Der Inhalt des Eimers wird jetzt in ein 100-l-Fass mit bereits 90 Litern Wasser gefüllt. **Die Konzentration der Salzsäure ist $\frac{1}{100}$ mol/l. Der pH-Wert der Salzsäurelösung beträgt jetzt 2** (Abb. 3).

In eine große, 1000 l fassende Kühl-Gefrier-Kombination (gut 2 m · 0,7 m · 0,7 m) mit bereits 900 Litern Wasser wird der Inhalt des Fasses gefüllt. **Die Konzentration der Salzsäure ist $\frac{1}{1000}$ mol/l. Der pH-Wert der Salzsäurelösung beträgt jetzt 3** (Abb. 4).

Der Inhalt der Kühl-Gefrier-Kombination wird auf die Ladefläche (5 m · 2 m · 1 m) eines Bulldozers gefüllt, die 10000 l Kapazität hat und in der bereits 9000 Liter Wasser sind. **Die Konzentration der Salzsäure ist $\frac{1}{10000}$ mol/l. Der pH-Wert der Salzsäurelösung beträgt jetzt 4** (Abb. 5).

In einen 100000 l fassenden Tank (10 m · 4 m · 2,5 m) mit bereits 90000 Litern Wasser wird der Inhalt der Bulldozer-Ladefläche gepumpt. **Die Konzentration der Salzsäure ist $\frac{1}{100000}$ mol/l. Der pH-Wert der Salzsäurelösung beträgt jetzt 5** (Abb. 6).

Der Inhalt des Tanks wird in ein Schwimmbecken (25 m · 10 m · 4 m) abgelassen, das 1000000 l faßt und bereits mit 900000 l Wasser gefüllt ist. **Die Konzentration der Salzsäure ist $\frac{1}{1000000}$ mol/l. Der pH-Wert der Salzsäurelösung beträgt jetzt 6** (Abb. 7).

In einem Fußballstadion (100 m · 40 m) ist nach anhaltenden Regenfällen der Wasserstand so hoch, dass die Tore vollständig unter Wasser stehen. Die eine Million Liter HCl-Lösung aus dem Schwimmbecken, die noch dazugepumpt werden, lassen den Flüssigkeitspegel von 2,25 m auf 2,50 m steigen. **Die Konzentration der Salzsäure ist $\frac{1}{10000000}$ mol/l oder 0,1 ppm** (engl.: parts per million = Teilchen pro Million – bezogen auf Wassermoleküle). Diese Konzentra-

Abb. 3: Ein Liter 3,65 %ige Salzsäure, mit 99 Litern Wasser verdünnt, hat einen pH-Wert von 2

tion der Salzsäure ist damit so gering, dass der pH-Wert nur gering unter 7 – also fast neutral – ist (Abb. 8).

Dieses Beispiel verdeutlicht auch, wie konzentriert konzentrierte Salzsäure ist: Um 30 ml verschüttete, konzentrierte Salzsäure auf einen (ökologisch vertretbaren) pH-Wert von 6 zu bringen, ist so viel Wasser nötig, wie in ein 25 m-Schwimmbecken passt. Man kann sich den pH-Wert von 6 so vorstellen, dass – ausgegangen von konzentrierter Säure mit dem pH-Wert 0 – sechs Nullen den Verdünnungsfaktor angeben: $\frac{1}{1000000}$. Wenn man die Ausgangskonzentration (als Dezimalzahl) gleich 1 setzt, so gibt die Ziffer des pH-Wertes die Verschiebung der Kommastellen an: Bei 0,000001 ist das Komma um sechs Stellen verschoben. Um den pH-Wert um den Wert 1 zu ändern, muss die Konzentration um den Faktor 10 geändert werden.

Dieses Gedankenexperiment kann man auch – beginnend mit einem pH-Wert von

Abb. 4: Ein Liter 3,65%ige Salzsäure, mit 999 Litern Wasser verdünnt, hat einen pH-Wert von 3

Chemie

Abb. 5: Ein Liter 3,65%ige Salzsäure, mit 9 999 Litern Wasser verdünnt, hat einen pH-Wert von 4

14 – mit konzentrierter Natronlauge (Natriumhydroxid, NaOH) durchführen. Natriumhydroxid ist aus einem Natriumkation (Na⁺) und einem Hydroxidion (OH⁻) zusammengesetzt. Das Element Natrium hat die Atommasse 23 [g/mol], Sauerstoff 16 [g/mol] und Wasserstoff 1 [g/mol]. 40 g Natriumhydroxid – das in Form von kleinen Plätzchen in den Handel kommt – bilden also 1 mol. In einem 1-l-Becherglas werden 40 g Natriumhydroxid-Plätzchen bis zum 1-l-Eichstrich mit Wasser überschüttet. Die Konzentration der Natronlauge ist 1 mol/l. Der pH-Wert ist 14.

Im aufgefüllten 10-l-Eimer ist die Konzentration der Natronlauge $\frac{1}{10}$ mol/l. Der pH-Wert ist 13.

Im aufgefüllten 100-l-Faß ist die Konzentration der Natronlauge $\frac{1}{100}$ mol/l. Der pH-Wert ist 12.

In der aufgefüllten 1000-l-Kühl-Gefrier-Kombination ist die Konzentration der Natronlauge $\frac{1}{1000}$ mol/l. Der pH-Wert ist 11.

In der aufgefüllten 10.000-l-Ladefläche des Bulldozers ist die Konzentration der Na-

tronlauge $\frac{1}{10\,000}$ mol/l. Der pH-Wert ist 10.

In dem aufgefüllten Tank ist die Konzentration der Natronlauge $\frac{1}{100\,000}$ mol/l. Der pH-Wert ist 9.

In dem aufgefüllten Schwimmbecken ist die Konzentration der Natronlauge $\frac{1}{1\,000\,000}$ mol/l. Der pH-Wert ist 8.

Im überfluteten Fußballstadion ist die Konzentration der Natronlauge $\frac{1}{10\,000\,000}$ mol/l. Der pH-Wert ist knapp über 7, da die Verdünnung der Natronlauge zwar sehr groß, aber eben nicht unendlich groß ist. Eine vollständige Neutralisation mit einem pH-Wert von exakt 7 liegt in dem Beispiel erst vor, wenn im Fußballstadion ein Flüssigkeitspegel von fünf Metern erreicht ist: die eine Hälfte aus den zehn Millionen Litern vielfach verdünnter Salzsäurelösung, die andere Hälfte aus den zehn Millionen Litern vielfach verdünnter Natronlaugelösung. Dann kann nämlich folgende Neutralisationsreaktion stattfinden:

H⁺(aq) + Cl⁻(aq) + Na⁺(aq) + OH⁻(aq) → NaCl + H₂O
Säure + Base → Salz + Wasser

Bei einer **Neutralisation** reagieren immer eine Säure und eine Base. Das Produkt ist das Neutralisationsprodukt Wasser und ein Salz; in diesem Falle Kochsalz (Natriumchlorid). Es ist selbstverständlich äußerst „überflüssig", Säure und Base so zu verdünnen wie im obigen Beispiel. Die gleiche Neutralisationsreaktion findet auch statt, wenn 1 Liter 3,65%iger Salzsäure (1 mol) und 40 g Natriumhydroxid (1 mol) sich gegenseitig neutralisieren. Auch dann liegt der pH-Wert am Ende der Reaktion exakt bei 7. Das Volumen der Lösung ist also letztlich unerheblich – so-

Abb. 6: Ein Liter 3,65%ige Salzsäure, mit 99999 Litern Wasser verdünnt, hat einen pH-Wert von 5

Abb. 7: Ein Liter 3,65%ige Salzsäure, mit 999999 Litern Wasser verdünnt, hat einen pH-Wert von 6

lange für die vollständige Lösung der Teilchen genügend Lösungsmittel vorhanden ist. Entscheidend ist hier die Teilchenzahl n. Wenn gleich viele Teilchen Salzsäure und Natronlauge vorliegen – z. B. 0,1 mol –, dann neutralisieren sie sich gegenseitig gemäß der obigen Reaktionsgleichung. Dabei ist es egal, ob die Lösung der Teilchen in einem Volumen von 123,4 ml oder in einem Schwimmbecken stattfindet, das mit 1000000 l Wasser gefüllt ist.

In Schwimmbecken ist übrigens wirklich in sehr geringen, aber doch deutlich spürbaren Mengen Salzsäure enthalten. Sie entsteht bei der Reaktion des Wassers mit dem zur Desinfektion zugesetzten Chlorgas, das Bakterien und Krankheitskeime abtötet. Der pH-Wert im Schwimmbecken beträgt jedoch nicht viel weniger als 7. Die einzige Schädigung, die tauchende Menschen dadurch erlangen können, sind gerötete Augen.

 Zum Weiterlesen:

- Wenn Rotkohl sauer wird …, S. 552
- Säuren und Basen – die Geschichte holt uns ein, S. 556
- Die Geschichte geht weiter – Säuren und Basen, S. 558

Abb. 8: Ein Liter 3,65%ige Salzsäure, mit 9999999 Litern Wasser verdünnt, hat einen pH-Wert von knapp unter 7

Säuren und Basen – die Geschichte holt uns immer wieder ein

Die Möglichkeiten, Schwefelsäure, Salzsäure und Salpetersäure in größerem Maße zu produzieren, förderte mit der beginnenden Neuzeit das Nachdenken über ihre Gemeinsamkeiten mit dem Essig. So war es im 17. Jahrhundert ein erster Schritt zur wissenschaftlichen Betrachtung, Säuren über ihre **Farbreaktionen** mit bestimmten natürlichen Farbstoffen zu definieren (Abb. 1). Für Schnelltests in Umwelt und Labor benutzt man dieses Verfahren heute noch, z. B. mit Indikatorpapieren (Abb. 2). Damit konnte man auch die seit der Antike bekannten ‚**Alkalien**‘ Pottasche und Soda als Gegenspieler der Säuren kennzeichnen.

Über das Wesen vor allem der Säuren dachte man seit Ende des 18. Jahrhunderts näher nach. Zunächst fand Lavoisier heraus, dass die wässrigen Lösungen von **Nichtmetalloxiden** sauer reagierten. Seine Annahme, der **Sauerstoff** sei die Ursache dafür, war allerdings falsch. Den Namen dieses Elements behielt man trotzdem bei. Lavoisier unterschätzte außerdem die Rolle des Wassers.

Anfang des 19. Jahrhunderts stellte sich heraus, dass alle Säuren **Wasserstoff**, aber nicht immer Sauerstoff enthielten. Liebig definierte 1838 Säuren als Stoffe, deren ‚Wasserstoff‘ gegen Metalle austauschbar war, z. B.:

$$Fe + 2\,HCl \rightarrow FeCl_2 + H_2 \text{ und}$$
$$Fe + H_2SO_4 \rightarrow FeSO_4 + H_2$$

Er fand damit die Wertigkeit von Säuren heraus: Salzsäure war ‚einwertig‘, weil sie **ein** austauschbares H-Atom im Säuremolekül enthielt, Schwefelsäure entsprechend ‚zweiwertig‘. Bei seinen Experimenten mit organischen Säuren stellte er zudem fest, dass **nicht alle Wasserstoffatome** bei der Reaktion mit Metallen zu ersetzen waren. Die nicht reagierenden rechnete er deren **Säurerest** zu, der bei diesen Reaktionen stets erhalten blieb. Bei der Schwefelsäure ist dies der SO_4-Teil des Moleküls.

1887 griff der Schwede Arrhenius ältere Untersuchungen zur elektrischen Leitfähigkeit der wässrigen Lösungen von Salzen, Säuren und Basen wieder auf. Zu dieser Zeit dachte man chemisch nur in Atomen und Molekülen. Schließlich kannte man noch nicht einmal das

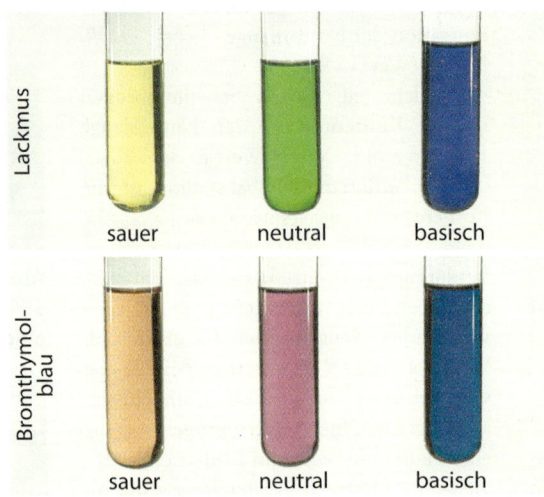

Abb. 1: Bestimmte Farbstoffe zeigen an, ob eine Lösung sauer, neutral oder basisch ist

Elektron und seine Elementarladung. Sein **Ionenbegriff** und der von ihm eingeführte Begriff der **(elektrolytischen) Dissoziation** (lat.: dissocatio = Trennung) waren eine wissenschaftliche Provokation – eine, die ihm 1903 den Nobelpreis eintrug. Als elektrolytische Dissoziation bezeichnet man den in wässrigen Lösungen stattfindenden Zerfall von Ionenverbindungen in elektrisch geladene Teilchen, die Ionen. Für Salz- und Schwefelsäure lauten seine Dissoziationsgleichungen:

$$HCl \xrightarrow{\text{Dissoziation}} H^+ + Cl^-$$
$$H_2SO_4 \xrightarrow{\text{Dissoziation}} 2\,H^+ + SO_4^{2-}$$

In beiden Gleichungen tauchen die H^+-Ionen auf. Sie wären dann für den sauren Geschmack aller wässrigen Säuren und die gleiche Färbung geeigneter Indikatoren zuständig: Gleiche Wirkungen lassen sich durch gleiche Ursachen erklären. Neben der elektrischen Leitfähigkeit stützen die Elektrolyse von verdünnter Salzsäure diese Annahmen. An der negativen Elektrode (Kathode) entsteht **mo-**

lekularer Wasserstoff, an der Anode elementares Chlor.

$$\text{Kathode: } H^+ + e^- \rightarrow H;$$
$$H + H \rightarrow H_2$$
$$\text{Anode: } Cl^- - e^- \rightarrow Cl;$$
$$Cl + Cl \rightarrow Cl_2$$

Basen waren nach Arrhenius Stoffe, die in Metallkationen und negative **Hydroxid-Ionen** dissoziieren. (Ihr Name rührt von den älteren Verfahren bei der Herstellung von Salzen mit Hilfe von Säuren her: Sie dienten als **Basis** für die Salzbildung.)

$$NaOH \xrightarrow{\text{Dissoziation}} Na^+ + OH^-$$

Die **Neutralisation**, die Reaktion zwischen Säuren und Basen, wäre dann wie folgt zu schreiben:

$$HCl + NaOH \rightarrow NaCl + H\text{–}O\text{–}H$$

Oder nur mit H^+- und OH^--Ionen, weil die Natrium- und die Chlorid-Ionen hierfür praktisch ohne Bedeutung sind:

$$H^+ + OH^- \rightarrow H\text{–}O\text{–}H$$

Man muss einige Einwände gegen das Konzept von Arrhenius erheben. Entgegengesetzt geladene Teilchen ziehen sich an, wie in der einfachen Neutralisationsgleichung zu sehen ist. Diese Anziehung ist einer der tragenden Stützpfeiler für das Verständnis chemischer Reaktionen. Warum sollten sie sich bei der Dissoziation ‚von allein‘ trennen? Eine Lösung von Chlorwasserstoff in **Benzin** zeigt keine Leitfähigkeit, enthält also **keine Ionen**. Zudem gab es beim Begriff ‚Base‘ Schwierigkeiten. Die Arbeiten der frühen Chemie hatten gezeigt, dass man die Wirkung von Säuren nicht nur mir Metallhydroxiden neutralisieren konnte, sondern auch mit ihren Oxiden oder den Carbonaten wie Soda, Pottasche und Kalkstein. Drittens kannte man lange schon Verbindungen mit Molekülen, die überhaupt kein ‚Hydroxid‘ enthielten und trotzdem in Wasser OH^--Ionen erzeugen. Von den anorganischen war die wichtigste das **Ammoniak**.

1923 entwickelten der Däne Brönsted und der Engländer Lowry eine erweiterte, nach ihnen benannte Säure-Base-Theorie. Sie wus-

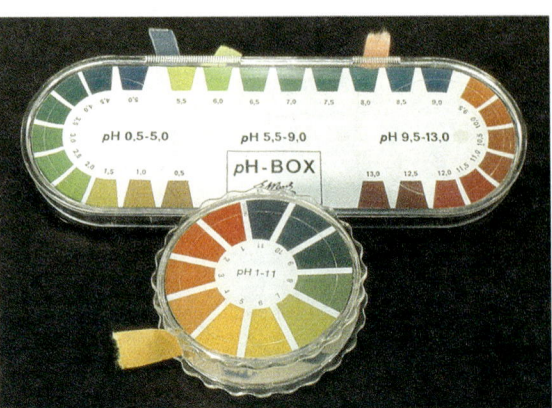

Abb. 2: Indikatorpapiere für pH-Wert-Schnelltests

Chemie

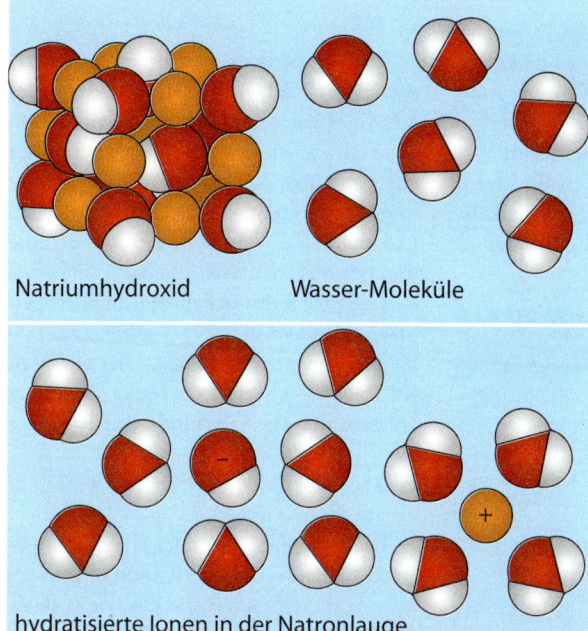

Natriumhydroxid   Wasser-Moleküle

hydratisierte Ionen in der Natronlauge

Abb. 3: Der Lösevorgang von Natriumhydroxid in Wasser ist dem von Natriumchlorid ähnlich

sten bereits um die neueren Bindungstheorien und die Bedeutung von freien Elektronenpaaren. Sie erkannten, dass die Bedeutung des Wassers deutlich größer ist als von Arrhenius angenommen – es ist ein echter **Reaktionspartner**, vereinfacht so:

$$|\overset{\delta-}{\underline{\text{Cl}}} - H + |\overset{\delta+}{\underline{\text{O}}} - H \rightarrow \left[H - \overset{\delta-}{\underline{\text{O}}} - H \right]^+ + |\underline{\text{Cl}}|^-$$
$$\qquad\quad \overset{|}{H} \qquad\qquad \overset{|}{H}$$

Freie Protonen existieren unter chemischen Bedingungen so gut wie nicht; das war inzwischen klar geworden. Es schlüpft bei diesem Vorgang sozusagen aus seinem **bindenden Elektronenpaar** im HCl-Molekül an bzw. in ein **freies** des Wassermoleküls und macht dieses zu einem ‚normal‘ **bindenden Elektronenpaar**. Das HCl-Molekül fungiert als **Protonenspender**, das Wassermolekül als **Protonenempfänger**. Dieses geht dabei in das Oxonium-Ion H_3O^+ über. Dieser Vorgang ver-

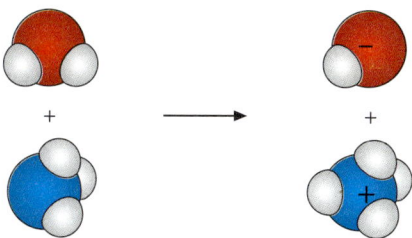

Abb. 4: Die Reaktion von NH_3- und H_2O-Molekülen im Modell (ohne das freie Elektronenpaar am N-Atom)

läuft völlig analog zur Funktion des **Hydroxid-Ions** bei der Neutralisation, wo dieses ein H-Atom als Proton übernimmt. Im Fall der Reaktion von Chlorwasserstoff mit Wasser reagiert Wasser als Protonenempfänger, also als Base.

Hier haben wir den ersten Fall, dass das bindende Elektronenpaar einer **Atombindung** allein von **einem** der zwei Bindungspartner gestellt wird! Das kommt viel öfter vor, als wir hier darstellen können. Der Einwand der energieaufwendigen Ladungstrennung bei der Dissoziation lässt sich durch Vergleich mit dem Auflösen eines Ionenkristalls entkräften. Die Chlorid-Ionen werden genau so **hydratisiert** wie in einer Natriumchlorid-Lösung, die H_3O^+-Ionen oder Oxonium-Ionen noch erheblich stärker. Es ist diese **Hydratationsenthalpie**, die die Reaktion **exotherm** ablaufen lässt.

Die Metallhydroxide wie **Natriumhydroxid** sind wie andere Salze aus Ionen aufgebaut. Ihre Löslichkeit wird allein von der **Hydratationsenthalpie** bewirkt (Abb. 3). Ihre Hydroxid-Ionen sind für den Farbumschlag der Säure-Base-Indikatoren verantwortlich.

$$NaOH \xrightarrow{\text{+ Wasser}} Na^+ \text{(aq)} + OH^- \text{(aq)}$$

Die gleichen Farbänderungen von Indikatoren durch Lösungen von Natriumhydroxid und wässrigen Lösungen von **Ammoniak** ließen und lassen keinen Zweifel zu, dass sie OH^--Ionen enthalten. Wie erklärten Brönsted und Lowry seine alkalische/basische Reaktion in Wasser?

$$H_3N\,| + \overset{\delta-}{H} - \overset{\delta+}{O} - H \rightarrow H_3N - H^+ + O - H^+$$

Hier wandert also ein Proton aus seiner Bindung in einem Wassermolekül an das freie Elektronenpaar des Ammoniakmoleküls (Abb. 4), also genau **umgekehrt** zur Dissoziation der Salzsäure. Hier ist das **Wassermolekül** mit seinem positivierten H-Atom **Protonenspender** und das **Ammoniak-Molekül** mit dem freien Elektronenpaar der **Protonenempfänger**! Anders gesagt: Das Wasser fungiert **hier** als **Säure**.

Wichtig ist, dass sich eine Reihe weiterer Teilchen **mit freien Elektronenpaaren** ähnlich wie Ammoniak verhalten. Die Anionen in löslichen Carbonaten wie **Soda**, Natriumcarbonat, verhalten sich ebenso.

$$Na_2CO_3 + H_2O \rightarrow 2\,Na^+ + HCO_3^- + OH^-$$

Auch Kalk- oder Kesselstein sind imstande, Säuren zu neutralisieren, wie die technisch oft eingesetze Natronlauge. Ihr Vorkommen in der Natur hat dafür gesorgt, dass die Auswirkungen von saurem Regen in kalkreichen Gegenden später einsetzten als in kalkarmen:

$$H_2SO_4 + CaCO_3 \rightarrow CaSO_4 + H_2O + CO_2$$

Wenn man statt Schwefelsäure eine ziemlich harmlose wie Essig- oder Citronensäure verwendet, kann man die Strom fressenden Kalkbeläge in Heißwassergeräten entfernen.

Fassen wir die Einzelheiten der Theorie von Brönsted und Lowry zusammen:

1. Bei Säure-Base-Reaktionen werden **Protonen vom Säuremolekül auf das Basemolekül** übertragen. Folgerung: Eine **potentielle** Säure ist ohne Base genauso ohne Wirkung wie eine **potentielle** Base ohne Säure!

2. Die **Säure** ist der **Protonenlieferant/-spender** bei der jeweiligen Reaktion. Ihr Molekül enthält also mindestens ein positiv polarisiertes H-Atom an einem **Nichtmetallatom höherer Elektronegativität**. Neben den Halogenatomen sind dies in der Regel Sauerstoffatome.

3. Die **Base** nimmt Protonen auf und fungiert damit als **Protonenempfänger**. Die notwendige Voraussetzung dafür ist, dass ihre Teilchen **mindestens ein freies Elektronenpaar** besitzen.

4. Eine Reihe von Teilchen verfügt sowohl über positivierte H-Atome als auch über freie Elektronenpaare. **Wassermoleküle** sind die biologisch wichtigsten. Solche Stoffe, die je nach Reaktionspartner als **Base oder Säure** fungieren/reagieren können, bezeichnet man als **Ampholyte**.

 Zum Weiterlesen:

- Wenn Rotkohl sauer wird …, S. 552
- Die Vorstellung des pH-Wertes, S. 554
- Die Geschichte geht weiter – Säuren und Basen, S. 558

Die Geschichte geht weiter – Anwendungen der Säure-Base-Theorie

Edle und ‚gemeine' Metalle sowie die Rolle der Säuren

Wir haben immer wieder gesehen, dass die Trennung von Metallen auf der Basis ihres Verhaltens gegenüber Sauerstoff und Säuren von großer Bedeutung war und ist. Hier wollen wir kurz darauf eingehen, dass die Reaktion mit **verdünnten Säuren** darüber entscheidet, ob man ein Metall als **unedel** oder **edel** einstuft.

Dass man die Edelmetalle nochmals unterteilt in die Halbedelmetalle – Kupfer, Silber, Quecksilber – und die eigentlichen Edelmetalle, hat neben ihrem Verhalten gegenüber konzentrierter Salpetersäure noch einen zweiten Grund: Die etwas weniger edlen reagieren mit Sauerstoff, die besseren nicht. Aus wissenschaftlichen wie praktischen Zwecken ist es sinnvoll, die Löslichkeit in Salzsäure oder Essigsäure als Maßstab zu nehmen: Alle unedlen Metalle lösen sich in ihnen auf, schon die halbedlen wie Kupfer grundsätzlich nicht.

$$Mg + 2\ HCl(aq) \rightarrow MgCl_2(aq) + H_2$$
$$Cu/Ag/Au + HCl \rightarrow \text{keine Reaktion}$$

Der pH-Wert – eine Sache mit Potenzen

Wenn man **allerreinstes** Wasser mit empfindlichen Messmethoden untersucht, findet man eine sehr geringe, aber noch deutlich nachweisbare **elektrische Leitfähigkeit**. Da Verunreinigungen als Ursache ausscheiden, muss die Leitfähigkeit in der Natur des Wassers liegen. Wie im letzten Kapitel erwähnt, können Wassermoleküle je nach Partner als **Base oder Säure** reagieren. Das tun sie hier in geringem Maße **untereinander**:

$$H_2O + H_2O \rightarrow H_3O^+ + OH^-$$

Aus den Messungen ergibt sich für Raumtemperatur eine Konzentration der Oxonium- wie der Hydroxidionen von je 10^{-7} mol/Liter. Der Umgang mit Potenzen ist nicht immer einfach; auch das negative Vorzeichen des Exponenten (der „Hochzahl") verleitet zu Rechenfehlern. So war es eine große Erleichterung, als der dänische Biologe Sörensen 1909 den **pH-Wert** anstelle der Konzentration der **Oxoniumionen** einführte und sich damit das Wohlwollen ganzer Schüler- und Studentengenerationen zuzog. (Das ‚p' in pH kann man hilfreich als ‚Potenz' deuten.) Er benutzte nur noch den **Zahlenwert des Exponenten**, ließ also das Vorzeichen weg. (Genauer: Der Exponent wird

mit minus eins multipliziert.) Abbildung 1 zeigt diese Umrechnung der Konzentration in den pH-Wert auf. Für neutrales Wasser beträgt der pH-Wert also **genau sieben**. Als **saure Lösungen** bezeichnet man alle, deren pH-Wert **kleiner** als **sieben** ist, als **alkalische/basische** die, deren pH-Wert **größer** als sieben ist.

Oxoniumionen-Konzentration in mol/l	pH-Wert
$10^0\ =\ 1$	0
$10^{-1}\ =\ 0{,}1$	1
$10^{-2}\ =\ 0{,}01$	2
$10^{-3}\ =\ 0{,}001$	3
10^{-4}	4
10^{-5}	5
10^{-6}	6
10^{-7}	7
10^{-8}	8
10^{-9}	9
10^{-10}	10
10^{-11}	11
10^{-12}	12
10^{-13}	13
10^{-14}	14

Abb. 1: Der Zusammenhang zwischen der Oxoniumionen-Konzentration und dem pH-Wert

Puffer halten Säuren und Basen im Zaum

Pufferlösungen halten ihren pH-Wert weitgehend konstant, auch wenn fremde Säuren oder Basen in begrenzter Menge zugesetzt werden. Ihren Namen haben sie in Anlehnung an die stoßdämpfende Wirkung von Eisenbahnpuffern erhalten; sie puffern (dämpfen) die Säure- oder Basenzugabe ab.

Im Allgemeinen liegt in einem Puffersystem eine schwache Säure und ihr zugehöriges Salz vor. Auch die Kombination einer schwachen Base mit ihrem zugehörigen Salz hat puffernde Wirkung. Dieser Erscheinung liegt folgender Sachverhalt zugrunde: Das Salz einer schwachen Säure ist eine starke Base. Dass dies so sein muss, kann man sich am umgekehrten Fall, also einer starken Säure, klarmachen. Chlorwasserstoff (HCl) beispielsweise reagiert vollständig mit Wasser. Dabei dissoziieren alle Moleküle, und es entsteht wässrige Salzsäurelösung:

$$HCl\ (g) + H_2O\ (fl) \rightarrow H_3O^+\ (aq) + Cl^-\ (aq)$$

Die Rückreaktion findet praktisch nicht statt. Die entstandenen Chlorid-Anionen müssen also sehr schwache Basen sein, da sie nicht in der Lage sind, einem Oxoniumion (H_3O^+) oder einem Wassermolekül ein Proton zu entreißen. Bei einer schwachen Säure hingegen liegt eine Gleichgewichtsreaktion vor. Ein bekanntes Beispiel liefert gewöhnlicher Haushaltsessig. Die in ihm enthaltenen Essigsäuremoleküle reagieren nur zum Teil zu Oxoniumionen und Acetatanionen:

$$CH_3CO_2H\ (fl) + H_2O\ (fl)$$
$$\leftrightarrow CH_3CO_2^-\ (aq) + H_3O^+\ (aq)$$

Auch hier steht die Rückreaktion mit der Hinreaktion in einem dynamischen Gleichgewicht. Es reagieren aber viel mehr Acetatanionen zurück zu Essigsäuremolekülen, als Chloridionen zurück zur Salzsäure. Das Salz der Essigsäure (Acetat) reagiert demnach basisch. Dies macht man sich mit dem Acetatpuffer zunutze, der Essigsäure (CH_3CO_2H) und deren Natriumsalz Natriumacetat (CH_3CO_2Na) enthält. Versetzt man eine acetatgepufferte Lösung mit einer starken Säure, z. B. Salzsäure, so werden die zuge-

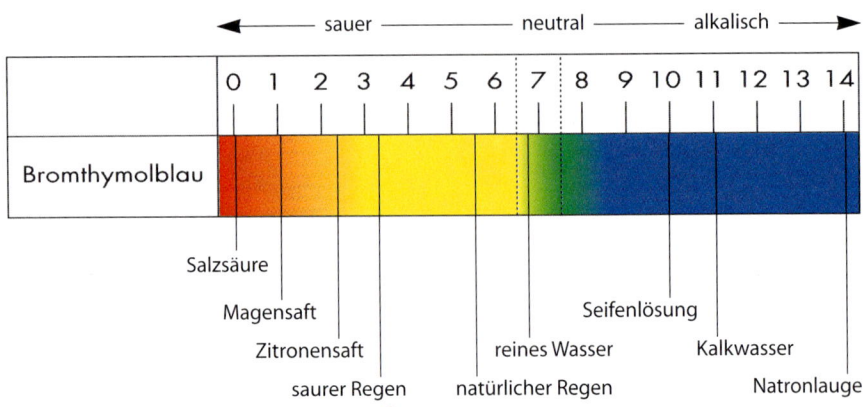

Abb. 2: Die pH-Skala mit den pH-Werten einiger Lösungen

Abb. 3: Jede Fischart hat einen individuell bevorzugten pH-Bereich

führten Oxoniumionen (H_3O^+) von den Acetationen unter Bildung von Essigsäure abgefangen. Diese Abpufferung hält die Konzentration an Oxoniumionen (H_3O^+) und damit den pH-Wert stabil:

$$H_3O^+ (aq) + CH_3CO_2^- (aq)$$
$$\rightarrow H_2O (fl) + CH_3CO_2H (fl)$$

Setzt man hingegen eine begrenzte Menge an Hydroxidionen (OH^-) hinzu, so werden sie mit der vorhandenen Essigsäure reagieren:

$$OH^- (aq) + CH_3CO_2H (fl)$$
$$\rightarrow H_2O (fl) + CH_3CO_2^-$$

Auch die zusätzlichen Hydroxidionen (OH^-) verschwinden somit; der pH-Wert bleibt weiter stabil. Welchen pH-Wert die Pufferlösung einigermaßen stabilisiert, hängt auch vom Konzentrationsverhältnis Säure/Salz ab. Benutzt man für den Acetatpuffer gleiche Konzentrationen von Essigsäure und Acetat, so pendelt sich der pH-Wert bei 4,75 ein. Pufferlösungen halten generell bei Zusatz von Säuren oder Basen den pH-Wert nicht exakt konstant, und sie vertragen nur den Zusatz einer bestimmten Menge von Säure oder Base.

Puffer sind in der Biologie von großer Bedeutung. Die Pufferung des pH-Wertes ist für fast alle Stoffwechselreaktionen sehr wichtig, da die Enzyme als ‚Biokatalysatoren‘ der Zellen nur bei bestimmten pH-Werten stabil sind und optimale Aktivität entfalten. Das menschliche Blut kann seine lebensnotwendigen Transportfunktionen nur in einem engen pH-Bereich erfüllen: Der erforderliche pH-Wert von 7,4 darf nur um 0,05 pH-Einheiten nach oben oder unten abweichen, ohne dass wir Schaden nehmen. Um die Schwankungen in diesen engen Grenzen zu halten, besitzt es gleich mehrere Puffersysteme: Den Kohlensäure-Alkalihydrogencarbonat-Puffer (H_2CO_3/ $Na^+HCO_3^-$ bzw. H_2CO_3/$K^+HCO_3^-$), den Phosphatpuffer aus Natriumdihydrogenphosphat (NaH_2PO_4) und Natriumhydrogenphosphat (Na_2HPO_4) und einen Puffer aus verschiedenen Proteinen.

Eine Frage von Leben und Tod: Der richtige pH-Wert

Das Kohlenstoffdioxid (CO_2) in der Luft löst sich in den Wassertropfen der Wolken unter Bildung der so genannten Kohlensäure. Daher reagiert unbelastetes Regenwasser sauer; es weist einen durchschnittlichen pH-Wert von 5,6 auf. Durch vom Menschen verursachte Luftverschmutzung gelangen viele weitere Nichtmetalloxide als Säurebildner in die Atmosphäre. Der mittlere pH-Wert in unserem Regenwasser liegt heute bei etwa 4,0.

Vor allem in den 70er und 80er Jahren kam es auf der nördlichen Halbkugel zu extrem saurem Regen. In Gegenden mit kalkarmen Granitböden konnte der Säureeintrag nicht abgefangen werden, z. B. in Skandinavien. Dort war eine massive Versauerung von Seen die Folge. Die pH-Werte der Gewässer sanken im Extremfall bis unter 4. Die hohen Säurekonzentrationen ließen die Pflanzen und Tiere in den Seen absterben und führten zu einer paradoxen Situation: Viele nordische Gewässer hatten kristallklares, scheinbar unberührtes Wasser. Das Leben in ihnen war aber weitgehend erloschen. An diesem Beispiel zeigt sich, dass der richtige pH-Wert von Gewässern und Böden für die Pflanzen und Tiere lebenswichtig ist. Für die Mehrzahl der Fischarten muss der pH-Wert der Gewässer zwischen 5 und 9,5 liegen, wobei die Brut generell auf Abweichungen besonders empfindlich reagiert (Abb. 3). Der tolerierte Bereich hängt von der jeweiligen Fischart ab: Während Plötzen nur in Gewässern mit pH-Werten von 6 bis 8 leben können, vertragen Flussbarsche das Spektrum zwischen pH 4 und 9. Stichlinge tolerieren sogar den weiten Bereich von pH 5 bis 11. Sie kommen also mit einer millionenfach gesteigerten Konzentration an H_3O^+ bzw. OH^- noch klar. Deutlich enger gefasst ist der optimale pH-Bereich des Bodens, den Pflanzen für ihr Gedeihen benötigen (Abb. 4). Das Pflanzenwachstum hängt also nicht nur vom Nährstoffangebot ab, sondern auch vom pH-Wert des Bodens. Dies ist für die Landwirtschaft von großer Bedeutung: So wachsen Kartoffeln gut auf leicht saureren Böden, im Gegensatz zu Erdbeeren. Auch Bäume bevorzugen unterschiedliche Böden. Während Birke und Tanne relativ saure Böden mit einem pH-Wert von 5 bis 6 bevorzugen, liegt der optimale Bereich für Kiefer und Fichte zwischen 5,5 und 6,5 und für Buche und Kastanie zwischen 6 und 8. Übersäuerte Böden und Gewässer bringt man unter hohem Aufwand durch die Zugabe von Kalk ($CaCO_3$) auf einen höheren pH-Wert.

Optimaler pH-Bereich	
Heidelbeeren:	pH = 3,5 bis pH = 5,0
Birke:	pH = 5,0 bis pH = 6,0
Wacholder:	pH = 5,0 bis pH = 6,0
Kartoffeln:	pH = 5,2 bis pH = 6,0
Tomaten:	pH = 5,5 bis pH = 7,5
Weizen:	pH = 6,0 bis pH = 7,5
Blumenkohl:	pH = 6,0 bis pH = 7,5
Erdbeeren:	pH = 6,0 bis pH = 6,5

Abb. 4: Jede Pflanzenart benötigt einen Boden mit einem bestimmten pH-Wert

Zum Weiterlesen:

- Absolut unverzichtbar – Ionen und Salze als Nährstoffe, S. 546
- Die Vorstellung des pH-Wertes, S. 554
- Säuren und Basen – die Geschichte holt uns ein, S. 556

Energie hin und her – elektrisch und chemisch

Vor zweihundert Jahren entdeckte Luigi Galvani, ein italienischer Arzt, die sog. „animalische Elektrizität" bei Versuchen mit Froschschenkeln: Eisengeländer, Kupferdraht und Zellflüssigkeit ließen Froschschenkel zucken. Verschiedene Metalle bilden auch heute die Grundlagen moderner Batterien, die bei ihrer Entladung aus **chemisch gespeicherter Energie** elektrische Energie freisetzen. Batterien finden sich heute fast überall; sie liefern uns in Taschenlampen und elektrischer Fahrradbeleuchtung Licht in der Nacht. Musik liefern sie in Walkmen, tragbaren CD-Spielern und Soundmachines, sie zeigen in vielen analogen und allen digitalen Uhren die Zeit an und ermöglichen das „Zappen" mit der TV-Fernbedienung (Abb. 1). Auch Autos brauchen Batterien, doch verwendet man hier stets wieder aufladbare Batterien – Akkus oder **Akkumulatoren** genannt (lat.: accumulare = ansammeln). Akkus sind „Stromsammler"; sie können wie gewöhnliche Batterien Energie chemisch speichern; zusätzlich wird beim Aufladen elektrische in chemische Energie umgewandelt und gespeichert. Beim Entladen von Akkus wird – genauso wie bei Einwegbatterien – chemische Energie wieder in elektrische Energie umgewandelt.

Trotz bleifreiem Benzin Blei im Auto

Autobatterien sind Bleiakkumulatoren. In ihnen tauchen Bleiplatten in verdünnte Schwefelsäure (Abb. 2); je nachdem, ob ge- oder entladen wird, läuft die Rückreaktion (von rechts nach links) oder die Hinreaktion (von links nach rechts) ab:

$$\overset{+IV}{Pb}\overset{-II}{O_2} + \overset{+/-0}{Pb} + 2\,H_2SO_4 + x\,H_2O \Leftrightarrow 2\,\overset{+II}{Pb}\overset{-II}{SO_4} + 2\,H_2O + x\,H_2O$$

Die Hinreaktion beschreibt die **Entladung des Akkus**: Vierwertiges Blei in Bleidioxid und elementares Blei reagieren zu zweiwertigem Blei in Bleisulfat. Die Reaktion vom vierwertigen Blei zum zweiwertigen Blei ist die Reaktion an der Kathode – gleichzeitig geht an der Anode elementares Blei in zweiwertiges Blei über. Der eigentliche Stromfluss im geschlossenen Stromkreis geschieht über die Elektronen. Da zweiwertiges Blei (+II) im Bleisulfat zu elementarem Blei (+/–0) und zu vierwertigem Blei (+IV) im Bleidioxid werden kann, ist auch die Rückreaktion möglich, die beim Laden des Akkus abläuft. In der Reaktionsgleichung ist sowohl eine Oxidation, also auch eine Reduktion versteckt. Oxidation und Reduktion bedingen sich gegenseitig und können nur zusammen ablaufen:

$$\text{ANODE: } \overset{+/-0}{Pb} \rightarrow 2\,e^- + \overset{+II}{Pb^{2+}}$$
OXIDATION: Die Oxidationszahl steigt (Elektronenabgabe)

$$\text{KATHODE: } \overset{+IV}{Pb} + 2\,e^- \rightarrow \overset{+II}{Pb^{2+}}$$
REDUKTION: Die Oxidationszahl sinkt (Elektronenaufnahme)

Das A und O der Elektrochemie: Die Anode als Ort der Oxidation

Das A und O der Elektrochemie heißt: An der **A**node findet immer die **O**xidation statt; gleichzeitig findet an der Kathode stets die Reduktion statt. Dies heißt auch, dass bei der Aufladung des Akkus die Polung entgegengesetzt zur Polung bei der Entladung ist: Pluspol wird zum Minuspol und umgekehrt. Das Wichtigste beim Stromfluss sind die Elektronen: Für sie bedeutet das Aufladen einen Zwang – durch elektrische Energie werden sie gezwungen, sich entgegen ihrer chemischen Natur zu bewegen. Beim Entladen können sie sich „gehen lassen" und wandern im Stromkreis in die Richtung, die für sie am günstigsten ist. Bleiakkumulatoren in Autos werden über die Lichtmaschine – also letztlich durch die Umwandlung der durch Verbrennung gewonnenen Energie – aufgeladen.

Abb. 1: Unterschiedliche Batterien für elektrische Kleingeräte

Das Problem der Entsorgung

Akkus für den Hausgebrauch werden mit elektrischem Strom aus der Steckdose aufgeladen. Diese Akkus enthalten jedoch kein Blei, sondern Nickel und Cadmium. Bei **Nickel-Cadmium-Akkus** dient eine Base – mittelstarke Natronlauge – als Elektrolyt, d. h. als Transportmedium für die Ionen. Wenn diese Akkus ausgedient haben, sind sie Sondermüll und müssen aufwendig entsorgt werden. Ni-Cd-Akkus sind die gängigen Akkus für elektrische Kleingeräte. Sie sind prinzipiell umweltschonender als herkömmliche Batterien, da sie sehr oft, einige sogar bis zu tausendmal, ge- und entladen werden können. Der Nachteil ist die Giftigkeit – insbesondere von Cadmium. Beim Einsatz von nicht wieder aufladbaren Batterien läuft die Entladungsreaktion ähnlich wie bei Akkus ab. Nach einmaligem Gebrauch ergibt sich jedoch bereits das Problem der Entsorgung. Auch diese Batterien enthalten giftige Stoffe und müssen getrennt gesammelt und entsorgt werden. Man kann sie heute in Deutschland in Geschäften, die Batterien verkaufen, zur Entsorgung abgeben. Ganz besonders giftig ist der Inhalt quecksilberhaltiger Batterien wie z. B. kompakter Knopfzellen.

Der Zweck heiligt die Mittel – unterschiedliche Batterietypen

Batterie ist die allgemeine Bezeichnung für eine elektrochemische Zelle, die spontan elektrische Energie produziert. Eine einzelne Batterie kann aus einer oder mehreren elektrochemischen Zellen bestehen. So ist zum Beispiel die gewöhnliche 12-Volt-Autobatterie eine Kombination von sechs Einzelzellen, die jeweils etwa 2 Volt Spannung liefern. Zusammen liefern diese sechs Zellen die Spannung von 12 Volt. Batterien, die im Haushalt benutzt werden, beispielsweise für Walkmen, Taschenlampen o. Ä., werden auch als Trockenbatterien bezeichnet und liefern üblicherweise 1,5 Volt Spannung. Wenn bei einem

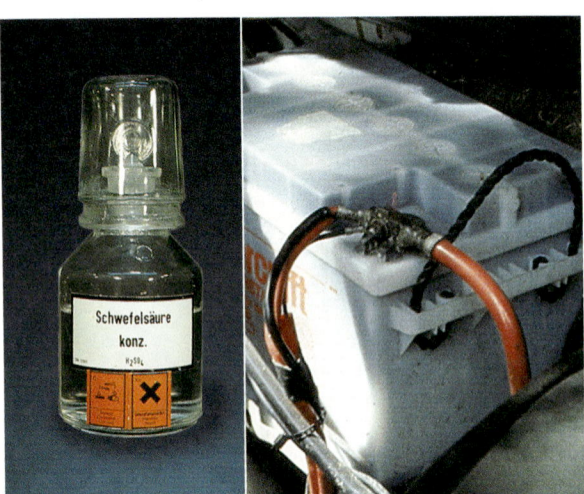

Abb. 2: Batteriesäure in Autobatterien ist verdünnte Schwefelsäure

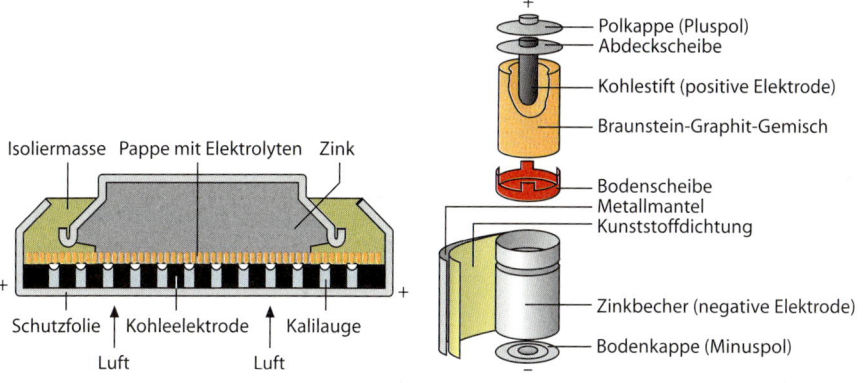

+
Polkappe (Pluspol)
Abdeckscheibe

Kohlestift (positive Elektrode)

Braunstein-Graphit-Gemisch

Bodenscheibe
Metallmantel
Kunststoffdichtung

Zinkbecher (negative Elektrode)

Bodenkappe (Minuspol)

Isoliermasse Pappe mit Elektrolyten Zink

+   +

Schutzfolie Kohleelektrode Kalilauge
Luft   Luft

Abb. 4: Zink-Luft-Akku (links) und Taschenlampenbatterie (rechts) im Vergleich

elektrischen Gerät vier solcher Batterien in Reihe geschaltet sind, liefern sie 6 Volt. Trockenbatterien haben keinen flüssigen Elektrolyten, sondern eine Art Paste, in der die elektrochemischen Reaktio-nen ablaufen können. Manche Batterien sind enorm teuer, wie zum Beispiel **Lithium-Batterien**. Sie liefern eine Spannung von 3 Volt und liefern lange Strom. Verwendung finden sie beispielsweise in Herzschrittmachern. Es gibt auch Akkus, die Lithium enthalten, und zwar als Ionen. **Lithium-Ionen- Akkus** sind ebenfalls sehr leis-

Hilfe unterschiedlicher metallischer Katalysatoren kontrolliert wird. Zumindest das Verbrennungsprodukt Wasser ist jedoch umweltfreundlich. Das Problem bei Brennstoffzellen ist es jedoch noch, die hohe Betriebstemperatur in den Griff zu bekommen. Informationen über andere Arten von Batterien und deren Verwendung gibt Abbildung 3.

Die klassische Zink-Kohle-Batterie: Einfach und billig

Nicht so teuer, aber auch nicht so leis-

det den einen Pol. Der Boden des Zinkbechers bildet den anderen Kontakt. Isolationsmaterial schützt den Graphitstab mit seiner Metallkappe vor direktem mechanischen und elektrischen Kontakt mit dem Zinkbecher (Abb. 4). Obwohl die Zink-Kohle-Batterie ein recht simpler und alltäglicher Gebrauchsgegenstand ist, kann die zugrunde liegende Chemie hier nicht beschrieben werden, da sie sehr komplex ist. Doch ist es möglich, zu erklären, wie die Batterie elektrische Energie liefert, wenn sie zum Beispiel einen Walkman speist.

Elektronen wandern im geschlossenen Stromkreis

Wenn ein Walkman angestellt wird, schließt sich ein Kreis, was es den Elektronen ermöglicht, den Zinkbecher zu verlassen und über Kontakte und Kabel zu dem Elektromotor zu gelangen, der den Walkman antreibt. Anschließend gelangen die Elektronen wieder in die Batterie, und zwar über die Metallkappe, die den Kohlestab abdeckt. Vom Kohlestab gelangen sie in die Paste, die sich im Inneren der Batterie befindet. Dort nehmen sie teil an den chemischen Reaktionen, die im Inneren des Batteriekörpers ablaufen. Was gerade sehr vereinfacht beschrieben wurde, ist das Phänomen des elektrischen Stroms – ein Kreislauf von Elektronen. Wenn Elektronen den Zinkbecher der Batterie verlassen, werden die Zinkatome, die die Elektronen abgeben, zu zweifach positiv geladenen Zinkionen, Zn^{2+}. Es ist der Fluss von Elektronen über Kontakte und Kabel, der alle elektrischen Gebrauchsgegenstände wie Walkmen, Radios, Uhren und Blitzlichter funktionieren lässt.

Batterie-Typ	Alkali-Mangan	Zink-Silberoxid	Zink-Kohle	Lithium	Nickel-Cadmium-Akku
Spannung	1,5 V	1,55 V	1,5 V	3 V	1,2 V
Minuspol	Zink	Zink	Zink	Lithium	Cadmium
Pluspol	Mangandioxid	Silberoxid	Mangandioxid	Mangandioxid	Nickelhydroxid
Elektrolyt	Kalilauge	Kalilauge	Ammoniumchlorid	Lithiumverbindung in org. Lösungsmittel	
Schwermetalle	–	<0,10 % Quecksilber	0–1 % Quecksilber	–	15 % Cadmium 20 % Nickel
Eigenschaften	auslaufsicher; hohe Leistung; langlebig; teuer	Spannung bleibt sehr lange konstant; sehr langlebig; teuer	Spannung sinkt bei der Entladung deutlich ab; preiswert	sehr lange lagerfähig; Spannung bleibt sehr lange konstant; teuer	wieder aufladbar; erspart viele Einwegbatterien; belastet aber als Abfall in der Deponie
Verwendung	Blitzgeräte, Kameras, Kassettenrekorder	Hörgeräte, Rechner, Kameras	Radios, Taschenlampen, Spielzeug	Uhren, Rechner, Herzschrittmacher	Videokameras, Werkzeuge, Blitzgeräte

Abb. 3: Unterschiedliche Batterietypen und deren Verwendung

stungsfähig und werden als Akkus für Laptops eingesetzt. Auch Nickel-Metallhydrid-Akkus – oft als NiMH bezeichnet – halten deutlich länger als herkömmliche Akkus. Ein weites Forschungsgebiet sind die **Brennstoffzellen**: Auch hier wird Strom elektrochemisch erzeugt, jedoch aus gasförmigen oder flüssigen Brennstoffen. Zur Stromerzeugung wird in ihnen fast ausschließlich die Reaktion von Wasserstoff mit Sauerstoff genutzt (Knallgasreaktion), die mit

tungsfähig sind gewöhnliche (Taschenlampen-)Batterien, die **Zink-Kohle-Batterien**. Diese Batterien bestehen aus einem zylindrischen Zinkbecher. Dieser Becher ist gefüllt mit einer festen Paste aus Ammoniumchlorid (NH_4Cl) und Zinkchlorid ($ZnCl_2$) und ist mit Mangandioxid (MnO_2; auch Braunstein genannt) ummantelt. Hinunter in diese Masse sticht ein poröser Graphitstab. Eine metallene Kappe bedeckt ihn oben und bil-

Zum Weiterlesen:

- Die Erze haben es in sich: Die Gewinnung der Metalle, S. 510
- Der lange Marsch – von polaren Atombindungen zu Ionen, S. 538
- Wenn Rotkohl sauer wird …, S. 552

Organische Chemie – Stoffe der belebten Natur?

Was sind „organische Verbindungen"? Anfang des 19. Jahrhunderts unterteilte der schwedische Wissenschaftler **J. Berzelius** das gesamte Stoffgebiet der Chemie in den Bereich der **Anorganischen Chemie** (Chemie der toten Materie, der Mineralien und Gesteine) und den Bereich der **Organischen Chemie** (Chemie der „Lebewesenstoffe", der belebten Natur). Man glaubte zu dieser Zeit, dass organische Stoffe Naturstoffe seien, also von Organismen produzierte Verbindungen. Obwohl damals schon einige natürlich vorkommende, anorganische Stoffe durch Synthese künstlich erzeugt worden waren, dachte man, dass ein Aufbau organischer Verbindungen außerhalb des lebenden Körpers nicht möglich wäre. Es herrschte nämlich die Ansicht vor, nur durch das Wirken einer geheimnisvollen „Lebenskraft" (**vis vitalis**) erfolge in Lebewesen die Bildung organischer Stoffe.

In der zweiten Hälfte des 18. Jahrhunderts begann man mit genaueren Untersuchungen von Stoffen, die von Tieren oder Pflanzen gebildet werden. Besonders **C.W. Scheele** gewann eine große Zahl organischer Verbindungen in reiner Form. So isolierte er Zitronensäure aus Zitronen, Milchsäure aus saurer Milch, Harnsäure aus Blasensteinen und entdeckte Glycerin als Bestandteil tierischer Fette. Scheele isolierte diese „Naturstoffe" und überprüfte die darin enthaltenen Elemente. Er bemerkte bald, dass alle diese „organischen" (aus Organismen stammenden) Stoffe zwar nur aus wenigen Elementen, vor allem Kohlenstoff, Wasserstoff und Sauerstoff, bestehen, aber er konnte für sie keine einfachen Verhältnisformeln bestimmen. Man hielt diese Stoffe für besonders kompliziert aufgebaut und glaubte somit weiterhin, sie ließen sich nur durch lebende Zellen unter der Wirkung einer besonderen Lebenskraft herstellen.

Diese Auffassung wurde dann im Jahre 1828 durch **F. Wöhler** widerlegt (Abb. 1, 2). Es gelang ihm, den damals als anorganisch

Abb. 1: Friedrich Wöhler (1800–1882)

gekennzeichneten Stoff **Ammoniumcyanat** (NH_4OCN) durch Erhitzen in den als streng organisch geltenden Stoff **Harnstoff** zu überführen. Wöhler wiederholte seine Versuche mehrere Male, bis er ganz sicher war, damit einen organischen Stoff ohne Mitwirkung der Lebenskraft hergestellt zu haben, denn an seinen Freund und ehemaligen Lehrer Berzelius machte er darüber folgende Mitteilung: „ … ich kann sozusagen mein chemisches Wasser nicht halten und muss Ihnen erzählen, dass ich Harnstoff machen kann, ohne dazu Nieren oder überhaupt ein Thier, sey es Mensch oder Hund, nöthig zu haben." (Abb. 3) Wöhler gelang es also, einen Stoff herzustellen, dessen Entstehung bis dahin nur in Lebewesen denkbar war. Die Lehre von der „Lebenskraft" war damit erstmals widerlegt, aber es dauerte noch etwa zwanzig Jahre, in denen immer mehr Stoffe aus der Welt der Organismen künstlich hergestellt wurden, bis sie endgültig aus dem Gedankengut der Chemie verschwand.

Die Abgrenzung zwischen organischer und anorganischer Chemie verlor somit immer mehr ihre Berechtigung, da es allmählich gelang, weitere organische Verbindungen synthetisch zu gewinnen, wie z.B. Muskarin, das Nervengift aus dem **Fliegenpilz**, welches Erbrechen und schwere Durchfälle verursacht (Abb. 4). Es setzte sich immer mehr die Überzeugung durch,

dass erstens für organische und anorganische Verbindungen die gleichen chemischen Gesetzmäßigkeiten gelten, und zweitens organische Stoffe auch **in vitro**, im Reagenzglas, aus organischen Stoffen hergestellt werden können (Gegensatz: in-vivo-Synthese, die Bildung der Stoffe im Tier oder in der Pflanze).

Die Organische Chemie

Zur Organischen Chemie gehören heute nicht nur die in Lebewesen auftretenden Substanzen, sondern auch eine Vielzahl künstlich hergestellter Stoffe, von denen einige technische Bedeutung haben. Nahezu alle **Chemiefasern** und **Kunststoffe** beruhen auf organischen Verbindungen, ebenso viele **Reinigungsmittel, künstliche Süßstoffe, Medikamente** und **Pflanzenschutzmittel.** Ausgangsstoff für viele der aus dem täglichen Leben nicht mehr wegzudenkenden Verbindungen sind die **fossilen Brennstoffe** wie **Erdöl** und **Erdgas.** Sie sind Überreste einstigen pflanzlichen und tierischen Lebens, so dass man eigentlich sagen kann, die Organische Chemie basiert letztendlich doch auf lebender Materie. Allerdings hat die heutige Chemie bereits einige Techniken entwickelt, die ihr bei einer Erschöpfung der Erdgas- und Erdölvorräte eine Weiterproduktion der benötigten Stoffe auch aus anderen Quellen, wie z.B. Kohle oder Kohlenstoffmonoxid, erlauben würde.

Ein Beispiel für einen organischen Stoff, der im Reagenzglas synthetisiert wurde, ist

Abb. 2: Gedenkbriefmarke zum 100. Todestag Wöhlers 1982

Berlin, 28. Februar 1828

Lieber Herr Professor!

Obgleich ich sicher hoffe, daß mein Brief vom 12. Januar und das Postskript vom 1. Februar bey Ihnen angelangt sind und ich täglich oder vielmehr stündlich in der gespannten Hoffnung lebe, einen Brief von Ihnen zu erhalten, so will ich ihn doch nicht abwarten, sondern schon wieder schreiben, denn ich kann sozusagen mein chemisches Wasser nicht halten und muß Ihnen erzählen, daß ich Harnstoff machen kann, ohne dazu Nieren oder überhaupt ein Thier, sey es Mensch oder Hund, nöthig zu haben. Das cyansaure Ammoniak ist Harnstoff.

Abb. 3: Auszug aus einem Brief Wöhlers an Berzelius

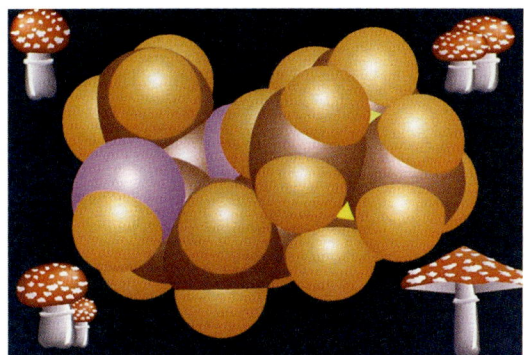

Abb. 4: Der Fliegenpilz enthält das Nervengift Muskarin

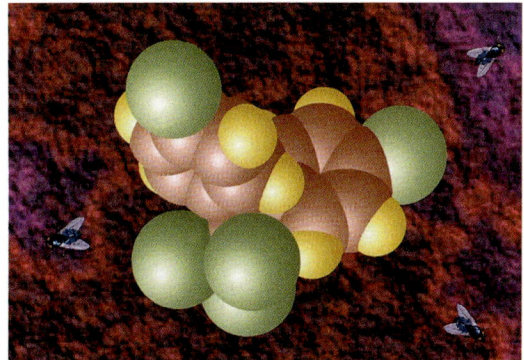

Abb. 5: Kalottenmodell des Insektizids DDT

Abb. 6: Wasser als typisches Beispiel für eine anorganische Verbindung

das **Insektizid DDT** (Dichlordiphenyltrichlorethan, Abb. 5). Dieses Insektizid ist eine nicht in der Natur vorkommende organische Verbindung und in Europa mittlerweile verboten. Die Klassifizierung in anorganische und organische Verbindungen in der ursprünglichen Bedeutung war damit nicht mehr sinnvoll. Es stellt sich nach diesen Beispielen nun die Frage, warum man die Unterteilung in einen anorganischen und einen organischen Bereich der Chemie trotzdem bis heute beibehalten hat und was die „Organische Chemie" heute bezeichnet. Im Laufe der Zeit erkannte man, dass alle „organischen" Verbindungen immer Kohlenstoff enthalten, und man stellte auch gewisse Besonderheiten beim Aufbau ihrer Moleküle fest. Die Begriffe „organisch" und „anorganisch" dienen heute nur zur Einteilung der Stoffe in **Kohlenstoffverbindungen** und **Nichtkohlenstoffverbindungen**. Ein Zusammenhang zu den Organismen wird damit nicht mehr hergestellt.

Die historische Bezeichnung „Organische Chemie" umfasst im heutigen Sinne also die Chemie der Kohlenstoffverbindungen. Eine Ausnahme bilden nur die Kohlensäure (H_2CO_3) und ihre Salze, die Carbonate, sowie die Carbide und Oxide des Kohlenstoffs (Kohlenstoffmonoxid, CO, und Kohlenstoffdioxid, CO_2); sie werden dem Forschungsbereich der anorganischen Chemie zugerechnet. Die historisch bedingte

Einteilung in organische und anorganische Chemie wird auch wegen der Vielfalt an Kohlenstoffverbindungen aufrechterhalten. Weiterhin weisen die organischen Verbindungen des Kohlenstoffs (im Allgemeinen kovalente Bindungen) charakteristische Besonderheiten in der Zusammensetzung und im chemischen Verhalten auf. Ein Beispiel für eine typische anorganische Verbindung, Wasser, zeigt Abbildung 6.

Es gibt heute weit mehr Verbindungen, die auf Kohlenstoff beruhen, als Verbindungen aller übrigen Elemente zusammen. So sind bis heute über 13 Millionen organische Kohlenstoffverbindungen bekannt, aber „nur" etwa 200000 anorganische. Diese Vielfalt liegt an der einzigartigen Fähigkeit des Kohlenstoffs, chemische Bindungen mit den meisten anderen Elementen und vor allem mit sich selbst eingehen zu können, wobei er sich zu sehr langen kettenförmigen Molekülen, verzweigten Strukturen oder auch ringförmigen Verbindungen zusammenschließen kann (Abb. 7). Außer dem Hauptelement Kohlenstoff enthalten die organischen Verbindungen weitere Elemente, vor allem Wasserstoff, Sauerstoff, Stickstoff und Schwefel. Auch Phosphor oder die Halogene (besonders Chlor) sind oftmals Bestandteil organischer Verbindungen.

In den letzten Jahren ist es der Forschung gelungen, Kohlenstoff mit fast allen anderen Elementen zu verbinden. Ein relativ neuer Zweig der Chemie befasst sich mit **organometallischen Verbindungen**, in denen die Metallatome unmittelbar an den Kohlenstoff gebunden sind. Viele dieser Verbindungen werden inzwischen als Katalysatoren eingesetzt. Gerade dieses Beispiel der organometallischen Verbindungen verdeutlicht, dass zwischen der Anorganischen Chemie (**AC**) und der Organischen Chemie (**OC**) keine ganz scharfe Trennung möglich ist, sondern dass es sich um eine willkürliche „künstliche Grenze" handelt, um die Chemie in überschaubare Bereiche einteilen zu können. Die Organometallchemie kann man quasi als Grenzbereich bzw. Brücke zwischen organischer und anorganischer Chemie verstehen.

 Zum Weiterlesen:

- Kohlenstoff – ein Element mit mehreren Gesichtern, S. 518
- Fossile Energieträger und erneuerbare Energien, S. 564
- Die Alkane – die einfachsten Kohlenwasserstoffe, S. 566

Verknüpfung von C-Atomen		
kettenförmig	verzweigt	ringförmig
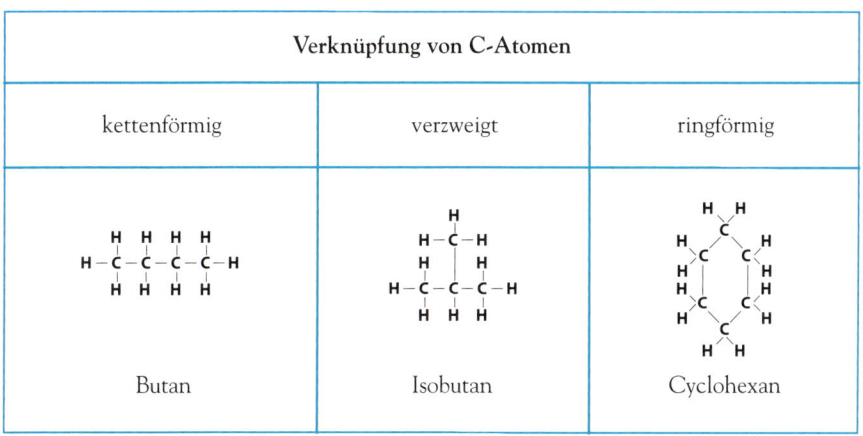		
Butan	Isobutan	Cyclohexan

Abb. 7: Beispiele für die Vielfalt der Kohlenstoffverbindungen

Fossile Energieträger und erneuerbare Energien

*S*eit Urzeiten wird Holz als Brennstoff verwendet – Holzverfeuerung ist die älteste Art, Energie zum Kochen und Heizen zu gewinnen (Abb 1). Vom griechischen Götterboten Hermes ist überliefert, dass er in Ruhepausen Lorbeergestrüpp und getrocknete Efeublätter anzündete, um damit ein wärmendes Feuer aus Holz zu entfachen. Im 17. Jahrhundert entdeckte der englische Naturphilosoph Robert Boyle Methylalkohol (Methanol, H_3C-OH) unter den Verbrennungsprodukten des Holzes. Durch die daraufhin entwickelte trockene Destillation von Holz – eine Destillation unter Luftabschluss – wurde bis in die 30er Jahre dieses Jahrhunderts Methylalkohol gewonnen. Dieses Verfahren gab dem Methylalkohol auch seinen Namen: „methe" heißt auf Griechisch Wein, „hyle" bedeutet Holz.

Holz ist chemisch ein sehr uneinheitlicher Stoff. Holz enthält immer einige Prozent so genannter Holzinhaltsstoffe, wie Wachse, Harze, terpenähnliche Stoffe (Kautschuk), Farbstoffe, Fette, Eiweißstoffe etc. Trotz seines niedrigen Brennwertes von ca. 18 480 kJ/kg (knapp 40 % des Brennwertes von Erdgas; s. Abb. 2) ist Holz auch heute noch ein wichtiger Brennstoff in einigen – insbesondere afrikanischen – Entwicklungsländern. So werden weltweit nach Schätzungen der Vereinten Nationen jährlich etwa 2000000000 m³ Holz zum Kochen und Heizen verbrannt. Insgesamt wird knapp 1% des weltweiten Waldbestandes pro Jahr gerodet, ca. 70 % davon werden als Brennstoff, der Rest hauptsächlich in der Papier- und Möbelindustrie eingesetzt. Neben der Entstehung und Freisetzung von Luftschadstoffen durch die Verfeuerung des Holzes hat die großflächige Rodung von Regenwäldern nachhaltige Klimaveränderungen zur Folge.

In Mitteleuropa hingegen unterliegt die Verfeuerung von Holz strengen gesetzlichen Bestimmungen: Holz darf nur noch in Ausnahmefällen verbrannt werden, zum Beispiel in Wohnzimmerkaminen zur Schaffung einer

Abb. 1: Die Verfeuerung von Holz ist die älteste Art der Energiegewinnung

gemütlichen Atmosphäre. Aus dem gleichen Grunde dient bisweilen Kerzenlicht zur Beleuchtung, zum Beispiel bei einem „candle light dinner", einem festlichen Essen bei Kerzenschein. Bei einer Kerze verbrennen **Wachse** unter Sauerstoffverbrauch. Unter Wachsen versteht man eine Gruppe von Stoffen, die dem Bienenwachs verwandt sind und meist aus Paraffinen bestehen. Als Paraffine bezeichnet man langkettige Kohlenwasserstoffe aus der Verbindungsklasse der Alkane, die im nächsten Kapitel besprochen werden. Bei Raumtemperatur sind sie fest und über 40 °C schmelzend. Als Ausgangsmaterial für Kerzen dient heute Stearin, ein Fettsäure-Gemisch, oder Bienenwachs – früher wurden auch ansonsten nicht benötigte Fette (Talg) für Kerzen verwandt. Auch Kerzenlicht ist seit dem Altertum bekannt – allerdings stellt die geringe Leuchtkraft der Kerzen seit jeher einen entscheidenden Nachteil dar. Heute dient Kerzenlicht in weiten Teilen der Welt gerade wegen seiner geringen Leuchtkraft als zusätzliche Lichtquelle zur gedämpften, angenehmen Beleuchtung.

Erdöl ist seit dem Altertum bekannt. Als so genanntes Naphtha kam es hier und dort an die Oberfläche gesprudelt und wurde auch damals schon hauptsächlich als Brennstoff genutzt. Vor mehr als 1500 Jahren wurden Thermen in Byzanz bereits mit Erdöl geheizt. Doch erst seit Mitte des 19. Jahrhunderts wird Erdöl wirklich aus der

Erde zutage gefördert; die erste Erdölbohrung fand 1859 in Pennsylvania (USA) statt. Entstanden ist Erdöl aus Kohlenhydraten, Eiweißstoffen und Fetten in tierischer und pflanzlicher Substanz, hauptsächlich Plankton. Vor Urzeiten sank dieses Plankton in flachen Uferregionen ab, es wurde unter Luftabschluss – anaerob – nach und nach zu so genanntem Faulschlamm. Druck, Hitze, mineralische Katalysatoren und anaerobe Bakterien leisteten Zersetzungsreaktionen, bei denen erdölähnliche Substanzen entstanden. Es existieren jedoch auch Erdöl verarbeitende Bakterien: Sie kommen in nahezu allen Wald- und Wiesenböden vor und nutzen Kohlenwasserstoffe des Erdöls als Energiequelle. In gut durchlüfteten Böden werden geringe Mengen Erdöl schnell und vollständig verarbeitet. In Erdöllagerstätten – wo Sauerstoffmangel herrscht – findet kein merklicher Abbau von Erdöl durch bakteriellen Hunger statt.

Erdgas kommt sehr häufig zusammen mit Erdöl vor. Über den Erdölfeldern befindet sich eine Gaskuppel, in der das Erdgas unter hohem Druck eingeschlossen ist. Einige Arten von Erdgas bestehen fast ausschließlich aus gasförmigem Methan (CH_4, Abb. 3). Aber auch Sumpfgas, Faulgas, Biogas und Grubengas bestehen allesamt zum Großteil aus diesem einfachsten Kohlenwasserstoff. Methan entsteht als Nebenprodukt der Erdölbildung durch mikrobielle Umsetzung. Erdgas enthält jedoch auch Stoffe wie Ethan, Kohlenstoffdioxid, Stickstoff, Schwefelwasserstoff und Helium. Einige Sorten Erdgas enthalten darüber hinaus auch noch größere Anteile an Propan, Butan und Pentan sowie höheren gesättigten Kohlenwasserstoffen. Diese Art von Erdgas wird „nasses Erdgas" genannt, da es leichter kondensiert werden kann. Erdgas ist ebenfalls seit dem Altertum bekannt –

Brennstoff:	Brennwert (kJ/kg)
Holz	15000
Ethanol	30240
Steinkohle	31080
Erdgas	36000
Rohöl	44520
Wasserstoff	142800

Abb. 2: Brennwerte von unterschiedlichen Energieträgern

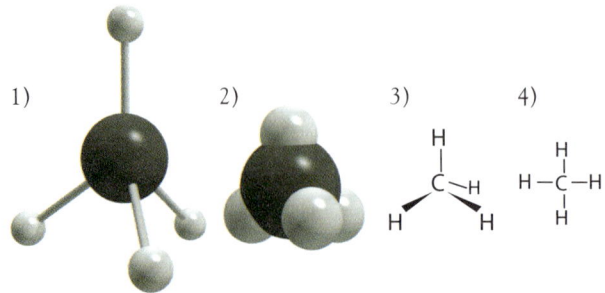

1) 2) 3) 4)

Abb. 3: Verschiedene Modelle des Methanmoleküls CH_4: Kugelstab-Modell (1), Kalotten-Modell (2), räumliche Strukturformel (3) und zweidimensionale Strukturformel (4)

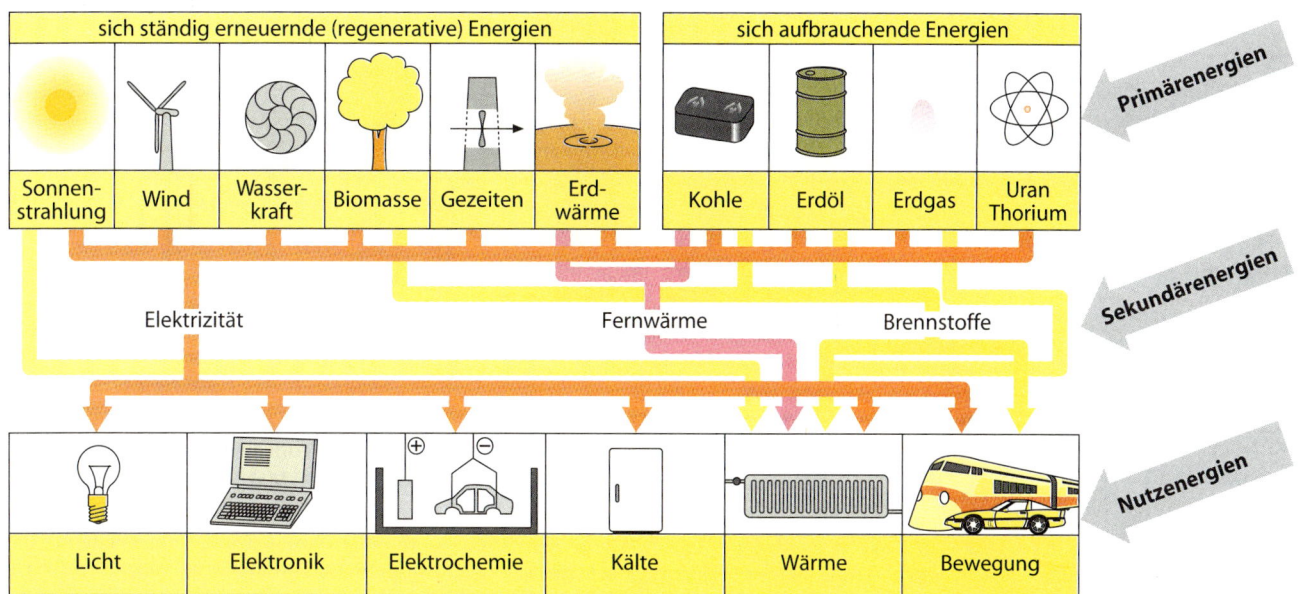

Abb. 4: Primärenergie ist entweder aufbrauchbar oder sich ständig erneuernd

schon vor über 2500 Jahren errichteten die Parsen Tempel für die „brennenden Götter", das aus dem Boden strömende Erdgas. Der römische Schriftsteller Plinius beschrieb Erdgase bei Kohlelagerstätten, bekannt ist auch das „Ewige Feuer von Baku", wo aus den Tiefen strömendes Erdgas verbrennt. Erdgas wird noch nicht allzu lange, dafür aber in steigendem Maße genutzt. Erdgas gilt heute als relativ umweltfreundlicher Brennstoff. Die erste Stadtbeleuchtung auf Erdgasbasis stammt aus den 20er Jahren des letzten Jahrhunderts in den USA. In Deutschland diente Leuchtgas Anfang dieses Jahrhunderts auch zu Beleuchtungszwecken in Wohnungen. Heute sieht man manchmal noch Straßenlaternen, die mit Gas betrieben werden, zum Beispiel in der Bonner Südstadt. Die größten weltweiten Erdgasreserven finden sich in den Nachfolgestaaten der Sowjetunion (40%) und Iran (15%) sowie in anderen Staaten des Nahen Ostens. Die oft schon als Ölländer bekannten Länder, wie die Vereinigten Arabischen Emirate, fördern mit Zuwachsraten von bis zu 500% in den letzten Jahren auch verstärkt Erdgas, das früher schlichtweg abgefackelt wurde. Westliche Staaten wie die USA und europäische Staaten besitzen – wie auch asiatische Staaten – nur unbedeutende Erdgasreserven.

Weltenergieverbrauch

Erdöl bleibt auch Ende dieses Jahrhunderts mit etwa 40% der bedeutendste Energieträger. Auf Platz zwei folgt die Kohle mit gut 25%. Das als relativ umweltfreundlich geltende Erdgas nimmt etwa 20% ein, mit weiterhin steigender Tendenz: Innerhalb der letzten zwei Jahrzehnte ist die Erdgasförderung verdoppelt worden – Anfang des nächsten Jahrtausends wird Erdgas genauso wichtig wie Kohle sein. Die Kernenergie deckt weltweit nur 6% des Energiebedarfs, und auch das nächste Jahrtausend wird wegen der Risiken und der hohen Kosten wohl kein Jahrtausend der Kernenergie werden. Demgegenüber sind die erneuerbaren Energiequellen (Abb. 4) bereits heute mit 8% vertreten, Tendenz steigend. Denn wenn der Verbrauch an Primärenergien unverändert hoch bleibt, reicht das wirtschaftlich nutzbare Erdöl noch etwa 30 bis 50 Jahre, Erdgas 60 bis 80 Jahre und Kohle etwa 200 bis 250 Jahre.

Diesel aus Raps

Ein Beispiel für regenerative Energien ist der **Raps**. Als Ausgangsstoff für Rapsölmethylester kann er zu „Bio-Diesel" verarbeitet werden (Abb. 5). Die Herstellung von Diesel aus Raps ist inzwischen technisch und praktisch gut durchführbar. Allerdings wird Raps nur einen sehr geringen Anteil an der Energieversorgung nehmen. Zu einer weitergehenden Nutzung von Rapsölmethylester müsste ein Großteil der kostbaren landwirtschaftlichen Nutzfläche für den Anbau von leuchtend gelb blühendem Raps bereitgestellt werden. Regenerative Energien werden jedoch in Zukunft immer wichtiger werden. Das Stichwort für das nächste Jahrtausend heißt in diesem Zusammenhang **Energiemix**.

 Zum Weiterlesen:

- Das größte natürliche Treibhaus – die Erde, S. 536
- Organische Chemie – Stoffe der belebten Natur?, S. 562
- Schwarzes Gold – der wertvolle Rohstoff Erdöl, S. 570

Abb. 5: Dieselkraftstoff („Bio-Diesel") kann aus gelb blühendem Raps gewonnen werden

Die Alkane – das kleine Einmaleins der gesättigten Kohlenwasserstoffe

Die Alkane sind die einfachsten Kohlenwasserstoffe. Die Moleküle der Alkane enthalten nur Kohlenstoff-Kohlenstoff-Einfachbindungen und die maximal mögliche Anzahl von Wasserstoffatomen. Man spricht deshalb von **gesättigten Kohlenwasserstoffen**.

Abb. 1: Methan entsteht u. a. beim Reisanbau in größeren Mengen

Das einfachste Alkan ist das **Methan**. Methan bildet den Hauptbestandteil des **Erdgases**. Daneben entstand es zusammen mit der Kohle und wurde hier in Spalten und Hohlräumen eingeschlossen. Beim Anschlagen der Flöze in Kohlelagerstätten entweicht es daher als **Grubengas**. Wegen der Brennbarkeit des Methans können sich dabei mit Luft explosive Gasgemische bilden, die durch Funken leicht gezündet werden können („schlagende Wetter") und so für den Bergmann eine große Gefahr darstellen. Methan entsteht in der Natur bei der bakteriellen Zersetzung abgestorbener Pflanzenteile unter Luftabschluss. Es ist daher auch der Hauptbestandteil im **Sumpfgas**, das dem Schlamm moorriger Gewässer entweicht. Methan entsteht auch bei der Rodung tropischer Wälder sowie beim Reisanbau (Abb. 1).

Weiterhin wird Methan im Rahmen des Stoffwechsels von einigen Lebewesen erzeugt. Dieses so genannte **Biogas** entsteht in den Faulbehältern von Kläranlagen und in den Darmgasen von Wiederkäuern (S. 537). Vor allem in den Entwicklungsländern, wie in Indien oder China, stehen Versuchsanlagen in Betrieb, die aus organischen Abfallstoffen wie Dung direkt Methan erzeugen. Unter Luftausschluss siedeln sich auf diesen Abfallstoffen methanbildende Bakterien an. Das entweichende Methan dient zu Heizzwecken.

Eine kleine Menge des Methans wird als Rohstoff für großtechnische Synthesen in der chemischen Industrie eingesetzt, der größte Teil findet jedoch als Heizgas oder Treibstoff Anwendung. Bei der Verbrennung von Methan werden Kohlenstoffdioxid und Wasser nachgewiesen (Abb. 2). Dies ist wiederum ein Nachweis dafür, dass Methan eine Verbindung aus Kohlenstoff und Wasserstoff ist.

Methan besitzt die Molekülformel CH_4. Kohlenstoff besitzt in seiner äußersten Elektronenschale vier Elektronen, die Schale ist damit zur Hälfte besetzt. Im Methanmolekül erreicht das Kohlenstoffatom eine Achterschale, indem die vier Außenelektronen des Kohlenstoffs mit den Elektronen der vier Wasserstoffatome gemeinsame Elektronenpaare bilden. Aufgrund der Abstoßung zwischen den negativen Ladungen versuchen die vier gemeinsamen Elektronenpaare, den größtmöglichen Abstand zu wahren. Zwangsläufig ergibt sich daraus eine auf die vier Ecken eines Tetraeders ausgerichtete Molekülstruktur mit dem Kohlenstoffatom im Zentrum („Tetraederwinkel" = 109,4°) (Abb. 3).

Im Erdgas sind neben Methan noch weitere Gase enthalten: **Ethan**, **Propan** und

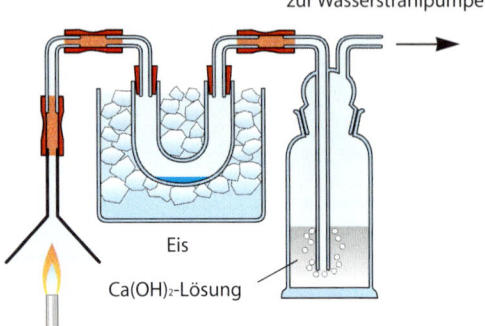

zur Wasserstrahlpumpe

Eis

Ca(OH)₂-Lösung

Abb. 2: Apparatur zum Nachweis der Verbrennungsprodukte von Methan

Butan. Zusammen mit Methan bilden sie die ersten vier Verbindungen in der Gruppe der Alkane. Im Gegensatz zum Methan enthalten die übrigen Alkane allerdings mehrere Kohlenstoffatome im Molekül (Abb. 4). Ethan besteht aus C_2H_6-Molekülen. Die beiden Kohlenstoffatome sind durch eine Einfachbindung verknüpft. Auch hier gehen, wie beim Methanmolekül, von jedem Kohlenstoffatom vier tetraedrisch angeordnete Bindungen aus. Die beiden CH_3-Gruppen im Ethanmolekül können um die C-C-Bindungsachse gegeneinander verdreht werden.

Alkane mit längeren Kohlenstoffketten sind die Heizgase Propan (C_3H_8) und Butan (C_4H_{10}). Ihre Moleküle besitzen das gleiche Bauprinzip wie die Methan- und Ethanmoleküle.

Die Kohlenstoffatome bilden eine jeweils um den Tetraederwinkel abgeknickte „Zickzackkette". Propan und Butan lassen sich unter Druck leicht verflüssigen („Flüssiggas"). Propan wird in rote Gasflaschen abgefüllt und dient als Heizgas in Gegenden, die nicht direkt an eine Erdgasleitung angeschlossen sind.

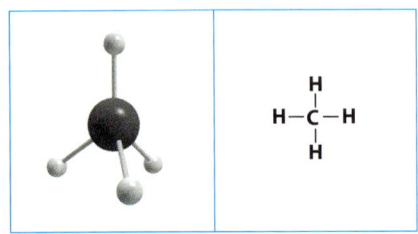

Abb. 3: Kugelstäbchenmodell und Strukturformel für das Methanmolekül

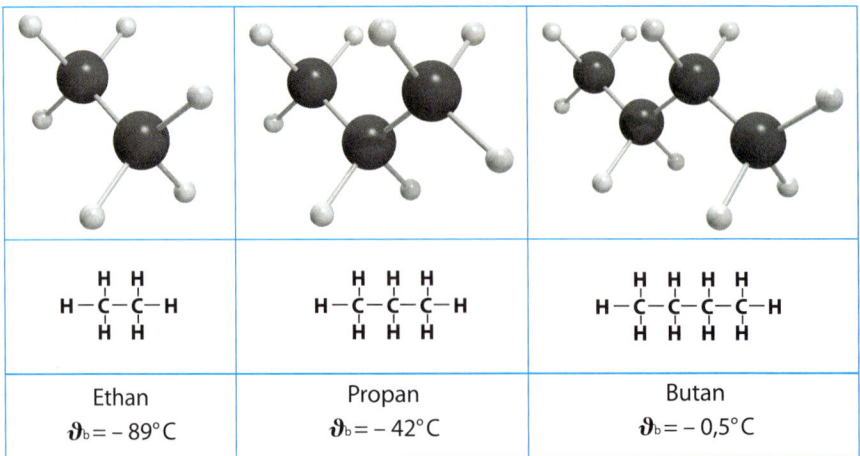

Ethan	Propan	Butan
$\vartheta_b = -89°C$	$\vartheta_b = -42°C$	$\vartheta_b = -0,5°C$

Abb. 4: Kugelstäbchenmodelle, Strukturformeln und Siedetemperaturen von Ethan, Propan und Butan

Chemie

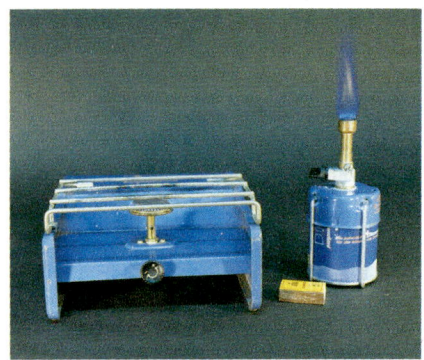

Abb. 5: Gaskartuschen von Campingkochern enthalten Butan

Butan wird im Alltag vor allem in Gasfeuerzeugen und Gaskartuschen von Campingkochern verwendet (Abb. 5). Um gasförmiges Butan bei Raumtemperatur zu verflüssigen, ist ein Druck von ca. 3 bar erforderlich. In Behältern mit flüssigem Butan herrscht deshalb immer Überdruck. Durch Öffnen des Ventils verringert sich der Innendruck, und das Butan entweicht. Die Funken des Feuersteins entzünden das ausströmende Gas; es verbrennt zu Wasser und Kohlenstoffdioxid.

Vergleicht man nun die Summenformeln der vorgestellten Alkane, dann erkennt man, dass sich die Moleküle dieser Gase jeweils um ein Kohlenstoff- und zwei Wasserstoffatome unterscheiden: CH_4; C_2H_6; C_3H_8; C_4H_{10}; ... Ausgehend vom Methanmolekül lassen sich die übrigen Moleküle durch formales Einfügen von jeweils einer CH_2-Gruppe aufbauen. Die vier Verbindungen Methan, Ethan, Propan und Butan bilden dabei die Anfangsglieder einer langen Reihe von Kohlenstoff-Wasserstoffverbindungen, die alle der allgemeinen Formel C_nH_{2n+2} entsprechen. Eine solche Reihe von Verbindungen, deren aufeinander folgende Glieder sich in ihren Molekülformeln jeweils um eine CH_2-Gruppe unterscheiden, nennt man eine **homologe Reihe**. Das Molekül mit n = 8 Kohlenstoffatomen besitzt also 2 x 8 + 2 = 18 Wasserstoffatome. Seine Summenformel lautet damit C_8H_{18}, sein Name Octan.

Die Kohlenwasserstoffe Methan, Ethan, Propan und Butan gehören also zur homologen Reihe der Alkane. Fährt man weiter fort, CH_2-Gruppen in ein Alkanmolekül „einzubauen", so gelangt man von Butan, C_4H_{10},

C – C	348
O – O	146
N – N	163
Si – Si	176

Abb. 6: Beispiele für Bindungsenergien in kJ/mol

über das Pentan, C_5H_{12}, zum Hexan, C_4H_{14}, usw., und damit zu immer längeren Molekülen. Die Existenz der Alkane und allgemein aller organischen Verbindungen ist auf die bemerkenswerte Eigenschaft des Kohlenstoffs zurückzuführen, zwischen seinen Atomen stabilere Elektronenpaarbindungen ausbilden können zu andere Elemente, wie die Bindungsenergien in Abbildung 6 zeigen.

Zur Benennung der höheren Alkane verwendet man griechische Zahlwörter (außer bei den ersten vier Gliedern der homologen Reihe) und hängt die Endung „-an" an. Alkane mit 5, 6, 7, 8, 9 oder 10 Kohlenstoffatomen heißen entsprechend Pentan, Hexan, Heptan, Octan, Nonan, Decan. Da sich die Kettenlänge der Moleküle in der homologen Reihe der Alkane regelmäßig ändert, ändern sich auch die physikalischen Eigenschaften (Abb. 7). Ein Vergleich der Schmelz- und Siedetemperaturen der Alkane mit ihren Molekülformeln zeigt, dass die Verbindungen mit zunehmender Kettenlänge der Moleküle immer höher schmelzen.

Verantwortlich hierfür sind die Anziehungskräfte zwischen den Molekülen, die **Van der Waals-Kräfte**. Die van der Waals-Kräfte wirken umso stärker, je größer das Molekül wird, nehmen also bei den langkettigen Alkanen immer mehr zu. Deshalb haben diese Stoffe eine höhere Siedetemperatur, da beim Sieden die Anziehungskräfte zwischen den Molekülen überwunden werden müssen. Dementsprechend sind die kurzkettigen Alkane von C_1 bis C_4 bei Raumtemperatur gasförmig (geringe Anziehung), die mittellangen Alkane von C_5 bis C_{16} flüssig (stärkere Anziehung) und die langkettigen Alkane ab C_{17} fest (große Anziehung). Die gasförmigen Alkane sind farb- und geruchlos. Typisch für die flüssigen Alkane ist ihr „Benzingeruch". **Benzin** ist ein Gemisch, welches hauptsächlich aus Alkanen mit 5 bis 9 Kohlenstoffatomen besteht. Die festen Alkane (**Paraffine**) werden u. a. zur Herstellung von Kerzen verwendet. Alle Alkane sind brennbar. Während Methan und die als Flüssiggas bereits bekannten Heizgase Propan und Butan mit einer „sauberen" fahlblauen Flamme abbrennen (Abb. 8), rußt die gelb brennende Hexanflamme. Mit zunehmender Kettenlänge verstärkt sich diese Rußneigung. Diese Erscheinung ist auf den prozentual steigenden Kohlenstoffgehalt der Verbindungen zurückzuführen: der Kohlenstoffanteil wird nicht mehr vollständig zu Kohlendioxid verbrannt, sondern nur bis zum elementaren Kohlenstoff oxidiert. Alle Alkane mit Ausnahme von Methan sind völlig wasserunlöslich, Methan löst sich in ganz geringen Mengen; sie lösen

Formel	Name	Smt. (°C)	Sdt. (°C)
CH_4	Methan	–184	–164
C_2H_6	Ethan	–172	–89
C_3H_8	Propan	–190	–42
C_4H_{10}	Butan	–135	–0,5
C_5H_{12}	Pentan	–129	36
C_6H_{14}	Hexan	–94	69
C_7H_{16}	Heptan	–90	98
C_8H_{18}	Octan	–59	126
C_9H_{20}	Nonan	–54	151
$C_{10}H_{22}$	Decan	–30	174
$C_{11}H_{24}$	Undecan	–26	196
$C_{12}H_{26}$	Dodecan	–10	216
$C_{13}H_{28}$	Tridecan	–6	230
$C_{14}H_{30}$	Tetradecan	5,5	251
$C_{15}H_{32}$	Pentadecan	10	268
$C_{16}H_{34}$	Hexadecan	18	280

Abb. 7: Schmelz- und Siedetemperaturen einiger Alkane bis C_{16}

sich jedoch in „organischen" Lösemitteln wie z. B. Benzin, Dichlormethan, Tetrachlormethan usw. Man sagt, die Alkane seien „wasserabstoßend" (hydrophob) oder fettliebend (lipophil), weil sie sich in den gleichen Lösemitteln lösen wie die Fette.

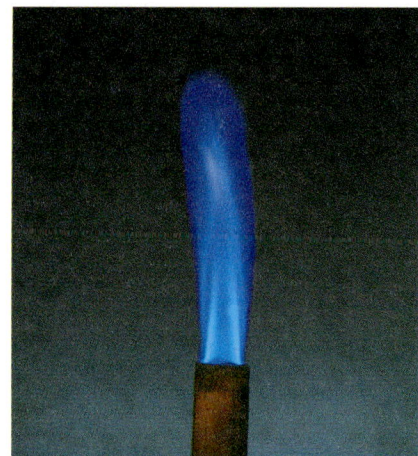

Abb. 8: Methangasflamme

 Zum Weiterlesen:

- Fossile Energieträger und erneuerbare Energien, S. 564
- Fast gleich ist nicht identisch – die Isomerie, S. 568
- Das Knacken von langkettigen Alkanen, S. 572

Fast gleich ist nicht identisch – das Phänomen der Isomerie

Zwei Verbindungen mit gleicher Summenformel, aber unterschiedlichem Aufbau nennt man **Isomere**. Sie haben die gleiche Anzahl und Art von Atomen, aber eine unterschiedliche Anordnung ihrer Atome. Die Erscheinung isomerer Moleküle heißt **Isomerie**. Der Begriff entstammt der griechischen Sprache, von ‚isos‘ für gleich und ‚meros‘ für Teil. Aus der gleichen Zusammensetzung ergeben sich identische molare Massen. Isomere unterscheiden sich jedoch in mindestens einer chemischen bzw. physikalischen Eigenschaft. Die Unterschiede in der molekularen Struktur schlagen sich demnach in messbaren Abweichungen isomerer Substanzen nieder. Das zeigt der Vergleich von Butan und Isobutan (2-Methyl-Propan), welche beide die Summenformel C_4H_{10}, aber unterschiedliche Siedetemperaturen haben (Abb. 1). Auch die Schmelztemperaturen beider Isomere weichen voneinander ab: $-135\,°C$ beim Butan und $-160\,°C$ beim Isobutan. Ursache ist die unterschiedliche **Struktur** beider Moleküle: Das eine Molekül ist aus einer Kette von vier Kohlenstoffatomen aufgebaut, das andere aus einer Kette von drei, wobei das mittlere mit einem weiteren C-Atom verknüpft ist. Der Begriff ‚Isobutan‘ weist darauf hin, dass dieses Isomer Butan als Bezugsverbindung hat und daraus durch eine einfache Verzweigung abzuleiten ist. Weil sich mit zunehmender Länge der Kohlenwasserstoffkette die Verzweigungsmöglichkeiten vervielfachen, steigt damit die Zahl der möglichen Isomere stark an: Während sich im einfachsten Fall aus der Molekülformel C_4H_{10} zwei mögliche Strukturformeln, also Isomere, ableiten lassen, sind es bei $C_{10}H_{22}$ bereits 75 (Abb.2). Beim Tetracontan mit der Summenformel $C_{40}H_{82}$ ist die Zahl der möglichen Isomere auf mehr als 62 Milliarden angestiegen. Das Auftreten der Isomerie ist somit eine der Erklärungen für die große Zahl organischer Verbindungen. Die Isomere können jeweils unter der Mehrzahl des Grundnamens zusammengefasst werden, also Butane für alle Verbindungen der Molekülformel C_4H_{10}, Pentane für alle Verbindungen der Molekülformel C_5H_{12} usw. Zur deutlicheren Unterscheidung des unverzweigten Stammmoleküls von seinen Isomeren wird häufig vor den Namen

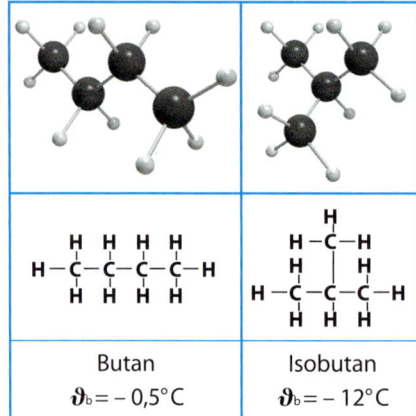

Abb. 1: Die Isomere Butan und Isobutan unterscheiden sich in ihrer Siedetemperatur

noch ein „n“ gesetzt. Man spricht also beispielsweise von n-Butan, abgeleitet von normalem Butan oder Normalbutan.

Modelle erleichtern das Verständnis der Isomerie

Eine Molekülformel ab vier C-Atomen lässt sich wegen der Möglichkeit der Isomerie nicht mehr eindeutig einer bestimmten Molekülstruktur zuordnen. Zur genaueren Kennzeichnung des Moleküls dienen verschiedene Darstellungsweisen (Abb. 3). In **Strukturformeln** verzichtet man auf eine räumliche Darstellung und zeichnet den Tetraederwinkel einfach als rechten Winkel. Damit wird nur gekennzeichnet, welche Atome miteinander verbunden sind. Weil die Strukturformeln großer Moleküle sperrig und unübersichtlich sein können, verwendet man oft die anschaulichen **Halbstrukturformeln**. In ihnen werden die Kohlenstoffatome mit den direkt daran gebundenen Wasserstoffatomen zu CH_2-Gruppen oder CH_3-Gruppen zusammengefasst. Nach Bedarf können auch andere Molekülteile wie in **Molekülformeln** zusammengefasst werden. Die Art der Atomverknüpfung muss allerdings eindeutig erkennbar bleiben.

Molekülmodelle machen die Molekülstruktur besonders leicht begreifbar. Das **Kugel-Stab-Modell** stellt die Atome durch kleine Kugeln und die Elektronenpaarbindungen durch Stäbchen dar. Kohlenstoffatome werden durch schwarze Kugeln, Wasserstoffatome durch weiße Kugeln und Sauerstoffatome durch rote Kugeln symbolisiert. Das Kugel-Stab-Modell gibt Bindungswinkel und Bindungslängen sehr anschaulich wieder. Die freie Drehbarkeit um die C-C-Bindungsachse lässt sich ebenfalls gut demonstrieren. Insgesamt wird auch für große Moleküle eine übersichtliche Darstellung des ‚Molekülskeletts‘ erreicht. Die Raumerfüllung und die äußere Form der Moleküle wird hingegen nicht deutlich. Diese Kriterien veranschaulicht das **Kalottenmodell** besser. In diesem Modell werden die Atome durch Kugeln dargestellt, die sich gegenseitig durchdringen. Dies symbolisiert die Überlappung der Elektronenhüllen bei der Bildung von Elektronenpaarbindungen. Die Kugelabschnitte (Kugelkalotten) geben die Bindungslängen und Bindungswinkel maßstabsgerecht wieder. Diese lassen sich allerdings nur schwierig nachmessen. Außerdem ist das Kalottenmodell bei großen Molekülen unübersichtlich.

	H H H H
Strukturformel:	H—C—C—C—C—H
	H H H H
Halbstrukturformel:	CH_3–CH_2–CH_2–CH_3
Molekülformel:	C_4H_{10}

Abb. 3: Verschiedene Darstellungsweisen von n-Butan

Kein Buch mit sieben Siegeln – die Benennung organischer Verbindungen

Angesichts der Vielzahl möglicher organischer Verbindungen musste ein einheitliches und eindeutiges System zur Benennung entwickelt werden. Die heute übliche **Nomenklatur** (von lat. nomenclatura = Namensverzeichnis) geht zurück auf den internationalen Chemikerkongress in Genf 1892. Die „International Union of Pure and Applied Chemistry“ (UIPAC, zu deutsch Internationale Union für reine und angewandte Chemie) hat die damals gefassten Beschlüsse seither jeweils den praktischen Erfordernissen entsprechend ergänzt und erweitert. Die Nomenklatur verzweigter Alkane macht die festgelegten **Regeln** in der entsprechenden Reihenfolge deutlich (Abb. 4):

1. Zunächst betrachtet man die Struktur- bzw. Halbstrukturformeln der Moleküle. Dabei wird die **längste fortlaufende Kohlenstoffkette** gesucht. Aus der Zahl der Kohlenstoffatome dieser Kette folgt der Stammname des Alkans.

Name des Alkans	Butan	Pentan	Hexan	Heptan	Octan	Nonan	Decan
Summenformel	C_4H_{10}	C_5H_{12}	C_6H_{14}	C_7H_{16}	C_8H_{18}	C_9H_{20}	$C_{10}H_{22}$
Anzahl der Isomeren	2	3	5	9	18	35	75

Abb. 2: Die Anzahl der Isomeren steigt in der homologen Reihe der Alkane steil an

Chemie

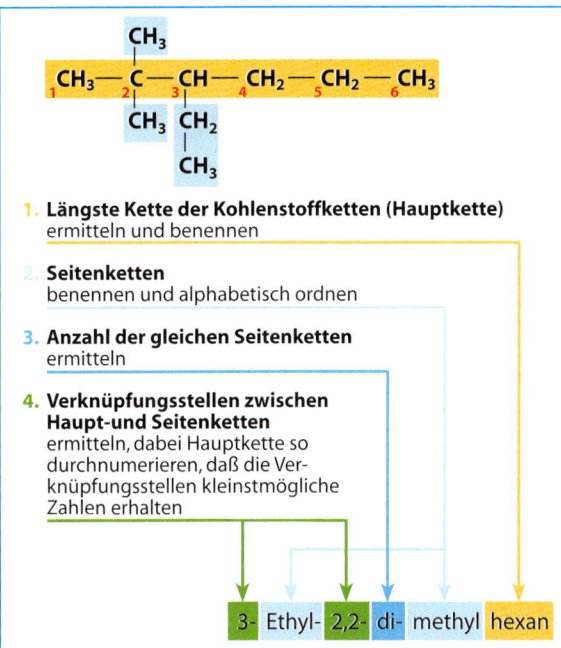

1. **Längste Kette der Kohlenstoffketten (Hauptkette)** ermitteln und benennen

2. **Seitenketten** benennen und alphabetisch ordnen

3. **Anzahl der gleichen Seitenketten** ermitteln

4. **Verknüpfungsstellen zwischen Haupt- und Seitenketten** ermitteln, dabei Hauptkette so durchnumerieren, daß die Verknüpfungsstellen kleinstmögliche Zahlen erhalten

3- Ethyl- 2,2- di- methyl hexan

Abb. 4: Die Benennung eines verzweigten Alkans erfolgt Schritt für Schritt nach festgelegten Regeln

$H_3C-CH_2-CH_2-CH-CH_3$ | $H_3C-CH_2-CH-CH_2-CH_3$
CH_3 | CH_3
2-Methylpentan | 3-Methylpentan

$H_3C-CH_2-CH-CH_2-CH_3$ | CH_3
CH_2 | $H_3C-CH_2-C-CH_2-CH_3$
CH_3 | CH_3
3-Ethylpentan | 3,3-Dimethylpentan

Abb. 5: Beispiele für Stellungsisomerie

2. Die **Seitenketten** werden ebenfalls nach der Zahl ihrer C-Atome benannt und dem Stammnamen **vorangestellt**. Anstelle der Endung „-an" erhalten die Seitenketten die **Endung „-yl"**, also Methyl für $-CH_3$, Ethyl für $-C_2H_5$, Propyl für $-C_3H_7$ usw. Allgemein spricht man von **Alkylgruppen**, die sich von den Alkanmolekülen durch die formale Abspaltung eines Wasserstoffatoms ableiten. Kommen im Molekül verschiedene Seitenketten vor, so werden diese **alphabetisch** geordnet.

3. Treten **gleiche Seitenketten** mehrfach auf, so wird das entsprechende griechische Zahlwort (di-, tri-, tetra-, penta-) als **Vorsilbe** verwendet. Bei der alphabetischen Ordnung der Seitenketten werden sie nicht beachtet.

4. Zur **Kennzeichnung der Verknüpfungsstellen** zwischen Haupt- und Seitenkette werden die Kohlenstoffatome der Hauptkette fortlaufend durchnummeriert.

Dabei müssen die Verknüpfungsstellen **kleinstmögliche Zahlen** erhalten, z.B. 2-Methylhexan statt 5-Methylhexan. Gehen von einem Kohlenstoffatom der Hauptkette zwei Seitenketten ab, so taucht dessen Nummer auch zweimal im Namen auf.

Die Regeln zur Benennung der Alkane bilden auch die Grundlage zur Benennung anderer homologer Reihen.

Die Vielfalt der Isomerie-Möglichkeiten

Den einfachsten Fall von Isomerie bildet die **Stellungsisomerie** (Kettenisomerie, Positionsisomerie). Stellungsisomere gehören zur gleichen Stoffklasse und haben sehr ähnliche Eigenschaften. Die Verbindungen weisen Unterschiede in der Verzweigung des Kohlenstoffgrundgerüsts auf, z.B. Butan und Isobutan. Bei hinreichender Molekülgröße können sich die Isomere auch durch unterschiedliche Stellung der Seitenketten oder unterschiedlich verzweigte Ketten unterscheiden (Abb. 5).

Vergleichbare Situationen ergeben sich, wenn anstelle von Kohlenwasserstoffgruppen andere Atome oder Atomgruppen als **funktionelle Gruppen** bei gleich bleibendem Grundgerüst unterschiedliche Positionen einnehmen. Beispiele dafür sind Halogenatome oder alkoholische Gruppen (Abb. 6). Eine unterschiedliche Stellung kann auch eine Mehrfachbindung einnehmen (Abb. 7). Ring-Ketten-Isomerie besteht zwischen einfachen Alkenen und Cycloalkanen (C_nH_{2n}) bei gleicher Anzahl von C-Atomen (Abb.8).

Anders als die Stellungsisomere besitzen **Funktionsisomere** durch verschiedenen Aufbau verschiedene funktionelle Gruppen. Da-

$H_3C-CH_2-CH_2OH$ | $H_3C-CH(OH)-CH_3$
Propanol (1-Propanol) | Isopropanol (2-Propanol)

Abb. 6: Isomerie durch unterschiedliche Stellung der funktionellen Gruppe

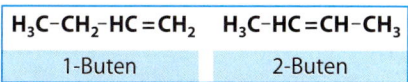

$H_3C-CH_2-HC=CH_2$ | $H_3C-HC=CH-CH_3$
1-Buten | 2-Buten

Abb. 7: Isomerie durch unterschiedliche Position einer Doppelbindung

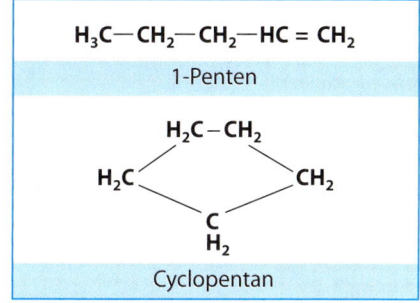

$H_3C-CH_2-CH_2-HC=CH_2$
1-Penten

Cyclopentan

Abb. 8: Beispiel für Ring-Ketten-Isomerie

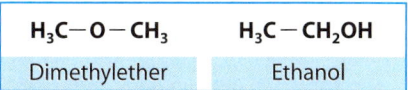

$H_3C-O-CH_3$ | H_3C-CH_2OH
Dimethylether | Ethanol

Abb. 9: Durch anderen Aufbau können andere funktionelle Gruppen entstehen

durch ergeben sich deutlich abweichende chemische und physikalische Eigenschaften. Dies zeigen die Verbindungen mit der Summenformel C_2H_6O: Dimethylether $H_3C-O-CH_3$ ist bei Raumtemperatur gasförmig, während Ethanol (Trinkalkohol) H_3C-CH_2-OH eine farblose Flüssigkeit ist (Abb. 9).

Diesen beiden beschriebenen Isomerieformen liegt jeweils eine Form von **Konstitutionsisomerie** zugrunde. Die Konstitution einer Verbindung beschreibt die Anordnung und Verknüpfungsweise ihrer Atome. Der Begriff leitet sich vom lateinischen Wort ‚constituere' für aufstellen ab.

Es existieren noch andere Isomerieformen, z.B. **Konfigurationsisomerie.** Als Konfiguration eines Moleküls wird die festgelegte räumliche Anordnung der Atome bezeichnet. Konfigurationsisomere sind Verbindungen, die bei gleicher Konstitution (Verknüpfung) eine unterschiedliche Konfiguration, also räumliche Anordnung besitzen. Ein wichtiges Beispiel ist die **Cis-trans-Isomerie** an Doppelbindungen, die in der Biologie eine große Rolle spielt.

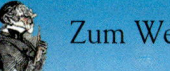
Zum Weiterlesen:

- Die Alkane – die einfachsten Kohlenwasserstoffe, S. 566
- Ameisensäure & Co: Carbonsäuren auf Schritt und Tritt, S. 582
- Das Knacken von langkettigen Alkanen, S. 572

Schwarzes Gold – der wertvolle Rohstoff Erdöl

*E*rdöl sprudelt als **Rohöl** aus der Erde – da es fast nie freiwillig das Tageslicht erblickt, wird sehr tief danach gebohrt. Rohöle können sehr unterschiedlich gefärbt sein – von hellgelb bis nahezu schwarz. Rohöle enthalten zu fast 90 % Kohlenstoff, gut 10 % Wasserstoff, daneben in geringen Mengen noch andere Elemente wie Sauerstoff, Schwefel und Stickstoff. Rohöl besteht also hauptsächlich aus Verbindungen von Kohlenstoff und Wasserstoff – Kohlenwasserstoffe. **Alkane** bilden eine sehr große Gruppe der Inhaltsstoffe des Rohöls. Sie sind entweder kettenförmig aufgebaut als unverzweigte oder verzweigte Paraffine oder ringförmig als fünf- bis siebengliedrige Cycloalkane, wie z. B. Cyclohexan (C_6H_{12}). Darüber hinaus sind auch aromatische Kohlenwasserstoffe wie Benzol (C_6H_6) im Rohöl enthalten. Rohöle sind sauerstoffempfindlich: Bei längerem Lagern an der Luft dunkeln sie nach. Dabei werden asphaltähnliche Stoffe gebildet. Insgesamt liegt die Dichte des Stoffgemisches Rohöl meist zwischen 0,80 und 0,95 g/ml, ist also geringer als die des Wassers (1 g/ml); ein Ölteppich befindet sich – auch aufgrund der Nichtmischbarkeit mit Wasser – auf der Wasseroberfläche. Die Siedetemperaturen der einzelnen Rohölkomponenten liegen zwischen 30 und 350 °C. Mehrere Inhaltsstoffe, die einen ähnlichen Siedepunkt haben, fasst man in einer so genannten **Fraktion** zusammen. Trennen kann man diese einzelnen Fraktionen durch Destillation.

Gewinnung von Rohöl

Das „schwarze Gold" muss oft von sehr tief unten gefördert werden. Bohrtürme, die an langen Stahlrohren rotierende Bohrkerne halten, reichen oft Kilometer in die Tiefe. Dort können Temperaturen von 250 °C und Drücke vorliegen, die mehr als das Hundertfache des normalen Luftdrucks betragen. Wenn über einem Ölfeld Erdgas eingeschlossen ist, kann dieses das Rohöl hochpressen, so dass es nach kilometerlangem

Abb. 1: Rohölförderung auf hoher See

Aufstieg an der Erdoberfläche hervorsprudelt. Aus allen Ölfeldern muss jedoch nach einer gewissen Zeit – wenn das Erdgas das Rohöl nicht mehr hochpressen kann – Rohöl hochgepumpt werden. Ein Großteil der Rohölförderung geschieht vom Wasser aus (Abb. 1). Ölförderplattformen sind vielfach auf dem Meeresgrund (bis etwa 300 m tief) befestigt – entweder mit langen Stahlstützen oder durch lange Seile. Eine weitere Möglichkeit der Erdölförderung vom Wasser aus sind schwimmende Bohrinseln. Von ihnen aus werden mit Offshore-Bohrungen Ölfelder angebohrt, die bis zu 1000 Metern unter der Wasseroberfläche liegen. Zur Nutzung von Ölfeldern, die mehr als einen Kilometer tief unter dem Meeresspiegel liegen, werden Bohrschiffe eingesetzt. Der Aufwand, der betrieben werden muss, ist also äußerst groß; darüber hinaus sind die meisten Ölquellen in weniger als zehn Jahren versiegt.

Rohöl kommt zu fast zwei Dritteln in Sanden und Schiefern vor, was sich aus seiner Entstehungsgeschichte erklären lässt. Diese öligen Sandlagerstätten werden als sekundäre Rohöllagerstätten bezeichnet. Sand- und schieferhaltige Rohöle werden heute (noch) nicht gefördert, da die Reinigung und Aufbereitung (noch) zu aufwendig und viel zu teuer wäre – ein Benzinpreis weit über fünf Mark wäre die Folge einer solchen Art der Rohölgewinnung. Prognosen gehen heute davon aus, dass bei gleich bleibendem Verbrauch die Reserven aus primären Rohölreserven bis in die Mitte des nächsten Jahrhunderts reichen.

Die erste Aufbereitung des Rohöls

Zutage gefördertes Rohöl muss zuerst von mitgerissenem Wasser getrennt werden. Dazu wird das Rohöl zunächst in großen Tanks gelagert – das Wasser kann sich dann mit der Zeit unten absetzen. Es werden Demulgatoren eingesetzt, die Emulsionen von Öl und Wasser auflösen. Die Erdgase Methan (CH_4), Ethan (C_2H_6), Propan (C_3H_8) und Butan (C_4H_{10}) gelangen mit der Ölförderung ebenfalls an die Erdoberfläche und werden direkt an der Förderstelle abgetrennt. Methan und Ethan dienen als Heizgase direkt zur Energieversorgung an der Bohrstelle. Das Rohöl wird von hier in Pipelines, Tankschiffen und Tankwagen zu den Raffinerien transportiert, wo es aufbereitet wird.

Die fraktionierte Destillation

Stoffgemische aus mehreren flüchtigen Komponenten kann man durch Destillation trennen. Bei der destillativen Trennung von Rohöl erhält man unterschiedliche Fraktionen, deren Eigenschaften von der Anzahl der Kohlenstoffatome pro kettenförmigem Molekül, d. h. den Siedepunkten der Komponenten abhängen (Abb. 2).

Gasförmige Bestandteile haben ein bis vier C-Atome, wie zum Beispiel die Alkane Methan (CH_4) bis Butan (C_4H_{10}). Diese Verbindungen haben meist einen Siedepunkt unterhalb der Raumtemperatur und

	Fraktion		Siedebereich	Verwendung
Ausschnitt	① Gas	①	unter 30 °C	Heizgas
	② Benzin	②	30 bis 200 °C	Kraftstoff für Ottomotoren, Lösemittel
	③ Petroleum	③	150 bis 240 °C	Kerosin, Lösemittel, Beleuchtung, Heizung
	④ Dieselöl	④	200 bis 370 °C	Kraftstoff für Dieselmotoren, Heizung
	⑤ Schmieröl	⑤	ab 350 °C (Vakuumdestillation)	Schmiermittel, Kraftstoffe nach Weiterverarbeitung
Flüssigkeit / Dampf	⑥ Bitumen	⑥	Rückstand der Vakuumdestillation	Straßenbau, Herstellung von Dachpappen und Kabelisolierungen

Abb. 2: Schematische Darstellung der fraktionierten Destillation von Rohöl

sind zum Großteil bereits an der Bohrstelle abgezogen worden.

Kohlenwasserstoffe mit fünf bis elf Kohlenstoffatomen werden als **Benzine** bezeichnet und finden hauptsächlich als Automobiltreibstoffe Verwendung. Rohöl wird zu gut 40 % zu Kraftstoffen (Ottokraftstoffe) verarbeitet. Benzine und die ihnen zugesetzten Stoffe (Additive) werden im nächsten Kapitel ausführlich behandelt. Der Siedepunkt von Benzinen liegt in der Regel unter 200 °C.

Als **Kerosin** bezeichnet man Kohlenwasserstoffe mit elf bis vierzehn Kohlenstoffatomen. Sie finden als Treibstoffe für Flugzeuge Verwendung. Ihr Siedebereich liegt zwischen 150 und 240°C. Es wird jedoch nicht so viel Kerosin benötigt, wie anfällt. Aus diesem Grunde wurden Verfahren entwickelt, Kerosin zu Benzin zu spalten. Auch diesem Crack-Verfahren ist das nächste Kapitel gewidmet.

Aus der nächsthöher siedenden Fraktion, dem Gasöl, werden Kerosin, Dieselöle und nach dem Cracken Heizöle gewonnen. Heizöle können Siedepunkte bis etwa 350 °C aufweisen. Die nächste Fraktion ist das **Schweröl**. Seine Bestandteile haben zwischen 20 und 35 Kohlenstoffatome pro Kette. Ab Ketten mit 36 Kohlenstoffatomen spricht man von **Bitumen**, das als Asphalt oder Teer im Straßenbau eingesetzt wird. Bitumen fällt zum Schluss als Rückstand bei der Vakuumdestillation an.

Nach der Trennung des Rohöls in unterschiedliche Fraktionen werden diese gereinigt und aufbereitet. Wichtig ist hierbei insbesondere die **Entschwefelung**. Eine effektive Entschwefelung von Gasen, Treibstoffen und Ölen ist aktiver Umweltschutz: Schwe-

felhaltige Komponenten werden vor der Verbrennung abgetrennt. So wird der Ausstoß von Luftschadstoffen stark vermindert. Durch **katalytische Hydrierung** (Wasserstoffzuführung in Gegenwart eines Katalysators) werden schwefelhaltige Substanzen aus der jeweiligen Stoffgemischfraktion abgetrennt. Unerwünschte dunkle Bestandteile und aromatische Kohlenwasserstoffe können teilweise durch Extraktion abgetrennt werden.

**Bunte Welt
aus schwarzem Gold**

Farbstoffe, Fasern, Folien, Harze, Lacke, Klebstoffe, Kunststoffe, Medikamente … – die Auflistung der aus Erdöl gewonnenen Stoffe scheint unendlich zu sein. Fast die gesamte chemische Industrie fußt auf der Verarbeitung von Erdöl: 95 % der von ihr hergestellten Produkte sind aus Erdöl geschaffen worden (Abb. 3). Doch werden Ölquellen immer knapper bzw. schwieriger zugänglich. Prognosen besagen, dass Mitte des nächsten Jahrhunderts die Primärlagerstätten – Ölquellen im klassischen Sinne – verbraucht sein werden; vorausgesetzt, der Erdölverbrauch bleibt ähnlich hoch, was

Abb. 4: Kunststoffe werden in vielen Bereichen eingesetzt

wahrscheinlich ist. Ob es sich dann lohnen wird, Rohöl aus Sekundärlagerstätten wie Ölsanden und Ölschiefern zu gewinnen, ist fraglich. Bereits heute schon muss ein enormer Aufwand getrieben werden, um das „schwarze Gold" zutage zu fördern. Ölförderung ist nicht unproblematisch – Tankerunglücke haben oft verheerende Folgen für die Umwelt, wenn sich Ölteppiche aus einigen tausend Litern Öl auf dem Wasser bilden. Einige Tropfen Öl können bereits viele tausend Liter lebenswichtiges Wasser verschmutzen. Unser modernes Leben ist ohne Öl allerdings nicht vorstellbar – man denke nur an die Brennstoffe oder den immer vielfältigeren Einsatz von Kunststoffprodukten (Abb. 4).

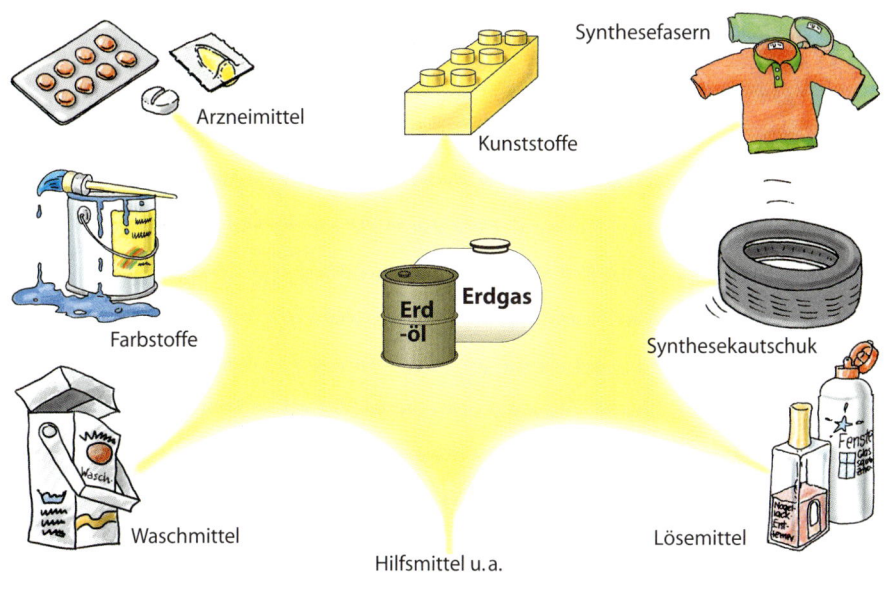

Arzneimittel

Synthesefasern

Kunststoffe

Farbstoffe

Erd-öl Erdgas

Synthesekautschuk

Waschmittel

Hilfsmittel u. a.

Lösemittel

Abb. 3: Erdöl und -gas sind die Ausgangsstoffe für 95 % der chemischen Produkte

Zum Weiterlesen:

- Fossile Energieträger und erneuerbare Energien, S. 564
- Das Knacken von langkettigen Alkanen, S. 572
- Von der Kunst, Stoffe in langen Ketten herzustellen, S. 574

Das Knacken von langkettigen Alkanen für Treibstoffe

Erdöl als Quelle für Treibstoffe

Treibstoff ist Zündstoff – sowohl gesamtwirtschaftlich als auch chemisch. Erdöl und die daraus gewonnenen Treibstoffe sind ein riesiger wirtschaftlicher Faktor geworden: Die moderne westliche Welt funktioniert benzinschluckend (Abb. 1). Der letzte Golfkrieg, immer wieder eingesetzte Erdöl-Embargos und auch die in Deutschland aufgeflammte Diskussion um einen Benzinpreis von 5 Mark seien als Stichworte genannt. Erdöl ist Ausgangsstoff für eine Vielzahl von Kunststoffen, Medikamenten, Farben und anderen Produkten. **Rohöl** ist ein Gemisch aus vielen unterschiedlichen Stoffen. Hauptsächlich besteht es aus langkettigen und ringförmigen Alkanen; aber auch Stoffe wie Benzol und seine Abkömmlinge sowie organische Schwefelverbindungen finden sich im Rohöl. Dieses wird durch Raffination in verschiedene Fraktionen aufgeteilt – die Fraktionen entstehen bei der Destillation von Erdöl je nach Siedetemperatur der einzelnen Inhaltsstoffe. Als **Rohbenzin** bezeichnet man die Fraktion des Erdöls, die zwischen 30 und 175 °C destillativ gewonnen wird. Welche Fraktionen bei der Rohöldestillation in welchen Mengen erhalten werden, hängt also ausschließlich von der Zusammensetzung des jeweiligen Erdöls ab. Die Abhängigkeit von der Verteilung der einzelnen Fraktionen bezeichnet man auch als Kuppelproduktion – es ist nicht möglich, aus einem bestimmten Rohöl einen größeren Anteil einer bestimmten, besonders begehrten Fraktion zu erhalten.

Crack!

Stets werden mehr niedere Kohlenwasserstoffe – insbesondere für Treibstoffe – benötigt, als die Fraktionen hergeben (Abb. 2). Daher ist ein spezielles Verfahren entwickelt worden, um höhere Kohlenwasserstoffe aufzuspalten. Diesen Vorgang nennt man Cracken oder auch cracking (von engl. ‚to crack' = zerbrechen, knacken). Durch Crack-Prozesse werden längere Kohlenwasserstoffmoleküle in kleinere zerlegt. Dabei entstehen Gemische aus kettenförmigen Kohlenwasserstoffen wie Alkane und Alkene, aber auch aromatische, ringförmige Kohlenwasserstoffe. Möchte man beim Cracken zum Großteil Alkane gewinnen, muss der Crack-Prozess mit Zusatz von Wasserstoffgas durchgeführt werden. Solches **Hydrocracking** findet unter Druck und bei Temperaturen von 500 °C an Platin-Katalysatoren statt. Darüber hinaus werden orga-

Abb. 1: Modernes Leben – undenkbar ohne Benzin

nische Schwefelverbindungen zu Schwefelwasserstoff und weiter zu elementarem Schwefel umgesetzt. Damit hat das Rohöl seine erste Entschwefelung erfahren. Eine weitere Möglichkeit der Aufbereitung ist das **katalytische Cracken**. Hierbei werden längerkettige Alkane (C_{11} bis C_{14}) in kurzkettige Moleküle mit drei bis fünf Kohlenstofatomen gespalten. Diese verbinden sich in einem zweiten Schritt neu zu kurzen Ketten (C_7 bis C_{10}). Diese kettenförmigen Moleküle mit etwa acht Kohlenstoffatomen sind maßgeschneidert zum Gebrauch als Benzin.

Bestimmte Katalysatoren tragen speziell zur Isomerisierung längerkettiger Alkane bei: Gradkettige Alkane werden in kompaktere, verzweigte Alkane (Isoalkane) umgewandelt. Diese sind besser für Benzine geeignet, da sie sich nicht vorzeitig im Benzin-Luft-Gemisch des verdichtenden Motors entzünden. Die Eigenschaft der späteren Entzündung bezeichnet man als **Klopffestigkeit**, die für die Qualität des Treibstoffes von großer

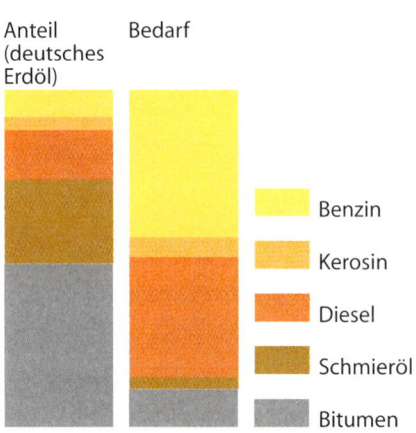

Anteil (deutsches Erdöl) / Bedarf

- Benzin
- Kerosin
- Diesel
- Schmieröl
- Bitumen

Abb. 2: Anteile und Bedarf einzelner Fraktionen aus deutschem Erdöl

Bedeutung ist. Eine Maßzahl für die Klopffestigkeit ist die **Octanzahl** (OZ). Willkürlich hat man hundertprozentigem n-Heptan (C_7H_{16}) die Octanzahl 0 gegeben – hundertprozentiges 2,2,4-Trimethylpentan (Isooctan) hat die Octanzahl 100. Handelsübliches Normalbenzin hat eine Octanzahl von 91, Super von 95 und Super Plus von 98.

Additive – oder: Was sonst noch so im Benzin schwimmt

In Otto-Motoren wirken insbesondere **sauerstoffhaltige organische Verbindungen** wie Methanol, Ethanol oder MTBE (Methyltertiärbutylether) als zusätzliche Inhaltsstoffe des Benzins. Sie tragen zu einer schadstoffarmen Verbrennung bei. Die in Kraftstoffen enthaltenen Olefine sind – im Gegensatz zu den meisten anderen Kohlenwasserstoffen – sauerstoffempfindlich. Bei Anwesenheit von Sauerstoff können sich klebrige Rückstände – sog. Gum – bilden, die Tank und Benzinleitungen verkleben. **Oxidationsinhibitoren** verhindern diese Gumbildung durch Abbruch der zugrunde liegenden Reaktionen. Weiterhin sind vielen Kraftstoffen **Rostschutzadditive** beigefügt: Im Treibstoff enthaltenes Wasser kann zu schweren Rostschäden führen. Rostschutzadditive bilden auf Metallteilen eine dünne, monomolekulare Oberfläche. Die Additivmoleküle bestehen aus einem langen, hydrophoben (Wasser abweisenden) Schwanz an einem kleinen, hydrophilen (Wasser liebenden) Kopf. Letzterer lagert sich an der zu schützenden Metalloberfläche an. Typische Additive sind Fettsäuren und deren Salze. Sie können ebenso – aufgrund ihrer oberflächenaktiven Eigenschaften – vor Eisbildung im Vergaser schützen. Andere **Anti-Icing-Additive** sind Alkohole, wie z.B.

Chemie

Abb. 3: Anti-Icing-Additive im Treibstoff helfen dem Auto, über den Winter zu kommen

Isopropanol, die die Erstarrungstemperatur senken, so dass der Kraftstoff erst bei tieferen Temperaturen gefriert (Abb. 3). Das Bauprinzip „hydrophiler Kopf – hydrophober Schwanz" findet sich auch in **Dispersant- und Detergent-Additiven**. Sie bilden Feinverteilungen (Dispersionen) und reinigende, grenzflächenaktive Substanzen (Detergentien). Solche Additive sind in jedem modernen Kraftstoff enthalten. Sie tragen erheblich zur Verlängerung der Lebenszeit des Motors und zu einer schadstoffarmen Verbrennung bei. Ebenfalls eine längere Lebensdauer garantierten früher giftige Bleiverbindungen wie Bleitetraethyl. Sie bildeten eine dünne Schicht auf den Ventilen und schützten sie so vor mechanischer Zerstörung. Außerdem diente Bleitetraethyl als **Antiklopfmittel** – es erhöhte die Octanzahl und damit die Klopffestigkeit des Benzins. Neuere Antiklopfmittel wie das MTBE und neue, moderne Motormaterialien machen Bleiverbindungen heute überflüssig. Ältere Automodelle (15 Jahre und älter) können aber oft nur mit verbleitem Benzin gefahren werden. Da verbleites Benzin

in Deutschland nicht mehr an Tankstellen erhältlich ist, müssen Besitzer von Oldtimern dem Benzin käufliche Ersatzadditive selbst beimischen.

Die mit der Doppelbindung

Alkene sind einfach ungesättigte, kettenförmige Kohlenwasserstoffe mit der allgemeinen Formel C_nH_{2n}, in denen zwei C-Atome durch eine C=C-Doppelbindung verbunden sind (Abb. 4). Sie entstehen vermehrt beim Crack-Prozess, insbesondere bei höheren Temperaturen: **Das thermische Cracken** bei etwa 800 °C ohne Katalysatoren liefert zum Großteil Alkene. In Anlehnung an die homologe Reihe der Alkane werden Alkene folgendermaßen benannt: C_2H_4: Ethen, C_3H_6: Propen, C_4H_8: Buten usw. Durch unterschiedliche Lage der Doppelbindung im Molekül ergeben sich ab Buten aufwärts die Möglichkeiten der **Konstitutionsisomerie** – beispielsweise lassen sich fünf verschiedene n-Decene (n-Alken = unverzweigtes Alken) beschreiben. Molekülketten, die mehr als eine C=C-Doppelbindung besitzen, werden Diene (zwei Doppelbindungen), Triene (drei Doppelbindungen) und Polyene (viele Doppelbindungen) genannt. Bis auf Ethen kommen Alkene in der Natur nicht häufig vor. Das hängt damit zusammen, dass Alkene viel reaktionsfreudiger als Alkane sind. Alkene sind in Wasser nicht löslich, in Ethern oder Alkoholen jedoch leicht löslich. Sie verbrennen – aufgrund des hohen Kohlenstoffgehaltes – mit stark rußender Flamme.

Zwei Kohlenstoffatome, dreifach gebunden

Kohlenwasserstoffe mit der allgemeinen Zusammensetzung C_nH_{2n-2} bezeichnet man als **Alkine**. Das Merkmal der Alkine ist eine Dreifachbindung zwischen zwei C-Atomen im Molekül. Die Benennung der Alkine leitet sich von den Alkanen ab. Ethin (C_2H_2) und Propin (C_3H_4) sind gasförmig, die Alkine mit vier bis vierzehn Kohlenstoffatomen in der Kette flüssig, Alkine mit mehr als vierzehn C-Atomen pro Kette sind fest. Alkine finden sich in einigen Naturstoffen. Der einfachste und wichtigste Vertreter der Alkine heißt Ethin (veraltet: Acetylen). Ein Gemisch von Acetylen mit reinem Sauerstoff, das Acetylen-Knallgas, verbrennt mit

Temperaturen bis zu 3300 °C verbrennen. Einer so heißen Flamme hält auch Stahl nicht stand, und ein solcher Schneidbrenner erfreut daher jeden Panzerknacker (Abb. 5): Er wird zum autogenen Schweißen verwendet. Da C_2H_2 metastabil ist – also leicht in C (f) und H_2 (g) zerfällt –, kann es nicht einfach in Stahlflaschen komprimiert aufbewahrt werden: Es würde explosionsartig in Kohlenstoff und Wasserstoffgas zerfallen:

$$C_2H_2\ (g) \rightarrow 2\ C\ (f)\ +\ H_2\ (g)$$

Daher wird in den gelben Stahlflaschen Ethin in Aceton [$H_3C–(CO)–CH_3$] gelöst; außerdem verhindert poröses Material wie Bimsstein, dass es in den Behältern ungewollt explodiert. Hergestellt wird Ethin bei Temperaturen von 1500 °C durch thermische Zersetzung von Methangas (CH_4) im elektrischen Lichtbogen.

Abb. 5: Gemische aus Ethin und reinem Sauerstoff erzeugen bei der Verbrennung Temperaturen von bis zu 3300 °C

 Zum Weiterlesen:

- Die Alkane – die einfachsten Kohlenwasserstoffe, S. 566
- Fast gleich ist nicht identisch – die Isomerie, S. 568
- Schwarzes Gold – der wertvolle Rohstoff Erdöl, S. 570

C_2H_6	C_2H_4
Summenformel	

Valenzstrichformel

räumliches Modell

Abb. 4: Vergleich der Strukturen von Ethan (C_2H_6) und Ethen (C_2H_4)

Von der Kunst, Stoffe in langen Ketten herzustellen

Die Kunst, langkettige Moleküle (Polymere) aus einzelnen, kleinen Molekülen (Monomere) herzustellen, ist mit Sicherheit die älteste Kunst überhaupt: Schon allein die Entstehung des Lebens ist erst durch den Aufbau von Makromolekülen möglich geworden. Glucose (Traubenzucker) ist der Monomerbaustein der polymeren Stärke; Aminosäuren bilden als kleinste Einheiten bei der Synthese von Proteinen das „Alphabet des Lebens". Es war stets ein Ziel der Menschen, die Natur auszunutzen, nachzuahmen und manchmal auch zu überlisten. Doch erst Mitte des letzten Jahrhunderts schafften es Chemiker, künstlich Moleküle nach dem Vorbild der Polymerisation in der Natur herzustellen. Zunächst wurden dabei allerdings Naturstoffe chemisch verändert: Der erste Kunststoff wurde aus Cellulose gewonnen und als Elfenbeinersatz für die Herstellung von Billardkugeln entwickelt. **Celluloid** wird heute zur Herstellung von Kämmen und Bürsten verwendet. Ebenso bestehen Tischtennisbälle aus dem leicht entzündlichen Kunststoff Celluloid – ein halb synthetischer Kunststoff. Der erste vollsynthetische Kunststoff hieß **Bakelit**, der Anfang dieses Jahrhunderts das Licht der Welt erblickte. In diesem Jahrhundert haben die Kunststoffe eine rasante Entwicklung erlebt; sie entstanden entweder zufällig bei der Synthese anderer Chemikalien oder wurden von Chemikern „maßgeschneidert". Der moderne Alltag ist ohne Kunststoffe nicht mehr denkbar (Abb. 1).

Um polymere Stoffe zielgerichtet künstlich herzustellen, werden niedermolekulare, organische Verbindungen als Ausgangsstoffe verwendet. Diese sind entweder künstlich erzeugt oder entstehen durch Abwandlung natürlicher Stoffe. In der Umgangssprache werden Kunststoffe oft als „Plastik" bezeichnet; chemisch bestehen Kunststoffe aus organischen Riesenmolekülen. Die Verknüpfung von kleinen Bauelementen zu riesengroßen Molekülen (Makromoleküle) zählt zu den wichtigsten Vorgängen in der organischen Chemie – sowohl in der belebten Natur als auch in der chemischen Industrie. Grundsätzlich gibt es drei verschiedene Wege, zu Makromolekülen zu gelangen.

Die erste Möglichkeit, kleine Moleküle zu riesigen zu verknüpfen, beruht auf der Verwendung von Molekülen mit einer Doppelbindung. Bei der **Polymerisation** werden die Doppelbindungen zu Einfach-

Abb. 1: Faserverstärkte Elastomere garantieren Badespaß

bindungen. Damit stehen Elektronen für die Ausbildung von Einfachbindungen zwischen den Monomeren zur Verfügung – es entsteht das langkettige Polymer. Das einfachste Beispiel für eine Polymerisation ist die Bildung von Polyethylen aus Ethen.

Zweitens ist es möglich, unter Abspaltung von Wasser (H_2O) oder anderen kleinen Molekülen neue Bindungen entstehen zu lassen, die zur Bildung von langkettigen Makromolekülen genutzt werden können. Dies ist jedoch nur bei Monomeren möglich, die mindestens zwei funktionelle Gruppen besitzen, z. B. eine Hydroxylgruppe (–OH) und eine Aminogruppe ($-NH_2$). Das beste Beispiel für die **Polykondensation** in der Natur ist die Polypeptidbildung. Hierbei werden Aminosäuren zu Proteinen. In der chemischen Industrie ist die Polymerisation von Estern zu Polyestern eine wichtige Reaktion.

Die dritte Möglichkeit, Monomere zu Polymeren zu verknüpfen, bietet die **Polyaddition**. Hierbei findet die Bildung von Polymeren ebenfalls über die Verknüpfung der Endgruppen statt. Besitzt das Monomer zwei Endgruppen, so können sich diese nach beiden Seiten mit den Endgruppen anderer Monomere verketten. Jedoch wird im Gegensatz zur Polykondensation dabei kein Wasser oder anderes kleines Molekül abgespalten.

Kunststoffe lassen sich nach ihrem Verhalten beim Erhitzen in drei Gruppen einteilen (Abb. 2). **Thermoplaste** werden beim Erhitzen weich und formbar. Ihre neue Form behalten sie nach dem Abkühlen bei. **Duroplaste** hingegen werden beim Erhitzen nicht weich, bei starkem Erhitzen zersetzen sie sich. Neben einer hohen Wärmebeständigkeit sind Duroplaste dadurch gekennzeichnet, dass sie fest und nicht verformbar sind. Daher stammt auch ihr Name: Französich ‚dur' heißt hart. Die gummielastischen **Elastomere** sind bei Krafteinwirkung leicht verformbar, nehmen jedoch anschließend ihre ursprüngliche Form wieder an. Wie die Duroplaste zersetzen sie sich bei zu starkem Erhitzen. Die unterschiedlichen Eigenschaften lassen sich auf die jeweilige Anordnung und Vernetzung der Makromoleküle

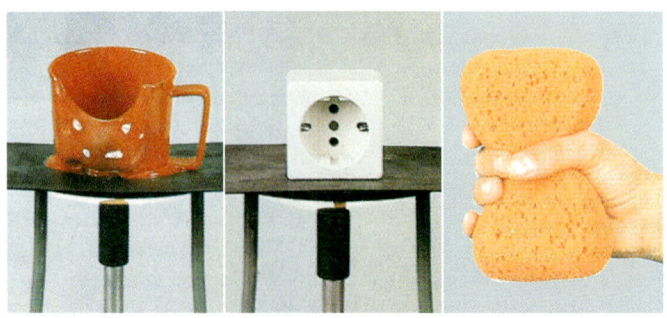

Abb. 2: Thermoplaste sind bruchsicher, aber hitzeempfindlich, Duroplaste sind hitzeunempfindlich, aber nicht so bruchsicher, Elastomere sind weich und nehmen von selbst die Ausgangsform wieder ein

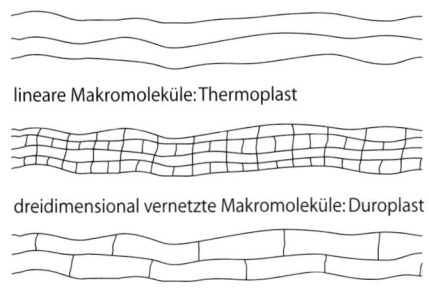

lineare Makromoleküle: Thermoplast

dreidimensional vernetzte Makromoleküle: Duroplast

schwach vernetzte Makromoleküle: Elastomere

Abb. 3: Schematische Struktur von Thermoplasten, Duroplasten und Elastomeren

zurückführen (Abb. 3). **Allen Kunststoffen gemeinsam** sind jedoch wichtige, gruppentypische **Merkmale**: In der Regel sind Kunststoffe gute Isolatoren für den elektrischen Strom. Aus diesem Grund fertigt man aus ihnen Kabelummantelungen, Stecker und Steckdosen. Kunststoffe sind meist schlechte Wärmeleiter. Sie finden daher als Dämmmaterial – zum Beispiel beim Hausbau – Verwendung. Eine weitere Eigenschaft von Kunststoffen ist ihre geringe Dichte

Bedeutung der Ziffern:
01 PET Polyethenterephthalat
02 PE-HD Polyethen hoher Dichte („high density")
04 PE-LD Polyethen niedriger Dichte („low density")
03 PVC Polyvinylchlorid
05 PP Polypropen
06 PS Polystyrol
07 O Sonstige („Others")

Abb. 6: Kunststoffe für Gebrauchsgegenstände sind nach Abkürzungen und Ziffern unterscheidbar

(etwa 0,9–1,3 g/cm^3). Sie ermöglichen eine Leichtbauweise im Fahrzeugbau und bei modernen Sportgeräten wie Tennisschlägern, Surfbrettern und Fluggeräten. Die hohe Beständigkeit von Kunststoffen und die Tatsache, dass sie in der Regel nicht biologisch verrotten, kann auch ein Nachteil sein: Kunststoffabfälle bleiben länger erhalten, als uns lieb ist.

Polymere – Kunststoffe aus Alkenen

Als Polymere bezeichnet man große Moleküle, die aus vielen kleineren Molekülen – Monomere genannt – zusammengesetzt sind. Die gesamte belebte Umwelt ist voll von Polymeren. Zum Beispiel sind Cellulose und Stärke aus Glucose-Bausteinen aufgebaut; bei Proteinen sind Aminosäuren die Monomere. Das Aufbauprinzip ist immer ähnlich; Kunststoffe haben jedoch meist weitaus einfachere, der Natur nachempfundene Strukturen. So sind die Monomere von Kunststoffen fast ausschließlich kleine und einfache organische Moleküle. Viele einfache Alkene ($R_1 - HC = CH - R_2$ bzw. C_nH_{2n}) können Polymerisierungs-Reaktionen eingehen. Die Monomere werden manchmal als „Vinyl" bezeichnet, da die Gruppe ($-HC = CH_2$) auch Vinyl-Gruppe genannt wird – die Bezeichnung „Vinyl" hat sich als Synonym für Schallplatten eingebürgert. Der einfachste Stoff mit einer Vinylgruppe ist Ethen, manchmal auch Ethylen genannt. Bei einer Polymerisation entsteht Polyethylen (PE). Wird Propen polymerisiert, entsteht Polypropylen (PP) und mit Styrol als Monomer entsteht Polystyrol (PS). Im Startschritt einer Polymerisation reagiert ein so genanntes Initiatormolekül mit einem Monomer; das dadurch gebildete Molekül kann mit einem weiteren Monomer reagieren usw.:

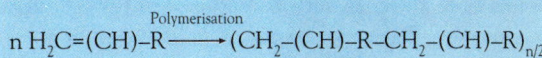

$$n\ H_2C=(CH)-R \longrightarrow (CH_2-(CH)-R-CH_2-(CH)-R)_{n/2}$$

Unterschiedliche Reste R führen zu großen Unterschiede in den Eigenschaften

Abb. 5 : Viele Alltagsgegenstände sind aus verzweigtem und damit weichem Polyethylen (PE-LD)

der jeweiligen Polymere: Im einfachsten Fall ist R ein H-Atom – es liegt das Polymer Polyethylen vor, das man als Verpackungsmaterial, aber auch als Weichmacher und Trennmittel nutzt. Ersetzt man das benachbarte H-Atom durch eine CH_3-Gruppe und verwendet als Rest $-COOCH_3$, dann erhält man Plexiglas, das u. a. in Brillengläsern, in Lichtleitfasern und als Zahnersatz Verwendung findet (siehe Abb. 4).

Doch hängen die Eigenschaften von Polymeren nicht nur von dem jeweiligen Monomer ab, sondern auch von der Durchschnittsgröße der riesigen Moleküle sowie der Art und dem Grad der Verzweigung. Die langen, unverzweigten Moleküle von Polyethylen können enger zusammengepackt werden und ergeben hartes Polyethylen (**PE-HD**; engl.: **h**igh **d**ensity = große Dichte). Solches hartes Polyethylen findet Verwendung in Verpackungen z. B. für Joghurt oder für Motoröle (Abb. 4). Polyethylenmoleküle, die viele Verzweigungen im Molekül haben, können nicht so dicht gepackt werden. Solches weiches Polyethylen (**PE-LD**; engl.: **l**ow **d**ensity = geringe Dichte) ergibt ein flexibles Material, das u.a. für Verpackungsfolien oder Plastiktüten verwendet wird (Abb. 5). Oft wird auf dem Gegenstand vermerkt, aus welchem Kunststoff er besteht (Abb. 6).

Name des Monomers	Ethen (Ethylen)	Propen (Propylen)	Vinylchlorid	Styrol	Methylmethacrylat	Tetrafluorethen
Struktur des Monomers	$H_2C=CH_2$	$H_2C=CH-CH_3$	$H_2C=CH-Cl$	$H_2C=CH-(C_6H_5)$	$H_2C=C-(CH_3)-COOCH_3$	$F_2C=CF_2$
Name des Polymers	Polyethylen (PE)	Polypropylen (PP)	Polyvinylchlorid (PVC)	Polystyrol (PS)	Lucit, Plexiglas	Teflon
Verwendung	Verpackungsmaterial, Plastikflaschen, Emulgatoren, Trennmittel, Weichmacher, Film- und Folienherstellung	elektrische Haushaltsgeräte, Hartschalenkoffer, Folienherstellung, Rohrleitungen, Papiere, Seile, Netze, Filter, Kunstrasen	Plastikrohre, Isoliermaterial, Bodenbeläge, Schallplatten, Kunstleder, Getränkeflaschen, Kunststoffspritzguss, Bekleidung, Schuhe	Schaum- und Presskunststoffe, Gehäuseteile für elektronische Geräte, Joghurtbecher, Einweggeschirr, Kleiderbügel, Spielzeug, aufgeschäumt als Styropor®	Acrylglas für Autos und Flugzeuge, Dachfenster, durchsichtige Rohrleitungen, Brillengläser, Kontaktlinsen, Lichtleitfasern, Zahnersatz	Folien, Stäbe, Bänder, wartungsfreie Lager und Dichtungen, Antihaftbeschichtungen, künstliche Herzklappen und Blutgefäße

Abb 4: Einige Polymere aus Alkenen und ihre Verwendung

Abb. 6: Knapp ein Fünftel des Mülls besteht aus Kunststoffen

Polykondensation und Polyaddition

Als **Polykondensation** bezeichnet man eine Verkettungsreaktion, bei der ein kleines Molekül – meistens Wasser, manchmal aber auch niedere Alkohole oder Halogenwasserstoffe – bei der Verkettung zweier Monomere abgespalten wird. Polymere, die durch Polykondensation entstehen, sind Polyamide, Polyester, Polycarbonate, Aminoplaste und Polysulfide. Am bekanntesten sind die Polyamide Nylon und Perlon® sowie die Polyester Diolen® und Trevira®, die als Kunstfasern in Kleidungsstücken in aller Welt Verbreitung fanden. Die **Polyaddition** hingegen zeichnet sich dadurch aus, dass in vielstufigen, unabhängigen Einzelreaktionen Polymere „aneinander addiert" werden. Die wichtigsten Kunststoffe, die durch Polyaddition entstehen, sind Polyurethane (PU) und Polyharnstoffe. Oftmals werden die Begriffe Polykondensation und Polyaddition auch unter dem Begriff der Polymerisation zusammengefasst. Dann bedeutet Polymerisation allgemein die Bildung langkettiger Makromoleküle.

Alles Müll

Im Hausmüll enthaltene Kunststoffe sind weitgehend grundwasserneutral und können somit auf Mülldeponien entsorgt werden. Da sie jedoch aufgrund ihres geringen spezifischen Gewichtes eine Menge Platz einnehmen, ist die Deponierung von Kunststoffmüll nicht gerade billig (Abb. 6). In Frankreich existieren Vorschriften, eine nicht geringe Menge Hausmüll als Dünger nutzen zu müssen. Bläulich schimmernde Böden in Weinbaugebieten, wo z.B. Champagner ange-

baut wird, sind dort keine Seltenheit. Der blaue Schimmer stammt von quadratzentimeterklein gehäckselten Müllsäcken.

Nicht Müll, sondern Wertstoff

Lediglich Thermoplaste lassen sich direkt recyceln – jedoch nur mit Qualitätseinbußen der jeweiligen Kunststoffe. Viel mehr als Minigolfbälle und Blumenkübel lassen sich oft aus dem recycelten Kunststoff nicht mehr herstellen. Ein Hauptproblem beim Kunststoffrecycling ist die Unverträglichkeit der einzelnen Kunststoffe untereinander: Generell müssen die Kunststoffabfälle mit großem Aufwand nach Sorten getrennt werden, um überhaupt ein Recycling zu ermöglichen.

Recycling in der Industrie

In der Automobilindustrie gehen die Entwicklungen dahin, neben leichteren Metallen wie Aluminium vermehrt Kunststoffe einzusetzen, auch recycelte. Der Anteil an Kunststoffen im modernen Automobil liegt heute etwa bei 15 %. Die Vorteile von Kunststoffen sind die besonders guten elektrischen, akustischen und thermischen Isolationseigenschaften und eine Verbesserung der passiven Sicherheit – auch ein Airbag ist ohne Einsatz von Kunststoffen undenkbar. Insbesondere recyceltes Polypropylen (PP) findet immer mehr Verwendungszwecke im Automobil. So sind beispielsweise große Teile der meist dunkelgrauen Innenausstattung (Armaturenbrett) sowie viele Spoiler- und Stoßfängerteile aus recyceltem PP gefertigt.

Wunderbarer Kunststoff PVC?

Polyvinylchlorid ist gut herstellbar, schwer entflammbar und zeichnet sich durch gute Haltbarkeit bei mechanischer Beanspruchung aus (Abb. 7). Darüber hinaus ist es beständig gegen viele Chemikalien. In der Nachkriegszeit war PVC das Symbol für die Leistungskraft der Kunststoffchemie und damit ein Symbol für den Fortschritt. Doch zwei Jahrzehnte später sprach man nicht mehr so positiv vom Wunder PVC: Arbeiter, die längere Zeit Vinylchlorid, dem monomeren Ausgangsstoff, ausgesetzt waren, zeigten unterschiedliche Krankheitssymptome an Haut, Lunge, Leber und Gelenken.

Chlor – natürlich nicht elementar

Es gibt Wissenschaftler, die behaupten, dass Chlor ein „teuflisches" Element sei: „Die Natur schuf 91 Elemente, der Mensch ein Dutzend und der Teufel eines, das Chlor." (Abb. 8) Dies stimmt aber so nicht: Auch wenn Chlor in der Natur nicht elementar vorkommt, waren 1992 bereits rund 1500

Abb. 7: Rohre aus Polyvinylchlorid (PVC)

Abb. 8: Die Chancen und Risiken der Chlorchemie sind groß

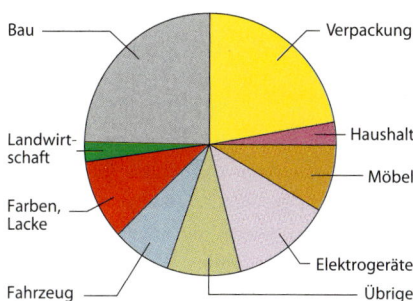

Abb. 10: Die Verwendung von Kunststoffen im Alltag ist äußerst vielfältig

natürliche organische Chlorverbindungen bekannt. Man denke außerdem an die lebenswichtige anorganische Chlorverbindung Natriumchlorid – Kochsalz.

Chlorchemie ist heute weit verbreitet, und eine Menge an Alltagsprodukten, wie zum Beispiel Telefonkarten, sind aus organischen Chlorverbindungen aufgebaut (Abb. 9). Der Buchstabe C in der Abkürzung PVC deutet auf Chlor in dem wohl bekanntesten chlorhaltigen Kunststoff Polyvinylchlorid hin. Insgesamt werden Tausende von Produkten mit Hilfe von chlorhaltigen Verbindungen hergestellt. Chlor ist ein gefährliches Element. Als einfaches Kampfgas wurde Chlorgas im Ersten Weltkrieg eingesetzt. Bei Ypern starteten deutsche Truppen im April 1915 einen Gasangriff mit Chlorgas. Nach französischen Angaben starben dabei einige tausend Menschen, noch viel mehr erlitten schwere Gasvergiftungen. Doch auch bei der „friedlichen" Produktion von chlorhaltigen Kunststoffen mussten noch vor 25 Jahren viele Arbeiter in PVC-Betrieben den Kontakt mit Vinylchlorid mit ihrer Gesundheit bezahlen. Insbesondere in einem rheinischen PVC-Betrieb waren die Arbeitsschutzmaßnahmen so unzureichend, dass bei über 80% der Betriebsangehörigen Erkrankungen feststellbar waren. Es wurde noch in den 70er Jahren unter gleichen Bedingungen weiterproduziert, bis die Leberschäden der Industriearbeiter so heftig und häufig auftraten, dass sie nicht mehr auf übermäßigen Alkoholkonsum zurückführbar waren. Heute gelten für die Produktion von chlorhaltigen Kunststoffen inDeutschland sehr strenge Vorschriften, die eine Gefährdung der Industriearbeiter nahezu ausschließen. Doch die Ge-

fahr des Chlors ist nicht durch verbesserte Produktionsbedingungen gebannt – Chemieunfälle, bei denen giftige Chlorchemikalien entweichen, haben verheerende Auswirkungen. Mitte der 70er Jahre wurde in Seveso (Italien) ein giftiges Dioxin (2,3,7,8-Tetrachlordibenzo[1,4]dioxin) freigesetzt, Jahre später führte ein Chemieunfall bei einem Schweizer Chemiekonzern zu einem Fischsterben im Rhein. Weiterhin strittig bleibt die Entstehung von Dioxinen bei der Müllverbrennung.

Kunststoffe „chemisieren" den Alltag

In hoch entwickelten Industriestaaten wie Deutschland führten insbesondere Kunststoffe zu einer „Chemisierung" des Alltagslebens. Ursprünglich als Ersatzstoffe gedachte, künstlich hergestellte Stoffe wurden in Massenproduktion gefertigt und finden sich in allen Lebensbereichen (Abb. 10). Heute werden Kunststoffe nicht nur als teilweise hochwertige Gebrauchsgegenstände genutzt, sie dienen z.B. in der Medizin als Spezialstoffe für ausgewählte Einsatzbereiche, zum Beispiel für künstliche Hüftgelenke. Die meisten polymeren Kunststoffe sind unter Druck und Wärme verformbar und können somit gut verarbeitet werden. Das Spritzgussverfahren für PVC-Gegenstände ermöglicht es, viele Produkte leichter, schneller und viel billiger als vergleichbare Produkte aus Metall herzustellen. Jährlich wird heute die fast unvorstellbare Masse von mehr als 100 Millionen Tonnen Kunststoffen weltweit hergestellt.

 Zum Weiterlesen:

• Halogene – natürlich nicht elementar, S. 522
• Schwarzes Gold – der wertvolle Rohstoff Erdöl, S. 570
• Aminosäuren und Proteine – komplexe Strukturen, S. 596

Abb. 9: Auch Telefonkarten sind aus PVC gefertigt

In Shampoo, Seife und Kaugummis – Alkohole

Zeit: 1626. Ort: Manhattan/New York. Indianer verscherbeln das Zentrum einer künftigen Weltmetropole für drei Fässer ‚Feuerwasser‘. ‚Manhattan‘ heißt in ihrer Sprache ‚der Ort, an dem wir uns betranken‘. Es blieb nicht bei diesem einen Mal. Die Geschichte des Niedergangs der Indianervölker ist zu einem Teil ‚dem‘ Alkohol schlechthin, dem **Ethanol**, älterer Name Ethylalkohol, zuzurechnen. Nur ein Schicksal der Indianer?

‚Im Becher ertrinken mehr als im Meer‘. Wenn man ‚ertrinken‘ im übertragenen Sinn versteht, sind die Zahlen allein in Deutschland erschreckend. Die Rauschdroge Nr. 1 fordert Jahr für Jahr Zehntausende von Todesopfern. Sie kostet den Einsatz von Abermilliarden Mark für die Behandlung von Millionen Alkoholkranken. Sie leiden unter Schäden der Speiseröhre, des Magens und der Darmschleimhaut. Alkohol führt auf Dauer zu schwersten Funktionsstörungen von Leber und Bauchspeicheldrüse. Auf den Straßen sterben Hunderte Unschuldiger an den Folgen von Unfällen, die Alkoholisierte verursachen. Zweitausend Babys kommen durch den Alkoholismus ihrer Mütter geschädigt auf die Welt. Und trotzdem bekennen sich selbst Alkoholismusforscher zum Satz: ‚Ein Gläschen in Ehren …‘ – in Maßen, nicht in Massen, höchstens dreimal pro Woche (Abb. 1).

Bei keiner anderen Natur-Chemikalie liegen Vor- und Nachteile, Für und Wider derart eng zusammen. Und die lange Tradition: Bier und Wein sind seit Tausenden von Jahren in allen Hochkulturen bekannt und ak-

Abb. 2: Schon im alten Ägypten kannte man Wein

zeptiert (Abb. 2, 3). Zur hohen Kunst entwickelte sich im Laufe der letzten Jahrhunderte das Destillieren zu Branntweinen, Kornschnäpsen und Wodka. Seitdem muss man nicht mehr so viel Wasserballast mittrinken. Die Destillationskunst wurde Vorbild für die gesamte chemische Industrie. In der konzentrierten Form erwarb sich das Ethanol während vieler Pestepidemien seinen Ruf als ‚Lebenswasser‘, ‚Aquavit‘ (lateinisch ‚aqua‘= ‚Wasser‘, ‚vita‘ = ‚Leben‘). Am Anfang stand aber die Absicht, mit dem konzentrierten Alkohol kostbare pflanzliche Stoffe wie Rosenöl zu gewinnen. Ähnlichen Zwecken dient er heute noch in Hustensäften, Melissengeist, Parfümen, Filzstiften und anderen (Abb. 4).

Die biotechnologische Herstellung von verdünntem Ethanol ist relativ einfach: Man nehme einen Fruchtsaft oder eine Zuckerlösung, gebe bestimmte Hefen hinzu und lasse das Gemisch möglichst unter Luftabschluss mehrere Tage bis Wochen stehen (Abb. 5). Säfte enthalten stets **Traubenzucker** (Glucose). Dieser wird von **Enzymen** (Biokatalysatoren) der Hefe zum gewünschten Produkt umgewandelt. Gleichzeitig entsteht bei dieser **Gärung** Kohlenstoffdioxid. Es verdrängt allmählich die Luft und schützt den Alkohol davor, mit Luftsauerstoff weiter zu Essigsäure zu reagieren.

Traubenzucker
→ Ethanol + Kohlenstoffdioxid
$C_6H_{12}O_6 \rightarrow 2\,C_2H_6O + 2\,CO_2$

Das Ende der Reaktion ist gut zu erkennen: Die Gasentwicklung stoppt. Ab 14–15 % Weingeist geben die Enzyme ihren Geist auf.

Heute ist bekannt, dass es neben Ethanol eine Reihe weiterer Alkohole gibt, die teil-

Abb. 3: Hopfen und später zu Malz umgesetzte Gerste sind neben Wasser die Stoffe für die Bierbrauerei

	Bier	Weinbrand	Weißwein	Likör
	0,3 l	0,04 l	0,125 l	0,04 l
Volumenanteil:	5%	38%	10%	30%
Masse an Alkohol in einem Getränk:	11,8 g	11,9 g	9,8 g	9,1 g

Blutalkoholgehalt in ‰	Erscheinungen
0,3	erste Gangstörungen
0,6	verlängerte Reaktionszeit
0,8	Fahr- und Verkehrsuntüchtigkeit
1,0	mäßiger Rausch, torkelnder Gang
2,0	Bewusstsein stark eingetrübt
4,0	Tod durch Alkoholvergiftung

Abb. 1: Ethanolgehalt alkoholischer Getränke und Störungen der geistig-körperlichen Funktionen

Abb. 4: Ethanol – nicht nur in Alkoholika, sondern auch als Lösemittel in Alltagsprodukten

eins	zwei	drei	vier	fünf	sechs	sieben	acht	neun	zehn
mono	di	tri	tetra	penta	hexa	hepta	octa	nona	deca

Abb. 6: Liste der ersten zehn in der Chemie verwendeten Zahlwörter

Alkan	Formel	Alkanol	Formel	Alkanpolyol (Trivialname)	Formel
Methan	CH_4	Methanol	CH_3OH	–	–
Ethan	C_2H_6	Ethanol	C_2H_5OH	Ethandiol (Glykol)	$C_2H_4(OH)_2$
Propan	C_3H_8	Propanol	C_3H_7OH	Propantriol (Glycerin)	$C_3H_5(OH)_3$
Butan	C_4H_{10}	Butanol	C_4H_9OH		
Pentan	C_5H_{12}	Pentanol	$C_5H_{11}OH$		
Hexan	C_6H_{14}	Hexanol	$C_6H_{13}OH$	Hexanhexaol (Sorbit)	$C_6H_8(OH)_6$

Abb. 7: Liste der ersten sechs Alkanole und einiger im Alltag wichtiger Polyole

weise bei der Gärung mit entstehen: **Methanol**, **Propanol**, **Butanol** und viele mehr. Sie wirken überwiegend noch stärker berauschend und giftiger. Wie immer kann man das auf die molekulare Struktur zurückführen.

Der molekulare Aufbau und die Benennung von Alkoholen

Die obige Formel C_2H_6O gibt nur wieder, dass das Ethanolmolekül zusätzlich zu dem des Ethans C_2H_6 ein Sauerstoffatom enthält. Wie ist dieses in das Molekül eingebunden? Wir nehmen hier ‚rezeptartig' das Ergebnis vorweg: Man entferne – in Gedanken – ein Wasserstoffatom aus dem Ethanmolekül. Der gedachte ‚Rest' heißt **Ethyl-Gruppe** (1). (Daher der alte Name Ethylalkohol.) An die Stelle des H-Atoms tritt die auch nur gedanklich existierende **Hydroxy-Gruppe** (2).

(1) $H_3C–CH_3 \rightarrow H_3C–CH_2– (+ –H)$
(2) $H_3C–CH_2– + –OH$
$\rightarrow H_3C–CH_2–OH = C_2H_5OH$

Die ‚Striche' bei den Gruppen sind hier Gedankenstriche, keine für Bindungen oder Ladungen! Wegen ihrer besonderen Funktion wird die OH-Gruppe in den vereinfachenden Summenformeln ausdrücklich auch als solche angegeben, also C_2H_5OH statt C_2H_6O.

Die moderne chemische Nomenklatur soll, soweit es die Tradition zulässt, mit dem Namen einer Verbindung deren molekularen Aufbau wiedergeben und umgekehrt. ‚Trivialnamen' wie Kochsalz oder Essigsäure sind zwar noch gebräuchlich, beim Lernen von Zusammenhängen aber hinderlich. Die ‚Anweisung' für die rationellen Namen der Alkohole haben wir fast schon vorweggenommen: Man nehme den **Stammnamen** der Alkane. Zur Kennzeichnung als Alkohole erhalten sie die Endung **-ol** wie in Alkoh**ol**: Methan → Methan**ol**, Ethan → Ethan**ol** usw. Die von den Alkanen ableitbaren Alkohole bezeichnet man daher als **Alkanole**. (Leider gibt es im Deutschen immer noch Namen wie Benzol oder Styrol für reine Kohlenwasserstoffe.) Neben den **einwertigen** Alkoholen mit **einer OH-Gruppe**

Abb. 5: Bottich für die Vergärung von Zucker zu Ethanol unter Luftabschluss

gibt es solche, die **mehrere** dieser Gruppen im Molekül enthalten: **Polyole** (griechisch ‚polýs', ‚viel'). Zu diesen gehören auch alle Zucker. Genau wie in der anorganischen Chemie benutzt man die griechisch-lateinischen Zahlwörter, wie sie von den höheren Alkanen bekannt sind (Abb. 6).

Die in Abb. 7 genannten Polyole sind unter ihren Trivialnamen im Alltag wie in der Technik gebräuchliche Substanzen (Abb. 8, 9). Ihre chemischen Bezeichnungen lassen sie dagegen fast wie Monster wirken.

Wie die Chemiker den Molekülbau der Alkohole feststellten

Wie konnten sich die Chemiker ohne die heutigen Methoden sicher sein, dass in **allen** Alkoholen die OH-Gruppe vorkommt? Erstens aus ihrer Reaktion mit Natrium, die der des Wassers entspricht:

$2\ H–OH\quad + 2\ Na \rightarrow 2\ NaOH\quad + H_2$
$2\ H–OC_2H_5 + 2\ Na \rightarrow 2\ NaOC_2H_5 + H_2$

Sie war nur zu verstehen, wenn bei den (einwertigen) Alkoholen **eines** der H-Atome an das **O-Atom** gebunden ist. Das zweite handfeste Indiz waren die im Vergleich zu den ‚ähnlichen' Alkanen **hohen Siedetemperaturen**. ‚Ähnlich' heißt hier: Die OH-Gruppe entspricht von ihrer Masse her am ehesten einer $CH_3–$, also Methyl-Gruppe. Vergleich-

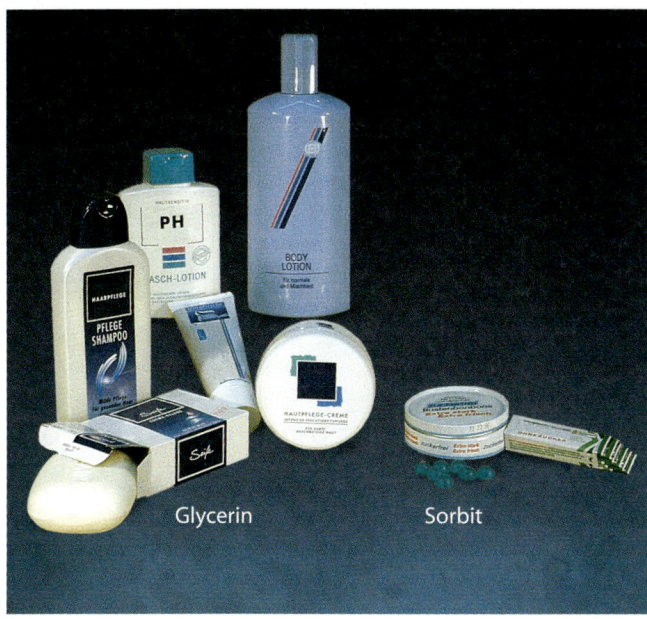

Abb. 8: Glycerin ist häufiger Bestandteil von Kosmetika, Sorbit von zahnschonenden Kaugummis

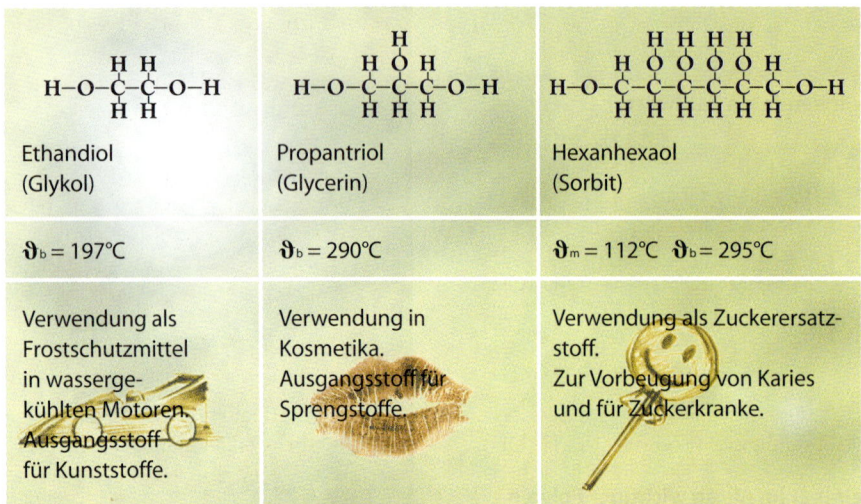

H H H O H H H H H O O O O O H H-O-C-C-O-H H-O-C-C-C-O-H H-O-C-C-C-C-C-C-O-H H H H H H H H H H H		
Ethandiol (Glykol)	**Propantriol** (Glycerin)	**Hexanhexaol** (Sorbit)
$\vartheta_b = 197°C$	$\vartheta_b = 290°C$	$\vartheta_m = 112°C$ $\vartheta_b = 295°C$
Verwendung als Frostschutzmittel in wasserge- kühlten Motoren. Ausgangsstoff für Kunststoffe.	Verwendung in Kosmetika. Ausgangsstoff für Sprengstoffe.	Verwendung als Zuckerersatz- stoff. Zur Vorbeugung von Karies und für Zuckerkranke.

Abb. 9: Wichtige Polyole mit ihren Konstitutionsformeln, Siede- bzw. Schmelztem- peraturen und Anwendungen

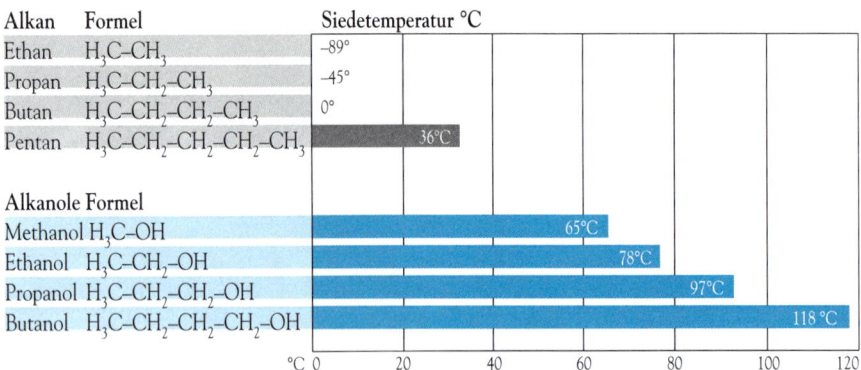

Alkan	Formel	Siedetemperatur °C
Ethan	$H_3C–CH_3$	–89°
Propan	$H_3C–CH_2–CH_3$	–45°
Butan	$H_3C–CH_2–CH_2–CH_3$	0°
Pentan	$H_3C–CH_2–CH_2–CH_2–CH_3$	36°C
Alkanole	Formel	
Methanol	$H_3C–OH$	65°C
Ethanol	$H_3C–CH_2–OH$	78°C
Propanol	$H_3C–CH_2–CH_2–OH$	97°C
Butanol	$H_3C–CH_2–CH_2–CH_2–OH$	118°C

Abb. 10: Die Alkanole sieden erheblich höher als vergleichbar große Alkane

bar mit einem Alkohol sind daher die Alkane, die ein C-Atom mehr aufweisen (Abb. 10).

Das dritte, dass die Polyole nochmals weitaus höher sieden. Das Ethandiol, von der Größe her dem Propanol verwandt, siedet erst bei 197°C, genau 100°C höher. Es ver- dampft also wenig und ist von daher bestens als Kühlwasserzusatz geeignet, auch wenn seine Qualitäten eher im Winter gefragt sind.

Viertens: Die **Alkane** sind, wie Benzin zeigt, nicht wasserlöslich. Bis zum Propanol sind die **Alkanole** jedoch mit Wasser in jedem Verhältnis mischbar, erst ab dem Buta- nol deutlich weniger. Alkanole mit lang ge- streckten Molekülen unterscheiden sich kaum noch von entsprechenden Alkanen.

Wieder werden diese Eigenschaften durch den Aufbau der Moleküle verständlich. Als Vorbild benutzen wir das Ethanolmolekül (Abb. 11). Das Kalottenmodell zeigt die im Vergleich zum Gesamtmolekül recht große **Hydroxy-Gruppe**. Sie beeinflusst das Verhal- ten der Moleküle untereinander ganz erheb- lich. Denn ähnlich wie beim Wasser bilden sich zwischen den Molekülen **Wasserstoff-**

brückenbindungen aus, die deutlich stärker sind als die Van der Waals-Bindungen. Die partiell positiven H-Atome schlagen Brücken

H H H-C-C-O H H H

$\vartheta_b = 78°C$

Abb. 11: Kalottenmodell, Bindungs- strichformel und Siedetemperatur des Ethanols

zu einem freien Elektronenpaar am teilweise negativen O-Atom eines anderen Ethanol- molekül, dessen H-Atom eine Brücke zum nächsten Molekül ausbildet. (Abb. 12). Des- halb liegen die Siedetemperaturen der Al- kanole höher als die der vergleichbaren Al- kane. Weil aber pro Molekül nur **eine Brücke** ausgebildet werden kann, liegt die Siedetem- peratur der ‚kleinen' Alkanole niedriger als beim Wasser. Dort sind es ja zwei dieser spezi- ellen Brückenbindungen.

Der **Ethyl-Rest**, C_2H_5, zeigt wie alle an- deren **Alkyl-Reste** praktisch keine Dipolei- genschaften. Zwischen diesen den Kohlen- wasserstoffen vergleichbaren Molekülteilen werden nur die schwächeren van der Waals- Bindungen wirksam. Damit erklärt sich die zunehmende Verwandtschaft der Alkohole mit der Kettenlänge mit den Kohlenwasser- stoffen: Je größer der Anteil des Alkyl-Restes im Molekül ist, desto stärker wird sein Ein- fluss und umso weniger Wirkung übt die Hy- droxy-Gruppe aus.

Darum verwundert es nicht, wenn die Al- kanole mit Benzin mischbar sind. Aber auch mit Wasser: Manch ein Liebhaber von Pastis hat sich sicher gewundert, dass der klare Schnaps sich trübt, wenn man ihn mit Was- ser verdünnt. Dabei wird besonders deutlich, dass Ethanol als **Lösungsvermittler** dient. Allgemein lässt sich diese Eigenschaft an Fett-Wasser-Emulsionen zeigen. Setzt man diesen steigende Mengen Ethanol zu, so ver- schwindet oberhalb einer gewissen Alkohol- konzentration die Trübung. Der Alkohol vermittelt zwischen den beiden Gegenpolen Fett und Wasser: Er mischt sich mit beiden und bindet die Fettmoleküle mit seinem Ethyl-Rest, die Wassermoleküle mit seiner Hydroxy-Gruppe (Abb. 13). Stoffe, die sich in Wasser lösen bzw. mit ihm mischbar sind, nennt man **hydrophil** (griechisch ‚hýdor' = ‚Wasser' und ‚phílos' = ‚Freund'). Das genaue Gegenteil ist **lipophil**: Das ‚wasserscheue' Benzin ist ein hervorragendes Lösemittel für Fette (griechisch ‚liparós' = ‚fett'). Alkohole sind sowohl hydrophil als auch lipophil, wobei der hydrophile Charakter jedoch mit steigender Molekülgröße sinkt.

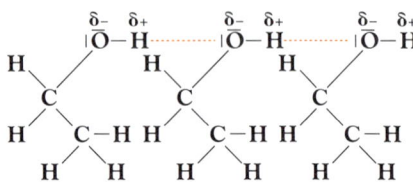

Abb. 12: Wasserstoffbrückenbindungen zwischen Ethanolmolekülen binden diese recht fest aneinander

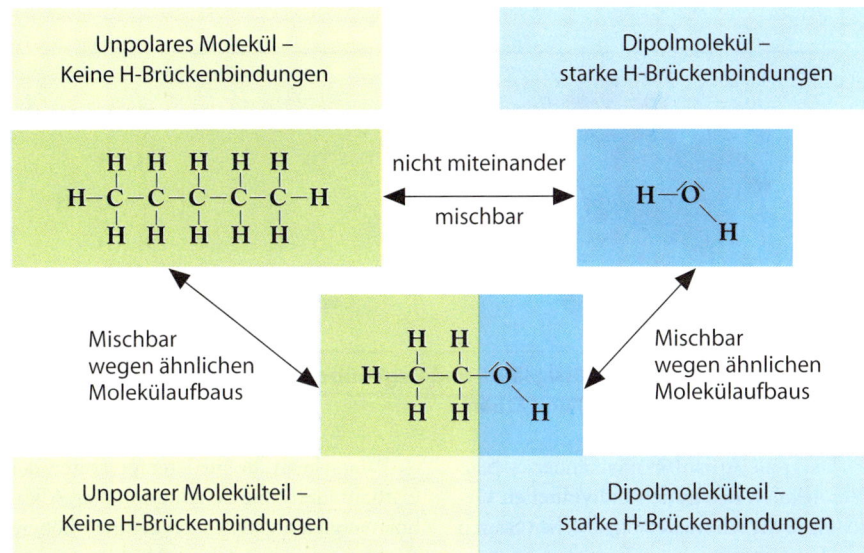

| Unpolares Molekül – Keine H-Brückenbindungen | Dipolmolekül – starke H-Brückenbindungen |

nicht miteinander mischbar

Mischbar wegen ähnlichen Molekülaufbaus

Mischbar wegen ähnlichen Molekülaufbaus

| Unpolarer Molekülteil – Keine H-Brückenbindungen | Dipolmolekülteil – starke H-Brückenbindungen |

Abb. 13: Im Ethanolmolekül sind der Ethyl-Rest für die Mischbarkeit mit Alkanen und die OH-Gruppe für die mit Wasser zuständig

Isomerie bei Alkanolen

Bei den Alkanen haben wir erstmals gesehen, dass zwei **verschiedene** Stoffe **dieselbe** Summenformel besitzen. Eine ähnliche **Isomerie** gibt es bei den Alkanolen bereits mit drei C-Atomen: Es existieren **zwei Propanole**, die sich durch die Stellung der Hydroxy-Gruppe innerhalb des Moleküls unterscheiden (Abb. 14).

Wieder ist zu sehen, dass sich Name und Formel entsprechen. Propan-**1**-ol bindet die Hydroxy-Gruppe an sein **erstes** C-Atom, Propan-**2**-ol an sein **zweites**. Diese beiden sind die Vorhut einer Reihe verwandter Alkanole, die man als **primäre** und **sekundäre Alkanole (Alkohole)** bezeichnet (lateinisch ‚primus', der erste', ‚secundus', der zweite'). Primäre Alkanole tragen die OH-Gruppe am **endständigen (primären) C-Atom** ihres Moleküls, sekundäre am **zweiten (sekundären)**. Das hat weit reichende Konsequenzen, darum noch eine etwas andere Definition: In primären Alkanolen ist das C-Atom mit der OH-Gruppe an **ein** weiteres C-Atom gebunden (mit Ausnahme des Methanols mit seinem einzigen C-Atom), in sekundären hat es **zwei** C-Atome als Nachbarn.

Der Weg zu den Aldehyden und Ketonen

Ein Aldehyd hat seit Jahren einige Berühmtheit erlangt: **Formaldehyd** (sprich: Form-al-de-hyd). Ob er wirklich Krebs erregt, ist noch nicht endgültig geklärt. Von einem zweiten weiß man das seit kurzer Zeit definitiv: **Acetaldehyd** (Azet-al-de-hyd). Der erste ist das Gift, das aus Spanplatten ausgast. Die Späne darin wurden lange von einem Kunstharz zusammengehalten, das man mit seiner Hilfe produzierte. In der Medizin dient er seit Jahrzehnten dazu, Leichen zu konservieren, er macht sie schnittfest. Seine Giftwirkung jedenfalls ist unbestritten. Daher ersetzt man ihn wo immer möglich durch einen weniger gefährlichen Verwandten. Der zweite ist mindestens für den Dickdarmkrebs von Alkoholikern verantwortlich. Damit sind wir schon bei ihrer Entstehung und ihren Zungen brechenden Namen.

Die Bezeichnung ‚Aldehyd' ist ein Kunstwort aus ‚**Al**coholus **dehyd**rogenatus'. Das heißt, verständlich ausgedrückt, dass dem Molekül eines **primären** Alkohols Wasserstoff entzogen wird, genauer zwei H-Atome.

Die vereinfachte Reaktionsgleichung lautet beim Ethanol:

$$Ethanol \rightarrow Acetaldehyd + [Wasserstoff]$$

$$H_3C-CH_2-OH \rightarrow H_3C-\overset{}{\underset{H}{C}}=O + 2\,[H]$$

[H] bedeutet, dass die Wasserstoffatome nicht als elementarer Wasserstoff auftreten. Wir erhalten damit nun die erste Stoffgruppe mit einer C-O-Doppelbindung. Auch das H-Atom spielt eine gewichtige Rolle. Darum fasst man alle drei Atome zusammen und spricht von der **Aldehydgruppe CHO**. Zur Benennung greift man wieder auf die IUPAC-Regeln zurück. Chemisch heißt Formaldehyd dann **Methanal** und Acetaldehyd **Ethanal**, die gesamte Reihe **Alkanale**. Man verwendet also immer wieder die Namen der Alkane als Wortstamm. Hier hängt man ihnen die Endung **-al** an und benutzt dabei die ersten beiden Buchstaben von ‚**al**dehyd'. In schwierigeren Fällen behält man aber oft die älteren Namen bei.

Nicht alle Aldehyde sind giftig, auch wenn die ersten zwei Beispiele dies vielleicht vermuten lassen. Der Stoffwechsel eines ausreichend ernährten Menschen setzt im Laufe eines normalen Lebens einen bestimmten Aldehyd im Maßstab von einigen Tonnen um. Der Name dieses unersetzlichen Aldehyds: **Glucose** oder **Traubenzucker**.

In gleicher Weise wie die primären lassen sich auch **sekundäre Alkanole** Wasserstoff ‚abnehmen'. Dabei entstehen allerdings **Ketone**, als einfachster Vertreter **Aceton**:

$$H_3C-\overset{}{\underset{OH}{CH}}-CH_3 \rightarrow H_3C-\overset{}{\underset{O}{C}}-CH_3 + 2\,[H]$$

Als Nagellackentferner hat Aceton zwar seine Zukunft hinter sich. Dafür benutzt man es in vielen anderen Bereichen als Lösemittel.

Der rationelle Name des Acetons ist **Propanon** aus der Kombination Propan und -on aus der Endung von Aceton. Eine Reihe wichtiger Hormone gehört zu den Ketonen. Das für unser Leben in der Menge wichtigste Keton mit der C=O-Gruppe ist jedoch wieder ein Zucker: **Fructose** oder **Fruchtzucker**.

Zum Weiterlesen:

• Die Chemie der versalzenen Suppe, S. 544
• Die Alkane – die einfachsten Kohlenwasserstoffe, S. 566
• Ameisensäure & Co: Carbonsäuren auf Schritt und Tritt, S. 582

Name	Summenformel	einfache Konstitutionsfomel	Siedetemperatur
Propan-1-ol	C_3H_8O	$H3\overset{3}{C}-\overset{2}{C}H2-\overset{1}{C}H_2-OH$	97°C
Propan-2-ol (lies: Propan-zwei-ol)	C_3H_8O	$H3\overset{3}{C}-\overset{2}{C}H-\overset{1}{C}H3$ $\quad\quad\underset{OH}{\vert}$	82°C

Abb. 14: Die beiden isomeren Propanole tragen die Hydroxy-Gruppe an verschiedenen C-Atomen

Ameisensäure, Essigsäure, Citronensäure ... – Carbonsäuren auf Schritt und Tritt

Wenn der Wein zu Essig wird, kann man beim Probieren schon mal sauer reagieren, denn offensichtlich hat der Korken die Weinflasche nicht mehr dicht verschlossen. Chemisch betrachtet ist dies das Werk von Essigsäurebakterien, die den im Wein enthaltenen Alkohol (Ethanol) unter Sauerstoffverbrauch zu **Essigsäure** vergoren haben.

$$C_2H_5OH + O_2 \rightarrow CH_3COOH + H_2O$$
(in Essigsäurebakterien)

Essigsäure ist der wohl wichtigste Vertreter der **Carbonsäuren**, die gekennzeichnet sind durch die **funktionelle Gruppe** –COOH, genannt **Carboxy-Gruppe** (Abb. 1). Wenn man starke Säuren wie Salpetersäure in Wasser löst, werden sie in einen negativ geladenen Säurerest, das Säure-Anion, gespalten, die Wasserstoffionen (Protonen) reagieren mit den Wassermolekülen zu Oxoniumionen (S. 557). Diese Übertragung wird **Protolysereaktion** genannt. Schwache Säuren lösen sich in Wasser dagegen überwiegend molekular, ohne ein Proton abzuspalten. Die Carbonsäuren, hier: Essigsäure, reagieren in wässriger Lösung meist nur als relativ schwache Säuren, d. h. sie bilden nur wenige Carbonsäure-Anionen, die Protonenübertragung läuft nur zu einem geringen Teil ab.

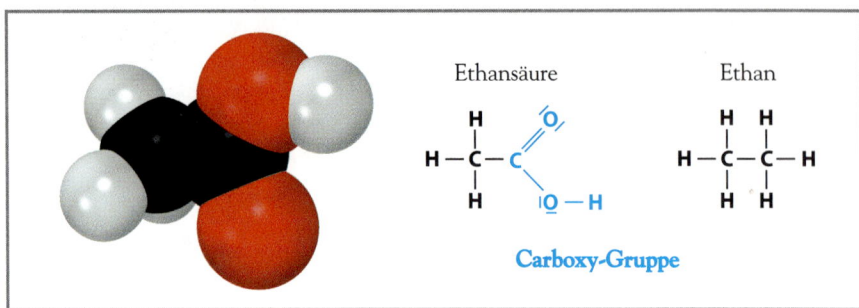

Abb. 1: Kalottenmodell der Essigsäure und Gegenüberstellung der Strukturformeln von Essigsäure (Ethansäure) und Ethan

Die große Anzahl an unveränderten Säuremolekülen macht den **individuellen Geschmack** der schwachen organischen Säuren aus. Der Geschmack von Essigsäure ist deutlich anders als der von Citronensäure, Milchsäure bestimmt wesentlich den Geschmack von Sauermilcherzeugnissen. Starke Säuren hingegen schmecken nur sauer, weisen aber ansonsten keinen typischen Eigengeschmack auf. (Der Geschmackstest ist gerade bei stärkeren und starken Säuren nicht zur Nachahmung empfohlen!)

Ähnlich wie die unverzweigten Kohlenwasserstoffe bei den Alkanen bilden auch die Carbonsäuren eine **homologe Reihe** $C_{n-1}H_{2n-1}COOH$ mit steigender Anzahl an Kohlenstoffatomen, von denen in Abbildung 2 ein paar vorgestellt werden.

Die kurzkettigen Carbonsäuren mit bis zu vier C-Atomen, alles stechend oder unangenehm riechende Flüssigkeiten, sind praktisch unbegrenzt in Wasser löslich. Bei ihnen setzt sich also der wasserfreundliche (hydrophile) Charakter der Carboxy-Gruppe durch. Aber das ändert sich bei den langkettigeren Vertretern, ähnlich wie bei den Alkanolen: Valeriansäure ist nicht mehr sehr gut in Wasser, dafür aber in Alkoholen löslich. Palmitinsäure und Stearinsäure sind wachsartige Feststoffe, die sich nicht mehr in Wasser lösen, sondern in unpolaren Lösungsmitteln wie Benzin oder Trichlormethan (Chloroform). Die lange, unpolare Kohlenstoffkette bestimmt jetzt die fettfreundlichen (lipophilen) Eigenschaften dieser Verbindungen. Beide Säuren sind Bestandteile der Fette, daher auch der Name **Fettsäuren**.

Wenn man die Siedetemperaturen der Carbonsäuren mit denen ähnlicher Alkohole vergleicht, stellt man deutlich höhere Werte für die Säuren fest (Abb. 3).

Sie lassen die höheren Siedetemperaturen gut mit dem Phänomen der **Assoziation** erklären. Darunter versteht man die Zusammenlagerung von mehreren –meist zwei– Molekülen zum so genannten Assoziat. Auch die zunehmend gute Löslichkeit von langkettigen Carbonsäuren in unpolaren Lösungsmitteln kann man dadurch gut verstehen. Die wasserfreundlichen (hydrophilen) Carboxy-Gruppen sind gut versteckt, während der fettfreundliche (lipophile) Kohlenwasserstoffschwanz sich ohnehin gut in unpolaren Lösungsmitteln lösen kann. Werden kurze Carbonsäuren in Wasser oder Alkohol gelöst, können sich die verbundenen Carboxy-Gruppen trennen und treten mit den Hydroxy-Gruppen des Wassers oder Alkohols in Kontakt.

Eine typische chemische Reaktion, die Carbonsäuren eingehen, ist die Verbindung mit einem Alkohol zu einem **Carbonsäureester**.

$$R–COOH + HO–R \rightarrow R–COOR + H_2O$$

In einer Lösung von Essigsäure mit einer Konzentration von 1 mol/l wird von etwa 100 Essigsäuremolekülen nur ein einziges in Säure-Anion und Proton gespalten. Die Anionen haben bei den Carbonsäuren übrigens teilweise Trivialnamen: Bei der Essigsäure z. B. heißen sie Acetationen, bei der Ameisensäure Formiationen.

Anzahl der C-Atome	Formelschreibweise	Name	Trivialname
1	HCOOH	Methansäure	Ameisensäure
2	CH₃COOH	Ethansäure	Essigsäure
3	C₂H₅COOH	Propansäure	Propionsäure
4	C₃H₇COOH	Butansäure	Buttersäure
5	C₄H₉COOH	Pentansäure	Valeriansäure
16	C₁₅H₃₁COOH	Hexadecansäure	Palmitinsäure
18	C₁₇H₃₅COOH	Octadecansäure	Stearinsäure

Abb. 2: Die homologe Reihe der einfachen unverzweigten Monocarbonsäuren

Siedepunkt	Siedepunkt
Methanol: 64,7 °C	Ameisensäure: 101 °C
Ethanol: 78,4 °C	Essigsäure: 117,9 °C
1-Propanol: 97,2 °C	Propionsäure: 141 °C

Abb. 3: Vergleich der Siedetemperaturen von drei einfachen Carbonsäuren mit Alkoholen der gleichen Kohlenstoffkettenlänge

Chemie

Abb. 4: Salat mit Essig-Öl-Sauce, da schmeckt man die Säure   **Abb. 5: Essigsorten aus dem Handel**

Den Verlauf der chemischen Reaktion kann man recht gut nachvollziehen, weil sich die meistens sehr unangenehmen Gerüche der Carbonsäuren in die angenehmen Aromen der Carbonsäureester umwandeln.

Nach so viel theoretischen Grundlagen kann eine kleine Zwischenmahlzeit nicht schaden. Aber lieber keine Schokolade, gesünder ist da schon ein leckerer Salat mit Essig-Öl-Sauce (Abb. 4). Ob man Weinessig, Branntweinessig, Obstessig oder eine andere Variante kauft, der Essigsäuregehalt liegt in jedem Falle bei etwa 5 bis maximal 15,5 % (Abb. 5). Essigessenz enthält mehr Essigsäure, etwa 15,5–25 %. Letztere kann wegen der Kalk lösenden Wirkung von Essigsäure auch zum Entkalken oder Putzen verwendet werden, oder man nimmt handelsüblichen Essigreiniger.

$$2\ H_3C\text{–COOH} \quad + \quad CaCO_3 \rightarrow$$
$$2\ H_3C\text{–COO}^-(aq) + Ca^{2+}\,(aq) + CO_2 + H_2O$$

Der Industrie dient Essigsäure hauptsächlich zur Herstellung verschiedener Essigsäureester. Verschiedene Salze der Essigsäure (Acetate), wie z.B. Natrium-, Blei- oder Aluminiumacetat, werden in der Textil- und Lederindustrie verwendet.

Auch einige andere Carbonsäuren sind genießbar. In Mangold, Spinat und Rhabarber beispielsweise finden sich recht große Mengen Oxalsäure (400 bis 650 mg/100 g Pflanze). Sie ist die einfachste **Dicarbonsäure** HOOC–COOH, denn sie besteht ausschließlich aus zwei Carboxy-Gruppen. Die Oxalsäure ist eine stärkere Säure als Essigsäure: Sie enthält zwei Carboxy-Gruppen, ist also eine zweiwertige („zweiprotonige") Säure. Aller-

dings gibt sie das erste Proton leichter an Wasser ab als das zweite. In allzu großen Mengen genossen ist die Oxalsäure giftig, denn in Anwesenheit von Ca^{2+}-Ionen fällt das Calciumsalz dieser Säure, Calciumoxalat, aus.

Citronensäure ist die wohl bekannteste, in Früchten vorkommende Carbonsäure. Zitronensaft besteht zu etwa 6–8 % aus Citronensäure, die leicht daraus isoliert werden kann (Abb. 6). Das ist auch der Grund für ihren Namen. Aber nicht nur Zitronen, sondern alle Zitrusfrüchte und Beeren enthalten diese **Tricarbonsäure**.

Aufgrund der drei Carboxy-Gruppen ist sie eine dreiwertige Säure. Citronensäure ist nicht nur eine weit verbreitete Fruchtsäure, sondern wird in einer Vielzahl von Lebensmitteln als Säuerungsmittel (E 330, Citrate: E 331) zugesetzt. Sie schmeckt angenehm sauer und findet sich z. B. in Limonaden, Bonbons, Speiseeis, Torten, Marmeladen, Gelees, Fruchtcremes, Konserven, Backpulver, Haar- und Hautkosmetik, Entkalkern, Entfärbern für Ölflecken usw. Außerdem wird Citronensäure als Hilfsstoff für Blutkonserven verwendet, denn sie verhindert die Blutgerinnung. Die jährliche industrielle Erzeugung von Citronensäure beträgt etwa 400.000 t (Stand von 1995).

Auch bei Stoffwechselvorgängen im menschlichen Körper spielt Citronensäure eine wichtige Rolle. Ein Teil der Stoffwechselvorgänge, bei denen Zucker (Kohlenhydrate), Fett und Eiweiß letzten Endes zu Kohlenstoffdioxid umgesetzt werden und Energie erzeugt wird, heißt **Citronensäure-Zyklus**. Als energiereiches Zwischenprodukt werden bei diesen Stoffwechselreaktionen von einem Erwachsenen schätzungsweise 2 kg Citronensäure täglich auf- und dann wieder abgebaut.

Eine andere „alltägliche" Carbonsäure ist die **Weinsäure**. Wie der Name schon vermuten lässt, kommt sie z. B. im Wein vor. Für einen guten Wein ist die Ausgewogenheit zwischen Süße und Säure sehr wichtig. Die Weinsäure ist eine stärkere Säure als Essigsäure. Sie enthält zwei Carboxy- und zwei Hydroxy-Gruppen und zwei **asymmetrische Kohlenstoffatome** (mit einem * markiert).

Man nennt ein Kohlenstoffatom asymmetrisch, wenn es vier **voneinander verschiedene Bindungspartner** (Substituenten) hat. In dem Fall der Weinsäure besitzen beide asymmetrischen Kohlenstoffatome jeweils die gleichen Bindungspartner. Sie sind mit einem Wasserstoffatom, einer Hydroxy-, einer Carboxy-Gruppe und dem Rest –CH(OH)–COOH verbunden. Wenn eine organische Verbindung ein asymmetrisches Kohlenstoffatom besitzt, sagt man, sie ist **optisch aktiv (chiral)**. Sie dreht polarisiertes Licht. Was bedeutet das? Wenn man Licht

Abb. 6: Zitronensaft enthält etwa 7 % Citronensäure

Diese Dicarbonsäure bildet den hauptsächlichen Säureanteil in Wassermelonen, Pflaumen, Äpfeln, Pfirsichen und Kirschen und kommt außerdem noch in Quitten, Stachelbeeren und Trauben vor. Die industrielle Bedeutung von Äpfelsäure ist nicht so hoch wie die von Citronensäure. Sie kann aber in gleicher Weise als Säuerungsmittel für Backwaren und Getränke eingesetzt werden. Eine weitere Anwendung ist das Einsprühen von Plastikverpackungen zum Schutz vor Schimmelbildung.

Eine andere sehr bekannte, „einfachere" Carbonsäure ist die **Milchsäure** (2-Hydroxypropansäure).

Sie ist bekannt als ein charakteristischer Bestandteil der Sauermilchprodukte wie Dickmilch und saure Sahne oder anderer Milchprodukte wie Joghurt (Abb. 7). Durch eine Form der Milchsäuregärung bauen bestimmte Milchsäurebakterien den in der Milch enthaltenen Zucker über einen Energie erzeugenden Stoffwechselweg zu Milchsäure ab. Im Folgenden ist nur die Bruttoreaktionsgleichung dargestellt.

$$C_6H_{12}O_6 \rightarrow 2\ H_3C–CH(OH)–COOH$$

durch einen besonderen Filter, den so genannten Polarisationsfilter, strahlen lässt, wird ein Teil des Lichtes nicht hindurchgelassen. Hindurch kommt nur **polarisiertes Licht**, das eine „Richtung" besitzt. Diese Eigenschaft kann man dem Licht zwar nicht einfach so ansehen, aber man kann sie sichtbar machen. Wenn man dieses polarisierte Licht durch einen zweiten Polarisationsfilter scheinen lässt, kommt nur Licht durch diesen Filter, wenn man ihn im gleichen Winkel wie den ersten aufstellt. Wenn man ihn verdreht, lässt der zweite Filter das polarisierte Licht nicht hindurch. Befindet sich aber ein optisch aktiver Stoff zwischen den beiden Polarisationsfiltern, wird man feststellen, dass man kein Licht hinter dem zweiten Filter sieht, wenn man den gleichen Winkel wie am ersten Filter einstellt. Man muss einen anderen Winkel suchen, bei dem der zweite Filter das polarisierte Licht hindurchlässt. Um diesen Winkel hat der optisch aktive Stoff das polarisierte Licht gedreht. Unter den Naturstoffen wie diesen essbaren Carbonsäuren, Aminosäuren oder Zuckern gibt es viele optisch aktive Substanzen. Besonderes Merkmal dieser Stoffe ist, dass sie eine **Spiegelbildisomerie** besitzen. Das bedeutet, wenn man ein Modell des Moleküls in einem Spiegel betrachtet, also spiegelverkehrt, sieht man nicht dasselbe Molekülmodell, sondern das Modell seines Spiegelbildisomeren. Die Isomere besitzen eine andere räumliche Struktur. Jeder hat sicher schon einmal die Beschriftung „rechtsdrehende Milchsäure" auf der Joghurtverpackung gelesen. Das Spiegelbildisomere dieses Stoffes dreht das polarisierte Licht anders.

Aber kommen wir zurück zur Weinsäure. Die Weinsäure hat einen erfrischend sauren Geschmack und findet sich ebenfalls in einer Vielzahl von Lebensmitteln als Zusatzstoff und Säuerungsmittel. So wird sie Speiseeis, Kunsthonig, Obstprodukten, Backpulver, Limonaden, Gelees, Konditorwaren und manchen Weinsorten zugesetzt. Aber nicht nur im Lebensmittelbereich ist Weinsäure ein gängiger Zusatzstoff, sondern auch in anderen Industriebereichen. Für das Färben von Stoffen wird sie als Säure und Reduktionsmittel benutzt. Beispielsweise werden durch Weinsäure Chromionen mit der Oxidationszahl +VI zu solchen mit +III reduziert. Außerdem kann sie verwendet werden zum Griffigmachen von Seide und Kunstseide, in der Galvanotechnik, beim Glasversilbern usw.

Eine weitere Fruchtsäure ist die **Äpfelsäure**, die sich von der Weinsäure durch das Fehlen einer der Hydroxy-Gruppen unterscheidet. Auch diese Carbonsäure ist optisch aktiv (chiral), und das asymmetrische Kohlenstoffatom ist mit einem Stern markiert.

Abb. 7: Neben der Milchsäure tragen auch andere Stoffwechselprodukte der Bakterien zum Geschmack bei

Chemie

Abb. 8: Nach dem Essen bildet sich Milchsäure, die den Zahnschmelz auflöst

Durch die gebildete Milchsäure sinkt der pH-Wert des Milchproduktes unter 5 ab. In diesem sauren Bereich gerinnt die Masse, oder anders ausgedrückt: Das vorher gelöste Milcheiweiß (Casein) fällt aus. Geschmacksgebend für den Joghurt ist aber nicht nur die sauer schmeckende Milchsäure, sondern auch andere Stoffwechselprodukte der Bakterien wie Essigsäure und verschiedene Aldehyde und Ketone. Ethanal beispielsweise trägt deutlich zu dem Gesamtgeschmack des Joghurts bei.

Auch die Herstellung von Sauerkraut bedient sich der Milchsäuregärung. Weißkohlstreifen werden hierbei mit Salzwasser, Zucker und Gewürzen versetzt und einige Wochen stehen gelassen. Bei der einsetzenden Gärung entsteht Milchsäure, die den charakteristischen sauren Geschmack bewirkt. Neben Weißkohl kann man mit dieser Technik auch andere Gemüsesorten konservieren und aufwerten.

Auch die technische Herstellung der Milchsäure verläuft über die Milchsäuregärung. Allerdings verwendet man dafür spezielle Bakterienstämme, die den Zucker zu möglichst reiner Milchsäure vergären. Mit diesem Verfahren werden weltweit etwa 15000 t Milchsäure hergestellt, die als so genannte „Genusssäure" als Nahrungsmittelzusatzstoff in der Brauerei und Bäckerei, bei der Herstellung von Sirup und Limonade und zum Konservieren eingesetzt wird. Auch als Hilfsstoff beim Gerben von Leder und beim Färben von Textilien wird die Milchsäure verwendet.

Leider spielt sie auch eine problematische Rolle bei unseren Zähnen. Nach dem Essen von zuckerhaltigen Lebensmitteln bildet sich auf den Zähnen eine dünne Schicht, die Plaque, in der Bakterien siedeln, die für die Entstehung von Karies verantwortlich sind (Abb. 8). Sie vergären den Zucker zu Milchsäure. Als Folge sinkt der pH-Wert auf dem Zahnschmelz, der harten Substanz, die die Zahnoberfläche umhüllt. Der Zahnschmelz besteht aber im wesentlichen neben Stützproteinen (Collagenen) aus Hydroxylapatit ($Ca_{10}(PO_4)_6(OH)_2$), der sich unterhalb eines pH-Wertes von etwa 4,5 auflöst.

$$Ca_{10}(PO_4)_6(OH)_2 + 2\ H^+ \rightarrow$$
$$Ca_{10}(PO_4)_6^{2+} + 2\ H_2O$$

Wo der Hydroxylapatit dann fehlt, wird der Zahnschmelz instabil und porös. Die Gefahr für die Entstehung von Karies ist gegeben. Wie wirkt in diesem Zusammenhang die Zahnpasta? Sie enthält F^--Ionen (Fluoride), die in der Lage sind, OH^--Ionen des Hydroxylapatits zu ersetzen. Diese F^--Ionen können bei niedrigem pH-Wert nicht so leicht herausgelöst werden, weil sie viel schwächere Basen sind als die Hydroxid-Ionen, und machen den Zahnschmelz noch härter.

Es gibt noch weitere Carbonsäuren, die in der Lebensmittelindustrie als Konservierungsstoffe eine wichtige Rolle spielen. Als Beispiel ist die **Benzoesäure** zu nennen. Sie ist die einfachste **aromatische Carbonsäure** und besteht aus einem **Benzolring** und der

Carboxy-Gruppe. Sie ist eine etwas stärkere Säure als Essigsäure und wirkt konservierend auf Lebensmittel, hat aber auch eine Bedeutung für die Herstellung von Kunstharzen und Chemikalien.

Die einfachste aller Carbonsäuren aber ist die **Ameisensäure** (Methansäure). Allerdings ist sie ihrer Struktur wegen und auch in ihren Eigenschaften eine Mischung zwischen Aldehyd und Carbonsäure.

Sie ist die stärkste Carbonsäure und kann wegen der Aldehydgruppe als Reduktionsmittel wirken. Sie kommt im Gift der Ameisen (daher der Name) und Laufkäfer sowie in Brennnesseln und Tannennadeln vor (Abb. 9).

Verwendung findet die Ameisensäure z.B. in der Textil- und Lederindustrie zum Imprägnieren und zum Desinfizieren von Bier- und Weinfässern. Außerdem ist sie ein erlaubter Konservierungsstoff.

Die Reihe der Carbonsäuren, die wir kennen und nutzen, ließe sich noch relativ lange fortsetzen, wenn man an weitere Vertreter wie die Ascorbinsäure (Vitamin C), Sorbinsäure (Konservierungsstoff), Gluconsäure (Lebensmittelzusatz z.B. in Wurst) usw. denkt. Man sieht, die Carbonsäuren verfolgen uns auf Schritt und Tritt. Im Stoffwechsel unseres Körpers entstehen und vergehen verschiedene Carbonsäuren täglich im Maßstab von mehreren Kilogramm.

Abb. 9: Ameisen laufen über Indikatorpapier und verursachen einen Farbumschlag

 Zum Weiterlesen:

- Wenn Rotkohl sauer wird ..., S. 552
- Gesundheit, Gerüche und Glanz durch Ester und Wachse, S. 586
- Fett mag Fett und macht fett, S. 588

Gesundheit, Gerüche und Glanz durch Ester und Wachse

Ester und Wachse sind Abkömmlinge der Carbonsäuren. Wachse haben meist Eigennamen, die keiner chemischen Systematik unterliegen. Es gibt zwei verschiedene Möglichkeiten, Ester zu benennen: Entweder man nennt zuerst den Alkoholrest und hängt die Endung -at an den Wortstamm des Säurerestes an oder man nennt zunächst die Säure, dann den Wortstamm des Alkohols (Alkoholrest), schließlich die Endung -ester: Ethylacetat oder Essigsäureethylester ist in Allesklebern enthalten (Abb. 1). Ester sind entweder flüssig oder fest, je nachdem, ob nieder- oder hochmolekulare Carbonsäurereste vorliegen. Man stellt Ester her, indem man Carbonsäuren mit Alkoholen reagieren lässt; die Reaktion läuft säurekatalysiert ab. Ester werden in den unterschiedlichsten Bereichen eingesetzt: Viele Pharmawirkstoffe sind Ester, Ester sorgen in der Parfümindustrie für Wohlgeruch, und Ester sind natürliche und künstliche Aromastoffe. Wie vielfältig die Nutzung eines einzelnen Esters sein kann, soll das folgende Beispiel verdeutlichen:

$$Ph-\underset{\underset{O}{\|}}{C}-OH \ + \ H_3C-OH \ \rightarrow$$

$$Ph-\underset{\underset{O}{\|}}{C}-O-CH_3 \ + \ H_2O$$

Abb. 2: Salicylsäuremethylester

Salicylsäuremethylester (Abb. 2) wird auch „künstliches Wintergrünöl" genannt: Es ist eine ölige, süßliche Flüssigkeit, die man durch Extraktion mit Ethanol aus den Blättern das amerikanischen Immergrüns (Gaultheria procumbens) gewinnen kann. In der Parfüm- und Getränkeindustrie wird Salicylsäuremethylester als Duft- bzw. Geschmacksstoff verwandt; dieser Ester ist aber auch Bestandteil von Wärmemessröhrchen

in Heizkörpern. Den schönsten Verwendungszweck von Salicylsäuremethylester hat sich jedoch die Natur vorbehalten: als Blütenduft der Passionsblume. Bekannter ist ihre Frucht, die Maracuja. Verwendet wird Salicylsäuremethylester schon lange – bewusst oder unbewusst – als Mittel gegen Rheuma. Im sauren Milieu des menschlichen Magens tritt eine Esterhydrolyse ein, also eine Spaltung des Esters. Dabei entsteht Salicylsäure, welche jedoch den Nachteil hat, dass sie die Schleimhäute reizt. Genauso als Antirheumatikum wirksam, jedoch besser verträglich, ist die Acetylsalicylsäure (ASS), der Wirkstoff des weltbekannten „Wundermittels" Aspirin, das nicht nur Kopfschmerzen lindert. Viele Ester, die als Medikamentenwirkstoffe wirken, werden im Magen-Darm-Trakt gespalten; erst die Spaltprodukte können ins Blut übertreten und dann ihre Wirkung entfalten.

Duft und Aroma durch Ester

Am charakteristischsten sind Ester als **Duft- und Aromastoffe** sowohl natürlicher Herkunft als auch künstlich erzeugt: In vielen Nahrungsmitteln und fast allen Früchten tragen Ester zum fruchtigen Aroma bei. Sie sind die wahren Fruchtzwerge (Abb. 3). Einige Ester erinnern deutlich an bestimmte Früchte; andere sind nur als „fruchtig" definierbar. Abbildung 4 gibt einige Beispiele, wie Ester als Kombination von unterschiedlichen Alkoholen mit verschiedenen Säuren duften.

Verwendung von Estern

Verwendung finden Ester als Kunststoffe, wenn viele von ihnen zu langkettigen Verbindungen, den Polyestern, zusammengefügt werden. Den Aufbau eines Estermoleküls kann man mit der folgenden Konstitutionsformel beschreiben:

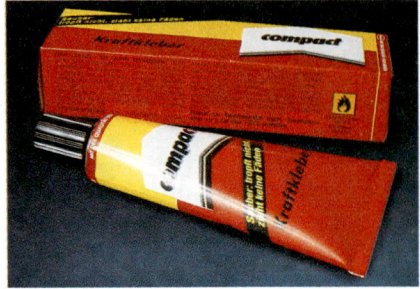

Abb. 1: Alleskleber enthalten Essigsäureethylester

$$R_1-\underset{\underset{O}{\|}}{C}-O-R_2$$

R steht dabei für einen nicht genau definierten Rest. PHB-Ester (Ester der Hydroxybenzoesäure) werden als Konservierungsmittel genutzt. Typische Weichmacher sind Dicarbonsäureester, Fettsäureester und Citronensäureester. Auch in Haushaltsreinigern und Whisky finden sich Ester. Ester sind an Vielseitigkeit kaum zu übertreffen.

Verseifung

Die der Esterbildung entgegengesetzte hydrolytische Spaltung von Estern mit Wasser, Säuren, Laugen oder Enzymen wird Verseifung genannt.

Es entstehen Alkohole und Säuren. Bei der Verseifung von pflanzlichen Fetten und Ölen mit Natronlauge (NaOH) erhält man Glycerin und die als Seifen bekannten Natriumsalze der Fettsäuren, daher die Bezeichnung „Verseifung".

Wachse

Tierische und pflanzliche Wachse sind den Fetten und Ölen in physikalischer Hinsicht sehr ähnlich. Wachse bestehen aus langkettigen Paraffinen und deren Abkömmlingen. Wachse stellen keine chemisch eindeutig definierte Stoffklasse dar,

Abb. 3: Duft und Aroma von Obst und Früchten beruht auf Carbonsäureestern

Alkohol	Säure	Geruch und Verwendung des Esters
Methanol	Propansäure	fruchtiger Geruch
Methanol	Buttersäure	Apfelgeruch; Aromastoff
Methanol	Benzoesäure	herb-fruchtiger, nelkenartiger Geruch; Parfümrohstoff
Ethanol	Essigsäure	angenehmer Geruch; Aromastoff (Limonaden, Bonbons, Liköre)
Ethanol	Propansäure	rumartiger Geruch; Aromastoff
Ethanol	Buttersäure	Ananasgeruch; Aromastoff
Ethanol	Benzoesäure	Birnengeruch; wichtiger Aromastoff
Propanol	Buttersäure	Erdbeergeruch; Aromastoff
Propanol	Benzoesäure	blumiger Jasmingeruch; Aromastoff

Abb. 4: Aus Alkoholen und Carbonsäuren entstehen duftende Ester

Chemie

Abb. 5: Carnaubawachs oder Bienenwachs dient Gummibärchen als Trennmittel

Abb. 7: Bienenwachs ist ein Ausscheidungsprodukt der Honigbiene

sondern sind ein Sammelbegriff für Stoffe mit ähnlichen Eigenschaften: Sie sind dem Bienenwachs ähnliche Stoffe und bei Raumtemperatur fest und brüchig, undurchsichtig. Wachse schmelzen bei etwa 40 °C, zwischen 50 und 100 °C gehen sie in einen schmelzflüssigen Zustand über. Wachse verbrennen aufgrund ihres hohen Kohlenstoffgehaltes mit rußender Flamme, was man leicht feststellen kann, indem man einen Porzellanteller dicht über eine Kerzenflamme hält. Ein bekanntes **pflanzliches Wachs** ist das Wachs der brasilianischen Fächerpalme (Copernica prunifera), das Carnaubawachs: Mehrere tausend Tonnen dieses Wachses werden pro Jahr aus dieser Palmenart gewonnen. Aus 100 g Blättern lassen sich etwa 5 g Wachs gewinnen; dieses besteht zu etwa 85 % aus

Estern, der Rest aus freien Wachssäuren und anderen Substanzen. Verwendung findet das Carnaubawachs in Polituren für Schuhe und Möbel, Trennmittel für Backwaren und Süßwaren wie Fruchtgummi und Gummibärchen (Abb. 5). Carnaubawachs gehört wie Palmwachs zu den Palmblätterwachsen. Diese unterscheidet man von den Gräserwachsen, zu denen das Fiberwachs und das Zuckerrohrwachs gehören. Eine dritte Gruppe von pflanzlichen Wachsen stellen die Frucht- und Beerenwachse wie zum Beispiel das Japanwachs dar.

Von den pflanzlichen Wachsen unterscheidet man **tierische Wachse**, wie zum Beispiel Schellackwachs oder auch Wollwachs. Ein Wachs aus dem Verdauungstrakt des Pottwals ist Ambra, das früher häufig bei der Herstellung von Duftstoffen verwendet wurde. Weniger als 0,5 % der Inhaltsstoffe des Ambras riechen nach moosbedecktem Waldboden, Tabak und Sandelholz. Zum Schutz der Wale und aufgrund der geringen Ausbeute der angenehm duftenden Substanzen gehen Duftkompositionen heute meist von anderen, synthetischen Stoffen aus (Abb. 6). Das bekannteste tierische Wachs ist jedoch das **Bienenwachs**, ein knetbares Ausscheidungsprodukt aus den Drüsen der Honigbiene (Abb. 7). Bienenwachs besteht zu etwa 70 % aus komplexen Wachsestern und dient

zur Herstellung von hochwertigen Kerzen, Salben und Kosmetikcremes, außerdem ist Bienenwachs ein Grundstoff für Kaugummis und wird als Glanzmittel verwandt. Eine dritte Gruppe von natürlichen Wachsen sind die **mineralischen Wachse** wie Torfwachs, Erdwachs und Vaseline, die manchmal auch zu den Ölen gezählt wird. Vaseline dient als Salbengrundlage, Lederfett und Schmiermittel, außerdem wird sie als Weichmacher in der Gummiindustrie verwandt. Allgemein finden natürliche Wachse oft als **Pflegemittel** in den unterschiedlichsten Bereichen Verwendung: im Haushalt als Schuhputzmittel, Polituren, Fußbodenwachse, Möbelpflegemittel, Autowachse. In Kosmetika als Epilierwachse, in Lippenstiften und Hautpflegemitteln. Auch in der Landwirtschaft werden Wachse verwendet: Melkfette enthalten Wachse; Früchte werden durch sie glanzvoller: Gewachste Früchte werden immer häufiger verkauft. Industriell werden auch Kerzen und Imprägniermittel – z. B. auch für Streichhölzer –, Knetmassen und sonstige Wachsprodukte hergestellt.

Wachse finden sich auch seit Ende der 80er Jahre als **Treibstoffadditive** in modernen Dieselkraftstoffen. Das gleichmäßig im Dieselkraftstoff verteilte Wachs bildet sehr kleine Paraffinkristalle, die nicht so schnell absinken wie große. So wird bei einem Start vermieden, dass klebrige Treibstoffkomponenten angesaugt werden.

Abb. 6: Eine feine Nase ist das wichtigste Organ für einen Duftkomponisten

 Zum Weiterlesen:

- Ameisensäure & Co: Carbonsäuren auf Schritt und Tritt, S. 582
- Fett mag Fett und macht fett, S. 588
- Nicht nur Schaumschläger – Seifen und Waschmittel, S. 590

Fett mag Fett und macht fett

Fette bestehen – wie auch Kohlenhydrate – ausschließlich aus Kohlenstoff, Sauerstoff und Wasserstoff. Man teilt Fette auf unterschiedliche Arten ein: beispielsweise in tierische und pflanzliche Fette oder in feste, halbfeste und flüssige Fette – auch Öle genannt. Man kann sie aber auch nach der Funktion unterteilen in Organ- und Depotfette, denn Fette können als Energiereserven dienen: Energiereiches Fett, das vom Körper nicht verbrannt wird, wird im Körper deponiert. Auch keimende Samen stellen ein solches Depot dar – sie sind äußerst fettreich (Abb. 1). Der Brennwert von Fetten ist mehr als doppelt so hoch wie der Brennwert von Proteinen und Kohlenhydraten. Chemisch sind Fette Mischungen aus unterschiedlichen Verbindungen von Glycerin und Fettsäuren. Glycerin ist ein dreiwertiger Alkohol, der das Grundgerüst von Fetten bildet. So kann Glycerin mit einem Typ von Fettsäuren oder mit unterschiedlichen Fettsäuren verestert sein. Abbildung 2 verdeutlicht den Estercharakter der Fette, es

Abb. 1: Keimende Samen enthalten viel Fett

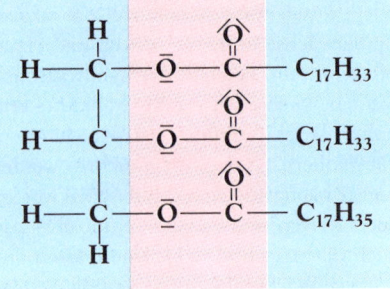

Abb. 2: Fette gehören zu den Estern

ist ein Ester mit zwei Ölsäureresten und einem Stearinsäurerest dargestellt. Die Reaktionsgleichung in Abbildung 3 beschreibt eine Veresterungsreaktion. Nicht festgelegte Reste werden allgemein mit R bezeichnet.

Die Molekülabschnitte, in denen das Element Sauerstoff vorkommt, sind in Abb. 3 rot gekennzeichnet; die Bereiche, in denen Wasserstoff vorkommt, sind blau unterlegt. Im violetten Bereich geschieht nun die eigentliche Reaktion. Die hydrophilen, polaren funktionellen Gruppen –OH und –COOH der Ausgangsstoffe sind in den Fetten „verschwunden": Bei der Herstellung der Fette – der Veresterung – hat sich eine –OH-Gruppe des Alkohols Glycerin mit der –COOH-Gruppe der Carbonsäure unter Wasserabspaltung verbunden: Wasser ist also durch

Zerstörung zweier funktioneller Gruppen gebildet worden.

Fette sind hydrophob (wasserabstoßend) oder – andersherum ausgedrückt – selbstverliebt, also lipophil (fettliebend). Denn bis auf den kleinen Teil, der vom Glycerin stammt, bestehen Fette aus langen, apolaren „Schwänzen". Dies sind C-C-Ketten, die wir von den Alkanen kennen, zum Beispiel der Stearinsäurerest –$C_{17}H_{35}$. So lösen sich Fette in sich selbst ähnlichen, apolaren, lipophilen Lösungsmitteln wie Ether und Benzin. Fette haben eine Dichte von etwa 0,9–0,97 g/cm³. Ein Liter Fett wiegt also 900 bis 970 Gramm. Damit ist die Fettdichte geringer als die des Wassers – 1 Liter reines Wasser wiegt genau 1 Kilogramm. Fett und Wasser stoßen sich ab; Fett sammelt sich an der Oberfläche – Fett schwimmt ja bekanntlich oben. Wenn man die obige Reaktion der Veresterung umkehrt, beschreibt man die Verseifung (Abb. 4): Aus Estern werden wieder Alkohole und Fettsäuren.

Enthält die Säuregruppe –COOH anstelle des Wasserstoffatoms ein Natrium- oder

Kaliumatom (–COONa bzw. –COOK), dann liegt ein Salz der entsprechenden Fettsäure vor, auch **Seife** genannt. Nach der oben dargestellten Reaktion können aus Estern Seifen hergestellt werden, daher die Bezeichnung Verseifung.

Die mit dem Knick: Einfach ungesättigte Fettsäuren

Langkettige, unverzweigte Fettsäuren machen die fettige und ölige Natur der Fette und Öle aus. Die Kettenlänge wird nach der Gesamtzahl der C-Atome bestimmt und kann zwischen 4 und 24 variieren; besonders verbreitet sind C_{16}- und C_{18}-Fettsäuren. In der Natur kommen fast ausschließlich Fettsäuren mit gerader Anzahl von C-Atomen vor (Abb. 5). Man unterteilt Fettsäuren in gesättigte und ungesättigte Fettsäuren. Ungesättigte Fettsäuren enthalten eine oder mehrere Doppelbindungen. Die Formeln der Stearinsäure ($C_{17}H_{35}COOH$) und der Ölsäure ($C_{17}H_{33}COOH$) unterscheiden sich nur geringfügig voneinander. Ölsäure hat eine C=C-Doppelbindung im Molekül. An diese beide C-Atome ist nur je ein H-Atom gebunden. In der Struktur hat dies sehr große Auswirkungen: Stearinsäure ist nahezu geradkettig, Ölsäure hat mitten im Molekül einen ziemlichen „Knick" (Abb. 6). Die Säure mit dem „Knick" ist zu unterschiedlichen Anteilen in fast allen natürlichen Fetten enthalten. Neben Ölsäure bilden insbesondere Palmitinsäure und Stearinsäure wichtige tierische Fette.

Doppel- und Dreifachknicke für gesunde Ernährung

Pflanzliche Öle enthalten mehrfach ungesättigte Fettsäuren – also Fettsäuren mit mehr als einem „Knick". Solche Fettsäuren mit mehreren C = C- Doppelbindungen sind leicht verdaulich und für die gesunde Ernährung sehr wichtig. Ausgehend von der einfach ungesättigten Ölsäure

Abb. 3: Bei der Veresterungs werden Alkohol und Fettsäure zu Ester und Wasser

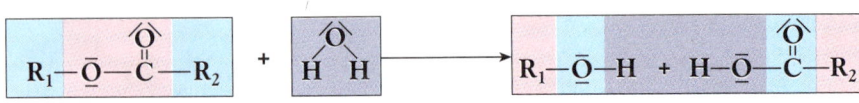

Abb. 4: Die Verseifung ist die Umkehrreaktion der Veresterung

C-Atome	Trivialname	systematischer Name	Smp. [°C]	Vorkommen
4	Buttersäure	Butansäure	–7	Milchfett, Gärungsprodukte
6	Capronsäure	Hexansäure	4	Butter, Kokosöl
8	Caprylsäure	Octansäure	16	Butter, Kokosöl
10	Caprinsäure	Decansäure	31	Butter, Kokosöl
12	Laurinsäure	Dodecansäure	44	Kokosöl, tierische Fette
14	Myristinsäure	Tetradecansäure	54	tierische Fette, Samenfette
16	Palmitinsäure	Hexadecansäure	63	in fast allen natürlichen Fetten
18	Stearinsäure	Octadecansäure	70	Palmöl, tierische Fette
20	Arachinsäure	Eicosansäure	76	Ernußöl, Rüböl, Kakaoöl

Abb. 5: Die wichtigsten gesättigten Fettsäuren

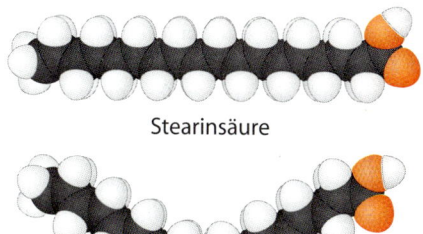

Stearinsäure

Ölsäure

Abb. 6: Eine Doppelbindung mitten im Molekül bedingt die „Knickstruktur" der Ölsäure

Lebens-mittel	Energiegehalt in kJ/100g	Fette	Kohlen-hydrate	Eiweiß-stoffe	Wasser
Butter	3170	83		1 1	15
Trinkmilch	270	4 5	3		88
Eier	680	12 1		13	74
Hartkäse	1670	30		27 3	40
Roggenbrot	950	2	53 6		39
Reis	1500	2		77 8	13
Kartoffeln	320		18 2		80
Pizza	970	11	26 9		54
Schokolade	2300	30		56 8	6
Banane	400		23 1		76
Schweinefleisch	1200	25	16		59
Hering	970	19	17		64

Abb.7: Fett- und Energiegehalt einiger Lebensmittel

($C_{17}H_{33}COOH$, Octadecensäure) erhält man die doppelt ungesättigte Linolsäure ($C_{17}H_{31}COOH$, Octadecadiensäure) und die dreifach gesättigte Linolensäure $C_{17}H_{29}COOH$, Octadecatriensäure). Alle diese Säuren sind Abkömmlinge der ungesättigten Stearinsäure ($C_{17}H_{35}COOH$, Octadecansäure). Je mehr Doppelbindungen in einem Fettmolekül vorliegen, umso niedriger liegt der Schmelzpunkt. Liegt der Schmelzpunkt unter der Raumtemperatur (ca. 20 °C), dann liegen diese Fette flüssig vor. Man bezeichnet sie dann als Öle. Natürlich gewonnene Fette und Öle wie Olivenöl haben keinen festen Schmelzpunkt, da sie Gemische aus verschiedenen Fetten mit unterschiedlichen Schmelzpunkten sind. Manchmal ist auf Ölflaschen Folgendes vermerkt: „Nicht unter 6 °C lagern. Bei Temperaturen unter 6 °C bilden sich feste Bestandteile, die aber keine Auswirkungen auf die Qualität haben." Dies bedeutet, dass bei 6 °C einige der enthaltenen Fette fest werden.

Besonders reich an mehrfach ungesättigten Säuren ist Distelöl, das zu 75–80 % Säuren mit dem Mehrfachknick enthält – deswegen ist Distelöl auch sehr wertvoll für die menschliche Ernährung. Durch die mehrfach ungesättigten Fettsäuren wird zum Beispiel Cholesterin gebunden – der Cholesterin-spiegel im Blut wird so gesenkt, was zur Vermeidung von Arteriosklerose beiträgt.

Das Unverseifbare und die Iodzahl – wie fett ist Fett?

Fette mit hohem Anteil an ungesättigten Fettsäuren werden als Öle bezeichnet. Bei Zimmertemperatur sind Öle flüssig – sie haben einen niedrigen Schmelzbereich, wie z. B. Leinöl und Sonnenblumenöl. Halbfeste Fette wie Butter und feste Fette wie Talg haben einen höheren Anteil an gesättigten Fettsäuren (Palmitin- und Stearinsäure). Schon Daniel Otto sagte: „Fett macht fett." Doch wie kann man den Fettgehalt feststellen? Eine Kenngröße zur chemischen Unterscheidung von fettigen Substanzen ist die **Verseifungszahl**. Sie beschreibt den Anteil der Fettinhaltsstoffe, die verseifbar sind. Was sich nicht verseifen lässt, wird von Lebensmittelchemikern als „das Unverseifbare" bezeichnet. In der Lebensmittelchemie dient die Verseifungszahl – neben der Iodzahl – als wichtige Kenngröße zur Qualitätsbeschreibung von Fetten. Zur Bestimmung der **Iodzahl** lässt man die Fette mit elementarem Brom reagieren. Dabei werden alle Doppelbindungen aufgespalten. Aus der C=C-Bindung wird eine C–C-Bindung, und an jedes der beiden Kohlenstoffatome lagert sich ein Br-Atom an. Früher wurde diese Addition mit Iod durchgeführt, daher die Bezeichnung „Iodzahl".

Leinöl findet seit langem Verwendung als Firnis beim Auftragen auf Gemälde (Ölbilder). Dabei wird ausgenutzt, dass Leinöl ein sog. trocknendes Öl ist: Durch Reaktion mit (Luft-)Sauerstoff wird es fest. Aufgrund dieser Eigenschaft ist es für die Ernährung jedoch ungeeignet.

Fette und Öle in der Ernährung

Fette und Öle sind die kalorienreichsten Grundnahrungsstoffe. Sie haben einen Nähr-wert von 40 kJ/g und tragen so erheblich zum hohen Kalorienkonsum bei (Abb. 7). Eine große Bedeutung haben Fette in der Ernährung als Träger der fettlöslichen Vitamine, die ohne Fett nicht aufgenommen werden könnten. Der unangenehme Geruch von ranzigem Fett kommt zum Teil daher, dass sich freie Fettsäuren bilden – ranzige Butter enthält freie Buttersäure. Bei Licht- und Luftzufuhr werden Fette ranzig oder, chemischer ausgedrückt: oxidativ gespalten – und das stinkt. In der Lebensmittelindustrie ist die **Fetthärtung** von besonderer Bedeutung: Bei der Fetthärtung werden weiche Fette unter Anlagerung von Wasserstoff mit Hilfe von Nickel als Katalysator gehärtet. An die in weichen Fetten und Ölen enthaltenen Doppelbindungen wird Wasserstoff „addiert" – pro Umwandlung von einer Doppelbindung in eine Einfachbindung kommen zwei zusätzliche Wasserstoffatome ins Fettmolekül. Der Vorgang ist ähnlich wie die oben beschriebene Bromierung. Aus ungesättigten Fettsäuren werden so gesättigte. Man härtet Fette, wenn sie zu weich oder gar flüssig sind, auch Margarine wird so erst fest. Das Problem dabei ist aber, dass ungesättigte Fettsäuren leichter verdaulich sind. Fette lassen sich durch Kochen, Extrahieren und Pressen gewinnen. Viele Speiseöle werden extrahiert, da so eine höhere Ausbeute an Öl erzielt werden kann. Am wertvollsten für die gesunde Ernährung sind jedoch schonend kaltgepresste Öle.

Zum Weiterlesen:

- Gesundheit, Gerüche und Glanz durch Ester und Wachse, S. 586
- Kohlenhydrate – vielseitige Naturstoffe, S. 592
- Aminosäuren und Proteine – komplexe Strukturen, S. 596

Nicht nur Schaumschläger: Seifen und Waschmittel

Seife ist für uns zur natürlichsten Sache der Welt geworden, so natürlich, dass viele in ihr kein chemisches Produkt mehr sehen. Aber Seife ist das erste vom Menschen künstlich hergestellte Tensid. Vor etwa 5000 Jahren schon mischten die Sumerer Holzasche mit tierischen oder pflanzlichen Fetten, kochten die Mischung und erhielten das, was wir heute als Seife bezeichnen.

Aus Fetten wird Seife

Die Rohstoffe für die Seifenherstellung sind auch heute noch die natürlichen Fette. Kocht man Fette mit Laugen, so wird das Fett in Glycerin und Fettsäure zerlegt. Aus den freien Fettsäuren entstehen durch Reaktion mit der Lauge die Salze der Fettsäuren, unsere Seife. Man nennt diesen Vorgang **Verseifung**. Die Natriumsalze der Fettsäuren nennt man feste Seifen oder Kernseifen, Schmierseifen sind Kaliumsalze der Fettsäuren (Abb. 1). Seifenmoleküle besitzen einen hydrophilen (wasserfreundlichen), polaren Kopf. Den hydrophoben, unpolaren Schwanz bildet eine lange Kohlenwasserstoffkette (Abb. 2).

Anionische Tenside

$H_3C(CH_2)_nCOO^-Na^+$ $\qquad$ n = 9 bis 19
Seifen

$H_3C(CH_2)_nOSO_3^-Na^+$ $\qquad$ n = 10 bis 17
Fettalkoholsulfat

Abb. 1: Formeln von Seife und eines synthetischen Tensids

Woraus Seifenblasen bestehen

Wenn man in eine Badewanne Wasser einlaufen lässt und etwas Schaumbad hinzugibt, entsteht ein großer Schaumberg auf dem Wasser (Abb. 3). Dort, wo der Wasserstrahl auf die Wasseroberfläche trifft, bilden sich Seifenblasen. Seifenblasen sind eine Art Luftballon mit einer doppelwandigen Haut aus Seifenlösung (Abb. 4). Sie zerplatzen nach kurzer Zeit, weil die in ihrer Haut vorhandene Flüssigkeit aufgrund der Schwerkraft nach unten fließt. Oben wird die Haut der Blase dadurch immer dünner, bis sie einreißt und die Seifenblase zerplatzt.

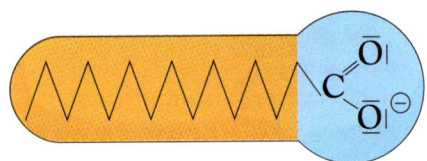

Abb. 2: Aufbau eines gelösten Seifenmoleküls

So arbeiten Seifen

Man füllt ein Glas mit Wasser und bringt eine flache Rasierklinge auf der Wasseroberfläche zum Schwimmen. Gibt man anschließend einen Tropfen Seifenlösung in das Wasser, beobachtet man, dass die Klinge nach der Zugabe der Seifenlösung untergeht. Wasser besitzt durch die Wasserstoffbrückenbindungen zwischen den Wassermolekülen untereinander eine große **Oberflächenspannung**, die die Rasierklinge auf der Oberfläche schwimmen lässt. Gibt man nun Seifenlösung hinzu, siedeln sich die Seifenmoleküle an der Wasseroberfläche an und stören den Zusammenhalt der Wassermoleküle, so dass die Oberflächenspannung herabgesetzt wird. Die Seifenmoleküle reichern sich an der Oberfläche so an, dass der hydrophile Kopf im Wasser steckt, während der hydrophobe Teil aus dem Wasser herausragt (Abb. 5). Wenn eine Seifenlösung mehr Seife enthält, als an der Oberfläche Platz ist, bilden sich in der Lösung Zusammenlagerungen von Seifenmolekülen, die so genannten **Micellen**. Die Seifenmoleküle formen hierbei eine Kugel, in deren Innerem sich die wasserfeindlichen Kohlenwasserstoffschwänze befinden und die wasserfreundlichen Köpfe die äußere Begrenzung der Kugel bilden. Der Gegensatz der beiden Bauteile des Seifenmoleküls zwischen hydrophil und hydrophob ist auch der Grund für seine Qualitäten beim Beseitigen von Fett und Schmutz. Mit der Abnahme der Oberflächenspannung steigt auch das Benetzungsvermögen des Wassers an. Tropft man z. B. Wasser auf Wolle, so dringt es nicht sofort in die Faser ein. Benutzt man stattdessen eine Seifenlösung, kann man beobachten, dass diese im Gegensatz zu Wasser rasch eindringt. Durch die Seife können also die festen Textilfasern in der Waschlauge viel besser benetzt werden. Wenn die Faser benetzt ist, strebt der wasserfeindliche Molekülschwanz des Seifenmoleküls vom Wasser weg und tritt mit dem meist unpolaren Schmutz in Wechselwirkung. Der Schmutz wird in kleinere Bruchstücke zerlegt und ganz von Seifenmolekülen eingehüllt. So kann er von der Faser wegtransportiert und mit der Waschlauge weggeschwemmt wer-

Abb. 3: Schaum: Jede Zelle ist eine Seifenblase

den (Abb. 6). In hartem Wasser, also in Wasser, das viele Calcium- und Magnesiumionen enthält, bilden sich unlösliche Calcium- und Magnesiumsalze der Fettsäuren, die so genannten Kalkseifen. Der entsprechende Seifenanteil geht dadurch für den Waschvorgang verloren, und man muss viel mehr Seife als in weichem Wasser zugeben, um die Oberflächenspannung herabzusetzen und die Micellenbildung zu fördern. Die in hartem Wasser gewaschenen Textilien werden durch die ausfallenden unlöslichen Kalkseifen hart und unansehnlich.

Die Evolution der Seifen: Tenside

Als man den Zusammenhang zwischen dem Aufbau der Seifenmoleküle und ihrer Waschwirkung erkannte, konnte man neue, voll synthetische waschaktive Stoffe, die **künstlichen Tenside**, herstellen. Diese haben einen den Seifen entsprechenden Aufbau: Sie bestehen aus einem langkettigen hydrophoben Kohlenwasserstoffrest und einem hydrophilen Kopf, der aber von einer anderen Gruppe als bei den Seifen, häufig eine Sulfat-

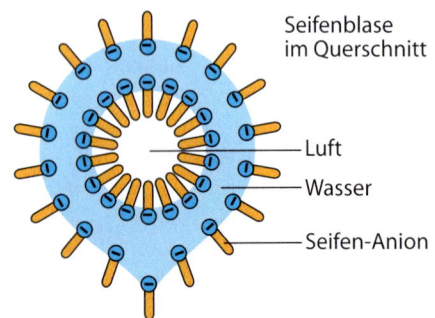

Seifenblase im Querschnitt

Luft

Wasser

Seifen-Anion

Abb. 4: Eine Seifenblase besteht aus zwei Schichten von Seifenmolekülen

Chemie

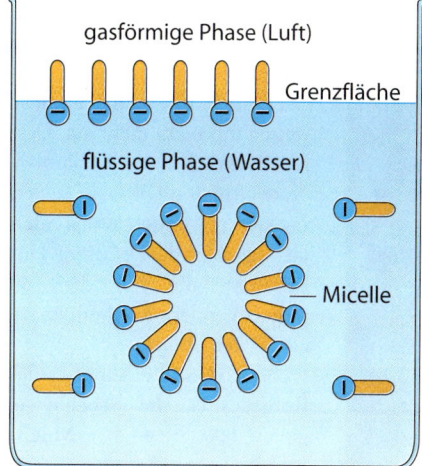

gasförmige Phase (Luft)

Grenzfläche

flüssige Phase (Wasser)

Micelle

Abb. 5: Modell zum Verhalten der Seifenmoleküle im Wasser

oder Sulfonatgruppe, gebildet wird (Abb. 1). Diese Tenside bilden keine schwer löslichen Calciumsalze, so dass ihre Waschwirkung auch in hartem Wasser erhalten bleibt. Tenside zeigen ein sehr gutes Waschvermögen, sind jedoch teuer in der Herstellung.

Moderne Vollwaschmittel können mehr als nur sauber machen

In modernen Waschmitteln sind außer synthetischen Tensiden noch eine Reihe anderer Bestandteile enthalten (Abb. 7). Ein Vollwaschmittel enthält heute neben den Tensiden noch Enthärter, Bleichmittel, Enzyme und Weißtöner. Als weitere Hilfsstoffe dienen Parfümöle, Schaumregulatoren, Stellmittel und Vergrauungsinhibitoren. Obwohl die Calcium- und Magnesiumsalze der synthetischen Tenside leichter löslich sind als Kalkseife, behindert hartes Wasser die Waschwirkung. Weiterhin kann aus Ca^{2+}-haltigem Wasser, das außerdem noch Hydrogencarbonat HCO_3^- enthält, Calciumcarbonat $CaCO_3$ ausfallen. Dieses setzt sich auf den Heizstäben der Waschmaschine und auf der Wäsche ab, so dass eine Waschmaschinenreparatur auf Dauer unumgänglich wird.

Gegen diese unangenehmen Begleiterscheinungen des Waschens wird dem Vollwaschmittel ein Enthärter zugesetzt. Früher waren dies Polyphosphate wie das Pentanatriumtriphosphat ($Na_5P_3O_{10}$). Diese bilden mit den Calciumionen einen stabilen und wasserlöslichen Calciumkomplex, so dass diese weder Waschmaschine noch Wäsche schaden können. Die Anwendung von Polyphosphaten führte allerdings zu erheblichen Umweltproblemen. Aus Polyphosphaten entstehen Phosphate, die besonders in langsam fließenden und stehenden Gewässern zu einer Überdüngung beitragen können. Auf der Suche nach einem unbedenklichen Ersatzstoff für die Polyphosphate stieß man auf die Zeolithe. Dies sind Aluminiumsilicate, die als Ionenaustauscher wirken und die im Wasser enthaltenen Calciumionen gegen Natriumionen austauschen. Zeolithe sind gesundheitlich unbedenklich, dienen nicht als Nährstoff und beeinträchtigen das Trinkwasser nicht. Allerdings unterstützen die Polyphosphate zusätzlich die Schmutzablösung und verhindern die Wiederablagerung von bereits gelöstem Schmutz auf der Wäsche. Diese Eigenschaften besitzen die Zeolithe nicht, weshalb die Polyphosphate, wenn auch in geringerem Umfang, immer noch in Vollwaschmitteln eingesetzt werden. Zum Entfernen von hartnäckigen bunten Flecken und gegen Vergrauung der Wäsche werden dem Waschmittel Bleichmittel und Weißtöner zugesetzt. Aus den Bleichmitteln wie dem Natriumperborat entsteht beim Erhitzen Wasserstoffperoxid H_2O_2, das unter der Einwirkung von Hydroxidionen OH^- bleichend wirkt. Bei Temperaturen unter 60 °C wirkt der Katalysator **T**etra**a**cety**l**ethy**l**en**d**iamin

Wirkstoff	Funktion	Massenanteil in %
Anionische Tenside	Schmutzlöser	5 bis 15
Nichtionische Tenside	Schmutzlöser	1 bis 5
Pentanatriumtriphosphat	Enthärter	0 bis 20
Zeolith A	Enthärter	0 bis 30
Natriumperborat	Bleichmittel	5 bis 15
Bleichaktivatoren, Stabilisatoren	Regulation der Perborat-Zersetzung	2 bis 4
Enzyme	Schmutzlöser	0,3 bis 1
Optische Aufheller	Erhöhung des Weißeindrucks	0,1 bis 0,3
Seifen	Schauminhibitor	1 bis 5
Carboxymethylcellulose	Vergrauungsinhibitor	0,5 bis 2
Parfümöle	Geruchsverbesserung	0,1 bis 0,2
Natriumsulfat	Lagerungsfähigkeit	5 bis 15

Abb. 7: Die Zusammensetzung eines Vollwaschmittels

(TAED) fördernd auf den Zerfall des Natriumperborats und auf die Bildung von Wasserstoffperoxid ein. Weißtöner bleiben nach dem Waschvorgang auf der Wäsche haften. Sie absorbieren UV-Licht aus dem Tageslicht und strahlen blaues Licht wieder ab. Dem menschlichen Auge erscheint die Wäsche dann in einem besonders strahlenden Weiß. Eiweißflecken wie Blut oder Kakao lassen sich nur schwer von Tensiden beseitigen. Durch den Zusatz von Enzymen, die spezielle Eiweißspalter sind, lassen sich auch diese Problemflecken entfernen. Stellmittel wie Natriumsulfat sorgen dafür, dass Pulvermittel rieselfähig bleibt. Schauminhibitoren verhindern übermäßige Schaumbildung bei Trommelwaschmaschinen, und Vergrauungsinhibitoren unterstützen den Abtransport der Schmutz-Tensid-Micellen mit der Waschlösung.

Zum Weiterlesen:

- Die Erdalkalimetalle – für Feuerwerk und Knochen, S. 550
- Fett mag Fett und macht fett, S. 588
- Wasser – kein ganz gewöhnlicher Stoff, S. 524

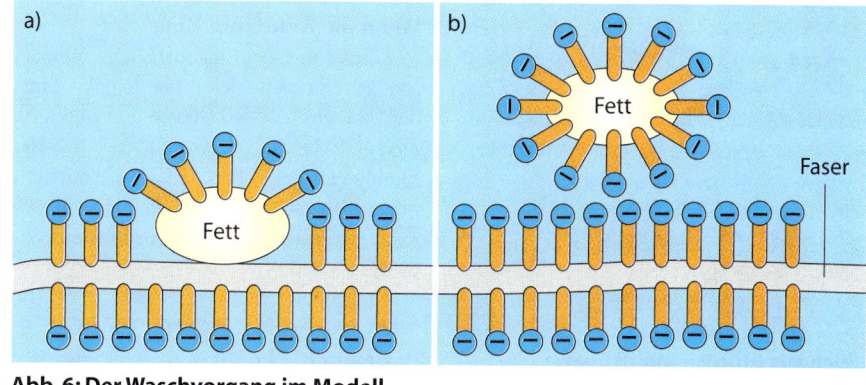

a)

Fett

b)

Fett

Faser

Abb. 6: Der Waschvorgang im Modell

Kohlenhydrate – vielseitige Naturstoffe

Kohlenhydrate stellen eine weit verbreitete Gruppe von Naturstoffen dar – neben Nucleinsäuren und Proteinen sind sie die biochemisch wichtigste Stoffklasse. Chemisch sind Kohlenhydrate Polyalkanole, denen ein oder mehrere Wasserstoffatome entzogen wurden. Dabei entsteht ein Aldehyd, man spricht dann von **Aldosen**, oder ein Keton, dann spricht man von **Ketosen**. Kohlenhydrate haben häufig die allgemeine Formel $C_m(H_2O)_n$. Früher dachte man, dass an jedes Kohlenstoffatom ein Wassermolekül hydratartig gebunden sei, etwa in der Form $C(H_2O)$, daher der Name Kohlen-Hydrate. Manche Kohlenhydrate enthalten auch Stickstoff in Form von Aminogruppen. Wegen der vielen OH-Gruppen sind die Kohlenhydrate stark hydrophil, die einfachen sind sehr gut wasserlöslich. Kohlenhydratmoleküle bilden mit anderen Kohlenhydratmolekülen Wasserstoffbrückenbindungen – es herrschen sehr starke intermolekulare Wechselwirkungen. Bei hohen Temperaturen zersetzen sie sich unter Wasserabspaltung zu braunen bis schwarzen Produkten, der so genannten Zuckerkohle.

Abb. 1: Reife Früchte haben einen hohen Gehalt an Glucose und Fructose

Einfach oder mehrfach – alles Zucker

Cola, Schokolade, Bonbons – erst durch Zucker werden sie schön süß. Aber ähnlich wie ‚Salz‘ chemisch wesentlich mehr umfasst als nur das Salz in der Suppe, so ist in der Chemie auch mit ‚Zucker‘ mehr gemeint als nur der Haushaltszucker, den wir meist zum Süßen benutzen: Zucker sind verschiedene Verbindungen, die alle zu den Kohlenhydraten gehören.

Die einfachsten Zucker bezeichnet man als Triosen, Tetrosen, Pentosen, Hexosen, usw. je nachdem, ob ihre Moleküle drei, vier, fünf, sechs usw. Kohlenstoffatome enthalten. Drei oder vier C-Atome bilden eine Kette, während ab fünf C-Atomen diese durch Ringschluss miteinander verbunden sind. All diese Zucker werden unter dem Sammelbegriff **Monosaccharide** (Einfachzucker) zusammengefasst. Mehrere Monosaccharide können sich unter Abspaltung von Wasser zu Mehrfach- bis Vielfachzuckern, den **Di-**, **Oligo-** oder **Polysacchariden**, zusammenfügen. Böse Zungen mögen behaupten, dass Chemiker nur fünf Zahlwörter kennen: eins (mono), zwei (di), drei (tri), einige (oligo), viele (poly) – zur Beschreibung der Zucker und Kohlenhydrate reicht diese Zählweise jedenfalls aus.

Es ist nicht einheitlich geregelt, wann ein Kohlenhydrat zu den Zuckern gehört. Da komplexere Kohlenhydrate aus den Einfachzuckern zusammengesetzt sind, werden sie teilweise zu den Zuckern gerechnet, eben als Vielfachzucker. Eine andere Definition geht aber mehr vom normalen Alltagsbegriff aus: Mono- und Oligosaccharide sind wegen ihres süßen Geschmacks eindeutig Zucker.

Mit steigender Molekülgröße verlieren Kohlenhydrate diesen süßen Geschmack. Polysaccharide wie Stärke und Cellulose weisen ihn nicht mehr auf. Deshalb werden diese Kohlenhydrate oftmals nicht mehr zu den Zuckern gerechnet. Wir werden im Folgenden die Definition beibehalten, die nur die süß schmeckenden Kohlenhydrate als Zucker bezeichnet.

Setzt man die Süßkraft des Rohrzuckers, die Saccharose, gleich 100 %, so hat Milchzucker (Lactose) eine Süßkraft von 15 %, während Malzzucker (Maltose) eine Süßkraft von 50 % aufweist. 120 % der Süßkraft von Rohrzucker erreicht Fruchtzucker (Fructose) (Abb. 1). Saccharin – bekannt als Süßstoff – ist kein Zucker, auch kein Kohlenhydrat, und hat im Vergleich zu Rohrzucker eine Süßkraft von 45000 Prozent.

Im lebenden Organismus erfüllen Kohlenhydrate lebenswichtige Aufgaben: Sie dienen als **Energiequelle**, wenn sie „verbrannt“ werden. Kohlenhydrate sind die hauptsächliche Speicherform für chemische Energie. Außerdem sind sie **Kohlenstoffquelle** bei der Synthese anderer Zellkomponenten, so wird beispielsweise die Zellwand von Pflanzen- und Bakterienzellen aus Cellulose gebildet. Die in der Natur am häufigsten vorkommenden Kohlenhydrate sind die pflanzlichen Polysaccharide **Cellulose** und **Stärke**, die beide Polymere der **Glucose** (Traubenzucker) sind (Abb. 2). Während Cellulose als Strukturelement größtenteils stützende Funktionen übernimmt, ist Stärke die hauptsächliche Speicherform für pflanzliche Nährstoffe. Man kann Stärke mit der Iod-Stärke-Reaktion nachweisen. Eine braune Iod-Lösung verfärbt sich bei Zugabe von Stärke blauviolett (Abb. 3).

Wenn die Kette zum Ring wird

Für die meisten Organismen ist Glucose „das“ Brennstoffmolekül überhaupt – es ist der biologisch bedeutsamste und häufigste Zucker. Glucose ist eine Hexose mit der Summenformel $C_6H_{12}O_6$. Glucose entsteht neben Sauerstoffgas durch die Fotosynthese nach folgender Gleichung aus Kohlenstoffdioxidgas und Wasser:

$$6\,CO_2 + 6\,H_2O \leftrightarrow C_6H_{12}O_6 + 6\,O_2$$
$$\Delta H = 2\,830\ kJ$$

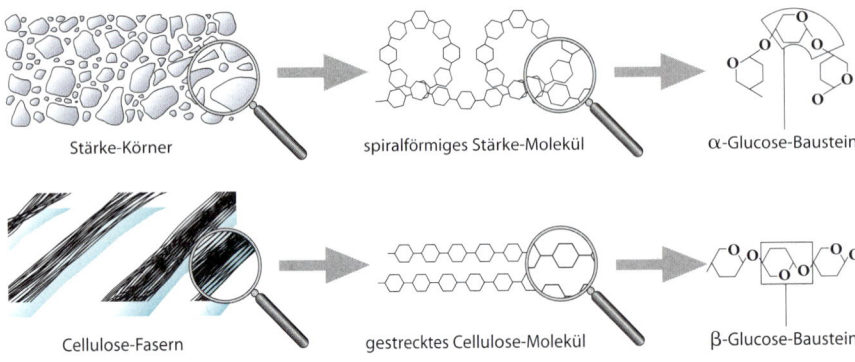

Stärke-Körner   spiralförmiges Stärke-Molekül   α-Glucose-Baustein

Cellulose-Fasern   gestrecktes Cellulose-Molekül   β-Glucose-Baustein

Abb. 2: Stärke und Cellulose sind unterschiedlich aus Glucose-Molekülen aufgebaut

Abb. 3: Stärke lässt sich durch die Iod-Stärke-Reaktion nachweisen

Die umgekehrte Reaktion beschreibt die Atmung: Glucose wird mit Sauerstoff verbraucht; es entstehen Kohlenstoffdioxid, Wasser und, ganz besonders wichtig, Energie: 2830 Kilojoule pro Mol Glucosemoleküle. Glucose liegt jedoch nicht nur in der Kettenform vor; in wässriger Lösung bilden sich Ringstrukturen aus, bei denen das erste und fünfte Kohlenstoffatom der Kette über ein Sauerstoffatom verbunden werden (Abb. 4).

Süßes

Das wohl älteste Süßmittel ist Honig, doch auch Zuckerrohr war vor unserer Zeitrechnung bereits im pazifischen Raum bekannt. In Indien war man bereits vor 2300 Jahren in der Lage, aus gepresstem Zuckerrohrsaft eine bräunliche, rohzuckerähnliche Kristallmasse herzustellen. Vor 1300 Jahren wußten Perser und Araber braune Rohzuckerkristalle mit Hilfe von gerinnenden, eiweißhaltigen Stoffen – wie Milch und Blut – zu weißem Zucker umzukristallisieren. Erst im 17. Jahrhundert gelangte Roh(r)zucker nach Mitteleuropa, wo er in Raffinerien, zunächst in den Hafenstädten, zu weißem Zucker weiterverarbeitet wurde. In der zweiten Hälfte des 18. Jahrhunderts gelang es, Zucker aus Rüben zu gewinnen. Bis zu diesem Zeitpunkt lag der Zuckerverbrauch mit 2-3 kg pro Person und Jahr recht niedrig – Zucker galt als Luxus. Heute ist der Verbrauch von Zucker etwa um den Faktor 15 größer. Damit ist Zucker – ähnlich wie Fett – vom einstigen Luxusinhaltsstoff zum übermäßig verzehrten Produkt geworden. Zucker ist jedoch ein „leerer Energieträger", der zwar verbrennbare Kalorien, aber praktisch keine weiteren Nährstoffe enthält. Bei erhöhter Zufuhr zuckerhaltiger Substanzen werden andere, nährstoffreiche Lebensmittel vom Speiseplan verdrängt, da der Kalo-

rienbedarf durch zuckerhaltige Produkte schnell gedeckt ist. Zucker, wie die Saccharose, sind leicht verdaulich. Bei der Verdauung von Saccharose muss zunächst die Bindung, die Glukose und Fructose miteinander verbindet, gespalten werden. Dies geschieht mit Hilfe eines Enzyms recht einfach. Ähnlich einfach haben es Bakterien in der Mundhöhle. In den bakteriellen Zahnbelägen, den sog. **Plaques**, können sich Bakterien, wie z. B. Streptokokken, ungehindert austoben. Sie bilden saure Stoffwechselprodukte, wie zum Beispiel die Milchsäure – aus einem Monosaccharidmolekül können zwei Milchsäuremoleküle entstehen. Durch solche Säuren fällt der pH-Wert auf einen kritischen Wert unter 5,5. Säurehaltiges Plaque, die nicht von der Zahnoberfläche entfernt werden, können das Calciumphosphat des Zahnschmelzes auflösen. Die Folge heißt **Karies**, das in Deutschland jährlich Schäden von ca. 10 Milliarden Mark verursacht.

Zuckeraustausch, Zuckerersatz und Zuckerkrankheit

Sorbit ist chemisch ein Polyalkohol mit der Summenformel $C_6H_{14}O_6$. Sorbit ist in den Früchten einiger Pflanzen enthalten, insbesondere in Weißdorn und Eberesche,

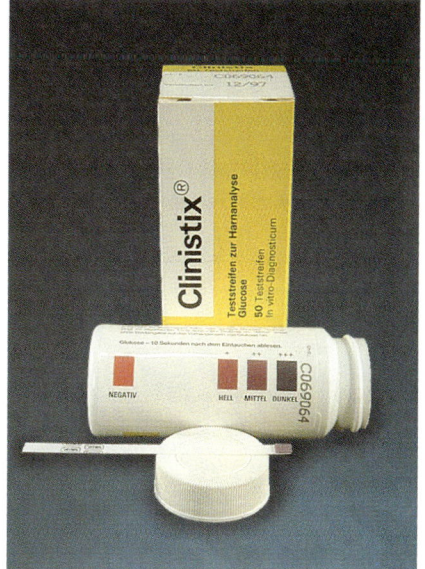

Abb. 5: Glucose-Teststreifen messen den Glucosegehalt des Urins und geben Diabetikern Aufschluss über den Blutzuckergehalt

Abb. 4: Glucose-Molekül als Kalottenmodell: Die 1,5-glycosidische Bindung mit einem Sauerstoffatom (rot) bildet einen Ringschluss zwischen dem ersten und fünften Kohlenstoffatom (schwarz)

wird aber auch künstlich hergestellt. Es schmeckt leicht süßlich und entwickelt beim Zergehen auf der Zunge eine angenehme Kühle. In Pulverform dient Sorbit als Zuckeraustauschstoff. Weil er von den Mundbakterien nicht zu Säuren umgebaut wird, ist er ein zahnfreundlicher Süßwareninhaltsstoff, z. B. in Kaugummis. Sorbit findet sich auch als Weichmacher oder Stabilisator in so unterschiedlichen Lebensmitteln wie Marzipan, Backwaren, Fischerzeugnissen, Speiseeis und auch in Tabakwaren. Sorbit wird unabhängig von Insulin verwertet und ist daher für Diabetiker geeignet. Bei der **Zuckerkrankheit** (Diabetes) wird zu wenig oder gar kein Insulin produziert. Dieses Hormon regelt den Blutzuckergehalt, der bei gesunden Menschen stets bei etwa 0,1% liegt. Ohne Insulin kann keine Glucose in die Zellen transportiert werden, weswegen der Zuckergehalt im Blut steigt. Der Körper kann den Zuckergehalt nur dadurch wieder etwas senken, dass Zucker ausgeschwemmt wird; erhöhte Flüssigkeitsausscheidung ist die Folge (Abb. 5).

 Zum Weiterlesen:

- Fett mag Fett und macht fett, S. 588
- Aminosäuren und Proteine – komplexe Strukturen, S. 596
- Energie, Nährstoffe und die i-Tüpfelchen der Nahrung, S. 598

Amine – von A wie Amphetamin bis V wie Vitamin

Amine bilden eine der größten und wichtigsten Verbindungsklassen der organischen Chemie. Analog zu der Ähnlichkeit zwischen **Ammoniak** (NH_3) und Wasser sind die Amine den Alkanolen (Alkoholen) sehr ähnlich. Ihre biologische und technische Bedeutung entspricht in fast jeder Hinsicht der von Alkoholen. In mancher Beziehung übertreffen sie diese sogar noch. Trotzdem sind sie fast unbekannt. Dass ihnen damit Unrecht geschieht, soll diese kleine Aufstellung zeigen.

Ohne Amine gäbe es

- keinen Heringsgestank;
- keine Wolle oder Seide, kein Nylon oder Perlon;
- kein Vitamin aus der B-Gruppe, einige andere ebenfalls nicht;
- außer den Alkanolen fast keine Suchtmittel mehr: Amphetamin, Ecstasy, Heroin, Koffein, Kokain, LSD, Nicotin;
- viele Farbstoffe nicht, künstliche und natürliche, wie Chlorophyll (das Blattgrün) und Hämoglobin (den roten Blutfarbstoff),
- damit gäbe es ohne Chlorophyll keine Fotosynthese und ohne Hämoglobin keinen Sauerstofftransport im Körper;
- weniger Krebserregende Substanzen;
- viel weniger hoch wirksame Medikamente;
- keine Sinnesempfindungen wegen eines nicht funktionsfähigen Nervensystems;
- mangels Aminosäuren keine Proteine (Eiweiße) – keine Muskeln und Enzyme (Biokatalysatoren);
- infolge fehlender Bausteine der Erbsubstanz – der ‚Basen‘ – keine funktionierenden Zellen;
- das **Leben** und uns überhaupt **nicht**.

Alle Alkanole besitzen mindestens eine Hydroxy- oder **OH**-Gruppe. Rein theoretisch erhält man sie, indem man ein H-Atom eines Wassermoleküls durch eine Alkyl-Gruppe bzw. einen Alkan-Rest austauscht (beide Bezeichnungen sind üblich und bedeuten das Gleiche). In gleicher Weise erhält man die Amine. Die zu der OH-Gruppe der Alkanole analoge Gruppe ist die NH_2-Gruppe, sie heißt **Amino-Gruppe**. Amine erhält man theoretisch, indem man **ein**, **zwei** oder alle **drei** H-Atome eines **Ammoniakmoleküls** gegen jeweils einen Alkan-Rest austauscht. Man erhält so **primäre**, **sekundäre** und **tertiäre** Amine. Am Beispiel mit einem, zwei und drei Methan-Resten wird das deutlich (Abb. 1).

	Primäres Amin ein Alkanrest	Sekundäres Amin zwei Alkanreste	Tertiäres Amin drei Alkanreste
H–N̄–H H	H–N̄–H H–C–H H	H H H–C–N̄–C–H H H	H H H–C–N̄–C–H H H H–C–H H
Ammoniak	Methanamid (Methylamin	(Dimethylamin)	(Trimethylamin)

Abb. 1: Das einfachste primäre, sekundäre und tertiäre Amin, zum Vergleich das Ammoniak

Methanamin riecht ähnlich wie das Ammoniak des Salmiakgeistes. Dimethylamin und Trimethylamin sind für den typischen Geruch der Heringslake zuständig. Ihre Namen erhalten die einfachen Vertreter analog zu Alkanolen, Aldehyden usw., indem man an den Namen des **Alkan**-Restes die Endung **-amin** anhängt, wie bei dem Methanamin. Eine ältere Benennung verwendet statt der Alkan-Namen die der zugehörigen **Alkyl**-Reste, wie bei Dimethylamin. Sie ist bei den sekundären und tertiären Aminen für Anfänger von Vorteil.

An dieser Stelle ist es nötig, darauf hinzuweisen, dass die Bezeichnungen ‚primär‘, ‚sekundär‘ und ‚tertiär‘ bei **Alkanolen** und **Aminen** grundsätzlich verschiedene sind. Bei Ersteren bezieht man sich auf das **Kohlenstoffatom**, das die OH-Gruppe trägt, bei den Aminen auf das **Stickstoffatom** als Bestandteil der NH-Gruppe selbst.

Wie das Ammoniakmolekül verfügen die Amine über ein **freies Elektronenpaar**. Des Weiteren ist die Stickstoff-Wasserstoffbindung durch die Elektronegativitätsdifferenz dieser beiden Elemente polarisiert. Primäre

und sekundäre Amine bilden also Wasserstoffbrücken untereinander und mit Wasser aus. Die Amine mit kurzen Alkan-Resten sind somit gut wasserlöslich und sieden höher als die Alkane mit ähnlicher Molekülmasse. Genau wie im Verhältnis Wasser und Ammoniak liegen ihre Siedetemperaturen deutlich unter denen der analogen Alkanole (Abb. 2), weil die Wasserstoffbrückenbindungen der NH-Gruppe schwächer sind als die der OH-Gruppe. Dies liegt (u.a.) daran, dass der Stickstoff nur in der NH-Gruppe über ein freies Elektronenpaar verfügt, während der Sauerstoff in der OH-Gruppe derer zwei besitzt. Außerdem ist die Sauerstoff-Wasserstoff-Bindung stärker polarisiert als die Stickstoff-Wasserstoff-Bindung.

Genau wie Ammoniak sind alle Amine relativ schwache **Basen**. Sie sind also imstande, Säuren zu neutralisieren – und die fallen in Stoffwechselprozessen häufig an. Das ist für die Konstanz des pH-Wertes in den Körperflüssigkeiten von mitentscheidender Bedeutung, z.B. so:

$$CH_3-CO-OH(aq) + CH_3-NH_2(aq)$$
$$\rightarrow CH_3-COO^-(aq) + CH_3-NH_3^+(aq)$$

Alkan	Ethan	Propan	Butan
Formel Siedetemp. in °C	H_3C-CH_3 −89	$H_3C-CH_2-CH_3$ −42	$H_3C-CH_2-CH_2-CH_3$ -0,5
Alkanamin	Methanamin	Ethanamin	Propanamin
Formel Siedetemp. in °C	H_3C-NH_2 −6	$H_5C_2-NH_2$ 17	$H_7C_3-NH_2$ 49
Alkanol	Methanol	Ethanol	Propan-1-ol
Formel Siedetemp. in °C	H_3C-OH 65	H_5C_2-OH 78	H_7C_3-OH 97

Abb. 2: Vergleich der Siedetemperaturen einiger Amine mit vergleichbaren Alkanen und Alkanolen

Die Abbildung 3 zeigt hierzu die Strukturformel.

Wie beim Ammoniak wandert ein Proton der Säure an das freie Elektronenpaar des Amins. Analog zum Ammoniumion NH_4^+ bei der Reaktion von Ammoniak mit einer Säure erhalten wir im obigen Fall das Methylammoniumion $CH_3\text{-}NH_3^+$. An dieser Stelle übernimmt die organische Chemie wieder die Bezeichnungen, die in der anorganischen Chemie üblich sind. Dass in Abbildung 3 die Ladungen eingekreist sind, dient nur der Hervorhebung; gerade am Sauerstoff-Atom mit drei freien Elektronenpaaren kann das Minuszeichen sonst leicht verwechselt werden.

Im Zusammenhang mit Krebs und Ernährung fällt immer wieder ein Begriff auf: **Nitrosamine.** Allzu viel Phantasie gehört nicht dazu, sie im doppelten Sinn in Verbindung mit ‚unseren' Aminen zu bringen.

Die Gefahr, vor der gewarnt wird, heißt chemisch **Natriumnitrit,** $NaNO_2$. Es ist im Pökelsalz enthalten, dient als Konservierungsmittel von Fleisch und verleiht diesem eine rote Farbe. Die heute noch erlaubten Mengen liegen sehr niedrig. Man darf davon ausgehen, dass sie kaum bedenklich sind, wenn man sich nicht nur von Geräuchertem ernährt. In saurer Umgebung wandelt sich das Nitrit in **salpetrige Säure,** HO–NO um. Diese kann mit **sekundären** Aminen reagieren und dabei die Nitrosamine bilden von denen einige sehr stark krebserregend sind:

$$(H_3C)_2N\text{–}H + HO\text{–}NO$$
$$\rightarrow (H_3C)_2N\text{–}NO + H\text{–}O\text{–}H$$

Ein weiteres Risiko liegt darin, dass salpetrige Säure auch **primäre** Amine verändern kann:

$$H_3C\text{–}NH_2 + HO\text{–}NO$$
$$\rightarrow H_3C\text{–}OH + H_2O + N_2$$

Hier geht das Risiko weniger von den Alkoholen direkt aus, sondern davon, dass die Menge der biologisch aktiven primären Amine zu stark abnimmt. Gelangt das Nitrit jedoch in den Zellkern, kann es über eine vergleichbare Reaktion wie oben dortige Basen mit primären Aminogruppen verän-

---

$$CH_3\text{–}\overset{\displaystyle |O|}{\underset{||}{C}}\text{–}\underline{O}\text{–}H \quad \overset{\delta-}{} \overset{\delta+}{} + \quad H\text{–}\overline{N}\text{–}CH_3 \quad \longrightarrow \quad CH_3\text{–}\overset{\displaystyle |O|}{\underset{||}{C}}\text{–}\underline{O}|^{\ominus} \quad + \quad H\text{–}\overset{\displaystyle H}{\underset{|}{N}}{}^{\oplus}\text{–}CH_3$$

Abb. 3: Amine können Säuren neutralisieren

---

dern. Im schlimmsten Fall wird die Erbinformation so abgewandelt, dass aus der betroffenen Zelle eine Krebszelle entsteht.

Säureamide, Aminosäuren und Peptide

Eines der wichtigsten Vitamine ist das **Nicotinsäureamid** aus der B-Gruppe. Es ist direkt und indirekt an vielen Stoffwechselvorgängen beteiligt, die die Energieversorgung des Körpers sichern. Was sind nun **Säureamide** oder kurz **Amide**? Formal entstehen sie, indem man die OH-Gruppe in der **Carboxy-Gruppe** von Carbonsäuren durch eine **Amino-Gruppe** ersetzt. Abbildung 4 zeigt die Reaktion zwischen Essigsäure und Ammoniak.

So wie hier das **Methanamid** enthalten die **primären Amide,** die sich vom **Ammoniak** ableiten lassen, die NH_2-Gruppe. Wichtig ist, dass diese Amide quasi eine **interne Neutralisation** durchführen: Sie reagieren weder **sauer** wie die Carbonsäuren noch **basisch** wie Ammoniak und die Amine. Das gilt auch für die anderen Amide wie die sekundären des Typs $CH_3\text{-}CO\text{-}NH\text{-}CH_3$. Bei diesen sekundären Amiden ist (theoretisch) ein Wasserstoffatom der NH_2-Gruppe durch eine Alkyl-Gruppe bzw. einen Alkan-Rest ersetzt worden:

$$CH_3\text{–}COOH + H_2N\text{–}CH_3$$
$$\rightarrow CH_3\text{–}CO\text{–}NH\text{–}CH_3 + H_2O$$
sekundäres Amid

So bedeutend die Rolle der einfachen Amine auch ist, übertroffen werden sie jedenfalls der Menge nach von den zwei bis drei Dutzend Aminosäuren im menschlichen Körper. Diese stellen in den vielfältigsten Verknüpfungen untereinander, aber auch mit Fett- oder Zuckermolekülen, die wesentliche Basis des Lebens auf der molekularen Ebene dar. Die einfachste Aminosäure ist die Aminoethansäure oder Glycin. Sie hat die Formel:

$$H_2N\text{–}CH_2\text{–}COOH.$$

Im Unterschied zu den Amiden tritt hier die Aminogruppe also an die Stelle eines **H-Atoms des Alkan-Restes,** so wie es die Hydroxy-Gruppe in den Hydroxycarbonsäuren tut. Die basische Wirkung der Amino-Gruppe kompensiert die saure der Carboxy-Gruppe, so dass die ‚normalen' Aminosäuren praktisch neutral reagieren.

Unser Körper enthält durchaus freie Aminosäuren. Viel bedeutsamer sind indes ihre Verbindungen untereinander, wobei sich **Peptide** oder **Proteine** bilden. Der Vorgang gleicht prinzipiell der Bildung sekundärer Amide:

$$H_2N\text{–}CH_2\text{–}CO\text{–}OH +$$
$$H_2N\text{–}CH_2\text{–}CO\text{–}OH$$
$$\rightarrow H_2N\text{–}CH_2\text{–}CO\text{–}HN\text{–}CH_2\text{–}COOH +$$
$$H_2O$$
Glycin + Glycin $\rightarrow$ Dipeptid+Wasser

Der Unterschied zwischen Peptiden (griechisch ‚peptos', ‚verdaulich') und Proteinen (griechisch ‚proton', ‚das Erste, Wichtige') besteht in der Molekülgröße. Etwa ab 100 Aminosäure-Resten im Molekül spricht man von Proteinen. Die einzelnen Aminosäuren sind teils sehr verschieden; damit sind es auch die von ihnen gebildeten Peptide und Proteine. Die mindestens 100000 verschiedenen, die der menschliche Körper enthält, decken von der Haut über die Haare und Muskelproteine bis hin zu den spezialisierten Enzymen die ganze Bandbreite dessen ab, was Leben zu einem wesentlichen Teil ausmacht. Und was die Wissenschaftler erst in jüngster Zeit richtig zu verstehen gelernt haben. Zum Abschluss: Proteine wie Seide und Wolle dienten als natürliches Vorbild für die synthetischen Polyamide Nylon und Perlon.

 Zum Weiterlesen:

- Aminosäuren und Proteine – fast unendliche Vielfalt durch komplexe Strukturen, S. 596
- Energie, Nährstoffe und die i-Tüpfelchen der Nahrung, S. 598

$$CH_3\text{–}\overset{\displaystyle |O|}{\underset{||}{C}}\text{–}\underline{O}\text{–}H \quad + \quad H\text{–}\overline{N}\text{–}H \quad \longrightarrow \quad CH_3\text{–}\boxed{\overset{\displaystyle |O|}{\underset{||}{C}}\text{–}\overline{N}\text{–}H} + H_2O$$

| Carbonsäure | Amin | Amid |

Abb. 4: Bildung eines primären Amids

Aminosäuren und Proteine – fast unendliche Vielfalt durch komplexe Strukturen

Der Mensch lebt mit einigen tausend verschiedenen Proteinen – insgesamt sind über 50.000 charakterisiert. Zieht man das Wasser ab, besteht mehr als die Hälfte der Masse (Trockenmasse) des Menschen aus Proteinen: In den meisten Zellen sind sie die häufigsten Makromoleküle. Dabei haben sie im Körper sehr viele verschiedene Funktionen. Chemisch sind Proteine aus Aminosäuren aufgebaut. Dabei ergeben sich schier unbegrenzte Kombinationsmöglichkeiten: Proteine, häufig auch Polypeptide genannt, sind die Naturstoffe mit der größten Vielfalt. Früher nannte man Proteine Eiweiße, da Eiweiß sehr proteinreich ist (Abb. 1).

Der Aufbau der Polypeptide ist schriftartig: Die Aminosäuren kann man mit Buchstaben vergleichen, die Polypeptidabschnitte sind dann Worte und Sätze, die in weiteren Verknüpfungen Dokumente, die Proteine, bilden.

Aminosäuren – das Alphabet des Lebens

Seit über drei Milliarden Jahren gibt es Aminosäuren auf unserer Erde, doch sind sie auch in Meteoriten und Mondgestein gefunden worden. Chemisch sind sie Carbonsäuren, die neben ein oder zwei Carboxy-Gruppen auch ein oder mehrere Aminogruppen im Molekül enthalten. Aufgrund der stets gleichzeitig vorhandenen Säuregruppe (–(CO)OH) und Aminogruppe (–NH$_2$) sind Aminosäuren **amphoter**: Sie können sowohl als Säuren als auch als Basen wirken. Üblicherweise bezeichnet man mit dem Begriff ‚Aminosäure' die insgesamt zwanzig Carbonsäuren, aus denen sich die Proteine letztlich zusammensetzen.

Beim Aufbau der Proteine verbindet sich zunächst eine Carboxy-Gruppe eines Aminosäuremoleküls mit einer Aminogruppe eines anderen Moleküls. Unter Abspaltung von Wasser entsteht eine **Peptidgruppe** [–(CO)–(NH)–], die beiden Aminosäuren sind durch eine **Peptidbindung** miteinander verknüpft (Abb. 2). Es ist ein **Dipeptid** mit zwei Aminosäureresten entstanden. Da dieses Dipeptid ebenso wie die Aminosäuren, aus denen es sich zusammensetzt, sowohl eine Carboxy-Gruppe als auch eine Aminogruppe enthält, kann es mit weiteren Aminosäuren oder anderen Peptiden wiederum Peptidbindungen eingehen. Auf diese Weise können sich **Polypeptide** mit Hunderten von Aminosäureresten bilden.

Abb. 1: Eiweiß ist besonders proteinreich – früher nannte man Proteine deshalb Eiweiße

Abb. 2: Die Bildung eines Dipeptids aus zwei Aminosäuren

Neben den Elementen Kohlenstoff, Wasserstoff, Stickstoff und Sauerstoff enthalten Proteine fast immer auch Schwefel, manche zusätzlich noch Phosphor, Eisen, Zink oder Kupfer. Einfache Proteine ergeben bei Spaltungen durch saure Hydrolyse – einer sauer ablaufenden Spaltung der Peptidbindungen unter Wasseranlagerung – als Endprodukte ausschließlich Aminosäuren. Zusammengesetzte Proteine ergeben bei der Hydrolyse auch noch andere organische und anorganische Komponenten, die man „prosthetische Gruppen" nennt und die mit den Coenzymen unter der Bezeichnung „Cofaktoren" zusammengefasst sind.

Der richtige Dreh – die Struktur der Proteine

Proteine bilden sehr komplexe räumliche Strukturen. Deren Aufbau kann man in vier Schritten beschreiben, die man Primär-, Sekundär-, Tertiär- und Quartärstruktur nennt.

Die **Primärstruktur** beschreibt die Sequenz, also die Abfolge der Aminosäuren in einer **Polypeptidkette**. In der Kette sind die Aminosäuren durch kovalente Bindungen miteinander verbunden. Bei zwanzig Aminosäuren als Grundbausteine ergeben sich bei einer Polypeptidkette mit 100 Aminosäureresten bereits unvorstellbar viele Kombinationsmöglichkeiten: $20^{100} \approx 10^{130}$. Zum Vergleich: Im Weltall existieren „nur" etwa 10^{80} Atome.

Die **Sekundärstruktur** beschreibt die dreidimensionale Anordnung der einzelnen Polypeptidketten. Die häufigste und wichtigste Sekundärstruktur ist die α**-Helix**. Polypeptidketten nehmen spontan durch Ausbildung von Wasserstoffbrückenbindungen eine solche Struktur an: Das Sauerstoffatom einer (C=O)–Gruppe und das Wasserstoffatom der (NH)–Gruppe eines anderen Aminosäurerestes bilden eine Wasserstoffbrückenbindung aus. Auf diese Art bildet sich eine schraubenförmige Struktur, der Aufbau erinnert an eine Wendeltreppe. Eine Polypeptidkette mit 100 Aminosäureresten ist 28-mal um sich selbst gewunden, stabilisiert durch Verknüpfungsverbindungen in der Mitte. Es gibt Proteine, für die diese Sekundärstruktur zur vollständigen Beschreibung der Struktur ausreicht. Dies sind die **Skleroproteine**, die auch Faserproteine genannt werden. Die Struktur der Skleroproteine ist dadurch gekennzeichnet, dass die Polypeptidketten sich nur entlang einer Achse winden. Neben

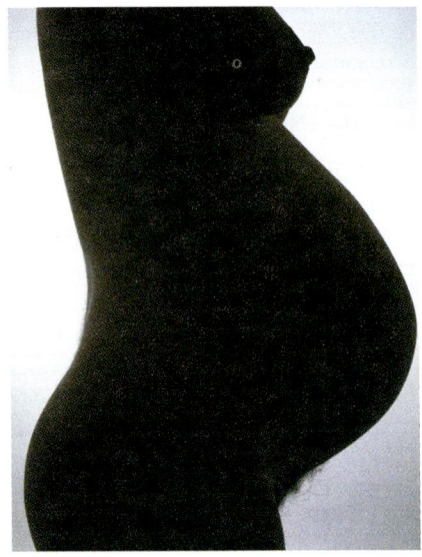

Abb. 3: Ungeborene werden von der Mutter mit Aminosäuren zum Proteinaufbau versorgt

ihrer faserigen, linearen Struktur zeichnen sie sich insbesondere dadurch aus, dass sie weder wasser- noch fettlöslich sind. Zu ihnen gehören die Ceratine der Haare und Nägel und die Collagene, die in Haut, Knochen und Bindegewebe vorkommen.

Die **Tertiärstruktur** beschreibt die dreidimensionale Struktur der Peptidkette. **Globuläre Proteine** z. B. sind annähernd kugelförmig (Globus) und – im Gegensatz zu Skleroproteinen – wasser- sowie fettlöslich. Das macht sie für viele Lebensprozesse unentbehrlich. Die Tertiärstruktur wird durch vier verschiedene Bindungsarten bzw. -kräfte möglich. Die stärkste Bindung ist die kovalente Bindung durch Disulfidbrücken: Zwei (SH)-Gruppen unterschiedlicher Aminosäurereste haben sich unter Abspaltung jeweils eines H-Atoms zu einer festen Brücke aus zwei Schwefelatomen (R_1–S–S–R_2) verbunden. Die zweitstärkste Bindungsart, die zur Tertiärstruktur der Proteine beiträgt, ist die Ionenbindung. Diese Art der Bindung tritt auf zwischen den Seitenketten einer sauren und einer basischen Aminosäure, zum Beispiel zwischen einer Aminogruppe (R_1–NH_2) und einer Carboxy-Gruppe (R_2–(CO)OH). Man kann diese Bindung so umschreiben: [R_1–$(NH_3)^+$ $^-$ $(O(C=O)$–R_2]. Die drittstärkste strukturbildende Bindungskraft stellen Wasserstoffbrückenbindungen dar. Schematisch kann man solche Wasserstoffbrückenbindungen so formulieren: [R_1–(HNH)...(O=C)–R_2]. Die vierte und schwächste Bindungsart ist die Van der Waals-Bindung.

Die **Quartärstruktur** beschreibt die

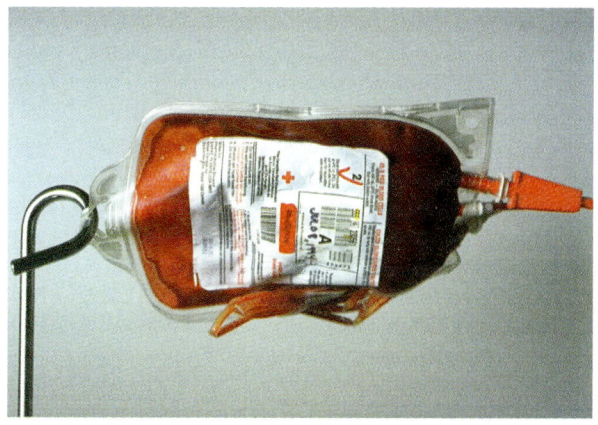

Abb. 4: Auch der rote Blutfarbstoff Hämoglobin ist ein Protein

höchste Strukturform der Proteine. Sie kommt zustande, wenn sich mindestens zwei gleiche oder verschiedene Polypeptidketten zusammenlagern. Dabei bilden sie neue Einheiten, die insgesamt andere Eigenschaften haben als die einzelnen Proteine für sich. Die gegenseitige Anziehung basiert auf Van der Waals-Bindungen, Wasserstoffbrückenbindungen und Ionenbindungen.

Kein Alltag ohne Aminosäuren und Proteine

Pflanzen können alle Aminosäuren aus einfachen Grundbausteinen synthetisieren. Mensch und Tier hingegen können nur acht Aminosäuren selbst herstellen. Dies sind die so genannten **nicht essentiellen Aminosäuren**. Acht weitere Aminosäuren müssen mit der Nahrung aufgenommen werden, man bezeichnet sie als **essentielle Aminosäuren**. Zwei weitere, die semiessentiellen Aminosäuren, müssen nur in Wachstumsphasen zugeführt werden. Ebenfalls zwei können aus anderen Aminosäuren synthetisiert werden.

Aminosäuren sind die Grundbausteine zum Aufbau der Proteine. Fehlen essentielle Aminosäuren in der Nahrung, kann die **Proteinbiosynthese** – der biochemische Aufbau von Proteinen – nicht mehr erfolgen. Ungeborene Kinder bilden ihre Proteine aus Aminosäuren, die sie durch das Blut der Mutter erhalten (Abb. 3).

Aminosäuren finden Verwendung als Futtermittelzusätze, aber auch zur Qualitätssteigerung der menschlichen Nah-

rung. Sie sind die Grundlage für Suppengewürze (Brühe) und Geschmacksverstärker (Natriumglutamat). Dieses Natriumsalz der Glutaminsäure wird zu einigen 100 000 Tonnen jährlich produziert. In der Medizin findet man Aminosäuren beispielsweise in Infusionslösungen.

Proteine sind die wesentlichen Bestandteile der Zellen aller Lebewesen, als Enzyme, als Wirkstoffe oder als verschiedene Baustoffe von Zellen. Ebenso befinden sich viele wichtige Proteine im Blut (Abb. 4). Auch in vielen Körperteilen sind Proteine enthalten, vor allem Muskeln sind sehr proteinreich (Abb. 5). Die Grundlage einer gesunden Ernährung bilden ebenfalls Proteine (Abb. 6). Proteine sind in der Pharmazie als Blutgerinnungsfaktoren und Impfstoffe von großer Bedeutung. Sie werden mit Hilfe der Gentechnologie oder Mikrobiologie synthetisiert. Weiterhin finden sie Verwendung als Eiweißfasern und Gelatine, in Kosmetika als Collagene, in Waschmitteln als Tenside und als schäumende Substanzen in modernen Feuerlöschmitteln.

Abb. 5: Muskeln sind eiweißreich – Muskeleiweiß wird innerhalb eines halben Jahres zur Hälfte erneuert

 Zum Weiterlesen:

- Kohlenhydrate – vielseitige Naturstoffe, S. 592
- Fett mag Fett und macht fett, S. 588
- Energie, Nährstoffe und die i-Tüpfelchen der Nahrung, S. 598

Abb. 6: Fisch ist besonders proteinreich und daher für eine ausgewogene Ernährung gut geeignet

Energie, Nährstoffe und die i-Tüpfelchen der Nahrung

Essen und trinken – Auftanken von Energie

Alles tierische und pflanzliche Leben benötigt Energie für sämtliche Lebensvorgänge. Auch der Mensch holt sich täglich zum Leben notwendige Energie – aus der **Nahrung**. Denn Menschen und Tiere mögen sich zwar gern von der Sonne bescheinen lassen; aber im Gegensatz zu den Pflanzen können sie mit Hilfe des Sonnenlichts keine biologische Substanz aufbauen. Nur über den Umweg der Nahrungsaufnahme ist es Mensch und Tier möglich, Lebensprozesse wie Atmung, Bewegung, Verdauung und Wachstum aufrechtzuerhalten. Die aufgenommene Nahrung wird im Körper in jeder einzelnen Zelle „verbrannt"; es ist keine Verbrennung mit Feuerschein, die dort stattfindet, sondern ein Abbau der Nahrung, bei der die frei werdende Energie teils in chemischer Form gebunden, teils als Wärme frei wird. Mit Hilfe der gespeicherten chemischen Energie können anschließend hochmolekulare Zellbestandteile wie Proteine, Polysaccharide und Nukleinsäuren zusammengesetzt werden. Hauptenergieträger sind Fette und Kohlenhydrate; Proteine werden vor allem als Baustoffe genutzt.

Energie – und was der Mensch sonst noch benötigt

Der Energie- und Nährstoffbedarf des Menschen ist abhängig vom Alter, der körperlichen Beanspruchung und vom Körpergewicht. Ein junger Erwachsener, 70 kg schwer, Mitte 20, benötigt etwa 11000 kJ pro Tag. Der durchschnittliche **Energiebedarf** sollte zu etwa zwei Dritteln aus Kohlenhydraten (etwa 7300 kJ, dies entspricht 420 g Stärke und Zucker) stammen. Fett sollte etwa ein Fünftel der Energie liefern (ungefähr 2200 kJ, enthalten in etwa 60 g Fett, das sind 75 g Butter). Proteine sollten rund ein Achtel (etwa 1300 kJ, enthalten in ca. 80 g reinem Protein) der Energiezufuhr ausmachen. Jedoch reicht es nicht aus, eine bestimmte Energiemenge aufzunehmen: Der menschliche Körper benötigt eine Vielzahl von unterschiedlichen Stoffen – unabhängig vom eigentlichen Energiebedarf. Dieser Bedarf wird Nährstoffbedarf genannt. Wenn gemäß dem oben genannten Beispiel dem Körper 60 g Fett zugeführt werden, ist der Energiebedarf gedeckt, enthalten diese 60 g Fett jedoch zu weniger als einem Fünftel sog. essentielle Fettsäuren, dann ist der Fettnährstoffbedarf trotzdem nicht gedeckt. Bei den Proteinen liegt der erforderliche Anteil an essentiellen Aminosäuren bei knapp 10 %. **Essentielle Stoffe** kann der menschliche Organismus nicht selbst herstellen, daher ist eine Aufnahme dieser Stoffe mit der Nahrung notwendig. Zusätzlich zu den Nährstoffen Kohlenhydraten, Fetten und Proteinen benötigt der menschliche Organismus noch Vitamine, Mineralien und Spurenelemente.

Vitamine – essentielle Nahrungsbestandteile

Vitamine sind essentielle Nahrungsbestandteile, die der Körper selbst nicht aufbauen kann. Vom 15. bis 18. Jahrhundert war die Krankheit Skorbut als „Geißel der Meere" gefürchtet – Seeleute erkrankten reihenweise an Störungen des gesamten Stoffwechsels, Zahnausfall etc. Mitte des 18. Jahrhunderts verabreichte ein englischer Arzt an Skorbut Erkrankten Orangen und Zitronen als „Heilmittel" – die Krankheitssymptome ließen nach, was sich damals nicht erklären ließ. Heute weiß man, dass den Seeleuten einfach Vitamin C fehlte – vitaminreiches, frisches Obst und Gemüse war auf den langen Seereisen Mangelware. Der Name Vitamin stammt vom lateinischen Wort für Leben, „vita", und einer chemischen Stoffklasse, den „Aminen": Früher dachte man, dass alle lebensnotwendigen Stoffe dieser Gruppe Amine seien. Dies ist jedoch nicht der Fall. Was blieb, ist die Bezeichnung Vitamine für einige essentielle Nahrungsbestandteile. **Provitamine** sind Vorstufen von Vitaminen, die vom Körper leicht in das vollwirksame Vitamin umgewandelt werden können. Man unterteilt Vitamine in fettlösliche Vitamine (Abb. 1) und solche, die sich in Wasser lösen (Abb. 2).

Spurenelemente – nur in Spuren, aber dringendst benötigt

Spurenelemente benötigt der menschliche Körper zwar nur in Spuren, sie sind jedoch unerlässlich und werden dem Körper stets in nichtelementarer Form, als Salze, zugeführt. Metallionen wie Eisen und Zink benötigt der menschliche Organismus täglich zu etwa je 15 mg, also in sehr geringen Mengen – eben in Spuren. Eisen ist beispielsweise in Leber, Eigelb, Fleisch und grünem Salat enthalten. Hauptaufgabe des Eisens ist der Aufbau der roten Blutkörperchen, die den Sauerstofftransport im Blut garantieren. Weitere Spurenelemente sind die Halogene Iod und Fluor, die Nebengruppenmetalle Kobalt, Mangan, Molybdän und Chrom. Erdalkalimetalle wie Natrium und Kalium werden als **Makronährelemente** täglich zu je etwa 2000 mg (2 g) benötigt.

Alles andere als unnötiger Ballast

Noch vor gut 25 Jahren hielt man **Ballaststoffe** wirklich für unnötigen Ballast. Denn Ballaststoffe sind Nahrungsbestandteile, die der menschliche Organismus mit seinen Verdauungsenzymen nicht spalten kann. Fast alle Ballaststoffe sind Kohlenhydrate bzw. Abkömmlinge von Kohlenhydraten. Erst als Anfang der 70er Jahre ein englischer Arzt im Zusammenhang mit Dickdarmkrebs über Ballaststoffe schrieb, wurde die besondere Bedeutung der Ballaststoffe für die Ernährung erkannt. Chemisch sind Ballaststoffe Polysaccharide, also Vielfachzucker. Cellulose ist ein unverdauliches Polysaccharid aus Glucosebausteinen, es

Name	Funktion	Vorkommen
Vitamin A (Retinol)	Bestandteil des Sehpurpurs der Augen, zellwachstumsfördernd	Leber, Milch, Butter, Eigelb; als Provitamin A (β-Carotin) in Gemüse (Karotten, Spinat, Tomaten, Paprika) und Früchten (Bananen, Hagebutten, Orangen)
Vitamin D	essentiell für die chemische Resorption (Rückgewinnung) von Calcium im Darm, Calcium- und Phosphatstoffwechsel	Leber, Rahm, Butter, Eigelb; als Provitamin D in Hefen, Eigelb, Butter und Kuhmilch; UV-Strahlung wandelt Provitamin D in Vitamin D um
Vitamin E	Schutz von sauerstoffempfindlichen Substanzen vor Oxidation (Antioxidans)	Getreidekeime, Nüsse, Öl von Körnerfrüchten, verschiedene Gemüse, fetthaltige Organe
Vitamin K	Beteiligung an der Blutgerinnung	grüne Pflanzenteile

Abb. 1: Fettlösliche Vitamine

Chemie

Name	Funktion	Vorkommen
Vitamin B$_1$ (Thiamin)	Beteiligung an zahlreichen biochemischen Prozessen, große Bedeutung für den Kohlehydratstoffwechsel	Schweine- und Rindfleisch, Milchprodukte, in sehr vielen Pflanzen: Getreide, Reis, Hefe, Kartoffeln
Vitamin B$_2$ (Riboflavin)	Enzymaufbau, Heilung von stets auftretenden, winzigen Hautschädigungen	Hefe, Fleisch, Innereien, grüne Gemüse, Kartoffeln
Vitamin B$_6$ (Pyridoxin)	Beteiligung an zahlreichen enzymatischen Reaktionen (Aminosäurestoffwechsel, Antikörper-Bildung)	Eigelb, Bierhefe, Innereien, Getreide, Kartoffeln, Bohnen
Vitamin B$_{12}$ (Cobalmin)	Bestandteil von Enzymen, Beteiligung an zahlreichen biochemischen Reaktionen: Stoffwechsel, Bildung von Blutkörperchen und Zellsubstanzen	Leber, Muskelfleisch, Fisch; kaum Vorkommen in pflanzlichen Nahrungsmitteln
Folsäure	Synthese von Zellkernsubstanz	In pflanzlichen und tierischen Nahrungsmitteln weit verbreitet, insbesondere in Hefe, Gemüse, Leber
Pantothensäure	Bildung von Fetten, Fettsäuren und Phosphatiden	Weit verbreitet, daher kaum Mangelerscheinungen bekannt
Vitamin C (Ascorbinsäure)	Bildung von Bindegewebe, Hormonsynthese, Eisenverwertung; Schutzwirkung auf andere Vitamine	Zitrusfrüchte, Spinat, Erdbeeren, Kiwis, Kartoffeln

Abb. 2: Wasserlösliche Vitamine

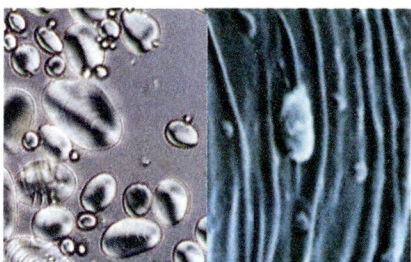

Abb. 3: Cellulosefasern – hier stark vergrößert – bestehen wie Stärke aus Glucose, sind jedoch unverdauliche Ballaststoffe

spielt aber für die Ernährung eine sehr wichtige Rolle (Abb. 3). Denn auch unverdauliche Nahrungsbestandteile regen den Darm zu einer verstärkten Bewegung an. Damit wird gleichzeitig die Verdauung gefördert – und eine gute Verdauung ist Grundvoraussetzung für eine gute Gesundheit. Ballaststoffe sorgen dafür, dass der „Speisebrei" nicht allzu lange im Körper verweilt. Dadurch wird auch der Stuhlgang nicht allzu sehr entwässert – er bleibt weicher. Bei Verdauungsproblemen ist es daher sinnvoll, natürliche Abführmittel wie cellulosehaltige Weizenkleie zu sich zu nehmen. Aber noch in anderer Hinsicht sind Ballaststoffe äußerst nützlich: Sie können giftige Stoffe teilweise anlagern und diese auf schnellstem Wege wieder aus dem Körper hinaustransportieren. Was im Dickdarm an verdaulichen Kohlenhydraten noch vorhanden ist, vergärt - Proteine faulen dort. Ballaststoffe sorgen dafür, dass dieser schädliche Ballast möglichst schnell ausgeschieden wird. Insbesondere Hülsenfrüchte (wie Erbsen und Linsen), Vollkornbrot, Kraut und Kohl, Nüsse sowie Obst und Gemüse sind ballaststoffreich.

Zivilisationskrankheiten

Das Hauptproblem der Ernährung in der westlichen Welt ist die so genannte Fehlernährung – vom Falschen wird zu viel verzehrt. Wachsender Wohlstand brachte auch einige wenig sinnvolle Essgewohnheiten mit sich, die zu Zivilisationskrankheiten führen können.

Fett: Bei zu fetthaltiger Ernährung gelangt ein Teil des überschüssigen Fettes in die Wände der Blutgefäße. Hier bilden sich mit der Zeit Ablagerungen, so dass die Gefäße immer enger werden, im Extremfall sogar ganz geschlossen werden. Durch die Gefäßverengungen steigt der Blutdruck – Durchblutungsstörungen sind die Folge. Man kann gar nicht früh genug beginnen, sich fettarm zu ernähren, da Gefäßverengungen langsam entstehen und nicht wieder rückgängig gemacht werden können. Rauchen verstärkt diesen Effekt, da Nikotin ebenfalls gefäßverengend wirkt.

Kohlenhydrate: Bei der Zuckerkrankheit (Diabetes) kann der Körper aufgenommene Kohlenhydrate nicht oder nur teilweise nutzen. Kohlenhydrate werden zu Traubenzucker (Glucose) abgebaut und gelangen so ins Blut. Wenn sie nicht weiterverwertet werden können, verbleiben sie im Blut. Folge ist ein überhöhter Blutzuckergehalt. Die Niere als Reinigungsorgan versucht, den Zucker aus dem Körper zu schwemmen, was nur unter hohem Flüssigkeitsverlust möglich ist.

Purine: Gicht ist eine typische Wohlstandskrankheit, die mit dem Purinstoffwechsel zusammenhängt. Purine sind eine sehr spezielle Verbindungsklasse. Fleisch, Fisch und andere zellkernreiche Nahrungsmittel enthalten besonders viel davon. In früheren Jahrhunderten erkrankte nur die Oberschicht an Gicht. Zu hoher Fleischkonsum ist – damals wie heute – die Hauptursache für Gicht. Bei Gicht sammeln sich zu viele Harnsäurekristalle im Blut an und lagern sich in den Gelenken ab. Dies führt zu unangenehmen Schmerzschüben. Kaffee und Tee fördern ebenfalls Gicht, da Koffein ebenfalls ein Purin ist und zusätzliche Harnsäure durch den Abbau des Koffeins entsteht.

Abb. 4: Zu fetthaltige Ernährung kann gefährlich werden

 Zum Weiterlesen:

- Fett mag Fett und macht fett, S. 588
- Kohlenhydrate – vielseitige Naturstoffe, S. 592
- Aminosäuren und Proteine – komplexe Strukturen, S. 596

Für verwöhnte Feinschmecker – Exkurs:
Chemie für Gourmets

Das Leben mit Chemie bestimmt den Alltag der modernen Welt. Das Stichwort „Chemie in Lebensmitteln" löst nicht selten Reizzustände in der Bevölkerung aus. Der modernen Gesellschaft stehen heute jedoch die besten Lebensmittel und Konservierungsmethoden zur Verfügung, die es je gab. Dies ist möglich durch eine sehr strenge Qualitätskontrolle, die auf hoch spezialisierten chemischen Analysemethoden beruht. Doch welcher normale Mensch kann die Qualität von Lebensmitteln anhand von Angaben bestimmter Inhaltsstoffe in Nanogramm pro Kubikzentimeter nachvollziehen oder gar beurteilen? Chemie hat stets eine große Rolle gespielt bei der Zubereitung und Haltbarmachung von Lebensmitteln. Die Konservierung von Lebensmitteln durch Pökeln, Einlegen, Räuchern, Säuern und auch Trocknen gehört zu den ältesten chemischen Anwendungen überhaupt. Denn Luft, Wasser, Temperaturschwankungen, Metallionen und Mikroorganismen (Schimmelpilze, Bakterien) haben Lebensmitteln seit jeher zugesetzt.

Hunger und Durst

Hunger und Durst sind wie Müdigkeit oder Sexualverlangen menschliche Allgemeingefühle. Durch Essen und Trinken gelangen die Energieträger nach der Verdauung über den Blutzucker in die Zellen. Jedoch dienen Essen und Trinken nicht nur der Energiezufuhr – Essen und Trinken in (der) Gesellschaft gehen weit darüber hinaus: Gemeinsames Essen in Haushalt, Familie oder Wohngemeinschaft, Geschäftsessen, Verpfle-

Abb. 2: Maillard-Reaktionen zwischen Aminosäuren und Kohlenhydraten sorgen für die Aromabildung beim Kaffeerösten

Abb. 1: Der Anblick von feinem Essen lässt das Wasser im Munde zusammenlaufen – täglich bis zu 1,5 Liter

gung in Kantinen oder in Pommesbuden, Chips und Bier beim Fernsehen sowie ein romantisches candlelight dinner haben sehr unterschiedliche Funktionen. **Hunger** ist ein subjektives Gefühl, das sich u.a. durch Magenknurren bemerkbar machen kann: Auch ohne dass Energiezufuhr nötig wäre, kann das Gefühl von Hunger entstehen. **Durst** ist nichts anderes als Wassermangel innerhalb und außerhalb einiger – oder kurz vor dem Verdursten aller – der 10^{14} Zellen des menschlichen Körpers, was mit einer Verminderung des Blutvolumens einhergeht. Reduzierter Speichelfluss und Mundtrockenheit sind die Folge, was uns dazu bringt, zu trinken.

Wenn das Wasser im Munde zusammenläuft

Bei einigen Menschen reicht schon der Anblick einer Zitrone aus, um das Wasser im Munde zusammenlaufen zu lassen. Pro Tag sind dies bis zu 1,5 Liter Speichel, die so in der Mundhöhle zusammenkommen. Selbst die Ruhesekretion – wenn wir also nicht dem Anblick von Zitronen oder schmackhaftem Essen (Abb. 1) ausgesetzt sind – kann täglich bis zu einen halben Liter zur Gesamtsekretion des Speichels beitragen.

Glücklich durch Glutamat

Ursprünglich war es das Aroma von Seetang, das Fleischgerichte „köstlich schmeckend" (japan.: umami) machte – „umami" wurde in Japan zur fünften Geschmacksqualität neben süß, sauer, bitter und salzig. Vor 90 Jahren wurde Glutamat aus dem Seetang als stoffliche Substanz isoliert. Das Natriumsalz der Glutaminsäure, Natriumglutamat, ist der klassische **Geschmacksverstärker**, der aus dem asiatischen Raum stammt. Glutamat wird auch im menschlichen Körper produziert; vor allem in Nervenzellen des Gehirns. Dort dient es – als sog. Neurotransmitter – der Informati-

onsübertragung. Daher kann es beim Genuss von übermäßig viel Glutamat zum „China-Restaurant-Syndrom" kommen, das allgemeine Erregungszustände beinhaltet. In Einzelfällen kann der Genuss ab 20 g Glutamat zu Muskelzittern und auch zur Bewusstseinstrübung führen. In geringeren Dosen wird Natriumglutamat als Geschmacksverstärker in fleischhaltiger Kost und Brühe, aber auch in Kartoffelchips eingesetzt. Diese werden so lange verzehrt, bis die Tüte leer ist – umami.

Kaffee

Schnell mal einen Kaffee, Kaffeepause, oder einfach nur im Café sitzen – Kaffee ist ein modernes, jahrtausendealtes Getränk. Die belebende Wirkung des Coffeins zieht sich auch in Europa durch Arbeitsleben und Freizeit wie ein roter Faden. Als **Rösten** des Kaffees wird das fünf- bis dreißigminütige trockene Erhitzen von Rohkaffee bei etwa 200 °C bezeichnet. Zunächst verdampft das Wasser: Die Bohnen werden größer und die Braunfärbung intensiver. Ab 100 °C knacken die Bohnen deutlich hörbar auf. Bis zu 180 °C laufen endotherme Reaktionen ab, wobei die Bohnen Kohlenstoffmonooxid und -dioxid sowie Säuren abspalten. Über 180 °C laufen Karamelisierungsreaktionen und Reaktionen zwischen Aminosäuren und Kohlenhydraten ab. Solche Reaktionen werden **Maillard-Reaktionen** genannt. Sie sind für die Aromabildung verantwortlich und finden in fast allen Lebensmitteln bei höheren Temperaturen statt (Abb. 2). Darüber hinaus werden dunkle Farbstoffe gebildet.

Abb. 3: Tee-Aroma wird stark durch die Wasserhärte bestimmt

Abb. 4: Durch falsche Lagerung und Behandlung können sehr viele Inhaltsstoffe – wie Vitamine – verloren gehen

Tee

Tee enthält als aromabildende Stoffe phenolische Bestandteile und ca. 20 verschiedene **Gerbstoffe**. Eine Tasse Tee (150 ml) enthält etwa 40 mg Coffein (eine Tasse Kaffee etwa das Dreifache). Tee, der nur kurz (1–3 min) zieht, wirkt anregend. Das liegt daran, dass das anregende Coffein gut löslich ist und somit schon nach kurzer Zeit im Tee in Lösung geht. Bei Tee, der 5 min und länger zieht, gelangen auch nicht so gut lösliche Gerbstoffe in den Getränkeaufguss. Sie bedingen den bitteren Geschmack und wirken beruhigend – bei Tee, der längere Zeit gezogen hat, überdeckt die Wirkung der Gerbstoffe die des Coffeins. Das Aufquellen der Teeblätter und die weit verbreitete Meinung, Tee sei nur gefärbtes Wasser, täuscht: Mehr als ein Drittel des Tees sind lösliche Bestandteile. Jeder Teekenner weiß, wie entscheidend das Teewasser für die Zubereitung eines guten Tees ist. Neben der Reinheit ist es besonders die **Wasserhärte**, die den Teegeschmack stark mitbestimmt (Abb. 3). Calcium- und Magnesiumionen, die die Härte des Wassers ausmachen, reagieren mit einem Teil der Geschmacks- und Geruchsstoffe des Tees zu Erdalkalimetallsalzen bzw. -komple-

Abb. 5: Beim Grillen darf niemals Fett in die Glut tropfen, weil dabei Krebs erregende Benzpyren-Dämpfe entstehen, die sich auf dem Grillgut niederschlagen

xen. Dies kann man in einem einfachen Experiment nachvollziehen: Tee, der mit demineralisiertem Wasser zubereitet wurde, hat ein fruchtiges Aroma und helles, klares Aussehen. Wasser mittleren Härtegrades läßt den gleichen Tee nicht ganz so fruchtig schmecken und trüber aussehen. Tee, der mit hartem Wasser aufgebrüht wurde, riecht muffig und schmeckt wenig aromatisch; er ist braun und trübe gefärbt.

Die Lagerung und Zubereitung von Lebensmitteln

Ein im Alltag sehr wichtiges Problem ist die **sachgemäße Lagerung von Lebensmitteln**: Vitamin A (bzw. sein Provitamin Beta-Carotin) ist beispielsweise stark sauerstoffempfindlich; getrocknete Lebensmittel, die viel Vitamin A enthalten, bleichen aus. Vitamin B_2 (Riboflavin) ist sehr lichtempfindlich; Milch sollte deswegen stets im Dunkeln bzw. in braunen Flaschen lagern. **Fehler in der thermischen Behandlung von Lebensmitteln** können zu mikrobiell bedingten Erkrankungen führen. Beispiele hierfür sind nicht ausreichende Kühlung bei der Lagerung (Empfehlung: 5 °C und weniger), unzureichende Kerntemperatur beim Kochen (unter 70 °C für weniger als 10 min) und längeres Warmhalten zwischen 15 und 65 °C. Dabei können thermophile Mikroorganismen ihr Unwesen treiben.

Schälen bedeutet Vitaminverlust, da sich viele Vitamine in den Außenbezirken von Obst und Gemüse befinden (Abb. 4). Wässern von Gemüse laugt die enthaltenen, wasserlöslichen Vitamine aus. Zerkleinern von frischem Gemüse beschleunigt den enzymatischen Ascorbinsäureabbau. Salate sollten deshalb möglichst unzerkleinert im Kühlschrank aufbewahrt werden. Die Zugabe von Säure (Essig, Zitronensaft) bremst den Abbau von Ascorbinsäure (Vitamin C) erheblich. Durch Blanchieren (kurzzeitiges Erhitzen in heißem Wasser oder Wasserdampf) werden qualitätsschädigende Enzyme inaktiviert: Bei Spinat wird so über die Hälfte des Nitrats und Oxalats ausgelaugt. Allerdings gilt dies ebenso für wichtige Mineralstoffe wie Kalium und Magnesium.

Ganz oder gar

Garen verändert den Geschmack und die Konsistenz der Lebensmittel. Gleichzeitig werden Mikroorganismen abgetötet und unerwünsche Enzyme desaktiviert. Doch genauso werden Vitamine thermisch und oxidativ abgebaut. Selbst durch die mäßige Wärmebehandlung wird beim Garen Eiweiß denaturiert und Bindegewebe gelatinisiert; der Aufschluss von Stärkekörnern erhöht die

Abb. 6: Tannenzapfen in der Grillglut sind ähnlich giftig wie heruntertropfendes Fett

Nutzung von Proteinen und Kohlenhydraten und steigert die Verdaulichkeit. Grundsätzlich unterscheidet man Garprozesse in feuchter Hitze (kochen, dämpfen, dünsten, schmoren) von Garprozessen in trockener Hitze (backen, braten, grillen, fritieren). Sehr wichtig für die Aromabildung der zubereiteten Speisen sind – wie auch beim Kaffeerösten – die Maillard-Reaktionen. Diese Umsetzungen von reduzierenden Zuckern mit Aminosäuren sind verantwortlich für die braune (nicht enzymatische) Färbung von Brotkrusten. Auch die Krustenbildung von Bratenfleisch beruht auf Maillard-Reaktionen.

Grillen

Beim Grillen sollte man stets darauf achten, dass kein Fett in die Glut tropft. Herabtropfendes Fett zersetzt sich in der Holzkohlenglut u.a. zu Benzpyren; bei fettigem Fleisch einer Grillwurst wird der zulässige Grenzwert von 1 ppb (engl.: one part per billion = ein Teilchen pro Milliarde) um ein Vielfaches überschritten (Abb. 5). Daher sollte man mageres Fleisch oder Gas- und Elektrogrills verwenden. Wer auf Holzkohle grillt, sollte die Kohle durchglühen lassen und beim Nachlegen von Kohle das Grillgut herunternehmen. Auf keinen Fall dürfen andere Materialien als Holzkohle (z. B. Tannenzapfen; Abb. 6) mitverwendet werden – bei der Verbrennung der enthaltenen Harze entstehen eindeutig Krebs erregende Stoffe.

Zum Weiterlesen:

- Fett mag Fett und macht fett, S. 588
- Aminosäuren und Proteine – komplexe Strukturen, S. 596
- Energie, Nährstoffe und die i-Tüpfelchen der Nahrung, S. 598

Schöner Schein? Chemie schafft's

Kosmetik ist uralt

Das Wort Kosmetik leitet sich ab von dem griechischen Wort ‚kosmein', was so viel wie ordnen, putzen und schmücken bedeutet. Schon vor über 5000 Jahren schminkten Menschen Haare und Augenpartien. Ägypten gilt als Ursprungsland der Kosmetik; dort wurden Lippen und Wangen in Rottönen gefärbt. Auch Henna wurde schon damals zum Färben der Haare verwandt. In der Antike gab es keine Trennung zwischen Gesundheit und Schönheit. Hässliches galt als krankhaft und umgekehrt. So wurden auch damals schon Schönheitscremes zubereitet: Galenus von Pergamon entwickelte vor 1800 Jahren eine „Kaltcreme" (Unguetentum refrigerans), die zur Hälfte aus Olivenöl, zu einem Drittel aus Rosenwasser und zu einem Achtel aus Bienenwachs bestand. Im 17. Jahrhundert galt das bleiche Schminken und Pudern als chic – es war der herrschenden Klasse vorbehalten. Die rasante Entwicklung der industriellen Chemie machte Kosmetika in diesem Jahrhundert für alle erschwinglich. In Deutschland sind zum Ende dieses Jahrtausends Kosmetika mit jährlichen Umsatzsteigerungen von über 5 % wieder Produkte von wachsender Bedeutung.

Haut

Zarte Haut, glatte Haut, Haut wie Samt und Seide gilt als Schönheitsmerkmal. Die Haut ist ein **Indikator des Körperzustandes**: Innere Krankheiten schlagen sich oftmals auf den Zustand der Haut nieder. Doch kann die Haut auch durch Kosmetika und deren falsche Anwendung geschädigt werden (Abb. 1). Verschreibungspflichtige Stoffe sind in Kosmetika jedoch grundsätzlich verboten. Inhaltsstoffe sind nach der CTFA- Systematik (The **C**osmetic, **T**oiletery and **F**ragrance **A**ssociation; Washington DC; übersetzt etwa: Gesellschaft für Kosmetika, Hygieneartikel

Abb. 3: Junge Haut enthält lösliche Collagene

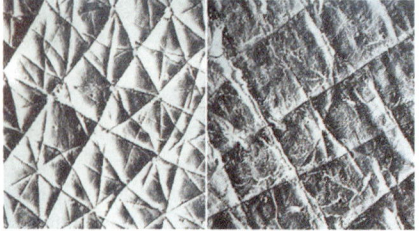

Abb. 1: Gesunde und – durch Kosmetika – geschädigte Haut

und Parfüme) zu kennzeichnen. Aus diesem Grunde sind die Angaben auf Kosmetikartikeln in Deutschland oft englischsprachig.

Von außen nimmt die Haut hauptsächlich Sauerstoff auf; die Atmung der Haut trägt zu 2 % zur menschlichen Atmung bei. Ausgeschieden wird durch die Haut hauptsächlich Wasser, durchschnittlich etwa ein Liter täglich, das meiste davon als Schweiß.

Der Mantel aus Fett und Wasser

Haut muss nicht nackt sein – sie hat mindestens zwei Mäntel. Ein Schutzmantel der Haut besteht aus Hydrolipiden, also aus Fetten und Wasser. Diese beiden Substanzen sind normalerweise nicht mischbar, doch mit Hilfe von **Emulgatoren** können Fett und Wasser zusammen gebracht und dadurch vermischt werden. Solch eine feine Vermischung zweier Flüssigkeiten, die ineinander nicht löslich sind, bezeichnet man als **Emulsion**. Milch ist ein Beispiel für eine Emulsion: Sie besteht zum Großteil aus Wasser, hat aber üblicherweise auch einen Fettgehalt von über 3 %. Hautfette bilden wiederum mit wässrigem Schweiß eine Emulsion an der Hautoberfläche.

Kosmetikcremes sind Emulsionen, die an die Hautbeschaffenheit angepasst sind. Werden sie dünn aufgetragen, kann die Haut durch Lipide einerseits gepflegt werden, andererseits kann die Haut weiterhin atmen. Mono- und Diglyceride sind die Emulgatoren in der Haut, die eine Brücke zwischen Lipiden und Wasser schlagen können. Je feiner verteilt diese beiden Bestandteile sind, desto wirksamer kann eine Emulsion sein. Zur Pflege der Haut sind hauptsächlich **Öl-in-Wasser-Emulsionen** (Ö/W-Emulsionen) geeignet: Die Haut benötigt Wasser und Lipide, jedoch hauptsächlich

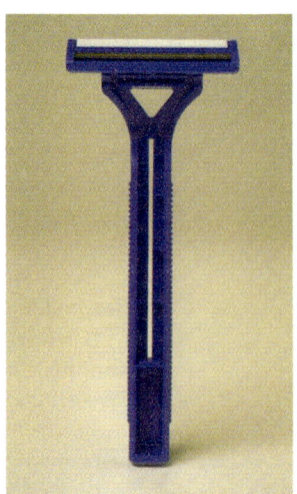

Abb. 4: Bei der Rasur werden junge Haare brutal ausgerissen oder abgeschnitten

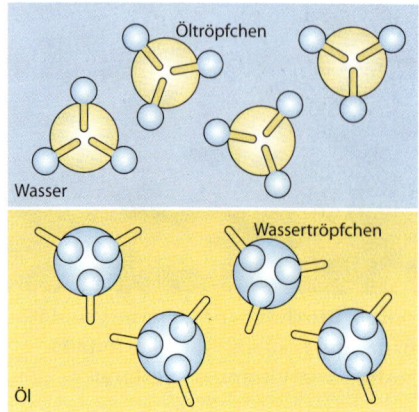

Abb. 2: Öl-in-Wasser-Emulsion und Wasser-in-Öl-Emulsion

Wasser. Daher sollte eine hautpflegende Emulsion wenig Fett in viel Wasser enthalten (Abb. 2). In Milch zu baden ist also keine schlechte Idee, nicht nur weil Kleopatra diese Art der Schönheitspflege in Eselsmilch vollführte: Auch moderne Körperpflege-Milch bzw. Bodylotion enthält Lipide, schützt die Haut jedoch hauptsächlich durch wasserlösliche Inhaltsstoffe vor dem Austrocknen. Eine gute Hautcreme sollte mindestens zu zwei Dritteln aus Wasser bestehen.

Der saure Mantel der Haut

An der Oberfläche der menschlichen Haut herrscht normalerweise ein leicht saurer pH-Wert, der bei etwa 5,5 liegt. Bei diesem pH-Wert wird das Wachstum von Bakterien gehemmt. Der Säuremantel besteht aus Schweiß, Talg und ausgeschiedenem Kohlenstoffdioxid (CO_2) – ein kompliziertes Schutzsystem. Organische Säuren wie die Milchsäure bilden in einer sauren Reaktion Natrium- oder Kaliumsalze, die den pH-Wert von 5,5 bedingen. Der leicht saure Schutzmantel der Haut sollte nicht zerstört werden. So genannte pH-Haut-neutrale Hautpflegemittel sind insofern „neutral", dass ihr pH-Wert ähnlich dem der Haut ist – und eben nicht beim Neutralpunkt pH 7 liegt. Im alkalischen Bereich, bei pH 8–9 liegt der pH-Wert von Seifen. Da dies dem natürlichen pH-Wert der Haut nicht entspricht, sollte Seife nicht übermäßig verwendet werden – sie zerstört den natürlichen Säureschutzmantel.

Abb. 5: Lange Haare sind besonders pflegebedürftig

Ceratine und Collagene in Haut und Haaren

Ceratine sind unlösliche Proteine, die die Hornschicht der Haut bilden. Sonst sind sie in Haaren und Fingernägeln vorhanden. Eine zweite Gruppe von Strukturproteinen der Haut sind die Faserproteine, die außerdem den Hauptbestandteil des Bindegewebes bilden. Sie binden chemisch im Körper bedeutende Mengen Wasser: Etwa 30 % des gesamten Wassers im Körper ist durch Collagene in der Haut gebunden. Collagene sind hochmolekulare Stoffe mit bis zu 50000 Einzelatomen. Junge Haut ist so prall, glatt und frisch, da sie lösliche Collagene enthält (Abb. 3). Mit wachsendem Alter und bei falscher Behandlung vernetzen diese sich zu unlöslichen Collagenen, die weniger Wasser binden können. Gealterte Haut wird schlaffer – faltige Haut ist immer trockene Haut.

Bartstoppeln und lange Haare

Etwa 100000 Haare hat der Mensch – nicht nur auf dem Kopf, sondern auch als

Abb. 7: Eigentlich sind rot färbende Lippenstifte orange

Härchen in Nasen, Ohren, Augenbrauen und Wimpern sowie als Schambehaarung. Männer haben zusätzlich Brustbehaarung und Bartwuchs. Bei der **Rasur** werden Haare „bei lebendigem Leibe" ausgerissen oder abgeschnitten – je nachdem, ob man sich trocken oder nass rasiert (Abb. 4). Eine glatte Rasur ist – so brutal es für die betroffenen Barthaare auch sein mag – gesellschaftlich erwünscht. Insbesondere bei Frauen werden die Kopfhaare jedoch hauptsächlich als Schmuck angesehen – die Palette der Haarkosmetika scheint unendlich zu sein. Haare sind hygroskopisch; sie fühlen sich auch noch trocken an, wenn sie bereits Wasser aufgenommen haben. Selbst bei feuchter Luft ohne Regen kann sich eine nur noch schwache Dauerwelle stark kräuseln. Spray, Festiger, Gel sind Mittel dagegen. Lange Haare sind besonders pflegebedürftig, da sie alt sind und das Nachfetten bis in die Haarspitzen ein weiter Weg ist (Abb. 5).

Blondieren, Färben und Tönen

Melanin heißt das wichtigste Haarpigment und ist als solches für die Haarfarbe verantwortlich. Es liegt unter einer schützenden Schuppenschicht. Beim Blondieren erfolgt zunächst eine stark alkalische Behandlung, die die Haare aufquellen lässt und die schützende Schuppenschicht öffnet. So können Chemikalien eindringen, die nichts anderes leisten, als die Farbpigmente zu zerstören. Die Faserstruktur ist gelockert und das Haar strukturgeschädigt. Jedoch soll fairerweise erwähnt werden, dass nachwachsendes Haar das geschädigte ersetzt. Wer jedoch auf das Blondieren nicht verzichten möchte, sollte nach der Blondierung – seinen eigenen Haaren zuliebe – eine saure Haarkur vornehmen (Abb. 6). Noch vorhandenes Alkalisches wird somit neutralisiert, und die gequälte Schuppenschicht kann sich wieder zusammenziehen. So genannte Glanzspülungen haben sinnigerweise einen pH-Wert von etwa 4. Jede gute Friseuse wird sie nach dem Blondieren auftragen. Beim Färben der Haare passiert Ähnliches wie beim Blondieren; nur dringen hierbei Farbteilchen in die Haare ein, die sich als große Farbmoleküle in den Haaren festsetzen. Deshalb sind Haarfärbungen langlebig. Haartönungen sind schonender: Der Tönungseffekt geschieht von außen, also auf der Haaroberfläche – die Struktur wird nicht geschädigt.

Stifte für Lippen

Die ersten Lippenstifte aus der Zeit nach dem Ersten Weltkrieg bestanden aus zer-

Abb. 6: Eine saure Haarkur ist Pflicht nach dem Blondieren

drückten Insektenkörpern, Bienenwachs und Olivenöl, das schnell ranzig wurde. Das Gesundheitsamt in New York erwog, diese Lippenstifte zu verbieten – nicht um die Frauen, sondern hauptsächlich um die Männer zu schützen, die von Frauen geküsst wurden. Heute bestehen Lippenstifte aus ganz anderen Inhaltsstoffen; am wichtigsten ist orangefarbene Säure. Sie brennt sich in die lebenden Hautzellen ein und verwandelt sich dort in intensives Rot. Ein rot färbender Lippenstift ist eigentlich orange – nur wird ihm roter Farbstoff beigemischt, damit er auch als Kosmetikartikel rot aussieht (Abb. 7). Lippenstifte bestehen zum Großteil aus Lipiden. Es taucht wieder das Grundproblem aller Kosmetika auf: Lipophile (Fett liebende) Bestandteile müssen mit hydrophilen (Wasser liebenden) Bestandteilen zusammengebracht werden – wieder eine Aufgabe für Emulgatoren wie z. B. Rizinusöl. Damit der Lippenstift auch zu einem festen Stift wird, enthält er Paraffin – die billige, Glanz bringende Substanz besteht oftmals aus Fischschuppen.

 Zum Weiterlesen:

- Wasser – kein ganz gewöhnlicher Stoff, S. 524
- Fett mag Fett und macht fett, S. 588
- Nicht nur Schaumschläger: Seifen und Waschmittel, S. 590

Das Periodensystem der Elemente

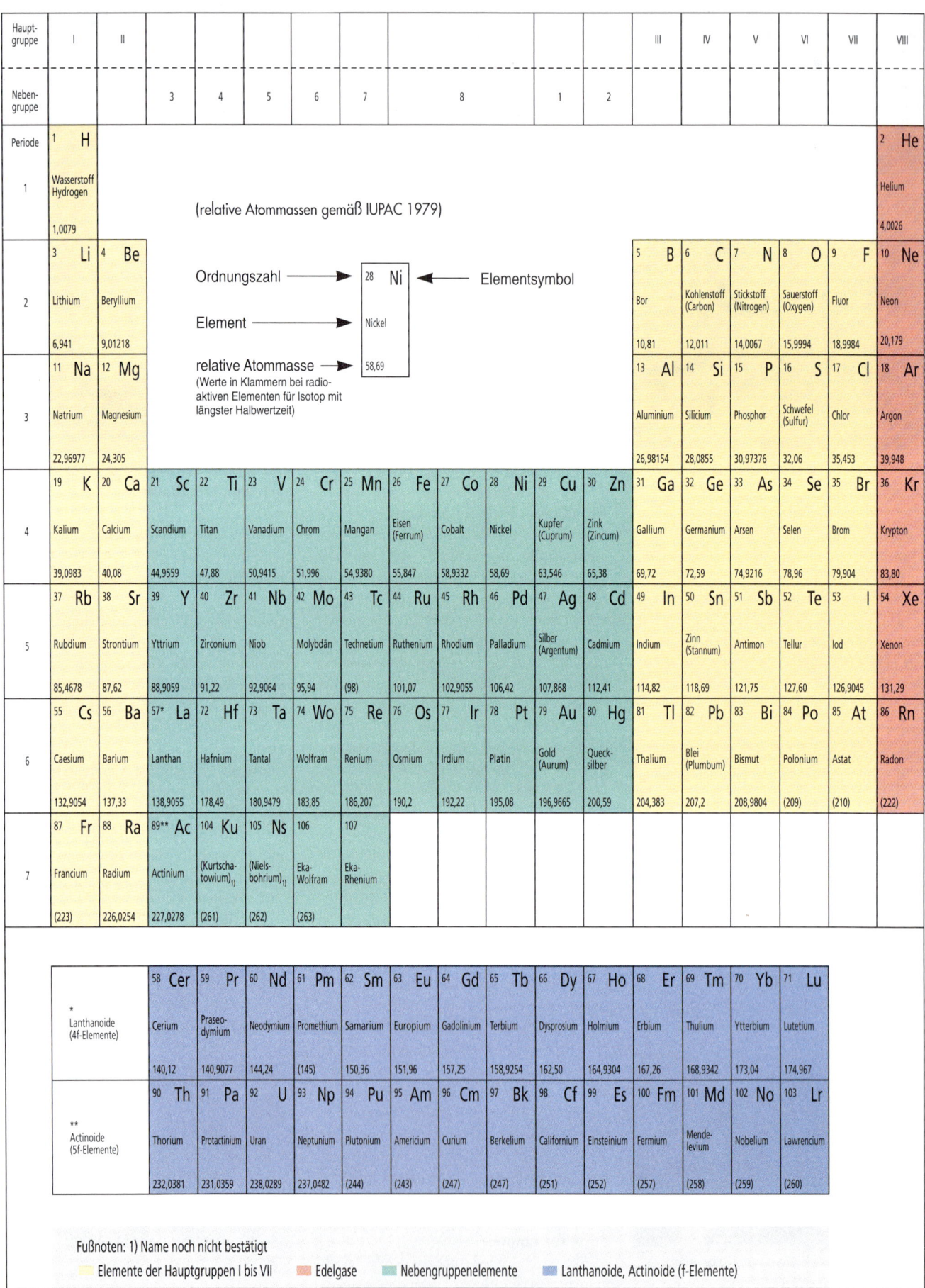

Element-name	Dichte (g/cm³, bei Gasen: g/l)	Schmelz-temperatur (in °C)	Siede-temperatur (in °C)	Elektro-negativität	häufigste Oxidations-zahlen
Actinium	10,1	~1050	~3200	1,0	III
Aluminium	2,7	660	2450	1,5	III
Americium	11,7	1173	2600	1,3	III,IV
Antimon	6,68	630	1570	1,9	III, V
Argon	1,66	−189	−186	–	–
Arsen	5,72	613 (s)	817 (p)	2,2	III, V
Astat	–	~302	~335	2,2	–I, III
Barium	3,76	725	1640	0,9	II
Berkelium	~14	~1000	–	1,3	III, IV
Beryllium	1,85	1280	2480	1,5	II
Bismut	9,8	271	1560	1,9	III, V
Blei	11,4	327	1740	1,8	II, IV
Bor	2,46	2180	3660	2,0	III
Brom	3,12	−7	59	2,8	-I
Cadmium	8,65	321	765	1,5	II
Caesium	1,90	28	669	0,8	I
Calcium	1,54	839	1484	1,0	II
Californium	–	900	–	1,3	III
Cerium	6,78	795	3470	1,1	III, IV
Chlor	3,2	−101	−35	3,0	–I
Chrom	7,19	1900	2642	1,6	III, VI
Cobalt	8,9	1495	~3185	1,8	II, III
Curium	13,5	1340	3110	1,3	III
Dysprosium	8,54	1410	2600	1,2	III
Einsteinium	–	~900	–	1,3	III
Eisen	7,86	1540	2860	1,8	III, II
Eka-Wolfram	–	–	–	–	–
Eka-Rhenium	–	–	–	–	–
Erbium	9,05	1500	2900	1,2	III
Europium	5,26	826	1440	1,0	III, II
Fermium	–	–	–	1,3	I, II
Fluor	1,7	−220	−188	4,0	–I
Francium	–	~27	~677	0,7	I
Gadolinium	7,89	1310	>3000	1,2	III
Gallium	5,91	30	2403	1,8	III
Germanium	5,35	937	2830	2,0	IV, II
Gold	19,3	1064	2950	1,4	III, I
Hafnium	13,1	2227	4602	1,3	IV
Helium	0,18	−272(p)	−269	–	–
Holmium	8,8	1460	2600	1,2	III
Indium	7,31	156	2080	1,7	III
Iod	4,93	113	184	2,5	–I
Iridium	22,65	2450	4430	2,2	III, IV
Kalium	0,86	64	760	0,9	I
Kohlenstoff	2,26	3730 (s)	4827	2,5	IV
Krypton	3,7	−157	−153	–	–
Kupfer	8,96	1083	2600	1,9	II, I
Kurtschatowium	–	–	–	–	–
Lanthan	6,17	920	3470	1,1	III
Lawrencium	–	–	–	–	–
Lithium	0,53	180	1370	1,0	I
Lutetium	9,84	1650	3330	1,2	III
Magnesium	1,74	649	1107	1,2	II
Mangan	7,21	1247	2150	1,5	II, VII

Element-name	Dichte (g/cm³, bei Gasen: g/l)	Schmelz-temperatur (in °C)	Siede-temperatur (in °C)	Elektro-negativität	häufigste Oxidations-zahlen
Mendelevium	–	–	–	1,3	–
Molybdän	10,2	2620	4800	1,3	VI, V
Natrium	0,97	98	883	1,0	I
Neodymium	7	1021	3030	1,2	III
Neon	0,89	−249	−246	–	–
Neptunium	20,4	640	~3900	1,3	IV, V
Nickel	8,9	1455	2730	1,8	II, III
Nielsbohrium	–	–	–	–	–
Niob	8,57	2468	3300	1,6	V, III
Nobelium	–	~3050	–	1,3	–
Osmium	22,71	2700	5300	2,2	IV, VI
Palladium	12	1550	2970	2,2	II, IV
Phosphor	1,82	44	280	2,1	V, –III
Platin	21,4	1772	3827	2,2	IV, II
Plutonium	19,8	640	3230	1,3	IV, VI
Polonium	9,4	254	962	2,0	IV, II
Praseodymium	6,77	931	3250	1,1	III, IV
Promethium	7,22	1030	~3000	1,1	III
Protactinium	15,4	1230	–	1,5	V, IV
Quecksilber	13,54	−39	357	1,4	II, I
Radium	5	700	1530	0,9	II
Radon	9,96	−71	−62	–	–
Rhenium	21	3180	5627	1,9	VII
Rhodium	12,4	1966	3727	2,2	III
Rubidium	1,53	39	688	0,8	I
Ruthenium	12,3	2310	3900	2,2	IV, III
Samarium	7,54	1070	1900	1,2	III, II
Sauerstoff	1,43	−219	−183	3,5	–II,–I
Scandium	3	1541	2836	1,3	III
Schwefel	2,07	119	445	2,5	–II, VI
Selen	4,81	217	685	2,5	–II, IV
Silber	10,5	961	2210	1,4	I
Silicium	2,32	1410	2680	1,8	IV
Stickstoff	1,25	−210	−196	3,0	V, –III
Strontium	2,6	769	1384	1,0	II
Tantal	16,6	2996	5425	1,5	V
Technetium	11,5	2140	4877	1,9	VII
Tellur	6,24	449	990	2,1	IV,–II
Terbium	8,27	1360	2800	1,2	III, IV
Thallium	11,85	303	1457	1,8	I, III
Thorium	11,7	1845	4790	1,3	IV
Thulium	9,33	1550	1730	1,2	III, II
Titan	4,51	1660	3287	1,5	IV, II
Uran	19	1130	3818	1,4	VI, V
Vanadium	6,1	1890	3450	1,6	V, IV
Wasserstoff	0,089	−259	−253	2,2	I, –I
Wolfram	19,3	3410	~5900	1,4	VI, V
Xenon	5,89	−112	−108	–	–
Ytterbium	6,98	824	1520	1,1	III, II
Yttrium	4,47	1522	3338	1,3	III
Zink	7,14	419	907	1,6	II
Zinn	7,3	232	2270	1,8	IV, II
Zirconium	6,49	1852	4377	1,4	IV

s: sublimiert   p: unter Druck   –: Wert nicht bekannt

Feste Elemente
Flüssige Elemente
Gasförmige Elemente
Natürliche radioaktive Elemente
(Feststoffe bis auf Radon)
Künstliche radioaktive Elemente
(Feststoffe)

Einige Basisgrößen

Größe	Symbol	Einheit
Masse	m	kg, g
Volumen	V	cm³, m³, l
Temperatur	T	K (Kelvin), °C [1]
Stoffmenge	n	mol [2]

1) Es gilt: $0\,K = -273{,}15\,°C$
         $0\,°C = 273{,}15\,K$
2) Es gilt: $1\,mol = 6{,}022 \cdot 10^{23}\,\frac{1}{mol}$

Einige abgeleitete Größen

Größe	Symbol	Größengleichung
Dichte	ρ	$\rho = \frac{m}{V}$
Konzentration	c	$c = \frac{n}{V}$
molare Masse	M	$M = \frac{m}{n}$

Einige Grundkonstanten

Atomare Masseneinheit u
$1u = 1{,}660 \cdot 10^{-27}\,kg$

Avogadro-Konstante N_A
$6{,}022 \cdot 10^{23}\,\frac{1}{mol}$

Molares Volumen von Gasen
(bei 0°C, 1013 hPa) $22{,}414\,\frac{1}{mol}$

Übergang der Aggregatzustände

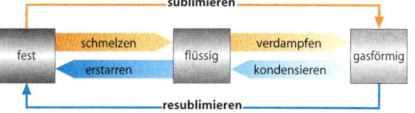

fest — schmelzen / erstarren — flüssig — verdampfen / kondensieren — gasförmig — sublimieren — resublimieren

Zum Weiterlesen:

• Die Chemie und ihre Liebe zur Ordnung, S. 482
• Metalle – das Grundgerüst unserer Technik, S. 504
• Auch schlecht kann gut sein, S. 516

Erdkunde

Durch Zeit und Raum: Die Geheimnisse der Erde   608

Mensch und Natur
Blick in die Welt – früher und heute   610
Vom Meer zum Hochgebirge – Blick auf Deutschland   612
Am Meer   614
In den Alpen   616
Vom Wetter zum Klima   618

Die Landwirtschaft
Ackerbau und Viehzucht in den Börden Deutschlands   620
Viehwirtschaft im Allgäu und in der Marsch   622
Sonderkulturen am Bodensee   624
Apfelsinen aus Spanien und Reis aus Java   626

Rohstoffe und ihre Verarbeitung
Steinkohle aus dem Ruhrgebiet   628
Braunkohle aus der Kölner Bucht und der Lausitz   630
Erdöl aus der Wüste und der Nordsee   632
Chemische Industrie in Ludwigshafen und Halle-Leipzig   634
Stahl und Autos aus dem Ruhrgebiet   636

Stadt und Umland
Dörfer ändern ihr Gesicht   638
Versorgung mit Dienstleistungen und Gütern   639
Versorgung und Entsorgung – Wasser und Müll   640
Die Großstadt hat viele Gesichter und Funktionen   642
Die Hauptstadtregion Brandenburg   644
Hauptstadt Berlin   646

Erholung und Reisen
Park – Erholungsgebiet nicht nur im Nahraum   648
Badeurlaub am Mittelmeer und an deutschen Küsten   650
Urlaub im Mittel- und Hochgebirge   652

Leben unter extremen Bedingungen
In den Polargebieten   654
In der Wüste   656
Im tropischen Regenwald   660

Die Natur hat System
Tageszeiten – Jahreszeiten   664
Wärmezonen und Windgürtel   666
Klimazonen und Landschaftsgürtel der Erde   670
Meeresströmungen und Höhenstufen   672

Menschen suchen neuen Lebensraum
Weltweite Wanderungsbewegungen   674
Wanderungsbewegungen in Deutschland   676
Israel – Aufbau eines neuen Staates   678

Eine Welt für alle
Entwicklungsländer – Teufelskreis der Armut   680
Indien – Entwicklungsland mit traditionellen Strukturen   682
Nigeria – Kampf um den Fortschritt   684
Brasilien – ein Schwellenland   686
Entwicklungshilfe – Entwicklungsprojekte   688

Weltmacht USA
Größe und Vielfalt 690
Agrarland der Superlative 692
Industriegürtel 694
Verstädterung 696

Von der UdSSR zur GUS
Von der UdSSR zur GUS 698
Landwirtschaft und ihre Bedingungen 700
Industrie im Wandel 702

Asiatische Lebensräume
Japan – ein Zwerg als Wirtschaftsriese 704
Japan – enger und gefährdeter Raum 706
China – Land der Gegensätze 707
China auf neuen Wegen 708

Die Erde – ein unruhiger Planet
Kräfte aus dem Erdinnern 710
Formenwandel an der Erdoberfläche 714
Naturkatastrophen 716

Strukturwandel in Industrieräumen
Strukturwandel im Ruhrgebiet 718
Großbritannien – Strukturwandel in der Industrie 720
Frankfurt – ein Dienstleistungszentrum 721

Aktuelle Raumplanung
Raumordnung – Aufgaben und Ziele 722
Berlin – Raumplanung für die Hauptstadt 724
Paris – Dezentralisierung durch Raumplanung 725
Das Deltaprojekt – Raumordnung in den Niederlanden 726

Europa wächst zusammen
Europa – Einheit und Vielfalt 728
Entstehung und Aufbau der Europäischen Union 730
Portugal in der EU 732
Polen – auf dem Weg in die EU 733
Europäische Projekte – europäische Verkehrswege 734

Welthandel und Weltverkehr
Weltmarkt und Welthandelsgüter 736
Welthandelsmächte und ihre Verbindungen 738
Weltverkehr 740

Grenzen des Wachstums
Wachstum der Erdbevölkerung 742
Energieversorgung 744
Umweltbelastung 746
Weltpark Antarktis 748

Flaggen der Welt 750

Durch Zeit und Raum: Die Geheimnisse der Erde

Dieses Fachgebiet ist im wahrsten Sinne des Wortes weitgespannt: Es umfasst Geographie, Geologie, Geophysik, Archäologie und Paläontologie, Astronomie, Metereologie sowie Luft- und Raumfahrttechnik. Damit liefert es eine Reise durch Zeit und Raum, vom Nächsten bis zum Fernsten. Die Erdbeschaffenheit vor der eigenen Haustür kann hier ebenso Forschungsgegenstand werden wie das Licht ferner Planeten, die Knochen längst ausgestorbener Tiere werden ebenso untersucht wie Themen, die für viele Menschen eher in den Bereich der Science-Fiction gehören.

Themen wie „Tanz am Saturnhimmel" und „Das Geheimnis der Pyramide von Gizeh – ein Modellversuch" mögen utopisch und phantastisch klingen, ebenso wie „Jupiter und der Aufbau seiner Monde" oder „Skyscape – Himmelslandschaften aus dem Computer". Für die Teilnehmer von *Jugend forscht* (Teilnahmebedingungen und Informationen auf Seite 896) waren es zwar nicht gerade Themen wie alle anderen auch, aber doch Forschungsgegenstände, die gleichberechtigt neben anderen, vielleicht traditioneller klingenden standen.

Erde, Wasser, Luft und Feuer

Vulkanausbrüche haben die Menschheit schon immer fasziniert. Dass die Katastrophen trotz aller verheerenden Folgen auch beträchtliche Schauwerte besitzen, lässt sich auf zahlreichen Gemälden aus vergangenen Jahrhunderten verfolgen. Sabrina Ließ, Julika Riegert und May-Britt Förster (Abb. 1) nahmen sich einen historischen Vulkanausbruch vor, nämlich den des aktiven Vulkans Fossa auf der Insel Vulcano nördlich von Sizilien, der sich vom August 1888 bis zum März 1890, also über 20 Monate hinzog. Sie untersuchten dazu mit mikro- und makroskopischen Methoden Gesteinsproben aus verschiedenen Tiefen. Die chemische Zusammensetzung des Materials, die Größe der Auswurfprodukte sowie Art und Anzahl der Einschlüsse in den verschiedenen Schichten lieferten ihnen Anhaltspunkte für den Eruptionsrhythmus. Ihre Erkenntnisse tragen nicht nur dazu bei, mehr über die Dynamik von Vulkanausbrüchen zu erfahren, sondern sollen auch dabei helfen, zukünftige Ausbrüche vorherzusagen.

Vom Feuer ins Wasser: Mit der vom Aussterben bedrohten Flussperlmuschel beschäftigte sich Jürgen Geist (Abb. 2) Warum diese Muscheln meist jung sterben, obwohl sie eigentlich bis zu 120 Jahre alt werden können, wollte der Student der TU Mün-

Abb. 1: Sabrina Ließ, Julika Riegert, und May-Britt Förster (alle 19) forschten über den Eruptionsrhythmus des Fossa-Vulkans

chen wissen. Die Tiere vergraben sich während eines bestimmten Entwicklungsstadiums im Boden und erscheinen erst fünf Jahre später wieder an der Sedimentoberfläche. Die Gewässerbelastung, die ansonsten vielen Muscheln und anderen Flusslebewesen zu schaffen macht, kam als Auslöser für den frühen Muscheltod dieses Mal nicht in Frage. So wandte sich Jürgen Geist der Struktur und Zusammensetzung des Sediments zu und entdeckte tatsächlich einen Zusammenhang zwischen der Überal-

terungsrate der Perlmuschelpopulationen und den Feinkornbelastungen des Gewässers. Für die Probenahme der Sedimente entwickelte er übrigens ein sowohl kostengünstiges als auch gewässerschonendes Verfahren, das sich im praktischen Einsatz hervorragend bewährte.

Wie kann man die Strahlenbelastung im Alltag, zum Beispiel bei Flugreisen oder durch Röntgenaufnahmen, kompensieren? Mit diesem Problem beschäftigten sich Ulrich und Beatrice Vogel aus Hamburg. Das

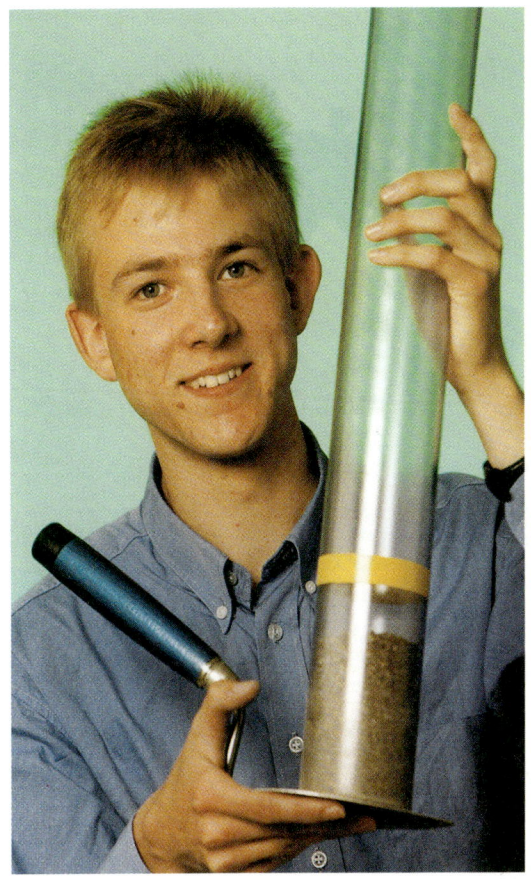

Abb. 2: Jürgen Geist (20) und seine Sedimentuntersuchungen in Flussperlmuschelgewässern des Landkreises Hof

Geschwisterpaar entwickelte einen Radioraptor, der als eine Art Staubsauger radioaktive Partikel aus der Atemluft filtert und mit einem Messgerät ausgestattet ist, das selbst geringe Strahlenbelastungen nachweisen kann. Die Strahlenbelastung im Alltag sollte man nicht unterschätzen: Schließlich braucht der Mensch mehrere Wochen in gereinigter Luft, um beispielsweise die Strahlenexposition nach einer Röntgenaufnahme der Lunge wieder auszugleichen.

Und nun das Wetter

Kaum ein Thema interessiert die Menschen unserer Breitengrade so sehr wie das Wetter. Kein Wunder, wechselt es doch ständig, oft sogar mehrmals täglich. Es hat Einfluss auf so wesentliche Dinge wie die Landwirtschaft, den Tourismus und nicht zuletzt unsere Stimmung. Trivial klingende, aber für unser Wohlergehen und Glücklichsein extrem wichtige Fragen hängen teilweise oder vollkommen vom Wetter ab, darunter: „Spielen wir morgen Fußball?", „Findet das Picknick statt?", „Muss ich noch den Garten gießen?" oder: „Was soll ich anziehen?"

Da erstaunt es ganz und gar nicht, dass sich auch die Teilnehmer von *Jugend forscht* gern und ausführlich mit dem Wetter beschäftigen. Das Themenspektrum reicht von „Gibt es einen Zusammenhang zwischen Ebbe/Flut und dem Niederschlag?" über „Wetterkartenempfang mit einem selbst gebauten Gerät" bis zu „WETCON – Wetter-Control. Ein automatisches Wetterbeobachtungs- und Informationssystem" (Abb. 3).

Der Griff nach den Sternen

Die Sonne ist für uns eine feste Größe – es gibt aber auch Sterne, die regelmäßig ihre Größe ändern. Zu diesen sogenannten Pulsationsveränderlichen gehört der Stern DY Peg. Markus Ganzmann, Jochen Koch und Florian Rühle beobachteten diesen Stern mehrere Nächte lang und bestimmten seine Periode, die Änderung seiner Größe sowie seine Farbe und Temperatur. Sie maßen seine Helligkeitsschwankungen und konnten daraus auch die Entfernung „ihres" Sterns berechnen, wobei sie auch die Auswirkungen der Erdatmosphäre dieses und der benachbarten Sterne berücksichtigten.

Mit Sternen, die keine mehr sind, beschäftigte sich Christine Muschnig aus Germering in Bayern: Sie spürte dem „Übergang zwischen Neutronenstern und Schwarzem Loch" nach. Sterne sind nämlich im Grunde sehr anfällige Gebilde, in deren Inneren ein ständiger Kampf tobt zwischen dem Druck der Materie und der Gravitation, die den Stern zusammenziehen will. Hat der Stern eine gewisse Masse erreicht, kann die Materie der Gewalt der Schwerkraft nicht mehr standhalten und fällt zu einem Schwarzen Loch zusammen. Die Schülerin untersuchte nun Neutronensterne – sehr massenreiche Sterne am Ende ihrer Lebensdauer –, um herauszufinden, wo die kritische Grenze liegt, jenseits derer ein Stern instabil wird. Sie fand heraus, dass die maximale Größe für Neutronensterne bei einem Gewicht von etwa zwei Sonnenmassen und einem Durchmesser von 20 km liegt. Zum Vergleich und zur Beruhigung: Unsere Sonne hat einen Durchmesser von 1 392 700 km, das entspricht dem 109-fachen Erddurchmesser. Ein wichtiger Faktor für das Entstehen Schwarzer Löcher ist jedoch das Verhalten von Materie unter Extrembedingungen – ein Rätsel, das auch Fachwissenschaftler noch nicht gelöst haben.

Sonderpreise

Die beste Arbeit aus dem Bereich der Luft- und Raumfahrt wird übrigens vom Deutschen Zentrum für Luft- und Raumfahrt e.V. mit einem Sonderpreis belohnt.

Einen weiteren Sonderpreis gibt es für eine besonders gute Arbeit aus dem Bereich des geowissenschaftlichen Unterrichts; er wird vom Verband Deutscher Schulgeographen verliehen.

Beide Sonderpreise werden auf dem Bundeswettbewerb *Jugend forscht* vergeben.

Abb. 3: Ein gestandener Meteorologe: Helge Städler und sein automatisches Wetterbeobachtungssystem

Blick in die Welt – früher und heute

Erdkunde

Gewürze aus Indien! Für uns heute eine Selbstverständlichkeit, in jedem Supermarkt zu haben. Doch vor etwa 500 Jahren etwas ganz Besonderes bei der Nahrungszubereitung auf europäischen Speiseplänen, wertvoll wie Silber und nur unter größten Schwierigkeiten zu beschaffen. Kriegerische Araberstämme kontrollierten damals den Landweg nach Indien, China und den anderen Ländern im fernen Asien. Nur unter großen Gefahren, Verlusten und Mühen konnten die begehrten Gewürze und Schätze nach Europa gebracht werden. Wen wundert's, dass europäische Händler sehr daran interessiert waren, einen Seeweg nach Indien zu finden.

Und das wollte **Kolumbus** um jeden Preis, denn er war davon überzeugt, dass die Erde eine Kugel ist. Schon griechische Gelehrte wussten vor mehr als 2500 Jahren um die **Kugelgestalt** der Erde. Doch dieses Wissen wurde nicht weitergegeben und ging verloren. So glaubte man, die Erde sei eine fest stehende Scheibe. Um diese bewegten sich nach der Vorstellung der damaligen Menschen Sonne, Mond und Sterne in einem Himmelsgewölbe, das vergleichbar mit einer Käseglocke wie eine Kuppel über der Erde liegt. Als im 15. Jahrhundert mutige Gelehrte behaupteten, die Erde sei eine Kugel, wurden sie verfolgt und belacht.

Doch Kolumbus vertraute auf die Meinung der Gelehrten, segelte von Spanien aus immer nach Westen. Er glaubte fest daran, auf diese Weise auf dem Seeweg nach Indien zu gelangen, denn Asien, so war damals bekannt, lag östlich von Europa. Was Kolumbus jedoch nicht wusste: Zwischen Europa und Asien lag ein bis dahin noch unbekannter Kontinent, nämlich Amerika. Als Kolumbus 1492 landete, nannte er das für Spanien entdeckte Land Westindien, die heutigen Westindischen Inseln.

Im Jahre 1498 fand der Portugiese Vasco da Gama den Seeweg nach Indien. Er segelte um Afrika herum und dann nach Osten. Doch damit war die Kugelgestalt der Erde immer noch nicht ganz bewiesen. 1519 startete eine spanische Flotte mit 260 Mann Besatzung unter Kapitän Magellan mit fünf Schiffen, um die Erde zu umsegeln. Doch wie weit reichte Amerika nach Süden? Es schien keine Verbindung zwischen den Ozeanen zu geben. Endlich fand er weit im Süden eine Meeresstraße, die den Durchgang erlaubte und später nach ihm Magellan-Straße benannt wurde. Das riesige Meer, das die Spanier dann drei Monate durchsegelten, nannten sie „mare pacificum" oder Stiller Ozean. Erst 1522 kehrte nach vielen Entbehrungen der Rest der Expedition zurück: 18 völlig erschöpfte Männer mit nur einem Schiff meldeten dem König, dass erstmals das Rund der Erde umsegelt worden war. Gegenwärtig steht der Rekord für eine Non-Stop-Weltumsegelung bei sagenhaften 71 Tagen und 14 Stunden.

Abb. 1: Satellitenfoto der Erde

Und heute? Die Erde ist erforscht. Täglich liefern – für uns selbstverständlich – zahlreiche Satelliten aus dem Weltraum ihre Bilder, die die Kugelgestalt der Erde deutlich sichtbar machen (Abb. 1). 1942 gelang der erste Start einer Rakete. 1957 brachte die damalige Sowjetunion den ersten künstlichen Satelliten, Sputnik 1, in eine Erdumlaufbahn. Sputnik 2 folgte vier Wochen später mit der Hündin Leika an Bord. 1961 umkreiste der erste Mensch, der sowjetische Kosmonaut Juri Gagarin, die Erde. Wovon die Entdecker früher kaum träumen konnten, sah er als erster Mensch von oben aus der Vogelperspektive: die **Kontinente**, Weltmeere, Inseln, die großen Ströme der Erde, Gebirgszüge und Seen. Die Erde in ihrer Kugelgestalt, die Krümmung der Erdoberfläche, was wir als **Horizont** wahrnehmen, erblickte er aus dem Weltraum.

Auf den Satellitenbildern sieht man, dass Kontinente und Weltmeere das Bild der Erdoberfläche bestimmen: Wie riesige Inseln ragen die sieben Kontinente aus den drei großen **Ozeanen**: Nordamerika 24 Millionen km², Südamerika 18 Millionen km², Europa 10 Millionen km², Asien 44 Millionen km², Afrika 30 Millionen km², Australien 9 Millionen km², Antarktis 14 Millionen km².

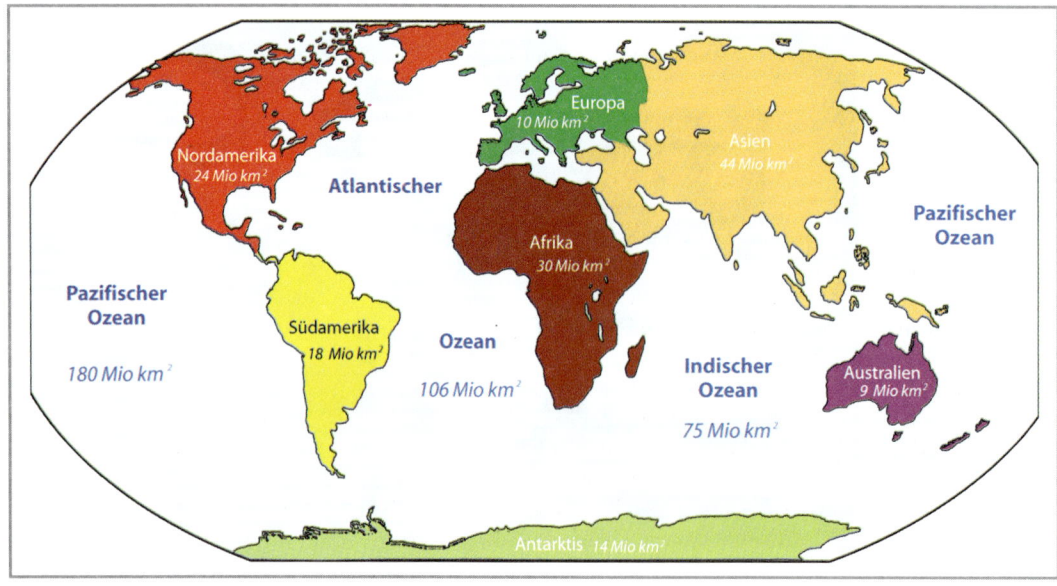

Abb. 2: Die Flächenverteilung auf der Erde

Wasser und Land sind auf der Erdoberfläche ungleichmäßig verteilt. Der größte Teil des Festlandes liegt auf der Nordhalbkugel der Erde. Landbrücken oder Inselketten verbinden viele Kontinente. Die Ozeane erscheinen dem Betrachter von oben als einförmige, unendlich weite Wasserflächen: der Atlantische Ozean mit 106 Millionen km², der Pazifische Ozean mit 180 Millionen km², der Indische Ozean mit 75 Millionen km². Auch von der Bodengestalt der Weltmeere hat man heute ein genaues Bild. Becken und Gräben und sogar unterirdische Gebirge, die Rücken, verschaffen den Meeresböden eine ähnliche Vielfalt, wie sie die Erdoberfläche aufweist (Abb. 2).

Wie orientiert man sich nun auf der Erde? Die Kompassnadel zeigt immer nach Norden (Abb. 3). Diese magnetische Nordrichtung weicht etwas von der tatsächlichen Nordrichtung ab. Im Gelände gilt für die Orientierung nach dem Stand der

die Unglücksstelle zu nehmen. Der Funker gab pausenlos die Position des Schiffes durch: 42 Grad nördlicher Breite und 50 Grad westlicher Länge! Für etwa 700 Menschen kamen die heranfahrenden Schiffe noch rechtzeitig, weil die Standortbestimmung der Titanic so genau war und die Retter gezielt Kurs auf die Unglücksstelle nehmen konnten.

Auf ihren Karten konnten die Kapitäne mit Hilfe eines eingezeichneten Gitternetzes, dem **Gradnetz**, den Standort bestimmen (Abb. 4). Man denkt sich ein Netz unsichtbarer senkrechter und waagerechter Linien über die Erde gespannt. Dieses Gradnetz besteht aus Längen- und Breitenkreisen. Aus dem Schnittpunkt eines Breitenkreises mit einem Längenkreis kann jeder Punkt auf der Erde genau bestimmt werden. Das kann man sich gut am **Globus**, der das verkleinerte, kugelförmige Abbild der Erde ist, verdeutlichen.

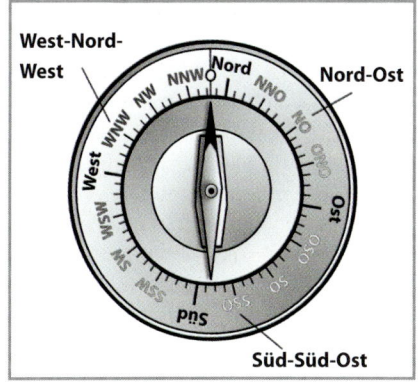

Abb. 3: Der Kompass

Um die Erde auch in westöstlicher Richtung einzuteilen, denkt man sich Linien, die senkrecht zu den Breitenkreisen verlaufen und von Pol zu Pol „gespannt" werden. Diese Halbkreise nennt man Längenkreise oder **Meridiane** (Mittagslinien). Der Name kommt daher, weil alle Orte, die auf demsel-

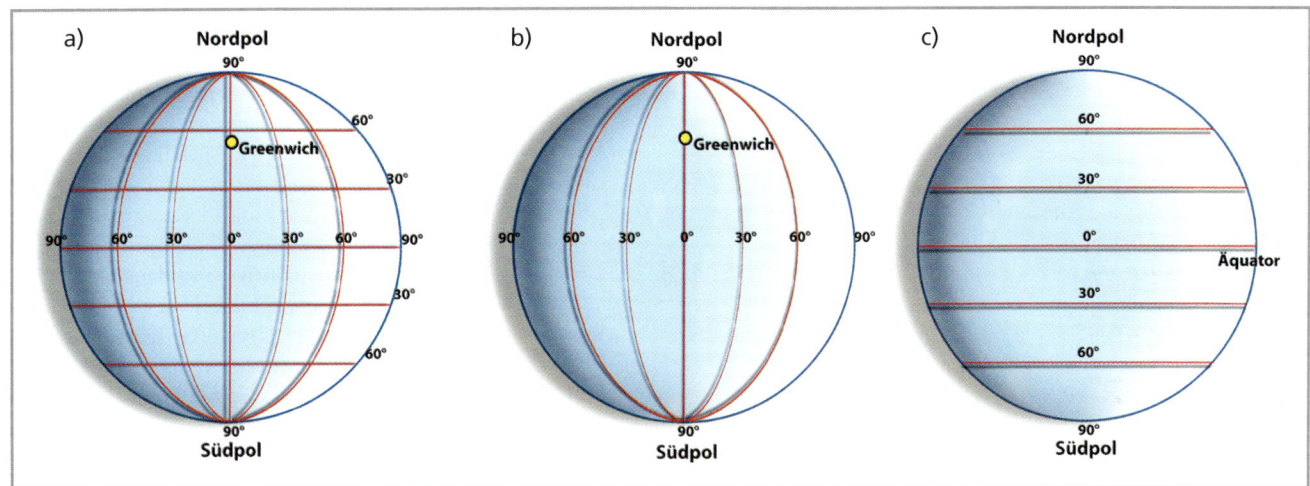

Abb. 4: a) Das Gradnetz b) Längenkreise c) Breitenkreise

Sonne der Spruch: Im Osten geht die Sonne auf, im Süden ist ihr Mittagslauf, im Westen will sie untergehn, im Norden ist sie nie zu sehn.

Auch mit Hilfe der Sterne ist eine Orientierung in der Nacht möglich: Der Polarstern steht fast genau im Norden.

Wie kann man nun auf der Erde seinen Standort angeben?

Eine Schiffskatastrophe, von der heute noch gesprochen wird: Am 15. April 1912 rammte die Titanic, das größte und modernste Passagierschiff der damaligen Zeit, auf ihrer ersten Fahrt im Nordatlantik einen Eisberg. Der britische Luxusdampfer, der eigentlich als unsinkbar galt, versank in kurzer Zeit in den eisigen Fluten und mit ihm etwa 1500 Passagiere. Die SOS-Rufe des Funkers alarmierten andere Schiffe, sofort Kurs auf

Eine waagerechte Linie verläuft in gleichem Abstand zu den Polen um die Erde. Sie teilt die Erdkugel genau in zwei gleiche Hälften, in die Nord- und die Südhalbkugel. Diese Linie, ein Breitenkreis, heißt **Äquator**, was so viel bedeutet wie „Gleichmacher". Zwischen dem Äquator und den Polen verlaufen jeweils in gleichem Abstand parallel zum Äquator 90 Breitenkreise. Der Abstand von einem Breitenkreis zum nächsten beträgt 111 Kilometer. Der Äquator hat die Breitenbezeichnung 0 Grad. Von hier aus zählt man 90 Breitenkreise nach Norden, die nördliche Breite (N), und 90 Breitenkreise nach Süden, die südliche Breite (S). Da der Umfang der Erde zu den Polen immer mehr abnimmt, ist der jeweils 90. Breitenkreis, also der Nord- und der Südpol, nur noch ein Punkt.

ben Meridian liegen, zur gleichen Zeit Mittag haben. Man hat international festgelegt, dass der Nullmeridian durch die Sternwarte von Greenwich bei London verläuft. Von hier zählt man 180 Grad nach Westen, die westliche Länge (W), und 180 Grad nach Osten, die östliche Länge (O).

 Zum Weiterlesen:

- Vom Meer zum Hochgebirge, S. 612
- Wärmezonen u. Windgürtel, S. 666
- Klimazonen, S. 670
- Meeresströmungen, S. 672
- Kräfte aus dem Erdinnern, S. 710

Vom Meer zum Hochgebirge – Blick auf Deutschland

Nicht nur in der weiten Welt, auch in Deutschland sollte man sich orientieren können.

Könnte man Deutschland aus der Vogelperspektive betrachten, sähe man von Norden nach Süden reich gegliedert und vielgestaltig folgende Abfolge von vier Großlandschaften (Abb. 1): Ganz im Norden entdeckt man die **Nord- und Ostseeküste** mit den vorgelagerten Inseln, den Ostfriesischen Inseln, den Nordfriesischen Inseln, Helgoland, Fehmarn, Rügen, Usedom und Wollin. An die Küste schließt das **Norddeutsche Tiefland** an. Dieses wurde zu Zeiten geprägt, in denen ein ganz anderes, viel kälteres Klima herrschte als heute. Die Eiszeit hat ihre Spuren in der Landschaft hinterlassen, aber auch Vorgänge aus der jüngsten Zeit der Erdgeschichte sind zu entdecken.

Im Westen bis in den Kölner Raum und im Osten bis zur Leipziger Bucht erstreckt sich das Norddeutsche Tiefland bis an den Rand der Mittelgebirge. Die Oberflächenformen sind kaum bewegt und werden nur von einzelnen Höhenrücken unterbrochen, die jedoch auch nicht höher als 200 Meter sind. An der Nordseeküste zieht sich ein fruchtbarer Marschlandstreifen entlang, der in der jüngsten Erdgeschichte entstanden ist.

Weite Tieflandbuchten bilden den Übergang zur meist waldreichen **Mittelgebirgsregion**. Vom Schwarzwald im Südwesten bis zum Harz und Thüringer Wald im Norden und dem Bayerischen Wald und dem Erzgebirge im Osten ist das Aussehen dieser Landschaften durch überwiegend weiche, abgerundete Formen geprägt, die erdgeschichtlich schon sehr alt sind. Deshalb sind die ehemals schroffen Formen im Laufe von Millionen

Abb. 2: Die Seilbahn führt auf den höchsten Berg Deutschlands

Jahren abgetragen und abgerundet worden. Über 1500 Meter Höhe geht es nicht hinaus.

Südlich der Donau sieht man dann das **Alpenvorland**, das sanft von 400 auf etwa 700 Meter ansteigt. Auch hier erkennt man überall die Spuren der Eiszeit mit Moränenablagerungen, Zungenbecken und von der Eiszeit überformten Flusstälern. Der Bodensee und der Chiemsee verdanken ihre Entstehung auch der Eiszeit. Je mehr man sich im Süden den Alpen nähert, desto hügeliger wird die Oberflächenform.

Mit ihren schroffen Formen ragen die Alpen, ein **Hochgebirge** und das höchste Gebirge Europas, aus dem Alpenvorland auf. Deutschland hat jedoch nur mit den Allgäuer und den Bayerischen Alpen, die zu den nördlichen Kalkalpen gehören, Anteil an diesem Hochgebirge. Schroffe Grate, hohe, nackte Felswände, tief eingeschnittene Täler und Gipfel mit ewigem Schnee kennzeichnen die Alpen. Sie sind ein junges Faltengebirge, dessen Schichten erst in der jüngeren Erdgeschichte, im Tertiär, gefaltet und herausgehoben wurden. Die Zugspitze bei Garmisch-Partenkirchen im Wettersteingebirge ist mit 2962 Metern der höchste Berg Deutschlands (Abb. 2). Der Montblanc, mit 4807 Metern der höchste Berg der Alpen, liegt in Frankreich.

So ein Bild könnte man sich machen, flöge man über die Landschaften. Aber man kann ja nicht immer erst fliegen, wenn man rasch einen Blick auf ein Gebiet der Erde werfen will, um sich zu orientieren. Ganz schnell geht das mit Hilfe von **Karten**. Das Lesen von Karten ist keine Kunst oder Zau-

Abb. 1: Deutschland - von der Küste bis ins Gebirge

Nordsee

Ostsee

Hamburg
Bremen
Hannover
Berlin
Leipzig
Dresden
Köln
Chemnitz
Nürnberg
Stuttgart
München

Erdkunde

berei, man muss sich nur einige einfache Dinge verdeutlichen.

Jede Karte ist nichts anderes als ein verkleinertes Bild der Wirklichkeit. Heute werden Karten unter Auswertung von Luftbildern hergestellt. Bei einem **Luftbild** – das ist eine Senkrechtaufnahme von einem Flugzeug oder Satelliten aus – erhält man noch ein recht naturgetreues, aber eben verkleinertes Abbild von einem Teil der Erdoberfläche. So sieht man auf einem Luftbild von einer Landschaft mit einem See z. B. Segelboote, sommerlichen Pflanzenwuchs, Autos, Häuser mit roten Dächern und vieles mehr (Abb. 3). Eine Augenblicksaufnahme ist also entstanden, auf der individuelle Einzelheiten zu sehen sind.

Die Karte dagegen verallgemeinert den Zustand der dargestellten Landschaft, man nennt das generalisieren: Weil eine Karte lange gültig sein soll, stellt man eben nicht individuelle Einzelheiten und Unwichtiges dar, sondern nur Wesentliches. Dazu verwendet man bestimmte Zeichen, die man **Signaturen** nennt. Außerdem kann die Karte zusätzliche Informationen enthalten, durch Schrift werden z. B. Städte- und Flussnamen oder durch Linien die Geländegestalt verdeutlicht.

Abb. 3: Luftaufnahme von Hannover

Da gibt es nun Karten, auf denen eine Stadt oder nur ein Stadtteil dargestellt ist, aber auch welche, auf der man die ganze Erde sieht. Wie ist das möglich? Um das zu verstehen, muss man etwas über den **Maßstab** wissen. Selbstverständlich kann eine Karte die Erdoberfläche oder auch nur Teile davon nicht in der wirklichen, in der Natur vorkommenden Größe abbilden. Die Karte muss kleiner sein als die Wirklichkeit. Um wie viel die Karte kleiner ist als die Wirklichkeit, das gibt der Maßstab an. Nun muss man sich nur noch aus der Mathematik etwas ins Gedächtnis rufen: ein Kilometer sind 1000 Meter oder 100.000 Zentimeter.

Hat nun eine Karte den Maßstab 1: 1.000.000, so ergibt sich Folgendes: Einer 1 cm langen Strecke auf der Karte entsprechen 1.000.000 cm in der Natur, das sind 10 Kilometer. Und hier eine Eselsbrücke: Will man von Zentimeter auf Kilometer kommen, streicht man fünf Stellen weg, ganz einfach so viele, wie man Finger an der Hand hat. Der Maßstab 1:25.000 z. B. bedeutet, dass eine 1 cm lange Strecke auf der Karte in Wirklichkeit 25.000-mal so lang ist, also 25.000 cm, das sind 250 Meter.

Die meisten Karten haben aber auch noch eine Maßstabsleiste. An ihr kann man

ten. Die physischen Karten stellen die Oberflächenformen, die Höhenlage des dargestellten Gebietes dar. Will man die Höhe eines Ortes angeben, geht man vom Meeresspiegel aus. Die physische Karte gibt an, wie viel Meter der Ort oder das ganze Gebiet über dem Meeresspiegel liegt, über **Normalnull**, über NN, wie es in der Fachsprache heißt. An der Farbe kann man die Höhe ablesen. Tiefländer werden in Grüntönen, Gebirge in Brauntönen dargestellt. Ganz einfach: Je dunkler das Braun, desto höher über NN liegt das Gebiet, je intensiver das Grün, desto tiefer. Der dunkelste Grünton bedeutet, dass das Land tiefer als der Meeresspiegel liegt. Der Fachbegriff dafür ist **Depression**.

Thematische Karten behandeln ein Gebiet nach einem bestimmten Thema, von denen es eine Vielzahl gibt: Bodennutzung, Klima, Verkehr, politische Gliederung und vieles mehr.

Ganz wichtig: Wenn nicht anders angegeben, ist auf der Karte oben immer Norden, so dass man die anderen **Himmelsrichtungen** schnell zuordnen kann. Zum Schluss dieses Kapitels noch ein Tipp, wie man sich im Atlas zurechtfindet und schnell einen bestimmten Ort oder auch eine bestimmte Karte suchen kann.

Zunächst, wie man einen Ort findet: Ganz hinten im **Atlas** gibt es ein Register, in dem alle Länder, Städte, Flüsse, Berge usw. in alphabetischer Reihenfolge mit weiteren Angaben aufgeführt sind. Was bedeutet z. B. Zugspitze 22, G 3? Die erste Zahl nennt jeweils die Seitenzahl im Atlas, der Buchstabe und die Zahl dahinter geben das Kartenfeld an, in dem man das Gewünschte suchen kann. Am oberen oder unteren Kartenrand findet man die Buchstaben, am linken und rechten Kartenrand die Zahlen. Die Zugspitze fände man also auf Seite 22 im Kartenfeld G 3.

Um eine bestimmte Karte von einer Region schnell im Atlas aufschlagen zu können, enthalten die Atlanten häufig im Innendeckel eine Kartenübersicht. Rechtecke, in denen Seitenzahlen stehen, umrahmen die Gebiete, von denen Karten im Atlas abgebildet sind.

Die Bedeutung dieser Signaturen muß natürlich erklärt werden, damit der Kartenleser weiß, dass z. B. die kleinen schwarzen Kreuzchen das Symbol für einen Friedhof darstellen. Das geschieht in der **Legende**, wie die Zeichenerklärung mit dem Fachbegriff lautet. So eine Legende, in der die Bedeutung der Farben und Zeichen der Signaturen erklärt wird, gehört zu jeder Karte und ist ein wichtiger Schlüssel zu ihrem Verständnis.

ohne große Rechenkunststücke ablesen, wie groß die Entfernung in der Natur wirklich ist. Dazu misst man zunächst mit einem Lineal auf der Karte die Entfernung und vergleicht sie dann mit der Maßstabsleiste. Oder man greift auf der Karte die Strecke mit dem Zirkel ab und vergleicht anschließend.

Karten kann man nun nach verschiedenen Kriterien unterscheiden. Ein Kriterium ist z. B. der Karteninhalt. Hier unterscheidet man physische Karten und thematische Kar-

 Zum Weiterlesen:

- Blick in die Welt, S. 610
- Am Meer, S. 614
- In den Alpen, S. 616

Am Meer

Manch einer, der zum ersten Mal an die Nordseeküste kommt, ist enttäuscht, statt herrlicher Wellen nur eine gräuliche, schlammige Fläche zu sehen: das **Watt** (Abb. 1). Es ist nämlich **Ebbe**, und bei Ebbe zieht sich sechs Stunden lang das Wasser weit von der Küste zurück, so dass der Meeresboden, eine dunkle Schlammfläche, zum Vorschein kommt. Bei Niedrigwasser, das ist der tiefste Stand des Wassers, „kippt" der Strom wieder um, das Wasser ändert seine Richtung und fließt wieder sechs Stunden lang auf die Küste zu. Es ist **Flut**. In meist tiefen Wasserrinnen, den Prielen, sammelt sich das zurückfließende Wasser zuerst. Langsam wird das Watt wieder von Wasser überspült.

Bis zum höchsten Wasserstand, dem Hochwasser, steigt das Wasser, dann kippt der Strom wieder um, das Wasser zieht sich wieder sechs Stunden lang zurück. Regelmäßig alle sechs Stunden ereignet sich dieser Wechsel zwischen Ebbe und Flut, den man **Gezeiten** oder **Tide** nennt (Abb. 2). Den Unterschied zwischen dem höchsten Stand des Hochwassers und dem niedrigsten Stand des Niedrigwassers nennt man Tidenhub.

An der flachen Nordseeküste bringt jede Flut Sand und Schlick mit sich. Das Wasser transportiert feinste Schlammteilchen, Pflanzen- und Tierreste, die wie dunkle Wolken im Wasser schweben und dem Nordseewasser die typische schlammig graue Farbe verleihen. Wenn das Wasser dann an ruhigen Stellen zwischen Festland und den vorgelagerten Inseln seine Bewegung verliert, sinken die feinen Teilchen zu Boden, lagern sich ab. Dieser Vorgang wiederholt sich jahraus, jahrein, so dass allmählich das Watt in die Höhe wächst, an geschützten Stellen

Abb. 1: Das Watt der Nordsee ist ein einmaliges Phänomen

bis zu vier Zentimeter pro Jahr. So hat das Meer im Laufe von Jahrtausenden mit jeder Flut allmählich neues Land aufgebaut, einen bis zu 25 Kilometer breiten Streifen entlang der Meeresküste, mit dem Fachbegriff **Marsch** genannt. Die Marschen, die entlang der Meeresküste verlaufen, nennt man Seemarschen, die Marschen entlang der großen Flussmündungen sind die Flussmarschen.

Diesen natürlichen Vorgang unterstützt der Mensch, um dem Meer neues Land abzugewinnen (Abb. 3). Um die Aufschlickung zu beschleunigen, werden so genannte Lahnungsfelder angelegt. Das sind doppelte Reihen von Holzpfählen, die in den Wattboden gerammt werden. Zwischen die Pfähle werden Zweige und Reisigbündel gepackt. Diese Lahnungsfelder teilen das Watt

in rechteckige Felder, in denen das auflaufende Wasser schneller zur Ruhe kommt. Wenn das Wasser wieder abläuft, halten die Lahnungen die Schlammteilchen fest. Der Meeresboden wächst in die Höhe. Wenn nun das normale Hochwasser die Lahnungsfelder nicht mehr überspült, hebt man Entwässerungsgräben, die Grüppen, aus. Der ausgehobene Schlamm erhöht die neu entstandenen Beete noch. Der Prozess der **Neulandgewinnung** schreitet immer weiter voran.

Als erste Pflanze siedelt sich der Queller an, der salzhaltigen Boden liebt und mit seinen Wurzeln den Boden fest hält. So verfestigt sich der Boden nach und nach. Allmählich wachsen auf dem neu entstandenen Vorland harte, kurze Gräser. Das sind die Salzwiesen, die als Schafsweiden genutzt werden können. Bei normalen Fluten überspült das Wasser diese Marschen nicht mehr. Der Mensch versucht, dieses neue kostbare Land vor dem Eindringen des Meeres zu schützen, indem er nach 30 bis 40 Jahren das neu entstandene Land eindeicht und damit dem Zugriff der Nordsee entzieht. Denn Marschboden ist ein äußerst fruchtbarer Boden, der von den Küstenbewohnern landwirtschaftlich genutzt wird.

Über einen Kern aus Sand wird beim Deichbau Marschboden aufgetragen, darüber eine dichte Grasdecke. Nach der schweren Sturmflut von 1962, bei der im Überschwemmungsgebiet von Hamburg über 300 Menschen ertranken, wurden die Deiche erhöht und verstärkt. Außerdem änderte man das Profil der **Deiche** (Abb. 4). Zum Meer hin laufen die Deiche viel flacher aus als bei

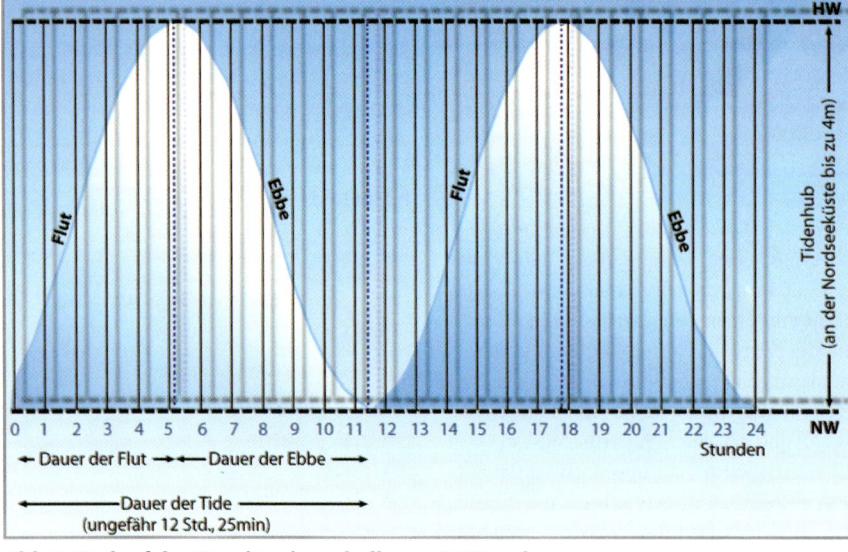

Abb. 2: Verlauf der Gezeiten innerhalb von 24 Stunden

den älteren Deichbauten, denn so rollen sich die Wellen tot, ihre Kraft wird verringert. Immer bedrohlicher wurden im Laufe der Zeit die Sturmfluten, weil der Meeresspiegel angestiegen ist. Aber von sicheren Deichen hängt das Leben der Menschen und Tiere ab.

Mit der Zeit wäscht der Regen das Salz aus dem Boden. Durch Gräben, so genannte Siele, wird das neue Land entwässert. Im Hauptsiel sammelt sich dieses Wasser, das dann bei Ebbe durch das Sieltor ins Meer abfließt. Bei Flut bleiben die Tore geschlossen, so dass kein Meerwasser in das Neuland eindringen kann. Solche vom Menschen gewonnenen Marschgebiete heißen in Deutschland Koog, in den Niederlanden Polder. Dadurch haben die Menschen das heutige Erscheinungsbild der Nordseeküste entscheidend mitgestaltet.

Schutz vor dem Meer, vor gefährlichen **Sturmfluten** suchten die Menschen schon immer. Der „blanke Hans", das ungebändigte Meer, forderte immer wieder Tote: 1362 versanken etwa 30 Dörfer im Meer, im 17., 18. und 19. Jahrhundert kamen Tausende von Menschen und Tieren bei großen Sturmfluten um. Allein 1953 starben mehr als 1800 Menschen.

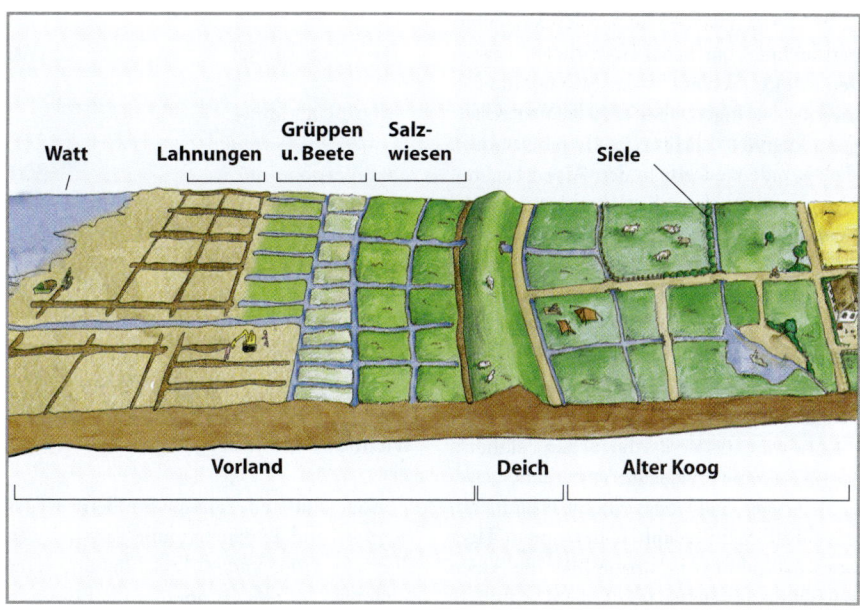

Abb. 3: Der Prozess der Neulandgewinnung

fasst es nicht nur das eigentliche Watt, sondern auch das grüne Vorland und die Inseln mit den Sandbänken. Über 250 Tierarten kommen nur hier vor; es ist Brutstätte und Kinderstube für viele einheimische Vogelarten, Rast- und Futterplatz für Millionen von Zugvögeln auf ihren Flügen; auf den Sandbänken leben die Seehunde, in den flachen Küstengewässern liegt das Laichgebiet für viele Nordseefische wie Hering, Scholle oder Seezunge. Dieser Lebensraum im Übergangsgebiet zwischen Land und Wasser muss geschützt werden. So wurde der deutsche Anteil am Wattenmeer zum **Nationalpark** erklärt. Denn durch die intensive Nutzung der Küstengebiete wurde das Wattenmeer zunehmend bedroht.

Der Nationalpark ist in drei Schutzzonen eingeteilt. Für die Ruhezone gelten strengste Regeln, da hier Rast- und Brutplätze für Seevögel und die Seehundbänke geschützt werden sollen. Nur auf besonders markierten

Wegen darf man diese Zone betreten. In der Zwischenzone dagegen ist das Betreten erlaubt. In der Erholungszone findet man die Badestrände, die Kur- und Erholungseinrichtungen, jedoch keine Wohnhäuser.

Unterschiedliche Interessen prallen im Nationalpark Wattenmeer aufeinander. Wollen die Naturschützer auf der einen Seite den Lebensraum möglichst unversehrt erhalten, möchten Landwirte dagegen die Salzwiesen beweiden lassen, mehr fruchtbares Marschland gewinnen und den Boden entwässern. Den Fischern liegt daran, Laichgebiete zu schützen, Krabben im Watt zu fangen und Fischverarbeitungsbetriebe zu bauen. Schifffahrtsgesellschaften möchten die Fahrrinnen für noch größere Schiffe ausgebaggert haben und das Wattenmeer frei befahren dürfen, um zum Beispiel die Seehundbänke zu erreichen. Tourismusunternehmen würden auch in den Schutzzonen Wattwanderungen durchführen und mehr Feriensiedlungen und Hotels bauen. Der Industrie schließlich liegt daran, dass sich neue Fabriken an der Küste ansiedeln und dass Erdöl in der Nordsee gefördert wird.

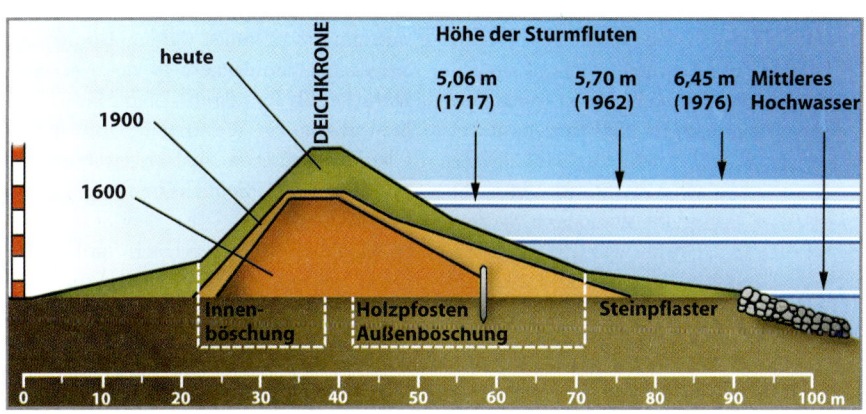

Abb. 4: Schematischer Querschnitt eines Deiches

Wie es vor 1000 Jahren aussah, als es noch keine Deiche gab, kann man auf den **Halligen**, kleinen, flachen Inseln, die der Westküste Schleswig-Holsteins vorgelagert sind, erahnen. So bauten die Menschen ihre Häuser auf künstlich geschaffene Erdhügel, den so genannten Warften oder Wurten, die bei normalen Sturmfluten nicht überschwemmt werden. „Land unter" heißt es für die Hallig, wenn nur noch die Warften wie Miniinseln aus dem Meer herausragen. Halligen, das sind Reste alten Marschlandes, die von Sturmfluten vom Festland abgetrennt wurden.

Das Wattenmeer ist ein auf der Welt einmaliger Lebensraum. Vom niederländischen Den Helder bis zum dänischen Esbjerg um-

Zum Weiterlesen:

- Viehwirtschaft, S. 622
- Erdöl aus der Wüste, S. 632
- Park, S. 648
- Badeurlaub am Mittelmeer, S. 650
- Das Deltaprojekt, S. 726

In den Alpen

Die Alpen werden wohl von allen Gebirgen der Erde vom Fremdenverkehr am meisten genutzt. Deutschland hat im Süden Anteil an diesem gewaltigen, über 1000 Kilometer langen Gebirge. Als Mitte des 19. Jahrhunderts der **Fremdenverkehr** in den Alpen begann, konnte man noch nicht ahnen, welche weitreichenden Folgen dadurch auf dieses Gebiet zukommen würden. Konnte man früher nur auf abenteuerlichen und lebensgefährlichen Wegen eine Reise durch die Gebirgswelt unternehmen, so wälzen sich heute wahre Autoschlangen durch das von Straßen und Eisenbahnen gut erschlossene Gebirge.

Das wäre für den karthagischen Feldherrn Hannibal eine ungeheure Vorstellung gewesen, hatte er doch etwas scheinbar Unmögliches vollbracht, nämlich mit einem Heer etwa 200 Jahre vor Christus über die Alpen nach Italien zu ziehen und Rom zu bedrohen. Nach Italien kam man sonst nur, wenn man die Alpen im Osten oder Westen umging. Die Alpen, das bedeutete ein natürliches, nahezu unüberwindliches Hindernis auf dem Weg nach Italien. Aber die Handelsgeschäfte mit den südlichen Ländern lockten. Berühmt und berüchtigt ist die Via Mala, eine 6 km lange, bis 600 Meter tiefe, klammartige Schlucht des Hinterrheins in der Schweiz. Viele Tote säumten die Fußwege.

So begann man vor 200 Jahren mit dem systematischen Straßenbau, um die hohen Gebirgspässe überwinden zu können. Im

Pass oder Tunnel	Passhöhe	Straßentunnel	Eisenbahntunnel
Montblanctunnel	–	11,6 km	–
Großer St. Bernhard	2469 m	5,8 km	–
San Bernardino	2065 m	6,6 km	–
Arlberg	1793 m	14,0 km	10,2 km
St. Gotthard	2108 m	16,3 km	15,0 km
Reschenpass	1504 m	–	–
Brenner	1372 m	–	–
Felbertauerntunnel	–	5,2 km	–
Tauerntunnel (Hohe Tauern)	–	–	8,6 km
Tauerntunnel (Salzburger Alpen)	1783 m	6,4 km	–

Wichtige Alpenübergänge

Winter mussten diese Straßen wegen Schnee- und **Lawinengefahr** gesperrt werden. Doch die Verkehrserschließung schuf auch hier Abhilfe. **Tunnel** für die Eisenbahnen und heute auch für die Autos fraßen sich unter den hohen Gipfeln durch die Berge hindurch. Besonders einfach für den Reisenden geht es mit den Autotransportzügen.

Wer einmal in den Alpen eine Wanderung aus dem Tal auf einen Gipfel gemacht hat, weiß, dass es mit zunehmender Höhe immer kälter wird. Auf 100 Meter nimmt die Temperatur um ein Grad Celsius ab. Dieses Naturgesetz hat Folgen für den Pflanzenbewuchs, die **Vegetation**. Je höher man kommt, desto kälter wird es und desto schwieriger werden die Lebensbedingungen für die Pflanzen, immer spärlicher wird also die Vegetation. Denn die Vegetationszeit, die Zeit, in der die Pflanzen wachsen können, wird kürzer. Und weil jede Pflanze ihre bestimmte Wachstumszeit mit bestimmten Temperaturen braucht, kann sie von einer bestimmten Höhe an nicht mehr gedeihen. Ihre Wachstumsbedingungen haben eine natürliche Grenze erreicht. So spricht man von Höhenstufen der Vegetation. Auf einer Wanderung vom Tal zum Gipfel kann man auf der Nordseite der Alpen diese **Höhenstufen** sehr gut beobachten (Abb. 1).

In den tief gelegenen Tälern, dem Ausgangspunkt der Wan-

derung, können die Bauern Ackerbau bis zu einer Höhe von etwa 800 Metern betreiben. Bis in etwa 1400 Meter kommt man durch Laub- und Mischwälder. Dann wird es merklich kühler, Laubbäume finden keine Lebensbedingungen mehr. Stattdessen lösen Nadelwälder sie ab. Diese Nadelwaldstufe reicht bis etwa 1700 Meter. Hier liegt dann die Waldgrenze. Darüber können nur noch vereinzelte, krüppelige Nadelbäume leben, dann ist oberhalb von 2000 Metern die Baumgrenze erreicht. Nur noch Almen und Matten mit Gräsern und Kräutern schließen sich an. Im Sommer weiden Rinder und Schafe auf den Almen. In noch größerer Höhe geht es dann über Fels- und Schutthänge in die ersten Schneefelder. Oberhalb von etwa 2600 Metern bleibt der Schnee auch im Sommer liegen, das ist die **Schneegrenze**.

Vielfältige Gefahren lauern im Hochgebirge. Besonders gefürchtet sind die Lawinen. Sie entstehen, wenn gewaltige Schneemassen an einem Berghang ins Rutschen geraten. Schon ein lautes Geräusch, der leichte Tritt eines Tieres oder Menschen können bei bestimmten Wetter- und Schneeverhältnissen die Schneedecke in Bewegung setzen. Immer größere Schneemassen geraten dann in Bewegung und reißen erbarmungslos alles mit, was sich in den Weg stellt. Bäume, Häuser und Menschen werden unter der Schneelast begraben. Nach starken Schneefällen rutscht der lockere Neuschnee häufig ab und fällt als Staublawine ins Tal. Vom hohen Luftdruck werden Bäume und Häuser mitgerissen. Bei Tauwetter kommt es zu den schweren Nasslawinen.

Lawinenwarndienste informieren im Winter laufend über die Situation, sperren wenn nötig Skipisten und Straßen. Durch vielfältige Maßnahmen versucht der Mensch, sich zu schützen. So werden besonders gefährdete Straßenabschnitte überbaut. Hänge, an denen

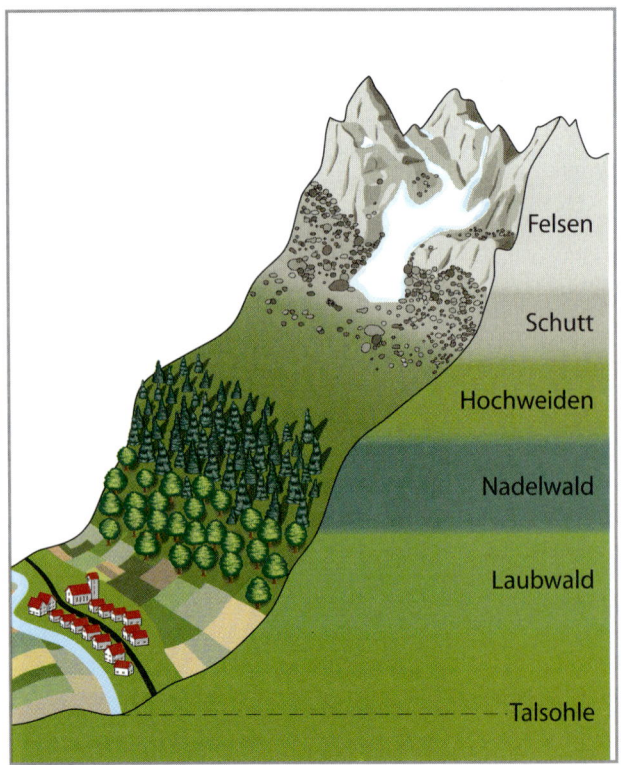

Abb. 1: Die Höhenstufen der Vegetation

Felsen

Schutt

Hochweiden

Nadelwald

Laubwald

Talsohle

Erdkunde

Abb. 2: Lawinenverbauung: Mit Hilfe dieser verankerten Barrieren kann die Lawinenbildung verhindert werden

häufig Lawinen abgehen, befestigt man mit Lawinenverbauungen aus Metall oder Holz (Abb. 2). Der wichtigste Schutz ist jedoch der Wald. So sind die „Bannwälder" oberhalb der Siedlungen strengstens geschützt.

Jedoch setzte die Wintersportindustrie häufig ihre Interessen trotz massiver Bedenken von Umweltschützern durch. Mehr als 70 Lawinentote, zerstörte Dörfer, über 110.000 in der Bergwelt eingeschlossene Skitouristen im Februar 1999 zeigten den Menschen letztlich ihre Ohnmacht gegen die Gewalten des Schnees.

Bei Tauwetter können Überschwemmungen katastrophale Folgen haben. Kräftige Regenfälle lösen an den nicht bewaldeten Hängen die gefürchteten **Muren** aus, das sind talwärts abstürzende Erd- und Geröllmassen.

Eine weitere Gefahr stellen die **Gletscher** für den Menschen dar (Abb. 4). Es sind Eisströme, die sich von den Bergen langsam abwärts bewegen. Der Aletschgletscher in der Schweiz ist mit etwa 25 Kilometer Länge und bis zu 900 Meter Mächtigkeit der größte Gletscher der Alpen. Bekannt sind auch der Gornergletscher im Wallis, Pasterze in den

Hohen Tauern und Mer de Glace im Gebiet des Montblanc.

Wie entstehen nun Gletscher? Die Anfänge sind vergleichbar mit einem Schneeball, der unter Druck und Zusammenpressen in den Händen zu einem Eisball geformt werden kann. Er wird dabei immer fester, aber auch vom Durchmesser kleiner.

Oberhalb der Schneegrenze fällt aller Niederschlag als Schnee, auch im Sommer. Bei Sonnenschein schmilzt der Schnee oberflächlich, wird zu schwerem Nassschnee, der wieder gefriert, wenn es nachts kühler wird. Auf diese Weise wird durch wiederholtes Auftauen und Wiedergefrieren der Schnee zu kleinen zusammenhängenden Eiskörnchen, dem Firn. Fällt mehr Schnee als wegtauen kann, so erhält das Firnfeld immer neue Nahrung. Dieses Gebiet des Gletschers nennt man deshalb Nährgebiet. Je öfter sich dieser Vorgang wiederholt, desto mächtiger wird die Masse, desto mehr Gewicht drückt. Aus dem Firn wird Firneis, und daraus schließlich das bläuliche **Gletschereis**. Mehrere hundert Meter dick kann dieses Gletschereis werden. Und unter dem Druck und Gewicht dieser Eismassen ge-

raten die unteren Schichten in Bewegung, der Gletscher beginnt zu fließen (Abb. 3). Dabei bilden sich Risse und Spalten. Muss der Gletscher starkes Gefälle überwinden, bilden sich Querspalten. Gletscherspalten sind eine große Gefahr, vor allem wenn dünne Schneebrücken die Spalten verdecken. Schon viele Menschen haben hier den Tod gefunden.

Wohl der berühmteste Gletschertote ist der **„Ötzi"**, die mumifizierte eingefrorene Leiche eines Mannes, der vor etwa 5300 Jahren gelebt haben soll. Gefunden wurde er 1991 am Rande eines Gletschers in den Zentralalpen, den Ötztaler Alpen, über deren Kamm die Grenze zwischen Österreich und Italien verläuft.

Unterhalb der Schneegrenze schmilzt im Sommer der Gletscher. Man spricht hier vom Zehrgebiet. An der Gletscherzunge fließt aus dem Gletschertor, das ist eine höhlenartige Öffnung am Ende der Gletscherzunge, das Gletscherwasser als Gletscherbach heraus. Die milchig weiße Farbe

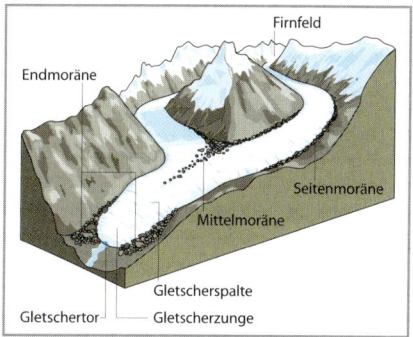

Abb. 3: Struktur des Gletschers

hat dem Wasser zu seinem Namen „Gletschermilch" verholfen.

Mit seinem großen Gewicht hobelt der Gletscher vom felsigen Untergrund Gestein ab, das er dann als Schutt mit sich schleppt. An den Seiten lagert er ihn als Seitenmoräne, am Ende der Gletscherzunge als Endmoräne ab. Fließen zwei Gletscherströme zusammen, so treffen von beiden Gletschern die inneren Seitenmoränen aufeinander, die im vereinten Gletscher zur Mittelmoräne werden.

Zum Weiterlesen:

- Vom Meer zum Hochgebirge, S. 612
- Weltpark Antarktis, S. 748
- Vom Wetter zum Klima, S. 618
- Naturkatastrophen, S. 716
- Die Hauptstadtregion Brandenburg, S. 644

Abb. 4: Aus der Gletscherzunge im Zehrgebiet des Gletschers treten Schmelzwässer aus

Vom Wetter zum Klima

Das Wetter ist nicht von ungefähr ein äußerst wichtiges Gesprächsthema. Bestimmt es doch das Leben in den unterschiedlichsten Bereichen. Erscheinungen und Vorgänge in der Natur lassen für erfahrene Beobachter Rückschlüsse auf die Entwicklung des Wetters zu. Alte Bauern- und Wetterregeln haben ihre Berechtigung, da sie die Erfahrungen vieler Generationen zusammenfassen.

Unter **Wetter** versteht man eine augenblickliche, nur kurzfristige und auf einen kleinen Raum begrenzte Erscheinung. Sehr rasch kann sich das Erscheinungsbild des Wetters an einem Ort ändern. Schon innerhalb eines Landes ist das Wetter an verschiedenen Orten zur gleichen Zeit sehr unterschiedlich. Allen bekannt sind Wettererscheinungen wie Regen, Dunst, Gewitter, Nebel, Schnee, Hagel, Sturm, Windstille, Bewölkung, Sonnenschein, Kälte und Wärme. Auch Bezeichnungen wie Regenwetter, Tauwetter, feuchtes und nasskaltes Wetter sind bekannt, und man weiß aus Erfahrung um den ständigen Wechsel.

Von **Witterung** spricht man, wenn das Wetter an mehreren Tagen oder Wochen hintereinander ähnlich ist, also eine Großwetterlage herrscht. So haben z. B. regelmäßig Jahr für Jahr wieder auftretende Witterungslagen im Volksmund ihre feste Bezeichnung: die Eisheiligen im Mai, der Altweibersommer im September und nicht zu vergessen das Aprilwetter, das Regen, Schnee und Sonnenschein unmittelbar aufeinander folgen lässt. Wichtig ist, daß die Witterungen von der Jahreszeit abhängig sind und fast regelmäßig auftreten.

Möchte man Wetterregeln und Wettervorhersagen aufstellen, muss man langfristige und regelmäßige Beobachtungen durchführen. Hierzu gibt es in Deutschland etwa 120 amtliche Wetterstationen. Um 7, 14 und 21 Uhr messen die Wetterwarten die **Temperatur**, den Niederschlag, die Bewölkung, den Sonnenschein und den Wind. Das sind die wichtigsten Wetterelemente (Abb. 1).

Die Lufttemperatur misst man mit einem **Thermometer** in Grad Celsius (°C). Windgeschützt im Schatten, zwei Meter über dem Boden hängt es in einer so genannten Thermometerhütte. Auf solch genaue Standorte haben sich die Wetterforscher geeinigt, um die Lufttemperaturen von verschiedenen Orten miteinander vergleichen zu können. Die ermittelten Temperaturwerte werden an das Wetteramt weitergeleitet. Der Wert von 21 Uhr wird zweimal genommen, da nachts nicht gemessen wird. Alle vier Werte addiert man und teilt die Summe durch vier. Das Ergebnis ist die mittlere Tagestemperatur. Wurden z. B. um 7 Uhr 12°, um 14 Uhr 22° und um 21 Uhr 15° gemessen, so ergibt sich folgende Rechnung:

$$12+22+15+15=64:4=16$$

Die mittlere Tagestemperatur beträgt also 16°C.

Addiert man die mittleren Tagestemperaturen eines Monats und teilt die Summe durch die Anzahl der Tage, die dieser Monat hat, so erhält man die mittlere Monatstemperatur. Addiert man die mittleren Monatstemperaturen eines Jahres und teilt sie durch 12, so erhält man die mittlere Jahrestemperatur).

Nun meldet der Wetterbericht auch immer Niederschlagsmengen: „Von gestern früh bis heute früh fielen am Kahlen Asten zehn Millimeter Niederschlag." Im Gegensatz zur Temperatur misst man beim **Niederschlag** nur die Menge. Der Niederschlag wird mit einem Regenmesser aufgefangen, der so gebaut ist, dass möglichst kein Wasser verdunsten kann (Abb. 3). Durch eine weite Auffangöffnung gelangt der Niederschlag in ein schmales Sammelgefäß. Zum Ablesen füllt man jeweils am Morgen den Niederschlag in ein Messglas mit Millimetereinteilung. Steht in diesem Messglas das Wasser zehn Millimeter hoch, bedeutet das Folgendes: Das Wasser stände in Wirklichkeit auf dem Erdboden zehn Millimeter hoch, wenn nichts verdunsten, versickern oder abfließen würde. Selbstverständlich müssen Schnee, Hagel und Reif vor dem Abmessen geschmolzen werden. Die Tagesniederschläge eines Monats werden addiert. Das Ergebnis ist der Monatsniederschlag. Die Summe der Monatsniederschläge ergibt den Jahresniederschlag.

Der Wetterwart beobachtet die Bewölkung und stuft sie nach folgenden Werten ein: 0–3 = wolkenlos, 4–7 = wolkig, 8–10 = bedeckt.

Abb. 1: Kumulus: Auch das Aussehen der Wolken gibt Aufschluss über die Wetterlage

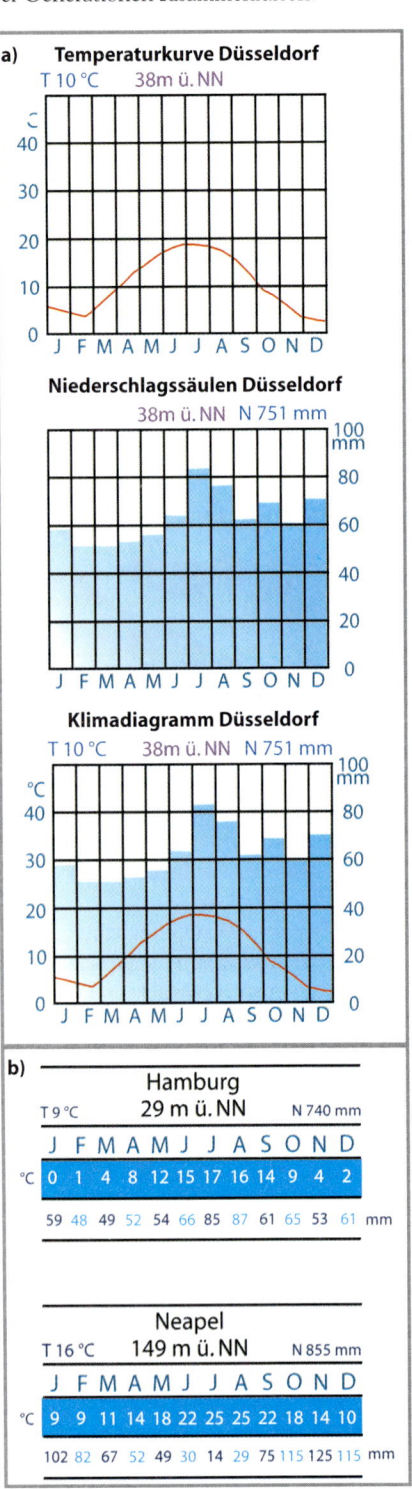

**Abb. 2: a) Klimadiagramm Düsseldorf
b) Klimatabellen Hamburg und Neapel**

Klimatabellen:

Hamburg 29 m ü. NN (T 9 °C, N 740 mm)	J	F	M	A	M	J	J	A	S	O	N	D
°C	0	1	4	8	12	15	17	16	14	9	4	2
mm	59	48	49	52	54	66	85	87	61	65	53	61

Neapel 149 m ü. NN (T 16 °C, N 855 mm)	J	F	M	A	M	J	J	A	S	O	N	D
°C	9	9	11	14	18	22	25	25	22	18	14	10
mm	102	82	67	52	49	30	14	29	75	115	125	115

Erdkunde

Die Windrichtung kann man an einer Windfahne ablesen. Die Windstärke oder -geschwindigkeit wird in Beaufort (Bft) bzw. in Wetterberichten auch in km/h angegeben.

Beaufort	km/h	Bezeichnung
0	0-1	still
1	1-5	sehr leicht
2	6-11	leicht
3	12-19	schwach
4	20-28	mäßig
5	29-238	frisch
6	39-49	stark
7	50-61	steif
8	62-74	stürmisch
9	75-88	Sturm
10	89-102	schwerer Sturm
11	103-117	orkanartiger Sturm
12	>117	Orkan

Die **Luftfeuchtigkeit** misst man mit dem Hygrometer, den **Luftdruck** mit dem Barometer. Aus der Veränderung des Luftdrucks lassen sich Rückschlüsse über das Wettergeschehen ziehen. Gleich bleibender Druck bedeutet: keine Wetterveränderung, steigender Druck: schönes Wetter, fallender Druck: schlechtes Wetter, schnell fallender Druck: Sturm.

Diese von den Wetterstationen übermittelten Werte werden durch Messwerte und Bildmaterial von Wettersatelliten, die inzwischen ein weltumspannendes Beobachtungssystem bilden, ergänzt. Jeder kennt Aufnahmen von Wolkenfeldern z. B. über Europa, die von einem Wettersatelliten gesendet wurden. Weitere Angaben stammen von automatischen Messstationen am Erdboden und auf den Ozeanen. So setzen sich vereinfacht die Werte zusammen, die der Deutsche Wetterdienst (DWD) in Offenbach täglich herausgibt und die die Grundlage für die Wetterberichte im Fernsehen und in den Zeitungen bilden.

Wann spricht man nun nicht mehr vom Wetter, sondern vom **Klima**? Kenntnisse über das Klima einer Region sind z. B. wichtig bei der Urlaubsplanung, aber auch für die Frage, warum auf unseren Feldern keine Bananen wachsen. Das Klima ist im Gegensatz zum Wetter langfristig und für ein größeres Gebiet ähnlich. Nur wenn man über lange Jahrzehnte die Wettererscheinungen beobachtet und genau aufgezeichnet hat, lassen sich Angaben zum Klima machen. Die wesentlichen Merkmale eines Klimas lassen sich in einem Klimadiagramm veranschaulichen (Abb. 2a,b). So ein Klimadiagramm stellt die über lange Zeit an einem Ort aufgezeichneten Temperatur- und Niederschlagswerte dar. Das Klima ist über einen langen Zeitraum für ein größeres Gebiet ähnlich. So spricht man vom Tropenklima, Polarklima usw.

Die Thermometerröhrchen werden in einem Klimadiagramm vereinfacht durch eine rote Kurve dargestellt, die Niederschlagsmessgläser ähnlich durch blaue Säulen. Ein Klimadiagramm enthält als feste Bestandteile außerdem den Namen der Klimastation, die Höhe des Ortes über dem Meeresspiegel (m ü. NN), die mittlere Jahrestemperatur und den Jahresniederschlag. Möchte man sich über das Klima eines größeren Gebietes informieren, schaut man in Klimakarten, z. B. in Karten der mittleren Jahrestemperaturen oder der mittleren Jahresniederschläge.

Alle diese Daten werden wesentlich von der **Lufthülle** der Erde, der Atmosphäre, beeinflusst. Sie enthält den zum Atmen lebenswichtigen Sauerstoff und umhüllt die Erde wie ein Schutzmantel. Für Pflanzen, Tiere und Menschen wäre ohne diese Schutzhülle kein Leben auf der Erdoberfläche möglich, da ohne sie schädliche Anteile von Sonneneinstrahlung auf die Erde gelangen würden.

Diese Lufthülle der Erde gliedert sich in verschiedene Stockwerke (Abb. 4). Bis in zehn Kilometer Höhe unmittelbar über der Erdoberfläche liegt die Troposphäre. Das ist der unterste Teil der Lufthülle, in der sich überwiegend das Wettergeschehen abspielt. Nach oben nehmen Temperatur und auch die Dichte mit steigender Höhe gleichmäßig ab. Die Troposphäre ist die Schicht, in der sich Wolken- und Niederschlagsbildung vollziehen. Auf die Troposphäre folgt die Stratosphäre, die den Hauptteil des atmosphärischen Ozons, die Ozonschicht, enthält. Diese schützt alles Leben auf der Erde vor den schädigenden UV-Strahlen der Sonne, die Hautkrebs erzeugen können. Das durch menschliche Einwirkung entstandene Ozonloch in der Atmosphäre hat in den letzten Jahren zum Umdenken in Umweltfragen geführt. In etwa 50 km Höhe schließt sich die Mesosphäre und daran die Thermosphäre an.

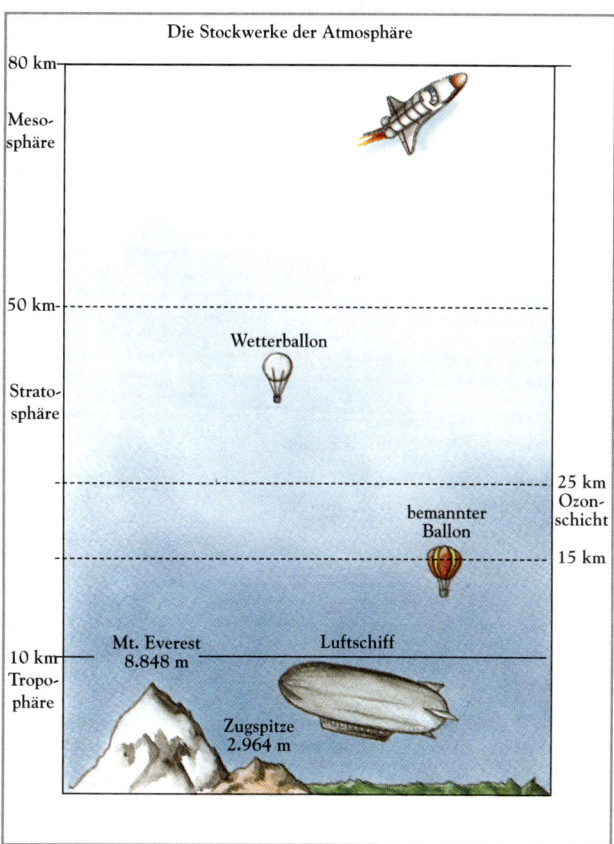

Abb. 4: Die Lufthülle der Erde

Die Stockwerke der Atmosphäre

80 km — Mesosphäre
50 km — Stratosphäre
25 km Ozonschicht
15 km
10 km Troposphäre
Mt. Everest 8.848 m
Zugspitze 2.964 m
Wetterballon
bemannter Ballon
Luftschiff

Zum Weiterlesen:

- Blick in die Welt, S. 610
- Tageszeiten – Jahreszeiten, S. 664
- Wärmezonen u. Windgürtel, S. 666
- Klimazonen, S. 670
- Meeresströmungen, S. 672
- Umweltbelastung, S. 746

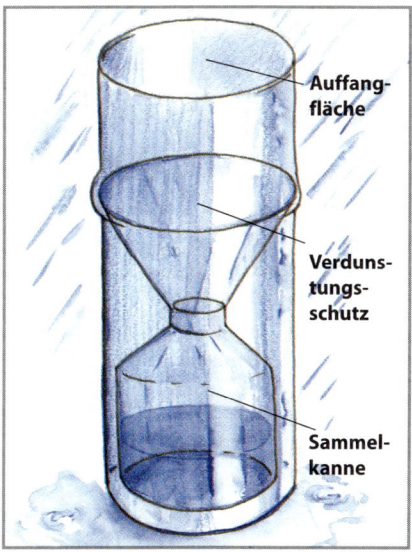

Auffangfläche

Verdunstungsschutz

Sammelkanne

Abb. 3: Regenmessgerät

Ackerbau und Viehzucht in den Börden Deutschlands

Der Zucker ist eine Köstlichkeit, die ehemals nur aus Zuckerrohr der fernen tropischen Länder gewonnen werden konnte. Dann gelang es, die **Zuckerrübe** zu züchten, die in den gemäßigten Breiten wächst und den begehrten Zucker liefern kann. Die süße Rübe stellt allerdings große Ansprüche an den Boden. Daher wird sie auf den besonders fruchtbaren **Lössböden** der Börden und Gäulandschaften angebaut. Solch fruchtbare Ackerbaugebiete mit Lössboden nennt man in Norddeutschland **Börden**, in Süddeutschland werden sie teilweise als **Gäulandschaften** bezeichnet. Zu diesen besten Anbaugebieten Deutschlands zählen u.a. Jülicher Börde in der Niederrheinischen Bucht, Soester Börde, Hildesheimer Börde, Magdeburg-Leipziger Börde, Kraichgau (Abb. 1).

Mit diesem Lössboden hat es eine besondere Bewandtnis. Er ist besonders feinkrümelig, steinfrei und enthält viel Kalk und Mineralstoffe. So lieben es anspruchsvolle Pflanzen! Der Boden ist sehr wasser- und luftdurchlässig, weil er von haarfeinen Hohlräumen durchzogen ist. Das Regenwasser kann tief in den Boden eindringen und in den Zwischenräumen gespeichert werden. In trockeneren Zeiten steigt es wieder zu den Wurzeln der Pflanzen auf. Das Wurzelwerk kann das Erd-

reich bequem durchdringen. Die ursprünglich gelbe Färbung des Lössbodens wurde mit der Zeit dunkler. Denn aus den abgestorbenen Pflanzenresten wird der dunklere Humus. Humus bildet sich nur dort, wo viele Bakterien vorhanden sind. In sauerstoffreichen Böden wie dem Löss entwickeln sie sich besonders gut (Abb. 2).

Seine Entstehung verdankt der Löss der **Eiszeit**. Starke Winde wehten feinsten Gesteinsstaub aus den vegetationslosen Moränen-, Sander- und Schotterflächen Nordeuropas in die wärmeren Gebiete. Der Wind transportierte die feinen Körnchen wie Staubwolken in großen Höhen über weite Strecken. Erst wenn ein Gebirge dem Wind im Wege stand, ließ er die feinen Körner fallen und lagerte sie vor den Mittelgebirgen ab. In Jahrtausenden bildete sich so eine teilweise mehrere Meter dicke Schicht. Lössbildung geschieht heute noch in Nordchina, wo der Staub aus den Wüsten Innerasiens im trockenen, kalten Winter herbeigeweht wird.

Auf solch hochwertigen Böden können anspruchsvolle Pflanzen wie Zuckerrüben und **Weizen** gedeihen. Da diese Pflanzen dem Boden viele Nährstoffe entziehen, baut man auf einem Feld nicht mehrere Jahre hintereinander dieselbe Frucht an. Der Boden könnte sich so nicht schnell genug erholen, wenn ihm durch ein und dieselbe Frucht immer die gleichen Nährstoffe entzogen würden. Missernten wären die Folge. Deshalb wechseln die Landwirte auf einem Feld jedes Jahr die Anbaupflanzen. Dazu teilt der Bauer sein Land in drei ungefähr gleich große Teile ein, „Schläge" genannt. Im

Abb. 2: Struktur des Bodens in der Soester Börde

ersten Jahr bestellt er sie mit Zuckerrüben, im zweiten mit Weizen und im dritten mit Gerste. Diese Art des Anbaus, vielfach in den Börden zu finden, nennt man **Fruchtfolge** oder **Rotation** (Abb. 3). Zwischen Gerstenernte und Zuckerrübenaussaat werden häufig Gründüngungspflanzen ausgesät, die im Herbst abgeschnitten werden und zerkleinert auf dem Boden liegen bleiben. Wenn sie verrottet sind, kann man sie einfach als Gründünger unterpflügen. Auf diese Weise erhält der Boden natürlichen **Dünger**. Dennoch sollen intensive Kunstdüngergaben die Erträge weiter erhöhen.

So bringt die Zuckerrübe höchste Erträge in solch nährstoffreichen Lössböden, wenn das Klima außerdem mild und nicht zu feucht ist. Auch Weizen gehört zu den anspruchsvolleren Getreidearten, die nährstoffreichen Boden und nicht zu große Bodenfeuchtigkeit beanspruchen. Gerste stellt wie Weizen hohe Ansprüche an die Bodenqualität, ist im Hinblick auf das Klima jedoch genügsamer, braucht nicht so viel Feuchtigkeit.

Wie lässt sich nun die Fruchtbarkeit eines Gebietes nachweisen? Dazu dienen die Angaben der **Hektarerträge** (1 Hektar = 10.000 m²) von verschiedenen Anbaufrüchten in einem bestimmten Gebiet. Man stellt dazu fest, wie viele Doppelzentner (dz), das sind 100 Kilogramm, von einer bestimmten Feldfrucht im Durchschnitt auf einem Hektar (ha) Ackerland geerntet werden. In den Bördenlandschaften findet man häufig größere Höfe ab 100 Hektar Land. Ehemals kleine Flurstücke, die weit auseinander lagen, wurden durch Tausch möglichst in der Nähe des jeweiligen Hofbesitzers zusammengelegt. Bei dieser **Flurbereinigung** konnte man also aus verstreuten Flächen große Stücke bilden, so dass auch nicht mehr so weite Wege zwi-

Abb. 1: Gäulandschaften und Börden in Deutschland

Abb. 3: Die Fruchtfolge (von oben): Gerste, Weizen, Zuckerrüben

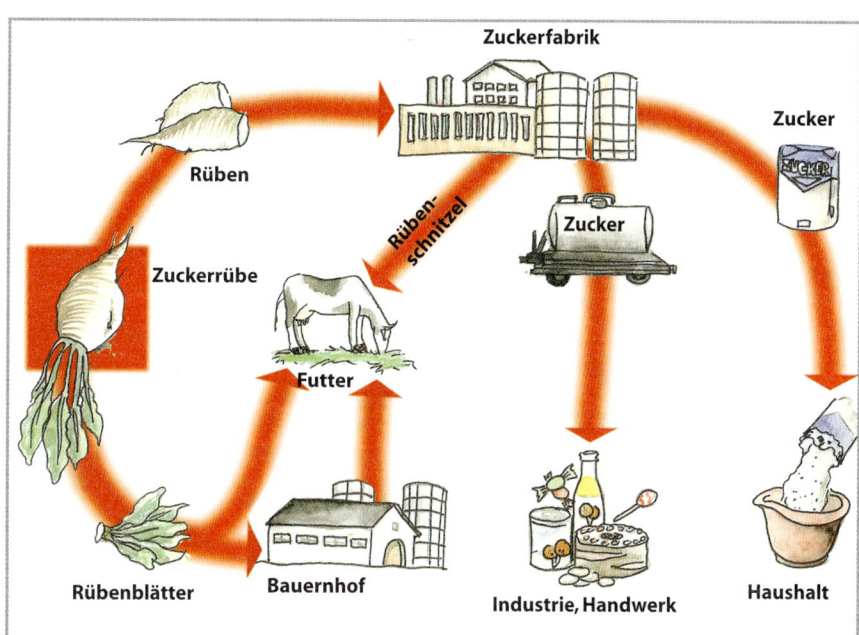

Abb 4: Verwertung der Zuckerrübe

schen Hof und Feldern zurückgelegt werden müssen. In diesem Zusammenhang wurden auch Höfe aus dem Dorf in die Fluren ausgesiedelt. Denn erst auf großen Flächen lohnt sich der Einsatz moderner Großmaschinen. Und rationelles Arbeiten ist heute entscheidend, wenn ein Hof rentabel und konkurrenzfähig wirtschaften will.

So erfolgt die Ernte der Rüben vollautomatisch. Die Rübenerntemaschine fährt durch die Felder, trennt die Blätter, das ist das „Kraut", von den Rüben und wirft es seitlich aus. Die Rüben werden aus dem lockeren Boden gehoben, in einem großen Gitterbehälter gesammelt und am Feldrand zu großen Haufen aufgeschüttet. In der nahe gelegenen Zuckerfabrik werden die Rüben gewaschen, geschnitzelt, ausgekocht und anschließend ausgepresst. Man dickt den gewonnenen Saft zu Sirup ein. Daraus wird dann zunächst der braune Zucker. In der Raffinerie gewinnt man anschließend den weißen Zucker, der als loser Zucker, Puderzucker, Hagelzucker oder Würfelzucker an den Händler weitergeliefert wird (Abb. 4).

Zu einem Bördenhof gehört meist auch **Vieh**. Viele Betriebe in der Soester Börde haben sich auf Schweinemast spezialisiert, denn das Futter für die Mastschweine kann ein Bördenhof größtenteils selbst auf seinen Feldern erzeugen. Rübenblätter aus dem Silo und ausgekochte Rübenschnitzel ergeben wertvolles Viehfutter. Vergeblich wird man jedoch nach Schweinen in der Bördenlandschaft Ausschau halten, da das Vieh ganzjährig im Stall gehalten und zusätzlich mit Mais und Kraftfutter gefüttert wird.

In herkömmlichen Betrieben wird versucht, die Erträge auf ein höchstmögliches Maß zu steigern, u. a. durch Einsatz von Kunstdünger auf den Feldern und Haltung von möglichst vielen Tieren in großen Stallungen.

Die alternativen Bauernhöfe, auch Ökobauernhöfe genannt, versuchen einen anderen Weg. **Ökologischer Anbau**, das heißt naturgemäßer Anbau, der der Wechselbeziehung zwischen Lebewesen und Umwelt Rechnung trägt, gewinnt trotz der geringeren Erträge immer mehr an Bedeutung in allen Teilen Deutschlands. Ohne chemische Unkraut- und Insektenvernichtungsmittel versucht der Ökobauer, seine Produkte zu erzeugen. Da bewusst auf Kunstdünger verzichtet wird, der Boden aber immer genügend Mineralstoffe erhalten soll, muss auf die richtige Fruchtfolge geachtet werden. Auf natürlichem Wege soll dafür gesorgt werden, dass die Bodentiere, die für die **Humusbildung** verantwortlich sind, immer genügend Nahrung bekommen. Eine wohl durchdachte Abwechslung in den angebauten Pflanzen muss ein Gleichgewicht von Geben und Nehmen zwischen den Bodentieren und den Pflanzen stärken. Spezialisierung ist bei so einer Wirtschaftsweise nicht angestrebt und auch nicht angebracht.

Die Preise solcher Produkte können nicht mit denen aus herkömmlichen Betrieben konkurrieren. So versuchen die Ökobauern, ihre Produkte direkt ab Hof oder aber auf Wochenmärkten zu verkaufen, um den Zwischenhandel auszuschalten. Das Angebot kann in selbst gebackenem Brot, Obst, Eiern, Gemüse, Fleisch, Wolle usw. bestehen. Der Bauer erhält so das Geld, das sonst noch ein Händler verdienen würde.

 Zum Weiterlesen:

- Die Hauptstadtregion, S. 644
- Viehwirtschaft im Allgäu, S. 622
- Sonderkulturen, S. 624
- Apfelsinen, S. 626

Viehwirtschaft im Allgäu und in der Marsch

Wo die Käseküche Deutschlands liegt? Im hügeligen Alpenvorland, dem Allgäu, ganz im Süden Deutschlands am nördlichen Rand der Alpen zwischen Bodensee, Allgäuer Alpen und Lech, einem Nebenfluss der Donau. Im Norden bilden die Städte Lindau, Memmingen, Kaufbeuren und Füssen die Begrenzung, im Süden die deutsch-österreichische Grenze. Einzelhöfe oder Weiler, kleine Gruppen von Gehöften, bestimmen das Landschaftsbild (Abb. 1).

In dem hügeligen Gelände überwiegt **Grünland**, das sind Wiesen und Weiden. Ackerbau lohnt sich hier nicht, da die Sommer zu kühl und die Niederschläge zu hoch

Abb. 1: Weiler im Alpenvorland

Ackerland genutzt. Kartoffel- und Getreidefelder wechselten sich mit Grünlandflächen ab. Doch immer wieder mussten die Bauern Missernten wegen der für den Ackerbau ungünstigen Klimaverhältnisse hinnehmen und Not leiden. Hingegen wachsen die Grünpflanzen der Wiesen und Weiden besonders gut in so einem feuchten Klima. Auch kürzere Vegetationsperioden reichen zum Gedeihen aus.

Da die Grünpflanzen an den Boden ebenfalls geringe Ansprüche stellen, sind sogar wenig fruchtbare, steinige Berghänge nutzbar. Deshalb konnte man im Allgäu von Glück reden, als Fachleute aus der Schweiz (Emmental) und Holland (Limburg) die heimischen Bauern von den enormen Vorzügen der **Milchwirtschaft** überzeugten und sie in die Geheimnisse der **Käseherstellung** einwiesen. „Allgäuer Emmentaler" heißt eine Käsespezialität also nicht von ungefähr (Abb. 3).

So wandelte sich innerhalb weniger Jahrzehnte das Bild der Landschaft. Die Ackerflächen wurden in Grünland umgewandelt, und die Landwirte spezialisierten sich auf Milchwirtschaft. Als die Milchwirtschaft sich im Allgäu im vorigen Jahrhundert durchzusetzen begann, entstand zunächst fast in jeder kleineren Gemeinde eine eigene Molkerei. Die Bauern aus dem Ort lieferten

täglich ihre erzeugte Milch ab. Ein Mann brauchte damals einen ganzen Tag, um in Handarbeit einen großen, runden Allgäuer Emmentaler Käselaib herzustellen. In einem großen Kessel wurde die Milch unter ständigem Rühren erhitzt, anschließend Lab zugesetzt, ein Stoff, der die Milch zum Gerinnen brachte. Nach dem Gerinnen konnte Käsemasse abgeschöpft und in einer Holzform zu einem Käselaib gepresst werden.

Abb 3: Fertige Käselaibe auf einer Ausstellung

Heute wird die Milch in modernen Großmolkereien automatisch weiterverarbeitet. Aus etwa 1000 Litern Milch entsteht ein Käselaib mit etwa 80 bis 100 Kilo Gewicht. Drei Monate muss der Käse allerdings erst reifen, ehe er zum Verkauf bereit ist. Und hier liegt das Geheimnis der berühmten Löcher im Käse: Sie bilden sich während der Reifezeit durch Gasentwicklung.

Bauern, die Milch für diese Käseherstellung liefern, können einen guten Preis erzielen, müssen allerdings strengen Anforderungen entsprechen. Milchpulver, Kondensmilch, Weichkäse, Butter, Joghurt, Quark, Süßspeisen aus Milchprodukten und vieles mehr produzieren die Molkereien außerdem. Die großen Städte wie Augsburg, Ulm, München, Stuttgart sind mit ihren vielen Menschen hervorragende Absatzgebiete für die Milcherzeugnisse aus dem Allgäu.

Im Allgäu wird **Mähweidewirtschaft** betrieben. Die Kühe stehen im Winter im

sind. Für die hohen Niederschläge im Allgäu gibt es eine Erklärung: Der Wind bläst aus dem hügeligen Voralpenland über das Allgäu. Am Alpenrand stauen sich dann die Luftmassen und werden zum Aufsteigen gezwungen. Die Luft kühlt sich mit zunehmender Höhe ab. Der Wasserdampf, der in der Luft enthalten ist, verdichtet sich dabei zu Tröpfchen. Das heißt mit dem Fachbegriff, die Feuchtigkeit kondensiert, und es beginnt zu regnen. Solche Niederschläge an den Gebirgsrändern nennt man **Steigungsregen** (Abb. 2).

Noch im vorigen Jahrhundert wurde fast die Hälfte der bewirtschafteten Flächen als

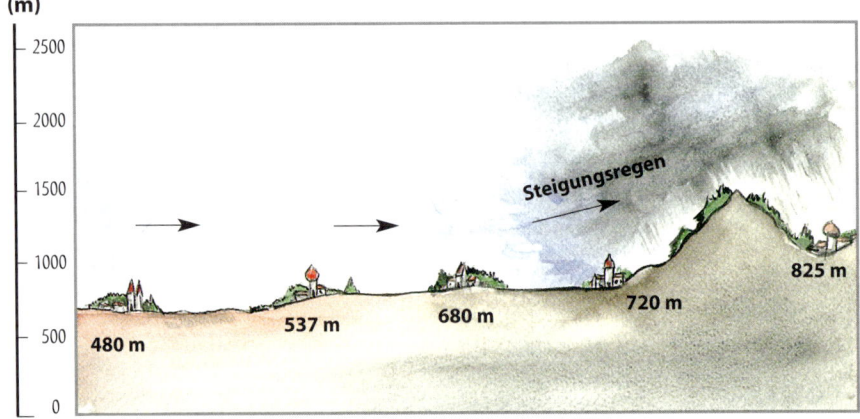

Abb. 2: Schematische Darstellung des Steigungsregens

Abb. 4: Die Kühe bleiben den ganzen Sommer auf der Alm

Stall, im Sommer grasen sie auf eingezäunten Flächen in Hofnähe. Auf einigen Weiden dieser Koppeln wird das Gras, sobald es lang genug ist, bei schönem Wetter gemäht und zu Heu getrocknet. Der erste Schnitt ist der nahrhafteste. Sobald das Gras wieder nach guter Düngung mit **Gülle** nachgewachsen ist, beweiden die Tiere diese Fläche. Ist auch sie abgeweidet, treibt der Bauer die Tiere auf die nächste Weide. Die Fläche wird wieder gedüngt und kann noch einmal gemäht werden. Jede Fläche wird auf diese Weise mehrmals beweidet und zweimal zur Heuernte benutzt. Von **Wiese** spricht man, wenn sie gemäht und als Heu- oder Graslieferant benutzt wird. Auf einer **Weide** hingegen frisst das Vieh das Futter direkt. Einige Kühe grasen im Sommer noch als „Pensionsvieh" auf einer **Alp**. So nennt man im Allgäu eine Bergweide, die oberhalb der Waldgrenze liegt, sonst heißen diese Bergweiden **Almen** (Abb. 4).

Moderne Stallungen erleichtern den Bauern heute die Arbeit. Die Kühe können schnell an Melkmaschinen angeschlossen werden. Die Milch gelangt durch eine Absauganlage direkt in einen großen Kühlbehälter. Kühlwagen holen die Milch ab und liefern sie an die Großmolkereien. Kot und Urin der Tiere fallen in eine Rinne hinter den Stellplätzen der Tiere, die in einer unterirdischen Sammelgrube endet. Diese Gülle kann der Bauer mit einem speziellen Tankwagen als hervorragenden Dünger auf seine Wiesen und Weiden aufbringen. Zu viel Gülle birgt jedoch Gefahren für das Grundwasser. Im Allgäu sind viele Betriebe dazu übergegangen, die Tiere ganzjährig in diesen modernen Stallungen zu halten, da so Arbeitskräfte eingespart und rationeller gewirtschaftet werden kann.

Auch in den Marschen Norddeutschlands spielt die Viehwirtschaft eine große Rolle. Gras gedeiht da am besten, wo die Wurzeln genügend Feuchtigkeit finden. Kam sie im Allgäu durch die hohen Niederschläge, so sorgt in den Marschen der hohe Grundwasserspiegel für reichliche Durchfeuchtung. Die Marschen müssen regelmäßig entwässert werden. Das geschieht durch die Wassergräben, die die einzelnen Weiden voneinander trennen, so dass man keine Zäune braucht. Eine Art der Rinderhaltung in der Marsch ist die **Mastviehhaltung**. Zweijährige Tiere werden eingekauft. Sie bleiben nur einen Sommer lang, von Mai bis fast in den

auf dem europäischen Markt zwingt jedoch immer mehr zur Vergrößerung, Spezialisierung und Rationalisierung. Die Zahl der landwirtschaftlichen Betriebe nimmt zwar ab, aber die Betriebe, die bleiben, werden größer und spezialisierter. Die Nachfrage nach preiswertem Fleisch, aber auch Milchprodukten und Eiern, führt dazu, dass Tiere immer mehr in **Großstallungen** und unter dem Gesichtspunkt höchster Wirtschaftlichkeit gezüchtet und gehalten werden (Abb. 5). Problematisch ist die große Menge von Gülle, die eigentlich ein wertvoller natürlicher Dünger ist. Wird jedoch zu viel Gülle ausgebracht, die von den Pflanzen nicht genutzt werden kann, so versickert sie im Boden. Schädliche Bestandteile können ins Grund- und somit ins Trinkwasser gelangen. Es ist gesetzlich geregelt, wie viel Gülle pro Hektar im Jahr ausgebracht werden darf und auch zu welchen Zeiten: nur von März bis Oktober. Auf den Ackerflächen wird häufig Mais angebaut, da er viel Gülle verträgt und außerdem wertvolles Viehfutter liefert.

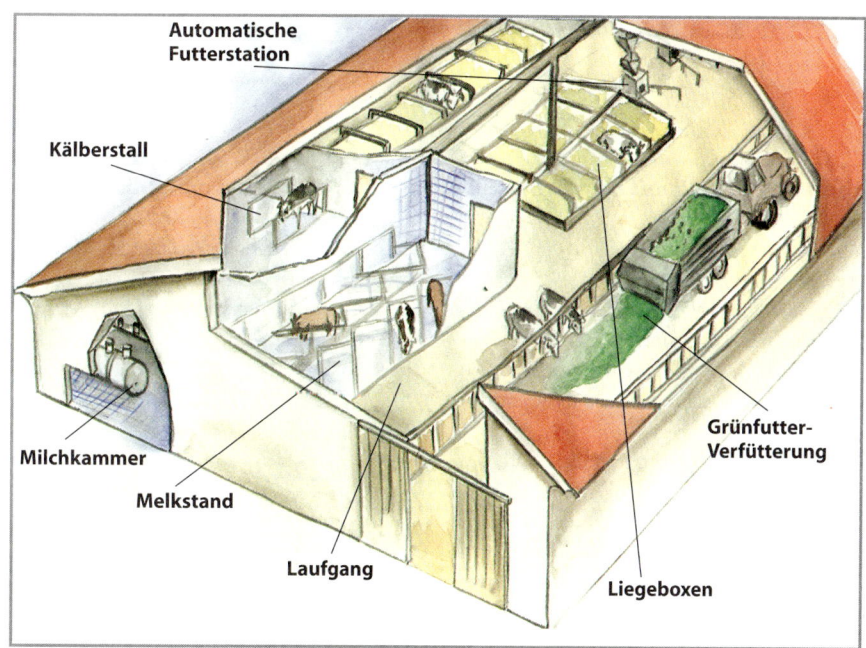

Abb. 5: Moderne Großstallung

November hinein, Tag und Nacht draußen auf den Weiden zum „Fettgräsen". Im Herbst werden sie geschlachtet. Nur von wenigen Flächen wird Heu oder Silofutter gewonnen, da nicht viele Tiere überwintern.

Eine andere Möglichkeit ist, nur Milchvieh zu halten. Kälberzucht und Milchverkauf sind hier die Einnahmequellen. Ebenso ist eine Kombination von Milch- und Mastviehhaltung möglich. Die große Konkurrenz

 Zum Weiterlesen:

- In den Alpen, S. 616
- Ackerbau u. Viehzucht, S. 620
- Urlaub im Mittel- und Hochgebirge, S. 652
- USA, Agrarland, S. 692
- GUS, Landwirtschaft, S. 700

Sonderkulturen am Bodensee

Zitronen können in Deutschland reifen und Bananen blühen – das ist keine Meldung zum ersten April, sondern eine Tatsache. Während die nächste Nachbarschaft noch vom Aprilwetter geplagt wird, beginnt die Vegetationszeit am größten Binnensee Deutschlands (ca. 540 km²) zwei bis vier Wochen früher als im Alpenvorland. Die Rede ist vom Bodensee, der sich in den Obersee

Zur Beckenlage kommt noch die wärmespeichernde Funktion der großen Wassermenge des großflächigen Sees. Das funktioniert so:

Wer einmal im Sommer an einem kühleren Tag in einem See badet, der viele Tage lang von der Sonne erwärmt wurde, versteht, was gemeint ist. Trotz kühlerer Außentemperaturen speichert das Wasser die Wärme

wirkung des Wassers. So sind auch die Winter sehr milde.

Hinzu kommt, dass von den Höhen der Alpen im Winter oft der Föhn, ein warmer Fallwind aus dem Mittelmeerraum, herabfällt. Die Luft kommt an der Bodenseeseite wärmer an, als sie auf der Mittelmeerseite aufgestiegen ist. Dieses Phänomen ist aus der Tatsache zu erklären, dass feuchte Luft sich um etwa 0,6 °C je 100 Höhenmeter verändert, trockene dagegen um 1° C je 100 Höhenmeter.

Auf der Mittelmeerseite, der Luvseite (Wind- und Regenseite) der Alpen, steigt feuchte Luft auf und kühlt sich, da sie ja feucht ist, um 0,6 °C je 100 Höhenmeter ab. Die in ihr enthaltene Feuchtigkeit kondensiert, und es kommt zu Steigungsregen. Wenn die Luft auf der Bodenseeseite, der Leeseite (Windschatten- oder Regenschattenseite) des Gebirges herabfällt, erwärmen sich die nun trockenen Luftmassen wieder, und zwar um 1° C je 100 Höhenmeter. Das ist die Erklärung dafür, dass die Luft am Bodensee mit höherer Temperatur ankommt, als sie im Mittelmeerraum aufgestiegen ist. Dieser Föhn, auch Schneefresser genannt, bringt klare Fernsicht, lässt die Temperaturen rasch ansteigen und den Schnee schmelzen.

Im Frühjahr zerstören nur selten Nachtfröste die Blüte, so dass das Wachstum früh beginnen kann und die Wachstumsperiode länger als in der Umgebung ist. In diesen besonderen klimatischen Verhältnissen finden wir **Sonderkulturen**, zu denen man u. a. Obst, Gemüse, Wein und Hopfen zählt (Abb. 2). Auf der Reichenau werden Gurken, Tomaten, Rettich, Blumenkohl, Porree, Sellerie, Bohnen, verschiedene Salatsorten, Kohlrabi

Abb. 1: Die geschützte Lage des Bodensees ist der Grund für das milde Klima

mit der Insel Lindau, den Überlinger See mit der Insel Mainau und den Untersee mit der Insel Reichenau gliedert. Hauptzuflüsse des Bodensees sind der Alpenrhein und die Bregenzer Ach. Außer Deutschland haben auch Österreich und die Schweiz Anteil am Bodensee.

Im besonders milden Klima auf der Mainau, der „Blumeninsel" im Bodensee, wachsen in dem berühmten botanischen Garten Palmen und Pflanzen, die sonst in den sonnigen Ländern am Mittelmeer heimisch sind. Dann gibt es noch die „Salatinsel", die Reichenau, die frisches Gemüse – und dazu noch die verschiedensten Sorten – zu jeder Jahreszeit liefert. Sie wird auch „Garten im Untersee" genannt.

Besonders günstige klimatische Verhältnisse bieten für die offensichtlich bevorzugten Anbaumöglichkeiten eine wesentliche Voraussetzung. Da ist zum einen die geschützte Lage des Bodensees. Durch die hohen Berge liegt der See wie in einem Becken geschützt. Das Seebecken ist tief in das umliegende Land eingebettet, so dass kalte Winde nicht leicht eindringen können (Abb. 1).

und gibt sie nur langsam wieder ab. Man hat das Gefühl, dass das Wasser wesentlich wärmer als die Lufttemperatur ist. Und die große Wassermasse des Bodensees hat viel Speichervolumen. Man spricht von der **Wärme-**

Abb. 2: Wein gedeiht nur unter besonderen klimatischen Bedingungen

Abb. 3: Gewächshäuser bieten optimale Bedingungen für die Zucht von Sonderkulturen

und Radieschen, Küchenkräuter und Spinat geerntet. Ein großer Teil Süddeutschlands wird von dieser kleinen Insel aus versorgt, vor allem mit Frühgemüse. Das geht nur, weil jedes Stückchen Land intensiv genutzt wird. Denn nur 0,7–2,5 Hektar Anbaufläche stehen den Bauern durchschnittlich zur Verfügung. Ein Hektar, das sind 10.000 m², nur 100 Meter lang und 100 Meter breit. Wie läßt es sich von der Bewirtschaftung einer so kleinen Fläche leben? Die Bauern haben sich auf die Sonderkulturen spezialisiert:

In **Gewächshäusern** werden Pflanzen vor schlechter Witterung geschützt und reifen zudem noch früher als die Pflanzen, die im Freiland wachsen. In beheizten Gewächshäusern können auch im Winter Salate und Küchenkräuter gedeihen. Neben diesen Unterglaskulturen helfen die Gemüsebauern der Natur im Frühjahr nach, indem sie Folien über einen Teil der Anbaufläche spannen. Diese Folien schützen Saatgut und junge Pflänzchen, halten Feuchtigkeit und Wärme. Bei Sonnenschein wirken sie zudem noch wie ein Treibhaus.

Beregnungsanlagen, die mit unterirdisch verlegten Rohrleitungen alle Anbauflächen auf der Insel mit Wasser versorgen können, kommen hinzu. So werden die Pflanzen optimal mit Feuchtigkeit versorgt (Abb. 4). Für Frühgemüse erzielen die Bauern einen höheren Preis als für dasselbe Gemüse im Sommer. Wer als Erster seine Waren auf dem Markt anbietet, bekommt eben den höchsten Preis. Nach der ersten Ernte kann der Boden wieder bearbeitet und noch einmal bepflanzt werden. Zwei bis drei Ernten im

Jahr sind möglich. Das erfordert natürlich viel Arbeit. Denn in den Gewächshäusern (Abb. 3) können keine Maschinen eingesetzt werden. Meist handelt es sich um Familienbetriebe, in denen jeder anpackt. Man nennt solch eine Bewirtschaftung **Intensivanbau**.

Die Gemüsebauern der Reichenau sind Mitglieder in einer **Genossenschaft**. Viele kleine Betriebe haben sich zusammengeschlossen, damit sich nicht jeder um alles kümmern muss. So organisiert die Genossenschaft den Verkauf der Ernte und kann auch große Mengen regelmäßig an Supermärkte abgeben und entsprechende Preise

erzielen, wenn all die kleinen Betriebe ihre Erzeugnisse anliefern. Aber auch Dünger und Saatgut können für alle Mitglieder wegen der größeren Mengen günstiger gekauft werden. Landwirtschaftliche Geräte, die sich für einen allein nicht lohnen, leiht man gegen Gebühr aus.

Auch Obst gehört zu den Sonderkulturen an den Ufern des Bodensees. Genau wie beim Gemüseanbau sind auch hier Spezialisierung und intensive Bewirtschaftung wichtig. So findet man Obstbäume mit einer Stammhöhe bis etwa ein Meter, die den Vorteil haben, dass man zum Ernten, aber auch beim Beschneiden und Binden ohne Leiter arbeiten kann. Auch kleine Traktoren können zwischen den Baumreihen eingesetzt werden. Wenn nach etwa zehn Jahren die Erträge nachlassen, pflanzt man neue junge Bäume, evtl. auch andere Sorten, die vom Kunden verlangt werden.

Andere Gebiete mit Gemüsesonderkulturen findet man am Niederrhein zwischen Bonn, Köln und Krefeld. Wichtig ist immer die Nähe zu großen Absatzgebieten, damit die Transportwege für die empfindliche, leicht verderbliche Ware nicht zu weit sind.

Abb. 4: Beregnungsanlagen versorgen die Pflanzen mit ausreichend Feuchtigkeit

 Zum Weiterlesen:

- Vom Wetter zum Klima, S. 618
- Ackerbau u. Viehzucht, S. 620
- Viehwirtschaft, S. 622
- Apfelsinen, S. 626

Apfelsinen aus Spanien und Reis aus Java

Längst nicht alle Nahrungsmittel werden in Deutschland produziert. Wo kommen die **Zitrusfrüchte** wie Apfelsinen, Zitronen, Limonen, Mandarinen und Pampelmusen her? Wärme und Feuchtigkeit benötigen sie zum Wachstum, Frost mögen sie gar nicht. Solchen Ansprüchen genügt in Europa nur der Mittelmeerraum. Spanien ist das größte Erzeugerland. Etwa die Hälfte der Apfelsinenbäume Spaniens steht in der Umgebung von Valencia. Und das kommt nicht von ungefähr. Die spanische Mittelmeerküste weist in den Sommermonaten mit großer Hitze günstige Bedingungen für das Wachsen der Zitrusfrüchte auf.

Doch die Wärme allein reicht nicht aus. Der Mensch musste schon einige von der Natur geschaffene Gegebenheiten überlisten, um die Küstenebenen um Valencia, Murcia und Malaga in „Gärten" umzuwandeln (Abb. 1). Diese Gartenlandschaften heißen **Huerta** oder **Vega**. Die Namen sagen etwas Wichtiges über Alter und Entstehung dieser Landschaften aus: Huerta ist der lateinische Begriff für „Garten", Vega der arabische. Die Anlage dieser Kulturlandschaft kann man also auf die Römer und Araber zurückführen.

Üppige Baum-, Gemüse- und Fruchtgärten, so weit das Auge reicht! Allerdings fallen in dieser Region im Sommer kaum Niederschläge, die aber für das Wachstum von Obst und Gemüse wichtig sind. Im Herbst und Winter dagegen kommt es zu heftigen Regengüssen. Die sonst wasserarmen Flüsse an der Ostküste Spaniens, die aus den Randgebirgen in die Küstenebenen fließen,

Abb. 1: Orangenhain

schwellen an und reißen in ihren Fluten von den Hängen abgespültes Material mit. An den Unterläufen der Flüsse, wenn das Gefälle nachlässt, lagert sich dieser Boden ab. So sind die Küstenebenen um Valencia, Murcia und Malaga entstanden. Diese guten **Schwemmlandböden** bieten beste Voraussetzungen. In den Gebirgen fallen mehr Niederschläge, die in Stauseen und Speicherbecken gesammelt werden und über das ganze Jahr verteilt werden können. Die Wasser der Herbstregen und der Schneeschmelze können so in den trockenen Monaten in die Bewässerungskanäle der Huertas geleitet werden.

In den Küstenebenen baute man Kanalsysteme, um auch Gebiete, die weit vom Fluss entfernt liegen, mit Wasser versorgen zu können. Bei solch künstlicher Bewässerung spricht man von **Bewässerungsbau** (Abb. 2). Ring-, Furchen- oder Flächenbewässerung wenden die Gartenbauer je nach Bodenform und Fruchtart an. Göpelwerke, Schöpfbrunnen oder Pumpstationen fördern zudem Grundwasser, so dass auch in kanalfernen Gebieten noch Gärten angelegt werden können.

Lebensnotwendig ist dieses Wasser für die Bauern der Huertas. Und so gibt es seit alters her ein **Wasserrecht**, das die Nutzung des kostbaren Nass genau regelt: Es geht zurück bis ins Jahr 1238 und wurde von Jakob I. von Aragon erlassen. Einige Teile stammen sogar noch aus der Zeit, als Spanien von den arabischen Mauren beherrscht wurde. Die Bauern dürfen das Wasser kostenlos nutzen. Die Menge richtet sich nach der Größe des Landbesitzes. Wasserwächter achten streng darauf, dass keiner zu viel Wasser entnimmt oder es gar vergeudet, denn dann muß ein Gericht über Strafen befinden.

Künstliche Bewässerung und warmes Klima lassen zu, dass das Land das ganze Jahr über genutzt werden kann. Bis zu drei Ernten im Jahr sind möglich. Ein Teil der Felder wird im Winter durch Folien geschützt. In Valencia haben sich große Exportfirmen niedergelassen, die Zitrusfrüchte und Gemüse in die Bundesrepublik und andere Länder **exportieren**, das heißt ausführen. Die meisten der in Deutschland verbrauchten Apfelsinen kommen aus Spanien. Wenn die Früchte

Abb. 2: Bewässerungskanäle ermöglichen die Kultivierung von trockenen Regionen

Abb. 3: Reisterrassen auf Bali, Indonesien

noch am Baum hängen, werden sie schon an Großhändler verkauft, die sie von eigenen Pflückerkolonnen ernten lassen.

Auch **Reis** gehört zur Abwechslung auf den Speiseplan der Europäer. In erster Linie bauen sie nämlich Weizen an, um Brot daraus zu backen. Kaum ein Europäer dürfte sich aber der Tatsache bewusst sein, dass Reis die bedeutendste **Kulturpflanze** der Erde ist. Denn für etwa die Hälfte der Erdbevölkerung, die Süd- und Ostasiaten, stellt Reis das wichtigste, oft das einzige Nahrungsmittel, also im übertragenen Sinn das „tägliche Brot" dar, obwohl sich kein Brot aus Reismehl backen lässt. Etwa 350 Gramm Reis am Tag reichen aus, um einen Menschen notdürftig zu ernähren, denn Reis enthält zumindest ungeschält viele Mineralstoffe und Vitamine. Zu allen Mahlzeiten, gekocht oder gebraten, steht die Sumpfpflanze für viele Bewohner Indonesiens auf dem Speiseplan.

Indonesien ist ein Staat in Südostasien, eine Gruppe von über 13.000 Inseln zwischen Hinterindien und Australien. Die bedeutendsten Inseln sind Sumatra (Sumatera), Java (Jawa), Borneo (Kalimantan), Celebes (Sulawesi), die kleinen Sundainseln mit Bali und Timor (Nusa Tenggara), Molukken (Malukku). Die Inseln sind eigentlich die Trümmer einer Landbrücke, die einmal Asien und Australien verband. Als sie zerbrach, stieg glutflüssige Lava aus dem unruhigen Erdinnern und baute die Vulkane auf, über hundert auf Java.

Auf Java sind die Anbaubedingungen mit einem feuchtheißen Klima für den ganzjährigen Anbau günstig. Reis braucht eine Durchschnittstemperatur von mindestens 20°C, möglichst noch höher, Licht und reichlich Wasser, zudem fruchtbaren Boden, den die vulkanischen Böden der Insel liefern.

Reis, eine Sumpfpflanze, gedeiht am besten in flachem Wasser. Da das Wasser aber an den oft steilen Hängen auf Java nutzlos abfließen würde, haben die Menschen schon vor Jahrhunderten die Hänge in Tausende von ebenen **Terrassen** umgewandelt. Auf diesen künstlich geschaffenen Teilebenen wurden zahlreiche Reisbeete angelegt, manche nicht größer als ein Zimmer, die von etwa einem halben Meter hohen Erdwällen umgeben sind. Diese Dämme sind wichtig, damit die Felder überflutet werden können (Abb. 3).

Diese Reisterrassen müssen künstlich bewässert werden. Über Kanäle leitet man das Wasser aus den Bergen. In Saatbeeten werden vorgequollene Reiskörner in vier Wochen zu jungen Reispflänzchen vorgezogen und anschließend in überflutete Felder ausgepflanzt. Das bedeutet für die Reisbauern und Frauen, knietief im Wasser stehen zu müssen. Während der gesamten Wachstumszeit müssen die Felder überflutet bleiben. Erst kurz vor der Ernte kann man das Wasser ablassen. Mit Schiebern an den Zu- und Abflüssen lässt sich der Wasserstand auf den Beeten regulieren. Beim Reisanbau ist kein Fruchtwechsel nötig, so dass man vom **Dauernass-bau** spricht. Auch nach jahrhundertelangem Reisanbau bleiben die Erträge noch gut.

Wenn der Reis je nach Höhenlage nach drei bis fünf Monaten reif ist, werden die Reishalme, an denen die langen Rispen hängen, in Handarbeit mit Sicheln und Reismessern geschnitten, gebündelt und anschließend gedroschen. Das Korn wird von der Spreu getrennt, wie schon das Sprichwort sagt. Zwei- bis dreimal im Jahr kann geerntet werden. In der Reisbaulandschaft sieht man zu allen Zeiten nebeneinander alle Stadien der Aufzucht, unter Wasser stehende Felder mit Jungpflanzen bis hin zu den reifen Feldern (Abb. 4).

Auf den dicht besiedelten Inseln Indonesiens, besonders auf Java, wird nahezu jeder Zentimeter Anbauraum genutzt, zumal mancher Besitz nur 0,5 ha groß ist. So kann man auf den Dämmen der Terrassen noch Tabak, Bananen oder Mais anbauen. Oder man züchtet in den überfluteten Feldern Fische. Doch nicht alle Bewohner der dicht bevölkerten Insel Java besitzen eigenes Land. Als Tagelöhner müssen sie buchstäblich von ein paar Hand voll Reis leben, die sie verdienen.

Abb. 4: Die Entwicklung der Reispflanze

 Zum Weiterlesen:

- Sonderkulturen am Bodensee, S. 624
- Wärmezonen, S. 666
- Klimazonen, S. 670
- Kräfte aus dem Erdinnern, S. 710

Steinkohle aus dem Ruhrgebiet

So ein Stück Kohle hat buchstäblich eine bewegte Geschichte hinter sich und könnte viel erzählen. Ist doch der Beginn seiner Entstehung vor etwa 350 Millionen Jahren in der Steinkohlenzeit, genannt **Karbon**, im Erdaltertum anzusetzen. Damals herrschte in Mitteleuropa ein wärmeres und feuchteres Klima als heute. Beste Bedingungen für üppige Sumpfwälder mit Riesenfarnen, großen Schachtelhalmen und Bärlappgewächsen, die an den Küsten der Meere, an den Ufern großer Seen und in Niederungen wachsen konnten. Kräfte im Erdinnern sorgten dafür, dass sich die Erdoberfläche senkte. So überflutete das Meer diese Wälder. Die absterbenden Pflanzen waren auf diese Weise von der Luftzufuhr abgeschnitten. Deshalb verwesten sie nicht, sondern zerfielen zu **Torf**.

Sand- und Tonschichten, die das Meer ablagerte, deckten die Torfschichten ab. Dann hob sich der Untergrund wieder, neue Sumpfwälder wuchsen. Bei erneutem Absinken der Erdoberfläche konnte sich ein neues Torflager bilden, das auch wiederum von Sand und Ton abgedeckt wurde. Unruhige Kräfte im Erdinnern sorgten im heutigen Ruhrgebiet dafür, dass sich dieser Vorgang mehr als 150-mal wiederholte. Druck und Temperatur nahmen zu, so dass sich aus dem Torflager schließlich **Braunkohle** bildete. Die Sand- und Tonablagerungen verfestigten sich im Laufe von Millionen Jahren immer mehr und übten noch mehr Druck auf den Untergrund aus. So wurde aus der Braunkohle schließlich **Steinkohle** (Abb. 1).

Abb. 2: Steinkohle

In vielen Millionen Jahren bildete sich aus den Meeresablagerungen (Sand und Ton) das Deckgestein oder Deckgebirge, aus den Sumpfwäldern die Kohle. Steinkohle brennt besser als Braunkohle, weil sie wenig Wasser und Gas enthält. Denn je länger Druck und Wärme einwirken, desto mehr nimmt der Kohlenstoffgehalt zu, während gleichzeitig Wasser entweicht (Abb. 2).

Die Braunkohlenlagerstätten stammen aus der Erdneuzeit, dem **Tertiär**, das vor etwa 65 Millionen Jahren begann. So ist zu verstehen, dass die „junge" Braunkohle nicht so einen hohen Brennwert haben kann, da der Inkohlungsprozess, wie man die

chemische Umwandlung nennt, noch nicht so weit fortgeschritten ist wie bei der Steinkohle. Je länger Druck und Wärme einwirken, desto höher wird der Kohlenstoffgehalt, desto geringer gleichzeitig der Wasseranteil. So ist Steinkohle mit ihrem höheren **Heizwert** wertvoller als Braunkohle. Braunkohle hat eine hellbraune bis schwarzbraune Farbe und noch einen ziemlich hohen Wassergehalt.

Auf der Grundlage der Steinkohlevorkommen entstand nun ab Mitte des 19. Jahrhunderts im Ruhrgebiet ein bedeutendes Bergbau- und Industriegebiet.

Die **Flöze**, wie man die Kohlenschichten nennt, haben nur eine geringe Mächtigkeit von wenigen Zentimetern bis zu über drei Metern. Die meisten sind nur etwa einen Meter hoch. Sie müssen im Ruhrgebiet unter schwierigsten Bedingungen ans Tageslicht gefördert werden. Denn weitere Unruhen im Erdinnern zu der Zeit, als die heutigen Mittelgebirge aufgefaltet wurden, schafften Bewegung in der Erdkruste. Kohlenschichten und Gesteinsschichten wurden aufgefaltet und gegeneinander verschoben. Die Schichten lagern nicht mehr horizontal. Diese **„Verwerfungen"** des Gesteins und der Flöz führenden Schichten machen den Bergleuten das Leben schwer. Das ganze Kohlengebirge sank nach Norden hin ab und wurde dort von mächtigen Meeresablagerungen überdeckt. So kommt es, dass das „Deckgebirge" immer mächtiger wird, je weiter man nach Norden kommt. Im Ruhrtal, im Süden des Reviers, traten die Flöze zutage. Schon seit dem Mittelalter konnte man in offenen Gruben oder Stollen an den wertvollen Rohstoff gelangen (Abb. 3). Doch als mit der Industrialisierung im 19. Jahrhundert zunehmend mehr Kohle gebraucht wurde, „wanderte" der Bergbau nach Norden. Immer tiefer mussten die senkrechten Schächte ins Erdinnere getrieben und im **Untertagebau** gefördert werden.

Die Arbeit des Bergmannes ist hart, obwohl das Bild vom Hauer, der mit Spitzhacke und Hammer die Kohle aus dem Berg haut und mit der Schaufel weiterbefördert, längst der Vergangenheit angehört. Von nur einem Mann ferngesteuerte Walzenschrämlader übernehmen heute die Arbeit. Mit Helm, elektrischer Grubenlampe und Atemschutzgerät fährt der Bergmann in einem mehrstöckigen Förderkorb bis zu 1000 Meter tief unter Tage, so dass man heute schon von **Tiefbau** spricht. Mit Grubenzügen oder Bussen geht es dann in die dunkle Richtstrecke, einen Tunnel, der mit Stahlbögen und Beton ausgebaut ist. Mit einer Seilbahn oder auf dem leeren Förderband kommt man dann in

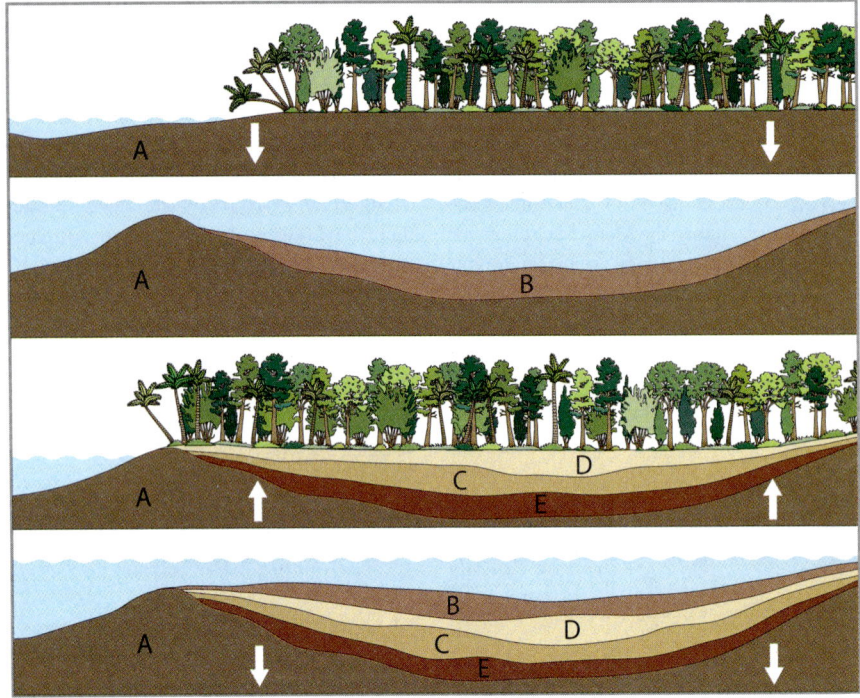

Abb. 1: Die Entstehung der Kohle: A= Untergrund, B=Torf, C=Ton, D= Sand, E=Kohle

Erdkunde

Abb. 3: Der Bergbau hat in Deutschland eine lange Tradition

die Abbaustrecke. Mehr als eine halbe Stunde kann so vergehen, ehe der Bergmann „vor Ort" an seinem Arbeitsplatz angekommen ist. In dem Kohlenstreb sind die Decken mit schweren Metallschilden abgestützt, damit das darüber liegende Gestein, das „Hangende", nicht einstürzt und Menschen und Maschinen unter sich begräbt (Abb. 4).

Etwa 80 cm breite Streifen auf einmal schneidet der Walzenschrämlader aus dem Flöz heraus. Die Kohle gelangt dann über einen Kettenförderer, eine Stahlrinne, ans Ende des Strebs, wo sie auf ein Förderband fällt und zum Füllort transportiert wird. Hier wird sie automatisch in Fordergefäße abgefüllt und im Schacht nach oben gezogen. Hart ist die Arbeit für den Bergmann immer noch. Ohne Frischluftzufuhr, die „Bewetterung", die durch einen gesonderten Schacht erfolgt, lägen die Temperaturen über 40° C. Denn die Temperatur nimmt zu, je tiefer man kommt.

So wie die Kohle aus dem Förderschacht kommt, ist nur etwa die Hälfte davon als Brennmaterial nutzbar. Zunächst muss die Kohle vom „tauben" Gestein getrennt werden. Das geschieht in großen, mit Wasser gefüllten Behältern, in denen das schwere Gestein nach unten sinkt und nur die leichtere

Kohle oben schwimmt. Das Gestein kann entweder zum Verfüllen von Hohlräumen unter Tage oder beim Straßenbau verwertet werden. Und der Rest landet auf Abraumhalden, die bepflanzt und in die Landschaftsgestaltung einbezogen werden müssen.

Die Steinkohle aus dem Ruhrgebiet war noch bis vor wenigen Jahrzehnten etwas ganz Wichtiges für fast jedermann. Denn Öl- oder Gasheizungen waren noch nicht gebräuchlich. Ein Ofen, mit Kohle geheizt, musste die Wärme bringen. Auch für die Industrie ist Kohle ein wichtiger Rohstoff. Ein Teil der Kohle wird in der Kokerei zu Koks verarbeitet. Unter Luftabschluss wird sie bis zum Glühen erhitzt, damit sich einige Bestandteile zu Gas verflüchtigen. Das wird als Grundstoff für die chemische Industrie verwendet. Die Kohlenmasse wird abgelöscht, zerbricht in Stücke. **Koks** enthält kaum noch Gas. Ein anderer Teil der Steinkohle wird als Grundstoff an die chemische Industrie geliefert, in Kraftwerken „verstromt" oder in Heizwerken zu Fernwärme verbrannt.

Um mehr als die Hälfte ging die Steinkohlenförderung im Ruhrgebiet in den letzten Jahrzehnten zurück. Waren um 1900 noch etwa 200 Zechen in Betrieb, so waren es 1993 nur noch 14. Zwischen 1957 und 1991 gingen im Ruhrgebiet über 400.000 Arbeitsplätze im Steinkohlenbergbau verloren. Um im Tiefbau die

Förderkosten zu senken, hat man immer mehr Arbeitsprozesse automatisiert. Die Förderung der heimischen Steinkohle wird immer aufwendiger und dadurch teurer. Unrentable Zechen wurden geschlossen (Abb. 5).

Die Gründe, weshalb die Steinkohle auch weltweit ihre Bedeutung verloren hat, sind vielfältig. Erdgas und Heizöl machten nicht nur der Kohle als Brennstoff für die Haushalte Konkurrenz. Die alte Dampflok, die viel Kohle verheizte, gehört der Vergangenheit an. Auch die großen Abnehmer, die Hüttenwerke, decken ihren Bedarf vielfach aus Übersee. So ist die Steinkohle aus den USA wesentlich billiger, weil die Kohlenflöze dort viel mächtiger sind als die im Ruhrgebiet. Zudem kann die amerikanische Kohle wesentlich günstiger im Tagebau abgebaut werden.

Abb. 5: Heute zeugen vielerorts nur noch Förderräder von der ehemals großen wirtschaftlichen Bedeutung der Kohle für das Ruhrgebiet

Zwar müssen weite Transportwege in Kauf genommen werden, aber der niedrige Preis spricht für sich. Dennoch bleibt zu überlegen, ob weitere Zechen geschlossen werden. Ein einmal stillgelegter Schacht läuft voll Wasser und ist unwiderruflich zerstört. Eine zu starke Abhängigkeit von ausländischen Energiequellen könnte einmal problematisch werden.

 Zum Weiterlesen:

- Stahl u. Autos, S. 636
- Strukturwandel i. Ruhrgebiet, S. 718
- Braunkohle, S. 630
- Großbritannien – Strukturwandel in der Industrie, S. 720
- Industriegürtel – USA, S. 694

Abb. 4: Auch heute noch ist der Bergmann unter Tage vielen Gefahren ausgesetzt

Braunkohle aus der Kölner Bucht und der Lausitz

Wie eine Mondlandschaft sieht sie aus – die Gegend bei Garzweiler, wo Braunkohle im **Tagebau** gewonnen wird. Die A46 von Düsseldorf nach Erkelenz durchtrennt Welten: auf der einen Seite die 22.000 Einwohner zählende Gemeinde Jüchen, auf der anderen die Kraterlandschaft des Braunkohlentagebaus. Das rheinische Braunkohlenrevier in der Kölner Bucht zwischen Köln, Aachen und Mönchengladbach ist eine der größten Braunkohlenlagerstätten in Europa. Der Talkessel, in dem abgebaut wird, ist so tief, dass man den Kölner Dom vollständig hineinsetzen könnte. Ein Riesenschaufelradbagger von 96 Meter Höhe, 225 Meter Länge und einem Schaufelrad von 22 Meter Durchmesser – das ist so hoch wie ein sechsgeschossiges Haus – frisst sich in die Landschaft.

Und so sieht es zurzeit in vier großflächigen Tagebauen dieser Art aus: Bergheim, Inden, Garzweiler und Hambach. Angefangen hat der Abbau in der Ville, in unmittelbarer Nachbarschaft Kölns. Nur wenige Meter Deckschichten, Löss und Sand, mussten hier abgeräumt werden, um an die **Flöze**, das sind die Kohlenschichten, zu gelangen. Die Flöze weiter nördlich und westlich dagegen sind schwerer zu erschließen. Gruben bis zu 250 Meter Tiefe müssen angelegt werden, um die 30 bis 70 Meter mächtigen Flöze abbauen zu können (Abb. 2).

Über diesen Flözen lagern die **Deckschichten**, die mit Schaufelradbaggern weggeräumt und auf Förderbändern weitertransportiert werden. Ein „Absetzer", eine Maschine am Ende des Förderbandes, kippt die Erde an die Stelle, wo sie zum Verfüllen der ausgekohlten Grube gebraucht wird. In Garzweiler gibt es zwei Flöze, zusammen 40 Meter dick, die bis 160 Meter unter die Erdoberfläche reichen. 40 Millionen Tonnen werden jährlich gefördert.

Aber so ohne weiteres können die Riesenbagger ihre Arbeit nicht aufnehmen. Vieles muss bedacht werden. Denn über der Braunkohle befindet sich eine gewachsene Landschaft, in der Menschen leben. In der Kölner Bucht mussten etwa 30.000 Menschen

Abb. 1: Schaufelradbagger und Eimerkettenbagger im Tagebau Schleenhain (südl. Leipzig)

umgesiedelt werden. Auf so einen Schritt müssen die Bergbaugesellschaften jahrelang vor dem geplanten Abbaubeginn hinarbeiten: Mit den betroffenen Menschen über einen neuen Siedlungsort beraten, Entschädigungen für den Haus- und Grundbesitz im alten Ort müssen abgesprochen werden. Die **Umsiedlung** ist vor allem für Landwirte schwer, die später am neuen Ort andere Bodengüten und auch andere Absatzmöglichkeiten vorfinden werden. Der alte Hof ist unwiederbringlich zerstört. Besonders für ältere Menschen birgt es große soziale Härten, wenn sie die vertraute Umgebung verlassen sollen.

Außerdem müssen Flüsse umgeleitet, Wälder gerodet, Dörfer und Städte mit Straßen verlegt, Häuser abgerissen und neue woanders gebaut, für Felder und Wiesen Ersatz geschaffen werden. Aber auch anderes muss man bedenken: Das Grundwasser würde sich schnell in der Grube sammeln und die Arbeit buchstäblich ins Wasser fallen, wenn nicht viele starke Pumpen das Wasser absaugten. So muss im Tagebau und auch in der Umgebung dafür gesorgt werden, dass das Grundwasser ständig abgepumpt wird. Die **Grundwasserabsenkung** hat für die weitere Umgebung natürlich auch Folgen: Quellen können versiegen, Bäche und Flüsse nicht mehr gespeist werden und bestimmte Pflanzen ihre Lebensbedingungen verlieren. Genaue Planung ist gefragt.

Sofort nach dem Abbau beginnt die **Rekultivierung**, das bedeutet, dass die Landschaft planmäßig wieder hergestellt wird. Die ausgekohlten Gruben kann man zum Teil mit Abraum auffüllen. Aber der allein reicht nicht aus, die riesigen Löcher wieder

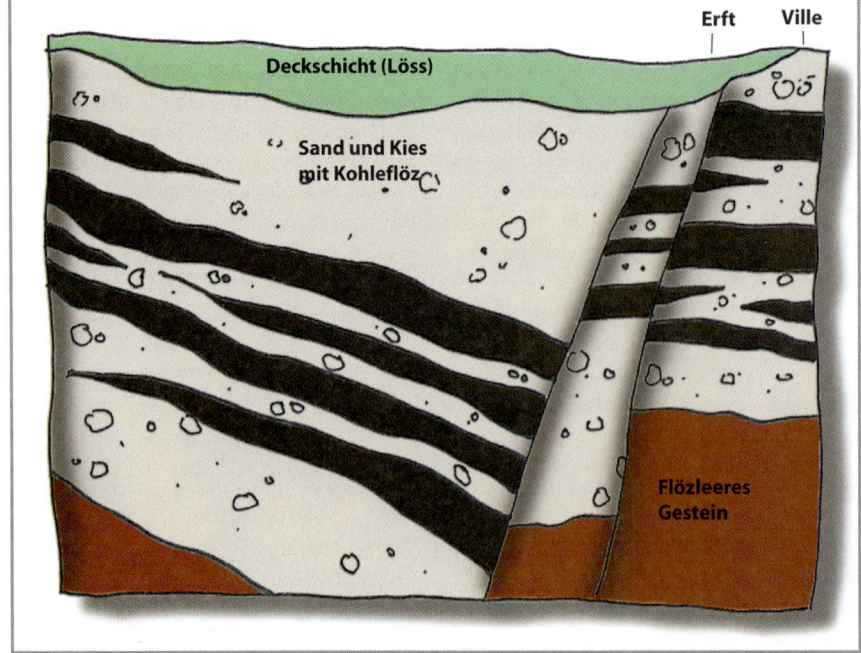

Abb. 2: Anordnung der verschiedenen Gesteinsschichten

Erdkunde

zu schließen, denn ungeheure Mengen Kohle wurden entnommen. Mit Müll lässt sich ein Teil füllen. Auf den **Abraum** kommt der kostbare Lössboden als oberste Bodenschicht, so dass Landwirte wieder Felder bestellen können. Doch das dauert viele Jahre. Denn erst müssen sich die für die Bodenbildung wichtigen Mikroorganismen und Lebewesen wieder ansiedeln. Aber auch für die Erholung der Menschen bieten sich Chancen: Einige Restlöcher füllen sich gezielt mit Grundwasser, so dass eine kleine Seenlandschaft entsteht, die sich als **Erholungsgebiet** für Wassersportler, Angler und Wanderer anbietet. Ein Teil der neuen Landschaft wird abwechslungsreich aufgeforstet (Abb. 3).

Und wozu dieser gigantische Aufwand, diese völlige Veränderung einer Landschaft? Wärmekraftwerke in unmittelbarer Nähe der Abbaugebiete sind die Antwort. Der größte Teil der Braunkohle wird für die Erzeugung von Strom verbrannt. Ein geringer Teil der Förderung wird u.a. zu Briketts, Filterkohle oder chemischen Produkten weiterverarbei-

Abb 4: Veraltete Industrieanlagen sind auch heute noch ein großes Problem in Ostdeutschland

tet. Im rheinischen Abbaugebiet Garzweiler II sollen die ersten Bagger im Jahr 2006 anrücken, sie würden ein Loch von 48 km² entstehen lassen, für das 8000 Menschen unfreiwillig ihre Heimat verlassen müssten. Die Erweiterung von Braunkohleabbaugebieten zur Energiegewinnung bleibt zunehmend umstritten. Ob das 1995 von der Landesregierung NRW genehmigte Tagebauprojekt Garzweiler II tatsächlich in Betrieb genommen wird, wird immer fraglicher. Denn die ab 2000 geltende Ökosteuer begünstigt Gaskraftwerke und benachteiligt Kohlekraftwerke. Ein weltweites Überangebot an billigem Strom lässt zudem die Strompreise purzeln und zwingt die Stromerzeuger zu knapperer Kalkulation. Auch warnen Umweltschützer vor weiterer Braunkohlenutzung, die sich mit den Klimaschutzzielen der Bundesregierung nicht vereinbaren lässt.

Eine viel weitreichendere Bedeutung hatte der Braunkohlentagebau für die ehemalige DDR. In der Lausitz zwischen Spremberg und Hoyerswerda wurde so viel Braunkohle gefördert wie in keinem anderen Land der Welt. Schaut man sich die Bodenschätzekarte an, so sieht man, dass Braunkohle für die ehemalige DDR der einzige Rohstoff zur Energiegewinnung war. Und der wurde nach dem Zweiten Weltkrieg zum Aufbau einer eigenen Industrie vielfältig eingesetzt. Der durch Kohle erzeugte Dampf trieb die Turbinen der Kraftwerke an, um Strom zu erzeugen. Mit Braunkohlenkoks wurde Erz in den Hochöfen geschmolzen. Für die chemische Industrie war sie wichtigster Rohstoff. Und natürlich heizten die privaten Haushalte mit Braunkohlenbriketts oder mit Stadtgas, aus Braunkohle gewonnen. So manchen Heiz-

engpass gab es nicht nur in privaten Wohnungen, wenn in kalten Wintern bei Frosttemperaturen die gefrorenen Braunkohlenschichten nicht abgetragen werden konnten!

Die damalige DDR-Wirtschaft war völlig abhängig von Braunkohle, so dass der Tagebau immer mehr ausgeweitet wurde. Das zweite große Braunkohlentagebaugebiet liegt in der Leipziger Bucht (Abb. 1). Gegen Staub- und Lärmbelästigung wurde wenig getan, in den Kraftwerken nicht genug für wirkungsvolle Filteranlagen gesorgt und das Wasser nicht genug gereinigt. Mit diesen **Altlasten** hat man heute zu kämpfen (Abb. 4). So nimmt die Förderung von Braunkohle in den neuen Bundesländern ab, da die Verbrennung in den privaten Haushalten Umweltbelastungen mit sich bringt und in den Kraftwerken aufwendige Investitionen zur Reinigung der Abgase erforderlich sind.

Insgesamt ist Deutschland, obwohl die Förderung zurückgeht, mit Abstand der größte Braunkohlenproduzent der Erde. Braunkohle wird immer möglichst nahe am Gewinnungsort verwertet, da ein weiter Transport wegen ihres geringeren Heizwertes unwirtschaftlich ist.

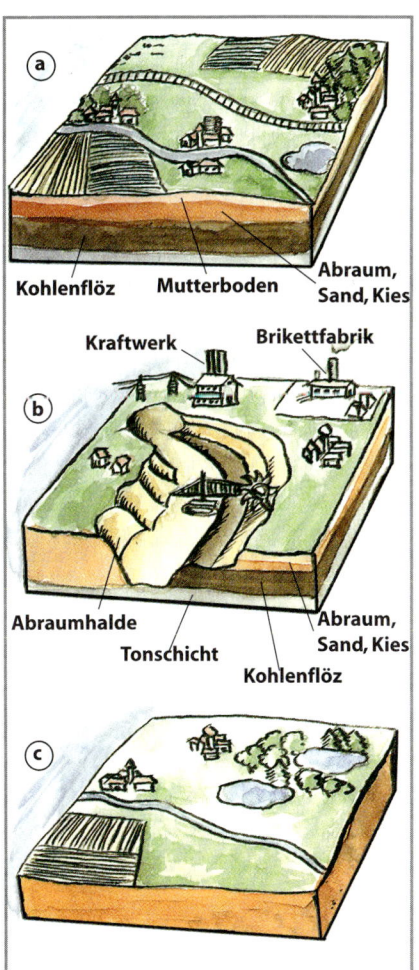

**Abb. 3: Der Tagebau:
a) vorher b) Abbau c) Rekultivierung**

Kohlenflöz   Mutterboden   Abraum, Sand, Kies

Kraftwerk   Brikettfabrik

Abraumhalde   Abraum, Sand, Kies
Tonschicht
Kohlenflöz

 Zum Weiterlesen:

- Kräfte aus dem Erdinnern, S. 710
- Stahl u. Autos, S. 636
- Strukturwandel i. Ruhrgebiet, S. 718
- Steinkohle aus dem Ruhrgebiet, S. 628
- Chemische Industrie i. Ludwigshafen und Halle-Leipzig, S. 634

Erdöl aus der Wüste und der Nordsee

Schwarzes Gold – das gibt es wirklich. Allerdings nicht als Rohstoff, um hochkarätigen Schmuck herzustellen, wohl aber für Plastikschmuck. Die Rede ist von Erdöl. Immer größere Bedeutung hat es für viele Bereiche der Wirtschaft bekommen. Gar nicht mehr wegzudenken aus dem heutigen Leben, wenn man nur an die unzähligen Autoschlangen denkt, die sich zäh über die europäischen Autobahnen wälzen. Autos, Flugzeuge, Motorschiffe, Eisenbahnen – ohne Erdöl stände alles still.

Was ist eigentlich Erdöl? Entstanden ist es in flachen und warmen Meeren aus unzähligen kleinen Meerestieren und Pflanzen, dem so genannten **Plankton** der Meere, das sich am Meeresboden absetzte und Faulschlamm bildete. Von der Sauerstoffzufuhr abgeschlossen, konnten die Tiere und Pflanzen nicht völlig verwesen. Bakterien wirkten unter Sauerstoffausschluss mit, um aus den organischen Stoffen Erdöl zu bilden. Als sich

Nahen Osten lagern zwei Drittel aller Welterdölreserven.

Wasser. Versperrte eine undurchlässige Tonschicht den weiteren Aufstieg, speicherten sich Öl und Gas in diesen Gesteinen, dem Speichergestein, wie in einer Falle. Die Erdöl führenden und angrenzenden Schichten wurden durch Erdkrustenbewegungen aufgefaltet und gegeneinander verschoben. Diese Verwerfungen und Aufwölbungen sind ganz wichtig, denn sie sind gewissermaßen die Falle, unter der sich im **Speichergestein** zwangsläufig Erdöl und Wasser sammeln, das heißt „fangen".

Nun suchen die Bohrtrupps der Erdölgesellschaften, deren Namen man auf den großen Tankstellen lesen kann, weltweit gezielt nach solchen Speichergesteinen. Denn man weiß ja um die Entstehung des Erdöls und um dessen Lagerung. Kalkschichten, frei von Sand und deutlich aufgewölbt, das könnte ein so genannter „Dom" sein, in dem Erdöl lagert! Unter solchen Aufwölbungen oder Verschiebungen, also den Erdölfallen, fand man die ergiebigsten Lagerstätten der Welt. Doch obwohl die Geologen, die Wissenschaftler, die sich mit der Lehre vom Aufbau und den Veränderungen der Erdkruste beschäftigen, gezielt suchen können, dauert es oft Jahrzehnte, bis man fündig wird. Zunächst wird von Flugzeugen aus das Gelände fotografiert und vermessen. Dann untersucht man systematisch die Lagerungsverhältnisse der Gesteinsschichten im Untergrund durch Messungen von Schallwellen. Die Schallwellen durchdringen die Bodenschichten und werden von diesen, je nach ihrer Beschaffenheit, ganz unterschiedlich reflektiert (Abb. 2). So können sich die Geologen ein ungefähres Bild von den Lagerungsverhältnissen machen. Die Fachleute erkennen, ob Erdöl zu erhoffen ist, ob man auf „erdölhöffige" Stellen gestoßen ist oder nicht.

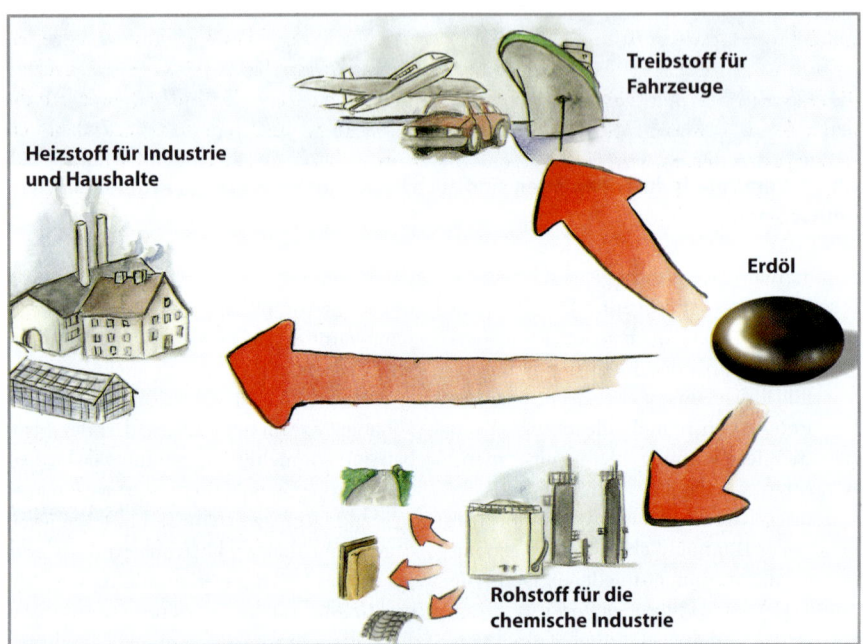

Abb. 1: Viele unserer Gebrauchsgegenstände werden aus Erdöl produziert

Der größte Teil des geförderten Erdöls wird in Motoren verbrannt. Zur Wärme- und Stromerzeugung ist es wesentlicher Grundstoff. Weniger bewusst ist vielleicht manchen, dass Erdöl auch etwas mit der Herstellung von Kosmetika wie Cremes und Lippenstiften zu tun hat. Es steckt auch in Bierkästen, Pullovern, Strumpfhosen, Verpackungen, Wasch- und Arzneimitteln, Klebstoffen, Kunstharzen, Lacken und Farben, Sportgeräten, als künstlicher Kautschuk in Autoreifen und als Bitumen in Straßenbelägen (Abb. 1).

Nun kann man verstehen, dass nach diesem wichtigen Rohstoff überall auf der Welt gesucht wird. Erdöl liegt aber zum Leidwesen derjenigen, die es fördern wollen, an äußerst ungünstigen Stellen der Erde. So in den Kältewüsten Kanadas, Alaskas, Sibiriens und der Antarktis. Ferner in den tropischen Regenwäldern, in den Wüsten, unter dem Meeresboden. Die bedeutendsten Vorräte liegen am Persischen Golf in unwirtlichen, heißen Wüstenzonen und unter dem Meer. Im

der Meeresboden durch unruhige Kräfte im Erdinnern senkte, überdeckten Sand und das Geröll, das Flüsse herantransportierten, diese Schichten und pressten den Faulschlamm zusammen. Druck und Hitze verwandelten den Faulschlamm in Gestein, das **Erdölmuttergestein**. Hier bildeten sich unzählige Tropfen des schwarzen, dickflüssigen Erdöls und zusätzlich Gasbläschen, das Erdgas.

Lagen nun über dem ölhaltigen Muttergestein durchlässige, meist Wasser führende Sand- und Kalksteinschichten, dann wanderte unter dem Druck dieser Deckschichten schließlich das Erdöl nach oben. Denn Erdöl ist leichter als

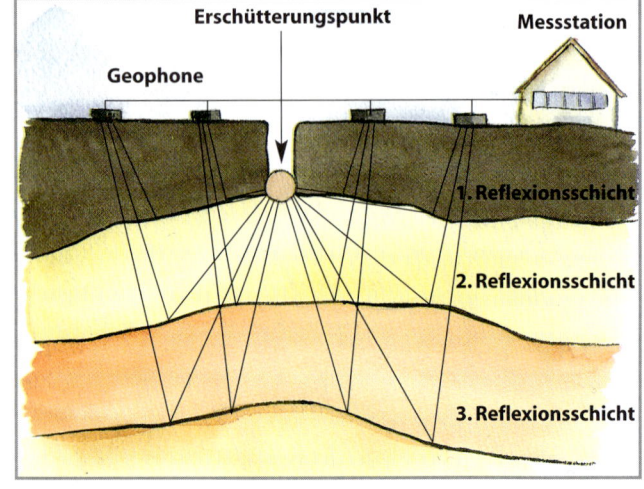

Abb. 2: Die Suche nach Erdöl

Abb. 3: Bohrturm in der Wüste

Doch letzte Gewissheit bringt immer erst die **Bohrung**. Härteste Bedingungen erwarten die Bohrtrupps. Gnadenlose Hitze in der Wüste bei Temperaturen von 40 bis 50 Grad C am Tag, bei Minustemperaturen in der Nacht. Rund um die Uhr wird gearbeitet (Abb. 3). Aus der Luft werden die Leute versorgt und keine Kosten gescheut, um Erdöl zu finden. Millionen Dollar sind buchstäblich in den Sand gesetzt, wenn, wie häufig, eine Versuchsbohrung erfolglos bleibt. Diese Bohrtürme der Suchtrupps sieht man in der Wüste schon von weitem (Abb. 3). Ist jedoch solch eine Bohrung erfolgreich, bleibt von der eigentlichen Bohrung im Gelände kaum noch etwas zu sehen: nur etwa zwei Meter hohe Fördersonden. Bei günstigen Lagerungsverhältnissen steht das Erdöl unter Druck und sprudelt bis an die Erdoberfläche. Ansonsten wird es hochgepumpt.

Über Rohrleitungen, die **Pipelines**, gelangt das Erdöl zu den Häfen. Hier können

Großtanker das begehrte Öl laden und es um Afrika herum nach Rotterdam oder Wilhelmshaven transportieren. Von hier aus gehen Pipelines zu den **Raffinerien**, die es verarbeiten. Raffinerien sind Fabriken, in denen Rohstoffe gereinigt oder veredelt werden. Durch Erhitzen und Verdampfen zerlegt man das Erdöl in seine chemischen Bestandteile. Als Ergebnis erhält man dann Benzin, Bitumen für den Straßenbau, Diesel und andere Produkte (Abb. 5).

Auch in der Nordsee hat man nach vielen vergeblichen Suchbohrungen Erdöl gefunden. Erdöl- und Erdgasfelder unter dem Meeresboden nennt man **„Offshore"**-Lagerstätten (Abb. 4). Das kommt aus dem Englischen „off shore" und bedeutet „in Küstennähe". Doch zunächst musste geklärt werden, wem dieses Öl gehören sollte. Haben doch gleich fünf Staaten einen Anteil an der Nordsee: Norwegen, Dänemark, Deutschland, die Niederlande und Großbritannien. Zu einer ersten Aufteilung des Festlandsockels kam man 1964. Der Festlandsockel, auch **Schelf** genannt, ist der vom Meer überspülte Rand der Kontinente, der bis zu 200 Meter Tiefe gerechnet wird. Die Vereinten Nationen (UN) legten dann endgültig 1982 auf einer Seerechtskonferenz fest, wie die Nutzungsrechte aufgeteilt werden sollten. Dazu waren der jeweilige Küstenverlauf, die Küstenlänge und die Entfernung zu den übrigen Anliegerstaaten die Grundlage. Der Anteil der Niederlande an der Nordsee war doppelt so groß wie der der BRD und enthielt außerdem noch bedeutende Erdgasvorkommen.

Seit man 1965 das erste Erdgasfeld und 1969 das erste Erdölfeld „Ekofisk" zwischen dem 62. Breitenkreis und den Shetlandinseln gefunden hatte, mussten immer neue technische Erfindungen zur Lösung der vielfältigen Probleme her. Denn die Bohrtürme stehen nicht in Küstennähe in flachen Gewässern. Da hätte man auf die Erfahrungen amerikanischer Erdölgesell-

schaften zurückgreifen können. Wassertiefen bis 200 Meter erfordern besonders bei stürmischer See ganz andere technische Lösungen. Gefürchtete Herbststürme mit Windgeschwindigkeiten über 200 km/h, dreißig Meter hohe Wellen, Nebel! So manches Unglück hat es um die Erdölförderung in der Nordsee schon gegeben: abgestürzte Versorgungshubschrauber, Bohrinselkatastrophen, wenn die Bohrinseln kentern und Öl ins Meer fließt. Menschliche Kraftanstrengungen müssen erbracht werden: zwei Wochen Arbeit auf der Bohrinsel, weit weg von aller Zivilisation und abwechslungsreicher Freizeitgestaltung, dann zwei Wochen Urlaub an Land – in diesem Wechsel gestaltet sich die harte Arbeit auf den Bohrinseln. Zudem werden täglich riesige Mengen Gas und Erdöl

Abb. 5: Ölraffinerien in Saudi-Arabien

auf der Nordsee transportiert, so dass die Gefahr der Umweltverseuchung durch verunglückte Tanker groß ist.

Dennoch nimmt man die Risiken in Kauf, um auch unter diesen Bedingungen an Erdöl zu gelangen, damit man zumindest in kleinsten Bereichen unabhängiger von den mächtigen Förderländern wird. Hat Saudi-Arabien 1998 404,1 Millionen Tonnen pro Jahr gefördert, so sind es in Deutschland 2,9 Millionen Tonnen. Dieses Erdöl deckt nur einen ganz kleinen Teil des immer größer werdenden Erdölbedarfs, ist nur ein Tropfen auf den heißen Stein.

 Zum Weiterlesen:

- In der Wüste, S. 656
- Weltmarkt, S. 736
- Welthandelsmächte, S. 738
- Weltverkehr, S. 740
- Weltpark Antarktis, S. 748

Abb. 4: Bohrinsel in der Nordsee

Chemische Industrie in Ludwigshafen und Halle-Leipzig

*E*in Fass Erdöl ist fast vergleichbar mit einem Zauberkasten. Aber nicht Zauberer, sondern Wissenschaftler und Techniker der chemischen Industrie stellen daraus ungeahnte Dinge her. Erdöl wird in Chemiewerken weiterverarbeitet und veredelt, so z. B. im Gebiet Mannheim-Ludwigshafen. Um die 8000 verschiedene Produkte kann ein Riesenchemiewerk in seiner Angebotspalette haben. Der Zweig der chemischen Industrie, der Erdöl als Rohstoff verarbeitet, wird **Petrochemie** genannt (Abb. 1).

Aber nicht nur Erdöl und Erdgas, auch Kohle, Salze, Kalkstein werden zu hochwer-

Abb. 1: Ölraffinerie

tigen Produkten umgewandelt. Bei Rohstoffen dieser Art spricht man von Massengütern. **Massengüter** müssen, wie schon der Name sagt, in großen Massen unverpackt transportiert werden. Im Unterschied dazu gibt es **Stückgüter**, die einzeln in Kisten, Bündeln, Fässern, Containern verpackt werden. Nun ist es für ein Chemiewerk wichtig, diese großen Mengen von Rohstoffen möglichst preisgünstig heranzuschaffen, wenn die Lagerstätten nicht in der Nähe sind. Mit der Eisenbahn oder auf dem Wasserweg, z. B. mit dem Schiff auf dem Rhein, lässt sich so ein Transport günstig bewerkstelligen. Auch die hergestellten Erzeugnisse können auf dem Wasserweg abtransportiert werden. Chemiewerke stellen nicht immer das Endprodukt, sondern auch Vorstufen her. Aus diesen Halbfertigprodukten produzieren dann andere die Endprodukte. Man denke nur an die Spielzeugindustrie, die ohne Kunststoff heute nicht mehr denkbar wäre.

Die Verkehrslage wird so zu einem wichtigen **Standortfaktor** der chemischen Industrie. Unter Standortfaktoren der Industrie versteht man die Ansprüche, die an einen richtigen Standort gestellt werden. Welche Gründe gibt es für ein Werk, sich gerade an

dieser bestimmten Stelle seinen Standort zu suchen? Dazu zählen Rohstoffe (gibt es Lagerstätten in der Nähe), Arbeitskräfte (sind gut ausgebildete und genug im Umkreis), Absatzmarkt (können die Produkte möglichst nah ohne große Transportkosten abgesetzt werden), Verkehrslage (sind große, wichtige Verkehrslinien vorhanden, auf denen Rohstoffe heran- und Fertigprodukte abtransportiert werden können), Energie und Wasser (gibt es genug davon zu günstigen Preisen, kann auch entsorgt werden), aber auch staatliche Hilfen (werden für die Ansiedlung von Fabriken staatliche Zahlungshilfen geleistet).

Gesucht wird natürlich der Ort, an dem mit den geringsten Kosten die größten Erträge erzielt werden. Denn Standortfaktoren sind nach diesen Erläuterungen ein ausschlaggebender Vorteil. Findet ein Unternehmen sie an einem Ort vor, so zieht es diesen Standort möglichen anderen Orten vor (Abb. 2).

Weitere Standortfragen sind für die chemische Industrie wichtig. Eine große Aufgabe der Werke ist es, die bei der Produktion entstehende überschüssige Wärme, die **Abwärme**, abzuleiten. Dazu benötigt man Kühlwasser in großen Mengen. Das kann im Rhein-Main-Gebiet den Flüssen entnommen, aber auch nach dem Produktionsprozess wieder zugeführt werden. Wird das Wasser wieder in die Flüsse zurückgeleitet, muss natürlich auf die

Temperatur des eingeleiteten Wassers Einfluss genommen werden, damit das Flußwasser nicht überhitzt wird.

Der Wasserverbrauch eines großen Chemiewerks übersteigt den einer Großstadt um ein Vielfaches. Auch der Stromverbrauch ist so groß wie der einer Großstadt. Ein Chemiewerk muss den Umweltbestimmungen gerecht werden. Abwässer und Abgase, die bei der Produktion entstehen, müssen umweltverträglich entsorgt werden. Werkseigene Kläranlagen, Verbrennungsöfen für spezielle Produktionsabfälle und den Klärschlamm aus den Kläranlagen sind notwendig und eine Deponie für anderen Müll. Dann gibt es da das Problem des **Sondermülls**, der in Fässern verpackt in stillgelegten Salzbergwerken dauergelagert wird.

Nicht nur die Herstellung der Produkte, auch Forschung und Entwicklung nehmen in den Betrieben der Großchemie einen breiten Raum ein. Wer einmal die Angebote im Handel beobachtet, stellt fest, dass ständig etwas Neues dazukommt. Viele hoch qualifizierte Arbeitskräfte werden hier benötigt. Außerdem beanspruchen solche Riesenbetriebe sehr viel Platz für ihr Werksgelände, auf dem nicht nur die Produktionsstätten selbst, sondern auch Schienenwege, Straßen für Busse und Pkw, Klär- und Verbrennungsanlagen, Mülldeponien und sogar Hafenanlagen Platz finden müssen.

Anders dagegen die Standortwahl für die chemische Industrie in der Region Halle-Leipzig. Hier spielte der Standortfaktor Bodenschatz, nämlich die reichen Braunkohlenvorkommen in diesem Gebiet und in der Niederlausitz, die entscheidende Rolle. Vor etwa 150 Jahren begann hier der Braunkohlenabbau im Tagebau. Und so wurden in der

Abb. 2: Für viele Unternehmen ist ein Industriehafen von entscheidender Bedeutung

Erdkunde

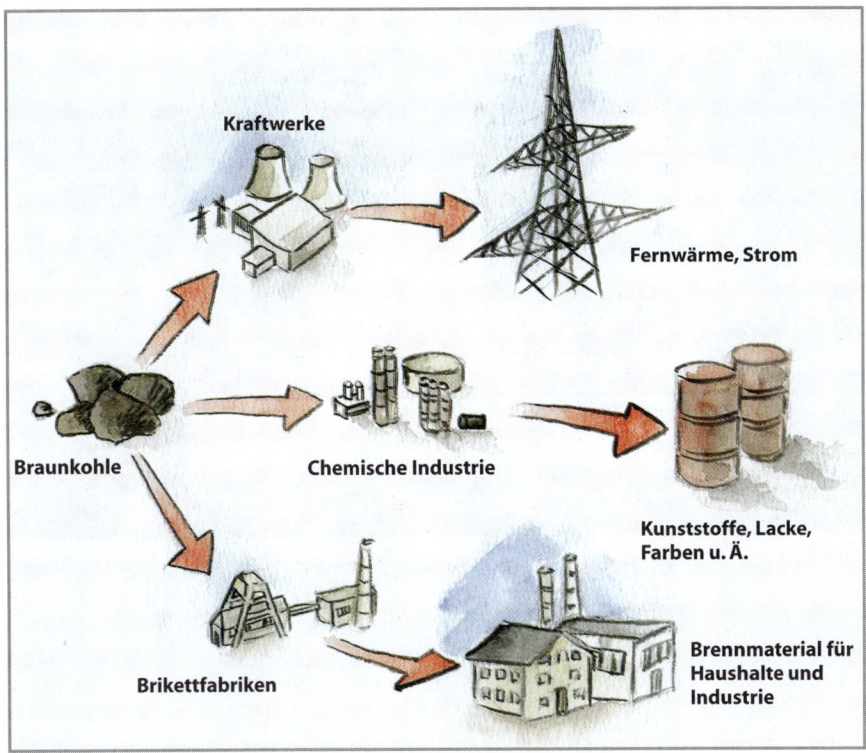

Abb. 3: Die Nutzungsmöglichkeiten der Braunkohle im Revier Halle–Leipzig

Mitteldeutschland vor dem Krieg landwirtschaftliche Produkte und andere Verbrauchsgüter.

Braunkohle war also für die Energiegewinnung und zum anderen als Grundstoff für die chemische Industrie unverzichtbar (Abb. 3). Der Chemiestandort Halle-Leipzig unterlag wie alles andere auch der staatlichen Lenkung durch die DDR-Regierung. Von oben herab wurden in der **Planwirtschaft** alle Entscheidungen getroffen: Standort eines Werkes, Art und Umfang der Produktion, Preise, Belegschaft und vieles mehr. So wurde auch festgesetzt, dass neben der Braunkohlenchemie eine moderne Erdölchemie mit dem Werk Leuna II aufgebaut wurde. Wegen der steigenden Ölpreise in den 70er Jahren verlegte sich die ehemalige DDR jedoch wieder auf die Braunkohle als Grundstoff der chemischen Industrie.

Nach der Wiedervereinigung taten sich nun für diese Region abgrundtiefe Probleme auf: Die bestehenden Produktionsanlagen waren hoffnungslos veraltet. Sie genügten nicht mehr den Anforderungen des Umweltschutzes und arbeiteten völlig unrentabel. Um diese Region jedoch als Chemiestandort zu erhalten, baute man neue Chemieanlagen, die auf Erdölbasis arbeiten. Beliefert werden sie durch Pipelines von Wilhelmshaven und Rostock aus. Neue Großkraftwerke, die mit Braunkohle betrieben werden, versorgen das Chemiewerk mit Strom. So kann auch der Braunkohlentagebau weiter bestehen. In der Region Halle-Leipzig vollzogen sich nach der Wiedervereinigung große Veränderungen von der veralteten Braunkohlenchemie zur modernen Erdölchemie. Durch die Modernisierung gingen allerdings auch viele Arbeitsplätze verloren.

Wichtig für die Zukunft dieses Gebietes ist, dass die verseuchten Böden gereinigt und der giftige Industriemüll entsorgt werden (Abb. 4).

Folge 1916 und 1936 Chemiebetriebe in Leuna und Buna errichtet. Mit wichtigen Erfindungen verbinden sich die Namen dieser Städte: Leuna mit der Herstellung von Mineraldünger und Buna mit der Herstellung von künstlichem Gummi.

Nach der Teilung Deutschlands nach dem Zweiten Weltkrieg kamen nun dem Braunkohlentagebau und der chemischen Industrie in diesem Gebiet Schlüsselrollen zu. Denn durch die Teilung wurden Gebiete getrennt, die eigentlich wirtschaftlich ganz eng aufeinander bezogen und aufeinander angewiesen waren. Vor dem Krieg befand sich nur etwa ein Drittel der gesamtdeutschen Industrie in Mitteldeutschland. Hier überwogen Leicht- und Spezialindustrien. **Grundstoffindustrie** war kaum vorhanden. Darunter versteht man Bergbau, Stahl- und Eisenindustrie, also Bereiche, die erst die Voraussetzung für alle anderen Industriezweige schaffen. Denn Eisen, Stahl und Schwermaschinen bezog man vor der Teilung aus dem Westen, weil Steinkohlevorkommen und eine darauf aufbauende Schwerindustrie völlig fehlten. Dafür lieferte

Abb. 4: Veraltete Industrieanlagen belasten die Umwelt

 Zum Weiterlesen:

- Braunkohle, S. 630
- Erdöl aus der Wüste, S. 632
- Weltmarkt, S. 736
- Umweltbelastung, S. 746

Stahl und Autos aus dem Ruhrgebiet

Von der Nadel zum Messer, vom Fahrrad über das Auto zum Schiff – das alles gäbe es nicht ohne **Stahl**. Stahl aus dem Ruhrgebiet wird im Baugewerbe, in Verkehrseinrichtungen, Haushalten und in der Autoindustrie gebraucht. Bleche für die Karosserie, Stahlteile für Träger in Bauwerken, Schrauben und vieles mehr sind aus Stahl. Aber Stahl kommt in der Natur nicht als Rohstoff vor, sondern wird in einem vielschichtigen Prozess gewonnen. Ein wichtiger Standort für die Stahl- und Eisenindustrie in Deutschland ist das Ruhrgebiet.

Grundstoff dafür ist **Eisenerz**, das u. a. aus Schweden, Südamerika oder Afrika bezogen wird. Aus dem Eisenerz, das ist erzhaltiges Gestein, muss zunächst das Roheisen herausgeschmolzen und von vielen unbrauchbaren Stoffen befreit werden. Das geschieht in Hochöfen (Abb. 1). Heutige **Hochöfen** sind bis zu 100 Meter hoch und können ohne Unterbrechung zehn Jahre lang in Betrieb bleiben. Die Tagesleistung eines solchen Ofens kann etwa 10.000 Tonnen Roheisen betragen.

Der Hochofenprozess verläuft so: Von oben wird der ständig befeuerte Ofen mit Erz, Koks und Zusätzen, besonders Kalk, beschickt. Dann wird Luft in Winderhitzern auf 1200 °C aufgeheizt und in den Hochofen geblasen. Da kann man sich vorstellen, wie sich die bereits vorhandene Glut noch weiter entfacht und bei über 1500 °C Roheisen und Gestein getrennt werden. Das schwere, flüssige Eisen sammelt sich am Boden des Ofens, das leichtere Gestein „schwimmt" darüber. Die Arbeiter sehen mit ihren

Abb. 1: Hochofenabstich

Schutzanzügen wie Menschen von einem anderen Stern aus, aber nur so lässt sich die ungeheure Hitze ertragen.

Dann kommt der spannende Moment: Wenn sich genug Roheisen im Hochofen gesammelt hat, können die Arbeiter das Abstichloch im unteren Teil des Ofens öffnen. Weiß glühend schießt das heißflüssige Eisen in vorbereitete Sandrinnen, die den Glutstrom in Spezialwagen leiten. Das Abstichloch verschließt man wieder mit einem Lehmpfropfen – bis zum nächsten Abstich, der etwa alle vier bis sechs Stunden Tag und Nacht vorgenommen wird (Abb. 2).

Doch dieses Roheisen, das man nach dem Hochofenprozess gewinnt, enthält so viele

Beimengungen, vor allem Kohlenstoff, dass es noch spröde ist und leicht zerspringt. Also muss es weiterverarbeitet werden, und zwar im **Stahlwerk**. Noch flüssig kippt man das Roheisen in **Konverter**, das sind riesige Behälter, bläst Sauerstoff hinein, so dass die Temperatur auf 2500° C ansteigt (Abb. 3). Die Verunreinigungen verbrennen, das Roheisen ist zu Stahl „gekocht".

Beim Stahlkochen kann man auch etwas für die Abfallbeseitigung tun. **Schrott**, das ist gebrauchter Stahl, kann wieder verwertet werden. Er fällt als Abfall von alten Autos, in Haushalten und in der Wirtschaft in großen Mengen an. In Elektroöfen geschmolzener Schrott wird mit dem Roheisen vermischt und auf diese Weise zu neuem Stahl. So einen Wiederverwertungsprozess kennt man unter dem Begriff **Recycling**. Entsprechende Rohstoff und Energie sparende Wiederaufbereitung und -verwertung von bereits benutzten Materialien gibt es auch für Papier und Glas.

Nun muss der Stahl nur noch in Form kommen, im wahren Sinne des Wortes. Direkt aus dem Konverter fließt der flüssige Stahl in vorbereitete Formen, z. B. Maschinenteilformen. Das geschieht in **Gießereien**. Oder er wird zu Blöcken gegossen und dann im **Walzwerk** zu ganz unterschiedlichen Produkten geformt. Dazu laufen die glühenden Stahlblöcke über Rollen zu den Walzen, die je nach Wunsch den Stahl immer dünner auswalzen. In den Walzenstraßen, das sind mehrere Walzen hintereinander, werden Bleche, Träger, Platten oder Stäbe, Drähte und Rohre geformt.

Oft sind Hochofenwerk, Stahlwerk, Gießerei und Walzwerk in einer Firma zusammengefasst, das sind die **Hüttenwerke**.

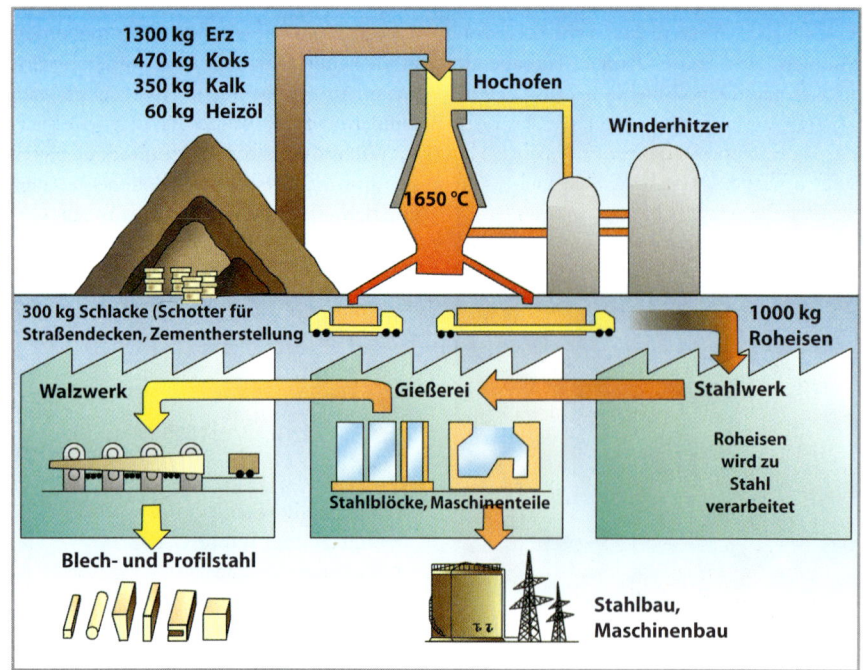

1300 kg Erz
470 kg Koks
350 kg Kalk
60 kg Heizöl

Hochofen

Winderhitzer

1650 °C

300 kg Schlacke (Schotter für Straßendecken, Zementherstellung

1000 kg Roheisen

Walzwerk

Gießerei

Stahlwerk

Roheisen wird zu Stahl verarbeitet

Stahlblöcke, Maschinenteile

Blech- und Profilstahl

Stahlbau, Maschinenbau

Abb. 2: Die Gewinnung von Roheisen

Sie suchten anfänglich ihren Standort in der Nähe von Kohle, weil beim Verhüttungsprozess viel Koks benötigt wurde. Schwerindustrie fand man oft da, wo Kohle und Eisenerz dicht beieinander lagen oder wo einer der benötigten Rohstoffe leicht zum anderen transportiert werden konnte. Heute braucht man beim Verhüttungsprozess weniger Koks, so dass man den Standort in die Nähe des Eisenerzes verlegt.

Da Deutschland keine nennenswerten und vor allem konkurrenzfähigen Eisenerzvorräte hat, bringt man die Hüttenwerke zum Erz. Das heißt, man verlegt sie an Stellen, an denen bequem Erz angeliefert werden kann. So an Wasserstraßen, wie in Duisburg, oder an die Küste, wo Erze aus Übersee ankommen. War früher der Standortfaktor Rohstoff wichtig, so ist es heute der Standortfaktor Verkehrslage. So siedelte sich im Ruhrgebiet die Eisen- und Stahlindustrie ursprünglich wegen der Nähe zur Steinkohle an.

Eine starke Konkurrenz aus dem Ausland macht heute der deutschen Eisen- und Stahlindustrie das Leben schwer. Außerdem ist insgesamt der Bedarf an normalem, so genanntem **Massenstahl** gesunken, unter anderem, da viele Dinge, die früher aus Stahl produziert wurden, nun aus Kunststoff hergestellt werden. Gute Absatzmöglichkeiten bestehen weiterhin für hochwertige Spezialstähle. So haben viele Hüttenwerke an der Ruhr, die nicht spezialisiert sind, Absatzschwierigkeiten. Es zeigt sich, dass sich im Laufe der Zeit die Bedingungen für manchen Wirtschaftszweig verändern, also auch die Standortfaktoren verlagern können. Als sich die wirtschaftlichen Bedingungen im Ruhrgebiet durch Bergbau- und Stahlkrise zu ändern begannen, mussten die Städte nach Alternativen suchen.

Ein Beispiel dafür ist Bochum, das sich den veränderten Bedingungen früh anpasste. Auf dem Gelände eines alten Bergwerkes siedelte sich eine Autofirma an. Arbeitskräfte gab es genug, als immer mehr Bergwerke geschlossen

Abb. 3: Füllen eines Konverters

wurden. So war der Standortfaktor „Arbeitskräfte" erfüllt. Viel Platz für das große Werk auf dem ehemaligen Zechengelände und gute Verkehrsanbindungen im Ruhrgebiet waren ebenfalls vorhanden. Eine vierspurige Zubringerstraße vom Werksgelände zum Ruhrschnellweg richtete die Stadt ein, kam außerdem noch für Bergschäden auf, die auf dem stillgelegten Zechengelände entstehen konnten, so dass das Automobilwerk 1962 seine Produktion aufnahm. Das Ruhrgebiet, der „Kohlenpott", begann sein Gesicht zu verändern und sich an die veränderten Bedingungen anzupassen. Viele Industrieflächen haben sich im Ruhrgebiet seit der Bergbau- und Stahlkrise auf diese oder ähnliche Weise verändert. Den Platz von Kohle und Stahl nehmen heute oft andere Industriezweige und Dienstleistungs- und Handelsunternehmen, der so genannte tertiäre Sektor, ein. Es vollzieht sich ein **Strukturwandel**, der noch längst nicht abgeschlossen ist. Auch in der Autoindustrie hat sich seitdem viel getan. Mussten die Arbeiter bei der Fließbandarbeit früher Stunde für Stunde immer die gleichen wenigen Handgriffe ausführen, gibt es heute

Arbeitsgruppen, in denen die Mitglieder die Aufgaben austauschen können. So wird der Arbeit etwas an Eintönigkeit genommen. Viele Handgriffe, die früher Menschen ausführten, übernehmen heute **Roboter** (Abb. 4). Sehr viele Arbeitsplätze gingen durch diesen Automatisierungsprozess verloren. Die internationale Konkurrenz, vor allem auch die japanische Automobilindustrie, zwingt zur Vereinfachung des Arbeitsprozesses, zur Rationalisierung. Für die Autofabriken sind unzählige Zuliefererfirmen tätig, die bestimmte Teile in ihren Fabriken z. B. im Sauerland, Bergischen Land oder im Ruhrgebiet herstellen und an die Autohersteller liefern. Geraten nun die Autohersteller in Schwierigkeiten, sind natürlich auch die **Zulieferer** betroffen, und es gehen auch dort Arbeitsplätze verloren. Ein weiteres Problem besteht darin, dass immer mehr Teile aus anderen Ländern bezogen werden, in denen aus verschiedenen Gründen billiger produziert werden kann. Oft werden die Autos sogar komplett an kostengünstigeren Standorten produziert. Man nennt diesen Prozess, der auch in anderen Industriezweigen abläuft und der im Hochlohnland Deutschland viele Arbeitsplätze kostet, Globalisierung.

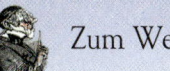

Zum Weiterlesen:

- Steinkohle aus dem Ruhrgebiet, S. 628
- Strukturwandel i. Ruhrgebiet, S. 718
- Versorgung u. Entsorgung, S. 640

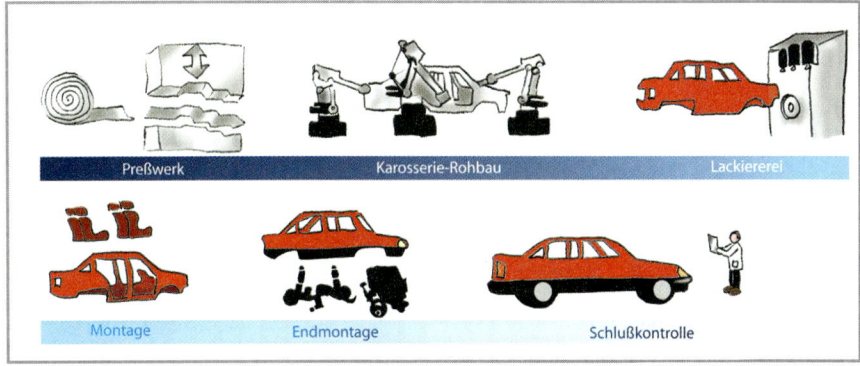

Abb. 4: Autoproduktion am Fließband

Dörfer ändern ihr Gesicht

*E*ine einfache Unterscheidung gab es früher für die Begriffe Dorf und Stadt: Das Bauerndorf war eine ländliche und die Stadt eine größere geschlossene Siedlung. Sie war der Siedlungsplatz für Handwerker, Kaufleute, Arbeiter und andere Berufe. Schmied, Sattler und Stellmacher gab es in den Dörfern, handwerkliche Berufe, die heute kaum noch jemand kennt (Abb. 1). Doch so, wie diese Berufe aus den Dörfern verschwunden sind, hat sich auch das Leben der Menschen verändert.

Noch bis zur **Industrialisierung** lebten die meisten Menschen in dörflicher Umgebung. Das **Dorf** bot alles, was zum Leben nötig war. In Hof und Garten ließ sich produzieren, was man zur Ernährung brauchte. Was noch fehlte, konnte man im Dorfladen erwerben. Kanalisation, elektrisches Licht, fließendes Wasser – alles Dinge, von denen die Leute noch nicht träumen konnten, da es sie noch nicht gab. Der Brunnen war Dorfmittelpunkt, Abwässer flossen in die Gosse. Autos gab es noch nicht, stattdessen Pferd und Kutsche. Das Dorf galt als geschlossener, für alle Bedürfnisse ausreichender Lebensraum.

In verschiedenen Gegenden Deutschlands bildeten sich ganz unterschiedliche, jedoch landschaftstypische Formen von Dörfern heraus. So z. B. das Haufendorf, eine ländliche Siedlungsform mit unregelmäßig verteilten Gehöften und dadurch unregelmäßigem Grundriss. Oder der Rundling, in dem Gehöfte ringförmig um einen runden bis hufeisenförmigen Dorfplatz angeordnet waren. Ferner gab es die Reihendörfer mit Gehöften einseitig an einer Straße aufgereiht und die Angerdörfer mit Gehöften um einen lang gestreckten Platz (Anger), der oft noch einen Weiher hatte (Abb. 2). Der Platz war Treffpunkt, Gerichtsplatz und auch Viehweide. Oder die Hufendörfer mit streifenförmig angeordnetem Ackerland hinter den Gehöften. Hier unterscheidet man Wald-, Moor- und Marschhufendörfer.

Diese alten Formen gibt es kaum noch in ihrer ursprünglichen Form zu sehen. Denn die Funktion der Dörfer hat sich sehr verändert und damit auch deren Aussehen. Viele Bauern mussten ihre Landwirtschaft aufgeben, da die Höfe zu klein und deshalb unrentabel waren. Eine **Landflucht** in die nahe gelegenen Städte setzte ein, wo man Arbeit in

Abb. 2: Alte Dorfbilder wandeln sich

den Fabriken suchte. So findet man heute in manchem ehemaligen Gehöft Lagerräume oder neuen Wohnraum. Andererseits mussten Höfe aussiedeln, um Platz für größere, modernere Stallungen und Anlagen zu bekommen. Außerdem wurde durch solche **Aussiedlerhöfe** der unliebsame Geruch der Tierhaltung in die Außenbezirke verbannt.

Besonders der Charakter von Dörfern in Großstadtnähe hat sich gewaltig verändert (Abb. 2). Eine Vielzahl neuer Bewohner zog in die Dörfer, jedoch keinesfalls, um Landwirtschaft zu betreiben. Vielmehr ist das Baugelände in den Städten oft unerschwinglich teuer, während es in den umliegenden Dörfern noch billiger zu haben ist. So wuchsen in vielen Dörfern Neubaugebiete, die das alte Dorfbild völlig verwandelten. Von der ursprünglich ausschließlich landwirtschaftlichen Produktionsstätte wurde das Dorf zusätzlich zum Wohn- und Lebensraum vieler, die ihren Arbeitsplatz in den nahe gelegenen Städten finden. Manches Dorf hat inzwischen mehr Einwohner als die eigentliche Innenstadt einer Großstadt. **Pendler** nennt man die Menschen, die zwischen Arbeitsplatz und Wohnsitz oder auch Schul-, Ausbildungsort und Wohnung hin- und herfahren. Durch die flächenhafte Verkehrserschließung verwischen sich die Unterschiede zwischen Stadt und Land immer mehr. So kann man heute eigentlich gar nicht mehr von Dörfern im eigentlichen Sinn sprechen. Rich-

tiger ist es, hier den Begriff der „ländlichen Siedlung" zu gebrauchen.

Den veränderten Ansprüchen mussten sich die Dörfer bzw. die ländlichen Siedlungen anpassen. Der ursprüngliche Dorfkern nimmt nur noch einen kleinen Teil ein. Versorgungs- und Freizeiteinrichtungen folgten, damit die zugezogenen Menschen ihren täglichen Bedarf decken können. Der alte „Tante-Emma-Laden" weicht mehr und mehr den Geschäften von Handelsketten. Parkplätze müssen eingerichtet werden. Diese Veränderungen haben allerdings manchem Dorf nicht gut getan. Um weiterer Schäden zu begegnen, versucht man von staatlicher Seite Einfluss zu nehmen. So stehen heute viele alte Gebäude unter Denkmalschutz. Das heißt, sie dürfen nicht ohne weiteres abgerissen, umgebaut oder völlig anders genutzt werden. Auch versucht man, mit Maßnahmen der „Dorferneuerung" positive gestalterische Elemente aus der „guten alten Zeit" zurückzugewinnen. Die ländlichen Siedlungen sollen ihren öden „Einheitslook" verlieren und durch diese Maßnahmen einen individuellen Anstrich erhalten, der den Einwohnern die Möglichkeit geben soll, sich wieder mehr mit ihrem „Dorf" zu identifizieren.

 Zum Weiterlesen:

- Versorgung mit Dienstleistungen und Gütern, S. 639
- Versorgung u. Entsorgung, S. 640
- Die Großstadt, S. 642

Abb. 1: Traditionelles Handwerk: der Schmied

Versorgung mit Dienstleistungen und Gütern

Ob man in der Stadt oder auf dem Land wohnt, die Versorgung mit wichtigen Dingen wird als selbstverständlich angesehen. Nicht nur das tägliche Brot, sondern auch eine Vielzahl an Lebensmitteln aus aller Welt, ferner Elektrogeräte, Kleidung und Möbel müssen leicht beschafft werden können. Ebenso erwartet man, dass Wasser, Strom und Licht problemlos zur Verfügung stehen. Der Besuch von Schulen, Hallenbädern, Kinos, Theatern und natürlich für den Notfall der Besuch des Arztes oder des Krankenhauses muss gesichert sein.

Wenn man sich diese Versorgungsansprüche einmal näher ansieht, kann man sie in zwei große Gruppen einteilen: die Versorgung mit **Gütern** und die Versorgung mit **Dienstleistungen**. Zu den vielfältigen Dienstleistungen gehören die Verwaltungen, Schulen, Hallenbad, Theater, Museen usw. All diese Einrichtungen bieten keine Waren oder Güter an, sind aber für die Versorgung unerlässlich. Nun kann man sich ganz Deutschland mit einem Netz von Versorgungseinrichtungen überzogen vorstellen, die aber nach verschiedenen Bedürfnissen gestaffelt werden können.

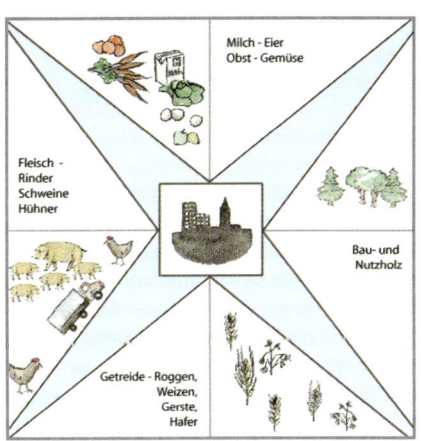

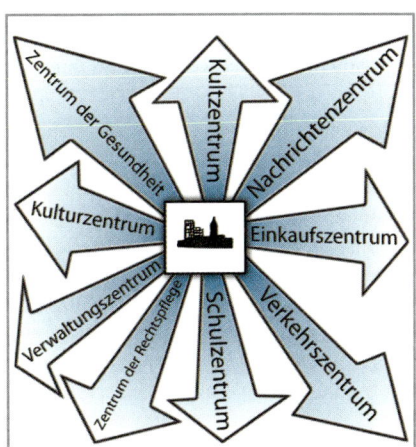

Abb. 1: Versorgungsmechanismen in Stadt und Umland

So braucht man von all diesen Gütern und Dienstleistungen einiges zum täglichen, anderes dagegen nur zum mittelfristigen oder langfristigen Bedarf. Das, was man täglich braucht, möchte man natürlich in unmittelbarer Nähe des Wohnortes haben. Für Bücher oder Schallplatten, die nur gelegentlich gekauft werden, kann man schon einmal ein paar Kilometer fahren. Und wenn es gar um einen Möbelkauf geht, an dem man ja für lange Jahre seine Freude haben will, nimmt man weitere Wege in Kauf. Je nachdem, in welchem Ort man sich mit diesen Dingen versorgen will, lässt sich eine Staffelung des Waren- und Dienstleistungsangebotes feststellen. So kann man sich einmal ansehen, wo der eigene Wohnort in einer solchen Rangordnung der so genannten **Zentralität** anzusiedeln ist. Je hochwertiger und spezieller das Angebot an Gütern und Dienstleistungen vor Ort ist, desto höher ist seine Zentralität einzustufen (Abb.2).

In kleineren Orten findet man Geschäftsstraßen mit Ladengruppen, die aber keine geschlossene Schaufensterfront haben. Selbstbedienungsläden, Bäcker, meist kleinere Geschäfte für Uhren und Schmuck, Elektroartikel findet man hier, aber auch eine Apotheke, den praktischen Arzt, Zahnarzt, die Post und den Friseur. Kinder können am Ort die Grund- und Hauptschule besuchen. Die Gemeindeverwaltung hat hier ihren Sitz.

In etwas größeren Orten bilden die Fenster der Geschäfte ein fast geschlossenes Schaufensterbild. Hier findet man Fachgeschäfte, Geschäfte mit ganz speziellem Angebot, wie Bücher, Kindermoden, Elektrogeräte, aber auch kleinere Warenhäuser. Man kann Angebote für ein und denselben Artikel in gleich mehreren Fachgeschäften vergleichen. Aber auch Fachärzte und Krankenhaus sind hier. Das Schulangebot ist mit Realschulen, Gymnasium und Berufsschule erweitert. Amtsgericht, größere Sporthallen und die Kreisverwaltung sind in solchen Orten zu finden (Abb. 1).

In den noch größeren Ortschaften findet man darüber hinaus in **Fußgängerzonen** ohne Verkehr Hauptgeschäftsviertel mit großen mehrgeschossigen Warenhäusern und hoch spezialisierten Fachgeschäften. Läden mit Brautmoden, Juweliere, große Möbel-

Abb. 2: Das Warenangebot lässt Rückschlüsse auf die Zentralität eines Ortes zu

kaufhäuser, Konfektionsgeschäfte mit nur einer Spezialfirma im Angebot lassen sich hier nieder. Auch eine Vielzahl von Banken und in den oberen Etagen darüber Verwaltungsbüros sind ansässig. Solche Städte haben dann auch ein umfangreiches kulturelles Angebot mit mehreren Theatern, Museen, außerdem vielfältige Bildungseinrichtungen mit Universität und Hochschule, zudem sind sie Sitz der Bezirks- oder Landesverwaltungen. Große überregionale Sporteinrichtungen wie große Stadien oder Sporthallen gehören selbstverständlich auch dazu. Liegt diese große Stadt nicht in der Nähe des eigenen Wohnortes, fährt man gewöhnlich nur in größeren Abständen dorthin. Nun dürfte es nicht schwer fallen, den eigenen Wohnort und die dazugehörigen umliegenden Orte in ein entsprechendes **Versorgungssystem** einzuordnen.

Selbstverständlich gehört auch die Versorgung mit Strom, Gas, Wasser und Telekommunikationseinrichtungen zum täglichen Leben. Die Zuleitungen dieser Versorgungseinrichtungen jedoch sind nicht sichtbar, denn ein großer Teil davon liegt unterirdisch. Ein vielfältiges Netz von Versorgungs- und Entsorgungsleitungen erkennt man, wenn die Leitungen für Reparaturen freigelegt werden oder bei der Erschließung von Neubaugebieten neu verlegt werden müssen.

 Zum Weiterlesen:

- Versorgung u. Entsorgung, S. 640
- Die Großstadt, S. 642
- Park, S. 648

Versorgung und Entsorgung – Wasser und Müll

Wasser – eigentlich eine Selbstverständlichkeit! Man muss nur den Wasserhahn aufdrehen, und schon läuft es. Aber so einfach ist das nicht. **Wasser** ist, so seltsam sich das anhört, unser wichtigstes Lebensmittel. Der Mensch kann mehrere Wochen ohne Nahrung, aber nur drei Tage ohne Wasser überleben. Ohne Wasser kein Leben – dieser Satz hätte dann eigentlich nur Bedeutung für die Wüstenbewohner.

Doch gerade in den **Industrieländern**, zu denen auch Deutschland zählt, muss zunehmend mit vorausschauender Vernunft Wasserwirtschaft betrieben werden. Das wird verständlich, wenn man sich vor Augen führt, dass 1996 in Deutschland 130 Liter Trinkwasser pro Einwohner und Tag verbraucht wurden, in Indien dagegen nur 24 Liter. Trinken läßt sich so eine Menge nicht, wo bleibt also all das „Trink"wasser? In den privaten Haushalten verschwindet es bei jeder Klospülung, Dusche, Autowäsche, jedem Waschmaschinengang, jeder Bewässerung des Gartens und vielem mehr. Hauptverbraucher ist allerdings die Industrie, deren Produkte jeder Mensch verbraucht.

Trinkwasser steht nicht unbegrenzt zur Verfügung. Das wird deutlich, wenn man bedenkt, dass 97,2 % des gesamten Wassers auf der Erde salziges Meerwasser sind. 2,4% des Gesamtwassers sind als Süßwasser in Form von Eis an den Polkappen und in Gletschern gebunden. Nur 0,4% stehen in Flüssen, Seen und als Grundwasser zur Trinkwasseraufbereitung zur Verfügung. Man kann sich das an folgendem Bild gut verdeutlichen. Wenn man sich die gesamte Wassermenge auf der Erde als einen einzigen Liter vorstellt, dann beträgt die Menge des Trinkwassers nur etwa 2 Milliliter, das sind nur etwa 20 Tropfen!

Woher kommt nun das Wasser, das wir täglich verbrauchen? Ein großer Teil der Wasserversorgung wird mit Grundwasser gedeckt. Wasserwerke pumpen das im Boden gespeicherte Wasser hoch. In Wasserschutzgebieten müssen deshalb besondere Vorschriften beachtet werden, um das Grundwasser nicht zu verunreinigen. Hier dürfen keine Häuser gebaut, Äcker gedüngt, Friedhöfe angelegt oder Autos geparkt werden. Dazu sollte man sich den Kreislauf des Wassers noch einmal vergegenwärtigen (Abb. 1).

Viele Wasserwerke in Deutschland beziehen ihr Wasser indirekt aus Talsperren (Abb. 2). So versorgen die zahlreichen **Talsperren** des waldreichen Sauerlandes das Ruhrgebiet. Wasser aus Seen und Flüssen bezeichnet man als Oberflächenwasser. In niederschlagsreichen Zeiten sammelt sich das Wasser in den Stauseen und kann bei Bedarf in trockene-

ren Zeiten über die Ruhr und ihre Nebenflüsse abgegeben werden. Daher dürfen in Lenne und Ruhr, den Hauptwasserlieferanten für das Ruhrgebiet, keine ungeklärten Abwässer eingeleitet werden. Denn aus den Flussauen dieser Flüsse nimmt man das Grundwasser zur Trinkwasserversorgung der umliegenden Gebiete.

Und das ist die Kehrseite der Wasserversorgung: die Abwasserentsorgung. Je stärker das Wasser verschmutzt ist, desto komplizierter müssen die Abwasserreinigungsanla-

Abb. 2: Talsperre im Sauerland

gen der **Klärwerke** sein, damit es ohne Gefahr für Lebewesen und Pflanzen wieder in die Gewässer geleitet werden kann (Abb. 3). In der Kläranlage wird das Wasser zunächst mechanisch gereinigt. Dazu fließt es mit größerer Geschwindigkeit in ein Becken, in dem große Rechen, die wie Harken arbeiten, die größeren Feststoffe zurückhalten. Im zweiten Schritt lagern sich bei geringerer Wassergeschwindigkeit in Vorklärbecken feinere Verunreinigungen als Klärschlamm ab, der dann abgepumpt werden muss.

Dann geht es in die biologische Reinigungsphase: Kleinlebewesen und Bakterien reinigen das Wasser unter Sauerstoffzufuhr, indem sie die Schadstoffe als Nahrung aufnehmen. Auf einer dritten Stufe werden chemische Verunreinigungen entfernt. Der angefallene Klärschlamm muss noch aufbereitet werden, ehe er entwässert und auf einer **Deponie** gelagert werden kann. Dazu wird er bei 35° Celsius in beheizten Türmen etwa einen Monat gelagert. Die bei diesem Prozess entstehenden Faulgase können gesammelt und zur Stromerzeugung genutzt werden. Letztlich wird der Klärschlamm dann auf einer Sonderdeponie gelagert. Pro-

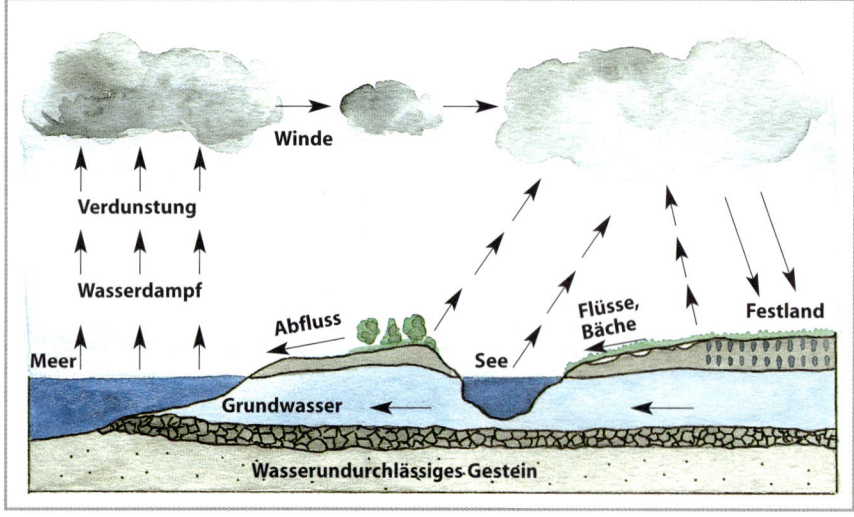

Abb. 1: Kreislauf des Wassers

blematisch bleibt also letztlich immer die Beseitigung des Klärschlammes, der mit Schadstoffen verunreinigt ist.

Das nach so vielen Prozessen aufbereitete Wasser, eigentlich geklärtes **Abwasser**, wird den Flüssen wieder zugeleitet und gelangt über das hochgepumpte Grundwasser wieder in die Haushalte. Es hat im Vergleich zum Quellwasser, wie die Natur es liefert, schon einiges hinter sich! Übrigens kostet in einer Gemeinde im Sauerland das Trinkwasser 1,70 DM/m³, die Entsorgung des Abwassers 3,80 DM/m³. Da muss also der Verbraucher mehr als das Doppelte des Trinkwasserpreises noch einmal für das Abwasser bezahlen! Vor diesem Hintergrund lässt man das Wasser dann vielleicht nicht mehr so bedenkenlos laufen ...

Entsorgt werden muss nicht nur das gebrauchte Wasser. Ein immer größeres Problem wird der ständig zunehmende Müllberg. Waren in unermesslicher Zahl werden verbraucht. Lebensmittel aus allen Teilen der Welt, aufwendig verpackt angeliefert, gehören zur täglichen Versorgung. Doch daraus entsteht eine Mülllawine. Die Verpackungen machen nur einen Teil des Haushaltmülls aus. Außer den privaten Haushalten sorgen noch die Industrie und andere Wirtschaftszweige für die Anreicherung des Müllberges. Die Müllbeseitigung muss als ernste Aufgabe für den Einzelnen und für den Staat gesehen werden. Seit 1972 gibt es eine Verankerung des Umweltschutzes im Grundgesetz und eine gesetzliche Regelung der Abfallbeseitigung.

Erlaubt ist die Müllbeseitigung nur auf geordneten Deponien, die strengste Umweltanforderungen erfüllen müssen (Abb. 4). Wasserundurchlässige Schichten im Erdreich oder Folien sollen verhindern, dass giftige Stoffe ins Grundwasser eindringen können. Der Müll wird schon im Müllwagen zusammengedrückt, muss dann aber auf der

Abb. 4: Müllauto auf kontrollierter Deponie

Abb. 3: Klärwerk

Deponie weiter zusammengepresst werden, damit der Berg nicht buchstäblich in den Himmel wächst. Schwere Raupenfahrzeuge erledigen diese Arbeit. Hat die Müllschicht eine bestimmte Höhe erreicht, wird sie mit Bauschutt oder Ähnlichem zugedeckt und dann darüber weiterer Müll abgeladen. Dieser Vorgang wird wiederholt, bis die Deponie gefüllt ist. Dann kann man den Berg bepflanzen und letztlich in das Landschaftsbild eingliedern. Doch Deponien nehmen viel Platz ein, belästigen durch Gerüche und bergen Gefahren für das Grundwasser. Keiner möchte gern in der Nähe eines Müllberges leben. Proteste sind in der Vorplanungsphase von Deponien immer schon vorprogrammiert.

Im Ruhrgebiet hat man Mülldeponien auf stillgelegten Zechengeländen errichtet. Wilde Müllkippen, wie sie früher häufig zu finden waren, brachten große Gefahren für die Umwelt. Nur mit erheblichem Kostenaufwand lassen sich solche **Altlasten** entfernen. Giftstoffe, Altöl, Chemikalien, Klärschlamm usw. gehören auf Sonderdeponien.

Die Mülllawine rollt, so dass versucht wird, einen Teil nicht nur zu lagern, sondern zu verbrennen. Müllverbrennungsanlagen haben den Vorteil, dass durch die bei der Ver-

brennung entstehende Wärme Strom gewonnen werden kann. Aber die beim Verbrennungsprozess anfallenden giftigen Gase, Aschen und Schlacken stellen auch eine Gefahr dar. Die festen Stoffe, die übrig bleiben, müssen wiederum in Sonderdeponien gelagert werden. Die Abfallmenge verringert sich so zwar auf einen geringen Prozentsatz des ursprünglichen Mülls, das Problem aber bleibt.

Mancher Müll enthält noch Rohstoffe, die man wieder verwerten kann. Durch **Recycling** lässt sich ein Teil der Wertstoffe zurückgewinnen, bekannt vom Glas, Altpapier, Alttextilien, Kunststoff, Schrott. Nicht verbrauchte Rohstoffe müssen ja nicht unbedingt endgültig auf die Deponie. In vielen Gemeinden wird der Müll heute schon in den privaten Haushalten nach Wiederverwendungsmöglichkeiten vorsortiert. Jedoch ist die Idee von einer totalen Wiederverwertung nur ein Traum, da sie an technische, wirtschaftliche und ökologische Grenzen stößt. Abfallvermeidung statt Abfallbeseitigung ist daher der wichtigste Schritt.

 Zum Weiterlesen:

- Versorgung mit Dienstleistungen und Gütern, S. 639
- Energieversorgung, S. 744
- Umweltbelastung, S. 746

Die Großstadt hat viele Gesichter und Funktionen

Die Stadt war immer schon ein Anziehungspunkt für viele Menschen. Über 82 Millionen Einwohner hat Deutschland, und etwa die Hälfte davon lebt in städtischen Verdichtungsräumen, wie man auf einer Bevölkerungsdichtekarte sehr gut erkennen kann: Im Norden haben sich Bremen, Hamburg, Kiel als bedeutende Hafenstädte entwickelt. Sonst sind gerade das Norddeutsche Tiefland, das Mittelgebirge und das Alpenvorland dünn besiedelt. Am Rand der Mittelgebirge zieht sich eine Verdichtungsreihe von Aachen über das Ruhrgebiet, Münster, Osnabrück, Bielefeld, Hannover in den Magdeburg-Leipzig-Dresdner Raum. Eine weitere Verdichtungsreihe bildete sich entlang der Flüsse Rhein-Ruhr, Rhein-Main (Frankfurt, Mainz, Wiesbadener Raum), Rhein-Neckar (Mannheim, Ludwigshafen, Stuttgarter Raum) und setzt sich über Augsburg bis München fort. Nicht zu vergessen die Verdichtungsräume von Berlin, Saarbrücken und Nürnberg (Abb. 1).

Unter einer **Großstadt** versteht man alle Städte mit mindestens 100.000 Einwohnern. In Deutschland gibt es 1997 84 Großstädte. Sie sind heute Sitz vieler Behörden. In einigen Städten gibt es Universitäten. In mehreren Großstädten finden Messen statt. Sie sind Zentren der Wirtschaft, einige haben einen Flughafen oder See- bzw. Binnenhafen.

Städte über 1 Mio. Einwohner	Einwohner 1996
Berlin	3.471.000
Hamburg	1.708.000
München	1.236.000

Städte mit 500.000 bis 1 Mio. Einwohner	
Köln	966.000
Frankfurt a.M.	650.000
Essen	615.000
Dortmund	599.000
Stuttgart	586.000
Düsseldorf	571.000
Bremen	549.000
Duisburg	535.000
Hannover	523.000

Die größten Städte Deutschlands

In einem **Verdichtungsraum** fühlt man sich besonders, wenn man durch das Ruhrgebiet fährt. Den Übergang von einer Stadt in die andere erkennt man nur am Ortsschild, da die Bebauung ineinander übergeht.

Größere geschlossene Siedlungen hatten für die ländliche Umgebung eine wichtige Aufgabe. Die Städte boten Schutz und waren das politische, kulturelle und wirtschaftliche Zentrum. Eine lange Geschichte weisen viele Städte auf. Im Laufe der Zeit bekamen sie besondere Rechte gegenüber dem Land, wie z. B. das Marktrecht oder das Münzrecht.

So entstanden einige Städte aus einer Klosteranlage, wie z. B. Münster. Das belegt auch der Name der Stadt, der aus dem Lateinischen kommt: „monasterium" heißt Kloster. Aus dem Kloster wurde im Fall Münster ein Bischofssitz, der viele Händler, Kaufleute und Handwerker anzog. Andere Städte entstanden in der Nähe von Burgen oder Pfalzen wie Goslar und Würzburg. Allen gemeinsam ist, dass sie ihre Keimzelle an besonders günstigen Stellen haben, so an wichtigen Handelsstraßen, an deren Kreuzungen, am Übergang eines Flusses, einem herausragenden Berg oder einem wichtigen Pass.

Die ältesten Städte wurden von den **Römern** gegründet, wie Xanten, Trier, Regensburg oder Köln. In der Altstadt Kölns findet man viele Reste der römischen Kultur. Viele Spuren von „Colonia Agrippinensis", im Jahr 50 nach Christus von den Römern gegründet, kann man in **Köln** heute verfolgen und im Römisch-Germanischen Museum besichtigen. Auch aus dem Mittelalter stammen viele Städte und Stadtteile.

Köln war im Mittelalter die größte Stadt nördlich der Alpen. Kaufleute und Handwerker hatten in der heutigen **Altstadt** ihren Sitz. Davon zeugen in vielen mittelalterlichen Stadtkernen auch anderer Städte die Straßennamen wie Gerbergasse, Schildergasse, Fischmarkt oder Salzmarkt. Das Straßennetz dieser Altstädte erinnert durch die engen Gassen an die alte Zeit. Die Städte wurden zum Schutz vor Feinden mit Festungsanlagen umgeben, die durch Gräben und Wälle verstärkt wurden. Diese Festungsanlagen bildeten jahrhundertelang eine scharfe Grenze zwischen Stadt und Umland, in dem die Bauern lebten (Abb. 2). Heute sind diese ehemaligen Wallanlagen noch an Grüngürteln zu erkennen, teilweise sind auch noch Türme der ehemaligen Befestigungsanlagen erhalten.

Zu heutiger Größe wuchsen die Städte erst seit der Industrialisierung heran. Im 19. Jahrhundert setzte ein schwunghaftes Wachstum der Städte ein. Eisenbahnlinien wurden gebaut. Immer mehr Menschen verließen das Land, weil sie sich in den Städten Arbeit in den neu gegründeten Fabriken und somit bessere Lebensmöglichkeiten versprachen. Im Umkreis dieser Fabriken entstanden neue, mit Handwerkerbetrieben durchmischte Wohnviertel für die vielen zugezogenen Arbeiter. Ganz dicht mit engen Hinterhöfen wurde der Platz ausgenutzt. Das ist ganz besonders auf alten Bildern von Berlin zu sehen. Von einem Hinterhof gelangte man in den nächsten. Licht und Raum waren Fremdwörter für die Menschen, die dicht gedrängt in solchen **Vierteln** lebten.

Die Erweiterung und das Wachstum der Städte erfolgten nach bestimmten Regeln, die im Stadtplan vieler Städte wieder zu erkennen sind (Abb. 3). Jedes Stadtviertel übernimmt in Großstädten bestimmte Funktionen. Der eigentliche Kern der Stadt, die ehemalige Altstadt, hat seine Funktion geändert. War er ursprünglich Lebens- und Arbeitsraum, so ist er heute zum Geschäfts- und Dienstleistungszentrum umgewandelt.

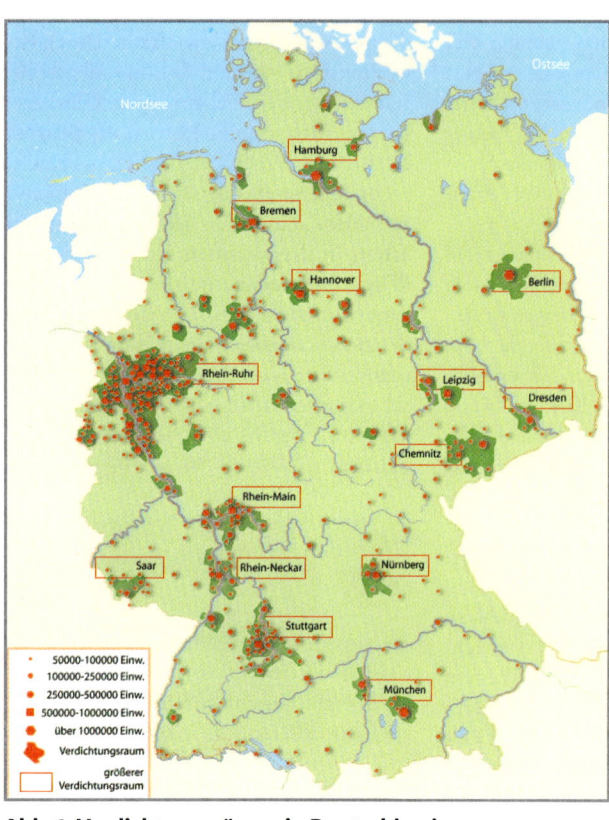

Abb. 1: Verdichtungsräume in Deutschland

Abb. 2: Noch heute umgeben die mittelalterlichen Festungsmauern die gut erhaltene Altstadt von Schwäbisch Hall

Geschäfte, Kaufhäuser, Büros von Versicherungen, Verwaltungen, Behörden, Banken, Hotels, Theater, Museen und Gaststätten konzentrieren sich in diesem Bereich. Das ist die **City**, wie man das zentrale Geschäftsviertel einer modernen Großstadt nennt. Viele Menschen arbeiten hier, Wohnungen gibt es nur noch sehr wenige. In den Fußgängerzonen ist ein Schaufenster an das andere gereiht. Weil Grundstücke und Mietpreise in der City extrem teuer sind, muss jeder Quadratmeter intensiv genutzt werden.

Einen großen **Einzugsbereich** hat solch eine City. Von weit her kommen Menschen, um von dem umfangreichen Angebot der City Gebrauch zu machen. Lange Autoschlangen kann man zu den Spitzenzeiten morgens und abends beobachten, wenn Pendler, Berufstätige, Studierende, Schüler oder auch nur Leute, die in der Stadt bummeln oder einkaufen wollen, aus den benachbarten Gemeinden zu Tausenden in die Stadt wollen. Problematisch wird es, weil immer noch viele das Auto benutzen und Staus vorprogrammiert sind, ganz abgesehen von den erheblichen Umweltbelastungen durch Auspuffgase und Lärm.

Parkplätze sind in den Innenstädten Mangelware. So ist es Ziel moderner Verkehrsplaner, möglichst den Autoverkehr aus den Innenstädten herauszuhalten. „Park-and-Ride" heißt die Alternative, die viele Großstädte anbieten: Große kostenlose Parkplätze in den Außenbezirken direkt an Haltestellen, von denen aus gute Bus- oder Bahnverbindungen das ganze Stadtgebiet abdecken. Attraktive Preisangebote brachten so manchen dazu, das Auto am Stadtrand stehen zu lassen, zumal die Parkgebühren in den Parkhäusern und -plätzen der Innenstädte hoch sind. In kurzen Zeitabständen befördern die öffentlichen Verkehrsmittel umweltschonend und zügig große Menschenmengen durch das Stadtgebiet.

In der Nähe der City, der ehemaligen Altstadt, findet man nicht selten das Bahnhofsviertel. Und in dessen Nähe befinden sich auch Mischviertel mit Fabriken, großen Mietshäusern und Handwerksbetrieben, alles im Zuge der Industrialisierung im 19. Jahrhundert entstanden. Ebenfalls in Nähe der Bahnlinie liegt das reine Industriegebiet. Neuere Wohnviertel, vielfach mit Hochhäusern, schließen sich in ausreichender Entfernung von Industriegebieten weit außen an. Denn das, was heute alles zur Fläche einer Stadt in Verdichtungsräumen gehört, war häufig ehemals ein Dorf, das eingemeindet wurde. Eigene Einkaufsmöglichkeiten für den täglichen Bedarf und Schulzentren ergänzen diese Viertel. Die Wohnviertel lassen sich häufig noch nach sozialen Gesichtspunkten unterscheiden, so gibt es Villenviertel und Viertel mit Wohnblocks. Stadtplanung ist wichtig, um das Wachstum der Städte in geordnete Bahnen zu lenken.

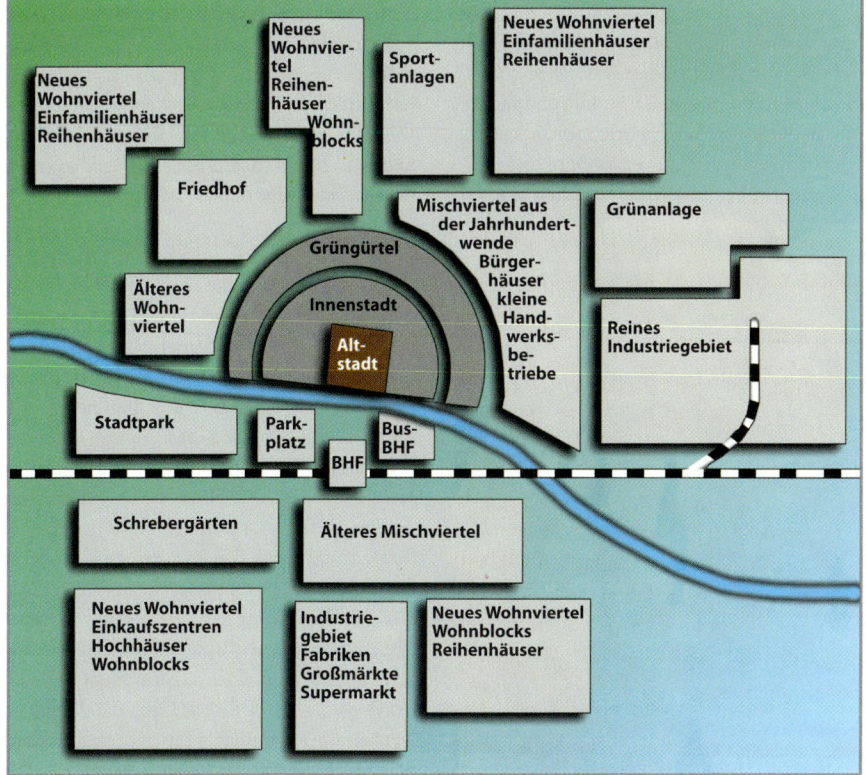

Abb. 3: Schematische Darstellung verschiedener Stadtviertel

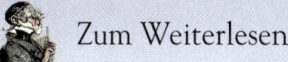 Zum Weiterlesen:

- Hauptstadt Berlin, S. 646
- Frankfurt, S. 721
- Raumordnung, S. 722
- Berlin – Raumplanung, S. 724
- Paris, S. 725

Die Hauptstadtregion Brandenburg

In der abwechslungsreichen Landschaft Brandenburgs kann man wie in einem Buch in der jüngsten Vergangenheit der Erdgeschichte blättern. Vor vielen tausend Jahren ist dieses Gebiet während der **Eiszeit** geformt worden. So wie heute in Grönland und in der Antarktis sah es nämlich in großen Teilen Nordamerikas, Nordeuropas und Nordasiens aus. Damals war es auf der Nordhalbkugel bedeutend kälter als heute. Gewaltige Eismassen bedeckten als 2000 bis 3000 Meter dicke Eiskappe ganz Nordeuropa und bewegten sich als riesige Gletscher in mehreren Vorstößen ins Norddeutsche Tiefland bis zeitweise an den Rand der Mittelgebirge. Erst in wärmeren Gebieten wurde der Wanderung der Eismassen Einhalt geboten. Der letzte Vorstoß solcher Eismassen kam nur bis in das Land südlich der Ostseeküste. Vor 10.000 Jahren war die letzte Eiszeit beendet (Abb. 1).

Wie einen Riesenhobel muss man sich diese Eismassen vorstellen. Alles Lockere schoben sie vor sich her, begruben es unter sich oder schlossen es in Eis ein. Felsen und anstehendes Gestein wurden abgehobelt, gleichsam abgeschliffen, Mulden ausgeschürft. Über Tausende Kilometer schleppte das Eis auch mächtige Felsbrocken mit, die später dort liegen blieben, wo das Eis durch ein wärmeres Klima gestoppt wurde. **Findlinge** werden diese Felsbrocken, die man u.a. in Brandenburg antrifft, genannt (Abb. 2). Denn dieses Gestein stammt aus Nordeuropa, gehört von seinem Ursprung her nicht nach Brandenburg, wird hier nur „gefunden".

Das vom Gletscher Abgeschliffene und Mitgenommene nennt man **Geschiebe**. Nach dem Abschmelzen des Eises kann man es als **Moräne** in der Landschaft erkennen: Als kuppige Grundmoräne blieb das zurück,

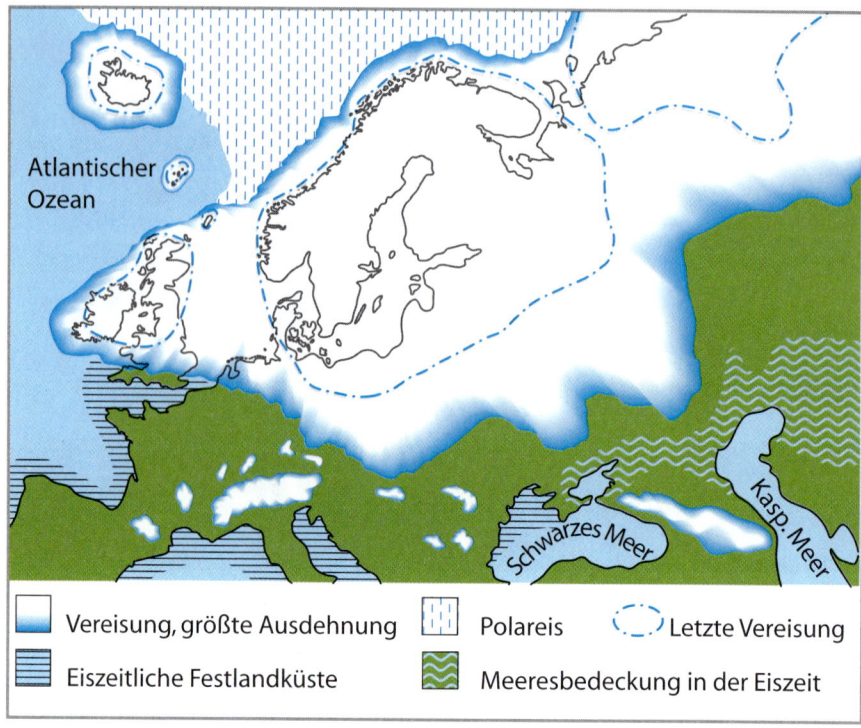

Abb. 1: Vereisung Europas während der Eiszeit

Legende:
- Vereisung, größte Ausdehnung
- Eiszeitliche Festlandküste
- Polareis
- Letzte Vereisung
- Meeresbedeckung in der Eiszeit

Atlantischer Ozean

Schwarzes Meer

Kasp. Meer

was das Eis unter seinem gewaltigen Gewicht zerrieben hatte. Das Material, das das Eis vor sich herschob, wurde im Zehrgebiet, wo der Riesengletscher im Zungenbett endete und abtaute, als Endmoräne abgelagert. Die Höhenzüge des Fläming und der Niederlausitz sind solche Endmoränenzüge.

Aus den Grund- und Endmoränen spülten Schmelzwässer feinen Sand und Lehm heraus. Vor den Endmoränen lagerte sich dieses Material als weite **Sanderflächen** ab. Der Boden ist wenig fruchtbar und als Heide oder Kiefernwald zu erkennen, wie die Uckermark, Prignitz und Mittelmark.

Das Schmelzwasser sammelte sich in bis zu 100 Kilometer breiten Tälern vor den Sanderflächen. Diese uralten Täler der Schmelzwasserströme nennt man **Urstromtäler**. Sie verlaufen parallel zum ehemaligen Eisrand. Sie sind sie als breite Niederungen mit teilweise versumpften Zonen deutlich zu erkennen. Die Formen, die der Gletscher nach dem Abschmelzen hinterließ, sind genau gesetzmäßig angeordnet. Bei dieser Abfolge von Grundmoräne, Zungenbecken (oft auch als See), Endmoräne, Sander, Urstromtal spricht man von der **glazialen Serie**. Glazial kommt aus dem Lateinischen „glacies" und bedeutet Eis (Abb. 3).

Mehrere breite, flache Urstromtäler durchziehen Brandenburg. Das bekannteste ist der **Spreewald**. Die Spree hat sich dort, wo in der Eiszeit die Schmelzwässer zu einem breiten Urstromtal zusammenflossen, in viele Flussarme geteilt. Die bilden heute, zusammen mit Kanälen und Gräben, die der Mensch hinzugefügt hat, eine einzigartige Flusslandschaft. 50 Kilometer lang und zehn Kilometer breit ist dieses Gebiet nordwestlich von Cottbus. Es ist eine echte Touristenattraktion. Von Lübbenau aus kann man mit Ausflugskähnen, die mit langen Stangen vorangetrieben werden, die Spreelandschaft erkunden. Der ursprüngliche Wald wurde zu großen Teilen in Grün- und Ackerflächen umgewandelt. Gemüseanbau ist für den Spreewald charakteristisch, Spreewälder Gurken sind eine Spezialität. Manche

Abb. 2: Laubbedeckter Findling

Bauern können ihre Felder nur mit dem Kahn erreichen.

Unter sich hobelten die Eismassen Vertiefungen aus, die sich nach dem Abschmelzen mit Wasser füllten und als Seen zurückblieben. Das sind die Seen der Mecklenburgischen Seenplatte, die sich auf Brandenburger Gebiet erstrecken, z. B. der Scharmützelsee, das größte Gewässer Brandenburgs.

Das Land Brandenburg hat nach der Wiedervereinigung der beiden deutschen Staaten 1990 wieder begonnen, seine Versorgungsfunktionen für den Gesamtballungsraum Berlin zu übernehmen. Brandenburg ist fast so groß wie Nordrhein-Westfalen, jedoch wesentlich dünner besiedelt. Cottbus und Brandenburg sind die Großstädte, gefolgt von Frankfurt/Oder und Eisenhüttenstadt.

Brandenburg war seit jeher von der Landwirtschaft geprägt. Von hier aus wird der Großraum Berlin mit Obst und Gemüse versorgt. Die durch die Eiszeit gebildeten Böden der Sander und Endmoränen sind mager, eignen sich zum Anbau von Roggen, Kartoffeln, Futtergetreide und Raps. Der Obstanbau bei Potsdam im Havelland ist bekannt, ebenso der Gemüseanbau bei Teltow. Viehzucht- und Milchwirtschaftsbetriebe aus ganz Brandenburg beliefern mit ihren Erzeugnissen den Ballungsraum Berlin.

In der DDR wurden alle privaten Bauernhöfe verstaatlicht und in staatlich gelenkte **landwirtschaftliche Produktionsgenossenschaften** (LPG) überführt. Privat-

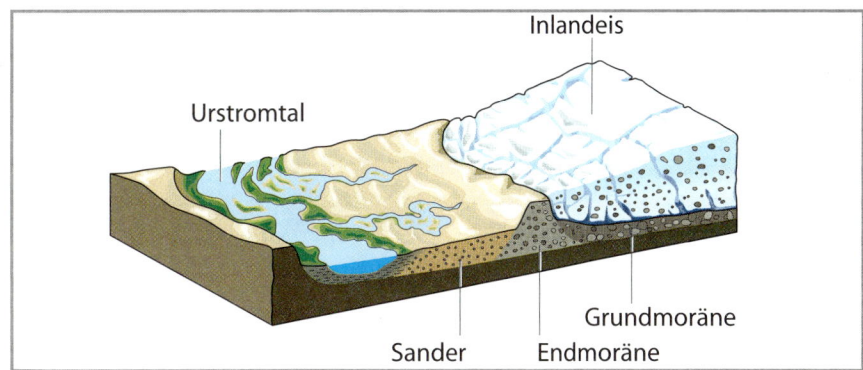

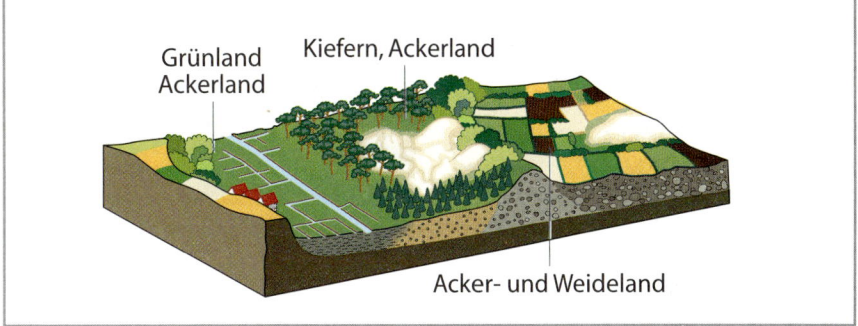

Abb. 3: Vorstoß des Inlandeises in Norddeutschland; Landschaft nach Abschmelzen des Eises

Bundesland	Fläche in km²	Einwohner in Mio.
Berlin	890	3,4
Brandenburg	29.478	2,5
Mecklenburg-Vorpommern	23.170	1,8
Sachsen	18.412	4,6
Sachsen-Anhalt	20.445	2,7
Thüringen	16.171	2,5

eigentum an Grund und Boden war nicht erlaubt. Nach der Wiedervereinigung waren diese Betriebe nicht mehr mit den modernen westlichen konkurrenzfähig, da die Maschinen oft völlig veraltet und die Produktionsweise unrentabel war. Zwar wirtschaftete man zu Zeiten der DDR auf großen Flächen, jedoch wurden zu viele Arbeitskräfte und Maschinen unrentabel eingesetzt, so dass die landwirtschaftlichen Erträge wesentlich geringer ausfielen als die im Westen. Viele der ehemals in der Landwirtschaft Beschäftigten sind arbeitslos, landwirtschaftliche Flächen liegen teilweise brach.

Auch für die Industriebetriebe Brandenburgs gilt, sich im gesamtdeutschen Wettbe-

werb zu behaupten. Stahlerzeugung, Braunkohlenförderung und chemische Industrie waren die industriellen Pfeiler dieser Region. Die Braunkohlentagebaue der Niederlausitz versorgten die Chemiewerke und die Kraftwerke, die den Strom für Brandenburg liefern. Jedoch bleibt die Situation in dieser Region schwierig, denn für die DDR waren die Ostblockländer wichtige Abnehmer der Produkte. Heute müssen sich die Betriebe der gesamtdeutschen und der europäischen Konkurrenz stellen. Und das ist nicht so leicht, da auch in der Industrie veraltete Maschinen, unrentable Produktionsweisen und vielfach noch ungeklärte Besitzverhältnisse den Wettbewerb erschweren.

Besondere Bedeutung für das Land Brandenburg hat heute natürlich die Nähe zu Berlin. Die Millionenstadt kann jetzt wieder mit Lebensmitteln, Baumaterialien, Gütern aller Art, aber auch Dienstleistungen versorgt werden. Die ehemals natürlich gewachsene Stadt-Umland-Beziehung muss allmählich wieder

hergestellt werden. Auch als Wohngegend für Berliner, die zur Arbeit in die Stadt pendeln, hat sich Brandenburg als ideal erwiesen. So konnte in den Dörfern um Berlin herum eine rege Bautätigkeit verzeichnet werden.

Berlin und das Land Brandenburg sind auf dem Wege, wieder zu einer Hauptstadtregion zu verwachsen, so wie sie vor dem Zweiten Weltkrieg als eine gewachsene Einheit funktioniert hatte. Gut für die Ansiedlung neuer Betriebe ist, dass sie im dünn besiedelten Brandenburg genug Raum zur Ausweitung vorfinden. Es war eins der größten Probleme in Westberlin vor der Wiedervereinigung, dass bei der Insellage der Stadt kein Raum zur Betriebsvergrößerung da war.

Nach der Wiedervereinigung der beiden deutschen Staaten 1990 wurden auf dem Gebiet der ehemaligen DDR mit Brandenburg insgesamt fünf **neue Bundesländer** gebildet (siehe nebenstehende Tabelle).

 Zum Weiterlesen:

- In den Alpen, S. 616
- Ackerbau u. Viehzucht, S. 620
- Hauptstadt Berlin, S. 646
- Weltpark Antarktis, S. 748

Hauptstadt Berlin

*B*erlin ist heute wieder – nach einer bewegten Geschichte – **Hauptstadt** Deutschlands, mitten in Brandenburg gelegen.

Die Keimzelle Berlins war in einem Urstromtal der Norddeutschen Tiefebene. Hier war an einer schmalen Stelle des sumpfigen Tales, wo die Spree in vielen Windungen zur Havel fließt, für einen wichtigen Handelsweg der leichteste Übergang für Händler zwischen Nord und Süd. Im Mittelalter entstand Berlin aus den beiden Dörfern Berlin und Kölln, die durch eine Burg geschützt wurden.

1701 wurde **Preußen** Königreich und Berlin die Hauptstadt Preußens. Seit 1871, als der König von Preußen deutscher Kaiser wurde, blieb Berlin bis zum Ende des Zweiten Weltkrieges die Hauptstadt Deutschlands. Mit etwa 4,5 Millionen Einwohnern lebten hier fast so viele Menschen wie im gesamten Ruhrgebiet. Es war zu der Zeit die viertgrößte Stadt der Welt. In Preußens Zeiten entstanden Regierungsgebäude, Prachtstraßen wie der berühmte Kurfürstendamm oder die Straße „Unter den Linden" und viele Prachtbauten (Abb. 1). Das Leben pulsierte, weltberühmte Theater und Museen, Konzert- und Opernhäuser, Ausstellungsräume, Filmpaläste, Hochschulen und Universitäten zogen Menschen aus aller Welt an. Regierung und Ministerien hatten hier ihren Sitz, der **Reichstag** tagte in Berlin.

Abb. 1: Quadriga und die neue Glaskuppel des Reichtags

Die Hauptstadt war aber nicht nur Kultur- und Verwaltungszentrum, sondern auch ein **Zentrum der Industrie**. Als aus den kleinen Handwerksbetrieben Fabriken entstanden, entwickelte sich Berlin zum größten Industriezentrum auf dem europäischen Festland. Die günstige Verkehrslage mitten im Herzen des damaligen Deutschland, ja im Herzen Europas, war ein wichtiger Standortfaktor (Abb. 2). Schiffe, Eisenbahnen und Autos konnten auf einem hervorragend ausgebauten Verkehrsnetz sämtliche Rohstoffe anliefern, ebenso wie Lebensmittel und sonstige Güter. So hatten Elektroindustrien von Weltruf und auch Druckereien hier ihren Sitz. Maschinen, Eisenbahnen, optische Geräte, Textilien, Lederwaren und vieles mehr wurden hier hergestellt.

Der Zweite Weltkrieg veränderte alles. Nach den verheerenden Kriegszerstörungen lebten nur noch 2,8 Millionen Menschen hier, die versuchten, die Stadt aus den Trümmern wieder aufzurichten. 1945 teilten die Siegermächte (Sowjetunion, USA, England und Frankreich) die Stadt in vier Sektoren. Der Ostsektor war unter sowjetischer Besetzung. Berlin war von der sowjetisch besetzten Zone eingekreist.

1948 sperrten die Sowjets alle Bahnlinien, Straßen und Kanäle nach Westberlin. Der Westteil sollte ausgehungert werden und unter sowjetischen Zugriff kommen. In dieser Situation organisierten die Westmächte eine ganz einmalige Hilfsaktion. Nur die Luftkorridore waren frei zugänglich geblieben, so dass die Alliierten, wie man die Westmächte auch nannte, eine Luftbrücke errichteten, um Berlin aus der Luft zu versorgen: Etwa alle zwei Minuten landete ein amerikanisches, französisches oder englisches Flugzeug auf den Westberliner Flugplätzen und lieferte nicht nur Lebensmittel, sondern auch die für die Industrie dringend benötigten Rohstoffe, damit die Menschen weiterhin arbeiten konnten. Während der **Blockade** wurde Tegel als dritter Flugplatz angelegt, der später zu einem Weltflughafen ausgebaut wurde. Selbstredend konnten die produzierten Güter auch nur wieder auf dem Luftwege abtransportiert werden, da die Sowjets Westberlin völlig abgeschlossen hatten. Als nach einem Jahr die Blockade aufgehoben wurde, konnten täglich wieder Ostberliner im Westen der Stadt ihrer Arbeit nachgehen und umgekehrt.

1949 erfolgte die **Teilung** Deutschlands, Ostberlin wurde die Hauptstadt der DDR. Ab 1961 verlief mitten durch die Stadt die Mauer, die nicht nur Berlin, sondern ganz Deutschland in zwei Teile spaltete (Abb. 3). Durch den Mauerbau wollte die DDR verhindern, dass weiterhin Arbeitskräfte das

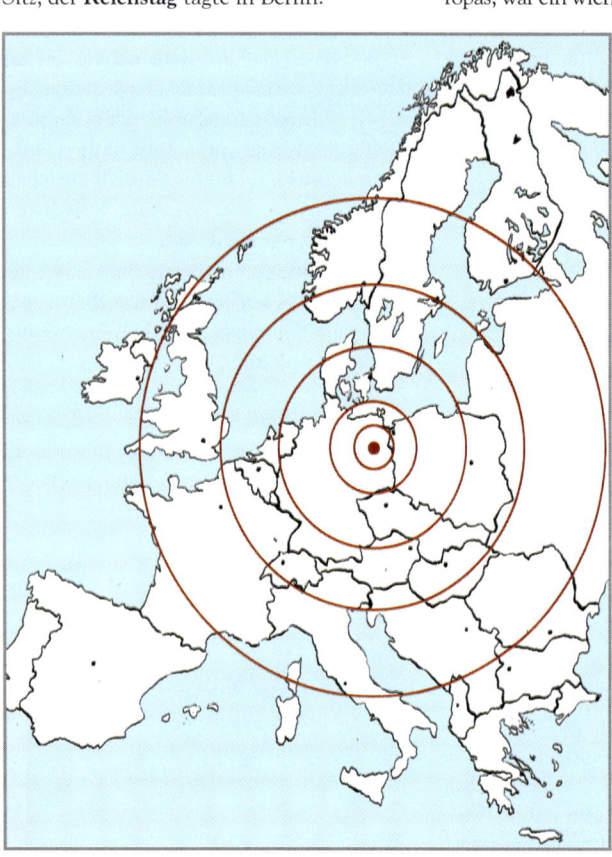

Abb. 2: Berlin liegt im Zentrum Europas

Abb. 3: Die Mauer verlief mitten durch Berlin. Das Brandenburger Tor stand bis zum Fall der Mauer 1989 auf dem Boden Ostberlins

Staatsgebiet der DDR verließen. Jährlich waren nämlich etwa 120.000 Menschen über Berlin in den Westen geflüchtet.

Wie eine Insel lag Westberlin vom Staatsgebiet der **DDR** umschlossen, abgeschnitten von den gewachsenen Stadt-Umland-Beziehungen. Die Versorgung mit Milch, Fleischprodukten und gärtnerischen Erzeugnissen erfolgte vorher aus der landwirtschaftlich geprägten Umgebung, der Mark Brandenburg. Westberlin war von diesen Versorgungsmöglichkeiten nach dem **Mauerbau** nun völlig abgeschnitten. Sämtliche Nahrungsmittel, aber auch alle Rohstoffe für die Industrie mussten aus dem Westen herangeschafft werden. Der gesamte Verkehr von der Bundesrepublik nach Westberlin wurde über einzelne, von der DDR strengstens kontrollierte Straßen abge-

wickelt. Es gab nur noch wenige Übergänge zwischen dem Staatsgebiet der DDR und der BRD, nur einen Übergang für die Eisenbahn, nur zwei für den Straßenverkehr und zwei für die Binnenschifffahrt. Der Flugverkehr wurde über drei Luftkorridore geleitet.

Was über Jahrhunderte zu einer Großstadt gewachsen war, wurde zerrissen. Die gewachsenen Abhängigkeiten zwischen Stadt und Umland waren zerstört. So mussten in den beiden nun getrennten Teilen der Stadt jeweils Versorgungseinrichtungen gebaut werden, die vorher nur einmal für die Gesamtversorgung der einen großen Stadt nötig waren: Stadtverwaltung, Verkehrsbetriebe, Strom-, Gas- und Wasserversorgung, Telefonnetz, Universität, Einkaufszentren, neue Wohnviertel, Museen, Zoo (Abb. 4).

Besonders problematisch war die Müllentsorgung von Berlin West. Die insgesamt schwierige Versorgung Westberlins konnte fast 30 Jahre lang nur funktionieren, weil die Bundesregierung Deutschland kräftige Unterstützungen leistete, um die Wirtschaftsunternehmungen in Berlin zu halten und um jungen Menschen die Entscheidung zu erleichtern, ihren Wohnsitz in Berlin zu nehmen. Weltbekannte Messen, große Ausstellungen, Tagungen, Theater-, Film- und Opernereignisse ließen Westberlin den Weltstadtcharakter trotz aller Widrigkeiten behalten. Westberlin blieb auch nach der Trennung Industrie-, Messe- und Kunststadt. Durch die Spaltung mussten die Berliner auf viele Ausflugsorte in der Umgebung verzichten. Berlin – „Stadt im Grünen" sollte es durch den Bau neuerer Parkanlagen im Stadtinnern und eine Auflockerung der Wohnsiedlungen dennoch bleiben. Wannsee und Grunewald waren beliebte Ausflugsziele.

Ostberlin dagegen wurde weiterhin vom Umland versorgt und hatte Zugang zur Ostsee. Von der Oder und von Stettin stellten der Oder-Spree-Kanal und der Oder-Havel-Kanal und von der Elbe her der Elbe-Havel-Kanal eine Verbindung zwischen Ostberlin und der Ostsee her. So konnten in DDR-Zeiten Eisen verarbeitende Industrien mit Rohstoffen versorgt werden. Die DDR baute Berlin-Ost ebenfalls kulturell, wirtschaftlich und verwaltungsmäßig zur Hauptstadt aus, die wie ein Magnet die Menschen anzog. Neue Wohnviertel mussten gebaut werden. Marzahn, in der Plattenbauweise errichtet, wurde 1986 fertig gestellt und bot 170.000 Einwohnern Wohnraum.

1989 erreichten die Menschen in der DDR durch einen friedlichen Aufstand, daß die DDR-Regierung die Grenzen öffnete. 1990 fiel die Mauer, Deutschland und somit auch Berlin waren wieder vereint. Berlin ist heute ein selbständiges Bundesland und nach einem Beschluss des Bundestages von 1991 wurde der **Regierungssitz 1999** von Bonn nach Berlin verlegt.

 Zum Weiterlesen:

- Versorgung u. Entsorgung, S. 640
- Die Großstadt, S. 642
- Die Hauptstadtregion, S. 644
- Berlin – Raumplanung, S. 724

Abb. 4: Moderne Architektur am Potsdamer Platz

Park – Erholungsgebiet nicht nur im Nahraum

Die Freizeitgestaltung ist ein Thema, das Erwachsene und Jugendliche gleichermaßen angeht. Im Vergleich zu früheren Generationen steht der mobilen Gesellschaft von heute wesentlich mehr freie Zeit zur Verfügung. Und sinnvoll soll diese Zeit verbracht werden. Für die tägliche **Freizeit** muss die nähere Umgebung einiges bieten. Denn Erholungsmöglichkeiten werden nicht nur im Urlaub oder in den Ferien gesucht, sondern an den Wochenenden und auch täglich. Für die wenigen täglichen Freizeitstunden sind in Städten innerstädtische bzw. innerörtliche Erholungseinrichtungen da. Ausgewiesene Rad- oder Wanderwege und Sportanlagen gehören dazu und in größeren Städten, wenn vorhanden, der Stadtpark, der ein Stück Natur vor der Haustür bietet (Abb. 1).

Für die Erholung an Feiertagen oder Wochenenden sucht man sich Ziele, die mit Verkehrsmitteln in nicht allzu großer Entfernung zu erreichen sind. So kommt den Einrichtungen zur **Freizeitgestaltung** im Nahraum eine große Bedeutung zu. In einigen Gemeinden gibt es große Freizeitparks oder **Vergnügungsparks,** die von Unternehmen betrieben werden. Gegen ein Eintrittsgeld kann man hier den ganzen Tag verbringen. Viele Attraktionen wie Wasserrutsche, Riesenrad, Achterbahn und Shows locken Freizeitsuchende aus der näheren, aber je nach Angebot auch aus der weiteren Umgebung an. Und je einmaliger die gebotenen Attraktionen, von desto weiter kommen die Besucher, desto größer ist der Einzugsbereich eines solchen Parks. Das lässt sich gut an den Nummernschildern der Autos, die auf den Parkplätzen stehen, ablesen. Aber nicht jeder möchte am Wochenende diese Art von Parks anfahren, unter Umständen schon auf dem Weg dorthin Verkehrsstaus in Kauf nehmen, um dann vor vielen dieser Einrichtungen stundenlang Schlange zu stehen (Abb. 2).

Da entscheiden sich andere für naturnahe Angebote, wie sie die über ganz Deutschland verteilten **Naturparks** bieten. Das sind größere Landschaftsbereiche, die überwiegend Landschaftsschutz- oder Naturschutzgebiete sind. Gleichzeitig eignen sie sich wegen Vielfalt, Schönheit und Eigenart der Natur besonders für die Erholung. Naturparks sollen Erholung in einer intakten Landschaft ermöglichen. Solche Naturparks in Deutschland sind u. a. die Lüneburger Heide, der älteste Naturpark, den es schon seit 1920 gibt, der Naturpark Kottenforst-Ville bei Köln, der Harz, die Holsteinische Seenplatte oder die Bergstraße. Insgesamt hat man in Deutschland im

Abb. 1: In einer Großstadt wie Hannover übernimmt der Stadtpark die Funktion einer „grünen Lunge"

Vergleich zu anderen europäischen Ländern sehr viele, etwa 70 solcher Naturparks ausgewiesen. Alle diese Landschaften haben ihre natürlichen Eigenarten behalten, sind einigermaßen intakte Naturräume, in denen Land- und Forstwirtschaft und auch Jagd und Fischerei nach den gesetzlichen Regelungen betrieben werden. Diese Landschaften erfüllen also ihre natürlichen Aufgaben für das Klima, den Wasserhaushalt, die Tier- und Pflanzenwelt und bewahren die typische

Landeskultur. Dies alles steht unter gesetzlichem Schutz.

Auch die Einrichtungen für Erholung und Fremdenverkehr in diesen Gebieten unterliegen solch gesetzlichen Kontrollen. Diese Naturparks sind als Ort der Erholung für Ruhesuchende besonders geeignet. Für die ruhige Art der Erholung wie Wandern, Spazierengehen, Beobachten von Pflanzen und Tieren sind nur wenige Einrichtungen nötig. So das Markieren von Wanderwegen,

Abb. 2: Vergnügungsparks erfreuen sich großer Beliebtheit

die Anlage von Waldlehrpfaden, Wandertafeln und Parkplätzen, das Aufstellen von Bänken und Schutzhütten und Papierkörben. Andere Menschen suchen Erholung in Aktivitäten, wollen z. B. Sport treiben. So gibt es in vielen Parks Spielplätze, Trimm-dich-Pfade, Sport- und Tennisplätze, Minigolf- und Reitanlagen oder auch, wenn Seen im Naturpark vorhanden sind, Freibäder und Bootsverleihe.

Nicht vergessen werden darf jedoch bei all diesen Aktivitäten, dass in diesen Naturparks die Landschaft in einem möglichst naturnahen Zustand erhalten bleiben soll. So entsteht immer wieder ein Konflikt zwischen **Naturschutz** und Freizeitnutzung. Besondere Lebensräume seltener Pflanzen und Tiere stehen sogar unter Naturschutz. In so ausgewiesenen Gebieten darf man weder die Wege verlassen noch Blumen oder Pflanzen pflücken oder gar angeln oder zelten. Manche Teilbereiche solcher unter Naturschutz

gibt es Richtlinien: Die IUCN (International Union for Conservation of Nature and Natural Resources) legte 1969 die Kriterien für Nationalparks fest, die international gültig sind. Unter einem Nationalpark versteht man danach ein relativ großes Gebiet, in dem durch menschliche Nutzung und Inanspruchnahme das **Ökosystem** nicht grundsätzlich verändert werden darf. Das Gebiet soll Pflanzen, Tiere oder landschaftliche Besonderheiten aufweisen, die für Wissenschaft, Bildung und Erholung von besonderem Interesse sind oder aber Naturlandschaften von außergewöhnlicher Schönheit darstellen. In der Bundesrepublik sind Nationalparks im Bundesnaturschutzgesetz genau bestimmt.

Der älteste Nationalpark Deutschlands ist der 1970 gegründete Nationalpark Bayerischer Wald an der bayerisch-tschechischen Grenze, der das größte geschlossene Waldgebiet Mitteleuropas darstellt. Den Natio-

Abb. 4: Geysir im Yellowstone–Nationalpark (USA)

Hochharz und im deutschen Teil des Elbsandsteingebirges der Nationalpark Sächsische Schweiz.

Zum Abschluss noch ein Blick in die weite Welt, denn Nationalparks gibt es nicht nur in Deutschland: Als erster Nationalpark wurde der Yellowstone National Park 1872 in den USA eingerichtet. Er ist weltberühmt wegen seiner **Geysire**, heißen Quellen und **Sinterterrassen**. Die Geysire schleudern in regelmäßigen Abständen heißes Wasser aus dem unruhigen Erdinnern (Abb. 4). Das heiße Wasser setzt beim Verdampfen Kalk und Kieselsäure ab. Aus diesen Ablagerungen bilden sich an den Bergflanken und Terrassen Überzüge, die weltberühmten Sinterterrassen. In vielen Ländern entstanden weitere Nationalparks, im östlichen und südlichen Afrika der Serengeti-Nationalpark, eine Savannenlandschaft, und der Krüger-Nationalpark mit zahlreichen Großtieren.

Abb. 3: In einem Nationalpark ist der Mensch nur zu Gast. Die natürlichen Lebensräume müssen erhalten bleiben

stehender Gebiete sind auch völlig gesperrt, um den Lebensraum von Pflanzen und Tieren, die vom Aussterben bedroht sind, zu schonen. Um diese Gebiete erhalten zu können, muss jeder Besucher etwas beisteuern. Sich an die Regelungen halten, auf den Wegen bleiben, Müll nicht achtlos wegwerfen, kein offenes Feuer entzünden.

Dann gibt es noch die **Nationalparks** (Abb. 3), die nicht mit den oben beschriebenen Naturparks gleichzusetzen sind. Nationalparks, großräumig ausgewiesene, besonders reizvolle Landschaftsschutzgebiete, sind gewöhnlich Staatseigentum und werden öffentlich finanziert. Für Nationalparks

nalpark Berchtesgaden gibt es seit 1978. Die größte zusammenhängende Wattlandschaft der Erde vor der deutschen Nordseeküste wurde durch die Errichtung der Nationalparks Schleswig-Holsteinisches (1985), Niedersächsisches (1986) und Hamburgisches Wattenmeer (1990) geschützt. Nach der Wiedervereinigung entstanden auf dem Gebiet der ehemaligen DDR seit 1990 fünf weitere Nationalparks: die Vorpommersche Boddenlandschaft an der Ostseeküste, der Nationalpark Jasmund im Nordosten der Insel Rügen, der Müritz-Nationalpark mit dem Müritzsee, dem größten See der Mecklenburgischen Seenplatte, der Nationalpark

Zum Weiterlesen:

- Kräfte aus dem Erdinnern, S. 710
- Badeurlaub am Mittelmeer, S. 650
- Urlaub im Mittel- und Hochgebirge, S. 652
- Weltpark Antarktis, S. 748

Badeurlaub am Mittelmeer und an deutschen Küsten

*J*ahr für Jahr zieht es Millionen von Menschen in den Süden. Nahezu Schönwettergarantie und eine lange Badesaison von April bis Oktober locken Unzählige in die warmen Länder des Mittelmeerraumes, vor allem wenn hierzulande der Sommer mit Regen und Kühle aufwartet. Spanien, Frankreich, Italien, Griechenland und die Türkei sind die begehrten **Reiseziele**.

Noch vor hundert Jahren waren die französische oder italienische Riviera als Reiseziel nur für ganz Reiche und den Adel möglich. Die Côte d'Azur war im 18. Jahrhundert für reiche Engländer ein bevorzugter Winteraufenthalt. Dann traf sich hier alles, was Rang und Namen hatte. Im Sommer bei heißen Temperaturen verließ man die Mittelmeerküste wieder, denn vornehme Blässe statt knackiger Bräune war das Schönheitsideal. Erst nach dem Ersten Weltkrieg begann an der Côte allmählich die Umorientierung vom Wintertourismus zum Sommertourismus. Sportliche Aktivität und Bräune waren allmählich gefragt.

Spanien, in der Liste der Reiseziele am Mittelmeer heute ganz oben, begann mit seiner touristischen Entwicklung erst nach dem Zweiten Weltkrieg. Klangvolle Namen für Küstenabschnitte wurden damals erst in Anlehnung an die französische Côte d' Azur geprägt: Costa de la Luz, Costa del Sol, Costa Luminosa, Costa Blanca, Costa del Azahar, Costa Dorada, Costa Brava.

Erst in den sechziger Jahren begann die explosionsartige Ausweitung des Mittelmeertourismus. Immer mehr wurde der Süden zum Reiseziel. Die **Pauschalangebote** der Reiseveranstalter locken heute mit Niedrigangeboten, erschwinglich für immer mehr Menschen. Hauptsaison ist die Sommerferienzeit. Alles ist organisiert: An- und Abreise, Unterkunft und Verpflegung am Ort, vielfach auch Unterhaltungsangebote für Sport und Spaß drum herum. Touristen, das sind übrigens nach den Richtlinien der World Tourism Organization (WTO) alle Ausländer, die die Grenze überschreiten und sich mindestens 24 Stunden im fremden Land aufhalten.

Die explosionsartige Zunahme der Reisenden trug dazu bei, dass sich der Mittelmeerraum an vielen Küstenabschnitten wesentlich verändert hat. In verträumten, idyllischen kleinen Fischer- und Hafenstädten und einsamen Buchten schossen die Massenquartiere wie Pilze aus der Erde. Hotels, Ferienwohnungen und Campingplätze mussten geschaffen werden, um den Urlau-berlawinen Quartier bieten zu können. Millionen von Urlaubern kommen auf engstem Raum zusammen. Man spricht von **Massentourismus** (Abb. 1).

In allen Mittelmeerländern gibt es inzwischen viele Orte, die vom Massentourismus geprägt sind. Doch das hat seinen Preis: Beton statt Natur. Mit Hochhäusern verbaute Küstenabschnitte, hoffnungslos überfüllte Badestrände, an denen die Sonnenhungrigen dicht an dicht in der Sonne braten, überfüllte Verkehrswege. Die Menschenmassen produzieren Berge an Müll, deren Beseitigung in der Wärme des Mittelmeerklimas Probleme aufwirft. Ganz zu schweigen von der Notwendigkeit, genügend Trink- und Brauchwasser heranzuschaffen. Das **Wasser** ist eine ganz besondere Kostbarkeit in diesen niederschlagsarmen Breiten. Ein Tourist verbraucht ein Vielfaches an Wasser wie ein Einheimischer, und dann bleibt da noch die Frage der Abwasserbeseitigung. Kläranlagen waren ursprünglich nicht selbstverständlich. Die Abwässer gelangten ungeklärt ins Meer. Von einem ungetrübten Badevergnügen war bei so einer ungeheuren Verschmutzung des Wassers und der Strände nicht mehr die Rede. Die Orte mussten sich mit Kläranlagen auf die Umwelterfordernisse einstellen. Im Sommer kommt es in einigen Orten immer wieder zu Versorgungsengpässen mit Wasser.

Der Tourismus ist für diese Länder eine wichtige **Einnahmequelle** geworden, sei es der Andenkenladen, das Restaurant oder das Hotel, überall werden Menschen zur Arbeit gebraucht. Aber zu bedenken bleibt, dass durch den Massentourismus die Mittelmeerländer umgewertet wurden.

Abb. 1: Die Folgen des Massentourismus: überfüllte Strände und so genannte „Bettenburgen"

Abb. 2: Typischer Nordseestrand

Inzwischen wollen viele Besucher diesem Massentourismus entfliehen. Also weicht man häufig auf noch entferntere Reiseziele aus. Aber wenn viele so denken und die Angebote der Reiseveranstalter diesen Wünschen nachkommen, dauert es nicht lange, bis auch diese Ziele vom Massentourismus überrollt werden.

Auch an deutschen Küsten ist Badetourismus möglich – wenn das Wetter mitspielt! Wer seinen Urlaub schon mal an der Nord- oder Ostsee verbracht hat, weiß ein Lied davon zu singen. Wer jedoch nicht nur darauf aus ist, stundenlang in der Sonne zu braten, wählt als Reiseziel vielleicht die deutsche Küste. An der Nordsee locken die Inseln mit ihren vielfältigen Möglichkeiten. Die Ostfriesischen Inseln mit Borkum, Juist, Norderney, Baltrum, Langeoog, Spiekeroog und Wangerooge und die Nordfriesischen Inseln Sylt, Föhr, Amrum, aber auch die Halligen bieten vielfältige Möglichkeiten des Urlaubsspaßes: Wattwandern, Radfahren und Spazierengehen, Baden im Meer, Muscheln am Strand suchen, Sandburgen bauen, einkaufen, beobachten, wie bei Flut das Wasser steigt und sich bei Ebbe wieder zurückzieht (Abb. 2).

Abb. 3: Steilwand am Meer

mit dem Ozean verbunden ist, wirken sich die Gezeiten hier kaum aus, und es hat nur einen geringen Salzgehalt.

Herrliche Strände aus Sand und Kies und im abwechslungsreichen Hinterland ausgedehnte Felder, Wiesen und Wälder. Abwechslungsreich sind auch die Küstenfor-

Kliff genannt (Abb. 3). Jährlich bricht ein Teil dieser Steilwand ab. Größere Steine bleiben vor der Steilwand liegen, die feineren Teilchen wie Sand werden von der **Brandung** ausgespült und von der Strömung weggeschwemmt oder vom Wind wegtransportiert. An ruhigen Stellen wird das Material wieder abgelagert, eine Nehrung entsteht, eine Halbinsel. Darß und Zingst, Halbinseln an der Ostseeküste westlich von Rügen, wegen der Besonderheit dieser Landschaft ein **Naturschutzgebiet**, ermöglichen dem Urlauber, diese Vorgänge in der Natur zu sehen. Wird die Meeresbucht schließlich ganz vom Meer abgetrennt, nennt man sie „Haff". Eine Ausgleichsküste, wie man sie zwischen Stettin und Danzig findet, kann entstehen. So „wandern" Küstenlinien (Abb. 4).

Reihten sich vor der Wiedervereinigung auf der Westseite die Badeorte aneinander, so haben sich nach der Wiedervereinigung viele neue Ziele für den Tourismus an der Ostsee erschlossen. Der Fremdenverkehr ist zur wichtigen Einnahmequelle geworden. Jedoch müssen auch hier behutsam Umstellungen auf eine touristische Nutzung erfolgen, damit nicht die Fehler von Massentourismusregionen wiederholt werden.

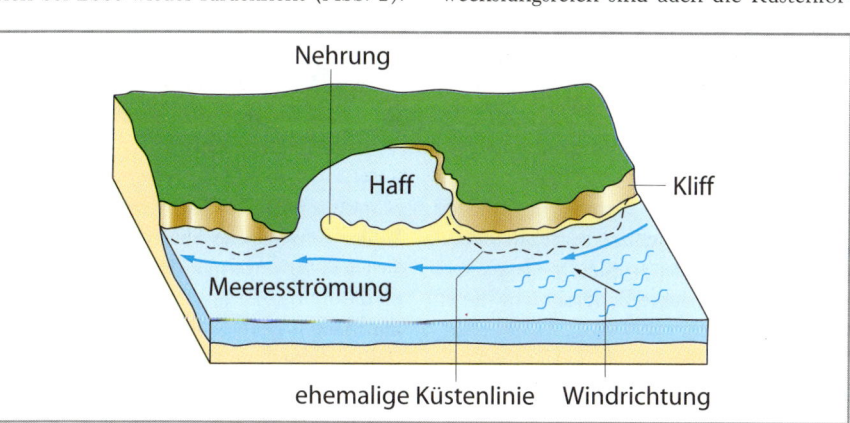

Abb. 4: Entstehung der Ausgleichsküste

Auch auf den **Nordseeinseln** hat sich das Leben durch den Tourismus verändert. Alte Berufe, wie Fischer, wurden teilweise aufgegeben. Wie überall, wo Touristen sind, bleibt die große Aufgabe, die Natur zu bewahren. Besonders wichtig für die Inseln, da sie einen **Küstenschutz** für das dahinter liegende Festland bilden. Sie sind gewissermaßen die ersten „Wellenbrecher" als Schutz vor dem Meer.

Für den Urlauber gibt es an der Ostseeküste viel zu entdecken. Wattwanderungen gibt es hier zwar nicht, denn an der Ostseeküste machen sich die Gezeiten kaum bemerkbar. Die **Ostsee**, auch Baltisches Meer genannt, ist ein Nebenmeer des Atlantiks mit Tiefen zwischen 50 und 450 Metern. Da es nur durch schmale Öffnungen

men, zum Beispiel die **Fördenküste** nördlich von Lübeck, die ihre Entstehung der Eiszeit verdankt. In der Grundmoräne bildeten sich Schmelzwasserrinnen, in die nach der Eiszeit das Meer eindrang, als sich der Wasserspiegel hob. Häfen ließen sich gut in diesen Förden anlegen, z. B. Kiel in der Kieler Förde als Zentrum für Wassersportler.

An der mecklenburgischen Küste zwischen Lübeck und Stettin findet man die **Boddenküste.** Bodden heißt niederdeutsch so viel wie „Boden", es sind flache, breite, zerlappte Buchten, die dadurch entstanden, dass das Meer nach der Eiszeit in flache Mulden der Grundmoränenlandschaft eindrang.

Steilküsten wechseln mit flachen Ufern ab. Das Meer hat diese Steilküsten geschaffen,

 Zum Weiterlesen:

- Am Meer, S. 614
- Urlaub im Mittel- u. Hochgebirge, S. 642
- Park, S. 648
- Portugal, S. 732

Urlaub im Mittel- und Hochgebirge

Ferien sind für viele Menschen die schönste Zeit des Jahres! Viele wollen verreisen und suchen sich ihr Urlaubsziel. Die Berge locken viele an. Im Hochgebirge, wie den **Alpen**, bietet sich für den Touristen sowohl im Winter als auch im Sommer vieles zur Freizeitgestaltung an. Wer im Sommer in die Alpen fährt, möchte herrliche Wandertouren in der Bergwelt erleben. Im Winter dagegen lockt der Skisport in all seiner Vielfalt immer mehr Menschen in die Alpen. So setzten seit etwa 1960 die immer größer werdenden Touristenströme den **Massentourismus** mit all seinen Gefahren für die Umwelt in Gang. Konnten sich vorher nur wenige Reiche den kostspieligen Urlaub in den Bergen leisten, so machten steigende Löhne und wachsende Freizeit die Alpen zu einem Haupturlaubsziel.

Für die ehemals sehr armen Einheimischen taten sich durch den Fremdenverkehr zahlreiche neue Verdienstmöglichkeiten auf. Früher lebten die **Bergbauern** von Rinder- und Schafzucht und der Arbeit im Wald. Die Wiesen in den Tälern nutzte man überwiegend zur Heuernte. Im Sommer zog ein Teil der Dorfbewohner mit dem Vieh auf die Almen. Die Senner verarbeiteten die Milch direkt in der Almhütte zu Butter und Käse. Einfach und sehr hart war die Lebensweise. Es war stets ein Fest für das ganze Dorf, wenn im Herbst beim Almabtrieb die festlich geschmückten Kühe und die Senner wieder für den langen Winter ins Dorf zurückkehrten.

Keine Seltenheit war es, dass man im Winter einschneite und oft wochenlang von der Außenwelt abgeschnitten war. Doch diese Zeiten sind vorbei. Der Winter bringt für die Bergdörfer durch die Skitouristen den Hauptrummel (Abb. 1). Bergführer, Fremdenführer, Skilehrer, Kellner, Liftaufsicht usw. sind die Berufe heute, die die jungen Leute gerne gegen die harte Arbeit des Bergbauern eintauschen. So hat mancher Bergbauer seine Landwirtschaft aufgegeben, manche betreiben die Landwirtschaft neben Hotelbetrieb noch als Nebenerwerb (Abb. 2). Zum Glück, muss man sagen. Denn wenn die Almen nicht mehr beweidet werden, droht neue Gefahr. Die

Abb. 2: Viele Almhütten betreiben als Nebenerwerb Gastronomie

langen Grasbüschel können im Winter leicht durch abrutschenden Schnee oder Skiläufer ausgerissen werden, so dass Wind und Regen die nackte Bodenschicht leicht abtragen können.

Die meisten Orte sind in den letzten Jahrzehnten sprunghaft gewachsen. Feriensiedlungen, Appartementanlagen und Hotels schießen wie Pilze aus dem Boden. Immer mehr **Skipisten**, Lifte und Loipen sind gefragt, für die Raum geschaffen werden muss. Also mussten Hänge abgeholzt und planiert werden, um Skipisten anzulegen. Parkplätze, Mülldeponien, Freizeitanlagen im Tal werden ebenfalls eingeplant, um die Touristenmassen zu versorgen. Und im Sommer werden dann die verheerenden Folgen sichtbar: breite Schneisen in den Wäldern, durch die Skipisten zerstörte Bergwiesen mit hässlich kahlen Liftanlagen (Abb. 3).

Da in den engen Tälern nicht genug Platz für die Touristenströme war, wurden hoch auf den Bergen neue Touristenburgen aus dem Boden gestampft. Für die Natur ergaben sich nicht wieder gutzumachende Schäden. Im Sommer bleiben viele Betten leer, da diese künstlich geschaffenen Feriensiedlungen dann nicht so viele Urlauber anlocken können.

Außerdem rollt immer mehr Güter- und Personenverkehr durch die Alpen, so dass die wichtigen Alpenwälder durch Auspuffgase gefährdet werden. Ein sterbender Bergwald kann Schnee und Regenwasser nicht mehr festhalten. Zunehmende Hochwasser-, Lawinen- und Murengefahr ist die Folge. Man sieht also, nicht nur durch natürliche Gefahren wird die Bergwelt bedroht. Der Mensch hat weitaus größere Probleme selbst zu verantworten.

Der Ruf, die Alpen zu schützen, wird immer lauter. Baustopps in manchen Gemeinden, Verzicht auf den Bau neuer Liftanlagen, Versuche, den Verkehr auf Eisenbahnen zu verlegen – das alles sind Antwor-

Abb. 1: Massentourismus und Naturschutz sind schwer miteinander vereinbar

Erdkunde

Abb. 3: Eine Skipiste wird gespurt

ten auf die großen Probleme. Doch bei den inzwischen starken Zerstörungen bleibt fraglich, ob diese Maßnahmen ausreichend sind. So haben sich einige Gemeinden für einen ruhigen Fremdenverkehrsbetrieb entschieden, der noch mit der Natur in Einklang gebracht werden kann. Nicht Rekordübernachtungszahlen, sondern ein **sanfter Tourismus** ist vermehrt gefragt.

Für manche muss es nicht gar so hoch hinaus gehen. Urlaub im Mittelgebirge mit Wanderungen bedeutet für viele Erholung ohne Stress (Abb. 4). Nach der Wiedervereinigung erschloss sich für die Deutschen manch neues Feriengebiet wie z.B. der gesamte **Harz**, durch den vorher die Grenze zur ehemaligen DDR verlief. Der Harz, ein Mittelgebirge mit einer Fläche von 2400 km² an der Schwelle zum Norddeutschen Tiefland, war wegen seines **Bergbaus** berühmt. Für den Touristen sind die Spuren noch vielfach zu besichtigen. Schon vor mehr als tausend Jahren gewann man am Rammelsberg bei Goslar Silbererze. Aus dem Holz der Wälder wurde in Meilern Holzkohle hergestellt, die dann zum Ausschmelzen der wertvollen Metalle diente. Heute kennt man die Holzkohle lediglich vom Grillen. Aber früher war sie wesentlich für die Verhüttungsprozesse der Erze im Harz, genauso wie im waldreichen Sauer- und Siegerland die gefundenen Erze zunächst mit Holzkohle verhüttet wurden, ehe man auf die ersten Steinkohlevorkommen im Ruhrgebiet stieß.

Zahlreiche Bergbaustädte entstanden, wie Clausthal-Zellerfeld, wo seit etwa 1200 Erzbergbau betrieben wurde. Als die Förderungen immer geringer wurden, lohnte sich der Abbau nicht mehr. Berühmt ist die Bergbau-Akademie in Clausthal-Zellerfeld, die Ingenieure für den Bergbau ausbildete. Heute ist Clausthal-Zellerfeld ein heilklimatischer Kurort. Im Museum kann sich der Tourist einen Einblick in das Bergbaugeschehen im Harz verschaffen.

Der Harz stellt sich für den Urlauber äußerst abwechslungsreich dar. Kommt man von Norden, so sieht man tiefe, steilwandige Täler, die sich in das wie eine Gebirgsmauer aufragende Bergland eingraben, so dass Flüsse wildbachähnlichen Charakter annehmen. Der **Brocken**, mit seinen 1142 Metern Höhe der höchste Berg des Harzes, ist fast ein „touristisches Muss". Oft sind es Tausende an einem Wochenende, die ihn besteigen. Das sind nicht nur Urlauber und Kurgäste, sondern auch Erholung Suchende aus der näheren Umgebung.

Hochmoores ist im Wachstum immer etwas weiter, so dass sie eine uhrglasartige Wölbung erhält.

Im Oberharz sammelt sich nun der Niederschlag in Mulden des undurchlässigen Granitgesteins. Wenn der Boden immer feucht ist, weil kaum Wasser abfließen oder versickern kann, zersetzen sich Pflanzen und Tiere nur unvollständig, es entstehen Schlamm und Torf. Nahrung bekommen die Hochmoore des Harzes von den reichlichen Niederschlägen. Denn der Harz ist ein „Regenfänger", weil es an dem hoch aus der Ebene aufragenden Gebirge zu Steigungsregen kommt. Das Wasser wird in Talsperren gesammelt und dient als Trinkwasservorrat für die Städte des Tieflandes. Die **Stauseen**, z.B. die Sösetalsperre, bieten zudem Erholungswert für den Tourismus.

Nach Südosten wird der Harz immer niedriger, so dass man im Unterharz ein anderes Bild mit Äckern und Feldern bekommt. Die Niederschlagsmenge nimmt ab, da dieser Teil im Regenschatten liegt.

Abb. 4: Neue Urlaubsregionen wie die Eifel werden für den sanften Tourismus entdeckt

Wollen doch alle einmal den Blocksberg sehen, auf dem in der Walpurgisnacht, der Nacht zum 1. Mai, im volkstümlichen Glauben die Hexen ihren Tanzplatz haben sollen.

Der Oberharz weist mit seinem moorigen Hochplateau noch eine landschaftliche Besonderheit auf. Die **Moore** im Harz sind Hochmoore, die sich unabhängig vom Grundwasserspiegel entwickeln und nur vom Niederschlag gespeist werden. Die Mitte des

Zum Weiterlesen:

- In den Alpen, S. 616
- Versorgung u. Entsorgung, S. 640
- Badeurlaub am Mittelmeer, S. 650

In den Polargebieten

Inuit, das heißt „Mensch". So nennt sich die Bevölkerung, die seit 4000 Jahren in „Kalaallit Nunaat", im „Land der Menschen", lebt. Eisige Kälte bei Wintertemperaturen bis −50° C, Dunkelheit der Polarnacht, nur spärlichste Vegetation im kurzen Sommer, die keine Landwirtschaft zulässt, keine Bäume, die zum Heizen oder Hausbau verwendet werden könnten, kein Metall zur Werkzeug- oder Waffenherstellung. Wie sollen hier Menschen leben, sich ernähren, sich kleiden? Die Rede ist von den **Eskimos**, die an den eisfreien Rändern Grönlands ihre Lebensweise

Abb. 1: Iglu

in einer Art Überlebenskampf an die extremen Bedingungen angepasst haben. Eskimo heißt „Rohfleischesser" und war als Spottname von indianischen Nachbarvölkern gedacht. Diesen Namen lehnen die **Inuit** ab.

Allerdings beschreibt er einen kleinen Teil der traditionellen Lebensweise auf dieser mit 2175 km² größten Insel der Erde. Zu fünf Sechsteln ist sie von bis zu 3200 Meter mächtigem **Inlandeis**, das ist „ewiges Eis", bedeckt. Nur ein wenige hundert Meter breiter Küstenstreifen an der Ostküste und ein wegen des warmen Golfstroms etwas breiterer Streifen an der Süd- und Westküste bleiben im Sommer eisfrei.

Abb. 2: Robbenfang im Eis

Wahre Überlebens- und Anpassungskünstler waren diese Menschen, Selbstversorger, denen die Natur alles Lebensnotwendige lieferte. Im Sommer gingen die Familien auf Jagd, um Fleischvorräte für den Winter zu beschaffen. Man lebte in Fellzelten. Mit dem Kajak, „Umiak", dem leichten, wendigen Boot, ging es auf Robbenjagd. Das Bootsgerippe wurde aus Treibholz gebaut und mit Seehundfellen bespannt. Im Winter fuhr man mit Hundeschlitten über das Eis auf Jagd. Der **Iglu**, aus Schneeblöcken kunstvoll gebaut, diente als Winterbehausung (Abb. 1).

An Luftlöchern im Eis lauerten die Inuit oft stundenlang ihrer Beute auf, denn die Robben müssen zum Luftholen auftauchen. Mit der Harpune, einer Lanze mit einer Spitze aus Knochen, wurden die Tiere erlegt. Die **Robben** lieferten Fleisch, das roh gegessen, für den Winter getrocknet oder in Vorratslagern eingegraben wurde. Das Fell war Material für Kleidungsstücke, Schuhe, Decken. Därme und Sehnen verarbeitete man zu Leinen, Riemen und Schnüren. Das Fett brauchte man als Tran für die Lampen, aus den Knochen entstanden Geräte und Waffen. Ein Leben völlig im Einklang mit der Natur, eine angepasste Lebens- und Wirtschaftsweise (Abb. 2).

Europäer und Amerikaner brachten neue Techniken, alte Lebensformen lösten sich auf. Das Leben der Inuit hat sich seit der Mitte dieses Jahrhunderts grundlegend verändert. Nur sehr wenige sind der alten Tradition treu geblieben. Die meisten leben in größeren Siedlungen mit mehrgeschossigen Wohnhäusern, Geschäften und Versorgungseinrichtungen wie Schule und Krankenhäusern. Wer noch zur Jagd geht, benutzt Motorschlitten und Gewehre. Lediglich für Touristen fertigt man kunsthandwerkliche Dinge nach alter Tradition an. Die wichtigste Einnahmequelle stellen heute die reichen **Fischgründe** um Grönland dar. Auf den Fangschiffen arbeiten die Männer, die Frauen in den Fischfabriken an Land.

Für alle ist nicht genug Arbeit da, ganz zu schweigen von den Anpassungsschwierigkeiten an diese völlig andere Lebensweise. Vom Selbstversorger mit einem Sprung ins Industriezeitalter – zu schnell ging für viele dieser Umwandlungsprozess gewissermaßen zwischen Kajak und Fabrik. Krankheiten, soziale Probleme, unter anderem auch durch die Auflösung der Großfamilie, und Alkoholismus sind die Folge (Abb. 3).

Die Inuit leben rund um den Nordpol in **Alaska**, Kanada, Grönland und Sibirien. Die gleiche Sprache und eine ähnliche Kultur verbinden sie.

Die Alaska-Pipeline

Die USA kauften 1867 Alaska von Russland. Mit 1,7 Mio. km² ist es heute der größte und nördlichste Staat der USA. Doch weit entfernt von den übrigen 48 Staaten schien Alaska außer für wenige Ureinwohner keine Bedeutung zu haben. Die extremen klimatischen Bedingungen im Polargebiet jenseits des 60. Breitenkreises ließen das Land uninteressant erscheinen.

Dann fanden amerikanische Bohrtrupps 1968 in der lebensfeindlichen Eiswüste das größte Erdölfeld Nordamerikas mit reichen Erdgasvorkommen in der Prudhoe Bay am Rande des Nordpolarmeeres. Und dieses Öl, das mit großer Hitze aus dem Erdinnern kommt, sollte über eine Pipeline quer durch Alaska an den Pazifik nach Valdez geleitet werden (Abb. 4a und b).

Abb. 3: Eskimofamilie

Doch ehe der Bau begann, setzte eine intensive Auseinandersetzung um die Trassenführung dieser **Pipeline** zwischen Bauträgern und Ölkonzernen auf der einen und Umweltschützern und Ureinwohnern auf der anderen Seite ein. Die Interessen der etwa 85.000 Eskimos, Indianer und Aleuten (Bewohner der zu den USA gehörenden vulkanischen Inselkette Aleuten zwischen Alaska und Kamtschatka) wurden durch den Bau empfindlich

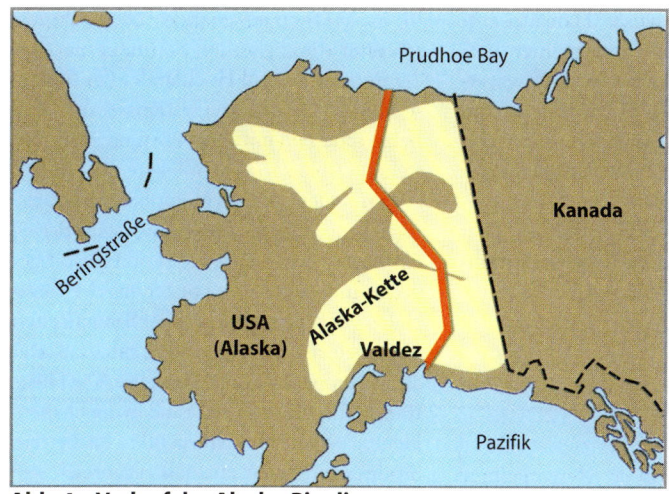

Abb. 4a: Verlauf der Alaska-Pipeline

frostboden (**Permafrostboden**) der Polarregion stellte die Planer vor schwierige Aufgaben. Da das Öl mit über 80° C aus dem Erdinnern und mit mehr als 50° C in die Leitungen gelangt, würde die Pipeline den Dauerfrostboden aufweichen und so im Schlamm versinken.

So verlegte man fast die Hälfte der Strecke oberirdisch auf mit Kühleinrichtungen versehenen Stelzen und rüstete die 120 Zentimeter dicken Rohre mit Isolierungen aus (Abb. 5). Nur in festem Untergrund konnten die Leitungen unterirdisch verlegt werden, teilweise auch mit Kühlvorrichtungen. Über

Pipeline wie eine Ziehharmonika im Zickzackkurs, damit sie sich im Ernstfall ausdehnen und die Erdstöße ausgleichen kann (Abb. 6). Ein Bruch der Pipeline würde katastrophale Bodenverseuchungen zur Folge haben. Wo die Rohrleitung Ströme kreuzen musste, durfte nur außerhalb der Laichzeiten der Fische gebaut werden. Für die wilden Rentiere Alaskas, die Karibus, mussten beim Bau der Pipeline Über- und Unterführungen eingeplant werden, um ihren gewohnten Wildwechsel nicht zu stören.

Weil schwere Baufahrzeuge die Tundrenvegetation unwiederbringlich zerstört hätten, wurde der Einsatz solcher Fahrzeuge verboten. Die nur wenige Zentimeter dicke Humusschicht der Tundra musste geschützt werden. Beschädigte Vegetation besserte man durch das Anpflanzen besonderer Gräser wieder aus, um eine Bodenabtragung (Erosion) zu verhindern.

Die Eingeborenen bekamen zwar eine Entschädigung, weil die Nutzung ihres Landes beeinträchtigt wurde, aber Ersatz für die Zerstörung ihrer alten Lebensgrundlagen konnte das keinesfalls sein. Für den Bau der

beeinträchtigt. Denn die Wild- und Jagdgebiete, die ihre Bewohner immer ernährt hatten, wurden gestört. Die Umweltschützer wollten, dass die unberührte Naturlandschaft, die nur zu weniger als etwa 10 Prozent von Menschen erschlossen war, erhalten blieb.

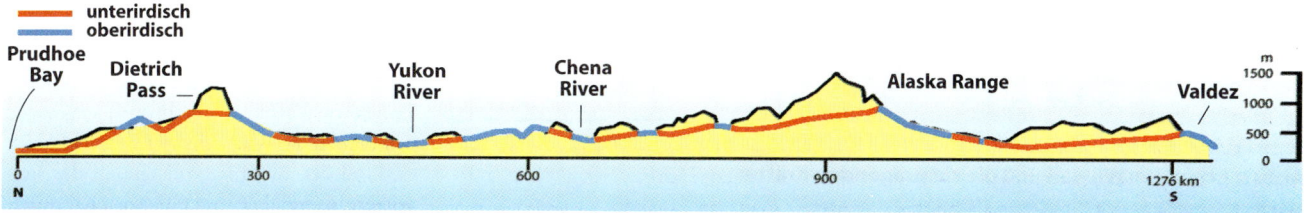

Abb. 4b: Trassenführung der Alaska-Pipeline

Letztlich fiel die Entscheidung für die Pipeline, nicht zuletzt auch nach der Ölkrise von 1973/74, um etwas unabhängiger von den Einfuhren aus den Haupterdölförderländern zu werden. Eine Gruppe aus acht Ölgesellschaften, die Alaska Pipeline Service Company, machte sich an die Konstruktion, die besondere Klima- und Bodenbedingungen der Arktis berücksichtigen musste. Der Dauer-

1280 Kilometer verläuft heute diese Alaska-Pipeline. Gebaut wurde sie überwiegend im Winter. Denn im Sommer taut der Permafrostboden oberflächlich auf und wird zu einer schlammigen Masse, in der alle Fahrzeuge stecken bleiben. Mückenschwärme im Sommer werden zur Plage für Mensch und Tier.

Wegen der Erdbebengefahr, vor allem im Gebiet der Alaska-Kette, verlegte man die

Pipeline benötigte die Gesellschaft viele Arbeiter, überwiegend Einheimische, die jedoch nach der Fertigstellung wieder entlassen wurden. Inzwischen waren aber sämtliche Preise durch die rege Bautätigkeit enorm gestiegen, so dass für Indianer und Eskimos anschließend eine Ernährung allein aus Jagd und Pelztierfang kaum noch möglich war. Soziale Härten waren die Folge.

Die Baukosten bei all diesen Maßnahmen stiegen auf das über Dreifache der veranschlagten Summe an, aber der Energiehunger der Industrienationen schreckt auch vor hohen Investitionen nicht zurück.

 Zum Weiterlesen:

- Erdöl aus der Wüste, S. 632
- Klimazonen, S. 670
- Meeresströmungen, S. 672
- Weltmarkt, S. 736

Abb. 5: Oberirdischer Verlauf auf Stelzen

Abb. 6: Zickzackkurs in der Tundra

In der Wüste

*B*ahr bela ma – Meer ohne Wasser, so nennen die Araber die Wüste. Sand, so weit das Auge reicht, kein Wasser, kein Leben? Solch eine Vorstellung haben viele vor Augen, wenn sie das Wort **Sahara** hören. Im Norden Afrikas im Bereich des Wendekreises (23,5° nördlicher Breite), wo das ganze Jahr über die trockenen Passatwinde herrschen, ist sie entstanden. Doch die Vorstellung von einer flachen, ebenen

Die **Stein- und Felswüste (Hamada)** entspricht am wenigsten den allgemeinen Vorstellungen. Die Vulkanberge des Ahaggar-Gebirges liegen bis zu 2981 Meter über dem Meeresspiegel. Mittagstemperaturen von über 45° C im Schatten und Minustemperaturen in der Nacht quälen die Wüstenreisenden. Die fehlende Wolkendecke lässt tagsüber eine ungehinderte Sonneneinstrahlung und nachts eine ungeminderte Aus-

Blöcke brechen auseinander. Dieser Prozess schreitet ständig voran. So findet man um die Bergländer und Hochländer der Sahara riesige Flächen mit Gesteinsschutt. Die Berge scheinen mit den Füßen im Schutt zu stehen (Abb. 2).

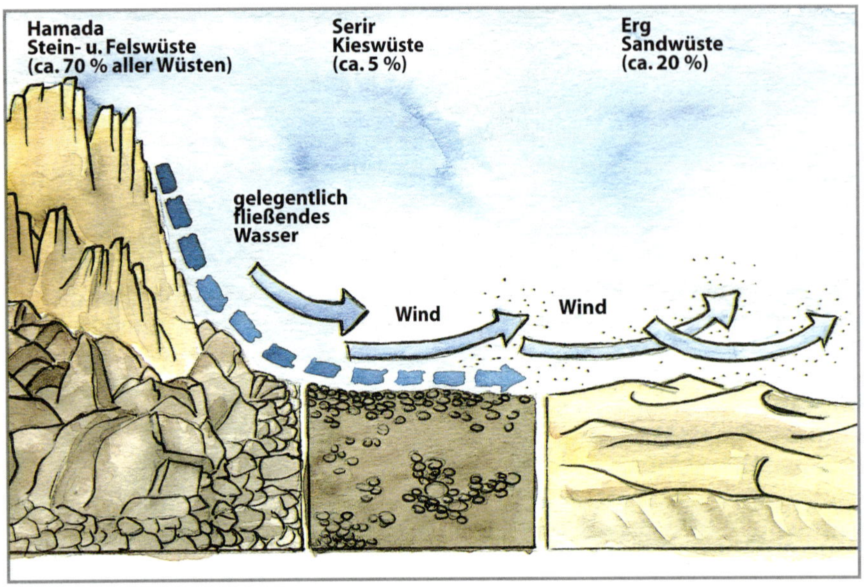

Ein anderes Erscheinungsbild bieten die tischebenen **Geröll- oder Kieswüsten (Serir)**. Flache Senken, die mit Kies und Geröll bedeckt sind, haben ihre Entstehung der Tatsache zu verdanken, dass es in der Sahara Zeiten mit regelmäßigen Regenfällen gab, und zwar als in Europa die Eiszeit herrschte. Die Flüsse transportierten Kies und Sand in die Ebenen. Heute zeugen trockenliegende Flussbetten, Wadis, von diesen ehemals regenreicheren Klimaverhältnissen (Abb. 3). Wenn es nach jahrelanger Trockenheit einmal regnet, werden diese Trockentäler zu reißenden Schlammfluten, die Felsbrocken, Geröll und Sand mit sich fortreißen. Für kurze Zeit kann die Wüste dann bei diesen seltenen Regenfällen grünen und blühen. Denn im Wüstenboden liegen Samen, Knollen und Wurzeln, die bei Feuchtigkeitszufuhr anfangen zu quellen und auszutreiben. Doch in wenigen Stunden danach kann die kostbare Flüssigkeit schon wieder vom völlig ausgetrockneten Boden wie von einem Löschpapier aufgesogen sein. Auch die Wadis sind wieder trocken.

Und der Wind vervollständigt das Verwitterungswerk: Aus Fels- und Kieswüste werden Sandkörner ausgeblasen, wirken in den gefürchteten Sandstürmen wie Nadelspitzen. Einem Sandstrahlgebläse vergleichbar, treffen die feinen Sandkörner das Gesicht. Wo der Sand wieder abgelagert wird, entstehen die **Sandwüsten (Erg)**. Nur ein Fünftel der Sahara besteht aus Sandwüste, die jedoch wegen der hohen Dünen am bekanntesten ist. Aus der Form der Düne kann man die Windrichtung der ständig wehenden, heißen und austrocknenden Passatwinde ab-

Abb. 1: Arten von Wüsten und die sie prägenden Kräfte

Sandwüste entspricht keinesfalls der Wirklichkeit. Vielfalt und Gegensatz bestimmen vielmehr die Erscheinungsform dieser mit über neun Millionen km² größten zusammenhängenden Wüste der Erde. Zum Vergleich: Australien und Ozeanien bedecken eine Fläche von etwa 8,5 Millionen km². Allein drei Wüstenformen bilden unterschiedlichste äußere Erscheinungsbilder der Wüste, faszinierend und vielfältig (Abb. 1).

strahlung und Abkühlung zu. Diese täglich extremen Temperaturunterschiede führen zu rascher Verwitterung des Gesteins. Die Aufheizung des Gesteins bei Tag bis zu 80°C und empfindliche Abkühlung in der Nacht auf Minustemperaturen wirken wie kleine Sprengladungen. Das unterschiedliche Temperaturverhalten der mineralischen Gesteinsbestandteile führt zu Rissen und Zerklüftungen im Gestein und schließlich zu Absprengungen von Gesteinsbrocken, ganze

Abb. 2: Steinwüste

Abb. 3: Ausgetrocknetes Flussbett

Erdkunde

Abb. 4: Sandwüste – Dünen im Sand

artesischer
Brunnen

wasserundurchlässige
Schicht

Abb. 5 (von oben): Grundwasseroase mit Brunnen, Flussoase, Oase mit artesischem Brunnen

lesen: Der allmählich ansteigende Teil ist dem Wind zugekehrt (Luv), der Steilhang liegt im Windschatten (Lee) (Abb. 4).

An windstillen, besonders heißen Tagen kommt es zu Luftspiegelungen, der berühmten Fata Morgana. Die Luft flimmert in der Hitze, die Lichtstrahlen werden gebrochen und gaukeln weit entfernt liegende Bilder vor. In der rotgelben Sandwüste gibt es nur mühsames Fortkommen mit dem Jeep, da die harten Pisten, auf denen es sich wie auf Wellblech fährt, immer wieder vom Sand zugeblasen werden. Leicht können sich die Räder eingraben, und das Auto bleibt stecken.

Menschen in der Wüste – Oasenbauern

Weder Menschen, Siedlungen noch Bäume oder Sträucher über weite Strecken – so stellt sich die Sahara als lebensfeindlich, dünn besiedelt, siedlungs- und wirtschaftsfeindlich dar. Und dennoch ist dieses Gebiet der Erde Lebens- und Wirtschaftsraum für einige Menschen.

In den **Oasen**, die wie grüne Inseln inmitten des Wüstenmeeres anmuten, ist dauernd Wasser vorhanden (Abb. 5). Fast alle Oasen werden von Grundwasser gespeist. Dieses stammt aus Zeiten, in denen ein feuchteres Klima in der Wüste herrschte. Das Wasser sammelt sich wie in einem Schwamm in den Poren von Gesteinsschichten. Nur gelegentliche Niederschläge am Rande der Sahara und in den Gebirgen ergänzen diese Vorräte. Ansonsten können sich die Wasservorräte nicht erneuern.

Nähert man sich einer Oase, so sieht man schon von weitem die **Dattelpalmen**, die wichtigste Pflanze in den Oasen. Mit den Füßen steht sie im Wasser und mit dem Kopf im Feuer, sagen die Einheimischen. Ihre tief greifenden Wurzeln erreichen noch in zehn Meter Tiefe das Grundwasser. Die Dattelpalme ist vielseitig nutzbar: die Früchte als Nahrung für Mensch und Tier, das Holz als Bau- und Brennmaterial, die Wedel zur Herstellung von Körben und Matten, junge Palmblätter ergeben Salat. Nicht zu vergessen ist der Export von Dattelfrüchten (Abb. 6).

Die Oasengärten werden intensiv genutzt. Stockwerkartig erfolgt der Anbau. Eine Pflanze gedeiht im Schatten der anderen. Die Palmen liefern den Schatten für Wein, Oliven-, Feigen-, Granatäpfel- und Zitrusbäume. In deren Schutz wiederum wächst ganz unten Gemüse wie Bohnen, Zwiebeln, Erbsen, Tomaten, ferner Gewürze, Minze für den Tee, Getreide, Tabak und dergleichen.

Mit einem gut durchdachten **Bewässerungssystem** werden die Beete versorgt. Eine traditionelle Form ist die Foggara-Bewässerung. Unterirdische Stollen, meist am Rand der Gebirge, werden schräg in eine Grundwasser führende Schicht getrieben und mit leichtem Gefälle in die Oase geleitet. Etwa alle 15 Meter sorgt ein Schacht für Belüftung und dient als Einstieg für Säuberungsarbeiten. In vielen Oasen stammt das Wasser aus Brunnen, die ins Grundwasser hinabreichen (Grundwasseroasen). Mühsam sind die traditionellen Arten, das Wasser zu heben: die Sakije, ein von Tieren angetriebenes Schöpfrad, oder der Schaduf, ein Hebearm mit Gegengewicht, befördern das kostbare Nass nach oben (Abb. 7).

Diese Arbeit ist sehr mühsam, so dass das Wasser heute vielfach mit Motorpumpen gehoben und über Wasserverteiler in kleine Bewässerungskanäle geleitet wird, die zu den einzelnen Feldern führen. Diese sind mit Erdwällen umgeben oder von Furchen durchzogen. Doch dabei geht viel Wasser verloren, da die Pflanzen nur einen Teil des Wassers nutzen können, der Rest aber versickert oder verdunstet.

Die traditionellen Bewässerungsarten geraten immer mehr in Vergessenheit. Heute werden mit Hilfe moderner Technik Tiefenbrunnen angelegt, die Wasser aus 1000 Meter Tiefe fördern. So sind neue Bewässerungsflächen entstanden. Ein Beispiel dafür sind die staatlich geförderten Bewässerungsprojekte der Kufra–Oasen in Libyen. Bei der Suche nach Erdöl stießen die Bohrtrupps auf unermesslich reiche Wasservorkommen. Durch die Einnahmen aus dem Erdölexport werden die Beregnungsanlagen finanziert. Zur Bewässerung der Felder werden riesige selbst fahrende Karussells eingesetzt, aus denen das Wasser auf den Boden sprengt. Bei dieser Berieselungstechnik verdunstet jedoch viel Wasser, mehr Feuchtigkeit als bei traditionellen Methoden wird verbraucht. Man weiß nicht, wie lange die Vorräte noch halten werden. Sie erneuern sich nicht mehr, da sie aus Zeiten mit anderen klimatischen Verhältnissen stammen.

Etwas anderes hat sich auch als folgenschwer herausgestellt. Weil so viel Grundwasser entzogen wird, sinkt der **Grundwasserspiegel** und entzieht benachbarten Oasen so das lebensnotwendige Nass. Eine weitere Schwierigkeit der Dauerbewässerung ist die Versalzung. Bei jeder Art von Bewässerung ergibt sich dieses Problem: Durch das Bewässerungswasser werden Salze gelöst, die sich im Boden befinden. Durch die Verdunstung gelangen sie an die Oberfläche und bilden eine Salzkruste. Um das zu verhindern, müssen die Felder mit viel Wasser „gespült" werden. Und dazu braucht man wieder Entwässerungsgräben oder Drainageleitungen, das sind unterirdische Entwässerungsleitungen.

Abb. 6: Nutzung der Dattelpalme

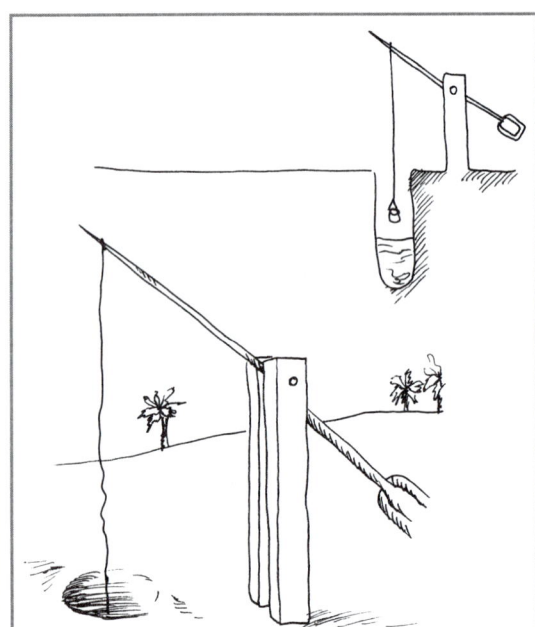

Abb. 7: Traditionelle Fördertechniken von Wasser: Schaduf (oben), Foggara (unten)

Menschen in der Wüste – Nomaden

Alles Leben in der Wüste hängt davon ab, das Wasser sorgfältig zu nutzen. Menschen, Tiere und Pflanzen müssen wahre Überlebenskünstler sein und sich an die Trockenheit anpassen. Das gilt besonders für die **Nomaden**, die seit Jahrtausenden im Familienverband mit ihren Kamelen als Wanderhirten von Wasserstelle zu Wasserstelle durch die Wüste ziehen (Abb. 8). Die Vegetation auf den einzelnen Weidestellen ist so spärlich, dass eine Herde nicht lange an einem Ort Nahrung findet. Nomadismus ist also eine an die natürlichen Verhältnisse angepasste Wirtschaftsform.

Früher nannte man die Nomaden die Herren der Wüste. Sie waren reich, boten Karawanen Schutz und betrieben Sklavenhandel sowie Handel mit den Oasenbauern. Auch besaßen die Nomaden Land in den Oasen, auf denen Sklaven für die Herren die Arbeit in den Oasenfeldern verrichteten. Auf den Oasenmärkten bieten die Nomaden Schafe, Ziegen, Kamele, Käse, Wolle und Felle oder auch den Dung der Tiere als Brennmaterial an. Die Oasenbauern und Handwerker können die Oasenprodukte als Tauschware auf den Markt bringen. Früher waren die Oasenmärkte die einzigen Plätze, auf denen Waren ausgetauscht werden konnten (Abb. 9).

Abb. 8: Nomaden mit Kamelen

Abb. 10: Rinderherden an einer der wenigen Wasserstellen

Und heute? Die meisten Nomaden haben die traditionelle Lebensweise aufgegeben. Denn lange Dürrezeiten ließen die Weideplätze verdorren, die Herden verdursteten und verhungerten. Die Bedeutung des Kamels als Lasttier ist durch die Konkurrenz der modernen wüstengängigen Fahrzeuge fast auf ein Nichts geschrumpft. So haben sich viele Nomaden endgültig in den Oasen angesiedelt. Der Bau von Straßen machte die Kamelkarawanen überflüssig. Politische Grenzen zerschneiden ihre alten Wanderwege, die die Weidegebiete miteinander verbanden. Die Regierungen sind daran interessiert, dass die Nomaden sesshaft werden, damit sie die politischen Grenzen auf ihren Wanderungen nicht überschreiten.

Viele junge Leute sind zur Arbeit in die Erdölfelder abgewandert oder versuchen, ihren Lebensunterhalt in den großen Städten zu verdienen. Das traditionelle Leben der Alten ist den Jungen vielfach nur aus Erzählungen der älteren Generation bekannt: Die großen Kamelherden, mit denen man durch die Wüste zog, um Waren zu transportieren, lieferten alles, Milch, Butter, Käse, Wolle. Heute gibt es in Oasenorten neben den traditionellen Oasenbauern und Handwerkern auch andere Berufe wie den des Ingenieurs und Arbeitsmöglichkeiten im Dienstleistungssektor. Ein vielfältiges Dienstleistungssystem wird angeboten.

Die Wüste wächst

Die Wüste wächst immer weiter. Die Menschen der **Sahelzone** sind von diesem Problem zutiefst betroffen. Sahel heißt auf Arabisch „Ufer". Die **Sahelzone** erstreckt sich vom Senegal am Atlantik bis in die Randgebiete Äthiopiens. Für die Karawanen war diese Zone wirklich das rettende Ufer, das sie nach Wüstendurchquerungen wieder erstmals an Weiden und Wasser heranführte. In der Sahelzone gibt es nur eine kurze, nicht sehr ergiebige Regenzeit, die jedoch trotz der Unregelmäßigkeit zum Überleben ausreichte, wenn die Menschen im Einklang mit der Natur wirtschafteten. Die Nomaden hielten ihre Herden klein, damit die spärliche Vegetation sich so immer wieder erholen konnte. Die Weideplätze wurden regelmäßig gewechselt, so dass das Gras wieder nachwuchs. Den Feldern wurden nach Anbauphasen aber auch Ruhezeiten gegönnt.

Doch einige regenreiche Jahre und die guten Preise für Fleisch verlockten die Nomaden, ihre Herden zu vergrößern. Katastrophal wirkten sich dann einige Dürrejahre hintereinander aus. Die großen Herden fraßen auch den letzten Halm, zertrampelten auf ihrer Nahrungssuche den Boden. So wurde die Bodenoberfläche freigelegt und den zerstörerischen Kräften des Windes preisgegeben. Dieser Wind und die seltenen Regenfälle trugen die wertvolle Bodenkrume ab, ein Vorgang, der als Bodenerosion bezeichnet wird. Überweidung war also die Ursache, dass aus ehemaligen Weiden Wüste wurde (Abb. 10).

Die kostbaren einzelnen Sträucher oder Bäume dieser Region holzten die Bewohner vielfach ab, um Brennmaterial daraus zu gewinnen. Denn andere Brennmaterialien sind nicht vorhanden oder zu teuer. Was noch an wenigen jungen Bäumen übrig blieb, wurde häufig von hungrigem Vieh abgefressen.

Um an Nahrungsmittel zu kommen, legte man neue Äcker an, allerdings in Gebieten, in denen eigentlich aus klimatischen Gründen kein Ackerbau möglich war. Auch hier wurden Flächen falsch genutzt, was zur Wüstenbildung führte. Man nennt diesen Vorgang Desertifikation. Das englische Wort „desert" heißt Wüste. Hungersnöte lassen die betroffenen Menschen nach Ernährungsmöglichkeiten suchen. Der Teufelskreis ist noch nicht geschlossen.

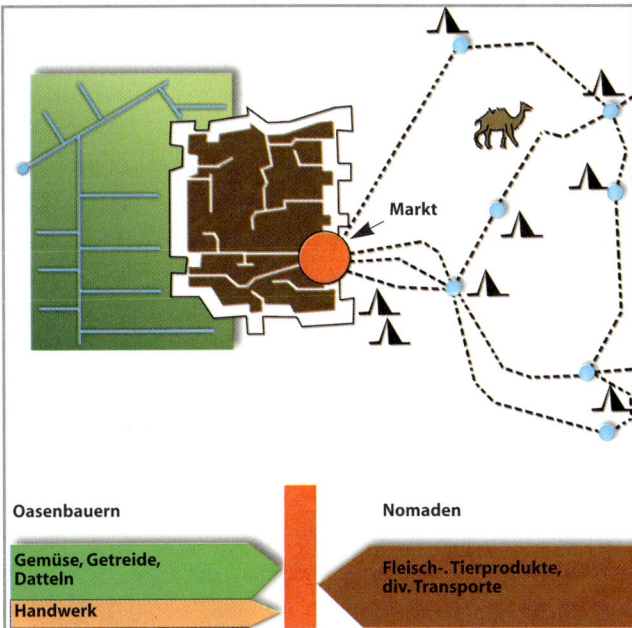

Abb. 9: Der frühere Handel zwischen Nomaden u. Oasenbauern

Oasenbauern

Gemüse, Getreide, Datteln

Handwerk

Markt

Nomaden

Fleisch-, Tierprodukte, div. Transporte

Zum Weiterlesen:

- Erdöl aus der Wüste, S. 632
- Wärmezonen und Windgürtel, S. 666
- Klimazonen, S. 670
- Nigeria, S. 684

Im tropischen Regenwald

Die Sonne wird ein- und ausgeschaltet! Diesen Eindruck könnte man haben, wenn man einen Tagesablauf in **Äquatornähe** erlebt. Gegen sechs Uhr morgens geht die Sonne nahezu ohne Dämmerung auf, steigt sofort steil zum Himmel empor. Sehr schnell sticht sie unbarmherzig vom Himmel. Viel Feuchtigkeit verdunstet. Nebelschleier steigen auf, und Wolken bilden sich, die sich mittags zu drohenden Gewitterwolken auftürmen. Die feuchte Hitze macht den Menschen das Atmen schwer.

Wer einmal in einem Treibhaus die heiße, feuchte Luft erlebt hat, kann nachfühlen, dass diese Schwüle den Menschen nahezu die Luft zum Atmen nimmt. Plötzlich gegen 14 Uhr zerreißen Blitze den Himmel, Donner grollt, ein sintflutartiger Gewitterregen geht nieder. Es scheint wie aus Fässern zu schütten. Nach zwei bis drei Stunden ist dieser Spuk vorbei. Die Bäume triefen vor Nässe, und die Sonne ist noch einmal zwischen den letzten Wolken zu sehen. Dann geht sie, fast wie von Geisterhand ausgeschaltet, gegen 18 Uhr unter, schlagartig ohne große Dämmerungsphase.

Begriffe wie Abend- und Morgendämmerung sind in Äquatornähe Fremdwörter. Und dieser Tagesablauf vollzieht sich im inneren Tropenbereich, dort, wo ursprünglich der tropische Regenwald beheimatet ist, tagtäglich. Deshalb spricht man in den Tropen auch von einem **Tageszeitenklima** (Abb. 1). Hier ist es ständig feucht. Die über 2000 Millimeter Niederschlag sind gleichmäßig über das ganze Jahr verteilt. Außerdem ist es heiß mit ständigen Monatsmitteltemperaturen zwischen 24° und 28°C. Das sind klimatische Bedingungen, die für Europäer lähmend wirken. Erschöpfung und Müdigkeit breiten sich in diesem Treibhausklima aus.

Für den Pflanzenwuchs jedoch bieten sich bei gleich bleibend hohen Temperaturen und gleichmäßig über das Jahr verteilten Niederschlägen optimale Wachstumsbedingungen. Kein Wunder, dass man hier eine ursprüng-

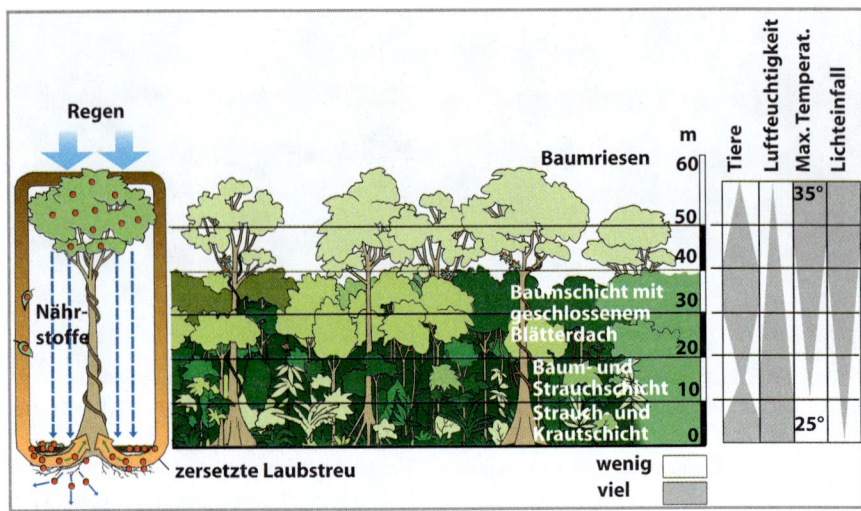

Abb. 2: Der Stockwerkbau des tropischen Regenwaldes

liche Vegetation vorfindet, die so üppig und artenreich wie sonst nirgendwo auf der Welt ist, den immergrünen tropischen Regenwald. Er weist einen differenzierten Stockwerkbau auf, der von den Lichtverhältnissen abhängig ist. Vom Flugzeug aus sieht der Wald aus wie eine riesige grüne Fläche mit einzelnen herausragenden noch höheren Bäumen. Diese Baumriesen erhalten das volle Sonnenlicht. Den Boden erreicht durch das geschlossene Blätterdach nur etwa 1% der Sonnenstrahlung.

So hat sich der für den Regenwald typische **Stockwerkbau** aus der Konkurrenz der Pflanzen um das Licht herausgebildet (Abb. 2). Auf dem Boden, dem ersten Stockwerk, entwickelt sich eine schattenliebende Strauch- und Krautschicht. Im zweiten Stockwerk durchdringen Bäume mittlerer Größe den Unterwuchs, dann folgt das geschlossene Blätterdach der mittelhohen Bäume auf der dritten Stufe, die nur von einzelnen, bis 60 Meter hohen Baumriesen überragt wird.

Durch alle Stockwerke ranken sich Kletterpflanzen. Moose und Flechten siedeln auf Bäumen ebenso wie eine Vielzahl von Orchi-

deenarten. Dem Holz fehlen die für die gemäßigten Breiten typischen Jahresringe. Denn da es hier ja keine Jahreszeiten gibt, können die Bäume kein jahreszeitlich unterschiedliches Leitgewebe bilden, durch das aber erst das Muster der Jahresringe entsteht. Die hoch gewachsenen Bäume entwickeln Brettwurzeln, die das Gewicht der Baumriesen auf einer größeren Grundfläche verteilen. Das Wurzelwerk ist nämlich nur sehr flach ausgebildet und ermöglicht keine feste Verankerung im Boden.

Alle Wachstumsphasen einer Pflanze trifft man in unmittelbarer Nachbarschaft an. Am gleichen Baum sieht man Knospen, reife Früchte, welke und grüne Blätter. Und das während des ganzen Jahres, da sich der Laubwechsel ja über das ganze Jahr verteilt und nicht wie in gemäßigten Breiten auf den Herbst beschränkt ist. Daher auch die Bezeichnung „immergrün".

Einmalig auf der Welt ist auch der **Artenreichtum** an Pflanzen und Tieren (Abb. 3). Einige Pflanzen kennt man als Zimmerpflanze, den Gummibaum, die Flamingoblume, Orchideen, Usambaraveilchen. Bis zu über 100 verschiedene Baumar-

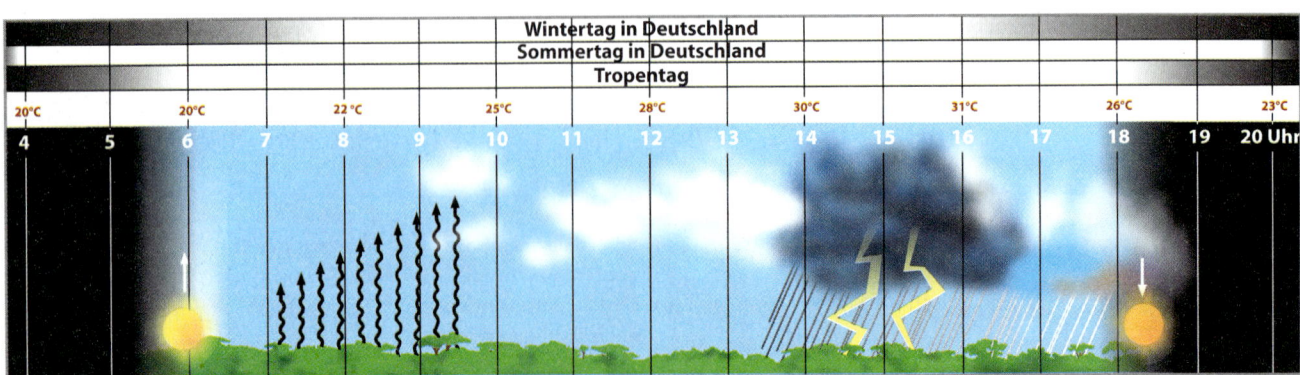

Abb. 1: Tagesablauf in den Tropen, wenn die Sonne im Zenit steht

Abb. 3: Der Artenreichtum an Pflanzen und Tieren ist auf der Welt einmalig

ten findet man dort pro Hektar, in Mitteleuropa sind es maximal 10 pro Hektar. Mahagoni, Teak, Palisander, Ebenholz sind bekannte Tropenhölzer. Riesenschlangen wie die Anaconda, über 100 verschiedene Fischarten, kletternde Beute- und Nagetiere, Kapuziner- und Brüllaffen und viele weitere Affenarten, die schwirrenden Kolibris, bunte Papageien bevölkern den Regenwald. Auf dem Boden nehmen Käfer, Schnecken, Frösche, Ameisen, jedoch viele größer als in Europa, das reichhaltige Nahrungsangebot an Früchten, Insekten und anderen Beutetieren wahr. Leben in unermess-licher Reichhaltigkeit!

Lebensraum der Naturvölker

Und dennoch war der tropische Regenwald nie dicht besiedelt. Er ist ursprünglich nur der Lebensraum von kleinen **Naturvölkern** gewesen. Als Jäger und Sammler durchstreifen sie in kleinen Gruppen den Wald. Die Frauen sammeln Früchte, Beeren, Wurzeln, Insekten, Würmer, Honig und andere essbare Dinge. Die Männer erlegen mit Pfeil, Bogen und Giftspeeren ihre Beute oder ergänzen den Speise-

plan durch Fischfang. Die Pygmäen, eine kleinwüchsige Volksgruppe in Afrika, praktizieren teilweise noch diese traditionelle Lebens- und Wirtschaftsweise. Regenfeste Rundhütten aus Zweigen und Blättern können schnell errichtet werden. Solche Jäger- und Sammlergesellschaften sind optimal an ihre

Umwelt angepasst. Die Natur liefert ihnen alles, was sie zum Leben benötigen. Nutzung ohne Zerstörung heißt die Devise!

Andere Volksgruppen haben einfache Formen des Ackerbaus entwickelt, so Bevölkerungsgruppen in Indonesien, in Afrika die Bantus, im Amazonasbecken Indianer (Abb. 4). Bei allen Völkern sind erstaunliche Ähnlichkeiten des Feldbaus festzustellen: Mit einfachen Werkzeugen wie Buschmessern hauen die Menschen Unterwuchs und kleinere Bäume ab, immer nur auf so viel Fläche, wie man zum Leben benötigt. Sie schälen die Rinde größerer Bäume, so dass diese absterben. Alles Buschwerk wird zusammengetragen, verbrannt und dient dann als Aschedüngung. Nur einzelne Baumriesen bleiben stehen.

Brandrodung heißt diese Rodungstechnik (Abb. 5). Nach dem Abbrennen werden die Felder bestellt. Eine Pflege des Bodens gibt es nicht, nur spärliche Bearbeitung, kein Pflügen oder Eggen. Lediglich mit einem Pflanz- oder Grabstock aus Ästen oder einer einfachen Hacke werden Löcher in den Boden gegraben. Deshalb spricht man auch von Hackbau. In diese Pflanzlöcher sät man Mais, Erdnüsse, Reis oder pflanzt Schösslinge von Bananen, Palmen oder Maniok. Maniok ist die wichtigste Nahrungspflanze für die Amazonasindianer. Aus den dicken Maniokknollen, die wie Dahlienknollen aussehen, wird ein Brei gerieben. Dieser muss erst ausgepresst werden, um Giftstoffe zu entfernen. Anschließend werden Fladen aus dem Brei gebacken, oder Maniok wird gekocht oder zu Mehl verarbeitet. Die Menschen bauen nie mehr an, als sie zum Leben wirklich benötigen. Das nennt man Selbstversorgungs- oder Subsistenzwirtschaft.

Abb. 4: Indianer mit Blasrohr

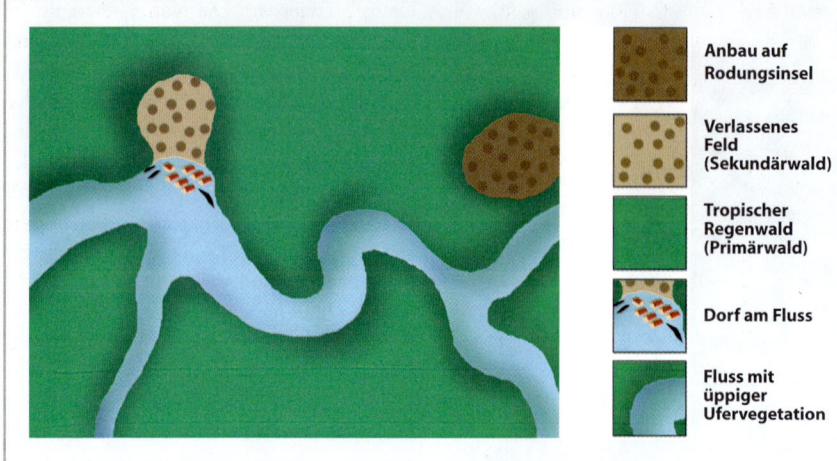

Abb. 5: Brandrodungsinseln im Regenwald

Die Nährstoffe des Bodens sind jedoch sehr schnell erschöpft. Nach zwei bis drei Jahren gehen die Erträge zurück, und man legt an anderer Stelle neue Felder an. Wanderfeldbau ist die Lebensgrundlage dieser Menschen. Liegen die neuen Felder zu weit von den Hütten der Siedlung, wird auch sie verlegt. Für diese Wirtschaftsform benötigt man sehr viel Fläche, man spricht deshalb von extensiver Bewirtschaftung. Manche Kleinbauern betreiben Hackbau auch auf etwas größeren Flächen, um einen Teil der Produkte auf Märkten zu verkaufen.

Auf den Brachflächen entwickelt sich ein artenärmerer Wald mit dichterer Bodenvegetation, Sekundärwald, „Zweitwald" genannt. Nach etwa 25 Jahren kann dieser wieder gerodet werden. Aber eine so genutzte Fläche verliert immer mehr an Nährstoffen, so dass sie irgendwann gar nicht mehr nutzbar ist. Nur noch Hartgräser oder Sträucher finden Wachstumsmöglichkeiten. Große Probleme ergeben sich daraus für den tropischen Regenwald. Die Bevölkerung hat stetig zugenommen, mehr Nahrung und deshalb immer mehr Land werden benötigt.

Nährstoff- und Wasserkreislauf

Die Böden des tropischen Regenwaldes sind äußerst nährstoffarm, weil die tief verwitterten und sehr alten Böden keine für die Pflanzen lebenswichtigen Mineralien mehr nachliefern können und im feuchtheißen Tropenklima die Zersetzung von abgestorbenen Pflanzen und Tieren so schnell voranschreitet, dass sich nicht, wie bei uns in Mitteleuropa, eine dicke, nährstoffspeichernde Humusschicht bilden kann. Bodenfauna, Bakterien und Pilze zersetzen Abgestorbenes sofort. So können die Pflanzen ihren Nährstoffbedarf nicht aus dem Boden decken, sondern müssen ihn direkt aus der dünnen, zersetzten Laubstreu entnehmen. Zwischen vermodernden Pflanzenteilen und lebenden besteht so ein „kurzgeschlossener" **Nährstoffkreislauf**. Der Boden spielt praktisch keine Rolle dabei. Dieser Kreislauf bricht jedoch mit der Zerstörung des Regenwaldes unwiderruflich zusammen (Abb. 6). Der nährstoffarme Boden kann keinen Wald mehr tragen, es können nur noch anspruchslose Sträucher und Gräser auf ihm existieren. Es entstehen allmählich anthropogene, das heißt durch die Eingriffe des Menschen bedingte Feuchtsavannen.

Bei sehr großflächigen und schnell ablaufenden Zerstörungen durch den Menschen sind die Auswirkungen insgesamt wesentlich dramatischer. So wird auch der natürliche **Wasserkreislauf** gestört (Abb. 7). Beim vollständig intakten Regenwald fließt nur sehr wenig Wasser oberflächlich ab. Die Vegetation hält nämlich viel Wasser fest, gibt es auch nur langsam wieder ab, zum Teil durch Verdunstung, zum Teil durch Sickerwasser. Ein Teil des Wassers erreicht noch nicht einmal den Boden. Es gelangt allein durch Verdunstung nahezu vollständig wieder in den natürlichen Kreislauf zurück. Wird der tropische Regenwald jedoch ganz großflächig abgebrannt, fallen die Niederschläge also direkt auf den Boden, dieser wird weggespült, es kommt zur so genannten Bodenerosion. Erosion, darunter versteht man allgemein die Abtragung von Gestein und Boden. Da das Wasser jetzt schnell abfließt, kann der Boden kaum noch Wasser speichern. Der Grundwasserspiegel sinkt. Der nun trockene Boden kann jetzt auch vom Wind abgetragen werden. Bei sehr großflächigen Zerstörungen des Regenwaldes nimmt auch die Verdunstung über dem Gebiet ab, denn das meiste Wasser fließt ja direkt ab. In der Folge nehmen die Niederschläge im Laufe der Zeit lokal ab. Eine Zerstörung großer Teile des Regenwaldes kann sich sogar negativ auf das Weltklima auswirken.

Zerstörung des tropischen Regenwaldes

Am Beispiel der Brandrodung sieht man, wie die Naturvölker in kleinerem Ausmaß in den Naturhaushalt eingegriffen haben. Aber der tropische Regenwald wird nicht nur durch diese Eingriffe, sondern vielmehr durch andere Nutzungen großflächig zerstört. Pro Sekunde wird ein Stück Regenwald in der Größe eines Fußballfeldes (1 ha/sec) unwiederbringlich vernichtet, das sind etwa 30 Millionen Hektar pro Jahr. Der Lebensraum der letzten Naturvölker der Erde geht verloren, unzählige Tier- und Pflanzenarten werden für immer ausgerottet. Gerade Letztere sind oft noch nicht erforscht und könnten als Arzneipflanzen oder sonstige Nutzpflanzen vielleicht einmal eine wichtige Rolle spielen.

Die Nutzung des Regenwaldes wird teuer bezahlt: Nicht nur die Vernichtung eines einzigartigen Lebensraumes, sondern auch

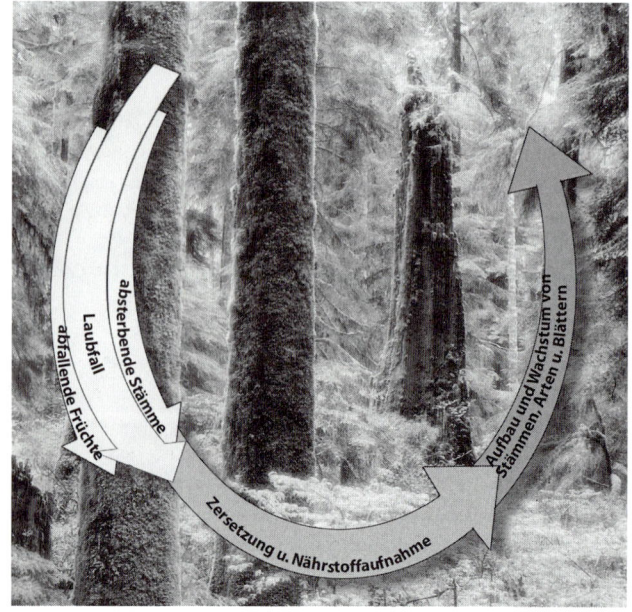

Abb. 6: Der Nährstoffkreislauf im Regenwald

Erdkunde

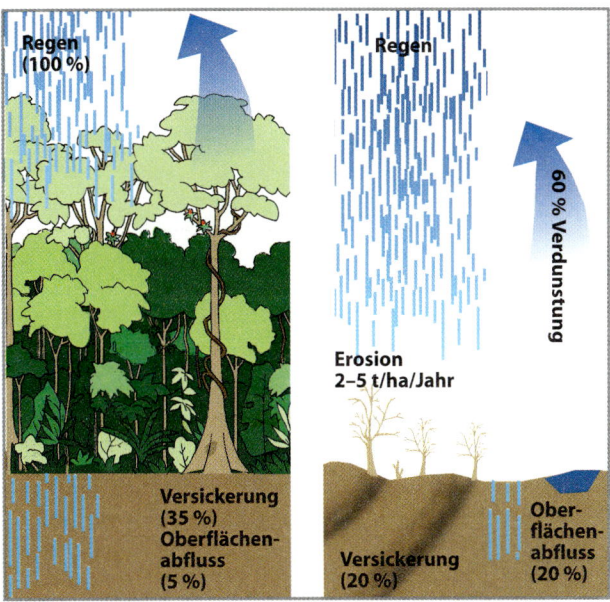

Abb. 7: Der Wasserkreislauf im tropischen Regenwald vor und nach der Zerstörung

die Belastung der Atmosphäre mit Kohlendioxid und die vor allem durch Letzteres bedingte Änderung des Weltklimas sind die negativen Folgen.

Hier nun die Hauptursachen für diesen **Raubbau**. Verantwortlich sind sicher die steigenden Ansprüche der Industrieländer, die Tropenhölzer für Möbel- und Bauindustrie benötigen. Oft werden nur bestimmte Holzarten gewünscht, aber die darum herumstehenden Bäume mit vernichtet. Große Flächen in West- und Zentralafrika, Indonesien, Malaysia und auf den Philippinen fielen diesem Raubbau zum Opfer.

Da tropische Anbaufrüchte in Industrieländern immer begehrter werden, werden Wälder gerodet, um Platz für europäisch beeinflusste Wirtschaftsformen, die Plantagen, zu schaffen, auf denen Kautschuk, Bananen, Ananas, Kakao und in höheren Lagen auch Kaffee in Dauerkulturen rationell angebaut werden können. Diese „cash crops" werden auch in kleinbäuerlichen Betrieben angebaut. Das englische Wort crop heißt Frucht und cash Bargeld. So bedeutet der Begriff, dass man durch den Verkauf dieser Früchte Bargeld erzielt, sie also nicht nur zur Selbstversorgung produziert.

Der tropische Regenwald Amazoniens wurde zu Beginn dieses Jahrhunderts weltweit bekannt, als sich die Autoindustrie in den USA und Europa entwickelte. Der Rohstoff für Reifen, Kautschuk, konnte ursprünglich nur aus dem milchig-weißen Saft des Kautschukbaumes, der seine Heimat in Amazonien hat, gewonnen werden (Abb. 8). Später wurden auch in Indien,

Ceylon und Indonesien Kautschukplantagen angelegt.

Plantagen, landwirtschaftliche Großbetriebe, bauen die gleiche Pflanze über mehrere Jahre am gleichen Standort auf riesigen Flächen an. Das nennt man **Monokultur**. Die Arbeit wird in Lohnarbeit vergeben und kann auf großen Flächen weitgehend mechanisiert werden. Meist gehören zu einer Plantage auch Fabriken, die Anbauprodukte weiterverarbeiten und für den Transport verpacken.

Monokulturen bergen jedoch einige Gefahren: Der Anbau nur einer Frucht über viele Jahre hindurch führt zu Bodenmüdigkeit. Die Anfälligkeit für Schädlinge ist bedeutend größer, so dass mit ganz erheblichem Einsatz von giftigen Insekten- und Unkrautvernichtungsmitteln gearbeitet werden muss. Da die Produkte ausschließlich für den Weltmarkt produziert werden, ist man von den Weltmarktpreisen sehr abhängig. Daraus ergeben sich immer wieder Probleme, da auf dem Weltmarkt das Angebot an solchen Produkten oft zu groß ist und daher die Preise fallen.

Da in den meisten Regenwaldländern die Bevölkerung rasch wächst, fördern die Staaten oft Siedlungsprogramme, um für Menschen Lebensraum im Regenwald zu schaffen. Ein Beispiel dafür ist das Transamazonica-Projekt in Brasilien gewesen. Der Urwald sollte in fruchtbares Ackerland verwandelt und Tausende land- und arbeitsloser Menschen entlang einer neuen Straße durch den Urwald angesiedelt werden. Über 5600 Kilometer frisst sich die 1977 fertig gestellte Straße vom Atlantik bis zur peruanischen Grenze als Riesenschneise durch das zusammenhängende Waldgebiet. Doch das Besiedlungsprojekt schlug fehl, die Hoffnungen der Siedler wurden zunichte gemacht. Nach zwei Jahren war die Erde ausgelaugt. Man musste erkennen, dass eine landwirtschaftliche Nutzung des tropischen Regenwaldes im großen Stil nicht möglich ist.

Ein weiterer Grund für die Zerstörung des tropischen Regenwaldes sind die reichen Bodenschätze wie Erdöl, Eisenerz,

Kupfer, Nickel, Mangan, Gold. Für großflächige Nutzungen wurden Verkehrswege benötigt. Die Anlage von Straßen frisst Schneisen in den Wald. Oft ist der Straßenbau nur der Anfang von gewaltigen Kahlschlägen gewesen. Tausende Quadratkilometer Wald wurden unwiederbringlich zerstört, um an diese Bodenschätze zu gelangen.

Da der Export von Roheisen mehr Geld bringt als der von Eisenerz, wurden in Brasilien mit Holzkohle betriebene Hüttenwerke errichtet. In Amazonien wurden auf diese Weise Regenwälder vernichtet, die die Flächen von mehreren europäischen Ländern zusammen einnehmen würden.

Die Schäden dieser Zerstörungen treffen nicht nur die in diesen Gebieten lebenden Naturvölker, sondern die ganze Menschheit.

Abb. 8: Kautschukzapfer

 Zum Weiterlesen:

- Brasilien, S. 686
- Tages- und Jahreszeiten, S. 664
- Wärmezonen und Windgürtel, S. 666
- Klimazonen und Landschaftsgürtel, S. 670

Tageszeiten – Jahreszeiten

*T*ag und Nacht – dieser Rhythmus bestimmt das Leben der Menschen auf der Erde seit ewigen Zeiten. Nur jeweils eine Hälfte der Erde wird von der Sonne beschienen, die andere liegt in Dunkelheit. So konnten es auch die Astronauten aus dem Weltall heraus sehen (Abb. 4). Wie ist der Wechsel von **Tag** und **Nacht** zu erklären? Über diese Naturphänomene haben sich die Menschen immer schon Gedanken gemacht.

- 250 vor Christus herrschte noch die Vorstellung von der Erde als einer Scheibe, über der die Götter in Form der Gestirne den Menschen Tag und Nacht, Licht und Wärme bringen.
- Der Gelehrte Ptolemäus aus Alexandria stellte etwa 150 n. Chr. eine Theorie auf, die viele Jahrhunderte für richtig gehalten wurde: Danach war die Erde der Mittelpunkt der Welt, um den die Planeten auf verschiedenen Bahnen am Himmels-

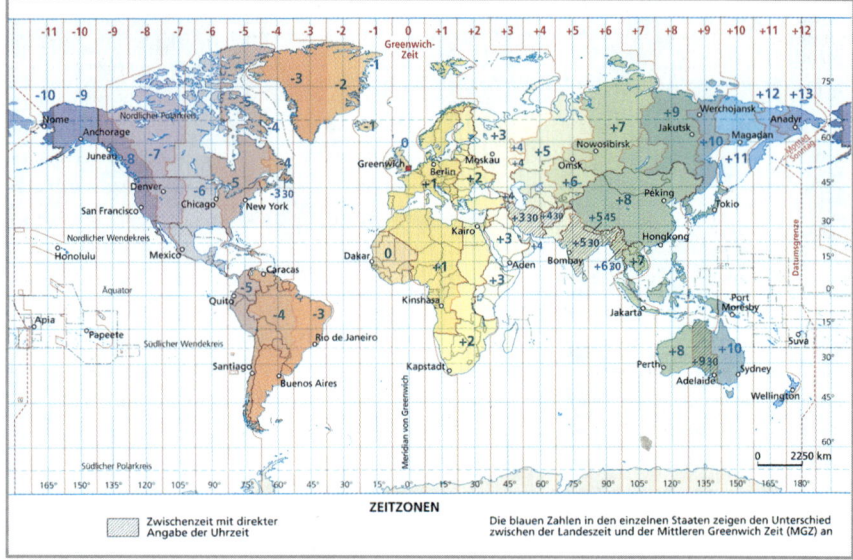

Abb. 2: Die Zeitzonen auf der Erde

gewölbe entlangwanderten. Dann gab es nach dieser Theorie noch fest am Himmel stehende Sterne, die Fixsterne (fix=fest). Geozentrisches Weltbild nennt man diese Vorstellung, wobei „geo" Erde bedeutet und „Zentrum" Mittelpunkt.

- Über die Vorstellung des Astronomen Kopernikus, der erstmals im 16. Jahrhundert die Sonne im Zentrum sah, gelangte man zu heutigen Einsichten (Abb. 1).

Man weiß, dass die **Erde** als Himmelskörper sich um ihre eigene Achse dreht. Das nennt man **Erdrotation**. Unter Rotation versteht man die Drehung eines Körpers um eine feste Achse. Auf einer Ellipsenbahn bewegt sich die Erde mit anderen Himmelskörpern oder Planeten auf festen Umlaufbahnen um die Sonne. Die Erde braucht für einen Umlauf um die Sonne ein Jahr. Das ist die Erdrevolution. Ganz genau braucht sie für diesen Um-

lauf 365 Tage und sechs Stunden. So gibt es alle vier Jahre ein **Schaltjahr** mit einem 29. Februar und 366 Tagen.

Die Erde dreht sich alle 24 Stunden einmal um die eigene Achse, und zwar von Westen nach Osten. So sieht man täglich in unseren Breiten die **Sonne** im Osten auf- und im Westen untergehen. Die **Erdachse** stellt man sich dabei als eine gedachte Verbindungslinie zwischen dem Nordpol und dem Südpol vor. Dabei kann die Sonne immer nur eine, nämlich die ihr zugewandte Seite der Erde bescheinen. Eine Seite ist hell, hat Tag, während gleichzeitig die andere dunkel ist, Nacht hat.

Nicht überall auf der Erde gibt es die gleiche **Uhrzeit**. Das erfährt schon ein Geschäftsmann in München, der um 14 Uhr einen Anruf nach Tokio erledigen möchte. Wahrscheinlich wird er nichts erreichen, denn in Tokio ist es bereits 22 Uhr und das Büro hat

Abb. 1a: Weltbild des Ptolemäus: Die Erde ist der Mittelpunkt der Welt

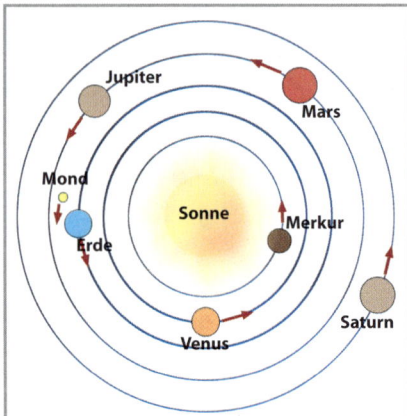

Abb. 1b: Weltbild des Kopernikus: Die Sonne ist das Zentrum der Planeten

Abb. 1c: Heutiges Weltbild: Die Planeten unseres Sonnensystems drehen sich um die Sonne

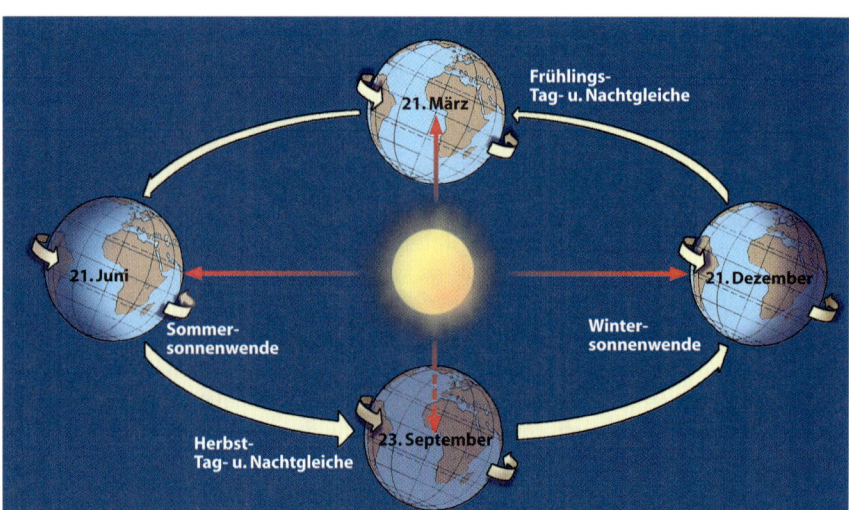

Abb. 3: Die Bahn der Erde um die Sonne im Verlauf eines Jahres

längst geschlossen. In New York dagegen hätte er mehr Glück, weil es hier 8 Uhr morgens ist.

Die Uhrzeit wird nach dem Sonnenhöchststand bestimmt. Da dieser auf der Erde zu ganz unterschiedlichen Zeiten eintritt, ist auch die Uhrzeit an verschiedenen Orten der Erde unterschiedlich. Jedoch kann man eine Gesetzmäßigkeit feststellen, denn die Natur hat bekanntlich System: Die Sonne erreicht an allen Orten, die auf demselben Meridian (Längenkreis) liegen, zur gleichen Zeit ihren höchsten Stand im Tageslauf. Diese Orte haben zur gleichen Zeit Mittag. So kann man verstehen, dass eigentlich jeder Ort auf der Erde seine eigene Zeit hätte, seine Ortszeit. Doch das würde im Zeitalter der weltweiten Geschäfte zu erheblichen Verwirrungen führen.

Deshalb einigte man sich 1884 darauf, die Erde in feste **Zeitzonen** einzuteilen, in größere Gebiete, in denen jeweils die gleiche Uhrzeit gilt (Abb. 2). Denn mit der Erfindung der Eisenbahn musste man ja erstmals auch Fahrpläne mit genauen Zeitangaben aufstellen. Das Observatorium in Greenwich (England) war nämlich damals die Weltautorität, wenn es um Zeitrechnung ging. So einigte man sich, die „mittlere Greenwich-Zeit" zum Standard für die Weltzeit zu nehmen. Für Deutschland gilt die MEZ, die mitteleuropäische Zeit.

Pro 15° geographischer Länge geht man von einer Stunde Zeitunterschied aus. Stellt man jetzt eine Rechnung auf, dann schließt sich nach einer Erdumdrehung der Kreis und damit der Tag wieder. Die 24 Stunden des Tages mit 15° malgenommen ergeben die 360 Längenkreise des Erdenrunds. Die 15°-Einteilung lässt sich natürlich nicht streng einhalten, denn auf politische Grenzen musste man schon Rücksicht nehmen.

Allerdings sind manche Staaten, z. B. die USA, so groß, dass für sie verschiedene Zeitzonen gelten.

Die Jahreszeiten

Nun macht man die Erfahrung, dass Tag und Nacht zu verschiedenen **Jahreszeiten** unterschiedlich lang sind. Die Tageslänge eines Ortes, die Zeit von Sonnenauf- bis Sonnenuntergang, hängt von seiner geographischen Breite ab. So gibt es auf der Nordhalbkugel im Sommer lange und im Winter kurze Tage, während es auf der Südhalbkugel zur selben Zeit genau umgekehrt ist. Auch dafür gibt es eine Erklärung. Dazu muss man wissen, dass die Erdachse nicht senkrecht zur Umlaufbahn um die Sonne steht, sondern zu ihr um 23,5° geneigt ist. Diese Schrägstellung zeigt jeder Globus (Abb. 3).

Bei ihrer Umlaufbahn um die Sonne verändert sich die Achsenstellung der Erde nicht, sie bleibt starr. Deshalb können im Laufe des Jahres nicht alle Teile der Erde gleichmäßig beschienen werden. Mal ist die Nordhalbkugel der Sonne mehr zugeneigt, mal die Südhalbkugel. Mal sind also auf der Nordhalbkugel die Tage länger, mal auf der Südhalbkugel. Nur genau zweimal im Jahr, nämlich am 21. Juni und am 23. September, wird die Erde so von der Sonne beschienen, dass die Grenze zwischen der hellen und der dunklen Seite genau durch Nord- und Südpol verläuft. **Tag- und Nachtgleiche,** gleiche Länge von Tag und Nacht, herrscht dann (Abb.3).

Am größten sind die Unterschiede zwischen Tag und Nacht in den Polargebieten nördlich des nördlichen Polarkreises (66,5° n. Br.) und südlich des südlichen Polarkreises (66,5° s. Br.). Hier herrschen Polartag und Polarnacht. Während des Polartages bleibt 24 Stunden lang die Sonne am Himmel, auch um Mitternacht, das ist die Mitternachtssonne. Wenn man diese Erscheinung miterleben will, muss man mindestens bis zum Polarkreis. Je weiter man zum Pol kommt, desto länger dauert der Polartag, am Pol ein halbes Jahr. Genauso verhält es sich mit der Polarnacht. Die Erklärung hierfür ist

Abb. 4: Die Erde vom All aus gesehen

dieselbe wie für die Entstehung der Jahreszeiten in den gemäßigten Breiten:

Die Erde dreht sich ja nicht nur im Tagesverlauf einmal um sich selbst, sondern umkreist während eines Jahres einmal die Sonne. Und weil die Erdachse schräg gestellt ist, wird einmal die Nord- und einmal die Südhalbkugel mehr beschienen. Für die Menschen auf der Erde sieht das so aus, als ob die Sonne nach Norden und Süden scheinbar hin- und herpendeln würde. Dieses scheinbare Pendeln geschieht nur zwischen den **Wendekreisen** (Abb. 5).

Am 21. Juni ist der nördlichste Punkt auf dieser scheinbaren Wanderung bei 23,5° nördlicher Breite erreicht. Dann steht die Sonne über diesem Breitenkreis direkt senkrecht, sie steht im Zenit. Das ist der Punkt am Himmelsgewölbe, der sich senkrecht über dem Beobachter befindet. Die Sonnenbestrahlung ist dann am größten. Auf der Nordhalbkugel hat man „Sommeranfang". Für die Südhalbkugel steht die Sonne jetzt am weitesten entfernt, also ist hier Winter. Dann „wendet" die Sonne scheinbar wieder ihren Weg nach Süden. Deshalb werden diese Breitenkreise auf der nördlichen und südlichen Halbkugel auch „Wendekreise" genannt.

Die Polarkreise und die Wendekreise begrenzen jeweils Zonen, die sich nach dem jahreszeitlichen Sonnengang und den daraus verursachten Naturerscheinungen voneinander unterscheiden.

Die Sonne steht im Zenit		
am **21. Juni** über dem nördlichen Wendekreis	Sommer auf der Nordhalbkugel	Winter auf der Südhalbkugel
am **23. September** über dem Äquator	Herbst auf der Nordhalbkugel	Frühling auf der Südhalbkugel
am **21. Dezember** über dem südlichen Wendekreis	Winter auf der Nordhalbkugel	Sommer auf der Südhalbkugel
am **21. März** über dem Äquator	Frühling auf der Nordhalbkugel	Herbst auf der Südhalbkugel

Abb. 5: Die Sonne steht im Zenit

Zum Weiterlesen:

- Blick in die Welt, S. 610
- Vom Wetter zum Klima, S. 618
- Wärmezonen und Windgürtel, S. 666
- Klimazonen, S. 670
- Meeresströmungen, S. 672

Wärmezonen und Windgürtel

*D*ie Sonne – ohne sie wäre kein Leben möglich! Nur verteilt die Sonne ihre Energie nicht gleichmäßig auf alle Gebiete der Erde. Am Äquator herrscht unerträgliche Hitze, an den Polen extreme Kälte. Dazwischen nimmt die eingestrahlte Energiemenge zu den Polen hin ab. Hier nun die Erklärung für die unterschiedliche Wärmeverteilung auf der Erde:

Durch die Kugelgestalt der Erde verteilt sich die eingestrahlte Energiemenge zu den Polen hin auf eine immer größere Fläche. Die Erdkrümmung bewirkt, dass die beschienene Fläche zu den Polen hin immer mehr zunimmt. Auf Abb. 1 sieht man, wie die Sonnenstrahlen in den verschiedenen Zonen der Erde unterschiedlich auf den Boden auftreffen. Man erkennt, dass dieselbe Strahlungsmenge, symbolisiert durch drei Strahlen, in den Polarbereichen eine viel größere Fläche beheizen muss. Dort, wo die Strahlen fast senkrecht einfallen, konzentrieren sie sich dagegen auf einer nur sehr kleinen Fläche, wirken sehr intensiv. Beim Sonnenbaden macht man hautnah diese Erfahrung. In der Mittagszeit, wenn die Sonne ihren höchstmöglichen Stand erreicht hat, die Sonnenstrahlen also möglichst steil einfallen, wärmen sie am meisten. Abends und morgens dagegen fallen die Sonnenstrahlen weniger steil ein, verteilen sich auf einer größeren Fläche. So können sie auch nicht so intensiv wärmen.

Vor diesen Erklärungen lässt sich die Erde grob in große Temperaturzonen aufteilen. Man nennt sie auch solare **Wärmezonen**. Solar kommt von dem lateinischen Wort „sol" und heißt Sonne. Diese Zonen verlaufen in etwa auf beiden Erdhalbkugeln gleich. Der Äquator stellt dabei die Spiegelachse dar, so dass von hier aus die Zonen nahezu

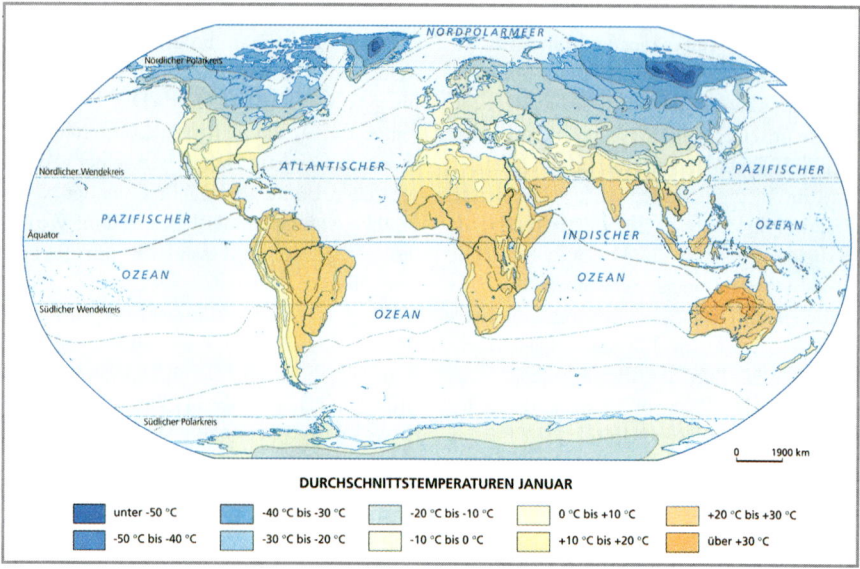

Abb. 2: Durchschnittstemperaturen im Januar

parallel zu den Breitenkreisen anzuordnen sind: die Tropenzone (heiße Zone), die gemäßigte Zone und die Polarzone (kalte Zone).

Die Tropenzone liegt zwischen den Wendekreisen. Unter Tropenzone versteht man den Bereich, in dem die Sonne im Zenit steht. Und zwar hat sie im Verlauf eines Jahres auf ihrer scheinbaren Wanderung zwischen den **Wendekreisen** zweimal an jedem Ort in diesem Bereich ihren Zenitstand. Im Bereich der Wendekreise selbst dagegen, wo sie ja scheinbar „wendet", nur einmal. Die Sonne steht in der gesamten Tropenzone während des ganzen Jahres am Mittag nahezu senkrecht. So ist die Sonneneinstrahlung in allen Monaten sehr groß. Es gibt daher auch kaum Temperaturunterschiede im Jahresverlauf (Abb. 2 und 3). Da es immer gleich warm bleibt, gibt es auch keine Jahreszeiten.

Die Länge der Tage ist ebenfalls annähernd gleich.

Zwischen den Wendekreisen und den Polarkreisen schließt sich auf beiden Erdhälften die gemäßigte Zone an. Da die Sonne auf ihrem scheinbaren Gang ja schon an den Wendekreisen ihren Lauf wendet, steht sie in den gemäßigten Zonen nie im Zenit. Die Sonneneinstrahlung ist also geringer als in der Tropenzone. Deshalb kommt es zu großen Temperaturunterschieden im Verlauf eines Jahres. Es gibt hier deutlich ausgeprägte Jahreszeiten. Steht die Sonne am 21. Juni über dem nördlichen Wendekreis im Zenit, kommt sie der Nordhalbkugel am nächsten. Hier ist dann Sommer. Auch die Tageslängen verändern sich entsprechend der Jahreszeit.

Zwischen den Polarkreisen und den Polen liegt jeweils die Polarzone. Die Sonneneinstrahlung ist hier nur noch äußerst schwach und fehlt während der Polarnacht ganz. Die Sonnenenergie ist deshalb extrem gering.

Diese schematische Einteilung in Temperaturzonen nach der Breitenlage wird jedoch von weiteren Faktoren beeinflusst.

Windgürtel

Die Natur hat System – das gilt auch für die Winde, die nicht von ungefähr wehen. So wie die Wärmeverteilung auf der Erde nach Gesetzmäßigkeiten zu erklären ist, sind es auch die Windsysteme. Bestimmte Windgürtel sind gleich auf beiden Erdhalbkugeln entsprechend angeordnet: das **Windsystem** der Passate zwischen den Wendekreisen, daran jeweils in Richtung der Pole anschließend die Westwindzone und die polaren Ostwinde (Abb. 4).

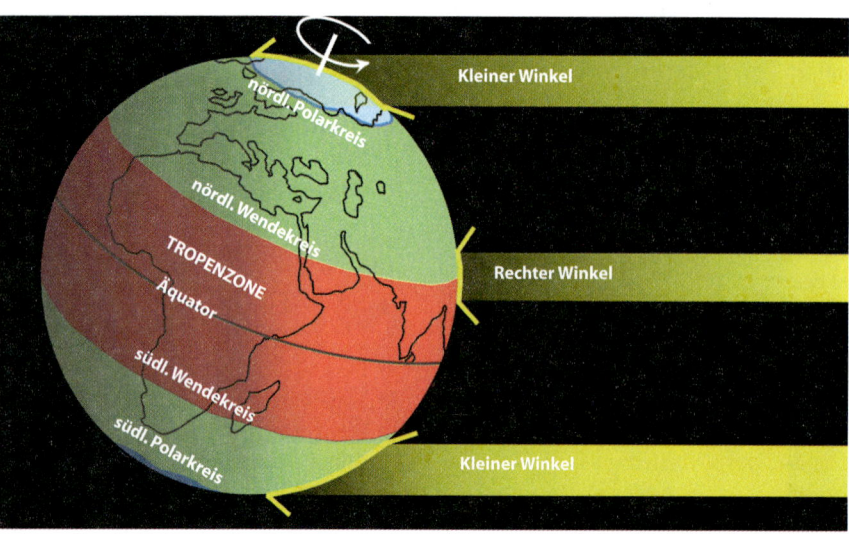

Abb. 1: Die Beleuchtung der Erde am 21. Juni

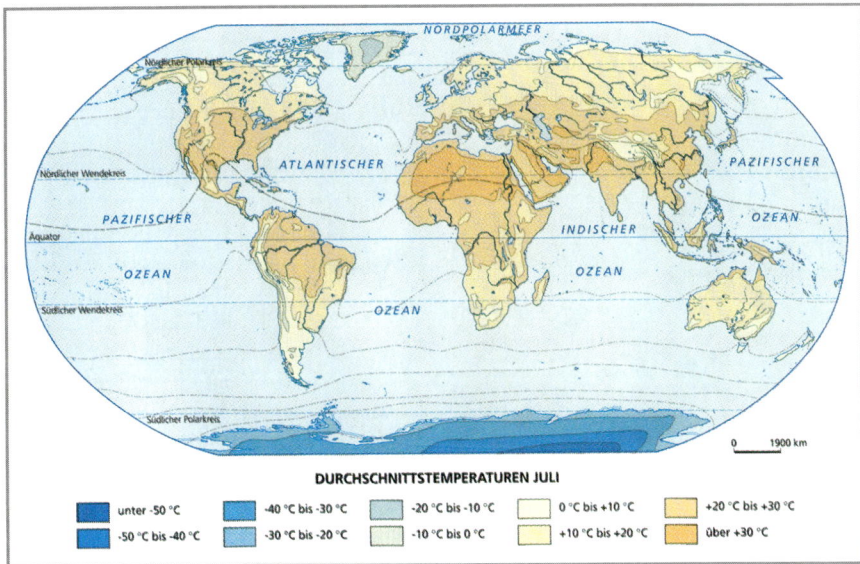

Abb. 3: Durchschnittstemperaturen im Juli

Alle Wetter- und Klimavorgänge spielen sich nun in der untersten Schicht der Atmosphäre, der Troposphäre, ab. An die Troposphäre schließt nach oben die Tropopause

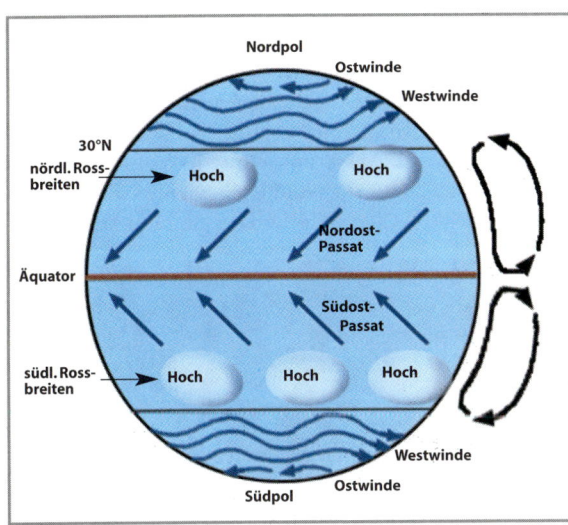

Abb. 4: Schematische Darstellung der Windzonen

an. Wie nun Winde in der Troposphäre entstehen, läßt sich in einem Modell darstellen (Abb. 5).

Die Luft in den zwei Zimmern stellt die **Troposphäre** dar, die nach oben durch die Decke, die Tropopause, begrenzt wird. Nur oben und unten besteht zwischen den Räumen eine Verbindung. Wird in dem linken Raum die Luft in Fußbodenhöhe stark erwärmt, so steigt die warme Luft nach oben. Oben ist nun mehr Luft als vor der Erwärmung. Das Luftgewicht (Luftdruck) steigt somit unter der Decke an, während es in Fußbodennähe geringer wird. Mit den Fachbegriffen heißt das: ein Tiefdruckgebiet (T)

in Fußbodennähe und ein Hochdruckgebiet (H) in Deckennähe.

Im rechten Zimmer, das nicht erwärmt wurde und kälter ist, herrscht unter der Decke tieferer Luftdruck als im linken Raum. In Bodennähe dagegen herrscht hoher Druck. Denn kalte Luft „drückt" nach unten, während warme aufsteigt. Nun ist die Natur immer bemüht, Ausgleich zu schaffen. In diesem Fall muss ein Druckausgleich erfolgen, damit kein „luftleerer" Raum entsteht. Deshalb fließt aus dem Hoch des linken Zimmers die Luft durch die obere Öffnung nach rechts. Sie füllt das Tief unter der Decke des rechten Zimmers auf. Und aus dem rechten Raum strömt Luft aus dem Hoch in Fußbodennähe in den linken Raum. Auf diese Weise entsteht ein Kreislauf, auch Zirkulation genannt, der so lange bestehen bleibt, bis Temperatur- und Luftdruckunterschiede ausgeglichen sind. Solche Luftströmungen nimmt man als Wind wahr. Man erkennt also eine Gesetzmäßig-

keit: Die Windrichtung, der Verlauf der Luftströmung, ist immer abhängig vom Druckgefälle. Die Luftbewegung geht immer vom Hochdruck- zum Tiefdruckgebiet.

Das sind vereinfacht dargestellt genau die Vorgänge, die die Entstehung der **Passate** erklären. Passate, das sind regelmäßige Winde, die das ganze Jahr hindurch im Bereich zwischen den Wendekreisen gleichmäßig wehen. Für die Segelschifffahrt waren sie von enormer Bedeutung, weil sie auf der Nordhalbkugel beständig die Verbindung zwischen der Alten und der Neuen Welt ermöglichten (Abb. 6 und 7). Schon Kolumbus beschrieb in seinem Bordbuch den wohltuenden Einfluss dieser Winde, die beständig von Osten nach Westen bliesen. Seine Mannschaft fürchtete allerdings bei so konstanten Windrichtungen um ihre Rückkehr. Die Menschen wussten ja um das System der Windgürtel, das die Erde umgibt, noch nicht.

Dort, wo die Sonne im Zenit steht, erwärmen sich die Luftmassen stark. Die Luft steigt auf, es entsteht ein Tief. Beim Aufsteigen nimmt die Luft Feuchtigkeit auf. Mit zunehmender Höhe kühlt die Luft ab und kondensiert. Es regnet. Diese heftigen Regen in Bereichen, wo die Sonne im Zenit steht, nennt man Zenitalregen. In der Nähe der Wendekreise dagegen sinkt die Luft wieder ab. Da absinkende Luftmassen sich erwärmen, können sie keine Wolken bilden. Sie trocknen stattdessen aus. Das ist die Erklärung dafür, dass auf der Erde im Bereich der Wendekreise die Wendekreiswüsten entstehen konnten wie die Sahara, die Kalahari in Südafrika, die Große Victoriawüste in Australien.

Der Luftaustausch zwischen den Hochdruckgebieten im Bereich der Wendekreise und dem Tief in Äquatornähe erfolgt beständig. Diese Tiefdruckrinne in Äqua-

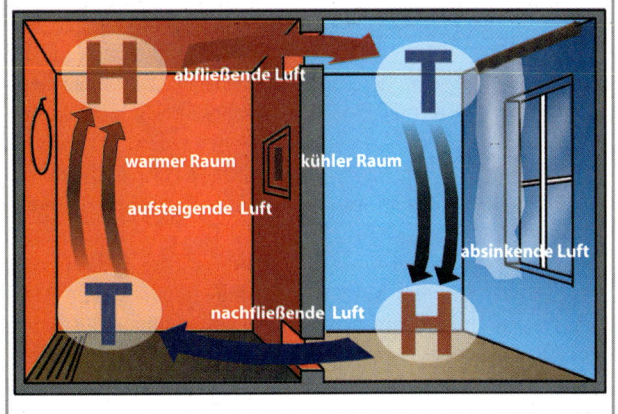

Abb. 5: Modell des Luftkreislaufes

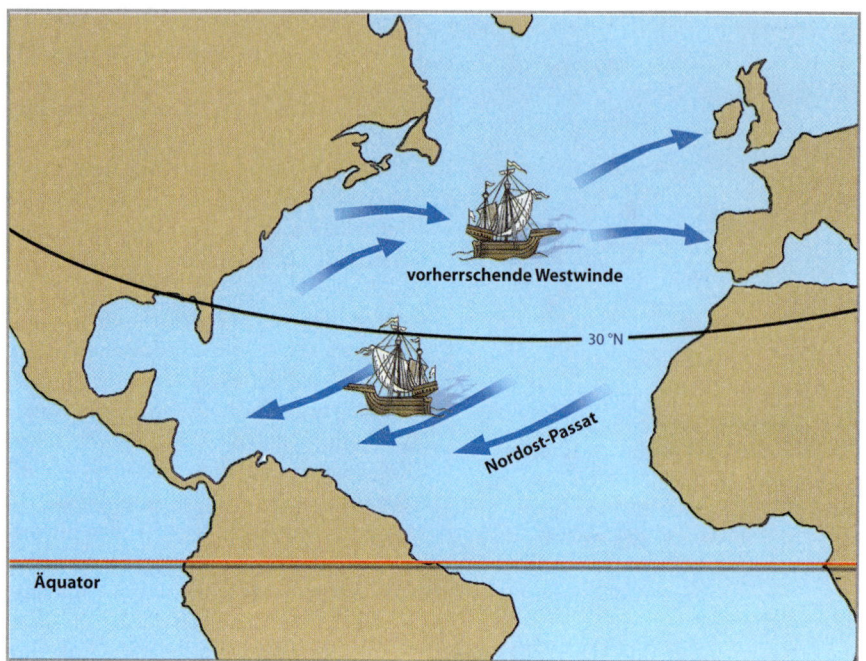

Abb. 6: Die Segelschifffahrt nützt die Windgürtel aus

Im Sommer segeln die Dhaus, das sind für den Indischen Ozean typische Segelschiffe mit einem Dreieckssegel an langer Rahe, von Ostafrika nach Indien und im Winter zurück nach Ostafrika.

Wie entstehen nun Monsune? Im Sommerhalbjahr, wenn die Sonne über der Nordhalbkugel und damit über Indien im Zenit steht, bildet sich über dem Persischen Golf und über Nordwest-Indien ein besonders kräftiges Tief aus. Dieses saugt den SO-Passat der Südhalbkugel regelrecht über den Äquator hinweg auf die Nordhalbkugel herüber. Nach den Naturgesetzen wird der Wind aber beim Überschreiten des Äquators durch die Erdrotation auf der Nordhalbkugel nach rechts abgelenkt und wird zum Südwest- Monsun. Auf ihrem langen Weg über den Indischen Ozean können diese Luftmassen nun Feuchtigkeit aufnehmen. Wenn die feuchte Luft auf ein Gebirge trifft, kommt es zu Steigungsregen. Mit heftigen Wolkenbrüchen beherrscht der Sommermonsun dann Indien. Gewaltige wolkenbruchartige Regen führen in kürzester Zeit zu Rekordniederschlägen. So ist zu verstehen, dass Indien, obwohl es auf derselben geographischen Breite wie die Arabische Wüste liegt, hier nicht von dauernder Trockenheit geplagt wird (Abb. 9).

Aber im Winterhalbjahr weht der trockene Nordost-Passat. Trocken deshalb, weil er vom Land auf das Meer hinausweht.

tornähe bezeichnet man als innertropische Konvergenzzone (ITC). Konvergieren (lat.) heißt „aufeinander zustreben". Und die Luftmassen des Nordost- und Südostpassats prallen in der ITC aufeinander. Die ITC ist gekennzeichnet durch den Zenitalregen. Sie verlagert sich, wandert mit dem Zenitstand der Sonne: in unserem Sommer auf die Nordhalbkugel, in unserem Winter auf die Südhalbkugel. Mit dem Zenitstand der Sonne „wandern" so im Verlauf eines Jahres auch die Zenitalregen, die die Regenzeiten verursachen, und selbstverständlich auch die Passatgürtel.

Und nun noch einige Gesetzmäßigkeiten aus dem System der Natur: Durch die Erdrotation werden die Passate abgelenkt, auf der Nordhalbkugel aus der Strömungsrichtung nach rechts und auf der Südhalbkugel aus der Strömungsrichtung nach links. So wehen die Passate auf der Nordhalbkugel aus Nordost und auf der Südhalbkugel aus Südost. Und da Winde ihre Namen aus der Richtung bekommen, aus der sie wehen, ist die Bezeichnung erklärt: Nordost-Passat und Südost-Passat.

Dann gibt es noch für die Segelschifffahrt gefürchtete Zonen, in denen Windstille herrscht. Wenn man sich das Modell aus Abb. 5 vor Augen führt, können das nur die Bereiche sein, in denen Luft aufsteigt bzw. absinkt. Denn beim Aufsteigen oder Absteigen von Luft würde keine Kerze ausgeblasen, wohl aber beim Luftzug zwischen den beiden Zimmern. Solche windstillen Zonen gibt es im Bereich der Hoch-

druckgürtel in Wendekreisnähe, wo die Luft absinkt. Das sind die windschwachen und niederschlagsarmen Rossbreiten. Der Name soll aus der Zeit der Segelschifffahrt stammen, als bei Pferdetransporten nach Südamerika viele Tiere aus Wasser- und Futtermangel starben, wenn die Schiffe übermäßig lange im Bereich dieser windstillen Zone festlagen. Wo die Luft im Bereich der ITC aufsteigt, liegen die Kalmen (frz. calme - „ruhig").

In den Tropen gibt es ein weiteres Windsystem, den **Monsun**. Er ist eigentlich nichts anderes als ein Passatwind. Das Wort kommt aus dem arabischen „Mausim" und bedeutet so viel wie Jahreszeit (Abb. 8). Man unterscheidet den Sommermonsun und den Wintermonsun. Diese beiden jahreszeitlich wehenden Winde sind im Gebiet des Indischen Ozeans zu finden. Auch hier nützte die Segelschifffahrt die Naturgesetzmäßigkeiten seit mehr als 1000 Jahren und auch heute noch aus.

Abb. 7: Das Segelschiff „Nonsuch"

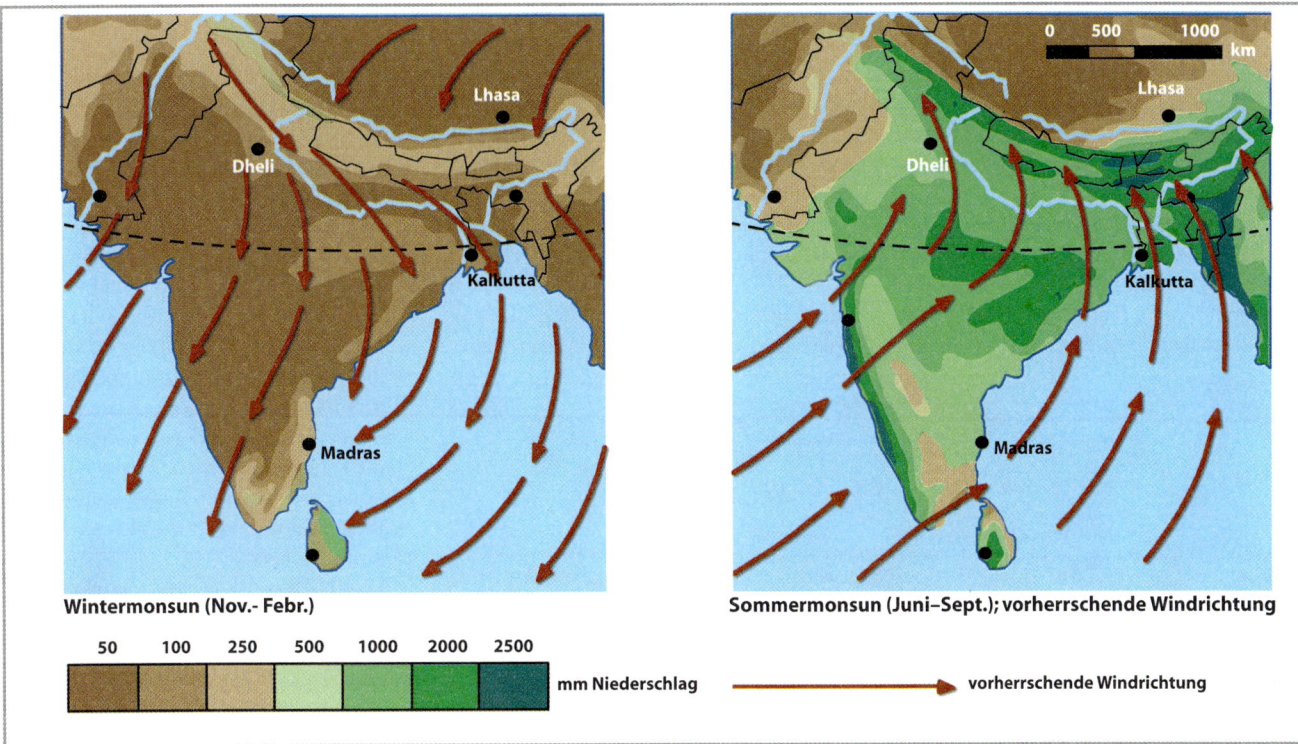

Wintermonsun (Nov.- Febr.)

Sommermonsun (Juni–Sept.); vorherrschende Windrichtung

| 50 | 100 | 250 | 500 | 1000 | 2000 | 2500 |

mm Niederschlag

vorherrschende Windrichtung

Abb. 8: Winter- und Sommermonsun

So hat der Nordost-Passat kaum Chancen, über der großen Festlandsmasse große Feuchtigkeitsmengen aufzunehmen, die für Regenfälle sorgen könnten. So heißt der Wintermonsun auch Hungerwind, da der lebenswichtige Regen in dieser Zeit ausbleibt.

Die polwärts anschließende Westwindzone im Bereich der gemäßigten Breiten lässt sich so charakterisieren: Kalte Luftmassen aus dem Norden und warme aus den Subtropen stoßen hier oft zusammen. Solche Grenzlinien zwischen warmen und kalten Luftmassen werden in Wetterkarten als **Fronten** dargestellt, als Warm- und Kaltfront. Durch die Erdrotation werden sie abgelenkt, so dass sie überwiegend aus Westen kommen. In dieser Zone westlicher Strömung wandern die meisten Tiefs von Westen über Europa hinweg und werden wetterbestimmend. In den gemäßigten Breiten der Westwindzone findet also der Ausgleich der großen Temperaturgegensätze zwischen Pol und Äquator statt. Das ist auch die Erklärung für das wechselhafte Wetter in diesen Bereichen. Die Wetterkarten im Fernsehen zeigen oft sehr deutlich, wie über Mitteleuropa immer wieder Tiefdruckwirbel nach Osten getrieben werden, die Niederschläge bringen.

In den kalten Polgebieten bilden sich beständige Hochdruckgebiete heraus, die vorwiegend aus östlicher Richtung kommen.

Zusammenfassend lässt sich sagen:

Sonneneinstrahlung, Luftdruck und Winde bestimmen die unterschiedliche Verteilung von Temperaturen und Niederschlägen auf der Erde wesentlich mit. Den Austausch von Luftmassen, der über die ganze Erde reicht, nennt man planetarische Zirkulation der Atmosphäre.

Abb. 9: Indien wird durch den Monsun mit Feuchtigkeit versorgt. Davon profitiert die Landwirtschaft

 Zum Weiterlesen:

- Vom Wetter zum Klima, S. 618
- Klimazonen u. Landschaftsgürtel, S. 670
- Indien, S. 682

Klimazonen und Landschaftsgürtel der Erde

Das Klima auf der Erde wird nicht nur von Sonneneinstrahlung bestimmt. Vielmehr kommen hier andere Elemente hinzu: die Verteilung von Land- und Wasserflächen, die Höhenlage über dem Meeresspiegel und der Einfluss von Meeresströmungen.

Unter **Klimazonen** versteht man große Teilräume der Erde, in denen die wesentlichsten Klimaelemente, Niederschläge und Temperaturen, im Jahresverlauf gleich sind. In Klimadiagrammen kann man die beson-

seits des Äquators. In der ITC (innertropischen Konvergenzzone) verursachen die aufsteigenden Luftmassen hohe Niederschläge während des ganzen Jahres. Ständig hohe Luftfeuchtigkeit und hohe Lufttemperaturen sind kennzeichnend. Die mittlere Jahrestemperatur liegt um 25°C, Jahreszeiten gibt es nicht. Wohl aber kann man Temperaturschwankungen zwischen Tag und Nacht von etwa 10°C messen. Auch sind im Verlauf eines Tages Regelmäßigkeiten festzustellen, so dass man vom **Tageszeitenklima** spricht.

tenreichtum und typischem **Stockwerkbau** ist hier ursprünglich zu finden.

Die sommerfeuchten Tropen sind durch den Wechsel von Regen- und Trockenzeit gekennzeichnet. Denn mit wechselndem Zenitstand verschieben sich ja auch die Niederschlagszonen in den Tropen. Nur wenn die Sonne im Zenit steht, wenn also auf der entsprechenden Halbkugel Sommer ist, kann es zu Regen kommen. Feuchte Äquatorialluft mit Zenitalregen wechselt sich mit trockener Passatluft ab. Je näher man an die Wendekreise kommt, desto länger dauert die Trockenzeit. Aus zwei Regenzeiten in Äquatornähe, die durch den zweimaligen Zenitstand verursacht werden, bleibt nur noch eine in der Nähe der Wendekreise übrig. Während des Tages gibt es höhere Temperaturschwankungen.

So schließen sich als Vegetationsgürtel an den tropischen Regenwald polwärts die tropischen **Savannen** und tropischen Wüsten an. Als Regel gilt: Je länger die Trockenzeit dauert, desto spärlicher wird der Pflanzenwuchs und desto mehr müssen sich die Pflanzen durch besondere Strategien und Wuchsformen an die Trockenheit anpassen.

In der Feuchtsavanne findet man eine Graslandschaft mit übermannshohen Büschelgräsern und oft auch einen artenreichen Laubmischwald. In der Trockenzeit werfen diese Bäume teilweise das Laub ab.

Daran schließt sich die Trockensavanne mit einem geschlossenen Grasteppich und lichten Wäldern an. Die Pflanzen haben sich schon durch lederartig harte Blätter sowie Wurzeln und Stämme, die Wasser speichern können, an die Trockenheit angepasst (Abb. 3).

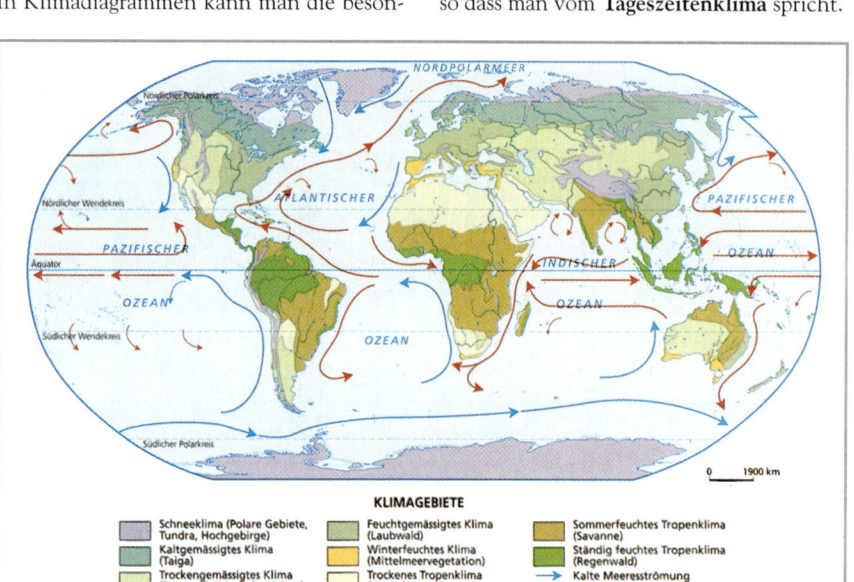

Abb. 1: Klimagebiete der Erde

deren Merkmale einer bestimmten Klimazone erkennen.

Die klimatischen Bedingungen bestimmen nun auf der Erde, welche Pflanzen wachsen können. So lässt sich die Erde auch in große **Vegetationsgürtel** gliedern, die in enger Abhängigkeit zu den Klimazonen zu verstehen sind. Die Natur zeigt wieder System: Pflanzen müssen sich den natürlichen Bedingungen anpassen. Also müssen Klimazonen zwangsläufig eine bestimmte typische, an das Klima angepasste Vegetation (Pflanzenbewuchs) aufweisen. Diese angepassten Vergesellschaftungen von Pflanzen werden als terrestrische Bioformationen (terrestrisch kommt vom lateinischen terra = Erde) bezeichnet und lassen wiederum Rückschlüsse auf das Klima zu. Die Klimazonen und die dazugehörigen Vegetationsgürtel werden hier in vereinfachter Form vorgestellt (Abb. 1 und 2).

Das **Tropenklima** lässt sich in zwei Bereiche aufgliedern: die ständig feuchten (immerfeuchten) Tropen und die sommerfeuchten oder auch (wechselfeuchten) Tropen. Die ständig feuchten Tropen liegen beider-

Unter diesen Bedingungen ergeben sich für die Vegetation hervorragende Wachstumsmöglichkeiten. Der Vegetationsgürtel des üppigen, immergrünen tropischen Regenwaldes mit einem unermesslichen Ar-

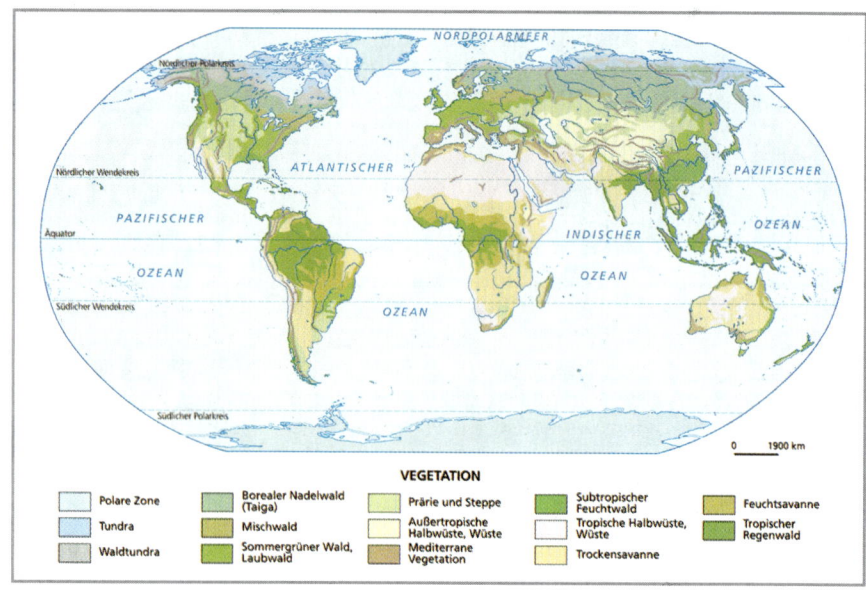

Abb. 2: Vegetation

Abb. 3: In der Savanne

In der Dornsavanne ist die Grasdecke nicht mehr geschlossen. Charakteristisch sind Einzelbäume, die sich durch Schirmkronen an die Trockenheit anpassen. Am äußeren Rand der Tropen gibt es keine Niederschläge mehr. Es geht in die tropischen Wüsten über, die in die Subtropenzone hineingreifen. Auch in der Wüste ist Leben möglich, jedoch nur für Pflanzen, die die mehrere Jahre andauernde Trockenheit überstehen können. Nach den seltenen Regenfällen grünt die Wüste.

Die **Subtropen** sind der Zwischenbereich zwischen tropischem und gemäßigtem Klima. Hier kommen im Gegensatz zu den Tropen keine Zenitstände der Sonne mehr vor. Das ist der wesentliche Unterschied zu den Tropen. Deshalb spricht man in den Subtropen auch nicht von Regen- und Trockenzeit. Hier gibt es **Jahreszeiten**.

Zunächst schließen die sommerheißen Halbwüsten und Wüstengebiete (Sahara, Arabische Halbinsel, Zentrum Australiens) jenseits der Tropen an. Dann unterscheidet man auf gleicher geographischer Breite zwei unterschiedliche Ausprägungen: das winterfeuchte Mittelmeerklima und das sommer- oder immerfeuchte Ostseitenklima. Das Mittelmeerklima ist bestimmt durch sommerliche Trockenheit und Hitze mit Durchschnittstemperaturen in den Sommermonaten um 25°C und im Winter Regen und kühlere Temperaturen. Dieser Wechsel wird durch das Wandern der Zenitstände und der Windgürtel bestimmt. Man spricht von Winterregengebieten. In diesem Klimabereich auf der Westseite der Kontinente finden sich Hartlaubgewächse. Mit kleinen ledrigen, dicken, behaarten Blättern schützen sie sich gegen die Verdunstung. Pinie, Lorbeer und Zypresse sind charakteristische Pflanzen.

Das sommer- oder immerfeuchte **Ostseitenklima** ist auf der Ostseite der Kontinente zu finden. Die Ostteile der Kontinente erhalten zusätzlich Sommerfeuchtigkeit, sind also immerfeucht. Deshalb können immerfeuchte Wälder mit z. B. Bambus und Magnolien und üppige Sträucher das Bild der immerfeuchten Subtropen bestimmen (Abb. 4).

Das gemäßigte Klima wird durch die vier Jahreszeiten geprägt. Deutliche Temperaturunterschiede zwischen Sommer und Winter und vorherrschende Westwinde sind charakteristisch. Die Westseiten der Kontinente erhalten durch die Westwinde Niederschläge zu allen Jahreszeiten, das ist das ozeanische Klima. Es gilt die Regel: Je näher ein Ort zu den Ozeanen liegt, desto geringer sind die Temperaturschwankungen im Jahresdurchschnitt. Das ist in der temperaturausgleichenden Wirkung des Wassers begründet, das Wärme im Vergleich zum Festland sowohl verzögert aufnimmt als auch abgibt. Hingegen spricht man bei zunehmender Entfernung von den Ozeanen von **Kontinentalklima** (Binnenklima) im Innern großer Festlandsgebiete. Denn mit der Entfernung zum Ozean wachsen die Temperaturschwankungen während des Jahresverlaufs. Die Sommertemperaturen werden höher, die Wintertemperaturen niedriger.

Für Europa ergibt sich daraus die folgende horizontale Gliederung:
1. stark ozeanisch geprägtes Klima in Westeuropa;
2. kontinental geprägtes Klima in Osteuropa;
3. mitteleuropäisches Klima, das den Übergang bildet und im Westen noch schwach ozeanisch, im Osten dagegen schon leicht kontinental geprägt ist.

Die ursprünglichen sommergrünen Laub- und Mischwälder in Zonen mit ozeanischem und mitteleuropäischem Klima wurden überwiegend gerodet und in Kulturlandschaft umgewandelt. Im kontinentalen Klima findet man Steppen – das sind ausgedehnte, fast baum- und strauchlose Grasfluren – sowohl in der gemäßigten als auch in der subtropischen Zone. Die Prärien Nordamerikas oder Steppen im Innern Asiens sind Beispiele. Entscheidend ist, dass

die Feuchtigkeit nicht mehr für Wälder ausreicht.

In der subpolaren Klimazone, dem Übergangsbereich zur **polaren Zone,** findet man zunächst die Zone der borealen (nördlichen) Nadelwälder mit Kiefern, Fichten und Lärchen. In Sibirien heißen diese Wälder Taiga. Dort sinkt die Zahl der Tage mit Mitteltemperaturen von über 10°C auf unter 120 im Jahr. Die kalte Jah-

Abb. 4: Bambus braucht Feuchtigkeit

reszeit dauert über sechs Monate. Jenseits der Polarkreise sind der Wechsel von Polarnacht und Polartag und tiefe Jahresmittelwerte der Temperatur kennzeichnend. Mitteltemperaturen über 10°C gibt es weniger als 30 Tage im Jahr. Hier ist die Tundra mit einer baumlosen Vegetation von Flechten und Moosen, Gräsern und Zwergsträuchern zu finden.

Lebensfeindliche Eiswüsten an den Polkappen bilden den Schluss.

 Zum Weiterlesen:

- In den Polargebieten, S. 654
- In der Wüste, S. 656
- Im tropischen Regenwald, S. 660
- Tageszeiten – Jahreszeiten, S. 664
- Wärmezonen und Windgürtel, S. 668
- Meeresströmungen, S. 672

Meeresströmungen und Höhenstufen

Will man bestimmte Klimaunterschiede zwischen den West- und Ostseiten der Kontinente erklären, muss man auch etwas über **Meeresströmungen** wissen. Meeresströmungen transportieren große Wassermengen über weite Entfernungen in den Weltmeeren. Ständig in gleicher Richtung auf die Meeresoberfläche einwirkende **Winde**, vor allem Passate und Westwinde, bringen die Wassermassen in Bewegung. Bis in Tiefen von etwa 150 Meter werden diese **Oberflächenströme**, auch Driftströme oder Trift genannt, horizontal bewegt. Nur wo die Festländer im Wege sind, müssen die Ströme abbiegen. Ihre Richtung wird aber nicht nur durch die Winde, sondern auch durch die Erdrotation bestimmt, die die Ströme auf der Nordhalbkugel nach rechts und auf der Südhalbkugel nach links ablenkt. Kommen sie aus tropischen Bereichen, sind sie warm. Haben sie ihren Ursprung im arktischen oder antarktischen Raum, sind sie kalt. So können sie das Klima stark beeinflussen.

Europa besitzt nun eine „Fernheizung", den **Golfstrom**. In den heißen Zonen beiderseits des Äquators hat er seinen Ursprung im südlichen und nördlichen Äquatorialstrom. Die regelmäßig wehenden Passate setzen große Mengen warmen Wassers in Bewegung, die zunächst in westliche Richtung getrieben werden. Der Küstenverlauf Südamerikas und die Karibischen Inseln lenken die Wassermassen in den Golf von Mexiko um. Dem hat er seinen Namen „Golf"strom zu verdanken. Von hier zieht das etwa 25°C warme Wasser entlang der Ostküste der USA. Die vorherrschenden Westwinde weisen ihm dann auf der Höhe von New York den Weg nach Osten, und er erreicht schließlich die Westküsten Europas. So ist zu erklären, dass die Häfen an der Westküste Nordeuropas bis hinauf zum Nordkap (das ist die nördlichste Spitze Norwegens jenseits des nördlichen Polarkreises) eisfrei bleiben können.

Wie ist es nun zu verstehen, dass die Titanic auf der Höhe New Yorks einen **Eisberg** rammte und sank? Liegt doch die Stadt New York etwa auf der gleichen geographischen Breite wie Rom, was eigentlich kein Gebiet für Eisberge ist. Ursache ist ein Meeresstrom. Der eiskalte Labradorstrom bringt arktische Eisberge in südlichere Gebiete (Abb. 1 und 2). Auf einen von ihnen stieß also die Titanic. Der kalte Strom kommt aus der Baffinbay, führt dann sein kaltes Meereswasser an der Ostküste Kanadas vorbei nach Süden (Abb. 3). In den oberen Schichten transportiert er etwa –1°C kaltes Wasser. In Höhe der Hudsonbay wird er vom Westgrönlandstrom verstärkt und trifft bei der Großen Neufundlandbank auf den Golfstrom. Hier führen die Temperaturgegensätze häufig zu Nebelbildung, die den Schiffsverkehr gefährdet. Hinzu kommen die wegen der hohen Luftfeuchtigkeit oft schlagartigen Vereisungen der Schiffsaufbauten.

Das kalte und sauerstoffreiche Wasser des Labradorstromes enthält viel Plankton, Ernährungsgrundlage für Fische. Dort, wo sich kaltes und warmes Wasser durchmischen, entwickelt sich Plankton sehr stark. So ist zu erklären, dass sich im Bereich der Neufundlandbank reiche Fischgründe befinden, die für die Hochseefischerei einen der Hauptfangplätze darstellen. Weitere kalte Ströme der Nordhalbkugel, der Ostgrönlandstrom und der Oyaschiostrom, schieben sich gegen die warmen Strömungen vor.

Die Westküsten der Kontinente sind durch kalte Meeresströmungen benachteiligt. So fließt der kalte Benguelastrom vor der Südwestküste Afrikas und der Humboldtstrom an der Westküste Südamerikas. Hier haben sich **Küstenwüsten** gebildet, die Wüste Namib in Südwestafrika oder die Atacama in Südamerika. Der vom Land auf das Meer wehende trockene Passat treibt das erwärmte Oberflächenwasser von der Küste weg. Aus der Tiefe steigt zum Ausgleich kälteres Wasser auf. Folglich sinken die Lufttemperaturen vor der Küste. Gelegentlich vom Meer kommende Winde werden so schon vor der Küste gezwungen, über dem kalten Wasser zu kondensieren und als Nebel oder Regen niederzugehen. Die vom Land kommenden Passate sind ohnehin trocken (Abb. 4). So lässt sich die extreme Trockenheit dieser Gebiete an der Westseite der Kontinente erklären.

Auf der landärmeren Südhalbkugel gibt es noch die Westwinddrift, das sind durch Westwinde verursachte kalte Meeresströmungen im antarktischen Polarmeer. Sie umziehen in etwa 45° südlicher Breite die Südhalbkugel.

Höhenstufen am Äquator

In den heißen Tropen gibt es tatsächlich Schnee. Das ist, obwohl es zunächst seltsam erscheint, wiederum logisch aus dem System der Natur zu verstehen. Denn mit zunehmender Höhe ändern sich die Klimabedingungen, es kommt zur Ausbildung von **Höhenstufen**. Sie unterscheiden sich durch Vegetation, Klima und Wirtschaft. In den Tropen sind diese Stufen zahlreicher ausgebildet als in den gemäßigten Breiten. Es sind breite Grenzzonen mit allmählichen Übergängen.

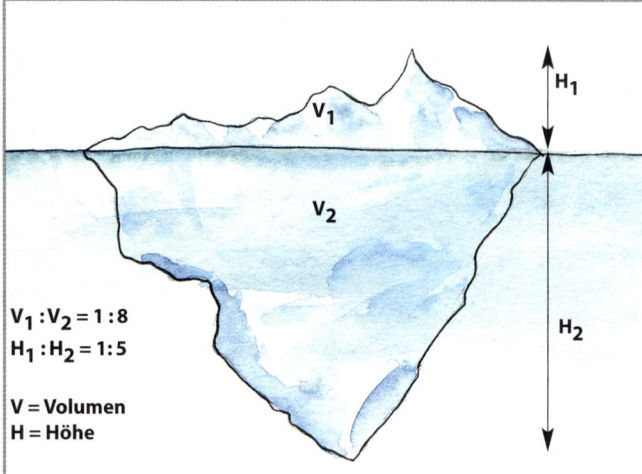

$V_1 : V_2 = 1 : 8$
$H_1 : H_2 = 1 : 5$

V = Volumen
H = Höhe

Abb. 1: Schnitt durch einen Eisberg

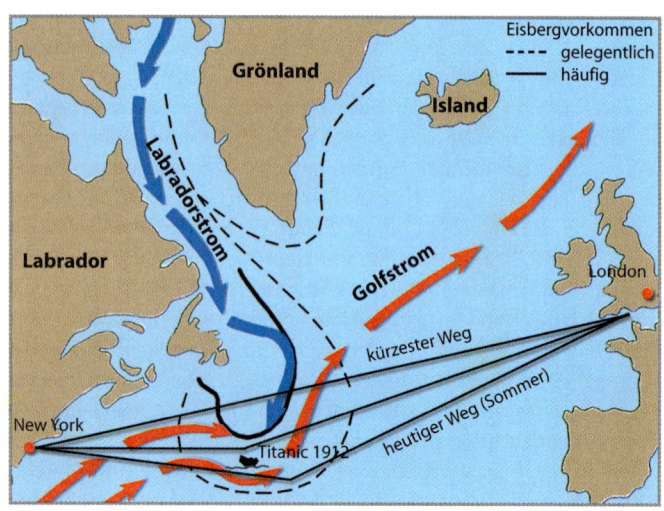

Abb. 2: Die bedeutendste Eisbergstraße der Welt – vereinfachte Darstellung

Ein gutes Beispiel dafür bieten die Anden in Südamerika (Abb. 5). Der deutsche Geograph Alexander von Humboldt beschrieb auf seiner Südamerikareise zwischen 1799 und 1804, dass sich die Pflanzenwelt in einzelnen Höhenstufen ganz regelmäßig anordnet. Von feuchten oder wechselfeuchten Fußzonen reichen die Hochgebirge der Tropen bis in Schneefelder hinauf. Während die heiße untere Stufe verhältnismäßig dünn besiedelt ist, haben sich in den Hochländern zwischen 1000 und 3500 Meter Höhe dagegen schon früh bedeutende Kulturen angesiedelt, wie das Reich der Inka in Peru.

Die einzelnen Stufen werden mit spanischen Begriffen benannt. Diese machen deutlich, dass sie die Abnahme der Temperatur mit zunehmender Höhe ausdrücken wollen. In den Gebirgen der gemäßigten Breiten geben die Namen dagegen Auskunft über die vorherrschende Vegetation. Aus der Abbildung ist ersichtlich, dass in den Tropen eine ganz klare Abgrenzung nach Pflanzengruppen nicht so leicht möglich ist wie in den gemäßigten Breiten. Mehrere Pflanzengemeinschaften greifen ineinander über. Die Tierra caliente, das „heiße Land", reicht bis in etwa 1000 Meter Höhe. Bei Temperaturen von 25° bis 28°C breitet sich tropischer Regenwald aus, oder tropische **Kulturgewächse** wie z. B. Kakao werden angebaut. Dieser braucht das ganze Jahr über Temperaturen zwischen 22° und 28°C.

Die Tierra templada, das „gemäßigt warme" Land, liegt zwischen 1000 und 2000 Meter Höhe. Mit Temperaturen um 20°C ist es hier im Vergleich zu den äquatorialen Temperaturen „gemäßigt". Hier beginnen an den feuchten Berghängen die Nebelwälder, die im Wolkengürtel zwischen 1000 und 3000 Meter Höhe oft vorkommen. Ständiger Nebel, Sprühregen und starker Taufall sind die Bedingungen für diesen Wald, der niedriger als der Regenwald, aber ebenfalls sehr üppig ist. Wegen der triefenden Nässe umhüllen Moose und Flechten die Stämme und Äste. Eine wichtige Nutzpflanze dieser Höhenstufe ist Kaffee, der gleichmäßige Wärme zwischen 17° und 21°C braucht. Auch Bananen und Agrumen, das sind Zitrusfrüchte wie Zitronen und Orangen, gedeihen hier.

Abb. 3: Eisberg in der Baffinbay

Die Tierra fria, das „kalte Land", liegt etwa zwischen 2000 und 3500 Metern. Die durchschnittlichen Temperaturen entsprechen mit 10°–18°C ungefähr den Frühjahrs- oder Herbsttemperaturen der gemäßigten Breiten. Berg- und Höhenwald oder Nebelwald findet sich hier von Natur aus. Weizen, Gerste und Kartoffeln, also die Kulturpflanzen der gemäßigten Breiten, werden hier angebaut. Man sollte sich einmal vor Augen führen, dass in den Alpen bei 2600 Metern die Schneegrenze liegt!

Die Tierra helada, mit 4–10°C das „Frostland", liegt etwa zwischen 3500 und 4500 Metern. In feuchteren Zonen findet man die Paramo-Vegetation, Gras- und Strauchland, in trockeneren die Puna-Vegetation: kurze, harte Büschelgräser und Polstergewächse, dornige Sträucher und Kakteen. Das ist die Stufe der Hochweiden für Lamas und Alpakas, die Kamelarten der Neuen Welt. Das ganze Jahr über bleiben die Tiere draußen. Die Indios benutzen das Lama, das eine etwas gröbere Wolle liefert, noch heute als Tragtier. Besonders begehrt ist die feine Wolle der Alpakas.

Die Tierra nevada, das „Schneeland" bildet ab etwa 4500 Meter Höhe den Abschluss. Bei Temperaturen von 0 bis –2°C liegt bei 5000 Metern die Schneegrenze.

Die Hochgebirge der Tropen lassen sich vereinfacht als eine verkürzte Wiederholung der Landschaftszonen zwischen Äquator und den Polen darstellen. Man muss aber dabei bedenken, dass in den Tropen Tageszeitenklimate, keine Jahreszeitenklimate wirksam sind.

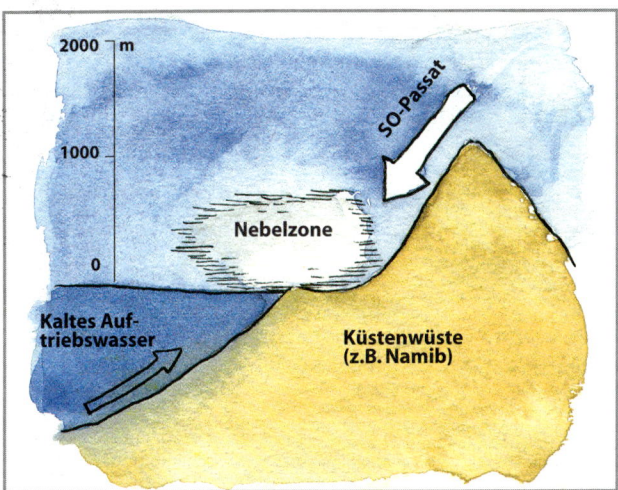

Abb. 4: Küstenwüsten

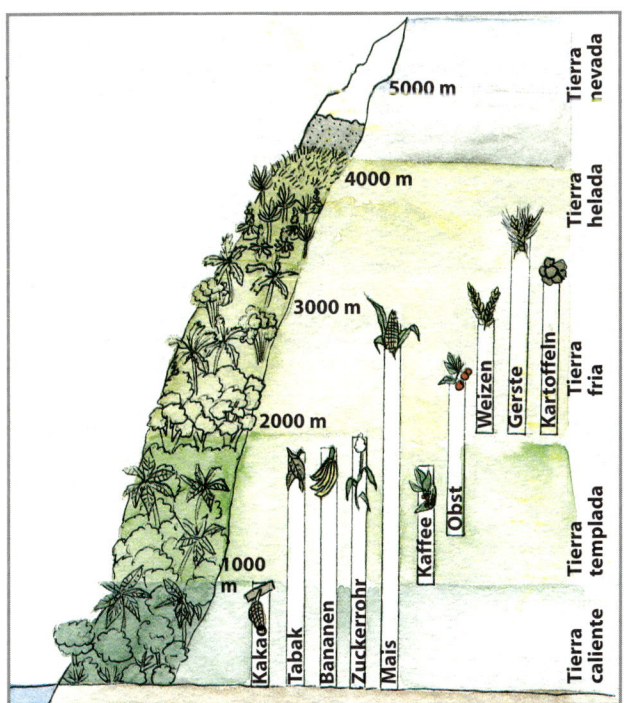

Abb. 5: Höhenstufen am Äquator

 Zum Weiterlesen:

• In den Alpen, S. 616
• Tageszeiten – Jahreszeiten, S. 664
• Wärmezonen, S. 666
• Klimazonen, S. 670

Weltweite Wanderungsbewegungen

Weltweit verlassen Menschen ihren Lebensraum, um neuen zu suchen. Diesen Wechsel einzelner oder ganzer Völkergruppen nennt man **Migration**. Das Wort kommt aus dem Lateinischen und heißt Wanderung.

Für diese Wanderung gibt es unterschiedliche Ursachen. Man unterschiedet dabei zwei große Gruppen. Die **Push-Faktoren** (Druckfaktoren) und die **Pull-Faktoren** (Sogfaktoren). Zu den Push-Faktoren, die Menschen aus ihrem Lebensraum herauszwingen, gehören vor allem Krieg und Verfolgung, aber auch mangelnde Ernährungsgrundlagen. Viele verlassen aber auch ihre Heimat, weil in anderen Gebieten die Pull-Faktoren Freiheit, Friede, Sicherheit, Arbeit und bessere Lebensqualität locken (Abb. 1).

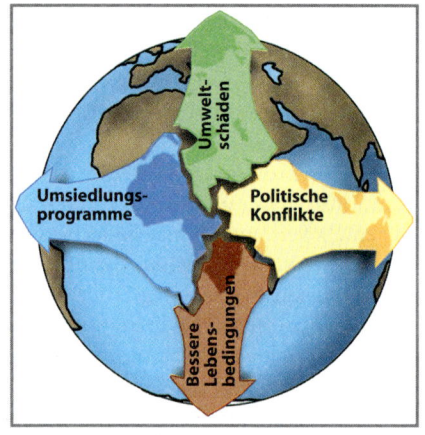

Abb. 1: Push- und Pull-Faktoren

Völkerwanderungen sind nicht nur eine Erscheinung unseres Jahrhunderts. Man denke nur an die großen Völkerverschiebungen hauptsächlich germanischer Stämme, die sich im Laufe des vierten bis sechsten Jahrhunderts nach Christus vollzogen. Betrachtet man diese Wanderungen im geschichtlichen Zusammenhang, so setzten sie bereits Jahrhunderte vor Christus ein. Ursache waren große Bewegungen asiatischer Steppenvölker, unter anderem der Hunnen, die von Osten nach Westen vorstießen. Sie bedrängten die Bevölkerung der jeweilig überfallenen Gebiete. Ganze Völkerstämme wurden daraufhin in Bewegung gesetzt. Kelten, Germanen, Slawen und andere Völker suchten neuen Lebensraum. Dabei stießen sie nach Süden und Westen in den Kreis der Mittelmeerkultur vor und besiegelten den Untergang des Römischen Reiches. Die Westgoten siedelten sich in Südfrankreich und Spanien an, Vandalen in Nordafrika, die Ostgoten in Italien, die Langobarden in Oberitalien, die Angeln und Sachsen in Britannien, die Alemannen am Rhein und die Franken in Gallien. Europa sähe ohne die Völkerwanderungen heute anders aus.

Der Push-Faktor **Krieg** wirkt auch in der Gegenwart: In kriegerischen Auseinandersetzungen beanspruchen einzelne Gruppen Raum für sich und vertreiben andere Volksgruppen (Abb. 2). Ursachen sind beispielsweise ethnische und religiöse Unterdrückung, Armut und staatliche Willkür. Diese gewaltsamen Auseinandersetzungen sind der Grund für die gegenwärtigen „Völker"wanderungen. Alle Krisenherde auf der Welt sind Ausgangszonen für Flüchtlingsbewegungen. Weltweit wurden 1999 35 Kriege geführt, 75 % der Kriege allein auf den Kontinenten Afrika mit 14 und Asien mit 12 bewaffneten Auseinandersetzungen. Im vorderen und mittleren Orient gab es sechs, in Europa einen und in Lateinamerika zwei. Unbewältigte gesellschaftliche Konflikte lassen die Zahl der Kriege von Jahr zu Jahr wachsen. Die betroffene Zivilbevölkerung weicht den Kampfhandlungen zunächst innerhalb des eigenen Landes aus. Man spricht von Binnenflüchtlingen.

Wird der Druck zu groß, verlässt die Bevölkerung das eigene Land. Ein Beispiel möge das heutige Ausmaß dieser Flüchtlingsströme verdeutlichen. Wenn man sich vorstellt, dass Düsseldorf 571.000 Einwohner hat oder sich die Einwohnerzahl des eigenen Wohnortes ins Gedächtnis ruft, vermag man die Flüchtlingszahlen einzuordnen: Der seit

Abb. 3: Dürre vertreibt die Menschen aus ihren Lebensräumen

Abb. 2: Menschen auf der Flucht

1991 tobende Bürgerkrieg im zerfallenden ehemaligen Jugoslawien veranlasste bis Ende 1999 fast vier Millionen Menschen zur Flucht.

Um die Migranten, die ihr Heimatland wegen Krieg und Verfolgung verlassen, kümmert sich die UNHCR, das ist der **Hohe Flüchtlingskommissar**. Es handelt sich um eine Unterorganisation der UN (United Nations, Vereinte Nationen). Seinen Hauptsitz hat die Organisation in Lausanne, eine deutsche Vertretung gibt es in Bonn. Vier verschiedene Formen der Hilfeleistungen bietet die UNHCR: Soforthilfsmaßnahmen, längerfristige Versorgung von Flüchtlingen, die sich in Wartesituationen befinden, Eingliederungshilfen für Flüchtlinge in das jeweilige Asylland und schließlich Rückführungs- und Wiedereingliederungshilfen.

Eine weitere Gruppe von Menschen flieht vor Umwelt- und Naturkatastrophen (Abb. 3). Zerstörung des Bodens und der Wälder, Gewässerverschmutzungen, Dürrekatastrophen, nach denen das Weideland für die Tiere nicht mehr ausreicht und die Ackerflächen zur Ernährung der Menschen nicht mehr genug liefern. Eines dieser Gebiete ist die Sahelzone. Von der Flucht in große Städte oder der Teilnahme an staatlichen **Umsiedlungsprogrammen** verspricht man sich Hilfe. Beispiele für Umsiedlungsprojekte gibt es in Brasilien (Transamazonica-Projekt) oder in Indonesien.

Zum Inselstaat Indonesien gehören rund 13.600 Inseln. Die wichtigste davon ist Java. Sie hat nur etwa sieben Prozent der gesamten Staatsfläche, aber etwa zwei Drittel der Gesamtbevölkerung leben hier. Die indonesische Regierung führt zurzeit ein Umsiedlungsprogramm durch, das als die größte staatlich organisierte Maßnahme dieser Art auf der Welt angesehen werden kann. Weit über 60 Millionen Menschen sollen auf andere, nicht dicht bevölkerte Inseln umgesiedelt werden, um die ungleiche Bevölke-

Abb. 4: Wassertürme im reichen Kuwait

rungsverteilung dieses Inselstaates auszugleichen. Erhebliche Probleme waren auch mit dieser Maßnahme verbunden.

Am Beispiel Kuwaits sollen nun Pull-Faktoren aufgezeigt werden. Noch vor wenigen Jahrzehnten gehörte es zu den ärmsten Ländern der Welt. Kies- und Sandwüste boten keinerlei Möglichkeit zur landwirtschaftlichen Nutzung, Analphabetentum war noch die Regel. Heute glaubt man sich in eine moderne Stadtlandschaft mit mehrspurigen Autobahnen, modernem Flughafen, Hochhäusern im westlichen Stil, Banken, Luxushotels, Geschäften, Villen, Krankenhäusern, Schulen und Universität versetzt. Großzügige Blumenbeete und Grünanlagen lockern das Bild auf. Das ist Kuwait heute, die Hauptstadt des gleichnamigen Emirats (Scheichtum) in Vorderasien, im Nordosten der Arabischen Halbinsel am Persischen Golf (Abb. 4).

Dieser Staat im wüstenhaften Flachland um die Bucht von Kuwait, flächenmäßig nur in etwa so groß wie Schleswig-Holstein, ist durch Erdölfunde unermesslich reich geworden. Im subtropischen Klima dieser Zone gibt es auch ärmste Länder. Kuwait jedoch ist einer der reichsten Staaten der Erde geworden, seit 1946 mit der planmäßigen Förderung von Erdöl begonnen wurde.

Die hohen Einnahmen aus dem Ölexport kommen der Bevölkerung zugute. Der Staat hat ein hoch entwickeltes **Sozialleistungswesen** aufgebaut: Kostenlose medizinische Versorgung, billige Sozialwohnungen, kostenloses Telefonieren im Inland, leistungsfähige Berufs- und Schulausbildung, eine Altersversorgung fast ohne Eigenleistung gehören dazu. Und bei all den Leistungen zahlen die Bürger keine Steuern. Kostspielige Meerwasserentsalzungsanlagen sorgen für Trinkwasser. Der Übergang von der traditionellen Gesellschaft zur Wohlfahrts- und Konsumgesellschaft vollzog sich innerhalb nur einer Generation. Kein Wunder, dass dieser Staat eine ungeheure Sogwirkung ausübt.

So ist die Zusammensetzung der Einwohnerzahlen Kuwaits sicherlich einmalig auf der Welt: Von 1.570.000 Einwohnern sind nur etwa 38 Prozent Kuwaiter, die restlichen 62% sind Ausländer. Ägypter, Inder, Bangladescher, Sri Lanker, Pakistaner, Syrer, Iraker, Amerikaner, Briten... Aus den Krisengebieten der Erde stammen bis Ende 1996 z. B. 25.000 Palästinenser und 2.000 Somalier. Für die schnelle wirtschaftliche Entwicklung reichte die eigene Bevölkerung nicht aus, Arbeitskräfte aus anderen Ländern wurden angeworben. Auf den Erdölfeldern, bei Bauarbeiten, im Dienstleistungssektor brauchte man Personal.

Durch den **Golfkrieg** 1990/91 erlitt der Aufschwung einige Einbußen. Irakische Truppen marschierten im August 1990 in Kuwait ein und wollten Gebietsansprüche geltend machen. Sie mussten sich aber im Februar 1991 zurückziehen, weil eine internationale Streitmacht unter Führung der USA Kuwait im Auftrag der UN befreite. Beim Rückzug steckten die Iraker die Ölfelder in Brand. Die Löschung der brennenden Ölfelder dauerte bis November 1991.

Als Pull-Faktoren innerhalb eines Staates wirken die großen Städte. Wie ein Magnet saugen sie vor allem in den Entwicklungsländern die Menschen aus der ländlichen Umgebung an. Städtewachstum und Landflucht gehören eng zusammen (Abb. 5).

 Zum Weiterlesen:

- Entwicklungsländer, S. 680
- Indien, S. 682
- Nigeria, S. 684
- Brasilien, S. 686
- Entwicklungshilfe, S. 688

Abb. 5: Blick auf Kairo

Wanderungsbewegungen in Deutschland

Auch Deutschland ist ein Land mit umfangreichen Wanderungsbewegungen. Als nicht unerhebliche Wanderungsströme sind die Binnenwanderungen zu betrachten, wo Deutsche innerhalb Deutschlands neuen Lebensraum suchten: Bis zum Mauerbau 1963 strömten täglich viele Flüchtlinge aus der DDR in den Westen. Nach der Wiedervereinigung setzte eine neue Wanderungswelle ein. Die Binnenwanderung innerhalb Deutschlands zwischen den neuen Bundesländern inklusive Berlin-Ost und den alten Bundesländern hält immer noch an. Die Zuwandererströme gehen im Gegensatz zur Nachkriegszeit jedoch in beide Richtungen. So ziehen etwa gleich viele Bürger aus den neuen Bundesländern in die alten wie umgekehrt.

Ein Blick in die Geschichte zeigt, dass Deutschland sowohl **Auswanderungsland** als auch **Einwanderungsland** war. Da war im 19. Jahrhundert zunächst eine große Auswandererwelle (Abb. 1). Amerika hieß das große Ziel vieler, die sich dort Arbeit, Reichtum und Freiheit versprachen (Abb. 2). Die politischen Verhältnisse in Deutschland versetzten die Bürger in eine totale Abhängigkeit von ihren jeweiligen Landesfürsten, die eine ungeheure Macht hatten und Druck auf ihre Untertanen ausübten. Religiöse Unfreiheit, Missernten und Hungersnöte kamen hinzu. Das waren Pull-Faktoren, die ganze Sippen in Übersee ihr Glück suchen ließen.

Nachrichten über Goldfunde in Kalifornien, die weiten Landflächen des goldenen Westens lockten nicht nur Deutsche, sondern auch andere Europäer, wie z. B. Iren und Engländer, in großen Zahlen in die Neue Welt. Flächenmäßig so groß wie das Bundesland Bayern, stellt Irland die zweitgrößte

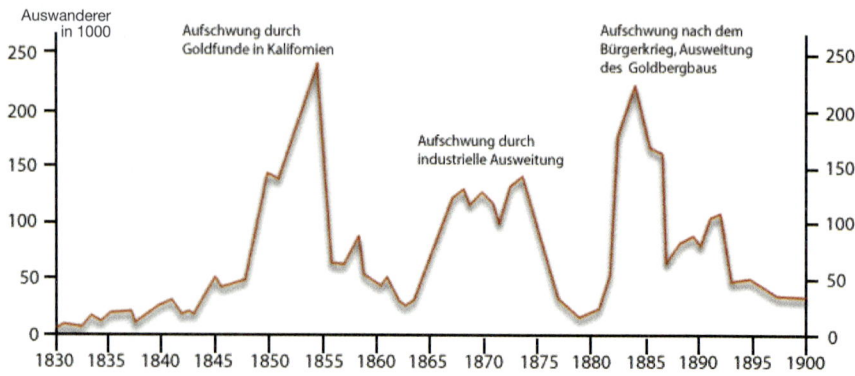

Abb. 1: Deutsche Auswanderbewegung im 19. Jahrhundert (in Tausend)

Einwanderergruppe in den USA hinter den Deutschen.

Irland, seit 1801 in das Vereinigte Königreich Großbritannien eingegliedert, wurde im 19. Jahrhundert wiederholt von verheerenden Missernten heimgesucht. Ganze Kartoffelernten, das einzige Nahrungsmittel der armen irischen Bevölkerung, wurden durch die so genannte Kartoffelpest, eine Krankheit dieser Nutzpflanze, vernichtet. Für die englischen Großgrundbesitzer war es billiger, den Hungernden für drei Pfund eine Überfahrt nach Amerika zu bezahlen, als sie in Armenhäusern für sieben Pfund im Jahr durchzufüttern. Für viele der völlig Entkräfteten, die so aus ihrer Heimat abgeschoben wurden, bedeutete die lange Überfahrt den Tod. Die Iren sprechen vom Nordatlantik als dem größten irischen Friedhof.

Heute zeugen Städtenamen oder auch Straßennamen in den Städten Amerikas von diesen Wanderungsbewegungen. Geschichten von Auswanderern, die sich vom Tellerwäscher zum Millionär hocharbeiteten, hat

es tatsächlich gegeben. Amerika war eben das Land der unbegrenzten Möglichkeiten, das eine gewaltige Sogfunktion ausübte. Andere Auswanderungsziele für Europäer waren Australien und Afrika.

Vom Auswandererland zum Einwandererland wurde Deutschland ziemlich rasch, als im Zuge der Industrialisierung viele Arbeitskräfte benötigt wurden. Ein Beispiel dafür ist das Ruhrgebiet (Abb. 3). Kamen zunächst Binnenwanderer aus den benachbarten ländlichen Räumen des Sauerlandes, Münsterlandes oder Hessischen Berglandes, so wurden zunehmend von weiter her Arbeitskräfte für den aufstrebenden Bergbau und die Hüttenindustrie benötigt. Aus den Ostgebieten des damaligen Deutschen Reiches kamen Masuren und Polen aus West- und Ostpreußen und Posen, weil die Zechen mit finanziellen und materiellen Anreizen lockten. Ganze Stadtviertel in Ruhrgebietsstädten waren von Polen bewohnt.

Nach dem Zweiten Weltkrieg kamen Heimatvertriebene und Flüchtlinge aus den ehemaligen Ostgebieten dazu. Über eine Million Menschen zog in dieser Zuwandererwelle ins Ruhrgebiet, die beim Aufbau des durch den Krieg zerstörten Nachkriegsdeutschlands mitarbeiteten.

Anfang der sechziger Jahre wurden dann, als die deutsche Wirtschaft einen ungeheuren Aufschwung nahm, weitere Arbeitskräfte benötigt. In den Mittelmeerländern warb man „Gastarbeiter" an, die den ungenügenden Beschäftigungsmöglichkeiten in ihren Heimatländern so entgehen konnten und den Arbeitskräftebedarf der Industrieländer decken sollten. Ein großer Teil kam anfänglich aus dem armen Süditalien. Die Gastarbeiter sollten als Arbeitskräfte vorübergehend im Gastland erwerbstätig sein und dann in ihre Heimatländer zurückkehren. Viele blieben. Die Integration, das heißt Eingliederung, dieser Menschen warf große

Abb. 2: Erste Station der Auswanderer in Amerika: Ellis Island

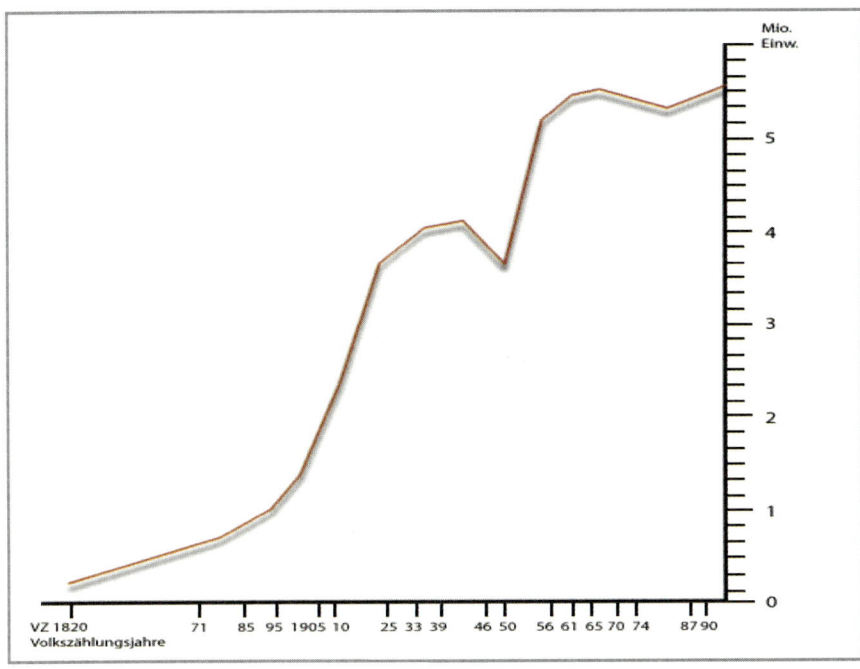

Mio.
Einw.

VZ 1820
Volkszählungsjahre

Abb. 3: Bevölkerungsentwicklung im Ruhrgebiet

Iran, USA, Frankreich, Rumänien, Vietnam, Marokko (Abb. 5). Etwa ein Viertel davon stammt aus Mitgliedstaaten der EU (Europäische Union). Die Zahl der Ausländer nimmt zu, zum einen wegen des hohen Geburtenüberschusses der in Deutschland lebenden Ausländer, zum anderen wegen des weiter anhaltenden Zuzuges. Überall in den Straßenbildern gehören sie dazu. Was wären die Städte ohne die vielen ausländischen Restaurants wie Pizzerien, Balkanrestaurants, italienischen Eisdielen, Chinarestaurants! Spuren der ausländischen Mitbürger trifft man überall im täglichen Leben.

Eine besondere Gruppe von Ausländern sind die Asylbewerber. Sie kommen unter anderem aus der Türkei, dem ehemaligen Jugoslawien, Irak, Afghanistan, Sri Lanka, Iran. Unter Asyl versteht man einen Zufluchtsort für Verfolgte und Obdachlose. Das Asylrecht ist ein im Grundgesetz staatlich garantiertes Recht, das Ausländern, die in ihrer Heimat politisch verfolgt werden, Zuflucht und Schutz innerhalb der Staatsgrenzen gewährt. Der immer stärkere Zuzug bringt vielfältige Probleme jeglicher Art mit sich.

Probleme auf. Für viele von ihnen, deren Kinder in Deutschland geboren wurden, ist Deutschland inzwischen zur Heimat geworden. In der dritten Generation leben einige bereits hier (Abb. 4).

Die **Zuwanderung** nach Deutschland hält an, obwohl die Zeiten des wirtschaftlichen Aufschwungs vorbei sind. Die weltweiten wirtschaftlichen Probleme machen sich auch hier bemerkbar. Die Arbeitslosigkeit in Deutschland betrug 1996 10,4 Prozent. Dennoch übt Deutschland eine große Sogfunktion aus. Man unterscheidet dabei

verschiedene Gruppen mit verschiedenen Motiven.

Eine Gruppe, die in Deutschland neuen Lebensraum sucht, sind die Aussiedler. So nennt man deutschstämmige Personen, vor allem aus der ehemaligen Sowjetunion. Mit wachsendem Gefälle des Lebensstandards und wachsender Liberalisierung, das heißt Gewährung größerer Freiheiten, in den einstigen Heimatstaaten, schwoll die Welle von Aussiedlern an. Ihre Vorfahren haben oft vor mehreren Generationen Deutschland verlassen. Nach dem Höhepunkt 1990 mit fast 400000 Einwanderern im Jahr ist die Entwicklung wieder rückläufig. Aussiedler kommen auch aus Rumänien und Polen. Die deutschstämmigen Aussiedler nehmen den größten Teil der Einbürgerungen, also der Menschen, die die deutsche Staatsbürgerschaft erwerben, ein. An zweiter Stelle der Einbürgerungen stehen die Türken.

Die ausländischen Mitmenschen bilden eine große Gruppe. Sie kommen aus der Türkei, dem ehemaligen Jugoslawien, Griechenland, Bosnien-Herzegowina, Polen, Österreich, Großbritannien, Niederlande,

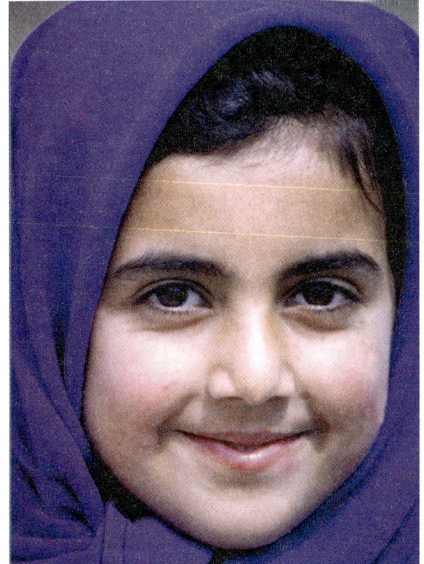

Abb. 4: Viele ausländische Familien leben bereits in der dritten Generation in Deutschland

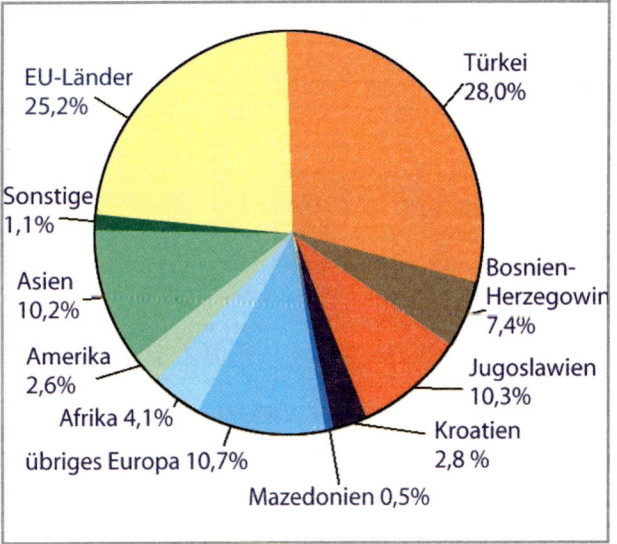

Abb. 5: Ausländer in Deutschland

EU-Länder 25,2%
Türkei 28,0%
Sonstige 1,1%
Asien 10,2%
Amerika 2,6%
Afrika 4,1%
übriges Europa 10,7%
Mazedonien 0,5%
Kroatien 2,8%
Jugoslawien 10,3%
Bosnien-Herzegowina 7,4%

Zum Weiterlesen:

- Weltweite Wanderungsbewegungen, S. 674
- Von der UdSSR zur GUS, S. 698
- Israel, S. 678

Israel – Aufbau eines neuen Staates

*E*in Land ständiger Kämpfe und deshalb ständiger Migration ist das alte **Palästina**, ein Gebiet, in dem der heutige Staat Israel liegt. Die einzige Landbrücke zwischen Afrika und Asien machte es immer wieder zum Streitobjekt rivalisierender Mächte. Ägyptische Pharaonen, Hethiter, Assyrer, Babylonier, Griechen und Römer eroberten das Land. Im Jahre 70 nach Christus vertrieben die Römer das jüdische Volk, das seitdem verstreut in fast allen Ländern der Erde lebt. Palästina war danach jahrhundertelang von Arabern bewohnt. Seit 1901 gab es Bestrebungen, die Juden wieder in das Land ihrer Väter zurückkehren zu lassen. Die dort lebenden Araber standen diesem Vorhaben von Anfang an feindlich gegenüber.

Gegen ihren Widerstand wurde auf Beschluss der UNO (UNO = United Nations Organization, Vereinte Nationen) Palästina in einen arabischen und einen jüdischen Staat geteilt und am 14. Mai 1948 der unabhängige Staat Israel ausgerufen. Die arabischen Staaten griffen Israel sofort an, verloren aber den Krieg. Über 900000 Araber flüchteten nach der Teilung in die arabischen Nachbarstaaten, wo sie in Auffanglagern leben. Seit der Gründung des jungen Staates Israel kam es immer wieder zu kriegerischen Auseinandersetzungen mit den arabischen Nachbarstaaten.

Israel, das ist heute ein Staatsgebiet mit 5,5 Millionen Einwohnern auf 21.000 km², was etwa der Größe Hessens entspricht (Abb. 1). Aus aller Welt kamen Juden in den neu gegründeten Staat, um eine eigene Heimat, neuen Lebensraum aufzubauen. Die Landesnatur birgt erhebliche Schwierigkeiten, über 50 % sind Wüste, 20 % karge Berghänge (Abb. 2). Zwar war das Land Palästina zu Beginn der Geschichte des Volkes Israel vor über 3000 Jahren bewaldet. Doch für Schiffs- und Hausbau wurden die Wälder bereits in vorchristlicher Zeit gerodet und bis Babylon und Ägypten transportiert. Schon um die Zeitenwende war das Land kahl, und als die Kreuzfahrer Palästina eroberten, waren nur noch spärliche Grünflächen vorhanden. Die Araber hatten das Land nur wenig genutzt und überwiegend eine extensive Viehzucht betrieben. Es befand sich auf einem Tiefstand seiner Entwicklung.

Lediglich die schmale, fruchtbare Küstenebene am Mittelmeer stand als landwirtschftlich nutzbarer Raum zur Verfügung. Die Sumpfgebiete der Jesreel–Ebene und des Jordangrabens, das Bergland und ein großer Landesteil Wüste stellten die Einwanderer vor erhebliche Aufgaben, um die immer weiter zuströmenden Immigranten ernähren zu kön-

Abb. 1: Blick auf die Altstadt von Jerusalem

nen. Denn auf Nahrungsmittel von den feindlichen arabischen Nachbarstaaten konnte man nicht setzen.

Die Landesnatur konnte also keinesfalls als Sogfaktor angesehen werden. Aber aus dem Wunsch nach Freiheit und Zusammengehörigkeit heraus zog es Juden, vor allem nach den Verfolgungen im Zweiten Weltkrieg, aus aller Welt in den neuen Staat, der im Gebiet ihres alten Stammlandes Palästina entstanden war. Für die Ernährung der ständig wachsenden Bevölkerung mussten landwirtschaftlich nutzbare Flächen in allen Teilen des Landes geschaffen werden. Die Israelis legten die Sumpfgebiete im Jesreel–Tal und um den Hulesee trocken. Wasser, das vorher in den Sumpfgebieten und im Hulesee verdunstet war, fließt dem See Genezareth zu. Von hier wurde ein Rohrleitungssystem gebaut, durch das das Wasser in den Süden bis in die Wüste Negev geleitet wird (Abb. 3). Weil man aus dem Jordan viel Wasser entnimmt, sinkt der Wasserspiegel des Toten Meeres. Das Tote Meer, 400 Meter unter dem Meeresspiegel, ist der tiefste Punkt der Erdoberfläche.

Das **Einwanderungsland** Israel profitierte davon, dass aus vielen Ländern Menschen mit den unterschiedlichsten Berufen kamen, die ihr Wissen und Können auf dem neuesten Stand einbrachten. So wurde Israel weltweit führend in Bewässerungstechnologien. Seit den achtziger Jahren legt der Staat im Negev Siedlungen an, um die Wüste zu erschließen. Ein hoch technisiertes, ausgeklügeltes System für Wassergewinnung, -transport und -verteilung ermöglicht die Wasserversorgung und damit auch die Erschließung von Wüstengebieten.

So führt die nationale Wasserleitung das ganze Jahr über gleichmäßig große Wassermengen in den trockenen Süden. In Stauseen werden winterliche Regenfälle gespeichert, gereinigte Abwässer zur Bewässerung verwertet, Wolkenmassen vor der Mittelmeerküste von Flugzeugen mit Spezialkonzentrationen besprüht, um sie zum Abregnen über der Negev zu bringen. Man entwickelte ständig neue Techniken, um wassersparend anbauen zu können. Über Tröpfchenbewässerung wird das kostbare Wasser samt Dünger computergesteuert durch lange Plastikschläuche direkt an die Wurzeln jeder einzelnen Pflanze geleitet, so dass kein Tropfen verloren geht. Eine äußerst intensive landwirtschaftliche Nutzung erfordert wei-

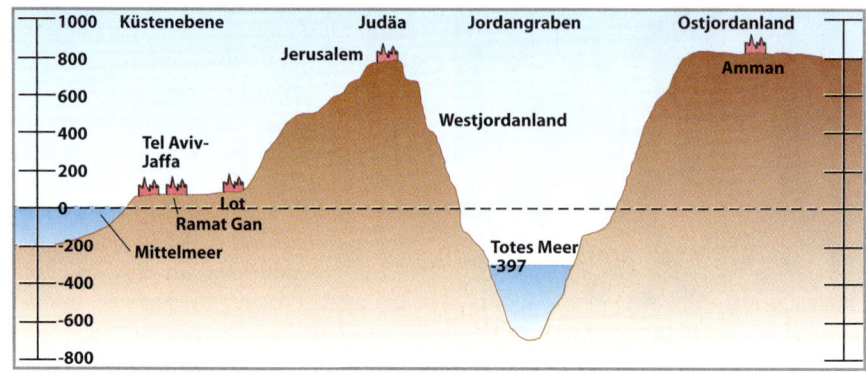

Abb. 2: Schnitt durch das Bergland von Judäa und den Jordangraben

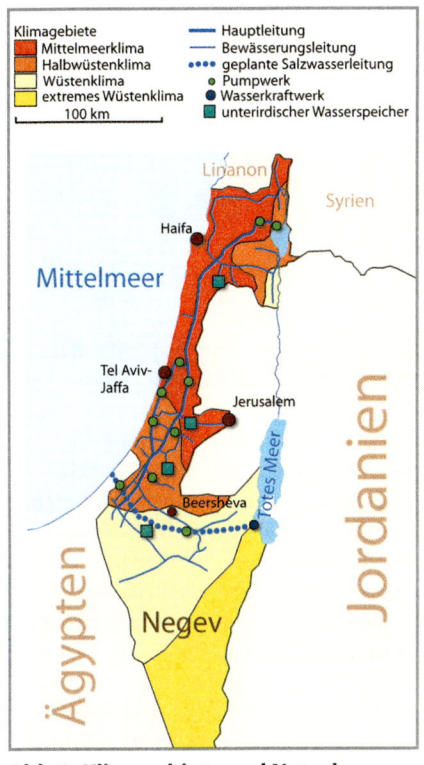

Abb. 3: Klimagebiete und Netz der Wasserleitungen

tere Maßnahmen wie Entsalzung, Befestigung von Wanderdünen und Windschutz.

Insgesamt hat sich die wirtschaftliche Entwicklung dieses Staates praktisch aus dem Nichts seit seiner Gründung zu einem beachteten Partner in der Weltwirtschaft entwickelt. Israelische Orangen gehören zu den wichtigsten Ausfuhrprodukten (Abb. 4).

Als ganz entscheidend bei dieser Aufbauleistung erwiesen sich neue Formen des Zusammenlebens und Wirtschaftens. Enge Zusammenarbeit und gegenseitige Hilfe waren unerlässlich und beschleunigten den Aufbau. In aller Welt bekannt wurde der **Kibbuz**, das ist die hebräische Bezeichnung für eine kollektive, das heißt gemeinschaftliche Siedlungsform (Abb. 5). Den Kibbuzim gelang es, gerade solche Gebiete wieder zu kultivieren, die aufgegeben oder

sehr extensiv genutzt worden waren.

Der Kibbuz, ein einzigartiges ländliches Gemeinwesen, beruht auf den Prinzipien gegenseitiger Hilfe und sozialer Gerechtigkeit. Der Gedanke „Jeder gibt nach seinen Möglichkeiten und erhält nach seinen Bedürfnissen" ist die Grundlage dieses Wirtschaftssystems, in dem Menschen Arbeit und Besitz teilen. Völlig ohne Zwang und Autorität leistet jeder freiwillig seinen Beitrag. Es gibt keinen Privatbesitz an Produktionsmitteln. Die gehören dem Kollektiv, der Gemeinschaft. Das Land ist vom Staat gepachtet. Lediglich Kleidung, Möbel, Toilettenartikel, Bücher sind Privatbesitz. Alles andere, wie Radio, Fernseher, Telefon, Computer, kann ausgeliehen werden. Die Formen des gemeinschaftlichen Arbeitens und Zusammenlebens sind absolut freiwillig im Gegensatz zu den von kommunistischen Staaten zwangsweise durchgeführten Kollektivierungen. Gewinne werden nicht an die Mitglieder ausgezahlt, sondern wieder in Projekte für das Allgemeinwohl und die Entwicklung der Wirtschaft investiert.

Plantagen, Stallungen, Gemeinschaftshäuser, Freizeiteinrichtungen wie Schwimmbad, Sportplätze, Bibliothek, Musikräume, Wohnhäuser gehören zu so einer Anlage. In den ersten Jahren verfolgten die Kibbuzim ausschließlich landwirtschaftliche Ziele, während später auch Industrie dazukam.

Auch die Kindererziehung erfolgt hier gemeinschaftlich in gleichaltrigen Gemeinschaften, in denen die Kinder alle gemeinsam leben, essen und lernen und eingewiesen werden, ihre eigenen Angelegenheiten zu verwalten und eigene Entscheidungen zu treffen.

Abb. 5: Plan eines Kibbuz

Die ersten Kibbuzim wurden bereits 40 Jahre vor der eigentlichen Staatsgründung von aus Osteuropa stammenden Juden errichtet. In der Gemeinschaft überwanden die Einwanderer die Schwierigkeiten, die sich durch die feindliche Umwelt, mangelnde landwirtschaftliche Kenntnisse, Ungewohntheit der körperlichen Arbeit ergaben, und sie begannen, dieses jahrhundertelang vernachlässigte Land zu kultivieren. Die Kibbuzim spielten eine entscheidende Rolle bei der Entwicklung des Staates Israel. Das karge Land brachte durch moderne Anbau- und Zuchtmethoden beachtenswerte Erträge. Ein Großteil der gesamten Agrarproduktion Israels stammt aus den Kibbuzim, die Einkauf und Verkauf über ein weit gespanntes Netz gemeinsam tätigen.

 Zum Weiterlesen:

- Die Hauptstadtregion, S. 644
- Weltweite Wanderungsbewegungen, S. 674
- GUS, Landwirtschaft, S. 700
- China auf neuen Wegen, S. 708

Abb. 4: Orangen gehören zu den wichtigsten Exportartikeln

Entwicklungsländer – Teufelskreis der Armut

*E*in Hungergürtel umzieht die Erdkugel. Industrie- und Entwicklungsländer – das sind Gegensätze wie Tag und Nacht. Auf Abb. 1 erkennt man ihn recht gut, diesen **Hungergürtel**, in dem so viel Armut herrscht, dass Menschen in menschenunwürdigen Unterkünften oder einfach nur auf der Straße leben, oft keinen Zugang zu sauberem Trinkwasser haben, von medizinischer Versorgung ausgeschlossen sind, regelrecht verhungern müssen. In den Industrieländern dagegen sind Gespräche über Diäten zur Verringerung und Vermeidung von Übergewicht an der Tagesordnung.

Zunächst klingt es widersprüchlich, dass viele dieser Länder großen natürlichen Reichtum, nämlich Bodenschätze besitzen. Dennoch sind es arme Länder, weil ihre Wirtschaft noch nicht genügend entwickelt ist. Aus diesem Grunde spricht man von **Entwicklungsländern**. Sie sind weder politisch noch wirtschaftlich noch sozial oder geographisch eine einheitliche Staatengruppe. Vielmehr ergibt sich die Bezeichnung aus Kriterien, die aus dem Vergleich mit den Industrieländern entstanden sind.

So liefert das Bruttosozialprodukt pro Kopf eines Landes gute Vergleichskriterien. Unter **Bruttosozialprodukt (BSP)** versteht man die Gesamtheit der von einer Volkswirtschaft in einem Jahr erzeugten Güter und Dienstleistungen (Abb. 2). Wenn man alle im Laufe eines Jahres in einem Land erwirtschafteten Gewinne und Einkommen, Gehälter und Löhne zusammenzählt und durch die Einwohnerzahl teilt, erhält man das Bruttosozialprodukt pro Kopf. Als Länder mit niedrigem Einkommen gelten Länder mit einem BSP pro Kopf bis 785 US-Dollar, z.B. Indien, Pakistan, Bangladesch, Sudan, Kenia, Sambia, Madagaskar, jedoch auch einige Staaten Südosteuropas und der GUS, wie Armenien, Albanien, Georgien und Kirgistan.

Vergleicht man das Pro-Kopf-Einkommen des reichsten Landes (Luxemburg) mit

Luxemburg	43.600
Schweiz	40.100
Japan	32.400
Norwegen	34.300
Dänemark	33.300
Singapur	30.100
USA	29.300
Island	28.000
Österreich	26.900
Deutschland	25.900

Abb. 3a: Die zehn reichsten Länder der Erde (BSP je Einwohner in US-Dollar) 1998

Nepal	210
Tansania	210
Mosambik	210
Eritrea	200
Malawi	200
Niger	190
Sierra Leone	140
Burundi	140
Dem. Rep. Kongo (Zaire)	110
Äthiopien	100

Abb. 3b: Die zehn ärmsten Länder der Erde (BSP je Einwohner in US-Dollar) 1998

dem des ärmsten Landes (Äthiopien), so liegt das reichste 436-mal höher als das ärmste Land (Abb. 3a und 3b).

Schwellenländer stehen von der wirtschaftlichen Entwicklung her an der Schwelle zum Industriestaat. Prozentual wächst in solchen Schwellenländern die Wirtschaft am stärksten, da die Industrialisierung vor allem für den Export ganz intensiv gefördert wird. Doch trotz des Wirtschaftswachstums wachsen die Unterschiede zwischen Arm und Reich immer weiter. Solche Länder sind beispielsweise die VR China, Thailand, Malaysia, Indonesien und Brasilien.

Für alle Entwicklungsländer lässt sich nun von einem charakteristischen Teufelskreis der Armut sprechen (Abb. 4). Das **Bevölkerungswachstum** geht in diesen Ländern um ein Vielfaches rascher als in den Industrieländern vor sich. Entwicklungsländer haben einen hohen Geburtenüberschuss, das heißt, dass die Zahl der Geburten die der Todesfälle übersteigt. Denn in vielen Ländern gilt Kinderreichtum als soziale Sicherung des eigenen Lebens. Kinderarbeit ist nötig, um das Notwendigste zum Leben zu beschaffen, auf den kümmerlichen Feldern zu erwirtschaften oder für Pfenniglöhne in Fabriken zu erarbeiten. Je mehr Kinder, desto mehr Arbeitskräfte besitzt eine Familie. Für den eigenen Lebensunter-

halt und den der Familie müssen die Jüngsten von frühester Kindheit an mitarbeiten.

Trotzdem reicht das oft nicht, um den Hunger zu stillen. Unter- oder Mangelernährung sind die Folge. Das führt unweigerlich zu Krankheiten. Viele Kinder sterben im frühesten Alter, eine hohe Kindersterblichkeit gilt als charakteristisch für Entwicklungsländer. Hier geht der Teufelskreis weiter: Schon wegen der hohen Kindersterblichkeit müssen manche Eltern aus Gründen der eigenen Altersvorsorge viele Kinder haben, denn Kinder sind oft die einzige Absicherung für das Alter oder den Krankheitsfall. Staatliche Alters- oder Krankenversicherungen gibt es nicht.

Und weiter geht der Teufelskreis. Müssen die Kinder arbeiten, können sie nicht zur Schule. So ist der Bildungsstand in manchen Ländern katastrophal und ein hoher Prozentsatz von Analphabeten charakteristisch. Das sind Menschen, die weder lesen noch schreiben können und demnach noch schlechtere Chancen haben, einen Arbeitsplatz zu finden. Der Hunger mit seinen Folgen wächst (Abb. 5).

Auch die medizinische Versorgung in diesen Gebieten ist völlig unzureichend und in keiner Weise mit westlichem Maßstab zu messen. So ist die **Lebenserwartung** dieser Menschen entsprechend niedrig (Abb. 6). Liegt

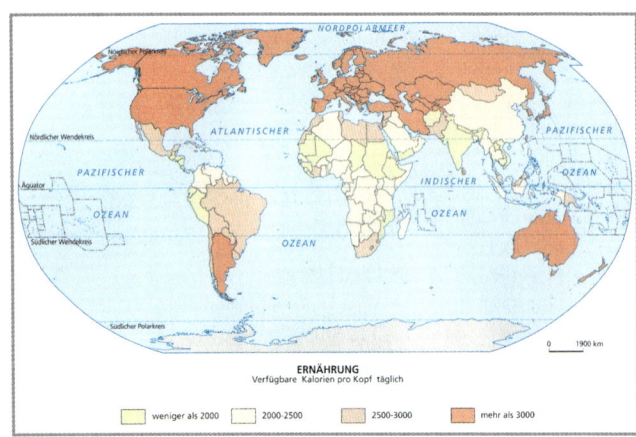

Abb. 1: Die Ernährung der Weltbevölkerung

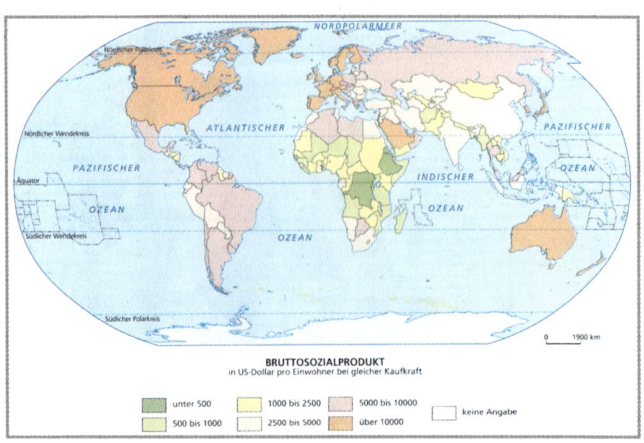

Abb. 2: Das weltweite Bruttosozialprodukt

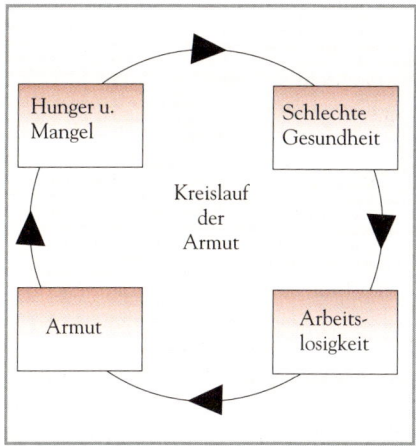

Abb. 4: Teufelskreis der Armut

sie in den Industrieländern weit über 70 Jahre, so ist sie in manchen Entwicklungsländern gerade über 40 Jahre. Kranke und geschwächte Menschen sind nicht fähig zu arbeiten. Die Beschäftigungsrate ist gering. Das Heer von Gelegenheitsarbeitern und Arbeitslosen wächst beständig.

Massenwanderungen in die Städte und somit eine extreme Zusammenballung der Bevölkerung in den großen Städten sind die Folge. Die Zuwanderung vom Land in die Stadt (Landflucht) erhöht sich beständig. Charakteristisch in diesen Ländern sind die ausgedehnten Slums, das sind die Elendsviertel, in allen Großstädten. Ausreichende Ar-

beitsmöglichkeiten für alle in die Städte strömenden Massen kann es nicht geben, obwohl sich die Industrie gerade hier ansiedelt.

Ungerechte Besitzverhältnisse schaffen ferner auf dem Lande unermesslichen Reichtum für ganz wenige und ein Heer von Kleinbauern, die gar kein Land ihr Eigen nennen oder auf Kleinstflächen kaum ihr Leben fristen können.

Nun fragt man sich nach den Ursachen, die für diese Verhältnisse, die ungleiche Verteilung von Arm und Reich verantwortlich sind.

Die Ursachen der Armut liegen vielfach in der Geschichte begründet. Fast alle diese Staaten waren **Kolonien**, das sind Besitzungen europäischer Staaten, von denen die heutigen Entwicklungsländer wirtschaftlich und politisch abhängig waren.

Die ersten Kolonialmächte entwickelten sich nach den großen Entdeckungsreisen um 1500: Portugal hatte Besitzungen in Indien, Afrika, Brasilien und Asien; Spanien eroberte die Westindischen Inseln, Mittel- und Südamerika. Nachdem die Niederlande von der spanischen Herrschaft befreit waren, ent-

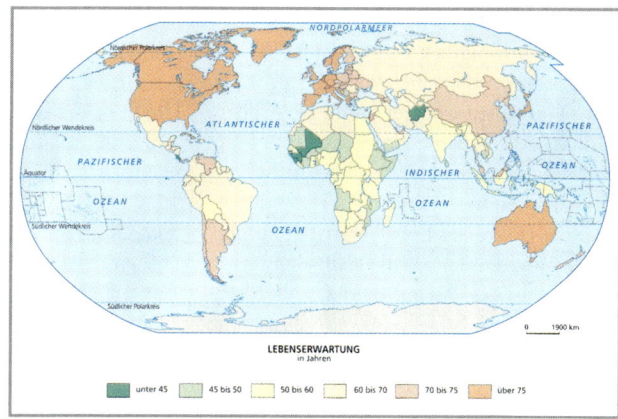

Abb. 6: Lebenserwartung

stand ab etwa 1600 das holländische Kolonialreich durch Eroberung der portugiesischen Besitzungen und die Erschließung neuer Kolonien in Nordamerika. Englands großes Kolonialreich entwickelte sich nach dem Sieg über die spanische Armada (1588). Nach dem Ersten Weltkrieg stand ein Drittel der bewohnten Welt unter britischer Herrschaft, Besitzungen in Indien, Süd- und Westafrika, Australien gehörten dazu.

Frankreich besaß **Kolonien** in Nordamerika, Indien und Afrika. Deutsche Kolonien gab es in Afrika (Togo, Kamerun, Deutsch-Südwestafrika und Deutsch-Ostafrika), in Ozeanien (Deutsch-Neuguinea bzw. Kaiser-Wilhelmsland einschließlich dem Bismarck-Archipel, die nördlichen Salomonen-, Marshall-, Karolinen-, Marianen- und Palau-Inseln, Deutsch-Samoa) und in China (Kiautschou).

Italien hatte Kolonien in Libyen, Eritrea und Somalia, Belgien im Kongo. Die USA und Japan wurden noch kurzzeitig zu Kolonialmächten, bis nach 1945 die endgültige Auflösung der Kolonialreiche begann.

Doch die ungleichen Besitzverhältnisse zwischen den Kolonialmächten und den ehemaligen Kolonien waren vorgegeben und hemmten die Entwicklung der in die Selbstständigkeit entlassenen Länder. Die Folgen sind noch heute sichtbar.

Ursachen
- Armut
- harte bäuerliche Arbeit
- mangelnde Bildung
- Unterernährung
- Infektionsgefahr durch mangelnde Hygiene

Krankheiten, Seuchen
- Cholera
- Malaria
- Bilharziose
- Lepra
- Ruhr
- Schlafkrankheit

Folgen
- kürzere Lebenserwartung
- geringere Arbeitsfähigkeit
- Verarmung, Diskriminierung

Abb. 5: Krankheiten und Seuchen

- Unter- und Mangelernährung der Bevölkerung
- Rascher Bevölkerungsanstieg
- Lückenhafte medizinische Versorgung
- Geringe Lebenserwartung
- Unzulängliche Versorgung mit sauberem Trinkwasser
- Ungleiche Verteilung der Besitztümer
- Niedriges Pro-Kopf-Einkommen
- Schlecht ausgebaute Infrastruktur (Einrichtungen, die für das Funktionieren einer Volkswirtschaft wichtig sind: z. B. Verkehrs-, Verwaltungs-, Bildungseinrichtungen, Energiewirtschaft)
- Zu geringe Industrialisierung
- Landflucht
- Slumbildung in den Städten
- Hohe Arbeitslosigkeit
- Zu geringe Arbeitsproduktivität
- Zu geringe Nahrungsmittelerzeugung
- Starke Abhängigkeit vom Weltmarkt
- Hohe Auslandsverschuldung
- Große Umweltzerstörungen
- Politische Instabilität

Merkmale der Unterentwicklung

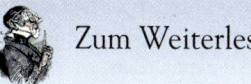 **Zum Weiterlesen:**

- Indien, S. 682
- Nigeria, S. 684
- Brasilien, S. 686
- Entwicklungshilfe, S. 688
- Europa – Einheit und Vielfalt, S. 728

Indien – Entwicklungsland mit traditionellen Strukturen

Die Bevölkerung Indiens hat zu Beginn des 21. Jahrhunderts die Milliardengrenze überschritten, und täglich kommen mehr als 50.000 hinzu! In weniger als einem Monat würden die Neugeborenen eine Großstadt wie München füllen. Nach China ist Indien der bevölkerungsreichste Staat der Erde. Über die Hälfte der Bevölkerung lebt unter der Armutsgrenze. Etwa die Hälfte der Inder sind immer noch Analphabeten.

Der indische Subkontinent

Bis 1955 schafften die religiösen Vorstellungen des **Hinduismus** erhebliche Probleme. Zu dieser Religion bekennen sich 80 % der Inder. Entwicklungsproblem Nummer eins und für Westeuropäer zunächst nur schwer durchschaubar ist das **Kastenwesen**. Mit seiner Geburt wird das Kind in seine Kaste hineingeboren (Abb. 1). Eine Kaste ist ein fest gefügter sozialer Stand mit bestimmten Sittenregeln und genau festgelegten beruflichen Tätigkeiten. Von den Brahmanen, die das höchste Ansehen genießen und Priester und Grundbesitzer sind, geht die soziale Leiter bis hinab zu den Parias, den rechtlosen Unberührbaren, die „unreine", niedere Berufe ausüben. Alle Verwandten gehören derselben Kaste an, und nur innerhalb dieser Kaste darf auch geheiratet werden. Gewöhnlich sind die Mitglieder der unteren Kasten auch die Armen.

Dann gibt es noch die Allerärmsten, die Gruppe der verachteten Kastenlosen. 15 % der Bevölkerung gehören dazu. Wer aus diesem Kreis ausbrechen möchte, muss sich schon völlig von seinem Lebensbereich lösen und in die Städte ziehen. Obwohl das Kastenwesen 1955 offiziell abgeschafft wurde, hat es in ländlichen Gegenden immer noch Gültigkeit. Die Aufstiegschancen der in Armut lebenden Mehrheit der Bevölkerung sind demnach äußerst gering.

Auf dem Land ist die Armut besonders groß. Der Hunger könnte, wie mancher Europäer meint, mit dem Fleisch der unzähligen Kühe, die sich überall ungehindert aufhalten, gestillt werden. Doch für einen gläubigen Hindu ist die **Kuh** heilig und darf nicht geschlachtet werden (Abb. 2). Ein großes Problem auf dem Lande stellt die starke Verschuldung der Kleinbauern dar. Für das von den Großgrundbesitzern gepachtete Land müssen sie einen Teil ihrer Ernte abgeben.

Da die Ernte auf kleinsten Flächen aber oft kaum zur eigenen Versorgung reicht, sind die Bauern gezwungen, bei ihrem Großgrundbesitzer einen Kredit aufzunehmen, der mit überhöhten Zinsen abgezahlt werden muss. So geraten viele in eine Verschuldung, die sich auf die nächsten Generationen weitervererbt und in eine Schuldknechtschaft einmündet. Die ungleichen Besitzstrukturen stammen aus der Kolonialzeit. Ein Reformversuch, bei dem der Grundbesitz gleicher verteilt werden sollte, scheiterte zum großen Teil an den Widerständen der besitzenden Oberschicht.

Doch nicht nur die traditionellen sozialen Strukturen bereiten Probleme. Die Landwirtschaft lebt vom **Monsun**, einem beständig wehenden Wind mit halbjährlichem Richtungswechsel, unter dessen Einfluss Indien steht. Im Sommer ist er vom Meer zum Land gerichtet, im Winter vom Land zum Meer. Die feuchten Luftmassen des sommerlichen Südwest-Monsuns bringen zwischen Juni und September den Hauptteil des Jahresniederschlags. Die Niederschlagsmengen schwanken allerdings in den einzelnen Gebieten Indiens sehr stark. Zu den feuchten Regionen zählen die West-Ghats und der Nordosten des Dekkan-Hochlandes. Im regenreichsten Ort der Erde, Cherrapunji in Assam (Nordosten), fallen jährlich bis zu 11.000 mm Niederschlag. An der Westseite des Dekkan und im Gebiet der Wüste Tharr im Nordwesten des Landes bringt der Monsun keine Niederschläge. Naturkatastrophen wie Hochwasser, Wirbelstürme und Dürreperioden sind in Indien häufig.

Die Ausweglosigkeit der Situation auf dem Lande treibt immer wieder Menschenmassen in die großen Städte wie Bombay, Kalkutta, Neu-Delhi, Madras (Abb. 3). Das Elendsbild in den Slums gleicht dem in an-

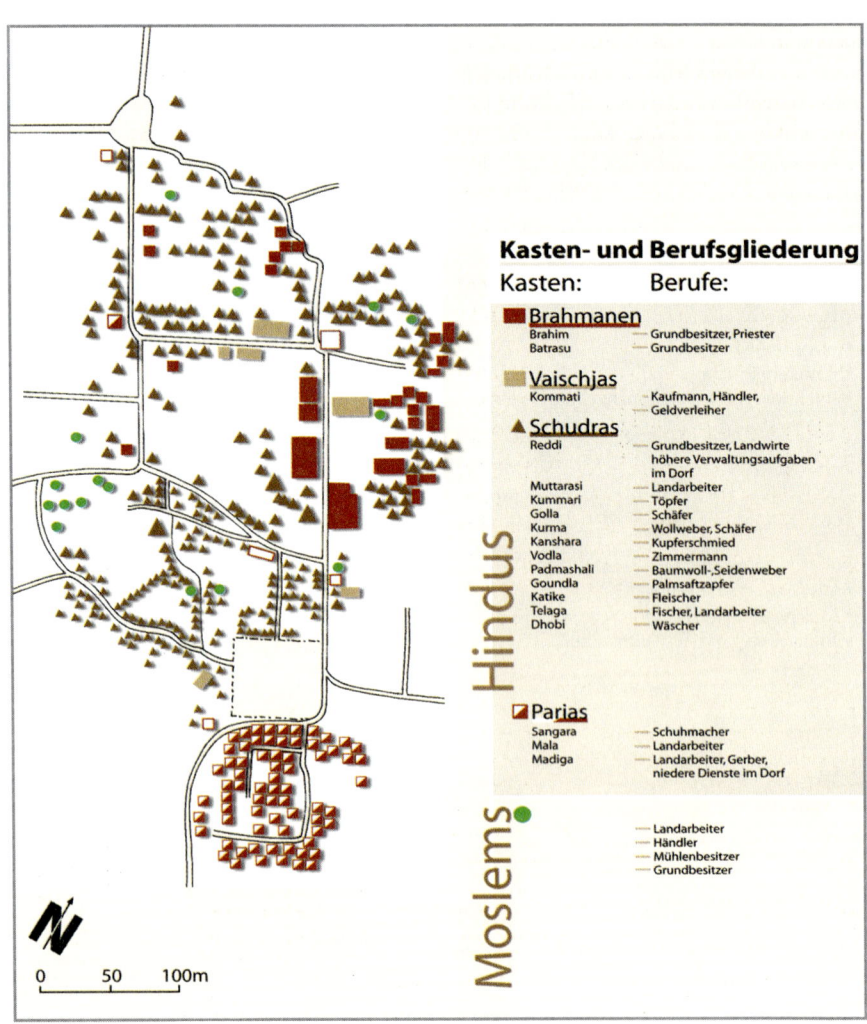

Kasten- und Berufsgliederung

Kasten:	Berufe:
Brahmanen	
Brahim	Grundbesitzer, Priester
Batrasu	Grundbesitzer
Vaischjas	
Kommati	Kaufmann, Händler, Geldverleiher
Schudras	
Reddi	Grundbesitzer, Landwirte höhere Verwaltungsaufgaben im Dorf
Muttarasi	Landarbeiter
Kummari	Töpfer
Golla	Schäfer
Kurma	Wollweber, Schäfer
Kanshara	Kupferschmied
Vodla	Zimmermann
Padmashali	Baumwoll-,Seidenweber
Goundla	Palmsaftzapfer
Katike	Fleischer
Telaga	Fischer, Landarbeiter
Dhobi	Wäscher
Parias	
Sangara	Schuhmacher
Mala	Landarbeiter
Madiga	Landarbeiter, Gerber, niedere Dienste im Dorf

Hindus

Moslems

	Landarbeiter
	Händler
	Mühlenbesitzer
	Grundbesitzer

0   50   100m

Abb. 2: Von Hindus hoch verehrt: die heiligen Kühe

Abb. 3: Die indische Hauptstadt Neu–Delhi

deren Entwicklungsländern. Die Ärmsten sind die „pavement dwellers", die Bürgersteigbewohner (pavement = Bürgersteig, to dwell = wohnen), die sich notdürftig aus Karton, Papier und Planen eine Behausung bauen, in der sie hoffnungslos den Monsunregen ausgesetzt sind. Unerträgliche Vorstellungen für einen an Luxus, Wohlstand und Hygiene gewöhnten Europäer!

Dazu kommt noch, dass es keine sanitären Einrichtungen gibt und Trinkwasser von weit her geholt werden muss. Krankheiten und Seuchen breiten sich aus, so dass die Kindersterblichkeit hoch und die Lebenserwartung entsprechend gering ist. Durch Betteln, Gelegenheitsarbeiten, Dienstleistungen wie Rikschafahrer oder Zeitungsverkäufer versuchen die Leute, sich am Leben zu erhalten. Mit viel Glück finden sie einen Arbeitsplatz in einer der zahllosen Kleinindustrien, die Streichhölzer, Feuerwerkskörper und Teppiche in Handarbeit herstellen.

In solcher Not sieht sich der indische Staat vor ständig neuen Aufgaben. Indien war das erste Entwicklungsland, das die Probleme der Bevölkerungsexplosion erkannte und staatliche Programme zur **Familienplanung** durchführte. Aber das konnte nicht den gewünschten Erfolg bringen. Denn viele Kinder bedeuten soziale Absicherung. Kinder sind gezwungen zu arbeiten, um ihre Familien zu ernähren.

Söhne haben bei Indern mit traditionellem Bewusstsein zudem eine besondere Bedeutung, da sie die Eltern an deren Wohnort zu pflegen und zu versorgen haben. Die Geburt eines Sohnes wird zum Freudenfest, die einer Tochter zum Trauertag. Weil Töchter eine hohe Mitgift mit in die Ehe bringen müssen, stellen sie die eigenen Eltern vor hohe finanzielle Belastungen. Immer wieder kommt es wegen hoher Mitgiftforderungen zu Morden an der weiblichen Bevölkerung. Mädchen werden in allen Bereichen vernachlässigt und sozial benachteiligt, sei es in medizinischer Versorgung oder Schulbildung. Die Geburtenzahlen bleiben trotz Familienplanung hoch, denn nur die Verbesserung der Einkommen und Absicherung für Alter und Krankheit könnten die Bereitschaft zur Familienplanung auf breiter Ebene bewirken. Aber eine soziale Absicherung von Seiten des Staates besteht in Indien außer im Beamtendienst und in großen Firmen kaum.

Somit bleibt der Kampf der Regierung um die Sicherstellung der bloßen Ernährung der Bevölkerung. Zunächst wurde alles darangesetzt, um die Versorgung der Bevölkerung mit Grundnahrungsmitteln zu erreichen. Mit der „Grünen Revolution" versuchte die Regierung in den 60er Jahren, der Bevölkerungsexplosion und dem Hunger zu begegnen. Darunter versteht man die Intensivierung der Landwirtschaft. Neuestes Hochertragssaatgut für Reis und Weizen wurde entwickelt. Der Einsatz von Maschinen und neuen Pflanzen-

züchtungen und moderne Anbaumethoden unter Einsatz von Dünge-, Pflanzenschutz- und Schädlingsbekämpfungsmitteln, ferner Be- und Entwässerungsmaßnahmen steigerten die Erträge von Reis und Weizen bis zum Fünffachen. So konnte die Nahrungsmittelproduktion zeitweilig einen Vorsprung vor der Bevölkerungsentwicklung erreichen (Abb. 4).

Allerdings profitierten auch hier wieder überwiegend die Reichen, die sich solches Saatgut und entsprechende Maschinen kaufen konnten. Mancher Tagelöhner verlor durch diese Mechanisierung seinen bitter benötigten Arbeitsplatz. Der Teufelskreis der Verschuldung ging weiter. Inzwischen hat man – wie in vielen anderen Entwicklungsländern – die Fehler erkannt. Vorrangig muss die Situation der unzähligen Klein- und Kleinstbauern verbessert werden, da sie den Großteil der Bevölkerung stellen. Die meisten Armen in Indien leben immer noch im ländlichen Raum.

Deshalb müssen Methoden entwickelt werden, für die nicht viel Kapital nötig ist, die aber, den jeweiligen natürlichen Verhältnissen angepasst, Ertrag bei nur kleinem Risiko bringen. Erwirtschaften die Bauern zunächst kleinste Gewinne und nicht nur das Notwendigste zur Selbstversorgung, so können die Menschen ohne Verschuldung Geld für Neuerungen ausgeben und so in eine nächsthöhere Produktionsstufe einsteigen. Experten aus westlichen Ländern leisten dabei Entwicklungshilfe.

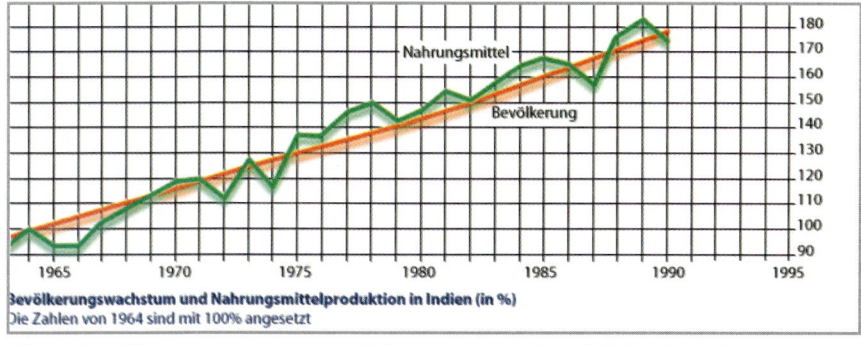

Abb. 4: Bevölkerungswachstum und Nahrungsmittelproduktion in Indien

 Zum Weiterlesen:

- Weltweite Wanderungsbewegungen, S. 674
- Entwicklungsländer, S. 680
- Brasilien, S. 686
- Entwicklungshilfe, S. 688

683

Nigeria – Kampf um den Fortschritt

Nigeria ist das bevölkerungsreichste Land Afrikas und nach der Bevölkerungszahl das zehntgrößte Land der Erde. Mit einem Bruttosozialprodukt von nur 320 US-Dollar pro Kopf zählt es zu den 15 ärmsten Ländern der Welt. Etwa 29 % der Bevölkerung leben unter der Armutsgrenze. Die Lebenserwartung ist mit 53 Jahren bei Frauen und 49 Jahren bei Männern niedrig. Die hohe Kindersterblichkeitsrate von 18 % weist auf ein ungenügendes Gesundheitswesen hin. Etwa 43 % der Bevölkerung waren 1995 Analphabeten. Eine traurige Liste – lauter typische Kriterien für ein Entwicklungsland.

Wie ist das aber zu erklären, wo doch Nigeria zu den fünf größten Erdöl exportierenden Ländern der Welt gehört? Das Land verfügt über reichhaltige Erdöl-, Erdgas- und Zinnvorkommen. Kann das Geld aus dem Erdölexport nicht mehr zur Entwicklung des Landes beitragen, wie das z. B. in Kuwait der Fall ist, das eine weitaus größere Ungunst der Landesnatur aufweist? Dazu zunächst ein Blick in Nigerias Geschichte.

Nigeria war seit 1903 eine britische **Kolonie,** die 1960 ihre Unabhängigkeit erhielt und seitdem überwiegend von Militärregierungen regiert wird. Innenpolitisch ist dieser Staat sehr instabil, da eine große Stammesvielfalt Unruhen bringt. Im Land leben über 400 Stämme und Völker, die verschiedene Sprachen und Dialekte sprechen, die untereinander nicht verstanden werden. Englisch, die Staatssprache, könnte verbinden, wird aber nur von wenigen Gebildeten gesprochen. Das Zusammenleben gestaltet sich sehr schwierig, da auch unterschiedliche Kulturen aufeinander treffen.

1966 brachen schwere **Konflikte** zwischen den verschiedenen Volksgruppen aus. Es folgte ein Putsch des Militärs. 1967 rief die erdölreiche Provinz Biafra ihre Unabhängig-

keit aus. Ein Bürgerkrieg war die Folge, bis der Abspaltungsversuch 1970 niedergeschlagen wurde. Zwei weitere Militärputsche, 1975 und 1983, hielten die Demokratisierung weiterhin auf, bis Nigeria 1979 eine präsidiale Bundesrepublik wurde.

Ein starkes wirtschaftliches Nord-Süd-Gefälle schafft neben den politischen Schwierigkeiten entwicklungshemmende Einflüsse. Die Küstenzone in Südnigeria ist verkehrsmäßig am besten erschlossen. Industrien und Erdölwirtschaft befinden sich hier. Großbritannien konzentrierte sich in den Anfängen seiner Kolonialzeit auf diese leicht zugänglichen Küstenabschnitte. Palmöl und Kautschuk waren begehrte Produkte. Die Kerne der Palmfrüchte werden ausgepresst oder ausgekocht (Abb. 1).

Mittelnigeria, durch die Feuchtsavanne gekennzeichnet, gilt als wirtschaftlich recht rückständig. Nordnigeria zeigt eine höhere Bevölkerungsdichte, da dieses Gebiet der Endpunkt der Karawanen war, die aus den Wüsten kamen. Großmärkte entwickelten sich hier. Um Kano liegt das Hauptanbaugebiet für Erdnüsse. Die Erdnuss ist eine wichtige Kulturpflanze der Tropen, ihre eiweiß- und fettreichen Samen nimmt man zur Speiseölgewinnung, geröstete Erdnüsse kennt man vom Knabberteller. Die Dürreperioden, die die Sahelzone heimsuchten, brachten auch hier erhebliche Probleme.

Man kann nun neben dem wirtschaftlichen auch ein deutliches Bildungsgefälle von Süden nach Norden feststellen, das noch aus der Kolonialzeit stammt. Das Bildungsniveau ist im Süden höher als im Norden. Die Analphabetenrate steigt von Süden nach Norden deutlich an.

Als 1957 in Nigeria reiche Erdölfunde gemacht wurden, konnte der Staat mit eigenen Mitteln die Entwicklung vorantreiben. Er setzte zunächst ganz auf eine rasche Industrialisierung. Mit dem Erlös aus dem Erdöl förderte man einseitig und vorrangig die Entwicklung von Großbetrieben wie Erdölraffinerien, Chemiewerke, Hüttenwerke. Für Maschinen, Werkzeuge usw., die nicht im Land selbst hergestellt wurden, musste sehr viel Geld aus den eingenommenen Devisen (= ausländische Zahlungsmittel) verbraucht werden, außerdem produzierte die Industrie auf diese Weise recht teuer. Es standen nicht genug qualifi-

Abb. 1: Palmnüsse zur Ölgewinnung

zierte Kräfte zur Verfügung, so dass nigerianische Produkte nicht konkurrenzfähig waren.

Die Anlage von **Großbetrieben** nach westlichem Muster erwies sich als schwierig. Denn durch den Einsatz technischer Anlagen wurden Arbeitskräfte eingespart, die Arbeitslosigkeit stieg. Daher werden heute wieder stärker Kleinbetriebe gefördert, die einfache Werkzeuge von Hand herstellen. Man schafft auf diese Weise Arbeitsplätze, und es lassen sich im Land selbst Produkte herstellen und auch zu angemessenen Preisen verkaufen. Es wird also versucht, die Technik dem Entwicklungsstand des Landes besser anzupassen. Auch müssen die Standorte dieser Betriebe über das gesamte Land verteilt werden, so dass die starke Zuwanderung in die Küstengebiete gebremst und eine gleichmäßige Verteilung der Arbeitsplätze erreicht wird.

Die einseitige Förderung der Industrie hatte eine starke Vernachlässigung der Agrarwirtschaft zur Folge. Denn auf dem

Abb. 2: Junger Farmer auf seinem kleinen Hof

Abb. 3: Mais gehört zu den wichtigsten Anbauprodukten

Weltmarkt ließen sich wesentlich größere Gewinne durch Erdöl erzielen als durch die traditionellen Anbaufrüchte. So macht das Erdöl 90 % des Exporterlöses aus, doch arbeiten im Industriesektor insgesamt nur 7 % der Bevölkerung. Außerdem profitieren fast nur der Staat und die ausländischen Ölkonzerne von den Einnahmen aus der Erdölförderung. Der Großteil der Bevölkerung, nämlich das Heer der **Kleinbauern,** hat davon nichts. Die eigene Landwirtschaft ist für viele Nigerianer, nämlich 45 %, immer noch die Ernährungsgrundlage.

Allerdings sind das zum größten Teil bäuerliche Kleinstbetriebe auf kleinsten Anbauflächen von nur ein bis zwei Hektar Land (Abb. 2). Auf dieser winzigen Fläche wird sowohl für den Eigenbedarf als auch für den Verkauf produziert. Palmöl, Kakao, Kautschuk und außerdem Maniok, Mais, Cashew- und Erdnüsse sind die Hauptanbauprodukte. In solchen Mischkulturen ist der Boden nicht so anfällig für Schädlinge, schlechte Ernten bei einer Fruchtart erweisen sich nicht als so katastrophal.

Der Anbau von Produkten nicht nur zur Selbstversorgung, sondern auch für den Verkauf geht auf die Kolonialzeit zurück. Die Nigerianer mussten an das Mutterland eine Steuer zahlen, die sie durch den Verkauf von „cash crops" erzielten. Ohne staatliche Zuschüsse konnten viele Kleinbauern es sich aber nicht leisten, zu investieren und überalterte Pflanzungen durch neue zu ersetzen. Gefördert wurden aber nur die Großbetriebe. Die wenigen Plantagen, die es in Nigeria gibt, gehören dem Staat oder zu ausländischen Konzernen. Ihre Monokultur-

produkte, Kakao oder Kautschuk, sind ganz auf den Export ausgerichtet, kommen also nicht der Ernährung der Bevölkerung zugute. Ein großer Teil geht direkt als Agrarrohstoff unaufbereitet in den Export (Abb. 3).

Abb. 4: Straßenmarkt in der Stadt

Als weitere Schwierigkeit kam hinzu, dass die jeweiligen Regierungen staatliche Erzeugerpreise für landwirtschaftliche Produkte festsetzten, und zwar so niedrig, dass viele Bauern letztlich nur noch das für den eigenen Verbrauch Notwendige produzierten. Ein Verkauf lohnte sich nicht mehr. Hinzu kamen noch die Trockenperioden in den 70er Jahren, so dass viele in die Städte abwanderten. 39 % der Bevölkerung leben

heute in den Städten. Doch die zunehmend wachsende Stadtbevölkerung muss mit Nahrungsmitteln versorgt werden, die nun importiert werden müssen, da das eigene Land nicht mehr genug produziert. Ein Teil der aus dem Erdölexport erzielten wichtigen Devisen wird eigentlich recht unnötigerweise für den Nahrungsmittelimport ausgegeben (Abb. 4).

Als die Erdölpreise in den 80er Jahren stark fielen, änderte die nigerianische Regierung ihr Konzept und förderte wieder stärker die **Agrarwirtschaft.** Vor allem hob man die festgesetzten Erzeugerpreise wieder auf, so dass für die Kleinbauern ein größerer Produktionsanreiz geschaffen wurde. Auch gab es zunehmend staatliche Fördermittel, Kredite und verbilligte Düngemittel. Durch diese Unterstützung der Kleinbauern konnte die Nahrungsmittelproduktion schließlich steigen. Dennoch muss der Staat immer noch Grundnahrungsmittel einführen. Ein Staat, der sich vor den Entwicklungsmaßnahmen in bescheidenen Grenzen selbst mit Nahrungsmitteln versorgen konnte, wurde durch falsche Fördermaßnahmen und durch falsch gelenkte Entwicklungsprojekte abhängig von der Nahrungsmitteleinfuhr.

 Zum Weiterlesen:

- Entwicklungsländer, S 680
- Indien, S. 682
- Entwicklungshilfe, S. 688
- Weltmarkt, S. 736

Brasilien – ein Schwellenland

Brasilien – sehr groß, sehr reich, sehr schön! So verkündete Anfang der 60er Jahre die damalige brasilianische Regierung. Mit 8,5 Mio. km² ist Brasilien flächenmäßig der fünftgrößte Staat der Erde. Deutschland passt etwa 24 mal hinein (Abb. 1). Und sehr reich

Abb. 1: Brasilien

ist es tatsächlich, da Bodenschätze wie Eisenerz, Manganerz, Bauxit, Gold, Uran sowie Tropenhölzer, Wasserkraft und viele Menschen als Arbeitskräfte zur Verfügung stehen. Der weltberühmte farbenprächtige Karneval in Rio gilt als Sinnbild der Schönheit und gaukelt ein Bild von unermesslichem Reichtum vor (Abb. 2). Doch das ist nur eine Seite der Medaille. Brasilien ist das Land voller krasser Gegensätze. Die zeigen sich deutlich im Entwicklungsstand der verschiedenen **Wirtschaftsgebiete** des Landes.

Im Süden und Südosten werden auf nur 20 % der Fläche etwa drei Viertel der gesamten Wirtschaftsleistung erbracht, weit über die Hälfte der Gesamtbevölkerung ballt

sich hier in einem wirtschaftlichen Kernraum zusammen. Im Gebiet zwischen den großen Städten Rio de Janeiro, São Paulo und Belo Horizonte hat sich das wirtschaftliche Herz Brasiliens, die größte industrielle Zusammenballung Lateinamerikas, herausgebildet. Fahrzeuge rollen aus den Autofabriken in alle Welt. Die Industrie ist vielfältig und stellt Waren aller Art her, von der Flugzeug- über die Bekleidungsindustrie findet man fast alles. Dank der sprunghaften Entwicklung in dieser Region wuchs die Leistungsfähigkeit der brasilianischen Wirtschaft in Riesenschritten. Ein Wirtschaftswunder, das in der lateinamerikanischen Welt einmalig war. Auch landwirtschaftlich hoch entwickelt ist dieses Gebiet. Ausfuhrprodukte wie Kaffee stammen von hier.

Rio de Janeiro war der Regierungssitz in dieser Region, nachdem man im 18. Jahrhundert Gold und Diamanten im brasilianischen Bergland gefunden hatte, die sich von Rio aus gut verschiffen ließen. Traumstrände am Atlantik mit Blick auf den Zuckerhut, prächtige reiche Geschäfts- und Villenviertel auf der einen Seite und ein großer Ring von Favelas, wie man die Armutsviertel in Brasilien nennt, in unmittelbarer Nachbarschaft prägen das Stadtbild (Abb. 3). Hier drängen sich auf engstem Raum in notdürftigen Hütten aus Wellblech die Ärmsten der Armen. Die Hälfte der städtischen Bevölkerung Brasiliens lebt in solchen Armutsvierteln.

Der Norden, das Amazonasgebiet mit dem Mittelwesten, der sich bis in die Feuchtsavannenzone zieht, macht etwa 60 % der Gesamtstaatsfläche aus, aber nur der geringste Teil der Bevölkerung, nicht einmal 10 %, lebt hier. Industriell kaum erschlossen, erbringt es die schwächste Wirtschaftsleistung aller Gebiete Brasiliens. Zwar gibt es reiche Erzvorkommen und Wasserkraftreserven, doch die natürlichen Voraussetzungen des

tropischen Regenwaldes erschweren eine Erschließung.

Im Nordosten schließlich liegen dürregefährdete Gebiete. Auf 20 % der Fläche lebt ein Viertel der Bevölkerung, die nur einen bescheidenen Anteil am Gesamtwirtschaftsaufkommen erbringt. Der Nordosten Brasiliens wird als das Armenhaus der Nation bezeichnet. Die meisten Menschen leben von der Landwirtschaft. Doch zwanzig Prozent der Bevölkerung besitzen in Brasilien fast 90 % des anbaufähigen Bodens. Die wenigen **Großgrundbesitzer** sind unermesslich reich.

Für die Millionen von Kleinbauern ist jedoch kein Land da, so dass sie in äußerster Armut als unterbeschäftigte Landarbeiter, Saisonarbeiter, Tagelöhner auf den riesigen Plantagen oder Fazendas (Viehbetrieben) der Großgrundbesitzer ihr Leben fristen müssen. Und so strömen immer neue Menschen in die Städte, in der Hoffnung auf bessere Lebensqualität. Bilder von prachtvollen Villenvierteln und modernen Geschäftsstraßen wecken falsche Hoffnungen. Und letztlich sind die Favelas, z. B. von San Salvador, das Ende der Wanderung.

Als im 16. Jahrhundert die Portugiesen Brasilien in Besitz nahmen, gründeten sie diese Stadt als Hauptstadt der Kolonie. Die Reichtümer des Landes, Tropenhölzer und Zucker, wurden von hier aus verschifft. Durch die Eroberung Brasiliens wurden die indianischen Selbstversorgerwirtschaften zerstört, der Boden geriet in die Hände weniger Grundbesitzer. Prächtige Villen zeugen von den reichen Kolonialherren, die auf riesigen Plantagen Sklaven arbeiten ließen. Sucht man also nach den Ursachen für die krassen Gegensätze, wird man immer wieder auf die Geschichte der Kolonialisierung verwiesen.

Staatliche **Entwicklungsprojekte** sollten nun dieses Ungleichgewicht aufheben. Ein Versuch war die Umverteilung der durch die

Abb. 2: Der weltberühmte Karneval in Rio

Abb. 3: Rio mit dem Zuckerhut

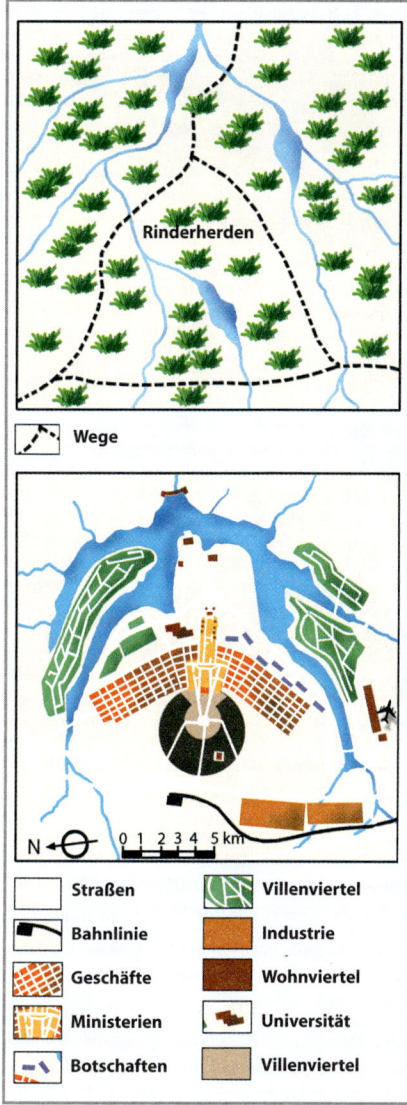

Abb. 4: Brasilia 1950 und 1970

Abb. 5: Die Kathedrale von Brasilia

Kolonialherren geschaffenen Besitzverhältnisse. Über vier Millionen Familien sind auf der Suche nach Land. Im Rahmen einer Agrarreform kaufte der Staat den Großgrundbesitzern Land ab und verteilte es an etwa 100.000 Familien. Doch das reicht nicht aus, viele tausend weitere Familien suchen Land. Weil ein großer Teil der Flächen brachliegt, hat sich 1985 eine Bewegung der Landlosen gegründet, die solches Land besetzt. Polizei und Großgrundbesitzer vertreiben diese Menschen mit Gewalt. So suchen immer wieder Tausende bessere Lebensbedingungen in den großen Städten, wo inzwischen fast 80 % der Gesamtbevölkerung Brasiliens leben.

Da nur der Küstenraum im Süden und Südosten entwickelt war, zudem noch ganz auf Europa ausgerichtet, sollte das Landesinnere verstärkt wirtschaftlich erschlossen werden. Ein Projekt war die Verlegung des Re-

gierungssitzes von Rio de Janeiro nach Brasilia (Abb. 4 und Abb. 5). Diese Stadt wurde in kürzester Zeit aus dem Boden gestampft, 900 Kilometer landeinwärts im Hochland Goias. Nach siebenjähriger Planung begann man 1956 mit dem Bau in einem fast menschenleeren Gebiet. Mit dem Flugzeug mussten Menschen, Maschinen und Material dorthin transportiert werden. Durch die Gründung der neuen Hauptstadt sollten Arbeitsplätze geschaffen und das Landesinnere, die leere Mitte des Staates, entwickelt werden. Doch auch hier sammelten sich in kürzester Zeit die Armen in den Elendsvierteln. Brasilia hat inzwischen 1,8 Millionen Einwohner.

Ein weiteres Projekt war der Bau der **Transamazonica,** einer Straße durch den Regenwald Amazoniens, der allerdings scheiterte. Die Umsiedlung der landlosen Menschen brachte für die Ärmsten neue Armut. Auch das Projekt, Amazonien verstärkt wirtschaftlich zu nutzen, indem auch ausländische Firmen in Holzwirtschaft und Bergbau investieren sollten, brachte nicht den gewünschten Erfolg. Zwar wurden Straßen und Kraftwerke, die Voraussetzung für Industriestandorte, geschaffen. Doch die Probleme, vor allem für die Umwelt, setzten Grenzen.

Ebenfalls erwies sich der Versuch, das riesige Land für die Fleischproduktion zu nutzen, als problematisch. Nachdem die Regenwälder abgeholzt waren, verloren die Weiden schon nach etwa zehn Jahren durch Bodenerosion und Erschöpfung ihren Nutzwert.

So werden die ehrgeizigen Projekte nicht den gewünschten andauernden Aufschwung bringen können. Die Verschuldung des Staates wuchs von fünf Milliarden US-Dollar 1970 auf 300 Milliarden 1998 an. Anfang der 90er Jahre führte Brasilien jedoch eine Reihe weitreichender Wirtschaftsreformen zur Stabilisierung der Wirtschaft durch. Sie umfass-

ten u.a. eine strikte Finanzpolitik, Steuerreformen, eine Liberalisierung des Handels und vor allem eine Privatisierung staatlicher Unternehmen. Dadurch konnte die ständig steigende Inflationsrate von 1994 mit einem Höchststand von 2111% auf 5,7% 1998 gesenkt werden.

Zusammenfassend lässt sich feststellen: Industriewachstum um jeden Preis – ohne Rücksicht auf ökologische und soziale Folgen – vergrößerte die Kluft zwischen Arm und Reich immer mehr. Der Staat konzentrierte seine Investitionen jahrelang auf den Aufbau der Industrie, da das Land sich rasch entwickeln sollte. So förderte man vor allem solche Industrien, deren Produkte sich ins Ausland verkaufen ließen, um fremdes Geld, Devisen, einnehmen zu können.

Trotz aller Projekte nimmt das Elend in Brasilien zu. Jährlich wächst die Bevölkerung um mehr als drei Millionen Menschen, für die Nahrung, Kleidung, Arbeit und Bildungsmöglichkeiten geschaffen werden müssten. Zu ungleich verteilt sind die Besitzverhältnisse. Eine begünstigte Minderheit steht einer unermesslich großen Masse an Armen gegenüber. Brasilien ist ein Entwicklungsland, das auf der Schwelle zum Industrieland steht, ein **Schwellenland**. Es ist ein reiches und gleichzeitig doch sehr armes Land.

 Zum Weiterlesen:

- Im tropischen Regenwald, S. 660
- Entwicklungsländer, S. 680
- Indien, S. 682
- Nigeria, S. 684
- Entwicklungshilfe, S. 688

Entwicklungshilfe – Entwicklungsprojekte

Ein chinesisches Sprichwort sagt: Gib dem Hungernden einen Fisch, und er wird einen Tag satt sein. Gibst du ihm aber eine Angel, wird er jeden Tag satt. Zwei Grundbedürfnisse werden hier angesprochen, die für die Entwicklung der Länder wichtig sind und die eine **Entwicklungshilfe** berücksichtigen muss: Nahrung und Arbeit.

Nahrungsmittelhilfe ist nur kurzfristig und begrenzt wirksam. Wenn Kriege, Dürre- oder sonstige Katastrophen schnelle Hilfe erforderlich machen, müssen umgehend Soforthilfsmaßnahmen eingeleitet werden (Abb. 1). Hier sind vor allem die Industrienationen gefragt, die Länder, in denen Nahrungsmittel im Überschuss produziert werden. Aus diesen Nahrungsüberschussproduktionen ist schon Hunderttausenden geholfen worden. Nun fragt man sich, ob das nicht eine Dauermöglichkeit zur Hilfe für die Hungernden in den Entwicklungsländern sein könnte. Doch diese scheinbar vernünftige Lösung ist die denkbar schlechteste. Denn zu viel Zeit vergeht, ehe verderbliche Nahrungsmittel in den Not leidenden Ländern ankommen. Frischprodukte wie Obst, Gemüse und Milch können gar nicht verschickt werden.

Außerdem sind die Ernährungsgewohnheiten in den Industrie- und Entwicklungsländern unterschiedlich. Produkte aus den Industrieländern sind beliebter. Und so besteht die Gefahr, dass sie später den Anbau von heimischen Pflanzen, für die gute Wachstumsbedingungen gegeben sind, verdrängen.

Kostenlose Nahrungsmittelvergabe stört darüber hinaus den einheimischen Handel. Denn gegen die Gratiskonkurrenz kommt kein einheimischer Bauer an. Für ihn lohnt es sich nicht mehr, für den Markt zu produzieren. Der so dringend nötige Anbau im eigenen Land wird zurückgedrängt. So würde jeder Versuch erstickt, auf die Dauer wieder aus eigener Kraft zur Selbstversorgung zu gelangen. Bedürftige und die Regierungen der betroffenen Staaten vermindern bei dieser einfachen Art der Nahrungsmittelbeschaffung eigene Anstrengungen. Daraus wird ersichtlich, dass dem zweiten Grundbedürfnis, der Arbeit, gleichwertig Rechnung getragen werden muss. Kurzfristige Nahrungsmittelhilfe darf nur auf extreme Notfälle beschränkt bleiben.

Eine Möglichkeit besteht darin, Brot gegen Arbeit abzugeben. Das heißt, denen, die an den Hilfsprojekten mitarbeiten, Nahrung zur Verfügung zu stellen. Man ist sich heute einig, dass Entwicklungshilfe keineswegs nur ein Almosen, sondern langfristig wichtig ist, um den Frieden zu sichern. Wirksame Hilfe für Entwicklungsländer bleibt noch für lange Zeit eines der wichtigsten Themen der Weltpolitik, denn eine Partnerschaft dient auf lange Sicht beiden Seiten.

Die Ansicht, wie und welche **Entwicklungsprojekte** wirkungsvoll helfen können, hat sich aus der Erfahrung heraus im Laufe der letzten Jahrzehnte gewandelt. Anfänglich sahen die Industrieländer als Ziel ihrer Hilfe an, dass die Entwicklungsländer möglichst schnell die verpasste Entwicklung nachholen sollten, um Anschluss an den Standard der westlichen Welt zu bekommen. In dieser ersten Zeit wurden vorwiegend

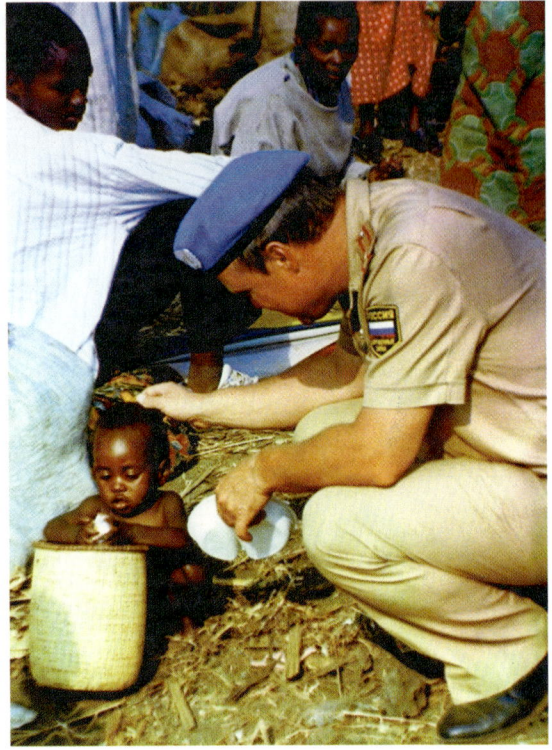

Abb. 1: UN-Soldat bei der Essenausgabe in einem Flüchtlingslager

Großprojekte gefördert, wie der Bau von Staudämmen, großzügigen Straßen und großen Industrie- oder Hafenanlagen. Die Projekte wurden finanziell, technisch und mit Fachkräften unterstützt.

Die Erwartung, dass sich durch diese Maßnahmen auch die schlimme Situation des Heeres der Armen verbessern würde, erfüllte sich nicht. Vielmehr stieg die Massenarmut weiter, und der Abstand zwischen Industrie- und Entwicklungsländern nahm ebenfalls zu.

Eines dieser Großprojekte war der Bau des Hüttenwerks Rourkela in Indien. Da die ständig wachsende Bevölkerung Indiens fast ausschließlich von der Landwirtschaft lebte, sah man als vordringliches Ziel, wirtschaftlich unabhängiger zu werden. So wollten die Inder eine eigene Industrie aufbauen. Dazu musste die Grundstoffindustrie gefördert und die Stahlerzeugung erheblich gesteigert werden. Die nötigen Rohstoffe Kohle und Eisenerz waren reichlich vorhanden. Man wählte als Standort ein Gebiet, das sich aber zunächst als problematisch erwies. Denn die Menschen hier lebten noch wie in der Steinzeit und sollten nun modernster Technik gegenübergestellt werden. Alle Anlagenteile mussten aus Europa nach Indien geschafft werden. Oft ging der Bau nicht weiter, da Wichtiges einfach auf der Bahn liegen geblieben war.

Nach der Fertigstellung lief die Produktion in keiner Weise so, wie man das aus westli-

Abb. 2: Agrarfachleute kontrollieren die Qualität von Sorghum-Getreide

chen Betrieben gewöhnt war. Nur ein Bruchteil der vorgesehenen Menge wurde wirklich produziert. Erst nach Jahren lief das Werk besser und erfüllte einige Hoffnungen. Weitere Fabriken und Handwerksbetriebe wurden angezogen, Bildungseinrichtungen und Krankenhäuser folgten, neue Brunnen in den Dörfern wurden für die Bevölkerung angelegt. Heute hat die Stadt 328.000 Einwohner.

Man fragt sich nach diesem sehr kostspieligen, langwierigen Versuch, ob die enormen Kosten, die solch ein Großprojekt erforderte, nicht sinnvoller in vielen kleinen Projekten angelegt worden wären. Anfang der 70er Jahre erkannte man dann, dass diese Art von Entwicklungspolitik nicht genug brachte. Ein neuer Weg wurde beschritten.

Nach den Erfahrungen von mehreren Jahrzehnten Entwicklungshilfe stand nun ein Prinzip an oberster Stelle: Hilfe zur **Selbsthilfe** (Abb. 2). Dabei sollte sich die Hilfe eigentlich allein am Wohl der Empfänger orientieren. Doch auch heute noch stehen im Ausland oft andere Erwägungen im Vordergrund, wie wirtschaftliche Interessen, um durch die Hilfe neue Märkte zu erschließen oder Rohstoffquellen zu sichern. Oder politische Interessen: So werden mit der Hilfeleistung teilweise politische Forderungen verknüpft, wie Anerkennung oder Nichtanerkennung bestimmter Staaten. Oft erreichten die Hilfen gar nicht die wirklich Bedürftigen, sondern verschwanden in dunklen Kanälen und machten die Reichen noch reicher.

Wird Entwicklungshilfe in Form von Krediten gewährt, kann wie in vielen Ländern eine Schuldenkrise entstehen, die in Verbindung mit der Bevölkerungsexplosion nur wieder in den Teufelskreis zurückfuhrt.

Abb. 3: Schmiede bei der Arbeit

Bei all diesen Bedenken und Vorbehalten hat in der heutigen Entwicklungshilfe die Förderung von Kleinprojekten einen besonderen Stellenwert. Die Projekte müssen schon in der Planung ganz auf die Bedürfnisse der Hilfsbedürftigen ausgerichtet und nicht mit westlichem Maßstab gemessen werden. Hilfe zur Selbsthilfe ist dabei das oberste Prinzip. Die Technik darf die Menschen nicht überfordern und muss außerdem die Forderung erfüllen, dass viele Arbeitskräfte eingesetzt werden können. Denn was nützen in übervölkerten Staaten durchrationalisierte Betriebe, in denen kaum noch menschliche Arbeitskraft erforderlich ist?

So wurde in der Landwirtschaft Abstand davon genommen, die Betriebe mit Traktoren zu versorgen. Ersatzteile fehlten schnell, und oft war die moderne und anfällige Technik den Bedingungen vor Ort nicht gewachsen. Och-

senpflüge wurden stattdessen in den 70er Jahren in Afrika eingesetzt. Auch das war schon ein enormer Fortschritt, da die Bevölkerung zuvor die anstehenden Arbeiten mit der Hacke verrichtet hatte. Mit einem Ochsen, der vorher in diesen Gebieten nicht bekannt war, konnten die Bauern nun ein Mehrfaches an Ackerfläche bestellen. Man spricht hier von angepasster Technologie.

Ganz wesentlich ist, die traditionell gewachsenen Strukturen eines Landes mit einzubeziehen (Abb. 3). Über die kulturellen Gewohnheiten der Bewohner hinweg lässt sich nichts ausrichten. So kann man Hindus in der Landwirtschaft keine Kühe zur Fleischproduktion aufzwingen (Abb. 4). Man muss einfach wissen, dass die Kuh den Hindus heilig ist. Sie darf weder geschlachtet noch ihr Fleisch gegessen werden, gilt sie doch als Sinnbild des Lebens. Nur an alte Traditionen und überkommene Kulturgüter angepasste Entwicklung kann letztlich Hilfe bringen.

Die Projekte sollten auch dann noch der Bevölkerung nützen, wenn die Entwicklungshelfer sich zurückgezogen haben, also letztlich in der Selbsthilfe enden und auf Dauer anhalten. Dabei muss die Umwelt geschont werden, damit keine neuen ökologischen oder sozialen Probleme entstehen.

 Zum Weiterlesen:

- Entwicklungsländer, S. 680
- Indien, S. 682
- Nigeria, S. 684
- Brasilien, S. 686

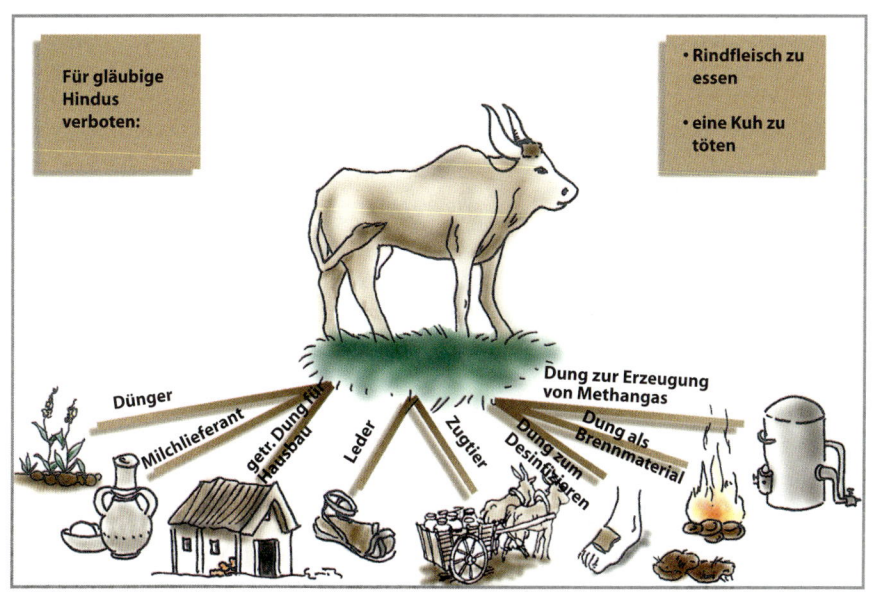

Für gläubige Hindus verboten:

- **Rindfleisch zu essen**
- **eine Kuh zu töten**

Dünger

Milchlieferant

getr. Dung für Hausbau

Leder

Zugtier

Dung zum Desinfizieren

Dung zur Erzeugung von Methangas

Dung als Brennmaterial

Abb. 4: Kühe in Indien – nicht nur verehrt, sondern auch wichtige Nutztiere

Die USA – Größe und Vielfalt

Wolkenkratzer, Indianer, Wilder Westen, Straßenkreuzer – vieles fällt einem spontan ein, wenn man USA (United States of America = Vereinigte Staaten von Amerika) hört. Allein die Besiedlung des Landes zeugt von dieser ungeheuren Vielfalt. Im 17. Jahrhundert landeten erste europäische Siedler an der Ostküste, weil sie in ihren Heimatländern politisch oder religiös verfolgt wurden, vor Hungersnöten fliehen mussten oder einfach Abenteuer und Reichtum im Land der unbegrenzten Möglichkeiten suchten. Der Wunsch nach Freiheit und Gleichheit brachte sie in die „Neue Welt", wie das Land auch genannt wurde.

Die USA waren und sind ein Land der **Einwanderer,** für die sich eine neue Welt auftat. Zwischen 1820 und 1980 suchten allein über 50 Millionen Menschen, vor allem aus Europa, eine neue Heimat. So gibt es auch vom Äußeren her nicht den Amerikaner, zu vielfältig sind die Rassen und Kulturen, die sich wie in einem Schmelztiegel zu einer Nation vereinen.

Die Mayflower, das berühmte erste Einwandererschiff der englischen, religiös verfolgten Pilgerväter (pilgrim fathers), landete 1620 in Amerika. Bis dahin war der weite Kontinent nur sehr dünn von Indianern besiedelt, die bereits vor 20.000 bis 30.000 Jahren, aus Asien kommend, auf den amerikanischen Kontinent eingewandert waren (Abb. 1). Seit Kolumbus heißen diese Volksstämme **Indianer.** Denn als er auf seiner Suche nach dem Seeweg nach Indien auf den Westindischen Inseln landete, hielt er sie fälschlicherweise für zu Indien gehörend.

Die ersten Siedlungsgebiete der englischen Einwanderer an der Ostküste wurden zu 13 britischen Kolonien. Jedoch kam es immer wieder zwischen dem britischen Mutterland und den Kolonien zu Auseinandersetzungen, bis sich die 13 Neuenglandstaaten ihre Unabhängigkeit erkämpft hatten und 1776 die Vereinigten Staaten von Amerika ausriefen. Die erste **Verfassung** der USA trat 1789 in Kraft. Sie garantierte die allgemeinen Menschenrechte. Die Freiheitsstatue erinnert im Hafen New Yorks an diese Ziele (Abb. 2). Die amerikanische Verfassung war Vorbild für das Grundgesetz der BRD.

Immer mehr Einwanderer strömten in die Neue Welt. Und da der atlantische Küstenstreifen im Wesentlichen besiedelt war, ging der Zug der Siedler nach Westen. Mit Planwagen zog man in großen Trecks zunächst über die Appalachen in die Ebenen des Mittelwestens (Abb. 3). Blutige Kämpfe mit den Indianern, die ihren Lebensraum verteidigten, hielten die Besiedlung nicht auf. Jede Einwanderungswelle schob die „Frontier", wie man die Siedlungsgrenze nannte, weiter nach Westen vor, bis schließlich der Pazifik erreicht war.

Erschlossen wurde der Riesenkontinent dann durch die Eisenbahnen, die in Ost-West-Richtung verliefen. Weder Autos noch Flugzeuge gab es ja in den Pioniertagen, um den riesigen Kontinent zu durchqueren. Heute ist er durch ein dichtes Straßen- und Luftverkehrsnetz sowie durch bedeutende Kanalsysteme zwischen den Großen Seen und dem Atlantik bzw. dem Stromsystem des Mississippi und des Missouri bestens erschlossen. „Go west" - „zieh nach Westen", dieses Motto der frühen Siedler lässt sich jetzt in kürzester Zeit auf bequemen Reisewegen verwirklichen.

Die etwa 262 Millionen Einwohner der USA setzen sich zu über 70% aus Weißen, zu 13% aus farbigen Nachkommen von Sklaven, zu 10% aus Hispanics (Einwanderer aus Mittel- und Südamerika) und zu etwa 4% aus Asiaten zusammen. Die Indianer, die seit

Abb. 1: Indianer aus Wyoming

Ende des 19. Jahrhunderts überwiegend in Reservaten untergebracht sind, machen nur noch 1% der Bevölkerung aus.

Abb. 2: Die Freiheitsstatue im Hafen von New York

Die Vereinigten Staaten von Amerika nehmen mit 9,8 Millionen km² Landesfläche die südliche Hälfte des nordamerikanischen Kontinents ein. Zum Staatsgebiet gehören auch Alaska, nordwestlich von Kanada, und mehrere Inseln und Inselgruppen im Pazifik, wie z. B. Hawaii, und in der Karibik. Insgesamt bilden 50 Bundesstaaten und der Bundesdistrikt Columbia mit der Bundeshauptstadt Washington die USA.

Abb. 3: Der große Treck in den Westen

Abb. 4: Die Rocky Mountains

Abb. 5: Die „Great Plains"

Wie die Bevölkerung zeigt auch die Landesnatur Vielfalt und Gegensätzlichkeiten. Das Land reicht vom Atlantik im Osten bis zum Pazifik im Westen. Zwei große Gebirgszüge durchziehen das Land von Norden nach Süden. Das junge Faltengebirge der Rocky Mountains (Felsengebirge) erstreckt sich im Westen von Alaska bis nach Mexiko. Es besteht aus mehreren Gebirgsketten und wird von Becken und Hochplateaus unterbrochen, deren größter Teilraum das Große Becken ist. Der Mount Whitney ist mit 4418 m die höchste Erhebung (Abb. 4).

Das Gebirge der Appalachen im Osten der USA erreicht Höhen bis zu 2000 Metern. Zwischen Appalachen und Rocky Mountains liegen im Mittelteil das Zentrale Tiefland, vom mächtigen Stromsystem des Mississippi durchzogen, und die flach gewellten Great Plains (Abb. 5). Zum Mittelteil gehört auch das Becken der Großen Seen im Nordwesten der USA. Alaska, der Bundesstaat auf dem nordamerikanischen Kontinent außerhalb des sonst geschlossenen Staatsgebietes, besteht aus arktischem bis

subarktischem Gebirgsland. Der höchste Berg ist der Mount McKinley mit 6190 Metern.

Von Alaska bis in den Golf von Mexiko reicht also die Nord-Süd-Ausdehnung. Entsprechend groß sind auch die klimatischen Unterschiede. Vom polaren Klima in Alaska über überwiegend warm- bis kaltgemäßigtes Klima in den größten Teilen der USA bis zum subtropischen Klima im Südosten und Südwesten reicht die Bandbreite (Abb. 6).

So gibt es in Amerika ein Phänomen, das alles Berechenbare hinsichtlich des Wetters zunichte zu machen scheint. Kälteeinbrüche können vom Eiskeller der Hudsonbai ungehindert bis zur Mississippimündung vorstoßen. Frost bringende Nordwinde („Northers") und Schneestürme reichen gelegentlich bis nach Florida. Andererseits gelangen subtropische feuchte Warmluftmassen mit unerträglicher Schwüle bis zu den Großen Seen.

Des Rätsels Lösung ist wiederum einfach. Da die großen Gebirgszüge in Nord-Süd-Richtung verlaufen, kann ein ungehinderter Austausch zwischen der warmen Luft über dem Golf von Mexiko und der kalten Luft der Hudson Bay erfolgen. Gefürchtet sind die Blizzards, die aus dem Norden einfallenden Schneestürme, ebenso wie die Wirbelstürme, die Tornados, und die in der Karibik entstehenden tropischen Hurrikans, die sehr schlimme Verwüstungen bis ins Landesinnere hinein anrichten.

Auch die Niederschlagsverhältnisse sind sehr unterschiedlich und durch den Verlauf der Gebirge bestimmt. Im Nordwesten, an der Pazifikküste, bringen die Westwinde bis zu 3000 mm Niederschlag im Jahr. Doch die Küstengebirge versperren den feuchten Luftmassen den Weg ins Landesinnere. So ist das Große Becken das trockenste Gebiet der USA. Auch die östlichen Küstengebiete gelten mit 1000 bis 2000 mm als niederschlagsreich. Im Osten haben sich die vom Atlantik kommenden Wolken ebenfalls bereits an den Appalachen abgeregnet, so dass das Zentrum der USA sowie die Becken innerhalb der Rocky Mountains trocken bis sehr trocken sind. Der 100. Längenkreis gilt als gefürchtete Trockengrenze. Westlich davon fallen weniger als 500 mm Niederschlag im Jahr, Ackerbau ist dann nur noch mit Bewässerung möglich.

Entsprechend der Ausdehnung des Staatsgebietes sind auch die Vegetationszonen in den USA vielfältig. Vom borealen (nördlichen) Nadelwaldgürtel kommt man über Laub- und Mischwälder im Osten in den Mittleren Westen, mit dem Grasland der Prärie (Steppe) und der Hochsteppe im Großen Becken, bis schließlich in Gebiete mit subtropischer Vegetation im Süden.

Abb. 6: Landschaft in Florida

 Zum Weiterlesen:

- Klimazonen, S. 670
- Weltweite Wanderungsbewegungen, S. 674
- Naturkatastrophen, S. 716

Agrarland der Superlative

Woran man vielleicht nicht denkt, wenn man USA hört – es ist ein bedeutendes Agrarland. Fast die Hälfte der Fläche der USA wird landwirtschaftlich genutzt. Obwohl die Anbaufläche ständig abnimmt und sich auch die Zahl der Farmen, wie die landwirtschaftlichen Betriebe in den USA heißen, in den letzten 50 Jahren nahezu halbierte, stieg die Höhe der Produktion enorm an. **Landwirtschaft** in den USA hat ganz andere Ausmaße und Ausprägungen als in Deutschland. Zwar arbeiteten 1995 nur 3% der Bevölkerung in der Landwirtschaft, dennoch wird so viel produziert, dass nicht alles im eigenen Land verbraucht werden kann. Der Überschuss wird exportiert, so dass die USA zum bedeutendsten **Agrarausfuhrland** geworden sind.

Weite Flächen des Landes sind dünn besiedelt und wirken recht eintönig, wenn man durch diese Landschaften fährt. Auf Hunderten von Meilen bietet sich dem Durchreisenden das gleiche Bild einer bestimmten Bodennutzung. Die landwirtschaftliche Nutzungsmöglichkeit hängt von den natürlichen Voraussetzungen, vor allem dem Klima, und von der Nähe bzw. Ferne der Absatzmärkte ab. So bildeten sich in den USA **Anbaugürtel** mit gleicher landwirtschaftlicher Nutzung heraus, Belts genannt (Abb. 1). Bis auf Alaska haben die USA keinen Anteil an der kalten Zone, so dass die Landwirtschaft von den klimatischen Gegebenheiten her bis in den subtropischen Gürtel in Florida fast alles selbst erzeugen kann.

Der Cotton Belt (cotton = Baumwolle), der Baumwollgürtel im klimatisch begünstigten Süden der USA, erstreckt sich etwa von Carolina bis Oklahoma (Abb. 2). Der einstige fast ausschließliche Anbau von Baumwolle wird wesentlich durch den Anbau von Erdnüssen, Sojabohnen und von Tabak erweitert. Der Wheat Belt (wheat = Weizen), gewissermaßen der Brotkorb der USA, dehnt sich auf den fruchtbaren Böden

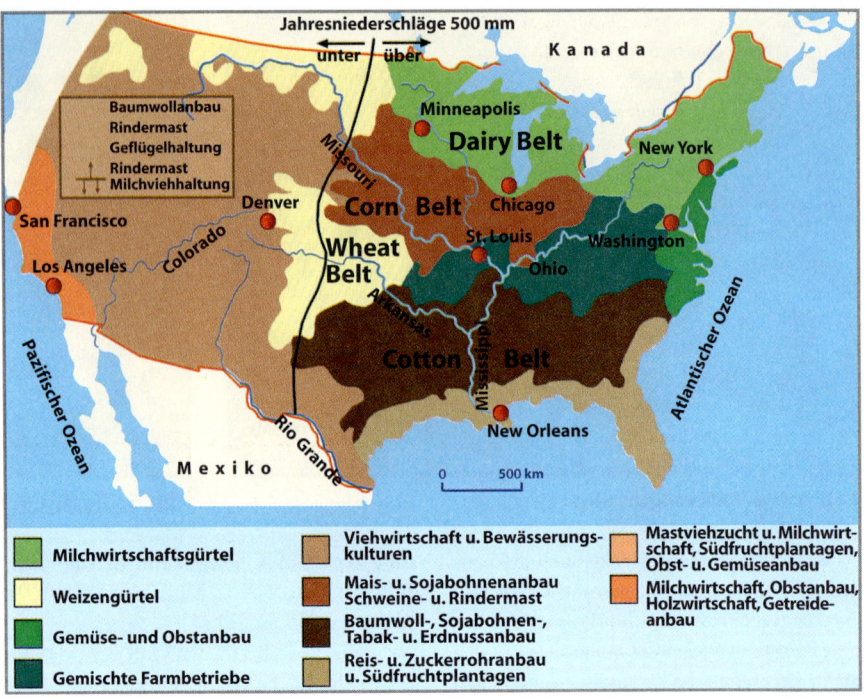

Abb. 1: Landwirtschaftszonen in den USA

der Prärie, wie man die Steppe des mittleren Nordamerika auch nennt, bis zur Trockengrenze aus. Das traditionelle Weizenanbaugebiet reicht vom nördlichen Texas bis nach Kanada (Abb. 3).

Im Corn Belt (corn = Mais) wird Mais als Futtermittel für Schweine- und Rindermast produziert. „Mais wird auf vier Beinen in die Stadt geschickt", sagen die Farmer in diesem Gebiet, das man auch als Fleischtopf der USA bezeichnen könnte. Diese Farmen sind also Veredelungsbetriebe. Vom Eriesee erstreckt sich dieser Gürtel über den Mississippi hinaus bis weit in die Staaten Illinois, Iowa, Nebraska, Minnesota. Auf riesigen, eintönig wirkenden, quadratisch eingeteilten Flächen, so weit das Auge reicht, Mais- und Sojabohnenfelder, von wenigen Weiden unterbrochen. Verstreut und einzeln liegen dazwischen die Farmgebäude, schon von weitem

an den Silotürmen zu erkennen. In großen Abständen dazwischen eine Kleinstadt.

Alles wirkt wie auf dem Reißbrett entworfen. Und das ist es tatsächlich. Bei der Besiedlung des Landes ließ der Staat das Land im 19. Jahrhundert vermessen, in quadratische Blöcke einteilen und jedem Siedler je nach Bodengüte und Klima eine bestimmte Fläche, **Homestead** (homestead = Heimstätte) genannt, zuweisen (Abb. 4). Da die Besitzer auf ihren Flächen wohnen mussten, entstanden keine Dörfer. Auf seiner Homestead hatte jeder Farmer sein geregeltes Einkommen. Großgrundbesitz genauso wie unrentable Zwergbetriebe wurden so vermieden. Jeweils 36 solcher Abteilungen bildeten eine Township, zu der eine Marktsiedlung gehörte. 16 oder mehr solcher Townships wurden dann wiederum zu einem Verwaltungsbezirk, County, zusammengefasst.

Abb. 2: Baumwollplantage

Abb. 3: Weizenernte auf riesigen Feldern

Das sind die Ursprünge der agrarischen Siedlungslandschaft und der traditionellen **Family Farm,** der Familienfarm, des typischen landwirtschaftlichen Betriebs im Mittelwesten der USA (Abb. 5). Die Arbeit ist so organisiert, dass die Familie sie im Wesentlichen alleine ohne fremde Hilfe bewerkstelligen kann. Spezialmaschinen, hohe Gaben an Düngemitteln, edles Saatgut und hochwertige Zuchttiere sind Voraussetzungen für eine hohe Produktivität. Die meisten Familienbetriebe versuchen, sich weitere Standbeine durch Milchvieh zu schaffen, um nicht zu einseitig festgelegt zu sein. Da die Preise in den letzten Jahren auf dem Weltmarkt sanken, mussten manche Familienbetriebe aufgeben. Dennoch haben Family Farms den Vorteil, dass sie sich relativ schnell auf Veränderungen in der Marktsituation einstellen können, während Großbetriebe wegen der wesentlich höheren Investitionen, die sie für einen Spezialbereich leisten müssen, unflexibler bei nötigen Umstellungsmaßnahmen sind.

Der Dairy Belt um die kühleren und feuchteren Gebiete an den Großen Seen hat sich auf Milch- und Fleischwirtschaft spezialisiert. Von hier aus werden die Großstädte an den Großen Seen mit Frischprodukten beliefert.

Fabrik – den Begriff würde man in Europa nicht in Beziehung zur Landwirtschaft setzen. Aber in den USA gibt es landwirtschaftliche Unternehmen, die nahezu industriell geführt werden. Man spricht von **Agribusiness.** Es handelt sich um eine Form der Landwirtschaft, die wie ein Industriebetrieb die Produktion, Verarbeitung und auch den Vertrieb von Agrarprodukten im großen Stile betreibt. Diese Großbetriebe arbeiten mit viel Kapital. Landwirtschaftliche Produkte sollen in möglichst großer Stückzahl, in stets gleicher Qualität, zu möglichst niedrigen Kosten, für einen höchstmöglichen Gewinn verkauft werden. Dazu muss, wie in der industriellen Produktion, mit möglichst rationellen Mitteln gearbeitet werden. Regelrechte Agrarfabriken pro-

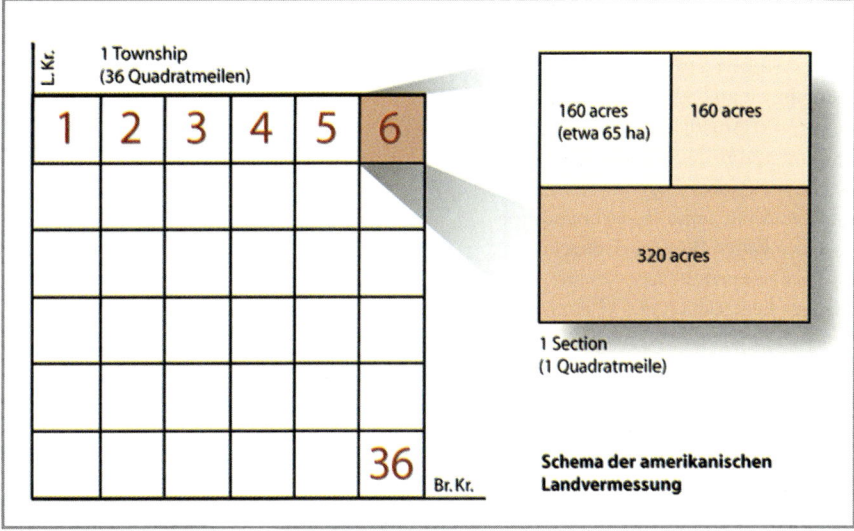

Abb. 4: Früher wurde jedem Siedler eine „Homestead" zugeteilt

duzieren deshalb den Agrarrohstoff und verarbeiten ihn auch bis zum Endprodukt, wie Konserven, Tiefkühlkost oder sonstigen Fertiggerichten, da Endprodukte wesentlich höhere Gewinne abwerfen als Agrarrohprodukte. Weltbekannte Imbissketten, Fast-Food-Ketten (Fast-Food meint den Verzehr von Fertigprodukten), sind u. a. die Abnehmer des Agribusiness, so dass man auch von „Hamburger-Fabriken" redet. Hähnchen und Eier in den USA werden fast ausschließlich in solchen Großbetrieben produziert.

Im Mittelwesten sind Rindermastbetriebe mit bis zu 100.000 Tieren. Die Tiere stehen in Feedlots (Feed = füttern, lot = Parzelle, Stück Land). Das sind gleich große, eingezäunte Flächen, auf denen jeweils mehrere hundert Tiere eingepfercht sind, die von nur wenigen Arbeitern versorgt werden können. Wenn das Klima es zulässt, braucht man noch nicht einmal Ställe, sondern nur Überdachungen gegen die Sonneneinstrahlung. Die Zusammensetzung des Futters wird computergesteuert, nichts dem Zufall überlassen. Denn jedes Tier soll ja pro Tag eine gleiche Menge zunehmen und gleich gute Fleischqualität, das gute Steak, liefern. Mit dem LKW fährt man das Futter zu den Tieren.

Solche hoch spezialisierten Großbetriebe gibt es auch in Kalifornien, dem riesigen Fruchtgarten der USA, der auch berühmt für seinen Weinanbau ist. Intensive Bewässerung, Düngung, Schädlingsbekämpfung und neue

Züchtungen ermöglichen eine ständige Ertragssteigerung. Modernste Technik schraubt die Produktion immer höher.

Das Agrarüberschussland USA ist führend in der Weltproduktion von Fleisch, Milch, Butter und Käse, es liefert über 60 % der Mais-Weltproduktion, ist mit etwa 50 % an der Welterzeugung führender Baumwollproduzent. Mit billigem Weizen und vielfältigen anderen Angeboten beliefert es den Weltmarkt.

Die Überproduktion stellt den Staat aber auch vor Probleme. So müssen manche Farmer von der Regierung finanziell unterstützt, **subventioniert** werden, damit sie mit den niedrigen Preisen auf dem Weltmarkt Schritt halten können. Andererseits ergibt sich daraus das weltweite Problem, dass die Landwirtschaften anderer Länder, vor allem der Entwicklungsländer, mit so erzielten Preisen nicht konkurrieren können.

Auch für die Natur ergeben sich Probleme. So kann der Wind auf den riesigen Weizenfeldern in den inneren Ebenen leicht den Boden ausblasen, Bodenerosion ist die Folge. Wenn zu viel Vieh auf einer Fläche gehalten wird, zerstört es die immer dünner werdende Grasnarbe. Auch die Bewässerungskulturen bringen Schwierigkeiten mit sich.

 Zum Weiterlesen:

- Ackerbau u. Viehzucht, S. 620
- Viehwirtschaft, S. 622
- GUS, Landwirtschaft, S. 700
- Weltmarkt, S. 736

Abb. 5: Typische „Family Farm"

Industriegürtel

*B*elts, also Gürtel, gibt es in den USA nicht nur in der Landwirtschaft, sondern auch in der Industrie! Sunbelt und Snowbelt werden sie von den Amerikanern liebevoll genannt (Abb. 1). Der Snowbelt (snow = Schnee) liegt im Nordosten und hat seine Bezeichnung nach den kalten Wintern in diesem Raum. Der Sunbelt (sun = Sonne) dagegen liegt südlich des 37. Breitengrades und wird von der Sonne wirklich verwöhnt. Doch das ist nicht der einzige Unterschied zwischen diesen beiden **Hauptwirtschaftszentren** der USA (Abb. 1).

Der industrielle Kernraum der Vereinigten Staaten, der mit dem Snowbelt gemeint ist, liegt zwischen den großen Städten Boston, Baltimore, St. Louis und Milwaukee. Hier gab es günstige Voraussetzung für eine Industrialisierung, die mit dem Aufbau der Hüttenindus-rie begann. Steinkohle lagerte in den Appalachen unter idealen Bedingungen. Große Flözmächtigkeit und vor allem fast horizontale Lagerung der Schichten ließen ein riesiges Steinkohlenrevier um Pittsburgh entstehen. Nicht nur für den Eigenbedarf, auch für den Export war diese Kohle bestimmt.

Das nötige Eisenerz fand man ebenfalls in den Appalachen und zudem im Gebiet um den Oberen See. Die fünf großen Seen dieses Kernraums stellten beste Transportwege bereit. Die Seen sind mit einer Gesamtfläche von 242.000 km² etwa so groß wie Großbritannien und Nordirland. So konnte entweder das Eisenerz zur Kohle oder umgekehrt transportiert werden. Ein gut ausgebautes Eisenbahn- und Straßennetz vervollkommnete das Verkehrsnetz im Laufe der Zeit. Qualifizierte Arbeits-

Abb. 1: Industriegebiete in den USA

kräfte und Absatzmöglichkeiten gab es bei den Einwanderern reichlich. Als 1950 der Sankt-Lorenz-Seeweg eröffnet wurde, entstand eine Verbindung zwischen Atlantischem Ozean und den Großen Seen. Damit wurde die Verkehrsanbindung noch weltoffener, da nun sogar Ozeanschiffe bis in die Städte an den Großen Seen fahren können.

Auch wagemutige Unternehmer gab es reichlich. Ein weltberühmtes Beispiel ist Henry Ford, der in Detroit für die Automobilherstellung die Fließbandarbeit einführte und damit weltweit neue Produktionswege eröffnete (Abb. 2). Insgesamt also beste Standortbedingungen für die Hüttenindustrie, vor allem auch in den Städten an den Großen Seen. Sie erlebten durch die Industrialisierung Blütezeiten. **Manufacturing Belt** (manufacturing = Produktions-, belt = Gürtel) wird dieser Gürtel auch genannt.

Aber genau wie in der Alten Welt wurde auch dieses Industriegebiet von den Krisen der letzten Zeit nicht verschont. Die Steinkohle wurde zunehmend von anderen Energieträgern wie Erdöl, Erdgas und Kernenergie verdrängt, und auch die Stahlnachfrage blieb nicht mehr so groß. Veraltete Produktionsanlagen, die erhebliche Umweltbelastungen mit sich brachten, verursachten Krisen. In Pittsburgh, das im 19. Jahrhundert Zentrum der Eisenverhüttung war, gingen dadurch viele Arbeitsplätze verloren. Doch hier fand eine Umorientierung statt. Mit der Gründung einer Universität wurden Firmen mit neuen Technologien, u. a. Firmen, die medizinische Geräte herstellten, herangezogen. Die Wirtschaftsstruktur musste sich den neuen Bedürfnissen anpassen.

Die Autoindustrie erfuhr durch die starke japanische Konkurrenz Rückschläge, die jedoch durch Qualitätsverbesserungen und auch durch verstärkte Nachfrage, als sich die Wirtschaft wieder zu erholen begann, aufgefangen wurden. Schwierig sind solche Krisen immer für die Arbeitnehmer. Denn das Prinzip der amerikanischen Wirtschaft ist die **freie Markwirtschaft,** das heißt, dass Angebot und Nachfrage den Preis und die Löhne regulieren. Nach der Theorie „So wenig Staat wie möglich!" soll sich am Markt im völlig freien Wettbewerb der Preis der Waren bilden. Als „Ware" wird dabei auch der zu zahlende Lohn der Arbeitskräfte gewertet, auf die der Staat keinen Einfluss hat. Der Staat hat lediglich für die Einhaltung eines fairen Wettbewerbs zu sorgen. Er muss das Eigentum schützen und mit Steuern Gemeinschaftsaufgaben durchführen. Eine solche Marktwirtschaft in recht reiner Form wird

Abb. 2: Automobilherstellung am Fließband

Erdkunde

Abb. 3: Zentrum der Filmindustrie – Hollywood

am Küstenkanal einen ungeheuren Aufschwung.

Atlanta, die Hauptstadt von Georgia, lockte durch günstige Steuerbedingungen und seine zentrale Lage viele Dienstleistungsbetriebe an. Die wohl bekannteste Entwicklung erlebte das **Silicon Valley,** mit eigentlichem Namen Santa-Clara-Tal und 30 Kilometer südlich von San Francisco in der Bucht von San Francisco gelegen. Der Name wurde von den Medien in den 70er Jahren eingeführt. Silicon ist der englische Begriff für Silizium, aus dem die Mikrochips hergestellt werden, die in Computern die Informationen verarbeiten. Inzwischen weltweit bekannte Computerfirmen nahmen hier ihren Ausgang als kleine Spezialfirmen (Abb. 5). Auch hier gab die Universität, in der Nähe von San Francisco errichtet, wesentliche Impulse für das technologische Wachstum. Silicon Valley steht für die moderne High-Tech-Industrie. Die fallenden Preise in der Computerbranche ließen im wirtschaftlich aufstrebenden Süden so manchen Arbeitsplatz verloren gehen. Unbegrenztes Wachstum ist also auch hier nicht garantiert.

Die USA sind mit ihrem großen Reichtum an allen wichtigen Bodenschätzen, Unternehmergeist und dem Willen, immer mehr und günstiger zu produzieren, zur führenden Industriemacht der Welt geworden.

zwar nicht bis ins Letzte verwirklicht. Doch zu Beginn des 19. Jahrhunderts kamen die frühen Formen der Industrialisierung diesem Konzept recht nahe und zeigten das Unmenschliche dieses Systems. Auch heute noch ist die soziale Absicherung von Staats wegen in den USA kaum ausgeprägt, so dass Krankheit und Arbeitslosigkeit zu großen sozialen Härten führen können.

In Deutschland stellte man diesem Konzept nach dem Zweiten Weltkrieg die **soziale Marktwirtschaft** entgegen. „So viel Staat wie nötig!" hieß es. Die schwächeren Teilnehmer des Wirtschaftslebens gilt es zu schützen. Staatliche Regelungen sollen verhindern, dass Großunternehmen oder Konzerne eine marktbeherrschende Stellung erlangen und damit den Wettbewerb zerstören können. Der Staat steuert mit Mitteln der Wirtschafts- und Finanzpolitik die Konjunktur. Sozialpolitische Regelungen schützen u. a. im Kündigungs-, Krankheits- und Arbeitslosenfall.

Auch in den USA wich man von den ausschließlichen Regeln der freien Marktwirtschaft ab, da sie zu viele Härten beinhalten kann, vor allem für die, die nur ihre Arbeitskraft einbringen können, aber keinen Besitz an Produktionsgütern haben.

Nach den Krisen verlagerte sich die Industrie in der zweiten Hälfte des 20. Jahrhunderts in den Sunbelt. In den Staaten Florida, Texas, Arizona und Kalifornien entwickelten sich neue Industriezweige. Angefangen mit der Filmindustrie Hollywoods, die in diesen warmen Breiten optimale Drehbedingungen im Freien bei langer Sonnenscheindauer während des ganzen Jahres vorfand, ging es über die Flugzeugindustrie und die Raumfahrt auch bis hin zur modernsten Datentechnik (Abb. 3 und 4). Der

Abb. 4: Raketenstart in Florida

Ausbau eines leistungsfähigen Straßennetzes und die Erweiterung des Flugverkehrs ließen den früher so weit entfernten Süden nahe rücken. Arbeitskräfte gab es im landwirtschaftlichen Umland auch genug, zudem förderten die Städte durch verlockende Steuervorteile oder günstige Grundstückspreise die Industrieansiedlung.

Hier nun einige Beispiele im Sunbelt. Houston in Texas erfuhr durch die Nähe zu den texanischen Erdölfeldern und seine Lage

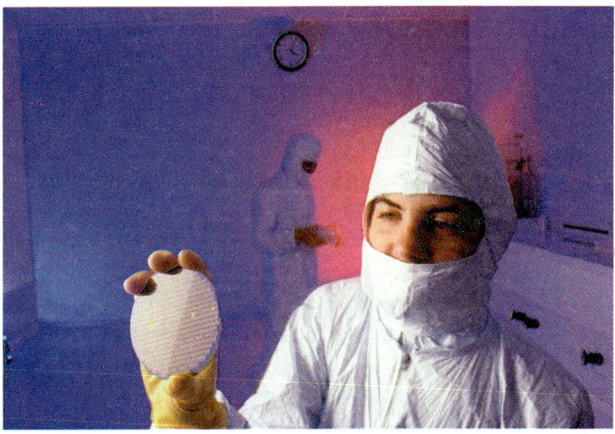

Abb. 5: Herstellung von Mikrochips für Computer

 Zum Weiterlesen:

- Steinkohle aus dem Ruhrgebiet, S. 628
- Chemische Industrie, S. 634
- Stahl und Autos, S. 636
- Strukturwandel im Ruhrgebiet, S. 718

Verstädterung

Wolkenkratzer – diesen Begriff verbindet man sofort mit der Weltstadt New York. New York, Hafenstadt an der Hudson-Mündung (Abb. 1), ist mit über sieben Millionen Einwohnern die größte Stadt der USA. In fünf Hauptbezirke ist sie gegliedert: Manhattan, Bronx, Brooklyn, Queens und Richmond. Am berühmtesten und gleichzeitig für jeden Touristen Pflicht ist Manhattan, der Stadtkern mit der berühmten Skyline mit über 200 Wolkenkratzern, z. B. Empire State Building, UN-Hochhaus, Rockefeller Center. New York, da denkt man an die Fifth Avenue, die elegante und teure Einkaufsstraße der Millionäre, an die Wallstreet, die Straße der Banken und der Hochfinanz, und an den Broadway, auf dem in den berühmten Theatern Musicals aufgeführt werden. Neun Universitäten, Opernhäuser, wie die weltberühmte Metropolitan Opera, unzählige Museen, Kirchen, Galerien, Kinos, Restaurants und die Freiheitsstatue auf Liberty Island in der New York Bay gehören zu dieser Weltstadt (Abb. 2). Sie hat den größten Hafen der USA, zwei internationale Flughäfen und ist das amerikanische Pressezentrum. New York, das ist das Finanz-, Handels- und Kulturzentrum der Welt, eine **Metropole,** wie man Weltstädte auch nennt.

Das ist die glänzende Seite von New York, das 1626 von Holländern als Neu-Amsterdam gegründet worden war. Mehr als 70 Nationalitäten und über 18 Millionen Menschen leben inzwischen im gesamten Verdichtungsgebiet von New York zusammen. New York war für die Einwanderer das Tor zur Neuen Welt, durch das Millionen von Menschen kamen. Viele zogen westwärts, aber viele von ihnen blieben auch direkt in New York. Die europäischen Einwanderer des 19. und 20. Jahrhunderts verschmolzen schnell zur neuen US-amerikanischen Generation. Die **Integration,** das heißt Eingliederung in die Gesellschaft gelang für sie.

Abb. 1: Die Skyline von New York

Zwar gibt es Viertel, in denen sich bestimmte Nationaliäten ihre Kultur bewahren wollen, wie „Chinatown", wo sich der Tourist in die asiatische Welt versetzt fühlt. Aber es gibt auch **Minderheiten,** für die keine Eingliederung gewünscht wurde (Abb. 3).

Harlem, ein **Ghetto** für Schwarze, gibt davon Zeugnis, bekannt für Armut und Kriminalität. Freizeit- und Bildungsangebote sind nur spärlich vorhanden. Nun muss man wissen, dass die Schwarzen als Sklaven zwangsweise in das Land gebracht worden waren, um in den Südstaaten auf den Zuckerrohr-, Baumwoll- oder Tabakplantagen zu arbeiten. Sie nahmen Sprache, Kultur und Sitten der weißen Herren an und trugen viel zur amerikanischen Kultur bei. Man denke nur an die Musik, Jazz, Gospels und Spirtuals. Die Sklaverei wurde zwar abgeschafft, aber Rassentrennung gibt es immer noch. Ziehen Schwarze in ein „weißes" Stadtviertel, so wandern die Weißen ab. Gesonderte Viertel für Schwarze, Ghettos, bilden sich heraus. Einen solchen Prozess bezeichnet man als Segregation.

Hispanics, so werden die Spanisch sprechenden Menschen aus Mittel- und Südamerika genannt, vor allem aus Mexiko, reisen – teils illegal – meist über die mexikanische Grenze ein, um für niedrigste Löhne Arbeit zu suchen. Sie haben oft nur eine geringe Schulbildung und sprechen die englische Sprache nicht. Auch hier bilden sich Minderheiten heraus, die in ihren nach Nationalitäten gebildeten Vierteln weitgehend isoliert leben. Die Minderheiten wachsen schneller als die weiße Bevölkerung. Nur eine Frage der Zeit, wann die weißen Amerikaner eine Minderheit sein werden?

Reichtum und Armut, Glanz und Elend findet man auch in einer Weltstadt dieser Industrienation in engster Nachbarschaft.

Los Angeles, die zweite riesige Bevölkerungsansammlung mit 3,5 Millionen Stadteinwohnern im engeren Sinn, aber 14,5 Millionen im gesamten Stadtgebiet, wächst nicht wie New York in die Höhe, sondern in die Breite, erstreckt sich über eine Fläche von mehr als 100 Kilometern, hat sich also weitflächig ausgebreitet. In den 40 typischen

Abb. 2: Der berühmte Times Square in Manhattan

Abb. 3: Chinatown in New York

Abb. 4: Los Angeles hat das dichteste Autobahnnetz der Welt

Vororten, Suburbs genannt, reihen sich endlos die Einfamilienhäuser über viele Quadratkilometer aneinander. Weite Entfernungen muss man so zur Schule, zum Einkaufen, aber auch zur Arbeitsstelle zurücklegen.

LA, wie die Amerikaner die Stadt nennen, hat sich bewusst gegen den Ausbau eines öffentlichen Nahverkehrssystems entschieden und stattdessen für den Individualverkehr mit dem PKW ein dichtes Netz von mehrspurigen Autobahnen teilweise in bis zu sechs Ebenen an Kreuzungspunkten übereinander erstellt. Ohne das Auto läuft nichts. So gibt es Autokinos und Autokirchen, Drive-in-Restaurants, Drive-in-Bankschalter (drive in = hereinfahren). Die Hälfte der Stadtfläche ist so durch Straßen und Parkplätze verbaut (Abb. 4).

Das dichteste **Autobahnnetz** der Welt darf LA sein Eigen nennen. Aber auch dieses dichte Netz ist nicht in der Lage, die Autolawinen zu bewältigen. Stop and go heißt es zu den Hauptverkehrszeiten immer wieder, wenn es bei dem enormen Verkehrsaufkommen unweigerlich zu Staus kommt. Werden Brücken wie bei dem großen Erdbeben 1994 zerstört, bricht alles zusammen.

Das ist aber nur ein kleiner Preis, den man für diese Mobilität bezahlen muss. Viel schlimmer sind die sich ergebenden Umweltprobleme. Immer wieder kommt es zu Smogwarnungen. **Smog**, die Dunstglocke über Ballungsgebieten, ist ein Kurzwort aus den englischen Wörtern smoke = Rauch und Fog = Nebel. Man versteht darunter die Luftverunreinigung, die durch Auto- bzw. auch durch Industrieabgase bei ganz bestimmten Wetterlagen verursacht wird. Wenn nämlich eine Warmluftschicht über einer kalten Luftschicht in Bodennähe liegt, verhindert sie den vertikalen Luftaustausch, da sie Aufwärtsbewegungen der Kaltluft verhindert. Es

Abb. 5: San Francisco

herrscht dann eine Umkehr der Temperaturverhältnisse in der Troposphäre. Man spricht von einer Inversionswetterlage (Inversion = Umkehrung). Denn die normalen Luftverhältnisse, dass nämlich die Temperatur mit zunehmender Höhe recht gleichmäßig abnimmt, sind hier ja „umgekehrt".

Zu Smog kommt es in Ballungsgebieten mit Ausströmung (Emission) verschmutzter Luft. Emission ist der Fachbegriff für die Abgabe von Schadstoffen (z. B. Rauch, Industrie- und Autoabgasen) an die Umwelt. Die Schadstoffe (Kohlenmonoxid, Schwefeldioxid, Stickoxide, Staub u. a.) reichern sich bei Inversionswetterlagen in den untersten Luft-

schichten an und können bei gleichzeitiger Windstille bzw. fehlendem horizontalen Luftaustausch, z. B. in einer geschützten Talkessellage, gefährliche Konzentrationen erreichen. Ab gesetzlich festgesetzten Grenzwerten dieser Luftschadstoffe wird Smogalarm in abgestuften Schwerefällen ausgerufen. Das kann z. B. Fahrverbot oder eine Reduzierung der industriellen Produktion bedeuten.

Das Auto ist in Amerika Symbol für Beweglichkeit, Unabhängigkeit und Freiheit. Sogar Häuser werden auf Rädern transportiert. Viele Amerikaner leben außerdem dauerhaft in großen, mit allem Komfort ausgestatteten mobilen Heimen an den Stadträndern oder an der Küste. Auch das ist „American style of life", amerikanischer Lebensstil. Mobilität (Beweglichkeit) wird in der US-Gesellschaft ganz groß geschrieben.

Die neun **Millionenstädte** der USA haben, wie schon am Beispiel von New York und von Los Angeles dargestellt, ein ungeheuer dicht besiedeltes Umland. In einigen Gebieten liegen mehrere Großstädte so dicht nebeneinander, dass man von Stadtreihen sprechen muß. „San-San" ist eine von ihnen. Der Name klingt zwar asiatisch, meint aber nur eine Abkürzung von San Diego und San Francisco (Abb. 5). So hat auch „Bosh-Wash" nichts mit Waschen zu tun, sondern ist das Kürzel der zusammengewachsenen Städte Boston und Washington. Insgesamt leben 1998 77 % der Amerikaner in Städten (Abb. 6).

New York	7,42
Los Angeles	3,59
Chicago	2,80
Houston	1,79
Philadelphia	1,44
San Diego	1,22
Phoenix	1,20
San Antonio	1,11
Dallas	1,07

Abb. 6: Millionenstädte in den USA 1998 (in Millionen Einwohnern)

 Zum Weiterlesen:

- Weltweite Wanderungsbewegungen, S. 674
- Wanderungsbewegungen, S. 676
- USA, Größe und Vielfalt, S. 690
- Umweltbelastung, S. 746

Von der UdSSR zur GUS

Im Dezember 1991 ging eine Meldung um die Welt: Nach 74 Jahren hatte eine Supermacht aufgehört zu existieren. Die UdSSR, die Union der Sozialistischen Sowjetrepubliken, hatte sich aufgelöst. Vorher reichte sie von der Ostsee bis zum Pazifik, vom Eismeer bis zum Schwarzen Meer – ein **Staatsgefüge,** das in wechselvollem Geschehen die Weltgeschichte mitgeprägt hatte.

Von Moskau aus war dieses Riesenreich zentral verwaltet und gelenkt worden. Die Kommunistische Partei der Sowjetunion (KPdSU) wurde zur Führerin der kommunistischen Parteien und Moskau zum Zentrum des **Weltkommunismus,** der sich nach 1945 mehr oder weniger gewaltsam in den von der Roten Armee besetzten Staaten Osteuropas einschließlich der DDR durchsetzte. Nach der Oktoberrevolution 1917 hatte die Kommunistische Partei unter der Führung Lenins die Zarenherrschaft beendet und die Umgestaltung des Landes in Angriff genommen. Gleichheit, Gerechtigkeit und Gemeinschaft unter den Menschen – das bedeutet Verzicht auf Privateigentum an Produktionsmitteln wie Boden, Maschinen oder Fabriken. So lautete der Grundsatz des Sozialismus, der die Leitidee für das neue kommunistische Riesenreich werden sollte.

Der Kommunismus gilt als Weiterentwicklung des **Sozialismus,** möchte die Bedürfnisse aller Menschen gleichmäßig befriedigen. Der Kommunismus (lat.: communis = gemeinsam, allgemein) ist ein Sammelbegriff für Bewegungen, die auf die Gleichstellung aller Menschen abzielen. Dazu muss jegliches Privateigentum an den Produktionsmitteln abgeschafft und die Güter müssen nach dem jeweiligen Bedarf der Menschen verteilt werden. Diese Idee von der Gleichheit aller Menschen sollte vor allem in der Wirtschaft verwirklicht werden.

Deshalb schaffte man privates Grundeigentum ab und verstaatlichte es, ebenso wie die Fabriken und Banken. Endziel war die Errichtung einer klassenlosen Gesellschaft, in der jeder gleich war.

Landwirtschaft und Industrie wurden nach politischen Gesichtspunkten gelenkt. Von Moskau aus wurde festgelegt, welche Güter in welcher Menge und Qualität und wo zu welchem Preis und zu welchen Löhnen hergestellt werden sollten. Ebenso wurde der Absatz der Waren genau geregelt. **Planwirtschaft** nennt man eine solche Wirtschaftsform, bei der sämtliche wirtschaftlichen Vorgänge nicht den Kräften des freien Marktes überlassen bleiben (Abb. 1). Die Planungsbehörden erstellten die Fünfjahrespläne, die die Bedürfnisse der Menschen und die Produktion im landwirtschaftlichen und industriellen Bereich aufeinander abstimmen sollten. Nach diesen Vorgaben wurde die Wirtschaft zentral gesteuert.

Das funktionierte aber keineswegs reibungslos. Die lange Festlegung auf fünf Jahre erwies sich als problematisch, da man nicht so schnell auf Veränderungen reagieren konnte. Außerdem war der aufgeblasene Planungsapparat recht unbeweglich und konnte nur schwerfällig auf Unvorhergesehenes reagieren. Für Eigeninitiative und persönliche Verantwortung blieb kein Raum. So gab es immer wieder Versorgungslücken oder -engpässe. Die

	Planwirtschaft	Marktwirtschaft
Entscheidungen	zentral vom Staat	in jedem Betrieb
Eigentum	gehört dem Staat; daneben privates u. genossenschaftl. Eigentum	privat
Produktionsziel	Plansoll erfüllen	Gewinne erwirtschaften
Preisgestaltung	vom Staat festgesetzt	Preisbildung durch Angebot und Nachfrage
Löhne	vom Staat festgesetzt	werden in Tarifverhandlungen zwischen Arbeitgebern u. -nehmern vereinbart

Abb. 1: Vergleich Plan- und Marktwirtschaft

Grundbedürfnisse der Sowjetmenschen konnten nicht befriedigt werden. Insgesamt erwies sich die Planwirtschaft als Fehlschlag.

Die Partei hatte das Alltagsleben der Menschen in allen öffentlichen und vielen privaten Bereichen kontrolliert. Die Verteilung nicht nur von Lebensmitteln, Wohnungen, Luxusgütern wie Autos, sondern auch von Arbeits- und Ausbildungsplätzen wurde zentral geregelt.

Doch die Parteifunktionäre nahmen sich viele Privilegien, Gleichheit war nur Schein. Ab 1985 begannen unter KPdSU-Generalsekretär Gorbatschow Reformbewegungen, um mehr Demokratie zu erlangen. Mit diesen in der UdSSR eingeleiteten **Reformen** wuchs auch der Druck der Bevölkerungen auf die Regierungen im gesamten Ostblock, der schließlich zusammenbrach (1989 die DDR).

Litauen, Estland und Lettland, die bis zum Zweiten Weltkrieg unabhängige Staaten waren, erklärten bereits 1990 ihre Unabhängigkeit. Die anderen Staaten der UdSSR (Armenien, Aserbaidschan, Georgien, Kasachstan, Kirgistan, Moldau, Russland, Tadschikistan, Turkmenien, Usbekistan, Ukraine, Weißrussland) folgten. Diese zwölf ehemaligen Sowjetrepubliken schlossen sich zur **GUS** (Gemeinschaft unabhängiger Staaten) zusammen (Abb. 2). Ihr Ziel ist es, den Handel untereinander zu stärken und eine militärische Einheit zu bewahren. Seit 1992 ist die GUS international anerkannter Nachfolger der ehemaligen Sowjetunion.

Grundlegende Änderungen hat es in der Wirtschaftsform gegeben. Nicht mehr nach den Regeln der Planwirtschaft, sondern nach

Staat	Fläche in km²	Einwohner in Mio.	Hauptstadt
Armenien	29.800	3,7	Eriwan
Aserbaidschan	86.600	7,5	Baku
Georgien	69.700	5,4	Tiflis
Kasachstan	2.727.300	16,6	Alma-Ata
Kirgistan	198.500	4,5	Bischkek
Moldau	33.700	4,3	Chisinau
Russland (Russische Föderation)	17.075.400	148,2	Moskau
Tadschikistan	143.100	5,8	Duschanbe
Turkmenien	488.100	4,5	Aschgabad
Usbekistan	447.500	22,7	Taschkent
Ukraine	603.700	51,5	Kiew
Weißrussland	207.590	10,3	Minsk

Abb. 2: Die Staaten der GUS

Erdkunde

Abb. 3: Bauernmarkt in Eriwan

Abb. 5: Neubausiedlung bei Moskau

Prinzipien der Marktwirtschaft soll gearbeitet werden (Abb. 3). Daran waren die Menschen nicht gewöhnt, besaßen zudem ja auch kein Eigentum an Produktionsmitteln. Dazu kam auch, dass in einem Raum von so gewaltiger flächenhafter Ausdehnung Probleme unter den unterschiedlichen Volksgruppen auftraten. In der ehemaligen UdSSR waren etwa 130 verschiedene Volksgruppen vertreten, die sich durch Sprache, Sitten und Gebräuche voneinander unterscheiden. Es war der kommunistischen Regierung trotz aller Bemühungen keinesfalls gelungen, aus dieser Vielfalt ein einheitliches Sowjet-Volk zu schaffen. Auch Versuche, ganze **Nationalitätengruppen** umzusiedeln oder Menschen russischer Nationalität in alle Teile der UdSSR zu schicken, um das nationale Zusammengehörigkeitsgefühl der Gruppen zu zerstören, scheiterten.

Viele Völker – viele Probleme! Die größte Volksgruppe sind die Russen, die größte Völkervielfalt gibt es beiderseits des Kaukasus. Das bis zu 5600 Meter hohe Gebirge stellt eine natürliche Grenze zwischen Europa und Asien dar. In den abgeschiedenen Gebirgslandschaften konnten sich auf engem Raum die verschiedensten Nationalitäten halten, die mal vor Eroberern geflohen oder selbst als Eroberer durchgezogen waren. Russen, Ukrainer, Armenier, Kosaken, Awaren, Osseten ... um einige Völker zu nennen.

Konflikte mussten sich zwangsläufig in der Nachfolgezeit nach der zentralen Lenkung durch die Sowjets ergeben. Nagorny-Karabach liegt innerhalb der Republik Aserbaidschan, das von Armeniern bewohnt wird. Doch die christlichen Armenier möchten nicht zum islamischen Aserbaidschan gehören, sondern mit Armenien vereint werden. Das führte zu einem bewaffneten Konflikt. Der politische Status des Gebiets war 1998 noch nicht geregelt. Weitere kriegerische Auseinandersetzungen gab es in der GUS. Die ungelösten Nationalitätenkonflikte machen das Schicksal der GUS ungewiss.

Moskau ist mit 8,8 Millionen Einwohnern wieder geistiges und kulturelles Zentrum und die Hauptstadt der neuen Russischen Föderation, kurz „Russland", des größten und auch wirtschaftlich stärksten Landes der GUS. Moskau war schon im 14. Jahrhundert Hauptstadt für das damalige Russische Reich. Zwischen 1712 und 1917 hatte der Zar den Regierungssitz nach St. Petersburg (Leningrad) verlegt. Aber nach der Oktober-

revolution ging der Regierungssitz wieder nach Moskau zurück. Der Kreml, ein burgartig befestigter Stadtteil, ist der Mittelpunkt der Stadt (Abb. 4).

Schwierig gestaltet sich das alltägliche Leben (Abb. 5). Unter kommunistischer Wirtschaft gab es billige Wohnungen, feste Arbeitsplätze, kostenlose medizinische Betreuung, so dass jeder Bürger sein Auskommen hatte. In der GUS dagegen sind die Preise dermaßen gestiegen, die Löhne aber nicht entsprechend, dass ein Durchschnittsbürger Probleme hat, zurechtzukommen (Abb. 6).

Abb. 6: Die berühmte Arbat-Straße in Moskau

 Zum Weiterlesen:

- Landwirtschaft, S. 700
- Industrie im Wandel, S. 702
- Europa – Einheit u. Vielfalt, S. 728
- Polen, S. 733

Abb. 4: Der Kreml in Moskau

Landwirtschaft und ihre Bedingungen

Riesige Ausmaße nimmt das Gebiet der GUS ein, es ist das größte zusammenhängende Staatsgebiet der Erde. 10.000 km von Westen nach Osten erstreckt es sich und von Norden nach Süden über 5000 km. Gleich an zwei Kontinenten (Europa und Asien), die durch das Uralgebirge getrennt werden, hat es Anteil. Der Kaukasus bildet die Südostgrenze.

Entsprechend vielfältig sind die **Klima- und Vegetationszonen.** Zwischen Kältepol und Wüste spielen sich die extremen klimatischen Gegensätze ab: In den Kältegebieten nördlich des Polarkreises werden Temperaturen zwischen –60°C und –70°C im Winter gemessen. Werchojansk gilt als Kältepol der Erde. Dauerfrostboden, der im Sommer nur oberflächlich auftaut und das Gebiet zu einem riesigen morastigen Sumpf werden lässt, ist kennzeichnend.

Zwischen Westen und Osten kann man ebenfalls erhebliche klimatische Unterschiede feststellen, da das Klima zunehmend kontinentaler wird. Von Nordwesten nach Südosten werden die Sommer heißer, die

Abb. 1a: Winterwald

Abb. 1b: Bizarre Steinformationen am Schwarzen Meer

Abb. 1c: Regenbogen über der Tundra

Abb. 2: Weizenfelder in der Ukraine

Winter kälter und die Niederschläge geringer. Denn der Einfluss der vom Atlantik kommenden feuchten Luftmassen nimmt nach Osten hin ab, die Temperaturgegensätze zwischen Sommer und Winter können bis zu 60°C ausmachen.

Die Vegetationszonen reichen von der Tundra im hohen Norden über die Taiga (ausgedehnte boreale Nadelwälder) bis in die Steppen und Halbwüsten. Am Schwarzen Meer findet man mediterrane Vegetation (Abb. 1).

Demzufolge sind auch die landwirtschaftlichen Nutzungsmöglichkeiten sehr unterschiedlich. Denn die Tundra und die nördlichen Gebiete der Taiga schränken die landwirtschaftliche Nutzung wegen der kurzen Vegetationszeit sehr ein. Die südlichere Taiga ist klimatisch günstiger, jedoch enthalten die Böden zu wenig Nährstoffe. Die Steppenzone schließlich bietet mit ihren nährstoffreichen Humusböden Anbaumöglichkeiten für anspruchsvolle Pflanzen wie Weizen. Hier, wie in Kasachstan, liegen die Hauptanbaugebiete. Versuche, den Anbau durch Bewässerungsmaßnahmen auch in die Wüsten und Halbwüsten des Südens voranzutreiben, stießen immer wieder auf Misserfolge.

Nicht nur von den natürlichen Voraussetzungen, sondern durch die politische Einflussnahme des Staates wurde die **Landwirtschaft** in der ehemaligen UdSSR geprägt. Mit dem Erbe aus dieser Zeit gilt es eine nachhaltig leistungsfähige Landwirtschaft aufzubauen. Doch dazu müssen erhebliche Schwierigkeiten überwunden werden, die in der Geschichte begründet sind.

Als nach der Oktoberrevolution 1917 die Kommunisten die Herrschaft errangen, wurde alles Privateigentum an Grund und Boden ohne jegliche Entschädigung enteignet. **„Kollektivierung"** nennt man diesen Prozess, in dem privates Eigentum in sozialistische Gemeinwirtschaft übergeht.

Es sollte keine privat geführten Bauernhöfe mehr geben, sondern nur noch staatlich zentral gelenkte Betriebe. So wurden zwangsweise jeweils mehrere private Bauernhöfe zu landwirtschaftlichen Großbetrieben, den Kolchosen, zusammengelegt. Das waren landwirtschaftliche Produktionsgenossenschaften, in denen die Bauern die Wohngebäude behalten durften, alles Vieh, Land, alle Ställe und Maschinen jedoch in staatliches Eigentum übergingen.

Der **Kolchos** verwaltete sich selbst, musste sich aber an die staatlich verbindlichen Pläne halten und wurde auch ständig kontrolliert. Die Bauern arbeiteten als Kolchosnik in Brigaden, das sind Arbeitsgruppen, die für bestimmte Aufgaben zusammengestellt wurden. Nun bestimmte der Staat, welche Produkte angebaut werden mussten. Die wurden dann zu vorher festgesetzten Preisen an staatliche Verkaufsstellen geliefert und die Kolchosniks anteilmäßig am Gewinn beteiligt.

Dann gab es noch eine zweite Form der landwirtschaftlichen Betriebe, die über wesentlich mehr Fläche verfügte. Die **Sowchosen,** reine Staatsbetriebe und keine Produktionsgenossenschaften mehr, gehörten völlig dem Staat. Alle Maschinen, Gebäude, Stallungen und Vieh waren Staatseigentum. Die Sowchosen wurden wie Industriebetriebe organisiert und geführt und hatten sich meistens auf die Produktion bestimmter Anbau-

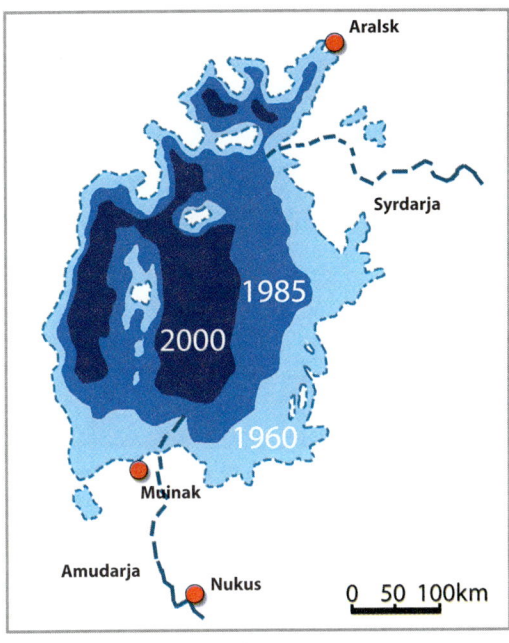

Abb. 3: Der Aralsee trocknet aus

güter spezialisiert, z. B. Getreideanbau oder Viehwirtschaft. Die Arbeiter bekamen einen festen Lohn. Die Erträge sowohl der Sowchosen als auch der Kolchosen konnten aber keinesfalls mit denen der westlichen Betriebe konkurrieren, die nach marktwirtschaftlichen Gesichtspunkten arbeiteten. Die Hektarerträge bei Weizen lagen trotz der großen Anbauflächen und der Spezialisierung fast um die Hälfte niedriger als die der Betriebe in den USA.

Insgesamt waren die Kolchosen und Sowchosen also nicht in der Lage, die Ernährung der gesamten Bevölkerung sicherzustellen. Dagegen produzierten die Bauern auf einem winzigen Stück Hofland, das jeder für sich bewirtschaften durfte, fast ein Drittel sämtlicher Nahrungsmittel. Ihre Erträge durften die Bauern nämlich zu Preisen, die sie selbst bestimmten, verkaufen. Das zeigte, dass die marktwirtschaftlichen Prozesse einen Anreiz schafften, mehr zu produzieren, die zentrale Lenkung aber die Eigenverantwortlichkeit und die Motivation der Menschen hemmte.

Seit die Sowjetunion nun aufgelöst ist, befinden sich alle landwirtschaftlichen Gebiete in einer anhaltenden **Wirtschaftskrise.** So kann z. B. auch in der Ukraine die Umwandlung von der staatlich gelenkten Planwirtschaft zur privaten Marktwirtschaft nicht von heute auf morgen vollzogen werden und geht nur schleppend voran. Dies liegt vor allem an der zögernden Privatisierung der Staatsbetriebe. Hinzu kommt noch eine extrem hohe Inflationsrate, 1996 waren es etwa 80 %.

Innerhalb der ehemaligen UdSSR galt die Ukraine als Kornkammer (Abb. 2). Auf ihren fruchtbaren, humusreichen Schwarzerdeböden ist Weizen das wichtigste Anbauprodukt. Von großer Bedeutung sind daneben Zuckerrüben, Sonnenblumen, Mais, Kartoffeln, Futterpflanzen, Gemüse und Tabak. Im Süden hat der Weinbau eine besondere Bedeutung. Von der Halbinsel Krim kommt der berühmte Krimsekt.

1986 ereignete sich in einem Kernkraftwerk bei Tschernobyl der bislang schwerste Atomunfall der Geschichte, GAU genannt (GAU = Abk. für größter anzunehmender Unfall). Nach der Reaktorkatastrophe in Tschernobyl können große Flächen noch nicht wieder bestellt werden.

Vielfältige weitere Altlasten aus dem Erbe der Planwirtschaft müssen noch bewältigt werden. So waren die Neulandgewinnung in Kasachstan, Usbekistan und Turkmenistan in den 50er Jahren weltweit beachtete Großprojekte der sowjetischen Führung. Durch Bewässerung sollte die Anbaufläche von Getreide, Gemüse und Baumwolle ausgedehnt werden. Weil das Gebiet sehr niederschlagsarm ist, zapfte man Flüsse an und leitete das Wasser über weit verzweigte Kanäle und Rohrleitungen auf die trockenen Wüstenböden. Doch das hat einen schlimmen Preis.

Der **Aralsee,** ein abflussloser Binnensee in Kasachstan und Usbekistan, östlich des Kaspischen Meeres, liegt in einem riesigen, fast menschenleeren Trockenraum Innerasiens, umgeben von Wüsten (Abb. 3). Einst war er der viertgrößte Binnensee der Erde. Doch von seinen ehemals 64.500 km² ist nur noch etwas mehr als die Hälfte übrig (Abb. 3). Die Flüsse Amudarja und Syrdarja können den See nicht mehr ausreichend speisen, da sie für Bewässerungszwecke viel Wasser vorzeitig abgeben müssen. Hatte der See früher einen Pegelstand von 68 Metern, so ist er heute um 16 Meter gesunken und zum großen Teil ausgetrocknet (Abb. 4).

Die so wichtige, einträgliche Fischerei musste aufgegeben werden, ehemalige Hafenstädte liegen weit im Land. Durch die Dauerbewässerung kam es zur Versalzung, der Salzgehalt des Wassers stieg auf 2,7 %. Der Wind bläst Sulfate und Salze vom See in die Umgebung, lagert sie auf Gärten, Feldern und Häusern ab und schädigt die ohnedies karge Pflanzen- und Tierwelt. Da der Boden unfruchtbarer wird, sollen noch größere Mengen Dünge- und Schädlingsbekämpfungsmittel die Erträge wieder steigern. Ein verhängnisvoller Teufelskreis, unter dem die Gesundheit der Bevölkerung leidet. Möglichst hohe Produktion ohne Rücksicht auf die Umwelt fordert aber ihren Preis.

Abb. 4: Ausgetrockneter See

 Zum Weiterlesen:

- USA, Agrarland, S. 692
- Klimazonen, S. 730
- Weltmarkt, S. 736
- Umweltbelastung, S. 746

Industrie im Wandel

*S*ibirien – in der Vorstellung vieler verbunden mit Kälte und Unwegsamkeit! Aber gleichzeitig ist es ein wahrer Tresor an Bodenschätzen. Ein großer Teil der Weltvorräte an Stein- und Braunkohle, riesige Erdöl- und Erdgaslagerstätten gibt es hier, außerdem Eisenerz, Chrom, Mangan, Titan, ferner Buntmetalle wie Kupfer, Blei, Zink, Nickel, Kobalt, Wolfram. Phosphate, Natronsalze, Kali sind Grundstoffe für die chemische Industrie. Zudem findet man Gold, Platin und Edelsteine.

Mit diesen Reichtümern setzte sich die UdSSR seit der Oktoberrevolution das Ziel, das Land schnellstens zu industrialisieren. Vom Agrarland entwickelte es sich zum zweitgrößten **Industrieland** hinter den USA. Produziert wurde, was die Regierung für nötig hielt, nicht, was die Menschen wünschten (Abb. 1). Die Entwicklung der Schwerindustrie hatte absoluten Vorrang vor allem anderen. Dafür musste die Bevölkerung in den ersten Jahren auf Konsumgüter verzichten. Nach und nach sollten über das ganze Land verteilt **Schwerindustriebezirke** entstehen, um das räumliche Ungleichgewicht des Riesenlandes zu überwinden. Denn dem stark bevölkerten und gut entwickelten europäischen Teil stand der dünn besiedelte, kaum erschlossene asiatische gegenüber.

Ehe man aber die intensive industrielle Erschließung Sibiriens in Angriff nahm, erfolgte ein Ausbau der vorhandenen alten Industriegebiete um Moskau und Leningrad (jetzt St. Petersburg) und im Donezbecken. Die Steinkohle des Donezbeckens zusammen mit den Erzlagern von Kriwoj Rog bildeten die Rohstoffgrundlagen. Vorhandene Wasser- und Wärmekraftwerke lieferten die nötige Energie. Erdöl und Erdgas kamen vom Kaukasus. Gute Verkehrsverbindungen bestanden durch ein ausgebautes Eisenbahnnetz und die Wasserstraßen des Dnjepr, Don und

Asowschen Meeres. Die Nahrungsmittelversorgung der Bevölkerung konnte man durch die Lage in dem fruchtbaren Schwarzerdegürtel sicherstellen. Für die Entwicklung eines Schwerindustriezentrums insgesamt beste Voraussetzungen!

Doch in Sibirien, dem beinahe menschenleeren und schwer zugänglichen asiatischen Landesteil, mussten bei der Nutzung der reichen Bodenschätze teilweise schier unüber-

Abb. 1: Bau von Ilyuschin-Flugzeugen Ende der 70er Jahre

windliche Schwierigkeiten gemeistert und erst zwei wichtige Voraussetzungen geschaffen werden: Die Verkehrserschließung wurde vorangetrieben und die Energieversorgung gesichert. Bei der Erschließung und Industrialisierung ging man wie in allen Bereichen nach Fünfjahresplänen vor.

Die **Transsibirische Eisenbahn,** die Transsib, wurde zwischen 1891 und 1903 gebaut (Abb. 2). Mit 9337 km ist sie die längste Eisenbahn der Welt. Sie diente als Leitlinie, an der sich auch die Besiedlung ausrichtete. Eine Woche dauert die Fahrt von Moskau nach Wladiwostok (Abb. 3).

Zur besseren Erschließung Ostsibiriens wurde 1985 eine zweite Eisenbahnstrecke, die BAM, **Baikal-Amur-Magistrale,** von Bratsk nach Komsomolsk in Betrieb genommen. Die 3200 km lange Strecke bildet 180 bis 500 km nördlich eine Parallelstrecke zur Transsib und verläuft in einem Gebiet mit überwiegend Dauerfrostboden. Sieben Bergketten, Hunderte von Flüssen mussten überwunden werden. Für die Energieversorgung entstanden an den großen wasserreichen Strömen einige der größten Wasserkraftwerke der Welt. Neue

Fabriken, Bergwerke und Städte konnten mit Strom versorgt werden.

Auch Arbeitskräfte waren in diesen siedlungsfeindlichen Gebieten nicht ausreichend vorhanden. Zunächst mussten Straf- und Kriegsgefangene zwangsweise in dieser unwirtlichen Gegend arbeiten. Später versuchte man, Arbeiter aus allen Teilen der UdSSR hierher mit besonderen Vergünstigungen anzuwerben. Mehr Urlaub, wesentlich höherer Lohn und bei der Rückkehr Anspruch auf eine Wohnung und ein Auto sollten dazu anreizen, sich für längere Zeit zur Arbeit zu verpflichten.

Da die Lagerstätten in Sibirien weit voneinander entfernt liegen, wurden Gebiete mit Kohle und Erz „kombiniert", zusammengeschlossen. Die so entstandene Zusammenarbeit benachbarter Gebiete nannte man **Kombinat** (Abb. 4). Ein Kombinat ist für sich unabhängig. So ging man als erstes neues Projekt an die Erschließung des Kusnezbeckens als weiteres Kohle- und Eisenversorgungszentrum. Man bildete das Ural-Kusnez-Kombinat. Denn in Magnitogorsk im Ural lagerten reiche Eisenerzvorkommen, im Kuznezk-

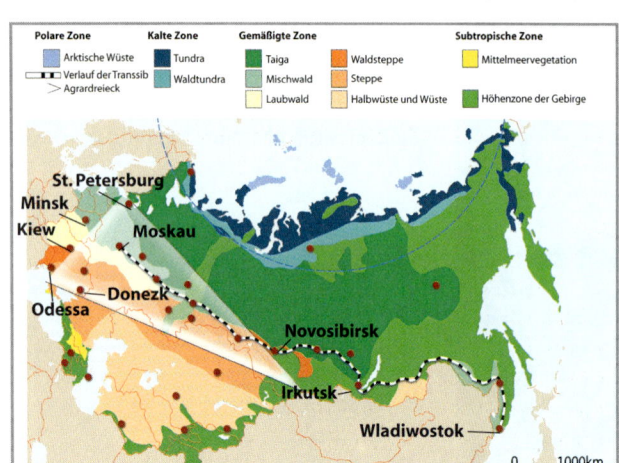

Abb. 2: Der Verlauf der Transsibirischen Eisenbahn

Abb. 3: Die Transsibirische Eisenbahn

Erdkunde

Abb. 5: Der Hafen von St. Petersburg

Becken die Steinkohle. Auf dem Schienenweg wurde Eisen bzw. Kohle transportiert, so dass in beiden Bezirken Schwerindustrie entstehen konnte. In Magnitogorsk befindet sich ein riesiges Stahlwerk. Dann entwickelte man von diesem Kombinat aus die Industriezentren Karaganda, Irkutsk und schließlich das fernöstliche Industriezentrum.

Russland ist heute das rohstoffreichste Land der Welt. Die ehemalige Sowjetunion war nach den USA die zweitgrößte Industrienation der Erde. Nach der Auflösung der UdSSR stellen sich für die anderen GUS-Staaten neue Fragen. Denn war Sibirien vorher die Rohstoffquelle für alle Sowjetrepubliken, so müssen jetzt die GUS-Staaten von Russland die Rohstoffe und Produkte kaufen, so dass Russland eindeutig eine wirtschaftliche Vormachtstellung innerhalb der GUS besitzt.

Die technische Entwicklung der Industriebetriebe ist hinter westlichem Standard weit zurückgeblieben. Modernisierungen sind aber sehr teuer. Das nötige Kapital versucht man nun nach der Auflösung der UdSSR durch Bildung von Aktiengesellschaften zu bekommen. Durch den Kauf von Aktien wird der Käufer Mitbesitzer eines Werkes. Mit dem eingeflossenen Kapital können neue Maschinen gekauft werden. Auch Betriebe aus dem Ausland beteiligen sich, bringen technische Neuerungen mit, so dass Russland hofft, den Anschluß an den Wettbewerb auf dem internationalen Markt zu finden.

Für Russland hat sich nach der Auflösung der UdSSR auch die Verkehrsanbindung verändert (Abb. 5). Wladiwostok gewinnt zunehmend an Bedeutung. Denn wichtige Seehäfen wie Riga an der Ostsee oder Odessa am Schwarzen Meer gehören ja nun nicht mehr zum Staatsgebiet Russlands. So bietet Wladiwostok, ein ganzjährig eisfreier Hafen, Zugang zu den Weltmeeren. Wachsende Handelsbeziehungen zu den asiatischen Nachbarländern eröffnen für dieses Gebiet ganz neue Perspektiven. War es vorher von Moskau, dem Herzen der UdSSR, über 10.000 km entfernt, so ist es nun in unmittelbare Nähe zu Handelspartnern des asiatischen Raumes gerückt, die vorher durch die zentrale Lenkung weit entfernt schienen.

Sehr viel **Raubbau** wurde in den letzten Jahrzehnten bei der Ausbeutung der Rohstoffreserven getrieben, und die Industrialisierung hat schlimme ökologische Schäden hinterlassen. Ein Zellulose- und Papierkombinat wurde in den 60er Jahren am Baikalsee errichtet. Das ist der tiefste Binnensee der Welt (bis 1620 m), 636 km lang und bis zu 80 km breit. Der einzige Abfluss ist die Angara, die in den Jenissei mündet. Die Transsibirische Eisenbahn passiert den See im Süden, die BAM im Norden. Damals moderne Umweltauflagen für das Werk reichen heute nicht mehr aus, um das Wasser des Sees vor Verunreinigung zu schützen. Hinzu kommen durch die Landwirtschaft eingeschwemmte Mineraldünger und Gülle aus Großviehstallungen. Fischsterben zeugt von der Zerstörung des Naturhaushaltes. Auch im Asowschen Meer gelangen im Bereich der Don-Mündung verschmutzte Abwässer aus der Industrie ins Meer.

Nicht umsichtig und weitsichtig genug geht die Holz verarbeitende Industrie in neuerer Zeit mit den in Jahrhunderten langsam gewachsenen Wäldern der nördlichen Taiga um. Kahlschläge von großem Ausmaß zerstören kostbare Wälder (Abb. 6). Das Holz aus den nördlichen Breiten wächst aufgrund der extrem kurzen Wachstumsperiode nur sehr langsam. Das erkennt man an den ganz dicht zusammenliegenden Jahresringen. Ein Ring entsteht jeweils, wenn in der kurzen Wachstumszeit des Sommers der Baum weiterwächst. Nur selten werden neue junge Bäume angepflanzt.

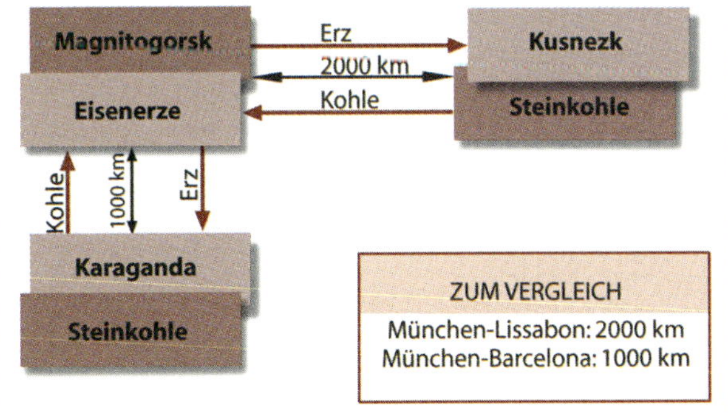

Abb. 6: Holz wird verladen

Zum Weiterlesen:

- Klimazonen, S. 670
- USA, Agrarland, S. 692
- Weltmarkt, S. 736
- Welthandelsmächte, S. 738
- Weltverkehr, S. 740

Magnitogorsk — Erz 2000 km / Kohle → **Kusnezk**
Eisenerze — **Steinkohle**
Kohle / 1000 km / Erz
Karaganda / **Steinkohle**

ZUM VERGLEICH
München-Lissabon: 2000 km
München-Barcelona: 1000 km

KOMBINAT
Industriegebiete, die durch Rohstoffaustausch verbunden sind.
Jetzt machen sich die einzelnen Industriestandorte selbstständig, die Kombinate werden aufgelöst.

PLANWIRTSCHAFT
Zentrale Lenkung der Wirtschaft durch die Regierung (Fünfjahrespläne)

Abb. 4: Schematische Darstellung eines „Kombinat"

Japan – ein Zwerg als Wirtschaftsriese

Made in Japan – dieses Zeichen auf vielen Dingen des täglichen Lebens weist auf das kleine Land im fernen Asien, das sich zum **Wirtschaftsriesen** entwickelt hat. Kameras, Uhren, Fernseh- und Videogeräte, Computer, Walkmen, Gameboys und vieles mehr stammt aus japanischer Produktion und hat sich seinen Namen in Qualität und Preis auf den europäischen Märkten erobert. Japanische Automarken oder Motorräder sind aus dem Straßenbild nicht mehr wegzudenken.

Japan, das ist ein der Ostküste des asiatischen Festlandes vorgelagerter **Inselstaat,** der vom Pazifischen Ozean und dem Japanischen Meer umgeben ist. Neben den vier Hauptinseln Honshu, Kiushu, Shikoku und Hokkaido gibt es etwa 4000 kleinere Inseln (Abb. 1).

Mit 377.750 km² Fläche ist es etwas größer als Deutschland mit 357.022 km² (Abb. 2). Seit dem Zweiten Weltkrieg verzeichnete nun dieser kleine Inselstaat einen kometenhaften Aufstieg und liegt mit dem zweithöchsten Bruttosozialprodukt inzwischen direkt hinter dem weltersten Wirtschaftsriesen USA. Ein ungeahnter Erfolg,

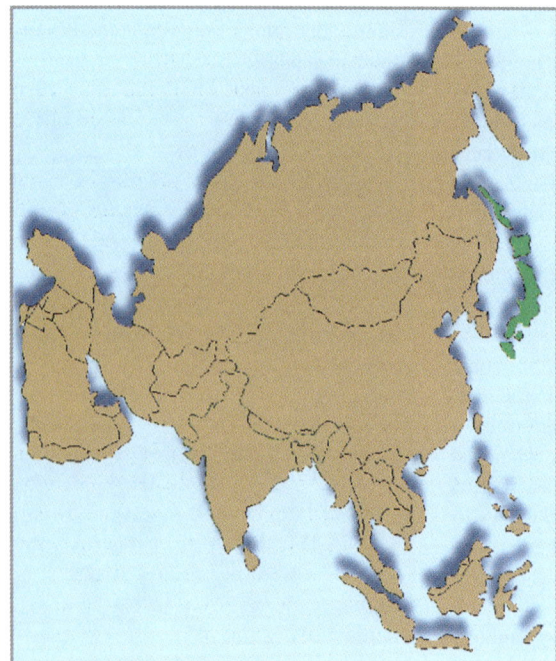

Abb. 1: Der Inselstaat Japan

wenn man bedenkt, dass Japan erst sehr spät mit der industriellen Entwicklung begonnen hat. Noch bis in das 20. Jahrhundert waren über 90 % der Bevölkerung in der Landwirtschaft tätig, 1998 dagegen nur noch 5,3 %.

Wie lässt sich ein so schneller Aufschwung erklären? Wer es sich leicht machen wollte, legte sich eine einfache Deutung zurecht. Es hieß, die Japaner haben ein Heer von billigen Arbeitskräften, und außer-

dem kopieren sie ja nur westliches Wissen und Können und liefern zudem minderwertige Produkte. Denn nach dem Zweiten Weltkrieg überschwemmten anfangs japanische Massenwaren wie Papier und billiges Porzellan, außerdem Fächer oder kopierte westliche Produkte, u. a. Fahrräder oder Haushaltsgeräte, die westlichen Märkte.

Doch damit ist der Erfolg nicht erklärt. Es blieb nämlich keineswegs bei dieser Art von Produktion. Vielmehr holten sich japanische Studenten an europäischen oder amerikanischen Universitäten und Hochschulen ihr technisches Wissen zur Herstellung hochwertiger Güter. Und da der Staat die aufstrebenden Wirtschaftszweige stark unterstützte, war Japan bereits in den 60er Jahren in den Bereichen Maschinenbau sowie in der Schwerindustrie und im Schiffbau wettbewerbsfähig.

Inzwischen stehen hochwertige Güter wie Kameras, Uhren, Fernseh- und Videotechnik, Computer und natürlich Motorräder und Autos im Spektrum der produzierten und exportierten Güter an der Spitze, da sich der **Weltmarkt** bei Eisen und Stahl und im Schiffbau als zunehmend schwieriger erwies. Laser- und Gentechnik, Luft- und Raumfahrt, auch in diesen Bereichen hat sich Japan einen führenden Platz auf dem Weltmarkt erobert. Die Führung haben die Japaner inzwischen übernommen, wenn es um die Entwicklung neuer Produkte geht. Qualitätsmäßig bestehen keinerlei Wettbewerbsschwierigkeiten.

Umso verblüffender ist diese Entwicklung, wenn man bedenkt, dass Japan arm an Rohstoffen ist. Die wichtigsten Rohstoffe und Energieträger muss das Land importieren. Die meisten Importe stammen aus den USA, Europa, Australien und der Volksrepublik China. Lediglich in Hokkaido und

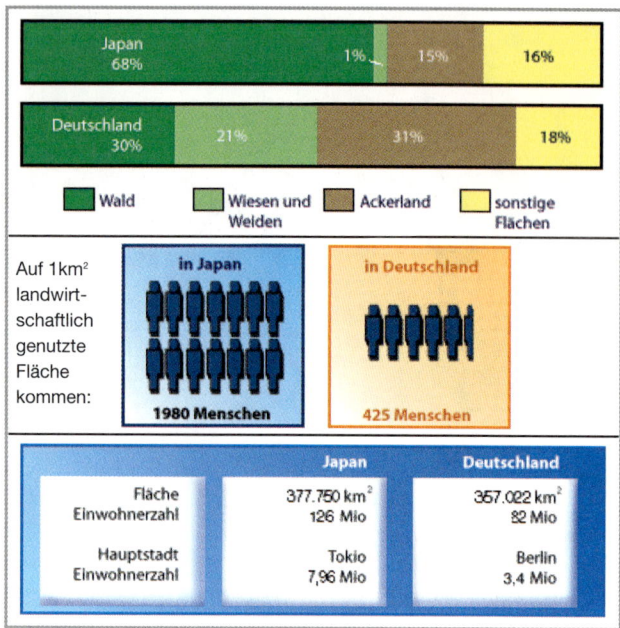

Abb. 2: Japan und Deutschland im Vergleich

Kiushu wird Kohle gefördert. Sonst gibt es außer unzureichenden Erdgasvorkommen keine nennenswerten Rohstofflagerstätten.

Zudem liegt Japan weit weg von seinen wichtigen Absatzmärkten Amerika und Europa. Hauptabnehmerländer sind die USA, die Europäische Union, Südkorea und China. Weite Transportwege und damit entsprechende Transportkosten müssen sowohl für die Import- als auch für die Exportgüter in Kauf genommen werden. Und dennoch sind die Japaner konkurrenzfähig. Die Erklärung liegt in mehreren Faktoren begründet. Zum einen werden die Produkte ständig weiterentwickelt und die Produktion wird automatisiert (Abb. 3).

Aber wesentlich entscheidender zum Erfolg hat die positive Einstellung der Men-

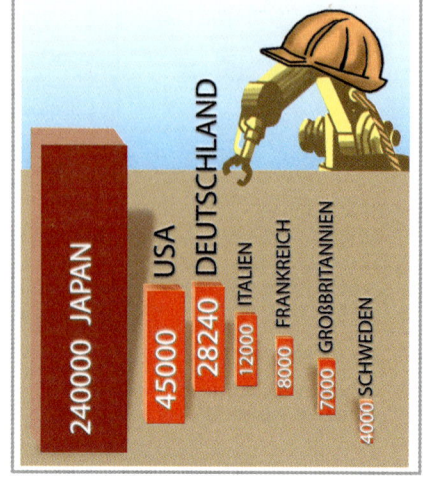

Abb. 3: Der Einsatz von Robotern 1991

Erdkunde

Abb. 4: Büroangestellte in der Mittagspause

frage, Produktion, Investitionen (Investition = langfristiges Anlegen von Kapital in Sachvermögen, um damit Gewinne zu erwirtschaften) und Gewinne sinken. So musste Personal abgebaut werden, was für Japan 1996 eine ungewohnt hohe Arbeitslosenrate von etwa drei Prozent zur Folge hatte. Das so wertvolle Prinzip der lebenslangen Beschäftigungsgarantie musste aufgegeben werden.

Mit stärkerer **Investitionsförderung** versucht die Regierung, dieser Entwicklung zu begegnen. Das heißt, die Regierung gibt finanzielle Hilfen, mit denen die Betriebe z. B. Maschinen kaufen können. In den Anfängen der Wirtschaftsentwicklung war die ungeheure Abhängigkeit vom Import der Rohstoffe ein gewaltiges Problem, jedoch gestaltet sich nun die Exportabhängigkeit zunehmend zur schwierigen Aufgabe. Japanische Waren sind nämlich auf dem Weltmarkt teurer geworden, weil Lohnkosten steigen und die japanische Währung gegenüber dem US-Dollar aufgewertet worden ist. Eine Aufwertung erhöht den Wert einer Währung nach außen. Importe werden dann billiger. Der Export von Waren wird allerdings gehemmt, da die Produkte verteuert werden. Letztendlich versucht Japan, im pazifischen Raum neue Märkte zu erschließen, um seine Rolle als Weltwirtschaftsmacht für die Zukunft zu behaupten.

Das schnelle industrielle Wachstum machte auch besondere Anstrengungen in Umweltfragen nötig. Da oft auf engstem Raum Industrie- und Wohngebiete nebeneinander liegen, kam es in der Vergangenheit häufig zu Gesundheitsschäden in der Bevölkerung. Bis dahin unbekannte Krankheiten, die durch Umweltbelastungen hervorgerufen worden waren, forderten sogar Todesfälle. Mit Quecksilber vergifteter Fisch verursachte lebensgefährliche Krankheiten. In dem besonders dicht industrialisierten Küstenbezirk um Kawasaki nahmen die Gesundheitsschäden erhebliche Ausmaße an. Strengste gesetzliche Bestimmungen ließen die Schadstoffwerte in der Luft inzwischen sinken.

schen zu ihrer Arbeit und die Treue zu ihrer Firma beigetragen. Das Verhältnis zum Betrieb liegt sicher im traditionellen **Familienbewusstsein** begründet. In der Großfamilie genossen die Eltern und Großeltern große Achtung, und die Jüngeren erwiesen den Älteren Ehrerbietung und versorgten sie im Alter. Die Erwachsenengeneration hatte dagegen die Pflicht, die Jüngeren zu beschützen und ihnen zu helfen. So wie die Älteren nun in der Familienstruktur die jeweils Ranghöheren sind, übernehmen in den Betrieben die Vorgesetzten diese Rolle.

Die Mitarbeiter sind mit der Firma fast familiär verwachsen und stolz auf ihre Betriebszugehörigkeit. Jeder fühlt sich für das Gelingen des Gesamtarbeitsprozesses verantwortlich. Die Firmen sorgen ihrerseits in einem hohen Maße für ihre Betriebsangehörigen. Es war üblich, dass ein einmal übernommener Arbeiter sein Leben lang für seine Firma tätig sein konnte. Wird in anderen Industrieländern heftig um weitere Arbeitszeitverkürzungen gekämpft, so ist es für den Japaner selbstverständlich, Überstunden zu machen. Stehen einem Arbeitnehmer auch drei Wochen Urlaub zur Verfügung, so nimmt kaum einer die ganze Zeit in Anspruch (Abb. 4). Die Zahl an Jahresarbeitsstunden pro Arbeitnehmer im Vergleich mit anderen Industriestaaten ist we-

sentlich höher und zeigt deutlich diese Einstellung (Abb. 5).

Als weiterer Faktor kommt die Einstellung zur **Bildung** hinzu. In dem Bewusstsein, dass auch Wissen zu Macht verhilft, wurde 1945 eine Bildungsreform durchgeführt und das bis dahin noch existierende Analphabetentum völlig beseitigt. Bildung wird in der japanischen Familie ganz groß geschrieben. Mit großem Zeit- und finanziellem Aufwand versucht man, die Kinder in möglichst guten Oberschulen und später Hochschulen erziehen zu lassen. Auf vielfältige Aufnahmeprüfungen bereiten besondere Nachhilfeschulen vor. Nur wer sich bestens qualifiziert, steigt im Berufsleben nach oben. Eine Besonderheit Japans im Vergleich zu anderen Industrieländern ist der hohe Anteil an Hochschulabsolventen unter der Bevölkerung.

Trotz dieser Ausgangslage besteht seit 1991 eine andauernde Rezession, das ist eine rückläufige Wirtschaftsentwicklung. Nach-

Abb. 5: Das Jahresarbeitspensum weltweit (in Stunden)

> **Zum Weiterlesen:**
>
> • USA, Industriegürtel, S. 694
> • Weltmarkt, S. 736
> • Welthandelsmächte, S. 738
> • Umweltbelastung, S. 746

Japan – enger und gefährdeter Raum

Japan, das bedeutet Leben auf dem Vulkan. Der mit 3776 m höchste Berg Japans, der erloschene Vulkan Fudschijama, mahnt an diese Gefahr (Abb. 1). Der letzte Ausbruch des als heilig verehrten Berges war 1907. Wie kein anderes Land der Welt ist Japan durch **Naturkatastrophen** bedroht. Mehrere Bruchstellen der Erdkruste, an denen sich tektonische Platten gegeneinander schieben, verlaufen durch

Abb.1: Der heilige Berg Fudschijama

die Inselketten. So kommt es häufig zu Erdbeben und Vulkanausbrüchen, die zum Teil gewaltige Schäden anrichten. Japan ist mit etwa 60 tätigen und unzähligen erloschenen Vulkanen das vulkanreichste Land der Erde. Über die Hälfte des Landes ist von erstarrter Lava bedeckt. Unterseebeben vor der pazifischen Küste lösen gewaltige Flutwellen aus, Tsunami genannt. Taifune, das sind Wirbelstürme, ver-

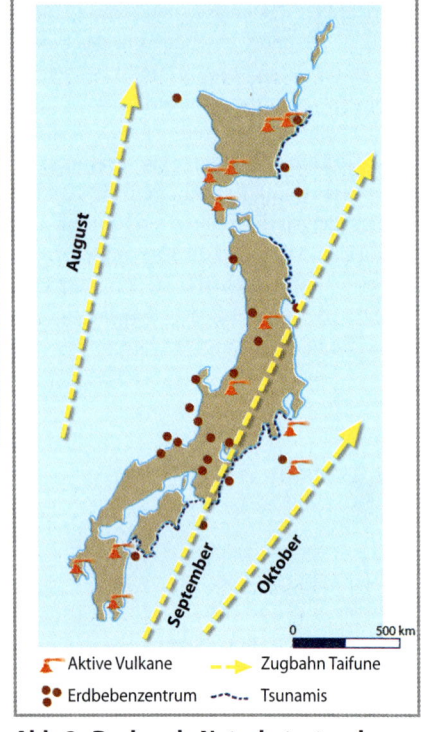

Abb. 2: Drohende Naturkatastrophen

heeren immer wieder die Inseln (Abb. 2).

Japan ist ein Teil einer aus dem Meer aufragenden untermeerischen Gebirgskette. Damit ist zu erklären, dass mehr als 80 % der Fläche Japans aus Gebirge besteht und es kaum flache Regionen gibt. Die äußerst schmalen Küstenstreifen bieten den einzigen Raum für Industrieansiedlung. Zum Landesinneren hin steigt das Gelände steil an. Raum ist Mangelware. So entwickelte die Regierung ein neues Konzept der **Raumplanung,** nach dem Industriestandorte ins Meer hineinverlegt werden sollten. In mehreren Buchten an der Pazifikseite gewann man Neuland (Abb. 3).

Das ist in Meeresbuchten mit geringer Wassertiefe möglich, indem zuerst Wände in den Meeresboden gerammt und somit Becken abgegrenzt werden. Anschließend füllt man sie mit Material auf, das entweder beim Ausheben von tieferen Hafenbecken gewonnen wird oder indem man kleinere Hügelketten vor der Küste abträgt. Auch Bauschutt und der Müll der Riesenstadt Tokio werden ins Meer gekippt, um Flächen aufzufüllen. Auf diesen Abfallinseln entstanden neue Wohnviertel und Vergnügungsparks mit Grünanlagen. Müll wird immer mehr für diesen Inselstaat zum Problem. Die vorhandenen Müllverbrennungsanlagen sind total überlastet.

Nicht nur der Industrie mangelt es an Raum. Auch für die Landwirtschaft steht kaum Land zur Verfügung. Dennoch können 80 % der benötigten Nahrungsmittel in Japan erzeugt werden. Das japanische Hauptnahrungsmittel Reis wird auf Terrassen im Nassfeldbau angebaut. Japanischer Reis wird hoch subventioniert, so dass importierter Reis kaum konkurrenzfähig ist. Von großer Bedeutung für die japanische Ernährung ist der Fischfang. Weil die Küstengewässer überfischt bzw. verunreinigt sind, fischt die Fangflotte international.

Die **Ballungsräume** Tokio und Yokohama gehören zu den am dichtesten besiedelten Gegenden der Welt. Trotz gewaltiger Straßenbaumaßnahmen mit teilweise achtstöckigen Unter- und Überführungen entsteht ein tägliches Verkehrschaos mit allen damit verbundenen Umweltbelastungen.

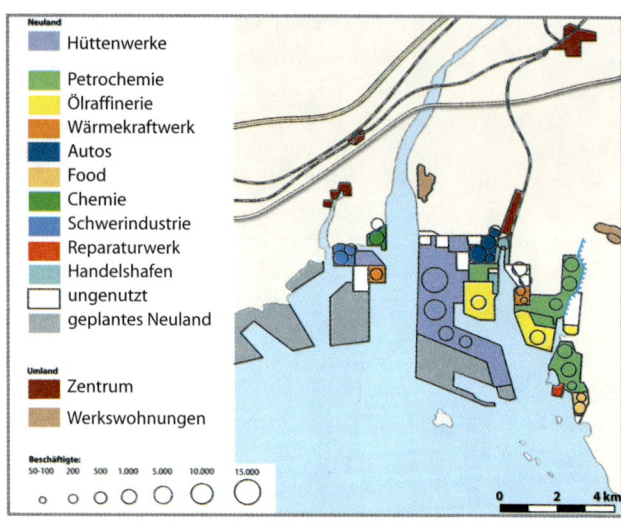

Abb. 3: Aufgeschütteter Industriekomplex Mizushima

Tokio, das Zentrum Japans, droht aus allen Nähten zu platzen. Ministerien, Regierungssitz, Sitz aller wichtigen Konzerne Japans, die größte Börse der Welt, die besten Krankenhäuser und Universitäten des Landes – alles findet sich in der Hauptstadt. Nach Westen in Richtung Kobe schließen sich zwei weitere Verdichtungsräume an, so dass sie zu einer Riesenstadt zusammengewachsen sind. Die extreme Raumnot treibt die Grundstückspreise in unerschwingliche Höhen. Im Zentrum Tokios soll der Quadratmeter Bauland mehrere hunderttausend Mark kosten. Daher muss man beim Bauen in die Höhe oder in die Tiefe gehen. Und auf den Dächern noch Freizeiteinrichtungen wie Tennisplätze anlegen. Auch in den Vororten müssen sich die Wohnhäuser auf engstem Raum zusammendrängen. Nur wer einen Abstellplatz nachweisen kann, darf ein Auto besitzen.

Die Energieversorgung ohne eigene Energieträger, wie ausreichend Kohle, Erdöl oder Erdgas im Land, ließ Japan voll auf die Atomkraft setzen. Mehr als 40 Atomkraftwerke sind trotz der ständigen Erdbebengefahr in Betrieb.

Doch die Kernkraftwerke decken den Energiebedarf nicht ausreichend, bis zum Jahr 2010 sollen 40 weitere Atomkraftwerke gebaut werden.

 **Zum Weiterlesen:**

• Versorgung u. Entsorgung, S. 640
• Kräfte aus dem Erdinnern, S. 710
• Naturkatastrophen, S. 716
• Das Deltaprojekt, S. 726
• Umweltbelastung, S. 746

Erdkunde

China – Land der Gegensätze

*E*twa jeder fünfte Mensch ist Chinese! Das mit 1,2 Milliarden Menschen volkreichste Land der Erde ist nach Russland, Kanada und den USA auch das viertgrößte. China, „das Reich der Mitte", ist mit seiner über 4000 Jahre alten **Kultur** eine der frühesten Hochkulturen der Welt. Papier, Porzellan, Seide, aber auch Schießpulver und Feuerwerk und nicht zu vergessen die Akupunktur sind chinesische Erfindungen, mit denen das Land den westlichen Kulturen weit voraus war. Die chinesische Schrift mit ihren vielen tausend Schriftzeichen, die jeweils Silben oder Wörter bedeuten, gibt es ebenfalls schon mehrere tausend Jahre. Die Chinesische Mauer schützte das Reich vor Eindringlingen auf einer Strecke von fast 5000 Kilometern vom Gelben Meer bis in die Wüsten Innerasiens (Abb. 1).

Heute gilt dieses ehemals hoch entwickelte Land, das großartige technologische Erfindungen machte, als **Schwellenland**. Einerseits gehört China zu den wirtschaftlich schwach entwickelten Ländern, andererseits verzeichnet es in den letzten Jahren ein ungeheures Wirtschaftswachstum. Über 7 % waren es 1999. Zwar ist es auf dem Weg zum Industrieland, erfüllt aber noch in einigen Bereichen die Kriterien eines Entwicklungslandes. So war wegen der Ausdehnung Chinas eine flächendeckende medizinische Versorgung kaum möglich. Die Analphabetenrate von 90 % (1949) sank mit dem Aufbau eines Schulsystems auf etwa 19 % Anfang der 90er Jahre.

Der Anteil der Erwerbstätigen in der Landwirtschaft 1998 ist mit 49,8 % sehr hoch.

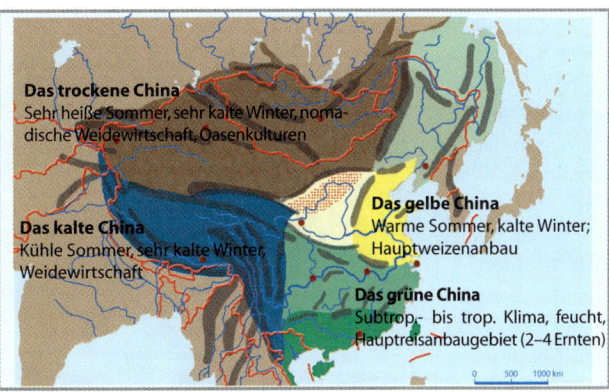

Abb. 2: Viermal China

In der Karte:
Das trockene China
Sehr heiße Sommer, sehr kalte Winter, nomadische Weidewirtschaft, Oasenkulturen

Das kalte China
Kühle Sommer, sehr kalte Winter, Weidewirtschaft

Das gelbe China
Warme Sommer, kalte Winter; Hauptweizenanbau

Das grüne China
Subtrop.- bis trop. Klima, feucht, Hauptreisanbaugebiet (2–4 Ernten)

23,5 % arbeiteten in der Industrie und 26,7 % im Dienstleistungssektor. Dennoch muss das bevölkerungsreichste Land der Erde große Anstrengungen unternehmen, um die ständig wachsende Bevölkerung zu ernähren. Denn Oberflächengestalt und Klima bieten nur in kleineren Teilen des Riesenreiches Anbaumöglichkeiten. Auch hier wieder Gegensätze, die die Natur vorgegeben hat.

Der westliche Teil besteht aus zwei Teilen: Das Hochland von Tibet ist mit einer mittleren Höhe von 4500 m das höchste Bergland der Erde. Das „kalte" China wird es genannt (Abb. 2). Hier ist nur Weidewirtschaft möglich. Das „trockene" China mit der Wüste Gobi und dem Tarimbecken lässt lediglich nomadische Weidewirtschaft und Oasenkulturen zu.

Im Osten, dem Landesteil mit den großen Flüssen Jangtsekiang und Hwangho, liegen die Mandschurei, das fruchtbare nordchinesische Lössbergland und die Große Ebene, eine Lössebene. Das „gelbe" China heißt dieser Teil wegen des gelblichen Lössbodens. Das „grüne" China des südchinesischen Berglandes schließt nach Süden das Anbaugebiet mit subtropischen bis tropischen Klimaten ab.

Riesige Weiten des Landes – dennoch ganz unterschiedliche Verteilung des größten Volkes der Erde: Dicht gedrängt leben im Osten bzw. Südosten etwa 90% der Bevölkerung auf den intensiv landwirtschaftlich genutzten Flächen, während sich wenige im gebirgigen und siedlungsfeindlichen Westteil verlieren. Auch klimatisch weist das Land große Gegensätze auf von der kalten über die kühlgemäßigte und subtropische bis in die tropische Zone.

Gegensätze gibt es auch zwischen traditionellem Bewusstsein der Menschen und politischem Anspruch der kommunistischen Partei. Durch die

„Ein-Kind-Familie"-Politik, die durch staatliche Familien- und Geburtenkontrolle bei der chinesischen Bevölkerung durchgesetzt werden soll, versucht man, dem explosionsartigen Bevölkerungswachstum Einhalt zu gebieten und die Bevölkerungswachstumsrate auf 1% zu senken (Abb. 3). Dieses Ziel widerspricht der Tradition, nach der Kinder ihre Eltern im Alter versorgen müssen. Und da in China kein ausreichendes Netz zur sozialen Absicherung existiert, setzt man die „Ein-Kind-Familie"

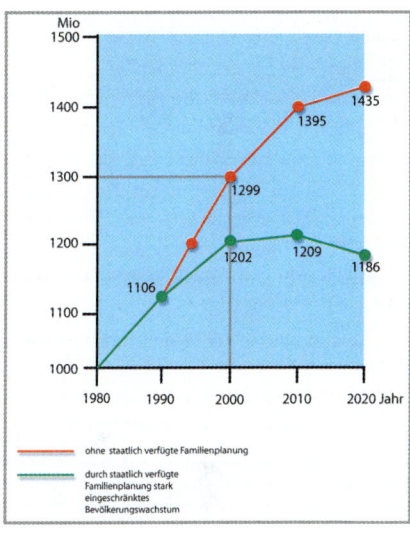

ohne staatlich verfügte Familienplanung

durch staatlich verfügte Familienplanung stark eingeschränktes Bevölkerungswachstum

Abb. 3: Die geschätzte Bevölkerungsentwicklung in China

mit radikalen Strafen durch. Kindergeld, Schulgeldbefreiung und weitere Vergünstigungen erhalten nur Ehepaare mit einem Kind. Beim zweiten Kind muss alles zurückgezahlt werden, und bei weiteren gibt es gestaffelte Lohnabzüge. Betrug das Bevölkerungswachstum 1970 noch 2,6 %, so lag es zwischen 1990 und 1997 nur noch bei 1%.

 **Zum Weiterlesen:**

- Entwicklungsländer, S. 680
- USA, Agrarland, S. 692
- GUS, Landwirtschaft, S. 700
- Wachstum d. Erdbevölkerung, S. 742

Abb. 1: Die Chinesische Mauer

China auf neuen Wegen

*E*ine teilweise koloniale Vergangenheit und Bürgerkriege hatten in China große Spuren der Armut hinterlassen: Vor der kommunistischen Revolution 1949 gehörte das Land zu drei Vierteln Großgrundbesitzern, die aber nur zehn Prozent der Landbevölkerung ausmachten. Nach vier Jahren Bürgerkrieg wurde 1949 die Volksrepublik China gegründet, und mit der Machtergreifung der Kommunisten unter Mao Tse-tung wurde die Entwicklung in der Wirtschaft vorangetrieben. Eine völlige Abschottung von der Welt war sein Ziel. Alle benötigten Güter sollten möglichst im eigenen Land hergestellt werden, um vom Ausland unabhängig, autark zu sein. Unter **Autarkie** versteht man die wirtschaftliche Selbstversorgung eines Landes.

Dabei wurde der Industrie, vor allem der Schwerindustrie, absoluter Vorrang gegeben. Neben den Zentren der Schwerindustrie in der Mandschurei entstanden in allen Landesteilen kleine Betriebe für den Bedarf in der näheren Umgebung. Außerdem wurden in großer Zahl **Fahrräder** als einziges Fortbewegungsmittel hergestellt und die Baumwollproduktion gesteigert, um die Bekleidung der Bevölkerung mit den aus dieser Zeit bekannten blauen Kitteln sicherzustellen (Abb. 1).

Die Landwirtschaft erhielt zunächst kaum Fördermittel. Nach sowjetischem Vorbild wurde die Kollektivierung durchgeführt. Die chinesischen Bauern wurden in **Volkskommunen** zusammengefasst, in denen etwa 20.000 Menschen zusammen lebten und arbeiteten. Die Kommunen waren weitgehend auf sich gestellt. Arbeitsplan und Lohn wurden gemeinschaftlich abgestimmt (Abb. 2).

Abb. 1: Fahrräder sind noch immer das wichtigste Verkehrsmittel

Erst nach Maos Tod öffnete sich Chinas Kultur- und Wirtschaftspolitik ab 1978 wieder für die Welt. „Vom Ausland lernen" hieß nun die Devise. Von 1984 an wurden die Volkskommunen aufgelöst. Ab 1992 setzte wieder ein neuer Kurs ein. Von der zentral gelenkten Wirtschaft nach sowjetischem Muster ging man zu einem System **„sozialistischer Marktwirtschaft"** über. Zwar bleibt das Land immer noch Eigentum der Dorfgemeinde, allerdings wird es den Bauern für 15 Jahre zur Nutzung überlassen, so dass sie selbst über ihre Produktion entscheiden können.

Die eigene Verantwortlichkeit soll zu höherer Produktivität führen. Nur ein Teil der Ernte muss zu festgesetzten Preisen abgeliefert, alles darüber hinaus Produzierte darf frei verkauft werden. Durch Spezialisierung konnten sich gute Verdienste erwirtschaften lassen (Abb. 3).

Seit der Reform haben sich allerdings auf diese Weise große Einkommensunterschiede herausgebildet. Die Einkommen der Bauern in Stadtnähe verbesserten sich enorm. Aber in abgelegenen Gebieten bestehen diese Absatz- und damit Verdienstmöglichkeiten nicht. Das ständig benachteiligte Binnenland hat auch bei dieser Reform das Nachsehen. Insgesamt jedoch ist durch die Reform die Nahrungsmittelproduktion gestiegen und die Versorgung der Bevölkerung gewährleistet.

Im industriellen Bereich waren vor der Reform mittlere und große Betriebe Staatseigentum, die nach den Fünfjahresplänen der Regierung zentral geführt wurden. Im Zuge der Reformen versucht die kommunistische Regierung nun, sich nach den westlichen Industrienationen und deren marktwirtschaftlichen Prinzipien auszurichten. Seitdem ist wirtschaftlich ein ungeheures Wachstum zu verzeichnen.

In Zusammenarbeit mit Chinesen dürfen Ausländer nun Firmen errichten, auch Privateigentum ist erlaubt. So können ausländische Firmen selbst Betriebe bauen, bereits bestehende kaufen oder pachten. Steuern und Pachtgebühren sind niedrig, ebenfalls die zu zahlenden Arbeitslöhne. Diese Versuche beschränkten sich zunächst auf die Küstenregion, z. B. Shenzhen bei Hongkong, wo Ausnahmebedingungen für ausländisches Kapital geschaffen wurden.

Die Verkehrserschließung und die Energieversorgung in diesem Küstenbereich sind ebenfalls zufriedenstellend, so dass ausländi-

Abb. 2: Landarbeiterinnen in einer Volkskommune

sche Firmen gute Standortfaktoren vorfinden. Durch diese „Öffnungspolitik" hofft man auf größere Gewinne und schließlich auch auf die Ausbreitung des technischen Fortschritts über größere Teile des Landes. Denn die Einkommen sind ungleich verteilt, es besteht ein starkes Gefälle zwischen den industriell geprägten Küstenregionen und dem landwirtschaftlich orientierten Hinterland.

Obwohl der Wirtschaftsaufschwung zu einer Anhebung des **Lebensstandards** geführt hat, gehört China immer noch nach seinem Pro-Kopf-Einkommen zu den armen Ländern der Welt. Die Menschen in den Wirtschaftsregionen an der Küste können mehr verdienen und sich in bescheidenem Maße Luxusgüter wie Fernseher und Waschmaschine leisten. Im Landesinnern dagegen weist China die typischen Merkmale von Entwicklungsländern auf. Arme und arbeitslose Landarbeiter suchen in der Küstenregion als Wanderarbeiter bei Gelegenheitsarbeiten ihr Glück. Man schätzt ihre Zahl auf nahezu 100 Mio.

Neben diesen erheblichen sozialen Folgen der verstärkten Industrialisierung kommen große **Umweltbelastungen** hinzu. Die Energieversorgung Chinas wird zu etwa zwei Dritteln mit dem Energieträger Steinkohle gewährleistet. Ohne große Filteranlagen werden die Schadstoffe in die Luft abgegeben, was bei der Bevölkerung bereits zu einer zunehmenden Häufigkeit der Erkrankungen der Atemwege geführt hat. Zum Glück für die Umwelt ist die Motorisierung in China noch nicht so weit fortgeschritten. Auf je 1000 Menschen kommt ein Auto, in Deutschland ein Auto auf je zwei Menschen.

Abb. 3: Das neue China: Straßenmarkt

Wegen der Riesenfläche jedoch trägt China schon jetzt erheblich zum weltweiten Kohlendioxid-Ausstoß bei, der zur Veränderung des Weltklimas führt.

Die industriellen Abwässer werden vielfach völlig unzureichend geklärt und wieder in die Flüsse geleitet. Mangelnde Wasserqualität führt zu schlechteren Erträgen in Landwirtschaft und Fischerei sowie zu gesundheitlichen Beeinträchtigungen für die Menschen. Erst in letzter Zeit wird von staatlicher Seite in den Umweltschutz investiert.

In den großen Städten fehlt das Wasser oft tagelang. Die ungleich verteilten Wasservorräte können nicht in dem Maße erschlossen werden, wie Privathaushalte und Wirtschaft sie benötigen. Das gilt auch für die Stromversorgung, da die Wege, die dringend für den Transport der Kohle gebraucht würden, nicht überall ausgebaut sind.

Problematisch bleibt auch, dass trotz der wirtschaftlichen Öffnung zum Westen die kommunistische Regierung nach wie vor versucht, die Meinungsfreiheit stark einzuschränken, um das Machtgefüge der Partei nicht zu schmälern. Die Medien stehen unter ständiger staatlicher Kontrolle.

Die Wirtschaftskraft Chinas erhöhte sich 1997 schlagartig, weil die britische Kronkolonie **Hongkong** nach 155 Jahren wieder an China fiel (Abb. 4). Hongkong ist in den letzten Jahrzehnten zu einem weltweit wichtigen Industrie- und Handelszentrum gewachsen. Die Beziehungen zwischen China und Hongkong waren in den letzten Jahren schon sehr eng. Der Im- und Export mit China spielte eine wichtige Rolle für Hongkongs Wirtschaft. Etwa drei Viertel des chinesischen Exports werden über Hongkong abgewickelt. Hongkong weist in einigen Teilen die höchste Bevölkerungsdichte der Welt auf. Diese Menschenmengen konnte die ehemals britische Kolonie nicht mit Nahrungsmitteln, Wasser und Energie selbst versorgen und war deshalb immer auf China angewiesen.

Abb. 4: Hongkong

 Zum Weiterlesen:

- USA, Agrarland, S. 692
- GUS, Landwirtschaft, S. 700
- Welthandelsmächte, S. 738
- Umweltbelastung, S. 746

Kräfte aus dem Erdinnern

Schaut man sich die Weltkarte einmal mit den Augen eines Puzzlefreundes an, so fällt auf, dass Südamerika und Afrika doch erstaunlich gut ineinander passen. Diese Beobachtung machte auch der deutsche Wissenschaftler Alfred Wegener (1880-1930). Die Vermutung lag nahe, dass die **Kontinente** ehemals zusammengehört haben könnten. Dafür sprach auch, dass die Gesteine an der westafrikanischen Küste denen an der brasilianischen Küste ungemein gleichen. Ebenso stellte man überraschende Übereinstimmungen in Versteinerungen längst abgestorbener Pflanzen und Tiere auf beiden Kontinenten fest.

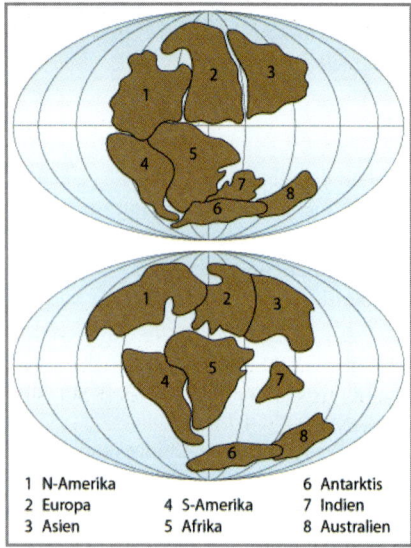

Abb. 1: Die Kontinentalverschiebung vor 300 Mio. (oben) und 135 Mio. (unten) Jahren

Die Theorie schien also nicht aus der Luft gegriffen. Die berühmt gewordene wegenersche **Kontinentalverschiebungstheorie** besagt, dass auch noch andere Kontinente wie in einem Riesenpuzzle zusammenpassen (Abb. 1). So rückten z.B. im Perm, vor 225 Millionen Jahren, ältere Kontinente so nah aneinander, dass schließlich ein globaler Großkontinent, die Pangäa entstand, die allerdings im Verlauf der weiteren Erdgeschichte wieder auseinander brach. Dies wird durch die heutige Verteilung der Landmassen auf der Erde nachdrücklich belegt. Den Beweis für seine kühne Theorie musste Wegener allerdings schuldig bleiben. Die Gründe für die Drift, die Wanderung der Kontinente, konnte er nicht angeben. Er vermutete die Ursachen dieser **Kontinentaldrift** in astronomischen Kräften wie u.a. der Erdrotation oder den Gezeiten, nicht jedoch im Erdinnern. Erst Jahrzehnte später gelang es Geowissenschaftlern, die wirklichen Bewegungen der Konti-

nente und deren Ursachen zu erforschen und die Theorie Alfred Wegeners weiterzuentwickeln.

Bevor wir uns damit näher beschäftigen, werfen wir zunächst einmal einen Blick in das Innere der Erde, wo die Lösung des Rätsels begründet liegt.

Die Erde mit einem Radius von 6370 km ist in Form konzentrischer Schalen aufgebaut (Abb. 2). Bis in 35 km Tiefe reicht die feste Erdkruste. Daran schließt sich bis in 900 km der obere, z.T. flüssige und bis in 2900 km der untere feste Erdmantel an. Zwischen 2900 und 5100 km Tiefe folgt der äußere, zähflüssige und ab 5100 bis zum Erdmittelpunkt in 6370 km der innere feste Erdkern. Je weiter man zum Zentrum vorstößt, desto heißer wird es. Im Erdmittelpunkt schätzt man Temperaturen von etwa 5000° C.

Die Kruste besteht hauptsächlich aus den Elementen Silicium, Aluminium und Magnesium, der Mantel aus Nickel, Eisen, Silicium und Magnesium und der Kern aus Nickel und Eisen.

Geologen erforschten mit Hilfe neuer Technik den chemischen Aufbau, Dicke, Dichte, Temperatur und den Aggregatzustand der Erdschichten und auch die Strukturen des Meeresbodens. Sie kamen dabei zu neuen Erkenntnissen über den Feinbau der Erdschalen und klärten auch die Frage der Konti-

nentbewegungen. Auf dieser Grundlage wurde die Kontinentalverschiebungstheorie zur Theorie der Plattentektonik weiterentwickelt (Abb. 3).

Die **Tektonik** ist die Lehre vom Bau der Erdkruste und den Kräften und Bewegungsvorgängen, die das heutige Bild der Erdkruste schufen. Während zu Zeiten Wegeners Erdkruste und Erdmantel zusammenfassend als Lithosphäre (Gesteinshülle) bezeichnet wurden, spricht man heute im Rahmen der Plattentektoniktheorie mit dem Begriff **„Lithosphäre"** eine Schicht von 70 bis maximal 200 km Dicke an, die Erdkruste und Teile des oberen Erdmantels einschließt. Sie trägt somit die Erdkruste und darauf aufliegend sowohl den Meeresboden als auch die Kontinente.

Die Lithosphäre ist nun keine feste Schale in einem Stück, sondern in größere und kleinere Platten zerlegt, die sich wie starre Körper verhalten und passiv, d.h. ohne eigene Antriebskraft, horizontale Bewegungen ausführen.

Abb. 2

Tiefseegraben · **Anden** · **Kruste** · Südamerika · Atlantischer · Ozean · Afrika · **Mantel** · **Kern** · A · B

Abb. 2: Blockbild der aufgeschnittenen Erdkugel

1 N-Amerika   6 Antarktis
2 Europa   4 S-Amerika   7 Indien
3 Asien   5 Afrika   8 Australien

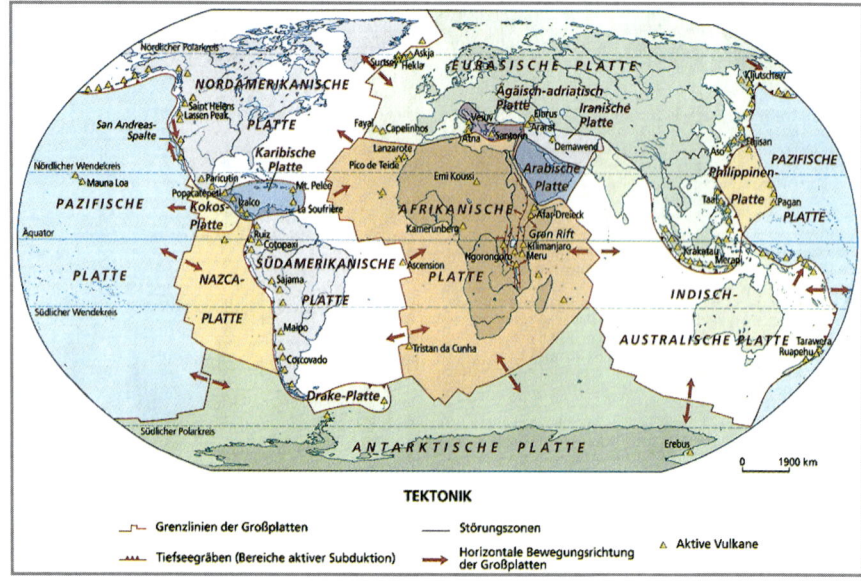

TEKTONIK

Grenzlinien der Großplatten — Störungszonen — Aktive Vulkane
Tiefseegräben (Bereiche aktiver Subduktion) — Horizontale Bewegungsrichtung der Großplatten

Abb. 3: Die Bewegungen der Erdkruste

Erdkunde

Doch was ist nun der Antrieb dieser Bewegungen? Dazu betrachten wir noch einmal den Erdmantel. Dieser ist zwar nicht flüssig, verhält sich aber in geologischen bzw. sehr langen Zeiträumen zähplastisch. Er unterliegt einer ständigen Durchmischung durch walzenartige Konvektionsströmungen von **Magma** bzw. glutflüssigem Gestein – das sind durch große Wärme und radioaktiven Zerfall im tieferen Erdinnern bedingte Ausgleichsströmungen, die zugleich der Motor für die Plattenbewegungen sind.

Diese Erkenntnisse gewann man durch die genaue Untersuchung des Meeresbodens und der so genannten mittelozeanischen Rücken, die als Unterwassergebirge oder Schwellenzonen durch alle Ozeane verlaufen. Ihre Oberfläche liegt durchschnittlich 3000 bis 4000 Meter unter Wasser und ragt nur an wenigen Stellen über die Oberfläche der Meere hinaus. Island und die Inselgruppe der Azoren sind z.B. solche Stellen. Die mittelozeanischen Rücken erreichen eine Breite von über 1500 km. Von großer Bedeutung sind dabei 20-50 km breite und bis zu 3000 km tiefe Zentralgräben, die in der Mitte dieser breiten Schwellen verlaufen.

Durch Vermessung des Meeresbodens mit Hilfe der Magnetostratigraphie auf und zu beiden Seiten der Schwellen entdeckte man, dass das Gestein nach außen hin immer älter wird. Im Zusammenhang mit dem entlang der mittelozeanischen Rücken verbreiteten Vulkanismus gelangte man zu der phänomenalen Einsicht, dass als Folge der oben genannten Konvektionsströme ständig glühendes Magma aus den Zentralgräben aufsteigt. Der glühende Gesteinsbrei drückt die Platten beim Aufsteigen immer weiter auseinander und „schweißt" ihnen gleichzeitig ständig neues Material an.

Dabei wird Kruste bzw. Lithosphäre neu gebildet, der Meeresboden „breitet sich aus". Man bezeichnet diese Erscheinung in der Fachsprache mit englisch **„Sea-Floor-Spreading"**. Dabei gleiten die Platten auf der so genannten **Asthenosphäre,** deren Material weniger fest als das der Lithosphäre und der tieferen Mantelschichten ist und die wie ein zäher Schmierfilm zwischen den tieferen Mantelschichten und der Lithosphäre liegt. Sie können sich auf diese Weise von ihren Nachbarplatten entfernen = divergieren oder mit anderen Platten zusammenstoßen = kollidieren.

Bei Zusammenstößen von kontinentalen und ozeanischen Platten kann die ozeanische Platte umbiegen und unter die kontinentale Platte abtauchen. Man spricht dann von einer Subduktion und da, wo das passiert,

Abb. 4: Nach dem Vulkanausbruch fließt glühende Lava ins Tal

von **Subduktionszonen**. Dabei wird das Material der abtauchenden Platte im tieferen Erdinneren aufgeschmolzen.

Ein Beispiel dafür ist die ozeanische Nasca-Platte, die unter die kontinentale Amerikanische Platte abtaucht. Beim Abtauchen entstand ein Tiefseegraben, der Atacamagraben, mit mehr als 8000 Meter Tiefe. Weitere Tiefseegräben, die ihre Entstehung solchen Abtauchprozessen verdanken, sind der Tonga-Graben, Marianen-Graben, Japan-Graben, Philippinen-Graben, Sunda-Graben, Aleüten-Graben und der Puerto-Rico-Graben.

Die kontinentale Platte wird dagegen beim Zusammenstoß mit der ozeanischen an ihrem Rand zusammengestaucht und aufgefaltet. Es entsteht ein Gebirge, wie z.B. die Anden bei der Kollision der Amerikanischen Platte mit der Nasca-Platte, wobei es hier zugleich zu Vulkanismus gekommen ist.

Mit dem Abtauchen und Aufschmelzen von Platten ist auch eine weitere Frage beantwortet, die sich aufdrängt, wenn man sich das Geschehen an den mittelozeanischen Rücken einmal vergegenwärtigt. Denn wenn dort ständig neue Kruste gebildet wird, dann müsste sich ja die Oberfläche der Erde ständig vergrößern. Das ist jedoch nicht der Fall. Wo aber bleibt dann das neu gebildete Material? Nun, die Erklärung ist eigentlich recht einfach. Zum Ausgleich für die neu gebildete Lithosphäre taucht an den Subduktionszonen Lithosphärenmaterial ab und wird aufgeschmolzen. Weltweit taucht also genauso viel Lithosphäre ab und wird aufgeschmolzen, wie an den mittelozeanischen Rücken neu gebildet wird. Auf diese Weise entsteht ein fortdauernder Kreislauf des Materials der Lithosphäre.

Eine andere Möglichkeit ist der Zusammenstoß zweier kontinentaler Platten. In diesem

Fall taucht keine der Platten unter die andere ab. Beide Ränder werden zusammengestaucht und aufgefaltet. Es entstehen Gebirge. Auf diese Weise ist z.B. das Rheinische Schiefergebirge (RSG) beim Zusammenstoß der Urkontinente Gondwana (Südamerika + Afrika + Indien + Antarktis + Australien) und Laurussia (Nordamerika + Europa + Teile von Russland) vor über 300 Millionen Jahren entstanden. Teile des RSG sind Hohes Venn, Eifel, Hunsrück, Taunus, Westerwald, Siegerland, Sauerland und das Lahn-Dill-Gebiet.

Entfernen sich Platten voneinander, führt das zur **Grabenbildung** (Jordangraben, Rotes Meer). Gleiten Platten aneinander vorbei, kommt es besonders häufig zu **Erdbeben**, da sich Plattenteile „verhaken". Ein Beispiel dafür ist der San-Andreas-Graben in Kalifornien.

Zusammenfassend lässt sich an den Plattengrenzen noch eine Gesetzmäßigkeit feststellen. Sieht man sich eine Karte der Erdbeben und Vulkane an, so findet man diese genau entlang der Linien, wo Platten aufeinanderstoßen. Das sind die Schwächezonen in der Erdkruste.

Wie dünnhäutig der dicke Planet Erde in Wirklichkeit ist, veranschaulichen die **Vulkane** mit ihren feuerspeienden, todbringenden Auswürfen aus den Tiefen des Erdinnern (Abb. 4). In den letzten 400 Jahren sind mehr als 250.000 Menschen bei Vulkanausbrüchen ums Leben gekommen. Vulkane sind weltweit verbreitet, jedoch immer an den Schwächezonen der Erdkruste, die sie recht zuverlässig auf der Karte anzeigen. Das Wort Vulkan kommt aus dem Lateinischen. Die alten Römer verehrten neben vielen anderen den Feuergott Vulcanus. Vulkane gehören meist zu Vulkangruppen, die in den

Abb. 5: Zu den Vulkaniten gehört Basalt, der oft bei der Erstarrung der Lava Säulen absondert

Spannungszonen der Erdkruste vorkommen. Fudschijama, Kilimandscharo, St. Helena, Ätna, Mauna Loa, Stromboli, Santorin, Vesuv und Ätna sind bekannte Namen. Vulkane entstehen, wenn **Magma,** ein Gemisch aus Gasen und geschmolzenem Mantelmaterial, durch Spalten in der Erdkruste an die Erdoberfläche gelangt. Dann bezeichnet man es als **Lava.** Die Bezeichnung Lava wird sowohl für das glutflüssige Material als auch für das daraus entstehende Gestein verwendet. Der Geologe nennt die aus Lava erstarrten Gesteine Vulkanite und die aus Magma unter der Erdoberfläche erstarrten Gesteine Plutonite (Abb. 5). Des Weiteren werden Lapilli, Auswurfmaterial von Erbsen- bis Walnussgröße oder Bomben, große Auswurfgesteinsstücke, bei einem Vulkanausbruch in die Luft geschleudert.

Bei jedem Ausbruch wird Lava abgelagert, was oft zur Bildung eines Berges führt. Man

unterscheidet tätige, ruhende und erloschene Vulkane und je nach dem geförderten Material verschiedene Vulkanformen (Abb. 6). Wenn recht flüssige Lava herausfließt, die langsam im umliegenden Land erstarrt, bilden sich Schildvulkane. Da diese besonders auf Hawaii ausgeprägt sind, werden sie manchmal auch als Hawaii-Vulkane bezeichnet. Solche so genannten Deckenergüsse von dünnflüssiger Lava hat es vor 5 Millionen Jahren z.B. im Westerwald gegeben.

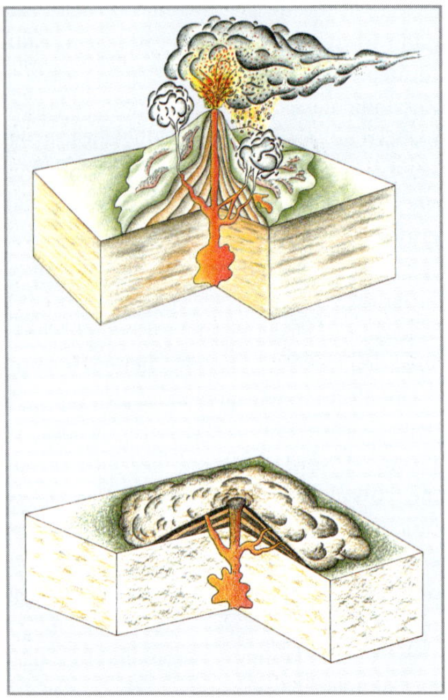

Ein anderer Typ ist der Schichtvulkan. Hier werden sowohl zähflüssige Lava als auch Lockermaterial wie Asche gefördert. Der Vulkan wächst in Schichten, baut dabei einen gleichmäßigen Kegel auf. Der Vesuv ist ein Beispiel dafür.

Am Fuße des berühmten Vulkans wohnen über eine Million Menschen in Neapel in einer hoch gefährdeten Zone. Im Jahre 79 nach Christus ereignete sich ein verhängnisvoller Ausbruch. Dumpfes Grollen und Beben der Erde kündigten das schreckliche Ereignis an. Mit ungeheurem Getöse schoss eine Feuerwolke aus dem **Krater,** die trichterförmige Öffnung des vulkanischen Eruptionsschlotes wurde regelrecht weggesprengt. Steine wurden kilometerweit durch die Luft geschleudert. Ein glutflüssiger Strom ergoss sich aus dem Erdinnern und wälzte sich den Berg herab, Ascheregen deckte die Stadt Pompeji sechs bis zehn Meter tief zu und überraschte die Menschen im Schlaf. Über 2000 kamen damals um (Abb. 7).

Trotz der drohenden Gefahr zieht es die Menschen immer wieder in die Nähe der Vulkane zurück. Große Städte wie Neapel, Jokohama, Djakarta oder Honululu sind Beispiele. Am Fuße der Vulkane bestellen die Bauern ihre Felder. Denn der verwitterte Lavaboden ist äußerst fruchtbar, so dass die Hänge von Vulkanen dicht besiedelt sind. Vulkanisches Gestein, wie der Basalt, liefert Material für den Straßenbau. Obwohl die Vulkane von Vulkanologen weltweit beobachtet werden, lässt sich nur schwer eine ge-

naue Vorhersage für den Zeitpunkt eines Ausbruchs machen. Meist dauern die Ruhepausen zwischen zwei Ausbrüchen länger als ein Menschenleben, so dass die Anwohner wieder sorgloser werden und auf vage Voraussagen nicht reagieren.

Auch in Deutschland gibt es Vulkane, allerdings erloschene, in der Eifel allein an die zweihundert. Vulkanismus gab es u.a. in der Rhön, im Hessischen Bergland, im Westerwald, am Kaiserstuhl im südlichen Oberrheingraben, im Siebengebirge und im Hegau westlich vom Bodensee. Heute sind die Vulkane nicht mehr tätig, aber an ihrer gleichmäßigen Kegelgestalt in der Landschaft noch als solche erkennbar.

In der Eifel zeugen die **Maare** (Abb. 8) von ehemaliger Unruhe im Erdinnern. Ein Maar ist das Produkt eines einzigen Ausbruchs, bei dem magmatische Schmelzen an Spalten aufdrangen und in Kontakt mit dem Grundwasser kamen. Dadurch kam es zu gewaltigen Explosionen, die das Gestein hochschleuderten, das rings um den Explosionskrater liegenblieb und heute noch als ringförmiger Wall erhalten ist. Bims- und Tuffgestein wurden herausgeschleudert. Bims, ein poröser, luftreicher, gut isolierender Stein, ist aus rasch

Abb. 7: Bis zu zehn Meter Asche bedeckten die Stadt Pompeji

erstarrter Lava entstanden, aus der Gase und Dämpfe nicht mehr entweichen konnten. Tuffe sind dichter und stärker verfestigt. Die Bimslagerstätten des Neuwieder Beckens beliefern die Baustoffinustrie. Die Krater füllten sich mit Wasser. Bekannt als Kratersee ist der Laacher See, der allerdings in Wirklichkeit kein richtiger Kratersee, sondern eine sogenannte Caldera (spanisch = Kessel) ist. Eine Caldera entsteht, wenn durch Förderung von Lava Hohlräume unter der Erdoberfläche entstehen, die dann einstürzen.

Ganz ruhig ist es im Erdinnern unter der Eifel immer noch nicht. Kohlendioxyd aus dem Erdinnern zeugt von der noch nicht beende-

Abb. 6: Schichtvulkan (oben), Schildvulkan (unten)

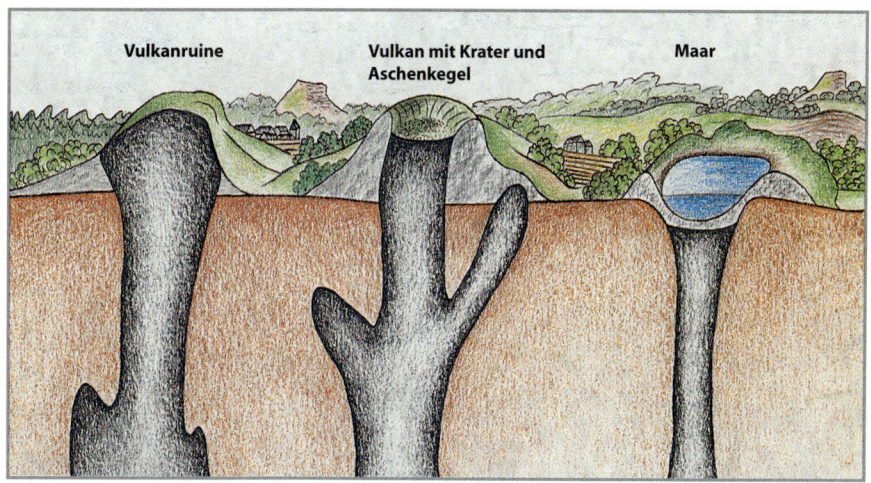

Abb. 8: Vulkanische Formen in der Eifel

ten vulkanischen Tätigkeit im Untergrund. Auch kohlendioxidhaltige Mineralwasserquellen, nicht nur in der Eifel, sind ein Beweis dafür.

Der Vulkanismus bei uns ist in engem Zusammenhang mit der Auffaltung der Alpen zu sehen. Gleichsam als Fernwirkung der plattentektonischen Bewegungen enstanden größere Bruchlinien. Als die Alpen aufgefaltet wurden, setzten sich die Kräfte aus dem Erdinnern nach Norden und Süden fort. Der Fachmann spricht in diesem Zusammenhang von Bruchschollentektonik. Werden nun solche zerbrochenen Gesteinspakete gegeneinander horizontal oder vertikal bewegt, entstehen an den Spalten zwischen den Schollen so genannte Verwerfungen als Längs-, Diagonal- oder Querverwerfung. So können Teile als „Horst" zwischen zwei Verwerfungen emporgehoben werden oder als „Graben" zwischen zwei Verwerfungen absinken oder einbrechen. Auf diese Weise wurde das Gebiet des heutigen Oberrheins vor 45 Millionen Jahren völlig verändert und sank als Scheitel im Bereich einer großflächigen Aufwölbung in Südwestdeutschland und Frankreich ursprünglich über 3000 m weit in

die Tiefe. Es entstand der Oberrheingraben, der mit Sedimenten (abgelagertes Gesteinsmaterial bzw. Verwitterungsprodukte) aus den umgebenden höher liegenden Gebieten aufgefüllt ist. Der Oberrheingraben bzw. das Rheintal zwischen Basel und Mainz gehört zu einem großen Grabensystem, das sich vom Mittelmeer bis nach Skandinavien fortsetzt. Ein weiteres erstreckt sich vom Ostafrikanischen Graben über das Rote Meer zum Jordangraben. Erdbeben und Vulkanausbrüche in der Nähe solcher Grabenbrüche zeigen die Unruheherde im Erdinnern an.

Mit dem Vulkanismus verbunden sind oft heiße Quellen, die an die Erdoberfläche gelangen. Die Wärme dieser Quellen und auch die von **Geysiren** (in regelmäßigen Abständen hervortretende Springquellen) nutzt man z.B. auf Island, um Wohnhäuser und Treibhäuser zu beheizen. Aus Geysiren schießen heißes Wasser und Dampf aus dem Erdinnern (Abb. 9). Vulkanische Wärme wird auch für Kraftwerke genutzt.

Erdbeben gehören in Kalifornien fast zum Alltag. In San Franzisco entlang der San-Andreas-Spalte, wo die Pazifische Platte und die Amerikanische Platte aneinander vorbeidriften, lebt man in ständiger Bedrohung vor Erdbeben. San Francisco gilt als die Stadt, „die auf den Tod wartet" (Abb. 10). In einem Jahrhundert verschieben sich die Amerikanische und die Pazifische Platte in unterschiedlichen Richtungen um etwa 10 bis 20 m. Verhaken sich dabei Plattenteile, so entsteht eine ungeheure Spannung, die sich dann irgendwann auf einmal löst. 1989 erschütterte ein kräftiges Beben die Stadt.

Die Oakland-Bay-Brücke wurde zerstört. 62 Tote waren zu beklagen. Doch die Gefahr gehört gewissermaßen zum Alltag, obwohl die Angst bleibt. Das beweisen die Erdbebenüberblicke in den Zeitungen. Eine Meldung „Earthquake Week", die Erdbebenwoche, klein wie die Wettervorhersage in einer deutschen Tageszeitung, gibt nüchtern Auskunft über die Erdbebenereignisse der jeweils vergangenen Woche. Allein 12 Erdbeben wurden in der ersten und 29 in der zweiten Januarwoche 1998 mit Stärken bis 3,2 auf der Richterskala festgestellt. Die Stärke von Erdbeben lässt sich mit dem Erdbebenmesser, dem Seismographen, messen und auf der so genannten Richterskala anzeigen, die von eins nach oben offen zählt. Bei Stärke eins ist noch nichts fühlbar, bei drei verspürt man leichte Erschütterungen wie bei vorbeifahrenden Lastwagen, bei Stärke sieben bis acht werden Bäume entwurzelt, Gebäude völlig zerstört. Die stärksten Erschütterungen misst man im **Epizentrum**, das ist die Stelle der Erdoberfläche direkt über dem Erdbebenherd. Dieser liegt in tieferen Teilen der Erdkruste oder im obersten Mantelbereich, gehäuft in einer Tiefe von etwa 20 km. Vom Erdbebenherd aus breiten sich die Erdstöße nach allen Seiten aus. Der umliegende Bereich, in dem die Erschütterungen noch deutlich zu spüren sind, heißt Schüttergebiet. Ein Erdbeben dauert von wenigen Sekunden bis höchstens drei oder vier Minuten.

Alle Kräfte aus dem Erdinnern, die die Oberflächengestalt der Erde durch Gebirgsbildung, Erdbeben und Vulkanismus bestimmen, heißen **„endogene Kräfte".**

Abb. 10: Erdbeben in San Francisco

 Zum Weiterlesen:

- Wärmezonen u. Windgürtel, S. 666
- Klimazonen, S. 670
- Meeresströmungen, S. 672
- Japan, S. 706
- Formenwandel, S. 712
- Naturkatastrophen, S. 714

Abb. 9: Geysir auf Island

Formenwandel an der Erdoberfläche

Kaum haben Kräfte aus dem Erdinnern, die so genannten endogenen Kräfte, etwas entstehen lassen und geformt, z. B. ein Gebirge, so wirken an der Erdoberfläche sofort vielfältige Kräfte von außen an seiner Umgestaltung und Abtragung mit. Bei allen Kräften, die von außen einwirken, spricht man von **exogenen Kräften.** Exogen bedeutet „außerhalb entstanden, durch äußere Faktoren bedingt". Die so verursachte Zerstörung der Gesteine fasst man unter dem Sammelbegriff Verwitterung zusammen.

Die Berge der Alpen müssten mehrere tausend Meter höher sein, wenn sie noch so aussähen wie zu ihrer Entstehungszeit. Aber Kräfte von außen bewirkten und bewirken noch heute, dass sie sofort nach ihrer Auffaltung abgetragen werden und das Material wegtransportiert wird. Die Verwitterung kann sich auf physikalischem oder chemischem Wege vollziehen.

Bei der physikalischen oder mechanischen Verwitterung können verschiedene Faktoren wirksam werden wie z. B. Temperaturunterschiede, Frost oder Salz. Die chemische Verwitterung beruht auf der Reaktion des Gesteins mit dem Wasser und den darin gelösten Stoffen.

Das Wasser spielt jedoch bei der Formbildung der Landschaft noch eine weitere entscheidende Rolle. Durch Abtragung, Transport und Ablagerung von mehr oder weniger verwittertem Material trägt es zur Bildung der **Oberflächenformen** der Erde entscheidend bei. Die Abtragungsvorgänge nennt man Erosion, die Ablagerungsvorgänge werden als Akkumulation bezeichnet.

Die ausfurchende und einschneidende bzw. erosive Arbeit des fließenden Wassers lässt sich an der verschiedenen Ausformung von Tälern nachvollziehen.

In Gebirgen kann man beobachten, wie Gebirgsbäche verschiedene typische Talformen herausbilden können (Abb. 1). Ihre Form hängt von der Gesteinsart des Untergrundes, dem Gefälle und der Wassermenge ab. So wird eine tiefe Klamm bei sehr starkem Gefälle und großer Wassermenge regelrecht in das Gebirge eingeschnitten. Klamm nennt man einen sehr steilen, engen Talabschnitt mit senkrechten, teilweise sogar überhängenden Felswänden (Partnachklamm bei Garmisch-Partenkirchen). Eine Schlucht ist nicht ganz so steilwandig und eng (Bodetal im Harz).

Weltberühmt ist der Grand Canyon des Colorado River. Canyons entstehen da, wo Flüsse sich in horizontal lagernde Gesteinsschichten einschneiden. Die Erosion geschieht mit solcher Kraft und Schnelligkeit, dass die Seitenwände nicht mehr abgeschrägt

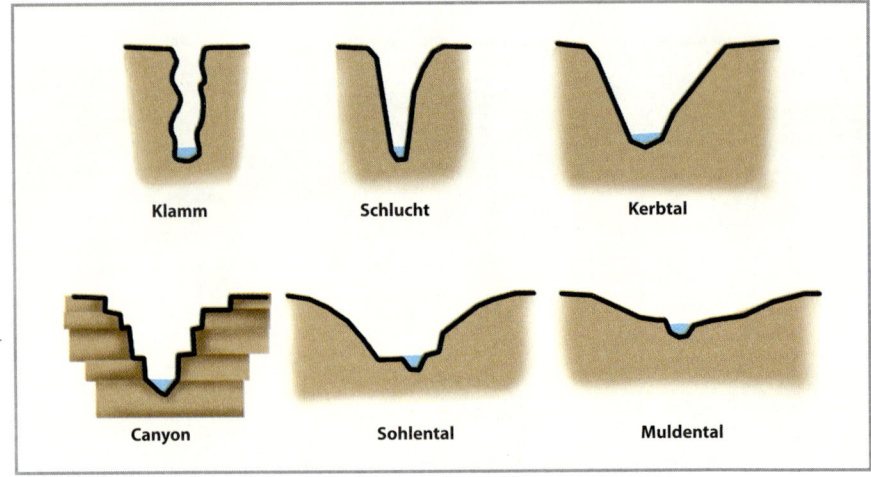

Abb. 1: Verschiedene Talformen

werden können, wie das beim V- oder Kerbtal der Fall ist. Der 2333 Kilometer lange Colorado im Südwesten der USA fließt von den östlichen Rocky Mountains zum Golf von Kalifornien. Im Colorado-Plateau hat er sich bis 1800 Meter tief eingeschnitten (Abb. 2).

Je geringer das Gefälle, desto weniger scharf werden die Talformen ausgebildet. Sohlentäler sind mit einer mehr oder weniger breiten Talsohle gegen die Talhänge abgesetzt, Muldentäler nur ganz flach eingedellt.

Die Arbeit des fließenden Wassers kann man schon an einem kleinen Bach verfolgen. Hat er wenig Gefälle, so windet er sich in weiten Talauen dahin. Diese Windungen nennt man **Mäander** (Abb. 3). Man kann deutlich an der Außenseite der Windung den steilen Prallhang erkennen. Denn hier ist die Fließgeschwindigkeit und damit die Kraft des Wassers am größten. Auf der Innenseite der Flusswindung ist die Geschwindigkeit am geringsten, der Fluss kann Material ablagern. So entsteht der flache Gleithang.

Gletscher als weitere erosiv wirkende Kraft können ein Tal vertiefen, so dass ein so genanntes U- oder Trogtal entsteht und nach dem Abschmelzen des Eises zurückbleibt. Solche Täler sind typisch für die ehemals (in den Eiszeiten) stark vergletscherten Alpen. Auch an noch vorhandenen und sich zurückziehenden Gletschern kann man das sehr gut nachvollziehen.

Glaziale Erosion, die Arbeit des Eises, ist in der so genannten glazialen Serie zu erkennen.

Ein weiterer Faktor der physikalischen Verwitterung ist die Temperatur. Das Gestein wird bei Hitze ausgedehnt und zieht sich bei Kälte zusammen. Da nun die verschiedenen mineralischen Bestandteile, aus denen das Gestein besteht, sich verschieden stark ausdehnen und zusammenziehen, führt das an den Mineralgrenzen zu Spannungen und es kommt zu feinen Rissen. Mit der Zeit können so kleine Stücke oder auch ganze Brocken abgesprengt werden. Gefrierendes Wasser führt zur Frostsprengung oder Frostverwitterung.

Abb. 2: Der Grand Canyon

Abb. 3: Die Mosel ist besonders reich an Mäandern

Denn wenn in Spalten eingedrungenes Wasser gefriert, dehnt es sich aus und entwickelt ungeheure Sprengkraft. Man kennt das von einer in der Tiefkühltruhe vergessenen Wasserflasche, die zerspringt.

Ein ähnlicher Vorgang ist die Salzsprengung oder Salzverwitterung. Zunächst dringen Salzlösungen in feine Spalten des Gesteins ein. Verdunstet nun das Wasser wieder, bilden sich aus dem gelösten Salz Kristalle, es kristallisiert aus. Dabei dehnt sich das Salz stark aus und übt einen starken Druck auf das Gestein aus. Dieser so genannte Kristallisationsdruck kann ebenfalls Teile absprengen.

Auch chemische Verwitterung führt zu Veränderungen. Das lässt sich in Kalkgebirgen, wie im Karstgebiet des ehemaligen Jugoslawiens, gut nachvollziehen. **Tropfsteinhöhlen** sind für Touristen immer eine Attraktion. Sie sind da entstanden, wo Kalkstein durch Wasser und die darin gelösten Inhaltsstoffe umgewandelt, gelöst und ausgewaschen wird.

Reines Wasser kann Kalkstein nur schwer lösen. Aber Regenwasser, das mit CO_2 (Kohlendioxid) angereichert ist, kann Kalkstein sehr viel besser und schneller lösen. Eine zusätzliche Anreicherung mit CO_2 findet im Boden sowohl durch den oxidativen Abbau toter Pflanzenteile durch Bodenfauna, Bakterien und Pilze als auch durch die Atemtätigkeit der Wurzeln lebender Pflanzen statt. Daher sind die Karsterscheinungen in Gebieten mit gut entwickelter Vegetation besonders stark ausgeprägt.

Das Wasser erweitert die ausgespülten Gänge, fließt teilweise unter Druck sogar bergauf. Bestehende Klüfte und Gänge werden beständig erweitert, so dass Teile einstürzen. Wenn das Lockermaterial weggespült wird, können Höhlen entstehen. Von den Decken tropft Sickerwasser stetig herab,

Tropfen für Tropfen. Ein Rest bleibt immer an der Decke hängen. Während das Wasser verdunstet, bleiben winzige Kalkkristalle zurück, die zu langen, von der Decke herabhängenden Tropfsteinen zusammenwachsen. Wo auf dem Boden der Rest des Wassers aufspritzt, wächst dem hängenden Tropfstein (Stalagtit) ein stehender (Stalagmit) entgegen (Abb. 4). An der Erdoberfläche verweisen eingesenkte Ebenen auf die Arbeit des Wassers. Lagert unter dem Kalkstein eine wasserundurchlässige Schicht, so sucht das Wasser sich einen Ausgang. Eine Karstquelle tritt aus. Karst findet man überall dort, wo Kalkstein im Untergrund vorhanden ist und das Wasser diesen lösen kann. Ein Beispiel in Deutschland ist die Schwäbische Alb.

Die marine Erosion, die abtragende Wirkung von Brandung, Gezeiten und Meeresströmungen, ist in der Ausbildung der vielfältigen Küstenformen zu sehen. Dabei wirkt auch der Wind mit. Die Abtragung von Gesteinsmaterial durch den Wind nennt man **Deflation** (lat.).

Wasser und Wind tragen aber nicht nur ab, sondern lagern auch an und bauen auf. Wenn die Transportkraft größer ist als die Schwerkraft des Materials, wird transportiert. Lässt die Transportkraft jedoch nach, wird das mitgeführte Material abgelagert oder akkumuliert oder sedimentiert. Den Vorgang als solchen bezeichnet man auch als Sedimentation, das abgelagerte Material als **Sediment.**

Ein eindrucksvolles Beispiel ist die Entstehung eines Deltas, das ist eine fächerförmige Ablagerung bei Flussmündungen. Der Po, der mit 652 km größte Fluss Italiens, bietet ein Beispiel. Die Poebene in Norditalien ist nämlich eine Schwemmlandebene, die der Fluss aufgebaut hat. Er entspringt am Monte Viso (Cottische Alpen), durchfließt die dicht besiedelte, landwirtschaftlich und industriell be-

deutende Poebene und mündet in einem großen Delta. Ursprünglich war das eine Meeresbucht zwischen Alpen und Apenninnen. Doch ständig wurde Gesteinsmaterial in die Bucht transportiert, und wo das Gefälle nachließ, blieben diese ungeheuren Massen liegen. Die Gebirge wurden so niedriger, die Meeresbucht zugeschüttet. Der Vorgang ist keinesfalls abgeschlossen, jährlich schiebt sich das Delta 70–80 Meter weiter ins Adriatische Meer vor.

Überall, wo ein Tieflandfluss ins Meer mündet und nicht durch Ebbe und Flut gestört wird, baut er ein **Delta** auf. Aus der Vogelperspektive sieht es aus wie ein undurchschaubares Durcheinander von Wasser und Land. Ganges, Brahmaputra, Niger, Nil, Rhone, Wolga, Mississippi, Orinoko sind weitere Flüsse, die eine Deltamündung aufgebaut haben.

Die vielfältige Arbeit des Windes kennt man von den Dünen an Küsten und in der Wüste. Sie sind vom Wind abgelagertes Material, genauso wie der Löss, der durch die Kraft des Windes transportiert worden ist.

Abb. 4: Das Innere einer Höhle mit Stalagmiten und Stalagtiten

 Zum Weiterlesen:

- Vom Meer zum Hochgebirge, S. 612
- Kräfte aus dem Erdinnern, S. 710
- Naturkatastrophen, S. 716

Naturkatastrophen

Katastrophenmeldungen füllen immer wieder die Medien. Neben Erdbeben und Vulkanen, also Kräften aus dem Erdinnern (**endogene Kräfte**), bedrohen Kräfte den Menschen, die von außen auf die Erdoberfläche einwirken (**exogene Kräfte**).

Naturkatastrophen

Vulkanausbrüche
Erdbeben
Sturm
Überschwemmungen
Erdrutsche
Lawinen
Hagel
Dürreperioden
Kältewellen
Waldbrände

So entstehen jedes Jahr auf der Erde etwa 80 tropische **Wirbelstürme.** Sie haben alle die gleiche Entstehungsursache, werden aber je nach Region unterschiedlich benannt. In Südostasien heißen sie Taifune (chinesisch: t`ai fung = großer Wind), in Australien Willy-Willies, in Bangladesh Zyklone und in der Karibik Hurrikans. Hurrikans können einen Durchmesser des inneren Teils von bis zu 60 km haben, der Durchmesser der gesamten Zyklone kann 1000 km erreichen. Das Zentrum, das „Auge" selbst ist relativ windschwach und niederschlagsarm. Es wird von einem wolken- und niederschlagsreichen Sturmfeld mit Windgeschwindigkeiten von über 200 km/h umschlossen. Zunächst hatten die Hurrikans nur weibliche Namen, inzwischen werden sie abwechselnd mit männlichen und weiblichen Vornamen benannt.

Von August bis September, also im Spätsommer, liegen die Brutstätten von Hurrikans zwischen den Kapverdischen Inseln westlich von Afrika und dem Karibischen

Meer (Abb. 1). Ihre Hauptentstehungsursache ist das Klima. Spätsommerliche Schwüle über den tropischen Meeren nördlich und südlich des Äquators ist Voraussetzung für ihre Bildung. Ihre Entstehung ist im Einzelnen noch nicht restlos geklärt. Man nimmt an, dass plötzliche starke Umschichtungen der Luft zur Entstehung von Wirbeln führen.

Zunächst herrscht völlige Windstille, dann verdüstert sich der Himmel zu drohender Schwärze, der Luftdruck fällt rasch, es wird drückend schwül. Ohne erkennbaren Anlass steigt irgendwo über völlig glatter See feuchtwarme Luft auf. Wie Staubsauger saugen die anfänglich kleinen Tiefdruckwirbel heiße Luft an und reißen sie mehr als zehn Kilometer in die Höhe. Die zum Ausgleich von beiden Seiten nachströmenden Luftmassen entwickeln schnell Sturm- bis Orkanstärke. Wie in einem Kamin strömen sie immer schneller nach oben. Durch die Erdrotation gerät das Gebilde in Drehung, wird zu einem Wirbelsturm, der auf der Nordhalbkugel nach Westen abgelenkt wird.

Mit bis zu 300 Stundenkilometern rasen diese Verheerung bringenden Riesenwirbel. Städte, Dörfer, Industrieanlagen, alles, was sich ihnen in den Weg stellt, wird verwüstet. Tote Menschen und Tiere und erhebliche Sachschäden bleiben zurück. Schiffe werden wie Spielzeuge auf die Ufer geschleudert, Autos durch die Luft gewirbelt (Abb. 2). Inmitten dieser zerstörerischen Hölle des Wirbelsturms liegt ein Schlot mit absoluter Ruhe und Windstille. Das ist das Zentrum des Wirbelsturms, um das der Sturm kreist, das so genannte „Auge".

Weltweite **Satellitenforschung**, die über Entstehung und Zugrichtung informiert, ermöglicht ein Frühwarnsystem. Auf Satellitenfotos lassen sich entstehende Orkanwirbel sehr gut erkennen. Bewohner gefährdeter Gebiete müssen dann evakuiert werden. Durch wirbelsturmsichere Bauweise mit

Abb. 2: Hurrikans hinterlassen eine Spur der Verwüstung

Stahl- oder Betonskeletten versucht man, dem Ärgsten zu begegnen.

Klimaforscher sagen weltweit eine Vermehrung und Verstärkung der Wirbelstürme voraus. Denn die Fläche auf den Weltmeeren, wo die Temperatur über den zur Bildung erforderlichen 27°C liegt, hat um etwa 30 % zugenommen. So muss man auch in solchen Gebieten mit Wirbelstürmen rechnen, die bisher noch nicht heimgesucht worden sind.

In diesem Zusammenhang macht „**El Niño"** von sich reden, ein Phänomen, das für zahlreiche Naturkatastrophen auf der südlichen Halbkugel verantwortlich gemacht wird. „El Niño" ist für die peruanischen Fischer nichts Unbekanntes, sie leben mit ihm. „El Niño" (spanisch: der Knabe, Anspielung auf das Christkind) tritt besonders ausgeprägt in Abständen von etwa drei bis neun Jahren zur Weihnachtszeit in Erscheinung.

Man versteht unter dem „El Niño" eine klimatologische Anomalie, die im ganzen Pazifikraum vorkommt und unterschiedliche Intensität hat. Außergewöhnliches Wetter-

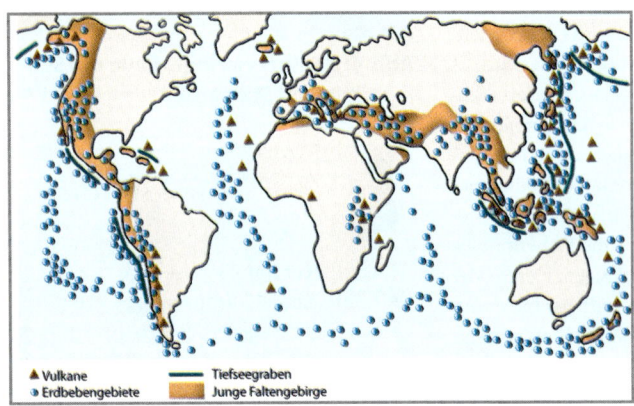

Abb. 1a: Von Naturkatastrophen gefährdete Gebiete (endogene Kräfte)

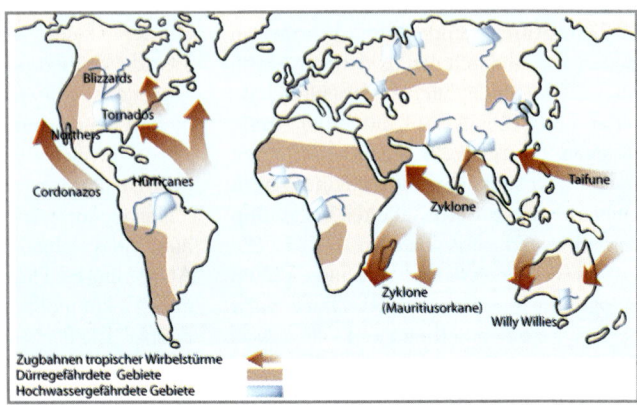

Abb. 1b: Von Naturkatastrophen gefährdete Gebiete (exogene Kräfte)

Erdkunde

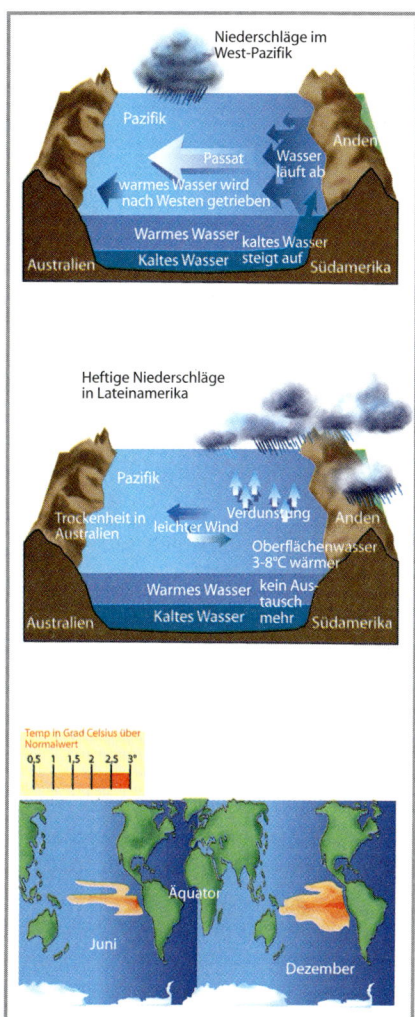

Abb. 3: Die Entstehung von „El Niño"

geschehen, wie z.B. sintflutartige Regenfälle in sonst trockenen Gebieten sind die Folge. Wie kommt es dazu?

Normalerweise wird das sich vor der Westküste Südamerikas erwärmende Oberflächenwasser des Pazifiks von den Süd-Ost-Passatwinden von der Küste weggedrückt, und zum Ausgleich des Massenverlustes steigt kaltes Tiefenwasser auf. Nun kann es passieren, dass die Passatwinde schwächer werden und das warme Oberflächenwasser vor der Küste verbleibt und sich weiter erwärmt. Das passiert mehr oder weniger intensiv jedes Jahr und nimmt großen Einfluss auf das Wetter, insbesondere in Peru und Chile, besonders wenn die Erwärmung früh einsetzt und besonders ausgeprägt ist. Warme, feuchte Luftmassen steigen auf, kondensieren und regnen sich heftig auch über Land ab. Zudem ist das warme Wasser weniger reich an Mineralien und Nährstoffen, was für das küstennahe Meeresökosystem und die Nahrungskette darin dramatische Folgen hat, so dass sich auch die Fischfang-

ergebnisse verschlechtern. 1982/83 kühlte sich das Wasser nur langsam wieder ab. Massensterben von Meerestieren war die Folge. In den Anden führten wochenlange Regenfälle zu Erdrutschen und Schlammlawinen, die Tausende von Menschen töteten. Über die Ursache dieses Phänomens liegen noch keine endgültigen Ergebnisse vor. Normalerweise wird das Wasser des Pazifiks alle vier Jahre einmal völlig umgewälzt (Abb. 3). Aber zu „El Niño"-Zeiten findet kein Austausch der oberflächlich warmen und tieferen kalten Schichten statt. Durch die stärkere Erwärmung des Pazifikwassers verändern sich auch die Luftdruckverhältnisse, was den Süd-Ost-Passat weiter abschwächt. So verschiebt sich die gesamte Luftzirkulation auf der Südhalbkugel und nimmt auch Einfluss auf das Weltklima.

Die Auswirkungen kann man aber auch auf der Nordhalbkugel feststellen: Die lang anhaltende Dürre in der Sahelzone führte zu Hungerkatastrophen und zur Bildung überdurchschnittlich vieler Wirbelstürme, die sich auf ihrem Weg über den Atlantik in Richtung Karibik zu verheerenden Hurrikans ausweiteten. Und weil „El Niño" im weltweiten Wettergeschehen eine entscheidende Rolle spielt, machen ihn einige Experten auch für Ereignisse 1997, wie die extremen Hitzeperioden oder die heftigen, anhaltenden Regengüsse, die zur Hochwasserkatastrophe an der Oder geführt haben, verantwortlich.

Tornados (spanisch: tronada = Gewitter) sind ebenfalls Wirbelstürme, allerdings im außertropischen Bereich. Genau wie die tropischen Wirbelstürme sind sie sich schnell drehende Luftmassen mit einem Auge im Zentrum. Sie haben einen geringeren Umfang als Hurrikans, jedoch genau so eine Zerstörungskraft. Der Weg der Verwüstung misst selten mehr als 800 Meter Breite. Kansas und Oklahoma sind solch gefährdete Gebiete in den USA. Tornados bilden sich über dem Festland, über den flachen Plains der USA. Warme, feuchte Südströmungen treffen auf westliche Luftmassen, die sich bereits bei ihrem Weg über die Rocky Mountains abgeregnet und abgekühlt haben.

Verheerend können auch Blizzards in Nordamerika wirken. So nennt man die mit großen Temperaturstürzen verbundenen Schneestürme bis Orkanstärke im Winter. Sie bringen eisige Kälte und Schnee aus dem Norden bis in subtropische Gebiete Nordamerikas.

Mit den tropischen Wirbelstürmen gehen oft katastrophale Wolkenbrüche und Überschwemmungen einher. Große Flutwellen treibt so ein Wirbelsturm auf die Küste zu.

Ein Beispiel ist Bangladesh. Das Tiefland liegt im Mündungsgebiet von Ganges und Brahmaputra. Die Ströme transportieren fruchtbaren Sand und Schlamm und bauen so das Flussdelta weit ins Meer hinaus auf. Die durch die Monsune entstehenden Hochwasser überfluten das Tiefland. Die Menschen ziehen sich auf höhere Stellen zurück, um nach der Überschwemmung das fruchtbare Land zu bestellen. Da immer mehr Menschen ernährt werden müssen, siedeln viele in den überschwemmungsgefährdeten Gebieten. Im April 1991 kamen bei einer Überflutung etwa 150.000 Menschen um.

Im Golf von Bengalen können die Wirbelstürme sich besonders verheerend austoben. Hier verengt sich der Indische Ozean nach Norden wie ein Trichter, in den der Orkan nur noch die gewaltigen Wassermassen hineinzupressen braucht. Das dahinter liegende flache Küstenland wird vom stark ansteigenden Meeresspiegel hoffnungslos überflutet. Kleine Inseln mit allem, was darauf lebte, wurden von den über sechs Meter hohen Wellen einfach weggespült. In der Hauptstadt Chittagong wirbelten Flugzeuge wie Spielzeuge durcheinander.

Abb. 4: Hurrikan Elena, von der Weltraumfähre Discovery 1985 aufgenommen

Flutkatastrophen in Bangladesh haben verheerende soziale Folgen. Nur wenigen Menschen konnte mit Hubschraubern Nahrung, Trinkwasser und Kleidung gebracht werden. Hunger und Durst und Epidemien wie Cholera, da kein sauberes Trinkwasser mehr da war, konnten sich anschließend ausbreiten.

 Zum Weiterlesen:

- In der Wüste, S. 656
- Kräfte aus der Erde, S. 710
- Das Deltaprojekt, S. 726

Strukturwandel im Ruhrgebiet

Das Ruhrgebiet, einer der größten industriellen Ballungsräume in Europa, ist weder landschaftlich noch historisch oder politisch eine Einheit. Bodenschätze und eine günstige Verkehrslage waren die primären Standortfaktoren für den Aufbau der Industrie. Die Bezeichnung **„Ruhrgebiet"** setzte sich in den 30er Jahren durch. Vor etwa 150 Jahren gab es lediglich am Hellweg, einer alten Heer- und Handelsstraße von Duisburg über Dortmund nach Paderborn, zahlreiche kleinere Städte. Ansonsten war das Gebiet zwischen Ruhr und Lippe dünn besiedelt. Im Ruhrtal hatte man bereits im Mittelalter in offenen Gruben Steinkohle abgebaut und zum Schmieden verwendet. Die Erfindung der **Dampfmaschine**, die damit gestiegene Bedeutung der Steinkohle als Energieträger und nach der Erfindung der Verkokung auch als Reduktionsmittel bei der Eisen- und Stahlerzeugung führten zum Aufstieg des Ruhrgebiets.

1957 war die Kohle der wichtigste Energieträger in Deutschland. Doch als Erdöl und Erdgas die Kohle immer mehr verdrängten und geringere Koksmengen für den Verhüttungsprozess gebraucht wurden, begann die Kohlenkrise mit einem Zechensterben und massiven Arbeitsplatzverlusten. So gingen zwischen 1957 und 1991 über 400.000 Arbeitsplätze im Steinkohlenbergbau verloren. Als dann Anfang der 70er Jahre auch die Stahlindustrie in Schwierigkeiten geriet, weitete sich die Krise auf das gesamte Ruhrgebiet aus, das die Nachteile seiner Monostrukturierung (große Bedeutung und damit verbundene starke Abhängigkeit von einzelnen Wirtschaftszweigen) nun heftig zu spüren bekam (Abb. 1).

Doch dieses Gebiet erfährt, wie andere alte europäische Industriestandorte auch, einen **Strukturwandel** (Abb. 2). Weg vom schmutzigen „Kohlenpott" und hin zu einer Dienstleistungsregion war und ist der Trend. Die Attraktivität des Raumes muss für in- und ausländische Investoren erhöht werden. Neue Standortfaktoren, die das Revier leistungs- und konkurrenzfähig machen sollen, müssen hinzukommen. Durch eine gezielte Strukturpolitik, umfangreiche Standortwerbung, Imagekampagnen und Planungsmaßnahmen vollzieht sich allmählich ein Strukturwandel. Man erkannte schnell, dass die Entwicklungsprobleme nicht allein durch wirtschaftliche Maßnahmen gelöst werden konnten. Vielmehr sollten Maßnahmen zur Verbesserung der **Lebensqualität** hinzukommen. Dazu mussten die erheblichen Umweltbelastungen beseitigt und dem Bildungs- und Kulturnotstand entgegengewirkt werden. Denn zusätzlich zu den klassischen Standortfaktoren, wie z. B. Verkehrsinfrastruktur, Verfügbarkeit von Flächen sowie Qualität und Quantität des Arbeitskräftepotentials, sind zunehmend „weiche Standortfaktoren" gefragt. Ein attraktives Freizeit-, Kultur- und Bildungsangebot, gesunde Umwelt- und Lebensbedingungen und eine ansprechende Landschaft bzw. Stadtlandschaft gewinnen mehr und mehr an Bedeutung.

Bis 1962 gab es im Ruhrgebiet keine einzige Universität. Dem Bau der Ruhr-Universität in Bochum folgten weitere Hochschulen, Fachhochschulen und

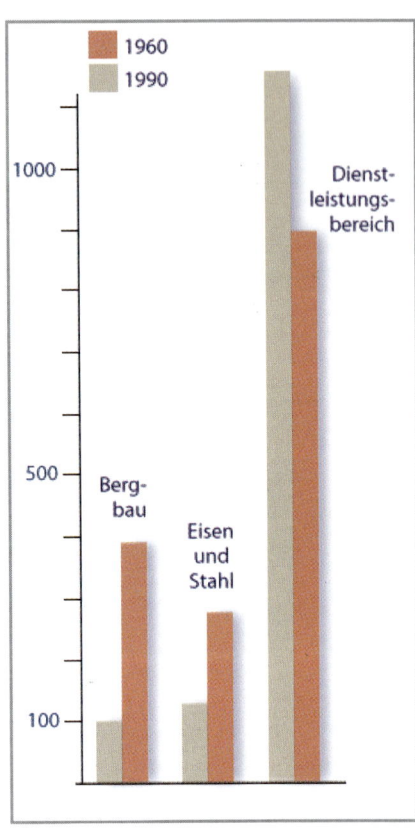

Abb. 2: Die Veränderung der Beschäftigtenzahlen im Ruhrgebiet (in 1000)

Forschungsinstitute in Essen, Duisburg, Dortmund, Hagen und Witten. In benachbarten Technologieparks und -zentren werden neueste Forschungsergebnisse genutzt, umgesetzt und weiterentwickelt, so im Technologiepark von Dortmund. Die unmittelbare Nähe zur Universität Dortmund ist ausschlaggebender Standortfaktor. Von hier kommen hoch qualifizierte junge Menschen. In einem gemeinsamen Gebäudekomplex, dem **Technologiezentrum,** sind junge Unternehmer aus zukunftsorientierten Branchen wie Computertechnologie, Informatik, Nachrichten-

Abb. 1: Die Schlote im Ruhrgebiet rauchen nicht mehr

Sprunghafter Anstieg der Bevölkerung durch Zuwanderung und Ausdehnung des industriellen Raumes vom Ruhrtal über die Hellwegzone bis in die Emscherzone und nach dem Ersten Weltkrieg Ausbau neuer Schachtanlagen bis in die Lippezone waren sichtbare Zeichen der aufblühenden Industrie im „Kohlenpott".

Lange Zeit war das Ruhrgebiet ein ganz **monostrukturierter Industriewirtschaftsraum.** Auf die Montanindustrie hatte das Ruhrgebiet voll gesetzt, was sich dann als Schwachpunkt in Krisenzeiten erwies. Bis

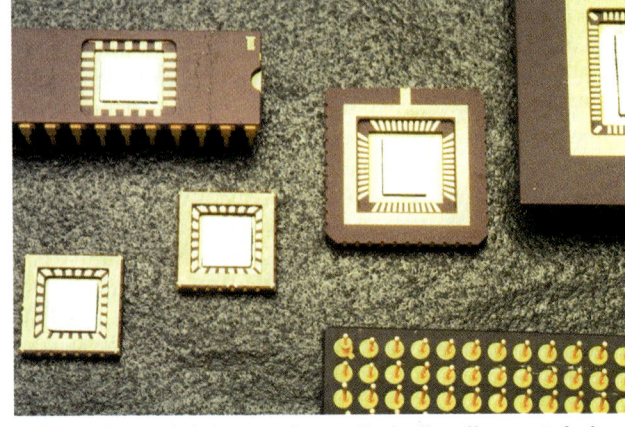

Abb. 3: Die Produktion moderner Technik soll neue Arbeitsplätze schaffen

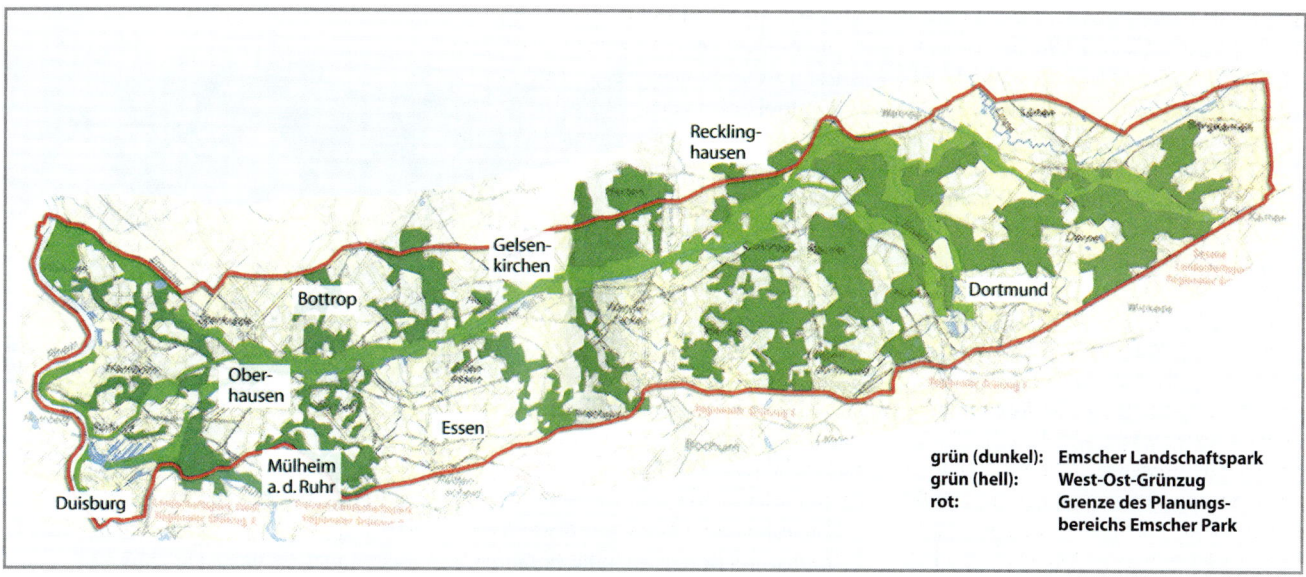

grün (dunkel): Emscher Landschaftspark
grün (hell): West-Ost-Grünzug
rot: Grenze des Planungs-
bereichs Emscher Park

Abb. 4: Beispiel Emscher Park – Umgestaltung der Industrieregion in eine grüne Stadtlandschaft

technik und Mikroelektronik zusammen tätig (Abb. 3). Mit Unterstützung von Stadt, Land und Staat in der schwierigen Startphase eines Unternehmens versuchen sie, sich auf dem Markt durchzusetzen. Einige dieser Unternehmen konnten sich im benachbarten Technologiepark ansiedeln.

Nicht alle Städte hatten das Glück wie Bochum, das durch die Anwerbung eines großen Autowerkes die einzige große Industrieansiedlung der Gegenwart für sich verbuchen konnte. Andere Wege mussten gesucht werden, um die ungenutzten Industrieflächen, die „Industriebrachen", einer anderen Nutzung zuzuführen und Arbeitsplätze zu schaffen. Ein Beispiel ist Oberhausen, das völlig auf Kohle, Eisen und Stahl ausgerichtet war. Auf einem stillgelegten Zechen- und Kokereigelände mitten in der Stadt entstand ein riesiger Freizeit- und Einkaufspark, nachdem sich die Bemühungen um die Ansiedlung neuer Industriebetriebe als erfolglos erwiesen hatten. Viele neue Arbeitsplätze auch für weibliche Arbeitskräfte, vor allem im Dienstleistungsbereich, entstanden. Denkmäler der Oberhausener Industriegeschichte wurden mit einbezogen.

Die **Emscherzone**, in besonderem Maße durch den Bergbau geprägt, war ein Jahrhundert lang die „Abwasserrinne", der „Hinterhof" des Ruhrgebiets. Altlasten der Montan- und Chemieindustrie, der Kraftwerke und Zechenhalden beeinträchtigten die Lebensqualität. Der Wohn- und Freizeitwert war gering. In der Situation beschloss die Landesregierung in Zusammenarbeit mit den Städten und Kreisen und anderen Verantwortlichen, dem Gebiet mit der Internationalen Bauausstellung Emscher Park (IBA

Emscher Park) zu helfen (Abb. 4). Ziel war eine völlige Umgestaltung der Landschaft in eine grüne Industrieregion. Die vielfach belastete Industrielandschaft soll in eine ökologisch funktionsfähige **Stadtlandschaft** mit attraktiven Angeboten zur Erhöhung der Lebensqualität umgewandelt werden. Das ist keine Ausstellung im herkömmlichen Sinn. Auf einer Strecke von rund 70 km Länge und 800 km² Fläche werden etwa 100 Projekte vorgestellt, mit denen folgende Ziele verfolgt werden:

- Aus den offenen Abwässerkanälen der Emscher und ihrer Zuflüsse sollen renaturierte Wasserläufe werden (lat: re = zurück, wieder, noch einmal). Denn die Emscher war seit Anfang des 20. Jahrhunderts zur „Kloake" des Reviers, zu einem offenen Abwassersystem umfunktioniert worden.
- Neue Großkläranlagen sollen das Wasser reinigen, so dass die Wasserflächen in die Sport- und Freizeitplanung mit einbezogen werden können.
- Zusätzlich zu den vorhandenen, in Nord-Süd-Richtung verlaufenden Grünzügen entsteht parallel zur Emscher ein weiterer Grünzug, ein Landschaftspark mit neu angelegten Biotopen, Rad- und Wanderwegen zur Erhöhung des Freizeit- und Erholungswertes. Landesgartenschauen in Lünen 1996 und Gelsenkirchen 1997 tragen zur Sanierung der geschädigten Landschaften bei, die so zu Naherholungsgebieten ausgebaut werden.
- Alte Industriegebäude werden restauriert und geben als Industriedenkmäler Zeugnis von der Vergangenheit.
- Alte Bergbausiedlungen werden modernisiert, neue Wohngebiete unter Berück-

sichtigung ökologischer und sozialer Belange gebaut und das Wohnumfeld durch kulturelle Angebote attraktiver gestaltet.

Gewerbe- und Technologieparks sollen auf ehemaligen Industrieflächen entstehen und neue Arbeitsplätze bieten.

So wird die IBA Emscher Park ein Generationenprojekt, das einer benachteiligten Zone durch gezielte Planung wieder mehr Lebensqualität bringen soll. Die IBA soll einen Beitrag zum Erfahrungsaustausch auch für andere Industrieregionen in Europa und Übersee liefern. Denn auch sie stehen vor ähnlichen Problemen bei der Umgestaltung ihrer industriellen Ballungsräume. Veränderte zu Beginn des 19. Jahrhunderts die Maschine die Welt, steigerte die Produktion in ungeahnte Höhen und prägte das Industriezeitalter, so ist nun zunehmend auch in anderen Ländern Europas und der Welt eine De-Industrialisierung festzustellen (lat: de = von, weg, ent-). Immer leistungsfähigere Maschinen werden erfunden, die die menschliche Arbeitskraft ersetzten. So schrumpft die Zahl der in der Industrie Beschäftigten rapide, und neue Wege müssen beschritten werden.

Zum Weiterlesen:

- Steinkohle aus dem Ruhrgebiet, S. 628
- Stahl und Autos, S. 636
- USA, Industriegürtel, S. 694
- Großbritannien, S. 720

Großbritannien – Strukturwandel in der Industrie

Im Dreieck Birmingham, Leeds, Liverpool entstand in der ersten Hälfte des 19. Jahrhunderts in Mittelengland das älteste **Industriegebiet** der Welt (Abb. 1). Flachs, in der Nähe von Manchester angebaut, und die Wolle der heimischen Schafe lieferten den Rohstoff für eine aufblühende Textilindustrie. Mit der Erfindung der Dampfmaschine (Watt 1765) und ihrem Einsatz in Spinnereien und Webereien als Antrieb begann das Industriezeitalter. Die industrielle Massenproduktion in Europa war eingeleitet. Aus den **Kolonien** Indien und Ägypten wurde billig Baumwolle bezogen, so dass Manchester schnell zum Weltzentrum der Baumwollverarbeitung heranwuchs. Zwei Drittel der Produkte waren für den Export in die Kolonien bestimmt.

Und weil für diesen Industriezweig Kohle zum Befeuern der Dampfmaschinen, aber auch Maschinen benötigt wurden, erfuhren der Bergbau und die Maschinenindustrie einen enormen Aufschwung. Große Steinkohle- und Eisenerzvorkommen in unmittelbarer Nachbarschaft schufen die idealen Bedingungen für den Aufbau einer leistungsfähigen **Montanindustrie**. Westlich von Birmingham, um Ironbridge, um Sheffield und bei Cardiff entstanden bedeutende Eisen und Stahl erzeugende und verarbeitende Industrien (Abb. 2).

Ein Verkehrsnetz verband die alten Industriegebiete miteinander. Zunächst wurden die Güter auf Frachtkähnen, die von Menschen oder Pferden über schmale Kanäle gezogen wurden, transportiert. Dann übernahm die Eisenbahn als Massenverkehrsmittel ab 1830 zunehmend die notwendigen Transporte In dieser Zeit wuchsen auch die Städte sprunghaft an. Arbeitersiedlungen entstanden in unmittelbarer Nähe der Fabriken, mit den berüchtigten feuchten und schlecht gelüfteten „back to back houses".

Abb. 2: Eine der ersten Eisenbrücken

Das waren Reihenhäuser ohne Kanalisation, die platzsparend mit dem Rücken aneinander gebaut waren.

In den siebziger Jahren dieses Jahrhunderts schrumpfte in Mittelengland die Zahl der Arbeitsplätze. Besonders in der traditionellen Textilindustrie gingen Stellen verloren, weil eine rege Gewerkschaftstätigkeit die Erneuerung der traditionellen Arbeitsweisen verhinderte. Mit veralteten Arbeits- und Produktionsmethoden konnte man aber nicht mit den süd- und außereuropäischen **Niedriglohnländern** konkurrieren. Eine rechtzeitige Umstellung auf Kunstfasern war verpasst worden. Aus Mittelengland, der Wiege der europäischen Industrialisierung, war eine Problemregion geworden, in der der Anteil der in der Industrie Beschäftigten rapide zurückging. Man spricht in diesem Zusammenhang auch von De-Industrialisierung.

Hinzu kam, dass England jahrhundertelang wirtschaftlich stark auf seine Kolonien ausgerichtet war. Durch seinen Beitritt zur EG 1973 wandte es sich mehr Europa zu.

Im Gegensatz zu Mittelengland war Südengland von Umweltbelastungen als Folgen der Industrialisierung verschont geblieben. Neue High-Tech-Industrien, wie Elektrotechnik oder Bürokommunikation siedelten sich nach der Strukturkrise deshalb vornehmlich hier an (Abb. 3). In Mittelengland fehlen leistungsfähige Verkehrswege sowie Facharbeiter für computergesteuerte Technologien. Im Süden dagegen hat man die internationalen Flughäfen, attraktive Freizeit-, Bildungs- und Einkaufsmöglichkeiten, moderne Forschungs- und Entwicklungseinrichtungen, eben **„weiche Standortfaktoren"**. Durch den Kanaltunnel hofft man auf eine Intensivierung der wirtschaftlichen Beziehungen mit Europa.

Es gibt Versuche, den rückständigen Wirtschaftsraum Mittelengland wieder zu beleben. In Manchester wurde mit staatlicher Finanzhilfe dem Niedergang der Industrie etwas entgegengesetzt. Im alten Hafengebiet entstand ein attraktiver Büro- und Dienstleistungskomplex, der die de-industrialisierte Region wieder beleben soll. Im Norden werden Versuche der Re-Industrialisierung unternommen. Ausländische Unternehmen u. a. aus Japan werden angeworben, die einen Standort mit relativ niedrigem Lohnniveau innerhalb der EU suchen.

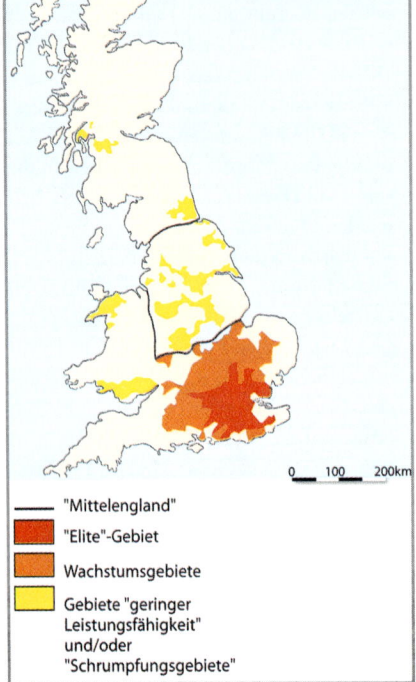

Industriegebiet

Zentren der Baumwollindustrie

Zentren der Leinenindustrie

Kohlefelder ohne Eisenerz

Kohlefelder mit Eisenerz

Gegen Ende des 18. Jahrh. erbaute Kanäle

Abb. 1: Industrielle Ursprungszentren

"Mittelengland"

"Elite"-Gebiet

Wachstumsgebiete

Gebiete "geringer Leistungsfähigkeit" und/oder "Schrumpfungsgebiete"

Abb. 3: Die Nord-Süd-Teilung

Zum Weiterlesen:

- Entwicklungsländer, S. 680
- Strukturwandel im Ruhrgebiet, S. 718
- Frankfurt, S. 721
- Die Europäische Union, S. 730
- Europäische Projekte, S. 734

Erdkunde

Frankfurt – ein Dienstleistungszentrum

Das Rhein-Main Gebiet mit der Kernstadt Frankfurt ist einer der bedeutendsten Wirtschaftsräume Deutschlands und gehört zu den europäischen Wohlstands- und Gewinnregionen. Frankfurt hat sich zum Finanzzentrum Deutschlands und zu einem der wichtigsten internationalen Finanzplätze der Welt entwickelt (Abb. 1). Hochrangige

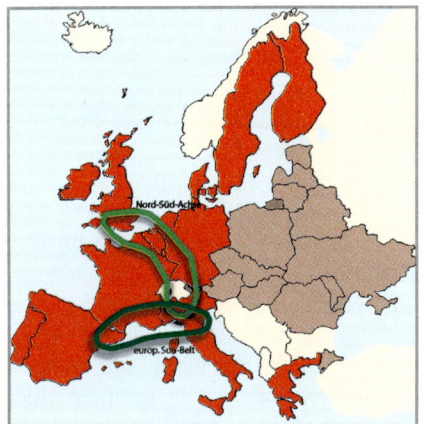

Abb. 1: Die Lage Frankfurts in der EU

Dienstleistungen prägen das Wirtschaftsleben der Stadt. Sie hat einen Ruf als internationaler Messeplatz, Zentrum der Markt- und Meinungsforschung und ist Sitz zahlreicher Behörden und Verwaltungszweige.

Diese Entwicklung ist aus der Geschichte heraus zu erklären. Weil Rohstoffe in der Region fehlten, setzte der Industrialisierungsprozess wesentlich später ein als vergleichsweise im Ruhrgebiet oder in Sachsen. Die chemische Industrie und der Maschinenbau, sowie der Fahrzeugbau und die elektrotechnische Industrie entwickelten sich hier als vergleichsweise junge Industriezweige. Nach 1945 wurde Frankfurt dann Sitz des Hauptquartiers der US-Streitkräfte und der Bank Deutscher Länder. Außerdem führten Hauptstadtspekulationen dazu, dass sich verstärkt große Unternehmen und Verbände ansiedel-

ten. Als 1957 die Deutsche Bundesbank gegründet und Frankfurt als Standort ausgewählt wurde, begann die Entwicklung zum **Dienstleistungszentrum**. Die großen Banken und weitere Einrichtungen zogen sich in der Folge hier zusammen.

Fast 10 % aller Beschäftigten sind im Banken- und Versicherungsbereich tätig. Die Banken haben sich in der Stadt auf engstem Raum konzentriert. Man findet hier die Hauptverwaltungen fast aller großen Geldinstitute, außerdem die Börse, an der die meisten Wertpapiere in Deutschland gehandelt werden. Neben den Finanzzentren Tokio, London und New York gehört Frankfurt zu den wichtigsten internationalen Börsen. Seit 1994 hat Frankfurt weitere Bedeutung durch das **Europäische Währungsinstitut (EWI)**, das Vorbereitungen zur Währungsunion traf und 1998 von der **Europäischen Zentralbank (EZB)**, ebenfalls mit Sitz in Frankfurt, abgelöst wurde (Abb.2).

Die ausgezeichnete Verkehrslage macht einen Teil der wirtschaftlichen Bedeutung aus. Dazu gehören der Binnenhafen und die zentrale Lage im Autobahn- und Schienennetz. Der Frankfurter Hauptbahnhof, größter Eisenbahnknotenpunkt Deutschlands, wird täglich von etwa 1500 Zügen angefahren. Noch größere Bedeutung aber hat der Frankfurter **Flughafen** als Knotenpunkt des mitteleuropäischen Luftverkehrs. Er ist mit rund 55.000 Beschäftigten der größte hessische Arbeitgeber und das größte Verkehrsunternehmen. Neben London und Paris nimmt Frankfurt eine Spitzenstellung im europäischen Luftverkehrsnetz ein. Im Luftfrachtverkehr liegt Frankfurt an erster Stelle in Europa und weltweit nach New York an zweiter Stelle. Große Reiseveranstalter, internationale Hotelketten, ausländische Fremdenverkehrsämter siedelten sich hier an. Weltfirmen der Auto- und Computerbranche wickeln von hier wegen der hervorragenden Lage Deutschland- und Europageschäfte ab. Frankfurts Wirtschaft wird also durch den sogenannten tertiären Sektor geprägt.

Der sekundäre Sektor spielt in Frankfurt allerdings bei allen überragenden Dienstleistungsfunktionen immer noch eine bedeutende Rolle. Zwar gingen in Frankfurt, wie überall in der Industrie, Arbeitsplätze verloren, dafür expandierte (sich ausdehnen,

Abb. 2: Am Frankfurter Mainufer

Die drei großen traditionellen Wirtschaftsbereiche

Primärer Sektor (erster Bereich)
Land- und Forstwirtschaft, Fischerei und Bergbau

Sekundärer Sektor (zweiter oder produzierender Bereich)
Handwerk, Gewerbe und Industrie

Tertiärer Sektor (dritter Bereich, in dem nichts produziert oder verarbeitet wird)
Handel, Banken, Versicherungen; Verwaltung, Organisationen, Verbände; Rechts-und Wirtschaftsberatung, für Unternehmen erbrachte Dienstleistungen; Wissenschaft, Kunst, Publitistik; alle sonstigen Dienstleistungen wie z.B. Gastronomie, Reinigung, Körperpflege;

Der neue Wirtschaftsbereich
(auch „Quartärer Sektor")
Neue Dienstleistungstätigkeiten im Bereich Information, Telekommunikation, neue Medien

---

zunehmen) der tertiäre Sektor um so stärker. Ein allgemeiner Trend der modernen Arbeitswelt wird deutlich: Die Bedeutung der menschlichen Arbeitskraft im eigentlichen Produktionsprozess nimmt ständig ab, stattdessen wird menschliche Leistung im Bereich von Forschungs- und Planungsaufgaben, Verkauf und Werbung von Produkten verstärkt gefragt.

Frankfurt ist auch wegen einer Fülle an **„weichen Standortfaktoren"** in den Bereichen Kultur, Freizeit und Bildung zu einem erfolgreichen, wettbewerbsfähigen Zentrum geworden. Wegen der enormen Preise der Grundstücke für Wohnraum bzw. Büroräume wird immer mehr in die Höhe gebaut. Mit diesen zahlreichen Hochhäusern wird die City quasi „nachverdichtet".

Zum Weiterlesen:

- Strukturwandel i. Ruhrgebiet, S. 718
- Großbritannien, S. 720
- Entstehung u. Aufbau der EU, S. 730
- Weltverkehr, S. 740
- Steinkohle aus dem Ruhrgebiet, S. 628

Raumordnung – Aufgaben und Ziele

Jeder Mensch stellt grundlegende Ansprüche an den **Raum**, nämlich wohnen, arbeiten, sich versorgen, sich bilden, sich erholen und am Verkehr teilnehmen. Zur Befriedigung all dieser Bedürfnisse wird Raum in Anspruch genommen. Dabei kommt es jedoch häufig zu Interessenkonflikten, da die unterschiedlichen Ansprüche sich gegenseitig stören oder einander sogar ausschließen können. In der **Planung** müssen deshalb alle Vor- und Nachteile untersucht und auch Alternativen entwickelt werden, um die Konflikte möglichst gering zu halten. So werden die umfangreichen Planungen auf verschiedenen Ebenen, und zwar auf Bundes-, Landes- und Gemeindeebene, vorgenommen.

Die Grundlage für alle Planung ist das **Grundgesetz**. Es garantiert das Recht des Einzelnen auf freie Entfaltung seiner Persönlichkeit, auf gleiche Behandlung, Freizügigkeit und auf freie Berufswahl.

Aufgabe der Raumordnung ist es, die Entwicklung der Raumstruktur Deutschlands zu planen. Die Siedlungs- und Verkehrsverhältnisse sollen durch Planung systematisch gestaltet werden. Wirtschaftliche, soziale und kulturelle Ansprüche müssen ebenso berücksichtigt und miteinander in Einklang gebracht werden wie Belange des Natur- und Landschaftsschutzes. Die **Novellierung** des Raumordnungsgesetzes des Bundes von 1991, die nach der Wiedervereinigung notwendig wurde, sieht es als eine wichtige Aufgabe an, den räumlichen Zusammenhang der nach dem Zweiten Weltkrieg geteilten Gebiete wieder zu verbessern. In diese Ordnung des Gesamtraumes fügen sich die Ordnungen der Teilräume ein.

Große Planungsaufgaben stellten sich für Deutschland nach der **Wiedervereinigung**, da Ost- und Westgebiete zusammenwachsen sollten. Verkehrsplanung auf Bundes- und Landesebene ist dabei ein wesentlicher Gesichtspunkt. Im Westen lag vor der Wiedervereinigung der Schwerpunkt des Transports auf der Straße, in der DDR auf der Schiene. Außerdem waren die Straßen- und Schienennetze in der ehemaligen DDR überwiegend in Nord-Süd-Richtung angelegt. Es bedurfte nun überregionaler Planung in Form von „**Achsenkonzepten**". In Landesentwicklungsplänen werden dazu großräumige Verbindungsachsen ausgewiesen, in denen sich Schienen- und Straßenwege bündeln. Wichtige Knoten im Siedlungsgefüge sollen dadurch miteinander verbunden werden. Dabei müssen sowohl regionale als auch überregionale Gesichtspunkte berücksichtigt werden.

1993 wurden als „**Verkehrsprojekte Deutsche Einheit**" siebzehn große Verkehrsprojekte für Bahn, Straße und Wasserweg in einen Bundesverkehrswegeplan aufgenommen. Sie sollten der Verbesserung der Verkehrsbedingungen zwischen den alten und den neuen Bundesländern dienen und die Lebensbedingungen angleichen helfen. Als eine vordringliche Maßnahme wurde der Bau der „Ostsee-Autobahn", der A20, die von Lübeck über mehr als 320 km bis zur polnischen Grenze führen soll, angesehen (Abb. 1). Diese Ost-West-Verbindung durch eine Autobahn soll das Land Mecklenburg-Vorpommern verkehrsmäßig an die anderen Bundesländer im Westen und an Polen im Osten anschließen. Die Fremdenverkehrsgebiete an der Ostseeküste könnten besser erreicht, der Tourismus gefördert werden, ohne dass die Orte, so wie vorher, unter starkem Durchgangsverkehr leiden müssen. Einen wirtschaftlichen Aufschwung und die Schaffung neuer Arbeitsplätze durch die bessere Verkehrsanbindung erhofft man sich ebenfalls (Abb. 2).

Vom Beginn der Planung an ergaben sich kontroverse Diskussionen. Gegner äußern Bedenken, dass die Trassenführung durch teil-

Raumplanung (Planungsebenen)

Ebene	Institution	Gesetzliche Vorgaben und Ziele
Bund	Bundesminister für Raumordnung, Bauwesen und Städtebau	Raumordnungsgesetz; Bundesraumordnungsprogramme und Ministerkonferenz für Raumordnung; formuliert Grundsätze für die Raumordnung und setzt den Rahmen für die Landesplanung
Land	Minister des jeweiligen Bundeslandes	Landesplanungsgesetze; Landesentwicklungspläne bzw. -programme regeln Planung auf Landesebene (u. a. Küstenschutz, Bau von Hochschulen, Festlegung der Schwerpunkte der Wirtschafts- und Verkehrsentwicklung); Ausformulierung der Ziele der Raumordnung auf Landesebene; Vorgaben für Regionen, Kontrolle und Koordination der Regionen
Bezirk/Region	Regierungsbezirk oder regionale Planungsgemeinschaften	Regionalpläne - regionale Raumordnungsprogramme und Gebietsentwicklungspläne (z. B. Siegerland, nördliches Ruhrgebiet), Landschaftsrahmenpläne; Anpassung an die Ziele der Raumordnung und Landesplanung; Vorgaben für Gemeinden, Kontrolle und Koordination der Gemeinden
Gemeinde/ Stadt	Gemeinde-/Stadtverwaltung	Baugesetzbuch; Bauleitplanung bzw. Flächennutzungsplan, Bebauungsplan Rahmenplan; Regelung der Flächennutzung und -planung; Durchführung baulicher Maßnahmen in Gemeinden/Städten; Anpassung an die Ziele der Raumordnung und Landesplanung

Abb. 1: Verkehrsprojekte

Verkehrsprojekte

Bahn
1. Lübeck-Rostock-Stralsund
2. Hamburg-Büchen-Berlin
3. Uelzen-Salzwedel-Stendal
4. Hannover-Stendal-Berlin
5. Helmstedt-Magdeburg-Berlin
6. Eichberg-Erfurt
7. Bebra-Erfurt
8. Nürnberg-Erfurt-Halle-Leipzig-Berlin
9. Leipzig-Dresden

Straße
10. A20 Lübeck-Stettin
11. A2 Hannover-Berlin (A10 Berlin Süd- und Ostring)
12. A9 Berlin-Nürnberg
13. A38 Göttingen-Halle
14. A14 Magdeburg-Halle
15. A44 Kassel-Eisenach (A4)
16. A 71 Erfurt-Schweinfurt (A73)

  ── Straße
  ── Schiene
  ── Wasser

Wasserweg
17. Hannover-Magdeburg-Berlin

0   100km

weise unberührte, naturbelassene Gebiete führt und so einen schweren Eingriff in den Naturhaushalt darstellen wird. Ganz wichtig in diesem Zusammenhang sind deshalb die Raumordnungsverfahren. Sie werden für Einzelmaßnahmen eingeleitet, die überörtliche Wirksamkeit und Raumbedeutung haben. Dazu gehören der Bau oder die Änderung von Flughäfen, Kraftwerken, neuer Trassenführungen von Fernstraßen oder Schiene, großer Freizeitanlagen. Bürger können hier entscheidend mitwirken. Es muss geprüft werden, ob sich das Vorhaben in die räumliche Gesamtplanung eingliedert und ob es raumverträglich ist.

Das Raumordnungsverfahren für die A20 wurde durch Behörden- und Bürgerbeteiligung begleitet. Über 1000 kritische Stellungnahmen zu einzelnen Sachverhalten führten schließlich dazu, die Trassenführung noch ein-

mal zu überdenken und letztlich eine Verbindung zwischen Rostock und Stralsund zugunsten einer weiter südlich verlaufenden Trasse aufzugeben. So kann eine größere Fläche des Küstenhinterlandes verkehrsmäßig erschlossen und dadurch attraktiver gemacht werden.

Städte und Gemeinden haben sich der so genannten Bauleitplanung zu bedienen, um so den Rahmen festzulegen, in den sich danach alle einzelnen Bauvorhaben einfügen müssen, um planungsrechtlich genehmigt werden zu können. Sie stellen in der vorbereitenden Bauleitplanung bzw. in den Flächennutzungsplänen dar, wie die zur Verfügung stehenden Flächen derzeitig genutzt bzw. zukünftig genutzt werden sollen. Daraus werden die verbindliche Bauleitplanung bzw. die Bebauungspläne entwickelt, die das endgültige Bild einer geplanten Fläche wiedergeben. Rahmenpläne kommen oft in großen Städten zur Ergänzung und schnelleren Abwicklung hinzu, die dann die Vorgaben für die Bebauungspläne frei werdender Flächen bieten. Die bundeseinheitliche Grundlage für die gemeindliche Bauleitplanung ist das **Baugesetzbuch**. Die Bauleitpläne sind den Zielen der Raumordnung und Landesplanung anzupassen.

In den alten Bundesländern gibt es seit langem auf Gemeindeebene Planungskonzepte für die Entwicklung der Städte. Nur von Zeit zu Zeit müssen sie neuen Bedingungen angepasst werden. Ganz anders sieht es dagegen für die Städte in den neuen Bundesländern aus. Hier stellte die Umstellung auf ein anderes Wirtschaftssystem, auf andere Eigentumsverhältnisse (Privateigentum im Gegensatz zu Kollektiveigentum) und auch auf die Eigenverantwortlichkeit die Gemeinden vor besonders große Aufgaben.

Während der DDR-Zeiten erfuhren alte, erhaltenswerte Bauten mit historischem Wert selten notwendige Reparatur- oder Erhaltungsmaßnahmen. Nach der Wiedervereinigung eröffneten sich im gesamten Osten teilweise katastrophale Zustände. Straßen- und Wegenetze, genauso wie Kanalnetze und Rohrleitungen, stammten aus der Vorkriegszeit und waren in beklagenswertem Zustand. Für viele Städte mussten völlig neue Konzepte aufgestellt werden, um die Sanierungsmaßnahmen planmäßig betreiben zu können (Sanierung = Erneuerung, Verbesserung). So viel alte Substanz wie möglich soll erhalten bleiben und die historischen Stadtbilder bewahrt werden. Gleichzeitig muss die Planung berücksichtigen, dass die Wirtschaftskraft gestärkt und die Landschaft geschont werden muss.

In den alten Bundesländern hatte man nach dem Zweiten Weltkrieg vielfach alte **Bausubstanz** abgerissen und völlig neu gebaut. Von dieser Flächensanierung ging man jedoch ab, weil durch die Zerstörung ganzer Viertel auch soziale Beziehungen zerrissen wurden. Stadtsanierung heute sieht, wenn möglich, die Renovierung und Modernisierung von alten Gebäuden vor. Das Wohnumfeld wird verbessert, vor allem die Umweltverträglichkeit stärker mit bedacht, verkehrsberuhigte Zonen werden eingeplant. Wohnungen und Arbeitsplätze sowie die Versorgungs- und Bildungseinrichtungen werden nicht mehr so stark räumlich getrennt, sondern wieder „durchmischt". So sind nicht mehr so lange Wege zwischen den einzelnen Einrichtungen nötig. Die Verkehrs- und dadurch Umweltbelastung kann bei solchen Konzepten verringert werden.

Auch für diese Planungen ist die Bürgerbeteiligung wichtig. Die Planentwürfe können nach ihrer Veröffentlichung in Bürgerversammlungen kritisiert werden, Ansprüche können angemeldet oder Änderungen vorgeschlagen werden. Die Planung wird erst rechtskräftig, wenn alle Einwände und Vorschläge geprüft und Widersprüche ausgeräumt sind.

Abb. 2: Stralsund ist Ziel vieler Touristen

Zum Weiterlesen:

• Badeurlaub am Mittelmeer, S. 650
• Berlin-Raumplanung, S. 724
• Paris, S. 725
• Das Deltaprojekt, S. 726
• Europäische Projekte, S. 734

Berlin – Raumplanung für die Hauptstadt

Berlin, schon um 1800 eine Großstadt, wuchs wie viele Städte Europas in einem gewaltigen Tempo. Immer weiter ins Umland erstreckte sich die Besiedlung. Dörfer verschmolzen mit der Kernstadt zu einem riesigen **Verdichtungsraum.** Durch die Teilung Deutschlands nach dem Zweiten Weltkrieg wurde diese Entwicklung gebremst. Doch nach der Wiedervereinigung und vor allem nach der Ernennung zur Hauptstadt wächst Berlin weiter. Neue Flächen für Betriebe, Wohnungen, Büros, Versorgungs- und Erholungseinrichtungen sind nötig. Das Wachstum darf jedoch nicht planlos ausufern, vielmehr müssen raumplanerische Erfahrungen und die Einsichten aus dem Wachstum anderer europäischer Städte berücksichtigt werden. Die ungleich entwickelten Strukturen

fristig festlegt, welche Flächen für Wohnen, Gewerbe- und Industriebetriebe, Freifläche, öffentliche Gebäude usw. genutzt werden. Der Senat konnte diesen Flächennutzungsplan erst beschließen, nachdem die Bürgerbeteiligung abgeschlossen und alle Anregungen, Kritikpunkte und Bedenken mit einbezogen worden waren. Grundlagen für die Planung sind Berechnungen für die Entwicklung der Wirtschaft und der Bevölkerung. Viele Angestellte und Beamte werden nach Berlin ziehen. Zudem ist Berlin als Sitz für internationale Firmen interessant geworden, da es in der Nähe zu den osteuropäischen Staaten liegt.

In der **Innenstadt** liegen verstärkt Flächen für Regierungs- und Parlamentsgebäude und Büros, aber auch für Warenhäuser und Einzelhandelsgeschäfte und zusätzlich Gebiete mit Mischnutzung (Mischgebiete) (Abb. 1). Am Rand der Innenstadt, am S-Bahn-Ring, sind Flächen für Wohnungen und Dienstleistungen ausgewiesen, ebenso in den Außenbezirken auf frei gewordenen Industrieflächen. Zusätzlich sind hier neue Grünflächen eingeplant. Im Nordosten kann sich die Stadt durch Neubauten und neue Handels- und Dienstleistungszentren erweitern.

Jedoch darf Berlin nicht isoliert gesehen werden, sondern in seiner Verflechtung mit dem Land Brandenburg. Schon sehr schnell zeichnete sich nach der Wiedervereinigung ein reger Austausch zwischen der Stadt und den umliegenden brandenburgischen Gemeinden ab (Abb. 2). Bodenpreise waren günstiger als in

Abb. 2: Die Regionalplanung hilft auch der Stadt Potsdam

der Stadt, andererseits ließen sich in der Stadt gute Preise für handwerkliche Arbeiten und landwirtschaftliche Produkte der Brandenburger erzielen. Diese einseitige Ausrichtung der Region auf Berlin birgt die Gefahr, dass die weiter entfernt liegenden Gemeinden an Bedeutung verlieren und Landbewohner in die Stadt abwandern. Diesem räumlichen Ungleichgewicht, dieser **Disparität,** soll durch die „Gemeinsame Landes- und Regionalplanung Berlin-Brandenburg" entgegengewirkt werden. Die weiter entfernt liegenden Regionen müssen ebenfalls eine Entwicklungsförderung erfahren.

Auf Landesebene sieht deshalb der Entwurf eines **Landesentwicklungsplanes** auch die intensive Förderung einiger „regionaler Entwicklungszentren" vor, die aber in ausreichender Entfernung von Berlin liegen müssen (Abb. 3). Durch schnelle Verbindungen der Regionen untereinander und auch mit Berlin und Ansiedlung von Gewerbe- und Dienstleistungsbetrieben sollen diese Bereiche attraktiv gemacht werden.

Die Planungen für Berlins Zukunft müssen aber noch weit über die Grenzen Brandenburgs hinausgehen. Für seine Stellung als internationale Metropole, die es vor dem Krieg hatte, muss die Lage innerhalb Europas mit einbezogen werden. Verkehrsmäßig kann es auf einer Achse Paris-Berlin-Warschau-Moskau auch für die osteuropäischen Länder zum Messe- und Handelszentrum werden.

Abb. 1: Die Innenstadt wird neu gestaltet

von Berlin-West und -Ost und die zukünftigen Bedürfnisse, die sich durch die **Hauptstadtfunktion** ergeben, sollen einbezogen werden. Im Rahmen der Stadtplanung wurde 1994 ein **Flächennutzungsplan** beschlossen, der lang-

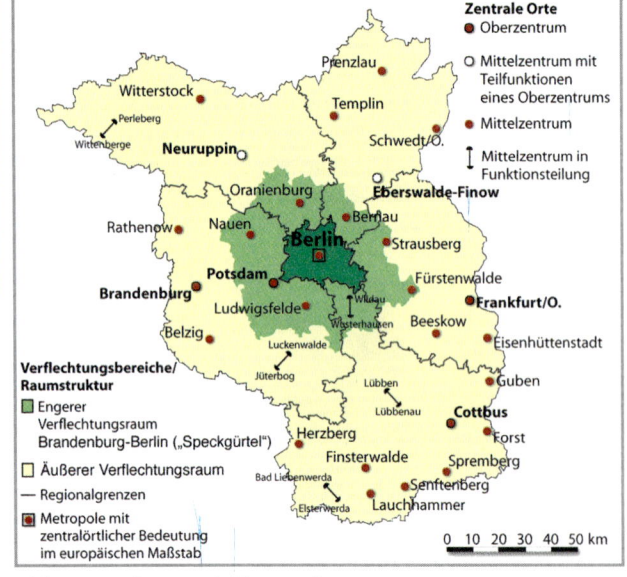

Zentrale Orte
- ● Oberzentrum
- ○ Mittelzentrum mit Teilfunktionen eines Oberzentrums
- ● Mittelzentrum
- ↕ Mittelzentrum in Funktionsteilung

Verflechtungsbereiche/ Raumstruktur
- 🟩 Engerer Verflechtungsraum Brandenburg-Berlin („Speckgürtel")
- ⬜ Äußerer Verflechtungsraum
- — Regionalgrenzen
- 🔲 Metropole mit zentralörtlicher Bedeutung im europäischen Maßstab

0 10 20 30 40 50 km

Abb. 3: Landesentwicklungsplan

 Zum Weiterlesen:
- Die Hauptstadtregion, S. 644
- Hauptstadt Berlin, S. 646
- Raumordnung, S. 722
- Paris, S. 725
- Das Deltaprojekt, S. 726

Erdkunde

Paris – Dezentralisierung durch Raumplanung

Paris an der Seine - die Hauptstadt Frankreichs mit ihren 2,2 Millionen Einwohnern ist ein **Touristenzentrum,** das Menschen aus aller Welt anlockt. Zahlreiche Kirchen und andere historische Bauten wie Saint-Germain-des-Prés, Notre-Dame, Sainte-Chapelle, Invalidendom, Panthéon, Sacré-Cœur auf dem Montmartre sowie der Louvre, Arc de Triomphe, Eiffelturm und Parks wie Bois de Boulogne, Jardin du Luxembourg und das Kulturzentrum Centre Georges Pompidou sind weltberühmt (Abb. 1).

Abb. 1: Das alte Paris: Seine-Ufer vor der Kathedrale Notre-Dame

Aber nicht nur touristisch, sondern in jeder Beziehung ist Paris das Herz Frankreichs. Von hier aus wird alles gesteuert, alle wichtigen Handelswege treffen sich in der **Weltmetropole.** Der Schienenverkehr mit dem Hochgeschwindigkeitszug mit Anbindung an den Kanaltunnel nach England, wichtige Autobahnen, die Binnenschifffahrt und das Flugnetz mit drei Flughäfen laufen hier zusammen und bilden einen **Verkehrsknotenpunkt.** Die Region Île-de-France, der innere Teil des Pariser Beckens, mit der Hauptstadt als Kern ist die wirtschaftlich stärkste, bevölkerungsreichste, aber zugleich auch die kleinste Region Frankreichs. Man kann hier so von einer extremen Zentralisation sprechen. Und das hat seine historisch-politischen Ursachen im französischen Zentralismus. **Zentralismus** bedeutet, dass alle wirtschaftlichen, politischen und kulturellen Entscheidungen von einer zentralen Schaltstelle, in diesem Fall Paris, getroffen werden.

Bereits im Mittelalter und noch mehr während des Absolutismus richteten die Herrschenden die Erschließung des Landes auf Paris aus. Dort waren Wirtschaft, Kultur, Bevölkerung und vor allem auch die Macht gebündelt. Während der Industrialisierung setzte sich diese Entwicklung verstärkt fort und hielt bis in die Gegenwart an.

Paris ist auch ein bedeutendes Industriezentrum der Fahrzeug-, Eisenbahn-, Flugzeug-, Elektro-, Textil-, Kosmetik- und Parfümindustrie. Die hohe Umweltbelastung, schwierige Müll- und Abfallentsorgung der Riesenstadt, überlastete Verkehrseinrichtungen und schwindelnd hohe Mietpreise in der City führten zu einer Umorientierung auf die Randbereiche der Stadt. Insgesamt aber bildete sich ein gestörtes Gleichgewicht zwischen der übermächtigen Hauptstadt und dem übrigen Land heraus. Seit Mitte der 60er Jahre setzte eine **Dezentralisierungspolitik** mit entsprechenden Gesetzen für die weitere Raumgestaltung des Landes ein, um Paris zu entlasten und gleichzeitig andere Regionen zu fördern.

- Aus den Kernbereichen der Stadt verlagerten sich Wirtschaftsbereiche und Bevölkerung an den Stadtrand. La Défense im Westen ist ein Beispiel dafür. In diesem Viertel entstand Europas größtes Büro- und Dienstleistungszentrum in einer Vielzahl von Hochhäusern (Abb. 2).

- Die Ausweitung erfolgte in den an die Stadt angrenzenden Departements Hauts-de-Seine, Seine-Saint-Denis und Val-de-Marne und Mitte der 70er Jahre auch in die Departements Seine-et-Marne, Yvelines und Val-d'Oise (Abb. 3).

- Fünf „neue Städte" (Villes Nouvelles) in bis zu 50 km Entfernung vom Stadtzentrum entstanden entlang zweier Verstädterungsachsen und bieten sowohl Wohn- als auch Wirtschaftsraum. In diesen riesigen Trabantenstädten sollen einmal insgesamt bis zu einer Millionen Menschen leben.

- Auch in weiterer Entfernung wirkten die Dezentralisierungsmaßnahmen. So profitieren Städte in anderen Regionen wie Bordeaux, Toulouse, Montpellier, Le Havre, Nantes, Brest davon, dass mit finanziellen Anreizen Betriebe angelockt werden konnten. Niedrige Bodenpreise und genug Raum zur Ausbreitung bewogen manchen Industriebetrieb, aber auch Arbeitskräfte, aus Paris und der Île-de-France wegzugehen.

Die Hauptstadt ist in gewissem Maße entlastet worden, ihr Wachstum hat sich verringert. Dennoch übt Paris einen starken Sog aus. Politisch, administrativ (verwaltungsmäßig), kulturell und wirtschaftlich ist es der absolute Mittelpunkt nicht nur Frankreichs, sondern vielleicht auch Europas.

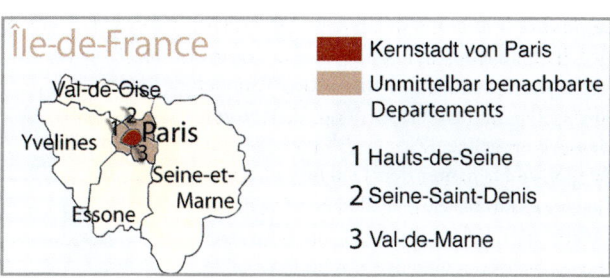

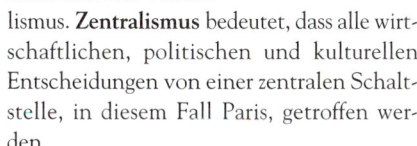

Abb. 3: Die Île-de-France

Kernstadt von Paris
Unmittelbar benachbarte Departements
1 Hauts-de-Seine
2 Seine-Saint-Denis
3 Val-de-Marne

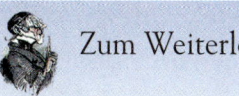 Zum Weiterlesen:

- Raumordnung, S. 722
- Großbritannien, S. 720
- Berlin-Raumplanung, S. 724
- Das Deltaprojekt, S. 726

Abb. 2: Das neue Paris: der Triumphbogen in La Défense

Das Deltaprojekt – Raumordnung in den Niederlanden

Holland in Not - dieses Sprichwort hat für die Niederlande einen bedrohlichen, lebensnahen Hintergrund. Liegt doch über die Hälfte des Landes bis zu drei Meter unter dem Meeresspiegel, so dass die See immer wieder in das hinter den Deichen liegende Gebiet eindrang. So war die Nacht vom 31. Januar zum 1. Februar 1953 ein schwarzer Tag in der Geschichte der Niederlande: Trotz Sturmflutwarnungen und vielfältiger Schutzmaßnahmen kam es zu einer der schlimmsten Katastrophen seit Menschengedenken. **Hochwasser** in Verbindung mit einem schweren Orkan aus Nordwest war die Ursache. Die aufgewühlten Fluten der Nordsee wurden mit der ungeheuren Kraft des Sturms in das verzweigte **Delta** der großen Ströme Rhein, Maas und Schelde hineingepresst.

Eine Sturmflut in Ausmaßen, wie sie alle 300 bis 400 Jahre vorkommt, ließ die Deiche vor allem im Bereich des Deltagebietes, das heißt weit von der Nordseeküste entfernt, brechen. Der Druck des Wassers spülte sie einfach weg. Orte und Gebiete, die man für ungefährdet gehalten hatte, wurden überflutet. Mehr als 1800 Menschen fanden den Tod, 170.000 ha fruchtbares Ackerland waren vom Salzwasser überflutet, 500 km Deiche ganz oder teilweise zerstört und Tausende Tiere in den Fluten verendet (Abb. 1).

Das Mündungsdelta in der niederländischen Provinz Seeland, etwa so groß wie Schleswig-Holstein, war schon immer von Sturmfluten bedroht, da hier der Dünengürtel unterbrochen ist. Das Deltagebiet, das etwa 40% des Staatsgebietes der Niederlande ausmacht, war so im Laufe der Jahrhunderte in zahlreiche Inseln zerrissen worden.

Die Regierung der Niederlande wollte nach dieser fürchterlichen Katastrophe eine solche Gefahr ein für alle Mal beseitigen. So berief der damalige Minister für

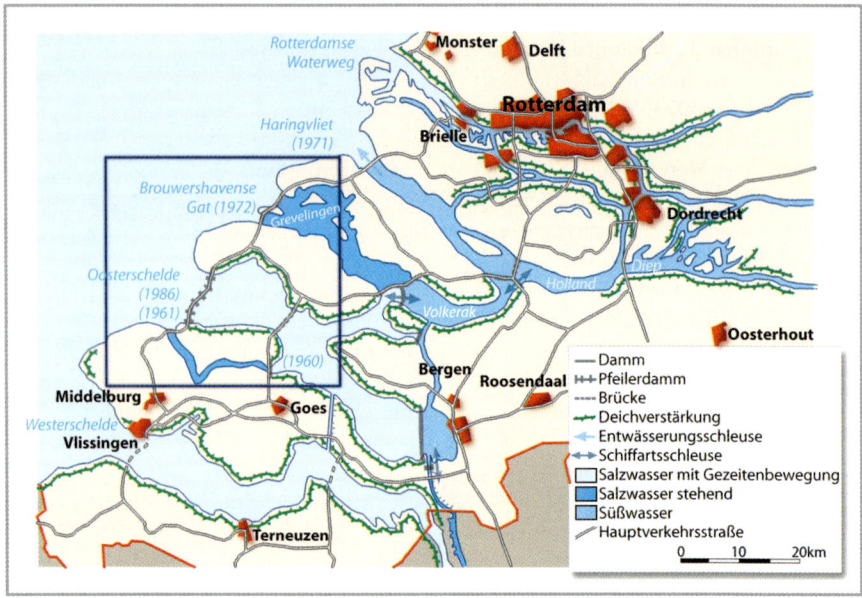

Abb. 2: Der Plan des Deltaprojektes

Verkehr und Wasserbau die Deltakommission, die einen Plan zur Abriegelung der Meeresarme im Mündungsgebiet von Rhein, Maas und Schelde erarbeiten sollte: den Deltaplan (Abb. 2). 1958 wurde der **Deltaplan** als Gesetz beschlossen. Das in der Welt bisher einmalige Projekt sollte etwa ein Vierteljahrhundert zur Durchführung benötigen. Ursprünglich war geplant, alle Seearme der drei Flüsse im Delta durch riesige Deichkörper, deren Kronen einen Meter höher sein sollten als der Hochwasserspiegel von 1953, abzusperren. Nur die Westerschelde als Zufahrt zu den Häfen Rotterdam-Europort und Antwerpen und der Niuwe Waterweg (Neuer Wasserweg) als Mündungsarm der drei Flüsse sollten offen bleiben.

Eine besondere Funktion sollte die Entwässerungsschleuse im Haringvlietdamm übernehmen. Nur bei sehr hohem Wasserstand des Rheins wird diese Schleuse geöffnet, so dass das salzige Meerwasser nicht eindringen kann. Bei niedrigem Wasserstand bleibt die Schleuse geschlossen. Das neue Süßwasserbecken spielt eine wichtige Rolle für die Trinkwasserversorgung, da der Versalzungsgefahr des Grundwassers durch die Absperrmaßnahmen entgegengewirkt wird.

Hinter den Absperrdeichen sollten so, da das Nordseewasser nicht mehr in diese Gebiete würde eindringen können, Süßwasserseen entstehen. Außerdem erkannte man, dass mit dem **Deltaprojekt** auch Pläne zur Verkehrsführung verwirklicht werden konnten. So ließen sich durch die Deiche zusammen mit Brückenbauwerken Schnellstraßen entwickeln, die bisher abgelegene Gebiete der Provinz Seeland besser an das Verkehrsnetz anschlossen und die Wirtschaftsstruktur stärkten, indem Industrie angesiedelt und der Fremdenverkehr ausgebaut wurde. Ebenfalls für die Wasserversorgung konnte Wichtiges getan werden: Denn der Kampf gegen die Versalzung ist eine wesentliche Voraussetzung für die Trinkwasserversorgung. Insgesamt waren die Maßnahmen zum Küstenschutz also gleichzeitig Bestandteil eines umfangreichen und umfassenden Raumordnungsprogramms. Ein „Ungunstraum" sollte

Die wichtigsten Ziele des Deltaprojekts

- Verkürzung der gefährdeten Küstenlinie um mehr als 700 km und damit größerer Schutz vor Sturmfluten
- Verbindung der einzelnen Inseln untereinander und mit dem Festland durch Dämme. Dadurch Verbesserung der Verkehrsanbindungen
- Entstehung neuer Siedlungsräume, Industriestandorte und Erholungszentren
- Verminderung der Bodenversalzung und dadurch Gewinnung landwirtschaftlicher Nutzflächen
- Schaffung von Süßwasserbecken

Abb. 1: Das Hinterland der Küste ist durch die Deiche vor dem Hochwasser geschützt

Abb. 3: Sturmflutsperrwerk Oosterscheldedamm

durch die geplanten Maßnahmen eine „Inwertsetzung" erfahren.

Heftige Kritik wurde während der gesamten Bauphase laut: Durch die völlige Abdämmung der **Oosterschelde** würde das ökologische Gleichgewicht in diesem Salzwassernaturgebiet zerstört. Nach Meinung von Meereswissenschaftlern hätte das riesige Wasserbecken den biologischen Tod erlitten, da nur noch schmutziges Flusswasser hätte nachfließen können.

Die bei Ebbe trockenfallenden Sandbänke im Delta waren Rast- und Nahrungsplätze für Vögel. Die Kritiker mahnten, dass die Kinderstube vieler Nordseefische in den Seearmen verloren ginge. Die Fischer würden arbeitslos, müssten sich entweder auf Binnenfischerei umstellen oder ihre Berufe wechseln. Die traditionelle und wirtschaftlich bedeutende Muscheln- und Austern-

zucht in den Seearmen würde zerstört. Auch für die Schifffahrt ergäben sich Probleme, da das nun tidenfreie Süßwasser früher und intensiver vereisen würde.

So stoppte die niederländische Regierung 1973 das Bauvorhaben und änderte das Gesetz von 1958. Statt der völligen Absperrung - fünf Kilometer Damm in den flacheren Bereichen der Oosterschelde waren bereits fertig gestellt - entschloss man sich für eine teure, gigantische Kompromisslösung: Eine dreiteilige Sturmflutbarriere mit beweglichen Toren, die bei Sturmflut geschlossen werden können, verbindet nun zwei künstliche Inseln im Mündungsgebiet (Abb. 3). So versuchte die Regierung zwei Ziele gleichrangig zu verfolgen: die Erhaltung der Natur und die Sicherheit vor Sturmfluten. 1986 war das gigantische Projekt fertig gestellt.

Die Folgen des Deltaprojekts sind vielfältiger Natur. Das äußere Erscheinungsbild des Südwestens der Niederlande hat sich verändert. Neue Straßen stellen Verbindungen zu vorher nur schwer erreichbaren Inseln und Halbinseln her. Für die Fischer und Bauern bedeutet das einen besseren Anschluss an die Märkte. Auch für die Berufspendler, die von den südholländischen Wohngebieten in die Region Rotterdam zur

Arbeit müssen, bieten sich hervorragende Verkehrsanbindungen. Erholungsuchende aus den Ballungsgebieten, vor allem Rotterdam, finden im Grevelingermeer, der Oosterschelde und dem Veerse Meer hervorragende Wassersportgebiete (Abb. 4 und 5). Campingplätze und Yachthäfen in großer Zahl sind entstanden. Die schwunghafte Entwicklung des Fremdenverkehrs schaffte neue Arbeitsplätze, aber auch Umweltprobleme z. B. durch Motorbootfahren.

Die Unterbindung der Gezeiten und die dadurch entstehenden Süßwasserseen veränderten sowohl die ökologische als auch die Wirtschaftsstruktur dieser Region. So mussten sich die Fischer umstellen. Statt der Fangfahrten in die Nordsee hat sich heute eine spezialisierte Fischwirtschaft entwickelt.

Da der 1970 fertig gestellte Volkerakdamm das belastete Rheinwasser fern hält, hat sich die Wasserqualität der Oosterschelde verbessert. Eine vielfältige Salzwasserpflanzen- und Tierwelt konnte sich ent-

Abb. 5: Der Yachthafen von Terneuzen in der Westerschelde

wickeln. Junge Austern, aus Frankreich importiert, können in den sturmgeschützten Austernbänken der Oosterschelde heranreifen. Aus der ehemaligen Austernzucht entwickelte sich ein umfangreicher Austernhandel auf nationaler und internationaler Ebene.

Abb. 4: Wassersportler finden optimale Bedingungen vor

 Zum Weiterlesen:

- Am Meer, S. 614
- Naturkatastrophen, S. 714
- Europa - Einheit u. Vielfalt, S. 728
- Europäische Projekte, S. 734

Europa – Einheit und Vielfalt

Europa - der zweitkleinste Kontinent nach Australien - ist eigentlich nur eine Halbinsel. Denn unter **Kontinent** versteht man eine große, zusammenhängende, von Meer umgebene Festlandsmasse. Europa, als westlicher Teil des eigentlich größten Kontinents Eurasien, wird dennoch wegen seiner eigenständigen kulturellen, geschichtlichen und wirtschaftlichen Eigenarten als eigener Kontinent angesehen. Er erstreckt sich vom Nordkap bis nach Kreta über mehr als 4000 Kilometer und von Irland zum Ural über mehr als 4500 Kilometer. Atlantik, Nord- und Mittel-meer bilden die Grenzen im Westen, Norden und Süden. Im Osten dagegen besteht keine natürliche Grenze zum Nachbarkontinent Asien. Das Uralgebirge, der Uralfluss, das Kaspische Meer, der Kaukasus und das Schwarze Meer gelten als Begrenzungslinien.

Stark zergliedert ist dieser kleine Kontinent in Berg- und Tiefländer, Halbinseln und Inseln. Während der Ostteil von weiten, wenig gegliederten Tiefländern zwischen den Karpaten und dem Uralgebirge beherrscht wird, ist der Westteil durch ins Meer ragende Halbinseln und vorgelagerte Inseln stark mit dem Meer verbunden. In Mittel- und West-europa liegt eine Dreigliederung vor. An das Tiefland der Küstenregionen schließen sich nach Süden Mittelgebirgszonen und daran eine westöstlich verlaufende Hochgebirgs-kette an. Die Mittelgebirge reichen von dem französischen Zentralmassiv über den Schweizer Jura und das deutsche Mittelge-birge bis zu den Sudeten. In Südeuropa bilden die Apenninen, das Dinarische Gebirge, Pindos und Rhodopen weite Gebirgsland-schaften, die Ähnlichkeit mit einem Hoch-gebirge haben.

Die Pyrenäen, die Alpen und die Karpa-ten sind die bedeutendsten Höhenzüge Eu-ropas. Die Hochgebirge bildeten zu allen Zei-ten Grenzen zwischen den Völkern und sind Trennlinien für bestimmte Pflanzen- und Tierwelten. Das einzige Hochland in Europa erstreckt sich auf der Iberischen Halbinsel, Spanien und Portugal.

Entsprechend seiner Ausdehnung er-streckt sich Europa über mehrere **Klimazo-nen.** Die Mitternachtssonne gehört ebenso dazu wie die sommerliche Hitze der Mittel-meerländer. Von der subpolaren Zone im Norden über die gemäßigte Zone, die den größten Teil des Kontinents beeinflusst, bis in die mediterrane Zone Südeuropas reichen die Klimazonen. Von Westen nach Osten wird das Klima zunehmend kontinentaler. Ist im Westen durch den Einfluss des Golfstroms und der vorherrschenden Westwinde das Klima relativ ausgeglichen, mild und feucht, so werden die Winter nach Osten zu immer kälter und die Sommer wärmer. Von der Großwetterlage abhängig, überwiegt entwe-der der Einfluss der feuchten Westwinde oder der trockeneren, kontinentalen Ostwinde.

Entsprechend reichen die Vegetations-gürtel von der Tundra über die borealen Na-delwälder und die sommergrünen Laub-mischwälder bis zur Hartlaubvegetation des Mittelmeergebietes. Die europäische Land-wirtschaft ist hoch entwickelt. Von überwie-gend Getreide- und Gemüseanbau in Mittel-europa über Obst und Wein in Südeuropa und Kartoffeln und Weizen in Osteuropa reicht das Angebot.

Europa - das sind 1999 43 Staaten mit un-terschiedlichen Ausprägungen (s. Tabelle).

Der europäische Teil der Türkei hat 23.765 km² Fläche und 19.000.000 Einwohner.

Allen Staaten gemeinsam sind jedoch die Wurzeln ihrer Kultur. Die „Alte Welt" ent-wickelte bedeutende Hochkulturen, die Eu-ropa prägten. Von Europa gingen große kul-turelle Leistungen aus, die später auf die ganze Welt übergriffen. Das **Kulturgut** der Antike und das Christentum sind verbin-

Land	Fläche in km²	Einwohner	Hauptstadt
Albanien	28.745	3.260.000	Tirana
Andorra	465	60.000	Andorra la Vella
Belgien	30.520	10.150.000	Brüssel
Bosnien-Herzegowina	51.130	4.380.000	Sarajevo
Bulgarien	110.995	8.410.000	Sofia
Dänemark	43.095	5.220.000	Kopenhagen
Deutschland	357.020	81.870.000	Berlin
Estland	45.225	1.490.000	Tallin
Finnland	338.145	5.110.000	Helsinki
Frankreich	543.965	58.060.000	Paris
Griechenland	131.955	10.470.000	Athen
Großbritannien	241.752	58.610.000	London
Irland	70.285	3.590.000	Dublin
Island	103.000	270.000	Reykjavik
Italien	301.300	57.200.000	Rom
Jugoslawien	102.170	10.520.000	Belgrad
Kroatien	56.535	4.780.000	Zagreb
Lettland	64.590	2.520.000	Riga
Liechtenstein	160	31.000	Vaduz
Litauen	65.300	3.715.000	Vilnius
Luxemburg	2585	410.000	Luxemburg
Malta	315	370.000	Valletta
Mazedonien	25.700	2.120.000	Skopje
Moldau	33.700	4.340.000	Chisnan
Monaco	2	34.000	Monaco
Niederlande	41.865	15.460.000	Amsterdam
Norwegen	323.875	4.350.000	Oslo
Österreich	83.845	8.050.000	Wien
Polen	312.685	38.610.000	Warschau
Portugal	92.270	9.930.000	Lissabon
Rumänien	238.391	22.690.000	Bukarest
Russland	17.075.400	148.190.000	Moskau
San Marino	61	25.000	San Marino
Schweden	449.645	8.830.000	Stockholm
Schweiz	41.285	7.040.000	Bern
Slowakische Republik	49.035	5.370.000	Bratislava
Slowenien	20.255	1.990.000	Ljubljana
Spanien	504.780	40.320.000	Madrid
Tschechische Republik	78.865	10.330.000	Prag
Ukraine	603.700	51.550.000	Kiew
Ungarn	93.030	10.230.000	Budapest
Vatikanstadt	0,4	800	
Weißrussland	207.595	10.340.000	Minsk

Die Staaten Europas

1
Belem-Turm, Lissabon

2
Die Alhambra in Granada

3
Im Louvre, Paris

4
Windsor Castle, England

5
Großer Markt, Brüssel

6
Dresdner Zwinger

7
Markusplatz in Venedig

Abb. 1

dend für europäische Staaten. Von den Griechen stammen die Ideen von Demokratie und freiem Denken, von den Römern die Grundlagen der Rechtsordnung. Lateinisch galt über Jahrhunderte als Sprache der Kirche, Wissenschaft und Dichtung. In der deutschen Sprache findet man noch viele Wurzeln aus dieser Zeit. Das Wort „Fenster" z. B. stammt von dem lateinischen fenestra. Kulturepochen wie Romanik, Gotik, Barock, Klassik spiegelten sich in Musik, Literatur, Architektur und Malerei vieler europäischer Länder in verwandter Ausprägung, jedoch mit landestypischen Eigenheiten wider (Abb. 1).

Die vielfältigen Varianten dieser verbindenden Kulturgüter machen jedoch die Vielfalt Europas aus. Gegenseitig haben sich diese Völker mit ihrem Kulturgut bereichert. Unterschiedlichste Sprachen und innerhalb dieser wiederum viele Dialekte erschweren das Verständnis untereinander. Zu starke Betonung nationaler Eigenheiten hat häufig zu kriegerischen Auseinandersetzungen geführt. Die beiden Weltkriege wurden in Europa ausgelöst.

Nun blieb europäisches Kulturgut nicht nur in Europa, sondern wurde durch die Entdecker und Eroberer in die Welt getragen. Der europäische **Kolonialismus** bewirkte in vielen Teilen der Welt eine Europäisierung. Nach der Entdeckung Amerikas durch Kolumbus eroberten zunächst Spanien und Por-

tugal die reichen Länder Mittel- und Südamerikas; die Portugiesen den Osten, das heutige Brasilien, und die Spanier den Westen. In den Andenländern lockten Gold und Silber der Azteken und Inka, deren Kulturen größtenteils von den Kolonialherren ausgelöscht wurden.

Im 17. und 18. Jahrhundert bauten Großbritannien, die Niederlande und Frankreich in Nordamerika, Indien und Südafrika Kolonialreiche auf. Durch die von England ausgehende Industrialisierung zu Beginn des 19. Jahrhunderts setzte eine weitere Kolonialisierungswelle ein, in der Kolonien als Rohstofflieferanten von Erzen, Baumwolle, Kautschuk, Kaffee, Kakao usw. genommen wurden. Frankreich, Belgien, Deutschland, Italien und auch wieder England nahmen Land in Afrika, Asien und im Bereich des Pazifischen Ozeans in Besitz.

Europäisches Kulturgut überlagerte das ursprünglich vorhandene. Die jeweilige europäische Sprache verdrängte die einheimische. Nicht umsonst spricht man von Lateinamerika, das ist die zusammenfassende Bezeichnung für den Raum Süd- und Mittelamerika einschließlich Mexiko, in dem Spanisch oder Portugiesisch gesprochen wird. Amtssprache in Mexiko, Chile, Argentinien und Peru ist immer noch Spanisch, in Brasilien Portugiesisch, in Indien, Ghana und Neuseeland Englisch und in Madagaskar Französisch. Nach europäi-

schem Vorbild richtete man die gesamte Lebensweise aus, sei es im Verwaltungs- oder Schulsystem oder in der Kleidung. Die christliche Religion wurde durch Missionare verbreitet.

Eine gewisse **Enteuropäisierung** der Welt begann dann mit der Unabhängigkeitserklärung der USA, als sich auch die spanischen und portugiesischen Kolonien in Südamerika von den Kolonialherren befreiten. Nach dem Zweiten Weltkrieg verstärkte sich die Unabhängigkeitswelle. In friedlichem Einvernehmen oder in kriegerischen Auseinandersetzungen lösten sich die Kolonien von ihren Mutterländern und pflegten wieder verstärkt ihr eigenes Kulturgut. Die wirtschaftlichen Probleme, die sich aus dem Erbe der Kolonialherren ergeben, findet man heute noch in den Besitzstrukturen und teilweise einseitiger Wirtschaftsausrichtung auf bestimmte Monokulturen der Entwicklungsländer.

 Zum Weiterlesen:

- Entwicklungsländer, S. 680
- Indien, S. 682
- Nigeria, S. 684
- Brasilien, S. 686
- Europäische Union, S. 730

Entstehung und Aufbau der Europäischen Union

Nach dem Ende des Zweiten Weltkrieges galt es, den Frieden in Europa dauerhaft zu sichern und die Lebensbedingungen der Menschen zu verbessern. Zu diesem Zweck wurden wirtschaftliche und politische Zusammenschlüsse gebildet. Allmählich sollte ein vereintes Europa entstehen, in dem europäische Staaten wirtschaftlich und politisch eng miteinander arbeiteten.

Die Europäische Union (EU) hat ihre Ursprünge in drei Gemeinschaften.

Im Jahre 1951 schlossen sich Belgien, Niederlande, Luxemburg (die „Beneluxstaaten"), die Bundesrepublik Deutschland, Italien und Frankreich zur Europäischen Gemeinschaft für Kohle und Stahl (EGKS/Montanunion) zusammen, um einen gemeinsamen Markt für Kohle und Stahl zu schaffen.

Diese sechs Länder unterzeichneten dann 1957 in Rom den Vertrag zur Gründung der Europäischen Wirtschaftsgemeinschaft, der EWG. Mit der EWG waren rein wirtschaftliche Interessen verknüpft. Ziel war ein gemeinsamer Agrar- und Industriemarkt. In diesem gemeinsamen Markt sollten die nationalen Volkswirtschaften miteinander verschmelzen. So sollte es zwischen diesen sechs Ländern keine Zölle mehr geben. Nach außen hin schützen sich die EWG-Länder durch Außenzölle gegenüber anderen Handelspartnern aus aller Welt. Weitere Ziele waren die freie Wahl des Arbeitsplatzes, so dass alle Arbeitnehmer sich in jedem Land der Gemeinschaft Arbeit suchen konnten. Ferner sollten die Steuersysteme und Arbeitsbedingungen wie Ausbildung, Lohn, Urlaub und Arbeitszeit angeglichen werden. Auf einen Nenner gebracht waren das die „vier Freihei-

ten", die schrittweise verwirklicht werden sollten: freier Verkehr von Waren, Personen, Dienstleistungen und Kapital.

Die Europäische Atomgemeinschaft (EAG/Euratom), ebenfalls 1957 von der Sechsergemeinschaft gegründet, hatte sich schließlich die Kontrolle und die Abstimmung über die friedliche Nutzung der Kernenergie und -forschung zum Ziel gesetzt.

1967 trat der Vertrag über die Fusion der Organe von EGKS, EWG und EAG zur **Europäischen Gemeinschaft**, der EG in Kraft.

1973 wurden Beitrittsverträge mit Großbritannien, Irland und Dänemark geschlossen, 1981 mit Griechenland und 1986 mit Spanien und Portugal.

Schließlich wurde 1993 durch den Vertrag von Maastricht die **Europäische Union (EU)** gegründet. Sie ruht auf drei Pfeilern: Zum einen verfolgt sie wirtschaftliche Ziele, die schon für die EG bestimmend waren (Abb. 1). Der gemeinsame Binnenmarkt wird zu diesem Zeitpunkt endlich verwirklicht. Außerdem beinhaltet die Zusammenarbeit der Mitgliedstaaten eine gemeinsame Außen- und Sicherheitspolitik (GASP) und die Zusammenarbeit in der Justiz- und Innenpolitik.

Hauptziel bleibt jedoch die Wirtschafts- und Währungsunion (WWU), die schrittweise bis 1999 durchgeführt wurde. Eine einheitliche Währung für alle Mitgliedstaaten,

Abb. 2: Die EU (Stand 2000)

der EURO, ist das Ziel. Elf Staaten nehmen ab 1. 1. 1999 an der dritten Stufe der europäischen Wirtschafts- und Währungsunion teil: Belgien, Deutschland, Frankreich, Finnland, Italien, Niederlande, Österreich, Portugal, Spanien, Luxemburg und Irland. Ab 1999 ist er für bargeldlose Transaktionen eingeführt worden und wird bis 2002 als allgemeine Währung die nationalen Währungen ersetzen. Die beteiligten Länder müssen bestimmte Mindestanforderungen im Hinblick auf Staatsverschuldung, Inflationsrate, Zinsniveau und Währungsstabilität erfüllen.

Seit 1995 Schweden, Österreich und Finnland beigetreten sind, zählen 15 Staaten zur EU. Beitrittsverhandlungen werden seit dem 31. März 1998 mit sechs weiteren Kandidaten geführt: Polen, Tschechien, Ungarn, Slowenien, Estland und Zypern. Der Beitritt wird frühestens für das Jahr 2004 erwartet. Mit weiteren möglichen Kandidaten wurden 1999 Beitrittsverhandlungen aufgenommen: Litauen, Lettland, Bulgarien, Rumänien, Slowakei und Malta (Abb. 2). Mit diesen Staaten würden auch Länder aufgenommen, die vier Jahrzehnte zum sowjetischen Herrschaftsbereich gehörten. Deshalb sind umfangreiche Reformen wirtschaftlicher und politischer Natur für die Beitrittswilligen nötig, vor allem muss der weitere Ausbau der demokratischen Regierungssysteme vorangetrieben werden. Diese geplante **Osterweiterung**, die bisher umfangreichste Vergrößerung in der Geschichte der Gemeinschaft, hätte zwar einen größeren Binnenmarkt zur Folge, würde aber zu nicht tragbaren finanziellen Belastungen führen, denn bei Beibehaltung der bisherigen Kriterien bei der Vergabe von Fördermitteln für strukturschwache

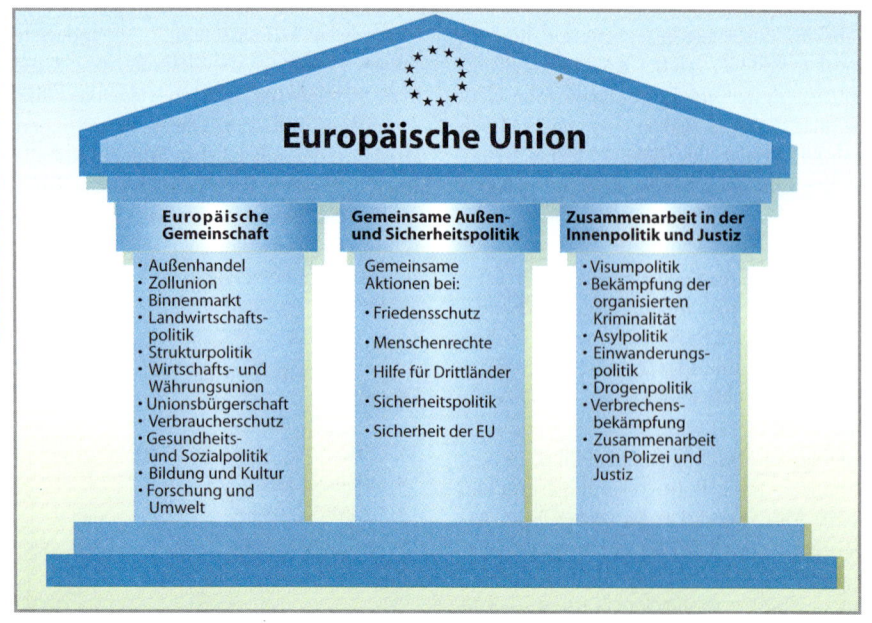

Abb. 1: Die drei Pfeiler der Europäischen Union (EU)

Erdkunde

Gebiete würde deren Zahl gewaltig anwachsen. Eine Anhebung der Schwellenwerte der Förderung würde hingegen dazu führen, dass zahlreiche bisher geförderte Gebiete wie das Ruhrgebiet oder die neuen Bundesländer zugunsten der neuen Mitgliedstaaten aus der Förderung herausfallen würden.

Für assoziierte Staaten (Assoziierung = Zusammenschluss) ist eine politische, wirtschaftliche und kulturelle Zusammenarbeit vorgesehen. Der endgültige Beitritt solcher Staaten zur EU soll erleichtert werden. Assoziierte Staaten 2000 sind Bulgarien, Estland, Israel, Litauen, Malta, Marokko, die Palästinensische Autonomiebehörde, Polen, Rumänien, Slowakei, Slowenien, Tschechische Republik, Türkei, Tunesien, Ungarn, Zypern, Jordanien und Lettland.

Inzwischen werden viele wichtige wirtschaftliche und politische Entscheidungen von den Organen der EU getroffen und nicht mehr wie früher von den Regierungen der einzelnen Länder. Der **Europäische Rat**, die höchste Institution, erteilt dem EU-Ministerrat Weisungen. Dieser beschließt die europäischen Gesetze in Form von Verordnungen, Richtlinien oder Entscheidungen. Die EU-Kommission bereitet solche Gesetzesvorschläge vor, führt sie aus und überwacht das EU-Recht. Sie ist das eigentliche Verwaltungsorgan der EU. Beratende Funktion haben der Wirtschafts- und Sozialausschuss und der Regionalausschuss. Das Europäische Parlament, das erstmalig 1979 gewählt wurde, ist an politischen Entscheidungen beteiligt, hat aber nicht so viele Rechte wie die nationalen Parlamente. Der Europäische Gerichtshof sorgt dafür, dass das Recht bei der Anwendung und Auslegung des EG- und des EU-Vertrages gewahrt wird. Der Europäische Rechnungshof wacht über die Haushaltsmittel der EU.

Der „Gemeinsame Agrarmarkt" war 1957 das Hauptziel der Sechsergemeinschaft, da in Europa Nahrungsmittel fehlten. Die Produktion musste erhöht werden, damit die Ernährung der Bevölkerung und das Einkommen der Landwirte sichergestellt werden konnten. Dazu griff die EG vielfach ein, sie „intervenierte".

Die Landwirte konnten im Schutz einer **Agrarmarktordnung** risikolos immer mehr

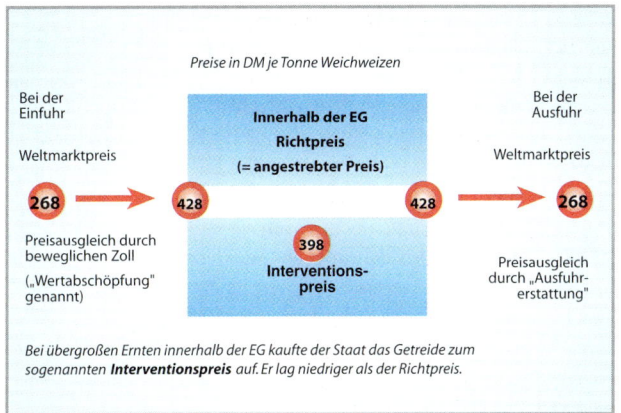

Preise in DM je Tonne Weichweizen

Abb. 3: Die Marktordnung für Getreide in den Anfängen der EG

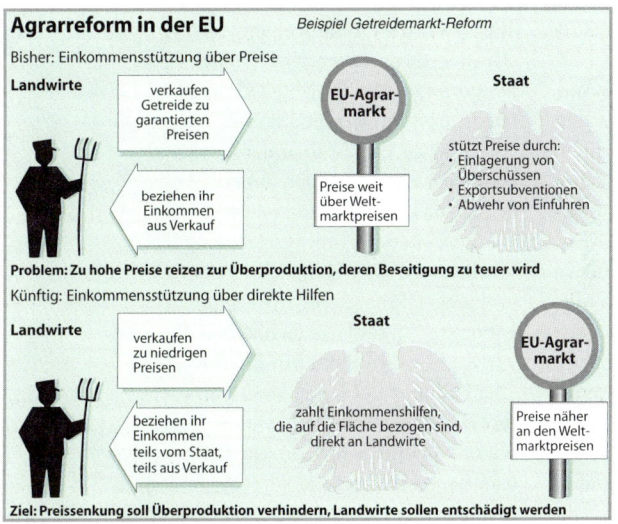

Abb. 4: Die Agrarreform in der EU

produzieren (Abb. 3). Das funktionierte so: Die Kommission garantierte den Bauern z. B. für Weizen einen festgesetzten Mindestpreis, den Richtpreis. Sank dieser einmal wegen einer besonders guten Ernte unter diesen Festpreis, so kaufte die EG dieses Getreide zu einem Interventionspreis auf, der geringfügig unter dem Richtpreis lag. Das Getreide wurde eingelagert, bis die Preise wieder gestiegen waren, und dann verkauft. Bei diesem Binnenschutz war den Landwirten ein bestimmtes Einkommen immer sicher. Zusätzlich wurden sie auch gegen Konkurrenz von außen abgesichert. Wollte ein Importeur aus einem Nicht-EG-Mitgliedstaat billigeren Weizen einkaufen, so musste er einen von der Kommission festgesetzten Zoll bezahlen, „Wertabschöpfung" genannt. Die Höhe richtete sich nach den gültigen Weltmarktpreisen. Umgekehrt erhielt ein EG-Landwirt eine Ausfuhrerstattung, wenn er seinen Weizen mit hohem Binnenmarktpreis auf dem Weltmarkt zu niedrigeren Preisen verkaufen wollte.

Die Erträge der EG-Landwirte stiegen im Schutz dieser Agrarmarktordnungen durch Rationalisierung, Mechanisierung, neue Züchtungen sowie durch den verstärkten Einsatz von Dünge- und Pflanzenschutzmitteln. Die europäische Landwirtschaft erzielte durch die Interventionen Preise, die erheblich über dem Weltmarktniveau lagen. Das nahm man in Kauf, um nicht von Nahrungsmittelimporten vom Weltmarkt abhängig zu werden. Weil der Verbrauch an landwirtschaftlichen Produkten jedoch gleich blieb, bildeten sich ungeheure Lagerbestände, die z. B. als „Butterberg" in die Geschichte eingingen. Die Kosten für die Lagerung erreichten in der Folge schwindelerregende Höhen, und so mancher Missbrauch mit dieser Subventionspolitik (Subvention = Beihilfe, Unterstützung) wurde bekannt.

Erste Reformmaßnahmen wurden für Produkte, für die besonders hohe Subventionen gezahlt worden waren, durchgeführt. Für Milch führte man Mengenbegrenzungen ein. Nur für eine bestimmte Menge Milch gab es noch den vollen Preis. Weitere Reformen folgten 1992 und 1995, um die EG-Preise den Weltmarktpreisen anzupassen. Ziel der EU-Agrarpolitik ist, die Überschüsse zu reduzieren, dabei aber die Einkommen der Landwirte zu sichern, ohne die Verbraucherpreise stark zu belasten (Abb. 4). Man darf jedoch nicht übersehen, dass es mächtige **Lobbys** gibt, die das alte System nur zu gerne beibehalten würden, da sie damit viel Geld verdienen. Man denke da z. B. an die chemische Industrie, die an der mit Hilfe großer Mengen von Kunstdünger, Pflanzenschutzmitteln und Tierarzneien aufgeblähten landwirtschaftlichen Produktion der EU Milliarden verdient. Andererseits könnte eine aggressive Reformpolitik wiederum zum Abbau von Arbeitsplätzen in besagter Industrie führen. Man sieht, dass die Probleme vielschichtig und nicht einfach zu lösen sind.

 Zum Weiterlesen:

- Europa - Einheit und Vielfalt, S. 728
- Portugal, S. 732
- Polen, S. 733
- Weltmarkt, S. 736

Portugal in der *EU*

Portugal ist vielen nur als touristisches Ziel auf der Iberischen Halbinsel bekannt, vor allem durch die herrlichen Sandstrände und schroffen Felsküsten der Algarve. Portugal, die große **Entdeckernation,** hatte sich seit seiner Trennung von Kastilien (heute Spanien) im 12. Jahrhundert über lange Zeit von Europa abgewandt. Es entwickelte sich seit dem 15. Jahrhundert zu einem in der damaligen Welt bedeutenden Eroberer- und Seefahrervolk und zur mächtigen Kolonialmacht. Mit dem Zusammenbrechen des **Kolonialreiches** musste sich Portugal wieder neu orientieren. Europa hieß diesmal der Kurs. 1986 trat es der EG bei.

Die Mehrheit der Portugiesen sah zu dem Zeitpunkt im Beitritt in die Europäische Gemeinschaft eine große Chance für die Entwicklung des Landes. Denn durch den Verlust der Kolonien zählte Portugal zu den armen Ländern in der Reihe der EG-Staaten. Die im europäischen Vergleich schlechte wirtschaftliche Lage führte zu einer starken Abwanderung der Portugiesen ins Ausland.

1986 war es nur sehr wenig industrialisiert. Kleinstbetriebe von kaum mehr als zehn Mitarbeitern herrschten vor. Textilien und Bekleidung waren die wichtigsten Exportgüter. Lediglich in der Korkerzeugung und -verarbeitung hatte es größere Bedeutung und deckte etwa die Hälfte des Weltbedarfs (Abb. 1). Der Lebensstandard war gering. Die landwirtschaftlichen Betriebe konnten den Nahrungsmittelbedarf der gesamten Bevölkerung nicht decken, zwei Drittel der Betriebe produzierten lediglich für den Eigenbedarf. Die verkehrsmäßige Erschließung des Landes wies erhebliche Lücken auf.

Die Mitgliedschaft in der EU führte nun schnell zu großen Veränderungen. Durch die finanziellen Hilfen gewann Portugal als **Wirtschaftsstandort** zunehmend an Attraktivität. Eine deutsche Autofabrik wurde mit der Finanzhilfe der EU und des portugiesischen Staates bei Setubal errichtet. Zulieferbetriebe siedelten sich schnell in unmittelbarer Nachbarschaft an. Portugal ist als Standort für ausländische Unternehmen nicht nur wegen der finanziellen Unterstützung, sondern auch wegen des niedrigen Lohnniveaus und der längeren Arbeitszeiten besonders attraktiv (Abb. 2). Ausländische Unternehmer, die arbeitsintensive Güter wie Schuhe herstellen, investierten deshalb in Portugal und schufen Arbeitsplätze. Die vorhandenen Zweige der Bekleidungs- und Textilindustrie erfuhren einen Aufschwung, da nun ein großer Teil des Exportes mit den EU-Mitgliedstaaten abgewickelt werden konnte.

Dazu war ein Ausbau der Verkehrswege nötig, der auch mit Hilfe der EU ausgeführt werden konnte. Für die Küstenabschnitte ergab sich so eine rege wirtschaftliche Entwicklung. Die abgelegenen Teile im Landesinnern sind jedoch nach wie vor wenig erschlossen. Mit finanzieller Hilfe der EU werden hier weitere Projekte errichtet, die Arbeitsplätze schaffen sollen. Das ist wichtig, da zunehmend europäische Unternehmer in den osteuropäischen Staaten investieren, wo das Lohnniveau noch niedriger ist.

Die kaum entwickelte portugiesische Landwirtschaft wurde zunächst über mehrere Jahre durch EU-Bestimmungen vor der starken Konkurrenz der anderen, agrarisch höher entwickelten EU-Länder geschützt. Mit finanzieller Hilfe sollten in dieser Zeit unrentable Kleinbetriebe aufgelöst und durch stärkere Mechanisierung und Spezialisierung eine größere Wettbewerbsfähigkeit erreicht werden. Dennoch kann die portugiesische Landwirtschaft noch nicht als gleichwertiger Partner konkurrieren.

Als **Tourismusland** hat Portugal zunehmend an Bedeutung gewonnen (Abb. 3), was für die portugiesische Wirtschaft große Einnahmesteigerungen brachte. 1997 verbuchte man 24 Millionen Auslandsgäste. Durch den Bau von Yachthäfen, Golf- und weiteren Sportanlagen, Kongresszentren sowie die Restaurierung von bedeutenden Kulturbauten sollen zusätzliche Touristen angesprochen werden. Auch das Landesinnere soll durch entsprechende Programme attraktiver werden. So ist es auch Portugal gelungen, die Voraussetzungen für die Teilnahme an der Währungsunion zu schaffen.

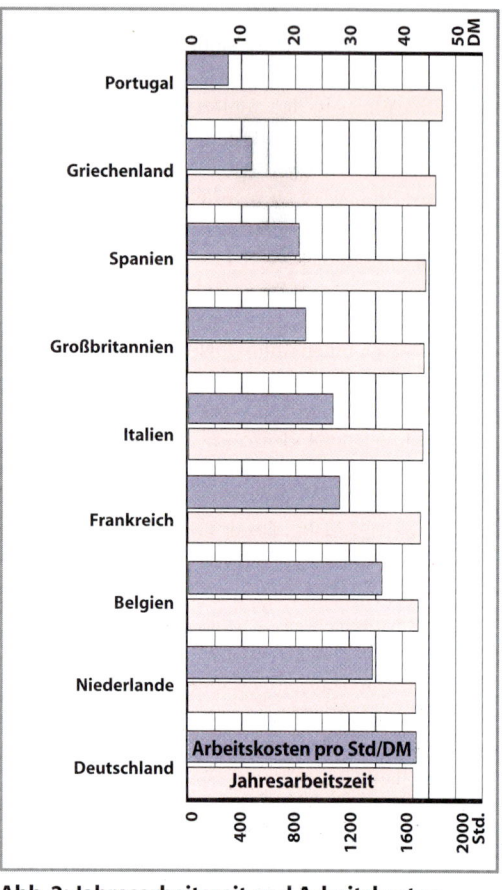

Abb. 2: Jahresarbeitszeit und Arbeitskosten

(Diagramm, Länder von oben nach unten: Portugal, Griechenland, Spanien, Großbritannien, Italien, Frankreich, Belgien, Niederlande, Deutschland; obere Skala 0–50 DM, untere Skala 0–2000 Std.)

Arbeitskosten pro Std/DM
Jahresarbeitszeit

Abb. 3: Lagos an der Algarve

Abb. 1: Korkeichen im Alentejo

 Zum Weiterlesen:

- Entwicklungländer, S. 680
- Europa – Einheit und Vielfalt, S. 728
- Europäische Union, S. 730
- Europäische Projekte, S. 734

Erdkunde

Polen – auf dem Weg in die EU

Nach der deutschen Wiedervereinigung wurde Polen mit der Oder-Neiße-Linie als Grenze ein direkter Nachbar Deutschlands (Abb. 1). War es im Mittelalter selbst ein mächtiger Staat, so eroberten Nachbarstaaten das Land in der Folgezeit, teilten es auf und bedrohten es über mehrere Jahrhunderte in seiner Existenz. Die Landesgrenzen wurden mehrere Male verändert und verschoben. An der Nahtstelle zwischen West- und Osteuropa begegneten sich in Polen die verschiedenen Kulturen westlicher und östlicher Prägung.

Durch den Beitritt zur Europäischen Union (EU) hofft Polen auf Sicherheit und wirtschaftlichen Aufschwung. 1994 wurde mit der EU ein **Assoziierungsvertrag** geschlossen, der bis zum Ende der 90er Jahre eine schrittweise Vorbereitung der Mitgliedschaft vorsieht. Beitrittsverhandlungen werden seit dem 31. März 1998 geführt.

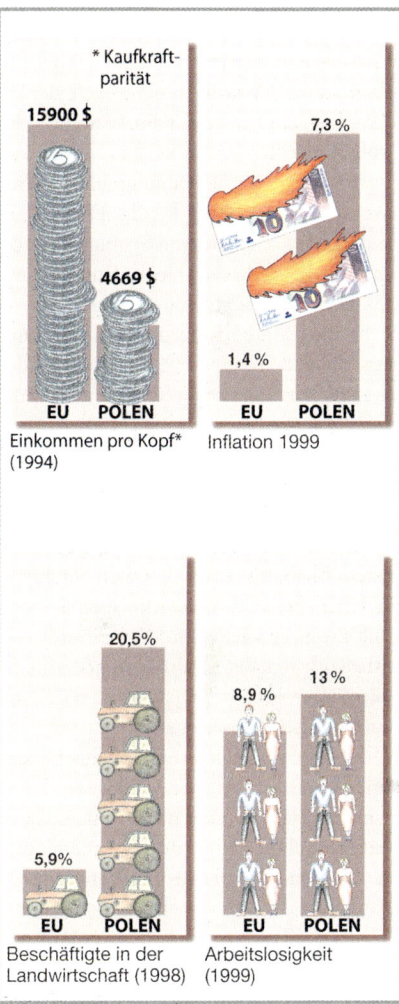

Nach dem Zweiten Weltkrieg wurde die Wirtschaft in Polen wie in allen anderen kommunistischen Staaten nach sowjetischem Muster zentral gelenkt. Die Landwirtschaft spielte in Polen seit jeher eine große Rolle. Ein Großteil der Gesamtbodenfläche wird landwirtschaftlich genutzt: Die landwirtschaftliche Nutzfläche ist mehr als doppelt so groß wie in Deutschland, jedoch wenig rentabel. Das ist wie in allen kommunistisch geprägten Staaten auf das politische Erbe der **Planwirtschaft** zurückzuführen. Nach der Bodenreform errichtete man auf den enteigneten Flächen landwirtschaftliche Produktionsgenossenschaften (LPG) und große Staatsgüter, die trotz bevorzugter Versorgung mit Maschinen, Düngemitteln und Arbeitskräften ohne Erfolg wirtschafteten. Anders als in der ehemaligen DDR und UdSSR blieb jedoch ein erheblicher Teil privater Betriebe erhalten, da sich die Kollek-

tivierung nur unvollständig durchführen ließ. Auch die privaten Betriebe konnten kaum über den Eigenbedarf hinaus produzieren.

Die Gewerkschaftsbewegung bekämpfte von 1980 an das kommunistische Regime, das dann 1989 gestürzt wurde. Obwohl bereits während der kommunistischen Zeit privat gewirtschaftet worden war, erwies sich die Umstellung von der Plan- zur **Marktwirtschaft** als schwierig. Die sehr kleinen Betriebsflächen mit überwiegend weniger als fünf ha Nutzfläche, die veralteten Maschinen, die hohen Kosten für Saatgut und Dünger erschweren die Konkurrenzfähigkeit. Kredite von Weltbank und IWF (Internationaler Währungsfonds) sind besonders zur Modernisierung der Landwirtschaft gedacht.

Im Gegensatz zur Landwirtschaft war die Industrie völlig unter staatlicher Führung. Polen, sehr reich an Bodenschätzen (Stein- und Braunkohle, Eisen, Blei- und Zinkerz), hatte unter den kommunistischen Staaten ein bemerkenswertes Niveau erreicht. Dem Ausbau der Montanindustrie wurde nach 1945 beim Aufbau der Wirtschaft die meiste Beachtung geschenkt. Außerdem wurden die Metall verarbeitende und die chemische Industrie gefördert. Zentrum der Schwerindustrie ist das oberschlesische Industrierevier, der GOP (Gornoslasky Okreg Przemyslavy) in der Gegend um Krakau. Dieses Gebiet ist eines der ältesten Ballungsgebiete in Europa. Ähnlich wie im Ruhrgebiet reihen sich fast übergangslos industriell geprägte Siedlungen aneinander. Polen ist Europas wichtigstes Exportland von Steinkohle.

Auf Umweltschutz wurde aus Kostengründen kaum Wert gelegt. Stärkste Umweltschäden belasten Natur und Mensch. Der GOP gilt als ökologisches Katastrophengebiet. Der jährliche Staubniederschlag erreicht Spitzenwerte, die das 15fache der im Ruhrgebiet gemessenen Werte betragen. Das schlägt sich auch in einer hohen Zahl von Atemwegserkrankungen, Allergien und einer kürzeren Lebenserwartung nieder. Dank internationaler Unterstützung durch Kredite und Investitionen verzeichnet Polen das höchste Wirtschaftswachstum

Osteuropas. Im Zuge der wirtschaftlichen Umgestaltung nimmt die Bedeutung des Handels mit den westlichen Staaten zu. Eine Senkung der hohen Arbeitslosenquote (etwa 14% 1996) war jedoch nicht möglich. Seit der Freigabe der Preise stiegen die Lebenshaltungskosten enorm (Abb. 2). Inflation, Arbeitslosigkeit und Wohnungsnot bilden große soziale Probleme. Der Weg von der Planwirtschaft zur Marktwirtschaft erfolgt unter hohen Kosten und Opfern von Seiten der Bevölkerung.

Abb. 2: Strukturdaten der EU und Polens

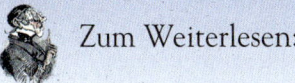
Zum Weiterlesen:

- Von der UdSSR zur GUS, S. 698
- Landwirtschaft, S. 700
- Europa - Einheit und Vielfalt, S. 728
- Europäische Union, S. 730

Europäische Projekte – Europäische Verkehrswege

Vereintes Europa, das sollte sowohl das Zusammenarbeiten als auch das Zusammenleben europäischer Völker beinhalten. Für beides gibt es bereits Beispiele. „Airbus" heißt ein gemeinsames europäisches Projekt wirtschaftlicher Zusammenarbeit. Airbus ist der Name für eine große Palette von Passagierflugzeugen, die von der 1970 gegründeten „Airbus Industries" mit Sitz bei Toulouse in Frankreich produziert werden. Die Großraumverkehrsflugzeuge waren als europäische Konkurrenz zur mächtigen amerikanischen Flugzeugindustrie gedacht (Abb. 1). Da die Finanzierung der notwendigen Spitzentechnologie für solche Maschinen einem einzelnen Land erhebliche Kostenberge aufgebürdet hätte, beteiligen sich gleich vier europäische Länder an der Finanzierung des Großprojektes.

Aber nicht nur die Planung, auch die Produktion ist auf die vier Länder Frankreich, Deutschland, England und Spanien verteilt. Einzelne Bauteile wie Heck, Rumpf, Zwischenstücke, Cockpit oder Flügel werden unabhängig voneinander in Spanien, Hamburg, Bremen, Toulouse und England produziert und in Toulouse letztendlich zum Airbus montiert. Mit dem „Super Guppy", einer dickbauchigen Transportmaschine, die komplette Tragflächen oder Rümpfe transportieren kann, werden die Teile von einem europäischen Land ins andere geflogen. Zum Innenausbau geht es wieder nach Hamburg. So fertig gestellt, wird ein Airbus nach Toulouse zurückgeflogen, dort getestet und schließlich verkauft (Abb. 2). Mit diesem gemeinsamen Projekt versucht Europa, auf dem **Weltmarkt** konkurrenzfähig zu sein. Die Produktion wird mit erheblichen Subventionen durchgeführt.

Europäische Kooperation (Zusammenarbeit) hat Schule gemacht. Als weitere Form der Zusammenarbeit gilt das Weltraumprojekt „Ariane", eine Satellitenträgerrakete, die von der Europäischen Weltraumorganisation entwickelt wurde. Ebenso zählen Länder übergreifende Umweltschutzprojekte wie die Konvention (Übereinkunft, Abkommen) zum Schutz von Nord- und Ostsee, die Rheinkonvention oder auch das Eurokorps, aus Soldaten mehrerer Länder gebildet, zu diesen gemeinsamen Projekten.

Aber auch im Kleinen gibt es übergreifende Projekte, in der sich die einzelnen Länder näher kommen. Euregio ist eigentlich der Name für grenzüberschreitende Zusammenarbeit von Behörden und Wirtschaftsorganisationen. So arbeiten Gemeinden, Kreise, Provinzen oder Industrie- und Handelskammern in Arbeitsgemeinschaften über

Abb. 1: Der Airbus

europäische Grenzen hinweg zusammen. Mehrere solcher Euregios gibt es inzwischen grenzübergreifend zwischen Deutschland und den Niederlanden, Belgien und Frankreich (Abb. 3).

Euregio, das ist aber nicht nur behördliche Zusammenarbeit, sondern beinhaltet ebenso das Zusammenleben der Menschen. In der Euregio Maas-Rhein treffen Deutschland, Belgien und die Niederlande aufeinander. Kein Grenzgebiet trennt in dieser Region die drei Länder. Sie umfasst die belgischen Provinzen Lüttich und Limburg, den südlichen Teil der niederländischen Provinz Limburg und die deutschen Städte bzw. Kreise Aachen, Düren, Euskirchen und Heinsberg. Weit über drei Millionen Einwohner leben in diesem Gebiet. Hier **pen-**

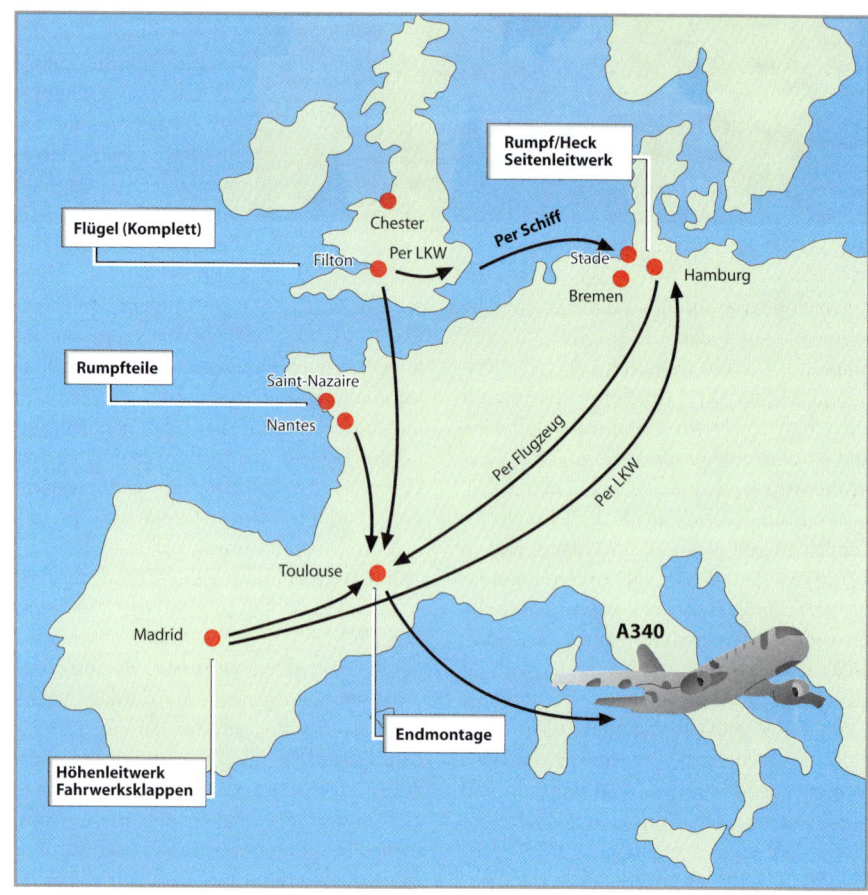

Abb. 2: Europäische Transportwege für den Airbus

Erdkunde

Abb. 3: Die Euregios zwischen Deutschland und den westlichen Nachbarländern

deln täglich viele tausend Menschen zur Arbeit oder zur Schule, zum Einkaufen oder zur Erholung hin und her. In Aachen sitzen Schüler aus Belgien, den Niederlanden und Deutschland in einer Klasse. Hochschulen richten gemeinsame Studientage aus, die Feuerwehren oder Polizeien arbeiten zusammen, gemeinsame Freizeiteinrichtungen, wie grenzüberschreitende Wanderwege, ermöglichen ein Zusammenleben der Völker. Kulturelle Einrichtungen können gemeinsam genutzt werden.

Weitere Euregios sind die Euregio Gronau-Enschede, die Euregio Rhein-Waal, die Ems-Dollart-Region, die Euregio Basel am Dreiländereck zwischen der Schweiz, Frankreich und Deutschland und die Region Saar-Lor-Lux. Solche Regionen spüren die einzelnen Schritte auf dem Wege zu einem vereinten Europa am ehesten hautnah. Aus Grenzräumen sind durch den Willen zur Zusammenarbeit und zum Zusammenleben der Menschen europäische Regionen geworden.

Als ein weiterer Meilenstein zum vereinten Europa ist die Fertigstellung des Euro-

tunnels 1994 anzusehen. Seit über 200 Jahren gab es die Idee, England und Frankreich, die durch den Kanal getrennt werden, durch einen Tunnel miteinander zu verbinden. Bis dahin war England wirklich eine Insel, die nur auf dem Luftwege bzw. über die Fährverbindungen zu erreichen war. Nicht nur technische und finanzielle Probleme, sondern vor allem die Einwände der Briten, die durch die Verbindung mit dem Festland wirtschaftliche und politische Nachteile befürchteten, ließen das Vorhaben immer wieder scheitern. Erst mit dem Zusammenwachsen europäischer Länder in der EG wurde das Tunnelvorhaben in Angriff genommen (Abb. 4).

Durch den Tunnel verkehrt der Pendelzug „Le Shuttle" in nur 35 Minuten zwischen den Terminals Folkestone in England und Coquelles bei Calais in Frankreich. Die Autos und LKW werden in kürzester Zeit auf doppelstöckige Großwaggons verladen. Drei Züge pro Stunde und in Spitzenzeiten mehr garantieren eine schnelle Abfertigung. Für Container sind Spezialwaggons vorhanden.

Innerhalb des EU-**Binnenmarktes** stellt der Tunnel eine wichtige Verbindung dar, weil nun Waren nach Großbritannien transportiert werden können, ohne umgeladen werden zu müssen. Für einen schnellen Transport ist die Anbindung des Tunnels an ein gut ausgebautes Hochgeschwindigkeitseisenbahn- und Autobahnnetz wichtig. Der Schnellzug „Eurostar" schafft die Strecke London-Paris dank Kanaltunnel in nur drei Stunden, von London nach Köln gelangt man in sechseinhalb Stunden.

Wichtig ist, dass sowohl auf englischer als auch auf kontinentaler Seite die Schienen- und Straßennetze ausgebaut werden, um mit dem bestehenden Fähr- und Flugverkehr konkurrieren zu können. Auf der englischen Seite sind noch große Investitionen erforderlich. Europa rückt durch solche Vorhaben auch verkehrsmäßig immer näher zusammen.

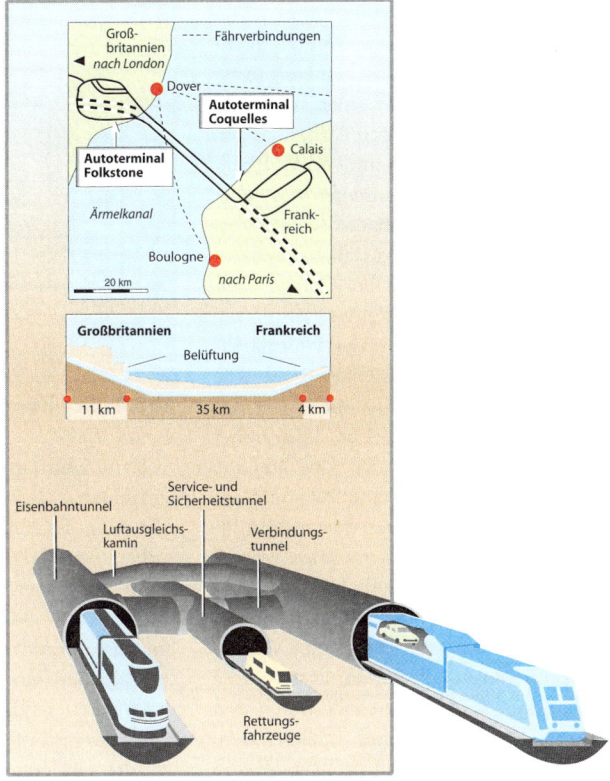

Abb. 4: Der Eurotunnel verbindet England mit dem Kontinent. Der Pendelzug „Le Shuttle" bewältigt die Strecke in 35 Minuten

Der Ausbau eines Schnellverkehrsnetzes zwischen den Großstädten Europas wurde von Anfang an im Auge behalten. Denn auch in der Verkehrsplanung müssen gesamteuropäische Gesichtspunkte berücksichtigt und Projekte zwischen mehreren Ländern abgestimmt werden. Dabei haben Ausbau und Erweiterung des Netzes für Hochgeschwindigkeitszüge für den Personenverkehr Vorrang. Für den Güterverkehr setzt man auf eine Kombination von Straße, Schiene, Schiff- und Luftfahrt, die miteinander vernetzt werden. In einer Art Transportkette können Güter auf dem jeweils günstigsten Wege transportiert werden. Güterverkehrszentren sind dabei Verbindungs- und Schnittstellen für unterschiedliche Verkehrsmittel.

Zum Weiterlesen:

- Raumordnung, S. 722
- Europa - Einheit u. Vielfalt, S. 728
- Europäische Union, S. 730
- Weltverkehr, S. 740

Weltmarkt und Welthandelsgüter

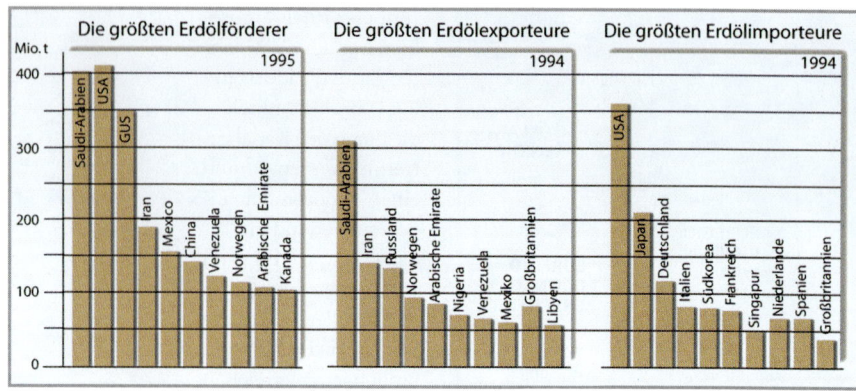

Abb. 1: Erdölförderung und -verbrauch

Für den Menschen in den Industrieländern sind nahezu alle auf dem Weltmarkt angebotenen Waren und Dienstleistungen zur Selbstverständlichkeit geworden. Welthandel - damit ist der weltweite Austausch von Gütern aller Länder gemeint. Von **Welthandelsgut** spricht man, wenn eine Ware über den nationalen Markt hinaus Bedeutung erlangt. Auf dem Weltmarkt treffen dann Angebot und Nachfrage solcher Güter zusammen. An bestimmten Welthandelsplätzen entwickelt sich der Preis, der **Weltmarktpreis**, nach festgefügten Spielregeln. Die Faustregel heißt: Je größer die Nachfrage oder je knapper das Angebot, desto höher der Preis. Solche Welthandelsplätze sind u. a. London oder New York. Die Rohstoffbörse in New York ist der bedeutendste Rohstoffhandelsplatz der Welt. Hier werden Warentermingeschäfte abgewickelt. Das heißt, dass z. B. Kaffee, Baumwolle oder Bananen gekauft werden, ehe sie geerntet sind. Die Käufer spekulieren darauf, dass zur Erntezeit die Preise höher sind, so dass sich durch den Weiterverkauf gute Gewinne erzielen lassen.

Die einzelnen Staaten profitieren vom Welthandel allerdings recht unterschiedlich. Es gibt Überfluss- und Mangelgebiete. Durch politische Einflussnahme können diese Gegensätze verstärkt werden. Die Länder der **Dritten Welt**, wie man die wirtschaftlich unterentwickelten Staaten Asiens, Afrikas und Lateinamerikas auch nennt, ziehen jedoch noch nicht so großen Nutzen aus den Vorteilen des Welthandels. Diese ärmeren Länder exportieren überwiegend Primärgüter, d. h. Rohstoffe oder landwirtschaftliche Produkte. Die **Industrieländer** dagegen exportieren weiterverarbeitete, hoch veredelte Produkte wie Maschinen oder Fahrzeuge. Japans Export besteht fast zu hundert Prozent aus solchen Industriegütern.

Die **Schwellenländer** erhöhten in den letzten Jahren ihren Anteil an den weiterverarbeiteten Produkten. Die niedrigen Löhne machen die Produktion arbeitsintensiver Waren wie Bekleidung und Textilien interessant. In einer etwas höher stehenden zweiten Industrialisierungswelle werden dann Elektrogeräte und Fahrzeuge produziert. So kann man eine weltweite Arbeitsteilung feststellen. Die wenig industrialisierten Länder auf der einen Seite sind die Rohstofflieferanten, die Industrieländer auf der anderen Seite fertigen daraus hochwertige Produkte für den Eigenverbrauch oder den Export. Der Export vollzieht sich dann auf weltweiten Transportwegen, den Weltverkehrswegen.

Kein Welthandelsgut bewegt die Weltwirtschaft so sehr wie **Erdöl**. Energielieferant, Grundstoff für die chemische Industrie - überall ist Erdöl im Spiel. Die Weltwirtschaft ist abhängig vom „flüssigen" oder auch „schwarzen Gold". Vorkommen und Verbrauch von Erdöl sind aber auf der Welt unterschiedlich verteilt. Verbraucht wird in den Industrieländern, die aber nicht über ergiebige Lagerstätten verfügen. Deutschlands Vorräte würden nur für etwa zwei Wochen ausreichen (Abb. 1 und 2).

Über den Welthandel wird der Austausch des Erdöls organisiert. Supertanker und Pipelines transportieren es zu den Verbrauchern. So wird mit dem Welthandelsgut Erdöl ein schwunghafter Handel auf der Weltbühne betrieben. Die multinationalen Konzerne, deren Namen man an den Tankstellen lesen kann, beherrschten diesen Markt und konnten aufgrund ihrer Stärke die Preise bestimmen und den Förderländern Abnahmebedingungen vorschreiben. Als Antwort darauf wollten nun die wichtigsten Erdölexportländer ihrerseits den Weltmarkt regulieren und ihre Einnahmen verbessern (Abb. 3). So gründeten sie 1960 die **OPEC** (Organization of Petroleum Exporting Countries), die Organisation Erdöl exportierender Staaten. Alle waren wirtschaftlich völlig abhängig vom Ölexport. Zusammen hatten sie 70 % Anteil an der Welterdölförderung. Mitgliedstaaten 1997 waren Algerien, Indonesien, Irak, Iran, Kuwait, Libyen, Nigeria, Saudi-Arabien, Venezuela und die Vereinigten Arabischen Emirate.

Zu Zeiten, als die OPEC-Staaten fast allein den Weltmarkt belieferten, konnten sie ihre Monopolstellung dazu benutzen, die Erdölpreise zu diktieren, indem sie ganz einfach ihre Produktion drosselten. Unter Monopol versteht man die beherrschende Marktstellung eines Unternehmens. Nur ein Käufer oder Verkäufer ist auf der Nachfrage- bzw. Angebotsseite vorhanden, kann somit den Markt beherrschen und die Bedingungen diktieren. Und je geringer das Angebot, desto mehr steigt die Nachfrage nach diesem begehrten Gut und desto höher kann der Preis geschraubt werden. So kam es zweimal zu einer Erdölkrise. Inzwischen ist die OPEC untereinander zerstritten, weil man sich nicht auf eine Begrenzung der Fördermengen einigen konnte. Außerdem sind noch andere Förderländer hinzugekommen, die nicht Mitglied der OPEC sind, so dass die Monopolstellung verloren geht.

Die Weltölpreise sind immer äußerst sensibel und schwanken stark. Außer der Preispolitik durch die OPEC wird der Weltmarktpreis für Erdöl durch andere Faktoren bestimmt.

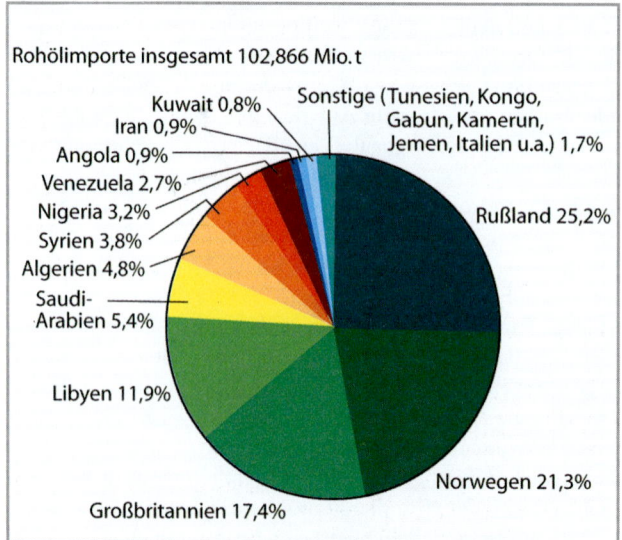

Abb. 2: Rohöllieferanten Deutschlands 1996

Rohölimporte insgesamt 102,866 Mio. t

Kuwait 0,8%
Iran 0,9%
Angola 0,9%
Venezuela 2,7%
Nigeria 3,2%
Syrien 3,8%
Algerien 4,8%
Saudi-Arabien 5,4%
Libyen 11,9%
Großbritannien 17,4%
Norwegen 21,3%
Rußland 25,2%
Sonstige (Tunesien, Kongo, Gabun, Kamerun, Jemen, Italien u.a.) 1,7%

Erdkunde

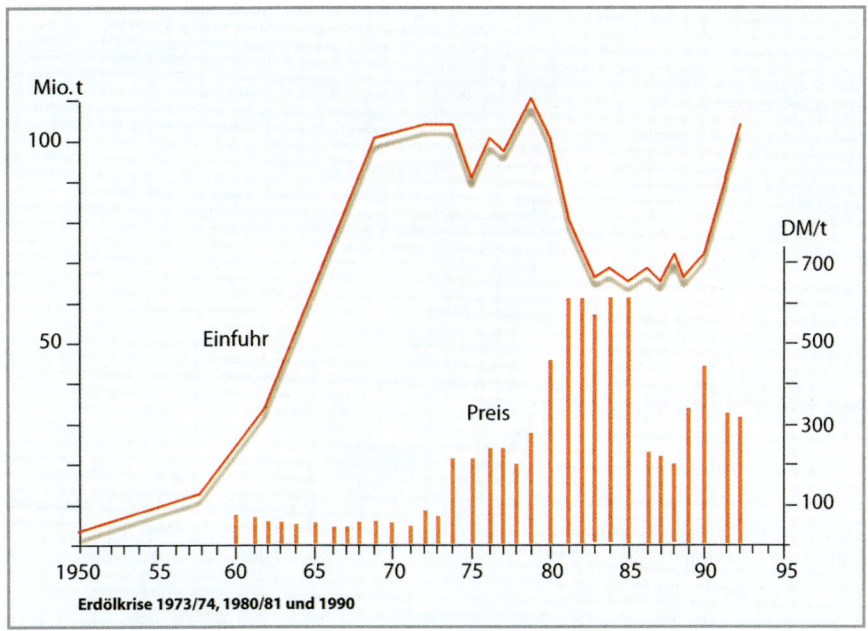

Abb. 3: Die Einfuhr von Rohöl nach Deutschland und Erdölpreise

- Durch die Öffnung ehemals kommunistischer Staaten (GUS-Staaten oder China) wurde die Anbieterzahl wesentlich vergrößert.
- Auch neue Bohrtechniken, die es erlauben, nicht nur in flachen Meeren zu bohren, sondern mit Hilfe der Offshore-Technik in mehreren hundert Metern Wassertiefe zu fördern, erweitern das Anbieterfeld und senken den Preis.
- Auch sinkt der Ölverbrauch in den Industrieländern durch den Einsatz alternativer Energieträger und Energiesparmaßnahmen. So wird die Abhängigkeit gedrosselt und der Preis gesenkt. 1974 wurden noch 48 % des kommerziellen Weltenergieverbrauchs durch Erdöl gedeckt, 1996 nur noch rund 36 %.
- Kriege in Staaten, die Öl exportieren, schlagen sich im Preis nieder. Man erinnere sich an den Einmarsch der Iraker in Kuwait 1990, die Preise erreichten für kurze Zeit Extremspitzen.

- Der Ölpreis sinkt als Folge von Wirtschaftskrisen, in denen nicht mehr so viel Öl verbraucht wird.

Zu den **Welthandelsgütern** gehören u. a. auch so alltägliche Güter wie Baumwolle, Erdnüsse, Tee, Kakao, Zucker, Kaffee und Bananen (Abb. 4). Die tropische Bananenfrucht hatte weite Wege u. a. aus Brasilien, Costa Rica, Ecuador und den Philippinen hinter sich und war dennoch zu günstigen Preisen zu kaufen. Lange Zeit gab es keine Beschränkungen bei der Einfuhr von Bananen. Aber ab 1993 begünstigte die EU Bananen aus Mitgliedstaaten oder aus mit der EU verbundenen Gebieten, u. a. den französischen Überseegebieten und den Kanarischen Inseln. Bananen aus anderen Herkunftsländern werden mit hohen Zöllen belegt. Für Ecuador, den kleinsten der Andenstaaten, aber der weltweit größte Bananenproduzent, brachte das enorme Härten. Hauptabnehmer der Bananen war nämlich neben den USA die

EU. Die Exporteinnahmen Ecuadors sind durch die EU-Einfuhrbeschränkungen auf Bananen aus Lateinamerika stark zurückgegangen (Abb. 5).

Die **Monostruktur** bringt für Länder wie Ecuador erhebliche Probleme. Ein Land, das auf den Export eines Rohstoffes angewiesen ist, hat in Absatzkrisen kaum Ausweichmöglichkeiten. Außerdem schwanken die Preise für Rohstoffe stark und sind auf die Dauer immer niedriger als die von veredelten Produkten. Jedoch diese veredelten Produkte müssen die monostrukturierten Länder importieren und mit kostbaren Devisen bezahlen. Wenn nun der Weltmarktpreis für Bananen sinkt, müsste Ecuador die Ausfuhrmengen erhöhen, um die gleiche Menge an Industriegütern aus den westlichen Industrieländern einkaufen zu können. Als Terms of Trade (Austauschbedingungen) bezeichnet man dieses Austauschverhältnis zwischen den Erlösen, die man aus dem Export von Gütern erzielt, und den Kosten, die man für den Import von Waren bezahlen muss.

Abb. 4: Bananenstauden

So versuchen die Länder der Dritten Welt, die Monostrukturen zu überwinden und sich vom reinen Rohstoffexport unabhängiger zu machen. Sie sind aber auf angemessene Preise für ihre Exporte angewiesen, weil sie nur so die nötigen Devisen für den Import der dringend benötigten landwirtschaftlichen Maschinen oder Düngemittel oder Fabrikanlagen bekommen können.

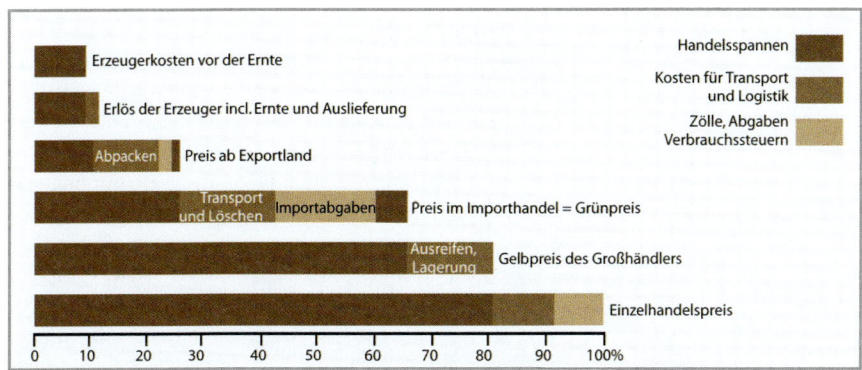
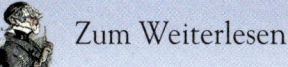

Abb. 5: Ein Beispiel für die Preisbildung von Welthandelsgütern: Bananen

Zum Weiterlesen:

- Erdöl aus der Wüste, S. 632
- Weltverkehr, S. 740
- Welthandelsmächte, S. 738
- Tropischer Regenwald, S. 660
- Entwicklungsländer, S. 680

Welthandelsmächte und ihre Verbindungen

Welthandelsmächte - so werden die USA, Deutschland und Japan bezeichnet. Nicht die flächenmäßige Größe oder die Bevölkerungszahl, sondern der Anteil dieser Staaten am **Welthandel** ist für diese Stellung entscheidend (Abb. 1). Gemessen wird er an den Import- und Exportzahlen sowie an der Handelsbilanz. Darunter versteht man die wertmäßige Gegenüberstellung der Ein- und Ausfuhr von Waren eines Landes innerhalb eines bestimmten Zeitraums. Wenn der Export den Import übersteigt, ist die Handelsbilanz positiv, es besteht ein Exportüberschuss.

Die drei Länder exportieren zusammen etwa ein Drittel aller Ausfuhrgüter der Welt. In Deutschland ist ungefähr ein Viertel aller produzierten Waren für die Ausfuhr bestimmt, fast jeder dritte Arbeitsplatz ist vom Export abhängig. Wie ist diese Vorrangstellung eines eigentlich kleinen Landes mit zudem nur geringen Rohstoffreserven zu erklären? Die deutsche Industrie verarbeitet Rohstoffe zu hochwertigen Waren, sie veredelt sie. Autos, Präzisionsmaschinen, ganze Fabrikanlagen müssen sich durch anspruchsvolle Technik und Spitzenqualität auf dem Weltmarkt behaupten. Der wichtigste Faktor bei der Preisgestaltung sind die Lohnkosten, die in einem Hochlohnland wie Deutschland sehr hoch sind. Entscheidend für den Erfolg sind deshalb Forschung und Entwicklung verbunden mit Organisationstalent, um mit immer wieder neuen, hoch entwickelten Produkten Absatzmärkte auf dem Weltmarkt zu finden.

Die USA, das Land mit den höchsten Import- und Exportwerten, produzieren im Gegensatz zu Deutschland einen großen Anteil für ihren eigenen riesigen Binnenmarkt. Da das reiche Land viele hochwertige ausländische Produkte importiert, u. a. deutsche und japanische Autos und japanische Unterhaltungselektronik, ist die Handelsbilanz negativ.

Japan hat auf dem Weltmarkt in einigen Branchen eine Führungsposition übernommen, in der Telekommunikation sowie in der Unterhaltungselektronik und dem Automobilbau. Der Mangel an Bodenschätzen wird durch die hohe Qualifikation der Arbeitskräfte und die großen Investitionen in Forschung und Entwicklung wettgemacht. Um neue Märkte zu erschließen, kauften sich japanische Firmen in anderen Ländern ein. In den neuen Bundesländern bauten z. B. japanische Firmen in kürzester Zeit mehrere hundert Autohäuser auf. Oder japanische Unternehmen errichteten Tochterfirmen in anderen Ländern, um Einfuhrzölle und Transportkosten zu sparen. Japan nutzt so die Vorteile der Welthandelsverträge. Auf der anderen Seite erschwert Japan ausländischen Waren den Zugang zu seinem Markt. Reis durfte bis 1994 nicht eingeführt werden, obwohl er auf dem Weltmarkt wesentlich billiger war. So sollten die japanischen Reisbauern geschützt werden. Inzwischen öffnet Japan schrittweise seinen Markt für Importe und erfüllt damit die Ansprüche des **GATT-Abkommens.**

GATT (General Agreement on Tariffs

Abb. 2: Die Mitgliedstaaten der ASEAN

and Trade), das allgemeine Zoll- und Handelsabkommen, trat 1948 in Kraft. 23 Staaten setzten sich das Ziel, den internationalen Warenhandel nach den Unruhen des Zweiten Weltkrieges zu ordnen und bestehende Handelshemmnisse abzubauen. Durch die Senkung von Zöllen und das Verbot von mengenmäßigen Beschränkungen und die **Meistbegünstigungsklausel** sollte der Welthandel erleichtert werden. Die Meistbegünstigungsklausel besagt, dass zwischen zwei Ländern vereinbarte Handelsvergünstigungen auch für alle anderen Mitgliedstaaten gelten müssen.

Das ursprüngliche Ziel der Mitgliedstaaten, eine **Welthandelsorganisation** zu schaffen, wurde 1995 erfüllt. Die WTO (World Trade Organization), die Welthandelsorganisation, gehört zum UN-System. 138 Mitglieder im Jahr 2000 wollen die internationalen Handelsbeziehungen durch bindende Regelungen organisieren und dazu beitragen, dass der Lebensstandard gesteigert wird. Dazu müssen bestimmte Handelspraktiken überprüft, Streit geschlichtet und bei Verfehlungen über Strafmaßnahmen entschieden werden. Die GATT-Prinzipien werden dabei beachtet und weiterentwickelt. Ausnahmen gibt es für die Entwicklungsländer, denen bestimmte Zollvorteile eingeräumt werden dürfen. Die WTO orientiert sich am Prinzip der Marktwirtschaft.

Die **OECD** (Organization for Economic Cooperation and Development), die Organisation für wirtschaftliche Zusammenarbeit

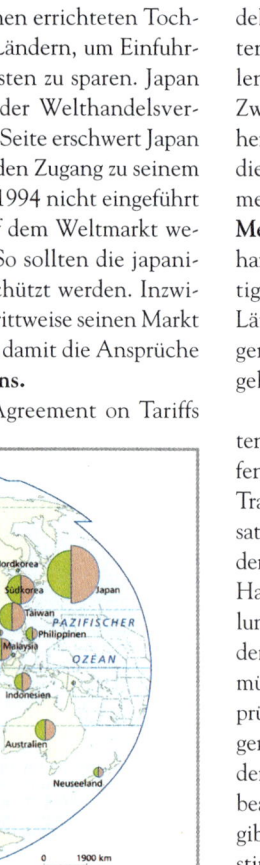

Abb. 1: Außenhandel nach Ländern

und Entwicklung, ist ein Zusammenschluss westlicher Industrienationen mit dem Ziel einer engen wirtschaftlichen Zusammenarbeit der 29 Mitgliedstaaten (davon 21 europäische) und der Förderung des Welthandels. Außerdem soll die Entwicklungshilfe untereinander abgestimmt und intensiviert werden. Die Mitgliedstaaten wollen so zum Wirtschaftswachstum der Dritte-Welt-Länder beitragen.

Die Entwicklungsländer versuchen, ihre wirtschaftlichen Vorstellungen in der **UNCTAD** (United Nations Conference on Trade and Development), der Welthandels- und Entwicklungskonferenz, zu verfolgen. Sie wurde 1964 gegründet, um den Handel mit den Ländern der Dritten Welt zu fördern. Die UNCTAD hat jedoch durch die Gründung der WTO stark an Bedeutung verloren. Sie leistet nur noch einen Beitrag in der Beratung und in der technischen Hilfe in Handelsfragen der Entwicklungsländer. Entscheidungen werden jedoch von der WTO getroffen.

Regionale Wirtschaftsgemeinschaften einzelner Staaten haben in den letzten Jahrzehnten immer mehr an Bedeutung zugenommen. Ein Beispiel ist die **EU** (Europäische Union). Wichtigstes Ziel solcher Zusammenschlüsse ist es, die vorhandenen Möglichkeiten wirtschaftlich optimal zu nutzen und ein höchstmögliches Wirtschaftswachstum zu erzielen. Gegenüber Außenstaaten werden die Handelsbeziehungen häufig erschwert.

Aber auch außerhalb Europas rücken die Länder zusammen. Die **NAFTA** (North American Free Trade Agreement), das Nordamerikanische Freihandelsabkommen unter den Staaten Kanada, USA, Mexiko, einigte

sich 1992 darauf, die gegenseitigen Zölle abzubauen. In diesem Markt sind die USA zwar übermächtig, jedoch profitieren auch die beiden anderen Handelspartner davon.

Fünf südostasiatische Staaten schlossen sich 1967 zum **ASEAN**-Pakt (Association of South East Asian Nations), dem Verband südostasiatischer Staaten, zusammen (Abb. 2). Indonesien, Malaysia, Philippinen, Singapur und Thailand beschlossen, die wirtschaftliche, kulturelle und soziale Zusammenarbeit zu vertiefen, um den Frieden in Südostasien zu festigen. Mitglieder wurden noch Brunei, Laos, Myanmar, Vietnam und Kambodscha. Die Unterschiede in der Wirtschaftsstruktur der einzelnen Staaten sind noch sehr groß. Singapur, der höchst entwickelte Staat dieser Gruppe, hatte 1999 ein Pro-Kopf-BSP das 47mal so hoch war wie dasjenige Indonesiens (Abb. 3). Während Singapur und Malaysia hoch entwickelte Industrien wie Fahrzeug- und Maschinenbau und Mikroelektronik aufweisen, überwiegen in Indonesien und auf den Philippinen noch Landwirtschaft und arbeitsintensive Industriebetriebe wie die Bekleidungsindustrie und eher handwerkliche Produktionen (Abb. 4). Für die Integrationsbestrebungen wirken diese Unterschiede hemmend, da die wirtschaftlichen Interessen der jeweiligen Länder stark voneinander abweichen.

Nun könnte man eine Gefahr darin sehen, dass sich drei konkurrierende Blöcke bilden, nämlich Groß-Europa, Amerika und Asien. Denn am Beispiel einiger wirtschaftlicher Zusammenschlüsse sieht man schon, wie schwer Zusammenarbeit in nur begrenzten Teilen der Erde sich gestalten kann. Wirtschaftliche Gerechtigkeit ist aber eine Grundlage für den Weltfrieden. Schwer wird es sein, das Fernziel

Abb. 4: Stoffverkäuferin auf Bali

zu verwirklichen: eine neue Weltwirtschaftsordnung mit den Zielen

- Abbau der starken wirtschaftlichen Gegensätze zwischen Entwicklungs- und Industrieländern,
- gerechtere Verteilung des Wohlstands auf der Welt,
- Aufhebung des Nord-Süd-Konflikts zwischen den Reichen und den Armen durch Reformen der Handels-, Rohstoff- und Währungspolitik,
- Aufhebung der „kolonialen" Arbeitsteilung, bei der Rohstoffe gegen Industriewaren geliefert werden,
- Steigerung des Anteils an der Industrieproduktion in den Entwicklungsländern
- Stabilisierung der Rohstoffpreise,
- Abbau der vielfältigen Zoll- und Handelsbeschränkungen,
- Kreditvereinfachungen für Dritte-Welt-Länder.

 Zum Weiterlesen:

- Entwicklungsländer, S. 680
- USA, Industriegürtel, 694
- Japan, S. 704
- Weltmarkt, S. 736
- Weltverkehr, S. 740

Abb. 3: Geschäftstürme in Singapur

Weltverkehr

*D*er Wunsch nach Waren aus fernen Ländern ließ die Entdecker auf Reisen gehen, um die Welt zu erforschen. Zu Wasser und zu Lande wurde schon früh Handel getrieben. Man denke nur an die berühmte Seidenstraße, über die Händler aus dem Mittelmeerraum bis nach China gelangten. Ein dichtes Netz von Verkehrswegen umspannt heute den gesamten Globus. Güter, Personen, Nachrichten und Kapital werden weltweit über Grenzen hinweg transportiert. Auf den die Welt überziehenden Handelsrouten, den Welthandelswegen, erfolgt der internationale **Warenaustausch** (Abb. 1). Der Weltverkehr hat unvorstellbare Ausmaße angenommen. Bei solch engen wirtschaftlichen Verflechtungen auf dem Weltmarkt muss die Welt als Ganzes gesehen werden.

In Thailand werden z. B. Schuhe, Textilien und Spielwaren produziert, die dann in Containern in die westliche Welt gelangen. Container sind Großbehälter, die von verschiedenen Verkehrsmitteln benutzt werden können, ohne dass der Inhalt umgeladen werden muss. Das aufstrebende Schwellenland kann auf dem Weltmarkt konkurrieren, da es zu den Niedriglohnländern gehört. In Bangkok geben sich Schiffe aus aller Welt ein Stelldichein. Waren aus der westlichen Welt wie Chemieprodukte, Fahrzeuge, Maschinen, Datenverarbeitungsanlagen werden angeliefert und für den Rückweg thailändische Produkte zum Export verladen.

Der Containerverkehr entwickelt sich schwunghaft. Schon gibt es Schiffe, die über 1500 Container fassen. Sie legen aber nur noch in Häfen an, in denen eine genügend große Ladung auf sie wartet. Kostet doch eine Stunde Liegegebühr für solche Schiffe über 3000 DM. Deshalb werden Waren mit

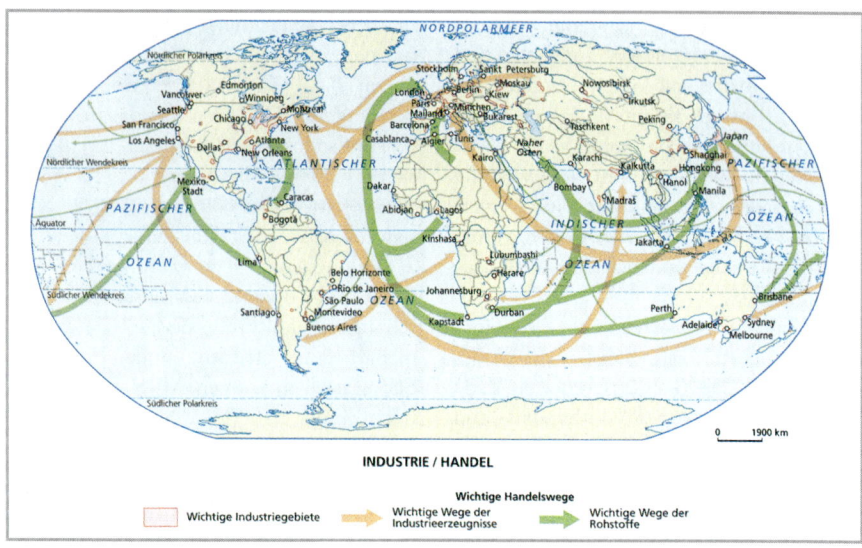

Abb. 1: Wichtige Handelswege

kleineren Schiffen in größere Häfen transportiert, z. B. nach Singapur, das nach Hongkong der zweitgrößte Containerhafen der Welt ist. Hier werden dann Transporte für den internationalen Containerverkehr zusammengestellt (Abb. 2).

Rotterdam in den Niederlanden ist der größte Hafen der Welt und eine „Drehscheibe" des Weltverkehrs (Abb. 3). Für Deutschland hat dieser Hafen besondere Bedeutung, da er der Hauptumschlagplatz für das Rheingebiet, insbesondere das Rheinisch-Westfälische Industriegebiet ist. Waren gehen von hier in alle Welt und kommen aus aller Welt. Die Bedeutung Rotterdams wuchs ab 1871 sprunghaft, als durch den Bau des Nieuwen Waterweges eine sichere Verbindung zur Nordsee geschaffen wurde. Vorher versperrten Sandbänke den immer größer werdenden Schiffen den Zugang zum Hafen.

Das Hinterland Rotterdams, das Einzugsgebiet des Rheins mit seinen Nebenflüssen bis Basel, ist für die schwunghafte Entwicklung Rotterdams zum Welthafen eine Voraussetzung. Die Binnenschifffahrt des Rheins endet hier, und hier treffen sich viele Linien des internationalen Seeverkehrs. Der wichtigste **Handelspartner** ist Deutschland. Von und nach Rotterdam gehen Güter zu gut 50% auf dem Binnenschiff, knapp 40% über Rohrleitungen und der Rest über Straße und Schiene. Doch dieser geringe Teil reicht aus, um die vorhandenen Autobahnen mit LKW zu überfüllen. Das Problem der ständig verstopften Autobahnen mit den entsprechenden Umweltbelastungen zeigt, dass leistungsfähigere Bahnanschlüsse geschaffen werden müssen.

Man geht davon aus, dass der Güterumschlag in Rotterdam noch weiter steigen wird. Dazu sind dringend zusätzliche Hafenflächen erforderlich. Ein Hafenplankonzept bis zum Jahre 2010 sieht die Erweiterung der Hafenfläche durch folgende Maßnahmen vor: Anlage eines neuen Hafenbeckens am Nordufer des Nieuwen Waterweges, Schaffung neuer Flächen durch Zuschüttung nicht mehr benötigter, älterer Hafenbecken und bessere Nutzung des vorhandenen Geländes.

Nicht nur die Menge der umgeschlagenen Güter spiegelt die Bedeutung eines Hafens wider, sondern auch die Weiterbehandlung von Gütern, durch die ihr Verkaufswert erhöht wird. So werden in Rotterdam verschiedene, aus aller Welt gelieferte Steinkohlesorten vermischt. Dieses einheitliche Produkt von gleich bleibender Qualität erleichtert den Kohlekraftwerken die Arbeit, da sie ein Fertigprodukt mit höherem Wirkungsgrad geliefert bekommen. Ähnliches

Abb. 2: Die Skyline von Singapur, im Vordergrund der Containerhafen

Abb. 3: Der Hafen von Rotterdam

geschieht mit Eisenerzen. So müssen in den Hafenanlagen riesige Verteilerzentren mit Lagerhallen und Kommunikationszentralen in der Nähe der Containerterminals und zudem mit Anschlüssen an Schiene, Straße und Wasserstraßennetz liegen.

Erweiterung des **Weltschiffsverkehrs** bedeutet erhöhte Umweltgefahr. Immer öfter wird die Welt durch Tankerunfälle alarmiert. Wenn Rohöl ins Meer ausströmt, verenden Tausende von Seevögeln qualvoll und Küstengebiete werden verseucht. Etwa 40% des gesamten Weltseeverkehrs wickelt sich auf dem Erdölmarkt ab. Diese Zahl zeigt die ungeheure Gefahr für die Weltmeere. Denn die neuen Tanker werden immer größer, andere älter und damit immer unsicherer. Die Entwicklung zu Supertankern zeichnete sich ab, als nach dem israelisch-arabischen Sechstagekrieg 1967 der Suezkanal für acht Jahre geschlossen wurde.

Suezkanal (Sueskanal)
Kanalverbindung zwischen Mittelmeer und dem Roten Meer als Großschifffahrtsstraße zur Verkürzung des Seeweges von Europa nach Indien, Ostasien und Australien. 195 km lang, 20 m tief. 1859-1869 von F. de Lesseps erbaut, 1956 von Ägypten verstaatlicht, 1967-1975 Sperrung des Kanals wegen während des israelisch-arabischen Krieges versenkter Schiffe.

Die Kosten für den Transport des Öls um Afrika herum verfünffachten sich. Um dem Preisdruck standhalten zu können, ging man zum Bau von Großtankern über, die große Mengen zu günstigen Preisen um das Kap der Guten Hoffnung herumtransportieren konnten. Aus Kostengründen haben viele Tanker keinen schützenden Doppelboden. Oder viele europäische Reeder haben sich zum „Ausflaggen" entschlossen. Das heißt, dass die Schiffe nicht unter der Heimatflagge unter Beachtung der Vorschriften des Heimatlandes, sondern unter „Billigflaggen" fahren. Wirtschaftlich unbedeutende Länder wie Liberia, Panama, Griechenland, Bahamas, Zypern, Malta und Singapur gehören auf diese Weise zu den größten Seefahrtnationen der Welt. Geringe Anforderungen an Sicherheitsvorkehrungen und Niedriglöhne auf Tankern von so genannten Billigflaggenländern stellen jedoch eine erhebliche Gefahr dar. Aber auch durch den normalen Fracht- und Schiffsverkehr werden die Weltmeere belastet. Jährlich gelangen Unmengen an Öl ins Meer, weil Tanks auf hoher See mit Meerwasser ausgespült oder einfach Ölrückstände und Altöl verbotenerweise ins Meer abgelassen werden.

Ohne Nachrichtenverkehr wäre der Weltverkehr undenkbar. Im geschäftlichen wie im privaten Bereich sind Funktelefon, E-Mail-Kommunikation, Internet, Online-Verbindungen nicht mehr wegzudenken. Mit Telekommunikationsketten kann die Organisation, Steuerung und Überwachung von der Verladung einer Sendung z. B. in Asien bis zur Auslieferung in ein deutsches Geschäft lückenlos verfolgt werden. Die Reederei kann per Mausklick Einblick in die Ladeliste des Containerschiffes nehmen und feststellen, an welcher Stelle der nachgefragte Container sich befindet und was er geladen hat. Auch den Standort des Schiffes kann sie jederzeit überprüfen.

Eine moderne Völkerwanderung per Flugzeug hat durch den **Ferntourismus** eingesetzt. Zunehmend locken günstige Angebote der Reiseveranstalter. Der Weltluftverkehr verzeichnet ein kräftiges Wachstum. 1996 wurden etwa 2,2 Mrd. Personen weltweit befördert. Im Charterverkehr werden Ferntouristen aus den reichen Industriestaaten in die entlegensten Gebiete der Erde geflogen (Charter = Miete eines Verkehrsmittels). Durch die Entwicklung von Großraumflugzeugen sanken die Preise, so dass Fernziele wie etwa Kenia als billige Pauschalreisen angeboten werden können (Abb. 4).

Unvorstellbar hohe Mengen des Energieträgers Erdöl werden für solche Flüge verbraucht. Die Zielländer, oft Entwicklungsländer, erhoffen sich wirtschaftlichen Aufschwung. Die durch die Touristen einfließenden Devisen verbleiben jedoch nur zu einem Teil im Land. Denn um die verwöhnten westlichen Ansprüche befriedigen zu können, werden wieder Güter aus den Industriestaaten importiert. Ein Teil der

Abb. 4: Afrika hat sich zum begehrten Reiseziel entwickelt

wichtigen Devisen fließt also dorthin zurück. Zudem bringt der Tourismus vielfach soziale Probleme in den armen Ländern und trägt nicht sehr dazu bei, den Unterschied zwischen Armen und Reichen zu vermindern.

 Zum Weiterlesen:

- Weltmarkt, S. 736
- Welthandelsmächte, S. 738
- Energieversorgung, S. 744
- Umweltbelastung, S. 746

Wachstum der Erdbevölkerung

Von einer lautlosen Explosion spricht man, wenn das Wachstum der Erdbevölkerung beschrieben werden soll (Abb. 1). 1997 gab es 5,85 Mrd. Menschen auf der Welt. Und diese Zahl vergrößert sich jährlich um mehr als 85 Millionen. Bis zum 18. Jahrhundert dauerte es, bis die erste Milliarde erreicht war, die zweite war bereits nach etwas mehr als nur einem Jahrhundert da, die dritte schon nach 33 Jahren und die weiteren in immer kürzeren Abständen. Die **Erdbevölkerung hat** noch vor der Jahrtausendwende die Sechsmilliardengrenze überschritten, und in vermutlich nur einem weiteren Jahrzehnt werden die nächsten zwei Milliarden Menschen den Erdball bevölkern. Man spricht in Anlehnung an die Potenzrechnung von einem exponentiellen Wachstum der Erdbevölkerung.

Dieser explosionsmäßige Anstieg der Gesamterdbevölkerung vollzieht sich jedoch nicht in allen Teilen der Erde gleichmäßig. Vielmehr vermehrt sich in den Industriestaaten die Bevölkerung nur geringfügig, wird sogar wahrscheinlich in den nächsten Jahren zurückgehen (Deutschland, Japan), während das eigentliche weltweite **Bevölkerungswachstum** in den Entwicklungsländern vor sich geht, in Afrika, Asien und Lateinamerika (Abb.5). In einigen Entwicklungsländern sinken die Geburtenraten zwar etwas, z. B. in China und Indonesien, in Afrika südlich der Sahara bleiben sie jedoch hoch.

Das Bevölkerungswachstum lässt sich modellhaft verdeutlichen. Es vollzieht sich in drei Phasen (Abb. 2).

- So wie heute in den Entwicklungsländern stieg auch in den Industrieländern zu Beginn der Industrialisierung die Bevölkerung sprunghaft an. Zwar hatten die Familien auch vor der Industrialisierung viele Kinder. Da jedoch durch Hungersnöte, Seuchen und hohe Kindersterblichkeit nicht viele überlebten, war die Geburtenrate nur wenig höher als die Sterberate. Die Gesamtbevölkerungszahl stieg nur geringfügig an.
- Fortschritte in Medizin und Hygiene zu Beginn des Industriezeitalters ließen die Lebenserwartung der Menschen steigen, die Kindersterblichkeit ging zurück. Weil weiterhin viele Kinder geboren wurden, übertraf die Geburtenrate die Sterberate, und die Bevölkerungszahl stieg enorm an.
- Bei zunehmendem Wohlstand geht die Zahl der Geburten wieder zurück. In den industriell entwickelten Ländern schrumpft die einheimische Bevölkerung nicht selten, da wesentlich gehobenere Ansprüche, der Wunsch nach Luxus, mehr eigenem Freiraum und

Selbstverwirklichung zu einer Beschränkung der Kinderzahl führen (Abb. 3).

Das exponentielle Wachstum der Erdbevölkerung wird als großes Problem für die Gegenwart und die Zukunft angesehen und wirft viele Fragen auf. Wo liegen nun die Grenzen des Wachstums? Wo hat die Tragfähigkeit der Erde ihre Grenzen, wann ist die Erde „voll"? Wie kann die Menschheit ernährt werden, ohne dass der Naturhaushalt dadurch nachhaltig geschädigt wird?

Man geht davon aus, dass die Erde etwa zehn Milliarden Menschen ernähren kann, vorausgesetzt, dass das Bevölkerungswachstum nicht unbegrenzt weitergeht. Ein Gleichgewicht zwischen den begrenzten Möglichkeiten der Erde und der Zahl ihrer Bewohner müsste hergestellt werden. Nur weniger als zehn Prozent der gesamten Erdoberfläche, einschließlich der Meeresflächen, stehen als landwirtschaftliche Nutzfläche zur Verfügung (Abb. 4). Denn ein großer Teil der Festlandsoberfläche ist entweder zu nass, zu kalt, zu trocken, zu steil oder weist ungünstige Böden auf. Noch nutzbare Reserveflächen auf der Erde befinden sich aber in Gebieten mit solch erhöhtem Anbaurisiko.

Die Statistiken der FAO (Food and Agriculture Organization of the United Nations = die Ernährungs- und Landwirtschaftsorganisation der UN) zeigen global gesehen eine deutliche Zunahme der Nahrungsmittelproduktion. Die Pro-Kopf-Produktion der auf der Erde produzierten Nahrungsmittel würde rein rechnerisch ausreichen, die Weltbevölkerung zu ernähren. Auf der Welt werden mehr als genügend Nahrungsmittel für alle Menschen erzeugt. Doch weltweite Unterschiede in der Nahrungsmittelversorgung bleiben oder verschärfen sich.

Etwa 850 Millionen Menschen, zumeist Menschen aus den Entwicklungsländern, leiden an Hunger, etwa 14 Millionen Menschen auf der Erde sterben jährlich an den Folgen der Unter- und Mangelernährung. Dagegen

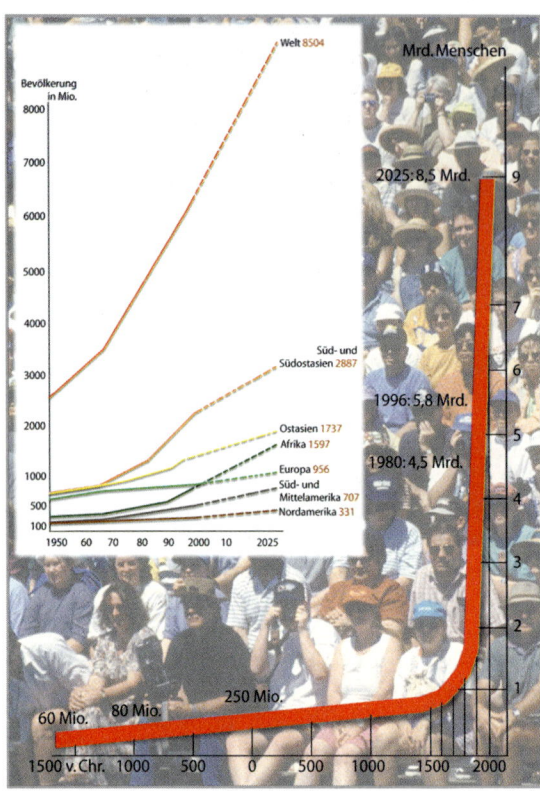

Abb. 1: Verlauf der Bevölkerungsexplosion

werden in anderen Teilen der Erde Maßnahmen zur Reduzierung des Anbaus oder sogar Vernichtung von Lebensmittelbeständen durchgeführt, wenn sie unverkäuflich sind oder die gewünschten Preise damit nicht erzielt werden können. Auf der einen Seite verhungern also Menschen, auf der anderen werden Nahrungsmittel aus Preisstabilisierungsgründen vernichtet.

Das Problem bei der **Ernährung** der Weltbevölkerung ist nicht nur die Zahl der wachsenden Menschenmassen, sondern das Wohlstands- und Anspruchsniveau bestimmter Menschengruppen. Denn seit dem Kolonial-

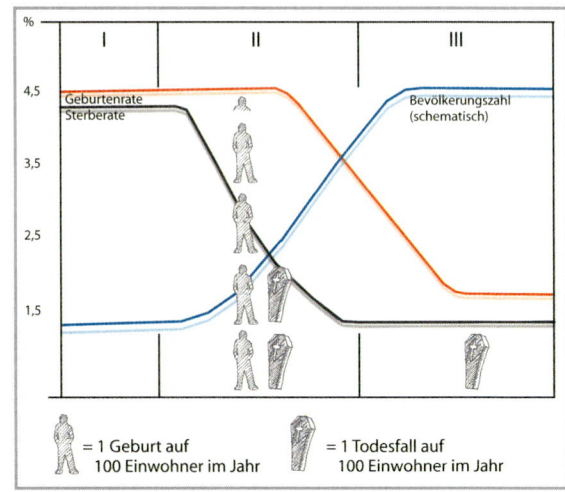

Abb. 2: Phasen der Bevölkerungsentwicklung

zeitalter entwickelte sich eine Zweispaltung in wohlhabendere Industrie- und ärmere Entwicklungsländer. Wollten alle Menschen der Erde die Ansprüche eines Menschen aus einem hoch industrialisierten Land geltend machen, so müsste die Zahl der Arbeitsplätze, Bildungs- und Freizeiteinrichtungen, die Größe der Felder und Weiden gewaltig steigen. Sechs Milliarden Menschen mit den Ansprüchen eines Menschen aus einem armen Entwicklungsland kann die Erde verkraften, nicht aber ebenso viele mit den Ansprüchen der Menschen aus den Industrienationen.

Mit dem Wachstum der Menschheit verbunden ist ein überproportionales Wachstum der Städte. Rund 45 % der Erdbevölkerung lebt in Städten. Davon entfallen 30 % auf die Entwicklungsländer. Da der Zulauf aus den ärmlichen ländlichen Räumen anhält, wächst die Stadtbevölkerung wesentlich schneller als die übrige Bevölkerung. Man rechnet damit, dass im Jahre 2010 weit über die Hälfte der Menschen in Städten leben wird. Um 1800 waren es kaum drei Prozent, 1900 etwa 15 Prozent.

Dieses Städtewachstum macht sich besonders in den ärmsten Ländern der Welt bemerkbar. Der Anteil der Slumbewohner an der städtischen Gesamtbevölkerung nimmt jährlich zu. In Kairo leben über 80 %, in Rio de Janeiro gut 30 % in Elendsvierteln (Abb. 5). Umweltkatastrophen und Seuchen wirken sich hier verheerend aus, da das Wachstum außer Kontrolle geraten ist. Bewohnbarer Raum in den Großstädten findet sich nur noch an kaum brauchbaren Stellen wie steilen, durch Bergrutsche gefährdeten Berghängen oder in überschwemmungsgefährdeten Gebieten.

Zwei internationale Konferenzen der UN,

Viele Kinder in der dritten Welt	Wenige Kinder bei uns
Kinder tragen zum Familieneinkommen bei	Kinder kosten und verringern den Lebensstandard
Kinder sind die Altersversorgung der Armen	Altersversorgung hängt nicht von der Kinderzahl ab
Hohe Kindersterblichkeit macht viele Kinder notwendig	Mehrere Kinder schränken Berufstätigkeit der Frau ein
Große Familien sind angesehen und geachtet.	Große Familien sind stark belastet

Abb. 3: Der Kinderwunsch hängt oft von den sozialen Umständen ab

die Internationale Konferenz über Bevölkerung und Entwicklung und die Zweite Weltsiedlungskonferenz, haben sich 1994 und 1996 mit der Problematik der **Bevölkerungsexplosion** und der Verstädterung beschäftigt. Maßnahmen zur Produktionssteigerung durch Einsatz von Bio- und Gentechnologie, Bodenschutz- und Bewässerungsmaßnahmen, verbesserte Ausbildung der Landwirte, Veränderungen im Welthandelssystem, die zu mehr Chancengleichheit für alle Länder führen könnten, wurden vorgeschlagen, um die Ungleichheiten abzubauen.

Durch die Gentechnologie sollen ertragreichere Nutzpflanzen produziert werden, die widerstandsfähiger gegen Krankheiten und Schädlinge sind und sich besser an extreme Bedingungen wie Kälte oder Trockenheit anpassen. Wegen der Gefahren, die die Gentechnologie mit sich bringt, gerät sie immer wieder in das Kreuzfeuer der Kritik.

Die Weltmeere, die ja schließlich etwa zwei Drittel der Erdoberfläche ausmachen, müssten besser genutzt werden. Sie enthalten viel tierisches Eiweiß. Mit modernen Fangmethoden werden in riesigen Netzen bis zu sechs Kilometer Länge Fische gefangen, die man teilweise jedoch gar nicht verwertet und tot ins Meer zurückkippt. Die Gefahr der Überfischung droht, das heißt, dass bestimmte Tierarten in ihrem Bestand gefährdet sind.

Der Frau wird bei der Bevölkerungspolitik eine entscheidende Rolle zugewiesen. Selbstbestimmung über den Zeitpunkt ihrer Heirat, die Zahl der Nachkommen, den Abstand zwischen den Geburten, Wahl des Berufes und Berufsortes müssten als Grundrechte für alle Frauen wirksam werden. Vermehrter Zugang zu Bildung, vor allem für Mädchen, verbesserte Hygiene- und Gesundheitsvorkehrungen werden angestrebt.

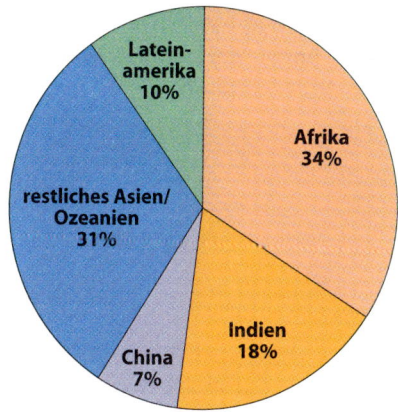

Abb. 5: Bevölkerungswachstum in Entwicklungsländern zwischen 2000 und 2050

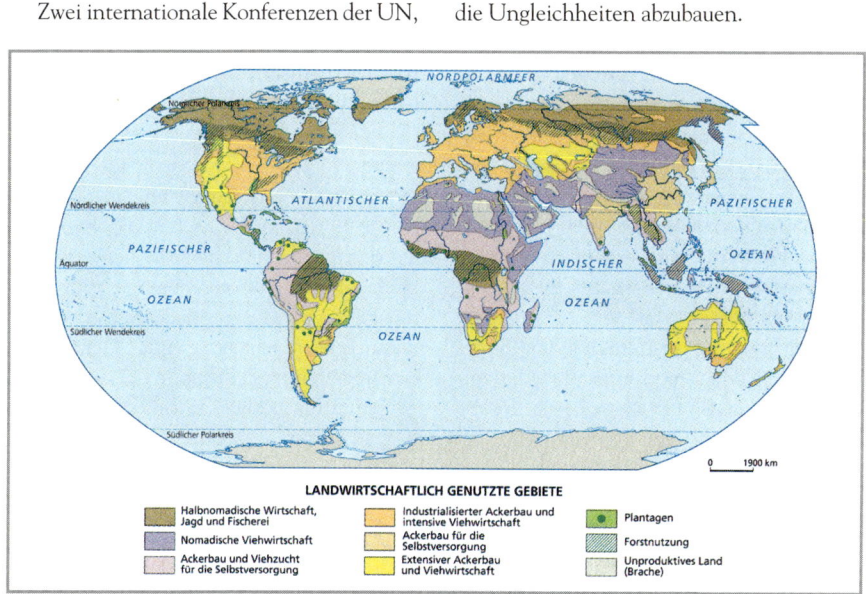

Abb. 4: Landwirtschaftlich genutzte Gebiete

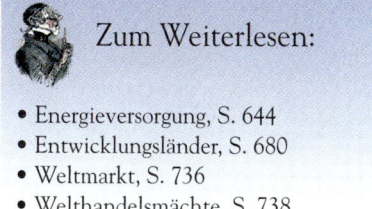

Zum Weiterlesen:

- Energieversorgung, S. 644
- Entwicklungsländer, S. 680
- Weltmarkt, S. 736
- Welthandelsmächte, S. 738
- Umweltbelastung, 746

743

Energieversorgung

Ohne Energie läuft nichts. Energie ist zum Kochen, zur Bewegung der Transportmittel, zum Heizen und Kühlen genauso wichtig wie für die Industrie. Man unterscheidet verschiedene Primär- und Sekundärenergieträger, die als feste, flüssige, gasförmige oder radioaktive

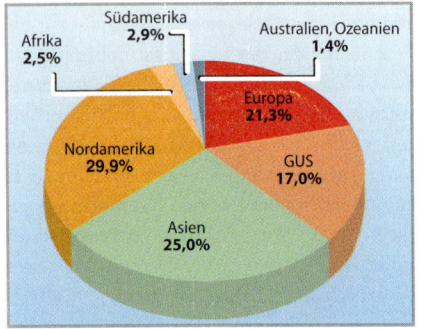

Abb. 1a: Anteile der Erdteile am Weltenergieverbrauch

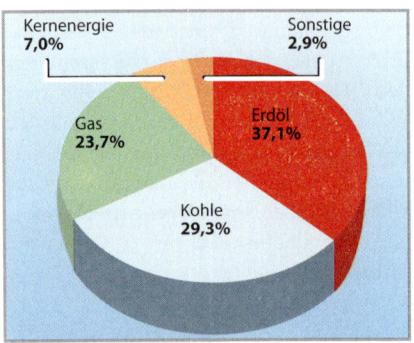

Abb. 1b: Anteile der Energieträger am Weltenergieverbrauch

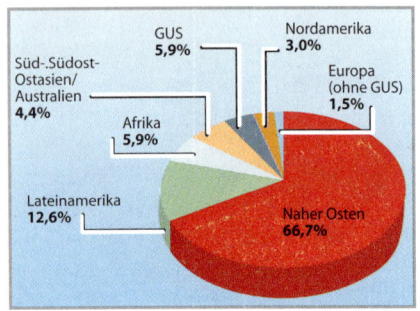

Abb. 1c: Erdölreserven der Welt

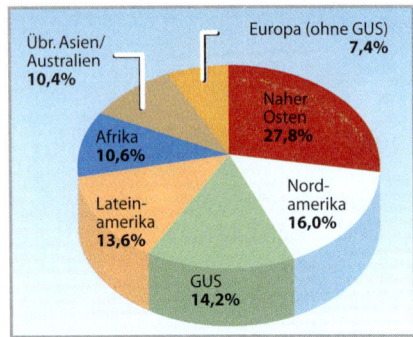

Abb. 1d: Erdölförderung nach Kontinenten und Gebieten

Stoffe die Energie (z. B. Sonnenenergie) als chemische Energie gespeichert haben (Fotosynthese), die von uns mit Hilfe verschiedener Prozesse genutzt bzw. freigesetzt oder auch in für uns nutzbare Energie umgewandelt werden kann. Die **Primärenergieträger** Kohle, Erdöl und Erdgas, Uranerz und Wasserkraft können in ihrer natürlichen Form genutzt werden, während **Sekundärenergieträger** vorher einen Umwandlungsprozess erfahren haben (Strom, Heizöl, Benzin, Fernwärme).

Die Nutzung der primären Energieträger Kohle, Erdöl und Erdgas brachte in der Wirtschaftsweise des Menschen völlige Umwälzungen. Jahrtausendelang waren lediglich regenerative, d. h. **erneuerbare Energien** wie Sonne, Wasser, Wind, Holz und ferner die Muskelkraft von Mensch und Tier die einzigen Energiequellen gewesen. Die Nutzung der **fossilen Energieträger** bildete die Voraussetzung für die Industrialisierung im vorigen Jahrhundert.

Der Sammelbegriff „fossile Energieträger" (fossil = urzeitlich) wird für Energieträger gebraucht, die in der Erde lagern und sich vor vielen Millionen Jahren in erdgeschichtlicher Vergangenheit aus der organischen Substanz toter Tiere und Pflanzen gebildet haben, deren Energie sie in sich speichern. Dazu gehören Torf, Braun- und Steinkohle, Erdöl. Unwiderruflich werden sie durch die Energienutzung verbrannt. Die fossilen Rohstoffquellen sind begrenzt, nicht erneuerbar und irgendwann ausgeschöpft. Sie decken zurzeit über 90 % des weltweiten Energiebedarfs. In Deutschland entfällt bei der Stromerzeugung über die Hälfte auf die Primärenergieträger Braun- und Steinkohle, etwa ein Drittel auf Kernenergie und nur etwa fünf Prozent auf die regenerativen Energieträger (Abb. 1).

Seit 1966 sind in der BRD **Kernkraftwerke** in Betrieb. Durch Kernspaltung wird Wärme freigesetzt, die dann zur Stromerzeugung genutzt werden kann. Durch die friedliche Nutzung der Kernenergie erhoffte man sich eine geringere Abhängigkeit von den Erdölimporten und zudem eine geringere Belastung der Umwelt. Denn bei der Kernspaltung entstehen keine Abgase, so dass die Atmosphäre nicht belastet wird. Als ein wesentliches Argument für die Kernenergie wird der geringe Kostenaufwand angeführt. Zusammen mit heimischer Kohle sollte langfristig eine erdölunabhängige Stromversorgung gewährleistet werden. Kernkraftwerke erzeugten am Ende der achtziger Jahre etwa ein Drittel des Stroms in Deutschland. Die Kritik an der Kernenergie verstärkte sich jedoch immer mehr und führte auch zu Stilllegungen bereits fertig gestellter Anlagen.

Probleme entstehen bei der Aufbereitung von Brennstäben, der Endlagerung von Atommüll und letztlich auch bei der Beseitigung von Kernkraftwerken. Die Gegner führen als Hauptargument an, dass durch menschliches Versagen Katastrophen ungeahnten Ausmaßes entstehen können. Als mahnendes Beispiel gilt der größte Reaktorunfall der Geschichte, der sich 1986 in der Ukraine bei Tschernobyl ereignete. Ein Kernkraftwerk explodierte und geriet in Brand. Die Zahl der dabei getöteten Menschen, die bei den Löscharbeiten geholfen hatten oder in unmittelbarer Nähe lebten und arbeiten, ist nicht genau bekannt. Seit diesem GAU (= größter anzunehmender Unfall) ist die Umgebung durch die radioaktive Strahlung verseucht und unbewohnbar. Auch andere Gebiete Europas und Vorderasiens wurden durch radioaktiv verseuchte Niederschläge in Mitleidenschaft gezogen. In Deutschland wurde die Gemüseernte auf verseuchten Feldern vernichtet.

Ein verändertes Umweltbewusstsein und die Tatsache, dass die Vorräte an fossilen Brennstoffen begrenzt sind, führten zu einer Besinnung auf die sich erneuernden Energieträger, die aller Voraussicht nach unerschöpflich sind. Als alternative Energie der Zukunft sehen Experten die **Solarenergie** an, die äußerst umweltfreundlich ist. Mit ihr könnten die Folgen des Treibhauseffekts wesentlich verringert werden. Die Strahlungsenergie der Sonne ist unermesslich groß. Sie entspricht ungefähr der zehntausendfachen Menge des gesamten Energieverbrauchs auf der Welt. Sämtliche Energieversorgungsprobleme wären so gelöst, wenn da nicht die Nutzungseinschränkungen wären. In der Nacht, bei Bewölkung und in den gemäßigten Breiten in den kälteren Jahreszeiten steht die Sonne nicht ausreichend zur Verfügung (Abb. 2). Zur Warmwasserbereitung wird Sonnenenergie bereits häufig eingesetzt.

So wird die Solarenergie wohl noch über mehrere Jahre einen unbedeutenden Teil der Gesamtenergieversorgung einnehmen. Sie hat jedoch in der Forschung einen hohen Stellenwert. Die technischen Möglichkeiten zur Speicherung von Sonnenenergie sind noch nicht ausgereift. Denn gerade dann, wenn die meiste Energie gebraucht wird, scheint in den gemäßigten Breiten die Sonne am wenigsten.

Stromtransporte bzw. -leitungen aus Solarkraftwerken der sonnenreichen Länder zu uns sind beim heutigen Stand der Leitungstechnik nicht rentabel.

Wasser- und Windkraft sind dem Menschen schon lange vertraut, wie Windmühlen und Wasserräder beweisen. In Deutschland sind die Möglichkeiten zur Energiegewin-

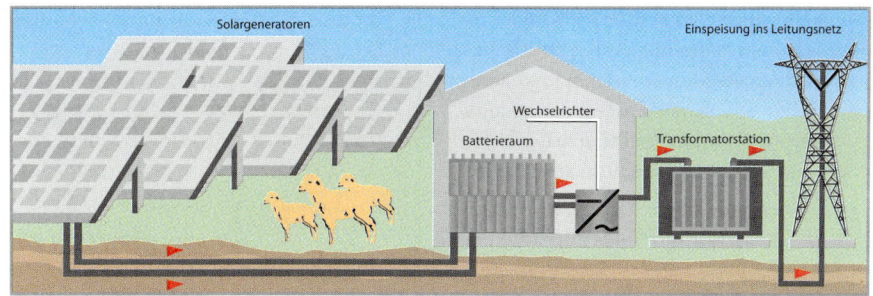

Abb. 2: Solaranlage mit Flachkollektoren

nung aus **Wasserkraft** nahezu erschöpft. Es gibt Laufkraftwerke an großen, gefällereichen oder wasserreichen Flüssen und Speicherkraftwerke (Abb. 3). An Küsten kann die Meeresenergie ausgenutzt werden, so bei Gezeitenkraftwerken. Hier ist jedoch ein großer Tidenhub Voraussetzung.

Der **Windenergie** kommt vor allem an den windreichen Küsten von Nord- und Ostsee immer mehr Bedeutung zu (Abb. 4). Hierzu ist allerdings eine mittlere Windgeschwindigkeit über mindestens 4 m/s Voraussetzung. Nach den USA liegt Deutschland vor dem klassischen Windenergieland Dänemark an zweiter Stelle in der Windenergieproduktion. Auch der Wind steht nicht

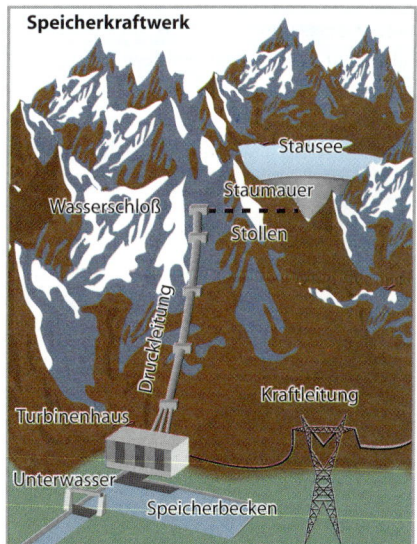

Abb. 3a: Speicherkraftwerk

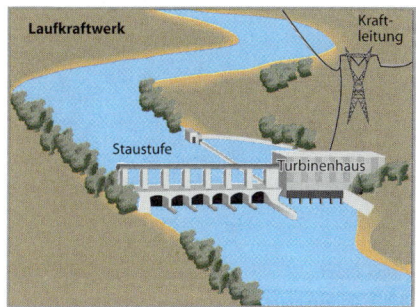

Abb. 3b: Laufkraftwerk an einem Fluss

ständig verlässlich zur Verfügung. Zudem benötigt man sowohl für Wind- als auch für Solaranlagen große Flächen, die das Landschaftsbild erheblich verändern und entstellen. Lärmbelästigung und Gefährdung der Vogelwelt kommen hinzu.

Als alternative Energien gelten auch bei der Abfallverwertung frei werdende Energien, Deponiegas, Klärgas oder durch Müllverbrennung gewonnene Energie. Erdwärme kann in Gebieten mit vulkanischer Tätigkeit genutzt werden, wie in Island, wo geothermische Kraftwerke die Versorgung übernehmen. Bioenergie aus Holz, Gewinnung von Treibstoffen aus pflanzlicher Biomasse, Biogas sind weitere Alternativen. Doch auch diese bedürfen einer kritischen Überprüfung, da viele der auf den ersten Blick als „sauber" erscheinenden Energien die Umwelt ebenfalls erheblich belasten. Dies macht man mit Hilfe von **Ökobilanzen**, in denen alle Umwelteinwirkungen erfasst werden.

Insgesamt ist der Beitrag der sich erneuernden und alternativen Energien an der Gesamtversorgung auch deshalb noch sehr gering, weil sie derzeit aus verschiedenen Gründen, wie z. B. den Kosten für die notwendige Technik, noch teurer sind als die Energiegewinnung aus Kohle, Erdöl und Erdgas oder Kernenergie. Eine stärkere Nachfrage z. B. nach Solaranlagen könnte jedoch über kostengünstige Großserienproduktion die Preise senken.

Die Ölkrisen machten die Importabhängigkeit moderner Industriestaaten deutlich und stellten zusammen mit dem Umweltschutz der Forschung die Aufgabe, nach neuen ökonomisch und ökologisch brauchbaren Alternativen zu suchen.

Der **Energieverbrauch** auf der Erde steigt beständig. Von der Menge der zur Verfügung stehenden Energie hängt die Lebensweise der Menschen ab. Der Energieverbrauch gilt als Maßstab für die industrielle Entwicklung. Als Maßeinheit für den Energieverbrauch eines Landes gilt die Öleinheit (ÖE). Indien verbrauchte 1997 248 kg ÖE/Ew, Deutschland dagegen 4128

kg ÖE/Ew. Die Minderheit der wohlhabenden Industrieländer verbraucht so den größten Teil der Energie.

Die ungleiche Verteilung der Energieträger auf der Welt führt vor allem in den Entwicklungsländern immer wieder zu Energieengpässen. Energie gilt aber als Motor des Fortschritts und der Entwicklung. Mehr als vier Fünftel der Erdöl- und fast die Hälfte der Erdgasreserven befinden sich auf der Südhalbkugel, gehören jedoch zum größten Teil den OPEC-Ländern. Die meisten Entwicklungs- oder Schwellenländer besitzen jedoch fast keine fossilen Energieträger, müssen sie vielmehr teuer importieren. Holz und Dung

Abb. 4: Windrad

der Tiere sind die einzigen Energieträger in ländlichen Teilen von Entwicklungsländern. In der Nähe von Siedlungen und Städten sind alle Wälder vernichtet, da das Holz dringend als Brennmaterial benötigt wird. Erosion und Desertifikation sind unausbleibliche Folgen.

 Zum Weiterlesen:

- Erdöl aus der Wüste, S. 632
- Strukturwandel im Ruhrgebiet, S. 718
- Weltmarkt, S. 736
- Steinkohle aus dem Ruhrgebiet, S. 628
- USA, Industriegürtel, S. 694

Umweltbelastung

Erdkunde

Als Folge des weltweit steigenden **Energieverbrauchs** wird die Umwelt in immer stärkerem Maße belastet. Bei der Verbrennung von Kohle, Erdöl und Erdgas entstehen Emissionen wie Staub, CO_2 (Kohlendioxid), NO_2 (Stickoxid) und SO_2

Abb. 1: Saurer Regen bedroht die gesunden Wälder

(Schwefeldioxid). Diese Schadstoffe bilden den überwiegenden Anteil an der Luftverschmutzung. Sie kehren als **Immissionen** auf die Erde zurück und verursachen enorme Umweltschäden. Der **saure Regen** und das damit zusammenhängende **Waldsterben** alarmierten die Öffentlichkeit. Denn der Wald ist Wasserspeicher und Luftfilter, wandelt Kohlendioxid in Sauerstoff um, ist Lebensraum von Tieren und Pflanzen, ein Erholungsraum für den Menschen und Holzlieferant (Abb. 1). Seit den siebziger Jahren treten in vielen Gebieten Europas aber auch Nordamerikas großräumige Waldschäden auf. Winde transportieren Schadstoffe über große Entfernungen, so dass Wälder auch in Reinluftgebieten geschädigt werden (Abb. 2).

In einigen Industriegebieten, z. B. dem Ruhrgebiet, nahmen in den sechziger Jahren die Schäden ein solches Ausmaß an, dass gesetzliche Bestimmungen eingeführt und mehrfach verschärft wurden, um die Schadstoffemissionen zu begrenzen. Einige **Kraftwerke** wurden daraufhin stillgelegt. Verordnungen über bestimmte Höchstmengen an SO_2, NO_2 und Staub, der Einbau von Filtern bei Wärmekraftwerken, der Einbau von Katalysatoren in neue Autos und die Verwendung bleifreien Benzins sollten die Schadstoffbelastung reduzieren.

Die verschärften Umweltauflagen brachten einige Industriezweige in eine schwierige Lage, da sie enorme **Investitionskosten** aufbringen mussten, um den gesetzlichen Ansprüchen zu genügen. Die Wettbewerbsfähigkeit wurde dadurch anfangs teilweise eingeschränkt. Hier gilt es, die politischen Maßnahmen geschickt zwischen Ökonomie und Ökologie abzuwägen. Auf der anderen Seite entstand jedoch ein völlig neuer Industriezweig, die **Umwelttechnologie**, die seit Mitte der achtziger Jahre viele neue Arbeitsplätze schuf.

Das Abschmelzen des Eises der Polkappen und der Gletscher in den Alpen, der Anstieg des Meeresspiegels, Überflutungen von Küstenregionen, mögliche Verschiebung der Klimazonen - das alles sind alarmierende Nachrichten und Prognosen, die die Weltöffentlichkeit wachrütteln. Die durch den Menschen verursachte Verstärkung des **Treibhauseffekts** der Atmosphäre nimmt bedrohliche Ausmaße an (Abb. 3). Eigentlich ermöglicht dieser Treibhauseffekt erst das Leben auf der Erde. Die Atmosphäre wirkt nämlich wie die Glaskuppel über einem Treibhaus. Die kurzwelligen Strahlen der Sonne fallen durch das Glas, treffen ungehindert auf und erwärmen Boden, Gegenstände, Pflanzen. Dort erfahren sie eine Umwandlung in langwellige infrarote Wärmestrahlung, die nicht durch die Glasscheiben entweichen kann. Die Glasscheiben wirken wie eine „Energiefalle", so dass es im Treibhaus auch ohne Heizung wärmer ist als in der unbedachten Umgebung.

In der Atmosphäre sind es keine Glasscheiben, sondern Wasserdampf und Gase, die die Wärmestrahlung zurückwerfen. Diese so genannten Treihausgase (Kohlendioxid, Stickoxid, Methan, FCKW = Fluorchlorkohlenwasserstoffe und andere) sind normal nur in einer ganz geringen Konzentration vorhanden und machen nur etwa 0,1% der **Lufthülle** aus. Sie sind aber dafür verantwortlich, dass die durchschnittlichen Temperaturen auf der Erde bei etwa 15°C und nicht bei lebensfeindlichen -18°C liegen. Doch nicht dieser natürliche Treibhauseffekt an sich, sondern der zusätzlich durch den Menschen verursachte, bewirkt die klimatischen Veränderungen. Seit der **Industrialisierung** kann man im Treibhaus Erde eine zunehmende Wärme feststellen, da mehr Wärmestrahlung zurückbehalten wird.

Der Kohlendioxidgehalt der **Atmosphäre** hat sich etwa um 25% in den letzten hundert Jahren erhöht (Abb. 4 und 5). So

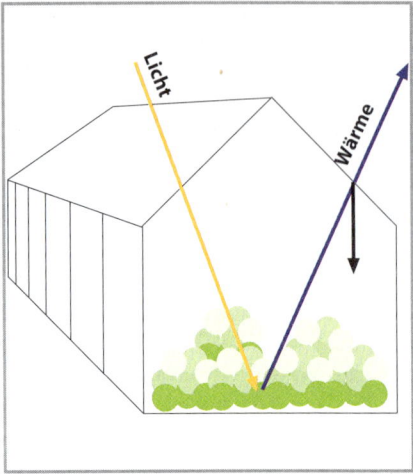

Abb. 3: Erwärmung in einem Treibhaus

ist die weltweite Durchschnittstemperatur in dieser Zeit um 0,5°C angestiegen. Forscher sehen einen engen Zusammenhang zwischen diesen beiden Werten. Nach den Ergebnissen von Computersimulationen würde der Temperaturanstieg bis zum Jahre 2030 ungefähr weitere 1,2°C betragen, wenn die Emissionen der Treibhausgase in dem Maße wie bisher weitergehen. Hierdurch könnte es zu unabsehbaren negativen Folgen für das Klima kommen (Abb. 6).

Das Eis der Polkappen und Gletscher könnte abschmelzen, den **Meeresspiegel** ansteigen lassen, zu katastrophalen Überschwemmungen und zu einer Änderung der so planetarischen Zirkulation, z. B. hinsichtlich

Abb. 2: Ein durch Umweltbelastungen zerstörter Wald

des monsunalen Klimageschehens führen. Seit 1977 hat man über der Antarktis ein Loch in der Ozonschicht festgestellt. Das in der Stratosphäre angereicherte Ozon absorbiert die für den Menschen schädlichen UV-Anteile der Sonnenstrahlung. Wird dieser Schutzschild nun zerstört, erhöhen sich die Gefahren der Hautkrebserkrankung. Treibmittel in Sprühdosen, Kühlflüssigkeit in Kühlschränken und Klimaanlagen sowie Verbrennungsvorgänge bewirken, dass verstärkt Stickoxide und FCKW freigesetzt werden. Über komplizierte Reaktionsketten zerstören sie die Ozonschicht.

Trotz besseren Wissens nehmen die Schäden zu. Die Umwelt leidet zunehmend durch Industrie- und Autoabgase, den Einsatz von Pestiziden und Kunstdünger in der Landwirtschaft und durch Abfallbeseitigung sogar im Meer. Hier werden mit Hilfe von Spezialschiffen Baggergut, Klärschlamm und hochgiftige Industrieabfälle wie Säuren ins Meer eingeleitet, „verklappt". Hinzu kommt, dass durch Entwaldungen wie im tropischen Regenwald katastrophale Erosionsschäden entstehen. In trockenen Gebieten führen die Abholzungen ebenfalls zu unwiederbringlichen Erosionsschäden und letztlich zur Desertifikation.

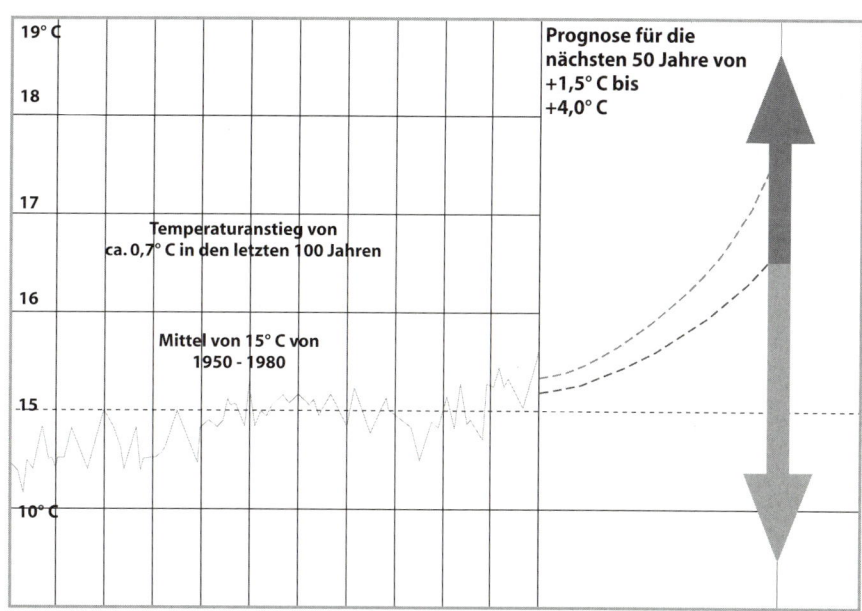

Abb. 5: Die Entwicklung und Prognose der Durchschnittstemperatur auf der Erde

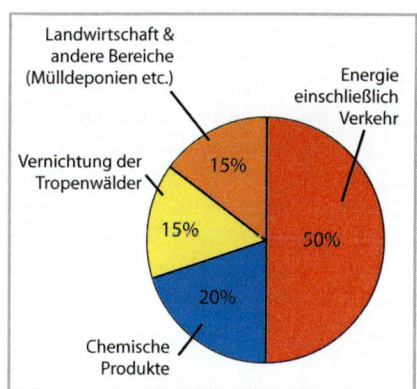

Abb. 4: Verursacher für zusätzlichen Treibhauseffekt

Die Grenzen der Belastbarkeit werden durch die ständig wachsenden Umweltbelastungen in greifbare Nähe rücken. Soll das nicht der Fall sein, muss eine radikale Beschränkung erfolgen. Die Pro-Kopf-Industrieproduktion dürfte kaum steigen, und umweltschonende Produktionsverfahren müssten vorrangig entwickelt werden. Umweltschutzmaßnahmen werden zunehmend nötig, und zwar von privater als auch von öffentlicher Seite, um die natürliche Umwelt zu schützen und damit die Lebensgrundlage der Menschen und der Tierwelt langfristig zu erhalten.

Man kann zwischen ökologischem Umweltschutz (Naturschutz und Landschaftspflege) und technischem Umweltschutz (Reinhaltung von Luft und Wasser, Abfall-

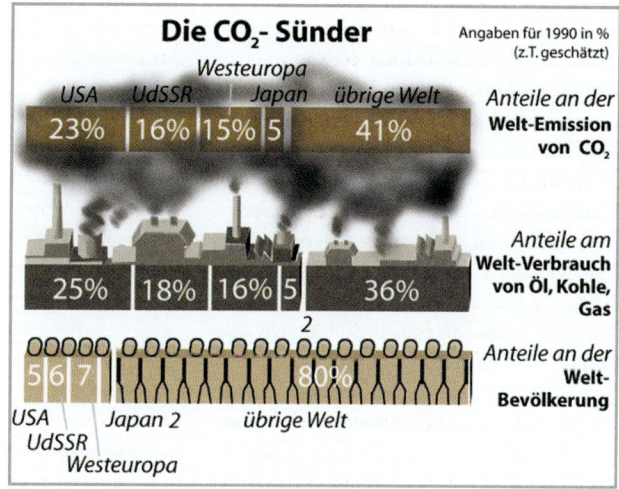

Abb. 6: Die größten CO$_2$-Verursacher

beseitigung, Lärm- und Strahlenschutz) unterscheiden.

Umweltschutz verbessern durch:

- Förderung des allgemeinen Umweltbewusstseins
- Förderung des biologischen, ökologischen Landbaus
- Rekultivierungs- und Renaturierungsmaßnahmen, z. B. Einbeziehung ehemaliger Kiesgruben, Müllkippen oder Tagebaue in die Landschaft, Rückführung in landwirtschaftliche Nutzflächen, Rückbau begradigter und einbetonierter Flussbetten
- Recycling von wertvollem Material unter der Beachtung von Öko- und Energiebilanzen
- verstärkten Einsatz regenerierbarer Energien und verstärkte Forschung in dieser Richtung
- geringere Verwendung von FCKW (bei uns verboten)
- weitere Herabsetzung der Abgasgrenzwerte, weltweiten Einsatz von leistungsfähigen Rauchgasreinigungsanlagen -> Stickoxide, Schwefeldioxid
- stärkere gerichtliche Verfolgung von Umweltsündern mit härteren Strafen

 **Zum Weiterlesen:**

- In der Wüste, S. 656
- Im tropischen Regenwald, S. 660
- Erdbevölkerung, 742
- Energieversorgung, S. 744
- Weltpark Antarktis, S. 748

Weltpark Antarktis

Die Antarktis ist in den letzten Jahren immer mehr in das Interesse der Weltöffentlichkeit gerückt. Der weiße Kontinent, wie man die südlichsten Land-, Eis- und Meergebiete der Welt um den **Südpol** nennt, waren über Jahrtausende der einsamste Kontinent, abgelegen und über keinen Verkehrsweg erreichbar, lebensfeindlich für den Menschen. Wechsel von **Polartag** und **Polarnacht,** eisige Kälte, Eis und Schnee ließen diesen Kontinent unbewohn- und unbewirtschaftbar erscheinen. 90 % der gesamten Eismassen der Erde liegen in der Antarktis, nur 10 % in der Arktis.

Antarktis ist eine Großlandschaftsbezeichnung und hat keine staatsrechtliche Bedeutung. Im engeren Sinn versteht man darunter die um den Südpol gelagerte Landmasse mit Inseln und Schelfeis. 12,5 Mio. km^2 sind Landmasse und mit der Schelfeisfläche zusammen 14 Millionen km^2. Das ist etwa 40-mal so groß wie die BRD. Durch Ross- u. Weddellmeer und das Transantarktische Gebirge wird der Kontinent in West- und Ostantarktis gegliedert (Abb. 1).

Eine Eisschicht von durchschittlich 2000 Meter Dicke, an der mächtigsten Stelle 4770 Meter, bedeckt den Kontinent wie eine große Eiskappe. Dieses **Inlandeis** konnte entstehen, weil über viele Millionen Jahre alle Niederschläge nur in Form von Schnee fielen. Weil sie nicht schmolzen, verfestigten sie sich zu Eis. Das Inlandeis schiebt sich vom Scheitel dieser Eishaube nach allen Seiten zum Weltmeer. Gletscher gleiten an den Hängen der Gebirge talwärts. An den Inlandeisrändern brechen dann die Gletscherränder ins Meer ab, die Gletscher „kalben".

Der Rand des Inlandeises bedeckt als Schelfeis den Kontinentalsockel, Schelf genannt. Das Ross-Schelf, die größte **Schelfeisfläche,** nimmt ein Gebiet etwa in der Größe Frankreichs ein (Abb. 2). **Treibeis** treibt wie ein Gürtel aus schwimmenden Eisschollen um den Kontinent. Während des Winters wächst die Treibeisdecke täglich, im Sommer zieht sie sich wieder zurück. Schieben sich Eismassen ober- oder unterhalb des Meeresspiegels über- und untereinander, nennt man das so zu Eiswällen aufgetürmte Eis **Packeis**.

Nur Moose und Flechten bilden die Pflanzenwelt. Der Pinguin, das charakteristische Tier der Antarktis, die im Meer lebenden Robben, Seelöwen und Wale konnten sich an die extremen Lebensbedingungen anpassen (Abb. 3). Im Meer finden sich riesige Schwärme von Krill, das sind tierische Schwebeorganismen, vor allem kleine Krebs-tiere und Schnecken, die für Vögel, Fische und Wale eine eiweißreiche Nahrungsquelle darstellen.

Trotz dieser extremen Verhältnisse versuchten Entdecker und Forscher immer wieder, in die Geheimnisse dieses Gebietes einzudringen.

- 1772-1775 überquert der Engländer James Cook den südlichen Polarkreis.
- 1820 entdecken der Russe Fabian Gottlieb von Bellinghausen und der Brite Edward Bransfield den Kontinent.
- 1841 durchdringt der Engländer Ross den Packeisgürtel und entdeckt das Ross-Schelf.
- 1895 landet der Walfänger Henryk Bull auf dem Kontinent.
- 1908-1909 erreicht Shakleton 88° 23' südlicher Breite.
- 1911-1912 gestalten sich die Expeditionen des Norwegers Roald Amundsen und des Briten Robert Falcon Scott zu einem Kampf um den Südpol. Amundsen, der seine Expedition mit Hundeschlitten ausgerüstet hatte, erreicht am 14. November 1911 den Südpol als Erster. Etwas mehr als einen Monat später, 1912, schafft Scotts Expedition den Südpol zu Fuß. Motorschlitten fielen wegen der mörderischen Kälte immer wieder aus, auch die Ponys, die die Schlitten ziehen mussten, waren den Anforderungen nicht gewachsen. Auf dem Rückweg kommen Scott, der tragische Zweite, und seine Leute in einem Schneesturm um.
- 1929 fliegt der Amerikaner Richard E. Byrd als erster mit dem Flugzeug zum Südpol und erforscht vom Flugzeug aus fast die gesamte Küste der Antarktis.
- 1957/58 unternehmen der Mount-Everest-Bezwinger Hillary und Vivien Fuchs die erste Durchquerung des antarktischen Kontinents mit riesigen Traktoren und begleitenden Flugzeugen für den Notfall.
- 1989/90 durchqueren die Deutschen Reinhold Messner und Arved Fuchs mit Skiern und Gleitsegeln als Erste die Antarktis zu Fuß.

Man versucht, die Antarktis auf internationaler Ebene zu schützen. Man weiß heute um wichtige Rohstoffvorkommen, deren Menge man mit folgenden Schätzwerten angibt: 45 Mrd. Barrel Erdöl, 115 Bill. m^3 Erd-gas und außerdem Titan, Eisen, Kupfer, Chrom, Platin, Gold, Kohle, Uran, Mangan. Deshalb erscheint es reizvoll, den fast unberührten Raum intensiv zu nutzen. Viele Staaten sind an der weiteren Erforschung der Antarktis interessiert.

Galt es bei der Erforschung der Antarktis früher zu 90% Gefahr zu bestehen und nur zu 10 % Forschungsaufgaben wahrzunehmen, so hat sich das Verhältnis dank modernster Technik umgekehrt. Die Antarktis hat einen Teil ihrer Feindlichkeit verloren, wenn man sich auf die extremen Bedingungen einstellt. Forscher aus aller Welt geben sich hier ein Stelldichein. Etwa 40 größere Überwinterungsstationen beherbergen Forscher aus aller Welt, darunter sieben deutsche, die Grundlagenforschung betreiben (Abb. 4). Und nicht mehr ausschließlich Männer sind die Antarktishelden. Auch ein Team von Forscherinnen überwinterte dort. Allen Forschern gemeinsam ist, dass sie nicht wie früher danach trachten, Rekorde aufzustellen, sondern wissenschaftliche Ergebnisse zu erzielen. Biologen erforschen die Anpassung der Pflanzen und Tiere an die extremen Verhältnisse. Sie untersuchen, ob der Krill im Meer als Nahrungsquelle geeignet ist. Gletscherforscher beobachten und messen Bewegungen des Eises, verfolgen die Entstehung von Eisbergen. Geologen führen Gesteinsuntersuchungen durch, suchen nach Bodenschätzen und verfolgen die Bewegungen des Kontinents. Meeresforscher untersuchen Temperaturen und den Salzgehalt des Meereswassers, beobachten Strömungen, die kalte Wassermassen bis zum Äquator transportieren. Ingenieure und Techniker testen Maschinen und Materialien auf ihren Einsatz unter extremen Bedingungen. 1981 stellten britische Wissenschaftler eine Abnahme der Ozonschicht, das Ozonloch, über der Antarktis fest.

Doch nicht nur wissenschaftliche, auch nationale und wirtschaftliche Interessen verbergen sich hinter diesen Forschungen. Denn die Antarktis ist der einzige Teil der Erde, der noch nicht verteilt ist. Sieben Staaten (Norwegen, Australien, Neuseeland, Argentinien, Frankreich, Chile, Großbritannien) melden aus verschiedenen Gründen territoriale Ansprüche an, die jedoch nicht anerkannt sind. Wirtschaftliche, aber auch strategische Gründe lassen den unwirtlichen Kontinent interessant erscheinen.

So kam 1959 der Antarktisvertrag zustande, der zunächst von zwölf Staaten unterzeichnet wurde. 1997 gehörten ihm 42 Staaten an, unter ihnen seit 1979 auch die BRD. Als ihre gemeinsame Aufgabe sehen diese

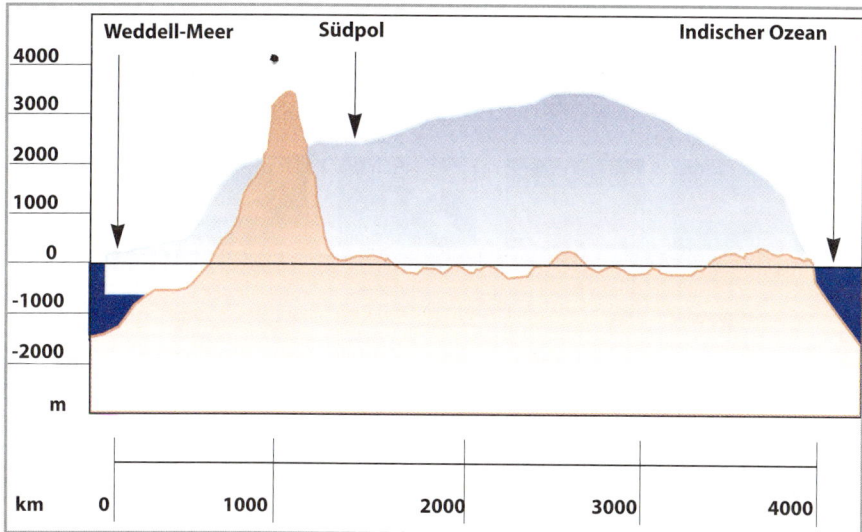

Abb. 1: Schnitt durch die Antarktis

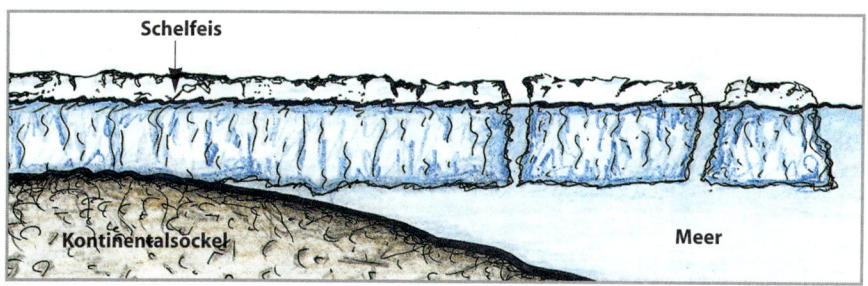

Abb. 2: Das antarktische Schelfeis

schließung von Bodenschätzen bis mindestens zum Jahre 2041 zu verzichten.

Strenge Regeln sollen helfen, die antarktische Fauna und Flora zu schützen. Auf Schutzzonen und Artenschutz setzt man, um z. B. die arktischen Robben und die lebenden Meeresschätze wie Krill und Fisch durch ein Kontrollsystem und notfalls Begrenzung der Nutzungsmöglichkeiten zu bewahren.

Etwa 4000 Menschen hinterlassen ihre Spuren. Müllentsorgung ist freiwillig und

Abb. 3: Pinguine haben sich dem eisigen Klima hervorragend angepasst

Sache der einzelnen Staaten, die die Forschungsstationen unterhalten. Man muss bedenken, dass bei den eisigen Temperaturverhältnissen nichts verrotten kann, vielmehr gefriert und „haltbar" gemacht wird. Eine weitere Gefährdung ergibt sich durch die allmähliche touristische Erschließung. Im Sommer starten von Australien und Neuseeland aus Flugzeuge mit Touristen, die Rundflüge um den Südpol oder Schlauchbootexpeditionen in besondere Tierkolonien unternehmen.

Abgelegenheit und extremste Klimabedingungen erhielten diesem Kontinent bisher große Teile seiner Ursprünglichkeit und schützten ihn vor den Eingriffen des wirtschaftenden Menschen. So haben Umweltorganisationen wie Greenpeace Sorge um eine mögliche Ausbeutung und ökologische Zerstörung. Ähnlich wie man versucht, nationale Gebiete durch Nationalparks zu schützen, verfolgen die Umweltschützer mit weltweiter Unterstützung ein Ziel: Die Antarktis soll erster Weltpark der Erde sein.

Staaten Forschungsaufgaben verschiedenster Art. Die Antarktis soll ein dem Frieden und der Wissenschaft gewidmetes Naturreservat sein. Der Vertrag legt die ausschließlich friedliche Nutzung des Südpolargebietes fest und verbietet militärische Aktivitäten. Das Vertragsgebiet ist eine entmilitarisierte und kern-

waffenfreie Zone. Keine militärischen Stützpunkte und Befestigungen werden errichtet, aber auch keine militärischen Manöver oder Erprobungen von Waffen sind erlaubt. Es dürfen hier weder Kernexplosionen ausgelöst noch radioaktiver Abfall entsorgt werden. Auch einigte man sich 1991, auf die Er-

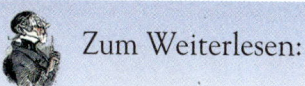

Zum Weiterlesen:

- Park, S. 648
- In den Polargebieten, S. 654
- Tages- und Jahreszeiten, S. 664
- Wärmezonen, S. 666

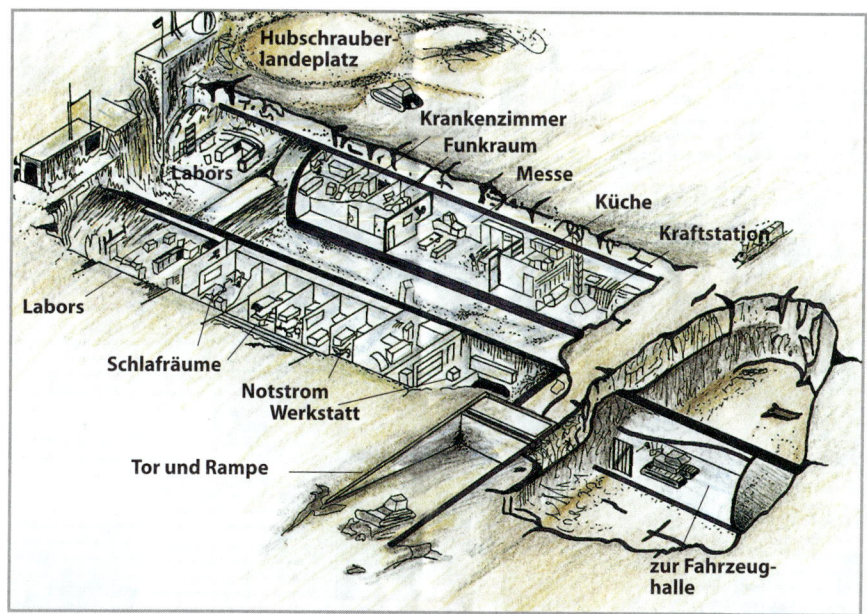

Abb. 4: Die Georg-von-Neumayer-Station

749

Flaggen der Welt

Afghanistan · Ägypten · Albanien · Algerien · Andorra · Angola · Antigua · Äquat. Guinea

Arab. Emirate · Argentinien · Armenien · Aserbaidschan · Äthiopien · Australien · Bahamas · Bahrain

Bangladesch · Barbados · Belgien · Belize · Benin · Bhutan · Bolivien · Bosnien-Herzegow.

Botswana · Brasilien · Brunei · Bulgarien · Burkina Faso · Burundi · Chile · China, VR

Costa Rica · Dänemark · Deutschland · Dominica · Dominik. Rep. · Dschibuti · Ecuador · Elfenbeinküste

El Salvador · Eritrea · Estland · Fidschi · Finnland · Frankreich · Gabun · Gambia

Georgien · Ghana · Grenada · Griechenland · Großbritannien · Guatemala · Guinea · Guinea-Bissau

Guyana · Haiti · Honduras · Indien · Indonesien · Irak · Iran · Irland

Island · Israel · Italien · Jamaika · Japan · Jemen · Jordanien · Jugoslawien

Kambodscha · Kamerun · Kanada · Kap Verde · Kasachstan · Katar · Kenia · Kirgisistan

Kiribati · Kolumbien · Komoren · Kongo (Rep.) · Kongo (Dem. Rep.) · Korea (Dem. VR) · Korea (Rep.) · Kroatien

Kuba · Kuwait · Laos · Lesotho · Lettland · Libanon · Liberia · Libyen

Liechtenstein	Litauen	Luxemburg	Madagaskar	Malawi	Malaysia	Malediven	Mali
Malta	Marokko	Marshallinseln	Mauretanien	Mauritius	Mazedonien	Mexiko	Mikronesien
Moldawien	Monaco	Mongolei	Mosambik	Myanmar	Namibia	Nauru	Nepal
Neuseeland	Nicaragua	Niederlande	Niger	Nigeria	Norwegen	Oman	Österreich
Pakistan	Palau	Panama	Papua-Neuguinea	Paraguay	Peru	Philippinen	Polen
Portugal	Ruanda	Rumänien	Russland	Sahara	Salomonen	Sambia	Samoa
San Marino	São Tomé	Saudi-Arabien	Schweden	Schweiz	Senegal	Seychellen	Sierra Leone
Simbabwe	Singapur	Slowakei	Slowenien	Somalia	Spanien	Sri Lanka	St. Kitts/Nevis
St. Lucia	St. Vincent	Südafrika	Sudan	Surinam	Swasiland	Syrien	Tadschikistan
Taiwan	Tansania	Thailand	Togo	Tonga	Trinidad	Tschad	Tschech. Rep.
Tunesien	Türkei	Turkmenistan	Tuvalu	Uganda	Ukraine	Ungarn	Uruguay
USA	Usbekistan	Vanuatu	Vatikan	Venezuela	Vietnam	Weißrussland	Zentralafrika	Zypern

Geschichte

Eine Herausforderung für alle: Die Geschichte   754

Einführung in die Geschichte
Antike – Mittelalter – Neuzeit – Was ist Geschichte?   756

Ur- und Frühgeschichte
Feuerstein, Bronze, Eisen – Ur- und Frühgeschichte   758

Die ersten Hochkulturen
„Geschenk des Nils" – Die ägyptische Hochkultur   762
Die Hochkulturen Mesopotamiens   764
Hochkulturen von Kreta und Kleinasien   766
Die Geschichte des Volkes Israel   767

Das alte Griechenland
Griechenland – Von den Anfängen bis zur Adelsherrschaft   768
Athen – Wiege der Demokratie   770
Perserkriege, Peloponnesischer Krieg und Niedergang der Polis   772
Alexander der Große – Der Hellenismus erobert die Welt   774

Die römische Welt
Rom – Eine Stadt wird Weltmacht   776
Blüte und Untergang des römischen Kaiserreiches   778
Das Christentum wird Weltreligion   782
„Varus, Varus ..." – Die Römer in Germanien   784

Das Mittelalter
„Völkersturm" – Die große germanische Völkerwanderung   786
Hausmeier, Könige, Kaiser – Das Frankenreich   788
Deutsches Königreich – Heiliges Römisches Kaiserreich   790
Papst gegen Kaiser – Die Kirche im Mittelalter   794
Von Ritterschlag und Minnesang   796
„Auf ins Heilige Land" – Die Kreuzzüge   797
„Stadtluft macht frei" – Die mittelalterliche Stadt   798
Fehde, Gottesfriede, Landfriede – Recht und Gesetz   799
Die europäischen Staaten im Mittelalter   800

Die großen Entdeckungen
Auf der Suche nach Indien – Die Entdeckung einer „Neuen Welt"   804

Reformation und Glaubenskriege
Kaiser Karl V. und die Reformation   806
Kampf gegen die Kirche – Martin Luther   808
Reformation und Glaubenskämpfe in den europäischen Staaten   810
Dreißigjähriger Krieg und Westfälischer Friede   812

Zeitalter des Absolutismus
„Der Staat bin ich" – Frankreich und sein „Sonnenkönig" Ludwig XIV.   814
Machtkämpfe zwischen König und Parlament – blutige und „glorreiche" Revolutionen in England   816
Peter I. der Große – „Lehrjahre" eines Zaren machen Russland zur Großmacht   818
Die Türken vor Wien – Die Entstehung der österreichisch-ungarischen Doppelmonarchie   819
„Großer Kurfürst", „Soldatenkönig" und „Erster Diener des Staates" –
Der Aufstieg Preußens zur Großmacht   820

Zeitalter der Vernunft
„Und sie bewegt sich doch!" – Das Zeitalter der Aufklärung   822
„Alle Macht ruht im Volke!" – Die Unabhängigkeit der USA   824

Geschichte

Die Französische Revolution und Napoleon

Höfische Singspiele, Reifröcke und Zopfperücken – Die Krise des französischen Absolutismus   825

„Freiheit, Gleichheit, Brüderlichkeit" – Die Französische Revolution   826

„Der Sohn des Glücks" – Das Ende der Revolution und Napoleons Krieg gegen Europa   830

Restauration und Revolution

Vom Wiener Kongress zum „Vormärz" – Der Deutsche Bund   834

„Großdeutsch" oder „kleindeutsch"? – 1848/49 und die „deutsche Frage"   836

Zeitalter der Nationalstaaten

„Eisen und Blut" – Das deutsche Kaiserreich entsteht   838

„Ein ehrlicher Makler" – Das Bündnissystem Bismarcks   840

Gegen die „Staatsfeinde" – Bismarcks Innenpolitik   841

Militarismus und Nationalismus – Das „wilhelminische" Deutschland   842

Industrielle Revolution

„Kapitalisten" und „Proletarier" – Industrielle Revolution und soziale Frage   844

Der Imperialismus

„Amerika den Amerikanern" – Die USA auf dem Weg zur Weltmacht   846

„Ein Platz an der Sonne" – Der „Run" auf Kolonien   848

Weltweite Rivalität und europäisches Gleichgewicht – Das Zeitalter des Imperialismus   850

„Deutschlands Zukunft liegt auf dem Wasser" – Der Rüstungswettlauf   852

Der Erste Weltkrieg

Das „Pulverfass" explodiert – Balkankrise und Ausbruch des Ersten Weltkrieges   853

„In Europa gehen die Lichter aus" – Der Erste Weltkrieg   854

„Genugtuung" oder „Gewaltfrieden"? – Die Pariser Friedensschlüsse   856

Entstehung des Kommunismus

„Diktatur des Proletariats" – Die russische Oktoberrevolution   858

Die Zeit zwischen den Kriegen

Demokratie ohne Demokraten – Die Weimarer Republik   860

Inflation, Reparationen und Weltwirtschaftskrise – Die Bewältigung des Ersten Weltkriegs   864

Demokratie in der Defensive – Diktaturen auf dem Vormarsch   866

Der Nationalsozialismus

Die Errichtung der nationalsozialistischen Diktatur   868

Volksempfänger, Arbeitsdienst, Kleiderkarte – Alltagsleben im nationalsozialistischen Deutschland   870

Flugblätter, Spionage, Attentate – Der Widerstand gegen die nationalsozialistische Diktatur   871

Die Ermordung der europäischen Juden   872

Der Zweite Weltkrieg

Von der Revision zur Aggression – Die Entfesselung des Zweiten Weltkrieges   874

Kriegsverlauf und totale Niederlage   876

Von Pearl Harbour nach Hiroshima – Krieg im Pazifik   878

Die Welt nach 1945

Währungsreform und doppelte Staatsgründung – Die Teilung Deutschlands   880

Der „Eiserne Vorhang" – Kalter Krieg, Entspannungspolitik und Wettrüsten   882

Berlin, Budapest, Prag – Der „Ostblock"   884

„Niemand hat die Absicht, eine Mauer zu bauen" –
40 Jahre geteiltes Deutschland   886

Indien, Vietnam, Algerien – Der Zusammenbruch der Kolonialreiche   888

Hüterin des Weltfriedens? – Die Vereinten Nationen   890

Von der Montanunion zum Euro – Die europäische Integration   892

Die Welt heute

Nach dem Mauerfall – Das Ende der Nachkriegsordnung   894

Eine Herausforderung für alle: Die Geschichte

Der ehemalige Bundespräsident Gustav Heinemann und Kurt A. Körber riefen 1973 den Schülerwettbewerb Deutsche Geschichte ins Leben (Abb. 1). Ziel des Wettbewerbs war und ist, junge Menschen zur Auseinandersetzung mit den demokratischen Traditionen der deutschen Geschichte anzuregen.

Der erste Schülerwettbewerb wurde 1973/74 ausgeschrieben, er trug das Thema „Deutsche Revolution 1848/49" (Abb. 2/3). 4500 Jugendliche nahmen an diesem ersten Wettbewerb teil.

Seitdem findet der Schülerwettbewerb alle zwei Jahre statt, und zwar jeweils zu einem bestimmten Thema. Mittlerweile haben sich etwa 90.000 Jugendliche daran beteiligt und fast 17.000 Beiträge eingereicht, die im Archiv der Körber-Stiftung runde 150 Regalmeter füllen.

Wer kann mitmachen?

Teilnahmeberechtigt sind Kinder und Jugendliche im Alter von 8 bis zu 21 Jahren, und zwar nicht nur Schülerinnen und Schüler, sondern auch Studenten und Studentinnen, Auszubildende und Wehr- oder Ersatzdienstleistende.

Die Teilnehmer können allein oder in Gruppen arbeiten. Die Gruppengröße ist dabei nicht begrenzt; auch ganze Schulklassen können eine gemeinsame Arbeit anfertigen.

Damit nicht achtjährige Grundschüler gegen 21-jährige Studenten antreten müssen, ist der Wettbewerb in zwei Klassen eingeteilt: Teilnehmer bis einschließlich Klasse 8 gelten als Junioren, zur zweiten Gruppe gehören alle ab Klasse 9. Die Anforderungen für diese beiden Gruppen sind unterschiedlich formuliert.

Wann startet der nächste Wettbewerb?

Das Thema für den Wettbewerb 2002/03 wird am 1. September 2002 bekannt gegeben werden. Zu diesem Termin erscheint das von der Körber-Stiftung herausgegebene Geschichtsmagazin ‚Spuren Suchen', das an alle Schulen, Archive, Museen, Bibliotheken und Einrichtungen der historisch-politischen Bildung verteilt wird. In diesem Magazin wird nicht nur das Thema bekannt gegeben, es enthält auch viele wichtige Informationen, Tipps und Anregungen zum Wettbewerb im Allgemeinen und zum Thema im Besonderen – und den Teilnahmebogen, der mit jeder Arbeit eingesandt werden muss.

Wer will, kann sich das Magazin aber auch nach Hause bestellen, und zwar bei folgender Adresse:

Abb. 1: Gustav Heinemann (1899-1976) rief den Wettbewerb ins Leben

Körber-Stiftung
Kurt-A-Körber-Chaussee 10
21033 Hamburg
Telefon: 040/72 50 24 39
Fax: 040/72 50 37 98
E-Mail: sdg@stiftung.koerber.de

Einsendeschluss für alle Arbeiten ist der 28. Februar 2003. Damit die Juroren die Vielzahl der eingereichten Beiträge sorgfältig lesen und bewerten können, werden die Preisträger erst im Herbst 2003 bekannt gegeben.

Zu diesem Zeitpunkt erscheint eine weitere Ausgabe des Magazins ‚Spuren Suchen'. Darin werden die Preisträger und ihre Arbeiten vorgestellt, ein Überblick über die Ergebnisse gegeben, und Teilnehmer berichten über ihre Erfahrungen.

Wie müssen die Wettbewerbsbeiträge aussehen?

Zunächst einmal: Es gibt weder eine Ober- noch eine Untergrenze für die Länge und den Umfang der Beiträge. Man muss der Arbeit lediglich ansehen, dass die Verfasser sich gründlich mit dem Thema beschäftigt haben – und in der Lage waren, Wichtiges von Unwichtigem zu unterscheiden.

Auch die Form der Arbeit bleibt letzten Endes den Teilnehmern überlassen. Es ist freigestellt, sie ganz klassisch als Mappe, Broschüre oder „Buch", illustriert mit dem Bildmaterial eigener Wahl, einzureichen, eine

Collage oder Ausstellung daraus zu machen, ein Hörspiel oder einen Videofilm aufzunehmen oder sie in einem historischen Spiel oder Computerspiel umzusetzen.

Die Originalarbeiten bleiben übrigens im Körber-Archiv und sind dort auch ausleihbar. Man sollte daher Kopien von seiner Arbeit anfertigen, bevor man sie abschickt, und selbstverständlich in den Arbeiten keine Originaldokumente und -fotos, sondern lediglich Kopien verwenden.

Wer hilft beim Forschen?

Sich helfen zu lassen ist keine Schande. Gerade jüngere Teilnehmer oder solche, die sich zum ersten Mal an eine Forschungsarbeit wagen, stehen oft etwas hilflos vor der Aufgabe, sich Material zu beschaffen und es richtig zu ordnen. Daher ist beim Schülerwettbewerb Deutsche Geschichte Tutorenhilfe durchaus zugelassen – vorausgesetzt, man gibt den Namen des Tutors im Fragebogen an und beschreibt im Arbeitsbericht, worin die Tutorenhilfe bestand.

Tutor können nicht nur Lehrerinnen oder Lehrer sein, sondern jeder Erwachsene, von dem man sich bei der Arbeit Unterstützung verspricht.

Wie stellt man geschichtliche Nachforschungen an?

„Forschen heißt, durch eigene Anstrengungen etwas herauszubekommen", heißt es im Magazin ‚Spuren Suchen'. Und weiter: „Forschen bedeutet, unterschiedliche Informationen zu sammeln, zu vergleichen, zu interpretieren und zu einer Darstellung zu verweben."

Dabei können aktuelle Probleme zwar als „Aufhänger" einer Forschungsarbeit dienen, der Schwerpunkt der Arbeit muss aber eindeutig in der Vergangenheit liegen – das ist schließlich der Sinn von Geschichte. Das hat auch einen praktischen Vorteil: Die allerneueste, noch gar nicht Vergangenheit gewordene Geschichte findet man noch nicht in Archiven, sie ist daher sehr viel schwerer zu recherchieren.

Eine weitere Bedingung: Das Forschungsprojekt muss sich mit Lokal- oder Regionalgeschichte beschäftigen, also mit dem jeweiligen Wohn-, Arbeits- oder Schulort und dessen Umgebung zu tun haben.

Sobald das Thema des Wettbewerbs bekannt geworden ist, sollte man, wenn man sich beteiligen möchte, mit Eltern, Lehrern, Verwandten, Freunden und Bekannten darüber sprechen. Man sollte wirklich alle Personen, die man kennt, fragen, was ihnen zu diesem Thema einfällt.

Abb. 2: Nationalversammlung in der Paulskirche

Konkrete Tipps für den Umgang mit dem Thema des nächsten Wettbewerbes gibt es im Magazin ‚Spuren Suchen'. Sie helfen einem, ein ganz persönliches Wettbewerbsthema herauszufinden – Anregungen gibt es überall: im Familienalbum, im Stadt- oder Heimatmuseum, in Bibliotheken, Archiven, bei Organisationen und Institutionen. Unentbehrliche Hilfe bei den Nachforschungen sind vor allem die Gelben Seiten des örtlichen Telefonbuchs, aus denen man einschlägige Adressen heraussuchen kann.

Keine Angst vor Archiven!

Wer Geschichtsforschung betreibt, kommt um die Arbeit im Archiv nicht herum. Eine gewisse Schwellenangst ist verständlich, aber ganz unbegründet. Man sollte allerdings vor dem ersten Archivbesuch sein Thema schon genau formuliert und eingegrenzt haben, um sich unnötigen Arbeitsaufwand zu ersparen. Ein Anruf vor dem ersten Besuch ist sinnvoll. Dabei fragt man, welche Öffnungszeiten das Archiv hat und ob dort Material für das geplante Thema vorhanden ist. Man sollte sich auch erkundigen, ob es einen Archivpädagogen oder eine Benutzerberatung gibt, damit man beim ersten Besuch eingewiesen werden kann und keine Zeit mit ziellosem Herumsuchen verliert.

Wer ganz sichergehen will, lässt sich vom Schülerwettbewerb eine Teilnahmebescheinigung ausstellen, die man beim Besuch von Archiven, Bibliotheken und Behörden vorzeigen kann.

Besonders wichtig ist es, sich bei allen Nachforschungen sorgfältig Notizen zu machen – nicht nur über Fakten, die man herausgefunden hat, sondern auch darüber, wo man sie entdeckt hat. Also immer Titel und Autor eines Buches aufschreiben, die Seitenzahl des Zitates oder der Quelle vermerken und notieren, in welcher Abteilung welcher Bibliothek oder wo im Archiv man fündig geworden ist. Nichts ist enervierender, als sich kurz vorm Abgabetermin an etwas Wichtiges zu erinnern und es nicht mehr wiederzufinden!

Wer ältere Quellen studiert, stellt oft schockiert fest, dass er sie gar nicht studieren kann – alte Bücher sind in einer auf den ersten Blick unentzifferbaren Schrift gedruckt, alte handschriftliche Dokumente in der so genannten „deutschen Schrift" oder „Sütterlin" verfasst, die noch bis in die vierziger Jahre unseres Jahrhunderts benutzt wurde.

Keine Panik! In der Familie findet sich sicherlich jemand, der einem zu Anfang beim Entziffern hilft, und die Archive halten praktischerweise Schrifttabellen bereit, die man sich fürs Aktenstudium ausleihen kann. Hat man die Anfangsschwierigkeiten überwunden, kommt man mit der „Geheimschrift" bald ganz gut zurecht. Und ein kleiner Trost: Spätestens beim Studium muss man diese Schrift meist ohnehin lesen können.

Was gibt's zu gewinnen?

Neben zahlreichen Geldpreisen (von je 300 Euro für die 60 fünften bis zu je 2.000 Euro für die fünf ersten Preise) gibt es Buch-, Überraschungs- und Sonderpreise und für den ersten bis dritten Preis die Chance, ein Stipendium der Studienstiftung des deutschen Volkes zu erhalten. Daneben gibt es insg. 15.000 Euro für die zehn erfolgreichsten Schulen – und die Möglichkeit, an zahlreichen interessanten Sonderprogrammen teilzunehmen.

Abb. 3: Straßenkämpfe in Berlin am 19. März 1848

Antike – Mittelalter – Neuzeit – Was ist Geschichte?

*D*ie ältesten Spuren von Leben auf der Erde stammen von primitiven Algen und sind über eine Milliarde Jahre alt. Vor 500 Millionen Jahren lebten in den Meeren die ersten einfachen Tiere, vor über 350 Millionen Jahren die ersten Fische. Landtiere und Insekten gibt es seit über 300 Millionen Jahren. Das Zeitalter von 200–60 Millionen Jahren wurde von den Dinosauriern beherrscht, und erst seit 60 Millionen Jahren haben die Säugetiere die Oberhand gewonnen. Die ersten Urmenschen entstanden vor einer Million Jahren, während unsere heutige Form des Menschen, der Homo sapiens, sich erst vor 50.000 Jahren gegen die anderen Menschenarten, die es damals gab, durchgesetzt hat.

Doch woher wissen wir das alles? An der Erforschung dieser Zeiten sind verschiedene Wissenschaften beteiligt. Die älteste Zeit der Erde, als die Erdkruste noch zähflüssig und in Bewegung war, wird von den Astronomen – den Sternforschern – untersucht, die auch danach forschen, wie die Sonne, die Erde, der Mond und die anderen Planeten überhaupt entstanden sind. Für die Zeit, nachdem die Erdkruste abgekühlt war und sich die ersten Gebirge und Meere bildeten, sind die Geologen – die Gesteinsforscher – zuständig. Sie kennen genau die verschiedenen Schichten der Erdkruste, die sich im Laufe der Zeit gebildet haben. Anhand der Schicht, in der sich ein Tierskelett befindet, können sie recht genau die Zeit angeben, in der dieses Tier gelebt hat. Deshalb nennt man die Zeit von 600 Millionen bis vor etwa 600.000 Jahren die **geologische Zeit**.

Die Erforschung dessen, was wir Geschichte nennen, beschäftigt sich jedoch ausschließlich mit den Menschen, ihren Bräuchen, ihren technischen Errungenschaften sowie den Formen ihres Zusammenlebens. Eine typische Eigenschaft des Menschen, die ihn von allen Tieren unterscheidet, ist seine Fähigkeit, auf seine Umwelt Einfluss zu nehmen. Er kann sie gezielt verändern und gestalten und hinterlässt dabei deutliche Spuren seines Wirkens. Alles, was uns die Menschen vergangener Zeiten hinterlassen haben, nennen wir **Quellen**. Sie sind die wichtigsten Zeugnisse der Geschichte. Deshalb nennt man die Zeit, aus der wir solche Quellen besitzen, die **geschichtliche Zeit**. Sie schließt sich an die geologische Zeit an und dauert bis heute an.

Die gesamte Geschichte der Menschheit seit 600.000 Jahren bis heute wird in mehrere Abschnitte unterteilt, die man als **Epochen** bezeichnet. Die Epochengrenzen sind jedoch keine klaren Schnitte, sondern können je nach Betrachtungsweise und geogra-

Abb. 1: Antike: Darstellung einer Tagung des Senats der Römischen Republik

phischem Raum beträchtlich schwanken.

1. **Ur- und Frühgeschichte:** Die Geschichte der Menschheit begann in der Zeit, aus der die ältesten Quellen stammen. Für die Geschichte der Ur- und Frühzeit „erzählen" uns neben den Skelettfunden vor allem die **archäologischen Quellen** vom Leben der ersten Menschen. Dazu zählen alle Gegenstände, die von den Menschen vergangener Zeiten hergestellt oder bearbeitet worden sind, wie Werkzeuge, Waffen, Reste von Haushaltsgegenständen und Gefäßen sowie ehemalige Feuerstellen, Abfallgruben usw. Die meisten dieser Gegenstände müssen ausgegraben werden, da sich im Laufe der Jahrtausende viele Meter dicke Erdschichten auf ihnen abgelagert haben. Anhand der Herstellungstechnik und des Materials kann der Archäologe – der Wissenschaftler, der sich mit den Ausgrabungen beschäftigt – das Alter eines Fundes bestimmen. Da die frühzeitlichen Menschen die Schrift noch nicht erfunden hatten, gibt es von ihnen natürlich auch keine schriftlichen Quellen. Doch manche von ihnen besaßen große Fähigkeiten auf dem Gebiet der Malerei. So „erzählen" uns heute zahlreiche, teilweise sehr kunstvolle Höhlenzeichnungen vom Leben der steinzeitlichen Menschen. Solche Quellen nennt man **geschichtliche Quellen**.

2. **Altertum oder Antike:** Diese Epoche begann mit der Bildung der ersten Hochkulturen in Ägypten und Mesopotamien

vor ca. 5000 Jahren. Sie setzte sich fort mit der griechischen Geschichte, dem Entstehen der Stadtstaaten, dem Kampf gegen die Perser, dem Krieg zwischen Athen und Sparta und schließlich dem Eroberungszug Alexanders. Nach dem Niedergang seines Riesenreiches stiegen die Römer zur Großmacht auf und schufen allmählich ihr Römisches Reich, das beinahe die ganze damals bekannte Welt umfasste. Auch in der Antike sind es wieder vor allem die **archäologischen Quellen**, die uns Informationen über das Leben in den ersten Staaten der Geschichte liefern. Neben Waffen, Werkzeugen und Ge-

Abb. 2: Mittelalter: Die Krönung Ottos III. zum deutschen König 983. Die Darstellung ist allerdings ungenau, denn in Wirklichkeit war Otto bei seiner Krönung zum König erst drei Jahre alt

brauchsgegenständen sind es vor allem Münzen, Gebäude und sogar ganze Siedlungen, die von den Archäologen ausgegraben werden. Doch werden die archäologischen immer mehr durch **geschichtliche Quellen** ergänzt. Von unschätzbarem Wert ist dabei die Erfindung der Schrift. Die geheimnisvollen Hieroglyphen der Ägypter und die gelehrten Schriften der Griechen und Römer liefern uns ein wesentlich schärferes Bild des damaligen Lebens, als die archäologischen Quellen allein dies jemals könnten. Das Altertum endete mit der großen Völkerwanderung und dem Ende des Weströmischen Reiches im 5. Jahrhundert (Abb. 1).

3. **Mittelalter**: Die Zeit ab dem 5. Jahrhundert nennen die Geschichtsforscher das Mittelalter. Germanische Stämme verließen ihre Heimat und zogen durch Europa. Sie eroberten Italien und plünderten und verwüsteten Rom. Später bildeten sich das Frankenreich und dann das Heilige Römische Reich. Der Papst wurde zum mächtigsten Mann der Welt und rief zu mehreren Kreuzzügen auf. Für das Mittelalter verlieren die archäologischen Quellen immer mehr an Bedeutung. Dafür werden die **geschichtlichen Quellen** immer wichtiger: Alte Urkunden und Handschriften, Chroniken, in denen die Geschichte von Städten, Reichen oder Herrschern festgehalten wurde, geben uns heute ein ziemlich genaues Bild jener Zeit. Das Mittelalter endete nicht plötzlich, sondern es klang – wie die Antike auch – allmählich aus. Die Vertreibung der letz-

Abb. 3: Neuzeit: Nachbauten der Schiffe Niña, Pinta und Santa Maria, mit denen Kolumbus 1492 lossegelte, um Indien zu entdecken. Stattdessen entdeckte er Amerika

ten Moslems aus Südspanien (1492), die Entdeckung Amerikas durch Kolumbus (1492) sowie der Beginn der Reformation durch Martin Luther (1517) sind wichtige Daten dieser Zeitenwende (Abb. 2).

4. **Neuzeit**: Durch die Reformation wurden in fast allen europäischen Staaten Glaubenskämpfe ausgelöst, die schließlich in den Dreißigjährigen Krieg führten. In allen europäischen Staaten herrschten Könige oder Kaiser, bis zuerst in England und dann auch in Frankreich durch Revolutionen die Könige gestürzt wurden. Napoleon eroberte fast ganz Europa, nach seinem Sturz wurden jedoch weitgehend die alten Verhältnisse wieder hergestellt. Mit dem Aufkommen der ersten Industrien begann ein Wettlauf der europäischen Staaten um Macht und Kolonien, der schließlich zum Ersten Weltkrieg führte. Bei den Quellen setzt sich die Entwicklung aus dem Mittelalter fort. Die archäologischen Quellen verlieren für die Neuzeit ihre Bedeutung weitgehend, die **geschichtlichen Quellen** werden immer wichtiger. Mit der Erfindung des Films am Ende des 19. Jahrhunderts kam eine neue Art von Quellen hinzu, die uns das Leben der vergangenen Zeiten in bewegten Bildern zeigt (Abb. 3).

5. **Zeitgeschichte**: Mit diesem Begriff bezeichnen die Forscher die Zeit, in der wir heute leben. Der Anfang dieser Epoche ist oft umstritten gewesen. Viele Forscher betrachten das Jahr 1917 als den Beginn der Zeitgeschichte – einige wegen des Eintritts der USA in den Ersten Weltkrieg, andere wegen der kommunistischen Oktoberrevolution in Russland. Wieder andere Forscher lassen sie erst mit dem Ende des Zweiten Weltkriegs 1945 beginnen. Für die Zeitgeschichte spielen die archäologischen Quellen fast überhaupt keine Rolle mehr. Neben schriftlichen Zeugnissen sind es vor allem die Archive von Rundfunk, Film und Fernsehen, die über die vergangenen Ereignisse Auskunft geben können. Eine Besonderheit der Zeitgeschichte ist es, dass es noch lebendige Zeitzeugen gibt, die die Ereignisse selbst erlebt haben und davon berichten können. Und auch wir werden mit jedem miterlebten Ereignis immer mehr zu Zeitzeugen, die zukünftigen Generationen über die Zeitgeschichte berichten werden. Denn alles, was heute Gegenwart ist, wird schon morgen zu Geschichte (Abb. 4).

Abb. 4: Zeitgeschichte: Die Unterzeichnung des Vertrages über die Wiedervereinigung Deutschlands („Einigungsvertrag") durch Bundespräsident Richard von Weizsäcker am 24.9.1990

 Zum Weiterlesen:

• Ur- und Frühgeschichte, S. 758
• Die römische Welt, S. 776
• Die Französische Revolution, S. 826

Feuerstein, Bronze, Eisen – Ur- und Frühgeschichte

Noch vor 200 Jahren glaubten die Forscher, dass der Mensch von Anfang an so ausgesehen habe wie heute. Erst allmählich fand man heraus, dass er sich über Millionen von Jahren langsam entwickelt hat. Da tauchte sofort die Frage auf, bis zu welchem Zeitpunkt man bei dieser Entwicklung noch von Tieren sprechen musste, und ab wann man eindeutig von Menschen sprechen konnte. Heute hat man sich darauf geeinigt, für die Bezeichnung „Mensch" neben dem aufrechten Gang auf zwei Beinen vor allem den Gebrauch und die gezielte Herstellung von Werkzeugen als Voraussetzung zu nehmen. Durch **Skelettfunde** wissen wir, dass sich von den gemeinsamen Vorfahren von Menschen und Affen vor ca. 20 Mio. Jahren die ersten Vorläufer der Menschen abspalteten. Diese entwickelten den aufrechten Gang auf zwei Beinen, und ihr Gehirn vergrößerte sich über Hunderttausende von Jahren ständig. Es gibt allerdings keinen Beweis dafür, dass es sich schon um „echte" Menschen handelte, denn außer einigen Knochenresten hat man von diesen Lebewesen bis heute nichts gefunden. Doch wie kann man feststellen, wie alt ein ausgegrabenes Skelettstück oder Werkzeug überhaupt ist? (Abb. 1)

Die **archäologischen Quellen** vergangener Zeiten haben sich in Schichten auf dem Erdboden abgelagert. Bei einer Ausgrabung stößt man daher in den allermeisten Fällen von oben nach unten zuerst auf die jüngeren und dann auf immer ältere Schichten. In den letzten 600.000 Jahren hat es insgesamt je vier Warm- und Kaltzeiten gegeben. Wir leben heute in einer Warmzeit, die vor ca. 10.000 Jahren begonnen hat. Jede dieser Klimaänderungen zog große Veränderungen in der Pflanzen- und Tierwelt nach sich. In Kaltzeiten gab es Tiere wie den Höhlenbären, das Rentier, das Mammut oder das Wollnashorn. In einigen Warmzeiten lebten auch bei uns Flusspferde, Nashörner, Elefanten, Wildpferde und Höhlenlöwen. Da der Verlauf der Warm- und Kaltzeiten mittlerweile sehr gut erforscht ist, kann das Alter eines bestimmten Tier- oder Menschenskeletts oder Werkzeugs anhand der Bodenschicht, in der es sich befindet, ziemlich genau bestimmt werden. Hilfreich bei der Datierung von Werkzeugen ist es außerdem, dass die Steinzeitmenschen in verschiedenen Abschnitten der Steinzeit mit unterschiedlichen Techniken der Herstellung gearbeitet haben, so dass man sie einer bestimmten Kultur zuordnen kann.

Das Leben in der Steinzeit war für die Menschen sehr gefährlich, wenn man bedenkt, mit welch mächtigen Raubtieren sie zusammenlebten. Bären, Höhlenlöwen und Wolfsrudel durchstreiften Wälder und Steppen auf der Suche nach Beute und verschmähten sicherlich auch einen Steinzeitmenschen nicht, wenn er ihnen in die Quere kam. Doch hatten die Menschen bereits eine Waffe entwickelt, die das Überleben sicherte und die letztlich weitaus stärker war als die körperlichen Kräfte der Raubtiere: die Intelligenz. Zuerst beobachteten sie – vielleicht durch Zufall –, dass ein spitzer Stein, der fest in der Faust gehalten wird, die Wirkung eines Faustschlages erheblich verstärkt und dass ein spitzer Stock als Verlängerung des Armes die Chancen im Kampf mit einem wilden Tier bedeutend verbessert. Dann entdeckten sie Techniken, mit denen sie solche spitzen Steine oder Stöcke gezielt herstellen konnten. So entstanden mit den zunächst noch recht grob geschärften Steinen die ersten Werkzeuge, mit denen bereits die allerersten Urmenschen Waffen – Lanzen oder Speere – herstellen konnten. Bald wurden die gefährlichen Wildtiere selbst zur Jagdbeute der Menschen. Dass man bisher keine Jagdwaffen aus dieser Zeit gefunden hat, liegt daran, dass diese aus Holz hergestellt wurden und in der Zwischenzeit längst verrottet sind.

Die ältesten gefundenen Werkzeuge bestehen aus primitiven, an einer Seite geschärften Steinen und sind ca. 1 Mio. Jahre alt. Sie stammen von einem **Urmenschen** mit noch recht kleinem Gehirn, den die Forscher lange Zeit gar nicht als Menschen anerkannten und der den Südosten Afrikas und Asiens besiedelte. Für fast 1 Mio. Jahre blieb nun Stein der wichtigste Rohstoff für die Herstellung von Werkzeugen und sonstigen Geräten. Deshalb nennt man diese riesige Zeitspanne die **Steinzeit** (Abb. 2).

Der **Urmensch** wurde vor 600.000 Jahren von einem neuen Typ, den die Forscher **Homo erectus** („der aufrecht gehende Mensch") nennen, abgelöst. Er lebte – mit unterschiedlichem Aussehen – in weiten Teilen Afrikas, Europas und Asiens. Eine sei-

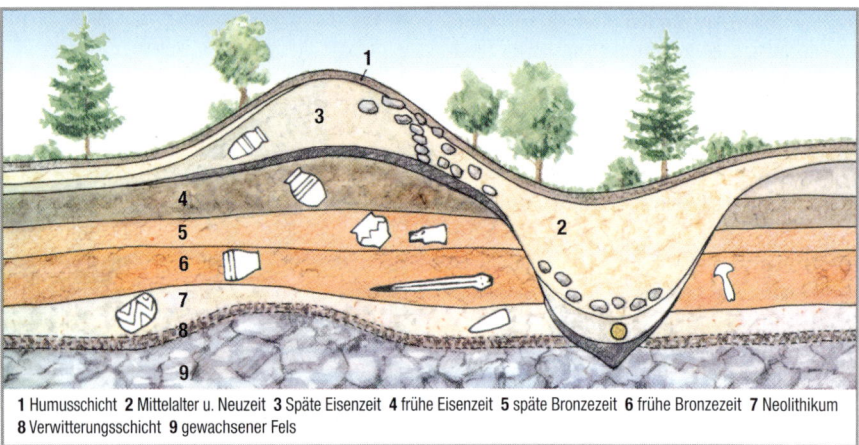

1 Humusschicht 2 Mittelalter u. Neuzeit 3 Späte Eisenzeit 4 frühe Eisenzeit 5 späte Bronzezeit 6 frühe Bronzezeit 7 Neolithikum 8 Verwitterungsschicht 9 gewachsener Fels

Abb. 1: Archäologischer Längsschnitt durch die verschiedenen Erdschichten

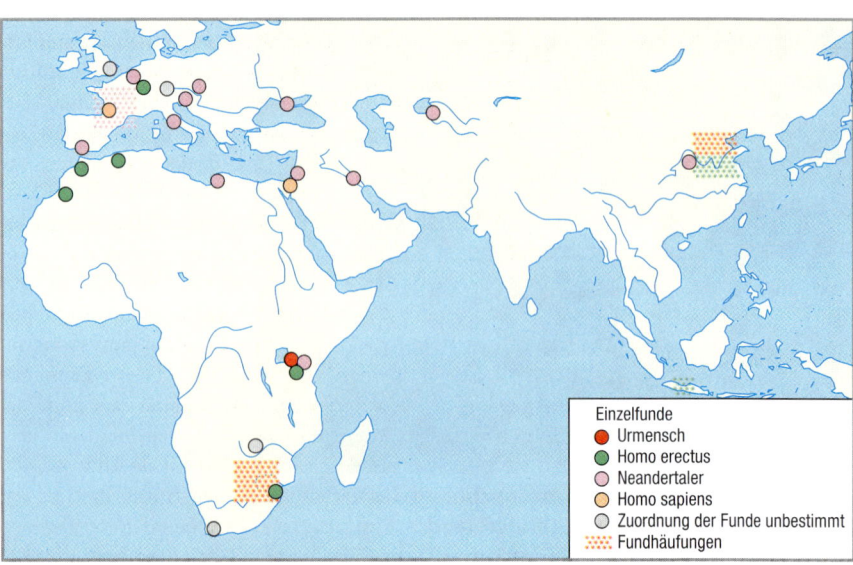

Einzelfunde
- Urmensch
- Homo erectus
- Neandertaler
- Homo sapiens
- Zuordnung der Funde unbestimmt
- Fundhäufungen

Abb. 2: Bedeutende Funde der Steinzeit

Geschichte

Faustkeile

Klingen

0   5   10 cm

aus Klingen hergestellte Werkzeuge

Abb. 3: Werkzeuge aus Feuerstein

ner größten Leistungen war die Beherrschung des Feuers, die zuerst aus der Nähe von Peking in China bekannt ist. Mit Hilfe des Feuers konnte er sich wärmen und Essen zubereiten. Außerdem diente es der Abwehr wilder Tiere – vor allem bei Nacht. Schließlich lernten die Menschen, das Feuer gezielt bei der Jagd einzusetzen. Auch bei den Werkzeugen machte der Homo erectus einen großen Fortschritt. Aus seiner Zeit stammen die ersten **Faustkeile**, die wichtigsten und häufigsten Werkzeuge der gesamten Steinzeit (Abb. 3). Sie wurden hergestellt, indem man einen großen Block Feuerstein auf einen Fels

schlug. Der Feuerstein spaltete sich dabei, und in der Mitte entstand ein spitzes, scharfkantiges Stück, dessen Schneide so scharf wie ein Rasiermesser war. Später ging man dazu über, den Feuerstein mit anderen Werkzeugen zu behauen, um kleinere Absplitterungen zu erzeugen. Diese konnten dann als Schaber oder Messer benutzt werden. In der Mitte des Feuersteins blieb bei dieser Technik ein perfekter Faustkeil übrig.

Eine neue, höhere Stufe des Menschen war der **Neandertaler**, der nach seinem ersten Fundort im Neandertal bei Düsseldorf benannt wurde und vor 180.000 Jahren über ganz Europa, Afrika und Südasien verbreitet war. Er verbesserte die Herstellung von wirkungsvollen Faustkeilen und erfand lange, spitze Messer („Handspitzen") sowie Schabewerkzeuge. Aus seinen Werkstätten stammen die ersten Lanzen- und Speerspitzen aus Stein, auch wenn noch häufig Speere aus Eibenholz benutzt wurden, deren Holzspitzen über dem Feuer gehärtet wurden. Mit seinen Waffen war der Neandertaler ein sehr erfolgreicher Jäger, der sich auch an die größten und stärksten Wildtiere heranwagte. Verschiedene Jagdgruppen spezialisierten sich auf eine bestimmte Tierart. So jagten manche Gruppen nur Elefanten, andere nur Höhlenbären.

Die Neandertaler haben ihre Verstorbenen bestattet. Meistens haben sie sie in Schlafstellung in Felsspalten gelegt und mit Steinen bedeckt oder in der Erde begraben. Das beweist, dass sie schon so etwas wie eine Religion besessen haben, die vorschrieb, den Menschen auch nach seinem Tode gut zu behandeln (Abb. 4).

Der Neandertaler wurde während der letzten Eiszeit, wahrscheinlich vor ca. 50.000 Jahren, vom **Homo sapiens**, dem „weisen, denkenden Menschen", verdrängt. Die Forscher streiten sich heute noch darüber, ob

der Homo sapiens den Neandertaler ausgerottet hat. Immerhin wurden sehr viele Schädel von Neandertalern gefunden, die eindeutig an schweren Keulenschlägen gestorben waren. Der Homo sapiens breitete sich jedenfalls rasch aus und besiedelte auch Nordamerika und Australien. Er besaß eine hohe technische und künstlerische Begabung. Seine Werkzeuge waren sehr vielseitig: Neben Klingen zum Schneiden und Schaben gab es Werkzeuge zum Kratzen, Bohren und Graben und sogar Nähnadeln mit Nadelöhr. Außerdem stellte er sehr wirkungsvolle Waffen (Speerspitzen mit Widerhaken, Harpunen usw.) her.

Zu dieser Zeit lebten die Menschen in Horden von 20–50 Personen. Sie ernährten sich von der Jagd und den wilden Früchten, die sie im Umkreis sammelten. Ihre feinen und leichten Jagdwaffen – Pfeil und Bogen, leichte Wurfspeere – dienten zur Jagd auf Vögel und kleinere Säugetiere. Mit ihren schweren Steinäxten, Stoßlanzen und Wurfspeeren waren die Menschen in der Lage, auch große Beutetiere – wie Bären, Rentiere oder Mammuts – erfolgreich zu jagen und zu erlegen (Abb. 5). Wirkungsvoll unterstützt wurden sie dabei von den ersten Hunden, die vor 13.000 Jahren zu den ältesten Haustieren wurden. Oftmals wurden sogar ganze Herden – z. B. Wildpferde – Opfer größerer Jagdgruppen. Neben der Hetz- und Treibjagd arbeiteten die Jäger auch mit Fallgruben und Fangnetzen, die sie aus Pflanzenfasern herstellten. Da die Herden große Wanderungen unternahmen, mussten die Jäger ihnen ständig folgen. Deshalb konnten sich auch keine dauerhaften Siedlungen bilden. Die Menschen bevorzugten natürliche Behausungen – vor allem Höhlen.

Abb. 4: Die Entwicklung der Schädelformen vom Urmenschen bis zum Homo sapiens

Abb. 5: Steinzeitmenschen jagen ein Mammut

Abb. 6: Höhlenmalerei in Lascaux, Frankreich

Eine besondere Leistung des Homo sapiens, durch die wir viel über sein steinzeitliches Leben wissen, ist die Erfindung der Kunst. Prächtige und kunstvolle Höhlenmalereien, die in Südfrankreich und Spanien entdeckt wurden, geben uns Auskunft über Jagdtechniken, das tägliche Leben und die Religion (Abb. 6). Außerdem ritzten die Menschen naturgetreue Gravierungen in Steine und stellten Statuen von Menschen und Tieren aus Lehm oder Elfenbein her, die in Höhlen zahlreich entdeckt worden sind.

Wenn die Jäger ihren Beutetieren auf deren Wanderungen folgen mussten, legten sie Wohncamps mit Zeltanlagen an. Die Zelte waren rund oder länglich mit einem Durchmesser von bis zu acht Metern und standen meistens in Bodenvertiefungen. Sie bestanden aus einem Holzgerüst, das mit Tierfellen abgedeckt wurde. Den Zeltrand am Boden dichtete man mit großen Steinen oder Erde ab. In einigen Zelten wurden sogar Feuerstellen gefunden. Die größten, bis heute bekannten Zeltanlagen bestanden aus bis zu sechs Zelten.

Die archäologischen Funde dieser Camps beweisen, dass es auch damals bereits eine Arbeitsteilung gegeben hat. An einigen Zelten häuften sich die Funde von Werkzeugteilen und Steinsplittern. Daher nimmt man an, dass hier regelrechte Spezialisten mit der Herstellung von Waffen und Werkzeugen beschäftigt waren, während andere Hordenmitglieder eher auf die Jagd spezialisiert waren. Einige Forscher meinen, dass die Männer auf die Jagd gingen, während die Frauen sich mit dem Sammeln wilder Beeren und Früchte beschäftigten. Allerdings gibt es für eine solche Rollenaufteilung von Mann und Frau keinen geschichtlichen Beweis.

Auch die religiösen Kulte entwickelten sich ständig weiter. Die Toten wurden nun vor der Bestattung mit Tierzähnen, Muschelschalen usw. geschmückt. Grabbeigaben in Form von Waffen und Nahrung beweisen, dass man bereits – wenn auch nicht in unserem christlichen Sinne – an ein Leben nach dem Tode glaubte.

Seit dem Ende der letzten Eiszeit vor ca. 12.000 Jahren hat sich der Homo sapiens immer schneller entwickelt. Seine Umwelt veränderte sich mit dem Rückgang des Eises stark: Es entstanden riesige Wälder mit einem großen Wildreichtum. Das bedeutete, dass die Jäger nicht mehr so weit und so lange fort mussten, um den Nahrungsbedarf zu decken.

Der Mensch machte nun einige Entdeckungen, die so wichtig waren, dass viele Geschichtsforscher in diesem Zusammenhang von einer „Revolution" sprechen. Er übertrug die Erfahrungen, die er mit dem Hund als erstem Haustier gemacht hatte, nun auf andere Tierarten wie Ziegen, Schafe, Pferde und Rinder und entdeckte so die Viehzucht. Gleichzeitig „erfand" er die Landwirtschaft, indem er aus den Wildgräsern allmählich bestimmte Getreidesorten züchtete.

Viehzucht und Landwirtschaft führten dazu, dass der Mensch sein Leben nun viel besser planen konnte, da er nicht mehr so sehr von den Launen der Natur und vom Jagdglück abhängig war und nicht mehr ständig auf der Suche nach Jagdbeute oder Früchten umherziehen musste. Bald entstanden erste feste Siedlungen und sogar Dörfer: Der Mensch war sesshaft geworden!

In diese Zeit gehört auch die Erfindung der Keramik, die zuerst aus Lehm, dann aus Ton hergestellt und zunächst nur getrocknet, später dann auch in Öfen gebrannt wurde. Es entstand eine Keramikindustrie mit je nach Gegend unterschiedlichen Kunstformen und Gegenständen z. B. durch Abdrücke von Schnüren und Bändern verzierte Keramik, trichter- und glockenförmige Trinkbecher (Abb. 7).

Die Behandlung des Feuersteins wurde durch die Erfindung des Steinschliffs weiter verfeinert (Streitäxte). Neu waren nun sehr kleine Werkstücke, die wahrscheinlich zur Zierde an Keramikgegenständen angebracht oder zu Pfeilspitzen verarbeitet wurden. Für den Nachschub an hochwertigem Feuerstein legten die Menschen unter der Erde richtige Bergwerke an, in denen Feuerstein abgebaut wurde.

Gegen Ende der Steinzeit war Europa von einem dichten Geflecht von Handelswegen durchzogen, auf denen Bernstein von der Ostsee nach Süden, Muscheln vom Mittelmeer nach Norden sowie hochwertiger Feuerstein von den Abbaugebieten nach ganz Europa transportiert wurden. Entlang dieser Verkehrsadern vollzog sich eine starke Vermischung der verschiedenen Kulturen. Dabei entstand in fast ganz Europa ein einheitliches sprachliches Grundmuster, von dem beinahe alle heutigen europäischen Sprachen (außer Finnisch, Baskisch, Ungarisch und Türkisch) abstammen. Sie werden

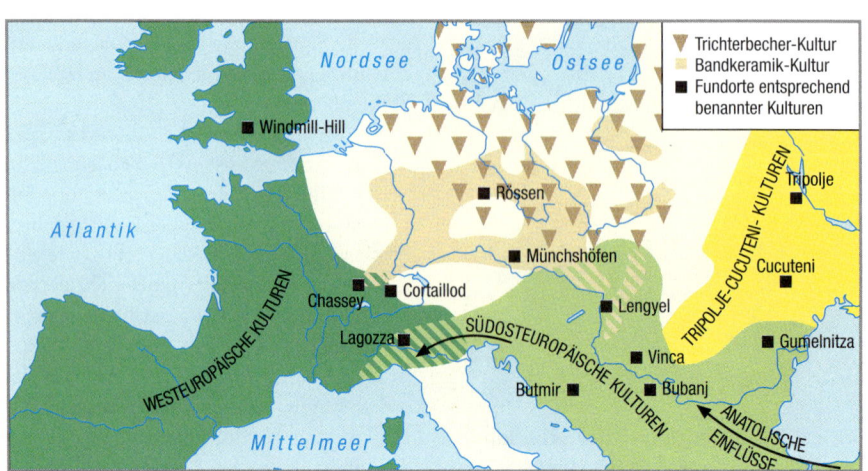
Abb. 7: Die Jungsteinzeit in Europa

als **indoeuropäische Sprachen** bezeichnet. Auf dieser sprachlichen Grundlage entwickelten sich seit dem Ende der Steinzeit die europäischen Völker, wie wir sie heute kennen.

Bei der Förderung von Feuerstein stießen die Bergleute zum ersten Mal auf Kupfer, das bald zur wichtigen Handelsware und zum begehrten Rohstoff für die Produktion von Schmuck wurde. Für die Herstellung von Werkzeugen und Waffen ist Kupfer allerdings viel zu weich. Doch bald stellten die Menschen fest, dass die **Bronze**, eine Mischung von viel Kupfer und wenig Zinn, viel härter ist als reines Kupfer. Schnell wurde die Bronze zum wichtigsten Werkstoff, die den über Hunderttausende von Jahren benutzten Feuerstein verdrängte und damit der Steinzeit ein Ende bereitete. Die folgende Zeit wird als **Bronzezeit** bezeichnet (Abb. 8).

Diese Entwicklung fand jedoch nicht überall auf der Welt gleichzeitig statt. Die Menschen im Orient entdeckten die Bronze schon vor etwa 4500 Jahren. Ab diesem Zeitpunkt entwickelten sich diese Gebiete ganz anders als die europäischen Kulturen. Es kam in den an reichen, fruchtbaren Flusstälern (Nil, Euphrat, Tigris) gelegenen Gebieten zur Bildung früher Hochkulturen mit Staatswesen, Erfindung der Schrift, Staatsreligionen usw. Weil man bei der Erforschung dieser Hochkulturen nicht mehr ausschließlich auf archäologische Quellen angewiesen ist, sondern seit der Erfindung der Schrift über **geschichtliche Quellen** verfügt, wird der Ablauf der Geschichte hier nicht mehr nach den wichtigsten Werkstoffen eingeteilt. In Europa jedoch, wo geschichtliche Quellen erst für viel spätere Zeiten vorliegen, muss man die Geschichte noch für weitere 3000 Jahre nach dem Material und der Art der Fundstücke sowie weiterer archäologischer Quellen (Gräber, Siedlungen usw.) einteilen.

Abb. 9: Stonehenge, große Anlage bei Salisbury, England. Entstanden am Übergang von der Jungsteinzeit zur Bronzezeit

Mit anderen Worten: Für Europa spricht man weiterhin von Ur- und Frühgeschichte, während für den Orient und bald für den ganzen Mittelmeerraum nun das **Altertum (Antike)** beginnt.

Bei uns in Europa wurde die Herstellung der Bronze erst vor ca. 3500 Jahren, also 1000 Jahre später als im Orient, entdeckt. In der Bronzezeit beherrschten die Menschen die Land- und Viehwirtschaft schon so gut, dass sie ersten Besitz und sogar Reichtümer anhäuften. Das führte bald zu Neid, Raub und sogar Kriegen zwischen benachbarten Siedlungen. Die Folge davon waren die ersten Befestigungen durch Erdwälle und Gräben.

Nahe den Siedlungen entstanden die ersten Friedhöfe, in Mitteleuropa zunächst mit Hügelgräbern (Bestattung in Hockstellung), später mit Urnenfeldern (Totenverbrennung). Die Gruppen mit Urnenfeld-Kulturen waren besonders kriegerisch, breiteten sich in der Bronzezeit über ganz Europa aus

und wurden zur vorherrschenden Schicht (Abb. 9).

Um 800 v. Chr. stieß man auf ein neues Metall: das Eisen. Zunächst war es so wertvoll, dass es wohl nur für Schmuckstücke verwendet wurde. Doch schon bald verdrängte es die Bronze bei der Herstellung von Werkzeugen und Waffen. Damit begann die **Eisenzeit**. Die Eisenschwerter waren den Bronzewaffen im Kampf überlegen und verbreiteten sich – wiederum von Mitteleuropa aus – über ganz Europa. Die Gruppen der Träger von Eisenwaffen werden als „Hallstadt-Kulturen" bezeichnet. Sie bestatteten ihre Toten in der Erde, wobei die Ehefrau und die Diener eines verstorbenen Mannes oftmals getötet und mitbestattet wurden.

Während der Eisenzeit drangen aus dem Osten zwei Reitervölker in den Orient und nach Europa vor: die Kimmerier und die Skythen. Die kämpferische Überlegenheit (schnelle Pferde, Pfeil und Bogen) dieser Steppenvölker führte dazu, dass bald weite Teile Europas unter ihren Einfluss gerieten. Die Kultur der Eroberer vermischte sich rasch mit der europäischen und brachte damit zum ersten Mal Teile der vorderasiatischen Kultur nach Europa.

Zum Weiterlesen:

• Die ägyptische Hochkultur, S. 762
• Mesopotamien, S. 764
• Kreta und Kleinasien, S. 766
• Das Volk Israel, S. 767
• Griechenland, S. 768

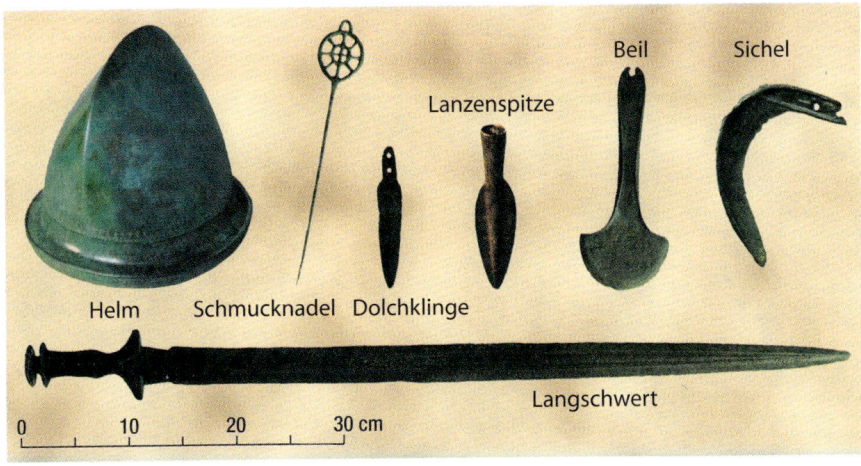

Abb. 8: Verschiedene Gegenstände der Bronzezeit

Beil Sichel
Lanzenspitze
Helm Schmucknadel Dolchklinge
Langschwert
0 10 20 30 cm

„Geschenk des Nils" – Die ägyptische Hochkultur

Der griechische Geschichtsschreiber Herodot, der Ägypten um 450 v. Chr. besuchte, bezeichnete das Land als „Geschenk des Nils". Und in der Tat bestand das alte Ägypten aus einem höchstens 10 km breiten, grünen und fruchtbaren Streifen links und rechts der letzten 1 000 km des Nils vor seiner Mündung in das Mittelmeer. Dazu kam noch die fruchtbare Ebene des Mündungsdeltas mit seinen mehr als zehn Mündungsarmen. Mit 1,5 Mio. Einwohnern war das Niltal damals die am dichtesten besiedelte Gegend der ganzen Welt (Abb. 1).

Abb. 2: Darstellung des Gottes „Horus" in Falkengestalt

Westlich und östlich des Nils erstreckten sich undurchdringliche Felswüsten. Das landwirtschaftlich intensiv genutzte Niltal bildete die Wirtschaftsgrundlage für die Bevölkerung.

Die sommerliche Regenzeit im Inneren Afrikas erzeugte jedes Jahr eine gewaltige Flutwelle, die sich den Nil hinunterwälzte. Sie brachte riesige Mengen von schwarzem Schlamm mit sich. Dieser lagerte sich auf den überschwemmten Flächen ab und bildete nach dem Rückgang des Wassers einen sehr fruchtbaren Boden, auf dem die Bauern nach dem Ende der Flut ihr Getreide aussäten und reiche Ernten einfuhren. Nach dem oben erwähnten Bericht Herodots brauchten sich die Bauern dabei – im Vergleich zu anderen Ländern – noch nicht einmal be-

sonders anzustrengen, da der Boden sehr weich und einfach zu bearbeiten war. Allerdings mussten die Anbauflächen bei niedrigem Wasserstand durch Wassergräben künstlich bewässert werden, was eine große Arbeitsleistung erforderte.

Die 3000 Jahre dauernde Geschichte der ägyptischen Hochkultur kann man in vier Epochen aufteilen, die sich in der Größe des Staates, der Stellung des Königs, der Art der Religion und der Verteilung von Macht und Besitz sehr unterscheiden.

Die ersten 1 000 Jahre der ägyptischen Hochkultur (ca. 3000–2000 v. Chr.) nennt man **Altes Reich**. Im Gegensatz zur alten sumerischen Hochkultur, die zur gleichen Zeit in Mesopotamien entstand, bildeten sich in Ägypten keine Stadtstaaten, sondern es entstand ein Flächenstaat. Das bedeutet, dass nicht jede Stadt einen eigenen Herrscher hatte, sondern dass es im Alten Reich eine Hauptstadt mit einem Herrscher gab, der das ganze Reich regierte. Dieser König wurde in Ägypten nach seinem Palast Pharao („großes Haus") genannt. Doch war der **Pharao** nicht einfach nur König, sondern hatte auch wichtige religiöse Funktionen: Er stand in ganz besonderer Beziehung zu den Göttern. Zuerst galt er als menschliche Verkörperung des höchsten Gottes „Horus", eines Gottes in Falkengestalt (Abb. 2).

Nachdem dieser als oberster Gott vom Sonnengott „Re" verdrängt worden war, betrachtete man den Pharao als „Res" Sohn.

Die **Pyramiden**, die die Pharaonen des Alten Reiches noch zu ihren Lebzeiten als ihre eigenen Grabstätten bauen ließen, galten als Zeichen ihrer göttlichen Macht und Größe. Und in der Tat gelten die Pyramiden von Giseh wegen ihrer Größe und Schönheit auch heute noch als „Weltwunder". Die größte Pyramide ist die **Cheops-Pyramide**. Sie ist 230 m lang, war ursprünglich fast 150 m hoch und besteht aus über zwei Millionen Steinblöcken, von denen jeder über zwei Tonnen wiegt. Der Grieche Herodot berichtete,

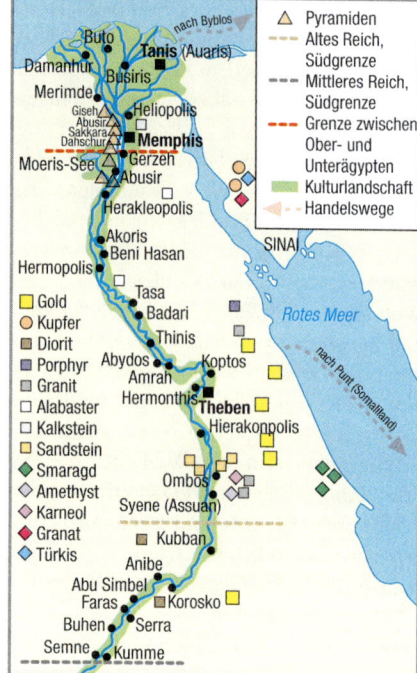

Abb. 1: Die ägyptische Hochkultur

dass über 100.000 Arbeiter 20 Jahre an der Cheops-Pyramide gebaut haben (Abb. 3).

Die überragende Stellung der Pharaonen des Alten Reiches zeigte sich auch darin, dass ihnen der gesamte Staat persönlich „gehörte". Damit waren sie auch Besitzer des gesamten Ackerlandes. Unter der obersten Leitung eines Ministers, des Wesirs, wurden hohe Beamte mit der Bewirtschaftung der Ackerflächen beauftragt. Die große Masse der Bevölkerung waren einfache Bauern ohne Landbesitz, die auf diesen Feldern arbeiteten. Um die gesamte Landwirtschaft zu beaufsichtigen, erfand man eine Schrift, deren Zeichen von den Griechen später als **Hieroglyphen** bezeichnet wurden. Es entstand der hoch angesehene Beruf des Schreibers. So blieb die Kenntnis von der Schrift auf wenige Menschen beschränkt. Erst viel später – um 700 v. Chr. – entstand so etwas wie eine allgemeine „Volksschrift" (Abb. 4).

Abb. 3: Die Pyramiden von Giseh

Geschichte

Die Beobachtung der Natur – vor allem des Sternenhimmels – machte zu dieser Zeit große Fortschritte. So hatte man bereits einen Kalender, der das Jahr in 365 Tage mit jeweils 24 Stunden einteilte. Auch die Ausrichtung der Pyramiden auf eine bestimmte Stelle des Sternenhimmels zeugt vom tiefen Verständnis der Astronomie.

Die Religion war vom Glauben an mehrere Götter mit einem obersten Gott gekennzeichnet. Die Menschen glaubten an ein Leben nach dem Tode und an ein Totengericht, in dem sie nachweisen mussten, dass sie in ihrem Leben immer richtig gehandelt hatten. Wer es sich finanziell leisten konnte, ließ sich nach seinem Tode zur Mumie einbalsamieren und ein Buch in den Sarg legen, das dem Verstorbenen ein sündenfreies Leben bescheinigte.

Am Ende des Alten Reiches verlor der Pharao einen großen Teil seiner weltlichen Macht an die Fürsten der einzelnen Gebiete. Doch diese führten lange Kriege untereinander, so dass der gesamte Staat immer schwächer wurde und schließlich beinahe ganz zerfallen wäre.

Von ca. 2000–1500 v. Chr. bestand das **Mittlere Reich**. Die Provinzfürsten wurden durch den Herrscher von **Theben** entmachtet. Das politische Zentrum verlagerte sich nun von der alten Hauptstadt **Memphis** im Norden in die viel weiter südlich gelegene Stadt Theben. Der Pharao erhielt seine alte Macht als alleiniger Herrscher zurück. „Re" wurde als höchster Gott von „Amun" abgelöst. Zu dessen Ehren entstanden bald große Tempelanlagen. Pyramiden wurden während des Mittleren Reiches nur noch wenige gebaut.

Eine der wichtigsten Änderungen des Mittleren Reiches war die Verteilung von

Abb. 4: Der Beruf des Schreibers war hoch angesehen

Landbesitz an die einfachen Bauern. Damit wurden die Bauern selbst Eigentümer des Landes, das sie bebauten, was für sie natürlich ein großer Ansporn war, die Methoden der Landwirtschaft zu verbessern und die Erträge der Felder zu steigern.

Um 1650 v. Chr. wurde das Mittlere Reich von den **Hyksos**, einem Volk aus dem Orient, angegriffen, die über die Sinai-Halbinsel nach Ägypten eindrangen. Dank ihrer überlegenen Kampftechnik mit Pferden und Streitwagen eroberten sie schnell den nördlichen Teil Ägyptens. Sie bildeten eine neue Oberschicht, die sich jedoch bald der ägyptischen Kultur anpasste, da diese viel höher entwickelt war als ihre eigene.

Die Zeit von ca. 1500–700 v. Chr. wird als **Neues Reich** bezeichnet. Nach der Vertrei-

bung der Hyksos stieg Ägypten unter der Königin **Hatschepsut** zu höchster Blüte auf und wurde zur beherrschenden Großmacht des östlichen Mittelmeers und Orients. Diese Vorherrschaft dauerte jedoch nur ca. 100 Jahre, dann setzte ein allmählicher Niedergang ein. Die Erhebung des „Aton", der Sonnenscheibe, zum alleinigen Gott löste eine Krise aus, die zu inneren Kämpfen führte. Diese endeten mit dem Verbot von „Aton" und der Rückkehr zur Verehrung mehrerer Götter mit „Amun" an der Spitze. Zur Bestätigung dieser Entwicklung wurden in Karnat und Luxor riesige Tempelanlagen zu Ehren von „Amun" gebaut. Im Neuen Reich wurden die Pharaonen nun nicht mehr in Pyramiden, sondern in kunstvoll ausgeschmückten Felsgräbern mit reichen Grabbeigaben bestattet (Abb. 5). Das berühmte „Tal der Könige" bei Luxor entstand.

Ab ca. 1200 v. Chr. war Ägypten ständigen Angriffen fremder Völker ausgesetzt. Vor allem die Seevölker (Griechen, Philister), die um diese Zeit alle Küsten des östlichen Mittelmeeres bedrohten, und die Libyer lieferten den Ägyptern lange Kämpfe. Die ständigen Kriege und die neuerliche Enteignung des bäuerlichen Landbesitzes durch den Pharao führten zur Verarmung des Landes. Die Pharaonen verloren immer mehr Macht an die Priesterschaft in den großen Tempeln, die bald den Staat regierte. Nach der Eroberung Ägyptens durch die Libyer (um 900 v. Chr.) und der Vertreibung der Priester (um 750 v. Chr.) endete das Neue Reich.

In der **Spätzeit** der ägyptischen Hochkultur, die um ca. 700 v. Chr. begann, wurde Ägypten zunächst von verschiedenen Eroberern beherrscht. Nach den Libyern kamen die Äthiopier und schließlich die Assyrer, bevor Ägypten sich wieder befreien konnte. Nach einer kurzen Blüte wurde das Land 525 v. Chr. von den Persern erobert und zur persischen Provinz gemacht. Fast 200 Jahre lang herrschten die Perser, bevor Ägypten schließlich 332 v. Chr. von Alexander d. Gr. erobert und Teil seines hellenistischen Weltreiches wurde.

 Zum Weiterlesen:

• Mesopotamien, S. 764
• Kreta und Kleinasien, S. 766
• Das Volk Israel, S. 767
• Griechenland, S. 768
• Das römische Kaiserreich, S. 778

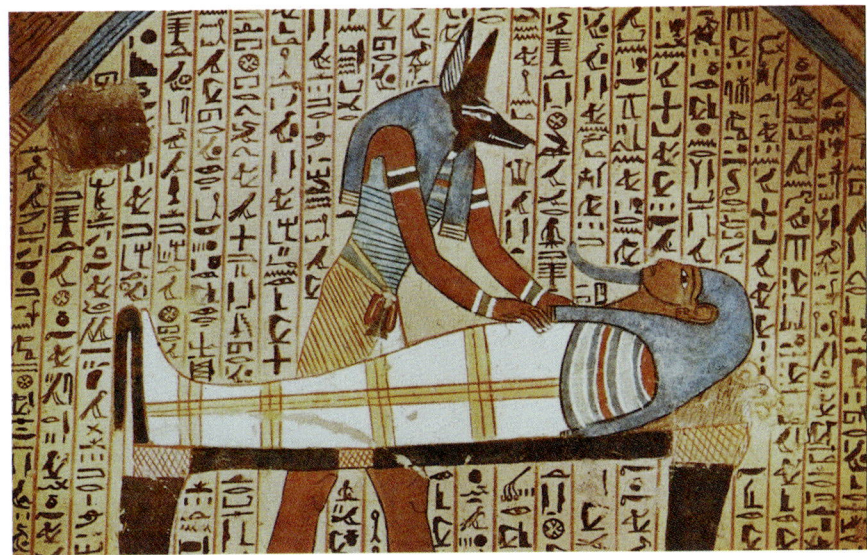

Abb. 5: Der Totengott Anubis vollendet die Einbalsamierung eines Mannes

Die Hochkulturen Mesopotamiens

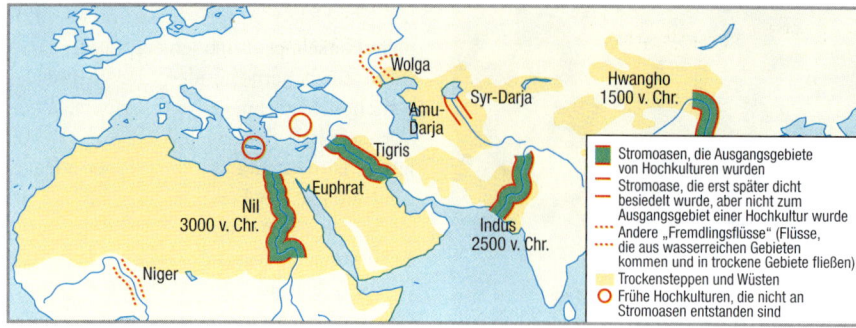

Abb. 1: Flussverläufe und Hochkulturen

Das Wort Mesopotamien bedeutet „Land zwischen den Flüssen". Damit ist das Gebiet zwischen den Flüssen Euphrat und Tigris gemeint. Der Hauptteil dieses „Zweistromlandes", der Teil, der für die Entstehung der mesopotamischen Hochkulturen besonders wichtig ist, liegt heute im Irak. Jeden Frühling, wenn im Kaukasus-Gebirge, dem Quellgebiet von Euphrat und Tigris, der winterliche Schnee schmolz, wälzten sich riesige Flutwellen die beiden Flüsse herunter. Sie überfluteten weite Gebiete des zwischen ihnen gelegenen Landes. Deshalb bestand der Süden Mesopotamiens aus Schwemmland, das die beiden Flüsse auf ihrer Reise aus dem Norden mitbrachten. Dabei verschob sich die Küstenlinie ständig nach Süden. So liegt die Stadt Ur, vor 4500 Jahren eine Hafenstadt, heute ca. 200 km vom Meer entfernt. Das Hochwasser der beiden Flüsse und ein zeitweise angestiegener Meeresspiegel führten zu katastrophalen Überschwemmungen, auf die sich wahrscheinlich die biblische Geschichte von der großen Sintflut bezieht. Die Menschen reagierten auf diese Bedrohung, indem sie mit dem Bau von Dämmen und Deichen begannen, um die beiden großen Flüsse zu kanalisieren (Abb. 1).

Nach dem Rückgang des Frühjahrshochwassers breitete sich auf den Überschwemmungsflächen ein reicher Pflanzenbewuchs aus. Doch die Hitze und das trockene Klima – in dieser Gegend regnet es fast nie – ließen die Pflanzen schon bald wieder verdörren. Um eine dauerhafte landwirtschaftliche Nutzung des Gebietes zwischen den Flüssen zu ermöglichen, legten die Menschen die ersten Auffangbecken, Wasserspeicher und Bewässerungskanäle an. Genau wie in Ägypten schuf also auch hier eine Flusslandschaft die Voraussetzungen für die Bildung einer Hochkultur.

Im Gegensatz zu Ägypten war Mesopotamien jedoch nicht durch undurchdringliche Wüstengebiete gegen feindliche Völker abgeschirmt. Von allen Seiten versuchten immer wieder fremde Herrscher, dieses fruchtbare Land für sich zu erobern. Die gefährlichsten Angreifer kamen aus dem iranischen Bergland (Gutäer, Meder und Kimmerier), aus dem arabischen Raum (Semiten) und aus der heutigen Türkei (Hethiter).

Die Sumerer, die ab ca. 3200 v. Chr. im südlichen Mesopotamien siedelten, schützten sich vor den ständigen Angriffen ab 3000 v. Chr. durch die Bildung der ersten befestigten Städte der Welt. Die wichtigsten Städte hießen Kisch, Lagasch, Larsa, Nippur, Umma, Ur und Uruk.

Im Unterschied zur ägyptischen Hochkultur, die einen Gesamtstaat mit einer einzigen Hauptstadt und dem Pharao als oberstem Herrscher entwickelte, wurde bei den Sumerern jede einzelne Stadt zu einem eigenen Staat mit einem eigenen Herrscher. Das Zentrum des sumerischen Stadtstaates war der meist riesige Stufentempel, auch **Zikkurat** genannt (Abb. 2). Hier wurden die Götter angebetet, an deren Spitze man eine Dreifaltigkeit der drei Götter „An", „Enki" und „Enlil" verehrte. Im Glauben der Sumerer gehörte alles Land und die gesamte Natur den Göttern. Es wurde verwaltet vom Priesterfürsten der Stadt. Er war gleichzeitig oberster Priester und oberster Herrscher des Stadtstaates. Im Namen der Götter verpachtete der Priesterfürst das Land an die Bauern.

Der Tempel war jedoch nicht nur das Zentrum des religiösen und politischen Lebens der Sumerer, sondern auch das Wirtschaftszentrum des Stadtstaates. Hier wurde der gesamte Handel der Stadt abgewickelt. Es gab riesige Vorratsräume, über deren Inhalt genau Buch geführt wurde. Zu diesem Zweck erfand man die **Keilschrift**, die älteste Schrift der Welt, die noch älter ist als die ägyptischen Hieroglyphen. Sie entwickelte sich aus alten Zählzeichen, die schon lange bekannt waren. Die symbolhaften Zeichen der Keilschrift wurden mit stempelähnlichen Geräten in Tontafeln hineingedrückt. Auch hier entstand – wie in Ägypten – bald der angesehene

Beruf des Schreibers. Aber die sumerische Keilschrift war für das Volk leichter zu lernen als die ägyptischen Hieroglyphen. Und bald entstanden die ersten geschriebenen Ge-

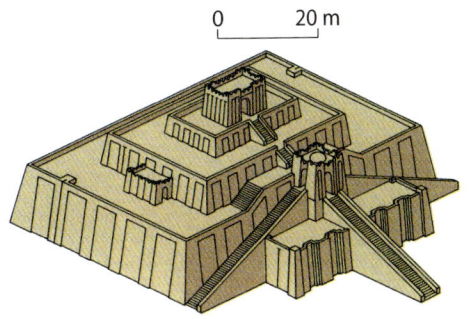

Abb. 2: Schematische Rekonstruktion einer Zikkurat

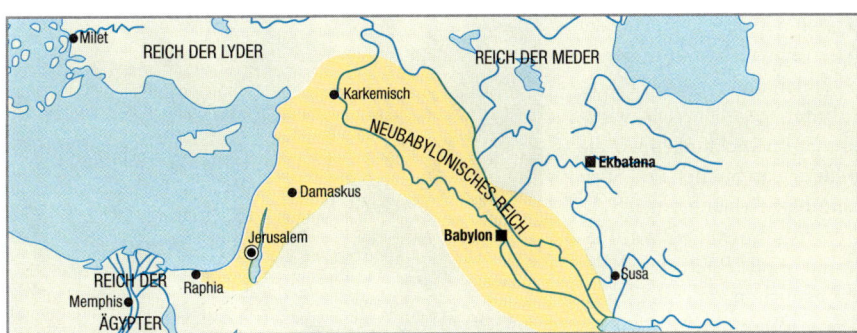

Abb. 3: Die Ausdehnung des Neubabylonischen Reiches

schichten, so die älteste Erzählung überhaupt, das **Gilgamesch-Epos**, das von den Heldentaten der sumerischen Herrscher berichtete.

Ab 2500 v. Chr. war der Oberpriester nicht mehr automatisch Herrscher des Stadtstaates. Neben den Tempelanlagen entstanden nun die Paläste der Stadtkönige. Einige dieser Herrscher versuchten, die anderen sumerischen Stadtstaaten zu erobern und sich zum Oberherrscher aller sumerischer Städte zu machen. Die langen Kämpfe schwächten jedoch alle Beteiligten, so dass der Herrscher des nordmesopotamischen Reiches Akkad schließlich alle sumerischen Städte erobern konnte. Die Stadtherrscher wurden nun zu Statthaltern des Königs von Akkad. Doch die zahlreichen Angriffe von Völkern aus dem Norden und Süden zerstörten dieses Reich bald wieder. Die sumerische Kultur, vor allem die Schrift und die Sprache, lebten jedoch noch lange nach dem Untergang des klassischen Sumerertums weiter.

Etwa um 1800 v. Chr bekam die bis dahin unbedeutende kleine Stadt **Babylon** einen neuen Herrscher. Er kurbelte die Wirtschaft an, ließ Tempel für die sumerischen Götter bauen und die Stadt stark befestigen. Nach einigen Generationen von Herrschern war der Machtbereich Babylons schon beträchtlich gewachsen, als schließlich **Hammurabi** die Herrschaft übernahm. Er bildete mit zwei Verbündeten eine Allianz und besiegte die von Norden und Süden her angreifenden Völker. Danach griff er seine Verbündeten an und besiegte auch sie. Am Ende dieser Kriege war **Babylonien** zum Großreich geworden, das ganz Mesopotamien und die nördlich vorgelagerten Gebiete umfasste. Die bedeutendste Leistung Hammurabis war jedoch die Einführung eines einheitlichen, schriftlich festgehaltenen Rechts, auf dessen Gesetze sich jeder – vom Sklaven über die Frauen (was damals nicht selbstverständlich war) bis zum Adligen – berufen konnte. Für heutige Verhältnisse waren die Gesetze

sehr streng und die Strafen sehr hart. Aus ihnen stammt der Grundsatz „Auge um Auge, Zahn um Zahn" (s. Gesetzessammlung Hammurabis). Doch schaffte es Hammurabi, in seinem riesigen Reich Recht und Ordnung herzustellen. Nach seinem Tod zerfiel das Reich allmählich.

Aus der Gesetzessammlung Hammurabis:

§1: Wenn ein Bürger einen anderen Bürger des Mordes beschuldigt, ohne es zu beweisen, so wird der, der den anderen beschuldigt hat, getötet.

§7: Wenn ein Bürger Silber oder Gold oder einen Sklaven oder eine Sklavin oder sonst irgendetwas aus der Hand des Sohnes eines Bürgers ohne Zeugen kauft, so ist dieser Bürger ein Dieb, er wird getötet.

§14: Wenn ein Bürger das Kind eines Bürgers gestohlen hat, so wird er getötet.

§22: Wenn ein Bürger Raub begangen hat und er ergriffen wird, so wird er getötet.

§53: Wenn ein Bürger seinen Deich nicht befestigt hat und in seinem Deich eine Öffnung entsteht und die Flur vom Wasser weggeschwemmt wird, so ersetzt dieser Bürger das Getreide, das er dadurch vernichtet hat.

§54: Wenn er das Getreide nicht ersetzen kann, so verkauft man ihn und seine Habe, und seine Nachbarn, deren Getreide das Wasser weggeschwemmt hat, teilen den Erlös.

§195: Wenn ein Sohn seinen Vater schlägt, so schneidet man seine Hand ab.

§196: Wenn ein Bürger das Auge eines Bürgers zerstört, so zerstört man sein Auge.

§200: Wenn ein Bürger den Zahn eines Bürgers ausschlägt, so schlägt man seinen Zahn aus.

Ab ca. 1300 v. Chr. entstand aus dem alten Babylonien das Reich der **Assyrer.** Sie stammten aus der weiter nördlich gelegenen Stadt Assur und galten als strenges, kriegerisches Volk. Das assyrische Reich dehnte sich durch umfangreiche Eroberungen bis in die heutige Türkei hinein aus. Zeitweilig gehörte sogar Ägypten zum assyrischen Reich.

Während Hammurabi von Babylonien versucht hatte, seine Herrschaft auf Recht und Gesetz zu stützen, kannten die Assyrer nur ein Mittel zur Herrschaftssicherung: Gewalt. Wenn eine Stadt bei der Eroberung durch die Assyrer erbitterten Widerstand geleistet hatte, ließen die assyrischen Herrscher einen Großteil der Einwohner umbringen. Dazu dachten sie sich möglichst grausame Todesarten aus: Pfählen, Schinden, Abhacken von Armen und Beinen, lebendiges Einmauern usw. Oft wurden die eroberten Städte auch völlig zerstört, alle Einwohner umgebracht und ihre Köpfe vor der Stadt zu einem riesigen Haufen aufgetürmt. Ganze Völker wurden mit Waffengewalt aus ihrer Heimat in völlig fremde, oftmals unfruchtbare Gebiete umgesiedelt. Dieses brutale Vorgehen nennt man Deportation.

Nach fast sieben Jahrhunderten des assyrischen Terrors verbündeten sich ab 650 v. Chr. die Babylonier mit allen Feinden Assyriens und griffen das Reich an. In langen Kämpfen wurden nun alle Städte Assyriens erobert und restlos dem Erdboden gleichgemacht. Damit hörte Assyrien auf zu existieren.

Gewinner dieser Entwicklung war Babylonien, das fast alle Gebiete des assyrischen Reiches übernahm (Abb. 3).

Nach einer kurzen Blüte, in die auch der berühmte „Turmbau zu Babel" fällt, wurde es jedoch 539 v. Chr. von den Persern erobert und zur persischen Provinz gemacht. 331 v. Chr. wurde Mesopotamien dann von Alexander d. Gr. erobert und seinem Weltreich eingegliedert.

 Zum Weiterlesen:

• Die ägyptische Hochkultur, S. 762
• Kreta und Kleinasien, S. 766
• Das Volk Israel, S. 767
• Die Perserkriege, S. 772
• Alexander der Große, S. 774

Hochkulturen von Kreta und Kleinasien

Es hat in der Geschichte des Altertums nicht nur in Mesopotamien und Ägypten Hochkulturen gegeben. Die wichtigsten Entwicklungen wie die Bildung von Städten und Staaten, die Festigung einer Religion, das Entstehen von Gesetzen und Rechtsprechung gab es auch in anderen Gegenden der Welt. Ab 2600 v. Chr. entwickelte sich die Hochkultur von **Kreta**, ab 2000 v. Chr. bildeten sich erste Staaten in **Kleinasien**.

Ab 2600 v. Chr. begannen die Bewohner Kretas mit dem Bau von Hafenanlagen. Bald darauf entstanden die ersten Paläste, die für die Kultur Kretas, die auch minoische Kultur genannt wird, sehr typisch waren. Die Paläste waren nicht befestigt, was darauf schließen lässt, dass Kreta damals keine Feinde hatte. Sie waren nicht nur der Sitz der kretischen Könige, sondern auch die wirtschaftlichen Mittelpunkte der Städte. In den Palästen gab es riesige Vorratsräume für Lebensmittel und Wein. Ab 2000 v. Chr.

Abb. 1: Der Palast von Knossos auf Kreta

stieg Kreta allmählich zur wichtigsten Handelsmacht des östlichen Mittelmeeres auf. Vor allem der Handel mit Ägypten blühte. Von hier übernahm man auch die Bilderschrift (Hieroglyphen). Um 1600 v. Chr. wurden die Paläste zerstört – vermutlich von schweren Erdbeben.

Nach dem Bau neuer, noch größerer befestigter Paläste blühte die minoische Kultur wieder auf. Man entwickelte nun eine eigene Schrift auf der Grundlage von Buchstaben. Der Handel mit Ägypten wurde wieder aufgenommen, und Kreta stieg zur stärksten Seemacht des östlichen Mittelmeeres auf. Doch wiederholt zerstörten schwere Erdbeben die Paläste und erschütterten die wirtschaftliche Grundlage des Landes. Ab 1500 v. Chr. begannen die Griechen mit der Eroberung Kretas, die schließlich 1425 v. Chr. mit der Zerstörung des größten Palastes (Knossos) endete (Abb. 1).

2000 v. Chr. siedelten sich im Gebiet der heutigen Türkei die **Hethiter** an. Das Land war zwar nicht besonders fruchtbar, dafür aber sehr reich an Bodenschätzen wie Kupfer, Zinn, Gold oder Silber, die mit den damaligen Mitteln ziemlich leicht abgebaut werden konnten.

Die Hethiter waren das erste Volk mit indoeuropäischer Sprache, das eine Hochkultur bildete. Sie brauchten fast 400 Jahre, um die Oberherrschaft über die einheimische Bevölkerung zu erlangen und ein großes Reich zu gründen. Der Staat wurde von

einem König beherrscht, der zuerst Adlige, später dann Beamte mit der Verwaltung beauftragte. Nach dem Tode wurde der König als Gott verehrt. In der Religion übernahmen die Hethiter viel von den Traditionen Babyloniens, z. B. Kulte, Riten und Magie. Auch in anderen Bereichen galt die alte Kultur Mesopotamiens als Vorbild. So übernahm man weitgehend die babylonische Schrift und lehnte sich auch in der Literatur stark an Babylonien an. Das Rechtssystem war für die damaligen Verhältnisse sehr modern. Die Rechte von Mann und Frau wurden durch den Staat garantiert. Der Gedanke der Wiedergutmachung war wichtiger als eine Vergeltung oder Rache. Die Todesstrafe wurde nur sehr selten verhängt, und körperliche Verstümmelungen gab es als Strafe überhaupt nicht.

Das Reich der Hethiter dehnte sich von 1600 v. Chr. an aus, bis es sich über fast ganz Kleinasien sowie Teile von Mesopotamien und Syrien erstreckte. Um 1200 v. Chr. brach das Reich unter den ständigen schweren Angriffen der Seevölker (Philister, Griechen), die zu dieser Zeit alle Küsten im östlichen Mittelmeer bedrohten, zusammen (Abb. 2).

Nach langer Fremdherrschaft durch die Assyrer entstand um 800 v. Chr. in Kleinasien ein **phrygisches Reich**. Es ist vor allem bekannt durch seinen größten König Midas, über dessen ungeheure Goldschätze bereits in der griechischen Sage berichtet wurde. Nach der Vernichtung dieses Reiches durch die Kimmerier (um 700 v. Chr.) entstand bald ein **lydisches Reich** (Abb. 3).

Die Lydier erfanden als erstes Volk die Geldmünze. Auch hier herrschte ein märchenhafter Reichtum – der Name des letzten lydischen Königs, Krösus, wurde geradezu zum Inbegriff für einen schwerreichen Mann. 546 v. Chr. wurde Lydien von den Persern erobert.

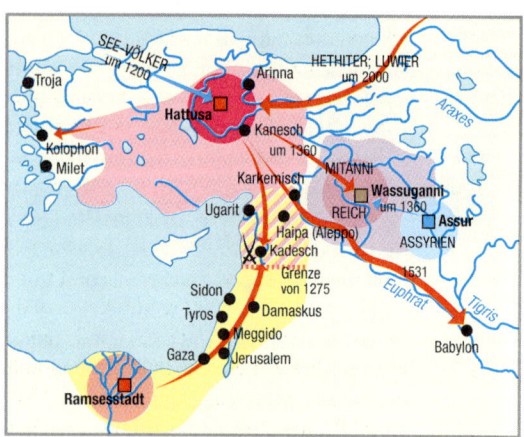

Abb. 2: Das Reich der Hethiter

Abb. 3: Die Reiche der Lyder und Phryger

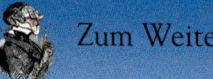
Zum Weiterlesen:

- Die ägyptische Hochkultur, S. 762
- Mesopotamien, S. 764
- Das Volk Israel, S. 767
- Griechenland, S. 768
- Die Perserkriege, S. 772

Geschichte

Die Geschichte des Volkes Israel

Das Volk Israel hat nicht – wie die Sumerer – die Schrift erfunden. Es hat auch keine Großreiche errichtet wie die Perser, Griechen oder Römer. Dafür hat es eine Religion entwickelt, die mit ihrem Glauben an einen einzigen, allmächtigen, gerechten und barmherzigen Gott („Jahwe") ihrer Zeit weit voraus war und bis heute lebendig geblieben ist. In einer Zeit, als Verstümmelungen, Vertreibungen und sonstiges Unrecht oftmals staatliche Politik waren (s. Assyrien), forderte der „neue" Gott Gerechtigkeit und Mitmenschlichkeit, aber auch unbedingten Gehorsam (Abb. 1). Das heilige Buch der Juden, die Thora, ist Grundlage und als „Altes Testament" Bestandteil des heiligen Buches der Christen, der Bibel. Und auch das heilige Buch der Mohammedaner, der Koran, baut eindeutig auf den Geschichten, Regeln und Weisheiten der Juden auf.

Um 1500 v. Chr. siedelten sich die ersten israelitischen Stämme in Palästina an. Im Krieg des „Neuen Reiches" von Ägypten mit den Hethitern um die Vorherrschaft in Palästina wurden einige dieser Stämme nach Ägypten verschleppt. Hier hat man bei Ausgrabungen auf einer über 3200 Jahre alten Steinsäule die erste schriftliche Erwähnung des Stammes „Israel" gefunden. Um 1250 v. Chr. wanderten die israelitischen Stämme unter Moses und Aaron wieder aus Ägypten aus. Auf der Rückwanderung nach Palästina kam es zur Offenbarung Gottes, wie im Alten Testament der Bibel berichtet wird. Sie führte zur Annahme des Glaubens an einen

Abb. 1: Synagoge und siebenarmige Leuchter

einzigen Gott (Monotheismus) und der von Gott gegebenen Gesetze, der **Zehn Gebote**. Man schloss mit Gott einen Bund und betrachtete sich fortan als „auserwähltes" Volk, das allen anderen Völkern zeigen sollte, welche Lebensführung Gott von den Menschen verlangte. Zum Symbol dieses Bundes und zum religiösen Mittelpunkt wurde die **Bundeslade**, der Schrein, in dem die Tontafeln mit den Zehn Geboten aufbewahrt wurden.

Um 1200 v. Chr. schlossen sich die zwölf israelitischen Stämme enger zusammen, wohl um besser gegen Angriffe der Philister gerüstet zu sein, die sich seit dem „Seevölkersturm" an der Küste angesiedelt hatten (Abb. 2).

Als die Kämpfe mit den Philistern immer heftiger wurden und auch noch Angriffe aus dem Osten dazukamen (Ammoniter), gründeten die zwölf Stämme ein **Königtum** und wählten 1010 v. Chr. **Saul** zu ihrem ersten König. Sein Nachfolger **David** schaffte es, die Philister zu besiegen. Er gründete nun einen großen Staat mit moderner Verwaltung. Die

Hauptstadt Jerusalem wurde Standort der Bundeslade und damit auch zum religiösen Mittelpunkt des Landes. Unter Davids Nachfolger **Salomon** stieg Jerusalem weiter zum absoluten Zentrum des Königreiches auf. Salomon ist uns heute noch als sehr weiser und gerechter König bekannt, der auch verzwickte Situationen lösen konnte. So nennt man eine Entscheidung, die allen Seiten gerecht wird, ein „salomonisches Urteil".

Nach dem Tode Salomons zerfiel das Reich 926 v. Chr. in zwei Hälften. Der Norden wurde zum Königreich **Israel** mit der Hauptstadt Samaria. Im Süden entstand das Königreich **Juda** mit der Hauptstadt Jerusalem (Abb. 3). In der folgenden Zeit machten sich immer mehr die Einflüsse Phöniziens, eines Seefahrerstaates an der Küste des Mittelmeeres, bemerkbar. Durch die Vermischung der Bevölkerung gelangten neue Götterkulte nach Israel und Juda (z. B. der Gott „Baal"). Immer wieder verkündeten Propheten den Untergang, wenn man nicht zum rechten Glauben zurückkehren würde.

722 v. Chr. eroberten die Assyrer Israel und zerstörten die Hauptstadt Samaria. Juda konnte mit ägyptischer Hilfe die assyrischen Angriffe abwehren. 587 v. Chr. jedoch eroberten die Babylonier Juda, zerstörten Jerusalem und führten die Bevölkerung in die Verbannung („Babylonische Gefangenschaft"). Erst nach der Eroberung Babyloniens durch die Perser 539 v. Chr. konnten die Juden wieder in ihr Gelobtes Land zurückkehren. Ihre weitere Geschichte bestand in unzähligen Fremdherrschaften (Perser, Griechen, Römer, Araber usw.) und ihrer Verstreuung über die ganze Welt („Diaspora"). Oft wurden sie als Sündenböcke für die Fehler anderer verfolgt, deportiert oder sogar ermordet, bis sie 1948 mit dem modernen Staat Israel zum ersten Mal seit fast 2500 Jahren wieder einen eigenen Staat gründeten.

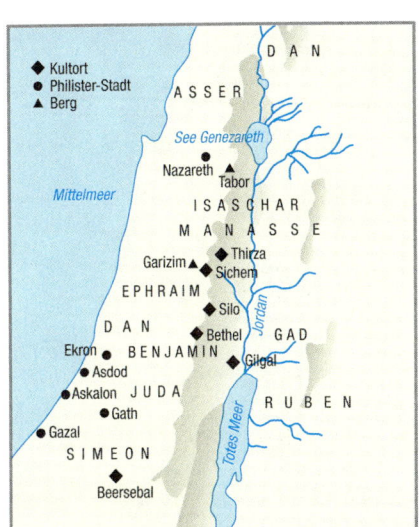

Abb. 2: Ansiedlung der Stämme um 1200

Abb. 3: Die Königreiche Israel und Juda

Zum Weiterlesen:

- Die ägyptische Hochkultur, S. 762
- Mesopotamien, S. 764
- Kreta und Kleinasien, S. 766
- Alexander der Große, S. 774
- Weltreligion Christentum, S. 782

Griechenland – Von den Anfängen bis zur Adelsherrschaft

Ab 2500 v. Chr. begann die Urbevölkerung des südlichsten Teils des griechischen Festlandes, der Halbinsel Peloponnes, mit der Gründung erster bäuerlicher Dörfer. Sie vermischte sich seit 1800 v. Chr. mit einwandernden indogermanischen Stämmen, wodurch ein neues Volk entstand. In den wichtigsten Siedlungen entstanden mächtige Königsburgen. Die einzelnen Könige waren grundsätzlich gleichberechtigt, auch wenn zeitweise der König von Mykene die Oberherrschaft innehatte. Deshalb wird diese Zeit auch als **mykenische Kultur** bezeichnet. Die Könige dieser Zeit waren fast alle sehr machthungrig. In großen Raubzügen eroberten sie ab 1500 v. Chr. Kreta und vernichteten die minoische Kultur. Auch die Westküste des an Gold und anderen Schätzen reichen Kleinasiens griffen sie wiederholt an. Um 1200 v. Chr. belagerten und zerstörten sie die kleinasiatische Stadt Troja, wovon der griechische Dichter Homer ca. 500 Jahre später berichtete. Man kann fast sicher sein, dass nicht – wie Homer behauptet – die Entführung der schönen Helena der Grund für diesen Krieg war, sondern der schlichte Macht- und Eroberungswille der Mykener (Abb. 1).

Ab 1200 v. Chr. kam es zu einer großen Völkerverschiebung, die heute als griechische Völkerwanderung oder auch als „dorische Wanderung" bezeichnet wird. Unter dem Druck anderer Völker des Nordens zogen die Dorer nach Süden in das Gebiet der mykenischen Kulturen. Da die Dorer bereits Eisenwaffen hatten, waren sie den noch mit Bronzewaffen kämpfenden Mykenern überlegen. Sie eroberten das Land und zerstörten 1150 v. Chr. alle mykenischen Königsburgen (Abb. 2).

Abb. 1: Der Palast von Mykene mit dem berühmten Löwentor

Nach der Abschaffung des Königtums bildete sich in den weiter besiedelten Königsburgen und in den neu gegründeten Siedlungen eine adlige Schicht, die nun für mehrere Jahrhunderte die Macht in den neuen Stadtstaaten (Polis) innehatte. Man nennt diese Staatsform „die Herrschaft weniger" (Oligarchie). Diese Regierungsform übertrug man auch auf die religiösen Vorstellungen. Homer z. B. beschrieb die Götter des Olymps wie eine Adelsgesellschaft, die über die Welt herrschte und niemandem Rechenschaft schuldig war, sondern ausschließlich ihre eigenen Interessen verfolgte. So sucht man so etwas wie Gerechtigkeit in den alten Göttersagen oftmals vergeblich. Der oberste und Vater aller anderen Götter war Zeus. Doch auch er war nicht allmächtig, sondern musste seine Macht in einzelnen Bereichen mit anderen Göttern teilen. Die Menschen verehrten die Götter an speziellen Kultstätten (Delos, Delphi, Olympia, Epidauros usw.). Hier gab es große Theater, in denen zu ihren Ehren besondere Theaterstücke gespielt wurden (Abb. 3).

In den umliegenden Tempelanlagen opferten die Griechen den Göttern und baten sie um ihre Gnade. Auch die sportlichen Wettkämpfe, aus denen sich ab ca. 800 v. Chr. die Olympischen Spiele entwickelten, waren den Göttern geweiht. An ihnen durften nicht nur Bürger einer Polis, sondern Griechen aus allen Einzelstaaten teilnehmen.

Zu dieser Zeit entwickelte sich nun auch zum ersten Mal ein Gefühl dafür, dass man – über alle Grenzen der einzelnen Staaten hinweg – als Griechen doch eine Einheit bildete. Ausdruck dieser Einheit war die aus der minoischen Kultur weiterentwickelte Buchstabenschrift, die sich schnell über ganz Griechenland verbreitete.

An der griechischen Ausbreitung im Mittelmeerraum waren auch alle Griechen beteiligt. Fast alle griechischen Staaten schlossen sich den großen Expeditionen an, die zur Gründung griechischer Städte an den Küsten des Schwarzen Meeres und im westlichen Kleinasien führten. Hier bildete sich die griechische Landschaft Jonien, die bald fast 100 Städte umfasste. Geistiges und politisches Zentrum war die Stadt Milet, in der auch der Dichter Homer seine berühmten Epen (Ilias, Odyssee) verfasste. Die Ionier standen in engen Handelsbeziehungen mit den kleinasiatischen Reichen Phrygien und Lydien, die wegen ihres sagenhaften Reichtums (König Midas von Phrygien, König Krösus

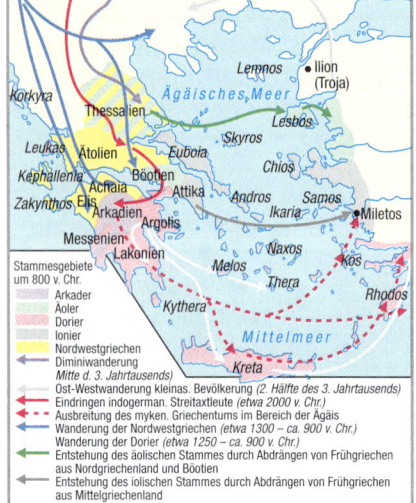

Abb. 2: Die Landnahme und Stammesbildung des klassischen Griechentums

Abb. 3: Die Akustik der antiken Theater – hier: Epidauros – war hervorragend, so dass die Zuschauer auch auf den obersten Rängen jedes Wort verstehen konnten

Geschichte

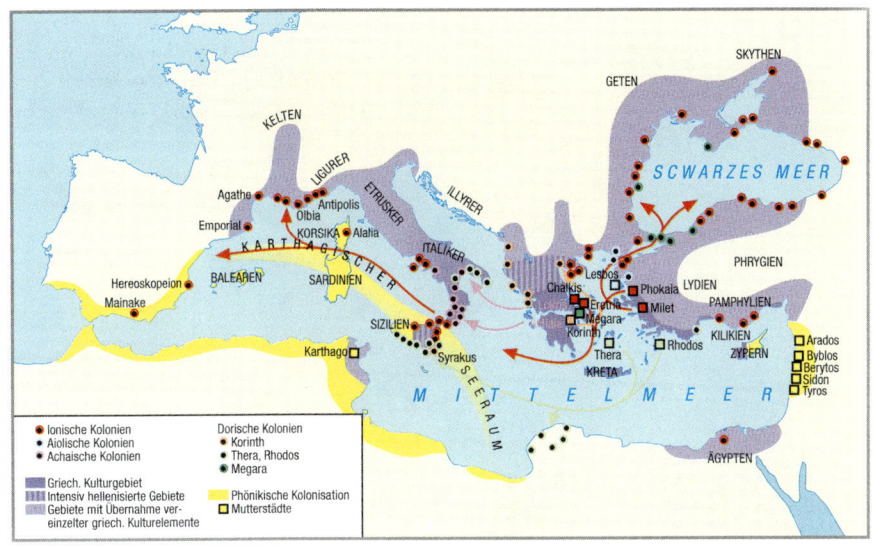

Abb. 4: Der griechische Kulturkreis 750–550 v. Chr.

von Lydien) bekannt waren. Von den Lydiern übernahmen die ionischen Griechen die Erfindung des Münzgeldes. Aber auch die Küsten Ägyptens, Siziliens, Italiens, Südfrankreichs und Spaniens wurden nun von Griechen besiedelt. Damit war der griechische Kulturkreis der größte der Welt geworden (Abb. 4).

Im Mutterland selbst, genauer gesagt auf dem Peloponnes, hatte in der Zwischenzeit eine Polis die führende Rolle übernommen und fast alle anderen Stadtstaaten besiegt: Sparta. Um 900 v. Chr. war das in einem grünen Flusstal inmitten karger Berge gelegene Sparta durch den Zusammenschluss einiger kleiner Dörfer entstanden. Die Spartaner waren ein einfaches und bescheiden lebendes, sehr kriegerisches Volk, das in der Folgezeit schnell die Führungsrolle auf dem südlichen Peloponnes einnahm. Je mächtiger

Spartas Position wurde, umso mehr wuchs die Rivalität mit der stärksten Macht im nördlichen Teil der Halbinsel, Argos. Durch Unruhen an der Westküste, in der Landschaft Messenien, kam es dann zum offenen Krieg zwischen Sparta und Argos. Zunächst behielt Argos durch einige Siege die Oberhand. Als jedoch nach 60 Jahren die Unruhen in Messenien wieder aufflackerten, kam es zum zweiten Krieg. Diesmal hatten die Spartaner ihre Kriegstaktik und Kampftechnik verändert, so dass sie das Heer von Argos zurückschlagen und ihren Einfluss bis an die Westküste ausdehnen konnten. Sparta war nun der mächtigste Staat auf dem Peloponnes. Aufgrund seiner Kampftechnik und seiner schweren Bewaffnung (Schwerter, Speere, Schilde, Rüstungen) galt das spartanische Heer lange Zeit als unbesiegbar (Abb. 5).

Es bildete sich in Sparta ein Militärstaat heraus, der fast den ganzen Peloponnes fest im Griff hatte. Kunst und Literatur galten nicht mehr viel, der „richtige" Spartaner hatte in erster Linie ein harter und disziplinierter Soldat zu sein. Es erschienen kaum noch Schriften, spartanische Bürger reisten nicht mehr in die anderen griechischen Gegenden, und auch „fremde" Griechen waren in Sparta nicht mehr gern gesehen. Selbst die Geldmünze wurde als ausländische Erfindung wieder verboten und durch kleine Eisenbarren als Zahlungsmittel ersetzt.

An der Spitze des spartanischen Staates standen zunächst zwei gleichberechtigte Könige. Später waren sie nur noch die Anführer des Heeres, die von einem „Rat der Alten" bestimmt wurden. Die Politik jedoch machte ein fünfköpfiger Rat, den das spartanische Volk wählte. Als Spartaner galten allerdings nur die männlichen Mitglieder der

Adelsfamilien, die auch das Heer bildeten. Die Bewohner des Umlandes, alle Bauern und die Sklaven galten nicht als Spartaner und waren damit politisch rechtlos.

Über Jahrhunderte blieb diese gesellschaftliche Ordnung bestehen. Die Spartaner betrachteten sie als so wichtig, dass sie sogar gegen andere Staaten militärisch vorgingen, um dort die Herrschaft eines Einzelnen („Tyrannis") oder des Volkes („Demokratie") zu verhindern oder zu beseitigen und die Herrschaft von wenigen Adligen wieder herzustellen. Sparta war zwar die militärisch stärkste und fortschrittlichste Landmacht, gleichzeitig aber auch einer der gesellschaftlich rückständigsten Staaten Griechenlands.

So ist es kein Wunder, dass Sparta in Gegensatz zu Athen geriet, der militärisch stärksten Seemacht und einem der gesellschaftlich fortschrittlichsten Staaten Griechenlands. Annähernd drei Jahrhunderte standen sich diese beiden Rivalen in Griechenland feindselig gegenüber, auch wenn sie sich zeitweise gegen andere Gegner (z. B. Persien, Theben, Makedonien) verbündeten. Unzählige Schlachten um die Vorherrschaft in Griechenland führten sie gegeneinander, wobei das Kriegsglück häufig wechselte. Man kann sagen, dass beinahe das gesamte Zeitalter der griechischen Stadtstaaten im Schatten dieser andauernden Auseinandersetzung stand, die im Peloponnesischen Krieg 431–404 v. Chr. ihren Höhepunkt fand. Die Niederlage Athens führte jedoch nicht zur unbeschränkten Vorherrschaft Spartas, denn schon standen neue Mächte bereit, an die Stelle Athens zu treten und die Vorherrschaft zu beanspruchen (Argos, Theben usw.). Die Kriege gingen weiter und führten schließlich zum unaufhaltsamen Verfall der einstmals stolzen griechischen Stadtstaaten. Der Gewinner dieser Entwicklung war zunächst Persien, das die Streitigkeiten der Griechen geschickt ausnutzte und dabei die Herrschaft über die griechischen Städte in Kleinasien zurückerlangte. In die politische Bedeutungslosigkeit stürzten die Stadtstaaten dann durch die gewaltsame Einigung Griechenlands durch Philipp II. von Makedonien.

Abb. 5: Sparta und seine Bundesgenossen

 Zum Weiterlesen:

- Athen, S. 770
- Perserkriege, S. 772
- Alexander der Große, S. 774
- Rom, S. 776
- Das römische Kaiserreich, S. 778

Athen – Wiege der Demokratie

Auch nach der Zerstörung der mykenischen Königsburg in Athen (ca. 1150 v. Chr.) gab es hier noch Könige: Sie versuchten immer wieder, die gesamte Landschaft Attika, in der die Stadt Athen liegt, unter ihrer Führung zu vereinigen. Nachdem dies allmählich gelungen war, siedelten die adligen Herrscher des Umlandes nach Athen über (Abb. 1). Dadurch entstand eine neue Schicht, der Stadtadel, der um 700 v. Chr. das Königtum abschaffte und eine Adelsherrschaft („Aristokratie") einführte. Die Adligen wählten drei Männer („Archonten") zu den höchsten Beamten des Staates. Der oberste dieser drei trug zwar den Titel „König" („Basileus"), doch war er nur noch für die religiösen Kulte zuständig. Die eigentliche Macht lag bei den beiden anderen Beamten, von denen einer den Staat regierte und der andere das Heer befehligte.

In dieser Zeit gab es keine staatlichen Gerichte. Die Rechtsprechung übernahm – jeweils im Bereich ihres eigenen Grundbesitzes – jede Adelsfamilie selbst. Dadurch kam es oft zu großen Ungerechtigkeiten, wenn die Richter nur nach den Interessen ihrer Familien urteilten. Außerdem mussten die Bauern bei den adligen Grundbesitzern einen großen Teil der jährlichen Ernte als Pacht abliefern. Wenn sie das nicht schafften, weil z. B. die Ernte schlecht war, wurde ihnen die fehlende Menge als Schulden angeschrieben. Wurden diese Schulden irgendwann zu hoch, verlor der Schuldner seine Freiheit, und man verkaufte ihn als Sklave ins Ausland. Im Laufe der Zeit wurde die Verschuldung der kleinen Bauern so hoch und ihre wirtschaftliche Not so groß, dass beinahe die ganze Wirtschaft zusammengebrochen wäre. Damit war das Bestehen des gesamten Staates bedroht.

In dieser Situation erhielt 594 v. Chr. für ein Jahr lang der Adlige Solon alle Vollmachten zur Reform des Staatswesens. Als

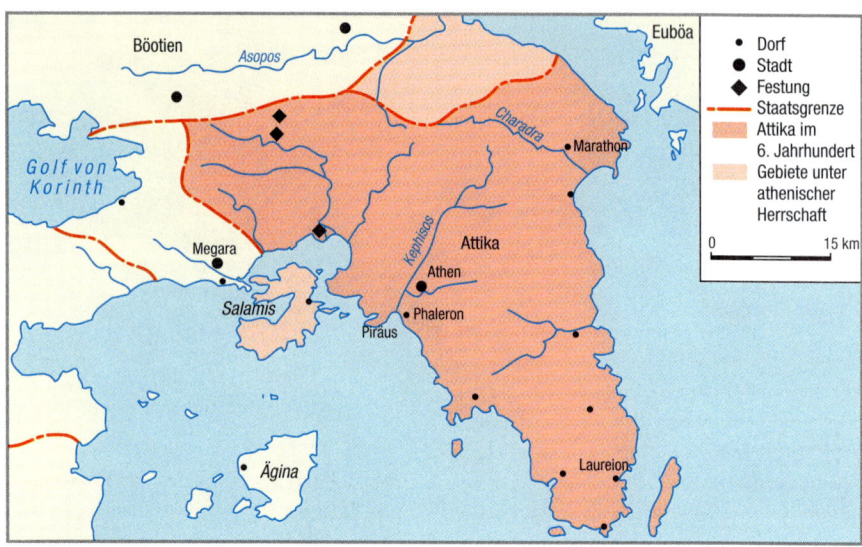

Abb. 1: Attika im 6. Jahrhundert v. Chr.

Erstes befreite er alle Bauern von ihren Schulden. Aus Athen geflohene Bauern durften zurückkehren, die versklavten wurden auf Staatskosten zurückgekauft. Eine Reform des Grundbesitzes gab es allerdings nicht, obwohl viele das forderten. Danach zwang Solon die Adligen, ihre politische Macht mit den Bürgern zu teilen, die für diesen Zweck nach ihrem Reichtum in vier Klassen aufgeteilt wurden. Die reichsten Bürger erhielten die meisten Rechte, die ärmsten Bürger die wenigsten. Schließlich wurden alle Gesetze in einem Buch aufgeschrieben, und der Staat übernahm die Rechtsprechung. Nun konnte sich jeder Bürger an die Gerichte wenden, um sein Recht einzuklagen. Als Folge dieser Reformen ging die Adelsherrschaft in eine Herrschaft der Reichen („Timokratie") über. Da die Adligen selbst aber die reichsten Bürger waren, behielten sie ihre Macht. Deshalb hielt die Unzufriedenheit bei den ärmeren Bürgern an.

Daten und Zahlen

Um 1150 v. Chr.: Zerstörung der mykenischen Königsburg von Athen

Bis 700 v. Chr.: Einigung Attikas unter der Führung Athens

683 v. Chr.: Abschaffung des Königtums

624 v. Chr.: strenge Gesetzgebung Drakons („drakonische" Gesetze)

594 v. Chr.: Reformen Solons

560 v. Chr.: Alleinherrschaft (Tyrannis) durch Peisistratos

510 v. Chr.: Ende der Alleinherrschaft (Tyrannis)

ab 509 v. Chr.: Reformen des Kleisthenes

506 v. Chr.: Versuch der Spartaner, die Demokratie zu stürzen, scheitert

500–479 v. Chr.: Perserkriege

462 v. Chr.: Reformen des Perikles

431–404 v. Chr.: Peloponnesischer Krieg

429 v. Chr.: Pestkatastrophe in Athen und Tod des Perikles

404 v. Chr.: Niederlage Athens gegen Sparta, Versuch der Beseitigung der Demokratie scheitert erneut

399 v. Chr.: Hinrichtung des Sokrates

338 v. Chr.: Niederlage gegen Philipp II. von Makedonien

Es kam schließlich zu Unruhen, in deren Verlauf 560 v. Chr. Peisistratos mit Unterstützung der kleinen Bauern gewaltsam die Alleinherrschaft („Tyrannis") erlangte. Er schränkte die Macht der Adligen stark ein und weitete die Rechte der Bauern aus. Danach kam es zu einem wirtschaftlichen Aufschwung, der Athen zu großem Wohlstand verhalf. Die Alleinherrschaft dauerte unter Peisistratos und seinen Nachfolgern genau 50 Jahre, bevor der letzte Tyrann mit militärischer Hilfe der Spartaner gestürzt wurde.

Rat der Fünfhundert
(ständig je 50 Ratsmitglieder für ¹/₁₀ des Jahres)
• Vorbereitung der Volksversammlung
• Vorbereitung der Anträge
• Kontrolle der Beamten
• Aufsicht über das Staatsvermögen Außenpolitik

9 Archonten (Los)
10 Strategen (Wahl)
und etwa
700 Beamte
• Ausführung der Beschlüsse der Volksversammlung

Areopag (ehemalige Archonten)
• besondere Rechtsprechung

Geschworenengerichte
(6000 Richter)
• allgemeine Rechtsprechung

jährlich durch Los

jährlich durch Los bzw. Wahl
Bürger über 30 Jahre

jährlich durch Los

Volksversammlungen
(männliche Bürger über 20 Jahre – ca. 35 000)
• alle wichtigen Entscheidungen über Innen- und Außenpolitik:
Gesetze, Wahl bzw. Auslosung und Kontrolle der Beamten, Entscheidung über Krieg und Frieden

• Frauen
• freie Mitbewohner (Metöken), die nicht von Athenern abstammen und sich in der Stadt niedergelassen haben
• Sklaven
} ohne politische Rechte

Abb. 2: Die Verfassung Athens um 435 v. Chr.

Geschichte

Nun wurde der Athener Kleisthenes mit der Neuordnung des Staates beauftragt. Ab 509 v. Chr. schuf er schrittweise die erste Volksherrschaft („Demokratie", von griech. „Demos" = Volk und „kratein" = herrschen). Die Einführung der Demokratie wäre beinahe noch durch den Einmarsch der Spartaner in Athen verhindert worden, doch zwang die Einigkeit des athenischen Volkes die Spartaner schließlich zum Rückzug.

In der Demokratie wurde das gesamte athenische Staatsgebiet neu geordnet. Es entstanden die drei Bezirke Stadt, Land und Küste. Die ehemalige Einteilung der Bürger in vier Klassen wurde beibehalten, doch erhielten nun alle Bürger – unabhängig von ihrem Reichtum – die gleichen politischen Rechte („Isonomia"). Sie nahmen an der Volksversammlung teil, aus der – streng und gleichmäßig nach Bezirken geordnet – der „Rat der 500" gewählt wurde. Je 50 Personen aus diesem Rat – auch sie wurden gleichmäßig aus allen drei Bezirken ausgewählt – bildeten für jeweils 36 Tage lang die Regierung. Nach dieser Zeit kamen die nächsten 50 Mitglieder des „Rates der 500" an die Macht, bis schließlich nach 360 Tagen – also fast genau einem Jahr – alle 500 Mitglieder des Rates für eine Periode von 36 Tagen mitregiert hatten. Nach einem Jahr wurde dann der „Rat der 500" neu gewählt. Die ehemals höchsten Beamten („Archonten") gab es immer noch, und ihre Wahl war immer noch ausschließlich den obersten beiden Klassen vorbehalten. Sie hatten die Oberaufsicht über das Militär und bestimmten die zehn „Strategen", wie die obersten Generäle damals genannt wurden.

Neu war auch die Einführung des Scherbengerichts („Ostrakismos"). Wenn ein Bürger meinte, ein Athener würde durch sein Handeln für den Staat zu einer Gefahr werden, konnte er ein Scherbengericht beantragen. Meistens war es so, dass der Angeklagte nun seinerseits den Ankläger genauso

Abb. 3: Perikles, der erfahrenste Stratege Athens

beschuldigte und auch ein Scherbengericht forderte. In einer Volksversammlung schrieb nun jeder Bürger einen der beiden Namen auf eine Tonscherbe. Derjenige der beiden, dessen Name öfter aufgeschrieben wurde, musste dann für zehn Jahre die Stadt verlassen und in der Verbannung leben. Danach konnte er zurückkehren und sein früheres Leben weiterführen, denn weder seine Ehre noch sein Besitz wurden von dem Scherbengericht betroffen.

Kurz nach der Einführung dieser Neuerungen versuchten die Spartaner 506 v. Chr. noch einmal, die Demokratie in Athen zu stürzen, wurden diesmal jedoch militärisch zurückgeschlagen.

Die politischen Rechte eines athenischen Bürgers standen in jeder Staatsform – ob Königtum, Adelsherrschaft, Herrschaft der Reichen, Alleinherrschaft oder Volksherrschaft – immer in engem Zusammenhang mit der Rolle, die er im Heer einnahm. Da die athenischen Soldaten ihre Waffen und ihre Ausrüstung selber bezahlen mussten, ergab es sich, dass ein Adliger, der sich ein Pferd und teure Waffen leisten konnte, auch mehr politische Rechte hatte als ein armer Bauer,

der sich gerade einmal eine alte Lanze kaufen konnte. Doch durch die langen und harten Perserkriege und den Aufstieg Athens zur Großmacht ergaben sich ab 500 v. Chr. neue Kampftechniken, bei denen vor allem die dritte Klasse der Bürger als einfaches Fußvolk im Heer, aber auch als Ruderer in der neuen Flotte immer wichtiger wurde. Diese einfachen Soldaten – in der Regel Kleinbauern oder einfache Handwerker – verlangten nun auch mehr politische Rechte. Diese letzte Stufe der Demokratie wurde ab ca. 460 v. Chr. durch Perikles vollendet (Abb. 3). Er setzte durch, dass nun auch die Vertreter der 3. Klasse zu Archonten gewählt werden konnten. Damit war das letzte Vorrecht des Adels gefallen, und die Bürger Athens waren nun politisch völlig gleichberechtigt (Abb. 2).

Während der folgenden 50 Jahre der Kämpfe mit Sparta um die Vorherrschaft („Hegemonie") in Griechenland herrschte in Athen das Volk. Nach der Niederlage Athens wurde mit der Hilfe Spartas 411 v. Chr. wieder die Herrschaft der Reichen eingeführt, die sich aber nicht lange halten konnte. Die Demokratie wurde wieder hergestellt und sogar noch durch neue Bürgerrechte erweitert. Doch vor allem durch die Ausweitung des Rechts, andere Bürger vor Gericht anzuklagen, kam es zu einigen Auswüchsen, die die Demokratie bei den besten Denkern Griechenlands in ein schlechtes Licht brachte. So machte die Hinrichtung des Philosophen Sokrates, dem die Verführung der Jugend und die Einführung neuer Götter vorgeworfen wurde, dessen Schüler Platon zu einem Feind der Demokratie (Abb. 4).

Mit dem Sieg König Philipps von Makedonien über Athen endete 338 v. Chr. die athenische Demokratie. Auch wenn man sehen muss, dass weite Teile der athenischen Bevölkerung – Sklaven, Ausländer, Athener mit einem ausländischen Elternteil, Frauen usw. – von den politischen Rechten völlig ausgeschlossen wurden, war die athenische Demokratie doch die erste „Herrschaft des Volkes" in der Geschichte überhaupt.

 Zum Weiterlesen:

- Griechenland, S. 768
- Perserkriege, S. 772
- Alexander der Große, S. 774
- Rom, S. 776
- Das römische Kaiserreich, S. 778

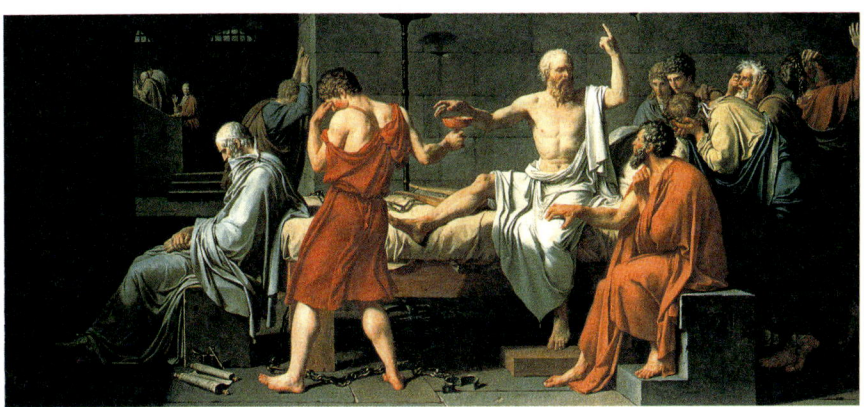

Abb. 4: Die Hinrichtung des Sokrates: „Der Schierlingsbecher"

Perserkriege, Peloponnesischer Krieg und Niedergang der Polis

*S*eit ca. 550 v. Chr. dehnte sich das persische Weltreich ständig nach Westen aus und eroberte ein Land nach dem anderen. Noch vor der Eroberung der uralten Hochkulturen Babylonien (539 v. Chr.) und Ägypten (525 v. Chr.) zogen die Perser nach Kleinasien, wo sie das lydische Reich vernichteten (546 v. Chr.). Damit gerieten auch die griechischen Städte an der Westküste Kleinasiens (Ionien) unter persische Herrschaft. Auch wenn das persische Heer nicht über die Meerengen des Bosporus nach Griechenland übersetzte, wurden die nordgriechischen Staaten Thrakien und Makedonien bald von den Persern abhängig (Abb. 1).

Um 500 v. Chr. erhoben sich die Ionier mit Unterstützung durch Athen gegen die persische Fremdherrschaft. Nach anfänglichen Erfolgen der Ionier gewannen die Perser die Oberhand und schlugen sie nach sechsjährigem Krieg 494 v. Chr. vernichtend. Sie zerstörten die wichtigste Stadt, Milet, und deportierten alle Einwohner nach Mesopotamien. Nun beschlossen die Perser einen großen Feldzug gegen Griechenland, um den Widerstand gegen ihre Herrschaft endgültig zu brechen. Auf ihrem Vormarsch von Norden in Richtung Athen hinterließen sie eine Spur der Verwüstung. Doch war das Kriegsglück gegen sie, denn ihre starke Flotte wurde 492 v. Chr. durch einen schweren Sturm fast völlig vernichtet. 490 v. Chr. trafen sie vor den Toren Athens, bei dem berühmten Ort Marathon, auf das athenische Heer. Durch die neue überlegene Taktik der Athener unter **Miltiades** kam es zur vernichtenden Niederlage der Perser, die sich daraufhin

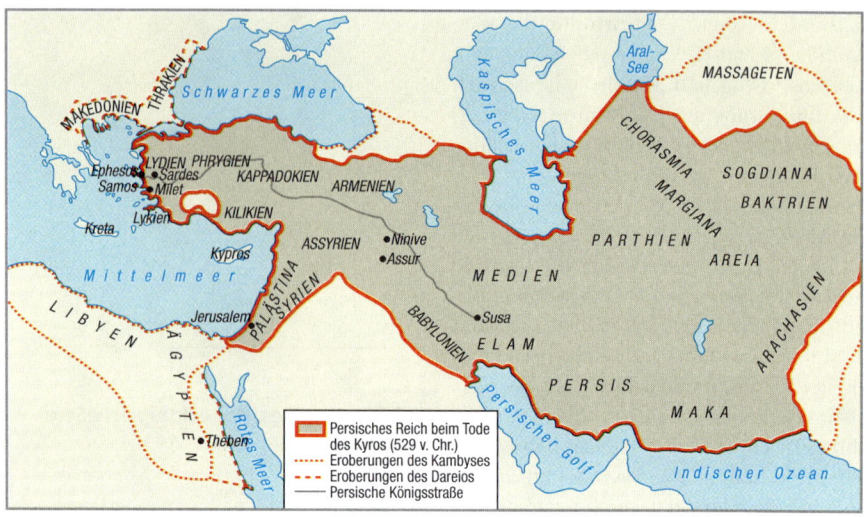

Abb. 1: Das persische Weltreich

nach Kleinasien zurückzogen. Ein Bote wurde mit der Nachricht des Sieges nach Athen geschickt. Er lief die ca. 43 km so schnell er konnte und brach in Athen mit der Siegesnachricht tot zusammen. Nach diesem Läufer wurde der berühmte Marathonlauf benannt, der heute noch bei den Olympischen Spielen durchgeführt wird.

Nun folgten zehn Jahre des Friedens, doch es war klar, dass die Perser diese Niederlage nicht hinnehmen und einen neuen Eroberungszug starten würden. Die Athener nutzten diese Zeit, um ein großes Flottenbauprogramm mit dem Bau von 180 Kriegsschiffen durchzuführen.

480 v. Chr. war es dann so weit: Der persische König **Xerxes** brach mit einem riesigen Heer von 100.000 Soldaten nach Grie-

chenland auf. Erst jetzt verbündeten sich die griechischen Stadtstaaten gegen die Perser. Die Spartaner erhielten die militärische Führung. Berühmt geworden ist der spartanische Heerführer **Leonidas**, der sich am **Thermopylenpass** mit fast 6000 Soldaten opferte, als er das überlegene persische Heer aufhielt, um den Rückzug der Griechen zu decken. Doch nun war der Weg frei für die Perser. Sie eroberten 480 v. Chr. Athen und plünderten die Stadt. Im Seekrieg hingegen behaupteten sich die Griechen. Durch ihre geniale Taktik konnte die griechische Flotte im Herbst 480 v. Chr. bei Salamis einen überragenden Sieg gegen die Perser erringen, deren große Schiffe nicht wendig genug waren. Doch bald war Winter, und die Heere marschierten zurück in ihre Quartiere. Auf dem Rückweg über Athen zerstörte das persische Heer die schutzlose Stadt nun zum zweiten Mal. Das Frühjahr 479 v. Chr. brachte dann die endgültige Entscheidung. Die Griechen besiegten zu Land bei Platäa das persische Heer, während sie zur See die persische Flotte noch in ihren Winterhäfen in Kleinasien angriffen und zerstörten. Danach gaben die Perser ihre Eroberungsabsichten für immer auf (Abb. 2).

Als Schutz gegen einen neuen Angriff der Perser gründete Athen gemeinsam mit den Ioniern 477 v. Chr. einen „Attischen Seebund", durch den Athen zur führenden Seemacht des östlichen Mittelmeeres aufstieg (Abb. 3). Nun war es mit der Einigkeit aller Griechen wieder vorbei: Vor allem Sparta fürchtete den Machtzuwachs Athens und schied gemeinsam mit seinen Verbündeten aus dem Bündnis gegen die Perser aus. Die Athener führten mit ihren Verbündeten den

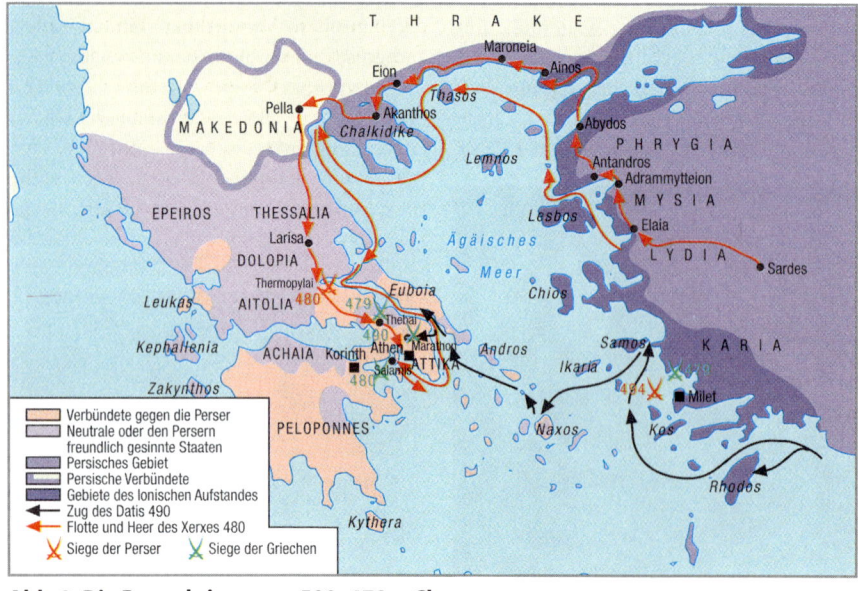

Abb. 2: Die Perserkriege von 500–478 v. Chr.

Krieg gegen die Perser weiter. Durch weitere Siege (465 v. Chr.) wuchs die Macht Athens immer weiter. Nach dem Bündnis Athens mit dem „Erzfeind" der Spartaner, der peloponnesischen Stadt Argos, kam es 461 v. Chr. zum offenen Bruch zwischen den beiden Rivalen. Athen geriet dadurch in einen Zweifrontenkrieg. Im Westen kämpfte man gegen Sparta und dessen Verbündete, im Osten gegen Persien. Die Anstrengungen des Krieges zwangen die Athener zum Frieden mit den Persern (448 v. Chr.) und mit Sparta (445 v. Chr.). Doch die weiter bestehende Rivalität zwischen Sparta und Athen führte 431 v. Chr. zum Ausbruch des Peloponnesischen Krieges. Nach anfänglichen Erfolgen brach 429 v. Chr. in Athen die Pest aus. Innerhalb weniger Jahre starb ein Drittel der Bevölkerung, darunter auch der überragende athenische Staatsmann Perikles. In der Folgezeit wechselte das Kriegsglück so oft, dass keiner den anderen dauerhaft besiegen konnte. So schlossen beide Kriegsparteien 421 v. Chr. Frieden, um sich darauf zum Krieg gegen Argos zu verbünden, den größten Rivalen Spartas auf dem Peloponnes. Doch es dauerte nicht lange, bis Sparta wieder einen günstigen Moment sah, um Athen anzugreifen. 413 v. Chr. brach der Krieg erneut aus. Diesmal verbündeten sich die Spartaner sogar mit den Persern, um die Vormachtstellung Athens zu brechen. Nach langen, wechselvollen Kämpfen musste die Seemacht Athen 404 v. Chr. schließlich nach mehrwöchiger Belagerung vor der Landmacht Sparta kapitulieren. Die Befestigungen der Stadt wurden zerstört und der Attische Seebund aufgelöst. Die Spartaner zwangen Athen zur Anerkennung ihrer Vorherrschaft in Griechenland (Abb. 4).

Abb. 3: Der Attische Seebund von 478–431 v. Chr.

Doch schon bald zeigte sich die politische Kurzsichtigkeit aller griechischen Stadtstaaten. Denn nicht die Spartaner waren der Sieger dieses fast 100 Jahre andauernden Machtkampfes mit Athen, sondern die Perser. Ihr militärischer Ansturm auf Griechenland war es gewesen, der bei den Griechen vorübergehend ein Gefühl der Zusammengehörigkeit bewirkt hatte. Gemeinsam stellten sich alle Griechen der Bedrohung und warfen den übermächtigen Feind in einer gewaltigen Kraftanstrengung zurück. Die neue Großmacht Athen befreite die ionischen Städte und half aufständischen persischen Provinzen (z. B. Ägypten) gegen die fremden Herrscher. Doch durch den andauernden griechischen „Bruderkrieg", in dem letztlich beinahe jeder gegen jeden kämpfte, brauchten die Perser nur noch abzuwarten, bis ihr

stärkster Gegner Athen, aber auch nahezu alle anderen Staaten völlig erschöpft waren. Die Perser, die selber große innere Probleme hatten, griffen zwar nicht noch einmal nach dem griechischen Festland, doch die reichen ionischen Städte an der Westküste Kleinasiens, durch deren Aufstand die Perserkriege überhaupt erst begonnen hatten, wurden nach der Niederlage Athens gegen Sparta wieder persisch.

Doch die Zeit der Kriege war damit noch lange nicht vorbei. Schon fünf Jahre nach dem Ende des Peloponnesischen Krieges griffen die Spartaner Persien an, um die ionischen Städte wieder zu befreien. Diesmal verbündete sich Athen mit Persien, um den alten Rivalen zu schwächen. Aus dem Krieg Spartas gegen Persien wurde schnell ein neuer Krieg gegen Athen, der 387 v. Chr. durch persische Vermittlung beendet wurde. Die griechischen Stadtstaaten schafften es immer weniger, ihre Zerstrittenheit zu beenden und verzettelten sich immer weiter in ihre Streitigkeiten um die Vorherrschaft. So war es nur eine Frage der Zeit, wann eine neue Macht kommen und die Verhältnisse völlig verändern würde.

Zum Weiterlesen:

• Griechenland, S. 768
• Athen, S. 770
• Alexander der Große, S. 774
• Rom, S. 776
• Das römische Kaiserreich, S. 778

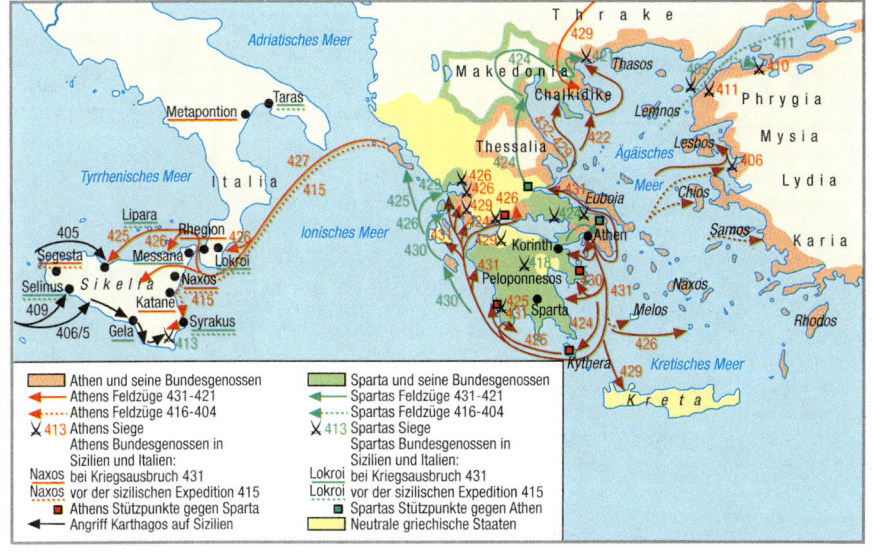

Abb. 4: Der Peloponnesische Krieg (431–404 v. Chr.)

Alexander der Große –
Der Hellenismus erobert die Welt

Als Philipp II., Alexanders Vater, 359 v. Chr. zum König von Makedonien wurde, war dies nur ein unbedeutendes Königreich im Norden Griechenlands, das bis vor kurzer Zeit noch unter persischer Herrschaft gestanden hatte. Doch die Entdeckung reicher Goldvorkommen machte Makedonien in kurzer Zeit zu einem der reichsten Länder der Welt. Diesen Reichtum verwendete Philipp zum Aufbau eines Heeres, das mit seiner Größe, Ausrüstung (Reiterei mit vier Meter langen Stoßlanzen, gepanzerte Fußtruppen mit Speeren) und der von den Spartanern übernommenen Kampftaktik allen anderen Heeren weit überlegen war.

Ab 356 v. Chr. dehnte Philipp den Machtbereich Makedoniens ständig nach Süden aus, wobei er – wie vorher die Perser – die Zerstrittenheit der griechischen Poliswelt geschickt ausnutzte. Nach mehreren Schlachten erkannten die griechischen Stadtstaaten in Makedonien eine große Bedrohung und schlossen sich 340 v. Chr. zu einem Bündnis, dem „Hellenenbund" (griech. „Hellas" = Griechenland) zusammen. Zwei Jahre später kam es zur entscheidenden Schlacht, die die Makedonier gewannen. Alle griechischen Stadtstaaten wurden nun unter der Führung Makedoniens im „Korinthischen Bund" zusammengeschlossen (337 v. Chr.). Dabei wurden sie jedoch nicht Teil Makedoniens, sondern blieben selbständig. Nur Sparta blieb zunächst frei und wurde erst 331 v. Chr. nach einem missglückten Aufstand gegen die Makedonier Mitglied des Korinthischen Bundes.

Nach der Einigung Griechenlands beschloss Philipp einen groß angelegten Feldzug gegen die Perser, um deren Einmischung

Abb. 1: Makedonien unter der Herrschaft Philipps II.

in Griechenland für alle Zeiten zu beenden. Doch den Beginn des Feldzugs erlebte der König nicht mehr, da er 336 v. Chr. einem Mordanschlag zum Opfer fiel (Abb. 1).

Nach Philipps Tod drohte das makedonische Reich für kurze Zeit auseinander zu brechen, bis sein Sohn Alexander den Aufstand der griechischen Stadtstaaten 335 v. Chr. mit eiserner Hand niederschlug: Dabei wurde die Stadt Theben völlig zerstört, alle ihre Einwohner wurden in die Sklaverei verkauft. 334 v. Chr. befahl Alexander einen griechischen Rachefeldzug gegen Persien und zog mit 30.000 Fußsoldaten und 5000 Reitern in den Krieg.

Direkt nach der Überfahrt nach Kleinasien trafen die Makedonier auf das kleinasiatische Heer der Perser, dem sie eine vernichtende Niederlage beibrachten. Damit waren die ionischen Städte an der Westküste Kleinasiens befreit. Das Heer zog weiter nach Gordion, dessen geographische Lage ungefähr dem heutigen Ankara entsprach. Hier gab es den berühmten „gordischen Knoten", einen sehr komplizierten Knoten, von dem gesagt wurde, dass derjenige, der ihn lösen könnte, bald über ein riesiges Weltreich herrschen würde. Alexander schlug den Knoten mit seinem Schwert durch und zog mit seinem Heer weiter nach Süden.

Abb. 2: Das „Alexander-Mosaik". Fußbodenmosaik aus Pompeji, 1.-2. Jh. n. Chr. Ganz links Alexander, in der Mitte Dareios

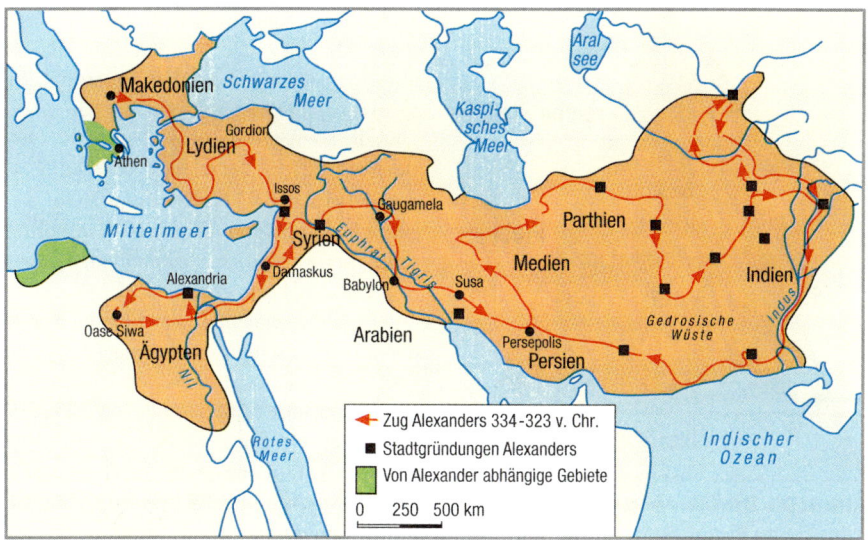

Abb. 3: Der Zug Alexanders 334–323 v. Chr.

Gegen Ende des Jahres 333 v. Chr. erreichten die Makedonier die äußersten nordöstlichen Ausläufer des Mittelmeeres, wo sich ihnen bei Issos das Heer des persischen Großkönigs Dareios III. entgegenstellte (Abb. 2). Nach der Niederlage der Perser bot Dareios Alexander als Friedensangebot die Westhälfte seines Reiches, doch Alexander lehnte ab. Er zog weiter nach Ägypten, das er 332 v. Chr. eroberte. Nach der Gründung der Stadt Alexandria ließ er sich von den obersten Priestern Ägyptens als Sohn des Gottes „Amun" und damit als legitimen Nachfolger der Pharaonen bestätigen. Dadurch kam es bei den Makedoniern zu ersten Verstimmungen, denn sie sahen Alexander als makedonischen König und nicht als ägyptischen Pharao.

In der Zwischenzeit hatte Dareios aus dem Osten ein neues Heer herangeführt, mit dem er sich Alexander bei der Stadt Gaugamela am Oberlauf des Tigris entgegenstellte. Wieder endete die Schlacht mit dem Sieg Alexanders und der Flucht des Dareios, der dabei den gesamten persischen Goldschatz zurücklassen musste. Damit war das Persische Reich besiegt. Alexander ließ sich zum „König von Asien" ausrufen und marschierte weiter zur persischen Hauptstadt Persepolis, die er als Rache für die Zerstörung Athens durch die Perser 150 Jahre zuvor (480 v. Chr.) niederbrennen ließ. Damit war der griechische Rachefeldzug gegen Persien beendet (Abb. 3).

Doch spätestens hier zeigte sich, dass Alexander noch ganz andere Pläne verfolgte. Anstatt nach Griechenland zurückzumarschieren, ließ er sich nach der Ermordung des Königs Dareios durch einen persischen Provinzfürsten selbst zum persischen König krönen. Seine Untergebenen mussten nun vor ihm auf die Knie fallen, was viele Makedo-

nier, die schon gegen die Annahme des ägyptischen Königtums waren, völlig empörte. Doch Alexander ließ alle Kritiker – auch wenn sie seine Freunde waren – kurzerhand ermorden oder hinrichten.

Die bisherigen Eroberungen reichten Alexander noch nicht. Nun wollte er ein Weltreich errichten, das von Gibraltar bis zum östlichen Ende der Erde reichen sollte. 327 v. Chr. zog er los, um den Ostrand des Festlandes, das in der griechischen Vorstellung vom Ozean, dem „Weltmeer", umflossen wurde, zu erreichen. Nach zwei harten Jahren erreichte das Heer den Indus und stellte fest, dass sich das Land dahinter noch unendlich ausdehnte. Da verließ viele Soldaten der Mut, und sie begannen, gegen einen weiteren Vormarsch zu meutern. Alexander war schließlich gezwungen umzukehren. Nach Babylonien zurückgekehrt, ließ er in Susa 324 v. Chr. eine Massenhochzeit von 10.000 Perserinnen und Makedoniern durchführen, um die Verschiedenheit der Völker seines Weltreiches zu überwinden und eine neue, einheitliche Oberschicht zu schaffen. Während seiner Planungen für neue große Eroberungszüge in den westlichen Mittelmeerraum erkrankte Alexander in Babylon an einem schweren Fieber und starb 323 v. Chr. im Alter von 33 Jahren.

Nach Alexanders Tod zerfiel das Reich rasch in Teilstaaten, deren Herrscher („Diadochen") sich zu Königen machten und sich gegenseitig bekämpften. Griechenland selbst zerfiel zunächst in zwei Teile unter den Königen Kassander (Makedonien) und Lysimachos (Thrakien). In Kleinasien herrschte der 81-jährige Antigonos, in Ägypten und Palästina Ptolemaios und in Mesopotamien und Persien Seleukos. In der Schlacht von Ipsos

wurde Antigonos von Lysimachos besiegt, der nun auch die Herrschaft über Kleinasien übernahm. Weitere 20 Jahre später wurde Lysimachos wiederum von Seleukos besiegt. Am Ende blieben drei Staaten übrig: Makedonien, Ägypten und das Seleukidenreich in Mesopotamien, Syrien und der Südhälfte Kleinasiens. Doch allmählich gerieten die letzten Diadochen immer mehr in Kämpfe mit dem aufstrebenden Römischen Reich. Nach und nach wurden alle Nachfolgestaaten des Alexanderreichs von den Römern unterworfen.

Viel dauerhafter als das Reich Alexanders war die Blüte der griechischen Kultur, die das makedonische Heer auf seinem Weg begleitet hat und dadurch zur vorherrschenden Kultur der gesamten damaligen Welt wurde. Die Zeit ab ca. 330 v. Chr. wird heute als „Zeitalter des Hellenismus" bezeichnet. Die griechische Sprache wurde Weltsprache. Damit verbreitete sich auch die klassische griechische Literatur vergangener Jahrhunderte. Vor allem in den von Alexander gegründeten Städten blühten die Wissenschaften, die nun neue bahnbrechende Entdeckungen machten. Die riesige Bibliothek von Alexandria wurde für fast ein Jahrhundert zum Zentrum von Dichtung und Naturwissenschaft. In der Mathematik wurden die Grundsätze der Geometrie und andere komplizierte Berechnungen entdeckt, die heute noch gültig sind. Die Astronomen erkannten bereits die Kugelgestalt der Erde und konnten den Erdumfang fast genau richtig berechnen. Sie stellten auch fest, dass die Erde sich um die Sonne dreht und nicht umgekehrt, wie vorher und auch nachher lange Zeit wieder angenommen wurde. Außerdem entdeckten sie in der Art der Umlaufbahn die Ursache der vier Jahreszeiten. Mediziner erforschten den menschlichen Blutkreislauf und die Nervenbahnen. Im Mutterland selbst gelangte Athen zu einer neuen kulturellen Blüte. Die Wissenschaft der Philosophie lebte wieder auf und brachte neue große philosophische Schulen hervor. Damit legten die Griechen vor über 2000 Jahren bereits die Grundlagen für einen großen Teil unseres heutigen Wissens.

 Zum Weiterlesen:

- Griechenland, S. 768
- Athen, S. 770
- Perserkriege, S. 772
- Rom, S. 776
- Das römische Kaiserreich, S. 778

Rom – Eine Stadt wird Weltmacht

Über die Gründung Roms gibt es mehrere verschiedene Sagen, doch wahrscheinlich entstand die Stadt um 750 v. Chr. als Zusammenschluss einiger kleiner Dörfer. Bald geriet sie unter den Einfluss der **Etrusker**, des mächtigsten Volkes in Norditalien. Nach alten Überlieferungen wurde Rom zunächst von sieben Königen regiert, deren letzter im Jahr 510 v. Chr. von der römischen Adelsschicht („**Patrizier**") vertrieben wurde. Die Patrizier übernahmen nun selbst die Macht in der neu entstandenen Republik. Die Verwaltung („**Magistrat**"), eine Regierung aus Beamten, wurde jedes Jahr neu von der **Volksversammlung** gewählt, die aus drei Gruppen bestand: der Bürgerschaft, der Heeresversammlung und den Vertretern der Stadtbezirke. Die niedrigsten Beamten wurden von den Vertretern der Bürgerschaft gewählt. Die Vertreter des Heeres hingegen wählten die höheren Beamten: die Sittenwächter („**Zensoren**"), Richter („**Prätoren**") und Obersten Beamten („**Konsuln**"). Die Konsuln mussten wiederum von den Vertretern der Stadtbezirke bestätigt werden. Um den Missbrauch eines Amtes zu verhindern, wurde jedes Wahlamt mit zwei Beamten besetzt. Die wichtigste Abteilung der Volksversammlung war die Heeresversammlung, die auch über Krieg und Frieden, Gesetze und Gerichtsurteile abstimmen durfte. Das Stimmrecht richtete sich dabei nach dem Besitz, so dass die reichsten Bürger – in aller Regel die Patrizier – immer das „letzte Wort" hatten. Auch der Magistrat konnte jedoch nicht frei entscheiden, sondern war vom **Senat** abhängig, in dem zunächst ausschließlich Patrizier saßen. So war die Römische Republik anfangs eine reine Adelsherrschaft („Aristokratie"), in der das einfache Volk, die nicht adligen „**Plebejer**", kaum politische Rechte hatten. Dafür gab es eine besondere Beziehung zwischen Adligen und Plebejern, ohne deren Kenntnis man die Geschichte der Römischen Republik, aber auch des späteren Kaiserreiches nicht verstehen kann: die „**Klientel**". Dabei begaben sich einzelne Plebejer, Gruppen von Plebejern und sogar ganze Dörfer unter den Schutz eines mächtigen Patriziers. Er wurde ihr „**Patron**" und beschützte sie, vertrat sie vor Gericht usw. Dafür unterstützten die „Klienten" ihn,

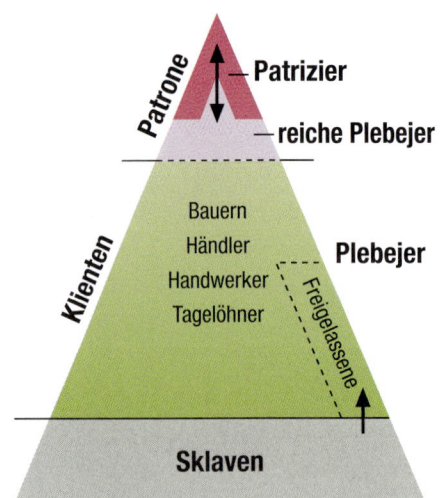

Abb 1: Die Bevölkerungsschichten der Römischen Republik

falls er ein politisches Amt annehmen wollte, und gaben ihm in Wahlen ihre Stimmen (Abb. 1).

Rechtlosigkeit und zunehmende Verarmung großer Bevölkerungsschichten führten bald zu sozialen Spannungen, dem „**Ständekampf**". 494 v. Chr. gründeten die Plebejer eine eigene Volksversammlung, an deren Spitze gewählte „**Volkstribunen**" standen. Die Beschlüsse dieser Volksversammlung wurden jedoch lange Zeit von den Patriziern nicht anerkannt. Eine Annäherung zwischen Plebejern und Patriziern brachte 450 v. Chr. die erste Niederschrift („**Zwölftafelgesetz**")

Abb. 2: Hannibals Heer überquert mit seinen Kriegselefanten die Alpen

der bis dahin nur mündlich überlieferten Gesetze. Ab 370 v. Chr. wurden die Reichen unter den Plebejern zu allen Staatsämtern zugelassen. Sie bildeten mit den Patriziern schnell eine neue Führungsschicht, die „**Optimaten**". 287 v. Chr. wurden die Beschlüsse der plebejischen Volksversammlung für das ganze Volk bindend. Damit war ein politischer Interessenausgleich gefunden, der den Ständekampf beendete.

Doch die sozialen Ungleichheiten waren damit nicht beseitigt, sondern wuchsen sogar noch. Die Arbeit der einfachen Bauern und Arbeiter wurde zunehmend von Sklaven verrichtet. Die Folgen waren Arbeitslosigkeit und Verarmung der Plebejer. Dadurch lockerte sich die Klientel, was die Macht der Patrizier minderte. Die Volkstribunen wurden als Vertreter der Plebejer immer wichtiger.

Dieser inneren Dauerkrise der Republik stand in der Außenpolitik der Aufstieg Roms zur Weltmacht gegenüber. Bis 272 v. Chr. geriet ganz Mittel- und Süditalien unter die Herrschaft Roms. Die besiegten Städte wurden zu Bundesgenossen („**Socii**") Roms. Außerdem gründeten die Römer in ganz Italien „Außenposten" („**Kolonien**") mit wehrfähigen römischen Bürgern.

Bald geriet der Staat in Konflikt mit Karthago, der beherrschenden Seemacht des westlichen Mittelmeers. 264 v. Chr. kam es zum **1. Punischen Krieg** zwischen Rom und Karthago. Nach dem Seesieg der Römer wurde Sizilien 241 v. Chr. zur ersten römischen Provinz. 238 v. Chr. erlangte Rom die Herrschaft über Korsika und Sardinien. Damit war Rom zur Seemacht aufgestiegen. Die Karthager wendeten sich daraufhin nach Westen und eroberten die spanischen Küsten. Auch hier kam es zum Konflikt, der 218 v. Chr. zum **2. Punischen Krieg** führte. Der Karthager Hannibal überschritt – von Spanien kommend – die Alpen und fügte den Römern schwere Niederlagen zu (Abb. 2). Während er nun mehrere Jahre versuchte, Rom einzunehmen, eroberten römische Heere Spanien. Als 204 v. Chr. die römische Flotte unter Scipio nach Afrika übersetzte, wurde Hannibal in die Heimat zurückgerufen. 202 v. Chr. kam es zur großen Entscheidungsschlacht, in der Karthago eine vernichtende Niederlage erlitt. Damit war Rom die unum-

Geschichte

schränkte Herrscherin über das westliche Mittelmeer (Abb. 3). 146 v. Chr. provozierte Rom den **3. Punischen Krieg**, der nach drei Jahren mit der völligen Zerstörung Karthagos und der Versklavung aller Einwohner endete.

Daten und Zahlen

753 v. Chr.: Sagenhafte Gründung Roms

510 v. Chr.: Vertreibung des letzten Königs Tarquinius Superbus

494 v. Chr.: Auszug der Plebejer aus Rom und Gründung einer eigenen Volksversammlung

450 v. Chr.: Zwölftafelgesetz

387 v. Chr.: „Gallierkatastrophe", Eroberung und Zerstörung Roms durch die Kelten

343–272 v. Chr.: Unterwerfung Mittel- und Süditaliens

264–241 v. Chr.: 1. Punischer Krieg

229–228 v. Chr.: Krieg gegen die Seeräuber der Adria

222 v. Chr.: Eroberung Norditaliens

218–201 v. Chr.: 2. Punischer Krieg

196 v. Chr.: Befreiung Griechenlands von Philipp V. von Makedonien

189 v. Chr.: Sieg über das Seleukiden-Reich von Kleinasien

168 v. Chr.: Eroberung Makedoniens

149–146 v. Chr.: 3. Punischer Krieg

136–132 v. Chr.: Krieg gegen aufständische Sklaven

133 v. Chr.: Erbschaft des Königreich Pergamum

113 v. Chr.: Schwere Niederlage gegen die Cimbern und Teutonen

111–105 v. Chr.: Krieg in Nordafrika

102 v. Chr.: Sieg über die Cimbern

101 v. Chr.: Sieg über die Teutonen

91–89 v. Chr.: Krieg gegen die Bundesgenossen

88 v. Chr.: Beginn der Bürgerkriege

84 v. Chr.: Sieg über das Königreich von Pontus (Kleinasien)

73–71 v. Chr.: Aufstand der Sklaven unter Spartacus

67 v. Chr.: Sieg des Pompeius über die Seeräuber

60 v. Chr.: 1. Triumvirat

58-51 v. Chr.: Eroberung Galliens und Britanniens durch Caesar

48 v. Chr.: Sieg Caesars über Pompeius

45 v. Chr.: Caesar auf dem Höhepunkt seiner Macht

15.3.44 v. Chr.: Ermordung Caesars

133 v. Chr. verlangte der Volkstribun Tiberius **Gracchus** die Verteilung von Staatsländereien an die besitzlosen Plebejer. Doch sein Gesetz wurde vom Senat abgelehnt. Als er es gegen die Mehrheit des Senats trotzdem durchsetzen wollte, wurde Gracchus schließ-

Abb 3: Die Ausdehnung des römischen Weltreichs zur Zeit der Republik

lich erschlagen. Zehn Jahre später nahm sein jüngerer Bruder Gaius diesen Plan wieder auf. Die folgenden Auseinandersetzungen endeten mit seinem Tod. Damit waren die Pläne einer Bodenreform gescheitert.

Der mangelnde Wille der Herrschenden, die Plebejer am großen Reichtum, den die Eroberungen ins Land gebracht hatten, teilhaben zu lassen, war einer der Gründe, die zum Niedergang der Republik führten. Das eigentliche Problem war allerdings, dass die Patrizier versuchten, das römische Weltreich immer noch wie den ehemaligen kleinen Stadtstaat Rom zu regieren, aus dem das Reich entstanden war. Doch die neuen Probleme der Weltmacht Rom waren viel zu schwierig, um mit den alten Methoden gelöst zu werden. Diese Situation führte bald zu einer ganzen Reihe von Kriegen, in denen Römer gegen Römer um die Macht im Staat kämpften. Solche Kriege nennt man **Bürgerkriege**.

Durch eine Reihe von siegreichen Kriegen war der Konsul **Sulla** sehr mächtig geworden. 82 v. Chr. erkämpfte er sich die Alleinherrschaft („**Diktatur**") und ließ Tausende seiner Gegner verfolgen und töten. Er stärkte die Macht des Senats und schränkte die Rechte der plebejischen Volksversammlung und der Volkstribunen drastisch ein. Damit versuchte Sulla, die Ordnung der alten Republik wieder herzustellen. Doch er konnte die Zeit nicht aufhalten, und bereits 70 v. Chr. wurden von den Konsuln **Pompeius** und **Crassus** die Gesetze Sullas wieder rückgängig gemacht. Damit begann auch politisch das Ende der Republik, die im Laufe vieler Jahrzehnte zwar einige Elemente einer Demokratie entwickelt hatte, letztlich aber eigentlich immer eine „Herrschaft von wenigen" („Oligarchie") geblieben war. Dies

verstärkte sich noch, als Pompeius und Crassus gemeinsam mit **Caesar** das erste „**Triumvirat**" („Dreimännerbund") bildeten. Dabei handelte es sich um eine rein private Abmachung der drei, mit der sie die Macht im Römischen Reich untereinander aufteilten. Inzwischen hatte sich das Prinzip der Klientel auch auf das Heer ausgedehnt. Die drei Feldherrn befehligten riesige Armeen, die ihnen persönlich verpflichtet waren. Nun wurde die Klientel zum ersten Mal sogar auf ganze Provinzen angewendet. 55 v. Chr. erhielt Caesar die Provinz Gallien, Pompeius die Provinz Spanien und Crassus die Provinz Syrien verliehen. Nach dem Tod des Crassus (53 v. Chr.) brach zwischen Pompeius und Caesar ein blutiger Bürgerkrieg um die Macht in Rom aus, den Caesar 46 v. Chr. gewinnen konnte. Er wurde nun Diktator auf Lebenszeit, Oberbefehlshaber des Heeres, Oberster Priester („Pontifex maximus") und Volkstribun in einer Person. So nahm er das gesamte Römische Reich als Klientel und wurde dessen Patron. Damit bildete Caesar das Vorbild für die Herrschaftsform der späteren Kaiser des Reiches (Kaiser = Caesar). Am 15.3.44 v. Chr. wurde Caesar während einer Senatssitzung von Verschwörern (u. a. Cassius und Brutus) ermordet.

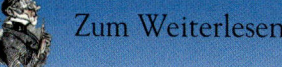

Zum Weiterlesen:

- Das römische Kaiserreich, S. 778
- Weltreligion Christentum, S. 782
- Die Römer in Germanien, S. 784
- Die germanische Völkerwanderung, S. 786
- Das deutsche Königreich, S. 790

Blüte und Untergang des römischen Kaiserreiches

Nach Caesars Ermordung beanspruchten in Rom mehrere Gruppen die Macht. Die **Republikaner**, zu denen auch die Mörder und der Großteil des Senats gehörten, wollten die alte Ordnung der Republik wieder herstellen. Ein Großteil des Heeres und viele Provinzen standen auf der Seite der Caesarianer unter Marcus **Antonius** und Aemilius **Lepidus**. Außerdem erhob der Großneffe Caesars, Gaius **Octavian**, der von Caesar adoptiert und als Erbe eingesetzt worden war, Ansprüche auf die Macht im Staate. Octavian stellte eine Privatarmee auf – was eigentlich verboten war, da er kein Amt bekleidete – und setzte schließlich seine Anerkennung als Erbe Caesars durch den Senat durch. Doch die politische Macht in Rom konnte sich durch das Konsulat von 43 v. Chr. zunächst Antonius sichern. Die Mörder Caesars mussten Rom verlassen und flohen in den Osten des Reiches. Octavian erhielt nun vom Senat die rechtliche Anerkennung für seine Privatarmee. Um Rom nicht durch weitere Bürgerkriege ins völlige Chaos zu stürzen, bildeten Octavian und Antonius gemeinsam mit dem reichsten Mann Roms, dem mächtigen Lepidus, 43 v. Chr. das 2. Triumvirat, das nun im Gegensatz zum 1. Triumvirat von 60 v. Chr. sogar vom Senat offiziell anerkannt wurde (Abb. 1).

Die drei Männer erhielten den Auftrag, den Staat neu zu ordnen. Diese Aufgabe begannen sie mit einer furchtbaren Rache an den Republikanern. Fast 200 Senatoren, darunter auch der berühmte Schriftsteller und Politiker **Cicero**, wurden ermordet. Dann wandte sich Antonius in den Osten und verfolgte die Caesarenmörder Cassius und Brutus.

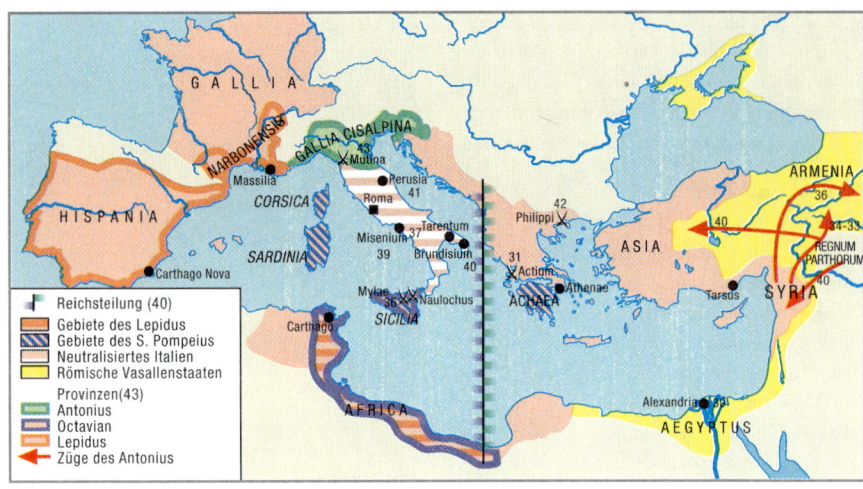

Abb. 1: Das Römische Reich während des 2. Triumvirats

Im Norden Makedoniens bei dem Ort Philippi stellte er sie 42 v. Chr. und besiegte sie.

Nach wachsenden Spannungen innerhalb des Triumvirats über die zukünftige Politik verständigten sich die drei Feldherrn 40 v. Chr. auf eine Teilung des Reiches. Lepidus erhielt Nordafrika, Antonius den Osten des Reiches und Octavian den Westen, während Italien zur neutralen Zone erklärt wurde.

Doch schon vier Jahre später wurde Lepidus durch einen geschickten Schachzug ins politische Abseits gestellt, so dass nun alles auf einen Zweikampf zwischen Octavian und Antonius hinauslief. Den Anlass zum Krieg lieferte schließlich Antonius.

36 v. Chr. trennte er sich von seiner Frau Octavia, der Schwester des Octavian, und heiratete die ägyptische Königin Kleopatra, die bereits mit Caesar einen Sohn hatte. In der Folgezeit benahm Antonius sich wie ein alter hellenistischer König und verschenkte römisches Land an Kleopatra. Vor allem das brachte ihm in Rom die erbitterte Feindschaft Octavians, der 32 v. Chr. eine Flotte zur Bekämpfung des Antonius losschickte. Nach der Niederlage und dem Selbstmord von Kleopatra und Antonius wurde Ägypten 30 v. Chr. dann römische Provinz. Damit waren die Bürgerkriege beendet und alle Aufträge, die Octavian vom Senat bekommen hatte, erfüllt. Er legte 27 v. Chr. seine besonderen Vollmachten nieder. Die alte Republik war so zwar offiziell wieder hergestellt, doch waren die Probleme, die zu ihrem Niedergang geführt hatten, nicht gelöst. Um einen Ausgleich zwischen der alten Ordnung und den Problemen herzustellen, die die Regierung eines Weltreiches mit sich brachten, schuf Octavian nun eine völlig neue Staatsform: das **Prinzipat**, wie das politische System des Kaiserreiches auch genannt wird.

27 v. Chr. bekam Octavian den Ehrennamen „**Augustus**" (der Erhabene, Heilige) und führte fortan den Titel „**Princeps**" („Erster unter Gleichen", urspr. die Soldaten in der ersten Angriffsreihe des Heeres). Die Verfassung des Prinzipats war eine Mischung aus Altbewährtem und Neuem. Innerhalb Roms blieb die alte republikanische Verfassung offiziell bestehen, doch übergab der Senat Augustus als dauerhaftem Konsul die höchsten Machtbefugnisse. 23 v. Chr. tauschte Augustus das Konsulamt gegen die Befugnisse eines Volkstribuns, was ihm noch mehr Macht brachte. Damit war er der mächtigste Mann in ganz Rom. Außerhalb Roms, im Reich, erhielt Augustus die absolute Herrschaft („**Imperium**"). Dazu gehörte der Oberbefehl über das Heer, die Gewalt über die Provinzen und die Führung der gesamten Außenpolitik (Abb. 2).

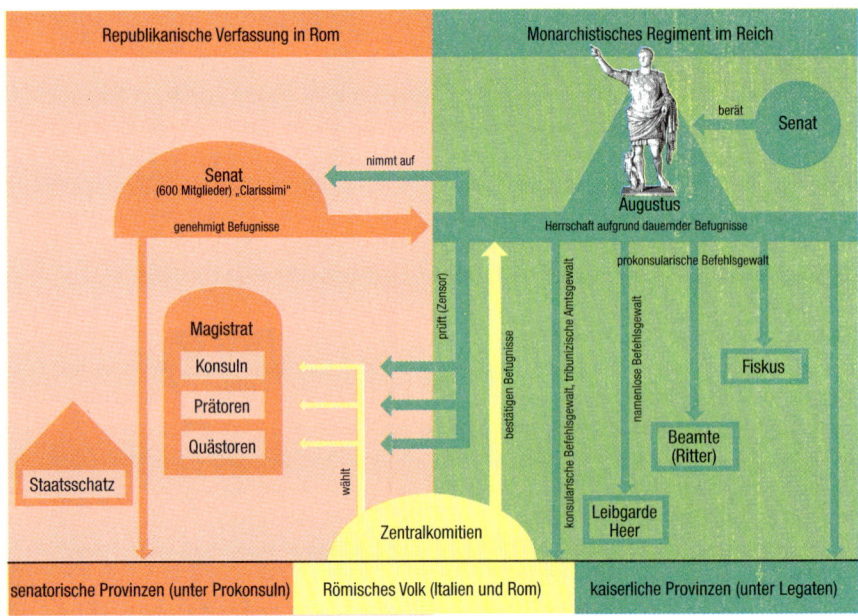

Abb. 2: Die Verfassung des Kaiserreiches unter Augustus

Geschichte

Die wichtigsten römischen Kaiser:
Die julisch-claudische Dynastie
27 v.Chr.-14 n.Chr. Augustus
14–37 Tiberius
37–41 Gaius Caligula
41–54 Claudius
54–68 Nero
Die flavische Dynastie
69–79 Vespasian
79–81 Titus
81–96 Domitian
Die Adoptivkaiser
98–117 Trajan
117–138 Hadrian
161–180 Mark Aurel
Die severische Dynastie
193–211 Septimius Severus
211–217 Caracalla
Die Soldatenkaiser
235–285 22 verschiedene Kaiser
Kaiser der Spätantike
284–305 Diokletian
286–305 Maximian
306 Constantius Chlorus
306-311 Galerius
324–337 Konstantin der Große
361–363 Julian
379–395 Theodosius der Große
Weströmische Kaiser
395–423 Honorius
476 Romulus (Augustulus)

Augustus' Macht stützte sich auf drei Säulen:
1. Das alte römische Prinzip der **Klientel** erlangte wieder höchste Bedeutung, indem Augustus nun zum Patron des gesamten Römischen Reiches, das gesamte Reich also zu seiner Klientel wurde. Er machte der Bevölkerung Geschenke, stellte die Getreideversorgung sicher, veranstaltete Spiele („Brot und Spiele") und sicherte sich damit die Gefolgschaft der römischen Bevölkerung.
2. Augustus besetzte die wichtigsten Positionen im **Heer** mit Freunden oder Verwandten und stellte so die Treue des Heeres sicher. Auch hier spielt die Klientel eine Rolle, denn der Heerführer Augustus war persönlich für die Altersversorgung der Veteranen verantwortlich. Durch seine Großzügigkeit sicherte er sich die Gefolgschaft seiner Untergebenen.
3. Das von Augustus neu geschaffene **Verwaltungssystem** arbeitete für die Belange der Stadt und des Reiches getrennt. Die Verwaltung der Provinzen wurden von höheren Angehörigen des Heeres („Ritter") übernommen, die Augustus als

Oberbefehlshaber zu unbedingtem Gehorsam verpflichtet waren. Die Zentralverwaltung in Rom hingegen besetzte Augustus hauptsächlich mit ehemaligen Sklaven („Freigelassenen") oder Sklaven. Da diese Personen aus bürgerrechtlichen Gründen kein Staatsamt bekleiden durften, konnten sie Augustus nicht gefährlich werden.

Eine besondere Sorgfalt verwendete der Princeps auf die Frage seiner Nachfolge, denn er sah immer auch die Möglichkeit, dass seine Konstruktion des Prinzipats durch neue Bürgerkriege nach seinem Tode wieder zerstört werden könnte. Damit wäre Rom erneut ins Chaos gestürzt worden. Nachdem alle ausgewählten Nachfolger im Laufe der Zeit starben, adoptierte Augustus im Jahre 4 n. Chr. **Tiberius**, der nach Augustus' Tod im Jahre 14 schließlich dessen Nachfolger wurde. So entstand das Prinzip, dass immer ein vorher ausgewählter Verwandter des Prinzeps dessen Nachfolger wurde. Die dabei entstehenden Herrscherfamilien nennt man **Dynastien**, in diesem Fall spricht man von der julisch-claudischen Dynastie.

Tiberius führte das Prinzipat streng nach den Grundsätzen des Augustus weiter. Von den römischen Geschichtsschreibern wurde vor allem seine Bescheidenheit und seine gute Verwaltung hervorgehoben. Nach seinem Tod im Jahre 37 kam **Gaius Caligula** an die Macht. Sein Prinzipat stand im Zeichen von Verschwörungen, Morden, Willkür und Ausbeutung des Volkes. Außerdem wurde Caligula größenwahnsinnig und ließ sich bereits zu Lebzeiten als Gott verehren. Nach nur vier Jahren Amtszeit wurde er ermordet. Sein Nachfolger **Claudius** führte wichtige Reformen durch. Zum ersten Mal erhielten die Bürger der Provinzen das volle römische Bürgerrecht und konnten nun auch Mitglieder des römischen Senats werden. Außerdem erließ Claudius viele Gesetze zum Schutz der gesellschaftlich schwachen Gruppen. Doch bald zeigte sich wieder einmal, wie sehr das Leben im Kaiserreich vom Charakter des Herrschers abhing. Als nämlich im Jahre 54 **Nero** an die Macht kam, verwandelte sich das Prinzipat in eine Schreckens- und Willkürherrschaft. Nero schreckte noch nicht einmal vor der Ermordung seiner eigenen Mutter zurück. Nach dem Brand Roms im Jahre 64 gab Nero den Christen die Schuld und ließ sie grausam bestrafen. Seine panische Angst vor einem Mordanschlag führte dazu, dass Nero sich nie einen Nachfolger aussuchte. Als der Senat ihn vier Jahre später zum Staatsfeind erklärte und er sich selbst umbrachte, erlosch die julisch-claudische Dynastie, und

Rom stürzte für kurze Zeit ins Chaos, bis ein neuer Prinzeps gefunden war.

Daten und Zahlen
43 v. Chr.: 2. Triumvirat zwischen Antonius, Lepidus und Octavian
42 v. Chr.: Antonius verfolgt und besiegt die Caesarenmörder Cassius und Brutus
40 v. Chr.: Aufteilung des Reiches zwischen Antonius, Lepidus und Octavian
36 v. Chr.: Antonius heiratet Kleopatra
30 v. Chr.: Sieg Octavians über Antonius und Kleopatra
27 v. Chr.: Octavian wird zum Kaiser Augustus
12 v. Chr.: Beginn der Germanenkriege
9: Vernichtung von drei Legionen unter Varus durch den Cherusker Arminius
14–16: Neue Feldzüge in Germanien
30: Prozeß gegen Jesus und Kreuzigung
60–61: Aufstand in Britannien wird von Nero niedergeworfen
64: Erste Christenverfolgung unter Nero nach Brand Roms
70: Eroberung Jerusalems
74: Ausdehnung des Reiches bis zum Neckar
79: Zerstörung von Pompeji und Herculaneum durch den Ausbruch des Vesuvs
84: Bau des Grenzwalls in Schottland
106: Eroberungen jenseits der Donau
107: Eroberung Arabiens
117: Eroberung Armeniens, Assyriens und Mesopotamiens
167–180: Krieg gegen die germanischen Markomannen
208–211: Krieg in Britannien
244: Sieg über die Perser in Mesopotamien
250: Ausbruch der Pest in Afrika
250–260: Große staatliche Christenverfolgung
ab 254: ständige Angriffe der Goten
303–311: Größte staatliche Christenverfolgungen
375: Beginn der Völkerwanderung
380: Christentum wird Staatsreligion
395: Reichsteilung in ein West- und ein Oströmisches Reich
410: Eroberung und Verwüstung Roms durch die Goten
ab 410: Gotische Königreiche beherrschen das Weströmische Reich
451: Niederlage der Hunnen unter Attila auf den Katalaunischen Feldern
455: Eroberung und Verwüstung Roms durch die Wandalen
ab 455: Bürgerkrieg im Weströmischen Reich
476: Ende des Weströmischen Reichs

779

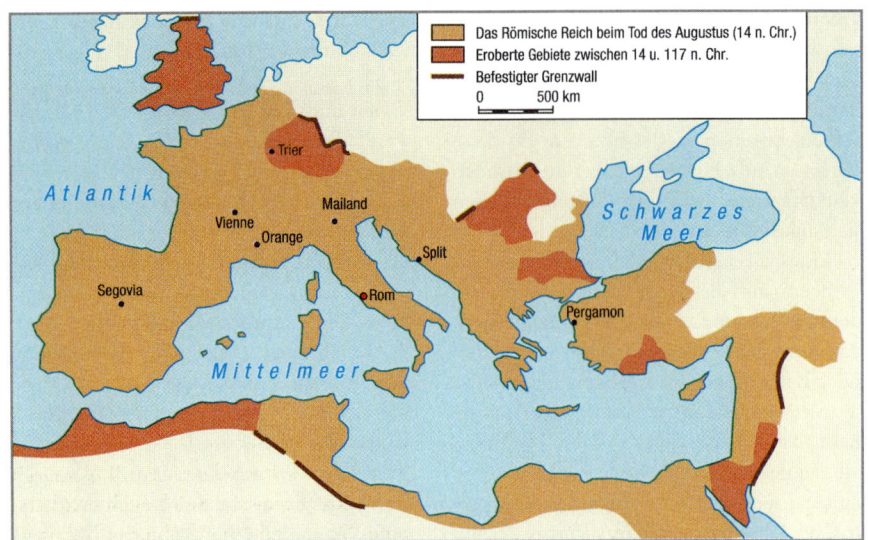

Abb. 3: Die größte Ausdehnung des römischen Weltreichs im Jahre 117

Es folgte die **flavische Dynastie** mit den Kaisern Flavius **Vespasian**, **Titus** und **Domitian**. Vespasian, der im Jahre 69 aus den Thronwirren als Sieger hervorgegangen war, festigte die römische Herrschaft in Germanien und Palästina. Die lange Regierungszeit Domitians (81–96) ist vor allem als Zeit der Ruhe, in der es kaum Kriege gab, in Erinnerung geblieben.

Nach der Ermordung Domitians wurde das dynastische Prinzip für beinahe ein volles Jahrhundert in ein **Adoptivkaisertum** umgewandelt. Das bedeutet, dass nun nicht mehr der Verwandtschaftsgrad über die Nachfolge entschied. Der Princeps suchte sich noch zu Lebzeiten einen Nachfolger aus und adoptierte ihn, womit die Frage der Nachfolge gelöst war. Der Spanier **Trajan**, der im Jahre 98 zum Princeps wurde, war der erste Kaiser des Römischen Reiches, der aus einer der Provinzen stammte. Unter seiner Herrschaft erreichte das Reich nach mehreren siegreichen Kriegen im Osten die größte Ausdehnung seiner Geschichte (Abb. 3). Sein Nachfolger **Hadrian** (ab 117) schaffte es durch seine geschickte Politik, dem Reich einen fast 30-jährigen Frieden zu sichern, in dem es kaum Aufstände gab und sich Wirtschaft und Kultur zu höchster Blüte entfalteten. Doch dauerte dieser Höhepunkt römischer Machtentfaltung nicht lange. Bereits ab 135 setzte eine Welle von Aufständen in den Provinzen ein, die eine Vergrößerung der Provinzheere erforderte und die staatlichen Finanzen schwer belastete.

So stand auch die Regierungszeit der **Dynastie der Severer** (193–211) im Zeichen der Kämpfe in aufständischen Provinzen. **Septimius Severus** versuchte die bevorzugte Stellung Italiens abzuschaffen, indem er allen Provinzen und ihren Einwohnern dieselben Rechte wie Rom und den Römern zugestand. Doch wurde die Situation des Reiches verschlechtert durch starke Angriffe der persischen **Parther** auf die Ostgrenzen und der **Germanen** auf die gesamte Nordgrenze des Imperiums. Die Grenztruppen mussten noch einmal verstärkt werden, was die wirtschaftliche und finanzielle Situation des Reiches noch mehr belastete. So sank der Silbergehalt der römischen Währung, des **Denars**, ständig, bis er am Ende des 3. Jahrhunderts schließlich nur noch 1 Prozent seines ehemaligen Ausgangsgehaltes besaß.

Die Konzentration derart starker Truppen an den Grenzen, fern von Rom, brachte große politische Gefahren. Denn durch die wachsende Bedeutung des Heeres für das Weiterbestehen des Reiches wurde es immer mehr zu einem „Staat im Staat". Die ab 235 folgenden Kaiser waren alle Provinzgeneräle, die von ihren Armeen zu Kaisern ausgerufen wurden. Man bezeichnet sie deshalb als „**Soldatenkaiser**". Dabei kam es öfter einmal zu der Situation, dass in verschiedenen Gegenden des Weltreiches gleich mehrere Kaiser ausgerufen wurden. Eine politische Beständigkeit gab es in dieser neuen Situation kaum noch – vom System des Augustus war mittlerweile fast nichts mehr übrig geblieben. Außerdem war das Amt des Kaisers mittlerweile fast schon lebensgefährlich geworden. So gab es in den 50 Jahren zwischen 235 und 285 insgesamt 22 Kaiser, von denen die meisten schon nach kurzer Regierungszeit ermordet wurden. In dieser Situation wurde deutlich, dass die nun mittlerweile fast 300 Jahre alte Herrschaftsform der Alleinherrschaft eines Kaisers über das gesamte Weltreich die neuen Probleme nicht lösen konnte. Die starken und oft siegreichen Angriffe der Völker am Rande des Reiches führten dazu, dass seine Grenzen im 3. Jahrhundert über längere Zeiträume praktisch schutzlos waren. Ohne tief greifende Reformen wäre das römische Imperium nicht mehr lange lebensfähig gewesen (Abb. 4).

Im Jahre 284 wurde ein Dalmatier niederer Herkunft, **Diokletian**, zum Kaiser gewählt. Da sich seine Herrschaft zunächst in erster Linie auf sein Heer stützte, war er in gewisser Weise auch noch ein Soldatenkaiser. Doch seine Reformen und seine erfolgreiche Regierung unterscheiden ihn deutlich von den Soldatenkaisern. Diokletian hatte eingesehen, dass die Größe des Reiches es erforderte, dass die zentrale Gewalt auf mehrere Orte verteilt werden musste, um schneller und effektiver auf Bedrohungen zu reagieren. So schuf er das System der gleichzeitigen

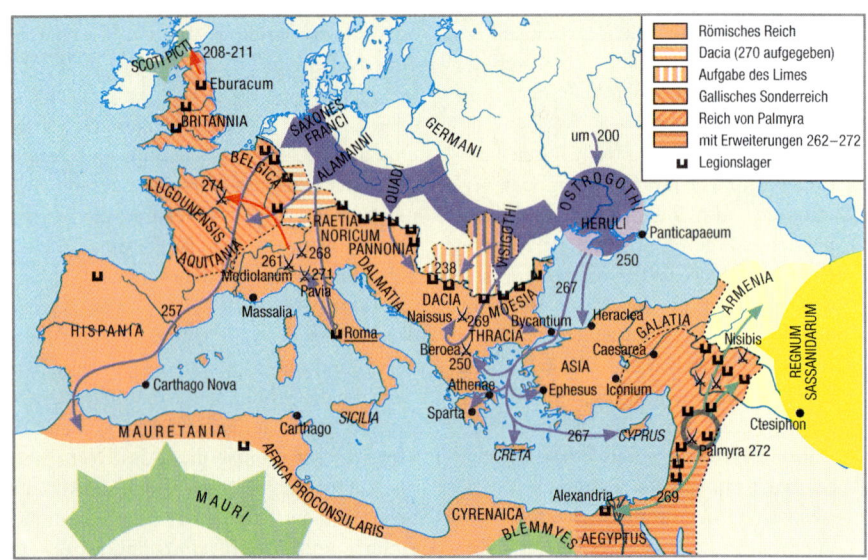

Abb. 4: Die Bedrohung des Römischen Reiches im 3. Jahrhundert

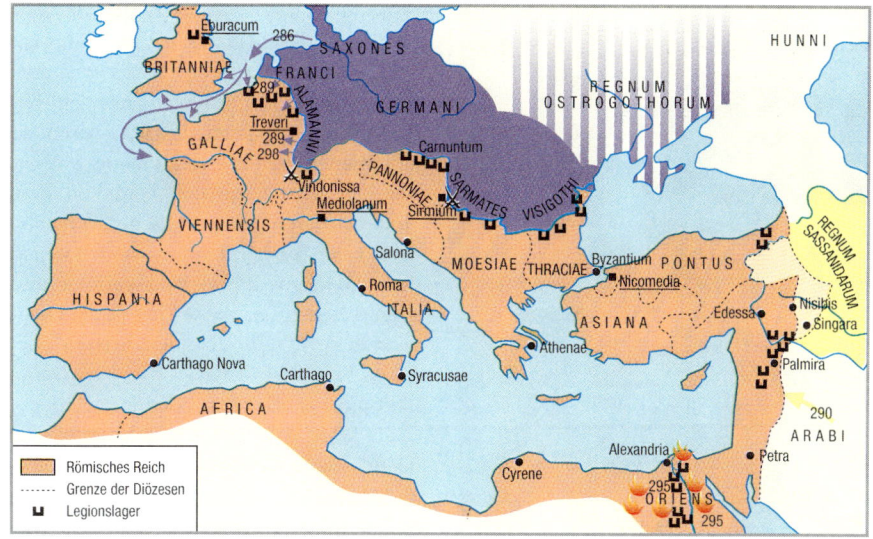

Abb. 5: Das Römische Reich zur Zeit Kaiser Diokletians

Herrschaft von vier Kaisern („**Tetrarchie**"). 286 erhob er **Maximinian** zum Mitkaiser. Diokletian erhielt den Titel „**Augustus des Ostens**" und erhielt den Osteil des Reiches zur Verwaltung. Maximinian wurde „**Augustus des Westens**" und erhielt den Westteil des Reiches. Jeder der beiden ernannte nun noch einen Unterkaiser mit dem Titel Caesar. Die Caesaren heirateten jeweils die Töchter der Augusti und wurden damit deren Schwiegersöhne – so entstanden wieder neue Dynastien. Diokletian ernannte den **Galerius**, Maximinian den **Constantius Chlorus** zum Caesar. Nach außen hin traten die vier Kaiser zusammen auf, so dass die Einheit des Reichs gewahrt blieb und sich die Teilung nur auf die Verwaltung erstreckte. Nach 20 Jahren sollten die Augusti zurücktreten. Die Caesaren sollten an deren Stelle rücken und neue Caesaren ernennen, so dass immer vier

Herrscher das Reich regierten. Diese Reformen hatten Erfolg: Die Grenzen konnten gesichert und die Aufstände in den Provinzen niedergeschlagen werden. 305 dankten Diokletian und Maximinian ab und machten Platz für Galerius und Constantius Chlorus. Diese erhoben nun **Severus** und **Maximinus Daia** zu ihren Caesaren (Abb. 5).

Nach dem Tod von Constantius Chlorus 306 griff sein Sohn **Konstantin** nach der Macht und löste dadurch einen fast 20-jährigen Bürgerkrieg aus, an dessen Ende er 324 die Alleinherrschaft erlangte. Seitdem wird er als **Konstantin der Große** verehrt. Er war der erste römische Kaiser, der christliche Symbole verwendete und dem Christentum damit seine Sympathie zeigte. Konstantin verlegte die Reichshauptstadt nach Konstantinopel (heute Istanbul), um sich deutlich vom heidnischen Rom abzugrenzen. 337

empfing er auf dem Sterbebett die christliche Taufe. Unter seinen Nachfolgern verstärkte sich der Druck auf die Grenzen des Römischen Reiches wieder. Mit der Zerstörung des Ostgotischen Reiches durch die **Hunnen** begann 375 die germanische Völkerwanderung. Viele **Goten** flohen vor den Hunnen in das Römische Reich. Schon bald bildeten sich auf dem Boden des Römischen Reiches gotische Königreiche, was die Reichseinheit schwer belastete.

Unter Kaiser **Theodosius I.** wurde das Christentum 391 schließlich zur alleinigen Staatsreligion. Alle anderen Religionen und Kulte wurden nun verboten. Nach seinem Tod teilten seine Söhne **Arcadius** und **Honorius** das Römische Reich auch staatlich in eine West- und eine Osthälfte. Damit war die Einheit des Reiches erloschen. Es gab nun ein Weströmisches und ein Oströmisches Reich, die beide ab 395 getrennte Wege gingen (Abb. 6).

Das Weströmische Reich wurde in den nächsten Jahrzehnten weiterhin von ständigen schweren Angriffen der Hunnen und Germanen erschüttert. Die Hauptstadt, die bereits Theodosius I. von Rom nach Mailand verlegt hatte, wurde nun nach Ravenna verlegt. 410 wurde Rom von den Goten unter König Alarich erobert, geplündert und verwüstet. Das Reich versank schließlich zunehmend im Bürgerkrieg, so dass es 455 für die Wandalen leicht war, Rom zu erobern und erneut zu verwüsten. 476 wurde der letzte Kaiser, der ironischerweise auch noch den Namen des sagenhaften Stadtgründers und ersten Königs **Romulus** trug, vom germanischen Söldnerführer **Odowaker** abgesetzt. Das war das Ende des Weströmischen Reiches.

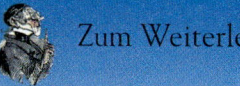

Zum Weiterlesen:

• Rom, S. 776
• Weltreligion Christentum, S. 782
• Die Römer in Germanien, S. 784
• Die germanische Völkerwanderung, S. 786
• Das deutsche Königreich, S. 790

Abb. 6: Die Spaltung des römischen Reiches in eine West- und eine Osthälfte

Das Christentum wird Weltreligion

Die Römer kannten und verehrten in den 1200 Jahren ihrer Reichsgeschichte viele verschiedene Götter. Das Verhältnis zwischen Göttern und Menschen ähnelte den sozialen Beziehungen der Menschen untereinander, der **Klientel**. Jeder einzelne römische Bürger begab sich – zusätzlich zur Achtung und Ehrung aller Götter – als Klient unter das Patronat eines bestimmten Gottes, auf dessen Wohlwollen er dadurch einen Anspruch hatte. Später kamen aus den unterworfenen Gebieten fremde und neue Gottheiten und Kulte ins Reich, so die ägyptische Göttin Isis, der semitische Gott Baal, der persische Gott Mithras usw. Diese wurden in geheimen Kulten („Mysterienkulte") bald auch von vielen Römern verehrt. Der römische Staat war zunächst sehr tolerant, es gab kaum Verbote dieser neuen Kulte. Andererseits versuchten die Römer auch nicht, den unterworfenen Völkern ihre Götter und ihren Glauben aufzuzwingen. Das beste Beispiel dafür ist das besetzte Palästina, in dem die Juden lebten. Die Römer tolerierten den Glauben der Juden an einen einzigen Gott und an einen Erlöser, der in der Zukunft erscheinen und ewiges Heil mit sich bringen werde. Diese jüdische Religion war die Grundlage für die Entstehung des Christentums.

Aller Wahrscheinlichkeit nach wurde Jesus von Nazareth bereits um den Jahreswechsel 7/6 v. Chr. und nicht erst im Jahre 1 v. Chr. bzw. 1 n. Chr. geboren (das Jahr 0 gibt es übrigens in der Zeitrechnung nicht). Im Alter von ca. 30 Jahren begann er sein durch die Evangelien des Neuen Testamentes über-

Abb. 1: Anfangs trafen sich die Christen zu ihren Gottesdiensten heimlich in unterirdischen Gewölben, den Katakomben

liefertes Wirken. Er zog durch das Land, sammelte Anhänger („**Jünger**") um sich, verkündete ein zukünftiges Gottesreich und forderte Nächstenliebe und Brüderlichkeit unter den Menschen. Zudem bezeugten seine Jünger, dass er zahlreiche Wunder vollbracht habe. Schließlich wurden die religiösen Führer des Judentums auf ihn aufmerksam und strengten in Jerusalem einen Prozess gegen ihn an, der mit seiner Verurteilung wegen Gotteslästerung endete. Im Jahre 30 ließ ihn der römische Statthalter am Kreuze hinrichten.

50 Tage nach der Auferstehung des hingerichteten Jesus (Pfingsten) gründete sich in Jerusalem die erste christliche Gemeinde, die „**Urgemeinde**". Sie bestand zu einem Teil aus Juden, die glaubten, dass Jesus der in der jüdischen Religion angekündigte Messias war. Um nicht aufzufallen, behielten diese „**Judenchristen**" ihre jüdischen Bräuche nach außen hin bei, denn sie wurden wegen ihres Glaubens schon bald verfolgt und streng bestraft. Die zweite Gruppe der Urgemeinde stellten die „**Heidenchristen**", die aus nicht jüdischen Religionen heraus zum Christentum bekehrt worden waren.

Im Jahre 48 trafen sich in Jerusalem die überlebenden der 12 noch von Jesus selbst als Missionare ausgesuchten Jünger („**Apostel**") mit dem vom jüdischen Schriftgelehrten (Saulus) zum christlichen Missionar bekehrten **Paulus**, um das weitere Vorgehen zu besprechen. **Petrus** und die restlichen Apostel übernahmen die Bekehrung der Juden, Paulus die der Heiden, was ihn in der Folgezeit zu langen Reisen durch das gesamte Römische Reich veranlasste.

Im Sommer des Jahres 64 kam es unter der Herrschaft des Kaisers **Nero** zu einem verheerenden, eine Woche wütenden Großbrand, der fast drei Viertel der Stadt Rom vernichtete. Bereits damals wurde vermutet, dass es der Schreckensherrscher Nero selbst war, der das Feuer legen ließ. Nero jedoch brauchte einen Sündenbock – da kamen ihm die Christen gerade recht. Durch die Heimlichkeit ihrer Kulte und ihre offensichtliche Andersartigkeit waren sie vielen Römern sowieso etwas unheimlich. Denn die Christen beteiligten sich nicht an den verbreiteten Volksbelustigungen und kleideten sich auch anders als die typischen Römer. Als Nero nun öffentlich den Christen die Schuld am Brand Roms gab, brach der Volkszorn unvermittelt los und entlud sich in der ersten Christenverfolgung, die unter den Christen schreckliche Opfer forderte. Darunter waren auch die beiden größten Missionare Petrus und Paulus, die sich beide zufällig gerade in Rom aufhielten und auch getötet wurden (Abb. 1).

Dennoch breitete sich das Christentum in der Folgezeit rasend schnell über das gesamte Römische Reich aus. Bereits im 1. Jahrhundert gab es christliche Gemeinden in ganz Palästina, in Kleinasien, Ägypten und Italien. Die Hauptorte („**Patriarchate**") waren Jerusalem, Antiochia (Syrien), Alexandria und Rom. Nach dem Tod aller Zeitzeugen Jesu ging man ab dem Jahre 70 daran, die Evangelien schriftlich festzuhalten und zu einem Neuen Testament zusammenzufas-

Abb. 2: Die Basilika Santa Sabina in Rom aus dem 5. Jahrhundert ist eine der ältesten erhaltenen Kirchen der Christenheit

Geschichte

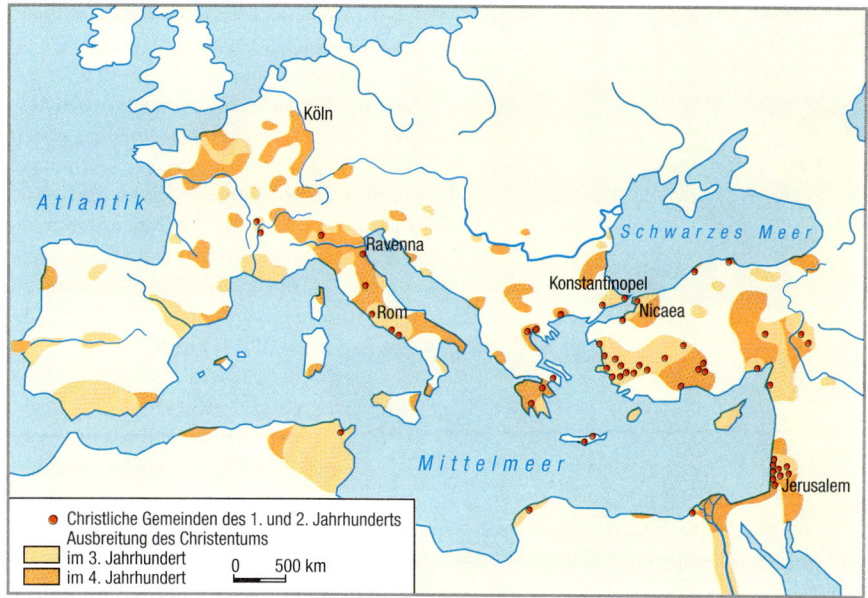

Abb. 3: Die Ausbreitung des Christentums bis zum 4. Jahrhundert

sen, um es zukünftigen Generationen zu überliefern. Dabei gab es großen Streit über die richtige und wahre Lehre, da viele Christen eigentlich ein sehr unterschiedliches Bild von Jesus und Gott hatten.

In der Folgezeit blieben die Christen im Römischen Reich weitgehend unbehelligt. Nur wenn sie ordentlich – also nicht anonym – angezeigt wurden und ihr Christentum zugaben, wurden sie bestraft. Allerdings war es verboten, ihnen hinterherzuspionieren, so dass es also fast nie zu Anzeigen kam. Während des 2. Jahrhunderts breitete sich das Christentum bereits bis nach Gallien und Germanien (Köln, Trier) aus. Im 3. Jahr-

hundert wurde die Lage des Reiches durch die ständigen Angriffe der Germanen und Parther immer bedrohlicher. Um das Volk in diesen schweren Zeiten zusammenzuschweißen, wurde durch die Obrigkeit nun die gemeinsame öffentliche Anbetung der Staatsgötter und vor allem auch der Kaiser verlangt, die sich selbst immer öfter als Götter bezeichneten. Weil die Christen sich aber weigerten, andere Götter und vor allem den Kaiser als Gott anzubeten, kam es ab 250 zu großen, staatlich organisierten Christenverfolgungen. Diese führten weniger zu Hinrichtungen, dafür aber bei vielen Christen zu einer Abkehr vom christlichen Glauben. Nach zehn Jahren der Verfolgung wurde der christliche Glaube dann wieder erlaubt. Das Christentum breitete sich weiter aus, und Rom erlangte als Zentrum der Christenheit zum ersten Mal eine herausragende Bedeutung. Die Christen übernahmen nun viele Staatsämter und bildeten schon bald eine bedeutende Bevölkerungsschicht (Abb. 3).

Doch um 300 begann die größte staatliche Christenverfolgung der römischen Geschichte. Die Christen verloren alle Ämter, ihren Besitz und wur-

Abb. 4: Kaiser Konstantin der Große war der erste römische Kaiser, der sich christlich taufen ließ

den mit dem Tode bedroht, wenn sie sich nicht zu den römischen Staatsgöttern bekennen würden. Tausende verloren dabei ihr Leben.

Dennoch ging die Sympathie für den christlichen Glauben bis in die höchsten gesellschaftlichen Kreise. Im Bürgerkrieg um die Macht hatte Kaiser **Konstantin I. d. Gr.** 312 eine Vision und ließ das christliche Kreuzsymbol auf seine Fahnen malen. Nach dem Sieg über seine Widersacher war Konstantin dem Christentum sehr zugetan und förderte es. 313 erließ er das berühmte Toleranzedikt von Mailand. Die Christen erhielten die völlige Religionsfreiheit, und das zuvor beschlagnahmte Eigentum der Kirchen wurde zurückgegeben. Außerdem gab es nun keine Staatsgötter mehr. Das Christentum stand damit gleichberechtigt neben allen anderen Religionen. Immer noch gab es großen Streit zwischen den christlichen Gelehrten um den richtigen Glauben. Konstantin berief 325 eine Versammlung ("Konzil") nach **Nicaea** (Kleinasien) ein, die schließlich eine verbindliche Auslegung der Religion beschloss. Auf seinem Sterbebett ließ sich Konstantin 337 christlich taufen (Abb. 4).

Unter **Theodosius I. d. Gr.** wurde das Christentum 380 zur römischen Staatsreligion. 391 erklärte er es zur alleinigen Religion und verbot alle anderen Kulte. Die Aufteilung des Römischen Reiches 395 bedeutete auch die Auseinanderentwicklung der Kirche, die mit Rom und Konstantinopel nun zwei rivalisierende "Hauptstädte" hatte.

Aus der Ostkirche, die das Griechische als Amtssprache annahm, wurde die **griechisch-orthodoxe Kirche.** Die Westkirche entwickelte sich zur **römisch-katholischen Kirche** weiter, der auch der Ansturm der heidnischen Germanen und der Untergang des Weströmischen Reiches nicht mehr gefährlich werden konnte, da die Germanen alle nach kurzer Zeit auch zum Christentum übertraten (Abb. 2).

 Zum Weiterlesen:

• Die germanische Völkerwanderung, S. 786
• Das Frankenreich, S. 788
• Das deutsche Königreich, S. 790
• Die Kirche im Mittelalter, S. 794
• Martin Luther, S. 808

„Varus, Varus ..." – Die Römer in Germanien

Gegen Ende des 1. Jahrtausends v. Chr. wurden die Rheinebene und die weitläufigen Gebiete Mitteleuropas von Germanen besiedelt. Die genaue Form ihres Zusammenlebens ist bis heute noch nicht vollständig erforscht, da die Germanen selbst keine schriftlichen Quellen hinterlassen haben. So ist man auf die archäologischen Quellen angewiesen, die bei umfangreichen Grabungen zutage kamen. Zur Zeit der römischen Republik standen die Germanen wohl auf der Kulturstufe der Eisenzeit. Erst durch die römischen Berichte von **Caesar** („De bello Gallico") und **Tacitus** („Germania") liegen uns schriftliche Berichte über die Germanen vor. Man darf diese Berichte allerdings nicht allzu wörtlich nehmen. Die Römer rechtfertigten ihre Eroberungskriege nämlich oft mit ihrer eigenen kulturellen Überlegenheit gegenüber den „Barbaren", wie sie alle fremden Völker bezeichneten. Also liegt es auf der Hand, dass die Germanen in den römischen Berichten gerne als Volk dargestellt wurden, dem man die richtige Kultur erst noch beibringen musste – zur Not mit Waffengewalt. Tacitus beschrieb die Germanen in seiner „Germania" denn auch u. a. als faule Langschläfer, die weder Städte noch Dörfer kannten, weder die Baukunst noch den Ackerbau beherrschten, schlecht angezogen waren, keine Tischsitten besaßen, dafür trotzdem sehr gerne viel aßen und viel Bier tranken. Caesar hingegen bewunderte den Mut und die Tapferkeit dieses kriegerischen Volkes.

Nach einer kritischen Bewertung aller vorhandenen Quellen („**Quellenkritik**") ergibt sich folgendes Bild: Der Siedlungsraum der Germanen kannte keine festen Grenzen, er erstreckte sich von Rhein und Donau bis nach Skandinavien und im Osten bis an den Fluss Bug. Auch wenn es wahrscheinlich bereits ein frühes Zusammengehörigkeitsgefühl aller Germanen gab, zerfielen sie doch in eine Vielzahl voneinander getrennter Stämme und Stammesgruppen.

Nach der verheerenden Niederlage Roms gegen die gallischen **Kelten** 387 v. Chr. („Gallierkatastrophe") richtete sich die römische Aufmerksamkeit verstärkt nach Norden, um durch militärische Eroberungen die Nordgrenze der Republik zu sichern. Doch erst Caesar konnte ab 58 v. Chr. die weiter nördlich gelegenen Gebiete erobern. Bis 53

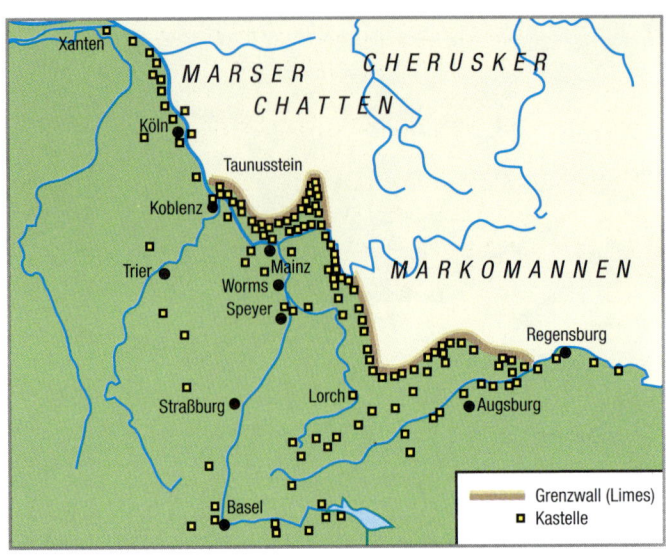

Abb. 1: Die germanische Rheingrenze und der Verlauf des Limes

v. Chr. eroberten seine Heere das gesamte linksrheinische Gebiet bis zur Nordsee, wobei sie 55 und 53 v. Chr. zweimal über den Rhein übersetzten und rechtsrheinische Raubzüge unternahmen. In der Folgezeit siedelten die Römer unterworfene Germanenstämme entlang der Rheingrenze an, um diese so gegen Überfälle der rechtsrheinischen Germanen zu sichern. Das gesamte besetzte Germanien wurde in die zwei Provinzen „Germania Inferior" (Norden) und „Germania Superior" (Süden) geteilt. Entlang der Rheingrenze richteten die Römer im Abstand von 30–40 km Legionslager ein, aus denen sich später bedeutende Städte entwickelten (u. a. Nimwegen, Xanten, Neuß, Köln, Bonn, Mainz). Genau wie in Gallien führte der starke Einfluss der überlegenen römischen Kultur rasch zur „Romanisierung" der Germanen innerhalb der römischen Provinz. Diese wirkte sich in der Sprache und den religiösen Kulten, aber auch in den Handwerkstechniken und

der Landwirtschaft (u. a. Weinbau) aus.

Die Rheingrenze war zunächst trotzdem noch sehr unsicher, da immer wieder rechtsrheinische Germanenstämme den Rhein überschritten und Raubzüge durch die Provinz Germania unternahmen. Also beschlossen die Römer, durch jährlich Feldzüge in das rechtsrheinische Gebiet die Provinz allmählich bis an die Elbe auszuweiten. Der Feldherr **Drusus** führte 12 v. Chr. mit Schiffen eine Erkundungsfahrt vom heutigen Utrecht durch das Ijsselmeer um die Westfriesischen Inseln herum bis in die Mündung der Ems durch. Im selben Jahr setzte er mit seinen Legionen beim heutigen Arnheim über den Rhein und marschierte nach Süden bis in das heutige Ruhrgebiet. Im Jahr darauf zog er vom heutigen Wesel aus die Lippe aufwärts bis zur Weser und gründete entlang dieser Strecke neue Legionslager. In den Jahren 10 und 9 v. Chr. stieß er von Mainz aus über Gießen nach Kassel und schließlich bis nach Magdeburg an die Elbe vor. Nach dem Tod des Drusus (9 v. Chr.) führte **Tiberius** ab 8 v. Chr. diese Feldzüge noch für zwei Jahre fort. Durch diesen Krieg wurden die Germanenstämme zwischen Rhein und Elbe innerhalb von sechs Jahren der römischen Vorherrschaft unterworfen. Auch wenn dieser Teil Germaniens nicht zu einer römischen Provinz wurde, entwickelten sich doch vielfältige kulturelle Beziehungen. Vor allem die adlige Oberschicht der Germanen übernahm relativ schnell viel von der römischen Kultur. Sie schickte ihre Söhne oftmals in die

Abb. 2: Rekonstruktion des germanischen Limes im heutigen Hessen

Provinz Germania, nach Gallien oder sogar nach Rom zur Ausbildung. Ein reger Handel entwickelte sich, und die römische Kultur begann das „freie" Germanien zu durchdringen.

Die Römer sicherten ihren Einfluss weiterhin durch jährliche Feldzüge. Im Jahre 9 wurde unter unklaren Umständen der Feldherr **Varus** mit drei Legionen und Hilfstruppen von den germanischen **Cheruskern** unter ihrem Fürsten **Arminius** angegriffen und völlig vernichtet. Aufgrund der widersprüchlichen Quellen ist nicht genau bekannt, warum sich Varus zu den Cheruskern begeben hat. Während einige Geschichtsforscher meinen, Varus wollte einen Aufstand der Cherusker niederschlagen, glauben andere, dass die Römer auf Bitten der Germanen über ihre Streitigkeiten untereinander Gericht halten wollten. Es gibt auch keine Einigkeit über den Ablauf der „Varusschlacht". Es konnte bis heute nicht geklärt werden, ob die Römer an einer Stelle in einen Hinterhalt gelockt und dort vernichtet wurden, oder ob die Cherusker sie während des Marsches auf der Heerstraße in tagelangen Angriffen langsam aufgerieben haben. Und schließlich ist sogar der Ort der Schlacht unbekannt. Die Angabe des „Teutoburger Bergwaldes" („Teutoburgiensis Saltus") in den römischen Quellen ist sehr ungenau, und auch die Archäologie hilft hier nicht viel weiter, da die Germanen den Besitz und die Waffen der besiegten Römer wahrscheinlich geplündert haben, so dass die Beutestücke später an ganz anderen Orten wieder zum Vorschein kamen (Abb. 3).

Sicher ist hingegen, dass die Römer ab diesem Zeitpunkt alle Pläne zur Eroberung des rechtsrheinischen Germaniens aufgaben. Sie begnügten sich mit einigen Rachefeldzügen ab dem Jahre 16 unter Germanicus, wobei sie zwei der drei verlorenen Legionsadler zurückerobern konnten. Diese Feldzüge wurden jedoch schließlich wegen der hohen Kosten eingestellt.

Am oberen Rhein hatten die Römer mehr Glück: Im Jahre 74 gelang ihnen die Eroberung der rechtsrheinischen Gebiete südlich einer Linie von Koblenz nach Frankfurt und von dort südwärts zum heute schwäbischen Lorch und schließlich nach Osten bis Regensburg an der Donau („Agri Decumates"). Sie gliederten es der Provinz Germania Superior ein und sicherten es durch eine 500 km lange befestigte Grenze („Limes"), die aus einem Palisadenzaun, einem tiefen Graben und einem hohen Erdwall bestand. Alle 10 km stand ein befestigtes Heerlager, um Angriffe der Germanen abzuwehren (Abb. 1 und 2).

Nach über 100 Jahren relativer Ruhe begannen die Germanen (Alamannen u. a.) im 3. Jahrhundert mit Angriffen auf die Rhein- und Donaugrenze, die von den Römern immer nur für kurze Zeit zurückgeschlagen werden konnten. Um 260 überrannten die Alamannen den Limes endgültig und eroberten das gesamte rechtsrheinische Gebiet zurück. Durch den Beginn der Völkerwanderung verstärkte sich der Druck der Germanen auf die Rheingrenze noch einmal, und schließlich brach sie unter den ständi-

Abb. 3: Das Hermannsdenkmal bei Detmold ist dem Cheruskerfürsten Arminius gewidmet, der im Jahre 9 drei römische Legionen unter Varus vernichtete

gen Angriffen der Goten und Franken völlig zusammen. Das war das Ende der römischen Herrschaft in Germanien.

Ihre Hinterlassenschaften sind jedoch noch heute in der gesamten ehemaligen Provinz auf Schritt und Tritt zu erkennen, sei es als archäologische Funde oder als nicht zu übersehende Bauwerke (u. a. „Porta Nigra" in Trier, Stadttore und Straßenanlagen in Köln). So stoßen Bauarbeiter in den größeren Städten entlang von Rhein, Mosel und Donau auch heute noch immer wieder auf römische Überreste (Abb. 4).

Abb. 4: Rekonstruktion des Stadtbildes und Grundrisses der römischen Stadt Augusta Treverorum (Trier), die am Ende des 3. Jahrhunderts sogar zu einer der vier Hauptstädte des Reiches wurde

Zum Weiterlesen:

• Rom, S. 776
• Das römische Kaiserreich, S. 778
• Die germanische Völkerwanderung, S. 786
• Das Frankenreich, S. 788
• Das deutsche Königreich, S. 790

„Völkersturm" – Die große germanische Völkerwanderung

In der Mitte des 4. Jahrhunderts verließen große Heerscharen der **Hunnen** ihre Siedlungsräume in der westlichen Mongolei und zogen durch die sibirischen Steppen nach Westen. 375 erreichten sie das Reich der **Ostgoten**, des östlichsten germanischen Stammes, der nördlich des Schwarzen Meeres siedelte. Bald kam es zum Krieg, in dem die gepanzerten hunnischen Krieger mit ihren wirkungsvollen Bogen überlegen waren, mit denen sie ihre Feinde aus der Entfernung bekämpfen konnten (Abb. 1). Nach schweren Kämpfen, in denen der ostgotische König Ermanarich fiel, zerstörten die Hunnen das Ostgotenreich. Damit lösten sie eine Flucht- und Wanderungsbewegung der europäischen Völker aus, die die gesamte bisherige Ordnung Europas völlig veränderte.

Während sich ein Teil der Ostgoten den Hunnen unterwarf und mit ihnen gemeinsam nach Westen zog, flüchtete der Rest in das Römische Reich und siedelte sich innerhalb der Reichsgrenzen an. Die Römer sahen das zunächst gerne, da die kampferfahrenen Ostgoten ihnen bei der Verteidigung der Donaugrenze helfen konnten.

376 griffen die Hunnen das Reich der **Westgoten** im heutigen Rumänien an und zerstörten es. Auch hier floh wieder ein großer Teil der Besiegten in das Römische Reich. Diesmal gab es jedoch große Probleme bei der Aufnahme der Westgoten, so dass diese sich bereits ein Jahr später mit den Hunnen gegen die Römer verbündeten und deren Ostarmee 378 vernichtend schlugen. Nach einem Friedensvertrag siedelten sich dann auch die Westgoten an der Donaugrenze an. Bald jedoch kam es durch die Bildung eines gotischen Königreichs auf römischem Boden zu großen Problemen innerhalb des Römischen Reiches.

Nach der Spaltung des Römischen Reiches 395 in eine Ost- und eine Westhälfte begannen die Goten unter ihrem König **Alarich I.** mit ausgedehnten Raubzügen durch das Reich. Zunächst wandten sie sich nach Süden und durchstreiften Griechenland, bevor sie um 400 in Italien einfielen, wo sie jedoch von den Römern geschlagen wurden. In der Zwischenzeit hatten die Hunnen ihren Zug nach Westen fortgesetzt und schoben dabei gleichsam eine „Bugwelle" von Germanenstämmen vor sich her, die vor ihnen flüchteten. Immer wieder kam es zu Angriffen kleinerer Germanenstämme auf die Provinzen Gallien und Germanien, aber auch auf Italien selbst. Diese Angriffe wurden jedoch von den Römern unter großen Opfern und Anstrengungen weitgehend zurückgeworfen (Abb. 2).

Abb. 1: Mit ihren Panzerungen wie diesem wertvollen Helm waren die Hunnen den germanischen Völkern kriegerisch überlegen

408 verlangte Alarich die offizielle Anerkennung seines Königtums vom weströmischen Kaiser und ließ seine Streitmacht als Druckmittel vor den Toren Roms aufmarschieren. Nach hinhaltenden und letztlich erfolglosen Verhandlungen griffen die Goten 410 Rom an und eroberten und verwüsteten die „Ewige Stadt" schließlich. Danach zogen sie weiter nach Süden, um nach Afrika überzusetzen. Nach dem Scheitern dieses Unternehmens wandten sie sich wieder nach Norden. Auf dem Marsch nach Norden starb König Alarich 410. Sein Nachfolger **Athaulf** führte die Goten nach Gallien und schließlich nach Spanien, wo sie einen weiteren vergeblichen Versuch unternahmen, nach Afrika überzusetzen. Athaulfs Nachfolger

Wallia schloss 418 einen Vertrag mit den Römern, der den Goten die Ansiedlung in Südfrankreich erlaubte. Hier errichteten sie das **Westgotische Reich**, das bald neben Südfrankreich auch ganz Spanien umfasste.

Ein weiterer germanischer Stamm, der vor den Angriffen der Hunnen nach Westen flüchtete, waren die **Vandalen** (Abb. 3). Von ihrem ursprünglichen Siedlungsraum im östlichen Mitteleuropa zogen sie um 400 über das heutige Süddeutschland, Nord- und Westfrankreich und Westspanien an die spanische Südküste, von wo aus sie 25 Jahre nach ihrem Aufbruch nach Afrika übersetzten. Nach langen Kämpfen eroberten sie das gesamte westliche Nordafrika und errichteten hier ein Königreich, das als erstes aller germanischen Königreiche auf römischem Boden von Rom offiziell anerkannt wurde. 455 setzten die Vandalen über das Mittelmeer über und eroberten und plünderten Rom.

Währenddessen waren die Hunnen unter ihrem König **Attila** immer weiter nach Westen vorgedrungen. Dabei vernichteten sie 436 das mittelrheinische Burgunderreich um Worms unter König **Gunther** („Nibelungensage"). Die Burgunder siedelten daraufhin in das Gebiet an den Flüssen Rhône und Saône um, das heute noch als Burgund bekannt ist, und errichteten hier ein neues Königreich. Attilas Heerscharen trafen schließlich auf den Katalaunischen Feldern im heutigen Nordfrankreich auf ein aus vielen Völkern bunt gemischtes Heer unter der Führung des Römers **Aetius.** Nach schweren Kämpfen mussten die Hunnen schließlich geschlagen abziehen. Sie wandten sich nach Norditalien, wo sie plündernd umherzogen, bis sie sich wieder in ihre Residenz im heuti-

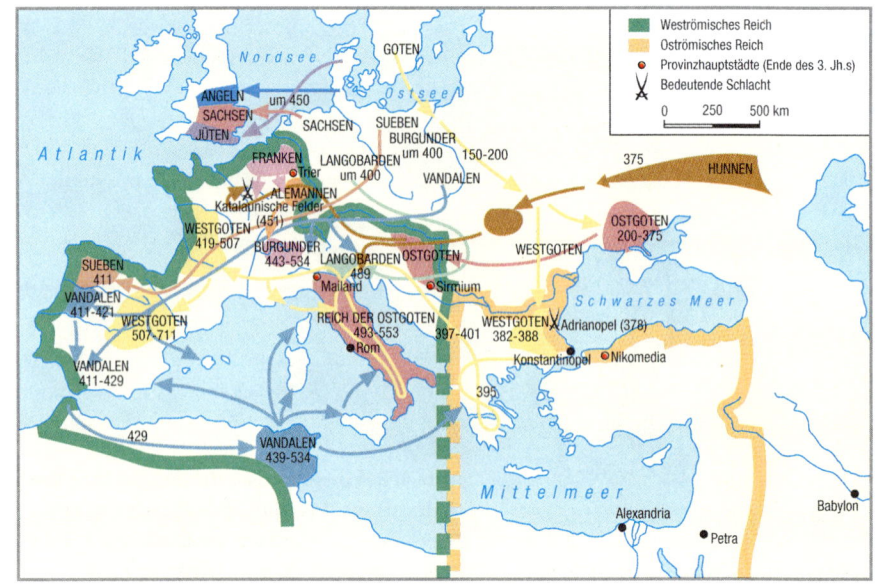

Abb. 2: Die große germanische Völkerwanderung

Geschichte

gen Rumänien zurückzogen. Nach dem unerwarteten Tod Attilas 453 wurden die Hunnen von einer Koalition verschiedener Völker angegriffen und schließlich vernichtend geschlagen. Damit war nach fast 80 Jahren hunnischer Raubzüge die Hunnengefahr in Europa beseitigt.

Mit der Absetzung des letzten weströmischen Kaisers **Romulus** und der Ernennung des Germanen **Odowaker** zum König in Rom stand 476 das gesamte ehemalige Weströmische Reich unter der Herrschaft von germanischen Königen. Odowaker wurde 493 vom Ostgotenkönig **Theoderich d. Gr.** (in der deutschen Heldensage: „Dietrich von Bern") geschlagen, der aus Italien, den nordöstlich gelegenen Provinzen bis zur Donau sowie Dalmatien bis zur Grenze zum Oströmischen Reich ein neues Reich der Ostgoten zusammenfügte.

Durch eine geschickte Politik schmiedete er ein Bündnis aus seinem Ostgotenreich, dem Reich der Burgunder, dem Westgotenreich und dem nordwestspanischen Reich der Sueben. Doch war dieses Bündnis nicht stark genug, die Angriffe der Franken abzuwehren, die 507 das gesamte südfranzösische Gebiet des Westgotenreiches eroberten. Schließlich kam es nach dem Schlachtentod des westgotischen Königs **Alarich II.** gegen die Franken aufgrund von Streitigkeiten über die Erbfolge sogar zum Krieg innerhalb des Bündnisses zwischen den Burgundern, den Ost- und den Westgoten. Am Ende behielt Theoderich die Oberhand und wurde zusätzlich noch König der Westgoten. Sein Plan, das nordafrikanische Vandalenreich anzugreifen, scheiterte 526 an seinem Tod (Abb. 4).

Abb. 3: Nordafrikanische Darstellung eines vandalischen Kriegers aus dem 5. Jahrhundert

Abb. 4: Das Grabmal Theoderichs des Großen in Ravenna

Im Jahr darauf wurde **Justinian I.** oströmischer Kaiser. Er sah sich in der Tradition der großen römischen Kaiser und verfolgte das Ziel der Wiederherstellung des römischen Weltreiches. 535 eroberte er Nordafrika und zerstörte das Reich der Vandalen. Nach langen Kriegen besiegten die oströmischen Heere auch die Ostgoten und gliederten Italien, die Mittelmeerinseln und den äußersten Süden Spaniens dem Reich ein. Damit hatte er zumindest einen großen Teil der Römischen Reiches wieder hergestellt, als er 565 starb. Unter seinen Nachfolgern ging das Erreichte jedoch schnell wieder verloren.

Fast 200 Jahre dauerte der „Völkersturm" in Europa. Er brachte die Westgoten von Rumänien nach Spanien, die Ostgoten vom Schwarzen Meer nach Italien und die Vandalen sogar von Mitteleuropa nach Nordafrika. In diesen Wanderungsbewegungen wurde das bereits kränkelnde römische Weltreich wie zwischen Mühlsteinen zermahlen. Doch gingen die römische Kultur und auch das Christentum keineswegs unter, sondern wurden von den schnell christianisierten Germanen zum großen Teil übernommen. Neue Reiche entstanden wie z. B. das **Oströmische Reich** und das **Reich der Franken**, das nun für Jahrhunderte die Geschicke Europas wesentlich mitbestimmen sollte. Gerade das Zeitalter der germanischen Völkerwanderung verdeutlicht, dass der Übergang vom Altertum zum Mittelalter nicht als plötzlicher Bruch gesehen werden darf, sondern als fließender Übergang, der zwar viel Neues brachte, aber auch viel Altes beibehielt, was bis heute noch fortwirkt.

Zum Weiterlesen:

- Das römische Kaiserreich, S. 778
- Die Römer in Germanien, S. 784
- Das Frankenreich, S. 788
- Das deutsche Königreich, S. 790
- Europa im Mittelalter, S. 800

Hausmeier, Könige, Kaiser – Das Frankenreich

Nach dem Ende des Weströmischen Reiches besiegte der fränkische Königssohn **Chlodwig I.** aus der Dynastie der Merowinger die anderen fränkischen Fürsten und ließ sich zum alleinigen König aller Franken krönen. Im Gegensatz zu den meist nur kurzlebigen Königreichen der Goten in Südeuropa traten die Franken gegenüber der romanisierten Bevölkerung nicht als Eroberer und neue Oberschicht auf, sondern vermischten sich schnell mit den römischen Galliern. Ein Grund für diese Entwicklung war das Verhältnis von Königtum zur römisch-katholischen Kirche. Die Goten in Südeuropa waren zwar christianisiert, hingen aber anderen Glaubensrichtungen an als der römisch-katholischen. Dadurch blieben sie stets von der einheimischen Bevölkerung getrennt. Die Franken hingegen traten bereits 497 mit der Taufe Chlodwigs zum römisch-katholischen Glauben über (Abb. 1).

Nach Chlodwigs Tod wurde das Reich unter seinen vier Söhnen aufgeteilt. Damit sank das Ansehen des fränkischen Königtums, da ein König, der sein Reich mit drei anderen Königen teilen muss, weniger Macht hat als ein alleiniger König. Trotzdem schafften die vier es, das Reich beträchtlich auszudehnen. Im Süden eroberten sie Burgund und erhielten von den Goten die Provence, womit das Reich einen Zugang zum Mittelmeer erhielt. Im Osten unterwarfen die Franken 531 die Thüringer und machten eine Reihe von germanischen Fürstentümern von sich abhängig.

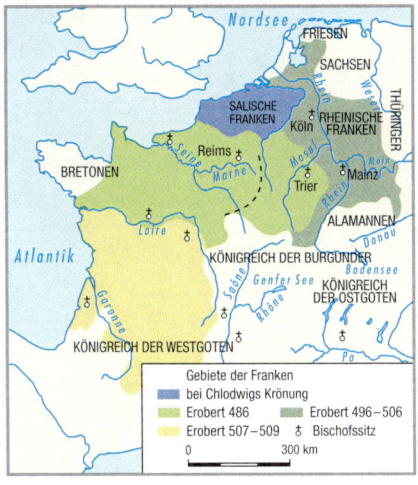

Abb. 1: Das Reich Chlodwigs I.

Obwohl das Frankenreich damit zum mächtigsten Reich in Europa geworden war, wurde die Machtposition der merowingischen Könige immer schwächer. Das lag daran, dass es außerhalb der Ländereien, die dem König persönlich gehörten („**Hausmacht**"), im Grunde genommen überhaupt keine königliche Verwaltung gab. Vor allem im Osten und Süden des Reiches gab es mit Sachsen, Thüringen, Alamannien und Bayern vier große Herzogtümer, die zwar dem König unterworfen, eigentlich aber eigene Staaten waren. Da sich der König meistens in der Ferne aufhielt, konnte niemand die Stammesherzöge daran hindern, ihre eigenen Interessen zu verfolgen, die durchaus im Gegensatz zu den Interessen von Reich und König stehen konnten. 561 zerbrach das Reich unter **Chlotar I.** durch die anhaltenden Kriege gegen aufständische Herzogtümer schließlich in die drei Teile **Austrien** (Osten), **Neustrien** (Westen) und **Burgund**.

So wurden die merowingischen Könige im Laufe der Zeit immer schwächer. Bei der erneuten Einigung des Reiches unter **Chlotar II.** berief der König für jeden Reichsteil einen Oberbeamten, den „**Hausmeier**" (lat. „Majordomus"). 662 wurde das Amt des Hausmeiers erblich, wodurch seine Bedeutung und Macht bedeutend wuchsen. 672 wurde **Pippin II.** („der Mittlere") Hausmeier von Austrien. Er besiegte

687 die anderen Teilreiche und wurde damit alleiniger Hausmeier des gesamten Frankenreiches. Nach seinem Tod ging das Amt an seinen Sohn **Karl Martell**. Dieser besiegte 732 in einer großen Abwehrschlacht die über die Pyrenäen vordringenden Araber. Damit war das Vordringen der Araber nach Westeuropa für alle Zeiten gestoppt. Seit 737 regierte er das Reich ohne einen merowingischen König. Noch vor seinem Tod teilte er die Herrschaft unter seinen beiden Söhnen **Karlmann** und **Pippin** auf. 751 erhoben die fränkischen Adligen Pippin („der Jüngere") einstimmig zum neuen König. Damit war die Dynastie der Merowinger endgültig erloschen. Die neuen Herrscher werden nach Karl Martell als „**Karolinger**" bezeichnet.

Im Jahre 754 wurde der Papst in Rom hart vom Langobardenkönig **Aistulf** bedrängt und rief deshalb Pippin um Hilfe an. Pippin besiegte Aistulf und schenkte die eroberten Gebiete dem Papst. Diese „**Pippinsche Schenkung**" war die Grundlage für die Entstehung des Kirchenstaates. Damit war das Frankenreich zur päpstlichen Schutzmacht geworden.

Nach dem Tode Pippins wurde 768 **Karl d. Gr.** König (Abb. 2). Seine Herrschaft unterschied sich sehr stark von der Tradition der merowingischen Frankenkönige. Mit eiserner Hand ging er gegen die Herzogtümer im Osten und Süden des Reiches vor. Er entmachtete die Stammesherzöge der Friesen und Sachsen. Deren Ländereien fielen nun an den König, dessen Machtbasis dadurch entscheidend vergrößert wurde, denn er wurde nun Grundherr über diese Gebiete, sie gehörten ihm damit persönlich. Doch die

Abb. 2: Kaiser Karl der Große

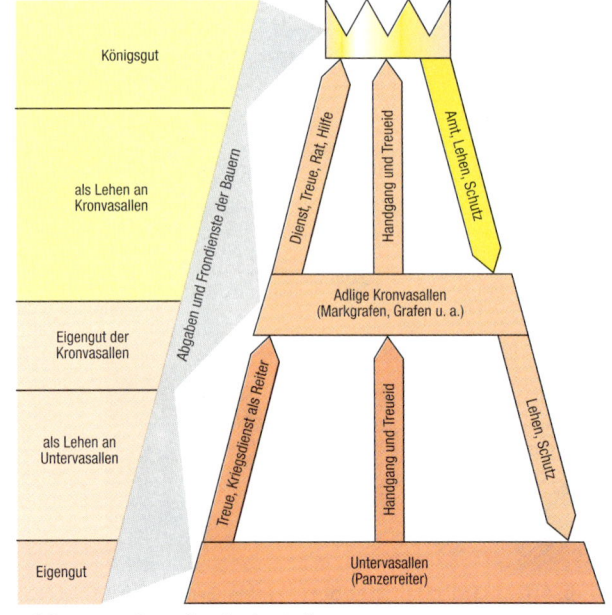

Abb. 3: Das karolingische Lehnswesen

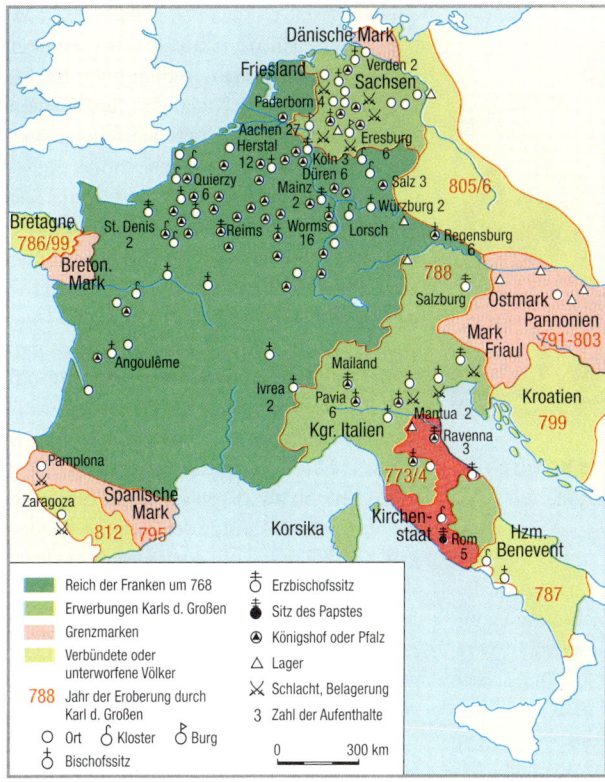

Abb. 4: Das Reich Karls des Großen

Legende (Karte):
- Reich der Franken um 768
- Erwerbungen Karls d. Großen
- Grenzmarken
- Verbündete oder unterworfene Völker
- 788 Jahr der Eroberung durch Karl d. Großen
- ○ Ort
- ♁ Kloster
- ♕ Burg
- ✝ Bischofssitz
- ✝ Erzbischofssitz
- ♟ Sitz des Papstes
- ⊕ Königshof oder Pfalz
- △ Lager
- ✕ Schlacht, Belagerung
- 3 Zahl der Aufenthalte

0   300 km

Grundherrschaft bedeutete nicht nur den Besitz an Ländereien selbst, sondern umfasste auch alles, was sich auf diesen Ländereien befand – einschließlich der Siedlungen und der Menschen.

Während seiner langen Abwesenheit sicherte Karl seine Grundherrschaft durch die Einsetzung von Grafen. Diese adligen Reichsbeamten waren nicht – wie die Stammesherzöge – vom König unabhängig, sondern unterstanden ihm direkt. Einen Teil der Ländereien verwalteten die Grafen für den König, einen anderen Teil durften sie für sich selbst nutzen. Anders als zur Zeit der merowingischen Frankenkönige erhielten die Grafen ihren Anteil an den Ländereien nicht geschenkt, sondern „zu Lehen". Das bedeutete, dass die Gebiete nach dem Tod oder der Abberufung des Grafen wieder an den König zurückgegeben werden mussten, also von den Grafen nicht vererbt werden konnten. Damit verhinderte Karl, dass sich im Reiche eine neue Hausmacht bildete, die ihm gefährlich werden konnte. Die Grafen wurden ihrerseits damit zu Vasallen des Königs und waren ihm zum Kriegsdienst verpflichtet. Für ihren Lebensunterhalt ließen sie einen Teil der Ländereien von Bauern bewirtschaften, den Rest gaben sie niedrigeren Adligen zu Lehen, die damit wiederum zu Vasallen der Grafen wurden. Am Ende dieser Kette standen immer einfache Bauern, die die Güter bewirtschafteten und es ihren Grundherren damit erst ermöglichten, ihren Lehnsherren den Vasallendienst zu leisten. Dieses Prinzip der Verleihung von Ländereien an Gefolgsleute wird als **Lehnswesen** bezeichnet (Abb. 3).

Neben Grundherrschaft und Lehnswesen stützte sich die Macht Karls noch auf die Kirche. Durch sein Recht der Einsetzung („Investitur") von Bischöfen formte er aus der römisch-katholischen Kirche im Frankenreich eine „Reichskirche", deren Würdenträger gleichzeitig als Beamte des Reiches an der Ausübung der weltlichen Herrschaft beteiligt waren.

Als 799 Papst **Leo III.** vor seinen Feinden aus Rom zu Karl floh, zog dieser nach Rom und setzte den Papst wieder in sein Amt. Als Dank wurde er im Jahre 800 in der Peterskirche in Rom vom Papst zum Kaiser gekrönt. Damit trat er die offizielle Nachfolge der weströmischen Kaiser als Schutzherrn der römisch-katholischen Kirche an. In den folgenden Jahren dehnte Karl das Frankenreich so weit aus, dass es fast die Größe des ehemaligen Weströmischen Reiches annahm (Abb. 4).

Im Gegensatz zu seinen Vorgängern teilte Karl d. Gr. sein Reich nicht unter seinen Erben auf, sondern setzte bereits 813 einen Nachfolger ein, um die Einheit des Reiches nicht zu gefährden. 814 starb er und wurde im Aachener Münster beigesetzt. Sein Nachfolger, **Ludwig der Fromme**, geriet 830 in Auseinandersetzungen mit seinen drei Söhnen, die ihn absetzten und das Reich 843 unter sich aufteilten. Damit war Karls Plan bereits weniger als 30 Jahre nach seinem Tode gescheitert. **Karl II. der Kahle** erhielt das Westfrankenreich, **Ludwig der Deutsche** das Ostfrankenreich und **Lothar I.** einen schmalen Mittelstreifen zwischen West- und Ostreich von der Nordseeküste bis einschließlich Italien. Er wurde auch Träger der Kaiserwürde. Nach dem Tode Lothars I. teilten seine Brüder 870 sein Reich unter sich auf (Abb. 5).

Kaiser wurde nun der Westfranke Karl der Kahle. Nach seinem Tode verfiel die Macht der Karolinger im Westreich. Die Adligen wurden immer selbstbewusster und mächtiger, und es bildeten sich erneut große, vom Königtum weitgehend unabhängige Fürstentümer. Das Westfrankenreich kann als Vorläufer Frankreichs betrachtet werden.

Die Kaiserwürde ging nach dem Tode Karls des Kahlen 882 auf seinen ostfränkischen Bruder Ludwig über. 887 zwangen die Reichsfürsten ihn jedoch zur Abdankung. Zum ersten Mal in der fränkischen Geschichte wurde nun ein König von den Fürsten gewählt. Unter **Arnulf von Kärnten** und mehr noch unter seinem Nachfolger **Ludwig dem Kind** verfiel die Zentralmacht immer schneller. Die Macht ging zunehmend auf die wieder erstarkten Herzöge der einzelnen Germanenstämme über. Aus dem Ostfrankenreich entwickelte sich das Deutsche Königreich.

 **Zum Weiterlesen:**

- Das römische Kaiserreich, S. 778
- Die germanische Völkerwanderung, S. 786
- Das deutsche Königreich, S. 790
- Die Kirche im Mittelalter, S. 794
- Europa im Mittelalter, S. 800

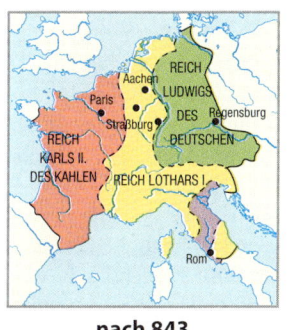

nach 843

nach 870

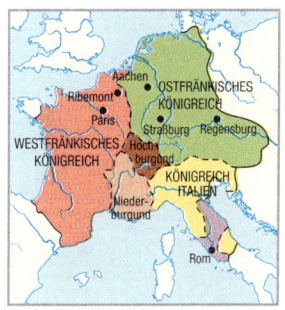

nach 880

Abb. 5: Die fränkischen Reichsteilungen

Deutsches Königreich – Heiliges Römisches Kaiserreich

Mit dem Tod **Ludwigs des Kindes** endete die karolingische Dynastie auf dem Königsthron des Ostfrankenreiches. Die großen germanischen Stammesherzöge wählten 911 mit dem Franken **Konrad I.** und 919 mit **Heinrich I.** jeweils einen der Ihren auf den Thron des Reiches. Aus diesem Grund spricht man heute von jener Zeit als dem Anfang der deutschen Geschichte und dem Beginn des deutschen Königreiches. Der Herrscher war zunächst „König der Deutschen". Doch ab 962 war diese Würde lediglich eine Vorbedingung für die Krönung zum „römischen Kaiser" durch den Papst. Dazu musste der deutsche König mit großem Gefolge und Aufwand nach Italien ziehen und hier zuerst von den norditalienischen Städten und Fürsten zum König von Italien gekrönt werden. Mit anderen Worten: Der Kaiser musste gleichzeitig König von Italien und König von Deutschland sein. Sein Reich hieß im Mittelalter „Heiliges Römisches Reich". Die spätere Bezeichnung „Heiliges Römisches Reich Deutscher Nation" stammt erst aus dem 15. Jahrhundert (Abb. 1).

Die Geschichte des mittelalterlichen Reiches wurde vor allem durch drei Größen beeinflusst: 1. durch das Verhältnis des deutschen Königtums zum Stammesherzogtum, 2. durch die ständigen Kriege mit den östlichen Nachbarn, 3. durch das Verhältnis des römischem Kaisertums zum Papsttum.

Abb.1: Eine Reichskrone des Römisch-Deutschen Reiches aus dem frühen 11. Jh.

Ab dem 10. Jahrhundert erlangten die einst von **Karl d. Gr.** entmachteten Stammesherzogtümer wieder eine wichtigere Rolle. Mit dem Erlöschen der karolingischen Dynastie endeten auch die darauf aufgebauten Lehnsverhältnisse. Viele der ehemaligen Herzogsdynastien schafften es weitgehend, ihre Besitztümer zurückzuerhalten, und dies nicht zu Lehen, sondern als rechtmäßigen Besitz. Der König war zwar weiterhin oberster Lehnsherr des Reiches und stand damit über den Herzögen, die Grundherrschaft in ihren Herzogtümern gewährte diesen jedoch ein hohes Maß an Unabhängigkeit (Abb. 2). Die Könige stützten ihre Macht in erster Linie auf ihre Grundherrschaft über ihre eigenen Besitzungen („**Hausmacht**"). Diese Entwicklung bereitete den deutschen Königen oftmals große Schwierigkeiten, denn das neue Recht der Königswahl steigerte die Macht der Herzöge so weit, dass einige Könige von ihnen regelrecht abhängig waren. Außerdem wählten die Herzöge gerne schwache Könige mit einer geringen Hausmacht, um ihre Unabhängigkeit gegenüber dem Königtum zu bewahren. Oft konnten sich die vielfach auch untereinander verfeindeten Herzöge nicht auf einen König einigen, weil sie verschiedene Kandidaten bevorzugten. So trat gelegentlich die Situation auf, dass es gleichzeitig zwei deutsche Könige gab. Konnte sich dann doch einmal ein starker Kandidat mit einer großen Hausmacht durchsetzen, geriet er zumeist schnell in Gegensatz zu mächtigen Herzögen, was oft genug zu kriegerischen Auseinandersetzungen innerhalb des Reiches führte. Wenn ein neuer König gewählt worden war, musste er sich zunächst einmal auf eine Rundreise durch das Reich begeben und sich seine Anerkennung rundum abholen.

An der Ostgrenze des Reiches wurden Grenzmarken und Bischofssitze („**Bistümer**") eingerichtet, die einerseits der Erweiterung des Reichsgebietes, andererseits der Bekehrung („**Missionierung**") der heidnischen Slawen und Ungarn dienten. Hohe Beamte der Reichskirche waren hier gleichzeitig Grafen und Bischöfe.

Ein starker Machtfaktor war das südlich von Polen gelegene Böhmen, mit dem das Reich oft Krieg führte, um es als Stammesherzogtum in den Reichsverband einzugliedern. Ein ständiger Unruheherd an der Ostgrenze des Reiches war das Königreich Ungarn. Die Ungarn unternahmen wiederholt Raubzüge nach Westen und stießen dabei bis tief in das Reichsgebiet hinein vor. Dadurch wurden immer wieder große Kräfte des Königs gebunden, die er an anderer Stelle gebraucht hätte – etwa in der Auseinandersetzung mit den Stammesherzögen oder dem Papst. Daher schadeten die Einfälle der Ungarn dem König weit mehr als den betroffenen Herzogtümern. Ähnliches gilt für die zahlreichen Kriege gegen Polen und Böhmen.

Die deutschen Könige des Mittelalters bauten das von den karolingischen Franken übernommene System der Reichskirche weiter aus. Die Bischöfe und Erzbischöfe wurden vom König – zumeist aus seinem Familien- und Freundeskreis – ernannt und eingesetzt.

Abb. 2: Die deutschen Herzogtümer vom 10. bis zum 12. Jahrhundert

Abb. 3: Der Kaiser (links) reicht Christus (Mitte) eine Kirche und erfüllt damit den von Gott erteilten Auftrag zur Kirchengründung. So rechtfertigte man gegenüber dem Papst die deutsche Reichskirche

Er stattete sie durch Schenkungen mit Kirchenbesitz aus und gab ihnen meistens noch eine Grafschaft zu Lehen, womit sie zusätzlich zu ihrem geistlichen Amt auch noch weltliche Herrscher wurden. Damit versuchte der König, die Kirche ganz eng an sich und das Reich zu binden. Nun mussten die kirchlichen Würdenträger als Vasallen des Königs auch Kriegsdienst leisten. Ein Bischof als Feldherr – das ist heute unvorstellbar, stellte im Mittelalter aber eigentlich den Normalfall dar. Das Recht der Einsetzung („Investitur") von Bischöfen und Erzbischöfen leiteten die Könige daraus ab, dass sie als oberste Landesherrn ja auch den Schutz der Kirche und ihres Besitzes garantierten. Aus dieser Sichtweise ergaben sich bald Spannungen mit dem Papst. Denn auch wenn der deutsche König als Kaiser der oberste Schutzherr der römisch-katholischen Kirche insgesamt war, wehrten sich die Päpste immer mehr gegen die Abhängigkeit vom deutschen Königtum. Wenn der Einfluss eines Kaisers in Italien zu groß zu werden drohte, reagierten die Päpste zumeist sehr empfindlich und betrieben eine Politik, die gegen den Kaiser gerichtet war. Ein Versuch der Päpste, die Macht des Reiches über die Kirche zu begrenzen, richtete sich gegen die deutsche Reichskirche. Er betraf das Recht des deutschen Königs, innerhalb des Reiches die kirchlichen Würdenträger einzusetzen. Der Papst meinte, dass die kirchlichen Würdenträger vor allem Seelsorger und daher Gott und der Leitung der Kirche unterstellt seien. Aus diesem Grund sei es nicht zulässig, wenn sie von jemandem in ihr Amt eingesetzt würden, der kein kirchlicher Würdenträger sei („Laie"). Der König sah das natürlich ganz anders – er sah sich auch von Gott eingesetzt und damit berechtigt, die kirchlichen Würdenträger zu berufen. Aus diesem Gegensatz entwickelte sich im Mittelalter die schwerste Belastung für das Reich (Abb. 3).

Der 919 zum deutschen König gewählte **Heinrich I.** begründete die Dynastie der sächsischen Kaiser, die nach Heinrichs Sohn **Otto I. d. Gr.** und seinen Nachfolgern **Otto II.** und **Otto III.** auch als „Ottonen" bezeichnet wird. Heinrich I. besiegte die Slawen und Ungarn und festigte die Stellung des Königtums gegen die Herzöge. Otto I. d. Gr. wurde 936 König und führte das Werk seines Vaters zur Stärkung der Königsmacht weiter. 939 entmachtete er die Stammesherzöge nach einem missglückten Aufstand, wandelte das Herzogtum in ein Amt um und setzte Familienangehörige als Herzöge ein. Doch der erwartete Effekt blieb aus, denn die neuen „Amtsherzöge" lebten sich sehr schnell ein und richteten ihre Politik bald ebenso gegen den König wie ihre Vorgänger. An der Ostgrenze hatte Otto großen Erfolg: die Böhmen wurden 950 unterworfen, und die Ungarn stellten nach ihrer vernichtenden Niederlage von 955 ihre Raubzüge nach Deutschland für alle Zeiten ein. Im Jahre 962 wurde Otto als erster deutscher König in Rom vom Papst zum Kaiser gekrönt. Unter seinen Nachfolgern ging vieles wieder verloren: **Otto II.** (973–983) verlor 983 die slawischen Gebiete östlich der Elbe, **Otto III.** (983–1002) starb im Alter von 24 Jahren viel zu früh, um seine Idee einer Erneuerung des Römischen Reiches unter Einbeziehung von Polen und Ungarn zu verwirklichen. Der letzte sächsische Kaiser war **Heinrich II.**, (1002–1024), der sich die Erneuerung des fränkischen Reiches zum Ziel setzte. Doch seine glücklosen Kämpfe und die Niederlagen gegen die Polen banden viele Kräfte und vereitelten seine Pläne weitgehend. Schließlich konzentrierte sich seine Politik auf Italien, wo er das römisch-katholische Papsttum gegen den wachsenden Einfluss der griechisch-orthodoxen Byzantiner schützte.

Auf die Dynastie der Sachsen folgten ab 1024 die Franken, die auch als **Salier** bezeichnet werden. **Konrad II.** vereinigte 1033 das Königreich Burgund mit dem Reich, so dass das Heilige Römische Reich nun aus den drei Königreichen Deutschland, Italien und Burgund bestand. Trotzdem schaffte er es nicht, die verbündeten Städte Norditaliens unter Kontrolle zu bringen und erlitt hier eine schmerzliche Niederlage. Sein Nachfolger, **Heinrich III.** (1039–1056), festigte die Macht des Reiches im Osten durch siegreiche Feldzüge gegen die Böhmen und die Polen. 1046 zog er nach Rom, wo mittlerweile chaotische Zustände herrschten. Der Einfluss der untereinander heillos zerstrittenen römischen Adelsfamilien auf die Wahl der Päpste hatte dazu geführt, dass sich am Ende gleich drei rivalisierende, aber ordentlich gewählte Päpste um die Macht stritten. Heinrich III. setzte kurzerhand alle drei Päpste ab und ließ seinen eigenen Kandidaten, einen Deutschen, zum Papst wählen. Damit schaltete er den Einfluss der römischen Adelsfamilien aus. Nach seinem frühen Tod mit nur 39 Jahren wurde 1056 sein Sohn **Heinrich IV.** zum Nachfolger. Dieser war jedoch erst sechs Jahre alt, und so übernahm zunächst für zehn Jahre seine Mutter die Regentschaft. In dieser Zeit nahm die Macht des Königs großen Schaden. Der Papst konnte sich vom Einfluss des Königtums befreien, und vor allem die Fürsten des Reiches dehnten ihre Macht auf Kosten des Königs aus. Als Heinrich 1066 16-jährig die Amtsgeschäfte übernahm, kam es denn auch gleich zur großen Machtprobe zwischen hohem Adel und König, die sich zu einem Aufstand des Herzogtums Sachsen auswuchs. Erst 1074 konnte Heinrich die Sachsen besiegen und seine Königsmacht wieder herstellen. Ein Jahr später kam es wegen der Berufung des Erzbischofs von Mailand zum Streit mit dem Papst, der die gesamte verbleibende Regierungszeit Heinrichs überschattete und das Verhältnis von Papst und Kaiser grundsätzlich in Frage stellte (Abb. 4). Im Verlaufe dieses „Investiturstreits", bei dem es darum ging, ob der Kaiser, der ja kein kirchliches Amt innehatte, überhaupt

Abb. 4: Der gebannte Kaiser Heinrich IV. (kniend) vor der einflussreichen Markgräfin Mathilde von Tuszien

Abb. 5: Das Reich Friedrichs II.

Legend items in the map:
- Reichsgut und staufisches Hausgut
- Staufischer Machtbereich
- Staufische Pfalzen und Burgen
- Bischofssitz
- Erzbischofssitz
- Sitz des Papstes
- Reichsgrenze
- Welfisches Hausgut
- Welfische Herzogtümer
- Wettiner
- Askanier
- Savoyer
- Städte des Lombardischen und Veroneser Bundes

0 ____ 250 km

die Bischöfe durch die Ausstattung mit Lehen als Vasallen an sich zu binden. Damit wurde das System der deutschen Reichskirche stark geschwächt. Die Bischöfe waren nun nicht mehr in erster Linie Beamte des Reiches, sondern unterstanden zuerst dem Papst. Damit verlor der König eines seiner wichtigsten Herrschaftsinstrumente an die katholische Kirche in Rom. Die heimlichen Sieger dieses Machtkampfes waren jedoch die deutschen Fürsten, die aus der Schwächung des Königtums ihre Vorteile zogen.

Mit der Dynastie der **Staufer** ging der Machtkampf zwischen den Kaisern und den Päpsten in eine neue Runde. Die Wahl **Konrads III.** zum deutschen König verschärfte den alten Streit zwischen den beiden Adelsfamilien der Staufer und der Welfen. Eigentlich hätten die Welfen das Recht gehabt, den König zu stellen, aber sie wurden bei der Wahl von 1138 einfach übergangen. Daraus entstand eine tiefe Feindschaft, die auch zu Kriegen zwischen den beiden Familien führte. Konrads Neffe **Friedrich I.**, der wegen seines roten Bartes auch „Barbarossa" (ital. für „Rotbart") genannt wurde, erreichte dann eine friedliche Einigung zwischen den beiden Familien. Er stärkte seinen welfischen Vetter, den Sachsenherzog **Heinrich den Löwen**. Als dieser sich jedoch später, während Friedrich in Italien weilte, wie der König benahm, musste Friedrich einschreiten und 1180 der Ächtung Heinrichs zustimmen. Durch diese Strafe („**Acht**") wurde Heinrich aus der menschlichen Gemeinschaft ausgeschlossen, sein Besitz wurde eingezogen, und jedermann durfte ihn töten, ohne bestraft zu werden („**vogelfrei**"). Heinrich floh nach England.

Abb. 6: Das Castel del Monte Friedrichs II. in Süditalien, das der Kaiser nach der Fertigstellung allerdings nie betreten hat

Bischöfe einsetzen durfte, schloss Papst **Gregor VII.** Heinrich aus der Kirche aus („**Bann**") und erklärte ihn für abgesetzt. Die deutschen Bischöfe stellten sich auf die Seite Heinrichs, der wiederum den Papst für abgesetzt erklärte. Doch einige der mächtigsten deutschen Fürsten stellten sich gegen den König, so dass dieser gezwungen war, 1077 den berühmten Bußgang nach **Canossa** in Norditalien vorzunehmen. Doch trotz der Unterwerfung Heinrichs unter den Papst setzten die Fürsten den König ab und wählten den Schwaben **Rudolf** zum neuen König, der jedoch nach schweren Kämpfen gegen Heinrich 1080 den Tod fand, ohne dass er je allgemein anerkannt wurde. Auch der

nächste Gegenkönig, **Hermann von Salm**, konnte sich nicht durchsetzen und starb 1088 bei einer Privatfehde. Viel mehr Gefahr drohte Heinrich von seinen eigenen Söhnen. 1093 lehnte sich **Konrad** gegen seinen Vater auf, wurde jedoch selbst entmachtet. 1104 nahm **Heinrich V.** seinen Vater gefangen und zwang ihn zum Rücktritt. Der Kaiser konnte zunächst fliehen, starb dann jedoch 1106, womit Heinrich V. nun ganz legal die Nachfolge zufiel. Er beendete den Investiturstreit gemeinsam mit dem Papst durch das „**Wormser Konkordat**" von 1122. Der Papst erhielt nun das alleinige Recht zur Einsetzung („**Investitur**") aller Bischöfe. Der Kaiser behielt dafür das Recht,

Geschichte

Friedrich häufte große zusammenhängende Ländereien als Besitz der Krone an und konnte damit die Macht des Königtums erneut stärken. Seine aktive Italienpolitik verschärfte wieder die alte Rivalität von Kaiser und Papst. Die Päpste versuchten immer, die Macht des Kaisers in Italien zu schwächen, um ihre eigene Selbständigkeit zu bewahren. Obwohl Friedrich sich nicht entscheidend gegen die Päpste durchsetzen konnte, führte er doch das deutsche Königtum zu neuem Glanz. Sein Sohn, **Heinrich VI.**, widmete sich noch mehr der Italienpolitik. 1194 erbte er das süditalienische Normannenreich und war damit Herr über die gesamte Halbinsel. Doch bereits 1197 starb er, ohne sein Reich festigen zu können. Nach seinem Tod brachen wieder schwere Kämpfe zwischen Staufern und Welfen um die Thronfolge aus, die nach einigen Zwischen- und Gegenkönigen 1212 zur Königskrönung **Friedrichs II.**, Heinrichs Sohn, führten (Abb. 5). Bald entflammte der Streit zwischen Kaiser und Papst noch einmal in neuer Schärfe. Mehrmals wurde Friedrich vom Papst gebannt, ohne dass der sich entscheidend durchsetzen konnte. Durch die Wahl verschiedener deutscher Gegenkönige und die darauf folgenden Bürgerkriege wurde Friedrich jedoch ab 1245 immer mehr in sein süditalienisches Königreich zurückgedrängt, wo er – ohne besiegt worden zu sein – 1250 starb (Abb. 6).

Nach dem Ende der Staufer folgte eine Zeit ohne starke, allseits anerkannte Könige (**„Interregnum"**). Es gab zwar einige, meist sogar mehrere gleichzeitige deutsche Könige, die sich jedoch nicht durchsetzen konnten. Die Ausübung der königlichen Gewalt fiel immer mehr an die Landesfürsten, die in ihren Territorien wie Könige herrschten (**„Landesherrschaft"**). Drei Adelsfamilien

Abb. 7: Die „Goldene Bulle" von 1356

konkurrierten um den Thron: die **Habsburger**, die **Wittelsbacher** und die **Luxemburger**. Jede Familie stützte ihre Macht auf ihre umfangreichen Besitzungen (**„Hausmacht"**). Nach einigen Wechseln zwischen diesen Häusern wurde 1346 der Luxemburger **Karl IV.** zum König gewählt. Er ließ sich dann in Rom vom Papst zwar zum Kaiser krönen, hielt sich jedoch aus den inneritalienischen Streitigkeiten erfolgreich heraus und konzentrierte sich auf Deutschland. Sein Versuch, die Königsmacht auf Kosten der Landesfürsten zu stärken, scheiterte am starken Widerstand der Fürsten. So blieben seine Reformen auf sein eigenes umfangreiches Territorium (v. a. Böhmen) beschränkt.

Die **„Goldene Bulle"** (Abb. 7), mit der Karl die Verhältnisse im Reich ändern wollte, regelte schließlich lediglich die Frage der Nachfolge und die Rechte der sieben wichtigsten Fürsten des Reiches (**„Kurfürsten"**) (Abb. 8). Trotzdem war die Goldene Bulle sozusagen das „Grundgesetz" des Reiches, das bis 1806 in Kraft blieb. Seit dem Aussterben der Luxemburger 1438 waren alle deutschen Könige und römischen Kaiser aus dem Hause **Habsburg**, das damit zur mächtigsten Adelsfamilie in Mitteleuropa aufstieg. Auch die Habsburger versuchten – wie vor ihnen die Luxemburger –, die seit den Staufern immer weiter verfallende Königsmacht in Deutschland wieder zu stärken, doch auch sie scheiterten immer wieder an den mächtigen Landesfürsten. So zersplitterte Deutschland politisch immer mehr, und das in einer Zeit, als sich in anderen europäischen Staaten erste Ansätze eines nationalen Bewusstseins entwickelten.

Abb. 8: Der König mit den sieben Kurfürsten, die das Recht der Königswahl besaßen und bei der Krönung bestimmte feierliche Aufgaben wahrnahmen

Zum Weiterlesen:

• Das Frankenreich, S. 788
• Die Kirche im Mittelalter, S. 794
• Das Rittertum, S. 796
• Die mittelalterliche Stadt, S. 798
• Recht und Gesetz, S. 799
• Europa im Mittelalter, S. 800

793

Papst gegen Kaiser – Die Kirche im Mittelalter

380 erhob der letzte gesamtrömische Kaiser Theodosius d. Gr. den christlichen Glauben zur Staatsreligion des Römischen Reiches, 391 wurden alle anderen religiösen Kulte verboten. Sehr schnell verband sich die neue christliche Staatskirche mit den Behörden („Institutionen") des römischen Staates. Oberhaupt aller Christen war zu dieser Zeit der römische Kaiser in Konstantinopel, mit dem der Papst oft Streit hatte wegen der Bevormundung Roms durch den Kaiser. So brachte die Teilung des Reiches in eine Ost- und eine Westhälfte der Kirche von Rom sogar Vorteile, denn sie war nun vom Kaiser in Konstantinopel unabhängig und entwickelte sich zur römisch-katholischen Kirche weiter. Als das Weströmische Reich unter den Wellen der germanischen Völkerwanderung zusammenbrach, blieb von den Bestandteilen des Staates nur die römische Staatskirche bestehen. Die gotischen Eroberer zerstörten die römische Kultur – und damit auch die römisch-katholische Kirche – keineswegs, obwohl sie eine andere christliche Glaubensrichtung als die römisch-katholische bevorzugten. Diese wurde nach ihrem „Erfinder", dem Priester Arius aus Alexandria, als „Arianismus" bezeichnet und sah Jesus Christus nicht als Gott selbst an, sondern als Gottes edelstes Geschöpf, was der Vorstellungswelt der Germanen sehr entgegenkam.

Die Franken hingegen übernahmen von Anfang an den römisch-katholischen Glauben, und als die Karolinger im Frankenreich

Abb. 2: Mittelalterliche Darstellung der Einsetzung („Investitur") eines Bischofs durch den Kaiser. Der sitzende Kaiser übergibt dem Bischof den Bischofsstab

an die Macht kamen, versprachen sie dem Papst in Rom ihren Schutz gegen seine Feinde. Das waren zu dieser Zeit vor allem die germanischen Langobarden, die in Italien ein Königreich errichtet hatten und den Papst bedrängten. Pippin II. schenkte dem Papst große Besitztümer in Mittelitalien, aus denen dann der Kirchenstaat entstand („Pippinsche Schenkung"). 800 krönte der Papst Karl d. Gr. zum römischen Kaiser. Damit trat das Frankenreich die Nachfolge des vor über 300 Jahren untergegangenen Römischen Reiches an. Die Franken errichteten eine „Reichskirche", in der die Bischöfe vom Kaiser ernannt wurden und Beamte des Reiches waren, die dem Kaiser als Statthalter beim Regieren halfen, während er – wie meistens – auf Reisen war. So wurden die römisch-katholische Kirche und das Frankenreich ganz eng verbunden.

Nach dem Untergang der Karolinger ging die Kaiserwürde 962 mit Otto I. d. Gr. auf den deutschen König über. Ebenso wie die karolingischen Kaiser sahen sich die deutschen Kaiser als oberste Schutzherren der Kirche. Sie bauten das System der Reichskirche weiter aus, so dass die hohen Geistlichen der Reichskirche die größte Stütze der Königsmacht überhaupt wurden. Denn die Bischöfe waren gleichzeitig Beamte des Königs, auf die er sich mehr verlassen konnte als auf die Fürsten des Reiches, die nur allzu oft ihre eigenen Interessen verfolgten. Außerdem konnte der König die Bischöfe, die meistens gleichzeitig als Grafen Ländereien des Reiches verwalteten, bei Bedarf auch wieder entlassen, was mit den Fürsten nicht möglich war. Schließlich mussten die Vertreter der Reichskirche das Eheverbot („Zölibat") beachten und konnten

so mangels Nachkommenschaft keine Hausmacht bilden (Abb. 1).

Doch im Laufe der Zeit kamen in der katholischen Kirche – vor allem in den großen Klöstern wie z.B. Cluny/Burgund – Zweifel auf, ob die enge Verflechtung mit der weltlichen Macht der Kirche nicht doch schaden würde. Denn aus der Sicht des Papstes waren die Geistlichen vor allem Seelsorger, über ihre Einsetzung („Investitur") sollte also die Kirche selbst und nicht ein weltlicher Herrscher ohne Kirchenamt („Laie") entscheiden. Mit seiner Forderung nach dem Verbot der Laieninvestitur wollte der Papst vor allem den Einfluss des deutschen Königs auf die Kirche schwächen und das System der Reichskirche verändern. Denn es war für den Papst nur schwer zu rechtfertigen, warum hohe deutsche Bischöfe als Vasallen des deutschen Königs in den Krieg zogen – oftmals gegen ebenfalls christliche Länder. Im Jahre 1075 kam es dann zum offenen Streit zwischen dem Papst Gregor VII. und dem deutschen König Heinrich IV., in dessen Verlauf beide sich gegenseitig für abgesetzt erklärten. Kaiser Heinrich V. beendete diesen Streit 1122 dann schließlich durch die Unterzeichnung des „Wormser Konkordats". Die weltlichen Herrscher im Reich verloren ihr Recht auf die Investitur, die künftig alleine der Kirche selbst vorbehalten blieb (Abb. 2).

Unter Kaiser Friedrich I. Barbarossa entbrannte die Rivalität zwischen Papsttum und Kaisertum erneut, als der Papst die Kaiserwürde als „Benefizium" bezeichnete, was so viel bedeutete, als ob der Papst der Lehnsherr des Kaisers wäre. Verstärkt wurde der Gegensatz noch durch die Heirat von Friedrichs

Abb. 1: Der Kölner Dom wurde 1248 begonnen, der letzte der beiden 158 m hohen Türme wurde nach 300-jährigem Baustopp erst 1880 fertig gestellt

Geschichte

Abb. 3: Mittelalterliche Darstellung von Papst (li.) und Kaiser (re.) als geistliche und weltliche Oberhäupter der Christenheit

Sohn Heinrich VI. mit der Tochter des Königs Roger II. von Sizilien. Der Papst fürchtete die Vereinigung Siziliens mit dem Reich, wodurch sein Gebiet völlig vom Reichsgebiet eingekreist worden wäre. Als Friedrich II. deutscher König und auch König von Sizilien wurde, machte der Papst denn auch den Verzicht auf eine Vereinigung der Königreiche zur Bedingung seiner Anerkennung Friedrichs. Unter Friedrich II. kam der Machtkampf zwischen Papst und Kaiser noch einmal zum Höhepunkt. Wegen seiner kurzzeitigen Weigerung, dem päpstlichen Aufruf zum Kreuzzug zu folgen, wurde Friedrich vom Papst aus der Kirche ausgeschlossen. Friedrich wiederum forderte den Papst heraus, indem er 1229 auf dem Kreuzzug Jerusalem nicht mit dem Schwert befreite, sondern durch diplomatische Verhandlungen mit dem Sultan auf friedlichem Wege zurückgewann. Der Machtkampf endete schließlich nach Friedrichs Tod mit dem Erlöschen der staufischen Dynastie.

Im 12. und 13. Jahrhundert war die römisch-katholische Kirche auf dem Höhepunkt ihrer Macht. Denn mit dem Aufkommen der Kreuzzugsidee wurde der Papst zum mächtigsten Mann der Welt. Wenn er die christliche Welt zum Kreuzzug aufrief, dann konnte sich niemand mehr widersetzen – Fürsten, Könige und sogar der Kaiser mussten gehorchen und ihr Leben für den Papst riskieren, wie der Tod Kaiser Friedrichs I. Barbarossas auf dem 3. Kreuzzug zeigte. Das Scheitern der Kreuzzüge erschütterte die Machtposition des Papstes, und nach seinem Sieg im Machtkampf mit Kaiser Friedrich II. und dem Erlöschen der staufischen Dynastie stand die römisch-katholische Kirche in der Mitte des 13. Jahrhunderts plötzlich ohne Schutzherrn da (Abb. 3).

In dieser Situation verbündete sich der Papst mit dem französischen König. Doch auch zwischen diesen beiden kam es schnell zum Machtkampf, weil sich Papst Bonifaz VIII. als obersten Weltherrscher bezeichnete, der über allen Königen und Kaisern, aber auch über der gesamten Kirche steht (Abb. 4). Diesen Anspruch konnte er jedoch nicht aufrechterhalten, und nach seinem Tod geriet die Kirche total unter französischen Einfluss. Der Sitz des Papsttums wurde 1309 nach Avignon in Südfrankreich verlegt, wo er bis 1377 blieb („Babylonische Gefangenschaft"). Die Päpste ließen sich in Avignon prunkvolle Paläste bauen und lebten in großem Luxus, der riesige Geldsummen verschlang. So war es am Ende die Hauptbeschäftigung der Päpste, bei den Christen das Geld für den verschwenderischen päpstlichen Lebensstil einzutreiben (Abb. 5). 1377 verlegte Papst Gregor X. den päpstlichen Amtssitz wieder zurück nach Rom. Doch nach seinem Tod im Jahr darauf wurde sowohl in Rom als auch in Avignon ein Nachfolger gewählt, so dass es

Abb. 4: Büste Bonifaz' VIII. Zum Zeichen seiner weltlichen Macht trug der Papst eine doppelte, später sogar eine dreifache Krone („Tiara")

auf einmal zwei Päpste gab. Dieser Zustand führte zur Spaltung der Kirche („großes abendländisches Schisma") und auch Europas, denn Süditalien, Frankreich, Burgund sowie die spanischen Staaten erkannten den Papst Clemens VII. in Avignon an, Norditalien, das deutsche Königreich, Portugal, Ungarn und England Papst Urban VI. in Rom. Erst 1417 konnte die Einheit der Kirche durch die Kirchenversammlung („Konzil") von Konstanz – mit 3000 Teilnehmern der größte Kongress des gesamten Mittelalters – wieder hergestellt werden.

Doch die angestrebten Reformen zur Verbesserung der Situation scheiterten. Durch das Entstehen von Nationalkirchen in vielen Ländern wurde das Papsttum als Zentralgewalt geschwächt. Außerdem wurden die Päpste immer weltlicher, was unter den Gläubigen starke Kritik am Lebensstil der Päpste hervorrief und der Reformationsbewegung zusätzlich den Weg ebnete.

Zum Weiterlesen:

• Weltreligion Christentum, S. 782
• Das Frankenreich, S. 788
• Das deutsche Königreich, S. 790
• Martin Luther, S. 808
• Die Reformation, S. 810

Abb. 5: Während ihres Aufenthaltes im „Palais du Pape" in Avignon gewöhnten sich die Päpste im 14. Jahrhundert einen luxuriösen Lebensstil an

Von Ritterschlag und Minnesang – Das Rittertum

Abb. 1: Ein König mit seinen Rittern

Im frühen Mittelalter erlitten die Germanen schwere Niederlagen gegen die Hunnen, Ungarn und Araber. Dies lag vor allem daran, dass sie noch mit schwer bewaffneten Fußsoldaten kämpften, während ihre Feinde bereits schnelle Reitersoldaten einsetzten. Doch schon in fränkischer Zeit setzte sich diese Kampftechnik auch im Abendland durch. Es waren zunächst ausschließlich die höheren Adligen, die sich ein schnelles und starkes Pferd, eine teure Rüstung und die dazugehörigen Waffen leisten konnten. Doch bald konnten sich die Könige nicht mehr völlig auf ihre adligen Vasallen verlassen, da diese oftmals eher an ihre eigenen Interessen als an die des Königs dachten. Da gingen die Könige dazu über, sich aus ihrem Dienstvolk die stärksten und mutigsten Männer auszusuchen und diese zu Berufskriegern auszubilden (Abb. 1). Sie bekamen ein kleines Lehen zum Lebensunterhalt und erlernten das Waffenhandwerk. Ihr Pferd und ihre Waffen mussten sie aus den Einkünften ihres Lehens selbst bezahlen. Schon bald fühlte sich die neu entstandene Schicht dieser Berufskrieger den Bauern, die sie versorgten, überlegen. Deshalb wollten sie mit den Adligen gleichgestellt werden. Um dieser Forderung mehr Nachdruck zu verleihen, schlossen sie sich zum **Ritterstand** zusammen. Die Aufnahme in diesen Stand wurde mit einer weltlichen und geistlichen Feier, dem „Ritterschlag" oder der „Schwertleite" vollzogen (Abb. 2).

Weil auch im Mittelalter nicht dauernd Krieg war, hatten die Ritter viel Freizeit. Sie lernten als erste Nichtgeistliche lesen und schreiben. Doch sie schrieben nicht wie die Geistlichen in lateinischer Sprache, sondern in der jeweiligen Volkssprache (deutsch, französisch, englisch usw.). Sie dichteten Geschichten über besonders tapfere Ritter und trugen sie als Gedichte vor oder sangen sie als Lieder. Die Ritter erlegten sich unter dem Einfluss der Kirche auch einen besonderen Ehrenkodex auf. Darin verpflichteten sie sich, edel, treu und zuverlässig neben ihrem Herrn und der Kirche vor allem auch den Schwachen und Bedrohten zu dienen. Darunter verstand man im Mittelalter an den Fürstenhöfen vor allem die adligen Frauen. Aus diesem Motiv entstanden die unzähligen Lieder, in denen schöne, edle Frauen verehrt werden. Diese Kunstrichtung bezeichnet man als **„Minnesang"**.

Während des Friedens bildeten die regelmäßig veranstalteten Feste an den Fürstenhöfen die Höhepunkte des ritterlichen Lebens. Im Mittelpunkt dieser Festlichkeiten standen die Wettkämpfe der Ritter. Die Aufgabe war einfach: Zwei Ritter ritten in voller Rüstung mit erhobener Lanze aufeinander zu und versuchten, sich gegenseitig aus dem Sattel zu stoßen. Dabei ermittelten sie den stärksten und geschicktesten Kämpfer, der dadurch zu großem Ruhm gelangte. Außerdem hielten sich die Ritter damit „in Form", denn im Ernstfall – also im Kriege – mussten sie ihre Waffen perfekt beherrschen. Die Ritter kämpften nur mit der Lanze und dem Schwert. Deshalb brauchten sie auch eine dicke, schwere Eisenrüstung (Abb. 3). Die kunstvoll geschmiedeten und teuren Rüstungen waren so schwer, dass jeder Ritter neben seinem eigentlichen Streitpferd noch zwei weitere Pferde und zwei berittene Gehilfen benötigte. Diese „Knappen" waren meistens angehende Ritter in der Ausbildung.

Als im 12. Jahrhundert die Uneinigkeiten und Streitigkeiten zwischen den einzelnen Fürsten zunahmen und es dadurch immer öfter zu Kriegen kam, siedelten die Fürsten mit ihren Höfen in neu errichtete und stark befestigte Burgen um. Dort wohnten sie dann mit ihren Kriegern zusammen, so dass sich die Burgen oftmals zu politischen Zentren entwickelten.

Im 13. Jahrhundert wurden die Ritter dann endgültig zu Adligen erhoben. Sie gehörten nun dem niederen Dienstadel an und ließen sich eigene Burgen bauen. Aus dieser Zeit stammen die für viele Gegenden Europas so typischen Ritterburgen. Im späten Mittelalter, als die Ritter als Krieger immer unwichtiger wurden, verarmten viele Ritter und wurden aus Not zu Raubrittern, die von Überfällen auf Reisende und Transporte lebten.

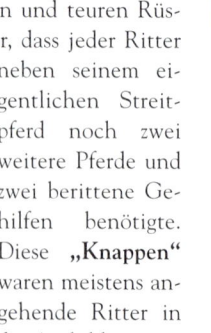

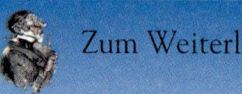

Abb. 3: Der Helm einer Ritterrüstung

Zum Weiterlesen:

- Das Frankenreich, S. 788
- Das deutsche Königreich, S. 790
- Die Kreuzzüge, S. 797
- Recht und Gesetz, S. 799
- Europa im Mittelalter, S. 800

Abb. 2: Ein Knappe wird mit dem Schwert zum Ritter geschlagen

Geschichte

„Auf ins Heilige Land" – Die Kreuzzüge

Abb. 1: Darstellung des Krieges im Heiligen Land

Gegen Ende des 11. Jahrhunderts wurde der kleinasiatische Teil des Byzantinischen Reiches von den kriegerischen Seldschuken bedroht. Da bat der byzantinische Kaiser **Alexios I.** Papst **Urban II.** um westliche Hilfe für das bedrohte Christentum im Osten. Der Papst rief die christlichen Ritter 1095 zu einer bewaffneten Pilgerfahrt nach Jerusalem, zum Grab von Jesus Christus auf. Sein Aufruf richtete sich jedoch nicht an die europäischen Herrscher, denn den Ruhm für diese christliche Tat wollte der Papst alleine erringen. Der Aufruf des Papstes begeisterte sowohl die Ritter als auch die Massen, und bald begannen sich auch sehr viele einfache und arme Leute auf den Zug nach Jerusalem vorzubereiten. Sie versprachen sich – wie es die Prediger überall im Lande versicherten – die Vergebung aller Sünden und darüber hinaus oftmals auch eine reiche Kriegsbeute, die ihr kärgliches Leben aufbessern sollte.

Zur gegenseitigen Erkennung nähten sie sich ein Kreuz auf die Kleider. Daher wurden sie bald **„Kreuzfahrer"** genannt. Weil nun alle Nichtchristen in diesem „heiligen Krieg" als Feinde angesehen wurden, kam es bald in vielen Städten zu grausamen Judenverfolgungen (**„Pogrom"**), so in Trier, Mainz und Köln. Die wilden Haufen der Kreuzfahrer hinterließen oftmals eine Spur der Verwüstung auf ihrem Weg, der sie jedoch keinesfalls nach Jerusalem brachte, denn sie wurden schon unterwegs vernichtet. Die Ritterheere jedoch gelangten aufgrund ihrer Disziplin und Kampfkraft nach Jerusalem, besiegten die völlig überraschten und untereinander zerstrittenen Moslems und errichteten vier Kreuzfahrerstaaten, darunter 1099 das **Königreich Jerusalem** (Abb. 1).

In diesen Staaten errichteten Mönche Häuser, in denen die Kreuzritter verpflegt oder verarztet wurden. In manchen Häusern konnten die Kämpfer auch wohnen. Dabei vereinigten sich viele Kreuzritter zu religiösen Verbindungen, aus denen bald die berühmten drei Ritterorden entstanden: **Templerorden**, **Johanniterorden** und der heute noch bestehende **Deutsche Orden**. Auf diese Orden stützte sich die Verwaltung in den Kreuzfahrerstaaten.

Doch bald begannen die Moslems mit der Rückeroberung des Landes, die 1187 mit der Eroberung Jerusalems durch Sultan **Saladin** abgeschlossen wurde. Insgesamt brachen noch sechsmal Kreuzfahrer von Europa nach Jerusalem auf, doch konnte das Ziel der Rückgewinnung Jerusalems nicht wieder erreicht werden (Abb. 2). Ab dem zweiten Kreuzzug (1147–1149) beteiligten sich auch die europäischen Herrscher an den Kreuzfahrten. So forderte der dritte Kreuzzug (1189–1192) mit dem Kaiser **Friedrich I. „Barbarossa"**, der 1190 bei der Überquerung des kleinasiatischen Flusses Saleph ertrank, ein prominentes Opfer.

Im Laufe der Zeit trieb die Kreuzzugsidee des „heiligen Krieges" gegen die Heiden immer seltsamere Blüten. Als Gegenleistung für den Transport auf venezianischen Schiffen eroberte und zerstörte das Kreuzfahrerheer des vierten Kreuzzuges (1202–1204) die von Venedig abtrünnige Stadt Zadar an der dalmatinischen Küste. Später wandte sich dieses Heer gegen die byzantinische Hauptstadt Konstantinopel – eine christliche Stadt, zu deren Schutz die Idee der Kreuzzüge auch entstanden war. Die Kreuzfahrer eroberten, plünderten und zerstörten Konstantinopel im Jahre 1203 – eine Untat, von der sich das Byzantinische Reich nie wieder ganz erholen sollte.

1212 brachen über 10.000 Kinder und Jugendliche aus Frankreich und Deutschland zum berühmten **„Kinderkreuzzug"** auf. Sie wollten erreichen, was vorher vier starke Kreuzfahrerheere nicht geschafft hatten. Die französischen Kinder wurden bereits auf ihrem Weg zum Einschiffungshafen Marseille aufgehalten oder Opfer von Dieben, Räubern und Sklavenhändlern. Von den aus dem deutschen Raum aufgebrochenen Kindern erreichten 7000 die norditalienischen Hafenstadt Genua, wo sie sich einschiffen wollten. Doch weil sie für eine Überfahrt nach Jerusalem gar kein Geld hatten, kehrten viele wieder um. Ein großer Teil der Kinder wurde in Genua von Sklavenhändlern entführt und in die Sklaverei verkauft.

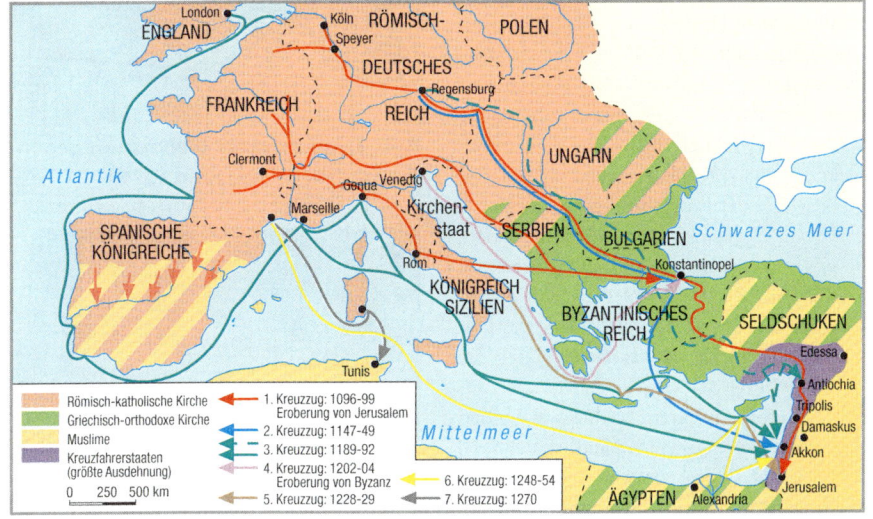

Abb. 2: Die Kreuzzüge

Römisch-katholische Kirche	1. Kreuzzug: 1096-99 Eroberung von Jerusalem
Griechisch-orthodoxe Kirche	2. Kreuzzug: 1147-49
Muslime	3. Kreuzzug: 1189-92
Kreuzfahrerstaaten (größte Ausdehnung)	4. Kreuzzug: 1202-04 Eroberung von Byzanz
0 250 500 km	5. Kreuzzug: 1228-29
	6. Kreuzzug: 1248-54
	7. Kreuzzug: 1270

Zum Weiterlesen:

- Das deutsche Königreich, S. 790
- Die Kirche im Mittelalter, S. 794
- Das Rittertum, S. 796
- Europa im Mittelalter, S. 800
- Entdeckung der „Neuen Welt", S. 804

„Stadtluft macht frei" – Die mittelalterliche Stadt

Im Römischen Reich waren die Städte normale Siedlungsformen, die meist im Zusammenhang mit größeren Legionslagern standen. Im „freien" Germanien jedoch lebten die Germanen in kleineren Siedlungen oder sogar einzelnen Gehöften. Städte gab es überhaupt nicht. Nach der germanischen Völkerwanderung waren viele römische Städte zerstört oder verfielen bis in das 9. Jahrhundert hinein. Doch ab dem 11. Jahrhundert wuchs die Bevölkerung stärker, und durch neue landwirtschaftliche und technische Fortschritte mehrte sich bei der herrschenden Adelsschicht der Wohlstand. Die reichen Herren wollten nun oft Dinge kaufen, die es in ihrer Gegend gar nicht gab und die deshalb von weit her beschafft werden mussten. So entstand bald ein reger Fernhandel, der von einer wachsenden Kaufmannsschicht betrieben wurde. Die Kaufleute siedelten sich in der Nähe der Herrschersitze, aber auch an verkehrsgünstigen Orten an, wo sich schnell größere Siedlungen bildeten (Abb. 1).

Abb. 1: Rekonstruktionszeichnung einer mittelalterlichen Stadt des 13. Jahrhunderts

Diese waren aber damit noch lange keine Städte, denn der Begriff „Stadt" hatte im Mittelalter nichts mit der Größe einer Siedlung zu tun, sondern mit ihrer rechtlichen Stellung. Erst wenn der **Landesherr** einer Siedlung offiziell die **Stadtrechte** verliehen hatte, durfte sich der Ort als Stadt bezeichnen. Die wichtigsten Stadtrechte waren das Recht, nach eigenen Handelsgewohnheiten Handelsmärkte einzurichten („**Marktrecht**"), eigene Geldmünzen zu prägen („**Münzrecht**") und die Stadt mit starken Mauern zu befestigen. Für viele Leibeigene („**Unfreie**") auf dem Lande gab es einen

großen Anreiz, in eine der bald überall neu entstehenden Städte zu ziehen, denn „Stadtluft macht(e) frei". Wenn ein Leibeigener genau ein Jahr und einen Tag in einer Stadt gelebt hatte, ohne dass sein Herr ihn zurückforderte, war er frei.

Um nun zu verhindern, dass bald große Teile der Landbevölkerung in einem wahren Massenansturm in die mittelalterlichen Städte drängten, dachten sich die Stadtbewohner strenge Regeln für den Zugang zur städtischen Gesellschaft aus: das Bürgerrecht. Nur wer das Bürgerrecht besaß, durfte innerhalb der Stadtmauern arbeiten und die Vorteile des Stadtlebens auskosten. Die Oberschicht der Städte, Adel, Kirchenleute („**Kleriker**") und reiche Bürger, hatten durch den Zuzug der Landbevölkerung keine Konkurrenz zu fürchten. Die große Masse der Bürger waren jedoch kleine Handwerker, die ihre Existenz bedroht sahen. So schlossen sie sich zu Vereinigungen zusammen („**Zünfte**", „**Gilden**"), die genau festlegten, wer welches Handwerk ausüben durfte und wer nicht. Darüber hinaus regelten die Zünfte die Preise sowie Menge und Qualität der hergestellten Waren. Schließlich wurden sie auch zur Vertretung der Handwerker nach außen, indem sie Feste organisierten und ihren Mitgliedern sogar eine bestimmte Kleidung vorschrieben.

In den Auseinandersetzungen um die Herrschaft in den Städten beanspruchten die Zünfte mehr politische Rechte für ihre Mitglieder. Zunächst unterstanden die Städte einem Stadtherrn. Das konnte der König, ein Landesherr oder ein Bischof sein. Doch schon bald lehnten sich die Bürger gegen die Willkürherrschaft der Stadtherrn auf und erkämpften in langen Auseinandersetzungen ihre Beteiligung an den Städteregierungen (Abb. 2). Fortan wurden die Städte von „**Stadträten**", einer Selbstverwaltung der Bürger, regiert. Allerdings dauerte es noch bis zum 14. Jahrhundert, bis die Zünfte in allen „Stadträten" vertreten waren. Keine Bürgerrechte bekamen Gaukler, Spielleute, Henker und die **Juden**. Letztere lebten in eigenen Stadtvierteln und unterstanden einem anderen Recht. Die dichte Besiedlung der Städte bot zusammen mit den katastrophalen hygienischen Bedingungen ideale Bedingungen für den Ausbruch großer Epidemien. So wurden durch die großen Pestwellen des Mittelalters viele Städte fast völlig entvölkert. Oft gaben die Menschen den Juden die Schuld an der **Pest**, was immer wieder zu großen Judenverfolgungen führte (Abb. 3).

Abb. 2: Aufstand der Weberzunft gegen die Stadtherrn von Köln 1371

Zum Weiterlesen:

- Das Frankenreich, S. 788
- Das deutsche Königreich, S. 790
- Die Kirche im Mittelalter, S. 794
- Recht und Gesetz, S. 799
- Europa im Mittelalter, S. 800

Abb. 3: Judenverbrennung. Während der großen Pestwellen des 14. Jahrhunderts wurden in vielen Städten die Juden, denen man die Schuld an der Pest gab, restlos grausam ermordet

Fehde, Gottesfriede, Landfriede – Recht und Gesetz

Im Mittelalter gab es noch nicht all die dicken Gesetzbücher, wie wir sie heute für fast alle Bereiche des menschlichen Lebens kennen. Um zu unterscheiden, was Recht und was Unrecht war, richteten sich die Menschen danach, wie die Streitfälle von jeher gelöst worden waren („Gewohnheitsrecht", festgehalten im berühmten „Sachsenspiegel" (um 1230) des Eike von Repgow, dem wichtigsten Gesetzbuch des Mittelalters). Es gab auch noch keine Polizei, die Mörder, Diebe, Räuber, Betrüger und all die anderen Verbrecher und Übeltäter verfolgte, verhaftete und vor Gericht brachte. Die Gerichte selbst gab es schon; sie besaßen jedoch so wenig Durchsetzungskraft, dass ihre Urteile nur selten in die Tat umgesetzt wurden. Eine Ausnahme bildeten nur die Städte, in denen die Gerichte wirkungsvoller waren und täglich grausame Urteile verhängten (Abb. 1).

Also nahmen die Menschen auf dem Lande die Lösung ihrer Streitereien in die eigenen Hände – das Recht wurde Privatsache. Diese für das Mittelalter typische Art der „Rechtspflege" nennt man „Fehde". Wenn sich demnach ein Adliger oder Ritter geschädigt fühlte, zog er mit Waffengewalt gegen seinen Widersacher, verwüstete dessen Besitz sowie den Besitz der dort ansässigen Landbevölkerung. Wenn sich der Angreifer lediglich beleidigt oder in seiner Ehre verletzt fühlte, reichte ihm oftmals die Zerstörung des Landes als Rache. Sah er sich jedoch betrogen oder wirtschaftlich geschädigt, nahm er sich aus dem Besitz des Angegriffenen so viel, wie er wollte. Sogar hohe Kirchenleute („Kleriker") wie Bischöfe und Äbte großer Klöster beteiligten sich an die-

Abb.1: Vor allem im späten Mittelalter kannte die Grausamkeit der Bestrafungen keine Grenzen

sen Privatkriegen – oftmals sogar gegeneinander. Die Fehde sollte im Normalfall nach gewissen Regeln ablaufen. Der wichtigste Grundsatz war, dass sie sich nicht gegen das Leben oder die Gesundheit, sondern ausschließlich gegen den Besitz des Betroffenen richtete. Die Wirklichkeit sah jedoch meistens ganz anders aus, und nicht selten endeten Fehden in Mord und Totschlag (Abb. 2).

Während die angegriffenen Adligen oder Ritter meist auf ihre stark befestigten Burgen flohen, waren die bäuerlichen Landbewohner die eigentlichen Leidtragenden des Fehdewesens. Oftmals wurde in nur wenigen Minuten die Arbeit eines ganzen Jahres oder ihr gesamter Besitz vernichtet, während der Landesherr in seiner Burg in Sicherheit war. Vor allem im Süden Frankreichs, wo es bis ins 12. Jahrhundert fast keine königliche Zentralgewalt gab, uferte das Fehdewesen derart aus, dass Mord an der Tagesordnung war. In Deutschland bewegten sich die Fehden in einem normalen Rahmen, bis König **Heinrich IV.** zum Ende des 11. Jahrhunderts an Macht verlor. Nun nahm das Fehdewesen auch hier immer bedrohlichere Ausmaße an.

Zuerst versuchte nun die Kirche, das Fehdewesen einzudämmen. Dazu erließ sie den so genannten „Gottesfrieden". Dieser Erlaß schränkte das Fehdewesen auf bestimmte Tage, Orte und Personen ein. Vor allem an kirchlichen Fest- und Feiertagen war die Fehde verboten. In Kirchen, auf Friedhöfen und an anderen geweihten Orten durften keine Fehdehandlungen ausgeführt werden. Schließlich wurden noch bestimmte Perso-

nengruppen von der Fehde ausgenommen.

Nachdem Heinrich IV. seine Macht wieder hergestellt hatte, ging er massiv gegen das ausgeuferte Fehdewesen vor. 1103 erließ er den ersten Landfrieden für das ganze Reich, den „Reichsfrieden". Doch sein Versuch, die Fehde abzuschaffen, scheiterte am Widerstand der Fürsten. Viele von ihnen sahen nämlich im Reichsfrieden eher einen Versuch des Königs, seine Macht auf den Bereich der Fürsten auszudehnen. So betrachteten sie den Reichsfrieden als Einmischung des Königs in ihre Angelegenheiten. Auch viele spätere Könige erließen Landfrieden, die jedoch meistens nur für kurze Zeit eine begrenzte Wirkung hatten. Die Fehde hingegen lebte noch über Jahrhunderte fort. Erst Kaiser **Maximilian** schaffte es 1495, also am Ende des Mittelalters, die Fehde im „Ewigen Landfrieden" zu verbieten. Aber auch danach wurde sie weiterhin heimlich betrieben, bis sie schließlich mit dem Entstehen der ersten Gesetzbücher, dem Aufbau einer Polizei und Verwaltung und der Steigerung der Wirksamkeit von Gerichtsurteilen langsam verschwand.

Abb.2: Ein Dorf wird von Rittern überfallen. Vor allem die Bauern waren die Leidtragenden des Fehdewesens

Zum Weiterlesen:

- Das deutsche Königreich, S. 790
- Die Kirche im Mittelalter, S. 794
- Das Rittertum, S. 796
- Die mittelalterliche Stadt, S. 798
- Europa im Mittelalter, S. 800

Die europäischen Staaten im Mittelalter

1. England: Bereits ca. 75 Jahre vor dem endgültigen Zusammenbruch des Weströmischen Reiches verließen die Römer die Provinz Britannia. In der Mitte des 5. Jahrhunderts wanderten dann vom europäischen Festland aus die Stämme der Jüten, der Angeln und der Sachsen nach England ein und verdrängten die einheimischen Briten an die Westküste der Insel. Nach einigen friedlichen Jahrhunderten begannen im 9. Jahrhundert die dänischen Wikinger mit der Eroberung Englands. 1016 wurde der Däne Knut d. Gr. zum König gewählt, der von England aus sein großes Nordseereich lenkte. Nach seinem Tod kam es zu Bürgerkriegen, die 1066 durch den Sieg Wilhelms des Eroberers beendet wurden, der mit seinem Heer von der Normandie aus übergesetzt war. Unter seinen Nachfolgern begann eine starke Verflechtung Englands mit Frankreich, die daher kam, dass ab 1154 eine französische Dynastie den englischen Thron innehatte. Dies führte dazu, dass zwischen 1150 und 1250 ein großer Teil Frankreichs im Besitz der Könige von England war. Als dann 1328 die französische Herrscherdynastie der Kapetinger ausstarb, erhob der englische König Eduard III. Ansprüche auf den französischen Thron, was schließlich 1339 zum Hundertjährigen Krieg zwischen England und Frankreich führte. Nach anfänglichen militärischen Erfolgen wurde England durch die große Pestwelle von 1349/50 und die darauf folgende Wirtschaftskrise so geschwächt, dass der Krieg – und mit ihm sämtliche englischen Besitzungen auf dem Festland – 1453 verloren ging. Daraufhin kam es in England zum Bürgerkrieg, in dem die Dynastie von Lancaster mit der Dynastie von York um die Krone kämpfte. Da die Lancasters als Wappen eine rote Rose und die Yorks eine weiße Rose führten, werden diese Auseinandersetzungen als „Rosenkriege" bezeichnet. Nach 30-jährigem Bürgerkrieg setzte sich Richard III. aus dem Hause York durch und ließ alle Lancasters und sogar Mitglieder seiner eigenen Familie ermorden. Doch schließlich wurde er 1485

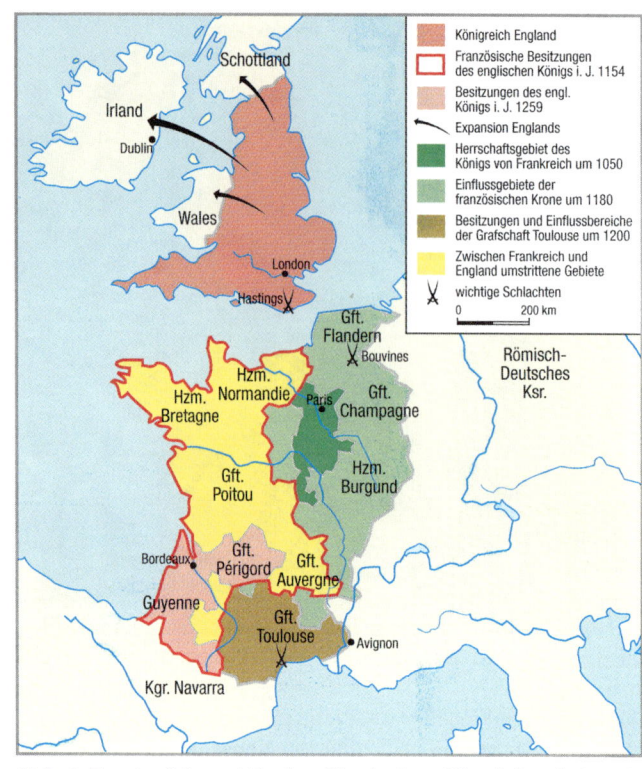

Abb. 1: Frankreich und England im hohen Mittelalter (12.–14. Jahrhundert)

von Heinrich VII. besiegt, der mit den Tudors eine ganz neue Dynastie begründete (Abb. 1).

2. Frankreich: Nach dem Ende der Karolinger im Westfränkischen Reich erlangte 987 Hugo Capet die Königswürde und begründete die nach ihm benannte Dynastie der Kapetinger, die dann über 340 Jahre die französischen Könige stellte. Als die Kapetinger auf den Thron kamen, war die Stellung des Königtums äußerst schwach, das Land war in viele kleine Fürstentümer zersplittert. Doch durch die konsequente Straffung des Lehnswesens konnten die Kapetinger diese kleinen Adelsherrschaften zu wenigen großen Fürstentümern zusammenfassen, deren Fürsten dann lehnsrechtlich zu Vasallen des Königs wurden. Zusammen mit dem Aufbau eines königlichen Beamten- und Verwaltungsapparates entstand hier eine viel stärkere königliche Zentralmacht als im deutschen Königreich, wo die einzelnen Stammesherzöge gegenüber dem König viel unabhängiger waren. Zudem entwickelte sich in Frankreich langsam bereits ein Zusammengehörigkeitsgefühl, das – unabhängig vom Wohnort – die gesamte Bevölkerung umfaßte und das man als „Nationalgefühl" bezeichnet. Nach dem Aussterben der Kapetinger wurde dieses Nationalgefühl ab 1339 durch den Angriff Englands und den folgenden Hundertjährigen Krieg noch verstärkt. Das zeigt sich heute noch in der Verehrung, mit der die Franzosen ihrer Nationalheiligen, der „Jungfrau von Orleans", begegnen. Das Bauernmädchen Jeanne d'Arc spornte 1429 durch ihren Glauben den französischen Widerstand gegen die englischen Truppen an und rettete damit die Stadt Orleans sowie König Karl VII. vor der Niederlage gegen die Engländer. 1431 wurde sie von den Engländern gefangen und als Ketzerin verbrannt (Abb. 2). Der Krieg ging noch 20 Jahre weiter und endete mit dem Sieg der Franzosen. Die Stellung des Königs war nach dem Sieg gefestigt und unangreifbar geworden. Das französische Nationalgefühl war enorm gewachsen. Zusammen mit der wirtschaftlichen Entwicklung waren das die Umstände, die Frankreich in den kommenden Jahrhunderten allmählich zum stärksten europäischen Staat machen sollten.

3. Reichsgründungen der Wikinger/Normannen: Als Wikinger oder Normannen bezeichnet man Dänen, Norweger oder Schweden, die im frühen Mittelalter mit hoch entwickelten Segelschiffen die gesamten nord- und westeuropäischen Küsten und sogar den nördlichen Atlantik und

Abb. 2: Jeanne d'Arc, die „Jungfrau von Orleans", wird heute noch in Frankreich als Nationalheilige verehrt

Geschichte

Abb. 3: Die europäischen Reichsbildungen der Normannen

das westliche Mittelmeer unsicher machten. Sie verließen ihre Heimat wahrscheinlich vor allem aus Gründen der Überbevölkerung und politischer Unzufriedenheit. Ab dem 7. Jahrhundert griffen die Wikinger zunächst die Küsten des Ostseeraumes an und brachten die Ostsee unter ihre Kontrolle. Ab dem 8. Jahrhundert unternahmen sie jährlich Raubzüge an die Nordseeküsten und die Küsten Englands. Mit ihren flachen Segelschiffen konnten sie auch die großen Flüsse befahren und plünderten die stromauf gelegenen Städte. Im Herbst zogen sie sich in der Regel wieder in ihre Heimat zurück. Im 9. und 10. Jahrhundert begannen sie mit der Bildung von Reichen in den eroberten Gebieten, so z. B. in der nordfranzösischen Normandie und in England. 1016 wurde der Däne Knut d. Gr. König von England. Ihre Raubzüge dehnten die Normannen mittlerweile im Norden bis nach Grönland und wahrscheinlich sogar Nordamerika (Leif Eriksson, um 1000), im Süden bis nach Portugal und an die Küsten des westlichen Mittelmeeres aus. Ab 1059 begannen sie mit der Eroberung Siziliens von den Arabern und Süditaliens vom Byzantinischen Reich. 1130 – die Normannen waren längst zum Christentum übergetreten – machte Roger II. aus den eroberten Gebieten das Königreich Sizilien, das nach dem Erlöschen der normannischen Dynastie an den staufischen Kaiser Heinrich VI. fiel (Abb. 3).

4. Skandinavien: Die stärkste Macht in Nordeuropa war im hohen Mittelalter Dänemark, das neben den heutigen dänischen Gebieten noch das heutige Schleswig-Holstein sowie Südschweden umfasste. Im 10. Jahrhundert gingen die Dänen nach einem verlorenen Krieg gegen den deutschen Kaiser Otto II. zum Christentum über. 1016 wurde der Däne Knut d. Gr. nach seinem Sieg über den angelsächsischen Edmund König von England. Drei Jahre später erlangte Knut auch die dänische Königskrone, so dass er nun ein machtvolles Nordseereich regierte. 1028 vergrößerte Knut sein Reich noch durch die Eroberung Norwegens (Abb. 4). Nach seinem Tode 1035 brach das Großreich auseinander, und Dänemark versank in inneren Wirren, bis 1202 Waldemar II. der Sieger König wurde. 1204 eroberte er Norwegen zurück. In den folgenden Jahren unterwarf Waldemar die gesamte südliche Ostseeküste, so dass Dänemark erneut zum mächtigsten Reich Nordeuropas aufstieg. In der verlorenen Schlacht von Bornhöved gegen die norddeutschen Städte und Fürstentümer ging diese Stellung 1227 dann allerdings endgültig verloren. Nach 170 Jahren der Schwäche erstarkte der Norden Europas dann 1397 durch die „Union von Kalmar" erneut. Die Königreiche Dänemark und Norwegen vereinigten sich und verbündeten sich mit dem Königreich Schweden.

Doch dieses machtvolle Gebilde wurde in der Folgezeit immer mehr durch innere Unruhen ausgehöhlt, bis es 1471 mit dem Zerfall der Union wieder auseinander brach.

5. Deutscher Orden: 1190 wurde während des 3. Kreuzzuges ins Heilige Land in Akkon ein „Deutsches Haus" gegründet, in dem eine Bruderschaft von Mönchen die verwundeten oder kranken deutschen Kreuzritter gesund pflegte. 1198 entstand daraus der „Deutsche Ritterorden". 1225 versuchte der Orden, in Siebenbürgen einen eigenen Staat zu gründen, wurde aber schnell vom ungarischen König Andreas II. vertrieben. Danach wandte sich der Orden der Missionierung der Heiden Nordosteuropas zu. Er vereinigte sich 1237 mit dem Schwertbrüderorden, der gerade gegen die Litauer eine Niederlage erlitten hatte. Rasch eroberte der Deutsche Orden Preußen, Kurland, Livland und Estland, richtete in diesen Gebieten einen eigenen Ordensstaat ein und gründete mit deutschen Siedlern viele neue Städte. Regiert wurde der Ordensstaat vom Hochmeister des Ordens, der seit dem endgültigen Fall Akkons, der letzten christlichen Bastion gegen die Moslems im Heiligen Land, ab 1309 in der Marienburg residierte. Ab 1386 geriet der Ordensstaat unter immer stärkeren militärischen Druck der polnisch-litauischen Union. 1412 erhielt Polen den offiziellen päpstlichen Auftrag zur Missionierung des Ostens. Nach der Niederlage von Tannenberg 1410 gegen Polen setzte der Verfall des Ordensstaates ein, der dann 1466 im 2. Thorner Frieden endgültig an Polen fiel (Abb. 5, S. 802).

6. Polen: Bei der Ausbreitung der Slawen gerieten die Polen als westlichstes slawisches Volk in direkte Nachbarschaft zum deutschen Königreich, was die polnische Geschichte entscheidend beeinflusste. Denn die

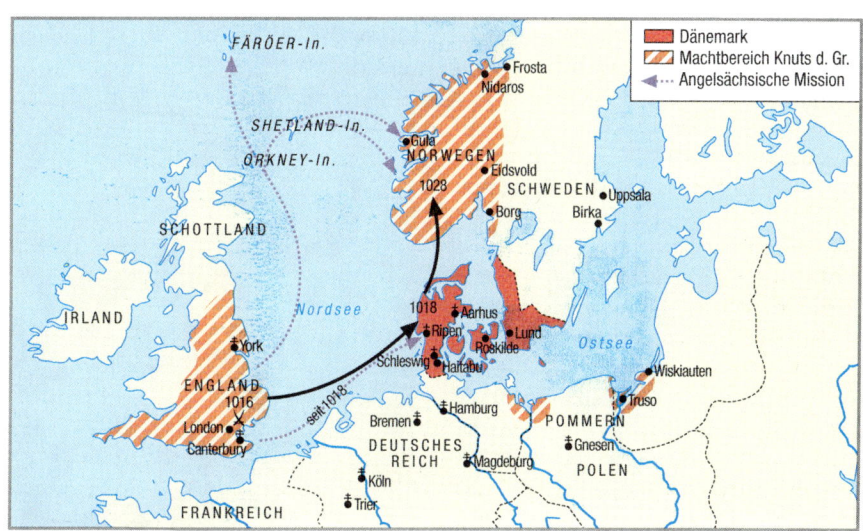

Abb. 4: Das Nordseereich Knuts des Großen (1016–1035)

Abb. 5: Die Staatsbildung des Deutschen Ordens 1224–1410

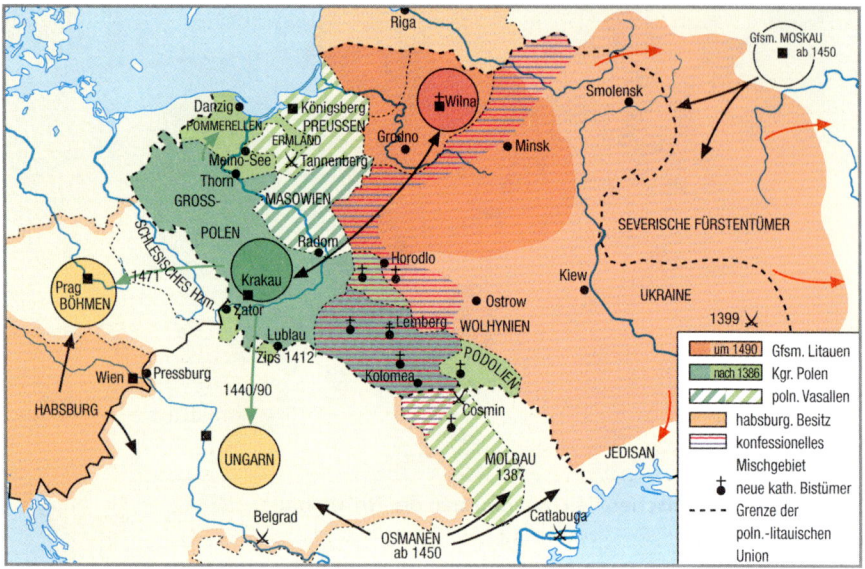

Abb. 6: Die polnisch-litauische Union von 1386

deutschen Herrscher versuchten, das fruchtbare Land östlich der Oder zu missionieren und für das Reich zu gewinnen. Um den ständigen Angriffen aus den deutschen Grenzmarken zu entgehen, entschloss sich Mieszko I. aus der Dynastie der Piasten bereits 966 zum Übertritt zum Christentum. Er schloss ein Freundschaftsverhältnis mit dem Kaiser, der aber nicht oberster Lehnsherr Polens wurde. In den folgenden Jahrzehnten stieg Polen zum mächtigsten slawischen Staat auf, was den deutschen Herzögen und dem Kaiser nicht gefiel, denn sie wollten keinen starken Staat an der Ostgrenze des Reiches dulden. Das 11. Jahrhundert stand daher ganz im Zeichen dauernder Auseinandersetzungen mit dem Reich, die zusammen mit innerpolnischen Unruhen den Staat schwächten. Unterstützung erhielt Polen vom Papst, denn im Investiturstreit zwischen Papst und Kaiser stellte sich Polen auf die Seite Roms. Ab 1106 konnte Boleslaw III. Polen durch die Eroberung Pommerns und anderer Gebiete zu neuer Stärke führen. Doch schon bald schwand die königliche Zentralmacht, und die einzelnen Fürstentümer wurden immer stärker. Im gesamten 12. und 13. Jahrhundert zogen deutsche Siedler nach Osten und gründeten in Polen viele deutsche Städte. Erst 1320 gelang dem neuen König Wladislaw Lokietek mit der Hilfe des Papstes die Wiederherstellung der polnischen Einheit. Mit der polnisch-litauischen Union von 1386 wurde Polen zum mächtigsten Staat Osteuropas. Der Sieg über den Deutschen Ordens-

staat 1410 leitete dessen Ende ein. 1466 fielen die Ordensgebiete an Polen, das damit einen breiten Zugang zur Ostsee erhielt (Abb. 6).

7. Russland: Im 9. Jahrhundert drangen die Wikinger und Normannen, die hier Waräger genannt werden, über die Ostsee nach Russland ein. Sie fuhren mit ihren Schiffen die Memel, die Düna und andere Flüsse hinauf und dann den Dnjepr abwärts bis ins Schwarze Meer hinein. So stand ihre Flotte 860 plötzlich vor Konstantinopel, wo sie jedoch von den Byzantinern geschlagen wurde. 882 gründete Oleg der Weise das Reich von Kiew, das von der Ostseeküste bis fast ans Schwarze Meer reichte. Die Waräger vermischten sich bald mit den Slawen zu einer neuen Oberschicht. Unter dem kulturellen Einfluss des Byzantinischen Reiches trat das Reich von Kiew bereits im 10. Jahrhundert zum griechisch-orthodoxen Christentum über. Ab der Mitte des 11. Jahrhun-

derts zerfiel das Reich immer mehr in Teilfürstentümer, die oft miteinander verfeindet waren und viele Kriege gegeneinander führten. So hatten es die Mongolen 1223 leicht, das Reich von Kiew zu erobern. Russland geriet unter die Herrschaft der „Goldenen Horde", wie die Mongolen auch bezeichnet werden. In der Folgezeit kapselte sich das Reich völlig von der Außenwelt ab. 1325 begann unter Iwan I. der Aufstieg Moskaus zum mächtigsten Fürstentum Russlands. Iwan und seine Nachfolger erweiterten ihr Gebiet beständig, so dass sie 1380 stark genug waren, um einen ersten Sieg gegen die Mongolen zu erringen. Das Fürstentum Moskau sah sich seitdem als Vorkämpfer gegen die Fremdherrschaft der Mongolen und seit dem Fall Konstantinopels 1453 sogar als Verteidiger des Christentums, als „drittes Rom". 1502 wurden die Mongolen vernichtend geschlagen, und unter Iwan dem Schrecklichen, der sich 1547 zum Kaiser (=„Zar") krönen ließ,

Abb. 7: Der oströmische Kaiser Justinian mit Gefolge

stieg Russland endgültig zum mächtigen Staat auf.

8. Byzantinisches Reich: Bis in das 7. Jahrhundert hinein führte das Oströmische Reich die antiken römischen Traditionen fort, war also der letzte „antike" Staat im Mittelalter. Ab 527 versuchte Kaiser Justinian, das alte römische Weltreich zu erneuern (Abb. 7). Seine Feldherrn eroberten Italien, Nordafrika und Südspanien, so dass große Teile des römischen Weltreiches in der Mitte des 6. Jahrhunderts wieder hergestellt waren. Die finanziellen Belastungen durch diese Eroberungspolitik brachten den Staat allerdings an den Rand des Bankrotts, so dass die Eroberungen nicht alle gehalten werden konnten. Bereits 568 ging Italien an die germanischen Langobarden verloren, die hier ein Königreich errichteten.

Im 7. Jahrhundert wandte sich das Reich von seinen römisch-lateinischen Traditionen ab, das Griechische wurde nun zur Amtssprache. Ab dem 8. Jahrhundert schwächte der „Bilderstreit" das Reich von innen. Es ging darum, ob man Abbildungen von Heiligen anbeten durfte oder ob man – wie die Juden und Moslems – ohne Abbildungen zu den Heiligen direkt beten sollte.

Mit der Krönung Karls d. Gr. gab es ab 800 plötzlich einen zweiten Kaiser in Europa, der erst nach langen Verhandlungen 812 von Michael I. als gleichberechtigt anerkannt wurde. Als Folge des „Zweikaiserproblems" löste sich 867 die griechisch-orthodoxe Kirche endgültig und vollständig von Rom. In den folgenden zwei Jahrhunderten war das Byzantinische Reich unbestritten der mächtigste Staat des östlichen Mittelmeerraumes. Unter dem Einfluss der griechisch-orthodoxen Kirche traten die Slawen des Balkans sowie Russland zum christlichen Glauben über. Doch die dauernden Kriege gegen die Slawen und Araber forderten ihren Preis, so dass der Staat ab dem 12. Jahrhundert immer

schwächer wurde. 1203 eroberte, plünderte und verwüstete das Kreuzfahrerheer des 4. Kreuzzuges das christliche Konstantinopel. Die Eroberer errichteten ein „Lateinisches Kaiserreich", in dem die alten römischen Traditionen wieder belebt wurden. Bis 1261 dauerte die byzantinische Rückeroberung des Reiches. Doch das Reich war jetzt zu klein und zu schwach geworden, um das Vordringen der Osmanen (Türken) noch aufhalten zu können. 1453 fiel Konstantinopel schließlich nach langer Belagerung in türkische Hände, womit das Byzantinische Reich aufhörte zu existieren (Abb. 8).

9. Spanien: Im frühen 7. Jahrhundert drangen über die Meerenge von Gibraltar moslemische Heere nach Spanien ein und vernichteten das Westgotische Königreich. Sie gründeten das Emirat Cordoba und überschritten die Pyrenäen nach Norden, wo sie vom Franken Karl Martell 732 vernichtend geschlagen wurden. In Spanien konnten sie ihre Herrschaft jedoch festigen. Nur den gebirgigen Norden des Landes konnten sie nicht erobern. Hier entstanden bald einige christliche Königreiche, die dann ab dem frühen 11. Jahrhundert mit der Rückeroberung („Reconquista") des Landes begannen. 1037 vereinigten sich die beiden Königreiche Leon und Kastilien zum neuen Königreich Kastilien-Leon, das schnell zum mächtigsten christlichen Reich aufstieg. Daneben gab es noch die Königreiche Portugal im Westen sowie Navarra und Aragon am Fuße der Pyrenäen. In der Mitte des 12. Jahrhunderts hatten die Christen bereits die gesamte Nordhälfte Spaniens erobert. Nach dem Sieg Kastiliens über die Moslems von 1212 begann sich deren Reich langsam aufzulösen, so dass nach der Eroberung von Cordoba 1236 nur noch das kleine moslemische Reich von

Abb. 8: Nach dem Fall Konstantinopels zogen die siegreichen Truppen des Sultans Mehmed II. in die Stadt ein

Granada bestand. Die als „Mauren" („Moriscos") bezeichnete moslemische Bevölkerung und die Juden wurden zunächst noch geduldet, wurden jedoch in besondere Stadtteile umgesiedelt und verloren viele Rechte. Durch die Heirat der beiden mächtigsten Herrscher Spaniens – Ferdinand II. von Aragon und Isabella von Kastilien – entstand ein neues mächtiges Königreich, das fast die gesamte Halbinsel umfasste. 1492 eroberten die Spanier mit Granada das letzte moslemische Reich der Halbinsel. Unter dem starken Einfluss der spanischen Kirche griff im 15. Jahrhundert der religiöse Fanatismus immer mehr um sich. Er gipfelte in den großen Vertreibungen der Mauren und Juden aus Spanien, die unsägliches Leid brachten und über 200.000 Menschen heimatlos machten. Spanien hingegen stieg in der Folgezeit durch die großen Entdeckungen zur Großmacht auf (Abb. 9).

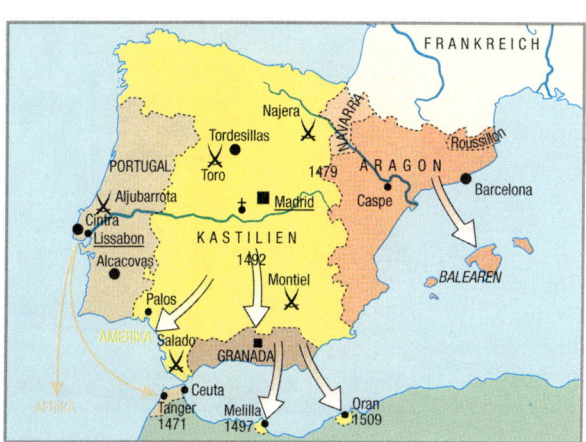

Abb. 9: Spanien im 15. Jahrhundert

Zum Weiterlesen:

- Das Frankenreich, S. 788
- Das deutsche Königreich, S. 790
- Der Dreißigjährige Krieg, S. 812
- Napoleon – Sohn des Glücks, S. 830
- Zeitalter des Imperialismus, S. 850

Auf der Suche nach Indien –
Die Entdeckung einer „Neuen Welt"

Die Eroberung des moslemischen Spaniens durch christliche Herrscher („Reconquista") wurde von den Zeitgenossen auch als Kreuzzug betrachtet. Deshalb brauchten sich die christlichen Ritterheere der spanischen Königreiche auch nicht an den Kreuzzügen ins Heilige Land zu beteiligen. Im Rahmen der gesamten Kreuzzugsbewegung war die Rückeroberung Spaniens schließlich das einzige dauerhaft erfolgreiche Unternehmen. So war die religiöse Begeisterung in Spanien und Portugal am Ende des 15. Jahrhunderts so groß, dass man den christlichen Glauben gerne in die entlegensten Winkel der Welt – z. B. in das sagenhafte Indien – tragen wollte. Das Land Indien bot für die spanischen und portugiesischen Herrscher jedoch auch noch einen anderen, wirtschaftlichen Anreiz. Über Jahrhunderte wurden schon über arabische Zwischenhändler Waren aus Indien eingeführt, die immer in Gold und Silber bezahlt werden mussten. Als Gold und Silber aber in Europa immer knapper wurden, dachte man, dass diese Zahlungsmittel mittlerweile alle nach Indien gelangt seien und dort riesige Schätze gebildet hätten. Diese wollte man nun gerne wieder zurückholen.

Da sich mittlerweile die Erkenntnis von der Kugelgestalt der Erde wieder durchgesetzt hatte, entwickelten sich zwei verschiedene Ansätze, einen Seeweg nach Indien zu finden. Die Portugiesen segelten die Westküste Afrikas nach Süden hinab und bogen dann nach Osten ab. Die Spanier hingegen suchten Indien in westlicher Richtung. Um Streit zwischen den beiden Ländern zu vermeiden, teilte der Papst die Welt entlang einer Linie durch den Ozean in zwei Teile ein. Bereits ab 1415 förderte der portugiesische Prinz Heinrich der Seefahrer die Errichtung von Seefahrtsschulen, in denen die modernsten Erkenntnisse der Hochseeschifffahrt vermittelt wurden. Mit neu entwickelten Schiffen, den „Karavellen", erkundeten die Portugiesen die Westküste Afrikas und machten auf ihren Raubzügen reiche Beute an Elfenbein, Gold und Menschen, die als Sklaven verkauft wurden (Abb. 2). 1486 wurde der Seefahrer Bartolomeu Diaz von heftigen Stürmen weit nach Süden abgetrieben, so dass er die Südspitze Afrikas („Kap der Guten Hoffnung") erreichte und als erster Europäer umsegelte. Wenige Jahre später machte sich 1492 der Seefahrer Christoph Kolumbus aus Genua im Auftrag der katholischen Könige von Kastilien und Aragon auf die Suche nach dem westlichen Seeweg nach Indien.

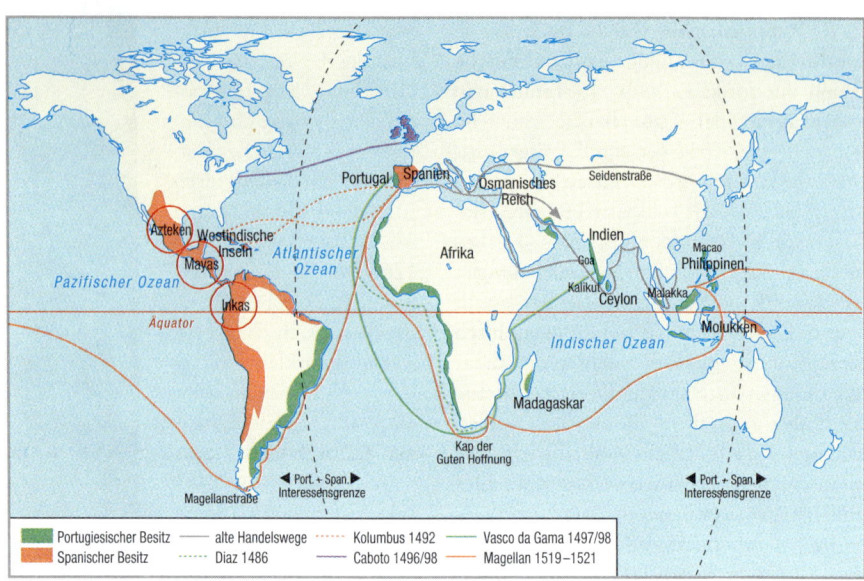

Abb. 1: Die Entdeckung der Welt durch Spanier und Portugiesen bis 1522

Nach 36 Tagen erreichte er die Inseln der Karibik. Da er sich bei der Berechnung der Entfernung stark verrechnet hatte, glaubte er, dass er schon in Indien sei. Deshalb nannte er die Inseln „Westindische Inseln". Der Irrtum wurde erst erkannt, als der Portugiese Vasco da Gama 1497 erneut das Kap der Guten Hoffnung umsegelte und im Folgejahr schließlich tatsächlich in Indien ankam. Daraufhin machte sich der Italiener Amerigo Vespucci auf den Weg, um Westindien weiter zu erkunden. Er bemerkte, dass es sich hier um einen völlig neuen Kontinent handelte, der dann nach ihm als „Amerika" benannt wurde. 1519 segelte der Portugiese Fernão de Magalhães (Magellan) mit fünf Karavellen im spanischen Auftrag nach Westindien. Hier wandte er sich nach Süden und segelte die gesamte Küste des Kontinents entlang. Er umschiffte die Südspitze Amerikas und landete schließlich auf den Philippinen, wo er von Eingeborenen erschlagen wurde. Seine Männer setzten die Reise nach Westen fort und umsegelten das Kap der Guten Hoffnung. Nur ein einziges Schiff mit 18 Überlebenden kam über drei Jahre nach dem Aufbruch nach Spanien zurück. Doch die Kugelgestalt der Erde war durch diese Weltumsegelung zum ersten Mal praktisch bewiesen worden (Abb. 1).

Die christlichen Eroberer betrachteten die Eingeborenen nicht als vollwertige Menschen, sondern als Wilde. Viele wurden als Sklaven verschifft, noch mehr starben durch Krankheiten, die es vorher in ihrer Heimat nicht gegeben und die die Eroberer mitgebracht hatten. Doch vor allem die amerika-

nischen Ureinwohner waren alles andere als „Wilde": Viele Stämme – wie die Inkas, die Mayas oder die Azteken – hatten beeindruckende Hochkulturen und große Reiche geschaffen, die nun von den spanischen Eroberern („Konquistadoren") rücksichtslos und brutal vernichtet wurden (Abb. 3).

So standen die Entdeckungen in erster Linie im Zeichen der Eroberung und materiellen Ausbeutung der Neuen Welt. Viele der uns heute selbstverständlichen Dinge sind erst in dieser Zeit aus Amerika zu uns gelangt – z. B. die Kartoffel. Die Spanier brachten un-

Abb. 2: Darstellung des Sklavenfangs an der Westküste Afrikas

Geschichte

geheure Reichtümer aus ihren Besitzungen nach Europa. So wurden in der südspanischen Stadt Sevilla allein zwischen 1520 und 1560 86 Tonnen Gold und 574 Tonnen Silber an Land gebracht. Doch ergaben sich aus diesem neuen Reichtum auch ungeahnte negative wirtschaftliche Folgen. Das Angebot an Waren änderte sich in Europa durch die neuen Kolonien nicht wesentlich. Da aber jetzt viel mehr Gold und Silber als früher vorhanden war, um die gleiche Warenmenge wie früher zu erwerben, stiegen die Preise plötzlich stark an. Diese Entwicklung führte zur Verarmung weiter Bevölkerungsschichten – darunter auch der niedere und mittlere Adel (Abb. 4).

Schon bald nach der Aufteilung Südamerikas durch Spanien und Portugal meldeten andere seefahrende Staaten ihre Ansprüche auf überseeische Besitzungen („Kolonien") an. Vor allem England, Frankreich und die Niederlande beklagten sich beim Papst über seine Verteilung der Neuen Welt an Portugal und Spanien. Sie forderten „freie Meere" und das „Recht der tatsächlichen Besetzung". Danach sollte ein Gebiet demjenigen Staat als Kolonie gehören, der als erster dort Truppen stationierte und einen Herrschaftsanspruch verkündete. Im Gegensatz zu ihrer Forderung der Freiheit der Meere verhielten sich die neuen Kolonialmächte jedoch in ihren Einflussbereichen nicht anders als Portugal und Spanien: Sie versuchten, alle anderen Mächte fern zu halten. So ergab sich die Situation, dass die europäischen Staaten, die in Europa Verträge miteinander schlossen und nachbarschaftliche

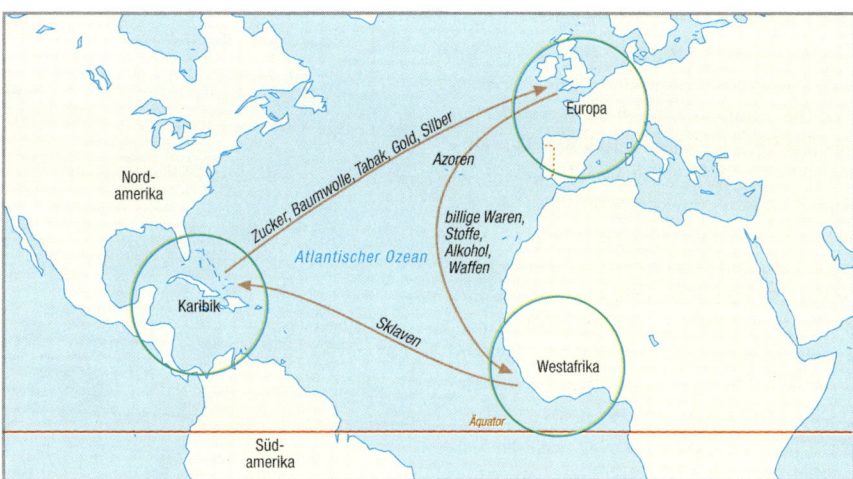

Abb. 4: Durch die Kolonisierung der Welt entstand der „atlantische Dreieckshandel"

oder sogar freundschaftliche Beziehungen unterhielten, draußen auf den Weltmeeren regelrechte Seekriege gegeneinander führten. Vor allem England und Spanien wurden mit der Zeit zu erbitterten Feinden. Lange Zeit hatten die Engländer kein besonderes Interesse für die Seefahrt gezeigt, so dass Spanien ungehindert zur stärksten Seemacht der Welt aufsteigen konnte. So sahen die Engländer im 16. Jahrhundert als einzige Möglichkeit des Kampfes gegen die spanische Übermacht nur noch die Piraterie. Piraten wie der berühmte Francis Drake überfielen gleich massenhaft spanische Schiffe und brachten die reiche Beute nach England. Hier wurden sie begeistert bei Hofe empfangen und für ihre Raubzüge oftmals sogar geadelt („Sir" Francis Drake). Am Ende des 16. Jahrhunderts war die englische

Flotte stark genug, die Spanier offen herauszufordern. 1588 ging die als unbesiegbar geltende spanische Flotte („Armada") beim Angriff auf England verloren. Das war der Beginn des Aufstiegs Englands zur stärksten Seemacht der Welt, der schließlich in der Errichtung des britischen Weltreichs, des „Empire" enden sollte. Für Spanien hingegen war der Verlust der Seeherrschaft ein harter Schlag, von dem sich das Kolonialreich nie wieder erholte.

Die Auseinandersetzungen auf den Weltmeeren und in den Kolonien führten schließlich auch zu Spannungen zwischen den europäischen Mutterländern, so dass die überseeischen Verhältnisse im Verlaufe des 17. Jahrhunderts zwischen den europäischen Mächten vertraglich geregelt wurden. Am Ende war die Welt im 18. Jahrhundert zwischen den fünf Kolonialmächten Portugal (Brasilien, afrikanische und ostasiatische Besitzungen), Spanien (Süd- und Mittelamerika, Philippinen), England (Ostküste Nordamerikas, einige Inseln der Karibik, Bengalen/Indien), Frankreich (Ostküste Nordamerikas, einige Inseln der Karibik und in Südostasien, Frz.-Guayana) und den Niederlanden (Indonesien, Südafrika, Ndl.-Guayana) aufgeteilt. Dieser Zustand wird als „koloniale Pentarchie" („Herrschaft der fünf") bezeichnet.

Zum Weiterlesen:

• Die Kreuzzüge, S. 797
• Europa im Mittelalter, S. 800
• Zeitalter der Aufklärung, S. 822
• Der „Run" auf Kolonien, S. 848
• Zeitalter des Imperialismus, S. 850

Abb. 3: Die Inkas gründeten ein mächtiges Reich, das von den Spaniern zerstört wurde. In der 1450 terrassenförmig angelegten Stadt Machu Picchu lebten 10.000 Menschen

Kaiser Karl V. und die Reformation

Zu Beginn des 16. Jahrhunderts waren Deutschland und Italien politisch zersplittert. Die Fürsten nahmen in ihren Territorien die Landesherrschaft wahr. Der Kaiser des „Heiligen Römischen Reiches Deutscher Nation" – wie das Reich nun bezeichnet wurde – war in seiner Politik stark auf die Zustimmung der Fürsten angewiesen, die sich in den „Reichsständen" zusammengeschlossen hatten und regelmäßig „Reichstage" abhielten, um ihre Reichspolitik abzustimmen. Um ihre eigene Machtposition zu sichern, wählten die sieben Kurfürsten, die nach der „Goldenen Bulle" von 1356 das Kaiserwahlrecht besaßen, gerne einen schwachen Kaiser, der sich nicht so gut durchsetzen konnte. Daran war auch dem Papst gelegen, denn der mittelalterliche Gegensatz zwischen dem Papst als Oberhaupt und dem Kaiser als Schutzherr der römisch-katholischen Kirche existierte weiter. Doch war die Idee vom Kaiser als oberstem Schutzherrn der Kirche mittlerweile veraltet, denn in den meisten Ländern hatte sich eine römisch-katholische Staatskirche entwickelt, die unter dem Schutz des jeweiligen Königs stand. So kam es, dass die Idee des Kaisertums zu Beginn des 16. Jahrhunderts in die Krise geriet.

Nach dem Tode Kaiser Maximilians stellten sich 1519 zwei mächtige Kandidaten zur Kaiserwahl: der französische König Franz I. und der Enkel Maximilians, Karl V. Die Wahl fiel schließlich auf Karl, der zu dieser

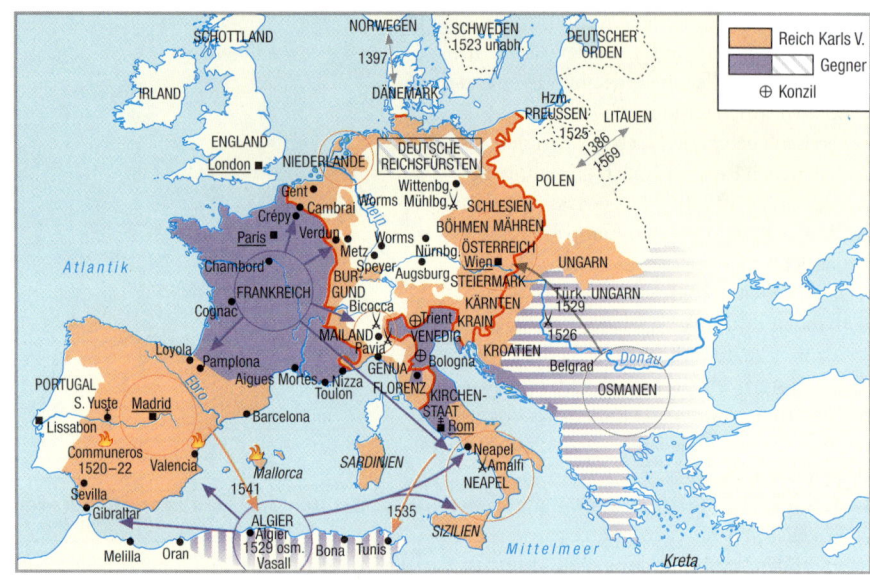

Abb. 2: Das Reich Karls V. kreiste Frankreich und den Kirchenstaat vollständig ein

Zeit der mächtigste Herrscher in Europa war. Er besaß insgesamt ca. 70 Herrschertitel. So war er u. a. Erzherzog zu Österreich, Herzog zu Burgund, Herzog zu Geldern (Niederlande), Graf zu Flandern (Belgien), König beider Sizilien (Sizilien und Süditalien), (als Karl I.) König zu Kastilien, König zu León, König zu Aragon (alles Spanien) sowie König der Indianischen Inseln und des Festlandes (süd- und mittelamerikanische Kolonien). Durch seine Wahl zum Kaiser wurde er auch noch deutscher und italienischer König. Er vereinigte damit in seiner Person tatsächlich ein Weltreich, „in dem die Sonne nie untergeht" (Abb. 1).

Trotz seiner Macht war jedoch das Reich Karls V. nicht ungefährdet. Das Osmanische Reich, das 1453 durch die Eroberung Konstantinopels das Byzantinische Reich vernichtet hatte, drängte nun über den Balkan immer weiter nach Westen und bedrohte bald Wien. Außerdem gab es mit dem in der Kaiserwahl unterlegenen König Franz I. von Frankreich zahlreiche ungelöste Grenzfragen, die ihren Ursprung eigentlich jedoch im französischen Gefühl einer habsburgischen Umklammerung mit Spanien im Süden, dem Reich im Osten und den habsburgischen Niederlanden im

Norden hatten. So kam es ab 1521 insgesamt zu vier Kriegen gegen Frankreich. Die Truppen Karls waren jedoch durchweg siegreich und schlugen die Franzosen 1525 und 1529 vernichtend. 1538 endete der dritte Krieg mit einem Waffenstillstand, und 1544 war die französische Niederlage noch deutlicher als bei den ersten beiden Kriegen, ohne dass der Kaiser allerdings einen direkten politischen Nutzen aus seinem Sieg ziehen konnte. Franz I. hingegen hatte es nicht geschafft, den habsburgischen Ring um Frankreich zu sprengen. Im Verlaufe der Kriege stellten sich sowohl der römisch-katholische Papst als auch das moslemische Osmanische Reich auf die Seite Frankreichs (Abb. 2).

Doch nicht nur in Europa, sondern auch im Reich selbst hatte Karl V. mit großen Schwierigkeiten zu kämpfen. Auf dem ersten Reichstag, an dem Karl 1521 als Kaiser teilnahm, wurde er von den Fürsten unterstützt: Der Reichstag ächtete den Reformator Martin Luther (Ausschluss aus der Rechtsgemeinschaft), wobei diese Maßnahme in den einzelnen Fürstentümern und anderen Territorien des Reiches sehr unterschiedlich streng gehandhabt wurde. Außerdem sagten die Fürsten dem Kaiser Hilfe für den Fall zu, dass es – wie bereits abzusehen war – zum Krieg gegen Frankreich kommen würde.

Erst nach zwei siegreichen Kriegen gegen Frankreich konnte sich Karl 1530 zum ersten Mal seit fast zehn Jahren den Verhältnissen im Reich zuwenden. Mittlerweile hatten die Ideen der Reformation auch unter den deutschen Fürsten viele Anhänger gefunden. Auf dem Reichstag zu Augsburg legten sie 1530 dem Kaiser ihr neues, von dem Wittenber-

Abb. 1: Kaiser Karl V. im Jahre 1548

Geschichte

Abb. 4: Das Vordringen der Türken nach Europa im 16. Jahrhundert

Map legend:
- Osmanisches Reich
- Besitzungen des Hauses Habsburg
- Grenzen des Heiligen Römischen Reiches Deutscher Nation
- osmanische Expansion

0 — 500 km

ger Gelehrten Melanchton verfasstes Glaubensbekenntnis vor. Doch da die katholische Seite zu keinen Verhandlungen bereit war, drohte nun eine gewaltsame Auseinandersetzung zwischen den katholischen und den protestantischen Territorien des Reiches (Abb. 3). 1531 schloss sich ein großer Teil der protestantischen Landesfürsten und der Städte zu einer militärischen Verteidigungsgemeinschaft, dem „Schmalkaldischen Bund", zusammen. Schon bald erhielt der Bund Unterstützung durch außenpolitische Feinde des Kaisers. Doch Karl machte sich auch unter den katholischen Fürsten viele Feinde, als er 1532 seinen Bruder Ferdinand zu seinem Nachfolger bestimmte und damit das Wahlrecht der Kurfürsten auszuschalten

versuchte. 1532 kam es in Nürnberg aus außenpolitischen Gründen („Türkengefahr" vor Wien) zu einem vorläufigen Stillhalteabkommen zwischen dem Kaiser und seinen Gegnern (Abb. 4). In den folgenden Jahren gab es viele Verhandlungen zwischen Protestanten und Katholiken, die aber am Ende alle scheiterten. So suchte der Kaiser am Ende eine militärische Lösung und zerschlug den Schmalkaldischen Bund im Krieg von 1546/47. Doch die inneren Probleme des Reiches waren damit nicht gelöst. Da Karl nun nämlich versuchte, seine Kaisermacht auf Kosten der Fürsten zu stärken, machte er sich erneut Protestanten und Katholiken zu Feinden. Um die Glaubensfrage zu entschärfen, erließ er 1548 aus eigener kai-

serlicher Macht ohne Zustimmung des Papstes eine Kompromisslösung. Doch den Protestanten gingen die Zugeständnisse (u.a. Priesterehe) nicht weit genug, den Katholiken gingen sie hingegen bereits schon wieder zu weit, so dass die praktische Durchführung des Kompromisses schließlich scheiterte, auch wenn er weiterhin als Gesetz in Kraft blieb.

1552 erhoben sich schließlich die oppositionellen Fürsten unter der Führung des Kurfürsten Moritz von Sachsen gegen den Kaiser. Mit der Hilfe des französischen Königs Heinrich II. gelang ihnen der Sieg über Karl, der in die spanischen Niederlande flüchtete, um dort neue Truppen zu sammeln. Doch am Ende musste Karl dem Friedensangebot der Fürsten zustimmen. Sein Kompromissgesetz wurde offiziell wieder abgeschafft. König Ferdinand verhandelte nun mit den Reichsständen über einen endgültigen Religionsfrieden. 1555 kam dann der „Augsburger Religionsfriede" zustande. Diejenigen Protestanten, die auf der Grundlage des Augsburger Bekenntnisses von 1530 standen, wurden den Katholiken rechtlich völlig gleichgestellt. Anhänger des Reformators Calvin sowie verschiedene reformatorische Sekten blieben von der Gleichstellung ausgeschlossen. Den Fürsten wurde Religionsfreiheit zugestanden, wobei sie ihre Religion automatisch auf ihre Untertanen übertrugen, was zu der berühmten Formel „cuius regio eius religio" („wem das Gebiet gehört, der bestimmt über die Religion") führte.

Der Augsburger Religionsfriede wurde im Namen des Kaisers verkündet, doch war Karl einer der schärfsten Gegner der Vereinbarungen. Da gab es für ihn in dieser Situation nur noch den Rücktritt, den er in mehreren Schritten vollzog. Die Niederlande, Spanien, die italienischen Besitzungen und die Kolonien übergab er 1555 an seinen Sohn Philipp II., die Kaiserwürde ein Jahr später an seinen Bruder Ferdinand. Danach zog sich der letzte in Rom vom Papst gekrönte Kaiser in ein spanisches Kloster zurück, wo er 1558 starb.

Zum Weiterlesen:

- Die Kirche im Mittelalter, S. 794
- Martin Luther, S. 808
- Die Reformation, S. 810
- Der Dreißigjährige Krieg, S. 812
- Zeitalter der Aufklärung, S. 822

Abb. 3: Die protestantischen Fürsten und Vertreter der Reichsstände überreichten Kaiser Karl V. auf dem Reichstag zu Augsburg 1530 ihr neues Glaubensbekenntnis, das „Augsburger Bekenntnis"

Kampf gegen die Kirche – Martin Luther

Die Kritik an den Päpsten und der römisch-katholischen Kirche war wegen der
starken Verknüpfung von weltlicher Macht
und geistlichem Amt bereits im hohen Mittelalter entstanden. Trotz einiger Reform-
versuche gelang es den Päpsten nicht, die
Missstände zu beseitigen. Während ihres
Aufenthaltes in Avignon gewöhnten sie sich
einen aufwendigen und luxuriösen Lebensstil an, der dazu führte, dass die Geldbe-
schaffung zu einer der wichtigsten päpstlichen Aufgaben wurde. Im 15. Jahrhundert,
als die antike Kultur wieder entdeckt wurde
(„Renaissance"), blühten die schönen Kün-
ste, und auch die Päpste statteten ihre Residenzen immer reichhaltiger und luxuriöser
aus. Dazu brauchten sie immer mehr Geld.
Die meisten Päpste dieser Zeit waren Angehörige hoher Adelsfamilien und gingen
oftmals lieber zur Jagd oder zu anderen Vergnügungen, als ihre geistlichen Aufgaben
wahrzunehmen. Dasselbe wurde auch den
hohen Bischöfen und Äbten vorgeworfen.

Abb. 2: Darstellung des Ablasshandels, um 1530. Rechts beobachtet ein Kardinal zu Pferde den Handel, in der Mitte werden die Siegel für die Ablassbriefe geprägt und links sitzt ein Geldverleiher

Abb. 1: Ausschnitt („Die Hölle") aus dem dreiteiligen Gemälde „Der Garten der Lüste" des Niederländers Hieronymus Bosch. So stellten sich die Menschen im 16. Jahrhundert die Hölle vor

Während das Volk draußen im Lande in
Armut lebte, häuften die hohen Geistlichen
in ihren Kirchen oder Klöstern große
Reichtümer an. Ihre seelsorgerischen Pflichten gaben sie oftmals an einfache Priester ab,
die schlecht ausgebildet waren und beim
Volk einen schlechten Eindruck machten,
weil viele von ihnen gar nicht lesen konnten. Meistens waren sie auch noch auf einen
zweiten Beruf angewiesen, um ihr Einkommen aufzubessern. Auch die Gebote der
Keuschheit und Ehelosigkeit wurden – in
allen Schichten der Geistlichkeit – nicht besonders ernst genommen. So empfanden es
viele Zeitgenossen, dass die Kirche eigentlich nur noch daran interessiert war, ihren
Luxus und die Teilnahme an der großen Politik zu finanzieren. An die Stelle der seelsorgerischen Beichte und Buße trat zunehmend ein Handelsgeschäft, bei dem sich die
Gläubigen gegen Bargeld von ihren Sünden
und der Buße im Fegefeuer freikaufen konnten („Ablass"). Schnell entstand im Volksmund der bezeichnende Ausspruch: „Der
Taler in dem Säcklein klingt, die Seele aus
dem Feuer springt." Gipfel dieser Entwicklung war die Einführung einer besonderen
Form des Ablasses, bei dem auch bereits ver-
storbene Personen von ihren Sünden freigekauft werden konnten. Das Schwinden der
kirchlichen Autorität öffnete im Volk dem
Aberglauben alle Tore. Die Folgen waren
Haß auf Andersgläubige (v. a. Juden) und der
immer stärker um sich greifende Hexenwahn,
der allein in Deutschland über 30.000 Opfer

forderte, die alle vor ihrer Verbrennung noch
grausamste Folterungen erlitten (Abb. 1).

Am 31. 10. 1517 wandte sich der Witten-
berger Mönch, Priester und Hochschulleh-
rer Martin Luther mit einem Protestschreiben an seine Vorgesetzten und prangerte das
bestehende Ablasssystem auf das Schärfste
an. Der Anlass für seinen Protest waren die
Vorgänge bei der Amtserhebung Albrechts
von Brandenburg, der mit nur 23 Jahren
1514 gleich drei Bischofsämter gleichzeitig
bekommen hatte. Die Zustimmung des Papstes zu dieser Anhäufung von Kirchenämtern
hatte Albrecht sich mit großen Geldsummen
erkauft. Allerdings hatte er sich das Geld nur
geliehen und musste es bald zurückzahlen. Zu
diesem Zweck betrieb Albrecht in seinen
Bistümern einen schwunghaften Ablasshandel, so dass die Gläubigen am Ende Albrechts Bestechungsgelder an den Papst bezahlen mussten. Seinem Protestschreiben
gegen diese Ablasspraxis legte Luther ein Papier mit 95 theologischen Thesen bei, mit
dem er seine Fachkollegen an den Universitäten zur Diskussion auffordern wollte.
Doch die Unzufriedenheit mit der katholischen Kirche war allgemein bereits so groß,
dass seine Thesen auch unter Laien einen
reißenden Absatz fanden. Sie wurden mit der
gerade neu erfundenen Drucktechnik auf
Blättern vervielfältigt und waren bald im
ganzen Reich bekannt. Luthers Hauptsorge
galt dem falschen Glauben, der durch den
Ablasshandel entstand, dass man beruhigt
und nach Herzenslust sündigen könne, da

man sich anschließend mit Geld ganz leicht von seinen Sünden wieder freikaufen könne. Luther setzte dagegen, dass Gott grundsätzlich vom Menschen verlangt, nicht zu sündigen, auch wenn er dem schwachen Sünder Vergebung gewährt. Um diese zu erlangen, hilft kein Geld, sondern einzig und allein der Glaube an die Gnade Gottes, so wie sie sich im Evangelium offenbart (Abb. 2).

Der von Luther angegriffene Erzbischof Albrecht verurteilte Luthers Thesen als ketzerisch und zeigte ihn beim Papst an. Im Folgejahr erhob der Dominikanerorden, der hauptsächlich mit dem Ablasshandel beauftragt worden war, offiziell Anklage gegen Luther. Seine Vorladung zum Verhör nach Rom konnte noch einmal verhindert werden, weil sich sein Landesherr, Kurfürst Friedrich III. von Sachsen, für Luther einsetzte. Doch wurde Luther 1518 in Augsburg von einem Kardinal vernommen und am Ende dazu aufgefordert, seine Thesen zu widerrufen, worauf er jedoch nicht einging. Daraufhin sollte ihm der Prozess gemacht werden, was sich durch den Tod Kaiser Maximilians verzögerte, denn der neue Kaiser Karl V. konnte sich erst 1521 um die Vorgänge im Reich kümmern. So hatte Luther Zeit, seine Thesen zu verbreiten und schließlich einen völlig neuen Glauben zu verkünden, der fast alles ablehnte, worauf die römisch-katholische Kirche aufbaute, darunter das Papsttum insgesamt, die Stellung der Priester als Mittler zwischen Gott und den Menschen sowie sämtliche „guten Taten", die dazu dienen sollten, Gott zu gefallen. Seine Bücher

Abb. 3: Am 18. 4. 1521 trug Martin Luther auf dem Reichstag zu Worms Kaiser Karl V., den deutschen Reichsständen und einem hohen Geistlichen seine Thesen vor

schrieb Luther ab 1517 zunehmend in deutscher Sprache, damit sie auch vom Volk gelesen werden konnten. Insgesamt veröffentlichte er 81 Schriften in über 500.000 Exemplaren, was für die damalige Zeit außerordentlich viel war. Als sein Prozess dann doch wieder aufgenommen wurde, verbrannte Luther öffentlich die Anklageschrift sowie einige Kirchenbücher auf einem Scheiterhaufen. Daraufhin wurde Anfang 1521 der Kirchenbann über Luther ausgesprochen. Damit war er aus der Gemeinschaft der katholischen Christen ausgeschlossen. Auf diese Strafe folgte vor dem Wormser Reichstag von 1521 nach der Anhörung durch Kaiser Karl V. die „Reichsacht", der Ausstoß aus der Rechtsgemeinschaft mit dem Verlust aller Rechte. Doch viele der Fürsten und Städte, die auf dem Reichstag vertreten waren, kritisierten den Kirchenbann und die Reichsacht und ergriffen offen Partei für Luther. So musste der Kaiser befürchten, dass eine Durchsetzung der Strafen zu Aufständen gegen das Kaisertum führen würde. Also verzichtete er auf eine Vollstreckung der Strafen, und Luther konnte in seine sächsische Heimat zurückkehren (Abb. 3). Diese Vorfälle lösten in Teilen der Bevölkerung einen wahren „Erdrutsch" aus. Gemeinden wählten sich plötzlich ihre Geistlichen selbst und vertrieben die katholischen Priester. Dabei kam es auch zu Plünderungen und Verwüstungen von Kirchen- und Klöstereinrichtungen. Die Gottesdienste wurden nun nach einer völlig neuen Ordnung gefeiert, die auf Luthers Forderung nach der alleinigen Berücksichtigung des Evangeliums aufbaute. Das priesterliche Eheverbot fiel auf breiter Front, und auch Luther selbst heiratete nun eine Nonne.

Gleichzeitig zu dieser „Reformation von unten", die vom Volk getragen wurde, entwickelte sich durch die Politik vieler Landesherrn auch eine „Reformation von oben". Denn die Fürsten, die dem Kaiser eher ablehnend gegenüberstanden, sahen nun die Möglichkeit, durch die Unterstützung der Reformation dem katholischen Kaiser zu schaden und die eigene Macht auszuweiten. Und nach dem Grundsatz „cuius regio eius religio" („wem das Gebiet gehört, der bestimmt über die Religion") wurde der neue Glaube in den Kurfürstentümern Sachsen und Brandenburg, in den Herzogtümern Braunschweig-Wolfenbüttel und Braunschweig-Lüneburg, in der Landgrafschaft Hessen sowie in einigen Städten eingeführt, ohne die Bevölkerung vorher zu fragen. Luther selbst befürwortete diese Entwicklung unter den gegebenen Bedingungen, auch wenn er vorher die Glaubensfreiheit jedes einzelnen Menschen gefordert hatte. Er förderte die Entstehung und vor allem die Festigung des neuen Glaubens durch viele Schriften, darunter eine große Anzahl von Kirchenliedern und einigen verbindlichen geistlichen Lehrbüchern, so z. B. den „Kleinen Katechismus" und den „Großen Katechismus" (Abb. 4).

Abb. 4: Martin Luther auf dem Gemälde von Lucas Cranach d. Ä. von 1522

 Zum Weiterlesen:

• Die Kirche im Mittelalter, S. 794
• Karl V. und die Reformation, S. 806
• Die Reformation, S. 810
• Der Dreißigjährige Krieg, S. 812
• Zeitalter der Aufklärung, S. 822

Reformation und Glaubenskämpfe in den europäischen Staaten

Als Luther die Gleichheit aller Menschen vor Gott predigte, übertrugen viele Bauern dies auf ihre wirtschaftliche und politische Situation. Unter Berufung auf das Evangelium verkündeten sie in 12 Punkten die wirtschaftliche und politische Gleichheit aller Menschen und forderten die Aufhebung der Leibeigenschaft und den freien Zugang zu den Schätzen der von Gott geschaffenen Natur für alle. Die Bauern vereinigten

keiten von ihnen ab, da sie seiner Meinung nach das Evangelium nur benutzten, um weltliche und materielle Vorteile zu erlangen. Er stellte sich auf die Seite der Landesherren und verdammte die Anführer der Bauern öffentlich zum Tode. Das trug ihm die Kritik einiger radikaler Reformer ein. Der radikalste unter ihnen war der Pfarrer Thomas Münzer. Er warf Luther vor, nur die Kirche und das geistliche Leben reformieren zu

kein Recht zu leben". Doch bevor Münzer seine Ziele verwirklichen konnte, wurde sein Haufen von den vereinigten Heeren des protestantischen Kurfürsten von Sachsen und des katholischen Landgrafen von Hessen vernichtet. Münzer wurde gefangen genommen und nach zwölf Tagen Folter öffentlich mit dem Schwert enthauptet (Abb. 1).

Während sich im Reich vornehmlich die protestantische Theologie Martin Luthers durchsetzte, wie sie im Augsburger Glaubensbekenntnis von 1530 verkündet worden war, orientierten sich Protestanten in anderen europäischen Staaten an der Lehre des Genfer Theologen Johannes Calvin, die im Reich erst mit dem Westfälischen Frieden 1648 anerkannt wurde. In der calvinistischen Kirche herrschte gegenüber der lutherischen Kirche eine noch größere Strenge und Zucht, die sich darüber hinaus auf das gesamte gesellschaftliche und wirtschaftliche Leben ausdehnte. Der Gottesdienst fand in kargen Kirchen ohne Orgelmusik, Altäre, Bilder und Kerzen statt und bestand lediglich aus der Predigt, dem Gebet, dem Sündenbekenntnis und einigen Gesängen. Der Besuch des heiligen Abendmahls war Pflicht, religiöse Toleranz gegenüber Andersdenkenden gab es – wie in allen Kirchen jener Zeit – nicht. Auch Calvin ließ Abweichler foltern und als Ketzer verbrennen. Sämtliche weltlichen Vergnügungen waren verboten, stattdessen galt nach dem Glaube die Arbeit als höchstes göttliches Gebot. Denn die Calvinisten dachten, wer auf Erden durch harte Arbeit zu Ansehen und Reichtum komme, dem zeige Gott schon zu Lebzeiten, dass er für das ewige Leben auserwählt sei. Die calvinistische Lehre verbreitete sich vor allem in den Niederlanden, in Frankreich und zunächst auch in England.

Die Niederlande waren politisch eng mit dem katholischen Spanien verbunden. Folglich wurden hier alle reformatorischen Bestrebungen mit eiserner Hand unterdrückt. Folterungen und Verbrennungen von Ketzern lösten in der auch wirtschaftlich und politisch unzufriedenen Bevölkerung Unruhe aus. 1566 kam es dann zum Aufstand gegen die spanischen Herren. Die Bevölkerung verlangte Religionsfreiheit und zerstörte einige katholische Kirchen. Die Spanier schickten den Herzog von Alba, der durch die brutale Hinrichtung von über 1000 Menschen die alte Ordnung wieder herstellen wollte. Doch da brach der Aufstand erst richtig los. Unter der Führung Wilhelms von Oranien vertrieben die Niederländer die Spanier aus den

Abb. 1: Die Gebiete der Bauernkriege

sich vor allem in Süddeutschland zu bewaffneten Haufen und plünderten Klöster und Burgen. Das wollten sowohl die katholischen als auch die protestantischen Landesherren nicht dulden. Sie stellten Heere auf und schlugen die Bauern vernichtend. Die Anführer wurden grausam bestraft.

Nachdem Luther die Forderungen der Bauern zunächst unterstützt hatte, wandte er sich nach dem Ausbruch von Gewalttätig-

wollen, dabei müsse doch das gesamte staatliche und gesellschaftliche Leben von Grund auf verändert werden. Alle Menschen seien von Natur aus gleich, daher dürfe es, so Münzer, keine Unterschiede mehr geben zwischen Fürsten, Bischöfen, Handwerkern und Bauern. Er nahm Verbindungen zu aufständischen Bauern auf, um ein Heer aufzustellen, das „alle Übeltäter" vernichten solle, „die uns von Gott abwenden, denn ein Gottloser hat

nördlichen Provinzen. Den Spaniern blieb nur das Gebiet des heutigen Belgiens als „Spanische Niederlande". Die Nordprovinzen wurden als „Vereinigte Niederlande" calvinistisch und im Westfälischen Frieden 1648 selbständig.

In Frankreich entschieden sich ca. 20 Prozent aller Menschen für den Calvinismus. Diese Gläubigen wurden hier als „Hugenotten" bezeichnet und als Ketzer verfolgt. Doch die Hugenotten besaßen eine überdurchschnittliche Opferbereitschaft, und so spendeten sie Geld, um ein Heer aufzustellen. Daraufhin kam es in Frankreich zu insgesamt acht „Hugenottenkriegen". Schließlich ging es in diesen Kriegen bald nicht mehr nur um Fragen der richtigen Religion, sondern auch um die Macht im Staate insgesamt. Eine Versöhnung sollte dann 1572 die Hochzeit des hugenottischen Königs Heinrich von Navarra mit der Schwester des französischen Königs bringen. Fast alle bedeutenden Führer der Hugenotten waren zu diesem Anlass nach Paris gekommen. Doch die Mutter des Königs wollte gar keine Versöhnung, sie befahl die Ermordung aller Hugenotten. So wurden nach der „Pariser Bluthochzeit", in der „Bartholomäusnacht" auf den 24. August, fast 20.000 Hugenotten ermordet (Abb. 2). König Heinrich von Navarra jedoch konnte fliehen. Nach dem Tod des französischen Königs wurde er legitimer Thronfolger. Um König zu werden, trat er wieder zum katholischen Glaube über und gewährte als Heinrich IV. den Hugenotten im „Edikt von Nantes" 1598 die völlige Religionsfreiheit.

Auch in England fand der Calvinismus viele Anhänger, die jedoch vom englischen König Heinrich VIII. als Ketzer verfolgt und hingerichtet wurden. Dafür erhielt Heinrich vom Papst den Ehrentitel „Verteidiger des Glaubens". Doch wegen seiner vielen Ehen geriet der König ab 1529 in Konflikt mit dem Papst, der Heinrichs Scheidung von seiner Frau nicht zustimmen wollte. Da zwang der König den ranghöchsten englischen Geistlichen, den Bischof von Canterbury, die Ehe aufzulösen. Als der Papst Heinrich dafür mit dem Kirchenbann belegte, erklärte sich der englische König selbst zum Oberhaupt der englischen Kirche, die seitdem „anglikanische Kirche" heißt. Heinrich VIII. zwang nun jeden Gläubigen – ob Katholik oder Calvinist – zu seiner Anerkennung als oberster englischer Kirchenherr. Heinrichs Tochter, Maria die Katholische (auch: die „blutige" Maria), versuchte nach Heinrichs Tod, den Katholizismus in England wieder herzustellen. Doch ihr Vorhaben scheiterte schließlich, und Elisabeth I., eine weitere Tochter Heinrichs, festigte die anglikanische Kirche dann durch die Ausschaltung ihrer katholischen Gegnerin Maria Stuart endgültig (Abb. 3).

Die katholische Kirche selbst zögerte lange, sich mit den Folgen der Reformation offiziell auseinander zu setzen. 1545 berief der Papst das Konzil von Trient ein, das – mit einigen Unterbrechungen – bis 1563 tagte. Die Lehre Luthers, dass das Evangelium die einzige Quelle des Glaubens sei, wurde verworfen. Stattdessen bekräftigte die katholische Kirche ihre Position, dass

Abb. 2: Darstellung des Massenmordes an den Hugenotten in der Pariser „Bartholomäusnacht" vom 24. 8. 1572, der fast 20.000 Menschen zum Opfer fielen

neben dem Evangelium auch sie selbst eine Quelle des rechten Glaubens sei. Damit war die endgültige Spaltung des abendländischen Christentums vollzogen. Um jedoch nicht noch mehr Gläubige zu verlieren, leitete die Kirche Reformen ein. So sollte der Ablasshandel zukünftig besser kontrolliert werden, um Missbrauch zu vermeiden. Darüber hinaus strebte man eine bessere Ausbildung der Priester und eine stärkere Kontrolle der Kirchen und Klöster an, um das Erscheinungsbild in der Öffentlichkeit zu verbessern.

Der wichtigste Schritt war jedoch die Gründung des stramm organisierten und papsttreuen Ordens der Jesuiten („Gesellschaft Jesu") durch den baskischen Adligen und Mönch Ignatius von Loyola. Die Jesuiten bezeichneten sich selbst als „Soldaten Christi" und sahen ihre Hauptaufgabe in der Gegenreformation, der Rückgewinnung von Protestanten zum katholischen Glauben und der Missionierung der Heiden in der Neuen Welt zum katholischen Glauben. Darüber hinaus sicherten sie als Erzieher und Beichtväter an den großen europäischen Fürstenhöfen den politischen Einfluss der katholischen Kirche.

Abb. 3: Die Verteilung der Religionen in Europa am Ende des 16. Jahrhunderts

Zum Weiterlesen:

• Die Kirche im Mittelalter, S. 794
• Europa im Mittelalter, S. 800
• Martin Luther, S. 808
• Der Dreißigjährige Krieg, S. 812
• Das Zeitalter der Aufklärung, S. 822

Dreißigjähriger Krieg und Westfälischer Friede

Im Dreißigjährigen Krieg 1618–1648 brachen alle religiösen und machtpolitischen Streitpunkte ganz Europas, die eigentlich am Ende des 16. Jahrhunderts weitgehend gelöst schienen, noch einmal mit unvorhersehbarer Sprengkraft auf. Es handelte sich dabei um eine Ansammlung verschiedenster Konflikte und Kriege, die aber zu einem einzigen großen Krieg zusammengefasst werden, weil sie zeitlich nahtlos ineinander übergingen und allesamt auf deutschem Boden ausgefochten wurden.

Kaiser Matthias hatte in seiner Eigenschaft als König von Böhmen seinen Untertanen 1609 die völlige Religionsfreiheit zugesagt. Sein Nachfolger Ferdinand II. widerrief diese Zusage 1617, woraufhin im Jahr darauf zwei kaiserliche Statthalter von aufgebrachten Protestanten aus dem Fenster der Prager Burg geworfen wurden. Beide überlebten, weil sie in einem Misthaufen landeten (Abb. 1). Nun sagte sich Böhmen vom Reich los und wählte 1619 mit dem protestantischen Kurfürsten Friedrich von der Pfalz einen neuen König. Das wollte der in der Zwischenzeit zum Kaiser gekrönte Ferdinand natürlich nicht hinnehmen. Er verbündete sich mit dem katholischen Herzog von Bayern und dem protestantischen Kurfürsten von Sachsen. Böhmen wurde 1620 zurückerobert, der neue König musste fliehen, und die führenden Männer des Aufstandes wurden hingerichtet.

Daraufhin zog ein großes kaiserliches Heer unter der Führung der Feldherren Tilly und Wallenstein nach Norddeutschland, um hier die protestantischen Fürstentümer zu unterwerfen und zur Rückkehr zum katholischen Glauben zu zwingen, die Ergebnisse der Reformation also rückgängig zu machen. Dagegen stellte sich der Dänenkönig Chris-

tian IV., der als Herzog von Holstein auch deutscher Reichsfürst war. Trotz seiner finanziellen Unterstützung durch England, Frankreich und die Niederlande wurde Christian vernichtend geschlagen und zog sich nach Dänemark zurück.

Der Kaiser erließ nun 1629 ohne die Zustimmung des Reichstages das „Restitutionsedikt", mit dem die seit dem Augsburger Religionsfrieden von 1555 in protestantischen Besitz übergegangenen ehemaligen katholischen Kirchengüter und -besitzungen wieder hergestellt werden sollten. Das hätte die Unterwerfung des protestantischen Nordens des Reiches bedeutet, die dem katholischen Kaiser eine neue, außerordentlich starke Machtposition gegenüber den Reichsfürsten verliehen hätte. Dadurch sahen jedoch sowohl die protestantischen als auch die katholischen Reichsfürsten ihre Machtbasis und ihre Freiheit gefährdet, denn ein Machtzuwachs der kaiserlichen Zentralgewalt konnte nur auf Kosten der Unabhängigkeit der Reichsstände verwirklicht werden. Auch der alte Gegensatz zwischen Frankreich und dem Hause Habsburg flammte nun wieder auf, denn immer noch sah sich Frankreich durch die habsburgische Umklammerung mit Spanien im Süden, dem Reich im Osten und den habsburgischen Niederlanden im Norden bedroht. Schließlich geriet der Kaiser durch das Restitutionsedikt in Konflikt mit dem protestantischen König von Schweden, der durch die Rückkehr des Katholizismus an

die Ostseeküste Schwedens beherrschende Stellung als Vormacht des Ostseeraumes gefährdet sah (Abb. 3).

1629 landete König Gustav Adolf von Schweden mit finanzieller Unterstützung des katholischen Frankreichs an der deutschen Ostseeküste. Schnell eroberten seine Heere Brandenburg, Mecklenburg und Pommern. Bald stellten sich die Kurfürsten von Brandenburg und Sachsen auf die schwedische Seite, die im folgenden Kriegsverlauf siegreich bis München vorrückte. Unter der Führung des kaiserlichen Feldherrn Wallenstein kam es 1632 zur Schlacht von Lützen. Die Schweden siegten zwar, doch starb ihr König Gustav Adolf auf dem Schlachtfeld. In dieser Situation unterließ es Wallenstein, die geschockten Schweden erneut anzugreifen, was ihm später immer wieder vorgeworfen wurde. Ob seine Ermordung durch kaiserliche Offiziere 1634 wirklich vom Kaiser selbst befohlen wurde, ist jedoch bis heute ungeklärt (Abb. 2). Nach dem Tode Wallensteins gelang es den kaiserlichen Heeren, die Schweden bis an die Ostseeküste zurückzudrängen.

Im Folgejahr konnte der Kaiser im Reich unter Verzicht auf das Restitutionsedikt mit den meisten protestantischen und katholischen Reichsständen Frieden schließen. In dieser Situation fürchtete Frankreich, dass der Konflikt durch einen möglichen Friedensschluss des Reiches mit Schweden zum Vorteil des Kaisers ausgehen würde. Daher entschloss man sich in Paris zum Angriff auf das Reichsgebiet. 13 Jahre dauerten die folgenden Kämpfe mit Frankreich noch an, ohne dass es einen militärischen Sieger gab.

Ab 1643 verhandelten die Krieg führenden Parteien in Münster und Osnabrück

Abb. 1: Darstellung des „Prager Fenstersturzes" in einer Zeitung von 1618. Dieser Vorfall gilt als Beginn des Dreißigjährigen Krieges

Abb. 2: Albrecht von Wallenstein stieg durch seine militärischen Erfolge zum Reichsfürsten auf, bevor er 1634 ermordet wurde

Abb. 3: So sahen Zeitgenossen die Landung des schwedischen Königs Gustav Adolf mit seinen Heeren 1632 in Norddeutschland. Der König kämpft für die gerechte Sache, deshalb bekommt er sein Schwert auch direkt von Gott

über einen möglichen Frieden. 1648 wurde dann endlich der Westfälische Friede verkündet. Als großer Gewinner des Dreißigjährigen Krieges stellte sich dabei Frankreich heraus. Die Vereinigten Niederlande und die Schweiz schieden aus dem Reichsverband aus und wurden selbständige Staaten. Das Reich selbst wurde zu einem lockeren Staatenverbund ohne starke kaiserliche Zentralmacht. Die politische Zersplitterung des Reiches war damit besiegelt, die habsburgische Einkreisung konnte Frankreich nun nicht mehr gefährlich werden. Schweden erhielt Vorpommern, das Herzogtum Bremen sowie die Stadt Wismar zugesprochen. Damit wurde der schwedische König gleichzeitig deutscher Reichsfürst mit Sitz und Stimme im Reichstag. Auch Schweden profitierte

von der politischen Zersplitterung des Reiches. Von deutscher Seite her drohte der schwedischen Vormachtstellung im Ostseeraum nun keine Gefahr mehr. Die erneute Schwächung des Kaisertums kam nun wieder den Reichsfürsten und ihren Territorien zugute.

Doch was war nach 30 Jahren erbitterten Kämpfens von Deutschland übrig geblieben? Die Einwohnerzahl des Reiches war während des Krieges um ein Drittel von 16 Mio. (1618) auf 10 Mio. gesunken. Das Hin und Her der Armeen – manche Landstriche wurden innerhalb kürzester Zeit gleich mehrmals erobert – hatte das Land verwüstet. Nach dem damals geltenden Recht waren die Bauern und die Städte verpflichtet, die bei ihnen lagernden Soldaten zu verpflegen. Doch die

Soldaten waren bezahlte Krieger („Söldner"), denen es egal war, ob eine Stadt freundlich oder feindlich war. So wurden oftmals auch Städte von ihren Verbündeten geplündert. Die Offiziere versuchten das zu verhindern, doch vor allem in der Endphase geriet der Krieg immer mehr zum Morden, Hauen und Stechen von Soldatenhorden, die jegliche militärische Disziplin vermissen ließen. Viele Soldaten versuchten auch, sich persönlich zu bereichern, und nahmen alle Wertsachen aus den Dörfern und Städten mit sich. Nicht selten wurden die Bauern und Bürger grausam gefoltert, bis sie das Versteck ihrer Lebensmittel oder ihrer Ersparnisse verrieten.

Dazu kam noch eine neue Pestwelle, die die geschwächte und hungernde Bevölkerung zusätzlich dahinraffte. So wurde der Dreißigjährige Krieg zur größten Katastrophe, die das Reich je erlebt hatte. Eine ganze Generation verlor durch den Krieg ihre Existenz, und an den Folgen des Krieges litten noch mehrere Generationen. Erst 1720, also mehr als hundert Jahre nach dem Ausbruch des Krieges, hatte das Reich wieder die Bevölkerungszahl von 1618 erreicht.

Was als religiöser Konflikt zwischen Protestanten und Katholiken begonnen hatte, entwickelte sich schnell zum Kampf um die Macht im Reich zwischen Kaiser und den Reichsständen und steigerte sich schließlich zum Kampf der Großmächte um die Vorherrschaft in Europa. Dabei geriet das religiöse Element zunehmend in Vergessenheit, wie die vielen Bündnisse zwischen Protestanten und Katholiken zeigen.

Die unzähligen Feldzüge, Belagerungen und Verwüstungen von Städten, der Hunger und die Pest brachten so viel Elend über das Volk, dass die Erinnerung daran auch heute, nach 350 Jahren, noch nicht erloschen ist. Zudem stellte der Westfälische Friede die Weichen für eine politische Schwächung des Heiligen Römischen Reiches Deutscher Nation, die bis zu seinem Untergang 1806 nicht überwunden werden konnte (Abb. 4).

Abb. 4: Mitteleuropa nach dem Westfälischen Frieden 1648

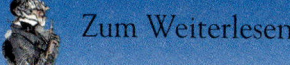

Zum Weiterlesen:

- Die Kirche im Mittelalter, S. 794
- Europa im Mittelalter, S. 800
- Martin Luther, S. 808
- Die Reformation, S. 810
- Zeitalter der Aufklärung, S. 822

„Der Staat bin ich!" – Frankreich und sein „Sonnenkönig" Ludwig XIV.

Durch die acht Hugenottenkriege 1562–1598 war Frankreich innerlich zerrüttet worden. Die königliche Zentralmacht hatte stark an Einfluss verloren, der Adel war zerstritten und durch die vielen Kriege oftmals verarmt. Die Hugenotten behielten nach dem Edikt von Nantes, das 1598 die völlige Religionsfreiheit garantierte, eigene Heere und bildeten einen „Staat im Staat". So bestand in weiten Teilen der französischen Bevölkerung der Wunsch nach einem stärkeren Königtum, das über die Zwistigkeiten des Adels hinweg das Land wieder zu einer starken politischen und wirtschaftlicher Einheit zusammenführen würde. Dieses Ziel verfolgte auch der Kardinal Richelieu, der 1624 als Erster Minister in das Kabinett des schwachen Königs Ludwig XIII. eintrat und bald die Regierungsgeschäfte alleine führte. Er begann mit dem Ausbau eines Staatswesens, in dem der König alleine an der Spitze stehen und durch niemanden kontrolliert werden sollte. Als Richelieu (1642) und der König (1643) kurz hintereinander starben, wurde der erst vierjährige Thronfolger als Ludwig XIV. gekrönt, die Leitung der Regierungsgeschäfte übernahm der Minister Mazarin. Bald kam es zu einem Aufstand („Fronde"), der von Mazarin erst 1653 siegreich beendet werden konnte. Als der Minister 1661 starb, wusste niemand so recht, wie es nun in Frankreich weitergehen sollte. Da überraschte der 22-jährige König seine Minister mit der

Abb. 1: König Ludwig XIV. von Frankreich mit Zepter, Krone und Schwert in seinem Krönungsmantel aus goldbesticktem Hermelin

Ankündigung, die Regierung künftig persönlich in die Hand zu nehmen (Abb. 1).

In den folgenden Jahren verwirklichte Ludwig die Ideen Richelieus und schuf sich eine Machtposition, in der er über allem anderen stand und von allen weltlichen Gesetzen unabhängig war. Alle Macht lag in den Händen des Königs, der bei seinen Entscheidungen niemanden um Zustimmung bitten musste. Er war nur den Gesetzen Gottes, von dem er seine Macht direkt ableitete („Gottesgnadentum"), und den Gesetzen der Natur unterworfen. Die Regierung übernahm der König nun selbst. Die ehemals mächtigen Minister sanken zu reinen Befehlsempfängern herab. Sie durften dem König zwar politische Vorschläge unterbreiten, aber keine eigenen Entscheidungen treffen. Ludwig selbst charakterisierte diese Regierungs- und Staatsform gegenüber seinem Hofstaat einmal mit den treffenden Worten: „Der Staat bin ich!" (frz. „L'Etat, c'est moi!"). Diese Staatsform wurde im 17. Jahrhundert zum Vorbild der meisten Könige Europas. Sie wird als „Absolutismus" bezeichnet.

Doch war auch Ludwig XIV. zur Durchführung seiner Anordnungen und Gesetze auf einen gut funktionierenden Verwaltungsapparat angewiesen. Dazu wurden neue zentrale Behörden geschaffen, die in den einzelnen Bezirken jeweils einem hohen königlichen Beamten („Intendanten") unterstanden. Dieser überwachte vor allem die Einziehung der Steuern durch die zuständigen Beamten. Auch das Gerichtswesen wurde vollständig dem königlichen Willen unterworfen. Bis 1665 hatten die hohen Gerichtshöfe („Parlamente") die Möglichkeit, königliche Gesetze zurückzuweisen, wenn sie ihnen als ungerecht erschienen. Nun verloren die Parlamente dieses Recht und mussten zudem die Macht des Königs anerkennen, willkürlich Gesetze zu ändern oder in laufende Gerichtsverfahren einzugreifen und selbst Urteile zu fällen (Abb. 2).

Die ehemals mächtige Geistlichkeit („Klerus") und der Adel wurden politisch völlig entmachtet. Politische Ämter vertraute Ludwig lieber aufstrebenden Bürgern an, die er jedoch oft in den Adelsrang erhob. Viele Adelstitel wurden auch neu geschaffen und an reiche Bürger verkauft. Um die Adligen über ihre Entmachtung hinwegzutäuschen, schuf Ludwig ein ausgeklügeltes und kompliziertes System von Hofämtern, die er an den hohen Adel verteilte.

Zum Zeichen seiner Macht ließ Ludwig XIV. ab 1661 das Jagdschloss seines Vaters in Versailles zum neuen gesellschaftlichen Mit-

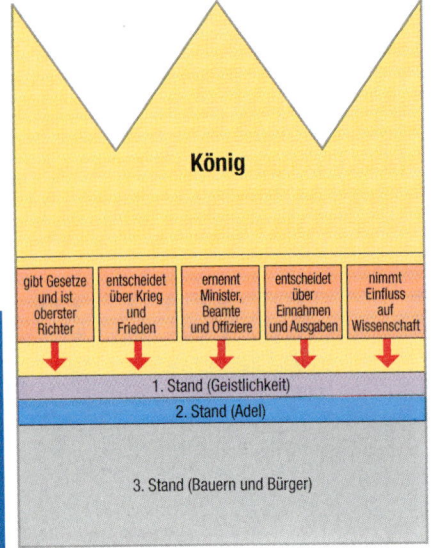

Abb. 2: Der Aufbau des absolutistischen Staates unter Ludwig XIV.

Abb. 3: Ludwig XIV. wählte als Symbol seiner Herrschaft die Sonne. Hier ein goldenes Sonnensymbol vom Tor seines Versailler Schlosses

telpunkt seines Königreiches ausbauen. Insgesamt 50 Jahre lang arbeiteten zeitweise bis zu 35.000 Menschen auf der riesigen Baustelle. Sie legten Sümpfe trocken, leiteten Flüsse um und rodeten ganze Wälder, um Platz zu schaffen für die riesigen Parkanlagen. Das Schloss selbst hat 2000 Räume, in denen der gesamte Hofstaat von ca. 1000 Adligen – teilweise recht unkomfortabel – untergebracht war. Prunkvoll ausgestattet waren vor allem die Räume, in denen sich der König gerne aufhielt. In den Nebengebäuden lebten ständig 4000 Diener, weitere 15.000 Menschen arbeiteten in den Parks, Gärten und sonstigen Anlagen des Schlosses. Als Symbol seiner Stellung unter den Menschen wählte der König die Sonne, die unverrückbar im Mittelpunkt des Himmels steht und von allen Planeten umkreist wird. Deshalb wird Ludwig XIV. auch als „Sonnenkönig" bezeichnet (Abb. 3).

Das Leben bei Hofe verlief nach den strengen Regeln der „Etikette" und des „Hofzeremoniells". Jedes Mitglied des Hofstaates hatte eine bestimmte Rolle zu spielen, die genau festlegte, wo man zu stehen hatte, wenn der König anwesend war, wie man sich jedem einzelnen anderen Mitglied des Hofes gegenüber zu verhalten hatte usw. Wer die Regeln nicht einhielt, fiel – ungeachtet seines Ranges – schnell in Ungnade und wurde vom Hofe verbannt. Auch wenn es zwischen den Adligen bei Hofe sehr viele Intrigen und Eifersüchteleien gab, herrschten im Umgang der vielfach verfeindeten Höflinge doch äußerste Höflichkeit und perfekte Manieren. Doch hinter den Kulissen verlief das Leben bei Hofe gar nicht so vornehm, denn im

Abb. 4: Der Besucher des Versailler Schlosses musste erst große Wege durch Parks und Gebäude zurücklegen, bevor er in die Nähe des Königs gelangte

ganzen Schloss gab es keine Toiletten oder Badezimmer. Die feinen Damen und Herren der Gesellschaft verrichteten ihre Notdurft deshalb dort, wo sie sich gerade aufhielten: in einer Ecke des Raumes, hinter einer Gardine oder in einem Kamin usw. Damit die Gerüche nicht unerträglich wurden, puderte und parfümierte man sich stark. So lebte der ganze Hofstaat in einer Atmosphäre aus Glanz und Unrat (Abb. 4).

Der Herrschaftsanspruch des absolutistischen Königs gipfelte in der Forderung: **„Ein König, ein Glaube, ein Gesetz"**. Da Ludwig sich von Gott direkt eingesetzt glaubte, fühlte er sich auch im Recht, seinen Untertanen die richtige Religion vorzuschreiben. Der katholische Herrscher hob 1685 das Edikt von Nantes auf, in dem sein Großvater Heinrich IV. den Hugenotten die Religionsfreiheit gewährt hatte. Daraufhin flüchteten 300.000 Hugenotten ins Ausland, z. B. nach Preußen, wo die fleißigen und strebsamen Menschen gerne aufgenommen wurden.

Der aufwendige Lebensstil des riesigen Hofstaates verschlang Unsummen von Geld. Noch mehr aber kosteten die militärische Aufrüstung und die vielen Kriege, die Frankreich unter Ludwig XIV. führte. Zur Finanzierung führte der königliche Vertraute Colbert eine besondere Handelspolitik (**„Merkantilismus"**) ein. Die Einfuhr von Waren wurde dabei durch hohe Zölle behindert und die Ausfuhr durch niedrige Zölle gefördert. Zudem holte man ausländische Fachkräfte ins Land, um möglichst hochwertige, teure Waren herzustellen, deren Verkauf ins Ausland viel Geld nach Frankreich brachte, von dem der Staat einen großen Teil als Steuern einzog. Schnell wurde Frankreich durch

diese Politik zur führenden Wirtschaftsmacht Europas.

Voraussetzung für diesen wirtschaftlichen Aufstieg war die Schwächung der europäischen Nachbarn und der Erwerb von Kolonien. Dazu musste jedoch zunächst die militärische Leistungsfähigkeit gesteigert werden. Die gesamte Nord- und Westgrenze des Königreiches wurde durch eine Kette von neu errichteten Festungen gesichert. In den Jahren von 1661–1672 verachtfachte sich die Zahl der Kriegsschiffe von 30 auf 240. Das Heer, das 1664 aus 50.000 Soldaten bestand, wuchs bis 1703 auf 400.000 Mann und war damit die stärkste Armee der Welt (Abb. 5). Sie wurde nicht nur im Kriegsfall aufgestellt, sondern auch während Friedenszeiten aufrechterhalten (**„stehendes Heer"**) und war die stärkste Stütze der Königsmacht. So führte Ludwig in den 54 Jahren seiner Regierungszeit fünf große Kriege, in denen er Frankreich zur alleinigen Vormacht auf dem europäischen Kontinent (**„Hegemonie"**) und zur Kolonialmacht machte. Diese Erfolge waren jedoch teuer erkauft, denn die riesigen Kosten dieser Politik trieben den Staat beinahe in den Ruin und stürzten große Teile der Bevölkerung in bittere Armut.

Zum Weiterlesen:

• Revolutionen in England, S. 816
• Der Aufstieg Preußens, S. 820
• Die Französische Revolution, S. 826
• „Der Sohn des Glücks" Napoleon, S. 830

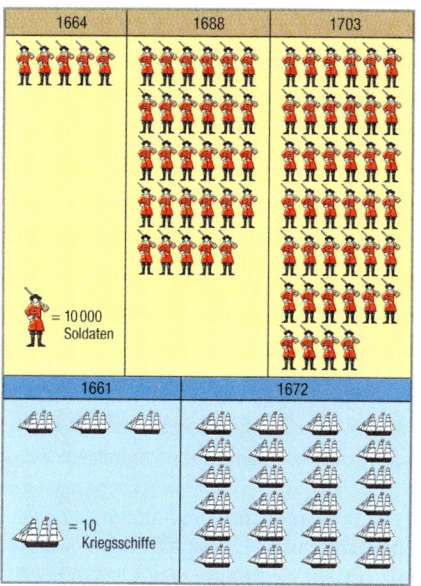

Abb. 5: Die militärische Aufrüstung Frankreichs unter Ludwig XIV.

Machtkämpfe zwischen König und Parlament – blutige und „glorreiche" Revolutionen in England

Bereits 1215 musste König Johann I. von England in der „**Magna Charta**" die Rechte des Hochadels („Barone") schriftlich verbriefen. Daraus entwickelte sich bis zum 14. Jahrhundert ein Parlament, das die Steuererhebungen und andere königliche Gesetze genehmigen musste. Im Laufe der Zeit entstand dann das zweigeteilte Parlament mit den beiden Kammern, die bis heute noch existieren: dem Oberhaus und dem Unterhaus. Im Oberhaus („House of Lords") saßen Angehörige des Hochadels und des Klerus, die vor allem ihre eigenen Interessen vertraten. Die Mitglieder des Unterhauses („House of Commons") waren hingegen gewählt und vertraten die Interessen des niederen Adels. Obwohl es nur selten von den englischen Königen einberufen wurde, war das Parlament bereits im 16. Jahrhundert so wichtig, dass ohne seine Zustimmung kein englischer König Gesetze erlassen konnte (Abb. 1).

Mit dem Tode der Königin Elisabeth I., einer Tochter Heinrichs VIII., erlosch die Dynastie der Tudors auf dem englischen Thron. Die Krone ging nun auf die Dynastie der Stuarts über, die 1587 mit der katholischen Königin von Schottland bereits Herrschaftsansprüche gestellt hatte. Damals hatte die Hinrichtung Maria Stuarts durch Elisabeth I. die katholische Welt erschüttert. Nun gelangte der schottische König Jakob I. auf den Thron. Wegen seines katholischen Glaubens und seiner offensichtlichen Vorliebe für den Absolutismus geriet Jakob schnell in Gegensatz zum englischen Volk. Doch Jakob taktierte vorsichtig, so dass der Konflikt nicht zum Ausbruch kam. Nach Jakobs Tod wurde 1625 Karl I. König, der zielstrebig versuchte, ein absolutistisches Regiment zu errichten und am Parlament vorbei Steuererhebungen durchzusetzen. Als das Parlament dies ablehnte, ließ der König viele seiner Gegner heimlich verhaften. Obwohl er in der „**Petition of Right**" (dt. „Eingabe über die Rechte") des Parlaments die Unrechtmäßigkeit dieser Maßnahmen zugeben musste, regierte Karl 15 Jahre ohne das Parlament (Abb. 2).

1640 musste Karl jedoch das Parlament einberufen, da er dringend große Geldsummen für den Kampf gegen die aufständischen Schotten brauchte. Doch das Parlament wandte sich sofort gegen den König, schloss die königstreuen Bischöfe aus dem Oberhaus

Abb. 1: Darstellung des englischen Parlaments aus dem 16. Jahrhundert. Am oberen Bildrand sind der König, seine Minister sowie der Hofstaat, in der Bildmitte sowie links und rechts die Mitglieder des Oberhauses und am unteren Bildrand die Mitglieder des Unterhauses zu erkennen

aus, ließ des Königs engste Berater hinrichten und beschloss, fortan selbst die Regierung zu übernehmen. Da der König damit natürlich nicht einverstanden war, spitzte sich die Lage zu, bis es 1642 zum Bürgerkrieg kam. Auf der Seite des Königs standen die anglikanische Staatskirche und der höhere Adel, während das Parlament von den Schotten

Abb. 2: König Karl I. von England auf dem Höhepunkt seiner Macht

und dem niederen Adel unterstützt wurde. Die Truppen des Parlaments wurden von Oliver Cromwell geführt, einem radikalen Protestanten, der sich selbst als „Streiter Gottes" bezeichnete. Während das Parlament nur gegen die Maßnahmen des Königs kämpfte, hatte Cromwell noch viel weiter gehende Pläne, die sich gegen das gesamte Gesellschaftssystem richteten (Abb. 3).

1648 besiegten Cromwells Truppen, die „Eisenseiten" („Ironsides"), das königliche Heer. Nun wurden alle königstreuen Mitglieder des Parlamentes entlassen, und das verbliebene „Rumpfparlament" stellte den König unter Anklage. Das Recht dazu nahm es aus eigener Kraft, indem es sich als gewähltes Unterhaus zum einzigen rechtmäßigen Ursprung der Staatsgewalt und als über dem König und dem Oberhaus stehend erklärte. So wurde der König wegen tyrannischen Verhaltens gegen sein Volk zum Tode verurteilt und 1649 öffentlich vor seinem eigenen Palast in London und vor einer riesigen Menschenmenge enthauptet (Abb. 4).

Damit war das Königtum abgeschafft und England seit 1649 Republik. Doch der lange Bürgerkrieg hatte das ganze Land geschwächt, so dass nun teilweise Auflösungserscheinungen auftraten: Große Teile der Armee und der Flotte desertierten, Kolonien sagten sich von England los, und in Schottland und Irland brachen Aufstände aus. Dagegen ging Cromwell mit eiserner Hand vor. Vor allem Irland bekam seine ganze Härte zu spüren. Er ließ das ganze Land verwüsten, alle Katholiken enteignen und verkaufte deren Land zu Schleuderpreisen an Engländer. Die Iren wurden bald zu Knechten ihrer neuen englischen Herren. Die damals entstandene Feindschaft zwischen katholischen Iren und anglikanischen Engländern lebt bis heute weiter.

1653 schlug das Militär Cromwell den Titel eines unumschränkten Regierungschefs („Lord Protector") auf Lebenszeit vor. Cromwell nahm an und führte in der Folgezeit einen Regierungsstil ein, mit dem er sich gar nicht so sehr von dem hingerichteten König Karl I. unterschied. Er stellte sich über das Parlament, setzte seine Politik auch gegen das gewählte Unterhaus durch und regierte wie ein König, auch wenn er 1657 den ihm angebotenen Königstitel ablehnte. Die Grundlage seiner Machtposition bildete das Militär, das er auch regelmäßig gegen seine Widersacher

Geschichte

Abb. 3: Oliver Cromwell im Alter von 56 Jahren

in Zukunft spätestens alle drei Jahre Rechenschaft abzulegen und keine absolutistische Herrschaft anzustreben, kehrte er 1660 als Karl II. unter dem Jubel der Bevölkerung nach England zurück. Doch er hielt sich in der Folgezeit nicht immer an seine Zusagen. Als Karl immer häufiger seine politischen Gegner einfach verhaften ließ, setzte das Parlament 1679 ein Gesetz gegen den König durch, durch das seitdem jeder englische Bürger vor willkürlichen Verhaftungen geschützt wird („Habeas-Corpus-Akte").

Nach Karls Tod wurde 1685 sein Bruder Jakob II. König. Nun änderte sich viel in England. Jakob war Freund des ab-

Abb. 4: Die Enthauptung König Karls I. am 30.1.1649 in London

und politischen Gegner einsetzte. So blieb England nur dem Namen nach eine Republik, tatsächlich herrschte jedoch die Diktatur Cromwells. Als er 1658 starb, folgte ihm kurzzeitig sein Sohn Richard nach, unter dem die Republik rasch zerfiel.

Nach dem Tode Cromwells hatten die meisten Engländer genug von der Republik. Sie wünschten sich wieder einen König, der freilich von einem starken Parlament kontrolliert werden sollte. Nachdem das Militär Richard Cromwell zum Rücktritt gezwungen hatte, wurde zunächst das Parlament in seiner ursprünglichen Form mit Oberhaus und Unterhaus wieder hergestellt. Man erinnerte sich an den legitimen Thronfolger, den Sohn König Karls I., der die letzten zehn Jahre im französischen Exil verbracht hatte. Nachdem dieser sich bereit erklärt hatte, sich der Kontrolle des Parlamentes zu unterwerfen, ihm

solutistischen Frankreichs und Anhänger der Katholiken. Er schuf nach französischem Vorbild ein stehendes Heer und versuchte, durch eine geschickte Ämtervergabe eine neue katholische Oberschicht einzusetzen. Das Unterhaus des Parlaments protestierte gegen diese Politik und wurde daraufhin 1687 vom König kurzerhand aufgelöst. Als dann im Folgejahr ein männlicher Thronfolger zur Welt kam, stand zu erwarten, dass in England eine neue katholische Dynastie entstehen würde. Deshalb wandten sich die einflussreichsten Engländer an die Tochter Jakobs, Maria, die seit 1677 mit dem niederländischen Protestanten Wilhelm von Oranien verheiratet war, und boten ihr die englische Krone an. Als die beiden zusagten und mit Truppen nach England übersetzten, floh König Jakob II. nach Frankreich. Das neu ge-

wählte Unterhaus des Parlaments stellte fest, dass der König mit seiner Flucht auf den Thron verzichtet habe. So war die Krone nun frei für Maria und Wilhelm. Doch bevor sie gekrönt wurden, mussten sie noch ein neues Grundgesetz für England anerkennen, die berühmte „Declaration of Rights", die dem englischen Parlament und den Bürgern wichtige Grundrechte sicherte und die Staatsgewalt in mehrere Teile aufspaltete („Gewaltenteilung"). Dadurch entstand ein neuer Typ der Monarchie: Die durch eine Verfassung gebundene und von einem Parlament kontrollierte „konstitutionelle Monarchie" (Abb. 5).

Durch diese „glorreiche", unblutige Revolution (engl. „Glorious Revolution") kam England nun endlich wieder zur Ruhe. Aufgrund seiner neuen Stärke geriet das Inselreich jedoch schnell in Konflikt mit Frankreich, der Vormacht auf dem europäischen Kontinent. Und auch nach dem glänzenden Sieg der englischen über die französische Flotte in der Seeschlacht von La Hague 1692 war der Aufstieg Englands zur stärksten Kolonialmacht der Welt von der Rivalität mit Frankreich begleitet.

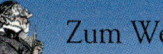 **Zum Weiterlesen:**

- Ludwig XIV., S. 814
- Der Aufstieg Preußens, S. 820
- Die Französische Revolution, S. 826
- Napoleon, S. 830
- Der Deutsche Bund, S. 834

Abb. 5: Die Krönung von Wilhelm und Maria von Oranien vom 13.2.1689

Peter I. der Große – „Lehrjahre" eines Zaren machen Russland zur Großmacht

Seit dem 14. Jahrhundert war das Fürstentum Moskau ständig gewachsen und hatte schließlich 1502 die mongolische „Goldene Horde" vertrieben, die das Land beinahe 300 Jahre beherrscht hatte. Bis zum 17. Jahrhundert dehnte sich Russland, wie sich das Fürstentum Moskau seit dem 16. Jahrhundert nannte, im Westen bis nach Kiew, im Norden bis ans Eismeer, im Osten bis in die unendlichen Weiten Sibiriens und im Süden bis zum Kaspischen Meer aus. Als im Jahre 1689 Zar Peter I. die Regierungsgeschäfte übernahm, war er besessen von der Idee, sein Reich zu vergrößern und ihm Zugänge zur Ostsee und zum Schwarzen Meer zu verschaffen. Es begann eine schier endlose Reihe von Kriegen gegen das Osmanische Reich, die sich bis in das 20. Jahrhundert hinein fortsetzen sollte. 1696 eroberten die russischen Truppen mit der Stadt Asow am unteren Don endlich einen Zugang zum Schwarzen Meer, der jedoch nicht lange gehalten werden konnte. Diese Niederlage offenbarte die Schwäche der schlecht motivierten, schlecht ausgerüsteten und disziplinlosen russischen Armee. Daraufhin fasste der Zar einen Entschluss: Er wollte in den Westen reisen und dort die Techniken der modernen Wirtschaft, Kriegsführung und Staatslenkung persönlich studieren (Abb. 1).

1697 reiste der Zar mit seinem Gefolge nach Westeuropa. Er wurde an allen großen Höfen empfangen, doch sein politisches Anliegen, die Unterstützung Russlands im Kampf mit dem Osmanischen Reich, wollte niemand erfüllen. Seine Erforschung der technischen

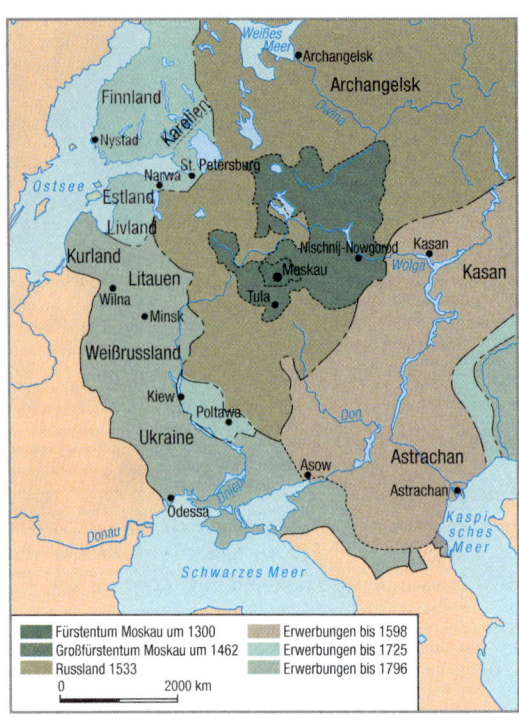

Abb. 1: Der allmähliche Aufstieg Russlands zur Großmacht seit dem 13. Jahrhundert

Neuerungen des Westen betrieb Peter unter falschem Namen („inkognito"). Unter dem Decknamen Pjotr Michailow besichtigte er in mehreren westeuropäischen Staaten Schiffe, Schiffswerften, Manufakturen, Krankenhäuser und Schulen. Es wird berichtet, dass er sogar unerkannt vier Monate lang in Amsterdam als Schiffszimmermann gearbeitet haben soll. Eineinhalb Jahre lang dauerte diese Reise, dann kehrte der Zar mit seinem Gefolge und beinahe 1000 angeworbenen Facharbeitern in seine Heimat zurück (Abb. 2).

Nun ging Peter daran, die Staatsführung in Russland nach dem absolutistischen Vorbild Westeuropas umzugestalten. Dabei entfaltete er jedoch lange nicht so einen Luxus wie der französische Herrscher, denn Russland war ein viel ärmeres Land als Frankreich. Das änderte jedoch nichts an der Zielstrebigkeit, mit der Peter seine Position als unumschränkter, absolutistischer Herrscher ausbaute. Er teilte das ganze Land neu in Verwaltungsbezirke ein, die von hohen Beamten kontrolliert wurden. Der Adel wurde zum Dienst am Staate verpflichtet, und durch die Erhebung besonders tüchtiger Bürger erhöhte sich die Zahl der Adelsfamilien von 3000 auf 10.000. Auch die orthodoxe Kirche machte sich der Zar durch die Entmachtung ihres Oberhauptes, des Patriarchen, und die Einsetzung eines zarentreuen Kollegiums („Heiliger Synod") untertan. Um das gesamte An-

gebot an Arbeitskräften auszuschöpfen, erschwerte der Zar jungen Leuten den Eintritt in ein Kloster.

Alle diese Maßnahmen dienten letztlich der militärischen Aufrüstung und der Finanzierung von Kriegen. Dazu brauchte der Staat große Geldsummen, die durch eine bessere Nutzung des natürlichen Reichtums Russlands an Rohstoffen hereingeholt werden sollten. Das war auch für die Westeuropäer interessant, denen der Zar große Vergünstigungen bei der Erschließung der sibirischen Bodenschätze versprochen hatte. In der Folgezeit strömten viele Franzosen, Niederländer und vor allem Deutsche nach Russland. Die zweite Geldquelle für den Staat waren die Steuern. Im Erfinden neuer Steuern zeigte der Zar einen beinahe unerschöpflichen Erfindungsreichtum. So wurde fast jede wirtschaftliche Aktivität und jedes private Vergnügen besteuert, sogar das Tragen von Bärten (Abb. 3).

Am Ende ging Peters Plan tatsächlich auf: Die militärische Stärke Russlands wuchs, und mit dem Sieg über Schweden im 21. schwedisch-russischen Krieg erlangte Russland 1721 die Vorherrschaft im Ostseeraum. Damit war Russland zur europäischen Großmacht geworden, und Peter I. trug fortan den Beinamen „der Große".

Abb. 2: Zar Peter I. in der traditionellen Arbeitstracht der Amsterdamer Schiffbauer

Abb. 3: Um die militärische Aufrüstung zu finanzieren, wurde sogar das Tragen eines Bartes besteuert. Wer sich dagegen sträubte, dem wurde der Bart abgeschnitten

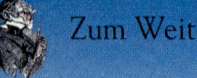

Zum Weiterlesen:

• Ludwig XIV., S. 814
• Revolutionen in England, S. 816
• Die Türken vor Wien, S. 819
• Der Aufstieg Preußens, S. 820
• Zeitalter der Aufklärung, S. 822

Geschichte

Die Türken vor Wien – Die Entstehung der österreichisch-ungarischen Doppelmonarchie

Bereits im frühen 16. Jahrhundert, zu Zeiten Kaiser Karls V., hatten die Türken mehrmals Wien belagert. Diese Bedrohung ließ im späteren 16. Jahrhundert aufgrund innerer Wirren etwas nach, steigerte sich nach der inneren Festigung des Osmanischen Reiches im 17. Jahrhundert wieder und erreichte 1663 mit dem zweiten ganz großen Angriff der Türken auf Mitteleuropa einen neuen Höhepunkt. In der Schlacht am St. Gotthard konnte Österreich die Türken am Vordringen auf das Gebiet des Heiligen Römischen Reiches Deutscher Nation hindern. 1683 belagerten die osmanischen Heere Wien erneut. Doch mit deutscher und polnischer Hilfe konnten die Türken zurückgeschlagen werden und griffen danach nie wieder Mitteleuropa an. Daraufhin bildeten die Herrscher von Österreich, Polen und Venedig 1684 eine „Heilige Allianz" gegen das Osmanische Reich, der sich auch der russische Zar anschloss. Gemeinsam griffen sie die Türken 1686 an und eroberten – Schritt für Schritt bis 1699 – das 1526 verloren gegangene Königreich Ungarn zurück, dessen Herrscherwürde auf das österreichische Haus Habsburg überging. Damit entstand die österreichisch-ungarische Doppelmonarchie. Der österreichische Herrscher war nun gleichzeitig König von Ungarn, das aber – im Gegensatz zu Österreich – nicht zum deutschen Reichsverband gehörte. Nach weiteren Gebietsgewinnen (Banat, Teile Serbiens und der Walachei) schloss Österreich 1718 mit dem Osmanischen Reich Frieden. Es hatte sich auf dem nördlichen Balkan eine beherrschende Machtposition erkämpft und war damit zur europäischen Großmacht aufgestiegen.

Abb. 1: Die Erzherzogin von Österreich, Königin von Böhmen und Königin von Ungarn, Maria Theresia, mit ihrem Mann, dem deutschen Kaiser Franz I. Stephan, und elf ihrer insgesamt 16 Kinder. In der Bildmitte der spätere deutsche Kaiser Joseph II.

Um Erbfolgekriege nach seinem Tod zu vermeiden, setzte Kaiser Karl VI. 1713 die Erbfolge auch weiblicher Nachkommen durch, die bisher ausgeschlossen gewesen war („**Pragmatische Sanktion**"). Die folgenden Jahrzehnte waren geprägt durch den erfolglosen Versuch, zur Kolonialmacht aufzusteigen, durch weitere Kriege gegen das Osmanische Reich und durch Adelsaufstände in Ungarn gegen die österreichische Herrschaft. Als Karl VI. 1740 starb, war der Staat innerlich zerrissen und hoch verschuldet.

Obwohl die Nachfolge Maria Theresias und die Unteilbarkeit der habsburgischen Erblande durch die Pragmatische Sanktion von 1713 gesichert war, stellten nun einige Länder Erbansprüche. Im Österreichischen Erbfolgekrieg 1740–1748 ging Schlesien an Preußen verloren. Nun geriet Österreich innerhalb des Reiches zunehmend in Rivalität zum aufstrebenden Preußen, einem modern organisierten und hoch industrialisierten, absolutistisch regierten Staat. Um das österreichische Staatswesen genauso leistungsfähig zu machen wie das preußische, leiteten Maria Theresia und später ihr Sohn Joseph eine ganze Reihe von Reformen ein (Abb. 1). Um die Bevölkerung in der Doppelmonarchie zu vereinheitlichen, wurden ab 1748 verstärkt Deutsche in Ungarn angesiedelt („Donauschwaben").

Die Verwaltung des Reiches wurde zentralisiert, neue Steuern eingeführt und 1781 die Leibeigenschaft aufgehoben (Abb. 2 u. 3).

Das Deutsche war nun in allen österreichischen Besitzungen Amtssprache. Doch die vielen Völker, die in den österreichischen Besitzungen lebten, wehrten sich gegen diese Versuche, einen Einheitsstaat mit deutscher Vorherrschaft zu schaffen. Aufstände in den Österreichischen Niederlanden und Ungarn führten zu schweren Unruhen, die das Bestehen der Monarchie bedrohten, so dass Kaiser Leopold II. die meisten Reformen wieder zurücknehmen musste.

Bei den mehrfachen Aufteilungen des polnischen Gebietes erhielt Österreich im späten 18. Jahrhundert Galizien hinzu. 1806 wurde der Kaiser des Heiligen Römischen Reiches Deutscher Nation, Karl II., von Napoleon dazu gezwungen, die Kaiserkrone niederzulegen, womit das Reich aufhörte zu existieren. Zum Ausgleich hatte Karl jedoch bereits 1804 das gesamte österreichisch-ungarische Staatsgebilde zum „Kaiserreich Österreich" zusammengefasst, das so jedoch nur bis zur Neuordnung Europas durch den Wiener Kongress 1815 existierte.

Abb. 3: Zu den sozialen Reformen in Österreich unter Joseph II. gehörte auch die Errichtung des riesigen „Allgemeinen Krankenhauses" in Wien

Abb. 2: Kaiser Joseph II. interessierte sich sehr für den wirtschaftlichen Fortschritt. Hier führt er eigenhändig einen modernen Pflug

 Zum Weiterlesen:

- Ludwig XIV., S. 814
- Revolutionen in England, S. 816
- Peter I. der Große, S. 818
- Der Aufstieg Preußens, S. 820
- Zeitalter der Aufklärung, S. 822

„Großer Kurfürst", „Soldatenkönig" und „Erster Diener des Staates" – Der Aufstieg Preußens zur Großmacht

1415 erlangte der Nürnberger Burggraf Friedrich I. von Hohenzollern das Kurfürstentum Brandenburg als Reichslehen. Über 200 Jahre später fiel den Hohenzollern 1618 durch einen Erbvertrag das außerhalb des Reichsverbandes gelegene und unter polnischer Lehnshoheit stehende Herzogtum Preußen zu. 1640 kam Friedrich Wilhelm von Brandenburg, der **„Große Kurfürst"**, auf den Thron. Durch seine Politik ging Brandenburg-Preußen vergrößert aus dem Dreißigjährigen Krieg hervor. Doch handelte es sich bei den umfangreichen Besitzungen nicht um ein zusammenhängendes Gebiet, sondern um Territorien, die über die ganze Nordhälfte Mitteleuropas verstreut waren. Dadurch wurde eine einheitliche Verwaltung schwierig. Friedrich Wilhelm entmachtete den Adel politisch und begann, einen Beamtenapparat aufzubauen, der in den gesamten brandenburg-preußischen Ländereien Verwaltungsaufgaben übernahm. Zum Ausgleich für den Verlust der politischen Macht verschaffte der „Große Kurfürst" dem Adel durch Steuerfreiheit und die Ausweitung der Leibeigenschaft („Erbuntertänigkeit") wirtschaftliche Vorteile. Im Frieden von Oliva nach dem schwedisch-polnischen Krieg befreite Friedrich Wilhelm das Herzogtum Preußen 1660 von der polnischen Lehnshoheit. Zur militärischen Sicherung des Staates schuf der „Große Kurfürst" nach dem Vorbild der absolutistischen Herrscher ein stehendes Heer, das 1685 bereits ca. 25.000 Soldaten umfasste.

Als Friedrich Wilhelm 1688 starb, ging die Kurfürstenwürde auf seinen Sohn Friedrich III. über. Friedrich war stark vom Vorbild des französischen Absolutismus geprägt und strebte nach mehr als der „bloßen" Kurfürstenwürde. Er erhob das außerhalb des Reichsverbandes gelegene Preußen zum Königreich und krönte sich selbst als „Friedrich I., König **in** Preußen". Er regierte nach der Art des französischen „Sonnenkönigs" Ludwigs XIV. mit höfischem Zeremoniell und ließ sich sein Schloss in Berlin nach dem Vorbild des französischen Versailles umbauen.

1713 trat Friedrich Wilhelm I. die Nachfolge seines Vaters an. Sein wichtigstes Anliegen war die militärische Sicherung des verstreuten Besitzes. Dazu vergrößerte er das preußische Heer auf 80.000 Mann. Der brandenburgisch-preußische Adel wurde nun zum Eintritt in die Armee angehalten und bildete bald eine neue militärische Führungsschicht. Friedrich Wilhelm I. war ein fanatischer Anhänger der bedingungslosen Diszi-

Abb. 1: Im „Tabakskollegium" Friedrich Wilhelms I. wurden bei Pfeife und Bier wichtige politische Entschlüsse gefasst. Der König (vorne am Tisch) zwang seinen Sohn Friedrich (vorne rechts am Tisch) zur Teilnahme an den Sitzungen, obwohl ihm vom Qualm immer schlecht wurde

plin. Unter ihm entwickelten sich die – später einmal in der ganzen Welt gefürchteten, aber auch bewunderten – „preußischen Tugenden" wie Sparsamkeit, Disziplin, Pflichterfüllung, Treue usw. Vor allem die Sparsamkeit wurde groß geschrieben, da der Unterhalt des großen Heeres riesige Geldsummen verschlang. Immerhin wurden im Staatshaushalt zwei Drittel des gesamten Geldes für das Militär ausgegeben. Doch diese großen Geldsummen mussten erst einmal erwirtschaftet werden. Zu diesem Zweck griff der Staat nach französischem Vorbild in die Wirtschaft ein und erhob hohe Einfuhr- und niedrige Ausfuhrzölle. Außerdem wurde die Ansiedlung von Wirtschaftszweigen gefördert, die für die Ausrüstung der Armee wichtig waren, wie z. B. Waffen- oder Tuchmanufakturen (Uniformen). Zur Verbesserung der Verwaltung und vor allem der Steuereinziehung schuf Friedrich Wilhelm eine neue Zentralbehörde, das **Generaldirektorium**. Von hier aus wurde von einem riesigen Beamtenapparat die Verwaltung des gesamten Staatsgebildes gesteuert (Abb. 1).

Vielen Besuchern Brandenburg-Preußens kam es so vor, als habe sich der Staat unter Friedrich Wilhelm I. in einen riesigen Lager- und Exerzierplatz verwandelt. Und in der Tat entwickelte es sich immer mehr zu einem Militär- und Polizeistaat. Der König selbst trat als erster europäischer König überhaupt ausschließlich in karger Soldatenuniform auf. Er umgab sich mit einer Garde „langer Kerls", wie er die besonders groß gewachsenen Soldaten seiner Elitetruppe, der „Riesengarde", nannte. Aus diesen Gründen wurde Friedrich Wilhelm als **„Soldatenkönig"** bezeichnet (Abb. 2). Auch in seiner Familie herrschte harter militärischer Drill. Vor allem der Thronfolger Friedrich, ein zarter,

Abb. 2: In der „Riesengarde" des Soldatenkönigs dienten nur „lange Kerls", wie der hier abgebildete irische Grenadier James Kirkland, der 2,10 m groß war

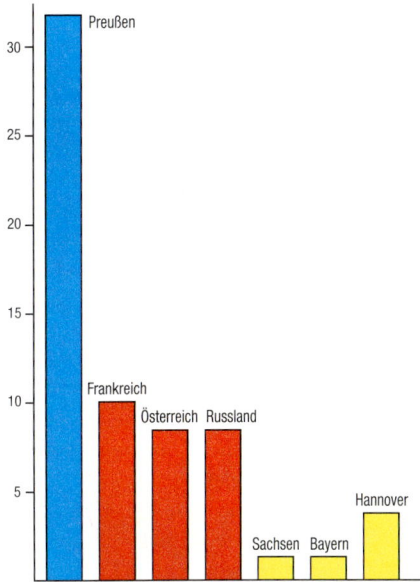

Abb. 3: Anzahl der Soldaten auf je 1000 Einwohner um 1740. Gemessen an der Einwohnerzahl gab es in Preußen in der Mitte des 18. Jahrhunderts die meisten Soldaten in ganz Europa

musisch und geistig veranlagter Mensch, hatte unter den rohen körperlichen und seelischen Misshandlungen durch seinen Vater viel zu leiden. Seine Verzweiflung war so groß, dass er im Sommer 1730 mit seinem Freund Katte, einem Offizier, vor seinem Vater ins Ausland fliehen wollte. Der Plan schlug fehl, und der König brachte beide vor ein Kriegsgericht. Während Friedrich milde bestraft wurde, verurteilten die Richter Katte zum Tode. Friedrich Wilhelm zwang seinen Sohn, der Erschießung seines besten Freundes persönlich beizuwohnen.

Nach dem Tode des Soldatenkönigs bestieg Friedrich II. 1740 den Thron. Auch er hing grundsätzlich den Ideen des französischen Absolutismus an, war jedoch auch stark

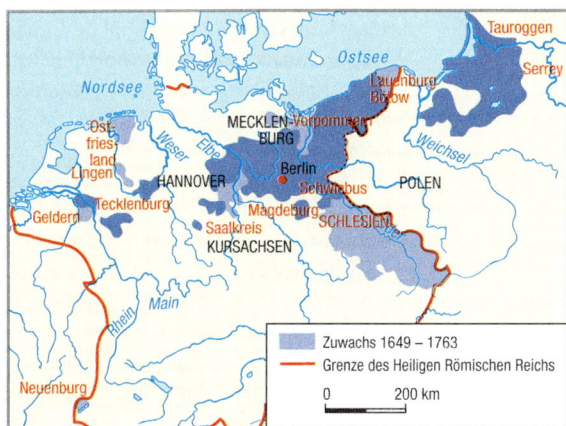

Abb. 4: Die Entwicklung des preußischen Staatsgebietes vom Westfälischen Frieden 1649 bis zum Ende des Siebenjährigen Krieges 1763

von den aufklärerischen Idealen der Vernunft geprägt. Er pflegte Umgang mit den bedeutendsten Geistesgrößen Europas, z. B. mit dem französischen Aufklärer Voltaire. Friedrich II. sah sich nicht mehr als Herrscher von Gottes Gnaden, sondern als **„Ersten Diener des Staates"**. Doch sein Herrschaftsanspruch war immer noch absolutistisch. Friedrich pflegte zum Wohle der Wirtschaft weiterhin die alte brandenburgisch-preußische Tradition der religiösen Toleranz, so dass beständig aus ganz Europa, vor allem aber aus Frankreich (Hugenotten) Menschen nach Preußen einwanderten. Freilich achtete man darauf, dass nur reiche oder besonders fähige Leute einwanderten (Abb. 3).

Seit dem Regierungsantritt Friedrichs 1740 verstärkte sich der innerdeutsche Gegensatz (**„Dualismus"**) zwischen Österreich und Preußen. Nach dem Tode Kaiser Karls VI. erhob Preußen unter Missachtung der „Pragmatischen Sanktion" von 1713 Erbansprüche auf das strategisch und wirtschaftlich interessante Schlesien. Im folgenden Österreichischen Erbfolgekrieg 1740–1748 konnte sich die neue österreichische Regentin Maria Theresia insgesamt zwar gut behaupten, musste aber Schlesien mit seinen ca. 1 Mio. Einwohnern an Preußen abtreten. 1756 schlugen die Kolonialstreitigkeiten zwischen Frankreich und Großbritannien auf Europa zurück und beschworen hier die Gefahr eines großen europäischen Krieges herauf. Großbritannien verbündete sich mit Hannover, Hessen und Preußen, Frankreich hingegen mit Schweden, Russland, Österreich und Sachsen. Damit war für Preußen eine höchst gefährliche Situation entstanden, denn es hatte nun alle starken Mächte des europäischen Kontinents gegen sich und war zudem eingekreist. Zwangsläufig kam es zu schweren militärischen Niederlagen gegen eine 20fache Übermacht. Dennoch hielt sich das preußische Heer sehr zäh und wurde erst 1759, im vierten Kriegsjahr des **„Siebenjährigen Krieges"**, von den vereinigten österreichischen und russischen Armeen vernichtend geschlagen. Doch die Uneinigkeit zwischen den überlegenen Staaten verzögerte den entscheidenden Schlag, so dass am Ende der Zufall Preußen zu Hilfe kam. Nach dem Tode der russischen Zarin Elisabeth kam Peter III., ein glühender Bewunderer Friedrichs

II., auf den russischen Thron. Nach dem Abschluss eines Sonderfriedens mit Preußen schied Russland aus der Kriegskoalition aus. Daraufhin zogen sich auch Schweden und Frankreich zurück, so dass sich für die Österreicher die Aussichten auf eine Rückeroberung Schlesiens zerschlugen. Im Frieden von Hubertusburg, der 1763 den Siebenjährigen Krieg beendete, stieg Preußen dann endgültig in den Kreis der europäischen Großmächte auf. Aufgrund dieser Leistung erhielt König Friedrich II. den Beinamen „Friedrich der Große" (Abb. 4 u. 5).

Bis 1795 teilten Preußen, Österreich und Russland das zwischen ihnen gelegene Königtum Polen in drei Schritten (1772, 1793 und 1795) vollständig unter sich auf. Dadurch konnte Preußen die territorialen Lücken zwischen Brandenburg und Preußen schließen, wodurch es sowohl von der Größe als auch von der wirtschaftlichen und militärischen Leistungsfähigkeit neben Österreich zur zweiten Führungsmacht innerhalb des deutschen Reichsverbandes aufstieg.

Abb. 5: Der preußische König Friedrich (II.) der Große sah sich als „Ersten Diener des Staates" und führte Preußen in den Kreis der europäischen Großmächte

 Zum Weiterlesen:

- Die Türken vor Wien, S. 819
- Der Deutsche Bund, S. 834
- 1848/49 und die „deutsche Frage", S. 836
- Das deutsche Kaiserreich, S. 838
- Bündnissystem Bismarcks, S. 840

„Und sie bewegt sich doch!" – Das Zeitalter der Aufklärung

„Aufklärung ist der Ausgang des Menschen aus seiner selbst verschuldeten Unmündigkeit. Unmündigkeit ist das Unvermögen, sich seines Verstandes ohne Leitung eines anderen zu bedienen. Selbst verschuldet ist diese Unmündigkeit, wenn die Ursache derselben nicht am Mangel des Verstandes, sondern der Entschließung und des Mutes liegt, sich seiner ohne Leitung eines anderen zu bedienen. Habe Mut, dich deines Verstandes zu bedienen!" Mit diesen Worten, die in der Dezemberausgabe der „Berlinischen Monatsschrift" von 1784 veröffentlicht wurden, fasste der Königsberger Philosoph Immanuel Kant die Ziele der Aufklärung zusammen. Ausgehend von neuen wissenschaftlich-technischen Erkenntnissen entwickelte sich im 17. Jahrhundert ein neues Weltbild, das die vorgefertigten Erklärungen, wie sie in der Bibel zu finden waren, ablehnte. Nun wurde die kritische menschliche Vernunft zur Quelle allen Wissens erklärt. Deshalb bezeichnet man die Aufklärung auch als „Zeitalter der Vernunft" oder als „Rationalismus" (lat. ratio = Vernunft) (Abb. 1).

Die Naturwissenschaftler erkannten, dass die gesamte Welt nach immer gleichen Ge-

Abb. 1: Der Königsberger Philosoph und Aufklärer Immanuel Kant (1724–1804)

setzen funktioniert, die der Mensch mit der Hilfe seiner Vernunft beobachten kann. So ist es ihm möglich, die Natur in gesetzmäßige Zusammenhänge zu stellen und kritisch überprüfbare Regeln aufzustellen. Schnell stellten sich durch diese neuen wissenschaftlichen Methoden Erfolge ein: So entdeckte der italienische Naturgelehrte Galileo Galilei zu Beginn des 17. Jahrhunderts mit neu entwickelten Fernrohren die Richtigkeit der alten Theorie, dass alle Planeten – also auch die Erde – um die Sonne kreisen. Er wurde bald von der Kirche, die glaubte, dass die Erde der Mittelpunkt des Universums sei, angeklagt und sollte seine Behauptungen widerrufen. Seinen Widerruf widerrief er jedoch dann auch wieder mit den berühmt gewordenen Worten: „Und sie bewegt sich doch." Erst 1992 hat die katholische Kirche die Richtigkeit der Entdeckung

Galileis offiziell anerkannt. Und auch in anderen Bereichen der Wissenschaft standen die neuen Erkenntnisse in Gegensatz zu der – noch mittelalterlich geprägten – Weltsicht der Kirche, die sich auf die Bibel stützte. So kam es oft zum Streit zwischen der Kirche und den Wissenschaftlern, die gelegentlich sogar das Land verlassen mussten. Auch die Kirche selbst wurde Untersuchungsgegenstand der Rationalisten. Vor allem die klassischen Gottesbeweise wurden kritisch untersucht und von einigen Gelehrten abgelehnt.

Die grundsätzliche Richtigkeit des Rationalismus zeigte sich vor allem in der Fülle der theoretischen Entdeckungen durch so überragende Forscher wie Newton (Mathematik, Physik, Astronomie), Descartes (Mathematik, Philosophie), Leibniz (Mathematik, Philosophie, Technik), Kepler (Astronomie), Fahrenheit (Physik, Technik), Watt (Technik), de Montgolfier (Technik) u. v. a. Die technischen Geräte, die aufgrund der naturwissenschaftlichen Forschungen konstruiert wurden, funktionierten und bewiesen die Richtigkeit der Forschungsergebnisse, so z. B. die Addiermaschine, der Blitzableiter, die Dampfmaschine, der Heißluftballon, das Mikroskop, das Teleskop usw. (Abb. 2).

Vor allem in den protestantischen Staaten hatten die Aufklärer großen Erfolg. Das gesamte Menschenbild änderte sich. Der Wert eines Menschen wurde immer weniger nach seinem Stand und seiner Herkunft, sondern mehr und mehr nach seinen Möglichkeiten und Leistungen bemessen. Die Aufklärer forderten Bildung für alle Menschen, um die oftmals auf Unwissenheit beruhende Unvernunft zu bekämpfen. Einige Herrscher griffen die Ideen der Aufklärer auf, ließen Schulen bauen und errichteten „Akademien der Wissenschaften" (Paris 1635, London 1660, Berlin 1700).

Bald gaben sich die Aufklärer jedoch nicht mehr mit naturwissenschaftlichen Forschungen zufrieden, sondern kritisierten – wie der herausragende französische Vordenker Voltaire – die bestehenden Gesellschaftssysteme. Schnell stießen sie auf die Frage nach der unter vernünftigen Gesichtspunkten besten Staats- und Regierungsform. Dabei stand nun nicht mehr – wie im Mittelalter – die Frage einer gottgewollten Ordnung im Mittelpunkt, sondern die Frage nach der für alle Menschen besten Form des

Abb. 2: Das Zeitalter der Vernunft ermöglichte bisher ungeahnte technische Meisterleistungen, wie die ersten Flüge des Heißluftballons der französischen Brüder de Montgolfier

Abb. 3: Der englische Aufklärer John Locke (1632–1704) lieferte mit seinen Ideen das theoretische Fundament der englischen „Declaration of Rights" von 1688

menschlichen Zusammenlebens. Die hervorragendsten Denker und Begründer der modernen Staatslehre waren der Engländer John Locke und die Franzosen Charles de Montesquieu und Jean-Jacques Rousseau.

Ältere Staatstheoretiker wie der Engländer Thomas Hobbes waren noch sehr stark von den Ereignissen während der großen europäischen Glaubenskriege geprägt. Hobbes war der Auffassung, dass der Mensch an sich zur Gewalt neigt, wenn es keine starke Obrigkeit gibt, die für Ordnung sorgt. Der „Naturzustand" ohne staatliche Ordnung wäre demnach ein ständiger Kampf „jeder gegen jeden" („Anarchie"). Deshalb haben die Menschen – so Hobbes – einen „Gesellschaftsvertrag" geschlossen, in dem sie sich zu einer Gesellschaft zusammenschließen und einem starken und unabhängigen Herrscher unterwerfen. Dies konnte nach Hobbes' Vorstellungen des 17. Jahrhunderts nur der von Gottes Gnaden eingesetzte absolutistische König nach dem Vorbild eines Ludwig XIV. von Frankreich sein.

Auch Locke ging bei seinen Überlegungen davon aus, dass die Menschen sich aus einem anarchischen Naturzustand heraus in einem Gesellschaftsvertrag zusammenschließen. Doch hatte die englische Geschichte des 17. Jahrhunderts gezeigt, dass die unbegrenzte Macht des Königs in die Tyrannei führte, wenn ihr keine Kontrolle und Begrenzung entgegengesetzt wird. Deshalb forderte Locke eine strenge Trennung der Staatsgewalt in eine gesetzgebende („Legislative") und eine vollstreckende Gewalt

(„**Exekutive**"). Jeder Herrscher sollte nach diesem Modell nur die Macht über eine Teilgewalt, die Exekutive bekommen. Die Legislative sollte vom Volk gewählt werden. Sollte der Herrscher versuchen, sich die gesamte, ungeteilte Staatsgewalt anzueignen, hat jeder Untertan das Recht auf Widerstand gegen den tyrannischen Herrscher (Abb. 3).

Damit hatte Locke die Grundlagen der Lehre von der Gewaltenteilung formuliert, die in der Folgezeit von Montesquieu verfeinert wurde. Er brachte mit der Rechtsprechung („**Judikative**") noch eine dritte Teilgewalt in die Diskussion, die gleichberechtigt neben den beiden anderen steht und auch unbedingt unabhängig von diesen sein muss. Der Grundgedanke war, dass sowohl die gesetzgebende als auch die vollziehende Gewalt sich bei ihrer Arbeit an die geltenden Gesetze halten müssen. Deshalb braucht jeder Staat eine unabhängige Justiz, die darauf achtet, dass keine Teilgewalt sich widerrechtlich Befugnisse einer anderen Teilgewalt aneignet (Abb. 4).

Rousseau übte mit seiner noch radikaleren Staatstheorie bereits wieder Kritik am Rationalismus. Nach seiner Auffassung besitzt der Mensch im Naturzustand angeborene, unveräußerliche Rechte („**Menschenrechte**"), die in einem Gesellschaftsvertrag gar nicht auf Dauer an einen Herrscher abgegeben werden können. Deshalb kann jede gesellschaftliche Übereinkunft nach Rousseau nur auf Zeit und für einen ganz bestimmten Zweck zustande kommen. Damit

Abb. 5: Der französische Aufklärer Jean-Jacques Rousseau (1712–1778) war radikaler als die meisten seiner Kollegen. Vor allem die radikalen französischen Revolutionäre von 1792 beriefen sich auf seine Theorien

Abb. 4: Der Franzose Charles de Montesquieu (1689–1755) stellte bahnbrechende Überlegungen zur Frage der Gewaltenteilung an

formulierte Rousseau die Idee einer Staatsgewalt, die grundsätzlich vom Volk ausgeht und auch direkt vom Volk ausgeübt wird. Alle Organe des Staates dürfen Teile dieser Staatsgewalt nur auf eine begrenzte Zeit innehaben und müssen sie nach dem Willen des Volkes anwenden. Die Monarchie, in der ein König bereits durch seine Geburt Macht erlangt, lehnte Rousseau ab (Abb. 5).

Mit ihren politischen Ausführungen gaben Locke, Montesquieu und Rousseau der politischen Weltentwicklung des 18. Jahrhunderts ein wichtiges theoretisches Fundament. Bereits die englische „Declaration of Rights" von 1689 war weitgehend auf den Ideen Lockes aufgebaut. Im Vorläufer der amerikanischen Unabhängigkeitserklärung, der „Virginia Bill of Rights", finden sich vor allem die Ideen Rousseaus sehr deutlich, während die Unabhängigkeitserklärung selbst schon wieder etwas offener formuliert wurde. Auch die Verfassungen der Französischen Revolution wären ohne die Arbeiten von Locke, Montesquieu und Rousseau so nicht zustande gekommen.

 Zum Weiterlesen:

• Revolutionen in England, S. 816
• Die Unabhängigkeit der USA, S. 824
• Die Französische Revolution, S. 826
• Napoleon, S. 830

„Alle Macht ruht im Volke!" – Die Unabhängigkeit der USA

Im 18. Jahrhundert bildeten die weiter im nordamerikanischen Inland gelegenen französischen Besitzungen einen Sperrriegel gegen die weitere Ausdehnung der britischen Kolonien nach Westen. Hier hatte sich bereits ein solcher Wohlstand gebildet, dass aus dem Mutterland Hunderttausende von Siedlern nachdrängten. Aufgrund der Überbevölkerung in den britischen Kolonien kam es ab 1750 zu ständigen Grenzzwischenfällen zwischen den britischen und den französischen Besitzungen. Diese weiteten sich 1754 zu einem allgemeinen Krieg zwischen Frankreich und Großbritannien aus, der weltweit in den Kolonien ausgetragen wurde und ab 1756 als „Siebenjähriger Krieg" nach Europa zurückkehrte. Am Ende gewann Großbritannien 1763 im Frieden von Paris die gesamten französischen Besitzungen in Nordamerika. Doch der Krieg hatte Unsummen Geld verschlungen, und die britische Regierung wollte die Kolonisten, zu deren Schutz sie den Krieg ja auch geführt hatte, an den Kosten beteiligen. Deshalb erließ das britische Parlament eine ganze Reihe von neuen Sondersteuern für die Kolonien. Doch die Siedler verlangten Mitspracherechte und politische Mitwirkung bei den Angelegenheiten, die sie selber betrafen. So lautete ihr Schlachtruf: „Keine Besteuerung ohne Vertretung im Parlament!" (engl. „No taxation without representation!"). Schon 1765 trafen sich Vertreter aus allen Kolonien in New York, um ihr Vorgehen auf eine gemeinsame Grundlage zu stellen.

Der Protest der Kolonisten hatte zunächst

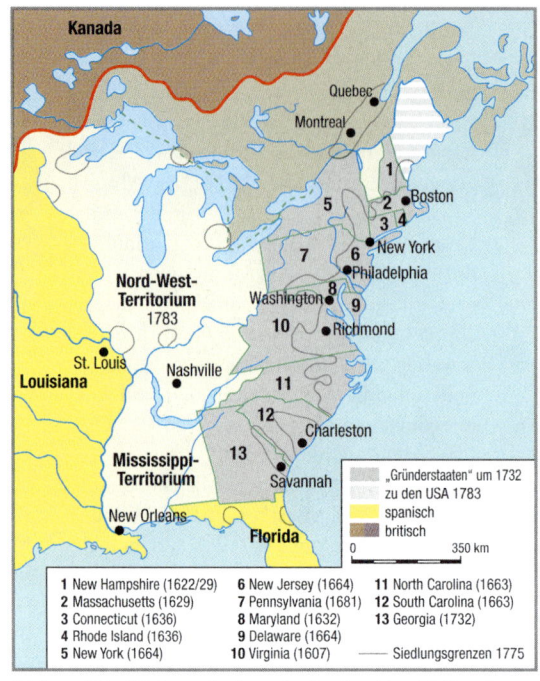

Abb. 1: Die USA nach dem Ende des Unabhängigkeitskrieges 1783

Erfolg: Die umstrittenen Steuern wurden zurückgenommen. Doch zwei Jahre später erließ das britische Parlament erneut eine ganze Anzahl von Steuern, u. a. auf Tee. Außerdem wurden starke Truppeneinheiten nach Boston verlegt, um den Schmuggel zu bekämpfen. Die besonders radikale Siedlergruppe „Söhne der Freiheit" (engl. „Sons of liberty") rief zum Boykott britischer Waren auf. Als am 5.3.1770 nach einem Streit in Boston britische Soldaten auf Kolonisten schossen und fünf von ihnen töteten, schwappte eine neue Protestwelle gegen das Mutterland durch die Kolonien. 1773 hoben die Briten die Teesteuer

dann plötzlich auf, so dass Tee aus Großbritannien auf einmal billiger war als der geschmuggelte Tee. Dennoch riefen die „Söhne der Freiheit" zum Boykott auf, griffen in der Nacht vom 16. zum 17.12.1773 britische Handelsschiffe an und warfen schließlich 324 Kisten britischen Tee in den Hafen von Boston („Boston Tea Party"). Im Jahr darauf trafen sich Abgeordnete der Kolonien zu einem ersten Kontinentalkongress, um ihr weiteres Vorgehen zu beraten. Sie verlangten von Großbritannien politische Rechte, aber noch keine Unabhängigkeit. Der Wunsch nach der Loslösung von Großbritannien wurde erst stärker, als das Mutterland auf die Forderungen der Kolonisten 1775 mit Krieg antwortete. Zunächst sah es für die Kolonisten schlecht aus. Erst als sie Hilfe von Frankreich, den Niederlanden und Spanien erhielten, die eine Chance sahen, Großbritannien zu schwächen, bekamen sie langsam Oberhand (Abb. 1).

Der zweite Kontinentalkongress vom Mai 1775 rief die Kolonien dann endgültig zur Trennung von Großbritannien auf. In der Folge gaben sich die Kolonien Verfassungen, von denen die demokratische Verfassung von Virginia (**„Virginia Bill of Rights"**), die stark von den politischen Theorien Rousseaus geprägt war, besonders berühmt geworden ist. Am 4.7.1776 wurde schließlich die amerikanische Unabhängigkeitserklärung unterzeichnet. Damit waren die **Vereinigten Staaten von Amerika** entstanden. Der Krieg ging jedoch noch sieben Jahre weiter, bis die Engländer 1783 endgültig aufgaben und im Frieden von Paris die amerikanische Unabhängigkeit anerkannten. Ab 1789 hatten die USA die modernste Verfassung der Welt. Doch sollte es noch lange dauern, bis der Anspruch der Verfassung (unveräußerliche Menschenrechte) und die amerikanische Wirklichkeit (massenhafte Sklavenhaltung) übereinstimmten (Abb. 2).

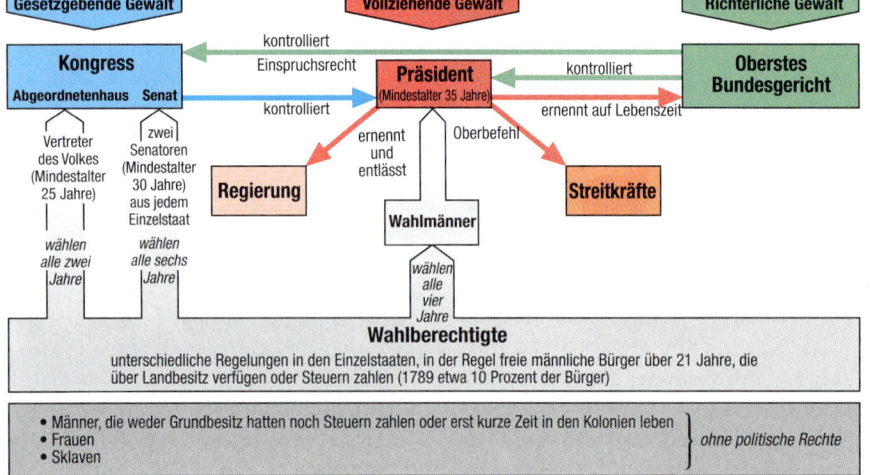

Abb. 2: Die Bundesverfassung der USA von 1789 galt mit ihren demokratischen Grundprinzipien als modernste Verfassung der Welt

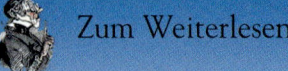

Zum Weiterlesen:

- Revolutionen in England, S. 816
- Zeitalter der Aufklärung, S. 822
- „Amerika den Amerikanern", S. 846
- Der „Run" auf Kolonien, S. 848
- Zeitalter des Imperialismus, S. 850

Geschichte

Höfische Singspiele, Reifröcke und Zopfperücken – Die Krise des französischen Absolutismus

Die üppige Hofhaltung in Versailles, das teure stehende Heer und die andauernde Verstrickung in Kriege hatten Frankreich bereits zu Zeiten Ludwigs XIV. mehrfach an den Rand des Ruins getrieben. Beim Tode des Königs 1715 war der Thronfolger Ludwig XV. gerade einmal fünf Jahre alt. Sein Regent Philipp von Orleans führte trotz der hohen Schuldenlast den höfischen Prunk weiter fort. In der Folgezeit entfernte sich das höfische Leben noch mehr von der gesellschaftlichen Wirklichkeit als zuvor schon. Politische Entscheidungen wurden immer öfter von den großen Lebedamen des Hofes getroffen, z. B. von der Gräfin du Barry oder der Marquise de Pompadour. Ab der Mitte des 18. Jahrhunderts wurde das System unter den Eindrücken der Aufklärung immer schärfer kritisiert. Die weltweite kriegerische Auseinandersetzung mit Großbritannien um die Kolonien 1754–1763 sowie der Siebenjährige Krieg 1756–1763 in Europa verschärften die finanzielle Krise noch weiter. Zudem verlor Frankreich 1763 einen Großteil aller Kolonien an Großbritannien und musste fortan auf die überseeischen Einkünfte verzichten.

Nach dem Tode des unfähigen Ludwig XV. kam 1774 Ludwig XVI. auf den Thron. Um Rache für die Niederlage im Kolonialkrieg zu nehmen, unterstützte Frankreich ab 1776 den amerikanischen Freiheitskampf. Dieses neue außenpolitische Abenteuer ließ die Staatsverschuldung erneut hochschnellen. Mittlerweile wurde ein Drittel des Staatshaushaltes für die Schuldzinsen benötigt. Zudem geriet der König nun vollends in die Kritik der Aufklärer, die inzwischen sowohl beim Adel als auch beim Bürger- und Bauerntum Anhänger gefunden hatten. Denn wie wollte Ludwig es rechtfertigen, dass er

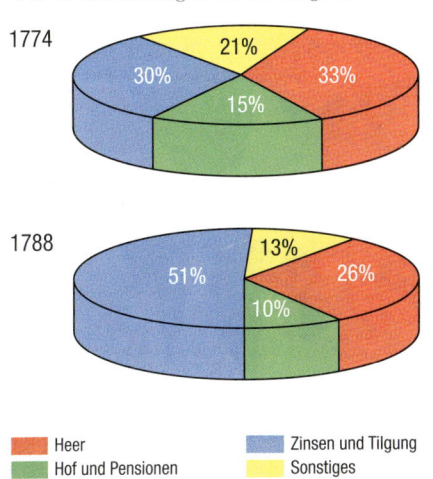

1774

21% · 33% · 15% · 30%

1788

13% · 26% · 10% · 51%

■ Heer ■ Zinsen und Tilgung
■ Hof und Pensionen ■ Sonstiges

Abb. 2: Die Entwicklung der französischen Staatsausgaben 1774–1788

Abb. 1: Diese französische Karikatur aus dem Jahre 1789 trägt den Titel: „Hoffentlich wird dieses Spiel bald ein Ende haben". Sie zeigt in der Gestalt des alten Mannes den dritten Stand, der die Lasten von Klerus und Adel tragen muss

mit riesigen Geldsummen die Unabhängigkeit eines Staates unterstützte, der Werte wie unveräußerliche Menschenrechte, Gleichheit der Menschen, politische Selbstbestimmung des Volkes und vor allem das Widerstandsrecht gegen eine ungerechte Regierung in seine Verfassung schrieb, während dem Volk in Frankreich alle diese Rechte mit Gewalt vorenthalten wurden (Abb. 1)?

In den folgenden Jahren versuchte der König, die in bedrohliche Höhen gestiegenen Schulden des Staates durch Reformen zu senken. Doch alle seine Ideen wie die Besteuerung des Adels oder eine sparsamere Hofhaltung scheiterten am Widerstand der Königin Marie Antoinette. Wenige Jahre später verschlimmerte sich die wirtschaftliche Lage noch einmal drastisch. Nach schweren Missernten 1787 und 1788 brachen in ganz Frankreich Hungersnöte aus. Eine steigende Arbeitslosigkeit und steigende Brotpreise trieben das Volk in die Verzweiflung, so dass es zu Beginn des Jahres 1789 bereits zu ersten Auflösungserscheinungen des Staates und Plünderungen von Lebensmitteln kam. Zudem machte der Staat zum wiederholten Male Bankrott, weil die Schulden mittlerweile höher waren als das Geld, das der Staat in einem Jahr zur Verfügung hatte („Haushalt"). So musste 1788 bereits über die Hälfte des Haushaltes allein für Schuldzinsen ausgegeben werden (Abb. 2).

So sah der König schließlich keine andere Möglichkeit, als die Generalstände, eine Volksvertretung aller drei Stände, einzuberufen, um eine neue Finanzpolitik und neue Steuern durchzusetzen. 1614, also mehr als 170 Jahre zuvor, waren die Generalstände zum letzten Mal zusammengetreten. Damals stellte jeder Stand 300 Vertreter. Da jedoch nach Ständen getrennt abgestimmt wurde, konnten Adel und Klerus gemeinsam den dritten Stand jederzeit mit 2:1 überstimmen. Damit war der dritte Stand, der ja über 98 Prozent der Bevölkerung ausmachte, stark benachteiligt. Dieses Mal sollte der dritte Stand zwar 600 Vertreter entsenden, doch an Art und Weise der Abstimmung sollte sich nichts ändern, womit der dritte Stand dem Klerus und dem Adel – sollten sich diese einigen – immer noch unterlegen gewesen wäre. Also forderte der Wortführer des dritten Standes, der Geistliche Emmanuel Joseph Sieyès, die volle politische Gleichberechtigung der Bürger und Bauern, also eine gemeinsame Abstimmung aller drei Stände nach dem Mehrheitsprinzip. Das hätte die Machtübernahme des Volkes bedeutet (Abb. 3).

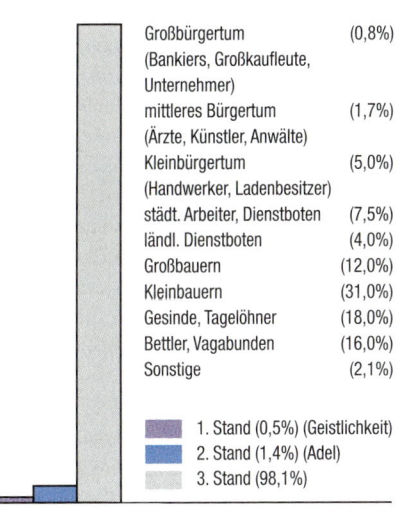

Großbürgertum (Bankiers, Großkaufleute, Unternehmer)	(0,8%)
mittleres Bürgertum (Ärzte, Künstler, Anwälte)	(1,7%)
Kleinbürgertum (Handwerker, Ladenbesitzer)	(5,0%)
städt. Arbeiter, Dienstboten	(7,5%)
ländl. Dienstboten	(4,0%)
Großbauern	(12,0%)
Kleinbauern	(31,0%)
Gesinde, Tagelöhner	(18,0%)
Bettler, Vagabunden	(16,0%)
Sonstige	(2,1%)

■ 1. Stand (0,5%) (Geistlichkeit)
■ 2. Stand (1,4%) (Adel)
■ 3. Stand (98,1%)

Abb. 3: Die Anteile der Stände und Berufe in der französischen Bevölkerung um 1789

 Zum Weiterlesen:

• Ludwig XIV., S. 814
• Revolutionen in England, S. 816
• Zeitalter der Aufklärung, S. 822
• Die Französische Revolution, S. 826
• Napoleon, S. 830

„Freiheit, Gleichheit, Brüderlichkeit" – Die Französische Revolution

Auf Veranlassung König Ludwigs XVI. traten am 5.5.1789 die Generalstände zusammen. Auf Druck des Bürger- und Bauerntums war die Zahl der Abgeordneten des dritten Standes auf 600 verdoppelt worden, doch wäre der dritte Stand durch die nach Ständen getrennte Abstimmungsweise nach wie vor benachteiligt gewesen. Daraufhin zogen der dritte Stand und sympathisierende Vertreter des Adels und der Geistlichkeit aus und versammelten sich im **„Ballhaus"**, einer nahe gelegenen Sporthalle. Hier erklärten sie sich am 20.6.1789 zur Nationalversammlung, der legitimen Vertretung aller Franzosen. Ihr

Abb. 1: Nach der Versammlung im Ballhaus schwor die Nationalversammlung, nicht auseinander zu gehen, bis sie eine neue Verfassung erarbeitet habe

Ziel war es, eine Verfassung auszuarbeiten, die die Rechte des Königs, der Volksvertretung und des Volkes verbindlich festlegte. Der König wehrte sich zunächst, denn schließlich war es sein altes Recht, die Generalstände einzuberufen und wieder aufzulösen. Doch bald musste Ludwig sich dem Druck beugen, und am 9.7.1789 erklärten sich die Ständevertreter zur Verfassunggebenden Nationalversammlung (Abb. 1).

Während diese ihre Arbeit aufnahm, ließ der Herrscher starke Truppeneinheiten nach Paris bringen und berief eine neue, königstreue Regierung. Da bekamen die Bürger Angst, dass Ludwig die beginnende Revolution blutig niederschlagen würde. Aus der Furcht entstand jedoch schnell Wut, als der König neue Zölle auf Lebensmittel erhob und die Brotpreise in immer neue Schwindel erregende Höhen kletterten. In dieser Situation griffen die Bürger am 14.7.1789 zu den Waffen und erstürmten die Bastille, das königliche Gefängnis von Paris, das als Symbol für das ganze verhasste System stand (Abb. 2). Daraus entwickelte sich ein Volksaufstand in ganz Paris, in dessen Verlauf die Bürger alle städtischen Einrichtungen entmachteten und eine eigene Bürgerwehr, die Nationalgarde, gründeten. Diese übernahm die Polizeiaufgaben in der Hauptstadt, womit die Bürger in Paris die Macht übernahmen. In der nächsten Zeit folgten viele französische Städte diesem Beispiel nach (Abb. 3).

Um in dieser Situation das Chaos nicht zu groß werden zu lassen, musste sich die Nationalversammlung beeilen, die neue Herrschaft des Volkes auf eine gesetzliche Grundlage zu stellen. Da die Verabschiedung einer

neuen Verfassung aber noch einige Zeit dauern würde, erließen die Abgeordneten am 5.8.1789 schon einmal einige vorläufige gesetzliche Bestimmungen, die das revolutionäre Zusammenleben gestalten sollten. Diese **„Augustbeschlüsse"** sahen vor allem die Bauernbefreiung durch die Aufhebung der Leibeigenschaft vor. Die Bauern sollten das bisher genutzte Ackerland fortan als Eigentum selbst bewirtschaften. Alle Bürger sollten in Zukunft rechtlich gleich sein, Stände sollte es nicht mehr geben.

Wenig später verkündete die Nationalversammlung nach dem Vorbild der USA eine „Erklärung der Menschen- und Bürgerrechte". Danach wurden jedem Menschen unveräußerliche Rechte zugeschrieben, so z. B. die persönliche Freiheit, die Gleichheit vor dem Gesetz, die Freiheit zur politischen Betätigung und die freie Meinungsäußerung. Oberstes Ziel des Staates sei es demnach, diese Freiheiten zu schützen. Sollte der Staat

dabei versagen oder zu tyrannischen Mitteln greifen, gestand die Erklärung der Menschen- und Bürgerrechte den Bürgern ein Widerstandsrecht gegen den Staat zu. Ähnlich wie die amerikanische „Virginia Bill of Rights" war die Erklärung der Menschen- und Bürgerrechte stark vom Geiste der Aufklärung und von den politischen Theorien Lockes, Montesquieus und vor allem Rousseaus geprägt (Abb. 4).

Im August und September 1789 herrschte in Paris eine ausgesprochen euphorische Stimmung. Die Straßen waren voller Menschen, die das Ende der Jahrhunderte dauernden Unterdrückung und die neu gewonnene Freiheit feierten. Der einzige Wermutstropfen war, dass der König in Versailles sich weigerte, die Beschlüsse der Nationalversammlung anzuerkennen. Deshalb zogen Anfang Oktober 6000 Pariser Marktfrauen nach Versailles, um vor dem König zu demonstrieren und auf die katastrophale Versorgungslage der Stadt hinzuweisen. Dem Zug der Marktfrauen schlossen sich die Nationalgarde und eine riesige Menschenmenge an. Nach blutigen Kämpfen mit der königlichen Leibgarde wurde der König schließlich gezwungen, mit seiner Familie von Versailles nach Paris umzuziehen. Hier sollte er die Situation des Volkes kennen lernen und – vielleicht noch wichtiger – hier befand er sich in der Hand der Revolutionäre.

Damit hatte der König seine Macht verloren. Um durch die Unterzeichnung der Verfassung nicht offiziell seine Macht aus den Händen zu legen, versuchte Ludwig, kurz

Abb. 2: Die Erstürmung der Bastille am 14.7.1789 gilt als Beginn der Französischen Revolution

Geschichte

Abb. 3: Schnell breitete sich die Revolution von Paris auf ganz Frankreich aus. Auf dem Lande brannten bald Schlösser und Klöster

Gefördert wurde diese Entwicklung von dem mächtigsten der vielen politischen Clubs und Zirkel, die sich überall im Land gebildet hatten, den **„Jakobinern"**. Zu ihnen gehörten viele aufgeklärte Zeitgenossen, vor allem Schriftsteller, Anwälte und andere gebildete Personen („Intellektuelle"). Die Jakobiner verlegten eigene Zeitungen und veranstalteten große Bürgerversammlungen, in denen sie die Bürger für ihre königsfeindliche Haltung zu gewinnen suchten.

Die ganze Zeit über arbeitete die Nationalversammlung außer an der Verfassung selbst auch mit Hochdruck an gesellschaftlichen und Verwaltungsreformen. Die vielleicht wichtigste Maßnahme war die Abschaffung aller Adelstitel vom Sommer 1790. Ganz Frankreich wurde in 83 neue Bezirke („Departements") eingeteilt, zwischen denen beim Transport von Waren nun keine Zölle mehr fällig wurden. Der gesamte, über Jahrhunderte angehäufte Reichtum der Kirche wurde beschlagnahmt und in Staatsbesitz überführt, um die immer noch heillos maroden Staatsfinanzen etwas zu sanieren. Zudem wurden Staat und Kirche nun radikal getrennt und die Kirche aus allen weltlichen Aufgaben herausgedrängt. Orden wurden aufgelöst, und der Staat übernahm selbst die kirchlichen Krankenhäuser, Schulen und Fürsorgeheime. Damit legten die Revolutionäre einen Grundstein für die Feindschaft, die der Papst und die katholischen Herrscher Europas der Französischen Revolution entgegenbrachten.

Abb. 4: Die Tafel mit der Erklärung der Menschen- und Bürgerrechte. Zwischen den beiden Frauengestalten ist das „Auge der Vernunft" zu erkennen

vor der Fertigstellung der Verfassung mit seiner Familie ins Ausland zu fliehen. Doch der Versuch scheiterte. Kurz vor der Grenze wurde der König erkannt, von der Nationalgarde festgenommen und wie ein Verräter nach Paris zurückgebracht. Dieser Fluchtversuch hatte zur Folge, dass sich in der Bevölkerung eine Gruppe bildete, die nun erstmals die Abschaffung der Monarchie forderte, was für die Revolutionäre bis dahin eigentlich kein Thema gewesen war. Doch noch waren diese Radikalen in der Minderheit, und die Nationalgarde ging gewaltsam gegen sie vor. Doch jedes Opfer, das diese Polizeiaktionen forderte, vergrößerte nur den Hass der Bevölkerung auf den König.

Im September 1791, über zwei Jahre nach dem Beginn ihrer Arbeit, präsentierte die Nationalversammlung dann die neue französische Verfassung. Doch nun war unter dem Einfluss der Jakobiner bereits ein Teil der Abgeordneten gegen diesen Entwurf und wollte die Monarchie komplett abschaffen. Doch schließlich setzten sich die Befürworter durch, und am 14.9.1791 leistete König Ludwig XVI. seinen Eid auf die neue Verfassung. Damit war der Absolutismus in Frankreich endgültig gestürzt, der Staat war nun eine konstitutionelle Monarchie. Die Verfassung ging aus von den drei Grundwerten der Französischen Revolution, der Freiheit (frz. Liberté), der Gleichheit (frz. Égalité) und der Brüderlichkeit (frz. Fraternité). Die drei Teilgewalten des Staates waren strikt getrennt, die Macht des Königs wurde stark eingeschränkt. Doch entgegen dem Grundsatz der Gleichheit besaßen nur männliche Bürger, die über einen bestimmten Besitz verfügten, das Wahlrecht. Arme und Frauen blieben also ohne politische Beteiligung (Abb. 5).

Mit der Verabschiedung der Verfassung hatte die Verfassunggebende Nationalversammlung ihre Pflicht erfüllt und wurde durch eine Gesetzgebende Nationalversammlung ersetzt, die auf der Grundlage der Verfassung eine allgemeine Rechtsordnung erarbeiten sollte. Doch ein beträchtlicher Teil der Abgeordneten war mit der Verfassung von 1791 unzufrieden und forderte radikalere Reformen. Dazu zählten vor allem die „Sansculotten", die sich durch ihre langen Hosen (frz. sans culottes = ohne Knie-

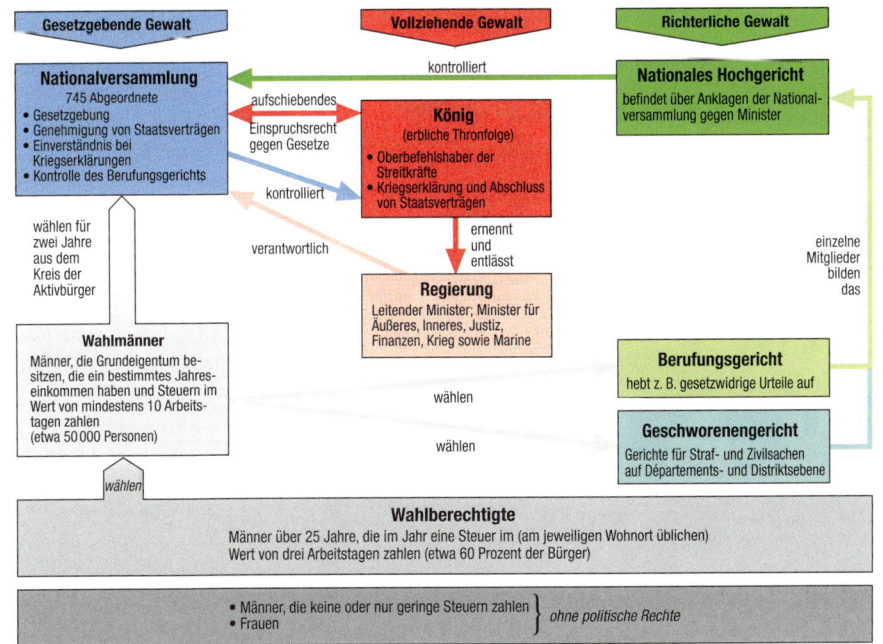

Abb. 5: Die revolutionäre Verfassung von 1791 machte Frankreich zu einer konstitutionellen Monarchie

Abb. 6: Die Sansculotten waren meistens „kleine Leute" und gehörten zu den radikalsten Revolutionären

tende Menschenmenge das Pariser Stadtschloss des Königs. Die Leibgarde des Königs konnte Ludwigs Entführung gerade noch verhindern. Der König floh in die Nationalversammlung, die ihn jedoch gefangen nehmen musste, um nicht selber von den Massen der Straße gestürmt zu werden. Darüber hinaus erklärte die Nationalversammlung Ludwig für vorübergehend abgesetzt. Die Revolutionäre befürchteten nun, die anrückenden Feindtruppen könnten sich mit den in den französischen Gefängnissen inhaftierten Anhängern des Königs verbünden und die alten, absolutistischen Verhältnisse durch eine Gegenrevolution wieder herstellen. Deshalb drangen Anfang September 1792 besonders radikale Sansculotten in die Pariser Gefängnisse und richteten unter den Gefangenen ein Blutbad an. Sie töteten wahllos einfach alle Gefangenen, ohne zu fragen, warum die Personen im Gefängnis saßen. Über 1 500 Menschen wurden in diesen Tagen des „Septemberterrors" umgebracht (Abb 7).

Ende September fanden dann Neuwahlen zu einem „Nationalkonvent" statt, einem neuen Parlament, das die Nationalversammlung ersetzen sollte. Nur eine verschwindende Minderheit der Bürger beteiligte sich an den Wahlen, so dass die radikalen Kräfte unverhältnismäßige Vorteile erlangten. Am 22.9.1792 erklärte der Nationalkonvent Frankreich zur Republik und die Monarchie für abgeschafft. Sofort wurde ein Schauprozess gegen den König („Bürger Capet") eingeleitet, und zwar nicht vor einem ordentlichen Gericht, sondern vor dem von radikalen Revolutionären beherrschten Nationalkonvent. Wegen „Verschwörung gegen die Freiheit der Nation" wurde Ludwig schließlich zum Tode verurteilt und am 21.1.1793 auf der Pariser „Place de la Révo-

Abb. 7: Zeitgenössische Darstellung des Septemberterrors in einem Gefängnis in Paris

lution" (heute: „Place de la Concorde") vor einer riesigen Menschenmenge auf dem Schafott öffentlich hingerichtet (Abb. 8).

In allen europäischen Fürstenhäusern lösten diese Ereignisse nacktes Entsetzen aus und steigerten die Furcht vor der Französischen Revolution noch einmal. Dass diese Furcht nicht unbegründet war, dazu trugen auch die Erfolge der französischen Revolutionsarmee bei, die seit April 1792 ihren „Kreuzzug für die Freiheit der Welt" führte. Nach ersten Erfolgen, mit denen die preußisch-österreichischen Invasionstruppen aus dem Land herausgedrängt wurden, eroberten die Franzosen weite linksrheinische Gebiete. Doch sehr bald stellte sich heraus, dass die Revolutionstruppen nicht gekommen waren, um die Menschen zu befreien, sondern um sie nach der Art „ganz normaler" Eroberer wirtschaftlich auszubeuten. Damit machte sich die Französische Revolution natürlich keine Freunde in Europa (Abb. 9).

Trotz der Ausbeutung der besetzten Gebiete wurde die wirtschaftliche Lage Frankreichs immer schlechter, denn nach der Hinrichtung des Königs war der Großteil der reichen Adligen und Bürger aus Frankreich geflohen, womit den meisten Handwerkern und sonstigen Arbeitern die Auftrag- und Arbeitgeber fehlten. Die Folge war eine immer weiter gehende Radikalisierung der

hosen) von den Adligen und Großbürgern unterscheiden wollten, die seidene knielange Hosen trugen. Sie forderten vor allem das freie Wahlrecht für alle – unabhängig vom Besitz – sowie eine noch weiter gehende Entmachtung des Königs (Abb. 6).

Im Jahre 1792 wuchs die außenpolitische Bedrohung der Revolution. Die absolutistischen Herrscher von Preußen und Österreich hatten Angst, dass die revolutionären Ideale auch in ihren Ländern viele Anhänger finden würden und fürchteten um ihre königlichen Machtpositionen. Im Vertrauen auf die französische Stärke zwang die Nationalversammlung den König zur Kriegserklärung an Österreich. Doch die französischen Armeen erlitten zunächst einige schwere Niederlagen. Schon bald überschritten die preußisch-österreichischen Heere die Landesgrenzen und näherten sich Paris. Sie drohten mit der Vernichtung der Hauptstadt, falls König Ludwig etwas zustoßen würde. Damit lösten die Angreifer jedoch genau das Gegenteil aus: Die Massen sahen in Ludwig nun zunehmend einen Verbündeten des revolutionsfeindlichen Auslands, und das politische Klima wurde immer explosiver.

Aus dieser Situation heraus entstand nun die „Zweite Revolution" von 1792. Die Sansculotten lösten die rechtmäßige Stadtverwaltung von Paris auf und forderten die Absetzung und Auslieferung des Königs. Am 10.8.1792 erstürmte eine wü-

Abb. 8: Die Hinrichtung König Ludwigs XVI. vom 21.1.1793. Am 16.10.1793 wurde auch seine Frau Marie Antoinette geköpft, eine Tochter von Maria Theresia von Österreich

Abb. 9: Die Kanonade von Valmy am 20.9.1792 brachte den ersten Sieg der Revolutionsarmee gegen die preußisch-österreichische Koalition. Dieser Sieg war der Wendepunkt im 1. Koalitionskrieg

Sansculotten, die sich auch auf den Nationalkonvent übertrug. Mitte 1793 wurden auf Druck der Sansculotten alle gemäßigten Politiker aus dem sowieso schon von Radikalen beherrschten Nationalkonvent ausgeschlossen, so dass hier nun nur noch Radikale saßen. Die wichtigsten von ihnen waren die Politiker Maximilien de Robespierre und Georges Jacques Danton. Sie veranlassten den Nationalkonvent zur Ausarbeitung einer neuen Verfassung, in der nun zum ersten Mal

soziale Grundrechte wie das Recht auf Arbeit, das Recht auf soziale Fürsorge oder das Recht auf Bildung festgeschrieben wurde. Doch der Krieg verhinderte, dass diese Verfassung in Kraft trat.

Die Leitung des Staates übertrug der Nationalkonvent an zwei Ausschüsse. Der mächtige Wohlfahrtsausschuss unter Robespierre leitete die Kriegführung, die Wirtschaft, die Verwaltung und die Polizei, während der Sicherheitsausschuss die Bürger ausspionieren ließ. Im folgenden Jahr errichteten diese beiden Ausschüsse eine „Schreckensherrschaft" in Frankreich, die als einziges Mittel der Politik nur den Terror kannte. Alle politischen Vereinigungen außer den Jakobinern waren verboten, und alle Personen, die man als Feinde der Revolution verdächtigte, wurden sofort verhaftet. Insgesamt wurden fast 500.000 Menschen als Revolutionsfeinde in Gefängnisse eingeliefert. Der kleinste Verdacht oder eine unbedachte Äußerung konnte nun schon zur Hinrichtung durch die Guillotine führen, ein vom französischen Arzt Guillotin zur angeblich „menschenfreundlicheren" Enthauptung konstruiertes mobiles Fallbeil. Etwa 50.000 Menschen ereilte dieses Schicksal, darunter auch den prominenten Revolutionär Danton, der es gewagt hatte, das Schreckensregiment Robespierres zu kritisieren. Sowohl in Paris als auch in den Departements kam es zu regelrechten Massenhinrichtungen. So setzten Robespierre und seine Anhänger die feierliche Er-

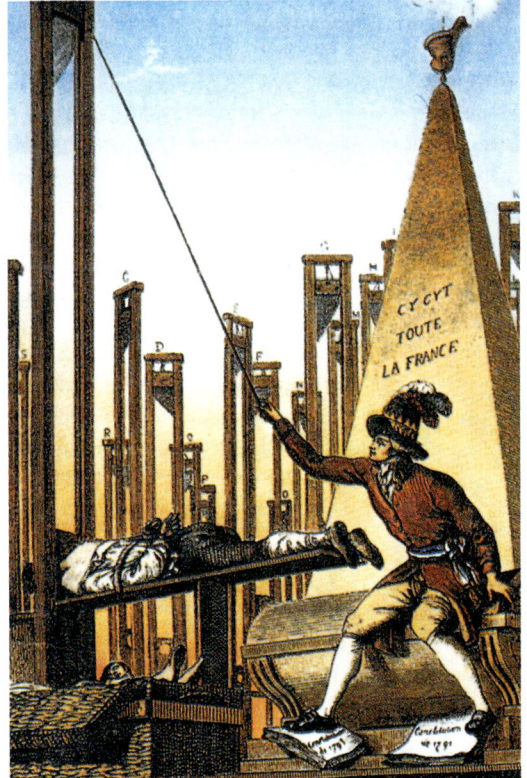

Abb. 10: So sahen viele Franzosen die Schreckensherrschaft Robespierres (rechts). Er steht in dieser Darstellung mit den Füßen auf den Verfassungen von 1791 und 1793. Auf der Grabpyramide im Hintergrund steht: „Hier ruht ganz Frankreich"

klärung der Menschen- und Bürgerrechte von 1789 durch ihren Terror außer Kraft. 1794 wurde schließlich das Christentum für abgeschafft erklärt und eine neue Zeitrechnung eingeführt (Abb. 10).

Nach dem Sieg der französischen Armeen über ihre europäischen Gegner konnte die allergrößte wirtschaftliche Not in Frankreich vorübergehend etwas gelindert werden. Die Entspannung der Situation führte dazu, dass die gemäßigten Kräfte im Nationalkonvent wieder stärker wurden. Am 28.4.1794 wurde Robespierre gestürzt und bereits am Tag darauf ohne Gerichtsverhandlung gemeinsam mit seinen treuesten Anhängern hingerichtet. Daraufhin zerschlugen die gemäßigten Kräfte mit Gewalt alle Einrichtungen, die der Wohlfahrtsausschuss während der Schreckensherrschaft gegründet hatte. Bald wurde die dritte Verfassung seit 1791 verabschiedet. Aufgrund der Erfahrungen mit der diktatorischen Schreckensherrschaft richteten die Väter der Verfassung von 1794 nur eine schwache vollziehende Gewalt ein, die aus einem fünfköpfigen **„Direktorium"** bestand. Frankreich blieb Republik, doch wesentliche Elemente der Verfassung von 1791 – wie z. B. das besitzabhängige Wahlrecht – wurden 1794 wieder aufgenommen. Damit stand die Republik von 1794 politisch in der Mitte zwischen der konstitutionellen Monarchie von 1791 und der Republik von 1792. Die Armen verloren mit den sozialen Grundrechten erneut die Hoffnung auf Besserung ihrer Situation, und die Reichen zeigten und genossen ihren Reichtum wieder in aller Öffentlichkeit. Bald entwickelte sich in Paris erneut eine reiche Oberschicht, die einen luxuriösen Lebensstil bevorzugte. Das Direktorium geriet jedoch zunehmend zwischen die Fronten der wieder erstarkenden Königstreuen und der immer noch starken Radikalen. Deshalb benötigten die Direktoren immer öfter die Unterstützung des Militärs, das dadurch zum wichtigen Machtfaktor wurde – ein Umstand, der maßgeblich zum politischen Aufstieg Napoleons beitrug.

 Zum Weiterlesen:

• Ludwig XIV., S. 814
• Revolutionen in England, S. 816
• Zeitalter der Aufklärung, S. 822
• Die Krise des französischen
  Absolutismus, S. 825
• Napoleon, S. 830

„Der Sohn des Glücks" – Das Ende der Revolution und Napoleons Krieg gegen Europa

Der mächtigste Mann in Europa war im frühen 19. Jahrhundert Napoleon Bonaparte. Er wurde am 15. 8. 1769 auf Korsika als Sohn eines Adligen geboren und schlug – im Gegensatz zu seinen sieben Geschwistern – eine militärische Laufbahn ein. Nach dem Ausbruch der Französischen Revolution schloss sich Napoleon der Revolutionsarmee an, wo man bald auf den ehrgeizigen und fähigen Artillerieoffizier aufmerksam wurde. So machte er hier schnell Karriere, zumal er dem mächtigen politischen Club der Jakobiner angehörte. 1793 wurde er bereits mit 24 Jahren zum General befördert. Doch nach dem Sturz Robespierres schien es auch mit dem jungen Korsen bergab zu gehen. Zeitweise saß er sogar in Haft. Doch als die Regierung 1795 durch einen Aufstand der Königstreuen unter Druck geriet, bot er sich an, den Aufstand zu bekämpfen. Innerhalb kürzester Zeit besiegte Napoleon die Anhänger der Monarchie, und als Dank erhielt er den Oberbefehl über die französische Armee in Italien. Trotz schwieriger Versorgungslage führte Napoleon die Armee 1797 durch seine überlegene neue Taktik zu einem glänzenden Sieg über die preußisch-österreichische Koalition, womit Frankreich den seit fünf Jahren währenden „1. Koalitionskrieg" siegreich beenden konnte. Nun wandte sich Frankreich gegen Großbritannien. Nachdem sich die Insel aufgrund der britischen Seeherrschaft im Ärmelkanal als zu stark für eine Eroberung herausgestellt hatte, wollte Napoleon durch einen Seesieg im für Großbritannien so wichtigen Mittelmeer, die Besetzung Ägyptens und einen von dort aus geführten Angriff auf die reiche Kolonie Indien die britische Seeherrschaft brechen und Großbritannien niederwerfen. Doch der Plan ging schief: Napoleon konnte zwar Ägypten besetzen, doch seine Flotte wurde von den überlegenen Briten 1799 vollständig vernichtet.

Kurz darauf geriet das politisch schwache Direktorium in Paris wieder einmal in Bedrängnis. Napoleon verließ Ägypten und kehrte nach Paris zurück, wo er von vielen Poli-

Abb. 1: Darstellung von Napoleon Bonaparte als Feldherr (1799)

tikern als Retter des Vaterlandes begrüßt wurde. Am 9. 11. 1799 löste er das Direktorium auf und übernahm als Chef einer vorläufigen Regierung selbst die Macht. Die Napoleon ergebene Revolutionsarmee sicherte diesen Staatsstreich, in der Bevölkerung regte sich nach zehn Revolutionsjahren kaum mehr Widerstand. Kurz darauf erließ der neue starke Mann eine Verfassung, die zwar wesentliche Elemente der revolutionären französischen Republik enthielt – wie z. B. Gewaltenteilung, freies Wahlrecht,

Volksabstimmungen usw. –, aber dennoch in Wahrheit alle Macht in die Hand eines Einzelnen legte, und das war Napoleon selbst. Diese Verfassung ließ er sich in einer Volksabstimmung bestätigen, die eine überwältigende Mehrheit für die neue Republik ergab (Abb. 1).

Es gab eine gewählte Volksvertretung, die jedoch noch nicht einmal eigene Gesetzesvorschläge formulieren durfte, sondern lediglich zur Bestätigung der von der Regierung erlassenen Gesetze diente. Damit war die gesetzgebende Gewalt („Legislative") in der Hand der ausführenden Gewalt („Exekutive"). Und auch die unabhängige Rechtsprechung („Judikative") geriet dadurch, dass die Regierung nun alle Richter selbst einsetzte, in Abhängigkeit. Die aufklärerischen politischen Ideen von Locke, Montesquieu und Rousseau, die den Verlauf der Französischen Revolution bisher so entscheidend beeinflusst hatten, spielten plötzlich keine Rolle mehr. Mit der Verfassung von 1799 war die Französische Revolution zu Ende.

Um die gerade erlangte Macht in Frankreich zu sichern, führte Napoleon eine ganze Reihe von Reformen durch, die vor allem die Verwaltung, die Gesellschaft und die Wirtschaft des Staates betrafen. So wurde die gesamte Verwaltung durch die Einsetzung einer großen Zahl von Beamten neu auf die Zentrale Paris ausgerichtet. Diese Maßnahme sorgte dafür, dass Napoleons Befehle und Anordnungen möglichst schnell im ganzen Land ausgeführt werden konnten. Über den Zugang zu den höheren Beamtenstellen entschieden nicht die Geburt oder andere Adelsprivilegien, sondern Tüchtigkeit und Leistung. So entstand schnell eine neue Führungsschicht, die sich aus Angehörigen des Adels und des aufstrebenden Bürgertums zusammensetzte. Um die immer noch unter den schweren Kriegslasten leidende Wirtschaft wieder „flottzumachen", führte Napoleon eine landesweite Währungsreform durch und hob alle wirtschaftlichen Beschränkungen auf. Zusammen mit der wirtschaft-

Abb. 2: Am 2.12.1804 krönte sich Napoleon in der Pariser Kathedrale Notre-Dame in Anwesenheit des Papstes (rechts) eigenhändig zum „Kaiser der Franzosen"

Geschichte

lichen Ausbeutung der eroberten linksrheinischen Gebiete führte dies zu einem beträchtlichen Aufschwung. Vor allem das reiche Bürgertum – Fabrikanten, Großhändler usw. – hatte davon den meisten Nutzen.

Die gesteigerte wirtschaftliche Leistungsfähigkeit Frankreichs kam aber auch dem Ausbau der militärischen Stärke zugute. Dies war umso wichtiger, da sich in Europa nun wieder neue Mächtegruppen gegen Frankreich stellten, so dass es 1799 zum 2. Koalitionskrieg kam. Auf der Seite der Gegner Frankreichs standen u. a. mit Großbritannien, Russland und Österreich drei der stärksten europäischen Großmächte. Zunächst hatte die Koalition einige militärische Erfolge, zumal sich ein großer Teil der französischen Armeen noch in Ägypten befand. Doch bald kam es innerhalb der Koalition zu Streitigkeiten. Nach dem Austritt Russlands aus der Koalition stand Österreich im Osten allein und wurde 1801 besiegt. Im Jahr darauf war Großbritannien zum Friedensschluss mit Frankreich gezwungen, erhielt jedoch gegen Abtretung einiger Kolonien Ägypten zurück. Die britische Seeherrschaft konnte zwar nicht gebrochen werden, doch auf dem Kontinent war Frankreich nun die tonangebende Macht.

In dieser Situation verbündete sich Frankreich mit der einzigen noch unbesiegten Großmacht Russland. Beide Staaten gingen nun daran, Europas Staatenwelt nach ihren Vorstellungen neu zu ordnen. Besonders widmete sich Napoleon dabei den Verhältnissen im Heiligen Römischen Reich Deutscher Nation. Die Maßnahmen, die Napoleon dabei anwandte, werden als „**Säkularisation**" und „**Mediatisierung**" bezeichnet. Säkularisation bedeutet, dass alle geistlichen Reichsstände – zwei geistliche Kurfürstentümer, 19 Bistümer und 44 Abteien – aufgelöst und weltlichen Reichsständen zugeschlagen wurden. Mediatisierung hingegen hieß, dass die Reichsstädte sich nun der Landesherrschaft eines Fürsten unterwerfen mussten. Zudem wurden kleinere Fürstentümer zusammengelegt oder größeren zugeschlagen, womit auch sie – wie die Reichsstädte – als Reichsstände aufhörten zu existieren. Diese Maßnahmen stießen im Reich auf geteilte Meinungen. Die Vertreter der abgeschafften Territorien waren natürlich gegen diese Politik, während die größeren Fürstentümer, die dadurch neue Besitzungen erhielten und ihr Gebiet vergrößern konnten, schnell auf der Seite Napoleons waren. Diese Neuordnung des Reiches wurde vom Reichstag zu Regensburg 1803 im „**Reichsdeputationshauptschluss**" verabschiedet.

Im Jahr darauf ließ Napoleon ein bürgerliches Gesetzbuch veröffentlichen, in dem die mittlerweile entstandene bürgerliche Gesellschaftsordnung auf eine gesetzliche Grundlage gestellt wurde. Der „Code Civil" (auch: „Code Napoleon") garantierte die bürgerliche und wirtschaftliche Freiheit des Einzelnen sowie das Recht auf Privateigentum und wurde zum Vorbild für viele spätere Rechtsordnungen in Europa (Abb. 4). Doch die in der Revolution erkämpften politischen Freiheitsrechte fanden in der neuen Republik keinen Platz mehr. Das Wahlrecht wurde durch die Machtlosigkeit des Parlamentes wertlos, die Presse zensiert und weitere politische Rechte eingeschränkt. Doch wünschte sich das französische Volk nach den Aufregungen der letzten 15 Jahre vor allem Ruhe, und so stimmten die Franzosen der Erhebung Napoleons zum „**Kaiser der Franzosen**" in einer Volksabstimmung Ende 1804 mit überwältigender Mehrheit zu. Am 2. 12. 1804 krönte sich Napoleon dann in Anwesenheit des Papstes selbst zum Kaiser, indem er sich eigenhändig die Krone aufsetzte. Das zeigte, dass er sich selbst nicht als Kaiser von Gottes Gnaden oder in einer dynastischen Folge sah, sondern als Kaiser des Bürgertums, das als Sieger aus der Revolution hervorgegangen war (Abb. 2).

Im selben Jahr bereitete die französische Armee einen Angriff auf Großbritannien vor. Um dem zuvorzukommen, verbündete sich Großbritannien erneut mit Russland und Österreich. In der Seeschlacht vor dem südspanischen Kap Trafalgar erlitt die französische Flotte erneut eine schwere Niederlage gegen Großbritannien, dessen Seeherrschaft unangefochten blieb. Zu Lande jedoch schlugen die Franzosen die Österreicher und Russen in der „Dreikaiserschlacht von Austerlitz" vernichtend. Österreich geriet nun völlig unter französische Kontrolle. Im Sommer 1806 zwang Napoleon den deutschen Kaiser, den Österreicher Franz II., zur Niederlegung seiner Krone, womit nach über

Abb. 3: Diese britische Karikatur von 1806 bezieht sich auf die Neuordnung Deutschlands durch Napoleon und heißt: „Ein Kaiser backt Könige und Fürsten". Im Ofenloch liegen die entmachteten Herrscher, aus dem Ofen kommen gerade die frisch gebackenen Herrscher von Bayern, Baden, Württemberg und Hessen. Weitere Herrscher warten noch ungebacken auf der Kommode rechts

Abb. 4: Originalausgabe des bürgerlichen französischen Gesetzbuches „Code Napoleon" („Code Civil") von 1804

Abb. 5: Zur Durchsetzung der Kontinentalsperre durchsuchten französische Soldaten Reisende nach britischen Waren, wie hier am Stadttor von Leipzig

Abb. 6: Eindrucksvoll hielt der spanische Maler Francisco de Goya 1814 die Erschießung der Aufständischen vom 2. 5. 1808 in Madrid durch französische Soldaten fest

900 Jahren wechselvoller Geschichte das Heilige Römische Reich Deutscher Nation aufhörte zu existieren.

Gleichzeitig entstand der **Rheinbund**, ein Zusammenschluss der mittel- und süddeutschen Gebiete ohne Preußen und Österreich, die politisch stark von Frankreich abhängig und zur Waffenhilfe verpflichtet waren. Mit dieser Neuordnung Deutschlands wollte sich nun aber Preußen nicht zufrieden geben, das sich mit Russland und Sachsen verbündete und Napoleon zum Rückzug über den Rhein und zur Auflösung des Rheinbundes aufforderte. Daraufhin kam es zum Krieg, in dem das preußische Heer in der Doppelschlacht von Jena und Auerstedt Ende 1806 vernichtend geschlagen wurde. Nun geriet auch Preußen völlig unter französische Vorherrschaft und musste im Frieden von Tilsit 1807 seine polnischen Erwerbungen zurückgeben. Aus den preußischen Besitzungen westlich der Elbe und anderen kleinen Territorien bildete Napoleon das neue Königreich Westfalen, dessen Leitung er seinem Bruder Jerome übertrug, sowie das weiter westlich gelegene Herzogtum Berg (Abb. 3, S. 831).

1807 waren von allen europäischen Großmächten nur noch Großbritannien und Russland von Frankreich unbesiegt. Da die britische Flotte mittlerweile als unbesiegbar angesehen wurde, versuchte Napoleon, Großbritannien wirtschaftlich in die Knie zu zwingen. Die „**Kontinentalsperre**" sollte den Handel Großbritanniens mit Europa verhindern und dem Inselreich schweren wirtschaftlichen Schaden zufügen (Abb. 5, S. 831).

Erfolg konnte die Kontinentalsperre jedoch nur dann haben, wenn **alle** europäischen Häfen unter französischer Kontrolle waren. Viele Staaten waren jedoch gegen die Kontinentalsperre, da sie wirtschaftliche Nachteile befürchteten. Deshalb besetzten französische Truppen 1808 Spanien und Portugal sowie 1810 die Küstenländer der Nordseeküste. Doch langsam wuchs überall in Europa der Wunsch, die französischen Eroberer wieder loszuwerden (Abb. 7). So wie die Französische Revolution das Zusammengehörigkeitsgefühl aller Franzosen („**Nationalbewusstsein**") gestärkt hatte, rief die französische Eroberung fast ganz Europas bei den europäischen Völkern eine Besinnung auf ihr nationales Selbstgefühl hervor. Der Widerstand gegen die Eroberer flammte zuerst in Spanien auf. Dem Aufstand der Bevölkerung von Madrid gegen die französischen Besatzer vom 2.5.1808 folgte am nächsten Tag eine brutale Militäraktion, bei der ca. 800 Spanier niedergemetzelt wurden. Im folgenden Jahr folgten mehrere Volksaufstände in Österreich, Preußen und Westfalen, die aber allesamt niedergeschlagen wurden (Abb. 6).

1810 war der russische Zar aufgrund massiver wirtschaftlicher Probleme gezwungen, die Kontinentalsperre gegen Großbritannien aufzuheben und dringend benötigte Produkte aus dem Inselreich einzuführen. Das betrachtete Napoleon als Bruch der getroffenen Vereinbarungen. Er stellte eine Armee von ca. 600.000 Soldaten auf, zu denen auch Kämpfer aus den Staaten des Rheinbundes, aus Österreich und Preußen gehörten. Im Sommer 1812 rückte die größte Armee der bisherigen Weltgeschichte nach Russland ein. Die russische Verteidigungstaktik setzte auf die Weite des Raumes, und so traf Napoleon überall auf menschenleere, verlassene und teilweise auch verbrannte Dörfer. Dadurch bekam diese riesige Armee massive Nachschub- und Verpflegungsschwierigkeiten. So waren die Soldaten schon ziemlich geschwächt, als sie im September 1812 Moskau erreichten. Auch hier waren alle Einwohner geflohen und hatten vorher die Stadt in Brand gesteckt. Nach einigen Wochen des Wartens entschloss sich Napoleon, unverrichteter Dinge wieder aus Moskau abzuziehen. Doch der Zeitpunkt war viel zu

Abb. 7: Europa um 1812

Abb. 8: Der preußische Reformer Fürst Karl August von Hardenberg (1750–1822)

spät: Der einbrechende russische Winter raffte die geschwächten, hungernden und kranken Soldaten massenweise dahin. Zudem setzten die russischen Truppen den Franzosen nun nach, so dass von der ehemals so stolzen „Grande Armee" Ende 1812 nur noch ein winziger Bruchteil (max. 30.000 Mann) aus Russland zurückkehrte.

Von dieser ersten Niederlage der bis dahin für unbesiegbar gehaltenen französischen Armee ging ein europaweites Signal aus. Vor allem in Preußen wuchs die Bereitschaft zur Erhebung gegen Napoleon. Nach der vernichtenden Niederlage von 1806 hatten in Preußen umfassende Reformen stattgefunden, um die Leistungsfähigkeit des Staatswesens zu steigern. Die preußische Sonderform der Leibeigenschaft, die Erbuntertänigkeit, war abgeschafft worden. Die neue Gewerbefreiheit erlaubte jedem Bürger die freie Wahl seiner Arbeitsstelle. Eine Bildungsreform schuf die Voraussetzungen für eine höhere Qualifikation der Arbeitskräfte. Schließlich

wurde das Heer völlig neu geordnet: An die Stelle des Söldnerheeres trat ein Volksheer auf der Basis der allgemeinen Wehrpflicht. Durch das Entstehen eines Zusammengehörigkeitsgefühls im Heer fühlte sich der einzelne Soldat der Armee viel verbundener als ein Söldner, dem es ja nur auf das Geld ankam. Insgesamt entstand so ein neues deutsches Nationalbewusstsein in Preußen, das nun nach der Niederwerfung der französischen Eroberer verlangte. Nach längerem Zögern rief der preußische König Friedrich Wilhelm III. die Jugend Anfang 1813 zum verdeckten Kampf gegen die Franzosen auf (Abb. 8 u. 9).

Preußen verbündete sich mit Russland und erklärte Frankreich im März 1813 den Krieg. Im August 1813 schloss sich das vorher zögerliche Österreich diesem Bündnis an. In der Zwischenzeit hatte Napoleon mit der Hilfe der Rheinbundstaaten ein neues Heer aufgestellt. Zunächst konnte er einige Vorteile erringen. Am 16.10.1813 begann die berühmte „**Völkerschlacht**" bei Leipzig. Insgesamt 500.000 Soldaten standen sich gegenüber, und in den folgenden vier Tagen fanden bei dieser bisher größten Schlacht der Weltgeschichte über 100.000 Menschen den Tod. Im Verlaufe der Schlacht wechselten die wichtigsten Rheinbundstaaten wie Bayern, Sachsen und Württemberg die Seite und schlossen sich dem Bündnis gegen Napoleon an. Damit war das System Napoleons zerstört: Der Rheinbund zerbrach, Deutschland war befreit, und Napoleon blieb nur der geordnete Rückzug über den Rhein. Es kam allerdings zunächst zu politischen Meinungsverschiedenheiten zwischen den Verbündeten, so dass Napoleon noch einmal Hoffnung schöpfen konnte. Doch Ende März 1814 rückten die Verbündeten in Paris ein, und am 6.4.1814 wurde der Kaiser der Franzosen von

Abb. 9: Der preußische Reformer Reichsfreiherr Heinrich Friedrich Karl vom und zum Stein (1757–1831)

seinen Truppen zum Rücktritt gezwungen. Er erhielt die Insel Elba als Fürstentum und eine kleine Leibgarde von 800 Soldaten. Im Mai 1814 wurde Frankreich ein sehr günstiger Friedensschluss auferlegt, der den französischen Besitzstand von 1792 garantierte.

Als bei den Beratungen zur Neuordnung der europäischen Staatenwelt unter den Großmächten auf dem Wiener Kongress Anfang 1815 beträchtliche Spannungen auftraten, sah Napoleon seine allerletzte Chance gekommen und begab sich wieder nach Paris, wo er nach der Flucht des bereits eingesetzten Königs Ludwig XVIII. schnell ein Heer von über 120.000 Soldaten aufstellen konnte. Nach einigen anfänglichen Erfolgen wurde Napoleons Heer dann im Juni 1815 im belgischen Waterloo von den vereinigten Armeen des Briten Wellington und des Preußen Blücher vernichtet. Daraufhin zogen die Verbündeten ein zweites Mal in Paris ein. Dieses Mal musste Frankreich zahlreiche Gebiete abtreten, seine Festungen abrüsten und hohe Kriegsentschädigungen bezahlen. Napoleon wurde auf die über 1500 km von der afrikanischen Westküste entfernt gelegene britische Atlantikinsel St. Helena verbannt und starb hier 1821 im Alter von 52 Jahren (Abb. 10).

Zum Weiterlesen:

• Ludwig XIV., S. 814
• Revolutionen in England, S. 816
• Zeitalter der Aufklärung, S. 822
• Die Krise des französischen Absolutismus, S. 825
• Die Französische Revolution, S. 826

Abb. 10: Darstellung des Auf- und Abstiegs von Napoleon

Vom Wiener Kongress zum „Vormärz" – Der Deutsche Bund

Nach dem Sieg der verbündeten europäischen Mächte über Frankreich musste die Frage beantwortet werden, was aus dem von Napoleon völlig umgestalteten Europa werden sollte. Dazu lud der österreichische Minister Klemens von Metternich Ende 1814 die europäischen Herrscher und ihre Politiker zu einem großen Friedenskongress nach Wien ein. Neu war daran, dass sich in Wien erstmals die Herrscher der Großmächte selbst einfanden, um die Verhandlungen zu überwachen und Entscheidungen zu fällen. Auch das besiegte Frankreich war als Großmacht vertreten, da es für das Gleichgewicht in Europa unverzichtbar war.

Die Verhandlungen des Kongresses wurden in einzelnen Ausschüssen, die sich jeweils nur ganz speziellen Teilfragen widmeten, von Ministern oder anderen hochrangigen Politikern geführt. Die eigentlichen Entscheidungen fielen jedoch zumeist auf den abendlichen Empfängen und Bällen im Kreise der fünf Großmächte Russland, Preußen, Großbritannien, Österreich und Frankreich. Aufgrund dieser Arbeitsweise entstand schnell das Bild vom „tanzenden Kongress".

Die fünf Großmächte hatten jedoch sehr unterschiedliche Vorstellungen von der Neuordnung Europas. Streit entbrannte vor allem über die preußischen und russischen Wünsche nach Gebietserweiterungen. So wollte Russland gerne ganz Polen für sich bekommen, während Preußen als Entschädigung für die großen Kriegsanstrengungen den Anschluss Sachsens an Preußen verlangte. Österreich, Großbritannien und Frankreich wollten diese Gebietserweiterungen jedoch nicht zulassen. Ganz kurz stand der Kongress

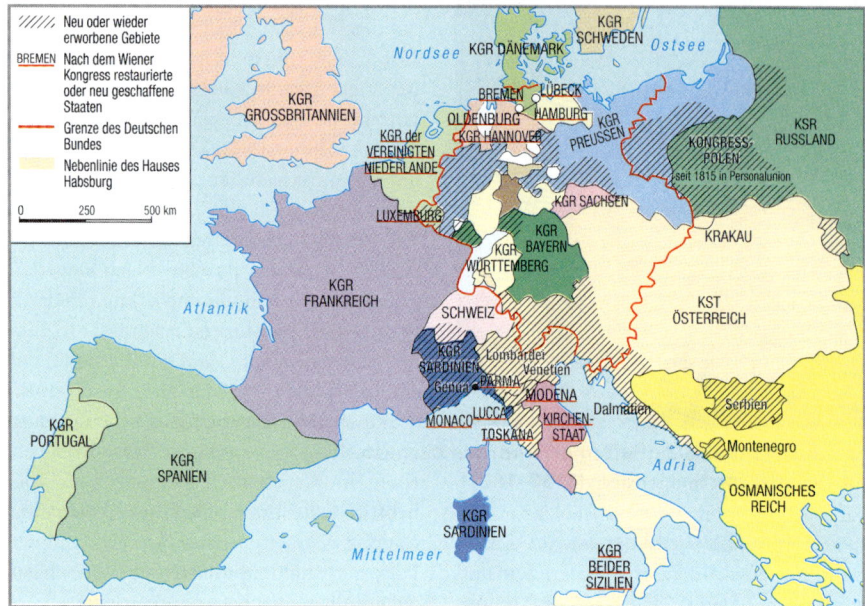

Abb. 1: Die Neuordnung Europas durch den Wiener Kongress 1815

dabei am Rande eines neuen Krieges, bevor die Streitfragen gelöst werden konnten. Diese Krise nutzte Napoleon zu seiner 100 Tage dauernden Rückkehr nach Paris.

Die Ergebnisse des Wiener Kongresses standen ganz im Zeichen der Wiederherstellung („Restauration") der vorrevolutionären Ordnung in Europa. Die Rechtmäßigkeit der Demokratie wurde verworfen, stattdessen setzte der Kongress unter Hinweis auf das Gottesgnadentum der Monarchie die alten, von Napoleon abgesetzten Dynastien in Frankreich, Spanien, Portugal sowie in mehreren italienischen und deutschen Staaten wieder ein. Die territorialen Veränderungen, die sich im Reich durch die Maßnahmen Napoleons ergeben hatten („Säkularisation" und „Mediatisierung"), wurden jedoch nicht rückgängig gemacht.

Einer der maßgeblichen Architekten der Restauration sowie ihr eifrigster Verfechter war der österreichische Minister Klemens von Metternich. Das lag vor allem daran, dass von allen europäischen Großmächten der österreichisch-ungarische Vielvölkerstaat am meisten von den Ideen und Auswirkungen der Französischen Revolution bedroht war. Denn Metternich hatte erkannt, dass das durch die Befreiungskriege entstandene Nationalgefühl der einzelnen Völker einen Sprengsatz bildete, der die Donaumonarchie in ihrer Existenz bedrohte.

Insgesamt beschloss der Wiener Kongress folgende Neuordnung Europas: Preußen trat den größten Teil seiner polnischen Besitzungen an Russland ab. Als Ausgleich für den Ge-

bietsverlust im Osten erhielt Preußen die Nordhälfte Sachsens sowie im Westen Westfalen und die Rheinlande. Zu Österreich kamen die norditalienischen Gebiete Lombardei und Venetien sowie die dalmatinische Küste. Dafür verzichtete es zugunsten der Vereinigten Niederlande auf die habsburgischen Niederlande (heutiges Belgien). Eine zentrale Frage des Kongresses war jedoch, welche staatliche Form man den deutschen Ländern geben sollte.

Schließlich entschied man sich für einen lockeren Zusammenschluss der deutschen Territorien zu einem „Deutschen Bund". Der österreichische Teil der Donaumonarchie kehrte als Kaisertum in den deutschen Staatsverband zurück. Im Gegensatz zu einem Bun-

Abb. 2: Vor allem die Studenten – hier noch in Uniformen aus den Befreiungskriegen dargestellt – entwickelten schnell ein deutsches Nationalbewusstsein

Abb. 3: Auf dem Wartburgfest vom 18./19. 10. 1817 entlud sich der Zorn über die Behandlung Deutschlands auf dem Wiener Kongress in Verbrennungen von Symbolen der alten Ordnung

desstaat wie den USA besaß der neue deutsche Staatenbund weder ein offizielles Staatsoberhaupt noch eine Zentralregierung. Als einziges gemeinsames Organ wurde ein ständig tagender Kongress von Abgesandten der Mitgliedstaaten eingerichtet, der Frankfurter „Bundestag". Doch diese schwache Institution konnte sich gegen die deutschen Großmächte Preußen und Österreich nicht durchsetzen, so dass Deutschland – wie schon seit dem Westfälischen Frieden von 1648 – politisch zersplittert blieb. Das war ganz im Sinne der anderen Großmächte, die im Interesse des europäischen Gleichgewichts im Herzen Europas keine neue starke Großmacht dulden wollten. Zur Absicherung dieser neuen Ordnung bildeten die Monarchen Österreichs, Preußens und Russlands eine „Heilige Allianz", in der sie sich vor allem zum Schutz der erblichen Monarchie überall in Europa verpflichteten (Abb. 1).

Im Gegensatz zu den Herrschern der deutschen Teilstaaten war deren Bevölkerung von den Ergebnissen des Wiener Kongresses und vor allem vom Deutschen Bund zutiefst enttäuscht. Denn gerade durch die Befreiungskriege gegen Napoleon hatten sich die Bewohner Preußens, Bayerns, Badens, Württembergs und all der anderen Territorien zum ersten Mal in der deutschen Geschichte in erster Linie als Deutsche gefühlt. Ein deutsches Nationalbewusstsein war entstanden, dem durch die staatliche Konstruktion des Deutschen Bundes in keiner Weise Rechnung getragen worden war. An die Spitze der nationalistischen Bewegung stellten sich

Abb. 4: Diese Karikatur von 1820 heißt „Der Denker-Club". Aus Protest gegen die Zensur sind alle Personen mit Maulkörben dargestellt

bald die studentischen Burschenschaften, die mit dem Wartburgfest von 1817 ihre Forderung nach einem einheitlichen und freien Vaterland unterstrichen (Abb. 2 u. 3).

Die Ideen der Französischen Revolution waren bei einem großen Teil des deutschen Bürgertums auf fruchtbaren Boden gefallen. Sie forderten nun mehr Freiheitsrechte (**„Liberalismus"**). So verlangten sie von ihren Landesherren die Einführung von Verfassungen zur Begrenzung der monarchischen Macht, die Einführung von politischen und bürgerlichen Freiheitsrechten sowie politische Mitwirkungsrechte. Doch trotz eines Beschlusses des Deutschen Bundes weigerten sich die meisten Landesherren, Verfassungen einzuführen, weil sie den Verlust alter Rechte und Privilegien fürchteten. Die wenigen eingeführten Verfassungen – u. a. in Bayern (1818), Baden (1818) und Württemberg (1819) – waren unzureichend und enttäuschten die Bürger. Die größten deutschen Staaten jedoch, die Großmächte Preußen

und Österreich, machten hingegen keine Anstalten, Verfassungen einzuführen. Durch diese starre Haltung begünstigten die deutschen Herrscher das Erstarken der radikalen Republikaner, die der Demokratie anhingen und die Abschaffung der Monarchie forderten. Dafür wollten sie notfalls auch mit Gewalt kämpfen (Abb. 4).

Im Jahre 1830 schwappte dann eine erste Welle von Revolutionen durch Europa. In Frankreich kam es zur Revolution gegen den 1815 wieder eingeführten Absolutismus. Die Republikaner konnten sich nicht durchsetzen, stattdessen wurde Frankreich nun zur konstitutionellen Monarchie. Im selben Jahr erhoben sich die Polen erfolglos gegen die russische Fremdherrschaft. 1831 erkämpften die Belgier ihre nationale Unabhängigkeit von den Vereinigten Niederlanden. In Deutschland zwangen die Bürger in den allermeisten Staaten die Herrscher zur Einführung neuer oder zur Verbesserung bereits bestehender Verfassungen und konnten sich dabei einige neue Rechte sichern. Nur die Großmächte Preußen und Österreich schlugen die Aufstände mit militärischer Gewalt nieder. Der bedeutendste Ausdruck des Widerstandes gegen die bestehenden Verhältnisse war das große Hambacher Fest von 1832. Über 30.000 Menschen aus fast allen deutschen Teilstaaten sowie aus Frankreich und Polen demonstrierten in der Pfalz bei Neustadt für einen einheitlichen deutschen Staat, Demokratie, Freiheitsrechte und soziale Sicherheit. In den folgenden 15 Jahren kam dieser Proteststurm trotz der Polizeimaßnahmen der Herrscher nicht mehr zur Ruhe. Er bekam noch mehr Gewicht durch die Unterstützung vieler deutscher Intellektueller und Künstler, darunter die Gebrüder Grimm, Hoffmann von Fallersleben, Heinrich Heine, Georg Büchner u. v. m. Diese Zeit vor dem Ausbruch der Revolution vom März 1848 wird als **„Vormärz"** bezeichnet (Abb. 5).

Zum Weiterlesen:

- Der Aufstieg Preußens, S. 820
- Napoleon, S. 830
- 1848/49 und die „deutsche Frage", S. 836
- Das deutsche Kaiserreich, S. 838
- Bündnissystem Bismarcks, S. 840

Abb. 5: Das Hambacher Fest vom 27.5.1832

„Großdeutsch" oder „kleindeutsch"? – 1848/49 und die „deutsche *Frage*"

*I*n den Jahren seit 1830 war die Unzufriedenheit mit den politischen Verhältnissen im Deutschen Bund trotz der polizeistaatlichen Maßnahmen der meisten Landesherren immer weiter angewachsen. Dazu kam noch eine steigende wirtschaftliche Unzufriedenheit, die aus der hohen Arbeitslosigkeit entsprang und durch die Hungersnöte infolge der Missernten 1845 und 1846 noch gesteigert wurde, so dass es bereits 1847 in den meisten deutschen Staaten zu Unruhen kam.

Im März 1848 erhob sich die Unterschicht der Städte und des Landes, um gegen die wirtschaftliche Not zu protestieren. Doch bald schon wurde diese Protestbewegung vom Bürgertum überlagert, das nun ganz offen politische Freiheit und Mitbestimmung sowie ein einheitliches deutsches Staatswesen forderte. Die Herrscher der deutschen Teilstaaten waren auf eine solche Protestwelle nicht vorbereitet und stimmten den Forderungen der Aufständischen zu. Sie stellten konstitutionelle Verfassungen und politische Freiheitsrechte in Aussicht und spalteten damit die Protestbewegung. Das liberale Bürgertum gab sich mit den angekündigten Reformen zufrieden, während die Republikaner weiterhin die Abschaffung der Monarchie forderten (Abb. 1 u. 2).

Auch die Forderung nach der Schaffung eines deutschen Einheitsstaates konnten die deutschen Herrscher nicht mehr länger ablehnen. So wurde im Mai eine deutsche **„Nationalversammlung"** gewählt. Als die Abgeordneten am 18.5.1848 in ihren Ta-

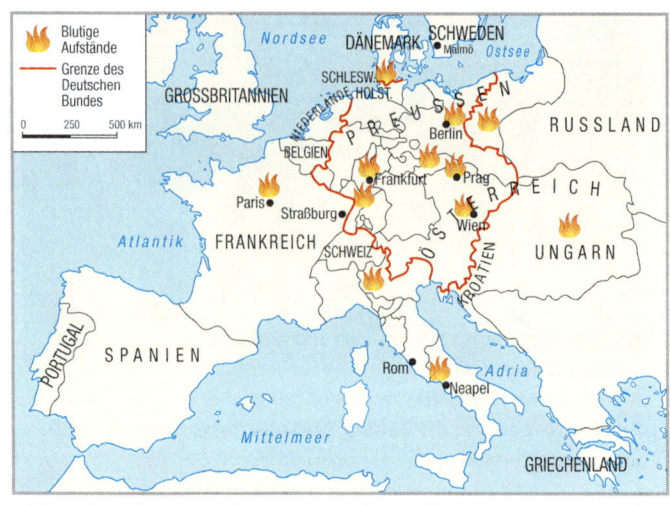

Abb. 1: Im Jahre 1848 kam es in vielen Teilen Europas zu revolutionären Aufständen gegen die bestehende Ordnung

gungsort, die Frankfurter Paulskirche, einzogen, lasteten hohe Erwartungen auf ihnen. Neben Vorschlägen zur Lösung der wirtschaftlichen und sozialen Misere sollten die Abgeordneten eine neue nationalstaatliche Verfassung ausarbeiten. Im Parlament fanden sich bald Abgeordnete mit ähnlichen politischen Einstellungen zu Gruppen zusammen. Diese **„Fraktionen"** bildeten die Keimzellen, aus denen sich später die politischen Parteien entwickelten. Zu ihrem Präsidenten wählte die Nationalversammlung Heinrich von Gagern, der den österreichischen Erzherzog Johann zum Chef einer provisorischen Reichsregierung machte (Abb. 3).

Die Reichsverfassung von 1849 garantierte dem deutschen Volk umfassende Grundrechte. Mit der Festschreibung der Gleichheit vor dem Gesetz und umfangreicher Freiheitsrechte (Glaubens-, Versammlungs-, Gewissens-, Meinungs- und Pressefreiheit) galt die deutsche Verfassung als fortschrittlichste und modernste in ganz Europa. Das Staatswesen selbst war als bundesstaatliche konstitutionelle Erbmonarchie konstruiert. Die existierenden deutschen Teilstaaten sollten innerhalb des Bundesstaates weiterexistieren (Abb. 5). Die zentrale Frage eines deutschen Einheitsstaates konnte jedoch in Frankfurt nur unzureichend geklärt werden: Welche Grenzen sollte der künftige Einheitsstaat denn überhaupt haben? Diese Frage nach der Staatlichkeit und den Gren-

zen des deutschen Territoriums in Mitteleuropa zog sich als „deutsche Frage" in verschiedenen Ausprägungen bereits seit dem Mittelalter wie ein roter Faden durch die deutsche Geschichte. 1848 entzündete sie sich neu an den Problemen, die die Bildung eines deutschen Nationalstaates mit sich brachte. Denn einerseits gab es im Deutschen Bund mit Preußen eine Großmacht, deren – zweifelsfrei als deutsch empfundenes – Staatsgebiet zu einem großen Teil außerhalb der Bundesgrenzen lag. Andererseits existierte mit Österreich eine zweite Großmacht innerhalb des Deutschen Bundes, die als Vielvölkerstaat die Bildung eines Nationalstaates, in dem ja eine einheitliche Sprache und Kultur herrschen sollte, unmöglich gemacht hätte.

Die Anhänger einer „großdeutschen" Lösung wollten nur die deutschen Gebiete Österreichs mit in den neuen Nationalstaat aufnehmen, Ungarn und die anderen Territorien jedoch außen vor lassen. Das hätte jedoch die Auflösung der österreichisch-ungarischen Doppelmonarchie bedeutet und wurde von österreichischer Seite abgelehnt. Stattdessen schlug Österreich eine „großösterreichische" Lösung vor, bei der die gesamte Donaumonarchie mit dem Deutschen Bund zu einem einzigen Staat vereinigt werden sollte. Das hätte jedoch den Abschied von der Idee eines Nationalstaates bedeutet und wurde von der Nationalversammlung verworfen. Schließlich einigte man sich auf eine „kleindeutsche" Lösung. Unter Aus-

Abb. 2: Zeitgenössische Darstellung der revolutionären Straßenkämpfe in Berlin vom 18./19.3.1848

Abb. 3: Nur die Paulskirche war groß genug, die 600 Abgeordneten der Frankfurter Nationalversammlung aufzunehmen

Abb. 4: Die „deutsche Frage": „kleindeutsche Lösung" (links), „großdeutsche Lösung" (Mitte) und „großösterreichische Lösung" (rechts)

schluss aller österreichischen Gebiete sollte der Rest des Deutschen Bundes mit den gesamten Gebieten Preußens zusammengefasst werden. Dem preußischen König wollte man die Kaiserkrone anbieten. Doch die meisten Abgeordneten sahen diese Lösung nur als vorläufigen Kompromiss an (Abb. 4).

In der Zwischenzeit hatten die anderen europäischen Großmächte Preußen und Österreich signalisiert, dass sie im Interesse des europäischen Gleichgewichts der Kräfte keine neue deutsche Nationalstaatsbildung in der Mitte Europas wünschten. Es war sogar zu befürchten, dass Frankreich, England und Russland gegen ein so machtvolles Reich, wie es der neue deutsche Staat zu werden versprach, militärisch vorgehen würden, um die Entwicklung rückgängig zu machen.

Ende 1848 hatten die Herrscher von Österreich und Preußen den Schrecken der Märzrevolution überwunden und schritten nun zum Gegenschlag. In Österreich wurden die führenden revolutionären Politiker verhaftet und ein großer Teil standrechtlich erschossen. In Preußen erließ der König eine Verfassung, die zwar einige persönliche Grundrechte garantierte, aber weder politische Mitwirkungsrechte noch eine Kontrolle des Königs durch eine Trennung der Staatsgewalten kannte.

Im März 1849, ein Jahr nach dem Beginn der Revolution, wählte die Nationalversammlung den preußischen König Friedrich Wilhelm IV. zum deutschen Kaiser. Doch der wollte diese „mit dem Ludergeruch der Revolution behaftete" Würde nicht aus den Händen der „Frankfurter Mensch-, Esel-, Hund-, Schweine- und Katzen-Deputation" entgegennehmen und lehnte die Wahl zum Kaiser ab. Damit war das Frankfurter Parlament gescheitert, obwohl die große Mehrheit der deutschen Teilstaaten die neue Reichsverfassung angenommen hatte.

Daraufhin flammte die Revolution im April 1849 noch einmal mit voller Gewalt auf. Hunderttausende von Menschen in allen deutschen Teilstaaten bewaffneten sich und gingen für die Frankfurter Reichsverfassung auf die Straße. Doch die deutschen Herrscher schlugen nun mit Gewalt zurück. Preußen und Österreich erklärten die Frankfurter Nationalversammlung für unrechtmäßig und forderten ihre Auflösung. Das verbleibende „Rumpfparlament" floh nach Stuttgart, wo es im Juni 1849 von württembergischen Truppen auseinander gesprengt wurde. Am Ende verschanzten sich die letzten Revolutionäre in der badischen Festung Rastatt, wo sie sich am 23.7.1849 preußischen Truppen ergeben mussten. Daraufhin kam es zu Massenerschießungen von Revolutionären. In den folgenden Schauprozessen wurden weitere 40 Personen zum Tode und über 1000 Menschen zu Zuchthausstrafen verurteilt. So fand die Revolution ein blutiges Ende. Sofort gingen die deutschen Staaten daran, die Verfassungsänderungen von 1848 wieder zurückzunehmen, die Parlamente wieder aufzulösen und zu den alten Verhältnissen zurückzukehren.

Viele politisch engagierte Menschen sahen nun keine Chance mehr auf ein freiheitliches Leben in den deutschen Staaten. Zum ersten Male kehrten massenhaft Deutsche ihrem Land den Rücken und wanderten aus. Allein in den zehn Jahren nach der Niederschlagung der Revolution verließen 1,2 Mio. Menschen ihre Heimat. In der Zeit zwischen dem Wiener Kongress 1815 und der Gründung des Kaiserreiches 1870 wanderten insgesamt ca. 2,7 Mio. Deutsche aus, die allermeisten von ihnen in die USA.

Die „deutsche Frage" war nach der Revolution und der darauf folgenden Reaktion weiterhin offen. Immer noch standen sich mit Preußen und Österreich zwei rivalisierende deutsche Großmächte gegenüber, die beide die Vorherrschaft im deutschen Staatsverband beanspruchten. Und immer noch wurden diese von den anderen europäischen Großmächten Frankreich, Russland und Großbritannien, die in jeglicher machtvollen Staatsbildung der Deutschen in Mitteleuropa eine Beeinträchtigung ihrer eigenen Interessen sahen, argwöhnisch beobachtet.

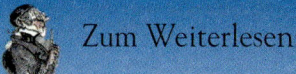 **Zum Weiterlesen:**

Der Aufstieg Preußens, S. 820
• Napoleon, S. 830
• Der Deutsche Bund, S. 834
• Das deutsche Kaiserreich, S. 838
• Bündnissystem Bismarcks, S. 840

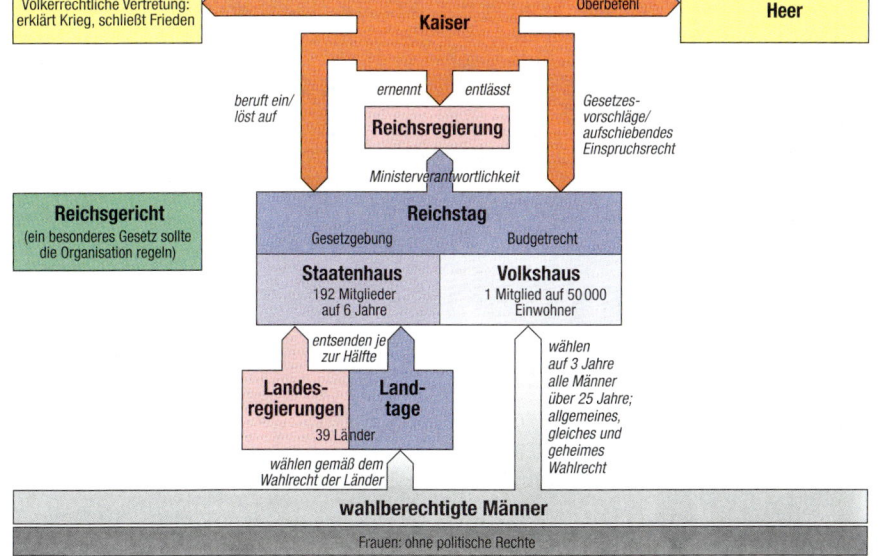

Abb. 5: Die Reichsverfassung der Paulskirche vom März 1849. Sie wurde vom Deutschen Bund 1851 wieder aufgehoben

„Eisen und Blut" – das deutsche Kaiserreich entsteht

*1*858 übernahm Wilhelm I. die Regentschaft für seinen schwer erkrankten Bruder, den preußischen König Friedrich Wilhelm IV. Er setzte eine recht liberale Regierung ein und geriet wegen einer geplanten Heeresreform bald in Konflikt mit dem preußischen Landtag, der den Plänen des Kriegsministers von Roon zur Erhöhung der Anzahl der jährlich eingezogenen Rekruten um die Hälfte und zur Verlängerung der Dienstpflicht auf drei Jahre nicht zustimmen wollte und deshalb die Finanzierung verweigerte. Als Wilhelm I. nach dem Tode seines Bruders 1861 selbst König wurde, löste er den Landtag auf und ließ Neuwahlen durchführen. Doch diese ergaben wieder eine liberale Mehrheit im Landtag, die den Plänen Wilhelms weiterhin ablehnend gegenüberstand. In dieser Situation hatte sich der König bereits zum Rücktritt entschlossen, als er auf Vorschlag von Roons Otto von Bismarck zum neuen preußischen Ministerpräsidenten berief.

Bismarck galt als sehr konservativer Mann und hatte in der Vergangenheit schon mehrere verantwortungsvolle Ämter bekleidet. Bereits während der Revolution von 1848/49 war er preußischer Landtagsabgeordneter. Später ging er in den diplomatischen Dienst und vertrat sein Land als Gesandter am Frankfurter Bundestag des Deutschen Bundes, in der russischen Hauptstadt Petersburg sowie in Paris. Bismarck verhinderte den Rücktritt des Königs und löste nun den Verfassungskonflikt zwischen König und Parlament durch einen klaren Bruch der Verfassung. Er erklärte die preußische Verfassung für lückenhaft und legte dem Parlament einfach vier Jahre lang keinen Staatshaushalt vor. Das kam der Entmachtung des Landtages gleich, dessen wichtigstes Privileg und Machtmittel die Verabschiedung des Staatshaushaltes war. Bismarck war kein Freund eines mächtigen Parlaments, und dies sagte er dem preußischen Landtag 1862 anlässlich einer Debatte über die „deutsche Frage" auch: „Die großen Fragen der Zeit werden nicht durch Reden und Mehrheitsbeschlüsse entschieden – das ist der große Fehler von 1848 gewesen –, sondern durch Eisen und Blut."

Unterdessen wuchs der preußisch-österreichische Gegensatz um die Führung im Deutschen Bund weiter an. Vor allem die Annäherung Preußens an Russland trieb einen Keil zwischen die beiden deutschen Großmächte, denn auf dem Balkan verfolgten Österreich und Russland gegensätzliche Interessen. Als 1864 Dänemark versuchte, sich das deutsche Herzogtum Schleswig einzuverleiben, kam es zum Deutsch-Dänischen Krieg. Preußische und österreichische Truppen besiegten Dänemark schnell und besetzten die Herzogtümer Schleswig und Holstein. Doch die gemeinsame Verwaltung dieser Gebiete ließ die Rivalität zwischen Preußen und Österreich nur noch weiter anwachsen.

Abb. 1: Am 3.7.1866 besiegten die vereinigten preußischen Armeen unter Moltke bei Königgrätz das österreichische Hauptheer unter Benedek. Das war die Entscheidung im Deutschen Krieg

Nachdem er sich der französischen Neutralität versichert hatte, provozierte Bismarck 1865 Österreich offen. Er forderte eine Neuordnung des Deutschen Bundes durch ein gewähltes Parlament, was – wie 1848 bereits geplant – das Ausscheiden des Vielvölkerstaates aus dem Deutschen Bund zur Folge gehabt hätte. Die deutsche Führungsmacht war viel zu sehr mit sich selbst und ihren inneren Nationalitätenkonflikten zwischen Deutschen, Ungarn, Böhmen, Mähren und Slawen beschäftigt. Nun entstand ein Streit um die politische Zukunft Deutschlands, der zur österreichischen Mobilmachung und zum preußischen Austritt aus dem Deutschen Bund führte und schließlich 1866 im Ausbruch des Deutschen Krieges gipfelte. Auf der Seite Preußens standen 17 kleinere norddeutsche Staaten, alle anderen deutschen Staaten kämpften mit Österreich. In der Schlacht bei Königgrätz in Böhmen errang das preußische Heer unter Helmut von Moltke den entscheidenden Sieg (Abb. 1).

Nur unter größten Anstrengungen konnte Bismarck den Kaiser nun davon überzeugen, dem besiegten Österreich gegenüber Milde walten zu lassen und auf eine feierliche Siegesparade der preußischen Armeen in Wien sowie österreichische Gebietsabtretungen an Preußen zu verzichten. So wollte Bismarck eine dauerhafte Feindschaft zwischen Preußen und Österreich verhindern. Die Donaumonarchie musste jedoch im Frieden von Prag 1866 ihrem Ausscheiden aus dem deutschen Staatsverband zustimmen. Diese Niederlage kam einer gewaltigen Erschütterung des österreichischen Staates gleich. Auch

Abb. 2: Die deutsch-französischen Kapitulationsverhandlungen vom 1./2. 9. 1870. Deutscher Verhandlungsführer war Bismarck (sitzend, 5. v. r.)

Geschichte

wenn er weiterhin König von Ungarn blieb, musste der österreichische Kaiser Franz Joseph den Ungarn 1867 weitgehende Unabhängigkeit gewähren („kaiserliche und königliche" (k. u. k.) Monarchie), und viele Völker der Donaumonarchie verlangten nun nationale Selbstbestimmung.

Preußen erklärte nach dem Sieg den Deutschen Bund für aufgelöst und gliederte seinem Staatsgebiet bis auf Sachsen und Hessen-Darmstadt alle norddeutschen Staaten ein, die auf österreichischer Seite gekämpft hatten („Annexion"). Überwältigt von dem grandiosen militärischen Erfolg, stimmte der Reichstag nachträglich der Heeresreform Bismarcks zu („Indemnität"), die dieser ohne parlamentarische Zustimmung durchgeführt hatte. 1866/67 gründete Preußen gemeinsam mit allen deutschen Staaten nördlich des Mains den „Norddeutschen Bund" (Abb. 4).

Durch den Friedensvertrag von Prag fühlte sich Frankreichs König Napoleon III. geprellt, der sich Gebietsabtretungen der süddeutschen Staaten an Frankreich erhofft hatte. Nun nahm Bismarck intensive Verhandlungen mit den vier verbliebenen süddeutschen Staaten über militärische Bündnisse auf, die Frankreich noch mehr verärgerten. Als schließlich auch noch ein Hohenzoller für die Wahl zum spanischen König kandidierte, sprach der französische Gesandte Graf Benedetti den preußischen König während dessen Kuraufenthaltes in Bad Ems auf eine diplomatisch sehr ungeschickte Weise auf der Straße an und verlangte, zu dieser Kandidatur „niemals seine Zustimmung zu geben". Diesen nach den damaligen Regeln der Diplomatie „unmöglichen" Vorgang telegrafierte der König nach Berlin, wo Bismarck das als „Emser Depesche" bekannt gewordene Telegramm sofort in allen Zeitungen veröffentlichen ließ. Damit stand Frankreich vor den Augen der Weltöffentlichkeit als Aggressor da.

Am 19. 7. 1870 kam es durch die Kriegserklärung Frankreichs an Preußen zum Deutsch-Französischen Krieg. Nach der Vereinigung der süddeutschen Truppen mit denen des Norddeutschen Bundes gerieten die Franzo-

Abb. 3: König Wilhelm I. von Preußen wurde am 18. 1. 1871 im Spiegelsaal des Schlosses von Versailles zum Deutschen Kaiser ausgerufen

sen rasch in die Defensive. Am 2. 9. siegten die Deutschen bei Sedan und nahmen Napoleon und 100.000 Soldaten gefangen (Abb. 2). Während des siegreichen Vorrückens der deutschen Armeen musste die Stadt Paris im Januar 1871 kapitulieren. Zu diesem Zeitpunkt hatte Bismarck die süddeutschen Staaten in Geheimverhandlungen bereits zum Eintritt in einen kleindeutschen Nationalstaat bewegt. Am 18. 1. 1871 wurde im Spiegelsaal des Schlosses von Versailles das Deutsche Reich ausgerufen (Abb. 3). Im Friedensschluss von Frankfurt vom 10. 5. 1871 musste Frankreich das Elsass und Lothringen an das Deutsche Reich abtreten sowie hohe Kriegsentschädigungen akzeptieren (Abb. 4).

Nun war Preußen die unbestrittene Führungsmacht des neuen Reiches. In der neuen konstitutionellen Monarchie war der preußische König automatisch „Deutscher Kaiser", der von ihm ernannte „Reichskanzler" gleichzeitig Chef der Reichsregierung und Vorsitzender des aus Gesandten der 25 Mitgliedstaaten des Reichs bestehenden „Bundesrates". Das Parlament, der „Reichstag", ging aus allgemeinen, gleichen, geheimen und direkten Wahlen aller Männer über 25 Jahren hervor. Doch waren die Wahlkreise des neuen Reiches so eingeteilt, dass sie auf dem Lande teilweise nur 50.000 Bewohner, in den Ballungsgebieten jedoch bis zu 1,3 Mio. Bewohner umfassten. Dadurch wurden die traditionell auf dem Lande starken konservativen Parteien bevorteilt, die in den Städten starke Arbeiterpartei jedoch benachteiligt, da hier viel mehr Wählerstimmen für ein Mandat nötig waren. Die Reichsregierung war nur dem Kaiser verantwortlich und konnte vom Reichstag nicht gestürzt werden. Trotz des Gesetzgebungs- und Haushaltsrechts des Reichstages waren der Kaiser und sein Reichskanzler die „starken Männer" des neuen Reiches, des ersten Nationalstaats in der deutschen Geschichte.

Zum Weiterlesen:

- 1848/49 und die „deutsche Frage", S. 836
- Bündnissystem Bismarcks, S. 840
- Das „wilhelminische" Deutschland, S. 842
- Zeitalter des Imperialismus, S. 850

Abb. 4: Norddeutscher Bund von 1866/67 und Deutsches Reich von 1871

„Ein ehrlicher Makler" – Das Bündnissystem Bismarcks

Nach der Entstehung des deutschen Kaiserreiches erkannten die europäischen Mächte schnell, dass das traditionelle Gleichgewicht der Kräfte in Europa, das seit Jahrhunderten durch die politische Zersplitterung Deutschlands künstlich aufrechterhalten wurde (Westfälischer Friede 1648, Wiener Kongress 1815), nun für immer zerstört war.

So ist es kein Wunder, dass Bismarck befürchtete, dass die Großmächte gemeinsam militärisch gegen das neue Reich vorgehen würden, um den früheren Zustand eines mitteleuropäischen Machtvakuums wieder herzustellen. Die europäischen Mächte hingegen hegten die Befürchtung, dass das Reich sich noch weiter ausdehnen könnte – etwa durch den Anschluss der deutschen Gebiete Österreichs mit immerhin sieben Mio. Einwohnern. Daher wurde Bismarck 1871 nicht müde zu versichern, das Deutsche Reich hege keine weiteren Eroberungspläne, es sei gesättigt („saturiert").

Die größte Gefahr sah Bismarck in Frankreich, denn er konnte sich nicht vorstellen, dass die Franzosen den Verlust Elsass-Lothringens auf Dauer hinnehmen würden. Also suchte er einen Weg, durch ein fein gestricktes Bündnissystem einen französischen Angriff auf das Deutsche Reich unmöglich zu machen.

Der erste Schritt war 1872 das „Dreikaiserbündnis" von Österreich-Ungarn, Russland und Deutschland. Doch gerade Öster-

Abb. 1: Auf dem Berliner Kongress 1878 präsentierte sich Bismarck als „ehrlicher Makler" zwischen den Großmächten

reich-Ungarn und Russland gerieten in der Folgezeit wegen der Verteilung der Gebiete des schwächelnden Osmanischen Reiches auf dem Balkan zunehmend in Rivalität. 1877 griff Russland das Osmanische Reich zum wiederholten Male an. Nach dem glanzvollen Sieg der Russen diktierten sie den Türken einen Friedensschluss, der den russischen Einflussbereich bis an das Mittelmeer ausgedehnt hätte und den die anderen Großmächte so nicht hinnehmen wollten. Dieser Konflikt bot dem Deutschen Reich die Chance, die Großmächte zum Friedenskongress nach Berlin zu laden, auf dem Bismarck sich dann als „ehrlicher Makler" zwischen den Konfliktparteien darstellen konnte. Unter dem Druck Österreich-Ungarns, Frankreichs und vor allem Großbritanniens musste Russland auf die wichtigsten Punkte des Friedensvertrags verzichten, was die russische Seite später Bis-

marck vorwarf. Der österreichisch-russische Balkankonflikt nahm nach dem Berliner Kongress an Schärfe zu, wodurch der Bestand des Dreikaiserbündnisses gefährdet wurde (Abb. 1).

Russland war erst zur Verlängerung des Dreikaiserbündnisses bereit, nachdem Österreich-Ungarn und das Deutsche Reich 1879 durch ihren „Zweibund" gezeigt hatten, dass sie im Falle eines russischen Angriffs auf die Donaumonarchie zusammenhalten würden. 1881 wurde dann das Dreikaiserbündnis verlängert. Es verpflichtete die drei Staaten zur Neutralität im Falle des Angriffs einer vierten Macht.

1882 trat Italien dem Zweibund bei, der dadurch zum „Dreibund" wurde, ohne dass jedoch die österreichisch-italienischen Konflikte gelöst werden konnten. In der Folgezeit wuchsen die österreichisch-russischen Spannungen auf dem Balkan so stark, dass ein Kriegsausbruch nicht mehr auszuschließen war. So war an eine neuerliche Verlängerung des Dreikaiserbündnisses nicht mehr zu denken. Um nicht automatisch in einen Konflikt mit hineingezogen zu werden, schloss das Deutsche Reich mit Russland 1887 ein geheimes Neutralitätsabkommen, den Rückversicherungsvertrag. Gleichzeitig verpflichtete sich Deutschland darin zur Unterstützung der russischen Balkanpolitik. Schließlich förderte Bismarck den Abschluss des „Orient-Dreibundes" zwischen Italien, Österreich-Ungarn und Großbritannien zum Schutz des Osmanischen Reiches vor Russland (Abb. 2).

Durch dieses hochkomplizierte Vertragssystem wurde in Europa eine Situation geschaffen, die einen Krieg unter Beteiligung der Großmächte praktisch unmöglich machte, da sofort ganz Europa mit einbezogen gewesen wäre. Bismarcks Hauptziel hingegen war dadurch erreicht, dass Frankreich völlig isoliert und eingekreist war und an einen Angriff auf das Deutsche Reich zu diesem Zeitpunkt nicht im Entferntesten denken konnte.

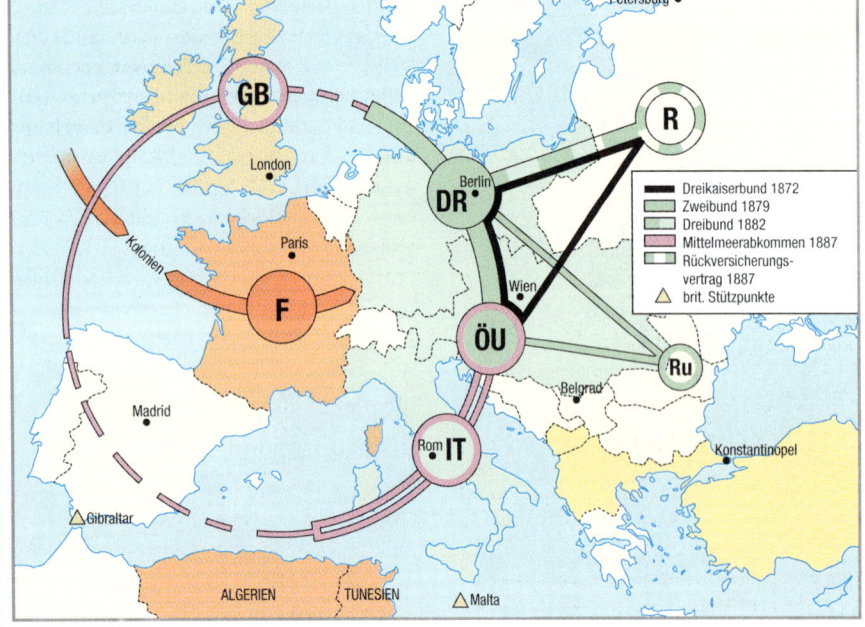

Dreikaiserbund 1872
Zweibund 1879
Dreibund 1882
Mittelmeerabkommen 1887
Rückversicherungsvertrag 1887
△ brit. Stützpunkte

Abb. 2: Das Bündnissystem Bismarcks führte zur Isolierung Frankreichs

 Zum Weiterlesen:

• Das deutsche Kaiserreich, S. 838
• Das „wilhelminische" Deutschland, S. 842
• Der „Run" auf Kolonien, S. 848
• Zeitalter des Imperialismus, S. 850

Geschichte

Gegen die „Reichsfeinde" – Bismarcks Innenpolitik

Nach der Reichsgründung von 1871 unterstützte ein Teil des Reichstages, nämlich die Konservativen und die Nationalliberalen, die Regierung, während die Sozialdemokraten, die Linksliberalen und das katholische Zentrum der Regierungspolitik eher ablehnend gegenüberstanden. Deshalb wurden sie in aller Öffentlichkeit als „Reichsfeinde" bezeichnet, gegen die sich Bismarcks Innenpolitik richtete (Abb. 1).

Die katholische Zentrumspartei kritisierte die von Bismarck betriebene kleindeutsche Lösung der deutschen Frage, da sie befürchtete, in einem preußisch und damit protestantisch dominierten Nationalstaat in die Minderheit zu geraten. Während einer Schwächephase des Katholizismus sah Bismarck die Chance, gegen die Zentrumspartei und den Einfluss der Kirche im Staate vorzugehen. Er erließ mit der Unterstützung der Liberalen eine ganze Reihe von Gesetzen gegen die katholische Kirche, die in ihrer Gesamtheit als „Kulturkampf" bezeichnet werden. 1871 wurde der „Kanzelparagraph" in das Strafgesetzbuch aufgenommen. Durch ihn wurden politische Äußerungen in den Predigten der katholischen Geistlichen mit bis zu zwei Jahren Gefängnis bedroht. 1872 übernahm der Staat die Aufsicht über alle Schulen, im Folgejahr ließ Bismarck den Jesuitenorden verbieten. 1874 wurde die Zivilehe zur allein gültigen Form der Eheschließung erklärt. Ein Jahr später sperrte der Reichskanzler der katholischen Kirche alle staatlichen Geldzuwendungen, und 1876 wurden durch das Klos-

Abb. 1: Reichskanzler Otto von Bismarck

tergesetz alle geistlichen Orden verboten. Doch alle diese Maßnahmen und sogar Massenverhaftungen von hohen katholischen Geistlichen führten nicht zum Ziel. 1881 wurde das Zentrum sogar zur stärksten Fraktion im Reichstag. Schließlich sah Bismarck das Scheitern des Kulturkampfes ein und nahm bis auf die Zivilehe und die staatliche Schulaufsicht alle Maßnahmen schrittweise wieder zurück (Abb. 2).

Doch nicht nur die Katholiken galten als „Reichsfeinde", sondern auch die Mitglieder der Arbeiterbewegung. Neben den revolutionären Zielen der Sozialdemokraten beunruhigte Bismarck vor allem ihr stetig steigender Erfolg bei den Reichstagswahlen.

1871 mit gut 3 Prozent noch schwächste Kraft, konnten sie ihren Stimmenanteil bis 1877 verdreifachen und waren 1890, bei Bismarcks Entlassung, bereits die stärkste Fraktion im Reichstag. Als im Jahre 1878 gleich zwei Attentate auf Kaiser Wilhelm I. verübt wurden, verabschiedete der Reichstag ein „Gesetz gegen die gemeingefährlichen Bestrebungen der Sozialdemokratie", das berühmt-berüchtigte „Sozialistengesetz". Es verbot jegliche sozialistischen Schriften, Versammlungen und Vereine, nicht aber die Reichstagspartei selbst. Zudem erließ das Gesetz erweiterte Polizeibefugnisse gegen vermeintliche oder tatsächliche Sozialisten. Aufgrund der intensiven Bespitzelung musste nun jeder Arbeiter, der für sozialistenfreundlich gehalten wurde, mit seiner Entlassung rechnen. Trotzdem nahm – vor allem aufgrund der teilweise unmenschlichen Lebens- und Arbeitsbedingungen in den Großstädten – die Sympathie der Arbeiterschaft für die Sozialdemokratie zu, so dass auch der zweite große innenpolitische Kampf Bismarcks scheiterte.

Um den Einfluss der umstürzlerischen Sozialdemokraten zu begrenzen, führte Bismarck ab 1883 schrittweise staatliche soziale Sicherungssysteme ein. 1883 begann er mit einer Krankenversicherung, die von Arbeitnehmern und Arbeitgebern gemeinsam finanziert wurde und den Arbeitnehmern im Krankheitsfall 13 Wochen lang die Arzt- und Arzneikosten sowie einen Teil des entfallenen Arbeitslohnes erstattete. 1884 wurde eine Unfallversicherung eingeführt, die voll von den Arbeitgebern finanziert wurde. Ab 1889 gab es dann eine von Arbeitgebern und Arbeitnehmern gemeinsam getragene Rentenversicherung. Diese bereits damals als äußerst fortschrittlich geltenden Sicherungssysteme bilden heute, über 100 Jahre später, immer noch die Grundlage unseres Sozialstaates und müssen daher als größte innenpolitische Leistung Bismarcks gelten.

Abb. 2: Karikatur zum Kulturkampf. Bismarck spielt mit Papst Pius XI. Schach um die Zukunft der katholischen Kirche im Deutschen Reich

 Zum Weiterlesen:

• 1848/49 und die „deutsche Frage", S. 836
• Das deutsche Kaiserreich, S. 838
• Das „wilhelminische" Deutschland, S. 842
• Die industrielle Revolution, S. 844

Militarismus und Nationalismus – Das „wilhelminische" Deutschland

Als Kaiser Wilhelm I. am 9. 3. 1888 im Alter von 91 Jahren verstarb, kam sein Sohn Friedrich III. auf den Thron. Doch der fortschrittlich eingestellte Kaiser regierte nur 99 Tage, bis er völlig überraschend starb. So wurde der erst 29-jährige Wilhelm II., der Sohn Friedrichs, zum dritten Kaiser des Jahres 1888, das deshalb auch als „Dreikaiserjahr" bezeichnet wird. Im Gegensatz zu seinem Großvater Wilhelm I., der 1862 während des Verfassungskonfliktes mit dem preußischen Landtag sogar an Rücktritt gedacht hatte, lebten in Wilhelm II. noch ältere, längst überwunden geglaubte Vorstellungen von der Monarchie und seiner eigenen Stellung als Kaiser fort, die stark an den aufgeklärten Absolutismus des 18. Jahrhunderts erinnerten. So war Wilhelm fest davon überzeugt, dass er allenfalls seinem „Lehnsherrn im Himmel" verantwortlich sei. Deshalb strebte er ein „persönliches Regiment" an, mit dem er viel stärker selbst die Regierungsgeschäfte leiten wollte als seine Vorgänger. In der Außenpolitik schlug das Deutsche Reich unter Wilhelm II. einen „neuen Kurs" ein und strebte bald eine aktive Weltmacht- und Kolonialpolitik an. Um in der Bevölkerung für diese Politik zu werben, zeigte sich der Monarch so häufig wie möglich bei Rekrutenvereidigungen, Paraden, Schiffstaufen und anderen militärischen Zeremonien. Die Reden, die Wilhelm zu solchen Anlässen gerne hielt, offenbarten oftmals seine charakterliche Ungefestigtheit und Sprunghaftigkeit, die sich häufig in Aufsehen erregenden Taktlosigkeiten äußerten. So war es nur eine Frage der Zeit, wann der junge Kaiser mit dem großen alten Mann des Kaiserreiches, mit Bismarck aneinander geraten würde (Abb. 2).

Der Streit entzündete sich schließlich an den fortschrittlichen sozialen Plänen des Kaisers, die noch weit über die im internationalen Vergleich vorbildliche Sozialgesetzgebung Bismarcks hinausging. Als kurz nach seiner Thronbesteigung im Ruhrgebiet über 40.000 Bergarbeiter streikten, bekam der Kaiser Furcht vor einer sozialistischen Revolution (Abb.4). Er war der Meinung, dass „fast alle Revolutionen, von der die Geschichte

Abb. 1:„Der Lotse geht von Bord". Britische Karikatur zur Entlassung Bismarcks 1890

spricht, sich darauf zurückführen lassen, dass rechtzeitige Reformen versäumt worden sind". So wollte er nun mit einer weit reichenden Sozialgesetzgebung den Sozialisten den Wind aus den Segeln nehmen – wie es

Abb. 2: Kaiser Wilhelm II. (1888-1918)

Bismarck ja auch bereits seit 1883 gemacht hatte. Doch die Maßnahmen des Kaisers im „Programm zum Schutz der Arbeiter" – u. a. Verbot der Sonntagsarbeit, Verbot der Kinderarbeit – gingen dem Reichskanzler zu weit, da er eine Schwächung der deutschen Industrie gegenüber dem Ausland befürchtete. Doch Bismarck musste schließlich nachgeben. Auch in andere Politikbereiche griff der junge Kaiser nun selbst ein – oftmals hinter dem Rücken des Reichskanzlers. Zum Zerwürfnis kam es schließlich über die Frage, ob der Kaiser ohne Wissen und Zustimmung des Reichskanzlers Mitglieder der Reichsregierung zum Vortrag einbestellen konnte oder nicht. Als sich Bismarck gegen den neuen Regierungsstil zu wehren versuchte, forderte ihn der Kaiser auf, seinen Rücktritt einzureichen. Am 19. 3. 1890 kam Bismarck dieser Aufforderung nach, und zwei Tage später wurde er aus seinem Amt entlassen. Damit endete eine Ära der deutschen Geschichte, und eine neue Zeit begann, die als „Wilhelminisches Zeitalter" bezeichnet wird (Abb. 2).

In alter preußischer Tradition stützte sich Wilhelm II. auf eine starke Beamtenschaft und das Militär. Die breite Masse der niedrigen und mittleren Beamten stammten aus dem aufstrebenden Bürgertum, an den Spitzen des deutschen Beamtentums stand jedoch nach wie vor der Adel. Das galt ebenso für das Militär, wenn auch hier der Anteil der adligen gegenüber den bürgerlichen Offizieren beständig zurückging. Kaiser Wilhelm II. liebte das Militär. Er war der Oberbefehlshaber von Heer und Flotte und stand mit den befehlenden Generälen in direktem, in keine andere Institution eingebundenem Kontakt. So hatten die Führer des Militärs den „kurzen Draht" zum Kaiser – vorbei an der Reichsregierung. Der Reichstag hatte lediglich das Recht, alle sieben Jahre den Militärhaushalt für die kommenden sieben Jahre zu bewilligen.

Das hohe gesellschaftliche Ansehen des Militärs, das in Preußen eine lange Tradition hatte, stieg nach den gewonnenen Einigungskriegen noch weiter an und erstreckte sich bald auch auf die süddeutschen Länder des Reiches. Wer als Mann nicht „gedient" hatte, besaß in seinem Lebenslauf einen erheblichen Makel, der einen beruflichen und damit gesellschaftlichen Aufstieg erschwerte, wenn nicht sogar unmöglich machte. Man musste schon den Rang eines Reserveoffiziers innehaben, wenn man im wilhelminischen Deutschland die berufliche Karriereleiter hinaufklettern und sich gesellschaftlich verbessern wollte. Das führte dazu, dass immer mehr junge Leute eine Karriere im Militär anstrebten. In dem Maße, in dem das Heer weiter wuchs – 1890 waren es bereits ca. 700.000 Mann –, drangen militärische Verhaltensweisen in die Gesellschaft ein. Militärische Tugenden wie Pflichterfüllung, Gehorsam, Opferbereitschaft und bedingungslose Treue standen in der Gesellschaft hoch im Kurs und wurden auch öffentlich vom Kaiser immer wieder eingefordert. Ein Beispiel dafür gibt die Rede Wilhelms anlässlich einer Rekrutenvereidigung 1891: „Ihr seid jetzt Meine Soldaten, ihr habt euch Mir mit Leib und Seele ergeben, es gibt für euch nur einen Feind, und der ist Mein Feind. Bei den jetzigen sozialistischen Umtrieben kann es vorkommen, dass Ich euch befehle, eure eigenen Verwandten, Brüder, ja Eltern niederzuschießen, aber auch dann müsst ihr Meine Befehle ohne Murren befolgen." Die Folge dieser Ausdehnung eines militärisch geprägten Gehorsams in der Gesellschaft wird als „obrigkeitsstaatliches Denken" bezeichnet. Die Autorität eines Amtsträgers galt dabei oftmals mehr als das geschriebene Recht und Gesetz. Dieses Denken führte dazu, dass sich die Deutschen immer weniger als selbstbewusste Staatsbürger und zunehmend als Untertanen empfanden (Abb. 3).

Abb. 3: Kaiser Wilhelm II. liebte das Militär und nahm regelmäßig an Paraden teil. Hier besuchte er eine Parade von Veteranen in Berlin

Der weit verbreitete „Untertanengeist" im wilhelminischen Deutschland wurde auf der anderen Seite durch ein übersteigertes Nationalbewusstsein ergänzt. Aus dem Nationalgefühl des früheren 19. Jahrhunderts, das nach einer Einigung aller Deutschen in einem Staat verlangt hatte, entwickelte sich im wilhelminischen Deutschland bald ein „Nationalismus". Viele Deutsche glaubten aufgrund der wirtschaftlichen und militärischen Erfolge der jüngeren Geschichte, dass die eigene Nation allen anderen Völkern überlegen sei, diese also gegenüber Deutschland minderwertig seien. Diese Haltung traf im Deutschen Reich zunächst die Minderheiten anderer Völker („ethnische Minderheiten") wie Dänen, Elsässer und Polen. Als das Deutsche Reich schließlich die ersten Kolonien erwarb, machte sich in weiten Be-

völkerungsteilen „Rassismus" bemerkbar, der die Bewohner der Kolonien grundsätzlich auf eine niedrige Kulturstufe stellte.

Eine besondere Form des Rassismus richtete sich nun zunehmend gegen Deutsche jüdischen Glaubens. Seit 1871 zwar offiziell rechtlich gleichgestellt, war ihnen das Ergreifen bestimmter Berufe – darunter vor allem die Beamten- und die Offizierslaufbahn – aufgrund gesellschaftlicher Ächtung weiterhin so gut wie unmöglich. Da ihr Bildungsniveau jedoch im Durchschnitt sehr hoch war, ergriffen viele Juden freie Berufe (Ärzte, Journalisten, Künstler, Rechtsanwälte usw.) oder arbeiteten im Handel oder bei Banken. Damit zogen sie sich häufig aufgrund ihres wirtschaftlichen Erfolges wiederum den Konkurrenzneid vieler Bürger zu. Seit dem letzten Viertel des 19. Jahrhunderts setzte sich im Deutschen Reich immer mehr die Auffassung durch, dass die Juden keine Religionsgemeinschaft, sondern eine eigene Menschenrasse darstellten. Damit wurden sie als „Fremdkörper" aus der deutschen Nation ausgegrenzt. Diese spezielle Form des Rassismus nennt man „Antisemitismus". Nationalismus, Rassismus und Antisemitismus waren jedoch keine typisch deutschen Erscheinungen, sondern in allen Ländern Europas mehr oder weniger verbreitet.

Abb. 4: Aus Angst vor einer sozialistischen Revolution wurden sozialdemokratische Versammlungen oft von der Polizei aufgelöst

Zum Weiterlesen:

- Das deutsche Kaiserreich, S. 838
- Der „Run" auf Kolonien, S. 848
- Zeitalter des Imperialismus, S. 850
- Der Rüstungswettlauf, S. 852
- Balkankrise und 1. Weltkrieg, S. 853

„Kapitalisten" und „Proletarier" – Industrielle Revolution und soziale Frage

Bei der industriellen Entwicklung in Europa war Großbritannien der Vorreiter. Durch die Kolonien, durch den Handel mit Baumwolle, Wolle, Metallwaren und Millionen von Sklaven war über die Jahrzehnte ein unermesslicher Reichtum ins Land geflossen. Dieser konzentrierte sich vor allem bei der Minderheit der calvinistischen Kaufleute, die Reichtum aufgrund ihrer Religion als besondere Gnade Gottes betrachteten.

In dieser Zeit machten einige Menschen bahnbrechende technische Erfindungen, die die gesamte Welt verändern sollten. Die wichtigste Erfindung war wohl die Dampfmaschine von James Watt (1769), die Kraft erzeugte und viele Arbeiten verrichten konnte. Damit war der Weg frei für die Errichtung großer Fabriken, in denen oftmals ganze Reihen von – ebenfalls neu erfundenen – Maschinen durch Dampfmaschinen angetrieben wurden. Vor allem Textilfabriken mit automatischen Webstühlen entstanden in großer Zahl. Finanziert wurde die Industrialisierung von den reichen Calvinisten, die entweder selbst Fabriken gründeten

Abb. 1: Die Arbeitsbedingungen in den neu gegründeten Fabriken des 19. Jahrhunderts waren, wie in diesem Eisenwalzwerk, sehr hart

oder den Gründern das Kapital liehen. So wurde Großbritannien bald zum beherrschenden Industrieland Europas, das die Zeitgenossen als „Werkstatt der Welt" bezeichneten.

Aufgrund der wirtschaftlichen Rückständigkeit des Deutschen Bundes hatten es Fabrikgründer in der ersten Hälfte des 19. Jahrhunderts hier sehr schwer. Es gab zwar umfangreiche staatliche Maßnahmen und Hilfen, beispielsweise zinsgünstige Kredite sowie Steuer- und Zollerleichterungen. Darüber hinaus beschafften die Regierungen auf Staatskosten Maschinen, die sie den Unternehmen liehen und nach einiger Zeit sogar schenkten. Doch der zu Beginn schlechte Qualitätsstandard der deutschen Erzeugnisse erschwerte den Absatz – „made in Germany" galt damals noch nichts. Zudem gab es große Widerstände gegen den Einsatz der neuen Maschinen, die – wie der automatische Webstuhl – bis zu 20 Arbeiter ersetzten. Die Arbeiter der klassischen Manufakturen sahen ihre Existenzen gefährdet, woraufhin es vereinzelt sogar zur Erstürmung und Zerstörung von Fabriken gekommen ist.

Den Durchbruch bei der Industrialisierung des Deutschen Bundes brachte dann der groß angelegte Bau der Eisenbahn. Er schuf eine eigene Wachstumsindustrie, denn all die Schienen, Waggons und Lokomotiven mussten ja schließlich produziert werden. Außerdem förderte die Eisenbahn als modernstes Transportmittel dieser Zeit die industrielle Entwicklung allgemein. Darüber hinaus erzwang ihr Bau 1834 den Zusammenschluss von 18 Staaten des Deutschen Bundes zum „Deutschen Zollverein", in dem durch den Fall aller Zollgrenzen erstmals die deutsche „Kleinstaaterei" überwunden wurde.

Nach der Gründung des Deutschen Reiches kam es zu einem starken wirtschaftlichen Aufschwung in Deutschland, der allgemein als „Gründerzeit" bezeichnet wird. Verschiedene Entwicklungen führten dazu, dass sich bis zum Ende des 19. Jahrhunderts viele kleinere Betriebe zu großen „Konzernen" zusammenschlossen, die aufgrund ihrer Finanzkraft besser in der Lage waren, wirtschaftliche Schwankungen („Konjunktur") auszugleichen. Auch der Staat wurde nun zum Unternehmer und betrieb die Post, die Telefon- und die Eisenbahngesellschaft, um die Staatskasse aufzufüllen.

Im Rahmen der fortschreitenden Industrialisierung verlagerten sich die Arbeitsplätze dieser Menschen zunehmend aus der eigenen Wohnung („Heimarbeit") in die neu gegründeten Fabriken. Da die Löhne aufgrund des zunächst großen Angebotes an Arbeitskräften extrem niedrig waren, lebten viele Arbeiter in bitterer Armut. Deshalb waren meistens auch die Frauen und Kinder

Abb. 2: Die meisten Städte waren dem Bevölkerungsansturm, den die Industrialisierung mit sich brachte, nicht gewachsen. Viele Arbeiter lebten, wie hier in Berlin, in Barackenkolonien

Abb. 3: Die Fabrikbesitzer lebten in großem Luxus. Hier der Speisesaal der Villa Hügel des Essener Industriellen Alfred Krupp

zur Arbeit in den Fabriken gezwungen, um die Familie wenigstens einigermaßen „durchzubringen". Dabei waren die Arbeitsbedingungen hart: Wer nicht bereit war, an sieben Tagen in der Woche bis zu 16 Stunden täglich zu arbeiten, konnte sofort entlassen werden. Keinen Kündigungsschutz gab es auch für schwangere Frauen und junge Mütter. Der Unternehmer war in seiner Firma wie ein Herrscher, sein Wille war Gesetz. Durch die Industrialisierung entstanden zwei neue Bevölkerungsgruppen, die es so in dieser Form früher nicht gegeben hatte: eine „besitzende Klasse" von wohlhabenden Bürgern, die Fabriken besaßen, und die „arbeitende Klasse" der lohnabhängigen Fabrikarbeiter. So entwickelte sich in Deutschland langsam eine Klassengesellschaft (Abb. 1).

Das Wachstum der industriellen Zentren führte zu großen Bevölkerungsverschiebungen vom Land in die Städte. Es entstanden Ballungsräume, in denen die Menschen nun dicht gedrängt lebten. Da die Städte auf einen solchen Ansturm nicht vorbereitet waren, fehlte überall dringend benötigter Wohnraum (Abb. 2). Schnell wurden „Mietskasernen" aus dem Boden gestampft, in denen die Arbeiterfamilien in oftmals qualvoller Enge und unter schlechten hygienischen Bedingungen lebten. Große Unternehmen ließen werkseigene Arbeitersiedlungen errichten, in denen die Lebensbedingungen oftmals besser waren als in den Mietskasernen (Abb. 4).

Doch insgesamt verschärften sich die sozialen Missstände, so dass immer öfter von den Arbeitern, aber auch vom aufgeklärten Bürgertum die „soziale Frage" gestellt wurde. Sie äußerte sich vor allem in einer scharfen Kritik an den sozialen Bedingungen, unter denen die Arbeiterklasse litt. Kritisiert wurden vor allem die wirtschaftliche Unsicherheit und die politische Machtlosigkeit der Arbeiter, die harten und unpersönlichen Arbeitsbedingungen und die Ungerechtigkeit der ungleichen Besitzverteilung (Abb. 3).

Als besonders scharfer Kritiker der bestehenden Verhältnisse machte sich im 19. Jahrhundert der Sozialtheoretiker Karl Marx einen Namen. 1848 veröffentlichte er zusammen mit dem Fabrikbesitzer Friedrich Engels das „Kommunistische Manifest". Im Jahre 1867 legte er sein Hauptwerk „Das Kapital" vor, aus dem sich eine ganze politische Philosophie, der wissenschaftlich begründete „Marxismus", entwickelte. Marx betrachtete den gesamten Ablauf der Geschichte als Kampf der besitzenden Klasse („Kapitalisten") gegen die lohnabhängige Klasse („Proletarier"). Da dieser „Klassenkampf" nach be-

stimmten, wissenschaftlich nachweisbaren Gesetzen ablaufe, könne man, so meinte Marx, auch schon sagen, wie er sich in der Zukunft entwickeln müsse, damit soziale Gerechtigkeit erreicht werde. Marx sagte eine Revolution der Arbeiterklasse und die anschließende „Diktatur des Proletariats" voraus. Am Ende dieser Entwicklung steht bei Marx der „Kommunismus" (lat. communis = gemeinsam), eine Gesellschaftsordnung, in der es keine Kapitalisten und keine Proletarier mehr gibt, da alle Menschen gleich sind und der Reichtum ihnen allen gemeinsam gehört (Abb. 5).

Unter dem Eindruck dieser Theorie schlossen sich die Arbeiter bald zur Arbeiterbewegung zusammen, die die Interessen der Arbeiter – zunächst nur auf Betriebsebene, später jedoch auch im größeren Zusammenhang – vertrat und Aktionen zu

Abb. 4: Arbeiterwohnung in Berlin. Es gab nur ein einziges Bett für alle Bewohner

deren Durchsetzung plante und koordinierte. Schnell lernten die Arbeiter, dass sie durch gezielte Arbeitsverweigerung, durch Streiks, die Unternehmer auf legalem Wege empfindlich treffen konnten. Damit hatten die Arbeiter ein wirksames Kampfmittel in der Hand. Aus der Arbeiterbewegung entwickelten sich die Gewerkschaften, die die Interessen der Arbeiter gegenüber den Un-

ternehmern vertraten, und die Arbeiterparteien, die zur politischen Interessenvertretung der Arbeiter wurden.

Auch die Regierungen der Industrieländer erkannten den gesellschaftlichen Sprengstoff, den die soziale Frage in sich trug, und betrieben nun zunehmend Sozialpolitik, mit der sie auf gesetzlichem Wege die Arbeits- und Lebensbedingungen der Arbeiterklasse verbesserten. Vorreiter dieser aus Angst vor sozialistischen Revolutionen geborenen Politik war das Deutsche Reich, dessen Sozialgesetzgebung unter Bismarck mit seiner gesetzlichen Kranken-, Unfall- und Rentenversicherung immer noch die Grundlage unseres sozialen Sicherungssystems bildet. Heute ist der Staat sogar durch das „Sozialstaatsgebot" des Grundgesetzes zur Sozialgesetzgebung verpflichtet.

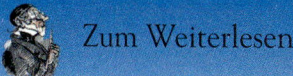

Zum Weiterlesen:

- Bismarcks Innenpolitik, S. 841
- Die Oktoberrevolution, S. 858
- Die Bewältigung des Ersten Weltkriegs, S. 864
- Die Vereinten Nationen, S. 890
- Die europäische Integration, S. 892

Abb. 5: Karl Marx, der bedeutendste Gesellschaftstheoretiker des 19. Jahrhunderts

„Amerika den Amerikanern" – Die USA auf dem Weg zur Weltmacht

Nach der Unabhängigkeitserklärung von 1776 ging der Krieg gegen die Kolonialmacht Großbritannien zunächst noch weiter, bis die Briten 1783 im Frieden von Paris die USA endgültig in die Unabhängigkeit entlassen mussten. Schon bald danach richteten sich die Kräfte der USA auf die territoriale Ausdehnung nach Westen. „The winning of the West", den Westen zu erobern war die Devise (Abb. 1).

Bereits mit dem Friedensschluss von Paris gewannen die USA 1783 die weiter westlich gelegenen britischen Gebiete zwischen den Bundesstaaten und dem Mississippi hinzu. 1803 kauften sie von Napoleon für 15 Mio. US-Dollars den verbliebenen französischen Besitz in Nordamerika. Dieses riesige „Louisiana" erstreckte sich vom Mississippi aus nach Westen bis an die Rocky Mountains. Das Staatsgebiet der USA verdoppelte sich durch dieses Geschäft. 1818 legten die USA und Großbritannien endgültig die Nordgrenze der USA zum weiterhin britischen Kanada fest, so wie sie heute immer noch besteht. Im Jahr darauf kauften die Amerikaner den Spaniern Florida ab. Die nächsten Gebietserweiterungen gingen zu Lasten von Mexiko, das 1821 von Spanien unabhängig geworden war. 1836 sagte sich Texas von Mexiko los und schloss sich 1845 den USA an. Darüber kam es zum Streit mit Mexiko, der sich im Jahr darauf zu einem Krieg ausweitete. Nach der Niederlage von 1848 trat Mexiko gegen eine Entschädigung von 15 Mio. US-Dollars alle Gebiete nördlich des Rio Grande an die USA ab. Bereits 1846 hatten Großbritannien und die USA das auch von Spanien und Russland beanspruchte Oregon-Gebiet im Nordwesten der USA entlang der heutigen Grenze zu Kanada untereinander aufgeteilt. Schließlich kauften die Amerikaner 1867 von Russland für 7,2 Mio. US-Dollars Alaska, womit die USA ihre heutige territoriale Gestalt weitestgehend erreicht hatten.

Doch mit der staatlichen Hoheit über die neuen Gebiete waren diese noch lange nicht wirklich in Besitz genommen. Zuerst drangen Jäger, Pelzhändler und Fallensteller in die Weiten des amerikanischen Westens ein. Später folgten Viehzüchter, Farmer, Kaufleute und Handwerker. Dabei schob sich die Siedlungsgrenze immer weiter nach Westen vor. Für viele der Millionen von Menschen, die im 19. Jahrhundert von Europa aus in die USA einwanderten, war der Weg nach Westen die einzige Chance, den überfüllten und ärmlichen Ghettos der Ostküstenstädte zu entfliehen (Abb. 2).

Abb. 1: Der spätere Präsident Jefferson übergibt dem Präsidenten der amerikanischen Unabhängigkeitsbewegung am 4.7.1776 die amerikanische Unabhängigkeitserklärung. Bei ihm stehen die späteren Präsidenten Adams (l.) und Franklin (r.). Im Hintergrund Vertreter der Kolonien

Doch die Reise in den „Wilden Westen" war beschwerlich und gefährlich. Nicht nur Banditen bedrohten die langen Wagentrecks der Siedler, sondern auch die nordamerikanischen Ureinwohner, die Indianer. Sie waren nicht sesshaft und zogen als jagende Nomaden den großen Büffelherden oder anderem Jagdwild hinterher. Die Siedler, die sich in den betreffenden Gebieten niederließen, nahmen den Indianern dadurch ihre Jagdgründe und verfolgten sie – mit Unterstützung der Regierung – darüber hinaus brutal. Durch Zwangsverträge mit der US-Regierung wurden sie schließlich in „Reservationen" umgesiedelt, die oftmals keine ausreichende Lebensgrundlage boten. So rotteten die Einwanderer die Indianer im 19. Jahrhundert weitgehend aus. Erst 1924 erhielten die wenigen Nachkommen der Indianer offiziell die US-Bürgerrechte.

Im Verlauf des 19. Jahrhunderts entwickelte sich der Nordosten der USA zu einer leistungsfähigen Industrieregion, während im Mittleren Westen und im Süden die Landwirtschaft vorherrschte. Der Mittlere Westen – die „neuen" Bundesstaaten im 1783 von England abgetretenen Gebiet – bestand hauptsächlich aus Farmland. Im Süden hingegen gab es riesige Baumwollplantagen, die von Millionen von Sklaven bewirtschaftet wurden. Insgesamt gab es 1860 bei einer Gesamtbevölkerung von ca. 32 Mio. Menschen in den USA über 4 Mio. Sklaven. Dabei stand die Sklaverei in ganz klarem und

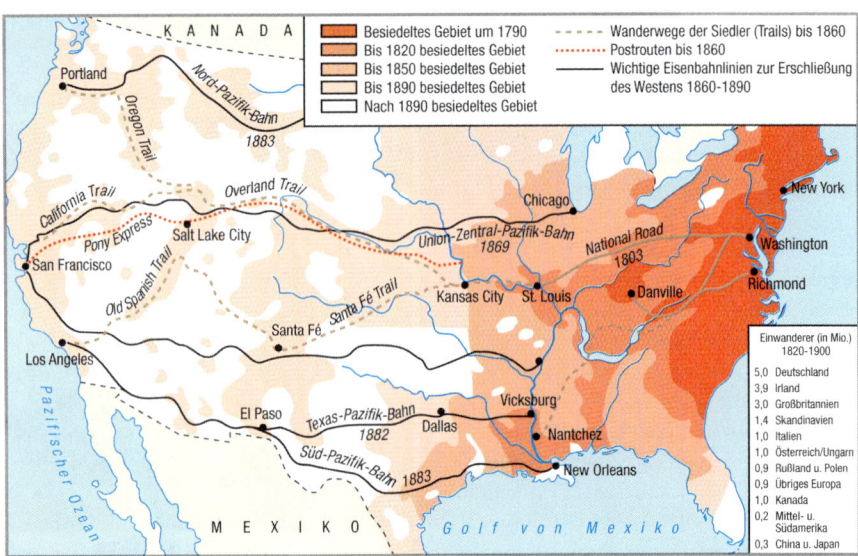

Abb. 2: Zur Zähmung des „Wilden Westens" trugen zwischen 1820 und 1900 auch die 20 Mio. Einwanderer bei

Geschichte

krassem Widerspruch zur Verfassung von 1789, die allen Menschen Freiheit, Gleichheit, Menschenwürde und weitere unveräußerliche Rechte zusprach (Abb. 3).

Zwischen den wirtschaftlich so unterschiedlichen Regionen entstanden bald starke Interessenkonflikte über die Wirtschaftspolitik. Der industrialisierte Norden wollte sich durch hohe Einfuhrzölle vor der britischen Konkurrenz schützen. Der Süden dagegen hatte in den britischen Textilfabriken den wichtigsten Abnehmer seiner Baumwolle und war deshalb auf den freien Handel mit Großbritannien angewiesen. Nach dem Wahlsieg des Republikaners Abraham Lincoln, der sich offen gegen Freihandel und Sklaverei ausgesprochen hatte, verließen 1861 elf Südstaaten die USA und gründeten die „Könföderierten Staaten von Amerika". Dies war der Beginn des Bürgerkriegs („Sezessionskrieg"), der mit äußerster Härte und Verbitterung geführt wurde und weite Landstriche der USA verwüstete. Trotz technischer und zahlenmäßiger Unterlegenheit konnte der Süden einige beachtliche Erfolge erringen, hatte der überlegenen „Union" am Ende allerdings nichts mehr entgegenzusetzen. Der Krieg forderte 600.000 Tote und ruinierte den Süden völlig, konnte jedoch die Einheit der USA erhalten (Abb. 4).

Nach dem Ende des Krieges 1865 setzte der Wiederaufbau („Reconstruction") des Landes ein. Er dauerte über zehn Jahre, in denen die USA in atemberaubendem Tempo die Grundlage für ihren Aufstieg zur wirtschaftlichen Weltmacht schufen. Doch das Sklavenproblem wurde letztlich nicht gelöst. Die Sklaverei wurde zwar offiziell abgeschafft, doch die Benachteiligung der

Abb. 3: Der amerikanische Präsident Abraham Lincoln bewahrte im Sezessionskrieg die Einheit der USA und befreite die Sklaven

schwarzen Amerikaner hielt weiter an. Viele Nachkommen der einst gewaltsam aus Afrika entführten Menschen gingen in den Staat Liberia („Freiheit"), der 1847 von freigelassenen Sklaven an der afrikanischen Westküste gegründet worden war. Doch die überwiegende Mehrheit der ehemaligen Sklaven blieben in den USA und verteilten sich hier bald über das ganze Land. So entwickelte sich das Sklavenproblem zu einem Rassenproblem zwischen schwarzen und weißen Amerikanern – ein Konflikt, der bis heute weiter besteht.

Nach der nationalen Einigung, der „Zähmung" des Wilden Westens und dem Aufstieg zur Industrienation wandten sich die USA zum Ende des 19. Jahrhunderts wieder

verstärkt der Außenpolitik zu. Im Zusammenhang mit dem Freiheitskampf der süd- und mittelamerikanischen Staaten gegen das spanische Kolonialreich vom Beginn des 19. Jahrhunderts, in den sich auch die anderen europäischen Großmächte einmischten, war vom damaligen US-Präsidenten die berühmte „Monroe-Doktrin" formuliert worden, die in der Folgezeit zur einer beherrschenden Regel der amerikanischen Außenpolitik wurde. Sie besagte, dass kein europäischer Staat sich in amerikanische Angelegenheiten einmischen dürfe („Amerika den Amerikanern"). 1895 kam es zum Aufstand Kubas gegen die Spanier, in dessen Verlauf die USA sich auf die „Monroe-Doktrin" beriefen und dem spanischen Kolonialreich den Krieg erklärten. Nach der spanischen Niederlage gingen 1898 die Reste des ehemaligen spanischen Weltreiches in amerikanischen Besitz über, darunter Hawaii, die südpazifische Insel Guam, die Philippinen sowie einige Inseln der Karibik.

Doch angesichts der eigenen Geschichte sowie der heftigen Kritik an seiner Außenpolitik schreckte Präsident Theodore Roosevelt davor zurück, ein Kolonialreich nach europäischem Vorbild aufzubauen. Statt einer direkten Herrschaft entstand nun der „Dollarimperialismus", eine indirekte Form der Herrschaft, die auf wirtschaftlicher Durchdringung beruhte. So machten die USA ihren „Hinterhof", wie sie die kleineren Staaten Mittel- und Südamerikas sowie die Karibik bezeichneten, wirtschaftlich und letztlich damit auch politisch von sich abhängig.

Gleichzeitig mit der Forderung nach Nichteinmischung europäischer Großmächte in amerikanische Angelegenheiten hatte Präsident Monroe 1823 verkündet, die USA würden sich im Gegenzug auch nicht in die Angelegenheiten Europas einmischen. Diese als „Isolationismus" berühmt gewordenen Haltung bestimmte die Außenpolitik der USA über hundert Jahre, wurde im Ersten Weltkrieg kurzzeitig unterbrochen und erst nach dem Zweiten Weltkrieg endgültig aufgegeben.

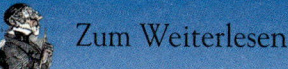

Zum Weiterlesen:

- Unabhängigkeit der USA, S. 824
- Der „Run" auf Kolonien, S. 848
- Zeitalter des Imperialismus, S. 850
- Der Erste Weltkrieg, S. 854
- Pariser Friedensschlüsse, S. 856

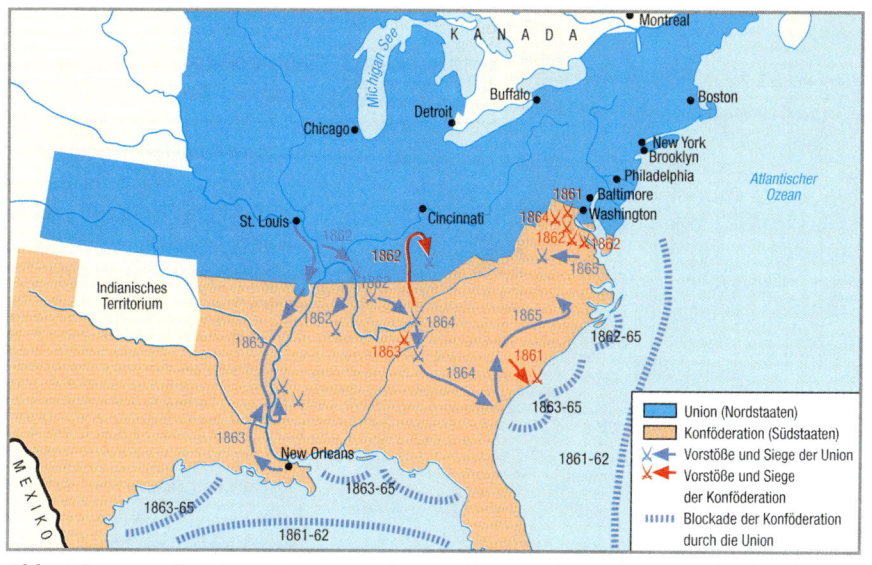

Abb. 4: Der amerikanische Sezessionskrieg 1861–1865 verwüstete weite Landstriche der USA

„Ein Platz an der Sonne" – Der „Run" auf Kolonien

*D*ie Entstehung der ersten Kolonialreiche wurde durch die spanischen und portugiesischen Entdeckungen im 15. und 16. Jahrhundert ausgelöst. Im 17. und 18. Jahrhundert war Amerika unter den Kolonialmächten Spanien (Mittel- und Südamerika sowie Teile von Nordamerika), Portugal (Brasilien), Frankreich und Großbritannien (beide Nordamerika) aufgeteilt. Doch am Ende des 18. und Anfang des 19. Jahrhunderts zerfielen die amerikanischen Kolonialreiche weitgehend. 1776 erklärten die USA ihre Unabhängigkeit von Großbritannien und kauften 1803 von Napoleon die französischen Besitzungen in Nordamerika auf. Am Anfang des 19. Jahrhunderts begann der Freiheitskampf der süd- und mittelamerikanischen Völker gegen Spanien, der schrittweise zur Vernichtung des spanischen Kolonialreiches führte. 1822 erklärte die portugiesische Besitzung Brasilien ihre Unabhängigkeit. Lediglich Großbritannien konnte mit Kanada eine nennenswerte amerikanische Kolonie behaupten.

Im frühen 19. Jahrhundert waren die Kolonialstaaten hauptächlich damit beschäftigt, ihre Besitzungen an den Küsten Afrikas sowie in Asien zu erhalten und auszudehnen. Lediglich Großbritannien und Frankreich betrieben eine aggressivere Kolonialpolitik. Die Franzosen begannen 1830 mit der Eroberung Algeriens, während die Briten 1842 Hongkong erwarben und ihren Besitz in Indien schrittweise vergrößerten. Doch galt der Erwerb von Kolonien nicht als zentraler Punkt der staatlichen Außenpolitik. Die überseeischen Territorien wurden oftmals eher von privaten oder halbstaatlichen Handelsunternehmen kolonisiert.

Bis weit in die zweite Hälfte des 19. Jahrhunderts wurde der Besitz von Kolonien in den Kolonialmächten von der Bevölkerung als Belastung empfunden. So bezeichnete die Liberale Partei in Großbritannien die Kolonien als „Mühlsteine" und lehnte den Erwerb neuer überseeischer Besitzungen lange Zeit ab. Erst um 1870 änderte sie ihre Meinung und stimmte einer aktiveren Kolonialpolitik zu. In Frankreich fand eine ähnliche Entwicklung statt. Zu Beginn des 19. Jahrhunderts hatte Napoleon

Abb. 1: Die übrigen europäischen Großmächte empfanden die imperiale Pose, die Kaiser Wilhelm II. auf diesem Gemälde einnimmt, als aggressive Provokation

noch den letzten nordamerikanischen Besitz an die USA verkauft. Nach der Niederlage Frankreichs im Deutsch-Französischen Krieg von 1870/71 entstand hier als Ausgleich für den Verlust der Vormachtstellung auf dem europäischen Kontinent die Idee eines französischen Kolonialreichs.

Doch spielten bei den europäischen Regierungen ab ca. 1870 auch noch andere Gründe für die Änderung ihrer Einstellung zum Erwerb von Kolonien eine Rolle. So wurden Kolonien zunehmend als Statussymbole betrachtet. Gerade in der Zeit ab 1870, als durch die nationale Einigung Deutschlands und Italiens die Spannungen in Europa zunahmen, versuchten sich die Mächte durch den Erwerb großer überseeischer Besitzungen gegenseitig zu beeindrucken. Dabei wurde der Besitz von Kolonien zunehmend als Bedingung für den Großmachtstatus eines Staates angesehen. Unter den europäischen Großmächten verzichtete lediglich Österreich-Ungarn auf den Erwerb von Kolonien. Die Donaumonarchie war viel zu sehr mit inneren Konflikten zwischen den verschiedenen Nationalitäten des Vielvölkerstaates beschäftigt, um sich in fremden Kontinenten in koloniale Abenteuer zu stürzen.

Wirtschaftliche Interessen spielten für den Erwerb von Kolonien eine sehr große Rolle. Es waren viele Erzählungen vom sagenhaften Reichtum des britischen Indiens im Umlauf, und viele Menschen stellten sich die Gebiete in Übersee alle so märchenhaft reich vor. Differenzierter dachten die großen Unternehmer. Sie interessierten sich vor allem für die Bodenschätze der Kolonien, die die Kolonialmächte von teuren Exporten aus anderen Ländern unabhängig machen sollten.

Schließlich entstand durch die Zunahme des Nationalismus seit 1870 in vielen europäischen Staaten ein kulturelles Sendungsbewusstsein. Man fühlte sich allen anderen Völkern überlegen, was so weit ging, dass viele Menschen ihr Land für von Gott auserwählt glaubten, den „unterentwickelten Rassen" der anderen Kontinente die richtige Zivilisation zu bringen. So sagte der berühmte britische Forscher und Kolonialist Cecil Rhodes von den Briten, „dass wir die erste Rasse der Welt sind und dass es für die Menschheit umso besser

Abb. 2: Die koloniale Aufteilung Afrikas bis 1914

Karte Legende:
- Belgisch
- Britisch
- Deutsch
- Französisch
- Italienisch
- Osmanisch
- Portugiesisch
- Spanisch
- Brit. Dominion

ist, je größere Teile der Welt wir bewohnen".
Diesen übersteigerten Nationalismus, der das
eigene Volk über alle anderen stellt und diese
für minderwertig hält, bezeichnet man als
„Chauvinismus".

So wurde – beileibe nicht nur in Deutschland – aus dem freiheitlichen Nationalbewußtsein des frühen 19. Jahrhunderts nach
der politischen Umgestaltung Europas durch
die Einigung Deutschlands und Italiens zunehmend ein aggressiver Nationalismus. Er
äußerte sich durch die Übersteigerung des eigenen Selbstwertgefühls als Chauvinismus
und durch die Abwertung der fremden Rassen der Kolonialgebiete als Rassismus. Die
staatliche Außenpolitik, die aus diesem geistigen Klima entstand, strebte nach territo-
rialer Ausdehnung. Sie wollte fremde, als
„unterentwickelt" bezeichnete Gebiete in
Besitz nehmen, von sich politisch, militärisch oder wirtschaftlich abhängig machen und schließlich in einem Weltreich zusammenfassen. Diese Politik, die typisch ist
für die Großmächte zwischen 1880 und
1914, wird als „Imperialismus" bezeichnet.

Der Erwerb von Kolonien wurde zu einem
so wichtigen Ziel der Politik, dass in der Öffentlichkeit der europäischen Staaten allgemein der Eindruck entstand, ohne Kolonien
habe man keine Zukunft. So schrieb der viel-
beachtete französische Schriftsteller Leroy-
Beaulieu 1874: „Ein Volk, das kolonisiert, ist
ein Volk, welches das Fundament für seine
Größe in der Zukunft und für seine künftige
Vorherrschaft legt".

Als das Deutsche Kaiserreich 1871 entstand, besaßen andere Staaten bereits ausgedehnte Kolonien. Reichskanzler Bismarck
verzichtete öffentlich auf eine weitere territoriale Ausweitung des jungen Staates und
erklärte das Reich für gesättigt („saturiert").
Wiederholt betonte er in der Öffentlichkeit,

Abb. 3: Die koloniale Aufteilung Asiens bis 1914

dass das Reich auch keine Kolonien erwerben wolle. Doch ab 1885 änderte er seine
Meinung und stellte fest, „dass die Kolonial-
frage eine Lebensfrage für uns ist" (Abb. 1).

Doch zu diesem Zeitpunkt hatte die Ko-
lonialpolititk in Großbritannien und Frankreich längst einen neuen Höhepunkt
erreicht, so dass die 1884 gegründete „Gesellschaft für Deutsche Kolonisation" erklärte: „Die deutsche Nation ist bei der Verteilung der Erde leer ausgegangen". In der
Folgezeit entfaltete das Deutsche Reich eine
rege Aktivität und versuchte sich an der
Aufteilung Afrikas durch Frankreich und
Großbritannien zu beteiligen. Ziel der
Erwerb eines „deutschen Indiens" in Afrika,
wie es die zeitgenössische öffentliche Meinung in Anspielung auf den schier uner-

schöpflichen Reichtum der britischen Kolonie formulierte. Lediglich die Arbeiterpartei
im Reichstag war gegen die Kolonialpolitik,
mit der die Regierung nach der Auffassung
des Arbeiterführers und Reichstagsabgeord-
neten Karl Liebknecht bloß von der Sozialen Frage in Deutschland ablenken wolle.
Deshalb bezeichnete er die deutsche Außenpolitik als „Sozialimperialismus". Doch fand
diese Meinung in der Öffentlichkeit wenig
Aufmerksamkeit. Mehr Zulauf fand der „All-
deutsche Verband", der sich ab 1891 verstärkt für den Erwerb von Kolonien, eine
aggressive Rüstungspolitik und die Entwicklung des Reiches zur Weltmacht einsetzte und in kurzer Zeit einen großen Ein-
fluß auf die deutsche Außenpolitik erlangte.
Unter diesen Bedingungen widersprach
kaum ein konservativer oder liberaler deutscher Politiker dem Streben nach Kolonien,
von denen man sich für Deutschland allgemein versprach, was der deutsche Reichskanzler Bernhard von Bülow (1900-1909)
vor dem Reichstag formulierte: einen „Platz
an der Sonne" (Abb. 2, 3, u. 4).

Zum Weiterlesen:

- Das „Wilhelminische" Deutschland,
  S. 842
- Zeitalter des Imperialismus, S. 850
- Der Rüstungswettlauf, S. 852
- Balkankrise und 1. Weltkrieg, S. 853
- Der Erste Weltkrieg S. 854

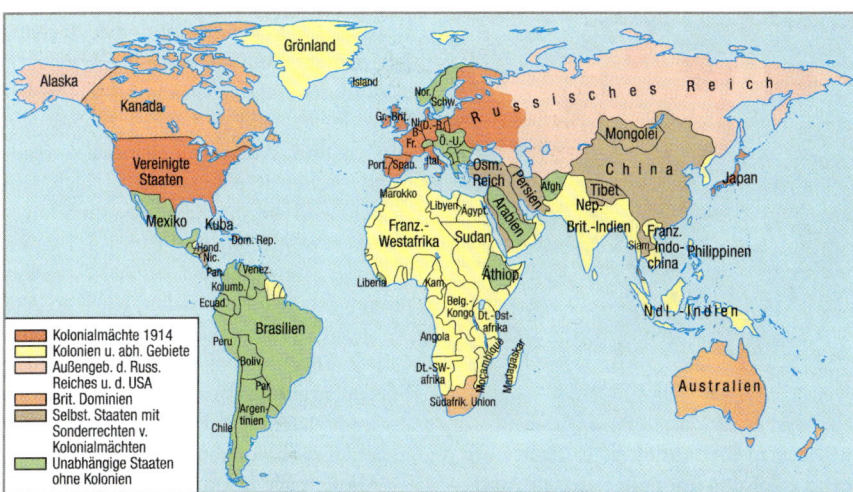

Abb. 4: Kolonialmächte und Kolonien 1914

Weltweite Rivalität und europäisches Gleichgewicht – Das Zeitalter des Imperialismus

Als nach 1870 das Interesse der europäischen Mächte am Erwerb von Kolonien schlagartig wuchs, geriet der afrikanische Kontinent in den Mittelpunkt der kolonialen Bestrebungen, denn bisher galt Afrika als riesiger „weißer Fleck" auf der Weltkarte. Mit der fast gleichzeitigen Besetzung Tunesiens durch Frankreich (1881) und Ägyptens durch Großbritannien (1882) begann nun zwischen den Kolonialmächten ein regelrechter „Wettlauf um Afrika".

Dabei wollte die britische Regierung zur Sicherung ihrer indischen Kolonie den Indischen Ozean zu einem Meer machen, das nach dem Motto „vom Kap bis Kairo" rundherum an seinen Küsten von britischen Kolonien umgeben war. Die Franzosen hingegen strebten einen Gürtel von Kolonien an, der sich in West-Ost-Ausdehnung über den afrikanischen Kontinent erstrecken sollte. Ihr Motto war: „Von Dakar bis Djibouti". So war es nur eine Frage der Zeit, wann die beiden Großmächte sich mit ihren gegensätzlichen Konzeptionen in die Quere kommen würden.

Am „Wettlauf um Afrika" beteiligten sich neben Großbritannien und Frankreich noch Belgien, Italien und das Deutsche Reich. Den ersten Zusammenstoß der Kolonialinteressen gab es im Kongo-Becken in Zentralafrika, für das sich mit Großbritannien, Frankreich und Belgien gleich drei Staaten interessierten. Der Konflikt konnte schließlich unter der Leitung des Reichskanzlers Bismarck auf der internationalen Kongo-Konferenz von 1884/85 in Berlin gelöst werden.

Abb. 1: Karikatur zur deutschen Politik in China in Anspielung auf die deutsche Beteiligung bei der blutigen Niederschlagung des chinesischen „Boxeraufstands" von 1900

Das Deutsche Reich gewann 1884 an der Westküste Afrikas mit Togo, Kamerun und Deutsch-Südwestafrika gleich drei Kolonien. Als 1890 Deutsch-Ostafrika deutsche Kolonie wurde, geriet das Reich in Konflikt mit Großbritannien, denn Deutsch-Ostafrika gefährdete das britische Konzept „vom Kap bis Kairo". Schließlich einigte sich die deutsche Regierung mit den Briten im „Helgoland-Sansibar-Vertrag" von 1890. Deutschland verzichtete auf die Insel Sansibar und erhielt dafür die Nordseeinsel Helgoland. Damit behielt Großbritannien einen wichtigen Seestützpunkt vor der Küste der deutschen Kolonie.

1898 schließlich kam es mit der „Faschoda-Krise" zum ernsten Zusammenstoß zwischen der britischen und der französischen Kolonialpolitik. Im kleinen Dorf Faschoda am Nil kreuzten sich die imperialen Raumideen „vom Kap bis Kairo" und „von Dakar bis Djibouti". Kurzzeitig standen die beiden Großmächte am Rande eines militärischen Konflikts, bevor die Franzosen nachgaben und einen Ausgleich mit den Briten suchten. Schließlich verständigten sich beide Seiten darauf, in Zukunft alle kolonialen Streitpunkte in „herzlichem Einvernehmen" („Entente cordiale") zu lösen. Die bei der Aufteilung Afrikas zwischen den Großmächten gezogenen Grenzen entstanden am Verhandlungstisch mit dem Lineal und standen in krassem Gegensatz zu den vorkolonialen Herrschaftsgebieten der Ureinwohner.

Russland betrieb eine imperialistische Politik, die sich grundlegend von der Kolonialpolitik der anderen Großmächte unterschied. Das Zarenreich eroberte keine überseeischen Kolonien, sondern dehnte seine Grenzen immer mehr nach Südosten hin aus. Dadurch geriet Russland zunehmend in Gegensatz zu Großbritannien, das seine indischen Besitzungen nun direkt bedroht sah.

Nach über 250 Jahren der Isolation öffnete Japan sich 1854 erstmals dem Westen. Da es sich in seiner Rückständigkeit kaum von anderen Ländern Südostasiens unterschied, schien es nur eine Frage der Zeit, bis es zur Kolonie einer Großmacht würde. Doch der Kontakt mit dem Westen löste in Japan eine Welle der politischen, wirtschaftlichen und militärischen Reformen aus, die das Land innerhalb weniger Jahrzehnte in einen mächtigen Industriestaat mit leistungsfähiger Verwaltung und hoch gerüsteten Streitkräften verwandelten. Nach dem Vorbild der imperialistischen Mächte begann Japan bald mit einer aggressiven Außenpolitik, die sich vor allem auf den südostasiatischen Raum erstreckte. Nach dem siegreichen Krieg mit China gewann Japan 1894 die Vorherrschaft in Korea. 1904 kam es wegen Streitigkeiten über die Mandschurei zum Russisch-Japanischen Krieg, in dem die russische Flotte eine vernichtende Niederlage erlitt. Durch den 1905 geschlossenen Frieden zwischen Russland und Japan stieg das Inselreich nun endgültig in den Kreis der imperialistischen Großmächte auf.

Ähnlich wie Japan hatte sich China der westlichen Kultur über Jahrhunderte ver-

Abb. 2: Kaiser Wilhelm II. (r.) und Zar Nikolaus II. (2. v. r.) verhandelten 1905 an Bord der kaiserlichen Yacht „Hohenzollern" bei Björkö erfolglos über ein deutsch-russisches Bündnis

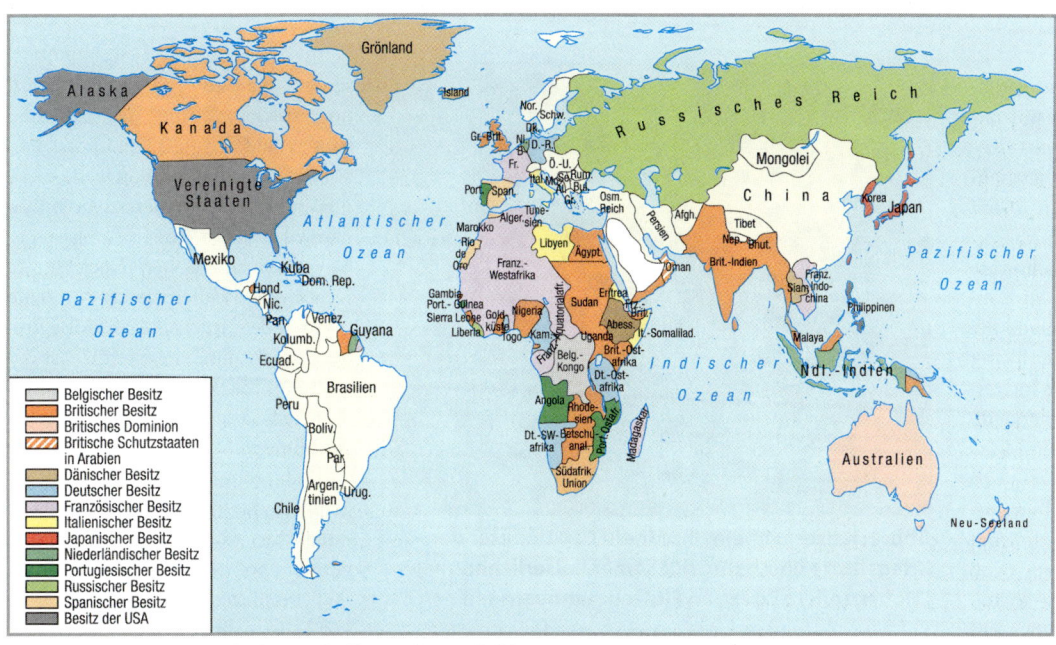

Abb. 3: Die imperialistische Aufteilung der Welt bis 1914

Map legend:
- Belgischer Besitz
- Britischer Besitz
- Britisches Dominion
- Britische Schutzstaaten in Arabien
- Dänischer Besitz
- Deutscher Besitz
- Französischer Besitz
- Italienischer Besitz
- Japanischer Besitz
- Niederländischer Besitz
- Portugiesischer Besitz
- Russischer Besitz
- Spanischer Besitz
- Besitz der USA

schlossen. Doch die imperialistischen Mächte drängten auf die Öffnung des Landes für den Handel. Als die Chinesen die Einfuhr der gefährlichen Droge Opium verbieten wollten, begann ein militärischer Konflikt mit den Briten, der „Opiumkrieg" von 1842. Am Ende musste China die Opiumeinfuhr wieder erlauben und zudem fünf Häfen an Großbritannien abtreten, darunter Hongkong. 1860 eroberten britische und französische Truppen die Hauptstadt Peking und lösten große Kolonien aus dem chinesischen Herrschaftsgebiet heraus. Russland erhielt die Mandschurei, Großbritannien Burma und Frankreich Indochina.

Abb. 4: Deutsche Karikatur des „Panthersprungs" nach Agadir von 1911

Nach der chinesischen Niederlage im Krieg gegen Japan versuchten die Großmächte, ihren Einfluss auch auf das bisher noch freie chinesische Kernland auszudehnen. Das Deutsche Reich besetzte 1898 die Küstenprovinz Kiautschou mit dem Hafen Tsingtau. Der Geheimbund der „Gesellschaft der Freiwilligen der geschlossenen Faust", in Europa als „Boxer" bekannt, erhob sich schließlich gegen die „fremden Teufel", wie sie die imperialistischen Eindringlinge nannten. Die Europäer schickten ein gemeinsames Heer nach China, dem sich auch die Japaner anschlossen. Kaiser Wilhelm II. gab den ausrückenden Truppen in Bremerhaven den Befehl: „Führt eure Waffen so, dass auf tausend Jahre hinaus kein Chinese mehr es wagt, einen Deutschen scheel anzusehen." Nach der Niederschlagung des „Boxeraufstandes" gingen die Großmächte daran, China endgültig untereinander aufzuteilen. Doch die USA, deren imperialistische Politik mehr auf die wirtschaftliche Durchdringung als auf den Erwerb von Kolonien abzielte, verhinderten dies schließlich (Abb. 1).

Nach der weitgehenden Aufteilung Afrikas und der wirtschaftlichen Durchdringung Ostasiens waren die Deutschen immer noch unzufrieden. Die afrikanischen Kolonien hatten sich bisher nicht als „Indien in Afrika" herausgestellt. Als nun Frankreich 1905 daranging, mit Marokko eines der letzten „freien" Gebiete Afrikas zu kolonisieren, erhob auch das Deutsche Reich Ansprüche. Kaiser Wilhelm II. besuchte demonstrativ die marokkanische Hafenstadt Tanger, was in Frankreich nach den damaligen diploma-

tischen Spielregeln nur als offene Konfrontation gewertet werden konnte. In der folgenden Konferenz von Algeciras erlitt das Deutsche Reich 1906 eine schwere diplomatische Niederlage und stand plötzlich mit seiner Kolonialpolitik völlig isoliert da. Doch trotz des sich abzeichnenden stärkeren Zusammenhalts von Frankreich und Großbritannien griff das Deutsche Reich noch einmal ein, als 1911 französische Truppen die marokkanische Hauptstadt Fes besetzten. Die deutsche Regierung sandte unter dem Vorwand des Schutzes deutscher Interessen das Kanonenboot „Panther" in den Hafen von Agadir. Doch trotz des „Panthersprungs" musste Deutschland die französische Politik in Marokko anerkennen (Abb. 4).

Die beiden Marokkokrisen von 1905 und 1911 hatten für das europäische Gleichgewicht schwere Folgen. Die deutsche Außenpolitik wurde immer aggressiver und von den anderen europäischen Mächten zunehmend als Bedrohung empfunden. Daraufhin entwickelte sich die britisch-französische „Entente cordiale" immer mehr zu einem Bündnissystem, in das nach dem Scheitern der deutsch-russischen Bündnisverhandlungen von Björkö 1905 (Abb. 2) auch Russland miteinbezogen wurde (1907). Das Bündnissystem Bismarcks war am Beginn des 20. Jahrhunderts durch die imperialistische Politik des Deutschen Reiches zerstört. Stattdessen befand sich Deutschland am Vorabend des Ersten Weltkriegs gemeinsam mit seinem einzigen noch verbliebenen Bündnispartner, dem an Nationalitätenkonflikten kränkelnden Österreich-Ungarn, in einer gefährlichen außenpolitischen Isolation (Abb. 3).

Zum Weiterlesen:

- Das „wilhelminische" Deutschland, S. 842
- Der Rüstungswettlauf, S. 852
- Balkankrise und 1. Weltkrieg, S. 853
- Der Erste Weltkrieg, S. 854

„Deutschlands Zukunft liegt auf dem Wasser" – Der Rüstungswettlauf

Die stärkste europäische Großmacht des 19. Jahrhunderts war mit seiner Hochseeflotte, den vielen Kolonien und seinem hohen Industrialisierungsgrad Großbritannien. Nach der Gründung des deutschen Kaiserreiches 1870/71 unterhielt Berlin gute diplomatische Beziehungen zu London. 1878 stellte sich Bismarck auf dem Berliner Kongress als „ehrlicher Makler" insgeheim hinter die Interessen Großbritanniens und verhinderte den russischen Griff nach den Meerengen am Bosporus. Bismarck versuchte sein europäisches Bündnissystem mit einem Bündnisvertrag mit Großbritannien zu krönen, doch scheiterten die langwierigen Verhandlungen 1887–1889 letztlich daran, dass die Briten sich weigerten, in Friedenszeiten militärische Bündnisse einzugehen.

Als nach dem Abschied Bismarcks der junge Kaiser Wilhelm II. sein „persönliches Regiment" einführte, änderte sich die deutsche Außenpolitik grundlegend. Wilhelm griff mit seiner imperialistischen Außenpolitik nun zunehmend in die Weltpolitik der Kolonialmächte ein. Erklärtes Ziel war die Errichtung eines deutschen Kolonialreiches. Als Voraussetzung und zur militärischen Absicherung einer imperialistischen Kolonialpolitik wurde im wilhelminischen Deutschland allgemein der Aufbau einer starken Hochseeflotte angesehen. Zudem galt eine solche Kriegsflotte in weiten Teilen der Bevölkerung bis hin zum Kaiser selbst auch als Statussymbol, als unverzichtbares Kennzeichen einer Großmacht, die sich an-

Abb. 1: Kaiser Wilhelm II. war ein Bewunderer der Kriegsflotte und nahm mit seiner kaiserlichen Yacht „Hohenzollern" gern an Flottenmanövern teil

schickte, zur imperialistischen Weltmacht aufzusteigen. So formulierte der Kaiser, der ein fanatischer Bewunderer der Kriegsflotte war, 1900 bei einer Schiffstaufe: „Der Ozean ist unentbehrlich für Deutschlands Größe. Ohne Deutschland und ohne den Deutschen Kaiser darf keine große Entscheidung mehr fallen." Damit traf der Kaiser genau die Stimmungslage im wilhelminischen Deutschland. Mit großem Propagandaaufwand und Flottenausstellungen wurde für die Hochseeflotte geworben. Die Flottenrüstung war populär, und der Matrosenanzug wurde in jener Zeit zu einem beliebten Kleidungsstück – nicht nur bei Kindern. Lediglich die Sozialdemokraten warnten vor den Kosten der Flottenrüstung, die – so der sozialdemokratische Reichstagsabgeordnete August Bebel 1889 – für den Erwerb von „ostafrikanischen Fieberküsten" viel zu hoch seien (Abb. 1).

Der Leiter des Reichsmarineamtes, Admiral Tirpitz, sollte dafür sorgen, dass der britische Grundsatz, immer so stark zu sein wie die beiden folgenden Seemächte zusammen, endlich gebrochen würde. In Großbritannien löste die verstärkte deutsche Flottenrüstung bald Besorgnis aus. Doch ließ die britische Antwort keinerlei Zweifel an der unnachgiebigen Haltung der britischen Regierung aufkommen: Sie nahm die Herausforderung an. Die Briten bauten in der Folgezeit nicht nur mehr Schiffe, sondern auch immer größere, besser gepanzerte und schwerer bewaffnete. Am 10.2.1906 lief in Portsmouth in Anwesenheit des britischen Königs die „Dreadnought" vom Stapel, der größte und schwerste Panzerkreuzer der Welt. Danach drehte sich die „Rüstungsspirale" immer schneller, so dass dieses Großkampfschiff einer ganzen Generation von Panzerkreuzern

seinen Namen gab, der „Dreadnought-Klasse". Auch die Deutschen bauten bald Schiffe dieser Größe, und zwar in einer Bauzeit von weniger als drei Jahren, was wiederum die Briten dazu veranlasste, ihre Rüstungsausgaben erneut zu erhöhen. Doch rüstete Deutschland beileibe nicht nur seine Flotte auf, sondern besaß zu Beginn des 20. Jahrhunderts auch längst das größte, schlagkräftigste und am modernsten ausgerüstete Landheer in ganz Europa.

Dadurch wurde das Misstrauen gegenüber der deutschen Politik vor allem in Großbritannien immer größer. So erklärte der britische Außenminister Sir Edward Grey 1911 vor dem britischen Unterhaus: „Wenn eine Nation die größte Armee der Welt hat und wenn sie eine sehr große Flotte hat und fortfährt, eine noch größere Flotte zu bauen, dann muss sie den natürlichen Befürchtungen vorbeugen, dass sie aggressive Absichten hege." (Abb. 3)

Abb. 3: Deutsche Karikatur von 1909 zum Wettrüsten zwischen der deutschen und der britischen Kriegsflotte

Abb. 2: Der britische Panzerkreuzer „Dreadnought" gab einer ganzen Klasse von Großkampfschiffen seinen Namen

Zum Weiterlesen:

- Der „Run" auf Kolonien, S. 848
- Zeitalter des Imperialismus, S. 850
- Balkankrise und 1. Weltkrieg, S. 853
- Der Erste Weltkrieg, S. 854

Geschichte

Das „Pulverfass" explodiert – Balkankrise und Ausbruch des Ersten Weltkrieges

Die Konflikte, die durch die Schwäche des „kranken Mannes am Bosporus" entstanden, wie das langsam zerfallende Osmanische Reich damals genannt wurde, machten den Balkan zu Beginn des 20. Jahrhunderts zum „Pulverfass Europas". Vor allem Österreich-Ungarn und Russland gerieten über die staatliche Neuordnung der vormals türkischen Gebiete zunehmend in Streit. Aus dem Osmanischen Reich war eine ganze Reihe von neuen Staaten hervorgegangen, die eine ehrgeizige nationalistische Politik betrieben. Die Dauerkrise verschärfte sich 1908, als Österreich-Ungarn die Gebiete Bosnien und Herzegowina, die schon seit 1878 unter der Verwaltung der Donaumonarchie waren, annektierte. Zunächst protestierte Serbien, da es seine großserbischen Pläne gefährdet sah. Als Russland sich hinter Serbien stellte, drohte aus der Krise ein Konflikt zu werden, der jedoch schließlich durch die Vermittlung des Deutschen Reiches verhindert werden konnte.

1912 verbündeten sich Serbien, Bulgarien, Griechenland und Montenegro zum „1. Balkanbund", griffen das Osmanische Reich an und fügten ihm im „1. Balkankrieg" vernichtende Niederlagen zu. Doch über die zu verteilende Kriegsbeute gerieten die Verbündeten in Streit miteinander, woraufhin 1913 im „2. Balkankrieg" Bulgarien Serbien angriff. Doch nun stellten sich Montenegro, Griechenland, Rumänien und das Osmanische Reich auf die Seite Serbiens („2. Balkanbund"), was die Lage nun endgültig verwirrte. Die österreichisch-ungarische Drohung, auf der Seite Bulgariens in den Krieg einzutreten,

Abb. 1: Französische Darstellung der Ermordung des österreichischen Thronfolgers Erzherzog Franz Ferdinand und seiner Frau Sophie von Hohenberg in Sarajevo am 28. 6. 1914

führte im August 1913 zum Frieden von Bukarest. Serbien gelang es wegen des Widerstands der Donaumonarchie nicht, sein Staatsgebiet bis an das Mittelmeer auszudehnen, was vor allem auch die serbische Schutzmacht Russland enttäuschte.

In diesem explosiven Klima besuchte Ende Juni der österreichische Thronfolger Franz Ferdinand mit seiner Frau die bosnische Stadt Sarajevo. Kurz nach ihrer Ankunft am 28.6.1914 sprang der 19-jährige serbische Gymnasiast Gavrilo Princip aus der Menschenmenge hervor, feuerte mit einer Pistole in den Wagen und tötete Franz Fer-

dinand und seine Gattin Sophie. Das Attentat von Sarajevo wirkte auf Europa wie ein Donnerschlag. Alle Staatsoberhäupter bedauerten den feigen Mord und sprachen dem österreichischen Kaiser ihr Beileid aus. Österreich-Ungarn gab dem serbischen Staat die Schuld an diesem Attentat – was bis heute unbewiesen ist – und verlangte in einem Ultimatum eine grundlegende Änderung der serbischen Außenpolitik. Die deutsche Reichsregierung sicherte den Österreichern in einer Art „Blankoscheck" ihre unbedingte Unterstützung für ihr Vorgehen gegen Serbien zu. Als Serbien das Ultimatum ablehnte, erklärte Österreich-Ungarn Serbien am 28.7.1914 den Krieg. Damit kam ein politischer und militärischer Automatismus in Gang, der zwei Tage später zur russischen Generalmobilmachung und am 1.8. zur deutschen Kriegserklärung an Russland führte. Wiederum zwei Tage später, am 3.8., erklärte das Deutsche Reich Frankreich den Krieg, woraufhin am Tag darauf die britische Kriegserklärung an Deutschland in Berlin eintraf.

Damit kehrte der Konflikt zwischen den imperialistischen europäischen Großmächten, der seit Jahrzehnten nach draußen in die Welt, in die Kolonialgebiete „exportiert" worden war, nach Europa zurück. Im Gegensatz zu früher hatte nun, im Sommer 1914, keine Großmacht mehr ein Interesse an einem konfliktlösenden diplomatischen Kongress nach dem Beispiel des Berliner Kongresses 1878, der Kongo-Konferenz 1884/85 oder der Konferenz von Algeciras 1906. Der Krieg schien allgemein als unvermeidlich angesehen zu werden, und so wurde auch kein ernsthafter diplomatischer Vorstoß mehr unternommen, ihn zu verhindern. Stattdessen formulierten die Großmächte hoch gesteckte Kriegsziele, die meist – getreu ihrer imperialistischen Tradition – mit dem Wunsch nach großen Gebietserweiterungen verbunden waren.

Zum Weiterlesen:

• Das „wilhelminische" Deutschland, S. 842
• Der „Run" auf Kolonien, S. 848
• Zeitalter des Imperialismus, S. 850
• Der Rüstungswettlauf, S. 852

Abb. 2: Die Festnahme des Attentäters Gavrilo Princip (2. v. r.)

„In Europa gehen die Lichter aus" – Der Erste Weltkrieg

Am 4.8.1914, dem Tag der britischen Kriegserklärung an das Deutsche Reich, äußerte der britische Außenminister Edward Grey seine Einschätzung des bevorstehenden Krieges so: „In Europa gehen die Lichter aus." Doch in Frankreich und vor allem im Deutschen Reich steigerte sich die allgemeine Kriegsbegeisterung zu einem nationalen Rausch. Kaiser Wilhelm II. rief vom Balkon seines Schlosses den Berlinern zu: „Ich kenne keine Parteien mehr, ich kenne nur noch Deutsche."

Jede beteiligte Großmacht stellte ihre Kriegsteilnahme so dar, dass sie ihre Freiheit und ihre Ideale gegen einen hinterhältigen Feind verteidigen müsse. So behauptete der deutsche Kaiser vor dem Reichstag: „Mit reinem Gewissen und reiner Hand ergreifen wir das Schwert." Doch die erst viel später bekannt gewordenen geheimen Kriegsziele der Großmächte entlarvten diese Haltung als reine Propaganda. So plante die deutsche Seite den „Griff nach der Weltmacht" mit der Annexion Belgiens und der massiven und dauerhaften – auch territorialen – Schwächung Frankreichs und Russlands. Außerdem wollte man Freiheitsbestrebungen der britischen Kolonien unterstützen, um das britische Weltreich zu zerstören und dann selbst die britischen Kolonien zu übernehmen. Daneben nahmen sich die Kriegsziele Österreich-Ungarns, das lediglich Gebietserweiterungen auf dem Balkan plante, geradezu bescheiden aus.

Frankreich strebte die Rückgewinnung Elsass-Lothringens an und plante zudem, durch die Bildung einer neutralen Rheinrepublik aus den linksrheinischen Gebieten des Deutschen Reiches eine Art „Pufferzone" zu Deutschland zu schaffen. Großbritannien wollte das Gleichgewicht der Mächte in Europa weitgehend erhalten, plante aber die Übernahme der deutschen Kolonien. Russland wurde von seinen Verbündeten freie Hand auf dem Balkan und der lange ersehnte Zugriff auf die Meerengen am Bosporus eingeräumt. Außerdem sollte das Zarenreich nach Belieben seine Westgrenze neu festsetzen.

Die deutsche Planung für einen Zweifrontenkrieg gegen Frankreich im Westen und Russland im Osten war bereits im Jahre 1905 vom damaligen Generalstabschef Alfred von Schlieffen entwickelt worden. Der Schlieffen-Plan sah vor, mit dem deutschen

Abb. 1: In seinem Gemälde „Flandern" zeigte der Maler Otto Dix eindrucksvoll das Grauen des Stellungskrieges

Westheer unter Verletzung der belgischen Neutralität von Belgien aus in die nur unzureichend gesicherte Flanke des französischen Heeres vorzustoßen. Von Nordfrankreich aus sollten die Franzosen in die Vogesen zurückgetrieben und dort langsam aufgerieben werden. Dann hätte die Hauptmacht des deutschen Heeres noch rechtzeitig an die Ostfront verlegt werden können, da die Russen nach deutschen Berechnungen für ihren Aufmarsch mindestens einen vollen Monat brauchen würden.

Zunächst war die deutsche Armee den Franzosen überlegen. Anfang September stand die deutsche Angriffsspitze bereits vor Paris, ohne die Stadt allerdings einschließen zu können. Doch für den Kampf um die französischen Festungen in Nordfrankreich und

zur Abwehr der schneller als erwartet kampfbereiten Russen im Osten mussten starke Truppenverbände von Paris abgezogen werden. Anfang September kam es an der Marne zur Entscheidungsschlacht, die den deutschen Vormarsch endgültig zum Stehen brachte. So schaffte es die alliierte Gegenoffensive, die Deutschen langsam bis an den Fluss Aisne zurückzudrängen. Hier zogen sie sich in bereits vorbereitete Stellungen zurück, die nicht so leicht zu erobern waren. Damit war aus dem „Bewegungskrieg" des Schlieffen-Plans ein „Stellungskrieg" geworden (Abb. 1).

Der deutsche Angriffsplan auf Frankreich war damit bereits einen Monat nach Kriegsbeginn endgültig gescheitert. Nun folgte die Zeit der großen Materialschlachten, wie sie in dem berühmten Roman „Im Westen nichts Neues" von Erich Maria Remarque so meisterhaft und eindringlich beschrieben wurden. Den Höhepunkt des Stellungskrieges bildeten 1916 zunächst die Schlachten um Verdun und an der Somme, die zusammen fast eine Million Soldaten das Leben kosteten (Abb. 2). Nach dem Kriegseintritt der USA im April 1917 veränderten sich die Kräfteverhältnisse deutlich zugunsten der Alliierten, so dass die deutschen Offensiven im Frühjahr 1918 keine Geländegewinne erbrachten. Stattdessen überrannten die Alliierten am 8.8.1918 die deutsche Front unter massivem

Abb. 2: Der Kriegsverlauf 1914–1916

Geschichte

Abb. 3: Der Kriegsverlauf 1917–1918

Einsatz von Panzern und zwangen die Deutschen zum „ungeordneten Rückzug", zur Flucht. Damit war der Krieg entschieden, denn die Deutschen hatten nun weder die Kraft noch die Zeit, eine neue zweite stabile Front aufzubauen.

Im Osten waren die Russen früher als berechnet einsatzbereit und griffen mit 200.000 Soldaten Preußen an, wurden jedoch von General von Hindenburg in den Schlachten von Tannenberg (26.–30.8.1914) und an den

Abb. 4: Die Propaganda des Kaiserreiches stellte den deutschen Kaiser als unschuldig am Kriegsausbruch dar

Masurischen Seen (6.–15.9.1914) schwer geschlagen. Die österreichisch-ungarische Armee musste hingegen schwere Niederlagen gegen die Russen hinnehmen, die das österreichisch-ungarische Galizien erobern konnten. Doch ab der Frühjahrsoffensive 1915 verschob sich die Front beständig weiter nach Osten. Die zunehmende innere Schwäche des Zarenreiches wirkte sich auch auf die Kampfkraft der russischen Armee aus, die nach der russischen Oktoberrevolution 1917 völlig zusammenbrach. Anfang 1918 war die Ostfront bereits weit auf russischem Gebiet, als die neue Sowjetregierung kapitulierte und den vom Deutschen Reich diktierten Frieden von Brest-Litowsk annehmen musste, der dem revolutionären Russland hohe Kriegsentschädigungen und große Gebietsverluste an der Westgrenze auferlegte.

Der Seekrieg der Hochseeflotte entwickelte sich vollends zur deutschen Enttäuschung. Die vor dem Krieg hoch gerüstete Kriegsflotte erlitt Ende 1914 vor den Falklandinseln im Südatlantik eine schwere Niederlage und verlor mehrere Kreuzer. In Europa wurde die Kriegsflotte durch eine britische Seeblockade in ihrer Aktionsfreiheit entscheidend beeinträchtigt. In den Jahren 1914/15 kam es zu den Seeschlachten vor Helgoland und an der Doggerbank, in der der deutsche Panzerkreuzer Blücher sank. Und auch nach dem deutschen Seesieg im Skagerrak vom 31.5.1916 konnte die deutsche Flotte die britische Seeblockade nicht durchbrechen. In der Folgezeit blieb die deutsche Hochseeflotte zumeist in ihren

Heimathäfen. Stattdessen setzte die deutsche Seekriegsführung unter Admiral Tirpitz verstärkt auf die U-Boot-Waffe. Doch durch die Versenkung einiger Passagierschiffe wie der „Lusitania", bei deren Torpedierung durch das deutsche „U 20" auch amerikanische Bürger ums Leben kamen, wuchsen die diplomatischen Spannungen mit den neutralen USA. So war die Verkündung des uneingeschränkten U-Boot-Krieges Anfang 1917 auch ein Anlass für den Kriegseintritt der USA (Abb. 3).

Die „Oberste Heeresleitung" erlangte unter Hindenburg und seinem Stabschef Ludendorff geradezu diktatorische Vollmachten. Gleichzeitig lehnte sich der Reichstag zunehmend gegen die Kriegspolitik auf und machte mit seiner Friedensresolution vom Juli 1917 zum ersten Male einen politischen Führungsanspruch geltend, der weit über die verfassungsmäßigen Befugnisse des Parlaments hinausging. Reichskanzler Theodor von Bethmann-Hollweg verlor immer mehr Einfluss und trat am 14.7.1914 zurück. In der letzten Regierung des Kaiserreiches unter Prinz Max von Baden saßen bereits Reichstagsangehörige als Minister, womit das politische System des Reiches weiter untergraben wurde. Am 9.11.1918 brach das Kaiserreich mit der Abdankung Wilhelms II. endgültig zusammen. Zwei Tage später trat der Waffenstillstand in Kraft (Abb. 4).

Die hoch entwickelte Technik des 20. Jahrhunderts machte den Ersten Weltkrieg zu einem „industrialisierten" Krieg, der die Millionenheere der europäischen Mächte mit einer ganzen Reihe neuer Kampfmittel ausrüstete, deren Vernichtungskraft jede Vorstellung überstieg. Neben den U-Booten waren dies vor allem Panzer, Maschinengewehre, schwere Artillerie und Giftgas. Die neue Luftwaffe hatte zwar keinen kriegsentscheidenden Charakter, gab aber einen ersten Vorgeschmack vom Grauen eines Luftkrieges. Entsprechend hoch war auch die Zahl der Kriegsopfer. Insgesamt starben 10 Mio. Menschen oder wurden als vermisst gemeldet. Darüber hinaus wurden weitere 20 Mio. Menschen verwundet.

 Zum Weiterlesen:

- Zeitalter des Imperialismus, S. 850
- Der Rüstungswettlauf, S. 852
- Balkankrise und 1. Weltkrieg, S. 853
- Pariser Friedensschlüsse, S. 856
- Die Weimarer Republik, S. 860

„Genugtuung" oder „Gewaltfrieden"? – Die Pariser Friedensschlüsse

Am 8.1.1918 nannte der amerikanische Präsident Woodrow Wilson 14 Punkte, die das Deutsche Reich und seine Verbündeten erfüllen mussten, um die Voraussetzung zur Beendigung des Krieges zu schaffen. Der Friedensplan ging aus vom Grundsatz des „Selbstbestimmungsrechts der Völker", nach dem jedes Volk das Recht hatte, in einem eigenen Staat zu leben. Deutschland sollte alle besetzten Gebiete räumen und Elsass-Lothringen an Frankreich zurückgeben. Die Völker Österreich-Ungarns und des Osmanischen Reiches sollten über ihre staatliche Zukunft selbst entscheiden. Im Juli 1918 erweiterte Wilson diese Punkte noch, als er die Abschaffung der Monarchie, die allgemeine Anerkennung des Völkerrechts durch alle Staaten und einen Gewaltverzicht bei der Lösung internationaler Konflikte forderte.

Am 11.11.1918 diktierte der französische Marschall Ferdinand Foch in einem Eisenbahnwagen in einem Wald nahe dem französischen Ort Compiègne der deutschen Waffenstillstandsdelegation die alliierten Bedingungen für einen Waffenstillstand. Die Deutschen mussten innerhalb von zwei Wochen alle besetzten Gebiete einschließlich Elsass-Lothringens sowie die linksrheinischen Reichsgebiete räumen. Neben der Auslieferung von Kriegsmaterial musste die deutsche Seite sofort alle alliierten Kriegsgefangenen freilassen, während das Schicksal der deutschen Kriegsgefangenen bis zum Abschluss eines Friedensvertrages aufgeschoben wurde. Im Osten sollte sich die deutsche Armee zu einem späteren Zeitpunkt auf die Grenzen von 1914 zurückziehen. Schließlich verlangten die Sieger die Aufsicht über die Abrüstung der deutschen Kriegsflotte. Die Seeblockade wurde weiterhin aufrechterhalten, womit die Lebensmittelknappheit für die deutsche Bevölkerung auch nach dem Ende der Kampfhandlungen anhielt. Die Annahme dieser Bedingungen kam einer deutschen Kapitulation gleich (Abb. 2).

Nach der Niederlage des Deutschen Reiches und seiner Verbündeten trat 1919 in Paris unter Beteiligung von 27 Staaten eine Friedenskonferenz zur Neuordnung Europas zusammen. Vertreter der besiegten Staaten waren nicht zur Konferenz zugelassen. Die Beschlüsse der Konferenz wurden letztlich von den Regierungschefs der USA, Frankreichs,

Abb. 1: Die Unterzeichnung des Friedensvertrages von Brest-Litowsk zwischen den Mittelmächten und der russischen Sowjetrepublik am 3.3.1918

Großbritanniens und Italiens gefasst. Italien war zwar bei Kriegsbeginn Mitglied des Dreibundes und damit Verbündeter des Deutschen Reiches und Österreich-Ungarns, hatte sich jedoch am 23.5.1915 auf die Seite der Alliierten gestellt und den Mittelmächten den Krieg erklärt. Das revolutionäre Russland wurde aufgrund seines Separatfriedens mit dem Deutschen Reich vom 3.3.1918 nicht als Siegermacht behandelt und war folglich nicht zur Pariser Friedenskonferenz eingeladen. Die territorialen Bestimmungen des deutschen Diktatfriedens von Brest-Litowsk blieben weitgehend in Kraft (Abb. 1).

Vier Monate nach dem Beginn der Friedensverhandlungen luden die Alliierten am 7.5.1919 die deutsche Delegation zur Entgegennahme der endgültigen Friedensbedingungen nach Versailles ein. Der deutschen Regierung wurden zwei Wochen Frist bis zur Stellungnahme eingeräumt. Bei einer Ableh-

nung der Bedingungen durch das Deutsche Reich wollten die Alliierten erneut zu den Waffen greifen, um ihre, wie der französische Ministerpräsident Clemenceau formulierte, „berechtigte Genugtuung zu erhalten". Am 28.6.1919, auf den Tag genau fünf Jahre nach den Schüssen von Sarajevo, unterzeichneten die Deutschen nach leidenschaftlichen Diskussionen den „Versailler Vertrag". Darin gaben die Siegermächte dem besiegten Deutschen Reich und seinen Verbündeten die alleinige Schuld am Ausbruch des Weltkrieges. Deutschland verlor alle Kolonien und musste Elsass-Lothringen an Frankreich zurückgeben. Insgesamt verlor das Reich an seinen West- und Ostgrenzen Gebiete von 70.000 qkm mit 7,3 Mio. Einwohnern. Zudem wurde es verpflichtet, jährlich einen sehr großen Anteil seiner Industrieproduktion und landwirtschaftlichen Ernten an die Siegermächte abzuliefern. Schließlich wurde der neuen deutschen Republik die Einführung der Wehrpflicht und der Besitz schwerer Waffen verboten. Die Heeresstärke durfte höchstens 100.000 Soldaten betragen, die jedoch die entmilitarisierten linksrheinischen Gebiete nicht betreten durften. Deutschland musste Reparationszahlungen zur Wiedergutmachung der Kriegsschäden zahlen, deren Höhe jedoch erst noch gesondert festgelegt werden sollte (Abb. 3).

Die Verträge von Saint-Germain (10.9.1919) und Trianon (4.6.1920) regelten die Ver-

Abb. 2: Die Unterzeichnung des Waffenstillstandes zwischen dem Deutschen Reich und den Alliierten im Wald von Compiègne am 11.11.1918

hältnisse in der ehemaligen Donaumonarchie, wobei mit Österreich (Saint-Germain) und Ungarn (Trianon) gesondert Frieden geschlossen wurde. Den Österreichern und den Ungarn wurde die Kriegsschuld auferlegt, während die Böhmen, Mähren, Slawen und anderen Völker des ehemaligen Vielvölkerstaates von der Schuld am Ausbruch des Weltkrieges freigesprochen wurden. Das Habsburgerreich zerfiel, aus dem Reichsgebiet entstand eine ganze Reihe von Staaten neu. Große Gebiete mussten auch an andere, bereits bestehende Staaten abgetreten werden. Schließlich verboten die Sieger dem neuen, erheblich verkleinerten Österreich den staatlichen Anschluss an das Deutsche Reich.

Die Neuordnung Europas durch die Pariser Vorortverträge hat das Gesicht des Kontinents entscheidend verändert. Gab es bei Kriegsausbruch in Europa noch 22 selbständige Staaten, so waren es 1919 bereits 30. Aus dem Gebiet Österreich-Ungarns entstand die Republik Österreich, Ungarn und die Tschechoslowakei. Aus österreichisch-ungarischen und osmanischen Gebieten sowie Serbien wurde Jugoslawien geschaffen. Rumänien konnte sein Staatsgebiet durch Gebiete der Donaumonarchie nahezu verdoppeln (Siebenbürgen, Banat). An der

Abb. 4: Europa nach der Neuordnung 1919

Westgrenze der russischen Sowjetrepublik entstanden Finnland, Litauen, Lettland und Estland, Polen wurde wieder hergestellt. Damit wurde im Westen Russlands ein ganzer Gürtel von neuen Staaten geschaffen, den die Alliierten als Puffer- und Sicherheitszone gegen die revolutionäre Großmacht betrachteten und als „Cordon sanitaire" („Sicherheitsgürtel") bezeichneten.

Die Pariser Friedenskonferenz griff Präsident Wilsons Vorschlag einer weltweiten Friedensorganisation auf und hob den „Völkerbund" aus der Taufe. Er war die erste internationale Friedensorganisation, sein Sitz war Genf. Doch kränkelte der Völkerbund von Anfang an daran, dass die USA sich ab 1920 wieder auf den „Isolationismus" besannen, sich aus Europa zurückzogen und der Organisation nicht beitraten (Abb. 4).

In Deutschland riefen die Friedensbedingungen Proteststürme hervor. Doch auch bei den Siegermächten meldeten sich viele Stimmen zu Wort, die die harten Friedensbedingungen ungerecht fanden und darin eine Quelle für zukünftige europäische Konflikte sahen. Vor allem die Kriegsschuldfrage rief viele Diskussionen hervor. Denn auch wenn das Deutsche Reich im Juli 1914 den Kriegsausbruch hätte verhindern können, somit also am Ausbruch des Krieges die Hauptschuld trug, war der Erste Weltkrieg doch vor allem eine Folge der Konflikte, die sich durch die imperialistische Weltpolitik der Großmächte über Jahrzehnte entwickelt

hatten, so dass die alleinige Kriegsschuld des Deutschen Reiches und seiner Verbündeten angezweifelt wurde. Doch gerade die Kriegsschuldfrage war es, die in der Folgezeit in der jungen deutschen Republik nicht nur bei Radikalen Erbitterung hervorrief und den Versailler Vertrag als „Gewaltfrieden" („Frankfurter Zeitung") erscheinen ließ. Zudem machten sich die Siegermächte durch die ungenügende Berücksichtigung des Selbstbestimmungsrechts der Völker – das im Übrigen auch im Widerspruch zur Kolonialpolitik der Großmächte stand – bei der Neuordnung Europas unglaubwürdig und schufen die Grundlage für neue Nationalitätenkonflikte. So entstanden in Polen und der Tschechoslowakei starke deutsche Minderheiten. Auf dem Balkan wurden Slowenen, Kroaten, Bosnier und Albaner unter Vorherrschaft der Serben zum neuen Staat Jugoslawien zusammengefasst. Die Konflikte dieser Völker untereinander sind selbst heute, 80 Jahre nach den Pariser Vorortverträgen, noch nicht gelöst.

Abb. 3: Im Spiegelsaal von Versailles, wo 1871 das deutsche Kaiserreich ausgerufen worden war, unterzeichnete das besiegte Deutschland am 28.6.1919 den Versailler Vertrag

Zum Weiterlesen:

- Der Erste Weltkrieg, S. 854
- Die Weimarer Republik, S. 860
- Inflation, Reparationen und Weltwirtschaftskrise, S. 864
- Die Entfesselung des Zweiten Weltkrieges, S. 874

„Diktatur des Proletariats" – Die russische Oktober-revolution

Die imperialistische Groß-macht Russland war gegenüber den anderen europäischen Großmäch-ten im späten 19. Jahrhundert ge-sellschaftlich und wirtschaftlich rückständig. Bis zur Abschaffung der Leibeigenschaft 1861 waren – trotz der großen Anstrengungen zur Industrialisierung des Riesen-reiches – 90 Prozent aller Einwoh-ner leibeigene Bauern. Doch auch nach ihrer Befreiung hatten sie keine Chance, eigenes Land zu er-werben, da ihnen dazu das Geld fehlte. Also zog ein großer Teil die-ser Menschen in die Städte, um hier in den neu entstehenden Fa-briken Arbeit zu suchen. Der Ge-gensatz zwischen der wachsenden Armut in den Städten und dem Reichtum und Prunk des zaristi-schen Hofes führte zur Gründung einer revolutionären Bewegung, die vom Adel über die „Intelligen-zija" (Lehrer, Studenten usw.) bis zu Arbeitern und Bauern alle Ge-sellschaftsschichten umfasste. Aus dieser Be-wegung ging am Ende des 19. Jahrhunderts eine sozialdemokratische Partei hervor, die sich 1903 wegen ihrer Uneinigkeit über die zukünftige Parteiorganisation in „Mensche-wiki" („Minderheitler") und „Bolschewiki" („Mehrheitler") spaltete. Führer der Bol-schewiken wurde der Rechtsanwalt Wladi-mir Iljitsch Uljanow, der seit 1901 den Deck-namen Lenin trug (Abb. 1).

Nach der verheerenden Niederlage von Port Arthur am 2.1.1905 im Krieg gegen Japan verschärfte sich die innenpolitische Situation im Zarenreich. Am 9.1. versam-melten sich ca. 150.000 Menschen vor dem Petersburger Schloss des Zaren, dem Win-terpalais. Sie wollten dem Zaren eine Bitt-schrift mit politischen und sozialen Forde-rungen übergeben. Die Demonstranten forderten eine demokratische Volksvertre-tung, Agrarreformen, die Abschaffung der Zensur und Religionsfreiheit. Als zufällig ein einzelner Schuss fiel, feuerten die Soldaten, die zum Schutz des Winterpalais aufmar-schiert waren, wahllos in die Menge und tö-teten über 1000 Menschen. Als Reaktion auf diesen „Blutsonntag" kam es unter der Führung der Bolschewiken in allen Indu-striestädten zu Streiks und zur Bildung von Arbeiterräten („Sowjets"). Nach der ver-nichtenden Niederlage der russischen Flotte gegen die Japaner in der Schlacht von Tsus-

Abb. 1: Darstellung des revolutionären russischen Politi-kers Lenin (Wladimir Iljitsch Uljanow, 1870 –1924)

hima erhoben sich in ganz Russland die Ma-rinesoldaten und begannen zu meutern, dar-unter auch die Besatzung des berühmten Panzerkreuzers „Potemkin".

Unter dem Eindruck der wachsenden Unruhen versprach der Zar im Oktober 1905 seinen Untertanen die Gewährung bürgerli-cher Freiheiten. Der Ministerpräsident Graf Witte riet dem Zaren: „Die Staatsgewalt muss sich an die Spitze der Freiheitsbewe-gung stellen. Es bleibt keine andere Wahl." Zar Nikolaus II. richtete ein Parlament ein, die „Duma", die jedoch bereits im Juli 1906 wieder aufgelöst wurde, weil die Gegner des Systems in ihr eine Zweidrittelmehrheit be-saßen. Daraufhin verübten die Revolu-tionäre ein Bombenattentat auf den neuen Ministerpräsidenten Stolypin, bei dem 27 Menschen starben, nicht jedoch der ver-hasste Politiker. Wegen der darauf folgenden Polizeiaktionen mussten die führenden Re-volutionäre in den Untergrund oder ins Aus-land gehen. Zu ihnen gehörte auch Lenin, der 1900–1905 und 1907–1917 im schweize-rischen Exil lebte.

Der Erste Weltkrieg verschlechterte die Lage der russischen Bevölkerung noch ein-mal. Hunderttausende Arbeiter und Bauern wurden in die Armee eingezogen und fehlten in den Fabriken und auf den Feldern. Die In-dustrieproduktion sank, lebenswichtige Pro-dukte waren knapp. Auch die landwirt-

schaftliche Produktion nahm ab, zumal auch Millionen von Nutztie-ren für die Armee beschlagnahmt worden waren. Anfang 1917 ver-sechsfachten sich in kurzer Zeit die Lebensmittelpreise. Am 23.2.1917 demonstrierten in Petrograd (St. Petersburg) Arbeiterinnen gegen die Not und den Krieg und riefen zum Generalstreik auf. Im Gegen-satz zu 1905 gingen sofort große Truppenteile auf die Seite der Auf-ständischen über. Ende Februar gründeten die Revolutionäre einen Arbeiter- und Soldatenrat. Am 2.3. bildete die Duma aus Vertretern bürgerlicher Parteien eine proviso-rische Regierung, woraufhin der Zar am 14.3. abdankte. Nun brachen alle Dämme: Die Bauern vertrieben die adligen Großgrundbesitzer und teilten deren Ländereien unter sich auf. Diese „schwarze Umverteilung" führte dazu, dass massenhaft Bauern von den kämpfenden Fronttruppen desertierten und nach Hause eilten, um bei der Verteilung des Landes nicht leer auszugehen. Als die provisorische Regierung die Forderung nach einem Friedensschluss und einer Bodenreform nicht erfüllte, rief Lenin von der Schweiz aus zu ihrem Sturz auf. In dieser Situation ermöglichte die deutsche Regierung Lenin am 3.4. die Reise in seine Heimat, um Russland weiter zu schwächen.

Als im August zarentreue Truppen ver-suchten, die provisorische Regierung zu stür-zen, verbündete sich diese mit dem Petro-grader Sowjet. Gemeinsam schlugen sie den reaktionären Umsturzversuch zurück. Bei den anschließenden Wahlen konnten die Bolschewiken in den wichtigen Sowjets von Petrograd, Moskau sowie einiger Industrie-städte am Ural und im Donezbecken die Mehrheit gewinnen.

Anfang Oktober wurde Leo Trotzki, ein sehr enger Vetrauter Lenins, zum Vorsitzen-den des Petrograder Sowjets gewählt. Gleichzeitig war er Leiter eines „Revolu-tionären Militärkomitees", das die bolsche-wistische Machtübernahme während des für den 25.10. geplanten 2. Gesamtrussischen Sowjetkongresses plante, in dem die Bol-schewiken keine Mehrheit hatten. Am Abend des 25.10. gab Trotzki das Zeichen zum Losschlagen. Bolschewistische Arbeiter, Bauern und Soldaten besetzten die Bahn-höfe, das Elektrizitätswerk, das Telefonamt und weitere wichtige Einrichtungen der

Abb. 2: Der Verlauf des russischen Bürgerkriegs 1918–1919

Abb. 3: Der Sieg der Roten Armee im Bürgerkrieg 1920–1921

Hauptstadt. Sie erstürmten das Winterpalais und verhafteten die hier tagende provisorische Regierung. Am 26.10. rief Lenin auf dem Sowjetkongress die russische Sowjetrepublik aus, anschließend setzte der Kongress nach dem Auszug der nichtbolschewistischen Abgeordneten einen „Rat der Volkskommissare" unter Führung Lenins als neue Regierung ein. Damit hatten die Bolschewiken in einem nahezu unblutigen Putsch, der „Oktoberrevolution", die Macht in Russland an sich gerissen.

Am 3.3.1918 musste sich das militärisch geschlagene und kampfunfähige revolutionäre Russland dem deutschen Friedensdiktat von Brest-Litowsk unterwerfen und verlor im Westen große Gebiete (Finnland, Baltikum, Polen, Ukraine). Die deutschen Armeen rückten trotz des Friedens noch ca. 1000 km weiter nach Osten vor und besetzten wirtschaftlich wichtige Regionen. Unterdessen errichtete Lenin die „Diktatur des Proletariats", die sich als Diktatur der von den Bolschewiken gegründeten „Russischen Kommunistischen Partei" ausdrückte. Mit Gewalt wurden Großgrundbesitzer, Fabrikanten, Geschäftsinhaber und Banken enteignet und alle anderen politischen Parteien aus den Sowjets ausgeschlossen. Doch vor allem die Bauern waren schnell von der neuen Regierung enttäuscht, da sie das enteignete Land nicht unter ihnen verteilte, sondern den Kreissowjets zur Verfügung stellte. Zarentreue Offiziere nutzten die wachsende Unzufriedenheit und stellten im Mai 1918 „weiße Armeen" auf, die von alliierten Truppen und den deutschen Freikorps unterstützt wurden, die sich noch im Lande befanden. Der folgende Bürgerkrieg wurde mit erbitterter Härte geführt und forderte Millionen von Menschenleben, da er zusätzlich noch zu schweren Missernten und Hungersnöten führte (Abb. 2). Am 16.7.1918 ermordeten die Bolschewiken die Zarenfamilie, kurz bevor Jekaterinburg (Swerdlowsk), wo die Romanows gefangen gehalten wurden, vom „weißen" General Koltschak erobert wurde (Abb. 4). Ab Oktober 1919 wendete sich das Kriegsglück langsam zugunsten der „Roten Armee" unter Trotzki. Doch dauerte es noch bis 1921, bis sie den Krieg für sich entscheiden und damit die Ergebnisse der Revolution sichern konnte. Am 30.12. schloss sich die russische Sowjetrepublik mit der Ukraine, Weissrussland, Georgien, Armenien und Aserbeidschan zur Union der Sozialistischen Sowjetrepubliken (UdSSR) zusammen. Damit war die Sowjetunion entstanden, die erste kommunistische Großmacht der Welt (Abb. 3).

Abb. 4: Die gefangene Zarenfamilie 1918 bei der Gartenarbeit. In der Bildmitte Zar Nikolaus II.

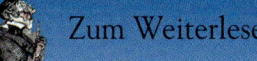
Zum Weiterlesen:

- Peter I. der Große, S. 818
- Die industrielle Revolution, S. 844
- Die Weimarer Republik, S. 860
- Der „Ostblock", S. 884
- Das Ende der Nachkriegsordnung, S. 894

Demokratie ohne Demokraten – Die Weimarer Republik

Als die Kriegsmarine Anfang November 1918 nach über zweijähriger Wartezeit doch noch zum Kampf auslaufen sollte, kam es in Kiel und Wilhelmshaven zu Meutereien der Schiffsbesatzungen, die sich wie ein Flächenbrand zur Revolution auswuchsen. Überall im Reich entstanden nun nach dem Vorbild des revolutionären Russlands „Arbeiter- und Soldatenräte", die in den meisten größeren Städten schnell die politische Gewalt übernahmen. Unter dem Eindruck der Revolution entsagten überall im Reich die Monarchen ihren Thronen und flohen. Da sah der Kaiser die Aussichtslosigkeit seiner Lage ein und entschloss sich auch zur Abdankung. Reichskanzler Prinz Max von Baden übertrug die Regierungsgeschäfte dem SPD-Vorsitzenden Friedrich Ebert. Sein Parteifreund Philipp Scheidemann rief vom Fenster des Berliner Reichstagsgebäudes die deutsche Republik aus (Abb. 3 u. 4).

Am 10.11. bildete die SPD gemeinsam mit der USPD („Unabhängige SPD"), die sich 1915 wegen der kriegsfreundlichen Haltung der SPD abgespalten hatte, eine neue Regierung, den „Rat der Volksbeauftragten" unter der Führung von Reichskanzler Ebert. Im Dezember billigte der Kongress der Arbeiter- und Soldatenräte den Plan der neuen Regierung, Wahlen zu einem verfassunggebenden Parlament abzuhalten. Damit sprach sich der Rätekongress gegen ein Rätesystem nach dem Vorbild der russischen Sowjetrepublik und für eine parlamentarische Demokratie aus. Diese Entscheidung rief jedoch den erbitterten Widerstand des kommunistischen „Spartakusbundes" und eines Teils der USPD hervor. Am 6.1.1919 besetzten die „Spartakisten" das Berliner Zeitungsviertel und riefen zum bewaffneten Kampf gegen die Regierung auf. Eine Woche dauerten die Straßenkämpfe, bis die Regierungstruppen den „Spartakusaufstand" niederschlagen konnten. Die Anführer Karl Liebknecht, der am 9.11.1918 die Sozialistische Republik ausgerufen hatte, und Rosa Luxemburg konnten zunächst fliehen, wurden jedoch bald verhaftet und von Wachsoldaten ermordet (Abb. 2).

Unter hoher Wahlbeteiligung fanden am 19.1.1919 die Wahlen zur Nationalversammlung statt. Das überraschende Ergebnis brachte keine Mehrheit für die Linksparteien, so dass die SPD in der am 6.2. in die thüringische Stadt Weimar einberufenen Nationalversammlung ein Bündnis mit dem katholischen Zentrum und der liberalen DDP einging, die berühmte „Weimarer Koalition". Die Nationalversammlung wählte Ebert zum Reichspräsidenten, Scheidemann zum Reichskanzler und begann ihre Arbeit an der

Abb. 1: Die Weimarer Republik 1919-1933

Reichsverfassung. Sie wurde schließlich am 31.7. angenommen und brachte dem Deutschen Reich ein freiheitliches, demokratisches und parlamentarisches Regierungssystem, das den Bürgern viele Grundrechte sicherte. Der Reichspräsident hatte eine herausgehobene Machtposition, da er den Reichstag auflösen und nach Art. 48 im Krisenfall durch „Notverordnungen" diktatorisch regieren konnte. Eine Prozenthürde für den Einzug einer Partei in das Parlament gab es nicht – ein Versäumnis, das für die Weimarer Republik zur großen Belastung werden sollte (Abb. 1 u. 5).

Unterdessen herrschten im Reich bürgerkriegsähnliche Zustände. Aus heimkehrenden Frontsoldaten bildeten sich Milizen, die „Freikorps", die gemeinsam mit den regulären Reichswehrtruppen mit dem bewaffneten Kampf gegen die Räterepubliken begannen, die vielerorts von den Arbeiter- und Soldatenräten ausgerufen worden waren. Die Aufstände, die von großen Streikwellen begleitet waren, wurden unter Reichswehrminister Noske (SPD) blutig niedergeschlagen.

Nach der Unterzeichnung des Versailler Vertrages verschärfte sich die innenpolitische Situation noch weiter. Der ehemalige Chef der Obersten Heeresleitung, Generalfeldmarschall von Hindenburg, behauptete am 18.11. plötzlich, die deutsche Armee habe den Krieg nicht auf dem Schlachtfeld verloren, sondern durch einen „Dolchstoß" von hinten, durch die Politiker des kaiserlichen Reichstages. Damit setzte er eine Lüge in die Welt, die von den nationalistischen Kräften nur zu gern aufgenommen und für

Abb. 2: Der kommunistische „Spartakusaufstand" wollte in Deutschland eine revolutionäre Räterepublik nach russischem Vorbild errichten

Geschichte

ihre Propaganda gegen die Republik verwendet wurde (Abb. 6, S. 862).

Am 12.3.1920 rüsteten Teile der Reichswehr und die Freikorps zum Angriff auf die Republik. Nach der Besetzung des Berliner Regierungsviertels erklärte sich der ehemalige kaiserliche Spitzenbeamte Wolfgang Kapp zum Reichskanzler. Die rechtmäßige Regierung floh nach Stuttgart und suchte bei hohen, nicht am Putsch beteiligten Generälen der Reichswehr um Schutz für die junge Republik nach. Doch General Hans von Seeckt lehnte dies mit der Begründung ab: „Soldaten schießen nicht auf Soldaten." Da rief die Regierung zum Generalstreik auf, der – zusammen mit dem abwartenden Verhalten der Beamtenschaft – zum Scheitern des dilettantisch ausgeführten Staatsstreiches führte.

In den darauf folgenden Wahlen zum ersten Reichstag verlor die demokratische Mitte stark zugunsten der Radikalen am linken und rechten Rand. Diese Radikalisierung der Politik fand ihren Ausdruck in Verleumdungskampagnen, Rufmord und Anzeigen gegen führende demokratische Politiker. Der politische Terror auf den Straßen nahm zu und erreichte im August 1921 mit der Ermordung des Zentrumsabgeordneten Matthias Erzberger einen ersten Höhepunkt. Zwei Angehörige der rechtsradikalen geheimen „Organisation Consul" – beides ehemalige Offiziere – lauerten dem in rechtsradikalen Kreisen als Unterzeichner des Waffenstillstandes von 1918 verhassten Politiker auf und erschossen ihn aus nächster Nähe. Am 4.6.1922 verübten Angehörige derselben Organisation ein Blausäureattentat auf Philipp Scheidemann, das der ehemalige Kanzler der Republik schwer verletzt

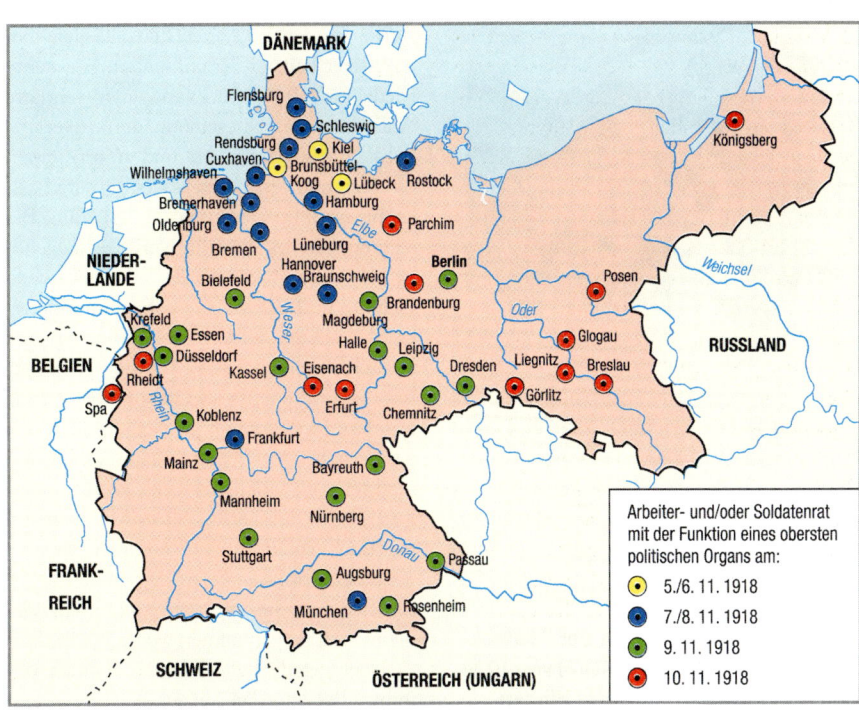

Abb. 4: Der Verlauf der deutschen „Novemberrevolution" 1918

überlebte. Keine drei Wochen später wurde Deutschland vom Attentat auf Außenminister Walther Rathenau erschüttert, der am 24.6. – wiederum von Angehörigen der Organisation Consul – aus einem Auto heraus mit Maschinenpistolen und Handgranaten ermordet wurde. Immerhin bewirkten diese drei Attentate ein vorläufiges Zusammenrücken der demokratischen Kräfte und das Verbot einiger radikaler Vereinigungen.

Ab 1922 fand das Deutsche Reich langsam wieder zu einer aktiven Außenpolitik zurück. Durch die völkerrechtliche Anerkennung der Sowjetunion durchbrachen beide Staaten die außenpolitische Isolation, in der sie sich seit 1918 befunden hatten. Doch an eine Normalisierung der Beziehungen zu den Siegermächten war vorerst noch nicht zu denken. Vor allem Frankreich ließ seine Muskeln spielen und besetzte am 11.1.1923 wegen schleppender Kohlelieferungen der Deutschen das Ruhrgebiet. Die schwer bewaffneten Soldaten besetzten Fabriken und beschlagnahmten Brennstoffe, Fahrzeuge und Geld. Am 27.1. trennten sie das Ruhrgebiet durch eine Zollgrenze vom Reich ab. Durch passiven Widerstand und Streiks versuchten die Deutschen das Wirtschaftsleben zu stören. Doch es kam zunehmend auch zu Sabotageakten, auf die die Franzosen oft mit Massenausweisungen reagierten. In dieser explosiven Situation wurde am 13.8. Gustav Stresemann Reichskanzler. Er erkannte, dass eine Bedingung für die Normalisierung der Beziehungen zum Aus-

land die Einstellung des „Ruhrkampfes" war. Am 26.9. rief Stresemann die Bewohner des Ruhrgebietes zur Beendigung ihres Widerstandes gegen die Franzosen auf.

Daraufhin putschte in Bayern die Landesregierung unter Generalstaatskommissar Gustav Ritter von Kahr mit Hilfe der Reichswehrführung unter General Otto von Lossow und versuchte, Bayern vom Reich zu lösen und darüber hinaus die Reichsregierung durch eine Militärdiktatur zu ersetzen. Doch der Vorsitzende der rechtsradikalen NSDAP, Adolf Hitler, wollte dem zuvorkommen und durch einen eigenen Putsch

Abb. 3: Am 9.11.1918 rief Philipp Scheidemann (SPD) von einem Balkon des Reichstagsgebäudes die Republik aus

Abb. 5: Friedrich Ebert (1871-1925, SPD), der erste Reichspräsident der Weimarer Republik

Abb. 6: Dieses Wahlplakat der Deutschnationalen Volkspartei (DNVP) von 1924 griff die „Dolchstoßlegende" Hindenburgs auf

die Macht im Reich an sich reißen. Da gaben die bayerische Landesregierung und die Reichswehr ihre Putschpläne auf und vereitelten auch den „Hitlerputsch".

Am 4.5.1924 wurde vorzeitig der zweite Reichstag gewählt. Die gemäßigten Parteien erlitten große Verluste, während die Wähler die radikalen Parteien stärkten. Erstmals zog die NSDAP in den Reichstag ein. Ihr Fraktionsvorsitzender war General Ludendorff, unter Hindenburg im Ersten Weltkrieg Generalstabschef des deutschen Heeres. Bald geriet das Parlament aufgrund seiner Zusammensetzung in den Zustand der Beschlussunfähigkeit und wurde aufgelöst. Im Dezember 1924 kam es zu Neuwahlen, aus denen die gemäßigten Parteien nun wieder gestärkt hervorgingen, während dieses Mal die radikalen Parteien erhebliche Einbußen erlitten.

Ende Februar 1925 wurde die Republik vom Tode ihres erst 54-jährigen Präsidenten Friedrich Ebert erschüttert. Bei den Wahlen zum neuen Staatsoberhaupt konnte sich am 26.4. im zweiten Wahlgang Generalfeldmarschall a. D. Paul von Hindenburg durchsetzen. Im Ausland rief dieser Wahlausgang Entsetzen hervor, denn Hindenburg repräsentierte das alte, kaiserliche Deutschland. Im Krieg war er als Chef der Obersten Heeresleitung praktisch verantwortlich für die deutsche Kriegsführung. In Frankreich wurde befürchtet, „dass das deutsche Volk damit seine Niederlage im Krieg ignorieren will". Dennoch kam es im Oktober 1925 zur großen außenpolitischen Wende, durch die das Deutsche

Reich weitgehend seinen Platz als gleichberechtigter Partner der europäischen Mächte wieder fand. Im Vertrag von Locarno erklärte Außenminister Stresemann die Unverletzlichkeit der belgischen und französischen Grenzen und verzichtete endgültig auf Elsass-Lothringen. Im Gegenzug wurden einige Bestimmungen des Versailler Vertrages aufgehoben sowie die Räumung der linksrheinischen Gebiete und die Mitgliedschaft im Völkerbund zugesagt. Diese Annäherung an den Westen wurde im April 1926 durch den Berliner Freundschafts- und Neutralitätsvertrag mit der Sowjetunion ergänzt, durch den sich das Verhältnis der beiden Staaten weiter normalisierte. Schließlich trat das Deutsche Reich im September 1926 in den Völkerbund ein und erhielt einen ständigen Ratssitz, womit es acht Jahre nach Kriegsende endgültig wieder in die internationale Staatengemeinschaft aufgenommen wurde.

Doch gerade der Reichspräsident tat weiterhin alles dafür, bei den europäischen Nachbarn Deutschlands neue Ängste zu säen. Am 18.9.1927 hielt er bei der Einweihung des Tannenberg-Denkmals eine Rede, in der er einerseits die Unschuld Deutschlands am Weltkrieg beschwor, andererseits die Deutschen aber zu einer Haltung und Opferbereitschaft aufforderte, wie sie die deutschen Soldaten im Kriege bewiesen hätten. Und auch sein 80. Geburtstag am 2.10. wurde mit so großem militärischem Pomp gefeiert, dass vor allem in Frankreich festgestellt wurde: „Die Zeiten ändern sich, aber der Ton ist der gleiche geblieben." (Abb. 7)

Der vierte Reichstag der Republik wurde am 20.5.1928 gewählt und brachte einen „Linksrutsch". Die rechten Parteien verloren große Stimmenanteile, die SPD ging gestärkt aus der Wahl hervor. Eine große Anzahl von Splitterparteien zog in den Reichstag ein und machte es immer schwerer, tragfähige Mehrheiten für eine berechenbare Regierungspolitik zu gewinnen (Abb. 8).

Am 3.10.1929 wurde die Weimarer Republik durch den Tod ihres Außenministers Gustav Stresemann erschüttert. Er hatte als Kanzler das Reich durch das Krisenjahr 1923 gesteuert und Deutschland anschließend als Außenminister international wieder hoffähig gemacht. Sein letzter „Coup"

war die Unterzeichnung des Kellogg-Paktes zur Ächtung des Krieges vom 27.8.1928 in Paris, bei der zum ersten Mal seit Beginn des Weltkrieges im französischen Außenministerium wieder die deutsche Flagge gehisst wurde. Die Zukunft der deutschen Außenpolitik wurde nun allgemein in düsteren Farben gesehen, und in Zeitungen hieß es: „Wir haben keinen Ersatz für ihn."

Als Folge der geschickten Außenpolitik Stresemanns räumten die Franzosen im Juni 1930 endgültig das besetzte Rheinland. Die Feiern zu diesem Anlass wurden jedoch von einer neuen, schweren Regierungskrise um den Staatshaushalt überschattet, die schließlich mit der Auflösung des Reichstages durch Reichspräsident Hindenburg endete. Am 14.9.1930 waren die Deutschen zum fünften Mal zur Wahl des Parlamentes aufgerufen. Die Ergebnisse der Reichstagswahl dokumentierten eindringlich die Krise des demokratischen Staates. Die gemäßigten Parteien verloren dramatisch, während die Radikalen – vor allem die Rechten – große Gewinne verzeichneten. Als sensationell wurde das Emporschnellen der NSDAP von 12 auf 107 Reichstagssitze empfunden. Bei der Zusammensetzung des Reichstags war eine verlässliche politische Arbeit mit Mehrheiten kaum noch möglich. Reichskanzler Brüning (Zentrum) musste den Reichspräsidenten immer öfter bitten, seine Gesetzesvorlagen als Not-

Abb. 7: Reichspräsident Hindenburg (ab 1925) zeigte sich auch als Staatsoberhaupt der Weimarer Republik gerne in seiner Uniform als kaiserlicher Generalfeldmarschall und erzeugte damit im Ausland viel Misstrauen

verordnung nach Art. 48 zum Gesetz zu erklären, weil er im Parlament für seine Politik keine Mehrheiten mehr fand. Ab Oktober 1931 suchte Brüning dann immer seltener nach parlamentarischen Mehrheiten, sondern war praktisch nur noch der Berater Hindenburgs, der durch Notverordnungen jetzt selbst regierte. Die Regierungen bestanden aus parteiunabhängigen Fachleuten und wurden als „Präsidialkabinette" bezeichnet.

Gleichzeitig erlebte der politische Terror auf den Straßen einen neuen Höhepunkt. Gegen die nationalsozialistischen Schlägertrupps, die bisher die Straßen beherrschten, formierten sich nun die sozialdemokratische „Eiserne Front" und kommunistische Kampfgruppen. Kaum ein Tag verging, an dem die politische Gewalt in Deutschland keine Verletzten und Todesopfer forderte. Im April 1932 wurden die nationalsozialistischen SA und SS schließlich verboten, kämpften jedoch auf den Straßen weiter.

Zur gleichen Zeit wurden Neuwahlen des Staatsoberhauptes durchgeführt. Erst im zweiten Wahlgang konnte sich der Amtsinhaber Hindenburg gegen seinen stärksten Konkurrenten Hitler durchsetzen. Bei den gleichzeitigen Landtagswahlen in Preußen,

Abb. 8: Die Demokraten standen in der Weimarer Republik letztlich auf verlorenem Posten. Wahlplakat der DDP von 1928

Württemberg, Berlin, Hamburg und Anhalt verzeichnete die NSDAP starke Zugewinne, so dass eine politische Arbeit ohne Zustimmung der Rechtsradikalen in einigen Parlamenten gar nicht mehr möglich war. In dieser Situation ließ Hindenburg Reichskanzler Brüning fallen. Stattdessen beauftragte er dessen Parteifreund von Papen mit der Bildung einer Regierung, die überwiegend aus konservativen Adligen ohne jegliche Parteibindung bestand und von den linken Parteien abgelehnt wurde. Das Zentrum schloss von Papen sogar aus der Partei aus. Die innenpolitisch wichtigste Entscheidung dieser Regierung war die Aufhebung des Verbots der NS-Kampfverbände, woraufhin sich die politische Gewalt auf den Straßen im Vorfeld der Reichstagswahlen drastisch verstärkte.

Im Juni 1932 wurde dann der sechste Reichstag gewählt. Es kam zu einem dramatischen Rechtsruck und Wahlsieg der NSDAP, die mit 230 Reichstagssitzen vor der SPD (133 Sitze), der KPD (89 Sitze) und dem Zentrum (75 Sitze) mit Abstand stärkste politische Kraft wurde. Daraufhin verlangte Hitler von Hindenburg nachdrücklich seine Ernennung zum Reichskanzler, was dieser jedoch ablehnte, da er an seiner Linie der Präsidialkabinette ohne Parteibindung festhalten wollte. Doch bevor Kanzler von Papen bei der Eröffnungssitzung des Reichstags überhaupt zu Wort kam, war er schon durch zwei erfolgreiche Misstrauensanträge von KPD und SPD abgesetzt worden. Damit blieb nur noch der Weg zu erneuten Neuwahlen (Abb. 9).

Am 6.11.1932 durchgeführt, brachten sie jedoch keine Klärung der politischen Situation. Die Nationalsozialisten verloren Stimmen, behielten jedoch mit den Kommunisten zusammen eine negative Sperrmehrheit von über 50 Prozent, die den demokratischen Parteien die Arbeit unmöglich machte. Kanzler von Papen wurde auch vom neuen

Reichstag wieder abgelehnt und reichte seinen endgültigen Rücktritt ein. Hindenburg beauftragte nun den parteilosen General Kurt von Schleicher mit der Regierungsbildung, der hoffte, den gemäßigten Nationalsozialisten Gregor Strasser zur Mitarbeit als Vizekanzler zu bewegen, was eine Spaltung der NSDAP bedeutet hätte. Doch Strasser musste nach heftigen Auseinandersetzungen mit Hitler alle Parteiämter niederlegen. Nach Schleichers Rücktritt am 28.1.1933 ernannte Hindenburg dann Hitler zum Reichskanzler, nachdem dieser ihm versichert hatte, weder die Autorität des Reichstages noch die des Reichspräsidenten als Staatsoberhaupt und Oberbefehlshaber der Streitkräfte anzutasten. Hitler war der 13. und gleichzeitig letzte Reichskanzler der Weimarer Republik – und er war ihr Totengräber (Abb. 10).

Abb. 10: Die NSDAP und ihr „Führer" Adolf Hitler fanden bei den Reichstagswahlen 1932 breite Zustimmung in allen Bevölkerungsschichten

Abb. 9: Bei den Reichstagswahlen 1932 kämpfte die SPD auch mit diesem aufrüttelnden Wahlplakat vergeblich gegen die Nationalsozialisten

Zum Weiterlesen:

- Pariser Friedensschlüsse, S. 856
- Inflation und Reparationen, S. 864
- Diktaturen auf dem Vormarsch, S. 866
- Die Errichtung der nationalsozialistischen Diktatur, S. 868

Inflation, Reparationen und Weltwirtschaftskrise – Die Bewältigung des Ersten Weltkriegs

Im Gegensatz zur Rüstung vor dem Krieg, die noch weitgehend aus Steuermitteln bezahlt wurde, finanzierte das Kaiserreich den Krieg hauptsächlich „auf Pump", durch die Aufnahme von Schulden. Am 3.8.1914 billigte der Reichstag einstimmig die ersten Kriegskredite über fünf Milliarden Reichsmark, und weitere Kredite sollten folgen. Geldgeber waren große Industriebetriebe, Bankhäuser und reiche Privatpersonen. Doch überstiegen diese Kredite die Goldmenge, die der Staat zur „Deckung" des Geldwertes besaß. Zur Sicherung der Kredite setzte der Staat die erwarteten Kriegseroberungen ein. Das bedeutete, dass man den Krieg unbedingt gewinnen musste, um die Schulden zurückzahlen zu können. Darüber hinaus war der Gewinn des Krieges auch für die Sicherung des Geldwertes dringend notwendig, also für die Deckung der Geldmenge, die im Deutschen Reich in Umlauf war. Denn die Regierung hatte zusätzlich zur Kreditaufnahme auch noch große Mengen neues Geld drucken lassen, das ebenfalls weder durch Gold noch durch Sachwerte gedeckt war. Nach dem Krieg musste ein großer Teil der Sachwerte wie Schiffe, Lokomotiven, Eisenbahnwaggons, Maschinen, Waffen und Fahrzeuge an die Siegermächte abgegeben werden. Zudem belastete die Abführung eines großen Teiles der Industrieproduktion an die Sieger die deutsche Volkswirtschaft zusätzlich. Schließlich zahlte der Staat große Geldsummen als Löhne und Gehälter, Renten und Fürsorge an die Bevölkerung. Zur Finanzierung dieser Ausgaben musste die deutsche Regierung neue Geldscheine drucken lassen, wodurch es schließlich zur Geldentwertung, zur „Inflation" kam.

Doch nicht nur das besiegte Deutschland hatte große wirtschaftliche Schwierigkeiten, sondern auch die europäischen Siegermächte Großbritannien und Frankreich. Riesige Gebiete Frankreichs waren durch die Materialschlachten des Stellungskriegs völlig verwüstet worden und mussten erst langsam und kostspielig wieder aufgebaut werden. Zudem hatten auch die Siegermächte ihre Kriegführung finanzieren müssen. Sie hatten große Mengen an Rüstungsgütern auf Kreditbasis aus den USA bezogen und waren nun so hoch verschuldet, dass der spätere bri-

Abb. 1: Bunt bedrucktes Papier ohne Wert: Die Inflation erreichte 1922/23 Schwindel erregende Höhen

tische Premierminister Neville Chamberlain am 10.8.1919 feststellte: „England geht dem wirtschaftlichen Bankrott entgegen."

Zur Rückzahlung ihrer Kriegsschulden wollten sich die Siegermächte an das besiegte Deutschland halten. Die Höhe der im Versailler Vertrag vorgesehenen Reparationen wurde erstmals auf der Konferenz in Paris am 24.1.1921 festgelegt: 269 Milliarden Goldmark, zahlbar in 42 Jahresraten. In Frankreich und Großbritannien erschienen nun Zeitungen mit Titeln wie „Der Deutsche wird alles bezahlen" oder „Lasst sie zahlen", während in Deutschland ein Sturm der Ent-

rüstung gegen den „Milliardenwahn" ausbrach.

Die Entwicklung der Reparationsfrage heizte die Inflation im Deutschen Reich noch einmal kräftig an. Allein im August 1922 schnellte der Dollarkurs von 860 auf 1990 Mark hoch. Nach der Besetzung des Ruhrgebietes durch Frankreich im Januar 1923 brachen dann schließlich alle Dämme, da die Reichsregierung nun auch noch auf die Einnahmen aus der Industrieproduktion des deutschen „Wirtschaftsmotors" verzichten und zudem die Millionen Bewohner der Region versorgen musste. Die Preissteigerungen übertrafen jede Vorstellungskraft und stellten die Leidensfähigkeit der Bevölkerung auf eine harte Probe. Überall im Reich breiteten sich Hunger und Not aus, in Sachsen kam es bereits zu ersten Teuerungsunruhen. Am 9.6.1923 kosteten in Berlin 1 kg Rindfleisch 20.000 Mark, ein Stück Butter 7000 Mark, 1 kg Heringe 10.000 Mark und ein Ei 800 Mark. Doch noch war der Gipfel der Entwicklung nicht erreicht. Im November 1923 wurden Briefmarken und Geldscheine ohne Aufdruck hergestellt, so dass die Beamten die gerade gültigen Preise und Kurse von Hand

Abb. 2: Mittelteil des Gemäldes „Großstadt" von Otto Dix, in dem der Maler die Lebensart, aber auch die Gefahren der „Goldenen Zwanziger" darstellte

eintragen konnten. Mittlerweile kostete ein Brot 260 Milliarden Mark. Frauen holten ihre Männer an den Fabriktoren ab, um mit den täglich ausgezahlten Löhnen schnell einzukaufen, bevor diese durch die Preissteigerungen entwertet wurden. Viele Unternehmen und auch der Staat nutzten die Inflation zum Schuldenabbau, denn die gesamten Inlandsschulden des Reiches hatten am Ende der Inflation nur noch einen Wert von 16,4 Pfennigen des Vorkriegswertes. Der Dollarkurs stand am 15.11. bei 4,2 Billionen Mark (4.200.000.000.000 Mark), als die Währungsreform mit der Einführung der „Rentenmark" der Inflation ein Ende setzte (Abb. 1).

Angesichts der zusammenbrechenden Volkswirtschaft bat das Deutsche Reich die Siegermächte Ende 1923, die Reparationen neu zu regeln. Die deutsche Seite stieß vor allem in Großbritannien und den USA auf Entgegenkommen, da beide Staaten einsahen, dass ein wirtschaftlicher Zusammenbruch Deutschlands einen Sog entwickeln könnte, der ganz Europa in den wirtschaftlichen Abgrund reißen könnte. Am 16.8.1924 wurde der „Dawesplan" bekannt gegeben. Das Deutsche Reich sollte nach einer Schonfrist von vier Jahren jährlich 2,4 Milliarden Mark bezahlen, ohne dass die Gesamthöhe der Zahlungen festgelegt wurde. Zur Sicherung der deutschen Zahlungsfähigkeit wollten die USA den Deutschen hohe Kredite zur Verfügung stellen.

Fünf Jahre später mussten diese Vereinbarungen neu verhandelt werden, da sich vor allem der Verzicht auf die Festlegung einer Gesamtsumme der Reparationen zunehmend als nachteilig herausstellte. Nach dem am 7.6.1929 vorgestellten „Youngplan" sollte das Deutsche Reich in 59 Jahresraten – also

Abb. 3: Der „Youngplan", der Reparationszahlungen bis 1988 vorsah, rief in Deutschland Stürme der Entrüstung hervor

bis 1988 – insgesamt 116 Milliarden Mark zahlen. Es wurden jedoch Erleichterungen in Aussicht gestellt für den Fall, dass sich die Gläubiger untereinander über ihre Verbindlichkeiten einigen würden. Dies war die erste offizielle Bestätigung des Zusammenhangs zwischen deutschen Reparationen und britischen und französischen Kriegsschulden bei den USA. Unter dem Eindruck der Weltwirtschaftskrise brachte dann die internationale Konferenz von Lausanne im Juli 1932 gegen eine Schlusszahlung von 3 Milliarden Mark das Ende der Reparationszahlungen. Insgesamt hatte das Reich seit 1919 54 Milliarden Mark, nach alliierter Berechnung 20

Milliarden Mark gezahlt. Unstreitig ist hingegen, dass an amerikanischen Krediten in dieser Zeit mehr Geld nach Deutschland geflossen ist, als von den Deutschen an Reparationen bezahlt wurde (Abb. 3).

Bereits 1928 hatte Außenminister Stresemann bezüglich des deutschen Aufschwungs vor der Presse festgestellt, „dass wir in Deutschland in den letzten Jahren von gepumptem Geld gelebt haben. Wenn eine Krise kommt und die Amerikaner ihre kurzfristigen Kredite abrufen, dann ist der Bankrott da". Genau das aber passierte nun. Nach Jahren des Wirtschaftswachstums kam es in den USA auf breiter Front zu Überproduktionen, die viele Betriebe in Schwierigkeiten brachten und auch die mit Krediten sehr großzügigen Banken mit sich in die Krise rissen. Als Folge sanken ab dem „Schwarzen Freitag", dem 24.10.1929, die Aktienkurse an der New Yorker Börse so extrem, dass Tausende von vorher vermögenden Aktienbesitzern vor dem finanziellen Ruin standen (Abb. 2). Insgesamt vernichtete der Kurssturz Kapital in Höhe von 50 Milliarden Dollar. Um neues Geld heranzuholen, forderten die amerikanischen Banken die kurzfristigen Kredite zurück. Dies traf vor allem das wirtschaftlich noch instabile und bei den Amerikanern hoch verschuldete Deutsche Reich. Die Auswirkungen waren Lohn- und Preissenkungen und ein drastischer Anstieg der Arbeitslosigkeit. Die Rückforderung der hohen Kredite führte zu Zahlungsschwierigkeiten und ab 1931 dann zum Zusammenbruch einiger angesehener Bankhäuser. Um weitere Zusammenbrüche zu vermeiden, schlossen viele Banken vorübergehend ihre Türen und stellten den Zahlungsverkehr vorläufig ein, was wiederum die deutschen Gläubiger in Europa in Schwierigkeiten brachte. Der Zusammenbruch der Weltwirtschaft ließ die Arbeitslosenzahl im Frühjahr 1932 auf über 6 Mio. steigen und schuf ein politisches Klima, das von den Nationalsozialisten geschickt für ihre Propaganda ausgenutzt wurde und nicht unerheblich zu den großen Wahlerfolgen und letztlich zur „Machtergreifung" Hitlers beitrug (Abb. 4).

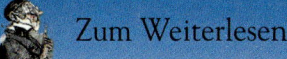 **Zum Weiterlesen:**

• Der Erste Weltkrieg, S. 854
• Die Weimarer Republik, S. 860
• Die Errichtung der nationalsozialistischen Diktatur, S. 868
• Alltagsleben im nationalsozialistischen Deutschland, S. 870

Abb. 4: In der Weltwirtschaftskrise kam es zu Bankenzusammenbrüchen. Tausende Menschen warteten vor den geschlossenen Banken, um ihr Erspartes abzuheben

Demokratie in der Defensive – Diktaturen auf dem Vormarsch

Nach der Neuordnung durch die Pariser Friedensverträge gab es 1919 in Europa außer den revolutionären Sowjetrepubliken des ehemaligen russischen Zarenreiches nur demokratische Staaten – entweder in der Form von Republiken oder als konstitutionelle Monarchien. Doch wegen der Unerfahrenheit der Völker mit den komplizierten politischen Verfahren der neuen Demokratien, die wegen ihrer Kompromisslösungen keine Seite je richtig zufrieden stellen konnten, wurden die Rufe nach dem „starken Mann" immer lauter. 1939 waren lediglich noch 12 Demokratien übrig geblieben, während 15 ehemals demokratische Staaten mittlerweile Diktaturen geworden waren (Abb. 1 u. 4).

Die Diktatur Mussolinis in **Italien** wird als „Faschismus" (lat. „fasces" = Rutenbündel mit Pfeil als Herrschaftssymbol der römischen Konsuln und Prätoren) bezeichnet. Mussolini (1883–1945) war der Sohn eines einfachen Schmieds und arbeitete als Volksschullehrer, bevor er der sozialistischen Partei beitrat. Wegen seiner Wandlung vom radikalen Sozialisten zum Nationalisten wurde er jedoch bald aus der Partei ausgeschlossen. 1919 gründete er eine eigene politische Bewegung, die zwei Jahre später zur faschistischen Partei umgewandelt wurde. Ziel der Partei war die Errichtung eines antiparlamentarischen und antidemokratischen Systems. Ein Mehrparteiensystem lehnten die Faschisten ab. Ihr Ziel war die Errichtung eines autoritären Einparteienstaates. Die sozialen Gegensätze sollten durch einen gesteigerten Nationalismus aufgehoben werden. Werte wie Unterordnung, Disziplin und Wille wurden verherrlicht, Freiheit, Gewaltlosigkeit und Liberalismus als „verweichlicht" verdammt. Als die italienische Demokratie zu Beginn der 20er Jahre die großen wirtschaftlichen Probleme des Landes immer weniger in den Griff bekam, riefen die Faschisten 1921 die Revolution aus und gingen zum bewaffneten Straßenkampf gegen Regierung und Sozialisten über. Am 24.10.1922 veranstalteten 40.000 faschistische „Schwarzhemden" in Neapel eine riesige Militärparade und riefen dann zum „Marsch auf Rom" auf, um gewaltsam die Regierung zu übernehmen. Bevor es jedoch zum Bürgerkrieg kam, ernannte König

Abb. 1: Zwischen 1919 und 1933 wurden in Europa viele Demokratien durch Diktaturen gestürzt

Viktor Emanuel III. Mussolini zum Regierungschef. In der Folgezeit baute Mussolini den ersten faschistischen Staat der Geschichte auf, der jedoch durch die Einwirkung der Monarchie, des Heeres und der Kirche gemäßigt wurde. Er selbst wurde zum Diktator, der sich als „Duce" (ital. „Führer") bezeichnete. Der Faschismus wurde zum Gattungsbegriff für ähnliche politische Systeme (Abb. 2).

In der **Sowjetunion** herrschte Lenins „Diktatur des Proletariats", die die Kommunistische Partei als alleinige Interessenvertretung der Arbeiterklasse ausübte. Alle anderen Parteien waren verboten, eine unabhängige Presse gab es nicht. Innerhalb der Kommunistischen Partei war die ganze Macht auf eine kleine Führungsgruppe konzentriert, als Lenin am 21.1.1924 an den Folgen einiger Schlaganfälle – angeblich hervorgerufen durch „übermäßige geistige Tätigkeit" – starb. Diese Parteistrukturen boten die besten Voraussetzungen für die Herrschaft Stalins, der sich in einem langen Machtkampf ab 1924 gewaltsam gegen seine innerparteilichen Gegner (u. a. Trotzki) durchsetzte und 1929 schließlich die Alleinherrschaft übernahm. Hatte Lenin noch die marxistische Theorie so umformuliert, dass sie auf Russland anwendbar wurde („Marxismus-Leninismus"), so verfolgte Stalin die Politik vom „Sozialismus in einem Land". Das bedeutete, dass die Pläne für eine sozialistische Weltrevolution zunächst so lange zurückgestellt wurden, bis der Sozialismus in der Sowjetunion endgültig verwirklicht sei. In der Folgezeit führte Stalin eine rücksichtslose Agrarreform und Industrialisierung durch, denen viele Millionen Menschen zum Opfer fielen, darunter allein 11 Mio. Bauern („Kulaken"). Als der wirtschaftliche Aufstieg der Sowjetunion gesichert schien, rechnete Stalin gnadenlos mit seinen innenpolitischen Gegnern aus den 20er Jahren ab. In der „Großen Säuberung" („Tschistka") 1936–38 wur-

Abb. 2: Mit seinem „Marsch auf Rom" kam Benito Mussolini (2. v. l.) in Italien 1922 an die Macht

den 8 Mio. Menschen verhaftet und in sibirische Straflager verbannt. Viele hochrangige Politiker und Offiziere der Roten Armee ließ Stalin nach Schauprozessen hinrichten. Damit war seine Diktatur ab 1939 innenpolitisch endgültig gesichert.

Die 1919 entstandene Republik **Österreich** bestand aus den „deutschen" Gebieten des ehemaligen Habsburgerreiches. Hier konzentrierte sich die Industrie der Donaumonarchie, die nun jedoch keine Absatzmärkte mehr fand, da ihr das einst so riesige Hinterland fehlte. So waren die Österreicher bereits früh für einen Anschluss an das Deutsche Reich, der jedoch im Pariser Friedensvertrag von St.-Germain ausdrücklich verboten worden war. Die ausweglose Situation ließ die politischen Radikalen immer stärker werden, so dass der Terror auf den Straßen wuchs, bis Bundeskanzler Engelbert Dollfuß 1933 die demokratische Verfassung außer Kraft setzte, alle Parteien verbot und eine Diktatur errichtete, die sich auf die „Vaterländische Front" stützte. Bei einem gescheiterten nationalsozialistischen Putschversuch kam Dollfuß ums Leben, und Kurt Schuschnigg wurde Bundeskanzler. Er setzte die auch als „Austrofaschismus" bezeichnete Diktatur bis zum „Anschluss" Österreichs an das nationalsozialistische Deutschland 1938 fort.

In **Spanien** war die konstitutionelle Mon-

Abb. 3: In seinem Gemälde „Guernica" verarbeitete der spanische Maler Pablo Picasso 1937 das Grauen über die Zerstörung der baskischen Kleinstadt durch Bomben der deutschen „Legion Condor"

archie 1917–23 von großer Schwäche geprägt. In diesen sechs Jahren gab es 13 Kabinette, jede Regierung blieb im Durchschnitt weniger als ein halbes Jahr im Amt. 1923 putschte dann – mit dem Einverständnis von König Alfons XIII. – der General Primo de Rivera und bildete eine Militärregierung, die sich jedoch mit der Zeit bei allen gesellschaftlichen Kräften so unbeliebt machte, dass der General 1930 freiwillig wieder zurücktrat. In der darauf folgenden Republik war Spanien politisch derart zwischen Kommunisten, Anarchisten, Nationalisten und anderen Gruppen zerrissen, dass eine sinnvolle politische Arbeit kaum möglich war. Dennoch existierte die Republik – unter teilweise bürgerkriegsähnlichen Umständen – noch bis 1936. Dann kam es zum Militäraufstand einiger Generäle, darunter Francisco Franco, die sich auf Monarchisten, Katholiken und die faschistische „Falange"-

Bewegung stützten. Im folgenden Bürgerkrieg gegen die Republik 1936–1939 wurden die Falangisten durch das nationalsozialistische Deutschland und die faschistischen Staaten Italien und Portugal unterstützt. Vor allem die deutsche „Legion Condor" erlangte traurige Berühmtheit, als sie am 26.4.1937 den kleinen baskischen Ort Guernica mit Sturzkampfbombern angriff und völlig dem Erdboden gleichmachte, wobei über 1700 Zivilisten getötet wurden. Auf der Seite der Republikaner kämpften Franzosen, Soldaten der Sowjetunion und 60.000 antifaschistische Freiwillige aus aller Welt, darunter viele Prominente. 1939 konnten die Aufständischen endgültig ihren Sieg über die Republik feiern, Franco wurde als „Caudillo" („Führer") Staatschef, was er bis 1975 blieb (Abb. 3).

In **Portugal** hatte der Staatsstreich bereits Tradition, als 1926 beim 21. Putschversuch seit der Einführung der Demokratie 1911 die Offiziersclique um General Gomes da Costa endlich Erfolg hatte. Seine Militärdiktatur wurde jedoch 1932 von Antonio de Salazar gestürzt, der eine faschistische Diktatur einführte. 1926 setzte sich in **Polen** der nationalistische General Pilsudski an die Spitze des Staates, der Nationalheld von 1920, der im siegreichen Kampf gegen die übermächtige Rote Armee die polnische Ostgrenze 300 km weit nach Osten vorgeschoben hatte. In **Jugoslawien** und **Rumänien** griffen die Könige nach der Macht, verboten alle Parteien und errichteten „Königsdiktaturen". In **Griechenland** war die Demokratie stabil, bis 1935 ein Putschversuch erfolgte. Er führte zur Wiedereinführung der Monarchie und zur Rückkehr König Georgs II. Doch im Jahr darauf putschte das Militär erneut. General Metaxas kam an die Macht und errichtete eine griechische Militärdiktatur.

Zum Weiterlesen:

- Die Errichtung der nationalsozialistischen Diktatur, S. 868
- Alltagsleben im nationalsozialistischen Deutschland, S. 870
- Die Entfesselung des Zweiten Weltkrieges, S. 874

Abb. 4: Zwischen 1933 und 1939 gerieten die letzten Demokratien in Europa in große Bedrängnis

Die Errichtung der nationalsozialistischen Diktatur

Mit der nationalsozialistischen Diktatur begann 1933 das dunkelste Kapitel der deutschen Geschichte. Wie schafften es die Nationalsozialisten, den Deutschen ihren Willen aufzuzwingen und ihre Herrschaft zu festigen? Die ersten Jahre der Diktatur dienten der „Gleichschaltung" aller staatlichen, gesellschaftlichen und kulturellen Kräfte mit der Organisation und den Zielen der NSDAP.

Nach der Ernennung Hitlers zum Reichskanzler wurden für den 5.3.1933 Reichstagswahlen festgesetzt. Nun, mit der Macht im Rücken, terrorisierten die nationalsozialistischen Schlägertrupps die politischen Gegner noch brutaler als früher. Am 27.2. wurde das Berliner Reichstagsgebäude in Brand gesteckt – von wem, ist bis heute letztlich ungeklärt. Hitler lastete den Brand jedoch mit großem Propagandaaufwand der KPD an und nutzte diese Gelegenheit, per Notverordnung die Verfassungsartikel außer Kraft zu setzen, die die bürgerlichen Freiheiten garantierten. Viele Intellektuelle – wie die Schriftsteller Heinrich Mann und Bertolt Brecht – wandten sich schon jetzt von der Heimat ab und gingen ins Exil. Aus den Wahlen vom 5.3. gingen die Nationalsozialisten mit 44,1 Prozent als eindeutige Wahlsieger hervor. Gemeinsam mit anderen rechtsradikalen Parteien ergab sich eine absolute Mehrheit für die antidemokratische, faschistische Rechte. Am 23.3. brachte die NSDAP im Reichstag ein „Ermächtigungsgesetz" ein, das das Parlament und auch die politischen Parteien vollends in die Bedeutungslosigkeit stürzte. Lediglich die SPD stimmte gegen das „Gesetz zur Behebung der Not von Volk und Reich", durch das die Regierung ermächtigt wurde, zunächst vier Jahre lang ohne das Parlament zu arbeiten (Abb. 2).

Einen großen Erfolg konnte das nationalsozialistische Regime mit dem Abschluss des Reichskonkordats mit dem Vatikan erzielen. Dieser Staatsvertrag brachte dem Deutschen Reich im Juli 1933 die erste völkerrechtliche Anerkennung seit der „Machtergreifung" Hitlers. Zudem brachten die braunen Machthaber die katholische Kirche in Deutschland durch Zugeständnisse zunächst zum Schweigen. Teile der evangelischen Kirche bejahten das Führerprinzip und forderten die Schaffung einer einheitlichen Reichskirche. Durch die Einsetzung eines „Reichsbischofs" geriet sie immer mehr in die Gefahr der „Gleichschaltung" mit dem NS-Staat. Das führte zur

Abb. 1: Auf diesem gestellten Propagandafoto begrüßt Reichskanzler Hitler den Reichspräsidenten scheinbar ehrfürchtig. In Wirklichkeit jedoch war Hindenburg bald entmachtet

Abspaltung der Gruppe „Evangelium und Kirche" um den Pfarrer Martin Niemöller, die die Einführung eines „Arierparagraphen" durch die mehrheitliche und regimefreundliche Gruppe „Deutsche Christen" nicht mittragen wollte.

Die Gleichschaltung des Staates, die Ausschaltung aller nicht von der NSDAP gesteuerten kulturellen und politischen Kräfte ging immer weiter. Am 7.4. wurden die Regierungschefs der Länder des Reiches durch NS-Reichsstatthalter abgelöst, Berufsverbände und gesellschaftliche Interessengruppen unterstellten sich der Partei. Am 2.5. besetzten die Nationalsozialisten die Gewerkschaftshäuser, lösten die Gewerkschaften auf und zwangen die Arbeiter zum Eintritt in die „Deutsche Arbeitsfront" (DAF). Am 21.6. schlug dann für die politischen Parteien die letzte Stunde. Die meisten Führer der Kommunisten waren bereits nach dem Reichstags-

brand verhaftet und in neu gegründete „Konzentrationslager" gebracht worden, bei denen es sich um große und scharf bewachte Straflager handelte, in die zunächst politische Gegner, später auch Juden eingeliefert wurden. Nun wurde die SPD verboten, ihre noch nicht ins Ausland geflüchteten Führer verhaftet und teilweise ebenfalls in Konzentrationslager gebracht. Die anderen Parteien lösten sich unter dem Druck der Nationalsozialisten selbst auf. Die NSDAP war nun die einzige Partei in Deutschland, sie hatte viele Millionen Mitglieder. Die Reichstagswahl vom 12.11., zu der nur noch die NSDAP als einzige Partei zugelassen war, brachte den Nationalsozialisten 92,2% der abgegebenen Stimmen. Danach wurden die Länder und der Reichstag vollends entmachtet, die Kultur der Partei unterstellt und auch die Freizeit- und Urlaubsgestaltung nationalsozialistischer Kontrolle unterworfen. So war ein Jahr nach der Ernennung Hitlers die nationalsozialistische Diktatur errichtet (Abb. 1).

Im Mai 1934 meldeten sich die Kirchen wieder kritisch zu Wort. Die katholische Jugend war als einziger Verband noch nicht

Abb. 2: Die Nationalsozialisten gaben den Kommunisten die Schuld am Reichstagsbrand 1933

gleichgeschaltet und zeigte sich in der deutschen Öffentlichkeit als eigenständige Kraft. Folglich wurde die katholische Kirche zur Zielscheibe der Propaganda, da das Reichskonkordat ein massives Vorgehen gegen die Katholiken nicht zuließ. Die evangelische Kirche hatte ihre Spaltung überwunden und erteilte der nationalsozialistischen Weltanschauung in der „Barmer Theologischen Erklärung" vom 31.5. eine deutliche Absage.

Ende Juni 1934 kam es zu blutigen Machtkämpfen innerhalb der NSDAP, die damals als Putschversuch des SA-Chefs Ernst Röhm („Röhm-Putsch") dargestellt wurden, in Wirklichkeit aber wohl eher als Ermordung innerparteilicher Kritiker und Konkurrenten gewertet werden müssen. Die SA betrachtete sich als revolutionäre Armee des nationalsozialistischen Staates. Nach der Sicherung der Herrschaft forderte Röhm, die SA unter Einschluß der Reichswehr zur offiziellen deutschen Armee zu machen. Dagegen wehrte sich die Reichswehr und setzte Gerüchte von einem bevorstehenden Putsch der SA gegen das Hitler-Regime in Umlauf. Die Führung in Berlin fürchtete, die SA könne außer Kontrolle geraten und entschloss sich zum Handeln. Hitler beauftragte die „SS" (Schutz-Staffel) unter Heinrich Himmler mit der Verhaftung und Ermordung der SA-Führung und weiterer missliebiger Personen, darunter auch der ehemalige Reichskanzler General von Schleicher und der bereits 1932 im innerparteilichen Streit mit Hitler entmachtete Gregor Strasser. An die Stelle der SA-Schlägertrupps traten als Instrumente der Unterdrückung und des Terrors die SS und die Gestapo (Geheime Staatspolizei).

Am 2.8. starb auf seinem Gut Neudeck in Westpreußen im Alter von 86 Jahren Reichspräsident Paul von Hindenburg. Trotz der Zusagen, die Hitler Hindenburg vor seiner Ernennung zum Reichskanzler gemacht hatte, war der Präsident in Wirklichkeit zu diesem Zeitpunkt längst entmachtet, die Weimarer Republik war zertrümmert. Nun beschloss die Reichsregierung, die Ämter des Staatsoberhauptes und des Regierungschefs zusammenzulegen. Am 19.2. ließ sich Hitler in einer Volksabstimmung mit einer Zustimmung von 90 Prozent aller Stimmen zum Staatspräsidenten wählen. Damit übernahm er offiziell den Oberbefehl über die Wehrmacht. Er nahm nun den Titel „Führer und Reichskanzler" an und ließ alle Soldaten auf seine Person vereidigen. Nun hatte er die Alleinherrschaft über alle Bereiche des Staates, das Deutsche Reich war endgültig zum „Führerstaat" geworden (Abb. 3).

Eine riesige internationale Aufwertung erfuhr das Deutsche Reich durch die Ausrichtung der Olympischen Spiele 1936 in Berlin. Hitler nutzte diese zwei Wochen, in denen das Reich im Zentrum der Weltöffentlichkeit stand, zur geschickten Propaganda. Insgesamt war die Weltpresse von der Stimmung und der Organisation der Berliner Olympiade begeistert, auch wenn die „New York Times" kommentierte: „Die olympische Fackel wirkt hier mehr wie ein Zündscheit als ein Symbol der zusammenschweißenden Flamme des internationalen Sports." (Abb. 4)

Im März 1937 mussten die deutschen Machthaber einen empfindlichen Schlag aus Rom hinnehmen, als der Papst seine Enzyklika „Mit brennender Sorge" veröffentlichte. Anstelle der erwarteten Freundschaftsbekundungen kritisierte Papst Pius XI. in vernichtender Weise die andauernde Verletzung des Reichskonkordats von 1933 und die Haltung der deutschen Regierung zur Kirche und Menschlichkeit. Dennoch schaffte die Propaganda es, den Deutschen eine erfolgreiche Außenpolitik und internationale Solidarität vorzugaukeln, wie durch den pompös inszenierten Staatsbesuch des italienischen „Duce" Mussolini im September 1937.

Abb. 3: Propagandaplakat der NSDAP für eine der vielen fingierten „Volksabstimmungen", die angeblich die Zustimmung der Deutschen zur Politik Hitlers ausdrückten

Abb. 4: Die Olympischen Spiele 1936 in Berlin wurden von der NSDAP zu einem riesigen Propagandaspektakel missbraucht

Zum Weiterlesen:

• Inflation und Reparationen, S. 864
• Alltagsleben im nationalsozialistischen Deutschland, S. 870
• Der Widerstand, S. 871
• Die Entfesselung des Zweiten Weltkrieges, S. 874

Volksempfänger, Arbeitsdienst, Kleiderkarte – Alltagsleben im nationalsozialistischen Deutschland

Auch in das Alltagsleben der Deutschen griff die NSDAP ein, um das Volk total unter ihre Kontrolle zu bringen. Nach 1933 wurde den Deutschen schnell klar, welche Geisteshaltung im Reich in Zukunft herrschen würde. Auf dem Weg zur geistigen Gleichschaltung gingen die neuen Machthaber und ihre Helfer ab Mai 1933 rigoros gegen missliebige Künstler, Wissenschaftler und Schriftsteller vor. Dabei richteten sich die Maßnahmen meistens gegen international anerkannte herausragende Geistesgrößen. Viele Professoren verloren ihre Lehrstühle, herausragende Autoren wurden aus den Dichterakademien ausgeschlossen. Ihre Bücher verschwanden aus den öffentlichen Bibliotheken, wurden für „undeutsch" erklärt und auf riesigen Scheiterhaufen öffentlich verbrannt. Im April 1934 richtete die Regierung unter der Leitung von Alfred Rosenberg die „Reichsstelle zur Förderung des deutschen Schrifttums" ein, deren Aufgabe es war, sämtliche Druckwerke auf die Einhaltung nationalsozialistischer Grundsätze zu überprüfen.

Trotz dieser kulturellen Barbarei stieg die Zustimmung der Bevölkerung zum nationalsozialistischen Regime immer weiter an. Das lag vor allem am wirtschaftlichen Aufschwung, der in allen europäischen Staaten stattfand und eine Folge der sich wieder erholenden Weltwirtschaft war, von den Nationalsozialisten jedoch geschickt als eigenes Verdienst dargestellt wurde – eine Irrmeinung, auf die man selbst heute noch vereinzelt trifft. Tatsache ist jedoch, dass die Wirtschaftspolitik der Nationalsozialisten den Abbau der Arbeitslosigkeit durch die riesigen Arbeitsbeschaffungsprojekte des „Reichsarbeitsdienstes" und durch die militärische Aufrüstung beschleunigt hat. Flüsse und Bäche wurden begradigt und ausgebaut, Weinberge angelegt und Autobah-

Abb. 1: Der „Volksempfänger" sollte sicherstellen, dass die nationalsozialistische Propaganda alle Deutschen erreichte

nen gebaut. Doch zur Finanzierung dieser Maßnahmen machte der Staat enorme Schulden in einer Höhe, die zu seinem Bankrott geführt hätten, wenn die braunen Machthaber nicht vorher den Eroberungskrieg begonnen hätten (Abb. 2).

Wichtige Propagandainstrumente des Nationalsozialismus waren Rundfunk, Fernsehen und Film. Im August 1933 wurde der Öffentlichkeit auf der Berliner Funkausstellung das „Einheitsradio für den deutschen Haushalt", der „Volksempfänger" vorgestellt. Er sollte sicherstellen, dass jeder deutsche Haushalt für die nationalsozialistische Propaganda erreichbar war (Abb. 1). Das Fernsehen hingegen war zu jener Zeit noch Luxus. Dennoch strahlte das Deutsche Reich ab März 1935 als erster Staat der Welt ein reguläres Fernsehprogramm aus. Jeden Montag, Mittwoch und Samstag wurden in den Abendstunden Filme und Wochenschauen gezeigt, die die Bürger in den zahlreichen öffentlichen Fernsehstuben verfolgen konnten. Zum besonders wirkungsvollen Propagandainstrument entwickelte sich der Film. Neben zahlreichen Unterhaltungs- und Abenteuerfilmen („Münchhausen") wurden zunehmend Propagandafilme („Fridericus Rex"), abscheuliche antisemitische Machwerke („Jud Süß") und in der Endphase des Krieges

auch zahlreiche Durchhaltestreifen („Kolberg") produziert (Abb. 3).

Nach dem Beginn des Zweiten Weltkrieges änderte sich einiges im täglichen Leben der Deutschen. Obwohl die Machthaber sehr darauf bedacht waren, der Bevölkerung durch eine gute Versorgungslage Normalität vorzugaukeln, gab es doch bald in vielen Bereichen Versorgungsschwierigkeiten. Als Erstes wurde im September 1939 die Benzinversorgung auf Bezugsscheine umgestellt. Später durften private Kraftfahrzeuge nur noch mit besonderer Genehmigung benutzt werden. Im November 1939 wurde die „Reichskleiderkarte" eingeführt, die den Bezug von Textilien regelte. Mit fortschreitender Dauer des Krieges erstreckte sich die Zwangsbewirtschaftung auch zunehmend auf Lebensmittel. Das war zum großen Teil eine Folge des ab 1942 voll einsetzenden Bombenkriegs gegen die deutsche Zivilbevölkerung, die letztlich fast alle deutschen Städte in Schutt und Asche legte.

Abb. 3: Der Schauspieler Hans Albers als „Münchhausen" im gleichnamigen deutschen Unterhaltungsfilm von 1943

 Zum Weiterlesen:

• Pariser Friedensschlüsse, S. 856
• Die Weimarer Republik, S. 860
• Inflation und Reparationen, S. 864
• Die Errichtung der nationalsozialistischen Diktatur, S. 868
• Der Widerstand, S. 871

Abb. 2: Männer des „Reichsarbeitsdienstes" 1933 bei der Arbeit an einem Bachlauf. Später bekamen die Mitglieder der NS-Organisation Uniformen

Geschichte

Flugblätter, Spionage, Attentate – Der Widerstand
gegen die nationalsozialistische Diktatur

Vor dem Krieg leisteten vor allem Sozialdemokraten, Kommunisten und Christen Widerstand gegen die Nationalsozialisten. Nach dem Beginn des Krieges gewann der Widerstand jedoch eine neue Qualität. Nun trachteten zum ersten Mal Attentäter dem Führer nach dem Leben. Am 8.11.1939 explodierte im Münchener Bürgerbräukeller eine Bombe, kurz nachdem Hitler seine Gedenkrede zum Jahrestag des Putschversuchs von 1923 beendet und den Saal verlassen hatte. Als Tatverdächtiger wurde noch in der darauf folgenden Nacht Georg Elser festgenommen, ein Einzelgänger, der die Tat kurz darauf gestand.

Im Februar 1940, also noch bevor der Krieg gegen Polen sich zum Weltkrieg ausgewachsen hatte, nahmen nationalkonservative Widerstandskreise um den ehemaligen Leipziger Oberbürgermeister Carl Goerdeler Kontakt zu Großbritannien auf. Die Hoffnung, den Weltkrieg noch abzuwenden, scheiterte jedoch schließlich an der Uneinigkeit der Deutschen. Ein großer Teil dieser Gruppe wollte nämlich das eroberte Polen behalten, was die Briten jedoch vehement ablehnten.

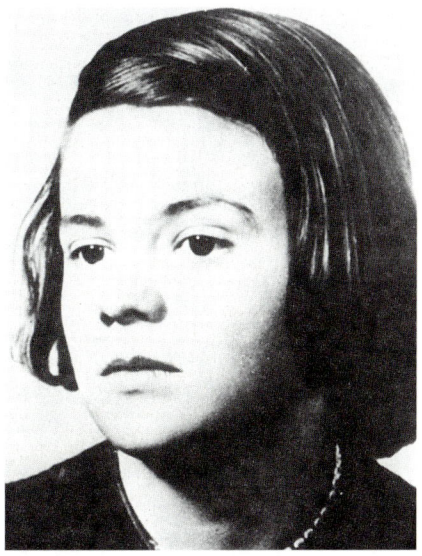

Abb. 1: Sophie Scholl, Mitglied der Widerstandsbewegung „Weiße Rose"

Bei der Aushebung einer kommunistischen Widerstandsgruppe in Brüssel entdeckten die Deutschen im August 1942 die „Rote Kapelle", eine Organisation, die seit dem Beginn des Krieges gegen die Sowjetunion in großem Stil Spionage betrieben und ihre Erkenntnisse nach Moskau übermittelt hatte. Auf Hitlers persönliche Weisung wurden die gefassten Mitglieder zum Tode verurteilt und ab Dezember in Massenhinrichtungen umgebracht.

Im Februar 1943 wurde die Widerstandsbewegung „Weiße Rose" aufgedeckt und zwei ihrer Mitglieder, die Münchner Geschwister Hans und Sophie Scholl, 24 und 21 Jahre alt, verhaftet. Sie wurden in der Münchener Universität gestellt, als sie Flugblätter verteilten, auf denen sie ihre Empörung über die nationalsozialistische Gewaltpolitik zum Ausdruck brachten. Die Widerstandsgruppe hatte Anhänger in Berlin, Freiburg, Hamburg, Köln und Saarbrücken. Die Geschwister Scholl wurden am 22.3.1943 vom Volksgerichtshof unter Roland

Freisler zum Tode verurteilt und am selben Tag noch hingerichtet (Abb. 1).

Ab dem August 1943 kamen auf dem Gut Kreisau des Grafen Helmuth James von Moltke Vertreter verschiedenster Widerstandsgruppen zusammen. Sozialisten, Liberale, Konservative, Kirchenvertreter, Gewerkschafter, Beamte und Militärs diskutierten in großer Runde die Frage, wie ein Umsturz herbeigeführt werden und wie ein künftiges Deutschland aussehen könnte. Besonders am „Kreisauer Kreis" war vor allem, dass die Mitglieder versuchten, Kompromissvorschläge zu erarbeiten, die allen beteiligten gesellschaftlichen Gruppen gerecht wurden. So planten sie für die Wirtschaft die Einbeziehung sozialistischer Vorstellungen, während der Staat für eine Übergangszeit autoritär und konservativ geführt werden sollte.

Am 20.7.1944 fuhr Oberst Claus Graf Schenk von Stauffenberg mit einer Bombe in seiner Aktentasche zu einer Lagebesprechung im Führerhauptquartier. Er hoffte, Hitler zu töten, um damit alle Soldaten von ihrem Treueeid auf den Führer zu entbinden. Alle Schritte waren vorbereitet, um mit Hilfe der Wehrmacht im ganzen Reich die Staatsgewalt zu übernehmen. Carl Goerdeler und Generaloberst Ludwig Beck sollten eine neue Regierung bilden. Doch die Bombe tötete statt Hitler vier andere Personen, der Führer wurde nur leicht verletzt. Die Wehrmacht stellte sich nun gegen die Widerstandskämpfer, deren Pläne damit endgültig gescheitert waren. Schnell fiel der Verdacht auf Stauffenberg, der sich kurz vor der Explosion verabschiedet hatte. 400 Beamte untersuchten das Attentat und verhafteten 7000 Menschen. Bis zum Frühjahr 1945 starben nach Schauprozessen vor Freislers Volksgerichtshof 170 Menschen. Die Hauptverschwörer wurden auf Befehl Hitlers besonders grausam umgebracht. Im feindlichen Ausland hingegen wurde von dieser Widerstandsbewegung – wie von all den anderen übrigens auch – kaum Notiz genommen (Abb. 2 u. 3).

Abb. 2: Hitler zeigt Mussolini den bei dem Attentat vom 20.7.1944 zerstörten Konferenzraum im Führerhauptquartier

Abb. 3: Der Präsident des Volksgerichtshofes, Roland Freisler (Mitte), bei der Eröffnung des Schauprozesses gegen die Attentäter vom 20.7.1944

 Zum Weiterlesen:

- Alltagsleben im nationalsozialistischen Deutschland, S. 870
- Die Ermordung der Juden, S. 872
- Die Entfesselung des Zweiten Weltkrieges, S. 874
- Der Kriegsverlauf, S. 876

„Holocaust" – Die Ermordung der europäischen Juden

Der Antisemitismus gehörte zu den grundlegenden Elementen der nationalsozialistischen Weltanschauung. Bereits in seinem Buch „Mein Kampf" hatte Hitler 1923 seine aus antisemitischen Parolen des 19. Jahrhunderts und Bruchstücken der darwinistischen Evolutionstheorie zusammengestückelte Rassenideologie dargelegt. Dabei behauptete er, ursprünglich judenfreundlich gewesen und erst durch die Erfahrungen mit Juden in Wien zum Antisemiten geworden zu sein. Doch stammte er aus einem stramm antisemitischen Elternhaus, so dass seine Darstellung kaum zutreffend sein dürfte.

Am 1.4.1933 begannen erste Aktionen zur Verdrängung jüdischer Bürger aus Führungspositionen. Zuerst ergingen Weisungen der einzelnen Ministerien, so genannte „nichtarische" Beamte zum Ausscheiden aus dem Berufsleben zu bewegen. Dabei handelte es sich vor allem um Lehrer, Anwälte und Mediziner. Ende April kam es zur ersten großen Kündigungswelle, die sich gegen Personal der Universitäten richtete. Zudem wurden viele jüdische Künstler mit Auftrittsverboten belegt. Im September 1935 wurde die Verfolgung der Juden mit den „Nürnberger Gesetzen" auf eine gesetzliche Grundlage gestellt. Damit wurden die Juden im Reich Menschen zweiter Klasse. Ihnen wurde nun die Eheschließung mit „Staatsangehörigen deutschen oder artverwandten Blutes" verboten, bereits bestehende Ehen waren nun plötzlich nichtig. Außerdem durften keine „arischen" Frauen mehr als Haushaltshilfen für Juden arbeiten. Verstöße gegen die Nürnberger Gesetze wurden mit harten Strafen geahndet.

Auf der Grundlage dieser Gesetze drängten die Deutschen ihre Mitbürger jüdischen Glaubens immer mehr ins gesellschaftliche

Abb. 1: Nachdem die Nationalsozialisten an die Macht gekommen waren, begannen sie sofort mit ihrem Terror gegen die jüdischen Mitbürger

Abseits. Die Juden waren den Schikanen der Behörden und großer Teile der Bevölkerung schutzlos ausgeliefert. Es gab niemanden, den sie um Hilfe bitten konnten. Nur wenige Deutsche erhoben ihre Stimme gegen die Judenverfolgung. Die meisten Deutschen schwiegen – entweder aus Angst, Gleichgültigkeit oder heimlichem Antisemitismus. Viele Gemeinden stellten in dieser Zeit Schilder auf mit der Aufschrift: „Juden sind hier unerwünscht" (Abb. 1).

Im November 1938 veranstalteten die Nationalsozialisten die bisher größten Ausschreitungen gegen ihre jüdischen Mitbürger, die früher verharmlosend als „Reichskristallnacht" bezeichnet wurden. In Paris erschoss am 7.11. ein 17-jähriger Jude einen deutschen Diplomaten, um gegen die Behandlung seiner Eltern durch deutsche Behörden zu protestieren. Diese Tat wurde im Reich propagandistisch ausgeschlachtet, und zwei Tage später zogen in ganz Deutschland Schlägertrupps gegen jüdische Geschäfte und Synagogen los und zerstörten, plünderten, vergewaltigten, quälten und mordeten. Die Polizei griff nicht ein und bezeichnete die organisierten Ausschreitun-

gen später als spontane Reaktion des deutschen Volkes. Danach wurden die Opfer dazu gezwungen, die Schäden selbst zu bezahlen (Abb. 2).

Kurz darauf wurde den Juden das Leben weiter erschwert. Ab Mitte Januar 1939 verboten die deutschen Behörden ihnen den Besuch von Kinos, Theatern, Konzerten und Kunstausstellungen, zogen die Führerscheine ein und untersagten jüdischen Kindern den Schulbesuch. Jüdische Ärzte und Apotheker verloren ihre Zulassung. Alle jüdischen Frauen mussten den zusätzlichen Vornamen „Sara", alle Männer „Israel" annehmen. In ihre Pässe stempelten die Behörden ein großes „J". Ziel dieser Schikanen war es, einen möglichst großen Teil der Juden zur Auswanderung zu bewegen (Abb 3). Deutschland sollte „judenfrei" werden, wie es im NS-Jargon hieß. Seit 1933 hatten bereits über die Hälfte der ehemals 500.000 deutschen Juden ihre Heimat verlassen. Nun gründeten die Nationalsozialisten eine „Reichszentrale zur Förderung der jüdischen Auswanderung", die dafür sorgen sollte, dass die restlichen Juden das „Großdeutsche Reich" schnell verließen. Damit wollte der NS-Staat allerdings ein großes Geschäft machen. Nur wer sein Vermögen dem Reich überließ oder von Verwandten oder Freunden im Ausland „freigekauft" wurde, durfte das Land zügig verlassen. Die vielen ehemals „jüdischen" Geschäfte und Unternehmen wurden nun zu Spottpreisen von der „arischen" Konkurrenz aufgekauft. Viele Unternehmen bereicherten sich durch diese „Arisierung" der Wirtschaft.

Abb. 2: Geplündertes und zerstörtes jüdisches Geschäft in Berlin am Morgen des 10.11.1938

Nach Kriegsbeginn 1939 erreichte die Judenverfolgung eine neue Dimension. Nun begann die Zeit der „Ausrottung lebensunwerten Lebens" und der „Untermenschen", zu denen die nationalsozialistische Rassenideologie die Juden erklärt hatte. Im besiegten Polen und im Westen wurden die Juden zunächst in Ghettos, in Randbezirken der Großstädte und in Konzentrationslagern zusammengesperrt. Hier fielen bereits viele Menschen dem Hunger, Krankheiten und den unvorstellbaren Brutalitäten ihrer deutschen Bewacher zum Opfer. Ab September 1941 wurden die Juden gezwungen, sich in der Öffentlichkeit nur noch mit dem gelben „Judenstern" auf der Kleidung zu zeigen.

Nach dem Angriff des Reiches auf die Sowjetunion begannen die Deutschen dann mit dem größten Völkermord der Menschheitsgeschichte, mit dem industriell organisierten „Holocaust" an den Juden. Die nationalsozialistische Führung beschloss die „Vorbereitung der Endlösung der europäischen Judenfrage". Dazu fand am 20.1.1942 in Berlin die berüchtigte „Wannsee-Konferenz" statt, auf der die Einzelheiten der Ermordung aller Juden in Europa festgelegt wurden. Die Mordaktionen in den besetzten Gebieten im Osten freilich waren bereits in vollem Gange. In den sechs Monaten seit dem Überfall auf die Sowjetunion hatten deutsche Erschießungskommandos insgesamt bereits ca. 400.000 Menschen ermordet. Doch nun sollte die Ermordung der Juden auf eine neue, industrielle Grundlage gestellt werden. Dazu errichteten die Nationalsozialisten in den besetzten Gebieten neue „Todesfabriken", die so genannten „Vernichtungslager" Auschwitz, Treblinka,

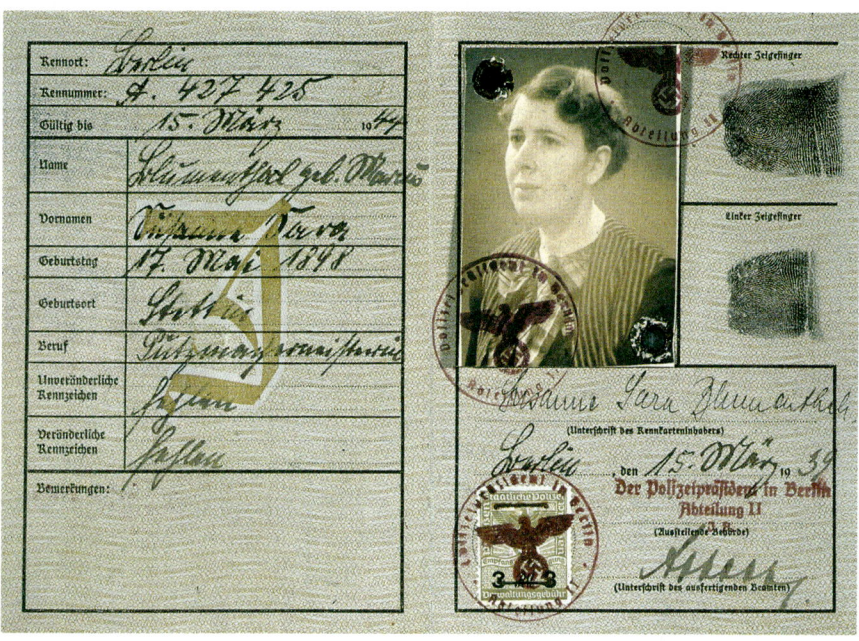

Abb. 3: Ab 1939 wurden die Personalausweise der jüdischen Mitbürger besonders gekennzeichnet

Belzec, Chelmno, Maidanek und Sobibor. Hier vergasten, erschossen und verbrannten besondere SS-Einheiten Millionen von jüdischen Männern, Frauen und Kindern.

Als stellvertretend für die gesamte Grausamkeit, Kaltblütigkeit und menschenverachtende Brutalität der Judenvernichtung steht heute oftmals das größte der Vernichtungslager, das Lager Auschwitz im Süden Polens. Tausende von Menschen starben hier allein bei den „medizinischen Versuchen" deutscher Ärzte. Diese sortierten die in langen Eisenbahnzügen mit Viehwaggons ankommenden Menschen nach ihrer Arbeitsfähigkeit. Die als nicht arbeitsfähig geltenden Menschen wurden sofort mit Giftgas getötet und dann in riesigen Krematorien verbrannt. Die Umgebung des Lagers war bald mit einer feinen Schicht weißer Asche bestäubt. Wer als arbeitsfähig eingestuft wurde, musste – gemäß dem Programm „Vernichtung durch Arbeit" – unter unmenschlichen Bedingungen bis zur physischen Vernichtung in den Fabriken arbeiten, die viele deutsche

Großkonzerne – darunter die IG Farben, die auch das Giftgas herstellte – direkt neben dem Vernichtungslager gebaut hatten. So starben allein in Auschwitz täglich über 6000 Menschen, insgesamt waren es allein in den Vernichtungslagern über fünf Millionen Menschen.

Nach dem Krieg behaupteten viele Deutsche, man habe von diesen Untaten nichts gewusst. Sicherlich wurde die „Endlösung" von den beteiligten Dienststellen streng geheim gehalten. Trotzdem hatte jeder Deutsche gesehen, dass die Juden mit gelben Sternen gekennzeichnet und oftmals am helllichten Tag von Polizei oder SS abgeholt wurden und nie wiederkamen. Fronturlauber erzählten von ihren gräulichen Erlebnissen an der Ostfront, von den Massengräbern und Erschießungskommandos. Schließlich waren Tausende Deutsche – am Schreibtisch, bei den Transporten der Reichsbahn, in den Lagern – als Täter, Helfer oder Mitwisser an der „Endlösung", der Ermordung der europäischen Juden beteiligt (Abb. 4).

Abb. 4: Über dem Eingangstor des Vernichtungslagers Auschwitz stand die menschenverachtende Botschaft: „Arbeit macht frei"

 Zum Weiterlesen:

- Das Volk Israel, S. 767
- Das „wilhelminische" Deutschland, S. 842
- Die Errichtung der nationalsozialistischen Diktatur, S. 868
- Der Kriegsverlauf, S. 876

Von der Revision zur Aggression – Die Entfesselung des Zweiten Weltkriegs

Während die Innenpolitik der Nationalsozialisten auf Herrschaftssicherung durch „Gleichschaltung" ausgerichtet war, stand die deutsche Außenpolitik ab 1933 zunächst im Zeichen der Aufhebung („Revision") der auch von vielen Konservativen und Linken als ungerecht empfundenen Bestimmungen des Versailler Vertrags von 1919. Doch zunehmend gewann die Außenpolitik jenen aggressiven Charakter, der über die Revision hinausging und die Welt schließlich in den bis dahin größten und schrecklichsten Krieg der Geschichte stürzte.

Die Revision der Nachkriegsordnung begann am 14.10.1933 mit dem Austritt aus dem Völkerbund. Gleichzeitig erklärte das Reich die Genfer Abrüstungsverhandlungen für gescheitert und meldete damit seinen Anspruch auf eine Wiederbewaffnung an, wenn zunächst auch nur von Verteidigungswaffen die Rede war. Diese neue Linie der Außenpolitik ließ sich Hitler durch eine Volksbefragung im Rahmen der Reichstagswahl vom 12.11. bestätigen und erhielt vom deutschen Volk eine Zustimmung von 95 Prozent.

Den ersten großen außenpolitischen Erfolg für das Hitler-Regime brachte im Januar 1935 die Abstimmung der Saarbevölkerung über ihr künftiges politisches Schicksal. 90,5 Prozent der Stimmberechtigten stimmten für den Anschluss an das Reich, nur 0,4 Prozent der Saarländer wollten den Anschluss an Frankreich. Der erste eindeutige Bruch des Versailler Vertrages stammte vom 16.3.1935. Adolf Hitler verkündete in einer Rundfunkansprache die Wiedereinführung der allgemeinen Wehrpflicht in Deutschland. Zudem wollte das Reich Truppen in einer Stärke von einer halben Million Soldaten aufstellen und eine neue, schlagkräftige Luftwaffe aufbauen. Hitler betonte den deutschen Friedenswillen und bot Großbritannien Verhandlungen über die deutsche Flottenstärke an. Der am 18.6. geschlossene Vertrag galt unter den gegebenen Umständen als sensationell und sicherte dem Reich eine Flottenstärke von 35 Prozent der britischen Flotte. Bei den U-Booten durfte Deutschland 45 Prozent der britischen Stärke erreichen, im Krisenfall jedoch genauso viele U-Boote wie Großbritannien einsetzen (Abb. 1).

Am 7.3.1936 schuf Hitler durch einen weiteren Vertragsbruch neue politische Tatsachen, als Truppen der Wehrmacht in das entmilitarisierte Rheinland einmarschierten. Gleichzeitig kündigte die deutsche Seite den Vertrag von Locarno von 1925 auf, in dem

Abb. 1: Die Wiedereingliederung des Saarlandes in das Deutsche Reich war 1935 ein großer außenpolitischer Erfolg Deutschlands

neben der entmilitarisierten Zone auch die Unverletzlichkeit der belgischen und französischen Grenzen festgeschrieben war. Wie schon 1933 ließ sich Hitler seine Außenpolitik wieder durch eine Volksabstimmung bestätigen. Die Zustimmung lag nun sogar bei 99 Prozent. Angesichts dieser Tatsachen und eigener Probleme reagierten die Großmächte nur sehr zurückhaltend auf den deutschen Vertragsbruch.

Während des Spanischen Bürgerkriegs kamen zum ersten Mal seit 1918 wieder deutsche Waffen zum Einsatz. Die „Legion Condor" kämpfte ab 1936 gemeinsam mit italienischen und spanischen Faschisten gegen die spanische Republik und verhalf dem aufständischen General Franco letztlich zum Sieg. Neben ideologischen spielten auch die militärischen Gründe eine Rolle für diesen Einsatz, denn hier konnte die neu geschaffene Luftwaffe zum ersten Mal unter Kriegsbedingungen getestet werden. Zu welchen Zerstörungen sie fähig war, bewies sie bei der Bombardierung der baskischen Kleinstadt Guernica am 27.4.1937, bei der über 1700 Zivilisten getötet wurden.

Abb. 2: Nach dem „Anschluss" Österreichs an das Deutsche Reich wurde Hitler auf dem Wiener Heldenplatz am 15.3.1938 triumphal empfangen

Geschichte

Ab 1937 gingen die Revisionsbestrebungen des Deutschen Reiches langsam in die Vorbereitungsphase für eine aggressive Außenpolitik über. Anfang Februar wurde die Wehrmacht auf Kriegskurs gebracht, als Hitler einige missliebige Generäle, denen er nicht vertraute, durch Generäle seiner Wahl ersetzte und selbst aktiv den Oberbefehl übernahm.

Der „Anschluss" Österreichs an das Deutsche Reich vom März 1938 war eine territoriale Änderung Europas, die eindeutig nicht mehr mit der Revision des Versailler Vertrags gerechtfertigt werden konnte. Nachdem deutsche Truppen am 12.3. in Österreich einmarschiert waren, wurde am folgenden Tag per Gesetz erklärt: „Österreich ist ein Land des Deutschen Reiches. Das Reich heißt fortan Großdeutschland." Im Gegensatz zu 1934, als bei dem nationalsozialistischen Putschversuch am Brenner italienische Truppen aufmarschiert waren, hielt Italien dieses Mal still, denn schließlich waren Hitler und Mussolini mittlerweile Verbündete. Die anderen Staaten Europas sahen die Aggressivität des nationalsozialistischen Deutschlands mit wachsender Sorge. Doch war kein Land bereit, für die Erhaltung Österreichs, eines sowieso schon seit 1933 faschistischen Staates, der nun unter dem Jubel weiter Bevölkerungskreise nationalsozialistisch wurde, einen Krieg zu riskieren (Abb. 2).

Doch mit dem Anschluss Österreichs kam Europa noch nicht zur Ruhe. Immer noch lebten acht Millionen Deutsche außerhalb der Reichsgrenzen, ein Großteil davon im Sudetenland, dem Grenzgebiet zwischen dem Reich und der Tschechoslowakei. Nach ersten nationalistischen Unruhen und der Rede Hitlers auf dem Reichsparteitag der NSDAP am 12.9.1938 war ganz Europa klar, dass die Nationalsozialisten sich die Tsche-

Abb. 3: Außenminister Ribbentrop in Moskau bei der Unterzeichnung des deutsch-sowjetischen Nichtangriffspaktes vom 23.8.1939

choslowakei als nächstes Opfer ihrer aggressiven Außenpolitik ausgesucht hatten. Doch ebenso war allen Mächten klar, dass man den Sudetendeutschen schlecht das Selbstbestimmungsrecht der Völker vorenthalten konnte. Am 15.9. verlangte Hitler im Gespräch mit dem angereisten britischen Premierminister Chamberlain die Angliederung des Sudetenlandes an das „Großdeutsche Reich". Großbritannien war sehr mit seinem Weltreich beschäftigt, sah in der Sowjetunion die größere Gefahr für den Weltfrieden und versuchte daher, Deutschland zu beschwichtigen („Appeasement-Politik"). Als Chamberlain und schließlich auch der tschechoslowakische Präsident Beneš Hitlers Forderungen zustimmten,

stellte dieser plötzlich ein Ultimatum, das Europa an den Rand eines Krieges führte. Am 29.9. kam es dann zur berühmten Münchener Konferenz, in der Deutschland, Frankreich, Großbritannien und Italien die Abtretung des Sudetenlandes an das Reich beschlossen. Damit war die Kriegsgefahr noch einmal gebannt. Am 1.10. marschierten deutsche Truppen ins Sudetenland ein.

Nach einigen Monaten trügerischer Ruhe besetzten deutsche Truppen überraschend den westlichen Teil der Tschechoslowakei, nachdem sich der Osten des Landes am 14.3.1939 als Slowakei für unabhängig erklärt hatte. Die Deutschen gliederten die besetzten Gebiete nicht direkt dem Reich ein, sondern stellten sie nach der militärischen Besetzung als „Reichsprotektorat Böhmen und Mähren" unter deutsche Verwaltung.

Nach dem Anschluss des Memelgebietes im März 1939 entzündete sich die nächste Krise in Polen. Hitler wollte Danzig ins Reich eingliedern und forderte zudem eine Landverbindung durch polnisches Gebiet zwischen Ostpreußen und dem Reich. Großbritannien und Frankreich bekräftigten unmissverständlich die Unverletzlichkeit Polens und führten riesige Militärmanöver durch, um ihre Kriegsbereitschaft zu signalisieren. Doch die Westmächte wurden durch einen diplomatischen Schritt überrascht, den zu diesem Zeitpunkt kaum jemand für möglich gehalten hätte: den Nichtangriffspakt der ideologischen Todfeinde Stalin und Hitler vom 23.8.1939. Dem Vertrag war ein geheimes Zusatzabkommen beigefügt, in dem die beiden Diktatoren Osteuropa unter sich aufteilten. Hitler beanspruchte den Westteil Polens und überließ Finnland, Estland, Lettland und den Ostteil Polens der Sowjetunion (Abb. 3).

Nun fühlte sich Hitler so sicher, dass er für den 1.9.1939 den Angriff auf Polen befahl. Was als weiterer deutscher Eroberungsschritt begann, entwickelte sich Schritt für Schritt bis 1941 zum Weltkrieg. Der Zweite Weltkrieg ist also nicht plötzlich „ausgebrochen", sondern wurde allmählich „entfesselt" (Abb. 4).

Zum Weiterlesen:

- Pariser Friedensschlüsse, S. 856
- Die Weimarer Republik, S. 860
- Diktaturen auf dem Vormarsch, S. 866
- Der Kriegsverlauf, S. 876
- Der Krieg im Pazifik, S. 878

Abb. 4: Mit der Beschießung der Westerplatte bei Danzig durch das deutsche Kriegsschiff „Schleswig-Holstein" begann am 1.9.1939 der deutsche Angriff auf Polen

Kriegsverlauf und totale Niederlage

Mit dem Angriff auf Polen vom 1.9.1939 begann die Zeit der „Blitzkriege", wie die schnell siegreich abgeschlossenen deutschen Feldzüge der ersten Kriegsjahre bezeichnet wurden. Die Polen waren der deutschen Angriffsmaschinerie hoffnungslos unterlegen. Mit dem Fall Warschaus war der Feldzug bereits nach vier Wochen beendet. Zur Sicherung der deutschen Versorgung mit Eisenerz aus Skandinavien griffen deutsche Truppen am 9.4.1940 Dänemark und Norwegen an. Während Dänemark kampflos kapitulierte, leistete Norwegen – unterstützt durch britische Fallschirmjäger und Marineeinheiten – den Deutschen Widerstand, musste sich jedoch bald der deutschen Übermacht ergeben. Am 10.5. griffen deutsche Truppen dann die Niederlande und Belgien an. Über Nacht wurden in beiden Ländern Fallschirmjäger abgesetzt, die die wichtigsten Brücken und Verkehrsknotenpunkte besetzten. Obwohl bereits seit dem 14.5. Kapitulationsverhandlungen liefen, griff die deutsche Luftwaffe Rotterdam mit Bombenflugzeugen an und beschädigte die Stadt schwer. Französische und britische Truppen wollten den Belgiern zu Hilfe kommen, entfernten sich dabei von ihren Ausgangspunkten und wurden von einem schnellen deutschen Vorstoß von den Ardennen ans Meer von ihren Versorgungsbasen abgeschnitten. Daraufhin erhielten die Briten den Befehl, sich an der Küste in Dünkirchen zu sammeln. Nur mit viel Glück konnten sich am 4.6.1940 200.000 britische und 140.000 französische Soldaten nach Großbritannien retten, 150.000 Franzosen gerieten in Gefangenschaft. Am Tag darauf griff die deutsche Wehrmacht Frankreich an. Auch der Sieger von 1918 war der geballten Angriffskraft der Deutschen nicht gewachsen und brach innerhalb von nur zwei Wochen zusammen. Der größte Teil Frankreichs wurde besetzt, im Süden entstand das von Deutschland abhängige „Vichy-Frankreich" unter Marschall Pétain, benannt nach der Hauptstadt Vichy.

Innerhalb weniger Monate hatte das Deutsche Reich damit fast den gesamten europäischen Kontinent erobert. Einzig Großbritannien konnte den Deutschen jetzt noch gefährlich werden. Daher plante Hitler für

Abb. 1: Der Kriegsverlauf in Europa 1939–1942

den Sommer 1940 das „Unternehmen Seelöwe", die Invasion der britischen Insel. Doch vorher musste die Lufthoheit über Großbritannien errungen werden. Die „Luftschlacht um England" endete jedoch mit dem britischen Sieg, da die Briten mittlerweile Radarsysteme hatten, mit denen sie die deutschen Flugzeuge bereits in einer Entfernung von über 120 km orten konnten.

Im Sommer 1941 fühlte sich Hitler stark genug, sein eigentliches Vorhaben anzugehen: den ideologisch begründeten Krieg um „Lebensraum im Osten". Ziel war die Eroberung des Gebietes bis zum Ural, um hier später einmal Deutsche anzusiedeln. Deshalb führten die Deutschen hier keinen „klassischen" Eroberungskrieg, sondern einen Vernichtungskrieg gegen die Bevölkerung. Das verlieh dem Krieg gegen die Sowjetunion eine neue Dimension, durch die er sich von allen anderen

Kriegen unterschied und die sich in furchtbaren Gräueltaten gegen Zivilbevölkerung und Kriegsgefangene äußerte. Nach dem Angriff vom 22.6.1941 gelangen den Deutschen einige große Siege, woraufhin sie bereits im Oktober vor Moskau standen. Doch der herannahende russische Winter stoppte den deutschen Vormarsch und gab der Roten Armee eine Verschnaufpause, in der sie aus der Weite Sibiriens neue starke Verbände und schwere Waffen heranführte. Dadurch änderte sich das Kräfteverhältnis, und die Rote Armee konnte die Wehrmacht im Dezember zum ersten Mal zum Rückzug zwingen. Entgegen allen Propagandameldungen war die Rote Armee noch lange nicht geschlagen. So kann der Dezember 1941 – auch wegen der deutschen Kriegserklärung an die USA vom 5.12. – als Wendepunkt des Krieges angesehen werden, denn die Zeit der Blitzkriege und schnellen Vormärsche war nun vorbei (Abb. 1).

Das Jahr 1942 entwickelte sich zum „schwarzen" Jahr für die deutsche Kriegführung. Auf allen Kriegsschauplätzen übernahmen nun die Alliierten die Initiative und zwangen die deutschen Truppen zum Rückzug. Die letzten großen deutschen Vorstöße fanden in Nordafrika und im Süden der Sowjetunion statt. Rommels Afrikakorps gelang der entscheidende Sieg über die Briten jedoch nicht, und nach der Landung der Alliierten in Nordafrika im November war die deutsche Niederlage in Afrika besiegelt. Im Süden der Sowjetunion stießen die Deut-

Abb. 2: Von vielen Häusern blieben in der Schlacht um Stalingrad 1942/43 nur die Kamine stehen

schen im Sommer noch einmal bis zum Don und in den Kaukasus vor, dehnten die Frontlänge dabei jedoch von 800 auf 4100 km aus, was dazu führte, dass die Front unter den Gegenangriffen der Roten Armee im November schließlich zusammenbrach. Nun begann die Leidenszeit der 6. Armee im eingeschlossenen Stalingrad, die am 31.1.1943 mit der völligen Zerstörung der Stadt und der vernichtenden Niederlage der Deutschen endete. Stalingrad wurde zum Sinnbild der totalen Niederlage Deutschlands. Oft wurde diese Schlacht als „Wendepunkt" des Krieges bezeichnet, doch brachte sie eher ans Tageslicht, was sich bereits seit einem Jahr auf allen Kriegsschauplätzen abzeichnete. Ab 1943 trieb die mittlerweile an Menschen und Material weit überlegene Rote Armee die Deutschen fast nach Belieben vor sich her – am Ende bis an die Elbe (Abb. 2).

In der Nacht vom 5. zum 6.6.1944 begann die „Operation Overlord", die Landung der Alliierten in der Normandie. In nur zehn Tagen landeten sie – bei schwersten Kämpfen mit den Deutschen – über 600.000 Soldaten, 100.000 Fahrzeuge und über 200.000 Tonnen Material an. Die deutsche Seite litt bereits unter massivem Nachschubmangel – vor allem an Treibstoff – und hatte diesem geballten Angriff letztlich nicht mehr viel entgegenzusetzen, zumal sie nun auch an der Ostfront und in Italien immer mehr unter Druck geriet. So marschierten die Alliierten nach der Invasion schnell vor und konnten bereits am

Abb. 3: Der Kriegsverlauf in Europa 1943-1945

Abb. 4: Bombenkrieg: Blick über die völlig zerstörte Innenstadt Dresdens nach den Bombenangriffen vom 13./14.2.1945

25.8. unter der Führung freier französischer Verbände bei unbeschreiblichem Jubel der Bevölkerung Paris befreien. Im September standen sie in den Niederlanden am Rhein, und am 21.10. wurde als erste deutsche Großstadt Aachen erobert. Auch im Osten kam der Krieg nun ins Reich, als die Sowjets am 16.10. die Grenze zu Ostpreußen überschritten. Nun begann die Massenflucht der Deutschen vor der heranrückenden Roten Armee, die zu riesigen Bevölkerungsverschiebungen in Mitteleuropa führte.

Unterdessen versuchten die Deutschen im Westen, die Alliierten mit verzweifelten letzten Offensiven zurückzuschlagen. Doch Treibstoffmangel, schlechte Koordination und die drückende Überlegenheit der Alliierten ließen die Ardennenoffensive im Dezember 1944 und die Offensive am Oberrhein

vom Januar 1945 schnell zusammenbrechen.

Im Reich selbst verging nun kaum noch ein Tag oder eine Nacht ohne schwere Bombenangriffe. Durch die „1000-Bomber-Angriffe" der Briten lagen fast alle deutschen Städte in Schutt und Asche. Die größte Tragödie spielte sich ab, als die Alliierten am 13. und 14.2.1945 das mit Flüchtlingen aus dem Osten total überfüllte Dresden in mehreren Wellen angriffen und völlig zerstörten. Die Schätzungen der Opfer schwanken zwischen 100.000 und 250.000 (Abb. 4).

Nach dem Übergang der Amerikaner über den Rhein begann ab März 1945 das letzte Kapitel des Krieges. Die deutsche Verteidigung brach nun zunehmend zusammen, und die Alliierten rückten schnell nach Osten ins Reichsgebiet und nach Süden vor, wo sie eine „Alpenfestung" vermuteten. Im Osten begann die Rote Armee im April mit ihrer Großoffensive auf Berlin. Trotz der aussichtslosen Situation zwangen SS-Einheiten den „Volkssturm" aus Jugendlichen und alten Männern zum Weiterkämpfen. Als die Straßenkämpfe sich der Reichskanzlei näherten, beging Hitler am 30.4. aus Angst, in Gefangenschaft zu geraten, Selbstmord. Die Regierung übernahm nun Großadmiral Dönitz, der mit der bedingungslosen Kapitulation des Deutschen Reiches am 8.5.1945 den Krieg beendete. Insgesamt forderte der Zweite Weltkrieg in Europa über 40 Mio. Todesopfer, davon ca. die Hälfte Zivilisten. Allein die Sowjetunion hatte durch den deutschen Vernichtungskrieg über 20 Mio. Tote zu beklagen. Darüber hinaus verloren Millionen Menschen ihre Heimat und wurden vertrieben (Abb. 3).

 Zum Weiterlesen:

• Die Ermordung der Juden, S. 872
• Die Entfesselung des Zweiten Weltkrieges, S. 874
• Der Krieg im Pazifik, S. 878
• Die Teilung Deutschlands, S. 880
• Der Kalte Krieg, S. 882

Von Pearl Harbor nach Hiroshima – Der Krieg im Pazifik

Nach dem Ersten Weltkrieg stieg Japan zur stärksten Macht im pazifischen Raum auf. Im Abrüstungsvertrag von Washington wurden am 6. 2. 1922 die Flottenstärken der USA, Großbritanniens und Japans im Verhältnis 5:5:3 festgelegt. Damit war Japan nun die drittstärkste Seemacht der Welt.

1927 forderte das japanische Militär die Expansion Japans bis hin zur Beherrschung ganz Asiens. Im September 1931 kam es durch die japanische Besetzung der Mandschurei zum offenen Konflikt mit China. Im Folgejahr gründeten die Japaner hier den Staat Mandschukuo. Als der Völkerbund das japanische Vorgehen verurteilte, trat Japan 1933 aus der Friedensorganisation aus.

Im Juli 1937 griff Japan das von inneren Unruhen erschütterte China an. Trotz schneller Vorstöße, der Generalmobilmachung und einer unglaublich brutalen Kriegführung Japans gelang der entscheidende Sieg über China jedoch nicht. 1938 verkündete der japanische Ministerpräsident Konoye die Pläne zur Neuordnung Ostasiens unter japanischer Führung. Dadurch geriet das Inselreich zunehmend in Konflikt mit den USA, die ihre wirtschaftliche Position in Ostasien gefährdet sahen. 1939 kündigten die Amerikaner den Handelsvertrag von 1911 auf und erschwerten damit die japanische Einfuhr von Benzin, Stahl und anderen kriegswichtigen Stoffen. Im Sommer 1941 scheiterten die Verhandlungen mit den USA über eine Aussöhnung endgültig, woraufhin Ministerpräsident Konoye zurücktrat. Sein Nachfolger wurde General Tojo, der für eine rücksichtslos imperialistische und nationalistische Politik eintrat. Im Juli 1941 besetzten japanische Truppen die französische Kolonie Indochina, wodurch sich die Spannungen mit den USA noch einmal verschärften.

Während die amerikanisch-japanischen Gespräche offiziell noch weitergeführt wurden, liefen im November 1941 bereits die japanischen Planungen für den Angriff auf die USA. Als Ziel wählte man den Flottenstützpunkt Pearl Harbor auf Hawaii aus. Am 7. 12. griffen japanische Flugzeuge unvermittelt an und zerstörten 188 Flugzeuge und fünf Schlachtschiffe. Darüber hinaus wurden drei Schlachtschiffe, drei Kreuzer und vier Zerstörer beschädigt. Die wichtigen Werftanlagen blieben hingegen unbeschädigt. Nach der amerikanischen Kriegserklärung nutzten die Japaner zunächst ihre Vorteile mit weiträumigen Landungsoperationen und Eroberungen. Am 8. 12. kapitulierte Siam, und Weihnachten eroberten die Japaner die bri-

Abb. 1: Mit dem japanischen Angriff auf den Flottenstützpunkt Pearl Harbor auf Hawaii begann der Krieg in Ostasien

tische Kronkolonie Hongkong. In schnellem Vormarsch erreichten japanische Truppen im Januar Burma, und auch die Kämpfe in Niederländisch-Indien und auf den Philippinen verliefen zunächst sehr erfolgreich. Im Februar eroberten die Japaner Singapur und vernichteten eine alliierte Flotte mit 20 Schiffen, so dass sich hier ein Kriegsverlauf nach dem Vorbild der deutschen „Blitzkriege" anzubahnen schien (Abb. 1).

Im März mussten die letzten US-Soldaten unter General MacArthur die nicht mehr zu haltenden Philippinen räumen. Doch bald darauf bombardierten amerikanische Flugzeuge zum ersten Male Japan. Die Angriffe auf Tokio, Yokohama, Kobe und Nagoya hatten jedoch mehr psychologische als militärische Auswirkungen, da die Japaner nun erstmals ihre eigene Verwundbarkeit spürten. Im Sommer 1942 hatte die japanische Expansion ihren Höhepunkt erreicht. Japan beherrschte nun ein Gebiet mit 450 Mio. Einwohnern und verfügte über 95 Prozent der gesamten Gummiproduktion auf der Welt sowie weitere wichtige Rohstoffe und Nahrungsmittelquellen (Abb. 2).

Doch ab Juni 1942 wendete sich das Blatt. Die Alliierten traten zur

Gegenoffensive an und fügten der japanischen Flotte in den Seeschlachten im Korallenmeer (7.–8. 5.) und bei den Midway-Inseln (3.–6. 6.) zwei schwere Niederlagen zu. Damit war der japanische Vorstoß nach Süden und Osten endgültig zum Stillstand gebracht. Nun begann die amerikanische Gegenoffensive. Die Amerikaner mussten in verlustreichen Kämpfen Insel für Insel zurückerobern. Deshalb wurde diese Art der Kriegführung auch als „Froschhüpfen" bezeichnet. Diese langwierigen Kämpfe dauerten das ganze Jahr 1943 an. Am Jahresende musste der japanische Kaiser Hirohito bereits eingestehen, dass die Lage mittlerweile „wirklich ernst" geworden war.

Auch im Kriegsjahr 1944 ging das „Froschhüpfen" von Insel zu Insel unter un-

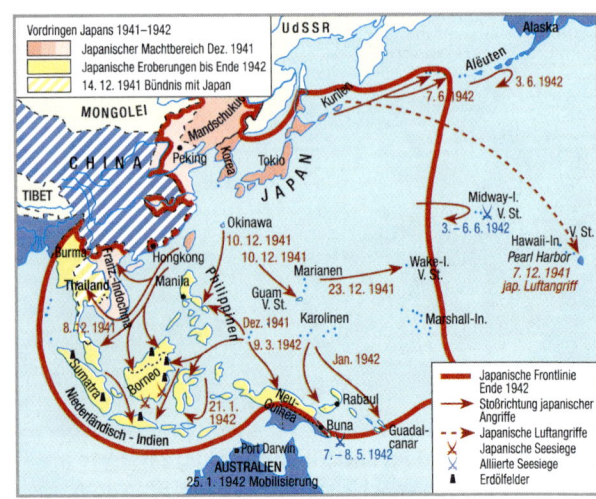

Abb. 2: Der Kriegsverlauf in Ostasien 1941–1942

geheuren japanischen und amerikanischen Verlusten weiter. Bis Mitte des Jahres eroberten die Amerikaner die Marianen-Inseln. Damit gerieten die Nachschubwege der Japaner in Niederländisch-Indien und auf den Philippinen, aber auch die japanischen Hauptinseln in die Reichweite der amerikanischen Bomber. Gleichzeitig kam es vor den Philippinen zur Seeschlacht, die sich für die Japaner zur Katastrophe entwickelte. Beim Angriff auf amerikanische Flugzeugträger verlor die japanische Luftwaffe an einem einzigen Tag fast 400 Kampfflugzeuge. Aufgrund der bedrohlichen Situation trat am 19.7. der japanische Ministerpräsident Tojo zurück, der Hauptschuldige am Kriegsausbruch von 1941.

Im Oktober 1944 begannen die Amerikaner dann mit dem Angriff auf die Philippinen. Aufgrund falscher Meldungen über die amerikanische Stärke wagte die japanische Flotte einen Gegenangriff und erlitt dabei eine vernichtende Niederlage. Damit war die japanische Seemacht endgültig zerschlagen. Gleichzeitig begannen die Briten in Burma mit einer Großoffensive, so dass das langsam an Rohstoffmangel leidende Inselreich nun einen gefährlichen Mehrfrontenkrieg führen musste. Im Februar 1945 fielen die Philippinen und Burma, und am 19.2. landeten die Amerikaner erstmals auf einer japanischen Insel, auf Iwo Jima. Von den besetzten Inseln und von Flugzeugträgern aus flogen schwere Bombereinheiten nun Luftangriff auf Luftangriff auf die japanischen Hauptinseln, die nach dem Zusammenbruch der japanischen Luftverteidigung weitgehend schutzlos waren. Am 13.7.1945 bat die japanische Regierung in Moskau um die Vermittlung eines Friedens mit den Alliierten, lehnte die Friedensbedingungen – bedingungslose Kapitulation, Verurteilung der Kriegsverbrecher, Be-

Abb. 4: Die vom Erdboden ausradierte japanische Stadt Hiroshima nach der Atomexplosion vom 6.8.1945

setzung Japans durch die Alliierten und Reparationen – aber schroff ab (Abb. 3).

Die US-Regierung war nun zunehmend beunruhigt über die hohen Verluste, die die Eroberung jeder einzelnen japanisch besetzten Insel mit sich brachte. Allein auf den japanischen Hauptinseln standen noch einmal 2 Mio. japanische Soldaten unter Waffen, darunter Eliteeinheiten. Da entschloss sich der neue amerikanische Präsident Harry S. Truman zum Einsatz der neu entwickelten Atombombe. Um den Krieg so schnell wie möglich zu beenden, gab er der US-Airforce den Befehl, bei geeigneten Wetterbedingungen eine Atombombe über einer dicht besiedelten japanischen Stadt abzuwerfen. Am 6.8.1945 um 8.15 Uhr warf dann der US-Bomber „Enola Gay" die Uranbombe „Little Boy" über Hiroshima ab, die 600 m über der Stadt explodierte. Ein heller Blitz blendete die Bomberbesatzung, dann bildete sich eine riesige pilzförmige rote Wolke. In Hiroshima entstand ein Feuersturm von 1200 Stundenkilometer Geschwindigkeit, der sechs Stunden lang andauerte. In 1,5 km Entfernung vom Explosionsherd stürzten Mauern ein, und noch in 4 km Entfernung entstanden

durch die Hitze Feuer. Die Brände und die radioaktive Strahlung töteten 100.000 Menschen. Die Japaner zögerten mit der Kapitulation, da sie noch nicht wussten, um was für einen Typ Waffe es sich bei der Atombombe handelte. Inzwischen erklärte die Sowjetunion am 8.8. Japan den Krieg. Am 9.8. um 12 Uhr fiel eine zweite Atombombe auf die in einem Talkessel liegende Stadt Nagasaki. Die Stadt wurde völlig zerstört, ca. 50.000 Menschen kamen ums Leben. Selbst heute, über 50 Jahre nach dem Abwurf der ersten und bisher einzigen Atombomben auf bewohnte Stadte, sterben noch immer Menschen an den Spätfolgen der radioaktiven Strahlung (Abb. 4).

Am 10.8. gab Japan seine Kapitulationsbereitschaft bekannt, und am 18.8. endete mit der Einstellung aller Kampfhandlungen der Zweite Weltkrieg, der auf dem ostasiatischen Kriegsschauplatz mehr als 15 Mio. Tote gefordert hatte, davon allein über 10 Mio. chinesische Zivilisten.

 Zum Weiterlesen:

- Zeitalter des Imperialismus, S. 850
- Die Entfesselung des Zweiten Weltkrieges, S. 874
- Der Kriegsverlauf, S. 876
- Der Kalte Krieg, S. 882
- Nach dem Mauerfall, S. 894

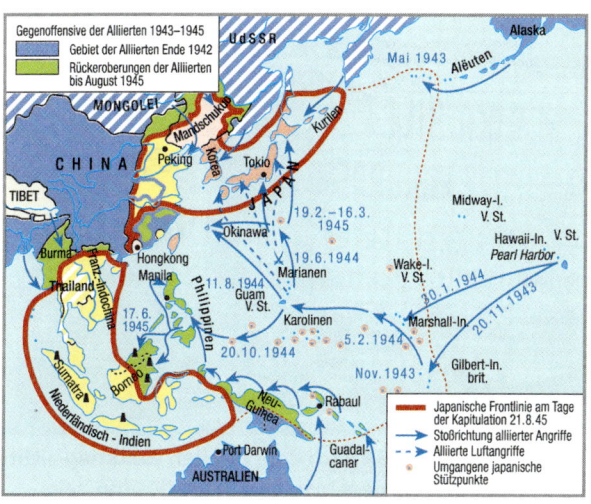

Abb. 3: Der Kriegsverlauf in Ostasien 1943–1945

Währungsreform und doppelte Staatsgründung – Die Teilung Deutschlands

Wie Stalin, Churchill und Roosevelt schon vor Kriegsende vereinbart hatten, teilten die Sieger Deutschland 1945 in vier Besatzungszonen. Für die Regelung von Fragen, die Deutschland als Ganzes betrafen, bildeten die vier Militärbefehlshaber den „Alliierten Kontrollrat", der nur einstimmig entscheiden konnte. In jeder einzelnen Besatzungszone hingegen hatte der jeweilige Oberbefehlshaber der Streitkräfte gleichzeitig die oberste Regierungsgewalt inne.

Am 17.6. trafen sich die „Großen Drei" zur Potsdamer Konferenz, um über das Schicksal Deutschlands zu beraten. Sie beschlossen u. a.
- die Demontage vieler Industriebetriebe als Reparationen
- die Abtrennung der Ostgebiete östlich von Oder und Neiße zugunsten Polens
- die Vertreibung aller Deutschen aus diesen Gebieten
- die Behandlung Deutschlands als wirtschaftliche Einheit
- die Bestrafung der Kriegsverbrecher

Am 1.7. zogen sich die Amerikaner und Briten aus ihren Besatzungszonen in Sachsen, Thüringen, Sachsen-Anhalt und Mecklenburg zurück. Im Gegenzug bekamen die drei Westmächte dafür Besatzungszonen im vorher sowjetisch besetzten Berlin, das nun in vier „Sektoren" aufgeteilt wurde (Abb. 1).

Als die Alliierten den Friedensvertrag für Deutschland aushandeln wollten, stellten sich – zunächst auf der Londoner Konferenz im September 1945 – die unterschiedlichen Vorstellungen der Sowjetunion und der Westmächte zunehmend als unüberbrückbar heraus. Die Gespräche scheiterten vor allem an den unterschiedlichen Auffassungen von Demokratie.

Nun begannen beide Seiten, die politischen Verhältnisse in ihren Besatzungszonen nach ihren eigenen Vorstellungen zu gestalten. Mit der Hilfe deutscher Kommunisten führte die Sowjetunion in ihrer Zone die „antifaschistisch-demokratische Umwälzung" durch. Sie enteignete bereits 1945 allen landwirtschaftlichen Besitz über 100 ha ohne Entschädigung und überführte die Ländereien entweder in Staatsbesitz oder verteilte sie an Kleinbauern. Ein großer Teil aller Industriebetriebe wurde enteignet und zu „Volkseigentum" erklärt. Danach „säuberten" die Sieger den öffentlichen Dienst von allen ehemaligen NSDAP-Mitgliedern. Unter sowjetischem Druck wurden am 21.4.1946 die SPD und die KPD zur „Sozialistischen Einheitspartei Deutschlands" (SED) zwangsvereinigt.

Abb. 1: Die Einteilung Deutschlands in Besatzungszonen 1945

Nach der Neubildung von Ländern in den westlichen Besatzungszonen wurden im Laufe des Jahres 1946 hier Kommunalwahlen durchgeführt. Dabei zeichnete sich eine deutliche Veränderung der Parteienlandschaft gegenüber der Weimarer Republik ab. Neben die SPD und die KPD traten mit der CDU (in Bayern: CSU) und der FDP zwei neue bürgerliche Parteien, die es vor 1933 in Deutschland nicht gegeben hatte.

Als die wirtschaftliche Situation Deutschlands immer schlechter wurde, boten die USA den anderen Besatzungsmächten die wirtschaftliche Vereinigung aller Besatzungszonen an. Doch nur Großbritannien nahm diesen Vorschlag an, und

so entstand im Januar 1947 aus der britischen und der amerikanischen Besatzungszone die „Bizone" mit gemeinsamen Verwaltungsorganen. Durch den Beitritt der französischen Besatzungszone entstand daraus dann die „Trizone", die bereits weitgehend die Gestalt der späteren Bundesrepublik besaß.

Da die politischen Spannungen zwischen den Westmächten und der Sowjetunion immer weiter wuchsen und Stalins Bestrebungen immer deutlicher wurden, in der sowjetischen Besatzungszone eine kommunistische Gesellschaftsordnung einzuführen, entschlossen sich die Westmächte, ihre Besatzungszonen stärker an den Westen zu binden. Am 23.2.1948 trafen sich Vertreter der

Abb. 2: Im Gegensatz zu 1919 zogen sich die USA nach dem Zweiten Weltkrieg nicht wieder aus Europa zurück, sondern halfen mit dem Marshallplan tatkräftig beim Wiederaufbau

Geschichte

USA, Großbritanniens, Frankreichs, Belgiens, der Niederlande und Luxemburgs zur Londoner „Sechs-Mächte-Konferenz", um über die künftige Ordnung in Westeuropa zu beraten. Die Sowjetunion protestierte gegen diesen Alleingang und schlug zum wiederholten Mal eine gesamtdeutsche Lösung vor. Doch damit wollte Stalin lediglich seinen Einflussbereich bis an den Rhein nach Westen ausdehnen. Vor allem das wirtschaftlich wertvolle Ruhrgebiet war ein lohnendes Ziel dieser Politik. Die Westmächte hingegen beschlossen die Bildung eines westdeutschen Staates aus der „Trizone", der politisch, wirtschaftlich und später auch militärisch eng mit dem Westen verbunden werden sollte. Daraufhin verließen die Sowjets den Alliierten Kontrollrat.

Am 3.4.1948 unterzeichnete US-Präsident Truman das Gesetz über das „Europäische Wiederaufbau-Programm" (European Recovery Program, ERP), besser bekannt als „Marshallplan". Die USA stellten beinahe 5,5 Milliarden US-Dollars an Krediten für den Wiederaufbau Europas zur Verfügung und boten auch den sowjetisch besetzten Staaten Osteuropas die Teilnahme am Marshallplan an. Unter dem Druck Stalins lehnten diese jedoch ab, so daß die Gelder allein für den Wiederaufbau Westeuropas verwendet wurden. Den größten Teil der Hilfen erhielt Großbritannien, ca. 10 Prozent des Geldes floss nach Westdeutschland (Abb. 2).

Gleichzeitig mit dem Marshallplan wurde in Westdeutschland eine Währungsreform durchgeführt, um den Schwarzhandel zu bekämpfen und das Missverhältnis zwischen Warenangebot und Kaufkraft zu beseitigen. Die Ladenbesitzer horteten nämlich große Warenmengen in ihren Lagern, anstatt sie zu

Abb. 3: Währungsreform 1948: „Endlich ist sie da, die gute harte D-Mark"

verkaufen, weil die alte Reichsmark, die noch im Umlauf war, keinen Wert mehr besaß. Am 20.6. wurde in den Westzonen und in Westberlin die D-Mark eingeführt. Danach füllten sich die Schaufenster der Geschäfte schlagartig mit lange vermissten Waren. Die Sowjetunion protestierte scharf und erklärte, mit der Währungsreform hätten die Westmächte Deutschland endgültig in zwei Teile gespalten. Drei Tage später führte die Sowjetunion in ihrer Besatzungszone ebenfalls eine Währungsreform durch. Sie verlangte, die neue Ostzonenwährung in ganz Berlin einzuführen, also auch in den westlichen Sektoren. Nach der Ablehnung dieser Forderung durch die drei westlichen alliierten Stadtkommandanten kam es zu Demonstrationen der SED gegen die D-Mark (Abb. 3).

Ab dem 14.6. schlossen die Sowjets plötzlich alle Verkehrswege außer der Luftverbindung nach Berlin. Schnell stauten sich Last-

wagen auf den Autobahnen und Schiffe auf der Elbe, die mit dringend benötigten Waren in die alte Reichshauptstadt unterwegs waren. Danach schränkten die Sowjets die Elektrizitätsversorgung Westberlins ein, zunächst um 50 Prozent, später dann völlig. Am 26.6. begannen die USA und Großbritannien mit der Versorgung Westberlins über eine Luftbrücke, wobei vor allem Versorgungsgüter für den privaten Verbrauch sowie Maschinen und Rohstoffe eingeflogen wurden. Die Alliierten steigerten die Kapazität der Luftbrücke von 6,5 Tonnen am Tag bis zum Ende der Blockade im Mai 1949 auf über 12.000 Tonnen täglich. Die Versorgungsflugzeuge gingen schnell als „Rosinenbomber" in den Volksmund ein (Abb. 4).

Im Juli 1948 übergaben die Alliierten den deutschen Ministerpräsidenten der Länder die „Frankfurter Dokumente", in denen sie den Rahmen für den künftigen westdeutschen Staat festlegten und die Deutschen zur Einberufung einer verfassunggebenden Versammlung aufforderten. Am 1.9. trat dann in Bonn der „Parlamentarische Rat" zusammen, der aus Delegierten der elf westdeutschen Landtage bestand und unter dem Vorsitz von Konrad Adenauer (CDU) die Verfassung der Bundesrepublik Deutschland ausarbeitete.

Am 8.4. beriefen die Alliierten die Militärregierung ab und setzten „Hohe Kommissare" ein, die die Außenpolitik des westdeutschen Staates leiten und die Innenpolitik überwachen sollten. Am 8.5., genau vier Jahre nach Kriegsende, verabschiedete der Parlamentarische Rat den endgültigen Verfassungsentwurf. Bis zum 21.5. wurde er von allen Ländern bis auf Bayern angenommen. Zwei Tage später wurde dann in Bonn das Grundgesetz der Bundesrepublik Deutschland verkündet. Am 29.5. verabschiedete der kurz zuvor gewählte 3. Volkskongress in der sowjetisch besetzten Zone die Verfassung der Deutschen Demokratischen Republik. Damit war die staatliche Einheit Deutschlands zerstört und das Land in der Mitte Europas – wieder einmal – politisch und staatlich gespalten.

Zum Weiterlesen:

• 1848/49 und die „deutsche Frage", S. 836
• Der Kriegsverlauf, S. 876
• Das geteilte Deutschland, S. 886
• Europäische Integration, S. 892
• Nach dem Mauerfall, S. 894

Abb. 4: Beim Landeanflug auf Berlin warfen die Flugzeuge der Luftbrücke während der Berlin-Blockade 1948/49 Süßigkeiten für die Kinder ab. Deshalb wurden sie bald als „Rosinenbomber" bezeichnet

Der „Eiserne Vorhang" – Kalter Krieg, Entspannungspolitik und Wettrüsten

Die Frage der Behandlung des besiegten Deutschlands auf der Potsdamer Konferenz offenbarte die ersten schweren Risse zwischen der Sowjetunion einerseits und den USA und Großbritannien andererseits. Während die Alliierten vorher betont hatten, Deutschland „als Ganzes" zu behandeln, trat Stalin einen Teil der sowjetischen Besatzungszone an Polen ab, bereitete in der verbleibenden Besatzungszone die Machtübernahme der Kommunisten vor und hielt sich auch nicht an die Regelung bezüglich der Reparationen. Aus den Staaten Osteuropas gab es ebenfalls deutliche Signale für die Errichtung kommunistischer Systeme unter dem Druck der Sowjetunion. Schließlich unterstützte Stalin die Kommunisten im griechischen Bürgerkrieg, so dass Winston Churchill im März 1946 vor der Sowjetunion warnte und beklagte, dass sich nun ein „Eiserner Vorhang" quer durch Europa erstrecke, hinter dem Stalin bolschewistische Diktaturen errichte (Abb. 1).

In dieser Situation gingen die USA zu einer „Politik der Eindämmung" („Containment") über, die auf der ganzen Welt die Ausbreitung des Kommunismus verhindern sollte. Darüber hinaus bot US-Präsident Truman allen Staaten, die sich von der Sowjetunion bedrängt fühlten, amerikanische Hilfe an. Alle Länder, die freien Handel mit den Amerikanern treiben wollten, erhielten Kredite im Rahmen des „Marshallplans" zum wirtschaftlichen Wiederaufbau Europas. Das amerikanische Angebot galt auch für die nun im sowjetischen Machtbereich liegenden Staaten Ost- und Südosteuropas. Doch auf Befehl Stalins durften sie das Angebot nicht annehmen. Nur Jugoslawiens Staatschef Tito ließ sich nicht einschüchtern.

1948 kam es zur ernsten Krise, als die Sowjets alle Verkehrswege außer den Luftverbindungen nach Berlin sperrten und dem Westen der Stadt den elektrischen Strom abdrehten. Ein Jahr dauerte die Blockade, deren Auswirkungen die Alliierten mit der größten Luftbrücke der Geschichte jedoch zu lindern vermochten. Nicht zuletzt unter dem Eindruck der Berlin-Blockade schlossen sich am 18.3.1949 die USA, Kanada, Großbritannien, Frankreich, Belgien, die Niederlande, Luxemburg, Island, Norwegen, Dänemark, Italien und Norwegen zum nordatlantischen Verteidigungsbündnis NATO zusammen. Im selben Jahr testete die Sowjetunion ihre erste

Abb. 1: Auf der Potsdamer Konferenz reichten sich Churchill, Truman und Stalin 1945 demonstrativ die Hände, dabei zeichnete sich der Ost-West-Konflikt zu diesem Zeitpunkt schon deutlich ab

Atombombe, womit die USA ihr Atomwaffenmonopol verloren. Nun begann die Zeit des atomaren Wettrüstens (Abb. 2).

Im Juni 1950 kam es zum Koreakrieg. Das kommunistische Nordkorea griff das westlich orientierte Südkorea an, um das ganze Land unter kommunistische Herrschaft zu bringen. Im Auftrag der Vereinten Nationen griffen US-Truppen in die Kämpfe ein und drängten die Angreifer weit auf nordkoreanisches Gebiet zurück. Erst der massive Einsatz chinesischer Truppen warf die Amerikaner wieder zurück, bis der Krieg 1953 an der alten Grenze am 38. nördlichen Breitengrad zum Stillstand kam. Der Koreakrieg wurde im Westen als Beweis für die Gefährlichkeit

Abb. 2: Atomares Wettrüsten: oberirdischer Atombombentest der USA auf den Marshall-Inseln 1952

des Kommunismus gewertet. Bald darauf entstanden erste Diskussionen um eine mögliche Wiederbewaffnung der Bundesrepublik und ihre Einbeziehung in die NATO. Nach erbittert geführtem innenpolitischen Streit trat die Bundesrepublik dann am 5.5.1955 der NATO bei.

Zwei Jahre später erreichte das Wettrüsten einen neuen Höhepunkt, als die Sowjetunion als erste Supermacht den Weltraumsatelliten „Sputnik" in eine Umlaufbahn um die Erde brachte. Damit bewies sie, dass sie leistungsfähige, weit reichende Raketen besaß, mit denen sie auch das Territorium der USA angreifen konnte. Auch wenn die Amerikaner bald gleichzogen und ebenfalls Satelliten ins All schossen, war der traditionelle Vorsprung der amerikanischen Rüstungsindustrie nun offenkundig dahin: Die Sowjets hatten auf dem Gebiet der Waffentechnik zumindest gleichgezogen.

Aus den Machtkämpfen nach Stalins Tod ging Nikita Chruschtschow als neuer „starker Mann" im Kreml hervor. Er warb für eine Politik der „friedlichen Koexistenz". Angesichts der Zerstörungskraft der atomaren Waffen beider Seiten und der selbstmörderischen Folgen eines Atomkriegs trat er für einen friedlichen Wettstreit der Gesellschaftssysteme ein. Dies hinderte ihn jedoch nicht daran, die USA in ihrem eigenen „Hinterhof" herauszufordern und die Welt damit an den Rand eines Atomkriegs zu manövrieren. Auf der revolutionären Insel Kuba, die vom Kommunisten Fidel Castro regiert wurde, errichteten die Sowjets 1962 heimlich Raketenabschussrampen, die amerikanisches Gebiet bedrohten. Als die amerikanische Luftaufklärung dies entdeckte, verhängte US-Präsident Kennedy eine Seeblockade rund um die Insel und forderte die Sowjetunion zum Abzug der Raketen auf. Einige Tage stand die Welt am Abgrund, den ein neuer, mit Atomwaffen geführter Weltkrieg bedeutet hätte. Dann gab Chruschtschow

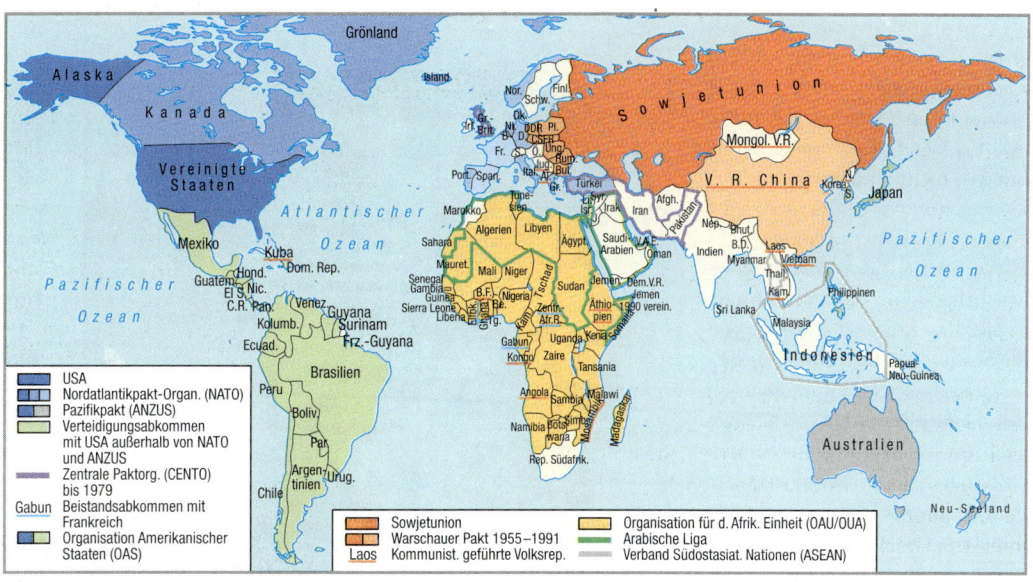

Abb. 3: Mächtegruppen auf der Welt 1945–1990

nach und lenkte ein. Im Gegenzug versprachen die USA den Abbau ihrer Raketenstellungen in der Türkei, die sowjetisches Territorium bedrohten (Abb. 4).

Nach der Kubakrise wurde klar, dass die bisherige atomare Strategie nicht länger aufrechtzuerhalten war. Die Strategie der „massiven Vergeltung" drohte für den Fall eines atomaren Angriffs der Sowjetunion einen harten Vergeltungsschlag an. Dazu mussten die USA jedoch stets eine gewisse atomare Überlegenheit besitzen, denn sonst hätte der Vergeltungsschlag wiederum einen Gegenschlag herausgefordert. Diese Überlegenheit hatten die Sowjets jedoch in der ersten Hälfte der 60er Jahre ausgeglichen, so dass die Strategie „massive Vergeltung" im Ernstfall zu Zweit- und Drittschlägen und letztlich zum „atomaren Overkill", zur Zerstörung der

gesamten Erde führen würde. Als neue Strategie führte man die „Flexible Response" ein, die „angepasste Reaktion". Nun sollte ein atomarer Schlag immer der Härte des vorangegangenen feindlichen Angriffs und der Gesamtsituation angepasst werden.

In den 70er Jahren versuchten beide Supermächte, ihre strategischen atomaren Arsenale durch zweiseitige („bilaterale") Abrüstungsverhandlungen zu reduzieren. 1972 schlossen sie den SALT–I-Vertrag (**S**trategic **A**rms **L**imitation **T**alks, Gespräche über die Begrenzung strategischer Waffen), der Obergrenzen für Atomwaffen festsetzte. 1979 schraubte der SALT–II-Vertrag diese Grenzen noch etwas herunter. Auch wenn der amerikanische Kongress SALT II nie ratifiziert hat, konnten die beiden Supermächte das Problem der strategischen Waffen, der Interkontinentalraketen, mit denen sie sich gegenseitig direkt bedrohten, durch diese „Entspannungspolitik" weitgehend lösen.

Die Entspannung in Europa war dagegen ein schwieriges Problem, denn die deutsche Bundesregierung weigerte sich lange Zeit, die bestehenden Verhältnisse („Status quo") zu akzeptieren. Allmählich geriet die Bundesrepublik immer mehr in eine außenpolitische Isolation, bis Bundes-

kanzler Willy Brandt 1972 mit den Ostverträgen die DDR sowie die deutschen Grenzen von 1949 anerkannte. Doch in Europa standen sich immer noch hoch gerüstete Armeen gegenüber. Ende der 70er Jahre wurde bekannt, dass die Sowjetunion mittlerweile bei den atomaren Mittelstreckenraketen einen großen Rüstungsvorsprung hatte.

Bundeskanzler Helmut Schmidt hatte diese „Raketenlücke" erkannt und forderte nun eine „Nachrüstung" des Westens, der daraufhin 1979 den „NATO-Doppelbeschluss" fasste. Zunächst wollte man bis zu einem festgesetzten Zeitpunkt mit den Sowjets über den Abbau ihrer Mittelstreckenwaffen verhandeln. Sollte dies nicht zum Erfolg führen, wollte man neue Mittelstreckenwaffen stationieren, was dann 1983 geschah. Damit waren die Beziehungen zur Sowjetunion, die sowieso seit 1979 wegen des sowjetischen Angriffs auf Afghanistan belastet waren, auf einem neuen Tiefpunkt, als 1985 Michail Gorbatschow an die Macht kam. Mit seiner Politik der einseitigen Abrüstungsschritte entschärfte er den Ost-West-Konflikt, der mit dem Zusammenbruch des Ostblocks 1989 und dem Auseinanderfallen der Sowjetunion 1991 endete (Abb. 3).

Abb. 4: Gerade in Berlin war der Kalte Krieg alltäglich: Ein Grenzsoldat der DDR-Volksarmee flüchtet am Tag des Mauerbaus in den Westen

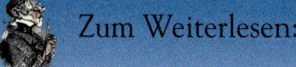

Zum Weiterlesen:

• Die Teilung Deutschlands, S. 880
• Der „Ostblock", S. 884
• Das geteilte Deutschland, S. 886
• Die Vereinten Nationen, S. 890
• Nach dem Mauerfall, S. 894

Berlin, Budapest, Prag – Der „Ostblock"

Anfang 1946 sah Churchill einen „Eisernen Vorhang" in Europa niedergehen, hinter dem die Sowjetunion Diktaturen errichte und beklagte: „Der Zweite Weltkrieg ist nicht für die gegenwärtige Gestalt Europas geführt worden." Von 1945–1949 entstanden in allen Staaten des sowjetischen Machtbereiches kommunistische „Volksdemokratien". Dabei gingen die Sowjets bei der Installation dieser „Satellitenstaaten" immer nach der gleichen Methode vor, wenn es auch im Detail natürlich bei den einzelnen Staaten hinsichtlich des Ablaufs gewisse Unterschiede gab. Zunächst versuchten die Kommunisten, die überall die Minderheit stellten, die nationalen Widerstandsgruppen gegen den Nationalsozialismus unter ihre Kontrolle zu bringen. Diese Aktionen wurden von der Roten Armee unterstützt. Bei der folgenden Einsetzung provisorischer Regierungen erhielten Top-Kommunisten, die eigens in Moskau für diese Aufgabe geschult worden waren, wichtige Schlüsselpositionen. Die ersten Wahlen nach der Befreiung von den Deutschen wurden frei abgehalten. Zumeist ergaben sich Mehrheiten für bürgerliche Koalitionsregierungen. Die Kommunisten sicherten sich in diesen Regierungen die Innenministerien und verfügten damit über die Polizeigewalt. Nun begann der Terror gegen die bürgerlichen Kräfte: Spitzenpolitiker wurden verleumdet, angeklagt und oftmals sogar von Schlägertrupps bedroht. Gleichzeitig mit der Ausschaltung und Vertreibung von Oppositionellen gründeten die Kommunisten Einheitsparteien unter ihrer Führung. Nach einiger Zeit kam es dann zu Neuwahlen, zu denen nur noch die kommunistische Einheitsfront zugelassen war. Nach diesen gelenkten Wahlen entstanden rein kommunistische Regierungen, die sofort mit dem Kampf gegen Abweichler sowie die Kirchen begannen. Gleichzeitig enteigneten die Kommunisten Bodenbesitz und Industrie, erließen Wirtschaftspläne und bildeten kommunistisch geschulte Streitkräfte nach dem Vorbild der Roten Armee. Nach diesem Muster wurden 1946 Albanien und Bulgarien, 1947 Polen und

Abb. 1: Von 1946-49 entstanden überall im Machtbereich der Roten Armee „Volksdemokratien" nach sowjetischem Vorbild

Rumänien, 1948 die Tschechoslowakei und 1949 Ungarn kommunistisch (Abb. 1).

Als Reaktion auf den Marshallplan der USA gründeten die Volksdemokratien am 18.1.1949 unter der Führung der Sowjetunion den „Rat für gegenseitige Wirtschaftshilfe" (COMECON), der der Sowjetunion

Abb. 2: Beim Volksaufstand in Ungarn 1956 rissen die Bürger das riesige Stalin-Denkmal zu Boden und schleiften den Kopf quer durch Budapest

die Abstimmung der Volkswirtschaften der Satellitenstaaten auf die eigenen Bedürfnisse ermöglichte. Von den kommunistischen Staaten Europas widersetzte sich lediglich Jugoslawien dem sowjetischen Verbot der Teilnahme am Marshallplan. Daraufhin kam es zum Bruch zwischen Stalin und Tito, der seine Unabhängigkeit mit der Förderung der Bewegung der „blockfreien" Staaten unterstrich.

Protest gegen die sowjetische Politik wurde mit Gewalt im Keim erstickt, wie das Beispiel Berlin bereits früh zeigte. Am 16.6.1953 begannen Arbeiter in Ostberlin mit Demonstrationen, die am 17.6. schnell auf die gesamte DDR übergriffen. Der sowjetische Stadtkommandant verhängte den Ausnahmezustand und ließ die Demonstrationen mit Panzern niederschlagen.

Als Reaktion auf die Aufnahme der Bundesrepublik Deutschland in die NATO schufen die kommunistischen Staaten am 14.5.1955 ein gemeinsames militärisches Oberkommando, dem zunächst die Sowjetunion, Albanien, Ungarn, Rumänien, Polen, Bulgarien und die Tschechoslowakei angehörten. Die Frage der Aufnahme der DDR sollte später beraten werden, um nicht alle Möglichkeiten zu einem Gespräch über die „deutsche Frage" zu gefährden. Der Sitz des Oberkommandos des „Warschauer Pakts" befand sich in Moskau, erster Oberkommandierender wurde der sowjetische Marschall Konew. Gleichzeitig normalisierte der neue sowjetische Machthaber Chruschtschow das Verhältnis zu Jugoslawien, das seit dem Bruch zwischen Stalin und Tito 1948 sehr angespannt war. Zum ersten Mal gestand die Sowjetunion einem anderen kommunistisch geführten Staat in Europa einen „eigenen Weg zum Sozialismus" zu.

Diese Toleranz galt jedoch nicht für die sowjetischen Satellitenstaaten. Im Rahmen der „Entstalinisierung" nach dem Tode des Diktators Stalin kam es vielerorts zu Volksaufständen gegen die kommunistischen Machthaber. Im polnischen Posen erhoben sich am 28.6.1956 die Fabrikarbeiter, deren Aufstand die polnische Armee mit Panzern und Kampfflugzeugen blutig niederschlug. In Ungarn wuchs die Kritik an der Bevormundung durch die Sowjetunion. Vor allem die Studenten demonstrierten für die Einführung einer Demokratie nach westlichem Vorbild. Am 24.10. versammelten sich 100.000 Menschen in Budapest. Die Menge stürzte das riesige Stalindenkmal vom Sockel und sang Freiheitslieder. Als die ungarische Armee begann, sich mit den Demonstranten zu verbrüdern, rückte die Rote Armee an und schlug den Aufstand blutig nieder. Bis zum 29.10 dauerten die Kämpfe, dann zogen sich die sowjetischen Panzer wieder aus der Hauptstadt zurück. Nun trat unter dem neuen Ministerpräsidenten Imre Nagy eine vorübergehende Beruhigung der Lage ein. Als Ungarn dann am 3.11. seinen Austritt aus dem Warschauer Pakt bekannt gab, griffen 1000 Panzer, diesmal unterstützt von Kampfflugzeugen, die ungarische Hauptstadt von allen Seiten an. Über eine Woche dauerten die Kämpfe, bei denen die Rote Armee trotz ihrer Überlegenheit schwere Verluste erlitt, dann war der ungarische Widerstand gebrochen. Die Sieger setzten eine moskautreue Regierung ein und verschleppten Ministerpräsident Nagy in die Sowjetunion, wo am 17.6.1958 seine Hinrichtung bekannt gegeben wurde (Abb. 2).

Im Frühjahr 1968 entwickelte sich in der Tschechoslowakei eine Reformbewegung, die bis in die Staats- und Parteiführung hineinreichte und als „Prager Frühling" weltbekannt geworden ist. Nach der Ernennung

Abb. 3: Die Bevölkerung von Prag verglich den Einmarsch des Warschauer Paktes 1968 mit dem Einmarsch der Deutschen im Frühjahr 1939. Deshalb malten sie auf den sowjetischen Panzer ein Hakenkreuz

von Alexander Dubček zum neuen Parteichef gab die KP die Ziele der neuen Politik bekannt: Demokratisierung nach westlichem Vorbild, Einführung des Kapitalismus und enge Wirtschaftsbeziehungen zum Westen. Die anderen Mitglieder des Warschauer Pakts hielten währenddessen eine nicht abreißende Kette von Krisenkonferenzen über die Entwicklung in der Tschechoslowakei ab. In der Nacht zum 20.8. besetzten dann 600.000 Mann einer Invasionstruppe des Warschauer

Pakts unter der Führung der Sowjetunion das ganze Land. Da die Bevölkerung sich mustergültig ruhig verhielt, verlief die Besetzung beinahe ohne Straßenkämpfe. Lediglich in Prag lieferten sich die Gegner Kämpfe, denen insgesamt ca. 50 Menschen zum Opfer fielen. Am 31.8. wählte die KP eine neue, moskautreue Führung. Damit war der „Prager Frühling" beendet (Abb. 3).

In Polen entwickelte sich 1980 aus einem Streik der Danziger Werftarbeiter die freie Gewerkschaft „Solidarität", deren Führer Lech Walesa mehrmals verhaftet wurde. Nach anhaltenden Streiks für eine Liberalisierung des Landes verhängte der neue Ministerpräsident General Jaruzelski im Dezember 1981 über Polen das Kriegsrecht. Daraufhin kam es zu blutigen Auseinandersetzungen zwischen Polizei und „Solidarität". Im Oktober 1982 wurde die Gewerkschaft verboten, arbeitete jedoch auch nach der Aufhebung des Kriegsrechts im Juli 1983 im Untergrund weiter.

1985 wurde Michail Gorbatschow Generalsekretär der KPdSU. Er war bestrebt, Staat und Gesellschaft der Sowjetunion umzubauen („Perestroika"). Dazu sollte zunächst einmal Offenheit („Glasnost") geschaffen werden, was den Abbau der staatlichen Zensur bedeutete. Ziel des Umbaus war die Neuordnung der sowjetischen Wirtschaft, die in den letzten beiden Jahrzehnten durch die übermäßig hohen Rüstungsausgaben stark in Schräglage geraten war. Doch die wirtschaftliche und politische Liberalisierung des Ostblocks führte schließlich dazu, dass sich die über vier Jahrzehnte angestaute Wut über die kommunistische Diktatur schlagartig entlud. 1989 stürzten in allen Satellitenstaaten des Ostblock die kommunistischen Regime. Mit der Auflösung des Warschauer Paktes endete 1991 die Geschichte des Ostblocks (Abb. 4).

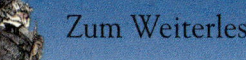 Zum Weiterlesen:

• Die Teilung Deutschlands, S. 880
• Der Kalte Krieg, S. 882
• Das geteilte Deutschland, S. 886
• Die Vereinten Nationen, S. 890
• Nach dem Mauerfall, S. 894

Abb. 4: In der DDR wurde der Zusammenbruch des Ostblocks 1989 von großen Massendemonstrationen begleitet

„Niemand hat die Absicht, eine Mauer zu bauen" – 40 Jahre geteiltes Deutschland

Nach der doppelten Staatsgründung von 1949 gab es unterschiedliche Aussagen aus der Bundesrepublik und der DDR zur „deutschen Frage". Die Bundesrepublik sah sich von Anfang an lediglich als Provisorium, das Grundgesetz forderte die Deutschen auf, ihre staatliche Einheit wieder herzustellen. Dabei sollte ein wieder vereinigtes Deutschland „eine freiheitlich-demokratische Verfassung ähnlich wie die Bundesrepublik besitzen", wie es im Deutschlandvertrag zwischen der Bundesrepublik und den Westmächten 1954 festgehalten wurde. Die DDR hingegen legte 1963 im SED-Parteiprogramm fest: „Der Sozialismus ist die Zukunft des ganzen deutschen Volkes."

Bundeskanzler Adenauer bettete die Bundesrepublik in die westliche Staatengemeinschaft ein. 1952 unterbreitete Stalin Vorschläge zu einer möglichen Wiedervereinigung, um die Politik der deutschen Westbindung zu untergraben. Bedingung war, dass die Deutschen die Grenzen von 1945 anerkannten und sich für die Zukunft zur militärischen Neutralität verpflichteten. In der Folgezeit wurde über die Ernsthaftigkeit dieser Vorschläge viel diskutiert, doch vor allem der Gedanke an ein neutrales Deutschland erschreckte die Westmächte. Spätestens mit dem Eintritt in die NATO 1955 war der Prozess der Westbindung der Bundesrepublik unumkehrbar geworden. Ihr stand auf der anderen Seite die wirtschaftliche und militärische Einbindung der DDR in den „Rat für gegenseitige Wirtschaftshilfe" (COMECON) und den Warschauer Pakt gegenüber (Abb. 1).

Es gab zu dieser Zeit keine direkten Gespräche zwischen den deutschen Regierungen über eine Wiedervereinigung, denn die Adenauer-Regierung erkannte die DDR völkerrechtlich nicht als eigenen Staat an. Ihrer Meinung nach war allein die aus freien Wahlen hervorgegangene Bundesrepublik berechtigt, in der staatlichen Nachfolge des untergegangenen Deutschen Reiches für alle Deutschen zu sprechen. Diese Haltung ist als „Alleinvertretungsanspruch" bekannt geworden. Durchgesetzt wurde er mit Hilfe der „Hallstein-Doktrin", die jedem Staat mit dem Abbruch der diplomatischen Beziehungen drohte, der die DDR völkerrechtlich anerkannte.

Überraschenderweise übten der Ministerrat der DDR und das Zen-

Abb. 1: Die militärischen Machtblöcke in Europa vom Zweiten Weltkrieg bis 1990

tralkomitee der ZK am 11.6.1953 Kritik an SED-Generalsekretär Walter Ulbricht. Sie forderten eine Korrektur des Kurses der beschleunigten Sozialisierung, der zahlreiche Menschen zur Flucht in die Bundesrepublik veranlasste. Stattdessen verlangten die Kritiker eine „Annäherung der beiden Teile Deutschlands" mit dem Ziel der deutschen Wiedervereinigung. Am 16.6. schlossen sich große Teile der Berliner Arbeiterschaft – vor

Abb. 2: Durch den Mauerbau wurden viele Berliner Familien getrennt. Hier zeigt ein Westberliner Elternpaar seine Zwillinge den in Ostberlin lebenden Großeltern

allem Bauarbeiter – der Kritik an und demonstrierten gegen die Erhöhung der Arbeitsnormen um 10 Prozent. Als die Demonstrationen am 17.6. nicht abrissen, sondern zunehmend politischen Charakter gewannen und sich gegen die Regierung richteten, verhängte der sowjetische Stadtkommandant den Ausnahmezustand und ließ Panzer aufmarschieren. Die folgenden Straßenkämpfe forderten viele Tote und Verletzte. Bald griffen die Unruhen auf die gesamte DDR über und konnten erst am 19.6., nach weit gehenden Zugeständnissen der SED, unter Kontrolle gebracht werden.

Ab 1955 vertrat die DDR eine „Zweistaatentheorie", nach der die Deutschen zwar nach wie vor eine Nation seien, auf deren Gebiet jedoch zwei völlig gleichberechtigte Staaten existierten. Die Bundesrepublik erkannte diese Theorie allerdings nicht an. 1958 wurde diese Sichtweise sogar auf eine „Dreistaatentheorie" erweitert, da die östliche Seite Berlin, das ja nicht in die DDR und die Bundesrepublik einbezogen war, als eigenen deutschen Staat bezeichnete. Prompt kündigte der gerade neu gewählte sowjetische Ministerpräsident Chruschtschow in einer umfangreichen diplomatischen Note an die drei Westmächte sämtliche früheren Vereinbarungen über den Status Berlins auf. Er stellte ein Ultimatum, nach dem sich die Westmächte innerhalb von sechs Monaten zu Verhandlungen über den

Status Berlins als „freier Stadt" bereit erklären sollten. Andernfalls wollte die sowjetische Seite ihre gesamten Rechte an Berlin an die DDR übertragen. Doch schließlich lenkte die Sowjetunion angesichts der harten Haltung des Westens ein und nahm das Ultimatum zurück.

In der Zwischenzeit war das Flüchtlingsproblem für die DDR immer brennender geworden. Allein in der ersten Jahreshälfte 1958 flohen über 130.000 DDR-Bürger in den Westen, darunter überdurchschnittlich viele Ärzte, Lehrer und Ingenieure. In den folgenden Jahren verstärkte sich der Flüchtlingsstrom noch, so dass allmählich schwerwiegende Auswirkungen für die Volkswirtschaft der DDR zu erwarten waren. Im August 1961 – die Gesamtzahl der Flüchtlinge hatte gerade 2,7 Mio. erreicht – zog die DDR-Regierung die „Notbremse". In der Nacht zum 13.8. schloss die DDR die meisten Übergänge nach Westberlin und begann ab dem 15.8. mit dem Bau einer Betonmauer zwischen Ost- und Westberlin. Doch den Westmächten waren die Hände gebunden, da die uneingeschränkte Bewegungsfreiheit in Berlin nur für Bürger der Alliierten galt und nicht für Deutsche. Somit hatte die DDR durch den Mauerbau keine Rechte der

Abb. 3: In der Nacht vom 9./10. November 1989 wurde die Berliner Mauer nach der Öffnung der DDR-Grenzen von Zehntausenden Berlinern gestürmt

Alliierten verletzt. Doch die Teilung Deutschlands und der Kalte Krieg hatten nun mit der Berliner Mauer ein neues Symbol (Abb. 2).

Im April 1966 verabredeten beide Seiten einen deutsch-deutschen Dialog, ohne dass die Bundesrepublik bis dahin jedoch ihren Alleinvertretungsanspruch aufgegeben hatte. Mit ihrer starren Haltung manövrierte sich der westdeutsche Staat allmählich ins außenpolitische Abseits, denn selbst die westlichen Bündnispartner wünschten im Rahmen der Normalisierung und der Entspannungspolitik eine allgemeine Anerkennung des Status quo in Europa. Doch erst nach dem Regierungswechsel vom Oktober 1969 kam unter dem neuen Bundeskanzler Brandt wieder Bewegung in die Deutschlandpolitik. Am 19.3.1970 trafen sich in Erfurt DDR-Ministerpräsident Willi Stoph und Willy Brandt, der von der DDR-Bevölkerung begeistert empfangen wurde. Über die erste Kontaktaufnahme hinaus gab es jedoch noch keine konkreten Fortschritte. Im Mai trafen sich die beiden Politiker erneut in Kassel, wo Stoph in scharfer Form die volle völkerrechtliche Anerkennung der DDR forderte. In den „Ostverträgen" von Moskau (12.8.1970) und Warschau (7.12.1970) erkannte die Bundesregierung die Unverletzlichkeit der bestehenden Grenzen

an, insbesondere der Oder-Neiße-Linie als deutscher Ostgrenze. Bald darauf begannen die Verhandlungen für einen Grundlagenvertrag zwischen der Bundesrepublik und der DDR. Dieser wurde schließlich am 8.11.1972 unterzeichnet und stellte die Beziehungen der beiden deutschen Staaten auf eine neue, gleichberechtigte Basis.

Damit verschärfte sich in der Bundesrepublik jedoch der innenpolitische Streit über den Umgang mit der DDR. Stellvertretend für weite Teile der CDU/CSU brachte Bayern den Grundlagenvertrag vor das Bundesverfassungsgericht. Die Karlsruher Richter ließen den Vertrag zwar passieren, machten jedoch strenge Einschränkungen und Vorgaben zu seiner Auslegung. So wurde die DDR ab 1972 zwar als eigener Staat, jedoch nicht als Ausland betrachtet. Man tauschte keine Botschafter aus, sondern „Ständige Vertreter". Die Demarkationslinie zwischen der Bundesrepublik und der DDR wurde nicht als völkerrechtliche Grenze anerkannt, ihre Unverletzlichkeit gleichwohl jedoch bestätigt.

Auf dieser Basis standen die folgenden Jahre im Zeichen der „kleinen Schritte". Man vereinbarte weitere Reiseerleichterungen, half der DDR mit Krediten und versuchte, Verbesserungen im menschlichen Bereich durchzusetzen. Im Sommer 1989 flüchteten dann plötzlich Zehntausende von DDR-Bürgern über Ungarn, das seine Grenze zu Österreich geöffnet hatte, in die Bundesrepublik. Gleichzeitig formte sich in der DDR eine starke Protestbewegung, der der marode Staat letztlich nicht mehr gewachsen war. Zudem kam nun aus der Sowjetunion Gorbatschows keine Unterstützung mehr für das starre und reformunfähige System Honeckers. So brach die DDR schließlich mit dem Fall der Mauer am 9.11.1989 zusammen und trat am 3.10.1990 der Bundesrepublik bei (Abb. 3 u. 4).

 Zum Weiterlesen:

• Die Teilung Deutschlands, S. 880
• Der Kalte Krieg, S. 882
• Der „Ostblock", S. 884
• Europäische Integration, S. 892
• Nach dem Mauerfall, S. 894

Abb. 4: Das wiedervereinigte Deutschland seit 1990

Indien, Vietnam, Algerien – Der Zusammenbruch der Kolonialreiche

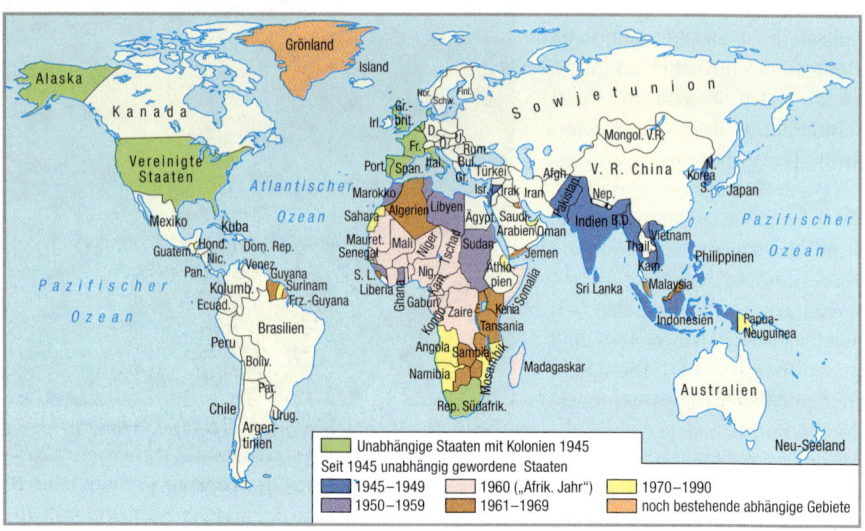

Abb. 1: Nach 1945 brachen die großen Kolonialreiche zusammen

Die „Neue Welt" Amerika befreite sich bereits früh von der Kolonialherrschaft. Frankreich verlor 1763 die meisten seiner nordamerikanischen Kolonien an Großbritannien. 20 Jahre später mussten die Briten endgültig die USA in die Unabhängigkeit entlassen, behielten jedoch Kananda als letzte amerikanische Besitzung. Die Spanier verloren ihr ehemals mächtiges Kolonialreich zu Beginn des 19. Jahrhunderts, als sich nach und nach alle amerikanischen Kolonien die Unabhängigkeit erkämpften. Im Zeitalter des Imperialismus wandten sich die Kolonialmächte nach Asien und Afrika. Am Ende des Ersten Weltkriegs forderte US-Präsident Wilson als Grundlage für eine Neuordnung Europas die Berücksichtigung des nationalen Selbstbestimmungsrechts der Völker, das 1919 in den Pariser Friedensschlüssen zumindest teilweise verwirklicht wurde. Doch maßen die europäischen Siegermächte mit zweierlei Maß, denn für den Umgang mit ihren Kolonien zogen sie das Selbstbestimmungsrecht der Völker nicht in Betracht. So wurden die ehemals deutschen Kolonien 1919 nicht in die Unabhängigkeit entlassen, sondern bekamen neue Herren. In der Zeit zwischen den Weltkriegen entstanden in vielen Kolonien bereits erste Freiheitsbewegungen. Die Eroberung der meisten südostasiatischen Kolonien durch Japan 1941–45 erschütterte die Machtposition der Europäer hier so stark, dass sie ihre Herrschaft auch nach dem Ende des Zweiten Weltkriegs nicht mehr wieder herstellen konnten. Mit der Stellung Europas als Machtmittelpunkt der Welt gingen kurz nach dem Zweiten Weltkrieg auch die meisten asiatischen Kolonien verloren. Wenig später erwachten die Völker Afrikas und begannen, sich gegen ihre koloniale Unterdrückung zu stemmen. Lawinenartig wurden 1960 die meisten afrikanischen Kolonien unabhängig. Manche Kolonien wurden mehr oder weniger freiwillig in die Unabhängigkeit entlassen, andere hingegen mussten sich ihre Freiheit von ihren Kolonialherren mit Waffengewalt erkämpfen. Die Verfahren der Entlassung in die Unabhängigkeit spiegelten dabei die grundsätzliche Haltung der Kolonialmächte zu ihren Kolonien wider, die sich in den einzelnen Staaten wesentlich unterschied (Abb. 1).

So strebte Großbritannien nach der indirekten Beherrschung („indirect rule") seiner Kolonien. Dabei wollten die Briten möglichst wenig als Eroberer in Erscheinung treten. Auch wenn sie letztlich die Herrschaft in den Kolonien ausübten, sollte doch ein hohes Maß an Selbstverwaltung durch einheimische Institutionen gewährleistet sein. Dazu bildeten die Briten in ihren Kolonien aus der jeweiligen einheimischen Oberschicht eine Gruppe von hoch qualifizierten Führungskräften heran.

Die Briten erkannten im Gegensatz zu den Franzosen bereits recht früh die Notwendigkeit, ihr Empire umzubauen, wenn sie es nicht völlig verlieren wollten. Nach dem Ersten Weltkrieg wurden die ehemaligen Kolonien Irland, Kanada, Neufundland, Südafrika, Australien und Neuseeland sowie das

Abb. 2: Mahatma Gandhi führte Indien durch Gewaltlosigkeit zur Unabhängigkeit

Mutterland Großbritannien als „Dominions" gleichberechtigte Mitglieder des neuen Reiches, das nun „British Commonwealth of Nations" hieß. Durch den Dominion-Status hatten die Briten eine Möglichkeit gefunden, ihre Kolonien auch nach der Unabhängigkeit an die britische Krone zu binden. Typisch für die Entkolonisierung des britischen Weltreiches nach 1945 ist die weitgehende Gewaltlosigkeit des Prozesses. Seit den USA musste sich keine britische Kolonie mehr ihre Unabhängigkeit mit Waffengewalt erkämpfen – weder in Ostasien noch in Afrika. In der britischen Kolonie Indien, dem „Juwel" des britischen Weltreichs, war bereits im 19. Jahrhundert eine Freiheitsbewegung entstanden, an deren Spitze sich seit den 20er Jahren Mahatma Gandhi setzte. Von 1924–27 und 1940/41 war er Präsident der mächtigen indischen Kongresspartei. Gandhi wurde weltberühmt, als er es schaffte, Indien mit den Mitteln der Gewaltlosigkeit in die Unabhängigkeit zu führen. Doch nach der Unabhängigkeit brach ein blutiger, religiös motivierter Bürgerkrieg aus, der schließlich zur Abspaltung der moslemisch dominierten Staaten Pakistan und Bangladesh führte (Abb. 2).

Im Gegensatz zu Großbritannien, dessen Kolonien Teil des Weltreiches waren, betrachteten die Franzosen ihre Kolonien als Teil des französischen Mutterlandes. Sie wollten mit ihrer Kolonialpolitik „viele Frankreichs" in der Welt schaffen. Folglich übten sie die Herrschaftsgewalt in ihren Kolonien – genau wie in Frankreich selbst – direkt aus. Das führte dazu, dass die Verwaltung der Kolonien von einer französischen Oberschicht geleitet wurde, während das Bildungsniveau der einheimischen Bevölkerung absichtlich niedrig gehalten wurde. Im Gegensatz zu Großbritannien mussten sich die französischen Kolonien ihre Unabhängigkeit oft in langen Kriegen mit Waffengewalt erkämpfen, die ihr Verhältnis zu Frankreich heute noch belasten.

Nach der Niederlage der Japaner wollten die Franzosen 1945 ihre Kolonie Indochina wieder übernehmen. Doch die 1941 gegründete kommunistische Freiheitsbewegung „Vietminh" unter Ho Chi Minh verlangte von Frankreich die Unabhängigkeit. Daraufhin erhielt das französische Militär den Befehl, „den Vietnamesen eine harte Lehre zu erteilen". Bei der anschließenden Beschießung der Hafenstadt Haiphong fanden am 8.11.1946 über 6000 Vietnamesen den Tod. Das war der Beginn eines jahrelangen Dschungelkriegs, der von beiden Seiten mit äußerster Härte geführt wurde. Ab 1950 gewannen die Vietnamesen zunehmend die Oberhand und eroberten einige der schwer befestigten französischen Forts. Am 7.5.1954 fiel dann nach 56-tägiger Belagerung die strategisch ungeheuer wertvolle Festung Dien Bien Phu in die Hände der Vietnamesen. Nun wurde deutlich, dass Frankreich den Krieg nicht mehr gewinnen und die Kolonie Indochina nicht mehr halten konnte. Am 20.7. schlossen beide Seiten dann einen Waffenstillstand, der die Teilung Vietnams in einen kommunistischen Norden und einen kapitalistischen Süden vorsah (Abb. 3).

Abb. 3: Nach der Niederlage von Dien Bien Phu musste sich Frankreich bald aus Indochina zurückziehen. Kämpfer des Vietminh auf einem abgeschossenen französischen Bomber

Die französische Niederlage von Dien Bien Phu wirkte auf die anderen französischen Kolonien überall in der Welt als Signal. Im August 1955 griffen nordafrikanische Rebellen französische Einrichtungen in Marokko und vor allem Algerien an und töteten über 120 Franzosen. Die Kolonialherren reagierten mit unvorstellbarer Brutalität und führten Strafexpeditionen durch, denen 12.000 Algerier zum Opfer fielen. Nach der französischen Verfassungsreform vom 28.9.1958 versuchte Präsident de Gaulle, aus dem französischen Weltreich einen Staatenbund nach dem Vorbild des britischen Commonwealth zu formen. Doch nach den Grausamkeiten der Franzosen gegen die algerische Bevölkerung war eine Aussöhnung und ein friedlicher Weg Algeriens in die Unabhängigkeit unmöglich geworden. Angesichts der anhaltenden Kämpfe verlangte die Vollversammlung der Vereinten Nationen im August 1961 den Rückzug der Franzosen aus Nordafrika. Als die französische Regierung end-

lich dazu bereit war, Algerien in die Unabhängigkeit zu entlassen, begann im Mai 1962 die geheime französische militärische Terrororganisation OAS mit Anschlägen auf Algerier. Doch konnte auch die OAS die Unabhängigkeit Algeriens nicht mehr verhindern (Abb. 4).

Stärker noch als in Asien begann in Afrika nach der Unabhängigkeit in vielen Staaten die Zeit der Kriege und Bürgerkriege, die ganze Regionen in Armut und Chaos stürzten. Der Grund für die Konflikte war oftmals die willkürliche Grenzziehung, mit der die imperialistischen Großmächte an der Wende vom 19. zum 20. Jahrhundert ihre Kolonien mit dem Lineal am Reißbrett voneinander abgegrenzt hatten. Dabei berücksichtigten sie weder Stammes- noch Siedlungsgrenzen, so dass nun einige Stämme über mehrere Staaten verteilt lebten, in anderen Staaten wiederum mehrere – oftmals verfeindete – Stämme miteinander auskommen mussten. Diese Probleme führen selbst heute noch immer wieder zu Gewalttaten und verhindern vielerorts den wirtschaftlichen Aufbau, so dass weite Teile Afrikas auch heute noch wirtschaftlich von ihren ehemaligen Kolonialherren abhängig sind.

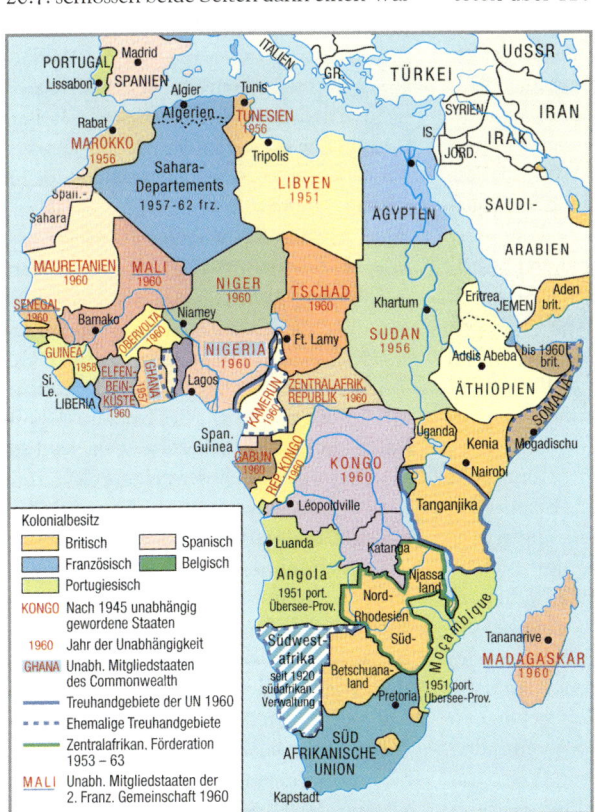

Abb. 4: Die meisten Kolonien in Afrika wurden im „afrikanischen Jahr" 1960 gleichzeitig unabhängig

Zum Weiterlesen:

- Der „Run" auf Kolonien, S. 848
- Zeitalter des Imperialismus, S. 850
- Pariser Friedensschlüsse, S. 856
- Der Krieg im Pazifik, S. 878
- Die Vereinten Nationen, S. 890

Hüterin des Weltfriedens? – Die Vereinten Nationen

Nachdem der Völkerbund versagt hatte und den Zweiten Weltkrieg nicht hatte verhindern können, dachten die Alliierten bereits vor der deutschen Kapitulation über eine neue, effektivere Weltsicherheitsorganisation nach. Am 25.4.1945 wurde die Gründungsversammlung der „Vereinten Nationen" (UNO) eröffnet, der 51 Staaten beitraten, die sich allesamt mit dem Deutschen Reich im Kriegszustand befanden. Die UNO sollte nach dem Willen der Großmächte ein kollektives Sicherheitssystem werden, das in der Art eines „Weltpolizisten" künftig solche Katastrophen wie den Zweiten Weltkrieg verhindern könnte (Abb. 1).

Die Hauptverantwortung für die Friedenssicherung liegt beim „Weltsicherheitsrat", dem die USA, Russland (bis 1991: Sowjetunion), Großbritannien, Frankreich und China als ständige Mitglieder angehören. Weitere Staaten werden alle zwei Jahre als nicht ständige Mitglieder in den Sicherheitsrat gewählt. Jedes ständige Mitglied des Sicherheitsrates besitzt ein Vetorecht, kann also durch sein „Nein" alle Beschlüsse blockieren. Das führt dazu, dass die UNO nur dann in Konflikte eingreifen kann, wenn sich alle Großmächte einig sind. Ist dagegen jedoch eine der Großmächte selbst in einen Konflikt verwickelt, wird es kaum zu Maßnahmen des Sicherheitsrates kommen. Einig waren sich die ständigen Mitglieder des Sicherheitsrates bei Konflikten um den Suezkanal (1956), im afrikanischen Kongo (1960), im Zypernkon-

Abb. 1: Die Gründungsversammlung der Vereinten Nationen in San Francisco bei ihrer Sitzung vom 26.6.1945

flikt zwischen Türken und Griechen (1964), im Nahen Osten (1967), im zweiten Golfkrieg gegen den Irak (1992) und im ehemaligen Jugoslawien (1996). Dabei muss jedoch unterschieden werden zwischen Kampfeinsätzen und friedenserhaltenden Einsätzen („Blauhelm-Missionen"), die nur mit der Erlaubnis der betroffenen Regierung möglich sind (Abb. 2).

Eine besondere Situation ergab sich beim Ausbruch des Koreakrieges (1950–53): Da die Sowjetunion zu dieser Zeit die Sitzungen des Sicherheitsrates boykottierte, konnte sie auch kein Veto einlegen, als dieser Nordkorea zum Aggressor erklärte und den USA den Auftrag zum militärischen Eingreifen erteilte. Doch bei allen anderen Konflikten unter Beteiligung eines ständigen Mitglieds des Sicherheitsrates waren der UNO durch die Wahrnehmung des Vetorechts die Hände gebunden. Die USA verhinderten per Veto das Eingreifen der Vereinten Nationen im Vietnamkrieg

(1964-73). Frankreich ließ das Eingreifen in Algerien scheitern (1954–1962), und die Sowjetunion stemmte sich gegen UNO-Maßnahmen in Ungarn (1956), der Tschechoslowakei (1968) und Afghanistan (1979). Das Prinzip der Einstimmigkeit gilt jedoch nur für den Sicherheitsrat. In der Vollversammlung aller Mitglieder der Vereinten Nationen werden die UN-Resolutionen, mit denen die UNO zu aktuellen Konflikten Stellung bezieht, nach dem Mehrheitsprinzip gefasst, ein Vetorecht gibt es nicht. Zwar ist kein Staat verpflichtet, eine UN-Resolution zu erfüllen, doch besitzen die Resolutionen eine große moralische Kraft, die die an einem Konflikt beteiligten Mächte durchaus beeinflussen kann. So spielte die UNO eine große Rolle bei der Gründung des Staates Israel 1948, dessen Territorium 1923 vom Völkerbund an Großbritannien zur Verwaltung übergeben worden war (Abb. 3).

Charta der Vereinten Nationen (1945)
Artikel 1: Die Vereinten Nationen setzen sich folgende Ziele:
1. den Weltfrieden und die internationale Sicherheit zu wahren und zu diesem Zweck Kollektivmaßnahmen zu treffen, um Bedrohungen des Friedens zu verhüten und zu beseitigen sowie Angriffshandlungen und andere Friedensbrüche zu verhindern
3. eine internationale Gemeinschaft herbeizuführen, um internationale Probleme wirtschaftlicher, sozialer, kultureller und humanitärer Art zu lösen

Nach der Entlassung in die Unabhängigkeit wurden viele ehemalige Kolonien UNO-Mitglieder, so dass die „Dritte Welt" bald die Mehrheit aller Mitglieder stellte. Folglich änderte sich auch die Politik der Vereinten Nationen. Die UNO kümmerte sich zunehmend nicht mehr nur um bereits vorhandene militärische Konflikte, denn man glaubte nun, durch die Schaffung einer gerechteren Weltwirtschaft viele Kriege, die aus wirtschaftlichen Konflikten entstehen, bereits im Vorfeld verhindern zu können. Zur wichtigen Aufgabe wurde ab 1960 die Entwicklungshilfe für die armen, wirtschaftlich schwachen Staaten der „Dritten Welt". Dazu hat die UNO eine Reihe von Unterorganisationen gebildet, z.B. die „Konferenz für Handel und

Abb. 2: UN-Soldat („Blauhelm") vor der UN-Fahne 1957 beim Suez-Konflikt zwischen Israel und Ägypten

Entwicklung" (UNCTAD). Sie spricht Empfehlungen für den Handel zwischen den Industriestaaten und den Entwicklungsländern aus, ohne diese jedoch in irgendeiner Art durchsetzen zu können. Die wichtigste Forderung in der Entwicklungspolitik der UNO lautete: „Hilfe zur Selbsthilfe". Damit wollte man verhindern, dass die Entwicklungsländer auf Dauer von der Entwicklungshilfe abhängig werden. Stattdessen sollten sie nach einer Übergangszeit in der Lage sein, ihre Probleme auch ohne Hilfe von außen zu lösen. Dabei konnte die UNO jedoch nicht verhindern, dass die meisten aus ehemaligen Kolonien neu entstandenen Staaten schnell in den Ost-West-Konflikt hineingezogen wurden. Während des „Kalten Krieges" versuchte jede Supermacht, die neuen Staaten in ihr Lager zu ziehen. Dazu stellten sie großzügige Wirtschaftshilfe und die Ausrüstung mit modernsten Waffen zur Verfügung. Aus dieser Politik entstanden viele Kriege, die die neuen Staaten nun stellvertretend für die Supermächte ausfochten. Da die UNO jedoch den Ost-West-Konflikt durch ihre Mitglieder in sich selbst beherbergte, war sie dieser Politik der Supermächte gegenüber machtlos.

Abb. 3: Ein Eingreifen der Vereinten Nationen beim Volksaufstand in Ungarn 1956 scheiterte am sowjetischen Veto im Weltsicherheitsrat

Menschenrechtserklärung der Vereinten Nationen (1948)

Art. 1. Alle Menschen sind frei und gleich an Rechten geboren

Art. 2. Jeder Mensch hat Anspruch auf die in dieser Erklärung verkündeten Rechte und Freiheiten, ohne irgendeine Unterscheidung wie etwa nach Rasse, Farbe, Geschlecht, Sprache, Religion, politischer Überzeugung, nationaler oder sozialer Herkunft, nach Eigentum, Geburt oder sonstigen Umständen

Art. 25. Jeder Mensch hat Anspruch auf eine Lebenshaltung, die seine und seiner Familie Gesundheit und Wohlbefinden gewährleistet, einschließlich Nahrung, Kleidung, Wohnung, ärztlicher Betreuung und der notwendigen Leistungen der sozialen Fürsorge. Er hat das Recht auf Sicherheit im Falle von Arbeitslosigkeit, Krankheit, Invalidität, Verwitwung, Alter oder von anderweitigem Verlust seiner Unterhaltsmittel durch unverschuldete Umstände

Schließlich ist die UNO auch eine Art moralische Weltinstanz, die die Einhaltung der Menschenrechte überall auf der Welt kontrolliert und die Verstöße öffentlich diskutiert. Bereits 1948 verabschiedete die Vollversammlung eine „Allgemeine Erklärung der Menschenrechte", die auch heute noch

als Standard gilt, an dem jeder zivilisierte Staat sich messen lassen muss. So hat die UNO 1960 die Abschaffung des Kolonialismus verlangt, 1963 die Rassendiskriminierung in den USA und 1973 die Apartheid in Südafrika verurteilt. 1974 legte sie eine „Charta der wirtschaftlichen und sozialen Pflichten der Staaten" fest und verkündete 1977 weit gehende politische und soziale Menschenrechte.

Seit den 70er Jahren kümmert die UNO sich auch um das vielleicht beherrschende Thema der menschlichen Zukunft, die weltweite Umweltzerstörung. Die Abholzung der „grünen Lungen", der Urwälder in Zentralafrika, Südamerika und Südostasien, die Klimaerwärmung durch den ungebremst hohen CO_2-Ausstoß aus Verkehr und Industrie und das durch Treibgase aus Spraydosen hervorgerufene Ozonloch – das sind die möglichen Konfliktstoffe von morgen. Denn nach dem Wegfall des Ost-West-Konfliktes rückt immer mehr die ungleiche Verteilung der knapper werdenden Umweltressourcen zwischen dem industrialisierten Norden und dem armen Süden der Welt in den Blickpunkt der Öffentlichkeit. So hat die UNO in neuester Zeit bereits einige große Umweltschutzkonferenzen abgehalten, die bisher jedoch noch keine konkreten Erfolge gebracht haben. Auch hier gilt wieder: Die Vereinten Nationen können nicht stärker sein, als die Mitgliedstaaten – vor allem die

Abb. 4: Das UN-Gebäude in New York während des 50. Geburtstages der UN 1995

ständigen Mitglieder des Weltsicherheitsrates – es zulassen (Abb. 4).

 Zum Weiterlesen:

- Der Kriegsverlauf, S. 876
- Der Krieg im Pazifik, S. 878
- Der Kalte Krieg, S. 882
- Der „Ostblock", S. 884
- Der Zusammenbruch der Kolonialreiche, S. 888

Von der Montanunion zum „Euro" – Die europäische Integration

*B*ald nach dem Ende des Zweiten Weltkriegs wurde – vor allem in Frankreich – die Frage diskutiert, wie man es verhindern könne, dass Deutschland in Zukunft erneut aufrüsten und schon bald wieder zur Bedrohung für den Frieden würde. Neben der Abtrennung des Saarlandes und der Teilung Deutschlands in mehrere Kleinstaaten wollten die Franzosen die große deutsche Waffenschmiede, das Ruhrgebiet, aus dem deutschen Staatsgebiet herauslösen und unter internationale Kontrolle stellen. Doch dieser Plan wurde von den Amerikanern und Briten abgelehnt.

Auf Wunsch Frankreichs wurde das Ruhrproblem bei der Londoner „Sechs-Mächte-Konferenz" von 1948 behandelt, bei der die Gründung der Bundesrepublik vorbereitet wurde. Man einigte sich auf ein „Ruhrstatut", das am 28.4.1949 in Kraft trat und eine internationale Kontrollbehörde für das Ruhrgebiet vorsah, an der sich die USA, Großbritannien, Frankreich, Belgien, die Niederlande und Luxemburg beteiligten. Am 22.11.1949 verpflichtete sich die Bundesrepublik zum Beitritt zur Internationalen Ruhrbehörde. Da Bundeskanzler Adenauer diesen Schritt vollzog, ohne den Bundestag zu informieren, kam es dort zu erregten Debatten, in deren Verlauf der SPD-Oppositionschef Kurt Schumacher ihn als „Kanzler der Alliierten" bezeichnete.

Am 9.5.1950 stellte der französische Außenminister Robert Schuman erstmals öffentlich einen Plan vor, der schnell zu verwirklichende Schritte einer Einigung Europas enthielt. Als wichtigste Aufgabe jedes europäischen Einigungsversuchs bezeichnete Schuman die Beseitigung des alten deutsch-französischen Gegensatzes, der in den letzten 100 Jahren jeden dauerhaften Frieden in Europa unmöglich gemacht habe. Der „Schumanplan" sah nun vor, die deutsche und französische Produktion von Kohle und Stahl unter eine gemeinsame Oberaufsicht zu stellen, um eine erneute Aufrüstung unmöglich zu machen. Weitere Staaten sollten der Produktionsgemeinschaft beitreten können. Schumans Ziel war die Schaffung einer deutsch-französischen Union als Keimzelle einer europäischen Einigung.

Bundeskanzler Adenauer begrüßte den Schumanplan noch am selben Tag, und auch die Außenminister der Westmächte signalisierten am 11.5. ihre Zustimmung. Bereits am 20.5. begannen Vertreter der Bundesrepublik, Frankreichs, Belgiens, der Niederlande, Luxemburgs und Italiens Verhandlungen, und

am 18.4.1951 unterzeichneten die sechs Staaten den „Vertrag über die Gründung der Europäischen Gemeinschaft für Kohle und Stahl" (EGKS), der als „Montanunion" bekannt wurde und einen Grundpfeiler für die weitere europäische Einigung darstellte (Abb. 1).

Trotz einiger Rückschläge bei der Montanunion entschlossen sich die sechs Vertragsstaaten 1957 zu einer Vertiefung der wirtschaftlichen Zusammenarbeit. Am 25.3.57 unterschrieben ihre Außenminister in Rom die „Römischen Verträge", durch die zwei neue europäische Organisationen ins Leben gerufen wurden. Die „EURATOM" sollte die Erforschung der friedlichen Nutzung der Atomenergie koordinieren und vorantreiben. Darüber hinaus gründeten die Partner eine „Europäische Wirtschaftsgemeinschaft" (EWG), die das Zusammenwachsen („Integration") Europas zunächst einmal auf wirtschaftlichem Gebiet beschleunigen sollte. Die EWG sah die Schaffung eines gemeinsamen Marktes vor. Damit waren die Mitgliedstaaten auf wirtschaftlichem Gebiet füreinander kein Ausland mehr. Außerdem verpflichteten sich die Mitglieder zu einer gemeinsamen Wirtschaftspolitik. Schließlich wurden die Währungen in ein

Abb. 1: Die Unterzeichnung des Montanunion-Vertrages durch die Außenminister der Vertragsstaaten am 18.4.1951. Konrad Adenauer (3. v. r.) war gleichzeitig Bundeskanzler und Außenminister

festes System eingebunden, um zu große Kursschwankungen zu vermeiden.

Die drei wichtigsten Institutionen der EWG waren die parlamentarische Versammlung, der Ministerrat und die Kommission. Die Mitglieder der parlamentarischen Versammlung wurden aus den nationalen Parlamenten entsandt und hatten hauptsächlich beratende Funktion. Die Entscheidungen fielen im Ministerrat, in dem die zuständigen Fachminister aller Mitglieder zusammenkamen. Die Kommission führte die Geschäfte, sie setzte die politischen Entscheidungen in praktische Politik um (Abb. 3).

1967 vereinigten sich Montanunion, EURATOM und EWG zu den „Europäischen Gemeinschaften" (EG), wobei die Institutionen der EWG ihre Arbeit nun auch auf

Abb. 2: Wirtschaftliche Zusammenschlüsse in Europa 1945-1990

die Bereiche der beiden anderen Organisationen ausdehnten. Seitdem heißen sie Europäisches Parlament, Ministerrat und Europäische Kommission. 1973 traten Großbritannien, Irland und Dänemark bei, zwei Jahre später schloss die EG zahlreiche Wirtschaftsabkommen mit Ländern der „Dritten Welt" („Assoziierung"). 1979 wurde das Europäische Parlament zum ersten Mal direkt gewählt. Die Wahlbeteiligung war in den neun Staaten der EG sehr unterschiedlich. Auch wenn das Europäische Parlament durch die Direktwahl nicht mehr Macht erhielt, bildeten doch der Wahlkampf und die Wahl einen wichtigen Beitrag zum europäischen Bewusstsein der Bürger in den Mitgliedstaaten. 1981 trat Griechenland der EG bei, und nach dem Beitritt Spaniens und Portugals 1986 war das Dutzend Mitglieder voll.

Am 1.7.1987 trat die „Einheitliche Europäische Akte" (EEA) in Kraft. In ihr schrieben die zwölf EG-Mitglieder nun zum ersten Mal das Ziel der Schaffung einer politischen Union verbindlich fest. Außerdem erleichterten sie die Entscheidungsfindung im Ministerrat, indem sie für bestimmte Fälle das Einstimmigkeitsprinzip aufhoben und Mehrheitsentscheidungen zuließen. Schließlich setzten sie eine Institution ein, die eine gemeinsame Außenpolitik koordinieren sollte, die „Europäische Politische Zusammenarbeit" (EPZ). Doch die außenpolitischen Interessen der Mitgliedstaaten waren sehr unterschiedlich, so dass die EPZ weitgehend wirkungslos geblieben ist (Abb. 2).

Am 7.2.1992 unterzeichneten die EG-Mitgliedstaaten den Maastrichter Vertrag. Darin wurde die Bildung einer „Europäischen Union" (EU) festgeschrieben. Alle Grenzen zwischen den Mitgliedern fielen, der neue „Binnenmarkt" wurde durch den Wegfall der Zollkontrollen auch für den einzelnen Bürger Wirklichkeit. Darüber hinaus einigte man sich auf die Einführung einer gemeinsamen Währung, den „Euro". Jedoch nicht jedes Mitglied sollte automatisch an der „Währungsunion" teilnehmen. Deshalb legte der Maastrichter Vertrag genau fest, wie

Abb. 3: Die Unterzeichnung der Römischen Verträge durch die Regierungschefs der Mitgliedstaaten am 25.3.1957

viel Schulden ein Staat höchstens haben darf, um beim Start des Euro dabei zu sein. Im Frühjahr 1998 einigten sich die Mitglieder der EU auf die Einführung der EURO-Geldmünzen und -scheine zum 1.1.2002. Doch bereits mit dem 1.1.1999 hat das EURO-Zeitalter begonnen, denn seit diesem Datum existiert der EURO als „virtuelle Währung" im bargeldlosen Zahlungsverkehr. Gegenwärtig wird innerhalb der seit dem Beitritt Österreichs, Schwedens und Finnlands seit 1995 15 Mitglieder umfassenden EU über drei große Fragen lebhaft diskutiert (Abb. 4):

1. Wie weit soll die politische Integration Europas überhaupt gehen? Einige Staaten wie z.B. Großbritannien möchten möglichst unabhängig bleiben und sich so wenig wie möglich den Entscheidungen aus Brüssel unterwerfen. Kleinere Staaten haben oft Angst, bei einer zu weit gehenden Integration von den großen Staaten wie Deutschland „beherrscht" zu werden. Deutschland und Frankreich hingegen befürworten die politische Integration, die sie als Sicherung des Friedens in Europa ansehen.

2. Wie kann die Europäische Union demokratischer werden? Viele Bürger der EU-Staaten haben Angst, dass in Brüssel Entscheidungen gefällt werden, die sie nicht beeinflussen können. Das Europäische Parlament hat immer noch kaum wirkliche Macht. Alle Entscheidungen werden im Ministerrat getroffen. Dieser besteht zwar aus den gewählten Regierungen der Mitglieder, muss sich jedoch nicht speziell für seine Europapolitik bei den Wählern verantworten, wie es etwa beim Europaparlament oder einer demokratisch gewählten „Europaregierung" der Fall wäre.

3. Wie viele Mitglieder können die EU und ihre Institutionen überhaupt verkraften, und welche Länder sollen beitreten? Gegenwärtig sind die ehemaligen Ostblockstaaten außer Russland die „heißesten" Kandidaten für den Beitritt zur EU. Mit der Türkei kommt es hingegen regelmäßig zum Streit, weil die EU ihre Aufnahme immer wieder verzögert. Hauptgründe sind der Konflikt der Türkei mit dem EU-Mitglied Griechenland um Zypern und die Ägäis sowie die anhaltenden Menschenrechtsverletzungen.

 Zum Weiterlesen:

- Die Teilung Deutschlands, S. 880
- Der Kalte Krieg, S. 882
- Der „Ostblock", S. 884
- Das geteilte Deutschland, S. 886
- Nach dem Mauerfall, S. 894

Abb. 4: Wirtschaftliche Zusammenschlüsse in Europa zum Zeitpunkt des Maastrichter Vertrages 1992

Nach dem Mauerfall – Das Ende der Nachkriegsordnung

In der Mitte der 80er Jahre befand sich die Sowjetunion in einer schwierigen innen- und wirtschaftspolitischen Situation. 1982 war Leonid Breschnew gestorben, unter dessen Führung die Entstalinisierung zum Stillstand gekommen und auch sonst jeglicher gesellschaftlicher Fortschritt erstarrt war. Seine beiden Nachfolger Juri Andropow und Viktor Tschernenko starben beide bereits ein Jahr nach ihrem Amtsantritt. Durch ihre kurzen Amtszeiten blieben die drängenden Probleme der Sowjetunion ungelöst. Die Lebensbedingungen der Bürger wurden durch die unflexible Planung der Wirtschaft immer schlechter. Die Qualität der Güter war in weiten Bereichen mangelhaft. Die aufgeblähte Bürokratie in Staat, Partei und Wirtschaft führte zu viel Leerlauf und vermeidbaren Fehlentscheidungen. Zudem litt die sowjetische Wirtschaft an den immer weiter steigenden Rüstungsausgaben, die jeglichen finanziellen Spielraum für eine Modernisierung von Staat, Gesellschaft und Wirtschaft der Sowjetunion zerstörte. Die Ursache dafür war die sich weiter drehende Rüstungsspirale, die von US-Präsident Reagans ehrgeizigem SDI-Projekt für Weltraumwaffen in Bewegung gesetzt worden war.

Mit der Wahl Michail Gorbatschows zum Parteichef der Kommunistischen Partei der Sowjetunion setzten sich 1985 die Kräfte durch, die in entschlossenen und tief greifende Reformen den letzten Ausweg sahen. Gorbatschow leitete einen radikalen Umbau der Gesellschaft ein ("Perestroika"). Dabei sollte der gesamte Staat offen und für den Bürger durchsichtig werden ("Glasnost"). Aber auch das Verhältnis der Sowjetunion zu ihren Bündnispartnern des Warschauer Paktes änderte sich nun. War es traditionell von der Bevormundung der Satellitenstaaten durch die Supermacht gekennzeichnet, behandelt Gorbatschow sie nun als gleichberechtigte Partner. Das Ausbleiben verbindlicher Ver-

Abb. 1: Bei den Feierlichkeiten zum 40. Geburtstag der DDR begrüßten sich Michail Gorbatschow und Erich Honecker am 6.10.1989 mit dem „sozialistischen Bruderkuss". Fünf Wochen später brach die DDR zusammen

haltensvorschriften aus dem Kreml verunsicherte die Machthaber in Polen, Ungarn, Bulgarien, der Tschechoslowakei, Rumänien und der DDR. Gleichzeitig entstanden in den meisten dieser Staaten starke Demokratiebewegungen, die die gesellschaftliche Erstarrung und die wirtschaftliche Misere in ihren Ländern anprangerten.

In der DDR machte sich, ermutigt durch die Entwicklung in der Sowjetunion, zunehmend eine Oppositionsbewegung bemerkbar, die weitgehend unter dem Schutz der evangelischen Kirche stand. Sie forderte von der SED-Führung eine grundlegende Erneuerung des Staates und vor allem die Abschaffung des lückenlosen Überwachungssystems der Staatssicherheit ("Stasi"), die alle verfolgte, die von der vorgegebenen Parteilinie abwichen. Im Januar 1989 besetzte eine Gruppe vorwiegend jüngerer DDR-Bür-

ger, die sich zur Ausreise entschlossen hatten, die Ständige Vertretung der Bundesrepublik und erzwang dadurch Straffreiheit und eine beschleunigte Bearbeitung ihrer Ausreiseanträge. Im Sommer 1989 besetzten Tausende von DDR-Bürgern die Botschaften der Bundesrepublik in Budapest, Prag und Warschau. Durch die Vermittlung von Außenminister Genscher erreichten sie ihre Ausreise. Als am 11.9. Ungarn seine Grenzen öffnete, brachen alle Dämme. Nun flohen die DDR-Bürger in Massen über Ungarn und Österreich in die Bundesrepublik.

Während der offiziellen Feiern zum 40. Geburtstag der DDR bildeten sich in Leipzig, Berlin und vielen anderen Städten der DDR spontane Demonstrationen. Mit dem Slogan „Wir sind das Volk" forderten die Demonstranten erneut die grundlegende Umgestaltung und Demokratisierung des Staates. Das massive und brutale Vorgehen der Stasi und der Polizei gegen die Demonstranten brachte die DDR nun weltweit in Misskredit. Als zwei Tage später erneut Hunderttausende gegen die DDR-Führung demonstrierten ("Montagsdemonstrationen"), griffen die Sicherheitskräfte schon nicht mehr ein (Abb. 1).

Im SED-Politbüro jagte aufgrund der Massenproteste mittlerweile eine Krisensitzung die nächste. Nun wurde auch zunehmend Kritik an der Führung geäußert. Am 18.10. entmachtete das Politbüro Erich Honecker. Sein Nachfolger, Egon Krenz, versuchte durch die Ankündigung von Reformen, die Situation zu retten. Doch er besaß beim Volk keinen Kredit, so dass die Demonstrationszüge immer größer wurden. Am 4.11. demonstrierten in Ostberlin erstmals mehr als eine Million Menschen für Reformen. Da verkündete das Mitglied des Politbüros Günter Schabowski am 9.11. überraschend die sofortige Öffnung der innerdeutschen Grenze. In der Nacht zum 10.11. und den folgenden

Abb. 2: Bei den Zwei-plus-Vier-Verhandlungen 1990 besprachen die Außenminister der beiden deutschen Staaten mit denen der Siegermächte von 1945 die Bedingungen für die deutsche Wiedervereinigung

Tagen fuhren Millionen DDR-Bürger erstmals in den Westen. Doch trotz dieser spektakulären Aktion konnte die SED-Führung das Vertrauen des Volkes nicht zurückgewinnen. Die Volkskammer, das Parlament der DDR, strich am 1.12. den Führungsanspruch der SED aus der Verfassung, und am 3.12. trat die gesamte Führungsspitze der Partei zurück.

Eine neu gewählte Regierung unter dem reformwilligen SED-Politiker Hans Modrow vereinbarte mit der Regierung Kohl, der am 28.11. ein Zehn-Punkte-Programm zur deutschen Wiedervereinigung vorgeschlagen hatte, die Zusammenführung der beiden deutschen Staaten in eine „Vertragsgemeinschaft". Ohne die Zustimmung der vier Siegermächte des Zweiten Weltkriegs war aber eine Wiedervereinigung Deutschlands nicht zu machen, denn sie würde die Ostgrenze der NATO bis an die Oder-Neiße-Linie vorschieben, während gleichzeitig noch starke Verbände der Roten Armee in der DDR stationiert waren. Man vereinbarte zur Lösung dieser Probleme die „Zwei-plus-Vier-Gespräche", an denen neben den Siegermächten auch die Bundes-

Abb. 4: Politische Veränderungen in Europa seit 1990

Abb. 3: Boris Jelzin bei seiner Wahl zum Präsidenten der Russischen Föderation 1990. Im Hintergrund eine Darstellung des großen russischen Revolutionärs Lenin

republik und die DDR teilnahmen. Während in diesem Rahmen über die Bedingungen zur Erlangung der vollen Souveränität eines wieder vereinigten Deutschlands verhandelt wurde, stellten die beiden deutschen Staaten bereits die innenpolitischen Weichen für die Vereinigung. Am 1.7.1990 trat der Vertrag über die Wirtschafts-, Währungs- und Sozialunion in Kraft, und am 16.7. gab Gorbatschow endgültig grünes Licht für die deutsche Wiedervereinigung, so daß am 12.9. der Zwei-plus-Vier-Vertrag unterzeichnet werden konnte. Die Bundesrepublik erkannte als Vorbedingung für die staatliche Einheit darin erstmals die Endgültigkeit der Oder-Neiße-Linie als deutscher Ostgrenze an und verzichtete damit definitiv auf eine Revision der Nachkriegsordnung. Am 3.10.1990 wurde mit dem Beitritt der neuen Bundesländer Brandenburg, Mecklenburg-Vorpommern, Sachsen, Sachsen-Anhalt und Thüringen zur Bundesrepublik Deutschland die Wiedervereinigung vollzogen (Abb. 2).

Mit der Überwindung der deutschen Teilung endete gleichzeitig auch der Ost-West-Konflikt. Am 31.3.1991 löste sich der Warschauer Pakt auf. Doch die Auflösungserscheinungen erfassten nun auch die Sowjetunion, in der als einzigem Land des Ostblocks die Kommunisten 1989 nicht gestürzt worden waren. Nun wurde das geheime Zusatzprotokoll des Hitler-Stalin-Paktes von 1939 bekannt, und vor allem die baltischen Sowjetrepubliken forderten ihre Unabhängigkeit. Nach einem missglückten Putsch der Altkommunisten gegen Gorbatschow im August 1991 setzte der Zerfall der Sowjet-

union ein. Im Dezember 1991 sagten sich die meisten Sowjetrepubliken von der Sowjetunion los, so dass am Ende nur noch die Russische Föderation unter ihrem Präsidenten Boris Jelzin übrig blieb. Nun entstand aus der ehemaligen Sowjetunion durch Verträge eine lockere „Gemeinschaft Unabhängiger Staaten" (GUS), die jedoch nach außen hin politisch nicht als Einheit auftritt (Abb. 3).

Der Westen versucht nach wie vor, die neu entstandenen Staaten durch die Aufnahme in die Europäische Union und die NATO zu stabilisieren, um keine neuen Konfliktherde entstehen zu lassen, doch müssen dabei die Empfindlichkeiten und Interessen Russlands beachtet werden. Allerdings ist die Anbindung an den Westen keine Friedensgarantie, wie das politische Versagen der Europäischen Union beim Zerfall Jugoslawiens und dem jahrelangen Bürgerkrieg zwischen Bosniern, Serben und Kroaten gezeigt hat. So ist Europa derzeit noch damit beschäftigt, nach dem Ende der Nachkriegsordnung neue Perspektiven für die Zukunft des Kontinents zu entwickeln (Abb. 4).

Zum Weiterlesen:

• Die Teilung Deutschlands, S. 880
• Der Kalte Krieg, S. 882
• Der „Ostblock", S. 884
• Das geteilte Deutschland, S. 886
• Europäische Integration, S. 892

Kurz und knapp: Das Wichtigste für junge Forscher

Hier die grundlegenden Informationen für junge Forscher und die, die welche werden wollen:

Teilnahmebedingungen, Tipps & Fakten

Jugend forscht wurde 1965 von Henri Nannen, dem Herausgeber und Chefredakteur der Zeitschrift *Stern*, ins Leben gerufen. In den ersten zehn Jahren wurde der Wettbewerb auch vom *Stern* finanziert.

Seit 1969 gibt es für Teilnehmer, die nicht älter als sechzehn Jahre sind, den Wettbewerb *Schüler experimentieren*, sozusagen die Jugendliga von *Jugend forscht*.

1975 stieg das Bundesministerium für Bildung und Forschung mit in die Förderung ein. Von diesem Zeitpunkt an beteiligten sich zahlreiche Patenfirmen aus Wissenschaft, Wirtschaft und Politik an der Finanzierung der Regional- und Landeswettbewerbe und stifteten zahlreiche Geld- und Sachpreise.

Seit 1965 haben weit über 85.000 Jungen und Mädchen an den Wettbewerben teilgenommen, die Jüngsten waren gerade mal sieben Jahre alt.

Wer kann mitmachen?

Teilnahmeberechtigt bei *Jugend forscht* sind alle, die im Anmeldejahr ihren 22. Geburtstag noch nicht gefeiert haben und die in Deutschland wohnen oder zur Schule gehen. Außer Schülern und Auszubildenden, Wehr- und Zivildienstleistenden dürfen auch Studenten teilnehmen – allerdings nur im ersten Semester.

Bei *Schüler experimentieren* muss der 16. Geburtstag der Teilnehmer nach dem 31. Dezember des Anmeldejahres liegen.

Und da das Forschen in Gruppen nicht nur lustiger, sondern oft auch produktiver ist, dürfen sich Gruppen von maximal drei Teilnehmern an den Wettbewerben beteiligen. Alle zwei oder drei Teilnehmer müssen die oben beschriebenen Altersgrenzen einhalten.

Für Schülergruppen gilt: Das Geburtsdatum des Ältesten entscheidet über die Zugehörigkeit.

Auf welchen Fachgebieten wird geforscht?

Es gibt sieben Sparten: Biologie, Chemie, Geo- und Raumwissenschaften, Mathematik/Informatik, Physik, Technik und Arbeitswelt. Um bestimmte Forschungsthemen zu fördern, werden Sonderpreise vergeben, und zwar in den Gebieten Energietechnik (Möglichkeiten der Energieeinsparung), Informationstechnik, Umwelttechnik und Umwelt.

Abb. 1: Reges Treiben auf dem Landeswettbewerb Bremen 1997

Wie findet man sein Thema?

Dass man auf einem Gebiet forscht, das einen ohnehin schon interessiert oder fasziniert, versteht sich fast von selbst. Eine kleine Auswahl aus der großen Themenvielfalt, die in den vergangenen Jahren bei *Jugend forscht* untersucht worden ist, findet man vorne im Buch unter dem jeweiligen Fachgebiet. Dort kann man auch sehen, dass der Forschungsgegenstand gar nicht besonders exotisch oder „wissenschaftlich" sein muss. Erforschenswertes entdeckt man auch in der nächsten Umgebung – in der Grünanlage gegenüber, im Vorgarten, in der Küche oder sogar im eigenen Zimmer.

Weitere Anregungen kann man sich aus Büchern oder Zeitschriften holen – ein Nachmittag in der Stadtbibliothek lohnt sich auf jeden Fall. Eine Fernsehsendung könnte die zündende Idee liefern. Auch naturwissenschaftliche Museen sind die reinste Inspirationsquelle! Über Adressen, Öffnungszeiten und aktuelle Ausstellungen dieser Museen findet man Informationen im Internet, z. B.:

http://www.WebMuseen.de

Oder man nimmt sich ein einfaches, nahe liegendes Alltagsthema vor, auf das man schon immer eine Antwort haben wollte.

Der Alptraum jedes Forschers – man entdeckt etwas und muss danach feststellen, dass es zu genau diesem Thema bereits ausführliche Forschungsarbeiten gibt – muss euch nicht interessieren: Sollte das gewählte Thema schon einmal bei *Jugend forscht* behandelt worden sein, so macht das nichts – dass man aber

selbständig geforscht und nicht nur abgeschrieben hast, versteht sich von selbst. Und dass neue und originelle Themen die Jury mehr interessieren, ist kein Geheimnis.

Wichtig ist allerdings, sein Thema so klar und eindeutig wie möglich zu formulieren und ganz genau abzugrenzen. Ein ausuferndes, umfangreiches Thema mit beschränkten Mitteln und wenig Zeit zu behandeln, ist so gut wie unmöglich!

Im Zweifelsfall sollte man sich von den Lehrern beraten lassen. An vielen Schulen gibt es spezielle Betreuungslehrer für *Jugend forscht*.

Die Anmeldung

Sollte es an der Schule keine Anmeldeunterlagen geben, kann man (oder der Fachlehrer) sie bei folgender Adresse anfordern:

Stiftung Jugend forscht e.V.
Baumwall 5, 20459 Hamburg
Telefon: 040/374709-0
http://www.jugend-forscht.de
E-Mail: jufoHH@aol.com

Eine – deutlich und vollständig ausgefüllte – Anmeldekarte schickt man dann an den Wettbewerbsleiter des jeweiligen Bundeslandes (die Adresse steht in den Anmeldeunterlagen). Sie muss spätestens am 30. November des Anmeldejahres im Briefkasten liegen.

Die Forschungsarbeit

Wenn das Thema formuliert ist, beginnt die eigentliche Arbeit: Es werden Informationen und Materialien zusammengetragen – aus Büchern, Katalogen, Bibliotheken und gegebenenfalls dem Internet. Versuchsreihen wollen geplant und durchgeführt sein. Je nach Fachgebiet sind umfangreiche Berechnungen anzustellen, Computerprogramme müssen geschrieben und getestet oder Modelle gebaut werden. Wer nicht rechtzeitig angefangen hat, kommt jetzt ganz schön in Stress!

Ganz wichtig: Das Thema muss nicht nur wissenschaftlich formuliert, sondern auch mit wissenschaftlichen Methoden untersucht werden! „Ungefähr" oder „vielleicht" haben in einer naturwissenschaftlichen Arbeit nichts zu suchen. Jeder Arbeitsschritt, jedes noch so kleine Zwischenergebnis wird sorgfältig schriftlich festgehalten.

Die schriftliche Arbeit

Sind alle Forschungsarbeiten – Versuche, Beobachtungen, Erfindungen – abgeschlossen, geht es ans Verfassen der schriftlichen Arbeit. Wie man so etwas macht, steht in einem Leitfaden, den man bei der *Jugend forscht*-Geschäftsstelle anfordern kann. Die Arbeit darf höchstens 15 Seiten lang sein – einschließlich aller Illustrationen wie Fotos, Tabellen, Grafiken etc. Am Ende der Arbeit führt man in einem Literaturverzeichnis alle Bücher auf, die man für sein Thema benutzt hat.

Außerdem wird eine Kurzfassung der Arbeit verlangt. Sie darf höchstens eine Seite lang sein und fasst die wesentlichen Aspekte des Beitrags zusammen: Wie war die genaue Fragestellung – was also war der Forschungsgegenstand, was wollte man beweisen oder herausbekommen? Welche Methode hat man benutzt, um die Frage zu beantworten? Was waren die Ergebnisse? Was hat man falsch (oder richtig) gemacht, was hat man vermisst, welche Fragen sind offen geblieben? Diese Kurzfassung muss so formuliert sein, dass sie auch für diejenigen verständlich ist, die nicht die längere Arbeit vorliegen haben.

Die schriftliche Arbeit – plus Kurzfassung – muss im Januar, also gut einen Monat nach der Anmeldung, eingereicht werden.

Die Wettbewerbe

Alle, die sich rechtzeitig angemeldet und ihre Arbeit abgeschickt haben, werden zu einem der 58 Regionalwettbewerbe von *Jugend forscht* eingeladen. Diese finden im Februar statt. Dort hat jeder Teilnehmer bzw. jede Teilnehmergruppe einen Stand, auf dem die Forschungsergebnisse präsentiert werden. Über die Standgestaltung – auf zwei bis drei Quadratmetern – sollte man sich rechtzeitig Gedanken machen: Mit Fotos und Grafiken, Modellen und Versuchsaufbauten sollte die Arbeit möglichst anschaulich und interessant dargestellt werden – denn die Konkurrenz ist groß!

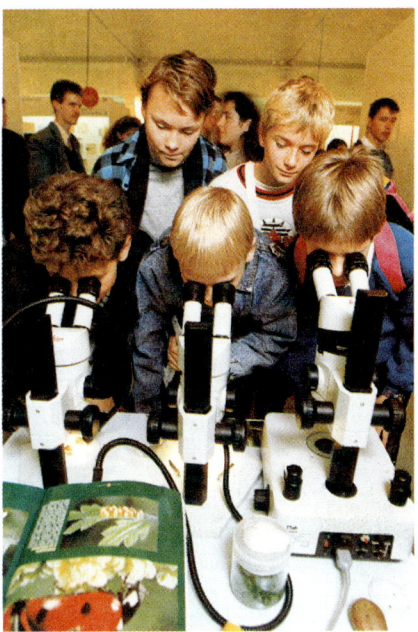

Abb. 2: Bei der Vorstellung der Arbeiten können Verwandte und Bekannte sich ein eigenes Bild machen

Im Regionalwettbewerb muss die Arbeit außerdem in einem etwa zehnminütigen mündlichen Vortrag vorgestellt werden – den vorher zu üben, z. B. vor der Familie oder vor Freunden, ist dringend anzuraten.

Die besten Teilnehmer aus den Regionalwettbewerben präsentieren sich dann im März auf den Landeswettbewerben. Dort werden die Sieger in den einzelnen Fachgebieten ermittelt, die dann zum *Jugend forscht*-Bundeswettbewerb reisen dürfen.

Schüler experimentieren findet in den meisten Bundesländern nur auf Regionalebene statt. Ausnahmen: Bayern, Nordrhein-Westfalen und Rheinland-Pfalz. Dort reisen die Besten aus den sieben Fachgebieten zum *Schüler experimentieren*-Landeswettbewerb.

Was gibt's zu gewinnen?

Neben Geldpreisen winken vor allem Sachpreise, die genau auf wissbegierige Jungforscher zugeschnitten sind – Forschungspraktika, Reisen und Studienaufenthalte, Bücher und Zeitschriftenabonnements.

Die Bundessieger können sich außerdem für weiterführende internationale Wettbewerbe qualifizieren wie dem „European Union Contest for Young Scientists". Hervorragende Umweltprojekte werden für den Welt-Wettbewerb „Worldwide Young Researchers for the Environment" – (WYRE) nominiert.

Patente für junge Erfinder

Wer sich im Rahmen von *Jugend forscht* als Erfinder betätigt, sollte seine Erfindung sicherheitshalber zum Patent anmelden – sonst macht am Ende irgendein gewitzter Schmarotzer mit den mühsam erarbeiteten Forschungsergebnissen das große Geld. Die Kosten für die vorläufige Anmeldung zum Patent braucht man nicht selbst zu tragen – sie werden von *Jugend forscht* übernommen. Man muss sich nur rechtzeitig darum kümmern – allerspätestens vor der ersten Präsentation auf dem Wettbewerb. Die jeweilige Betreuungslehrerin oder der Wettbewerbsleiter können dabei helfen.

Auch österreichische Jugendliche können forschen

Das österreichische Pendant zum deutschen *Jugend forscht* ist der Wettbewerb *Jugend innovativ*. Auch hier werden besonders erfolgreiche Teilnehmer zu internationalen Wettbewerben eingeladen. Teilnahmeberechtigt sind österreichische Schüler ab der 10. Schulstufe – einzeln oder im Team, auf eigene Regie oder unter Anleitung von Lehrerin oder Lehrer.

Erarbeitet werden originale Problemlösungen im Rahmen des fächerübergreifenden Projektunterrichts, die aus technischer, wirtschaftlicher oder sozialer Sicht ausgearbeitet werden, und zwar aus den Gebieten Energie und Umwelt, Wirtschaft und Wissenschaft, Technologie, Soziales, Design oder Verbesserung bestehender Produkte.

Eingereichte Projekte, die den Forderungsrichtlinien von *Jugend innovativ* entsprechen, werden mit Geldpreisen unterstützt. Außerdem steht das österreichische Patentamt den Teilnehmern bei allen Fragen über das Patent-, Marken- und Musterwesen mit Rat und Tat zur Seite. Den Gewinnern winken Geldpreise.

Die Teilnahmebedingungen gehen zu Beginn des Schuljahres an Direktorinnen, Projektleiter, Elternvertreter und Schülervertreterinnen aller österreichischen Schulen. Weitere Auskünfte und Informationen erhält man bei folgenden Adressen:

Innovationsagentur GmbH
A–1020 Wien
Taborstraße 10
Telefon: 01/216 52 93-314
Ansprechpartnerin: Jana Zach
E-Mail: jzach@innovation.co.at
http://www.innovation.co.at
http://www.jugendinnovativ.at

α-Helix 596
α-Strahlen 476
β-Strahlen 476
γ-Strahlen 477
α-Teilchen 300
β-Teilchen 300
Aale 339
Aaron 767
abbremsen 258
Aberglaube 808
Ablass 808
Ablasshandel 811
Ablasssystem 808
Abnabelung 347
Absolutismus 814, 816, 820, **825**, 835
Absolutismus, aufgeklärter 842
Absorption 188, **310**, 519
Abstände, periodische 190
Abszisse 71
Äbte 799
Abteien 831
Abteilung 458
Abwärme 635
Abwasser 380, 387
Abwasserreinigung 519
Abweichung, mittlere 153
abweiden 383
Acetaldehyd 579
Aceton 581
Acetylsalicylsäure (ASS) 586
Achillessehne 349
Achromat 209
Achse, horizontale 58
Achse, vertikale 58
Achselbehaarung 344
Achsenabschnitt 74
Achsenspiegelung 63
achsensymmetrisch 83
Addition 30
Additionstheoreme 131
Additionsverfahren 105
Adel 792, 798
Adelsfamilien 769, 792
Adelsgesellschaft 768
Adelsherrschaft 770
Adenauer 881, 886, 892
Adenin 389
Adenosintriphosphat 410, 521
Adlige 765, **770**, 796, 799
Adoptivkaisertum 779
Adrenalin 408
Afrika 786, 847
Afterflosse 338
Agadir 851
Aggregatzustand 274, 469, **472**, 474, 524
Agrarmarkt, gemeinsamer 731
Agrarreform 687
Agri Decumates 785
Agribusiness 693
Agrumen 673
Ägypten **762**, 765, 766, 767, 769, 772, 775, 778, 782, 850
Ahaggar-Gebirge 656
Ähnlichkeit 88
Ähnlichkeitsabbildung 90
AIDS 393
Airbus 734
Aisne 854
Aistulf 789
Akademie der Wissenschaften 822
Akkad 765
Akkommodation 192, 204, 416
Akkon 802
Akku 560
Aktiengesellschaften 703
Aktinfilament 413

Aktivierung 503
Aktivierungsenergie 503
Aktivkohle 519
Alamannen 785, 788
Alarich I. 786
Alarich II. 787
Alaska 691, 846
Alba 810
Albrecht von Brandenburg 808
Aldehyde 579
Aldehydgruppe 580
Alexander 774
Alexander d. Gr. 763, 765
Alexandria 775, 783, 794
Alexios I. 797
Algarve 732
Algen 378, 386
Algerien 848
Alkalien 299, 557
Alkalimetalle 482, 548
Alkalimetallhydroxide 548
Alkanale 580
Alkane 570
Alkohol 464
Alkylgruppen 569
Alkyl-Rest 579
Alldeutscher Verband 849
Alleinherrschaft 770
Alleinvertretungsanspruch 886
Allgäu 622
Alm 623, 646
Alpakas 673
Alpen 616, 652, 711, 713
Alpenfestung 877
Alpenvorland 612
Alpha-Schwefel 520
Altersbestimmung 305
Altertum 787, 787
Alterungsprozess 535
Altlasten 631, 641
Aluminium 506, 508, 510
Aluminiumsilicate 591
Alu-Sandwich 511
Alveolen 410
Amalgam 507
Amazonas 686
Amboss 353
Ambra 587
Ameiseneier 371
Ameisensalz 371
Ameisensäure 371
Amerigo Vespucci 805
Amide, primäre 594
Amine 594
Aminoethansäure 595
Aminoplaste 576
Aminosäuren 391, 594, 596
Aminosäuren, essentielle 596, 598
Aminosäuresequenzen 452
Ammon 775
Ammoniak 556
Ammoniak-Synthese 547
Ammoniter 767
Ammoniumcyanat 562
Amöbe 392
Ampere 218
Amperesekunde 218
Amphibien 342, 448
Amplitude 292, 295
Amsterdam 818
Amtsherzöge 791
Amudarja 701
Amun 763
Amylopektin 405
Amylose 405
An 764
Analphabeten 681
Analyse 501

Anaphase 390
Anarchie 823
Anbau, ökologischer 621
Anden 673, **711**, 729, 737
Andreas II. 802
Andropow, Juri 894
Anergie 177
Angara 703
Angeln 800
anglikanische Kirche 811
Angorakatze 322
Angsttrieb 374
Anion 211
Ankathete 126
Anker 185
Anode 211, 221, 561
Antagonist 409, 413
Antarktis 748
Antazida 553
Antibiotikum 430
Antiblockiersystem 262
Antigen 431
Anti-Haft-Beschichtung 523
Anti-Icing-Additive 573
Antike 756, 761
Antiklopfmittel 573
Antikörper 431
Antiochia 783
Antirheumatikum 586
Antisemitismus 843, 872
Antonio de Salazar 867
Antonius 778
Antriebskraft 240
Anzahl 26
Anziehungskraft 233, 281
Apostel 782
Appalachen 691
Appeasement-Politik 875
Appetenzverhalten 433
Äquator 611
Äquatorialebene 390
äquivalent 67
Äquivalentsdosis 309
Araber 767, 789, 796, 801
Aragon 804, 807
Aralsee 701
Arbeit 266, 320
Arbeiter- und Soldatenräte 860
Arbeiterbewegung 841, 845
Arbeiterinnen 370
Arbeiterpartei 839, 845, 849
Arbeitsfront, Deutsche 868
Arbeitslosigkeit 825, 836, 865
Arbeitsstromkreis 185
Arbeitszyklus 276
Arcadius 781
Archaebakterien 520
Archaeopteryx 448
Archonten 770, 771
Argon 180, **486**, 516, 532
Argos 769, 773
Arianismus 794
Arierparagraph 868
Arisierung 872
Aristokratie 770, 776
Arius 794
Armada 805
Armeen, weiße 859
Ärmelkanal 830
Arminius 785
Arnulf von Kärnten 789
Aromabildung 601
Aromastoffe 586
Arrhenius 557
Arsen 516
Art 440
Artenreichtum 660
Artenvielfalt 401
Arterien 355, 406

ASEAN-Pakt 739
Asow 818
Asowsches Meer 702
Assoziativgesetz 66
Assoziativität 66
Assur 765
Assyrer 763, 765, 767
Astat-Isotop 522
Astenosphäre 711
Asyl 677
Atacama 673
Atacama-Graben 711
Athaulf 786
Athen 770, 772, 773
Äther 273
Äthiopien 659
Äthiopier 763
Atlanta 695
Atlas 613
Atmosphäre 246, **667**, 744, 747
Atmung 354
Atmung, anaerobe 520
Ätna 712
Atomanzahlen 495, 498
Atombindung 517, 526, 556
Atombindung, polare 537
Atombombe 879, 882
Atome 487
Atomhülle 216
Atomkern 477, 481
Atomkraft 706
Atommasse 483, 484
Atommodell 472, 516
Atomrumpf **480**, 505, 517, 541
Aton 763
ATP 389, 410, 521
Attika 770, 786
Attischer Seebund 773
Auerochse 326
Auffangbecken 764
Aufklärer 821, 825
Aufklärung 822
Auflichtprojektor 207
Auflösung, chemische 489
Auftrieb 252
Auftriebskraft 252, 255
Aufwertung 705
Augapfel 352
Auge 352
Augenflüssigkeit 204
Augenhöhle 352
Augenlid 352
Augenlinse 204, 352
Augentierchen 392
Augsburg 807
Augsburger Religionsfriede 807, 813
Augustus 778
Augustus des Ostens 780
Augustus des Westens 780
Auschwitz 873
Ausgangsstoffe 488
ausklammern 97
Ausländer 677, 771
Ausläufer 318
Auslese, natürliche 450
Aussage einer Gleichung 66
Außendruck 177
Außenelektronen 480, 516
Außenschale 480
Außenskelett 388
Außenwinkel 80
Aussiedler 677
Aussiedlerhöfe 638
Austernfischer 384
Austrien 788

Austrofaschismus 867
Auswanderungsland 676
Autarkie 708
Autobatterie 560
Autokatalysator 531
Autoscheinwerfer 523
Autowachse 587
Avignon 795, 808
Azteken 805
Baal 767, 782
Babylon 765, 775
Babylonien 765, 766, **772**, 767
Bache 330
Backenzähne 351
Backpulver 549
Baffin Bay 672
Bahnen, motorische 422
Bahnen, sensorische 422
Baikal-Amur-Magistrale 702
Baikalsee 703
Bakelit 574
Bakterien 392, 430
Bakterien, anaerobe 565
Bakterien, Erdöl verarbeitende 565
Bakterien, Schwefel oxidierende 520
Bakterien, Schwefel reduzierende 520
Balkan 838, 853
Balkanbund 853
Balkankonflikt 840
Balkankrieg 853
Balkankrise 853
Ballaststoffe 598
Ballhaus 826
Baltisches Meer 653
Balz 329
BAM 703
Bananen 736
Banat 819
Bandgenerator 281
Bandscheiben 348
Bangladesh 717
Bankivahuhn 328
Bann 792
Bantu 661
Barbaren 784
Barbarossa 793
Barium 550
Bärlappgewächs 367
Barone 816
Bartholomäusnacht 811
Bartolomeu Diaz 804
Bartwuchs 603
Basalt 710
Basel 741
Basen 178
Basileus 770
Basis 35, 78
Bastard 321
Bastille 826
Batteriehaltung 332
Batterien 548
Bau 335
Bauchpilze 369
Bauchspeicheldrüse 350
Baue 335
Bauern 769, 789, 810
Bauernkrieg 810
Baumschicht 360
Baumwolle 729
Baustoffe 402
Bauxit 511
Bayern 788
Bazillen 392
Beamte 771, 789
Beamtenapparat 820
Beaufort (Bft) 619

Bebauungspläne 722
Bebel 852
Beck, Ludwig 871
Becken 348
Becquerel, Henry 300
Bedarf 639
Bedecktsamer 458
Beerenwachs 587
Befestigung 761
Befreiungskriege 835
Befruchtung 359
Befruchtung, äußere 339, 342
Belgien 834
Belo Horizonte 686
Belt 692
Benedetti 839
Benefizium 795
Beneö 875
Bengalenstrom 673
Benzin 567
Benzin, verbleites 506
Beregnungsanlage 625
Bergbau 646, 653
Bergland, Hessisches 713
Bergwerk 760
Berlin 724
Berliner Kongress 852
Berliner Mauer 886
Berlinische Monatsschrift 822
Bernoulli-Experimente 158
Bernoulli-Kette 158
Bernstein 760
Berufskrieger 796
Berührung 420
Beryllium 550
Berylliumoxid 538
Berzelius 562
Besamung, künstliche 326
Beschleunigung 258
Beschleunigungsarbeit 262
Bestäubung 359
Bestimmungsdreieck 113
Beta-Schwefel 520
Bethmann-Hollweg, Theodor
von 855
Betrag 64, 68
Betragsfunktion 76
Betragsgleichung 68
Betragsstrich 68
Betriebsstoffe 402
Betrillern 370
Beuger 349
Beutegreifer 323
Bevölkerungswachstum 680,
742
Bewässerungsbau 626
Bewässerungskanal 764
Bewegung, aktive 412
Bewegung, gleichförmige 257
Bewegung, passive 412
Bewegung, periodische 293
Bewegungen 58
Bewegungsenergie 262, 264,
475
Bewegungskrieg 854
Bewegungsrichtung 230
Bewegungszustand 230
Bewirtschaftung, extensive 662
Bewölkung 618
Bezugsschein 870
Bhopal 464
Biafra 684
Bibel 767
Bienenwachs 564, 587, 602
Bild 59
Bilder, virtuelle 195
Bilderstreit 803
Bildungsreform 832
Bildweite 102

Bilinse 200
Billigflaggen 741
Biluxlampe 195
Bims 713
Bindigkeit 517
Bindung, glycosidische 593
Bindung, metallische 505
Bindungsenergie 303
Bindungskräfte 505
Binnenmarkt 893
Binnenschutz 731
Binnenwanderung 676
Binomialkoeffizient 155
Binomialverteilung 159
Bio-Diesel 565
Bioelemente 546
Biogas 565, 566
Biotop 360, 376, 457
Biozönose 457
Birmingham 720
Bischof 798
Bischofssitz 790
Bismarck 838, 842, 849
Bistümer 790, 831
Bizeps 349
Bizone 880
Björko 851
Blankoscheck 853
Bläschenkeim 346
Blase 408
Blätter 357
Blättermagen 327
Blattgrünkörner 396
Blei 506, 508, 510, 517
Bleiakkumulator 560
Bleichmittel 590
Blendenzahl 206
Blinddarm 351
Blitze 476
Blitzkrieg 876, 879
Blizzard 691, 717
Blücher 833
Blüten 357
Blütenduft 586
Blutersatz 546
Blutkörperchen 406
Blutkreislauf 355
Blutplättchen 407
Blutsonntag 858
Boddenküste 653
Bodenerosion 659, 662, 687,
693
Bodenhaltung 332
Bodenorganismen 400
Bodenreform 733
Bodenschätze 848
Bodenschicht 361
Bodensee 624
Bodylotion 602
Bogen 51
Bogengang 419
Bogenmaß 131, 140
Bogenstrahlen 341
Böhmen 790, 792, 793
Bohrkerne 518
bohrsches Atommodell 216,
298
Boleslaw III. 802
Bolschewiki 858
Bombe 712
Bonifaz VIII. 795
Bonn 784
Bor 516, 538
Bor-Aluminium-Familie 482
Börden 620
Borkenkäferfallen 373
Bornhöved 801
Bosnien 853
Bosporus 772, 852

Boston 824
Boston Tea Party 824
Boxer 851
Boxeraufstand 851
Boyle, Robert 250, 564
Brachvögel 384
Brahmaputra 717
Brandenburg 644, 809
Brandrodung 661
Brandt, Willy 883, 886
Brasilien 686, 729
Brauchwasser 310
Braunkohle 519, 628, 630, 634
Braunschweig-Lüneburg 809
Braunschweig-Wolfenbüttel
809
Brausepulver 549
Brechkraft 201, 203
Brecht, Bertolt 868
Brechung 198
Brechungswinkel 196
Breitenkreis 611
Bremsarbeit 249
Bremskolben 249
Bremsweg 262
Brennelemente 307
Brennpunkt 101, 194
Brennstoff 519
Brennstoffe, fossile 177, 563
Brennstoffe, schwefelhaltige
533
Brennstoffe, umweltfreundliche
565
Brennstoffzellen 561
Brennweite 101, 194
Brennwert 174
Breschnew, Leonid 894
Brest-Litowsk, Frieden von 855
Brigaden 700
Briten 800
Brom 522
Bronchien 354
Brönsted 556
Bronze 465, 507, 760
Bronzewaffen 768
Bronzezeit 465, 507, 760, 764
Bruchgleichung 100
Bruchzahlen 38
Brückentier 448
Bruderkrieg 773
Brüderlichkeit 782
Brüning 863
Brustflosse 338
Brustkorb 348
Brustmuskulatur 340
Brutpflegerinne 371
Brutreaktor 307
Bruttosozialprodukt 680
Brutus 777, 778
Buchdrucker 372
Buchen 374
Büchner 835
Buchstaben 766
Buchstabenschrift 769
Bug 784
Bulgarien 853
Bulle 326
Bülow 849
Buna 663
Bund, Korinthischer 774
Bundesgenossen 776
Bundeslade 767
Bundesländer, neue 645, 738
Bundesrat 839
Bundesstaat 834, 837
Bundesverfassungsgericht 887
Burgen 796, 799
Bürger 770
Bürger Capet 828

Bürgerbräukeller 871
Bürgerkrieg 777, 778, 781, 816
Bürgerrecht 771, 798
Bürgerschaft 776
Bürgertum 836
Burgund 787, 788, 792, 795,
806
Burgunderreich 786
Burma 850
Burschenschaften 835
Bürzeldrüse 341
Buschwindröschen 360
Butan 567
Butanol 578
Byssusfaden 383
Byzantiner 792, 803
Cadmium 549
Caesar 777, 778, 780, 784
Caesium 541, 548
Calais 735
Calcium 550
Caligula 779
Calvin, Johannes 807, 903
Calvinisten 810, 844
Canossa 792
Canterbury 811
Carbonsäure 582, 586
Carnaubawachs 587
cash crops 663, 685
Cassius 777, 778
Castro, Fidel 883
Caudillo 867
CDU 880
Cellulose 574, 592
Ceratine 596, 603
Chamberlain, Neville 864, 875
Charterverkehr 741
Chauvinismus 848
Chemie, anorganische 562
Chemiefaser 563
Cheops-Pyramide 762
Cherusker 785
China 671, 707, 737, 740
Chlodwig I. 788
Chloridion 522
Chlor 522
Chlorophyll 357, 389, 546
Chloroplasten 389, 397
Chlorwasserstoff 523
Chlotar I. 788
Chlotar II. 788
Cholesterin 588
Chorioidea 414
Christen 767, 779, 782
Christentum 781, 782, 797,
801, 802, 829
Christentum, griechisch-ortho-
doxes 803
Christenverfolgung 783
Christian IV. 812
Chromatiden 390
Chromosomen 389, 442
Chruschtschow, Nikita 883,
884, 886
Churchill, Winston 882, 884
Cicero 777, 778
City 643, 721, 725
Claudius 779
Clemens VII. 795
Cluny/Burgund 794
Cluster 527
Code Civil 831
Code Napoléon 831
Code, genetischer 444
C-O-Doppelbindung 580
Colbert 815
Collagene 596, 603
Colorado River 714
COMECON 884, 886

Commonwealth 888
Constantius Chlorus 780
Container 740
Containment 882
Corn Belt 692
Cornea 414
cortisches Organ 419
Cotton Belt 692
Couloumb 187, 219
County 692
Cracken 572
Crassus 777
Creme 427
Critical Loads 375
Cromagnonmensch 455
Cromwell 816
Crossing- over 443
CSU 880
CTFA-Systematik 602
cuius regio eius religio 807, 809
Dairy Belt 693
Damaszenerstahl 511
Dampfdruck 272
Dampfmaschine 730, 844
Dänemark 801, 838
Danton 828
Dareios III. 775
Darmzotten 351
Darwin, Charles 450
Datierung 758
Dauerfrostboden 655, 700,
702, 747
Dauerleistung 266
Dauernassbau 627
Daunen 340
David 767
Dawesplan 864
DDP 861
DDR 676, 722, 733, 881, 631,
635, 641, 647, 698
Pompadour 825
Deckfedern 340
Deckschichten 632
Declaration of Rights 817, 823
Definitionsbereich 76
Deflation 715
Deich 615, 726
De-Industrialisierung 719, 720
Dekkan 682
Delos 768
Delphi 768
Delta 715, 726
Deltaprojekt 726
Demokratie 769, 770, 771, 834
Demontage 880
Demulgator 570
Denars 780
Dendriten 423
Departement 827
Deponie 641
Deportation 765
Depotfett 588
Depression 613
Descartes 822
Desertifikation 659, 662, 745,
747
Desinfektion 274
Destillation, fraktionierte 571
Destillation, trockene 564
Destillieren 578
Destruenten 380, 430, 547
Deuteron 302, 308
deutsche Frage 836, 838, 841,
884, 886
Deutscher Bund 834, 836, 838,
844
Deutscher Kaiser 839
Deutscher Krieg 838
Deutscher Orden 797, 801

Deutscher Zollverein 844
Deutsches Haus 802
deutsches Kaiserreich 849, 852
deutsches Königreich 789
Deutsches Reich 850, 853
Deutschlandvertrag 886
Deutsch-Ostafrika 850
Deutsch-Südwestafrika 850
Devisen 685, 687, 737, 741
Dezentralisierung 725
Dezimalbruch 43
Dezimalsystem 28
Dezimalzahl 43
Diabetiker 409
Dialyse 474
Diamant 518
Diamant, künstlicher 518
Diamantstruktur 518
Diaphragma 346, 427
Diapositiv 207
Diaspora 767
Diastole 406
Dibortrioxid 538
Dichte 252, 469, **470**, 506
Dichteanomalie des Wassers 525
Dickdarm 351
Dictyosomen 389
Dielektrikum 279
Dielektrizitätszahl ε$_r$ 279
Dien Bien Phu 889
Dienstadel 796
Dienstleistung **639**, 675, 718, 724
Dienstvolk 796
Diesel 565
Dieselkraftstoff 587
Dieselmotor 268, 518
Dietrich von Bern 787
Differenz 31, 276
Diffusion 394, 474
Diktatur 777, 817
Diktatur des Proletariats 845, 859, 866
Dinosaurier 449
Diode 310
Diokletian 780
Dioptrie 201, 203
diploid 442
Dipol 215, 526
Dipolmolekül 539
Direktorium 829, 830
Disaccharid 404
Disauerstoff 537
Disparität 724
Dispersion 197, 199, 208
Dispersionsfarben 471
Dissoziation 210, 217, 556
Distickstoffoxid 534
Distributivgesetz 67
Disulfidbrücken 597
divergieren 202
Dividend 33
Division 33, 42
Divisionsgleichungen 33
Divisor 33
Diwasserstoffoxid 492
Dnjepr 702, 803
DNS 389
Dobson Unit (DU) 534
Dolchstoßlegende 861
Dollarimperialismus 847
Dollfuß, Engelbert 866
Dominanz 441
Dominikanerorden 808
Dominions 888
Domitian 779
Don 702, 818
Donau 784

Donaugrenze 786
Donaumonarchie 819, 834, **837**, 838, 848, 853
Donauschwaben 819
Donezkbecken 702
Dönitz 877
Doppelbindung 517
Doppelmonarchie 819
Doppelmonarchie, österreichisch-ungarische 837
Doppelspirale 442
Doppel-T-Anker 286
Doppelzucker 404
Dorer 768
Dorf 638, 760
Dosenbarometer 247
Drachen 115
Drainage 658
Drakons 770
Dreadnought 852
Dreadnought-Klasse 852
Dreharmabstand 239
Drehkondensator 278
Drehmoment 239
Drehmomentscheibe 238
Drehpunkt 60
Drehrichtung, negative 56, 128
Drehrichtung, positive 56, 126
Drehsinn, positiver 140
Drehsinnesorgan 419
Drehspulinstrument 226
drehsymmetrisch 83
Drehung 60
Drehzentrum 60
Dreibund 840
Dreieck 78
Dreieck, gleichschenkliges 80, 114, 199
Dreieck, gleichseitiges 80, 114
Dreieck, rechtwinkliges 80, 114
Dreiecksfläche 93
Dreiecksungleichung 78
Dreifachbindung 517
Dreifelderwirtschaft 398
Dreifingerregel 211
Dreikaiserbündnis 840
Dreikaiserjahr 842
Dreikaiserschlacht von Austerlitz 831
Dreisatz 94
Dreißigjähriger Krieg 812
Dressur 435
Drift 672, 710
Dritte Welt 736, 891
dritter Stand 825, 826
Drittländer 401
Drogen 464
Druck, hydrostatischer 244, 250, 252
Druck, osmotischer 546
Druck, statischer 255
Druckdifferenz 280
Druckeinheit 243
Druckempfindung 420
Druckfarben 519
Druckpunkte 421
Druckstelle 242
Drucktechnik 808
Druckwasserreaktor 291, 307
Druckwirkung 242
Drüsenmagen 328
Drusus 784
Dryopithecus 453
Dualismus 821
Dualsystem 28
Dubcek, Alexander 885
Duce 866
Duftkompositionen 587

Duftmarke 323
Duftstoffe 586
Duftstraße 370
Duma 859
Düna 803
Dünen 340
Düngemittel 521
Dünger 398
Düngung 547
Dünkirchen 876
Dünndarm 350
Dunstabzugshauben 519
Durchblutungsstörungen 598
Durchlichtprojektor 207
Durchmesser 51
Duroplast 575
Durst 600
Dynamo 181
Dynastie 788
Dynastie der Severer 780
Dynastie, flavische 779
Dynastie, julisch-claudische 779
Dynastie, staufische 795
Dynastien 779, 780
Ebene, schiefe 236
Ebert, Friedrich 860
Eckzähne 351
Ecstasy 464
Edelgase 300, 486, 492, 516
Edelgaskonfiguration 542
Edelmetalle 506
Edelstahl 511
Edikt von Nantes 811, 814
Edmund 801
Eduard III. 800
Égalité 827
EGKS 892
Eheverbot 794
Ei 371, 443
Eichel 344
Eierstöcke 345
Eigenfrequenz 294
Eigengewicht 253
Eigenverbreitung 359
Eileiter 345
Einbürgerung 677
Einfachbindung 540
Einfachzucker 404, 592
Einfallslot 196
Einfallswinkel 196
Eingeweidemuskulatur 412
Einheit 769
Einheiten 49
Einheitliche Europäische Akte 893
Einheitskreis 119, 126, 140
Einheitsstaat 819, 836
einkeimblättrig 458
Einkristall 515
Einparteienstaat 866
Eintauchlinie 253
Eintauchtiefe 244
Einwanderungsland 676
Einwegbatterien 561
Einzelgänger 322, 334, 337
Einzeller 392
Einzugsbereich 643
Eisen 465, 508, 510, 636, 761
Eisenbahn 844
Eisenkerne, lamellierte 289
Eisensulfid 520
Eisenwaffen 768
Eisenzeit 465, **761**, 764, 784
Eiserne Front 863
Eiserner Vorhang 882, 884
Eismeer 818
Eiszeit 612, 620, 644, 651, 759
Eiweiß 350, 388, **402**

Eizelle 345, 366
El Niño 716
Elastomere 575
Elba 833
Elbe 784
Elektrizität 280
Elektroautos 549
Elektroden 178
Elektrolyte 210
Elektrolytkondensator 279
Elektromagnetismus 184
Elektron 214, 300, 476, 542, 561
Elektronegativität 526, 539
Elektronen, delokalisierte 517
Elektronen, lokalisierte 517
Elektronengas 505, 516
Elektronenkitt 505
Elektronenpaar 556
Elektronenpaar, freies 594
Elektronenpaar-Abstoßungsmodell 527
Elektronenschale 217
Elektronenüberschuss 220
Elektronenübertragung 542
Elektronenverlust 476
Elektroneutralität 542
Elektroskop 212, 214
Element, neutrales 30
Elementaranalyse 547
Elementarmagneten, ferromagnetische 182
Elemente 500
Elfenbein 804
Elisabeth 821
Elisabeth I. 811, 816
Ellipse 123
Elsass 839
Elsass-Lothringen 840
Elser, Georg 871
Embryo 347
Emirat 675
Emission 375, 530, **697**, 746
emittieren 188
Empire 805
Ems 785
Emscherzone 719
Emser Depesche 839
Emulgatoren 471, 602
Emulsion 471, 579, 602
EN-Differenz 540
Endoplasmatisches Retikulum 389
Endstellenregeln 36
Energie 629, 745, 746
Energie, chemische 560
Energie, elektrische 560
Energie, kinetische 263
Energie, potentielle 260
Energieaufwand 280
Energiebedarf 598
Energiebetrag 302
Energieerhaltung 264
Energieerhaltungssatz 265, 270
Energieformen 264
Energiekreislauf 502
Energiemix 493
Energieträger 744, 519
Energieträger, alternative 737
Energieträger, fossile 264, 744
Energieträger, leerer 593
Energieübertragungskette 176
Energiewandler 228
Energiewandlung 265
Energiewirtschaft 493
Engels, Friedrich 845
England 795, 800
Enthärter 590
Enki 764

Enlil 764
Entente cordiale 850
Entenvögel 384
entmagnetisiert 183
Entschwefelung 533, 571
Entspannungspolitik 882
Entstalinisierung 885
Entwicklung, angepasste 689
Entwicklungsland 564, 675, **680**, 729, 739, 741, 742, 745
Entwicklungsprojekt 687
Enzyme 350, **405**, 578, 590
Epidauros 768
Epidermis 397
Episkop 207
Epizentrum 713
Epochen 756
Erbfolgekrieg, österreichischer 819, 821
Erbfolgekriege 819
Erbmonarchie 837
Erbsubstanz 521
Erbuntertänigkeit 820, 832
Erdachse 660
Erdalkalimetalle 482, 550
Erdbeben 655, 766
Erdgas 563, 565, 566
Erdgasreserven 565
Erdnuss 602
Erdöl 563, 565, **632**, 658, 659, 675, 684, 718, 736, 741, 744,
Erdölfelder 565, 659
Erdölmuttergestein 632
Erdrotation 669, 672, 710
Erektion 425
Erepsin 405
Erfolg 434
Erg 657
Ergänzung, quadratische 99, 133
Ergebnisbaum 150
Ergebnismenge 150
Erholung 362
Erholungszone 387
Erlenzone 376
Ermächtigungsgesetz 868
Ermanarich 786
Ernährung 341
Ernte 547
Erosion 363, 655, **662**, 714, 745, 747
Erosion, marine 715
Erreger 393
Erschießungskommandos 872
Erschütterungssinn 337
Erstickungsgefahr 532
Erythrozyten 407, 430
Erz 507
Erzberger, Matthias 862
Erzbildner 482
Erzbischof 790
Erze, sulfidhaltige 520
Erzherzog Johann 837
Esbit 174
Esel 325
Eselsmilch 602
Eskimo 654
Essig 552
Ester 586
Esterhydrolyse 586
Estland 699
Ethan 566
Ethanal 580
Ethologie 432
Ethyl-Rest 579
Etikette 815
Etrusker 776
Euglena 392
Eule 341

eulersche Polyedersatz 125
eulersche Zahl 109
Euphrat 764
Eurasien 728
EURATOM 730, 892
Euregio 734
Euro 730, 892
Europa 724
Europäische Atomgemein-
schaft (EAG/Euratom) 730
Europäische Gemeinschaft
(EG) 720, 730, 732, 735
Europäische Gemeinschaft für
Kohle und Stahl (EGKS/Mon-
tanunion) 730
Europäische Kommission 893
Europäische Politische Zusam-
menarbeit 893
Europäische Union (EU) 677,
720, **730**, 732, 737, 739, **893**
Europäisches Währungsinstitut
(EWI) 721
Europäische Wirtschaftsge-
meinschaft (EWG) 892
Europäische Zentralbank
(EZB) 721
Europäisches Parlament 892
Eurotunnel 735
Eutrophierung 381, 547
evakuieren 272
Evangelium **782**, 808, 810, 868
Ewiger Landfriede 799
Exekutive 823, 830
Exergie 177
exotherm 540
Expander 230, 264
Experiment 488
Exponent 35, 110
Exponentialfunktion 142
Exponentialrechnung 96
exzentrisch 116
Facettenauge 414
Fächerpalme, brasilianische
587
Fahne 341
Fahrenheit 822
Fahrstrecke 257
Fahrzeug 259
Faktoren 32, 34, 282, 456
Fakultät 155
Falange 867
Falbkatze 322
Falklandinseln 855
Fallout 308
Fallröhre 335
Fallunterscheidung 69
Familienplanung 683
Family Farm 693
Fangmaske 379
FAO 743
Farad 278
Faradaybecher 212
Faradaykäfig 212
Farbcode 224
Farbe 440
Farbreaktionen 557
Farbsensoren 193
Farbstoffe 519
Farne 366
Färse 326
Faschismus 866
Faschoda-Krise 850
Fasern 412
Faserproteine 596, 603
Fastfood 693
Fata-Morgana 657
Faulgas 565
Fäulnis 547
Fäulnisbewohner 369

Faulschlamm 565
Faustkeil 758
Favelas 686
Fazendas 687
FDP 880
Federästchen 341
Federkiel 341
Federkraft 264
Federn 340
Federstahl 292
Federwaage 236
Feedlot 693
Fehde 436
Fehdewesen 799
Fehlernährung 598
Fehlgeburt 347
Feldhase 334
Feldlinien 184
Felsgräber 763
Ferdinand 807
Ferdinand II. 812
Ferkel 331
Fermentationsanlagen 445
Fernâo de Magalhães 805
Fernhandel 798
Fernleitung 280
Fernleitungen 283
Ferntourismus 741
ferromagnetisch 182
Fes 851
Feststoffe 473
Festungsanlage 642
Fett 350, 402, 588, 598
Fetthärtung 589
Fettsäure 405, 590, 583, 588,
598
Feuer 464
Feuerstein 758
Feuerstelle 759
Fiberwachs 587
Fibrillen 413
Fichte 364, 374
Fichtenborkenkäfer 372
Fieberküsten, ostafrikanische
852
Filme, fotografische 523
Finanzzentrum 721
Findling 644
Fingerhut, roter 360
Fingernägel 603
Firn 617
fishfarming 387
Fixpunkt 61
Fixstern 190
Fläche 45
Fläche eines Kreises 118
Flächeninhalt 52
Flächennutzungsplan 722, 724
Flächenstaat 762
Flachwurzler 356
Flagellat 392
Flamme 254
Flamme, rußende 587
Flammenfärbung 548, 550
Flammschutzmittel 535
Flandern 806
Flaschenstäubling 369
Fleck, blinder 417
Fleck, gelber 205, 415
Fleischfresser 321, 343
Fleischfressergebiß 323
Flexible Response 883
Fliegen 378
Fließbandarbeit 694
Fließgleichgewicht 430
Flimmerhaare 354
Florida 691, 846
Flossen 338
Flotte 771, 772

Flottenbauprogramm 772
Flottenrüstung 852
Flöze 629, 630, 694
Fluchtdistanz 334
Fluchttier 324, 335
Flugmethode 340
Flugsaurier 449
Fluor 522, 540
Fluorchlorkohlenwasserstoffe
(FCKW) 275, 522, 534, 746
Fluormineral 522
Flurbereinigung 399
Flüsse 436
Flüssigkeiten 473
Flüssigkeitssäule 244
Flüssigkeitsvolumen 253
Flußsäure 522
Flußspat 522
Focussierung 416
Foggara 657
Fohlen 325
Föhn 624
Folkestone 735
Follikel 425
Follikelsprung 425
Folterungen 808
Förkenküste 653
Formaldehyd 579
Formeleinheiten 501
Formeln, binomische 98, 102
Fortpflanzung 341, 366
Fortpflanzung, sexuelle 391
Fortpflanzung, ungeschlechtli-
che 318
Fortpflanzung, vegetative 391
Fossilien 446
Fotoplatte 300
Fotosynthese 175, 357, 376, 396
Fotosynthese-Gleichung 492
Fotosynthese-Reaktion 520
Fötus 347
Fraktionen 571, 836
Francis Drake 805
Francium 548
Franco 874
Franco, Francisco 867
Franken 785, 787, **788**, 790,
794
Frankenreich 788, 794
Frankfurt 721, 785
Frankfurter Bundestag 835, 838
Frankfurter Dokumente 881
Frankreich 789, 795, 817
Franz I. 806
Franz II. 831
Franz Joseph 838
Französische Revolution 823
Fraternité 827
Frauen 765, 771
Freiheit 847
Freiheit, Gleichheit, Brüder-
lichkeit 827
Freiheitsrechte 835, 836
Freikorps 861
Freilichtmuseum 511
Freisler, Roland 871
Freizeit 650
Freizeitpark 650
Fremdherrschaft 767, 772
Frequenz 293
Frequenz, sinusförmige 288
Frieden von Hubertusburg 821
Frieden von Oliva 820
Frieden von Paris 824
Frieden von Tilsit 831
Friedhof 761
Friedrich der Große 821
Friedrich I. „Barbarossa" 793,
795, 797

Friedrich I. von Hohenzollern
820, 821
Friedrich II. 793, 795, 821
Friedrich III. 820, 842
Friedrich III. von Sachsen 809
Friedrich von der Pfalz 812
Friedrich Wilhelm I. 820
Friedrich Wilhelm III. 832
Friedrich Wilhelm IV. 837, 838
Friedrich Wilhelm von Bran-
denburg 820
Friesen 789
Frigen 275
Frischling 331
Frösche 342
Froschlurche 343
Frostsprengung 525
Fruchtblase 346, 358
Früchte, gewachste 587
Fruchtfolge 620
Fruchtknoten 359
Fruchtkörper 368
Fruchtsäfte 552
Fruchtwachs 587
Fruchtwasser 347
Fruchtzucker 581, 592
Fructose 404, 581, 592
Frühgeburt 347
FSH 426
Fudschijama 712
Fühlersprache 370
Führer 869
Führerhauptquartier 871
Führerstaat 869
Fullerene 518
Fünfjahresplan 698
Funktion 70
Funktion, antiproportionale 75
Funktion, lineare 74, 103
Funktion, proportionale 72
Funktion, quadratische 134
Funktionsgleichungen 70
Funktionsgraph 71
Funktionstabellen 70
Funktionswert 72
Fürsten 799
Fußbälle 518
Fußbodenwachs 587
Fußgängerzone 639, 643
Fußschäden 348
Fußsoldaten 796
Fußtruppen 774
Gagern, Heinrich von 836
Galerius 780
Galienus 783
Galilei, Galileo 822
Galizien 819, 855
Gallenblase 350
Gallien 777, **778**, 783, 786
Gallierkatastrophe 784
Galopp 324
Galton-Brett 160
Galvanisieren 211
Gandhi, Mahatma 888
Gänsevögel 384
Garmisch-Partenkirchen 714
Garten- und Weinbau 521
Gasaustausch 354
Gasbrenner 254
Gasdruck 251
Gase 473
Gasgemisch 254
Gasmaske 519
Gasmenge 251
Gastarbeiter 677
GATT 738
GAU 701, 744
Gaugamela 775

Gaukler 798
Gäulandschaften 620
Gaulle, Charles de 889
Gaußkurve 153
gaußsche Glockenfunktion 143
gaußsches Eliminationsverfah-
ren 104
Gavrilo Princip 853
Gazelle 437
Gebärmutter 345
Gebirge 436
Gebiss 351
Gebote 767
Gebrauchshund 321
Gebrüder Grimm 835
Geburtenrate 742
Geburtenüberschuss 680
Gefangenschaft, Babylonische
767
Gefieder 340
Gefühlsqualitäten 419
Gegenereignis 158
Gegenkathete 126, 197
Gegenreformation 811
Gegenrevolution 828
Gegenstandsweite 102
Gegenzahl 65, 68
Geheime Staatspolizei (Ge-
stapo) 869
Gehirn 353, 422
Gehörgang 353
Gehörknöchelchen 353, 418
Gehorsam 767, 843
Geigerzähler 300
Geißeltierchen 392
Gel 427
Gelatine 597
Gelbkörper 426
Gelbrandkäfer 378
Geldern 806
Geldmünze 766
Gelenke 348
Gelenkkapsel 349
Gelenkkopf 348
Gelenkpfanne 349
Gelenkschmiere 349
Gemeinsame Außen- und Si-
cherheitspolitik (GASP) 730
Gemeinschaft Unabhängiger
Staaten (GUS) 895
Gene 441, 442, 444
Generaldirektorium 820
Generäle 771
Generalstände 825, 826
Generation, geschlechtliche
367
Generation, ungeschlechtliche
366
Generationswechsel 367
Genezareth 678
Genkarte 442
Genossenschaft 625
Genotyp 441
Gentechnologie 743
Genua 797
Geodreieck 48
Georg II. 867
Gerade 47
Geraden, parallele 47
Geradengleichung 76
Gerät, elektrisches 280
Gerbstoffe 601
Gerechtigkeit 767, 768
Gerechtigkeit, soziale 845
Gericht 770, 799
Germanen 780, 783, **784**, 796,
798
Germania Inferior 784
Germania Superior 784

Germanien 779, 783, 786
Germanium 515
Geruch 468
Geruchssinn 436
Geruchssinnesorgan 353
Geruchsstoffe 519
Geruchszellen 353
Geruchszentren 419
Gesamtmasse 501
Gesamtspannung 227
Gesang 296
Geschiebe 644
Geschlechtshormone 344
Geschlechtsorgane 345, 366
Geschlechtszellen 344
Geschmack 468
Geschmackssinneszellen 353
Geschmacksstoff 586
Geschmacksverstärker 597, 600
Geschwindigkeit 256
Geschwindigkeitswert 258
Gesellschaft Jesu 811
Gesellschaftshund 321
Gesellschaftsvertrag 823
Gesetzbücher 799
Gesetze 770
Getränkeindustrie 586
Getriebe 241
Gewaltenteilung 817, 830
Gewerbefreiheit 832
Gewerkschaften 845
Gewichtskraft **232**, 244, 252, 263
Gewohnheitsrecht 799
Geysir 649, 651, 713
Gezeiten 614
ggT 35, 41
Ghetto 696, 872
Gibraltar 775
Gicht 598
Gießen 785
Gießerei 637
Giftdrüse 371
Gifte 519
Gilden 798
Gilgamesch-Epos 765
Gitteraufbau 243
Gitterenergie 543
Gitterstruktur 518
Glanz 468, 504
Glanzspülungen 603
Glas 549
Glasglocke 254
Glaskörper 204, 415
Glaskugelmodell 251
Glasnost 885, 894
glaziale Erosion 715
glaziale Serie 645, 715
Gleichgewicht 400
Gleichgewicht der Kräfte 840
Gleichgewicht, biologisches 373
Gleichgewicht, ökologisches 401
Gleichgewichtsorgan 418
Gleichgewichtszustand 242
Gleichheit 825, 847
Gleichschaltung 868, 874
Gleichsetzungsverfahren 103
Gleichstrom 311
Gleichung 30, 66
Gleichungen, quadratische 98, 132
Gleichungssystem, lineares 103
Gleiter 259
Gleithang 715
Gletscher 617, 644
Glied, absolutes 74

Glied, lineares 133
Glied, quadratisches 132
Gliedmaßen 348
Glimmlampe 179, 187
Globalisierung 637, 736, 741
Globus 472, 611
Glocke 295
Glorious Revolution 817
Glühwendel 179, 195
Glukagon 408
Glukose 404, **409**, 580, 593
Glycerin 405, 588, 590
Glycin 595
Glykogen 409, 592
Gnu 437
Gobi 707
Gold **507**, 508, 766, 768
Goldene Bulle 793, 806
Goldene Horde 803, 818
Golf von Mexiko 672, 691
Golfstrom 654, 672
Gomes da Costa 867
GOP 733
Gorbatschow, Michail 883, 887, 894
Goerdeler, Carl 871
Gordion 775
Gordischer Knoten 775
Goten 781, 785, 788
Götter 782
Göttersagen 768
Gottesbeweise 822
Gottesfriede 799
Gottesgnadentum 814, 834
Gotteslästerung 782
Gottesreich 782
Grabbeigabe 759
Grabenbildung 711
Gracchus 777
Gradnetz 611
Grafen 789
Grand Canyon 714
Grande Armée 832
Granulozyten 430
Graph 71
Graphit 518
Graphit-Bleistift 518
Graphitkristalle 518
Graphitstruktur 518
Gräserwachs 587
Gräten 338
Graureiher 377
Gravitationskraft 232, 235
Great Plains 691
Greenpeace 464, 749
Gregor VII. 794
Gregor X. 795
Greifvögel 341, 361
Grenzmarken 790
Grenzschicht 311
Grenzwinkel 197
Grevelingermeer 727
Grey, Edward 852, 854
Griechen 763, 766, 767
Griechenland 786
Griffel 359
Grönland 654, 800
Großbritannien 684, 720, 830
großdeutsch 836
Großdeutschland 874
Große Becken 691
Große Seen 690, 693, 694
Großfeuerungsanlagen 290
Großgrundbesitzer 686, 682, 692
Großhirn 422
Großkatze 323
Großlibellen 379
Großmacht 771, 848, 852

Großprojekte 688
Großstadt 642
Großstallungen 623
größter gemeinsamer Teiler (ggT) 35, 41
Grubengas 565, 566
Grundbauplan 358
Grundbesitz 770
Gründeln 377
Gründerzeit 844
Grundflächen 120
Grundgesetz 722, 881
Grundherrschaft 789, 790
Grundlagenvertrag 887
Grundorgane 356
Grundrechte 817
Grundstoffindustrie 635
Grundton 294
Grundumsatz 402
Grundwasserabsenkung 631
Grundzahl 28, 35
Grünpflanzen 492
Gruppe, funktionelle 582
Gruppen 484
Gruppennummern 485
Guam 847
Guanin 389
Guericke, Otto von 246
Guernica 867, 874
Guillotine 829
Gülle 387, 547, 623
Gum 573
Gunther 786
GUS 698, 737
Gusseisen 511
Gustav Adolf von Schweden 813
Gustav Ritter von Kahr 862
Güter 764
Güter, stehendes 825
H₂O 524
Haare 603
Haarfärbungen 603
Haarpigment 603
Haartönungen 603
Habeas-Corpus-Akte 817
Habsburg 793, 813, 819
Hackbau 661
Hackordnung 328
Hadrian 779
Hakenschlagen 335
Hakenstrahlen 341
Halbgerade 29, 46
Halbkugeln, Magdeburger 246
Halbleiter 515
Halbleiterschicht 311
Halbmetalle 515, 516, 538
Halbschatten 190
Halbwertszeit 304
Hallig 615
Hallstadt-Kulturen 761
Hallstein-Doktrin 886
Halogene 299, 522, 539
Halogenlampen 523
Halone 535
Haltungsschäden 348
Hamada 656
Hambacher Fest 835
Hammer 353
Hammurabi 765
Hämoglobin 407, 546
Handelsbilanz 738
Handelswege 760
Handgreifreflex 438
Handlungsketten 432
Handspitze 759
Handwerker 771, 798
Hangabtriebskraft 237
Hannibal 777

haploid 442
Hardenberg 832
Harnbildung 409
Harnleiter 409
Harnstoff 408, 562
Härte 468, 507
hartmagnetisch 183, 185
Harz 647, 714
Hasenjagd 335
Hasenscharte 335
Hatschepsut 763
Haubentaucher 377
Hauer 330
Häufigkeit 151
Hauptgruppenelemente 512
Hauptnenner 40
Hauptquantenzahl 298
Hauptschlussmotor 287
Haus der Vierecke 115
Haushalt 825
Haushaltsessig 553
Haushaltsreiniger 586
Hauskatze 322
Hausleitungsnetz 280
Hausmacht 788, 790, 793, **794**
Hausmeier 788
Haustier 759
Haut 352
Hautatmung 343
Hautfette 602
Hautkrankheiten 521
Hautkrebs 535
Hautpflegemittel 587
Hawaii 691, 847, 878
Hawaii-Vulkane 713
HCl-Gas 523
Hebel 238
Hebelarm 239
Heer 769, 770, 774, 779
Heer, stehendes 825
Heeresleitung, oberste 863
Heeresversammlung 776
Heerstraße 785
Hegau 713
Hegemonie 771, 815
Heiden 782
Heidenchristen 782
Heilige Allianz 819, 835
Heiliges Land 802, 804
Heimarbeit 844
Heine, Heinrich 835
Heinrich der Löwe 793
Heinrich der Seefahrer 804
Heinrich I. 790
Heinrich II. 807
Heinrich III. 792
Heinrich IV. 792, 793, 799
Heinrich V. 793, 795
Heinrich VI. 795, 801
Heinrich VII. 800
Heinrich VIII. 811, 816
Heinrich von Navarra 810
Heißhunger 600
Heißleiter 225
Heißluftballon 254
Heizgas 570
Heizluftmotor 277
Heizwert 628
Hektarerträge 621
Hektopascal 243
Helgoland, Seeschlacht vor 855
Helgoland-Sansibar-Vertrag 850
Helium 486
Hellenenbund 774
Hellweg 718
Henker 798
Henna 602

Hering 385
Hermann von Salm 792
Herodot 762
Heroin 464
Hertz 293
Herz 406
Herzegowina 853
Herzkammer 355
Herzklappen 355
Herzmuskel 354, 412
Herzogtum Berg 831
Herzscheidewand 355
Herztöne 355
Hessen 809, 810, 831
Hessen-Darmstadt 839
Hethiter 764, 766, 767
Hetzjäger 321
Heuler 385
Hexenwahn 808
Hieroglyphen 762, 765, 766
Hilfe zur Selbsthilfe 688
Hindenburg, Paul von 855, 861, 869
Hindus 689
Hintereinanderschaltung 227
Hinterhof 847
Hinterleib 379
Hirnanhangdrüse 409
Hirohito 879
Hiroshima 878
Hirschzunge 367
Hispanics 690, 697
Hitler, Adolf 862, **868**, 871, 872, 877
Hitlerputsch 863
Ho Chi Minh 889
Hobbes, Thomas 823
Hochdruckgebiet 667
Hochgebirge 612
Hochkultur 760, **762**, 764, 766
Hochlohnland 738
Hochmeister 802
Hochofen 511, 636
Hochseefischerei 673
Hochseeflotte 852
Hochspannung 280, 283
Höchstleistung 266
Hochzahl 35
Hochzeitsflug 371
Höckerschwan 377
Hoden 425
Hodensack 321, 344
Hofämter 815
Hoffmann von Fallersleben 835
hofmannscher Apparat 218
Hofstaat 815
Hofzeremoniell 815
Höhe 81
Höhendifferenz 266
Höhenenergie 260
Höhenmeter 266
Höhensatz des Euklid 85
Höhenstufen 616, 672
Hohenzollern 820
Höhle 715, 759
Höhlenmalerei 759
Hohlkörper 295
Hokkaido 704
Hollywood 695
Holocaust 872
Holstein 838
Holz 564
Holzinhaltsstoffe 564
Holznot 362
Holzverfeuerung 564
Homer 768
Homestead 692
Homo erectus 454, 758

Homo habilis 453
Homo neandertaliensis 454
Homo sapiens 454, 759
Honecker, Erich 887, 895, 897
Hongkong **709**, 740, 848, 850, 878
Honigameise 371
Honorius 781
Honshu 704
Hooksches Gesetz 231
Horden 759
Horizont 610, 695
Horizontale 58
Hormone 422, 424
Hörnerv 353
Hornhaut 204, 352
Hornschicht 421, 603
Hörsinneszellen 353
Hörsturz 292
Horus 762
Hörzentrum 419
House of Commons 816
House of Lords 816
Houston 695
Hubarbeit 260
Hubhöhe 260
Hubstrecke 261
Hudson Bay 672, 691
Huerta 626
Huf 324
Hügelgräber 761
Hugenotten 810
Hugenottenkriege 810, 814
Hugo Capet 800
Hulesee 678
Hülle 477
Humboldtstrom 673
Humus 361, 621
Hungersnöte 825, 836
Hunnen 781, 786, 796
Hunnengefahr 787
Hurrikan 691, 716
Hutpilze 368
Hüttenkunde 508
Hüttenwerke 636
Hwangho 707
Hydraulik 248
Hydrierung, katalytische 571
Hydrocracking 572
Hydrolipide 602
hydrophil 579, 590
Hydroxidionen 556
Hyksos 763
Hyperbel 123
Hyphen 368
Hypophyse 423, 424
Hypotenuse 84
Hypothalamus 423
Hypotenusenfläche 199
hypotonisch 546
IG Farben 873
Iglu 654
Ignatius von Loyola 811
Ijsselmeer 784
Île-de-France 725
Ilias 769
Immergrün 586
Immissionen 530, 746
Immunsystem 430
Imperialismus 849, 850
Imperium 778
Impfstoffe 597
Imponieren 439
Imprägniermittel 587
in vitro 562
in vivo 562
Indemnität 839
Indianer 661, 690, 846
Indien 669, 674, 690, 848

Indien in Afrika 851
Indigo 208
Indikator 524, 552
Individualverkehr 697
Indochina 850, 888
Indonesien 675
Induktion 178
Induktion, elektromagnetische 180, 284
Induktionsschmelzöfen 289
Induktionsspannung 288
Indus 775
Industrialisierung **634**, 638, 676, 694, 720, 725, 742, 747, 844
Industrie, chemische 634
Industrieabgase 532
Industriebrache 719
Industriediamanten 518
Industrieländer 640, 680, 736, 742
induziert 211, 288
Inflation 864
Influenz 214, 279
Informationszeitalter 465
Infrarotbereich 209
inhärent 308
Inkas 673, 805
Inkreis 81
Inlandeis 748
Innendruck 243, 246, 250
Innenohr 353, 418
Innenskelett 388
Innenwiderstand 226
Innenwinkel 80
Insekten 411
Insektenfressergebiss 337
Insektizid DDT 563
Inseln 408, 652
Instinkte 432
Instinkthandlungen 370
Insulin 409, 593
Integration 677, 696, 739, 842
Intellektuelle 827
Intelligenz 758
Intelligenzija 858
Intendanten 815
Intensivanbau 625
Intensivhaltung 331
Interferometrie 198
Interphase 390
Interregnum 793
Intervallschachtelung 118, 142
Intervention 731
intraspezifisch 457
Inuit 654
Inversionswetterlage 532, 697
Investitionen 705
Investitionskosten 746
Investitur 789, 791, 794
Investiturstreit 792, 802
In-vitro-Befruchtung 428
Inwertsetzung 727
Iod 522, 547
Iodid 547
Iodmangel 547
Iodzahl 589
Ion 481
Ionen 210, 537
Ionenaustauscher 591
Ionenbegriff 556
Ionenbindung 597
Ionenladung 542
Ionenstrom 220
Ionisierung 481
Ionisierungsenergie 480, 516
Iris 414
Irkutsk 703
Irland 676

Ironsides 817
Isis 782
Isolation 451
Isolationismus 847
Isolationsmaterialien 176
Isolatoren 178, 215, 516
isolieren 176
Isomerie 568, 579
Isonomia 770
Isooktan 572
isotonisch 546
Isotop 299, 478, 485
Israel 678, 767
Issos 775
Italien 769, 783, 786, 790, 792, 803
IUPAC 568
Iwan der Schreckliche 803
Iwan I. 803
Iwo Jima 879
Jagd 758
Jagdgänge 336
Jagdgebiet 336
Jäger 398, 660
Jahresringe 395
Jahreszeiten 664, 666
Jahwe 767
Jakob I. 816
Jakob II. 817
Jakobiner 827, 830
Jangtsekiang 707
Japan 736, 878
Jaruzelski 885
Java 675
Jeanne d'Arc 800
Jena und Auerstedt 831
Jerome 831
Jerusalem 767, 782, 795, 797
Jesreel-Ebene 678
Jesuiten 811
Jesuitenorden 841
Jesus Christus 797
Jesus von Nazareth 782
Jodtinktur 523
Johann I. 816
Johanniterorden 797
Jokohama 706
Jonien 769, 772
Jordan 679
Jordangraben 678, 713
Joule 174, 402
Juda 767
Juden **767**, 782, 798, 808, 868, **872**
Judenchristen 782
Judenstern 872
Judenverfolgung 797, 798
Judikative 823, 830
Jugoslawien 674, 867
Jünger 782
Jungfernhäutchen 345
Jungfrau von Orleans 800
Jungsteinzeit 764
Justinian 803
Justinian I. 787
Jüten 800
Kaffee 600, 729, 736
Kaiser 789
Kaiserreich 778
Kaiserstuhl 713
Kaiserwahlrecht 806
Kalahari 668
Kalb 326
Kalender 762
Kalifornien 693
Kalium 399, 548
Kaliumcarbonat 548
Kaliumnitrat 547
Kaliumsalze 590

Kalk 551
Kalkmörtel 464
Kalkung 375
Kalmen 669
Kalottenmodell 578
Kaltcreme 602
Kältegemisch 271
Kältekörperchen 421
Kalter Krieg 882
Kaltleiter 225
Kaltzeit 758
Kambium 395
Kamerun 850
Kammerton 293
Kanaltunnel 720, 725
Kano 684
Kanonade von Valmy 828
Kant 822
Kanzelparagraph 841
Kap der Guten Hoffnung 804
Kap Trafalgar 831
Kapazität 278
Kapetinger 800
Kapillare 245, 354, 406
Kapital 96, 845
Kapitalisten 845
Kapp, Wolfgang 861
Karaganda 703
Karavellen 804
Karbon 628
Karibik 804, 847
Karies 351, 593
Karl der Große 794, 789, 790
Karl I. 816
Karl II. 817, 819
Karl II. der Kahle 789
Karl IV. 793
Karl Martell 788
Karl V. 806, 809, 819
Karl VI. 819, 821
Karl VII. 800
Karlmann 789
Karnat 763
Karolinger 789, 794, 800
Karte 612
Karthago 776
Kartoffel 805
Kartoffelchips 600
Kasachstan 701
Käseherstellung 622
Kaspisches Meer 701, 818
Kassel 785
Kaste 682
Kastilien 804, 807
Katalaunische Felder 787
Katalysatoren 405
Katechismus 809
Katheten 84
Kathetensatz des Euklid 85
Kathode 210, 221, 560
Katholiken 813, 817
Kationen 210, 481
Katte 821
Katzenauge 323
Kaufleute 798
Kaugummi 593
Kaukasus 700, 764
Kaulquappen 342
Kaumagen 329
Kautschuk 663, 729
Kawasaki 705
Kegel, gerader 122
Kegel, schiefer 123
Kegelschnitte 123
Kegelstumpf 123
Kehlkopf 344
Keiler 330
Keilschrift 765

Keilwinkel 198
Keimblätter 356
Keimschicht 420
Keimzellen-Generation 367
Kelchblätter 358
Kellogg-Pakt 863
Kelten 784
Kennedy, John F. 883
Kepler 822
Keramik 464, 760
Kern, radioaktiver 304
Kernaufbau 301
Kernbindungsenergie 302
Kernbrennstoffe 174
Kernenergie 265, 744
Kernfusionen 479
Kernkräfte 298
Kernladungszahl 217, 298, 477
Kernschatten 190
Kernseifen 590
Kernspaltung 303
Kerze 564, 587
Kesselstein 551
Ketone 579
Kettenantrieb 240
Ketzer 800, 810
kgV 35, 40
Kiautschou 850
Kibbuz 679
Kiefer 364
Kiel 341
Kiemen 339
Kiemenblättchen 339
Kiemenbogen 339
Kiemendeckel 339
Kiemenhöhle 339
Kieselalgen 378
Kieselsäure 515
Kieswüste 656, 675
Kiew 818
Kilimandscharo 712
Kilowattstunde 175
Kimmerier 761, 764, 766
Kindchenschema 438
Kinderarbeit 842
Kinderkreuzzug 797
Kindersterblichkeit 681
Kirche 783, 796, 799
Kirche, griechisch-orthodoxe 783
Kirche, römisch-katholische 783, 788, 791, 794, 806
Kirchenbann 809
Kirchenbesitz 791
Kirchenleute 798
Kirchenstaat 789, 794
kirchhoffsche Regel 228
Kisch 764
Kitzler 345
Kiushu 704
Klamm 714
Klammersetzung 31
Klangfarbe 293, 294
Klangfülle 295
Klaproth 548
Kläranlagen 381, 640
Klasse, arbeitende 844
Klasse, besitzende 844
Klassen 458, 770
Klassengesellschaft 844
Klassenkampf 845
Kleinasien 766, **768**, 772, 782
Kleinbauern 771
kleindeutsch 836
kleindeutsche Lösung 841
Kleinhirn 423
Kleinlibellen 379
Kleinprojekte 689
Kleinstaaterei 844

kleinstes gemeinsames Vielfaches (kgV) 35, 40
Kleisthenes 770
Klemme 280
Kleopatra 778
Kleriker 798, 799
Klerus 815
Klient 782
Klientel 776, 778, 782
Kliff 653
Klima 363, 619, 673
Klima, gemäßigtes 671, 691
Klima, ozeanisches 671
Klima, polares 691
Klima, subtropisches 691
Klimadiagramm 619
Klimaextreme 375
Klimazone 670, 747
Klimazone, subpolare 671
Klinge 759
Klon 391
Klopffestigkeit 572
Klöster 799
Klostergesetz 841
Knappen 796
Knetmasse 587
Knochen 349, 523, 550
Knochenbälkchen 349
Knochengewebe 349
Knochenhaut 349
Knochenmark 349
Knolle 318
Knollenblätterpilz, grüner 368
Knorpelschicht 349
Knotenameise, rote 371
Knut der Große 800
Koalition, preußisch-österreichische 830
Koalitionskrieg 828, 830
Kobe 706
Koblenz 785
Kochsalz 522, 549
Koeffizient 132, 501
Koexistenz, friedliche 883
Kohäsionskräfte 527
Kohl, Helmut 895
Kohle 519
Kohle-Komprimetten 519
Kohlenbogenlampe 208
Kohlendioxid 396
Kohlenhydrate 350, 402, 592, 598
Kohlenstoff 510, 518
Kohlenstofffamilie 482
Kohlenstoffatome, asymmetrische 583
Kohlenstoffchemie, anorganische 518
Kohlenstoffdioxid 354, 492, 500, 530, 532, 538, 602
Kohlenstoffisotop 305
Kohlenstoff-Modifikationen 518
Kohlenstoffmonoxid 530, 697
Kohlenwasserstoffe, gesättigte 565
Kohlestab 220
Kokken 392
Koks 629
Kolben 248, 276
Kolbenfläche 242
Kolbenprober 242
Kolchosen 700
Kollektiv 679
Kollektivierung 679, 700, 708, 733
Köln 783, 784, 797
Kolonialismus 728, 732
Kolonialmacht 817, 819

Kolonialpolitik 842, 849
Kolonialreich 848, 852
Kolonialzeit 682
Kolonie 335, 681, 684, 687, 690, 720
Kolonien 776, 805, 807, 817, 824, 825, 844, 848
Kolumbus 610, 668, 728, 804
Kombinat 702
Kombinatorik 154
Kommunismus 698, 845
Kommunistisches Manifest 845
kommutativ 31, 32
Kommutativgesetz 30, 32
Kommutator 286
Kompass 610
komprimieren 242
Komsomolsk 702
Kondensation 270, 273
Kondensator 278, 281
kondensiert 276
Kondom 346, 427
Konferenz von Algeciras 851, 853
Konfiguration 569
Konföderierte Staaten von Amerika 847
Kongo-Becken 850
Kongo-Konferenz 850, 853
Kongress, tanzender 834
Kongruenz 82
Kongruenzsatz für Dreiecke 82
König 798
Königgrätz 838
Königinnen 370
Königreich Jerusalem 797
Königreich Westfalen 831
Königsburg 768
Königsdiktaturen 867
Königswahl 790
Konjunktur 844
konkav 113, 125
Konkavkonvexlinsen 200
Konkavlinsen 202
Konkavspiegel 194
Konoye 878
Konrad I. 790
Konrad II. 792
Konrad III. 793
Konservative 841
Konservierungsmittel 586
Konservierungsstoff 552
konstant 72
Konstantan 223
Konstantandraht 222
Konstante 197, 276
Konstantin der Große 781
Konstantin I. d. Gr. 783
Konstantinopel 783, 791, 794, 797, 803, 807
Konstanz der Arten 452
Konsul 776, 778
Konsumenten 380, 386
kontaminiert 308
Kontinent 610, 728
Kontinentalklima 671
Kontinentalkongress 824
Kontinentalsperre 831
Kontinentalverschiebungstheorie 710
Kontrazeptiva 427
Konvektionsströme 710
Konvergenzzone 668, 670
konvergieren 77, 195
Konverter 636
konvex 113, 125
Konvexkonkavlinsen 201
Konvexlinse 200
Konvexspiegel 195

Konzentrationslager 868
konzentrisch 116
Konzerne 844
Konzil 783, 795
Konzil von Trient 811
Koog 615
Kooperation 734
Koordinaten 71
Koordinatenpaar 59
Koordinatensystem 58, 70
Koordinatensystem, kartesisches 71
Korallenpilze 369
Korallenriffe 551
Koran 767
Koreakrieg 882
Kork 732
Korkenzieherregel 184
Körper 389
Körperkreislauf 355
Körperpflegemilch 602
Körpersprache 320
Korrosion 506
Korsika 777
Kosinus 140
Kosinusfunktion 126, 140
Kosinussatz 130
Kosmetik 587, 602
Kot 351
Kotangens 129
Kotangensfunktion 129
KPD 880
Kraft 230
Kraft, elektrische 478
Kraft, endogene 711
Kraftanwendung 231
Kräfteaddition 236
Kräftegleichgewicht 234
Kräftezerlegung 236
Kraftkomponenten 237
Kraftmesser 231
Kraftübertragung 240
Kraftvektor 237
Kraftwandler 238, 240
Kraftwerk 746
Krakau 733
Kran 267
Krankenversicherung 841
Krautschicht 360, 366
Krebs 431
Kreide 551
Kreis 50
Kreisabschnitte 117, 118
Kreisauer Kreis 871
Kreise, konzentrische 184
Kreislauf 380
Kreisscheibe 116
Kreissegmente 117
Kreissektor 117
Kreiszahl 118
Krenz, Egon 895
Kreta 766, 768
Kreuzfahrer 797
Kreuzfahrerheer 797
Kreuzfahrerstaaten 797
Kreuzritter 797, 802
Kreuzzug 795, 797, 802, 804
Kreuzzugsidee 795
Krieg, Deutsch-Dänischer 838
Krieg, Deutsch-Französischer 839, 848
Krieg, Heiliger 797
Krieg, Hundertjähriger 800
Krieg, Peloponnesischer 769, 773
Krieg, Russisch-Japanischer 850
Krieg, Schwedisch-Russischer 818

Kriegsziele 854
Krill 749
Kristallform 468
Kristallwasser 524
Kriwoj Rog 702
Kronblätter 358
Kronos 328
Krösus 766, 769
Kröten 343
Krümmungsradius 194
Krupp 873
Krypton 180, 487
Kuba 847
Kubakrise 883
Kugel 124
Kugelgelenk 348
Kugelgestalt 804
Kugelgestalt der Erde 610
Kugelmodell 473, 480
Kugelwolke 480
Kühler 268
Kulaken 866
Kult 770, 782
Kultstätten 768
Kultur, minoische 766, 768
Kultur, mykenische 768
Kulturfolger 334
Kulturkampf 841
Kunst 759, 769
Kunstfaser 577
Kunststoffe 563
Kupfer 508, 510, 760, 766
Kupferkies 520
Kupfersulfid 520
Kupferzeit 465, 507
Kuppelproduktion 572
Kurfürst 793, 806, 820
Kurfürstentümer 831
Kurzhaarkatze 322
Kurzschluss 180
Kurzsichtigkeit 416
Kusnezbecken 702
Küstenformationen 436
Küstenschutz 653
Kutikula 457
Kuwait 675, 737
L'Etat, c'est moi! 814
Laacher See 713
Labmagen 327
Laborindustrie 464
Labradorstrom 672
Lachs 339, 437
Lackmus 552
Lactose 592
Ladung 186
Ladung, elektrische 476
Ladungsträger 311
Ladungstrennung 214
Lagasch 764
Lageenergie 260, 264
Lagesinnesorgan 419
Lahnungen 614
Laich 339, 342
Laichwanderung 342
Laieninvestitur 794
Laktose 405
Lama 673
Lambda-Sonde 531
Lambda-Wert 531
Lancaster 800
Landbau, alternativer 400
Landbesitz 763
Landbevölkerung 799
Landesentwicklungsplan 722
Landesfürst 807
Landesherr 798, 799, 835
Landesherrschaft 793, 806, 831
Landflucht 638, 681

Landfrieden 799
Landheer 852
Landmacht 769
Landschaftsgürtel 670
Landwirtschaft 760, 763
lange Kerls 820
langerhanssche Inseln 408
Langhaarkatze 322
Langobarden 794, 803
Langstreckenläufer 335
Lanze 796
Lapilli 712
Lärm 292
Lärmfilter 362
Larsa 764
Larve 339, 342, 371
Larvengänge 372
Laser 188
Laubschicht 361
Laubstreu 361
Laufbeine 324
Lauge 178
Lava 712
Lavoisier 532, 557
Lawinen 617
Lawinenschutz 363
Leben 464
Lebenserwartung 681
Lebensgemeinschaft 360
Lebensmittel 600
Lebensraum im Osten 876
Lebensräume 360
Leber 408
Lebewesen 464
Lederhaut 352, 420
Lee 624, 657
Leeds 720
Legende 613
Legierungen 507
Legierungsmetalle 511
Legion Condor 867, 874
Legionslager 784, 798
Legislative 823, 830
Lehen 789, 790, 796
Lehnsherr 790
Lehnsverhältnis 790
Lehnswesen 789, 800
Lehrsatz, binomischer 155
Leibeigene 798
Leibeigenschaft 810, 819, 820, 826, 832, 858
Leibniz 822
Leichtmetalle 506
Leichtwasserreaktor 306
Leif Eriksson 801
Leistenpilze 368
Leistung 267
Leistungsumsatz 402
Leitbündel 394
Leiter 178
Leiter, elektrische 517
Leiterschleife 184
Leitfähigkeit 504, 516
Leitfähigkeit, elektrische 468, 518
Leitwert 224
Leitwolf 320
Lenin, Wladimir Iljitsch 698, 858, 866
Leningrad 702
Leo III. 789
León 807
Leonidas 772
Leopold II. 819
Lepidus 778
Lernen 435
Leroy-Beaulieu 849
Lettland 699
Leuchtgas 565

Leukozyten 407, 430
LH 426
Libellen 379
Libellenlarven 379
Liberalisierung 677
Liberalismus 835
Liberia 847
Liberté 827
Licht 357
Liebig, Justus von 557
Liebknecht 849
Liebknecht, Karl 860
Lignin 395
Limes 785
Lincoln 847
Linde-Verfahren 493
linear 77
linear abhängig 103
linear unabhängig 104
Linearfaktor 136
Linie 44
Linke-Hand-Regel 285
Linksliberale 841
Linse 415
Linsengleichung 100, 203
Linsensysteme 192
Lipase 405
lipophil 579
Lippe 785
Lippenstifte 587, 603
Litauen 698
Literatur 769
Lithium 517, 548
Lithium-Batterien 561
Lithium-Ionen-Akkus 561
Lithiumoxid 538
Liverpool 720
Locke 823, 826, 830
Lockstoff 373
Löffel 334
Löss, 620, 631, 767
Logarithmen 97
Logarithmengesetz 146
Logarithmentafel 149
Logarithmus 144
Logarithmus, dekadischer 146
Logarithmus, natürlicher 146
Lombardei 834
London 736
Londoner Konferenz 880
Londoner Nebel 533
London-Smog 533
Lorch 785
Lord Protector 817
Lorentzkraft 285, 288
Los Angeles 697
Löslichkeit 469
Löss 620, 707, 715
Lösung 66
Lösungsvermittler 579
Lot 48
Lothar I. 789
Lothringen 839
Louisiana 846
Lowry 556
LPG 733
LTH 426
Ludendorff, Erich 855, 863
Ludwig das Kind 789, 790
Ludwig der Deutsche 789
Ludwig der Fromme 789
Ludwig XIII. 814
Ludwig XIV. 814, 820, 823, 825
Ludwig XV. 825
Ludwig XVI. 825, 826
Luft 532
Luftbild 612
Luftbrücke 881
Luftdruck 246, 619

Luftdruckmessgerät 247
Lufthülle 619, 746
Luftmoleküle 300
Luftröhre 354
Luftsäcke 341
Luftschadstoffe 375, 380, 564
Luftverdünnung 296
Luftverflüssigung 493
Luftzirkulation 532, 716
Lunge 354
Lungenbläschen 354
Lungenkreislauf 355
Lungenvolumen 251
Lupe 206
Lurche 342
Lusitania 855
Lützen 813
Luv 624, 657
Luxemburg, Rosa 861
Luxemburger 793
Luxor 763
Luxushund 321
Lybier 763
Lydien 769
Lymphozyten 430
Mäander 714
Maare 713
Maas 726
Maastrichter Vertrag 893
MacArthur 879
Machtergreifung 865, 868
made in Germany 844
Magdeburg 785
Magensaft 552
Magenschleimhaut 553
Magistrat 776
Magma 710
Magna Charta 816
Magnesium 500, 506, 510, 550
Magnesiumoxid 543
Magnetfeld 182, 436
Magnetismus 469
Magnettafel 236
Magnitogorsk 702
Mähweidewirtschaft 622
Maidanek 873
Mailand 781, 792
Maillard-Reaktionen 600
Mainz 784, 797
Majordomus 788
Makedonien 769, 772, 778
Makronährelemente 546
Makrophagen 431
Maltose 405, 592
Malzzucker 592
Manchester 720
Mandschukuo 878
Mandschurei 708, 850, 878
Mangelernährung 680, 743
Mangelerscheinungen, hypertonische 547
Mann, Heinrich 868
Männchen 371
Manometer 281
Mantel 120, 122
Mantelfläche 120
Mantellinie 122
Manufakturen 844
Maracuja 586
Marathon 772
Marathonlauf 772
Margarine 589
Maria die Katholische 811
Maria Stuart 811
Maria Theresia 819, 821
Marie Antoinette 825
Marienburg 802
Mariotte, Edme 251
Markierungen 439

Marktfrauen 826
Marktrecht 798
Marktwirtschaft 699, 700, 733, 739
Marktwirtschaft, freie 694
Marktwirtschaft, soziale 695
Marktwirtschaft, sozialistische 708
Marmor 551
Marne 854
Marokko 851
Marokkokrisen 851
Maronenröhrling 368
Marsch 614
Marsch auf Rom 866
Marseille 797
Marshallplan 881, 884
Martin Luther 807, 808
Marx 845
Marxismus 845
Marxismus-Leninismus 866
Märzrevolution 837
Masern 430
Masse 233, 266
Maßeinheiten 49, 52
Masseanteil 500
Masseeinheit, atomare 478
Massenerschießungen 837
Massengüter 634
Massenhochzeit 775
Massenspektrometer 478
Massentierhaltung 547
Massentourismus 646, 652
Massenverhältnisse 489
Massenverlust 302
Massenzahl 299, 479
Maßstab 613
Maßzahl 26
Mastdarm 351
Mastviehhaltung 623
Masurische Seen 855
Materialien, ferromagnetische 215
Materialschlachten 855
Materie 176
Matrosenanzug 852
Matthias 812
Mauerfall 894
Maulesel 325
Maultier 325
Mauna Loa 712
Mauser 341
Max von Baden 855, 860
Maximaldruck 243
Maximilian 780, 799, 806, 809
Maximinus Daia 780
Mayas 805
Mazarin 814
Meder 764
Mediatisierung 831, 834
Medikamentenwirkstoffe 586
Medium 176, 196, 274
Meer, Schwarzes 769, 786
Meeresalgen 522
Meeresfische 387
Meeresspiegelanstieg 747
Meeresströmungen 670, 672
Meerwasser 522
Mehltau 521
Mehrfachzucker 404, 592
Mehrheitsprinzip 825
Meiose 391, 442
Meistbegünstigungsklausel 738
Melanchton 807
Melanin 603
Melkfette 587
Membran 247, 388
Memel 803
Memphis 763

Mendel 440
Menopause 426
Menschenrechte 823, 824, 891
Menschenwürde 847
Menschewiki 858
Menstruation 426
Menstruationsbeschwerden 427
Meridian 611, 665
Merkantilismus 815
Merkmal 152
Merkmale, primäre 424
Merkmale, qualitative 152
Merkmale, quantitative 152
Merkmale, sekundäre 424
Merkmalsraum 152
Merowinger 788
Mesopotamien 762, **764**, 776, 772
Messe 721, 724
Messenien 769
Messer 759
Messias 782
Messing 507
Messstrecke 256
Messungen 500
Messwert 231
Metallcharakter 505
Metalle 516
Metallgewinnung 520
Metallgitter 269, 505
Metalloxide 509
Metallschäume 511
Metallurgie 508
Metallzeit 465
Metallzylinder 249
Metamorphose 343
Metaphase 390
Metastasen 431
Metaxa 867
Methan 565, 566
Methanol 564, 578, 580
Methylalkohol 564
Methyltertiärbutylether (MTBE) 573
Metropole 696, 724, 725
Metternich, Fürst von 834
Mexiko 846
Micellen 590
Midas 766, 769
Midway-Inseln 879
Miesmuschel 382
Mieszko I. 802
Mietskasernen 844
Migration 674, 678
Mikroalgen 386
Mikroorganismen 523
Mikrophon 292
Mikroskop 206
mikroskopisch 271
Milch 339, 602
Milch, saure 552
Milchner 339
Milchsäure 603
Milchwirtschaft 622
Milchzucker 592
Milet 769, 772
Militarismus 842, 843
Militärkomitees, revolutionäre 859
Militärstaat 769
Miltiades 772
Mineraldünger 387
Mineralien 598
Mineralsalze 394, 403, 546
Mineralstoffe 350, 546
Minicomputer 427
Ministerrat 893
Minnesang 796

Minuend 31
Minusklammern 69
Minuspol 186
Minute 56
Mischbarkeit 469
Mischlingshund 321
Mischwälder 373
Missernten 825, 836
Missionare 782
Missionierung 790, 811
Mississippi 690, 846
Mississippimündung 691
Missouri 690
Mithras 782
Mitmenschlichkeit 767
Mitochondrien 389, 413
Mitose 390, 442
Mittelalter 756, 787, 791
Mittelgebirgsregion 612
Mittelmeer 652, 762, 766
Mittelmeerklima 671
Mittelohr 353, 418
Mittelparallele 79
Mittelsenkrechte 78
Mittelwert 152
Mitternachtssonne 665
Mitwirkungsrechte 835
Möbelpflegemittel 587
Modell, mechanisches 478
Modelle 472
Moderator 306
Modifikation 518, 520, 532
Modrow, Hans 895
Mohammedaner 767
Molche 343
molekular 271
Moleküle 268, 272, **492**, 500, 517
Moltke, Helmuth James von 838, 871
Momentangeschwindigkeit 258
Momentengleichung 238
Monarchie, konstitutionelle 817, 827, 835, 839
Mond 436
Mondfinsternis 191
Mongolei 786
Mongolen 803
Monokultur 373, 663, 729
Monopol 737
Monosaccharide 404, 592
Monostruktur 737
Monotheismus 767
Monozyten 430
Monroe-Doktrin 847
Monsun 669, 682, 717
Montagsdemonstration 894
Montanindustrie 718, 720, 733
Montanunion 892
Monte-Carlo-Methode 161
Montenegro 853
Montesquieu 823, 826, 830
Montgolfiere 822
Moor 647
Moose 360
Moosschicht 360
Moräne 612, 617, 644
Moritz von Sachsen 807
Mörtel 551
Moses 767
Moskau 699, 702, 803, 832
Moslems 797
Möwen 384
Multiplikand 32
Multiplikation 32, 34, 42
Multiplikationsgleichungen 32, 34
Multiplikator 32, 34
Mumie 762

Mumps 431
Münchener Konferenz 875, 874
Münzen 504
Münzrecht 798
Muren 617
Muscheln 760
Muskarin 562
Muskelmagen 328
Muskeln 349
Muskelzerrungen 349
Mussolini, Benito 866, 874
Mutation 443, 450
Muttergang 372
Mykene 768
Mykorrhiza 369
Myosinfilament 413
Mysterienkult 782
Myzel 368
Nabelschnur 347
Nachahmung 434
Nachgeburt 347
Nachkriegsordnung 894
Nachrüstung 883
Nächstenliebe 782
Nachtgreifvögel 361
Nacktsamer 458
Nadelverluste 374
Nadelwälder, boreale 671, 700
NAFTA 739
Nagasaki 879
Nagorny-Karabach 699
Nagy, Imre 885
Nährlösung 547
Nährsalze 400
Nahrung 598
Nahrungskette 380, 386
Nahrungsmittelhilfe 688
Nahrungsnetz 380, 386
Nährwert 174
Namib 673
Naphta 565
Napoleon 819, 846
Napoleon Bonaparte 830, 832
Napoleon III. 839
Narbe 359
Nase 353, 419
Nasenhöhle 354
Nasentier 320
Nassfeldbau 706
Nasskern 374
Nationalbewußtsein 831, 832, 835
Nationalgarde 826
Nationalgefühl 800, 834
Nationalismus 842, 848
Nationalitätenkonflikte 699
Nationalkirchen 795
Nationalkonvent 828
Nationalliberale 841
Nationalpark 387, 615, 649, 651
Nationalsozialisten 868
Nationalstaat 837, 839
Nationalversammlung 826, 836, 861
NATO 882, 886
NATO-Doppelbeschluss 883
Natrium 548
Natriumbromid 522
Natriumcarbonat 54
Natriumchlorid 522
Natriumdampflampe 193, 548
Natriumfluorid 522
Natriumglutamat 597
Natriumhydroxid 549, 556
Natriumiodid 522
Natriumperborat 591
Natronlauge 548

Naturchemie 464
Naturlandschaften 382
Naturpark 650
Naturschutz 650
Naturstoffe 562
Naturzustand 823
Neandertaler 454, 759
Neapel 713
Nebengruppenelemente 512
Nebennierenmark 408
Nebenschlussmotor 287
Nebenwiderstand 229
Nebenwinkel 79
n-Eck 112
Negev 679
Nehrung 653
Nektar 359
Nenner 39
Neon 179, 486
Neonröhren 487
Nero 779, 782
Nervenbahnen 422
Nervensystem 422
Nestbauerinnen 370
Nestflüchter 325, 329, 334, 377
Nesthocker 321, 323, 335
Nestkessel 337
Netz 44
Netzauge 379, 414
Netzhaut 192, 352
Netzhautgrube 205
Netzmagen 327
Neufundlandbank 673
Neuland 706
Neulandgewinnung 614
Neuordnung Europas 834
Neurit 423
Neuß 784
Neustrien 788
Neutralisation 555
Neutronen 216, 302, 477, 479, 485
Neutronen-Anzahl 479
Neuwieder Becken 713
Neuzeit 756
New York 672, 690, 696, 736
Newton, Isaac 822
Nibelungensage 786
Nicaea 783
Nichtangriffspakt 875
Nichtmetalle 516, 518
Nichtmetalloxide 537
Nickel-Cadmium-Akkus 561
Nickel-Metallhydrid-Akkus 561
Niederlande 726, 807
Niederländisch-Indien 878
Niederschlag 618
Niedriglohn 741
Niedriglohnländer 720, 740
Niemöller, Martin 868
Niere 408
Nierenbecken 409
Nigeria 684
Nil 762
Nimwegen 784
Nippur 764
Nische, ökologische 377
Nitrate 400
Nomaden 658
Nomenklatur 568
Nordafrika 786, 803
Nordamerika 800, 846, 848
Nordatlantik 676
Norddeutscher Bund 839
Nordfriesische Inseln 652
Nordkap 672
Nordpol 182

Nordsee 652
Nordseereich 801
Nordspanien 769
Normalnull 613
Normalform 105
Normalparabel 135
Normandie 800
Normannen 803
Normannenreich 793
Northers 691
Norwegen 801
Noske, Gustav 861
Notverordnung 861, 868
NSDAP 862, 868, 870
Nukleinsäuren 521
Nukleonen 298, 477
Nukleonenanzahl 491
Nukleonen-Anzahl 479
Nukleotide 389
Nuklid 298, 304
Nullleiter 181
Nullpunkt 257
Nullstelle 136
Nullwinkel 57
Nürnberger Gesetze 872
Nylon 576
Oase 657
Oberflächen 473
Oberflächenspannung 525, 590
Oberhaus 816
Oberhausen 719
Oberhaut 352, 420
Oberton 293
Obrigkeitsstaat 843
Ochse 326
Octavia 778
Octavian 778
Oder-Neiße-Linie 887
Odessa 703
Odowaker 781, 787
Odyssee 769
OECD 739
Offenbarung 767
Öffnungspolitik 709
Offshore 633, 737
ohmsches Gesetz 222
Ohr, äußeres 418
Ohren 353
Ohrentier 320
Ohrmuschel 353
Ökosystem 376, 383, 649
Oktettregel 492, 543
Oktoberrevolution 698, 700, 858
Öl 387, 588
Oleg der Weise 803
Ölfeld 570
Ölförderplattform 570
Oligarchie 768, 777
Oligosaccharide 592
Öl-in-Wasser-Emulsionen 602
Olivenöl 588, 602
Öllämpchen 565
Ölrückflussleitung 249
Olymp 768
Olympia 768
Olympische Spiele 769, 772
Oosterschelde 727
OPEC 737
OPEC-Länder 745
Operation Overlord 877
Opferbereitschaft 843
Opiumkrieg 850
Optimaten 776
optisch dichter 196
optisch dünner 196
Ordensstaat 802
Ordinate 71
Ordnungszahl 483

Oregon 846
Organe, homologe 452
Organelle 388
Organisation Consul 862
Orgasmus 345, 425
Orient 760
Orient-Dreibund 840
Orientierung 59
Orkan 726
Ortsfaktor 244, 261
Osmanisches Reich 807
Osmium 180
Osmose 394, 474
Ostblock 884
Österreich 838
Ostfrankenreich 789, 790
Ostfriesische Inseln 652
Ostfront 854
Ostgoten 786
Ostgotenreich 781, 787
Ostgrönlandstrom 673
Ostrakismos 771
Östrogen 426
Ostsee 653
Ostverträge 887
Ostwinde 667
Oszilloskop 292
Otto I. der Große 791, 794
Otto II. 791, 801
Otto III. 791
Otto von Lossow 862
Ottomotor 268
Ottonen 791
Ovulation 426
Oxidation 410
Oxidationsinhibitor 573
Oxidationsmittel 510, 523
Oxidationsreaktionen 493
Oxidationszahl 542
Oxide 493
Oxide, saure 530
Oxiden 537
Oxigenate 573
Oyaschiostrom 673
Ozean 610, 775
Ozean, Indischer 850
Ozon 747, 532, 537
Ozon, bodennahes 533
Ozonloch 535, 619, 748
Ozonschicht 275, 749
Ozonsphäre 534
Paarhufer 327, 331
Paarung 321
Paarungsverhalten 379
Paarungszeit 323
Pacht 770
Packeis 749
Paläontologie 446
Palästina 678, 767, 779, 782
Palisadengewebe 397
Palladium 531
Palmblätterwachs 587
Palmöl 84
Pangäa 710
Pansen 327
Panthersprung 851
Papen, von 863
Papier 465
Papillen 419
Papst 789, 790, 794, 797, 802, 804, 806, 827
Papyrus 465
Parabel 123
Paraffin 270, 564, 567
Parallelepiped 121
Parallelogramm 50, 115
Parallelschaltung 179
Parallelverschiebung 198
Parasiten 369, 393

Parfümindustrie 586
Paris 725
Pariser Bluthochzeit 810
Pariser Friedensschlüsse 856
park-and-ride 643
Parlamente 815, 837
Parther 780, 783
Partialladungen 539
Partikel 188
Partnachklamm 714
Pascal 243
pascalsches Dreieck 155
Pass 616
Passante 116
Passat 656, 666, 670, 672
Passionsblume 586
Patriarchate 783, 818
Patrizier 776
Patron 776, 779
Patronat 782
Pauling 539
Paulskirche 836
Paulus 782
pavement dwellers 683
Pearl Harbour 878
Peisistratos 770
Peking 850
Peloponnes 768, 773
Pendelkörper 265
Pendler 638
Penis 321, 344
Pentanatriumtriphosphat 591
Pentarchie, koloniale 805
Pepsin 405
Peptide 595
Perestroika 885, 894
Perikles 771, 773
Periode 426, 484
Periodendauer 293
Periodenlänge 141
Periodennummern 485
Periodensystem 299, 517
Periodizität 141
Periphäre 423
Perlon 577
Permafrostboden 655
Permanentmagnet 185
Permutationen 155
Persepolis 775
Perser 763, 765, 766, 767, 772
Perserkatze 322
Perserkriege 771
Persien 769, 774
Persischer Golf 675
Peru 673
Pest 773, 798, 813
Pestwelle 800, 813
Pétain 876
Peter I. 818
Peter III. 821
Peterskirche 789
Petition of Right 816
Petrochemie 634
Petrus 782
Petting 346
Pfadregel 151
Pfahlwurzel 356
Pfeffermuschel 382
Pfeildiagramm 70
Pfeile 59, 480
Pfifferling 369
Pfingsten 782
Pflanzendünger 549
Pflanzenembryo 356
Pflanzenfresser 324, 327, 334
Pflanzengesellschaften 376
Pflanzenschutzmittel 523, 563
Pflegemittel 587
Pflichterfüllung 843

Pfortader 408
Phänotyp 441
Pharao 762, 764, 775
Pharmawirkstoffe 586
Phase 181
PHB-Ester 586
Phenolphtalein 548
Philipp II. von Makedonien 769, 771, **774**, 807
Philipp von Orleans 825
Philippinen 805, 847, 878
Philister 763, 766, 767
pH-neutrale Hautpflegemittel 603
Phönizien 767
Phosphat 521, 547
Phosphor 521
Phosphorverbindung 399
Photovoltaik 310
Phrygien 769
pH-Wert 552, 554, 558, 602
Phytoplankton 378, 386
Piasten 802
Pilgerfahrt 797
Pille 346, 427
Pilsudski 867
Pilze 360, 392, 430
Pilzkrankheiten 521
Pipeline 571, 633, 635, 737
Pippin 789
Pippin II. 788, 794
Pippinsche Schenkung 789
Piraterie 805
Pius XI. 869
Pjotr Michailow 818
Place de la Concorde 828
Place de la Révolution 828
Planet 664
Plankton 378, 386, 565, 632, **673**
Planlinse 200
Plantage 663, 685, 686
Planwirtschaft 698, 733
Plaque 593
Plasmiden 444
Platäa 773
Platin 507, 531
Platon 771
Platten, tektonische 706
Plattenkondensator 278
Plattentektonik 711
Plazenta 347
Plebejer 776
Pogrom 797
poikilotherm 456
Polarität 288
Polarkreis 665, 672
Polartag 748
Polarzone 666
Polder 615
Polen **733**, 790, 792, 802, 867
Polis 768
Polituren 587
Polizei 799
Polkappen 746
Pollen 358
Pollenschläuche 359
Pollution 344
Polschuhe 286
Polyaddition 574
Polyamide 576
Polycarbonate 576
Polyeder 125
Polyester 576, 586
Polyethylen (PE) 575
Polygone 112
Polykondensation 574, 596
Polymerisation 574
Polypeptide 405

Polyphosphate 591
Polypropylen (PP) 575
Polysaccharid 404, 592
Polystyrol (PS) 575
Polysulfide 576
Polyurethane 577
Polyvinylchlorid (PVC) 577
Pommern 802
Pompeius 777
Pontifex maximus 777
Poren 366
Port Arthur 858
Porta Nigra 785
Portsmouth 852
Portugal 732, 795, 801
Potemkin 858
Potentialdifferenz 187
Potenzen 35, 110
Potsdamer Konferenz 880, 882
Pottasche 548
Pottwal 587
Prag 839
Prager Fenstersturz 812
Prager Frühling 885
Pragmatische Sanktion 819, 821
Prägung 435
Prallhang 715
Prärie 671, 692
Präsens 274
Prätor 776
Presse, hydraulische 248
Presskolben 248
Pressluft 250
Preußen 815, **820**, 831, 843
preußischer Landtag 838
Priesterfürst 765
Primärenergiebedarf, weltweiter 519
primärer Sektor 721
Primärgüter 736
Primärharn 409
Primärspulen 288
Primärstruktur 596
Primaten 452
Primfaktoren 35
Primfaktorzerlegung 35
Primo de Rivera 867
Primzahlen 35
Princeps 778
Prinzipat 778
Prinzipien 466
Prisma 120, 193, 198
Prismenteilstücke 202
Problemregion 720
Produkt 32, 34
Produkte, pharmazeutische 523
Produktionsgenossenschaften, landwirtschaftliche 645
Produktionsverfahren 679, 698
Produktregel 154
Produzent 380, 386
Progesteron 426
Projektion 89
Propan 566
Propanol 578
Propanon 581
Prophase 390
Propheten 767
Proportion 86
proportional 192, 223
Proportionalität 219
Proportionalitätsfaktor 72
Proportionalitätsgleichungen 72
Proportionalitätskonstante 94
Prostata 345
Proteine 388, 403, 595, 596, 598

Proteine, globuläre 596
Proteine, schwefelhaltige 520
Protestanten 811, 812
Protolysegleichgewicht 582
Protonen 216, 298, 302, **477**, 556
Protonenzahl 477, 491
Provence 788
Provinzen 777, 779, 780, 784
Provitamine 598
Prozent 96
Prozesse, fotochemische 206
Prunk 825
Pubertät 344, 424
Puff 391
Pull-Faktor 674, 676
Puls 355
Pulverfass 853
Pumphebel 248
Pumpspeicherkraftwerk 290
Punischer Krieg 776
Punkte 44, 46
Punktlichtquelle 189
Punktmengen 45
Punktrechnung 33
Punktspiegelung 63
punktsymmetrisch 83
Pupille 192, 352, 414
Puppe 371
Puppenwiege 372
Push-Faktor 674
pV-Diagramm 276
Pygmäen 661
Pyramide, gerade 122
Pyramide, n-seitige 122
Pyramide, regelmäßige 122
Pyramide, schiefe 122
Pyramiden 762
Pyramidenstumpf 123
Pyrenäen 732, 789
Pyrit 520
Quader 54
Quadranten 71, 126
Quadrat 50, 114
Quadratur des Kreises 118
Quadratwurzel 108, 110
quaken 342
Qualitätsfaktor 308
quartärer Sektor 721
Quarz 197, 514
Quarzsand 465
Quastenflosser 342, 448
Quecksilber 504, 506, 508, 549
Quecksilbersäule 247
Quecksilbersulfid 520
Quellen 756
Quellen, archäologische 757
Quellen, geschichtliche 757
Quellenkritik 784
Quersumme 37
Quersummenregel 37
Quotient 33
Rache 766
Rachefeldzug 774
Rachenraum 419
Rad 240
radial 189
Radikalbildung 534
Radikale 534
Radikant 111
Radionuklide 308
Radium 550
Radius 51
Radizieren 111
Radon 304
Raffination 509
Raffinerie 633
Rahm 589
Ramapithecus 453

Rammelkammer 372
Rangordnung 320
Ranzzeit 323
Rapsölmethylester 565
Rapspflanze 175
Rassen 440
Rassenideologie 872
Rassenproblem 847
Rassismus 843, 848
Rastatt 837
Rasur 603
Rat der 500 771
Rat der Alten 769
Rat der Volksbeauftragten 860
Rat, Parlamentarischer 881
Rathenau, Walther 862
Rationalismus 822
Raubtiere 459
Raubtiergebiss 321
Rauchgas-Entschwefelungs-Anlagen 533
Rauchschwalbe 436
Rauminhalt 55
Raumordnung 722
Raumordnungsverfahren 722
Raumplanung 724
Raute 50, 114
Ravenna 781
Re 762
Reagan, Ronald 894
Reagenzglas 276
Reaktion - Geschwindigkeit -Temperatur (RGT) 528
Reaktion, endotherme 502
Reaktion, exotherme 502
Reaktionsenergie 503, 540
Reaktionsenthalpie 540
Reaktionspfeil 498
Reaktionsschema 490, 501
Reaktionsschema, chemisches 491
Reaktionswärme 502, 540
Realität 277, 472
Rechenbäume 34
Recht 765, 799
Rechteck 50, 114
Rechtspflege 799
Rechtsprechung 766, 770
Reconquista 804
Reconstruction 847
Recycling 637, 641
Redoxgleichung 542
Redoxreaktion 510, 561
Reduktion 509, 510
Reduktionsmittel 510, 585
Reduktionsvermögen 510
Reflex 352, 423, 435
Reflexionsgesetz 194
Reform 770
Reformation 807, 808, 812
Reformationsbewegung 795
Reformator 807
Regelblutung 344
Regen, saurer 375, 746
Regensburg 785
Regentschaft 792
Regenwald 660
Regenwald, tropischer 670, 686, 747
Regenzeit 659
Regiment, persönliches 842
Reibungselektrizität 476
Reibungskraft 235, 261
Reich der Franken 787
Reich von Kiew 803
Reich, altes 762
Reich, Byzantinisches 792, 797, 807
Reich, Lydisches 766, 772

Reich, mittleres 763
Reich, neues 763, 767
Reich, Osmanisches 797, 818, 853
Reich, Oströmisches 781, 787
Reich, Phrygisches 766
Reich, Westfränkisches 800
Reich, Westgotisches 786
Reich, Weströmisches 781, 783, 786
Reichsacht 809
Reichsarbeitsdienst 870
Reichsbischof 868
Reichsdeputationshauptschluss 831
Reichsfeind 841
Reichsfrieden 799
Reichsfürst 812
Reichsgründung 841
Reichskanzler 839, 842
Reichskirche 789,790, 794
Reichskleiderkarte 870
Reichskonkordat 868
Reichskristallnacht 872
Reichslehen 820
Reichsmarineamt 852
Reichsprotektorat Böhmen und Mähren 875
Reichsregierung, provisorische 837
Reichsstädte 831
Reichsstände 806, 813, 831
Reichsstatthalter 868
Reichstag 807, 839, 841, 842
Reichstag zu Regensburg 831
Reichstagsbrand 868
Reichsverfassung von 1849 837
Reifendruck 242, 247
Reifeteilung 443
Reifröcke 825
Reihe, homologe 567
Reihenschaltung 227
Re-Industrialisierung 720
Reinigung, biologische 381
Reinigung, chemische 381
Reinigung, mechanische 381
Reinstoffe 470
Reis 627
Reiterei 774
Reitersoldaten 796
Reize 414
Reize, optische 352
Rekultivierung 631
Relais 185
Religion 759, 762, 766, 767
Religionsfreiheit 783, 807, **811**, 812, 814
rem 309
Remarque, Erich Maria 855
Renaissance 808
Rentenmark 864
Rentenversicherung 841
Reparationen 864
Reprotechnik 523
Republik 817, 829, 830
Republikaner 778, 835, 836
Reservate 690
Reservationen 846
Reserveoffizier 843
Resonanz 294
Resonanzkörper 295
Restauration 834
Restitutionsedikt 812
Retina 415
Reusenzahn 339
Revier 320
Revierverhalten 438
Revision 874
Revolution 664, 759

Revolution von 1848/49 838
Revolution, grüne 683
Revolution, sozialistische 842
Revolutionsarmee 830
Rezession 705
Rezessivität 441
Rhein 726, 740, 784
Rheinbund 831
Rheingrenze 784
Rheinland 834
Rhein-Main-Gebiet 721
Rheuma 586
Rho 224
Rhodes 848
Rhodium 531
Rhombus 50
Rhön 713
Rhône 787
Ribosomen 389, 391
Richard III. 800
Richelieu 814
Riechfeld 419
Riechgruben 437
Riemenantrieb 241
Riesengarde 821
Rift 710
Riga 703
Rio de Janeiro 686
Rio Grande 846
Rippenfarn 367
Risikostudie 309
Ritter 779, **796**, 797, 799
Ritterburg 796
Ritterheere 797
Ritterorden 797, 802
Ritterschlag 796
Ritterstand 796
Ritzel 240
RNS 389
Robespierre, Maximilien de
828, 830
Rochen 339
Rocky Mountains 691, 714,
846
Rodung 398
Rogen 339
Roger II. von Sizilien 795, 801
Rogner 339
Rohbenzin 572
Röhm 868
Rohöl 570, 572
Röhrichtzone 376
Rohrquerschnitt 255
Rom 783, 786, 792
Romanisierung 784
Romanow 859
Römer 642, 767
Römische Verträge 892
Rommel, Erwin 876
Romulus 781, 787
Roon, von 838
Roosevelt, Theodore 847
Rosenkriege 800
Rosenwasser 602
Rossameise 371
Rossbreiten 669
Rostschutzadditiv 573
Rotation 621, 664
Rotbuche 365
Rote Armee 876
Rote Kapelle 871
Röteln 431
Rotor 287
Rotte 330
Rotterdam 740
Roulette 160
Rourkela 688
Rousseau, Jean-Jacques 823,
824, 826, 830

Rubidium 548
Rückenflosse 338
Rückenmark 422
Rückversicherungsvertrag 840
Rüde 320
Rudel 320
Ruderflug 340
Rudolf 792
Ruhezone 387
Ruhrbehörde, internationale
892
Ruhrgebiet 677, 721, 746, 785
Ruhrkampf 862
Ruhrstatut 892
Rumänien 786, 867
Rumpfgröße 541
Rumpfladung 541
Rumpfparlament 837
Ruß 518, 533
Russland 703, 803
Rüstung 796
Rüstungspolitik 849
Rüstungsspirale 852
Rüstungswettlauf 852
Rüttelflug 340
SA 869
Saccharin 593
Sachsen 788, 792, **800**, 809,
810, 838
Sage 766
Sahara 668
Sahel 717
Sahelzone 658, 674, 685, 747
Saite 294
Saitenschwingung 294
Sakije 657
Säkularisation 831, 834
Salamander 342
Salamis 773
Salbengrundlage 587
Saleph 797
Salicylsäuremethylester 586
Salier 792
Salomon 767
Salpetersäure 533
SALT-Vertrag 883
Salvador 687
Salzbildner 482, 522
Salze 514
Salzsäure 553
Salzsäuredämpfe 553
Salzsäuregas 523
Samaria 767
Samenerguss 344
Samenleiter 345
Samenpflanzen 459
Samenzellen 342, 358
Sammellinse 200
Sammeln 759
Sammler 398, 660
Sammlerinnen 370
San-Andreas-Graben 711, 713
Sander 644
Sandwüste 675
Sanierung 723
Sankt-Lorenz-Seeweg 694
Sansculotten 827
Santorin 712
São Paulo 686
Saône 787
Saprophyten 393
Sarajevo 853
Sardinien 777
Sarosperiode 191
Sasse 334
Satellitenstaaten 884
Sattelgelenk 348
Satz 335
Satz des Pythagoras 85, 108

Satz von Thales 84
Satz von Vieta 137
Satzröhre 335
Sau 331
Säuberung, große 866
Sauerstoff 354, 396, **492**, 516,
532, 540
Sauerstoffbildung 492
Sauerstoffmangel 354, 493
Säugetier 321, 324, 459
Säugetiere, Fleisch fressende
361
Säugetiere, Pflanzen fressende
361
Saugreflex 438
Saugwarzen 321
Saul 767
Saulus 782
Säure 552
Säure, salpetrige 594
Säureamide 594
Säureanhydride 530
Säuremantel 602
Säuren, organische 602
Säurerest 557
Savanne 437, 670
Schaber 759
Schabowski, Günter 895
Schachtelhalm 367
Schädel 348
Schadgase 464, 537
Schädlingsbekämpfung, biolo-
gische 370
Schadstoffausstoß 530
Schaduf 658
Schaft 341
Schale, äußere 513
Schalen, innere 480
Schalenmodell 478, 480, 541
Schall 292
Schallausbreitung 296
Schallgeschwindigkeit 297
Schallplatten 575
Schallquelle 296
Schaltjahr 664
Schamhaare 344
Schamlippen 345
Schanghai 671
Scharlach 431
Scharniergelenk 348
Schaufelradbagger 630
Schaumregulatoren 591
Schauprozesse 837
Scheele 532
Scheidemann, Philipp 860
Scheitelpunkt 56, 194
Scheitelwinkel 79
Scheiterhaufen 809
Schelde 726
Schelf 633
Schelfeis 748
Schellackwachs 587
Schenkel 56, 78
Scherbengericht 771
Scherung 91
Scherungsachse 91
Scherungswinkel 92
Schichtwiderstand 225
Schiebewiderstand 225
Schilddrüse 523
Schilddrüsenhormon 547
Schisma 795
Schleicher, Kurt von 863, 869
Schleichjäger 322
Schleimhaut 354
Schleimschicht 338
Schlesien 819, 821
Schleswig 838
Schleswig-Holstein 801

Schlickkrebs 382
Schlieffen, Alfred von 854
Schlieffen-Plan 854
Schlucht 714
Schlüsselreiz 370, 432
Schlüsselreize, sexuelle 438
Schmarotzer 369
Schmelztemperatur 469, 506
Schmelzwärme 270, 475
Schmelzwärme, spezifische 270
Schmelzwasserrinnen 653
Schmerzgrenze 297
Schmerzsinn 420
Schmierseifen 590
Schminke 602
Schnabeltier 449
Schnaken 378
Schnecke 418
Schneegrenze 616
Schneidezähne 351
Scholl, Sophie 871
Scholle 339, 384
Schollen 713
Schönheitscreme 602
Schrägbild 54
Schreckensherrschaft 829
Schreiber 762, 765
Schreibmaterial 465
Schrift 465, 761, 762, 766, 767
Schritt 324
Schrott 636
Schuhputzmittel 587
Schulden 770
Schuldknechtschaft 682
Schumacher, Kurt 892
Schuman, Robert 892
Schumanplan 892
Schuppen 338
Schuppenschicht 603
Schuschnigg, Kurt 866
Schutzflüssigkeit 548
Schutzfunktion 362
Schutzleiter 181
Schutzmantel 602
Schutzmaßnahmen 343
Schutzwiderstand 281
Schwäbische Alb 713
Schwammgewebe 397
Schwanzflosse 338
Schwanzlurche 343
Schwärmer 366
Schwarzer Freitag 865
Schwarzes Meer 803, 818
Schwarzhemden 866
Schwarzwild 361
Schweden 801
Schwefel, plastischer 521
Schwefel, rhombischer 521
Schwefeldampf 520
Schwefeldioxid 530, 697
Schwefelketten 521
Schwefellagerstätten 520
Schwefeloxide 533
Schwefelpurpurbakterien 520
Schwefelsäure 533, 553
Schwefelsäure, verdünnte 560
Schwefeltrioxid 531
Schwefelwasserstoff 520, 547
Schweiß 553, 602
Schweißdrüsen 421
Schwellenland 680, 686, **707**,
740, 745
Schwellkörper 345
Schwemmland 764
Schwemmlandboden 626
Schweredruck 244
Schwerindustrie 702
Schwerkraft 230, 232

Schwermetalle 506, 549
Schwerpunkt 81
Schwert 796
Schwertbrüderorden 802
Schwertleite 796
Schwerwasserreaktoren 306
Schwimmblase 338
Schwimmblattzone 376
Schwimmkerze 253
Schwingung 292, 296
Schwingungsknoten 294
Schwingungskurve 292
Schwingungsmaximum 209,
294
Schwungfedern 340
scientific notation 148
Scipio 777
Sclera 414
Sechs-Mächte-Konferenz 880
SED 880
Sedan 839
Sedimentation 715
Seeblockade 855
Seeckt, Hans von 862
Seefahrerstaat 767
Seeherrschaft 830
Seehund 385
Seekrieg 773
Seemacht 766, 769
Seeschlacht von La Hague 817
Seeschwalbe 384
Seevölker 763, 766
Seevölkersturm 767
Seezunge 385
Segelflug 340
Segelklappen 355
Segmente 117
Segregation 696
Sehne 51, 349
Sehnerv 352, 417
Sehpurpur 417
Sehsinneszellen 352
Sehwinkel 205
Seidenstraße 740
Seifen 549
Seifensieder 464
Seih- oder Siebschnabel 377
Seismograph 713
Seitenflächen 120, 122
Seitenhalbierende 81
Seitenlinienorgan 339
Sekante 116
Sekten 807
Sektor 117
Sektoren 880
sekundärer Sektor 721
Sekundärharn 409
Sekundärspule 289
Sekundärstruktur 596
Sekundärwald 662
Sekunde 56
Selbstbestimmung 825
Selbstbestimmungsrecht 888
Selbstreinigung, biologische 38
Selbstversorgerwirtschaft 662
Selbstversorgung 663, 685, 688
Seldschuken 797
Selektion 451
semipermeabel 394
Semiten 764
Senat 776, 778, 779
Sendungsbewusstsein 848
Senegal 659
senkrecht 47, 57
Sensoren 206
Septemberterror 828
Septimius Severus 780
Serbien 819, 853
Serir 656

Severus 780
Sevilla 805
Sexualhormone 424
Sezessionskrieg 847
Shenzhen 709
Shikoku 704
Siamkatze 322
Sibirien 702, 818
Sichelbein 336
Sicherheitsausschuss 829
Siebenbürgen 802
Siebengebirge 713
Siebenjähriger Krieg 821, 824, 825
Siebröhren 395
Siedetemperatur 469
Siedewasserreaktor 291, 306
Siedler 824
Siedlungen 759
Siemens 224, 873
Sievert 309
Sieyès 825
Signaturen 613
Silber 506, 509, 511, 766
Silbermöwe 384
Silicate 514
Silicatgestein 514
Silicium 311, 465, 514, 516
Silicon Valley 695
Singapur 740, 879
Singspiele, höfische 825
Sinneszellen 418
Sinterterrassen 651
Sintflut 764
Sinus 140
sinusförmigen 288
Sinusfunktion 126, 141
Sinussatz 130
Sipho 382
Sizilien 769, 777, 795, 801, 806
Skagerrak 855
Skala 58
Skalar 234
Skandinavien 784, 801
Skelett 348
Skelettfunde 758
Skelettmuskulatur, quer ge-streifte 412
Skipiste 646
Sklave 770
Sklaven 765, 769, 771, **776**, 779, 804, 846
Sklavenhaltung 824
Sklavenproblem 847
Sklaverei 774, 797, 846
Skleroproteine 596
Skythen 761
Slawen 790, 802
Slum 743, 691, 683
Smog 533, 697
Snowbelt 694
Soda 548, 557
Sodbrennen 553
Sogfaktor 678
Sokrates 771
Solarenergie 310, 745
Solarzelle 311
Soldat 769, 771, 772
Soldatenkaiser 780
Soldatenkönig 821
Söldner 813
Söldnerheer 832
Solidarität 885
Solon 770
Solvayverfahren 549
Somalia 674
Somme 855
Sommer-Smog 532
Sonderkulturen 625

Sonne 436
Sonnenbrand 535
Sonnenenergie 357
Sonnenfinsternis 191
Sonnenkollektor 177, 310
Sonnenkönig 815, 820
Sonnenstrahlen 310
Sonntagsarbeit 842
Sons of liberty 824
Sorbit 593
Sowchosen 700
Sowjets 858
Sowjetunion 866
Sozialdemokraten 841, 852
soziale Frage 844
Sozialgesetzgebung 842, 845
Sozialimperialismus 849
Sozialismus 698
Sozialistengesetz 841
Sozialistische Einheitspartei Deutschlands 880
Sozialpolitik 845
Sozialstaat 841
Sozialstaatsgebot 845
Spalten 484
Spaltöffnungen 357, 397
Spaltungsregel 440
Spanien 777, 786
Spanische Niederlande 810
Spannenergie 265
Spannung 561
Spannung, elektrische 280
Spannung, induzierte 284
Spannungsmessgerät 229
Spannungsmessung 226
Spannungsquelle 220, 228, 281
Spannweite 152
Sparlampe 282
Sparta 769, 771, 774
Spartakisten 860
Spartakusaufstand 860
Spartakusbund 860
Spartaner 769, 770. 772
Spat 121
SPD 868, 880
Specht 341, 373
Speere 774
Speichel 350
Speichergestein 632
Speiseröhre 350
Speisesalz 522
Speisesalz, jodiertes 523
Spektralbereich 210
Spektralfarben 193, 208
Spektralkomponente 199
Spektrum 208
Sperma 329, 342, 344, **391**, 424
Spiegel 504
Spiegelbild 62
Spiegelbildisomerie 584
Spiegelung 62
Spiegelungsachse 62
Spielleute 798
Spin 480
Spinnmilben 521
Spinrichtung 481
Spirale 346, 427
Spirillen 393
Sporen 368
Sporen-Generation 366
Sprachen, indogermanische 760, 766
Spreewald 645
Springkraut, großes 360
Sprotte 385
Spule 184, 226
Spülmittel 525
Spurenelemente 403, 546, 598

Sputnik 882
Sri Lanka 674
SS 869
St. Helena 833
St. Petersburg 699
Staat 370, 770
Staatenbund 834
Staatsgewalt 817, 823
Staatsgötter 783
Staatskirche 806
Staatskirche, anglikanische 816
Staatsreligion 761, 781, 783
Staatsstreich 830
Staatswesen 761
Stäbchen 205, 352, 416
Stachelhäuter 385
Stadtadel 770
Städte 798
Stadtherrn 798
Stadtkönige 765
Stadträte 798
Stadtrechte 798
Stadtstaat 762, 764, 765, 768, **772**, 773, 774
Stahl 465, 493
Stahlfeder 231
Stahlwerk 636
Stalagmit 715
Stalagtit 715
Stalin 866, 875, 880, 884, 886
Stalingrad 876
Stammbäume 447
Stämme 458
Stämme, indogermanische 768
Stammesherzöge 788, 790, 800
Stammesherzogtum 790
Stammesvielfalt 684
Stammhirn 423
Standardabweichung 153
Ständekampf 776
Standort 732
Standortbedingungen 376
Standortfaktor 635, 637
Standortfaktor, weicher 719, 720
Stärke 592
Stasi 894
Statistik 152
Stator 287
Staubbeutel 358
Staubblätter 358
Staufer 793
Stauffenberg, Claus Graf Schenk von 871
Stearin 564
Stechmücken 378
Steckling 320
Steigbügel 353
Steigung 73, 219
Steigungsdreieck 74
Steigungsregen 622, 647, 653
Stein der Weisen 467
Steinkohle 519, **628**, 718, 720, 741
Steinpilz 368
Steinsalz 522
Steinschliff 760
Steinzeit 465, 758
Steinzeitmensch 758
Stellenwertsystem 28
Stellmittel 591
Stellungskrieg 854, 864
Stempel 358
Steppe 671, 692, 700
Steppenvölker 761
Sterberate 742
Sterilisation 427
Sterne 437

Steuerfedern 340
Steuerstromkreis 185
Steuerung 422
Stichprobe 150
Stichprobe, geordnete 154
Stichprobe, ungeordnete 155
Stickoxide 531
Stickstoff 399, 516, 532
Stickstofffamilie 482
Stickstoffdioxid 531
Stickstoffmonoxid 531, 537
Stieleiche 365
Stier 326
Stimmgabel 292, 295
Stochastik 152
Stockente 377
Stockwerkbau 660
Stockwerke 360
Stoffkreislauf 547
Stoffmischungen 470
Stoffnamen 490, 494
Stoffwechsel 502
Stoffwechselreaktionen 532
Stolypin 859
Stoph, Willi 886
Storch 436
Storchenkrone 374
Stoßflug 341
Stoßlanzen 774
Strahl 46
Strahlen 341
Strahlenbelastung 300
Strahlensätze 87
Strahlung 304
Strahlung, ionisierende 300
Strahlung, radioaktive 300, 303
Strahlung, ultraviolette 209
Straßenverkehr 263
Strasser, Gregor 869
Strategen 771
Stratosphäre 534
Strauchschicht 360
Strecke 46
Streckenabschnitt 256
Strecker 349
Streckung, zentrische 89
Streichholzschachtel 521
Streifenfarn, brauner 367
Streitwagen 763
Stresemann, Gustav 862, 865
Sreuung 153
Strich 336
Strichliste 29
Strichrechnung 33
Stromboli 712
Stromfluss 280
Stromkreise 228
Stromlinienform 338
Strommessung 226
Stromrichtung, technische 228
Stromstärke 218
Stromwender 286
Strontium 550
Strudeln 383
Strukturpolitik 718
Strukturwandel 637
Stuart, Maria 816
Stückgüter 634
Stufentempel 764
Stufenwinkel 79
Stute 325
Subduktion 711
Sublimation 523
Subtrahend 31
Subtraktion 31
Subtraktionverfahren 105
Subtropen 670
Suburbs 697
Subvention 718, 731

Sudetendeutsche 875
Sudetenland 874
Südfrankreich 769, 786
Südpol 182
Südstaaten 847
Suezkanal 741
Suhlen 330
Sulla 777
Sultan 795
Sultan Saladin 797
Sumerer 764, 765, 767
Summanden 30
Summe 30
Summe der Massen 500
Sumpfburg 337
Sumpfgras 565, 566
Sunbelt 694
Superovulation 428
Supertanker 736, 741
Supraleitung 504
Suspensionen 470
Süßstoff 593
Süßstoffe, künstliche 563
Sweben 787
Symbionten 393
Symbiose 369, 393
Symbole, chemische 490
Symbolschreibweise 490, 494
Symmetrie 83
Symmetrieachse 83
Symmetrieeigenschaft, hohe 119
Symmetrieeigenschaften 116
Symmetriepunkt 83
Symmetriezentrum 83
symmetrisch 189
Synapse 423
Synthese 501
Syrdarja 701
Syrien 769, 777
Systole 406
Tachometer 258
Tacitus 784
TAED 591
Tagebau 630
Tageszeiten 664
Tageszeitenklima 660, 670
Taifun 716
Taiga 671, 700, 703
Tal der Könige 763
Talformen 714
1alg 564, 602
Talgdrüse 421
Talsperre 640
Tandemstellung 379
Tangens 128, 140
Tangensfunktion 128, 141
Tangente 116
Tanger 851
T-Anker 286
Tanne 326, 374
Tannenberg 802, 855
Tannenborkenkäfer 372
Tarimbecken 707
Tarnfarbe 334
Taschenklappen 355
Tastkörperchen 421
Tastsinn 323
Tauchblattpflanzen 377
Tauchgeräte 250
Tauchkugel 245
Tausend-Bomber-Angriffe 877
Technik 504
Technologie, angepasste 689
Technologiepark 719
Tee 552, 601
Teesteuer 824
Teflon 522
Teilbarkeitsregeln 36

Teilchen 474
Teilchen, radioaktive 300
Teilchenmodelle 490
Teiler 36
teilerfremd 35
Teilkugeloberflächen 202
Teilladung 539
Tektonik 711
Telomere 445
Telophase 390
Tempel 763, 765
Tempelanlage 763, 765, 768
Temperatur 420, 456, 618
Temperaturzonen 666
Templerorden 797
Tensid 590
Terms of Trade 737
Terrakotta 273
Terrassen 627
Terror 829
Tertiär 628
tertiärer Sektor 637, 721
Tertiärstruktur 596
Testament, Altes 767
Testament, Neues 782
Tetrafluorethen 523
Tetrarchie 780
Teutoburger Bergwald 785
Texas 846
Thailand 740
Tharr 683
Theater 768
Theben 763, 769, 773, 774
T-Helferzellen 431
Theoderich der Große 787
Theoderich 787
Theodosius I. der Große 781, 783, 794
Thermit-Verfahren 501
Thermoplast 575
Thermopylenpass 772
Thesen 808
Thora 767
Thorium 174
Thorner Friede 802
Thrakien 772
Thrombozyten 407
Thüringen 788
Thymin 389
Thyroxin 523
Tiberius 779, 785
Tibet, Hochland 707
Tide 614, 727
Tidenhub 745
Tiefalgenzone 377
Tiefbau 629
Tiefdruckgebiet 667
Tiefland, Norddeutsches 612
Tiefseegraben 711
Tiefwurzler 356
Tier-Mensch-Übergangsfeld 453
Tierra caliente 673
Tierra fria 673
Tierra helada 673
Tierra nevada 673
Tierra templada 673
Tigris 764, 775
Tilly 812
Timokratie 770
Tirpitz 852, 855
Titan 506, 509
Tito 882, 885
Titus 779
Todesstrafe 766
Togo 850
Tojo 878
Tokio 706
Toleranzedikt 783

Tonhöhe 294
Tontafel 765, 767
Torf 519, 628
Tornado 691, 717
Totalreflexion 197, 198
Totäste 374
Totes Meer 679
Toulouse 734
Tourismus 722
Tourismus, sanfter 647
Touristenzentrum 725
Township 692
Trab 324
Trabantenstädte 725
Tracheen 378
Tracheenatmer 411
Trafo 288
Tragezeit 325
Tragfähigkeit 742
Trägheit 258
Trajan 779
Tran 587
Tränke 337
Transamazonica 663, 687
Transamazonica-Projekt 674
Transformator 290
Transmissionen 286
Transportreaktion 523
Transportweg 261
Transsibirische Eisenbahn 702
Trapez 115
Traubenzucker 396, 578, 580, 593
Treblinka 873
Treibeis 748
Treibhauseffekt 275, 536, 745, 746
Treibstoff 260, 572
Treibstoffadditive 587
Treibstoffkomponenten, klebrige 587
Trennverfahren 470
Treue 843
Trier 783, 797
Trift 672
Trinkwasser 523
Trinkwasseraufbereitung 519
Trittschalldämmung 297
Trittsiegel 334
Triumvirat 777, 778
Trizone 880
Trockeneis 530
Troja 768
Trommelfell 353
Tropenklima 670
Tropenzone 666
Tropopause 667
Troposphäre 534, 667
Trotzki, Leo 859, 866
Truman 882
Trümmerkerne 306
Tschernenko, Viktor 894
Tschernobyl 304, 701, 744
Tsingtau 850
Tsunami 706
Tsushima 858
Tubus 206
Tudor 800, 816
Tuff 713
Tugenden, preußische 820
Tumor 431
Tundra 700
Tundrenvegetation 655
Tunesien 850
Tunnelsystem 336
Tüpfelfarn 367
Türkengefahr 819
Turkmenistan 701
Turmbau zu Babel 765

Typenschild 282
Tyrann 770
Überdüngung 547
Übersetzungsverhältnis 289
Überweidung 659
UdSSR 698, 733
Ukraine 700
Ulbricht, Walter 886
Ultimatum 853
Umfang 53
Umformungen 66
Umformungen, äquivalente 67
Umkehrfunktion 138
Umkehrzuordnung 138
Umkreis 81
Umlagerung, intermolekulare 593
Umma 764
Umsetzung, mikrobielle 565
Umsiedlung 631
Umweltbelastung 375, 720, 723, 725, 741, **746**
Umweltbewusstsein 745
Umweltschutz 533, 641, 747
Umwelttechnologie 746
Umweltzerstörung 891
UN 675, 739, 743
Unabhängigkeitserklärung 846
Unabhängigkeitsregel 441
UNCTAD 739
unedel 558
Unendlichkeitssprünge 77
Unfallversicherung 841
Unfreie 798
Ungarn 790, 791, 795, 796, 819
Ungleichungen 30, 67
UNHCR 674
Uniformitätsregel 440
Union 847
Union von Kalmar 801
Union, polnisch-litauische 802
Unken 343
UNO 890
Unrecht 799
Unterernährung 680
Unterhaus 816, 852
Unterhaut 352, 420
Unternehmen Seelöwe 876
Unterschalen 513
Untertagebau 629
Untertanengeist 843
Ur 326, 764
Ur- und Frühgeschichte 757
Uracil 389
Ural 703
Uralgebirge 700
Uran 174, 303
Uranerz 300
Uranisotope 306
Urban II. 797
Urban VI. 795
Urbild 59
Urform 322
Urgemeinde 782
Urin 409
Urmensch 758
Urnenfelder 761
Urnenmodell 154
Ursprung 71
Ursprungsgerade 73
Urstromtal 645
Urteil, salomonisches 767
Urteile 799
Uruk 764
Urvogel 448
USA 690, 834
Usbekistan 701
USPD 860

Utrecht 784
UV-Absorption 534
UV-Strahlung 532, 534
Vagina 425
Vaginalschleimhaut 425
Vakuolen 388
Vakuum 247, 272
Van-der-Waals-Bindung 537, 578
Van-der-Waals-Kräfte 567
Van-de-Graaff-Generator 213
Variable 34
Varianz 153
Varus 785
Varusschlacht 785
Vasallen 789, **791**, 794, 796, 800
Vasco da Gama 805
Veerse Meer 727
Vega 626
Vegetation, Höhenstufen der 616
Vegetationsgürtel 670
Vegetationszone 691, 747
Vektor 234
Vektorpfeil 234
Venedig 797
Venen 355, 406
Venetien 834
Ventil 248
Verbannung 771
Verbindungen, chemische 500
Verbindungen, organometallische 563
Verbrennungsprodukte 533
Verbrennungsreaktionen 493
Verbundnetz 290
Verdampfer 274
Verdampfungsdruck 274
Verdampfungsenergie 272
Verdampfungswärme 475
Verdauung 350, 598
Verdichtungsraum 642
Verdichtungsgebiet 696
Verdrängerkolben 277
Verdun 855
Verdunstungskühlung 273
Veredlungsbetriebe 692
Vereinigte Niederlande 810, 813
Vereinigte Staaten von Amerika 824
Vereinigung, geschlechtliche 346
Vereinte Nationen 890
Verfassung 824, 827
Verfassunggebende Nationalversammlung 826
Verfassungsänderungen 837
Verfassungskonflikt 838
Verflüssiger 274
Verformbarkeit 504, 511
Verformung 230
Vergeltung 766
Vergrauungsinhibitoren 591
Verhalten, angeborenes 434
Verhalten, erworbenes 434
Verhältnisgleichung 86
Verhütungsmittel 346
Verkehrsplanung 722
Vermehrung, geschlechtliche 318
Vermehrung, ungeschlechtliche 359
Vermehrung, vegetative 359
Vernichtungslager 873
Vernunft 821, 823
Verrenkung 349

Versalzung 658, 701
Verschiebung 58
Verseifung 587, 590
Verseifungszahl 589
Versorgung 639
Versorgung, medizinische 681
Verstand 822
Verstärker, negative 434
Verstärker, positive 434
Verstauchung 349
Versuch 488
Vertauschungsgesetz 30, 32
Vertrag von Locarno 863
Verwaltung 799
Verwaltungssystem 779
Verwandlung, unvollständige 379
Verwendungsmöglichkeiten 508
Verwerfung 629, 713
Verwitterung 714
Vespasian 779
Vesuv 712
Veteranen 779
Vibrionen 393
Vichy-Frankreich 876
Victoriawüste 668
Viehzucht 760
Vieleck 112
Vielfaches 36
Vielvölkerstaat 834, **837**, 838, 848, 866
Viertel 642
Vietminh 889
Viktor Emanuel III. 866
Villes Nouvelles 725
Vinyl 575
Viren 392, 431
Virginia Bill of Rights 823, 824, 826
virtuell 189, 201
vis vitalis 562
Vitamine 350, 403, 598, 601
Vögel 361
vogelfrei 793
Völker 760
Volkerakdamm 727
Völkerbund 874, 878
Völkerschlacht 832
Völkersturm 787
Völkerwanderung 768, 794
Völkerwanderung, germanische 798
Volksabstimmungen 830
Volksdemokratie 884
Volksempfänger 870
Volksgerichtshof 871
Volksheer 832
Volksherrschaft 770
Volkskommissare, Rat der 859
Volkssturm 877
Volkstribun 776, 778
Volksversammlung 771, 776
Vollwaschmittel 590
Vollwertkost 350
Vollwinkel 57
Volta, A. 280
Voltaire 821, 823
Voltmeter 281
Volumen 55, 252
Vorherrschaft 771
Vorhof 355
Vorhofsäckchen 419
Vorkeim 366
Vormärz 834
Vorpommern 813
Vorratskammer 337
Vorzeichenänderung 67
Vulkane 711

Wachs 564, 586
Wachse, mineralische 587
Wachstum, exponentielles 742
Wächterinnen 370
Wadi 656
Wagenheber, hydraulischer 249
Wahlrecht 827, 830
Wahrscheinlichkeit 151
Wahrscheinlichkeitsrechnung 150
Währungsreform 880
Währungsunion 721, 893
Wal 437
Walachei 819
Waldchampignon 368
Waldemar II. der Sieger 801
Waldschäden 374
Waldschadensforschung 374
Waldsterben 530, 746
Walesa, Lech 885
Wallenstein 812
Wallia 786
Walzwerk 637
Wandalen 786
Wanderfeldbau 662
Wanderfisch 339
Wanderung, dorische 768
Wannsee-Konferenz 872
Waräger 803
Warentermingeschäft 736
Warm- und Kaltfront 669
Wärme, spezifische 269
Wärmebewegung 475
Wärmeenergie 262, 310
Wärmekapazität 524
Wärmekapazität, spezifische 269
Wärmekraftmaschine, thermodynamische 276
Wärmeleitfähigkeit 468, 504
Wärmepumpe 274
Wärmerezeptoren 421
Wärmespeicher 524
Wärmestrahlung 176
Wärmewirkung des Wassers 624, 671
Wärmezonen 666
Warmzeit 758
Warschauer Pakt 884, 886
Wartburgfest 835
Waschmittel 590
Wasser 359, 396, 473, **524**, 539, 640, 652, 714
Wasser, destilliertes 179, 547
Wasserbad 246
Wasserdampf 246, 300
Wasserdruck 244
Wasserhärte 601
Wasserhaushalt 363
Wasserläufer 378
Wasserleitungsbahnen 395
Wasserrecht 627
Wassersäule 245
Wasserspeicher 764
Wasserspinne 378
Wasserstoff 557
Wasserstoffatome 483
Wasserstoffbrückenbindungen 527, 537, 597
Wasserstofffixierung 520
Wassertiefe 244, 252
Wassertropfen 525
Wasservögel 341
Waterloo 833
Watt 614,
Watt, James 822, 844
Wattenseealgen 382
Wattschnecke 382
Wattwurm 383

Webstühle 844
Wechselstrom 311
Wechselbeziehungen, ökologische 456
wechselwarm 343
Wechselwinkel 79
Wechselwirkung, hydrophobe 597
Wechselwirkungsgesetz 234
Wechselwirkungskraft 232
Wechselwirkungsprinzip 241
Wedel 366
Wegstrecke 259
Weg-Zeit-Diagramm 256
Wehen 347
Weichmacher 586
weichmagnetisch 183, 184
Weidenröschen 360
Weimarer Koalition 861
Weimarer Republik 869
Weiße Rose 871
Weißtöner 591
Weitsichtigkeit 416
Welfen 793
Wellenlänge 209
Wellington 833
Wellrad 240
Welpe 320
Weltenergieverbrauch 565
Weltgoldwürfel 507
Welthafen 741
Welthandel 736, 743
Welthandelsverträge 738
Weltklima 662
Weltklimakonferenz 310
Weltmacht 849
Weltmarkt 731, 736
Weltmarktpreis 731, 737
Weltmeer 741, 743, 775
Weltpark 749
Weltpolitik 852
Weltreich 775
Weltsicherheitsrat 890
Weltverkehr 736, 740
Weltwirtschaftskrise 864
Weltwirtschaftsordnung 739
Weltwunder 762
Wendekreis 656, 665, 670
Werchojansk 700
Werkstatt der Welt 844
Werkstoffe 504
Wertebereich 76
Wertigkeit 299, 483, 485
Wertigkeit von Säuren 556
Wesel 785
Weser 785
Wesir 762
Westerwald 713
Westfalen 834
Westfälischer Frieden 810, **813**, 835, 840
Westfrankenreich 789
Westfriesische Inseln 784
West-Ghats 682
Westgoten 786
Westgrönlandstrom 672
Westindische Inseln 690, 804
Westwinddrift 673
Westwinde 671
Westwindzone 667, 669, 671
Wetter 618
Wettlauf um Afrika 850
Wettrüsten 882
Wheat Belt 692
Whisky 587
Widerstand, elektrischer 280
Widerstand, spezifischer 224
Widerstandsrecht 825
Widerstandswert 229

Wiedergutmachung 766
Wiederkäuer 327
Wiederkehr, periodische 483
Wien 807, 838
Wiener Kongress 833, **834**, 837, 840
Wikinger 800, 803
Wilder Westen 846
Wildkaninchen 335
Wildkatze, Europäische 323
Wildpferd 324
Wildschwein 330
Wilhelm der Eroberer 800
Wilhelm I. 838, 841, 842
Wilhelm II. 842, 851, 852, 854
Wilhelm von Oranien 810, 817
Wilhelminisches Deutschland 842, 852
Willkürherrschaft 798
Willy-Will 716
Wimperntierchen 378
Wind 359
Windgürtel 666, 671
Windpocken 431
windschief 47
Windstärke 618
Winkel 56
Winkelfunktionen 197
Winkelhalbierende 79
Winkelmaß 56
Wintergrünöl, künstliches 586
Winterpalais 85
Winterregengebiet 671
Winter-Smog 533
Winterstarre 342
Wirbel 348
Wirbelsäule 348
Wirbelstromverluste 289
Wirbelstürme 747
Wirbeltiere 459
Wirbeltiergrundskelett 452
Wirkungsgrad 210, **267**, 268, 277, 282
Wirkungslinie 237
Wirtschaft 770
Wirtschafts- und Währungsunion 730
Wirtschaftsbereich, traditioneller 721
Wismar 813
Witte, Graf 859
Wittelsbacher 793
Witterung 618
Wladislaw Lokietek 803
Wladiwostok 703
Wöhler, Friedrich 562
Wohlfahrtsausschuss 828
Wohnkessel 335, 336
Wohnzimmerkamin 564
Wolf 320
Wolfram 180, 506, 523, 548
Wollwachs 587
Wormser Konkordat 793, 795
WTO 738
Wurmfarn 366
Wurmfortsatz 351
Württemberg 830
Wurzel 110, 356, 394
Wurzelfunktion 139
Wurzelziehen 111
Wüste 656, 670, 673
x-Achse 70
Xanten 784
Xenon 487
Xenon-Dampflampen 523
Xerxes 772
Xylophon 295
y-Achse 71
York 800

Youngplan 865
Zadar 797
Zahldarstellungen 29
Zahlen, ganze 65
Zahlen, gerade 37
Zahlen, große 26
Zahlen, irrationale 108
Zahlen, natürliche 26
Zahlen, negative 64
Zahlen, positive 64
Zahlen, reelle 109
Zahlen, römische 29
Zahlen, ungerade 37
Zahlenpaare 70
Zahlenstrahl 29
Zahlensystem 29
Zähler 39
Zählrohr 300
Zahlungsmittel 769
Zahlzeichen, arabische 28
Zahnbein 351
Zähne 523
Zahnfleisch 351
Zahnhals 351
Zahnhöhle 351
Zahnkrone 351
Zahnpasta 523
Zahnputztechnik 351
Zahnschmelz 351
Zahnwurzel 351
Zahnzement 351
Zäpfchen 204, 427
Zapfen 417
Zar 803, 819, 831
Zarenhaus 850
Zebra 437
Zehengänger 323
Zehenspitzengänger 321, 324, 327
Zehnerpotenz 148
Zehnersystem 28
Zeichen, römisches 29
Zeit, geschichtliche 756
Zeitabschnitt 259
Zeitgeschichte 757
Zeitmessung 256
Zeitspanne 259
Zeitzonen 665
Zeitzyklus 177
Zellatmung 410
Zellatmung, äußere 411
Zelle 388
Zellkern 388
Zellplasma 388
Zelluloid 574
Zellwand 388
Zelt 759
Zenit 665, 666, 670
Zenitalregen 668
Zensor 776
Zentralafrika 850
Zentralisation 725
Zentralismus 725
Zentralnervensystem 422
Zentralprojektion 90
Zentralregierung 835
Zentrum 841, 861
Zeolithe 591
Zerfallsgesetz 304
Zerfallskurven 304
Zerfallsreihung 303
Zerfallszeit, radioaktive 447
Zerstreuungslinsen 200
Zeus 768
Ziegenbart 369
Ziffern 28
Zigarettenfilter 519
Zikkurat 764
Ziliarkörper 415

Ziliarmuskel 204, 415
Ziliaten 392
Zink 509, 510
Zinkionen 220
Zink-Kohle-Batterien 561
Zinn 506, 509, 517, 766
Zinndichlorid 543
Zinnober 520
Zinntetrachlorid 543
Zinsen 96
Zinseszins 97
Zinseszinsformel 97
Zinsformel 97
Zinsrechnung 96
Zinssatz 96
Zirkel 51, 78
Zirkulation, planetarische 669
Zitronensaft 553
Zitrusfrüchte 626
Zitze 321
Zivilisationskrankheiten 598
ZNS 422
Zölibat 794
Zone, gemäßigte 666
Zone, polare 671
Zooplankton 378, 386
Zopfperücken 825
Züchten 398
Zuchthausstrafen 837
Zucker 592
Zuckeraustauschstoff 593
Zuckergehalt 408
Zuckerkrankheit 598
Zuckerrohrwachs 587
Zuckerrübe 620
Zufallsexperimente 150
Zufallsgröße 159
Zugkraft 235, 261
Zugseil 236
Zünfte 798
Zunge 419
Zuordnung 70
Zuordnung, proportionale 72
Zuordnungsfaktor 95
Zuordnungspfeile 70
Zuordnungstabellen 70
Zweibund 840
Zweiersystem 28
Zweifrontenkrieg 773, 854
Zweigstrom 228
zweikeimblättrig 458
Zwei-plus-Vier-Gespräche 895
Zweistaatentheorie 886
Zweistromland 764
Zwiebel 318
Zwillinge 347
Zwischenzone 387
Zwölffingerdarm 350
Zwölftafelgesetz 776
Zygote 391
Zyklon 716
Zyklus 426
Zytoplasma 388
Zytosin 389